中国企业文化研究会

qiyewenhua

理事长胡平同志在龙岩峰会上讲话

常务副理事长张大中同志在北京网通调研

国务院国资委副主任王瑞祥同志在龙岩峰会上讲话

胡平、徐惟诚、王瑞祥等领导在企业调研

中外企业文化2004龙岩峰会会场

中国企业文化研究会

qiyewenhua

中宣部原常务副部长徐惟诚同志在成都峰会上讲话

常务副理事长、秘书长孟凡驰教授主持成都峰会

学术委员会副主任赵春福教授（左二）主持“对话论坛”

中外企业文化 2005 成都峰会颁奖仪式

研究会召开的“全国服务文化现场经验交流暨理论研讨会”会场

研究会医药卫生委员会举办的“中国医院文化论坛”会场

出席《企业文化师》国家职业标准初审会议，并与劳动部职业技能鉴定中心标准处领导合影，左起：谢佩良、孟凡驰、刘永澎、韩旭、向春潮

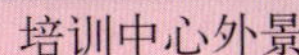
培训中心外景

培训中心公寓

北京电力培训中心

qiyewenhua

北京电力公司培训中心（党校）是北京电力公司职工教育、人才培养的职能机构，也是面向北京市社会办学的综合性培训中心。经北京电力公司批准，在原北京供电公司管理人员培训中心和北京供电培训基地的基础上于2004年3月正式成立。

中心现分为西、北两校区，总部设在西校区石景山区模式口。两教学区占地8万余平方米，建筑面积4.3万余平方米。拥有教学楼、仿真变电站、模拟变电站、输电实验线路、配电实习基地，检修实习车间。教学楼内设有多媒体教室、语音室、计算机房、实验室等现代化教学设备，还拥有250余间标准客房和电子阅览室、多功能活动厅和体育活动设施，可向培训学员提供良好的后勤服务。

培训中心多年来开办了政治理论、企业文化、经营管理、工商管理、用电管理、计算机应用、外语、财会、变电运行（仿真）、线路检修、带电作业、农电县局长、供电所长等培训。

培训中心具备国家认证的培训、考核资质有：领导干部中高级管理培训与考试；全国计算机培训与考试；人力资源管理师、项目管理师；电子商务管理师等专业培训与考试；企业文化建设方案策划、咨询与培训；电力系统职称计算机培训与考试；供电所长、农电县局长培训与考试；北京市会计人员继续教育培训；进网作业电工培训与考核；可对电力行业20多个供用电工种进行职业技能鉴定并颁发国家职业技能鉴定证书。培训中心师资力量雄厚，注重培训质量，采用模块教学、多媒体教学、模拟仿真、演练、考察、送教上门等多种培训方式，以满足用户需求。

培训中心面向社会，服务于企业，服务于电网，以创效发展为工作原则，发扬电力企业优质服务的光荣传统，充分利用中心的培训及生活服务设施和专业技术资源，竭诚为电力公司和社会各界服务。真诚欢迎社会各界朋友来北京电力培训中心进行培训、举办会议、咨询洽谈和友好合作。

主培训楼

多功能厅

中国一航

中国航空工业第一集团公司

CHIAN AVIATION INDUSTRY CORPORATION Ⅰ

qiyewenhua

原党组书记、总经理　刘高倬

党组书记、总经理　林左鸣

中国航空工业第一集团公司(简称中国一航)是中央管理的大型企业集团，致力于以快速成长、建设航空强国为目标的创新型科技产业集团。

中国一航所属的中国航空研究院和31个科研院所组成高水平的科研体系，拥有一批中国科学院、中国工程院院士和国家重点实验室，一批重大科研试验设施达到国际领先水平。多年来航空关键技术领域科研成果丰硕。

集团金航网联通16个省市的100多家成员单位，大大提升了异地协同设计制造能力和现代化信息传输能力。

以建设世界一流企业为方向，初步形成以精益六西格玛为主线，具有一航特色的先进管理平台。集团文化已成为凝聚几十万员工的精神纽带和强大动力。

激情筑就通天路，壮志抒写报国篇。中国一航人秉承“航空报国，追求第一”，“激情进取，志在超越”的集团理念和精神，以“突出航空主业，相关多元发展，实现三个大体相当”为战略方针，为跻身世界航空工业强者之林，为建设创新一航、魅力一航、和谐一航而拼搏。

通　信：北京市朝阳区建国路128号（东办公区）
邮　编：100022
电　话：010-65665922　010-65665923
传　真：010-65666518
通　信：北京市东城区交南大街67号（西办公区）
邮　编：100009

航空报国 追求第一 激情进取 志在超越

QD128 燃气轮机

飞出国门的新州 60

整洁的生产现场

qiyewenhua

金城摩托

中国神华神东

公司总经理 王安

神东煤炭分公司是中国神华能源股份公司的核心企业，负责中国神华在内蒙古自治区南部、陕西省北部交界地带神东矿区，以及山西省保德县境内的煤矿开发建设。2005年底总资产233亿元，年生产原煤1.02亿吨，约占全国煤炭总产量的5%、国有重点煤矿的10%。1998年至2005年神东煤炭分公司实现了连续七年产量千万吨增长，开创了世界煤炭史上的奇迹。在全国率先建成了国内亿吨级特大型煤炭生产基地，生产能力居国内领先地位，主要技术经济指标均达到了世界同行业领先水平。

qiyewenhua

信息自动化生产指挥系统

现代化综采工作面

煤炭分公司

自豪的神东人

qiyewenhua

快速装车系统

6 米大采高支架

煤炭洗选

大柳塔煤矿

公司董事长 韩敬远

河北津西钢

qiyewenhua

控股津西公司的中国东方集团有限公司在香港联交所上市

河北津西钢铁股份有限公司始建于1986年。现有员工8000人，拥有总资产70亿元，是一家集采矿、精选、烧结、炼铁、炼钢、轧钢于一体，年产钢、铁、材各400万吨，年销售收入超百亿元，并率先在海外上市的民营大型钢铁联合企业。

津西位于迁西县景忠山脚下，滦河之滨，与京、津、唐等大城市相距1至2小时路程。铁矿资源丰富，区位条件优越，交通快捷便利。

2004年3月，控股津西的中国东方集团控股有限公司（香港）在香港联交所股票上市。

津西不断开发可再利用的高新技术产品，大力发展循环经济，建立资源节约型和环境友好型企业。产品远销33个省、市、区，出口9个国家和地区，产品产销率和货款回收率连续10年实现两个百分之百。

以人为本，创新企业文化，积极回报社会，捐资2000多万元支持教育、福利等公益事业的发展。

"十一五"期间将建设成环境优美、装备先进、技术一流、产品精优、效益最佳，年产钢达到500万吨乃至1000万吨的大型钢铁联合企业，打造全国大型H型钢系列产品生产基地。

公司H型钢新产品

年产百万吨大H型钢生产线

铁股份有限公司

qiyewenhua

公司第二届员工运动会开幕式

公司"凝心力"企业文化研讨营开营仪式

公司"送温暖、献爱心"慈善捐款100万元

公司举办"津西之歌"歌咏大赛

qiyewenhua

中国石化胜利油田

CB12B井组平台

qiyewenhua

中国石化胜利油田自1964年1月25日党中央批准投入大规模开发会战以来，已经走过了42年的辉煌历程。油田年均新增探明石油地质储量已连续23年保持在1亿吨以上，2005年实现经济总量967.9亿元，实现利润251.1亿元，实现税费258.1亿元。胜利油田主动实施“走出去”战略，不仅进入国内27个省市、32个油田，而且打入了中东、中亚、非洲等地的18个国家，打出了胜利人的威风，树立了胜利油田的品牌形象。

攀枝花钢铁

qiyewenhua

攀枝花钢铁（集团）公司（简称攀钢）总部位于中国西南川滇交界的四川省攀枝花市，下属企业遍及辽宁、广西、重庆等省市自治区；产业涉及钢铁、金融、机械、电子、信息和煤化工等，是跨地区、跨行业的集团化企业。2005年实现营业收入406亿元，利润12.69亿元。是我国重要的钢铁生产基地和品种齐全的无缝钢管生产基地，也是中国钒制品和铁路用钢生产基地。

目前，攀钢正坚定不移地走新型工业化道路，大力实施资源战略、精品战略、科技创新战略、管理流程再造战略和人才兴企战略，加快结构调整和资源综合利用步伐，加强自主创新能力建设，做大钒钛、做精钢铁、做好资源、做强企业，努力把攀钢建设成为具有国际竞争力的现代化大型钢铁钒钛企业集团。

（集团）公司

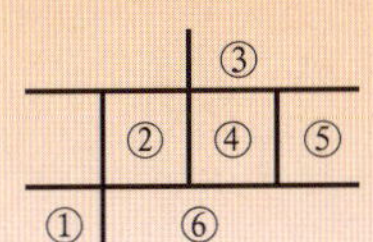

①能生产 100 米长高速钢轨的万能轧机
②具有国际先进水平的高钒铁冶炼
③大型露天矿山：朱家包包矿
④ 340 钢管生产线
⑤攀钢冷轧热镀铝锌板生产线
⑥攀钢主厂区弄弄坪夜景

中国网通北京市分公司

赵继东总经理与故宫博物院领导为皇家电话局揭牌

与北京奥组委签约，正式成为奥运合作伙伴

qiyewenhua

中国网通（集团）有限公司北京市分公司（简称北京网通）是北京地区拥有百年历史的通信“老字号”企业，是北京地区电信主导运营商。

北京网通隶属中国网通（集团）有限公司，经营除移动通信以外的所有电信和综合信息业务，是北京地区实力雄厚、品牌信誉度高的基础电信运营企业。

目前，公司拥有各类通信用户已达千万；国内、国际长途电话可通达世界所有开通长途电话的国家和地区；各类宽带接入、智能通信、数据、互联网、信息等类业务不断增长。

北京网通不断积累着运营经验，形成了为市场所认可的多种形式的服务体系。客户可以选择10060客户服务中心及电话、互联网、营业厅等多种方式咨询业务、办理业务并享受完善的售后服务。

北京网通承载着120年的厚重历史，从1884年清政府设北京电报局开始，经营电报电话以及各种增值业务。今天，秉承“一切从客户需要出发”的企业经营理念，创新服务文化，坚持文化营销的经营之道，先后恢复并开办了具有百年历史的“故宫皇家电话局”、“颐和园皇家电话专线”和电话博物馆等一批电话文化景观。从语音业务到数据业务，从窄带业务到宽带业务，从日常通信到应急通信，全方位、多层次的服务于政府机构、普通用户以及各类商业客户，以强大的网络支撑北京与世界的交流合作。

北京网通充分认识到这是一个需要开放与合作的时代，目前正在从传统的电信运营商向综合信息服务商进行企业转型。同时，希望借助自己的网络资源与各方广泛合作，不断开创和完善新的服务领域和服务方式，推进北京的信息化建设，推动中国信息产业的发展，为建设社会主义和谐社会提供通信服务。

北京通信博物馆

卫星地球站

游客在故宫参观皇家电话局

qiyewenhua

徐惟诚同志参加皇家电话专线展开幕式

“皇家电话专线展”剪彩仪式

现代化的网络管理中心

北京通信博物馆展示的电话机

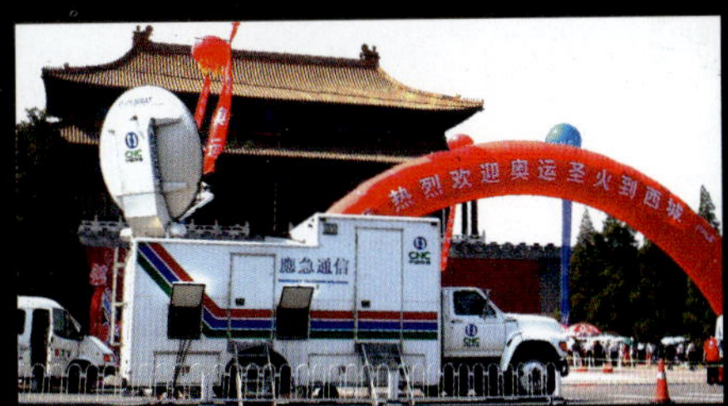
为奥运火炬传递服务的卫星通讯车

中国一航沈阳

所长 孙聪

党委书记 李燕

qiyewenhua

飞机设计研究所

中国学习型组织示范基地论证鉴定会

研究所领导集体

沈阳煤业集团

集团公司董事长、党委书记　林守信

沈阳煤业集团以煤炭生产为主业，有沈阳和黑龙江两个矿区。共有10对生产矿井，核定生产能力为1640万吨。其中沈阳矿区井田面积为370平方公里，地跨沈阳、辽阳、本溪、鞍山、铁岭五市。主要产业有煤炭、石膏、水泥、建筑施工和机械制造等。黑龙江矿区是公司实行资源扩张战略后，从鸡西、牡丹江地区购买和合作经营的五对地方煤矿和一个煤机厂。两个矿区共有地质储量19.67亿吨。其中沈阳矿区地质储量17.28亿吨，黑龙江矿区地质储量2.39亿吨。主要煤种有焦煤、气煤、肥煤、瘦煤、贫瘦煤、贫煤、无烟煤和褐煤。

集团公司自2001年开始，大力实施企业文化建设，进一步增强了企业的凝聚力，为集团公司改革发展起到了积极的作用。

沈阳市企业文化研究会在沈煤召开现场会

花园式矿区

林盛煤矿

宽敞明亮的井下巷道

党员安全哨兵准备上岗

集团公司职工技能运动会

qiyewenhua

矿区夜景

安全宣传随处可见

公司员工抗击台风　全力抢修恢复供电

客户答谢

公司开展登山活动

qiyewenhua

中国南方电网有限责任公司

中国南方电网有限责任公司于2002年12月29日挂牌成立。公司经营范围为广东、广西、云南、贵州和海南，负责投资、建设和经营管理南方区域电网，经营相关的输配电业务，参与投资、建设和经营相关的跨区域输变电和联网工程；从事电力购销业务，负责电力交易与调度；从事国内外投融资业务；自主开展外贸流通经营、国际合作、对外工程承包和对外劳务合作等业务。

公司总部设有有关职能部门，以及南方电网电力调度通信中心、电力交易中心、技术研究中心。下设超高压输电公司、调峰调频发电公司两个分公司，广东、广西、云南、贵州、海南电网公司五个全资子公司，控股南方电网财务公司。至2006年6月底，公司资产总额2779亿元。

总裁阮积祥

现代化流水线作业

庆祝机床下线

登上领奖台

杰克控股集团有限公司

杰克控股集团有限公司（简称杰克）是一家跨地域、跨产业、不跨制造业，集科、工、贸一体的民营企业集团。杰克创建于1995年，职工总数2000余人，下属7家子公司，分布在浙江、上海、江西三个省、市。业务范围涉及缝纫机、机床、投资等三大产业。是全国缝制机械和机床行业骨干企业，是中国缝制机械协会、中国机床行业协会理事单位。

杰克主营产品为“杰克（JACK）”牌工业缝纫机，现有包缝机、平缝机、绷缝机、曲折缝、厚料机等9大类100多个品种，拥有年产各类工业缝纫机60万台的生产能力；杰克产品深受客户好评，产品远销31个省、市、自治区和102个国家和地区。

杰克拥有省级科技研发中心，在行业内率先通过ISO9000质量管理体系认证、CE认证；全面实行信息化管理和CIS管理，建有行业中领先的CISM、ERP系统。

杰克恪守“品牌经营、信誉兴业”的宗旨，积极追求可持续发展。

杰克将继续发扬“和、诚、拼、崛”的企业精神，秉承“创世界杰克，塑世界品牌”的企业使命，坚持以金融为杠杆，坚持资本运作和产业兼并并举，大力整合内外部资源，全力打造跨产业不跨制造业的世界杰克。

qiyewenhua

集团总部办公大楼

党委书记 戴亚龙

所长 杨伟

qiyewenhua

成都飞机设计研究所

数字化设计（制作：张祖德）

空天技术领域研究（制作：张祖德）

成都飞机设计研究所科研大楼(张祖德 摄)

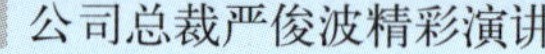
公司总裁严俊波精彩演讲

公司总裁严俊波先生与瑞士雀巢亚太非地区总裁及大中华区总裁友好会晤

豪 吉 集 团

豪吉集团业务涵盖食品、农业、物流、餐饮、房地产、教育等领域。其主体公司四川豪吉食品有限公司系与瑞士雀巢公司于2001年共同出资组建，现已发展成为全国同行业中规模较大、知名度较高、效益较好的专业调味品生产型企业。公司主导产品为“豪吉牌”鸡精。

企业理念：“容”，纳百川而不嫌弃细流，容污浊而净化为碧水；企业精神：豪吉与你心连心；

质量信条：“勿以善小而不为，勿以恶小而为之”；治企观念：“人为本，法为准、德为先、廉为荣”。

首届“豪吉杯”回锅肉创新厨艺大赛启动仪式

豪吉举办的美食模特秀引人注目

豪吉举办每年一度的辣王争霸赛轰动全国

新 华 联 集 团

新华联集团总裁 傅军

新华联集团创立于1990年10月28日，伴随着中国改革开放的浪潮，坚持“厚植实业、报效祖国”的发展方针，历经16年的艰苦创业和快速发展，由经营国际贸易起步，已逐步发展成为一个资产股份化、产业多元化、管理现代化、经营国际化的大型民营现代企业集团，经营范围涉及酒业、化工、汽车、陶瓷、食品、房地产、城市燃气、矿业等多种行业，拥有全资、控股、参股企业40多家，其中控股与参股上市公众公司4家。十多年来，集团培育了一批知名品牌和优质产品，形成了在行业内较强的竞争能力和优势，创造了独特的企业文化、全新的商业模式和完善的管理体系。集团现有总资产60多亿元，员工23000多名，年营业额近80亿元，每年上缴国家税收3亿元以上，年进出口总额超过2亿美元。企业分布和主要业务遍及国内23个省市和40多个国家与地区。

qiyewenhua

新华联集团捐赠1000万元设立“新华联协和医学奖励基金”

新华联集团与湖南大学联合开办在职经济学研究生班

新华联集团组织员工开展登长城比赛

qiyewenhua

射流曝气池

浓缩池全景

济南市水质净化一厂

二沉池一角

企业文化研讨会会场

水质监测分析

用心服务 真情奉献

——四川省电信有限公司成都市分公司

成都电信事业始于清末，清光绪12年（1886年）建成成都电报局，1950年11月15日成立成都市电信局，2000年11月15日成立四川省电信公司成都市分公司，2003年12月31日，成都电信所在的四川电信成功在香港和纽约上市。

成都电信在全国“八横八纵”光缆干线网络中具有重要地位，现已基本建成通达全国、连接世界的通信网络，成为西南地区、四川省和成都市信息出入的“国道”，为成都市国民经济信息化提供了得天独厚的条件，是成都市目前事实上唯一承担普遍电信服务、专用通信、应急通信等重要任务的公众通信企业，是推动成都市国民经济持续、快速、健康发展的一支强有力的生力军。

在不断发展的同时，成都电信一刻也没有忘记用真情回报社会。2003－2006年共向社会捐资750余万元。2005年又斥资1.5亿元为15万农户安装了智能电话，使成都市农民通信难的问题得到了解决。

成都电信，将秉承“用户至上、用心服务”的服务理念，为成都市提供一个覆盖全市、沟通全国、功能强大、性能可靠、适应当前、满足发展的公共网络平台，为广大用户提供包括语音、数据图像、多媒体通信及信息服务在内优质高效服务，为促进成都市信息化建设，全面创建和谐社会贡献力量！

成都电信10000号

充满青春气息的10000号员工热情地为广大用户服务。

成都电信社区经理

社区经理宣言：因为诚挚，所以信赖。“我们是成都电信分公司的社区经理，我们聆听您的心声，关注您的需求，将优质周到的服务带到您的身边……让您舒适到家，满意到家。”

四川电视台、成都电视台记者抢拍“88888888”竞拍过程

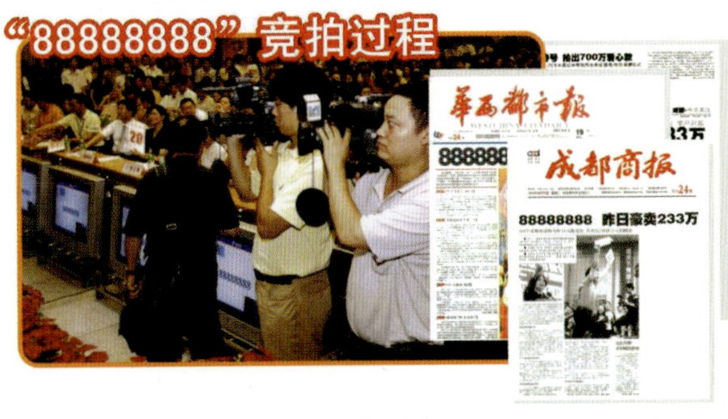

2003年8月成都电信举办了“88888888”等特号拍卖，所得款项全部捐赠社会。

成都电信第二长途枢纽大楼

2003年6月落成的成都电信第二长途枢纽大楼，囊括了长途、市话交换和传输、宽带等通信要素。该工程的建成，为成都乃至西南地区提供了高速率、大容量、安全可靠的骨干信息平台和信息通道，进一步巩固了成都在西南地区的通信枢纽地位，有助于提高四川省信息化水平和成都的城市竞争力。

青岛利客来商贸集团股份有限公司

利客来集团旗舰店——利客来购物中心

青岛利客来商贸集团股份有限公司总营业面积15万平方米，下设利客来购物中心、利客来莱西购物中心以及利客来李村公园超市等10家自营连锁超市、153家加盟店、便利店，并涉足商务酒店、饮品生产、生态观光、物流配送等经营领域，真正实现了购物、休闲、餐饮、商务、娱乐、物流、文化、服务多种经济成份并存的集团化经营模式。

利客来集团成立以来，始终围绕“经济建设”这个中心，坚持以人为本，以文化为导向，以品牌建设为基点，大力拓展经营渠道，及时更新经营思路，着力发展连锁加盟事业，在做强的基础之上不断做大。多年来，利客来本着以“顾客”为中心，从而达到“利来”的目的，也充分突出了“利客来”的含义，以“实在”的精神真正实现了“便民利民利客来，称心开心利客来，真情亲情利客来，利客来购物立刻来”的理念，使“利惠顾客，共创未来”深入消费者的内心，取得了物质文明、精神文明累累硕果。

qiyewenhua

福建永安火电厂

开展“珍惜生命，关爱他人”安全文化活动

认真探讨，精心检修

重温入党誓词，争当“五表率”党员

龙口港

龙口港位于渤海湾南岸、胶东半岛西北部，与辽东半岛、天津市、大连市隔海相望，是全国沿海地区性重要港口之一，山东省北部对外物资交流的重要集散地。

龙口港始建于1914年。1984年获准对外开放，2002年通过了ISO9001系列质量认证。企业固定资产总额24亿元，员工3720人，系山东省大型企业。

港口现有码头岸线5000余米，生产泊位22个，其中万吨级以上泊位12个。年设计通过能力1113万吨（含集装箱20万TEU），核定通过能力1800万吨。主航道水深14.5米，底宽140米，8万吨级船舶可正常进出港。

龙口港区总占地面积320万平方米，库场面积140万平方米，其中仓库面积5万平方米，公用型保税仓库面积3.4万平方米，石油化工仓储能力91万立方米，散粮罐存储能力10万吨。目前港口主要经营煤炭、石油化工、散粮、铁矿砂、铝矾土、木薯干、水泥及熟料、原盐、非金属矿石、钢材及集装箱等装卸堆存业务。

2004年龙口港开展了企业文化建设工程，以打造企业核心理念为契机，创造出富有港口特色的企业文化理念，形成了一套完整的企业文化体系。在“自立自强、务实创新、和谐共赢”的企业精神和“以信为本、以义取利、差异化制胜”经营理念的指导下，企业各项工作开展的卓有成效，多次获得各种奖励。2004年港口吞吐量首次突破千万吨大关，2005年实现1600万吨，2006年港口计划完成固定资产投资9亿元，港口吞吐量将有望实现2000万吨/15万TEU。

把握机遇　开拓进取

東方國際集團

上海市对外贸易有限公司

ORIENT INTERNATIONAL HOLDING SHANGHAI FOREIGN TRADE CO., LTD.

公司简介

东方国际集团上海市对外贸易有限公司,前身是上海市对外贸易公司，成立于1988年1月，是以进口为主，进出并举的地方性外贸企业，以代理、自营或转口贸易等方式，经营五金矿产、化工、粮油、纺织、轻工、机械、仪器、设备、医疗器械等产品的进出口业务，并拥有钢材、羊毛、腈纶、胶合板、天然橡胶、燃料油等商品的专项经营权；承办来料加工、来样加工、来件装配业务和补偿贸易；开展中外合资、合作生产业务；承接国际招标、投标业务；经营国内外各类商品的批发、零售、邮购及汽车进口销售（含小轿车）业务；接受国外和港、澳、台厂商的委托，经营寄售业务和进出口产品的售后维修服务。

进入20世纪90年代以来，公司拥有一批长期从事外贸的业务骨干，积极发展与国内外用户、客商的贸易关系，在国内外享有良好的声誉和较高的知名度，并已连续多年进出口总额达到10亿美元以上，2003年更是达到了15.5亿美元的历史新高，在上海外贸企业中名列前茅。

进入20世纪90年代以来，上海加快实施“开放开发浦东”和“建设国际经济、金融、贸易中心”的发展战略。公司为进一步扩展业务，先后在美国、日本、澳大利亚、新加坡、香港、俄罗斯、斯洛伐克、波兰等八个国家和地区设立了海外子公司及合作企业，并相继成立了浦东分公司、上海商都贸易有限公司、上海东松贸易有限公司、上海东贸贸易有限公司、上海东方国际招标有限公司和上海久茂贸易有限公司等子公司，使公司的经营更具规模。

1996年11月,本公司加盟东方国际（集团）有限公司，实行了现代企业制度改革，并更名为“东方国际集团上海市对外贸易有限公司”。面对国际经济形势的风云变幻和加入WTO的新形势，本公司将继续弘扬诚实守信的企业文化，实施“以贸为主，以新型实业为依托的多元化延伸战略”，并以东方国际（集团）有限公司为依托，充分发挥集团综合商社的贸易、金融、信息、服务、开发等多种功能和强大优势，立足上海，面向全国，走向世界。

BRIEF INTRODUCTION

Orient International Holding Shanghai Foreign Trade Co., Ltd. (formerly Shanghai Foreign Trade Corporation), established in January 1988, is a local import-and-export-oriented trading enterprise, which handles import and export business covering metals & minerals, chemicals, cereals & oils, textiles, light industrial products, machinery, instruments and equipment, medical apparatus, etc. in such diversified ways as agency, buy-and-sale and entrepot. Especially, the company has been authorized to deal with steels, wools, acrylic fibres, plywood, netural rubber and fuel oil. Other business practices like processing with imported materials or samples, assembling with supplied parts, international bid, compensation trade, joint venture, co-production, real estate, wholesale and retail, mail-order of various goods, and automobiles import and sales are also undertaken. Meanwhile, the company is entrusted by overseas manufacturers and those from Hong Kong, Macao and Taiwan, with consignment and after-sales services.

Staffed with a number of professionals, who have years of experience in international trade, the company persists in developing business relations with domestic and overseas clients, and enjoys an established reputation both at home and abroad. For years in succession, its annual business amount had always been above US$1,000,000,000, especially for the year of 2003, it has reached USD1,550,000,000, which is among the toppest in Shanghai.

Entering 1990s, Shanghai has sped up the implementation of the strategy of "opening up and developing Pudong" and "building the city into one of the international economic, financial and trade centers". To further expand the international market, the company has established several overseas branches and cooperatives in eight countries and regions, including USA, Japan, Australia, Singapore, Hong Kong, Russia, Slovakia and Poland. The subsidiaries such as Pudong branch, Shanghai Shantra Trading Co., Ltd., Shanghai Dong Song International Trading Co., Ltd., Shanghai Dong Mao Trading Co., Ltd., Shanghai Orient International Tendering Co., Ltd. and Shanghai JiuMao Foreign Trade Co., Ltd. were founded in succession which elevates the whole business scale to a higher level.

The coming turn of the century is a crucial period for the future development. In November 1996, with the restructuring of the modern enterprise system, the company joined Orient International (Holding) Co., Ltd. and renamed itself as a group member accordingly. Facing new opportunities and challenges of international economy and entrance into WTO, Shanghai Foreign Trade Co., Ltd. shall continue to develop the enterprise culture of honesty and credibility and carry out the multi-extension strategy relying on new industry and focusing on trading, with the support from Orient International Holding, to bring into full play of the multi-function and strength of a comprehensive group engaged in trade, finance, information, service and development. Based on Shanghai and facing China, the company is marching towards the global market.

地址：中国上海市娄山关路85号东方国际大厦B座　邮政编码：200336
电话：（86-21）62786500　传真：（86-21）62786588
邮箱：business@cnsftc.com　网址：http://www.cnsftc.com

ADD:Building B Orient International Plaza 85 Lou Shan Guan Road, Shanghai 200336 China
TEL: (86-21) 62786500 FAX: (86-21) 62786588
E-mail:business@cnsftc.com INTERNET: http://www.cnsftc.com

中国建设银行聊城分行

总行在聊城分行举办服务文化长效机制专题调研活动

与重要客户举办文体联谊活动

省行级企业文化示范点揭牌仪式

“建行之声”少儿合唱团

qiyewenhua

联想集团

联想集团于1984年在中国北京成立，由联想集团和原IBM个人电脑事业部组成。2005年集团年收入约为130亿美元，年产量约为1500万台(数据来源：IDC)，占有全球约7%的市场份额。从1996年以来连续9年位居中国国内市场销量前列，并连年在亚太市场(日本除外)名列前茅(数据来源：IDC)。联想集团于1994年在香港上市(股份编号992)，是香港恒生指数成份股。

联想集团是一家极富创新性的国际化科技公司，秉承锐意创新与追求卓越的传统，联想持续不断地在用户关键应用领域进行技术研发投入。联想将最新的研发成果从实验室带到市场，转化为生产力并改善人们的工作和生活。集团建立了以中国北京、日本东京和美国罗利三大研发基地为支点的全球研发架构；在国内，联想还拥有北京、深圳、上海和成都四大研发机构。联想为全球PC技术的进步做出了重要贡献。联想集团拥有包括众多世界级技术专家在内的一流研发人才，他们曾赢得了数百项技术和设计奖项——包括2000多项专利——而且开创了诸多业界先河。

2003年，联想将其英文标识从“Legend”更换为“Lenovo”，其中“Le”取自原标识“Legend”，代表着秉承其一贯传统，新增加的“novo”取自拉丁词“新”，代表着联想的核心是创新精神，2004年，联想公司正式从“Legend”更名为“Lenovo”。

2004年3月26日，联想集团与国际奥委会签署合作协议成为国际奥委会全球合作伙伴。

2005年5月1日，联想完成了对IBM全球个人电脑业务的收购，这标志着全球第三大个人电脑企业从此诞生。

联想将一直承诺负责和积极的企业公民态度，不断改善经营，为社会发展做出贡献！

山东电力设备厂

山东电力设备厂厂长 孔庆一

出口印度BALCO的18万电力变压器

企业文化宣誓

qiyewenhua

新汶矿业集团

集团党委书记、董事长　郎庆田

新汶矿业集团（以下简称新矿集团）是以国有资产为主体、多种所有制并存，以煤为主、多种产业共同发展的大型企业集团。2005年企业销售收入达到152.8亿元，资产总额236亿元。新矿集团始终坚持经济一体化战略，输出新矿品牌，输出新矿文化，实施文化扩张，加大资源战略性储备，形成了“北上晋蒙、南下皖黔、西进新疆”千里矿业开发大格局。集团先后与10个国家、7个省区、山东省10个地市建立了项目建设与战略合作关系。

近年来，新矿集团按照“点面结合、重点突破、整体推进”的原则，相继开展了企业文化建设年、推进年、发展年、提升年活动，实施了企业文化“四步走”发展战略，形成了企业文化建设“一年一台阶，四年四大步”梯度上升的发展格局，形成了“以员工为土壤，理念为根系，战略为主干，分项文化为树冠，和谐发展为果实”的新矿集团企业文化树状体系，建塑了具有新矿特色的强势企业文化，有力地推动了企业跨越发展，实现了“形象与效益同步增长，文化与经济协调发展”的可喜局面。

展望未来，新矿集团将按照“激活、做大、谋久”的战略方针，着力构建“1382”产业布局。即1个基础产业（煤炭），3个支柱产业（电力、化工、建筑建材），8个支持产业（物业贸易、机械制造、轻纺加工、冶金、药材、高效农业、金融服务和育林造纸），2个后续产业（高科技产业和新兴劳动密集型产业）。

qiye wenhua

集团总部办公大楼

郎庆田为模范人物颁奖

商者无域、相融共生，全国人大代表、集团董事长郎庆田携全体员工真诚期盼各界朋友前来投资合作、共谋发展！

地址：中国 山东 新汶矿业集团
电话：0538-7872147 7872358
传真：2538-7872531 7872328
网址：http://www.xwky.cn
邮编：271233

文化是树冠（管理、安全、学习、形象、经营、制度、人本、环境）

和谐发展是果实

战略是主干

工是土壤

理念是根系

战略是主干

员工参加升旗仪式

开采光明、奉献温暖

井口安全文化长廊

新矿集团举办新春联欢会

qiyewenhua

中国华联商品采购集团有限公司

全国华联商厦集团总部

qiyewenhua

全国华联商厦集团秘书长　李可集

1989年2月26日,由原商业部出资成立华联商厦集团。华联集团资本实力雄厚，商业经验丰富，拥有“华联商厦”等著名品牌资源。经过近20年的发展，华联商厦集团已形成成员单位遍布北京、上海、天津、广州、重庆等23个省（市）、46个大中城市、55家成员单位、百货商场、购物中心、超市超过450家主力店；由单一的百货零售发展为集超市、物流中心、酒店、装饰材料、房地产开发等多种业态于一身的有机体，成就零售商业中国知名品牌。

华联商厦集团自创建以来就以创一流商品、一流服务、一流管理、一流效益、一流品牌为奋斗目标，以尊客爱店、文明守纪、求实创新、勇创一流的敬业精神激励全体员工树立华联人形象。

华联商厦集团积极跟进社会与时代的变革，伴随着中国市场与世界经济的发展，积极地进行自身的调整，逐渐从传统百货业向现代百货业转变；从大众化向时尚转变，不求全，转求有特色、有品位；商场开始从注重硬件向注重软件转变，抓住“卖时尚、卖品牌、卖信誉、卖功能”5个卖点向现代百货业转型。

为了对全国华联商厦集团的成员单位进行有效的统一管理，进一步提升品牌的优势效应和竞争力，华联集团采取“同盟战略，连锁效应，品牌优势”战略，华联经营模式也主要由直营、加盟、品牌联营三大方面组成，为了实现做实做大的目标，不断壮大发展，制定了“五年连锁300店计划”，向加盟店输出品牌、理念、管理。

2006年，以华联自身庞大的商业网点资源为基础，与中国国际电子商务中心联合打造了中国华联采购联盟超级B2B电子商务平台，依托地面同业网点而创建的落地型电子商务平台，让所有地面商场插上了翅膀在世界翱翔，让所有网上交易都能落地生根，实现了地面商场与网上商务交易的完美结合。

华联人正以豪迈的步伐，以“加速赶超”“争创一流”为目标阔步前进。将努力成为立足中国、进军世界的零售业强势力量，续写辉煌！

中国华联采购集团CEO　任力

中国华联采购集团董事长　韩光云

qiyewenhua

你看到的只是1包牛奶

保护1包牛奶
利乐全球有5000多项专利

qiyewenhua

为确保品质，每一个利乐包装，
都藏有你想象不到的技术含量。
作为全球领先的液态食品包装及加工设备公司，
利乐已在全球10个国家共投建了19个研发中心，
拥有1000多名优秀的工程师。
他们将理念转为工业化解决方案，为利乐带来5000多项食品安全专利，
引领世界包装领域的创新步伐。
来自瑞典的利乐公司成立于上世纪50年代，自创建以来不断创新，
特别是率先应用超高温灭菌加工和包装技术，推出无菌纸包装系列，
这带来了世界食品科学史一次重大的革命——
让牛奶等液态食品在常温下即可保鲜长达45天～6个月，且无需防腐剂。
今天，利乐的产品及设备已遍布全球33个国家165个市场，
成为世界上很多牛奶、果汁、饮料等产品包装系统的主要供应商。
在中国，你所熟悉的伊利、蒙牛、光明、统一等品牌的许多产品，
选用的就是利乐包装。
在你身边，更值得你信赖。

利乐，世界食品技术专家，致力于确保安全的食品随处可得。

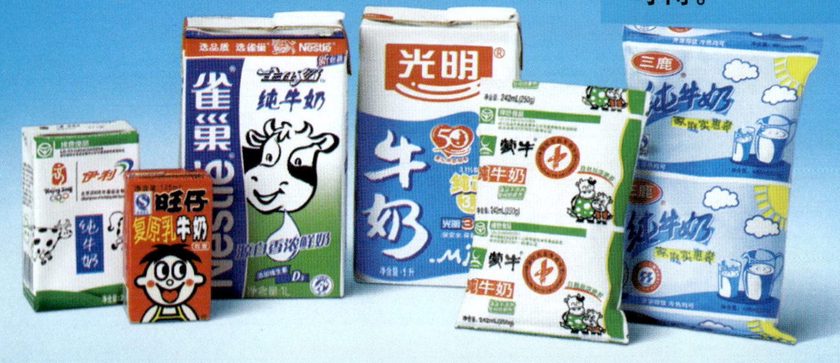

中国财政经济出版社

经济年鉴出版中心

经济年鉴出版中心主要出版经济类年鉴及相关图书。目前出版的年鉴有：中国经济体制改革研究会主编的《中国经济体制改革年鉴》、中国开发区协会主编的《中国开发区年鉴》、国家发展和改革委员会主编的《中国中西部地区开发年鉴》、中国企业文化研究会主编的《中国企业文化年鉴》等，其中部分年鉴已经连续出版了十几年。出版的主要图书有：国有资产监督管理系列教材、中国特殊经济区域建设理论与实践系列图书教授博士文库、振兴东北地区等老工业基地年度报告等。

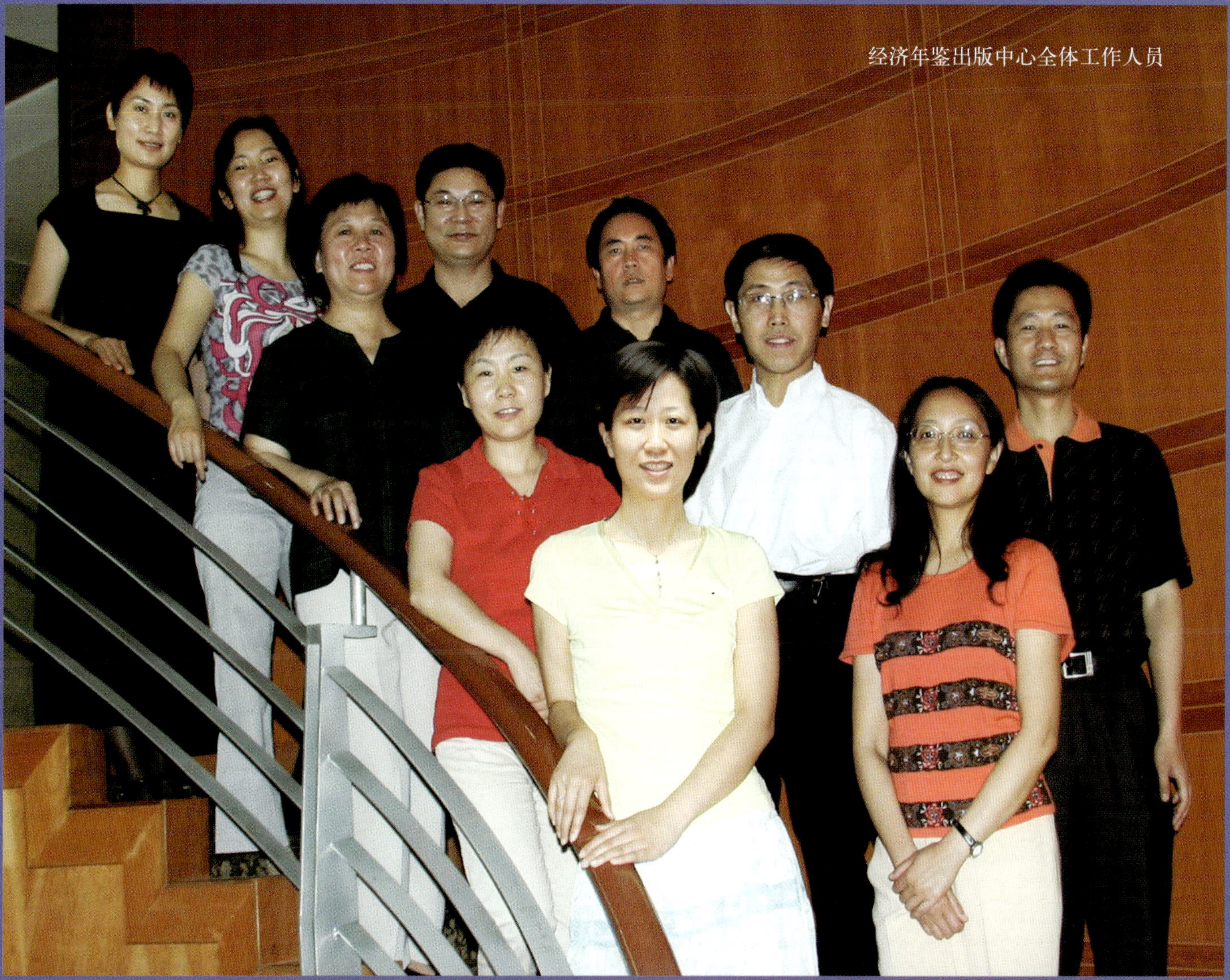

经济年鉴出版中心全体工作人员

qiyewenhua

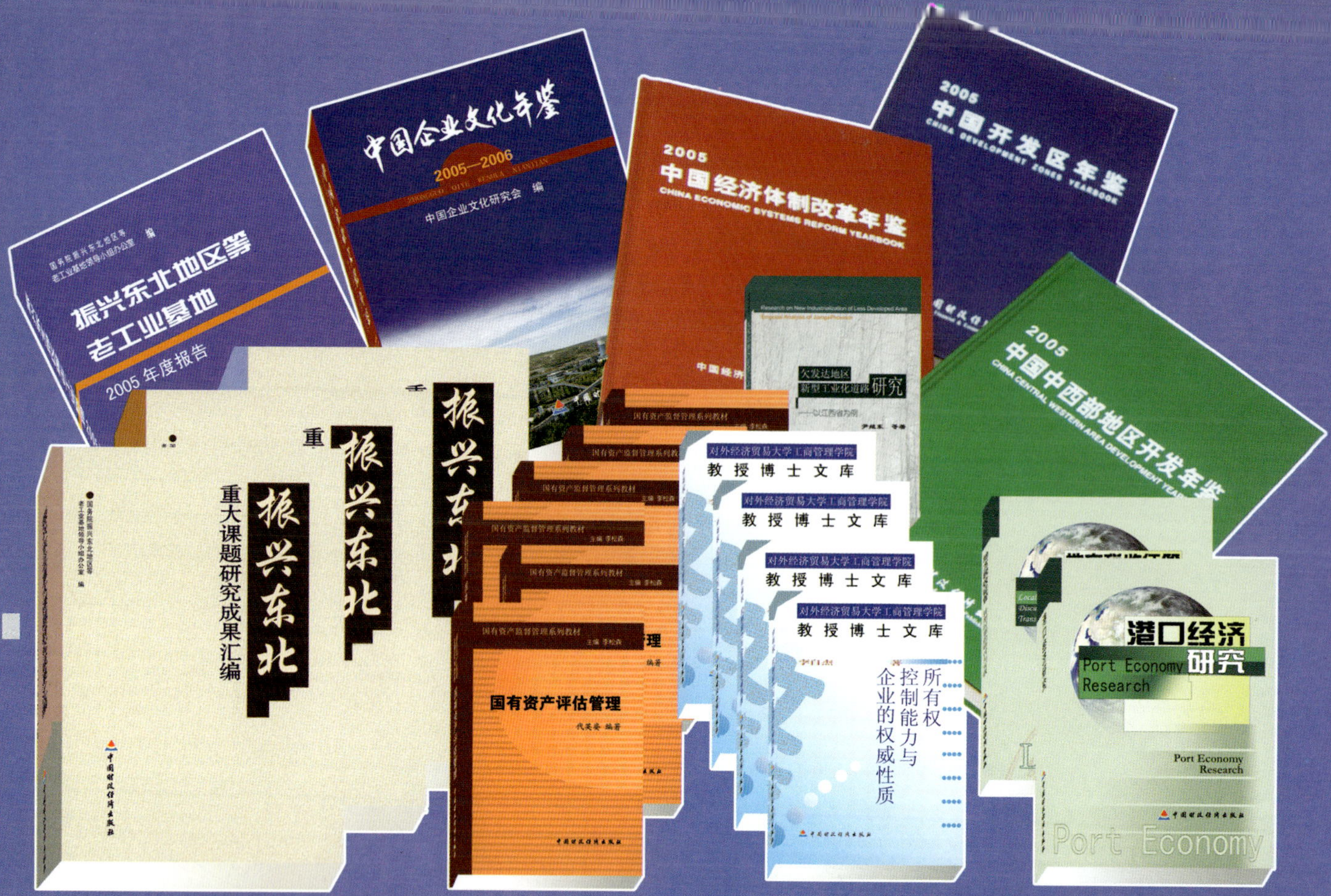

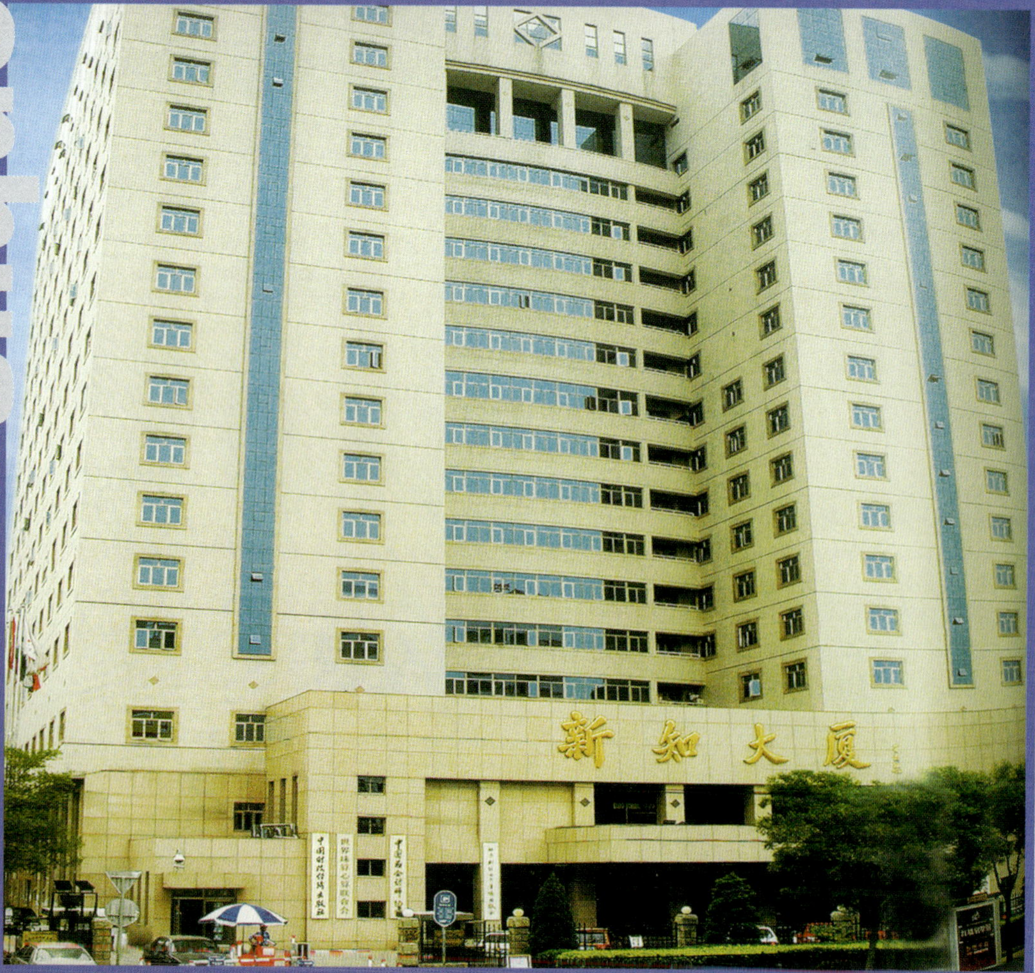

中国财政经济出版社
经济年鉴出版中心

地址：
北京市海淀区阜成路
甲28号新知大厦7层
邮编：
100036
E-mail：
nianjian912@sina.com.cn
传真：
010-88190749
电话：
010-88190703
010-88190747

中国企业文化年鉴

袁宝华题

ZHONGGUO QIYE WENHUA NIANJIAN

(2005—2006)

中国企业文化研究会 编

中国财政经济出版社

图书在版编目（CIP）数据

中国企业文化年鉴．（2005—2006）/中国企业文化研究会编．
—北京：中国财政经济出版社，2006.10
ISBN 7-5005-9419-4

Ⅰ．中…　Ⅱ．中…　Ⅲ．企业文化-中国-2006-年鉴
Ⅳ．F279.23-54

中国版本图书馆CIP数据核字（2006）第120659号

中国财政经济出版社出版

URL：http：//www.cfeph.cn

E-mail：cfeph@cfeph.cn

社址：北京市海淀区阜成路甲28号　邮政编码：100036

发行处电话：88190406　财经书店电话：64033436

北京外文印刷厂印刷　各地新华书店经销

889×1194毫米　16开　40.25印张　1510000字

2006年10月第1版　2006年10月北京第1次印刷

定价：280.00元

ISBN 7-5005-9419-4/F·8173

（图书出现印装问题，本社负责调换）

《中国企业文化年鉴》编辑委员会

序

纵观中外企业的发展历程，我们发现部分企业取得了长盛不衰的持续成功，而更多的企业却成为昙花一现的流星企业，着眼于历史的视角分析，企业只有建立在持续基础上的成功才是真正意义上的成功。因而，持续是诸多已经成为百年老店的全球著名企业的成功基石，更是众多立志成为百年老店的中国企业坚定不移的使命追求。在持续的意义上，企业文化是决定企业生命力的根本要素，企业文化是实现企业可持续发展的核心动力。

我们认为，企业文化之于企业可持续发展具有五个方面的核心意义：

一、文化基因是成就企业百年基业的核心元素

企业的生存发展从根本意义上取决于"道"和"术"两个层面，企业基于"术"的层面上的成功能迅速完成创业期的高速成长，赢得相比竞争对手的比较优势，取得生命周期中的阶段性的辉煌和胜利。然而，企业的可持续发展最终取决于"道"的层面，而非"术"的层面，这是国内很多曾经相当辉煌的企业转瞬成为流星的根本原因所在。

"道"的层面上的成功本质上是文化意义上的成功，文化基因是中外优秀企业共同的成功基因，但凡实现了长期可持续发展的优秀企业，无不具有深藏于领导人和员工心中的志存高远的坚定信念和执着追求，无不具有深刻熔铸领导人和员工生命体内的代代相传、生生不息的文化信仰。

二、文化灵魂是推动企业创新变革的动力源泉

创新、变革是所有要实现基业常青的企业面临的永恒主题，优秀的企业从不是永远一帆风顺地发展而不会遇到困难，而恰恰是在战胜无数困难、挫折和失败的过程中培养和造就了以文化为内核的组织创新、机制创新和变革能力，成为推动企业持续发展和成功的内在核心竞争优势。企业的核心竞争力源于持续不断的创新能力，强大的变革能力基于强势的企业文化。组织创新机制和创新能力的培养与形成基于创新和变革的文化基因的形成。企业领导人的文化自觉是关键，起着提倡、示范、推动作用，但惟有锻造和形成企业的创新和变革文化基因，才能从根本上建立组织性的而不是仅仅依赖于个人推动的创新机制，才能从根本上形成企业内生的而不是依赖于外在推动的变革动力，才能从根本上造就企业持续的而不是短期的创新能力和变革能力。

三、文化内涵是决定企业成败的重要基础

文化底蕴是区分企业品位高下的关键要素，文化内涵是决定企业竞争成败的重要基础。机会导向、资源基础、巧妙运作是中国许多企业近乎雷同的战略思维，而事实上企业的品位高下和竞争成败从根本上并不取决于有形资源和外在能力，而取决于无形的、内在的资源和能力基础。企业可以依靠对机会的捕捉、对资源的运筹、对关系的把握而在竞争中取得一时一地的局部胜利，却不可能取得长久的、全局的胜利。

无形的、内在的资源和能力是以文化力为内核的组织性的、制度性的、集体性的、品牌性的内生资源和竞争能力,决定企业竞争成败的最终要素是独特的文化底蕴和文化内涵。

四、文化环境是锻造企业人才团队的根本保障

企业的核心竞争力根本上是人的能力,而不是物的能力,企业的可持续发展根本上是人的问题,而不是别的问题。缺乏一流人才团队(包括一流的管理人才、经营人才、技术人才和优秀职工)支持的企业注定不是走远。企业文化建设的核心要义之一即在于建设意志统一、行动一致、执行有力、活力充沛的员工队伍,在于对人才团队的培养和建设良好的人文环境。因而,独特的文化环境是企业锻造人才团队的根本保障,一流的人才团队是企业可持续发展的根本保障。

五、文化主张是传达企业价值诉求的品牌宣言

具有卓越品牌价值的优秀企业,无不具有鲜明而独特的、深为企业领导人和员工所信奉、深为消费者和广大社会大众所认同的文化主张。默克、索尼、惠普、强生、摩托罗拉、诺基亚、同仁堂等许多企业的文化主张已经成为传达企业独特价值诉求的品牌宣言,已经成为表达企业社会责任和企业终极价值的品牌宣言,已经远远超越了单纯的生存与竞争层面的意义,成为企业长久的文化信仰,成为企业赢得广泛尊重与信誉的文化基石,成为塑造企业卓越品牌形象的独特文化个性,成为企业铸就百年基业的文化灵魂。

20 年改革,中国企业界已经产生了一个耀眼的群体,她们已经成为中国市场经济建设的标志性成果,已经成为中国赢得世界关注和尊重的重要支撑力量,已经在不同程度上成为中国企业界乃至中国社会的标志和骄傲。我们关注的是:已经弱冠之年的中国企业将如何走向大成?我们期待的是:中国越来越多的产生具有全球竞争力、与跨国企业同台竞技的可持续发展企业!中国企业的可持续发展需要从根本上形成生生不息、源源不竭的文化动力!

张大中

(中国企业文化研究会常务副理事长、学术委员会主任)

目 录

特载篇

理　论　篇

实　践　篇

中国企业文化建设示范基地巡礼

企业文化建设经验选编

企业文化建设案例选编

品牌营销策划案例

企业形象策划成果选编

附 录

后 记

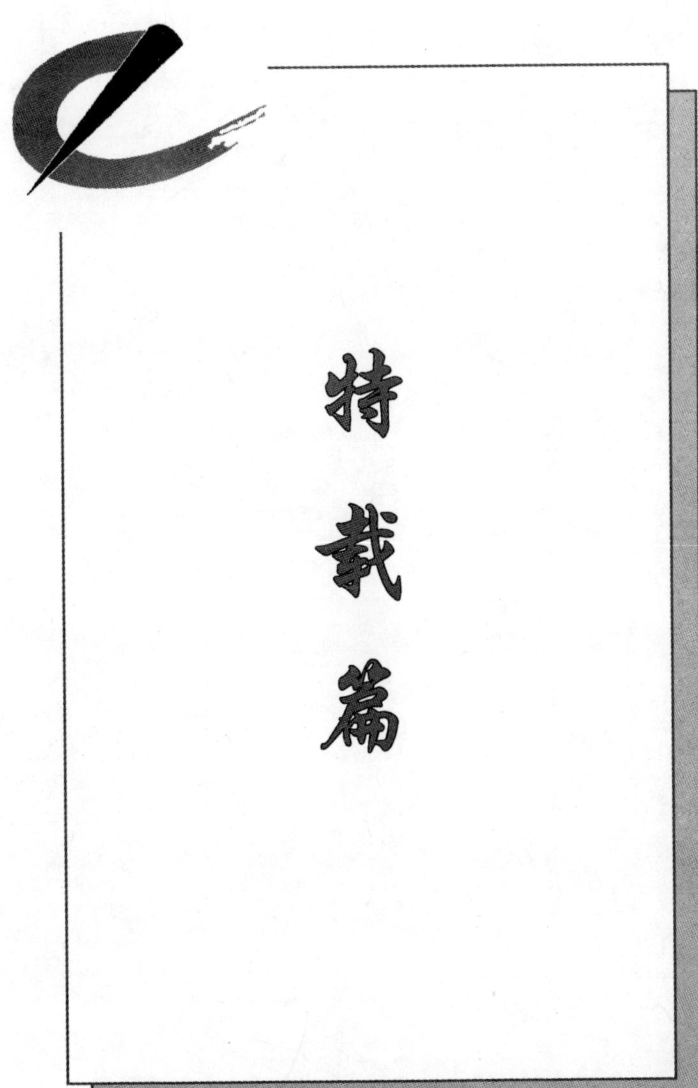

特载篇

国家有关部委等机构关于加强企业文化建设的相关文件

关于加强中央企业企业文化建设的指导意见

国资发宣传[2005]62号

各中央企业：

为深入贯彻“三个代表”重要思想和党的十六大精神，认真落实以人为本，全面、协调、可持续的科学发展观，充分发挥企业文化在提高企业管理水平、增强核心竞争能力、促进中央企业改革发展中的积极作用，现就加强和推进中央企业企业文化建设提出如下意见。

一、企业文化建设的重要意义、指导思想、总体目标与基本内容

1. 加强企业文化建设的重要性和紧迫性。当前，世界多极化和经济全球化趋势在曲折中发展，科技进步日新月异，综合国力竞争日趋激烈。文化与经济和政治相互交融，文化的交流与传播日益频繁，各种思想文化相互激荡，员工思想空前活跃。深化改革、扩大开放和完善社会主义市场经济体制的新形势，使中央企业既面临良好的发展机遇，又面对跨国公司和国内各类企业的双重竞争压力，迫切需要提高企业管理水平和提升企业竞争能力。先进的企业文化是企业持续发展的精神支柱和动力源泉，是企业核心竞争力的重要组成部分。建设先进的企业文化，是加强党的执政能力建设，大力发展社会主义先进文化、构建社会主义和谐社会的重要组成部分；是企业深化改革、加快发展、做强做大的迫切需要；是发挥党的政治优势、建设高素质员工队伍、促进人的全面发展的必然选择；是企业提高管理水平、增强凝聚力和打造核心竞争力的战略举措。中央企业大多是关系国民经济命脉和国家安全，在重要行业和关键领域占支配地位的国有重要骨干企业，肩负着弘扬民族精神、促进经济发展、推动社会进步的重任。中央企业必须坚持以“三个代表”重要思想、党的十六大和十六届三中、四中全会精神为指导，在提高效益、促进发展的同时，在建设先进企业文化中发挥示范和主导作用，为发展社会主义先进文化，全面建设小康社会做出应有的贡献。

中央企业在长期发展实践过程中，积累了丰厚的文化底蕴，形成了反映时代要求、各具特色的企业文化，在培育企业精神、提炼经营理念、推动制度创新、塑造企业形象、提高员工素质等方面进行了广泛的探索，取得了丰硕的成果。但是，中央企业的企业文化建设工作发展还不够平衡，有的企业对企业文化建设的重要性认识不足，企业文化建设的目标和指导思想不够明确，片面追求表层与形式而忽视企业精神内涵的提炼和相关制度的完善，企业文化建设与企业发展战略和经营管理存在脱节现象，缺乏常抓不懈的机制等。因此，中央企业的企业文化建设亟需进一步加强和规范。

2. 企业文化建设的指导思想：以邓小平理论和“三个代表”重要思想为指导，贯彻落实党的路线、方针、政策，牢固树立以人为本，全面、协调、可持续的科学发展观，在弘扬中华民族优秀传统文化和继承中央企业优良传统的基础上，积极吸收借鉴国内外现代管理和企业文化的优秀成果，制度创新与观念更新相结合，以爱国奉献为追求，以促进发展为宗旨，以诚信经营为基石，以人本管理为核心，以学习创新为动力，努力建设符合社会主义先进文化前进方向，具有鲜明时代特征、丰富管理内涵和各具特色的企业文化，促进中央企业的持续快速协调健康发展，为发展壮大国有经济，全面建设小康社会做出新贡献。

3. 企业文化建设的总体目标：力争用三年左右的时间，基本建立起适应世界经济发展趋势和我国社会主义市场经济发展要求，遵循文化发展规律，符合企业发展战略，反映企业特色的企业文化体系。通过企业文化的创新和建设，内强企业素质，外塑企业形象，增强企业凝聚力，提高企业竞争力，实现企业文化与企业发展战略的和谐统一，企业发展与员工发展的和谐统一，企业文化优势与竞争优势的和谐统一，为中央企业的改革、发展、稳定提供强有力的文化支撑。

4. 企业文化建设的基本内容：企业文化是一个企业在发展过程中形成的以企业精神和经营管理理念为核心，凝聚、激励企业各级经营管理者和员工归属感、积极性、创造性的人本管理理论，是企业的灵魂和精神支柱。企业文化建设主要包括总结、提炼和培育鲜明的企业核心价值观和企业精神，体现爱国主义、集体主义和社会主义市场经济的基本要求，构筑中央企业之魂；结合企业经营发展战略，提炼各具特色、充满生机而又符合企业实际的企业经营管理

理念，形成以诚信为核心的企业道德，依法经营，规避风险，推动企业沿着正确的方向不断提高经营水平；进一步完善相关管理制度，寓文化理念于制度之中，规范员工行为，提高管理效能；加强思想道德建设，提高员工综合素质，培育“四有”员工队伍，促进人的全面发展；建立企业标识体系，加强企业文化设施建设，美化工作生活环境，提高产品、服务质量，打造企业品牌，提升企业的知名度、信誉度和美誉度，树立企业良好的公众形象；按照现代企业制度的要求，构建协调有力的领导体制和运行机制，不断提高企业文化建设水平。

二、企业文化建设的组织实施

5. 企业文化建设的工作思路。要站在时代发展前沿，认真分析企业面临的客观形势与发展趋势，以宽广的眼界和与时俱进的精神，面向世界、面向未来、面向现代化，以提升企业竞争力和提高经济效益为中心，确保国有资产保值增值和促进员工全面发展，将企业文化建设纳入企业发展战略，作为企业经营管理的重要组成部分，与党的建设、思想政治工作和精神文明建设等相关工作有机结合，加强领导，全员参与，统筹规划，重点推进，既体现先进性，又体现可操作性，注重在继承、借鉴中创新，在创新、完善中提高。

6. 企业文化建设的规划。根据本企业的行业特征和自身特点，确定企业的使命、愿景和发展战略；总结本企业多年形成的优良传统，挖掘企业文化底蕴，了解企业文化现状，在广泛调研、充分论证的基础上，制定符合企业实际、科学合理、便于操作、长远目标与阶段性目标相结合的企业文化建设规划。在制定规划时要着眼于企业文化的长远发展，避免走过场。在实施过程中必须与时俱进，常抓常新，随着企业内外部环境的变化，及时对企业文化建设的具体内容和项目进行充实和完善，促进企业文化的巩固与发展。

7. 企业文化建设的实施步骤。要根据企业文化建设的总体规划，制定工作计划和目标；深入进行调查研究，根据企业实际，找准切入点和工作重点，确定企业文化建设项目；提炼企业精神、核心价值观和经营管理理念，进一步完善企业规章制度，优化企业内部环境，导入视觉识别系统，进行企业文化建设项目的具体设计；采取学习培训、媒体传播等多种宣传方式，持续不断地对员工进行教育熏陶，使全体员工认知、认同和接受企业精神、经营理念、价值观念，并养成良好的自律意识和行为习惯；在一定时间内对企业文化建设进行总结评估，及时修正，巩固提高，促进企业文化的创新。各中央企业可结合本企业实际，确定企业文化建设的具体步骤。

8. 企业文化载体与队伍建设。要进一步整合企业文化资源，完善职工培训中心、企业新闻媒体、传统教育基地、职工文化体育场所、图书馆等企业文化设施。创新企业文化建设手段，丰富和优化企业文化载体设计，注重利用互联网络等新型传媒和企业报刊、广播、闭路电视等媒体，提供健康有益的文化产品，提高员工文化素养，扩大企业文化建设的有效覆盖面。重视和加强对摄影、书法、美术、文学、体育等各种业余文化社团的管理引导，组织开展健康向上、特色鲜明、形式多样的群众性业余文化活动，传播科学知识，弘扬科学精神，提高广大员工识别和抵制腐朽思想、封建迷信、伪科学的能力，营造健康、祥和、温馨的文化氛围，满足员工求知、求美、求乐的精神文化需求。注意培养企业文化建设的各类人才，加强引导和培训，建立激励机制，充分发挥他们在企业文化建设中的骨干带头作用。注重发挥有关职能部门和工会、共青团、妇女组织的作用，形成企业文化建设的合力，依靠全体员工的广泛参与，保持企业文化旺盛的生机与活力。

三、企业文化建设的基本要求

9. 以人为本，全员参与。要牢固树立以人为本的思想，坚持全心全意依靠职工群众办企业的方针，尊重劳动、尊重知识、尊重人才、尊重创造，用美好的愿景鼓舞人，用宏伟的事业凝聚人，用科学的机制激励人，用优美的环境熏陶人。搭建员工发展平台，提供员工发展机会，开发人力资源，挖掘员工潜能，增强员工的主人翁意识和社会责任感，激发员工的积极性、创造性和团队精神，达到员工价值体现与企业蓬勃发展的有机统一。坚持为增强综合国力做贡献，为社会提供优质商品和优良服务，妥善处理各方面的利益关系，实现报效祖国、服务社会、回报股东、关爱员工的和谐一致。

在企业文化建设过程中，要坚持把领导者的主导作用与全体员工的主体作用紧密结合。尊重群众的首创精神，在统一领导下，有步骤地发动员工广泛参与，从基层文化抓起，集思广益，群策群力，全员共建。努力使广大员工在主动参与中了解企业文化建设的内容，认同企业的核心理念，形成上下同心、共谋发展的良好氛围。

10. 务求实效，促进发展。在企业文化建设中，要求真务实，重实际、办实事、求实效，反对形式主义，避免急功近利，使企业文化建设经得起历史和实践的检验。要立足企业实际，符合企业定位，将企业文化建设与生产经营管理紧密结合，企业文化的创新与企业改革的深化紧密结合，按照系统、科学、实用的要求，创建特色鲜明的企业文化体系。要坚持把发展作为第一要务，牢固树立抓住机遇、加快发展的战略思想，围绕中心、服务大局，开拓发展思路，丰富发展内涵。要落实科学发展观，把物质文明、政治文明和精神文明统一起来，既追求经济效益的增长，又注重社会效益的提高，实现政治上和谐稳定，经济上持续增长，文化上不断进步，切实保障员工合法权益，促进经济效益、社会效益、员工利益的协调发展。

11. 重在建设，突出特色。要制定切实可行的企业文化建设方案，借助必要的载体和抓手，系统思考，重点突破，着力抓好企业文化观念、制度和物质三个层面的建设。要把学习、改革、创新作为企业的核心理念，大力营造全员学习、终身学习的浓厚氛围，积极创建学习型企业、学习型团队。围绕企业深化改革的重点和难点，鼓励大胆探索、勇于实践，坚决破除一切妨碍发展的观念和体制机制弊端，增强企业活力，提高基层实力。注重把文化理念融入到具体的规章制度中，渗透到相关管理环节，建立科学、规范的内部管理体系。并采取相应的奖惩措施，在激励约束中实现价值导向，引导和规范员工行为。要从企业特定的外部环境和内部条件出发，把共性和个性、一般和个别有机地结合起来，总结出本企业的优良传统和经营风格，在企业精神提炼、理念概括、实践方式上体现出鲜明的特色，形成既具有时代特征又独具魅力的企业文化。

大型企业集团要处理好集团文化与下属企业文化的关系，注重在坚持共性的前提下体现个性化。要以统一的企业精神、核心理念、价值观念和企业标识规范集团文化，保持集团内部文化的统一性，增强集团的凝聚力、向心力，树立集团的整体形象。同时允许下属企业在统一性指导下培育和创造特色文化，为下属企业留有展示个性的空间。在企业兼并重组和改制的过程中，要采取多种有效措施，促进文化融合，减少文化冲突，求同存异，优势互补，实现企业文化的平稳对接，促进企业文化的整合与再造，推动兼并、重组、改制企业的创新发展。

12. 继承创新，博采众长。要注意继承发扬中华民族的优秀传统文化，挖掘整理本企业长期形成的宝贵的文化资源，并适应社会主义市场经济的需要，用发展的观点和创新的思维对原有的企业精神、经营理念进行整合和提炼，赋予新的时代内涵，在继承中创新、在弘扬中升华。要将弘扬中华优秀传统文化与借鉴国外先进文化相结合，一方面从当代中国国情和中央企业实际出发，正确制定和调整企业文化战略，充分体现民族精神、优秀传统文化的精髓和中央企业的特点，有效抵御外来文化的消极影响，避免照抄照搬；另一方面要紧紧把握先进文化的前进方向，以开放、学习、兼容、整合的态度，坚持以我为主、博采众长、融合创新、自成一家的方针，广泛借鉴国外先进企业的优秀文化成果，大胆吸取世界新文化、新思想、新观念中的先进内容，取其精华，去其糟粕，扬长避短，为我所用。在开展国际合作业务的过程中，要注意学习和借鉴合作方的先进文化，尊重文化差异，增进文化沟通，注重取长补短，促进共同发展。

13. 深度融合，优势互补。企业文化来源于企业实践又服务于企业实践，使企业的经营管理活动更富思想性和人性化，更具时代特色和人文精神。要强化企业文化建设在企业经营管理中的地位，发挥企业文化的作用，促进企业文化与企业战略、市场营销和人力资源管理等经营管理工作的深度融合，把全体员工认同的文化理念用制度规定下来，渗透到企业经营管理的全过程。在管理方法上要注意强调民主管理、自主管理和人本管理，在管理方式上要使员工既有价值观的导向，又有制度化的约束，制度标准与价值准则协调同步，激励约束与文化导向优势互补，通过加强企业文化建设，不断提高经营管理水平。

14. 有机结合，相融共进。要通过企业文化建设，不断改进和创新思想政治工作的方式方法，提高思想政治工作的针对性、实效性和时代感，增强思想政治工作的说服力和感召力，促进思想政治工作与企业生产经营管理的有机结合。避免把企业文化建设与思想政治工作割裂开来。加强理想信念教育，弘扬以爱国主义为核心的民族精神和以改革创新为核心的时代精神，弘扬集体主义、社会主义思想，使中央企业广大员工始终保持昂扬向上的精神风貌。发掘思想政治工作的资源优势，既鼓励先进又照顾多数，既统一思想又尊重差异，既解决思想问题又解决实际问题，营造良好的思想文化环境。

要把企业文化建设与精神文明建设有机结合起来，用社会主义的意识形态和价值取向牢固占领中央企业文化主阵地，通过良好的文化养成，不断提升员工整体素质。坚持依法治企和以德治企相结合，加强员工思想道德建设，倡导公民道德规范，深入开展诚信教育，引导员工恪守社会公德、职业道德和家庭美德，自觉抵制各种错误思潮和腐朽思想文化的侵蚀。按照贴近实际、贴近生活、贴近群众的原则，创新内容、形式和手段，广泛开展各类群众性精神文明创建活动，大力选树与宣传企业先进典型和英模人物，营造团结进取的企业氛围和健康向上的社会风气，展示中央企业的良好形象。

四、加强对企业文化建设的领导

15. 企业领导要高度重视和积极抓好企业文化建设。企业领导要站在促进企业长远发展的战略高度重视企业文化建设，对企业文化建设进行系统思考，出思想、出思路、出对策，确定本企业企业文化建设的目标和内容，提出正确的经营管理理念，并身体力行，率先垂范，带领全体员工通过企业文化建设不断提高企业核心竞争能力，促进企业持续快速协调健康发展。

16. 建立和健全企业文化建设的领导体制。建设先进的企业文化是企业党政领导的共同职责，要把企业文化建设作为一项重要的工作纳入议事日程，与其他工作同部署、同检查、同考核、同奖惩。企业文化建设的领导体制要与现代企业制度和法人治理结构相适应，发挥好党委（党组）、董事会和主要经营者在企业文化建设中的决策作用。各企业要明确企业文化建设的主管部门，安排专（兼）职人员负责此项工作，形成企业文化主管部门负责组织、各职能部门分工落实、员工广泛参与的工作体系。在企业文化建设过程中，要注意发挥基层党组织和群众组织的作用，广大党员要做好表率，带领全体员工积极投身企业文化建设。

17. 完善企业文化建设的运行机制。要建立企业文化建设的长效管理机制，包括建立科学的管理制度、完善的教育体系以及制定严格的绩效评估办法。要明确工作职责，建立分工负责、关系协调的企业文化建设责任体系，保证企业文化建设工作的顺畅运行。要建立考核评价和激励机制，定期对企业文化建设的成效进行考评和奖惩。要建立保障机制，设立企业文化建设专项经费并纳入企业预算。加大企业文化建设软硬件投入，为企业文化建设提供必要的资金支持和物质保障。

18. 加强对企业文化建设的指导。 国资委要加强对中央企业企业文化建设的指导，针对中央企业的不同情况进行专题调研，不断总结和推广中央企业开展企业文化建设的先进经验，用丰富鲜活的案例启发、引导企业开展企业文化建设。要定期组织企业经营管理者和企业文化建设专职人员的培训，帮助他们掌握企业文化专业知识。要加强企业文化的理论研究与实践研究，认真探索企业文化建设的理论体系、操作方法和客观规律，搞好分类指导。各中央企业要加强对基层单位企业文化建设的领导，定期开展检查，促进基层单位企业文化建设的规范有序进行。企业文化建设是一项长期的任务，是一个逐步形成和发展的过程，各中央企业要加强实践探索，逐步完善提高，推动企业文化建设的深入开展。

国务院国有资产监督管理委员会

二〇〇五年三月十六日

中华全国总工会等九部委关于开展全国“创建学习型组织，争做知识型职工”活动的实施意见

为了深入贯彻落实党的十六大精神和“三个代表”重要思想，全面提高职工队伍素质，推动全社会“形成全民学习、终身学习的学习型社会”，全国总工会、中央文明办、国家发展和改革委员会、教育部、科技部、人事部、劳动和社会保障部、国务院国有资产监督管理委员会、全国工商联决定联合在全国职工中开展“创建学习型组织，争做知识型职工”的活动（以下简称“创争”活动）。

一、充分认识开展“创争”活动的重大意义

当今世界，随着经济全球化趋势的不断发展和科技进步的突飞猛进，以经济为基础、科技为先导的综合国力竞争日益激烈。综合国力的竞争归根结底是人才的竞争。抓住和用好重要战略机遇期，加快我国的发展，就必须大力培养造就能够顺应时代发展要求、具有开拓创新能力的宏大的高素质人才队伍。

工人阶级始终是我国先进生产力和先进生产关系的代表，是先进文化的创造者和传播者，是推动社会全面进步的根本力量。开展“创争”活动，全面提高职工队伍素质，是保持和发展工人阶级先进性，充分发挥工人阶级三个文明建设主力军作用的重要保证，是大力实施科教兴国战略和人才强国战略，造就数以亿计的高素质劳动者、数以千万计的专门人才和一大批拔尖创新人才的必然要求；是推动“形成全民学习、终身学习的学习型社会，促进人的全面发展”，全面建设小康社会，加快推进社会主义现代化，开创中国特色社会主义事业新局面的重要举措。

开展“创争”活动，适应了先进生产力的发展要求，体现了先进文化的前进方向，反映了职工群众学习发展的迫切愿望，代表了工人阶级的长远利益和根本利益，是各有关部门贯彻和实践“三个代表”重要思想，围绕中心、服务大局，推动全心全意依靠工人阶级根本指导方针贯彻落实的具体体现。在全面建设小康社会的伟大进程中，工人阶级要不断用社会主义的思想道德规范、先进的科学文化知识和日益进步的技术技能武装自己，努力成为艰苦创业的模范、勤奋学习的模范、开拓创新的模范和增进团结的模范，为实现经济社会协调发展和促进人的全面发展贡献力量。

二、开展“创争”活动的指导思想和总体目标

开展“创争”活动的指导思想是：以邓小平理论和“三个代表”重要思想为指导，深入贯彻党的十六大和十六届三中全会精神，全面落实全国人才工作会议提出的任务，坚持从中国的国情和各地区、各单位实际出发，为经济发展和社会进步服务；坚持以改革创新为动力，以职工素质建设为重点，以增强职工学习能力、实践能力、创新能力为目标；坚持以人为本，切实维护职工的学习权和发展权，推进工人阶级知识化进程，为全面建设小康社会提供坚强的人才保证和智力支持。

开展“创争”活动的总体目标是：倡导终身学习理念，提高职工的学习能力和实践能力，着力提高职工的创新能力；营造尊重劳动、尊重知识、尊重人才、尊重创造的社会环境，形成全员学习、全程学习、团队学习和工作学习化、学习工作化的氛围和机制；努力建设各类学习型组织，为职工创造更多的学习机会和成才机会；促进人才队伍建设，为各类人才不断涌现和充分发挥作用奠定坚实基础，努力造就一支有理想、有道德、有文化、有纪律的职工队伍。

三、开展“创争”活动的主要方法和途径

1. 开展形式多样的主题教育活动。各级有关部门要在广大职工中深入进行以为人民服务为核心，以集体主义为原则，以爱祖国、爱人民、爱劳动、爱科学、爱社会主义为基本要求的理想信念教育，增强爱国主义、集体主义和社会主义思想，帮助广大职工树立正确的世界观、人生观、价值观。要通过弘扬培育民族精神和加强职业理想、职业道德教育，帮助职工树立正确的理想信念，培养高尚的道德情操和职业操守。

2. 创新群众性学习活动载体，构筑职工学习平台。要针对不同行业、不同类型组织以及不同层面职工群体的特点，加强教育培训阵地建设，充分利用各类职业学校、职工学校、培训机构、职工之家等阵地，设计丰富多彩的活动载体，寓学习于工作中，寓教育于活动中，为职工学习创造条件，吸引职工群众广泛参加。要结合实施国家高技能人才培训工程和技能振兴行动，通过学校教育培养、企业岗位培训、个人自学提高等方式，加快高技能人才培养。要按照市场经济的要求和企事业单位的发展需要，借助各种形式和

载体,科学规划,做好职业教育和岗位培训工作。要面向基层,立足班组,大力开展技术创新、岗位练兵、技术比武、技能竞赛活动,推动企事业单位重视、加强职工技能训练,激发、调动广大职工获取知识、更新知识、提高技能的积极性、主动性和创造性。

3. 继续深入开展职工读书自学活动。读书自学是创建学习型组织的重要形式,也是职工获取知识、提高技能、增长才干的主要途径。要在新形势下不断丰富读书自学活动的内容,创新读书自学活动的载体,拓宽读书活动的领域,将读书自学与职工素质教育更紧密地结合起来,鼓励和引导职工学习、掌握现代科学技术知识,在实践中提高劳动技能、岗位技能。要创造工作学习化、学习工作化的良好环境和氛围,激励更多的职工岗位成才、自学成才。引导职工不断在实践中完善自己,在竞争中提高自己,在奋斗中充实自己。

4. 充分利用各类社会教育资源。要进一步整合包括工会教育培训资源在内的各类教育资源,加大对职工的职业教育培训和职业技能开发的力度,满足职工群众日益增长的学习和发展需求。要推动中小型企业与大中型企业培训机构、社会教育培训机构建立合作伙伴关系,充分运用网络教育、电化教育、远程教育等各种现代化的教育培训手段,拓展教育培训的广度和深度,创新职工教育培训工作的形式和载体,培养急需的高技能人才。基层工会组织也要在广泛动员和引导职工参加各类培训的同时,力所能及、拾遗补缺地组织开办各种适应性、实用型短期培训,为广大职工更新知识、增长才干发挥作用。

四、“学习型组织”和“知识型职工”的基本条件

学习型组织的基本条件是:

1. 在广大职工中普及终身学习的理念,形成了团队学习、全员学习、全程学习的制度和氛围,组织内各种学习型团队(班组、科室)普遍建立,并取得一定实效。

2. 有创建学习型组织的长远规划、近期目标和实施办法,有健全的组织领导体系,有明确的各类人才培养目标和任务,教育培训工作在本行业同类组织中保持先进。

3. 维护职工学习权利,为职工接受职业教育与培训提供平等机会和保障措施,保证企业职工教育和培训经费不低于职工工资总额的1.5%,从业人员技术素质要求高、培训任务重、经济效益好的企业,不低于工资总额的2.5%。

4. 职工的学习热情、学习成果和劳动创造得到充分肯定和尊重,形成了工作学习化、学习工作化,以学习推动工作,以工作促进学习的局面,实现了学习成果与工作成就的共享与互动,推动了组织的持续发展。

5. 领导成为学习的带头人,组织内有形与无形的教育资源得到充分利用,建立了终身学习和学以致用的激励机制。

6. 职工队伍的思想道德素质、职业文明程度、科学文化素质和技术技能水平得到不断提高,通过开展“创争”活动,使各类组织得到发展,社会、经济效益得到提高,组织的创新力和竞争力不断增强。

7. 完成国家规定的各类人员继续教育任务和职工培训任务。

知识型职工的基本条件是:

1. 热爱党、热爱祖国、热爱社会主义,拥护党的基本路线、基本纲领,有科学、正确的世界观、人生观、价值观,有良好的职业道德,甘于奉献,拼搏进取。

2. 确立终身学习理念,有强烈的学习要求,明确的学习目标和完善的学习计划,结合工作实践学习,以学习促进工作。

3. 具备所从事工作岗位必备的文化和专业基础知识,有较强的学习能力,勤于学习,善于学习,不断学习新知识、掌握新技能,形成了工作学习化、学习工作化的良好习惯,在团队学习中发挥突出作用,学习事迹突出,成效显著。

4. 有较强的实践能力,具备适应岗位变化要求、适应社会发展需要的技能和本领。

5、有较强的创新能力,善于运用学习、掌握的先进科学文化技术知识,充分发挥自身潜能,勇于创造,不断创新,在本职工作岗位上有突出业绩并有创造性的贡献。

五、组织领导机构

1. 成立由中华全国总工会、中央文明办、国家发展和改革委员会、教育部、科技部、人事部、劳动和社会保障部、国务院国有资产监督管理委员会、全国工商联主管领导组成的“全国创争活动领导小组”,宏观管理并指导全国“创争”活动的开展。

2. 成立由上述单位有关司局负责同志组成的“全国创争活动指导协调小组”,具体实施“创争”活动的各项工作要求,组织信息和经验交流,检查、监督和评估工作开展情况。指导协调小组下设办公室,由全国总工会宣传教育部负责办公室日常具体工作。

3. 将原“全国职工自学成才奖评审委员会”更名为“全国学习型组织、知识型职工评审委员会”,评审委员会由上述指导协调小组成员和全国总工会有关部门负责人员组成,在领导小组的领导下,负责全国学习型组织先进单位和知识型职工标兵的评审认定工作。

4. 各省、区、市也应按照上述精神,组成相应组织领导机构和评审机构,制定相关工作计划和要求,加强对本地“创争”活动的领导。

六、开展“创争”活动的工作要求

1. 加强对“创争”活动的领导。各有关部门要切实加强对开展“创争”活动的领导,把“创争”活动作为提高职工素质、维护职工权益的基础工作列入重要议事日程,精心组织,周密部署,扎实推进。广大职工是开展“创争”活动的主体,要进一步调动和发挥职工群众参与“创争”活动的积极性、主动性和创造性,充分发挥他们的聪明才智。工作的重

点应放在建设学习型班组上，努力为职工学习构筑平台，创造优良的成才环境。

2. 落实职工教育培训计划。

各有关部门要切实采取措施，将职工教育培训工作纳入教育发展规划和人力资源开发的范畴。企、事业单位的教育培训管理部门和工会组织要推动和督促本单位依据有关法律法规，建立健全职工教育培训制度，认真制定、落实职工教育培训计划和各项保障措施。工会要加大源头参与管理的力度，从规划的制定和实施、阵地建设、经费使用，到培训执行情况的监督考核，努力实现全程参与。要将职业技能培训、经费保证纳入职代会、厂务公开、集体合同内容，从制度上监督保证职工参加学习培训权利的落实。要把“创争”活动与争当“创新示范岗”、“创新能手”活动有机结合起来，通过创新提高企事业单位的竞争能力。

3. 发挥典型单位的示范作用。

全国创争活动领导小组将评选出一批创建“学习型组织”先进单位，宣传和推广他们的创建经验，并不断发现和培养新的先进典型，形成地区、行业分布合理的典型示范网络。各地要根据自己的实际情况，认真总结开展“创争”活动的经验，总结“创争”活动的基本规律，通过新闻媒体，广泛宣传先进经验与先进典型，把学习典型经验与学习身边的先进结合起来，把典型示范与普遍提高结合起来，推动“创争”活动广泛深入地开展。

4. 建立“创争”活动的运行机制。

创建学习型组织是一项长期的工作任务。为使“创争”活动持久规范、制度化地进行下去，必须建立完善一整套协调、高效的运行体系和保证机制，包括制定不同类型、不同层次的学习型组织的考核评价指标体系，对“创争”活动中成绩突出的先进典型的表彰奖励机制，以及促进各类优秀人才脱颖而出的人才培养和使用机制。“全国学习型组织、知识型职工评审委员会”将每年对在“创争”活动中涌现出来的先进集体和个人进行表彰，对成绩特别突出的10个全国创建学习型组织标兵单位和10名知识型职工标兵，全国总工会将分别颁发全国五一劳动奖状和全国五一劳动奖章。各地工会也要建立相应的运行机制和必要的激励机制，表彰、奖励先进单位和先进个人。

5. 发挥优势，加强协作，形成推进工作的合力。

各地工会、文明办、发改委、教育、科技、人事、劳动保障、国资委（办）及工商联都要重视“创争”活动，共同推进“创争”活动的开展；要把“创争”活动作为精神文明建设的新途径，把“创争”活动的要求融入到创建文明行业、文明单位等活动之中；要将“创争”活动同实施人才强国战略结合起来，作为提高职工素质的重要措施，指导中央企业实施职工素质工程，提高非公有制经济组织竞争力；切实推进行业企业职工培训工作，加大高技能人才培养力度，加强对职工素质教育的指导和评估，加强各类教育资源的统筹利用，广泛开展适应市场和职工需求的职业教育与培训。把职工教育的师资队伍建设纳入职成教师资培养培训体系；要充分利用“创争”活动载体，宣传科普知识，宣传国家科技创新成果，着力加强科学思想、科学方法和科学精神教育，提高职工的科学文化素质，推进国家创新体系建设；要大力推行职业资格证书制度、职业技能鉴定和就业准入制度；要深化职称制度改革，积极推进专业技术人员执业资格制度建设，建立以能力和业绩为导向的科学分类的人才评价标准。努力创造用事业造就人才、用环境凝聚人才、用机制激励人才、用法制保障人才的人才成长良好外部条件，促进各类优秀人才脱颖而出和充分发挥作用。各有关部门要进一步支持工会工作，对工会举办的直接为职工群众服务的职业培训、职业介绍以及各种丰富职工群众精神生活的事业和活动，要根据有关规定给予经费、政策等方面的扶助和支持。

6. 工会组织要承担“创争”活动的组织协调职责。各级工会要把“创争”活动作为一项重点工作，承担起日常组织实施工作，协同各有关部门，长期不懈地抓好。首先各级工会要建设学习型工会，工会干部要成为学习的模范。要紧紧围绕工会十四大提出的各项任务和要求，联系本地区、本单位实际，结合群众性技术创新、建设职工之家、职工读书自学成才等活动，选准工作角度，找准切入点，提出切实可行的“创争”活动内容、目标、规划、要求和步骤，形成特色，推动“创争”活动深入持久地开展下去。同时要充分利用现代传媒手段，大力作好舆论宣传，动员全社会都来关注、支持“创争”活动，为“创争”活动的开展营造更加有利的社会氛围。

有关领导谈企业文化

实施“人本管理”　促进企业发展

成思危

面对全球竞争,中国企业应当有怎样的战略思维?也就是说,在新的形势下,中国企业应该树立一种什么样的管理思想?这确实是大家都在思考的问题。2000年我和几位学者一同出了一本书,书名是《中国企业管理面临的挑战与对策》,其中就提出了这个问题。中国经济得以快速发展,企业所做的贡献是很大的。企业是市场经济的细胞,没有千千万万个自主经营、自主决策的企业,市场经济是不可能发展起来的。因此,认真思考和探讨企业今后靠什么发展,将有助于我们把握企业的未来。

中国经济并未过热,但是投资过热

企业增长一般有两种类型,一是外延型,即靠增加投资来扩大生产能力,一是内涵型,即靠加强管理来提高经济效益。我国近几年投资增长过快,很重要的一个原因,就是我国的企业往往偏重于外延型的发展。我个人认为:从经济增长速度看,目前我国的经济还不能算过热,但是投资确实是过热了。这可以从以下四个指标来分析:

第一个指标是GDP对投资的弹性系数:即增加1%的投资,能够拉动GDP增长多少。这个系数在过去最高为1.29,2003年下降到0.38。

第二个指标是投资次年转化率:即第一年的投资有多少能够在第二年转化成GDP。当然,投资不可能第二年就完全转化成GDP,但这一指标在一定程度上也表征着投资的效率。从历史上看,最高是0.56,近几年只有0.21~0.24。也就是说:每投资一块钱,第二年只有两毛多一点转化成GDP。

第三个指标是投资在GDP中所占的比重。正常情况下占1/3左右,但2003年上升到44%。

最后一个指标是综合要素对经济增长的贡献率。经济增长有三要素,即资本、劳力和综合要素。综合要素包括:科技、教育和管理等。从历史上看,我国的综合要素贡献率为20%~30%,发达国家达到50%以上。近两年来综合要素贡献率有所降低,有人说不到10%。由此可见,我国的经济增长主要是靠投资拉动。

投资过热除了会降低经济效益以外,还会引起能源和运输的紧张,使经济难以持续增长。因此,中央决定进行宏观调控。宏观调控对于抑制投资过热起到了一定的作用,但由于对宏观调控缺乏经验,也出现了一些问题。

企业发展,人本管理是关键

面对全球竞争,中国企业究竟靠什么来实现持续发展?我想提出一个观点,就是靠“以人为本的管理”,简称”人本管理”。这也是当今管理思想发展的一个潮流。

我认为人本管理有几个方面,首先就是以人作为企业的基础。

近年来,企业管理中人的因素确实不断受到重视。人力资源管理中认为人是企业最宝贵的资源。但我认为还要将认识再提高一步,即人是企业的根本。

我曾经讲过知识经济时代的五个特点,其中一个就是知识工人的出现。就是说在知识社会中,劳动者是既有知识又有技术的人,他们不同于工业社会里的工人。我很同意杜拉克在《21世纪管理挑战》这本书里讲到的一个观点,就是管理者将要把越来越多的精力花在人的管理上。他甚至提出高级管理者可能要将80%的精力放在处理人的问题上,我想这是管理的一个大趋势。

近年发展起来的一些管理理论,如:流程再造、六西格玛,平衡计分法等等,实际都是在强调人的因素。上世纪50年代到80年代,运筹学几乎成了管理科学的同义词。但是管理学家逐渐认识到仅仅靠运筹学是解决不了实际问题的。我曾经举过一个例子:从亚运村开车到天安门,走哪条路最近?运筹学家可以算出一条最短路径,但是经济学家认为:这条路径不一定是最好的。因为有的路径会堵车,行车的时间长,而且由于要多次刹车,耗油量大,所以最短的路径不一定是最经济的路径。信息学家认为通过改善信息不对称,例如:通过广播电台提供有关路况的信息,可以让人们自己选择到一条最佳的路径。但管理科学家认为:即使对所有的人都提供了同样的信息,人们的择路行为还是不一样,有经验的司机知道哪里堵车只是暂时的,哪里一堵就是很长时间,因此他所选的路径就可能会和没经验的司机不一样。由此可见,要想解决管理的问题,不仅要靠运筹学,靠信息对称,更要了解人的行为。人本管理,首先就强调要了解人的决策行为，因为决策是要靠人来做出的。

推行文化管理，树立共同价值观

人本管理的第二个方面，就是要树立企业文化。

大体上说，管理经历了经验管理、科学管理和文化管理三个发展阶段。在资本主义兴起的初期是经验管理阶段，资本家自己凭经验管理企业。到了19世纪末，经营权和所有权逐渐分离，出现了职业管理阶层，这时就进入了科学管理阶段。从19世纪末到上世纪80年代，科学管理一直是管理的主流。主要是依靠各种科学管理方法，还有计算机作为辅助工具。从上世纪80年代开始，文化管理逐渐兴起。简单地说，文化管理就是将企业文化作为一种管理工具，让全体职工树立一种共同的理念，并共同为这个理念而奋斗。企业文化是指企业员工所特有的集体精神面貌，其外在形式包括：音像、楷模、仪式等。但其内在核心是全体职工共同的价值观，即人在选择体现某种价值的目标、事态、行动等时所表现的偏好。树立企业文化，首先要了解企业自身的发展历程，从中发现并提炼出企业职工共同的价值观。泛泛地提树立企业文化，对管理起不了什么作用。在管理实践中，往往要以文化管理为主导，并与科学管理及经验管理相结合。

以人为本，就要善待职工

人本管理的第三个方面，就是要善待职工。

善待员工实际上包含三点内容：一是因才用人，二是以德服人，三是以情感人，特别是要关怀困难的职工。

一个企业有各种各样的人才，管理者要能够发现每个人的特殊才华，把最合适的人放在最合适的岗位上，这是一种用人的艺术。作为领导者，特别是对待所谓比较落后的职工采取什么态度，往往对整个企业的职工心态都有影响。常有这样的情况，某个人在本单位是扶不起的阿斗，但调到另一个单位后，没过两三年，这人在那个单位却成了骨干。管理者还要能够以德服人，以身作则，如果在一个人身上失去原则，就会在广大职工心目中失去说服力。

对待一些有特殊困难的职工要采取关怀的态度。上海有这样两个外资企业，管理都不错，都制定了很严格的制度。但是在企业职工突发疾病住院时，管理者的态度完全不一样：一个借机开除职工而被告上了法庭，结果是管理者败诉；另一个则不惜花钱给职工治病。同样一件事情，两个不同的处理办法，在职工中就造成不同的影响。

民主管理，要公正、公平、公开

人本管理的第四个方面是民主管理。

我国曾经提倡过"两参一改三结合"，这是企业民主管理的雏形。我国目前多数企业的民主管理实际上做得很不够。实践证明：没有全体职工的充分参与，是不可能把企业管理好的。

民主管理的内涵较多，首先是在涉及职工利益的问题上，一定要做到听取职工的意见，要尽量做到公正、公平、公开，这往往是一个企业能否真正调动职工积极性的重要因素。所谓公正，就是说不能错误地去惩罚一个人。如果出现这种情况，造成的后果会很严重。公平的问题比较复杂，因为没有绝对的公平。但是要做到尽量公平，充分听取职工意见，从各方面来权衡，最后做出决策，不要只凭总经理一个人说了算。像工资、福利等等这些涉及职工切身利益的问题，能够公开的还是要尽量公开。如能做到保障公正，基本公平，尽量公开，就能化解企业内部的许多矛盾。

民主管理的第二个方面，就是要让每个职工都感觉得到他在企业中的地位和作用。这就需要在组织结构上尽量地实现扁平化。亚当・斯密提出：分工可以使用更专业化的机器，工人也可以更专业化，可以提高生产效率。到上世纪初，亨利・福特把一部汽车的生产分解为8772个工序，可谓将分工论发挥得淋漓尽致。但是到了80年代以后，这种分工过细的缺点就日益显露。首先就是职工不会关心企业整体的利益，也不会发挥其积极性，更不会去创新，因为他只相当于机器的一部分。其次，分工过细必然会使企业的组织形成金字塔式，层次非常多，信息传递就会失真。顶层的一个好决策，到了下面就往往会走样。

由于分工过细，必然有很多部门和单位。而阻力最容易产生在部门之间的分界地带，造成"扯皮"。有利的事可能两个部门抢着干，难办的事两个部门互相推诿，一个部门着急要办的事，另一个部门却要慢慢来，部门之间的内耗造成了管理效率的降低。国外经研究后认为，一定要对业务流程进行重组，打破原来的分工论，让每个职工能够发挥他自身的积极主动性，就可以使组织结构扁平化，提高管理效率。国外经验表明：业务流程重组最大的阻力在中层干部。因为其中许多人将会失去原有的权力。

创建"学习型组织"，要超越自我

人本管理的第五个方面就是要不断地学习，创建"学习型组织"。

组织行为学是在二战以后发展起来的，研究的是组织内部员工的行为和组织作为一个整体的行为。近年来，随着复杂科学的发展，对组织行为学又做了新的诠释。例如：从组织行为学的角度来看，创新并不一定是发明，而是企业内部职工在应付环境变化时，通过相互之间的影响和交流，所找到的一种适应环境变化的新举措。

现在"学习型组织"这个词用得很热，不管什么都提学习型。实际上要创建学习型组织，首先就要不断超越自我。有些著名的企业家曾经是一时的风云人物，然后就销声匿迹了，原因就在于未能超越自我。作为一个组织来说，学习是这个组织内部各个成员之间相互作用和组织与外部环境相互作用的过程，是自组织、自学习、自适应的过程。

千千万万个自主决策，独立经营的企业在市场中无序地运动，但是由于企业之间的相互作用，以及外部政策的影响，就会产生一种自组织作用，使经济在宏观上向一定的方向发展。自学习，就是一个组织在实践中遇到问题和挫折后，会从中吸取教训，改变自己的行为准则。自适应，就是当外部环境发生变化时,通过学习来更好地适应这一变化。目前我国的企业面临着全世界的竞争,也就必须通过学习,适应在新的竞争环境中生存和发展。当然这个问题各行业情况不一样,但是思想上的认识应当是这样的。

21世纪,社会责任是第一!

人本管理的最后一个方面,我认为是最重要的,就是企业在贯彻人本管理时,一定要注重服务社会。

从企业战略的发展过程来看,最初的企业目标可能就是短期利润,能赚更多的钱就是最好的。一段时期后,企业目标可能变成增长第一,利润第二。但过分的扩张而忽视盈利能力,也会产生问题。再进一步发展,企业的经营目标就不仅仅是增长和利润,还要包括所有者权益的增长。到了上世纪70年代,又提出了顾客为王,即要千方百计地保持顾客的忠诚度,能够满足顾客个性化的需求。进入21世纪,我认为应该强调企业的社会责任,因为企业如果得不到社会的支持,是不能够持续发展的。

当前各种社会问题,例如:环境问题、生态问题、反贫困问题,都是企业应该关注的。在全国来看,农民是弱势群体,城市居民的收入是农村居民的3倍,城市居民的购买力是农村居民的4倍,因此三农问题是全部工作中的重中之重,一定要解决好。在城市来看,下岗工人和进城打工的农民工是弱势群体,要保障他们的合法权益。

2004年6月,我参加了联合国秘书长安南主持召开的全球契约峰会,实际上就是强调企业的社会责任,全球一些大企业和我国的几个大企业都参加了。会议形成了一个公约,有11条。我国的企业要关注这些问题,一定要注意自己的社会责任。

(作者系全国人大副委员长,本文摘自《中外管理》2005年第2期)

企业文化建设是物质与精神的同步追求

许嘉璐

企业发展与变革的最终目的是为了人类自身的发展。

在经济和科技高速发展的时候,任何人、任何企业都不要忘记了经济与科技发展的这个最终目的。企业应该追求利润,但归根结底还是为了人,为了社会。如果忽视这一点,企业就可能失去灵魂,迷失方向,遭到彻底的失败。人类为了自身的进步而奋斗,这是自人类产生以来人的一个规律。在人的各种需求中,物质需求是初步的,精神需求、道德需求是更高级的。人类如此,企业也是如此,企业在满足物质需求后就要进行更高层次的追求。

企业文化的建设是物质与精神的同步追求。

批评中国传统文化的人常用《孟子·梁惠王上》的一句话来说明中华文化的弱点,梁惠王见到孟子说:"不远千里而来,亦将有以利吾国乎?"(您不以千里为远来到我们魏国,一定是给我的国家带来利益了吧?)孟子回答:"王何必曰利?亦有仁义而已矣。"(大王您何必一开口就讲利?有仁义就行了。)有人认为他只讲义不要利,这是因为他没有用哲学语言来还原孟子所处的时代背景。战国时期诸侯为了私利互相争斗,涂炭生灵,孟子则反其道而行之,偏重讲义。他不是不讲利,而是利和义并举,他认为讲利应该为老百姓讲利,使"五亩之宅,树之以桑,五十者可以衣帛矣;鸡豚狗彘之畜,无失其时,七十者可以食肉矣"。

文化建设的内容、层次、途径和方式都很多,最根本的就是利与义的并举。有人认为追求物质是追求庸俗,追求精神是追求崇高,这种看法太极端,人没物质不能生活,企业的发展壮大也需要物质力量的支撑。

企业文化的建设刚刚开始。

西方工业化的发展到现在经历了300年的时间,它也还没有完全成熟,在这样的背景下西方工业文化进入中国,中国的企业结合自己实际进行的企业文化建设,只是一个开始。在今天,经济、财富、享受、消费把很多人的头脑冲昏的时候,这些大企业,在追求经济效益的同时已经开始提倡企业文化,走出了企业文化建设非常重要的一步。

企业如果没有文化,就没有了灵魂,也没有了方向。但是,怎样去建设,有个探索的过程,不是一蹴而就的。很多优秀企业迈出了扎实的一步,取得了一些经验,但是这一步不能决定未来,取得的成绩还远远不是企业文化的全部。企业应该把企业文化建设作为企业改革与发展的一个极其重要的内容,把它们纳入到议事日程上来。

一个国家和民族没有文化是难以持续发展的,企业也是如此,要想它们持续发展,就需要有很深很新的、与中国国情与文化相结合的、无所不在的文化。在以经济建设为中心的今天,企业与外来的新鲜事物相结合,创造出新时代先进的企业文化之时,也是企业伟大振兴之日。

我们期待这一天的早日到来!

(作者系全国人大副委员长、北京师范大学博士研究生导师)

企业文化是一种内在的力量

陈清泰

现在把企业文化放在一个非常重要的位置上,标志着中国企业逐渐走向成熟。一方面企业自身改革,从传统体制向市场经济体制转换;另一方面,在市场竞争中,企业也在不断地变化,很多企业把企业文化提到非常重要的日程上来。

记得1984年,计划经济体制时期,二汽面临新的创业,又面临着要进入市场，而政府的管制又非常强，所以面对着很多的矛盾。7万多职工，那时候出现一定的思想动摇。如何增强企业的凝聚力，把职工真正的调动起来，实现二次创业，我们提出要建立企业哲学。后来叫做企业文化，形成共同价值观，增强企业凝聚力。我为这个事还专门写了一个专题文章，二汽企业哲学到底是什么？怎样使我们价值观让不同岗位职工理解，而且可以知道行动。我想这对于一个大企业来说是非常重要的，我们那时候还很初级，现在进一步科学化了。

关于企业文化有各种各样的说法，理论家也有很多看法。我想对于企业来说企业文化是指统一企业管理者和职工关于企业目标、企业信念、企业哲学、企业经营理念、企业道德、企业价值观的一种总和。由此而决定企业的经营方式、企业作风、企业效益、企业精神风貌，而这些恰恰是企业的力量。作为一个企业家，他不仅要调动物质资源，还必须要开发企业的精神力量，这个精神力量是无形的，但这个精神力量一旦武装了生产力中最活跃的要素——人，那么它就会转化成强大的物质力量，就会创造出许多奇迹。对于职工来说，就是要我怎么样来做。而企业文化建设，就是要把企业的目标，企业的价值观，企业的理念和职工的生活、工作价值紧密联系在一起，使职工感受到在企业工作中包含着之际为之奋斗的目标，包括自身价值的一种自我表现。因此，企业文化对人来说，是一种内在的力量，就是我要怎么样。

（作者系国务院发展研究中心副主任、党组书记，中国企业文化研究会顾问，本文摘自《企业文化》2005年6月号）

卖电也有了品牌

徐惟诚

按我们过去习惯的思维，品牌，好像只是同市场上出售的各种物品有联系，例如××牌电视机，××牌香皂，××牌毛巾之类，而且主要是工业产品。人们正是通过品牌了解、鉴别不同产品的质量，企业也通过品牌来建立自己的信誉，赢得消费者的认同，赢得市场。

十几年前，在中国，出现了西瓜的品牌，后来又出现其他农产品的品牌，人们感到耳目一新。时间久了，才见怪不怪。因为这些农产品毕竟也是在市场上销售的物品。

然而，卖电也可以有品牌，很多人不会想到，至少我就没有想到。如今，山东省日照市供电公司就有一个名为“诚信彩虹”的服务品牌，而且已经在国家工商总局注册，挂牌5年。

电，当然也是工业产品。但是它随产随用，处于流动状态，不是容易保存的“物品”。“诚信彩虹”并不是说电是“××牌”的，而是指服务的品牌，是标志服务质量的品牌。

应当说，对于供电部门的诚信度，人们基本上是认可的。居民早上出门时并不担心冰箱里的东西会因停电而变质，晚上回家也不用捎上一支蜡烛来预防停电。生产企业一般情况下都可以按照自己的计划进行生产。但是，人们对于供电部门又有许多不满意的方面。电衙门，电老大，门难进，脸难看，缴费不方便，抢修不及时，人情电、关系电，负担不公等等，使许多电力供应单位成为纠正行业不正之风的重点之一。

日照市供电公司打出“诚信彩虹”的品牌，当然不是喊两句漂亮的空口号。他们把供电服务人员的服务规范、供电营业场所收费标准、故障报修、城乡居民生活用电电价、供电质量、投诉举报等方面的承诺全部向社会公开。同时，严格地约束自己，推行内部承诺管理，每一道工序、每一个环节、每一个部门形成责任分明的链条，环环相扣，互相支撑，使每一个投诉、每一个问题，都能找到明确的责任人，都有解决问题的时限要求，从而保证了优质服务的水平，提升了群众的满意度。日照市为纠正行业不正之风，在广播电台开辟专栏，每周由一个部门的负责人值班，事先预告，热线回答群众的投诉。然而轮到供电公司值班时，往往出现无人投诉的冷清场面。最后广播电台不得不把供电公司“开除”出热线，可见“诚信彩虹”的品牌已得到消费者的认同。

优质服务不仅有赖于良好的愿望和态度，更要逐步建立日益完善的具体制度和办法。日照市供电公司几年来就创造了许多改善服务、方便用户的办法。

农村用户交电费难。公司员工下乡收费又往往碰不到人。日照市供电公司把抄表和收费分开，委托信用社代收费，既规范了工作方式，也方便了农民。

城里的用户有时难免忘记交电费，个别人出差不在家也不能及时交费。他们实行了“客户储蓄，银行代缴”，还开办了“缴费通”业务，使客户无论在本地、异地，都能够随时及时缴费。

用户有时看不明白自己的电费账单，公司接到的咨询电话有一大半是这方面的内容。于是，日照市供电公司改进了账单的设计，除了本月用电量、电价之外，还包括了上月用电量、上月电费、去年同月用电量、去年同月电费，便于用户比较。用户放心了，咨询电话就少了一半。

电力的抢修服务贵在及时。日照市供电公司建立了快速流动服务车群，依靠卫星定位系统，一有情况，即可通知最近的服务车快速抢修。

居民居住分散，小街、小巷汽车进不去。日照市供电公司又成立了社区服务队，配置电动自行车，走街串巷，登门服务，小修更加快捷方便，还大大降低了服务成本。

任何优质的服务，发生问题都是难免的。为此，日照市供电公司设立了“800免费投诉”咨询电话，成立客户关系委员会，聘请彩虹联络员，设立奖励基金，设奖求举报，花钱买批评，使问题在萌芽状态就能得到及时解决。

对外如此热情周到，对内严格管理，是不是会过分苛待自己的员工呢？其实，人的本性就是和劳动联系在一起的。人在劳动的过程中创造了人自身。人的劳动一开始就是在集体中共同进行的。人正是在集体的劳动中实现自己的价值，以自己的创造和贡献赢得自身的尊严。我们看秦始皇的兵马俑,那是大规模奴隶劳动的成果,然而许多制作者也没有忘记偷偷在陶俑的衣角上刻上自己的名字、印记,因为这是自己的劳动成果,灌注了自己的心血。但是,现代生产的大规模、多工序、流水线使个体的劳动完全淹没在集体之中,物的流程割断了生产者和消费者之间的人与人的联系,对若干指标、物质利益的追求代替了劳动的光荣和自豪。日照市供电公司用一个服务品牌把每一个劳动者联系起来,又共同和消费者联系起来,在不断的磨合过程中,恰恰是帮助劳动者重新发现自己劳动的价值,重新找到自己的尊严和自豪。在这样的心态中,他们不断创造先进的业绩,也不断涌现出大批先进的职工,显然这都不是偶然的。

(作者系原中宣部常委副部长、中国大百科全书出版社总编辑、中国企业文化研究会顾问,本文摘自《中国企业文化研究》2005 年第 2 期)

中国商业文化如何出牌

胡 平

无疑,全球化已成为当今我们认识和分析一切重大问题的基础,它深刻改变着世界的面貌,这种大趋势决定了世界经济文化一体化成为我们探讨商业文化的重要前提。那么面临世界文化的这种格局,中国商业文化该如何办? 我认为 21 世纪中国会出现两个高峰,一个是经济高峰,一个是文化高峰。从现在的形势看,大家更重视经济的高峰,比如说到下世纪中叶,中国要实现伟大的战略目标,达到中等发达国家水平,这已经是非常深入人心的口号了。如果从总量上看也许不要到下世纪中叶,就可以超过美国。但文化的高峰大家重视得还不够。中国要真正强大起来,经济的高峰和文化的高峰必须是同时推进的,不能分割。当然可能有先有后,譬如说欧洲先有文艺复兴,后有资本主义。

那么中国的文化尤其是商业文化如何推进呢? 我认为可以用八个字来概括,即继承、融合、创新、超越。

继承,就是要继承我们民族优秀的传统文化。所谓民族的才是世界的,任何时候有自己的特色才有存在的价值,也才能建立真正的竞争力,“师夷之技以制夷”毕竟还需要以“中学为体,西学为用”为前提。从这个角度看,商业文化也必须要打中国牌。当然不是传统的所有一切都要继承,都继承是不行的。鲁迅在 1918 年讲过一句话,大意是外不后于世界之潮流,内不失固有之血脉。我们不能有文化保守主义,但是也不能有文化虚无主义。中国传统文化中有许多优秀的部分,“礼之用,和为贵。先王之道,斯为美。”自从孔子标举出“和为贵”的文化口号以后,“和”便成为贯穿中华民族三千年的行为标准和审美尺度。人生哲学方面,比如说自强不息,天人合一,以柔克刚等等。我们在国家、社群体、家庭各个方面都有自己独到的思维方法,跟西方是不同的,但我们目前还缺乏科学和法制这种理念。

融合,就是要融合西方的商业文化,这是很难的一个课题,把西方资本主义的生活方式都拿过来,这是不对的,不能什么都搞拿来主义。融合,在物质层面上可能比较容易。但制度的融合,就要借鉴,不能全部拿过来,就是企业管理方面也不可能全部都用上。在精神文化层面上,东方人特有的价值观和西方更是有区别的,要变也要有一个很长的过程。譬如美国文化推行自由化,亚洲金融危机的出现就跟它有关系。理论界认为,就是因为美国过急地推行其资本主义自由化这套制度,才害了亚洲一些国家。我认为,文化的融合就像在一个锅(古代叫鼎)里面做食物,比如牛肉,可以做成赫鲁晓夫的土豆烧牛肉,也可以做成中国的红烧肉。面粉可以做成面条或者山东人爱吃的饺子,也可以做成汉堡包。在文化融合的过程中,如果我们本土文化把外来文化给吃掉了,人家不会进来。如果海外文化进来把我们的文化吃掉了,把我们的本土文化改头换面了,我们也不干。所以说文化的融合,最后是你中有我,我中有你,不是谁吃掉谁的问题,商业文化也是如此。我把这个融合的理论称为“鼎论”。还有一个理论叫“弓矢论”,古代有“矛盾论”,其实还有一种“弓矢论”,讲弓和箭的关系。弓和箭谁也离不开谁,好弓配上好箭才能射得远,它们是互相依存互相依靠的关系。那么这可不可以用在对外来文化的吸引上? 融合的结果是要双赢,外来的文化赢了,本土的传统文化也要赢。

创新,就是要有新的思维,有创新方能超越老师,否则,再好的文化也只会被稀释甚至扭曲,因为那不是自己的。新价值观念的构建,是比较难的。新的物质文化创建面临的难点主要是城乡之间的文化差异太大。新的制度文化涉及家庭、企业、政治、经济各个领域。新的精神文化就是在中国传统文化自强不息的基础上提炼、升华。这一切又都将影响着商业文化的重新构建。

第四就是超越,超越历史上曾经出现的文化高峰。中国历史上曾经有好几次文化高峰,春秋是一次,汉唐是一次,文化大革命的本意也是要实现一次文化高峰,可惜没有出现。超越历史,超越自身,这种超越当然不是几十年就能实现的,需要相当长的时间。我们过去说消灭资本主义,这到什么时候,很难说清。那就不如说要超越资本主义,超越资本主义还是有可能的,但不是说本世纪一定就能做得到。

要实现这八个字,我认为就要进一步地实现思想大解放,要出现一大批学术大师,不仅要有学术大师,还要有大思想家。大思想家几百年出一个,但学术大师可以出很多。我们的时代要呼唤大思想家出来,让我们未来的大思想家把古今中外文化都融会贯通,都能解释的清楚,就像当年的孔夫子、孟夫子。我的看法,这个大思想家应该已经出世了,因为如果现在还不出世就来不及了。没有大思想家出来重新构筑我们的精神支柱,我们的国家就没有这种文化的基础。

(作者系原国务院特区办主任、中国企业文化研究会理事长,本文摘自《科技与企业杂志》)

为民营企业进入“十一五”时期做好思想准备

黄孟复

在目前形势看，民营经济在中国的经济社会发展中，地位与作用是空前的重要。国家统计局刚刚公布的经济普查数字显示，原来进行工商登记的个体户是2000多万户，现已达到3900万户。在工商局登记注册的私营企业，2005年9月份的数字是419万，各级到年底可能突破430万。私营企业的业主近1000万，加上3900多万的个体户，就将近5000万人。私营企业和个体工商户的从业人员1亿5千万人。再加上实现自我就业的人员，在个体适应等非公有制经济领域就业的人员已达2亿多人！这次经济普查的数据显示，城镇就业有3亿多人，而个体私营企业就占了两亿，所以民营企业的一举一动，民营企业家的变化和想法，他们怎么管理企业，怎么经营生产，都关系到我们社会的方方面面，具有非常重要的意义。

民营企业首先是一个经济实体，目的是要获得比较高的利润，员工来到企业也是为能得到比较高的报酬。企业主对员工就是你给我干活，我就给你钱；你干的越多，我就给你越多；你不给我干活，我就把你辞掉。员工的想法就是你给我多少钱，我干多少活；你给我多，我就多干，你不给我钱，我就走人。炒你鱿鱼，到其他地方去。如果企业是这样一个纯粹的恶经济体：给钱干活，有本事就多给你钱，没本事就辞掉你，是不能实现可持续发展的，作为企业发展的基础——企业内部的劳动关系就非常脆弱。所以我们的企业家应该认真地把企业的劳动关系、企业内部的管理关系转到将员工与企业作为一个利益、命运、事业的共同体来对待，发挥思想政治工作的调节作用，保证企业健康发展。

这次我到传化集团去调研，他们的经验很有借鉴意义。在这个企业中不是讲脱离实际的大道理，而是讲利益共同体。不论是企业主、还是企业管理人员、或者企业员工，大家都是利益共同体的一部分。大家坐的是在商海中航行的船，这个船要乘风破浪到达彼岸。市场中的激烈竞争，就是商海中的狂风暴雨，所以要小型，不然船就会翻。无论企业家、管理者还是员工都必须齐心协力，大家才能共荣共存。我们需要建立这样一种利益共同体、命运共同体、事业共同体的理念。

同时，我们还要注意把西方企业管理的一些基本理念和东方儒家文化相结合。西方先进管理理念是非常值得借鉴和学习的，这是一门科学。譬如企业的制度高于一切，这对不对？对！没有制度，企业就不能进一个经营管理得好，但是东方文化还讲究人性、人文关怀，讲究把道理先讲清楚再行动，讲究沟通。《孙子兵法》曰：“上下同欲者胜”，这是中国人的思维方式。外国企业到中国来很不适应。认为，你们中国人的吃吃喝喝作风是不行的。但是中国就是讲究一种人际关系，这种关系弄不好就是任人惟亲，搞好了就可以发挥出很大作用。民营企业要把西方的科学管理和东方的人文关系结合到一起，来创造一种适合中国国情的民营企业文化的新形式。

民营企业没有铁的纪律也不行。我们既要有铁的纪律，又要有人文关怀，政治思想工作要落到这些地方去，真正开拓一条中国民营企业文化建设的新路子。刚才我听很多企业家介绍了很好的经验，我认为这些经验很值得借鉴和研究。同时这也表明，大家都在新的形势下，随着民营企业职工的思想变化而不断探索出一条道路。譬如我们过去常讲，工人是企业的主人翁，过去搞国有企业是为国家出力，到民营企业，为老板效力，这个好像低人一等。这种思想观念实际上是错误的。在民营企业，同样是为社会、为国家做出贡献。民营企业也是我们国家经济的一个重要组成部分，它生产出来的产品，提供的服务同样是为满足人民群众的需要，是为人民服务的。在民营企业工作同样光荣。有了铁的纪律，规范的管理，上下同心的凝聚力、创造力，我们的民营企业在新的五年规划时期，一定能取得更加辉煌的成就。

（作者系全国政协副主席、全国工商联主席）

关于企业文化的若干问题

张大中

企业文化的定位

企业文化究竟是什么，有各种各样的看法。我们中国企业文化研究会始终认为企业文化是一种管理的理论、管理的方式，属于一种管理科学。我们是这么想，作为一种管理科学，如果在学校来说实际上是一种学科，管理学科，属于管理学科大类，这是一个性质；另外一个性质，企业文化作为一种文化现象，它属于一种微观文化，就是相对于社会大文化来说，属于微观文化，有的文章写成亚文化，对这个亚文化了解上好像不完全一样，反正它受大文化的制约，它又是新文化的生长点，我国改革开放以后，这个情况就非常地清楚了。

企业文化的本质特征

它有什么特征呢，我们认为企业文化本身，它是一种整体的管理方式，一种管理思想，它是从总体上提高我们管理水平的，它不同于企业的资本经营、劳动管理、财务管理、人事管理这种专业性的管理，而是贯彻于各种管理之中的一种管理理论，它的核心特质是以人为本，以文化人。

以人为本

以人为本，就是把人看做是企业的有文化的主体。20世纪90年代初，韩天石同志写过两篇文章，就是讲企业文化的本质是以人为本，以人为本迎接知识经济的新时代。当然，对这个问题提法还有些不同的看法，所以当现在经过中央几次会议及十六大，提出了以人为本，这个问题大体得到了共识，以人为本这句话可以成立了。我们是这样考虑：以人为本实际上在西方来说，是经过二三百年的实践探索的成果。从西方企业开始把人看做会说话的工具，到经济人、社会人，然后又到以人为本，这是一个历史的进步，它是一个西方管理思想的最新发展，马克思主义认为，人创造历史，人在改造客观世界的同时，改造了自己，这是从人发展规律的角度讲。而西方，它从企业管理的角度，长达二三百年的探索，得出了一个结论，也是以人为本，这应该说在企业管理学这个问题上，达到了一个共识，所以这个理论我们觉得是站得住脚的。

文化力与以文化人

韩天石同志写过一篇文章，他讲文化力就是人的力量，人创造了历史，创造了物质财富和精神财富，创造了文化，反过来又受到了文化的影响。在这个问题上，贾春峰同志连续写了几本书，专门研究文化力的问题。这个问题最初可能是这样，毛主席在新民主主义论中讲过这个问题：新民主主义的文化是一种革命的力量，新民主主义政治、新民主主义经济、新民主主义文化构成新中国。所以，我们过去是不是这样理解企业文化本身就是企业文化力的问题？我们过去讲生产力，讲生产力三要素，就是劳动力、劳动工具和劳动对象，这都是从物质因素来讲的，如果从精神要素来讲，企业文化也是一种力量，也可以说是一种生产力，这都是可以研究的。最近，十六届四中全会又提出深入开展体制改革，解放和发展文化生产力，四中全会讲的文化生产力，当然讲国家、思想、工作然后创造好的产品，出好的著作，这是文化生产力，精神也可以称为文化生产、文化力。

文化主导的管理

文化主导就是以人为本，以文化人的管理方式，我认为这是当代世界上最新的、最先进的管理理论和管理方式。它是在资本主义发展长期过程中形成的，其核心是价值观，包括它的发展战略的制定、它的经营管理的理念、企业的经营行为和职业道德。价值观贯彻到企业生产的各个环节和各个部门之中及各个专业管理之中，它的特点就是文化管理主导。

文化自觉

企业文化的成败，在于企业家或者叫做企业领导集体的文化自觉，就是企业文化搞好搞不好，关键在于领导人对企业文化的认知程度，好多经验证明了。张瑞敏是带头人，他起源于对企业的终极目的的思考，企业存在的目的是什么，它的发展战略是什么，如何应用文化的规律，用于管理之中，最后形成对内增加凝聚力，对外增加竞争力。建设和谐社会，实际上我们也是通过文化，对内，建立和谐团结的员工关系，对外，形成顾客的吸引力，为社会取得效益。

企业文化建设

企业文化建设必须融合在企业的各个环节和部门之中，必须体现在企业发展战略、企业体制、运行机制、操作规程、行为规范、奖罚制度、人事制度之中，而且要严格执行的。它不仅是一种意识形态，要落实它必须是融合在企业之中，而且最后形成经济效益，体现在企业的产品和服务之中。如果讲了半天企业文化，企业没有良好的制度，没有良好的人才制度，不能体现经济效益和社会效益，这个企业文化是无效的。

从实际出发，建设中国特色的企业文化

企业文化管理是西方的、最新的、先进的管理思想，而我们国家，在企业发展和管理方面相对落后。这种情况下，我们能不能推行企业文化，怎么样推动企业文化，我们运用企业文化的意义何在，能不能发挥我们的企业文化的后发优势？我想说的意义在这方面。因为我们的情况确实不同，我们国有企业改革尚在过程之中，我们的民营企业也是发展起步时间不是太长，这两方面都给我们提出了新的要求，新的条件，我们必须从这些条件出发来考虑这些问题。另外，我们的企业的文化传统不一样，我们国家深厚的文化传统和革命传统，以至现在企业现代化的水平不同，员工队伍的组成人员不同，企业家和企业领导集体对文化管理的自觉程度也不同，在这种情况下，推广企业文化并不是一件容易的事情，而是很艰难的事情。我们提倡企业文化，可以使一些先进的企业行动起来，而对一些后进的企业能够给它一个方向，所以它的作用还是大有发展前途，但是我们必须从实际情况来考虑问题，不考虑问题，完全地照抄照搬是不行的，一定要形成我们的中国特色。

全球化进程中的中国企业文化

我国改革开放后，特别是加入了 WTO 以后，我们的外贸增加率是很快的，现在是 1 万亿美元，一年 1 万亿美元的外贸，和外商的交往很多，外国人到中国办企业很多，有独资的，有合资的，中国人现在也开始到国外办企业，所以成了一个跨国文化的研究问题。2004 年龙岩会议就提出了这个问题，这个问题是新提出来的，我们大可研究。在中国的外国企业，它的管理情况跟我们的管理情况比较是怎么样的？我们到了国外，将中国企业的一套搬到国外去，对比国外的管理是怎么样的？这在比较研究中可以给我们提出好多新的问题来。据说，有的企业认为我们的管理经验很先进，到了西方国家，把那套搬出来，人家翻过来一看，说你们的企业管理简直太缺乏人道主义了。这个问题需要我们研究，一方面，要研究我们国家的优秀的传统文化，革命传统文化，也总结我们自己的已有的先进管理经验，包括政治思想工作经验，这里面有很多好的东西，特别是我们优秀的民族文化传统，自强不息，爱国主义，以天下兴旺为己任，艰苦

创业，现在很多企业艰苦创业是非常好的；另一方面，我们进一步研究西方的管理理论和它的实践经验，我们怎么学习这些经验，真正取中外之所长据我所有，怎么样来提高自己的水平？我希望今后在研究中出现我们的理论，中国企业文化的理论，出现我们的理论专家，也出现我们著名的企业和企业家。

（作者系中国企业文化研究会常务副理事长、学术委员会主任）

升起企业文化旗帜

——中央企业必须拥有一流的企业文化

王瑞祥

中央企业是关系国家安全和国民经济命脉，在重要行业和关键领域占支配地位的重要骨干企业，是国有企业的排头兵，在全国建设小康社会，发展壮大国有经济，发挥国有经济的控制力、影响力和带动力方面具有举足轻重的作用。而企业文化建设是实践“三个代表”重要思想的生动体现，使新时期党建和思想政治工作的有效载体。实践表明在企业改革重组、解决深层次矛盾、促进企业建立现代企业制度等方面，企业文化发挥了支撑、聚合、引导、融合、提升的作用。

不重视企业文化的企业是没有核心竞争力的企业，不重视企业文化建设的企业经营者是缺乏远见的企业家。国资委党委一致认为，中央企业要搞好，必须重视企业文化建设。这种客观必要性可以从四个方面体现：

一是实践先进文化的客观要求。贯彻“三个代表”重要思想就其本质要求和内涵来讲，与加强企业文化建设要解决的课题是一致的。中央企业强化企业文化建设是践行“三个代表”重要思想的具体表现。中央企业不仅要作中国先进生产力的重要代表，也要成为中国先进文化的重要代表。

二是由中央企业的特点决定的。中央企业在国有经济中举足轻重，其庞大复杂的组织结构统一思想、统一品牌、统一行为规范，也就是现在提倡的文化管理。实行文化管理首先得建设企业文化，形成核心价值理念，以此指导各级企业遵循核心理念进行文化扩展。即使有100个下级企业，也会形成同一形象面向市场，这样才能发挥集团优势，做大做强中央企业。

三是中央企业改革重组、全面建立现代企业制度的需要。在企业改革过程中，有些矛盾要靠文化力量解决，企业文化是战胜困难的有力武器。在企业建设现代企业制度时，文化建设也是不可或缺的。企业并购重组不可回避的一个问题就是不同文化的碰撞和融合，并购重组成功与否很大程度取决于文化能否融合。因此，必须把企业文化冲突和融合作为并购重组中的重要内容来抓，作为企业文化建设的重大课题来破解。并购重组中的文化融合是企业文化建设不断创新发展的一个重要阶段，要在企业文化的融合创新中实现兼并重组企业的文化对接和超越，坚持求同存异、取长补短、优势互补，科学整合文化资源，尽快形成一套既有继承，又有发展，适应新的企业特点的文化体系，促进企业新一轮的发展。

四是提高中央企业竞争能力的内在要求，培育和发展一批具有国际竞争力的大公司大集团是党中央、国务院提出的一项战略任务。目前，中央企业在经营规模、赢利能力、创新能力，体制机制等方面与国际跨国公司和国内其他企业的双重竞争压力，打造企业核心竞争力成为参与竞争的必然选择。中央企业只有加快企业文化建设，才能提升企业的核心竞争力，使更多的企业跻身于世界一流企业行列。

中央企业要以国有企业丰厚的文化底蕴为基础，大力弘扬国有企业爱国主义、集体主义、社会主义精神，积极总结、提炼和培育具有时代特征并被本企业全体员工认同的企业精神和价值观，努力构筑中央企业之魂。做到建设具有时代特征又独具企业特色的企业文化并不容易。所谓具有时代特征就是企业文化面对竞争，面向市场时与时代要求相符合，不落伍、不苍白；独具特色是指要提炼从企业多年实践中总结出来对本企业实用的价值理念和企业精神，不能一个口号大家用，要根据企业基础、行业特点、文化存量进行系统总结，科学提炼。从本企业的实际出发，把共性和个性、一般和个别很好地结合起来，总结出自己的优良传统和经营风格，在企业精神提炼、经营理念概括和视觉形象设计上体现出鲜明的个性，形成富有行业特点和独具魅力的企业文化。

企业文化不是设计出来的，而是在长期经营活动中总结出来的，需要一定时间的积累、养成、新旧观念的反复较量和碰撞，要考虑其建设的长期性和艰巨性，这就要求企业文化建设要保持持续性。企业文化的核心内容要相对固定，有的企业换一个领导就换一种企业文化的提法，这种做法会让员工产生思想上的混乱，无所适从。

企业文化是一种无形资产，我们的企业就要树立这样一种观念，对企业文化建设的投入是对企业生产力发展的投入，也是对企业未来的投资。在企业文化建设的投入上，要总体规划，做出预算，统筹安排，分步实施，落实到位，不仅要加大员工的培训力度，而且要加大硬件建设的力度，为推进企业文化建设提供必要的资金支持和物资保障。有条件的企业可以建立企业文化建设专项基金，专门推进这项工作的开展。同时，对企业文化建设的投入也不能盲目，要注意加大科技含量，防止低水平从重复建设。

（作者系国务院国资委党委委员、副主任，中国企业文化研究会顾问）

正确分析企业文化形势 全面推进企业文化建设

陈兰通

我国企业文化建设取得了新进展

企业文化建设的广度和力度普遍增强

近年来，越来越多的企业进一步认识到企业文化是企业的核心竞争力，是企业持续发展的重要力量源泉之一，众多的企业家开始重视企业文化建设，各地区、各行业、不同所有制、不同规模的企业都在着手加强企业文化建设，制定企业文化战略，实施企业文化工程，表现出前所未有的推行力度和广度。据近期江西省有关部门对该省107家企业进行问卷调查结果显示，有80%以上的企业重视企业文化建设，其中道德因素最受企业家重视。普遍认为提升企业的诚信度以及员工的整体道德水平是企业文化建设中的重要内容。在所调查的企业中，只有7.48%的企业没有全面系统地开展企业文化建设工作。如此高比例的企业重视文化建设，这是以前没有过的。这种情况反映了中国企业从主要注重短期利益向重视短期利益与长期利益相结合的方向发展，体现了中国企业力求做强、做大、做久的发展愿望，同时也表明了企业对管理的认识已由技术层面向制度、精神层面转变，开始关注文化管理，这是一个巨大的进步。

企业文化建设的内涵正在深化

绩效是企业文化的结果，制度是企业文化的外化，精神是企业文化的内核。现在，很多企业已不再把企业文化建设当作权宜之策，也不只是手段和工具，而是作为长远发展的根基。不少企业成立了以总经理（厂长）领衔的企业文化战略委员会，建立企业文化职能部门，完善企业文化体系，全面系统地推行企业文化建设。许多企业家在多年企业经营实践中深深感到，现代企业谋求的不是眼前的利益，而是长远的发展，这就必须依靠优秀的企业文化。他们在实际工作中注意继承中国优秀传统文化，弘扬中华民族在五千年发展中形成的伟大民族精神，结合学习我国先进企业培育出的“大庆精神”、“铁人精神”、“两弹一星精神”、“载人航天精神”、“海尔文化”、“万科文化”等，极大地激发了广大职工积极进取、振兴企业、报效祖国的热情，为企业改革发展提供了巨大的精神动力。近年来，许多企业从战略高度认识到转变企业经营理念的重要性，把企业文化建设与企业改革和加强管理相结合，努力改变计划经济体制下形成的思维模式和经营方式，逐步树立与市场经济体制相适应的价值观，提炼和培育了具有时代气息和各具特色的经营战略、宗旨和理念，丰富了企业文化的内涵。例如十里泉电厂“三立文化”，将中国传统文化和现代管理有机的结合起来，正确理解和处理了小家、大家、国家的关系，使得十里泉电厂“三立文化”紧扣时代脉搏，紧密结合企业实际，符合“三个代表”重要思想和“以人为本”的理念，体现了优秀企业文化的时代性、先进性。

企业文化建设在中外文化交流中不断创新

改革开放以来，随着我国经济体制改革不断深化，对外开放不断扩大，许多企业以积极的姿态实施“引进来”、“走出去”的经营战略，在参与国际竞争与合作的同时，企业文化建设也在中外文化交流中不断创新。如“走出去”在美国成功进行本土化经营的海尔集团，把中国文化与当地文化融合在一起，让美国员工认同和适应海尔的工作环境和文化氛围，在异国市场激烈竞争中赢得旺盛的生命力和强劲的发展潜力，这是海尔全球化经营理念的一项创新。上海大众汽车有限公司在企业文化建设过程中，融合中德合资双方文化传统，创造性地将党的组织作为合资企业文化建设的核心力量，以加强党组织建设作为企业文化工程的第一推动力。在大众汽车有限公司工作的德国人员经常说，在上海大众，有问题就找党委。上海大众秉承上汽集团的价值观内涵，逐渐形成了“追求卓越，永争第一”的核心价值观和独特的企业文化体系。上海大众的文化理念，正转变成优质产品、优质服务和巨额财富，成为中国企业跨文化管理和文化整合的成功范例。

企业文化建设促进了员工素质和管理水平的提高

许多企业把企业文化建设作为一个大的系统工程，把企业文化建设与管理创新、制度创新相结合，制度刚性与管理人性化相结合，开展形式多样的精神文明创建和文化育人活动，将企业精神、核心价值观化为员工的自觉行动，渗透到管理过程的细节之中，不仅有效地规范了管理，增强了执行力，推动了企业的改革和发展。而且造就了一批优秀的经营管理者、培育了一支优秀的“四有”员工队伍。辽河油田以增强企业核心竞争力、提高职工素质作为企业文化建设的方向，注重优化企业形象和规范员工行为，使每个职工都具有责任感和使命感，在企业里对工作负责，在社会上对他人负责，在家里对家人负责，在任何时候对自己负责，敬业奉献、工作严谨、团结互助成为大家共同努力的目标，使企业文化理念完全融入到企业生产经营管理的各个环节之中，有力地促进了企业持续发展能力不断提高。

坚持以人为本的企业文化建设是企业面临的紧迫而重要的课题

随着经济全球化和科学技术的迅猛发展，尤其是我国加入世贸组织以后，企业面临着激烈的国内外市场竞争，如何不断提升企业核心竞争力，在竞争中立于不败之地，企业文化对企业的兴衰发挥着越来越重要的作用，甚至是关键性的作用。正如胡锦涛同志指出的，要善于做好新形势下的文化工作，这是加强党的执政能力建设的重要内容。对于广大企业来说，随着经营环境、社会条件的深刻变化，日益激烈的国际竞争，迫切需要加强和创新企业文化，这是新时期企业必须研究解决的重要课题。现代企业的竞争，不仅是经济的竞争，更是人的素质的竞争，企业文化的竞争。

纵观世界500强企业的成长、发展历程，这些企业能够驰名全球、出类拔萃的关键是具有优秀的企业文化。因此，任何一个想成功的企业，都必须充分认识到企业文化的必要性和不可估量的巨大作用，要在市场竞争中依靠文化来带动生产力，从而提高竞争力。我国企业的文化建设虽然有了较大进展，并取得了可喜的成绩和宝贵的经验，但发展还不平衡，有的企业对文化建设的认识还存在差距，有的没有从企业实际出发创建企业文化，有的推进企业文化建设与生产经营管理脱节。这些发展中出现的问题，需要进一步在认识上和实践中得到解决。

把握方向，明确推进企业文化建设的指导思想

党的十六届四中全会提出，要坚持科学发展观，不断提高建设社会主义先进文化的能力。在当代中国，建设社会主义先进文化，要植根于中国特色社会主义的伟大实践，弘扬中华民族的优秀传统文化，吸收借鉴全人类所创造的文化成果。企业文化是社会主义文化的重要组成部分，培育中国企业文化，要结合时代和社会发展的要求，在继承和发扬我国优秀传统文化的同时，融合和吸取世界各民族文化的长处。推进企业文化建设要以邓小平理论和“三个代表”重要思想为指导，认真贯彻落实党的十六大、十六届三中、四中全会精神，把握社会主义文化前进方向，树立和落实科学发展观，以学习创新为动力，立足于文化强企，创建具有企业特色的企业文化体系。通过企业文化建设，提高职工队伍素质，提升企业经营管理水平，改善企业形象，增强企业核心竞争力，激发员工的积极性、主动性和创造性，促进企业持续快速健康发展。

坚持科学发展观，建设以人为本的企业文化

坚持以人为本，树立全面、协调、可持续的发展观，促进经济社会和人的全面发展，是党的十六届三中全会提出的深化经济体制改革的一个重要原则。文化建设在实现全面、协调、可持续发展中，具有特殊的重要意义。当今世界，文化与经济和政治相互交融，文化因素在推动经济社会和企业发展中的作用越来越重要，经济发展越来越依赖于科技创新和人才素质的提高。市场竞争，表面上是产品、价格的竞争，实质上是人才的竞争。有的专家、学者提出，古代中国提倡天人合一；近代中国提倡民主和科学；当代中国提倡以人为本。人类社会的一切活动都是为了人，而一切活动又离不开人。同样，企业的生存和发展也是为了人，而同样又必须依靠人。我们要深刻认识，以人为本是科学发展观的核心，人力资源是企业发展的第一资源，我国企业要做到可持续发展，就必须创建以人为本的企业文化建设。实践证明，成功的企业都注重以人为本，以顾客为中心，努力服务社会，同时，平等善待员工，平衡相关者利益，提倡团队精神，并鼓励创新。

结合实际，开拓创新，创建有自身个性的企业文化

企业文化是一个企业的灵魂，是企业活力的内在源泉。它既是企业制度与企业经营战略得以实现的重要思想，也是企业体制创新、技术创新和管理创新的理念基础。从一些几十年持续发展、经久不衰的企业分析，尽管他们的经营战略和生产总是不断地适应着变化的外部世界，但始终保持着稳定不变的核心价值观和基本目标。能够在不断发展中保持其核心价值观不变，正是这些成功企业的深层原因，也是企业文化的力量。优秀的企业都有自身特色的企业文化，没有自己独特的企业文化，企业是不可能长久的。企业要持续发展，保持竞争力，必须在企业核心价值观上下功夫。生产技术可以学，规章制度可以订，但包括企业全体员工内在的追求、具有个性的企业文化，是很难模仿，很难移植的。因此，企业要从自身实际出发，创建有个性的文化。一是要致力于建立适应自身特点的文化体系，根据员工所能接受的方式，整合出自己的文化内涵；二是协调各方面力量，按照袁宝华同志提出的“以我为主，博采众长，融合提炼，自成一家”的方针，建立规范性的企业文化，使员工既有价值观导向，又有制度化规范；三是培养发挥每个职工聪明才智的创新文化，用企业文化和思想政治工作、精神文明建设的合力推动企业的改革发展。

在企业文化建设中注重环境文化和生态文明

实践科学发展观需要企业在追求效益增长的同时承担更多的社会责任。在当今国际市场的竞争中，商业道德，社会责任已经成为企业提高竞争力的重要因素。企业发展不仅要关注经济指标，而且要关注人文指标、资源指标和环境指标。在我国经济快速发展、经济结构迅速调整时期，重视社会责任不仅有利于经济社会发展，而且可以展示企业文化和价值观念。企业只有真正做到依法诚信经营，关心和保护劳动者权益，注重环境保护，热心公益事业，促进社区发展，才能真正赢得社会的尊重，为企业发展创造良好环境。按照科学发展观的要求，要大力倡导生态文明，建设环境文化，通过发展循环经济，解决环境问题，实现人与自然的和谐发展。目前，我国绿色GDP核算框架已初步建立，环境污染和资源损失将逐步纳入国民经济核算，企业要把循环经济、绿色GDP的理念贯彻到每一个决策，每一个流程和每一个环节，渗透到企业制度和企业文化等各个方面，走新型工业化道路。

建立健全实施系统，稳步推进企业文化建设

企业文化建设是一个系统工程，是一项需要方方面面共同作出长期努力的艰巨工作。企业家在企业文化建设中担负着倡导责任、示范责任和整合责任，是推动企业文化建设的核心推动力量，要自觉当好企业文化建设的决策者和有效管理者；要注意把领导者倡导和员工认同的文化理念用规范的制度和机制，具体落实到企业整个经营管理过程；要建立健全企业文化建设的领导机构和工作机构，切实加强领导、规划、指导和协调，党政工团和管理部门密切配合，齐抓共管。同时要建设学习型企业，加强职工培训，加大宣传力度，广泛开展丰富多彩的群众性文化活动。

推进企业文化建设，优化企业发展环境，全面提升企业素质和竞争力，是我们在新时期面临的一个紧迫课题，需要我们持之以恒努力学习，不断实践探索，勇于开拓创新，为企业的持续快速健康发展，为全面建设小康社会做出更大贡献。

（作者系中国企业联合会、中国企业家协会执行副会长兼理事长）

关于建设“以人为本和谐社会”的思考

张同舟

中共中央提出“以人为本”和“构建和谐社会”。这是我们党的宗旨的具体体现，是国家长久的和根本的建国战略。我想，要真正完全落实这个战略，必须有坚实的社会基础，也就是说必须在企业、社区、乡镇这些基层社会细胞组织真正实现了“以人为本”的“和谐”，才能实现全社会的以人为本的和谐。因此我想中国的企业文化是否应该把“以人为本”同“和谐”结合起来，叫做“以人为本和谐企业”。这样可以更完全的反映建设中国企业文化的核心理念和根本目的，也更可以充分调动企业内外的一切积极因素，为企业的持续良性发展提供无穷的动力，也完全符合国家建设社会主义以人为本和谐社会的宗旨和战略方针，这也是中国企业文化的特点之一。

关于“以人为本和谐企业”企业文化的主要内涵有以下几点：

构建企业领导者和劳动者和谐

双方应根据国家劳动法及其他有关法规制定劳动合同并严格执行。企业应保证劳动者的一切合法权益和人格尊严，为员工提供充分发挥积极性和创造性的合适环境。员工应认真执行劳动纪律和有关规定，积极完成生产和工作任务。共建议人为本的和谐企业，促进企业的持续发展。

构建企业与社会和谐

企业应认真履行社会责任，积极参与社会福利事业，争取社会广泛认可，为构建和谐社会创造有利条件，同时也为企业发展创造了有利的环境。

构建企业与消费者和谐

企业为消费者提供最有诚信、最具个性化的高质量合理价格的商品，及最具人性化的服务，换取消费者对企业最大的信任感与满意度，从而增加人民群众对社会的满意度，充分体现以人为本的社会和谐。

构建国内同行企业和谐

遵守市场竞争规则，在有理性的竞争中进行合作，繁荣行业的发展，达到行业共赢，从而也提高了“走出去”的整体竞争力。

构建企业与自然的和谐

企业应认真贯彻国家保护环境、节约能源的战略方针，为企业和社会的良性发展创造有利条件。

涉外企业构建与所在国企和谐

在竞争中不是必须你死我活，而是要避免恶性竞争，争取做到双赢。这样既可以减少进入世界市场的阻力和摩擦，也为构建和谐世界创造了有利条件。

构建文化和谐

企业在继承优秀民族文化传统和保持本企业企业文化优势的同时，要吸收融合国内外其他企业优秀文化，不断提高，强化本企业文化优势，搞优秀企业文化的吸收融合，不搞不同企业文化的对立。

构建以上企业同各方面的和谐，实现以人为本和谐企业，即可以调动企业内外一切积极因素，为企业发展开拓不断发展的动力源泉，也为构建社会主义以人为本的和谐社会及和谐世界创造了有力条件。

（作者系中国企业文化研究会常务副理事长）

构建和谐医疗环境
推进医院文化建设

朱庆生

社会主义的医院文化是一种先进的意识形态，它具有振奋医院精神、提高员工素质、塑造医院形象、凝聚群体意志的重要作用，特别是当前大家对医疗卫生体制改革存在许多困惑，对今后改革的方针政策还不太清楚的情况下，更应该通过文化建设，使医务工作者树立“以人为本”、“以病人为中心”的服务理念，培养职工建立起一种新的共同道德观念、价值取向和行为规范，使职工的思想行为与“三个代表”重要思想统一起来，使职工把自己的前途命运与医院的改革建设与发展联系起来。

中华医院管理学会医院文化专业委员会于2003年在山东青岛召开了首届中国医院文化论坛，通过积极开展一系列的研讨、交流和培训活动，吸引了全国医药卫生系统许多理论工作者和医院广大管理干部，并且逐步形成了每年一届的医院文化论坛和经验交流大会两个高层次的品牌活动。这些工作都为进一步加强医院文化建设起到了至关重要的作用。

坚持科学发展观，构建社会主义和谐社会，是党中央以邓小平理论和“三个代表”重要思想为指导，从新世纪、新阶段党和国家事业发展全局出发提出的重大战略思想。构建和谐的医疗环境是构建和谐社会的重要组成部分。构建和谐的医疗环境、就是要努力维护人民群众的健康权益，让群众享有公平可及的医疗服务。要达到这个目的，当然光靠医院自身是远远不够的，需要通过政府、社会、医院、患者等多方面的共同努力，但是就我们医院来讲，十分重要的一个问题是必须端正服务方向，转变服务理念，提高医疗质量，规范服务行为。医院文化应该在这些方面起到教育、引导和推动的作用，促进我国医院文化建设向更深入的阶段发展。

（作者系中华人民共和国卫生部副部长）

中国企业文化建设重要会议

(一) 高峰论坛

1. 2004 年——中外企业文化龙岩峰会

大会综述:

以人为本是企业文化建设的核心

——"中外企业文化 2004 年龙岩峰会"述要

启 文

中国企业文化研究会、中共福建省委宣传部和中共龙岩市委、市政府联合召开的"中外企业文化 2004 年龙岩峰会"前不久在福建省龙岩市举行。与会者围绕"国际化进程中的中国企业文化"这一主题进行了交流和研讨。与会者认为,以人为本是企业文化理论和实践的核心与精髓。在企业文化建设中实施以人为本,应注重以下几个环节:

坚持以人为本,提升企业价值。有专家提出,企业是人的集合体。企业创立的基础在于人,存在的关键在于人,发展的根本也在于人。企业文化的本质特征之一就是以人为本。应把人作为企业发展的出发点和归宿,提高人的素质,实现人的价值,促进人的全面发展。员工自身的价值得到拓展,企业价值也就会得到提升。一些大型国有企业的负责人在研讨中印证了这样的观点:哪家企业在经营管理中贯彻了为了人、关心人、理解人、尊重人、帮助人、培育人的原则,哪家企业就能获得长足发展;反之,就会止步不前甚至走向衰败。

坚持文化育人,提高员工素质。企业文化理论在某种意义上说就是"人化"理论。企业文化主张通过企业中的软要素——文化来提升企业人文价值,提高人的综合素质,使企业经营管理更适应人文进步的现代社会。坚持文化育人,就是要营造人文环境,形成人企合一的人文氛围,以有效地调动员工的积极性;就是要培养员工先进的文化意识,提高员工的综合素质,极大地发掘人的潜力。

坚持文化主导,改进管理方式。管理的主导要素由资金、技术、制度等传统要素逐步向文化转变,是管理学发展的一个重要趋向。许多学者认为,在现代社会,经济因子与文化因子更加紧密地联系、糅合在一起,企业管理软性化、柔性化成为一大趋势。实践证明,企业文化建设是企业管理变革的基础平台,企业的生存、改革、发展必须以先进文化为主导。

坚持文化自觉,培养现代企业家。企业文化在一定意义上可以说是企业家或企业领导群体文化。企业家对文化的认识和感受、关于企业经营的思想等,属于企业家的文化自觉,在企业的生存发展中起着举足轻重的作用。企业家或企业领导群体的价值理念、行为风格和综合素质特征,主导企业文化建设的性质和进程,对企业文化的形成、丰富和发展产生着重要影响。企业家应注意提升文化品格,培养文化自觉。

坚持文化沟通,实施跨国发展。有学者提出,随着经济全球化趋势的发展,跨文化管理成为企业管理的新趋势和新课题。不同文化背景的企业员工之间的文化认同和文化融合,是参与国际合作与竞争的前提。企业界应以强烈的进取心,坚持博采众长、以我为主、中西合璧,大力推动我国企业走向世界的进程。

凸显文化主导　增强文化自觉

——中外企业文化 2004 龙岩峰会
展现企业文化新进展

李祖荣

峰会传感企业文化建设新高潮

初冬的北京,已是寒露初上,而福建闽西,依然是翠峰如簇,绿蕉似海,花木葱茏,金桔满枝。一年一度的中外企业文化峰会在这里展现中国企业文化的新进展,使龙岩这座革命名城充盈着文化的气氛。

以"国际化进程中的中国企业文化建设"为主题的本届峰会,由中国企业文化研究会、中共福建省委宣传部、中共龙岩市委、市政府联合主办。让主办者始料未及的是,原定 400 人左右的会议竟然有 700 多人报名,通过"思想说服"婉拒了几十个人,但还是来了 630 多人,会议不得不设分会场。这表现出企业文化和会议组织者的吸引力、凝聚力。福建省原省长、中国企业文化研究会理事长胡平，中宣部原常务副部长、中国企业文化研究会顾问徐惟诚，国资委副主任、全国总工会副主席王瑞祥，全国工商联副主席程路，福建省委常委、宣传部长荆福生等不同界别的重量级人物齐集峰会，并发表了深邃见解，使代表们感受到“规格”的意义。国内外知名、强势企业的介入，明显地增加了会议的份量。中航一集团企业文化部部长曾良才率20多人参会，中石油集团政工部关晓红部长与旗下企业代表更多达47人赴会。知名企业文化学者、组织者孟凡驰，文化力研究第一人贾春峰，国内学习型组织研究和推广的顶级学者张声雄，SA8000企业社会责任认证的权威专家周国银，日本人力开发研究所副理事长垂水裕等与会评点指要，让会议呈现出浓厚的学术味。

11月13日开幕式上，举行了中国企业文化建设系列表彰颁奖仪式，对在2003～2004年度为中国企业文化建设事业作出突出贡献的单位和个人给予表彰，共表彰了实践创新奖193项、组织推动奖29项、个人贡献奖71项、研究成果奖35项。

会议结束前，大会通过了“中外企业文化峰会2004龙岩宣言”。宣言既集纳了过去探索、实践的精华，又指明了企业文化发展的路径，受到代表们的普遍认同。

有参加过上届青岛峰会的代表感言：像这种一浪高过一浪的峰会，确实是中国企业文化的盛会，让我们感受到了企业文化建设的强劲势头，中国企业文化建设的新高潮已经来临。

研究会顾问徐惟诚从秦王朝制作兵马俑的奴隶在兵马俑衣角隐蔽处留下自己的符号，指出劳动自豪是人的本性。但在社会化大生产分工愈益细化的条件下，人的劳动缺少自豪感，劳动被异化。他认为今天的管理就应该是激发员工自豪感的管理，今天的文化就是要克服人的异化，让人的本质回归。

本拟赴会作主旨讲话的中国企业文化研究会常务副理事长张大中因年高有病，未能如愿，但他为会议提供的“文化主导与企业家的文化自觉”一文，则是“点睛之笔”，体现了在“以人为本”，“以文化人”的理论指导下，对中国企业文化现状和走势的深刻把握，体现出中国企业文化研究的新高度。他认为推进管理主导要素由硬件要素向文化要素移位，建立文化主导的管理要素体系是我国企业走向国际化进程中企业文化建设面临的重要任务。而建立文化主导的管理要素体系对我国企业家的文化自觉提出了全新的要求。（文章内容另发）

中国企业文化研究会副理事长贾春峰在他的学术报告中更系统而深入地阐发了他对文化力的研究，还针对我国企业文化建设的实际状况和问题，回答了我们究竟要建设什么样的企业文化。

企业文化之火　已成燎原之势

“红旗跃过汀江，直下龙岩上杭。”很多代表最早都是从毛主席诗词中闻知“龙岩”，知道那是一个革命老区，仅此而已。对通常选择在大城市召开的企业文化方面的全国性会议选址龙岩，大惑不解。特别是抵达厦门后又驱车三四小时，穿越高山连绵、沟壑纵横的闽西大地，问号愈发加大了。

事实消除了这种疑虑。

当代表们游览了举世闻名的永定土楼，拜偈了在中国革命史上具有里程碑意义的古田会议会址，参观了经济文化协调发展的龙岩卷烟厂，特别是在阅读了龙岩企业向大会提供的丰富材料并听取了龙岩企业家们在论坛中的精彩发言后，便不由自主地对龙岩和龙岩的企业文化刮目相看了。

龙岩市有285万人口，在悠久的历史长河中融合古越族文化和中原文化，生成了富有特色的闽西文化，既是享誉海内外的客家祖地和著名侨乡，又是重要的中央革命根据地之一和毛泽东思想孕育地。龙岩市委高度重视区域文化和企业文化的建设与创新，把加强企业文化建设作为提升区域经济竞争力的关键，作为加快推进闽西老区全面建设小康社会的重要举措。早在1998年，市委就提出创新闽西文化的总体要求、基本原则和策略方法，并运用多种方式推动全市企业文化建设，涌现出了一批很有特色也很有水平的企业文化单位。这次峰会，市委、市府均作为主办单位，对会议投入了很大的热情和力量，表明了其对企业文化建设、提升、传播的积极态度。

14日上午的龙岩市企业论区，以“弘扬古田会议精神，铸造企业发展灵魂”为题。龙岩卷烟厂党委书记赖鞍山，福建煤电股份有限公司董事长、党委书记陈胜利，紫金矿业集团股份有限公司总经理罗映南等，介绍了各自的文化建设经验。

有着50多年历史的龙岩卷烟厂，从作坊式的小加工厂发展成为资产总额35亿、销售收入近40亿元的大型国有企业，近年来一直是福建省纳税第一大户，位列中国纳税百强第31位，其主导产品“七匹狼”的品牌价值就达24.62亿元，被评为2002年中国十大公众认知商标。这个企业认为，企业文化是企业立身社会所必须的精神支柱，她不仅能够解释企业内部的运行情况，更重要的是还能向企业家、企业管理层指出什么是企业最重要、最核心的问题。企业文化建设是一个“含金量”很高的富矿，谁发现和开发得早，谁就拥有了企业核心竞争力的主动权。据此他们逐步形成了富有“龙烟”特色的企业文化，包括“艰苦奋斗、永不服输、争创一流”的优良传统；“追求卓越——实现顾客、社会、员工满意最大化”的企业宗旨；“身处山区、放眼世界”的企业发展观；“与狼共舞，尽显英雄本色”的品牌形象。这些理念，他们通过细节得以展现，如通过多种方式降低卷烟的焦油含量、降低卷烟的危害性；主车间采用自然采光及人性化设计，创造优雅舒适的工作环境；2000人的企业近三年每年超过100万元员工教育经费，大大超出员工工资1.5%的提成标准等。

起步于1992年的紫金矿业集团股份有限公司，当时资产只有351.7万元，到2003年实现产金超10吨和利润4亿元，2004年上半年利润达3.7亿多元，在全国黄金行业处于遥遥领先的地位。这个曾被认定为没有开发价值、符合开采标准的黄金只有5.45吨的矿区，奇迹般地成为有开采价值的黄金达200吨、创造巨大利润的矿区，被业界称为“紫金现象”。公司在峰会上这样解释道：科技创新是紫金发展的主动力，企业文化是紫金发展的终极动力。“要干别人不敢干或干不成的事”的企业家精神，影响企业形成了独立特行、标新立异、敢第一个吃螃蟹的作风；每年的科技投入超过销售收入的5%。用企业文化和高新技术激活吉林辉春金铜矿这条“休克鱼”。2002年建立的博士后工作站，进站9名博士，是黄金行业和革命老区第一个博士后工作站。公司总经理罗映南在论坛上谈到的“科研免责制”引起了代表们的特别关注和兴趣。他解释道：“任何一个科研人员，自己可以提出项目和研究方案，经专家评议认可后即可立项研究。若成功了有奖，失败了免罚。免责制营造了良好的科研氛围，使科研人员更能放开手脚大干事业。公司黄怀国博士说：“免责制使我们没有后顾之忧，敢于承担课题，在这样的环境中工作，能够放得开，发展空间很大。”一些代表对此赞叹有加：这种气度和容量，企业哪有搞不好的理。

福建煤电股份有限公司把企业文化当作企业重大的经营韬略和企业的核心竞争力，坚持不懈地构建“以变革、创新”为核心的企业文化，推动了企业质的飞跃。福建移动公司龙岩分公司、中国联通龙岩分公司、漳平电厂、红炭山矿业有限公司、龙工集团等都积极地探索构建富有特色的企业文化，有效地推动了企业的发展。

龙岩这个本不发达的革命老区，其企业文化建设的状态，给了我们这样一个鲜明印象，地不分南北，企不论西东，都需要文化，都正在文化起来，有如毛泽东1930年在闽西写就的著名文献《星星之火，可以燎原》，中国企业文化建设在经历了长达20年的自发借鉴、宣传普及、自主开发，已进入深化提升的新阶段。中国企业文化已成燎原之势，其新一轮高潮已经到来。

国企文化的转型、再造与融合

真正意义上的企业文化是市场经济的产物。在计划经济条件下，企业没有建设企业文化的理由和动力。而市场经济导致的企业利益差异化和市场差异化竞争，使企业文化建设成为企业的内在需求和必然。

从计划经济体制逐步走进市场经济体制的中国国有企业，尽管其市场化程度有差异，但对于企业文化的认知程度和推动力度，却是日甚一日。特别是在中国加入世界贸易组织后，这一势头尤其明显。国有企业特别是计划烙印很重的中央企业，以其强烈的责任感和高度的文化自觉，带动和引领了整个中国企业文化建设。

国务院国资委副主任、全国总工会副主席、中国企业文化研究会新任顾问王瑞祥，在峰会上代表国资委向与会代表介绍了中央企业企业文化建设的意义、作用和进展；明确指出中央企业企业文化建设是“重要的战略任务”；全面地提出了中央企业企业文化建设的指导思想、战略目标、内容、原则、机制、途径等；要求大力促进中央企业企业文化在市场经济条件下的转型和再造，为中国企业文化建设作出新贡献（讲话内容另发）。

有着113万名职工的中国石油天然气集团公司确立并积极推进“文化强企”战略，把企业文化建设工程列为“十五”期间重点实施的十大工程之一，制定并贯彻实施了企业文化建设《纲要》，在传承大庆精神和借鉴国外企业文化建设经验的基础上，着力于企业文化的创新，赋予中国石油文化新的内涵。形成了在集团公司企业文化主要要素的一致性和旗下公司企业文化丰富性的统一。不但有力地提升了中国石油经营业绩，也极大地促进了中国石油“走出去”参与国际竞争。该集团政工部主任关晓红向代表介绍，中石油在世界500强中的排位已从1998年的第81位上升到去年的第52位。

上海宝钢集团党委书记刘国胜说，宝钢文化最基本的价值观就是“诚信”。体现在严格苛求的精神、学习创新的道路和争创一流的目标。其显著的特点有两个，一是把企业文化和管理原理融为一体，把企业文化变成一种制度；二是在借鉴和吸收国外一流管理和企业文化经验的同时，又注重发挥国内自身的优势。积极发挥党的建设的优势，把党员作为先进人才资源中先进的部分，让他们带头实践先进的企业文化。

据国际有关机构调查表明，企业重组和经贸合作项目失败，70%是由于文化沟通方面的原因造成。处在世界性并购重组浪潮中的中国企业，对此相当瞩目。龙岩会议上一组文化融合的材料，给了代表启示。东风汽车公司党委副书记范仲、中国铁道建筑总公司副董事长霍金贵、攀钢党委宣传部部长张邦绪，分别介绍了在国际合作和企业并购重组中的文化融合思路和举措。东风公司在国际合作中不断为东风文化注入新的内涵，如全力构造以全球化为背景的国际化企业文化，具有现代企业形象竞争力的新文化，以创新为根本的引导型文化，以激励机制为核心的人本主义文化等等。中铁建党委在量大面广的重组工作中，坚持整合吸收文化资源与核实接受有形资产并重的指导思想，像防范国有资产的流失那样防范优质文化资源和无形资产的流失。开展了“双重清产核资”等活动，不但推动了并购重组，丰富提升了公司企业文化，也有效地推动了企业改革发展。

从2000年以来，攀钢先后对成都无缝钢管公司、成都钢铁厂、锦州铁合金（集团）公司、长城特钢实施并购重组，对渝钛白的股权进行了收购和控股，均获得了成功。他们认为支撑攀钢并购重组成功的关键因素不只是资金、技术和政策，还有企业文化。攀钢通过文化宣讲、文艺演出、外派干部的言传身教、并购重组企业员工到攀钢本部考察、挂职锻炼、办班学习、攀钢新闻媒体的延伸等形式，将攀钢的文化理念推广、导入到并购重组企业,促进了并购重组企业员工对攀钢文化的认同。

以文化本土化参与经济全球化

“在全球经济一体化的时代,中国企业面临着挑战,与国外知名企业进行沟通和文化交流,加强了解,尤其显得重要和有意义。这也是我们落实党的十六大、十六届三中和四中全会精神的一次行动。”中国企业文化研究会常务副理事长、秘书长孟凡驰,在总结国外知名企业文化建设借鉴主题研讨时如是说。

加拿大洛基山药业集团总裁 Brian Hodge(布莱恩·赫治)先生在中国有20年做生意的经验,但早期与一些外国投资商一样,由于犯了缺少沟通的错误,生意亏了本。他说,良好的人际关系是企业成功的关键。要想搞好事业,不仅要在本行业、在生意圈,而且要和整个社会圈建立起友好关系,要把自己的企业完全融入到社会中去,取得企业家们和中国政府的支持,把眼界放得远些,让开放的、有抱负的、有雄心的人成为企业中的一员。

西安杨森制药有限公司厂长 John Robson 先生说,西安杨森的成功在于对企业建立了一个信念,即对客户(医生、护士、病人)负责,对员工负责,对生活环境(大社会)负责,对股东负责。他说,在中国改革开放政策下,要充分利用好中国对外资企业的良好态度,使企业能得到中央和地方政府的支持,引进跨国公司的先进文化经验和先进技术,让中西文化精神在企业中得到有效结合,有效利用。

日本人力开发研究所副理事长垂水裕先生说,日本及其公司成功的经验就是重视人的因素,抓了国民素质的提高。企业理念对任何企业来说都是灵魂。而企业的灵魂在人,一个企业一定要有灵魂,要有大家一致的东西,才会朝着一致方向。他认为管理就是对员工的欲望和生活目标的管理,因此企业最重要的是抓好人的教育、人的素质提高,才能提升企业的力量。

麦当劳中国东南区总经理葛国瑞以其相当地道的普通话,介绍了麦当劳的以人为本的理念、不走样的执行标准和特别注意全球化思考和本土化行动,实施本土文化战略。每逢春节,都推出具有中国特色的文化活动,门脸装饰也结合中国习惯,以营造中国消费者喜闻乐见的环境。

学习力提升竞争力

全总宣传部副部长王成和上海明德学习型组织研究所张声雄在“学习型组织建设中的企业文化提升”专题论坛中指出:学习型组织是当今世界上最重要的管理思想。国内九部委一起共同推动学习型组织的创建,目前在不少地区,学习型组织创建活动迅速升温、效果明显。

成为国内第4家AA级学习型组织创建单位的齐鲁物流公司,在实践中形成了“四个要素、一个激活因子”的创建模式,特别是“领导联盟”的提出和运用,不但确保了物流改革的成功,而且促进了学习创新循环的建立和运行,形成了具有齐鲁物流特色的学习型文化,被专家认为对推进学习型组织理论本土化作出了重大贡献。该公司经理林竹盛认为学习型文化的创建让企业成为行业先锋。

北京燕山石油化工有限公司工会崔主席介绍,为适应市场竞争特别是经济全球化要求,全公司开展了创建学习型企业、学习型领导班子、学习型车间、学习型班组、学习型科室的活动,并将活动纳入了公司整体发展战略,与企业日常管理工作和企业文化建设融为一体。

企业文化助推民营企业健康成长

全国工商联民营企业文化建设委员会在2003年8月下旬成立,标志着民营企业文化建设跨入了新阶段,全国范围内民营企业文化建设,由自发阶段进入了自为阶段,由分散走向了集中。一年多来民营企业文化围绕“民营企业与社会协调发展”,认真研究民营企业的发展方向,及时总结交流民营企业的经验,积极探讨了如何有效地推动民营企业普及先进的企业文化,取得了积极的效果。在“民营企业的发展与企业文化提速”专题论坛上,全国工商联副主席程路在对我国的民营企业及企业文化建设作了总体情况介绍后,河北省亨豪企业集团有限公司董事长芦新菊、北京汇源饮料食品集团副总经理赵金林、四川豪吉集团董事长严俊波作了专题发言。

芦新菊是个献身光彩事业的民营企业家,她与丈夫从1986年开始投身于帮助贫困人口脱贫致富的光彩事业。她说,助人为乐是我们中国的优良传统,一定要将它发扬光大,作为民营企业家更应该继承这种传统文化,并把回报社会、助人为乐、先富带后富作为我们企业的最高追求。

赵金林说,一个企业最重要的是要真正坚持“以人为本”的原则。要靠事业的魅力和企业的远景吸引人、凝聚人;靠公开、公正的环境培养人、锻炼人;靠团结和谐的家庭式的温暖留住人、团结人、感染人;靠不断改革创新,靠持久的动力激发人,同心同德,最终实现奉献社会、企业发展、个人价值共赢的目标。

严俊波认为,要以“容”作为企业的理念,要容中国传统的各民族文化、容国际多元文化,共同创造财富和享有财富;要以“人为本、法为准、德为先、廉为纪、勤为荣”作为企业的原则。

SA8000“逼迫”企业全面发展

“SA8000标准不是美国标准,也不是欧洲标准,是一套全球适用的国际标准。”“SA8000与企业可持续发展”的主题研讨会上,广东安一管理咨询公司及社会责任在线首席顾问周国银、兴炜五金塑胶(深圳)有限公司副总经理宋志明作为特邀嘉宾作了主题发言。

周国银说,1997年,社会责任国际(SAI)成立于美国,同年10月,SAI公布SA8000标准,并于2001年修订。SAI专注于公司社会责任研究和SA8000标准的推行,该标准是全球第一个用于第三方认证的社会责任国际标准。周国银从该标准的内容、体系架构、认证制度、行业分类，发展趋势及目前对该标准的一些误解等方面详细阐述了SA8000标准与企业可持续发展的关系。据悉，截至2004年10月31日，我国已有492家企业通过了SA8000认证。2003年2月1日通过SA8000认证的兴炜五金塑胶（深圳）有限公司副总经理宋志明还介绍了该公司通过认证的经验及对公司发展的推动作用。他认为认证非常重要，但是成本不低，尤其是对实力并不强的企业来说。

历时三天的中外企业文化2004龙岩峰会，交流了新经验，展示了新成就，提出了新思想，让与会者强烈地感受到：管理界和企业界的文化自觉正在提升，企业文化这股强劲的力量正在升腾，并将成为决定企业未来的关键因素之一。

（作者系《企业文明》杂志总编）

主旨报告：

文化主导与企业家的文化自觉

张大中

2003年我们成功地举办了“企业文化与21世纪中国企业发展——中外企业文化2003青岛峰会”。“青岛峰会”的重要成果之一，是我们在全面总结和深入研讨的基础上，更好地高扬起“以人为本”和“以文化人”这两面旗帜，使我们对企业文化的认识和研究达到了一个新的理论高度和理论境界。今年，我们在这里隆重举办“国际化进程中的中国企业文化——中外企业文化2004龙岩峰会”，就是要在“以人为本”和“以文化人”这两面旗帜的指引下，全面深化对企业文化的理论认识和理论研究。借此机会，我想着重讲两个问题：一是文化主导问题；二是企业家的文化自觉问题。

我们认为，“以人为本”和“以文化人”是企业文化理论最为根本的两个基点，是企业文化理论的核心和精髓。作为最新的管理理念和管理思想，“以人为本”和“以文化人”理论观点的确立，标志着管理学理论与实践发展的重要突破，标志着管理学理论与实践发展进入了一个全新的阶段。我们就是要高举“以人为本”和“以文化人”两面旗帜，不断深化对企业文化的理论研究，不断拓展企业文化理论的新境界。“文化主导”与“文化自觉”两个重要理论观点的提出，即是我们在“以人为本”和“以文化人”的理论指引之下，对企业文化更为具体化、更为细化、更为深化的理论认识和理论总结。

关于文化主导

管理主导要素由资金、技术、制度等传统要素向文化发生移位是管理学发展的一个重要趋向，文化主导成为现代企业生存发展的重要特征。企业的生存、改革、竞争、发展必须以先进文化为导向，先进文化从根本上主导着企业的发展走向。我们认为，适应我国企业日益全面、日益深入、日益直接地参与国际竞争与合作的要求，全面深化对“文化主导”的认识和理解，加快推进我国企业由重视硬件要素向重视文化要素进行转换具有非常现实、非常重要、非常紧迫的意义。

文化主导的实质是价值主导，以先进文化作指导的核心在于科学的价值观的确立。企业价值观是一家企业建立文化体系的灵魂和根本依据，因而也是企业全部管理工作和战略方向的灵魂。企业价值观在企业生存发展中的主导地位和作用具体体现为以下三个方面：

第一，企业文化形成的基础在于企业价值观的确立。建立文化主导的管理要素体系，其核心是建立企业独特的价值观体系。而企业家在企业价值观体系形成和确立的过程中发挥着至为关键的作用，企业主流价值观的最初来源主要是企业家的个性和价值信念体系。具备文化自觉意识的企业家首先应该懂得如何树立正确的价值信念去影响员工，并通过连续有效的行动，使价值观成为公司文化的核心和基础。价值观的正确与错误、文化的先进与落后从根本上影响和决定着企业的成败。因而，企业家要善于鉴别价值观上出现的偏颇，不断剔除与核心价值观相悖的价值理念，保持价值观的科学清晰，保持文化的健康发展。

第二，企业文化的高度整合在于企业价值观的认同基础。企业价值观必须为全体员工所认同，企业家的个人意志必须转化为企业员工的共同意志。在现代多元价值取向的社会背景下，企业价值观同个人价值观经常存在严重冲突。有效化解企业价值观同个人价值观之间的矛盾，关键在于努力培养企业组织与个人进步融为一体的价值观。企业文化高度整合的表现，即在于企业员工的价值观念与组织准则相结合的牢固程度。

第三，价值认同为企业推进国际化进程所必需。我国企业在国际化进程中特别是在跨国并购过程中所面临的一个重大课题是跨文化管理。跨文化管理的关键在于建立中外员工共同认同的价值理念基础。全球众多著名企业跨国并购的成功实践表明，企业兼并或联合成功的本质在于文化的融合，在于具有极强包容性的价值观的形成和培养。如果企业兼并或联合时不重点考虑文化融合，不重点考虑企业价值观的培养，而只是注重资金、设备、技术等项资源的整合，那么最终根本不可能取得成功。

概言之，推进管理主导要素由硬件要素向文化要素移位、建立文化主导的管理要素体系，是我国企业走向国际化进程中企业文化建设面临的重要任务。建立文化主导的管理要素体系对我国企业家的文化自觉提出了全新的要求。

关于企业家的文化自觉

企业家对文化的认识和感受、企业家对文化趋势的认识、企业家对企业经营终极目标的思考等等，均属于企业家的文化自觉。这里的企业家是指企业的领导群体。企业领导群体的文化自觉水平在企业的生存、改革、竞争、发展中起着举足轻重的关键作用。

第一，企业家的文化自觉决定企业的发展层次。企业家的文化背景是企业文化体系形成的源泉之一。企业家的个人人生观、价值观会成为企业价值观的重要组成部分，企业家的个性和作风、企业家的信念体系和行为方式，都会决定企业进化的水平和企业文化的类型，决定企业员工的文化习惯。因而，企业家务必要认清文化主导的大趋向，加强学习，努力提升个人的文化修养，努力提升对企业文化的认识和理解，努力提升企业的发展水平。

第二，企业文化的建设和保持依赖于企业家的文化自觉。企业家在文化的执行过程中应当始终自觉坚持其文化主张，将企业文化设计好、建设好、保持好。我们所讲的企业家文化自觉的重要性，不仅在于企业家是企业文化的倡导者，而且在于企业家是企业文化的实践者和推动者。特别是企业文化建设过程中会遇到各种各样的困难、问题、阻力与挑战，因而在执行过程中企业家的文化自觉就显得更为重要。只有具有高度的文化自觉，才能有效化解执行过程中来自方方面面的矛盾和问题，才能确保企业文化的顺利实施和传承。

第三，企业文化在员工中的内化程度，依赖于企业家的文化自觉。企业文化建设成败的重要标志之一，是看企业文化在员工中的内化程度。而企业文化要有效地被企业员工所认同和接受，要有效地内化为企业员工的自觉意识和行为，需要一个相当艰巨的长期过程。在这个过程中，企业家的率先垂范、企业家的身体力行、企业家矢志不渝地严格遵从和坚持起着关键性的作用。只有具有高度的文化自觉，才能持之以恒地推进文化实践，才能为员工起到良好的示范、带动、影响作用，才能不断提高企业文化在员工中的内化程度。

第四，文化实践效果是企业家文化自觉的重要体现。企业文化建设成败的关键在于实践环节，只有将企业的价值理念、行为规范等内容有效转化为具体、严格的规章制度，只有以文化为指导建立具有硬性要求的职业规范、行为准则、纪律规定，只有将企业文化建设同企业的组织结构、运行机制、管理流程有机联系起来，只有将对文化的认同和实践同员工的选拔、培养、使用、激励有机联系起来，才能使企业文化建设真正落到实处，真正收到实效。企业家在企业文化的实践过程中发挥着举足轻重的作用。企业文化建设能否真正落实到实践的层面，能否真正取得良好的实践效果，是企业家文化自觉的重要体现。

21世纪是中国的世纪。中国经济的强大根基源于中国企业的强大，中国企业在世界经济舞台的崛起是实现中华民族伟大复兴的重要基石。时代赋予我们的企业家群体以崇高的使命，我们应当无愧于祖国，我们应当无愧于时代！我们相信，具有高度文化自觉的我国企业家会责无旁贷地承担起历史赋予的神圣责任，在推进中国企业走向国际化的进程中、在实现中国企业崛起于世界的进程中作出历史性的贡献！我们相信，经过卓越的努力，一支优秀的中国企业群体、一支优秀的中国企业家群体必然会活跃于全球市场上，成为在世界经济舞台上代表和展示我国企业和企业家形象的重要群体！让我们携起手来，为实现中国企业的国际化、为实现中华民族的伟大复兴共同作出不懈努力！

（作者系中国企业文化研究会常务副理事长、学术委员会主任）

大会宣言：

2004年龙岩峰会宣言

在当今经济全球化时代，企业文化作为现代企业管理理论、管理思想和管理方式，对于推动中国企业的国际化进程具有十分重要的意义。中外企业实践证明：先进企业文化是企业重要的文化资产，是企业的核心竞争力，是企业最具潜力的生产要素。中国企业通过卓有成效的企业文化建设，不仅培育了一批具有国际竞争力的现代化大企业。而且为众多中小企业体制创新、战略转型、管理变革、品牌塑造提供了巨大的动力。

为深入贯彻落实“三个代表”重要思想和党的十六届四中全会精神，树立科学的发展观，培植“文化生产力”，以无形资产增值有形资产，出席“国际化进程中的中国企业文化——中外企业文化2004龙岩峰会”的与会代表，向广大企业界和所有关注企业文化事业的有识之士，发布企业文化宣言：

以人为本，创造企业价值

企业文化理论的本质特征之一就是以人为本。要把人作为企业发展的出发点和归宿，提高人的素质实现人的全面和谐发展。在经营管理中要贯彻为了人、关心人。理解人、尊重人、培育人的原则。运用企业文化凝聚和激励企业员工，发挥企业员工在企业文化建设中的主体作用。

以文化人，提高员工素质

企业文化主张通过提高人的文化品质提高管理层次。提升企业人文价值，使企业经营管理更具有文化特征，更适应人文进步的现代社会。以文化人，就是要塑造人文环境，形成文化氛围，培养员工先进的文化意识，提高员工的综合素质，极大地发掘人的潜力，有效地发挥人的积极性、创造性和主动性，使员工的生命意义更具人文内涵。

文化主导，改进管理方式

企业文化建设是企业管理变革的基础平台。将文化的特点和规律运用于管理之中，以文化作为管理的主导因素，协调物质与制度等要素的综合作用，启发员工内在的自觉和创造性，是这种管理方式的区别与其他管理方式的本质特征。

文化自觉,培养现代企业家

企业文化在一定意义上是企业家文化或企业领导群体文化。企业家或企业领导群体的价值理念、行为风格和综合素质特征,主导企业文化建设的性质进程,对企业文化的形成和发展产生重要影响。企业家或企业领导群体必须培养文化自觉,规划企业的愿景和使命,身体力行,积极引导和推进企业文化建设。

文化沟通,实施跨国发展

随着国际化进程的推进,跨文化管理成为企业管理的新趋势和新课题。不同社会的文化多元性和差异性的特点,决定跨国经营需要有深层次的文化沟通和谐调,不同文化背景的企业员工的文化认同和文化融合,是在国际市场竞争中有效运用"博奕"规则的前提。

优秀企业文化是基业常青之路。让我们同心同力,不断开拓企业文化建设新境界!

(中国企业文化研究会)

大会发言:

企业家的文化品格

胡 平

企业要有品牌,要有品位;企业家要有品格,要有品位。企业家的品格是由文化贯穿的。

首先是企业家的文化品位。企业家是社会人,是经纪人,同时也应该是文化人。企业要创业,创品牌需要文化,参与国际竞争需要文化,企业家的身心健康也需要文化。在激烈的市场竞争中,企业家需要自身素质、文化素养,需要有文化品质。

第二是企业家的文化视野在中国经济与文化两张皮的问题一直没有解决,西方通过文艺复兴早已解决,经济文化一体化了。邓小平讲:"物质文明与精神文明要两手抓,两手都要硬"。一种理解,一手抓物质文明、一手抓精神文明,多数人都这样理解。我认为这还没有把他的思想吃透,应该是两个文明一手抓,左手也抓、右手也抓,文化与经济的关系也就是这种关系。有人提到这样一句话:历史为未来壮行、文化为经济喝彩。这句话悟到文化与经济是一起前进的。企业家的这种视野才算到位。

第三是企业家的文化融合问题。我们搞好一个企业需要文化,要继承我们传统的优秀文化,要融合外来的文化,要创新、要超越。国际竞争需要文化,但有的人讲搞现代化建设不需要文化底蕴,我认为这个是非常错误的,中国的传统文化主体是优秀的,中国固有的文化不能丢,企业家要解决文化融合。

第四是企业家的理想。企业家的理想是什么呢?我认为是大富、大红、大德。企业家要有大富、大红、大德的思想,孙中山讲,要天下为公,公平、公开、公正,公民意识,公德意识,天下为公的对立面是谋私,企业老板要合理合法地谋私,但不能地下谋私,到地上谋私、大胆的谋私也是为公。天上与地下靠什么连接?就是"人",要共同富裕,要有中产阶级,有大量的中产阶级的人,社会就稳定了,要理解新的公私观。

第五是企业家的情操。企业家的精神会影响人,如:企业家的奉献,过去是政府大包大揽,企业办社会,现在是企业要与政府职能分开,企业要有社会责任,政府要办教育、办学校,企业要在新的形势下形成新的社会职能。我们企业家也要积极参加社会职能,这就是企业家的奉献。

第六是企业家的智慧。企业取得成功需要依靠企业家的智慧。企业家的智慧首先体现在价值取向上。重视社会舆论的评价、信誉度的提升、无形资产的积累,这是企业家智慧的体现。企业家是商人、是能人、是文人、是善人,总之,企业家应成为有品味的文化人。

(作者系原国务院特区办主任、中国企业文化研究会理事长)

建设先进企业文化
打造中央企业核心竞争力

王瑞祥

建设先进企业文化是做强做大中央企业的必然选择

广义的文化是人类创造的物质财富和精神财富的总和,狭义的文化特指精神财富。文化与经济和政治相互交融,构成一个国家的基本社会形态,并成为综合国力和国际竞争力的重要组成部分。建设社会主义先进文化的能力,是党的执政能力的重要体现。党的十六届四中全会决定指出:"党要带领人民推进中国特色社会主义伟大事业,必须大力发展社会主义文化,不断巩固全党全国人民团结奋斗的共同思想基础。"全会明确要求,要不断提高建设社会主义先进文化的能力,增强我国文化的总体实力,推动中华文化更好地走向世界,提高国际影响力。这就非常突出地强调了文化对党的事业,对社会主义事业,对国家整体实力的重大作用和意义。作为先进文化重要组成部分的企业文化,是企业在长期生产经营中倡导、积累,经过筛选提炼形成的,以企业管理哲学和企业精神为核心,以企业最高目标、共同价值观、优良作风、行为规范、标识、环境等为主要内容的,能够激发和凝聚企业员工归属感、积极性和创造性的人本管理理论,是企业的灵魂和精神支柱。企业文化伴随企业的产生而产生,是企业生存和发展的内在动力,是规范企业和员工行为的软约束,是提升企业形象、增加企业价值的无形资产，是企业核心竞争力的形成要素和重要组成部分。世界著名的跨国公司，除了拥有市场占有率很高的产品之外，无不具有优秀的企业文化。他们的价值观念、思维方式、经营模式、品牌形象无不体现独特的特点，为企业之树常青提供重要的滋养作用。相反，一些昙花一现的企业，失败的一个重要原因就在于企业行为缺乏深厚的文化底蕴作支撑。随着经济全球化进程的加快，越来越多的企业开始认识到企业文化的重要性。企业文化成为企业造就高品质员工队伍，提升市场形象和社会形象，打造产品品牌和企业品牌，提高核心竞争力，追求卓越业绩的核心要素。先进而独特的企业文化，是企业发展壮大、立于不败之地的重要保证。

（一）建设富有时代精神和各具特色的企业文化，对做强做大中央企业、增强我国的综合国力和在世界经济中的竞争力具有重要的推动作用。中央企业大多是关系国家安全和国民经济命脉，在重要行业和关键领域占支配地位的国有重要骨干企业，在全面建设小康社会，发展壮大国有经济，发挥国有经济的控制力、影响力和带动力方面具有举足轻重的地位，肩负着弘扬民族精神、促进经济发展、推动社会进步的重任。目前，全国国有及国有控股规模以上企业有15万户、总资产19.7万亿元，去年实现利润总额4951.2亿元，上交税金8104.5亿元，均占全国工商企业的50%。其中，国务院国资委直接监管的中央企业共186家，总资产8.36万亿元，职工约1000万人，上交税金占全国的40%，占国有企业的65%，工业总产值占国有企业的80%。经过多年改革发展，中央企业的市场竞争力明显增强，涌现出一批具有相当规模和实力的大公司大集团。据最新统计，进入世界500强的中国企业只有16家，其中，中央企业有8家。但是，我国进入世界500强的企业在数量上与我国在世界经济发展中应有的地位、作用很不相称，在经营规模、赢利能力、创新能力、体制机制等方面，与国际跨国公司相比也有较大的差距。因此，做强做大中央企业，既是发挥国有经济的主导作用，巩固以公有制为主体多种所有制经济共同发展的基本经济制度的需要，也是提高我国经济在世界经济中的地位，增强我国综合国力的迫切需要。建设先进的企业文化，对于进一步提高中央企业的核心竞争力进而做强做大中央企业，有着非常重要的作用，同时，也是践行“三个代表”重要思想，发展先进生产力与先进文化，实现全国各族人民共同利益的重要保证。中央企业在提高效益、促进发展的同时，必须大力加强企业文化建设，不断探索并创造出新鲜经验，为建设有中国特色先进企业文化贡献力量。

（二）建设富有时代精神和独具特色的企业文化，是中央企业深化改革、加快发展、提升核心竞争力的战略举措。加入世界贸易组织后，中央企业面临更加严峻的竞争态势，不断增强企业核心竞争能力，成为中央企业在竞争中取胜的必然选择。企业的核心竞争力是企业所特有的、不易被竞争对手效仿的独特能力。这种能力不仅包括企业所掌握的核心技术和知识产权，同时也包括具有本企业特色的企业精神、核心价值观、经营管理理念、企业形象及员工素质等方面的内容。优秀的企业文化是企业核心竞争力的重要组成部分。建设先进的企业文化，有利于强化中央企业核心竞争力的基础，形成提升核心竞争力的氛围和优化核心竞争力的要素。面对经济全球化和完善社会主义市场经济体制的新形势，面对跨国公司和国内企业的双重竞争压力，中央企业既需要继承和发扬中国文化的优良传统，又要不失时机地借鉴发达国家成功企业的经营管理理念，尽快形成自己的先进的企业文化，借以提升核心竞争力，在促进企业改革发展的过程中发挥应有的作用。

（三）建设富有时代精神和独具特色的企业文化，是发挥党的政治优势、建设高素质员工队伍、促进人的全面发展的具体措施。长期以来，我们坚持党对国有企业的领导，努力加强与改进思想政治工作和精神文明建设，形成了我国国有企业独特的政治优势。在当前形势下，进一步发扬这种政治优势，把企业文化建设与加强改进企业党的建设、思想政治工作和精神文明建设结合起来，是推动国有企业改革与改制、促进企业持续稳定健康快速发展的重要保证。建设先进的企业文化，通过基层党组织在企业文化建设过程的组织、带动作用和广大党员的先锋模范作用，有利于增强党的阶级基础和扩大党的群众基础，为保持党的先进性，巩固党的执政地位提供坚实的政治保证。同时，通过企业文化建设进一步探索和改进企业思想政治工作和精神文明建设的方式、方法和途径，增强思想政治工作的针对性、主动性和实效性，帮助员工树立与社会主义市场经济相适应的思想观念，有效抵制各种腐朽思想和错误思潮的侵袭，合理调整企业各种利益格局，正确处理改革发展稳定的关系，就能为中央企业深化改革促进发展提供强大的精神动力、智力支持和思想保证。企业文化建设从本质上讲是做人的工作，通过企业文化的凝聚、激励、协调和导向作用，在企业各级经营管理者和全体员工确立正确的经营理念，形成良好的思想作风、行为习惯，不断提高企业员工队伍的素质，建设一支包括出资人代表、高级经营管理者、各类专业技术人才、复合型思想政治工作者、高技能人才在内的宏大的人才队伍，形成有理想、有道德、有文化、有纪律的“四有”员工队伍，努力营造鼓励员工干事业、支持员工干成事业的良好氛围，为中央企业的改革发展稳定提供坚实保障。

中央企业开展企业文化建设的实践探索

国务院国资委2003年3月组建之初，就将加强企业文化建设提到了重要议事日程，给予了高度重视，加大了推进力度。一是在全国国有资产监管工作会议、中央企业负责人会议等重要场合多次要求中央企业大力推进具有时代气息和各具特色的企业文化建设。二是明确由宣传局作为推进企业文化建设的专门职能机构并专门设立了企业文化处。三是深入调查了解中央企业开展企业文化建设的现状，总结经验，培育典型，分析问题，为指导和推进企业文化建设提供实践依据。四是在广泛开展企业文化建设理论研究的同时，国资委设立企业文化建设软课题并认真开展研究，为指导推进中央企业企业文化建设提供理论支撑。五是制订并即将下发《关于推进中央企业企业文化建设的指导意见》，从履行出资人职责的角度对中央企业企业文化建设工作提出明确要求。六是组织不同范围和层次的企业文化建设经验交流和问题研讨会，努力营造推进文化强企战略的浓厚氛围。特别是2004年7月在大庆召开了中央企业企业文化建设研讨交流会，集中展示了中央企业企业文化建设的实践成果，比较系统地研讨了中央企业企业文化建设的理论与实践问题，引起广泛关注，产生了良好反响。

近年来，各中央企业在培育企业精神、提炼经营理念、推动制度创新、塑造企业形象、提高员工素质等方面努力探索，积极实践，取得一些宝贵经验。概括起来主要有以下几个方面：

一是坚持以培育企业精神为核心，激发干部员工振兴企业、报效祖国的热情。在长期的历史发展过程中，中央企业积累了深厚的文化底蕴，培育形成了“大庆精神”“两弹一星精神”“青藏铁路建设精神”“载人航天精神”等先进的企业精神。这些企业精神体现了中央企业艰苦奋斗、无私奉献、产业报国、振兴中华的主旋律和核心价值观，展现了中国工人阶级的崇高境界和精神风貌，为国有企业改革发展稳定提供了不竭的精神动力，不仅为我国社会主义建设作出了不可磨灭的巨大贡献，而且极大地丰富了中华民族的精神宝库。

二是坚持以建立先进的经营理念体系为重点，促进中央企业健康持续发展。许多中央企业从战略高度认识转变企业经营理念的重要性，努力改变长期计划经济体制下形成的思维模式和经营方式，提炼和培育了具有现代气息而各具特色的经营战略、经营宗旨、经营理念，形成了“企业发展是企业第一要务”“文化管理是企业第一管理”“创新是企业第一动力”“人才资源是企业第一资源”“终身学习是企业第一需要”的核心理念，“高水平、高效益，可持续发展”的发展理念；“质量是政治、质量是生命、质量是效益”的质量理念，“客户至上，诚信服务”的营销理念等等，丰富了企业文化的内涵，成为推动企业改革发展的思想先导和驱动力。

三是坚持以创新制度文化为基础，提升企业管理水平。许多中央企业在建立现代企业制度过程中，注重企业文化建设与企业管理创新、制度创新相结合，制度刚性与管理人性化相结合，实现制度与文化理念的对接，把企业精神、经营理念与核心价值观转化为广大员工的动力和自觉行动，渗透到管理过程的细节之中，逐步建立系统规范的管理体系，有效规范了管理行为，提高了企业管理的科学化水平。

四是坚持以导入企业识别系统为途径，优化企业形象。许多中央企业在导入企业识别系统时，注重优化企业形象、产品形象和员工队伍形象，以形象促发展。据不完全统计，在186家中央企业中绝大多数企业建立了自己的形象识别体系，有60家中央企业按照现代企业管理的要求导入了规范的企业形象识别系统，有的企业还聘请了有关专家顾问进行具体指导，强调企业形象导入的实用化、标准化和模块化的设计思路，成为实施品牌战略的有力手段。

五是坚持以创建学习型企业为载体，提升企业综合素质。各中央企业把构建学习型组织作为一项战略性目标，积极打造学习型企业，倡导“在工作中学习，在学习中创新，在创新中发展”、学习是生存发展需要等理念，注重用社会主义思想道德规范、先进的科学文化知识和日益进步的技术技能武装员工，为员工和企业共同发展奠定坚实的基础。中央企业普遍开展了“创建学习型红旗班组，争做知识型先进职工”活动，加大对学习的投入，建立促进学习的机制，对学有所用、学有所成、在各级种类技能比武中获胜的员工，在物质、精神和任职上给予相应的政策鼓励。企业员工队伍的思想道德素质、职业文明程度、科学文化素质和技术技能水平得到不断提高，企业创新能力和市场竞争力不断增强。

六是坚持以建设文化阵地、开展文化活动为手段，满足员工的文化需求。许多中央企业注重传统文化资源的挖掘和整合，加强企业文化阵地建设，完善图书馆、传统教育基地、职工文体活动中心等企业文化设施，组织开展健康向上、特色鲜明、形式多样的群众性业余文化活动。通过传播科学知识，弘扬科学精神，提高员工文化素养，增强员工识别和抵制封建迷信、伪科学的能力，满足员工求知、求美、求乐的精神文化需求。同时利用企业所属报刊、电视、局域网等载体，为员工提供健康向上的文化产品，提升了员工的文化品位，陶冶了员工的思想情操，提高了员工的归属感和自豪感。

在中央企业文化建设过程中呈现出以下几个突出特点：一是以爱国奉献为追求。坚持产业报国的崇高理想，积极为增强国家综合实力作贡献；努力为社会提供优质商品和优质服务，赢得社会的信任与支持；积极为投资者提供理想的投资回报，寻求双赢互利的合作关系；注重妥善协调各方面的利益关系，实现奉献祖国、报效社会、回报股东、关爱员工的和谐统一。二是以人本管理为核心。坚持把以人为本作为企业文化建设的着力点，在管理内容上强调情感管理、民主管理、自主管理，在管理方式上将刚性约束与柔性导向融为一体，在管理实践中体现“关心人、爱护人、培养人、激励人”的管理理念与人性化的管理方法。三是以诚信经营为基石。坚持奉行高标准的职业道德和商业道德，坚持依法治企与以德治企相结合，靠良好信誉和商誉在市场竞争中立于不败之地。四是以学习创新为动力。坚持顺应知识经济发展潮流，努力营造终身学习和知识共享的文化氛围，提高企业和员工的综合素质。按照“发展要有新思路，改革要有新突破，开放要有新局面，各项工作要有新举措”的要求，在经营领域、经营方式、管理模式等方面进行持续不断的创新。五是以政治优势为保障。坚持用企业文化建设的方式方法，改进传统的思想政治工作，变传统的思想灌输为良好的文化养成，提高思想政治工作的针对性、实效性和时代感，增强思想政治工作的说服力和感召力，增加思想政治工作的文化含量，促进思想政治工作与生产经营管理的有机结合。把企业文化建设与精神文明建设有机结合起来，坚持用社会主义的意识形态和价值取向牢固占领中央企业文化主阵地，通过企业文化建设和精神文明建设的合力提高员工整体素质，广泛开展各类群众性精神文明创建活动，营造团结进取的企业氛围和健康向上的社会风气，展示中央企业的良好形象。六是以广泛群体性为特色。坚持把企业主要负责人的导向作用与广大员工的积极参与结合起来，企业主要经营者出思想出思路并身体力行，在党委（党组）的统一领导下，有步骤地发动员工广泛参与，形成上下同欲、共谋发展的良好氛围。

在具体的企业文化建设过程中，中央企业还注重研究和处理好继承与创新、共性与个性、集团文化与下属企业文化、企业文化建设与生产经营管理、企业领导倡导与员工参与、文化冲突与文化融合、博采众长与以我为主、企业文化建设与思想政治工作、企业文化建设与精神文明建设、企业文化建设与企业管理等方面的关系问题，有效地推动了中央企业的企业文化建设并取得了丰硕的成果。

当然，我们也清醒地看到，一些中央企业在向市场经济转轨的过程中观念更新较为缓慢，制度创新和文化创新相对滞后：一些企业的企业文化建设存在短期行为，缺乏常抓不懈的机制；企业文化建设专业人才匮乏，从事企业文化建设的专业人员业务知识水平有待提高。这些问题需要我们在今后的实践中逐步解决。

推进中央企业企业文化建设的战略构想

新形势下，按照社会主义物质文明、政治文明、精神文明协调发展的要求，不断提高建设社会主义先进文化的能力，成为党加强执政能力建设的重要战略任务。如何牢牢抓住机遇，增强文化强企的使命感和紧迫感，采取有效措施，积极推进企业文化建设，这是我们国资委和各中央企业正在积极思考和实践的重大课题。

首先，进一步明确指导思想和战略目标。我们要以邓小平理论和“三个代表”重要思想为指导，牢固树立以人为本和全面协调可持续的科学发展观，在弘扬中华民族优秀传统文化和继承中央企业优良传统的基础上，积极吸收借鉴国内外现代管理和企业文化的优秀成果，坚持制度创新与观念更新相结合，深化改革与文化变革相结合，努力建设符合中国特色社会主义先进文化前进方向、具有鲜明时代特征、丰富管理内涵和各具特色的企业文化，内强企业素质，外塑企业形象，提高企业竞争力，增强企业凝聚力，促进中央企业的稳定协调健康发展。我们提出，要力争用3～5年时间，基本建立起适应世界经济发展趋势和我国社会主义市场经济发展要求，遵循文化发展规律，符合企业发展战略，体现员工根本利益，反映企业特色的企业文化体系，实现企业文化与企业战略的和谐统一，企业发展与员工发展的和谐统一，企业文化优势与竞争优势的和谐统一。

其次，进一步规范企业文化建设内容。一是要总结、提炼和培育鲜明的企业核心价值观和企业精神，体现爱国主义、集体主义和中国特色社会主义市场经济的基本要求，构筑中央企业之魂；二是要提炼各具特色、充满生机而又符合企业实际的企业经营管理理念，制定明确的发展战略，建立以市场为导向的经营哲学，形成以诚信为核心的企业道德，推动企业沿着正确的方向不断提高经营水平；三是要进一步改革完善企业的劳动制度、人事制度、分配制度、绩效考核制度等各项管理制度，以及管理流程、操作规程、工作职责和行为规范等，寓文化理念于制度之中，以科学的制度体系规范员工行为，以有效的制度创新提高企业的管理水平；四是要按照现代企业制度的要求，建立协调有力的领导体制和充满活力的运行机制，不断提高管理的科学化、规范化和现代化水平；五是规范企业视觉识别系统，建立企业标识体系，加强企业文化设施建设，优化企业环境，提高产品质量，打造企业品牌，增强企业的市场影响力，提升企业的知名度、信誉度和美誉度，树立企业良好的公众形象。

第三，要遵循科学的原则扎实推进。中央企业在推进文化建设过程中，重点把握以下原则：一是以人为本原则。处理好企业领导倡导与员工积极参与的关系，实现员工价值升华与企业蓬勃发展的有机统一，实现国有资产保值增值和员工全面发展的有机统一。二是重在建设原则。制定切实可行的企业文化建设方案，借助必要的载体和抓手，建立规范的内部管控体系和相应的激励约束机制，逐步建立完善企业文化体系。三是突出特色原则。注意处理好继承与创新、文化冲突与文化融合、博采众长与以我为主的关系，把共性和个性、一般和个别很好地结合起来，总结出自己的优良传统和经营风格，在企业精神提炼、经营理念概括和视觉形象设计上体现出鲜明的个性，形成富有行业特点和独具魅力的企业文化。四是务求实效原则。立足企业实际，符合企业定位，将企业文化建设与解决企业实际问题结合起来，与生产经营管理、思想政治工作和精神文明建设结合起来，按照系统化、科学化、实用化的要求创建特色鲜明的企业文化体系，有效避免虚幻空泛、繁琐复杂、形式花哨等不实做法，使企业文化建设形神统一，被广大员工认知、认同，以增强企业的凝聚力和竞争力。

第四，要完善企业文化建设的体制机制。企业文化建设是一项全局性战略性的工作，是一项需要企业众多部门通力合作的系统工程，建立健全体制、机制是企业文化建设的前提和保障。一是抓好企业文化建设领导体制落实。成立相应的企业文化建设领导机构，明确负责人、主管部门及工作人员。企业文化的领导体制与现代企业制度和法人治理结构相结合，发挥好董事会在企业文化建设中的决策作用，党委（党组）要加强对企业文化建设的领导，企业主要领导者是企业文化建设的第一责任人。形成企业文化主管部门负责实施、各职能部门分工落实的工作体系。二是制定企业文化建设规划。在广泛调研、充分论证的基础上，制定符合实际、科学合理、便于操作、长远目标与阶段性目标相结合的企业文化建设规划，并把规划纳入企业发展战略，成为企业整体规划的一部分。三是制定具体的操作办法。在国资委即将下发的《指导意见》的基础上，各企业结合自身具体实际，区别不同层次、不同水平，提出一些具体的、可操作、可实现的思路、方法，使有基础的、目前工作状况比较好的企业进一步提高工作水平和质量，不断完善企业文化建设体系；刚刚起步的企业一开始起步就比较规范，在一个比较高的起点上尽快地步入良性发展的轨道。四是加强督促检查。要建立考核评价和激励机制，把企业文化建设纳入企业经营者业绩考核体系，定期对企业文化建设的成效进行考评和奖惩。五是抓好条件保障。设立企业文化建设专项经费并纳入企业预算，加大企业文化建设软硬件投入，为企业文化建设提供必要的资金支持和物质保障。通过这些措施加大执行力度，使我们的企业文化建设真正落到实处并取得成效。

第五，要加强企业文化建设的工作研究和指导。“今天永远是起点”。企业文化建设是一项极具探索性的工作，这个探索永无止境。现在，诸多问题需要研究和实践，比如在经济全球化、市场一体化情况下，社会主义制度与市场经济怎么有机结合起来？党的政治优势和市场机制怎样在文化上有机统一？企业怎样由经验管理、科学管理进一步向文化管理提升？企业发展与人的全面发展怎样和谐统一？在企业兼并重组过程中如何搞好文化的融合？怎样使企业文化建设有一个具体的标准和科学的评价体系？等等。对于这些问题，我们将创造性地开展专题研究和理论探索，逐步把握企业文化建设的规律，努力研究企业文化建设理论，加强分类指导，促进中央企业企业文化在市场经济条件下的转型和再造，创造和积累出更多的理论成果和实践经验，为中国企业文化建设作出应有的贡献。

市场的竞争，越来越取决于文化的竞争。中央企业要继续坚持以邓小平理论和“三个代表”重要思想为指导，牢固树立、认真落实以人为本和全面协调可持续的科学发展观，努力建设具有中国特色的先进企业文化，进一步提高企业经营管理水平，提升员工素质，改善企业形象，增强企业凝聚力，打造核心竞争力，促进中央企业的稳定协调健康发展，为发展壮大国有经济，全面建设小康社会作出新贡献。

（本文根据作者在中外企业文化2004龙岩峰会上的专题报告整理）

（作者系国务院国资委党委委员、副主任，中国企业文化研究会顾问）

文化力驱动经济力

贾春峰

文化力这一新概念正在产生广泛而深刻的影响

大家都知道，现在文化力这一概念使用率很高，许多企业、地方在总结材料中都在频频使用“文化力”这一概念，都在讲文化力推动经济力。从一定意义上讲，“文化力”成了通用语。

这一现象也引起了国外著名学者的注意，发生了国际影响，从一定意义上讲，文化力也成了国际通用语。我介绍两点：

一是2003年11月8日欧洲科学院院士安蒂·格力博达来华，一定要邀我谈文化力研究。在交谈中他提出：“文化力这一概念具有世界意义”。此人已16次来华访问，受到过周总理的接见。他是很重视中国的文化力研究的。

二是日本的《世界经济评论》杂志2004年9月份发表一家经济研究所所长的文章：“文化力推动新经济”。《参考消息》于2004年10月7日、8日、9日三天进行了连载。文中指出，新经济表现为人才经济、注意力经济和创造力经济这样三个特征、三种形态。而这三种形态的经济所共通的地方在于，给人或物以及人的活动增添魅力，而能够增添这种魅力的就是文化力。文章的结论就是“迷人的文化力，对于国家、城市、企业都很重要，在经济上也可成为很大的力量。我们应该更加重视这一点，并从各自立场出发努力提高文化力。”说是“迷人的文化力”，讲得好啊！

从20世纪90年代中后期到现在，可以说，是文化力这一概念使用率越来越多的年代。有的图书馆人员告诉我，有关“文化力”的著作，借阅率就比较高，所以要进入数字图书馆。

那么在1992年以前的汉语文献中，在中国的历史文献中有没有“文化力”这个概念、这个词呢？截止目前为止查不出来。虽然国外一本著作用过这个词，仅仅用了这个词，但并没展开讲。而中国的历史文献、汉文化中没有这个概念。

那么，类似的概念、类似的论断，或者说相关的概念、相关的论断在1992年以前有没有？

有。可以举出3条：

一是培根的名言：“知识就是力量”。虽然知识与文化有联系，一提到文化力容易想到知识能力，但文化与知识不能划等号，是两个不同的概念。

二是中国东汉时期的王充的《论衡》《论衡》是什么意思？就言论的评判、衡量，讲：“以知为力”、“以学问为力”、“人有知学，则有力矣”。这比培根讲的要早得多，大概是古今中外最早讲知、学为力量的人了。王充，浙江上虞人，出身寒门，生活艰辛，加之好读书，史称“博通名经百家之言”，这使他形成了重知重学的思想观念。这是一个类似的概念。

三是毛主席的一段论述。1940年1月，毛泽东发表的《新民主主义论》中有一段话，讲：“新的政治力量，新的经济力量，新的文化力量，都是中国的革命力量，它们是反对旧政治旧经济旧文化的。”当时讲政治、经济、文化这三种力量都是革命力量，是因为革命是主要任务。就今天而言，谈到政治力量、经济力量、文化力量，就不仅要从革命力量上看，而更主要的要从建设力量上看。今天我们讲的文化力，同当年毛主席讲的“文化力量”，其意义应当是一样的，都是同政治力、经济力相对应而提出来的。这里的“文化力”的文化不是大文化的概念，大文化的概念是与自然物相对应的，文化就是人化，人类所创造的一切都是文化，(包括物质的、制度的，精神的都是人化)，而我讲的“文化力”是与政治力、经济力相对应而来，这是在1993年时就作过的概念界定的。所以，从1992年、1993年在中国汉语中就有了这个概念，那么现在被广泛引用，这一概念是有生命力的。所以有人讲这一概念正在悄悄地然而又是广泛而深刻地影响到人们的思维方式。

文化力研究中提出的几个有影响的论断

第一个论断是最早提出的：要加强市场经济中“文化力”的研究。市场经济的发展并不是一个纯经济行为，不能只是就经济论经济，不能经济是经济、文化是文化，两者不说话，而是有文化的力量、道德伦理的力量。而且市场经济发展中非经济因素的作用，文化力的作用越来越大、越来越显著、越来越突出。当时在我的研究中，对于为何要加强市场经济中文化力的研究，提出了6条理由，那是1993年10月在中央党校一个研讨会上讲的，《经济日报》等10多家报刊发表过。

第二个论断：“21世纪的经济赛局将在很大程度上取决于‘文化力’的较量。”这个论断一直印在我的几本书《文化力》《文化力观》《企业力》《文化力启动经济力》《贾春峰说企业文化》的最前面。

这是从分析不同文化背景的市场经济模式中提出来的。

第三个论断：“文化力是综合国力的重要组成部分。”这也是1993年、1994年提的，开过会、报上发过消息。没有文化力的综合国力论是一种片面的国力观。

第四个论断、观点：“当代经济与文化‘一体化’发展，有10大趋势、10大特征。”经济与文化是相互促进、相互结合、相互渗透的，我们的研究、我们的观察，不能将二者截然分开。

什么是文化力？为什么要注重开发文化力？

我一直是这样概括的：对于企业来说，对于城市经济、区域经济发展来说，对于整个经济与社会全面进步来说，“文化力”是一种持续发展的强大的内在的驱动力。这不是从一般意义上讲，这是仅就今天的研究视角而言的。

下面要重点讲的，就是：提出文化力启动经济力、文化力驱动经济力的根据何在？为什么要讲文化力推动经济力？企业为什么要注重文化力的开发？这个问题大概要讲十几条，细化为十几个方面。

提出文化力研究的根据，是不是从社会发展的一般原理出发，从一般概念中、从某种抽象原理中引伸出来的？因为马克思主义的唯物观认为，任何一个社会都是经济、政治与文化的有机统一体，这个原理非常重要。我是“文革”前最后一届中国人民大学哲学研究生，我学的是马克思主义哲学原著，非常坚信这个原理的科学性。

但是，我个人认为，从我的个人研究来说，现在强调文化力研究，强调要重视文化力，并不是从这样一个原理出发的，不是从一般原则、一般概念出发的，而是从现代市场经济的发展趋势引伸出来的，是经济发展本身、企业发展、区域经济发展、城市经济发展乃至一个国家、整个社会经济发展的趋势中引发出来的。

具体展开来讲，现代市场经济发展的每一个环节、企业发展的方方面面都离不开文化力。这至少有以下十几个方面：都是围绕市场经济、企业来说的。

第一，从投资环境、营商环境来说，文化也是重要的投资环境、营商环境。国外有个报告讲，现在进入企业选择国家的时代。不只是消费者在选择企业，而且企业也在选择国家和地区。这是经济全球化造成的，企业不一定在本土办，但选择何国、何地办厂开业是有条件的。国际研讨会上讲了10条，其中有三条是属于文化方面的，如开放的、不歧视外国人的文化环境、市民素质、可口的餐饮文化等等。所以投资环境不仅是道路交通、几通啊等硬件，还有软环境、文化环境。

第二，从经贸谈判来说，国外的统计资料说明，30%的经贸合作项目谈判不成功，是由于财务、技术与战略方面的原因。70%是由于文化沟通方面的问题而搁浅。

第三，从生产中投入产出的贡献率来说，文化、科技在投入产出中的贡献率越来越大。任何一种商品生产出来，都需要两种投入：有形投入与无形投入。有形投入又称为硬投入，其中包括能源、资源、人力财力。无形投入又称为软投入，是指文化科技等。两种投入必不可少，但现在的发展趋势是：无形投入的贡献率越来越大。

第四，从现代商品本身来说，文化含量与文化附加值越来越高。商业文化体系中有一个要素是商品文化，所指的就是商品的文化内涵、文化特色与文化附加值，其中包括商品的构思、设计、造型、款式、装潢、包装、商标、广告等等。它们凝结着一定的文化素养、文化个性，能促使这一商品在一定的销售区域和层次增值走俏。

第五，在现代商品的两种功能、两个标准中，审美功能与美的文化标准越来越突出，越来越重要。

任何商品都有两种功能：实用功能与审美功能。而审美功能越来越重要。

日本的企业家提出了：现代商品的“美的文化标准”概念，很重要。

中国学者研究现代市场的美学冲击波，有新的专著，要我写了序。

第六，从企业实施名牌战略来说，名牌的文化含量也越来越高。

名牌打天下，名企打天下，名牌企业家走天下，市场竞争越来越表现为名牌的较量。参加这次会，龙岩电视台记者采访我，我对龙岩企业文化有5条建议，其中第一条就是重视品牌战略，要有一大批龙岩品牌。市场竞争表现为名牌的竞争,也表现名牌企业家素质的较量、员工整体素质的较量。而名牌的文化含量越来越高。什么是名牌服装?我在一个国际服装研讨会上讲过,质量是名牌服装之母,文化个性则是它的闪光点。

什么是纽扣?教科书上查不到。一位学者说过:纽扣是织物的联结物,纽扣能开能合,纽扣是中国人的发明,纽扣的实用功能和拉链是一样的。拉链是1913年意大利人发明的。温州的纽扣、晋江的拉链,都是大市场。

对纽扣光讲实用功能不够,它还是一种装饰品,这就是纽扣文化的问题了。

第七,从企业建立学习型组织与提升企业家决策力、整体素质与人格魅力来说。

企业要把学习力、创新力与提升综合竞争力融为一体。

提升企业家决策力至关紧要。为什么提出决策力的概念。两个数字:

A. 1955年《财富》杂志评的500强,现在300多家垮了,只剩下不到1/3。企业寿命问题,新统计,500强企业寿命为40多岁,每10年垮1/3。中国民营企业的寿命从2.9岁已升到了7.02岁。

B. 兰德公司对1000家破产倒闭企业统计,有850家,即85/100是由企业决策失误造成的。

当然有决策力还要有执行力。要注意细节。天下大事,必做于细。还有,企业文化是企业家人格魅力的锻造炉。

第八,从企业协作竞争、结盟取胜的新思维、新文化来看。

从单枪匹马式竞争到协作竞争是企业竞争形态发生的一个重大新变化。

从企业协作结盟来看。这就要求改变那种传统的单枪匹马式的竞争心态而确立、构建一种协作、双赢的新思维新文化。特别是不同文化背景的企业结盟,这个问题更为重要。不能把互补性协作变成互相拆台,这是最应警惕的。

最近几年,有4.5万家大企业结盟,其中大部分是跨国公司。许多大行业,都有典型案例。当然,企业结盟的形式是多种多样的。

企业结盟的好处在于:优势互补、资源共享、弥补缺欠、降低交易成本、联手开拓市场。

第九,从企业并购、兼并来看,兼并、并购发展很快。企业兼并、并购后的整合,包括有形的方面,如资产、组织机构、人力资源等;也包括无形的方面,这主要体现在企业文化上。许多并购、兼并不成功,就在最后的文化整合不成功。要形成并购的新思维新文化,就要既贯彻兼并企业的价值观,又要保留被兼并企业的个性化活力。GE的兼并成功就在于此。

对于企业并购、兼并后的企业文化整合问题,企业文化界研究得很不够。但这却是应花大力关注、研究的课题。据调研资料,我把并购、兼并后的企业文化整合,至少分为三种模式:一是取代型模式,被并购企业的企业文化由并购企业的企业文化所取代;二是融合型模式,并购企业与被并购企业的企业文化,都加以调整,保留精华,相互融合,并非“一方吃掉另一方”;三是并存型模式,并购企业与被并购企业的企业文化都并存自立。至于具体到一次企业并购应采取何种模式,我看这要从实际出发,并不存在到处套用的公式。这里所讲的“实际”,既包括并购企业与被并购企业的企业文化“实际”,也包括不同行业不同企业的并购战略“实际”。“实际”从来都是多种多样、纷繁复杂的,一个就有一个样。所以,这里关键的问题是从企业业态的实际、企业战略实际出发,从企业文化的现状及其发展趋势出发,以克服企业行为中的文化障碍,真正实现文化沟通。

麦肯锡咨询公司推出的《协作型竞争》,提出“经理们必须区分‘收购思维’和‘联营思维’”。用“联营思维”代替“收购思维”或用“收购思维”代替“联营思维”都会导致失败。

“联营思维”主要表现为互补性;“收购思维”主要表现为重叠性。

宝钢提出的是联合重组中的文化整合,我认为提供了重要经验。

如何解决“文化障碍”问题?

这要具体情况具体分析。但根据一些成功案例,至少要做以下4步工作:

一是接触前要搞“跨文化培训”,先了解对方的传统文化和价值观念。

在《中外管理》杂志举办的一次官产学恳谈会上,一位同志曾讲到,国外的公司进来之前,他们要研究学习中国的传统文化,他们知道把他们的东西照搬过来行不通。有一个德国公司派遣人员来华工作,来之前受到五天的法律教育,其中有一个叫做心理承受课。他把四个人找来,给他们发一副牌,说你们用德国的方式打牌,大家很快打完了,老师把牌收过来,说下面必须按中国游戏规则打牌,结果他们只能瞎打一气,因为谁也不知道中国的玩法。老师说你们要去的国家就是这样的国家,你有心理准备吗?你不懂得这个国家的游戏规则,还不懂得这个国家的文化,你抱着这么一种心理到这个国家去,将会面临怎样的结局?这个课加起来只有五分钟,却讲了很深刻的东西。日本的一些企业注意研究中国的儒家文化,也是这样一个道理。外国的企业来中国是这样,我们的企业到国外去当然也要了解研究那里的传统文化和价值理念。

二是接触时,要搞清对方的思路、观点和种种想法与做法。

三是学会沟通。有哪些共同点?又有哪些分歧点?差异就要沟通。这叫一培训、二搞清、三沟通。还有四。

四是为了实现沟通,需要学会换位思考。这叫四“换位”,即站在对方立场上,用对方眼光观察一番。

这四点是需要做的。在这个基础上才有可能克服文化障碍,实现文化沟通。兼并中的文化整合也与此类似。

第十,从跨国公司的经营管理来看。从1994年、1995

年以来，我一直相对应使用“文化沟通”与“文化障碍”两个概念，而且把注重克服“文化障碍”、实现“文化沟通”看作是当代市场经济中经济与文化“一体化”发展的一大特征。何为“文化障碍”？在跨国经营中，由于文化的差异使本企业的产品在品种、造型、款式、外观、包装、服务、广告和推销手段上，同营销地人们的文化素养、生活方式、风俗习惯和特定的审美需求不一致。而造成产品滞销的状况常常发生。人们把这种状况称之为“文化障碍”。而相反，产品若能同营销地人们的文化背景和审美需求相一致，则称之为“文化沟通”。

由此，人们提出了重视跨国公司的文化管理，提出了进行“跨文化培训”的问题。在国外，一些大学对企业家进行培训，就包括跨国文化管理。

第十一，企业文化是企业核心竞争力的重要组成部分。几年前，经济学界讲企业核心竞争力，是不讲企业文化的，现在看法在改变。企业文化是企业核心竞争力的重要组成部分。企业核心价值观是企业核心竞争力的灵魂。

第十二，企业文化建设是企业的长寿之道，是企业基业常青、健康持续发展的强大内在驱动力。

企业文化建设是提升企业整体素质的系统工程。GE的业态像个多姿多彩的全面球，其核心为企业文化。

第十三，商业文化在商业竞争中的地位和作用越来越突出。

商业文化有四大要素：商业环境文化、商品文化、营销文化、商业伦理文化。

“文化力”的内涵有哪些？

文化力的内涵有四大要素：

一是智力要素。包括知识、智力、智慧等等，而知识、智力、智慧是不一样的。

二是精神理念，包括理想、信念、道德、伦理、价值观。

第三个要素是文化网络，包括：图书馆、博物馆、文化馆、各种影视、传媒、文化网络与网络文化。

第四大要素：是优秀的传统文化，作用于现实生活中的传统文化，必须是传承下来，这也是文化力的一个重要方面。

“文化力”的功能有哪些？文化力的“力”有多大？

文化力有6大功能，也是6种力量。

一是导问功能（可分解为价值导向与行为导问）、导向力；

二是激励功能、激励力；

三是约束功能、约束力；

四是凝聚功能、凝聚力；

五是纽带功能、纽带力（企业发展要有双纽带，既要有产权的纽带、物质利益的纽带；又要有文化、精神、道德的纽带）；

六是辐射功能、辐射力。

（作者系原中宣部理论局副局长、正局级调研员，中国企业文化研究会副理事长、学术委员）

企业文化的人本问题

徐惟诚

这次大会，展示了中国的企业文化建设又有了新的长足的发展。无论是在理论的拓展、还是进行企业文化建设的企业都迅速扩展，在企业文化建设内容的深入上，许多企业都积累、创造了很丰富的、很有特色的建设企业文化的好的做法和经验，而且企业文化建设的效果提升了企业的竞争力，转化成为企业的生产力。这些效果日益明显的展现在我们面前，从而影响到更多的企业对企业文化建设的兴趣，重视企业文化建设的企业不断的涌现出来，说明企业文化建设是适合中国的企业、中国的市场和中国广大企业员工需要的。

我们看到，企业文化建设比较成功的企业，不只是企业的效益好，而且这些企业的员工精神面貌好，有自豪感，比如沈飞、燕化的员工。这就提出了一个我们应当思考的问题，企业文化到底是什么？

20多年前，企业文化的概念引进到中国，当时思考的是这样做，那样做，怎样提高企业的文化力？从哪里切入？与其他工作的关系是什么？怎样才能与生产经营结合而不是两层皮？现在已经有这么多好的经验了。但现在要思考，企业有了几百年了，这20多年才想到企业文化，就世界而言，50年前也没有企业文化这个概念。企业虽然都是有文化的，但从前没有感觉到文化建设的迫切，那么现在我们为什么感觉到建设企业文化的迫切了呢？企业文化是对谁的？是对企业的人的文化。没有人，就没有文化，文化本身是人生产出来的。总结了那么多的经验，都说企业文化是企业的灵魂，灵魂就是人的灵魂，没有人哪有灵魂？人到了企业里面，要进行灵魂的建设，这怎么成了一个重要课题？这个课题是怎么提出来的？

我们应该做一个历史的考查。人的本质之一是离不开劳动，人是劳动的产物，从200万年前在劳动中诞生了人，到在劳动中提升成现代的人。本质之二是人的劳动从一开始就是社会的劳动，不是一个人，而是一个群体，个人溶化到群体中，是群体的一分子，奉献自己的力量与成果，体现了人的社会价值。劳动好的人，受到尊重，是光荣和自豪的，这是人的本质表现。随着社会的发展，劳动也在变化，产生了分工、产生了许多的环节，产生了劳动交换，从而产生了奴隶制。这时的劳动不是为自己，是被迫的、痛苦的。尽管这样，劳动者看到自己劳动成果，还是会有自豪感的。比如秦朝的兵马俑，各有不同的神态，但在每一尊兵马俑较为隐蔽的地方，都有一个小小的标记符号，这是奴隶为自己的劳动成果做的标记，劳动者怀着一种我在这个成果里灌注了心血、这是我的成果的心理。

现代社会出现了一个很有用的东西——企业，这是以前200多万年间所没有的。有了企业之后，人的劳动基本是在企业里的，劳动者和管理者在这里结合，产品在这里生产，交换在这里开始，没有企业是不行的。企业为劳动者提供了劳动场所，使劳动者能够实现他的劳动，能够实现他劳动的价值。交换，是劳动者与消费者之间的桥梁和平台，同时也搭建起了一堵墙，把劳动者与消费者分割开了。劳动光荣找不到了，看不见了。劳动者只看到生产指标，只得到了物质的、精神的报酬，劳动者为这些指标和报酬去工作。对于庞大的企业，这一点就更突出了。企业里，人是一个个的螺丝钉，是庞大机器的零部件，这是不可避免的。恩格斯曾讲过：在工厂门口和地狱的门口一样挂着一块牌子，入此门来必须放弃一切自治。没有你自己了，这是企业必然的要求，企业有这样的要求，企业也很苦恼。企业是市场竞争的主体，今天的竞争不是个人的竞争，离开企业不行。

企业是法人，靠什么竞争呢，法人没有血，没有肉，依靠的是在这个企业工作的无数的自然人的整体来竞争的。于是企业就要有许多管理的模式，要有适应各种不同时期需要的管理模式、管理方法。目标是什么呢？都是使企业的全体成员作为一个共同的整体来参加世界市场的竞争。这种制度管理的方法可以有许多种改进，使其更有效。但是没有一种规定能把想到的和想不到的各种问题都涵盖进去，这实际上是做不到的。管理日益细化，特别是到了跨国集团的出现，就把这个问题显露出来了，在不同的文化观念下、不同价值观念下、不同的传统观念下，对同样的管理理念有不同的理解，即使同样是华人，也不一样，这样的例子很多。文化观念的差异是渗透在企业所有的环节里面的，像宝钢，用强制力来推行新的文化观念，又没有引起震动，是很难的，不然，几年的时间，他们的利润怎么从16亿元上升到200亿呢？

企业和企业员工碰到了一个同样的问题，没有了朋友，对外、对内是一个个环节的关系，感到孤独、苦恼和压抑。企业整合不起来整体的竞争力。管理层中，有事业心的，感觉事业心实现不了，目标走了样，应实现的竞争力实现不了。在改组、兼并、重组的过程中，突出的把文化力摆在了领导的面前，不从这里下手解决问题，在市场竞争中不可能取胜，这是个根本的问题。

现在有些企业，把企业文化一步步建设起来，很有成效了。但不客气地讲，最有成效的企业，企业文化建设也只是开始。开始了，竞争力就上去了、员工就有自豪感了，就有了共同的价值观念的追求。共同的价值观念，不是一句空话，是与社会对企业的要求结合起来的、细化的东西，企业面对的苦恼，市场的压力，往往只能传递到经理层面，工人层面是感受不到的，传递很不到位。实际上，任何一个细小环节做好都可能使竞争力的增强，做不好则会失败。那么这个环节在哪里？有了共同的文化，有了共同的价值追求，并且是细化的、具体的，从各个方面感知、感受到外部的要求，有了传递的链条，传递到每一个岗位、每一个人，使其都感觉到自己的价值，光荣和自豪感回来了。从这种意义上讲，是人的本性的回归，是一个过程，有了开头，就有了希望，看到了光明。党的十六届四中全会提出了构建和谐社会的理论，就有了基础，人的本质，人劳动价值的感知，回归人本质的价值。所以提出这个观点来探讨。

回归人的价值，就要把企业文化建设做下去。首先，要找到定位，就是市场的定位。建设企业文化，如果没有定位到市场，那么一点作用也没有；第二，要找到内部管理资源、外部资源的薄弱点在什么地方，才能找到企业文化建设的重点；第三，是要找到切入点。企业文化建设的切入点是什么？就是职工普遍感兴趣的问题，就是职工的愿望、需要，企业文化不与职工的需要结合，是无法进行建设的，职工的愿望，不一定是重点，也可能只是与重点工作相关联的事情，但企业文化建设要从这里进去，才能深入下去，才能继续前进，去做重点建设；第四，要注意把企业文化建设贯穿到、渗透到生产经营的各个环节当中去，贯穿到方方面面的细节之中去。因为针对是企业的员工、是人，不只是生产环节，生活、思想观念、习惯、兴趣、爱好、情绪、环境等等是一个整体，都要注意到。

企业文化建设是有节奏推进和无止境的过程，每一步都要注重和依靠劳动者，依靠人的价值、人的素质的提高，来提升企业的市场竞争力，提升企业的价值。

（作者系原中宣部常务副部长、中国大百科全书出版社总编辑、中国企业文化研究会顾问）

培育中国石油特色企业文化 促进具有国际竞争力跨国企业集团建设

关晓红

中国石油天然气集团公司是跨地区、跨行业、跨国经营的综合性石油公司，业务涉及石油天然气勘探开发、炼油化工、管道运输、油气炼化产品销售、施工工程技术服务、石油机械加工制造、石油贸易等领域，在中国石油和天然气生产、加工市场占据主导地位。百万石油员工坚持以邓小平理论和“三个代表”重要思想为指导，以人为本，继承创新，万众一心，合力打造具有鲜明时代特征和石油特色的全员企业文化，为全面建设具有国际竞争力的跨国企业集团提供强劲的精神动力和持久的文化支撑。

50多年的伟大实践中，百万石油人共同创造了以大庆精神为核心内容的石油企业文化

中国石油企业文化是在几代石油人艰苦奋斗，矢志不渝，使我国从年产原油仅12万吨的“贫油国”，成为现在年产原油上亿吨的世界第五大产油国的伟大实践中，培育形成的具有丰富内涵的全员文化。

石油企业文化与新中国石油工业同步孕育、丰富、发

展。纵观中国石油工业发展史，既是一部百万石油人在中国共产党领导下，艰苦创业、拼搏进取的奋斗史，也是一部孕育、发展和弘扬优秀石油文化的文明史。

20世纪50年代，广大石油职工建起了被誉为石油工业摇篮的玉门油田，培育了以“自力更生，艰苦奋斗的‘一厘钱’精神；设备缺乏，自己修造的‘穷鼓捣’精神；原材料不足，改制代用的‘找米下锅’精神；人员不足，多做贡献的‘小厂办大事’精神；修旧利废，挖潜增效的‘再生产’精神为主要内容的“玉门精神”。著名石油诗人李季曾满怀激情地写下：“苏联有巴库，中国有玉门，凡有石油处，就有玉门人”的壮丽诗篇。

20世纪60年代，数万石油职工从全国各地齐集松辽盆地，展开了著名的大庆石油会战，以中国石油工人的杰出代表、中国工人阶级的先锋战士、中国共产党的优秀党员“铁人”王进喜为榜样，以“宁肯少活20年，拼命也要拿下大油田”的气概，鏖战三年，一举甩掉中国贫油的帽子。在这场彪炳史册的石油会战中，广大石油人克服重重困难，实现拿下大油田的铮铮誓言，同时也共同创造了影响深远、集中体现中华民族和中国工人阶级优良传统和优秀品质的“爱国、创业、求实、奉献”的大庆精神，“当老实人、说老实话、办老实事，严格的要求、严密的组织、严肃的态度、严明的纪律”，“黑天和白天干工作一个样、坏天气和好天气干工作一个样、领导不在场和领导在场干工作一个样、没人检查和有人检查干工作一个样”的“三老四严”“四个一样”优良作风和一整套体现时代特征的先进管理理念。

在社会主义经济建设的各个时期，一批批石油人将大庆精神、铁人精神的火种带到各个石油会战“战场”，与本企业实际相结合，进一步弘扬光大，更加丰富了石油企业文化内涵。在柴达木盆地石油勘探开发的石油人，创造了“顾全大局的爱国精神，艰苦奋斗的创业精神，为油而战的奉献精神”的“柴达木精神”。在兰州炼油总厂生产建设的石油人，提炼了“奋发进取、为国争光的志气，艰苦奋斗、勤俭办厂的传统，严字当头、科学文明的作风，献身石化、爱厂如家的感情”的“兰炼精神”。在石油长输管道建设的石油管道人，形成了“管道为业、野战为乐、艰苦为荣、四海为家”的“‘八三’管道精神”。在塔里木石油会战的石油人，形成了“艰苦奋斗、真抓实干、五湖四海”的“塔里木精神”。

正是在一场场艰苦卓绝的石油大会战中，一次次开拓国内外市场的竞争中，石油人将不畏艰苦、勇于拼搏的革命英雄主义，同科学求实、勇于创新的优良作风相融合，将爱国奉献的伟大情怀同中国石油工业发展相结合，凝聚了中华民族精神的精髓，积淀了丰厚的文化底蕴，形成了以大庆精神为核心内容的中国石油企业文化。

丰硕的石油企业文化成果，成为百万石油人共同拥有的宝贵精神财富，成为中国石油发展的巨大无形资产。

一是形成了以中央文件形式肯定的企业精神。1981年，党中央第47号文件，把集中体现石油企业精神的大庆精神高度概括为“爱国、创业、求实、奉献(献身)”。大庆精神像一面旗帜，激励了一代又一代石油人为了中国石油工业发展和国家繁荣富强奋斗不息。二是出现了“铁人”王进喜“新时期铁人”王启民“当代青年的榜样”秦文贵“中国石油管道人”张立福、“英雄女采油工”罗玉娥“党的好干部、职工的贴心人”李贺等一大批在全国产生巨大影响的先进人物典型和以大庆油田等为代表的企业典型。三是形成了“宁可少活二十年，拼命也要拿下大油田”、“我为祖国献石油”石油人共同遵循的价值观。王进喜“有条件要上，没条件创造条件也要上”、“宁可少活二十年，拼命也要拿下大油田”，王启民“宁可把心血熬干，也要保持油田稳产高产”，秦文贵“越是艰苦，越要奋斗，越要奉献”，塔里木石油人“只有荒凉的沙漠，没有荒凉的人生”等充满豪情、鲜活生动的语言深深地烙在广大石油人的心中。四是形成了“岗位责任制”、“三老四严”“四个一样”“五个过硬”“基层建设、基础工作、基本功”的“三基”工作等中国石油独有的企业管理理念。五是拥有了大庆“松基三井”这样最年轻的国家级文物，以及“铁人第一口井”、新疆油田“黑油山”、长庆油田“好汉坡”、塔里木油田“塔中四井”、炼化“五朵金花”、“八三”输油管线、西气东输工程、塔里木沙漠公路、苏丹石油项目等一批具有重大历史意义、见证石油工业发展的企业形象标志。六是确定了被社会认知的企旗、企徽等企业形象视觉识别系统。20世纪60年代的杠杠服、90年代的信号服成为石油人的形象服装。七是拥有了一批写石油人、记石油事的文化艺术精品。传记文学《铁人传》、话剧《地质师》、舞剧《大漠女儿》获得全国“五个一”工程奖。八是初步形成了集团公司—所属企业—基层单位整体联动、上下互动立体式企业文化建设格局。

半个多世纪中国石油工业缔造的优秀石油企业文化，是中国石油工业的瑰宝，是中华民族文化的重要组成部分，是中国石油工业从小到大、从弱到强、从国内走向世界的精神支柱，也为我们在新的历史时期进一步加强企业文化建设，实施“文化强企”战略，构建具有中国石油特色企业文化奠定了良好的基础。

以人为本，继承创新，共同赋予中国石油企业文化新的内涵

企业文化作为先进的现代企业管理理论，对企业发展发挥着越来越重要的作用。中国石油在新的时期，实施企业文化战略，发挥113万石油员工的智慧，激活员工的创造力，持续进行企业文化不间断升级，丰富企业文化成果，拓展企业文化内涵，将厚实的文化力转化为现实生产力、核心竞争力和推动企业改革发展的强大动力。

实施企业文化建设工程，服务于企业发展战略

集团公司党组高度重视企业文化建设，推进“文化强企”战略。随着经济全球化进程加快，国内外石油企业竞争日趋激烈，集团公司提出了实施“由国内石油公司向跨国石油公司转变、由单纯的油气生产商向具有复合功能的油气供应商转变，建设具有国际竞争力的跨国企业集团”的战略

目标。党组充分认识到,要在全球化竞争中不断拓展市场,增强企业实力,就必须建设既有国际化企业集团的通识特征,又具有鲜明特色的企业文化,以文化力的提升促进企业实力的提升。2001 年,集团公司党组将企业文化建设列为集团公司“十五”期间重点实施的“十大工程”之一,2003 年工作会议再次强调,“在新的形势下和新的发展阶段,企业文化建设要充分体现‘三个代表’重要思想,坚持继承和创新相结合,按照‘代表先进文化的前进方向’的要求,赋予‘爱国、创业、求实、奉献’的大庆精神以新的时代内涵,着力培育符合现代企业发展方向、具有鲜明时代特征和石油特色的企业文化,形成统一的企业精神,内塑高素质的职工队伍,外树良好的社会形象,促进具有国际竞争力的跨国企业集团建设”,使传统的企业文化建设从全体员工的自发行为升华到全体员工的自觉行动,共同实施百万石油人“文化强企”战略。

建立健全企业文化建设组织结构,将企业文化建设纳入了企业发展整体组织领导之中。集团公司加强企业文化建设的组织领导,成立了由党组书记、总经理任主任的企业文化建设委员会,统一负责集团公司企业文化建设工作;每年集团公司工作会议,都把企业文化建设作为全面工作的一个重要部分,统一部署,统一安排;各所属企业都明确了企业文化建设的职能部门,以健全的组织机构保证企业文化建设工作的推进。

全员学习,汲取企业文化建设丰富成果。集团公司领导及有关人员先后到同内外著名企业美国 GE 公司、埃克森美孚公司、海尔集团、长虹集团等企业学习考察;与同际大石油公司进行企业文化对标分析,汲取其精华;召开企业文化建设研讨会,开展企业文化课题研究,交流企业文化建设经验,听取专家学者意见和建议;编辑《中外企业文化概览》《论中国石油企业文化建设》《中国石油企业文化故事集》三本书,为企业文化建设提供学习借鉴。所属各企业建设学习型组织,在职工中广泛开展企业文化知识学习会、我身边的企业文化大讨论、企业文化之我见征文等活动,从集团公司决策层到企业普通员工的全员化企业文化熏陶,进一步夯实了企业文化建设工作不断提升的基础。

全员参与,制定集团公司企业文化建设《纲要》,引领企业文化建设工作。各企业员工积极参加党组征集企业文化内涵诠释活动,认真思考,写下自己对中国石油企业文化的认识、体会和理解;积极参加企业文化建设大讨论,群策群力,建言献策。在党组领导下,通过上上下下反复讨论,集思广益,数易其稿,在广泛征求各方面意见的基础上,《集团公司企业文化建设纲要(试行)》作为加强集团公司企业文化建设指导性文件,于 2003 年 5 月正式颁发实施。这份由全体员工共同参与起草制定的《纲要》,极大地体现了百万石油人共同的价值观,也进一步明确了集团公司企业文化建设的指导思想、基本原则、具体措施。

按照“四统一”原则,明晰集团公司企业文化主要要素

树立形象,规范统一企业标识系统。专门设计了体现企业目标、使命和特点的集团公司 CNPC 标识,以企业标准形式下发,作为统一企业形象识别规范使用。所属企业在市场中共擎一面旗,同扬一品牌。股份公司润滑油分公司通过“昆仑润滑油源自中国石油”的宣传策略,既提升了企业形象,又提高了品牌价值。走向海外开拓国际市场的石油队伍,在异国他乡坚持升国旗、企旗,激发了员工为国争光,为企业争誉的昂扬斗志。

继承创新,赋予大庆精神新的时代内涵。集团公司将由广大石油人共同创造,在新的发展时期由广大石油人在实践中赋予了新的时代内涵的“爱国、创业、求实、奉献”大庆精神,作为集团公司统一的企业精神,在新的历史条件下加以继承和弘扬。

一是赋予“爱国”以爱岗敬业,产业报国,持续发展,为增强综合国力作贡献的新内涵。广大职工把强烈的爱国热情融入到振兴祖国石油工业、加快集团公司发展的实践之中。公司积极承担作为特大型国有企业的历史使命,努力发展壮大公司实力,致力于产业报国。通过持续有效的生产经营和资本经营,不断满足国民经济发展对油气资源日益增长的需求,维护国家的经济安全和能源安全,为增强综合国力作出更大的贡献。

二是赋予“创业”以艰苦奋斗,锐意进取,创业永恒,始终不渝地追求一流的新内涵。艰苦创业是中国石油工业从小到大,从弱到强发展历程的真实写照。在新世纪按照坚持把发展作为第一要务、坚持整体协调发展、坚持科技创新体制创新和管理创新、坚持企业发展与员工的全面发展相统一、坚持物质文明建设和精神义明建设相统一、坚持公司发展与经济社会发展相协调等“六个必须”,锐意进取,发扬“有条件要上,没有条件创造条件也要上”的英雄气慨,积极拓宽发展思路,创造发展条件,开辟新的增长领域,永不满足,创业永恒。

三是赋予“求实”以讲求科学,实事求是,“三老四严”,不断提高管理水平和科技水平的新内涵。牢固树立科学发展观,勇于实践,开拓创新,努力形成重实干、讲实效、看实绩的良好风气,按照“当老实人、说老实话、办老实事”的要求,努力建设一支高素质的职工队伍。以“严格的要求、严密的组织、严肃的态度、严明的纪律”,不断提高企业的管理水平。

四是赋予“奉献”以职工奉献企业,企业回报社会、回报客户、回报职工、回报投资者的新内涵。积极引导全体员工以王进喜、王启民、秦文贵等先进模范为榜样,竭诚奉献企业。通过合理利用国内外资源,以持续有效的生产经营为社会、客户提供优质安全清洁的石油、天然气、化工产品及优质的服务,为投资者提供理想的投资回报,努力保护和改善人类赖以生存的自然环境,不断提高人民的生活质量,为社会的繁荣和经济文化的发展作出自己的贡献。在企业发展的基础上,逐步改善职工的工作和生活条件,使公司的经营成果惠及每一名职工,为职工奉献更加美好的生活。

立足长远,奉行“奉献能源,创造和谐”的企业宗旨,中

国石油集团在全力建设具有国际竞争力的跨国企业集团和率先建成一流的社会主义现代化企业进程中，始终不渝地坚持科学发展观，抱定“奉献能源、创造和谐”的企业宗旨，从保障国家油气安全稳定供应的大局出发，不懈倡导并坚持履行企业的社会责任和经济责任，积极调整优化产业结构，推进技术进步，加快油气主营业务发展，不断为社会提供清洁、优质和可靠的能源产品。并努力把构建和谐社会作为义不容辞的责任，创造自然与社会环境的和谐、促进经济与社会的全面发展，致力于关爱生命、关注环境、积极参与公益事业，主动把企业发展与人类社会发展融为一体，实现企业与社会的共同发展。

总结提炼，确立“诚信、创新、业绩、和谐、安全”核心经营管理理念。对中国石油企业和中国石油职工的行为特征进行萃取提升，归纳形成“诚信、创新、业绩、和谐、安全”这一互相联系、互为一体的理念，并将这一集中体现了经营管理决策和全体职工行为价值取向的理念体系确定为集团公司统一的核心经营管理理念。

一是诚信。就是要立诚守信，言真行实。中油股份公司一诺千金，实施低成本战略，上市三年降低成本90亿元，实现了对股东的承诺，受到投资者青睐，股票价格稳步攀升，显示了良好的成长性。各所属企业开展诚信教育，如中油一建公司制订出了《诚信职工守则》《诚信职工行为规范》，开展“做诚信职工、建精品工程”主题教育活动，把“先造人品后造精品”落实到每个人、每道工序上，在社会上树立了“中国炼建第一军”的新形象。

二是创新。就是要与时俱进，开拓创新。集团公司把创新作为发展的不竭动力和永葆生机的源泉。中油股份公司勘探与生产分公司“转变观念搞勘探，解放思想求发现”。以“创新管理和问题管理”为管理切入点，总结了“勘探开发一体化”“岩性油气藏精细勘探”等19项创新成果，取得勘探开发一系列重大突破，仅去年就新发现5个亿吨级油气田和12个5000万吨级油气区块，石油控制和预测储量创近年来新高，确保了国内原油产量稳中有升。炼油与销售分公司遵循市场规律，创新配置、运输、定价、结算“四统一”营销模式、“一级集散、二级分散、三级零售”营销思路、配送制和销售代表责任制营销渠道，成品油销售量、零售比例、市场份额和化工产品的销售量不断提高，国内成品油市场份额达到43.3%，零售比例达到45.1%，直销率达到68.9%。

三是业绩。就是把业绩作为企业一切生产经营结果的最终体现，作为评价发展最关键的指标，衡量单位和职工贡献的重要尺度。集团公司以全面业绩为导向，建立优势明显、市场前景良好、盈利能力强的产业群和生产链；建立能源一号电子商务交易平台，降低采购成本5%；开发网上银行系统，实行资金集中管理，封闭运行，降低风险和成本。自2000年以来，集团公司连续五年利税超过千亿元，规模实力和经济效益在全国大型企业中保持领先地位。所属企业也把业绩作为发展的基础，如吉林化建公司发扬爱车如命、视形象如命的“大吊班”文化，以“令人满意的服务态度、令人信赖的服务质量、令人钦佩的服务效率”，诠释“争第一、夺红旗、创金牌”的新型理念，实现了50年生产经营不亏损。

四是和谐。就是要更好地树立和落实以人为本，全面、协调、可持续的科学发展观，坚持走可持续发展的道路。秉承能源与环境和谐的理念，通过合理开发和利用资源，加强环境保护，最大限度地发挥资源的经济效益、社会效益和环境效益，促进人与自然的和谐，创造能源与环境的和谐。如在西部大开发的标志性工程——西气东输工程建设中，依靠科技进步，弘扬铁人精神，把西气东输工程建设成为高科技工程、绿色工程、优质工程、阳光工程。

五是安全。就是要树立“安全第一”的思想，确保安全运行。集团公司充分尊重人的生命价值，把人民群众和广大职工的生命安全放在首位。特别是今年以来，深入开展各种安全学习教育活动，积极倡导以人为本的安全文化，视安全为创造优良业绩，实现全面、协调、可持续发展的前提和基础。

立体推进，形成集团公司企业文化建设体系

企业文化既有共性，又具个性。我们按照“系统思考、立体推进、重点突破”工作思路，引导所属企业从自身实际出发，探索具有本企业特色，更具操作性和适应性的企业文化。形成了集团公司—所属企业—基层单位—全体员工企业文化建设体系。

明确发展战略，用企业发展战略凝聚职工力量。各企事业单位在集团公司总体发展战略指导下，确定本单位发展目标和企业文化建设目标，并以此凝聚人心，使企业文化成为推动企业发展的动力。大庆油田公司适应市场竞争和自身发展需要，围绕持续发展，提出了“持续有效发展，创建百年油田”的战略目标。大庆炼化公司明确了建设世界级聚丙烯及油田化学品基地，管理高效率、产品高质量、科技高水平、经营高效益、队伍高素质的“建设两个基地、实现五高发展”的目标，把职工的力量凝聚到企业发展中来，成为四个“全国企业文化建设示范基地”之一。

着眼总体战略，研究制定本单位企业文化发展规划及实施意见。各企业将企业文化作为企业整体经营战略的重要组成部分，将企业文化建设纳入企业整体管理序列。到目前，所属大企业都把企业文化建设作为长远发展的重要组成部分，及时制定了企业文化建设规划及实施意见。长庆油田分公司本着“着眼于人，作用于人”的方针，以“一切注重实效”的管理理念，以“内强素质、外树形象、追求卓越”的目标，大力促进企业管理水平的提升，原油产量跃上千万吨台阶，并成为西气东输工程、陕京管道重要气源地。石油管道局面对重组改制、市场变化等实际，提出“创新思维，实现超越，争雄国内，走向世界”的目标，以施工一线为切入点和落脚点，为生产经营和重点工程建设服务，成为世界知名的管道建设商。

制定《企业文化手册》，全面加强企业文化建设。各企业进行文化整合，制定《企业文化手册》，对企业发展目标、经营管理理念、企业行为、职工行为等方面的具体内容作出符合自身实际的规范，并以此为契机，全面启动、深化本单位企业文化建设。大庆石化总厂通过《企业文化手册》，向职工讲解了公司的历史、现在和未来；企业宗旨、企业价值、企业道德；企业经营、市场、人才、QHSE、服务等理念；员工和管理者的行为规范及企歌等内容。吐哈石油勘探开发指挥部实施物质、制度和精神“三位一体”文化，同步完善理念、行为、视觉、听觉四大形象识别系统，为企业改革发展稳定提供了文化支持。四川石油管理局赋予“艰苦奋斗、求实创新”新的内容，以“企业即人、无人则止”的人才理念提高员工整体素质，盘活了以人为载体的无形资产。

加强企业文化建设，为中国石油建设具有国际竞争力的跨国企业集团提供了强大动力

由几代石油人共同创造的企业文化已融入到石油人的血液中，内化为中国石油人特有的禀性，成为中国石油人共有的行为规范，成为中国石油人加快具有国际竞争力跨国企业集团建设，成为为中国社会和经济建设奋勇前进的共同精神支柱，进而在实践中转化为企业的业绩、实力和核心竞争力。

加强企业文化建设，提升了企业向心力、凝聚力。强有力的企业文化，把职工个人追求和企业目标紧紧地联系在一起，使职工产生浓厚的认同感、归宿感。企业文化建设同思想政治工作有机的结合，较好地发挥了凝聚功能，增强了企业的向心力、凝聚力，确保了1998年重组性的集团公司组建、1999年内部重组、创建股份公司、2000年股票境外上市、存续企业平稳过渡加快发展等重大改革顺利实施。

加强企业文化建设，有力地促进了职工解放思想、转变观念。近年来，我们引导职工深刻认识市场观念、市场速度、市场份额、市场效益之间的内在关系，进一步解放思想，转变观念。树立与社会主义市场经济相适应的市场观念、效益观念、发展观念，使股份公司地区公司与存续企业规范运作，协调运行，双赢互利，共同发展。市场观念深入职工心底、脑中，激发出更快的市场速度，更高的市场标准，更大的市场目标。效益为先的市场速度，带来了市场份额的快速增长，如东方物探公司主营业务全球市场份额达到12%，海外业务连续5年以50%的速度增长。市场为先的观念、市场为先的速度、快速拓展的市场份额，带来了良好的市场效益。

加强企业文化建设，有力地推动了中国石油深化改革、建设现代企业制度。先进的企业文化，既是现代企业制度应有之意，也是国有企业深化改革、加快发展的重要保证。集团公司注重以中国石油企业精神凝聚职工思想，以中国石油核心经营管理理念促进职工转变观念，以先进典型规范职工行为，以发展目标吸引职工投身改革，初步构建起符合现代企业制度要求的管理体制和运行机制。中油股份公司建立起规范的法人治理结构，资产、债务、队伍结构得到明显优化，实现了股份公司与存续企业的稳定发展。

加强企业文化建设，极大地促进了中国石油“走出去”参与国际竞争。深厚的文化底蕴和特色企业文化成为中国石油参与国际竞争的独特优势。进入国际市场的中国石油人发扬团队、敬业、奉献优良传统，为国争光、为中国石油争气、为海外石油事业争荣。实现了由“引进来”开展对外合资合作向实施跨国经营的跨越，由投入期向收获期的跨越，由单一合作开采向油气开发、风险勘探、炼油化工、管道运营、施工服务、产品与设备出口一体化运作的跨越。

加强企业文化建设，极大地提升了中国石油的竞争力和创新力。成功的企业文化不仅是企业核心能力的重要组成部分，同时也是企业核心能力提升的精神动力。2004年，集团公司在世界前50家大石油公司的排名由1998年的第16位上升到第10位，世界500强排名从第81位上升到第46位，居中国企业500强首位。

企业文化建设是一个继承创新的长期过程，我们将进一步加强企业文化研究，借鉴一切先进的文化成果，继续实施文化强企战略，大力推行文化管理，为中国石油参与国际竞争和持续发展不断提供动力。

（作者系中国石油天然气（集团）公司企业文化部主任、中国石油股份公司企业文化部总经理）

以文化融合促企业并购重组成功

洪及鄙

近年来，攀钢按照国家发展一批具有较强国际竞争力大型企业集团的战略部署，抓住西部大开发机遇，在做强自身、提高核心竞争力的同时，稳步实施多种形式的资产重组，先后对成都无缝钢管公司、成都钢铁厂、锦州铁合金（集团）公司、长城特钢实施了并购重组，对渝钛白的股权进行了收购和控股，均获得了成功，加速了攀钢的做强做大。

探求并购重组成功的原因，我们欣喜地发现，支撑攀钢并购重组成功的关键因素不只是资金、技术和政策，还有企业文化。在于攀钢坚持用文化因子把攀钢集团联结成一个统一的整体，攀钢发展到哪里，攀钢文化就延伸到哪里，攀钢精神就弘扬到哪里；在于攀钢文化与并购重组企业文化的融合。

充分发挥以“攀钢精神”为核心的企业文化的辐射作用，推动企业快速发展

完成资产的划转和合并，只是资产重组的第一步，而最艰难、风险最大的，是重组后怎样快速实现两个企业资源的优化整合，最大限度盘活存量资源，使之产生“1+1>2”的效应，促进重组双方更快更好发展。为此，攀钢重点采取了健全完善法人治理结构，为新公司发展创造有利条件；全面移植攀钢的管理理念和管理模式，加强企业管理；优化集团内部资源配置，确保资源效益最大化；加大重组企业的技改力度，通过实施技改盘活存量资产等措施，使重组企业生产经营迅速走上正轨。

与此同时，并购重组中的文化摩擦与冲突时有发生。文化融合问题作为决定并购重组能否成功的关键问题，摆到了议事日程。

攀钢的文化融合工作，以移植"攀钢精神"为核心企业文化理念为重点，做到了两个坚持，一是坚持对重组企业的干部职工进行企业理念教育，弘扬以"艰苦奋斗，永攀高峰"为核心的攀钢精神，确保集团内部统一的价值取向。二是坚持以贯彻"以人为本、人企合一；严格管理、一丝不苟"的管理方针为切入点和突破口，抓好企业行为规范的统一，把企业的文化融合落实到规范和执行公司内部各种规章制度上，落实到员工的实际行动中，确保并购重组获得成功。

统一价值观和行为规范

攀钢价值观的核心是"艰苦奋斗、永攀高峰"的攀钢精神。攀钢要求所有职工无论在何种条件下都要保持创业时的那么一股劲，那么一种工作热情，那么一种拼搏精神，不畏困难，永攀高峰。而统一的行为规范在管理上就是要"以人为本，人企合一；严字当头，一丝不苟"，在职业道德上就是要"爱岗敬业，争创一流"，在职工形象上就是要"遵纪守章，行为端庄，实干进取，忠诚攀钢"。攀钢通过文化宣讲、外派干部的言传身教、并购重组企业员工到攀钢本部考察、挂职锻炼、办班学习、攀钢内部报刊、电视节目传播、文化管理部门宣传教育和举办"文明列车"活动等形式，将攀钢的文化理念推广、导入到并购重组企业，促进了并购重组企业员工对攀钢文化的认同，树立起了"命运共同体"的观念，实现了价值观和行为规范的统一。

落实经营管理理念，抓制度管理

攀钢在实施并购重组后，迅速将"严字当头、严格要求、一丝不苟、铁面无私"的攀钢管理方略引入并购重组企业，大力整顿"三条线"，即财务、采购、销售，进行体制创新、科技创新和技术改造，将文化理念与企业管理结合起来，促进管理水平的提高。通过严格规范管理，使可比成本大幅度下降。同时还通过干部会议、个别谈话等方式，向干部特别是中层以上的干部强调，必须站在企业发展、做强做大的高度，认识、领会、贯彻、执行攀钢的统一部署和新企业制定的规章制度。要求干部下功夫研究领导艺术，改进工作作风，注重工作方法，提高领导水平，确保了令行禁止、政令畅通。

高度重视舆论宣传，抓报台延伸

企业内部新闻媒体是文化融合的最经常化、最重要的阵地。2003年3月和2004年9月，《攀钢日报》和攀钢电视台成功延伸至攀成钢和攀长钢，《攀钢日报》发行到了班组，攀钢电视台的节目进入每个职工家庭，使远在成都的攀钢职工能与攀钢本部同步收看《攀钢日报》和攀钢电视台的节目。同时，攀成钢、攀长钢报社和电视台被整合为《攀钢日报》和攀钢电视台记者站。

攀钢报台的成功延伸，使并购重组职工对攀钢有了一个最便捷、最直观的了解渠道，使并购重组企业员工了解了攀钢的历史、认同了攀钢的精神，使攀钢的发展目标成为攀钢集团每一名员工共同追求的目标。另一方面，《攀钢日报》和攀钢电视台也拿出相当的版面和时段，加大对并购重组企业的宣传报道力度，使攀钢集团各成员单位更快、更好地了解并购重组企业，提高了并购重组企业的知名度和美誉度，有力促进了攀钢与攀成钢的文化融合。

高度重视文化沟通，抓文化宣讲

攀钢于2003年10月底~11月初，组织了由120余人组成的攀钢文化宣讲团到攀成钢，先后举行了三次文化调研座谈会、两场文化宣讲主题报告、两场《英雄攀钢》大型文艺晚会。

报告会以弘扬攀钢精神，宣传攀钢文化理念为主题，从战略发展、科技创新、人本管理、爱岗敬业、团结协作等五个方面宣传、介绍了攀钢和攀钢文化，使广大攀成钢职工对攀钢、对攀钢文化、对攀钢精神的认识进一步深化，对攀成钢的发展充满信心。

通过文化调研座谈会，形成了攀成钢文化建设的初步思路；通过《英雄攀钢》主题晚会，艺术地展现了攀钢的建设历程，讴歌了攀钢的英雄业绩，弘扬了"艰苦奋斗、永攀高峰"的攀钢精神，展示了攀钢的文化理念。

攀钢文化宣讲团赴攀成钢的文化交流，增进了攀蓉两地职工的情谊，拉近了两地职工的心灵距离，奠定了文化融合、整体发展的思想基础。

高度重视素质工程，抓干部交流

人是文化的承载者和传播者，攀钢把干部交流作为实现文化融合的重要途径。坚持"主要依靠原企业干部职工，搞好企业"的原则，对于重组后组建的新公司，坚持派驻适当数量的高中层领导干部和精通财务、营销等专业工作的管理骨干人才队伍。攀钢要求，每一个攀钢派出的干部，不仅要担负具体的管理工作，更重要的是要模范实践攀钢企业理念和行为规范，发挥宣传和弘扬攀钢精神和攀钢企业理念、传播攀钢企业文化的作用，要做传播攀钢文化的"种子"。

与此同时，并购重组企业也安排干部到攀钢本部对口挂职锻炼，让他们在学习具体业务的同时，也能直观地感受攀钢文化，加深对攀钢文化的理解。

攀钢几年的并购重组实践，特别是文化融合工作的深入开展，产生了巨大的聚合效应。

成都无缝2000年前亏损4.5亿元，攀钢承债式兼并当年就实现扭亏，2001年实现利润5428万元，2002年成都无缝与成都钢铁厂联合重组后，企业的竞争力和盈利能力进一步增强，2003年实现利润1.82亿元，创历史最好水平，今年上半年实现利润1.53亿元，同比增长61.60%。

原锦州钛白粉生产线花了十年亏损十多亿元，重组后的2003年完成销售收入1.7亿元，利润1097万元，实现投产以来的首次盈利，今年上半年完成销售收入7743万元，利润761万元，同比增长164%。

经历四次重组和债改股，仍不能摆脱严重亏损局面的长城特钢，攀钢重组后的今年上半年完成销售收入12.56亿元，同比增长46.43%，减亏4026万元。

三点体会

实施并购重组将加快结构调整，实现国内钢铁业可持续发展

当前，我国钢铁业正进入第二个快速发展的时期，但资源不足、环保压力大等制约因素将给钢铁工业的可持续发展带来严峻挑战。只有坚持加快结构调整与适度控制总量、提高产业集中度相结合的原则，建立长期、稳定的原燃料供给体系，才能实现体现新型工业化道路特点的钢铁工业可持续发展。而实施并购重组，促进强强联合，可以更好地发挥各自优势，实现优势互补，加快国内钢铁工业的整体结构调整，同时减少对铁矿石、煤炭等有限资源的依赖，规避投资风险，减轻环保压力，为国内钢铁业的快速、健康和可持续发展提供有效途径。

必须高度重视企业并购重组中的文化障碍，通过文化整合实现神形合一

由于价值观念不同、思想行为方式不同、情感色彩不同以及由文化差异造成了素质差异，最终表现为并购重组企业间的方方面面不和谐，文化障碍客观地存在。这是企业并购重组的深层次问题，解决不好必将导致企业并购重组的失败。据国际有关机构调查，企业重组失败有70%是由于企业文化不能融合造成的。因此，抓好文化整合工作是企业并购重组成功的关键。

就是要在尽量短的时间内整合员工思想，理顺员工情绪，规范员工行为，实现从“貌合神离”到“神形合一”的转化。

必须以顽强的意志、坚定的决心和审慎的态度对待文化融合工作

思想是行为的基础，文化融合的实质就是思想观念的改变和行为方式的确立，这是一个异常艰苦的过程，不能一蹴而就，也不是朝夕之功就能实现的，需要润物无声、潜移默化。

文化融合工作需要有顽强的意识和坚定的信心，同时也必须采取审慎的态度。要在充分了解员工文化心理与不同企业间的文化差异基础上，制定详细的实施方案，通过广泛的宣传发动，逐步实施。

（作者系攀钢（集团）公司董事局主席）

以统一性、先进性、创新性为指导 抓好并购重组中的企业文化融合

霍金贵

国有企业并购重组已全面启动，抓好并购重组中的企业文化融合，是实践中提出的不容忽视的课题，不仅关系到并购重组的全局，而且对重组后企业后健康、快速、协调发展和整体竞争力的提升有着重要影响。必须把企业文化融合作为并购重组中的重要内容，作为企业文化建设的重大课题，作为做强做大国有企业的迫切任务，给予高度重视，切实抓好，抓出成效。我们中国铁建按照“三个代表”要求，以统一性、先进性、创新性为指导，抓好重组中的企业文化融合，有效地推动了企业改革发展。目前，中国铁建在全球225家最大工程承包商中排第17位；在国家财政部等八部委公布的百亿元以上资产的国有大型建筑企业经营绩效评价结果中居第一位。胡锦涛、江泽民、李鹏、朱镕基等党和国家领导人曾先后视察中国铁建的队伍并为之题词、授旗。

整合优质文化资源，坚持丰富性与统一性和谐一致

并购重组对所涉及的企业来说，不仅是组织、编制和隶属关系的重大变化，而是机制、体制以及去留存亡的根本变化。在并购重组中容易发生国有资产流失的问题，搞好清产核资，加强国有资产监督管理，已引起普遍重视，并采取了许多行之有效的举措。而优质文化资源和无形资产的流失却往往容易被忽视。根据我们对重组企业的调查了解，在重组中文化资源流失大致有这样几种情况：一是由于优化资源配置的需要，一些有着光荣传统的企业发生大的变动，其宝贵的历史文化遗产也随之散失；二是有的企业改革开放以来在市场竞争中形成一套适应市场经济发展新形势，行之有效的价值理念、经营方针和自己的企业精神，由于企业隶属关系、体制、机制和领导班子的变化，这些文化成果不能得到应有的重视和发扬光大，随之自生自灭；三是众多企业组合在一起，各家都有自己的一套文化传统，因缺乏有效整合难以形成一体，不能发挥作用，也处在流失状态；四是有的作为并购重组主体的企业不能像对待并购企业的优质有形资产那样，吸取其企业文化的精华，使之成为重组后将企业做强做大的文化资源，而是熟视无睹，使这些文化资源被冷落和闲置，从而失去应有的价值。上述这些情况，造成企业文化资源的悄然流失。对于有形资源而言，优质文化资源的形成更加不易，要经历较长的实践过程，才能形成被职工普遍认同和自觉遵守的思想行为规范，而这些资源恰恰是营造丰硕物质成果的巨大精神财富。因此，文化资源的流失较之有形资产的流失应更加引起普遍重视。

我们在调研中了解到：并购重组所涉及的许多企业，都有过不平凡的发展历程，具有比较深厚的文化积淀，并购重

组中所面对的企业文化资源是丰富多彩的。因此，搞好企业文化融合要重视抓好两个环节：一是必须充分挖掘和整合这些资源，以充实和丰富并购重组后企业文化建设的内涵，如果抓不好这个基础环节，就谈不上文化的融合，正如清产核资一样，对文化资产也要疏理核准，从而集中优质文化资源，为做强做大企业服务。对众多企业的文化资源来说，也存在一个取长补短、互为借鉴、“优化配置”的问题，而并购重组恰恰为在新的阶段上推进企业文化建设提供了一个重要历史机遇。二是要把丰富性和统一性紧密结合，并购重组后形成的大集团企业，其企业文化建设必须坚持统一性的原则，在丰富的文化资源的基础上进行提炼升华，构建大公司、大集团的企业文化体系，企业的主流文化必须统一，分散的各行其事的企业文化难以服务把企业做强做大的目标。最近，以我们中国铁建为主，同中土总公司进行重组，同时，接受了铁道部划转来的20户企业，重组中，总公司新成立了五个集团公司和一个专业设计院，涉及6万余名职工和225亿资产。总公司党委坚持整合吸收文化资源与核实接受有形资产并重的指导思想，派出6个工作组进行“双重清产核资”，对所涉企业文化资源评估写出专题报告，在此基础上，以统一性为指导，实行大统一小自主的原则，把优质文化资源纳入总公司集团文化的大系统，坚持以共同的价值观统一思想、以共同的企业精神凝聚力量、以共同的企业目标激励斗志、以共同的管理方针改进工作、以共同的企业标识塑造形象，有力地推动了企业文化建设。我们在实践中体会到：搞好企业文融合，坚持丰富性和统一性的和谐一致十分重要。要做到丰富，就要扎实调研，深入发掘，不搞文化虚无主义，不丢掉任何一项有价值的无形资产，我们对每一家重组企业都进行了文化资源调查评估，分门别类写出文化资源案例；坚持统一性，就要加以集中、概括和提炼，服务于建设大企业大集团的目标，克服企业文化上的分散主义，以思想政治工作推进统一性的贯彻。例如取消各单位的标识，我们专门发了文件，做了深入细致的思想政治工作，顺利统一了公司旗帜，强化了中国铁建的品牌影响。

尊重和引导职工不同文化心理，坚持相容性和先进性相辅相成

并购重组中，不同的企业来自不同的系统，不同的员工来自不同的企业，由于各自不同的物质文化环境形成各自不同的价值理念和思想行为方式。这种文化心理的撞击，与并购重组中和并购重组之后深化改革面临的错综复杂的矛盾交织在一起，如果解决不好，不仅会给并购重组和深化改革带来不利因素，也会给企业的凝聚力和竞争力造成负面影响。

根据我们对重组所涉及企业的情况分析，由于文化心理的不同，容易出现这样几种情况和问题：一是价值观念的不同，在一些事关重大的问题会出现完全不同的认识、取向和处理方式，这些问题往往会在员工甚至领导层造成比较大的分歧、不和谐甚至不同的行为选择。比如对加大环保的投入问题，由于不同的环境理念，就容易在领导决策层产生较大差异甚至相反的意见和做法，在操作层也会出现差距较大或者大相径庭的处理方法。再如由于科学发展理念程度的差异，对重组中重大问题的处理也会出现不一致等等。二是经营理念的不同，使员工在企业市场定位、经营方式、产品开发上出现不一致。例如，有的企业只搞生产经营，不敢涉足资本市场，而有的企业则在资本经营上有良好开端，这些单位重组在一起，领导层和员工会在企业发展思路和经营实践中产生思想撞击，如果解决不好就会影响企业核心竞争力的提高；三是由于思考和解决问题的思想行为方式不同，容易造成来自这一群体与来自另一群体的员工之间的不和谐，这类问题大量表现在日常工作中的不协调，甚至产生矛盾和隔阂，如果解决不好，就会削弱职工队伍的凝聚力。据调查，重组中所涉许多基层单位员工在竞争上岗、工作任务分解、利益分配、局部与全局关系等问题上产生大量矛盾和问题，都与思想行为方式的不同密切相关。四是情感色彩的不同，来自不同“山头”的员工在新组成的群体中往往表现出明显的亲疏差异，影响队伍团结。五是文化差异最终表现为素质的差异，而素质的差异是客观存在的，在企业重组中，表现为方方面面的不和谐因素。

我们中国铁建在重组中，对所涉企业员工的文化心理差异进行了认真调查，并组织专题研讨。坚持把相融性和先进性紧密结合，以增强重组单位领导班子的凝聚力和职工队伍的凝聚力为重点，以提高素质、提升文化建设格次为目标，抓企业文化的融合。主要做法是：

分析具体环境，消除文化心理勃逆现象，以先进理念带动文化融合

任何文化心理都是在具体的物质文化环境中形成的。搞好文化融合必须对形成这种心理的环境氛围进行具体分析，摸清原由，按照认识的发展规律，理顺心理勃逆现象，以培育先进理念带动文化融合。我们针对对改革的不同心理承受力、对推进企业科技进步的不同思想观念、对利益关系调整的不同反响、对新环境任务新要求的不同适应能力、对在生产经营过程中的不同表现、对产品和客户人文关怀的不同理念、对企业发展的不同关注程度、对处理上下左右人际关系的不同方式共8个方面的心理勃逆现象，深入不同企业进行调查，搞清差异形成的来龙去脉，有针对性地进行先进思想观念和文化渗透，取得好效果。例如，有的企业因改革滞后，造成职工对改革心理承受力不强，针对这种情况，就组织这些员工到改革力度大、发展快、职工得到实惠多的企业参观，增强了职工的平等竞争意识和理解支持改革的自觉性。

坚持循循善诱，消除文化心理歧视现象，以正确的发展战略推进文化融合

并购重组中，员工之间容易产生文化心理上的歧视现象。主要表现为：来自实力强效益好的企业员工歧视实力弱效益差的，以为别人到自己锅里抢饭吃；生产高端产品的

企业员工歧视中、低端产品企业的员工，以为重组降低了自己的身份；知名度高的企业职工歧视知名度低的，以为我们的品牌吃掉了你们的品牌；由于重组中人才资源的优化，少数知识技术人才对一线工人也产生歧视心理，以为是自己的智力养活了卖苦力的；不同的文化心理之间也普遍存在排斥现象。针对这些问题，我们注重抓好两条：一是以科学发展观为指导，从重组企业的实际出发，制定正确的企业发展战略，统一全员思想；二是加强员工之间的平等交流，开展以"做强做大"为主题的为企业献计献策活动、以平等竞争为主题的"争先创优"活动，以推进民主管理为主题的"我是企业主人翁"演讲活动等。引导职工一条心做强做大企业，一股劲创造优质品牌，一个目标建设具有国际竞争力的大公司大集团。去年底今年初，我们接收铁道部划转的铁路第一、第四设计院，在重组中把优化设计理念同做强做大主业的战略发展思路紧密结合，完善了产业链条，使企业向建筑市场上游延伸，增强了整体竞争力。在以中国铁建为龙头，同中国土木工程总公司重组中，形成优势互补、适应国际竞争需要的优秀文化体系，把中国铁建雄厚的核心竞争实力和中土公司的海外市场优势有机结合，重组后干部职工同心协力，团结奋斗，有力地推进了国内市场的拓展和走出国门参与国际竞争的步伐，海外经营额大幅度提高。我们对资本经营的尝试也是一个突出的例子。在企业重组后，为了推进经营理念的融合，我们专门召开了全系统的资本经营研讨会，通过学习研讨，总结经验，统一思想，大家认识到，不敢涉足资本市场的企业家不是高档次的企业家。从而促进了经营理念的更新，形成了以资本经营带动生产经营的发展思路。目前我总公司开辟 BT、BOT、BOO 项目 13 项，金额达 200 亿元，创造了资本经营的新局面。

实事求是，客观比较，以优秀文化成果指导和提升文化融合

并购重组中员工反映出来各种思想行为方式和文化心理，无疑有长短之分，优劣之别，搞好文化融合不是简单的捏合，必须进行客观比较，按照"三个代表"的要求，以先进性指导相容性，以优秀文化成果提升文化融合，建设与时俱进的企业文化。例如，重组中由于优质资产的集中配置，使企业科技水平大大提高，一些职工耽心自己的岗位被技术进步挤掉，我们就有的放矢地抓科学技术是第一生产力的教育，总结推广先进企业开展创建学习型企业的经验，强化全员科技观念，努力提高自身素质，努力做学习型员工。有力地推动了"人才兴企"战略的实施。

适应新的实践，坚持融合与创新紧密结合

并购重组中的文化融合是一个动态过程，是企业文化建设不断丰富发展的一个重要阶段。并购重组可以在较短时间内完成，而企业文化融合则需要经历较长的过程，在这个过程中要紧紧围绕建设具有国际竞争力的大公司大集团的目标，把企业文化建设纳入做强做大企业的新实践，完成好整合原有企业文化建设成果和推进文化创新的双重任务。如果不抓好整合和融合，就无法继承和弘扬过去企业文化建设的优秀成果，企业文化建设就会失去基础和依托，如果不在整合和融合的基础上推进创新，企业文化建设就难以发展和提升，就会半途而废，就不能为做强做大国有企业服务。而融合与创新必须统一于并购重组和做强做大的实践之中，并成为这一实践的巨大推动力。

我们中国铁建坚持重在建设的方针，在实践中正确处理融合与提升、继承与创新的关系，以融合和继承为基础，以提升和创新为主导，推进企业文化建设在重组中发展到一个新阶段。我总公司的前身是中国人民解放军铁道兵，有 50 多年的光荣历史和深厚的文化底蕴；在重组中我们所接受的多家企业，也具有丰富的企业文化资源。为推进企业文化建设，我们以重组为契机，对中国铁建和划入企业的文化资源进行整合提炼，根据建设国际化大型建筑集团企业的时代要求，积极推进文化创新。我们主要抓了四项创新：一是以创新价值理念为先导，推进企业体制、科技和管理创新，提升核心竞争力；二是以打造团队精神为核心，凝聚队伍，激励职工为建设祖国、振兴企业团结奋斗；三是以创新制度文化为载体，推进信誉文化、安全文化、质量文化、现场管理文化、行为文化、涉外文化等十项系列文化制度创新，充分发挥企业文化的管理功能；四是以"以人为本"为宗旨，把为了员工、依靠员工、培养员工贯穿到管理工作的每个环节，坚持企业发展与员工发展和谐一致。从而构建起体现时代精神和企业特色，为员工所普遍认同的新的企业文化体系，有力地推进了把企业做强做大的进程，同时，促进"四有新人茁壮成长。我们在举世瞩目的青藏铁路建设中创造的"不畏艰险、勇于创新、关爱自然、以人为本、争创一流"的青藏精神，就成为当今时代精神的一个亮点。中国铁建的青藏铁路建设先进事迹报告团于 2004 年 9 月 27 日在人民大会堂作事迹报告，感人致深，催人泪下，在中央企业和全国引起强烈反响。我们这支队伍为国家重点工程建设做出突出贡献，多次受到党和国家领导人的表扬。我们体会到"并购重组中的企业文化融合只有与创新紧密结合，才能推进企业文化建设的提升和发展，使之成为建设具有国际竞争力的大公司大集团的文化保证。

加强组织保证，形成抓企业文化融合的巨大合力

并购重组中的企业文化融合是一项无形的工作，又是一项十分重要的任务，必须抓好有形的保证，以求真务实的精神，把工作抓实、抓细、抓具体、抓出成果。我们的做法是：

领导高度重视，组织专门工作班子

首先在企业领导层形成共识，像防范国有资产流失那样防范文化资产流失，像抓好班子团结和队伍稳定那样抓好企业文化融合，成立了以企业主要领导为组长、有关职能部门联合组成的企业文化建设领导小组，专司此项工作，先

后召开了五次会议研究文化融合和创新的重要问题。

制定规划，提出文化融合预案

为了把工作抓实，把工作任务和目标细化、硬化、具体化，制定了工作计划，提出两个“纳入”，一个“结合”的工作方针，即：将文化融合纳入重组的工作目标，纳入做强做大的企业奋斗目标，与并购重组中的思想政治工作结合进行。同时提出了不同阶段的工作预案，并拨了专款。使企业文化融合一步一个脚印地扎实推进。

开展企业文化建设年活动

为推进工作有效开展，我们以职工群众为主体，以开展企业文化建设年活动为主要载体，采取召开座谈会、举行研讨会、聘请专家讲课、向基层员工征询企业文化建议意见和建议等方式，集中群众智慧，使工作有声有色、效果显著。

强化重组中企业文化建设的合力，自上而下推行企业文化新体系

我们坚持以统一性、先进性、创新性为指导，对总公司全系统的企业文化建设进行策划规范，使企业文化体系覆盖全员、全系统，并以文件形式，自上而下推行新的企业文化体系，溶入企业管理过程。有效地发挥了企业文化建设对企业改革发展的推行作用，同时，也把企业文化建设提升到一个新的阶段。

（作者系中国铁道建筑总公司党委副书记）

创建学习型文化　熔铸变革之魂

林竹盛

中国石化齐鲁股份有限公司物流分公司（简称齐鲁物流公司）在企业文化建设中，运用学习型组织理论，汲取齐文化精髓，融汇古今，博采众长，积极实践，勇于创新，构建了独具特色的学习型文化模式，有力推动了以物流改革为核心的企业变革，实现了企业战略转型，探索了一条国有企业适应市场的变革之路。企业各项经济技术指标，尤其是安全管理水平居全国同行业前列，企业利润2003年同比2001年提高346%，成本下降31%。物流改革的成功和物流设施的扩能改造，大大拓展了企业利润空间，预计2005年将实现利润2亿元，同比2003年将提高310%。

创建背景

长期以来，齐鲁物流公司受计划经济影响，依赖特大型国有企业母体，员工观念陈旧，盲目乐观，缺乏成长的压力和动力；组织机构臃肿，职能重叠，生产运营管理落后，反应迟钝，缺乏创新能力；企业物流设施利用率不足60%，周边物流市场不断被社会物流服务商蚕食，对迅猛发展的物流行业和快速变化的市场浑然不觉，缺乏竞争能力。保守的思想，僵化的机制，体现了企业“小富即安、因循守旧、不思进取、求稳怕变”的文化特点，企业像温水中的青蛙，失去了生机和活力。2001年亏损5700万元，企业生存面临严峻挑战。

2001年，新一届领导班子针对企业传统守旧的文化特点，提出了以学习型组织理论为指导创建学习型文化，推进企业由传统储运向现代物流战略转型，实现以物流改革为核心的一系列变革目标。物流改革是一场涉及思想观念更新、组织结构重组和既得利益调整的重大变革。如何把“不慕古，不留今，与时变，与俗化”的齐文化精神和学习型组织理论的创新内涵融于齐鲁物流的变革实践，推动变革走向成功，使学习型文化在齐鲁物流变革实践中落地生根、开花结果，是新一届领导班子抢抓机遇、迎接挑战的神圣使命。

创建基模和实践

学习型文化创建基模

1. 四个要素、一个激活因子。变革必然带来人们思想和行为的改变，带来企业文化的重建。齐鲁物流以学习型组织理论为指导，以变革、创新为主线，以成长、发展为目的，在推动企业变革的实践中，紧紧抓住反映人们思想和行为变化的关键环节，探索建立了“四个要素、一个激活因子”学习型文化创建模式。

学习型文化＝（反思＋行动＋共享＋固化）×领导联盟

在这里，反思、行动、共享和固化是学习型企业创建的具体步骤，激活因子即领导联盟是创建过程中涌现出来的先进分子，领导联盟的力量越壮大，学习型文化也就越深厚，越具有自身特色。

（1）学之前反思，分析企业现状和存在问题，建立企业愿景、目标体系，明确企业的发展战略和行动方案。

（2）学之中行动，围绕企业愿景、战略和目标，创新组织制度，并针对行动中暴露的问题，积极寻找解决问题的根本解，实现行动中的学习。

（3）学之后共享，及时总结、传播学习与变革中取得的成果和经验，实现由个人、团队学习向组织学习的转化。

（4）共享之中固化，在共享的同时形成企业共同的理念和行为，并用文化的形式积淀下来。在此基础上，指导和逆行新一轮的反思、行动和共享，周而复始，促进学习型文化的逐步形成和发展。

（5）领导联盟，是企业在学习和变革进程中有意识培育、构建而形成的组织联盟（非正式组织），成员可以是企业的高层领导、中层领导，甚至是一般员工。他们对企业变革拥有高度的认同感，在引导企业变革与学习方面具有较强的影响力和号召力。领导联盟与正式组织相互交融、互为补充，并依靠正式组织在企业学习与变革中发挥凝聚队伍、弘扬先进、文化导向的重要作用。

2. 学习型文化创建基模。反思、行动、共享、固化形成了完整的两个学习循环，构成了“学习型文化创建基模”

（见图1）：

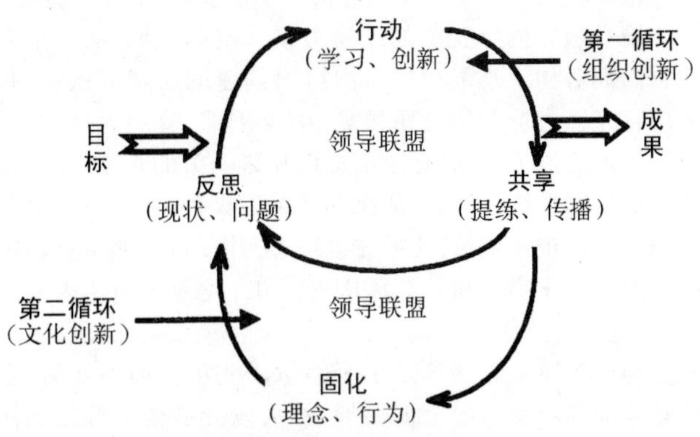

图1　学习型文化创建基模

以组织创新为目的的学习循环：

第一步：反思并确立目标。认真分析现状和存在问题，依据现实情况确立行动的目标和方案。

第二步：行动并实现预期的成果。根据目标和方案实施行动创新，认真解决企业深层次问题。

第三步：共享。对成果进行总结、提炼，为生产、经营和管理提供成熟的经验和方法，并进入新一轮的反思。如此完成了组织创新的第一个学习循环。

以文化创新为目的的学习循环：

第四步：在完成前三步的基础上，将共享的成果固化成企业共同的思维方式和行为方式，并以此进入新一轮的反思。如此，反思、行动、共享和固化完成了文化创新的第二个学习循环。

两个循环同时以反思为起点，又以反思为终点，它们原理相同，内容有别，上下衔接，将企业的变革与学习、文化与创新紧密结合，构成了企业完整的"学习循环"。

但是，创建学习型文化是一个艰难复杂的历史积淀过程，在这个过程中，传统守旧的文化总是阻碍学习创新的文化的产生和发展，因而，"学习循环"的运转会受到来自方方面面的阻力，领导联盟在催生、激活并加速两个循环的形成和高效运转方面发挥了重要的作用。

3．"学习型文化创建基模"主要特征：一是"环形"思考，经过反思、质疑现状，寻求解决问题的根本解，不断冲破阻碍企业前进的智障；二是"闭环"运行，以反思作为起点和终点，把学习型文化创建转化为一个完整的管理过程，促进组织创新与文化创新的相互融合；三是"螺旋"上升，通过领导联盟的"聚变"和快速壮大，学习循环的周而复始，促进企业愿景目标的最终实现。

学习型文化成功实践

1．学之前反思，建立并认同企业愿景、目标体系。反思是文化创新的第一步。新领导班子到任后，面对企业在齐鲁公司乃至行业中日渐衰败的地位，以及在员工队伍中产生的悲观和失落感，组织对全厂进行了历时一个多月的深度调研，深入分析企业存在的问题，组织多种形式的专题知识讲座和形势任务报告会，深入进行"危机教育"和"前景描绘"，使广大员工在感到威胁的同时看到了机遇，认识到推进物流改革的必要性和紧迫性。在此基础上，经过几上几下的反思，明确了企业的愿景和目标。

我们的愿景是：致力于为齐鲁石化及其他相关行业提供满意和增值的综合物流服务，致力于帮助我们的客户由优秀走向卓越。

同时，在企业愿景的指导下，编制完成了《齐鲁物流公司经营发展战略规划（2003～2005年）》，提出了3年战略发展的总体构想和战略发展措施。

2．学之中行动，实现学习型文化创建新的跨越。创新组织结构，与企业战略相匹配。为实现企业的战略转型，2002年10月成立战略发展研究中心，30%的中层干部转入战略研究、市场调研工作领域。2003年2月27日，注册成立齐鲁物流公司，拓展业务功能，再造业务流程，机关部门压缩55%，由原来的20个压缩为9个，确立了"以化工物流为主业，拓展煤炭、建材等社会物流，并逐步为相关行业提供综合物流服务"的行业定位。当年实现物流外部收入544万元。2004年，齐鲁物流龙口港化工储运码头建成投用，为实施海上战略，逐步融入国际物流奠定了基础。同时，在煤炭物流、铁路运输代理方面进行了成功的策划和运作，物流服务合同额1200万元，第三方物流从无到有迅速成长，使企业登上现代物流竞争的舞台。

优化人力资源，与结构创新相适应。2003年，实行全员起立式的人力资源改革，完成了1453人次参加的公开竞聘，初步建立起有利于人才成长的激励机制。为满足企业组织结构创新的需要，建立"8＋2""5＋1"（即利用晚上或周六的休息时间进行培训）的培训模式。同时，聘请国内知名学者、专家来企业讲学，提高了员工的素质和能力。"泽华节油法""苗金调车法"等围绕生产的技术革新不断涌现，先后有200余名员工参加了物流工程硕士、国家注册安全工程师、人力资源师、物流师等高层次人才的学习、培训和认证，占员工总数的15%。

强化制度建设，与企业变革相促进。建立责任追究机制，确立了"企业基本法"，对领导干部、管理人员、操作人员岗位责任制履行情况实行全方位、全过程的责任自动追究。增强了员工的责任意识，提高了管理效率。制定《齐鲁物流公司业绩管理办法》，建立业绩指标评价和改进体系。全面整合质量、环境、HSE三个体系，形成了一套文件、一个标准的文件化管理体系，保证了企业科学、高效运营机制的建立和运行。

3．学之后共享，促进个人、团队学习向组织学习的转变。注重实效，促进个人及团队学习向组织学习的转化。每周针对工作中发生的典型事件，以"案例分析"的形式进行深刻剖析和评价，为员工共享学习成果提供了平台，取得了很好的效果，2004年以来，已成功举办案例分析40余次。

与此同时，学习在企业的各个层面同时展开，工电车间建立了“反思、反馈、共享”学习平台，对每个人每天的工作进行写实。评价、封闭，并与个人奖惩挂钩；货运车间的“5＋1”（一学、二问、三查、四练、五评价，安排下期安全活动内容）、办公室的“三种狗训练场”（叫着的狗代表急需解决的问题，不叫的狗代表不紧迫但很重要问题，睡着的狗代表潜在的深层次问题）等学习活动，内容丰富、形式多样，与工作紧密结合，富有成效。

4．在共享之中固化，构建企业完整的学习型文化创建循环。使命故事理念化，倡导和弘扬企业价值观。某发电厂煤炭物流项目的成功，体现了“追求卓越”的企业精神。在项目评审期间，齐鲁物流公司提报的煤炭物流解决方案几乎被否决，两大评审期间，齐鲁物流员工十几人吃住在现场，把握机遇，全力以赴，充分利用点滴时间进行谋划，连夜修改方案，最终取得了项目合作的成功。两年来，齐鲁物流公司提炼、收集、整理使命故事20多个，并进行宣传教育，组织了“班组管理论坛”、“兵头将尾大家谈”“向文化要支撑”等活动，“岩峰效应”“第一桶金”等使命故事在诠释企业理念、引导员工行为、构筑学习型企业文化等方面发挥了重要的作用。

凝炼核心理念，引导和规范企业的行为。两年来，企业在物流改革、人力资源优化、企业文化建设、信息化建设、生产组织流程再造等方面进行了一系列的深刻变革。期间，注重解决变革过程中面临的阻力和问题，注重对阶段性的工作和成果进行总结和提炼，相继提出了“在变革中学习、在学习中变革”“领导联盟”“变革提速”“同一个声音”、“亲情文化”等理念，并形成了企业“创新、诚信、惠仁、多赢”的核心价值观，促进了企业各项目标和策略的实施。

随着企业共同的理念和行为以文化的形式被固化下来，创建完成了企业完整的学习循环。（见图2）

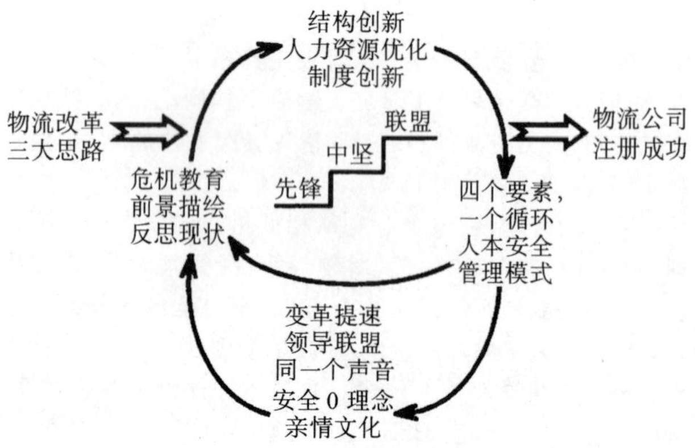

图2　学习型文化创建循环

5．构建领导联盟，推动学习型文化的持续发展。在物流变革和学习型文化建设初期，企业面临重要的阻力。这些阻力不仅来自于企业内部，还来自于企业外部。在这种情况下，企业变革仅仅靠行政命令和正式的层级组织已难以进行。“领导联盟”的提出和运用，对解决文化建设的深层次问题，推动学习型文化创新产生了催化、加速的重要作用。

领导联盟的建立和发展经历3个重要阶段：

培育领导企业变革的先锋力量。改革初期，面对来自方方面面对物流改革和学习型组织创建的质疑和抵制，积极培育先锋力量。从公司领导、中层干部、管理人员、基层班组长中选拔了62名有改革意识和影响力的青年骨干，进行重点培养训练，使之形成企业变革的火种，在各自的岗位上积极宣传企业变革，传播先进理念，并以自身的奉献精神和努力的工作影响和教育周围的员工，成为推动变革的先锋力量。

构建领导企业变革的中坚力量。变革全面展开后，企业必须加强对变革的全面领导，扩大领导联盟。首先选拔了25名青年骨干进入公司中层干部领导岗位，占中层干部的40%。2002年下半年，分5批完成了以“实践五项修炼、开展心灵激荡”为主题的现代体验式封闭训练，443名骨干受到了学习型组织理论的洗礼，领导企业变革的中坚力量基本形成，企业变革进入了快车道。

形成领导企业变革的联盟力量。面对企业内外对物流改革的不同认识，在齐鲁公司范围内组织物流知识讲座多次，并与《齐鲁石化报》合作开设“齐鲁物流”专版，与齐鲁石化电视台共同举办物流改革“6·5”大型电视访谈，尤其是“9·29”学习型组织创建内训汇报会，使齐鲁公司及其部门领导深深感受到了创建学习型组织给企业带来的巨大变化。

吸收青年骨干、班组长、职工代表参加公司月度行政例会等重要会议，以召开“大墙会议”的方式，重视和发挥领导联盟在传播和影响变革进程方面的积极作用。同时，编制宣传提纲，组织宣讲团，深入基层宣讲，公司领导利用每周一的安全活动与员工面对面进行沟通交流，形成了企业坚强的领导联盟，确保了企业变革目标的实现。

6．典型案例：“小题大作”。2002年10月5日，企业发生一起损失只有1200元的铁路机车轻微擦伤事故，企业没有采取“大事化小、小事化了”的态度，而是按照“反思、行动、共享、固化”的思维模式，认真查找企业在安全责任、制度管理、业务流程、队伍建设等方面存在的深层次问题，对安全管理进行全面的整顿，一方面，按照“四不放过”的原则，对负有责任的领导、管理人员、一线职工共35人进行了处罚，扣奖6.7万元，对涉及事故责任的3个单位党政领导及当事人全部进行了调整和处理，并在全厂进行了一次“我与安全”大讨论，从个人和组织两个层面查找安全隐患，整顿安全管理，从此“责任重于泰山”“安全0理念”“小题大作”等成为安全工作的指导方针。另一方面，针对安全工作中存在的薄弱环节，建立了“安全周工作评价”、“安全责任追究”、《安全累积计分法》等制度，并在此基础上，围绕“三个层次、两个要素”（三个层次：文化铸魂，形成安全生产核心能力；制度立道，完善安全生产运营机制；固本强基，构筑安全生产长效机制。两个要素：将“以人为本”和“社会责任”这两个要素作为安全管理的核心要素贯穿始终），全力构筑科学、有效的安全管理体系。

同时,机务车间、货运车间等基层单位也深入查找问题,分析原因,特别是机务车间,根据家庭给员工带来的影响,用员工的"全家福"与亲人的嘱托制成"亲情栏",形成了独具特色的"安全亲情文化"。

过去,齐鲁物流公司安全管理混乱,大小事故不断,现在一举跨入齐鲁公司和行业安全生产前列,公司内部一般轻微事故2003年同比2001年下降83%,连续获得齐鲁公司各类安全检查7个第一名。2004年7月,作为石化行业的代表,在"中国职业安全健康协会首届年会"上,做了题为《创建人本安全模式 构筑安全长效机制》的典型发言。大会认为,面对当前国内外化学危险品储存运输行业安全生产的严峻形势,齐鲁物流公司人本安全管理模式值得借鉴和推广。(见图3)

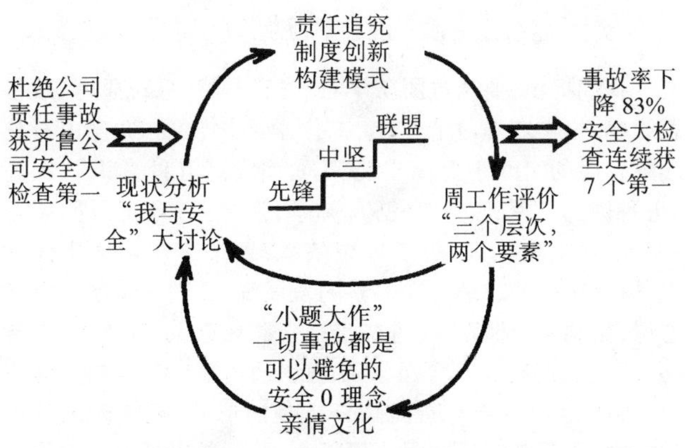

图3 安全管理应用实例

创建思考

学习型文化是变革、创新的文化

没有变革就不会产生学习的行动,没有学习的行动就不会有创新的成果。齐鲁物流把企业变革过程与学习型文化创建过程紧密结合,针对企业发展战略和变革目标,在组织结构、人员优化、制度建设、战略转型等方面不断创新,安全管理、人力资源管理、市场开发等不断取得新的成果,彻底改变了过去传统的管理方式、用人理念和行为习惯,极大地冲击了传统、守旧的企业文化,员工的精神面貌发生了深刻变化,努力学习、推进改革已成为大多数员工的自觉行为。两年来,共有7项成果获得省部级现代化企业管理创新成果一、二等奖,有1项成果获中国企业文化建设20周年实践奖,并成为国内第4家AA级学习型组织创建单位。

学习型文化是学习型组织理论本土化的文化

只有解决了钳制企业发展的瓶颈问题才是适宜的,也只有适宜才是最好的。齐鲁物流在变革与创建过程中,遇到了方方面面的阻力,有些阻力是难以克服的,但是齐鲁物流的员工没有向困难低头,而是抓住每一次可以利用的机会,大力推进企业变革,并在实践中形成了"四个要素、一个激活因子"的创建模式,特别是"领导联盟"的提出和运用,不但确保了物流改革的成功,而且促进了学习创新循环的建立和运行,形成了具有齐鲁物流特色的学习型文化。国务院发展研究中心研究员朱煜善教授认为,齐鲁物流的创建模式,对推进学习型组织理论本土化做出了重大贡献。上海明德学习型组织研究所、山东省学习型组织创建推进中心等将此创建模式作为本土化典型案例在全国推广。

学习型文化是惠仁、共赢的文化

没有个人的学习就不会有组织的学习,没有组织的学习就不会产生企业学习型文化。齐鲁物流坚持把个人的成长与企业的发展相结合,充分调动和挖掘每一位员工的自身潜能,提出"不让一个员工下岗、不让一名员工落伍"企业承诺,并积极开展形式多样的团队学习活动,为员工参加物流工程硕士和各种职业资格培训认证创造条件,增加了员工自我拓展未来的能量。同时,把"以人为本"的思想应用到实际工作中,建立了"人本安全管理"模式,作为全国最大化学危险品储存运输企业的齐鲁物流,实现了"把化学危险品危险的一面留给自己,把安全的一面奉献给社会"的社会承诺,为化学危险品储存运输行业承担社会责任提供了成功经验。

(作者系中国石化齐鲁股份公司物流分公司经理)

创建学习型领导班子
全面推进燕山石化的改革发展稳定

北京燕山石油化工有限公司

燕山石化是中国石化集团下属的特大型石油化工联合企业之一,拥有石油化工生产装置91套,系统配套装置71套。现原油加工能力为850万吨/年,乙烯生产能力为71万吨/年,合成树脂生产能力为100万吨,合成橡胶生产能力为21万吨,是我国最大的炼油化工生产企业之一,也是目前国内最大的合成树脂、合成橡胶和基本有机化工原料生产企业。投产30多年来,已累计生产石油化工各类产品1亿9千多万吨,实现销售收入2700多亿元,实现利税480多亿元。近年来,我们以"创建学习型领导班子"为抓手,着眼实际,立足长远,着力提升领导干部整体素质和能力,实现企业技术、管理、人才和党建创新,全面提高企业的核心竞争力,有力推动了燕山石化改革、发展和稳定工作。2004年以来,销售收入和实现利税都创造了历史新水平,企业正步入一个健康快速发展的新时期。

更新观念,着眼实际,把打造适应国际竞争的企业领导团队作为提高企业核心竞争力的切入点

改革发展要上新台阶,领导班子建设必须上新水平。

燕山石化长期坚持把培养适应现代化企业需要的高素质领导干部和员工队伍，作为关系企业发展的基础性任务。特别是近几年，紧密结合企业实际，开展了创建学习型企业活动，实施职工素质工程。在大力培养技术和技能人才队伍的同时，把开展创建学习型领导班子活动，打造适应国际竞争要求的企业领导团队，作为创建学习型企业、建设好“三支队伍”的首要环节。

创建学习型领导班子是适应市场竞争的要求

随着中国加入世界贸易组织后一系列承诺的履行以及经济全球化、国内市场国际化程度的日趋加深，国内石化企业正面临着前所未有的严峻挑战。如何进一步增强企业竞争力，使燕山石化在强手如林的国际国内市场竞争中站稳脚跟，发展壮大，成为摆在公司党政领导面前的重要课题。通过认真分析和思考，我们清醒地看到：无论装置规模、工艺技术，还是科学管理、企业文化建设等，我们与国际先进水平相比仍有较大差距。要参与国际竞争，要与“狼”共舞，我们必须比竞争对手更具竞争优势。当今世界，企业之间的竞争不仅表现为产品的竞争、服务的竞争，更大程度上已经内化为人才的竞争，实质上是学习和创新能力的竞争，竞争的惟一优势就是具有比竞争对手更优异的学习能力、应变能力和创新能力。为此，我们提出了“把燕山石化建设成学习型组织”的目标，在全公司开展了创建学习型企业、学习型车间、学习型班组、学习型科室的活动，并将此项活动纳入了公司整体发展战略，与企业日常管理工作和企业文化建设融为一体。创建学习型企业，首先要将各级领导班子建成学习型组织，只有领导干部和领导班子的观念更新了，作风转变了，能力增强了，领导水平提高了，才能更好地带领广大职工提高素质，迎接挑战。因此，我们率先在两级领导班子和领导干部中，启动了“创建学习型领导班子”活动。

提升干部整体素质和能力是适应人才竞争的需要

企业经营管理水平如何、企业参与市场竞争的能力如何，关键在人才，关键在干部，关键在各级领导班子。只有将企业的人力资本转化为企业改革发展所需的人力资源，转化为企业核心竞争力不竭的源泉，才能实现燕山石化的持久发展。公司党委经过深入调研，发现燕化人才队伍结构型矛盾较为突出。燕化人才总量不少，但高层次、复合型、创新型人才严重不足；人才专业分布不合理，生产技术型人才相对充足，经营管理人才相对缺乏，特别是能够适应国际竞争需要的高层次经营管理人才严重匮乏。虽然经过多年不懈努力，燕山石化两级领导班子和领导干部队伍的自身建设取得了很大成效，整体结构得到优化，思想观念得到更新，工作能力得到提高，精神状态普遍较好。但是，在思想观念、知识结构、管理水平、创新能力上，与燕山石化参与国际竞争的要求，与最终实现全面管理现代化的目标，差距仍然很大。与此同时，我们与许多国有企业一样正面临着人才竞争的双重竞争压力。一方面，世界500强中的各大跨国石油公司抢滩中国市场，在中国建设石化装置的同时，纷纷加速人才本土化，千方百计吸引我们的各类优秀人才，特别是中高层领导干部。一个重要装置的车间主任，年薪开价20万以上；厂级以上领导的开价更是高得惊人。我们有的参与涉外技术谈判的管理和技术人员，谈判成功了，人被挖走了。另一方面，民营石化企业迅速崛起和发展壮大，也在想方设法同我们争夺优秀人才。少数主要装置、主要岗位甚至享受燕化特殊津贴的管理和技术人员，锻炼得快，成长得快，却也流失得快。面对这些矛盾，极大地增强了我们加快培育适应国际竞争需要的高层次、复合型、创新型的经营管理人才的责任感和紧迫感，坚定了创建学习型领导班子、全面提升领导干部素质和能力的决心。

结合实际需要，明确“创建”目标，从高标准起步

我们提出，要通过团队学习、终身学习，系统思考、改善思维模式，实现学习工作化、工作学习化，在推进燕山石化改革发展的实践中提高自身素质，增强“五种意识”、提高“五种能力”、实现“五个创新”。增强“五种意识”即：要进一步增强执政意识，坚定理想信念；要进一步增强责任意识，树立正确的政绩观和科学的发展观；要进一步增强自律意识，做到廉洁清正；要进一步增强群众意识，坚持“两个务必”原则；要进一步增强学习意识，提高工作本领。提高“五种能力”即：要不断提高分析判断形势、把握发展趋势的能力；要不断提高组织协调能力；要不断提高科学决策和经营管理能力；要不断提高应对突发事件的能力；要不断提高掌握思想脉搏、深入做好思想政治工作的能力。“五个创新”即：要实现思维创新；要实现技术创新；要实现管理创新；要实现人才创新；要实现党建创新。

构筑平台，完善制度，建立“创建学习型领导班子”的长效机制

通过“创建学习型领导班子”活动加强学习力、增强创新力、提升竞争力，是企业生存发展的需要，是立足燕化长远发展建设学习型企业的关键环节，也是今后几年我们加强领导干部队伍建设的一项重要举措。这是一项长期的系统工程，不会一蹴而就，必须建立持之以恒的长效机制。

创建载体，构筑平台

为了提高领导干部理论学习的针对性，我们连续三年在两级领导班子中深入开展了“学习、创新、发展”主题教育活动，以此为载体，深入学习贯彻邓小平理论和“三个代表”重要思想，学习落实科学发展观。我们充分挖掘企业内的教育培训资源，努力建立一个开放的学习系统，积极运用公司培训中心、内部局域网络、电化教育等手段，拓展教育培训和学习交流的广度和深度。每年都举办多期脱产培训班，对领导干部进行系统培训。特别是聘请专门的培训机构，运用拓展训练、沙盘实战演练等先进的培训手段，帮助

领导干部改善心智模式。我们积极引导干部坚持日常自学,结合思想和工作实际撰写论文、调研报告和心得体会。公司党政主要领导在自己带头自学的同时,积极向广大领导干部推荐优秀学习书目,并在基层班子中建立了学习文库,方便大家学习。书籍内容涵盖了党务、管理、科技、法律知识以及国家政治经济形势等多个方面。在企业有线电视台,专门开办了教育频道,每天晚上播放三个小时的电视讲座,内容涉及创新学、计算机知识、外语、法律、企业文化建设等诸多方面,并在第二天早上重播。为了更好地进行团队学习、系统思考,我们推出了专题研讨会的形式,根据企业生产经营上的难点热点问题,先确定学习研讨主题,大家经过深入基层调查研究,刻苦学习思考后,在学习会上进行深度交流,共同探讨解决之道。为了开阔视野,我们每年都邀请国家有关部委、著名大学、研究机构的知名专家,对经济、管理、科技、政治、法律、外贸等专题,进行专门讲座。在充分借用"外脑",请进来的同时,加大送出去的力度,经过组织选拔、集中培训、全国统考,近些年已经通过清华、人大等多所名牌院校培养了123名硕士研究生,另有70余人正在脱产或半脱产攻读研究生。为了实现团队学习、资源共享、知识共享、经验共享,我们举办了基层单位现场管理、党建工作、企业文化建设等多个现场观摩交流会,取得了很好的效果。为了更好地推动"创建"工作的深入开展,我们分阶段组织了专门的经验交流会,推出"创建"典型,还把先进单位的经验汇编成《燕山企业文化特刊》发到基层车间科室,供各单位学习借鉴。企业内部报纸、电视和网站等媒体也加大宣传报道力度,营造浓厚氛围。这一系列工作在为大家提供良好学习交流条件的同时,强化了领导干部个人学习和团队学习的理念,培养了大家学习的自觉性和积极性,为"创建"工作的深入持久开展注入了活力。

完善制度,建立机制

制度和机制建设是创建学习型领导班子的重要环节,也是保证其有持久生命力的重要措施。我们成立了在党政统一领导下、由党政工团及各有关部门负责人组成的"燕化公司创建学习型企业领导小组",并由公司党委负责领导创建学习型领导班子工作,制定了实施方案,提出了具体目标和阶段任务。并把创建活动的开展情况作为考核领导班子和领导干部的重要内容,不仅看领导班子、领导干部都学了什么,更要看通过学习教育,是否解决了思想认识上的问题,是否实现工作上的新突破,是否创造了新业绩,是否真正为职工群众办了实事,是否提高了在群众中的威信,是否得到广大职工的拥护。建立并完善了中心组学习制度、学习考勤考评制度、定期交流和学习成果评审制度,进一步强化中心组学习、加强脱产培训和调训、定期开展研讨交流。公司每季度对各单位的学习情况要进行检查、考核、通报,表扬好的典型,限期纠正不足。并规定,年终领导干部述职中,也要述学,同德、能、勤、绩一起列入职工民主测评和干部考核内容。每年每人必须联系思想实际和工作实际认真撰写学习体会或调研报告。为保证培训投入,公司严格按照工资总额的1.5%提取教育经费,制定了《职工教育经费管理暂行办法》,坚持每年向职代会报告经费使用情况,确保专款专用。仅去年,就投入培训资金近1000万元,培训各类人员近4万人次,人均培训达到75学时。

立足长远,重在实效

十年树木,百年树人。学习型领导班子的建设必须作为一项长期战略任务抓好落实,务求实效。要不断为其注入新的内容、拓展新的形式,实现持续创新。今年,我们又以增强能力为重点,以学习培训为手段,启动了大规模培训高中级经营管理人员的"干部素质工程"。首批30名处级管理干部、33名中级管理干部已完成了为期五至六周的全脱产、半封闭式、半军事化、较高水准的调训,第二期培训班也已经开班。我们计划用这种培训方式,在三年内完成对全公司处以上领导干部和400名后备战略人才的轮训,全面更新知识、完善素质、提升工作水平。

团队学习,系统思考,实现企业各项工作的全面创新

在"创建学习型领导班子"过程中,燕山石化两级领导班子和领导干部主动加强思想理论建设和思想作风建设,自觉地将学习与本职工作融为一体,有意识地做到学习工作化、工作学习化,坚持以工作带动学习,以学习促进工作,不但提高了干部自身的素质,也全面提高了各级领导班子的整体工作能力,对企业的发展战略、机制体制、管理水平和人文环境都产生了积极而深远的影响,为企业提升核心竞争力起到了强大的推进作用。

以思维创新为核心,坚持科学发展观,建立企业共同愿景

思想是行为的先导,观念滞后是创建学习型领导班子的最大障碍。我们针对领导班子的思想实际,注重用先进的理论武装头脑,破除旧的思维模式。特别是按照科学发展观的要求,以思维创新为核心,打破领导干部思想上的桎梏,突出解决在企业改革发展稳定工作上的认识误区,确立了燕山石化的发展方向和奋斗目标。燕山石化党政领导班子通过团队学习、系统思考,在中国石化集团的发展战略和北京市的整体发展规划中准确定位,确立了"坚持一体化原则,努力实现集中、统一、高效、持续、健康发展"的近期目标。并提出了"要在努力做强做大基础上,成为产品特色突出、技术实力雄厚、管理科学规范、文化独特鲜明、发展持续稳定的现代企业"的发展方向和战略规划,建立了将全公司干部职工凝聚起来的"共同愿景"。

以技术创新为核心,坚持科技进步,拓展企业竞争空间

我们经过系统思考,抓住石化行业资金和技术密集型

的突出特点，充分发挥燕山石化在科技进步和技术人才上的优势，确立了“用科学技术来保证燕化的可持续发展”的理念，以技术创新为核心，以科技进步为支撑，提高企业发展的科技含量和知识含量，不断运用新技术、新工艺、新设备、新材料，保持装置先进的生产技术水平。一是用先进技术对老装置进行改造。现在，燕化95%以上的装置都进行了技术改造，主要化工生产装置的规模和技术都达到了国际或国内先进水平。合成橡胶的生产能力位列全球第10位，合成树脂成为中国第一家总产量突破100万吨的企业。71万吨乙烯装置、20万吨管式法高压聚乙烯装置、28万吨气相聚丙烯装置、12万吨顺丁橡胶装置都是中国最大、世界上先进的，3万吨丁基橡胶装置是国内惟一一套；两套苯酚丙酮装置总体产量24万吨，目前居国内首位。二是通过新产品开发，提高产品的技术含量，增加附加值。炼油方面，我们在国内率先全面实现汽油无铅化之后，又相继开发生产出符合环保要求的清洁汽油、清洁柴油和车用液化气等清洁燃料。目前我们供应北京市场的油品全部达到了欧Ⅱ标准，2005年还将为北京提供满足更高环保要求的欧Ⅲ标准油品。化工方面，我们在国内第一个开发出了替代进口的洗衣机系列专用原料，并实现万吨级规模；开发出了管材系列、汽车系列、医用系列、农膜系列等十几个系列上百个品种的国内急需的树脂专用料。目前，我们的清洁油品和合成树脂专用料等高附加值产品，无论在技术上、规模上，还是在市场占有率上，都处于国内领先水平。三是加大研发力度，不断形成自主知识产权。特别是近些年，又形成了YS系列银催化剂、高附加值聚乙烯和聚丙烯专用产品生产、顺丁橡胶、SBS弹性体、乙腈抽提丁二烯、液相苯烃化制乙苯、分子筛合成制异丙苯、大型乙烯裂解炉等一批拥有自有知识产权的成套技术。近期，我们又启动了1000万吨炼油改造工程，这是燕化实现新的跨越式发展的基石。改造完成以后，可使炼油系统产品结构得到较大调整，油品质量全面达到欧Ⅳ标准，满足北京2008年绿色奥运的需要，每年还可增产市场需要的100万吨航煤产品。而且，可以有效提高资源利用率，降低成本，大幅度增强公司整体竞争能力。同时，燕化第三轮乙烯改造工程的前期工作也已经开始，它的实施将使燕化成为具有世界级规模的乙烯产业基地，带动公司整个产业结构的调整和优化升级。

以管理创新为核心，坚持科学管理，夯实企业运行基础

建设学习型组织本身就是一种先进的管理理论，创建学习型领导班子自然是推动企业管理创新的有效途径。在强化“三基”管理，夯实管理基础的同时，我们不断加大管理创新力度，在制度化管理、量化管理、专业化管理、层次化管理、信息化管理和开放式管理等方面积极实践，努力探索建立起一套既符合燕山石化特点又融合现代管理理念的企业综合管理体系。在信息技术服务燕化管理现代化方面，今年，又启动了ERP（“企业资源计划”系统）项目，通过建立对企业的多种资源进行计划并实现物流、资金流、信息流“三流”合一的操作平台和管理信息系统，更合理地调配企业人、财、物、产、供、销等各种资源，进一步增强企业的活力和竞争力。建立了计算机综合办公业务处理系统，积极向无纸化办公的目标迈进，通过信息的高效畅通提高燕化的经济效益、创新能力和竞争能力。

以人才创新为核心，坚持人才强企战略，培育企业发展动力

人力资源是企业的第一生产力，人才是企业最宝贵的资源。在创建学习型领导班子中，我们通过“树立科学人才观”，进一步明确人才强企的战略意义，根据企业发展的需要，实施了“1142”人才培养工程，即“十五”期间培养100名高级专业人才、100名高级管理人才、400名战略后备人才、200名技师。我们加大人事制度改革力度，建立“拴心留人”机制，实现了人才工作的创新。实施全员竞聘上岗，破除平衡照顾和论资排辈的传统观念，逐步建立起“收入靠岗位，岗位靠竞争，竞争靠素质，素质靠学习”的良性循环机制。我们出台了特殊人才特殊津贴政策，近三年已累计投入资金2666万元，2616人次享受了特殊津贴。以劳动力市场价位为目标进行了工资制度改革，进一步理顺了分配关系。我们不断完善经济责任制考核办法和奖金分配办法，采取科技成果转化奖、提高大学生入厂初期待遇、改善知识分子生活和工作条件等措施，调动了各类人才的工作积极性。由于公司两级领导班子重视人才、爱护人才、充分信任人才，为各类人才增强能力、施展才华创造条件，搭建舞台，公司各类人才思想业务素质不断提高，保持了奋发有为的精神状态，在公司生产经营和改革发展中发挥了重要作用。公司人才流失严重的情况得到了好转，并且出现了已流失的人才申请回流的现象。

以党建创新为核心，坚持发挥三个作用，营造企业健康环境

国有企业是国民经济的重要支柱，搞好国有企业党建工作，关系到党执政的组织基础，关系到国有企业改革发展稳定工作大局，关系到职工根本利益的实现。在创建学习型领导班子中，我们把加强领导班子和领导干部队伍思想、组织、作风和制度建设，充分发挥党委政治核心作用、党支部战斗堡垒作用和党员先锋模范作用，不断推进党的建设工作创新，作为一个重要的学习和研究课题。通过深入学习和研讨，我们提出，企业党组织要适应建立现代企业制度和法人治理结构要求，切实发挥政治核心作用，就必须进一步明确工作职能和目标，不断实现工作创新。我们认为企业党组织的主要工作职能和目标是：在政治上、思想上、组织上与党中央保持一致，坚决执行上级的各项决策、决定，这是企业党组织的首要政治责任；切实保证以科学发展观统领企业的各项工作，确保国有资产的安全和保值增值，这是国有企业的重要任务，也是企业党组织的重要职责；要按

照“党管舆论”的要求，牢牢把握舆论导向和引导舆论的主动权，为企业改革发展稳定营造良好的、积极向上的思想文化和舆论氛围，为企业各项工作的顺利开展保驾护航；要按照“党管干部”、“党管人才”的要求，加强人才资源能力建设，为各类人才的健康成长营造良好的环境，为企业提高核心竞争力，提供人力资源的保障；要始终坚持党的宗旨，真正成为广大职工利益的忠实代表，使国有企业为国家做出贡献、实现国有资产保值增值的同时，让广大职工真正享受到企业改革和发展带来的实惠和好处，确保职工利益的实现；坚持全心全意依靠工人阶级不动摇，积极推进企业民主政治建设，加强群众工作，切实保持企业稳定。为此，我们积极围绕提高领导水平，以创建学习型领导班子为载体，在领导班子建设上进行了创新；围绕改革重组、压扁管理层次、改制分流等工作，按照“四同步”原则，在党的组织建设上进行了创新；围绕强化党支部建设，认真实施《党支部工作细则》，开展基层党支部“达标创优”活动、党员先进性教育活动和“党员服务工程”，在内容和方式上进行了创新；围绕加强党的群众工作，通过把工会建成“职工之家”、把组织部建成“党员之家”、把共青团建成“青年之家”、把科协建成“知识分子之家”、把离退休中心建成“离退休人员之家”，在途径和形式上进行了创新。这些创新极大地增强了党组织战斗力、创造力和凝聚力，提高了职工群众的归属感和向心力，营造了企业积极向上、奋发有为、人际关系和谐的氛围，为企业的改革发展稳定提供了良好的内部环境。

几年来，通过开展创建学习型领导班子活动，有效地提高了燕山石化两级领导干部的综合素质和能力，改善了心智模式，公司两级领导班子保持了良好的精神状态和工作热情，在思想观念、工作作风、管理方法、创新能力上都有新的转变和提高，更加心系企业、深入基层、务实高效，保证了公司各项工作任务的圆满完成。并以此带动全公司职工群众“创建学习型组织，争做知识型职工”活动的有效开展，推进了三支人才队伍建设，为燕山石化改革发展稳定取得更好的成绩提供了人才和智力保证。

国际合作中的企业文化融合与创新

范　仲

企业文化作为现代企业管理理论和管理方式的重要内容，其丰富的内涵、科学的管理思想、开放的管理模式、柔性的管理手段，为企业管理创新开辟了广阔的天地。尽管我们学习和吸收西方企业文化已经很多年了，但是，解决中外文化沟通和融合的问题，如东风汽车公司在完成与法国PSA（标致雪铁龙）、日本日产、日本本田等跨国公司大规模战略重组后如何实现文化的融合与创新，显得越来越重要。据国际咨询公司最新的研究表明，不成功的国际经济合作中大约有30%是由于技术、财务或战略方面出现的问题而失败；另外有70%则是由于不同文化产生的沟通障碍所造成。在经济全球化浪潮到来的今天，如何实现国际合作中的企业文化融合与创新，是关系到东风能不能做强做大，能否适应国际竞争需要的一件大事。

弘扬东风先进文化，构筑母子公司企业文化体系

文化融合不等于否定自我，更不等于不讲主次。东风公司始终坚持以我为主，博采众长的原则，致力于构建既有共性特征，又具有鲜明个性的母子公司企业文化体系。

大力弘扬东风文化，保持东风文化的先进性

东风公司自诞生之日起，企业文化便与生产经营一道，不断发育和成长，形成了“艰苦创业的拼搏精神，坚持改革的创新精神，永攀高峰的竞争精神，顾全大局的主人翁精神”和“造就一流人才、生产一流汽车、提供一流服务、创造一流效益”的企业精神，多年来为企业发展提供了强大的文化动力。

新的世纪，面对与跨国公司合作的新任务，东风公司进一步整合了企业文化，针对公司及其下属的普通员工、汽车经销商和社会公众，投放了一万四千多份五种不同类型的问卷，范围遍及中国五个代表性区域——华中、华南、华北、华东和西北，对回收的一万多份问卷的八十多万条数据进行录入和处理。经整理、科学分析和可行性研究，形成了东风文化新的体系。公司经营理念：“关怀每一个人，关爱每一部车”，即在人文关怀的大背景下，演绎东风汽车公司与内部员工、社会、股东、经销商、用户、环境、汽车产品等诸要素的互动关系，表达了东风汽车公司亲和的公众形象和务实的经营思想。公司企业哲学：“学习　创新　超越”，即表明东风公司直面竞争的挑战，在学习中积累，在创新中发展，在超越中铸就辉煌，实现自身发展的哲学思想。公司企业精神：“实现价值，挑战未来”，即从企业和员工开创美好生活的共同愿景出发，将企业利益和员工利益紧紧结合在一起，形成强大的凝聚力和感召力，共同创造价值，共享美好生活。

为保持东风文化的先进性，东风公司在国际合作中不断为东风文化注入新的内涵，如全力构造以全球化为背景的国际化企业文化，具有现代企业形象竞争力的新文化，以创新为根本的引导型文化，以激励机制为核心的人本主义文化，“艰苦创业，无私奉献”的企业文化，“讲求诚信，崇尚业绩”的企业文化。东风汽车有限公司很好地继承了东风文化，认真实践“关怀每一个人，关爱每一部车”的企业理念，进一步规范员工行为，为合资公司的健康运营打下了坚实的基础。

以东风文化为主导，构筑母子公司企业文化体系

由于东风公司与不同国度、不同文化背景的跨国公司进行合作，必然给东风带来多元文化影响。东风旗下众合资公司既不可能完全照搬东风公司企业文化，也不可能复

制合作伙伴的企业文化。为此，东风公司以东风文化为主导，致力于构建母公司文化与各具特色的子企业文化交相辉映的企业文化。

一是通过与子公司共同研究、策划等方式，引导子公司的文化建设，构筑东风既有统一性、又具有个性的企业文化体系。目前，东风集团各子公司在融合母公司优秀文化的基础上，开始着手企业理念的整合与提炼工作。比如，东风本田汽车发动机有限公司汲取东风文化的精华，结合当代先进管理思想与策略，以“梦想”为主题，为企业员工构建一套明确的价值理念和行为规范，鼓励全体员工追求“梦想”，并为实现梦想而产生强大的力量。神龙汽车公司在继承东风文化精髓的基础上，融合法国优秀文化，形成了“打造国内家轿第一品牌”的经营理念和致力于“员工职业生涯设计”的具有人文关怀特征的人本文化。

二是丰富和完善东风CI体系。东风公司立足当前，放眼长远，以着力构建具有全球视野和显著竞争力的国际性企业为目标，加大对东风旗下每一合资企业CI设计的指导、评审和认定，进一步丰富和完善东风CI体系。尤其是引导合资公司使用东风CI元素，严格按照东风CI标准执行，进一步维护和提升了东风公司整体形象。比如，东风公司就东风汽车有限公司的企业标识设计、东风汽车有限公司乘用车公司品牌专卖店如何运用东风CI元素、合资品牌轿车车身如何标注“东风”字样等做了大量工作，取得了一定效果。

融合优秀的企业文化，提升企业管理水平

东风公司着眼于先进文化发展的方向和前沿，有意识地融入现代管理理念和管理方式，引导广大员工以发展的眼光、开放的姿态和海纳百川的胸怀，努力学习合作伙伴先进的管理经验和技术，并在引进、消化和吸收的基础上大胆创新，有所突破，有所发展，不断增强具有东风特色企业文化的吸引力和感召力。

加强目标管理，推行KPI考核，建设优秀的目标文化

经过比较和研究，我们认为日产文化中最优秀的成分，就是优秀的“目标文化”。日产是第一家直接以“日本制造”命名的日本企业。作为日本全球化的先锋，20世纪90年代末曾倒在破产的边缘。1999年戈恩上任后先后实施了“日产复兴计划”（NRP）、“180计划”和“后180计划”。这几个计划有共同的特点，都是一个三年期的计划，目标简单、明确，全部都是具体的数字式目标，并且规定了日产在全球范围内实现目标的人，制定了明确的责任体系，无论何种族、何地域的人都能理解。目标管理和由此形成的目标文化使日产获得新生。

东风公司作为一个老的国有企业，在目标计划管理方面一定程度上和日产的目标管理有些近似。前几年对各基层单位下达财务预算指标并予以量化，使东风公司成功实现扭亏增盈目标。但是与日产相比，在具体执行中还存在一定的差距。东风与日产的战略重组，为东风与日产企业文化融合带来了契机。东风汽车有限公司在继承东风文化的基础上引用日产的先进管理方式，制定和发布了“东风有限事业计划”，表明了东风人学习一切先进管理思想和管理方法的决心和勇气，也充分体现了“学习、创新、超越”的东风经营哲学。东风汽车有限公司事业计划，即到2007年实现两倍的销量和收入，汽车产销62万台，销售收入800亿元人民币——增长；两位数的营业利润率——优化；两个合作伙伴的融合与和谐——学习。

东风与日产合作后，从东风公司总部职能部门到众合资公司，都在自觉加强目标管理，可以说是一次从思想到行动的飞跃和巨变。比如东风与法国PSA合资组建的神龙汽车有限公司，也发布了“神龙二期工程计划”，将用五年时间实现能力翻番，从每年15万辆提升到每年30万辆，每年推出一款新车型，最终要在2009年形成36万辆整车能力。神龙在项目投资特别是金额巨大的项目投资上，保持理性的头脑，以市场分析为基础，以科学为依据，稳妥操作，量力而行，不再走高负债、高风险的老路。

为很好地推进中期事业计划，东风汽车有限公司引用日产的KPI（关键绩效指标），通过数据、图表来体现和说明企业和个人的事业计划，并把KPI值作为一条看得见的“线”，始终贯穿生产经营的全过程。在这条线上，能够清楚地显示企业的资金、信息、物资和人员等多个因子流向，企业的产量、质量、物耗和产生效率等KPI指标的推进情况，可以在数据链上一览无余。东风汽车有限公司在KPI管理中抓住以下三个环节：

1. 数据管理。数据管理是KPI管理的精髓。针对不同岗位、不同人员的工作内容，相继制定并建立了高管人员、中层管理人员、专业岗位和一般员工的KPI指标，形成了覆盖每个岗位、每个管理环节、各个管理目标，较为完善、规范的指标体系。

2. 动态跟踪。通过创新和变革一系列管理手段和载体，实现对KPI数据管理的动态跟踪。各部门管什么指标，各单位用多少指标，每个人的指标占多少，都及时进行信息传递和沟通，达成一致后，在网上发布；每个月各单位发生了多少指标，是否超标，考核情况如何，每月通过公司内局域网、广播、闭路电视等定期通报上上下下都明明白白。动态跟踪，使管理责任落到了实处，也使管理变得更加高效。

3. 有效控制。为了有效控制KPI的完成情况，生产单位把高产时期的每天碰头会改为固定的生产例会，并建立物流推进例会制度，使现生产中出现的问题及时得到处理；把每周生产、质量、装备例会及改善晨会合并一个工作例会，各职能部门每周通报生产、质量、物流、开动率、资金周转情况，并坚持每月作一次全面“诊断”，及时整改出现的问题，每季度作一次汇总通报，对“亮起红灯”的超标项目责令限期整改，使其处于受控状态。

以CFT和项目平台管理为基础，建设优秀的团队文化

戈恩进入日产之前，日产的管理是相当混乱的。戈恩来到日产的一个月内，组建了九个小组，参与者都是日产的人。这九个小组具体负责从采购、技术、产品、研发到组织架构等全方位提出企业改革的方案和建议。戈恩授权他们可不受任何局限提出任何建议和改进的方法。这九个小组的名称是"跨职能团队"（CFT，即 Cross Functional Team）。表象上看，CFT是日产实现"复兴计划"的关键所在，从深层次透析，我们认为CFT是日产实现沟通的最佳模式，并已经演变为日产文化的重要特征。CFT的精髓如下：一是CFT是跨部门和跨职能的团队；二是有领航员，成员要高素质高标准，不能"拉郎配"；三是CFT只有建议权，而不能有决策权，决策权应该在经营委员会；四是CFT不能干预部门工作，只是协助部门更好地搞好工作。

在东风，多年来都致力于打造优秀的团队文化。比如，在公司每次推进重大项目之前，都要成立若干个跨部门、跨工种的不同的课题组、攻关组、推进委员会等，为东风的变革和生产经营起到过积极的作用。但是，我们在思想认识上不如日产那样深化和系统化。东风和日产合资后，我们积极引用"CFT"这一称谓，并结合东风的实际予以改进。最近，东风汽车有限公司接受日产专家的指导，为推进各项工作分别成立了"东风汽车有限公司经营理念CFT"、"东风商用车品牌理念CFT"等，让不同部门、不同岗位的人都参与进来，实现了多方面的有效沟通。

具有神龙特色的"项目平台模式"，是中法企业文化融合与创新的结晶。几年来，神龙公司在吸收法国PSA标致雪铁龙集团运转经验的同时，汲取东风文化精髓，逐步摸索出了一套行之有效的实施发展思路，即以项目控制为龙头、以项目界面管理为核心，充分发挥项目平台负责人的协调沟通作用，围绕公司产品战略目标，积极在相关领域（生产领域、信息领域、财务领域和商务领域）推广项目平台管理体制。2003年1月神龙公司机构改革到位后，公司组建了各类平台8个，其中新成立了2个平台，即汽车信贷业务推进平台、工业技术指导平台。2001年神龙公司项目平台已初具规模，当年实现赢利2.8亿；通过R23平台研制开发的东风雪铁龙爱丽舍（R23）轿车自2002年6月投放市场以来，每月4000多张订单使之成为目前市场上一道独特的亮丽风景，2002年公司实现赢利5.4亿。R23项目2002年荣获东风汽车公司（集团）科学技术进步奖，主要表彰它在技术研发、项目管理方面获得的成功经验；2003年该项目荣获国家行业科技进步一等奖。

大力推行QCD改善活动，形成优秀的改善文化

善于学习和融合外来先进管理理念和方式，并创造性加以运用，是东风文化的显著特征。从1980年开始，东风公司通过学习日本合理化建议活动，形成了"日常工作+改善"的具有东风特色的改善文化，为开发员工的智慧和潜能发挥了重要作用。

新的世纪，东风公司在多年推进日产柴"一个流"管理的基础上，学习和引进日本丰田公司首创的精益思想，推行生产领域里的精益化管理的新理念，从改善生产方式入手，通过对装备、工艺、操作和管理进行无止境的改善，逐步消除浪费，取得了更为显著的成果。

东风与日产合资以后，东风公司在改善活动中进一步学习和引进NPW（日产精益生产方式），大力开展QCD改善活动，让改善文化渗透到生产管理的各个环节。QCD的内涵是：Q即质量，是让用户买到耐用的、无故障的、美观的、高品质的产品；C即成本，是指用最少的资金生产出具有优良品质的产品，使其在市场上具有很高的性价比，具有很强的竞争力；D即交付期，是让用户能随时随地买得到满意的、品质优良、价格实惠的产品。QCD改善活动的实质是精益思想和精益生产方式的延续和深化。

QCD改善活动的基本做法是：

一是开展全员培训，提高全员的改善意识。除了组织多期远赴日本的业务和理念培训班外，还请日产专家直接授课，接受培训的学员包括工厂厂长、主要车间主任、班组长以及各单位QCD改善执行室全体工作人员。培训过程采取边教、边学、边提问、边现场模拟改善的方式，并及时组织学员交流心得、探讨体会。在此基础上普及对一般员工的培训，重点引导员工在QCD改善方面树立四种行为意识：客户关怀、数据管理、追求完美、学习创新。这四种行为意识解决改善的目标、方法和目的三大基本问题——客户关怀是改善之源；数据管理是改善之法；追求完美是改善目的；学习创新才能持续改善。同时，我们大力倡导充分体现团结协作、创新进取精神的五种具体行为：多理解少抱怨，多协作少障碍，多自省少自傲，多实践方法少空谈困难，多事前建议少事后英雄。新观念的导入，使员工敞开了心扉，产生了进取的愿望，使各类改善活动发生质的飞跃。

二是寻找改善课题，增强执行力。我们在学习日产管理模式时，发现"事事有标准，认真执行标准"是日产文化的特点之一。《执行》一书认为：很多公司都有伟大的战略，但仅有少数懂得执行的公司获得了成功。显然，有一个科学的制度仅仅是问题的一面，能够严格执行是不可或缺的另一面。正是基于这样的认识，东风人才花力气架构了具有东风特色的QCD改善制度体系。在制定措施时，严格遵照质量管理大师戴明的PDCA（计划、执行、检查、落实）循环理念，特别注重措施的可操作性，在流程环节上体现闭环特征。目前，我们已经出台了多项管理制度，如建立了QCD改善评价体系，编制完成了改善提案的申报、确认、实施、评价激励和成果推广流程；编制完成现场管理诊断标准，具体包括5S、质量保证、改善等多方面的内容；实行QCD改善例会制度，围绕QCD指标，谈事业计划目标完成情况，分析存在的问题，提出改善对策。通过这些制度和措施，对QCD改善工作以标准化的方式加以固化，再加上执

行到位，因而QCD改善的成效已经初步显现。以商用车公司为例，一年来在日产专家的指导下，确定70余项公司级改善课题、900余项专业厂级自主改善课题，制定了改善课题活动计划书，并创造性地运用QCD改善基本方法，如“标杆法”、“七步工作法”、数理统计等方法等，取得了明显成效。

三是建立“改善示范线”，发挥示范效果和作用。改善示范线建设是导入日产生产方式NPW的有效手段，是为工厂迅速培养作业改善、现场管理人员的快捷方式，是转变思想、提升理念的有效途径。商用车公司确定以总装配厂装配三线和发动机厂装配二线为公司级示范线进行试点，在此基础上，其余工厂各选定一条生产线作为专业厂级示范线，并由此平面铺开、纵向延伸，向示范车间、示范班组过渡，以提高现场管理的整体水平。推行QCD改善活动短短几个月，装配三线装配质量VES评审点数由原来的80点降低为20点，在线库存由原来的364万元降低为268.3万元，生产性指标由原来0.916提高到1.144，现场改善成效显著，管理水平明显提高。

QCD改善活动推动了改善文化的深入发展。目前东风员工有着共同的感受：通过学习QCD知识，动手改善，我们知道了怎样来提高劳动生产率、减轻劳动强度、控制生产成本、保障产品品质，更好的实践生产计划；置身QCD改善，是一项富有乐趣的活动，体会动手与动脑的快感，享受制造、改善、创新成果，我们乐在其中。

实行多品牌战略，构筑东风品牌文化

品牌是企业生存发展之本，是企业的生命线。近年来，东风公司在参与国际合作中坚持发挥“东风”品牌优势，实行多品牌发展战略，构筑东风品牌文化，进一步提升东风公司核心竞争力。

联合国际知名品牌，实行多品牌战略

东风公司在国际合作中，很好地实现了合作双方品牌与文化资源的融合。以东风汽车有限公司为例，在商用车领域保留和使用“东风”品牌，在乘用车领域使用“NISSAN”品牌。这种品牌的联合与互动，聚合了双方品牌优势，是国际合作中明智的抉择。因为，日产“NISSAN”品牌在国际竞争中主要优势在乘用车领域，而国内的“东风”品牌优势主要集中在商用车领域。东风汽车有限公司还制定了品牌发展目标，即到2006年，乘用车品牌力争做到国内第一，“东风”商用车品牌做到世界第三。实践证明，多品牌战略有效融合了东风与日产品牌资源与文化的特长，使合资公司得以健康有效运营。

与国际知名品牌进行合作，进一步提升东风品牌价值。东风公司与PSA标致雪铁龙集团提升合作层次后，“东风”品牌携手“标致”和“雪铁龙”，形成了“东风标致”和“东风雪铁龙”联合品牌。在新组建的东风本田（武汉）汽车有限公司，“东风”携手本田，发挥“东风HONDA”合资品牌效应。东风公司实施多品牌战略，很好地把世界知名品牌与东风品牌本土优势结合起来，形成了共同发展与共赢局面。

坚持走自主品牌建设之路，构筑东风品牌文化

创新是民族之魂。在国际合作中，东风公司始终坚持“两条腿”走路，积极探索中国汽车工业自主开发和自主品牌建设之路。一是以合资公司为平台，进行合资合作联合开发与品牌建设。神龙公司融合两个母公司文化与技术优势，适应性开发出“爱丽舍”（R23）系列产品，始终保持了产品旺销的态势。东风汽车有限公司投入巨资成立乘用车公司研发院，为合资公司开发拥有自主知识产权的产品和建设自主品牌奠定了一定的基础。二是以我为主，探索多种形式的自主开发和自主品牌建设之路。近年来，东风公司加强国际合作中，在学习、引进、消化、吸收国际先进技术和管理经验的基础上，加强“东风”品牌的产品开发，并取得了一定的成效。2003年，公司以自主开发与科技引进相结合，累计开发出具有自主知识产权的107种车型和多种发动机，申请专利117件，其数量是全国前100名申请单位中惟一的汽车企业。同时，东风公司在人才、产品质量、销售和服务等方面不断改进与完善，进一步提升了“东风”品牌的功能价值和情感价值，东风品牌文化正日益深入人心。

（作者系东风汽车公司党委副书记）

2. 2005年——中外企业文化成都峰会

大会综述：

用文化铺设企业可持续发展之路

李祖荣

11月12~14日，“中外企业文化2005成都峰会”在这里隆重召开。623位来自世界和全国各地的领导、专家学者、企业家、企业文化工作者及新闻记者，围绕“企业文化建设与企业可持续发展”这个主题，就“国外企业文化走势与借鉴”、“国有企业重组调整中的企业文化融合与创新”、“树立自主创新意识，铸就民族品牌灵魂”、“构建和谐企业与企业文化的作用力”、“服务文化与服务增值”等问题，作了广泛的经验交流和深入的学术研讨。

现将峰会内容综述如下：

国外企业文化走势与借鉴

来自英、德、美的专家介绍了他们各自国家企业文化建设的走势与做法。

时代变化的突变性特点，要求企业全面变革结构与文化。英国威尔士大学莱克斯汉姆商学院院长、企业管理学教授吉尔斯·马修先生认为，在新的时代里，由于变化的急剧性、突变性，使得变化无法预测。

打破传统的线性思维方式，以适应多样化新秩序。马修先生认为，面对突变造成的恐惧感，即使过去曾经非常成功的企业，也必须迅速作出全面变革，打破现有的模式，重组上层人员，重新定位业务，进行彻底的文化变革：即改变线性思路与经验角度，代之以多样性的创新思维。

企业文化的覆盖面很广。德国欧中经济技术交流促进会执行董事乌韦彼得先生认为，企业文化虽然是看不见摸不着的，但却实际存在，如鱼与水的界面一般。企业文化是企业的润滑剂，对企业成功起很重要的作用，离开它无法运行。他认为企业文化的覆盖面很广。在德国，企业文化的建立有12个要素，即"客户总是焦点"、"我们是创意之国"、"多元化"、"基本职业道德"、"我们贡献社会"、"连贯性和独立性"、"企业建立者或早期领导者"、"有影响力的个人或工作团队"、"政策、远景或策略"、"传统、管理实践、员工的态度"、"组织纲领"、"股东的关系"和"内部社会力量"。

重视培育和提升员工的领导力。乌韦彼得介绍，德国企业要围绕核心价值观——到底做什么和实现什么这个问题，在员工中形成共识，克服团队中的机会主义、个人主义的想法。在领导力的培养方面，德国企业强调培养另外类型的领导者而不是培养追随者，如果培养出许多追随者，他们认为是非常失败的。领导不但要懂得战略，还应是员工的教练、靠山和兄长。

运用教练培训方法进行文化改变与观念转变。德国企业在调整员工心态、培养情商和按企业价值观的要求培训员工时，一般采用三大步骤。一是文化改变；二是建立强有力的领导机制；三是最难的即观念改变，在转变员工观念时，要看到一般是好的。也有责任心，但他们之间需要沟通。要有开放的沟通渠道。要把员工的知识、素质提高起来，让他们对自己的行为有敏感度、预知度，更富主动性与积极性。把文化与教练结合起来传导，这是在国际大企业得到证实的有效途径。

重视建立以市场为导向的文化理念。美国维伯斯特大学经济管理学教授汉克·登认为，变革改变了美国的商业氛围，企业文化从普通文化变成市场导向的文化：完全仔细地了解客户需求，然后满足这种需求。美国的大中小企业都遵循这一市场导向的哲学理念。企业要先分析市场需求，再按需求生产产品。

注重对包括中国文化在内的国际文化的融合。乌韦彼得先生在演讲中分析了中国企业文化的基础来源：儒学、佛学、道学及孙子兵法等在多方面的实效性及特征。他还讲到毛泽东思想的原则与方法，中国共产党取得成功所运用的智慧，德国企业都有学习和借鉴。

国企重组中的文化融合与创新

国企重组是深化国企改革、做强做大的战略选择，能否取得成功，企业文化的融合与创新至关重要。

做好企业文化融合要注意五个问题。国务院国资委副主任王瑞祥认为，企业文化融合对企业并购重组意义重大。为此，第一，要摸清双方的企业文化基础，制定好文化融合方案；第二，要选择适当的企业文化融合方式，以减少磨擦与冲突；第三，要打造企业文化融合的优秀团队，做到领导率先垂范，员工广泛参与；第四，要建立良好的企业文化融合机制，设立机构与人员，建立理念体系和注重制度建设；第五，要建立顺畅的企业文化沟通渠道和良好沟通机制，实现各主体之间多层面多角度全方位的平等沟通。

用先进文化改造不良文化。沈阳机车车辆有限责任公司董事长、总经理苗黄胜，介绍了如何把一个连续亏损10年、"没救了"的企业救活的经验。北汽福田公司党委副书记赵景光说，"百家企业造福田"之所以能取得成功，首要的一条就是思想不能落后。他认为资产重组必然是文化重组，文化重组必须以我为主，文化重组要坚持不懈。企业重组过程中，资产、人员等都可以通过法律手段解决，但文化不能。所以资产重组是一种文化现象。

用先进理念引航，提升企业重组领导力。中国石化胜利石油管理局党委书记王立新、沈阳机车车辆公司董事长、总经理苗黄胜认为，搞好国企重组，要以"经营者的忠诚换取员工们的忠诚。"以经营者的忠诚解决所有者缺位问题。把自己的一滴水融入到大海之中，才能产生排山倒海的力量。

建立文化共同体推动企业的重组是共同的理想追求和奋斗目标，使来自四面八方的胜利人在重组改制中能同呼吸、共命运。强烈的归属感所形成的亲和力和向心力使胜利人凝聚在一个文化共同体内，无论企业重组还是改制分流，都能够有效地进行文化整合和文化沟通，共享历史上形成的文化资源，共建新的文化体系。坚持"企业整合从人的整合开始，人的整合从文化做起。"个人目标服从组织目标。

将文化创新融入管理创新与制度创新之中。企业重组中的文化融合与创新，一个重要方面是管理文化的创新，体制和机制的创新，提升企业的执行力。

树立自主创新意识　铸就民族品牌灵魂

当今世界，一个企业有无自主创新能力和自主品牌，既关系企业的生存发展能力，又关系到国家的生存发展能力。

没有自主技术、品牌，就没有未来。长安汽车(集团)公司总裁尹家绪介绍了把自主开发与技术引进相结合，逐步实现自主开发为主，进而达到完全自主开发的长安自主开发之路的经验，并提出了"百年长安、自主未来"的目标。他说，国防企业没有自主就没有未来，没有自主就没有国防的巩固。西方国家从军品到民品全面限制出口中国的设备与技术，如芯片技术卖给我国的比卖给越南、菲律宾等国的整整晚两代还不止。没有自主技术，就没有未来。他以巴西汽车工业发展的教训与日韩自主发展汽车工业的经验作比较，说明中国自主发展汽车工业的必要性。实践证明，以市场最终是换不来技术的，核心技术是引不进来的。全国工商联副主席程路希望民营企业一定要选择适合自己的行业、领域，按"十一五规划建议"搞好自主创新。他说，奥迪再多，大众再多，但仍是别人的技术、品牌。中国的汽车工业与日韩几乎同时起步，但现在却大大落后于日、韩，这个教训是深刻的。中航一集团思想政治工作部部长曾良才谈到，在与外资合作中，由于没有核心技术，人家说不干就不干。一航与外资在几种飞机制造上的合作情况都是如此，搞几年后他说不干就不干，折腾你的金钱与时间，延滞了你自主开发的步伐。远大集团四川地区总经理周帆泓认为，中国的真正崛起要靠民族企业的崛起，自主品牌的崛起。可持续发展是伴随不断创新的过程。北京行政学院副院长赵春福教授认为，没有自主核心技术和自主品牌，在国际分工中只能是低级打工仔，在价值链的末端挣点儿小钱，而发达国家则靠垄断技术和专利赚大钱。经过20多年的改革开放，发展已进入这样一个转折点：重视自主创新。

自主创新需要全社会的支持。尹家绪认为，自主创新，核心技术的创新是关键。创新的话谁都会说，但在中国目前的条件下，自主创新受到许多的约束，打破这些约束，要靠大家共同努力。靠买别人的技术来发展行不行？买别人的技术，就如买一个方程式的解，你还是不懂，解不来题，是有产权而无知识。支持自主创新，政策要到位，法律要到位，制度要到位，组织机构要到位，人才、资金要到位，舆论要到位。消费者怎么支持自主创新、自主品牌发展？韩国民众、日本民众的做法是值得借鉴的。

铸造民族品牌是企业和企业家的责任。自主创新和自主品牌，企业是主体，企业家起着核心作用。老企业要创出新品牌，新企业要创新品牌，老品牌也要再创新，企业才能可持续地发展。

提高自主创新能力，建设创新型国家。广东省直工委原组织部长、企业工作部长肖锋鸣，对此从三方面加以阐明。一是正确认识引进技术与自主创新的关系，坚定不移地走自主创新之路。他认为，自主创新包括原始创新、集成创新和引进技术基础上的消化吸收再创新三方面的内容。全面提高自主创新能力，要把加强原始创新确定为自主创新中具有战略突破性的重要任务，把加强集成创新作为自主创新的重要内容，同时大力加强技术引进基础上的消化吸收再创新，以尽快改变受制于人的状况。二是要加强企业在自主创新中的主体地位和企业家的核心作用。三是充分发挥政府的积极作用，努力营造自主创新的环境和文化。为此他提出七条措施，第一，要重视思维观念创新；第二，要进一步转变政府职能和完善自主创新的综合服务体系，让自主创新为我国经济发展提供强劲的动力支持；第三，实施科技兴国和人才强国战略，是提升国家竞争力的决定性因素；第四，加大政府对自主创新的直接投入；第五，进一步加大保护知识产权工作的力度；第六，要加大力度培育世界名牌；第七，要大力倡导创新文化。

构建和谐企业与企业文化的作用

构建和谐社会，基础在企业。和谐企业既是和谐社会的重要组成部分，又是和谐社会发展的强大动力。

要按照先进性要求构建和谐企业。东方汽轮机厂党委书记高青鹤、党委统战部兼宣传部部长刘志前在书面发言中介绍了东方汽轮机厂三方面的认识与实践。一是从企业发展上着眼，在贯彻落实科学发展观和建设物质文明上下功夫，努力为构建和谐社会创造雄厚的物质条件和经济基础。二是在企业文化上着力，在建设先进文化和精神文明、增强企业的凝聚力和创造力上下功夫，努力为构建和谐社会提供有力的思想保证和精神动力。三是与党的先进性建设紧密结合，坚持党的根本宗旨和搞好政治文明建设，切实维护好、实现好和发展好广大人民群众的根本利益，努力为构建和谐社会奠定坚实的群众基础和组织保证。

要按照科学发展观构建和谐企业。全国工商联副主席程路强调民营企业在建设和谐企业时，300多万会员单位要落实科学发展观，实现由先富→共富、速度→效益（经济、社会、环境）、GDP增长→科学发展的转变、转折和转向。在民营企业中广泛开展“关爱员工，实现双赢”活动，做到老板关爱员工、员工支持企业发展。周帆泓介绍了远大空调的企业使命和企业价值观，认为道德比生存更重要——不污染环境、不剽窃技术、不蒙骗客户、不恶化竞争、不搞三角债、不偷税、不行贿，没有昧良心的行为；把责任看得比发展更重要；把环保看得比赢利更重要——坚决抵制为追求商业利益而破坏环境和对资源的掠夺开发的行为，坚持负责任的使用技术；把爱看得比什么都重要——一直坚持以创造客户价值为核心，善待员工，不亏待合作者，诚心扶助饥寒群体。

要建立多元信仰与务实文化统一的和谐企业。陕西怡兰集团董事长刘新荣是一位回族企业家，他认为建立以中华民族优秀传统文化为基础，体现伊斯兰文化特色的现代企业文化架构。其文化建设设计体现三条原则：一是汉文化与伊斯兰文化兼收并蓄，将汉文化中的“仁、义、礼、智、信”和伊斯兰文化的“大仁大慈、清净无染、至清至真”有机融合起来；二是汉族、回族及其他少数民族是中华民族大家庭的成员，是兄弟姐妹，要互相尊重、包容；三是怡兰集团是多民族员工的“家”，要树立一损俱损、一荣俱荣的观念。怡兰文化建设强调企业家和管理者的以身作则、行胜于言，信奉汉文化中的“乐善好施，吃亏是福”和伊斯兰文化中“充足的斗，公平的秤”，并身体力行。员工是家庭中的成员，不是老板与马仔的关系，要让员工对和谐能每日每刻都能感受得到，而不是挂在嘴上。刘新荣认为，民营企业的老总要调整好心态。古兰经说，一个人降到人世间，本身就带有一份口粮。所以你的财富是大家的，因为有了员工大家，你的财富才能一生二、二生三、不断增长。

要建立与员工共享剩余价值的企业。徐州市广达铁路工程有限公司董事长胡传业认为，企业财富是员工剩余价值的积累，工人是企业的主人翁，他自己只是一个领导人，所有权归企业所有。

建设服务文化　实现服务增值

随着企业文化建设的日益广泛与深入，作为企业文化重要组成部分的服务文化也受到越来越多的企业的重视，服务创造价值正在成为一种共识。

解析服务文化的内涵与外延。中国企业文化研究会副理事长贾春峰教授，从多方面对服务文化的内涵与外延作了解析：第一，服务文化是企业文化的组成部分，品牌文化是企业文化的一个亮点。第二，要确立大服务理念——行行都是服务业，人人都是服务者。第三，把企业寿命与服务文化联系起来的新视角。第四，服务文化是服务理念与服务行为规范的统一。理念要特色鲜明，规范要有效管用。第五，服务增值与服务减值。同样的产品，因服务不同，可能增值或减值。第六，质量概念包括产品质量和服务质量，企业形象包括产品形象和服务形象。第七，服务文化的用户论，服务是与用户的欲望赛跑。第八，如何看待抱怨客户和刁难客户的新客户论：换位思考，抱怨、刁难客户是重大商机；把抱怨、刁难客户变成满意客户、忠诚客户。第九，巩固老客户与发展新客户。第十，服务大趋势——开发新服务。第十一，服务文化建设必须注重中国传统文化根脉。第十二，创建中国服务经济学与服务文化学。全面准确地理解服务文化的内涵与外延，对服务文化建设具有方向性意义。

行行都是服务业，人人都是服务者。服务文化建设超越了行业、工种、岗位等等的限制，成为一种普遍的企业行为。

服务文化建设是一个系统的体系。北京移动通信有限责任公司党委副书记、北京通信服务公司总经理罗玉芝认为，服务文化不是一点一点、一段一段地去解决服务需求，而应从观念、意识、体制、机制、队伍、硬件、软件等方面全方位、全过程、全员上形成服务体系。

服务创造价值，实现多赢。服务创造直接的经济价值，服务使企业的无形价值增值，服务创造了社会精神价值。

中国企业文化建设现状及着力点

中国企业文化建设的现状，要从中国企业文化与外国企业文化的纵向座标，中国企业文化的横向比较座标，中国企业文化与中国社会先进文化及其所由推动的中国改革开放、世界经济一体化、信息化等综合座标中，才可能较为全面准确地加以认识和把握。

从文化生态中确立中国企业文化的立脚点。中国企业文化研究会理事长胡平认为，企业文化建设要研究文化生态问题；要研究中外文化和中外企业文化交流中的融合与冲突问题；要研究中国传统企业文化的提升问题；国企文化有很好的传统，但要解决在竞争中缺乏竞争力的问题。他说，中国企业文化在世界上应占有一席之地，其发展前景非常可观，但要解决两个突出问题，一是诚信问题，二是法制问题。中国企业在交往中的欺诈、假冒等问题很严重。中国文化在与西方文化交流中怎样才能站住脚？一是自力更生，二是以柔克刚。中国企业在竞争中要把竞争与团结结合起来。他说，李光耀有一次对我讲，你们中国人过去只讲团结，不讲竞争，建议你们引进竞争机制，新加坡是70%讲竞争，30%讲团结。我们现在讲竞争但忽视团结了，要寻找竞争与团结的最佳平衡点。同行之间要解决竞争与合作的问题，实现双赢。竞争与团结关键在企业家，他首先要有智慧，这是核心竞争力中的核心问题。台湾歌词讲“爱拼才会赢”，我看应是“善拼才会赢”，要善于竞争。美国人说，世界的财富在犹太人的口袋里；犹太人说，财富在我的脑袋里。在脑袋里装的只能是智慧。

企业文化是企业持续发展的动力。中国企业文化研究会常务副理事长张大中认为，持续是企业生存发展的根本要义，取得持续成功的企业具有深嵌于企业生命体内的文化动力。他认为，企业文化之于企业可持续发展，具有五个方面的核心意义：一，文化基因是成就企业百年基业的核心元素；二，文化灵魂是推动企业创新变革的动力源泉；三，文化内涵是决定企业竞争成败的重要基础；四，文化环境是锻造企业人才团队的根本保障；五，文化主张是传达企业价值诉求的品牌宣言。中国企业要与跨国企业同台竞技并可持续发展，需要从根本上形成生生不息、源源不竭的文化动力。

企业文化建设一定要有忧患意识。中国企业文化研究会顾问、中宣部原常务副部长徐惟诚认为，讨论企业文化建设要有足够的忧患意识。只有做好应对各种挑战、问题的准备，才能永远处于主动状态，才能真正抓住机遇。

企业文化建设要为构建和谐社会服务。

国有企业改革的深化、重组，每一步都很难，受到利益损害的人就会阻碍，就有矛盾，所以国企持续发展很难。

企业文化建设要避免一些误区。徐惟诚认为，把一般的文化娱乐活动当作企业文化，这起不了灵魂的作用。把企业文化提炼成响亮的口号标语而不贯彻到实际中去，这也起不到灵魂的作用。请专家做一套企业文化程序、手册等，但企业的素质仍做不上去。这些都是企业文化建设的误区。

企业文化建设抓员工素质是抓到点子上去了，但不要想到把员工都培养成圣人。我看到许多企业文化建设规划，如都实现了，那就是圣人了。都是圣人了，可能就没人干活了。我看有些规划要求是永远做不到的。企业文化建设要掌握两条原则：一是逐步前进，二是抓住当前最要紧的事情去做。刘少奇同志讲过，领导群众，提高一步。你想提高两步，你就是左倾，你一步也不提高，你就是右倾。这两种都是错误的。

企业文化建设的六大新进展和八个着力点。中国企业文化研究会常务副理事长、秘书长孟凡驰认为，自龙岩峰会的一年来，企业文化建设又有了六大新进展。一是对企业文化的存在形态有了广泛的共识。二是企业文化与制度改革的联系更加紧密。三是企业家的文化自觉明显提高。四是更加注重企业文化的个性化建设。五是企业文化与相关学科的融合运用越来越明显。六是注重企业文化的理论提炼和理性提升。

孟凡驰认为今后企业文化建设的八个着力点是：第一，要向精细化发展。第二，要强化两个基本属性即亚文化属性和管理属性的认识。第三，要充分认识和发挥企业文化在提高企业核心竞争力中的地位和作用。第四，总部文化与基层文化要结合建设。第五，要使文化规范与规范文化相结合。第六，要培养企业家的文化情怀。第七，要注意经济逻辑与文化逻辑的结合。第八，要解决管理干涉与文化协调问题，用文化引导，协调改革与管理中的矛盾，解决改革中的变革抵抗问题。

（作者系《企业文明》杂志总编辑）

主旨报告：

企业文化现状的认识和着力点

孟凡驰

企业文化的现状

2004年以来，企业文化建设有了新的发展，具体体现在以下几个方面：

对企业文化的存在形态有了广泛的共识

企业文化在企业中的存在有两种形态：一种叫自发的存在；一种是自觉的存在。前几年我们有的企业经常说他们单位没有企业文化，下一步要进行企业文化建设了，这种观点说明什么呢？说明我们的企业认为只有有了企业文化的理论和自觉行动之后才有企业文化，这种看法只看到了企业文化的自觉存在状态，没有看到它自发存在的一面。企业文化概念的内涵，可以分为企业文化的形态和现象、企业文化的建设和培育、企业文化建设理论这3个层次，企业文化的形态和现象是有企业就有，不管你是否承认，它的存在是客观的，不以人的意志为转移，只要企业一经诞生，在经营、发展过程中就会形成经营思想、管理准则、与客户处理关系时的一些基本原则等等。这些内容无非是你没有管它叫企业文化，没有企业文化的概念而已，但是这些内容就是企业的文化形态。而企业文化的理论是20世纪80年代才产生的。同仁堂340多年发展到现在，不能说同仁堂20世纪80年代以后才有企业文化，所以我们说企业文化的形态和现象的存在是客观的。不同的企业有自发、自觉之分；有优质、劣质之分；就是没有有无之分。如果你认识不到企业文化有自发存在的一面，它的危害是什么呢？你就不会自觉地去审计你的企业文化，你就不会科学地对现有的文化进行综合性的分析，从而提炼新的文化。有些企业家，当他说本企业没有文化的时候，就说明他的文化是一种粗放的、自在的、自发状态，这是很危险的。所以我们讲，不管你承认不承认，不管你去不去建设，你的文化都是存在的，而自觉去建设的企业文化，能够引领企业发展和进步，自发存在的企业文化可能导致企业的离心离德，造成组织上的分崩离析。有的企业注意到对不良文化的自觉改造，说明他感觉到了企业文化存在的必然性。这一点意识我希望各位还要在企业中深入贯彻，尤其有些经营干部、管理干部、生产干部，更要让他们看到这一点，就是说企业文化的存在是客观的，不以人的意志为转移的。你要建设它，它就向优秀方面发展，它的性质和方向是可控的；你不去建设，它就可能造成企业的自发的、放任的和原始粗放的一种企业文化，它会给企业造成负面影响。2004年以来，我们广大企业对这一点认识越来越清晰，并且行动起来，去自觉地建设企业文化，自觉地抵制落后、粗放和原始的文化。

企业文化和制度改革结合得更加紧密

制度和文化这两个概念在国家的发展进步、企业组织的发展进步中，谁决定谁这种争论一直没有停止过。我们的基本观点是文化与制度必须结合推进才能行。那么企业制度的改革、企业体制的变化必须要有文化的及时跟进，文化跟进以后，它能起两个作用：一个是先进的文化灵魂引导制度变革的方向，保证制度变革性质的科学性。再一方面它能够保证新制度条件下，职工执行制度的自觉性。文化对制度一个是引领，一个是保证，所以在当前条件下文化决定了制度。对制度的作用我们必须说两句话：一句话是建立现代企业必须有现代企业制度，否则乡村俱乐部式的管理，粗放的原始型管理，永远达不到国际现代化的标准，很难和国际接轨。再一句话是制度绝不是惟一的，而且也绝不能把它绝对化，那样会使我们走向极端。我想制度对现代企业的建设确实起着至关重要的作用。那么为什么有些制度不科学，而我们却迟迟改革不到位呢？改革了以后为什么我们的制度执行不到位呢？我们认为制度与文化相结合，文化起着引领作用，文化是制度改革的前提和基础。决定一个人基本行为、文化素养的根本不是制度，制度永远是个“不完全和约”，它不可能全覆盖解决管理中的问题，这是我们的一个基本观点。比如现在从宏观上来看，企业重组、制度改革，文化要跟进。改变制度的时候你不注重改变文化和文化的跟进，那么制度的改变可能给企业造成欲速则不达的负面效果。攀钢兼并了或者说是合并了长城特钢公司和成都钢铁公司，他们很重视从文化的角度大力进行这方面的工作——文化融合，因为攀钢进行企业文化建设工作时间比较早，他们深深知道文化变革对于制度的重要作用，目前他们的改革进展是比较平稳而健康的，就说明文化对企业兼并、重组作用的重大。从微观世界来看，制度的制定、制度的执行，文化都是决定的因素。原来我认为像美国这样的国家特别重视制度化。日本松下的一个副总裁讲过这样一句话，他说美国的管理注重的是制度逻辑，日本的管理注重情感逻辑。美国的管理注重制度语言，日本的管理注重的是制度的实质，所以日本的管理制度弹性更科学。我的观点就是文化对制度在现实生活中起着决定性的作用。这一点目前大家已经取得了一些共识，起码制度的变革和企业的文化建设紧密结合了。

企业家文化自觉明显提高

企业家在企业文化建设中到底起什么作用呢？我的观点是，企业文化在一定意义上说是企业家的文化。这话是没错的，“一定意义”就不是全部的。企业越是独立自主地经营、企业的自主权力越大，企业家责任就越大。企业的文化是企业的一个宪法，企业家是法人代表，他不能不对宪法负责任，他的意志不能不融在宪法当中。我们讲在一定意义上说它就是企业家的文化，比如说没有沃森这个总经理，就没有IBM的文化；没有克罗克这个创始人，就没有麦当劳的文化；没有韦尔奇，GE的文化就不是这样的面貌；没有张瑞敏，海尔文化也不是这个形态；没有柳传志，联想文化也不这样。这一点你不承认也得承认。所以企业家在企业文化建设中，他的地位是非常关键的。大庆油田、胜利油田、大庆炼化公司的实践，都证明了这个观点，我认为这个观点还是非常重要的。当然我们讲的企业家是一个班子，不是指某一个人。但是这个班子中的CEO即首席执行官起的作用是极其关键的。

更加重视企业文化的个性化建设

应该讲个性化是企业文化的生命力所在，如果说我们企业因为行业不同，同一行业处在不同的地方，环境不同、历史传统不同、体制模式不同、员工素质不同，进入市场的时间不一样，因此文化即使同一行业也有不同。所以我们说“个性化”应该是企业文化的生命力所在。像IBM它的文化是24小时到位的服务文化；美国德尔塔航空公司是亲如一家的服务文化；北京百货大楼就概括为“一团火”服务文化。像大庆油田和机械制造业不一样，因为行业不同。即使现在有一些是垄断行业，像电力，即使是电力行业，有发电、有供电，企业文化的内容和重点就不一样。所处的竞争环境有小电厂，还有像胜利油田的电厂等等，就形成了一个竞争的态势，所以它就是垄断行业参与竞争。他们的文化综合提炼成“竞合文化”，既竞争又合作，它就很有特色。所以我说个性化是企业文化生命力所在，这一点大家也在逐渐取得共识。

企业文化与相关学科方式的融合应用越来越明显

从纵向看，我们的企业把科学管理、行为科学、理性主义能够纵向和企业文化融合应用。有的同志说现在是文化管理时代，像泰罗制、像行为科学、像理性主义管理都可以不要了。在我们国家目前条件下还不行，因为西方发达国家经历过了一百年的工业化时期，它的管理基础、工人素质都相当成熟，因此它走向现代的市场经济是水到渠成，瓜熟蒂落。我们国家是从半封建半殖民地社会直接过渡到计划经济来的，继而很快地过渡到现代市场经济，哪一步都是生领域，都不成熟，我们没有那么长的工业化时期。所以泰罗制科学化管理、行为科学、理性主义管理与文化管理必须要相融合，取前几种管理的特长融合到现代文化管理中来。横向上来说，我们要与同时代的、相关的科学方法相结合，比如学习型组织的建立。学习型组织的建立和企业文化是什么关系呢？企业文化最终是一种管理理论、管理思想、管理方式，建设企业文化的最终目的，是要实现文化型管理，转变传统的管理方式，实施文化型管理，文化管理是一种现代管理的境界。学习型组织建设，是文化型管理境界所达到的手段、方式、途径；它是路、是桥、是船，是非常有效的形式。所以，学习型组织的具体方法，比如如何改善心智模式、如何自我超越、如何建立共有团队、如何建立共同愿景等等，这样具体方法应用起来对文化建设能够提供一个非常有效的渠道和方式，学习型组织和学习型文化两者结合起来是非常有效的。中航一集团沈阳飞机研究所就把学习型组织与企业文化建设紧密融合在一起，他们做的相当有章法，而且步骤和做法途径都是非常具有操作性的。这种思路在我们全国也不是一家，而他们做得更好一些。企业文化这种管理方式不要单独应用，结合其他的科学方式融合应用，它的作用会更大。

企业家注重理论的提炼和理性的提升

在前几年的企业文化建设中好多企业家都经常讲这么一句话说“企业文化做就是了，还讲什么理论呢？”我们认为，如果没有理论的实践，是“盲人骑瞎马、夜半临深池”。前几年企业家不太注重理性的思考，不太注重理论的提炼，其实理论提炼本身并不抽象、也不深奥、也不玄妙，你把实践的东西总结出来，把它归纳出规律性的东西来，它就是理论！我想企业家要不断地理论化，理论家要不断地了解企业实际。企业家如不能不断提高理论的素养、不能提高理性自觉的话，你那个企业文化建设总是处于原始状态，或者肤浅状态，搞不好就是浅尝辄止中途夭折了。所以我们应该提倡理论提炼和理性思考。这两年搞理论研究的企业家越来越多，我们并不认为企业家研究理论是“作秀”，不是这样的。大家可以看日本，丰田、本田、松下等企业家，还有像美国、德国的一些企业家，他们著作丰富，并没有影响他经营企业，是理论与实践形成一种良性互动，会使企业家经营的企业越来越大，品位越来越高。

企业文化建设的着力点

当前企业文化建设，我们认为应该从以下几个方面着力。

向精细化发展

我们建设企业文化，很多企业家情绪高昂，但是具体的内容却显得内涵不深刻。有“铁肩担道义”的志向，但是缺少“妙手著文章”的方法。因此，在精细化上比较差。比如说企业文化怎么改变队伍的面貌，怎么对改革起保障作用，企业文化对企业整体发展和战略安排的作用，对改变思想政治工作方法的作用，对精神文明建设新途径的探索作用，这些方面企业文化应该说探索的比较好。但是对生产、经营、管理、产品、服务，如何同企业文化建设相结合，我们有些企业仍然不得要领，大多数企业结合的并不具体、并不深刻。比如说什么叫文化含量产品，产品的文化含量包含四要素，一是使用功能是否多样性；二是款式造型是否具有高审美附加值；三是你的色彩是否与民族化现代化相结合；四是人性化水平体现的程度。这四要素才叫产品的文化含量。长安集团生产一种面包车叫"长安之星"，新款长安之星叫"长安之星运动型"，运动型的长安之星和老款长安之星的改变就是两点：一是重新设计了车前后保险杠，设计成凸凹不平的流线造型。第二个改动是在车的顶部后端接出了一个一尺半长的导流板，也是一个流线造型的。改造这么两点之后整个车身外型看起来飘逸、潇洒、动感十足。它在站着、停着时跟行着一样。客户满意的诉求点在哪儿呢？诉求点不在于车的其他性能，就买它的文化含量、买它的审美附加值，现代的动感文化，这叫文化增值，长安之星新型面包车它就应该叫"最具文化含量产品"，因为它文化含量体现得特别明显。

强化两个属性的认识

企业文化两个基本属性还要强化，一个是"亚文化"。亚文化这个角度，是从企业的意识形态，文化形态角度说的。国家社会的大文化叫主文化，各个行业的文化叫亚文化、支流文化，行政文化、军营文化、校园文化、社区文化、企业文化、医院文化属于亚文化，而在诸多的亚文化当中企业文化是最重要的亚文化形态。亚文化的任务主要是两个：一个是要建立企业信仰系统，市场经济跟计划经济不一样，计划经济有一个大庆精神、有一个铁人精神、有一个"两参一改三相结合"，全国都齐了。市场经济条件下，产品结构不同、行业不同、体制不同，就要建立自己的信仰系统和文化灵魂。再一个任务，亚文化要完成与主流文化的对接，主流文化是社会大文化，怎么完成这个对接？什么是建设中国特色的先进文化？怎么建设？我们知道，凡是非常科学的基础性理论要想达到武装社会基层人员的目的，他就必须把基础理论转换成实战型理论，它才能武装基层人员。企业文化与主流文化的连接是三句话：一是"企业文化是先进文化的重要组成部分"；二是"企业文化是先进文化的生长点"；三是"企业文化是先进文化的落实途径和绿色通道"。企业文化的另外一个属性就是"管理学"，管理学属性强调企业文化是管理理论、管理思想、管理方式，它要改革管理的观念和手段方式。怎么改变呢？它要把管理从单纯的物质引导和制度管卡压转到以文化的启发与内在的引导上来。企业文化管理最适应时代的特征，我们这个时代是智慧集约化时代，它不是劳动力密集型时代，这个时代人的主体意识空前提高，人们价值实现的愿望空前强烈，因此，管人必须用文化的提示来管。文化管理是一种综合性的管理，两手抓，两手硬。但是它不是讲一手抓精神文明、一手抓物质文明，书记抓精神文明、厂长抓物质文明，它不这么讲，它是把两手并一手，两手一起抓。这边精神文明，这边物质文明；这边思想工作，这边经营工作；这边战略效益，这边是经济效益；这边社会效益，这边是企业效益。它始终把多个双重效益融为一体，所以你抓住企业文化的规律，把握住七寸，只要抓下去，只管努力，不问前程，最后的结果是什么？逻辑结果出来了，种瓜得瓜，种豆得豆，两个文明合着一块抓下去，出来毕竟是两个文明的成果，要不这么看，怎么解释西方发达国家的那些优秀企业两个文明是同时进步的呢？

充分发挥企业文化在提高核心竞争力中的作用

核心竞争能力是一种比较优势，别人不能克隆和效仿的。而比较优势从哪来呢？比较优势只能从创新来，什么最能决定创新水平和能力？是文化。文化决定创新能力；创新能力决定比较优势的形成；比较优势决定核心竞争能力的大。这个时代同行业之间的企业在技术、设备、财务、测量方法这些硬件指标上，没有更多的竞争空间，相同的作业流程、相同的行业、以及相同产品结构条件下不同的文化就是不同的核心竞争能力。

建设总部文化

总部文化（集团文化）与基层文化要结合建设，所谓总部文化又叫集团文化。我们大家经常遇到这个问题，集团文化和子文化的关系怎么处理？我们认为总部文化是关键、是核心、是主体部分。像松下、麦当劳全世界那么多的分店，但是它总部文化永远是要保持不变的。像松下"七精神"，全世界哪间分厂都不能少。麦当劳"八字经营哲学"，全世界麦当劳3.1万家分店，年产值460亿美元，但是它的八字方针的文化全世界不能变。"质量、服务、价格、环境"就这么四个词，它可变的是基层的细节文化，所以在总部文化与基层文化建设的时候，其建设程序是先总后分，或者先分后总，没有统一模式，关键问题是共性与个性要对接好。

在"文化规范"与"规范文化"上下功夫

所谓"文化规范"是相对于制度规范的另一种规范。制度是底线性的规范，文化是一种引领性的规范，都是规范，所以它不是软指标，文化规范也是硬指标。"规范文化"是一种文化形态，培育好"规范文化"才能形成批量优质服务和优秀企业。

培养企业家的文化情怀

国有企业企业家建设企业文化的苦恼是什么？他培育起来企业文化体系了，可能明年就调走，而新来的人立刻就改换企业文化，那么怎么办呢？我们国有企业目前的体制是个客观现实，没有马上转到全方位市场经济，那就放弃企业文化不建吗？还要主动培育企业文化，这是对民族对企业负责的情怀。尽到你应尽之力量，这种情怀非常重要。日本松下幸之助接到一个眼镜公司给他写的一封信，说他的眼镜不好，在电视里我看到眼镜影响了你的形象。你到我们店来，我给你配一个眼镜。之后松下幸之助没有理他，这个公司三番五次给他写信，最后这个公司的经理来了，松下一看，还是一个60多岁的老者，绝对不像是一个骗子。他说，那我就去一趟。到后一看，眼镜店特别大，实力特别雄厚。松下想，不是想靠我的眼镜发点财，因为它不是小公司，不缺我这一个客户，那是为什么呢？就问那位经理。这位经理说，你的职业需要你出差到国外去，你戴的眼镜不好，外国人会误认为日本没有高级眼镜行，为了杜绝外国人对日本人看不起，我必须让你戴一个好眼镜。所以后来松下就跟职工讲，我们的企业和干部都应该有这份情怀。各种情况、各种环境都能够站在这个立场上积极主动地想办法来建设企业文化。企业家的文化情怀当前尤其重要。

重视经济逻辑和文化逻辑关系的研究

短期的经济行为用经济逻辑可以解决，但是企业长期发展的经济行为用经济逻辑就解释不了，必须用文化逻辑去解决、去解释。这个文化的逻辑是什么呢？西方典型的经济学主张的经济增长模式就是靠四个因素：资本积累、资源禀赋、技术进步、劳动力投入。著名的经济学家保罗·萨谬尔森说，凡是优秀企业的经营都得建造在这四个轮子的基础之上，这四个轮子在现代经济学中是有缺陷的，它缺少了一个导向轮，文化就是现代经济发展的导向轮，主导轮。这是现代经济和传统经济不一样的地方，这一点企业家必须要清楚。传统的企业依靠资源，不重视人、不重视文化资源，现代经济要重视文化逻辑的研究。

重视管理干涉和文化协调，解决变革对抗的问题

企业只要变革必然引起对抗，因为一变革就有人的利益、地位、职务、身份的变化，既得利益者他往往不愿意变革，对变化必然会产生一种对抗。这种对变化的对抗怎么去协调呢？我们有两种方法：一个叫管理干涉，一个叫文化协调。我们的观点是这两者缺一不可，但是我们认为要把文化的协调引领作用放在前面，把管理干涉这种方式作为一种辅助的方法。如果单纯用管理干涉、强硬手段或制度强制的一些措施往往是不够的，会带来更加广泛、激烈的对抗。因此我们应更多使用文化协调，文化引导的方式。

（作者系中国企业文化研究会常务副理事长、秘书长）

大会发言：

学习借鉴先进经验 加速企业文化建设

朱志宏

近年来，成都经济社会发展快速，城市面貌日新月异。2004年实现地区生产总值2185亿元，同比增长13.6%，实现工业增加值789.74亿元，同比增长15.8%，电子信息、机械、医药、食品、冶金建材、石油化工等主导产业不断发展壮大。当前，全市1060万人民正在为把成都建设成为人居环境最佳、综合实力最强的现代特大中心城市而努力奋斗。

在经济全球化和走新型工业化道路的新形势下，如何实现企业的可持续发展是每个企业经营者都必须认真思考、认真加以解决的重大课题。美国著名企业管理学家沙因说得好，在企业发展的不同阶段，企业文化再造是推进企业发展的原动力。现在越来越多的人认识到文化是企业的重要组成部分，继20世纪80年代以来，正在形成新一轮的企业文化热。成都企业文化协会致力于普及企业文化知识，通过各种途径和方式大力创造中外先进企业文化，2004年组织的企业发展战略与企业文化论坛吸引了大批人士参加，反映强烈。成都的企业经营者也日益重视从企业发展的角度思考企业文化，不断更新经营理念，通过加强企业文化建设不断提升企业经营者的管理水平，打造企业核心竞争力。近年来，成都在企业文化建设的实践中已经涌现出一批具有指导意义的先进典型。今年7月，成都市隆重表彰了7个企业文化建设示范单位，同时表彰了一批先进单位、先进工作者和研究成果。此次峰会在成都的召开是一次难得的学习交流机会，我们将充分利用这个机会，虚心向各位专家和企业家学习，借鉴企业文化建设的先进经验，以更好地指导我们的工作，加快推进成都的企业文化的建设。

（作者系成都市委常委、成都市副市长）

企业文化发展要重视“文化生态”问题

胡 平

企业文化与企业的可持续发展，这是很大的一个课题。改革开放以来，关于中国企业文化的研究和运用、理论和实践各方面都有进展，都有独特的创新。但企业文化发展要重视“文化生态”问题。中西文化在企业文化中的交汇之后出了很多新的问题，需要我们去解决。我们自己传统的企业文化在面对世界的挑战时也有个提升的问题、融合的问题、创新的问题。中国的企业文化应该说有悠久历史。我们这次来开会的，有一些老的国有企业，他们虽然有很好的悠久的传统，但是在市场竞争中有相当一批是缺乏核心竞争力的。最近有幅漫画，这是一幅外国人画的漫画，说中国的企业文化在月球上已经领先了，这不是耸人听闻，美国人到了月球后，抬头一看前面有个建筑物，建筑物的牌子是中餐，说明我们中国餐馆已经开到月球上去了，这当然是一种幽默了，也说明中国的文化包括企业文化未来的发展前景是很可观的。文化的碰撞在带来很多进步、带来文明的同时，也带来了两个问题：一个是诚信问题，属于意识形态

方面；一个是制度问题，属于法律方面。

面对西方外来的文化碰撞，我们有什么办法能够站得住脚？我们祖宗的文化里有两条：一条是《易经》里面讲的自强不息；一条是道家思想讲究的“以柔克刚”。靠这两条就能够在竞争中取得优势。2008 年奥运会的吉祥物已经定了五个福娃，我们不用龙、不用孙悟空、不用老虎，而用五个吉祥物，说明中国人现在善于用外来的文化跟中国的传统文化融合在一块，而且用柔和的办法使得世界人民能够共同接受。我看，这很有意思，说明我们在文化交流中有了新的突破。

企业间有个竞争和团结的问题。这个题目 1989 年我跟新加坡总理李光耀讨论过，他说：“你们中国过去是光讲团结不讲竞争，现在改革开放应该讲竞争。我们是三七开，30% 讲团结，70% 讲竞争。政府家要找到一个团结和竞争的最佳平衡，希望你们中国很好地引进竞争的机制”这个问题，我 1989 年 1 月到古巴去，参加古巴的 30 周年大庆，我问他们古巴有没有竞争？他们说有啊。我一听是竞赛，是过去我们 20 世纪 50 年代开展的竞赛，不是真正的市场经济的竞争。从这个角度上，我们要把竞争跟团结紧密地联系起来，找到最佳平衡点。最近法国发生了街头动乱，很值得注意。中国现在要进一步开放改革，发生的问题比较多了，我们要注意解决好。我们跟外国经济既要合作又要竞争，我们古人讲“竞”和“争”是有区别的，“竞”跟“争”是两个概念，“竞”是同方向的，就像田径一样，“争”是相向的“竞”跟“争”连在一起讲，应该说不是一个你死我活的概念，竞争结果是双赢的，应该创造这么一个条件，树立这么一个理念，所以企业之间的竞争、同行之间的竞争是大量存在的，在竞争中间可能都取得进步，这是一个比较复杂的问题，也是一个微妙的问题，在企业之间、同行之间、国际之间怎么解决竞争和合作的问题，是值得我们研究和解决的问题。

搞好企业文化，继承中国优秀的传统文化，很大程度要依靠我们企业家。提高企业的核心竞争力关键是企业家的竞争力问题。企业家的修养体现在各方面，首先是他要有智慧，中国台湾有首歌叫做“爱拼才会赢”，但是我看讲对了一半，应该是“会拼才会赢”。在世界讲美国人最富，美国人说我们的财富在犹太人的口袋里面，犹太人说我们的财富在我们的脑袋里面，这话说的很到位，就是我们中国的企业家怎么丰富自己的智慧，善于竞争，这是需要很多条件、很多的努力的。其次是要有奉献精神。中国的企业在除了做好自己的产品、管理、营销以外，在社会活动的关心度方面我们远远不如其他的国家，在新的历史时期，我们的企业家、我们的企业要有成就，要提高自己的地位，那一定要在关心社会的问题上下功夫，承担起企业的社会责任，这也是企业文化的重要部分。

（作者系原国务院特区办主任、中国企业文化研究会理事长）

从文化的角度看问题 适应迅速变化的时代

吉尔斯·马修

1989 年，一个著名的企业管理学家查尔斯翰狄先生写了一本书，叫做《非理性的时代》，在这本书里，他说变化已经是无法预测的了，他说按照传统的观念来说，企业的领导人、企业的员工适应的是一种持续性的变化，就是逐渐性的变化，这种变化的特色是：过去可以说明未来，就是从过去的经验可以预测未来，这种变化基本上不改变现有的现状结构，而且这种变化是逐渐的，是一点一点发生的，这种变化是可以预测的，而且大家接受起来还是比较舒心的。但是他说我们这个时代不一样了，我们这个时代是无法预测变化的，一个突然的、全面的变革时代，所以从过去的经验里我们无法预测未来，我们不得不以全新的观念重新思考我们做的事情，我们不得不重新学习以全新的观念方法思考，这种变化无法预测，所以这种变化对现有的思想、现有的观点提出一种挑战，是一种威胁，大家接受起来是比较痛苦的，不愿意接受这种变化。

为什么会有这种变化呢？变化的原因不是像过去那么明确，这种变化其中包括比如说我们到底是以利润为指导还是以目标为指导，这个不是特别清楚了，企业必须学会迅速地学习，有效率的学习。你们听说过煮青蛙的故事吗？如果你们把青蛙放在盆子里慢慢升温逐渐加热，青蛙不会注意这种变化，但是当它意识到的时候已经太晚了，它已经无法跳出来了。这个故事对我们分析企业变革是很有意思的，很有用。企业的变革跟煮蛙现象一样，如果说逐渐的变化是企业所无法预测的，等到意识到的时候就会太晚了。企业要做的是什么呢？必须是一种突然的全面性的变革，这种变革引起了以下的结果：首先他会觉得带来的是一种恐怖感，还有一些新的人进入到企业，进入管理层，就是管理层必须注入新的人；而且人们会质疑现在的思维方式和行为方式，人们会把过去的思维方式和行为方式打破。企业变革要想成功的话，它会牵涉到结构的重组，而且有企业文化的变革，要制定新的目标、新的价值观、新的评价标准。

我给大家举一个“玛莎”的案例。我们叫它玛莎公司，中国叫玛莎百货。玛莎公司的传统核心业务是优质的家用服装和优质的家庭用品。玛莎公司传统的文化是以朋友式的友爱、家庭式的氛围著称的，在玛莎公司的店里面到处充满了一种家庭的氛围。高层在雇佣员工的时候主要考虑的是这个员工是不是适合我的文化，是不是适合我的管理方式。所以企业在好多年里主要是家族式的管理，到 20 世纪 70 年代末期的时候我们可以看到企业里面的核心管理者主要是家族成员。他们有下面这几个特点：业务定位是定位在给顾客提供可以自由选择的大量的优质的商品。他们与供应商的关系是这样的,它要保证供应商提供特别好的商品,而且它实施了质量控制的标准,它所有的店员、所有的员工给顾客提供的是一种友好的、能够给顾客帮助的服务。所以它的经营宗旨是与顾客、供应商还有它的员工形成一种友好的、符合人性的关系。它运营的定位是:组织的形式、运营的机制是有一个强有力的控制,控制它的进货,控制它的门面,控制它的员工,控制它的员工培训。它强调的是形象,就是标识要保持长期的一致性。这个企业以它的优质服务、优质产品著称,所以如果有任何人抱怨它提供的服务或者提供的质量的话,根本没有商量的余地,赶紧退货,赶紧退款,而且它所有的商品标价非常合理,他们从来不打折,它从来不进行欺骗活动或者诱导的销售活动,从来不做。这种方式一直到20世纪90年代末,而且是非常成功的。到90年代末期的时候,它的总经理理查德格林布雷总结他们的成功的时候说了下面的话:"我们企业之所以成功是因为我们有我们自己长期运行非常良好的管理原则和运行方式,我就是按照这些方式和管理方法来运作我的企业,我和我的同事们密切合作,我们的运营方式是稳健的,被我们自己的实践证明是运行有效的方式。"但是20世纪90年代末的时候,他们不得不进行了突然性的变化,进行了大的变革。1998年10月,玛莎公司在欧洲的扩展趋势突然停滞了,1998年11月,它的销售收入的下降率是23%,然后刚才我们所说的这个总经理被赶下了台。我们看看它为什么会有这种现象发生。

因为玛莎公司整个的前面的运行就像前面我们所说的煮蛙现象的青蛙一样,他们根本没有注意到当时市场自上而下、从头到尾弥漫各个方面的竞争的变化,他们没有注意到从服装的设计、服装的销售到商业的销售整个的变化。而且好多百货商店也开始卖服装,价格低得多。当然了,这种低的价格使利润率会下降,所以这种竞争逼得他们也得降价,这样的话,到1998年的时候发生了变化。1998年他们的销售收入是4.06亿英镑,但是1999年的时候利润却是负的4100万英镑,2001年的时候下降到负的2.57亿英镑。新任的总经理尽一切方法来改变这种趋势。他都做了什么呢?首先他把现有的运行模式给打破,然后关掉了一些欧洲的商店,寻找海外的发展机会,把上层的管理人员重组,然后对它的核心业务进行重新定位,即使是这样,恢复的过程扭转的过程也是非常慢的。一直到现在,玛莎商店,也就是玛莎百货到现在还没有完全扭转趋势,还没有完全恢复生机。

但是半年前它的销售收入以及它的利润一直在回升。它达到现在的恢复生机的过程主要是牵涉了一种彻底的文化变革。现在玛莎公司的特点是:它的定位主要是以顾客为中心,看顾客的需求。过去它也以顾客为中心,但是固定在某些客户,现在它注重普遍的所有客户的需求。根据客户的需求设计它的服装,然后它削减总公司的员工,削减它的规模,重新设计商业区的商店,注入新的活力。现在他们的服装有新的定位,而且商店的布局也有新的变化,专业店的方式、专业店的网点也有不同的变化。我们从这个案例来看,这个过程和我们刚才说的著名管理学家翰狄书里面说的"突然的、全面性的变革"的情况是完全吻合的。所以,我们回到开始的时候翰狄所描绘的这种突然的大规模的全面的变革所引起的后果,是这样的。比如恐惧感、害怕会破产的恐惧感,然后引入新的管理人员,然后对旧的现有的行为模式和思维模式提出质疑,然后重组企业结构,制定新的企业宗旨、企业目标、企业评价方式、评价标准。

时代变化非常快,市场变化也得非常快。目前在欧洲学术圈里,大家在写书的时候谈到企业定位、企业战略这方面,与我们刚才所讲的翰狄所描述的情况相联系的是下面几个方面:传统的方式下,一般来说大家容易沿着一条线、从一个方面去考虑问题,特别是大家在处理复杂问题的时候,也不以复杂的方式考虑问题,而总是以一种方式去看待一个问题、处理一个问题。我们下面从几个方面来看他们如何以单一的方式来看待问题的,我们把这种方式叫做不同的视野、不同的角度。

从思想观点、思维方式的角度看,就是我们所说的文化的角度。不同的角度会有不同的看法,会有不同的结果。从事先设计好、事先计划好的角度看,这种方式是我在做事情之前我要做我的计划,而且这种计划是从理性分析的这些角度看问题,大家可能都比较熟悉这种角度,因为这种方式看起来非常理性,而且是基于一定分析基础之上的,而且它有固定的结构模式,按一定的指令、一定的指导、一定的控制方式进行的。但是这种方式、这种视角的问题在于,它会局限我们的视野,它会左右我们的思维。所以我们看玛莎公司以前的运行方式就是在这样一种方式下运行的,它的战略定位是上层管理人员制定下来的,而且这种定位、这种方式自上而下推行得非常顺畅。

从经验的方式来看,是经验的视角。这种战略定位或者是业务定位基于企业中个人或者是企业中大家的经验产生的,这样一种方式下的企业运营是总结过去的经验,以过去的经验来指导未来,但是这种方式的劣势和问题是大家会有偏见,这种偏见产生于对过去的总结,所以这种方式可能会让管理人员看不到企业中的问题,不愿意面对。因为按照一定的规则,未来会怎么指导,一般来说我们不能从过去看到下面会怎样走,所以过去的经验有可能在日常运行、日常处理问题的时候有用,但是它的局限是大的文化性的、战略性的东西,它带来了巨大的局限,所以它不会产生大的变化,变化只会逐步进行的,一点一点进行。在玛莎公司内部,它就是在传统的运行方式下企业领导人受了这种局限。

基于思想观念的、文化的,在这样一种视角下,我们看到的是企业综合市场环境的多样性的变化,还有创新,还有一些新产生的市场新秩序,而这种多样化、新秩序,还有创新在企业内外到处存在。在这个视角下,管理人员会看到企业内外的变化,而且企业内部没有这种局限,视野会看得更开阔。在这样一种视角下，企业内部是密切合作的、互相联系的，思想观念会迅速的弥漫，在这样一种运行下很可能会产生新的方式、新的观念。玛莎公司后来进行的改革都是采用了这样一种方式，所以这个企业的变革才会成功，它现在的所有情况才会好转。当然，这种思想观点从文化定位的角度看问题的话，不可能解决企业中所有的问题，但是在现在这样迅速变化的时代，采用这种视角看问题，是会看到未来，看到周围内外环境的迅速变化的。所以，这种视角最好的变化就是在非常复杂甚至乱糟糟的情况下让人看清方向，找到合适的定位。这种观点就是说，因为你看清了方向，所以你会随时采用这种变革，就是这种突然性的彻底的变革。

（作者系英国威尔士大学莱克斯汉姆商学院院长，翻译：李桂荣博士）

用文化与教练结合的方式进行新的理念和观念的传导

乌韦·彼德

企业文化是一个大家特别关注的话题，这个话题里面覆盖的面很广。我现在要介绍的是德国企业的情况，比如说西门子或者贝塔斯曼，通过了解他们，看看德国的企业文化是如何去建设和他们的新的点子是什么。

企业文化到底是什么呢？其实是看不见摸不着的东西，但是实际上又是存在着的，就好像鱼在水里面游，可是鱼和水接触的界面大家也不知道。那么企业文化是什么呢？我们可以理解成，对我们企业来说企业文化是一个润滑剂，没有它企业无法运行，社会也无法运行。企业文化在很多方面对我们企业成功起着重要的作用，它有几个关键点，其中几个重要的关键点是它的理念特别是它的价值观，有了这个基础的东西我们才可以谈怎么样建设企业文化。抛开企业文化，作为文化来讲，它处处在我们生活中表现出来，比如我们的穿着、举止言行，都处处有文化的体现，但是企业文化意味着有更多的、更严格的理念设计，有更严格的举止言谈、工作行为等等。

我们看一下在中国的企业文化和它的一些基础来源。中国的很多文化基础是来自于儒学、佛学和道家学，企业管理的基础很多来自于《孙子兵法》。儒家学说的很多部分是非常有实效性的，它是一个道德和价值观的指导，这方面大家都知道了。请大家不要忘记有一个从儒家学说延伸和衍生出来的部分，那就是一个家长式的社会、一个服从和尊重的社会的核心价值观，一个是等级，一个是秩序，还有一个是和谐。和谐的社会，总是以中庸之道、不要走极端来指导自己，这种价值观体现在恒久不变。根据自己的身份地位来划分等级，服从命令，还有机警、机智、灵活，还有面子。好像佛家学或者道家学的一些思想里面都体现着从一进二、二繁衍、三四一直到万物，世界上的一切事物都是互相联系的，在所有的管理过程中没有真正的对和错的细分。我在德国学法律学和企业管理的时候，我们把《孙子兵法》作为我们的《圣经》来读，从这里我们体会到做企业就如同在战场，有进攻有防守，也有很多良好的组织和感情化的因素在里面，更多的是综合的。在这个里面有一个精英的作用，也就是他的领导作用，包括智慧、诚实，还有勇敢、一丝不苟。赋予最高领导者的权力，他的智慧里面包括如何去组织，把企业做成有实力的企业，制定规则、制定一些纪律，知己知彼、百战不殆。

我们现在来看一下德国的企业情况和企业文化的建设情况。我现在来举的例子是贝塔斯曼的案例，贝塔斯曼是一个在德国有着非常显赫地位的企业，它每年的营业额可以达到17亿欧元，2004 年的情况是 17 亿欧元，利润约为14.29 亿欧元。我也希望成为一个贝塔斯曼的成员，这样我也可以赚多点钱。整个公司的员工达到 7 万多人，仅在德国 2 万多员工。不管你到哪里的贝塔斯曼，不管是德国的、卢森堡还是美国的，他们都有一种共同精神，就是来自于他们的文化。他们有以基础的企业文化为奠基的价值观，我们看到合作、辨认、动机、企业精神、分权、协作、鼓励员工，核心价值观还包括以顾客为焦点、以顾客的满意度为焦点、创意多元化、职业道德、企业对社会的贡献，还有连贯性和独立性等。

我们现在更集中地来看看到底企业文化的源泉是在哪里？到底是怎么去做？有一种说法就是企业文化是来自于它的组织者、它的领导者和发起人，还有一种可能是这部分理念是影响它的个人和团队的。还有，组建企业的时候我们提到的是这个企业的远景，它的政策策略具体是什么，管理实践是什么，员工的态度又是什么，这需要讨论。讨论结果是：让股东的利益最大化、顾客的利益最大化，还有其他社会的利益。一般组建一个企业我们想到的是雇佣、招聘，还要持续地保留员工，看看怎么样在企业里提升他们，让他们在企业受到教育，提高他们的同时指导他们的行为，把他们定位成未来的领导角色。讲到企业文化，我们会讲企业的故事，企业的礼仪或者接电话的某种方式、语言，还有它的一些企标，对初来乍到的新员工要指导他们理解企业核心价值观，对老员工要对他们头脑里固有的观念进行重新的认识，然后我们要学会奖励，在遵守公司的各种条条框框的同时，鼓励、奖励企业的员工。具体地说，其实企业文化是围绕在我们的核心价值观周围的，当然我们有一个主导的文化、还有辅助的文化，但是他们都离不开企业核心价值观，那就是我们到底做什么、实现什么。我们做选择的时候，团队里面很多人是很老实的、很忠实的，仅仅这些不够，更多的是这些人来企业的时候带着个人的想象、个人的价值观和个人的机会主义的想法进到企业的，那么怎么让他们调整到跟我们有共识？我们要把上述讲的那些员工带到一个除了忠诚还要更加负责任、有创意，而且还让他们（比如我们招聘来的经理）更有情感性，有更高的情商，有很高的激发员工工作热情的能力。

现在我们谈一下目前德国的一些企业如何调整员工的心态和情商，让他们共同朝着企业已经树立的价值观体系来进行工作、并产生共识的一些具体的做法。如西门子、贝塔斯曼、德国大众汽车，他们用一些什么方法去调整企业文化，然后通过一些技巧来达到他们所需要的目的？

这些企业一般采用三个步骤。第一个步骤是分析，在企业管理当中很容易看到企业之间有很多部门，部门和部门之间会出现一些问题，当你去了解员工的时候他会跟你发一大堆牢骚，这些问题是需要我们去了解，需要我们去理解分析的。第二个步骤就是要建立一个非常有力的领导机制。第三个步骤也就是最难的一点，就是改变他们的观念。改变观念非常难做到，因为你很难把他们脑子里固有的一些程序抛弃掉。在德国怎么样去做到这个呢？他们选择的方法是用教练培训的方法。他们发现改变企业文化的时候通过企业的教练培训的方法能够使员工获得新的理念，解除过去的陈旧观念。很多员工在入职的时候已经了解企业的核心价值观和企业员工守则等等一系列文件，他们之中有的人会执行，但是在执行的过程中会出现很大的偏差，甚至出现较远的或者是背叛的行为。在分析为什么发生这些事的时候，他们会捡起一个工具——HBDI——一个德国的心理学家发明的方法。赫尔曼经过许多年的研究发现人们的思维会划分为几种方式，他的研究就叫做 HBDI。传统的方法是我们到企业去调查、去分析员工的心态的时候，往往让他们做题目，好像考试的样子去判断对或错，这个方法员工都是很讨厌的，要阅读很多东西。这个新的方法就不用他们做任何题目，通过一些游戏的方法就做到了。虽然是个游戏，但它是科学的，是在科学的理论指导下的游戏。我们看到大脑分左脑和右脑，实际上还有前和后的分工，每一个部分，大脑分配都有功能的分配方式。比如在分好的格局里每一个格局都很具体，有控制情感的、有控制分析的、有控制其他的，比如创作、创意、创新的部分。当然我们主要的目的是进行分析，就要找到到底这些员工或者中层管理人员的问题出现在哪一个部分，现在这种方法广泛地运用在德国的大企业里面，通过这个分析以后，我们可以找到为什么部门 A 和部门 B 之间的沟通如此差，或者某些员工在认同组织的价值观上面还有什么障碍，怎么样去理解他们形成的障碍。

我们第一点讲了分析，第二点讲领导力。这里有一个爱斯基摩狗的典故。爱斯基摩狗有一个特性，它们由主人驱使在奔跑的时候，如果带头的狗走错方向两次以上，其他的狗会停住而不跟随领头的狗走了。企业当中也是一样，员工会看这个领导，如果企业的领导一次又一次引向成功的话，我们就跟着他，如果有一次两次闪失的话，很有可能对员工的信心是一个打击。在德国，现在很多企业注重的是领导培养另外的领导，而不是培养其他的追随者，培养出更多的领导，一个总的领导创造和培养出许多其他的领导是他们的首要任务，如果他们培养出来的都是追随者的话那就比较失败。在德国，有很多部门的领导只是管自己领导这个位置和自己的权力，而不是注意到他将要做的事情，不把焦点集中在对员工和工作上。对一个领导的要求，他除了懂得战略以外，他必须是一个很好的教练，一个很好的老师，也是员工的靠山，是员工们的兄长等等角色，他都得做到。所以我们看到领导的角色是综合性的，有些人是情感性的，有些人是执行性的，在中国企业的管理人员当中，我说有几种领导风格。有些是大妈型的，有些是党代表型的，有些是军官式的等等。对领导来说，情商是非常重要的，对于德国大众、西门子还有其他领衔的德国公司的职业经理人来说，情商是非常关键性的指标，情商的关键在于它对我们的换位思维起着非常重要的作用，处在员工的位置上怎么去想问题的，再看自己是怎么理解问题的，这样会加快理解问题的效率。在德国高级职业经理人中有许多是经过情商的训练和培训的。

下一个，最关键的就是怎么样改变我们的观念。这里我讲一个实验的分析。科学家做了一个医学的实验，就是在用一个电极去触及我们的大脑皮质层的时候有一个刺激，而这个刺激会在被实验者的身上产生一系列的局部反应，这个实验有三个结论：一个结论就是这个刺激会产生一个记忆，第二个结论是这个记忆是强制性的记忆，第三个结论就是当你做同样的实验的时候，会提起或恢复被刺激的记忆。从实验我们衍生出一个道理——我们的人脑就是一个储存记忆的录音机，也就是说，一般我们对员工进行观念转化的时候，首先要看到员工一般是好的，是为企业做贡献的，大家的基本机能都在，就是说你说什么大家都会有反应，每个人有具体的职责，每个员工对自己的职责也有责任心，大家综合起来就是一种结合的责任和他们需要进行互相的沟通，也就是说在我们的工作过程中必须有一个开放的沟通渠道。作为企业的管理者要注意提高员工素质，让他们对自己的行为更加有敏感度和预知度，更有工作的主动性和积极性。因此，在企业文化的建设中，我们要用文化与教练结合的方式进行新的理念和观念的传导，这也是在许多国际化的大企业中得到证实的。

（作者系德国欧中经济技术交流促进会执行董事，翻译：沙尔玛）

美国的企业文化

汉克·登

以前美国的企业文化是比较严格的，从 20 世纪 50 年代以来企业文化发生了一些变化。当时美国的汽车工业基本上控制了全球市场，主要是美国的汽车有一个设计的理念，一般的车的寿命是 3 年，当时他们的一个设想就是汽车 3 年之后就一定要烂了，客户就必须要买一个新车。但是从 20 世纪 50 年代开始日本的汽车进入美国市场，它带来的是高品质的汽车，所以很不幸，美国车的销售额大幅度下降，此时他们就要对这种状况进行变革，一个很重要的问题就是提高产品质量。这种变革非常深刻，它整个改变了美国商业文化的氛围。作为一个结果，美国公司整个的企业文化从一种普通的文化变成市场导向型的文化。企业文化的核心就是完全仔细地了解客户的需求，然后通过自己生产产品来满足这种需求，不管是小企业、中型企业还是大型企业，在美国所有的企业都跟从这种市场导向型的哲学理念。其中一个就是大家都知道的宝洁公司，首先他们做了很多市场调查，主要的核心东西就是"您需要什么东西"，他们的主要调查对象就是美国的家庭主妇和美国的母亲，问的问题就是"我们帮您做什么使您的生活变得简单，而且变得愉快"。当时很多美国的母亲就说"我们太讨厌换尿布了，尿布换下来还要洗，特别麻烦。"市场人员就把消息反馈到技术研发部，就是市场需要一种母亲需要的帮宝式的产品，当时技术部门就设计了这种帮宝式的产品，现在卖到了全世界。另外一个很典型的例子就是发现客户需求然后满足客户需求，就是计算机的打印机。当时惠普就安排自己的技术研发部的人员设计了电脑打印机，现在为止这个业务非常地成功。因此，现在绝大多数美国制造业的公司都是首先研究市场需求，然后研究出适销对路的产品。

对公司来说最重要的企业方面的文献就是公司的业务计划书，业务计划书是非常详细的文件，每一个员工按照业务计划书的要求来做，同时业务计划书里也明确规定了每一个部门每一个职员要做的事情。最简单的道理就是像一个马队一样，如果所有马队里的马都向不同的方向奔跑的话，可能这个组织就永远达不到目标了，道理就是这样。对公司来说，工程部、制造部和市场部必须密切配合，这样才能达到预想的目标。从另外一个角度讲，业务规划里有一个使命的宣言，是公司宗旨一样的东西，这个东西必须有一个详细的描述。在这个宣言中间要明确阐述出自己的长处和不足，一个很简单的例子就是纽约的中央铁路，以前，他们是最大的最强的而且是最有钱的美国公司之一，然后大家都知道飞机被发明了，当时的铁路部门觉得都挺好玩，东西这么小怎么能装人呢？美国的航空公司是小公司嘛，就找到铁路说我们需要一部分资金，大家能不能帮帮忙？当时美国的中央铁路根本没兴趣，就让他们走人了。今天美国的中央铁路已经彻底破产了，美国航空公司是一个每年年收入在10亿美元以上的公司。关键的问题就是纽约的中央铁路公司忘记了它是搞什么样的业务，实际上就涉及到企业很重要的定位的问题，怎么来规定、划定企业的营运的问题，当时的中央铁路想得很简单，我们就是做铁路的，但是从更广阔的思路思考，他们是做交通业的，当时如果是50年前、80年前花很少的钱把美国航空公司收购了，现在的境况就不可同日而语了。

现在在美国就是这样，如果你去银行要求融资的话，您没有商业计划书银行可能就不答理你。另外一个关于商业计划书的案例就是一家生产汉堡包的公司，当时小公司刚成立，到银行寻求融资，因为太小了，银行当时根本就不乐意跟他们谈，银行一个很关键的评价就是汉堡包店到处都是，凭什么你建一个。当时这个汉堡包公司说我们有商业计划书，我们的市场定位和麦当劳是有差异的，我们是一个有差异的市场定位。当时麦当劳从产品角度来讲，它选的全部都是冷冻的肉，他们把肉切成非常小的片，所以你根本就吃不出来，土豆也是这样做的，土豆切得非常小，煎出来以后吃不出来土豆是不是过期的，做好肉饼和土豆以后就放到烤炉里一直热着。这个汉堡包公司就说我们用的都是新鲜肉、新鲜的土豆，还有新鲜洋葱之类的东西，我们不会让它变得不新鲜的，所以这家公司后来还是找到了投资方，现在是一家非常成功的公司。所以这也是一个很自信的市场研究的过程，发现客户的需求，生产出对路的产品来满足客户的需求。因此，美国的企业文化完全变成了一种尽自己最大的努力提供客户所需要的产品和服务的文化。

一般小公司的组织结构都不是太大，是以一种团队工作的形式出现，中等企业规模的公司一般的组织机构相对而言复杂一些，传递命令的方式是以命令链、指令链的方式传达下来的，大型的公司是高度的负责，高度的有组织性，它的命令是直接到每一个人的，而且命令是非常的清楚，通过命令链下来。从着装角度来讲，这也是企业文化很重要的一部分，小公司一般不太注意着装的方式，大家想穿什么就穿什么。中等公司一般情况下，对着装相对有一个要求，但是要求方面还是比较活泛，中等企业引进了一些新的概念和方式，从企业文化角度讲，就是星期一到星期四就必须打领带穿西装，星期五想穿什么就穿什么。大公司对着装要求就非常严格了，IBM公司要求大家每天必须穿白衬衫，你不能穿其他颜色的衬衫，必须是白色的而且必须打领带。

美国公司怎么来对销售队伍提供奖励？对小公司来说，一般都采用固定的薪资，达到某一个目标以后提供一部分奖励。对中等企业的公司来说，薪水的支付也是固定的工资制，但是达到目标以后奖金会更多一些。对大公司来说，有两种不同的对销售人员的工资或者是业绩的表示方法，一种就是以固定工资加销售目标，如果销售人员完成不了自己的销售业务或者销售目标的话，这个销售人员就不玩了，一般情况下就终止合同了。另外一种大公司的支付方法就是佣金、提成的方法，只提成，如果他们卖不出任何东西就一点钱也拿不到。美国人的个性就是这样子，只要是用提成的方法做生意，奖励销售人员，发现销售队伍的业绩总的来说是非常成功的。因为光靠提成的话，销售人员一般都非常的勤奋地工作，非常努力，薪水一般能达到一年十万美元以上。如果销售额下降的话，可能对公司影响不是很大，对他们个人的影响会更大一些。但是如果是提成的方法，一旦生意做成以后，就可能再也不管这个客户了。在这种情况下，一般的公司要建立一个非常强有力的售后服务部门，生意完成以后由他们来照顾客户的需求。

从领导方式来说，规模不同的公司的方式也不同。比如小公司强调的是团队感，一般情况下就像中国人吃饭一样，大家桌上一坐，开始交换观点。中等规模的公司通过一种上级下达命令的方式，但是组织的严格程度也不是想象的那么高。对大公司来说，整个的命令传达链是非常强有力的，包括它的命令传达方式是公开的，所以大家不能越级去汇报工作，必须通过你的直接主管反映观点。对公司的行为来说，小公司一般是大家集体讨论来解决问题。中等企业的公司这方面的规定相对而言比较宽松。对大公司来说就非常地严格，制度规定是公示的，所有大公司都有人力资源部，大公司最害怕的事情之一就是吃官司或者诉讼的问题，所以对大公司来说很关键的问题是必须平等待人，否则可能会吃官司。

对于公司的领导层来讲，总裁一般主要是负责起草、审批业务规划，美国银行很关注这个问题。如果你没有业务计划书，你是拿不到银行贷款的。所有的副总裁会直接向总裁汇报工作。CFO是首席财务官，他主要是向总裁直接汇报工作并且同银行打交道，处理所有的有关财务的事情。信贷经理向首席财务官汇报工作，工程部的副总裁也是直接向总裁汇报工作，并且监督工程部日常的管理和工程的进展。同时，工程部的副总裁也要与首席财务官沟通，来获得他一年的财政预算的通过。对于首席财务官来讲，他的工作就是确保每一个部门不能超支。市场部的副总裁就是向总裁汇报工作，同时监督市场部的工作，他也管理销售队伍，也需要向首席财务官要他每年的预算。管生产的副总裁也是向总裁汇报工作，同时他向首席财务官提交预算，以获得批准，他的职务是除了对日常的生产制造进行管理之外，也管理外包的业务，他的责任还包括决定产品在美国生产比较便宜还是外包出去比较便宜。现在，很多美国负责生产的副总裁接二连三往中国跑，看看能不能找到比较便宜的生产产品的厂家，他的工作主要是审核产品的质量，审核(外包)工厂的资格，下定单，并且安排运输、货运相关的事宜。现在总的来说，美国企业文化的变化是非常快、非常多的，现在美国一个很大的问题在于制造的成本非常高，因为劳动力的成本非常高，所以我们跟中国和印度的业务往来是非常多的。

从商业道德角度来讲，美国政府颁布了很多法律来规范公司高级领导人的行为。大家都知道，前一段时间以来美国很多大公司都破产了，其中最大的公司就是安然公司。当时就是安然公司的高级管理人员做假账，虚报利润，结果，它的首席执行官和财务官都在监狱里混呢。在美国有法律规定，公司高管行贿和受贿都是非法的。有一年美国一个公司在巴西跟别人谈判一个500万美元的合同，当时巴西军方一个采购部的官员想了解，如巴西买他的东西能得到多少的佣金，当时他就告诉军方的采购经理说，我们如果向军方行贿或者向采购人员行贿的话是违反美国法律的，巴西军方的采购经理就说“那好办啊，我们就不买你的，我们买欧洲公司也可以。”他们不介意这个东西。当时美国公司也不想失去500万的生意，跨国公司总有跨国公司的办法，他跟军方的采购经理说您推荐一个信得过的经销商，我们跟他谈不跟你谈了。巴西的军方就明白了，“那好啊，我小舅子就是干这个的。”最后的结果就是他们把产品卖给经销商，经销商再卖给了巴西政府，至于他们跟巴西政府有什么交易就没有什么关系了。

对于美国来说，它的经济是一个国际化经济，所以任何一个国际方面的问题都会深刻地影响到美国企业的文化。

(作者系美国威伯斯特大学经济学教授，翻译：易旸硕士)

高度重视文化融合创新
成功推进企业并购重组

王瑞祥

充分认识文化融合创新对于成功推进企业并购重组的重要意义

近年来，随着经济全球化趋势的进一步发展，企业并购重组日渐频繁。企业并购重组，一般是以市场为导向，以增强核心竞争能力为目标，以扩大企业规模和实现一体化经营为特征的。成功的企业并购重组，推动了全球产业结构调整与升级，促进了资源向优势企业集中，壮大了公司竞争实力，成为经济全球化最明显的特点。据波士顿顾问公司的相关报告，美国大通曼哈顿公司购并摩根公司，金额332亿美元，购并后资产总额超过6600亿美元；美国惠普公司与康柏公司重组，金额达到250亿美元，成为全球I T界最大的合并案。2005年，全球超过10亿美元的兼并案总金额比1992年增长10余倍，很多并购重组改写了行业竞争结构。兼并重组不仅成为跨国公司提升核心竞争优势的捷径，而且也成为国际直接投资的主要方式，目前，跨国经营的企业已占全世界企业总数的60%，跨国公司总产值已占世界总产值的1/3强，并购重组日益受到许多跨国公司乃至国家政府的极大关注。

在我国，企业并购重组也得到了企业界和政府有关部门的高度重视，越来越多的企业响应中央号召，积极实施“走出去”战略，跨出国门投入到世界市场的竞争中去，并购重组已经成为企业做强做大、增强国际竞争力的重要形式。同时，随着国有企业改革深化和国有经济布局结构战略性调整，国有资本要进一步向关系国家安全和国民经济命脉的关键领域和重要行业集中，国企兼并重组全面启动，力度不断加大。据初步统计，国务院国资委成立以来，仅中央企业的并购重组达60余家，如果加上中央企业与地方国有企业之间、中央企业内部及所属企业之间的重组调整，以及与外资企业的合资合作，其数量更大。当前和今后一段时期，国资委将以培养和发展80～100家具有自主知识产权、知名品牌和国际竞争力的大公司大企业集团，进一步提高国有经济的控制力、影响力和带动力为目标，在发挥市场配置资源的基础性作用的前提下，充分履行出资人职责，以市场化的方式，通过并购重组等措施实现优势互补，推进结构调整。可以预见，中央企业布局和结构调整工作还将迈出新步伐，中央企业并购重组工作将进一步推进。

不同国别、地域、行业、规模、性质企业之间的并购重组，不可避免地会带来文化的碰撞和融合问题。众多调查表明：由于文化心理的不同，并购重组企业容易出现这样几种情况和问题：一是价值观的不同，使企业在一些重大问题上会出现不同甚至相反的认识、取向和行为选择；二是经营理念不同，使企业在市场定位、经营方式、产品开发等方面决策困难以致造成错误；三是思考和解决问题方式不同，造成来自不同群体员工日常工作中的矛盾和隔阂，甚至出现明显亲疏，影响队伍团结；四是文化差异最终体现为员工素质差异，表现出方方面面不和谐因素，使并购重组企业“集而不团”、貌合神离，甚至格格不入。许多案例也说明，企业并购重组中的文化冲突与融合，是国内外大企业大集团共同面临的难题，不仅关系到并购重组的全局，而且对重组后企业健康快速协调发展和整体竞争力的提升有着重要影响。谁忽视了文化融合的重要性，谁就会饱尝随之带来的苦果，企业兼并重组质量差，效率低下，竞争能力弱，难以可持续发展，甚至走向失败。科尔尼管理顾问有限公司调查欧美和亚洲的115个交易额超过10亿美元的并购案例后得出结论：过去两年里国际上大的企业并购案中，65%是失败的，没有达到预期的协同效应和财务回报，而文化差异和冲突是导致并购失败的首要因素。麦肯锡咨询公司也对公司重组做过一次大规模调查，得出同样发人深省的结论：重组10年后只有近1/4的公司获得成功，而各重组方企业文化不能很好融合是其中的关键因素。

正反两方面的许多实证分析表明，企业并购重组不仅是一种经济现象和经济行为，也是一种文化现象和文化行为。企业文化作为一种能够凝聚和激励员工积极性、主动性和创造性的精神力量，是构建和谐内部环境的粘合剂和思想感情基础，在不同文化背景下的企业重组过程中，它的这种作用就显得更加重要而不可缺失。无论是国有企业，还是民营企业，无论是国内企业，还是跨国公司，在企业的兼并重组中，起决定作用的不只是产品、技术、资金和市场，还包括员工观念的更新，企业统一价值观的形成和企业行为的协调一致；并购重组后企业战略的制定、资产的优化、业务的调整、管理的整合固然非常重要，而企业文化的融合则是并购重组能否取得成功的关键因素之一，是一项长期而又艰巨的任务。并购重组企业要避免“集而不团”的现象，真正产生“1+1>2”效应，就必须从文化层面思考企业的兼并重组，把企业文化融合作为并购重组的重要内容来抓，作为有别于资金、技术、人才之外的“第四种资源”加以高度重视，作为关系企业核心竞争力、企业生死成败的重要课题来破解，通过寻找超越文化冲突的目标、方法和途径，实现企业文化的融化吸收和整合创新，以文化力推进企业的并购重组。

中央企业推进并购重组企业文化融合创新成效显著

中央企业大多是关系到国家安全和国民经济命脉，在重要行业和关键领域占支配地位的国有重要骨干企业，在发展壮大国有经济，发挥国有经济的控制力、影响力和带动力方面具有举足轻重的地位。到2004年底，中央企业总资产约占全国国有工商企业的57%，工业总产值约占全国国有工商企业的80%，上缴税金约占全国国有工商企业的65%。中央企业的原油产量约占全国总产量的98%，民航运输总周转量约占全国的83%，水运货物周转量约占全国的86%，发电量约占全国的41%，汽车产量约占全国的30%，钢产量约占全国的20%。做强做大中央企业，既是发挥国有经济的主导作用，促进以公有制为基础的多种经济成分共同发展的需要，也是践行“三个代表”重要思想，发展先进生产力与先进文化，实现全国各族人民共同利益的重要保证。近年来，国务院国资委根据中央关于“培育和发展一批具有国际竞争力的大公司、大集团”的目标要求，要求中央企业做强做大做精，立足国内、面向全球，积极推进企业的并购重组。同时，高度重视企业文化的融合创新，以文化融合创新促进和保证并购重组的顺利推进。各有关企业进行了积极探索，取得了明显的成绩，市场竞争力明显增强，涌现出一批具有相当规模和实力的大公司大集团。根据2005年7月12日美国《财富》杂志公布的全球500强最新排名，共有18家中国公司入选，中国内地公司15家，中央企业比上年新增两家，共计10家，分别是中石化集团、中石油集团、国家电网公司、中国移动通信集团、中国电信集团、中国中化集团、中国粮油食品进出口集团、宝钢集团、南方电网公司和第一汽车集团。入围前50名的3家企业均为中央企业，其中中石化集团、中石油集团冲进前50强，排名分别是第31位和第46位，国家电网公司从2004年的第46位升至第40位；宝钢集团从2004年的第372位升至第309位，一举提高了63位；南方电网公司和第一汽车集团公司成为新上榜公司，分别居第316位和448位。这些企业的喜人成绩都不同程度地得益于成功实施了企业境内境外的并购重组。我在这里向大家介绍几个通过文化融合创新促进并购重组的典型案例。

宝山钢铁集团公司。宝钢是中国钢铁业联合重组的先行者，早在1998年，就在原上海宝钢公司的基础上，与上海冶金、梅山联合重组成立上海宝钢集团公司。联合后的宝钢集团在强势推进宝钢股份先进管理模式的基础上，通过对下属各企业的企业文化进行深入剖析，加强彼此的交流，形成了企业文化建设的基本思路。一是学习和借鉴世界最先进的管理理念和方法；二是以推广宝钢股份现代化管理为载体，弘扬宝钢的先进文化；三是从诚信教育、诚信制度建设和诚信监督着手，深入开展诚信体系建设，建设与世界一流企业相适应的高素质的员工队伍；四是发挥企业党组织的政治优势，努力建设“三高一流”的党员骨干队伍，积极营造以人为本的文化氛围，大力倡导、努力实践宝钢文化。联合重组7年来，宝钢的经济效益显著提高，整体实力明显增强，集团内原有老钢铁企业全部实现了扭亏解困，成为我国钢铁业排头兵。

东风汽车公司。东风公司在与日产自动车株式会社合资合作过程中，高度重视企业文化的融合创新并积极实践，努力寻求双方企业文化的融合点。一是尊重双方文化差异，实施多元文化战略。突出的是把有关党建工作的相关内容写进了双方合资合作的合同，创造了中外合资企业党建工作的范例；二是把促进企业的快速发展作为共同的价值追求，努力实现双赢；三是重视引进先进管理经验和科学技术，大力推行业绩管理，不断提升企业管理水平，从而在合作过程中初步实现了文化的融合，有效地提升了企业竞争力，东风汽车公司成为中外成功合资合作的典范。

中国铁道建筑总公司。中铁建以统一性、先进性、创新性为指导，抓好重组中的文化融合创新，有效地推动了企业改革发展。一是坚持整合吸收文化资源与核实接受有形资产并重，对兼并重组企业进行“双重清产核资”，把优质文化资源纳入总公司集团文化大系统，实现丰富性和统一性的和谐一致；二是对所兼并重组企业员工文化心理差异进行认真调研，尊重和引导不同文化心理，同时采取措施重点增强重组单位领导班子凝聚力，提高职工队伍素质，实现相容性和先进性相辅相成；三是坚持企业文化融合重在建设的方针，在实践中以融合和继承为基础，以提升和创新为主导，推进企业文化建设在重组中发展到新阶段，创造出举世瞩目、可歌可泣的“青藏铁路建设精神”，实现了融合创新的紧密结合；四是领导高度重视，首先总公司领导层形成共识，成立专门班子，像防止国有资产流失那样防止文化资产流失，像抓班子团结和队伍稳定一样抓文化融合创新，形成企业文化融合的巨大组织保证。现在，中铁建在全球225家最大工程承包商中排第17位，在财政部等8部委公布的100亿元以上资产的国有大型建筑企业经营效绩评价结果中居第一位。

攀枝花钢铁集团公司。攀钢在兼并成都无缝钢管厂的过程中，特别注重将强势的攀钢文化输入到被兼并企业。一是在充分尊重被兼并企业原有文化传统的同时，坚持攀钢文化的统一性，将攀钢日报和电视台延伸至被兼并企业，组织攀钢文化宣讲团到被兼并企业进行宣讲，重点推广攀钢文化的核心内容和行为规范；二是把攀钢管理制度和模式输入到被兼并企业；三是通过干部交流辐射攀钢文化。通过这些工作，逐步解决了文化冲突问题，取得了企业兼并重组的成功。

还有许多中央企业（如乐凯和柯达、一汽和大众等）在并购重组过程中，求同存异、优势互补，科学整合文化资源，促进文化对接和超越、整合与再造，形成既有继承、又有发展，适应新的企业特点的文化体系，实现并购重组企业的战略重组、互利双赢。

扎实推进并购重组企业的文化融合创新工作

并购重组中的文化融合创新工作是一项长期而艰巨的任务，要发扬改革创新、求真务实的精神，把文化融合创新作为并购重组工作的重要内容，通盘考虑，全面部署，把工作抓实、抓细、抓具体，切实抓出成果。我认为，重点要做好以下几方面工作。

首先，摸清双方的企业文化基础，制定好文化融合方案。在并购重组之前组织专门人员对双方的企业文化进行调查研究和评估，了解双方企业文化的特性，找出双方企业文化的差异和共同点，挖掘和清理重组双方各自的文化资源。在此基础上，坚持以先进的思想作为指导，注重学习借鉴国内外先进文化成果，取长补短、优化配置，制定文化融合的方案。文化融合方案要坚持高起点，围绕重组后的企业发展战略和目标，确定企业文化融合在不同阶段的工作目标任务及其方法措施，并列入兼并重组整体方案予以推进。

其次，选择适当的企业文化融合方式。要根据并购重组企业双方的实际情况确定不同的文化融合方式。如果并购方的文化为强势文化，被并购企业员工对并购企业的企业文化认同度很高，则被并购方接受并购方的企业文化；如果并购双方的企业文化强度相似且互相欣赏，愿意调整原有文化的一些弊端，那么并购双方在文化融合方式上宜相互渗透，互为补充，在对原有文化进行不同程度调整的基础上，形成新的更高层次的文化，并使之尽快为新的企业员工共同接受；如果并购双方均具有较强的优质企业文化，企业员工不愿改变，同时，并购后双方业务相对独立，不会因文化不一致而产生矛盾冲突，那么并购双方的原有文化可暂时保持不变，根据重组后的企业发展，兼容并蓄，再逐步整合创新出新的企业文化。

第三，打造企业文化融合的优秀团队。企业文化融合过程是企业领导层科学规划，积极推进，相关部门和专业人员精心策划、具体组织，全体员工广泛参与、认同内化的过程。企业领导者要从自身做起，率先垂范，研究文化融合和创新，对企业文化的融合工作给予高度重视和切实推动。同时，广泛调动员工参与企业文化融合的积极性，使他们自觉规范自己的思想和行为，为并购重组成功奠定坚实的群众基础。

第四，建立良好的企业文化融合工作体制和机制。要设立企业文化融合领导机构及其工作机构，指定具有企业文化管理经验和影响力的专门人员从事这项工作。要通过各种手段宣传贯彻并购重组后的企业理念体系，把企业的基本理念体现到各项规章制度中去，使企业文化融合步入决策理性化、管理制度化和操作规范化的良性轨道。特别需要强调的是，并购重组中的文化融合本质上是一个重新建立共同心理契约过程，是一个统一思想认识、打造感情基础、构建新的团队的过程，核心是形成企业新的统一的价值观，使企业的使命、愿景和理念被企业员工接受、认同并落实到行动，成为新的企业尽快正常运转并健康快速发展的精神动力和思想保证。因此要高度注重建立全方位的沟通机制，促进领导和员工之间、员工和员工之间顺畅交流，相互尊重，从思想上感情上打好基础，在企业内部努力营造和谐氛围。

企业并购重组是当今世界经济发展的一个重要趋势，也是企业做强做大的战略选择。世界范围内的并购重组案例的经验和教训启示我们，并购重组企业虽可在较短时间内完成组织体制的架构和资产业务的整合，但是其深层次文化的融合创新则是长期不断丰富发展的动态过程，不可能一蹴而就，更不可能一劳永逸，既不能忽略文化融合的问题，漠然处之，也不能操之过急，简单从事。我们要把企业并购重组中的企业文化融合创新作为企业文化建设的重要课题和重要阶段，在实践中不断研究创新，努力实现并购重组企业文化与战略的和谐一致，企业发展与员工发展的和谐一致，企业文化优势与竞争优势的和谐一致，以高品质的社会主义企业“合金”文化促进企业新一轮的改革和发展。

（作者系国务院国资委党委委员、副主任、中国企业文化研究会顾问）

创新发展胜利文化
提升油田核心竞争力

王立新

胜利油田是全国第二大油田，在中国石化是龙头企业。在40多年的发展历程中，我们实现了3个跨越：一是实现了从黄河南向黄河北的跨越，二是实现了从陆地向海洋的跨越，三是实现了从本土向国内外围新区以及国外的跨越，现在胜利油田可供勘探的面积已经达到17万平方千米，总的资源量提升到170个亿。我们不仅为国家生产了近9亿吨原油，创造了巨大的物质财富，而且在生产实践中总结提炼形成了具有鲜明时代特色和独特企业个性的“胜利文化”，提升了油田的核心竞争力。

随着社会主义市场经济体制的建立和完善，石油企业由传统的计划经济转向市场经济，胜利油田结束会战体制成为市场竞争的主体，逐渐从过去以原油产量为中心转移到以经济效益为中心的轨道上来。1998年，根据国务院关于石油石化体制改革的决定，胜利油田划归中国石化集团公司领导和管理。油田深化内部改革，建立现代企业制度，既是对企业管理体制和经营机制的深刻变革，也是对现有的利益关系和利益格局的深刻调整，热点、难点问题不断增多，保持队伍稳定的压力越来越大。面对这种情况，油田党委从企业发展战略的高度，在继承过去优良传统的基础上，创新发展与市场经济相适应、与现代企业制度相吻合、与中石化企业文化相承接的“胜利文化”。在继承过去优良传统的基础上，总结提炼了“从创业走向创新，从胜利走向胜利”的新时期胜利精神，“以人为本，科技领先，效益至上，竞争发展”的经营理念，“打造胜利品牌，实现持续发展”的经营战略，“经济效益最大化，社会效益最优化”的经营宗旨，“诚信规范、科学高效”的经营准则，“创业、创新、竞争、发展”的胜利文化核心内涵。按照中国石化集团公司企业文化的主要内容，结合胜利油田的发展实际，我们把胜利文化分为观念形态文化、制度行为文化和物质形态文化3个层次，同时对各行业系统的子系统文化和各二级单位的子文化进行研究创新，从而构筑起比较完整的胜利文化体系。

在企业文化建设过程中，我们规划部署到位，机构编制到位、专项预算经费到位、运用活动载体，强力纵深推进。2003年开展“企业文化建设年”活动，营造氛围，全面铺开，打开局面；2004年开展“胜利文化建设深化年”活动，深化认识，深化研究，全方位推进，取得了上下认可、高度信奉、自觉实践的良好效果，同时也取得了企业文化向规范员工行为准则的转化、向企业管理制度创新的转化、向物质成果创造的转化；今年我们又开展了“胜利品牌建设年”活动，努力打造和形成一批胜利油田的名牌队伍、核心技术、服务品牌和名牌产品，用无形资产增值有形资产。胜利文化建设取得了许多重要成果，越来越显示出蓬勃的朝气和无限的活力，推进了胜利油田整体的和谐发展、团队的和谐相处、文化的和谐统一、大局的和谐稳定。

在胜利文化建设过程中，我们有以下5点体会：

第一，企业文化是企业的领导人文化，是企业领导志存高远的信念和追求，企业领导人的文化自觉是关键，因为领导人在企业中起着倡导、示范、推动的作用，如果没有领导人的高度自觉和大力倡导，那么企业文化建设工作是搞不好的。

第二，企业文化是企业的一个管理范畴，它不同于思想政治工作，也区别于群众文化，也区别于社会科学，它是抽象的，但又是具体的，只有将其内涵根植于企业管理的沃土，企业文化才能繁茂长青。否则，就会空泛，失去活力。也就是说，在具体推进的过程当中，企业的董事长、厂长、经理应该是企业文化的第一责任人，而不仅是党委书记和思想政治工作部门的专项职责，这也是一个非常关键的问题。

第三，企业文化要正确处理好继承与创新的关系。继承是基础，创新是关键，没有继承就无所谓创新，没有创新也只能是原始的继承，二者相互承接，与时俱进。要按照尊重历史、面对现实这样一个基本指导思想，才能把企业文化做成精品。诚信是灵魂，讲诚信的文化才能为企业的员工高度信奉、自觉实践，才能够变成推动企业发展的强大动力，才能形成企业的核心竞争力。

第四，企业文化是驾驭职工多元价值观念的主流文化。随着企业深化改革和社会主义市场经济的发展，职工思想活动的独立性、选择性、多变性、差异性日益增强，出现了价值观念多元化的趋势。只有把创建企业主流文化作为切入点，重构职工的文化心态、价值体系和思维模式，才能保证我们提倡的主导意识始终成为职工队伍的思想主流和精神支柱。同时企业文化也是对外交流与合作的通行证，是一种国际语言，是党的思想政治工作所无法比拟和取代的一个特殊武器。随着走出去战略的实施，企业文化成为重要的交流合作平台，在不同文化背景下与国内外企业特别是外国大公司进行有效的文化沟通和文化融合，从而推动外闯市场工作不断取得新的进展。

第五，企业文化建设要重视专家学者的重要作用。企业文化是企业客观固有的，是企业习惯和规则或制度的高度统一，但人们往往不能够轻易把握它内在的本质。专家学者是这方面的专家，造诣深厚，有真知灼见，往往能够起到画龙点睛、石破天惊的效果。因此，我们应高度重视专家学者的重要作用，推动企业文化建设工作的顺利进行。

（作者系中国石化胜利油田党委书记）

改造企业不良文化 实现企业持续发展

苗黄胜

企业文化是现代企业管理理论和管理方法，是现代企业管理的高层次选择。有的管理学家说，企业文化已经成为决定企业成败兴衰的关键性因素，企业间的竞争实际上是文化的较量。凡是成功的企业，都有其优良的文化，反之，凡是失败的企业也都必然存在着不良的企业文化。下面我结合个人的一些亲身经历谈谈作为一个企业经营者面对一个常年亏损的企业，如何通过改造企业不良文化，推动企业实现发展的一些体会。

我的第一点体会是：更新企业理念，走出困境，实现发展。企业核心竞争力是企业文化中的企业理念和核心价值观，企业理念是企业竞争力的动力源。我在改造原有企业不良文化的过程中，始终把着力点放在企业理念的更新上。2001年4月，中国北车集团任命我为原沈阳机车车辆厂厂长，2002年6月，企业改制以后，我任沈阳机车车辆有限责任公司董事长、总经理。我上任当初，企业已经连续近10年亏损，濒临崩溃的边缘，企业内部人心涣散，员工对企业的发展失去了信心，原铁道部部长曾经面对企业的破败景象说：“这是一个老大破穷的企业”，原省、市主要领导十分忧虑地说：“这是一个难以维持下去的危险企业”。甚至有的领导说：“这个企业就像遭到战争摧残那样破败不堪”，还有的人说：“这个企业得了癌症，没救了”。面对此种情况，我的心情感到异常的沉重和压抑，我深深地思索，企业为什么会陷入困境，企业的出路在哪里，如何才能带领企业走出困境，在经过大量的调查研究和深入分析以后，我认为企业陷入困境的深层次原因是由于企业存在着不良文化，其主要表现是企业理念落后、观念滞后、言行守旧、不思进取。“企业要突围”，观念要先突破，要想扭亏脱困就要用先进的企业理念来凝聚共识，从旧观念的束缚中解脱出来，只有撕开观念的口子才能找到改革的路子，才能迈开发展的步子。针对企业上下普遍弥漫的悲观情绪，我向全体员工郑重提出了“把企业带上发展之路，把员工带上富裕之路”的总体奋斗目标，当时有的人说，从来没有听说过把员工富裕作为企业的奋斗目标提出来，这么提概念是否准确？我说，“没有错”！我们共产党人为什么不敢提让员工增加收入，我认为把企业带上发展之路是我们代表社会先进生产力发展要求的具体体现，把员工带上富裕之路是我们作为广大人民群众利益代表的义不容辞的责任！确立这个目标，使员工既看到了企业的希望，又看到了个人的前景。因此，立刻得到了广大员工的普遍响应和赞同，从而把企业的目标内化为员工的个人目标。根据总体奋斗目标，我经过缜密分析企业内外部条件，经反复测算，又提出了3年跨越式发展目标。这些目标的提出，当时许多人认为根本是不可能的，就连我本人也觉得没有充分把握，承担着很大的风险，可是我想，若不加快发展速度，企业将很难在激烈的市场竞争中生存，开弓没有回头箭。我把这些目标向全体员工公开，目的就是不给自己留退步，不达目标就请罪换人、就让贤。如果说总体目标的提出在全体员工心中燃起了希望之火，那么3年奋斗目标的提出就等于又放上了一把干柴，燃起了熊熊大火。万名员工精神为之振奋，大家摩拳擦掌纷纷表示要努力实现这一目标。在2002年提前一年完成了3年跨越式发展目标后，我又不失时机地提出了“十五”后3年持续发展目标。并且提出企业8个三发展战略，用这些战略目标激励全体员工不断地更新观念，努力实现企业持续发展。我紧密结合企业实际，总结多年企业管理的经验，提出了企业的16条经营思路，这些思路，系统地提出了企业摆脱困难、实现发展的正确方向，是企业扭亏脱困的治本之策，走实现持续发展的根本方略。

观念决定思路，思路决定出路，几年来在这些思路的指引下全体员工拼搏奉献，企业开始发生了根本性好转，2001年当年就实现了扭亏，销售收入、利润水平、员工收入均创企业历史最好水平，企业结束了10年来连续亏损的局面，由山穷水尽走向柳暗花明。全体员工士气大振，欢心鼓舞、沈车人开始骄傲地昂起头。2002年、2003年、2004年企业又实现了新的跨越，主要经济指标再创历史最好水平，企业已经连续4年实现了主要经济指标的连年递增，呈现了持续发展的良好势头。近年来，省市主要领导和铁道部领导多次来企业视察，给予了高度评价。原省委书记称赞企业发生了历史性变化，铁道部部长称赞企业发生了翻天覆地的变化，进入了良性循环。

第二点体会是以经营者的忠诚换取员工和用户的忠诚。企业最宝贵的资源是企业员工。通用电气公司CEO杰克·韦尔奇曾经说，GE依靠人和思想的力量取胜。美国一个著名的咨询公司盖诺普公司曾经指出，核心竞争力强的企业有三大法宝：一是员工的忠诚度，二是用户的忠诚度，三是品牌的影响度。我非常赞成这些说法，打造一支对企业忠诚，对用户忠诚的员工队伍是我在企业文化建设中的第二个着力点。中外许多企业都给员工赠送了《把信送给加西亚》这本书。都希望本企业员工能够像忠于职守的罗西那样对企业无限忠诚。可是，怎么才能使员工对企业忠诚，是我们企业经营者应该解决的一个问题。我想要想让员工和用户对企业忠诚，首先企业经营者必须对企业忠诚、对员工忠诚、对用户忠诚，换来用户对企业的忠诚，换来员工对企业的忠诚。企业的声望提高以后，有人提出要用100万元的高薪聘用我，这对我确实有吸引力，是否应该为自己留一条后路？我经过思考以后婉言谢绝了。因为我的事业在国企，我的追求与梦想都在国企，我对在国企实现我的人生价值，为国企的振兴与发展贡献自己的毕生精力无怨无悔。有人说由于所有者缺位国企的财产所有权实质上是虚置的，国企经营者一无所有，实际上是一个穷光蛋，我并不这么看，国企财产的所有权确实属于国家，而不可能属于个人，但是我们国企的职业经理人应该把企业看成是自己的家，在心理上把企业的财产看成是自己的财产，我要对这些财产高度负责，使它保持增值。就这样一个心理所有权的概念和新型的产权观就在我心里产生了，我有10多亿的财产，怎能说我是一个穷光蛋，我是富足的。我用心理所有权的概念解决了自身的所有者的意识缺位。以后又进行了深入思考，孙子兵法中说：“上下同欲者胜”，因此我提出让全体员工都树立“心理所有权”意识，就是让员工都能够像经营管理者一样去思维和行动，以所有者的心态去参与企业的经营和管理，使企业的全体成员之间形成道德标准相一致的利益共同体和命运共同体。我大力提倡“公司兴旺我光荣，公司衰败我耻辱，公司兴旺我富裕，公司衰败我贫穷”的一些理念。大力提倡“以员工为本、以质量为根、以创新为魂”的企业精神，大力宣扬先进员工的先进事迹和先进思想。不断用员工中发生的正反面典型事例对员工进行经常性的教育，在我的倡导和推动下，员工的素质有了明显的提高。我曾经说过，我个人犹如一滴水微不足道，群众是大海，这滴水只有和大海融合在一起才能产生排山倒海的力量。但是我们企业经营者这滴水应该是一滴特殊的水，把它投放到大海中应该能把整个大海激活，这是我们企业经营者的责任。那么怎样才能激发广大员工的主动性、积极性和创造性，这就首先要求企业的经营者把员工当成自己的兄弟姐妹，热爱和关心他们。我上任之初，有人给我开了一剂“下岗分流”药方，把1万多人裁减到4000多人就扭亏了，并说这符合上面的精神。我说，我宁可承受“苦一般”的开拓市场的折磨，采取简单的下岗办法来提高企业效益我于心何忍，我们把那么多的员工推到社会上去，他们怎么生存？社会怎样稳定、怎能和谐？企业的经营者应该有一种社会责任感。诚然许多国企由于冗员过多，导致了企业没有竞争力，甚至无法生存。我们应该采取减员分流的办法把企业的员工减下去，但是要先开渠后放水，进行妥善安置，不能采取简单下岗的办法来增加企业的效益。下岗分流和减员分流是两个不同的概念，下岗分流是砸员工的饭碗，我减员分流是要为分流的人员提供一个生活的保障。4年多来，我带领全体员工奋力开拓市场。到2004年底企业的销售收入翻了一番，今年有望再翻一番，企业的全员劳动生产力提高了2倍多，人均年收入提高了77%，这些经营成果让全体员工很振奋、很自豪，大家自觉把个人的命运和企业的命运紧紧地联系在一起。一名员工在他的妻子病危弥留之际，把痛苦深深地埋藏在心中，还仍然主动地坚守在自己的岗位上，我听到这些感人的事迹时，感动得流泪了。有了这样的员工，企业还愁搞不好吗？我在企业中推行CI战略，就是企业形象战略；后来又推行CS战略，就是顾客满意战略；我在企业还推行了CL战略，就是顾客忠诚战略。通过推行3C系统，使全体员工的经营理念不断地得到升华，使以“企业为本位”的理念，升华到“以用户为本位”，把用户满意作为我们的不懈追求。我提倡产品即人品，要用我们的良好的人品来打造高质量的产品，现在“公司靠提高产品质量发展，员工靠提高产品质量生存”的质量观已经深入人心。“产品质量一点都不能差，差一点不行”的要求已经逐步成为广大员工的实际行动。在今年铁道部组织的对众多的铁路企业产品抽查质量评比中，沈车公司的新造客车和检修客车产品质量双双夺冠，员工对用户的忠诚换来了用户对企业的忠诚，公司的定单逐年增加。

第三点体会是进行企业管理文化创新，实现管理境界的不断升华。上任之初，我分析沈车公司之所以陷入困境，主要不是外部原因，而首先是内部原因，是由于内部落后的管理文化。美国一个著名的咨询公司对众多失败企业进行研究和分析后得出一个结论，绝大多数企业失败的原因不在于外部，主要是由于内部糟糕的管理。沈车公司也是由于长时间疏于管理，企业内部管理问题越积越多，成为管理上的重灾区。企业内部的关系决定外部的市场，要把失去的用户请回来，把失去的市场夺回来没有捷径可走，只有眼睛向内进行管理创新，扎扎实实地苦练内功，夯实基础，以管理致胜。进行文化管理创新是我在企业文化建设中第三个着力点。西方的现代企业管理大体经历经验管理、科学管理和文化管理三个阶段。但是由于文化背景的差异和企业实际情况的差异，生搬硬套任何一种西方理论都打不开沈车这把锁。由于我们落后，我们应该承认差距，也应该虚心地向西方发达国家学习，可是一定要与本企业实际结合起来，并且进行创造性的学习，总是跟在别人后面亦步亦趋，我们自己就长不大，我们应该有自己的特色才能逐步达到和赶超世界先进水平，也才能使我们中国的企业成熟起来。

我提出加强企业管理，必须对症下药，管理不是讲多么高深的理论，而是要讲简单、易行、管用，能够解决企业的实际问题，我针对企业的管理现状提出要全面推行3612工程，尝试将3个管理阶段融合在一起。想通过对三项关键管理工作和六项重点管理工作分轻重缓急，进行恢复性的整顿，实现由管理的无序到有序，由有序到建立一个科学完善的管理体系，由建立一个科学完善的管理体系，到实现“人人都管事，事事有人管”的管理境界，摸索出符合本企业实际的管理方法和管理模式。对三项关键管理工作和六项重点管理工作区进行整顿是根据当时的企业管理状况提出来的，强调的是经营管理、经验管理。是强调人在管理中的主体作用，要由科学管理上升到以人为中心的文化管理。

我们推进3612工程以后，企业管理状况发生了根本性好转。但是还仍然存在着个别人员、个别过程、个别因素失控的现象。因此，我又提出了99+1等于1的系统管理思想，这是我根据个人多年从事管理的经验给出的一个数学命题，这一命题99定义为合格，1定义为不合格。若99名员工合格，1名员工不合格，就等于员工从整体上不合格；一名最低员工的水平代表一个企业的水平；若99道工序合格，一道工序不合格就等于整个产品质量就不合格；若99项工作合格，一项工作不合格，企业的整体工作就不合格。这一命题的基本内涵是强调要实现全员、全过程、全因素的控制，这样企业才能够生产出用户百分之百满意的产品，才能在激烈的市场竞争立于不败之地，这一命题实质在于强调以系统的观念，全面加强企业管理，全面加强企业各项工作。最近有一位记者让我用一句话来概括企业取得的成功经验，我沉思了挺长时间，我说我概括不出来，因为管理是一个系统，这就好比给一辆汽车只装上一个轮子就希望它能够飞奔起来，这是不可能的。实际在工作当中我坚持了全体员工对企业文化进行全面创新，坚持了观念创新、技术创新、管理创新、产品创新、市场创新和企业制度创新，才使我们这个有着80年历史的老企业焕发了青春和活力。这一命题重要的是强调要消灭不合格，不能有一项不合格，实现百分之百合格。这就好比一个木桶，99块木板都合格，一块木板腐烂了，这个木桶就不合格，如果是底部的一块木板腐烂了，这个木桶就毫无用处，所以我们要重点解决这块不合格木板的问题。

管理学的核心内容是实现过程控制，通过对管理过程的控制来实现对管理结果的控制。人在管理中具有双重地位，既是管理者又是被管理者，管理各个过程的主体都是人，我们既要控制人，更要通过人来实现控制，我们只有充分调动员工的积极性、主动性和创造性，启发全体员工共同参与管理，同时实现自我控制，那么才能够实现过程控制，才能够有效地控制结果。要控制住不合格项，就要找出不合格项，我组织全体员工开展了揭、摆、查、定、改活动，即揭露矛盾、摆出问题、查找原因、制定措施、改造落实，取得了十分好的效果，使企业基本上实现了全员、全过程、全因素的控制，实现了管理的不断创新，实现了管理境界的不断升华。

（作者系沈阳机车车辆有限公司董事长、总经理）

国企重组的文化融合问题

赵景光

福田汽车公司是1996年8月28日成立，是北京市人民政府批准成立的跨地区、跨行业、跨所有制的上市公司，是一家国有控股公司。我们去年产销汽车34.1万辆，实现销售收入200多个亿，成立9年来始终保持了较高速度的发展，去年的10月份我们累计生产100万辆汽车，创造了中国汽车增长最快的记录。福田文化与福田汽车同步发展。从成立以来，我们以发展为主线，一切按市场规律办事，面向商品市场，坚持走低成本扩张、高效率发展的路子，使福田公司快速发展壮大，伴随着福田的发展，福田文化也在不断的发展。企业成立的时候，我们的企业文化建设是以CI为切入点。2003年我们在这个基础上又推出了BIS品牌识别系统，也就是说，在文化的市场层面、文化的落地方面又前进了一步。我们的福田文化，是以组织目标为基础的，具体说组织目标就是福田拥有自己的使命、远景和规划目标，所有的福田人都要以组织目标为最高目标，追求组织目标和个人目标的和谐统一，这个层次我们认为主要是理念层次的建设，在法律框架内即是企业要依法经营，诚信经营。第二个层面就是我们福田人要按制度和规则办事，这个层次我们主要讲的是制度，是制度文化建设范畴。以人为本也有这么几个方面，第一我们认为人是企业最宝贵的第一位资源，所以实施人才战略。第二是团队的建设，要有一个很好的管理团队。

下面简要介绍一下福田文化，我们总结有这么几个特征：

一是思想性。在福田文化建设当中我们认为什么都可以落后、都可以没有，但是思想不能落后，如果思想落后了，观念陈旧了，那什么事都做不好。二是市场性。因为福田公司在市场经济大环境下发展起来，我们认为一定要遵循市场经济规律，企业要依法经营。这就是说企业所有的业务，全是竞争性的业务，在我们整个价值链的运营上，我们突出市场导向。创业之初我们是先找市场、后建工厂。在资源配置上，我们的一切资源市场化，也就是人、财、物都要市场化。三要向国际化发展。四是培育竞争意识。五是福田文化的人文性，也是突出人在企业管理当中的中心地位。六是福田文化的时代性。七是福田文化开放性。总结、回顾福田9年的发展历史，我们实际上做了两件事：一是福田的前期，我们面向城乡市场以推动农村现代化进程为使命，帮助农民实现奔小康、实现富裕的目标。二是在城市化建设过程中，我们为城市物流提供创业工具，提供各种工具和解决方案，帮助商务圈提高工作效率、创造财富。这是福田文化的开放性，福田本身就是一个开放的系统，我们每时每刻都在与外界进行物质的、能量的、信息的交换，这也使得福田文化具有强大的生命力，能不断地注入新的元素。八是福田文化的继承性。中国传统文化精髓的东西在福田文化中起着主导作用。中国传统文化中的独创性、包容性等在福田文化中都得到了良好的继承和发扬。因为福田公司跨地区经营，在山东、湖北、北京、河北、天津等都有我们的工厂。传统文化中的地域色彩在福田文化当中都能看的到，这些都是福田文化的特色。九是福田文化的整合性。迄今为止，福田公司在全国有20多家工厂，过去全是老的国有企业，这点跟其他企业是有所不同的。我们由于不断地兼并、不断地重组，同时每年接受大学生。今年我们共接收了1100多个大学生。福田9年来共招聘了3000多位管理人才和基础人才，在这个过程中我们特别突出了福田文化的整合性，从整合到融合这么一个过程。十是福田文化的创新性。福田文化的理念之一就是创新发展。

福田文化的核心理念有这么几点。

我们的使命：致力人文科技、驱动现代生活；

核心价值观：热情创新、永不止步；

经营理念：诚信、业绩、创新；

经营方针：高质量、低成本、全球化；

福田文化的结构：一是同心圆式的文化结构，二是市场价值链运营的管理模式。三维管理模式是我们这几年来总结福田文化的发展总结出来的，也是指导我们的一个管理模型。战略管理、品牌管理和运营管理，运营管理主要是价值链的管理。

我想今天还是重点说一下福田文化在重组中怎么融合。福田公司是1996年成立，成立的时候是百家法人造福田，也就是说100个法人企业共同出资创立了福田公司，这本身就是一个从资产上、文化上的大重组，成立不久开始不断地重组、不断地扩张，光在北京地区大大小小的企业我们重组了11个，另外在山东、湖南、湖北、沈阳、天津、河北一直到广东等地我们的各种工厂，包括主机的零部件都是重组的老国企，这是我们福田发展的一个非常鲜明的特点。过去有的专家说我们走的是低成本、高效率的发展路子，也就是说我们是通过盘活存量来解决企业发展中的最大问题资源问题。但是，在文化的融合上，我们遇到了很多碰撞，也是我们的经验和教训，今天我想跟各位共享。

多少年以前有个说法叫“十个联合九个空，还有一个不成功”。当然这个说的有些偏激，联合不成功我想可能主要是体制的问题和产权的问题，这两个根本性的问题没有解决好，所以联合不成功。现在我们国企都通过改制建立现代企业制度，在这种背景下的重组行为如果还不成功的话，我认为首先是文化没有融合好，这是一个主要的问题。因为什么？因为资产、人员等都可以通过法律的、行政的、市场的手段马上可以解决掉。但是文化绝对不是一天两天，甚至一年两年就可以融合好的，这点我们是有深切的体会。一次重组活动搞得好可能是一种资源，文化的、优势的互补，1+1大于2；搞不好，可能1+1小于1，甚至说一句不好听的话，当年对福田的这种大规模的重组将导致把福田拖死，企业界也有这种担心。我们在资产重组中有一条体会或者叫经验，就是资产重组一定是文化先行，也就是说要坚定不移地搞好文化的融合，文化的整合。如果这一点搞不好，其他的投入是没有用处的，或者作用是很小的。我就举一个例子，我们有一个控股子公司，这个公司是由北京拖拉机公司一个国有中型企业，北内的第五分厂，还有其他的一些小厂，还有社会上的投资者，当时是48家股东，3.8个亿的注册资本成立起来的。成立以后我们的总经理、党委书记王金玉同志召集了老国企的职工，第一次讲话，下面打牌的打牌，就是没有人听。在重组的时候北京拖拉机公司事实上是没有办法经营了，很多职工都回家了，人心比较散，也没有好的产品，就面临了这么一个情况。重组以后我们通过劳动关系把人员全都转到新重组的一个企业来，把组织关系与昌平区的区委接上，这时一个新的企业产生了。然后我们就搞职工培训，培训期间我们对整个生产线搞技改。在这个期间我们给工人都发了工资，稳定了队伍、维护了北京社会的稳定。半年后，培训结束了，技改差不多了，工人又都上班了。这时候矛盾出现了，看来事不大，但是非常实际的问题。

第一是工作标准的问题，他们有很多同志就不能接受工作有标准，我来干就是了，还有什么工作标准？这是第一个不能接受。第二就是不能接受这种分配观念，我上班了就一定要给工资。第三不能接受工作有考核，为什么呢？因为正式上岗了，完不成生产任务，就要受到考核，造成了上岗以后拿的钱还不如在培训时候拿的多，最后闹到最严重的程度是把工厂的大门给堵住了。上班上不了，这时候正好是我们建国50周年，党委在全公司开展了一个大讨论。实际上是一个主题教育，我们叫“爱祖国，爱福田”，全公司开始讨论，有的工人说，爱祖国，肯定没有问题，祖国很可爱，爱福田不可以，因为福田不可爱。为什么？我现在干的累死，活干的多，还七扣八扣，所以说福田非常不可爱，还不如我们以前的工厂可爱。在讨论的时候就很难讨论下去。他们不能接受什么，比如说技术改造要有进度，公司规定这个技改项目30天要完成，倒计时30天完不成就罚你钱，我们的工资每个月都不一样。生产好、销量好、效益好，比如说按100%，这个发150%。如果不好可能发80%～70%。如果低于50%，工厂要跟总公司借工资，将来要还的。这个讨论都不能接受，讨论不下来怎么办？我们首先就说，我们都是福田人，你已经是福田人了，那么你不爱福田你爱谁？你爱以前的国企，没了；你爱别人，别人给你钱给你活吗？不给。那么你还得爱福田.只有在福田才能实现你的人生价值，才能得到你生活需要的衣、食、住、行等基本物质条件，就一步一步的开始讨论。比如说我们还讨论一些我们的工资是谁给的，是国家给的，肯定不是；是企业给的吗？好像是其实也不是；最后明确了，是市场给的；是你自己给的；你干好了就多拿钱，干不好就少拿钱。这样层层地循序渐进，最后终于接受了福田必须靠市场的理念。从开始工厂是1000多人，我们当时接的是1600多人，一个月生产200台车要加班，因为加班费的问题又把我们投诉到劳动仲裁委员会去了。当年半年的时间搞1500台车,不用加班,很轻松,还是这些人,很轻松就完了。所以说员工已经从理念上接受了福田的管理,接受了福田的文化,现在我们的工厂是我们轻型客车的主要生产基地。将来可能在正式项目上将是一个主力的事业部。通过这一年的融合我们体会很深,收效也很大。全国各地的国企大大小小的都是经历了这么一个过程,这里面我体会最深的就是国企重组,首先必须是文化重组,这是第一点。第二点就是文化重组必须以我为主,市场是无情的,但是我们会很艺术地、坚定不移地让大家接受这个文化。第三点就是坚持不懈,不要希望一天两天就起到作用,我们重组这么多企业,我最后分析起来一般需要2~3年的时间才能基本磨合好。

(作者系北汽福田汽车股份有限公司党委副书记)

解析服务文化与服务增值

贾春峰

现代市场经济的发展表明,服务竞争在企业竞争中的地位和作用越来越突出。

但从理论上说,在我国,服务经济学、服务文化学都还没有建立起来,这应当说是我们的经济学研究与经济文化学研究的一个重要缺陷。这个缺陷,也是经济发展实践的反应,在我们的经济结构中,服务业处于滞后的状况。

世界上最早的一本《服务经济学》是美国学者富克斯于1968年出版的。“服务经济”这一机会也由他首先提出。

我们今天创建中国的服务经济学与中国的服务文化学就要注重总结服务实践,提升服务理念。从企业的角度来说,就是要培育服务文化,实现“服务增值”。

下面仅就这个问题讲12个观点,12点感想式的意见和建议:

关于确立大服务理念

人们常常把服务看作是服务业的服务,常常把服务归结为售后服务,而售后服务又变成售后维修,甚至变成诉后服务,投诉后的服务。这样对服务的理解,是应当纠正的一种片面的服务观,一种残缺不全的服务观。

我们今天讲的服务,不只是服务业的服务,还包括、必须包括制造业的服务;不只是售后服务,更不只是诉后服务,不是投诉后的服务,而是指从设计、规划到选料、生产、工艺与技术创新、包装与销售的全过程,都是企业在为用户服务。

所以,对服务不能做狭窄的理解,不能把服务只归结为服务业的服务。谈到制造业的服务,也不能只归结为售后服务,更不能归结为投诉后的服务。这就是说要确立大服务的理念。当然,细化还包括企业运作中一个工序为下一个工序服务,上一个环节为下一个环节服务。

大服务理念的提出,并不是偶然的,不是无缘无故的。因为只有在企业的运作的每个环节都想着用户,一心一意为着用户,真正体现了为用户服务,才能适应市场竞争的需求,才能适应用户导向的经济的新时代,新挑战。

关于服务文化的定位与内涵

我认为,服务文化在一个企业是服务理念与服务行为的有机统一体。如果用公式表达,那就是:

服务文化=服务理念+服务行为规范

当然,用公式表达常常有局限性,但它可以突出地指明服务文化的主要内涵,指明服务文化究竟应当定位在什么地方。

服务文化的内涵必须包括服务理念与服务行为规范这样两部分。而这二者是有机统一、内在逻辑一致、浑然一体的。

服务理念要特色鲜明,行为规范要有效管用。

怎样理解二者的有机统一?从服务理念能看出应当具有什么样的行为规范,而行为规范又体现着、渗透着服务理念的指导。

关于“服务增值”与“服务减值”

这两个概念都是首先由商业文化学提出来的,还不是搞企业文化的提出来的。它的本意是说,同样质量的产品可以因服务好而“增值”,也可以因服务差而“减值”。由于技术的同质化,产品正在出现同质化现象。如果一个企业的产品质量可以,但服务很差,这种服务“减值”就会引起企业形象危机,从而失去其发展的可持续性。

关于质量概念、形象概念要包括服务质量、服务形象

通常讲质量概念,往往是指产品质量,实际上,从企业来讲,质量概念还应包括服务质量。如果只讲产品质量不讲服务质量,那是半截子的质量观。因此,高明的制造商不仅关注产品质量,而且也特别关注服务质量。他们懂得,服务是使公司获得竞争优势的一个非常重要的绝不可缺少的角色。正是处于这样的认识,海尔集团提出了“星级服务”的服务理念。我注意到,中国石油炼油与销售公司的质量理念是:品质一丝不苟,数量分毫不差,服务无微不至。这里的质量概念内含有品质、数量、服务三个方面;不仅讲了产品质量,而且讲了服务质量。这就体现了一种整体的、全面的质量观。

同样的道理,在企业形象中,只包括产品形象,不讲服务,也是不全面的形象观,或者叫残缺不全的形象观。

企业形象从根本上说是取决于产品质量和服务质量。产品质量差,企业不可能有好形象。而注重产品质量不注重服务质量,企业同样不会有好形象。从这个意义上说,产品质量创造企业形象,服务质量同样创造企业形象。

关于服务的核心问题——用户论与用户导向经济的新时代

培育服务文化，研究服务文化，核心问题是深化和拓展用户论，做好用户论这篇大文章。恰恰在这个核心问题上，我们研究得很不够，不够细化，不够深入。

之所以说，服务的核心问题、服务创新的核心问题、服务的永恒主题，也可以说服务与服务创新的基本点、基本原则是用户论，是摆正企业与用户的关系，是坚持用户至上，用户第一，是因为市场经济的实质是用户导向。这也就是近几年来国际经济学界所讲的用户导向、用户经济的新时代。

关于市场导向与用户导向的联系与区别、一致性与差别性，我的书上有专门论述，这里只是做简要说明。

用户导向、用户经济，这是渗透到企业战略、企业管理营销服务等各个方面的重要机会，新的思维，具有统领意义。

从开拓市场的角度来看，服务创新就是再创造用户，创造用户也就创造市场份额。应当看到，用户并非都是对的，但用户永远是第一位的，必须永远地、真正地确立用户第一、用户至上的观念。

关于如何对待抱怨用户、刁蛮用户

在服务文化的核心——用户论中，有一个不可回避的、最尖锐、最突出而且往往引起纠纷的问题，就是抱怨客户、刁蛮客户的出现。国际上的大公司如戴尔公司常用刁蛮客户、难缠用户的提法。

遇到这样的抱怨用户、刁蛮用户、难缠用户怎么办？新的用户论强调两点：

第一是把这种抱怨用户的出现看作是一个重要商机的来临，首先要学会换位思考，即学会从顾客的角度，站在顾客的立场进行思考，用顾客的眼睛观察问题。这里所讲的顾客的角度、立场和眼光包括顾客的利益、方便和情绪。

第二是要善于使抱怨顾客（客户、用户）转化成满意顾客，使满意顾客转化成忠诚顾客，使忠诚顾客，转化成终生顾客，以致成为传代顾客，即代代相传的顾客（客户、用户）。抱怨顾客的出现，正是企业改革管理，实现新发展的一个动力。戴尔公司认为，最难应付的刁蛮顾客，正是他们最好的顾客，因为最难缠的顾客，会让他们学到很多。当然这里的关键在于研究、找到使抱怨顾客、难缠顾客转化的条件、技巧和方式方法。

企业应当提出这样的口号：为建立忠诚顾客群、终生顾客群和传代顾客群而尽职尽责地忠诚服务，要大力表彰那些为此而努力，做出显著成效的员工，推广和总结他（她）们的经验和做法。

关于巩固老用户与发展新用户

创新用户包括两个方面：一是巩固老用户，二是发展新用户。

这里应当强调，千万不能丢失老用户。因为经验告诉人们，丢失一位老用户比发展一位新用户其损失要大得多。

我们不是常讲要创造更多的、越来越多的“回头客”吗？而“回头客”是由“头回客”发展而来的。所以经营服务中、必须善待“头回客”。调查资料显示：

（1）一位感到满意的顾客，可能为公司带来20多位客户；一位感到受气的顾客，可能使公司丢失20多位客户。

（2）争取一位新顾客，所花的成本是留住一位老顾客的6倍，而失去一位老顾客的损失，只有争取10位新顾客才能弥补。

所以，再创造顾客的两个方面中，巩固老顾客与开发新顾客的作用很不一样。要让老顾客成为企业的“活动广告牌”，让他们发挥“用户告诉用户”的口碑影响力的作用。

关于服务发展的一个大趋势：开发个性化服务

在满足顾客需求的服务中，包括注意满足“个体”或“单个”顾客的个体需求、单个需求、个性化需求，不能以相同的服务去满足那些具有不同要求的顾客或客户。按照戴尔公司的说法，就是，大多数的公司以产品为细分单位，他们则是在产品细分之外还加上顾客细分。他们相信，每一个顾客的个别需求和行为，决定了他们应该提供什么样的产品与服务。如果不懂得使服务如何满足那些有单个需求的顾客或具有相似需求的顾客群的需求，那将会失去有分量的商业机会。在这个方面棋高一着，包括让顾客设计自己的特殊样式的产品，那将会为公司带来极大好处。这就是处理好“标准设计”与“个别设计”、“标准服务”与“个别服务”的关系。

关于服务的一个新理念：“与用户的欲望赛跑”

这是用户论在激烈市场竞争中提出来的一个新理念。有的企业提“比顾客的需求做得更好”；有的提“服务要比客户的要求做得更好”；有的提“设想在顾客前面”。“与用户的欲望赛跑”，这个新理念的本质意义是超越有求才“应”的服务，超越顾客提出什么，我才给你什么的服务，而是一种精致的服务，是要设想在客人前面，凡事都要为客人事先设想，主动地去了解每一位客人的需求，不待他提出要求，就已经事先为他安排妥当。它就好像跟客人的期望在赛跑！这是企业之间在市场的激烈竞争中所推出来的。

关于服务是一种双向互动的特殊的情感式劳动

多年来，我们对于服务的研究不够深入，不够细化，特别是对于服务的特殊性研究得很少。这不利于企业开拓市场。必须看到，消费者购买一件商品，同时也在购买一种服务。而且在今天，在产品的差异性越来越小的情况下，消费者购买服务就更为重要。

但购买商品同购买服务很不一样。服务不可能像实物商品那样进行运输和保管,称之为"无存货性"。而且如同有的学者讲过的服务具有不可逆性。对于实物商品,若觉得买得不称心尚可向卖方退换,从而恢复到原来的状态,但服务提供之后就不能再复原了。

还要看到,提供服务的内容、特别是服务质量,往往要受到服务提供者当时的主观精神状态、心理情绪的影响。这就要求作为服务提供者的员工要提高、训练自己的心理素质,要注意思想意识修养,具备良好的精神状态。

所以说,服务竞争,背后是员工综合素质的较量。

而一旦一个公司的服务文化、服务风格和服务气质形成以后,就成为独有的精神文化财富,这是别的公司无法学走的。企业之间的竞争,模仿在日趋加强。但服务却是形成企业竞争特色和差别化的一个重要领域。

大概在10多年前,《光明日报》组织专家学者讨论社区服务时,我讲过服务是一种双向互动的、特殊的情感式劳动,报纸上也登了。

有这样一句话:"情感的能量好比行动的燃料"。

新的用户认为,在服务过程中,要把每一次同顾客的接触看作是一个值得重视和利用的"商机"的来临,看作是一个赢得信赖的"关键时刻"。在今天人们称之为"买方市场"、"顾客选择企业"的时代,特别是消费者越来越重视个性张扬、重视消费心理体验和美好感受,重视消费的审美功能的情况下,要做到"不流失"顾客,不断发展和扩大忠实的顾客群,使顾客重复惠顾,就必须下大功夫把服务作为一种特殊的"情感式劳动"加以研究,探索企业员工与顾客之间富有成效的相互沟通的"互动关系"。服务是一种情感密集、感情传递、情感交融,情感互动的行业和行为。优秀的服务员工,不仅是服务的提供者、承担者,而且是情感的沟通者和传递者。服务的过程,一方面可以使员工把企业的情感、价值、理念传递给顾客;一方面又可以把顾客的满意、情谊、感受反馈给企业。这种相互沟通的行为,可以使服务升华,不断进入新境界。

关于创服务品牌

过去我们常讲物质产品品牌,现在需要加上服务品牌。强调服务品牌,应当说是品牌战略的一大进步,是品牌战略的深化、拓展与延伸。我讲名牌战略有5大要素,其中包括名牌企业、名牌产品、名牌服务、名牌企业家、名牌员工。名牌战略、品牌战略只讲产品名牌、而不讲服务名牌,也是一种不全面的名牌观、品牌观。这里顺便讲一下:对于企业文化要有准确定位,但从企业发展来说,也不能搞得很狭窄。我们应当重视品牌文化的培育与建设,还有营销文化等等。

有人问我:品牌文化与企业文化是什么关系?能不能用几句话表达一下?

我说,首先应当明确品牌战略是企业战略的重要组成部分,品牌文化是企业文化的重要组成部分。我用三句话来表达、概括二者关系:

第一句话:品牌文化是企业文化的一个亮点、一个闪光点、一个综合展示点;

第二句话:品牌文化是企业文化传承的一个"纽带";

第三句话:品牌文化是企业文化辐射的"光环"。

所以,企业在发展中要重视品牌战略。无品牌战略必定是失败的战略,这是企业发展中的经验教训告诉我们的。企业在文化建设中也要注重品牌文化的培育和建设,而培育品牌文化,不只是注重产品品牌,还要开发建设自己的服务品牌。

关于建设服务文化,创建中国的服务经济学与中国服务文化学,必须注重研究中国传统文化根脉与优秀商德

服务经济的概念、服务经济学都是外国人先提出来的。但我们今天建设培育服务文化,创建自己的服务经济学、服务文化学,也有我们自己很多优势。其中有一点,一个独有的重要一点,就是中华民族源远流长的优秀传统文化与传统商业道德。这是我们的一个很重要的文化根脉。当然,优秀传统要与现代精神、时代精神相融合,传承这个根脉万万不可忽视。国外学者在研究现代企业时不是也在研究中国的文化学、道学、佛学吗?不是也很看重《孙子兵法》,也在讲"上下同欲者胜"吗?

在这个问题上,我们也可从周总理,概括"全聚德"精神中得到启示。周总理生前27次去全聚德接待外宾。有一次总理接待外宾时,外宾问:全聚德什么意思?周总理随口而答:"全而无缺、聚而不散、仁德至上"。这三句就是全聚德精神。这也点到了优秀传统文化根脉与底蕴,宣传了中国的优秀商业道德。

讲仁德,讲诚信首先要有诚心。儒家经典讲:"仁义礼智源于心。"中石油炼油与销售公司的服务理念是"关注细节,用心去做",这个"用心"就很好。

如何使优秀传统文化与美德同现代市场经济结合起来,同现代企业精神、服务理念融为一体,这是一个重大的历史性综述。这方面的实践创新与理论研究都应当深化、应当拓展、应当细化。这也可以使我们对全世界的服务经济学、服务文化学的发展作出独有的贡献。

(作者系原中宣部理论局副局长、正局级调研员,中国企业文化研究会副理事长、学术委员)

推进服务文化建设
努力构建和谐秦港

汪秉康

秦皇岛港是1898年光绪皇帝亲批开港的中国惟一自己开的独立港口,是以能源煤炭输出的国际性大港口,现在有职工1.8万多名,固定资产近180亿,负债率是40%,是国家北煤南运、西煤东调的能源运输的主枢纽,担负着华东

和华南40%电厂的煤炭海运中转的任务，对保证国民经济的能源需求具有举足轻重的作用。港口企业是物流的重要一环，也属于服务行业，要为货主用户、煤矿、铁路、航运部门提供优质服务，必须要推进服务文化建设。我们继承和发扬秦港精神，重点围绕建设诚信秦港，建立健全秦港服务文化机制，整合服务文化资源，努力提升港口货运工作质量和服务质量，创造良好的生产工作环境，建立了独特风格的秦港服务文化体系，实现了服务文化与港口管理的和谐统一、服务文化与竞争合作的和谐统一、企业发展与职工发展的和谐统一。秦皇岛港塑造了天开良港、与时俱进的秦港形象，忠于职守、岗位尽责的职工形象和用户无小事、诚信重于山的服务形象。港口实现了跨越式发展，2004年港口吞吐量突破了1.5亿吨，比1986年增长7.5倍，经济效益良好。去年实现利润4.76亿元，先后获得了各种国家级的称号，2005年还获得了全国精神文明建设创建工作先进单位的称号，我今天重点讲4个问题：

坚持以适应市场为导向，努力营造天开良港、与时俱进的港口形象

由于我国加入世贸组织，外贸进出口迅速增加，沿海港口遇到了大发展的黄金时期，各个港口正在大规模地建设，同时也带来了激烈的竞争。竞争是港口企业发展的不竭动力，但要防止过度竞争，所以我们提出了“港口之间竞争与合作”的理念和行为。由于北方7个煤炭下水港口之间现在竞争也日趋激烈，在这种情况下，我们坚持与时俱进，强化服务意识教育，改进服务措施，改善服务环境，不断满足客户的需求，促进了港口的可持续发展，保住了煤炭主枢纽港的地位。在具体的实践当中我们突出了3个与时俱进：

第一，在服务意识上不断突破传统的观念束缚，树立了质量强港的观念。

第二，在服务措施上充分发挥港口优势，为货主提供优质服务。

第三，在服务环境建设上与时俱进，加强港区环境治理力度，努力创建花园式的港口。

坚持以职业道德建设为重点，努力培育忠于职守、岗位尽责的职工形象

我们在港口发展中形成了秦港精神、劳模精神和超一等的精神。超一等精神是什么概念呢？在世界港口当中，如果超一等就列入世界级的大港口，所以我们弘扬了“爱我港口、建我港口、团结奋进、敢创一流”的秦港精神，引导职工敬业爱港，增强凝聚力，弘扬在岗位尽职尽责、为港口发展作出贡献的劳模精神，引导职工岗位奉献。我们远学许振超，近学自己港口的全国劳模。培育人人向劳模学习的学习精神，创生产高记录、创服务新质量，弘扬万众一心、顽强拼搏、勇攀高峰、诚信秦港的企业精神，引导职工开拓进取，特别是近几年来煤炭运输紧张，2004年暑期，用电发生紧张，我们响应中央的号召，迎峰度夏，抢运煤炭，使全港职工在超一等精神的鼓舞下保持了旺盛的斗志，战高温、斗酷暑，在最大限度地减少停机时间上打了一场漂亮仗，保证了煤炭运输大动脉的畅通。

坚持以客户至上为核心，努力建设用户无小事，诚信重于山的服务形象

（一）我们加强制度建设，树立诚信意识，秦皇岛港相继制定了《首问责任制》、《总经理质量投诉电话管理办法》、《文明职工标准》、《文明职工否决条件》、《职工个人信用档案管理暂行办法》。使诚信建设有了制度保证，首问责任制是每个职工要为每一个客户，每一个来访者提供热情周到的服务，如果谁出了问题要追究谁的责任。总经理质量投诉电话24小时都开通，对投诉者热情接待，给予满意的答复，另外结合《公民道德实施方案》的颁布，我们制定了《文明职工标准》和《文明职工否决条件》，加强三德教育，对违规的职工取消文明称号，并与劳动考核挂钩，形成有效的制约机制。制定《职工个人信用档案管理暂行办法》，客观地记录了每一个职工的诚信情况，诚信行为得到表扬，失信行为得到惩罚，进一步规范了职工为货主、用户服务的行为标准。

（二）强化诚信管理，突出诚信品质，开展质量管理、效益监察、货主用户窗口、服务满意率测评以及建设诚信秦港活动。每年都主动走访货主征求意见，每年都对港口的服务水平、服务满意率进行测评。还通过广大职工开展诚信大家谈，引导职工增强诚信意识，树立诚信观念。各个部门每旬都要坚持联合开展港区的五项治理工作检查，加强港区现场环境、交通秩序、现场人员禁烟的巡查管理，使现场生产作业不规范行为得到有效的整治，为塑造诚信秦港创造了良好的环境优势。发挥共建的优势，打造诚信品牌。在这方面我们开展了新的服务，比如过去煤炭有些不合格，有的煤炭发热量不够，有的煤含硫量超标，这种情况过去就得退货，要从铁路退回去，我们现在采取了一些新的办法，为货主、为煤矿服务采取了配煤业务，使不合格的煤炭经过配料加工符合国家标准，创出了品牌。

适应构建和谐秦港的需求，给服务文化注入了新的创新活力

服务文化是以服务价值观为核心，以提高服务质量赢得客户满意为目标，以形成共同的服务理念和行为规范的企业文化。服务文化的本质是一种智慧文化，是经营者和广大员工共同创造的文化。我们秦皇岛港要为构建和谐社会做出贡献。所以我们党委提出了建设和谐秦港这个理念，就是生产组织有力，装卸技术先进，安全秩序良好，服务质量上升，人际关系友善，环境整洁顺畅，经济效益显著，港口竞争合作，港城互动共荣的和谐秦港。建设和谐秦港，需要有很多工作要作，特别要给服务文化注入创新的活力，进一步把职工群众的思想和行为引导到正确的方向上来，我们学习和借鉴兄弟单位和国内外管理模式和管理方法，结

合港口实践,逐步建立现代企业制度,实现管理体制、工作机制、服务文化建设的关键环节,我们必须掌握好以下原则,即:实践性原则、独特性原则、持久性原则、系统性原则、统一性原则。全港上下必须步调一致,形成统一的理念系统、行为规范和视觉形象,保障秦皇岛港服务文化的一致性。这些工作我们才仅仅开始,下步我们将重点抓好秦港服务文化建设成果的巩固和提高,继续强化秦皇岛秦港品牌在社会上产生的影响。要根据秦港服务文化的特点进行3年规划要求,对前两年秦港服务文化建设状况做经济效果评估,根据新的变化,适时调整秦港文化建设的战略目标,保证秦港服务建设取得健康稳定的发展。

(作者系秦皇岛港务局集团有限公司党委副书记)

服务文化与服务增值

罗玉芝

北京移动通信有限责任公司在2000年成为一家国有境外上市公司,在企业发展壮大的过程中,我们深刻感觉到如果要使企业长足发展,如果要使企业能够基业长青,真正地实现可持续性发展,而且使企业和员工、企业和社会和谐发展,我们必须要引入文化建设。

服务文化是企业文化的重要组成部分

透过公司发展的历程,我们认识到,在市场经济中服务文化是基于市场经济、知识经济、服务经济的一种文化,而且它是一种高层次管理文化的延伸,是企业文化的重要组成部分。既然这样讲,我感到我们不能简单地就经济谈经济、就文化谈文化,在我们的经济活动当中蕴藏着很丰富的文化内涵。在我们的整个文化建设中,如果没有经济基础作保障,我们的文化建设应该说是空中楼阁。所以在这个过程中,我们感觉到过去的竞争是在同行业内,新的经济给我们预示了一种跨行业的竞争,如果我们没有大文化的概念,我们就很难超越自己,也很难使我们的服务达到真正为和谐社会创造价值和实现制定的目标。所以,我们做企业文化,必须深刻的体会用户的需求,把我们企业的核心价值观定位在为客户服务上,这是我们所追求的。服务文化应该是企业的服务理念和职业观念等服务价值的总和,怎样把握这种总和呢?我们必须把握服务文化以服务价值观为核心来营造员工和所有管理者的一种服务意识的过程。我认为,服务意识是在我们服务文化建设过程中核心的东西。在这个问题上,我觉得服务意识应该是支撑或者使我们的服务手段、服务理念和服务决策能够达到的最佳效果的核心内容。所以要使服务文化得到增值,就必须要把我们的核心价值观融会贯通在整个员工和企业管理者的服务当中去,我们才可以提升企业的核心竞争能力。企业是一个竞争实体,如果说我们的企业不想赚钱那是不对的,但是我们企业通过什么样的方法去盈利,使我们的企业的经济得到长足的增长,我们必须要认真研究。如果使企业能够发展、能够基业长青,我们就必须通过服务和通过一种服务文化力,它这种文化力是深深植根于管理层、员工意识形态当中的一种行为准则,这种行为准则绝对会指导我们在整个服务当中最大限度地满足用户的需求,在满足需求的过程中,我们就有可能创造客户的满意度,从而得到用户的忠诚度,使我们的客户价值不断得到提升,这样就能够使我们的企业在良性循环中得到发展,而不是靠简单的价格战、简单的价格竞争发展。

服务文化必须是一个体系

在建设服务文化的过程中我们不能仅就一个方面或者一个层面的用户需求,去一段一段、一点一点地解决服务问题。要从观念上解决。文化思想和意识形态是指导人们行为的准则。在建设服务文化的过程当中,我们有了这样一种观念、一种意识之后,必须还要建立体系。应该说在我们的整个文化体系建设中,一直在致力于服务文化体系建设。首先是形成一种机制。2000年分营的时候,我们从事专业技术岗位,也就是网络维护、网络建设和网络支撑系统的员工的比例要大于服务体系员工的比例,到现在为止,我们已经有一支非常大的客户服务队伍,我们客户服务队伍的比例已经接近职工总数的75%,这说明已经接近国际上一些先进企业在技术和服务支撑方面的员工比例数。我们非常注重的是以企业的价值观为核心,以企业精神为灵魂来塑造企业的意识形态,从而使我们的"客户至上、客户是企业的价值源泉"的理念深入人心。2003年,我们非常荣幸地成为北京市职业道德试点单位。作为一家以通信服务业为主的企业,我们的产品不像制造业那么明显,我们产品的生产过程就是我们的服务过程,我们的客户对我们服务的质量和服务品牌的感知是从服务开始的,我们弥补产品缺陷是很难的。所以在整个文化建设中,我们以企业道德和职业道德为标准,以服务机制流程为保证,而且在企业形象和企业品牌方面做出了我们一些新的定位。一是我们已经实现了从关注高端用户向全网用户的转变,过去我们的企业定位是成功人士的选择,我们关注的只是高端层面上的服务问题,后来感觉到我们的企业应该是一个全方位地为用户提供通信服务,尤其是提供全方位的移动通信服务。二是我们从个人用户服务转向了集团客户,从过去简单的语音通信服务正在向数字化和集团化解决方案发展。三是我们还是一个公众服务的企业,公众服务是我们企业的目标,也就是说我们为社会服务,我们也是一个企业公民,在这个服务过程中我们重视了个性化服务的导向。所以我认为服务体系的建设应该是注重了从思想、文化、意识形态到组织机构、机制,也就是说,真正实现从生产关系到生产力全方位的变革,才能够使服务增值得到保证。

员工是创造服务文化价值的源泉

如果说企业文化就是企业家文化,我认为是不全面的。

我认为企业家是企业文化的重要组成部分，企业家能够控制文化的导向，所以他是重要组成部分。在服务文化建设中更要注重员工是服务文化价值创造的源泉。如果我们要创建一个文明的、和谐的、快速的、高效率的服务团队，那我们必须把员工的感觉和感知放到服务文化体系的首位，让我们的员工真正成为企业成员，而不是雇员，真的实现员工和企业共同成长，而不是游离于企业之外，经常担忧自己被炒鱿鱼，而且我们要让员工工作的每一天是愉悦的、是有价值的，而且是和企业价值同时增加的，和用户价值是在同时增加的。所以我们应该有这样一个概念，要形成员工价值创造的自觉意识，这种自觉意识必然会引发员工的创造潜能的发挥，它必然会引起员工的主动思维，自觉地创造价值，从而实现员工成长和价值创造。在这个过程当中还有一个很重要的问题就是客户的满意度，客户需求是我们推动企业成长的源泉，这个价值源泉通过我们员工对客户的真诚服务，形成一个价值链，这就是服务增值过程。

我们作为一个移动通信产业，我们在企业发展过程当中的服务文化必然要创造服务文化力，在创造服务文化力的过程中，我们必然能够创造我们的企业价值，在价值创造中，我们一定是一个共赢的结果，这个共赢的结果应该是员工、企业、客户和社会价值的共赢，这个共赢必然是能够为和谐社会做出我们应该有的贡献。

（作者系北京移动通信有限责任公司党委副书记、北京移动通信服务公司总经理）

以人为本建设和谐企业

曾良才

建设和谐企业是构建和谐社会的重要基础。从整个社会来看，企业是社会的细胞，社会是企业的生存和发展环境。企业要立足和发展，要与国家和地方的发展战略、法律和制度相一致，要与国家和地方的文化相适应。否则，企业很难有大的发展。同时企业是由诸多群体构成的，这些群体内部和群体之间的和谐既体现在人际关系上，也体现在工作关系上。当前，以人为本建设和谐企业应注意以下7个方面：

以人为本建设和谐企业，必须把握和谐企业的主要特征

一是企业组织的和谐，包括组织与社会之间的和谐，组织与自然之间的和谐，组织与组织之间的和谐，组织内部不同群体之间的和谐。二是人与人的和谐，包括了领导、管理层之间的和谐，领导与员工之间的和谐，员工与员工之间的和谐，员工自身的和谐；三是文化的和谐，组织的和谐、人与人的和谐源于文化的和谐，文化和谐是核心、关键，文化的和谐体现为价值观、理念、精神、思维模式等的和谐；企业文化的核心是价值观，尤其是对各自组织愿景的价值认同，是否形成一致的认识，是一个单位凝聚力形成的关键。四是机制的和谐，包括企业内部的体制、运行机制和规章制度的和谐，只有机制的和谐，才能处理好工作与生活的关系，协调好劳动关系等。体制一经确定，需要相应的运行机制，体制和机制之间的不和谐会影响发展目标的实现。各项规章制度是运行机制正常运转的保障，需要各部门紧紧围绕发展目标，将各项规章制度相互衔接、相互协调、相互支持。

以人为本建设和谐企业，必须文化先行

建设和谐企业，物质和谐是基础，精神和谐是动力，和谐文化是长久和谐的根本保证。

要抓住一个核心——共同的价值观，这是精神的纽带。价值共融、价值取向一致才能同频共振，共生共赢。

要牢记一个宗旨——以人为本。企业的兴旺发达靠人，人是企业最宝贵的、可生生不息，可以无穷增值的资源。珍惜、爱护、发挥好这一宝贵资源，是企业的要旨。要了解员工的思想，掌握员工的心理，体察员工的需求，尊重员工的人权，理解员工的处境，承认员工的个性。要关爱人心，尊重人品，启迪人智，发挥人力，让员工创业有机会，干事有舞台，奉献有成就，发展有空间。要激励强者，关心弱者；要关心人、尊重人、理解人，信任人、发展人。

要坚持一个指导思想——科学的发展观，以科学发展观统领和谐团队建设。科学发展观是构建社会主义和谐社会的指导思想，建设和谐团队必须以科学发展观为统领，将其贯彻到思想认识和具体实践中。首先，发展是党执政兴国的第一要务，我们要把全部力量凝聚到事业发展上来，坚持以人为本，时刻将员工的根本利益作为我们工作的出发点和落脚点，并以此来制定政策、开展工作。其次，我们需要的是富和谐，不是穷和谐，而利益的和谐靠发展。

要坚持一个方针——维权，建立和完善工会组织领导下的维权机制，切实维护员工合法权益。

要把握一个主线——企业与员工的共同发展。

以人为本建设和谐企业，必须要构建一个良好的企业生态系统

良好的、充满活力的企业生态系统包括了硬的和软的两个系统。既要创造、提供一个良好工作与生活环境、社会环境（硬的系统），又要注意形成良好的舆论氛围、学习氛围和情感氛围（软的系统）。

关于舆论氛围：一要确立共同的理念和目标追求；二要广泛宣传“尊重劳动、尊重知识、尊重人才、尊重创造”的方针，营造鼓励人们干事业、支持人们干成事业的社会氛围；三要大力提倡以“信任、沟通、合作、协作”为核心的团队文化。打造和谐团队就是要在合作与竞争的团队氛围中，体验相互协作、相互鼓舞，促进团队成员之间的彼此

信任，展现每个成员的闪光点。四要坚持公正地评价准则，透明公正公平地对待每一个员工，让每一个员工在工作生活中都体会和享受到平等的尊严；和谐团队就是不断增强员工的认同感和光荣感，促使他们以快乐、积极的心态开展工作。

关于学习氛围：善于学习，这是我们造就和谐团队的途径。学习是提高个体能力的好方法，学习也是提高集体生命力的根本。2005 年初，国内的两家网站联合进行了一个"2004 年职场满意度联合调查"。在关于"今年职涯路上最让你满意的是什么？"的调查中，有 30% 的参与者选择了"学了新的知识和技能，能力又上一层楼"，占所有项目之首。这个数据告诉我们什么呢？好的企业应该是注重对成员的培养。重视员工的培训，创建学习型企业，组织员工学业务、学理论、学工作方法、学思维方法、学技能，集体学、自己学、互相学，有意识的学、个人领悟学，走出去请进来学等。使员工通过学习，实现自己人生价值的最大化，从而增强自身与企业共进双赢的责任感和成就感。

关于情感氛围：要创造关爱亲情的人际关系，把家文化中的传统美德引入企业团队中，以情感管理凝聚人心，激发人志，感人心灵，开发人智。让员工在企业有一种归属感和满足感。

以人为本建设和谐企业，必须要依法、民主治理企业

发展社会主义民主是构建和谐社会的政治基础。和谐的团队必然是充满创造活力的团队，只有发扬民主才能发挥员工和各个方面的积极性、主动性和创造性，才能促进领导与群众之间、团队与各单位之间以及单位内部团队之间的和谐，才能最大限度地调动、凝聚一切力量为事业献计出力，实现和谐发展。要建立科学的公平观和正义观，坚持厂务公开、透明，阳光操作。

社会主义法制是构建和谐社会的保障，在建设和谐团队的过程中，一方面要坚持以人为本的原则，依法逐步建立健全公平合理的分配机制、科学合理的管理机制、公正公开的保障机制、矛盾冲突协调处理机制；正确处理各种矛盾，使各方面利益得到妥善协调。另一方面要引导不同群体理性的、合法的表达利益诉求，引导不同群体正确处理好个人与集体、企业与国家、眼前与长远三者之间的利益关系。

以人为本建设和谐企业，必须要关爱员工

一是政治上关爱。包括尊重、理解员工，为员工搭建实现自身价值的平台，发挥员工长处，善于沟通，倾听员工意见，学会表扬和批评等。以加强思想道德建设，奠定和谐团队建设的基础。构建和谐团队离不开员工整体素质的提高，而思想素质的提高是促进人际关系和谐的重要手段。牢牢把握正确的舆论导向，弘扬主旋律；培养具有和谐观念的人才，是建设和谐团队的重要内容，也是政治关爱最重要的体现。

二是工作上关爱。帮助员工做好个人职业生涯设计，在合适的岗位做合适的事，提高他们的政治素质、文化素质、技术素质，使员工不断能得到升迁和发展。一是对员工充分授权。领导者必须放弃一统天下的领导方式，学会授权赋能。把更多的精力用于拓展员工的发挥空间，激发他们的创造性；赋予下属充分的职权，同时创造出每一个人都能恪尽职守的环境。二是把听意见当作头等重要的大事来抓，掌握听意见的艺术，聪敏的管理者是多听少说的人。批评要讲策略。三是创造激情，给别人以热情。一个能激起热情的平凡主张比一个不能激起热情的非凡高见好得多，因此，主管者必须能激起部下的热情。四是营造员工热爱本职的氛围，创造一种使部下热爱本职工作的环境。实现这个目标的一个方法是，创造一种使自己的部下感到自由和无拘无束的气氛，因为人们在心情十分压抑的情况下不可能干出最佳水平。另一个方法是，承认各人的志趣有差别，区别对待每一个人，分配他们去干自己有兴趣的工作，精明的还会发现某人什么时候缺乏做某种工作所需要的爱好，他会尽力找出更适合此人干的工作。最后还有一个方法，就是自己对本职工作像对业余爱好一样，以自己的工作热情去感染部下，而不是用自己的消极情绪去影响部下。

三是生活上关爱。关心员工的身体，关心员工的家庭，关心员工的收入，关心员工及其子女的教育，关心弱势群体。

以人为本建设和谐企业，必须要提倡协作，减少不必要的竞争

理论上说，和谐团队里面是没有竞争的，一个和谐的企业内部不应该有竞争，一个集团里面也不应该存在竞争。但是，目前确实有竞争，这是事实，不能回避。但是，我们要减少不必要的竞争，特别是恶性竞争，要整合力量，共享资源，共同攻关。员工之间不要搞竞争，强性引人员工之间的竞争，是不恰当的，否则影响士气、影响团结。其实，强行引人员工竞争只会导致冲突。如果员工只是因为他们的表现落在某一水平以下而受惩罚，那么他们会丧失士气，进而影响整个公司的士气；这也会让很多员工不愿意帮助别人，因为这样等于提高其他人的分数。正确的做法应该是以合作取代竞争，追求双赢。这个道理不仅适用于市场上的对手之间，在同一个组织中，由于具有共同的利益、挑战和共同的愿景，管理者更没有必要在组织内部制造不必要的竞争与对立，而应鼓励员工共同合作，一起为公司总目标努力。这就需要企业领导人强化企业共同理念，协调每个成员间的利益，从而迈出打造具有和谐战斗力团队的第一步。

以人为本建设和谐企业，必须要发挥党组织的作用

建设和谐团队、和谐企业、和谐集团，离不开党的正确领导。我们党的组织是优秀的团队，是有着光荣的传统，由一大批优秀人才组成的优秀团队。我们党有80多年团队建设的经验，这种经验的历史积淀为我们今天建设和谐团队、和谐企业是宝贵的、独一无二的财富和资源。以加强党的建设推进和谐团队建设。要充分发挥思想政治教育在党的建设中的作用，发挥党组织和共产党员凝聚人心、服务群众的作用。建立和谐社会。要进一步健全正确处理人民内部矛盾、稳定社会的工作机制加强社会建设和管理，推进社会管理体制的创新。同时，也要发挥党组织、特别是基层党组织的战斗堡垒作用和共产党员的先锋模范作用，积极参与社会活动，起到联系群众、服务群众、关心社会、化解矛盾、协调利益的作用。

在建设和谐团队的过程中必须不断加强党的建设。要加强领导班子和队伍建设，打造一支专业结构合理，品德高尚、业务过硬、作风优良、廉洁高效的管理干部队伍；要切实加强各级党组织的建设，尤其要使基层党支部的作用充分彰显，使之在本部门的工作中最大限度地发挥作用，将我们的每一支团队建设成积极的、和谐的团队；要进一步加强和改进群众工作，建设和谐团队必须坚持党的群众路线，要畅通沟通渠道，共谋发展。

（作者系中国航空工业第一集团公司企业文化部部长）

企业文化要有忧患意识

徐惟诚

我们的社会主义经济建设已经进行了十个五年计划，取得的成就是在座的每一个人都亲身感受到的。大家都觉得形势很好，应该乘势前进。中央的建议中分析到现在我们面临着仍然是一个极好的机遇期，但是同时也指出了我们面临着严峻的挑战。我们今后在研究企业文化建设的时候，特别应该关注后一个课题，就是说，我们要有足够的忧患意识。有了足够的忧患意识，才能够充分地分析将来可能碰到的各式各样的问题，有备无患，使我们能够永远处于一个主动的状态。

要清醒地看清差距

清醒地看清差距，才能使我们真正抓得住机遇。我觉得我们在这一方面的思想准备还不是很充分。比如说我们刚刚发射的神州六号载人飞船，这标志着中国人向宇宙跨进的一大步，大家都非常高兴，我们的媒体连篇累牍，但是很少有媒体谈到我们和美国、俄罗斯的差距，不是一点点差距，可能还有几十年的差距！我们现在是能够把人送上天了，但是我们能够送上去的整个总重量不过是几吨重，人家能够送几十吨重的东西上去，这是一个不小的差距。如果要达到这样的推动力，要解决的问题不是一点点，需要解决的问题也不是很简单的。我们中国在“十一五”期间面临着一个什么样的新的历史时期呢？就是说，这是整个中国的人均GDP达到1000美元以上的第一个五年计划，或者叫五年规划，这之前我们所有的五年计划人均GDP都在1000美元以下，但是我们的进步很快。我们开始没有做五年计划的时候，1949年人均GDP是19美元，我们现在已经能够达到人口增长一倍多，GDP能够达到1000美元，这应该说已经了不得，了不得之后也可以讲我们的基础强了，实力强了，我们可以做的事情更多了。

留心富裕病

不记得是哪一个哲学家说的话，但是这个话我始终记得，就是说人在吃饱饭之后的苦恼比饿肚子的时候多得多。我是相信这句话的。吃饱饭以后，我们大家碰到许多过去觉得不成为问题的事情，过去能够忍受的事情，变得不能忍受，火气大了。江泽民常常用一句话叫财大气粗，他是讲国家，其实人过日子也是这样的，家庭里的情况也是这样的。虽然是贫贱夫妻百事哀，但是贫贱夫妻之间的矛盾并不那么深。忽然中了一个奖，不要说是中了500万了，就是中了一个50万、5万的奖，家里面的矛盾就出来了。社会上流行着许多语言，什么男人有钱就变坏，社会上到处流行各种现象，一个社会要经得起这样的考验是不容易的。真正富裕了也难，许多国家的衰亡都是在发展之后、富裕之后。历史上历代王朝也是这样。罗马帝国亡于奢靡。更大的悲剧是还没有到可以奢靡的时候，你不过就1000美元吗？人家是1万多美元，2万多美元，你不还是一个很穷的国家吗？然而我们奢侈品的消费让全世界的人感到害怕、感到吃惊。我们在座的都是办企业的人，社会的这种奢靡跟我们什么关系？有关系，因为这些东西影响到整个社会成员的精神状态。

待遇高不一定就能凝聚人心

企业发展靠人心，人心首先要待遇留人，然后用感情留人，用事业留人。是不是待遇越高的那个企业就越留得住人呢？不见得。我长期做新闻工作，现在许多新闻单位的从业人员的收入比我们当记者的时候不知道高多少倍。但是很明显的，许多人对本报社的忠诚度总体却下降了，他关心自己报纸命运的程度，不如过去拿他现在收入1/20的人。我不知道其他的企业有没有这样的问题。也许在座的都是办得很好的企业，人心都很凝聚，但是我相信人心的凝聚不完全是靠待遇高。

不要播种仇恨

法国最近的骚乱给我们一个很严重的警示。法国社会不可说它的社会福利各方面做的不好，不可说他们对社会的治理没有经验。他们碰到的同类的问题18世纪已经大量出现过。我们读18世纪的法国小说，看到里面描写的各式各样的事情，可以概括成一句话，就是外省人进巴黎然后出现各式各样的矛盾。最典型的就是《红与黑》，我们小时候看《红与黑》，还以为是讲爱情的，其实不是的，一个外省人进到这样一个大城市，就是处处被城里人轻视，各种机会都是不平等的，然后产生一种敌视心态，然后他自己处心积虑向上爬，每一步都是充满着仇恨。当然不是说现在法国还停留在18世纪，已经是21世纪，社会经过了很多调整、很多融合。但是这次发生的事情本质上还是这个问题，阿拉伯人、非洲人的后裔，也入了法国籍，也在法国上的学，但他们处处感觉到没有被融入。我们的社会会不会有这样的问题呢？我们现在的城市有大量的外来人口，现在大家都说这些外来人口处于边缘化的境地，他们的感受是什么样呢？高楼大厦哪一栋不是这些穷人来盖的，哪一个高楼大厦盖成的时候、剪彩的时候还有一个穷人在旁边站着吗？盖成的时候就没有他的份了，而且有的还要欠他的工资。他们很希望、很迫切地希望成为城里人，成为平等的一员。

不要加深人们心理上的不平衡

中国要现代化、工业化必须有大量的农民进城，也必须经历农村人口转化为城市人口的过程。农民进城已有1亿多人，实际上离开农业劳动大概有2亿人之多，这个过程伴随着农民的逐步富裕，但是不可能没有代价。付出的代价是夫妻不能团圆、子女上学失去父母的监护、老母亲没有子女在身边奉养、青年男女找不到对象、半流动家庭的高离婚率等等。这都是付出的代价，我们要尽一切努力，使得这种代价少一点，使得痛苦少一点，做到尽可能的安定一点，发展得更顺利一点。但实际上我们有许多做法（不是政府的规定），是加深了人们心理上的不平衡。我们每一个企业差不多都有一大堆打工的人在，我们可以做许多很有益的事情，不见得这些事情都要花钱。我讲一件很小的事情，现在有许多父母心里面想跟留在农村的孩子沟通，孩子心里面也有很多话要跟父母讲，但沟通不起来，不知道在电话里怎么讲。如果我们哪个农民工多的企业请一个专家给农民工做一次报告，一个钟点之内，教他们怎么打电话，跟孩子打电话怎么讲才能沟通起来，会不会受欢迎？一栋高楼大厦盖起来后，如果剪彩的时候请工人来剪彩，他们会不会觉得这是我的劳动，我很光荣。我想如果哪一个老板做这样的事情，工人一定穿最好的衣服来。

可持续发展

我们面临的挑战不光是社会，还面临着发展速度的问题。中国必须要有一个相当的发展速度，我们不要求大跃进，不要求太快，但是一定要有持续的相当的速度往前发展。如果没有相当的速度这个国家各方面的事情就会矛盾更多。我们过去20多年的增长，主要是外延扩大的增长，是靠多投入来增长。我们消耗的钢铁、矿石越来越多，这可以没有底吗？我们消耗1.7亿多吨石油，油价还在增长，从20几美元一桶，涨到了60几美元一桶，油是可以没有底拿到的吗？油是可以买，可以到全世界去买淡水吗，我们淡水的人均拥有量是全世界的1/3，我们每一个GDP消耗的水要比人家多得多，能到全世界去买淡水吗？我们把空气都污染了，能到全世界去买空气吗？我们的产品是销到全世界，我们现在国民经济对外贸的依赖程度已经超过50%以上，全世界的市场是一个无底洞吗？现在人家用这个办法卡我们，那个办法卡我们，这个办法我们商量解决了，那个办法我们商量解决，解决了之后，有可能人家不卡吗？有可能市场无限地容纳你吗？即使能容纳，你也要付出更大的代价，因为我们之所以有竞争力，不是我们的产品钢的消耗量小，不是我们的产品原材料的消耗量小，不是我们的产品能源消耗量小，不是我们的经营水平更高，都不是，我们只有一条，产品便宜和便宜的劳动力，但劳动力可以永远这么便宜吗？

文凭不等于素质

每个企业都面临着员工的问题：员工的心态、员工的素质。现在整个社会的心态追求高学历，千军万马都抢着过独木桥，然后比赛学历。单位用人也抢高学历，用着、用着，学历里面开始掺假、掺水，最后没有办法保护自己，只有凭真本事。凭真本事这句话好讲，但是不好操作。企业用人的办法就是我承认最初的学历，你工作之后的学历不算，这是企业人事部门想出来的办法，不成文的规定。实际上自学成才比正规大学有的还要好。你如果没有办法用，就会更助长整个社会还是去挤独木桥。这样的结果，就会使企业里面缺少真正需要的有素质的人，特别是能解决实际问题的人。最明显的一个大类就是技工，花高薪你也聘不到。这个矛盾我估计“十一五”期间还要更尖锐，因为企业面临着升级的问题，还用原来的产品到市场上打不赢，设备是可以买的，一两个工程师可以聘，但是员工整体的技术素质是买不来的。

要注意“七年之痒”

对于民营企业来讲，我觉得还面临一个问题。民营企业经过20多年一点一点的发展、壮大，有许多很好的企业发展起来了，但这些很好的企业大概发展到一定的阶段，就面临着一个危机，好像社会学家评论家庭有一句话叫“七年之痒”。就是说一个家庭组成之后到七年是一个关键时候，到七年的时候能过去就过去了，过不去就会发生危机。实际上企业也有“七年之痒”，很多很好的企业崩溃垮台是怎么垮的，大体上有两种原因：一种原因是资金链断缺。资金链断缺的企业是很有本事的企业家办的企业。因为他很有本事、很成功，所以他就要扩张，扩张一个成功了，再扩张一个又成功了，于是他还要扩张，但不可能都成功。按道理也是不要紧的，扩张5个企业失败一个还是成功的。但那个失败他觉得不甘心，要救它，就要用原有其他的企业去救，就把资金链联起来了。救了一次不成功，不甘心，“因为凭我的经验、凭我的本事是还可以救的”；于是再度联系，到资金链非常紧密的时候，只要有一个小断缺就全线崩溃。再一种原因就是人员的分崩离析。可以共患难，不可以同安乐。当年创业的时候大家一块干，什么牺牲都可以，成功了之后就有谁的功劳大的问题，每个人都觉得我的功劳比别人大，成功了以后，都有本事了，都觉得自己本事大了的时候就团结不起来了。

不要走进企业文化的误区

更大的潜力应该说是我们的文化，这是我们的重要资源，要重视这个资源。20 年中，我们逐渐地重视企业文化的建设，我觉得哪一年都没有今年提的这么高，是应该到了更加重视发掘文化来保证我们可持续发展的时候了。作为一个文化底蕴比较深的国家的企业，有意识地重视发掘这个资源，是可以帮助企业实现可持续发展的。要搞好企业文化建设，要避免几个误区。有的企业已经经历过，就是很简单地把企业文化当成一般的文化娱乐活动看待，这是前几年许多企业的误区。但是现在也还有若干企业讲到企业文化就是搞一点文化娱乐活动，不能说文化娱乐活动不属于企业文化，只能说这样做对企业的发展起不到灵魂的作用。进了一步之后，有许多企业的企业文化实际上是口号，贯彻不到每天的行动当中去，许多不同的企业口号差不多都一样，这更说明它贯彻不下去了。那么再进一步就是请专家来设计，弄出形象标志、一套会议、一套训练、一套做法也是会有成效的，但是做的结果许多企业都是表面的，这些事情都做了，但是整体企业的素质还是提不上去。

不要要求把企业的员工都培养成圣人

企业文化工作下力量下在什么地方呢？下到提高人的素质上，这抓到要点，抓到要害了。抓到要害之后，我想提一个警告，不要要求把企业的全员 2 千个工人、2 万个工人，或者小企业 2 百个工人都培养成圣人。我看了许多企业的企业文化规划，使得我有这种感觉，就是要员工达到的要求，如果都达到的话，他就是圣人了。这样的要求员工受得了吗？像这样的要求员工做得到吗？实际上并不需要员工都变成圣人，如果员工都变成圣人了也没有人给你干活了。每一条要求提出来的时候都觉得是有道理的，都觉得是应该的，但是每一条要求都做到，实际上不光是今天做不到，有些企业它的规划要求和教育的内容我觉得是很长很长时间做不到。

企业文化建设要逐步前进

企业文化建设要逐步前进，抓住当前最要紧的东西来做，一步一步往前走，哪怕做的不太好、不太完美，我只做一步，这一步做成功了，其他的还不太行，不要紧，这一步做成功了企业效益就会上去。我们的企业文化还有什么东西不行，明天再做。刘少奇同志有一句名言叫做“领导群众提高一步”，他说共产党的领导权就在这个地方，我们共产党犯不犯错误界限也在这里，如果你不能领导群众提高一步，你比群众还要落后，你就叫做右倾，那群众要你干什么？如果你想一下子提高两步，就没有人跟你走了，你就叫左倾。想不想提高两步呢？想啊，十步都想，你提高完了一步之后明天再提高一步啊，加起来就是两步，但是你每一次做的时候只能提高一步。你不提高一步是犯错误，提高两步也是犯错误，我觉得这是至理名言。

（作者系原中宣部常务副部长、中国大百科全书出版社总编辑、中国企业文化研究会顾问）

树立自主创新意识，铸就民族品牌灵魂

尹家绪、施炳中、周帆泓

主持人（赵春福）：我们这个论坛的主题是“树立自主创新意识，铸就民族品牌灵魄”，特邀嘉宾有长安汽车集团有限责任公司总裁尹家绪先生，中国全聚德（集团）股份有限公司副总经理施炳中先生，远大空调四川地区总经理周帆泓先生。

最近开的五中全会，通过了“十一五”规划的建议，建议有一个很大的亮点，就是把增强自主创新能力作为科学技术发展的战略基点和调整产业结构、转变经济增长方式的中心环节。对于自主创新、打造民族品牌是有很多不同认识的，下面我们就先请几位嘉宾谈一谈怎么样理解自主创新、打造自主品牌和企业发展的关系、经济发展的关系。

尹家绪：长安汽车集团公司是 1862 年李鸿章先生在上海创办的，是我国较早的一个军工企业。长安 143 周年的历史，说明了一个企业文化的重要性。就长安文化来说，它有一支厂歌，这支厂歌 1932 年写的，作词是郭沫若，作曲是贺绿汀，现在长安每个节日，每个大会都还在唱这首歌，这是在中国企业里面应该说时间较长的一首自己的厂歌。长安也是一个军工工厂，始终奉行自主发展。因为在国防建设上，没有自主就没有自我，没有自我就不可能有国家的强大，一个有国无防的国家，经济就不可能发展，即使发展，它的持续性或者它的发展基础都是脆弱的，在这一点上我们作为一个军工企业，一个军民结合型的企业，体会得更深。从军工来说，它承担着十分繁重的国防科所和国防生产任务，从民用来说，它主要是生产汽车，2005 年销售汽车突破 60 万台，进入了正式的汽车企业。进入了就一发不可收了，长安为什么还在说自主开发，因为国防企业如果没有自主就不可能发展。我给大家举一个例子，特别是国防建设，承担国防任务的，美国、欧洲限制卖给共产党国家，限制卖给中国，连简单的设备都是限制的，更何况如果是电子化技术的运用在武器上的时候，芯片技术更是限制。给我们国家提供的芯片技术要比给菲律宾、印度尼西亚晚 2 代或者 1 代，比日本、中国台湾晚 2 代，这样的芯片才能提供给中国，大家想想中国的企业还需不需要自主创新，中国的企业需

不需要掌握核心技术？2005年曾经在广东的汽车研讨会上前机械部部长何光远先生和我们国家曾经是前任专门做对外谈判的一位先生在论坛上的发言，大家有两种不同的反映，那位先生提出中国的汽车用不着做中国自己的汽车，只要把世界各国的汽车引进中国来，中国的汽车就能发展。这个想法我们认为是相当错误的。如果中国没有自主、没有掌握核心技术，中国永远没有未来。关于自主创新，我再举一个例子，巴西搞对外开放时，所有的汽车大国都去办了汽车企业，全部是合资企业，也把最新的产品引进去了。而日本和韩国也对外开放，但是在开放的同时，自主创新，全部树立自己的品牌，并且掌握自己汽车开发的核心技术。巴西经历了金融危机，这些企业在金融危机里面经历的很艰难，日本韩国在亚洲金融危机里面同样经历很艰难的时期，然而多年过后的今天，日本和韩国汽车又起来了，他们靠什么，就是自主开发，自主发展的能力，掌握了核心技术。但巴西的汽车至今一蹶不振。为什么？因为它依靠外资，外资没有信心投资了，新产品也不拿进去了。从这些例子看自主开发、自主创新是何等的重要。当然，我们自主开发、自主创新的同时，不要拒绝向别人学习，不要拒绝跟别人合作，比如说长安除了自主创新、自主开发外，还要引进铃木公司，福特公司，成立长安铃木、长安福特；引进了马自达汽车，跟一汽成立马自达汽车，马自达发动机公司。在跟别人合作的同时，我们头脑是清醒的。外国的公司是不可能把核心技术贡献给你的，他是利用中国的市场，我们在用市场换技术的同时，我们不一定感觉到核心技术换得来，所以说在向别人学习的同时一定要坚持走自主开发、自主创新之路。

主持人（赵春福）：请中国全聚德（集团）股份有限公司副总经理施炳中谈一下。

施炳中：各位下午好，感谢的话我不说了，就自主创新来说，既包括技术方面的创新，也包括管理方面的创新；既包括设备方面的创新，同时也包括了品牌方面的创新，无形资产方面的创新，软件方面的创新。既要注重硬件的打造，又要注重软件的打造，才能形成我们自主的有竞争力的品牌，国内外大量事例也证明，有品牌和没品牌是一个成功企业或者是长期可持续发展企业同短命的企业、不具有可持续发展的企业的分水岭，只有拥有了自主品牌，把自主品牌知名度、美誉度提高了、提升了，为市场所接受，为顾客所接受，这个企业才能发展，才能够获得利润，才能够增加产品的附加值，也才能培养顾客的忠诚度。我们觉得产品服务的附加值，和创造利润主要的不是产生于产品的质量。俗话说，一分价钱一分货物。反过来说，一分货色一分价，本来是产品质量、技术和产品的销售价格是一致的，想要获得超额的利润，想要追加它的附加值，就要有自主的品牌。品牌是超额利润的源泉。

主持人（赵春福）：请远大空调四川地区总经理周帆泓同志发言。

周帆泓：首先，感谢大会给我们公司这个机会，我也借此机会代表我们总裁和我们总工张跃先生向来参会的各位嘉宾问好，也希望各位嘉宾、各位领导在方便时候到我们远大城去考察，给我们提出宝贵的意见。今天拿到论题后我有很多的感想，刚才尹总给我们提出了自主创新的必要性，我也简单谈谈自己的看法。首先我们认为一个企业它是一个国家最具有生命力的组织，也是国家强盛的决定性因素之一。在国外这些企业家都被当作民族英雄，就是在我们经济全球化的时代，中国企业的使命，这也是一个学者到公司时给我们提出的一个论断，就是在经济全球化的时代，中国企业肩负的使命就是中国作为老子经济全球化的载体和中间力量，创新、创造民族品牌，树立中国企业的新形象。我们都在期望华夏民族的伟大复兴，真正的中华民族复兴，中国真正的崛起实际上有一个前提——就是有大量的中国企业崛起，有大量的优秀企业，有大量的国际品牌，立于世界民族之林，所以我觉得这也是作为一个企业的使命，做企业的应该义不容辞。我另外一个想法就是从企业的自身经营来看，我们都在谈企业的可持续发展，实际上如果我们留意的话，企业的可持续发展它一定是伴随着不断地创新和变革，世界最有名企业像通用、微软都是以创新与变革而闻名于世，像微软的总裁比尔盖茨就对员工说，我们微软离我们企业倒闭永远都只有100天，在微软他就灌输了惟一不变的就是“变化”这一思想，当然通用的变革就更有名了，我这里有这么一组数据，大家分享一下，就是2002年道琼斯百年庆典的时候，发现和他们一同走过一百年的企业就是通用电器，同样是从1520年开始，世界上所有的组织不管是企业还是什么，所有的组织以同样的名字，同样的方式干同样事情的到现在只有85家，这85家当中有70家是大学，有13家是宗教组织。同样在对财富500强做研究的时候也发现，1970～1983年的13年间，财富500强当中有1/3就被兼并掉了，据他们测算世界上企业的平均寿命只有20年。前段时间好像看过一本书《基业常青》，里面提到中国企业目前的平均寿命7年，为什么我们企业的寿命这么短呢？我想大概主要的原因是没有跟上变化，因为市场环境在变，顾客的需求在变，而企业没有变或者说没有跟上变化。所以说创新变革，不管是技术的创新，自主知识产权品牌的创立、核心竞争力的打造，这是我们企业可持续发展的一个核心内容。创新不是说我产品不好卖了我才去创新，不是市场环境逼迫我才去创新，创新是贯穿经营活动始终的一个过程。这里我就简单谈一谈我们公司的一点点体会。

从20世纪90年代开始，我们公司的产品市场销量就很好，市场份额也比较大，但是我们没有满足。当时我们瞄准了几个方向，第一个是中央空调大型设备，它的售后服务保障非常重要。除了我们售后工程师保障以外，公司就开始研究通讯系统，后面率先开发出了远程联网，电话联网监控。通过一个电话联网就可以看到机主的运行情况。比如说参数设置不合理等情况我们可以进行监控，还有一些报警可以进行修改。就是这样的一套系统使我们获得了很大的优势，获得了很大的认同。目前我们这套系统在我们全球1万多家用户当中大概有60%～70%加入了这套系统。我们是一个免费的服务，当然另外还有一点，比如说现在国际的能源界有一个趋势叫联产，是比较流行的，是通过发电，发电都会产生高品质的发电尾气，温度、品质都比较高，这个东西就可以作为中央空调主机的能源，把它作为中央空调的能源就形成了能源的梯级利用，这个在全球各个国家都得到推广。公司很早就注意到发展方向、能源的发展趋势，所以我们很早就和美国的马里来大学能源部建立了合作关系，因为公司有一个我们叫技术定位，就是领先而不跟先。哪怕在市场领先的时候我们也要做到技术领先，这样才能保持我们长期的优势。通过我们几年的准备，我们后面在全球最大的联产项目当中，就是美国奥斯丁的一个新城，它是一个区域空调，在这上面获得了成功。它也成为全球最大的一个最具代表性的联产系统。还有就是近年来在欧美发达国家区域空调界和能源界，包括城市规划的一个趋势，就是固定一个新城区，像CBD它就固定建立一个制冷站，通过管网向区域内的所有建筑和用户提供空调，我们叫“区域空调”，这个管网长达几公里，公司也是早年就做了这方面的准备。像美国奥斯丁刚才提到的像马来西亚中央政府新区这些都是在几百万建筑平米的项目当中取得了成功。所以说我们感觉创新是一个自发的、持续的过程。自主创新必要性的第三点就是感受，就是抗拒风险，我们公司有一个论断就是企业经营随时面临风险，要抗拒风险靠两个因素，第一个靠我良好的财务状况，高现金储备，第二个就是靠创新，因为通过持续的创新才能够获得和保持竞争的优势，才能使企业长盛不衰。谢谢大家！

主持人（赵春福）：刚才3个老总通过对他们企业发展的实力，说明了企业必须要进行自主创新，必须要打造民族的品牌、自主的品牌。下面我们就想接着探讨这样一些问题，作为一个企业要怎样做才能去实现自主创新、打造自主品牌的目标，在这样一个过程中企业遇到哪些困难？而一些做的比较好的企业他们又怎么解决这些困难？

尹家绪：如何做的问题？遇到什么困难的问题？这就体会太深了，因为我们是一个国有企业，我也不愿意多说，前段时间大家都说为什么你不把这样情况说出来？当时我们谈的时候，因为长安今年生产的60万辆轿车，今年可以生产60万辆，去年是58万，今年突破60万没有问题。明年排的是75万，也有合资，也有其他，那么为什么你还要去自主开发？我说创新是一个表面上的，像今天跟大家开的会也用不着打长安的广告。我认为探讨一些更深层次的东西这才是论坛所需要的。大家也许需要这样，关于创新谁都会说是创新，但是企业要持续发展，要在国际上站住脚，你没有核心技术不行。最近刚刚看了一个材料就是说我们国家的农用化工参加展览，国外两家公司马上就说了话，提出要诉讼我们国家的7家生产农用化工产品的企业侵占他的专利。就是你这个企业创新首先你有多少专利，你在国际上能够走多远？你有多少专利技术？西门子有什么产品？没有什么多余的品牌，但是就是有一些芯片是他的，他就靠专利赚钱，靠核心技术赚钱，掌握核心技术是我们创新的关键，是创新的核心，掌握核心技术才是一个企业最应该追求的，至于说制度创新、管理创新天天都可以创新。这是一个，那么要走这个路，现在中国的企业环境下我们说还有很多在创新的过程中存在很多不具备的条件。或者说这些条件、这些基础要大家去呼吁，大家去创造。我们天天都在说要自主创新，掌握核心技术，鼓励大家创新。当然可能有些企业没有体会，我们直接说有的包括设计到大的设备、大的方面，国家真正条款出来的不多。我曾经举一个例子，我们在2000年的时候，为了自主开发，我们坚持两条腿走路，第一，不拒绝合资，不拒绝别人拿产品出来，长安福特、长安铃木、长安马自达都跟别人合作，另外自己这一块如何开发产品就走出去了，到了欧洲成立了独立法人的一个开发中心，到2005年已经累计超过1亿欧元的投资，十多亿人民币。我们的人去做、去开发了产品，在开发产品上，或者是自主创新，树立自主品牌，或者自己掌握核心技术不外乎几条路，第一条可以买别人的，委托别人开发，或者引进别人的技术，这种方式来的很快；引进别人的技术，或者委托一个公司给你开发，但是你得到的就是一个结果，他把参数全部给你，就跟做方程一样得到的是等于1这个结果很精确，但是做方程的过程你不知道。那么我们中国企业如何掌握这个？你必须走出去，全过程参与，也许这个结果是约等于1，但是这个约等于1一定是大于精确的1。这个过程我掌握了，我们就出去了，掌握过程又要开发出产品，当时两个产品出去了，出去开发了，在外面要做手工样车，做完了以后，每一台手工的样车大概在国外做要300多万，我们自己人参与进去做大概是200多万人民币，回来的时候，这种已经形成自己的知识产权，因为第一种我说的是跟别人买或者是委托给别人，这种情况只有产权没有知识。也可以打自己的品牌。另外一种就是全过程参与，既要享有产权，更要有知识，这种情况下，国家有什么支持，这个样车进来的时候，我拿进来，不做商品、不去卖是自己研究，参加国内的道路实验和各种实验。最起码是200万银两，因为手工样车最起码要做30辆，参加各种实验，这个时候海关总署就按200万银两跟你征收关税。当时在全国人大上我就跟吴仪副总理提出意见，我说这个不是鼓励企业出去独立自主或者企业创新啊，自己形成了自己知识产权的产品，并且是作为技术进一步在国内验证，这样收关税是不行的，如果国外的合资企业在中国，比如说大众、大众的任何产品都是成熟的，它在市场上卖1万欧元、或者2万欧元。它就按进来时候的2万欧元上收关税，我说这个不是鼓励，当时他就说，“对，你说的对，但是这一关海关总署管不了，要税务总局，财政部门”，那么我说，这个可以研究，大家从中央到地方都是说鼓励自主创新，这是不够的。我认为应该为鼓励企业出去创造一些条件。第二，发展专利技术，我几年前提出一些建议，WTO入市之后，不是叫企业入市，任何一个地方，中央、政府都跟企业在大会上讲“入市了，狼来了，你们要注意啊”,这个我认为又进入一个误区,WTO入市首先不是企业入市,应该政府入市,政府不去研究入市过后的政策,技术保护,或者不要说保护,自己的市场如何保护、自己的企业如何鼓励它发展,全部交给企业去做,这企业做得了吗?为什么日本的汽车发展起来,日本的其他一些市场发展起来,任何一个市场都有技术壁垒,任何一个市场都有标准或其他的壁垒,这就是该政府要做的事。由此我就说,为什么我们很多企业经常去闯别人专利的地雷阵,国外的企业现在限制中国都是布下了专利的地雷阵,而我们就没有研究如何倡导大家进行专利保护,在这一点上我认为也是做的不好,做的不够,因为论坛大家都可以说一说。我这不是在给长安打广告,我认为这样深层次的东西让大家激起一个共鸣。

主持人(赵春福):尹总提的这个问题是一个很重要的问题,刚才我提到的一个关于企业的自主创新和打造民族品牌这个过程当中遇到的最大困难是什么?尹总刚才提到一个很重要的问题,就是政府如何为企业自主创新、为企业打造自主品牌创造良好的环境,包括法律、包括政策。政府如何给企业创造出一个良好的环境来,使企业愿意去创新,它愿意创新的结果是受到政府的鼓励,这个鼓励就体现在法律制度、体现在政策上等等。

尹家绪:我还想提一点,就是说如果政府还要研究鼓励中国的市场应该长期由中国的企业来占领,由中国的技术来引导,那么中国没有先进技术的时候怎么办?要研究,不能过度地依赖外资,我见到一些省里面的领导,他们希望一些合资企业、零部件企业最好是外资,哪怕转过去在香港注册公司再过来,只要算外资就好,这样无限制地从上到下下指标,追求引进来多少外资,过度地依赖外资。

主持人(赵春福):过去我们很多地方政府衡量干部的对外改革开放的成绩是什么?就是看引进外资的多少?引进外资多就是好政绩。引进外资少就是你没有政绩。恐怕五中全会之后,我们应该在衡量干部政绩上要有一个改变。就是你的自主创新能力怎么样?你引进外资、引进了外国的技术,消化的怎么样?吸收的怎么样?再创新又怎么样?

尹家绪:政府在研究自身经济环境的时候只对外不对内,还有一个现象我跟大家说说,在各个省、各个地方,去招商引资是最积极的,然后公布出来我招了多少外资。当国内企业进来之后,当需要新的经济投入,新的经济技术改造的时候,地方就会把你当成儿子了,宁愿招女婿不招儿子。哪怕你儿子要新投资20个亿、100个亿,他觉得外招的10个亿比你重要,这些现象就是有一个政绩观及考核体系问题。再说国有企业,自主创新有一个最大的问题,我们的工业会计制度不合理,考评体系不合理。我在全国人大都向国资委提了意见。怎么不合理?这些制度没有跟国际接轨,工业会计制度,新产品开发费进当期审计,国外的企业可以在新产品出来以后的5年里摊销。因为国有企业的老总,我们今天当这个企业的老总,明天可能不是了,今天我把新产品开发费投的越多我的利润越小,上面只考核两个指标,一个是利润、一个是销售收入,你说都要这些企业的领导人要有牺牲,要有奉献,你考核体系上的工业会计法不改变怎么行?如果我是民营企业全部是我的,反正是今天投了是我的,明天投了也是我的。但是这样引导很多国有企业的老总急功近利短期行为,新产品开发费要投入,投入就要影响他的政绩,而这些人的政绩不能不考虑。刚才沈阳老总说有这样觉悟的人有,但是你不能说百分之百的人都有这样的觉悟。大家体现人生价值的时候,也要体现他的年纪、考虑他的收入,当然我这是说社会的考评体系。政府的、法律的和我们的舆论引导都对自主创新开发也有影响,比如我们媒体的很多朋友,因为是国外的车,所以捧的人特多,而对自主品牌的车一般不宣传。韩国有句口号,“生土不二”,即不是在韩国土地上生产出来的东西最不适合你使用,或者是食物最不适于你的身体,这样的一些宣传,我不是倡导民族主义者,但是这个口号能够叫响,体现出韩国人这种拼搏精神,以及维护自己的品牌,维护自己的企业、维护自己经济发展,保护自己市场的意识。

周帆泓:尹总说的很好,说到韩国的问题,我昨天跟赵院长也有一点交流。当时我看到一个报道,就是说韩国的几个汽车品牌为什么成长的这么快?我认为韩国的民众在购车的时候,明知道比如说现代车的价位偏高,质量可能不如进口的,性价比也不如外国品牌。但是他觉得为了品牌的发展,为了民族的工业,就要买现代车。我想韩国的很多品牌,像三星的成长也是非常迅速的,现在很多地方已经取代了索尼,已经从中档的品牌上升到高档的品牌,我想他的品牌快速成长和韩国本土的支持是分不开的。首先要在本土取得成功,刚才尹总也帮我们呼吁了很多,因为像我们公司是民营企业,同样的问题可能会相对少一些,在企业的自主创新上我们还是比较幸运的。像我们总裁张跃先生他本来也是我们的总工,在技术上比较偏执,自己选择一个什么样的道路走起来就比较容易一点。就自主创新来说,我们就是感觉难度很大,特别是在刚开始的时候。刚才几位领导都谈到认证的问题,专利的问题。因为我们公司有切身的感受,我们不是打广告,已经取得一个比较全的认证机构,当时我们影响最深的一件事就是在为了进军欧美市场。因为1995年公司就提出一个远大的理想,就是要创中国人自己的品牌,要创造自己的品牌要进入国际销售,认证是第一道关,当时公司就为了获取这个认证,在行业里面有几项认证比较重要,像美国的安全认证,欧盟的安全认证,我们当时获取欧盟和美国安全认证的时候,这些认证机构就好心地奉劝我们,说最好不要来申办,因为一些国外的企业申办认证已经很多年,可能这个设备原来停留在手工的阶段,它的精密度、复杂度比较高,要取得认证非常困难。但是,我们公司的领导很坚定,一定要取得这个认证,硬是把产品发到国外鉴定,然后我们进行修改,公司经过反反复复的修改,认证我们认为是非常艰难的,我们基本上是脱了几层壳的感觉,但是我们觉得在取得认证的过程中,也给我们企业提出更多的规范和标准，使我们企业获得了很大的进步。所以说我们的感觉是：作为公司一名员工，在这方面的体会就是不要畏惧，因为一个企业确定好自己的定位之后都会获得比较好的发展，要给自己定好位，我感觉这点还是挺难的。

施炳中：我们全聚德在这方面有很多经验，同时也有许多困惑。我想主要在以下3个方面开展了自主品牌的创造、创新工作。

1. 作为基础，我们觉得还是抓产品的质量，抓企业和产品的科技含量。20世纪80年代初期，有两个轮子的学说，说一个企业的发展，那时候是改革初期，就是要一手抓管理，一手抓科技，认为管理和科技是一个企业发展前进不可或缺的轮子，我觉得对中国企业来说，这两个方面确实是任重而道远。抓管理和科技这里面有两点我们有很多感受：一方面就是我们觉得抓管理和抓科技还是需要规则，需要制度完善，需要机制的保障，我感觉这个可能说得远一点，我觉得中国人几千年文化道德原则讲的多，量化的规则讲的少。比如说请4个人上来打麻将，打麻将是中国很多人的娱乐。估计打1个小时，4个人的规则还没有说清楚，这种现象在我们企业和社会的各个角落都存在，孔子讲君子务本，本利而道生，把本，为人之本放在最高的层次；而老子讲道，把道放在最高层次，道是道生一、一生二、二生三、三生万物，我觉得我们企业同样存在规则不清晰，制度不完善的问题。

2. 抓管理和抓质量我觉得上午几个教授讲的非常好，就是要以市场为导向。把内部的市场管理工作、科技工作要跟外部市场、跟顾客的需求相结合，“酒香不怕巷子深”，我们是做鸭香不怕巷子深，但是做烤鸭怎么样好吃？怎么样符合顾客的口味，不是20年不变，不是10年变，而是不断地要调整。有的朋友跟我说，十几年以前，20年以前吃的烤鸭真香，现在还找不到这种感觉了，我说不是我们烤鸭的质量下降了，而是我们口味在变化，因此我们在烤鸭质量方面和标准方面不是我们烤鸭大师说了算，也不是我们领导说了算，而是顾客说了算。我觉得我们抓科技、抓质量必须把着眼点放在市场上面，把投票权给顾客。这样我们才能抓到点子上面。因此我们全聚德作为老字号企业、作为国有背景的股份公司在产品质量、在菜品的口味上应该也是响应江总书记的号召是与时俱进的。

3. 我觉得要打造自己的品牌，搞创新的话，还要抓市场定位。坚持特色，全聚德为什么100多年比较成功？它老是坚持做烤鸭，做中式正餐，做中式正餐精品，这样才形成了“不到万里长城非好汉，不吃全聚德烤鸭真遗憾”的局面。最近中国台湾国民党、亲民党、台湾新党，三党分别来北京，都光顾了全聚德。全聚德好像是北京烤鸭的代名词，是北京的窗口，这跟自始自终100多年始终做好烤鸭，始终做好中式正餐业是互补关系。在这一点上美国的企业做的非常好。再小的一个行业，哪怕一个刀片做成一个名牌，一个汉堡能够做成全球连锁麦当劳，一个好莱坞电影闻名全球，NBA能够打出一个产业来，这个我觉得我们的企业往往是站在这个山上看那山高，就创新和打造自主品牌最高层次还是要回到我们胡部长倡导的企业文化和商业文化上来，为什么我们产品刚才说的，我们有百分之几十的市场占有率，但是我们的盈利可能就是一个零头，吃亏还是吃亏在没有自主品牌上面，刚才尹厂长说他反对有的官员、有的领导、有些专家说中国的汽车不需要自主的品牌，我作为全聚德的发言人我更反对这个观点，我觉得有品牌，有知识产权是能够驾驭技术、是能够凝聚顾客、是能够凝聚员工的，所以我觉得文化制胜、品牌制胜是千真万确的真理。

尹家绪：说到品牌我也想起来，要做品牌，第一是有理想的人做的，也是强者要去做的，同时也是愚人做的。

有理想人要做就是把它做的长期，不是今天做，明天不做。全聚德品牌在中国是很强的，我们从小的时候就知道，在中国到处去都是很响的、顶呱呱的。但是我还是给你提个意见，不要把它当成是北京的代表。全聚德是中国的代表，以后还要走向国际！北京的代表太小了。所以我说中国的品牌是要有理想的人去做。

要强者去做，强者去做就是品牌要做出来，做品牌很多人都说理想和强者要联起来。我看珠江三角洲很多企业做的质量和产品水平相当高，做西装什么的，就是按他们的那套标准在做，按他们的质量和控制程序在做，但是没有自己的品牌。当时我们谈的时候我就给他提了一个建议，包括他们地方的官员，我说你为什么不竖一个牌子，或者叫广东牌、或者叫花都牌，他说这个牌子不响。我说这个牌子是不响，我说你就按你在给别人加工的那一套质量标准来作另外一个牌子。用3年的时间做成县级品牌，用5年的时间做成省级品牌，用10年的时间做成中国品牌，这样孜孜不倦地追求，面对困难的挑战做一个强者不行吗？他说：“太费力”。

要愚人去做。走这条路就要有奉献，经常要被不理解，你要大投入，有时候既不省事、又费劲。正是由于怕这样，没有这种奉献，没有甘当傻子这种精神，我们很多企业的品牌做不起来。像汉堡包，汉堡包算什么，西安的肉夹馍1000多年就有，可是谁知道西安的肉夹馍？全世界都知道汉堡包，西安的肉夹馍比它好吃的多，马可波罗学过肉夹馍，以后又搞成了的汉堡包，反过来打中国人，汉堡包的品位还比我们高，我们不注重品牌的保护和品牌自由的发展、内涵的充实。当然我这么说不知道对不对，反正是有感而发。

主持人（赵春福）：说的非常好，肉夹馍我们到过西安的人都知道，大家都觉得这是西安的特殊风味，我们都要去尝一尝，肉夹馍传到了西方变成了汉堡包，当然具体的要进行考察，但是汉堡包不就是面包里面加了肉，就是这么点意思。我们的品牌如何走向国际，像刚才尹总说的全聚德，全聚德如何做的像麦当劳，肯德基一样，让全世界都能吃到全聚德的烧鸭。

我们出国到巴黎、到纽约很多地方有时吃到烤鸭的味道太不对口了。为什么巴黎、纽约、华盛顿,伦敦、柏林不能有我们全聚德的分店呢?我们为什么不能把它做到全世界去呢?看来我们对全聚德这个老字号、老品牌寄予了很大的希望。希望他们能够做到全世界去。刚才尹总提出了品牌是谁做的?是理想者做的,是强者做的,是愚者做的。我想就是那些能够为企业的发展,为国家的发展,能够具有那种自强不息精神的人去做的,我们民族太需要这样的企业,这样的企业家。刚才他们几位老总谈到了在自主创新、在打造自主品牌问题上所遇到的外部环境的困难和企业自身的一些困难,政府需要去解决的是外部环境、政策、法律,企业自身需要去解决自身在打造品牌的过程中遇到的问题。我给它总结了一下,就是说在自主创新和打造民族品牌的问题上,应该认识到位。

尹家绪:我再举一个例子,我们的合资企业很多,最近我在看到报纸上很多跟别人一个合资,合资了20年、25年要到期了,马上又签字延续合资、再延续25年。好隆重啊,地方政府也来祝贺什么的。我就感觉不一样,到了韩国看看,基本上原来也是合资企业,跟欧美合资,合作20~25年后就学会了,小学生毕业当大学生了,对不起,老师我毕业了出去了,不合作了。我们合作了20年还站不起来,还要去不断地学习,还觉得还是莫大的光荣,大家说我们中国人真的这么笨吗?

主持人(赵春福):不是光荣是耻辱。

尹家绪:不该检讨一下吗?我们合作20年还要继续合作20年,还觉得是更大的喜事,韩国的企业现在都是20年完了,我学会了,学校毕业了,自己开始做,所以这就是我们的差距。

主持人(赵春福):韩国引进跟消化、创新的比例是1:5到1:8,而我们中国是1:0.08,大家看这个数字差距有多大,就像尹总说的,合作了20年还要继续跟人家合作,人家答应跟我们合作还要敲锣打鼓、还要庆祝。那么你这20年干嘛去了,20年你为什么不消化、不吸收、不创新呢?我们跟韩国人一比不是我们差距太大了?另外就是我们75%的企业没有专职人员从事研发活动。从事研发活动的国外大型企业,他们专门的研发机构,有专门的研发人员,而我们中国的企业75%的企业没有专职人员从事研发活动,35%的企业根本没有研发活动,所以从这些数字我们可以看出来,我们在自主创新,在打造自主品牌上,我们在制度、在认识上有很大的差距,我们这三位企业家在自主创新、打造自主品牌上是比较成功的,特别是我们尹总是一把手谈创新,一把手谈自主品牌,体会就更加深刻,对我们的启发就更大了。下面我们的时间不多了,我们想请3位企业家结合自己的企业实际谈一谈在自主创新、打造自主品牌方面您认为您最突出的成绩、最得意之笔是什么,和您现在觉得不足的是什么?今后的目标是什么?

尹家绪:说的也太多了,简单说,关于自主创新里面,还要注意的包括掌握核心技术,我们要善于保护自己。我也举一个例子。最近中国中央政府也在倡导节约型的社会,节能型的汽车。要建立节约型的社会,当时我又给他们提了一个意见,我说你叫我们搞节约型的社会,节约型的公民,节约型的汽车,或者都节约,首先政府要成为节约型的政府,那些政绩工程要少一点,那些急功近利的事要少一点,政绩工程十几个亿都进行了,那叫节约?你让百姓节约一点水、节约一度电、节约一根针。是该节约,但你不能让老百姓穿补丁衣服,所以节约型的社会首先倡导节约型的政府。我们在搞节约型汽车,发展最新一代关于发展节约型的汽车,是关于一个混合动力车。一个国外的企业想打进中国。打进中国他是处心积虑设计了一套办法,设计了怎么一套?他想把他的标准搬进中国来推动中国政府让他的标准成为中国今后的标准。今后中国企业要走这条路都必须按他的标准,这可是很狠毒、阴险的一招啊。以后谁去做这个事,就必须走他的标准,走他的标准就要购买他的技术,你不购买他的技术就容易踩着他的专利地雷阵,可是正面到中国政府不行。然后他就迂回来找一个研究所说我们搞一个合作,搞一个项目,实际上研究所没有研究过,研究没有他深。最后,他的标准还是成为企业标准。所以我认为不管是远大空调也好,包括全聚德也好,还有在座的企业,你们企业都有很多的专利,要学会保护自己,国外的企业就是专利保护自己,长安自主开发,明年开始一次就要推出四款车型,全是自主的开发,从一个螺丝钉到整车发动机都是自主开发,今年一年上报的专利540多项,已经核定下来200多项,为什么?我们就觉得有的东西不是中国人不行,就是不善于保护自己。别人就设计很多地雷阵、专业的地雷阵,你走过去走过来都踩响,叫你付费用,他坐在哪儿都赚钱。我们也要学会保护自己,我就说专利技术一定要学会保护自己,不保护你就永远不可能掌握核心技术。你出来一项被别人窃取一项,别人拿去一项,日本人窃取这些专利和技术很多,我们的景泰蓝、我们的很多配方全被别人拿去了,如果我们以前懂,都把这些作为专利,日本人现在能把景泰蓝在日本生产的这么好吗?他能这么低的成本生产吗?我们就是有点崇洋媚外的现象,来一个外国人从上到下唯恐全部不拿给你看,唯恐你问的我不能回答。要善于保护自己,因为在这个会上要说的东西也很多,说最集中的一点或者最深切感受的一点,我们在国防建设上要买别人的东西涉及到很多专利,他就是不会给你,这是一个。另外一个他的技术先进一点。由于美国、日本、欧盟的限制就是不会给你。我们也应该有一些专利,这样的一些企业,哪怕自主创新,自主发展、掌握核心技术,多申报专利保护自己。中国人不比外国人笨,中国人也有自信心,也能够有聪明才智,我想只要持续不断地创新中国企业也能够走向世界,中国人也能够在世界民族之林真正的立起来,也让别人见到中国人也竖起大拇指,也让我们很多在座的企业成为国际强势企业。

施炳中:刚才尹总说的主要是专利的保护,我讲的主要是商标的保护。全聚德集团公司1993年成立之后,特别注重商标的注册、保护和续载，在全世界主要的国家和地区，全聚德的商标都注册了，都保护了，在我们国家商品商标和服务类商标我们也注册了好几个大类，这是一个比较成功的经验，包括全聚德的老匾，倒过来德聚全，全聚德的拼音字母，全聚德烤鸭的形象，我觉得这几年全聚德发展离不开全聚德商标等无形资产的保护。1999 年全聚德商标在中国服务类商标里面被国家工商局评为第一个驰名商标。那时候我们国家服务类商标 8 大类，当时申请注册有效的服务类商标就将近 10 万件，光参与企业就 200～300 多万个，全聚德也是当时第一个、也是惟一的一个中国驰名商标获得者。要说不足的方面就是科研方面，作为一个老字号企业，作为手工为主的服务型企业，科研方面、设备改造这些方面我觉得还有缺陷，因此也是我们刚才赵校长说的为什么不能把全聚德开到巴黎、开到伦敦去，尽管我们现在海外有 7 家的连锁店，但是要真正像肯德基、麦当劳一样开到世界各地，各主要城市，我觉得我们在技术创新，科研研发方面，虽然我们研发部是有的，但是力量还是不足，下一步还要努力，谢谢大家！

周帆泓：我们公司有时候特别强调一点，一个创新不光是研发人员的事情，它是要冒很大风险，一定要企业的最高决策层去面对，占在创新的最前沿，说到专利保护，非常感谢尹总和各位嘉宾对我们的关心，没有什么得意的地方，但是有时候还是觉得比较欣慰，我有时候愿意站在第三者的角度看这个公司，公司目前很多关键技术的专利在 30 多个国家都申请了保护，并且我们通过的认证，像 18 项欧洲安全认证，7 项美国安全认证，以后构成了一个非常强大的安全认证体系，目前在全国是惟一一家全部系列产品通过认证，并且让我们感觉非常欣慰的就是中国第一个中央空调的国标就是由我们远大空调公司和中国标准化协会来制定的，我想作为中国的企业，真的应该行动起来，这是我的体会。

主持人（赵春福）：听了几位企业家的发言，我非常受鼓舞，我想我们这三个著名企业，和我们在座的企业，以及今天没有来到会场的企业家，他们就是坚持在自主创新、打造民族品牌第一线的理想者、强者，愚者，这是引用我们尹总刚才说的话。因为确实是没有理想者，强者、愚人者的精神是打造不出自主品牌的。我今天想用这样几句话来做一个小节；就是自主创新，打造自主品牌对于企业而言，意味着生存的保障与发展的空间；对地区而言，意味着财富和进步；对国家而言，直接关系到综合国力。让我们大家一起为实现我们从制造大国转变为制造强国，由中国制造转变为中国创造，为这样一个伟大的目标而努力。

（主持人系北京市行政学院副院长，中国企业文化研究会学术委员会副主任）

（二）专题会议

1. 2004 年——振兴东北老工业基地企业文化建设现场理论研讨会

会议综述：

重视“道”“魂”“形”“本”运用文化力推动经济力

李 俭

文化是一种“力”，这已经成为学界的共识，也被许多实践所证明。那么，这种“力”在振兴东北地区老工业基地中，有没有作用、有多大作用？6 月中旬，中国企业文化研究会，在黑龙江华安工业集团召开研讨会，探讨“以文化力推动经济力，用无形资产增值有形资产，振兴东北地区老工业基地”。徐惟诚、周叔莲、贾春峰等专家、学者与企业实际工作者同堂切磋，共献良策。

与会同志分析认为，东北地区老工业基地企业的发展之所以相对落后，根本原因是体制、机制老化，关键原因是思想、观念陈旧。改革体制、机制，转变思想、观念，都离不开做人的工作。正如有企业所说：“企业兴衰事，成败皆由人”。而做人的工作，必须坚持“以文化人，文而化之”；必须充分发挥精神的力量、观念的力量、管理的力量、作风的力量、形象的力量、品牌的力量等等，从而用文化力培育竞争力，以文化力推动经济力。著名经济学家周叔莲指出，文化属于上层建筑，是经济基础的反映，但又反作用于经济基础。先进文化之于经济，至少有三种作用：一是指引方向；二是增强动力；三是促进发展。困难的企业各有各的原因，但有一点是共同的，这就是精神的滑坡；兴盛的企业各有各的做法，但有一点是相通的，这就是文化的引领。实践证明：文化强、实力弱者兴；文化弱、实力强者衰；文化强、实力也强者胜；文化弱、实力也弱者亡。因此，振兴东北地区老工业基地企业，一定要重视文化力的作用。

如何以文化力推动经济力、用无形资产增值有形资产呢？来自辽、吉、黑三省扭亏脱困企业的实际，给了我们以很大启示：

——摆正“道”的位置，“道”正事兴。“道”即企业之“道”，亦即企业经营理念、经营方针、经营哲学、经营宗旨。大家认为，这种“道”，在企业振兴发展中，弥足珍贵。特别是在位居东北老工业基地中的企业里，就更是举足轻重。黑龙江华安工业集团是一家建立于新中国诞生之初的特大型骨干军工企业。上世纪八十年代末到九十年代中期，陷入极度困境之中，连续六年成为全国第一亏损大户，成为东北地区最不稳定的“震源”之一。1997 年，由许远明等同志组成新的领导班子后，创造并成功实践了新的治厂理念：

"成败在人,休言结果都在天,竭尽人力可回天;命运在人,不信现状都是命,安身立德皆养命"。"解困攻关,攻关必克;首战用我,用我必胜"。并在这些理念的贯彻中狠破等、靠、要、闹的观念。经过几年的努力,使企业呈现出"领导有正气,职工有士气,产品有名气,企业有生气"的良好局面,企业以几何级数发展,受到胡锦涛、吴邦国等多位党和国家领导的夸赞。沈阳煤业集团用短短三年时间就走出了一条良性发展之路,也正在于这家企业确立了"壮大主业,多元发展,优化结构,科学管理,强企富民"的"治企大法"、"发展战略"。他们的经验再一次佐证了:思维决定思路,思路决定出路;思想有多远,企业就能走多远。企业之"道",能够"经世致用、道济天下"。摆不正"道"的地位,抑或是缺乏科学之"道",这正是一些企业不能振兴发展以至衰败的重要原因。而欲脱困、振兴,就必须重视"道"的地位,重视观念的转变。东北老工业基地企业,引导员工树立新思想、新观念更是时不我待。

——发挥"魂"的作用,"魂"强体魄。"魂"即企业之"魂",亦即企业精神。大家指出,以文化力推动经济力、用无形资产增值有形资产,企业就一定要重视铸魂炼魄,以文化人。吉林石化,曾被誉为新中国化学工业的摇篮,其"严、细、实、快"的作风曾享誉全国。但到上世纪90年代末,却成为东北地区有名的亏损大户。进入新世纪,他们形成了"创业兴企,敬业报国"的企业精神,并确立起"忠诚于企业、诚信于用户、奉献于岗位、坦诚于同志"的员工价值观,以此凝聚员工、重塑企业。三年创业、三年创新、三年大变,取得扭亏脱困的胜利,重新跨入先进企业行列。大庆炼化公司是一家重组企业。他们坚持资产重与观念整和紧密结合,人员重组与文化整和同步运作,打造"心相通、情相融、力相合"的炼化团队,并用"创造能源与环境的和谐发展,实现企业与员工的价值追求"的核心价值观,内化于心、外化于行,固化于制,企业超常发展。剖析这些企业的案例,与会同志认为,企业精神犹如人之"魂","魂"强体"魄","魂"失体亡。只要精神不滑坡,办法总比困难多。在企业,良好的企业精神,能够联上下、拢各方、凝人心、聚力量,能够减少阻力、增加助力、形成合力、多添推力,从而打造优秀团队,这对于企业来说极其重要。

——加强"形"的辐射,"形"佳效优。"形",即企业形象,亦即企业名分。与会东北地区由衰而兴的几家特大型企业说明了这样的观点:企业形象是一种投资环境,企业形象是一种无形资产。塑造良好企业形象,困难企业比兴盛企业尤为显得重要。华安工业集团孜孜以求的是"产品有名气",军品获行业之优,民品远销欧洲;通化钢铁集团"品牌领先,冲击未来","用心去做,创造感动",企业树立起良好形象;沈阳黎明公司由表及里、由浅入深、渐次推进系统建设,成为全国扭亏脱困先进典型。与会专家指出,形象辐射有多远,企业就能走多远。企业形象是文化力的组成部分。在振兴东北地区老工业基地过程中,企业加强形象建设,是对现实环境的改善,是对未来发展的投资。企业必须高度重视。当务之急是加强诚信建设。"拿牙齿当金使",言必信,信必行,行必果,树立起良好的企业形象。

——坚持"本"的聚合,"本"牢"根"壮。"本"即全体员工,亦即企业之根。研讨中大家形成共识:以文化力推动经济力、用无形资产增值有形资产,必须牢牢树立以人为本的理念。人是企业振兴的关键,人是企业发展的目的。把人置于企业生产、经营、管理的中心,是现代管理的必然要求,是振兴东北老工业基地的必然要求。以人为本,就要改进对人的管理,变"行为控制"模式为"自主管理",变训导、驯服为"柔性与和谐管理";以人为本,就要强化人文关怀,实行"家庭式温暖,学校式教育",尊重人、理解人、关心人、爱护人、帮助人,通过人文精神的倡导、人文氛围的营造、人情的关爱、人道的关怀、人性的理解、人格的健全,使管理效率达到极至;以人为本,就要加强人才开发,树立起"业绩出众就是人才,能够创新就是精英"的人才观,用待遇、感情、事业引人才、留人才;以人为本,就要致力于人的全面发展,善于给员工一个领域、一片天地、一根杠杆。这样,就能由"聚合"产生裂变,裂变为多种多样的积极性、主动性、创造性。中宣部原常务副部长徐惟诚提出,振兴东北老工业基地,特别要重视人的素质的提高。因为,领导素质决定管理水平,管理水平体现领导素质;员工素质决定企业风貌,企业风貌体现员工素质。在知识经济条件下,更是这样。此次研讨中,专家学者还提出,企业文化绝非是"嫌贫爱富"的文化,它既可以"锦上添花",也能够"雪中送炭"。以文化力推动经济力、用无形资产增值有形资产,在振兴东北老工业基地过程中,一定要注重培育企业家文化素养,增强企业家文化定力;同时要做到:企业文化建设与企业管理紧密结合,与生产、经营、销售紧密结合,与加快科技进步紧密结合,与深化改革紧密结合,与转换经营机制紧密结合,致力于经济文化一体化发展,使文化与经济同频共振、琴瑟和鸣。

主旨报告:

更新文化观念
运用文化力推动经济力

张大中

振兴东北老工业基地是中央集体领导审时度势、统筹全局,全面建设小康社会,推进现代化建设,实现民族伟大复兴的重大战略部署,是继实施沿海发展战略、西部大开发战略后的又一重大战略决策。振兴东北老工业基地是东北人民的愿望和责任,也受全国人民所关注。我们中国企业文化研究会有责任有义务配合这一战略做出自己的努力。东北作为我国新工业发展的摇篮,作为我国农业发展的天下粮仓,创造过工业的繁荣,也成就过农业的辉煌,还培育了"鞍钢宪法"、"大庆精神"、"三老四严作风"等文化思想,为全国做出了重大贡献。为什么近些年来东北工业基地发展举步艰难，演绎出所谓“新东北现象”？我们认为造成这一现象的有政治、经济、管理等多种主客观因素，振兴东北工业基地也需多种要素综合作用方能奏效。譬如中央振兴东北老工业基地的战略决策、方针政策，从宏观范围提供政治社会环境。企业据此找好自己的位置，确定发展战略、主导产品，都是很重要的。温家宝同志指出：“要用新思路、新体制、新机制、新方式走出加快老工业基地振兴的新路子。”温总理讲的五新中第一条就是新思路，思路要新，首先就要有新文化、新观念，文化观念更新是很关键的因素。华安集团董事长许远明同志说的好：观念决定思路，思路决定出路，充分说明文化力的作用。华安集团几年来的巨变，对文化力推动经济力，培育无形资产增值有形资产起到了巨大的示范作用。文化力推动经济力，有很多内容值得探讨，我想在三个基本转变方面讲一些意见，请同志们参考。

在管理思想上，坚持以人为本，要变单纯行政命令为以人为本

从华安集团的转变可以看出，简单行政命令方式领导企业，已经不适应变化了的社会，也不适应观念发生巨大变化的人。人是有文化的，新时期的人，文化主体意识空前提高，所以，以人为本成为这个时代的主题。企业文化理论关注人在经济过程中的地位作用与发展，首先将人看作文化主体，特别强调人的文化自觉。坚持主张以人为本，不断地丰富和发展人本观，这一思想打开了一条将文化研究中的人本问题引入社会基层实践的绿色通道。企业文化理论帮助企业经营者和管理者改变了认识方式和行动方式，使他们不再把职工只看作生物意义和物理意义上的人，而是重视人的文化主体意义，注重启发人的能动性和自觉性，在管理方式上使企业管理者由物本观转为人本观。企业文化理论认为，以工人为机器和工具的时代已发生巨大逆转，人不再是雇佣方产量增值链上的简单物体，他们所体现的也不应是简单的数量化功能，而应被定义为完全意义上的人。因此，在现代企业管理工作中，应着重为了员工、尊重员工、参与管理、价值分享、分权管理、顾客导向、为顾客服务、人性化服务等方面深入实践，体现人本管理的原则。结合我国实际，加强企业文化建设要求在企业经营管理中完全确立“以人为本”的管理理念，真正地、切实地将广大职工作为企业经营管理的主体，将职工个人价值实现同企业集体价值实现有机地联系与统一起来，最大限度地调动和发挥广大职工在企业经营管理中的积极性、主动性和创造性。华安集团在极端困难条件下，坚持以人为本，以企业精神凝聚人心，引导和培养职工的正确价值观，使企业出现了“领导有正气、职工有士气、产品有名气、企业有生气”的良好局面。

当前需要重点强调和突出以下6个方面：一是尊重人的主体地位，在企业经营管理中切实贯彻为了人、尊重人、理解人、爱护人、培育人的原则。二是加强人力资源战略管理，让职工个人的价值追求同企业的整体利益结合起来，努力为职工提供广阔的事业舞台，最大限度地激发职工参与企业经营管理的活力。三是将职工利益同企业利益有机协调和统一起来，让职工在企业发展中切实得到实惠，尽可能地实现职工利益同企业利益的双赢。四是持续改善企业组织机构，推进组织结构的扁平化管理，加强组织各层次之间的规范授权，不断健全和完善职工参与企业经营管理的机制和渠道。五是加强内部沟通特别是企业领导者同基层职工的沟通，及时了解职工心声，及时为职工排忧解难，最大限度地增强企业的凝聚和向心力。六是坚持不懈地加强对职工的教育和培训，努力建设学习型组织，不断提升职工的思想道德素质和综合文化素质。贯彻“以人为本”的管理理念是和为人民服务一脉相承的，相对而言又是非常具体的，要求结合企业的生产经营状况和职工的实际工作情况，具体满足职工的物质需求和精神需求，真正使职工感到实惠，感到自己是工作的主人，与企业共命运。党的十六届三中全会提出“五个统筹”、“五个坚持”，明确提出以人为本，这不但是发扬中国传统文化的精华，也是适应经济全球化现代意识的。中央强调以人为本，城市建设要以人为本，宏观管理要以人为本。企业文化管理理论要求以人为中心、以人为主体，其本质就是要“以人为本”。“以人为本”为本质特征的企业文化的理论是最新的、最先进的、最高层次的现代企业管理理论，这是从社会发展理论与企业管理理论两个不同理论视角得出的共识。如何掌握和实施这一理论是我们面临的重大课题。需要认真的思考与坚持不懈地努力实践。发挥这一理论的优势，克服种种思想阻力（把职工简单的看做生物意义和物理意义上的人，或者见物不见人，这些观念在一些企业领导人中相当根深蒂固的）；深化改革，建立和完善与这一理论相适应的运行机制和规章制度，才能取得成功。特别是在我国公有制经济形式多样化，个体、私营等非公有制经济并存，各个企业实际状况千差万别的情况下，更需如此。

坚持以文化人，变单纯制度化管理为主为以文化人方式为主

建立现代企业制度，实施制度化管理，健全制度，严格管理，是使企业走向现代规范道路的必要手段，但是不能将制度惟一化、绝对化，要实践以文化人的领导方式。以文化人的基本内涵是指：企业文化主张通过提高人的文化品质提高管理层次，提高企业的人文价值，运用文化特征和规律于管理和经营之中，使企业管理和经营更具有文化特征，更适应人文进步的现代社会。以文化人特征的实现方式：一是运用先进文化培养人的先进文化意识，提高人的综合素质；二是通过塑造文化环境、培育文化网络形成文化传播效果。文化包括思想政治、事业信仰、战略意识、企业精神、价值观念、道德伦理、经营哲学、思维方式、美学水平等，是一种巨大的精神力量，它贯穿于企业发展战略、人才战略、企业管理、产品生产和市场营销等各个环节之中，能够极大地开发人的潜力，最有效地发挥人的积极性、主动性和创造

性。以文化人的关键在于以什么文化化人，如何形成具有中国特色的社会主义企业文化，是需要我们继续深入研究的课题。我们所要建设的企业文化是既同现代企业管理意识、管理观念、管理理论相适应，又有效传承和体现了我国优秀传统文化和革命传统的内涵和特征的有中国特色的社会主义企业文化，是既有别于德国为代表的社会市场经济体制下所形成的企业文化，又有别于以美国为代表的自由市场经济体制相适应的企业文化。我国以天下兴亡为己任，以国家富强、民族复兴为追求，以自强不息、勤劳勇敢、艰苦奋斗、严守纪律、开拓前进、甘于奉献为主要特征，以崇尚诚信，注重社会责任为道德规范等。传统文化和革命传统，必将溶入现代企业经营管理之中，形成自己的优势，形成中国特色的企业文化。

关键在于企业家的文化自觉，变被动机械式领导为文化自觉式领导

企业文化理论是在国际、国内市场激烈竞争的条件下出现的，是在科技迅速发展，职工素质不断提高的条件下出现的，是企业发展的内在需求，符合这种需求企业就发展，否则就可能被淘汰出局。关键在于企业家有没有这种文化自觉。文化自觉，是指企业家对企业存在价值和经营管理的终极目的的思考，是对企业经济工作中文化内涵、文化意义的理解，是运用文化规律和特点于管理之中的文化理性。企业文化的主体内容来源于企业家的文化思想，企业文化的建设和保持依赖于企业家的文化自觉，企业文化在职工中的内化程度，决定于企业家文化人格化的水平。同时，企业家文化思想形成的重要原因之一在于能够观察、认识、提炼企业职工的智慧，从而形成有本企业特色的文化。企业家的智慧来自群众，来自实践，如果离开群众，离开实践，则企业家很难产生符合实际的、有力融合职工智慧的文化思考，也很难形成全体职工的共识。同志们，振兴东北老工业基地，全面建设小康社会，实现现代化，实现民族伟大复兴的号角已经吹响，让我们胸怀高度的使命感和责任感，行动起来，为实现这一伟大的历史任务而奋斗。

（作者系中国企业文化研究会常务副理事长、学术委员会主任）

大会发言：

坚持科学发展观
运用文化力推动经济力

许远明

华安公司在解困发展过程中，认真地贯彻了“三个代表”重要思想。首先在华安的治厂方针上，提出了“立业先立志，脱贫先脱愚，发展靠人才，振兴靠科技”。拟定的治厂目标是：“发展生产，搞活企业，提高效益，确保生活”。华安的两级领导班子认真遵照江泽民同志提出的“深怀爱民之心，恪守为民之责，善谋利民之策，多办利民之事”，争得了人心。并且，加强了党的思想政治工作优良传统与现代企业文化建设，调动了职工的生产积极性。

振兴东北老工业基地是我们党中央、国务院加快发展国民经济重要战略步伐的决策，更是东北人民盼望已久的、关系到自身改革发展迫切需要的头等大事，是当前热点的话题之一。如何振兴东北老工业基地？

首先是观念更新。我们加入了世贸组织，说明世界接纳我国，证明我国经济发展的实力和世界接轨了。环境的变化将对中国人起到长期的影响作用，尤其影响人的思想观念、生产习惯。环境变化以后必须要提高两个能力，一个是提高环境适应能力，一个是提高竞争能力。针对企业讲，我认为认识到环境的变化提高两个能力以后，企业微观上要进行3个方面的调整，一是国家由计划经济转入到市场经济以后，要转变经营理念、经营思想。经营观念都要求调整过来，谁认识得深刻，谁调整得快，谁就受益比较早，谁认识得迟顿，谁认识得慢，谁就落后；二是要把企业的人力物力资源调整到最佳效益上来；三是市场经济要以消费者为上帝，调整产品结构，满足消费者需要；四是要有4个“创新”。（1）思想观念创新。思路决定出路，观念决定思路，按中国的传统文化讲，无生于有，有生于无。一个产品的出现，它是有形的东西，有形的产品出现来源于无形的观念，来促成这件事情，对同类产品，由于有形的产品出现，又刺激了产品的设计者和制造者的思想观念，因此我们说有形的能促进无形的，这是一个自然规律，所以观念创新非常重要。中央电视台有这样一句话，“思想有多远，我们就走多远”。但我说应这样改一下：“思想想多远，我们就走多远”，会更恰当一些。这从历史的长河讲是可以的，一百年前我们看到的孙悟空上天是神话，而在今天载人飞船上天已成为了现实。（2）经营机制创新。现在制约我们企业发展的原因之一是体制的单一性。再有能力的企业也释放不出来能力。（3）管理创新。管理是企业永恒的主题，我们的管理是不是比西方资本主义国家落后呢？从机制上讲，资本主义多年形成的市场竞争机制比我们强，但是我们也应该感到资本主义国家企业的法人也是自然人，也有生死的规律。华人研制的王安电脑在美国办得比较成功，可在50年后也倒闭了。王安电脑的衰败也存在着机制问题，但还存在着管理问题。机制活了，企业管理不行，也照样倒闭。（4）产品科技创新。企业的厂长经理一定要认识到入世以后，给我们带来的影响，要未雨绸缪，水没来先憋坝，这个问题不先想，临阵会出问题的。所以必须要加强学习，社会要进步主要是思想观念和科学文化的进步。我们应熟悉掌握世贸组织的规律，合理地运用这些规律，避免自己的失误造成损失，保护自己的合法权益，取得一个公平竞争的效果。

我认为要把东北老工业基地振兴起来，必须用新思想、新体制、新方法走出一条新路子。

其次是总结企业自身发展规律。一个规律就是东北的自然环境得天独厚，资源丰富，人才济济，但一段时间以来，东北地区不适宜市场经济体制的变化，企业缺少适应力和竞争力，企业自身存在着的首要问题，不是缺少资金，而是缺少适应市场经济的思想观念、组织体系与经营机制，缺少在市场经济干事业的状态，还有一部分人躺在历史功劳簿上，等靠要闹，怨天尤人，不思进取。东北是国家的工业摇篮，对全国建设功劳很大。应该说历史过去了，不应在功劳簿上等靠要闹，怨天尤人，不思进取。领导班子首先认识到处于困境时没有精神是万万不能的，先有精神挺住它，再有思路、招法解化它。如果遇到困难，必须有精神。在打仗时，我认为勇敢的人不是打胜仗时他跃马冲锋，而是打败仗以后稳住阵角减少损失。因此，必须在主观上把握住。只有企业自身有积极性，才能尽最大能力发挥主观能动性，才能不等不靠，积极进取，坚持发展。将帅用兵就是这回事，合格用将选兵非常重要。要合理利用手中人力、物力，达到持续发展的目的，如果企业自身没有积极性了，地方政府再着急也没有用。

振兴东北地区老工业基地的经济，首先要振兴东北老工业基地的精神状态。世上有形的变化来源于无形的变化，因为事物是发展变化的，兴衰是交替进行的，一层不变的东西是没有的。过去讲“十年河东，十年河西”，现在讲三年河东，三年河西。事情偶然出现，不是走上坡路，就是走下坡路。1988 年中东两伊战争停止以后，外贸军品任务锐减，这个期间是全国各地军工厂开展军转民的好机会，可是我们厂在那个时候，没有努力地开展军转民工作，就认为历史上是国家的功臣，国家得管我，养活我。因而产生许多困惑。针对困难企业，我们提出治厂理念是：不怕企业摊子破，就怕领导班子散，建设一个好班子，定能收拾破摊子；不怕企业没出路，就怕领导无思路，领导有个好思路，何愁企业无出路；不怕企业不稳定，就怕思路不端正，领导真情办实事，职工理解受感动；不怕职工不服气，就怕领导不正气，领导正气又硬气，职工服气有士气。我们也坚持苦心人天不负、有志者事竟成。我认为历史的演变，带来一种启发，国家的兴亡，部队的强大，对我们有借鉴，古代君王治国，都是正己化人，以文化人，求才若渴，任贤用人，身先士卒，赏罚分明。我最崇拜的是诸葛亮，诸葛亮讲士气的作用，保持高昂的士气，因此从企业文化的角度讲，形成一种共识，让职工接受，搞活企业。

按现代企业制度要求，将来企业就是 4 套班子，这就需要“中心核心不分心，二心合一争民心，互补互助下决心，志在企业旧变新”。华安厂当时是全国 3 个方面最突出：经济困难最突出，干群关系紧张最突出，不稳定最突出。华安的变化首先是从改善干群关系开始变化的，过去是尖锐对抗，现在是血脉相连，血乳相融。华安的变化是以文化力促进经济力，从而促进企业解困。华安厂的不稳定职工，我们经过工作排查，筛选出 17 人，领导班子扩大到 17 人，领导一人包一个不稳定职工，实行一帮一包保教责任，收到了良好的效果。通过亲身的实践我觉得，一个企业兴衰，在于风气，就是两个部队在对峙时，如果一方面士气高涨，就是士兵互相议论英勇杀敌，威武雄壮；另一方面窃窃私语，怎么样战役结束快点逃脱，怎么取利，肯定是不一样的。因此我们从文化的角度讲，振兴企业必须振奋职工的精神，振奋精神必须从领导作起。因此，我提出来，领导有正气，职工才会有士气，领导没正气，职工是不会有士气的，那么领导有正气，职工才有士气，职工干产品才能干得好。企业产品有名气，在市场上才能取得成功，企业在发展上有生气。我觉得，振奋精神，如何面对企业的困难，面对职工的困难，我们华安提倡“卧薪尝胆克服眼前困难，追求企业长远发展”，如果我们都有项羽破秦兵这种勇气，破釜沉舟拼搏才有出路，不达目的决不罢休，决不住手，这个事业还是能够成功的。我觉得关键是一种士气，而这种士气有时是重赏之下必有勇夫，有的是申明大义，不仅是为了金钱。

调动职工有的时候大道理需要讲，但也要结合现实。我们企业是全行业 6 连冠亏损大厂，是黑龙江省齐齐哈尔市最困难的亏损企业，当时的状态是：华安厂当年引进的 155 生产线落到了华安厂，而且这条 155 生产线机械设备、机加设备可以拆着带走，注药拆下走，拆了以后是一堆废铜烂铁。那么我认为，把华安治理好以后，毫无疑问，封闭在山沟里的 6 万职工家属，对地方政府有利，对国防建设有利。当时的市委领导说：我们共同配合把华安厂稳定住，华安在中直企业地方上说得不算，但稳定上又是地方负责，地方还有责任，只要不闹事，有什么解决不了的，需要政府来协调的，我们都协助。1997 年我们被树为齐齐哈尔国企发展先进典型企业，同时市里向省里推荐，1998 年省市共同联合派调研组，调查华安的情况，省委副书记向省委书记提议，农业战线上我们树立了拜泉县，成为生态农业县，工业战线上树立华安厂这样我们的典型更重要了，学习更有利了。这两个典型都在齐齐哈尔市为地方争了光。1999 年，省委书记力主到中宣部推荐，1999 年 50 年大庆前夕，国家四部委组织了一个十人报告团，在人民大会堂内作报告及在国内几个省市做报告，我们省十人报告团选了两个，一个是齐市机床团委书记，一个是华安集团公司。我走之前，准备不是很充分，省领导找我谈话说：许远明同志，你不要仅仅代表华安厂，我们省委力主，代表黑龙江省 3600 万人。那天开会，我是第三个发言的，前两个发言都是照稿念，有两次掌声，后来我想这些事都是我们自己做的，但是没有稿是不严肃的，我没有照稿念，我讲话 27 分钟，鼓掌了 18 次，那天宣教局领导特高兴，说：你这个典型是中宣部选的，你要砸了我们也不好，我们在下面听了非常高兴。

再次，用好国家政策，不断提升经济力。从 1999 年以后，国家机关又推出来一个华安精神，华安精神代表着发展向上，代表着企业的振兴。改造东北老工业基地，首先要改造东北的工业企业，改组工业管理体制。只有按照市场经济规律办事，建立现代企业制度和法人制度，特别要明确产权关系，出资人权责到位，才能产生活力，推动企业发展，长期在计划经济形成的体制、机制、组织结构是阻碍我们企业发展更深层次很难解决的问题。所以企业必须以改革开放为企业的振兴动力，坚持深化改革、扩大开放。改革开放促进企业的改造，促进经济的发展，着力推进体制创新、机制创新，能够形成一种领导人能上能下、职工能进能出、工资收入能多能少的机制。推进制度改革，就是要精干主体，转换机制，职工要转换身份，由单一国有制转化为社会多元化和企业内部的经济体制，调动各方面的积极性，加强企业内部各项管理。整合现有资源，以自力更生、艰苦奋斗为根本，充分挖掘内部潜力，激发内在活力，发挥优势，提高经济运行的质量。振兴东北老工业基地，一产要发展，三产要发展，文化教育，交通事业都要发展。项目必须要上，但它必须符合市场规律，更重要的是把我们现有的东西怎么发挥好，发挥作用，这才是最根本的。我认为，导致东北国有企业经济发展落后的非企业自身的原因，也是一个长期计划经济体制下，政策等方面下积累的在企业内部形成的企业政策性的负担。企业解决精神问题，是解决思路问题，实际问题也要解决。这个问题不是企业自身能够解决的，应当由国家政策解决。应当说过去国家给了不少政策，但是由于企业内部没有解决思想观念问题，所以体制性、机制性问题使企业获得暂时的喘息机会，时隔不久又旧病复发，重新又要国家解决现实困难。正如江总书记说“困难的时候靠什么，事业靠谁，我看你这个厂长的精神很重要，看到你有这种精神，我感到很高兴，即使有困难，像你有这种精神，我们各级领导看到以后都应当给予支持”。这是在报纸上发表的不是我自己引用的。我认为，主观问题解决后，要解决一些客观问题。所以振兴东北老工业基地治本之策还在于国家为企业清除政策性的负担，给企业卸掉枷锁，能够轻装上阵去竞争。现在我们国有企业最沉重的是历史性、政策性负担、承办社会，有的还承办政府，现在黑龙江省大小兴安岭、大庆和华安都有办政府的职能。在企业解决了造血再生的功能后，国家应该及时给予政策性的支持，这样内外因共同结合，才能把企业振兴起来。

我讲的是党的政策像阳光，注意“政策”俩字，我们中国人讲为人民服务，这是党的宗旨，党的宗旨下面是党的路线、党的方针，然后才是党的政策。我们党成立这些年，路线已发生很大变化了，党的方针、党解决问题的指导思想，党的政策、党解决问题的具体措施，实践天天前沿情况在变化。我们对解决措施采取十五天一变，不致于僵化，问题是我们天天口头上讲辩证法，实际我们做了许多形而上学的事。国有企业解决政策性问题，振兴东北老工业基地离不开国家政策支持。主要是拔离企业办社会的职能。只有把这个政策落实下去以后，企业就能搞经营生产了，政府的职能给企业创造宽松的条件，企业就是企业，不负担政府职能。

对东北老国有企业有个再生的问题，应当给市属以上国有大型企业挑捡一下给予破产的政策。这些年来，国有四大行业是困难的：煤碳行业、轻工行业、纺织行业、军工行业。由于国防安全的特殊性，党中央国务院2002年出台的7号文件即：军工脱困方案。把军工企业分为三大类：一大类企业承担着重点国防军工产品生产科研，企业的基本状况不错，把这些企业军品分立新生企业，原企业破产以后拿安置费，给职工转换一次身份，再进行重组；第二类，是同类性质企业过多，生产能力过胜，或是地外深山老林不能搬迁，多年经营亏损扭亏无望的企业，关门走人退出市场；第三类是军转民搞的比较好，军品任务不够，靠民品也能生存下去，给你多种政策上的支持，把企业搞活。

华安发展潜力很大，2005年，人民解放军要换装，而生产这个军装的产品就我一个厂子，而我们工厂有六大变化，一是厂容厂貌发生变化，由垃圾堆的厂子变成省市花园式企业；二是职工思想观念由等靠要闹转变成想干创闯；三是管理基础最差变为最好，现场管理工作、安全评价工作、质量体系认证工作，夺得全省同行业第一，全国同行业企业也名列前茅；四是坐标发生变化，由即将破产企业变为知名企业；五是发展是硬道理，销售收入曾几何数字上升；六是从中央到地方的支持，华安的名声现在树立起来。思想政治工作获得全国百家先进企业和新世纪全国AAA级企业，全国安康杯四连冠的企业。在青岛开会获得了全国企业文化贡献奖单位，这都对我们提升经济力铺垫了基础。

（作者系黑龙江华安工业（集团）公司董事长、总经理、党委书记）

新观念领航　文化力驱动

贾春峰

“东北振兴”“科学发展观”“文化力推动经济力”这三个关键语都非常重要。

东北老工业基地振兴，为什么要有新观念领航？为什么要有文化力驱动？企业为什么要注重文化力的开发？为什么要用文化力推动经济力？我认为至少有以下几个方面：

一是从投资环境、营销环境来说，文化是重要的投资环境。日本提出了一个观念：企业选择国家的时代已经到来。经济一体化、全球一体化，企业在什么地方办厂、什么地方营销，是要选择国家的。不仅是消费者选择企业的时代，而且是企业选择国家的时代，选择地区的时代。选择何地、何国办企业也是有条件的。在一个国际研讨会上关于企业选择国家讲了10条，其中有3条是关于文化的。投资不仅要有交通等硬环境，还要有软环境，而且软环境是非常重要的。从东北振兴来说，肯定要有企业落户，像一些跨国的大公司，东南沿海的一些企业等。但企业落户是要考虑环境的。

二是从经贸谈判来说，有投资就要有谈判。据国外大公司的一个考察资料统计，经贸谈判的不成功有30%的原因是由于财务、技术、战略的原因，而70%是由于跨文化沟通不够造成的搁浅。从这个资料我们也可以看出来，在经贸谈判中，跨文化沟通也是很重要的。正如玉柴集团的老总王建明所经历的，有一次和德国人谈判，一坐下来德国人的第一句话就是玉柴的精神是什么。王建明回答说：人为本，零起点，争第一。德国人就说好，开始谈判。他就是看你这个企业有没有企业精神的概念，有没有企业文化的概念。企业文化已经成为谈判的重头语言。

三是现代商品的文化含量越来越高。就商品本身来说，就是文化含量和文化附加值。现代商品的文化含量就是指商品的文化内涵、文化附加值和文化特征。其中包括商品的造型、款式、包装、广告、商标等，它凝结着一定的文化素养和文化个性、审美意识，展示一定的文明水平。我们看到市场上任何一款有价值的商品都凝聚着一种丰富的文化内涵。正是这种商品所包含的文化特征、文化个性促使这一商品在一定的消费区和消费层次有效。

日本的企业家提出了一个现代商品“美的文化”的标准。任何一种商品都有两种功能：实用价值，审美功能。这是世界上所有产品所共同具备的全部功能。而造型、款式等，是文化审美，现代商品的审美功能越来越重要了，与其说是理论家提出来的，还不如说是企业家在生产经营的实践当中总结出来的。同样质量、同样技术，但造型、款式的审美就不一样。包括华安的洁具，它的审美开发也是无穷无尽的。我们都知道九牧王的水龙头，它是叫得很响的，它现在在网上卖得很好，它的造型就是很讲究的。这就是说现代商品的两种功能、两种标准，而这其中审美的文化是越来越重要了。

四是从投入产出的贡献率来说，任何一件商品的产生从经济学的角度来讲，有两种投入：一是硬投入，包括能源、资源、财力、物力的投入；二是软投入，也就是企业文化。这两个投入都是不可缺少的，但软投入将会越来越大，会有更大的发展趋势。国外的一个研究机构有一个研究成果：具体的投入数值算不出来，但有个总的趋势，一是软投入超过硬投入，二是无形资产超过有形资产。经济发展不是一个纯经济行为，市场经济也不是一个纯经济行为，企业运作也不是一个纯经济行为，东北振兴也不是一个纯经济行为。这种文化的作用也就是软投入的作用，越来越大。我们今天说的文化是大的文化概念，这个文化包括科技、智力的因素，包括道德、理念、信仰、价值观的力量，优秀的传统文化力量，文化网络和网络文化的力量，是和经济力相对应的一个概念。

五是企业协作、结盟，要用结盟取胜的新思维、新文化。现代市场上的一个更大的企业运作潮流，从单枪匹马式的竞争到协作竞争。也就是说结盟了，不再是单个竞争了。美国证券交易所、法兰克福证券交易所、伦敦证券交易所都是大的证券交易所，它也是要结盟的，还有很多行业、企业都是结盟的。从2000年以来，靠结盟取胜的企业有4万多家。现在华安公司的洁具也在用别人的牌子，我们将来也要有自己的品牌战略。关键是我们要怎么打华安这个品牌。华安这个名字很好啊，我们中华民族安定发展。我们所有的洁具、玻璃钢窗都用华安牌，在美国、日本品牌和商标是一样的。比如说松下吧，有松下的电视，有松下的冰箱，有松下的录像机。企业的名称和产品的名称是一样的。这样就集中地打一个形象力。华安这个名字多好。我再说一个乐凯与柯达的结盟。乐凯与柯达的结盟是值得我们考虑的。在谈判的时候，乐凯坚持了三个原则：1. 乐凯控股；2. 用乐凯的品牌；3. 乐凯拥有经营决策权。这三个原则是很重要的，也是很成功的。他既结盟了，又找到了经济发展的出路，又用了自己的商标。企业结盟的势头是不可小看的。我们东北的企业也要走出去结盟。我们要走这条路，打自己的品牌，找到这种路子。我们东北就有这样的例子：大连特钢和抚顺特钢结盟了，然后共同托管了北满钢厂，这样三家企业就变成了东北特钢。这就是一条新路子。结盟就是在占领市场，结盟的形式也是多种多样的。它的目的就是：优势互补、资源共享、弥补缺陷、分担风险、减少交易成本、联手开拓市场。企业结盟就是协同竞争，结盟取胜，双赢和多赢的模式。这就是盘活自己的一条路子。我们也可以和东南沿海的国内企业结盟啊，结盟就要求要有新思维、新文化，结盟的文化不是那种单枪匹马的竞争文化了。

六是从企业并购、兼并来看。并购和兼并也要有企业文化的，这又是一个问题。并购、兼并发展得很快，很多兼并、并购不成功都是因为在文化的整和上不成功。一个国际机构研究报告统计，1999年以来，企业并购不成功的案例很多，所以文化整和在并购中是很重要的。联营的思维和收购的思维是不一样的，是不能互相代替的。

七是从跨国营销来看，出现了文化障碍和文化沟通的问题。1994年我发表过一篇文章《从障碍到文化沟通》。说的是跨文化管理，说的是产品生产出来销售不出去，不是质量问题，也不是技术问题，是文化背景和当地消费者的文化素养、宗教观念、价值取向等文化障碍原因。

八、企业文化是企业核心竞争力的重要组成部分。过去经济学家讲的企业核心竞争力都是没有文化，企业核心价值观是企业核心竞争力的灵魂，没有这个灵魂，企业核心竞争力是不完全的。

九、企业文化建设是企业的长寿之道，是企业健康持续发展、基业长青的强大驱动力。美国的一家公司，它的价值观是不变的。1892年成立公司，1896年美国道琼斯工业指数创立以来，惟一一家一直榜上有名的企业。它为什么那么长寿呢？就是企业文化。

十商业文化在商业竞争中的地位越来越突出。我认为在东北的振兴中还有一个大商业、大潮流的问题。在我看来，还是北京的企业商业文化搞的最好。东北的商业状况如何呢？商业文化的开发怎么样呢？商业文化内涵包括：(1)商品文化；(2)营销文化；(3)商业环境文化；(4)商人精神等。

十一、名牌战略。东北振兴还要实施名牌战略。名牌不等于商品档次。不是说商品档次越高、价格越高就是名牌,所有的商品都可以是名牌。像水龙头、毛巾等日用品、生活品都可以是名牌。现在已经呈现出一个名牌打天下、民品打天下、民营企业家走天下的时代。名牌是一个系统工程,包括名牌企业、名牌产品、名牌服务、名牌企业家。名牌的文化含量是越来越高了。国际服装会在珠海举办,是名牌服装的时代。质量是名牌服装之母,文化个性是它的想象力。好的服装如皮尔卡丹,厂房、设备都是我们的,就是用了人家的牌和设计个性。

(作者系原中宣部理论局副局长、正局级调研员、中国企业文化研究会副理事长、学术委员)

全球化的逻辑

王锐生

在今天全球化的背景下,一个有企业文化素养的企业家要搞好企业,就必须懂得企业发展战略。而当代企业战略离不开对全球化的认识。

过去,国有大企业的企业家眼光大多是集中在国内市场。那时候,国内贸易与国外贸易的界限是比较分明的。现在则不同。企业文化、企业管理都无法与全球化分割开。以为企业文化只管企业内部的事情,是不对的。

所以,企业家必须研究全球化,首先要懂得全球化的经济逻辑。

——逻辑之一:全球化无视民族国家的界限,是一种无界经济。

每一个参与经济全球化的国家又都是为着本国的经济发展利益来利用全球化。在这个意义上,国家利益的观念不能过时。这是一个矛盾。企业家的本领,就表现在如何利用这个矛盾来发展本国的经济。

向国际资本开放市场,吸收外国直接投资(FDI)是中国参与经济全球化的一个方面。FDI本身意味着资本没有国界观念,哪里有利润,就流向哪里。中国目前的经济发展模式在国际上被认为是以FDI为动力的经济发展模式。这样做,利弊如何?有争论。

由于以FDI为动力,中国形成了以出口带动制造业振兴的经济发展方式。所以反映到国民经济上就是:2003年中国成为世界第4位的贸易大国;而在整个国民经济中出口依存度达到32%。有人说,这样做会不会产生某种风险?(例如"拉美化"的风险。其特点是:经济危机、政权更迭、社会失范。20世纪90年代,巴西等国走外资主导型开放道路,以廉价劳动力和开放市场来大量吸收外国直接投资,GDP一度有了很大的增长,但是基本群众的生活并没有相应改善,两极分化严重。后来世界的经济风向一变,国际资本马上抽走,转到劳动力成本更便宜的国家,导致那里的经济出现危机。)

还有人说,中国产业在很大程度上是FDI的直接产物。FDI取代国内的创业。有材料表明,在90年代的1992年到2002年,如果把中国工业增加值分解为外商、港台——采掘及原材料——本国正规制造业——非正规制造业这几部分。那么,外商、港台的增长是从5.5%上升到15.4%。而本国正规制造业则从42.1%下降到26.5%。

——对FDI为动力的发展模式的另一个指责是没有实现"技术溢出效应"。就是说,引进外资本意是以市场换技术。但事实表明,技术并没有因此"溢出"来。证明是:同样搞了20多年的汽车工业,韩国走自主开发道路,早就有了自己推向世界的品牌,但是中国没有。不能说,技术一点也没有溢出,但是那是可怜的一点点——人员技能有点提高、工艺流程略有改善,管理水平有所提高。

一位澳大利亚学者来内特.翁对比中印的不同发展道路,认为印度利用外资比中国少得多,但是它主要依靠有机的成长,更加充分地利用了自己的资源。它选择的道路很可能比中国以外国直接投资为动力的方式更能带来可持续发展。

当然,也有人不认可这种批评,认为中国的主要以FDI为动力的发展道路是成功的。最近中央提出的科学发展观中提到的5个统筹,其中的第5个统筹是:国内经济与对外经济的关系。这似乎涉及到这个争论问题。

——逻辑之二:全球化在当代意味着一个新的世界经济分工已经出现。

我们先来看看这个分工构架。资本主义从一出现就是奔向全球化的。在20世纪80年代,全球化开始出现新的趋势:工业发达国家把传统工业转移到发展中国家,而自己则专门转向发展高新技术。这就是世界范围的产业结构大调整。90年代中后期,全球化又出现两大趋势。一方面,西方大公司通过兼并、联合,形成超强规模的巨型跨国公司。分工过去是不同产业在全球的分工或产业内部的全球分工,现在是巨型跨国公司内部的全球分工。另一方面西方发达国家通过策划中长期市场控制战略,在许多重要产业领域进行战略筹划,形成一种产业发展的全球分工构架。

这个构架把与该产业有关的全球各国分别纳入5个层面:(1)新技术、新产品的研制国家;(2)最重要的主机生产国;(3)附件生产和加工装配国;(4)物与人的原材料供给国;(5)市场销售国。

参加者在这个构架中处于什么样的位置,就决定了它从中得到多大利益。有人说,全球化对发展中国家来说,是一个"陷阱"。这样说也不无道理。因为在一般情况下,这个构架给发展中国家留下的位置只能是(3)(4)(5)。但是当一个国家脱开这个分工构架就无法寻求到自己的发展利益时,它又该怎么办?这又是一个矛盾。一个发展中国家要在全球分工构架中获得最好的位置,就需要有科学技术上的巨大突破和创新,否则就只能在原料供应国或市场销售国的位置。

——逻辑之三:经济全球化要求推行全球伦理

从抽象意义上看,全球化是一个空间的广延,表现为世界性的不断生成。所谓世界性，是在全球化中不断累积起来的各民族文化之中具有普遍性和共同性的精神文化成果，如世界人权、全球伦理等。最近出现的所谓“企业社会责任制”（SA8000）可以说是全球伦理之体现在世界经济贸易活动之中。这是全球化的积极方面。

不过，把相关伦理责任作为发展中国家从买方（发达国家跨国公司）获得商业定单的条件，并不是没有矛盾的。

SA8000作为人类文明的产物在工业发达国家内部以及这些国家之间，是劳动者的福音，是那里的社会进步。在这个范围内，SA8000的推行大致上是没有问题的。

但是，在劳动密集型企业，当工业发达国家的产品与发展中国家的产品在世界市场上相遇时，后者低劳动力成本加上低环保标准，对工业发达国家来说是一种威胁。发达国家不可能通过降低本国的劳动者的生活水平和放弃较高的环境保护标准来加强自己产品的市场竞争力，它只有采取迫使发展中国家增加其产品的工资和环境保护成本，从而降低其市场竞争力的办法。这种办法还可以有维护劳动者人身权利和关注地球生态环境的美名。对ISO标准和SA8000的巧妙运用，就能起到这样的作用。例如从上世纪90年代初到现在，中国温洲打火机遭受到欧洲和美国多次的制裁，其手段都是ISO标准加上SA8000，目的无非就是在客观上迫使温洲打火机独具的价格低廉优势丧失掉。

有人认为，SA8000并非贸易壁垒，理由是“对跨国公司来说，最主要的是获取利润，而中国廉价商品是其采购的主要对象，所以他们不可能故意设置壁垒来破坏采购渠道。SA8000实际上是跨国公司在政府压力下被迫迎合所做的无奈选择。”这一点也不错。对采购的企业来说，当然不是它愿意采取的“贸易壁垒”，但发达国家政府推行SA8000，无疑可以大幅度增加发展中国家劳动密集型企业的工资和环境方面的成本，从而降低其竞争力。这是它们对本国企业所负的职责。多年来，工业化国家一直指责发展中国家的过低劳工标准和较宽的环保标准限制是对他们的贸易不公平，并利用经济制裁来推行他们主张的劳工标准和环保标准，而人们普遍认为，隐藏在这些标准后面的，实质上是对付发展中国家的贸易保护主义。

无论如何，SA8000促进工人工作条件的改善，本身是好的，是人类文明的进步。不过，不要以为推行者是绝对出于高贵的善意。许多历史进步，往往是通过兑现推行者的某种贪欲的方式来实现的。我认为SA8000也是这样。

不过，被当作贸易保护工具的SA8000本身对于发展中国家的企业来说，也仍然具有双重效应。就是说，这些企业在受到制裁的情况下，由于一时突不破贸易壁垒，有些行业的出口可能受阻。SA8000是借外力达成工人待遇改善的良机。然而外力也可造成一批不够标准的工厂的倒闭。对于倒闭的工厂的民工来说，SA8000也意味着夺去他们的饭碗。

但是企业只要把压力变成动力，积极努力按照SA8000的要求来改进，结果就是企业的国际竞争能力的进一步提高。可见负面的工具本身也有积极后果的另一面。这对于当前中国企业的发展现状来说，特别重要。因为在当前中国已经出台的法律条文中，政府对企业应当承担的社会责任已经有较为明确的规定。专家指出，除了很少几个问题（如自由结社和强迫劳动问题）外，中国劳工标准立法在内容上与国际社会的差别并不大，问题只在于有效实施。中国在某些劳动密集型制造业（纺织品服装、玩具、鞋类、打火机等日用品）已经是生产大国，但经济发展水平低，社会保障体系中的劳动保护很不健全，与SA8000的要求相差较大。但正因为如此，往往就能更快地得到改进。对企业家单纯宣讲企业伦理，往往效果不大。但SA8000把企业道德法规化了，这就迫使企业不得不为生存而向文明办企业的方向努力。

以上三种不是全球化可能有的全部逻辑。它们只是说明，全球化是一种客观趋势，有其自身的逻辑。而这些逻辑与企业、企业文化都是密切相关的。企业家应当研究它们，制定出自己的企业战略，求得企业的最好发展。

（作者系首都师范大学教授、研究员，中国企业文化研究会学术委员）

文化复兴与东北战略决策

司马云杰

企业建设不能离开文化建设，企业发展不能离开文化发展。虽然企业设备及经营机构是硬件，但若它离开了文化精神的软件，还是不能良性运营的。特别是支配人思想的文化理念与精神，仍是整个企业的群体哲学与灵魂。离开了这个哲学与灵魂，或魂不附体，企业就会变得无生气、无精神、无理想与信念，就会成为一个衰败的空架子。华安工业（集团）公司由盛转衰，再由衰转盛，就是贯通了自己的文化精神，实践了自己企业群体哲学，安顿了自己的企业灵魂——这就是以人为本，重新培养爱岗敬业的精神，并使这种精神与时俱进，赋予新的内容，塑造新的品格。就文化复兴与东北战略决策问题，讲五点意见。

以人为本要以人文化存在为根本

“以人为本”的提法，这几年经过企业文化研究会的提倡，已渐渐得到社会广泛的认同。这是一个了不起的成绩，但理论上还有模糊之处。

1. 以人为本，就是把人看成是整个社会的根本存在。“民为邦本，本固邦宁”就是如此。民者人也，这个问题就企业来说，就是把人看成整个企业生产经营的根本存在。只有人才是根本，而不是把物、机器、设备、投人、产出、市场利润、价格等看成是根本。

2. 人是文化的人，是有信仰、信念、理想、精神的存在者，而不是物性或种族的存在者。人是有道德本性的，而不只是生物的人。西方文艺复兴，以人性反对神性的人道反对神道。固然有进步意义。但人没了神性,也就变成赤裸裸的物质存在了。这自然不行。

3.“人的文化存在即是他的本质”。人的一切行为,皆是文化行为;人的一切活动,皆是负载文化意义的活动。因此,人的信仰、信念及整个理念与精神,应该放到一定的文化环境中去,放到不同国家民族的文化环境中去。国家民族也不是生物学或人种学的存在,而是文化精神的存在,是不同的风俗习惯、礼仪、道德伦理构成的存在。它的根本精神,如中国的“道”,西方的“逻各斯”与上帝,印度的“梵”,是无法互换国代替的。因此,以人为本,最终体现在以中国文化为本。中国现代复兴最终是人的复兴,人性的复兴,文化的复兴,文化精神的复兴。

东北在中国现代复兴中的战略地位

1. 中国地倾东南,天出西北,西高东低,财富滚滚东流,因此常常造成东南富庶,西北贫穷。但东南的富庶,也容易造成腐败。中国历代王朝迁都南京,如晋、宗等,都是短暂的,很快就灭亡了。太平天国,灭亡的原因很多,其中一个原因是建都南京,很快就腐败了。民国亦是如此。

2. 中国国企长久者(如汉、唐建都西安)都有战略后方。刘邦登基汜水,很想建都洛阳,刘敬劝之建都西安(兴而都亡,背山带河,四塞以为固,又有八百里秦川,则地可会,天下可有也。)

3. 清朝能维持二百多年,关键在于它有东北的战略后方。康乾高压下,虽称盛世,然及至嘉庆、道光两朝,社会开始动乱,先是西南的连年大乱,然后是甘、新的民族问题,浙闽的海盗问题,及至咸丰、同治朝,历经鸦片战争、太平天国运动、八国防军进北京,但不管边疆沿海怎样乱、怎么闹,由于它有东北的战略后方,仍然维持了一百多年。

4. 由上可以看出,中国现代复兴无疑要发展沿海,开放沿海,发展珠江三角洲、长江三角洲,但发展东北都是有战略意义的,无此战略后方,一旦有事,不管海峡,还是西太平洋,就会被动。

东北复兴应在中国文化复兴的大背景下考虑

1. 东北企业文化理念与精神的建立,应考虑整个以中国文化价值体系这个大的价值关系。

2. 东北现代复兴,不仅要考虑在中国大陆的战略地位,更要考虑在整个大中华文化圈、经济圈的地位,应把台湾、香港、澳门、新加坡等都考虑进来,应把东北文化经济战略,放在这个大经济结构中去考虑。

3. 不仅考虑十年、几十年,要考虑一个世纪、二个世纪的战略地位。考虑整个中国文化复兴,在西太平洋的战略地位,来进行决策。

实现现代复兴,必须完成中国传统文化精神的现代转换

1. 任何国家民族的复兴,都是以文化复兴为根本前提,为社会文化基础的。西方的文艺复兴、启蒙运动,都是以复兴古代希腊文化开始的,而且教会僧侣进行了艰苦卓绝的努力。西方复兴,先复兴文化,而中国的现代复兴,如何能以牺牲几年的文化为代价呢?

2. 转换文化精神,西方把基督教禁欲主义变成精打细算,把贪婪放纵欲望变成不断进取、永不满足的浮士德精神。中国有一套仁义礼智的道德精神,有至诚不息的精神(唯天下至诚,才能尽人之情,才能与天地参,与万物化。)西方的拯救精神很感人,中国的至诚精神也很感人。中国文化中有许多伦理道德精神可以转换,如:仁的观念。就是把整个社会关系建立在仁的基础上。“己所不欲,勿施于人”“己欲立而立人,己欲达而达人”等皆可转换成现代企业精神与理念。

要善于利用西方的现代科学技术

复兴中国文化,不是不要西方的科学技术,而是要充分地利用它。西方正是利用了世界各国已有科学技术知识,才发展起来的。如:西方有几何,但算术很差,他们的数学是从印度来的(通过阿拉伯人传过来的),10 个阿拉伯字也是人家的。西方没有“零”的概念,没有“负”数的概念,这些都得益于印度人,没有“无”概念,中国哲学不仅把存在提升为“有”,更提升为“无”。西方人无论如何想不通“无”怎么能生“有”。因此,讲“有”不讲“无”,即使讲上帝,也讲“永有”,不讲“无”。直到黑格尔、海德格尔的哲学才讲“无”。以至于西方许多科学都来自世界各地,以至于美国人说西方的科学是“百纳衣”。西方可以用别的民族的文化,我们也可以用西方的,而且要善于利用,要建立新的“百纳衣”,即新的科学,发展与西方不同的科学,用的好,我们就发展起来了。

(作者系中国社科院研究员、中国企业文化研究会学术委员)

关于运用文化力推动经济力振兴东北地区老工业基地的几点意见

周叔莲

文化工作要在正确认识东北老工业基地这个根本问题上狠下功夫

在振兴东北老工业基地中用文化力推动经济力,就要认真研究和正确认识制约老工业基地兴衰的因素,弄清楚振兴东北老工业基地的根本问题是什么。文化工作要为解决这个根本问题服务,帮助人们解放思想、转变观念、提高认识、统一步调,克服阻力、增强动力。

东北老工业基地衰退的根本原因是什么?对此有很不

相同的认识。所以应深入研究这个问题。应该说，制约老工业基地兴衰的因素很多，但制约老工业基地的根本原因是体制问题。国外也存在老工业基地停滞和衰退的现象，存在振兴的问题。德国的鲁尔工业区、意大利的西北工业区等等，其原因并不相同。老工业基地停滞或衰退的原因也相当复杂，但就近几十年的情况看，其根本原因就是体制问题。

有人认为国家区域重点政策的改变是根本问题，有人认为对老工业基地的作用认识不足是根本问题，有人认为产业结构不合理或设备技术落后是根本问题等等。他们列举的这些问题，无疑都对老工业基地的发展变化产生影响，但是，这些问题可能是老工业基地的一个重要问题，都不是我们许多老工业基地停滞或衰退的根本问题。如果把这些问题当成根本问题，就不能抓住真正的根本问题，从而也难以找到正确可行有效的振兴老工业基地的对策。

说我国老工业基地的根本问题是体制问题，就是说传统的计划经济体制必然导致老工业基地衰退停滞。新中国成立后是按照苏联的社会主义模式建设社会主义的，从“一五”时期就开始实行传统的计划经济体制。这种体制曾导致一些老工业基地的迅速出现，也是以后很多老工业基地停滞、衰退的根本原因。苏联的计划经济体制具有命令主义、平均主义等几个重要特征。这些特征都会导致老工业基地不可能持续发展。例如：在这种体制下，企业没有自主权，其行业主要听命于政府，而政府的决策缺少民主化科学化的程序，难免经常出现差错。在工业化过程中，一些地区由于国家大量投资，可以迅速成为工业基地。企业不仅全部利润要上缴政府，缺少自我积累、自我发展的机制。折旧也要上缴政府，连简单再生产也难以维持。这种体制使企业和职工缺少积极性、主动性，缺少可持续发展的动力。当国家不再向该地区大量投资时，这些老工业基地的停滞、衰退也就是必然的了。

既然有些老工业基地停滞、衰退的根本原因是体制问题，因此，振兴老工业基地，或者说使老工业基地持续发展，最根本最主要的问题就是要有一个好的经济体制和制度，这也就是建立和完善社会主义市场经济体制。应该承认，东北在经济改革方面比有些地区滞后，因此振兴老工业基地更必须要紧紧抓住经济体制改革这个根本问题。企业文化建设和社会文化工作都要为此服务。

在振兴东北老工业基地的过程中，用文化力推动经济力，必须加快国有企业改革的步伐

党的十六届三中全会通过的《完善社会主义市场经济体制若干问题的决定》中，提出要“加快调整国有经济布局和结构”，要“完善国有资本有进有退、合理流动的机制”，这是企业的任务，而在东北地区完成这个任务更加繁重和艰巨。因为在东北三省经济总量中，国有经济占的比重比全国高得多。2002 年底，辽宁国有工业企业总产值占全部规模以上工业企业的 62%，比全国平均水平大约高 20 个百分点。黑龙江和吉林国有工业企业总产值占全部规模以上工业企业的比重约 80%。国有经济比重这样高带来很多问题：一是相当一部分国有企业仍未完全脱困，经济效益差，亏损多。二是影响非国有经济的发展，有些政府部门仍偏爱国有企业，不去努力设法“大力发展非公有制经济”。三是国企遗留的许多包袱，冗员多，退休人员多，债务重，企业办社会包袱重，解决起来更加困难。四是在国有经济还是国民经济主体的情况下，社会主义市场经济体制很难完善，有些国有企业很难搞活。而由于国有经济比重大，改革的成本也大。因此，振兴东北老工业基地，必须十分着重努力解决调整国有经济布局和完善所有制结构问题。

调整国有经济布局和结构涉及很多问题，例如：哪些部门要进，哪些部门要退，如何使股份制成为公有制的主要实现形式，如何转变国有企业改革中的职工身份，如何建立有效的社会保障体系，如何剥离国有企业办社会的职能，如何筹资和支付改革的成本等等，这都是一些必须解决的难题，已引起社会的关注和讨论。这里就不准备讨论这些具体问题，而是要指出，解决这些问题都会碰到思想观念上的问题，需要转变观念，包括要纠正一些错误认识，在正确的思想理论基础上统一认识，这也就是文化建设的任务。

例如，过去我们把社会主义和公有经济、国有经济完全等同起来，认为国有公有比较好，把社会主义和私有经济完全对立起来，认为要彻底消灭私有经济，或者是私有经济减少就好。而实践证明，在现阶段，这样做是绝对搞不好搞不成社会主义制度的。前一段时期，东北经济发展滞后，有利条件未完全发挥出来，一个重要原因不只是观念转变滞后，在改革国有经济，发展私有经济方面也表现滞后。现在要加快调整国有经济布局和结构的步伐，加强企业文化建设以转变观念是非常重要的。

全国政协的机关刊物《中国政协》今年第五期发表一篇文章，题目是《东北振兴：关键在观念和体制》。把观念放在体制前面，我认为是正确的。因为完善体制要有思想指导，也就是要转变观念。观念转变了。思想正确了，才能够解决进一步完善体制的问题。华安公司“开展文化铸魂工程”，其实也就是转变全体职工的思想观念，东北地区完善社会主义所有制结构和完善社会主义市场经济体制，也需要在社会上“开展文化铸魂工程”，使邓小平理论和“三个代表”重要思想及其所蕴含的文化理念更加深入人心，使党的“十六大”和十六届三中全会的精神更加深入人心，从而形成一种推动东北地区社会经济发展的文化力。

营造好一种鼓动、支持、引导私有制经济的文化氛围才能充分发挥文化力推动经济力的作用，完成振兴东北老工业基地的任务

在社会主义市场经济体制下，从长远一点看问题，振兴老工业基地更应该重视发挥非公有制经济，尤其是私有制经济的作用。这样说有以下几点理由：

1. 这是按照市场经济规律发展经济的要求，也是在社

会主义市场经济条件下振兴老工业基地的要求。改革以前,我们是在计划经济体制下建设工业基地,因此需要依靠政府,依靠计划,依靠国有企业。现在我们是在市场经济体制下振兴老工业基地,因此,必须依靠市场,依靠市场机制,依靠各种所有制的企业。社会主义市场经济有的一个主要特征是独立的企业制度。在各种所有制企业中,国有企业最难做到真正独立,私有企业最易做到真正独立。如果在市场经济条件下再用计划经济的办法振兴老工业基地,结果只会是失败,决不会成功。

2. 国有经济是国民经济的主导,国有企业的数量不能太多也不应太多。过去国有经济在国民经济中是主体,占优势,因此只能搞计划经济。现在实行市场经济,有人仍主张国有经济为主体,占优势,这样做是搞不成市场经济的。在社会主义市场经济中,国有经济应该起到而且只能起到主导作用。要在这个前提下大力发展其他经济成分,包括私有经济。

3. 非公有经济在国民经济中已经起着非常重要的作用。最明显的是个体私营经济对于经济增长和就业起的作用。改革开放以来,个体私营经济产生的平均增长速度远远超过国有经济,成为国民经济增长的重要动力。近几年,国有企业下岗职工很大部分被个体私有所吸收。个体私营经济还出现了与公有制经济相互渗透、相互融合的趋势,促进了混合所有制的形成。混合所有制有极强的生命力、广阔的前途。

4. 非公有制经济有利于培育大批企业家和提高企业家的素质。老工业基地的创新、创造和创业都要发挥企业家的作用,主要依靠企业家。企业家的特征是创新,包括进行体制创新、管理创新、技术创新。因此企业也被称为创新的事业。企业的创办、改造和发展要解决资金、技术、原材料、市场等等问题,企业家才能较好地解决这些问题。现在企业都面临市场营销问题,老工业基地这个问题也很突出,主要要依靠企业家才能解决好这个问题。只要仔细观察,在持续繁荣发展的企业里总会有一群杰出的企业家。怎样才能培养大批优秀企业家呢?靠政府培养是不可能出现大批优秀企业家的。计划经济体制下的国有企业也培养不出真正的企业家。当然,不能说国有企业不会出现企业家,事实上,国有企业经过改革已经出现了一批企业家,但这是相当困难和艰巨的事情。而发展私营企业,让私营企业在市场上公平竞争,是培育企业家和提高他们素质的最好办法和最快的途径。振兴老工业基地需要一大批有作为的企业家,这也需要充分发挥私营经济的作用。

我国发展私有经济有巨大的空间。主要原因是:第一,存在着大量的民间资本,这是非公有经济发展的重要基础。第二,我国有大量劳动力,尤其是农村劳动力需要就业,必须发展非公有经济,才能满足要求。第三,国有经济布局和结构的调整,为非公有制经济的发展提供了广阔的空间。第四,参加 WTO 也为我国发展非公有制经济提供了有利条件。老工业基地也要利用这些有利条件,落实党中央和国务院的方针政策,加快非公有制经济的发展,加快老工业基地振兴的进程。

党的“十六大”在指出“必须毫不动摇地巩固和发展公有制经济”的同时,指出,“必须毫不动摇地鼓励、支持和引导非公有制经济发展”。在社会主义市场经济体制下,对于非公有制经济,鼓励、支持和引导三个方面都是很重要的。如果不鼓励和支持非公有制经济,难以迅速发展。如果不引导,非公有制经济可能偏离社会主义的轨道。对非公有制经济鼓励好、支持好、引导好,既是需要认真和不断研究的课题,也是文化工作的重要任务。

东北老工业基地要从实际出发,发挥优势,加快振兴的步伐,为此必须进一步解放思想、实事求是,这也是用文化力推动经济力的一个核心问题。

在市场经济条件下,不仅企业间、产业间、国家间存在竞争,在一个国家内部的地区之间也存在竞争,各个地区都要提高自己的区域竞争力,老工业基地也是如此。因此,振兴老工业基地,还要贯彻正确的区域发展思路,发挥区域优势,提高区域竞争力。

区域竞争力是指区域内各经济主体在市场竞争过程中形成的争夺资源和市场的能力,表现在产业竞争力、企业竞争力、科技竞争力、城市竞争力、国民素质、地区协调、政府效率等等方面,是这些方面竞争力的综合能力。

一个区域的经济发展主要是由区域内具有优势的产业发展决定的。区域优势产业的形成和发展取决于区域比较优势和竞争优势,区域比较优势主要是指区位条件、自然禀赋、经济实力和历史形成的其他有利于发展的客观条件。其中包括好的自然条件、丰富的矿藏、廉价的劳动力、合理的产业结构、具有优势的产业群体等等。区域竞争优势主要是指体制创新、技术创新、管理创新以及政府、企业的其他活动对提高竞争力的有利影响,它主要体现在优势产业及其企业群体上。振兴老工业基地要重视发挥自己的比较优势,包括历史上由于成为老工业基地而形成的各种优势,也要量力增强竞争优势,要把发挥比较优势和增强竞争优势结合起来。

有人说老工业基地要高科技,更要高就业,主张老工业基地要把拉动就业摆在突出位置。这个意见是正确的。很多老工业基地的改造计划中都提到要“加快大型企业集团的建设”,中国确实需要有活力、有竞争力的大企业集团,老工业基地有条件也可以建设大企业集团。但用行政办法,人为地“建设”大企业集团,是不会有活力和竞争力的,因而也不会有生命力。老工业基地在建设大企业集团的同时,一定要把中小企业的发展放在重要位置,要更加重视发挥中小企业的作用,让中小企业按照市场经济规律自然地形成大企业集团。任何忽视中小企业地位、作用的做法,都是不利于经济和社会协调发展。

(作者系中国社科院研究员、中国企业文化研究会学术委员)

坚持“三要”、“三不要”为振兴东北老工业基地创造良好的开端

赵春福

要人文 GDP、绿色 GDP，不要黑色 GDP

GDP 通常有总量、增长率和人均占有量 3 个指标。人均 GDP 是衡量一个国家生活富裕程度和经济发展水平的重要指标。世界银行根据各国人均 GDP 水平，把全世界的国家分为四个等级。根据世行 2000 年统计，中国只相当于世界平均水平的 53%。二战之后，GDP 在发挥积极效应的同时，也产生了负面效应。负面效应产生的原因是 GDP 指标的局限性。GDP 指标不能反映社会成本，不能反映经济增长方式，不能反映为经济增长付出的代价，不能反映经济增长的质量，不能反映社会分配是否公正。这些标准在 GDP 统计当中是反映不出来的。由于 GDP 指标的局限性，造成人为夸大了经济效益。2003 年中国 GDP 占世界经济总量 4%，但是消耗了占世界 7.4% 的石油，31% 的原煤，27% 的钢铁，40% 的水泥。可见我国 GDP 增长的代价是十分沉重的。

目前，中国很多地区出现片面追求 GDP 的现象，给经济建设造成很大损失。其原因很多，一个重要原因是考察干部时用 GDP 衡量政绩，出现“官员出数字，数字出官员”的弄虚作假现象，很多干部大搞“形象工程”、“政绩工程”。我们振兴东北老工业基地，要坚持科学发展观就必须纠正和避免片面追求 GDP 的现象，要高举人文 GDP 和绿色 GDP 两面旗帜。

人文 GDP，强调经济增长是手段，人是发展的目的。过去讲发展以“物”为中心，现在讲发展以人为中心，人是经济发展的目的、动力，人自身的发展是经济与社会发展的标志。要从干部制度上解决政绩观问题、权力观问题，真正做到“权为民所用，情为民所系，利为民所谋”。

绿色 GDP，是指在名义 GDP 中扣除自然资本消耗和环境污染损失之后的国内生产净值，也叫 EDP。我国现在耕地流失、草地退化、荒漠化加剧、水资源短缺、河流、湖泊、海洋污染，生态环境维持经济增长的负荷已达到极限。

目前人文 GDP 和绿色 GDP 都没有严格的、成熟的指标体系。一方面，我们应积极制定指标体系；另一方面，在实际工作中，要坚持反对黑色 GDP。黑色 GDP 包含二种情况：一是以牺牲人的发展为代价获得的 GDP；二是以牺牲生态环境为代价获得的 GDP。这两种情况都是可以进行数字统计和考察的。

要建构东北人才高地，不要孔雀东南飞

发展离不开资源。在一切资源中，人是第一战略资源，其他一切资源只有通过人的劳动和创造才能转化为经济效益。振兴东北老工业基地，务必做好人才资源的开发和利用，要建构东北人才高地，防止人才流失。

人才的开发和利用是整个社会问题，首先政府要高度重视。政府要做好 3 件事：一是加强人才的培养，理顺教育结构。要加大教育投入，普教、职教两手抓，不仅办好大学，也要办好中专、大专，要注重人的学习能力和创新能力的培养。二是加强人才机制建设。重点解决人的选拔、使用的激励机制，落实党的“十六大”提出的资本、管理、技术等要素参与分配的政策。三是加强人才环境建设。要从改变人才制度入手，营造优秀人才施展聪明才智、建功立业的良好环境，打造一个人的价值得到充分实现的平台。只有这样，才能从根本上扭转“孔雀东南飞”的人才流失态势。

从企业来看，企业的竞争核心就是人才竞争。企业能不能吸引人、留住人、最大限度地发挥人的作用，关键在于会不会识人、待人、用人。企业只有以人为本，才能为企业发展贮存和补充可持续发展的动力。树立和落实科学发展观关键在于坚持以人为本，把关心人、爱护人、尊重人作为管理工作的重中之重。因此，牢固树立和认真落实科学发展观，必须在企业管理的各项工作中树立“以人为本”的理念。企业尤其要把不断提高员工的思想道德素质和科学文化素质作为一项战略任务，为员工营造良好的全面发展环境。

要抓好诚信建设，不要假冒伪劣满天飞

目前，诚信问题已经成为关系我国社会基本秩序的问题。现代经济是一种高度发达的市场经济。市场经济的两大基石是规则和信用。规则包括成文法和不成文法，是保证市场有效运作的基本原则。它决定着市场内部的结构是否合理，市场交易是否协调，从而保证市场经济制度得以正常运转。没有一个好的市场规则，市场难以发挥它在资源配置中的基础作用。市场经济体制不可能真正建立起来。市场规则的确立，需要完备的法律制度，也需要道德的支撑和约束。比如，市场交易要通过契约来完成，我们要制定有利于契约履行的各种“游戏规则”，这是法治的表现。但是，仅止于此，是远远不够的。任何契约的履行，无不建立在“诚信”的交易理念上。如果一方不讲信用，契约就是一张废纸，即便诉诸法律解决，也会损失市场效率，从整体上说加大了整个社会的运行成。市场经济讲法治，也要讲道德，法是外在的约束，道德是内在的自律，二者相辅相成，缺一不可。

2004 年 5 月 17 日长江三角地区包括江苏、上海、浙江二省一市的 16 个城市在浙江省湖洲市共同发表《共建信用长三角宣言》。《宣言》称，长三角 16 个城市将加强信用制度建设，“加快建立关于公民和企事业单位信用的激励和约束机制，尽快建立和完善有关信用的区域性法规，逐步形成统一的社会信用制度”。因为信用是支持一个地方经济发展的一种长远战略资源。

我认为,东北三省应该吸取长三角的经验,在中央实行振兴东北老工业基地之初,就自觉地抓好诚信建设,使市场交易处于良好的有序的状态,不要等问题成了堆再来抓。总之,诚信建设,早抓比迟抓好,它应该与国企制度改革以及投资、人才、项目等问题同步进行。为此,我有 4 项建议:

1. 转变观念。传统伦理中对诚信的理解与现代市场经济所要求的诚信是有差异的。中国传统社会中的诚信的作用范围是熟人社会,履行诺言具有超越功利的道义性,诚信的依据主要是情感。费孝通先生在《乡土中国生育制度》一书中说:“乡土社会的信用并不是对契约的重视,而是发生于对一种行为规矩的熟悉到不如思索时的可靠性”。维护这种关系靠的是熟人之间的人情。现诚信原则是指普遍的社会性的诚信,不是和功利无关的纯粹的形而上学,是利益追求中所必须遵循的道德准则,诚信发生的依据不是直觉或因为是熟人,而是理性,是出自实证,即信用记录表明对方是值得信任的。我们要通过宣传教育,将诚信从传统的熟人关系转向市场关系,从单纯的道义转向道义和功利的双重振动,从情感依据转向理性依据。

2. 充分认识诚信的当代价值,政府、企业同时行动,下大力气抓好诚信建设。诚信是一种资本。对个人而言,诚信是人格资本,是个人的人格魅力;对企业而言,诚信是经济资本,是企业巨大的无形资产;对国家和民族而言,诚信是精神资本,是潜力无比巨大的民族向心力和凝聚力。政府要带头讲诚信,要讲真话,办实事,同时要研究社会信用机制问题,不断优化市场环境,保证企业之间的公平竞争。企业要视企业信用为生命,要建立和完善信用管理制度。企业要树立名牌战略,创出名牌产品,这是构筑企业良好信用的基石。

3. 要建立网上企业、个人资信数据。发达国家非政府组织一个重要功能是为市场服务提供信息。我国信用资源短缺,信用环境很差,一些企业和个人经常换地方行骗,并频频得手。现在,加强信息评估、建立资信信息的传输机制已成当务之急。我们要积极建立网上企业资信数据,逐步开展企业信用的评级。要让整个社会都清楚,谁有信用,谁没有信用,该支持谁,该制约谁。

4. 用制度和法律保障诚信的实现。要建立市场信用制度,必须以法律为保障。法律的保障作用有两个方面,一是对于破坏信用者给予严厉的惩罚;二是通过法律的威慑防止失信的发生。目前,市场秩序混乱,失信行为屡屡发生,其原因是失信的收益远远高于失信的成本。我们首先要加强立法,对各类失信行为,要有相应的处罚措施,要充分体现出失信成本远远大于失信收益的原则。其次,执法必严,要尽可能及时准确地处罚市场中所有的失信者。在法律保障方面,各级人大、政府有着十分重要的责任,新闻媒体要充分发挥监督作用。

(作者系北京行政学院副院长、中国企业文化研究会学术委员会副主任)

坚持科学的发展观
运用文化力推动经济力

——“振兴东北地区老工业基地企业文化建设现场理论研讨会”上的讲话

徐惟诚

从哲学角度讲,事物是发展变化的,历史上任何一个朝代、任何一个时代都不可能实现终结真理。因此,我们的这次研讨会也是要符合事物发展规律的,就是要通过一个探索的过程,最终找到适合企业现实发展需要的方法,增强企业在市场竞争中的抗风险能力。

正视军工企业文化的特殊性

由于军工企业的特殊性,世界上任何一个国家的军工企业都不能完全按照市场经济运行。对于发展中的国家来讲,发达国家的武器更先进、更便宜一些,如果在同等条件下竞争,势必处于劣势。那么,我们能不能放弃本国的生产去进口外国武器呢?答案是:不能。因为,对于一个国家来说,所有的武器都是人家的,这个国家就不能独立了。所以我们还得要有自己的军工,尽管比别人贵一点,但还是要有的。这样做实际上并没有按照市场经济的法则,源于军工企业的特殊性。对于发达国家来说,它也同样没有按照市场经济的法则运行。比如两次中东战争中,美国的库存得到了更新,还取得了纳税人的钱,结果美国赤字缩减 2000 亿美元。使得美国军事工业能够重新繁荣,带动了美国的钢铁业、电子工业,避免了美国一次严重经济衰退。精神力量对企业振兴将起到积极的推动作用;企业、国家进行文化建设,对于企业的振兴、对于民族的振兴都有非常重要的意义。

精神力量是无穷的

精神力量作为企业文化的重要组成部分,对推动企业振兴将起到积极的作用。精神力量包括很多内容:决策、管理、技术、精神状态、观念等。企业文化研究最多的还是人的精神状态、人的观念、人的价值追求方面的不同,在市场上的胜负有很大差别。前几年,东南亚发生金融危机,东南亚的许多国家像泰国、印度、菲律宾等国纷纷采取的对策之一就是货币贬值。其中,有两个国家货币没有贬值,一个是中国,一个是新加坡。货币贬值等于该国出口产品的价格高了,这样市场份额就要下降,就会失去竞争力。中国在这次危机中人民币汇率保持稳定,赢得了全世界,特别是东南亚国家的赞誉。新加坡这个国家也没贬值,它是一个小国家,人口最少,完全依靠向外部投资生存。如果货币不贬值,出口份额就要下降,所受损失会很大,但如果贬值,老百姓的损失也很大。新加坡是一个比较富裕的国家，每年老百姓都有六位数以上的存款，存的是新加坡币，如果贬值20%，就等于所有老百姓的财产缩水20%，这个损失就很大了。最终新加坡采取了一个对策，从总理开始，全国减薪20%，减的是当月收入的20%，存款没降。这样，外面的市场份额保住了，职工的岗位也就保住了。最终的结果也很好，不但经济形式好转了，还补发了原来欠的工资。这个决定从经济上算账并不难，但有的不能实行。原因不在经济学在政治。事后，我碰到李光耀问他为什么敢这么做。他回答了一句，他说，因为我和工会的关系好。这句话的内含是非常深刻的，就是他能得到工人阶级的认同，这样做对新加坡的工人最有利，因此得到了工人的支持，他们不闹事、不罢工，努力生产，共同克服困难。因此，新加坡在整个东南亚经济危机当中，也是第一个渡过危机的国家。这里面精神的力量不仅仅体现在决策的正确上，更体现在文化力上，就是他们几十年的经营使得这个国家的国民有了相信政府所采取的决策是为自己的，愿意共同努力来克服任何一种困难。如果这个国家是四分五裂、分崩离析，政府是岌岌可危的，议会里面是49票对50票，有三个议员倒戈了，政府就要垮台，这个政府就不敢做了。从这里看文化力的作用在于使得一定范围的人群凝聚起来团结起来，为争取自己的更大利益去奋斗，甚至于付出暂时的牺牲，能够忍耐。

注重借鉴外来有益文化

企业文化作为一种新生事物，它需要不断地完善企业文化概念从实质上讲，有企业就有企业文化，原始企业也有原始的企业文化。作为我们关注的，主动去建设的一个体系去认识，这是在世界上出现的新生事物，在中国仅20多年，全世界不超过40年。企业的产生时间很长，现代企业产生的时间也不短，我们中国人的企业一开始，大多数是家族经营，因为人到社会，开始是以自然人生存，在经济活动当中，完全自然人形态的来做就不够用了，就要办企业。现在我们讲的企业，是自然人的延伸。最初的企业无论中外，都是家族式的管理，这种企业从中国古代的经济学来讲，比较关注的还是企业的经营、营销方面的知识。他的内部管理信奉的是“用人不疑、疑人不用”，信得过就用，用了就相信他。现代企业跟这种家族式的企业是不同的，是发展的，发展到现在就出现了股份制企业。股份制企业的特点是：所有者和经营者分离，所有者自己不经营，包括美国的大家族企业，但股份分散化，有招聘等各种管理理论。专业董事、总会计师、工程师的权力跟总经理、执行官相分离，互相制约等。这个时候产生了两个问题，一个问题是企业作为一个整体，它是作为法人存在的，而他越来越成为社会市场竞争的主体，市场的竞争不是个人来竞争的，是企业来竞争，但是企业的内部由或多或少的三个、五个甚至几十万个自然人组成的，这个法人在市场上有生死存亡的问题。它经受市场的考验，他要对市场的各种敏捷的信息做出反映，但这些敏捷的反映很难传递到企业内的自然人身上。企业内部的自然人关心的是上级对他是否满意，而不是市场对他是否满意。自然人与法人关心的内容是不一致的，但是法人又要依靠这些自然人的活动总体加起来，才能去应付市场。为了解决这个矛盾，企业就出台了种种的管理理论和方法。从美国泰勒的管理到日本丰田的杰克麦克到“两参一改”合理化建议，这些管理将越来越严格，它把许多必须达到的东西落实到每一个工人的行为当中，如：训练工人在厂里走路，必须达到一分钟多少步，每一步跨多少米，每一个动作都加以分解，达到人机协调。客观讲，人是自然人，人机协调的结果不可能把人变成机器，人是有感情的，有情绪的。作为行为科学，研究的是怎样满足人的第三层次、第四层次的需求，满足这种需求，老板就可以用较少的代价，使工人做出比较多的贡献。企业文化存在地域的差异性，跨国公司的出现，使企业感到文化建设的迫切需要。日本人到美国去开公司，拿日本的经营理论进行企业管理，这时出现了障碍。日本丰田公司每名员工平均一年要提20条合理化建议，能够得奖的大概1条，这一条的资金大概是当月工资的10%，额度并不高。这种动力源于何处呢？他们的回答很简单：做丰田人，看不见厂里有什么改进的地方算什么丰田人，我看见了不提，那算什么丰田人。他们已经形成了这种价值观，这并不是完全拿钱买得到的。美国人就没有这个价值观，他就不会给他提建议。如果给日本工人放假20天，没有一个工人在15天以后回来，基本上所有工人都是休到13天、14天就回来上班，他们不会跟老板要工资。而美国人休假的时间，一分钟都不能占用的，美国工人在8小时内工作量远远超过我们绝大数企业。他的观念是：这8小时我要不干满点，不拼命干，就实现不了自身价值。这是美国的文化。企业文化的差异不仅在欧洲、亚洲之间的同一个民族处在不同地域也有差异。如新加坡人认为，上班时我只能跟你说工作，不能说工作以外的任何一句话，这是文化的不同。中国人有个优良传统，就是洋为中用，企业文化使中国企业向更快的方向发展。中国人的一个优点，从整个中国历史上看，辣椒、西红柿、胡琴都是外来的，我们都能用得很好。

运用文化力推动经济力

最近几年，中国大兴企业文化，这也不是普遍的。它适合企业改组改制的需要。企业市场化以后，进入到集团化经营，打破第七界线。原来同行业的两厂变成一个厂，这里很多企业发现一个问题，面和心不合，实际上这个厂的那一套方法到那个厂是行不通的，形成不了合力，进入市场化经济没办法竞争。在这种情况下，有许多企业适时地提出可靠的“同心”口号，最生硬的是我们企业改组改制、集团化管理，只要有人从文化上去做整合成功，这个集团就会发展得很好。企业文化同样适应外资企业的需要，民营企业的需要。有人认为，企业文化嫌贫爱富，因为它要花钱。但实际上这些特困企业，特别是兵工企业，文化作用相当大。企业要竞争、要留人要做到三点：待遇留人，事业留人，感情留人。感情是两方面的，一方面是企业用感情去对待职工，以心换心，以情换情。另外一个最重要的是情，爱国之情，报国之情。军工企业的文化建设是把爱国心、报国心作为企业文化的灵魂。这一点就补上了待遇留人的不足。拿3000元可以留住30000元钱 挖不走的人。这就是体现了企业精神文化的特殊作用。抓住振兴东北老工业基地这一千载难逢的历史机遇，提升企业竞争力。现在对于东北的企业来讲是一个大好的时机。许多港澳企业家代表团到东北考察投资环境。据我了解，港澳企业家对于振兴东北的兴趣比开发大西北大得多。他们觉得东北交通条件对他们有利，原有的企业基础设施条件是可以利用的，人文环境比较好。在这里投资应该可以有更高的、更快的回报。抓住这个机会，对于我们企业打开二次创业新局面是很有利的。实实在在讲，实现国企振兴，提高职工素质是一个急待解决的问题，要向国外、国内先进企业学习。我接触到的外来投资者，他们真正顾虑的除了政府的投资环境外，就是对于人的素质有顾虑。怎样才能保证"零缺陷"。现在机遇就摆在我们面前，我们要好好珍惜，希望通过大家的努力，实现东北的振兴是大有希望的。

（作者系原中宣部常务副部长、中国大百科全书出版社总编辑、中国企业文化研究会顾问）

用文化力推动经济力
用无形资产增值有形资产

孟凡驰

从国家经济整个战略布局关注振兴东北老工业基地

振兴东北老工业基地要教育干部员工从国家经济整个战略布局的角度来关注这件事情。

国家整个战略布局和东北振兴的关系，可以说是三大步骤、四级战略，五个新。三大步骤：我国沿海区域的开发是第一步骤；第二步就是西北的开发；第三步就是东北地区的振兴。四级战略：一级是珠三角；二级是长三角；三级是东北工业基地；四级是环渤海。这是中国未来发展的四级战略。现在中央把东北振兴作为一大级来认识。东北地区相对于西北被人们看好，是因为工业基础雄厚，设施、制度相对比较完善，更重要的是塑造了一大批具有较高工业素质的人才，技术人才、管理人才、工人人才，这方面西北要差一些，所以东北的优势是非常明显的。因此，把东北作为一级战略，这个战略的成败，对中国的发展起着举足轻重的重要作用。开发东北地区主要是温家宝同志讲的"五个新"：新思路、新体制、新机制、新方式、新路子。新思路和新路子讲的是思维方式，第一是从观念上讲的，最后是新路子。从整个国家经济布局来讲是"三、四、五"方针，让所有干部、员工要从这个高度来认识东北地区振兴的地位，我想就会更能启发我们大家对振兴东北地区的责任意识和信心。

转变文化观念，用无形资产增值有形资产

用无形资产增值有形资产，是目前我们企业发展的重要途径之一，也是过去中国共产党带领我们成功的经验。共产党员领导的八路军、新四军，用劣式装备打赢抗日战争、解放战争，也是靠无形资产增值有形资产。用无形资产增值有形资产是振兴东北地区老工业基地的一个重要方式之一，这里有二点考虑，一是从东北工业基础看目前确实是好了。东北基地在过去是摇篮，一汽、沈飞、鞍钢等都是在一二五期间建立起来的，工业成为中国的摇篮，农业也成为粮仓。对应整个国际的形势和中国形势的发展，它老了。老了主要体现在七个方面：一是经济增长乏力。这是大家有目共睹的，在前二十年、三十年前，东北经济增长速度相当快，78年黑龙江财政收入占全国12.09%，但是99年只占全国的3.04%，同78年的相比降低了四倍，所以，经济增长乏力是非常明显的，优势地位逐渐丧失。整个东北工业基地原来主要依靠有五大支柱产业：一是有色金属；二是煤炭；三是石油；四是木材；五是制造业。前四个产业都与能源有关，随着几十年的不断开采，能源逐渐下降。包括大庆的石油，石油是东升西降，从总量上看大庆仍然是第一位，但是从开采的趋势看，长庆和西北石油要往上升，而东北的石油要下降。二是制造业主要是受国际的冲击，设备落后、工艺粗糙，同国际制造业没有竞争优势。这五大支柱优势在逐渐丧失。三是老在发展不平衡。重工业偏重，轻工业偏轻，兵工业偏兵，这是前段时间，现在的还是向军转民跨出了一大步。总体形势轻工业不适应。传统产品多，新型产品少，粗放产品多，高科技产品少，这样的产品竞争能力就弱。四是设备老。60年代设备还在用，甚至40年代的设备都在用。与国际的差距非常大。五是资金短缺。现在国家虽然振兴东北的大政方针已定，但是大规模的项目投资目前还是比较少的。另外，固定资产投资还显得不足。六是体制转换太慢。七是文化观念落后。听说东北有二放：一是豪放；二是粗放。豪放是指性格和人文意识，比较值得推崇；粗放是一种工作不精细化，体现在时间观念不强，前五老是起制约作用，关键是观念上的作用，主、客观上都有老的痕迹。另外一点为什么必须要转变呢？因为形势的发展有二个趋势值得注意，一是经济全球化的冲击和裹挟。这是不以个人意志为转移的，他也是不可逆转的，这是一股洪流，你背着它跑是跑不过他的，早晚要被淹死。你必须占领制高点，采取应对措施，没有别的出路。因为这种国际化浪潮，就是信息化，智能化，集体化，不是劳动密集化的特征。这种信息化对社会的改造，缩短了人与人之间的距离，是前所未有的转变，如果看不到这种变化，那么落后的速度将更大更快。信息化的冲击是太重要了，经济文化意识化。过去经济是经济，文化是文化，两个不相干，现在经济离不

开文化的指导，如果离开文化的指导，经济就容易跑偏，经济发展的力度就会受挫，质和量两个方面都受文化制约，文化跟不上，经济性质、经济力度都不会有好的结果。因此，经济全球化对中国的冲击，还有经济文化一体化对现代经济的要求，都是必须认真把握的。

经济文化一体化发展趋势，它对企业文化有三个定位，现在国内外专家学者对企业文化还是有分歧的，但有一点没有分歧，那就是企业文化对生产、经营管理和企业发展战略定位有三句话：一是通行证。企业文化是融入到国际、国内市场竞争的通行证，它是一个必备的条件，没有它，不懂得企业文化，不懂得组织领导，产品贸易往来、沟通过程中的文化融合，文化障碍不消除，文化不能融合、不能沟通，那只能理解国内、外竞争的表层，你理解不了本质，知其然不知其所以然，那么这样你文化的根本东西不解决，往往对表层的东西认识不清，这就是刚才徐部长讲的在国际竞争中是跨国际、跨文化的。这就是为什么在整个国际化过程当中，在国外跨国经营、跨文化组织和生产当中，它要重视文化的内容。我们有的企业跟国外接轨，浅层次都接上了，大家也都能接上，可是一到深层次跟文化接轨的时候，看制度在那就用不上，看技术在那就用不上，怎么接也对不上口，这就到了文化接轨的层面了。这层面如果解决不了，文化不接轨肯定你在其他方面也接不上，只能在表层上。所以说，这点上它是通行证。企业文化的第二个定位，就是基因力。企业文化是隐藏在企业生产经营管理层面背后的基因力，那么这个基因的健康与否直接影响企业发展的健康程度。所以，如果企业家你把握不准，这个打开基因力的钥匙，你就理解不了管理的真谛，理解不了管理的基本本质内容。这就叫基因力。第三个定位就是文化决定战略。企业文化决定战略，战略决定企业兴衰成败。这是一个现代化的国际规律，战略是中间环节。计划经济企业你不用自己制定战略，国家把厂、供销、人、才、物都给你管起来了，它就像一个铁柜似的，按它的槽走就是了，你自己要订个战略，那就叫六个手指挠痒痒多一道不需要。另外，上面也会指责你，不能这么干，都给你制定好战略你还干嘛呀？整个全国企业都像个大车间，国有企业就像车间办公室一样，下道企业就是生产没有经营责任，他怎么办啊！所以说，市场经济可不是这样，它不管是股份的还是公司制的，它最后的方向，殊途同归都是要走向自我经营、自我发展、自负盈亏、自主经营道路。而且还无情，市场经济条件下，必须有自己的发展战略。为什么现在倒闭的企业那么多、那么迅速，比如大家都熟悉的郑州亚西亚、巨人集团、秦池，还有爱波集团，这几家企业曾几何时多么辉煌壮丽呀！现在弹指间灰飞烟灭，现在不是陷入困境，就走入低谷了。市场经济就是这样变化无穷、优胜劣汰。计划经济时期一家也不能死，计划经济就像三国时期的赤壁之战，曹操的机制是把所有船连在一块，要走一块走，要停一块停。整个机制就像一篓的螃蟹，你扒着我，我拽着你，谁也好不了。现在市场经济是把计划经济的辫子拽开了，都撒向市场经济的海洋。就决定自己的战略是否科学，就决定你的市场兴衰成败。文化决定战略，企业家的文化和文化品味决定战略制定的科学程度，比方说企业的战略制定的好与不好，与企业家的专业情怀、经营哲学、企业发展的领域等有关，这些东西他要不清楚，战略就无法制定。战略制定的科学程度，决定于企业家的文化素养。制定出好的战略，要想执行好、执行到位，企业家必须执行力强。执行力主要体现在职工和基层干部身上，如果他对你的文化不认同，对你的战略认可程度不高，那么，你设法执行的战略也形同虚设。所以孙子兵法讲，上下同欲者胜。现代社会如果上下文化认同水平高了，他才能够保持方向和行为的一致性，所以这就叫文化决定战略，战略决定企业兴衰成败。真正要把握住自己的命运，没有企业家的根本文化素质，这个问题是很难把握的。

转变的方向和原则

我们说转变观念重要，但向什么方向转可能各有不同的认识。我认为观念转变的方向就是国际化方向，其他之外没有别的方向。那么，我们怎么才能迎头赶上呢？按照国际化标准来高树我们的经营思想、经营方向，保证我们国家的政治地位、政治方向、国家安全和中国基本理论特色的前提之下，要以国际化为基本方向，除此之外没有别的方向。另外一个就是市场要什么原则：转变的原则，就是市场化原则。现在转变观念的时候要以市场化为原则。以市场化为原则内容也很丰富，重要的应该在振兴东北工业基地过程当中，应该重要强调四种意识、转变六个观念。四种意识是：一是绩效意识；二是强调优胜劣汰；三是强调契约意识；四是创新意识。要转变以下六种观念：一个转变当然生存为竞争生存的意识。不要认为我是企业员工的身份，这个身份就应该让我生存下去。我们都是企业的主人翁，所以厂是我的妈，工厂是我家，没钱就冲妈要，没东西就冲家拿，好像都天经地义的。形成当然生存意识，所以市场经济条件下要变当然生存为竞争生存，企业要竞争个人也是这样。第二个转变结果均等为效益优先。结果均等只是片面强调收益，分配的决定平均性，它不强调劳动过程的贡献率和岗位差异。结果均等的意识和效率优先意识是对立的，应该强调效率优先。第三个转变依附意识为市场意识。我们的员工特别依附组织，下级依附上级，行为比较习惯，开拓市场意识就显得不足也，嫌累，不愿去开拓。第四个转变因循守旧为居安思危。第五个转变居功自恃为再立新功的责任意识。第六变被动保守为主动开放。我们的文化观念转变应该从以上几个角度做起。

文化力推动经济力，无形资产增值有形资产

这主要从以下几个角度切入：第一，培育企业家文化素质，促进领导者思维的变化。华安公司给我们的启示是多方面的，内容非常丰富。但是起码有两点：一个是困难企业能不能靠企业文化来达到反败为胜的目的？企业文化是最先进的管理理论、管理思想，管理方式，他不但能锦上添花，

他也能雪中送炭，而使落后企业变先进，冲出困境，走出低谷。华安已给我们一大启示。另一个启示就是企业家的作用。企业文化在一定程度上说是企业家的文化，企业家是个班子，不是专门一个人。但这个班子的CEO的文化观念不正确，他的文化素质水平不高，他对企业文化理解的不深，他运用的不得力，这就没有积极性，企业文化达不到在生产经营管理和战略发展中的具体指导作用，它也起不到企业文化应该起的那种管理效益。因此，企业家的文化非常之重要。我们的企业家担负着四种责任，一个是倡导责任；第二个是示范责任；第三个是整和责任；第四是变化责任。所以，我们企业家必须增强文化敏感性、文化自觉性和文化定力。企业家的文化定力三要素是：一是文化内涵；二是文化内容；三是文化素养。有文化定力的人他能够自己把握市场，剥开五彩斑斓、令人炫目的市场表面看到本质，能发现倾向性问题提出趋势性的发展战略，这是有文化定力的人，不管任何风浪他都稳坐钓鱼船。没有文化定力的人看不出方向，把握不住自己的航程，把握不住自己而随波逐流，走一段说一段，干到哪说到哪，这叫没有文化定力。在市场经济条件下，企业今后怎么发展？方向没问题了，但具体怎么干呢？需要企业家辩证思考，而辩证思考如果不足，什么时候做到进退有序，什么时候做到张弛有序，哪些东西怎么排序，如果你要搞不清楚，那么你落实上级精神也落实不好。所以我认为企业家的文化定力是非常重要的。在一定程度上讲，企业文化是企业家的文化。没有克罗克就没有麦当劳的文化，没有维尔其，记忆的文化也就那样，没有张瑞敏海尔的文化也不模式，没有柳传志，联想的文化可能就变了一形态，没有许远明，华安的文化我也不知道会是什么样。所以，企业文化在一定意义上讲是企业家的文化。当然我们也强调群众意识，强调民主管理，强调集体作风，这里面的关系要处理好，这是辩证关系。第二个增值就是丰富产品的文化含量，促进产品从初级化向精细化发展。产品的文化含量主要有四个方面，一个是使用权用功能，二是款式，三是色彩，第四个是人性化的水平。文化在产品中含量高低决定现代企业产品的销售市场。

第三，要提升服务的文化品味，促进职工行为规范的改变。

第四，强化经营机构的文化个性，促进经营理念的转变。有一位专家这样说过，利润对于企业而言就相当于健康对人体一样，人要活着要工作就得需要健康的身体，但是不能反过来说人活着只为了健康，那就不对了，目标就不对了。企业要想发展，要给国家做贡献就得创造利润，你不是机关、不是学校不创利润怎么行呢！但是不能反过来说企业存在的经济价值就是利润，那是不对的。更重要的是从具体实践和实用角度来说，你要眼睛盯着利润，他往往得不来利润，你现在必须用文化的方法谋取利润。增加企业的产品文化含量就能把利润挣来，那时就是无意插柳柳成荫了。

要确立文化在管理要素中的主导地位，提高管理现代化的适应化水平

文化占主导要素，它要把制度和物质等要素作为一种辅加要素，用文化来统领物质要素和制度要素才能使现代企业管理上品味，这叫文化管理。文化管理最大的基本特征是综合性特征，他像一只手一样，是手心手背的关系，经济效益、文化效益、精神文明、物质文明等统为一体。你只要找到规律往下抓，抓到最后的不说两手硬，哪手也不软了，因为他是天然融多个效益为一体的一种管理方式。要以文化力推动经济力，用无形资产增值有形资产，应该从这五个角度去做。

（作者系中国企业文化研究会常务副理事长、秘书长）

2. 2005 年——全国企业服务文化建设研讨会

会议综述：

加强服务文化建设，提升企业核心竞争力

李瑞英

由中国企业文化研究会主办的“全国服务文化现场经验交流暨理论研讨会”，7月9—10日在山东省日照市召开。中国企业文化研究会顾问徐惟诚、理事长胡平，国资委副主任王瑞祥，中纪委驻国家电网公司纪检组组长祝新民，中宣部宣教局副局长董俊山，山东省国资委副书记王和先，中国企业文化研究会常务副理事长孟凡驰、常务副秘书长黄新惠等与来自中央国家机关和各省有关部门领导，全国有关企业主管部门和行业、地方相关学会，知名专家学者等200余人出席研讨会。会议围绕建设符合时代发展要求的服务文化课题，进行了广泛深入的研讨。

王瑞祥在发言中指出，建设符合时代发展要求的服务文化，是应对现代市场激烈竞争的要求。服务文化是企业文化建设的重要组成部分，它鲜明地体现着企业的价值观和经营理念，贯穿于企业设立、产品设计、终端服务的全过程，具有很强的个性特征。从狭义上讲，服务文化最直接的体现领域是以服务为交易对象的服务贸易业。加入WTO后，我国已成为服务贸易业发展速度最快的国家之一，服务贸易规模占全球的比例和排名均稳步上升，从1999年占全球的1.9%、排名第14位上升到2003年的2.5%、居第9位，对国民经济的影响从2003年占GDP的7%提高到2004年的8%。但与发达国家相比，我们的服务企业规模还偏小、品牌的市场号召力还较弱，特别是服务意识、服务水平、服务质量和服务能力都亟待加强。从广义上讲，服务不仅是服务贸易业的事情，实际上所有企业的产品都是在提供服务，都是在不同方面、不同内容上满足人们日益增长的物质需要和精神需要。能否提供优质服务，决定产品是否适销对路，决定市场占有份额，决定企业收益水平，决定企业的生死存亡。因此，在日益激烈的市场竞争中要生存和发

展，就必须高度重视服务文化的建设。

胡平在论述服务文化内涵时认为，服务文化本质上是一种智慧文化，是经营者、广大员工共同创造的文化。它有三种类型：一是产业化的服务文化，是一种按经济规律运作的服务文化，将服务文化融合进生产、加工、营销的全过程；二是公益性的服务文化，要求企业和企业家在赚取利润的同时，要承担一定的社会责任；三是行政执法的服务文化，即行政执法部门的服务要到位，体现立党为公、为民执政。

徐惟诚结合获得全国精神文明建设先进单位、全国职工职业道德建设十佳单位、全国五一劳动奖状、首届全国诚信企业、国家电网公司文明单位等称号的山东日照供电公司优质服务的先进事迹说，研究服务文化是一个十分重要的课题。过去，按照习惯的思维，品牌好像只是同市场上出售的各种产品有关系，人们通过品牌来了解、鉴别不同产品的质量；企业通过品牌来树立自己的信誉与赢得市场。而山东日照供电公司将服务打出一个品牌“诚信彩虹”，并在国家工商总局注册，挂牌5年，取得较好的社会效益。这个服务品牌不是漂亮的空洞口号，它是将每一道工序、每一个环节、每一个部门形成责任分明的链条，从而保证优质服务。同时，品牌把劳动者和消费者联系起来，使劳动者重新认识自己的劳动价值，找回自己的尊严和自豪。人们在这样的心态中，不断涌现大批先进职工就不是偶然的事了。

与会同志说，服务文化是以服务价值观为核心，以创造客户满意为目标，以形成全员共同的价值认同和行为规范为内容的文化。搞好服务文化建设，把企业服务精神、服务理念和核心价值观转化为广大员工的精神动力和自觉行动，有利于培养员工形成符合时代潮流和社会要求的思想境界、精神文明和职业道德，从而更好地推动和谐社会的构建。

会上，日照供电公司总经理石玉东介绍了建设服务文化的经验，与会同志高度评价他们的探索与实践，并认为管理制度的严格规范和持续改进是搞好服务文化长期有效的基础性工作，各有关部门应当积极把员工认同的文化理念用制度形式规定下来，渗透到管理的全过程。

（作者系《光明日报》理论部副主任）

主旨报告：

关于服务文化的几点认识

胡　平

第一点，服务文化是经济文化一体化的产物。1989年我就提出商业文化学，此后有篇文章登在《光明日报》上，叫《无情的竞争、有情的服务》，就是想把服务列入商业文化商品文化里面。现在有学者告诉我，20世纪80年代末、90年代初，我们倡导商业文化的时候，欧洲好几个大哲学家也在研究经济和文化的关系，研究商业文化。关于经济和文化的关系，我们历来是两张皮。这是由于我们传统文化形成以来，我们的文化注重与政治的结合、与社会的结合，而不是与经济结合，而现在社会的发展则必须要把两者揉和在一块。文化和经济的关系有点手心手背的关系或者是老子讲的阴阳关系，“一阴一阳为之道，孤阴不生，独阳不展，阴阳共生”。历来我们在服务包括在商业有一种传统的思维，就是说这种商业是生产性劳动还是非生产性劳动？马克思讲一个歌女在大街上自己卖唱是非生产性劳动，同一个歌女老板用她在剧场里卖唱是生产性劳动，因为它生产资本。这个话在马恩全集第23卷第三分册里好几个地方讲了。所以这个问题马克思早就解决了，我们没解决，我们还一直把它当作非生产性，不重要。

第二点，服务文化本质上是一种智慧文化。我们任何事情都有经济行为，有硬件有软件，大家重视硬件但是不大重视软件。据说孔子拜见老子，老子张开嘴巴半天一句话也没有讲，孔子百思不得其解，不懂怎么回事，不敢讲话，回去思考半天，悟出一条，说老子的牙齿已经掉了，可是舌头还在，看起来软的比硬的厉害。孔子悟到了软性的东西很重要。那么我们这种服务文化正是以硬件为载体、以文化为内涵的软件的建设相结合在一起，是一种经营者与广大员工共同创造、共同执行的一种文化力、一种创造力、一种执行力。从自然科学、社会科学来看，我们常常把它两个分开来，重视自然科学，忽视人文科学。科技是第一生产力，这是没错的，但科技第一生产力怎么变成商品这是科技本身没法解决的，是要通过人文科学来实现的。当年瓦特发明蒸汽机，怎么抛向市场，用15年的时间没有成功。后来跟一个老板合作把它推向了市场。科学技术是第一生产力，不是自然而然变成生产力的，科学技术只是一个发明，不一定自身就能变成生产力。因此，我们这个人文科学，指广义的人文科学，也是我们服务文化的一种内在动力，起到四两拨千斤的作用。这种服务文化用在自然科学中，就能发挥更大的作用；用在一个企业、一个产业里面就会产生强大的推动力和很丰富的一种魅力。因此说服务文化本质上是一种智慧文化。

第三点，服务文化的分类。服务文化可以有狭义的服务文化和广义的服务文化。我看还可以分成三种类型：

第一种是产业化的服务文化。就是说它有经济行为，按照经济规律运作的服务文化。比如说，我们从现代工业来看，现代工业服务文化怎么体现的呢？我们工业流程有四个阶段，第一个阶段是商品设计。商品设计当然靠科技，要提高科技含量，同时也要靠文化，它是以市场为目标的。第二个阶段是加工制造。加工制造是企业内部的事情，它按照固定的流程，我们的工程师、技师、工人精心操作，它要把它的服务文化融合在商品生产、加工的过程当中。第三个阶段是营销。商品生产出来以后要走向市场，没有服务文化是不行的。按马克思讲，商品自身不能实现惊险的跳跃，一定要通过流通，通过商业才能实现。第四个阶段就是售后服务。西方早就讲，没有服务的商品是半商品。现在看起来很明显，我们电力部门要把电一直送到每家每户，要与电器连起来，最终末端的消费才能实现。现代化的企业售后服务那一套非常精细，所以从现代工业流程上看，我们的服务、服务文化差异很大。我们从现代服务业来看服务文化，可以看得更清楚。因为我们有个信息流、商品流、物流、资金流，不断地在流动。不断的流动靠什么？靠各个方面的服务来启动保障。我们的物流成本占到25%，而发达国家的物流成本只占6%的样子，所以我们落后。物流怎么设计呢，当然要靠服务。我们资金也是这个问题，但是怎么让资金快速地流动，也是很大的一个学问，这也是一种文化，一种观念。我们现在是用过去的钱昨天的钱，人家是用今天的钱或用明天的钱，用起来了，市场经济就发达了。现代化的服务业是能跟国际接轨的现代化服务业。我们的服务文化差距还是很大的，要好好地研究。

第二种是公益性的服务文化。从公益性的服务业来看，比如说我们的博物馆等等，好多发达国家属于公共开支，政府投资，但我们现在也收费，暑假学生放假免费啊半票，还是一种有偿服务，这种有偿服务跟产业化的服务不一样，它为了要经济上得到保障才采用的一种经济行为，不能说它不好，但这种公益性的服务文化我们怎么来面向社会呢？比如我们有弱势群体，有孤寡老人，有残疾儿童，还有贫困人群等等，这种服务怎么到位？现在志愿者出来了，整个香港比我们大陆要做得好。企业家和企业要进到公益性服务文化里面。现在我们媒体在讲非公经济，好像私有企业、私营企业没有公有化的成分，这容易引起一种误导，就是说我们企业除了纳税以外，还应该有一种社会责任，这就是要记住的公益性服务。西方国家的企业家比较成熟，他懂得有社会责任。我们的老板也应该有一种社会责任，应该参加公益性的事业，爱心互动等等。上次我参加首体香港艺人爱心互动，一个晚上捐了一亿，不是政府来投，是社会来投，社会来发动公益性活动，这个领域的文化我们现在好像才刚刚开始起步，跟国际上相比差距也比较大。这里有个制度和政策问题。西方带公益性活动开支是税前开支，例如我捐一百万，打到成本，等于政府也捐了一部分。我们的公益性活动支出是税后开支的，即纳税以后老百姓自己开支，而且还规定3%以内可以打到成本。社会的公益性事业我们政府包不下来。现在是社会转型时期，问题非常多，应该依靠社会力量，我看特别要依靠企业。这就是公益性服务文化。

第三种是行政执法的服务文化。提到政府文化，我们政府过去是为人民服务，现在我们说立党为公、执政为民，比以前有进步了，但后面一句话还是不到位。执政为民它的主体是“官”，我执政为老百姓，那跟历代的统治者有什么区别？应该为民执政，主体是“民”，政府为民服务，民是主体，不是官是主体。还有执法部门，公检法，它也体现一种文化，公安文化、法律文化。它这一种服务文化跟前面两种服务文化有不同的内容，它是在行政执法基础上的服务文化，应该说它不是一种经济行为，跟经济行为没关系，但它有物质保障，没有一定的物质保障搞不起来。

第四点，服务文化的发展趋势。我们中国是社会主义市场经济，发展很快，服务文化总的发展趋势有四点：

一是全球化。我们的一举一动都跟国际化有关系。我们入世了，面临着很大的竞争压力。我们的生产部门、服务部门应该有一种全球化的观念，你不出去，它会进来，你怎么应对，你服务文化能不能接轨，如果不接轨，肯定会有问题。现在人家说我们倾销，对我们反倾销。我看我们中国，所谓中国制造，都是外国的牌子，大部分利润外国人拿去了、跨国公司拿去了，我们拿的仅仅是打工仔的工钱，打工仔的工资很低，有点吃力不讨好。怎样迎接这种挑战，那不是空的，要了解世界，也让世界了解中国，然后通过运作，通过服务文化的运作，在竞争中制胜，至少能够站住脚啊，这个课题是比较大的，我的看法应该把社会平均工资提高，你把社会平均工资压得很低，农民生活也得不到改善。

二是网络化。因特网不得了，成为一种服务文化必须要应用的网络。网站这个东西积极的一面是主要的，世界都在应用网络，中国也在应用网络。美国一个医生在医院里给病人诊断，诊断的时候他对着麦克风讲，传输到印度去了，印度的小姐记录下来，整理出来，2分钟就传过来，医生再把它存档。因为印度英语水平高，它的工资成本低，美国就利用了这个劳动成本的差别。那我们中国怎么利用网络？现在网络很多，通过网络提高我们的服务文化水平，还是一个课题。网上交易不太多，因为这个诚信问题没解决，法制不完善等等，谁敢去网上购物？如果都能够尽量用网络来提供服务，我想我们的成本会下降，经济会有很大的发展。

三是多元化。就是利用全球开放的格局，包括国内也好，国际也好，我们国内各种群体需要服务，老、中、青、小、少年，各种各样的人。不能像过去我们做生意那样吃大锅饭，市场要细分化。比如服装，卖给少男少女的服装跟职业女装不一样，经营、生产、加工、制造、服务是不一样的，市场空间很大的。比如老人服装市场卖得比较少，妇女们永远缺少一件衣服，今天买了一件衣服，发现明天那个人穿的比我好，再到百货商店去逛一逛，再去买一件。做生意人有这种观念、这种理论，确实服务到位了以后，我们的商业机会就多得很，这就看你怎么抓住这个机会，怎样细分化、多元化地提供一种服务文化。

四是个性化。我们讲到人本制，才是真正要实行个性化的服务。那么从商品设计开始到中途运作，人性化并不是资产阶级的东西。我们是新社会，中国是社会主义社会，应该要强调人性化。李光耀跟我讲他喜欢到香港去。我说为什么喜欢到香港呢？他讲香港做衣服是量身定做的，到了那里三天以内给你交货，这是个性化服务。我们的西装是大路货，自身根据各种不同的情况去做，所以这种个性化的服务，我们才刚刚起步。别看广告做的挺华丽，实际上到位的不是很多。

第五点，服务文化的内涵和底蕴。服务文化究竟是什么内涵，它的文化底蕴是什么？首先应该是竞争。刚才说无情的竞争、有情的服务，计划经济是有情的竞争，无情的服务，这是不对的。这是竞争，不能桌子底下交易啊，要公开、公平、透明，这是很大的一个变化。诚信，这是最重要的，服务文化要说到做到，承诺要做到，做不到就不能承诺，那对你形象不好，产生一种负面的影响。比如说奉献，服务是一种奉献，当然这种奉献有有偿的有无偿的，两种成分都在。关心公益事业就是一种。西方说顾客是上帝，这种理念传到中国感到很新鲜，其实这句话是不对的，我认为，上帝是看不见摸不着的，没办法亲近他，因此，应该说顾客是朋友，拉近了距离。可是还不到位，就是朋友可以今天成朋友明天不成朋友。再拉近一点，顾客是亲人，把服务对象都当作亲人，亲人是不可分割的。所以服务文化是什么内涵，我没考虑过，刚才临时讲的。这种服务文化刚才说的是浅层次的表现，它有它的文化底蕴，服务文化底蕴一定要和中国传统文化联系在一块，因此首先是继承。前店后厂、手工作坊，它往往能够创造精神。不是有豆腐西施吗，前面是西施卖豆腐，后面是做豆腐，这个现在不行啊，现在所有商品都要包装，没有包装不能上市。有些传统的东西要改革的。我想我们传统的文化里面提倡经济文化、服务文化一体化，应该还是有的，比如说有些老字号它的文化就是传统文化的延伸，在现代化的社会里面，它要竞争。第二个是融合。你自身的服务文化要吸收外来的服务文化，把外面进步的服务文化吸收在里面。邓小平不是说人类一切文明成果都要为我所用吗？这种融合不仅是纵向的融合，还有横向的融合。服务文化许多相关的方方面面，如法制，跟这个有关系。现代法制文化要融合到服务文化里面去。第三个是创新。我们的服务文化应该创新，创造一种服务文化，既不同于过去的传统文化，也不同于外部的、有自己文化特征的服务文化。当然共性是主要的，但应该有差别。能够有差异，那我们就可能有优势，不能盲目跟在人家后面。第四是超越。服务文化要超越自身，超越历史，超越世界。如果我们中国的服务文化能够超越世界，那我们中国就能真正扬眉吐气。我们当年宋朝的时候，GDP 据说占世界的 50%，到了乾隆、康熙盛世的时候占到 25% 以上，现在 GDP 紧赶慢赶才占到 5% 多。中国人口多，还不叫人均叫总量，跟当年历史比较来看，我们现在是恢复性的。中国要在本世纪中叶经济达到中等发达国家水平，服务文化如果不达到中等发达国家水平的话，这个目标没法实现，所以我建议我们这个服务文化应该要好好研究，在企业文化、经济文化一体化中倡导一种新的理念出来。

（作者系原国务院特区办主任、中国企业文化研究会理事长）

大会发言：

用文化的方式提升企业服务力

徐惟诚

这个会议很重要，把企业文化和服务这两个概念结合起来，有一群有实践经验和理论经验的工作者共同探讨，把我们需要研究的问题和值得注意的地方做了有规律性的认识，是符合我们时代的需要的。但不可能在两天的会上把它的各种表现和内涵都完全界定清楚。大家探讨的、说的是许多企业成功的做法和它的效益，使得大家感觉到，确实搞好服务，用文化力来促进服务，是企业安身立命之本。从这一点开始，我们可以希望中国的企业更加重视为他的对象服务，也可以从今天这样的一个研究开始，企业更加重视用文化的方式来提升企业的服务力，从而使得企业在市场竞争中，取得更多的成功。

服务是人与人的关系

服务是人与人的关系，特别是人与人的经济关系的一个基本属性、基本的范畴。人是社会动物，这个动物的特点就是合群，是用分工方式来合群。人类从诞生到现在，都是用类的方式、用群体的方式生存的。在人的群体当中，分工越来越发展，正是由于有分工，才使得我们人类的生产能力或者叫人类的智慧，不断地越来越迅速地发展。我们想象，如果人类没有分工，或者只有最原始最简单的那一点点分工，每个人只做同样的事情，那么人类到底现在能不能在这个地球上生存，都会有疑问。分工带来人类的进步，这种进步有这样之大，同时分工也带来很严重的、很根本的需要人类自身去解决的问题。人的各种劳动、各种活动开始的时候都是为了满足他自身，这种劳动所创造的价值就是使用价值，就是直接满足人自身的需求。人有分工之后，人的劳动创造的，当然首先仍然是使用价值，没有使用价值这个劳动是没有意义的。但是这个使用价值已经不是对他自身的使用价值，而是他人的使用价值。我为什么要为他人创造使用价值呢？我的目的是什么呢？我的目的已经变了，已经不是使用价值本身了，我的目的是因为你给我一个交换价值，我得到的是这个交换价值。从这一天开始，人的劳动就有可能不是追求劳动本身对世界的改变、对于世界的创造，而是离开这个东西，为追求交换价值。一个人你为什么要干活？不是米开朗基罗说的我要创造一个美好的形象；也不是我这个卖电的，为了千家万户送光明，实际上他心里想的是我为了赚钱。你为什么要到供电公司干活呢？供电公司发给工资。没有这个工资，我不干了。这两个东西当然是可以联系在一起的。但既然是两个东西，就有可能不联系在一起。我可以想出种种方法拿了交换价值后，不创造使用价值。会上发言的同志也讲到了，现在这个社会坑蒙拐骗、假冒伪劣盛行，他不给你使用价值，就要拿到交换价值。人的劳动从本质上讲，大部分的劳动是交换的，多是为他人服务的劳动。为他人服务的劳动越多，整个社会进步得越快；直接为自己的劳动越少，社会进步得更快。那么这个社会应该是什么样的社会呢？从根本上讲，就是人人为我，我为人人。应该是这样一个社会吧？而实际上不是的，人人为我肯定是没有错的，为什么呢？因为你每天从早上起来，是别人做好的衣服你穿上去，你打开自来水洗脸是别人的劳动，你开电灯是别人的劳动。在这里，我们有麦克风，有桌子、有椅子，都是人人为我，一点也没错。那我为不为人人呢？对不起，靠不住。那我不为人人，谁为人人呢？上帝为人人。把这个为人人为我的任务交给上帝，人人为我，我也为我。但是如果真是这样，这个社会就玩不下去了，就不好运转了，就要发生矛盾。

服务创造价值

人类还是要进步的，所以就要有种种的方法来调节。计划经济的方法是一种调节，我们过去用的思想教育、也是一种调节，强调一个理念是为人民服务、为大家服务。市场经济也是一种调节，你为别人服务得好你得到的交换价值就多。

贪污、盗窃、行贿这些东西的存在都是有条件的。但是人也会越来越聪明，想出这个办法那个办法去禁止、制止，你制止了一种还有另外一种出来，人再想办法再去制止，社会就是这样进步的。我们会永远碰到这样的矛盾，但是还可以永远逐步地前进，可以逐步地消除我们很讨厌的东西，只要我们把它看清楚，摸清楚它的规律。我们现在已进入社会主义市场经济这样一个时代。市场经济就是在交换中实现你的价值，还要逐渐地实现一种规范：要使得人民想要得到交换价值，就要把为别人的使用价值做得更好；凡是做不好的，人家就不和你交换，你就得不到你的交换价值。这只是一般的原则，具体地讲，还有许多不同的特殊的情况。比如我们这次创造经验的是日照供电公司，它是个垄断的企业，至少目前没有第二家在日照卖电的。你要在日照开电灯你就得买他的电。它就是在别人不能用第二家电的情况下还能作好服务，在这种情况下创造的独特经验是值得我们尊敬的。但这个经验也是不完善的。为什么不完善呢？没有碰到危机。没有经过危机的考验。哪一天这个地方的电不够用了，到处有人到你这个地方来求你、拜你、走你的后门，这个时候你的服务还能不能那么好？如果还能那么好，那就又经过了一个考验。市场经济当中有各种各样的考验，于是人们就要找到各种各样的方法来调节，运用各种各样的方法来调节当中的一个很重要的关键，就是要树立用户服务的理念。这两天的大会发言，我认真听了，很多人都讲了，客户是上帝，要比客户想的还要多，用户还没有想到的我们先想到，总而言之替用户着想。这一点很不容易。

用文化力提升服务力

在我们几十年的计划经济下，各种各样的行业也是为其他的行业服务的，但是他走着走着就遇到一个问题，就是我是做什么的？因为我的分工是做汽车，做汽车里的做重型车我就不做其他的车，要做国家规定的型号，国家批准我做三种型号，我绝对不生产第四种型号，生产第四种就是违反计划了。你要买我的重型车拿来做吊车，你自己去改装。这是我们中国企业的理念。一开放我们的汽车就卖不掉。卖不掉的不光是汽车，还有很多其他产品。我们的经理就要有意见：第一，我的汽车比外国的便宜；第二，我的汽车性能比外国的好，你们为什么不买我的车？他就要研究原因了：第一个原因不外乎你们买外国的车可以出国考察，你们是为了出国考察而买外国车的；第二个原因是国家对国货不保护。他说的原因，也不是没有，然而很重要的一个原因是，外国人卖车呢，你买了是干什么？你需要改装成什么样？你需要加长一点、改型或加规格，我都做好了给你，就是以消费者最终需求为标准。那我们呢？是以定型的国家规定的为标准，差异就出来了。当时，我们有的国产冰箱厂做出来的冰箱拿到市场上卖不动，我们的企业这点还是好的，研究原因，请工程师都去站柜台，听取顾客意见。顾客说你们的冰箱噪音太大，工程师一听就不高兴了，说我们的噪音是多少分贝，在国家规定之下多少多少，我们符合国家规定啊。顾客怎么讲呢？顾客说，你符合国家规定那你卖给国家好了，你干吗卖给我啊。这是两种不同的理念。那我们的制造者那个时候想的不是最终消费者的需求，而是国家规定。化工产品也是这样。因为我们劳动力成本低，又没有进口关税，质量是好的，价钱是便宜的，但是销售就是不如进口的。因为他可以根据客户的需要改型，我们呢，把改型交给客户自己解决。人家的做法是，只要你有需要，只要你提出一个需要，其余的事情我包了。这是市场经济下的企业。我能多做点事情不是更好吗？做得多，我的活越多，我就越有本事，只怕做的事情少了。而我们的企业因为各种机制问题，我们是能少做点事，不愿意多做点事。现在，直到市场经济条件下，我们许多改变都是这一个改变，就是解决我到底是为谁服务的。是为我们的销售对象服务的。服务得好、服务得周到成了企业安身立命的生命线，只有这一条我才卖得掉，卖掉的才是商品，卖不掉的就不是商品，我做出来也没有用。这是一个大进步了。这个进步影响最大的是我们直接从事服务工作的行业，一个新的时代来了，出现了明显的变化。这个变化在两个方面，一个是消费者变了。中国的消费者在这20多年中，已经从吃不饱饭的人变成了吃饱饭的人，吃不饱饭的人的需求和吃饱饭的人的需求是不一样的，不光是买的东西不一样，买东西时候的许多内涵都不一样了，都发生变化了。第二种变化就是企业性质变了，企业的任务也变了。企业的任务过去叫做发展经济、保障供给，还说是无产阶级专政，每个商店都是无产阶级专政的三尺柜台。现在没有任何一个售货员说我在这里卖东西是无产阶级专政，没有任何一个售货员有这个概念。企业变了，顾客也变了，这两个方面都变了，在这两个变化过程当中就会发生许多摩擦。商店里挂着牌子说百拿不厌、百问不烦，顾客来了，东西还是挂在后面，顾客说小姐，你把那个东西拿来看看，看了不满意，又说你再把那边那个给我看看，拿了三个还不买，到了第四个你还不买，她就要问，你买不买啊？这个顾客就有意见了，你什么态度啊？营业员就说你是买东西啊还是买态度！这就发生一个问题，就是讲，来买东西的，不光要买东西，还要包括买态度在里面。有一个朋友到沃尔玛的海鲜柜台买蟹，营业员第一句话就对他说蟹不卖给你，因为她看到朋友头上有伤，说吃了对你身体不好。朋友解释说是给女儿吃，营业员才肯卖给他。这位朋友一定要自己掂一掂蟹让蟹夹到手，立刻出血了，营业员马上停下生意不做，去给他找创可贴，本柜台没有就去前台找，给他敷好，一直把他送出来。这个朋友很感动。过了两天又去买蟹，上次的营业员小姑娘不在，换了个小伙子。这个小伙子的第一句话还是说这个蟹不卖给你，因为你头上有伤。如果是一个营业员这样说，可能是他个人的品质好，但是两个不同的营业员这样对顾客，而且这是很值钱很贵的生意，他都要推出去，这就是企业文化，就是这个企业的要求，我宁愿不做生意，也不要伤害顾客。实际上沃尔玛的营业员做成这样，反而会招来更多的顾客，顾客的忠诚度只会更高。但是，用一般的物质刺激调动不出这样的成绩来，这只能用文化力来提升。

用文化调整人的心态

到了现代社会，人的需求越来越高，层次向精神层面延伸，也是越来越丰富，问题的复杂程度也是过去所不能想到的。我们现在整个的进入市场经济时间还不长，人的需求也是刚刚进入1000美元的水平。进入到一个转折的新阶段，新的需求还会增加，会不断冒出来。在这个时候我们来研究如何来提升我们的服务力，提高我们的服务水平，适应这种变化，是一个很重要的时期。我们要用企业文化来提高企业的服务水平。企业的服务，要全员全流程去做才能做得好。那企业的全员去做这件事情，它的本质就是我们每个人的劳动都是要为大家更高兴更如意。20多年前，我曾经到北京的百货大楼去站了一个礼拜的柜台，和营业员交了朋友。那个时候我们提倡微笑服务，我很纳闷有的营业员为什么笑不出来。跟营业员熟悉了，营业员就和我说，这有两种情况：一种是家庭情况，一家三代挤在一个小房子里，一天到晚别扭、拌嘴，整天不断，上班怎么会笑出来。我也知道要微笑服务，我笑的时候也有，到什么时候我才能微笑服务呢？到下午了，卖了半天的货，烦心的事情也都忘了，我就只记得我是营业员了，我就可以笑出来了。我很理解。第二种情况是，我们的商店每天来那么多人，要我从早上上班就笑，从早上笑到晚上，嘴都笑酸了，笑不动了。我站了一个礼拜的柜台明白了两条，一种人只能上午笑下午不能笑，一种人只能下午笑上午不能笑。什么问题呢？我们要求我们企业的服务和服务的人员是使得别人更如意，实际上，人生不如意事十之八九，每天不可能样样事情都是如我的意的。当然现在这种一家三代住很少有了，这是20多年前的事情，但是每个年代都有每个年代的不如意。今天他的孩子考大学没有考上，原来在一模的时候，还不错，一考，比他预想的要少20分，或者考下来自己也认为不错，但是今年北大的文科分数长了，他认为分数不错但是比人家长的还少两分，他就不如意。考大学有考大学的不如意，买房子有买房子的不如意，买车这个车子耗油量大，不如别人的车气派也不如意。人每天都可能碰到各种不如意的情况，但是我们的企业文化依靠的是人，他们是活的人，他们有时候也会处于不如意的状态，但是我们要依靠这些处于不如意的情况下的人，叫他做的每件事都是要使别人如意，这个矛盾就出来了。要提升企业的服务文化，就要解决这个矛盾，你用什么方法能做到呢？不是说绝对做不到，那成功企业是怎么成功的呢？成功企业是它的工作人员都处于如意状态吗？绝对不是这样一个状态。我们还要研究，从各种个案中来看这里还有什么办法。

我讲个小故事，是从杂志上看到的。三年之前，上海有个21岁的小姑娘失业了。失业一般是个很大的打击，或者是怨天尤人、或者是唉声叹气、或者是没有情绪，但是这个小姑娘很乐观，她还是去逛街。逛街的时候就看到有个国际五金博览会，她就进去了，逛着逛着，有个展台让她眼睛一亮，这个展台上摆着很多各种各样的钥匙，有红色、黑色，有夜光的，有彩色的，上面还有图案，很时尚。回到家她就想，我喜欢这样的钥匙，是不是别的上海女孩也喜欢呢？于是她第二天一早就去博览会问人家在不在中国卖，人家说有中国总代理了，告诉她在徐家汇一个百货公司。小姑娘就直奔而去，问你们要不要人替你卖钥匙啊？人家愿意，但是一要培训，二要买他们的机器和产品。钥匙1.5元一把，机器10000元，她就全买下了，人家就优惠她没有收培训费。培训一周后，在上海大学区开了一个小店。她的小店和别人不一样，有桌子椅子，放上音乐，供给饮料，还有时尚杂志。配钥匙时，你可以坐在那里喝饮料、看杂志。第一笔生意上门，是个白领，刚和未婚妻买了房子准备结婚，要做两把漂亮的钥匙给自己和未婚妻。小姑娘一听既然是这么好的事情，就把他们的头像做在钥匙上，顾客很高兴，成了她的义务宣传员了。她又想办法到大学、到写字楼、到社区去宣传，20块钱一把的钥匙，600把很快就卖完了。但是她不满足，怎么让更多的人了解我呢？上海电视台有个时尚生活栏目，她就自己写了篇稿子，去投稿，记者一看，很感兴趣就来看，也报道了。这一报道就出名了。但是她还不满足，又到企业跑，找大单。一个一个企业跑，一个摩托车行被打动了，给每个摩托配两把有摩托车行的统一标志的钥匙，一下子就订了6000把。到这个时候这个姑娘还是不满足，她就看人们还有什么需求？有的小姑娘买钥匙要挂在身上，彩色的钥匙好看啊。于是她就做两件事，一件是进一点韩国来的白银的钥匙链啦，好的钥匙坠、钥匙袋，一些配套的东西，销售的附加值就增加了。第二件，有的顾客是电脑迷，她就把电脑游戏上的人物形象拷下来做在钥匙上；有的是球迷，就把NBA的球员形象做成钥匙，根据人家的要求来做有特点的钥匙。做了2年,现在小姑娘23岁,两年时间,她已经赚100万了。一个失业的姑娘,她就有这么几条好处,一个最根本的东西就是在自己不如意的时候有一种好心态,仍旧用乐观的观点看人生,用积极的态度面对生活,仍然想到要为别人创造如意,而且不断地执着地去做。这样的经验是不是特例呢?我认为不是,上面讲的沃尔玛的老板、现在的董事长,年轻的时候是一个穷学生,父亲是油漆匠,用微薄的工资供养他念中学,毕业后他考上最好的耶鲁大学,但是交不起学费。这个年轻人就决定要用自己的劳动来补贴一点学费,就去给别人刷油漆。他去给一个很有钱的人家帮人家刷墙,正在刷的时候来了电话,他去接电话的时候,走得快了点,碰倒了一把扫把,扫把又把一扇卸下的门碰倒了,门撞到了墙上,墙上就留下了一道痕。他把墙上漆的痕用油漆漆了一遍,接着干别的活。下班一看,和原来的有点不一样,他就把整面墙刷了一遍。第二天上班再看,这面墙和其他三面墙还是有差别。他就把其他的三面墙又重新刷了一遍,直到他觉得完美了才罢休。老板给了工资,但是他的劳动量和油漆费已经超过了工资,老板的女儿目睹了这一切,就和爸爸说了。老板一听,觉得这个年轻人很好。就找来问他,是怎么怎么情况。老板听了说,好,耶鲁大学的学费我支持你。最后,他毕业后进了这个老板的公司,就是沃尔玛,他又娶了老板的女儿。他从基层做起,把沃尔玛的理念贯彻下来,就是所有的一切都要让顾客满意。在自己不如意的时候要想办法让别人如意,这是自己成功的一个基础。那个小姑娘的故事你可能认为是偶然,实际上不是偶然的。调整自己的态度是一个人生的需要。你调整不了你的人生,已经发生的事情都不是你个人所能调整的,你能调整的就是你的态度。你的态度调整了,你的生活的轨迹就有可能改变。

服务文化前途无量

我们做思想工作,我们做文化建设,我们做的就是这样一件打开人的胸怀的事情。如果把我们职工的心态调整好,我们的企业才能够在市场竞争中占据主动的位置。回过头来,我们也不能有过高的期望,我听了大家两天讲的东西,许多经验我都觉得非常好。但我想提醒大家一条,小心一点。企业竞争搞文化建设肯定着眼点是提高职工的素质,这一点也没有错,我们一定要每天不断提高职工素质。但是我们一定不要立足于在3天、3年之内,30年之内,把你的职工人人都变成圣人。我们不能以这样的目标来要求我们的企业文化。人类总是在不断前进的过程中有他的各种需求、有他的各种想像、有他的各种合理的愿望,也有若干不合理的东西在这个过程中逐步地变化淘汰,然后再向上前进,这是一个不断前进不断提升的过程。我们看到许多企业文化搞得好的经验,都讲到怎么提高员工素质,讲的都很有说服力,但是千万注意他只讲到了他提高的那几点,不要以为他们把员工都变成圣人了。没有!不可能是这样。如果今天这样提高,明天那样提高,每一种做法看上去都是很正确的,但加在一起很快地去做,我认为是要失败的,员工就要受不了。只能逐步地前进。这种逐步前进有什么好处呢?它形成了一种氛围,在这样的一种氛围底下,把个人的某些东西结合起来,把某些最必须的东西结合起来成为最规范的要求,这些最规范的要求就成为本企业的品牌。这个品牌一出去就成为伟大力量。这种伟大力量就反过来又会影响员工的精神状态。在这个过程当中某些思想波动等等,受到整个氛围的影响可以得到补充,不足可以得到纠正,和我们的管理制度相配合形成了一个整体力量。它的最高境界不是使得所有的员工都变成圣人,而是所有的员工能实现自己的价值,使得所有的员工更能够提升自己的尊严。这是可以做到的。如果我们这样做了,我觉得我们的服务文化或者企业文化建设就一定可以取得更多的成功。但是整体上来讲,服务和企业文化结合这样的概念还是新提出来的,还需要经过摸索,还需要更多的探讨和经验积累。总而言之,前途无量。

(作者系原中宣部常务副部长、中国大百科全书出版社总编辑、中国企业文化研究会顾问)

满足用户　适应市场
努力建设符合时代发展
要求的服务文化

王瑞祥

服务文化是企业文化的一个重要组成部分,也是当前企业文化建设需要重视研究的一项重要工作。这次会议为大家学习交流和研讨借鉴关于服务文化建设方面的做法和经验,提供了一个很好的机会。

刚才,国家电网公司党组成员、纪检组长祝新民同志介绍了国家电网公司改革发展和企业文化建设的有关情况。国家电网公司是中央直属的国有重要骨干企业,长期以来在党建、思想政治工作、精神文明建设、企业文化建设等方面走在了国有企业的前列,特别是近几年来,把服务文化建设作为企业文化建设的一个重要内容,并与搞好电力供应、提供有效服务、造福整个社会有机结合起来,进行了大量有益的探索。在电力系统里,山东电力公司、日照供电公司在这方面积累了宝贵经验,不仅为企业文化建设、服务文化建设提供了许多可看可学的东西,而且也对当地的经济发展、社会进步做出了积极贡献。在这里,我首先代表国务院国资委、代表中央企业,对长期以来向我们中央企业包括全国各地的中央企业系统给予关心、重视和支持的中央和国家机关各有关部门,向山东省委、省政府和日照市委、市政府及有关部门,向中国企业文化研究会,表示衷心感谢!同时,借此机会向日照供电公司、山东电力系统和全国电力系统的广大干部职工表示亲切问候。

这次会议,是一次现场观摩会、经验交流会,同时也是一次理论研讨会。会议内容很丰富，既有经验介绍，也有现场观摩，还有专家、学者特别是我们的老领导胡平同志、徐惟诚同志作重要讲话。这里，我先就服务文化建设问题作个发言，与大家交流一下学习思考的想法。

建设符合时代发展要求的服务文化意义重大而深远

国务院国资委和中央企业十分重视企业文化建设工作。去年我们在大庆召开了中央企业企业文化建设研讨交流会，今年以国资委的文件制定下发了《关于加强中央企业企业文化建设的指导意见》，前不久中央企业党建思想政治工作研究会一届三次理事会又重点研讨了新时期企业文化建设问题。目前中央企业企业文化建设工作的发展势头很好。服务文化是企业文化建设的重要组成部分。中国企业文化研究会主办这次全国服务文化现场经验交流暨理论研讨会，突出服务文化建设这一专题，对于企业文化建设工作将起到积极推动作用。我认为，在构建社会主义和谐社会的新时期，加强服务文化的理论研究和实践交流，具有十分重要的意义。

第一，建设符合时代发展要求的服务文化，是企业应对现代市场激烈竞争的客观要求。从狭义上讲，服务文化最集中、最直接的体现领域是以服务为交易对象的服务贸易业。加入WTO之后，我国已成为服务贸易业发展速度最快的国家之一，服务贸易规模占全球的比例和排名均稳步上升，从1999年占全球的1.9%、排名第14位上升到2003年的2.5%、居第9位，对国民经济的影响从2003年占GDP的7%提高到2004年的8%。我们服务业总体水平虽有所提高，但与发达国家相比，发展水平还相对落后、比较优势相对薄弱、总体竞争力不强；与跨国大公司相比，我们的服务企业规模还偏小、品牌的市场号召力还较弱，特别是服务意识、服务水平、服务质量和服务能力都亟待加强。比如，2004年沃尔玛销售额为2852亿美元，我国零售业冠军上海百联仅为138亿美元，差距十分明显。从广义上讲，服务不仅是服务贸易业的事情，实际上所有企业的产品都是在提供服务，都是在不同方面、不同内容上满足人们日益增长的物质需要和精神需要。能否提供优质服务，决定产品是否适销对路，决定市场占有份额，决定企业收益水平，决定企业的生死存亡。这就是用户是上帝、而上帝决定命运的道理。因此，在日益激烈的市场竞争中要生存要发展，就必须高度重视服务文化的建设问题，树立服务理念，形成服务自觉，不断提高企业产品的服务能力和企业的市场竞争力。

第二，建设符合时代发展要求的服务文化，是丰富和发展企业文化建设内容的有效途径。实践证明，企业文化是企业核心竞争力的构成要素，是有别于技术、人才、资金等传统要素的第四种资源，其中相当一部分内容又是企业长期发展中形成的重要无形资产。搞好企业文化建设，对于推进企业改革发展稳定，加强现代企业管理，改进生产经营具有积极作用，这已经成为人们的共识。企业文化作为无形资产，与实物资产同等重要；企业文化建设作为长期投资，与资本投资一样能够带来回报；企业文化在管资产与管人、管事相结合上具有特殊作用，既是资产管理的一项内容，也是贯穿于管资产与管人、管事相结合中的一种重要的工作载体和管理行为。企业文化这种特殊资源以及在某些方面具有特殊资产的性质，要求我们应当在实践中深化对企业文化的认识，加快建设丰富多彩、各具特色的企业文化。服务文化作为企业文化建设的重要内容，鲜明体现着企业的价值观和经营理念，贯穿于企业设立、产品设计、终端服务的全过程，在不同企业表现出不同的特点和要求，具有很强的个性化特征。因此，重视并致力于抓好服务文化建设，对于丰富发展和深化细化企业文化建设具有积极意义。

第三，建设符合时代发展要求的服务文化，是构建社会主义和谐社会的重要内容。构建社会主义和谐社会，实现全面建设小康社会的宏伟目标，是贯彻落实“三个代表”重要思想和科学发展观、推动我们经济发展和社会全面进步的工作大局，也是我们企业谋划发展必须把握的大背景和大方向。搞好服务文化建设，把企业服务精神、服务理念和核心价值观转化为广大员工的精神动力和自觉行动，有利于培养广大员工形成符合时代潮流和社会要求的思想境界、精神文明和优秀职业道德，提高适应企业发展要求和员工自身发展要求的职业技能，从而加强和改进“四有”职工队伍建设；也有利于增强企业服务社会的功能，拓展服务社会的领域，提高服务社会的水平，从而促进社会服务网络化的形成，更好地推动和谐社会的建设。

第四，建设符合时代发展要求的服务文化，是加强党的先进性建设的具体体现。党的先进性建设，关系到巩固党的执政地位、提高党的执政能力、完成党的执政使命，是执政党建设的永恒课题和长期任务。立党为公、执政为民是我们党的执政理念，服务人民群众是我们党的根本宗旨。这次在全党范围内开展的先进性教育活动一项重要要求就是服务人民群众，教育活动是否取得实效的根本检验标准就是要看群众是否满意。在企业特别是国有企业中切实加强服务文化建设，可以把党的宗旨意识和执政为民的理念具体化到日常的工作中，使各级党组织和广大党员牢固树立服务人民群众的责任意识，及时听取群众的呼声和建议，及时解决群众的困难和问题，化解矛盾，凝聚人心，有利于进一步提高企业党建思想政治工作的针对性、有效性，密切党群关系和干群关系，增强党在人民群众中的凝聚力、号召力。而这种先进性作用到促进企业先进生产力发展和先进文化建设上，就可以产生巨大的精神动力、智力支持和政治保证。

把握建设先进服务文化的内在要求

我们对服务概念的理解，不能仅仅局限于面对面的交易行为，其内涵与外延要不断深化和扩展。服务是指为一定的对象或事业而工作并发挥作用。因此，服务带有全员、全过程、全行业、全社会的特点,我们每个人、每个企业都处在相互服务的链条中,处在服务文化的氛围中,服务的本质是人与人之间相互影响、相互作用的互动行为。我理解,对于企业而言,服务既是一种为满足他人需求而进行的劳动活动,也是企业生产发展的价值所在。那么,作为企业服务文化,其核心就在于满足用户、适应市场,其主要目标是提高员工素质,提升服务质量,赢得用户满意,打造核心竞争力,促进企业发展壮大。只有牢固树立满足用户、适应市场的服务理念,企业的创建对于社会、对于消费者才有意义,产品的设计生产才可能更好地适应市场需求、体现服务价值,生产流程和产品质量才可能更好地满足客户需要、体现服务特色,经营管理才可能更好地坚持以人为本、体现服务引导。当前,建设满足用户、适应市场的服务文化,我觉得应重点把握好以下几个方面的要求。

一要坚持以人为本的理念。服务文化具有鲜明的人性化特征,体现的是人与人之间的关系问题。服务文化应当突出以人为本的理念,建立在对人的尊重、关心、理解、爱护和帮助的基础上。当前买方市场的形成,使消费者的选择成为影响企业生存的关键因素。消费者选商品、选企业,其实是在选服务。有战略眼光的企业在追求市场占有率的同时,更多地追求顾客占有率,日、美等西方国家的大公司提出 CS(顾客满意)战略就是在这方面的具体体现。对企业而言,产品只有受欢迎,对消费者起作用,才能有市场、出效益。关系企业生存发展的根本在于用户的满意。因此,企业必须由过去以产品为中心转向以满足用户要求为中心,千方百计、竭心尽力地为用户提供优质服务,努力塑造服务品牌。要树立用户第一、客户至上的服务观念,适应市场竞争的要求,进行深入的市场细分,把握不同消费群体特别是企业产品主要消费群体的实际需要和消费变化,找准市场定位和产品定位,建立反应敏捷的服务机制和服务流程,快速响应和更好满足客户需求,做好人性化、个性化服务。

二要重视服务增值的特点。服务文化带有明显的增值性。从价值链的分析来看,服务性劳动不仅可以创造价值,而且可以提高企业和产品的信誉,创造无形价值。我们知道,企业各项活动的最终目标是要形成市场价值。市场价值的衡量标准,直观表现是价格,决定因素是服务。美国哈佛商业杂志发表的调研报告指出,在吸引客户再度光顾的众多因素中,首先是服务质量的好坏,其次是产品本身,最后才是价格。也有统计表明,一个满意的客户会引发 8 笔生意,一个不满意的客户则会影响 25 个人的购买需要。消费者买商品,不是买价格,而是买价值、买服务,不仅需要商品的实用价值,也重视由此带来的精神价值。同样质量的产品,可以因优质服务而增加价值,也可因服务欠佳而减少价值。这就是说,服务性劳动不仅形成价值,而且影响着产品价值的最终市场体现,服务自身带来的产品价值以及附加值已经成为决定企业产品市场占有率和客户满意度的关键因素。因此,服务文化的建设绝不仅仅是改善企业市场形象的问题,而是对企业产品价值形成和实现起决定性作用的大事。要深化对服务能够增值的理解,增强建设服务文化的自觉性和主动性,急用户所急,做用户所需,用优质的服务提升企业产品的市场价值,形成企业的市场品牌,努力提高服务的综合效益。

三要把握推动企业改进管理的要求。建设优秀的服务文化,对于加强和改进企业管理具有巨大的推动作用。先进的服务文化,必然促进企业改善经营理念,提供优质服务,提高企业及产品的知名度和美誉度,从而达到吸引顾客、扩大市场占有率的目的。美国通用(GE)把“视客户为赢家”作为经营之道,视产品与服务的品质为生命,这集中体现在坚持六个西格玛(6sigma)的管理模式。这一管理模式要求产品生产的每个环节都要达到六个西格玛的水平,即 99.99996% 的合格率,每百万次操作中只能有 3、4 个失误。这几乎是个极限的标准。正是这种各个环节高度负责、不传递瑕疵的优质服务精神,确保了产品无缺陷。高水平的特色服务,是企业实施差异化战略的重要经营策略,也是加强现代企业管理的有效途径。要把服务文化的理念和要求体现在企业生产经营管理的全过程、全方位,把产品的高质量建立在生产过程的科学化、规范化、精确化的基础上,运用现代服务理念整合企业资源,改进管理模式,完善生产流程,确保产品质量。

四要体现促进企业与员工协调发展的作用。服务文化是实现企业可持续发展与员工职业生涯发展两者协同进步的重要支撑。从百年老店北京同仁堂的经久不衰,到现代企业海尔的飞跃发展,很重要的在于精心培育了自身鲜明特色的服务文化,促进了企业和员工的协调发展。这也是优秀企业的共同经验。服务文化是综合化的市场竞争力,是人格化的企业竞争力,是影响企业持续发展的核心要素之一。要把企业的使命愿景、社会责任以及员工发展落实到服务文化建设中去。通过企业文化建设特别是突出服务文化建设,使员工和企业建立共同愿景,实现价值观的高度认同,使企业精神和经营理念成为员工的自觉行为,从而降低企业管理的沟通交易成本。同时,也可以把员工的思想感情和命运与企业的兴衰成败有机联系起来,促进真诚协作的团队建设,形成共谋发展的生产合力,实现企业与员工的共同进步。

积极推动服务文化建设工作

建设满足用户、适应市场的服务文化,是企业安身立命之本、发展壮大之源,对于实现传统服务向现代服务的跨越具有引领作用。服务文化的构建又是一门科学,是一个全员参与的系统工程,需要结合实际,精心设计,周密谋划,扎实推动。

一是在方向上要围绕中心、服务大局。企业建设服务文化的目的在于推进改革发展稳定的大局,更好地服务生产经营的中心任务。这需要坚持以邓小平理论和“三个代表”重要思想为指导,贯彻落实科学发展观,适应我国经济发展和社会进步的新形势新要求,自觉担当起为构建社会主义和谐社会、实现全面建设小康社会的奋斗目标提供坚实物质基础的历史重任。这要成为建设企业服务文化的主导要求。建设先进的服务文化，要着眼激烈的市场竞争和人们消费需求变化的客观现实，从企业发展的需要出发，把服务文化建设纳入企业发展战略，体现到企业发展目标之中，落实到企业内部管理并贯穿于企业生产经营的全过程，从而为社会发展和人们需要提供优质高效的服务。要通过不断加强和改进企业服务文化建设，在推动经济发展和社会进步的过程中实现企业的发展目标，实现报效祖国、服务社会、回报股东、关爱员工的和谐一致。

二是在思想上要更新理念、强化意识。建设服务文化，关键是更新服务理念，牢固树立服务意识。形成和建立新的理念，需要审视我们的服务观念、服务态度、服务措施、服务技能，找出与先进服务文化的差距，学习借鉴国内外先进的服务经验；需要员工的深入讨论和广泛认同，广纳集体智慧，坚持从群众中来，到群众中去，使服务理念和共同的价值观能够反映员工的心声、激励员工的行为，成为共同遵守、共同履行的信条；需要强化服务意识，澄清模糊观念，让员工明白“服务就是发展”“服务就是效益”“服务就是市场竞争力”的道理，牢固树立以人为本、服务至上、全员服务、真诚服务、服务创新等先进理念；需要坚持以顾客满意为目标，强化客户关系管理，努力用真诚博得信赖，用服务赢得支持，实现员工与员工的和谐、员工与公司的和谐、公司与客户的和谐。

三是在工作上要建章立制、规范管理。管理制度的严格规范和持续改进，是服务文化长期有效起作用的基础。应当梳理营销服务各项制度和规范，把全体员工认同的文化理念用制度规定下来，渗透到企业经营管理的全过程，渗透到各个管理环节，建立起科学规范的内部管控体系。应当把抽象的服务概念变为具体的服务行为，使具体的服务项目对应到每个岗位职责，细化服务标准和要求，明确人员和岗位的责任，积极推行机关对基层、后勤对一线、上道工序对下道工序、全公司对社会的全方位服务承诺，形成以外促内、以内保外的良性循环。应当严格执行管理制度，规范员工服务行为，做到服务语言规范、行为操守规范、着装仪表规范、工作流程规范。应当不断地改善企业管理制度，实施必要的机制创新和管理流程再造，做到与服务文化的深度融合。应当坚持制度标准与价值准则的相统一、激励约束与文化导向的相协调，建立高效顺畅的压力传递机制和激励约束机制，使员工既有价值观的导向又有制度化的约束，促进优质服务的规范化、常态化。日照供电公司提出“客户至尊、细节赢心”的服务细节观，要求员工在服务的过程中不断反思每一个客户接触点是否可以改进，回想每一处服务通道是否有待完善，细化每一件事情的办理过程，从小事做起，从每一句话和每一个规范动作做起，使每一道工序、每一个环节、每一个部门形成责任分明的链条，环环相扣，互相支撑，使每一个投诉、每一个问题都能找到明确的责任人，都有解决问题的时限要求，从而保证了服务品质，提升了广大群众的满意度。他们的做法，证明是行之有效、值得学习借鉴的。

四是在行动上要全员落实、行为自觉。前不久国务院发展研究中心在一份企业文化建设专题调研报告中提到，根据对 2881 名企业经营者跟踪调查发现，目前企业文化建设的一个主要问题就是落实到行动上还存在一定差距，被调查的企业经营者对企业文化的制度管理层面、物质表现层面的内容还较为熟悉，熟悉程度分别为 87.7% 和83.5%，但对精神层面和行为层面的熟悉程度相对较低，不熟悉的程度分别是 18.7% 和 19.2% 。服务文化建设是一个由企业领导层精心设计，管理层积极推进，全体员工认同遵守的过程，需要企业各级领导和广大员工的共同努力。再好的制度也必须通过人的行为来落实，理念的东西要通过鲜活的人物形象和具体的行为来承载，否则就是空洞说教。一个行动胜过一打纲领，身教胜于言传。应当深化服务文化和职业道德教育，通过采取学习培训、媒体传播等多种方式，大力宣传贯彻服务理念，让全体员工认知、认同和接受服务理念，并将服务理念转化为员工的自律意识和自觉行为，使各级领导成为服务文化建设的核心组织者和示范引领者，使广大员工特别是党员成为服务文化的模范实践者和企业精神的具体体现者。应当摒弃重宣传轻效果、重承诺轻实践的花架式服务，创新服务模式，提高服务艺术，强化服务技能，严格服务考核，变被动服务为主动服务、变单向服务为互动服务、变粗略服务为精细服务，努力实现优质服务细小化、超值服务特色化、客户服务差别化、服务产品人性化，积极打造服务品牌，全面提升企业核心竞争力。

建设满足用户、适应市场这一体现时代发展要求的服务文化，是企业发展壮大的必由之路，是企业员工和广大客户的殷切期望。我相信，这次研讨会将进一步深化对服务文化的研究，对今后一个时期的服务文化建设工作将起到重要推动作用。

（作者系国务院国资委党委委员、副主任、中国企业文化研究会顾问）

为构建社会主义和谐社会
做出国家电网人应有的贡献

祝新民

国家电网公司成立于2002年12月底，是在原国家电力公司、原电力部基础上改制而来的，以建设和运营电网为核心业务。公司经营东北、华北、华东、华中、西北五大区域电网，供电服务覆盖全国 26 个省、市、自治区。国家电网公司是特大型国有企业，改制以后有 76 万人，资产规模 1 万多亿，是国家最大的资产型、综合性公司。从事的电力事业属于基础性服务行业和公用事业，关系国计民生，服务千家万户与各行各业，在构建社会主义和谐社会中承担着重要的经济责任、政治责任和社会责任。公司成立以来，认真实践“三个代表”重要思想，始终坚持优质服务的宗旨，先后推出了一系列有特色、重实效、得民心的措施，为服务党和国家的工作大局，促进社会经济发展，创新人民生活做着不懈的努力。去年下半年以来，公司党组审时度势，以科学发展观为指导，在深刻分析公司内外环境的基础上，确立了建设“电网坚强、资产优良、服务优质、业绩优秀”现代公司的发展目标，即“一强三优”；“抓发展、抓管理、抓队伍、创一流”的工作思路，我们叫“三抓一创”；牢固树立“服务党和国家工作大局、服务电力客户、服务发电企业、服务社会发展”宗旨意识，我们叫“四个服务”。公司广大职工从总部到基层，从干部到职工，精神振奋、忘我工作、开拓进取。面对自然灾害和严重缺电的局面，迎难而上，无私奉献，受到了党和国家有关方面以及地方党委政府的高度评价，得到了社会各界的广泛关注与赞誉。截止到2005年3月，公司24个全资省电力公司全部建成省级文明单位。在今年全国文明单位评选中，公司系统有186个单位被推荐为全国文明单位或全国精神文明建设工作先进单位，占公司所属地市级以上企业总数的26%。

国家电网公司十分重视企业文化建设。公司党组书记、总经理刘振亚指出：企业文化是企业的灵魂。建设“一强三优”的现代公司，建设坚强的国家电网，关键在人，根本在于统一思想和行动。今年以来，按照国资委《关于加强中央企业企业文化建设的指导意见》的要求，围绕“一强三优”的目标，确立了“服务真诚、共谋发展”的服务理念，大力弘扬“努力超越，追求卓越”的企业精神，规范了优质服务，向全社会公布了《员工服务行为“十个不准”》、《“三公”调度“十项措施”》、《供电服务“十项承诺”》，努力塑造认真负责的国企形象、真诚规范的服务形象、严格高效的管理形象、公平诚信的市场形象、团结进取的团队形象，积极建设以人为本、忠诚企业、奉献社会的企业文化。

服务文化作为公司企业文化建设的重要组成部分，在各供电企业进行了多年的实践与探索。服务文化是创造客户满意、赢得客户忠诚、提升企业核心竞争力的重要手段已成为普遍的共识。国家电网公司员工道德规范和优质服务“三个十条”成为员工遵守的自觉行为。以李庆长共产党员服务队、彩虹工程、阳光电力、心连心、红马甲等为代表的众多供电服务品牌，在供电企业与广大客户之间架起了“诚信彩虹”，在社会各界产生了良好的影响。日照供电公司、山东电力集团公司就是国家电网公司系统服务文化建设中涌现出的突出代表。山东的电力彩虹，优质服务的彩虹工程已经搞了多年，在电力系统有很大的影响和示范作用。

从供电服务文化的实践中我们认识到：服务文化是以服务价值观为核心，以创造客户满意为目标，以形成共同的服务价值认知和行为规范为内容，以服务机制流程为保证，以服务创新为动力的企业文化。对于广大客户来说，服务文化就是以客户为本，以诚信的态度对待客户，以规范的行为满足客户，以先进的手段方便客户，以高尚的品位感动客户。建设优秀的服务文化是打造企业核心竞争力的内在需求，更是践行“三个代表”重要思想的具体体现。我们已经把优质服务看作是企业的生命线，在优质服务上下了很大的功夫，95598监督服务电话全天24小时开通。我们有规定，凡是被媒体曝光，在服务方面有问题，证明情况属实，都有严厉的处罚措施，扎实的工作是服务文化建设成果的体现。我们将继续做好以下工作，不断深化服务文化建设。

一是在创新服务理念上下功夫。服务理念是服务文化的核心，优秀的服务文化产生于优秀的服务理念之中。我们将努力践行“四个服务”的企业宗旨，不断确立与市场经济相结合、与企业发展目标相适应的新的理念，进一步提高服务意识，提高服务质量，真正以客户为导向，全心全意地为客户服务。我们强调规范，就是向社会公布要达到怎样的工作标准，就必须不折不扣地去执行和完成，如果达不到规定的标准要求，客户就可以投诉。

二是在创新服务行为上下功夫。服务行为是服务文化的主要内容。良好的服务行为是优质服务的重要体现。我们将认真贯彻国家电网公司员工道德规范和优质服务“三个十条”等，根据时代的发展变化和客户需求的增强，不断补充完善服务标准和行为标准，全面加强员工道德行为、文明行为建设，全面加强供电营业窗口规范化建设，努力为广大客户提供规范、便捷、智能的服务。

三是在创新服务机制上下功夫。健全的服务机制是建设服务文化的根本保证。我们要进一步完善优质服务工作的考核、监督、奖惩机制，建立起组织完备、指挥顺畅、运转有序、反应灵活的供电服务体系，健全对客户需求和故障处理的快速反应机制，实现职能分工重构、业务流程再造，达到服务的能控、可控、在控，体现服务的严肃性、程序性和有效性。就像服务承诺，承诺服务必须有物质基础作保证，例如普通农村怎样，边远农村怎样，有服务承诺标准，就要有物质条件保证。要配备相应的工具，像日照有卫星定位支持系统和电动自行车社区服务队。作为服务机制，我们实行首问负责制，过去办一个企业，上电报装要跑好多部门，现在实行首问负责制，只到一个服务窗口就办理了，通过实行内转外不转，我们自己多跑，让客户少跑或者不跑。

四是在创新服务氛围上下功夫。良好的服务氛围是服务文化的重要体现。我们要为客户创造简约、明快、适用、舒适、温馨的服务环境与氛围。要围绕供电热点、焦点、难点开展宣传公关活动，营造和谐的服务氛围。在企业内部，要通过培训、评先、舆论、活动等形式，努力培养服务有素、充满活力与激情的员工队伍。说到焦点难点问题，就是这两年出现了严重的缺电问题，出现了拉闸限电，给经济发展、人民生活造成了影响，尽管停电序列都是由政府制定的，但因为是我们直接面对客户，所以客户难免对我们有怨言。在这种情况下，我们必须做到缺电不能缺服务，该做的工作要做好，起码应该说清楚，应该公告、解释的要公告解释。要认真把工作做细，去年福建开始都是成片的拉闸停电，但有些可以拉，有些是不能拉的，后来工作越做越细，尽量不成片的拉，这种情况就少了。

五是在创新服务品牌上下功夫。品牌既是优质服务深化的必然，也是服务文化的载体。我们要随着人民生活水平的提高和对电力服务水平要求的提高，整合服务资源，精心打造国家电网公司统一服务品牌，整体提升国家电网形象。要制定公司品牌发展战略，全面加强内质外形建设。使服务贴近时代、贴近实际、贴近客户，让客户满意、让政府放心。

六是在创新服务手段上下功夫。充分利用高科技和信息网络技术，采用现代化管理手段，积极构建方便快捷的服务网络，打造各种服务信息交流平台。要改造现有电网，提高设备健康水平，提高输送能力。加快规划和建设特高压骨干网架，实现更大范围的资源优化配置，打造电力高速公路，让人民生活步入小康快车道。

加强服务文化建设是为了向全社会提供充足的电力，满足人民生活的基本需要。我们愿借这次会议的东风，大力借鉴其他行业的先进经验，把国家电网公司的服务文化做得更加扎实，让优质服务更显创新价值、更具人文关怀，为国民经济的可持续发展，为构建社会主义和谐社会做出国家电网人应有的贡献。

（作者系中纪委驻国家电网公司纪检组长）

让服务文化成为社会主义百花园中最为耀眼夺目的奇葩

董俊山

今天非常高兴应邀来参加全国服务文化现场经验交流暨理论研讨会，请允许我代表中宣部副秘书长及宣教局局长杨新力同志向这次会议的召开表示热烈的祝贺！

服务文化是企业文化的重要方面，是企业的形象、企业的标识。这次全国服务文化现场经验交流暨理论研讨会以服务文化为主题，具有特别重要的意义。一是我觉得这个题目传承了中华民族几千年形成的传统美德，发扬了我们党和国家一贯倡导的为人民服务的理念。二是它适应了社会主义市场经济道德体系建设的现实需要，把服务文化与企业的发展、企业的命运、企业的效益紧密联系起来，揭示了服务文化的深刻内涵和重要作用。三是它体现了构建社会主义和谐社会的内在要求和本质特征，为推动企业与社会良性互动打开了新视角、新天地。四是它坚持以人为本，从人的需要出发，以满足人的需要为目的。交流这样的经验，研讨这样的问题，无论对企业员工及各级领导职业道德的深化和扩展，还是对企业打造市场经济的核心竞争力和创造力，还是对我们整个社会实现物质文明、政治文明、精神文明与和谐社会的建设、协调发展、共同进步都是不可或缺的。

结合日照供电公司的实践，我个人觉得企业文化的建设是一个多层次、多系统、多结构的一个复杂的过程，需要全社会共同作艰苦和长期的努力，真正使服务文化的理念深入人心，成为每个人内在的一种价值观、道德观、行为观。为了推动服务文化建设，我觉得应该：一是要在全社会大力提倡服务精神，树立服务意识，弘扬服务理念。服务无论是无偿的还是有偿的，其本质都是服务主体与服务对象之间的一种和谐，其特征都是以服务对象的满意程度作为评价行为主体的客观尺度，那么服务对象实际上就是人，或者说归根到底是人，既包括个人，也包括集体。探讨服务理念就是坚持以人为本，就是维护人的尊严、人的潜力、人的本性，就是尊重人、理解人、关心人、帮助人，促进人的全面发展。这同我们过去以阶级斗争为纲时期的企业价值观完全不同，同计划经济体制下的企业价值观完全不同，也同实行社会主义市场经济初期的企业价值观完全不同。我们要以时代的眼光、创新的思维、科学的逻辑来看待服务文化，赋予服务文化以全新的内涵和本质，要让服务光荣、服务崇高成为全社会一个响亮的口号，深入人心。二是要从一点一滴做起，从现在做起，从每个人做起，日积月累，坚持不懈，持之以恒，悠久为荣。事实上每个人、每个企业、每个单位，甚至包括每个机关，都有建设服务文化的任务，都有支持服务文化建设的责任，也都有享受服务文化建设成果的权利。日照供电公司为了方便客户，让客户满意，从大车变成小车，从实行电子商务服务到开展电力双带服务，推出了一系列的细致入微的服务措施，把服务贯穿于企业的各个方面和各个环节。他们的口号就是“以服务为第一要素”，倡导推行个性化服务，处处实现“以人为本”的服务理念，他们一切为客户着想，充分认识到供电服务联系千家万户，服务方式的不断创新关系千家万户，对哪怕服务上的细枝末节都从客户角度想周全、做周到。他们的实践证明：服务是一种理念，更是一种行动；是一种企业精神，更是一种员工的素质；是一种宏观战略，更是一种微观细节。只有全员服务、全程服务、真诚服务、个性化服务，才能使客户满意、社会认可，才能使企业实现跨越式的发展。

推进服务文化建设也是整个社会的责任，需要建立全方位推进服务文化建设的体制、机制和制度，实现“要我服务”向“我要服务”的根本性转变。服务文化建设作为一个系统工程需要全社会共同努力，也需要从不同方面运用多种力量加以驱动。那么结合日照供电公司的经验，我感觉：一是服务文化的建设要融入整个企业管理的全过程，同员工的考核、培训、奖惩、工资待遇、提拔使用结合起来，在建设服务文化的过程中提高员工素质，在提高员工素质的过程中推进服务文化的建设，使两者相得益彰。二是要把服务文化建设融入企业发展的全过程，也就是说企业发展的投资行为、组织结构、技术标准、规范制度的建设，都要为推动服务文化建设来服务，真正做到投入到位、组织到位、措施到位、制度到位。三是要把服务文化融入整个国民经济的管理体系之中，作为完善宏观管理的重要内容，考核企业的重要指标,制订行业发展的重要依据,运用教育的、经济的、行政的甚至法律的综合手段来促进服务文化的建设和发展。作为宣传部门,我有责任、有义务为我们服务文化建设来服务。我们将积极发现、总结、推广服务文化建设的先进典型,通过各种宣传的载体、手段、形式和渠道来为服务文化建设营造浓厚的氛围。日照供电公司是全国的典型,它的先进经验在全国有很大的影响。整个国家电网系统服务体系的建设领先于其他很多行业,可能还有很多企业单位在这方面有很多创造性的经验。我们愿意来为之作宣传,以便全国能够树立和弘扬服务文化的理念。

服务文化是服务行为的思想升华,是一个崭新的实践,也是一个崭新的课题。能够为这项崭新的事业添砖加瓦,我们感到十分的高兴和自豪。我们衷心祝愿服务文化成为学习贯彻"三个代表"重要思想的具体举措,成为牢固树立和落实科学发展观的深刻实践,成为构建社会主义和谐社会的具体行动,成为社会主义百花园中最为耀眼夺目的奇葩。

(作者系中宣部宣传教育局副局长)

关于服务文化的几个基本问题

孟凡驰

我们召开此次服务文化研讨会,其目的就是使企业文化的研究和实践工作能够更有效的落实在我们的生产、经营、管理、服务和战略安排上,也就是说寻找一个有效的实践途径,服务文化也是企业文化建设的一个具体化的内容。这个会议的召开,在实践上,我们是受到山东电力公司和日照供电公司的启发,他们在实践上能使"CS 战略"中国化,而且很有效,因此我们在这开了这个会。实践证明山东电力的"彩虹工程"和日照电力的"诚信彩虹"品牌讲给我们很大的启发。从山东电力公司、日照电力公司介绍的情况看,我们大家也感受到,它"体系健全,个性突出,效果显著",企业文化服务文化的建设,在理念提炼时不要零敲碎打,一定要在尽可能做到的情况下,在现有的最高水平上,做到体系健全。因为企业文化,尤其是核心理念,它是企业的灵魂,它和宪法一样,不能朝令夕改,因此在开始提炼和建设时,应该尽量做到体系健全。日照供电公司,大家从材料上可以看出来,从精神文化、制度文化、行为文化、物质文化,从文化理论到操作细节,体系是很健全的,这是一个特点。再一个就是个性突出。很多企业文化和在进行企业文化建设时,提炼了很多东西,介绍了一大堆经验,但是你要问你们单位企业文化的本质特征是什么,他就说不上来,因为他没有一个灵魂中的概括,所以他的个性就体现不出来,往往成熟的企业文化,它必须能够用一句话就概括出他的本质特征来,比如说:IBM 的服务文化是 24 小时必须到位的终端服务文化;美国德尔塔公司的企业文化是"亲如一家";北京百货大楼是"一团火"的服务文化;联想集团是"大船式"规模文化;山东黄台电厂是"三维立体"的黄台文化;青岛电厂是"路径开新"为主要战略的"路径开新"文化。这些单位的企业文化个性化都很突出。个性化是企业文化的生命之源,如果没有了个性化就没有了生命力。所以日照供电公司的服务文化的主要特征是什么呢?那就是"诚信彩虹",你要想知道具体内容再具体去看。通过这一天半的会议,山东电力公司和日照供电公司和全国各行业各地区的服务文化建设介绍,我们可以得出如下启示:

优秀的服务文化是自觉培育的产物

有一种观点认为,企业文化不是提炼出来的,企业文化是做出来的,这句话从根本上讲是对的,它在什么情况下是对的呢?有的单位企业文化不是用来做实践的,而只是用来做装饰的,不是它的文化经验的总结,而只是文人的做秀。这不是科学的提炼,我们是不要的。但是企业文化和服务文化,它存在的方式:一种是自觉形式的存在,一种是自发形式的存在,企业文化的存在是不以人的意志为转移的,有企业就有你自己的企业文化,有服务行为和服务内容的要求,那么就有服务文化的存在,无非这种文化要么就是自觉的要么就是自发的、要么就是劣质的要么就是健康的、要么就是先进的要么就是落后的,对不同的企业来讲,它的文化有不同的形态,但它没有有无之分。文化向哪个方向发展,它的性质应该向哪个方向进步,这是可控的、是可以把握的,因此企业文化的建设必须进行自觉的提炼、总结、提升才行。所以上述观点有些偏激,就不免以偏概全,似乎所有提炼的企业文化都不是真实的,这种观点也是不对的,它是走向另外一个极端。因为企业的素质有不同,比如像有的企业自身的素质相当高,他的企业文化是自身提炼,但也有个提炼过程,无非就是提炼的人不同,而有的企业对企业文化、服务文化的理解还不太深入,就需要请一些专家帮助其诊断、提炼,这种提炼是否科学,关键看他是否符合企业的实际,是否符合企业产品结构、组织体制、历史特点、文化背景和发展战略要求。如果符合了,那么这个文化提炼会更精练,使企业少走弯路。现在日照供电公司这种提炼是在日照供电公司实践的基础上提炼的结果,所以提炼出来后会更加的精干,它经过去粗取精、去伪存真、打磨刨铣之后,是一个文化精品。如果不做这个工作,那么你的企业文化想起一条是一条,想不起来就算了,没有经过反复的斟酌,这种文化可能不是精品。因此日照供电公司的服务文化是有实践效果的,实践是一种方式,但章法是分明的,而且他整个提炼体系本身也是一种精品提炼,所以说优秀服务文化是自觉培育的结果。可能有的同志还有一个概念,似乎一提到服务文化就是优秀的文化,其实有些单位的文化还是很糟糕的,是一种劣质的文化。咱们这一天半会议对优秀的服务文化进行了高度评价和总结,而缺乏对劣质服务文化的批判和剖析,这一点我们会下是要值得注意的。那么为什么我们现在的服务,很多的企业那么不尽如人意,其根本原因是对劣质服务文化缺乏一种科学的认识、分析和改造。我们进行企业文化和服务文化的建设目的是什么呢?目的就是为了遏止野蛮文化的滋生,为了抑制落后文化的侵蚀,防止落后文化对企业造成负面影响,要培植优秀先进的文化,这是我们的目的。

服务文化贯穿于生产、经营、管理的全过程

实际上,在企业内部存在两种服务文化,一种是就所有企业而言都具有的服务文化,一种是专对服务行业的服务文化。这次会议主要集中在服务行业的服务文化研究上,这也是我们会议的特点。交通、电力、电信、金融都是服务行业,但是并不是只有服务行业才讲究服务文化,优质的服务文化对所有企业,包括非服务性行业都具有普适性的指导意义,因为服务贯穿于各个企业的生产、经营、管理的全部环节。这里有三点意思要清楚:关于服务主客体的互替性。服务主客体互替性是指在所有企业当中人人都是服务者、服务主体,人人也都是被别人服务的服务客体,这叫服务主客体互替性。把这个问题搞清楚才能在服务于你的客户时能够换位思考,这是要注意的。比如像松下幸之助制定了“松下七条精神”,其中一条是“感谢报恩”。我在北京遇到松下公司的一个副总裁,我说:这一条在我们中国就有一些因果报应的思想,是受传统文化的意识影响,是不太进步的,尤其在过去,“感谢报恩”没有阶级性,对谁感谢报恩呢?松下副总裁解释说,这句话所要求的理念是,企业产品为顾客提供了有价值的使用价值,顾客应该对企业感谢报恩,像你没有冰箱不能冷冻食品,没有电视你不能娱乐,所以你应该对企业感谢报恩,反过来顾客的使用实现了企业的价值,能够使企业得到利润,那么企业应该对顾客感谢报恩,这样全社会任何一个客户都是任何其他一个企业的消费者,任何一个生产者都是另外一个企业的客户,这样互相感谢报恩了,社会就平和了。他是从社会大角度考虑什么是感谢报恩。企业为你提供了工作的环境和平台,员工对企业要报恩,员工为企业创造了财富,企业对员工要感谢报恩。用这种逻辑推演开去,社会就能够和谐了。因此服务文化是贯穿在这里边的。比如说生产性单位是否就无服务可言呢?日本有一位管理学家提出来,在生产的流水线上要提倡一种合作意识和协调能力。流水线上怎么样能够做到互相服务呢?他们提出的口号是上道工序是下道工序的义务服务员,下道工序是上道工序的义务检验员。什么意思呢?上道工序做过的零件在传到下道工序前,首先要想到怎么样方便下道工序再传给下道工序,下道工序在接到上道工序的产品时不要先干,要先检查一下产品是否合格,有问题时及时提醒上道工序改正,这样就及时避免了产品的缺陷,所以日本人说他们高质量的产品是这样一道一道工序互相服务而合作出来的,并不是靠最后一道检验工序逼出来的高质量,这个理念非常重要。这说明生产单位不同于服务行业,但也有一个怎么样服务的问题,首先是服务理念。

服务文化的元本理论是人本哲学

元本理论这个问题这两天我们已经涉及到了,如果这个问题不解决,那他搞不清为什么要那样服务?凭什么那样服务?你让我把你当上帝,凭什么把你当上帝呢?你让我把你当父母,凭什么把你当父母呢?这些个为什么人人说出都有自己的道理,所以原本的根本的人本哲学如果不解决,一般性的口号都不行。我们的服务既要注重目的价值理性的灌输,也要注重技术工具理性的灌输。这一天半咱们讨论的都限制在技术工具理性的层面上,就是如果服务好了会怎样,比如会产生这样那样的效果,对经济效果也会起作用等等,也就是我们服务如果搞好了对我们的生产、经营、管理层次的提高肯定有好处,那是没有疑问,但这只是技术工具理性的层面,要把它提高到目的价值理性层面来认识,也就是说我们这样服务到底是为什么?我们企业存在的终极价值是什么?我们这样做的最高的总则归依到底是什么?昨天淄博供电公司的女书记讲的4个WH,我是谁?我们为什么这样做?我们怎么干?这近乎一种哲学追问。当然这种哲学追问对于企业员工来说深奥了一些,但对于企业领导来说不能没有这种深层的追问,而且要把这种深层的哲学追问转换成通俗的理论和做法,职工是能接受的。作为企业的核心的领导人,对这个问题考虑要深入一步,否则服务文化就会浅尝辄止、半途而废,做着做着你可能就没有后劲了,因为你没有理论上的原动力,所以要特别注意。服务文化发展的生命在于人本哲学理解的水平。比如说咱们讲人本哲学,以人为本从管理学来讲,是人与物相对,物的管理包括物质、厂房、设备、制度、体制、机制、手段、方法,是这些硬件管理为主要特征的管理叫物本管理,而人本管理是把重视人的文化主体意识,重视人的价值实现,重视人作为人的一种文化特殊规定性来讲,所以要以人为本。因此把人本思想理解深刻了,那么我认为在服务过程中才有理论上的原动力。比如说美国柯达在登陆厦门市场时,有一个动作使厦门市政府感到意外,因为厦门作为开放口岸城市,日本一来投资就先问所得税是多少,台湾一来先问地皮是多少钱、地税多少钱,香港一到厦门就问工资高低,唯独柯达一来,先问这里的医院有多少,医院离工厂有多远的距离。当时不理解,就问他为什么?柯达说我们在这里建工厂,在高峰时将有一百个美国家庭在这落户,那么如果医院离这过远,那么我们家属生病了怎么办?职工生病了你的急救车离这有多远?哪些电话可以通医院?另外接电话的小姐会不会英语?英语到什么水平?医院的医护档案、资料档案是否建的很齐全?附近有没有这样的疗养院?他考虑的这个问题在咱们市政府从来没有听说过,柯达是把人性化思考放在第一位。这种文化的理念,这种人本的哲学决定了他在这投资的第一个行动是什么。

服务文化的灵魂在于核心理念的提炼和认同

服务文化过程和整个服务行为的完成要落实在三个角

色上，三个角色一是服务组织，二是服务者个人，三是服务对象。在三个角色中，服务者是关键，服务者的文化观念、服务者的文化素质决定了他有什么样的服务行为。所以像日照供电公司提出“始于不足见，终于不可及”，开始我认为这句话不科学，既然不可及你怎么能做呢？后来我慢慢琢磨它是有道理的，服务本身是无限的，没有终点，那么服务的追求、服务的质量、水平、境界上也是无限的。有这样的理念，才能在服务中注重份内之事我们要给客户服务的更好一些，份外之事我们也能帮忙就尽量帮忙，有这种理念后才有这种服务行为。要有高尚的行为，先有高尚的服务理念。就目前而言，我们要转变一些服务文化观念：第一变恩赐服务为友情服务，第二要变等顾客服务为主动服务，第三变我为中心为顾客中心，第四变因循服务为创新服务，第五变垄断服务为竞争服务，第六变份内服务为无限服务，第七变机械服务为灵活服务，第八变情绪服务为常态服务，第九变亲疏服务为普遍服务。总之，服务观念的转变能决定服务行为方式的创新。

服务文化的关键环节是规范和细节

企业文化建设的方法、渠道有各种各样的，但最根本的一点，我认为其中三大工程都要做，第一个就是意志化工程，企业文化要化为员工的意识，第二个是物化工程，第三个是形象化工程。那么就其中的物化工程而言，主要讲的就是制度和文化不能两张皮，把你的企业文化物化在制度当中，这样就通过规范体现出来，使文化才能落实在实践当中。像麦当劳之所以全世界有3万多家分店，年产值达480亿，而全世界麦当劳都能够遵循麦当劳核心的文化，非常规范的文化。我们的企业文化要注重这种规范化的建设。另外就是细节，我们有些企业办事总是大而化之。像日照供电公司其中有一条“大小相生”企业哲学，那条很重要，小中见大，大基于小。要从细节做起，不要粗放，不要因为细节小，就忽视。

（作者系中国企业文化研究会常务副理事长、秘书长）

服务新理念断想

贾春峰

现代市场竞争有一个趋势，就是服务竞争在企业竞争中的地位和作用越来越突出了。服务竞争，单从理论上说，在我们国家服务经济学、服务文化学没有建立起来。这应该说是我们经济研究与经济文化研究的一个重要缺陷。这个缺陷也是我们的经济发展实践的反映。在我们的经济结构中，服务业处于滞后的状态。

来日照之前，看了日照供电公司关于服务文化探索的经验材料，在这次会上又听了经验介绍，看了录像片，这对我来说是学习和研究服务文化一个很好的机会。世界上最早的一本服务经济学产生在1968年，是美国的一个学者写的，在这之前没有服务经济学。服务经济的概念也是1968年提出来的，在这以前没有服务经济这四个字。

我想着重从服务新理念的角度对服务文化讲几点感想式的见解：

第一是关于服务文化的定位。日照供电公司的材料说，服务文化就是以服务价值观为核心，以创造客户满意为目标，以形成全员共同的价值认同和行为规范为内容的文化。这个定位我是赞同的，这个定位定得准。我在北京看这个材料，既讲了核心、讲了目标，又体现了服务实践中价值理念和行为规范的有机统一。因为光讲价值理念，没有行为规范不行，而只讲行为规范没有价值理念也不行。所以，从理论上讲应该是价值理念与行为规范的有机统一。行为规范体现价值理念，价值理念指导行为规范。

第二是关于发展和服务这两大主题。这两大主题提出来也很好，很有现实意义。有些企业发展了，扩张了，服务质量下降了，这个问题很普遍啊。而日照供电公司的经验强调发展与服务的提升要同时并举、同步提升，有意义。发展扩大市场领域，服务创造企业和客户价值。当然发展不仅是量的扩张，也还应该是质的提升，这才是真正意义上的发展。

第三是关于创服务品牌。我们过去讲物质产品的品牌，现在有了服务品牌，这应当是品牌战略的一大进步，是品牌战略的深化、拓展和延伸。前几年，青岛交运注册了一个“情满旅途”的品牌，日照供电公司现在是“诚信彩虹”的品牌，我觉得意义重大。我讲名牌战略有五大要素：第一是名牌企业，第二是名牌产品，第三是名牌服务，第四是名牌企业家，第五是名牌员工。所以，名牌战略、品牌战略只讲产品名牌，不讲服务名牌是一种不全面的品牌观、名牌观。

第四是关于大服务理念。人们常常把服务归结为售后服务，又把售后服务变成诉后服务，投诉后的服务。我说售后服务变成诉后服务，这是一种残缺不全的服务观。其实，拿制造业来说，从设计、选料、生产、销售等整个过程都是企业为用户、为消费者服务。所以国际上讨论叫大服务理念，不是狭隘的售后服务理念，更不是投诉后的服务理念。为什么要倡导大服务理念？这里可以细细想一想。

第五是关于服务增值。服务增值是一个重要概念。服务增值是商业文化学首先提出来的，是国际上常用的。它的原意是说，同样质量的产品可以因服务差而减值，也可以因服务好而增值。所以，我把服务战略叫做服务增值战略，我的书上有，大概有一两万字吧。哈佛商学院的评论说，越来越多的制造业企业认识到，不仅技术创新创造利润，而服务也是创造利润的巨大潜在领域。

第六是服务“要比客户的要求做的更好”。我在北京看的材料里边，你们有这句话，我是赞成这句话的。这是服务的一个重要理念。这个新理念的本质意义在于它超越了对客户有求必应的服务，不是等客户提出来了我再做，而是设想在前，比客户的要求做的更多更好。五、六年以前，青岛开会，要我讲，谈到青岛交运的理念时，我介绍了一个海外在全世界可以说传播最早的理念，叫做“与顾客的欲望赛跑”，也叫与顾客的内心欲望赛跑，台湾最早搞出来的，这个理念影响全世界。你顾客还没有想到的东西，我想到你前面了，我比你跑的还快。服务竞争、市场竞争推到这一步了，不是说等着人家提出要求来，我热情地给你解决，不是的，而是事先比你的欲望，比你想的还要周到，还要好。我的文字稿上引了他们的话，很长，引了国际研讨会关于与顾客的欲望赛跑，这我就不说了。我觉得这是一种先进的、持续创新的服务观。做到这一点当然很不容易。但是现代服务领域的持续创新、服务创新把这个问题推到了市场竞争的一个很高的境地。未来的服务竞争就是要做到这一步，比你想得还要周全，还要早。这是很好的一个服务理念。

第七是关于对待抱怨客户。怎么对待抱怨客户要换位思考，要变抱怨客户为满意客户，变抱怨客户为忠诚客户。我们常讲以市场为导向，其实市场导向的实质是用户导向、客户导向。因此服务的永恒主题是摆正企业和客户的关系，这就需要研究客户论，而客户论中最尖锐的问题就是你怎么样对待抱怨客户的问题。在国外有专门研究客户论的，研究的很细啊，不是大而空啊。客户论里面对抱怨客户怎么办？抱怨客户还叫难缠客户、刁蛮客户，这种客户是常遇到的，避免不了的呀，你怎么对待这种客户？遇到这种客户，第一要换位思考，站在抱怨客户的立场上，用他的眼睛来观察问题。所谓他的立场、他的眼睛就是他的利益、他的方便、他的情绪、他的感情。你从这几个方面来考虑，这样就想开了。这是一个巨大商机的来临。如果能把一个抱怨客户变成满意客户，满意客户变成忠诚客户，忠诚客户变成世代相传、日益扩大的忠诚的客户群，那你的工作就最好了。这样的员工应当受到奖励。如果这一点你做不到，那就坏事了，抱怨客户就到处讲。你丢掉一个老客户，创造一个抱怨客户，你发展多少个新客户才能弥补啊！弥补不了，因为你发展一个新客户很平常啊，一个抱怨客户他到处讲你的坏话。这个我的书上都有，不细讲了。

第八是关于服务是双向互动的特殊的情感式劳动。这是十年前，在研讨南京玄武区社区服务时我提的一个概念，是《光明日报》发表的，把我的这句话发了一个标题：服务是特殊的情感式劳动，因为消费者在购买商品同时在购买服务，但是购买商品和购买服务是不一样的，服务和购买商品是有区别的。区别在什么地方呢，包括无存货性啊，不可逆性啊，特别是产品的质量不因为服务提供者的情绪主观因素受影响。比如卖这个茶杯，今天服务提供人员不高兴，它还是它，它的质量不受影响。但是服务的质量就会受影响了，所以服务更加强调服务提供者素质的训练、培养。我觉得我们日照供电公司很注重培训，注重心理素质的训练、培养。这很好。在任何时候不能把自己的不悦情绪带到服务中，这是个要求。所以它是一个传递感情沟通感情的过程，双向互动的情感式劳动，这个概念现在好多人在用。双向互动，是说可以把消费者的感情传递给企业，把企业对消费者的感情传递给消费者。

第九是关于用心服务与探索现代服务理念继承发扬中华优秀传统文化的根脉问题。这个很重要。我非常赞同石总昨天讲的用心服务的理念。用心服务，拓展服务的张力，心通则一通百通，心到则一到百到，认真能把事做对，用心能把事做好，只有真正做到服务百分之百用心，才能让客户百分之百舒心。中国优秀的传统文化与美德，讲诚信，诚信首先得诚心啊。中国的传统文化，儒道都讲心。我们不是讲仁义礼智信嘛，山东是礼仪之邦，孟子不是邹县的嘛，仁义礼智源于心，这是孟子的话。我非常赞成用心服务。当然这个问题，我还在进一步研究。我希望在我们的企业文化、服务理念中，特别要强调把我们中华民族的优秀传统文化的根脉和美德再和我们现代的市场竞争、今天的企业理念融为一体。我们有自己的文化根脉啊。文化根脉加时代精神，这是我们的优势。

（作者系中宣部理论局副局长、正局级调研员、中国企业文化研究会副理事长、学术委员）

服务文化：企业文化建设新的拓展点

高立胜

当今企业文化风靡全球，美国管理学家彼得·德鲁克甚至把当前正在开展的、轰轰烈烈的企业文化运动称为“时尚”。企业文化作为20世纪80年代初兴起的一种现代企业管理理论和管理方式，经过20余年的传播和发展，而今在我国已为众多企业所接受和认同，并且在一大批优秀企业例如海尔、联想和宝钢等之中得到了长足的发展。然而，时代在变，企业在变，企业文化当然也需要与时俱进，以变应变，创新发展。特别是进入21世纪以来，企业的外部形势发生了巨大的变化，“三个代表”重要思想的提出，我国加入WTO，国有企业改革的深化，国内国外市场竞争一体化日益激烈等等。在新形势下，企业文化如何应对新形势发展和变化的要求，已成为企业生存发展的重要课题。在这种形势下，中国企业文化研究会召开了“全国服务文化现场经验交流会暨研讨会”，是具有重要意义的。

服务文化是企业文化建设向纵深发展的重要途径

许多企业朋友曾向我表述过一种困惑：在当前形势下，怎样把企业文化建设引向深入？对于这个问题的回答实际上是很困难的，因为各个企业都有各自的特点和差异。然而，我观察到，有许多企业他们的企业文化多年来没有变化。特别是一些国有企业，沿袭了企业思想政治工作的一些传统做法，如“我说你听，我打你通”等，企业文化与经营管理相脱节，甚至出现了“新的两层皮”现象。究其原委是多方面的也是很复杂的。

例如，从企业文化理论本身来说，它自身也是有一定局限性的。众所周知，企业文化理论是在上世纪70年代末美日企业管理比较研究中产生的。一些美国管理学者在研究中发现日本企业之所以比美国企业具有竞争活力，关键在于日本企业员工对于企业具有“忠诚心”，而大多数美国企业却很难与之抗衡。他们还提出了企业“7S”管理模式。而这些研究的重点都是侧重于企业内部管理的。美国企业文化理论初创阶段代表作，即所谓“企业文化四重奏”之一《追求卓越》的作者汤姆·彼得斯如今却说，“在今天看来，《追求卓越》只能打C或者B”，“到2002年为止，即使不提及‘9·11’事件，随着互联网等的到来，几乎所有的一切都变化了。因此，我决不会出《追求卓越》的第二版。”从企业实际状况来看，在《追求卓越》一书所调查的43家企业中，有相当一些企业近年来已经衰落或者倒闭了。

从我国的实际来看，企业文化理论于上世纪80年代中期传入我国，当时许多企业把它作为加强和改善企业思想政治工作新的途径和手段。企业文化建设的着眼点就是提高员工素质、增强企业的内部凝聚力，而尚未考虑市场竞争问题。因为当时在理论界“市场经济”这个概念，姓“资”不姓“社”。直到1992年，党的十四大提出了建立具有中国特色的社会主义市场经济体制目标，才发生了根本改变。当然从计划经济到市场经济在理论上也有个过渡阶段叫作“有计划的商品经济”；在实践上也确有少数企业在企业文化建设上具有一定的超前性，例如海尔在1991年组建集团时就提出了比较系统的、适应市场经济的企业文化体系。然而大多数企业在企业文化上还是有一个或快或慢、或早或晚的转型阶段。

总之，从企业文化的理论与实践发展过程来看，在企业文化建设上，确实有一个从适应计划经济的内部管理文化，向适应市场经济的管理文化及其延伸的经营文化转型的问题。而如前所说的有些企业感到企业文化建设难以深入问题，恐怕其中有相当一些企业的企业文化建设的着眼点，还是侧重于内部的管理文化，而忽略了企业的经营文化建设。管理与经营既有联系也有区别。一般说来，管理追求的是效率，而经营追求的是利润。经营文化突出表现在营销文化上，而其中最为突出的又属品牌文化和服务文化。应当看到，有许多企业在企业文化建设上也强调与经营管理相结合，为经营管理服务，但是他们没有找到一种如何结合、如何服务的有效方式来运作。而今天的会议所提出来的服务文化就是一种有效的方式，即加强服务文化建设是将企业文化建设引向深入的一种有效方式和途径。我认为，这就是中国企业文化研究会召开这次会议的重要意义所在。而山东日照供电公司创建服务文化的经验，还有青岛市委宣传部、青岛交运集团等单位的经验都是从不同性质和行业的服务文化建设角度，给我们提供了典型引路的作用。参加这次会议受益匪浅，我向这些先进单位和会议主办单位等致以真挚的敬意和感谢！

服务品牌文化释义

服务文化和服务品牌对于许多同志都是新概念，怎样理解它们的概念呢？从微观来说，服务是一种工作或职业活动；服务文化主要是指体现在服务活动中的价值观、理念、精神以及服务行为方式的风格和特色等。从市场经济的视角来看，它是一种经济文化，它追求服务活动中的文化含量、品位和高文化附加值。而服务品牌，它是也一种品牌，品牌亦称商标或牌子。不过品牌是市场概念，商标是法律概念，牌子则是群众口头用语。服务打出品牌，就是赋予企业特定的服务方式以名称和标志，注册以后，还受到法律保护。如果从企业长远发展目标来看，服务品牌建设还可以成为企业的一种经营战略。服务品牌不仅具有文化价值，还具有经济价值。它不仅标示着服务的质量，而且内含着服务的责任；不仅体现着服务的信誉，而且表征着品牌的资产；不仅是规范的特色服务，而且表示着企业与顾客的良好关系。服务文化、服务品牌不仅对于服务行业（包括生产性服务业和消费性服务业）具有极为重要的作用和影响，而且在制造业等行业中也具有重要的作用和影响。

首先对于服务业来说，我国正在走新型工业化道路，而新型工业化的一个重要特征，就是服务业的发展将快于制造业的发展。所以有人说服务业发展的春天到了。服务业的发展必然要求有服务文化的支撑，所以我们理所当然地说服务文化发展的春天到了。其次从制造业来说，在当今市场竞争中，企业的竞争不仅体现在价格、质量和性能等方面，而且越来越突出地表现在服务和品牌上；不仅是售后服务而且是全方位的服务，同时也是高层次上的服务品牌文化之争。例如海尔提出的“真诚到永远”、青岛交运集团的“情满旅途”和日照供电公司的“诚信彩虹”等服务品牌，都是优秀的服务文化的表现，它们都赢得了显著的社会价值和经济价值。

在当今的市场竞争中，除了服务文化之外，品牌文化也是竞争的一个热点。品牌文化也是一个比较新的概念。所谓品牌文化就是体现在品牌之中的企业价值观、理念和精神等的凝结和显现。当今市场营销中素有“名牌一半是文化”、“品牌背后是文化”之说。可见品牌与文化之间联系之紧密。当前我国许多企业都在实施名牌战略，名牌一半是文化，另一半是什么？我看主要是技术。特别是具有自主知识产权的高新技术。现在中国制造业的很多利润流到了国外，例如手机30%的利润是芯片占有，30%被主板占有，而我们的企业从生产、加工到销售只有40%左右的利润。大部分的利润都被人家拿走了，因为人家有核心技术。制造业是这样，服务业也是这样。为什么日照供电公司能做到网上即时服务呢？从技术上来看，就是因为他们实施了CRM（客户关系管理），而CRM背后有着ERP技术支持系统，ERP系统有一个巨大的数据库储存着各个用户的资料，当接线员一接听电话时，就可以从监视器上看到来电用户的基本情况。如果没有这个技术系统支持，这种即时服务功能是无法实现的。从文化上来看，产品的技术是由人（员工）来掌握的，而员工的积极性、主动性和创造性都与企业文化紧密相关。而在市场上如何争取顾客、赢得顾客的满意，扩大产品的知名度、信誉度和美誉度等也与企业的营销文化有紧密的关系。即你用什么样的价值观、理念和精神来塑造品牌，并建立企业与顾客的关系，这就是品牌文化的关键问题。从以上分析来看，服务品牌文化实际上就是服务文化与品牌文化的一体化结合。因此从这种意义上来说，我认为这次会议也可以说是服务品牌文化研讨会。

关于服务品牌文化建设的几点看法

在当前形势下，怎样搞好服务文化、服务品牌文化建设，是一个需要认真研究的新问题。参加这次会议，结合党的十六届三中全会和四中全会精神，我有以下几点学习体会。

一、服务文化建设必须坚持以科学发展观为指导，全面落实"以人为本"的理念。党的十六届三中全会提出了以人为本，全面、协调、可持续发展的科学发展观，"以人为本"是其宗旨与核心；而企业文化管理的主旨也是"以人为本"，二者有相通之处。企业文化的"以人为本"是从"以物为本"发展而来的。实际上这是一种管理上的价值判断，即是以人为第一（最重要），还是以物为第一（最重要）。传统的经验管理和科学管理都是以物（技术、设备和资金等）为本的，而企业文化管理则是以人为本的。以人为本既体现在人的工具价值性上，即人是实现管理目标的手段；同时也体现在人的目的价值性上，即人是实现管理目标的目的。这符合马克思主义关于人的发展的基本观点，也符合党的群众路线关于"一切依靠人民群众，一切为了人民群众"精神的。应当指出的是，过去我们通常说，"尊重人，关心人，信任人"，应该说它强调的是人的工具价值性，而根据科学发展观提出来的"以人为本"观点，我认为应该加上"发展人"，即"尊重人，关心人，信任人，发展人"，从而体现出人的工具价值性和人的目的价值性的统一，这样才比较全面地体现了科学发展观的要求。这是从人的发展价值观来说的。

而从"以人为本"的主体定位来看，也是不断发展变化的。上世纪 80 年代我们也提"以人为本"，但是那时的"人"就是指企业员工，即"以员工为本"。到了 90 年代初党的十四大召开，提出了建立社会主义市场经济体制的目标，我们的企业对于"以人为本"的理解也深化了一步，即从"以员工为本"拓展到了"以顾客为本"，它的概念外延拓展了。随着时代的发展，"以人为本"的概念外延还在拓展，即"以社会人为本"和"以未来人为本"，这个观点我在 2000 年中国企业文化研究会召开的大同会议上以《"三个代表"重要思想把企业文化建设推向新阶段》为题的发言中曾涉及到。现今以党的十六届三中全会提出的科学发展观为指导，就应该根据时代的要求，把"以人为本"的内涵和外延进一步地拓展开来。

二、服务文化作为企业文化的一个重要组成部分，它是企业内部管理文化的外向拓展和延伸。它以企业员工为建设主体，以顾客为服务对象，因此它不能脱离企业管理文化的基础。现在有许多企业对于如何把企业文化建设引向深入感到困惑，也有学者对此提出了企业文化建设的种种误区。我认为，问题的关键在于我们是否从科学发展观提出来的全面、协调和可持续发展的观点和方法来加强企业文化建设。

毋庸置疑，企业文化的核心与精髓是企业的精神文化，但是在企业文化建设实践上，这并不意味着我们只能就精神文化来抓精神文化。我认为，要把企业文化建设落到实处，必须从企业文化的三个层面即企业精神文化、制度行为文化和物质文化，全面协调地开展，才会取得预期效果。在这期《日照电力报》上，看到了一篇提倡主人翁精神的文章，我很高兴！现在许多国企转制了，是否还要提倡主人翁精神？我认为还是要理直气壮地提倡。实际上即使在西方的企业中也在提倡主人翁精神，不过表述方式不尽相同。例如，在日本的许多企业中提倡员工人格的企业归属化，如"我是松下人"、"我是丰田人"等；而在美国的企业中则提倡"主体精神"，表述方式不同，但其精神构建形式有相通之处。现在有一个实际问题，即怎样构建主人翁精神？如果就精神抓精神，肯定是不行的。那样做搞来搞去，企业文化与经营管理还是"两层皮"。当然精神层面的教育和疏导等要抓，但是在制度行为层面上还必须保证员工们的主人翁地位和权利，在物质文化层面则必须保证员工们的主人翁利益。只有这样全面、协调、可持续的运作，企业文化建设才能落到实处，企业才能建设成为和谐企业。

三、建设服务品牌文化要注重抓住根本。现在许多企业对于宣传品牌比较注重，它们对于产品的广告投入特别在意。广告宣传对于创建品牌无疑具有重要作用，但这只是创建品牌文化的表层工作。除了宣传品牌之外，还有管理和维护品牌的问题。当今有一种品牌关系理论认为，与顾客建立品牌关系，首先决定与服务质量与承诺标准是否一样；其次顾客是否认同品牌及其文化，即关键是顾客是否接受和认同品牌所代表的意义（价值）；最后将企业和顾客之间形成的买卖关系转化为朋友关系与合作伙伴关系，即双赢关系。我认为这种观点值得研究借鉴。

（作者系中国企业文化研究会副理事长、辽宁省营销文化研究会会长、哲学研究员、管理学教授）

构建服务文化　打造品牌城市
努力促进我市经济社会和谐发展

中共青岛市委宣传部

构建社会主义和谐社会，是党的十六大和十六届四中全会提出的重大战略任务。改革开放以来特别是近年来，我市坚持以邓小平理论和"三个代表"重要思想为指导，按照树立和落实科学发展观、构建社会主义和谐社会的基本特征、内涵要求和市委、市政府《关于构建社会主义和谐社会的意见》(青发[2005]14号),以创建全国文明城市为动力,以加强服务文化建设为突破口,以创建产品品牌、服务品牌和政务品牌为载体,不断加大理论研究和实践探索力度,引导各行业、企业大力弘扬"诚信、和谐、博大、卓越"的城市精神,实现了从创产品品牌到创服务品牌,再到创政务品牌的两次延伸,进一步完善了城市服务功能,激发了经济发展活力,提升了城市形象,提高了人民群众对党委政府的信任度和满意度,促进了繁荣青岛、平安青岛、文明青岛和和谐社会建设,实现了我市经济社会的全面协调和可持续发展。

重视研究,把握趋势,切实提高对构建服务文化重要性和必要性的认识

1. 构建服务文化是适应市场经济发展的客观需要。在市场经济条件下,构建先进的服务文化不仅是企业树立良好社会形象、构建企业与客户、社会之间和谐"人际关系"的需要,更是打造企业核心竞争力的战略选择。服务文化内化为员工的心理需求,会持续不断地激发员工的积极性和创造性,使服务走向规范化、常态化,进而做到主动服务、用心服务、创新服务;通过构建服务文化能使服务在制度层面完成行为与观念的整合,充分发挥服务文化的辐射力、陶冶力、推动力,使员工和企业站在市场和客户的角度,不断提升服务品位;构建服务文化也是双赢战略的具体体现,通过客户的口碑传播,加深公众对企业品牌服务的文化认知,提升企业的美誉度和市场竞争力。

2. 构建服务文化是促进政府职能转变的有效途径和具体体现。构建和谐社会的关键在于政府公共治理的和谐,公共治理是否和谐,关系到政府形象、行政效率和社会稳定等重大问题。当前,我国的政治改革已进入到以政府转型为重点的结构性改革阶段,政府转型的目标是建设公共服务型政府,需要通过贯彻"为人民服务"宗旨、建设优质的服务文化来营造全新的、更加文明理性的行政管理模式,转变政府职能和机关作风,创新服务内容,完善服务方式,提升服务能力、质量和水平,重视和维护人民群众最现实、最关心、最直接的利益,引导群众以理性合法的形式表达利益诉求和公平诉求,从而实现好、维护好、发展好最广大人民的根本利益。

3. 构建服务文化是实现我市发展目标的现实选择。市第九次党代会明确把社会和谐作为我市今后的奋斗目标之一。九届四次全委(扩大)会议又提出了围绕把青岛建设成为"世界知名特色城市"和"全国重点中心城市"的奋斗目标,加快发展港口、旅游、海洋三大特色经济,着力建设好家电电子、石油化工、汽车机车造船、新材料四大产业基地,家电、电子信息、石化、汽车、造船、港口六大产业集群和中国北方最具影响力的国际航运、物流、服务、金融、高新技术产业五大区域性中心等战略任务。最近召开的市委工作会议,对贯彻落实省委在我市召开的突出发挥青岛龙头带动作用工作会议精神做出了具体部署和安排,号召我市各行各业站在高起点、瞄准大目标、实现新跨越,充分发挥在全省改革开放和现代化建设中的示范、辐射和带动作用。这些奋斗目标和战略任务的实现,要求我们必须以加速生产要素的流动和提升城市服务业为突破口,构建全面覆盖的服务文化大格局,为城市发展营造良好的软环境。2008年奥帆赛在青岛举办后,奥运的余波效应或滞后效应可长达10年,将有力地带动青岛市的投资和消费需求,加快旅游、体育、文化、会展等服务业的发展,也对深化提升服务文化水平提出了新的更高的要求。

加强引导,推进延伸,努力实现由品牌经济向品牌城市跨越

1. 实施名牌战略,催生品牌经济、提升品牌服务。市委、市政府早在1984年就在全国率先提出了"名牌战略"思想。20多年来,始终把实施名牌战略、开发和培育优质名牌产品作为突出的战略任务来抓,坚持不懈地开展了以"培育名牌、发展名牌、宣传名牌、保护名牌"为主要内容的争创"青岛名牌"产品活动,通过采取政策引导、重点扶持和营造环境等措施,同时加大对创名牌企业(产品)的奖励力度,仅在2005年,市政府就投入4300万元,对获得"中国名牌产品"、"中国驰名商标","山东省名牌产品"、"山东省著名商标"和青岛名牌产品、青岛著名商标的企业分别给予100万元、20万元和10万元的奖励,激发了各行各业创品牌的积极性、主动性和创造性,催生了一批名牌企业和名牌产品。截至目前,我市共拥有4个全国质量管理奖,11个中国驰名商标和31个中国名牌产品,居全国同类城市前列。通过引导创产品品牌,我市企业普遍把名牌意识延伸到服务环节,不断健全服务规范,提升营销理念,在工业领域涌现出了一批以海尔集团"真诚到永远"为代表的服务品牌,极大地提高了企业的市场竞争力。

2. 创建服务品牌,提高行业服务社会满意度。在借鉴工业企业创名牌经验的基础上,市委、市政府于1999年在《关于深入开展创建文明城市活动的决定》中提出了"实施精神文明建设名牌战略",在全市开展了"创服务名牌,树青岛形象"活动。为引导我市各行业、企业高度重视和加强服务文化建设,从2002年开始,我们又在全市部署开展了"重发展、重道德、重科技、重管理、重形象,创建学习型企业"的"五重一创"活动,以与人民群众生活密切相关、群众意见最大、最集中的水、电、气、交通等行业为重点,进一步加大了组织指导、咨询服务和典型宣传力度,引导推动各行业尤其是窗口服务业借鉴工业企业优秀的企业文化、先进的服务理念和科学的管理模式,创出自己的服务品牌,更好地为人民群众提供文明、真诚、优质的服务。目前,我市已集中总结推广了交运集团"情满旅途"、公用事业"96111"服务热线、供电公司"亮出精彩"以及"海滨小金"、"公交张锋"等23个市级服务名牌和100多个行业服务名牌,不仅推动了

行风和职业道德建设，提升了服务水平和企业竞争力，同时优化了社会风气，改善了社会关系，提高了人民群众对城市管理和公共服务的社会满意度，密切了党和政府与人民群众的联系，提升了人民群众的生活环境和质量。2003 年，我市荣获了体现城市环境综合治理总体成就最高奖项的“中国人居环境奖”，目前常住青岛的外国人达 6 万多人。

3. 打造政务品牌，提升服务意识和行政效能。从 2002 年起，市委、市政府从促进我市三个文明建设全面协调发展的高度，要求全市党政机关结合深化“五项工程”改革，以创建“四型”机关为载体，深入开展“双学三创”、“三快一提高”和“创建高绩效机关、做人民满意公务员”等活动，加强机关文化建设，打造机关服务品牌，为青岛创建学习型城市做出表率。各级党政机关坚持以“三个代表”重要思想为指导，结合各自实际，相继培育推出了市委办公厅的“忠诚服务”、市委宣传部的“传播真情”、市总工会的“维权到位”、市财贸办公室的“用心融通”、市统计局的“市情信达”、市民政局“爱心飞扬”等为代表的被群众广泛认可的政务品牌。政务品牌的创立，使机关工作做到了寓服务于发展、开放和管理之中，提高了服务质量和工作效率，提升了人民群众对党政机关的信任度和满意度，在很大程度上优化了城市发展软环境。

深化服务，提升形象，不断激发城市经济社会发展生机活力

1. 城市形象不断提升。通过加强服务文化建设，全市上下形成了一个培育、争创名牌产品和名牌服务的良好氛围，引发了广泛的名牌效应，增强了全社会的名牌意识、质量意识和打造名牌的信心，对推动企业走质量效益型和规模经济发展道路，起到了积极作用。青岛已成为知名品牌和企业家较为集中的城市，被众多媒体称为中国名牌产品和知名企业的“聚集地”、“出海口”，也被人们誉为“青岛现象”。品牌成为了青岛的名片，提高了青岛在国内外的知名度和影响力。在“2004CCTV 中国最具经济活力城市评选”中，我市获得“中国十大最具经济活力城市”和“企业家满意奖”两项大奖。

2. 群众和社会满意度不断提高，城市发展软环境不断优化。通过创立服务文化打造行业服务品牌和政务品牌，转变了机关作风和服务观念，提高了工作效率和行政效能，树立起了廉洁高效的政府形象，进一步改善了城市发展软环境。2004 年度社会各界对市直部门履行职责和作风建设的评议结果显示，92 个接受评议的市直部门和单位的整体综合满意率平均为 87.22%，比 2003 年提高了 1.86%。截止到 2004 年底，已有 76 家世界 500 强企业在青岛投资了 132 个项目，总投资 39 亿多美元，聚集了马士基集团中国总部、青德基三省总部等几十个跨国企业的首脑部门，“总部经济”显示出强大的生机和活力；累计批准外资项目 17854 个，实际利用外资 198.9 亿美元。

3. 企业规模和实力不断扩张。一些大企业集团以先进的品牌文化和服务文化为支撑，依靠企业享有较高知名度和美誉度的优势，纷纷走出青岛，跨地区买断、参股、控股异地企业，搞好品牌运营和资本运营，推行低成本扩张。海尔集团的产品扩展到白色、黑色和米色家电，拥有 10 个工业园，其中国外 2 个，国内青岛以外 3 个，海外工厂和制造基地 22 个，产品出口到 160 多个国家和地区，在美国、巴西、巴基斯坦、伊朗等国家和地区设立了工业园和工厂，与日本三洋公司建立竞合关系，实现了优势互补、资源共享、双赢发展，2004 年又当选世界最具影响力的 100 个著名品牌。海信集团分别在南非、印度设立电视机生产厂。双星与美国 PSS 公司、澳柯玛与美国 GE 公司、青啤与美国 AB 公司等，广泛开展经济技术合作，成功进军国际市场。

把握卫生行业特点，推进医疗服务文化建设

高金声

今天，我们在这里探讨服务文化。对于医疗卫生系统来说，也就是要研究如何改进医疗服务，如何在医院的各项工作中倡导人文精神的问题。

大家都知道，北京协和医院有三件宝，一个是他们拥有庞大规模的图书馆，一个是他们从建院初期到现在 80 多年来保存完好的病案，再一个是他们的著名专家，即协和的教授群。现在我给大家讲一个教授的故事，他是著名妇产科专家林巧稚大夫的学生，名叫郎景和。他写了一本书叫《一个医生的哲学》，在这本书的扉页上写了一段话，意思是说做一个科学家需要有严谨的科学态度，做一个艺术家应该有热烈的情感，而做一个医生应该是把这两者完美地结合在一起的。身为著名妇科肿瘤专家的郎景和继承了老一辈医学家的传统，他自己也做的非常出色。有一次，郎大夫接诊了一个 20 多岁的女患者，她当时辗转了很多医院，因为子宫肌瘤比较大，好多医院都劝她把子宫切掉。来到协和医院妇产科，她陈述了这个过程，当郎大夫知道她还是个女孩子时，对她说，你等我们研究一下。他和助手们制定了一个精密的手术方案，不但切除了肿瘤，而且还保全了女孩子的子宫。他治的是子宫肌瘤，但他关注的更是一个应保存生育功能的少女。我们的郎景和教授真正做到了以病人为本，而不是以疾病为本。

这个女孩子结婚以后怀了孕，也是协和妇产科为她接的生。

多年之后，当她已近中年时，子宫肌瘤又长出来了，这一次是郎大夫先说话了：你这么信任我，我告诉你，因为你现在有了家庭也有了孩子，这个肌瘤对你来说确实不好，建议你把子宫切掉。这个女人非常愉快地接受了郎教授的建议。

这就是郎景和教授“三次手术成全了一个女人完美一生”的故事。

从这里我们可以看到，医疗服务和我们大家所交流的企业的服务文化有很多相同之处，但它又有很多特殊之处。我觉得我们做医疗服务文化研究，必须关注这些特点，当然特点很多，由于时间关系，我只想说其中的两点。

第一个特点，医学之父希波克拉底讲，什么是医学的使命？就是"健康所系，生命之托"。责任重大啊，关系到每个人的生老病死，关系到每一个家庭的幸福安康。今年已经91岁高龄的裘法祖院士，前不久在人民大会堂做了一次报告，讲他65年的行医生涯。他是外科医生，半个世纪前，在德国跟着外科主任开始做主治医师的时候，曾经为一个普通妇女做阑尾手术。手术做得很好，但是由于其他原因，这个妇女最后还是死了。当时，导师看着他，板着脸，说了一句让他铭记了60年的话。说什么呢？导师说："她是一个有4个孩子的母亲呀！"就是说作为一个医务人员，你的手术可能是成功的，但是术后的护理出现了感染问题，也可能导致病人的死亡。虽然死的是一个母亲，但是她身后是4个孤零零的孩子，没有母亲的痛苦将伴随他们终生。

所以，从事医疗卫生工作，不管是医生还是护士，首先一定要意识到职业的责任，我们决不单纯是为了谋取一份工作，而应该想到所从事的是一项"健康所系，生命之托"的崇高事业，这就是使命感。

第二个特点，卫生行业在医患关系的处理上和我们大家与客户关系的处理上是不同的。医患之间医疗信息严重不对称，医务人员面对的患者也许是个农民，也许是个高级知识分子，但是他们在医疗信息方面同样是十分缺乏的，是不能和医务人员相比的。对于患者来说，他们到医院来不像到商场买衣服，你懂我也懂，在医生护士面前他们总是充满了敬畏感。在这种情况下，我们医务人员在自尊之余也难免产生病人到医院来是"求医"的思想。

北京肿瘤医院的老院长徐光炜，他已经有40多年的从医经历。他写了一篇叫做《从医感悟》的文章，曾经在我们医院文化研讨会上做过发言。其中专门有一段讲"求医与就医"，他觉得医务人员要很好地思考这个问题。他说，我一辈子也是慢慢明白这个道理的。

徐教授说著名体操运动员桑兰在美国受了伤，在当地医院进行抢救，她面临着全身瘫痪的危险。桑兰的父母从国内坐飞机到美国，一见到美国的主治医生就双双跪下说："我们只有这么一个爱女，你一定要想办法让她站起来啊。"徐光炜教授说，我没有想到这位美国医生居然当时也给桑兰的父母跪下了，面对中国人最尊贵的礼节，这位美国医生认为，作为医生没有资格承受这个大礼。他在双膝跪下后说："请你们放心，我一定会尽我的全力的。"

徐教授以这件事情反复地告诫中青年医生，要尊重我们的患者，应该跟患者站在同一条线上，把疾病作为我们的共同敌人。

我觉得这是医疗服务的又一个特点。我们只有把这些行业特点紧紧把握住，认真地进行研究，才能和我们的医务人员有共同的语言，我们向他们宣传、灌输的文化理念才能为他们所乐于接受，如果我们脱离这些实际，抓不住问题的症结就会做不好工作。

现在我们的很多医院越来越重视医院文化的建设，越来越重视对医务人员进行人文精神的培育。我非常赞赏解放军总医院的工作，他们编写了一本《名医手记》。这本书不光是讲名医怎样做诊断，怎样做药物治疗、手术治疗，它更是讲在医疗诊治的过程中，应当用一种什么样的从医理念去支配自己。

这所医院有一位德高望重的院士姜泗长，他已经是耳鼻喉科的泰斗了，但是他在这本书里却讲述了自己年轻时做医生失败的教训。在一次手术中，由于事先没有做好备血工作，手术中出现大出血，抢救不及时，造成一位十几岁的患者死去了。死者的父亲是南京大学的一位教授，他忍着丧子的悲痛握住姜泗长的手说：姜大夫，我孩子的病看来真是不行了，连你都治不好，到别的医院也没有用。年轻的姜泗长听到孩子的父亲讲这些话时心如刀割，明明是自己一时疏忽造成了这样的恶果，人家还这么信任我。

姜泗长院士已经是高龄的老人了，但他仍能把这些教训写出来告诉年轻的医生，这就是一个名医的高尚之处。他用自己切身的经历说明，医疗事业责任重大，从事医疗工作一定要有"如履薄冰、如临深渊"的态度。

北京同仁医院的医院文化搞得很好，他们十分重视在职工中灌输"精诚勤和"的同仁精神。不久前，他们也编写了一本书，是几位出色的中年眼科专家写成的。我看了以后很感动，他们通过身边人写身边事的做法，引导医生护士认识自己所从事医疗服务的崇高价值。

比如有一位眼科医生，他原来做过白内障手术，术后患者复见光明，视力能达到1.0以上，当时很多患者那种欣喜的样子他记忆犹新。后来他又从事眼底病的治疗，尽管手术非常艰难，但是术后超过0.3视力的很少。他觉得自己白努力了，甚至感到有些苦闷。可是有一次，一个患者右眼已经失明，为了左眼的治疗跑了很多医院都没有办法，最后来到他这里。手术做得很成功，术后当他告诉患者视力是0.03时，没有想到的是这位患者激动地跟他说：谢谢大夫，谢谢大夫！我有这点光亮足够了。右眼失明后我才知道什么叫盲人，什么叫黑暗，活着还有什么意思。现在有这只0.03的眼睛，我就什么事都能做了。

这位名叫魏文斌的医生听了以后，心里想，做为一个普通人，无论如何也无法体会黑暗对病人来说是如何的痛苦，当通过我们的努力使病人恢复到这么微弱视力的时候，他们竟然是这样的欣喜若狂。由此他进一步认识到自己工作的意义，他不再苦闷了。

魏文斌是一个优秀的医生，他深受同仁医院这座百年老院优良传统的熏陶和教育。大家都知道同仁医院有一位老院长叫张晓楼，我们都称他是"把光明带给人间的人"，老人家非常了不起，他为了研究防治沙眼，冒着被感染的危险，在自己的眼睛上接种病原体做实验。在去世之前他留下遗嘱，要把自己的角膜捐献出来。角膜移植给两个年轻人，使他们重见光明。当时为老院长取遗体角膜的正是魏文斌。

我们觉得解放军总医院也好，同仁医院也好，他们这样的做法就是引导我们的医生护士认识自己所从事的医疗服务工作的崇高。同时告诉他们，做好医疗工作不仅需要精湛的技术，而且需要高尚的医德。

很多优秀的外科医生认为，一个好的外科手术不仅要用我们的一双巧手，而且要用我们的全部精力，用我们的细心和耐心来完成。北京积水潭医院有一位非常优秀的医生叫韦加宁。当他在肿瘤医院被确诊为癌症，知道自己为时不久，下决心在有生之时把自己一生所从事的外科手术画成一本手术图谱，他真的在他去世前完成了这项工作。一位著名的外国专家讲，在世界上找外科手术做得和韦加宁一样的能找到几个，图谱画得和韦加宁一样好的也能找到几个，但是手术和手术图谱都做的好的，只有韦加宁。

医疗卫生行业关系到我们大家，关系到我们整个民族。我们认为通过开展医院文化的建设，其中包括医疗服务文化的建设，应该说是当前发展健康的医疗卫生事业所必须的。这次会上我们从大家介绍的企业文化建设的经验中，对服务文化内涵和外延的理解有了很多的感受，我觉得，我们就像蜜蜂一样从这里吸取了很多的营养，然后去酿造我们的医院文化。在这里向中国企业文化研究会和各位专家学者致以诚挚的谢意。

（作者系中国企业文化研究会医药卫生委员会主任）

真诚服务　共谋发展
努力构建具有山东电力特色的
服务文化体系

刘广迎

服务文化建设是一个新的课题，也是一个社会性的大课题。这一课题的研究，对加强行业作风建设，培育社会主义精神文明必将产生重要的促进作用，特别是对于促进供电企业进一步搞好服务文化建设，更具有针对性和实效性，意义重大。今天，来自中国企业文化建设战线的各位领导、专家、教授，全国各地、各行各业的同志们，还有全国供电单位的同行们，大家济济一堂，围绕这样一个共同的课题，深入研究和交流，必将能够促进这一课题取得新的突破。这个会议能够在日照供电公司召开，这是对山东电力集团公司工作的充分肯定，也是对我们工作的促进和鞭策。

多年来，在国家电网公司和山东省委、省政府的正确领导下，在社会各界的关心和支持下，山东电力集团公司以邓小平理论和“三个代表”重要思想为指导，认真贯彻党的十六大精神，全面落实科学发展观，坚持与时俱进，不断创新发展，各项事业实现新的跨越，两个文明建设取得丰硕成果。1996 年，山东在全国率先实现全省户户通电；1999 年，集团公司成为全国首家“中国一流管理的电力公司”。近些年来，集团公司又先后荣获“全国五一劳动奖状”、“中国企业管理杰出贡献奖”、“全国精神文明建设先进单位”、“中央企业先进基层党组织”等荣誉。2004 年，山东省全社会用电量完成 1640 亿千瓦时，电网售电量完成 1188 亿千瓦时，电力销售收入实现 449 亿元；集团公司位居国家统计局公布的全国大型工业企业第 14 位，《世界商业周刊》公布的 2004 年中国能源 200 强第 10 位。

电网企业作为关系能源安全和国民经济命脉的国有重点骨干企业，在构建社会主义和谐社会中，承担着重要的政治责任、经济责任和社会责任。供电服务水平如何，不仅关系到社会经济发展，与人民日常生活息息相关，而且关系到党和政府在人民群众心目中的形象。为不断提高供电优质服务水平，自 2000 年起，集团公司在全省供电企业组织实施了“彩虹工程”，设立 1000 万元的专项奖励基金，面向社会花钱买批评、买意见；坚持“让政府放心，让人民满意”的工作标准，公司内部建立了严格的处罚制度；主动接受社会监督，积极拓宽社会监督渠道，向全社会公布了免费服务电话和投诉举报电话，成立了客户关系委员会，加强社会各界对供电优质服务的监督和联系，取得了显著效果。在此基础上，我们大力开展“诚信服务文化建设年”活动，按照“四个服务”的要求，努力建设彩虹服务文化。“彩虹工程”的实施，实现了用监督促进服务、用管理规范服务、用文化提升服务的“三次跨越”，取得明显成效，得到地方党委、政府和社会各界的充分肯定。2004 年，集团公司被评为全省第一个行风免评行业，14 个市供电公司被评为山东省“部门和行业作风建设示范窗口单位”。

在新的历史时期，国家电网公司提出了建设“一强三优”的现代公司目标和“三抓一创”的工作思路，以及提高“四个服务”水平的要求，对供电优质服务工作提出了新的更高的要求。为适应这一要求，我们把优质服务工作推向提升服务品质、建设服务文化的新阶段，实现由传统服务向现代服务的延伸和跨越。围绕“真诚服务、共谋发展”这一核心理念，整合服务文化资源，努力构建具有山东电力特色的服务文化体系。

今天，“全国服务文化现场经验交流暨理论研讨会”在日照供电公司召开，这是对山东电力集团公司工作的一次检阅和指导，也是一次有力的促进和鞭策，我们将以此为新的动力，坚持“优质服务是电网企业的生命线”，发扬“努力超越、追求卓越”的企业精神，把“服务党和国家工作大局、服务电力客户、服务发电企业、服务社会发展”作为公司的宗旨使命和一切工作的出发点、落脚点，作为衡量我们工作的基本标准，不断提高服务质量和工作水平，为建设社会主义和谐社会作出新的贡献！

（作者系山东电力集团公司党委书记）

建服务文化　铸“诚信彩虹”

——日照供电公司服务文化的探索与实践

日照供电公司

日照供电公司1991年1月组建，属国家大二型企业。现有职工623人，35千伏及以上变电站60座，变电容量2263.65兆伏安，输电线路1358.4公里。担负三区两县供电管理服务工作。

作为基础性公用性企业，日照供电公司始终高举优质服务旗帜，全心全意为当地社会经济发展和人民生活提供电力及服务。我们坚持“发展是第一要务、服务是第一要求、执行是第一标准、学习是第一需要”，努力做好发展和服务两篇文章。尤其近年来，我们大力推进服务文化建设，实施“用管理抓服务、用品牌抓服务、用文化抓服务”的“三步走战略”，坚持自我超越，打造自我动力；坚持精细管理，打造服务能力；坚持服务创新，打造服务毅力；坚持用心服务，拓宽服务张力，进一步提高了优质服务水平，树立了良好企业形象，实现跨越式发展。公司先后荣获“全国五一劳动奖状”、“全国一流供电企业”、“全国精神文明建设先进单位”、“全国职工职业道德建设十佳单位”、首届“全国诚信企业”、“全国企业文化建设创新实践奖”、首批“国家电网公司文明单位”、“山东省部门和行业作风建设先进单位”、“山东电力先进企业”、“山东电力先进基层党委”、“山东电力彩虹工程先进单位”、“日照市行业作风建设十佳单位”等称号。《日照供电公司供电企业服务文化建设》入选国家电网公司同业对标最佳实践库。供电系统用户供电可靠率99.996%，电网电压合格率99.87%，均居全国领先水平。2004年完成售电量25.088亿千瓦时，同比增长40.31%，增幅居全省之首。成为公司成立以来电量增长最快、增幅最大的时期。

坚持自我超越，打造服务动力，把服务要求升华为服务自觉

社会主义市场经济体制确立后，电力企业出现一个新概念：“电也是商品”。随之而来的就是供电单位再也不是计划经济时期的“供电局”，而变成了市场经济体制下的“供电公司”。作为电力服务行业，虽然靠自然垄断能生存一时，但不能生存一世，运动式的搞优质服务，也只能是短期行为，企业服务的质量和水平决定着企业的成败和人心的向背。只有遵循市场规律，积极推进服务转型，以客户满意为中心，转变服务观念，树立服务意识，改善服务作风，改进服务方式，提高服务能力，坚持把服务当作企业的生命线，构建服务文化，才能不断拓展市场，提升核心竞争力。为此我们提出：发展和服务是我们的“两大主题”；发展是量的扩张，服务是质的成长；发展扩大市场领域，服务创造企业和客户价值。

早在20世纪90年代初，面对日照市亚欧大陆桥头堡地位的确立，为适应陆桥经济发展的需求，我们曾率先提出“承诺服务”，2000年提出实施以外部监督为重点的“彩虹工程”。当时，外部有人说我们是做秀；内部许多人则认为是自己和自己过不去、自己和自己较真。对外部，我们本着“你泼你的水我加我的油”的态度，让人看实践、看结果；对内部，在全员中展开“面对新形势，提升服务该不该？”的大讨论。引导员工四看：一看客户的需要。明确，我们的客户在快速成长着，我们的服务压力日益递增着，怎么办？只有一条办法，这就是：我们的服务要比客户的要求做得更好。二看政府的需要。明确，供电企业是窗口单位，它的服务，是连接政府与群众之间的桥梁与纽带。党和政府要求我们既当好光明使者，更做好文明使者。三看企业自身的需要。明确，企业生存的关键在持续的发展，持续发展的关键在客户的扩展，客户扩展的关键在优质的服务。四看员工实现个人价值的需要。明确，岗位是个人价值实现的平台，而窗口单位的岗位，只有在优质服务中才能闪光，个人价值只有在优质服务中才能展现。

通过一系列教育活动，使员工逐步认识到：在市场经济条件下，服务内涵外延已大大地深化和扩展，如今，行行都是服务业，人人都是服务者，服务不但能创造价值，而且能创造比生产劳动更大的价值。作为电力服务行业，在服务的问题上，如果自己和自己过得去，那么，今天过得去，明天就会过不去；一时过得去，长久就过不去；一事十事过得去，千事万事就过不去。把垄断性部门的行业特权还原为不可推卸的责任，把行业服务标准、责任转化为权利与义务的契约关系，才是我们日照电业的全新定位；把要我为客户、社会搞好服务变成我要为客户、社会提供优质服务，才是我们日照电业人的完美定格。有的员工深有感触地说，服务搞不好，企业在社会上没有信誉，员工走在社会上也没有面子，金饭碗也会变成泥饭碗。

在此基础上，我们对基层供电企业的服务管理规律和服务价值取向，进行深入系统思考，推出了《服务文化大纲》。《大纲》既体现国家电网公司和山东电力集团公司企业文化建设的统一要求，又自成体系，尽显企业个性。《大纲》共分三个层次四大部分：服务文化理念层、服务文化制度层、服务文化行为层，服务文化推进。

我们的服务文化，从推出承诺服务，到实施“彩虹工程”优质服务，到在国家工商总局成功注册“诚信彩虹”服务品牌，再到《服务文化大纲》的制定，实现着服务文化从“试行”到“常态”，从“形变”到“神变”，从强制遵从到自觉自悟、自律自动，逐步延伸着、逐步发展着、逐步升华着。

坚持精细管理，打造服务能力，把服务做法升华为服务制度

人们所具备的任何种类的能力，都不是抽象的而是具体的、实在的，都不是与生俱来的而是靠实践、靠培养、靠一

点一滴累积而成的。服务能力自然不例外。基于这一点，我们从精细管理入手，构建快速、高效、规范化的服务体系，坚持依靠精细管理提升服务能力；把在精细管理中形成的做法升华为制度，靠制度的执行进一步提升服务能力，使服务水平从量的积累实现质的飞越。

一是对服务规章精心完善。精细管理离不开精细规章的约束，服务能力的提升，又离不开精细规章的促进。优质服务不仅有赖于良好的愿望和态度，更要逐步建立日益完善的具体规章和办法。我们修订了9章201条的《纪律处罚暂行规定》，39类岗位156条的《员工岗位规范》和8部分110条《岗位经济责任制考核标准》，细化、量化每个部门、岗位和人员的责任，推行机关对基层、基建对生产、检修对运行、后勤对一线，上道工序对下道工序、全公司对社会的全方位服务承诺，保证“以外促内、以内保外”的良性循环，也保证了全公司对社会每项服务承诺都有具体的承担部门、岗位和人员，一级抓一级，一级包一级，一级保一级。制度规范的制定，不仅有效地克服了工作的随意性，而且走出了员工只对单位负责、单位只对上级负责，出了问题一级报一级、一级找一级的“怪圈”，建立起了一种服务单位与被服务对象、工作人员对每一位客户的横向、直接、平等、契约的新型关系，形成了一种为社会、为公众提供优质服务的自觉启动机制。这种机制也无时无刻不在规范、提升着员工们的服务能力。

二是对员工素质精雕细塑。服务能力的提升，关键在于素质的提高。每个员工服务素质提高一小步，企业整体服务素质就提高一大步。这些年来，我们通过服务文化建设，提高员工的整体素质，挖掘员工的个体潜能，培育共同的价值观，形成一种向上的合力，为企业发展提供源源不断的动力。我们大力构建学习型组织，倡导学习工作化，工作学习化，把用人工作，变为工作育人。通过奖励自学成才、外送学习提高、办班培训等多种形式雕塑员工素质。为提升员工素质，我们坚持举办“金牌营销员培训班”。上海希尔公司在服务培训上全国闻名，我们就请他们授课。北京仁慧特智业公司在修心开智上做得很出色，便派员去学习，回来后举办相关岗位人员培训班，培训服务“明白人”。平素每周一次的“服务经验分享”，就更是习以为常。我们还把诚实守信教育作为服务文化的道德基础，使员工明确市场在变，诚信永远不变，以诚信为立身之本、强企之基。发挥激励功能，大张旗鼓地树立、宣传、表彰服务的先进典型。近年来，58名员工、农电工被授予“服务明星”，16名员工荣获“委屈奉献奖”，5名员工荣获“服务文化形象大使”。

三是对服务过程精细要求。服务能力在服务过程中展现，服务过程又促进服务能力的提升。服务过程的精细，服务的结果才能完美。有道是：天下大事，必做于细，“细节决定成败”。建服务文化，铸“诚信彩虹”，不是喊两句漂亮的口号。我们提出“客户至尊，细节赢心”服务细节观，要求员工在服务的过程中不断反思每一个客户接触点是否可以改进，回想每一处服务通道是否有待完善，细化每一件事情的办理过程，从小事做起，从每一句话和每一个规范动作做起，使每一道工序、每一个环节、每一个部门形成责任分明的链条，环环相扣，互相支撑，使每一个投诉、每一个问题，都能找到明确的责任人，都有解决问题的时限要求，从而保证了优质服务的品质，提升了广大群众的满意度。日照市为纠正行业不正之风，在广播电台开辟“行风在线”，每周由一个部门的负责人值班，事先预告，热线回答群众的投诉。然而轮到我们上线时，往往出现无人投诉的冷清场面，最后广播电台不得不把我们公司“开除”出线。

四是对服务质量精益求精。服务能力决定服务质量，服务质量又体现着服务能力。我们坚持以客户满意为目标，对服务质量精益求精，为客户提供超值服务。对内要求员工定期对服务进行自我审视，不但在全系统进行横向比较，比出优劣高低，还要自己跟自己比，进行自我评定，不断提高服务水平。坚持用客户的眼光来审视服务，工作的价值由客户说了算，把知情权、参与权、监督权、裁判权交给客户，把客户满意不满意作为第一信号，把服务的标准、流程等全部推向社会，实行开放式、透明式服务。我们设立了“诚信彩虹”建议举报奖励基金，坚持花钱买批评，设奖求举报，外举内查，外奖内罚。

坚持服务创新，打造服务毅力，把服务行为升华为服务习惯

时代在前进，社会在发展，人们的生活水平在不断提高，消费者的消费需求和欲望也在不断提升。这种客观形势既喜人又逼人，既有动力又有压力。实践中我们体会到，要使企业基业常青，必须有浑厚的文化支持；制度只能管到人，文化却能渗入人心；制度制约人们不违规违纪，文化激励员工自我超越。只有不断坚持服务创新，提高服务的文化含量，才能保持服务文化的持久活力，展现优质服务的持久毅力，把良好的服务行为升华为自觉的服务习惯，以适应市场变化的要求。

——创新服务理念。理念决定行为。建设服务文化，首要的是确立和强化服务理念。服务文化是优质服务的不竭之源，坚定服务理念，一旦内化为员工的心理需求，员工的积极性和创造性就会持续不断地激发出来，变为员工自觉的服务行为。我们在服务文化理念层，确立起“诚信彩虹、服务社会”的服务宗旨，“日照东方、至诚达信”的服务铭，“大小相生”的服务哲学，“努力超越、追求卓越”的服务精神，“品立志成”的品牌意识，“善喜善舍、同心同德”的服务协作观，“忧客户所急，急客户所忧”的服务超前观，以及“始于不足见，终于不可及”的服务创新观等“五大观念”。思维理念的创新为我们其他方面的创新，打下坚实的思想基础。通过实践，已逐步形成一种颇具日照电业特色的企业文化因子，得到广大员工认同，并通过员工实实在在的行动将“服务文化”逐渐渗透到客户心中，得到广大客户的普遍赞誉，充分展示了“服务文化”的魅力所在。两年前的一天，客户服务中心的同志到开发区一困难企业收电费时，认

真了解了他们亏损的情况，并积极牵线搭桥帮助引进开发了节能灯项目，还组织人员向企业提供技术帮助，使这一企业投产后当年就扭亏为盈。

——创新服务制度。没有良好的服务行为，就不可能有良好的企业形象。如果说理念的创新是软要素的话，那么制度规范的创新就是服务文化创新的硬要素了。在这方面，我们先后围绕“行风建设与优质服务”、“营销管理与优质服务”，推出57项服务文化制度，印刷成册，发至基层。其中包括诚信彩虹“五化”服务制度，即：“承诺化服务制度”、“精细化服务制度”、“个性化服务制度”、“亲情化服务制度”、“透明化服务制度”。以客户为轴心，通过前台、后台和流动服务，地面、空中和网络服务，构建全方位立体服务网。这些制度规范，就其内涵来说，也在不断创新、完善之中。

——创新服务手段。电力抢修服务贵在及时。我们全面创新快速流动服务体系。建立了快速流动服务车群，依靠卫星定位系统，一有情况，即可通知最近的服务车快速抢修。居民居住分散，小街、小巷汽车进不去，我们成立了社区服务队，配置电动自行车，走街串巷，登门服务更加快捷方便，还大大降低了服务成本。农村用户交电费难，公司员工下乡收费又往往碰不到人，我们把抄表和收费分开，委托信用社代收电费，既规范了工作方式，也方便了农民。城里的客户有时难免忘记交电费，个别人出差不在家也不能及时交费。我们推出了“客户储蓄，银行代缴”，还开办了“缴费通”业务，使客户无论在本地、异地，都能够随时及时缴费。客户有时看不明白自己的电费账单，公司接到的咨询电话有一大半是这方面的内容。于是我们改进了账单的设计，除了本月用电量、电费之外，还包括了上月用电量、上月电费、去年同月用电量、去年同月电费，便于用户比较。用户放心了，咨询电话就少了一半。为了有效的宣传安全用电常识，我们为少年朋友编印了喜闻乐见的《安全用电自护手册》连环画，通过他们给自己的爷爷奶奶、爸爸妈妈广泛宣传，收到良好的效果。根据信息化时代的要求，我们开发了网上客户服务系统、数字语音信息支持系统、电能量采集系统、GPRS无线网络自动抄表系统等“六个”营销服务系统，“八个”网上服务模块，建成覆盖供电营业区的新型电子商务服务平台（http://www.rzcsc.com/），客户服务实现网上咨询、网上业扩、网上缴费、网上公告、网上举报。

——创新《服务文化大纲》。我们系统总结“彩虹工程”常态运行的实践历程，制定《服务文化大纲》，召开新闻发布会向全社会发布。国务院纠风办、中国企业文化研究会、国家电网公司、省纠风办、山东电力集团公司、日照市等与会领导给予充分肯定。我们积极履行《大纲》，大力推进服务文化的贯彻，坚持服务文化“一把手”工程，成立党政主要负责人为组长的服务文化建设领导小组，层层落实责任，形成覆盖各个层面的文化建设强力推进责任体系，坚持循序渐进，使服务文化建设的目标变成每一位员工的责任与使命。并坚持“双树”活动引导，树立“优质服务是供电企业生命线”观念，树立“诚信彩虹”品牌意识。编辑《服务致胜心经》、《诚信彩虹志》、《服务文化制度》等服务文化系列丛书，印发了《关于开展“服务文化建设年”活动实施意见》、《关于认真学习贯彻服务文化大纲的意见》，开展“我与服务文化”大讨论、点将考试、现场知识竞赛、“创新金点子”等学习贯彻《大纲》“十个一”活动，全员学习考试，用文化统领行为，全方位展示员工忠诚彩虹、彩虹服务社会的企业风范。

坚持用心服务，拓展服务张力，把服务品牌升华为服务品质

为深化“彩虹工程”，促进优质服务再上新台阶，2003年，我们推出“诚信彩虹”服务品牌，并将这一品牌在国家工商总局成功注册，分别荣获中电联、山东电力企业管理现代化创新成果二等奖。原中宣部常务副部长徐惟诚同志在他发表的《卖电也有了品牌》一文中写到：日照供电公司用一个服务品牌把每一个劳动者联系起来，又共同和消费者联系起来，在不断的磨合过程中，恰恰是帮助劳动者重新发现自己劳动的价值，重新找到自己的尊严和自豪。在这样的心态中，他们不断创造先进的业绩，也不断涌现出大批先进的员工，显然这都不是偶然的。

品质决定品牌。我们认为，有了这种品牌还远远不够，要使这种品牌在客户中、社会上拥有很强的忠诚度、美誉度，最终取决于员工的服务品质。品质不优，品牌不亮。在服务文化建设中，我们坚持用心服务，拓展服务的张力；又通过这种张力，把优良的服务品牌升华为优秀的服务品质。心通则一通百通，心到则一到百到。认真能把事做对，用心能把事做好。只有真正做到服务百分之百地用心，才能使客户百分之百地舒心。从公司的服务宗旨，到服务精神，从服务铭，到服务细节观，都体现着“心”的作用，都映衬着用“心”服务。可以说，用“心”服务，是日照供电公司服务文化的核心。

——施爱心于客户。经过多年的实践，加之“亲情化服务制度”的规范，在公司员工中树立“仁爱是我们的共同语言”的理念。大家像对待亲人一样地对待客户，服务客户，与客户建立真挚、和谐、互动的友善关系。组织员工定期对老红军、老党员、老模范、老干部、“五保户”等长者客户上门走访、咨询、服务，帮助解决用电等问题，让长者客户感受“诚信彩虹”的温暖和爱心。

——献忠心于客户。我们在“承诺化服务制度”中规定，把首问负责制作为第一承诺，客户无论遇到哪一位员工，只要是被问的第一人，就负起全责，让客户需求在第一人那里得到满足，使客户问题在第一人那里得到解决。人人是窗口、人人有忠心、人人践承诺、人人树形象，让客户省事、省时、省心、省力。日照港口集团新建的客运码头投运前，我公司针对该单位电工技术状况，及时为他们举办电工业务技术培训班；开发区制药厂投产在即，我公司及时派技术员帮助安排生产班次，指导安全合理使用电能。不仅“雪中送炭”，而且“雨前送伞”。

——尽诚心于客户。服务品牌有了消费者的“忠诚度”，才有稳固度。而这种“忠诚度”的基础在于企业自身的诚信度。我们提出，“努力超越、追求卓越”的服务精神，推出“彩虹”为旗、“诚信”为基的服务品牌，就是出于这种考量。实践中，我们以诚信管理、诚实工作、诚挚服务为信条，对企业内部管理制度、工作流程进行再造优化，把内部承诺管理纳入“诚信彩虹”全过程，明确本单位、本岗位的承诺责任，服务关口前移，形成由浅入深、由前至后的服务大格局，产生良好效果。后村镇井沟村有一位下岗工人，一直闲在家里，两个孩子的学费都交不上。供电所得知后上门走访，了解到他在原单位干电焊，就建议他利用一技之长，在公路边搞电焊维修。得知他到工商部门注册后，义务帮助他架设线路，安装好了电焊设备。他感动的告诉乡亲们，供电所不但给我们送光明，还给我送“金点子”，不是亲人，胜似亲人。

——凝痴心于客户。我们要求员工，必须视客户为“上帝”，心系客户，情倾客户。这既是服务动力的源头所在，也是用“心”服务的具体体现。实践中，员工们自觉做到超前服务，牢牢树立起“没有赞扬就是批评”、“没有感动就是否定”的理念。为客户创造价值，用真诚博得信赖，用服务赢得支持，用拼搏创造奇迹。用心，全神贯注；用力，全力以赴；用情，全心全意。坚持为农民、为农村、为农业服务，每年农忙季节，深入田间地头，对用电设备检修维护，指导安全用电，被农民兄弟称为“电保姆”。

——存恒心于客户。毛泽东同志有句名言：一个人做一点好事并不难，难的是一辈子做好事不做坏事。用“心”服务就要像毛泽东所要求的，有长久不变的意志、久久为功的本领，存恒心于客户，长期为他们提供恒定不改的优质服务。为此，我们一是建立了客户信息管理。运用心理学管理理论，研究制定服务信息管理制度，最大限度满足客户的供电信息需求。二是建立了客户关系委员会。完善了客户关系委员会职责和客户关系委员会会议制度、“诚信彩虹”明星委员评选制度，既将其作为客户管理的有效举措，制度化地予以坚持，又积极引导客户参与供电服务管理，不断拓展服务文化的社会基础。三是建立了彩虹联络员制度。加强对广大农村和城镇居民客户群体管理，在每个电工组服务区域聘请彩虹联络员，定期通报情况，定期召开会议，定期登门走访，发挥其对“诚信彩虹”的宣传作用、行风建设的监督作用、社情民意的反馈作用、苗头问题的预测作用。在我们召开的第七次客户关系委员会会议上，一客户委员动情地用诗歌的形式写道：

彩虹连接着你我他
彩虹幸福着你我他
彩虹温暖着你我他
彩虹实惠着你我他
彩虹教育着你我他
彩虹方便着你我他

这是我们用“心”服务的真诚回报，更是服务张力的显现。正是在这种张力的作用之下，服务在超值，客户在不断延伸，效益在大幅增长，员工自我价值在抻长。实现了员工与员工的和谐、员工与公司的和谐、公司与客户（社会）的和谐。

“彩虹工程”与优秀“服务文化”

赵春福

主持人（赵春福，中国企业文化研究会副理事长、学术委员会副主任）：山东电力为了加强优质服务，实施了“彩虹工程”，加强电力与客户的沟通，真诚听取客户的意见，在供电企业与客户之间架起一条相互理解、沟通、信任的“彩虹桥”。七色“彩虹”架起的空中之桥，一头连着电力，一头连着客户，意境优美，富有诗意，这本身就有很强的文化味道。

“彩虹工程”的实施，在行业内外、在全社会引起强烈反响。在企业内部，他们从提升服务理念入手，转变员工的服务观、客户观，强化共赢理念，使优质服务工作实现了由“管理客户”到“服务客户”、由“满足客户需求”到“为客户提供满意服务”，发生了重大转变。还有，为了确保“彩虹工程”真正成为永不竣工的工程，他们建立了保障、服务、监督、评价、奖惩“五位一体”供电服务体系，使员工的服务行为得到进一步规范，使热心服务、诚心服务、真心服务成为全体员工的自觉行为。目前“彩虹工程”已成为山东电力闪亮的服务品牌，同时，一种具有山东电力特色的服务文化也在悄悄的形成。

我们邀请了山东电力基层单位直接领导和组织服务文化建设的几位党委书记，请他们深入地谈谈对服务文化的认识和体会、他们的做法和经验，或许会给大家带来某些启发。

今天参加访谈的嘉宾是：来自威海供电公司的孙福奎书记、烟台供电公司的陈芳平书记、淄博供电公司的张玉兰书记、东营供电公司的刘伟志书记、青岛供电公司的李德孚书记。

据我所知，烟台供电公司是在全国电力系统第一个对客户提出承诺服务的单位，后来又创新实施首问负责制，试点“客户代表制”。我想问一下陈书记，当时你们是怎么想到向客户承诺服务的？

陈芳平书记：那是在1995年。当时我们烟台供电公司根据改革开放的新形势，通过深入的思索，认识到供电企业的市场定位，必须面向电力市场，逐渐由计划经济向市场经济迈进，必须由指令性向服务型转变。那年，烟台市在全国首创在社会公用事业单位实行服务承诺制，我们是其中12个首批试点单位之一。当时我们提出了供电服务的“四公开”（即公开承诺服务内容、公开承诺服务的标准、公开投诉程序、公开违诺责任），并召开新闻发布会。当时在全国电力系统是第一家明确提出承诺服务的，也是按照承诺、以无线电负荷管理系统为手段、实现限电不拉路的第一个北方供电城市。当然，由于当时条件的限制，承诺服务的内容、服务的标准等都有一定的局限性，但可以自豪地说，我们的服务意识的觉醒、服务手段、服务措施、服务机制的建立和完善都是比较早的、比较领先的。近年来，我们在此基础上，又不断的丰富了服务文化的内涵、拓展了形式，结合新形势、新任务不断进行了改进、充实和完善，积累了丰富的服务文化底蕴，造就了新型的服务文化。

主持人：能否请您介绍一下我们烟台供电公司服务文化发展的轨迹及中心思路，以及当前公司的服务文化主体和特点？

陈芳平书记：2000年以前，我们在服务文化建设方面进行了一些有益的尝试，可以说搭建起了服务文化的基本框架。这就是以服务承诺为基础、以职业道德为约束、以新型服务机制为手段，以设施建设为保障、“软（件）”“硬（件）”俱备的服务文化模式。从1997年至1999年，我们用近两年的时间，对原电力营业公司进行了体制改革，建立了客户代表制，创建了新型的客户服务中心，提出了实现超越客户期望值的供电服务目标，是全省电力系统率先实行“客户代表制”的两家单位之一。在这一期间，我们提出并实行了供电服务“一口对外”、“一条龙服务”等，并在全省第一家推行了对客户的咨询、报装业务实行“首问负责制”。

自2000年开始，我们根据山东电力集团公司的统一部署，实施了三年“彩虹工程”，并转入常态运行，实现了优质服务和行风建设工作三年迈上三大步。在这一过程中，我公司的服务文化建设得到了飞跃性的发展，建立健全了服务的监督约束机制，开展了服务文化的制度、行为、理念的探索和研究，对职工进行了服务意识、服务行为、服务理念的教育，将电力服务渗透进公司每一个工作环节之中，服务文化建设更注重营造文化氛围和塑造文化精神与理念。2002年，我们通过职工学习、开展演示竞赛，拍摄了《供电营业职工文明服务行为规范》演示片，2003年被国网公司采用，光盘在全国推广发行。

近两年来，国家电网公司对提高服务水平抓得很紧，不断提出一些新要求、新理念。按照这些要求和理念，我们进一步提出了实现“服务作风零距离、服务质量零缺陷、服务纪律零投诉”的电力服务“三零”目标，并以此为动力，在广大职工中开展了“创三零”服务竞赛，要求职工牢固树立以客户为中心的观念，把客户当亲人，不断拉近与客户的距离，扩大为客户服务的空间，把客户当亲人，保证不发生影响服务质量的任何错误和纰漏，杜绝各类行业不正之风和以点谋私现象的发生。“三零”目标的提出，体现了我公司服务文化建设更注重细节、更注重过程管理的指导思想，把所有要求都具体落实到每一个点上，体现到每一个职工的具体工作中，具体到每一件事情当中。当前，电力服务“创三零”成为我公司服务文化的主旋律和中心。

主持人：“创三零”服务目标的提出，可以说是我公司服务文化由大的框架建设转入小的细节管理建设、实现创新发展的一个跨越。我公司在以“创三零”为目标的服务文化建设中，主要做了哪些工作？取得了那些成效？

陈芳平书记：实施“三零”服务，实质就是使服务工作更加到位。有一些服务项目更加规范化，能量化就量化。例如，在考核中我们就提出工作标准的培训率、客户情况的知晓率、服务项目的执行率、服务流程的达标率、客户的满意率这5个考核指标，实行服务过程的跟踪考核，甚至明查暗访。

我们在“创三零”活动中一直坚持抓好每一个具体的员工，每一项具体的工作，每一个具体的事例，从最细微的地方，从最不起眼的地方，从最容易被忽视的地方抓起。以前我们对在客户服务中心工作的员工接待客户的问题也提出过要求，但在细节上不严谨。客户来了，有的站起来迎接，有的不站起来。迎送客户的姿势有的这样，有的那样。这些看起来是小事，其实反映的是企业服务规范不规范的大事。这些都是服务文化建设的细节，像这样的细节我们都在这次活动中做了规范，坐姿、站姿、语言、表情都要有规范，这样才能看出一个企业丰富的服务文化内涵来。为体现细节服务，我们提出了一些具体的要求，形成并坚持了一些好的做法。比如：客户代表“微笑服务”，我们借鉴海尔的服务经验，为客户代表每人配发了一面小镜子，让他们在每一次受理客户电话的时候照一下，看是不是微笑了，因为真正的微笑才能让客户从电话的另一端通过声音来感受到。比如：接电话时尊重客户的每一点一滴，我们要求客户代表必须等到客户放下电话后，才能放下电话，即时遇到一些蛮不讲理、酒后无理取闹的客户，我们的客户代表也要耐心劝说，不能流露任何不满情绪，直到客户自己离线。

通过坚持不懈的努力，我公司服务文化彰显了巨大的能量，取得了服务工作和行风建设的一项又一项成果。我公司和全市电业系统及189个供电所，在全市服务行业和当地行评中，连续四年取了“满堂红”，优质服务工作得到了社会各界的广泛好评，涌现出了许多感人事迹。

去年，东北吉林市一位游客到烟台旅游，把提包丢在了出租车上，包内有大量的票据，还有机票、钱物等，他连续给有关方面打电话，请求帮助，都毫无进展。情急之下，他打了烟台供电公司的彩虹服务热线。这件事原来本不是我们服务范围内的事，不管也是可以的。但接电话的客户代表还是答应给他提供帮助，并立即与交管部门联系。经过两个多小时的忙碌，最后终于将提包找到了，原封不动地送到游客手中。这位游客连声说：“没想到你们电力能帮助我，太感谢了！”

还有一次，一位外商客户从沈阳打电话到客户服务中心，咨询了烟台的电价后，抱着试试看的想法，向客户代表提出了超越其职责范围的请求，请客户代表帮忙找厂房。这件事本来可以不管，但客户代表杨永刚把客户的事情当作是自己的事情，利用业余时间前后跑了七八天，才找到了一处厂房，并与这位取得了联系。不久，该客户的韩国董事长来烟台现场考察后，觉得地理位置不太满意，请客户代表继续帮忙。客户代表又四处奔波，在找了五六家厂房后，终于找到了对方满意的厂房。对此，韩商大加称赞，说："这样的服务在韩国也见不到！"这几件事被新华社的记者知道后，采写了新闻稿《烟台电业系统"创三零"扮靓"城市名片"》在报纸发表后，在社会上引起很大的反响，进一步推动了我们开展这一活动，使服务文化锦上添花。

主持人：刚才陈书记介绍了烟台供电公司开展承诺服务、建设服务文化的一些情况。他们在实践中不断创新发展承诺内容，并通过细节、过程管理建设服务文化的做法，相信给在座的各位留下了深刻的印象。

文化是一种习惯和自觉，建设服务文化的过程就是培养员工习惯的过程。在威海供电公司，他们建设服务文化，主要是通过服务文化体系、用文化理念来促进员工服务习惯的养成。

近年来，我们威海供电公司的服务文化建设取得了显著的成效，2003年荣获了"全国创建文明行业工作先进单位"称号，2004年又被授予"全国企业文化建设实践创新奖"荣誉。请问孙书记，我们威海供电公司服务文化建设的着重点在什么地方，取得了什么样的效果？

孙福奎书记：对供电企业来说，服务是我们工作的出发点和落脚点，是我们生存和发展的生命线。服务的好坏，或者说服务文化的好坏，直接决定着企业的兴衰。

我们的服务文化建设可以分为三个阶段：

第一阶段：自1998年开始，在山东省率先成立电力客户服务中心，变"用户"为"客户"，推出了"主动服务、微笑服务、跟踪服务、终点服务"的新型服务模式；

第二阶段：自2001年开始，按照《山东电力集团公司企业文化建设规划》要求，以服务文化为切入点，结合"彩虹工程"和供电企业特点，在全省率先推出了《服务岗位文化理念》、《服务岗位行为规范》和《"彩虹工程"形象标识》三个手册，构建起了文化理念、行为规范、形象标识三位一体的服务文化体系。

第三个阶段：自2004年开始，我们又对公司的文化进行了全面、深入地诊断、梳理和提炼，形成了"源自优良管理、源自优质服务、源自优秀团队"的"三源"文化体系。进一步强化服务文化建设，使每位员工自动、自觉地用文化理念来指导自己的工作。

通过多年的服务文化建设，公司在各方面都取得了长足的进步，1997年成为全省第一个文明单位；2002年在全市行风评议中实现了免评"满堂红"；2003年被授予全国创建文明行业工作先进单位；2004年又被评为国家电网公司首批文明单位；连续四年保持了山东电力彩虹工程先进单位等荣誉。

主持人：刚才孙书记回顾了威海供电公司的服务文化建设的三个阶段，那么我想问一下，在这个建设过程中，你们主要从哪些方面入手的？

孙福奎书记：我们在服务文化的建设、实践过程中，重点突出了用公司的价值观对员工行为规范的引导、指导和整合作用，用共同价值观来指导员工如何做人做事，如何服务客户。或者简单地说，就是如何培育员工的良好服务习惯。

提起供电职工的良好习惯，威海市先进性教育第11督导组的成员都赞不绝口，其中就有一个简单的例子：那是督导组刚进驻威海供电公司，一位督导组成员上班乘电梯，他刚要上的时候电梯发出超载的警报，这时一位先上的员工很自然地退了出来，让他这位陌生人先进。在他们驻在电力大厦的半年时间里，多次享受到了这样的温情服务。他们在市委先进性教育会议以及很多场合都提到这件小事说："事情虽小，却看出了供电员工的良好习惯。对一个陌生人尚且能够如此，对客户就更不用说了。"

良好的服务习惯不是一朝一夕能够养成的，而是经过长期在公司内进行传播和灌输，久而久之就在员工身上潜移默化地被接受和认同。就拿推行"客户永远是对的"这个理念来说，就是经历了一个痛苦的过程。刚开始大多数员工都不理解、不接受，甚至有抵触情绪，我们就反复用海尔成功的案例进行引导，通过严格的制度进行规范。2003年曾经发生这样一件事：一个电力客户反映他家上月电费是80.08元，但收费人员却收取了80.10元。看似只有两分钱的小事，很多员工都认为是客户小题大做，甚至是故意"找茬"。但我们没有简单地"小事化了"，而是以此为契机，在公司开展"客户永远是对的"大讨论活动，由这"两分钱该不该收"探讨到"我们的服务细节和管理差距"。最后，大家统一了认识，由经区供电部主任亲自到客户家中，对工作中的失误向客户赔礼道歉，将多收的两分钱退还给客户，对收费人员进行了岗位调整和经济处罚，对相关人员进行了联责处罚，使客户深受感动。

通过这件小事使大家进一步认识到：客户永远是对的，即使遇到客户需求过高或是错误的情况，也要通过热情、耐心、细致的说服工作和宣传解释，化解矛盾、求得理解，达到让客户满意的目的。不久后，就发生了这样一件事情：有一天晚上11点多钟，客户代表室接到一个居民的电话，说他们居民楼停了电，而一场重大国际足球比赛的电视直播马上就要开始，要求立即供电。值班的客户代表立即与该居民楼用电产权单位取得了联系，但该单位负责人以"找不到电工"为由没有安排送电，并婉言谢绝了供电公司人员上门维修的建议。客户代表拨通投诉居民家中电话，说明了情况，对方很不高兴。听到这个情况，在家休息的客户代表班长立即打开电视，边看着球赛边在电话里向客户解说赛况。十几分钟后，这名客户怨气全消，感慨地说："我本想点上蜡烛写投诉信，没想到你们的服务这么好！"其实这位客户到现在也不一定明白看不上电视，责任在于他们的居住小区物业管理不到位。

在这种"客户永远是对的"理念的引导下，我们始终坚持"始于客户需求，终于客户满意"的服务标准，建设了生产围着经营转、经营围着窗口转、窗口围着客户转的大服务格局，客户满意率逐年提高，就连在市纠风办组织的"行风热线”上,都几乎听不到投诉的声音。

主持人:从小事做起,从好的服务习惯着手,我个人认为,这确实抓住了服务文化建设的根本。文化本来就应该体现在一言一行、一举一动上。那么接下来还想请孙书记就这一话题再深入地谈一谈!譬如这样做的效果、是否遇到了一些困难?咱们又如何去解决的?

孙福奎书记:我们反复强调,每一位员工的言行举止都代表着企业的形象,不但在工作期间要为客户提供优质的服务,在业余时间也要规范自己的言行,时刻牢记“我是威海供电人”。我们服务工作中有一个制度叫“首问负责制”,就是问到谁谁负责接待,主要是针对以前服务流程太多,让客户跑来跑去办不成事。但是任何事情都不是绝对的、都是有条件的。但是我们就这里就出现这样一件事:我们公司里有一个员工叫李军,一个星期天,李军出门办事,在街上碰到一位老大爷向他询问路,问他到电力客户中心怎么走。他给老大爷解释了半天,可是这位老大爷对路况不熟悉,怎么解释也没听明白。作为公司多经企业的一名员工,李军就感觉问到他了他不能就这么不管了,后来他干脆自己掏钱打车把老大爷送到电力客户中心,并帮助老人办好了所有手续,这位老大爷感激的不得了。像这样时刻不忘履行“首问负责制”的例子还有很多,可以说已经达到了“有领导在和无领导在一样,有检查和无检查一样,工作时间和休闲时间一样。”

对企业文化有一个很好的比喻:企业文化就是土壤,每位员工就像种子一样在里面扎根、发芽、成长、壮大……生命力再好的树,如果没有相应的土壤也长不大。我们配电工区一位专工——朱长勇,他每天早晚都有散步的习惯,别人散步都是沿着海边或者公园走,多呼吸一下清新的空气,而他散步专门沿着配电线路走,每天都把他所管辖的线路巡查一遍,哪里可能发生什么问题,他都烂熟于心,遇到抢修或临时性故障,他总能迅速解决。我想,有成百上千个拥有这样“习惯”的员工在,我们的企业一定能够长兴不衰,最终实现建设“一强三优”现代公司的宏伟目标。

主持人:通过孙书记的介绍,我们知道在威海供电公司,他们建设服务文化,主要是用文化理念、用企业价值观来促进员工服务习惯的养成。

把承诺落实到行动上,肯定不是光靠做思想工作就能行得通、办得到的,肯定要有相应的机制、制度和措施,来保证承诺服务的落实并变成员工的自觉行动。在服务文化建设过程中,淄博供电公司的体会是:服务贵在执行,执行成了习惯,优质服务就成了员工的自觉行为。

服务水平也是执行力的具体体现。请问张书记,你们是如何通过执行文化建设,把服务标准变成员工的自觉行为?

张玉兰书记:建设企业文化的过程也是培养员工习惯的过程。供电企业带有垄断性质,员工的工作和收入比较稳定,有“以我为中心”的思想,忧患意识和工作压力相对欠缺,这也成为影响执行力、影响服务水平的重要原因。所以,我们就从最普遍的问题切入,建设执行文化。执行成了习惯,优质服务就成了员工的自觉行为。

执行文化要融入工作实践,才能提升执行力。我们围绕“5W1H”,明确责任和标准。

我们的主要做法是:开展“我是本岗位最高责任执行者”活动,与每个员工签订岗位责任书,以合同和承诺的形式界定岗位职责、工作流程和标准。班组长每天对岗位责任书执行情况进行评价,车间和专工分别进行月度和周评价,以此作为分配依据。每半年进行一次综合评价,相应进行岗级浮动。每年产生“明星岗位”,享受固定特殊津贴。

我们认为:通过制度和标准来管人,杜绝工作的随意性。工作不是任务,而是员工必须履行的契约,这带来了员工责任意识的提升。大家意识到,服务是自身工作的需求,而不仅仅是客户的需求。分配制度的改革、岗级浮动、明星岗位等配套机制的产生,在满足员工物质和精神需求的同时,也激发了员工更高层次的追求。做的更好、追求最优,成为提高服务水平的直接动力。

案例1:淄博市张店区大张村的一位解大嫂在赶集的时候,向在集市上宣传“彩虹工程”的供电营业人员反映了一件事情:现在是春耕农灌季节,大家都在田间临时用电,自己与别人在电费上产生了纠纷,希望帮着协调解决。工作人员随即来到现场调查,进行了妥善解决。按常理,这个问题到此为止。但他们在调查中发现,因田间临时用电引发的纠纷是普遍现象,必须得想个办法,不能让老百姓因为用电感到头疼。回来后,他们立即汇报并到其他地方进行调查,在广泛研讨的基础上提出了“农灌送电到井口”的办法,经论证得以实施。现在,老百姓浇地的每个井口都采用智能卡用电,一户一把“电钥匙”,谁用电谁结算,一清二楚,彻底避免了纠纷。

案例2:沂源供电公司鲁村供电所王家石沟电工组组长唐效州去东王村抄表。他的本职工作是抄表,但年关临近,他放心不下线路安全,就绕了个圈查看线路情况。就这一圈,挽救了220千伏棋源线。他发现,52号杆有4条拉线被盗割,随时有倒杆可能。唐效州以最快的速度发出通知,并守在现场,制作了简易的警示牌。迅速赶到的抢修队伍经过仔细巡线,发现共有8基杆塔、24条拉线棒及31个UT线夹被盗割。棋源线是通往沂源的惟一一条220千伏线路,如果不及时发现处理,倒杆、断线、全县停电……这是责任的力量。责任能超越标准。

主持人:有本书叫《细节决定成败》,其实在服务供电服务中,也存在细节决定成败的问题。你们是怎样对服务过程中的行为细节进行控制的呢?

张玉兰书记:我们是围绕“OEC”,解决过程控制和细节问题的。主要是推广“OEC”管理,配合实施“任务管理程序”,全方位的对每天、每个人、每件事进行控制。早晨,每个班组列队召开班前会,成员逐一讲述昨天工作,班长进行公开点评,并宣读当日“任务单”,对每个环节和细节进行部署。工作开始后,任务单跟踪传递。下午工作结束后,车间汇总任务单对工作进行总结评价。同时，月度计划和周计划中安排的每项工作任务完成进度及质量都通过网络进行公布，大家可以随时查看，互相监督。

我们认为：每项工作都是完整的过程，决定工作成败的往往是一些细小、不易控制的环节。通过推广“OEC”管理，每项工作的前、中、后，分三次对细节进行控制，最大限度的降低了失误。每个人都有被认可的需求，干好干不好不能靠自我感觉，必须得到公众认可，自我、班组和车间的三级公开点评较好的解决了这个问题。“任务管理程序”对每项工作进行全天候的跟踪和提醒，使它处于公众监督之下，减少了人为因素的影响。服务因此无漏项。

案例3：山东鲁昊化工是一家大型企业，二期工程扩建时欲使用周围小电厂转供电，经多次上门劝说始终不肯修改方案。有一次，我们的工作人员冒着40多度的高温为其检修设备，工作结束后，又千方百计的用夹子钳出了落在配电柜夹缝中的一根毫不相关的废弃线头，这一幕被路过的鲁昊老总恰恰发现，他被深深感动：“我们可以拒绝热情的说服，却无法拒绝一流的服务。”现在，该公司二期工程已圆满送电，年用电量达2000万千瓦时。关键时刻，一个细节赢得了一个市场。

案例4：讲一个真实的故事。家住在张店区杏园路的20岁少女项琳璐因患多发性肌炎，靠一台呼吸机维持生存，但她家的供电由生活小区负责，不属于我们的服务范围。但这件事情被“全国杰出青年文明号”——张店供电部配电班无意得知，他们立即请示，免费为项琳璐家从配电室架设了一条220伏专用电缆，使项家实现“双电源”供电。两年多的时间，配电班定期维护电源，定期到项琳璐家询问供电保障情况。2003年，项琳璐要到济南会诊，配电班驾驶一辆载有发电机的皮卡全程护航，一路两次冒雨开启发电机为项琳璐吸痰……后来，项琳璐的事情引起了全社会的关注，她的妈妈也作为全国“金话筒”的颁奖嘉宾出现在淄博广电大剧院现场，她说：我要感谢一些人，三年的时间里，配电班的小伙子们与我家联系最多，谢谢你们，谢谢你们为琳璐架起的“生命专线”……

主持人：员工的品质决定服务的品质。你们又是如何通过调动员工积极性来保证服务品质的？

张玉兰书记：我们主要是围绕“QA”，来解决品质保证问题。我们全面推行中层干部和员工动态管理，年度对每个中层干部和员工进行四个层面的综合评价，评价处于前5%的上浮一级岗位，后3%下浮一级岗位，连续两年下浮的下岗培训。中层干部后3%进行诫免，连续两年诫免的解除职务。今年6月底，公司党委研究预备党员转正，公司规定综合评价处于50%以下的不予研究，有名同志仅1名之差被延期半年转正。同时，在《双文明评比管理办法》和《思想政治工作评价办法》中规定，“彩虹工程”中出现重大问题的一票否决。为保证服务工作的稳步提升，建立了“彩虹工程”内部评价和外部评价两个平台，对服务行为的内部评价由行风稽查部门组织，同时邀请市纠风办和新闻媒体定期组织外部评价。自2000年至今，共因服务问题处罚员工303人次，罚金16万元。奖励提出意见和建议的客户110人，发放奖金近6万元。

我们认为：评价和激励是品质的保证，也是实现工作和服务行为良性循环的直接动力。评价和激励机制的有效运转，保持了员工的适度压力，激活了队伍，也激活了服务。重奖重罚，动态激励，有些时候看似不讲情理，但只有严肃的制度、严格的执行才能带来公平，才能打造优秀的品质。自己的刀削不到自己的把，服务质量的好坏，还得由客户说了算。在公司“彩虹工程”常态运行机制里，明确提出，客户是服务的最终裁判。

案例5：6月24日，省气象台发出红色高温预警。我们接到一位客户投诉，到几家银行都交不上电费，银行答复是系统故障。当天，我们利用中午银行业务不忙的时候，邀请新闻媒体共同对整个城区的40多家银行代收电费点进行暗访，确有个别储蓄所因人员责任问题给客户交费带来障碍。尽管没有直接责任，但我们仍然对公司的分管部门进行批评，下达整改通知书，限期与银行协调整改，并在一周之内进行了再次暗访，保证问题解决到位。

案例6：2003年5月份，公司邀请市纠风办、《鲁中晨报》和市电视台对全市供电营业窗口进行了集中暗访，每天在报纸和电视台实事求是和报道暗访情况，并制作了专题片在公司中层干部会议上播放，在社会和公司引起极大反响。各单位纷纷制定整改措施，公司汇总、督察结束后，向纠风办和新闻媒体进行汇报。2005年，公司成为全市企业惟一的“行风免评单位”。由主动曝光到行风免评，这是态度的收获，是品质的嬗变。

主持人：刚才张书记告诉我们一个道理，文化是一种习惯和自觉，建设服务文化的过程就是培养员工习惯的过程。但是，培养这种习惯和自觉还必须有一定的措施，有一定的载体。在淄博供电公司，员工的这种习惯是通过增强执行力的方式来养成的，可以说是通过执行制度、规范来实现的。在建设服务文化的初期，增强执行力是必需的。

电是商品，也应有品牌，特别是在山东电力，已经先后有了“诚信彩虹”、“亮万家”等服务品牌。青岛是名牌汇集地，青岛供电公司在服务文化建设中也塑造了自己的服务品牌“亮出精彩”，并通过树立品牌来提升服务品质。

李书记，在服务文化建设中，青岛供电公司的服务品牌大体经过了一个什么样的塑造过程？

李德孚书记：我们青岛电力的品牌叫“电力彩虹——亮出精彩”。这个品牌始创于2001年，它是在企业文化建设实践中的创新。经过近五年的实践，服务品牌与服务文化得到了员工与社会的普遍认同，2002年被市文明委命名为“青岛市服务名牌”，2003年被市政府命名为“青岛名牌（服务类）”，2005年青岛供电公司被青岛市委市政府命名为“品牌建设标兵单位”。

回顾这五年创建历程，我们坚持以建设卓越的企业文化为基础，紧密结合企业实际，构建具有供电特色的服务文化，以提高员工队伍素质为重点，以提高管理水平为着力点，策划实施了“电力彩虹——亮出精彩”服务品牌。它经历了基础构建、理论与制度建设；观念引导、全面实施与推进；深化服务文化建设，全面提升品牌服务等几个阶段。

主持人：你作为服务文化的领导者、组织者和实践者，你觉得青岛供电公司在服务文化建设中，最显著的特点是什么？体会最深的是哪几点？

李德孚书记：品牌是一个企业区别于另一个企业、一个产品区别于另一个产品，一种服务区别于另一种服务的标识。通过品牌对外展示形象，对内规范员工行为。没有品牌就无法展示特色。供电服务作为市场的存在形态，为了区别与其他服务的差别，也应有自己的品牌。搞服务品牌建设决不是做秀，而是提高服务质量的一个重要举措。说实话，作为服务行业也打自己的品牌，这需要决心和勇气。因为有了品牌对外展示形象，做好了展好形象，做不好则展示不好的形象。所以这考验着我们的决心和信心，实际也是在给自己叫板。当然，有了品牌，翻过来对企业、对职工也是一种压力。因为每个职工都是自爱的，都是积极上进的。只要正确引导，就能把这种压力变为动力，从而推进企业服务上水平。实际我们做到了这一点，这也是我体会最深的一点。

我们从“电力彩虹——亮出精彩”服务品牌创建伊始就注重其理念与文化内涵。就是说，这种服务品牌，必须有它的文化价值，有内涵支撑。我们在服务文化的培育与建设中，侧重于服务背后的文化力的渗透和催化作用，旨在使每一个员工自觉执行的制度与规定，使服务文化的建设能有力的提高服务管理效率。逐步建设了一个大家共同认可的价值观和高度认同的企业精神。通过精神和文化的力量从管理的深层规范企业和员工的行为，不断提升服务的品位。

不过，这里有一个问题需要说明一下。最近，我们国家电网公司提出建设“国家电网”统一的服务品牌的要求，我认为这是一个重要的、必将产生重大影响的决策。大家想想，中国电信、中国联通，工商银行、建设银行，这都是国家级的品牌，这种品牌才能更好地宣传电力，相信“国家电网”这个品牌也一定能够家喻户晓，尽人皆知。当然，这里也有个问题，如何处理好大品牌与小品牌的关系。我想，很重要的一条就是无论你如何宣传，你必须学会利用集中资源和利用资源，在品牌宣传上也是这样。就是说，既要继续利用现有的品牌资源，同时宣传好“国家电网”这个大品牌资源，这样，最好的办法就是实行母子品牌战略，这样才能相得益彰。

主持人：市场经济是竞争经济。服务文化对市场竞争主体至关重要。据我所知，东营供电公司的生存环境与其他供电公司不同，自成立第一天起就面临着强大的竞争对手，可以说是在竞争中成长，在竞争中壮大。对于竞争，他们肯定有自己的理解，服务文化对企业生存的意义也会有独到的见解。

刘伟志书记来自黄河入海口的东营市，东营是一个新兴的能源基地，我国的胜利油田就座落在东营。胜利油田本身在东营也有一个供电网络，那么，东营供电公司的服务文化很自然就呈现出一种特色，用他们自己的说法，就是“竞合共赢”文化。下面就请刘书记谈谈他们是如何建设“竞合共赢”文化的！

刘伟志书记：各位专家、各位领导，你们好，今天能够有机会参加这个服务文化座谈会感到非常高兴。

东营电力市场地处我国第二大油田——胜利油田腹地，由于历史的原因，在这一供电区内有两个电网同时存在，形成了“两网并存”的供电格局，这种格局，必然会伴有竞争。那么如何实现合理竞争，真正让客户在竞争中受益，成为我们的主题。

对于我们来说，供电服务绝不是一件“锦上添花”的事情，而是关系到企业生存和发展的生命线。在特殊的供电市场竞争环境下，供电服务有两个特点：一是服务的难度大。如，油区的一个农村 2001 年完成农网改造后，第一个月收取电费时，村民提出质疑“用电怎么还缴钱呢?”，因为，过去他们用电从来没有交过钱。还有一位孤老太太拿着一个小本本要求收电费的同志退钱给她，原来是过去村委给她规定每月几度电，老太太用不了，每月都得退钱。这种用电不交费和私拉乱扯的现象比比皆是，可见，用电秩序多么乱，供电服务难度多么大。二是客户不稳定。由于两个电网交织在一起，因此，用电客户游离于两个供电企业之间。这样一方面有利于客户进行选择，另一方面，给供电服务增加了压力，使市场竞争具有挑战性和残酷性。我们在电价和其他收费项目上没有自主权，我们惟一的竞争优势就是优质的服务，这种服务包括两方面，一是建设坚强的电网，为客户提供安全可靠的供电保证；二是优化服务措施，使客户享受到延伸服务和超值服务。

山东电力从 2000 年起实施了“彩虹工程”，狠抓行业作风建设，我们东营供电公司把“彩虹工程”作为强身健体的固本工程，推行“一心三化服务”，即倡导用心服务，强化承诺服务，优化规范服务，深化创新服务。实行了行风“飞检”、干部联系客户等举措，用优质的服务赢得客户，开拓了电力市场，取得了良好的经济效益和社会效益。公司的市场占有率由 13.42% 上升到 57.4%，在农村的市场占有率由 45% 上升到 99%。从这个意义上说，我们实施“彩虹工程”不一定是最好的，但我们是受益最大的。我们的服务文化正是在这样特殊的环境下逐步形成的。

主持人：刘书记对供电服务理解的非常到位，你们的文化叫做“竞合共赢”文化，请刘书记谈一下“竞合共赢”文化究竟有哪些内涵？

刘伟志书记：所谓“竞合共赢”文化，就是说既有竞争，又有合作，通过合理竞争实现双赢。其内涵主要有以下几个方面：一是与竞争对手合作共赢。要做到这一点并不是凭一厢情愿，这需要有一定的条件。东营供电公司从成立、发展、壮大，到目前我们电网的实力、管理水平、队伍素质，已经发生了很大的变化。我们与胜利油田电网共同为东营这块土地供电，我们既是竞争对手，但也不是你死我活的关系。竞争就是要看谁的服务好，只有良好的服务才能赢得客户的信任。同时，由于电网结构的特点，我们又有很大的合作空间。例如，2003 年 11 月份，我们的主要竞争对手——油田电网突然发生瓦解事故，这时候，我们没有幸灾乐祸，而是积极行动起来，实施电网"黑启动"方案，及时帮助其恢复了运行，维护了双方共同的利益。二是实现企业与服务对象互利共赢，供电企业处在电力发、供、用的中间环节，上端为发电企业服务，下端为用电客户服务。因此要做到与客户互惠互利，共谋发展。我们有一个比较大的客户，长期在两个电网之间摇摆，我们多年来的优质服务终于感动了他们，今年 3 月份，该客户已完全由我公司进行供电。三是实现企业与员工发展共赢，员工是企业的主人，在服务文化建设中，要坚持以人为本，使企业与员工发展同向，努力达到企业发展与员工个人价值和利益共同实现的有机统一。如，去年公司发生了一件事：以前，我们遇到欠费的客户，都是采取电话通知，电话通知不到时，便在客户的门口贴一张白纸黑字的《欠费通知单》。春节，我们一名员工在走亲串友时听到一位客户抱怨这种形式不好，不仅影响欠费户的面子，而且白纸条有伤民俗。这名员工立即向公司建议将《欠费通知单》改为粉红色的纸和文明的语言，赢得了客户的理解，融洽了与客户的关系。四是实现企业与社会和谐共赢，任何企业的发展都离不开社会各界的支持。企业应该通过创造利润，服务经济建设大局，服务人民群众生产生活，奉献和回报社会，实现经济效益和社会效益双丰收。我们公司去年创造了 103 万元人年的劳动生产率，位居全国同类型供电企业前列；今年 6 月 4 日实现了安全生产 5000 天的新记录，名列全国供电企业之首。

我们公司的竞合共赢文化是"电力彩虹"服务品牌产生的土壤，其出发点和落脚点都是提升企业的核心竞争力。作为一个国有供电企业，不是我们选择了竞争，而是竞争选择了我们，也正是竞争使我们背水一战，绝处逢生，为我们注入了生机与活力。"电力彩虹"已经成为我们的一面旗帜，成为服务文化的核心内容，成为企业的无形资产。我们将坚持不懈地实践与创新，推进东营电力事业持续快速健康发展，为加快黄河三角洲开发建设做出更大贡献！

主持人：服务文化是一个新生事物。加强服务文化的研究和探索，具有十分积极的作用。十分感谢刚才几位书记的经验介绍，他们的服务文化实践对于促进全国其他行业顺应市场经济发展的潮流，开展优质服务工作、建设服务文化，将具有十分重要的意义。

（主持人系北京市行政学院副院长，中国企业文化研究会学术委员会副主任）

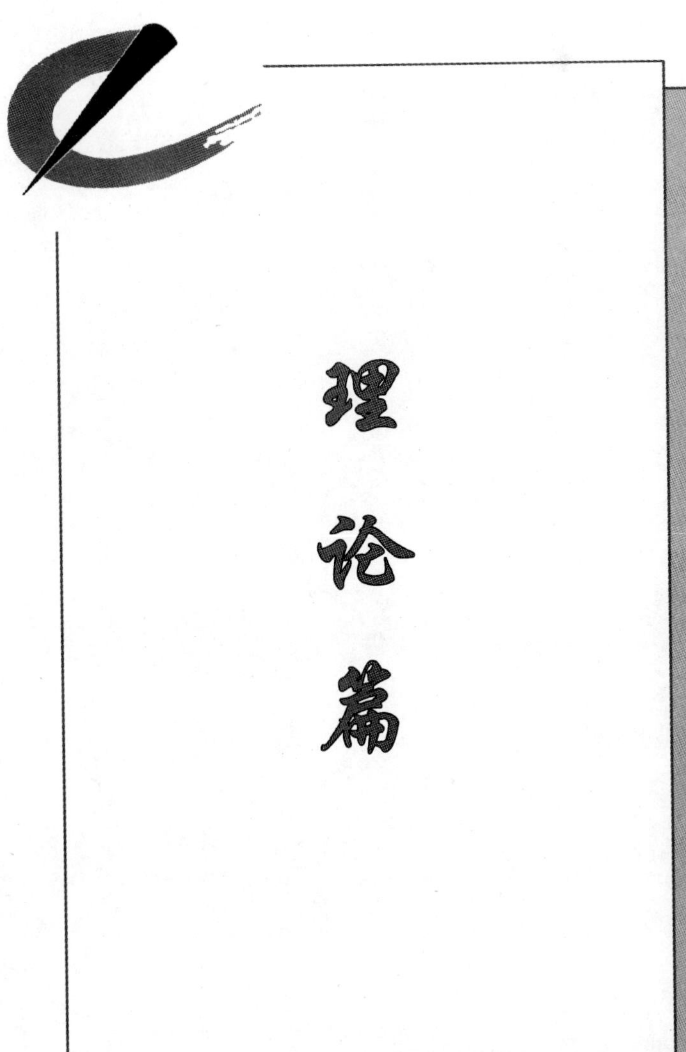

理论篇

以人为本与企业、社会的和谐发展

厉以宁

企业最重要的社会责任就是为社会提供优质的产品，优质的服务，出人才、出经验。因为企业给社会提供优质的产品，那我们的产品不仅能满足人们的物质文化生活需要，还能走向全世界；提供优质的服务不仅能使顾客满意，还能够吸引各国的客户到这里来；提供人才，那我们的企业管理人才将通过我们自己的企业培养出来，提高全社会的企业管理水平；能够出经验，我们这个经验就可以为其他企业所用——这就是企业最大的作用。一个企业本身吸收的就业是有限的，不可能吸收那么多的人就业。企业最重要的就业贡献就在于，企业出了好产品、好成果，这样的企业不仅能够增加自己的就业，还能为社会增加就业提供条件。因为就业人数是靠人均购买力来增加的，人们的购买力提高了，需要的商品就增加，于是就提供了更多的就业机会。

我们知道，企业要尽到自己的社会责任，一定要创业、创新。创业是没止境的，创新是指每一个时代都是一个新的起点。我们的企业要有更多的自主知识产权，自主知识产权对我们来说是最重要的，因为企业的社会能力表现在它能有更多的自主知识产权。经济学界流行一个笑话：有两个人去旅游，忽然听到老虎叫。怎么办？其中一个人赶快蹲在地下把鞋脱掉，把运动鞋换上。另一个人觉得很奇怪："你穿运动鞋干什么？老虎跑得比人快啊"。这个人说："当然，老虎跑得比人快，但我跑的比你快就行了。"另一人听后，不慌不忙地把鞋脱掉，爬到树上去了。结果，老虎把穿运动鞋的人吃掉了。企业在竞争中经受大风大浪是避免不了的，但你要有过硬的本领。老虎会爬树吗？但你一定要会"爬树"，一定要有自己的自主知识产权。所以创业、创新是企业尽到自己社会责任的一种必要的途径，同时也是它的社会责任。

企业必须为社会的和谐做出贡献。因为企业存在于群体、社会当中，一个社会的和谐也是企业稳定持续发展的条件。企业以人为本就体现在：不但要关心厂内现有的职工和退休的职工，还要关心你所在的社区，因为你生活在这样的环境里面。

有这样一个故事：有一个小孩子在路上碰到一个神仙，他抓住神仙的手问："神仙爷爷，请你告诉我什么叫天堂？什么叫地狱？我老听大人说这几个字，我始终不知道。"神仙说，"这还不好懂，你跟着我走就懂了。"小孩子就跟着神仙走，走到一个大房子里，看看左边一个大殿、右边一个大殿，神仙对他说，"咱们到里面看。"进了房子左边的大殿，看到里面有高台，下面是长桌，桌上放着鸡、鸭、鱼、肉、面包、馒头，台上放的是筷子，筷子很长，三尺长。门一打开，进来一个饿汉，面对这么好吃的东西，但他拿起三尺长的筷子能夹到菜却没法送到自己的嘴里，吃不着。神仙告诉小孩子，"你看到了吧，这就叫地狱。咱们到另外一个殿看看。"神仙领着小孩子到了右边的殿，这儿也是高台，也是桌子，也是放满了鸡、鸭、鱼、肉和三尺长的筷子。门打开了，进来一群饿汉，他们用三尺长的筷子夹着菜，没有往自己嘴里送，却设法送到对方的嘴里，大家都吃得津津有味。神仙说，"这就是天堂。"只关心个人的生活是地狱般的生活，人们只有在互助、互爱、互信的情况下，我们的社会才会和谐。

（作者系北京大学教授、中国企业文化研究会学术委员，本文摘自《中外企业文化》2005年第7期）

论企业文化的基本属性和本质特征

张大中　孟凡驰

过去的20年里我国企业文化建设创造和积累了宝贵的财富。我们在学习和创新的基础上形成了一系列重要的理论观点，在丰富鲜活的实践中积累和形成了不少有益的经验。科学地整理和总结这些观点和经验，对于我国企业文化建设事业的未来具有至为重要的意义和指导价值。

管理学属性和亚文化属性是企业文化理论的两大基本属性。

企业文化理论的基本属性之一是管理学属性。管理学属性的基本内涵是将企业文化定位于运用文化所固有的特点和规律进行企业管理的一种现代管理理论、管理思想、管理方式。我们认为，企业文化理论是东西方从不同角度出发研究得出的共同的管理理论，是东西方企业共同的实践成果，是人类社会优秀的管理理论结晶。企业文化理论同市场经济体制具有天然的内生性，是市场经济体制下企业生存发展的内在需要。随着市场经济体制的日益健全和完善，缺乏坚强的企业文化支撑的企业在激烈的市场竞争中终将被淘汰出局。确立这一观点的重要意义在于：其一，只有定位于管理学，才能把握企业文化理论的本来面目；其二，只有定位于管理学，才能引导企业全体管理者和员工准确理解企业文化作用的全面性；其三，只有定位于管理学，才能在组织上保证企业各组织系统齐抓共管、各个部门齐头并进。企业是市场经济体制下的微观主体，企业管理学自然包括发展战略、生产、营销等。

企业文化理论的基本属性之二是亚文化属性。企业文化作为一种文化形态，是相对于社会文化而言的支流文化，是企业微观经济文化、微观管理文化。它的一个重要职能是提高企业全体干部职工的综合文化素养，即事业信仰、战略意识、经营哲学、企业精神、价值观念、思维方式、伦理意识、美学水平等。这些综合文化素养决定着人员的智能、知识和专业技术水平的提高、发挥。企业文化形态不是用知识，学历等任何单一角度所能概括的。从企业文化形态这一属性出发建设企业文化，能将企业精神文明、思想政治工作等意识形态内容整合起来，通过管理、生产、经营实践活动，形成优秀的文化体系，进而成为社会主文化的生长点。

“以人为本”和“以文化人”是企业文化理论中最为根本的两个基点。

企业文化理论的本质特征体现为六个方面：一是以人为本；二是以文化人；三是群体和谐；四是文化自觉；五是文化主导；六是价值核心。其中“以人为本”和“以文化人”是企业文化理论中最为根本的两个基点，是企业文化理论的核心和精髓。建设有中国特色社会主义企业文化必须牢牢把握“以人为本”和“以文化人”这两个最根本的基点，高扬起“以人为本”和“以文化人”这两面旗帜，深刻洞察和把握我国的传统文化的精髓，深刻洞察和把握我国基本国情和时代特征，借鉴国外优秀文化成果，紧密围绕国家政治、经济、文化建设的大局，全面开创建设有中国特色社会主义企业文化事业的新局面。

坚持以人为本，意味着不再把职工看作生物意义和物理意义上的人，而是更重视其文化主体意义，发挥其创造性。

企业文化理论的本质特征之一是以人为本。企业文化理论关注人在经济过程中的地位与发展，首先将人看作文化主体，特别强调人的文化自觉，坚持主张以人为本，不断地丰富和发展人本观，这一思想打开了一条将文化研究中的人本问题引入社会基层实践的绿色通道。企业文化理论帮助企业经营者和管理者改变了认识方式和行动方式，使他们不再把职工看作生物意义和物理意义上的人，而是更重视人的文化主体意义，注重启发人的能动性和自觉性，在管理方式上使企业管理者由物本观转为人本观。企业文化理论认为，以工人为机器和工具的时代已发生巨大逆转，人不再是雇佣方产量增值链上的简单物体，他们所体现的也不应是简单的数量化功能，而应被定义为完全意义上的人。因此，在现代企业管理工作中，应着重从为了员工、尊重员工、参与管理、价值分享、分权管理、善待顾客等方面深入实践，体现人本管理的原则。

结合我国实际，加强企业文化建设要求在企业经营管理中完全确立“以人为本”的管理理念，真正地、切实地将广大职工作为企业经营管理的主体，将职工个人价值实现同企业集体价值实现有机地联系与统一起来，最大限度地调动和发挥广大职工在企业经营管理中的积极性、主动性和创造性。当前需要重点强调和突出以下六个方面：一是尊重人的主体地位，在企业经营管理中切实贯彻为了人、尊重人、理解人、爱护人、培育人的原则。二是加强人力资源战略管理，努力为职工提供广阔的事业舞台，最大限度地激发职工参与企业经营管理的活力。三是将职工利益同企业利益有机协调和统一起来，让职工在企业发展中切实得到实惠，尽可能地实现职工利益同企业利益的双赢。四是持续改善企业组织机构，推进组织结构的扁平化管理，加强组织各层次之间的规范授权，不断健全和完善职工参与企业经营管理的机制和渠道。五是加强内部沟通特别是企业领导者同基层职工的沟通，及时了解职工心声。及时为职工排忧解难，最大限度地增强企业的凝聚力和向心力。六是坚持不懈地加强对职工的教育和培训，努力建设学习型组织，不断提升职工的思想道德素质和综合文化素质。贯彻“以人为本”的管理理念是和为人民服务一脉相承的，相对而言又是非常具体的，要求结合职工的实际工作情况，不断满足职工的物质需求和精神需求，真正使职工感到自己是工作的主人，与企业共命运。

党的十六届三中全会提出“五个统筹”、“五个坚持”，明确提出以人为本，这不但是发扬中国传统文化的精华，也是适应经济全球化大趋势的。中央强调以人为本，城市建设要以人为本，宏观管理要以人为本，企业管理更要以人为本。“以人为本”为本质特征的企业文化的理论是最新的、最高层次的现代企业管理理论，如何掌握和实现这一理论是我们面临的重大课题，需要认真地思考和坚持不懈地努力实践。发挥这一理论的优势，克服种种思想阻力；深化改革，建立和完善与这一理论相适应的运行机制和规章制度，才能取得成功。特别是在我国公有制经济形式多样化，个体、私营等非公有制经济并存，各个企业实际状况千差万别的情况下，更需如此。

以文化人是企业文化理论的重要本质特征。以文化人的关键在于以什么文化化人，如何形成有中国特色的社会主义企业文化。

企业文化理论的本质特征之二是以文化人。以文化人的基本内涵是指：企业文化主张通过提高人的文化品质提高管理层次，提高企业的人文价值，运用文化特征和规律于管理和经营之中，使企业管理和经营更具有文化特征。更适应人文进步的现代社会。以文化人特征的实现方式：一是运用先进文化培养人的先进文化意识，提高人的综合素质；二是通过塑造文化环境、培育文化网络形成文化传播效果。文化是一种力量，它贯穿于企业发展战略、人才战略、企业管理和产品营销等各个环节之中，能够极大地开发人的潜力，最有效地发挥人的积极性、主动性和创造性。

我们认为，以文化人的关键在于以什么文化化人，如何形成有中国特色的社会主义企业文化。我们所要建设的企业文化是既同现代企业管理意识、管理观念、管理理论相适应，又有效传承和体现了我国传统文化的内涵和特征的现代企业文化，是既有别于以德国为代表的社会市场经济体制下所形成的企业文化模式，又有别于以美国为代表的自由市场经济体制相适应的企业文化。

时代发展要求我们摒弃那种泯灭个人创造活力、窒息人性发展的绝对整体本位思想，形成一种集体和谐的文化观。

企业文化理论的本质特征之三是群体和谐。随着时代的发展，泯灭个人创造活力、窒息人性发展的绝对整体本位思想已不适应发展的需要，忽视集体协调、多方互动的绝对个人主义观点也难以面对复杂的竞争，企业管理需要一种既能鼓励个人聪明才智的充分展现、又能实现群体创造能力的科学的集体主义文化观。研究证明，群体和谐的文化强调平等哲学、团队精神、民主管理，使企业管理的目的和任务超越纯粹功利目的和工具价值理性的层次，使企业效益和人性开展得以平衡和谐地发展。

文化自觉是企业家对企业存在价值和经营管理的终极目的的思考，企业文化的建设和保持依赖于企业家的文化自觉。

企业文化理论的本质特征之四是文化自觉。文化自觉，是指企业家对企业存在价值和经营管理的终极目的的思考，是对企业经济工作中文化内涵、文化意义的理解，是运用文化规律和特点于管理之中的文化理性。企业文化的主体内容来源于企业家的文化思想，企业文化的建设和保持依赖于企业家的文化自觉，企业文化在职工中的内化程度，决定于企业家文化人格化的水平。同时，企业家文化思想形成的重要原因之一在于能够观察、认识、提炼企业员工的智慧，从而形成有本企业特色的文化。企业家的智慧来自群众，来自实践，如果离开群众，离开实践，则企业家很难产生符合实际的、有力融合员工的文化思考。

要以培育优秀文化为主导因素，把企业文化体系作为企业一切行为和发展的“法典”。

企业文化理论的本质特征之五是文化主导。文化主导的基本内涵是指：作为一门新的管理理论和管理思想，企业文化理论主张在“以人为主体”前提下，以培育优秀文化为主导因素，将企业文化体系作为企业一切行为和发展的“法典”，进而将文化作为管理的主导因素，同传统管理理论和管理思想形成鲜明区别。

企业价值观是企业成功的哲学精髓。

企业文化理论的本质特征之六是价值核心。企业价值观是企业文化内容的核心，是企业文化建设的基石，是企业成功的哲学精髓。企业价值观的主要作用是为人力资源确定价值信仰和价值取向，为企业文化体系确立价值理论。在多元化发展的社会中，个人价值取向和组织价值观往往存在着矛盾，这种矛盾的化解，在于培养融组织发展与个人进步为一体的价值观。企业文化整合的水平在于价值观的认同基础，企业员工成长发展的速度取决于同企业价值观的契合程度。

（本文摘自《北京日报》2004年5月10日）

加强企业文化基础理论研究

王锐生

企业文化工作的重点是基础理论研究。企业文化搞了这么些年，确实在基础理论方面，有必要加强了。加强企业文化基础理论研究，我建议抓两个方面。

一是注意企业文化里面的哲学问题，因为不管哪个学科的基础理论，都离不开哲学。“以人为本”本身就是哲学问题。直到现在为止，虽然中央的决议讲了“以人为本”，但在哲学的领域里，对以人为本还有很大的分歧。有些哲学家还提意见，说应该是以民为本，那么民和人之间一字之差为什么要改变，这里面也涉及到哲学问题，当然也有政治问题。以人为本这个问题，它本身是哲学问题，但这个哲学问题，在企业里面怎么运用，这是需要研究的。比如说生产力，文化力是不是和生产力有什么关系，物质生产，马克思主义哲学讲物质生产力包括不包括文化，所有这些问题都有哲学问题，我是赞成用以人为本的。但这有个前提，这是广义上的生产力。比如说革命，原来的本意的革命就是动刀动枪，造反，但是小平同志讲，改革也是革命，一场革命，这个革命是广义上的革命，这样就好解释了，否则的话，他跟你较真儿的话，搬经典出来，不好办，这都是哲学问题。

再一个是抓企业文化的中国化，这个问题我觉得越来越尖锐了。我们搞企业文化有十几年，快20年了，我们不能停留在搬过来的层面上，应当有自己中国化的企业文化。中国化的核心是结合的问题，就是西方外来文化和本国的实际，甚至是本企业的实际的结合，核心是结合的问题。那么怎么结合，怎么结合的成功，有两方面矛盾要解决，一个是中和外的矛盾，一个是古和今的矛盾。企业文化本身，源于西方化的理论，西方的理论，外来的理论如何和中国实际、中国的文化、中国传统文化结合，这里面是有矛盾的，很多传统文化，并不能够和西方的企业文化完全融为一体，这是中和外的矛盾。还有一个古和今的矛盾，中国传统文化里面有很多关于企业经营管理的，特别是诚信这些东西，但是不是所有传统文化里面，那些东西、那些范畴、那些规范、那些行为准则都能够用到这里面，不能照搬，还要解决古和今的问题。这里面又涉及到很复杂的东西，比如文化的民族性和文化的时代性问题。企业文化本身是由西方的市场经济以后，才有现代意义的企业文化，按照这个意义来说，中国古代东西还不能够完全说是企业文化的东西，但是它的那些诚信等内容，对今天的企业文化有作用，我们能够吸收它作为营养，所以企业文化是现代概念，计划经济时代应该说中国只有工厂没有现代企业，所以这里面要解决古和今，中和外的矛盾，这本身是一个哲学问题，怎么扬和弃的问题，通俗讲就是批判、继承的问题。

（作者系首都师范大学研究员、中国企业文化研究会学术委员会委员）

我们究竟需要建设什么样的企业文化

贾春峰

根据我对部分企业的企业文化建设的观察，特别是对一些企业文化建设咨询公司所作的案例，我的脑子里总出现这样一个问题：我们究竟要建设什么样的企业文化？企业文化建设、设计应当追求什么样的目标、境界？如果换一个角度来说就是：企业需要建设什么样的企业文化？

从指导思想来讲，这是很明确的，就是要坚持以马克思主义、毛泽东思想、邓小平理论、“三个代表”重要思想为指导，这是明确的、一致的、毫无疑问的。我提出的上述问题和我要说的，是从操作实践层面上来讲的，主要针对企业文化设计。前几年，我提出过企业文化设计的“六要”、“六不要”，根据近两年多来的观察与思考，我想就企业文化建设的操作实践问题提出以下新的六点看法，叫“新六点”吧。

一是一个基本点：一切从企业实际出发。一个基本点：就是以人为本，着力于增强企业整体素质，提升企业核心竞争力与综合竞争力。最近国资委作的中央企业企业文化建设的课题，我说这个课题做得好，其中有一点就是好在把建设企业文化与着力提升企业综合竞争力融为一体了。这就改变了那种讲企业文化不讲企业核心竞争力，讲企业核心竞争力不讲企业文化力两种片面性、两种缺陷。

一切从企业实际出发，为什么要提出这个问题？因为企业文化设计脱离企业实际的状况实在不少见，而企业的性质、规模、行业、业态、历史、现状与发展目标都很不一样。企业文化设计规划，只能从企业的具体实际出发，这才是真正坚持科学的认识论与方法论。

二是两个融合、两个大家、两个积极性。两个融合，是企业文化与企业战略目标实施相融合，企业文化与企业经营管理相融合。两个融合也可以叫做两个融为一体，就是企业文化与企业战略实施融为一体，企业文化与企业经营管理融为一体。大家可以想一想，如果不是这样，企业文化脱离于企业战略目标的实现，企业文化与企业的实际经营管理相脱节，那将是一种什么样的状况？我看福建煤电公司提出企业文化建设要融入生产经营实践提得好！“广钢”提出战略支持型的企业文化，我是赞成的。

两个大家，是指在企业中要形成：大家建设企业文化，建设大家的企业文化。

事实证明，如果企业文化只是一、两个人的，或者只是少数人的企业文化，那是不能持久的，也不是我们所要建设的形成企业综合竞争力的有效管用的真正意义上的企业文化。

在企业文化建设中要重视发挥企业故事、企业格言的作用，也是因为这有利于大家建设企业文化，建设大家的企业文化。

之所以要强调企业文化手册不能变成若干精神理念口号的简单汇编，要有价值理念，还要有行为规范，就是因为价值理念必须为员工所认同、所确认、所信奉、所实践，精神理念要变成员工的行为习惯、行为方式和行为规范。好的企业文化设计应当是价值理念与行为规范的有机统一。从价值理念中就蕴含着应有什么样的行为方式、行为规范，而行为规范又以价值理念为指导，两者有内在的逻辑，是浑然一体的。

两个积极性是说，要有企业家、企业决策者、领导人的积极性，还要有广大员工的积极性。这两个积极性缺一不可。企业家是企业文化的第一倡导者、第一设计者、第一宣传者、第一实践者，企业文化深深地打着企业家的思想烙印，但也不能把企业文化简单地与企业家文化划等号，所以我强调个体企业家精神要变为企业团队精神。卓越的企业文化都必须有企业家与广大员工的两个积极性、两个自觉性。我们常常强调，突出企业家的积极性、自觉性，是对的。过去有记者问我：企业文化建设的先决条件是什么？我说就是企业家的自觉、文化自觉。因为企业家不想做这件事，是做不成的。但先决条件并非全部条件。一个企业的企业文化要做好，要体现在企业运作的各个方面，要表现在经营业绩上，就要有广大员工的参与与实践，就要有企业领导与广大员工的两个积极性、两个自觉性。

三是三性，即自有性、原创性、独特性。优秀的企业文化都有这三性。

四是四好，即好识、好记、好用、好传播。

在广东一家著名企业的座谈会上，我讲了好识、好记、好用，结果企业报上登：贾春峰教授说企业文化建设要“好吃、好记、好用”，好识是识别的识，而不是好吃，当然，把企业文化都吃到肚里，化为筋骨和血脉，使企业“强身健体”也好啊！

五是五个不能：

一不能玄虚化。包括不能故弄玄虚，不能书斋化，不能空洞化；

二不能繁琐化。要化繁为简，而不能化简为繁，要深入浅出，而不能浅入深出。我说过，把简单的问题复杂化，是愚蠢的设计；把复杂的问题简明扼要地表达出来，才是聪明的设计；

三不能雷同化。包括不能克隆，不能复制，不能照搬照套；

四不能模式化。企业文化建设，没有到处可以套用的固定模式，不能搞批量生产，不能把一种设计方案搬来搬去，到处套用。

五不能“双脚离地”，形成“新两张皮”。这里讲的“双脚离地”，是指企业文化只是作为口号挂在墙上、说在嘴上、写在纸上，不能变成员工的思维方式、行为方式，不能变成行为习惯，不能变成自觉行动，不能“落地生根”。过去常讲思想政治工作与经济工作“两张皮”，要改变这种状况。现在，有的企业搞企业文化建设与企业的经营管理和企业的实际运作各不相干，变成又一个两张皮，这叫“新两张皮”。这种状况我想是应当避免的。

六是与企业文化相关，对CI设计、企业形象建设的6点建议。

企业文化建设与CI设计、企业形象建设不能划等号，但又是不可分割地联系在一起的。在企业的实践中，常常将二者同步进行，这确实便于操作。

常常有人问：企业文化与企业形象是什么关系？这两个概念谁大谁小？谁包含谁？

我认为，它们是既有联系又有区别的概念，二者具有兼容性和交叉性，要看从什么意义上说。

就企业实践而言，在企业发展史上，企业文化理论产生在后，CI设计、企业形象塑造产生在前，要早20多年。并不是有了企业文化理论才有企业形象塑造。最早自觉执行企业形象识别计划的是1955年的IBM公司。

对于目前我国企业界的CI设计、形象建设,据我的观察,也还是存在不少问题,需要进行思考。

我的建议有以下6点:

第一,CI设计的中国特色、中国气派与民族风格问题,还远没有得到解决。

第二,关键在于要有独特的鲜明的文化底蕴。恰恰在这个问题上请外国人设计不一定设计得好,外来和尚不一定会念经。

比如国航的航标、企业标识。国外的设计师有意见,想另搞。这不对。国航航标是韩美林设计的。凤凰是神鸟,凤凰飞起,众鸟随从,给人们带来吉祥、幸运。外国人的设计往往不懂得东方文化的底蕴。

第三,CI设计是否一定就只能是三大块:理念识别系统(MI)、行为识别(BI)、视觉识别(VI)?我看不一定,不一定照搬这三大块,应该从企业实际出发,这方面所作出的新的探索,应予以鼓励。

第四,在CI设计中要反对5种倾向,这就是:反对繁琐化,反对脱离实际,反对罗列堆积,反对照搬照套,反对故弄玄虚。

第五,解决CI设计中国化问题,还要坚持5个原则,这就是:坚持国情化的原则,坚持民族化的原则,坚持个性化的原则,坚持多样化的原则,坚持好识别、好传播的原则。

第六,还要有5个结合,即与建立现代企业制度相结合,与管理创新相结合,与市场开拓相结合,与实现优质服务相结合,与企业可持续发展相结合。

(作者系原中宣部理论局副局长、正局级调研员,中国企业文化研究会副理事长、学术委员)

中国企业文化要有中国特色和中国风格

罗国杰

建设中国特色社会主义企业文化,这是一个非常光荣的任务。中国特色社会主义的企业文化还在探索、建设之中,我们中国企业文化研究会要为建立中国特色的社会主义企业文化,做出自己的努力,对中国和整个社会都是非常有意义的。

我想简单地提三点意见:首先,建设中国特色的社会主义企业文化,我认为,坚持马克思主义的指导,这是很重要的。中国特色的社会主义企业文化的研究应该与中国传统伦理道德的研究相结合,把有利于中国企业文化建设的传统美德发扬光大。中国特色的社会主义企业文化要有中国特色和中国风格,必须深入挖掘中国传统文化的有利资源,这是一个非常重要的课题。我们过去继承了许多可以借鉴的优秀文化传统,也批判了很多不合理的因素,要在马克思主义的指导下,去粗取精,筛选、总结出有利于当代中国企业文化建设的思想文化因素,把优秀的文化资源继承下来。其次,研究中国特色的社会主义企业文化,还必须把对西方企业文化的研究结合起来。解放以后很长一段时间,我们对西方的文化基本上是排斥的,西方所有的东西都不愿意借鉴。改革开放以后,我们对西方的文化采取开放的态度,注意吸取西方先进文化的有利成果。西方的文化有些确实比较先进,但是有些却不适合我国的国情,因此,我们不能盲目地照搬西方的企业文化,而应该在马克思主义观点的指导下,对西方的企业文化进行综合创新,并转化为适合我国国情的有利形式。最后,研究中国特色的社会主义企业文化,还应该紧密结合中国的现实,及时发现企业文化的重大问题。当前,我国的企业文化还存在很多的问题。例如,我们近年来吸收了西方企业文化中的自主品牌,但我们只是一个加工的机器,照搬外国的企业文化,国家资助的东西很少。因此,我们必须进行综合创新,不然就只是西方的一个代理商。我们在国内感觉不到这一问题的重要性,但只要和国际品牌进行比较,就会发现这不是一个简单的问题。我们必须对23年来的企业改革进行反思,没有创新等于就是外国品牌的加工厂,这是一个非常严重的问题。其他的问题也是很多的,例如我们常提的发展是硬道理,当前我们应该怎样理解发展,这是企业必须面对的一个迫切问题。不理解发展或者歪曲发展的含义,就会把党的方针政策变成有害国家、有害人民的东西。我们必须认真研究中西企业文化的理论,并应用到我们企业文化的实践中去,真正建设中国特色的社会主义企业文化。

(作者系中国人民大学原副校长、教授,中国企业文化研究会学术委员会委员)

中国的企业文化应该继承传统　中西合璧

沈恒泽

企业文化研究如何向纵深发展?这是个很有针对性的重大问题。实际上,也是企业文化如何进一步创新的问题。企业文化一方面要不断创新、不断发展;另一方面又必须为企业创新服务,为建设"创新型国家"服务。从这里,更使我们感到深化企业文化研究的重要性和必要性。

当前,怎样深化企业文化研究呢?

首先要有个目标和方向

要进一步明确:深化企业文化研究应当往哪儿深化?记得在我们企业文化研究会成立不久,大约是1991年,韩天石同志就向我们提出说:"我们所要建设的企业文化是有中国特色的社会主义企业文化”。韩老当时还写了这方面的文章。记得大中同志也写了这方面的文章。我看这就是我们深化企业文化研究，建设企业文化的方向和目标。

我们知道，文化的一个重要特点是它的民族性和差异性。不同国家、不同民族，其文化是不同的。所以，我们运用外国企业文化理论，必须与我们的民族文化融合到一起，使之扎根于中国的土壤之中，使之中国化。日本人企业文化的一条成功经验，就在于既学美国的科学管理又结合本国实际，走出了一条现代化与民族化相结合的道路，因此，日本企业文化有自己的特色和风格。

要系统地总结我们自己的实践经验

在二十来年的企业文化实践中，我们积累了很多宝贵经验，应当加以系统的总结和整理。弄清楚哪些是成功的，哪些是不完善或不可取的；哪些是各国企业文化所共有的，哪些是我国所特有的。既总结面上的经验，又总结典型的经验，点面结合，在这基础上从中提炼出有我国社会主义特色的东西，不断实践，不断积累，逐步完善。

要继续大胆地学习吸收外国的好经验

建议采用比较研究的方法，重点是通过中美之间、中日之间、美日之间的企业文化比较，从中找出共同的特点和不同的特点。从比较中学习，从比较中吸收、借鉴，从比较中不断实践，可以更加凸显出我们中国自己的鲜明特色、风格和气派。

要从我国民族文化宝库中吸取丰富的养分

中华民族的优秀文化源远流长，博大精深。它包括古代的、近代的、现代的优秀文化，其中包括“五四”以来革命和建设的优良文化传统。这是一个五千年积淀下来的巨大而丰富的文化资源，是我们中国人民得天独厚的优势，是世界各国各民族谁也比不了的。它就在我们身边，我们要下功夫开发这个文化宝库，吸取它的精华，为我们今天建设现代化企业管理和企业文化服务。多少年来，很多外国人（特别是日本人、美国人）非常重视研究中国的文化遗产，用之于企业管理等各个方面的实践，并取得了实效，这是很值得我们深思的。

不断深化企业文化研究，建设有中国特色的社会主义企业文化，并对此做出科学的理论答案，这是我们义不容辞的光荣责任，也是我们具体落实党中央和邓小平同志提出的建设有中国特色的社会主义的历史任务。我们应当为此而不懈努力，做出自己应有的贡献。

（作者系国家发改委经济体制管理研究所研究员，中国企业文化研究会学术委员会委员）

企业文化必须植根于我国企业实际才能有生命力

潘承烈

在改革开放不断深入，市场竞争日趋激烈和日益国际化的形势下，企业文化正越来越受到全社会尤其是广大企业界的关注和重视。

企业文化是在实现管理现代化进程中逐步被提上议事日程的。自 1982 年《公司文化》（Corporate Culture）一书面世并成为畅销书后，上世纪 80 年代，企业文化就成为国际上管理学界与企业界的热门话题。近十多年来，我国对企业文化的研究和报道也在广度和深度上不断发展。但要使企业文化在经济建设中发挥积极作用，真正体现以人为本的基本理念，我们必须在理论研究上在结合国情、民情下更大功夫，而不能止于坐而论道，还更需要使广大企业认识、接受并自觉主动地去创建和运用企业文化来推动企业的文化建设，以提高企业素质，促进企业发展。

企业文化只有深深扎根于广大企业实践的土壤中才能持续发展提高，也才能有生命力。

要创建中国特色的企业文化也必须从企业的实践中去总结、提炼，从中归纳出一些带有规律性的东西，藉以指导企业文化在更大范围的创建和应用。

企业文化是要在企业职工群众中营造一种氛围、一种风气，使大家形成共同的价值取向，道德风范、共同的信念和抱负，共同的语言，从而更好地团结群众，转化为对企业的向心力和凝聚力，以推动企业持续发展。这正像大家所熟知的：一个好的企业有其长期形成的好的厂风、店风；一个好的学校也有其好的校风。其实任何群体，如能形成一种好的风气，就能充分调动大家的积极性，大家同心协力，和谐相处，这样，有了困难就易于克服，有了问题也易于解决。从这儿可以看到企业文化、或叫厂风、店风等在实际生活中的重要作用。

只要企业文化能从企业的实际出发，又能有助于处理企业所关心的问题，那么企业文化对企业来说，就不是外界加于企业的外来之物，而是企业自身感到正是它本身所非常需要的，这样才能在企业中真正扎根。

20 多年来，随着国内国际形势的发展变化，党中央不断出台一系列的方针政策，引导我国全面建设小康社会，实现中华民族的伟大复兴。这些方针政策也正是引导全国广大企业沿着中央所指明的航向前进。因此这也正是企业最应关注的头号课题，也是企业文化应聚焦的核心趋向。

为此，企业文化建设应把国家的方针大计联系企业的有关经营活动作为建设企业文化的主要切入点。

以 2005 年为例，十六届五中全会提出，要把增强自主创新能力作为科学技术发展的战略基点。在 2006 年 1 月 9 日的全国科技大会上，胡锦涛同志更提出要建设创新型国家。

这一新的形势是十一五期间摆在所有企业面前的重大课题和关键任务，因为五中全会明确提出，自主创新要以企业为主体，以市场为导向。

自主创新，不同于直接模仿或引进人家已有的现成东西，而是要在自己的实践中去研发拥有自主知识产权的成果。创新从何而来？它不是天上掉下来的，也不是凭少数几个人的“灵感”就能出现的。企业的自主创新蕴藏于广大企业职工的聪明才智之中。企业要成为自主创新的主体，关键在于怎样在广大职工群众中激活大家创新的潜力，这就必须在企业内部形成一种人人勤于和善于思考，动脑筋、想办法，为不断改进工作提出建议和革新的风尚。这样从大家点点滴滴的小改小革中，通过筛选、提炼出具有新意的成果，逐步改进提高到有价值的创新成果。

要大力提倡大胆试验，就要鼓励敢冒风险的精神。创新实质上是对某些未知领域进行探索，这就不可能一帆风顺，不可能马到成功，而必然存在风险。因此对来之不易的成功，应大力鼓励与奖酬，这也是在群众中起到示范作用。

创新既有风险，也就可能失败，如何对待失败，是创新能否在企业内继续开展或被扼杀的关键所在。要是一遇到失败，或因试验而造成损失就求全责备，则只能造成“多一事不如少一事”，或“不求有功，但求无过”的气氛，让大家产生袖手旁观的消极态度。这种损失远比由于失败造成的损失要大得多。

为了正确对待创新，我们既要鼓励成功，更要宽容失败。只要确实是为了改进工作所做的试验，即使失败或造成某些损失也应给以鼓励和支持，并创造条件使之继续努力，以推动其一步步走向成功。

在把创新的想法付诸实施过程中，应对鼓励成功与宽容失败并重。企业营造这样一种有利于自主创新的氛围，就是具有现实意义的企业文化。

这就是企业文化既要面对中央所关注的大政方针，又要能扎根于企业的做法。

2005年，国务院发布了《关于鼓励支持和引导个体私营非公有制经济发展的若干意见》，简称“36条”。它为我国民营企业的加快发展提供了更为宽松的政策环境。同时这也反映了当前中央对发展民营企业的关注。

我国民营企业经过20多年的发展，在整个国民经济中发挥着越来越重要的作用，这自不待言。对民企自身来说，其创业者经过这些年的艰苦努力，能生存下来存活到今天的，都面临着交接班的问题，这也是很多民企十分关心的共性问题。老一代创业者发展到今天，这一摊事业究竟交给谁来继承，谁来接替？有不少知名的民营企业创业者都已由下一代担任总经理，而自己则任董事局主席，使下一代在上代的扶持关爱下走向自主经营。

自改革开放从无到有，从小到大发展起来的民企，在进入新世纪后都或迟或早要面临如何“传宗接代”的共同问题。

很多创业者都希望自己所创建的事业能代代相传，久盛不衰，因此在思路上沿袭着我国传统文化的子承父业，传子传孙的亲情上。然而俗话说“富不过三代”。据有关部门对民企的统计显示，我国当前民企的实际平均寿命只有2.9年，还不到3年，可见父子相传，并不能保证你的事业一定能后继有人，因为关键的要经营好一个企业的“企业家素质”是无法完全靠“传宗接代”能够实现得了的。

然而，我们也不乏百年老厂、百年老店，这么大的反差，说明什么问题呢？

现在人们已越来越意识到，要使企业经营历久不衰，绝不能停留在就事论事，就经营论经营上，经济必须扎根在文化的沃土中才能持久。因此对“传宗接代”要有一个正确认识，就不能局限于亲情相传，更重要、也是能更持久的“传宗接代”应该是文化的传承，是形成一套能代代相传的良好风气，这就是企业文化。

百年老厂、百年老店，事实上都已形成一套百年相传的厂风、店风。有了这种已较为定型的厂风、店风，那么即使领导人离去，或企业遇到什么外来变化，只要企业文化长在长青，企业就不会失掉它的核心竞争力。

当很多民企老总为传宗接代发愁的时候，把企业文化这一概念送上门去，应该说是适逢其时。加大企业文化的宣传力度，也正面临着新的机遇。

要是能深刻领会中央重大方针政策的精神实质，同时又结合企业所面临和关注的重大问题，就可以使企业文化成为上下沟通，促进文化力推进经济发展的有力杠杆。

（作者系中国企业管理协会、中国企业管理基金会副理事长、中国企业文化研究会学术委员会委员）

关于企业文化的哲学基础问题

司马云杰

这几年随企业文化研究会到企业走了走，增加了许多感性的知识，感到企业文化建设有很大的发展，这是令人很高兴的。但也感到基础理论建设有些问题，这些问题虽不是属于我们企业文化研究会的，但与整个企业文化建设有关，因此，我想就此讲几点意见。

第一是企业文化的人性论基础问题。这些年我们企业文化研究会提出“以人为本”，影响很大，成为了普遍接受与认同的理论。这是很大的成绩。但讲“以人为本”，也有一个以什么样的人性为本的问题。最近我逛一个小书店，忽然看到很多关于狼性的书，什么《狼性法则》《狼性密码》《狼性管理》《狼性教育》《狼性生存》等等，感觉好像一下子掉到狼窝里似的。我把这些书一下子都买来了，一翻才知道全是主张以狼性进行教育、管理和社会竞争的。最近有个电视剧叫《沙场点兵》，也大力提倡狼的精神，主张对部队进行狼性训练、狼性管理。把部队称为“虎狼之师”，以形容其刚健勇猛是可以的。但若把整个部队都培养训练成虎狼之性军队，那也就不能成为仁义之师了。企业也是这样。企业虽然有竞争，但既然以人为本，就应该从人出发，从人性出发，实行仁的法则，义的法则，而不应该以虎狼之心、虎狼之性、狼性法则处理人与人的关系，处理企业与企业的关系，以狼道代替人道，以虎狼之性代替人性。如果整个社会狼道横行，那将是个什么样子？岂不是野蛮复归，回到了洪荒的野蛮社会了吗？

这牵涉到怎样看待人性的本质，怎样看待社会历史的本质，可不可以把达尔文主义搬到人类社会？人虽有食色之性，但更有先天道德本性。《诗经》讲“天生烝民，有物有则。民之秉彝，好是懿德”；孟子讲“仁义礼智，非由外铄我也，我固有之也”，就是讲的这种道德本性。这里的“仁义礼智”，不是在观念上讲的，而是在先天道德本性上讲的。这种本性就是人的本质的规定性，是人与动物最根本、最少有的不同，也就是孟子讲的“人之所以异于禽兽者几希”的那种本质存在。人有了这种本性、本质，才能创造文化，才能发展道德精神世界，也才能成为人的存在。有一次我跟孟凡驰同志讨论企业文化建设的人性论根据时说，把一个孩子放到狼群里面，即过去报道的“狼孩”，他固然是不能成长为正常人；但是把狼崽放在人群里边，放到人类社会中，它无论如何也是不能成长为人的，因为它不具有人性的本质。

我们的工厂企业，包括整个社会历史，究竟建立在什么基础上？它的本质是什么？是自然史，还是文化史？如果是自然史，那就是生物史，物竞天择史，就是你压迫我、我压迫你，你吃掉我、我吃掉你的历史，就是相互压迫、征服、统治、斗争的历史，就像虎豹豺狼相互争斗、不断吃掉弱者那样。那是没有文明可讲的。然而人类史不同于生物史的地方，恰恰在于它有文化，有精神，有伦理，有道德，在于人类按照自己的灵明心性创造了文化，发展起了道德精神世界。惟此，人类史才成为了文明史、文化史、精神史，而不是生物史，才不是你吃掉我、我吃掉你，而是有了仁的精神、义的伦理，才相互关怀、相互爱护、相互融合、和谐一体，而不只是相互争斗。这才是人类史的本质。如果把人类史看成是自然史，或者把达尔文生物学上的生存斗争理论引进到人类社会，以社会达尔文主义指导人类社会生活，或以狼道、狼性法则进行企业竞争，那么，人类也就无法发展伦理道德精神，无法建立和谐社会了。这个问题看起来好像是小事，但我认为是个大问题，是个关乎企业文化建设的根本理论问题。我们讲“以人为本”，以什么样的人性为本？若是以狼之性为本，那岂不荒唐了吗？以狼性训练培养企业精神，让狼道横行，那岂能发展出刚健文明的企业精神？岂能建立和谐社会？

第二是企业精神建立的文化哲学基础问题。每个国家民族的文化都有可变的、不变的东西。比如风俗、习惯、礼仪、制度，这些都是可变的。有些东西是不变的、永恒的，如印度文化“梵”的精神，西方文化“逻各斯”或上帝的精神，中国文化“道”的精神，就是不变的、永恒的文化精神。企业文化建设，特别是企业伦理道德精神的建立与发展，是不能离开自己国家民族的文化精神的。西方把新教伦理发展成为了近代资本主义精神。我们没有基督教，也没有新教所提倡的伦理道德，自然不能把它发展成为中国企业文化的伦理道德精神。但我们有“道”的精神，有“道”的“刚中而应，大亨以正”的精神，有“道”的至诚不息精神，有仁的精神，义的精神等等。这些精神也是永恒的、不变的，因为它体现了一种永恒的天道法则，一种真实无妄之理。这种精神不仅支配了中华民族的几千年的信仰和信念，培育了他们的道德情操，同时也构成了一种历史内在目的论，影响了中国几千年社会历史的存在与发展。中国企业文化建设愈是立于自己文化的基础上，愈是贯通自己的文化精神，也就愈是有自己的特色，也就愈能持久。

为什么呢？因为，国家政策与策略的制定，企业文化的建设与发展，以及整个社会的管理与安排，无非是根据两个方面的情况：一是变动不居的，一是永恒不变的。物质世界，人类社会，大化流行，川流不息，无时不变，无时不移，属于一个变动不居世界。惟此，才要调查研究，才要通变趋时，才要进行改革与革命。在这方面，惟通变化裁者胜，惟与时俱进者胜。但不论自然界，还是人类社会，皆有不变的东西、永恒的东西。天道法则、人的道德本性、及以此创造的文化精神，几千年、上万年没变过，就是属于永恒不变的东西。政策呀，文化呀，管理呀，只有立于这个永恒不变的存在基础上，才“统之有宗，会之有元”，才翻不了天地，因而也才有稳定性，才能保持社会历史的常态。我们搞企业文化建设也必须考虑到这一点。

与此有关，第三，还有一个文化的性质问题。文化是有机的，还是无机的？是心理的，还是超越个体心理及个别时代的？关于这个问题，美国社会学家、文化人类学家曾于20世纪初引发过一次大辩论。我们知道，美国以博阿斯(F. Boas)为首的文化人类学家是一个很大的学派。博阿斯既是历史方法论的开创者，又主张探究文化存在的内部因子，研究其文化与心理的一致性。但是在博阿斯之后，他的学生分成了两派：一派以克鲁伯(Krober)、罗威(Lowie，又译“路威”)为首，另一派以维斯勒(Wissler)等人为首。前者属于纯正的文化历史学派，后者属于文化心理学派。两派关于文化问题争论、讨论、以至于发生一场大辩论，克鲁伯等人在美国人类学杂志上发表《十八条宣言》。其核心问题，就是承认文化的客观性，认为文化是超有机体，而不是有机体，不是心理性存在。这场争论、辩论，对理解文化的性质是非常重要的。我们知道，文化虽然是人创造的，虽然表现为人的主体性，极大地影响着人的心理与性格，并可以使人成为文化的载体，但就文化的性质而言，它一旦被创造出来，是不为尧存，不为桀亡，不为个别人、个别历史时代而存在的，是超越个体心理而存在的。惟此，文化才有客观性，才能超越个体心理、个别历史时代而存在；而它的精神，才能永恒地存在于社会历史上，发挥其价值与大用。正因为文化是超有机体，所以它在社会历史上的存在、价值与大用，德国哲学家胡塞尔不把它称之为"文化基因",而称之为"历史的内在目的论"。

最后我要说的是,这些年我们企业文化研究会把许多的文化理念推广到广大企业里面去,是有很大成绩的。"以人为本"、"以文化人"等等已为广大企业所接受,成为了他们的理念,提升为了企业精神。我们应该把更多的文化精神与理念推广下去。比如说"仁"的精神、"义"的精神、至诚不息的精神等等,我们皆可给予新的解释,推广下去。精神的存在,不是看不见、摸不着的东西。有些东西可以模式化,有些东西是模式化不了的。精神就是这样。它只有变为制度性的存在,才能成为模式。但一成为模式,也容易僵化。

(作者系中国社会科学研究院研究员、中国企业文化研究会学术委员会委员)

中国组织文化测量维度的探索性研究

张 德

组织文化(organizational culture)是一种组织特质,Schien(1992)指出,如果人们在解决组织内外部问题的过程中共享许多重要的经验,则可以认为,长期以来,这类共同经验已经使人们对组织内外部环境以及在此环境下自身的定位有着共同的看法,从而形成组织文化。大量实证研究表明,组织文化与组织成长以及组织绩效密切相关(Calori & Sarnin, 1991; Kotter & Heskett, 1992; Denison & Mishra, 1995)。组织文化理论已经成为人们分析一个组织成功与否的最重要的理论杠杆之一。

自上世纪 90 年代起,组织文化的研究在国内逐渐兴起,并很快形成一种热潮,其原因有二:一是组织文化对组织绩效的影响已经得到了人们普遍的重视,国内很多优秀企业都开始寻求适合自身特点的企业文化管理模式;二是经济转型时期人们价值观的转变直接带来组织文化的变革,传统的组织文化已不能完全适应组织(尤其是企业)生存与发展的需要,从而引发对组织文化创新的需求。因此,了解我国组织文化的内在结构并研究其测量维度,对国内组织文化建设将有重要的推动作用。本文对我国组织文化结构进行了一项探索性实证研究,并初步构建了我国组织文化的测量维度。

文献回顾

国外对组织文化测量的研究中,组织文化一般界定为"组织中人们共享的价值观与行为方式"(Koberg & Chusmir,1987),或更详细的如 Barley(1986)的定义:"组织文化指组织的内在结构,它根植于组织成员的价值观、信仰与设想,它通过同一工作环境下不同群体的社会化过程来形成与实现"。从定义中看到,从测量的角度看,组织文化包括为价值观和行为方式两部分。需要指出的是,人们普遍认同的组织文化的第三个层次——器物层,现有的研究更多采用的是质化(Qualitative)研究方法,所以,目前已有的组织文化量表,可以分为两类:组织价值观量表或者组织行为模式量表。

组织价值观量表主要测量组织成员的价值取向以及在此基础上形成的组织文化特性。在这类量表中,组织成员的价值偏好与组织文化特性采用相同的测量维度,因此,组织价值观量表既能够测量人们对组织文化现状的看法,又能测量人们心中理想的文化状况。从而使这些量表能够有效的应用在组织契合度方面的研究中(例如 O'Reilly & Chatman,1991)。典型的组织价值观量表包括 OCP 量表(Organizational Culture Profile)、OCQ 量表(Organizational Culture Questionnaire)、OCI 量表(Organizational Culture Index)、OCAI 量表(Organizational Culture Assessment Instrument)等。组织行为模式量表主要测量组织成员共同的思考问题、解决问题的方式。与价值观量表相比,这类量表有两个优点:一是条目更为直观,也更容易理解,便于指导组织文化的改进与变革;二是便于进行不同组织之间的比较研究,正如 Hofstede(1990)指出,在相同的国家文化背景下,不同组织之间的价值观差异并不显著,而行为模式却可以呈现出显著得差异。典型的组织行为模式量表包括 CGS 量表(Culture Gap Survey)、Organizational Culture Inventory 量表等。此外,还有一些具有影响力的量表,既有价值观方面的条目,也有行为方式的条目,如 VSM94 量表(Values Survey Module 1994)。

对于组织文化的测量,由于研究目的和研究方法上的差异,形成了多元化的研究成果,其测量维度也各不相同。Hofstede(1990)在荷兰、丹麦 20 家不同组织的研究中,得到结果导向、任务导向、专业化、开放性、控制、效率等六个组织文化维度。O'Reilly 等人(1991)对 54 条价值观陈述采用 Q-Sort 分类法得到七个维度,包括创新、结果导向、尊重个人、团队导向、稳定性、进取性、注重细节等。Quinn(1991)提出竞争价值观框架(Competing Values Framework),认为两个主要的成对维度:灵活性—稳定性和关注内部—关注外部是影响组织有效性的关键因素。在此基础上,Quinn 和 Cameron(1998)把组织文化分成宗族型(clan)、活力型(adhocracy)、层次型(hierarchy)和市场型(market)四大类。Denison(1995)也是从研究影响组织有效性的因素入手,提出了与 Quinn 相似的观点,只是他在两大因素的基础上进一步得到组织文化的四个维度,分别为组织适应性、目标导向、员工参与和组织一致性。

Chatman(1994)指出,只有证明存在一个具有普适性的组织文化测量维度模型,才能进行组织之间或行业之间的文化比较。遗憾的是,直到如今尚并没有一个得到普遍认同的组织文化维度结构,因此各种量表的普适性一直受到争议。更为重要的是,以上研究都是在西方文化背景下进行的,难以判断其结论能否适用于我国的情景。Chow(2001)利用 OCP 量表对我国台湾地区一家大型制造企业进行抽样研究，因子分析结果显示 OCP 量表的七个维度能够解释 69% 的差异。由于该研究中企业样本量存在局限，所以需要更多的实证研究结论来做出判断。

Yang(2001)指出我国的道德理性与西方的技术理性之间存在巨大的差异，并从人性假设、利益观念、沟通方式等八个方面进行了具体分析。而 Hofstede(1990)又指出国家文化的差异是影响组织文化差异的最重要因素之一。因此，可以肯定，我国组织文化的测量维度与西方文化背景下的测量维度将会有很大的差异。郑伯壎(1990)以台湾地区企业为取样构建了 VOCS 量表，共分九个维度：科学求真、顾客取向、卓越创新、甘苦与共、团队精神、正直诚信、表现绩效、社会责任和敦亲睦邻，从中可以看到明显的东方儒家文化特征。大陆地区的组织文化测量研究则尚待深入，Xin 等人(1999)曾采用质化研究方法对我国国有企业的企业文化维度进行了初步的探索，从内部整合与外部适应两方面提出了十个维度，这一结论尚有待实证研究的支持。

研究方法

组织文化测量维度的构建方法可以归为两类：演绎法和归纳法。所谓演绎法，是指其测量维度建立在某个已有的组织文化理论框架之下。如郑伯壎(1990)构建的 VOCS 量表是在 Schien 的组织文化的五大本质这一理论基础之上设计的，而 OCAI 量表本身就可以看作是 Quinn(1991)提出的竞争价值观框架。通过演绎法得到的结论会因为不同的理论来源而出现较大的差异。归纳法则是指通过大样本的深度访谈来获得组织文化的测量维度，其研究过程本身就是在建立某种理论框架。无论采用哪种构建方法，最终都需要得到实证数据的支持。

为了不拘泥于西方已有的组织文化理论框架，本次探索性研究采用归纳法来建立组织文化的测量维度，并在全国七个城市取样来进行实证分析。因此，本次研究包括两个阶段：开放式调查研究阶段(研究 1)和探索性因子分析阶段(研究 2)。

研究 1：开放式调查研究

开放式调查研究阶段主要了解我国不同组织中的文化现状。本阶段研究包括访谈、开放式问卷调查和案例研究三部分。

1. 取样和数据：

首先对 11 家大型组织机构的中高层管理人员进行访谈，其中高层管理人员 15 名，其中 6 名为 CEO，6 名为负责组织文化建设的高层管理人员(包括党委书记)，3 名为其他高层管理人员。中层管理人员 25 名。11 家组织结构包括 2 家电信企业、2 家制药企业、3 家能源企业、2 家化工企业、1 家公交企业、1 家政府机构和 1 所高校。访谈提纲主要围绕以下问题进行：您所在的组织的战略与目标是什么？从组织文化的角度看，您所在的组织有什么特点？您是如何建设员工队伍的？

其次对 100 名不同组织机构中的在职人员进行现场开放式问卷调查，用以调查所在组织的文化状况以及人们对理想的组织文化的设想，回收有效问卷 76 份，回收率 76%。76 份有效样本来自 47 个不同的组织机构，包括 29 家企业、10 个政府机构和 8 个其他的组织机构。访谈提纲主要围绕以下问题进行：①请介绍您所在组织的组织文化特点；②您所在的组织中，您认为理想的组织文化应该是什么？

最后，整理《中外企业文化》与《企业文化》两份学术期刊 2001 年第 1 期到 2003 年第 3 期中所有的涉及到组织文化的案例，共收集有效案例 54 份。包括 45 家企业，4 家政府机构，2 所高校和 3 家研究所。

2. 研究设计

根据质化研究中的扎根理论，对以上的取样结果进行了如下三阶段的研究。

第一阶段：提取一级编码，即开放式登录阶段。具体方法是，成立一个包括 5 名成员的研究小组，抽取以上文本资料中所有属于组织文化内涵的语句(词)。标准是如果有 3 人或 3 人以上同意则选取，否则不入选；这一阶段共抽取 1049 条语句(包括相同的语句)。

第二阶段：进行二级编码，即关联式登录阶段。具体方法是，5 名研究成员各自独立的对这 1049 条语句进行关键词提取，用一个关键词提炼出每一条语句所代表的组织文化内涵，然后进行讨论，最终确定每条语句的关键词(标准同 1)，进行编码。这一阶段得到 269 个关键词。

第三阶段：进行三级编码，即核心式登录阶段。具体方法是，5 名研究成员，各自独立地从这些关键词中抽取维度，然后对维度划分的差异进行讨论。确定"组织文化"这一构念的初步维度结构。

3. 结果

在开放式调查研究阶段，共抽取出 12 个用以描述我国组织文化结构的维度，分别为长期导向、客户导向、员工导向、革新导向、诚信导向、结果导向、学习进取导向、团队导向、竞争导向、制度化导向、开放性导向和关系导向。

笔者对各个维度进行了如下定义："长期导向"指组织关心战略问题，重视可持续发展，注重长远利益的同时兼顾短期利益；"组织学习导向"指组织中人们持续学习的理念和行为，并能够学以致用；"革新导向"指组织善于变革，创新，冒险，鼓励参与，奖励创新，宽容失败；"客户导向"指尊重客户，关注客户需求，提供最佳服务，赢得客户满意；"结果导向"指在组织中，业绩第一，过程第二，强调结果，兼顾过程；"诚信导向"指组织及其成员在商业行为中讲求诚实，正直，守信；"员工导向"指关注员工需求，公平对待员工，支持员工成长，提供合适舞台；"竞争进取导向"指组织中鼓励竞争行为，优胜劣汰，能够在竞争中出活力，在压力中出人才；"团队导向"指在组织中，团队价值高于个人价值，鼓励利他、合作、忍让、互补行为；"制度化导向"指组织中制度健全，强调制度、规范、标准与秩序，靠制度进行控制。"开放性导向"指组织中沟通的开放性，鼓励组织公民行为(citizenship)，为所有成员提供参与机会，开诚布公，集思广益；“关系导向”指组织中重视关系秩序，在和谐中出效率，强调密切的人际关系，鼓励合作，重视人情。

研究2：探索性因子分析研究

在以上12个测量维度的基础上，我们设计了《中国组织文化量表》。量表共有110个测量条目，所有测量条目都来源于访谈、问卷和案例的原始素材，其中部分测量条目经过研究人员的加工。量表采用5点Likert值形式，选择范围从1(很不同意)到5(非常同意)。

1. 取样和数据

2003年10—11月，我们在上海、西安、南京、哈尔滨、成都、武汉、昆明7个城市进行了取样。调查对象是在各名牌大学商(管理)学院就读的高级经理班成员和部分MBA学生。本次调查共发放问卷500份，回收有效样本353份，回收率70.6%。样本来自全国190家企业(其中17家上市公司)，47家政府机构以及15家其他组织。

2. 条目的筛选

为了保证各个维度测量条目的内部一致性，我们对测量条目进行了筛选。漆书清等人(1998)指出，如果一个测验测量的是单一的特质，那么测验的各个条目之间，都应该有很高的相关。但反过来，如果测验的各个条目之间高度相关，并不能说明其测量的是单一特质。因此，本研究中条目的筛选通过两个途径来进行：先计算alpha系数以及各个维度中条目—维度相关系数(Item-to-Total correlations)，去除各维度中条目—维度相关系数最低的条目，如此逐条进行计算，直至各个维度的测量条目都满足内部一致性要求。其次，通过主成分分析(Principal Component Analysis)，采用正交旋转来分析每个维度中的因子结构。结果显示，其中“开放性导向”、“革新导向”、“关系导向”三个维度各自出现2个因子，其余都为单因子结构，表明有三个维度的测量条目没有呈现单一特质。经过分析发现，“开放性导向”和“关系导向”两维度都是由于存在负向条目(Reversalitem)而产生次因子，因此我们去除了这些负向条目；“革新导向”维度中价值观条目和行为方式条目各形成了一个因子，我们认为这反映了国内组织革新行为的现状，因此只保留了行为方式条目；其余各个维度，只保留了负载率在0.5以上的条目。经过以上两个步骤，我们共去除44个条目，保留了66(110—44)个有效条目来进行“组织文化”这一构念的探索性因子分析。

3. 因子分析结果

我们通过主成分分析法进行因子分析，利用SPSS软件对样本(N=353)进行正交旋转，选取大于1的特征根值，结果显示得到13个因子，能够解释60%的总体差异。对于各个因子，选取负载率在0.4以上的条目来进行定义。

从结果中可以发现，在因子1中，“员工导向”和“学习进取导向”被整合在同一个因子。“员工导向”主要指关注员工需求，支持员工成长，而“学习进取导向”是指组织鼓励学习和进取的行为，两者具有一定的相关性。因子分析结果表明该维度主要反映组织中员工学习、成长的观念、环境和制度，因此，我们把该维度重新命名为“员工成长导向”。

“诚信导向”分解成为两个不同的因子(因子9和因子10)，因子9主要为社会信誉的内容，因子10为遵守行业规范的内容，两者属于“诚信”范畴下不同的方面。由于因子10只有一个负载率大于0.4的条目，所以去除该条目。“开放性导向”也分解成为两个不同因子(因子8和因子13)。因子8主要为组织沟通中的开放性以及人们对信息共享的态度，因子13为沟通渠道的建设，两者不属于同一个范畴，且因子13亦只有一个负载率大于0.4的条目，所以去除该条目。此外，“关系导向”维度中只有2个负载率大于0.4的条目。其余的7个维度的条目设计与因子分析结果呈现出较好的吻合。

经过探索性因子分析，我们初步认为，在我国文化背景下，“组织文化”可以由十一个测量维度来进行描述，分别为长期导向、客户导向、员工成长导向、革新导向、诚信导向、结果导向、团队导向、竞争进取导向、制度化导向、开放性导向和关系导向。

结果讨论

Dellobe(2001)在综合分析西方现有的组织文化量表后，曾提出组织文化测量中的四个关键核心维度，包括“员工导向”、“创新”、“控制”和“结果/业绩导向”。根据Dellobe的界定，“员工导向”反映组织对其成员的尊重、关心以及组织成员相互支持、合作的价值取向。在本研究中，“员工成长导向”、“团队导向”和“关系导向”即反映这方面的内容，并且在内涵上有所拓展，加入了个人学习成长、人际关系的内容，充分体现了我国各类组织的用人待人的特点。Denison(1995)的研究中提出了“员工参与”的维度，该维度由授权、团队导向和能力拓展三个子维度构成，这与我们的研究结果比较接近。O'Reilly等人(1991)的研究也有“尊重人”和“团队导向”两个维度，郑伯壎(1990)的研究中有“团队精神”和“敦亲睦邻”、“甘苦与共”三个维度，但并没有员工成长、能力开发方面的维度。因此，我们认为，在中国文化背景下，“员工导向”应该包括尊重关心、支持合作、个人成长三方面的内容。其次，“创新”是指人们对变革持有一种开放的心态，乐于尝试，敢于冒险。创新的重要性已经为世人所认同，所以绝大多数组织文化量表都有这个维度。在本研究中是“革新性”维度。再次，“控制”是指工作规范化的程度、制度的完备以及组织中层级的重要性。例如在竞争价值观模型(Quinn & Cameron，1998)中，层级型文化即指“非常正式、有层次的工作环境，人们做事有章可循。领导以协调者和组织者的形象出现。组织靠正式的规则和政策凝聚员工”。Hofstede(1990)的研究也有“控制松散—控制严格”的维度，在本研究中“制度化导向”与之相近。最后，“结果/业绩导向”则是指工作结果在组织内部评价中所起作用的重要性。O'Reilly等人(1991)和Hofstede(1990)的研究都有这一维度，本研究中，“结果导向”、“竞争导向”和“客户导向”都可以视为这一范畴。

在以上四个核心维度的范畴外，本研究还得到“长期导向”、“诚信导向”和“开放性导向”三个维度。“长期导向”反映了组织在长期利益与短期利益之间权衡取向。Hofstede在其国家文化差异研究中，提出“长期导向”是东方文化特有的维度，并将其解释为东亚经济高速发展的一个重要原因(Hofstede & Bond,1988)。“诚信导向”也是有着我国传统儒家文化的特点。它既包括个体层“正直诚信”的品德(郑伯壎,1990)，也包括组织层商业道德，社会责任的内涵。目前，诚信问题在国内商业活动中日益受到重视，因此“诚信导向”被人们作为评价组织文化的一个重要维度，当有着其深刻的现实背景。“开放性导向”的提出反映了国内组织的内部沟通存在显著的特点，也说明组织内部沟通的开放性问题正逐渐得到人们的重视。

进一步研究的建议

本次探索性研究初步得到11个测量维度：长期导向、客户导向、员工成长导向、革新导向、诚信导向、结果导向、团队导向、竞争进取导向、制度化导向、开放性导向和关系导向。由于本研究为一项探索性研究，仅经过一次取样，所以这一维度结构并不稳定，且个别维度的条目不满足内部一致性要求(例如“关系导向”维度的 α 系数仅为0.44)，尚待后续研究的进一步检验。为了弥补取样次数的不足，笔者曾试图把现有样本随机分成两部分，各自进行独立的因子分析，但分半后由于样本量太小($N=176$)而无法产生稳定的维度结构。

今后的研究首先需要解决测量维度的稳定性的问题，理想的做法是再次取样后对量表进行复测检验。其次，一个有效的量表应该能够区分出不同组织之间的文化差异，因此，在通过验证性因子分析之后，还需要进一步检验量表对不同组织的区分度，最终开发出适合我国背景的组织文化测量维度和量表。

（作者系清华大学教授，中国企业文化研究会学术委员会委员）

发挥先进文化作用
推进企业文化建设

周叔莲

我们通常说：文化属于上层建筑领域，是经济基础的反映，又反作用于经济基础。这种说法是正确的，但可能还没有充分说明文化的作用。就先进文化对于经济的作用来说，文化至少有着三种作用：一是指引方向的作用；二是增强动力的作用；三是保证发展的作用。改革开放以来，我们社会经济的迅速发展，就说明了作为思想理念，作为意识形态文化的巨大作用，过去搞计划经济，现在搞市场经济，改革以来的事实说明只有搞市场经济才能使社会主义有旺盛的生命力，可以持续发展。而从社会化计划经济转变为社会化市场经济，首先要有思想的转变，例如要破除社会化只能搞计划经济不能搞市场经济的观念，要破除社会化只能搞公有制，要破除社会化和私有经济相对立的观点等等。不首先破除这些片面的、错误的思想观点，解放思想、实事求是，就搞不成社会化市场经济，不可能使经济持续快速发展。可见先进文化在发展社会主义市场经济中起了巨大的作用。当然，社会主义市场经济也有矛盾，要正确处理这些矛盾，而这些说明思想观念要与时俱进，说明文化建设的重要性。

我们需要研究的问题是企业为何运用文化力推动经济力。现在，每每口头上重视文化建设的并不少，但真正搞好企业文化，从而使用文化力推动经济力的并不多。一些成功企业推进企业文化建设，有几点共同的经验：一是真正重视企业文化，下功夫建设先进的企业文化。他们没有把企业文化建设看得简单看容易了。有的企业把企业文化建设看得过于容易。例如，认为提几句口号，开几次会，搞点文娱活动，就能建设好企业文化。这就把事情看得过于简单了。企业文化包括企业宗旨、企业的价值观、道德观，要统一员工的思想认识，形成企业全体员工认同和遵守的价值观念和行为规范，是很不容易的事情。因此，一个好的企业文化，是长期积累的结果。企业文化在企业中是无所不在的、深层次的东西，有稳定性。只有长期积累，才会形成自己的企业文化。一个好的企业文化不是所有企业都能有的，它是在建设企业文化上长期努力的结果。二是紧紧围绕企业发展抓企业文化。不能离开企业发展搞企业文化建设。报刊上、影视上作为企业文化榜样宣传的国内外企业，大都是发展较快的企业。企业发展停滞了，也就不会有人宣传它的企业文化了。因此，要把建设企业文化和加快企业发展有机结合起来。把建设企业文化和深化企业改革、加强企业管理有机结合起来。三是把建设企业文化和加快企业技术进步紧密结合起来。企业管理和技术进步是企业发展的两个轮子。企业文化就是这两个轮子正常快速转动的保证。四是把企业文化建设和深化改革结合起来。五是充分发挥企业家在企业文化建设中的作用。为什么有的企业文化建设工作搞得好，有的搞得不好？这同企业家的作用有密切关系。企业发展史说明，著名的起显著作用的企业文化，都是同某个著名的企业家的作用分不开的。国外如此，国内也如此。企业家的特点是善于创新，建设一个好的企业文化是必须有创新精神和创新能力的。由于企业家重视企业文化，下功夫创新的建设，日积月累，才会形成一种好的企业文化。当前面临的一项重要任务是：努力创造条件，充分发挥企业家的作用，促进企业文化建设。

（作者系中国社会科学院研究员、中国企业文化研究会学术委员）

培育学习型组织文化

马仲良

我认为企业文化建设主要包括四个方面的内容。

第一，确立先进的经营理念。

第二，培育有特色的企业精神。

第三，塑造良好的企业形象。

第四，创建学习型组织。

先进的经营理念主要指企业自觉地把追求企业自身的经济效益与追求社会效益统一起来，即所谓“义利并举”。企业文化建设的首要任务就是克服市场经济的自发性导致的只注重企业自身经济效益，忽视甚至损害社会效益的不正确的经营理念。

企业精神是一个企业在其发展过程中逐步形成、在其领导人自觉倡导下培育起来的、反映企业个性特征的企业群体意识。企业精神一旦形成，就会成为凝聚和鼓舞企业员工共同奋斗的价值观精神支柱。企业精神可以与企业制度相互补充，形成企业刚柔相济的管理系统。企业精神是转化为企业群体意识的企业经营理念。

企业形象是企业文化在企业员工和社会大众心目中的体现。企业形象分为理念识别系统、行为识别系统和视觉识别系统。企业文化建设不但要苦练企业文化的“内功”，确立先进的经营理念、培育有特色的企业精神，而且要苦练企业文化的“外功”，即塑造良好的企业形象。CIS就是企业形象的操作模式。

企业文化还有一个重要的内容就是创建学习型组织。学习型组织是把员工个人学习和组织学习作为管理的关键措施的组织。1990年美国管理大师彼得·圣吉发表《第五项修炼》，系统论述了创建学习型组织的重要性及创建学习型组织的方法。目前对创建学习型组织与企业文化建设的关系有不同的看法。一种观点认为学习型组织是管理学发展的又一个新的阶段。另一种观点认为学习型组织是企业文化建设的一个内容。我认为两种观点从不同角度看都有道理。从企业文化建设的角度看，创建学习型组织的确是企业文化建设的一个重要内容。通过学习，确立学习型企业文化，可以使企业文化不断创新，使企业始终充满活力。

知识经济和信息技术的飞速发展使得企业的外在环境不断变化，企业必须通过学习，不断实现自我超越，以适应环境变化。因此学习型组织也可以叫变革性组织或创新型组织。彼得·圣吉就说，学习与变革是一个问题的两个方面，一个是手心，一个是手背。变革就是创新，他的《变革之舞》就是讲如何通过创建学习型组织实现组织的变革与创新。我国“十一五”规划提出要建立创新型国家，要提高企业的自主创新能力。北京提出要建立创新型城市，实现这个目标，需要提倡创建学习型组织。

创新与变革是学习型组织的本质或真谛。彼得·圣吉讲要把企业看作一个生态系统，不要把企业看作一个机械系统。要把学习与工作、生活结合起来，实现工作学习化、学习生活化、工作生活化，实现快乐地工作、快乐地学习、快乐地生活。因此，学习型组织讲的学习，不仅仅是读书、上课、增长知识、扩大信息等等，而是一种修炼，是一种触及灵魂的学习，是一种生活观、价值观、世界观的学习。这种学习不仅仅是个人的学习，而是基于个人学习基础之上的是团体学习，是团体成员之间的心灵沟通。通过这种沟通，形成共同愿景，形成彼此配合默契的合作，这正是一个企业持续发展的基本能力。因此学习型组织的本质或真谛是使人活出生命的意义。一方面是使每一个人活出生命的意义，另一方面是使每一个组织像一个生命体一样活出生命的意义。彼得·圣吉举例说，美国参加NBA篮球赛的一个球队，打了13场比赛，得了11个冠军，他的主要经验就是通过平日的沟通使队员之间形成了默契的合作关系。一上球场，教练不用说话，队长不用说话，队员之间一个眼神、一个手势都明白，配合得非常默契，这样的球队才有竞争性，战斗性，这就是学习型组织。学习型组织能适应21世纪知识经济、信息经济和经济全球化发展的要求。

创建学习型组织可以从培育学习型企业文化入手。近一年来我担任首钢的建设学习型组织顾问。首钢从培育学习型企业文化入手建设学习型组织。这样做，可以把以往的企业文化建设工作与创建学习型组织有机地结合起来。首钢开展创建学习型企业的工作使企业各方面都发生了很大变化。一开始有些干部和员工不太认同学习型组织，认为要快乐的生活、快乐的学习、快乐的工作，在首钢很难做到。通过一年多的学习与实践，现在首钢的许多班组已经把工作与学习紧密地结合了起来，而且把工作当作一种生活，而不是当作工具，真的体会到炼钢的快乐，因为他在炼钢中不断创新，体会到个人价值的实现。原来就是干活、挣钱，领导派活，被动地干活，很苦恼。现在不是了，他成为一个创新的主体。通过学习，不断研究怎么提高效益，下了班还在研究，“五一”节放假7天，炼钢工人在家呆不住，互相打电话，说咱们的工艺要改进，咱们的管理要改进，咱们到高炉车间去研究研究吧，不休假了，迷恋到这种程度。对于一个面临大搬迁的企业，员工的自主创新精神是非常重要的。

中国企业文化研究会要成为全国企业文化建设理论创新的先锋。张大中等同志提出建设中国特色的社会主义企业文化，提出以人为本、以文化人、文化自觉、文化沟通，这些观点的提出都反映了我们研究会在理论创新中走在了全国的前面。21世纪初，在落实科学发展观的过程中，要建立创新型国家。我们可以通过培育学习型企业文化，促进创新型国家建设，也使中国特色企业文化建设发展到一个新的阶段。

（作者系北京市社科联原副书记、研究员，中国企业文化研究会学术委员会委员）

企业文化基因及其再造

王成荣

企业是一个生命体

什么是企业？传统的经济学一直把它定义为“经济组织”，认为企业只是一个向社会提供产品和服务的经济实体，是以收抵支生产利润的机器。笔者以为，企业是一个生命体，目的是生产快乐、创造幸福。因为，企业是由人组成的集合体，人是有思想、有感情、有愿景的，因此，企业也是有生命，有思想、有感情、有愿景的。当我们把企业视做生命体时，只重视物质财富的积累就不够了。一家企业要想谋求长期稳定的发展，要想有较长的寿命，它必须注重精神文化财富的积累。这种财富的积累，如果滞后于物质财富的积累，这家企业肯定出毛病，肯定会走下坡路。两种财富的创造与积累相互适应、相互推动，企业的生命力才更旺盛。

文化基因决定企业的生命周期

正像其他生命体有其自身的基因一样，企业作为一个生命体也有自身的基因，这个基因就是企业文化。不同的企业具有不同的基因，而基因的不同，从一定意义上决定着企业不同的规模、不同的效率，决定着企业的生存状态，决定着企业不同的生命周期。成功的企业尽管有不同的经验，但在文化基因上一定能找到共同点；反之，失败的企业原因虽然各有不同，但把千千万万家企业案例放在一起研究的话，也能找到基因缺陷的共同规律。比如，美国 LAND 公司曾经做过一个调查：每倒闭 1000 家企业，可能有 800 家企业是决策失误造成的，而在这 800 家企业中又有 650 家是多元化所致。这说明经营理念出了问题，实际上这就是规律性。阿里·德赫斯有一本非常重要的书《长寿公司》，书中说跨国公司的平均寿命只有 40 年到 50 年，而 40% 的新公司寿命只有 12.5 年。进入世界 500 强的公司经济实力确实是非常强的，但是不是长寿企业？不一定。因为 10 年前的 500 强，已有 1/3 销声匿迹了。为什么呢？它只是大，但不一定是长寿的，因为它的基因不一定是非常好的。比如，美国连续出现的大公司舞弊事件，证明其基因是有问题的。美国《金融》杂志和英国 Inter brand Group 每年分别评选出的世界 50 个驰名商标，往往比较稳定，为什么？因为这些驰名商标有很多好的共同的基因，非常重视文化的积累。因此，它们的无形资产价值一般超过有形资产价值。同仁堂有 330 多年的历史，全聚德有 140 多年的历史，这些成功企业的背后是有优秀基因的。

《长寿公司》这本书总结出成功企业的四条原则：第一是对环境非常敏感，与时俱进，关注变化。适应市场，适应外界的需求；第二是员工对企业有较强的认同感，即文化上的同一性；第三是公司的宽容性很强；第四是财政比较保守，有审慎的财政政策，敢冒风险，但比较谨慎。这可能就是长寿公司的一部分共同基因。

企业文化基因与纯粹遗传学意义上的基因有所不同，不同点就在于，这种基因不是不可变的。这种基因改造起来比遗传学意义上的基因相对容易一些。因为，决定这些基因的企业自身的内外环境因素多数是可控、可变的，所以，企业文化基因也是可变的，可以改造的。不过，既然是基因，就不太容易改变，不像换个机器部件革新一个生产流程，修改一项制度那样容易，这也证明了企业文化建设作为一种基因工程，具有艰巨性、长期性和复杂性。

企业文化基因组的不同特征

若按所有权归属不同，可划分为国有企业文化基因组、民营企业文化基因组和股份制企业文化基因组等。不同的基因组是有很大差异的，因为它们诞生的时代、所处的环境、管理体制、人员素质等方面都不同，因此它们的基因是不同的。比如，国有企业的基因组有很多优势，有长期形成的全局意识、民族意识、法治意识、社会责任感、爱国精神、艰苦奋斗精神、创业精神、奉献精神、永争一流的精神等。但也有基因缺陷，比如说等级思想、依赖思想、求稳意识、平均主义、保守思想、信用缺失等。民营企业和股份制企业有它们的基因优势，如强烈的市场意识、盈利意识、竞争精神和创新精神等，但也不能忽视它们的文化短视症，如过分追求利润最大化等，尤其是民营企业还有小富即安的意识，家族主义或泛家族主义的小家文化等。若按产业，可划分为传统产业文化基因组和新型产业文化基因组等。如以 IT 行业为主的中关村文化所具有的文化基因与传统的煤矿、钢铁、石油企业可能具有很大的差异。若按地域，可划分海派文化、京派文化、晋商文化、徽商文化，等等。不同的地域文化，其基因有很大不同。除此以外，还可以按历史、规模等划分出不同的企业文化基因组。理论工作者的任务，就是要找出不同基因组的优势和劣势（或基因缺陷），然后想办法进行新的基因组合和基因再造，这个任务是很艰巨的。

企业文化基因再造的方向

企业文化基因再造是很复杂的，从宏观上讲有两个维度必须考虑到：一是市场经济伦理的维度；二是人本文化的维度。这两个维度缺一不可，并且要处理好两者之间的关系。力争找到契合点。适应市场经济要求，特别是面对经济全球化和知识经济的挑战，企业必须重视培育创新与变革、竞争与合作、学习与超越、虚拟与借力、守信与增誉等文化基因；适应人的主体意识不断觉醒，顺应人本化管理的世界潮流，企业必须以人为本的价值观，尊重每个人的自我价值，满足人的全面发展的需要。在此基础上，大力倡导能本文化，培育协作精神和团队意识等。

（作者系北京财贸管理干部学院商业研究中心主任、教授，中国企业文化研究会副理事长，学术委员会委员）

企业文化发展的最新动向

刘光明

笔者最近参加了在悉尼和芝加哥展开的两次国际企业文化论坛，就国际企业文化的前沿理论和最新动向与大家共享。当今世界企业文化发展表现出三大动向：第一，实施品牌文化战略形成国际潮流；第二，如何创建企业的品牌文化，现在已经成为国际上，特别是世界500强一个新的焦点问题；第三个问题，重方法论已经成为国际企业文化再造的重中之重。

实施品牌文化战略形成国际潮流

现在大家已经认识到企业文化、品牌文化对一个企业的核心竞争力的重要作用。各个国家，特别是世界500强的这些企业老总非常重视自身的企业文化建设。而且非常重视跨文化问题的研究，因为许多国外的大公司都想把他们的产品打到我们中国，都非常重视来开发中国的市场，所以越来越重视跨文化管理和文化交融。

开发市场首先就是要了解中国的文化背景。我们现在经常讲文化战略，其实这对于企业的生存、发展，对于企业如何开展自己的营销文化，来增强自己的核心竞争力，现在已经提到了非常重要的位置。1998年诺贝尔经济学奖得主阿玛帝亚·森曾说：“企业文化和经济伦理在下一个10年将成为企业兴衰、国家经济振兴与否的关键因素。”我讲的其中一个非常重要的倾向，就是各国首脑、经济决策机构和世界500强的企业家，都十分重视企业文化再造的投入，世界500强为什么能够获得比较高的收益、效益，它关键就是背后的那个文化力。

亚当·斯密把经济和伦理视为同一因果链的两个侧面，并指出社会经济的发展要求经济主体必须遵循经济伦理。也就是说，经济发展的水平是表面现象，其背后一定有文化力的支撑。这个观点已经得到了世界各国许多经济学家和企业家的认同。

各国经济决策机构十分重视企业文化和品牌与企业核心竞争力之间关系的研究

有一句话叫做国家的富强靠品牌，世界各国，哪个国家的品牌越多，这个国家就越富强。我们一说到餐饮业，马上就会想到麦当劳，我们一听到饮料，就马上会想到可口可乐。世界上品牌最大、最多、知名度最高的，肯定是美国。美国为什么会成为老大呢？它就是品牌最多，而我们国家的品牌，在国际上能够叫得响的很少。现在讲的“一瓶母水征服全世界”，指的就是美国的可口可乐，全世界男女老少都喝这瓶母水。其原因是什么呢？其原因并不是所谓的秘方，而是它背后的营销文化，所以，我们现在讲国家的富强是靠品牌。

还有一句话就是品牌的背后就是文化。我们说在前一个阶段，企业之间的竞争是产品的竞争，后来又引申到企业制度，前几年讲现代企业制度，又好像是制度的竞争。发展到今天，其实是企业文化的竞争。所以，我们党和国家领导人已经开始十分重视企业的品牌文化建设，胡锦涛主席和温家宝总理都批示过，他们指出自己的品牌产品和知识产权是企业增强市场竞争力的关键，可见党和国家领导人已经把品牌文化提到了一个非常高的高度。

在第十七届斯德哥尔摩国际企业文化年会上，很多管理学家用大量案例证明在企业发展的不同阶段，文化再造是推动企业前进的原动力，品牌和文化是企业的核心竞争力。

那么到底什么是企业的核心竞争力？如果用一张立体的图来表示：第一个层面我们称之为产品层的竞争力，因为企业都要做产品和服务，它包含哪些要素呢？第一个要素就是它的服务，第二个要素是它的质量，第三个要素是它的成本，还有营销、技术和生产能力。这六大要素综合在一起，我们称之为产品层的竞争力，也叫表层的竞争力。企业之间的竞争一开始肯定是产品之间的竞争，发展到后来，人们又意识到还有第二个层面的竞争。包含一些什么呢？第一个要素是结构，第二个要素是机制，第三个要素是规模，第四个要素是战略，第五个要素是资源，第六个要素是关系，第七个要素是企业制度。我们把这七个要素综合在一起，称之为支撑平台的竞争力。这个支撑平台竞争力就是制度层的竞争力，后来人们又发现除了产品、制度以外，还有一个最基础、最核心的竞争力就是我们的第三个层面，就是品牌文化，包括企业的理念系统，企业的价值观，企业的形象，企业的创新和企业的伦理。

为什么企业文化会受到企业界的重视？美国兰德报告能够给我们以启发，兰德公司认为一个企业要保持百年不衰，首先紧紧抓住企业文化的第一条原则，就是人的价值高于物的价值。发展卓越的公司总是把人的价值放在首位，物的价值放在第二位。

大家如果经常看电视的话，可以看到这方面的报道，比如美国前总统克林顿，他在下台之前，他今天飞到朝鲜向朝鲜政府要遗骸，明天飞到越南向越南政府要遗骸。那都是50年前战争时期，美国普通士兵死在朝鲜战场上的死人骨头。难道他真的就想要拿死人骨头吗？不是的，这其中有一个潜台词，就是为了表明美国政府对普通人的价值的重视。

国家的人才战略和企业的运作是一样的，一个企业不把人放在首位，就不会有竞争力。万象集团董事长鲁冠球连小学都没有毕业，为什么现在可以把企业经营得如此好呢？他有一个理念，就是说一个企业要做好，关键是靠人才。当他还只是一个乡镇企业家的时候，企业只有二十几个人，他就请了浙江大学内燃机系的专门研究汽车零部件的两个专家帮助他解决技术问题。在管理上，请了我们所的著名经济学家蒋一苇帮助搞企业管理。我们现在说一个企业的腾飞靠的是两个翅膀，一个就是技术，还有一个是管理。鲁冠球用到全世界一流技术，当时浙江大学内燃机系有一个非常出名的双水内冷仪器和一个光学仪器，当时前苏联所有光学仪器都是浙江大学光学仪器系研制的。那么，我们说一个企业要发展，它必须要重视人才，如果不重视人才，不注重人的价值，这个企业不可能保持百年不衰，这也就是兰德公司得出的一个结论。

兰德公司得出第二条原则是，一个企业要保持百年不衰，要有共有价值观。什么是共有价值观呢？共同价值高于个人的价值，共同协作高于独立单干。

第三条原则就是社会价值高于利润价值，用户价值高于生产价值。第三条原则按照我的理解，就是企业伦理。

在三条原则中，人的价值排在第一位，物的价值放在第二位，这是一个排序。第二条探讨的是个体重要，还是共有价值观重要的问题。我们说共有价值观要放在第一位。第三条探讨的社会价值观重要，还是利润价值观重要，我们说肯定要把社会价值观放在第一位，都是一个排序问题。所以，讲伦理，企业伦理是什么，伦理这两个字就是按照我们中国许多学者所讲的，我们中国是伦理文化发达的国家，贯穿孔孟、儒学体系很重要的就是伦理思想。通俗地讲，伦理就是长幼有序，长幼有序也是一个排序，企业价值选择，也是一个排序，企业文化的核心应该是价值排序。

诚信是品牌和企业竞争力的基础。我们说现在的时代，叫做客户经济时代，原来我们竞争讲内因决定外因，而我们现在讲是外部的客户决定你内部的所有的方方面面。如果你企业内部搞得很好，但是你这个产品如果卖不出去，没有得到社会上用户、消费者、顾客的认可，那么你这个企业就会垮台。我们现在有一句新的话就是外部决定内部。在客户经济时代，诚信是链条的主人，有诚信才有品牌，有品牌才有竞争力，这是一个价值链。

那么，世界500强是怎样注重企业伦理宪章为核心的价值链管理呢？我们举一个案例就是通用电气，通用电气首先是在企业里面制定一个企业伦理宪章，这个企业伦理宪章包含了六西格玛诚信原则，同时在这个基础上制定它的企业价值观，再把这个企业价值观渗透到家电产业、工业制品、塑料制品和广播事业当中，形成通用电气企业管理网络系统。再一个是迪斯尼公司，迪斯尼公司首先在金融公司制定一个企业伦理宪章，在企业伦理宪章的基础上制定企业核心价值观，再渗透到娱乐产品、电视节目、主题公园、唱片制造和动画电影等，形成迪斯尼公司价值链管理及其企业文化系统。最后一个是索尼公司价值链管理，索尼公司首先是在金融公司中确立企业伦理宪章，在这个基础上确立企业价值观，然后再渗透到电子硬件制造、网络服务、游戏产业和影视产业等等，形成它的价值链管理及其企业文化系统。从以上三个案例可以看到世界500强企业都强调有一个企业伦理宪章。

重方法论成为国际文化再造的重中之重

第一，创建文化首先需要企业家重视。我们常讲，企业文化就是企业个性化，没有张瑞敏就没有海尔文化，张瑞敏当时接手这个企业叫红星电机厂是一个亏损企业，他提的第一个理念叫做企业文化先行，抓的第一件事情就是在车间里面不能够随地大小便。这么一个烂摊子的企业，只有让企业文化先行，这个企业才能够扭亏为盈，没有企业家重视，企业要做好企业文化是不太可能的。我们今天讲没有张瑞敏就没有海尔文化，没有柳传志就没有联想文化，没有杰克·韦尔奇就没有GE文化，确实是这样的。

方法论之二，核心竞争力管理。到底什么是核心竞争力，现在各种各样的提法很多，有的说是最难模仿的能力，我们归结为一张图，在西方称之为剥洋葱理论，最核心的就是我们刚才讲的三条原则，就是企业文化、企业理念、企业伦理和品牌文化。第二个层面我们说产权制度、结构、机制，最外面表层是企业的产品。

方法论之三，系统的方法。什么叫系统的方法？我们说企业文化也好，CI战略也好，企业最重要的就是MI，即理念系统，就是大脑，一个人没有大脑不行，一个企业没有大脑也不行，企业的大脑就是MI，用MI统摄下面的BI，就是企业行为，是企业的手。还有一个就是VI，即是企业的视觉系统，是企业的脸面。企业的心、企业的手、企业的脸必须同时重视，同时作为一个系统来考虑，否则做企业文化就是一句空话。

（作者系中国社会科学院研究员）

打造自主品牌　促进企业持续发展

赵春福

最近召开的五中全会，通过了“十一五”规划的建议，建议有一个很大的亮点，就是把增强自主创新能力作为科学技术发展的战略基点和调整产业结构、转变经济增长方式的中心环节。对于自主创新、打造民族品牌是有很多不同认识的，怎么样理解自主创新、打造自主品牌和企业发展的关系、经济发展的关系呢？

一是企业必须要进行自主创新，必须要打造民族的品牌、自主的品牌。现在国际化大生产实际上已经形成了高端和低端的分工，高端是什么？就是核心技术，就是专利，就是品牌，低端就是加工，就是组装、就是出卖劳动力。改革开放20多年来，我们从计划经济走向了市场经济，在这个发展过程当中，我们首先大量的吸引外资，跟国外的企业合作。实际上我们经济有了很大的发展，可是我们赚的是什么钱呢？我们赚的是加工费，下面我给大家一些具体的数字，中国现在可以说是世界的制造大国，制造业的总产量在全世界排名是第4名，我们现在居世界第一位有172种产品。就是产量我们居世界的第一位，玩具市场我们占世界市场70%，自行车占60%，鞋占50%，微波炉占50%，个人电脑占2/5，电视机、空调占1/3，冰箱占1/5，有很多产品如生产资料型的产品,像钢铁、水泥、化肥等等都占世界第一。但是从总的来看,从国际分工来看,在很多方面我们做着加工车间的工作,比如说中国苏州生产的美国逻辑鼠标售价41美元,中国企业得多少钱呢?3美元,我们中国生产的个人计算机,企业得的毛利是5%,用一个企业家的话说,我卖一台电脑,赚的是一捆大葱的钱,那么中国出口一台DVD售价是32美元,中国企业得多少?1美元,我们现在中国出口一台电视机平均利润不到10块钱人民币,原因是什么?原因就在于我们缺乏核心技术,需要购买外国的专利,那么专利费是多少?每台DVD 18美元。国产手机占售价的20%,计算机占30%。数控机床占20%—40%。那么可以说这么多年来,发达国家靠垄断技术市场,垄断专利,垄断核心技术,在我们国家是赚取了高额的利润,而我们中国企业、我们赚的是非常微薄的加工费,所以企业必须要创新,就像刚才几个老总说的,必须要创新,必须要打造自己的自主品牌,只有这样我们企业才能发展,我们的产业结构才能得到改造。那么我们国民经济才能得到持续发展,中国的经济发展可以说现在处于一个新的转折点上,这个转折点就是经过20几年的改革开放,现在我们到了一个要大大地提高我们自主创新能力来打造我们自主品牌的时候,就像刚才尹总讲的,我们的汽车决不能走巴西的道路,而是要像日本和韩国那样形成自主创新能力、形成我们自己的品牌。长安汽车我觉得在这方面做出了很突出的贡献,给我们大家的印象也是非常深刻的,下面我们就想接着探讨这样一些问题,就是说创新对于一个企业、对于一个民族、对于一个国家都是非常必要的。这关系到国家的核心竞争力的问题,经济能不能持续发展的问题,但是作为一个企业要怎样做才能去实现自主创新、打造自主品牌的目标,在这样一个过程中企业遇到哪些困难?而一些做的比较好的企业他们又怎么解决这些困难?我想还是请我们长安的尹总先谈谈。

二是政府如何为企业自主创新、为企业打造自主品牌创造良好的环境,包括法律,包括政策。政府如何给企业创造出一个良好的环境来,使企业愿意去创新,它愿意创新的结果是受到政府的鼓励,这个鼓励就体现在法律制度、体现在政策上等等。

过去我们很多地方政府衡量干部的对外改革开放的成绩是什么?就是看引进外资的多少,引进外资多就是好政绩。引进外资少就是你没有政绩。恐怕五中全会之后,我们应该在衡量干部政绩上要有一个改变。就是你的自主创新能力怎么样?你引进外资、引进了外国的技术,消化的怎么样?吸收的怎么样?

作为一个中国人,作为一个消费者怎么样对待自己的产品,在这方面我是觉得韩国人确实值得我们学习,它很小,但是这种民族自尊心,民族自强不息的精神非常值得我们学习。

三是我们的品牌如何走向国际,全聚德如何做的像麦当劳,肯德基一样,让全世界都能吃到全聚德的烤鸭。我们为什么不能把它做到全世界去呢?看来我们对全聚德这个老字号、老品牌寄予了很大的希望。希望他们能够做到全世界去。品牌是谁做的?是理想者做的,是强者做的,是愚者做的。我想就是那些能够为企业的发展,为国家的发展,能够具有那种自强不息精神的人去做的,那么我们国家,我们民族太需要这样的企业,这样的企业家,刚才他们几位老总谈到了在自主创新、在打造自主品牌问题上所遇到的外部环境的困难和企业自身的一些困难,这些困难需要政府去解决的是外部环境、政策、法律,另外也需要企业自身去解决自身在打造品牌的过程中遇到的问题。我给它总结了一下,就是说在自主创新和打造民族品牌的问题上,应该认识到位,认识统一,还有就是政策要到位,法律政策要到位,那就是你的政策法律要为打造自己的品牌去服务,制度要到位。另外还有组织机构要到位,资金要到位,人才要到位,从企业自身来说,我们跟发达国家的企业相比,差距是很大的。发达国家大的企业80%都有自己的研发中心,我们中国的大中型企业,最近我看到陈至立的一个讲话,我们中国只有25%的大中型企业有自己的研发中心。发达国家的大企业他们投入研发的经费是多少呢?是销售额的5%,我们中国不到1%,现在是多少?是0.39%—0.6%。这是最近经济日报公布的一个数字。所以我们应该说前些年我们在很多方面陷入了引进落后再引进的一个泥潭,我们先引进一些先进设备,没有几年就落后,落后就再花钱再引进,企业把很多钱花在引进技术上,落后了以后再引进,反复的花钱。

韩国引进跟消化、创新的比例是1:5到1:8,而我们中国是1:0.08,大家看这个数字差距有多大,另外就是我们75%的企业没有专职人员从事研发活动。从事研发活动的国外大型企业,他们专门的研发机构,有专门的研发人员,而我们中国的企业75%的企业没有专职人员从事研发活动,35%的企业根本没有研发活动,所以从这些数字我们可以看出来,我们在自主创新,在打造自主品牌上,我们在制度、在认识上有很大的差距,我们在座的企业,以及今天没有来到会场的企业家,他们就是坚持在自主创新、打造民族品牌第一线的理想者、强者,愚者,因为确实是没有理想者,强者、愚者的精神是打造不出自主品牌的。自主创新,打造自主品牌对于企业而言,意味着生存的保障与发展的空间;对地区而言,意味着财富和进步;对国家而言,直接关系到综合国力。让我们大家一起为实现我们从制造大国转变为制造强国,由中国制造转变为中国创造,为这样一个伟大的目标而努力。

(作者系北京市行政学院副院长,中国企业文化研究会学术委员会副主任)

建设健康和谐的民营企业文化

程　路

中国企业文化，它应该是包含了国有企业文化、民营企业文化和外资企业的文化，这些企业文化，共同组成了中国的企业文化，民营企业文化也是中国特色社会主义企业文化的一个重要的组成部分。下面，我就民营企业文化建设提几条建议。

民营企业需要企业文化的指导

民营企业发展到现在，已经基本上脱离了早期的原始积累阶段，在进行更科学的组合，也在进行发展，在这种发展的过程中，很需要文化的指导，需要企业文化为企业的发展提供智力的支持。有些民营企业家，深刻地感受到，构建企业的文化建设，确实对民营企业来讲是内铸实力，外铸形象的很重要的内容。民营企业2004年通过宏观调控，一年的发展，也取得了很大的进展，仅仅2004年一年，民营企业就增加了将近80万家，民营企业2004年的注册资本达到了1.8万亿元。民营企业的发展当然还存在很多值得研究的问题，在这方面，我觉得可以在我们自身发展的同时，也需要得到企业文化界和各位专家的指导。2004年宏观调控之年，对民营企业来讲，遇到了很多问题，刚才说那样一个增加的数字是特别的不容易，因为2004年民营企业开年的时候，遇到了一些阻力，一时间，民营企业觉得很有压力，认为宏观调控是不是对民营企业来的，民营企业的发展大好的春天是不是过去了，是不是要对民营企业收紧。在这种情况下，伴随着大家对宏观调控产生的疑问，2004年我们企业文化的建设，重点放在引导民营企业从国家的大局出发，把自己的思想认识统一到国家宏观调控政策上来，重新调整自己的投资观和发展观，不是宏观调控有问题，是我们发展这么多年，需要作为一站很好地总结一下。我们的投资观和发展观，那种原始的过去的一些传统的办法，所向披靡的办法不见得行了，原因是什么呢？就是时代变化了，2004年在这方面我们做了不少工作，在企业文化方面有很多值得总结的地方，我觉得民营企业的企业文化还急需整合和指导，开展的内容和领域也是很宽阔的，在这方面需要和中国企业文化研究会多一些合作。

民营企业的发展有了更好的环境

最近，国务院很快就会出台一个文件，就是国务院关于鼓励支持和引导非公经济发展的若干意见。这个文件在制定之前我们派人参与了，文件最后出台之前，又召开座谈会征求了我们的意见。这个文件对发展非公经济，提供了一个非常好的环境，应该说在法律环境、政策环境和舆论环境，都为民营企业的发展开辟了一个空前的条件。对民营企业在全方位，多领域的发展，包括比较敏感的军工产业，比如金融领域参与它的改组和改造的进入，都给了一定的政策，这肯定会对民营企业的发展产生很大的影响，会帮助民营企业进入一个新的台阶。就像刚才讲，2004年宏观调控最紧张的时候，民营企业确实感到很迷茫。在那个最关键的时候，就是7月份，不到一个月的时间，28天的时间内，国家总理两次发表讲话：一次是青岛会议；一次是他到台州视察台风。两次发表长篇的讲话，支持民营企业的发展，一个大国的总理在这么短的时间内力挺民营企业的发展，对民营企业产生了很大的影响，大家也很有信心，相信对民营企业的发展会产生很大的作用。

民营企业的企业文化建设要健康和谐

中央十六届四中全会2004年提出来建设和谐社会，2005年春节之后，刚刚上班，中央在省部级一把手培训班上，又把构建和谐社会作为一个主题，胡锦涛同志在这个会上的讲话就讲了这么一个主题。我们想，构建和谐社会，社会各个方面都要努力和参与的，当然也更离不开民营企业。构建和谐社会，是当前全党全社会的一项中心工作，对于民营企业来讲就更为重要了，因为这两年来，我们一直在谈一个问题，就是谈在民营企业里，建设和谐的劳动关系实现双赢，构建和谐的劳动关系，对民营企业的发展尤为重要。我们现在有两亿的农民工在流动、在打工，民营企业固定的劳动人员已经1.3亿了，他们的安危、冷暖，他们的人生最大价值能不能体现，这是检验我们社会是不是和谐、检验我们社会能不能稳定的一个问题。比如2004年在出现了油荒，电荒，运输荒，资金荒，土地荒，同时也出现了所谓的民工荒。这就是一个问题，长三角，珠三角都出现了这个问题，那么学者们也在讨论，官员们也在讨论，民工荒究竟是什么问题，是在民工紧缺，民工供应不足的背后有很多的问题，其中一个最主要的问题，就是民工的合理的劳动价值没有得到实现。改革开放初期，我们民工四五百块钱，最多是七八百块钱，一千多块钱，改革开放26年了，社会的财富已经翻了几番了，大家的生活改善都是成十倍，成十几倍，成二十几倍的发展，但民工的工资待遇还是那么低，人家不做了。建立和谐社会的问题是很重要的，我们作为工商联组织，对民营企业在这方面要进行指导和引导，这是很重要的。在建设和谐社会当中，民营企业的企业文化抓什么？我觉得抓管理、抓培训，抓人才的聚拢都需要，但最重要的就是一条，抓和谐的劳动关系。民营企业文化当前最重要的是抓和谐的劳动关系。

民营企业要坚持正确的企业文化建设方向

民营企业的企业文化建设，也有一个方向的问题，就是说我们现在要引导民营企业的发展这个没有错，但是前面应该加两个字就是健康发展，这是非常重要的，因为民营企业是一个很重要的力量。我们提倡的是中国特色的社会主义市场经济，中国特色的社会主义市场经济，跟中国社会主义的经济应该是有联系、有区别、也有不同的，如果不允许这种不同的存在，那中国就不要改革开放，还回去争论姓“社”、姓“资”。当然看不到这种联系，那我们也不是共产主义者，我们就失去了方向，最终我们还是搞社会主义建设的。整个漫长的社会主义初级阶段，都会是中国特色社会主义市场经济，是共产党领导的，不能动摇共产党领导的体制，所以对民营企业一定要加强教育，因为在搞私有化过程当中，有先例，比如说俄罗斯，出现了跟政府分庭抗礼的私有化的问题。可喜的是，我们中国的民营企业，从它发家的那天起，就是在党的政策之下最大的受益者。但是，也不能够忽视了，这种健康发展，跟党走的教育。这个道理很简单，大家都司空见惯的道理，但是司空见惯的道理，在执行当中，一旦出现了问题，就是颠覆性的。所以，在对企业家的教育引导，引导民营企业健康发展这方面，我觉得是企业文化建设的一个很重要的内容，这也是整个国家的体制和社会的健康发展的座右铭。

（作者系原全国工商联副主席，本文摘自《中国企业文化研究》2005 年第 1 期）

把握企业文化建设规律 推进企业文化管理创新

冯 并

一年来我国企业文化建设取得了新进展

企业界对企业文化的认识进一步加深

越来越多的企业认识到，企业文化也是企业的核心竞争力，是企业持续发展的重要力量源泉。企业家开始把企业文化建设当作企业的日常工作。《2005 中国企业经营者成长与发展专题调查》结果显示，大多数企业经营者认为企业文化对企业生存和可持续发展有重大影响，尤其表现在对内增强企业凝聚力、对外提升企业形象两个方面；企业家个人观念、企业传统和制度环境是企业文化的主要影响因素；企业文化建设应继承优秀传统文化，强调以人为本，重视员工参与，发挥组织学习的作用。企业经营者对“企业文化是强调以人为本的文化”和“任何企业都有自己的企业文化”两种说法的认同度较高，认同率分别达到 90% 和 81%；认为企业文化对企业发展“影响很大”的占 36%，“影响较大”的占 52%。各地区、各行业、不同所有制、不同规模的企业都在着手制定企业文化规划，表明了企业对管理的认识已由技术层面转向文化层面，这是一个巨大的进步。

企业文化已成为企业发展的核心战略

许多企业积极完善企业文化的组织架构，大力推行文化战略，实施文化工程，从想法的提出、学习引进，战略设计，运行控制到实施，企业文化已不仅是包装宣传之策，不止是手段和工具，而是企业安身立命的根基。许多企业成立企业文化的决策、推进、运行系统，有的成立以一把手主导的企业文化战略委员会和推进委员会，成立了企业文化职能部门，完善组织架构，扎实推行文化战略，实施文化工程。比如中国运载火箭研究院，一直把企业精神文化作为企业发展的动力源泉，形成了“永不停步、永攀高峰、永保成功、永创一流”的“四永”精神、“热爱祖国，无私奉献，自力更生，艰苦奋斗，大力协同，勇于攀登”的“两弹一星”精神，以及“特别能吃苦，特别能战斗，特别能攻关，特别能奉献”的“载人航天”精神为主要内涵的，独具特色的航天企业文化，实现飞天梦想。

企业文化成为企业的重要管理职能，引领企业向纵深发展

建立企业文化管理体系，积极探索文化运行机制，是企业文化得以持续积累、有序发展的必要条件。从计划、组织、指挥、运行，到控制、监测、总结、提升，并由此循环往复，逐渐上升，这正是文化系统管理的特征。企业管理实质上是人的管理，对人的管理，文化是最有效的方式，这就形成了企业文化作为企业重要管理职能的人文基石。

上海移动的企业文化建设就具有注重与管理相融合的特点，充分展现了企业文化的管理属性。他们切实地推进企业文化价值向市场价值、社会价值的转化，强化了企业文化对于战略管理、市场管理、客户服务管理、网络运营管理等日常管理工作的引导。目标驱动也是上海移动企业文化的一个重要特色，它以终极目标为指引，分阶段、分层次逐步递进，在时间纵轴上，经历了从感性的萌动——理性的探索、提炼——全面宣贯导入过程，不仅促进了沟通和融合，更提升了员工对文化变革的认同感，强化了员工作为企业文化建设的主体作用。在空间横轴上，上海移动通过“由内而外”、“由表及里”、“由虚到实”的三维导入方式，全方位地开展企业文化建设，不断在员工心目中槽刻共同价值观，形成了强大的文化吸引力。

传承中华民族的优秀文化，吸收外来先进文化，构建企业核心竞争力

改革开放以来，随着我国经济体制改革不断深化，对外开放不断扩大，许多企业实施“引进来”、“走出去”的战略，发掘中华优秀传统文化资源，积极吸收外来先进文化和管理方法，企业文化建设也在这一过程中不断积累个性色彩。白沙集团的企业文化建设就经历了从自发到自觉的过程。他们挖掘了信誉、品牌、团队三大优势资源，形成了鹤、和、绿色烟草、简单管理四大法宝，确立了“飞翔”为主线的品牌文化。他们以“简单管理”构建企业执行体系，使企业流程简化、制度优化、成本降低、效率提高，企业文化建设进入了“自觉”的阶段。

构建与时俱进的企业文化，仍是企业发展的当务之急

用科学发展观，指导企业文化建设

文化因素在竞争中所显现的独特作用，越来越多的企业已经意识到。如何建设正确方向又有特色的企业文化，

已成为许多企业的当务之急。在新的历史条件下，党中央通过对国内外各种有利因素和不利因素的准确分析和判断，从新时期党和国家事业发展的全局出发，根据全面建设小康社会和开创中国特色社会主义事业新局面的要求，明确提出了“以人为本、全面协调、可持续发展”的科学发展观，不仅深刻地回答了我国经济社会如何健康持续发展的问题，也为企业建立先进企业文化、增强国际竞争力指明了方向。科学发展观是企业持续发展的动力源泉，是企业提高管理水平、推动企业文化建设的重要指南。

结合实际，以我为主，不断创新企业文化

企业文化建设是一个不断创新的动态过程，企业文化建设的关键是变革与创新。世界文化有相互融合，相互渗透的倾向，强势文化可以在瞬间打破原有的边界，迅速传播，也决定企业需要不断接受外部文化的影响，这是文化创新的外部因素。但不同企业，由于其背景、历程、人员和环境不同，必然又带有个性特征，因此企业如何不断创新来强化和优化企业的个性文化，以使文化优势能够有效地转化为企业的管理优势、素质优势和竞争优势，就成为企业文化建设的重要课题。我们借鉴学习其他企业的先进经验，要体会其文化实质和创新方法，要坚持以我为主、博采众长、融合贯通和自成一家的方针，既要学习别人的长处，又要保持自身的特色；既要适应世界经济发展的趋势，遵循文化发展的共同规律，又要建设符合企业发展的个别规律，形成差异化的企业文化。

加大国企改制重组中企业文化建设的力度，关注民营经济、外资企业企业文化的发展态势

企业改制、重组中的文化整合是十分复杂的过程。不同企业，由于其历史风格、组织结构、企业规模、员工构成、地理环境、经营战略不同，形成不同的文化特点和价值理念。对企业重组而言，往往是一种强势文化对弱势文化的渗透、改造和提升，最终改造弱势文化。企业重组只有实现文化整合，才是真正意义上完成重组。而改制涉及全面的利益和组织调整，如果没有文化配套，是不可想象的。因此，国企改制、重组中企业文化的建设不是可有可无的，一定要把文化作为重要因素加以考虑，把文化建设和变革作为重中之重。

民营企业的文化建设也要后来居上。由于历史发展原因，一些民营企业带着自身的文化局限，以“老板文化”或者以“家族文化”代替企业文化，限制了文化发展的空间，企业文化建设的滞后使企业的持续成长遭遇瓶颈，如何建立现代企业文化体系，是一部分民营企业亟需面对的问题。外资企业的企业文化通常有比较好的国际规范，带来一些好的“基因”，但也面临着既要入乡随俗，又要传播先进国际理念的局面，在这方面，他们也面临着挑战。

在企业文化建设中要注重与环境生态和谐

一些企业在文化建设中，开始重视人的价值，却忽视了对周边环境包括人文环境建设的重视。企业要实现可持续发展，“生态化”是必由之路，生态文化不仅可扩大企业文化的外延，而且有利于企业树立良好形象，从更大范围里实现对企业文化的社会认同。企业在追求效益增长的同时要承担必要的社会责任。商业道德和社会责任已经成为企业提高竞争力的重要因素。企业发展要关注经济指标，也要关注人文指标、资源指标和环境指标，这不仅有利于经济社会，而且可以展示文化价值。企业只有真正做到诚信经营，关心和保护劳动者权益，注重环境保护，热心公益事业，促进社区发展，才能真正赢得社会的尊重。大力倡导生态文明，建设环境文化，发展循环经济，解决环境问题，实现人与自然的和谐发展，应当是企业文化蕴涵的意义。

把握方向，研究规律，建设各具特色的企业文化

融合和吸取古今中外的一切先进文化建设成果，创建有中国特色的企业文化体系

企业要善于融合和吸取古今中外的一切先进文化成果，化为己用，才能创造优势品牌，卓然于世。山西汾酒鲜明地提出，“清香”和“诚信”就是它的特征，这是发人深思的。汾酒集团从汾酒独一无二的品质、香型和源远流长的酒文化，从汾酒集团漫长曲折的发展经历，从黄河文化、佛道教文化、晋商文化、民俗文化等地域文化的影响中，凝练出了“以诚信为核心内涵，以清香为文化大旗”的汾酒企业文化的鲜明个性，提出了“传承国宝，让清香更久远”的历史使命感，响亮地喊出了“用心酿造，诚信天下”的企业形象口号，这是一个很好的例证。

坚持以人本管理为文化建设的核心

以人为本是科学发展观的核心，人力资源是企业发展的第一资源。实践证明，成功的企业都注重以人为本，以顾客为中心，努力服务社会，同时，平等善待员工，平衡相关者利益，提倡团队精神，并鼓励创新。因此，企业文化建设一定要以人本管理为核心，坚持文化育人，以尊重人、关心人、理解人、爱护人为创立企业文化的核心，真正树立以人为本的管理思想。要以学习创新为动力，着眼于内强素质、外塑形象，立足于文化强企、务求实效，努力建设符合中国特色社会主义先进文化前进方向、具有鲜明时代特征和各具特色的企业文化。

自觉把握企业文化建设规律

目前，我国企业文化建设已经出现从局部到系统，从自发到自觉，从表层向深层，从传统向现代的转变。企业管理从以物为中心的管理向以人为中心转变，从传统管理向文化管理升级。我们每个企业都要把握这个趋势，使企业文化的建设由自发到自觉，自觉实施、自我完善、自我发展。

要从加强企业国际竞争力的高度，继续加大、加强企业文化建设的力度

中国企业的文化建设目前总体来说有朝着“先进性，有效性，系统性”的方向发展。总结企业本身在创立与发展的过程中形成的优良传统，结合当今世界先进的管理理念以及中国传统文化中的精华，在继承的基础上不断创新并形成新的卓有成效的企业文化，是我们共同努力的方向。应

当看到，随着企业的发展、社会环境的变化、时代的变迁，必须用辩证发展的观点和实证的方法进行研究分析企业文化，这同样也是我们的努力方向。

企业文化建设是一个博大精深的领域，推进企业文化建设，全面提升企业素质和竞争力，是我们面临的一个紧迫课题，需要我们不断实践探索，勇于开拓创新，我们应当为此付出更大的努力。

（作者系中国企业联合会、中国企业家协会执行副会长）

坚持科学发展观　开创中国医院文化建设的新局面

曹荣桂

中国医院协会医院文化专业委员会相继在无锡和广州召开了两次医院文化建设经验交流大会，出席人数之多，研讨气氛之热烈，都充分表明了广大医院员工和医院管理工作者对医院文化建设的关心，反映出医院的改革发展需要医院文化支撑，医疗卫生体制改革也需要加强医院文化建设。

在实际工作中，我们欣喜地看到，在我们众多医院中，目前已涌现出诸如广东省中医院、上海仁济医院、山西医大二院、南京鼓楼医院、第三军医大学西南医院、大庆油田总医院、无锡市第二人民医院、辽宁本溪市中心医院、解放军301医院、黑龙江省牡丹江二院等许多文化建设的先进单位，这些医院不仅在文化建设的理论研究上取得了较高的水平，而且运用文化管理医院、促进医院的建设与发展的成果也很喜人。但是从总体上看，由于多种原因，在我国近两万多家县以上医院中开展医院文化建设的水平还很不平衡。因此，通过召开会议、研讨交流、培训学习、传播经验，推动医院文化建设的全面进展就显得非常重要了。

医院文化建设是一项长期的、复杂的系统工程，它所涉及的问题是多方面的。理论方面的研究和实践方面的交流是这次会议的主题，这篇文章要留给大家去做，我只想借这个机会，结合国家的改革发展，特别是卫生改革发展的新形势谈两方面的问题。

坚持科学发展观，研究新情况，解决新问题

党的十六届五中全会审议通过的《中共中央关于制定国民经济和社会发展第十一个五年规划的建议》，内容全面、内涵丰富，我们要全面准确地领会其精神实质。《建议》的基本精神主要体现在“立足科学发展，着力自主创新，完善体制机制，促进社会和谐”这24个字上。发展观是关于发展的本质、目的、内涵和要求的总体看法和根本观点。有什么样的发展观，就有什么样的发展道路、发展模式和发展战略。科学发展观明确提出了统筹经济社会发展的要求。按照科学发展观，就要加快卫生事业发展，把提高全民族的健康素质作为全面建设小康社会的一项重要任务。使我们非常激动的是，党中央把加快卫生事业发展纳入了党的执政理念，卫生事业改革与发展呈现了最好的有利时期，我们要抓住难得的历史机遇，增强落实科学发展观的自觉性和坚定性，发扬理论联系实际的良好学风，研究新情况、总结新经验、解决新问题，工作中要把握规律性、体现时代性、富于创造性，努力在理论和实践两方面取得新的成效。

医院文化专业委员会是中国医院协会的分支机构。纵观中国医院协会的发展，昭示了这样一条规律：协会的命运是同国家的命运紧紧联系在一起的，同样，医院的改革发展也必然和国家的改革发展紧密相连。用科学发展观审视医院管理工作中的现状，我们可以发现，改革与发展中存在着一系列突出的矛盾和问题，在新形势下，全国各级各类医院面临着严峻的考验。考验的主题和焦点是如何做到用比较低廉的费用提供比较优质的服务，满足广大人民群众的基本医疗服务需求；在医疗资源的合理提供与医疗资源的合理消耗之间找到平衡点；在减轻患者负担的同时增加医院收入，实现可持续发展，实现社会效益与经济效益的统一。要赢得这个考验，需要从多方面努力，做为我们各级各类医院的管理者，关键要在管理上下功夫。

文化管理是管理科学的最高层次。医院文化主张以文化理念、文化魅力影响人的内心世界，启发人的文化自觉，提升人的素质。所谓以文化人就是要通过提高人的文化品质、人文价值，使医院经营管理更具有文化特征，更适应人文进步的现代化社会。这些理念和以人为本的科学发展观是相一致的，我希望在今年继续开展的“医院管理年”活动中，大家能够更加自觉地把文化管理的要素真正实行起来。

坚持以人为本，以病人为中心的理念，强化行业自律和文明服务意识

构建和谐社会，必须坚持以人为本，始终把最广大人民的根本利益作为党和国家工作的根本出发点和落脚点，在经济发展的基础上不断满足人民群众多层次、多样化的物质需求和精神需求。这个观点既是我们党立党治国的原则，也是我们医疗卫生工作的根本方向。当前，群众关注的社会热点、难点问题非常多，而“看病难、看病贵”的问题更成为一个焦点。在不久前召开的全国“两会”上，许多代表都十分关注我国医疗卫生体制的改革，提出不少解决“看病难、看病贵”的提案。“看病难、看病贵”是由多种原因长期积累造成的，其中有医疗卫生事业发展不均衡，卫生资源配置不合理的问题；有政府财政投入严重不足，致使医院不得不追逐经济效益的问题；有医疗保险发展缓慢，医保覆盖面过低的问题；有药品和医疗器械生产流通秩序混乱、药价过高的问题；有科技发展带来的新药品、新器材、新设备、新技术在临床应用、诊治成本增加的问题；有公立医院运行机制不合理和管理滞后的问题；有政府对医疗市场的监管不力等问题。

“看病难、看病贵”问题形成的原因虽然是多方面的，但我们不能说与医院本身毫无关系，检点我们的工作，至少在合理检查、合理用药、合理治疗以及服务态度和医院管理上存在这样或那样的问题，因此，坚持以人为本、以病人为中心的理念，强化行业自律和文明服务意识应该成为我们医院管理工作中的一条始终不渝的指导思想。

我们医疗卫生系统素有救死扶伤，实行革命人道主义的优良传统，无论在革命战争年代，还是和平经济建设时期，特别是在突发性的灾害面前，我们广大医疗卫生工作者所表现出的舍生忘死、无私奉献精神曾经多少次地感动中国。赵雪芳、耿世英、方圻、吴登云、叶欣、钟南山等模范人物就是我们这支能战斗队伍中的杰出代表。

坚持弘扬白求恩精神，牢固树立以病人为中心的服务理念，坚持科学、合理、规范的诊疗行为，强化行业自律，不谋私利的行为意识，既是医院管理工作的重要内容，也是建立和谐医患关系的有效途径。医院文化应该也能够为推动这方面的工作起到重要的作用。

（作者系国家卫生部原副主任，中国医院协会会长）

中国企业文化面对市场经济的考量

——中国企业文化发展的历史回顾

黄河涛

企业文化从20世纪80年代初传入中国，便受到中国企业界和理论界的重视。当一些理论家还忙于对“企业文化”的概念进行界定和论证时，许多企业已经自觉或不自觉地进行企业文化建设了。改革的实践，使越来越多的企业领导者们理智地看到，影响企业效益的不仅是经济因素，还有人的因素和文化的因素。

在改革的最初几年，当人们刚刚从否定物质利益的文化大革命的泥潭中拔出脚来时，一些人又不知不觉地将另一支脚伸进了完全逐利金钱的陷阱中。中国的企业家们突然发现，自己陷入了这也不是，那也不是的困难境地。于是，人们开始了反思，开始探索，寻求解决传统思想政治工作和经济工作的两全办法。寻求物质建设与精神建设“两张皮”的结合方式。自然，企业文化首先引起了实践着的企业家们的注意。

有意思的是，这时，无论在美国或中国，虽然企业的基础和经济现状不同，但是，企业发展似乎都面临相似的问题：这就是摆脱困境，寻求出路。与其说企业文化作为一种新的管理理论来自于20世纪80年代初的美国，还不如说中国企业改革的内部因素已经提出了这种需要。企业文化既是一个理论问题，更是一个实践问题。作为理论，它是西方管理理论合乎逻辑的发展；作为实践，它首先是日、美经济大战的产物，同时也是中国企业面对市场经济的考量。

根据市场供需关系变化对企业的冲击，市场经济所引发的中国企业对管理文化理论的考虑和思量，可以分为三个时期：

第一个时期是企业文化建设的兴奋期（20世纪80年代初～1995年）。

企业文化从80年代初引入中国时，对内经济搞活、对外经济开放的方针，给中国企业的发展打开了前所未有的广阔空间。但是，由于刚刚从计划经济条件下起步，企业经营仍未脱离传统的运行模式，流通渠道单一，供应仍然短缺。不少商品实行有计划的凭票证限量供应。买电风扇要买票预约，买彩电要找“门路”，买自行车还得托各种“关系”。这种计划经济年代因商品短缺造成的“卖方市场”一直持续到90年代中期。

市场供给不足所伴随的“生产导向”，使企业不问销路，铆足劲生产也不愁产品卖不出去。摆在企业管理者面前的主要矛盾不是市场需要什么，而是如何更快、更多地生产，因而，企业的主要矛盾就成了如何更好地调动员工积极性，提高生产率。企业文化理论的出现，使企业发现了一片管理的新天地，特别是在很多企业管理者在还不完全熟悉西方管理理论的社会背景下，企业文化似乎成了解决传统思想政治工作和经济建设“两张皮”的一剂妙方。这样，企业文化仿佛真的成了一只“筐”，企业的一切都能往里装。企业都在讲企业文化，企业无论做什么都说成是企业文化。企业精神成了不少企业几乎雷同的口号语；企业价值观成了不少企业“千厂一致”的广告话；企业形象塑造被简化成企业的广告标志。“企业文化”一下子成了企业最“时髦”的东西。

第二个时期是企业文化建设的冷却期（1996～2001年）。

1996年下半年以来，一般性消费品和生产资料普遍供不应求的状况基本结束。我国商品的买方市场特征日益明显，消费需求也发生了根本性变化。市场上名、优、特、新商品逐渐占居主导地位，用于文化、娱乐、保健等精神享受方面的商品销售比重逐步上升。到1997年底，新中国成立后延续了几十年的短缺经济基本结束，买方市场开始形成。中国不仅大部分消费品供过于求，而且一些投资产品甚至基础产品也供过于求，许多行业出现生产相对过剩。

这不能不说是一个划时代的巨大变化。买方市场的形成是中国经济发展过程中的一个里程碑，它对21世纪中国经济的运行和发展产生了深刻影响。

买方市场原本就是市场经济的常态。买方市场的持续发展，使得争夺市场份额的竞争日趋激烈，同时加速促进产品与企业的优胜劣汰。生产、效益向少数优势企业集中，多数中小企业经营日益困难。在中国，这种情况最明显地发生在电视机、电冰箱和洗衣机等家电行业，钢铁、汽车等行业也逐渐出现同样的变化。企业的生命周期，越来越呈现两极分化，表面上的企业文化似乎并不能缓解这种分化。企业的生命力已经越来越依靠市场而不是“市长”，特别是随着中国入世的临近，国内市场与国际市场加快结为一体，表面上的企业文化不能救产品，也不能救企业。这使企业界和理论界对企业文化的“虚热”很快冷却下来。人们开始冷静地重新思索企业文化的真正含义。

从1998年上半年开始，市场上供不应求的商品基本消失，1998年下半年商品供过于求的状况越来越严峻。到2002年上半年供过于求的商品占排队买的商品总数的86.3%，与2001年下半年相比增加了3.4个百分点，供求基本平衡的商品占13.7%。到2001年，社会消费品零售总额，由政府和政府指导定价只占4%，市场定价已占到96%；生产资料销售总额，由政府和政府指导定价占12.4%，市场定价已占到87.6%。市场的严酷现实，使越来越多的企业经营者认识到：企业文化建设不是披在企业身上的一件绚丽外衣，它必须与企业发展水乳交融。具体地说，企业文化建设必须与企业发展战略、企业使命相结合，必须与倡导的企业精神相结合，必须与企业全体员工认同的价值观相结合。这种结合，非企业一日之功，需要长期地历练和积累。企业文化建设是企业管理的“内功”。

第三个时期是企业文化建设的理性期（2002～ ）。

自2001年12月中国加入世贸组织，标志中国经济正式融入全球经济一体化的进程。随着中国入世承诺的逐渐兑现，国内、国际市场加快贯通一体。进出口贸易在国内生产总值中的比重进一步加大。我国进入了贸易摩擦的多发期。国内企业为应对经济全球化，加快了改制的步伐：产权制度改革，破产兼并重组，企业公司制改造，员工分流下岗等等。企业文化建设“冷却”过后，进入了理性思考时期。

2004年7月，国家资产管理委员会所辖中央企业的“企业文化建设研讨交流会”在大庆召开。会议提出，“力争用3年左右的时间，初步建立起适应改革开放和社会主义市场经济发展要求，符合企业发展战略，遵循文化发展规律，体现员工根本利益，具有各自企业特色的企业文化体系”。由国资委所属的中央企业打头，把新一轮企业文化的理性建设推向一个新时期。这一时期，企业文化建设应体现以下几方面的特点：一是面对企业内外环境的严峻挑战，企业文化建设必须使企业有更高的适应性；二是面对企业产权改革、兼并重组，企业文化建设必将面临更有效的文化整合；三是随着“入世缓冲期”的结束，面对国内、国际两个市场的冲击，企业文化建设必须结合企业打造独具优势的核心竞争力；四是随着现代企业制度和产权多元化的实现，面对激烈的市场竞争，企业文化建设更要突出企业个性特征；五是产权改革多元化所带来的原有劳动关系的分化、冲突，不同所有制企业都面临一个劳动关系重建的相同问题。企业文化建设必须注重企业“和谐”构建：即企业发展与员工发展的和谐一致，企业经济效益与社会效益的和谐一致，企业短期盈亏效益与环境生态长期效益的和谐一致。

（作者系中国劳动关系学院教授）

科学发展观为企业文化建设开辟了新路径

高立胜

企业文化作为一种现代企业管理理论和管理方式，自20世纪80年代中期引进我国以来，在许多优秀企业中经过中国化的改造，它在提升企业经营管理绩效、提高员工素质、增强企业对内凝聚力和对外竞争力等方面的成效，已为实践所证实，因此也为愈来愈多的企业经营管理者所接受和认同。同时，它还被视为企业管理成熟的标志，企业经营者成熟的标志，而赢得各界人士的青睐。特别是进入21世纪以来，企业文化建设在我国又兴起了新的热潮。然而不能不看到，在这种高潮迭起、大浪淘沙的过程中，既涌现出了海尔、宝钢和联想等一批各自拥有独具特色的先进企业文化的典型，也出现了一些只做华丽文章、徒有其表的“做秀”现象。例如，只讲究企业文化标语口号的华丽时尚，只追求企业文化宣传的热烈响亮，而不注重企业文化的贯彻落实。所以在那些企业中，尽管“团结”口号喊得震天响，但是领导班子和员工中却内耗严重，散沙一盘；“创新”理念很时尚，但是观念依旧、机制老套、改革步履维艰，等等。还有些企业在企业文化建设上做了大量的工作也取得了一定的成绩，但是对于如何进一步将企业文化建设引向深入则感到困惑，因而难以提升。究其原委也很复杂。大体而言，前者属于作风和态度问题，后者属于认识和能力问题。问题性质不尽相同，解决的途径与方法也就大相径庭。但从总体而言，我们认为，当前要搞企业文化建设，必须注意学习贯彻党的十六届三中全会所提出的科学发展观，并以此为路径导向来深入开展企业文化建设，它会使企业文化建设进入一个新的境界。

首先，党中央提出的“坚持以人为本，树立全面、协调、可持续的发展观，促进经济社会和人的全面发展”，并不仅是对于国家和各地区发展的战略要求，而且对于企业的发展战略也具有重要的指导意义。

企业是营利组织，它以盈利为基本目的和基本尺度，但是盈利并非企业的全部目的和尺度。如果把盈利作为企业的惟一目标和尺度，就等于国家把GDP作为惟一目标和尺度一样，会走偏方向。由此看来，即使从经济学意义上，把“追求利益最大化”作为企业的发展目标或尺度也是有失偏颇的。因为，企业还有提高员工素质、履行社会责任和保护生态环境等任务和目标。也就是说，从企业发展的目的性来看，它应从经济、政治、文化和生态环境等方面全面考虑、协调发展才是符合科学发展观的。因此，企业文化建设应当纳入到企业整体发展目标之中。再者，从企业发展的手段性来看，经济目标的实现，运用经济手段是重要的途径，但决非惟一的途径；它还需要有政治手段、文化手段等其他途径的支持。因此，从企业发展的手段性来看，企业文化建设也是不可或缺的。总之，从企业科学发展观的要求来看，企业文化建设决不是可有可无的，而应是企业发展目标的重要内容。

其次，科学发展观把企业文化管理的“以人为本”的主旨，提升到了一个更高的层次。

以前我们谈到企业文化的“以人为本”时，通常总是说要“理解人，尊重人，关心人，信任人”等，但是从其着眼点来看，都是为了调动人的积极性去搞好工作。然而，从科学发展观来看，这是有失偏颇的，至少是不全面的。因为，它只是看到了人的手段性一面，而没有看到人的目的性一面。当我们在谈到作为具体的人——企业员工时，他们总是目的性和手段性的统一体。就是说，如果我们讲“理解人，尊重人，关心人”，只是为了调动员工的积极性，那么也就是只看到了员工的手段性一面，实际上也就是把员工看做是完成工作任务的一种工具了。然而，党的十六届三中全会所提出的科学发展观的出发点和落脚点则是“促进经济社会和人的全面发展”，也就是说我们还要看到人的目的性一面，即除了企业的发展之外，还要关注人的发展。因此，我们讲“以人为本”应是“理解人，尊重人，关心人，发展人”，即把“发展人”作为“以人为本”的根本内涵之一。“发展人”的根本意义在于使人的生命价值的实现，即每个人的个性全面健康的发展，人的潜能充分发挥和释放。实际上只有把“发展人”纳入到其中，才体现了企业文化管理的“一切为了人，一切依靠人”的真谛。而这也正是我党“一切为了人民群众，一切依靠人民群众”的群众观点和群众路线的要求和体现。

第三，从企业文化建设运作实务来看，我们应当把握企业文化是一个由精神文化、制度行为文化和物质文化三个层面有机构成的整体系统。因此，只有全面把握企业文化的三个层面的协调发展，才能取得预期的效果。当前有一种现象值得注意，即有些企业搞企业文化建设，他们的重点不是放在企业文化三个层面的协调发展上，而总是片面地强调先进文化理念的灌输，却忽视了物质和制度层面建设的协调运作，因此效果甚微。实践表明，在进行企业精神文化宣传贯彻过程中，必须同时关注企业员工们在企业中的地位、作用以及员工们的物质利益等各层面问题的解决，才能使那些先进的文化理念深入员工们的心中。否则，如果只是让员工树立主人翁精神，而不去关注员工们的主人翁地位和主人翁利益，那么员工们是不可能树立起主人翁精神的。因为这不符合马克思主义的社会存在决定社会意识的基本原理。我曾读过北京宝贵石艺科技有限公司老板张宝贵写的一篇文章《敬重员工是我的企业文化》，读来感人至深。由此我又联想到了党中央领导的“群众利益无小事”的为民、亲民、爱民之心。我感到这里有一种相通之情。我相信如果企业家有了这样的敬重之心，员工们也就有了主人翁精神。也就是说，从科学发展观的方法论要求来看，只有把企业文化的三个层面全面、协调地发展搞好了，先进的企业文化才能够真正地树立起来。

第四，企业文化建设是一个复杂的动态发展过程，具有其特殊的运行规律。因此我们应当根据它的内在规律，科学地把握它的运作程序和环节，才能使企业文化建设健康持续的发展。当前，有许多企业仍处于企业文化建设初期，这时候强调企业家文化、企业领导班子文化或者“老板文化”的作用是完全必要的，也是非常重要的。因为企业文化建设是一个过程，而企业家文化的提出就是这个过程的起点和发端。换言之，只有企业家具有了这种文化自觉，才可能在企业中引进企业文化管理。如果把它比喻为打球，那么企业家就是第一发球人。然而，要使这场球赛运作起来，还必须让广大员工们投入其中，才能够实现。这实际上就是如何把企业家文化转化为企业全体员工文化的问题。从企业文化发展过程来看，这是企业文化的主体工程建设阶段。实践表明，这是相当艰巨和复杂的工作任务，然而我们又无法回避而必须解决。原因很简单，如果企业家文化不能转化为全员文化，那么就只能是企业家个人的文化，而不能成为企业文化，因为企业文化是企业全体员工接受和认同的主流文化。在这个阶段上，当前有许多具体问题需要予以探讨和解决。我们认为，主要有四方面问题应予科学统筹解决，亦可概括为“四化运作”：即系统化、制度化、通俗化和细节化地运作。

1. 系统化运作。即企业文化建设要着眼于精神文化、制度行为文化和物质文化三个层面协调运作、共同发展，其中精神文化建设是核心与关键。

2. 制度化运作。即企业文化建设不能仅就观念抓观念，它必须有相应的制度规范作为硬件的约束来配合，否则就可能成为空对空式的说教。这种制度的硬性约束作用是一个逐渐减弱的过程。在初始阶段，带有硬性约束的宣传贯彻是必要的，强制性的行为规范要求也是必要的。因为无此约束，再先进的文化观念也不会自行其道。当然即使这时制度强制性约束，也应当体现人性化的关怀。随着员工对于企业价值观的接受和认同，制度的硬性约束作用会逐渐淡化，而员工的软性自我约束则会逐渐增强。当员工将企业价值观内化于心灵之中，能够实行自我管理时，制度的外在硬性约束就已经消失，而代之以员工们的内在自我约束的自觉行为。而企业文化管理的最高阶段就在于实现“自主管理”，亦称“没有管理的管理”或“不管理的管理”。

3. 通俗化运作。在企业文化建设过程的初始阶段，提出企业文化理念系统，编制《企业文化手册》等都是必要的，但是如何使这些抽象的企业价值观和经营理念等能够被广大员工所理解和接受，是一个重要的问题。因此，在企业文化的宣贯过程中，应该注意采用广大员工通俗易懂、喜闻乐见的形式，才会收到预期的效果。例如，海尔集团采用的员工的“画与话”、GE 公司的企业价值观卡以及许多优秀公司的讲故事（西方叫企业神话）等，实践证明都是行之有效的形式。

4. 细节化运作。使企业文化建设的系统文本被广大员工理解和接受是重要的，然而把这些精神理念的东西转化为每个员工的实际行动则是更为重要的。实际上企业文化建设是企业生产经营活动连接在一起的，没有什么游离于生产经营之外的企业文化。因此，要落实企业文化建设就要落实到企业生产经营活动的每个细节中。

（作者系中国企业文化研究会副理事长，辽宁省营销科学研究会会长、哲学研究员、管理学教授）

加强铁路安全文化建设 为铁路跨越式发展创造安全和谐环境

何洪达

认真学习研究，准确把握铁路安全文化的本质内涵

企业文化作为一种新的管理理念，日益被国内一些企业所认识并积极实践，丰富了企业管理的内涵，成为了建立现代企业制度的标志之一。把企业文化的理念引入到企业安全生产工作之中，积极创建企业安全文化，是对企业安全管理理念的创新，是新形势下加强安全生产工作的客观要求，也是政治工作融入中心、服务大局的重要切入点。铁道部实施铁路跨越式发展战略以来，极大地调动了各单位推进企业文化建设的工作热情，特别是各单位紧密围绕铁路运输安全这个重大课题，对以现场实践为主的安全生产活动从管理理念的角度进行了探索、实践和思考、总结，创造了一些成功经验和作法，在确保铁路运输安全中发挥了积极作用，坚定了我们创新发展安全文化理念的信心。尽管如此，我们的探索和实践还仅仅是初步的，进一步深化铁路安全文化建设，需要对铁路安全文化的基本概念、发展历程和功能特征等有一个新的、全面的认识。

1. 要正确认识铁路安全文化的发展过程。铁路安全文化不是无源之水。它是伴随着铁路运输安全生产的实践长期存在，随着企业文化的兴起而不断进步的。五十年代推广中长铁路经验、六十年代整章建制、七十年代全面整顿，初步形成了“四通八达，畅通无阻，安全正点，当好先行”的铁路安全价值观，确立了“严字当头，铁的纪律”的安全管理理念。铁路改革开放以来，全路贯彻“安全第一，预防为主”的方针，推行安全科学管理，建立健全安全生产责任制，开展安全基础建设，形成了“从严治本，基础取胜”的安全工作理念，确立了“规范管理，强基达标”的指导思想。进入新世纪，特别是党的十六大以来，全路认真学习贯彻“三个代表”重要思想，站在落实科学发展观和构建社会主义和谐社会的战略高度，提升了对运输安全重要地位的认识，确立了“安全是铁路跨越式发展的生命线”，创新发展了运输安全工作理念，推动了铁路安全文化的进步，初步形成了具有鲜明行业特色的安全文化氛围。这个过程说明，铁路安全文化在各个不同的历史时期，对铁路运输安全生产都发生着巨大的服务和保证作用。今天，随着我们更加自觉系统地全面地推进铁路安全文化建设，必将对运输安全生产发挥出更大的服务和保证作用。

2. 要深刻理解铁路安全文化的基本概念。研究铁路安全文化，首先要认识什么是文化。对文化这个概念的理解有很多种，其中比较一致的看法是，文化是人类在长期的生产和社会实践过程中创造的物质财富和精神财富的总和。安全文化作为一种亚文化，是文化的重要组成部分，是从属于组织文化的一个子概念，是由社会文化和企业文化共同构成的，其实质是安全价值观、安全理念、安全行为准则的总和，是安全意识形态的理性概括。铁路安全文化则是铁路企业文化的重要组成部分，是在长期的铁路运输安全生产实践中逐步形成或培育塑造的，具有鲜明铁路行业特色的，为广大干部职工普遍认同、遵循和接受的，以安全价值观为核心的安全思想意识、道德规范、管理理念等因素的总和。一般来说，铁路安全文化建设有三个层面的内容：表层主要是指包括站容段貌、职场环境等可见之于形、闻之于声的文化环境的建设；中层主要是指包括组织机构、规章制度、作业标准等安全管理制度及其运作和落实机制的建设；深层主要是指包括安全思维方式和行为准则、安全道德观和价值观等积淀于铁路企业及广大干部职工心灵中的安全意识形态的建设。深层安全文化建设是这三个层次中最重要的核心，起着支配、决定表层和中层安全文化建设的作用，而表层和中层安全文化建设也会促进和推动深层安全文化建设，三个层次是有机统一、互相交织、不可分割的整体。

3. 要准确把握铁路安全文化的主要功能和特征。铁路安全文化在实践中创新发展，贯穿了长期的铁路安全生产实践，凝结了几代铁路人的思想和创造，是铁路宝贵的精神财富。我们要发展和利用好这笔精神财富，充分发挥铁路安全文化的凝聚导向功能，坚持以人为本，树立共同安全价值观，为安全生产提供正确的指导思想和精神力量，把人们的思想和行动统一到安全生产总目标上来；充分发挥铁路安全文化的激励约束功能，通过文化理念的形成，启发人们安全生产的自觉性，激发安全生产的活力和创造力，引导人们加深对安全规章制度的理解和认识，自觉规范安全行为；充分发挥铁路安全文化的协调融合功能，创造平等、互敬、互爱的人际关系和良好的安全环境，使个体自然融会到群体之中，通过潜移默化的安全文化教育和安全文化环境影响，使确保运输安全生产真正内化为全路广大干部职工的一种内在需求、一种人生觉悟、一种自觉行为。从而，使铁路安全文化具有时代性，体现时代精神的特征和要求；具有人本性，不断强化关爱生命、关注安全的主旨，突出安全生产中人的因素，注重人文关怀，体现自尊、自信、自强的安全人格，创造团结、和谐、友善的安全环境；具有独特性，能够反映出铁路企业的行业特色、铁路文化的优秀传统和铁路职工的精神风貌；具有实践性，能够对运输安全生产实践起到能动的指导作用，成为确保铁路运输安全的强大推动力。

从铁路安全文化的功能和特征可以看出，铁路安全文化体现时代的文明进步，适应运输生产力的发展要求，反映干部职工的共同意志，是一种先进文化，具有强大的生命力和影响力。

统一思想认识，正确理解加强安全文化建设的重要意义

贯彻落实科学发展观，构建社会主义和谐社会，推进铁路跨越式发展，要求我们有效地运用安全文化建设的手段，从根本上提高干部职工的安全意识，筑牢“安全第一”的思想防线，确保运输安全持续稳定。我们必须从党和国家工作大局，从铁路跨越式发展的战略高度，充分认识加强铁路安全文化建设的重要意义。

抓好铁路安全文化建设是落实科学发展观、构建社会主义和谐社会的迫切需要。“以人为本”是科学发展观的本质和核心，也是以胡锦涛同志为总书记的中央领导集体对安全生产工作的基本要求。胡锦涛同志在分析安全事故多发的原因时指出，“从根本上说，是‘以人为本’理念是否真正树立起来，对安全问题是否足够重视”。安全生产的宗旨是维护广大人民群众的健康和生命安全。坚持“以人为本”，始终把保护人民群众的健康和生命安全作为铁路运输安全工作的出发点和落脚点，高度重视做好人的工作，在提高人的安全文化素质、启发人的安全觉悟、调动人的积极性，加强安全教育管理和规范控制上下功夫，是铁路安全文化建设的重要内容，是立党为公、执政为民的重要体现，是落实科学发展观的必然要求。同时，各地区、各行业、各系统的安全和人民群众安定祥和的生活，是构建社会主义和谐社会的重要基础。铁路作为国民经济的大动脉，大众化的交通工具，运输安全关系社会大局的稳定。适应构建社会主义和谐社会对铁路运输安全的新要求，迫切需要我们积极运用多种文化资源，充分发挥文化的功能和作用，把干部职工的思想和行动凝聚到确保运输安全生产、为构建社会主义和谐社会提供有力的运力支持上来。

抓好铁路安全文化建设是全面深入推进铁路跨越式发展的迫切需要。当前，铁路跨越式发展已经进入全面深入推进的关键阶段，深化改革、加快建设、推进技术装备现代化和实施内涵扩大再生产等各项工作进展有序，总体发展形势很好。但我们在前进的道路上还会遇到许多困难和挑战，受到一些影响和干扰。其中运输安全对铁路跨越式发展的总体形势影响最大。刘部长反复强调：“当前和今后一个时期，是加快我国铁路发展难得的重要战略机遇期。充分利用好这一难得的发展机遇，最关键的一条就是保证运输安全稳定。运输安全工作是一切工作的首要前提，运输安全直接决定着铁路工作的总体环境。如果运输安全出现大的问题，就可能延缓我国铁路现代化建设的进程”，“安全是实现跨越式发展的重要前提和基础。越是加快推进铁路跨越式发展，越要始终不动摇把安全摆在第一的位置，越要高度重视安全思想教育，不断增强干部职工‘安全第一’的大局意识，不断增强恪尽职守的责任意识，不断增强遵章守纪的自觉意识，确保安全稳定。”从刘部长的讲话中，我们可以更深地体会到运输安全对于推进铁路跨越式发展整体工作的极端重要性，更深地感受到确保安全的巨大责任和压力。铁路跨越式发展为深化安全文化建设提供了平台和机遇，为体现文化建设自身价值创造了条件。加强铁路安全文化建设，大力弘扬先进文化，既是铁路跨越式发展的重要内容，也是发挥政治工作作用，推进运输安全生产的迫切需要。

抓好铁路安全文化建设是加强铁路运输安全管理、实现安全生产长治久安的迫切需要。近一时期，全路运输安全形势在保持总体稳定的情况下，也发生了一些比较严重的问题，为运输安全工作敲响了警钟。深入开展铁路安全文化建设，发挥文化功能的特殊优势，借助文化的广泛渗透力和影响力，有利于深化安全教育，强化干部职工“安全第一”的意识，增强干部职工的安全责任感，形成人人接受并努力实践的共同价值观；有利于提高全员安全素质，推动安全基础建设，通过系统的业务培训和安全规章制度教育、法律法规宣传，增强安全法律意识，提高基本作业技能，引导职工正确认识和处理安全与生产、安全与效率的关系，摆正“安全第一”的位置；有利于规范新体制下的安全管理，引导职工正确认识以人为本与严格管理的辩证关系，自觉接受安全管理的严要求，同时把长期形成的具有本系统特点的安全管理经验，提升到企业文化建设的高度加以定位，提升到物质与精神结合的境界进行认识，形成能够为广大职工接受的管理思想和模式，实现安全理念的提升和安全管理的规范化。因此，我们可以说，深化铁路安全文化建设非常必要、正当其时。

抓好铁路安全文化建设是加强改进思想政治工作，坚持政治工作融入中心、服务大局的迫切需要。部党组提出的政治工作融入中心、服务大局要求，是保证铁路党建、思想政治工作与推进铁路跨越式发展紧密融合、相互促进、共同发展的重要指导思想。为推进这一要求的深入实施，我们还提出了政治工作要更加符合实际、操作实用、确有实效的原则要求，部政治部形成了坚持用原则要求、目标引导、典型推动开展党内活动的具体方法，确立了重基层、抓基本、强基础，加强基本队伍、基本制度建设，强化各项工作基础，形成指导和服务基层的完善、高效的工作机制的目标要求。这些重要的指导思想和工作原则方法，构成了政治工作融入中心、服务大局的保障机制。铁路安全文化建设正是从充分发挥政治工作服务保证作用出发，结合铁路中心任务，选准切入点和着力点，更深地融入运输安全中心，服务跨越式发展大局，加强改进思想政治工作的具体实践。铁路安全文化贴近运输安全实际，指导工作方向，解决突出问题，可以促进党组织作用的更直接发挥；贴近职工生产生活，注重行为引导，体现人文关怀，可以增强思想政治工作的针对性和实效性；贴近构筑“安全屏障”工程，目标措施同步，有机融合促进，形成党建和思想政治工作合力保安全的

新载体。铁路安全文化建设体现了加强改进思想政治工作的基本要求，符合政治工作的发展方向，顺应干部职工的思想需求，是把思想工作转化为现实安全生产力的有效途径，是铁路政治工作在服务保证安全工作上的新发展，为进一步加强改进铁路党建和思想政治工作提供了有益的实践。

（作者系铁道部政治部主任）

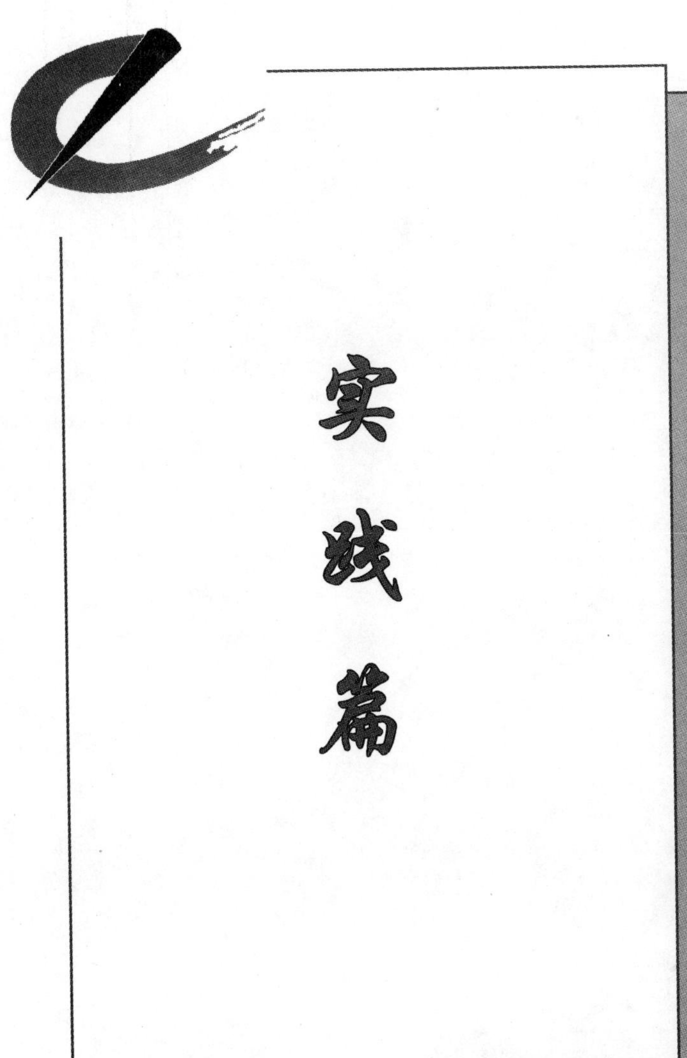

实践篇

中国企业文化建设示范基地巡礼

山东黄台发电厂

企业简介

山东黄台火力发电厂位于济南市东部新城区，是山东省第一座高温高压火力发电厂。1958 年开始建设，1959 年 12 月第一台机组投产发电。经过六期扩建增容，现装有七台锅炉，八台汽轮发电机，总容量 1025 兆瓦。现有职工 2600 人。主业拥有固定资产 18 亿元，年发电量 60 亿千瓦时，年经营收入 12 亿元；多种产业拥有固定资产 3.5 亿元，净资产 1.4 亿元，年经营收入突破 4 亿元。

多年来，黄台电厂坚持"发展企业、奉献社会、造福员工"的企业宗旨，不断抓安全，抓科技投入，通过管理创新和革新挖潜，努力提高机组的发电、供热能力，提高机组的安全性、经济性和企业效益，自建厂以来，共向社会提供电能 1300 多亿千瓦时，热能 1150 万吉焦，为济南市的经济建设和人民生活的改善做出突出贡献。

近年来，黄台电厂坚持走科技兴厂之路，把环保纳入可持续发展战略，不断加大科技和环保工作力度。新建了锅炉电除尘、污水处理、粉煤灰综合利用和烟气脱硫系统，极大地改善了济南市的环境质量。

黄台电厂建厂 48 年来，企业两个文明建设取得突出成绩：连续多年保持省级文明单位称号和省级优秀政工企业称号，并荣获全国优秀政工企业称号；1998 年被国家电力公司授予"全国电力双文明单位"和"全国一流火力发电厂"称号；2001 年，"三维立体"的黄电文化被确立为中国企业文化建设第五大模式，同时，黄台电厂被命名为"中国企业文化建设示范基地"；2002 年荣获全国"五一"劳动奖状；2003 年荣获全国"安康杯"竞赛优胜单位，"全国模范职工之家"；2004 年、2005 年连续两年荣获"中国企业文化建设先进单位"荣誉称号。

目前，黄台电厂正在实施发电、扩大再生产、多种产业并举的企业发展战略，准备新上热电联产机组替代老小机组，以适应济南市城市发展的需要，实现企业的持续快速健康发展。

以文化内涵提升营业管理素质

黄台电厂以邓小平理论和"三个代表"重要思想为指导，以企业文化建设的指示精神为方向，以提升企业管理水平，提高员工素质，增强企业凝聚力为目标，坚持企业文化建设与企业发展战略相结合、与企业的经营管理相结合、与企业精神文明建设相结合，积极探索新形势下企业文化建设的规律，科学地吸收和借鉴国内外企业文化建设的优秀成果，使"三维立体"（厂区文化、社区文化和家庭文化）的黄电文化更具企业特色，有力地促进了企业的安全生产、经营管理、多种产业、精神文明建设工作，确保了企业持续、健康、快速发展。

基本情况

厂区文化建设方面

在厂区文化建设中，黄台电厂以管理为核心，按照主攻制度文化，规范形象文化，推进精神文化建设的思路，到 2005 年，制度文化实现了重大突破，形象文化得到良好的改善，精神文化得到极大地促进。

1. 主攻制度文化。在制度体系中，黄台电厂将贯标认证工作与制度文化体系重建融为一体，以企业文化五年规划、实施方案以及年度工作计划为总纲，把企划、人事、生产、经营、教培管理联体运作，通过不断改革和创新，促使制度化管理渐趋完善和成熟。同时陆续出台了新的符合企业文化本质要求的管理标准、工作标准、考核标准，使全厂的质量管理体系趋于按国际标准运作。

——用人和分配机制上，加大了"公开、公平、公正"的"三公原则"实施力度，探索并形成了管理岗位的"双考竞聘"、中层干部的"动态管理"以及工时计奖、年薪制改革等更趋合理的管理办法，建立起新的绩效考评体系及激励约束机制，为企业的改革与发展注入了生机和活力。

——在安全管理上，构建起较为完善的安全文化体系。提炼出安全文化理念、制定了安全目标、安全发展战略等等，建立起安全文化结构，包括安全观念文化、安全管理文化、安全行为文化、安全物态文化等，开展了安全文化建设主题活动，初步形成了独具特色的安全文化。

——在经营管理上，制定了制度文化和经营文化建设计划。提炼出经营理念，制定了经营目标；结合体制改革，根据企业发展的实际，重新编制了机构设置和岗位序列；编制了岗位说明书，建立起独具特色的、体现以经济效益为中心的经营文化。

——在战略管理上，积极探索体制转轨时期的创新发展之路，提出了主业、扩大再生产、多种产业的三大支柱协调发展的企业发展战略，为企业展现了广阔的发展前景，使广大员工看到了企业的未来和希望。

——在精神文明建设中，运用现代企业的管理思路和方法，对厂务公开、职工培训、先优评比、党风廉政、合理化建议等工作进行了有机整合，并融入企业文化建设体系，形成了民主管理、教育培训、考核激励、监督约束等系统规范的管理机制，开展了建设“创建平安黄电”、“争当百名十佳标兵活动”、“保持共产党员先进性教育活动”，成为塑造企业共同价值观的坚强基石。

2. 完善形象文化。结合黄台电厂企业的发展规划，采用现代企业形象战略手段，重新定位企业形象，导入了CI战略，形成了企业视觉识别系统（VI）手册。

——结合“以大代小”项目，重新规划了厂区、生活区，制定出“现代化工业花园”企业发展规划。

——根据《CI手册》，规范了企业名称、标志、旗帜、标准字体、标准色彩、企业网页、办公及接待用品、员工制服、建筑物与环境等。形成了特点鲜明，整齐、统一企业内部形象。

——根据《员工行为规范》，规范了员工的行为，使广大员工在思想道德、工作行为、社交礼仪等方面有了统一的行为规范和准则，树立起目标一致、步伐一致、同心同德、齐心协力的团队形象。

3. 推进精神文化。发动全厂干部职工，重新提炼了企业文化理念，编制了《员工行为规范》，塑造了企业的“灵魂”，为企业发展注入了显著的文化力，使企业向心力、凝聚力进一步增强。

——塑造企业的核心文化。忠诚、敬业、进取、和谐是企业精神文化的核心。通过宣传、引导、培训和典型选树，使全体员工从思想上认同、并弘扬企业精神。自觉忠诚于祖国、忠诚于企业、对人忠诚，对己忠诚；自觉爱业、乐业、勤业，精业，积极进取，不断创新；企业的制度、程序和谐，党群、干群关系和谐，员工之间和谐，社区、家庭和谐，企业和谐、健康发展。

——更新企业理念：在鲁能集团企业文化建设思路的指导下，对原有理念进行充实和完善，将“效益第一，品牌至尚，以人为本”的思想，建设“高强、高尚、高效”企业的追求体现在新的企业理念中。同时注重“核心竞争力”、“自主创新”等理念的倡导和培育，使广大职工更适应市场竞争和企业组织与经营管理模式的变化。

——编制员工行为规范：在黄电精神指导下，从基本道德规范、工作行为规范和社交礼仪规范等几个方面，总结出黄电员工在工作和人际交往过程中应遵守的行为规范与准则。让广大员工明确应该做什么，不应该做什么，并以此为规范，修正自己行为中的偏差和不足，在举止得体中尽显丰富的黄电文化。

在社区文化建设方面

黄台电厂以和谐为核心，把建设思路定位在“社区关系和谐、社区环境和谐、社区活动和谐”上。通过加强社区管理和开展丰富多彩的文化活动，实现了社区治安良好、人际关系和谐、社区环境优美的目标。

——加强对居民的道德素质教育。在社区悬挂“居民公约”、“市民十不规范”、“黄台电厂十不行为规范”宣传牌，对社区居民进行道德素质教育；投资7万元建立了高标准的多媒体党员活动室和文明市民学校，对社区居民进行道德素质教育；大力开展文明楼、文明单元竞赛评比活动，形成家家争创的良好氛围。目前，遵守“居民公约”、“市民十不规范”、“黄台电厂十不行为规范”成为社区居民自觉行为。

——丰富社区居民文化生活。社区内相继成立了“威风锣鼓队”、“风筝队”、“健身舞队”等十几支由职工及家属参加的业余活动协会及职工业余艺术团体；每年举办楼与楼之间的拔河比赛，举办消夏晚会，活跃了社区气氛，增加了社区的凝聚力；先后建成了老职工活动中心、职工俱乐部、文化广场等，增添了各类活动器械，为开展社区文化建设提供了优良的活动场所；建有高标准的党员活动室、电教室、阅览室，每年举办多次老年保健知识讲座，各种健身器材、娱乐场所全天开放。

——强化社区服务功能。设立救助电话，开设了2450、2451、2453求助电话，实现了24小时求助援助。建立社区保障站，为辖区老年人、残疾人、儿童办理爱心卡，为多名生活困难的居民办理了最低生活保障。加强社区车辆管理，对社区内道路停车位等硬件进行优化和健全，重新规划了停车位280个，制作道路标志牌6块，安装遥控电动挡杆3套，设置减速带6条，安装太阳能警示灯2个，划定道路交通线2500米以上，基本做到了社区机动车管理的规范到位。

——加强社区治安防范工作。投入资金15万元在宿舍区安装安全技术防范系统，安装红外线报警装置；投入资金7.5万元将三个宿舍区的围墙加高半米，并对宿舍照明灯进行治理；组建了以宿舍区为单位，以各宿舍区管理员、楼长、单元长为骨干力量的社区平安安全网络，负责社区日常管理工作，居委会干部和管理人员分区负责，对各社区进行全方位综合治理监督检查。

——加强社区环境治理。加大环境治理力度，大搞环境绿化，现已形成三季有花、四季常青、假山公园、山水相映的自然景观。总绿化面积达到365600平方米，绿化覆盖率达到42%以上，提前达到2010年城市绿化覆盖率达到40%以上、人均公共绿地面积达到10平方米的国家计划标准。

家庭文化建设方面

在家庭文化建设中，黄台电厂以美学为核心，把建设思路定位在“道德行为美、生活方式美、学习创新美”三个“美学”上。通过开展丰富多彩的家庭文化活动、建立家庭档案、举办特色家庭活动，活跃了职工家庭文化生活，促进了家庭成员之间的和睦相处,增强了邻里之间关系和谐,使职工及家属的生活方式更加健康、文明、科学。

——家庭文化活动丰富多彩。近年来,由厂工会牵头,先后举办了家庭才艺大赛、举办了“青少年健康心理培养”讲座、举办了楼际拔河比赛,组织了职工家庭登山比赛等活动。活动将知识性、教育性、娱乐性、趣味性、健身性有机的结合在一起,广泛调动了职工家属们的参与热情。在活动中引导家庭转变生活观念,倡导健康文明的家庭生活,使职工家属在参与活动的同时,融洽了邻里关系,提升了家庭生活品位,促进了家庭稳定团结。

——家庭档案工作向纵深开展。家庭建档工作自2001年启动以来,按照“示范引路、分步实施、规范运作、逐步推进”的要求,将家庭档案工作向纵深开展。2005年,黄台电厂在家庭档案示范户试点工作的基础上,又开展了创建家庭档案示范单元、示范楼活动,共有1个楼、3个单元、69户家庭验收合格。同时,黄台电厂还积极筹备“家庭档案管理软件”编制工作,以提高家庭档案管理工作的现代化、规范化水平。

——特色家庭活动成效显著。为丰富家庭文化建设内容,黄台电厂把创建“学习型、环保型、健康型”家庭纳入家庭文化建设活动中,并相继组织了“走向绿色家庭”系列活动。一是组织2167户职工家庭参加《走向绿色家庭》环保知识答卷活动;二是举办“我们身边的环保”知识讲座;三是组织家庭代表参加济南市环境保护监测中心开放日活动;四是组织由12个参赛家庭与职工观众共同参与的“走向绿色家庭”环保知识竞赛。特色家庭的选树活动,引导了每个家庭向更高的文明层次发展。黄台电厂每年都有一大批文明家庭标兵、特色家庭的相继涌现,在全厂产生了很强的示范效应。

主要成绩

2003年,被中国企业文化促进会评为中国企业文化建设先进单位。

2003年,被山东省企业联合会授予山东企业文化建设优秀成果一等奖。

2004年,被中国企业文化促进会评为中国企业文化建设先进单位。

2005年,被中国企业文化促进会评为中国企业文化建设先进单位。

经验和启示

多年的实践使我们认识到,建设有特色的企业文化,把企业文化变为日常工作”,是建设先进企业文化的有力保证,也是企业文化建设的灵魂。在这个过程中,“一把手”真抓实干是关键,健全制度、完善机制是保证,宣传普及、丰实载体是基础。照抄照搬搞不好企业文化建设,只有把企业文化理论和本单位的具体情况结合起来,形成具有本企业特点的个性文化,才能把握企业文化建设的本质内涵,才能不断将企业文化建设引向深入。同时,企业文化的宏观管理思想和建设方式,必然要求企业跳出政工部门“单打一”的传统操作方式,渗透到企业管理的各个环节,以文化内涵提升管理素质,以管理创新推动文化创新,在文化与管理的相互融合中加强企业管理,提升文化素质,不断推动企业文化的创新发展。这些年来,黄台电厂一直做到机构设置齐全,人员配备充足,经费投入到位。企业文化工作部、企业文化学会、家庭文化研究会体系完备;理论研讨、信息交流、工作协调会制度健全。正是有了完善可靠的机制,才有效地避免了企业文化建设忽冷忽热的问题,而且保证了企业文化建设的不断创新发展。

(山东黄台发电厂)

华电青岛发电有限公司

简　介

华电青岛发电有限公司(前身为青岛发电厂)座落于黄海之滨,胶州湾畔,始建于1935年,是一座以发电和集中供热为主导产业的特大型热电联产企业,装机总容量126万千瓦,现有职工1673人。2005年1月15日,正式挂牌更名为华电青岛发电有限公司。

华电青岛发电有限公司把“全面实施文化管理”作为企业发展战略的一项子战略来抓,组织力量重新提炼整合形成了以“创新”为灵魂的“路径开新”文化战略体系,该体系分为三大系统十五项内容,涵盖了企业管理的方方面面,通过广泛的宣传和普及活动,有效提升了企业的核心竞争力。2003年8月7日,公司被中国企业文化研究会命名为“中国企业文化建设示范基地”。以此为契机,公司按照深化、提升和构建企业文化建设新格局的基本思路,积极推行分支文化建设,进一步丰富和完善了公司的文化理念体系,在修订企业所有管理、工作标准和制度的同时,健全和完善了《员工行为规范》,制定了《企业文化建设管理奖惩办法》,分层次落实文化管理,有效促进了企业文化管理水平的大幅度提升。

在实施文化管理的过程中,公司特别注重强化创新实践,极大地推动了企业的快速可持续发展。抓住青岛市举办2008年奥帆赛和发展集中供热的机遇,公司坚持“热电联产,二元推进”的企业战略,仅用两年多的时间就完成了两台30万千瓦热电联产机组的建设,成为山东省首家采用30万千瓦机组供热的发电企业,有效缓解了青岛市用电和集中供热的紧张局面。与此同时,公司大力发展循环经济,投资一亿多元,建设年产国标干灰30万吨、一亿块粉煤灰承重砖及30万方加气混凝土砌块生产线,使粉煤灰的综合利用率达95%。为减少烟气含硫对大气的污染,公司投入6.1亿元,实施了海水脱硫设备安装的一年四投,每年向大气消减二氧化硫10620吨。此外,公司还投资兴建了废水改造工程、海水淡化和中水回用处理系统，实现了废水零排放，每年可节约淡水260万吨，实现了企业发展与社会效益的双赢。

“九五”以来，公司累计发电396亿千瓦时，供热1955万百万千焦，上缴税金21.22亿，实现连续安全生产2929天，创下了公司安全生产的历史最高纪录。

近几年，公司被山东省和青岛市分别命名为“企业文化建设示范单位”，先后荣获了华电集团“优秀发电企业”和“文明单位”、“全国五一劳动奖状”、“全国精神文明建设工作先进单位”等荣誉称号。

摒弃路径依赖　坚持路径开新

青岛发电厂是隶属中国华电集团公司的国家大型火力发电企业，装机总容量660兆瓦，主要指标均达到国际一流发电厂标准。

青岛发电厂这个有着深厚的文化底蕴的老厂，在企业文化理念的整合过程中，把“路径依赖”的概念，反其道而用之，提出了“路径开新”的全新观念，在继承优秀传统文化的同时，突出“创新”这一主题，形成了以“创新”为灵魂的企业文化战略体系。青岛发电厂的“路径开新”文化战略体系包括战略路径、思维路径、行动路径三大系统。他们以创新为动力，通过战略、管理、机制、科技、政工等五项创新，促进了“路径开新”文化战略体系的建设，加速了企业的发展。

实施战略创新，追求企业与社会双赢

青岛发电厂扩建后，随着国家关停小机组和青岛市建设国际化生态城市步伐的加快，企业面临的环保、人员安置和持续发展的压力越来越大。他们千方百计作自身的文章，适时提出了“热电联产，二元推进”的企业发展战略和“环保与效益并举”的企业经营战略。在将老机组超前关停的基础上；利用亚行贷款新上了两台背压式供热机组，实现了热电联产，培育了企业新的利润增长点，年增加产值近5000万元。拆除了供热区内低效小锅炉283台和排放灰尘不达标的工业小烟囱210座，使二氧化硫和飘尘的年平均浓度得到了大幅度下降。同时，他们还自筹资金3300万元，为供热机组安装了高效电除尘器，引进了具有世界先进水平的子灰分选设备，建成了年产10万立方米的加气混凝土砌块生产线，使全厂粉煤灰综合利用率达到了95.3%，并首次将粉煤灰打入韩国市场，实现了社会效益与企业效益的双赢。

实施管理创新，与国际一流企业接轨

为加速与国际管理接轨的步伐，青岛发电厂从2000年下半年开始，利用半年的时间一次性通过了ISO9001质量管理体系、ISO14001环境管理体系、OHSASIS001职业安全卫生管理体系的国际认证，进一步提高了参与国际化竞争的能力。

他们积极开展创建无违章企业活动，在山东电力系统第一批通过了无违章企业的验收。

他们结合三个管理体系的认证要求，提出了“凡事有人负责，凡事有章可循，凡事有据可查，凡事有人监督”的管理境界，坚持以精细化管理为导向，对已经形成的各项标准和制度，按照文化理念的操作方法重新进行修改整合，建立起了以管理标准、工作标准、技术标准、规章制度和认证文件五项内容为资源库的企业管理制度信息平台，实现了全厂管理制度信息的网络共享。

实施机制创新，培育优秀的职工队伍

为更好地调动全厂职工的积极性，他们在持续改进和完善分配机制的基础上，赋予二级部门更大的奖金决定权和分配权，在奖金中加大了贡献奖的份额，拉大档距，使职工奖金的分配始终处于动态之中，有效纠正了平均主义的弊端。同时，他们还设立了安全生产、小指标竞赛等多个单项奖，激发了职工的工作热情。为鼓励在创新工作中成绩突出的职工，他们单设了管理创新奖，已有67人次受到表彰奖励。

为倡导并实践“企业要成为学习创新型企业，部门要成为学习创新型的部门，每一个人都要成为终身学习的人”的理念，他们在全厂范围内实施了“素质工程”，建立了绩效考核评价体系，完善了人员动态管理机制，对空余岗位实行竞争上岗或择优上岗。近年来，青岛发电厂投入教育培训资金近千万元，培训职工7000多人次。

实施科技创新，提高企业的经济效益

青岛发电厂突出“紧抓四条线，做好一结合”，推动了企业的科技进步，收到了明显的效果。一是信息化管理线。先后开发、引进了TMMS全面设备维护管理系统等39套生产管理软件，整合零散资源，形成了企业信息管理网络，使全厂所有生产设备实现了信息化管理。二是设备状态检修线。他们在主要辅机上加装了发电设备状态监测系统，超前诊断设备运行状况，实施动态检修，最大限度地提高了设备利用率，降低了检修费用，提高了设备的可靠性。三是新技术推广应用线。对50余台主要辅机电机实施了变频技术改造，降低了消耗，提高了设备健康水平，每年节电达400万千瓦时。四是合理化建议线。发动职工结合生产实际广泛开展合理化建议活动，并采纳实施，增加经济效益。此外，他们还坚持做到自我攻关与校企联姻相结合，先后完成了近百个重大课题的研究。

实施政工创新，为企业发展提供动力

青岛发电厂结合电力企业的生产经营特点，将思想政治工作与企业的生产经营工作同规划、同部署、同检查、同考核。每年，企业的党政领导都要与基层单位党政负责人签订“双文明”承包责任书，把思想政治工作与中心工作一起“集约化”管理，既明确了目标，又明确了责任，于运作和考核。

青岛发电厂党委还及时组织人员，按照企业“激励进步”的规范模式，重新修订了《党支部工作考核办法》和《党支部工作考核实施细则》，对党支部的各项工作量化、细化，将以扣罚为主，改为加分奖励为主，将“负激励”变为“正激励”；把评先进改为算先进，每季度组织一次全面考评，年度累计考评。由绩效差异决定先进与否。青岛发电厂还注意不断探索实现思想政治工作现代化的手段和方法，充分发挥局域网在信息传播中速度快、覆盖面广、操作方便、双向交流、资源共享等优势，建立了网站，及时转发有关信息，并根据形势需要，开辟专题栏目，引导职工自觉学习浏览，开阔视野，增长知识。

青岛发电厂以创新为动力，通过战略、管理、机制、科技、政工等五项创新，促进了“路径开新”文化战略体系的建设，加速了企业的发展。2003 年，该企业被中国企业文化研究会命名为“中国企业文化建设示范基地”。

（青岛发电厂）

中国石油大庆炼化公司

简　介

中国石油大庆炼化公司坐落于享有天然百湖之城和绿色油化之都美誉的大庆油田，地处滨洲铁路与让通铁路交汇处的黑龙江省大庆市让湖路区马鞍山，是隶属于中国石油的特大型石油石化企业。

2006 年 2 月 27 日，受中国石油天然气股份有限公司委托对林源炼油厂进行托管，大庆炼化公司总占地 21 平方公里。员工 11029 人，平均年龄 36 岁。其中，具有大专以上学历的占员工总数的 36%，研究生以上学历的占员工总数的 0.60%，中级以上职称的专业技术人员占干部队伍总数的 53%，还有三名中国石油集团公司高级技术专家。公司设 15 个机关处室，8 个机关直属单位和 18 个专业厂（公司）。企业固定资产原值 111 亿元，销售收入 200 亿元，拥有主体生产装置 30 套，原油加工能力 600 万吨/年一次、二次配套加工能力和 20 万吨/年润滑油，10 万吨/年石蜡，10 万吨/年聚丙烯酰胺，3 万吨/年腈纶，以及亚洲单套最大的 30 万吨/年聚丙烯和 1.1 万锭毛纺能力，生产规模和装置水平达世界水平，可生产汽油、柴油、煤油、润滑油、石蜡、腈纶、聚丙烯酰胺、聚丙烯、地毯等 20 类 200 多个牌号的石油化工产品，是集炼油、化工、化纤和轻纺生产销售于一体的综合性石油化工企业。产品辐射全国 25 个省、市、自治区，并远销亚、欧、美、非四大洲的多个国家和地区。2005 年实现销售收入 210 亿元。

企业文化建设及成果

大庆炼化公司的发展壮大，得到了党中央、国务院和各级党政领导的亲切关怀。温家宝、李鹏、邹家华、康世恩等党和国家领导人以及黑龙江省委、省政府、中国石油天然气集团公司、中油股份公司等领导同志都曾来到这个公司视察工作。

大庆炼化公司主体生产装置均采用先进的 DCS 集散控制系统，代表着国内炼化领域的先进水平。ARGG 装置是世界上最大的同类型装置，可生产高辛烷值低烯烃汽油和 30 万吨精丙烯；世界上同类型最大的异构脱蜡装置采用了目前世界上最先进的雪佛龙专利技术，生产的加氢润滑油基础油具有粘度指数高、倾点低、颜色浅、氧化安定性好的特点，是润滑油和特种油品的优质原料。目前炼化公司已开发了变压器油、橡胶填充液、聚苯乙烯填充液三种特种油品，产品质量全部达到 APIⅢ类基础油标准；引进法国 SNF 公司技术和设备，聚丙烯酰胺年生产能力为 10 万吨，根据三次采油的实际情况，公司又自主研发出以抗盐聚丙烯酰胺为特色的十一种聚合物产品，有四项科研成果申报了国家专利，产品主要用于油田三次采油驱油助剂，每年可为大庆油田增产原油近千万吨，是目前世界上规模最大的油田用聚合物生产基地。采用第二代工艺技术亚洲单套生产能力最大的 30 万吨/年聚丙烯生产装置，是意大利巴塞尔公司向中国转让项目中转让牌号最多的工艺技术。可生产均聚、无规共聚、抗冲共聚三大类 103 个牌号的双峰聚丙烯和高刚性、高结晶性、高净度的产品，广泛应用于汽车、化纤、家电、建材、包装膜等领域，完全可以替代进口产品。腈纶装置采用美国康泰斯国际有限公司生产工艺，规模为年产 3 万吨长丝和 1 万吨毛条，以生产市场适销的有光、半消光棉型或毛型短纤维及毛条产品为主。除这些常规产品外，可根据市场需求，适当调整工艺及配置，生产适量的有光、半消光、高收缩、超高收缩纤维、凝胶染色纤维、细旦纤维、低起球纤维等差别化纤维。林源毛纺厂是国内大型毛纺企业之一，拥有从德、法、意、瑞等国引进的国际先进的纺纱、染整设备 120 台套。现有针织绒生产能力 7000 锭，年生产能力 1500 吨，可生产 20 支—140 支合股纱线，精纺羊绒纱在国内处于领先水平，染色可进行散染、条染和纱染。主要产品有粗绒、细绒、针织绒、丝光绒线、超柔绒线等。林源地毯厂始建于 1987 年，现有 1800 吨/年产丙纶膨体长丝，120 万平方米/年产丙纶机织提花地毯，纯毛及混纺地毯的生产能力。该厂主要设备分别从德国、英国、比利时等地进口，生产采用微机控制。拥有国际最先进年产 25 万平方米的双剑杆电脑提花织机、30 万平方米的双剑杆（8 色）电脑提花织机、年产 3000 吨的加捻热定型设备以及世界先进的年 1500 吨、规格 1500～3000 旦的 BCF 生产线。该厂自行设计开发了适应国内外市场需要的块毯、满铺毯以及走廊毯、边毯、环保地毯等产品。

大庆炼化公司成立以来，先后通过了质量、职业健康安全和环境等三个管理体系认证，使企业管理更加规范化和科学化，荣获了全国“五·一”劳动奖状、黑龙江省优秀企业、国家级“重合同守信用”先进企业等 34 项荣誉；通过致力于构建以“心相通、情相融、力相合”为本质特征的“三相”

企业文化体系，着力打造“铸魂、炼魄、聚力、强制、塑形”文化管理五大平台，使企业的凝聚力和队伍的战斗力不断增强，专业化管理水平不断提高，企业的知名度和美誉度不断提升，并且先后被中国企业文化研究会、中国企业联合会授予“中国企业文化建设示范基地”和“全国企业文化示范基地”荣誉称号。

传承大庆魂　拓展新路径 为建设资源节约型和谐企业提供文化支撑

于宝祥

大庆炼化公司重组前，两个企业是文化背景完全不同的两家企业，重组后，干部和员工中存在着较大的文化差异，直接影响着企业的资产重组和队伍融合。几年来，大庆炼化公司一直把推进构建具有企业本质特色的“三相”企业文化（即“相通、情相融、力相合”）作为党委工作的宗旨和重点工作，作为创新思想工作的工作重点，在大庆炼化公司企业文化建设中坚持“同化于优”推进文化整合：从全员学习入手，提升能力，从战略出发研究思路；以“优优组合”承接文化底蕴，从实际出发整合文化理念；选择有效推进平台，坚持持续推进；坚持“融化于情”打造“三相”，团队：用共同愿景把企业与员工凝结成命运共同体，用无障碍沟通搭架起管理者与员工的互信桥梁。用真情关爱营造员工真心认同的家园氛围，用价值分流的渠道满足员工实现自我的要求；按照“内化于心”铸造企业之魂：深化大庆精神再教育，培养员工献身企业、为企业分忧的价值取向，内化大庆精神作用，培育员工克服困难、拼搏奉献的价值取向，强化典型作用，培育员工爱岗敬业、求真务实的价值取向；坚持“物化于制”，提升企业管理：强调文化理念与管理制度的一致性，增强制度规范的文化内涵，强调文化理念与管理的一致性，增强制度落实的文化品位，强调文化理念与管理创新的一致性，增强管理创新的文化潜质；坚持“外化于形”，塑造企业品牌：通过有效媒体宣传扩大企业形象影响，通过有效广告（固定、流动）塑造品牌形象，通过有效的央视活动推介企业形象，通过有效的 VIS 系统导入规范企业形象。实施以文化力提升经济力，以无形资本增值有形资产，以现代管理理论强化传统政治优势的文化战略，为建设资源节约型和谐企业提供了有力的文化支撑。促进了大庆炼化公司企业凝聚力和创造力的不断增强，促进了企业文化氛围和人文环境的健康发展，促进了企业知名度和美誉度进一步提升，促进了企业管理水平的持续攀升。

企业文化建设贵在领导层亲历亲为

企业文化建设能否坚持不懈地有效推进，应该是企业家（在国有企业是领导群体）义不容辞的责任和义务。我们炼化公司四年多来之所以能够使企业文化建设不断发展，就是我们的领导班子对企业文化的独特魅力和带来的经济、社会双重效益达成共识的结果。每当在企业文化建设进行决策的时候，遇到难点的时候，需要智慧的时候，增加投入的时候，我们都召开企业文化推进委员会进行讨论研究。我们的推进委员会由公司领导班子成员和机关处室主要领导组成，五年来已经召开了 20 多次会议，讨论研究和决策的议题 50 多个。我们还提出了“领导者首位”的原则，要求各级领导都是企业文化的主力推进者，当领导不能“文化缺位”，在企业文化建设的问题上要勤于思考、善于实践，从几年来企业文化建设的成效看，我们的各级领导的确起到了中坚作用。

企业文化建设必须突出个性特征

建设企业文化的基本前提是要客观地认清本企业的真实文化形态，找准企业中独具特色的个性特征。如果总结提炼的企业文化理念并不符合企业真实的主流文化特征，企业文化建设就无法得到广大员工的认同。即使用各种手段让员工把所谓的文化理念倒背如流，企业文化建设也会变成企业的文字游戏。我们先前开展的文化审计和后来进行的企业文化量化测评，就是用实事求是的态度来建设我们的企业文化。

企业文化建设必须强调“以人为本”

企业管理的主体和客体都是企业中的人。实践证明，以人管人不服人，制度管人不育人，文化管人管住魂。作为最新和最现代的管理方式，企业文化建设要从尊重人的个性、尊重人的创造入手，拓展员工实现自我价值的发展空间，重视现代人需求的多样性，用共同的价值观、信念以及积极进取的企业精神、文化理念来管理企业，也就是把文化作为启动员工行为的杠杆，通过加强企业文化建设，达成上与下的心理契约，形成上对下真诚的关爱，负责任的承诺，下对上发自内心的认同、忠诚和奉献，使全体员工齐心协力、同舟共济，把企业与员工凝聚为命运共同体。

企业文化建设必须在继承中不断创新

企业要想在激烈的市场竞争中求生存，实现持续不断地发展，适应国际国内市场的瞬息变化，惟一的出路就是要不断创新。大庆精神、铁人精神是中华民族精神的重要组成部分，是我们几代石油人不断传承的精神之柱。但在市场经济条件下如何创造性地继承大庆传统文化的精髓，赋予大庆精神以新的内涵是我们五年来企业文化建设始终探索和实践的课题。加强企业文化建设还要进一步开发全体员工的智慧和力量，使每一名员工都成为企业创新的源泉，为实现科技创新、管理创新和体制创新打造平台，为企业不断深化改革、谋求发展提供良好的舆论环境和文化氛围。我们企业重组以来，一直致力于企业的持续整合和改革，在机制创新、管理创新和科技创新等方面打破陈规，使公司焕发了强大的生机和活力。

（作者系中国石油大庆炼化公司党委书记）

黑龙江华安工业(集团)公司

简　介

黑龙江华安工业(集团)公司是隶属于中国兵器工业集团公司的大型骨干军工企业，距工业重镇齐齐哈尔110公里。建厂于1951年抗美援朝中，现有职工近9000人，离退休职工5891人，总资产111亿元。建厂50多年来，华安人为了国防建设立下了卓著功勋，从国家的历次边境反击战到第一颗原子弹、氮弹的爆炸成功；从第一颗人造卫星的上天，到神州6号载人飞船的成功，都凝聚了华安人的奉献汗水和智慧结晶。党和国家三代领导人对华安公司给予高度赞扬。

从1988年到1996年，在国家调整产业结构中，军品任务锐减，华安公司陷入了极度困境，成为闻名全国最不稳定、最危困的企业。1997年5月，原兵总党组选调了许远明等同志组成了新班子，9年来，企业实践并创造了大见成效的“治厂思路”。企业发生了巨变，先后被中国企业文化研究会授予“中国企业文化建设示范基地”，中国企业形象认定委员会授予“新世纪中国企业形象AAA级企业”，中宣部、中组部、国家经贸委、全国总工会授予“全国政治思想工作优秀企业”称号，被国务院国资委党委授予“中央企业先进基层党组织”，被中共黑龙江省委、省政府授予“国企解困先进典型”和“以德治厂的典范”，被兵器行业和黑龙江省委授予“思想政治工作优秀企业”，连续六年被评为全国“安康杯”竞赛优胜单位等荣誉称号。

先进文化理念使危困企业起死回生

企业背景

黑龙江华安工业(集团)公司是一家具有50多年历史的老军工企业，在过去的岁月中有过辉煌，也经历了坎坷，特别是在上世纪80年代中期，国内经济结构调整，企业在由计划经济管理模式向市场经济转轨时期，经济形势的逆转使得职工的思想观念极不适应，因而，不但不能在生产经营中走出困境，而且在精神的泥淖中也越陷越深。以致出现了聚众上访、围攻省委领导和拦截旅客列车等一系列不稳定事件，不仅在经济上成为兵器行业的重灾户，而且在政治上也造成了不良影响。这样一个企业还能不能起死回生，走出困境靠什么？1997年在现任党委书记、总经理许远明上任后，在华安解困的突出事迹曾受到胡锦涛、吴邦国、邹家华等党和国家领导人的高度赞誉，2001年12月胡锦涛在全国组织工作会议上讲话指出：“华安公司新一届班子转变作风，切实加强与百姓的血肉联系，使困难重重的企业起死回生，这样的危困企业能搞好，对其他企业都有借鉴”。

挽救危机需要先进文化

不了解华安过去的人很难深刻理解胡锦涛同志讲话的深刻含义。

生活重压，挑战理智。在僵化的思想下，等和靠都没起到要达到的效果，在向企业领导施压没有作用的情况下，部分职工开始向地方和主管上级领导发威。他们连续制造了一起起不稳定事件，使中央和省市领导也深为华安忧虑，国内一些媒体将此称为“华安现象”。藉此不难看出，华安的传统文化已明显地阻碍了华安公司对新的经济发展形势的接受与适应，阻碍了华安经济的发展和职工观念的转变。人们亟需一场变革，无论是思想和文化都期待着一场深刻的革命。

“治厂理念”应运而生

有专家说，要挽救一个企业的命运，一方面是要在组织机构上进行重大的调整，一方面是在文化上进行彻底的变革。华安公司从计划经济时代走来，经历了一个典型的按国家指令办企业的路子，对汹涌而来的市场经济大潮先是无法理解，继而是不能接受，接下来是抱有幻想，以为不论怎么市场化，军工企业不能市场化，及至后来，看到大势所趋，仍旧心怀侥幸心理：华安国家不能不管。但现实是冷酷的，当一个个希望破灭之后，人们终于开始认识到，应该走自己的路了，但谁来领路，应以怎样的精神状态来面对眼前的变化？

1997年5月，兵器行业的主管机关，原兵器工业总公司的领导在行业内选派了以许远明为首的4名同志到华安公司组建新的领导班子。许远明来华安公司之前，曾在本行业的龙江电工厂工作，靠着崭新的文化理念和大胆改革的锐气把一个负债累累的企业治理成一个充满生机和活力的企业。来到华安后，工厂破败凄凉的景象确实让他吃惊不小，但他敏锐地感觉到：华安最缺失的还不仅仅是物质层面的东西，而是精神。许远明认为，企业最可怕的是职工队伍散心，无斗志、无士气、情绪低落、干劲不足；企业最可怕的是，领导人工作无信心、无决心、无思路，有短期行为，有为己谋私的行为；企业最可怕的是上下思想落后，观念僵化，因循守旧，不知因时应变，缺少一种向命运低头的精神。于是他指出：无论什么时候，只要领导人工作有信心，职工感到有奔头；领导人工作有决心，职工感到有劲头；领导人不谋私，职工感到有盼头。面对满目疮痍的烂摊子，面对人心痪散的职工队伍，他和新班子没有简单地顺应职工意愿向上级伸手要钱，而是认为：要想治理华安，不能就经济抓经济，而要以党的建设为核心，建设适合企业发展的先进的企业文化，从而达到以文铸魂，用文化力推动企业发展的目的。于是，许远明与班子成员一道，对企业的各方面工作展开深入细致的研究，在此基础上一系列针对企业症结、引领企业文化发展的理念陆续出台。如号召职工振奋精神为工厂发展做贡献的："用崭新精神面貌重塑企业形象，以实际行动拼搏振兴工厂经济。"和"卧薪尝胆，克服眼前困难，追求企业长远发展，破釜沉舟拼搏才有出路，不达目的决不罢休。"如用以正确处理企业党政领导关系的："中心核心不分心，二心和一争民心，互补互助下决心，志在企业旧变新。"再如重视人才的理念："立业先立志，脱贫先脱愚，发展靠人才，振兴靠科技。"质量理念："靠科技提高产品质量，靠产品质量挤占市场。"安全理念："安全是碗，质量是饭，保安全重质量事关企业兴衰"等等。新的文化理念充分体现了以人为本的思想，体现了新班子对华安人特别是老一代兵工人的充分尊重、信任，在新的理念指导下，新班子没有因为一部分老同志曾经有过过激行为而指责他们，而是耐心地做他们的思想工作，帮助他们分析并找出观念落后的原因，以及因此产生的不良后果。

在繁杂的工作中，他始终把引导职工转变观念放在第一位。他用请进来与走出去相结合的方法，首先解决领导班子和中层干部的思想僵化问题，让他们在身边飞速变化的事实面前看到观念上的差距，以摒弃落后思想。他在全厂范围内部署了对《谁动了我的奶酪》、《创新方略论》等书的学习，使他们逐步认识到了"等靠要闹"思想的危害。在一系列先进思想统一下，职工的观念发生了质的变化，企业凝聚力空前提高。为把职工的精神之火熊熊燃烧起来，他还利用公司集中教育和基层教育相结合的形式，为职工解除思想疙瘩，使之迸发出爱厂爱岗、为军工事业做贡献神圣光荣的理念，职工队伍的凝聚力、向心力不断增强。

楷模群体引领潮流

一个企业需要有一批优秀人物作为职工效仿的楷模。像华安这样的危困企业尤其需要有这样一群精英人物，作为实现企业核心理念的优秀代表，引领万余名职工去拼搏奋斗，而党的基层组织的领导者理应作为楷模群体的表率。党委决定抓楷模群体要先从班子抓起。在企业经济严重下滑的情况下，干部中出现了许多不良风气。有的工作时间不干事，却开着公车到处钓鱼，用公款吃喝……这些严重的现象使在困难环境中艰难挣扎的华安人怨声载道。面对这种新情况，新班子提出了"风正人心顺，官清民自安"的理念。班子刚刚组建两个月，就在全厂搞了一次万名职工投票选干部活动。他们经过充分动员，发给每名职工一张选票。评出好干部差干部各20名。最后党委根据组织考核和群众评议结果，免掉了一批不称职的干部，提拔了一批群众信得过的干部，一批群众信任度高的干部还被选拔到公司级领导岗位。

为迅速扭转干部队伍"软、散、懒"状况，党委还颁布了"禁酒令、禁牌令"等11项禁令，并聘请了12名离退休老同志组成稽查队，对工厂工作进行全面监督。

在华安这样的企业要想成为群众的楷模，还必须有较高的思想道德水准，这决定了群众是否能够真心拥戴你。华安公司由于前些年的困难，职工生活十分艰难。许远明来厂后，带领新班子走访困难职工家庭，遇到有病买不起药的和生活无法维持的，就从自己口袋里掏钱给他们，发现职工住房漏雨，就千方百计筹集200多万元资金修理，为保证施工质量他还冒雨登上5楼楼顶去查看，使群众受到了深深的感动。

许远明提出领导班子成员必须做廉洁自律的表率。在企业困难时期报酬要比别人拿得少，于是，班子成员坚持几年不按集团公司制定的薪酬标准开工资，然而工作却要比普通职工多几倍。为华安摆脱困境，许远明等一班人呕心沥血，倾情投入。许远明独身一人在华安工作，最艰难时，全家5口人分在5处。夫妻情、父子情无时不在痛苦地煎熬着他，可是为了华安的父老都过上好日子，他都挺住了。在华安他从没零点前睡过觉。为了企业的发展他四处奔波，经常在车船上处理工作，累了就在车上眯一会，饿了啃口干面包。为了稳定，他把带头聚众的老同志承包给班子成员一同做工作，他自己承担了难度最大的一位老同志的工作，有时一边打着吊瓶一边同老同志谈心，一谈就是深夜。由于劳累过度，有几次夜里睡觉时出现窒息性休克，大夫不得不强令他带上呼吸器睡觉。华安积压的事多，领导成员都忙在各自的岗位上，研究全面工作只好在晚上进行，经常是一开会就到深夜，为爱护他们的身体，兵器集团的领导曾专门提出要求：晚上开会不许超过10点钟。

在他的带动下，班子成员都以忘我的工作精神投身华安的解困。副总经理韩金德负责公司的生产的高调度指挥，得了重病也不休息，竟然累死在华安的解困路上。总会计师朱桂云，抱着华安空可见底的钱匣子，为工厂的各项开支四处筹措，得了乳腺癌，手术后刚刚7天，她就偷着跑出医院，回到日夜操劳的岗位上。

公司领导舍己忘家的精神，深深感动了公司干部职工，真正起到了楷模的示范带动作用。中层领导主动提出延长工作时间、节假日不休息。全公司干部职工利用业余时间参加治理公司环境改变公司面貌的义务劳动，全公司很快掀起了"想事促进创新，干事推动发展"的工作热潮。

文化发力，企业振兴

华安文化充分显示了企业家文化的鲜明特征。许远明同志曾任董事长、党委书记和总经理，华安新的文化理念都是以他为核心的党政班子针对华安的现状确立的。这些文化理念特色鲜明，时代感极强。许远明本人有着良好的思想素养和渊博的学识，他以文化人、以德治企的思想曾受到专家的高度评价。他的管理思想在中国企业联合会、中国企业家协会联合举办的"许远明管理思想论坛"上发表，受到专家的高度赞扬。这也是华安文化能够在公司迅速推广的重要因素之一。

中国企业文化研究会副理事长贾春峰评价华安文化时指出，华安文化魅力何在，格言表现的企业文化理念，好记、易传播。走进华安公司我们在马路边、厂房内，处处可见写在标语牌、黑板报上的格言、警句或精辟观点摘录。这些颇受专家赞赏的在企业中土生土长的文化理念，一个明显的特点是包容面大。从治厂方略到经营管理；从人才战略到职工教育；从文化建设到思想工作等等无所不包，从不同方面对职工进行劝勉、激励和警示，如教育职工搞好形象建设的“要好名声，树新形象，自己苦奋斗，争取多方支持”。教育职工积极投身环境建设的：“穷家勤扫地，贫女勤梳头，虽然不富贵，仍然有风度。”即生动形象又言简意赅，同时还蕴含着深深的哲理。这些格言警句的又一个特点是形式新颖，短小精练，为职工学习应用提供了方便。且不说那种20字左右的企业精神、振兴口号等短小的格言，职工人人都能背上几段，就连那些用来指导生产管理的理论、观点，也鲜明生动。如现场管理一二三四五六工作法，把几十项现场管理内容，用数字贯穿，区区几百字就指出了要点，使人过目不忘。又如被职工称作华安魂，用以凝聚人心的“人是华安人，心是华安心，创我华安业，铸我华安魂”还被谱了曲，在职工中广泛传唱，在凝心铸魂中起到了其他形式不可替代的作用。

华安文化是先进的文化，它把一个濒危企业引向中兴。在华安由低谷逐步走向振兴的7年里，人们清楚地看到华安公司由衰而盛过程中，文化力在推动生产力中所起到的巨大作用，亲眼目睹了无形资产与有形资产的密切关系和因此而带来的变化，并给以广泛认同。广大职工不仅在工作中自觉遵循企业文化理念，还利用各种形式进行宣传，不断扩大其影响力。

先进文化理念推动了企业经济和各项事业的发展。这些理念从精神层面入手，覆盖于管理的各个领域，已经成为华安人从事生产经营以及各项工作的行为准则，在先进的文化理念指引下，华安公司在外争取天时地利，在内求得人和，短短几年企业就发生了巨大变化。一是职工观念由“等靠要闹”转变为“想干创闯”；二是企业面貌由原来的破败萧条变为省级“花园式企业”；三是工厂管理由混乱不堪，变为兵器行业的排头兵；四是工厂地位由濒临破产变为国家确定的重点保军单位；五是企业经济效益由1996年的5000万元的销售收入到2004年的58000多万元；六是企业形象由过去的被人瞧不起，变为今天的获得“新世纪中国形象AAA级企业”、“中国企业文化示范基地”等各种荣誉50多项。

（黑龙江华安工业（集团）公司）

中国一航沈阳黎明航空发动机（集团）有限责任公司

简　介

沈阳黎明航空发动机（集团）有限责任公司是新中国成立后，国家投资设立的第一家航空喷气发动机制造企业。建厂50年来，一直受到党和国家领导人的亲切关怀，毛泽东、刘少奇、邓小平、李鹏、朱镕基、胡锦涛、吴邦国、温家宝等中央领导都先后来到黎明公司视察。曾经创造了许多国内“第一”，如新中国第一台航空涡轮喷气发动机、第一台地对地导弹液体火箭发动机、第一台具有完全自主知识产权的燃气轮机、第一台具有完全自主知识产权的航空发动机等。改革开放以来，特别是近几年来，企业领导班子遵循“航空报国，追求第一”的集团理念，在各项工作始终坚持思想观念先行，文化建设开路，在实践中形成了企业经营者文化自觉的高度站位、企业文化建设先导作用的准确定位、CIS系统组织实施全面推进到位的“三位一体”文化建设发展布局和文化建设中的“美容、整形、铸魂”的运行模式，极大地带动了企业体制、机制、管理创新和核心主业科研生产经营的发展。公司年产品销售额连续5年保持着25%的增长势头，职工年收入达到了沈阳市工业制造行业领先水平，企业的经济技术实力、核心竞争力和职工的生产、生活环境得到明显改善和提高。企业先后获得了“省文明企业标兵”、“中航一集团思想政治工作先进单位”、国家“花园式工厂”、“中央企业先进基层党组织”、“全国五一劳动奖状”等荣誉称号，被中宣部、国家经贸委树为国企改革脱困先进典型。2004年，被中国企业文化研究会授予“中国企业文化建设示范基地”荣誉称号。

企业文化成为黎明腾飞的重要引擎

中国一航沈阳黎明航空发动机（集团）有限责任公司（简称一航黎明），高度自觉地实施企业文化建设始于1998年，以此使困境中的黎明实现了迅速崛起。

经历多年的改革与发展实践，一航黎明创立形成了“三位一体”的文化建设模式，即企业经营者文化自觉的高度站位、企业文化建设先导作用的准确定位、企业形象策划战略全面组织实施到位。三者紧密结合、融为一体，并有机贯穿于企业的各项管理之中，构成了企业文化战略发展的统一布局，由此培育出了独具特色、拥有特殊内涵的企业文化。

一航黎明新老领导班子认为，企业管理的最高境界，是把管理措施和办法变成“上下同欲”的企业文化，并以此为指导，把企业办成一个文化组织，这源于一航黎明的企业文化定位，即黎明的“三轮说”。推动企业发展需要“三个轮子”，即文化建设、现代管理、技术进步，而企业文化是“三个轮子”中的前导轮。

现任董事长兼总经理姜伟自上任以来，一如既往地始终坚信：“文化能使黎明在困境中崛起，文化也一定能让黎明在新世纪中腾飞”。为此，一航黎明在新一届领导班子的带领下，大力传承与创新发展企业文化，使其前导作用得到有效发挥，带动了管理和技术水平的快速提升，有力推动了企业科研生产的迅猛发展。2004年，企业实现销售收入20.6亿元，实现利润3100万元；2005年，企业完成销售收入是上年度的117.8%，实现利润是上年度的116%，圆满完成了中国一航下达的生产经营考核指标。

两年来，一航黎明企业文化在继承的基础上，并日新月异地实现着丰富与发展，这成为企业持续快速发展的重要支撑，更为黎明实现快速腾飞发挥着重要引擎作用。

2004年，一航黎明抓住厂庆50周年与迎接“中国企业文化建设示范基地”审核等重大活动为契机，紧扣“创新与效率”工作主题，认真贯彻“思想观念先行，文化建设开路”指导方略，坚持以人为本，以强化员工素质教育为核心，积极开展企业文化建设，从而使企业文化得到了进一步丰富和发展。

此间，一航黎明组织编辑印制了《光辉五十年》系列丛书，精心摄制了《黎明》电视专题献礼片，设计、监造并如期完成了《奋飞》景观雕塑，完成了《一百个小故事》、《群星璀璨》、《科技铸黎明》等献礼书籍，为五十年厂庆增添了浓厚的文化色彩。

在迎接“中国企业文化建设示范基地”评审验收过程中，一航黎明认真准备了上报资料、汇报材料、汇报演示文本，并就接受检查做了周密准备，确保企业取得了一次通过评审的最佳效果，并于当年10月被中国企业文化研究会正式确定为“中国企业文化建设示范基地”。

在中国企业文化研究会、福建省委宣传部共同主办的中外企业文化2004龙岩峰会上，一航黎明获得了文化管理理论成果奖、创新实践奖，公司董事长兼总经理姜伟获得了个人贡献奖。一航黎明因而成为中国一航和辽宁省惟一一家同时获得此三个奖项的单位。

为了进一步提升员工素质，一航黎明还广泛开展了“保证质量，从我做起”大讨论活动，以此大力推进质量文化建设，为打造“诚信航空”搭建了有效平台，有力推动了企业职业道德建设，企业因此被评为辽宁省职工职业道德建设十佳单位，从一个侧面进一步丰富了企业文化内涵。

2005年，一航黎明在“提升能力、夯实基础”工作主题指导下，全方位着力强化创新文化建设，为企业继续实现跨越式发展提供了有力保障。

一航黎明对姜伟上任以来提出的经营理念和企业文化思想进行了整理、总结和提炼，编辑出版了《姜伟总经理经营思想指导录》一书；2005年6月，召开了企业文化研讨会，使企业文化总体框架和发展目标更加明晰；2005年10月，召开了具有里程碑意义的一航黎明企业文化现场会，对几年来企业文化建设的成功经验进行了系统总结，为今后一个阶段企业文化建设明确了指导思想和重点任务，并重点推出了姜伟总经理《改变是我们惟一的选择》的思想。同时，交流学习了动力厂实施文化管理的经验和做法，并就在全公司学习推广动力厂实施文化管理的经验和做法，还专门下发了文件，以此促进了全公司学习动力厂文化管理经验和做法风气的形成。

为配合企业“一流环境”建设晋升银牌工作，按照中国一航品牌建设要求，结合企业实际，一航黎明更换了公司各大门名称喷绘画面；制定了公司品牌建设实施方案，充实完善了CI视觉识别系统，重新设计制作了公司视觉识别系统手册。为公司大庆北亚电厂及本部单位设计企业文化CI制品90余份，为公司参加沈阳国际制造博览会设计展览特装展位，为公司第36届职工运动会设计制作长130米、高5米的形象宣传板以及运动会所有对外形象展示制品，受到各界观摩领导的一致好评。2005年9月，一航黎明在中国一航系统首家获得“一流环境”建设的最高荣誉——银牌。

按照中国一航政治部的要求，一航黎明组织了中国一航“市场观、客户观”表述征集活动；为进一步提高员工素养，公司仅上半年就开展企业文化培训六次，培训人员达1200余人。

一航黎明始终把精益六西格玛当作“一把手”工程来推进，姜伟亲自撰写《将六西格玛进行到底》专题文章，将精益六西格玛的管理思想和理念渗透到每一位员工的行为中，成为员工的思维方式、工作方式，由此实现从“培训”向“做项目”的转变，这有效提升了企业管理水平，使企业取得了更大效益。

2005年11月，中国企业文化研究会授予公司2004年—2005年全国文化建设先进单位奖；姜伟荣获2004年—2005年全国文化管理企业家奖。

（中国一航沈阳黎明航空发动机（集团）有限责任公司）

中国石化股份公司齐鲁分公司储运厂

简　介

中国石化股份公司齐鲁分公司储运厂是齐鲁石化下属的专业化仓储运输企业，担负着齐鲁乙烯煤、盐、石脑油等原材料进厂和21种化工产品的收、储、洗、装、卸、运及公司内部产品互供任务，年进出厂总量500多万吨。

企业地处胶济线路东风站南侧，占地103公顷。现有职工1347人，有6个部室，14个基层车间（中心），固定资产6.8亿元。

储运厂生产系统分化工产品储运及铁路运输两大系统。

主要生产设施有：化工储罐、储槽83台，总容量12.82万立方米。泵房9座，铁路槽车装车栈台3座，卸车栈台3座，装汽车栈台2座，槽车洗车栈台1座，汽车洗车栈台1座，龙口异地装卸车码头一座；大马力自备机车7台，自备车辆596辆，铁路线路总长55.1km。

企业立足服务公司生产销售，秉承“团结奉献，严细高效”的企业精神，求真务实，夯实基础，精干主业，在储运量逐年增加的情况下，成本不断下降，效率显著提升，管理水平持续提高，企业顺利完成了ISO9001、ISO14001和HSE三个体系的整合。先后获“山东省现场管理样板企业”、“国家完善计量检测体系合格企业”、“AA级学习型企业创建单位”、“中国企业文化建设示范基地”等荣誉称号。

创建安全文化管理模式
构筑安全生产长效机制

"安全"是个永恒而又常新的话题，是保障企业经济效益最基本的前提。

管理进步的动力在于持续创新。面对安全生产的复杂局面，按照国家对危险化学品安全管理的要求，储运厂立足生产经营实际，运用学习型组织理论，以企业文化为指导，坚持安全文化建设与严格的制度管理并举，围绕储运安全管理，我们探索建立了"三个层次，两个要素"的安全文化管理模式。三个层次就是：文化铸魂，形成安全生产的核心能力；制度立道，完善安全生产的运营机制；固本强基，构筑安全生产的长效机制。两个要素就是，将"以人为本"和"社会责任"这两个要素作为安全管理的核心要素，贯穿始终。

储运厂建立的安全文化管理模式在加强传统安全管理的基础上实现了新突破，其主要特征为：一是抓住根本，树立以人为本的思想，始终把尊重人、关爱人、依靠人、促进人的全面发展作为安全生产的根本目的；二是拓展外延，运用系统化的思维方式，坚持企业安全与社会安全并重、企业责任与社会责任共担；三是刚柔并济，运用学习型组织理论，实行制度管理与文化管理并举、严格纪律与理念引导并行，构成了企业完整、系统、科学化的管理模式，促进了企业总体管理水平的提高。

文化铸魂，形成人本安全的核心能力

一个企业安全工作实不实，关键是有没有形成抓安全工作的核心能力，核心能力的形成不仅仅在于技术，也不在于资金，而在于从企业实际出发，以人为本，激发职工的内在动力，形成全员抓安全，人人要安全的理念和文化氛围。

一是抓认识，潜移默化根植安全理念。抓安全不是喊口号，而是从心里想安全、要安全。2002 年 10 月 5 号，储运厂发生了一起机车轻微擦伤事故，尽管这次事故损失只有 1200 元，以往，储运厂对待事故总是采取"大事化小，小事化了"的态度处理，但厂部抓住事故不放，揭丑露短，小题大做，成立安全调查小组，历时 7 天、访谈基层有关人员 30 余人次，形成了 2 多万字的调查材料，对负有责任的厂领导、中层干部、管理人员、一线职工共 35 人进行了处罚，扣奖 6.7 万元，在全厂乃至公司产生了强烈震动，"安全责任重于泰山"的理念逐步根植员工内心深处。"10.5"事故的"小题大做"从根本上扭转了企业的安全意识，成为企业重塑安全理念的转折点。

在此基础上，我们结合学习型企业创建和企业文化建设，引导基层改变过去职工被动接受的班组安全活动方式，工电车间的"五三三"（每个职工在 5 分钟的时间里，提出三条安全隐患和三条整改隐患的措施）、货运车间的"5 + 1"安全活动法（一学、二问、三查、四练、五评 + 下一次活动安排）、洗修车间的安全活动八步曲（一评、二定、三学、四问、五查、六改、七练、八评价）等内容丰富、形式多样、上下互动、富有成效的安全活动和学习活动，进一步深化并逐步形成了安全管理"0 理念""一切事故都是可以避免的"、"100 - 1 = 0"（100 起安全隐患，消除 99 项，有一项没有消除而导致发生事故，一切工作效果等于零）等安全理念。

二是抓本质，从思想和行为深处解决问题。抓安全不是抓现象，而是抓本质，抓问题的根本解。安全工作要求真务实，不能流于形式。综观事故发生，70% 以上是"三违"造成的，90% 以上是管理不善造成的，人的思想认识和精神状态是安全生产的关键，安全问题最终是管理的问题、责任的问题。为此，我们以学习型组织的团队学习和愿景教育为抓手，较好地改进了人们的思想观念和思考问题的方法。液体车间运用团队学习转变过去发生问题就事论事的传统思维模式，创造了安全"双环学习"法。有一次车间设备出了故障，车间不是简单地修复设备，而是组织相关人员深度分析、积极查找厂部及车间在制度、人员、设备方面存在的安全隐患，举一反三，对症下药，提高了设备深度维护能力，确保了本质安全。

三是抓长治久安，用安全文化促安全管理。抓安全不是抓眼前，而是抓长远，抓安全要向企业外、向 8 小时以外延伸。针对企业性质和特点，注重加强危险化学品的全过程管理，成立危险化学品出厂监督检查组，完善化学危险品出厂三级监督检查机制，严格槽车出厂检查，逐车对所有附件进行彻底检查，确保每一辆槽车出厂后安全可靠；针对周边环境状况，认真制定面向社会的事故预想方案，并广泛宣传，以提高社会安全指数。

四是抓行为养成，积极引导员工将先进的安全理念和安全行为以文化的方式固定下来，形成良好的行为习惯，并应用于安全生产之中。机务车间针对生产任务繁重、动态作业量大、机车司机精神高度紧张的状况，以亲情促安全，职工用自己的心里话建立了文化长廊，用自己的全家福建立了亲情栏，让亲情为安全增加了一份"保险单"，每一名员工上岗前都要面对自己，面对亲人，重温嘱托，自觉遵章守纪，真正实现"要我安全"向"我要安全"的根本转变，以亲情文化为纽带，各单位结合自身实际创造的各具特色的安全"家"文化，在企业安全生产中发挥了重要作用。

制度立道，完善安全生产运营机制

作为危险品储运企业，安全生产永远是企业永恒的主题，企业首要的目标是安全目标，首要的责任是安全责任，而安全目标责任的落实关键在于建立科学、有效的组织制度和运营机制。

一是建立安全目标责任体系。引入目标管理，将"安全生产，事故为零"列为首要目标，以层级管理为依托，层层签订安全目标责任书，同时，厂长与分管厂长、部门负责人签定安全绩效指标，将安全指标直接与收入、绩效挂钩，构建了覆盖全厂的安全目标体系和激励机制，形成了人人肩上有指标、人人身上有压力的管理格局。

坚持“一把手”抓安全不动摇，厂领导每人承包一个基层单位，基层负责人每人承包一个班组，坚持每月两次参加安全活动雷打不动，首先从领导做起跟踪目标责任的落实。厂领导坚持每周2次下基层参加班组安全活动、检查指导安全工作，机关部门管理人员每周下基层不少于2天，有力地促进了安全隐患的治理。

二是完善安全目标评价和激励机制，实行安全工作周评价制度，对一周安全工作、安全活动完成开展情况进行封闭评价，并将评价情况作为考核领导干部业绩水平的重要指标；每月一次的安全例会重点对安全目标完成情况进行评价、对安全管理问题进行系统反思。

三是以目标为主导，以职责为基础，以预防和消除危害因素为根本，先后获得了ISO14001和HSE体系的认证。创新管理制度，全面整合安全管理累计积分法、安全责任承包办法等制度，制定了《储运厂责任追究管理暂行办法》，对领导干部、管理人员、操作人员岗位责任制履行情况实行全方位、全过程的责任自动追究，有效解决了安全职责不履行、责任不落实问题。严格事故处理“四不放过”，制定了《储运厂未遂事故“四不放过”管理制度》，实施未遂事故“四不放过”加大未遂事故责任追究力度，从源头上杜绝事故发生。同时，针对员工在生产中存在的不安全行为，实施三违整顿。

固本强基，构筑安全生产的长效机制

要形成人人想安全、要安全的局面，要做到长治久安，还要从硬件建设、技术投入、组织落实等方面狠抓落实。

一是加强组织落实，加大隐患的排查与整治，推行安全质量标准化。依托目标管理，健全组织网络，始终将隐患排查治理作为各级领导落实目标责任的第一要务，不折不扣狠抓落实，安全检查查出的问题，坚持有分析、究责任、定措施、抓落实。认真落实隐患治理的每一项工作，使设备始终处于良好的生产状态，确保危险化学品仓储运输各环节符合法律、法规和规章规程规定，实现了安全质量标准化。

认真执行事故隐患整改“七定”原则。做到“定整改期限、定整改方案、定项目投资、定资金来源、定项目负责人、定施工单位、定项目监督和监理单位”，在企业成本逐年降低的情况下，安全投入不断增加，几年来，完成了集团公司投资327万元的隐患治理项目，改扩建投资440万元建成了高压水自动化洗车项目，投资175万元完成卸车密闭系统改造等项目，降低了对人身的危害和对环境的污染。

同时，优先保证安全人员配备，精心培养一批责任心强、经验丰富的员工充实到安全管理队伍，实施安全管理人才培养工程，建立了结构合理、层次清晰的三级安全管理人才结构，基层车间设立专职安全员16名，重点部位设立专职安全工程师5名，聘任52名安全监察员加强直接作业层的监督监察，促进了安全管理人才作用的有效发挥。

二是引入先进技术，完善监查职责，实现危险化学品管理全过程控制。针对危险品化学品储运特点和储运厂点多线长生产区域不能完全封闭的现状，运用高科技手段加大关键要害部位监控力度，建立了50Km纵贯储运厂东西两区，覆盖铁路线、化工罐区、装火车、卸车、洗车、编组站、计量、门卫等所有关键环节共计72个监控点的24小时电视监控系统，实现了化学危险品全天候、全方位、全过程动态监控，提高了化学危险品企业内部和社会安全保障。

三是实施预警管理，建立安全管理长效机制。建立并完善了覆盖化学危险品收、储、洗、装、卸、运全过程的以及确保周边社会安全的事故应急预案体系，全厂共建立事故预案52个，定期演练落实，开展事故演练活动，大大提高了职工处理突发事件的应变能力。同时，建立大型安全教育活动室和实物操作培训室，配备现代化教学设备，抽调经验丰富的岗位安全、设备专家进行授课和实物操作，丰富安全教育形式提高了员工安全意识和操作技能。

实施安全文化管理，提高了企业综合管理水平

创造优美环境，体现人文关怀。重视一线员工工作环境建设和员工健康保护。成立环境治理工作组，深入开展有组织的周边环境污染调查分析、取证76次，开展周边环境治理，取缔周边非法小化工厂20余家，有效改善了员工工作环境。建立健康查体制度，增加查体项目，及时将体检结果反馈员工，有效降低职业病发生。加强设备管理，实现本质安全。定期开展设备设施技术深度评价，提高设备运行可靠度，杜绝跑冒滴漏。投资2770万元完成了自动洗车改造和装汽车自动化改造，大大降低了工作强度减少了人身伤害。

企业事故率大幅降低，杜绝了上报公司事故为零的目标，基本上控制了事故的发生，控制事故在同行业中处于领先水平。中石化青岛安全工程院安全评价专家认为储运厂是评价过的最大的化工储运企业，储存品种齐全，管理规范，并且这么多年未发生大的事故，确实体现出企业的管理水平高，安全管理到位。

以安全管理为重点的综合管理水平实现历史性突破。2004年取得齐鲁石化公司春、秋两季安全大检查、岗位责任制大检查、设备大检查、百日安全竞赛和年底安全生产综合评比六个第一，2005年再次获得齐鲁石化公司春秋两季安全大检查第一名。

各项经济技术指标创历史最好水平。储运量由2001年的300多万吨增加到2005年的534万吨，产品储存损耗实现盈亏平衡，实现效益8267万元，居同行业前列，为齐鲁公司创造了明显的经济效益和社会效益。

（中国石化股份公司齐鲁分公司储运厂）

中国一航沈阳飞机设计研究所

简　介

中国一航沈阳飞机设计研究所（六〇一所）始建于1961年，是新中国组建最早的飞机设计研究所，主要从事歼击机

的总体设计与研究工作。现有职工2100余人,其中工程技术人员1300余名、研究员级高级工程师90余名、高级工程师400余名、享受国家政府特殊津贴高级专家70余名。拥有总体设计、空气动力等54个专业领域,具有飞机控制工程综合试验室、电子模拟仿真试验室等20多座配套设施齐全的专业试验室。建所40多年来,我们始终坚持以"航空报国"为己任,先后研制的多种型号飞机已批量装备部队,成为我空、海军的主力机种,保卫着祖国的神圣领空。

面向新世纪,六〇一所在第九次党的代表大会上,正式确定了"保持飞机研究设计综合实力国内领先,引领我国战斗机的技术进步和产业发展"的共同愿景,明确了"建设学习型、规范化、数字化飞机设计研究所"的任务目标。

在中国企业文化研究会,省、市企业文化研究会和中国一航企业文化部的直接指导和帮助下,我所以集团文化为统领,以"双创建"工作为主要载体,全力打造学习型文化,形成了具有科研所特色的文化体系,探索出了科研所文化建设的有效模式。

以"双创建"为载体全力打造学习型文化

李 燕

客观分析,准确定位,自觉选择学习型文化

我所将文化建设定位于学习型文化,主要源于以下5个方面的考虑。

(一)创建学习型文化是适应变化环境的重要举措。近年来,随着国防军工体制的改革调整,军工科研院所体制改革将不断深入。行业、项目和人才的竞争日趋激烈。这些都使研究所面临的外部环境变化加快,发展的不确定性增加,必须找到适应这种形势的方式和方法。通过创建学习型文化,提高研究所适应变化的能力,保证六〇一所的持续发展。

(二)创建学习型文化是航空事业发展的迫切需要。飞机研制是一项庞大的系统工程。整个研制过程,既需要行业内和跨行业的大力协同,也需要内部的团结奋斗。通过创建学习型文化,提高科研人员的系统思维能力、提高协同意识、提高团队意识,以促进航空事业的发展。

(三)创建学习型文化是提升竞争力的客观要求。我所是以航空科研为主业,以高新技术为主导,以知识为主要"资产"的歼击机总体设计研究所,提升歼击机的设计研制能力至关重要。随着知识更新的不断加快和航空技术的迅猛发展,航空武器研制对我们提出了新的技术要求。通过创建学习型文化,最大限度地激活职工和团队的学习力,充分调动广大科技人员的积极性和创造性,不断提升研究所的研制能力和水平,以适应时代的发展需求。

(四)创建学习型文化是激发职工潜能的现实需要。近年来,我所承担了两大系列多个型号研制任务。工作任务重,研制周期短,人力资源紧张,完成好这些任务,既是我所发展的客观需要,更是国家赋予的重大政治任务。通过创建学习型文化,充分调动职工的积极性,激发职工潜能,以确保各项任务的按时优质完成。

(五)创建学习型文化是对传统文化的继承与创新。建所之初,我国的歼击机研制既没有成熟的设计技术,也没有设计经验。40多年来,几代六〇一所人在仿制中学习,在借鉴中创新,在继承中超越,成功研制出了两大系列多个型号的歼击机,竖起了我国航空工业发展史上的三座里程碑。同时,也形成了能打硬仗、善打胜仗,不断总结、勤于反思,开拓创新、不断超越的优良传统,学习型文化就是在这样的文化积淀中形成和发展起来。

明确思路,系统构建,精心培育学习型文化

在集团文化的统领下,我所以学习型理念为导向,以"诚信、创新、和谐、向上"为特征,构建了工作体系完善、组织体系健全、评价体系科学,集"民族精神"、"集团文化"、"科研所文化"三位一体的具有六〇一所特色的学习型文化。

精心培育以"爱国主义"、"航空报国"为核心的诚信文化。就是倡导热爱祖国、献身航空、诚实守信、爱岗敬业的理念和行为,强化职工的责任感和使命感。

精心培育以"自强不息"、"志在超越"为核心的"创新文化"。就是倡导努力学习、刻苦钻研、开拓创新、追求卓越的理念和行为,强化职工的学习意识和创新意识。

精心培育以"集体主义"、"激情进取"为核心的"和谐文化"。就是倡导热爱集体、团结协作、系统思考、共同发展的理念和行为,强化职工的大局意识和团队意识。

精心培育以"团结统一"、"追求第一"为核心的"向上文化"。就是倡导奋发有为、积极向上,不畏困难、拼搏进取的理念和行为,强化职工的坚定信念和拼搏意识。

构建完善的工作体系,就是明确文化建设的指导思想、工作原则、工作目标、工作内容、工作任务、工作制度和工作要求。

构建健全的组织体系,就是明确文化建设的领导机构、工作机构、组织系统、各级责任和组织运行规则。

构建科学的评价体系,就是明确文化建设的评价项目、评价内容、评价标准、评价方法和奖惩制度,通过PDCA循环和建立激励机制,来保证工作体系要求的实现。

工作体系重点明确工作的内容和要求,组织体系重点明确工作的实施主体和责任,评价体系重点对工作的实施情况进行检查评价和奖惩,三者以完成工作任务为目标,构成了实现目标的运行机制。

选准载体,夯实基础,整体推进"双创建"工作

在打造学习型文化的过程中,六〇一所选择了以创建学习型党组织和学习型研究所,即"双创建"。"双创建"工作的有效开展,为打造学习型文化发挥了重要作用。

统一思想,形成共识

一是对所领导、中层干部和骨干进行高质量、大力度培

训。就“双创建”的相关理论知识进行专题讲座，就如何创建，进行专题培训。通过学习培训，统一了大家的思想认识，明确了“双创建”工作的推进思路、方式和方法。

二是分层次多形式普及学习型组织新理念。编发了多期《“双创建”专题学习资料》，系统介绍了学习型组织的基本理论和“双创建”工作的理念和要求；发给领导干部《第五项修炼》一书，为领导干部掌握学习型组织理论提供学习材料；发给每名职工一张“学习型理念宣传卡”，宣贯学习型组织的核心理念。开展读书活动，先后向干部职工推荐《谁动了我的奶酪》一书，引导职工增强工作的主动性，提高适应变化的能力；推荐《把信送给加西亚》一书，引导职工强化诚信意识，勇于创新；推荐《细节决定成败》一书，引导职工增强责任意识，注重细节。同时，还利用一切宣传工具开展宣传教育活动，提高全所领导干部、党员和职工对“双创建”工作重要意义的认识，了解和掌握学习型组织的基本理论，和“双创建”的工作理念。

三是开展大讨论，对“双创建”工作形成共识。我所以如何开展“双创建”，用学习力、创新力和文化力提升核心竞争力，保证研究所的持续发展为主题，开展形式多样的讨论活动，从而达到统一思想、提高认识的目的。

通过一系列活动，“工作学习化，学习工作化”、“学习创造未来”、“习比学更重要”、“惟一不变的是变化”等学习型组织理念为全所广大干部、职工所认同。

创建学习型党组织，可以永葆党的生机和活力，保持党的先进性。创建学习型研究所，可以提高研究所和职工感知、适应变化的能力，建立、完善、提高这种能力的运行机制，保持飞机研究设计综合实力国内领先。

明确目标，落实责任

在组织开展“双创建”工作中，首先明确了“双创建”工作的总体目标。即以“三个代表”重要思想为统领，以学习型组织理念为指导，创新学习载体，完善运行机制，构建学习型党组织和学习型研究所的基本框架，建立起比较完善的学习型党组织和研究所的体系，使各级组织成为学习型团队，使领导干部成为学习型领导干部，使党员成为学习型党员，使员工成为学习型员工，促进研究所逐步形成学习型文化，用学习力、创新力和文化力构铸核心竞争力，推动研究所持续健康发展。同时，明确了“双创建”工作的具体目标。

创建学习型党组织的五项具体目标是，建立共同目标。始终保持与时俱进的精神状态，成为“三个代表”重要思想的实践者；党委的政治核心作用，党支部的战斗力明显提高，建立一支高素质的领导干部队伍；各级党组织的学习力明显提高，有一支勇于挑战自我，不断实现自我超越的党员队伍；党组织的凝聚力明显增强，有一个保证党组织发挥作用的运行机制；党组织的创造力明显提高，在三个文明建设中不断取得创新成果。

创建学习型研究所的九项具体目标是，更新管理理念、完善运行机制；全员建立起学习型组织的管理思想和理念；健全和完善各项运行机制，使工作规范化；提高研究所感知外部变化能力和适应外部变化能力；构建一个共同愿景；建立学习型组织的扁平化组织结构体系和项目管理体系，打造学习型团队；建立以核心价值观和学习型组织文化理念为基础的理念体系；建立以提高组织学习力为目标的终身学习教育体系；建立制度、管理和技术创新体系；建立考核评价体系和激励机制；建立学习型研究所信息化平台。

为了推动并指导全所和各单位开展“双创建”的工作，我们专门成立了党政领导共同参加的“双创建”推进委员会，由党委书记和所长共同担任委员会主任，由党委组织部具体组织和实施，各基层单位成立了“双创建”领导小组，明确党支部书记是本单位“双创建”工作的第一责任人，做到了组织责任落实。

整体运作，系统创建

在“双创建”工作中，我们制定了详细的实施方案，按阶段整体推进。

一是统筹规划“双创建”工作。我们专门成立了课题组，对如何开展“双创建”进行研究，制定了《沈阳飞机设计研究所“双创建”工作的实施方案》，明确了“双创建”的组织领导、工作要求、方法步骤。明确了创建工作统一领导，工作基础统一构建，工作步骤统一安排，工作内容统一协调，工作方法互相借鉴。把创建学习型党组织和创建学习型研究所通盘考虑，协调运作，整体推进，实现“创建学习型党组织”和“创建学习型研究所”工作的有机结合。

二是构筑“双创建”的基础工程。包括建立四大保障体系，健全四项运行机制，建设一个信息化学习平台。即建立终身教育体系、结构扁平化组织体系、学习型文化价值理念体系、“双创建”工作评价体系等四大保障体系；健全学习机制、质疑机制、创新机制、激励机制等四项运行机制；建设一个信息化学习平台。近年来，我所按照扁平化的要求，逐步对机关和科研机构进行了组织调整，由原来的三级管理转变成两级管理，减少了十多个单位和部门，重新梳理了管理制度和工作流程，简化了管理层次，提高了工作效率。建立了职位评价制度、绩效考核制度和基本工资、岗位津贴、绩效津贴“三元结构”薪酬管理制度，形成了独特的核心职工管理机制。建立了集科研、办公、学习为一体的信息化平台，开办了网上学校。实行知识管理，开发了知识创新管理系统。

三是开展“五项修炼”活动。在广泛征求职工意见的基础上，经过多次研讨，我所确定了共同愿景。全所各单位和基层党组织，把学习型组织的理念融入到具体工作中，根据本单位的实际情况，广泛开展了具有自己个性和特色的“五项修炼”活动。如结构部通过“学习交流会”的方式进行知识共享；财务部通过“沟通笔记”的方式进行沟通；产品开发中心通过“凝聚力工程”加强团队建设，提高团队的凝聚力；全所各级工会组织开展了创建“学习型小团队”的活动；所团委开展了“创建学习型师徒”活动。

四是按阶段系统推进。“双创建”工作共分学习阶段、设计阶段、演练阶段、推进阶段,四个阶段整体推进,系统运作。

在学习阶段,掌握学习型组织16个全新的管理理念和学习理念,以及相关的知识和技巧。

在设计阶段,完成四大保障体系、五项运行机制和信息化平台的方案设计。

在演练阶段,结合科研工作实际和改革发展的需求,把“双创建”工作与研究所的中心工作有机融合,确定演练内容,全面开展“双创建”工作。

在推进阶段,实现“双创建”的工作目标,实现创建工作的制度化、规范化和持续化。

抓住重点,突出特色

在开展“双创建”工作过程中,我们以提升能力为重点,突出了“双”的特色。

一是紧紧抓住提升能力这一重点。“双创建”工作的核心就是要提高我所和全所干部、职工感知和适应外部变化的能力,并建立和完善提高这种能力的运行机制。在创建工作中,我们通过倡导学习型理念,改变人们的思维,提高学习热情;通过搭建学习平台,拓宽人们学习、获取知识的渠道;通过开展知识管理、利用计算机辅助创新设计平台和创新能力拓展平台,实现团队内部知识的共享和高起点创新;通过开展“两保一创”(保质量、保节点、创新设计思想)劳动竞赛等系列活动,鼓励大家创新。同时,我们把学习型组织理念融入到了我所的各项制度、机制建设中,形成了创建工作的制度化、规范化和持续化。通过“双创建”工作,提高了个人和团队的学习力、执行力、创新力,进而提升研究所的核心竞争力。

二是紧紧抓住“双”的特色,在结合上下工夫。在创建过程中,我们把创建学习型党组织和创建学习型研究所,紧密结合,统筹规划,一并实施,同时开展。通过创建学习型党组织,充分发挥党委的政治核心作用、党支部的战斗堡垒作用和党员的先锋模范作用,以党组织的先进性带动学习型研究所的创建工作。同时,把创建学习型组织与创建学习型文化紧密结合,互相促进。

以文化人,提升能力,全面促进科研所的持续发展

开展学习型文化建设,使我所树立了新的学习理念和管理理念,建立了扁平化的组织体系,形成了鼓励学习、激励创新的管理模式和运行机制,促进了职工心智模式的改善,提高了职工的学习力和创造力,进而提升了我所的能力,促进了研究所的持续发展。

一是形成了相对比较完整的学习型文化体系,文化力明显增强。在开展“双创建”工作同时,我所还从精神文化、制度文化、行为文化、物质文化四个方面开展文化建设工作,进一步夯实了学习型文化的基础。经过多年的努力,我所的文化体系已经基本形成,文化力得到明显增强,学习型文化创建工作取得了一定的成效。近年来,我所连续两次荣获中国企业文化建设创新实践奖,被授予沈阳市企业文化建设先进单位、中省直企业工委企业文化建设“五个一”样板企业等荣誉称号。文化建设的经验和做法,作为案例,还入选了中国企业文化研究会编写的《企业文化教程》,并在中央企业文化建设研讨会上进行经验交流。

二是建立了新的学习理念,职工和团队学习力明显增强。通过开展“双创建”工作,广大干部、职工建立起了新的学习理念,形成了浓厚的学习氛围。目前全所千余名科技人员中,博士生在读30余人,硕士生在读100余人。一线科技队伍中,研究生以上占14%,大学本科以上占88%。团队学习形式多样,总结反思、技术交流、知识共享更加深入、广泛。新机工作队定期举办技术交流会,共享学习研究成果;结合航电部等单位经常举办各种研讨会,针对科研前沿课题进行探讨;结构部在型号研制工作中建立发图共享网站,新的学习理念已经转化为职工自觉的学习行动。

三是建立了新的管理理念。不断推进管理创新。所领导建立了学习型领导就是领导学习,用“愿景、价值观与心智模式”取代“传统的管理、组织与控制”,学习型组织理论在实践中得以运用,推动管理不断创新。实施了以提升专业能力和管理能力为核心的改革调整。建立了扁平化的组织机构,实施了核心职工管理机制,建立了职位评价体系、绩效考评体系和薪酬体系,积极探索了与先进的飞机设计相适应的“项目管理”和“职能管理”相结合的“矩阵式”管理模式,建立规范高效的行政管理体系和与之相配套的工作运行机制,开展知识管理工程,建立了总结反思、经验提炼、知识创新的管理流程和机制。

四是信息化学习平台基本形成,提供了新的学习交流和共享的技术手段。我所以所内局域网为基础,建设了研究所的信息化的学习平台和工作平台,开通了网络大学,建立了技术共享网站,设置了技术论坛,为职工学习创造了有力条件,搭建了快速、便捷、沟通和共享广泛的平台。使局域网不仅是工作平台和办公平台,同时成为知识搜集、知识加工、知识共享、知识积累的知识中心。

五是文化力提升创造力,有力地推动了科研任务的圆满完成。近年来,我所承担的国家重点型号和课题研制任务,工作量之多、难度之大、进度要求之紧迫均达到建所以来之最。创建学习型文化,激发了职工的政治责任感和航空报国热情,提高了职工业务素质和创新能力,调动了广大科技工作者决战重点型号任务的积极性。在重点型号攻坚的主战场,广大干部职工秉承“航空报国、追求第一”的集团理念,激情进取,志在超越,圆满完成了党中央和集团公司交给的各项重点型号研制任务。几年来,我所的重点型号研制取得了7机立项、10机首飞、4机鉴定、2机定型的可喜成就,三个重点型号飞机的研制项目分别荣获国防科技工业武器装备型号研制的金奖和银奖,并多次荣立集团公司型号研制集体功。

开展“双创建”，全力打造学习型文化，为我所增添了新的生机与活力。学习型文化的创建工作是一个与时俱进的过程，我们将在总结中提高，在继承中发展，在探索中创新，让学习型文化成为我所持续发展的不竭动力。

（作者系中国一航沈阳飞机设计研究所党委书记）

中国一航空空导弹研究院

简　介

中国一航空空导弹研究院是我国专业从事空空导弹武器系统研制的研发中心，承担着为我国万里空防打造航空制导武器的神圣使命。40多年来，研究院先后进行了数十个“霹雳”系列的空空导弹型号研制工作，能够进行红外、雷达、激光三种制导体制四种弹径系列的空空导弹武器系统以及空地、舰空等导弹武器系统的研发和生产，产品主要服务于我国空军、海军、陆军和第二炮兵部队。

鉴于研究院担负的特殊历史使命和为祖国国防建设做出的突出贡献，党中央对研究院的发展给予了更多的关怀和指导。党和国家领导人胡锦涛、江泽民、吴邦国、贾庆林、曾庆红、罗干、李长春先后视察研究院，对研究院的发展和空空导弹事业的发展不断提出新的、更高的要求，始终指引着研究院前进的方向。

特殊的历史使命和特殊的时代背景，造就了研究院以“报国、卓越、创新、和谐”独具特色的霹雳文化内涵，以“战略规划、型号发展、人才培养、管理创新、品牌塑造、行为规范”为六大霹雳文化建设载体，以“学习机制、组织机制、沟通机制、保障机制”为四大霹雳文化推进机制。四十多年来，霹雳文化在研究院这片沃土上茁壮成长，释放出巨大的文化力量，推动着中国空空导弹事业的发展壮大。

建设霹雳文化　激情奉献蓝天

牢记“航空报国”的历史使命，凝练“报国、卓越、创新、和谐”的霹雳文化

研究院从1961年成立以来，历经三次创业，实现了三大转变，但研究院人“航空报国”的坚定信念从来没有动摇和改变，几代人始终不渝、孜孜以求追求“航空报国”的使命，正是源自“报国、卓越、创新、和谐”的霹雳情怀。

（一）立志“报国”是我们事业价值的取向。我们以强盛国防为最大需要，以航空报国为最高使命，历尽百折而不挠，饱经挫折而更勇，从不言败。殚精竭虑，光荣地完成了国家赋予的重点型号研制任务，把对党、对祖国、对人民的忠诚写上了蓝天。立志报国，构筑了一航导弹院强大的精神支柱。

（二）创造“卓越”是我们矢志不渝的追求。我们放眼世界，面向未来，描绘了中国空空导弹事业发展的宏伟蓝图，吹响了向精确制导武器研制“国家队”和高科技产业集团迈进的嘹亮号角。今天的一航导弹院，群情高昂，众志成城，共同推进着事业的腾飞。我们的事业，必将前程远大、前景光明、前途广阔。创造卓越，彰显了一航导弹院不懈的进取精神。

（三）坚持“创新”是我们发展进步的根本。我们始终追踪国际先进航空技术，推动产品升级换代，致力提高精确打击能力。我们敢于反思，勤于学习，善于借鉴，精于实践，不断完善发展思路，改进管理模式，优化工作流程，健全运行机制，提升适应自主研制空空导弹武器系统的能力，实现了型号研制的历史跨越。坚持创新，成为了一航导弹院不竭的动力源泉。

（四）营造“和谐”是我们不断前进的保障。我们以人为本，关注员工需求，保障员工利益，尊重价值实现，促进员工与事业共同发展。我们优化工作条件，创建绿色社区，和谐人际关系，不断满足职工日益增长的物质文化生活需要。我们以奉献社会，服务社会取得发展，为事业搭建了有力的社会依托。营造和谐，构建了一航导弹院以人为本的事业环境。

忠实实践中国一航文化，构建霹雳文化建设的六大载体

中国一航文化是凝聚24万一航人的旗帜和灵魂，是其所属企事业单位的母文化，是企事业单位文化建设必须遵循的原则和方针。在企业文化建设过程中，我们弘扬、实践着集团文化，也在创新、发展着集团文化，我们在忠实实践集团公司“一拳五指”文化建设思路的基础上，紧密结合实际，通过战略规划、型号发展、人才培养、管理创新、品牌塑造、行为规范构建了企业文化建设的六大载体。

以“国际先进文明和谐”为目标加强战略文化建设，为空空导弹事业发展指明方向

发展愿景：研究院要成为中国精确制导武器研制生产的国家队，研制国际先进的精确制导武器系统，军民结合，快速发展，创造卓越的高科技产业集团。

历史使命：航空报国强院富民。“航空报国”是指研究院在国防工业方面实现精确打击，以先进的攻防兼备的精确制导武器装备部队，提升部队的装备水平，保卫祖国，报效国家；在民用工业方面促进科技兴国，按照军民结合、平战结合的要求，把我们的军品技术应用到民品开发上，为国家的经济发展作出贡献。“强院富民”是指把一航导弹院做强做大，使机载制导武器成为中国一航支柱产业，把研究院发展成为国际先进的一航导弹院；员工通过自身的创造性劳动，在促进空空导弹事业持续快速协调发展中实现个人价值，物质文化水平提前实现小康。

发展目标：第一步，全面完成国家高新工程任务，为长远发展奠定基础；第二步，完成第三次创业。其标志是完成两个新一代产品的研制与生产；建成数字化的设计、生产、

试验、质保体系；由院士领衔的“三高”人才队伍；职工的物质文化水平提前实现小康；第三步，在精确制导武器的设计、制造、验证和管理方面达到世界先进水平。

发展思路：集团化战略，开放式规划，哑铃型运作，合作式竞争，跨越式发展。

“集团化战略”是指利用全球资源，以研究院为核心，以产品为龙头，以资产和文化为纽带，在市场竞争中组合。以自身裂变发展为主，相关多元扩张兼并为辅，把研究院发展成为高科技产业集团。“开放式规划”是指研究院的发展不能局限于内部现有的资源，要树立全球化视野，善于利用国际、国内一切可用资源，调动国际、国内一切积极因素，做大做强中国空空导弹产业。“哑铃型运作”是指产品的设计与总装集成由自己完成，即“两头在内，中间在外，关键在手”。“合作式竞争”就是要以双赢为原则，走专业化生产，社会化大协作之路，以提高我军武器装备能力为目标，合作与竞争共存，共同承担风险、共同受益，加快产品研发进程。“跨越式发展”就是要充分发挥技术优势，在产品经营成功的基础上，加上适度的资产运作，进一步加快研究院发展的步伐。

发展方式：“六个结合”，即科研与生产相结合，型号与预研相结合，引进与自研相结合，军品与民品相结合，发展与人才培养相结合，产品研制与手段建设相结合。

以“五位一体”为思路加强型号文化建设，为重点型号研制提供动力保证

规划型号思路。按照江泽民同志“探索一代，预研一代、研制一代、生产一代”指示精神，确定了研究院的型号发展思路，即：远、中、近结合发展空空导弹；空、天、地一体研制派生武器；高、中、低搭配满足不同需求。探索新概念，预研四代后，研制第四代，改进第三代，扩大派生型。争取每五年给国家研制一个重大型号。

提炼型号精神。组织了自下而上的型号精神征集研讨活动，在研究院报纸、广播、电视、园区网等媒体上进行宣传，在干部培训班上进行研讨。总结形成了“型号精神”的主要内涵，即：牢记责任、不辱使命的报国精神，不计名利、甘于吃苦的奉献精神，不畏困难、不屈不挠的拼搏精神，追求第一、志在超越的创新精神，实事求是、精益求精的科学精神，密切合作、大力协同的团队精神。这些精神大大丰富了“航空报国，追求第一”理念和“激情进取，志在超越”精神的内涵，成为激励一航导弹院人奋发向上的宝贵精神财富。

培养型号作风。以重点型号技术攻关为契机，深入开展了管理整顿和质量整顿活动，制定和落实整改措施，坚持过程质量控制，加强技术状态管理，形成了“技术攻关到位，措施落实到位，程序执行到位，质量保证到位。作风改进到位”的型号作风。随着对自行研制空空导弹认识的不断加深，我们建立健全型号研制程序，做到了型号研制工作规范化、程序化、表格化。在工作中坚持向管理要效率，向作风要质量，始终站在为部队负责、为军事斗争胜利负责的立场，以实事求是、精益求精的科学态度，以“严、慎、细、实”的工作要求，有力地保证了重点型号进度和质量。

造就型号人才。坚持型号研制和人才培养“双方案评审，双计划实施，双目标考核，双成果评定”。做到制定研制方案时，同时考虑年轻人的任务和岗位，明确培养目标。研制攻关时，组织年轻人参与整个过程。技术决策时，要求年轻人参加并优先发言。课题结题时，组织青年撰写论文并进行评比。外场试验时，组织青年参试并担负重要职责。考核型号研制工作时，对青年培养情况同时考核。通过近几年的规划和实施，随着某激光产品的定型交付，一支年轻的激光产品研制队伍已经形成；随着某雷达型产品今年设计定型，我们较好地掌握了新一代雷达产品的关键技术，锻炼了一支特别能吃苦、特别能战斗、特别能攻关、特别能奉献的雷达弹研制队伍；随着某新型红外产品今年立项，一支以年轻同志为主的新一代红外产品研发队伍已经承担研制的重任。

创新型号服务。总结实践了“提高素质、保证健康、解决困难、和谐关系”的型号服务新思路。提高素质是做好型号服务的关键环节。通过教育引导、岗位锻炼、措施激励等方法，不断提高型号人员的思想、技术、文化素质，促进职工与事业共同发展。保证科研人员健康是做好型号服务的首要条件。把关注健康、提高生活质量与职工的个人、家庭和单位利益紧紧连结在一起，采取措施使型号研制人员做到合理膳食，科学锻炼，增强体质，促进任务。解决困难是做好型号服务的有力举措。按照群众利益无小事的原则，关心型号人员各种需求，解决型号人员工作生活困难，让他们感受到组织和集体的温暖，提高工作激情。和谐关系是做好型号服务的深层需求。建立相互信任的干群关系、密切协调的同事关系、和睦温馨的家庭关系，使型号研制人员心情舒畅，情绪饱满，工作创造性不断增强。

以“人企价值共融”为核心加强人才文化建设，促进职工和事业共同发展

立足事业需要，提出人才战略构想。80年代初期，随着国家某重点工程的引进，一航导弹院制定了“七五培养，八五上岗，九五接班”的人才培养目标，制定了“政治上加强教育，业务上加速培养，工作上齐抓共管，使用上不拘一格”的人才培养措施；90年代后期，多个重点型号相继立项，一航导弹院确立了“研制一个型号，培养一支队伍”的人才建设目标，随着这些目标的确定和相应政策的落实，研究院逐步完成了人才的新老交替。进入21世纪，研究院又相继制定了“十一五”计划和到2020年的发展战略，进而提出了“以人为本，优化人才结构，促进职工与事业共同发展”的人才战略，制定了“推进一个战略，抓好三个结合，创造三个环境，坚持三个留人，建设三支队伍，实现三大目标”的人才工作指导思想，提出了“建设一支以高级专业技术人才、高级技能人才、高级管理人才队伍为核心的专业配套、素质精良、层次合理、认同企业文化、富有创新献身精神、适应一航

导弹院发展的具有国际先进水平的人才队伍”的人才规划。

突出工作重点,提升员工整体素质。按照“事业凝聚,型号培养,政策鼓舞,典型激励,环境陶冶”的人才培养思路,大力加强集团理念和集团精神教育,培养职工优良的思想作风;不断完善岗位体系,在型号研制中培养高层次人才;实施岗位轮换,培养高素质总体人才;鼓励设计、工艺、质量人员之间的相互流动,提高设计工程化水平;完善职业技能鉴定和(高级)技师评聘制度,选拔高级技能人才;加大培训投入力度,倡导终身学习理念;加强干部队伍建设,提高领导干部履行“第一要务”的能力。

创造三个环境,满足职工发展需求。创造良好的工作环境。一是为职工提供良好的工作条件,建设数字化的研究、设计、制造、试验、管理工作体系。二是为职工提供发展目标明确的专业岗位。三是为职工提供饱满的工作任务。为职工提供高效优质的技术保障服务。创造良好的生活环境。一是搞好住房建设,大幅度改善居住条件。二是搞好社区建设。实现“绿树成荫,鸟语花香,环保整洁,文明高尚”的要求。三是搞好子女教育,建成在洛阳具有一流水平、在全国教育系统具有一定影响的学校、幼儿园,不断提高教学水平,解除职工的后顾之忧。创造良好的人际关系环境。一是建立相互信任的干群关系。强调“建立相互信任的干群关系关键在干部”,通过开展“领导与骨干联系”、“干群谈心”等活动,落实“下基层、进班组、到一线”等制度,不断密切干部和职工的联系。二是建立密切协调的同事关系。指出“形成密切协调的同事关系关键在自己”,通过建立科研生产团队,积极营造团结协作、积极向上的氛围;通过文体活动,培养团队协同精神;通过日常教育,引导职工要谦让、互助,增进相互理解。三是建立和睦温馨的家庭关系。倡导“和睦温馨的家庭关系关键在理解”,我们坚持干部走访慰问制度,及时解决家属所遇到的问题;定期举办“慰问重点型号参研人员及家属文艺晚会”;大力宣传重点型号参研人员的先进事迹,激发职工家属的自豪感;通过送温暖等途径,理顺家属思想情绪,融洽家庭成员关系。

完善用人分配机制,形成人才辈出局面。大胆创新人才工作机制,努力构建适应院发展要求的现代人力资源开发管理新体系。推进“长”“家”“匠”分离,评聘首席专家、高级技术能手,不断完善人才牵引机制;深化人事制度改革,改进职工身份管理模式,公开竞聘选拔干部,动态调整评聘专业技术职务,不断完善竞争和淘汰机制;以效益为基础,以市场为导向,逐步调整各类人员薪酬水平,加大任务考核分配比例,重奖作出突出贡献的团队和个人,不断完善激励机制;建立各类人才的岗位评价体系,不断完善评价机制;重视职工培训,加快信息化建设,完善职工工作保障体系。建设“一支专业配套、层次合理、具有国际先进水平的专业技术人才队伍,一支掌握先进制造技能、适应多品种小批量的技能人才队伍,一支掌握现代管理知识、精干高效、锐意进取的经营管理人才队伍”。

以“文化管理”为目标加强管理文化建设,提升研究院核心竞争力

建立四个体系,夯实管理基础。研究院是中国一航惟一一家同时通过 ISO9000 标准、ISO14001、OHSMS18001 体系以及保密体系四个体系认证的单位,建立了质量体系对用户负责、环保体系对社会负责、安全体系对员工负责、保密体系对国家负责的长效机制。

推进双六工程,提升管理水平。按照大集团战略的部署,积极推进6S 管理和 6 西格玛管理。6S 管理 2003 年通过集团公司合格验收,2004 年破格通过集团公司铜牌验收,争取 2006 年获得银牌。通过送外培训和中国一航洛阳培训分部培训相结合的方式,培训黑带 10 名,绿带 141 名。计划用三年时间对研究院全体副主任设计师以上人员进行 6 西格玛培训,使各类骨干树立先进管理意识,学习先进管理工具,提高先进管理水平,促进各项任务完成。

构建知识管理体系,传承文化知识。加强学习型组织建设,构建知识管理体系,借鉴《质量手册》体系标准,编写《中国空空导弹研究院管理手册》,总结管理经验,梳理管理程序,推进流程再造,促进科学管理。编写《空空导弹设计手册》,总结几十年来研究院在空空导弹设计方面的经验和教训,形成空空导弹各舱段设计丛书,在书中突出对各型号各部件设计经验和教训的点评,把老一辈的经验和先进的设计方法固化传承下来,让年轻同志站在巨人的肩膀上工作,提高空空导弹设计水平。

以“为用户创造价值”为经营理念加强品牌文化建设,树立高科技产业集团良好形象

突出技术创新,满足用户需求

一是引导用户需求,搞好型号发展规划。作为精确制导武器的国家队,我们时刻以实现部队武器装备现代化为己任,跟踪国际高新武器发展趋势,以“部队需求牵引,技术创新推动”的方式搞好中长期型号发展规划,适时调整型号发展方向,不断提升型号发展水平,使型号研制工作始终围着市场转,围着用户转,最大限度地满足用户需求。二是积极主动研究现代战争的战法和特点,站在保证战争打赢的高度上提出新概念、研制新产品、适应新需求,为部队提供“好用、管用、顶用”的产品。三是成立高级顾问委员会,聘请国内同行知名专家、学者、同行业及用户高层资深人员组成院高级顾问委员会,请他们为研究院重点型号和关键技术的发展献计献策。四是清华、北航、西工大等高校成立研究组织,利用院校在理论研究方面的技术、人才及学科优势,加强新概念武器研究,开发先进技术,充分发挥产学研优势,增强企业核心竞争力,扩大产业领域。

加强“过程控制”,提供优质产品

多年来在研究院形成了既体现集团文化、又有自身特色的质量方针:用户至上,质量第一,过程控制,不断改进。突出过程控制的概念,将生产质保延伸到型号研制、批产交

付、售后服务的全过程，建立型号全寿命过程的质量管理模式，变事后把关为事前预防，变批检靶试为过程控制例试交付，建立了“以可靠性设计为中心，以过程控制、严谨作风和质量文化为保证”的产品保证体系。这种具有一航导弹院特色的质保体系保证了我们给部队交付高质量的产品。

完善服务体系，建立良好信誉

一是定期由院领导带队走访用户，了解用户需求，调查他们对产品和服务的满意度，并按照他们的意见及时改进工作。二是设立外场服务站。想用户之所想、急用户之所急，用户有什么要求，无论节假日、无论任何艰苦条件都能做到随叫随到，并及时优质为用户解决问题。三是建立应急外场服务体系。为应对紧急突发的外场服务需求，做好外场技术保障工作。2004 年 2 月，院下发了院军联字[2004]52 号文件“关于外场技术保障紧急预案的通知”，建立了领导小组、工作小组、专业小组、联络小组 4 个小组的工作机构，将特殊时期的应急外场服务工作做到位，全力解决用户的后顾之忧。四是不断改进服务质量。将质量管理向服务延伸，变售后服务为全过程支援；在经营思想上转变认识，注重市场调查与信息反馈，了解用户对产品质量、价格、交货期及包装、储运、产品延寿等方面的需求；力求做到配套服务，从产品性能设计、生产制造、外场使用、维修保养、改装延寿等方面广泛征求用户意见，力求从硬件、软件等方面提供全套服务。

加强品牌营销，开拓新的领域

一是建立“立体式营销网络”实现对用户的特别关注。在北京成立了营销中心，进一步贴近用户、关注客户。建立和完善了“客户管理信息系统”，加强与上级领导机关的沟通，及时了解用户需求。二是不断进行管理创新和体制创新，满足不同用户的潜在需求。成立派生武器研究所，跟踪研究国内外空空导弹派生产品发展动态，进行空空导弹派生型武器市场营销工作，迅速满足用户新需求；建立光电侦察设备研究所，开辟研究院第四大类产品新战场；组建成立发射装置事业部，充分发挥科研生产一体化优势，在发射装置领域能够快速响应用户需求，获得强大的竞争优势。三是规划品牌营销战略。成立了院品牌管理领导小组，制定研究院品牌建设战略规划，并组织实施。在国家商标局为军品注册了“霹雳”、民品注册了“凯迈”、“CAMA”商标。2003 年赞助了“百名航空少年”活动，2005 年又捐款 20 万设立“霹雳奖学金”资助百名贫困子女上大学，增强企业社会责任感，回报社会。

以“文化认同”为重点加强行为文化建设，培养职工养成良好习惯

加强教育引导，提高思想认识。我们一是大力宣传集团文化对实施大集团战略以及提升我院核心竞争力的重要意义，使干部职工从思想上高度重视集团文化建设；二是加强“航空报国、追求第一”集团理念的宣传，使之成为干部职工大干重点型号的第一动力；三是加强诚信意识的宣传，使干部养成“知实情、干实事、求实效”的工作作风；四是加强“激情进取、志在超越”航空人精神的宣传，克服“小进即满、小富即安”的保守思想，不断超越新的目标。

创建文明单位，提升职工素养。认真落实《院文明单位建设管理条例》，年初根据院重点工作制定《基层文明单位工作要点》，年终严格考核奖惩，把单位能否评为“文明单位”作为年度评先的先决条件，实行一票否决。坚持开展“创建文明班组，争当文明职工”活动和每季度评选“十件好事”活动，大力宣传敬业奉献、助人为乐、拾金不昧、尊老爱幼、见义勇为等方面的典型人事。按照“公民道德建设纲要”制定了《员工基本行为规范》和各类人员道德规范。2003 年 6 月，研究院举行了为定型型号总师挂像仪式，表彰他们为发展空空导弹事业所作的贡献，激励年轻的科技人员快速成才；举行了为“鲁宏勋班”授牌仪式，激励广大技术工人刻苦钻研，立志岗位成才，出现更多的鲁宏勋式人物。

开展文体活动，陶冶职工情操。各类文化体育活动是增强职工凝聚力、弘扬单位价值观的重要载体。我们每年都组织“新春游艺晚会”、“迎新春联欢会”、“庆元旦”万人长跑等传统活动，组织开展“庆‘三八’女职工健身操（舞）比赛”，“健康每一天”春季晨练，组织各种球类比赛以及大型文艺晚会等多种文艺体育活动。通过这些有益活动，增强了职工的凝聚力，使广大干部职工更加关心和热爱空空导弹事业。

以取得实效为目标，建立推进霹雳文化建设的四大机制

建立长效学习机制，确保思想认识到位

首先，组织领导班子成员认真学习企业文化建设及现代管理知识，使班子成员从建立具有国际竞争力的大集团的高度，认识企业文化建设的重要意义，自觉地推进企业文化建设。组织院领导和主要部处领导到海尔、GE 等国内外优秀企业学习先进管理经验和企业文化，并结合实际提出研究院企业文化建设的思路和举措。其次，加强干部培训，提高中层干部认识。采取集中办班，脱产轮训，专题宣讲，撰写心得体会等办法，组织全体中层干部系统学习了《集团企业文化建设纲要》，观看了介绍海尔文化建设的录像资料，组织了发展战略专题讲座，使中层干部系统了解了企业文化的内涵，明确了研究院的发展思路和发展战略，形成了上下一致建设企业文化的局面。

建立组织领导机制，确保职责落实到位

成立了由院长、党委书记为组长的企业文化建设领导小组；成立了由宣传部、院办、党办、质保部等职能部门组成的“企业文化建设推进办公室”，把企业文化建设纳入院党政工作的主要日程，形成了由行政一把手为第一责任人，党委全力推进，党政工团齐抓共管的组织领导机制。为了保证企业文化建设的全面落实，研究院按照齐抓共管的要求，

重点强化了机关职能。一是宣传部重点抓好企业文化建设的总体规划和对各职能部门的督办工作。二是院质量部门重点抓好“6S管理”和6σ管理。制定了6S管理实施办法，明确了检查验收的标准，加强了过程考核，促进了6S管理的落实。三是三产部抓好院区环境的清理整顿、绿化、美化工作，为科研生产、职工生活创造“绿色社区”。四是发展、生产等部门重点抓好本系统各基层单位企业文化建设理的实施等，形成了齐抓共管的机制，保证企业文化建设有序进行。

建立上下沟通机制，确保文化认同到位

一是加强对中层干部的宣传。坚持举办中干培训班，由院长和书记多次进行了研究院发展思路和发展战略的专题讲座，把院领导班子的工作思路和全体中干进行了全面的沟通。二是加强对全体党员的宣传。2005年在先进性教育活动中，院党委做出部署要围绕发展抓教育，八位院领导对全体党员进行了研究院发展战略、发展思路、手段建设、生产交付、质量保证、民品三产规划、机关管理等系列党课专题辅导，使全体党员明晰了研究院的发展战略。三是加强对职工的全面宣传。在“创先争优”大会、职代会、政工会、党政工团联席会等院内重要会议上，院领导多次对职工讲解研究院发展思路，同时各党支部也组织院发展战略和本单位发展思路的专题教育。与此同时，每年对新分大学生进行发展战略的专题讲座。在干部竞聘中，我们将竞聘同志对发展战略的理解和运用作为重要考核内容。各党支部组织职工学习《员工文化手册》，不断强化全体职工对院发展战略的认识。

建立投入保障机制，确保工作开展到位

一是投资数千万元成立了干部管理学院和中国一航培训基地洛阳分部，每年分期分批对干部和骨干脱产进行系统培训，推进学习型组织建设，培养知识型员工。二是加强一流环境建设。按照一流环境建设要求，进行厂容厂貌整理，2003年通过集团公司一流环境达标验收，2004年破格通过铜牌验收，现在正向银牌建设目标迈进。三是加强文化设施建设。先后投入了数千万元，建成了职工俱乐部、职工活动中心、职工培训中心、游泳池、体育场、户外健身场所、园区网、内部电视台、广播站、阅报栏等一整套文化娱乐设施，使职工活动有场所，宣传有阵地。

文化是基业长青最为本质的诠释。正是得益于优秀的文化，中国航空工业才英气勃发，空空导弹事业才阔步向前。今天，“航空报国、追求第一”、“激情进取、志在超越”已成为我们的共同信念和精神力量。只要我们携手共进，用文化陶冶思想，用文化砥砺品格，用文化规范行为，用文化促进发展，就一定能拥抱中国空空导弹事业绚丽多彩的明天！

青岛市工作情况

青岛建置于1891年，是我国重要的经济中心城市、沿海开放城市、计划单列市和副省级城市之一。现辖七区五市，总面积10654平方公里，人口740.9万，其中市区面积1159平方公里，人口265.4万。

近几年来，青岛市高举邓小平理论和“三个代表”重要思想伟大旗帜，认真贯彻党的十六大和十六届三中、四中、五中全会精神，坚持以科学发展观统领经济社会发展全局，深入落实省委“一二三四五六”的发展目标和工作思路，紧紧围绕建设全国重点中心城市和世界知名特色城市的目标，大力推进“繁荣青岛”、“平安青岛”、“文明青岛”建设，实现了历史性跨越。特别是去年以来，我们按照胡锦涛总书记来山东视察时提出的在以科学发展观统领全局、构建社会主义和谐社会、加强党的先进性建设上走在全国前面的要求，结合青岛实际抓好贯彻落实，在大力发展三大特色经济、建设四大工业基地的基础上，积极打造教育科技文化中心、航运物流商贸中心和金融中介信息中心，有力促进了经济社会更快更好更和谐的发展，成为青岛历史上发展最好的一年。与“十五”之初的2000年相比，全市生产总值、人均生产总值和地方财政收入均实现翻番。2005年全市完成生产总值2695.5亿元，增长16.9%；地方财政一般预算收入176.3亿元，增长35.1%；实际利用外资36.6亿美元，增长13.1%；出口175.9亿美元（不含中央、省公司），增长26.4%；社会消费品零售额865.9亿元，增长15.8%；城镇居民人均可支配收入12920元，增长16.5%；农民人均纯收入5806元，增长14.3%。

创造和谐营商环境，培育名牌企业群体

——青岛市企业文化建设情况

我市的企业文化建设始于20世纪80年代中期。多年来特别是近几年来，我们坚持以邓小平理论和“三个代表”重要思想为指导，树立和落实科学发展观，以建设全国重点中心城市和世界知名特色城市为目标，把企业文化建设摆在发展市场经济、加强企业管理的重要位置，紧紧围绕市委、市政府名牌战略和经济国际化战略的实施，不断加大探索指导力度，逐步形成了“三引导、三结合”工作思路和推进措施，培育出了以海尔、海信、青啤、双星、澳柯玛等知名大企业为代表的优秀企业文化群体和名牌集群，增强了企业核心竞争力和发展后劲，带动和促进了我市经济结构调整和产业优化升级，推动了品牌经济发展，提升了城市整体形象和综合竞争力，为全市经济社会的全面协调可持续发展发挥了重要的推动作用。

因势利导，强化服务，企业文化建设健康有序

为切实促进企业文化建设的健康有序发展，我们坚持解放思想与实事求是的统一，对企业改革发展中出现的这一新事物没有采取简单肯定和否定的态度，而是采取“见苗

浇水、因势利导”的态度，切实加强宏观指导与服务，保证了企业文化建设的发展方向，推动了全市企业文化建设的深入健康发展。

加强理论引导，扫清企业文化建设过程中的思想障碍。在企业文化建设刚刚兴起的时候，我市社会各界包括理论界和企业界对这个问题的认识并非完全统一。在具体工作中，我们针对企业文化建设不同阶段存在的倾向性问题，有针对性地加强理论研讨，为企业文化建设的逐步深入提供了强有力的理论支持，创造了比较宽松的思想舆论环境。在自发借鉴和学习普及阶段，我们针对当时存在的主张对企业文化采取否定、排斥和用企业文化代替思想政治工作的不良倾向，及时举行了专题研讨会，引导理论界和企业界探讨企业文化与思想政治工作的关系，旗帜鲜明地提出不能代替，也不能排斥，惟一正确的选择是，必须搞好结合，做到优势嫁接。在深化提升阶段，我们针对一些企业在导入CI中存在的以CI代替企业文化建设的倾向，以及在实际操作中存在的重视觉识别、轻理念识别，理念提炼与加强企业管理相脱节等不良现象，开展了专题研讨和理论咨询，把握了企业文化建设的核心和实质。我们还针对一些企业在企业精神、价值观、经营管理理念提炼中存在的缺乏个性、千企一面的问题，引导企业从增强核心竞争力，振兴民族工业的高度，以创国内外一流产品品牌和服务品牌为切入点，突出行业特色、企业特色、民族特色和社会主义特色，强调企业文化要体现企业差别化战略，具有不可模仿性和不可复制性，较好地解决了企业文化建设中存在的雷同化、作表面文章等问题。为加强这方面的引导，我们先后组织编发了《精神动力之源》、《企业文化简明知识》、《企业文化探索》、《企业文化建设》和《名牌故事》等书，对于引导企业把握企业文化建设的前进方向，有的放矢地搞好企业文化建设，起了积极的推动作用。

加强咨询引导，探讨推进企业文化建设的有效途径和方法。为及时有效地加强对我市企业文化实践的正面引导，2000年，我们以市企业文化协会和市企业形象和科学管理学会为依托，成立了由有关领导、专家和实际工作者组成的市企业文化建设咨询指导组，加大了对全市企业文化建设的咨询指导和服务力度。市企业文化建设咨询指导组的主要职责有三项：一是负责全市企业文化建设的总体策划、培训与咨询指导计划的拟定与组织实施；二是对一些大中型企业文化建设推进计划、措施等进行具体咨询指导；三是应企业要求，重点帮助他们做好企业品牌、企业精神、企业价值观、企业经营管理服务理念提炼等工作，进一步完善理念识别系统，形成独具特色的企业精神文化。近年来，市企业文化建设咨询指导组，先后深入到红星化工集团、公交集团、热电集团、青岛供电公司、第一市政公司、热电集团、利客来商贸中心、港务局、青啤集团、崇源地产置业集团有限公司、青岛流亭机场、建设银行市南三支行等30多个企业进行了现场咨询服务，其中为企业策划的诸如热电集团的“暖到家”、交运集团的“情满旅途”、海润自来水集团公司的“润万家”、航务二公司的“浇注明天”等服务品牌，均在社会上产生了较大反响，对于进一步提升企业文化建设水平，发挥了积极作用。

加强典型引导，发挥先进典型的示范带动作用。及时总结树立和宣传先进典型，是推进企业文化建设的有效途径和手段。近年来，我们在典型的总结推广上，重点抓了以下两个环节：一是加强调查研究，培育先进典型。为深入总结海尔文化建设的典型经验，我市于1998年专门成立了海尔文化调研组，集中半个多月的时间，采取调研座谈与问卷调查相结合的方式，对海尔文化建设的经验进行了深入的挖掘整理，形成了《关于海尔集团在建立现代企业制度新形势下思想政治工作情况的调查报告》，并荣获1998年全国政研会优秀研究成果奖；2000年，组织了工交系统企业文化建设专题调研，深入分析了工交系统企业文化建设的经验，分析了存在的问题，提出了加强工交系统企业文化建设的对策和建议；2003年，在全面回顾我市企业文化建设20年历程的基础上，形成了《关于我市企业文化建设现状分析与发展对策研究的调研报告》，系统归纳了我市企业文化建设工作的基本情况、特点、成效及基本模式，并就目前存在的突出问题和中长期发展提出了对策建议；2004年，重点加强了对企业文化与城市文化关系课题的研究，形成了《关于城市文化与企业文化关系的研究报告》，系统分析了两种文化相互作用的价值契合点，针对存在的问题，提出了推动两种文化互动发展的对策和建议。原市委副书记、纪委书记王永生作了重要批示。二是采取多种形式，宣传推广典型经验。近年来，我们利用召开市企业思想政治工作会议、市职工思想政治工作研究会年会、市职工政研会秘书长工作会议、全市民营经济企业文化建设现场会等时机，交流推广了30多个企业文化建设的典型经验。2002年3月，我们以全国企业文化建设现场经验交流会在我市召开为契机，集中抓了企业文化建设重大典型的宣传推广。会上，我市及海尔、海信、青啤、港务局、交运、热电等7个单位作了大会交流发言，在全国、全省范围内产生了良好反响。会议期间，我们还协调组织市主要新闻媒体对这些典型经验进行了集中宣传报道。会后，全国政研会向全国转发了我市及6个企业的典型经验。为引导我市企业不断提升企业文化建设层次和水平，从2003年开始，我们在全市企业中开展了争创青岛市企业文化建设示范单位活动，目前，已命名表彰了3批共49家青岛市企业文化建设示范单位，其中有10家企业还荣获了首批山东省企业文化建设示范单位称号。在2003年召开的中外企业文化青岛峰会上，我市被中国企业文化研究会授予“中国企业文化建设区域性示范基地”，我市重视和加强企业文化建设的经验和组织编写的《企业文化建设》一书，分别被评为“中国企业文化建设20年组织推动奖和理论成果奖”。2004年至2006年，我市与海尔集团公司、青岛啤酒股份有限公司、热电集团、海润自来水集团等企业，分别在第一、二、三届中国企业文化论坛上做了主题发言或典型交流，得到了与会代表的称赞。2005年，我市应邀在全国服务文化现场经验交流会暨理论研讨会上做了交流发言，进一步扩大了我市企业文化建设工作在全国的影响力和知名度。

搞好结合，优势互补，企业文化建设整体推进

在实践中，我们深刻地体会到，要扩大企业文化建设的覆盖面和社会影响，就必须与全市的经济发展战略有机结合起来，与强化企业管理、促进企业发展有机结合起来，与推进企业思想政治工作的改进创新有机结合起来，综合发挥各个方面的优势，形成全社会齐抓共管的良好格局。

坚持与实施经济发展战略相结合，突出企业文化建设的先进性。我们坚持不懈地引导各行业、企业不断强化围绕中心、服务大局的意识，努力把推进企业文化建设与实施经济发展战略紧密结合起来，建设先进的企业文化。2005年，组织举办了以“中国制造——中国创造”为主题的中国名牌经济（青岛）论坛，组织艾丰等国内知名专家学者和海尔、青啤等名牌企业家探讨了品牌经济发展的趋势和方向，宣传了我市企业品牌形象，扩大了社会影响，为我市荣获“中国品牌之都”称号奠定了坚实基础。截至目前，我市已有中国“世界名牌”2个，中国驰名商标15个，中国名牌产品44个，国家质量管理奖5个，山东省著名商标122个，山东名牌产品151个，青岛名牌产品和服务品牌215个。2004年1月31日，海尔又入选世界最具影响力的100个品牌，名列第95位，今年已上升至第86位。这些名牌产品及其生产企业不仅成为各行业的排头兵，而且对我市的经济发展也起到了重要的支撑作用。通过企业文化与我市名牌战略和经济国际化战略的有机结合，增强了全社会的名牌意识、质量意识和创造名牌的信心和紧迫感。今年，以“自主创新与可持续发展”为主题，举办了2006青岛市企业文化论坛，重点围绕发展品牌经济、打造品牌城市，邀请专家演讲、开展理论研讨和经验交流，对于引导我市企业以自主创新创自主品牌，以可持续发展激发生机活力，进而提高青岛自主创新能力，推动建设全国一流的创新型城市，提升城市核心竞争力产生了积极影响。

坚持与强化企业管理相结合，提高企业文化建设的实效性。在具体工作中，我们引导广大企业采取发动职工提炼管理理念以夯实企业管理基础、借鉴世界先进企业经营管理理念以推进企业制度创新、与深化名牌战略相结合以更好地参与国际竞争等措施，进一步增强了企业的内部凝聚力，激发了企业的生机和活力，提升了企业的市场竞争力。近年来，我市海尔集团、海信集团、青岛港、青岛啤酒股份有限公司和建设集团等5个企业获得全国质量管理奖。在2004年评出的10个全国首届质量管理卓越奖中，我市海尔集团、海信集团、青岛港（集团）有限公司榜上有名，这也从一个侧面反映了我市企业管理创新的水平和成果。在2005年举办的山东省企业文化年会上，我市交流发言数量占与会发言总数的1/3，获得山东省企业文化优秀成果综合成果奖特等奖1个、一等奖3个、优秀奖3个，优秀成果单项成果奖5个，获奖质量和数量居全省各地市首位。今年，我们又组织开展了首批青岛市企业文化创新成果申报评选活动，评选出一等奖4个、二等奖10个、三等奖13个和优秀奖5个，进一步展示了我市企业的良好面貌和企业文化建设风采。

坚持与思想政治工作的改进创新相结合，增强企业文化建设的群众性。近几年来，我们紧紧围绕中央、省、市企业改革和发展的整体部署，积极发挥思想政治工作的导向作用，在企业中相继组织开展了“四职教育”、“内强素质、外树形象、振兴企业、迎接新世纪”、爱岗敬业等主题教育活动。配合主题教育活动的开展，我们还先后举办了企业“四职”教育演讲、歌咏、曲艺三项联赛，企业歌曲演唱、企业精神演讲、企业文化电视片展评三项联赛，企业文化建设文艺比赛，“双学三创”演讲比赛，以“创品牌、树形象、促发展”为主题的企业文化建设演讲、歌咏、曲艺三项联赛等系列活动，组织参加了“八喜杯”山东省企业文化建设厂歌大赛等活动，极大地提高了职工群众的参与程度和效果。许多窗口服务行业和企业还立足本单位特点，积极参与我市连续多年开展的“创服务名牌、树青岛形象”活动，创出了海尔集团“真诚到永远”、交运集团“情满旅途”、公用事业“96111”服务热线、青岛铁路分局“海之情”列车，以及“海滨小金”、“公交张锋”等市级服务名牌，有力地推动了服务行业企业文化建设的深入开展。从2002年开始，在全市企业中部署开展的“重发展、重道德、重科技、重管理、重形象，创建学习型企业”的“五重一创”活动，明确提出了企业文化建设的新的发展思路和目标，进一步扩大了企业文化建设的覆盖面，初步形成了企业文化建设整体推进的总体思路和良好格局。为引导我市民营企业高度重视和加强企业文化建设，在2003年成功举办首届青岛市民营企业文化周的基础上，又于2004年召开了全市民营经济企业文化建设现场会，进一步宣传推广了民营经济企业文化建设的新经验、新成果，在民营企业中营造了加强企业文化建设的浓厚氛围。

加强研究，积极实践，企业文化建设模式丰富多彩

多年来，我市各行业、企业按照全市的总体部署和要求，紧密结合自身实际，充分发挥职工群众的主体作用，努力探索新形势下加强企业文化建设的特点和规律，打造出了富有时代特色和企业个性的企业文化建设模式，在国内外产生了较大的影响。

以改进和创新思想政治工作为突破口，建设独特的精神文化。这种模式多被拥有较为悠久的历史和深厚的文化积淀的国有企业采用，部分国有垄断性行业采用此模式建设企业文化也颇有建树。这些企业在企业文化理论引入之初，没有被企业文化与思想政治工作二者谁轻谁重、谁统领谁的争论所左右，也没有简单地以企业文化建设取代思想政治工作，而是在深入学习研讨的基础上，充分认识到了企业文化在企业经营管理中应有的地位和作用，深刻剖析了二者之间的相同点和不同点，找准了二者充分发挥作用的

结合点，借助思想政治工作强大的政治优势和成熟的工作模式，从建设精神文化入手，打造了富有本企业特色的企业文化，收到了良好的效果。如青岛港是一座具有110年历史的国有特大型港口，一代又一代的海港人培育了丰富的企业文化，创下了青岛港宏伟的百年基业。他们认为，国有企业只有树立正确的企业价值观，弘扬先进的企业精神，才能把社会主义企业文化建设好。为此，他们以培育有港口特色的企业精神为切入点，抓住与思想政治工作的结合点，发挥政治优势，以主题思想教育为载体，政治上依靠职工群众，大力加强以“信念、感情、珍惜、奉献”为核心的企业文化建设，不断丰富和发挥富有港口特色的企业文化内涵，为港口的大发展奠定了坚实的思想基础，港口经营绩效始终保持持续快速健康的发展势头。又如青岛供电公司，把企业文化建设与企业党建、思想政治工作和精神文明建设协调为一个系统整体，纳入企业整体发展战略之中，统筹安排，同步检查考核，使之紧密结合，互相促进，进一步拓宽了党建、思想政治工作和精神文明建设的渠道，培育和增强了企业文化的生命力和感召力，为实现企业的战略目标提供了强有力的文化支持。

以加强和提高企业经营管理水平为切入点，培育成熟的管理文化。这种模式被大多数生产型企业所采用，因其在提高企业经营管理水平和企业整体素质方面的突出效果，越来越多的不同类型的企业也纷纷效仿。这些企业准确地把握住了企业文化这门学科是特殊的管理学这一基本学科属性，从加强企业管理基础入手，积极实施战略创新，调整组织结构，更新管理观念，优化管理方式，重塑管理流程，重视管理细节，同时充分倡导“以人为本”的企业理念，寓文化于管理之中，将管理人格化、亲情化，促进了企业管理创新，提升了企业管理层次，员工整体素质明显增强，企业核心竞争力明显提高。如青钢集团按照其“求新、求异、求变”企业精神的总要求，逐步形成和完善了具有青钢特色的“五个日”（日目标、日反馈、日分析、日考核、日工资）全控管理模式；青啤集团在以目标推进理论为理论基础的“一个核心、六个体系、二个支撑”的管理模式的基础上，从2005年开始，积极致力于企业文化转型，确立了“成为拥有全球影响力品牌的国际化大公司”的愿景和“用我们的激情酿造消费者喜好的啤酒，为生活创造快乐”的使命，逐步构建起与战略转型相适应、相协同的新企业文化体系，引导和凝聚企业向国际化大公司扎实迈进。

以建立和健全服务规范为出发点，打造鲜明的品牌文化。这种模式多被从事提供社会公共服务产品的企业所采用，目前已呈现出向其他产业扩张的趋势。这些企业因其提供的产品和服务具有同质性、易于模仿和复制、负面连带效应明显等特点，急需打造个性鲜明的企业品牌文化，加强职业道德和行风建设，提高服务水平，以区别于同类竞争者，展示本企业的独特形象。加之品牌是企业发展最重要的无形资产和品牌经济最具有市场竞争力的观念已在广大企业中形成共识，在市委、市政府“品牌兴市”战略的指引下，目前的青岛市已成为享誉中国的品牌城市，青岛的“名牌现象”在全国范围内引起广泛关注。如青岛交运集团，在1995年青岛市客运市场全面开放，国有专业运输企业陷入重重包围，市场竞争无序且异常激烈的情况下，集团内部经过认真讨论，形成了“要以‘情感式’的亲情服务赢得广大旅客，塑造国有骨干企业的良好形象，创出公路运输服务名牌”的企业共识。他们从车站到旅途服务全过程抓住了“情”字，抓住了传统文化与现代文化的交汇点，以顾客满意度管理为中心，打造了“情满旅途”服务品牌，并从集团的客运业延伸到各个经营板块，逐步形成了以“情满旅途”品牌为主体的“123451”文化体系和“主+多+群”的品牌经营管理模式。通过实施品牌战略，不但促进了企业形象的提升，还有利地推进了集团的整体发展。目前，交运集团与海尔、青啤、香格里拉等名牌企业建立了长期战略伙伴关系，并在青岛开发区建立了全国最大的国际物流园，成为集团新的经济增长点，交运文化因“情满旅途”品牌的发展使其内涵更加丰富，显示了强大的生命力。其他诸如热电集团的“暖到家”、航务二公司的“浇注明天”、供电公司的“亮出精彩”、海润自来水集团公司的“润万家”和网通公司的“情传万家”等服务品牌，都在青岛市乃至全国同类行业中产生了较大影响，具有较高的知名度和美誉度，企业经济效益和社会效益显著增长，呈现出十足的发展后劲和良好的发展前景。

以设计和整合企业标识为着力点，宣传崭新的形象文化。这种模式多被商贸流通企业所采用。这些企业不属于物质生产部门，不直接向消费者提供有形的产品，而是提供无形的服务。衡量无形服务的标准就是看企业是否能够在服务的过程中给客户提供带来附加利益和心理上的满足感及信任感的消费环境、服务质量、服务承诺、售后服务、产品形象、企业声誉等。基于此，这些企业在原有企业形象的基础上，重新确立了企业标准色，设计了本企业的标识图案，赋予其文化内涵，并对构成企业标识的企业建筑、购物环境、企业广告、员工形象等元素进行系统的整合贯通，建立健全形象文化的支撑体系，企业重新走上了良性发展的轨道，规模不断扩大，经济效益不断增加，社会效益日益显著。如现更名为维客集团的原崂山百货大楼（集团）股份有限公司，由于计划经济条件下遗留下来的千店一面的形象设计和地域色彩浓厚的企业名称的影响，企业一直发展缓慢，在激烈的市场竞争中处于十分危险的境地。在此情况下，企业经营者果断决策，设计推出了富有民族特色的荷花标志，打出了企业名称与服务商标合二为一的“维客”品牌，释义为“惟有顾客，才有维客”，以形象文化为先导，积极开拓市场，加强内部管理，目前维客莱阳店、高密店、平度店运转态势良好，在当地的商业零售界有着举足轻重的地位，企业走上了文化扩张的规模发展之路。可以说，企业名称的变更，是崂百集团发展史上的重大转折，标志着崂百集团的发展又进入了一个新的里程碑。它既是全力抢占市场竞争的制高点，增加与国际国内零售业巨头同台较量的筹码，也是维客立足本土，启动全国连锁战略，以更快的速度做大企业规模，构建核心竞争力的前提条件，更是应对经济全球化趋势的重要举措，对企业今后的发展具有重大而深远的历史意义和现实意义。

内强素质，外树形象，企业文化建设成效显著

多年来，通过引导企业及时把握企业文化发展趋势，不断提高企业文化建设水平，对于提高我市的城市品位，塑造城市形象，促进经济发展，提升城市核心竞争力，起到了重要的支撑拉动作用。

青岛的城市形象不断提升。通过加强企业文化建设，全市上下形成了一个培育、争创名牌的良好氛围，引发了广泛的名牌效应，增强了全社会的名牌意识、质量意识和打造名牌的信心，对推动企业走质量效益型和规模经济发展道路，起到了积极作用。青岛已成为知名品牌和企业家较为集中的城市，被众多媒体称为中国名牌产品和知名企业的“聚集地”、“出海口”，也被人们誉为“青岛现象”。品牌成为了青岛的名片，提高了青岛在国内外的知名度和影响力。在“2004CCTV 中国最具经济活力城市评选”中，我市获得“中国十大最具经济活力城市”和“企业家满意奖”两项大奖。在2005 中国自主创新·品牌高层论坛暨中国品牌经济城市峰会上，青岛被授予“中国品牌之都”称号。

对全市经济的支撑拉动作用日益显著。名牌企业作为我市企业文化建设的集中代表，我市的“十大”企业、“十强”企业近几年实现了高速发展。2005 年，全市十大企业集团产值、利税占全市比重达 40% 以上，带动了全市经济的发展。青岛国内生产总值近几年在副省级城市中的排位不断上升，目前位居全国 15 个副省级城市第 4 位。

企业规模和实力不断扩张。一些名牌大企业集团以先进的企业文化为支撑，纷纷走出青岛，跨地区买断、参股、控股异地企业，搞好品牌运营和资本运营，推行低成本扩张。海尔集团的产品扩展到白色、黑色和米色家电，拥有 15 个工业园，其中国外 3 个，国内青岛以外 5 个，海外工厂和制造基地 30 个，产品出口到 100 多个国家和地区。交运集团通过实施“情满旅途”品牌文化战略，企业规模不断扩大，市场竞争力大大增强。目前，已与海尔、青啤、香格里拉等知名企业实现了结盟共赢，建立了国内最大的国际物流园区，吸引了丹麦马士基、日本伊藤忠、韩国韩进、新加坡胜狮、以色列以星等世界著名公司进驻物流园。

大企业集团参与国际分工与合作取得积极进展。近年来，我市大企业集团在逐步完善自身企业文化体系的基础上，积极实施国际化战略，走出国门开拓市场，积极培育自己的跨国公司，努力争创世界知名品牌。海尔集团在美国、巴西、巴基斯坦、伊朗等国家和地区设立了工业园和工厂，与日本三洋公司建立竞合关系，实现了优势互补、资源共享、双赢发展。海信集团分别在南非、印度设立电视机生产厂。双星与美国 PSS 公司、澳柯玛与美国 GE 公司、青啤与美国 AB 公司等，广泛开展经济技术合作，成功进军国际市场。

（中共青岛市委宣传部　青岛市企业文化协会）

企业文化建设经验选编

激情塑造航空魂

刘高倬

优秀的集团文化，是花钱买不来的无形资产。技术可以学，设备可以买，但文化有钱买不来、学不来，有了文化别人也偷不去。作为一家国有大集团公司，必须要有自己的文化，要有自己的理念，要建立自己的核心价值观，并将这种核心价值观植根于全集团干部员工之中，成为共同的习惯，我们的集团才能不可战胜。

“文化就是习惯”。集团文化最简单的解释就是习惯，开展集团文化建设就是要在我们集团建立良好的习惯，这是一个长期、艰苦、复杂的过程。当一家企业好的习惯越来越多，这家企业就逐渐成为一家优秀的企业。当通过我们集团上下共同努力，把我们集团的理念、精神、价值观等一系列方针、准则等等都变成了航空人的自觉行动和习惯时，我们这个集团就会是不可战胜的。

文化建设是一个不断的积累过程，好的习惯今天积累一个，明天积累一个，不断积累，我们才不可战胜。因此，我们各级领导干部，尤其是行政“一把手”，一定要充分认识集团文化建设的重要意义，提高建设集团文化的自觉程度，要努力成为集团文化的积极倡导者、组织者、推动者、实践者。

建设大集团，最关键的是要确立集团核心价值观，这是集团之魂。我们经过几上几下，总结、提炼、最后确定了“航空报国，追求第一”的集团核心理念和“激情进取，志在超越”的航空人精神，并且围绕这一核心价值观，展开集团文化建设。

“航空报国”是核心理念的精髓，振兴中华民族的航空工业，建设国防蓝天长城，铺造国民空中通途，展现的是我们航空人的历史使命和奋斗精神。“航空报国”集中体现了中华民族文化的精髓——爱国主义，这是一种凝结着中华民族几千年传统文化的情节，是最伟大的情感，也是一种最强大的动力。在当前多元价值、思想观激荡之中，惟有它是最能凝聚人心的光彩旗帜，它可以最大限度团结人，调动更多人的积极性。“追求第一”是集团的目标定位。虽然我们现在不是第一，但我们要争取成为世界航空工业的第一；我们深知，第一是相对的，不进则退，我们将永不服输、永不停止、永不放弃地进行创新追求，不达目的决不罢休。

面对新形势、新任务、新要求，集团公司为实施大集团战略，实现集团公司的跨越式发展，尽早实现跻身于世界航空工业强者之林的集团愿景，我们又提出了“激情进取，志在超越”的“航空人精神”。

“激情进取，志在超越”的核心一个是“激情”、一个是“超越”。众所周知，不管对于一个人还是一个团队，干任何事情有激情和没激情是不一样的。一个没有激情的人是没有生命力的，一家没有激情的企业早晚也会垮掉。拥有激情的人，是对事业、工作和生活充满希望和追求的人，是不会被困难和挫折所吓倒的人，是永远充满革命乐观主义的人，因此，他是坚强的、快乐的、充实的、也是成功的。一个集团、一个团队像人一样，是有“性格”的；激情进取是“性格”的重要表现。工作生活在充满激情的团队，一个人就会时时被激情所感染、所熏陶，就会为团队理想、目标的实现去拼搏和奉献，那么这个团队就会有凝聚力，就会有战斗力。这样的团队是最有希望的，是不可战胜的，也是我们任何事业不断实现的重要脊梁。

“超越”至少要包含三个层面的内容，首先要超越自我。我们不能满足于物质上的小改善，而要注重核心竞争力的大提高；不能满足于初战告捷的成就感，而要注意企业基业常青的发展观；不能满足低水平的创新高，而要注重和世界一流比高低；不能满足于过去取得的成果，而要注意创造未来的辉煌；不能满足低层次的比高低，而要注重迎接新挑战。要克服小富即安，不能停留在刀手马牛的层面上；要克服吃饭机制，打造发展机制；要克服小家子气，在敢于发大财当大款。其次，要超越对手。残酷的市场竞争既不照顾“老弱病残”，也不垂青昔日的“英雄”，弱肉强食比比皆是，只有成为强者、成为本行业、本专业领域的“第一”，才能得以生存和发展。要有超越的目标，不断瞄准、战胜新的竞争对手；要有超越的胆略，想都不敢想，还能干吗？要敢于和“高手”过招，和强者打擂；要有超越的气概，“两强相遇，勇者胜”，在气势上要有战胜对手的信心；要有超越的计划，要卧薪尝胆、脚踏实地地往前冲；要有永不言败的顽强作风，要勇于在逆境中奋起、逆境中超越。第三，要超越无限。从辩证来说，无限是个名词，无限是所有有限的集合，所有的有限加起来就是无限；而有限是在一个特定的时间空间内有固定目标的一件事。我们做的所有的事都是有限的，但是我们要做前人没做过的事，敢为人先，那就必须要有第三个超越，这是最高境界。我们提出“志在超越”，不是一个普普通通的口号，它有非常深刻的内涵和非常现实的时代背景。只有超越自我，超越竞争对手，超越无限，我们才可能跻身于世界航空工业强者之林。

（作者系中国航空工业第一集团公司原党组书记、总经理，现科技委员会第一主任）

国企“老板”的十条“军规”

林左鸣

作为国企的一把手，特别是“年轻”的一把手，根据自己近些年来的工作，我总结了认为很重要的十条，姑且叫做《国企“老板”的十条“军规”》吧。好的企业年轻人走上领导岗位一般比较少，实际上特别好的企业年轻人走上领导岗位后也很难，如果前面的老板干得很辉煌，你接上去后能不能干得更辉煌？这是很大的挑战和压力。但是大部分年轻人出任领导的企业并不是很辉煌，甚至是很困难的，接上手以后千头万绪，百废待兴，作为一个年轻的企业管理者要干好确实非常艰难。在这种情况下应该怎么做，我从自己这五六年来走过的道路中体会，总结归纳有这么十条：

第一条，圣者在位，能者在职。这是古人的一句话，也叫“贤者在位，能者在职”。作为一个企业的领导人，你应该做到让你的部下永远比你聪明、比你能干。

这句话说起来很容易，但做起来比较难。如果真的你的部下永远比你聪明、比你能干，你这个老板就没有地位了。那么这句话是什么意思呢？就是你作为老板，要不断地为你的部下出题，让他们去解。比如说 $X+Y=?$，题解完之后，他们可以兴高采烈地来报告：老板，我这事办妥了。给他们以这种表现和发展自己的机会和舞台。作为老板能够不断地给部下出题，让部下不断地有机会表现自己的聪明才智，不断地让部下兴高采烈地来报告，你这个老板就做得非常到位，你就真正调动起了所有人的积极性。历史上的刘邦，治国不如萧何，出谋划策不如张良，带兵打仗不如韩信。但是刘邦在当时社会政治混乱的情况下提出了自己的政治主张这个大题。大家围绕这个大题，你有什么本事，亮什么本事，这就是刘邦的领导艺术。

我的座右铭是“没有无用之才，只有无尽其才”。实际上也是这样，作为一个企业领导，你既然要聘用人，就必须把每一个人都看成是非常有用的，只是你怎么用他，要以不同的岗位来发挥每个人的长处，这句话无论是作为实际操作，还是作为口号，都是有积极意义的。作为一个企业领导人，不能够事必躬亲，所谓的出主意、用干部，也就体现在这里。出题的时候就是出了大主意，同时也把干部用好了。因此要“在位”而不是“在职”，如果“在职”，就无形中把领导岗位降低了。所谓“无为”，实际上是“有大为”。要站位很高，要始终对企业发展有前瞻性，要不断地出题才能成为一个称职的领导。这实际上很难。没有很高的站位，没有应有的思想高度，领导就不可能不断地出题。

第二条，要靠思想管理，不要靠权谋管理。领导和长官的区别就是是否有思想。所以我非常主张，一个成功的管理者，首先是一个成功的教育者。世界上很多著名的大企业，实际上都办成了一个文化的组织（或者叫学习的组织，我觉得应该叫文化的组织）。这些企业的领导人都是出思想的，即便在企业发展过程中，非采取一些管理策略不可的话，也要先造舆论，因为先有舆论的策略，那是阳谋，如果没有事先的舆论，就采取一些策略，那就可能变成阴谋了，就不得人心了。毛主席说“政策和策略是党的生命”。我觉得政策主要是思路，策略就是管理技巧。策略怎么出台，非常值得研究，关系到革命事业的成败。应该先有革命的舆论，先有革命的理论和思想作指导，也就是要先有革命的方针政策，然后才能有策略。所以毛主席说“要搞阳谋不要搞阴谋”。

企业管理也一样，做一个企业管理者，抓思路非常重要。我到黎明公司以后，每年都亲自执笔写重点工作思路纲要，先把思路亮出来，来统一全公司干部职工的思想，形成凝聚力。在管理过程中，肯定要采取一些管理措施，可能还要处理一些人，要调整一些领导班子，要采取一些组织措施，但这些行动都是有大思路在前，有言在先。先有思路，后再采取一些措施，就不会让人感觉你这个领导做事是鬼鬼祟祟的、不光明正大的，你这样的风气就是一种明正的风气。如果一个企业的领导人没有系统的思想、系统的思路，想到哪里干到哪里，有时为了达到管理目标可能不得不采取一些策略，久而久之，就会让人觉得你不光明正大，搞一些小手腕。慢慢地，在组织当中、群众当中就会没有威信，没有地位，不得人心，这一点是很可怕的。特别是没有思想的管理，容易形成有些想法只在少部分人中沟通和流传，久而久之，变成了组织上的小圈子，作为企业里的副职搞小圈子，是这个人品质不好，作为一把手搞小圈子最可怕，这是搬起石头砸自己脚的愚蠢之举，是自毁长城的做法，你根本就干不下去。

第三条，要建立自己的领导权威，先要做服从上级权威的表率。一个年轻人走上领导岗位以后，最关心最重要的是树立自己的领导权威。特别是万人大厂，上来以后肯定是想说话要算数，能够令行禁止。要做到这一点，要树立自己的权威，首先要做服从上级组织权威的表率，自己的权威永远是建立在自己服从上级权威的基础上。如果你在下级面前顶撞你的上级，那就会为下级不断顶撞你提供永恒的理由。

所以我非常重视这个问题。一般情况下，中航一集团职能部门的处级干部到黎明公司工作，只要我知道，我都要亲自接待一下。为什么要这么做呢？就是要做个表率。作为黎明公司必须无条件执行集团的指示，按照集团的战略部署来开展工作。只有我率先做到这一点，以后下面的各个分厂、各个部门才会无条件地执行我的指示。这是一种辩证关系，你想自己在部下面前要有权威，你就要完全尊重和服从上级组织。如果你对自己的上级领导不屑一顾，那你的权威就不可能树立起来。最终你这个企业组织还可能搞得令不行、禁不止，或者下面很多部门会当面一套，背后一套。这一点对我们走上领导岗位的年轻人也是很重要的。一个年轻人走上一个新的领导岗位，要特别善于利用上级机关来给你助威，有时候也要“狐假虎威”，你有些想法要说服上级机关接受，让上级机关到你企业来开展工作的时候把你的思想鼓吹宣传一下，旗帜鲜明地表态支持一下，那事情就好干多了。这一点非常重要，上级机关定下来的事，你要全力以赴去办、去做，久而久之你的权威自然就形成了。

第四条，不越级指挥，是你的组织体系有效运行的基本保障。越级指挥，这是我们管理中一大忌讳。但是恰恰是一个老企业产生新领导人以后往往会出现越级指挥，为什么呢？新领导上台以后，班子来不及调整，人的关系来不及磨合，组织关系来不及理顺，就急于去抓具体工作，一旦发现指挥受阻或不灵，就越过分管领导，一竿子插到底。一旦出现这种情况，很快就会自己把组织管理体系搞乱，一旦搞乱，难以收拾。要么先把班子调顺，组织上磨合好，要么就是前面讲的第二条，把思路讲清楚观点亮明，统一思想，思想上磨合好。当然我到黎明公司去以后，班子一个没调，一个没下，提了一个年轻的，有一位老同志退出一线工作，但没免职，主要靠的思想磨合。但黎明公司的部处级干部调了200多人次，几乎全部调了一遍，是结合组织磨合进行思想磨合。现在总的来看，这些同志都比较理解我们黎明公司脱困的一整套思路，思想体系能接受，这是“黎明”发展非常有利的一个条件。我从来不搞越级指挥，我到下面车间去看，现场有问题，6S管理搞的不好，我绝不会直接找车间主任说，我一定找这个厂的厂长，让他去跟车间主任说；看到工人有错，我绝对不会当面批评这个工人，而是找对我负责的直接的下级提出来。这一点对我们刚刚走上领导岗位的年轻人，在机构没有理顺、干部没有理顺的时候是非常重要的。你要想办法来理顺，或者采取其他方法，使得你的副手能够很忠诚地贯彻你的指令，而不要越级。这种越级会造成领导班子不和、不团结，整个组织体系失效。不越级指挥是我们年轻领导人要非常注意的一件事。

第五条，大敌当前，指挥所要靠前。这是战争年代部队用的一句话。我们中航一集团承担很多重要的任务，在任务非常重的紧急关头，作为主帅的指挥所一定要靠前。但是靠前不能违反第四条“军规”，不能够直接在那里指手划脚，不能给在那里打机关枪、扔手榴弹的士兵直接下指令。你只能在士兵身旁向你的直接下级下指令，即便你身旁出现了白刃肉搏，你仍然必须举起你的望远镜，不能够越过各级指挥系统。黎明公司去年完成了大修建线和生产任务，干得非常艰苦，很难用语言来描述。一个新型号上马，很多零件得不到保障，几乎是要什么没什么。那么在这样一种非常困难的情况下，主要领导人一定要靠前，指挥所一定要靠前。比如说发动机长试到最关键的时刻，我每天都是晚上2点钟左右起来陪到4点钟，再回去睡觉。在那里的时候我不会发任何具体工作指令，但是我在那里下达了很多长远的决策指令，就在这些一线工人身边。比如说50台大修建线成功以后100台怎么办？发动机修理以后企业怎么向前发展？工人们会看到、听到这一切，无形中形成一种气氛，给一线战士们的士气以极大的鼓舞，使干部职工很振奋，忘记厂里眼下的艰苦和困难，满怀着对未来的希望，一个接一个的困难就克服了。

我刚到黎明公司时，全年只剩下了50天，50天要完成超过一半的军品任务，按惯例肯定干不完。于是就要求全体干部把铺盖卷全部搬到生产一线，科以上干部都必须把铺盖卷搬到生产现场。大敌当前作为指挥员一定要靠前，靠前不是你亲自指挥具体战斗，不是包办代替，你要通过靠前来稳定军心，振奋军心。我觉得领导艺术对刚上台的年轻干部特别重要。我刚参加工作的时候，觉得我们行业里的一批领导人都有很高的领导艺术和管理水平，这批人文化程度并不高，大部分是中专生，为什么能走上领导干部岗位呢？很重要一点就是他们非常实干，他们是“行武”出身，在基层一招一式打出来的，这是他们不可多得的有利条件。现在我们年轻领导人的经历往往没有那么深厚的基本功了。作为这样特点的年轻领导人，特别在任务非常重的时候，当哪里出现最大险情，处在最困难、最危急的时候你能出现在那里，尽管你不做具体的工作，但是你在那里出现，在那里工作，那么这个效果就非常好。

第六条，不独断专行，但要会独断或专行，即要做到独断众行或众断专行。作为一个企业领导人，特别是国有企业领导人，一定要坚持民主集中制，走群众路线，不能独断专行。但是要会独断或专行。什么意思呢？你不能独断专行一起干，这是肯定不行的。但是单单搞独断或者单单搞专行一定是要有的，不然你年轻干部的魄力、魅力就体现不出来。什么时候独断？众行的时候独断，独断众行。什么时候专行？众断的时候专行，众断专行。举个例子，我刚到黎明公司的时候，想找一个热点，包装一下自己。说明我这个人是敢于实事求是，敢于打破陈规的。当时情况不熟悉，经常到下面转，同时也把各位公司副职调动起来下基层。刚到新地方，发现很多问题，就要找主管领导了解、联系一下。后来我觉得不对头，当时黎明公司干部根据要求没配手机，很难联系上，都下基层了，不知我们的主管领导在哪里。于是我就“大胆”定了一条：副经理全部配手机，必须配，而且必须24小时开机，随叫随到，确保我的指挥畅通。这个决定对提高工作效率起了很大作用。我也借这件事情炒作一下我自己。那就是：我们要实事求是，要坚持发展才是硬道理，不能搞教条主义。

再举一个例子：众断专行。到黎明公司刚开始一年，我们的老同志、老干部都在观望，一年以后看到企业好转了，在岗职工、干部收入也提高了，就提了一个问题，要求增加收入，并委托一个德高望重的老同志找我谈。显然这是没办法办的，退休人员享受国家的退休统筹政策，他们收入的增加，国家有统一的政策，不应该由企业再另行考虑和解决。因为是老领导出面提这个要求，现在班子成员都是他们以前培养出来的，尽管此事都知道没法办，也没人好出面答复。后来公司班子开会研究。

然后又通过职代会民主议事团一起来研究，大家认为：这个事没办法办，这时候就众断了。并且由我来和这些老领导谈这个集体的决策。我认为，作为领导人一定不能独断专行。但是有时候为了打开局面，还必须有“独断”或者有“专行”的勇气。但一定是要得到群众拥护，能够众行的事情你才能独断。还有些事情可能是好定不好办，决策很容易，执行起来却很难，特别是一些涉及个人利益的事，往往不敢面对面地执行，已经众断了，集体作了决策了，执行的时候作为一把手就得出面，就要不怕得罪人。

第七条，超前的领导人，要善于制造问题，解决问题。如果你仅仅是能发现问题，解决问题的领导，就永远不可能领导企业创新和飞跃。我们常说做领导要发现问题，解决问题，但仅仅停留在这个层面，坦率地讲，面对日新月异、飞速发展的知识经济时代是不合格的。做为合格的领导必须不断地找问题、制造问题，然后解决问题，就是一把手要有末日管理的意识，始终制造问题给自己施加压力。不但要制造我的假想敌，还要制造自己的学习榜样，必须让自己的企业既有“敌人”又有“榜样”。从某种观点上说必须不断地制造问题，就是使企业始终处在非最佳状态。最近我们公司的转包厂因为搞得比较好，成了公司的主力，我曾经给他们送了个“精兵良将”的牌子。这是一个效仿古人的办法，曾国藩为了激励部将，老是给银子不管用，因为士兵自己抓了俘虏收的金银财宝比他给的多，灰色收入很多，那怎么办呢？曾国藩打了一百把小腰刀，第一个攻上城立下战功给一把刀，不管官位有多高，那怕是士兵也送一把腰刀，成了很重要的精神激励。所以，我给我们搞得好的单位题个字送个匾，其用意就在这里。光是物质奖励不行，还要有精神奖励。响鼓要重锤敲，快马还要加鞭，最近，我就叫这个厂组织中层干部看《突出重围》这部军事题材电视剧。电视剧里讲一个A师、一个C师两个部队演习的故事，A师装备很好，过去立过战功，有过光辉历史，但是自满了，骄兵必败，最后失败了。我要求他们上班时间看电视片，看完每个人写体会。也就是要在自己的企业里不断地制造问题，对外则一定要制造我们的假想敌，始终使自己处在一种大敌当前的感觉。如果是跟在问题后面走那是很危险的。一定要在问题没发生之前找出差错，不断进行整顿。

第八条，重大决策要有定力。一个年轻企业领导人上台以后可能会碰到许多重大决策，重大决策一定要定准，要有自己的主意。不是一意孤行，不是不听别人意见，领导人的重大决策一定要集思广益。但是不要在会上形成众说纷纭，否则，这是很可怕的。上会之前没作充分准备，没有集思广益，没拿定你的主意，上了会以后，班子十几个人你一句我一句没个主意，议而不决，甚至决而不断。这样的情况出现个几次你就没有威信了，你就干不下去了。所以要善于在会前会下解决问题。对于一些大事，决策之前，我要一个一个和班子成员单个谈，甚至拉出去喝茶。听完各方面意见以后，自己要有一个意见。要知道班子里同意你意见的有多少，谈的时候可以和与你意见接近的成员进行讨论，最后使他认同你的意见。要善于扮演反方角色，引用反对者的观点，有意识让实际赞同自己观点的人在反驳不赞同自己观点的意见中完善自己的理由。在这种情况下配合，就容易形成多数人的统一思想。经过这样的民主，就容易集中了，这实际上是教育、统一思想的过程。这一点是非常重要的，也是一个年青领导人的一个重要工作技巧。在重大决策上应在会前会下把它基本搞定，在上会时很多事情可能是你想定就能定下来了。

第九条，水至清则无鱼，人至察则无徒。这是古训。我曾提出治厂如治军，宁可失之以严，不可失之以宽，这句也是从曾国藩的话改的。曾国藩讲，治军令可失之以严，不可失之以宽，要杀一儆百。我提出的治厂如治军，实际上是对自己知道的事而言的，必须严格执行企业制度，不讲情面。对影响大局的、影响企业整个面的问题，必须追究到底，采取严厉果断措施。但是很多事情作为一把手不该知道的不一定要知道，明明知道的有时也要装作不知道。严格管理也是要有度的，适度“糊涂”的领导有时候会得到更多部属的亲近，这是我的体会。一天到晚老让部属如坐针毡，觉得你这个一把手洞察一切，自己身上的毛病你了如指掌，他活得很累，你也活得很累。所以做一个领导人要严格管理，但是不能变成太细太抠。太细太抠就变成小肚鸡肠，就使群众在你身边觉得活得太累太累。实际上每个人都不免犯错误，犯了错误，有些错误是习惯性的毛病造成的，但是也不见得非要马上改，得允许让人家有个改正的过程。

第十条，吃得了亏，打得了堆。这是四川的一句俗话，意思是说你能吃亏，就能和人合得来，打得堆。我觉得作为国有企业一把手，对自己个人利益的态度非常重要。在我看来，一定要进入一种无我状态，特别是困难企业这一点更重要。甚至有些时候，在部属和职工面前要表现出“不食人间烟火”，从来不考虑自己个人利益，在世俗的观点来看能够吃大亏，而不把吃亏放在心上。你既然是干党的事业，就要把全心全意为人民服务的思想作为自己的宗旨，这是非常重要的。国有企业重要热点之一就是住房问题，我在420厂的时候当上总经理了，还住在平房里，我的平房是干搭垒，16平方米，白天进去不开灯伸手不见五指。我刚当一把手的时候正好遇到分房问题。当时我订了一条，干部一定要照顾，企业再困难，我们要用这些人呢。你叫他去以身作则，他撩蹶子走了，到哪不是干社会主义，给私人企业干，不也是在社会主义国家吗。所以你让他不走，就得动之以情呀，就得破格照顾他，当时专门划出一块房源给处以上干部。不管别人怎么说，我坚决要打破过去的那种跟着职工一起排队的做法。有些职工有意见，找到我家里去了，他们没想到我住的是平房，开始不相信，后来一问一落实，就不好意思了。有天晚上，他们来请愿，强烈要求林总一定要搬到楼房，一定要住上楼房，结果意见也不提了。我一直住那平房，后来平房改造按规定我可以住进新楼房，但我仍没去，搬到一个旧的30多平方米的单间。如果一把手不做到这一点，就很难让你的干部和骨干得到照顾，就很难稳定队伍。所以我觉得做为国有企业的一把手，在这方面必须有高尚的风格，严格要求自己，这样才能把工作做好。

以上十条，是我作为国有企业年轻的领导人，特别是在企业最困难的时候，自己工作中悟到的一点体会。这十条主要是对企业内部来讲的。当然，企业还有很艰巨的对外任务，攻关、协调工作。然而对内的工作很重要，只有这些事做好了你在企业站住脚了，那么，你才能真正带领企业走进市场。另外，我觉得作为年轻领导人一定要注意学习。我的看法就是作为一个企业领导者抓自身学习要站位高，最后要升华到哲学高度，企业家做得最好的时候就是哲学家，科学家做得最好的时候也是哲学家，政治家做的最好的时候还是哲学家。这就要求我们有很宽的知识面，要善于从书本上、社会上，从身边人、竞争对手与合作伙伴身上学习到他们闪光的东西，来武装自己。如能做到这点，不但自己的人格能得到升华完善，你的企业也会不断取得新的进步。

（作者系中国一航总经理）

推进企业文化建设 打造集团核心竞争力

张洪飚

加强企业文化建设是全面深入贯彻“三个代表”重要思想的内在要求

代表中国先进文化的前进方向，是“三个代表”重要思想的核心内容之一。国有企业是国民经济的主导力量，也是建设先进文化的重要阵地。我们既要出一流的产品，也要培养一流的人才，建设“四有”职工队伍，使之成为发展先进生产力的群众基础，很大程度上要通过建设先进的企业文化来实现。同时，企业文化建设对社会主义主流文化的形成和发展有着重要的影响，在相当程度上决定着我国文化建设能否取得预期效果。因此，我们必须在贯彻“三个代表”重要思想这个博大的框架中培育先进文化，牢牢占领这个阵地，构建和加强企业文化建设。

加强企业文化建设是全面贯彻落实科学发展观的必然选择

科学发展观是实现全面、协调、可持续发展。“全面”是物质文明、政治文明、精神文明全面发展，企业职工与企业全面发展。“协调”是基础建设与装备建设、技术推动与需求牵引、军用产品与民用产品、航空产品与非航空产品、国内市场与国外市场、集团公司与集团、自主创新与国际合作、中航二集团与兄弟集团协调发展。“可持续”是企业的创新能力、核心竞争能力。科学发展观必须以人为本，人是关键因素。人的素质包括政治素质、文化素质、技术素质。而文化素质，既可前伸，又可后延。只有抓好企业文化建设，才能有效地贯彻落实科学发展观。

加强企业文化建设是建设主业突出、核心能力强、有竞争力大集团的战略需要

21世纪企业之间的竞争，是企业文化的竞争。先进的企业文化，是企业巨大的无形资产，与资本投资一样，也能带来回报。我们可以用金钱买到一个人的劳动，但不可能买到他对企业的热爱，对工作的热情，而这一切都可能通过企业文化建设来达到。集团公司贯彻落实科学发展观，把可持续发展放在工作首位，制定了“围绕一个目标，树立两种意识，实现三足鼎立，坚持四项原则，实施五大工程，提高六种能力”的发展战略；提出了加大企业文化建设力度，创建学习型企业，改善思维模式，提高学习、工作和创新能力的要求，这对于切实提高企业的管理水平和核心竞争力，具有十分关键的作用。

加强企业文化建设是企业改革发展的内在诉求

实践证明，企业活力一方面取决于企业制度的合理化、现代化和经营机制的活性化。另一方面则取决于企业在先进的价值观指导下形成先进的群体意识和群体行为，做到心相通、情相融、力相合，才能最大限度地发挥广大职工的智慧和创造力，使企业永远充满活力、基业常青，真正实现做强做大。

加强企业文化建设是开展现代企业管理的客观需要

企业文化功能，一是促进人的成长，二是协调企业的运行。企业文化是企业管理的发展和完善，为管理提供正确的指导思想、决策方向、管理理念和经营战略。当前我们正在大力推行的六西格玛管理，既是先进的管理方法，又是先进的质量文化，体现出企业文化与企业管理的相融性和互动性，对努力探索依靠制度管理和依靠文化管理的企业管理新路子，是一个有益的尝试。

加强企业文化建设为加强改进企业思想政治工作开辟了新途径

企业文化建设首先要树立“文化为人”的观念。即企业文化人格化，让每个职工认同、内化企业文化，并反映在他们新的价值取向和精神追求上；其次要明确“文化靠人”的观念。每个职工都是企业文化的建设者和传播者，增强其主体意识；第三是“文化化人”，让职工在生活、工作中落实行为规范，成为企业文化具体的诠释者。企业文化说到底是企业的文化，是企业职工的文化，更是企业职工创造的文化。能否让你所在的企业成为拥有安定的环境、旺盛的人气、团结奋进的职工队伍和“四好”领导班子，这是衡量我们思想政治工作的一个主要标准，而这些都离不开企业文化的支撑和熏陶。

（作者系中国航空工业第二集团公司党组书记、总经理）

以企业文化建设激发企业发展的内动力

王玉英

培育先进价值理念，夯实共同思想基础

一个没有文化的企业，是没有希望的企业；一个缺乏先进价值理念支撑的企业，是不可能基业长青的。回顾燕山石化35年发展历程，我们的一条重要体会是：长期坚持不懈地培育企业先进价值理念，使企业价值观内化为职工的自觉意识和行为，并在企业不同发展时期与时俱进吐故纳新，是燕山石化旺盛生命力的源泉。企业精神是企业漫长发展历史的积淀，从20世纪80年代中期的“团结、求实、严细、创新”到90年代“只有客户的成功，才有燕化的发展”的理念的提出，无不是企业职工价值理念的集中体现。燕山石化作为我国第一个现代大型石油化工生产基地，她的发展历程积淀了深厚的文化内涵，并伴随着中国石油化工工业的一次次重大变革，实现着新的发展与提升。进入新世纪，又提出了“要在努力做强做大基础上，成为产品特色突出、技术实力雄厚、管理科学规范、员工素质优良、文化独特鲜明、发展持续稳定的现代企业”的发展方向和战略规划，并且将“优化资源、节约能源、发展循环经济、保护环境”的发展思路融入到企业价值理念之中。

一个有生命力的企业价值观及其体系，必然反映时代的要求、企业的实际、广大干部职工的心声；但同时也必须以教育、培训的方式进行灌输，使其为广大干部职工所理解、所认同，并以此来规范自己的行为。只有这样，企业的价值观及其体系才能深深地根植于企业之中，牢固地树立在职工心里，并随着时代的发展而不断丰富其内涵。如：坚持核心价值，加强爱国主义教育；加强职工与企业命运共同体意识的教育；加强解放思想、转变观念的思想教育。大型国有企业的价值观及其体系，大都产生于计划经济时期，有些内容已不适应市场化、国际化的需要，必须增加新的内容。因此，我们紧密结合企业改革发展的实际，坚持不懈地进行解放思想、转变观念的教育，通过开展“我与市场”、“企业形象与企业竞争力”等系列主题教育活动，教育引导职工牢固树立与现代化、市场化、国际化相适应的新观念，进一步增强职工的市场意识、竞争意识、创新意识、效益意识，进一步增强职工提高自身素质的紧迫感，进而增强了职工对企业的使命感和责任感。由于我们坚持在继承中创新，不断丰富企业价值观及其体系的内容，从而使其成为凝聚队伍、激励斗志、推动各项工作重要的思想保证和精神动力。

打造学习型组织，提升职工整体素质

人力资源是企业的第一生产力，人才是企业最宝贵的资源。企业文化建设的一项重要任务，就是要打造一支适应企业发展的具有崇高的职业理想、高尚的职业道德、严格的职业纪律、熟练的职业技能的职工队伍，以文育人，以文兴企，在不断提高企业经济效益的同时，全面提升职工综合素质，实现职工的全面发展。

建设“学习文化”的支撑，就是良好的教育培训。培训是企业给职工的最好福利，也是企业最好的投资。培训可以使职工的能力得到提升，在企业生产经营中学以致用，发挥所长，提高企业竞争实力。同时更能使职工个人终生受益，也是企业对社会的最好贡献。培训的内容包括：

以提高思想政治素质和现代经营管理能力为重点，以实施管理人员岗位资格制度为导向，强化经营管理人才培训。一是积极做好领导干部及后备人员的培训。我们在创建学习型企业活动中，率先启动了“创建学习型领导班子活动”，把打造适应国际竞争要求的企业领导团队，作为创建学习型企业、建设好“三支队伍”的首要环节。我们提出，要通过团队学习、终身学习，系统思考、改善思维模式，实现学习工作化、工作学习化，在推进燕山石化改革发展的实践中提高领导干部自身素质。二是对管理人员结合专业管理实际开展新知识、新政策、新法规及岗位适应性管理培训，更新知识，提高能力。对管理人员普遍开展工商管理知识、现代经济理论、经济法、安全生产法、“学习型企业”、人力资本、财务知识、内控制度和计算机网络技术等相关知识培训，为全体管理人员持证竞聘上岗奠定了基础，提高了管理水平和工作能力。

以增强科学素养、持续创新能力为重点，以专业技术人员继续教育培训取证为导向，强化专业技术人员培训。一是与清华大学合作开发专业技术人员继续教育培训工程；二是充分利用国内外培训师资和著名专家学者，通过请进来、走出去等方式，开展科技发展前沿知识讲座，普及科学知识、提高创新思维；三是加大高层次专业技术人才培养，举办或选送人选参加硕士班、进修班、高研班、外语班等培训。

以提高岗位操作技能水平为重点，以实施操作技能人员职业资格制度为导向，强化技能操作人员培训。一是以职业技能鉴定为主线，以鉴定带培训、以培训促鉴定，坚持先培训后鉴定，根据职业技能鉴定大纲积极组织各工种等级的培训工作。二是积极开展职业技能竞赛。三是抓好基层岗位练兵与培训。通过岗位练兵、创新成果冠名和最佳操作能手评选活动，提高职工学理论、学技术、岗位成才的积极性。公司投入培训巨资促进了职工整体素质的提高，调动了职工刻苦学习、勤奋工作的积极性，为公司完成各项任务提供了人才保证。

建立健全长效机制，构建和谐燕山石化

我们坚持党委领导下的企业文化工作体系。坚持在公司党委的统一领导下，建立起党政主要领导亲自抓、党政工团分工负责、齐抓共管、形成合力的企业文化建设领导体制和工作机制。

突出以人为本理念，强化职工主人翁意识和地位。为

切实保障职工群众的主人翁地位，我们突出抓好了“四个保障”。一是保障职工的政治权益。不断完善以职代会为基本形式的民主管理制度。二是保障职工的经济权益。通过平等协商签订集体合同、不断完善和深化分配制度改革等途径，让广大职工真正享受到企业改革和发展带来的实惠和好处。三是保障职工的劳动权益。四是保障职工的精神文化权益。充分发挥工会、共青团、科协等群众组织的优势，加强文化阵地建设，广泛开展健康向上的文化体育活动，陶冶情操，满足职工不断增长的精神文化需求。

通过树典型把企业精神和企业形象人格化。通过大张旗鼓地宣传不同时期先进人物的事迹和典型单位的经验，职工们真切地感受到了企业精神看得见、做得到，企业形象要靠每一名职工去塑造、去维护，从而充分发挥了企业文化引导、规范、凝聚和激励的作用。

加强考核监督，注重制度建设。企业文化包含精神文化、物质文化和制度文化三个层次。这三个层次不可分割，互相制约，互相渗透。在企业文化建设中我们注重把三个层次的内容结合起来，把企业精神、企业价值体系融于企业日常经营管理的规章制度中，通过切实可行的制度规范，把思想引导与行为规范、精神鼓励与物质奖励统一起来。

加强企业文化阵地和媒介的建设。燕化公司有着非常健全的宣传舆论阵地，有覆盖40平方公里、自办2套电视节目的燕化电视台；有每周两刊、发至班组的《燕山油化报》；有集思想政治工作、企业经营管理和企业文化于一体的刊物《燕山企业文化》。此外，我们还十分注重对外宣传，积极向各大报社和新闻媒体宣传燕化改革发展的成绩，每年对外宣传发表新闻稿件几百篇，在全国引起积极反响，很好地提高了企业的知名度和美誉度。

适应发展变革要求，推动企业全面创新

以思维创新为核心，坚持科学发展观，建立企业共同愿景。

思想是行为的先导，观念滞后是企业变革和发展的最大障碍。我们针对领导班子的思想实际，注重用先进的理论武装头脑，破除旧的思维模式。特别是按照科学发展观的要求，以思维创新为核心，打破领导干部思想上的桎梏，突出解决在企业改革发展稳定工作上的认识误区，确立了燕山石化的发展方向和奋斗目标。

以技术创新为核心，坚持科技进步，拓展企业竞争空间。

一是用先进技术对老装置进行改造。二是通过新产品开发，提高产品的技术含量，增加附加值。我们的清洁油品和合成树脂专用料等高附加值产品，无论在技术上、规模上，还是在市场占有率上，都处于国内领先水平。三是加大研发力度，不断形成自主知识产权。如：油品质量全面达到欧Ⅳ标准，满足北京2008年绿色奥运的需要。而且，可以有效提高资源利用率，降低能源消耗，改善环境质量，大幅度增强公司整体竞争能力。

以管理创新为核心，强化基础工作，提高现代管理水平。

我们按照“创新”的企业价值理念，在制度化管理、量化管理、专业化管理、层次化管理、信息化管理和开放式管理等方面积极实践。建立了HSE管理体系，实现了安全、健康、环境一体化管理。

通过扎实有效的企业文化建设，可以进一步统一思想，增强职工忠诚度，充分调动职工的积极性和创造性；可以提高职工素质，提升企业核心竞争力，推动企业的改革与发展；可以规范职工行为，增强自我管理能力，养成良好的道德素养和行为习惯，促进生产力的健康快速发展；可以营造企业内部“各尽所能，各得其所而又和谐相处”的人文环境，促进企业“三个文明”协调发展，为企业持续健康发展提供不竭的动力。

（作者系北京燕山石化公司党委书记、副董事长）

持续有效发展　创建百年油田
构建和谐文化

王玉普

通过实施创建百年油田战略，促进企业发展与社会发展的和谐

大庆油田作为我国最大的石油生产基地，在构建社会主义和谐社会、国家全面落实“十一五”规划中担负着重要的经济责任、政治责任和社会责任。面对油田长期开发后资源接替难、特高含水期开发难和外围增储上产难等一系列挑战，大庆油田公司立足科学发展，坚持以科学发展观统领企业发展，制定了“持续有效发展，创建百年油田”发展战略，大力推进发展实践，增强推进和谐的能力，谋求资源型企业的可持续发展。

创建百年油田，在构建社会主义和谐社会中担负历史重任。首先，担负起维护国家能源战略安全的重任。我国现在经济发展很快，对能源的需求量越来越大，国内供需矛盾加剧。延长大庆油田的开采寿命，尽可能地多找资源、多产原油，缓解国家石油紧张的矛盾，对于维护国家的政治和经济利益非常重要。其次，担负起支撑集团公司整体发展的重任。大庆油田公司是中国石油集团公司东部地区重点企业，在稳定东部的战略部署中占有重要位置，承担着控制老油田产量递减，实现长期持续有效开发的艰巨任务。第三，担负起推进企业长远发展的重担。第四，担负起促进区域经济长久繁荣与社会稳定的重任。大庆油田公司的销售收入，在黑龙江省、大庆市GDP构成中占有相当大的比例，每年上缴的各种税费，是省、市两级财政的重要来源。

制定发展战略，在构建社会主义和谐社会中谋划科学发展。大庆油田公司在借鉴国内外油田开发历史经验的基

础上，通过系统思考、客观把握和理性判断，制定了“持续有效发展，创建百年油田”发展战略。并确立了“三步走”发展构想：第一步，2006—2010年为基础发展阶段，主要是固本强基，夯实主营业务，进一步提高资源探明率、主力油田采收率、难采储量动用率，并形成天然气的发展强势；第二步，2011—2020年为战略调整阶段，主要是拓展领域，优化业务构成，构建起以油气开发为龙头，本土、海外协调发展的产业格局；第三步，2021年以后为持续发展阶段，主要是构筑形成公司的技术、人才和文化优势，实现由资源型企业向综合性公司的跨越。

推进发展实践，在构建社会主义和谐社会中发挥重要作用。构建和谐社会的关键是推进发展，增强持续有效发展的能力，通过发展促进和谐。大庆油田公司以发展为第一要务，在创建百年油田过程中追求资源探明率最大，不断将资源变成储量；追求油田采收率最高，不断将储量变成产量；追求整体经济效益最优，不断将产量变成效益；追求员工队伍素质最好，不断将人员变成人才。积极构筑创建百年油田的资源支撑、业务支撑、能力支撑和环境支撑，大力实施科技兴企、人才强企、文化铸企三大战略，保持了企业持续有效较快发展。2005年，由于我们大力推行低成本战略，加之国际油价持续走高，利税总额突破千亿元胜券在握，将续写全国纳税第一、原油年产量第一、油田采收率第一的历史纪录。

大庆油田经过40多年的发展实践，形成了自主研发、原创性应用、系统配套、具有独立知识产权、世界领先的勘探开发技术。不仅历史性地解决了油田勘探开发过程中的重大难题，而且目前仍然发挥着关键性的支撑作用。

发挥好龙头作用，促进企业与地方的和谐

大庆油田公司的发展建设得到了党中央、黑龙江省、大庆市以及各方面的大力支持，公司的利益与国家和地方的利益是根本一致的。在构建社会主义和谐社会、振兴东北老工业基地中，以文化企，以文化人，切实发挥好地区产业链、资金链和效益链的源头作用，积极支持地方经济发展，促进区域经济繁荣。

以关联交易为纽带，推动与非上市企业发展的和谐。经过重组改制，大庆油田主辅分离，上市的大庆油田公司与非上市的大庆石油管理局分开分立不分心，同举大庆一面旗，共同发展合作经济。按照有利于共同发展和公平合理、互谅互让、保持稳定的原则，积极搞好关联交易工作，在源头上加强规划，在操作中规范运作，建立了相互支持、相互依存、优势互补、和谐共进的战略伙伴关系。共同打造技术优势。双方建立了以勘探开发主导技术为核心的联合攻关机制，围绕油田勘探开发、“三低”油藏有效动用、产能建设降投资等方面积极开展新技术、新工艺的联合攻关；共同开拓外部市场。大庆油田公司与大庆石油管理局共打大庆“一张牌”，在涉外队伍合作、涉外资源共享上协同作战，联手合作开拓海外市场，实现优势互补、合作双赢，双方“走出去”的步伐进一步加快，使大庆精神发扬光大，大庆品牌享誉中外。分开分立至今，双方关联交易总额605亿元，实现了合作双赢、携手并进。

以原料供应为保证，推动与下游企业发展的和谐。以石油和天然气为主要产品的大庆油田公司，多年来，为石化炼化企业提供了充足的加工原料，为建成百万吨乙烯、百万吨甲醇、百万吨聚丙烯、百万吨复合肥、千万吨炼油的生产能力，形成橡胶、树脂、纤维三大复合材料生产基地，全国最大的油田化学助剂生产基地和油气加工能力全国第一的炼油化工生产基地，奠定了坚实的资源基础。2004年，大庆石化炼化企业实现销售收入357亿元，形成了年加工原油1150万吨的能力。

以拓展合作领域为手段，推动与地方经济发展的和谐。大庆油田的可持续发展，不只是一个企业的发展，而是大庆地区的整体发展。为此，我们树立一盘棋思想，不断探索新的合作机制，先后与肇东、肇源、杜尔伯特等周边地区合作注册公司，共同开发外围小油田，带动并扶植地方经济发展，为大庆区域经济结构和产业结构调整，加快以资源开采为主的城市经济转型提供了良好基础。大庆油田公司每年给社会提供的市场容量为300亿元以上，其中大庆地区为260多亿元，年均上缴市税费占大庆市税收的比例为85%—88%，年均GDP占大庆市的76%左右，为拉动地方经济发展做出了突出贡献。

以构建文明城市为目标，推动与城市建设的和谐。大庆油田公司深知自身的社会使命，在奉献能源的同时，把支持和参与大庆的城市建设作为理应承担的社会责任。面对油田进入高含水后期生产成本逐年上升的不利因素，坚持深入挖潜，厉行节约，筹集资金支持社区环境改造，修建城市广场，改善城市道路，建设防护林，恢复生态植被。公司成立以来，先后承担并参与了大庆市世纪大道二期工程、城市森林公园、东湖石油生态园等数10项城市基础设施和生态绿化工程，治理了沙尘肆虐的西北风口，新增各类绿地1200公顷，油田绿化覆盖率达到了19.8%。在公司与政府以及全市人民的共同努力下，城市形象和品位不断提升，一座高科技现代化城市和生态园林城市日益呈现出勃勃生机。

以共保一方平安为己任，推进与区域稳定的和谐。大庆是典型的资源型城市，产业结构比较单一，社会功能不完备，造成就业和再就业的空间小。尽管经过改革已实现政企分开，企业所有制形式也发生了转变，但是，大庆油田公司始终站在构建和谐社会、维护地区发展稳定的高度，讲政治、讲大局、讲稳定，密切关注不同利益群体的思想动态，及时做好理顺情绪、化解矛盾的工作，做到在思想上高度重视，在政策上极力倾斜，在实践中真心帮助，认真开展“一帮一、帮扶再就业”工作，积极为下岗失业人员创造更大的就业空间。通过挖掘用工潜力，腾出一些岗位，安置一部分；通过每年新建井站扩大生产规模，提供更多就业空间，在新增岗位上扩招一部分；通过积极寻求与地方企业的合作，创

造更多的岗位需求，扶植一部分；通过与外部市场的沟通协调，劳务输出一部分。几年来，大庆油田公司安置就业人数6400余人，有力地维护了社会稳定。

妥善处理改革发展稳定的关系，促进企业与员工的和谐

党的十六届五中全会指出，要正确处理改革、发展、稳定的关系，把改革的力度、发展的速度和社会可承受的程度统一起来，在社会稳定中推进改革与发展，通过改革和发展促进社会稳定。作为拥有9万余名员工的特大型国有企业，保持企业员工队伍的稳定，对于构建社会主义和谐社会非常重要。

着眼于深化企业改革的需要，创新企业文化，着力解决观念更新这个根本性问题。国有企业改革难，优势企业改革更难。与困难企业相比，大庆油田公司由于企业效益相对较好，在调整利益格局、深化企业改革的过程中，容易引发的问题更多。对此，我们以文化创新为手段，抓住更新观念这个根本性问题，积极引导员工树立市场经济观念，正确对待利益格局的调整，为深化企业改革奠定了良好的思想基础。公司成立之初，就组织部分领导干部分期分批赴东南沿海先进企业进行学习考察，引导大家在同外界的接触对比中加快更新思想观念。以后，又按照"以观念更新推动理念创新，以文化发展推动管理升级"的思路，通过创新企业文化，不断推进员工思想观念的转变。我们在全公司范围内大力宣传推广了素质高低使用不一样、管理好坏待遇不一样、技能强弱岗位不一样、贡献大小薪酬不一样的"四个不一样"理念，以此引导员工正视企业现实，自觉调整心态，转变思想观念。通过加强教育引导，破除不患寡而患不均、论资排辈、小富即安、等靠要等不合时宜的观念，树立了效率、开放、竞争、风险等符合时代需要的先进理念。使近几年推行的基本工资制度改革、作业区和项目管理，以及重奖有突出贡献科技人员等各项改革举措，都得以稳步推进。

着眼于实现企业的长治久安，突出基层建设，建立健全稳定工作的长效机制。基础不牢，地动山摇。基层是企业全部工作和战斗力的基础。加强基层建设，对于把党的路线方针政策落实到基层，对于促进企业与员工的和谐，实现企业的长治久安尤为重要。公司成立以来，始终注重加强以党支部建设为核心的基层建设，先后制定出台了《基层党支部工作细则》、《关于加强基层建设的指导意见》，明确了基层党支部的"八抓"职能和基层建设的"六好"标准，坚持在基层建设上加强领导，加大力度，加大投入，使公司基层组织、基层班子坚强有力，保证了员工队伍的思想稳定，促进了各项生产经营任务的完成。同时，公司所属各单位普遍成立了专门的稳定工作领导小组，建立了党政工团齐抓共管的稳定工作体系，并落实工作责任，实行责任追究。层层设立了稳定工作协调服务中心，畅通稳定工作的信息渠道，对各种不稳定因素做到早发现、早汇报、早定措施、早做工作，通过大量艰苦细致、卓有成效的工作，把许多问题和矛盾都化解在了基层。还与地方政府和相关企业建立了良好的沟通机制、预警机制等，有力地维护了安定团结的良好局面。

着眼于员工与企业共同发展，坚持以人为本，维护员工群众的切身利益。靠员工发展推进企业发展，以企业发展保障员工发展，是维护企业与员工和谐稳定的必然要求。在这方面，我们始终坚持以人为本的管理思想，从落实员工民主权益出发，制定完善职工代表大会制度，积极推进落实厂务公开，不断强化企业民主管理；与此同时，我们真心实意地为员工办实事、解难题，维护员工切身利益。主要是做到了"三个坚持"：一是坚持关注健康从健康时开始，实行了免费健康体检，推出了新的健康疗养办法，并出台了员工带薪休假制度；二是坚持把劳动保护做到劳动的全过程，按照HSE管理体系的要求，加强监督检查，从员工上岗、值岗到离岗，进行全过程的劳动保护；三是坚持把工作重心放在改善员工生活条件上，实行了生产一线免费工作餐，并为所有员工食堂配齐配全了电冰箱、电烤箱和消毒柜，进一步改善了员工的生活条件，同时把困难员工作为关心帮助的重点，建立了特困员工档案，设立了"送温暖基金"，切实为困难员工解决实际困难，使他们时刻感受到组织的温暖。

（作者系大庆油田有限责任公司董事长、总经理）

在继承中创新　在实践中发展
为创建百年油田提供文化支撑

孙淑光

大庆油田有限责任公司是中国石油天然气股份有限公司的全资子公司，于2000年1月1日注册成立，以石油、天然气勘探开发为主营业务。现有员工9.04万人。公司开发管理的大庆油田是我国目前最大的油田，是世界上为数不多的特大型砂岩油田之一。公司坚持以邓小平理论和"三个代表"重要思想为指导，深入贯彻《中国石油天然气集团公司企业文化建设纲要》，在继承中创新，在实践中发展，不断赋予大庆精神新内涵，以观念更新推动理念创新，以文化发展推动管理升级，提炼了以发展理念、人才理念、管理理念为主要内容的理念体系，确立了以"持续有效发展，创建百年油田"为愿景的战略体系，打造了以功勋员工、功勋集体为代表的新时期英模群体，构建了具有鲜明时代特征和石油特色的企业文化，为全面推进公司持续有效发展，创建百年油田提供了强有力的文化支撑。

赋予大庆精神新内涵，构建持续发展战略

以"为国争光、为民族争气的爱国主义精神；独立自主、自力更生的艰苦创业精神；讲究科学、'三老四严'的求实精神；胸怀全局、为国分忧的奉献精神"为内容的大庆精神，作为大庆油田企业文化的核心，在波澜壮阔、艰苦卓绝的石油会战中孕育产生，伴随油田开发建设的进程不断丰富完善，激励一代又一代大庆人为油拼搏，推动着油田开发建设不断迈向新的阶段。

秉承文化主脉，体现时代特征。大庆精神以其“爱国、创业、求实、奉献”的永恒主题，在油田发展的各个时期都展示了强大的生命力。在石油会战初期，以铁人王进喜为代表的大庆人，坚持“两论”起家、“两分法”前进，以“宁可少活二十年，拼命也要拿下大油田”和“有条件要上，没有条件创造条件也要上”的豪迈气概，迎难而上，艰苦奋斗，仅用三年时间就高速度、高水平地拿下了大油田，甩掉了中国贫油落后的帽子；在油田上产阶段，排除“文革”干扰，坚守岗位，扎实工作，使原油产量直线上升，有力地支持了国民经济发展；在高产稳产阶段，以新时期铁人王启民为代表的油田职工，以“宁可把心血熬干，也要让油田稳产再高产”的报国情怀，依靠科技进步，实现了年产原油5000万吨以上持续高产稳产，创造了世界同类油田开发史上的奇迹。2000年，油田公司成立伊始，为了“适应新形势，建立新体制，树立新形象，谋求新发展”，我们围绕“在新形势下继承发扬大庆精神、铁人精神，谋求资源采掘型企业可持续发展”这条工作主线，把加强企业文化建设作为推进企业可持续发展的重要工作来抓。在认真分析当今时代特征的基础上，我们对在新时期发扬大庆精神有了更深刻的理解：发扬爱国精神，就是要进一步维护国家石油战略安全，促进国民经济全面、协调和可持续发展；发扬创业精神，就是要积极拓展生存空间，谋求企业百年成长；发扬求实精神，就要坚持求真务实，进一步增强核心竞争能力；发扬奉献精神，就要服从和服务于国家改革发展稳定大局，多产油气、多创利润、多缴税费。

坚持与时俱进，树立先进理念。大庆精神从会战初期到今天，既有优良的传统底蕴，又有不同时期鲜明的时代特色，体现了与时俱进的品质。我们着眼企业发展现实，紧跟市场经济步伐，大力推进企业文化创新实践。这方面，我们突出抓了企业理念的创新，以大庆精神、铁人精神为核心，确立了“高水平、高效益，可持续发展”的发展理念；“把无限的科技投入到有限的资源中”的科技理念；“发展的企业为人才的发展提供广阔的平台，发展的人才为企业的发展创造无限的空间”的人才理念；“大庆油田，为祖国加油”的社会理念；“以石油的单元色创造七彩的生活”的健康安全环境理念等。这些新理念的确立及实践，给公司发展带来了一系列重大转变。

明确肩负使命，制定发展愿景。大庆油田公司作为全国最大的石油生产基地，担负着维护国家石油战略安全、支持集团公司和股份公司整体发展、保障油田员工切身利益、拉动地方经济发展的重大责任，公司惟有靠发展才能承担起神圣的历史使命。因此，我们坚持以科学发展观为指导，结合中油集团建设跨国企业集团的总体部署，积极构建可持续发展的战略体系，描绘了“持续有效发展，创建百年油田”的发展愿景，提出了“资源探明率最大，油田采收率最高，整体经济效益最优，员工队伍素质最好”的发展目标，初步确定了“三步走”的发展构想：一是2005～2010年，为基础发展阶段，主要是固本强基，夯实主营业务，进一步提高资源探明率、主力油田采收率、难采储量动用率，并形成天然气的发展强势；二是2011～2020年，为战略调整阶段，主要是拓展领域，优化业务构成，构建起以油气开发为龙头，本土、海外、多元协调发展的产业格局；三是2021年以后，为持续发展阶段，主要是依靠公司的技术、管理、人才和文化优势，实现由资源型企业向具有强劲竞争力、成长力、生命力的综合性公司的根本性跨越。我们认为建设百年油田，总体上希望大于困难，机遇多于挑战。在资源上，还有一定的潜力；在技术上，我们拥有一整套先进的砂岩油田开发和注聚技术；在政策上，有国家振兴东北老工业基地的政策扶植；在队伍上，大庆精神在进一步发扬光大。今后，公司在推进创建百年油田的实践中，主要是细化落实“面向两个市场、整合四种资源、发展三大经济、完成一个跨越”的“2431”发展战略，加大工作力度，加快创新步伐，着力解决好百年油田的资源支撑、业务支撑、能力支撑和环境支撑问题，一幅美好的发展愿景必将在卓有成效的实践中变成现实。

总结推广群众新创造，凝聚持续发展力量

大力倡导，悉心培育。企业经营管理层在企业文化建设中起着关键作用。公司重视发挥这一作用，坚持把企业文化建设作为“一把手”工程，要求各级管理者带头学习、倡导企业文化，率先研究、践行企业文化。先后分两批组织各级管理者到东南沿海先进企业学习考察，并邀请国内著名专家、学者到公司讲学。各厂（分公司）也组织本单位经营管理骨干开展培训交流，进一步增强了各级经营管理者对企业文化建设重要性和迫切性的认识。

深入挖掘，积极推广。大庆“三老四严”“四个一样”等都是由群众首创，并经推广普及转化为员工群体意识和自觉实践的。公司注重发扬这一企业文化建设的光荣传统，不断发现、扶植新生事物，并由点及面，予以普及推广，推动了基层企业文化创新实践。“四个不一样”新理念，就是这方面的成功范例。2001年，采油一厂二矿提出了以“素质高低使用不一样，管理好坏待遇不一样，技能强弱岗位不一样，贡献大小薪酬不一样”为主要内容的“四个不一样”管理理念。公司高度重视这一新创造，组织人员深入一厂二矿开展专题调研，认为“四个不一样”新理念根植于基层创新实践，适应了市场经济的要求，具有重要的现实意义和推广价值，便及时把这一理念确定为公司管理理念，并召开现场会在全公司予以推广，使这一理念迅速生根开花。储运销售分公司、采油二厂等单位强化业绩导向、实施绩效考核的做法，采油五厂、采油七厂突出搞活管理干部和技术人员选拔评聘的做法等，都成功地实践了“四个不一样”，使这一理念更加深入人心。

立足基层，突出特色。公司所属22家厂（分公司），分别从事石油、天然气勘探开发，技术服务，科研设计等业务，从而使各单位企业文化具有浓厚的个性化色彩。实践中，

公司尊重这种文化差异,坚持在统一性中容纳差异性,在差异性中体现统一性,鼓励基层单位围绕自身发展实际进行创新实践。第一采油厂是全国最大的采油厂,20世纪60年代初期曾先后创造了“三老四严”“四个一样”等优秀文化,引领一厂为油田实现长期高产稳产做出了突出贡献。在新的历史条件下,这个厂发挥特有的文化优势,提出了“三老四严,永创一流”的发展理念,推进了全厂发展战略、管理机制、开发技术的创新,形成了文化兴厂的新局面。

探索融合新途径,推动持续发展实践

坚持文化与管理相融合,促进管理升级。公司在企业文化建设中,紧紧围绕中油集团“诚信、创新、业绩、和谐、安全”的核心经营管理理念,着眼管理实践,按照市场经济和现代企业制度的要求,注重倡导和培育先进文化,并以此推动企业管理升级。

通过倡导竞争择优文化,推进岗位竞聘制。公司积极营造竞争择优文化,不断强化员工的竞争意识,大力营造崇尚竞争的浓厚氛围,有力地促进了竞争机制的建立和完善。

通过营造效率优先文化,推进管理扁平化。公司积极倡导沟通环节少、运行速度快、工作效率高的优秀组织文化,为创新企业管理提供了良好的舆论氛围和人文环境。在采油系统推行了作业区管理模式,通过对机构设置、岗位职能进行统一规范,简化了组织程序,压缩了运行环节,减少了管理层次,实现了管理重心下移;改革生产运行模式,整合基层队伍,分离采油作业区后勤服务系统,实现了管理资源优化;实行“三岗”动态管理,深挖内部用工潜力,有效盘活了人力资源。作业区管理模式有效地提高了工作效率,所属十个采油厂的单井综合用人明显下降,实现了增井、增产、不增人。

通过建设岗位制度文化,推进管理文本化。公司注重丰富完善以岗位责任制为核心的制度文化,以文本为载体的制度化建设继续向纵深推进,并率先在中石油各地区公司中,将管理制度文本化工作纳入内控体系建设的基本思路中,将符合国际标准的内控体系模式引入经营管理实践中,为股份公司全面推进内控体系建设奠定了基础、积累了经验。

在育人铸魂上融合。思想政治工作侧重于通过强有力的思想政治教育,使员工树立坚定的政治方向,坚持党的基本路线,自觉支持并参与企业改革与发展;企业文化建设侧重于培养企业核心价值观,营造良好的人文环境,以其特有的表现形式和辐射作用赋予思想政治工作以文化内涵。二者的有机融合,强化了教育效果。营造了“学典型育才,用业绩立身”的文化氛围。储运销售分公司西油库是大庆油田会战初期建设的第一座油库,是油田的“老标杆”,周恩来、刘少奇、邓小平等几十位党和国家领导人及西哈努克等外国元首曾先后来油库视察。新时期,他们注重发挥企业文化的作用,以库区内的灯箱为载体,展示劳模风采,建设“灯箱文化”,提升劳模形象。

在提升素质上融合。通过开展思想政治工作,增强员工提升素质的使命感、责任感和紧迫感;通过开展企业文化建设,搭建学习平台,大力倡导学习文化。公司提出“学习 = 神圣职责 + 精神境界 + 终身追求”,“不主动学习就是放弃自己”,强调“员工与企业共同进步发展”,有效地激发了广大员工读书自学的热情。在凝聚人心上融合。通过企业文化与思想政治工作的融合,营造充满亲情的企业氛围,做到员工人格有人敬、成绩有人颂、困难有人帮、疾苦有人疼,以凝聚员工队伍。积极倡导“关注健康从健康时开始”“付出一万的努力,防止万一的发生”等新理念,实施质量健康安全环境一体化管理,健全完善劳动安全卫生管理制度,建立健全劳动保护网络,每年都对员工进行一次健康体检。实施“送温暖”工程,每年投入近1000万元,为因重大疾病和灾祸面临经济困难的家庭及困难员工解决了生活困难。努力提高员工生活质量,实行员工带薪年休假制度和疗养制度,对一线员工全部实行免费工作餐。通过上述措施,无论是远隔千里的荒原,还是人烟罕至的僻野,处处都建起了员工依恋的“家园”。

(作者系大庆油田有限责任公司党委书记)

和谐企业的文化基因

李正光

随着建设和谐社会的提出,构建和谐企业已经成为我国企业在建设企业文化当中重点研究和实践的课题。这说明,企业文化建设是构建和谐企业,追求民主法制、公平正义、诚信友爱、充满活力、安定有序、人与自然和谐等具体目标的理想途径。当然,企业的文化建设是有丰富内涵的,无论是理念支撑还是行为规范,无论是形象推介还是载体选择,都在作用着和谐企业的发展与构建。这里,我只想从三大基因注入上体现文化对和谐企业构建的内在联系。

从战略设计上注入和谐基因。马克思对社会和谐的解释实际上是一种整体性思考问题的观点。把治国理政的视野拓展到经济、政治、文化、社会和人的发展等各个方面,并且运用多种手段统筹各种社会资源,综合解决社会协调发展问题。企业文化建设是企业提升系统思考能力的有效手段,运用各种方式从系统的角度出发来促进企业全面协调持续有效发展。而企业的系统性思考必然要体现在企业的战略设计上,所谓:正确的做事首先要做正确的事。大庆炼化公司是中国石油股份有限公司的地区分公司,构建和谐企业要在实事求是的基础上体现在科学发展战略中。首先,其战略布局和战略设计必须要与总公司的战略要求保持一致,按照“诚信、创新、业绩、和谐、安全”的核心经营理念,建设世界级油田化学品和聚丙烯生产基地是建设和谐企业的必然选择。其次,作为社会的经济细胞,企业必然

要承担创造经济效益的任务，但只有解决好经济效益与社会效益和员工利益之间的矛盾，才能达到经济效益的和谐创造。一个企业对社会的贡献，不仅体现在社会经济指标的增长，还体现在对自然环境保护的程度和对社会责任的承担分量上。公司组建5年来，先后提出了"绿色炼化、金色未来"的理念，提出了"创造能源与环境的和谐发展，实现企业与员工的价值追求"的核心价值观，都是在努力地实现构建和谐企业的发展目标。再次，科学发展观是全面持续协调的发展思路，企业若要长远发展就要应用"木桶理论"，发挥"长板"优势，改变"短板"劣势，大庆炼化公司虽然在设备、工艺等硬件设施上保持着国内先进水平，但在软件管理上还存在着相当大的差距，所以，近几年来始终致力于文化管理与制度管理并重，以开展"细节管理年"、"建设学习型企业"等活动，不断提高管理水平，提升管理能力。

从价值导向上注入和谐基因。思路决定出路。构建和谐企业首先要具有指导具体工作的价值理念，并且在各种环境当中、各种考验面前、各种行为选择时候得到坚定持久的执行。和谐企业仅仅是一个总体概念，在具体实施过程中必然要分解成为诸多的价值标准，为企业管理行为和员工行为提供规则。同仁堂是一个具有300多年历史的长寿企业，其"济世养生、同修仁德"的终极目标符合中国五千年文化的和谐思想，在具体操作过程中又分解成为"炮制虽繁必不敢省人工，品位虽贵必不敢减物力"等价值标准，不仅创造了企业与社会的和谐，也达成了百年企业的和谐发展。大庆炼化公司几年来在科技、人才、质量、营销等管理环节当中都提出了具有自己特色的管理理念，形成了指导企业管理行为的价值标准，推出了以"职业道德四字歌"、"社会公德四字歌"、"家庭美德四字歌"以及员工职业道德行为规范为主要内容的员工道德行为标准，并以质量、环境、职业健康安全认证体系为构架，不断健全完善相应的管理措施，通过灵活、多样、切实的载体把构建和谐企业的价值观根植到员工的内心当中。文化具有传承性，中华民族文化的和谐精神对人们的日常生活和社会心理产生了深远影响。"和而不同"、"求同存异"、"和衷共济"、"厚德载物"等都是对这种精神的注解和说明，所以，构建和谐企业要高度重视这种文化的传承性。但并不是所有传承下来的文化都是和谐的，还需要我们运用科学的原理和基本的判断标准来辩证分析，抛弃一些不符合现代文明的不和谐观念，例如：人治思想是法制社会的不和谐因素，如果要做到企业制度、规章的有效运行，就要下力气摒弃这种存在于员工意识之中的不和谐因素。

从人力开发上注入和谐基因。和谐企业最大的特征是人的和谐。胡锦涛同志深刻指出，"坚持以人为本，就是要以实现人的全面发展，不断满足人民群众日益增长的物质文化需要，切实保障人民群众的经济、政治和文化权益，让发展的成果惠及全体人民。"员工是企业中最宝贵的财富，也是生产要素中最活跃的因素，如何启动员工的兴奋点，开发员工的创造性，发挥员工的积极作用是构建和谐企业的关键环节。以人为中心的管理模式就是否定把人当作物、把管理视作管制的旧观念，强调对人的价值和人格的切实尊重，强调对人生理和心理上多层次积极需求的切实满足，这比起传统管理的命令、监督、惩罚的力量更彻底，更有凝聚力、约束力和推动力，也更有活力。制度管理强制人达到最低标准，文化管理引导人达到最高标准，给员工以希望，给工作以意义，使组织有前途，正是从这个角度上说，文化管理能使企业管理达到和谐境界。企业传播人文思想，包含着爱岗敬业、恪尽职守、无私奉献、崇尚人性、实现自我等多方面的文化精髓，与企业的实际情况相结合，能够在企业内部形成良好的精神氛围，以维护员工利益为基础，以发展推动和谐，以创新推动和谐，以公正求得和谐，以稳定保证和谐。大庆炼化公司多年来在推行文化管理方面，始终把以人为本的原则作为基本出发点，尽可能满足员工的物质和精神需求，树立企业与员工的共同愿景，把企业与员工凝结成为命运共同体；建立起顺畅的无障碍沟通渠道，培养"心相通、情相融、力相合"的团队精神；开发多种员工价值分流渠道，帮助员工实现自我，努力把和谐基因孕育到员工潜能开发的各个积极因素中。

构建和谐企业是一项复杂、艰巨的系统工程，它需要企业不断革新管理体系，运用规范化、人性化的管理方式，通过柔性价值观制度化、刚性制度管理人性化这一目标的实现，建立和完善现代企业制度。

（作者系中国石油大庆炼化公司总经理）

百炼成钢

朱继民

首钢要一心一意谋发展，就要求真务实、苦干三年，扎扎实实打好基础，实现"十五"之后首钢振兴。对于打好基础，首先是打好思想文化基础。要树立适应时代发展的企业文化和价值观。

我们要认真抓好企业文化建设，为首钢下一步发展打下良好的思想文化基础。企业文化是由领导人倡导的，由广大员工在实践中逐渐形成的，在企业中占有主导地位的思想观念、思维方式、信仰追求、行为准则、工作作风、道德规范和做人做事的标准等。企业文化是企业的灵魂，是推动企业持续发展的最深层次的驱动力。它是一种无形的力量，在潜移默化地支配着企业广大干部员工的行为，左右着企业的前进方向和步伐。

企业文化的落后，是最可怕的落后。有好的企业文化，才能创造好的环境和氛围，推动企业的发展。开展企业文化建设，就要旗帜鲜明地提倡和树立优秀的企业文化，摒弃落后的企业文化。

建设优秀的企业文化不是一朝一夕的事情，需要我们从上到下，坚持不懈地努力。建设优秀的企业文化，必须从各级领导干部做起，从党政一把手做起，用自身优秀的价值观和崭新的精神风貌去感染和带动广大干部员工。

各级党组织要把建设优秀企业文化作为各项工作的先导，要善于用先进的理念为各项工作开路，大力总结和表彰各种先进典型，要深入挖掘蕴藏在先进典型中的高尚精神和先进思想，使他们的优秀理念成为首钢的主旋律，在全集团形成强大的感召力。倡导务实创新、开放合作、敬业进取的精神，使先进文化在全体员工中蔚然成风。

我们要找到文化的切入点，要找到我们生存最需要的、发展最需要的、改革最需要的、开放最需要的、追求卓越最需要的，来研究企业文化怎么建设，建设企业文化还不能贪大贪快，必须扎扎实实，工作标准的规范，工作方式的规范，包括违背了这种东西或者做好了，实行的奖惩，都是属于规范性的范畴。我们不能说种什么得什么，种植下去还必须进行认真的培育，进行梳理优化，不断地向前推进，最终形成一个员工潜移默化的、能够形成大家自觉追求的、能够统一人们意志和行为的一种共同理念、共同追求，这个企业文化就造就好了。

搞企业文化决不是一年两年三年的功夫，我们当前抓住最适合我们自身的、最能解决自身问题的，然后实行切入，逐步规范性的、制度性的、有步骤地向前推进，最后变成我们特有的价值，是别人模仿不了的价值。

大力推进企业文化创新工程，首先要认识到企业文化不是局限于思想领域，更不是简单的问题与活动，企业文化本质上是属于企业管理的范畴。各单位要围绕落实首钢党委《关于推进企业文化建设的指导意见》，培育"自强开放、务实创新、诚信敬业"的首钢精神，进一步树立与时俱进的思想文化，敢于创新的思想文化、开放合作的思想文化、求真务实的思想文化，人才为本的思想文化。要把先进的思想文化融入到企业管理的各项工作中，才能真正见到实效。

企业文化建设要突出抓好适应新形势新任务的要求，坚持与时俱进，要树立敢为人先、敢超先进、敢担风险、敢于拼搏的精神，才能不断促进企业发展。

要坚持解放思想，实事求是，一切从首钢实际出发，把继承中华民族优秀文化传统、吸收外部鲜活经验与求变创新、体现自身特色结合起来，建立起适应市场经济要求，融合国际前沿管理理念，促进首钢加快改革、开放、创新、发展的先进企业文化。

（作者系首钢总公司党委书记、董事长）

加强铁路安全文化建设的六个着力点

余卓民

党中央、国务院领导对安全文化建设十分重视，黄菊副总理在国务院安全生产委员会第一次全体会议上就强调：当前安全生产要重点抓好的任务之一就是要适应当前形势发展变化要求，推动安全文化创新，大力倡导"以人为本"的安全理念，营造全社会"关爱生命、关注安全"的舆论氛围。铁道部党组对铁路企业文化建设高度重视，部党组书记、部长刘志军同志在2005年全国铁路工作会议上指出：要进一步加强铁路文化阵地建设，大力弘扬新时期火车头精神，建设富有时代气息、健康向上的铁路企业文化。按照"深入研讨，总结经验，务求实效，解决问题"的要求，今年全路的安全应重点抓好六个方面工作。

要抓住一个核心。开展安全文化建设，最核心的是通过倡导先进的安全文化，以文化的渗透力、影响力和导向力，使干部职工牢固树立正确的安全理念，并以此引导思想和行为，形成群体保安全的浓厚氛围，达到确保运输安全的目的。一种文化的形成，首先来源于现实生活，经过理性化的提炼，又引导人们的思想和行为。因此，搞好铁路安全文化建设，就要探索铁路运输安全的规律，把握铁路安全文化的内涵，真正使广大干部职工充分认识到运输安全的极端重要性，把安全第一、安全责任重于泰山的意识牢筑于心，任何时候、任何岗位、任何工作都必须坚持把安全放在首位不动摇，把思想和行动都集中到严格安全管理、落实作业标准、强化设备质量、确保运输安全上。

要立足一个根本。铁路作为大众化交通工具，安全文化的根本在于引导干部职工牢固树立"以人为本"的安全理念。这个理念，要求我们正确处理好"小我"和"大我"的关系，每一个干部职工都要严格落实岗位安全责任，以艰苦细致的工作，确保广大人民群众的生命财产安全；每一名干部职工都要明白"严是爱、松是害"和"违章就是违法、违章就是犯罪、违章就是杀人"的道理，放纵了任何一人、任何一次违章行为，不批评教育、不考核追究，决不是以人为本，其后果不仅会使违章者最终受到事故的惩罚和伤害，更严重的是会使广大人民群众的生命财产受到威胁和伤害。从而培育良好的安全职业道德，养成严格管理、遵章守纪的自觉行为。

要培育一种精神。现阶段，我们的安全基础并不十分牢固，运输安全还没有达到依靠安全技术装备全面控制的水平，大量的运输生产环节还需要依靠人控或人机结合的方式来保证安全；铁路实施跨越式发展，使运输安全面临着一系列新情况、新问题，需要我们付出艰辛的努力，去积极探索、把握和解决。因此，要结合铁路实际、把握时代特征，就要在广大干部职工中倡导"宁为安全操碎心，不让事故害人民"、"以汗水换质量、以质量保安全"的思想，以发扬新时期火车头精神为主导，大力培育苦干实干拼命干的精神，激励广大干部职工艰苦奋斗、拼搏奉献、尽心尽责，全力以赴确保运输安全，为铁路实施跨越式发展提供可靠的前提和保证。

要打造一种形象。安全文化的丰富内涵，最终要以生动的外延来展现，在精神文化引导下的制度文化、组织文化、物资文化、行为文化，是一个系统工程，形成的是一个整体形象。因此，要把安全文化建设和安全基础建设有机地结合起来，使安全文化融入和渗透到安全基础建设的各个环节，把铁路安全文化的内涵、理念、精神，展现到建立严格的规章制度、构建严密的安全责任体系、实施科学的安全管理、提供质量可靠的行车设备、培育一流的干部职工队伍、营造良好的安全环境和安全文化氛围，促进新体制下安全管理的进一步规范和基层、基础、基本功的进一步强化，打造铁路运输安全可靠的整体形象，使铁路运输事业在跨越式发展进程中，更好地服务于社会、服务于国民经济发展、服务于广大人民群众。

要培养一支队伍。从文化发展的历史看，人民群众是文化的创造者，也是享受者，同时，一种先进文化的形成，又总是经过一批又一批、一代又一代善于提炼、挖掘、倡导、继承、创新和发展的人们不懈地努力，才使之源于生活、高于生活、推动社会生活的发展。同样，铁路安全文化的创造者是铁路广大干部职工，但也离不开在实践中不断探索，既懂安全文化，又能密切联系群众、结合铁路实际的骨干队伍，通过他们的努力，把广大干部职工在实践中创造的安全文化财富，经过深入挖掘，形成理论基础，再指导实践。因此，要注重在各级干部和广大职工中培养和建立一支铁路安全文化建设的骨干队伍，积极研究和把握铁路运输安全的规律和铁路安全文化的丰富内涵，探索铁路安全文化建设的途径和方法，把铁路安全文化建设不断推向深入。

要用好一个载体。通过这次会议特别是何主任的重要讲话，进一步深化铁路安全文化建设的目标、任务、要求都已经明确，建立评估考核和激励机制，是抓好贯彻落实的一个有效载体。建议把安全文化建设的评估考核和激励机制与安全责任考核机制有机结合起来，形成目标同向、齐抓共管的合力。我们安全监察部门要按照部领导的要求和部署，积极投入到铁路安全文化建设中，主动参与、积极配合，围绕总体目标，落实各项任务，使安全基础建设和安全文化建设相互融入、同步推进，为努力实现运输安全的基本稳定、有序可控和长治久安奠定扎实的基础。

（作者系铁道部安全监察司司长）

建设具有航天特色的企业文化

殷兴良

“文化力”促进“生产力”

企业文化建设是一项系统性、政策性、理论性和操作性较强的综合性工作，具有企业战略发展和企业干部职工思想意识的统领地位。集团公司要想长久发展，要在世界市场上取得好成绩，其中的一个关键就是要把企业文化建设好，建设具有航天特色的企业文化势在必行。为此，集团公司提出“建设一流的航天防务公司，建设具有国际竞争力的大型跨国企业集团”的战略目标和“国家利益高于一切”的企业核心理念。

我们航天科工集团公司在“十五”期间，特别是国务院国资委62号文件《关于加强中央企业企业文化建设的指导意见》下发后，一是进一步明确提出了，在科工集团全系统推进具有科工集团特色的企业文化建设，强化了以集团公司党组领导挂帅的集团公司，企业文化建设领导小组的组织领导作用。在企业文化机构设置上，进一步明确各单位企业文化管理部门的相关职责，完善组织建设，落实岗位职责，制定工作计划，积极采取行之有效的考核手段，确保集团公司企业文化推进工作的实施效果。

二是初步建立起了具有航天科工特色的企业文化框架，完成了集团公司第一部企业文化建设规范性文件《企业形象执行手册（试用）》的设计制作。编印了集团公司《企业文化简明手册》和《航天科工质量文化手册》，组织编写了《塑造航天科工之魂——企业文化培训教程》。举办了两个手册的首发仪式。

三是组织完成了集团公司司歌——《航天科工之歌》的创作任务，成功地举办了全系统各单位，以集团公司司歌作为必唱曲目的职工大合唱比赛，有1万余职工直接参与了这项活动。不仅活跃了职工文体生活，而且增强了企业文化的凝聚力。

四是以企业文化为主线，利用每年“3.22”航天质量日、质量安全月，在系统内开展了质量文化建设活动。在《中国航天报》开设了“质量文化专栏”、编写《质量文化建设纲要》、召开专题研讨交流会等。

五是积极探索集团公司品牌文化战略，推进廉洁文化、保密安全文化建设，力求在不同层面上展示具有航天科工特色的企业文化。

“十一五规划”期间，集团公司在企业文化建设新目标

集团公司“十一五”期间企业文化建设的工作目标是坚持以人为本，营造“理念认同、行为规范、形象标准”的良好文化环境，推动集团公司早日实现一流的航天防务公司和具有国际竞争力的大型跨国企业集团的战略目标。

为实现这些目标，一要我们要认真贯彻国资委《关于加强中央企业企业文化建设的指导意见》以集团公司改革发展的实际需要为依据，在继承发扬航天优良文化传统的基础上，认真总结集团公司“十五”期间企业文化建设实践，广泛借鉴国内外知名企业的成功经验和文化基础，自主创新，与时俱进，创建出具有鲜明个性和特色、在国内外具有广泛影响的航天科工文化。对内凝聚全体员工，对外提升集团形象，借助文化力实现管理飞跃，促进集团公司全面、协调、可持续发展。

做好集团公司“企业文化十一五规划”二要明确集团公司企业文化建设总体思路、规范措施和实施办法，补充完善相关文件和制度，切实把企业文化建设放在创建和谐企业、稳定发展工作的前列。

在“十一五”期间，要在继承与创新的基础上，按照企业文化建设的工作目标和企业集团的战略目标，不断深化企业文化建设。逐步形成一套相对完整、科学、合理，具有鲜明时代特点和航天特色，并能产生实际效果的企业文化理念系统，争取利用一至两年的时间，使企业文化理念系统基本完善。在此基础上，聘请内外部专家结合航天特色及集团公司未来发展战略，对全国沿海发展战略理念进行准确释义，并以鲜活案例生动地诠释企业文化理念，为其推广及深入人心打下基础。

三要在广泛调研、提出解决方案并经集团公司党组会审定的前提下，大力推进以“国家利益高于一切”为主的航天科工理念的深入推广，进一步规范和提炼企业理念系统；继续规范和推进企业形象系统的应用，加大检查和整改力度；正确处理好继承与创新、共性与个性的关系，将集团公司企业文化建设不断引向深入。对原有的《企业文化执行手册》，使集团公司企业文化建设更加符合新形势下企业发展的要求；继续推进和深化质量文化建设，促进集团公司质量管理能力和水平的全面提高。启动和开展廉洁文化建设，逐步构建起与中央要求、社会主义法律规范、集团公司改革发展实际相适应的廉洁文化体系，为干部职工创造公平、公正、安全的工作环境。在品牌文化，保密、安全文化等方面配合有关部门开展专项工作。

四要坚持在继承航天传统精神、“两弹一星精神”和“载人航天精神”的基础上，不断创新、推进具有时代特色的航天科工企业文化。到2010年，形成一套相对完整、科学、合理并能切实激发员工凝聚力、提升集团影响力的航天科工企业文化理念、形象、行为体系，为企业战略目标的实现提供精神动力。

围绕型号科研生产的思想政治工作保障体系建设，将体系建设也纳入企业文化建设的一部分，在干部职工中广泛宣传“国家利益高于一切”的企业核心理念，聚人心、鼓干劲、促保障；开展以廉洁文化建设为重点的效能监察，为干部职工创造公平、公正、公开的良好的工作环境。

在企业文化规划的执行中，首先要加强对企业文化建设的领导。领导干部是企业文化的设计者、倡导者和组织者，也是实践这一理念的楷模。集团公司各级党政一把手，是企业文化建设的第一责任人，共同负责企业文化建设的规划、设计和组织。

其次，党政工团各组织系统，要按照在三个文明建设中所担负的责任，遵循以人为本，实施“管人、管物、管事、管文化”的一体化的思路，各有侧重，相互配合，形成齐抓共管企业文化建设的格局。政工（企业文化）部门要进一步加强企业文化的宣传、学习和教育，机关各部门都要按照集团公司企业文化规划的要求，共同推进集团公司企业文化建设。

五要不断完善，创新企业文化建设工作方法和工作流程。在对规范地执行中要上下及时沟通，保证制度规范的有效和实用。对《集团公司企业文化执行手册》要进行修改和补充，使之更加符合集团公司企业文化建设实际。

第四，继续配合有关部门开展质量文化建设、品牌文化战略和安全保密文化的宣传贯彻，并以集团公司演讲比赛、合唱比赛、征文比赛和行业运动会等丰富多彩的与职工参与率高的活动形式集中展示企业文化建设成果。

第五，加大对企业文化建设管理队伍的培训。采用“走出去、请进来”的方法，开阔眼界、学习真知，争取利用两年一次的国外企业文化考察和每年一次的宣传干部培训机会，对宣传干部进行有重点的系统学习，加深对企业理念理解，培养高素质的骨干队伍，使其在企业文化建设中将先进的思想、良好的经验、有效的办法得到充分体现与应用，企业文化真正发挥统一思想、凝聚人心、鼓舞士气、发挥效能的作用。

第六，要加大企业文化建设优秀单位的经验作法表彰和推广力度，促进各单位企业文化建设提高认识、统一思想、认真贯彻、规范应用。对所属单位企业文化建设的执行情况，要进一步加大检查和整改，确保集团公司企业文化建设的规范统一和贯彻到位。

（作者系中国航天科工集团总经理）

先进企业文化是国有企业改革发展的精神支撑

陈伟根

代表中国先进文化的前进方向，是“三个代表”重要思想的核心内容之一。先进文化建设涉及社会生活的各个领域、层面和环节，其中，国有企业文化建设是先进文化建设的重要组成部分。建设先进的企业文化，对推进国有企业改革发展、完善社会主义市场经济体制具有重要意义。

先进文化建设的重要组成部分

国有企业是我国国民经济的主导力量。在国有企业中形成良好的文化氛围和文化导向，把国有企业中聚集的社会成员培育成既符合社会主义市场经济要求、又具有社会主义思想道德的现代公民，使之成为发展先进生产力、巩固社会主义制度的坚实群众基础，是我国社会主义文化建设的一项重要任务。这个任务，很大一部分要通过国有企业的企业文化建设来实现。只有在国有企业中坚持用科学的理论武装人、用远大的理想激励人、用高尚的情操培育人，努力培养出一代有理想、有道德、有文化、有纪律的公民，才能为我国生产力发展、社会进步和社会文明程度提高奠定坚实的基础。同时，国有企业中的文化状况，对我国社会主流文化的形成和发展也有着重要影响，在相当程度上决定着中国特色社会主义文化建设能否取得预期的成果。因此，贯彻落实“三个代表”重要思想，培育先进文化，要求我们必须高度重视国有企业这个阵地，把国有企业的企业文化建设作为先进文化建设的一个重要组成部分来抓。

当前，国有企业正处于向现代企业转型的过程之中。这种转型是全方位的，既体现在经营管理体制和机制上，也体现在企业文化上。而且，企业文化方面的转型和创新，对于整个企业的转型具有支撑和促进作用。

党的“十六大”确立了全面建设小康社会的宏伟目标，十六届三中全会对完善社会主义市场经济体制作出了战略部署，这对国有企业的改革和发展提出了更高更紧迫的要求。伟大的实践需要伟大的精神与先进的文化作支撑和指引。面对繁重而艰巨的改革发展任务，国有企业的经营管理者，一方面应通过一系列实实在在的改革、经营、管理举措，以实干来落实宏伟目标；另一方面应在企业内部培育能够极大地激发、调动职工积极性、主动性和创造性，能够有效凝聚职工智慧与力量的思想舆论和文化氛围。这就对国有企业的企业文化建设提出了很高要求。

优秀的企业文化，可以使企业员工得到明确的指引和激励，形成高度的默契和信任，从而更好地为实现共同目标而奋斗。理论研究和实践经验都表明，企业文化是企业生产力、生命力和内在活力的核心要素之一。建设什么样的企业文化，对于企业的生存和发展有着直接而深刻的影响。良好的企业文化能够促进企业的变革和发展，从而使企业在激烈的市场竞争中长盛不衰；不良的企业文化，则往往成为企业发展的障碍。

改革开放20多年来，我国国有企业的企业文化建设取得了显著成效。但同全面建设小康社会和全方位参与国际竞争的新形势新要求相比，无论是职工的思想观念、价值取向、精神状态、行为习惯，还是企业内部的文化氛围，都还存在着相当大的距离。比如，在相当一部分国有企业中，职工的市场意识、竞争意识还不强，对市场竞争的严酷性缺少深刻认识，因而对企业深层次改革的必要性、必然性没有足够的心理准备；一些经营状况尚可的企业，满足于现状，甚至得过且过、不思进取；等等。再比如，伴随着市场取向改革的不断推进，国有企业中的少数职工还出现了物质、金钱第一，理想、信念淡漠，不讲奉献、只讲索取，甚至违法违规、牟取不义之利等现象。破除这些不良的现象，大力培育符合社会主义市场经济要求的先进企业文化，是国有企业改革和发展的一项紧迫任务。

先进企业文化的基本内涵与特征

“十六大”报告指出，“在当代中国，发展先进文化，就是发展面向现代化、面向世界、面向未来的，民族的科学的大众的社会主义文化”。这不仅是建设先进文化的总方向，也是在国有企业中建设先进企业文化所必须遵循的基本方向。具体到国有企业的实际，根据国有企业在我国国民经济和社会发展中所处的地位和所起的作用，国有企业的企业文化应该具有生产性、社会性和时代性三个基本特征。所谓生产性，是指企业文化必须有利于促进企业综合实力和市场竞争力的不断提升，有利于促进企业在市场经济环境中不断发展壮大，从而有利于国有企业为国民经济建设作出更大的贡献；所谓社会性，是指企业文化必须有利于企业为我国社会主义社会的繁荣稳定和发展作出贡献，有利于我国社会主义制度的巩固和发展，有利于企业更好地承担社会责任、履行社会义务；所谓时代性，是指企业文化必须适应时代发展的要求，符合时代的特征和潮流，与时俱进，从而有利于促进企业的改革、创新和发展。

根据上述标准，可以这样认为，凡是适应社会主义市场经济的发展要求，有利于国有企业深化改革和加快发展，有利于国有经济的发展壮大，同时有利于党的路线、方针、政策在企业中的贯彻，有利于企业坚持社会主义方向、承担社会责任和为社会繁荣稳定发展作贡献的文化，就是先进的企业文化。在进一步推进国有企业改革和发展的新阶段，先进的企业文化具有以下特征：第一，强烈的发展意识和氛围。千方百计谋发展、抓实干务发展、只争朝夕促发展成为企业精神的基调和主题，尽快把企业做强做大、向具有国际竞争力的大公司大企业集团迈进成为广大职工自觉的追求。第二，强烈的改革意识和氛围。全体职工能够充分认识进一步深化改革的必要性和必然性，并做好彻底破除一切妨碍发展的观念、体制、机制的精神准备。第三，强烈的创新意识和氛围。管理层正把创新作为关系企业命运的根本措施来抓，全体职工能够以精益求精、追求完美、创造卓越的精神和作风，在经营领域、经营方式、管理模式等方面进行持续不断的创新，敢于与国际巨头争雄。第四，强烈的历史使命感和社会责任感。从企业经营管理者到广大职工都能够充分认识解放和发展企业生产力、把企业做强做大、壮大国有经济的重大社会意义，意识到企业对国家、社会承担的责任，人人都拥有一份为国家发展、民族复兴、社会进步奉献力量的赤子情怀。只有培育和建设这样的企业文化，才能为企业的改革和发展提供强大的精神动力和支撑。

建设先进企业文化的途径和措施

中国通用技术（集团）控股有限责任公司组建5年多来，以邓小平理论和“三个代表”重要思想为指导，大力培育企业文化，有力地促进了集团的改革与发展。我们从企业文化建设的实践中体会到，在国有企业建设先进企业文化，应在企业党组织的统一领导下，调动和发挥各方面的积极性，综合运用多种方式和手段。

坚持党的领导，把企业文化建设与发挥党的政治核心作用、加强和改进思想政治工作、加强党风廉政建设有机结合起来。坚持党的领导和正确的政治方向是国有企业一切活动的基本前提，也是企业文化建设的一个根本原则。为此，必须用马列主义、毛泽东思想、邓小平理论和“三个代表”重要思想武装广大职工的头脑，用党的优良传统和作风、社会主义的道德规范教育和塑造职工，使职工牢固树立正确的世界观、人生观、价值观，使社会主义的意识形态和价值取向牢固占领国有企业这个阵地。

尊重职工的主体地位和发挥职工的首创精神。要尊重职工在企业文化建设中的主体地位，在培育和形成企业文化的过程中保证职工群众充分参与，发扬民主，集思广益，使企业文化的内容和细节得到丰富；尊重职工在企业文化实践中的主体地位，通过广泛深入的宣传，使企业文化转化为职工的自觉行动，对模范实践企业文化的职工给予大力宣传和表彰，以带动全体职工共同实践企业文化。

使企业文化融入企业的日常经营管理活动中。企业文化是在企业实践活动中生长和升华出来的，同时它又必须回到企业的实践中去，在企业的全部经营管理活动中得到贯彻和体现。只有这样，企业文化才能发挥其应有的作用，也才能真正具有生命力。

把企业文化建设与企业干部队伍建设结合起来。企业的各级干部是培育和落实企业文化的关键主体。只有各级干部对企业文化在心理上认同，在实践上身体力行，企业文化才能生根开花，才能真正对企业发挥作用。因此，要在干部队伍建设的各个环节，从选人、用人到考核、奖惩，都贯彻企业文化的要求。只有这样，企业文化才能真正发挥作用，而不是停留在口号上。

保持企业文化建设的开放性，努力吸取社会生活其他领域的文化营养和借鉴国际企业文化建设的成功经验。一方面，充分吸纳我国社会其他领域的优秀文化，如“特别能吃苦，特别能战斗，特别能攻关，特别能奉献”的载人航天精神，就是国有企业文化建设的楷模；另一方面，在当今经济全球化的环境中，我国国有企业的企业文化建设必须学习借鉴国际大企业在这方面的成功经验，吸收其合理的、符合市场经济要求和企业管理普遍规律的有益成分。这是我国企业全方位参与国际竞争、向具有国际竞争力的大公司大企业集团迈进的内在要求，也是企业文化体现时代性、与时俱进的重要体现 。

（作者系中国通用技术（集团）控股有限责任公司党组书记、董事长、总经理）

武钢企业文化建设的实施步骤

邓崎琳

“十一五”期间，企业文化将作为武钢发展的灵魂，于武钢发展的全方位各领域。如何铸就武钢的文化之魂，我们的思路是：

武钢企业文化建设总的指导思想是：以邓小平理论和“三个代表”重要思想为指导，牢固树立科学发展观，全面贯彻落实党的十六大和十六届三中、四中、五中全会精神，以国务院国资委《关于加强中央企业文化建设的指导意见》和武钢“十一五”发展规划为依据，在弘扬中华民族优秀文化传统和继承武钢优良传统的基础上，积极吸收借鉴国内外现代管理和企业文化的优秀成果，坚持制度创新与观念更新相结合，努力建设符合社会主义先进文化前进方向，具有鲜明时代特征、丰富管理内涵和武钢特色的企业文化，促进武钢持续快速协调健康发展，为全面建设小康社会作出新贡献。

“十一五”时期，武钢企业文化建设的根本任务：全面贯彻落实武钢企业文化理念，以履行企业使命为宗旨，大力弘扬武钢精神，充分发挥公司价值观的导向作用，用武钢经营理念指导企业各项工作，努力打造智能型团队，塑造良好的职工队伍形象，进一步建立和完善能激发武钢强大自主创新能力的动力机制，为实现武钢的战略愿景打下坚实的文化基础。

“十一五”时期，武钢企业文化建设的主要建设途径：加强武钢科技文化建设，打造钢铁精品，铸就国际品牌，把武钢建成我国汽车板和硅钢片为主的重要板材生产基地，其关键在于建设“以科技为先导，以质量优先为特征”的武钢科技文化。利用宣传舆论阵地，提高职工科技意识，培育和树立在推进企业进步中的先进典型，用榜样的示范作用影响和鼓舞职工，营造“学科技、争先进”的氛围。继续发挥有利于鼓励科技创新的各项制度和政策的导向作用，通过制度创新和扎实工作，形成“尊重科技、尊重知识、尊重人才、尊重创造”的政策制度环境。在企业生产经营中，要把发挥科技创新的先导作用作为武钢战略发展和增长方式转变的中心环节，把激发武钢原始创新能力、集成创新能力和引进消化吸收再创新能力作为武钢科技文化建设的出发点和落脚点。具体抓好八大建设：

质量文化建设、品牌文化建设、制度文化建设、执行文化建设、思想道德文化建设、节约文化建设、安全环保文化建设、廉洁文化建设。

“十一五”时期，武钢企业文化建设的主要措施：一是加大文化理念的传播和文化资源的发掘力度；二是完善武钢企业文化建设体制机制；三是规范员工行为；四是加强标识管理；五是加强学习型团队建设。

“十一五”时期，五项保障条件是：成立企业文化建设推进委员会；发挥企业文化阵地的作用；加大企业文化建设的投入；培养一支企业文化建设骨干队伍；加强对外文化沟通与交流。

（作者系武钢公司总经理）

创建学习型企业
走技术强健企业之路

何木云

创建学习型企业，首先要处理好以下两个关系：

一是文凭和水平、学历和能力的关系。文凭和学历表明一个人知识、能力积累的程度和水平。但并不意味有文凭就有水平，有学历就有能力。在我们集团公司不乏这样的例子：一些获得中、高级技术职称的工程技术人员，虽然他们有着较为扎实的专业基础知识，但因为缺乏实际工作锻炼和不断的知识更新，原有文凭和职称所代表的知识、能力，已经不能完全适应业务发展的需要，不再具备胜任本职工作的能力和水平。反过来，一些凭着勤奋努力而自学成才的人，虽然具备了相当高的专业知识水平和技术能力，但却由于各种原因，没有相应的学历和文凭。因此，是不是人才，既要看学历，看职称，也不能惟学历、惟职称。我们要重视人力资源能力建设，一定正确处理好学历教育和能力培养的关系，把真才实学，把能力和水平作为衡量人才的真正标准，形成企业发展与培养目标的统一。

二是本职工作和专业知识学习的关系。东方作为国家特大型发电设备制造企业，具有“制造技术＋信息技术＋管理科学＋有关的科学技术”交融而形成的“先进制造技术”，这就是东方的市场核心竞争力，俗话说的“看家本领”。每一位职工都应围绕本职工作刻苦学习专业知识，提高实际工作能力和水平，成为解决问题的专家、生产的技术能手、独挡一面的业务骨干。“本领如条龙，一世吃不穷”。要注意引导一些职工走出盲目追求学历的误区，不再劳神费时去拿些没有学到真才实学的所谓文凭，静下心来一门心思钻研技术，多学真本事。企业的现实是一方面企业急需大批专业技术人才，一方面却盲目地进行很多不切合实际、不规范的各种学历、学位教育，这到底能给企业和个人的发展带来什么益处呢？思国家之所需，展所学之才，报效祖国，报效企业，这才是东方职工应具有的崇高理想境界。

满足是学习最大的敌人。近年来，随着集团公司的发展，一些职工、尤其是管理部门和综合部门的个别年轻、有学历的工程技术人员，认为市场简单，做工作简单，做工程更简单，做专业技术工作是低起点等等，逐渐滋生了“骄、娇”二气和“小富即安、小成即满”的心理，贪享受、图安逸，放松了学习，荒废了专业。

与时俱进，发奋学习，把个人的理想抱负和国家的建设事业紧密结合起来，才能大有作为。随着国民经济的快速发展，我国电力需求保持高速增长。国家已经调整了“十五”期间后三年的电力计划，加快了电力发展步伐。专家分析，由于电力投资的周期因素，目前的电力投资热潮将会持续两三年。这是中国正在进行着的空前伟大的电力建设事业，也是作为发电设备制造企业的东方电气集团公司，难得的历史性发展机遇和巨大挑战。在当前形势下，创建学习型企业，提高全体职工的整体素质更显得十分紧迫和重要。

把集团公司办成学习型企业，有其必然性和紧迫性。

第一，上述电力建设大盘子中，大批机组为超临界机组，CFB机组，大型燃气轮机机组和大型水电机组。任何事物都是辩证的，往往会发生从量变到质变的过程。在一般机组向大容量、高参数机组转变以后，会涌现出很多专业技术难题。就燃气轮机而言，我们基本上还处于不懂或不太懂的学习阶段。在日常的技术开发引进工作中，大量的燃烧问题，强度问题，振动问题，自动化控制问题，以及铸造热处理、焊接、加工技术等等，都迫切需要我们入门和提高生产水平。新的理论，新的知识，新的方法层出不穷，机电一体化和机电信息一体化的难题也时时困扰着我们。如果我们不深入实践科目，不钻研专业技术，就不可能解决当前面临的制造难题和机组运行难题，更不可能与时俱进，攀登发电设备制造的新高地。

第二，集团公司在面临新的发展机遇的同时，还时时被另一个新的问题所干扰。这个新的问题就是，专业技术人员短缺。不少非热能工程和非水电工程专业的年轻人需要改行从事发电设备制造工作，而发电设备专业本身是融合材料、力学、电学、热工等知识的综合性学科。一个新产品的诞生，往往需要几十、上百人，几年、甚至几十年的艰苦努力，所谓“十年树木，百年树人”就是这个道理。目前我们正面对一个充满功利诱惑的社会，以热能专业或电机专业毕业的学生为例，当不少人在社会上走捷径解决“个人利益”问题时，却要求他们寒窗苦读，车间求实，工地求真，似乎有些苛刻。其实，真正的社会发展，需要的就是这样的苦读、实践，只有这样，才能使中国走上繁荣富强的道路。争取做一个精通发电设备的专家，这就是公司的希望。

第三，我国已加入世贸组织，集团公司不但在国内而且在国外，都将不断有新的业务诞生和发展。我们的管理人员，专业技术人员，都要适应国际管理标准和国际工程标准。不能想象我们总是打人海战术将会出现怎样一种更加被动的局面。我们需要能够熟悉法律，熟悉语言，熟悉商务的人才，更需要熟悉专业技术、德才兼备的综合性人才，那样我们在项目谈判、工程实践等方面，就能达到以较低的人力成本取得较好经济效益的目的，也能从人员素质上显示集团公司的实力。

第四，随着设备不断的更新换代，随着大批训练有素的工程技术人员和能工巧匠的退休，我们的艰苦劳动急需要经过千锤百炼、技艺精通、吃苦耐劳的职工成为团队成员。把集团公司办成学习型企业，其必然性和紧迫性，可以摆出很多理由，以上仅仅是几条，我们现在如果还不觉悟，企业能否持续发展，那就很难说了。

当然，我们还需要政策配套，在人力资源管理工作中，把政策定好，引导和组织大家向提高专业水平和钻研技术的方向努力，对业务水平高、勤奋肯干的同志，不问经历和学历，都应给予很好的报酬。集团公司要形成分配的三个系列，即管理干部的收入系列，技术人员的收入系列和技术工人的收入系列。后两个系列人员的收入，一般情况下，其优秀的人员不应比第一个系列低。培训费用是企业重要的投资，我们使用培训费，也要像买机器、建厂房一样，分析需求，要求回报，把培训费用到刀刃上，用到产品开发急需、执行工程急需、商务开拓急需技术专业人员的培训上去，而不能用到其他上去。对于一些培训基地或技校，也要爱护，使之发挥应有的作用。

各级企业都要营造良好的学习环境。党委书记要作为创建学习型企业的第一负责人，像抓企业文化一样抓专业技术知识的学习，并纳入单位领导政绩考核内容。同时对全员建立技术学习档案，作为上岗、升迁的重要依据。工会、科协、技协要人力组织开展岗位练兵活动，有计划地组织技术比武、知识竞赛、考问讲解、技术问答、技术研讨、专题技术讲座等活动。同时，还要充分发挥网络优势，在企业内部局域网上开设科技信息网页，让职工进行技术交流、科技信息查询。要重奖技术成果、技术尖子，对合理化建议、管理创新、技术创新、青年技术创新及参加各类技术比武、竞赛的优胜者进行重奖，营造企业学技术、学知识的氛围，使广大职工学知识、学技术、学技能蔚然成风，职工用学到的知识钻研技术课题，攻克技术难关、开展技术革新，真正形成多层次的人才队伍。

积极培育企业文化 增强秦山核电企业核心竞争力

胡海云

秦山核电企业文化的良好开端

为把企业管理提升到更高水平，秦山核电三个公司不约而同地开始引入企业文化的概念。首先是秦山三核在年末举行了引人注目的升国旗、升厂旗仪式，秦山二核和一核相继经过相应的程序确定了公司标识和厂歌，也举行了升旗仪式。各公司都制定了行为规范，深入探讨企业管理理念，广泛调研，认识了本企业在行业中的定位，用简练的文字重新确立了企业精神，形成了规范价值观、经营使命的条文。总之，从视觉识别入手、深植到行为识别，再上升到理念识别，又从理念出发检讨视觉识别、行为识别的合理性，对企业文化涉及的几个方面全部进行了实践。

秦山核电推行企业文化，不但形式上轰轰烈烈，有声有色；效果也是很好的。首先，员工的精神面貌变得生气蓬勃，显得更有信心；其次员工的思想、言行都有了可遵循的规范；再者，通过企业文化的推动过程，员工对企业的内部状况、外部环境、发展前景更加了解和关注，是生动的厂务公开和职工民主管理企业的新鲜实践。这一两年来秦山的同志，多认为秦山核电工程建设、运行发电、厂容厂貌的改善都取得了好的成绩，企业形象更加显著，积极向上。

但是，企业文化有它一般文化的特性，要达到较高文化水准，必还需经过长期的培育，在实践中逐步积淀起来。秦山核电企业文化培育的经历较短，积淀还不够丰富，水平还不是很高，这正是我们不足的一面。企业文化手册制定颁布后，被员工认同并身体力行的程度，还有待提高。核电企业的企业文化，在基建时期围绕预算、质量、工期三大控制，在运行期间围绕安全、可靠、经济发电，工作方式要随中心任务的变化而改变，我们有的企业正在经历着这种改变。

企业文化建设要为增强企业核心竞争力服务

所谓企业核心竞争力，它的表征，有一种说法，主要有以下四个方面的要素：一是好的主导产品，二是强的创新能力，三是适应的经营组织机构，四是市场认可的品牌形象。企业要在竞争中生存发展，必须具备核心竞争力，还要不失时机地增强核心竞争力，所有的企业无不为找到核心竞争力而煞费苦心。

企业文化的精髓在于它尊重人，以人本作基础，摒弃了把员工作为经济人、机器人的作法，体现了社会的进步，是生产力的一种解放。

积极向上的企业文化讲究经营理念，适应现代社会化生产规律，严格按程序办事，追求最佳经济效益，同时减少风险。

积极向上的企业文化讲究人本观念，企业的发展靠人去实施，企业的发展为员工提供更好的工作条件以及物质和精神生活条件。企业关心职工的生活、情绪，帮职工制定职业生涯计划，经营者把职工当作共赢的对象。员工关心企业的经营状况，关心企业的发展前途，真正体现出主人翁精神。

积极向上的企业文化确实能起到凝聚力、激励力、约束力、导向力，纽带力和辐射力的作用。这样的企业哪能没有核心竞争力，在企业竞争中哪能不取胜！

核电企业要把安全文化作为企业文化的突出内容

安全是核电站的生命，核电企业始终要将安全置于第一的位置。核电公司总经理承诺，当经济利益与安全相矛盾时一切服从安全。我们要在确保安全的前提下在核电机组全寿期内争取多发电，获取最好的经济效益。为确保核电站安全，核电行业从1975年起就提出了安全文化的概念。近30年来推行安全文化，收到了良好的效果。对核电企业加强管理产生了深刻影响。

安全文化是安全意识、知识和实践的总和。安全文化要求有独立和有权威的安全监督组织机构；有基于业绩和量化的安全目标管理；有规范和完整的安全监督管理规程；有责任分明、运作有效的执行团队；个人有质疑、探索、合作的工作态度；有不断的安全培训和安全文化深植活动；追求长期安全的发展规划；进行定期和不定期的安全审查和评价；建立以状态报告为主线的事件报告和经验反馈体系，鼓励员工积极发现并报告异常事件，及时发现处理电厂管理问题和系统设备异常状态；公司对重要的状态报告进行根本原因分析，制定纠正措施，并由监督部门对纠正措施落实进行跟踪评价；开展人因工程。

安全文化水平的提高，带来了安全业绩的提高。秦山一核第七燃料循环创造了安全运行443天的好成绩，第七燃料循环的换料检修只用了38天时间，创造了最好纪录。秦山二核的一号机组比计划提前47天投入商业运行。秦山三核一、二号机组分别提前43和112天投入商业运行。秦山核电捷报频传，安全文化功不可没。今后仍然要把安全文化作为企业文化建设的突出内容，用心用力地把它抓好。

党委和行政都要把企业文化作为自己的重要工作内容

应当看到：培育积极、向上的企业文化给思想政治工作提供了新的抓手。发挥党组织的政治优势，宣传企业文化对管理企业的先进性；提高广大员工的认识，使之积极支持并投身到企业文化建设中来，和行政一道发现并解决企业文化中的问题，避免失误，少走弯路，极大地丰富了企业思想政治工作内容；

培育积极向上的企业文化，给企业思想政治工作围绕企业中心任务提供了极佳的结合点。企业文化为增强企业核心竞争力服务，涉及企业经营方面的全部领域，但主要是理念、认识性的，包括哲理，指导思想、形象、方针、原则等文化内容。对企业的健康、长远发展起着重要作用；企业文化创建和推行的过程就是全体员工关心并参与企业重大决策的过程。党委和行政一道共同学习，共同探讨，带领员工培育企业文化，把企业管理提升到更高的水平，这正是我们所期望的局面；

培育积极向上的企业文化，给新时期企业思想政治工作开辟了新的领域，它符合党的工作重心转移到以经济工作为中心的大方向，符合企业的一切工作都要以企业的发展为中心的原则。为党建工作紧紧围绕执政兴国的第一要务开拓创新和企业思想政治工作，创建了良好的形式。

（作者系秦山核电基地党委书记）

企业文化：企业生存发展之“道”

马蔚华

企业文化具有文化的一般性特点，可以概括为三个词：柔情似水、水滴石穿、如鱼得水。“柔情似水”是指企业文化对员工的管理是通过非制度的形式进行的，是一种相对柔性的因素，并不具有强制性的作用力；“水滴石穿”是指企业文化对员工意识、行为和企业绩效的作用是长期积淀而成的，不可能一蹴而就；“如鱼得水”是指企业文化对企业的影响如同水对鱼的影响一样，身处其中可能感觉不到它的存在，可一旦离开便无法生存。

企业文化与管理制度存在替代与互补关系

在企业的生命周期里，文化与制度首先呈现出替代关系，即在不同的发展阶段，管理制度和企业文化的发展匹配水平，以及两者作为企业管理手段的重要程度不同。企业文化是一种自生秩序，而管理制度更多体现为一种创生秩序。从逻辑层面和现实层面上来看，自生秩序都是先于创生秩序出现的，也就是说企业文化先于管理制度出现，二者在企业管理中的地位交替上升，互相替代。但企业越发展，越要通过建立强大而优秀的企业文化来降低企业的内部契约成本，因此企业文化最后还是企业管理的主导力量。这并不意味着管理制度的削弱，管理制度的调节力量也在不断加强，只是相对于文化而言居于次之。

管理制度和企业文化还存在互补的关系，二者是一体两面的，相互促进，相互完善。有形的制度折射出文化的内涵，无形的文化通过有形的制度载体得以表现。一方面，管理制度的不少内容都是引申自企业文化的范畴，甚至可以说，最初的管理制度几乎就是企业文化的衍生；而符合企业文化内涵的管理制度建设也可以促进企业文化的发展和贯彻。另一方面，管理制度永远无法达到尽善尽美的境界，相对于企业的管理实践来说它有滞后性，必然存在覆盖不到的领域，存在执行不力的情况，需要企业文化的力量来弥补。

企业文化是从物本管理迈向人本管理的更高级阶段

无论是从微观的人的角度来分析，从宏观的企业的角度来分析，还是从企业文化本身的作用来分析，企业文化都无疑是一种以人为本的管理模式，是对物本管理的一种超越。对于任何一家现代企业而言，企业文化建设不仅意义重大，而且势在必行。

企业中的个体人既是“经济人”也是“社会人”

“经济人”的涵义源自亚当·斯密对人的自利性的基本理论假设，“社会人”的涵义来自于行为科学创始人梅奥的“霍桑试验”对人类追求高尚精神这一特性的描述。马斯诺的需求层次理论告诉我们，个体人具有“经济人”和“社会人”的双重特点，既在工作中追求经济利益，又追求以人的快乐和学习求发展为主的精神满足。并且，随着社会、企业和个人的发展，“社会人”的特性逐渐成为影响企业管理的主导因素。特别是在全球化、信息化和知识经济的背景下，人本管理逐渐超越了物本管理，成为企业管理的更高级阶段。企业文化正是一种人本管理的手段。许多全球闻名的企业都将“以人为本”作为企业文化的战略。比如花旗银行自创业初始就十分重视对人才的培养和使用，注重让员工与企业共同成长，使其在花旗有“成就感”和“家园感”。近年来，越来越多的中国企业也已经认识到，企业既要靠基础性的制度和规范来约束，更要靠适合人的个性和发展的企业文化来支撑。中国建设银行 2002 年提出了以人为本，建设以团队精神、创新精神、敬业精神和奉献精神为核心的“家园文化”；而我们招商银行长期以来都以“尊重、关爱、分享”作为我们的人本理念，力求使员工与企业相互支撑，共同成长。

企业文化与企业经营业绩正相关

企业文化的作用表现在很多方面，但基本功能就是两点：对内通过共同理念、共同价值观的强化与认同，最大限度地统一员工意志，规范员工行为，凝聚员工力量，使企业的核心价值观和基本理念为全体员工接受并实践；对外通过有意识、有计划地传播企业的 CI 设计和理念、口号等，树立和展示良好的个性化的企业形象，产生巨大的社会影响，提升客户忠诚度。这两个功能并不局限于精神道德层面，而是直接影响着企业的经营管理实践和经营业绩。

哈佛商学院著名教授约翰·科特在《企业文化与经营业绩》一书中阐述了“企业文化与经营业绩正相关”的观点。他认为在企业中,沟通、信任、资源共享、激情等非生产要素比有形的资产对利润的影响更长远、更深入。所谓“五年的企业靠技术,十年的企业靠管理,百年的企业靠文化”,招商银行之所以在18年的成长历程中能够实现持续快速稳健的发展,企业文化功不可没。从初创时期创新导向的“创业文化”到目标导向的“规模文化”,再到规则导向的“风险文化”,继而向更高层次的“管理文化”演讲,招商银行的企业文化与时俱进,不断得到充实和提高。正是由于有了优秀的企业文化,招行才创造了令人瞩目的出色业绩。

企业文化建设是三个过程的统一

从口头到书面,从有形约束到无形约束的过程;也是企业文化从自发到自觉,从群众中来到群众中去,并与企业管理制度紧密结合、共同作用的过程。

企业文化的建设是从自发到自觉的过程

(1)文化自觉是运用企业文化发展规律的关键。企业文化是一种微观文化,具有文化发展的一般规律,又是一种特殊的组织文化,有自己独特的发展规律。只有拥有文化自觉意识,才能客观及时、主动灵活地运用文化规律来指导企业文化建设,使其自觉有效地为企业既定目标服务。(2)文化自觉企业文化健康运作的基础。因为企业文化的本质目的是对人进行精神上的教育和塑造。没有文化自觉,就不可能把企业文化内化于人的精神层面,形成企业主体共同的意识形态和行为准则。(3)文化自觉赋予企业文化以自我创新的能力。企业主体对企业文化有深刻把握和高度认同之后,就会以企业既有的文化准则和规范来处理现实的文化障碍,以及具体的文化差距,由此使企业文化不断发展,获得良好的自我创新和自我完善能力。

企业文化的建设是由自发迈向自觉的过程。最初的企业文化缺乏统一的管理,相对松散混乱,处于一种自发的弱文化状态之中;随着其逐步发展,企业主体开始形成一种群体文化认同感和辨别力,能清晰把握本企业文化的发展脉络和特色,并积极参与进行优秀而独特的企业文化体系的塑造,最终将企业文化的内涵和精髓化为自己的思想与行动,这时,企业文化建设的状态就由自发转向了自觉。

企业文化的建设是从群众中来,到群众中去的过程

“从群众中来”是指企业文化是从企业全体员工所共同参与的企业经营管理实践中升华提炼出来的;“到群众中去”是指企业文化在形成理念后必然要内化为全体员工的思想意识,再外化为他们共同的行为准则,才能得到贯彻。也就是说,企业文化的建设必将经历先自下而上,再自上而下的过程。就这两个过程的比较来说,从经营管理实践中提炼企业文化的理念并不难,然而,使其理念深入人心,为全体员工所接受和拥护却并非易事。

要实现企业文化的“到群众中去”,必须注重三个方面的结合。

首先,要注重虚实结合。企业文化是一个大的系统,既包括了精神层面的东西,又具有超脱于精神层面的特点,它的形式是虚的,内容是实的;感觉是虚的,精髓是实的。

其次,要注重繁简结合。企业文化的建设既要“化繁为简”,也要“化简为繁”。一方面,作为企业文化的重要元素,企业的愿景、使命、核心价值观、经营理念等都应该通过简单明确的表述呈现给员工和社会,这种“简单化”有利于让人们达成共识,团结一心,形成最大的合力。

最后,要注重主客结合。企业的全体员工不仅是企业文化作用的“客体”,更是推动企业文化发展的“主体”,既需要引导和培养,更需要发挥他们的主观能动性和参与意识。所以,企业文化的建设要按照员工的性格、文化素质、激励需要等进行个性化管理,不断适应、满足不同类型员工的不同需要,使员工在发展自己的同时,增强对企业文化的认同,实现企业文化与员工原有文化的有效契合。

我国著名经济学家于光远有这样一句名言:“国家富强靠经济;经济繁荣靠企业;企业兴旺靠管理;管理关键在于文化”。21世纪,协调及可持续发展已经成为企业追求的理想,企业资源配置的重点必然相应地由实物向人本转移。在这种大背景下,企业文化将逐渐成为企业生存与发展之“道”,它不仅契合着我国古代哲学所谓的“道生一,一生二,二生三,三生万物”的无形决定有形的辩证观点,更是市场经济条件下企业管理的至高境界。

(作者系北京招商银行行长)

文化铸钢魂　同心创未来

韩敬远

津西自1986年建企至今已20年。20年中,我们从小到大、从弱到强,从一个年设计生产能力14万吨生铁的地方小铁厂,发展成为拥有干部员工近7000人、拥有总资产64亿元,集采矿、精选、烧结、炼铁、炼钢、轧钢、发电于一体,年产钢铁材各400万吨、年销售收入超百亿元的大型钢铁联合企业;从一个名不见经传的县办企业,到名列中国企业500强,并一跃成为海外上市公司。

这一巨大变化,是我们审时度势、开拓创新、大刀阔斧地进行体制改革、机制转换、战略调整和精心管理的结果,也是多年倡导和形成的“为社会创造财富、为股东创造回报、为客户创造价值、为员工创造前途”等优秀企业文化引领、推动的结果。这已构成津西跨跃式成长的基石和未来可持续性发展的宝贵精神财富。

企业文化是企业的灵魂,是企业生存和发展的根基。如同任何事物一样,企业文化也需要不断地扬弃和创新。企业文化创新的实质和核心,是实现企业价值观和员工价

值观与时代的同步转换。企业文化创新，是在新的历史时期企业管理层、广大干部员工观念和行为的一次重大变革，是在思想观念上进行洗心革面、脱胎换骨地变革。

近年来，在公司和中国企业文化研究会专家项目组的共同努力下，津西的企业文化经过整合、策划、总结、提炼，已取得阶段性的创新成果，形成了具有一定鲜明特色的理念文化、行为文化、视听文化为一体的企业文化体系。

企业文化，是企业信奉、倡导并必须付诸于实践的价值理念。因此，创新、推广和实施企业文化，我们全体干部员工必须形成如下共识并努力践行：

一、企业文化是企业家积极倡导、精心组织、大力推进，并和广大干部员工共同认同、共建共享、和谐双赢的"同心文化"。

二、企业文化建设不能一蹴而就、虎头蛇尾，而是在今后长期的生产经营实践活动中，不断总结、提升、发展和完善的系统文化工程。

三、企业文化创新不是作秀，提几个口号，印个小册子就可了事，而是必须付诸于实践，虚实并举，真正成为凝聚、激励、规范全体干部员工言行的指南和内化、贯穿于企业整个生产经营活动的实际行动。

企业文化创新，是企业文化的传承与扬弃，是企业文化建设的永恒主题，是企业文化建设"万里长征"的第一步。我们要以此为新起点，与广大干部员工一起认真学习、深刻领悟企业文化的精髓和内涵，入心入脑，落实到工作中，体现在行动上；要同心同德、凝心聚力，携手打造具有自身特色的高品质的企业文化，为实现可持续发展、打造百年津西而不懈努力。

（作者系河北津西钢铁股份有限公司董事长）

企业文化是企业的灵魂是"和谐企业"的根基

刘新荣

陕西怡兰企业集团是一个少数民族企业，中央政府号召西部大开发，那么西部大开发主要问题是少数民族地区落后的发展问题，是文化问题，是文化落后的问题，是经济落后的问题。改革20多年来，少数民族地区的民族企业家为什么做不大，为什么做不强？这里边就包含一个企业文化的问题。我想结合"怡兰"企业成立20年以来，久盛不衰、一步一个成功的脚印跟大家交流一下。

我们企业1300多名职工里有300多名是少数民族人，主要是回族，信奉伊斯兰教，所以企业的文化应当是一种多方位、多元素的文化，既要体现现代精神文明，又要体现伊斯兰特色的现代企业文化的架构，这就要求我们在建设企业文化中，在培育企业精神的设计和操作中，十分注意兼顾其中的特殊性。我认为企业文化建设有以下原则：

1. 灿烂悠久辉煌的伊斯兰是中华民族56个民族文化中不可缺少的重要组成部分，二者兼收并蓄，而不是相互排斥。

2. 汉族、回族、和其他少数民族都是大家庭的成员，是兄弟姐妹的关系，要相互帮助、相互包容。

3. "怡兰"集团是一个多民族的家，首先不要认为你是企业的老板，员工是来给你打工的马仔，我们应拿他们当亲兄弟姐妹来对待，要有良好的心态。既然是家，就要树立一荣俱荣、一损俱损的观念。

在我们企业的各项规章制度里面，包括日常的管理和经营活动中，只要发现人才、发现贡献，及时奖，及时提升工资（我们的工资福利的发放，有时候一年就升好几次，没有固定的时间）。这就极大地调动了员工的积极性，使员工在企业能够感觉到企业的和谐是每时每刻都能够体现出来的。

我们如何能够和员工成为一家人，如何能够把企业的和谐氛围搞得像亲兄弟姐妹的家庭一样？首先作为企业的老总应调整自己的心态。伊斯兰教有这样一句话：当一个个体的人来到社会，他本身就带来了一份口粮，当你和其他人合作做生意，或者和其他人在一起，无形之间你的财富里面一定有他一部分。所以，首先要树立一种这样的信念：你的财富是大家的，正因为有了大家，才有了你的财富，才由一变二，由二变三。所以，在调整民营企业家的心态，树立财富共有观，是很重要的企业文化的理念，也是我们陕西怡兰企业集团企业文化的特色。今年八一建军节，我们去驻陕西的第二炮兵学院进行慰问，我代表陕西的11万少数民族，当时，解放军的参谋长讲，你们搞经济搞发展，我们却不挣钱，我们硬是吃国家的财政。我说，参谋长，如果没有你们保家卫国，创造安定的社会环境，如果没有中国人民解放军强大的国防，我们这些做生意的老板还能有这样和平的环境、这样好的条件做生意吗？所以我们赚的钱里面有亲人解放军一份，你们是我们的子弟兵。当时在场的1000多名官兵集体鼓掌。他说，刘总你这样高度的思想认识、思想境界，使我们感到了民族民营企业家闪亮的形象。所以说在我们的企业，一定要找到民族文化的融合和契合点。比方说，汉文化中的"仁、义、礼、智、信"和伊斯兰文化中的"大仁大慈、清静无染、至情至真"，两方面各自文化的核心都符合我国人民的道德规范。

我曾经这样讲过，"怡兰"企业文化是一个信仰与务实文化的交融。它把自己的信仰和现实结合起来，又和汉民族文化结合，它是一种交融，是一种优秀的文化。所以在这里，把汉文化、自己信仰的文化结合起来加以升华，就形成了企业本身科学、行之有效的企业文化。我的女儿在加拿大上学，我说你千万要记住，上完学以后要回国，回到自己的祖国，报效自己的祖国，报效自己的民族。如果连自己民族都不喜欢的人，他说他热爱共产党，他说他热爱中华人民共和国，那是不可能的。连自己父母都不孝顺的人，他说他和朋友好，会交朋友，也是不可能的。所以我告诉我的女儿，如果有人，有外国列强欺负我们的国家、侵犯我们的国家，就要勇敢地保卫我们的国家。正是这种道德规范，教育了我们企业的所有员工。20多年来我们企业员工的文化是一天一个脚步，一步一个脚印地往前走着。管理员工自己是最好的榜样。自己作为老总，你是企业的领头羊，你如何做，企业的员工看在眼里，记在心里。身教重言教。“怡兰”的员工，凝聚力是相当强的，这是因为在企业里有一个强大的文化支撑点。

经过20多年的发展，我们从原来最早成立的西安“怡兰”车队，已经发展到有制造、汽车销售、塑钢门窗、经贸、房地产、餐饮等多元经营，加上我们最近启动的畜牧产业基地，一共七个直属公司。企业文化给我们带来了稳定的发展基础，同时我们又把乐善好施、吃亏是福和民族信仰文化里“充足的斗”和“公平的秤”向员工灌输，不断地传授。这是因为员工到企业以后，存在着再教育的问题。我们给员工定了几条理念。一是做人做事、致富发展的理念：真诚勤奋，开拓进取，做事情要认真，交朋友要诚实，做买卖靠勤奋去挣钱，发展要靠开拓进取。二是对待工作理念：持之以恒，坚忍不拔。三是对待客观的理念：我们不需要与天斗与地斗，我们要和谐的社会、和谐的人文氛围，所以我们把改造客观改变为培育客观、成就未来。四是鼓励员工成功的理念：主观思想不滑坡，办法总比困难多。所以，可以把最低层的、文化素质相当低的人，通过鼓励、通过培养，使他们走向成功。好孩子是夸出来的，好的经理人是培育出来的，所以我们反对空降兵，我们的7个经理人都是我们自己培养出来的。所以对于一个企业的老总来说，我给自己留了这么两句话，也是求变革和发展的理念：没有思路便没有出路，向思路要出路。所以在中国国有经济变革、民营经济大发展的今天，我们大家一起向思路要出路，求得共同的发展。

（作者系陕西怡兰企业集团董事长）

创新企业文化　提升企业核心竞争力

庞宝印

河北津西钢铁股份有限公司（以下简称津西）始建于1986年。经过20年的发展，已由一个年产14万吨生铁的县办小铁厂成长为现有员工7000人、总资产64亿元，集采矿、精选、烧结、炼铁、炼钢、轧钢为一体，年产钢、铁、材各400万吨，年销售收入达100亿元的大型钢铁联合企业和海外上市公司。2004年荣获中国“最具成长性企业”称号，2005年在全国企业500强中名列第277位。

进入2004年，随着公司股权结构的变化、现代企业制度的确立以及企业发展战略的调整，如何进行企业文化创新，提升企业核心竞争力，已经成为关系到津西持续、健康发展的重大课题。公司高层领导对此十分重视。

津西企业文化创新从2004年起步，三年迈了三大步：第一步，2004年是企业文化创新起步年，制定实施了《津西企业文化建设纲要》；第二步，2005年是企业文化系统建设年，邀请中国企业文化研究会对企业文化进行全面系统地整合、策划和有效推进，形成了具有自身特色的企业文化体系；第三步，2006年是企业文化实施推广年。主要作法和效果是：

发挥企业家的文化自觉，提升企业的领导力、执行力

公司领导层自觉、主动地开展企业文化创新，是津西企业文化的策划者、组织者和推动者。公司成立由高层领导挂帅的企业文化建设委员会。在中国企业文化研究会咨询专家的帮助下，通过对中高层干部和部分员工的深度访谈、问卷调查等形式，经过反复征求意见和研究，在原有企业文化的基础上，进行优化整合，总结提炼形成具有一定特色的企业文化体系。这样，津西企业文化经历了从不自觉到自觉、从原生态到现代先进文化的全面创新的重塑过程，企业文化建设日渐成熟。2004年韩敬远董事长被中国企业联合会和中国企业家协会评为中国“最受关注企业家”，2005年荣获中国企业文化研究会授予的“全国文化管理企业家奖”。

企业文化的自觉，不仅提升了企业文化的创新力，也进一步提升了公司高中层领导对生产经营管理的领导力和执行力。去年以来，公司为建设世界一流的百万吨H型钢生产基地，上马开展了一系列重大技改工程。在时间紧、任务重、技术规范严的情况下，各个生产单位、机关处室协调联动，密切配合，一体同心，奋力拼搏，抢工期、争进度，在一年多的时间里，先后完成总投资近30亿元的2号15000立米制氧机组、530m^3高炉、265m^2带式烧结机、两个50T转炉和具有世界先进装备水平的百万吨H型钢生产线等重大技改和新建项目，并相继建成投产。H型钢5月份投产的消息，经中央电视台《新闻联播》报道后，在国内外引起巨大反响。

推动企业文化综合创新，提升员工凝聚力

一是内容创新，企业文化更加深刻、丰富、系统。津西企业文化总体框架，是由理念文化、行为文化、视听文化三部分组成的完整的企业文化体系。理念文化是企业文化的核心部分，包括企业愿景、企业使命、核心价值观、企业精神、企业道德和企业作风六项。行为文化是理念文化的动态展示，包括员工共同行为规范、管理人员行为规范和经营管理信条。视听文化是理念文化的静态表达和外在展示，包括企业标志、旗帜、歌曲等。

二是形式创新，使企业文化表现方式更直接、更鲜活、更完备。为充分展示企业文化创新成果，便于广大员工学习、掌握和各单位贯彻执行，印制了《企业文化手册》和《企业形象视觉识别系统手册》，发到每个机关处室、生产单位和每个员工手中。2005年创办《津西人》报，组织了“凝心

力"、"熔炼团队"两次大型企业文化研讨营活动，对近百名中层以上干部专题培训。围绕重大节日及公司重大活动，每年都组织文艺汇演、知识竞赛等多种丰富多彩的文体活动。这些活动的开展，使企业文化日益深入人心。

三是制度创新，确保企业文化整体、持久推进，并落到实处。公司在今年初出台了《企业文化建设管理办法》、《企业形象视觉识别系统管理与使用规定》。这两个文件对企业文化管理机构设置、职能、管理原则、程序以及企业形象视觉识别系统的使用范围、规范都做了详尽规定，对提升企业文化管理水平发挥了制度性的约束作用。

通过一系列的文化创新工作，公司"以人为本"的理念更加强化，企业凝聚力进一步增强。在劳动用工、工资分配、劳动时间、养老、医疗卫生，安全卫生保障等方面都有较大调整和进步，并以法律文本形式做出约定。员工人均收入明显提高。许多员工关注的就餐、饮水、住宿、行路、存车等关系大家切身利益的热点、难点问题均得到较好解决。企业凝聚力大大增强，劳动关系日益和谐。2006 年，被评为"唐山市 AA 级劳动关系和谐企业"。

提倡学习型企业和员工，提升企业学习力

津西在创新企业文化中十分注意营造学习型氛围，每年开展中高层管理人员的定期培训和整训、员工岗位职业技能学习竞赛，学习优秀企业的技术和管理创新经验，开展"对标"活动。2005 年被评为全国企业培训工作先进单位。

强化企业使命和道德责任，提升企业形象力

津西牢记"为社会创造财富，为股东创造回报，为客户创造价值，为员工创造前途"的企业使命，认真、主动履行自己承担的社会责任。近年来，津西不仅安置大批农村剩余劳动力就业，每年为国家缴纳六、七亿元的税金，还积极回报社会。2004 年以来，津西捐款或设立专项基金 1200 多万元，大力兴办教育、社会福利等社会公益事业。投入数亿元资金完善污水处理、除尘系统，全力推进循环经济，绿化、美化厂区环境。

公司以诚取信、诚信经营，产品产销率和货款回收率连续十年实现两个百分之百。去年以来，津西相继被评为"中国行业企业信用・信誉 AAA 级单位"、"全国名优产品售后服务先进单位"、"中国行业十大影响力品牌"等，企业形象和社会美誉度大为提升。

津西秉承"凝聚钢铁意志，打造百年津西"，"诚信、创新、团结、高效"等价值理念，大力弘扬正气，惩恶扬善。公司每年都大张旗鼓地表彰、奖励一大批做出突出贡献的劳动模范、优秀中层干部、优秀员工、十杰青年、技术能手等，营造浓厚的比学赶超、争先创优的氛围。对助人为乐、扶危救难的典型人物进行旗帜鲜明地表彰。知荣明辱、扬荣抑耻，在公司广大干部员工中已蔚然成风。

（作者系河北津西钢铁股份有限公司党委书记）

构建与创新电网企业服务文化

湖北省电力公司

在现代社会中，电网企业与国家经济发展和人民生活水平的提高息息相关，备受社会各界的广泛关注。面对社会的需要、市场的挑战、人民群众对供电服务要求的提高，服务文化建设的重要性和迫切性日渐凸显。湖北省电力公司在实践中充分认识到：服务是电网企业的本质属性；电网企业服务文化，是"人民电业为人民"服务宗旨在新的历史条件下的发扬光大；电网企业服务文化为社会和谐增添文明之光；服务文化为提高电网企业核心竞争力提供精神动力；服务文化推动电网企业的变革和发展；着力推进服务文化建设，是现代电网企业的时代选择。

"以客户为中心"是电网企业服务文化的核心价值观

电网企业所面对的时代和市场化变革的大趋势，决定了其服务文化的核心价值观是"以客户为中心"。结合湖北省电力公司及其所属供电企业的实践，我们认为"以客户为中心"的电网企业服务文化核心价值观，其应有之意涵括以下内容：

建立实现客户利益的价值导向，由"客户听我的"向"我听客户的"转变。面对电力体制改革和市场的挑战，电网企业思考问题的中心、经营理念和经营战略等，都必须从过去的以企业自身为基点，转向以客户为基点的价值体系，由"以我为主，客户听我的"，转变为"以客户为主，我听客户的"，根据客户利益的需要，从事电网生产、经营。

满足不同客户的个性需求，为社会提供最广泛的服务。现代社会是多元的，市场经济中的电力需求也是多元的，满足不同客户、不同层次的个性需要是电网企业在服务理念上必须明确的观念，在服务方式上必须规范的行为。以为社会提供最广泛的服务为目标，研究供电服务中的薄弱环节和服务盲点，是电网企业服务文化建设的重要内容。

真诚为客户服务，构建同脉互动的多赢机制。"服务就是效益，服务就是生产力"的说法是建立在真诚为客户着想、真正为客户办实事、真正赢得客户满意基础上的，其着力点仍然是满足客户的利益诉求，得到客户的信任，在客户享受到优质服务的同时，企业也获得良好回报。

建立"大服务"理念，使"以客户为中心"的核心价值观体现在每个员工的岗位上。电网企业的优质服务是以企业全员、全方位的服务理念、服务文化认知、服务行为等为支撑的，不单单是某一岗位员工的事情。从这个意义上讲，供电"服务"就是个"大服务"的概念。

服务品牌——电网企业服务文化的彰显

"电能无商标，服务创品牌"，电网企业要以优质服务在

客户心中注册永久的“供电服务品牌”,已成为很多电网企业的共识和自觉行动。在我们开展的优质服务实践中,对于服务文化建设中的服务品牌创建建立起如下认知:

供电服务品牌与文化建设具有不可分割的关系。服务品牌的形成过程是具有电网企业特色文化的传播、辐射、渗透地过程;服务品牌的背后是文化的内涵积累,服务品牌的周围是文化电波的辐射,供电服务品牌有着地域文化、行业特点、企业理念的深刻印记。具有厚重荆楚文化传统的荆州供电公司是这样定义他们的“阳光电力”服务品牌的:给民生送去温暖、为国民经济提供动力;提供阳光般透明的公开、公平、公正的电力商品,让客户享受物质文明;提供阳光般温暖的优质服务,让客户体验精神文明。面向广大农村用电客户的京山县供电公司,则是从发扬光大“人民电业为人民”的优良传统中创出了享誉全省的优质服务品牌“红马甲”。它以醒目的“红马甲”标识,为广大电力客户提供呼之即来、招之即到的快捷方便的服务。“红马甲”服务品牌已在国家工商行政管理局登记注册。湖北省电力公司通过不断拓展“红马甲”服务领域,深化“红马甲”服务内容,丰富“红马甲”服务形式,完善“红马甲”服务手段,正在使“红马甲”服务品牌不断做大做强做响。

供电服务品牌是全方位、全程式的具有良好沟通关系的客户服务。服务品牌的最终确认者是客户,而真正得到客户对服务品牌的认同,并达到口碑相传的效果,要靠品牌自身所具有的优良服务品质。以“红马甲”服务品牌为例,它从八个方面对客户服务作出全面要求。一是服务标识一体化。各类服务人员、服务场所、抢修车辆的外在标识统一规范,体现行业特色,便于客户识别。二是服务态度礼仪化。实行温馨微笑服务和文明规范用语,对客户做到“五个一”(一张笑脸、一个座位、一杯热茶、一句暖心话、一到就办)和“五声”(来有迎声,问有答声,协助有谢声,服务不到有歉声,走有送声)。三是服务程序标准化。从客户业务咨询、报装申请,受理答复、现场勘测、方案设计、费用收取,到工程施工、验收送电的每个环节,做到程序化、规范化,便捷化。四是服务手段现代化。广泛推广电银联网收费、用电咨询系统、带电作业等科技服务,不断推进用电服务的现代化进程。五是服务管理军事化。成立应急服务小分队,随时随地调遣,昼夜服务;统一绘制《电力客户网络图》,详细标注全市每一位客户的具体位置和联系电话,确保抢修速度。六是服务方式便捷化。开设用电“阳光通道”,集中办公,减少办事环节,实行“一条龙”服务模式,推行首问负责制。为偏远山区农户统一制作“优质服务联系箱”,挂在农户门前和村头,并印发“客户报修联系卡”,及时为农户上门服务。七是服务客户人性化。推行亲情收费、“点将式”服务和客户代表制、用电托管制,上门为客户办理用电业务。八是服务弱者亲情化。对困难客户和孤、寡、残、聋、哑等社会弱势群体,加强关爱,调查摸底,建立台账和上门服务制度,及时解决用电困难。

供电服务品牌的背后不能没有规范化管理。服务客户的规范性操作是供电服务品牌的基本要求,也只有在规范的服务中才能真正提高服务品牌的优良品质。荆州“阳光电力”服务品牌在创建之初就注重进行规范化管理。对“阳光电力”的管理标准、服务质量标准、人员工作职责规范、服务相关管理制度、服务工作流程、工作网络图、考核细则等,都作出了详细的制度规定,从而使“阳光电力”服务品牌得以规范化管理。荆门“红马甲”的服务也是从各方面对服务品牌进行了规范化要求,从而使这一品牌服务不论推广到哪里,其服务质量都能得到严格的、规范化的保障。

创新服务——电网企业服务文化存在和发展的基础

服务文化建设是一项涉及到观念整合、机制创新、流程再造的战略工程,是关于企业生存发展、涉及方方面面的系统工程,是一场企业文化再造的服务革命。

创新机制,构筑优质服务支撑体系。坚持优质服务常态运行机制,建立新型、协调、高效的组织结构;坚持激励与约束并举的科学用人机制,打造一支优质服务的人才队伍;坚持优质服务职责管理机制,建立完善的责任分工和考核奖惩管理措施。湖北省电力公司所属孝感供电公司在创新供电服务机制上,提出了“服务金三角”的概念。该公司认为,“供电服务战略、供电服务系统、供电员工队伍”三大服务要素构成供电企业和客户紧密融合的服务金三角关系,三大要素以客户为中心相互联系、相互影响,进行连续有效的、创造性的服务流程联动。一是精心设计策划供电服务战略。这样的服务战略所反映的服务理念,是真正做到客户优先、质量优先,要求从传统的简单的服务方式转变为现代化的服务方式。二是通过供电服务信息系统,及时获悉客户需求信息和对供电服务质量的反映。三是整合构建体贴客户的服务系统,使具有人文关怀的供电优质服务成为一种常态运行机制。四是培养造就高品位服务素质的电网企业员工。供电员工的服务应以供电服务文化的传递为最高境界。真诚规范、训练有素、动作有序、体贴客户、充满活力的供电员工,是为客户提供满意服务的主力军,其工作态度、工作技能是电网企业服务文化的体现。

流程创新,促进优质服务的科学化、规范化管理。

湖北省电力公司从供电服务实际出发,在运用科技手段创新服务流程上提出了建设四大系统、完善四大机构的具体措施。

建设四大系统:一是建设“95598”客户服务系统,构建客户与企业之间的呼叫平台;二是建设电力营销信息管理系统,构建客户与企业之间的信息平台;三是建设配电 GIS(地理信息系统)生产管理系统,构建生产与营销之间的数据平台;四是建设调度信息管理系统,构建发电与供电之间的交流平台。突出“95598”在服务中的中心地位,努力完成四大系统高度集成和信息共享,建成“系统之间相互服务,后台为前台服务”的高效服务网络,以此为基础建设湖北电力 CRM(客户关系管理)系统,形成“前台一张网,后台一条链”的服务体系。

完善四大机构：一是以“95598”客户服务系统为技术支持，完善客户呼叫机构。公司总部建成“95598”客户呼叫监管中心，指导各个供电公司“95598”客户呼叫服务工作，不断充实完善“95598”功能，将其建成需求受理的窗口、信息发布的平台、监督考核的前台；二是以电力营销信息管理系统为支持，完善客户服务机构。集中管理、分散服务，分层次提供用电报装、用电变更、电费收缴、查询咨询、DSM展示等全方位服务；探索“虚拟营业”方式，研发“网上营业所”系统。加强营业窗口的规范化建设，努力建设更高层次的示范窗口；三是以GIS生产管理系统为技术支持，逐步完善城区配网调度机构。建立与地理信息图形系统相结合的客户信息数据库，实现按图索骥，迅速查找，不断提高快速应急反应能力。四是以用电管理信息系统为技术支持，完善故障抢修机构，规范服务，承诺时限，实现各个层面的故障抢修快速联动。

建立客户满意度评价机制，形成科学完备的服务质量反馈、修正体系。电网企业优质服务的不断完善和发展，必须真实地了解客户的满意度，并从中得到修正服务工作的各种信息，而这种了解不能仅仅是经验性的和模糊定性的。因此，建立客户满意度评价机制是服务创新中不可忽视的一项重要工作。要在立足于电网企业服务特点的基础上，借鉴其他行业和国际先进理论和方法，对客户需求、供电质量、客户服务、规范与标准、客户关系管理等核心内容，进行定性调查和定量分析。以科学的调查所得的真实数据为依据，以量化的形式作出对满意度的综合评价。由此，对电网企业服务的公众满意度进行综合测定和分析，揭示客户满意和不满意的深层原因，以及电网服务的优势和劣势，从而为电网企业实施优质服务和客户满意战略，树立良好的电网企业品牌形象提供依据。

努力创建具有武钢特色的企业文化建设体系

武汉钢铁集团公司党委

武钢经过近50年的建设发展，现已初步成为以钢铁、工程技术、国际贸易为主、多种产业共同发展的大型企业集团。到2005年底，武钢累计产钢1.63亿吨，累计实现利税744亿元，其中上缴国家525.18亿元，是国家对武钢投资64.2亿元的8.18倍，武钢为中国国民经济和现代化建设作出了重要贡献。面对竞争日益激烈的国际市场，如何最大限度的发挥企业集团的整体效能？如何继续在市场竞争中永立潮头？优秀的企业文化无疑是提高企业管理水平，提升企业核心竞争力的有力举措。

作为大型企业集团的武钢，要建设优秀的企业文化，必须创建有效的企业文化建设体系。近几年来，武钢企业文化建设紧扣时代脉搏、结合武钢实际、兼容中外优秀企业文化，努力创建具有武钢特色的企业文化建设体系，不断培育优秀企业文化，取得了显著成效。

建立企业文化建设领导机制

企业文化建设是一项事关企业发展全局的系统性工程。企业领导尤其是党政一把手重视的程度，是创建特色企业文化的决定因素。武钢成立了由公司总经理和党委书记任主任，公司各职能部门任成员的企业文化建设推进委员会，形成了公司党政领导挂帅、宣传部牵头、部门协作、齐抓共管的企业文化建设领导体制。工作思路上确立了以建设“自主创新的武钢、质量卓越的武钢、和谐发展的武钢”为主要内容的企业文化建设框架。委员会的各成员单位按照自己的管理职能，相应的具体负责科技文化建设、质量文化建设、品牌文化建设、制度文化建设、执行文化建设、思想道德文化建设、节约文化建设、安全环保文化建设和廉洁文化建设。

武钢现有80多个二、三级单位，建立有效的企业文化建设网络，才能有效的推进企业文化建设。我们适时的建立了二、三级基层单位宣传系统的企业文化建设网络，各二、三级单位宣传部门为企业文化建设的牵头部门，安排专（兼）职人员负责企业文化建设工作，加强工作推进和信息交流。

建立企业文化建设推进机制

武钢在坚持“三个统一”的前提下，不断推进企业文化建设。“三个统一”即以共同的经营理念和价值观统一思想，以共同的企业标识统一塑造武钢形象，以共同的行为规范统一职工行动。

以共同的经营理念和价值观统一思想。为适应国内外钢铁行业发展变化及武钢改革发展战略目标，遵照企业文化建设要不断与时俱进的原则要求，我们开展了新一轮的企业文化理念表述语的征集，共征集了表述语11400多条。经过自上而下、自下而上的征求建议，召开座谈会反复筛选，内外专家多次凝练、润色，确定了武钢企业文化理念新表述语：“争新型工业先锋，铸钢铁强国脊梁，当现代文明创造者，做和谐社会实践者”的企业使命，“建钢铁精品基地，创国际知名品牌。跻身世界500强行列。成为自主创新能力和市场竞争力强大的国际一流企业”的战略愿景，“以科技为先导，走质量效益型发展道路”的经营理念，“务实创新，追求卓越”的企业精神，“以人为本，诚信为先。追求企业效益和社会效益的共同提高”的价值观，“严格、认真、忠诚、奉献”的武钢人形象等六大类的企业文化理念表述语。企业的经营理念和价值观是企业文化的思想和灵魂，只有让其在职工中广泛宣传，得到职工的认同，才能真正统一职工的思想。为此，我们在《武钢工人报》、《武钢政工》和其他刊物上开辟企业文化理念表述语专栏，开展征文活动，组织有关单位和人员撰写相关文章；在武钢电视台集中时间滚动播放。同时武钢二、三级单位纷纷在自办刊物上刊登并组织班组学习。储运公司的《储运通讯》、质检中心的《质检人》简报、北湖公司的《北湖潮汐》、钢电公司的《钢电之声》、汉阳钢丝绳厂的《武绳报》等等，都连续刊登武钢企业文化表述语，并以班组为单位，组织职工学习讨论。目前，我们正着手策划在武钢厂区参观线路树立宣传牌，进行企业文化理念表述语的宣传。通过近半年的宣传，武钢新的企业文化理念表述语为职工所熟悉和认可，“以科技为先导，走质量效益型发展道路”的经营理念和“务实创新，追求卓越”的企业精神，成为武钢各单位进行企业文化建设的核心，并逐步由此来统一广大职工的思想。

以共同的企业标识统一塑造武钢形象。塑造统一的企业形象是企业文化建设的重要内容之一，共同的企业标识是塑造统一企业形象的重要途径。为了统一武钢标识，我们在《武钢标识识别指导手册》的基础上，制定《武钢标识识别执行手册》，从企业标识、名片、办公用品、广告等进行统一规范，并要求坚决按照《手册》中的标准制作，全公司的徽标、厂歌、厂旗必须完全统一，最终实现以共同的企业标识统一塑造武钢形象。同时要求下属的子公司、分公司及其他直属单位必须停止设计、制作自己的标识系统，并全部按照公司的统一要求，进行标识系统的建设。在对外的形象展示中，我们同样坚持统一、规范的要求。国际性的展览展示一直是武钢形象展示的重要途径。自从1992年开始，我们共参加56场国际性的展览展示活动，每一次的展区设计力求新颖、大气、独具一格，但展区所使用的武钢标识都是按照武钢标识系统建设的要求制作的，例如WG(叠加)的武钢标识，我们用在任何一个场合，大小按照比例来制作，颜色必须是武钢的标准红(大红)。通过这一系列措施，我们努力进行统一武钢标识系统的建设，最终达到塑造统一的武钢形象的目的。

以共同的行为规范统一职工行动。职工行为养成教育是武钢企业文化建设的重中之重，企业职工不仅要有自己的个性和空间，而且又要归属一定的集体，从而决定了广大职工不能实行完全的自我管理。这就要求企业建立并有效的运行科学的规章制度，对职工行为进行合理约束。为了适应公司发展的新形势，我们修订了《武钢职业道德规范》，使职工在自觉自愿地遵守公司规章制度的同时，充分发挥积极性，充分发挥职工的首创精神。我们印制下发了《武钢职工“十要十不要”行为规范》宣传挂图，在各岗位张挂，宣传教育职工规范行为。要求武钢全体职工都按照社会主义荣辱观的总体要求，自觉遵守《武钢职工“九要九不”职业道德守则》和《武钢职工“十要十不要”行为规范》。企业的主体是企业职工，职工的言行最终决定着企业行为，只有企业职工养成了良好的、统一的行为规范和道德规范，才能塑造出良好的企业行为。由此也能是使企业职工视自己为企业的组成部分，从而产生强烈的归宿感和忠诚心。当然，职工行为的养成，必须经过一个长期的持续不断的养成教育过程。例如一炼钢厂抓住个别职工在刚刷漆的操作室门上留下污迹、用板凳在刷漆的走道上拖、将洗碗水往洁白的墙上泼等事例，就事造势，开展“从严管理”大讨论，通过简报和各种会议对职工进行教育，编发了“小事不小”、“修养与责任”、“克服惯性”等简报80多期；工程技术集团通过对职工岗位标准、工作规范、工作行为、工作作风、言谈举止、仪表与着装、接待礼仪等方面进行系统策划和统一规范，提升职工整体形象。

建立企业文化建设评价机制

企业文化建设离不开各级领导的重视和支持。而企业文化建设成效必须经过有效的评估，并作出相应的激励措施，才能激发各级领导及广大企业文化建设工作者的积极性。2005年武钢出台的处级以上领导干部绩效考评办法中，企业文化建设评估的指标描述被纳入《武钢领导干部绩效考核办法》，企业文化建设在领导人员绩效考核评价指标体系(可持续发展考核评价标准)中占有20%的比例，定期对企业文化建设的成效进行评价，从而建立严格的绩效考评机制。在2005年武钢开展的处级干部读书活动中，武钢企业文化作为重要内容之一，并纳入干部读书活动考试中。

一方面要建立激励机制，对于企业文化建设的优秀单位，给予相应的奖励。每年年底，依据各项工作标准，评选出企业文化建设组织奖、企业文化建设成果奖、企业文化建设个人创新奖，以表彰企业文化建设先进单位和个人，达到激励各单位不断加强企业文化建设的目的。

另一方面，企业职工作为企业文化建设的主体，必须调动、激发他们积极性和创造性，将企业文化的活力转变为职工的创造力。我们充分发挥武钢自办媒体的作用，对刘幼生、毛炯辉、马江生等劳模代表进行大力的宣传。在《武钢工人报》、武钢电视台、《武钢政工》、武钢网站等媒体上开辟“钢城先锋”专栏，将典型人物的典型代表进行宣传报道，营造一种学先进、赶先进、做先进的良好氛围。

建立企业文化建设人才培养机制

企业文化建设需要一支起带头作用的骨干队伍。企业管理干部和基层班组长作为生产经营中的骨干，他们是企业文化建设骨干的基础。他们要成为企业文化建设的带头人，自己首先要成为企业文化建设的明白人。所以，要对他们进行企业文化建设的培训，使他们掌握企业文化建设的有关知识，认识到企业文化建设的基本内涵及运作方式，了解企业文化建设的整体构想和思路，调动他们的主观能动性，从而积极带头参与企业文化建设，并且以自己的影响力、号召力带动企业文化建设。我们采取“请进来，走出去”的方式，通过专家讲座、办培训班、编制宣传资料等形式，加强武钢企业文化建设人才培养。我们每年组织3～4批企业文化建设骨干参加全国性的企业文化建设培训，共组织了22批，培训人数达220余人。企业文化还作为新进大学生培训的内容，让他们从一进武钢，就加强对武钢企业文化的了解，从而在今后的工作学习中，自觉规范行为，融入武钢的企业文化中。

我们在加强企业文化建设人才培养的同时，还建立了由武钢党校、管院的教授组成的一支企业文化建设专家队伍。

他们充分发挥学术优势,结合武钢实际,进行企业文化建设的理论研究,为武钢进行企业文化建设提供理论依据和指导。

继承和弘扬优秀文化是同仁堂的长寿之基

中国北京同仁堂(集团)有限责任公司

北京同仁堂是我国中药行业闻名遐迩的老字号,300余年的悠久历史,供奉御药历经八代皇帝的经历,造就了同仁堂独特而又深厚的文化底蕴。如今的同仁堂已发展成为跨国、跨所有制,多种经济成分共存的大型企业集团。其产品以传统、严谨的制药工艺,显著的疗效享誉海内外。同仁堂更是以“同修仁德,济世养生”的经营宗旨,体现出爱国爱人之心,仁药仁术之本,以及以义取利、以诚守信的经营之道。从最初的同仁堂药室、同仁堂药店到现在的中国北京同仁堂(集团)有限责任公司,经历了清王朝由盛到衰、几次外敌入侵、军阀混战到新民主主义革命的历史沧桑,几度沉浮,但“同仁堂”的金字招牌三百年不倒,至今仍蓬勃发展,其长寿秘诀值得深思。回顾同仁堂的发展历史,我们感到,同仁堂之所以长盛不衰,并不断发展壮大,其原因固然很多,但很重要的一条就是:同仁堂能继承传统文化的精髓,并随着时代的发展,不断融入新的内涵。这种优秀的企业文化始终伴随着同仁堂人,使同仁堂在市场竞争中立于不败之地。

历史悠久,传统文化寓意深远

同仁堂创建于1669年,其创业者尊崇“可以养生,可以济世者,惟医药为最”,把行医卖药作为一种济世养生、效力于社会的高尚事业来做。创始人乐显扬之子乐凤鸣在其著书《乐氏世代祖传丸散膏丹下料配方》的序言中明确提出“炮制虽繁,必不敢省人工;品味虽贵,必不敢减物力”,成为同仁堂人恪守的信条。历代继业者,始终遵循这一古训,以“养生”、“济世”为己任,倡导诚实敬业的高尚品德,对求医购药的八方来客,无论是达官显贵,还是平民百姓,一律以诚相待,童叟无欺,一视同仁。早在清朝年间,同仁堂就在店内为顾客提供服药开水;在朝廷会考期间,免费赠送“平安药”;冬办粥厂夏施暑药;办“消防水会”等一系列善举无不体现了同仁堂人济世养生的博大襟怀;在选料及制药过程中,同仁堂坚信“修合无人见,存心有天知”,形成了“配方独特、选料上乘、工艺精湛、疗效显著”四大制药特色。可以说,正是“济世养生”高尚的职业道德与“重诚信、讲质量”的经营理念构筑了同仁堂传统文化之精髓。

抚今追昔,品牌文化与时俱进

斗转星移,随着时代的变迁,同仁堂的经营模式、经营规模都发生了巨大的变化,同仁堂的文化也不断融入了新的内容,特别是经过上世纪90年代的文化整合,逐渐形成了以“德、诚、信”为核心的职业道德;以古训、堂训为基本内涵的经营理念;以创新发展为基础的时代精神,形成了具有品牌个性的文化体系。实践使同仁堂人越来越充分地认识到,企业文化与品牌是构成企业核心竞争能力的重要因素。同仁堂人坚持把企业文化纳入到企业的各项建设之中,推动了企业快速、健康发展。目前,同仁堂已经发展成为拥有境内、境外两家上市公司,海内外347家分店,总资产60多亿元,集产供销、科工贸为一体的大型企业集团。我们看到,正是和谐、优秀的企业文化为同仁堂带来了勃勃生机,显示了同仁堂金字招牌的恒久价值和魅力。概括地说,同仁堂文化大致包含六方面内容:即经营观、质量观、形象观、人才观、人和激励观和创新发展观。

重义取信——同仁堂的经营观

在同仁堂几百年的发展过程中,创业者所倡导、恪守的诚实敬业的品德,一直深深影响着同仁堂历代经营者,并升华为同仁堂职业道德的精髓而代代相传。在社会主义市场经济的新形势下,我们始终认为诚实守信是企业最基本的职业道德,最根本的经营准则,也是同仁堂载誉336年的秘诀之所在。

企业作为商品生产者和经营者,无疑要把取得最大利润作为自己的奋斗目标。但如何取得最大利润,同仁堂有自己独特的义利观。在创业之初,乐显扬就给同仁堂定下了“济世养生”的创业宗旨,并把中医中药作为一种效力于社会的高尚事业来做,在为患者治病服务的过程中取得应有的利益。

在社会主义市场经济条件下,同仁堂更是继承了这一优良传统,并使之不断发扬光大。同仁堂人坚信重义才能取信,取信才能盈利,即所谓“以义为上,义利共生”。如今同仁堂仍然坚持本小利微,甚至赔钱的代客加工,代客邮寄,代客煎药,为患者送药等便民举措,“非典”时期更是以损失企业的经济利益赢得了良好的口碑和社会效益。可以说,同仁堂的历史就是诚实守信、谋求信义的历史,同仁堂的金字招牌就是“诚实”与“信义”的凝结;同仁堂的未来发展也必将发扬重信厚义的优良传统。

以质取胜——同仁堂的质量观

从古至今,历代同仁堂人恪守诚实敬业的药德,提出“修合无人见,存心有天知”的信条,制药过程严格依照配方,选用地道药材,生产出了众多疗效显著的中成药。今天的同仁堂更是将药品质量视为企业的生命:开辟了七大药材种植基地,确保了产品原料的来源优化;引进了国外一流的生产线,建立了符合GMP标准的净化车间,目前,已有27条生产线通过了国家GMP认证,9条生产线通过澳大利亚GMP认证;制药工艺严格遵循“兢兢小心,汲汲济世”的道德规范;坚持对员工进行职业道德教育;制定完善的质量管理制度;建立三级质量管理网,实施“质量一票否决权”制;工装、工艺、专业设备及产品质量检测的现代化水平不断提高,从而构筑了现代同仁堂严密、高效的质量监控体系。

1989年,国家工商局将全国第一个"中国驰名商标"称号授予了同仁堂,使同仁堂成为迄今为止全国中医药行业惟一获此殊荣的企业。同仁堂以"十大王牌"及"十大名药"为代表的优质产品赢得了国内外人士的广泛赞誉和青睐。

特色鲜明——同仁堂的形象观

同仁堂历代传人都十分重视宣传自己,树立同仁堂形象。如今的同仁堂不仅继承了原有的优良传统,而且为她赋予了符合时代特征的新内容。同仁堂以"内增素质,外塑形象"为准则,通过导入CIS企业形象设计,并将其贯穿于企业的理念识别、行为识别和视觉识别的各个方面,编制了《同仁堂理念识别手册》、《同仁堂营销文化管理手册》等系列手册,把德、诚、信的经营宗旨和竞争机制有机地结合起来;把讲质量、讲信誉的优良传统和现代技术、高效管理有机地结合起来;把优良传统对个人的道德要求升华为企业道德、职业道德,成为集体的行为规范,从而实现了老品牌传统文化同新同仁堂管理理念的融合,为同仁堂在新世纪塑造了具有时代活力的崭新形象。几年来,通过在系统内推广理念行为规范,取得了良好效果。

在对外宣传方面,近几年我们注重挖掘同仁堂深厚的文化传统,通过京剧《风雨同仁堂》,电视连续剧《同仁堂的传说》、《大清药王》等在社会上的广泛传播,弘扬了同仁堂人高尚的道德观和经营之道,《风雨同仁堂》在全国演出一百四十多场,获中宣部"五个一"工程奖、文华大奖、第二届京剧节金奖等,受到社会各界普遍赞誉。

任贤为用——同仁堂的人才观

三百余年来,同仁堂从创业之初的小作坊发展成为现代化企业集团,与其注重发挥人才的作用密不可分。历代同仁堂涌现过许多既精通医药理论,又善于经营管理的专家型人才。如今的同仁堂,改革了陈旧的用人机制,确立了全员人才观,提倡树立只要在本职岗位上充分发挥聪明才智就是同仁堂人才的观念,为各方面人才提供公平竞争、脱颖而出的舞台和机会,特别是近几年,同仁堂成立了发展委员会;设立了博士后工作站;挖掘现有人才,选树了同仁堂专家、中青年优秀人才、优秀店堂经理、首席职工,并给予相应待遇,初步形成了"金字塔"型的人才结构,为同仁堂发展战略的实施打下了良好的人才基础。

团结奋进——同仁堂的人和激励观

从古至今,同仁堂都保持着一个非常突出的特色,这就是讲礼仪与重人和。古老的同仁堂"人和"与"亲善"色彩浓重,创造了一种亲善仁爱、团结和睦的企业氛围。

现在的同仁堂,继承了"人和"的老传统,并融入了社会主义时代的新内容。特别是在市场经济条件下,企业面临激烈的市场竞争,我们把"人和"的老传统,用树立团队精神来体现,因为同仁堂已经不是过去的前店后厂模式,而是拥有6000多名员工的集产供销、科工贸为一体的大型企业集团,这样的企业如果不能树立团队精神,对内不能形成凝聚力,对外不能形成拳头,就很难在市场中站稳脚跟。为此,我们在深入研讨的基础上,提出了"四个善待"的新观念,即善待社会、善待职工、善待投资者、善待合作伙伴。同时明确了同仁堂人的四条标准,即:用同仁堂文化吸引人;用同仁堂干劲鼓舞人;用同仁堂的标准要求人;用优良的业绩回报人。并以此为原则,加强培训,使职工增强了群体意识,树立了大局观念,营造了企业良好的经营氛围,形成了特色突出的文化环境。

继承创新——同仁堂的发展观

同仁堂由过去前店后厂的作坊店,发展到今天产供销一体、科工贸结合的大型企业集团,始终贯穿着继承和创新。1992年,我们组建了中国北京同仁堂集团公司,实现了规模经营;1997年和2000年,我们加大改革力度,剥离绩优资产,先后成立了北京同仁堂股份有限公司及北京同仁堂科技发展股份有限公司,实现了老字号向现代企业制度的迈进,并为同仁堂中药走向国际医药主流市场奠定了坚实基础。此外,涉足生物制药领域、加快营销网络建设、建立规范的连锁经营、走中医药结合之路建设同仁堂中医院等一系列创新的举措,都是加快同仁堂发展的助推剂。设立境外生产基地——同仁堂(香港)国药有限公司,则为形成同仁堂海外生产、研发和营销的国际化打下了良好基础;与此同时,健康药业、药材公司等八大公司的陆续建立,标志着"1032"工程已取得实质性进展。

同仁堂依靠浓厚的文化积淀和不断发展的深刻文化内涵,从历史走入今天,取得了世人瞩目的骄人业绩。"九五"以来,同仁堂以年均20%以上的速度增长,资产总额目前已达到63亿元,是1996年的3.44倍;2004年销售收入50亿元,是1996年的3.27倍;实现利税6.5亿元,是1996年的17.11倍;2001年,在北京市37户国有授权经营企业中,同仁堂集团的财务指标综合效绩评价名列第一位。

2002年、2003年,同仁堂股份有限公司在"中国最具发展潜力上市公司50强"评选活动中,以优异的业绩蝉联50强之首;同仁堂集团2002年、2003年连续被评为"中国最受尊敬企业",同仁堂集团被国家名牌战略推进委员会推荐为全国16个"最具冲击世界名牌企业"之一。2004年,被国务院国资委和中宣部定为国有企业十个重大改革典型之一在全国进行了宣传。

荣誉带给同仁堂人更大的信心和决心,在现有的基础上,我们已对未来同仁堂文化的愿景进行了规划和展望。

继往开来,继承创新成就明日辉煌

企业文化体系建设的关键环节是企业核心价值观的构筑。同仁堂人将在继承传统价值观的基础上创新同仁堂的企业文化,在坚持"质量"和"诚信"的市场经济基本道德规范和"同修仁德,济世养生"的同仁堂经营理念的基础上,进一步将企业的客户价值、员工价值、社会价值,融入到企业文化中，展望同仁堂企业文化的未来愿景，应该是：讲诚信，重质量，高绩效，服务社会，不断创新。

战略型的领导文化：企业的核心领导层对于企业发展的重要性是毋庸置疑的。企业家的类型多种多样，营造的领导文化也不尽相同。未来同仁堂的领导文化应该是一种战略型的领导文化，也就是说同仁堂的最高领导层要具备战略眼光，他们的职责主要是从企业发展的战略高度，认清发展趋势，辨明企业的优势和弱点，分析资源状况，从而确立企业发展的战略方向。要达到这样的战略高度要求，除了要求领导层有丰富的阅历，敏捷的判断力和理解能力外，还特别需要战略思维能力、分析思维能力和决策能力。

学习型的员工文化：学习型的文化侧重于整个企业的氛围营造。员工针对各自的工作岗位而不断学习成为一种自觉；在个人学习的基础上形成团队学习，在学习的组织中进行有效的交流和相互学习；在团队学习的基础上，形成整个队伍学习的机制。这种学习和交流的内容不仅是工作知识和工作技能的学习和交流，更重要的是创造出一种氛围，使整个企业表现出积极向上，愿意开放，乐于接受并善于接受新事物和新思想的姿态。

现代型的人力资源文化：这里的人力资源文化侧重于用人思想和用人机制。同仁堂人力资源文化应该体现这样一种思想：个人价值实现和企业目标充分结合，每个人都是企业的有效一份子，每个人都能找到自己合适的位置，并有一定的发展空间。同仁堂用人应该形成“贤者上、能者中、工者下、智者侧”的机制。这里的上、中、下只是分工不同，没有贵贱之分。所谓贤者是指具有战略眼光，能够统领全局的帅才，能者是指有管理才能的将才，工者是指掌握一定技能的实践者，而智者则是为企业出谋划策的人。

沟通型的管理文化：在同仁堂快速发展的新时期，形成什么样的管理文化对于同仁堂实现战略目标十分关键。同仁堂的管理文化应该是一种高效率、重人文、多交流的沟通型文化；在企业内部、同事之间、上下级之间、各部门之间有着畅通的意见交流渠道；无论是来自各个层面的建设性提议还是管理活动中产生的分歧，都能得到充分的重视，通过反复协商和讨论最终达成一致。

薪酬文化：同仁堂的薪酬文化应该体现“效率优先，公正透明”原则；每个人的报酬与个人对企业的贡献直接挂钩，用定性和定量的方法将之分解细化为具体的指标，建立成熟的考评体系和制度，并据以对每个人的绩效进行科学、合理的评定，最后根据每个人的绩效来确定报酬，这样可以充分体现效率优先的思想；同时，公正透明的原则应该是一种机会均等，而不是结果均等，强调每个人均有同等的机会和位置展示自己的能力，并获得相应的报酬。

营销文化：同仁堂的营销文化是以客户和消费者为导向，不仅要满足客户和消费者的需求，而且更要主动创造市场需求，追求企业、客户以及消费者多方共赢。同仁堂营销人员应该树立以市场为中心的思想，营销队伍考核应该以客户满意度为重要指标，营销体系应该具有快速反应能力，不仅能够发现并满足市场需求，更要能够预测、创造新的市场需求。

国际型文化：本着先易后难，稳中求进的海外战略思想，同仁堂海外文化应该是将传统的优秀中医药文化与世界医药有效结合的国际型文化；突出中医药文化的特色，配合国家中药国际化战略，充分考虑目标市场所在国的文化差异性，针对海外华裔和非华裔人群对中医药文化理解的难易区别，用不同的方式，从不同的角度，在不同的国家形成一种中医药文化、所在国文化以及国际医药通用文化相结合的多样性的具有同仁堂特色的海外文化。

总之，在同仁堂未来的发展建设过程中，我们将继续传承同仁堂文化建设之主旨：讲求经营之道，培育企业精神，塑造企业形象，围绕构建和谐社会，创建和谐企业的中心内容，进一步汲取先进的经验，完善和创新同仁堂文化，全力打造企业核心竞争力，为实现让同仁堂成为世界知名品牌的战略目标做出我们的努力。

挖掘百年通信历史
探索文化特色经营

中国网通（集团）有限公司北京市分公司

中国网通（集团）有限公司北京市分公司（简称中国网通北京市分公司），隶属于中国网络通信集团公司，经营除移动、寻呼通信业务以外的所有电信和信息业务，是北京地区实力雄厚，品牌信誉一流的大型基础电信运营企业，担负国家重点通信任务和社会普遍服务的责任。目前企业现有在职员工9127人，固定资产近300亿元。在长期发展中，不断积累经验，形成了面向客户的市场体系和服务文化。

2005年7月22日，中国网通与故宫博物院在故宫联合举行了“皇家电话局”揭牌仪式；2006年7月22日，始建于1908年的皇家电话专线在颐和园水木自亲殿重张，并同时举行“皇家电话专线展”。

企业文化永远不是孤立的文化，“皇家电话局”的策划始终贯穿着“社会责任感”、“构建和谐社会的职责和义务”和“以人为本的精神”，体现着对中国传统文化的尊重，体现着对消费群体的人文关怀。

皇家电话局：文化与市场相融合

“皇家电话局”的创意源于激烈的市场竞争

长期以来，我国的电信事业一直由政府直接经营。20世纪90年代以后，我国先后对电信行业进行了数次大规模的重组，最终形成了中国电信、中国移动、中国网通、中国联通、中国铁通、中国卫通6家基础电信企业的竞争格局。其中，中国网通是由原中国电信北方10个省级公司、原网通（控股）有限公司和原吉通有限公司共同组成的。而作为中国网通的分公司，北京网通是由原北京市电信管理局演变而成的。这样的一个历史过程至少产生了两个让企业不得不面对的现实情况，一个是企业品牌的混淆，另一个是由于竞争，原本由北京网通经营的各项业务都受到严重威胁。

皇家电话局的考证植根于传统文化的丰富积淀

经过考证，国办(官办)电信的历史源头清晰可见：

1910年4月(宣统2年2月)，紫禁城内安装了10门用户交换机，在后宫建福宫、储秀宫和长春宫设立了专线电话共6部。这是北京最早也是惟一的皇家电话局。

在此之前的1884年(光绪八年)，清政府设立了“京城电报局”。至今，北京的电报业务已经延续了121年。

1904年(光绪二十八年)，清政府开通100门磁石交换台。至今，北京的电话业务也延续了101年。

1908年(光绪三十二年)，清政府开通颐和园(水木自亲殿)至中南海(来薰风门)皇家电话专线，供慈禧太后和光绪皇帝使用。作为近现代科学技术重要标志的电报和电话，就这样在旧中国蹒跚起步。

所有的历史都只是今天的历史，所有的今天都将是历史的今天。一个百年企业特别是中国网通的历史备忘录，也是一个国家和民族历史备忘录的一部分。

到目前为止，“皇家电话局”经过5个月的试运营已正式对游人开放，“数字故宫”的带宽已经扩容，小灵通基站覆盖方案已设计完成，首套专题电话卡已于2005年7月22日发行，双方进一步合作开发运营的洽谈不断取得新的进展。而皇家电话局试运行期间，已接待宾客数百人。

文化与市场结合大有可为

作为2008年北京奥运的合作伙伴，中国网通寻求“人文奥运、科技奥运”的实现，同时，中国网通将奥运作为企业一项发展战略，与宽带战略和国际化战略作为驱动企业前进的三驾马车。

北京网通始终重视开发和运用丰富的企业文化历史资源，根据“红色通信”的历史资料我们已经编辑整理出反映包括革命根据地红军电报、延安中央电话班、西柏坡中央电话排、北平党组织领导的电信局地下斗争、毛泽东香山电话局、中南海电话局等系列教育材料。多年来，北京网通人之所以投入大量人力物力构建自己的企业文化，就是因为认识到通信产业的重要犹如“国脉”，而企业文化的重要如同企业自身的“命脉”。在保持共产党员先进性教育的过程中，北京网通党委书记、总经理赵继东同志所做的专题党课，以企业的历史为纽带，全面阐述了不同历史时期的共产党员是如何保持先进性的，进而结合企业发展改革的实际，对现阶段共产党员如何保持先进性提出了明确要求。这节党课被北京市国资委党组评为优秀党课，同时被评为北京市“灵山杯”优秀党课报告。

北京网通把不同历史时期的标志性场所汇集开发成“北京通信之旅”，旅景点包括电报大楼、长话大楼、奥运通信体验厅、通信网络管理中心、国际卫星地面站、北京通信电信博物馆等。4年间参观北京通信之旅的包括各级党政军领导、商务及技术合作伙伴、专家学者、新闻媒体等，总人数达到50000余人次，影响力远远超过广告效应。

北京申办奥运期间，通信之旅接待了包括萨马兰奇主席在内的国际奥委会官员，接待了23个国际单项体育组织的考察，接待了数十家国内外新闻媒体的记者，为北京成功获得2008年奥运会主办资格作出了突出贡献。

皇家电话局(故宫)、皇家电话专线(颐和园)、北京官办电话局遗址、战备通信总站旧址等场所将于2006年纳入通信之旅。下一步的计划是开发北京官办电报局和商办电报局，以丰富通信之旅的内容，适合不同客户的需要。

上述工作不仅能给企业带来难以估价的品牌效益，还可以直接带来可观的经济效益。中国网通的企业文化是可持续发展的支撑点，是生产利润的增长点，更是在市场上具有竞争力的品牌的闪光点。

建立有效机制，发挥载体作用，展示示范教育作用

北京通信企业文化建设的过程正是企业经营与职工文化结合的过程。多年以来，以职工思想政治工作研究和企业文化建设为载体开展了多项活动：

推出“一切从客户需要出发、一切落实到企业效益”的企业经营理念，并进行了长达两年的内部宣传。

开展了为期10个月的服务型企业转型的教育活动。出版了80余万字的“读本”和6幅近万张宣传海报，取得了良好的活动成效。

荣获全国思想政治工作优秀研究会和市优秀政研会称号。公司当选“北京市思想政治工作优秀单位”。

2001年伊始，策划实施了《北京电信在新世纪的第一个心愿——申奥成功》员工签名活动。

赞助出版了《奥林匹克宪章·中文版》、《奥林匹克大众读本》、《奥林匹克辞典》。中文版已被奥林匹克博物馆(瑞士)收藏。

赞助了第21届世界大学生运动会的海报以及主火炬的设立。

举办了全公司参与的申奥大型团体操表演赛，其中的《功夫扇》后参加全国行业体协比赛获一等奖。

协办了长达8个月的中国首届职工艺术节，并荣获全国总工会、中国文联颁发的优秀组织奖，参演的京剧节目分获银、铜奖。

举办了全公司参与的华夏情诗歌朗诵活动。

与中国作家协会、诗刊社联合主办了纪念毛主席在延安文艺座谈会上的讲话发表60周年《延河情》诗歌朗诵会，公司参演项目大获好评。

赞助了“三高”演唱会，宣传了企业形象。

赞助了芭蕾舞剧《大红灯笼高高挂》，支持高雅艺术。

出版了《企业文化建设读本》，为开展企业文化建设做

了基础性普及工作。

为员工出版了《王一葵书法作品》等6种专辑，组织摄影、美术、书法、文学创作等骨干参加的采风活动。

创办了文学杂志《太平湖》，组建文学社。

与山西、河北、内蒙古以及日本的同行们广泛交流了企业文化工作，并与日本、韩国、台湾的书法组织建立了艺术交流制度。

支持中国现代文学馆举办"星期日文化讲座"活动。

重组了职工艺术团、并进行了近十场慰问演出。

筹办北京市通信公司首届职工艺术节。

北京通信的创建活动始于1992年，1999年进入北京市文明单位首批行业达标行列。北京通信的创建活动始终得到了公司党委、行政的高度重视，公司精神文明建设委员会和办公室注重创建要求和业务发展相提并论，实行统一部署，统一落实，统一考核，先后制定了《精神文明建设规划》等工作文件并通过各种载体在全员参与中持续地对员工进行"两个"文明教育，精神文明建设稳步推进，职业道德意识深入人心。

积极参加首都精神文明建设事业。2001年北京通信作为数据与有线通信惟一指定赞助商，对第21届世界大学生运动会的宣传工作给予了雪中送炭的支持；1997年动员公司员工义务捐款194亿元，在江西、云南、贵州、陕西、湖北、京郊等地建设了10所北京电信希望小学，2001年全体员工又捐款62万元；响应"治内蒙一块沙地，还北京一块蓝天"的治沙活动，在内蒙锡林郭勒盟建设了1000亩防沙林带；在南方抗洪救灾、张北地震，三峡移民等救助活动中都伸出了友谊之手；2001年赞助了北京市四万余名离休干部开展党史十件大事评选活动和向首都高等院校学生党支部及北京社科人员赠送4000本《前线》杂志活动；2002年5月协助中国文联、全国总工会举办了中国首届职工艺术节。

坚持企业与文化联姻的宗旨，大力开展企业文化活动，提炼富有企业特色的经营理念和企业精神；成立书法协会、摄影协会，太平湖职工文学社等社团组织，积极开展对内凝聚员工，对外树立企业形象的活动；职工艺术团经常下基层演出；2002年5月与中国作家协会联合举办了"纪念毛主席在延安文艺座谈会上的讲话发表60周年诗歌朗诵会"。

北京电信职工思想政治公司研究会先后两次获得北京市和全国政研会工作奖。

加快企业文化建设，挖掘百年通信历史，探索文化特色经营

在新时期，企业文化建设在企业发展中具有核心的、主导的作用，是发展和谐企业的基础，也是企业战略转型的助推器。通过新时期企业文化建设，明确企业发展方向，保障战略目标落地，塑造企业良好形象，实现企业文化与企业战略的和谐统一，企业发展与员工发展的和谐统一，企业文化优势与竞争优势的和谐统一，最终提高企业的核心竞争力，为构建和谐企业和和谐社会贡献力量。

按照"围绕中心，积极建设，逐步深入，注重实效"的方针，坚持服务企业生产经营大局的原则，树立以开放文化、服务文化、学习文化和团队文化为主体的"四个文化"坐标，为企业战略转型和构建和谐企业提供支撑。

百年创新　百年胜利

中国石化胜利油田

中国石化胜利油田现指胜利石油管理局和胜利油田分公司的统称，是中国第二大油田。胜利油田在40多年的发展历程中，不仅积累了雄厚的物质技术基础，累计探明石油地质储量44.9亿吨，生产原油近9亿吨，而且创造了宝贵的精神财富，创新发展了有鲜明行业特点和独特企业个性的"胜利文化"。按照中国石化集团公司企业文化的主要内容，结合企业的实际情况，胜利油田把胜利文化分为观念形态文化、制度行为文化和物质形态文化三个层次，同时对各行业系统的子系统文化和各二级单位的子文化进行研究创新，从而构筑起比较完整的胜利文化体系。在营造良好氛围、全面启动展开的基础上，通过2004年组织开展"胜利文化建设深化年"和2005年组织开展"胜利品牌建设年"活动，推进胜利文化建设不断向纵深发展。

强化学习培训和宣传教育，提升全员对胜利文化价值理念的认知度和认同感

油田积极创建学习型企业，强化干部职工的教育培训，举办各种层次的学习培训班，编辑出版了《胜利文化建设读本》作为干部职工学习的基本教材。2004年在胜利油田党校举办了10期处级干部轮训班，每期都把企业文化作为重要内容，先后聘请了孟凡驰、刘光明、邹广文、王成荣等企业文化专家来油田作企业文化专题报告。油田所属单位也都举办以企业文化为重要内容的科级干部、基层干部培训班，聘请专家讲课。2005年以来，油田以胜利品牌和基层文化建设为重点，对各级领导干部特别是基层干部进行系统的培训。《胜利日报》、胜利电视台和局域网开辟专栏专版，开展征文活动，宣传典型经验。《胜利文化》杂志以"宣传胜利文化，弘扬胜利精神、打造胜利品牌、提升胜利形象"为宗旨，不断提高办刊质量和水平，荣获全国企业内刊特等奖。2005年编辑出版了《胜利故事》，宣传先进典型，展现胜利人的时代精神风貌。围绕打造百年油田的愿景目标和美好前景，强化宣传教育，保持舆论强势，使广大干部职工对胜利文化的价值理念从普遍认知到高度认同，从高度认同到坚定信奉，真正内化于心，外化于行，坚定发展信心，鼓舞队伍士气，激发创业热情，迸发创新活力。

加强胜利子系统文化和子文化建设，提升理论创新水平和实践落地的执行力

胜利油田行业众多，门类齐全，各行业各单位的情况千差万别，这就决定了胜利文化具有多层次和多样性的特点。为此油田着力构建了胜利子系统文化和子文化。胜利子系统文化是指油田各行业系统的观念形态文化，是胜利文化完整体系的重要组成部分，是在纵向上和深度上对油田各行业系统的价值理念和制度规范进行研究创新。先后成立了11个子系统文化课题组，分别有油田机关有关处室牵头进行研究攻关，胜利勘探开发文化、科技文化、安全文化、人才文化、廉洁文化等子系统文化研究和建设已经取得了重要成果。胜利子文化是指以油田各二级单位为主体的基层文化，是在横向上和广度上对胜利文化进行深入的研究和建设，是胜利文化建设的基础工程。胜利油田所属二级单位70多个，基层队4000多个。各单位从各自的实际需要出发，大胆探索，勇于创新，总结提炼体现自己行业性质和单位特点的具体生产经营管理理念，培养基层团队精神，形成了亮点纷呈、各具特色的胜利子文化。如物探文化、钻井文化、作业文化、孤岛文化、海油文化、物流文化、电力文化、电厂文化、采油院VTOP文化等都体现了胜利文化的多样性和蕴涵的丰厚资源。胜利油田注重发挥基层干部职工的首创精神，积极创建各具特色的基层文化，如黄河钻井五公司的"钻头文化"，孤岛采油201队的"雁行文化"，桩西采油4队的"北极村"文化，现河采油4队的王岗"家文化"，供水公司河口净化站的亲情文化等，创建温馨和谐的人文环境，营造健康向上的文化氛围，强化职工爱岗敬业的责任心，增强以队为家的归属感。

打造和打响胜利品牌，把胜利文化建设成果转化为品牌价值，提升胜利油田的市场竞争力

胜利油田"打造胜利品牌，实现持续发展"的经营战略，适应了21世纪品牌竞天下的时代要求，是把胜利文化优势转化为市场竞争优势、提升油田整体发展水平的必然选择。胜利油田党委把2005年确定为"胜利品牌建设年"，制定下发了《胜利品牌建设年实施意见》，组织评选"胜利十大技术品牌"、"胜利十佳服务品牌"、"胜利十大名优产品"，召开油田品牌建设现场经验交流会，加强品牌策划和管理，对知名度高、创效益好的胜利品牌统一进行包装设计和策划宣传，促进胜利品牌的个性塑造、形象树立和价值传递，使胜利品牌最大化地赢得知名度、美誉度和忠诚度，用无形资产增值有形资产，把品牌价值转化为企业利润。胜利定向井、PS防砂、井下压裂、"胜动"燃气发电机、物探院地震资料处理系统、油建海上施工、胜建集团路桥施工等先进技术在油田生产和外部市场上发挥了巨大威力，胜大超市、"红马甲"、"胜利锦绣物业"等服务品牌在油城、社区和青岛、济南等物业管理市场上赢得了良好信誉。胜利的名牌队伍，依靠"独有的技术优势，独有的攻坚能力，独有的质量信誉"，以过硬的素质作风和明显的竞争优势，干别人干不了的大工程，啃别人啃不了的硬骨头，用之能战，战则必胜。"胜利钻井"、"胜利井下"、"胜利物探"、"胜利设计"、"胜利油建"等行业品牌誉满国内外市场，胜利旗帜在大江南北、长城内外、戈壁大漠高高飘扬。

搭建学习交流与展示平台，参加企业文化年会和系列论坛活动，提升胜利文化的知名度和美誉度

胜利油田积极组织参加全国高层次的企业文化论坛。2004年7月在辽河召开的全国石油石化企业文化经验交流会上，中国石油企业管理协会特邀胜利油田作了"从创业走向创新，从胜利走向胜利"的典型发言，受到了广泛好评。组织参加了中国企业文化研究会主办的"中外企业文化2004龙岩峰会"，获得了全国企业文化建设实践奖和组织推动奖。组织参加了"中外企业文化2005成都峰会"，胜利石油管理局党委书记王立新作了题为《创新发展胜利文化，提升油田核心竞争力》的演讲，胜利油田以及所属黄河钻井总公司、电力管理总公司、物资供应处获得全国企业文化建设先进单位奖。组织参加了中国企联主办的第四届全国企业文化年会，《发展胜利文化，建设和谐油田》被评为"2005年度全国企业文化十佳优秀论文"。组织参加了第一届和第二届山东省企业文化年会，胜利文化被评为山东省企业文化优秀成果特等奖。

胜利文化建设工作得到了上级领导和专家的支持和指导。中企联、国资委、中石化领导先后到油田调研和指导胜利文化建设。2005年8月被中国企业联合会、中国企业家协会授予"全国企业文化示范基地"称号，并在胜利油田召开了全国企业文化现场会。会议举行了授牌仪式，并以"探索企业文化认同、共享、创造的有效途径"为主题进行研讨交流。与会的领导、专家和企业代表充分肯定了胜利文化建设的做法和经验，高度评价胜利油田"为我国企业文化建设树立了一面旗帜，也创造了一个范例"。

育人铸魂　固本强基
打造具有呼铁特色的安全文化

呼和浩特铁路局党委

呼和浩特铁路局（以下简称路局）地处内蒙古中西部，营业里程（含集通公司）2727公里，主要运输生产单位25个，一线班组2235个，职工55637人。近年来，我们以"三个代表"重要思想和科学发展观为指导，在铁路跨越式发展的实践中，大力加强安全文化建设，着力培育职工追求卓越的安全价值观，不断提升队伍素质和安全管理水平，促进了安全运输生产持续稳定发展。到8月15日，实现行车无重大、大事故2500天，职工无责任死亡事故1833天。安全生产的稳定，为运输经营快速发展奠定了坚实基础，在线路营业里程没有增加的条件下，货物发送量在2003年增运500万吨、

2004 年增运 1200 万吨的基础上，今年预计将再新增 1500 万吨，运输收入连续三年增幅在 40% 以上，为内蒙古经济发展做出了应有贡献。2004 年，我局荣获了全国企业文化“实践创新奖”和企业文化建设“十佳单位”称号。

坚持理念引导，培育职工广泛认同的安全价值观

安全价值观是安全文化的核心。我们注重在安全生产实践中培育先进的安全理念，夯实了安全文化建设的价值观基础。

在反思讨论中形成共识。2003 年初，局领导检查一个养路工区线路时，在一个岔区的三根枕木上，竟然用手捏出 11 根道钉。暗访道口时，一名道口工擦洗摩托车，20 多分钟不立岗接车。为此，局长向全局职工发出公开信，要求就这些问题进行反思查摆。局党委不失时机组织了为期 3 个月的“当安全生产主人、建自控型班组”大讨论，引导干部职工从主人翁责任感、班组自控力、安全价值观上查问题、找根源。在此基础上，局党委和铁路局决定，在几年来企业文化建设的基础上，大力加强以培育职工安全价值观为主要内容的安全文化建设，在安全管理中注入文化“基因”，培育干部职工广泛认同的安全价值理念，实现“硬约束”与“柔管理”的有机融合，实现安全生产和职工队伍的全面发展。

在广泛征集中构建理念体系。路局坚持“从职工中来、到职工中去”的原则，广泛深入开展了征集安全理念、警句、格言活动。路局专门成立由专家、职工代表组成的评审小组，在总结安全生产经验的基础上，路局形成了“精益求精、精细管理、精雕细刻、精心作业”的“四精”核心安全理念。其内涵就是，把“安全第一”的理念固化到职工思想中，树立“精细、求实、高效”的安全观；把“爱岗敬业、尽职尽责”理念贯穿到安全管理的始终，做到落实责任“人人用心、人人精心、人人尽心”；把“执行标准一点不差、差一点不行”的理念渗透到现场作业中，追求标准化作业零违章，设备故障零缺陷，安全监控零漏洞；把“以人为本、创新超越”理念落实到提高队伍素质中，不断改善职工心智模式，促进职工的全面发展。各运输系统以“四精”理念为主线，凝炼了颇具特色的安全理念。如车辆系统形成了“安全是根，质量是金”的理念；工务系统形成了“线路质量无小事，安全责任重如山”的理念；机务系统形成了“不推卸一次责任、不迁就一次失误、不放过一个细节”的理念 。各单位用人性化、亲情化的语言，编制了“恪守安全责任”、“严格安全行为”、“明达安全哲理”、“谨记安全经验”等十几类安全理念，汇编成安全文化手册，下发到车间班组。形成了具有我局特色的安全理念识别系统。

在宣传教育中培育共同价值观。安全理念只有扎根职工的思想深处，才能成为指导职工安全行为的共同价值观。路局充分运用各种宣传形式进行“四精”安全理念的宣传教育。把“四精”理念写进局歌，融入各种文艺形式，潜移默化地感染人、引导人；纳入职工岗位培训教材进行系统教育，入脑入心。还通过编辑浅显易懂的安全文化知识读本、举办别开生面的安全知识竞赛、开展情真意切的安全演讲活动，在职工必经的道路旁、餐厅、工作现场、学习室、更衣室等处所，悬挂充满人情味的安全格言警句，引导职工牢固树立“精细才能标准、标准才能安全”、“小事成就大事、细节成就完美”、“人人关注安全、人人享受安全”的意识，使以“四精”为核心的安全理念深深扎根于职工心中，推动了职工由“要我精细”到“我要精细、我会精细”的转变，“安全第一”的思想逐步成为职工自觉遵循的行为准则。

加强环境建设，夯实以人为本的安全基础

建设安全文化，要有良好的环境作保证。为此，路局大力加强了安全文化的人文环境、生产环境和生活环境建设。

营造人文环境，形成浓厚氛围。文化环境是安全文化建设的重要形式和有效载体，对于职工安全价值观的形成有着不可替代的作用。首先，狠抓安全文化示范工程建设。通过三年努力，树立了“ 一线”“二车”；“二区”三个基层单位的典型。其次，狠抓安全文化视觉识别系统建设。各站段统一规划，把文化理念融入环境建设中，包头西车辆段把职工作业中发现的重大车辆故障配件制成安全雕塑，刻上防止事故的职工姓名及发现故障经过，矗立在职工上下班必经之处，既为在安全生产中做出突出贡献的职工树碑立传，又对广大职工起到了警示和鞭策作用。

注重科技投入，夯实安全基础。坚持安全与科技同行、文化与科技一体的理念，不断充实安全文化的科技内涵，不断提高设备管理的科技含量。建立了安全生产监控系统和电化教育闭路系统，把安全组织、监控分析纳入微机管理，为确保安全生产的长治久安提供了可靠保障。

改善生活条件，凝聚职工人心。一是注重改善文化环境。近几年，路局投资 2000 多万元为一线车间、班组配备了彩电、音响、DVD、投影机等教学器材。二是注重改善生活环境。救助基金由 700 万元增加到 2000 万元。三是注重改善工作环境。按照净化、亮化、美化、绿化的标准，对站段、车间、班组和沿线工区小站进行统一治理，建设了一批布局合理、站容整洁、交通顺畅、环境优美、协调发展的标志性车站。

注重行为养成，形成自觉遵章守纪的作业习惯

以落实“四精”理念为核心，努力在教育培训、制度规范和榜样引导上下功夫，强化了干部职工的精细意识和发展意识。

教育培训，提高职工规范作业能力。坚持“安全第一”的教育不移位。把这项教育作为职工职业道德操守和岗位职业培训的重要内容，认真组织学习《安全生产法》、《铁路运输安全保护条例》等法律法规，强化安全生产的法制意识，使“安全就是最大的诚信”、“违章就是违法、违纪就是犯罪”的理念深入人心。

健全机制，增强职工安全法规意识。路局建立并实施了“三个两”安全管理模式，即实现“两个转变”，安全管理由

经验管理向科学管理转变，由粗放管理向精细管理转变；落实“两个负责”，分层管理、逐级负责和专业管理、系统负责；健全“两个机制”，安全预警机制和安全考核机制。提高了职工安全法规意识。

榜样引导，养成职工自觉遵章守纪习惯。路局始终把培育安全生产典型作为安全文化建设的重要内容，使职工学有榜样，赶有标尺。大力培育和宣传了苦干奉献57年坚持标准不走样、安全天数居全路正线养路工区第一位的福生庄养路工区等多个典型。让安全生产能手和先进经验上镜头、上头条，登台亮相，现身说法；用职工的名字命名安全工作法。这些典型群星闪烁，在千里铁道线上形成了独特的“劳模文化”，成为塑造呼局“安全高效”社会形象的“名片”。

建设安全文化　激发安全动力 为铁路跨越式发展提供可靠的安全支撑

兰州铁路局党委

兰州铁路局党委把推进安全文化建设作为确保铁路运输安全的一项重要工作来抓，坚持以树立“六在理念”（安全在精神、安全在作风、安全在管理、安全在行为、安全在习惯、安全在养成）为切入点，以实施“10 + 1 现场管理技能培训”为抓手，在全局广泛开展了以建设“两支队伍”（严格、务实、科学的干部队伍；勤奋、敬业、忠诚的职工队伍）、实现“四个确保”（确保安全、确保稳定、确保畅通、确保发展）为目的的安全文化建设，注重用文化的力量塑造职工，用先进的理念引导职工，用有效的管理规范职工，有效地提升了安全管理水平和安全保障能力，促进了全局安全生产的稳步发展。

加强理念文化建设，以理念创新推动安全管理的实践跨越

首先，在各级干部中树立“安全在精神、安全在作风、安全在管理”的理念。要求每一名干部特别是领导干部在安全管理上要有争创一流的精神，树立如履薄冰、如临深渊、如坐针毡的危机意识、紧迫意识，把对干部的责任体现在“由我来办、立即就办、办就办好”的思想上，体现在“工作讲程序、作业讲标准、行动讲纪律、落实讲考核”上，体现在“抓改革、保安全、促稳定”的具体成效上，把“军中无戏言”融入到安全管理当中。在推进安全文化建设中，坚持把安全生产绩效作为衡量和考察各级干部政治觉悟、基本素质和工作能力的重要依据，坚决树立以严治局、以严治段、以严治站的风气。

其次，在广大职工中树立“安全在行为、安全在习惯、安全在养成”的理念。我们要求每个职工在工作岗位上，都必须把严格执行“两纪一化”、落实标准化作业作为确保安全最根本、最基础的环节，用严格的作业纪律和劳动纪律约束、规范自身行为，让良好的职业行为成为职业习惯，先后在全局开展了争创“百名技术明星、千名首席技工、万名优秀党员”活动、向银川车务段沙坡头车站“让标准成为习惯”安全文化学习活动等，特别是抓住嘉峪关机务段开展禁绝“六条高压线”专项整治，一名乘务员家属用自己的切身感受主动给段领导写感谢信，认为禁绝“六条高压线”整治活动挽救了丈夫、挽救了家庭、挽救了岗位的典型事例，通过《兰州铁道报》、局电视台，组织中央驻甘新闻媒体大张旗鼓地宣传，教育引导广大职工认清严字当头、严格管理对职工家庭、个人所体现的爱与关怀，促使广大职工自觉养成良好的岗位行为习惯，在职工队伍和广大职工家属中产生了积极的反响。

加强制度文化建设，运用“10 + 1”现场管理法则推进管理创新

“10 + 1”现场管理法则是我局新一届领导班子在深入调研、综合分析路局发生事故险情的深层次原因后，提出创新安全管理的重要举措。“10”就是十大现场管理技能，包括走动式管理、精细化管理、零缺陷管理、看板式管理、标准化管理、系统管理、人本管理、刚性与柔性管理、闭环管理、关键管理；“1”就是创建学习型组织，突出强化自控型班组建设。

一是不断创新管理机制。本着有效的管理就是“做正确的事 + 正确地做事”的原则，我们将制度文化贯穿于全员、全面、全过程，先后修订、健全和完善了路局直管站段后的《安全管理评估工作办法》等18项安全管理规章制度。通过创新管理机制，把系统管理的木桶原理和短板效应、精细管理、走动式管理、闭环式管理、80/20法则等现代管理思想融入到安全管理和安全文化建设当中，逐步建立起科学规范、监控有效的安全管理体系，确保工作讲程序、作业讲标准、行动讲纪律、落实讲考核的要求真正落到实处。

二是大力推广“10 + 1”现场管理技能。局党委按照懂业务、善管理、讲政治的要求，以党（干）校为基地，注重强化“10 + 1”现场管理技能培训，提高站段的独立作战能力和各级干部现场管理的能力。路局党政主要领导多次到局党校和基层站段调研、指导，亲自听课、修改教案，组织编写教材。为了抓好十项现场管理技能的教育培训，在深入各单位逐一讲解推广先进的管理模式和方法的基础上，将讲授内容刻制成光盘，讲稿编印成册，下发一线班组供职工学习，收到了良好的培训效果。

三是强化辐射带动。局党委先后两次召开“全局政治工作融入中心服务大局强化现场管理座谈会”，深入研究和探讨路局直管站段后强化现场控制、促进安全文化建设的途径和措施，抓好工作的落实。如针对直管站段后安全管理上出现的“断档”和“盲区”问题，通过发挥党员、先进模范、首席技工的带动作用，严格落实标准化作业，开展科技攻关、精检细修，实现“两纪一化”保安全和技术装备保安

全，确保了安全生产有序可控、持续稳定。

加强行为文化建设，运用政治学与行为科学原理培育和造就“两支队伍”

我们把安全文化建设作为落实“以人为本”、实现人的全面发展的有效途径，不断强化基层基础基本功，促进干部职工安全行为的养成，着力培育和造就“严格、科学、务实”的干部队伍和“勤奋、忠诚、敬业”的职工队伍。

首先，抓住关键的少数。我们充分利用80/20法则，抓住领导班子和领导干部这个“关键的少数”，在建设严格、务实、科学的干部队伍上下功夫。紧紧抓住向柴宝国同志学习的有利契机，在全局各级干部中开展了以负责地、紧张地、有效地工作的“三条新工作观”教育。一方面抓好路局机关干部，建立了首问负责制、限期办结制、问题库督办制，下发了《关于规范路局机关解决基层单位反映问题程序的通知》等制度和办法。另一方面狠抓基层站段干部，建立了主要领导工作写实、述职制度，定期在《兰州铁道报》上通报。结合全路开展的“三查”活动，我们在全局开展了以“八项整治、六个深化”为主题的“安全大讨论、安全大整治”活动，各级干部主动从是否真正有如履薄冰、如临深渊、如坐针毡的安全意识，基层、基础、基本功“三基”是否扎实，全员、全面、全过程“三全”管理是否落实，技术装备保安全、“两纪一化”保安全、科学管理保安全“三保”体系是否建立等方面进行深刻反思。并通过“安全焦点访谈”、“安全曝光台”等形式对安全问题明查暗访，深度剖析，对工作不负责任、渎职失职、无所作为的干部坚决进行了调整。

其次，强化安全行为养成和敬业奉献意识教育。为培育和造就一支“勤奋、敬业、忠诚”的职工队伍，一是在全局开展了“勤奋、敬业、忠诚”宣传教育活动，引导广大职工勤奋对待工作，树立“劳动光荣、尊重劳动、热爱劳动、诚实劳动”的价值观和工作观。二是加大整顿力度，不断强化现场安全管理。重点在全局机务系统开展了机车乘务员队伍整顿清理工作，组织局管内6499名机车乘务员进行技规知识考试，对263名考试不合格的乘务员下岗培训3个月，对27名工作中长期存在隐患的乘务员进行了清除，对23名不称职的指导司机和中层干部进行了调整。三是建立首席技工制度，在全局行车主要站段的728个班组中，考核聘任首席技工817人，首席技工成为班组的“总工程师”。四是坚持贴近站段、贴近生产、贴近职工，把重点向一线职工聚焦，大力宣传各类先进典型，在全局营造“崇尚先进、学习先进、争做先进”的浓厚氛围。

加强环境文化建设，为构建“安定、繁荣、和谐新兰铁”营造良好的氛围

优化职场环境，凝聚激励职工。路局新一届领导班子注重从强化人文关怀入手，坚持把各项工作的出发点和落脚点放在切实为广大职工群众谋利益上，在资金非常困难的情况下，优先为全局一线职工增加了岗位安全效益生产奖；不断加大资金投入，千方百计地解决职工的生活困难，改善了沿线职工的工作生活条件；通过公开招聘调度员和选拔干部，选用了一大批年轻干部进路局机关工作，营造了良好的用人环境。

提高设备质量，强化安全基础。结合安全文化建设的重点，针对全局安全生产中存在的突出问题，坚持以防溜逸安全整治和提速安全标准线建设带动各项安全基础建设，把安全生产的重点放在解决运输安全的“短板”、“缝隙”和薄弱环节上，抓住车、机、工、电、辆等各个系统在安全管理上的“短板”，采取措施，密实“缝隙”。车务系统把重点放在解决非正常行车和车辆溜逸事故的问题上，坚持细分目标、流程控制，有效地实现了对车辆溜逸的卡控。机务系统将克服“三不”（作业不讲程序、不讲标准、不讲纪律）、增强三控（自控、互控、他控），严格禁绝“六条高压线”作为重头戏，强化了安全作业标准。工务系统设置了“点外施工”、“违规放行”两条高压线，开展了“实现设备零缺陷、零误差为目标”的“双零达标”活动。电务系统明确提出“使用封连线就是犯罪”，坚持把杜绝使用封连线作为重中之重，各站段段长和党委书记与电务处共同签订了“杜绝使用封连线安全责任书”，党员带头在支部、班组签订双重责任书。车辆系统把重点放在对车钩分离问题的控制上，通过对近年来311起车钩分离事故的统计分析，制定了防止车钩分离的措施，有效地控制了车钩分离的惯性问题。

优化文化环境，营造创业氛围。按照“活力在基层、活动在站段”的工作原则，坚持用环境文化来体现安全文化的内涵，让广大干部职工在日常的工作生活中时时处处都感受到文化的熏陶，一些站段通过设置全家福、亲人寄语、安全警示卡、作业提示牌、标准动作图、永久性安全标语、安全宣传画等悬挂在工作岗位和职工宿舍，发挥其警示、规范和激励作用。

强化安全导向 规范安全行为 在创新安全管理实践中建设安全文化

太原铁路局党委

铁路跨越式发展的深入推进，对加强安全管理提出了新的要求，为推进安全文化建设提供了良好机遇。我们主动适应铁路跨越式发展对安全工作提出的新要求，适应路局直管站段改革带来的新变化，适应太原局所面临的新任务，在创新安全管理的实践中提升安全理念，在落实安全管理的要求中养成安全行为，促进了安全文化与安全管理的有机融合和同步发展，确保了安全生产的持续稳定。路局成立以来，全局消灭了责任A类事故，行车设备故障也得到了大幅压缩，保持了安全天数与建局历史同步的良好态势。

坚持目标导向，确立科学的安全理念

安全理念是安全文化的核心和灵魂，它对安全工作起

着导向作用。我们认真贯彻全路运输安全工作要求，结合实际确立全局安全工作总体思路，突出预防主线，确立科学的安全理念。

一是明确预防目标。实践证明，任何事故背后都有大量的安全问题存在，对任何安全问题的忽视，都必然会导致事故。不出问题是硬道理，出了问题没一点道理，预防事故必须从解决安全问题、消除安全隐患入手。为此，路局、路局党委非常鲜明地提出坚持“五个不动摇”的安全工作指导思想，即：坚持安全第一的思想不动摇，坚持预防为主的方针不动摇，坚持强化设备基础不动摇，坚持从严务实抓管理不动摇，坚持党政工团齐抓共干不动摇，并将其贯穿在安全工作的方方面面，不断提高预防质量。

二是明确预防本质。预防的本质是不断地查找问题、发现问题、处理问题和解决问题。安全问题无时不有，无处不在，预防重要的是有没有发现问题的水平和解决问题的能力。问题发现得越早、越多，解决越彻底，安全就越有保障。为此，我们把“查找问题是责任、发现问题是水平，处理问题是关键，解决问题是政绩”作为安全管理的基本理念，坚持解决安全问题没有大小之分，都必须高度警觉，严格对待；坚持解决安全问题不受时间限制，都必须雷厉风行，不过夜地解决；坚持解决安全问题不分前方后方，都必须主动上手，履行安全职责，达到预防的目的。

三是明确预防载体。实现预防必须有可行的载体，科学的工作载体，决定着预防的成效。我局从实际出发，明确实现预防的基本载体是：确立一种精神——解决安全问题不过夜；坚持“两主原则”——主要领导必须用主要精力抓安全；狠抓“三基”建设——基层、基础、基本功；围剿“三个主义”：不负责任的官僚主义、不敢碰硬的好人主义、不解决问题的形式主义，即：“1233”安全工作法。并坚持运用这一工作载体指导安全生产实践，落实安全工作要求，强化安全基础建设，从而最大限度地把所有安全问题都消灭在萌芽状态。

四是明确预防原则。预防是全员、全面、全过程的安全控制实践活动，控制科学有效，安全才会平稳。按照高标明责抓落实的要求，明确预防的原则。在安全管理机制上，坚持“一个标准管到底，一把尺子量到底，一样考核严到底，一以贯之抓到底”，用规章制度管人，用工作载体量事，用考核奖惩引导，做到不折不扣、一管到底；在安全过程控制上，坚持紧盯问题、重看问题、深抓问题，做到“有迹象就察，见苗头就敲，成倾向就纠，出问题就抓，平稳时反思”；在安全问题处理上，坚持“防止一、不准二、杜绝三”，把别人的事故当成自己的教训去吸取，把重复发生的问题当成事故去处理，把查找不出问题当成问题去解决，做到关口前移，防微杜渐。

注重实践导向，提高安全理念的执行力

安全理念只有向实践转化，才能不断丰富和提升；只有在实践中全面渗透，才能有效地提高安全文化的执行能力。我们在用科学的安全理念指导安全实践过程中，坚持从领导做起，从管理层抓起，通过自上而下的言传身教和自下而上的互动融合，强化理念渗透，提高全员的安全文化执行力。

提升安全标准，在解决安全问题的过程中诠释理念。我们在确立安全标准上，坚持从预防的本质要求出发，在认识上求深，所有的安全问题都从主观上去找原因，把发现和解决安全问题作为改进工作的机遇，对安全问题，没有主要领导不亲自主持分析的，没有不找出原因吸取教训的，没有不定责任进行处理的；在管理上求真，变重预防事故发生为预防隐患出现，变重解决责任问题不放过为解决安全问题不过夜，变重解决直接表面问题为重视解决间接深层问题，对直接影响运输安全的隐患和问题，当即研究，制订对策，对间接可能影响运输安全的问题，也当作大事，抓住不放。比如，对沿线焚火、放牧的问题，当作影响运输安全的重大隐患，进行综合治理，凡发生影响客车安全的问题，坚持分析原因深一层，追究责任严一格，考核处理提一级，在解决安全问题的过程中，强化预防意识；在作风上求实，坚持用“1233”安全工作法这把尺子衡量各级干部，凡是涉及安全的问题都要看是不是以不过夜的精神去解决了，主要领导的主要精力是不是放在了安全上，是不是抓住了基层、基础、基本功这个根本，是不是存在着官僚主义、好人主义、形式主义的问题，明确该发现的问题未发现就是失职，能解决的问题未解决就是不尽职，管不好安全就是不称职，强调真抓实干，切实解决问题。

用好工作载体，在创新安全管理的过程中强化理念。管理是文化的载体，文化是管理的灵魂。我们适应铁路跨越式发展的需求，认真贯彻全路运输安全工作要求，深入总结运输安全基本规律，以推行“1233”安全工作法这一科学的理念体系和工作方法为载体，把“安全第一、预防为主”的方针具体化、有形化、规范化。我们坚持把“不过夜”精神作为前提，把“两主”原则作为关键，把“三基”建设作为重点，把不断围剿“三个主义”作为保证，通过这些要素的系统优化和整体作用，加大对安全问题的控制力度。路局领导班子成员尤其是主要领导带头运用这一载体，用具体的工作实例强化安全理念，每月局长主持召开的安委会重点对安全问题进行会诊。全局各单位结合实际，创造性地落实深化“12333”安全工作法，按照解决安全问题不过夜的要求，把“发生什么问题不过夜，怎么不过夜解决，谁来解决，过了夜怎么办”作出明确的规定，细化卡控措施，安全隐患实现有效控制，安全工作质量得到整体提升。

注重表率示范，在锤炼干部作风的过程中体现理念。管理者是安全文化建设的第一设计者和实践推动者。我们把解决安全问题、消除安全隐患作为各级领导干部的第一要务，把落实干部安全管理责任与强化现场作业控制紧密结合起来，明确领导负责、逐级负责、专业负责、系统负责的具体内容和量化指标，在畅通管理渠道落实安全责任上做到无缝隙、无堵塞、无盲点，形成以解决安全问题为主线，以

各级领导干部为关键，以加强"三基"建设为落脚点的闭环管理机制，养成了求安全问题之真、务解决安全问题之实的工作作风；按照即时监控管理、即时解决问题的原则，路局建立了现场直通路局、问题直通领导的安全问题日报制度，每天二十点前将各处室、各单位检查出的安全问题进行梳理，分送路局每个班子成员进行审阅，并于次日将每位领导的批示意见上网反馈，并在安全问题检查上实行倒查责任追究制度，既加大了路局直管安全的力度，也从机制上把各级领导干部的注意力集中到了安全生产上。

公开奖惩激励，在规范安全行为的过程中渗透理念。按照"坚持五个不动摇"的指导思想和"1233"安全工作法的基本要求，路局建立了以预防安全问题为核心的《运输安全奖惩办法》、《安全分析预测考核办法》、《安全问题检查考核办法》、《安全管理"差点"公示办法》等一系列管理制度。对于在运输生产中坚持按标作业、高度负责，及时防止事故的给予重奖，并通过宣传媒体进行大力宣传。对于安全问题的考核处理都要通过办公网、电视台、报纸等媒体进行通报，公开明示，坚持功过分明，不搞以功抵过，现场问题连干部、连领导、连管理、连责任，做到"三个见面"，即规章制度见面、考核问题见面、领导谈话见面，让受考核者清楚错在哪里、清楚可能造成的后果、清楚应该吸取的教训，自觉规范安全行为。路局每天汇总站段和部门发现的问题，在局域网和生产电话会议上通报，每周运输交班会上讲评，每月安委会上分析，促使每一名干部在任何时候，任何情况下，都保持对安全问题的高度警惕性，克服软弱涣散、办事拖拉，满足现状、不思进取，甚至不讲原则、不尽责任、弄虚作假等现象，从根本上提高了各级干部发现问题、解决问题的责任意识。

强化教育导向，促进职工安全行为养成

安全文化建设的目的是把安全理念转变为干部职工的自觉行动，养成良好的安全行为习惯。我们在坚持目标导向、实践导向的同时，采取多种形式，加强教育导向，增强干部职工自觉践行科学安全理念的自觉性。

开展宣传教育活动，倡导科学的安全理念。加强宣传教育是引导干部职工认同安全理念的重要手段。我们注重强化安全宣传教育，围绕全局贯彻"四个一"原则、坚持"五个不动摇"、落实"1233"安全工作法的安全工作总体要求，编印专题学习读本和研讨文集，在全局上下广泛开展"1233"安全工作法大讨论，组织干部职工认真学习贯彻部、局加强安全管理的工作要求，结合理顺新体制下安全管理机制的探索，进行深入的研讨交流，树立科学的安全理念；注重强化舆论引导，发挥《太原铁道报》、《太铁电视台》、《职工之友》刊物和路局办公局域网的传播优势，大张旗鼓地宣传落实"1233"安全工作法的理性认识和典型事例，引导干部职工理解路局安全工作总体要求的深刻内涵；注重强化表率示范，各级领导干部亲历亲为，带头谈体会、作辅导，引深大讨论，并用工作实例进行教育引导，以解决安全问题不过夜的精神和行动，使路局安全工作的总体要求得到干部职工的广泛认同；注重强化现场宣传，各单位加强宣传协作区、站段宣传基地、车间宣传阵地、班组宣传园地的建设，同时运用安全宣传页、安全提示卡、安全警示卡和安全出勤卡等载体，使路局的安全工作理念和安全工作方法进班组、上机车、到岗位、落人头。

强化岗位安全责任，养成安全行为习惯。落实岗位安全责任是践行安全理念的根本要求。我们在全局深入开展岗位安全责任教育，强化"安全是天职，岗位是事业"的岗位安全责任意识。大力倡导诚信安全，从启发人格自觉和道德自觉上引导干部职工落实岗位安全责任，广泛开展安全诚信宣誓、安全诚信点评、安全诚信践诺活动，通过征集诚信安全典型事例、标准化作业小口诀、安全格言谚语和职工安全漫画等形式，引导职工"告别安全忌语"，克服不良习惯，把落实安全工作要求作为一种道德标准去追求，养成良好的安全行为习惯；以"学法律、对规章、查隐患、反违章"为主要内容推进"1233 在岗位"主题实践活动，在职工中加强安全警示教育，坚持一日一警示，上岗之前针对可能出现的安全问题进行警示教育；一事一警示，针对安全生产事故案例进行警示教育；一月一警示，针对安全生产中的突出问题和隐患进行警示教育，使"按标作业就是生产安全、违章违纪就是违法"的观念在职工头脑中扎根。各单位围绕坚持"五个不动摇"、落实"1233"安全工作法，运用集中学习、宣讲辅导、座谈交流、岗位宣誓、亲情叮嘱、推荐一本好书、开展演讲征文、选树安全典型等多种形式，深入开展创建诚信车间、诚信班组和诚信岗位活动，党员干部带头承诺践诺，接受监督，做出表率，引导职工强化岗位安全责任意识，探索岗位安全工作规律，营造"遵章守纪光荣，违章违纪可耻"的氛围，增强了规范安全行为的自觉性，养成严标落责的良好习惯。

营造和谐安全环境，激发全员安全动力。和谐的安全环境是确保运输安全所必不可少的条件。我们努力营造以人为本的和谐安全环境，激励干部职工自觉规范安全行为，由"要我安全"转变为"我要安全"，由不敢出、不能出事故转变为不愿出、不会出事故，形成人人生产安全、人人维护安全、人人享受安全的生态安全环境。我们按照"团结、鼓劲、激励、引导"的原则，营造宣传氛围，规范岗位揭示，加大先进典型的培养选树和宣传力度，加大安全问题曝光和安全案例警示力度，优化宣传环境；按照"民主、平等、公开、公正"的原则，发挥职工的主人翁作用，组织职工代表参与安全管理制度的修订，进行安全巡视检查，制定整改措施和解决办法，改进安全管理工作，征集充满人性色彩的格言警句，开展安全寄语、亲人叮咛、温馨嘱托等活动，用亲情文化感染人、激励人，优化人际环境；按照"整洁、有序、舒心、得体"的原则，集中财力优先改善生产一线的工作生活环境，加强工作场所的整治，优化工作环境；按照"预防、创新、服务、保障"的原则，重视安全综合监控系统等基础性、预防性安全设备的开发、管理、使用、维护和更新，加大科技和设备

保安全的投入，强化设备基础，优化保障环境的重要手段，促进人与人、人与管理、人与设备、人与环境的良性互动，激发了干部职工立足岗位确保安全的内在动力。

在构建和谐社会进程中加强服务文化建设的实践与思考

郑州铁路局党委宣传部

郑州铁路局地处全国路网中心，京广、陇海、京九三大干线在此交汇，管内运营线路2400多公里，全国几乎所有铁路局均有列车从我们管内经过。近年来，我们认真贯彻胡锦涛总书记关于“构建社会主义和谐社会”的重要论述，把提升服务质量，打造郑州局特色服务文化摆在重要位置，通过广泛开展全员主题实践活动，提升了全体员工的道德素质，促进了企业的可持续发展。

问题的提出：一名普通旅客的来信，引发出加强服务文化建设的课题和一场意义深远的大讨论

在我们郑州铁路局曾发生这样一件事：一位名叫马海平的旅客，在郑州火车站乘车过程中，遇到了一些麻烦事，而车站各个环节又未作出积极有效的反应，致使马海平同志对铁路服务提出质疑，并向铁道部长投诉。马海平认为，铁路服务质量不高，最终自食苦果的还是铁路自己。

对此，局党委一班人分析认为，在运输市场竞争日趋激烈、全社会高度重视服务质量的今天，还发生这种对旅客不负责任的事件，决不是偶然的，它深刻地反映了部分干部职工思想观念的陈腐、服务意识的淡薄、经营理念的滞后和服务管理的缺失，是工作价值观的扭曲表现。经过反思，我们以“马海平事件”为教育资源，以“新理念、新服务、新形象”为主题，开展了一场空前的全员性大讨论。

在讨论中，我们列出了“怎样彻底摒弃铁老大思想?”、“怎样建设优秀的服务文化”等7个专题。我局《中原铁道》报、有线电视台、网络政工分别设专栏，组织报刊笔谈、电视“面对面”和网络讨论。各级领导干部也率先撰写文章对服务文化创建进行深层次理性思考，并剖析了铁老大思想成因及其危害。全局基层单位也以座谈会、学习会等形式，组织职工深入查摆铁老大在现实工作中的种种现象和危害。郑州车站专程赴上海将马海平请到车站与职工进行座谈。大讨论不仅引来了全局性的大反思，而且使干部职工认清了垄断地位是产生“老大”的温床、体制僵化是阻碍发展的根本、陈旧的服务理念是导致服务缺失的根源，在全局形成了三个基本共识：

共识之一：铁路作为社会的窗口，加强服务文化建设对于构建和谐社会具有广泛的示范引导意义。铁路作为大众化的交通工具，每年运送旅客达13亿人次。普通旅客往往会从购票、乘车难易和舒适度上，去判别社会进步的程度。作为某种程度上的“垄断企业”，铁路企业的形象在一定意义上代表着党和政府的形象，直接影响着人们对党风政风和社会风气的信心。同时，铁路作为社会主义精神文明建设的重要“窗口”，加强服务文化建设，有利于在一个较广的范围内，增进人与人之间的信任感、友爱度，促进人与社会之间的和谐相处。

共识之二：加强服务文化建设对铁路参与市场竞争，求得生存与发展具有重要的现实意义。大家在讨论中认识到：随着现代物流的快速发展，铁路受到了前所未有的冲击。铁路虽然在货运量、客运量的绝对值上不断增长，但市场份额却呈现下降趋势。在这个人人都是服务员、行行都是服务业、环环都是服务链的服务经济时代，加强服务文化建设，是铁路参与市场竞争的迫切要求。面对挑战，惟有大力加强服务文化建设，以对顾客的忠诚培养出忠诚的顾客，构筑起独具特色的核心竞争力，才能在日趋激烈的市场竞争中立于不败之地。

共识之三：加强服务文化建设需要高素质的职工队伍作支撑，同时也是提升职工整体素质的良好载体。企业的竞争是文化的竞争，也是职工队伍的竞争。思想道德素质好、业务技术素质精的员工会成为优质服务的实践者，成为社会主义精神文明的传播者。反之，职工没有高尚的职业道德和强烈的服务意识，就不可能认真地履行自己的工作职责，更不可能为旅客货主提供一流的服务。“马海平事件”的发生，根本点在于服务意识的麻木缺失。加强服务文化建设，正是适应了这一紧迫发展要求。也只有切实加强服务文化建设，才能全面提升职工队伍的思想道德素质，牢固树立起以服务人民为荣、以背离人民为耻的社会主义荣辱观，为铁路的跨越式发展提供强有力的精神动力和思想保证。

探索与实践：加强服务文化建设主题实践活动，凸现出铁路企业在构建和谐社会中的示范效应和引领价值

以铁路现实为基准，精心策划活动方案。我们在方案策划上抓好三个环节：一是把握整体进行策划。我们制定下发了《关于加强服务文化建设的实施意见》，把塑造企业良好形象作为建设目标，提出了提高客货服务质量、达到人民群众满意的建设标准，并以加强价值观教育、抓好岗位实践、打造优质品牌的主题实践活动为载体，通过建立和完善组织领导、舆论造势、检查指导、评估考核运作机制，在全局上下形成一条割不断的服务文化建设链条。二是突出特点进行策划。社会认识铁路是从车站和列车开始的，但我们铁路内部具有点多线长、分工细致、整体联动的特点，哪一个环节出现问题，都会对全局产生不良的影响。我们牢牢把握铁路这一特点，不仅重点抓好直接面对社会站车服务系统的服务意识，还下功夫抓好其他系统的服务意识，并在全局形成了浓厚的单位为单位、机关为基层、干部为职工、上道工序为下道工序提供优质服务的建设氛围。三是破解

难点进行策划。由于我国人口多、铁路少,在多数时间段内,铁路仍然处于卖方市场,职工容易产生自大自满的思想,做出有损于旅客货主利益的事情。因此,我们把转变干部职工的思想观念作为突破口,并运用领导辅导、专家授课、案例剖析、环境熏陶、自我教育、典型示范、现身说法等宣传教育方法,使干部职工时刻保持优质服务意识,在思想观念上实现了“六个转变”:即在工作标准上,实现了由认同“领导说好”向“旅客说好”的转变;在服务态度上,从“管理旅客”到“服务旅客”的转变;在安全意识上,从“常在河边走哪有不湿鞋”向“安全生产重于泰山”的转变;在收入观念上,由“靠上级发工资”向“靠市场增收入”的转变;在经营理念上,由“皇帝女儿不愁嫁”向“以服务要效益”的转变;在价值取向上,由“自我评价”向“社会测评”的转变。

以指导实践为目标,努力锻造服务理念。理念是行动的指南。在服务理念塑造中,我们坚持全员参与,使服务理念体现价值性与科学性、适应性与适时性、独创性与连续性相统一,自觉性实践性操作性相结合的原则。确立了“以诚待客,以信立身,诚信为荣,诚信兴企”十六字经营服务理念,并赋予了服务承诺“言行一致”、服务设施以人为本、服务质量追求卓越的具体内涵。同时,我们邀请中国企业文化研究会研究员陈步峰教授,在全局党委中心组电视电话会议上作了《高起点建设高品位服务文化,提升铁路企业核心竞争力》的专题报告,并将报告刻录成光盘发放到基层。为把全局性的服务“大理念”变成岗位上“小理念”,我们发动广大干部职工结合工作职责,开展了岗位示语征集活动。通过对征集到的不同岗位8000多条“小理念”进行整理和加工,形成了如郑州站的“金奖银奖不如旅客夸奖,千好万好不如旅客走好”、郑州客运段k179/180次列车的“有终点的列车,无止境的服务”、洛阳车站客运车间的“多问一声好,多道一声谦,多留一份真诚在心间”、郑州东站货运员的“无需回头张望,您的货物放在我的心上”、洛阳机务段火车司机的“开车人想着坐车人,安全正点为人民”等不同层次一条条闪耀着“郑铁人”优质服务的理念,受到了广大职工和旅客货主的普遍认同。我们把这些体现职工精神风貌、道德情操的岗位服务理念,印制成宣传牌,揭挂在每个岗位上,激励职工的道德情感,规范职工的服务行为,接受旅客货主的监督。

以特色品牌为支撑,推动全员岗位实践。以旅客满意为导向,以先进典型为样板,以改善硬件设施为条件,以提高服务艺术为手段,引导全局干部职工从我做起,主动实践,在社会上树起并叫响了以重点工作为平台的“诚信春运伴您行”、“平安旅游黄金周”等优质服务品牌、以全国劳动模范郑州车站客运员张海燕、洛阳车站客运员付秀梅为代表的“海燕候车厅”、“秀梅服务台”等一大批质量上乘、特色鲜明、职工服气、旅客称道的“明星服务品牌”。这些服务品牌的树立,带动了我局服务质量的全面提高,引起了社会的广泛关注。新华社、《人民日报》、《中央电视台》及地方各宣传媒体,对我局在创建“服务品牌”过程中设立的百个“示范服务岗(台)”,组织的千个“春运志愿服务小分队”、开展的万人献爱心活动等做法,进行了集中报道。

以社会公认为标准,建立科学的评价体系。加强服务文化建设量不仅要体现在整体工作中,更要体现在细节上。服务质量的高低不是领导满意和自己满意,而应让旅客货主满意。而旅客货主是否满意,不能由铁路自己说了算,最终应由社会来评价。基于这样的认识,我们以社会公认为标准,探索出了一条内外相结合评议服务质量的新路子。一是走出门听取评价。坚持定期或不定期地由局领导带领基层单位人员,深入到旅客中,走访到货主单位,广泛征求意见,听取大家的评价。二是请进门听取评价。每年都邀请人大代表、政协委员、新闻记者、消协领导等各界人士,进行明查暗访,提出具体意见。三是让中介进行测评。我们先后两次投入40多万元,聘请国家统计局城市社会经济调查总队作为我局服务质量的“裁判员”,从硬件建设、服务质量、文明用语、餐饮供应、站容车貌、基础管理等六个方面,进行“品头论足”,全方位地展开测评,并以测评结果为标准,积极整改,奖优罚劣。通过建立和完善社会评价体系,使我们对全局的服务质量有了清醒准确的把握。对社会评价中提出的问题,我们不遮不掩,而是请著名经济学家厉以宁、《经济日报》副总编詹国枢、著名作家陈忠实等公众人物,对我局的服务质量进行剖析,提出改进的建议和对策,从而使我局的“服务文化”建设不断跃上新的台阶。在河南省文明办、省政府纠风办对全省25个行业作风状况调查评比中,郑州铁路局居第三位,旅客货主对铁路服务质量满意度达87.27%。

构建中联鲁宏以绩效为核心的执行力文化

——兼对中联鲁宏水泥有限责任公司企业文化建设的反思

李　苇

这曾是一家在辉煌中衰落身陷负债和亏损的困境中苦苦挣扎的企业,这曾是一家内部充满了矛盾争斗的企业,这曾是一家在外部市场中竞争力缺失的企业。然而就是这么一家国企,在1999年并入中国建筑材料集团后,五年里企业发生了天翻地覆的变化,企业规模由过去十年不变地停留在130万吨,五年的努力,到2005年年底产能一跃达到1000万吨;由过去仅局限于鲁南一隅,到今天分别在齐鲁大地上的青岛、济宁、菏泽、枣庄等地相继建立熟料基地、粉磨公司和商品混凝土公司;同时五年来企业培养了大批的人才,近两年来为集团内外的水泥企业提供了数位领军人物,这就是中国联合水泥公司的核心企业——中联鲁宏水泥有限责任公司。毫无疑问,中联鲁宏水泥公司的今天离不开国家政策的支持和集团、董事会的领导，我们也必须看到，中联鲁宏人“凝结众力、超越无限”的努力同样尤为重要。

1999～2004年公司企业文化建设的反思

成果

事实证明，一个企业的振兴离不开企业文化，中联鲁宏水泥公司的做法大体分了这么五步：一是开展观念变革使其成为企业文化建设的先导；二是进行价值观的“基因”再造抓住了文化建设的关键；三是把制度创新当做企业文化建设的保证；四是运用团队学习使其成为企业文化建设的手段；五是建立共享的愿景使企业文化建设有了动力之源。

五年的探索与实践，使中联鲁宏公司初步形成了自己的文化体系，形成了具有中联鲁宏公司特色的文化框架。我们把此概述为十个方面：一是以理念和价值观为核心的精神文化；二是以创新和高效为精髓的组织文化；三是以制度与自律的结合为准则的行为文化；四是以打造市场第一为目标的品牌文化；五是以统一集团标识为象征的视觉文化；六是以创造价值为宗旨的营销文化；七是以系统思考为追求的学习文化；八是以绿色家园为蓝图的环境文化；九是以企业家个性为特色的管理文化；十是以快速发展为愿景的战略文化。在此基础上形成了具有中联鲁宏特色又与中建材文化体系相传承的《鲁宏纲领》。

中联鲁宏公司五年来前后的变化，引起了集团上下和社会各界的关注，他们对于中联鲁宏公司这场变革中发挥了巨大作用的企业文化建设给予了充分肯定和高度评价。公司先后获得：枣庄市首批企业文化建设示范企业；山东省思想政治工作先进单位；山东省学习型组织创建示范单位；全国建材行业首届企业文化建设成果二等奖；中国企业文化促进会2004年企业文化优秀成果奖；中国企业文化最权威奖——第三届“中国企业文化建设成果奖”。

公司主办的以传播企业文化为宗旨的企业报纸《盖泽视窗》先后获枣庄市优秀企业报纸一等奖、山东省优秀企业报一等奖、全国优秀企业报一等奖。2004年度红豆杯“全国优秀企业内刊（报纸类）泰山奖”，被评为十大企业报，同时还获专栏和头版两个专项奖。2004年报纸获全国企业文化传媒贡献奖。

不足

一是强调了团队，有了狭窄利益的苗头，共享的缺失。个别部门的领导过多考虑了小团队利益，为了体现自己所在团队的优势，知识、资讯达不到共享；二是强调了竞争，出现了全局观的缺失。有时，不同部门往往对外部变化的假设和判断不一，过多关注了局部，忽视了协同竞争，影响了全局和整体的利益。三是强调了管理，出现了标准不一。由于对管理的认识标准不一，在加上领导者个人的能力、态度差异，使管理的尺度和标准不同，造成了让员工认为管理中人治的因素偏重，少数因人而异的现象容易让员工感到不公平；四是强调了形象，却没有形成内外一体的品牌意识，有时注重了一些虚的东西，没有把品牌做实。五是强调了创新，出现了少数管理骨干为了创新而创新，缺乏对创新深层次的理解。六是强调了学习，出现了消化不良综合症，出现了猎奇猎新现象，生搬硬套一些理论，不与公司实际结合。七是强调了效率，出现了不计成本现象。八是强调了责任，出现了人文情怀的失落。突出表现在少数管理者关注物大于关注人，忽视了员工的感受，过分强调了责任，形成了粗暴的工作作风，对员工缺乏尊重。九是强调了文化，但常常是行为却总是滞后于理念。公司倡导文化的理念非常先进、系统和科学，但总有少数人知行不统一。

上述现象有的尽管是苗头，是局部，有的也仅仅是细节，但这些东西不克服势必影响着企业的战略发展和业绩的提升。

对企业文化和执行力的再认识

我们不仅要问，真正的企业文化的表现是什么？我们认为一要看得见，二是感觉的到，三要自己做。所谓看的见，就是企业的文化要形象化，无论标识还是标准色，无论是职场还是员工的行为，无论产品包装还是公关宣传，一定要让人看得出，这是一家有文化的公司；所谓感受的到，就是让任何一个公司外的人或刚进入公司的人，在同公司打交道的时候，是无论接触到公司的产品，还是宣传品的，无论是亲临公司，还是旁观，从公司的每个细节上，都能感受的到公司的那种优秀的、做的比说的还要好的文化；所谓自己做，是说公司内上至总经理，下至一名门卫，都要身体力行实践着公司的文化，让先进的理念化为每一个人自觉的行为，没有例外，没有特权，公司文化纲领的执行上人人平等。

执行力不是简单的战术，而是一套通过提出问题，分析问题采取行动的方式来实现目标的系统过程；是一门将战略与实际、人员与系统相结合，以实现预定目标的学问，是领导者职能、公司战略和发展目标的核心部分。可见执行的确是一门完成任务的学问。

《执行》一书的作者拉里和拉姆说：执行力不足而产生的“企业病”在众多企业均有体现，具体特征是：

1. 内部运作效率低下，影响重要领导者对重要工作的关注和思考。

2. 管理和技术人员能力发挥不够，产生依赖思想。

3. 部门、车间以及部门之间缺乏顺畅沟通，导致有的计划难以执行到位。

4. 诸多虎头蛇尾、雷声大雨点小的现象，更常常令决策者和管理者力不从心。

5. 制度制定是起草者想如何，而不是应该如何，从而造成制度的执行先天不足。那么究竟影响执行力的因素是什么呢？

第一位的是领导者。执行力差，是从谁开始差的，至关重要。我们经常发现谈及执行力，领导者往往抱怨下属，其实执行力不仅仅是下属的事，真正的执行是从领导者开始的，舶来的CEO就是“首席执行官”的缩写，由此可见跨国大公司的执行力首要是从最高层开始的。一位优秀的领导者必须了解他的企业和员工，因为通过下属汇报获得的信息往往受到多方面因素的制约，尤其是个人喜好等因素的影响，而使信息欠准。这个过程实事求是是执行力的核心。然而我们又发现，实事求是往往是对过去容易对现在难，对下级容易对上级难，对别人容易对自己难。同样管理者的领导能力决定着管理团队执行力的强弱。

第二是发展战略。我们越来越清楚，执行是战略的基础，战略为执行提供方向。如果战略有问题，运营越积极后果越严重；如果战略正确，而执行不足，就会出现播种的是龙种，收获的却是跳蚤。

第三是协调运营。所谓同步协调——左手知道右手干什么。一个企业如果没有团队意识，是很难达到“行则步调一致的”。

最后是形成执行文化。领导企业建立一种执行文化并不是一门非常精深的科学，它其实非常直接。主要前提条件是你——作为一名领导者，必须深入而充满激情地参与到自己的企业当中去，并对企业中的所有人坦诚相待。无论你是经营一家全球性的公司还是一家小企业，领导者必须对自己的企业、人员和运营环境有着综合全面的了解。领导者可以通过个人参与的方式来推动自己的企业建立一种执行文化。

中联鲁宏企业文化的“253”模型

基于以上的认识，2005年，中联鲁宏水泥有限责任公司在向以绩效为核心的执行力文化转型过程中，在明确构建一个框架，这就是中联鲁宏企业文化的“253”模型。

所谓“2”，就是双元导向。中联鲁宏公司的价值观导向就是对内以员工为导向，对外以客户为导向。无数的事实证明，你想如何让员工对待你的客户，那么你首先要这样对待你的员工。客户是我们的衣食父母，客户是我们存在的理由。谁在为客户创造价值，是员工。因此善待客户必须善待员工，善待员工是为了更好地善待客户，这是一个紧扣而不能分离的圆。惟有此，才会实现企业价值最大化，才会提升绩效，才会给股东创造回报。这是理论上的导向，要想实现，公司各级管理者必须在工作中的行为上真正执行方可有效。

所谓“5”就是五环模型。这是一个环环相扣的闭环。从势开始。“势”是指文化造势，发挥文化的优势，中联鲁宏的二次创业是从文化再造开始的，并且发挥了作用，形成的特色，这个势依然需要发扬广大，因此用文化的先导作用，是构建中联鲁宏“253”文化模式的关键。

第二环是“学”，这是“学”是指组织要有选择性的学习，以“弥补不足、强化弱环”为重点。中联鲁宏公司在面临着上市后的发展，对于资本市场、关于价值管理都面临着许多课要补。只有学习才不致使企业落伍。第三环是“习”，这个“习”不是复习的“习”，而是学习型组织理论所强调的“习”，就是用。运用所学，改变行为，在好的东西如果学了不用肯定不会有效。因此学以致用，注重实践至关重要。第四环是“能”，有了前三个环节打下的基础，这一环重要提高能力，改变业绩上，只有每一个人的能量释放，能力提高，才会有组织的能量最大化，才会产生1+1大于2的力量。第五环是“力”，这个力是指企业的竞争力，有了高的绩效，企业才会有实力，才会形成企业的影响力，才会有市场的号召力，才会提升企业的竞争力。这个“力”环又重新为企业造势的这一环，形成了这种闭环。一环一环，循环往复，就在这个过程中使企业不断变强，不断变大。

所谓“3”，就是“三力”（领导力、执行力、职业力）支撑。中联鲁宏公司又具有非常好的战略和管理，又有以“我们生产凝聚力”为特征的文化基础，要想提升公司绩效，需要在领导力、执行力、职业力上下功夫，这就像一个大厦，需要支柱。对于中高层管理，“三力”都需打造，高层管理团队要更侧重领导力，以领导力来提升执行力；对于中层管理者，则侧重执行力，以此提升领导力和职业力；基层员工要更强化职业力。“三力”依然是以人为本的文化，“三力”的强化，势必影响到公司绩效的提升，只有绩效的提升，员工才会实现共同的愿景；只有公司的整体绩效的提升，才会使公司的品牌更有价值。因此全力打造“三力”是实现中联鲁宏公司实现双元导向，构建五环模型的关键。

中联鲁宏公司五年的实践，已初步构建了这么一个雏形，如何实现中联鲁宏这种以绩效为核心的执行力文化，需要从文化“先导”开始，进行管理“诊断”、制度“优化”、机构“扁平”、流程“再造”、创新“机制”、有效“培训”、全力“沟通”，从而实现公司的共同愿景，成为一个基业长青的优秀企业。

（作者系中联鲁宏水泥有限责任公司企业文化部）

神东文化是创建卓越煤炭企业的基石

王　安

企业文化是企业管理永恒的主题，是企业发展的不竭动力，是实现企业可持续发展的必由之路。神东煤炭分公司作为中国神华能源股份公司的核心企业，创建世界卓越煤炭企业，必须注重构建优秀的企业文化，用文化提升领导力、执行力和凝聚力，以文化促进神东整体发展水平。

回顾神东煤炭分公司的发展历程和多年的企业文化建设实践，我们对企业文化建设经历了从一般认识到深刻认识的过程，企业文化建设经过倡导、教育、实践和整合，积累了神东特有的优秀企业文化。这是神东二十多年来生产经营实践的文化积淀，是一笔宝贵的精神财富。神东文化绝不是简单词汇的堆积，也不是墙上的标语、口号、标识和标牌，更不能把文娱体育活动等同于神东文化。神东文化是价值理念和实践行为的高度统一。在神东发展历程中，每一项战略、每一个决策都是在神东特有的价值理念指导下制定的，而每一个工程的实施又充分体现了神东文化创新的文化精髓和发展的核心内涵。神东文化始终发挥着重要的、无形的作用。

孟子曾讲过，天时、地利、人和。对神东而言，市场是决定神东生存的重要因素，即“天时”；资源储备和赋存条件是公司成长的基础，即“地利”；无形的文化管理则是影响神东和谐与健康的“人和”。神东要持续发展，实现“创建世界卓越煤炭企业”的战略目标，就必须谋求具备“天时、地利、人和”三个条件。1998年至2005年神东煤炭分公司实现了连续七年产量千万吨增长，开创了世界煤炭史上的奇迹。在全国率先建成了国内亿吨级特大型煤炭生产基地，生产能力居国内第一，世界第三。实现了生产规模化、技术装备现代化、队伍专业化和管理手段信息化，成为世界生产规模最大、现代化程度最高的井工开采煤炭企业。主要技术经济指标均达到了世界同行业领先水平，2003年《神东现代化矿区建设与生产技术》同神舟五号一同获国家科技进步一等奖。神东超常规、跨越式发展离不开“天时”、“地利”的客观条件。离开了市场和客观的资源储备条件，神东不可能在短时间内“脱胎换骨”。但“天时不如地利，地利不如人和”。神东站在国际化的平台，广泛借鉴集成世界优秀成果，系统思考、整体推进，彻底跳出传统煤矿的思路，形成了全新的生产建设模式和技术思想，达到了借梯登高的效果。这也正充分体现了“始终不渝地坚持主观与客观的最佳结合，使团队和员工充满创造的激情”的神东哲学。

创新是神东文化的精髓。思想观念的创新是最大的创新。在神东发展历程中无不体现出创新发展的战略思想和“创新永恒，活力无限”的创新理念。神东矿井大盘区、大工作面、大采高的设计与布置、矿井综合自动化系统的应用、技术装备的选用、主动型生态环境建设等都是对传统观念的重大挑战和突破。“鼓励创新，容忍失误”。神东所追求的技术进步，决不仅仅是指技术本身，而是不断推动技术进步、提升管理水平的创新意识和挑战自我的精神。在神东核心价值理念的引导下，勇于变革，创新发展的思想意识。

伟大的创新是为伟大的使命而诞生的。在神东发展中，体现市场竞争的最高境界就是始终在变，神东惟一不变的是变革、创新、持续改进。而伟大的创新离不开伟大的使命和强烈的历史责任感。作为中国第一个亿吨级煤炭生产企业，神东人自觉肩负“引领行业方向、改变煤业形象，推动社会发展”的历史使命，在神东不断发展壮大的同时，不仅在规模、模式、装备方面要发挥示范效应，而且要从根本上改变煤炭产业形象，还要支持和带动地方区域经济的快速发展。基于这样一种观念和认识，公司在开发建设中，以更加强烈的责任意识，树立“回报社会、惠泽员工”的感恩意识，把自身发展的最终落脚点，定位在“保障能源安全、提升生活品质”的企业宗旨上来。目前周边地区经济社会面貌发生了巨大变化，成为最具经济活力的发展区域，特别是矿区中心区所在的内蒙古自治区伊金洛旗和陕西省神木县经济取得了快速发展。

安全是煤炭企业的天字号工程。安全文化则是神东企业文化的重要组成部分，离开安全谈企业文化建设，企业文化建设就失去了基础。因此，推进神东文化建设必须突出安全文化建设。安全文化建设的出发点和落脚点是为安全生产提供精神动力和智力支持，通过安全文化无形的“软约束”，促进员工自我安全意识的形成，有效弥补制度和监管的不足，形成安全生产的长效机制，取得安全生产效益和员工安全健康双赢。神东的安全文化是建立在“以人为本”这一最高宗旨上的文化，“关爱生命，关注健康”，“只有感悟不到的隐患，没有避免不了的事故”，“无人则安”的安全理念，始终贯穿着神东人特有的价值观和使命感。神东模式是神东文化建设的重要载体，“神东煤、神东矿、神东人”三个品牌形象的塑造是神东文化在这三个层面上的浓缩。神东模式、神东的技术体系支撑了现代化亿吨矿区的快速发展，也是构建本质安全型企业的硬件条件。而神东文化的建设有助于提高安全作业环境的水平，而安全的作业环境，又能有效地改变人的心智模式，提升员工的自信心和自豪感，为公司创造巨大的无形价值。2005年百万吨死亡率为0.0098，是美国平均水平的0.026低1.6倍，全国平均水平的3.18低300倍。

环境文化是神东文化的又一重要组成部分。在矿区开发建设初期，公司就确立了环境建设战略，站在人与自然协调发展的高度，“系统思考，科学发展”，积极推进绿色转变，以“产环保煤炭，建绿色矿区”的环保理念和“节约就是创造”的节约理念为指导，不断改善原生环境，减少开采造成再污染，根本改变井下作业环境，为企业的健康发展和树立国际形象奠定了坚实的基础。同时加强了人文环境建设，用良好的企业环境聚集人才，促进企业发展，获得更大的经济效益，实现了“环境、人才、效益”三者的良性循环。2005年公司荣获了第三届中华环境奖，成为惟一获此殊荣的企业代表。

有很多人讲，企业文化是一个虚的东西，企业文化建设是一项务虚的工作。应该讲说对了一半。文化是无形的，但它是无处不在，无时不有的。“无形胜有形”。在市场经济背后，有一只看不见的手，是价值规律；同时还有一只看不见的手，那就是文化。如果能虚实结合，它往往会比实的更有力量，有时会发挥不可替代的显著作用。神东文化融于企业的一切活动中，渗透于企业管理的方方面面。神东企业文化建设要贯穿于企业具体工作的各个环节，只有将文化融于管理，理念深入员工心中，真正做到虚功实做、以虚促实。

企业文化建设的一个重要途径就是实施全员培训。而学习的目的在于实践应用。美国的一位著名企业家曾说过：如果无法将想法变为现实的话，再宏伟的理念也是无济于事。就是说，先进的理念并不意味着成功，有意义的变革只能来自实际的执行工作，这一结论尤其适用企业文化的建设与推进。企业文化实践的最高境界应该是广大员工把文化理念内化为自己的信念或价值观，自觉地、规范地贯彻落实到日常工作和行为中去。神东文化建设要深入实践，关键是提高实施过程中的执行力。执行是一整套系统化的流程，它包括对方法和目标的严密讨论，坚持不懈的跟进，以及责任的具体落实。执行力的大小强弱，决定着工作水平的高低优劣。中层管理者，包括基层干部，是企业执行力的枢纽和中坚。在企业文化建设过程中，员工是最大的实践群体，对他们的教育引导，是企业主要领导、中层管理者和基层干部的共同职责。

建设先进的企业文化是由一个由企业领导积极推进，企业全体员工在管理实践中认知、认同并将其视为准则而共同遵守贯彻执行的过程，是一个循序渐进的实践过程。神东文化的推进过程中，各级领导要注重对企业文化建设的引导，并坚持与日常管理工作相结合，要把增强责任意识、使命意识和感恩意识贯穿到企业文化建设当中。增强责任意识，激发员工奉献企业的热情，把员工的荣辱融入到企业的荣辱之中，以企业的成功成就员工个人的成长；增强使命意识，使企业始终成为行业的示范企业，为带动行业发展作出贡献；增强感恩意识，使员工积极回报企业，企业积极回报社会。

（作者系中国神华神东煤炭分公司党委书记、总经理）

用文化力提升企业创新力和发展力

于 卓

回顾这几年所走过的路程，我们深深地感到，企业文化建设是企业改革、发展的核心工作之一，是我们贯彻党的十六大精神、忠诚实践“三个代表”重要思想的具体体现。企业文化建设为企业的改革发展提供了强大的理念支持和动力保障，是企业生产经营及各项工作顺利完成的重要环节和必要手段。

中国航空工业第一集团公司成立以来，非常重视集团文化建设，将此作为集团总体工作的核心工作来抓，放到集团公司实现跨越式战略发展需要的高度来认识，形成了以“航空报国，追求第一”集团理念、“激情进取，志在超越”航空人精神为核心的，具有中国一航特色的企业文化。

2000年初，我们对企业多年的困境进行了认真的反思，得出结论是：观念的转变与创新才是工厂脱困求发展的首要问题。在统一思想的基础上，很快形成“三个转变”的工作方针，即：转变思想观念，转变工作思路，转变管理方式，迅速在一航兴华上下掀起了学习、宣传、实施“三个转变”的热潮，为企业的改革和发展奠定了牢固的思想基础。经过六年的拼搏与奋进，目前企业发展已经进入良性发展的轨道，企业经济发展连续30%以上的速度递增，2005年三项经济指标全面完成当年任务，2006年上半年已实现时间过半，任务过半。2005年一航兴华被中共沈阳市委、沈阳市人民政府命名为“沈阳市文明单位”，领导班子被中国一航党组评为“四好领导班子”，2006年被沈阳市人民政府评为“沈阳市先进单位”。

几年来我们认识到，企业文化的核心是员工建立共同的价值观，其实质是以人为本的高层次管理，实践中我们宣传了海尔文化，通过学习和教育进行企业文化建设的宣贯，通过厂报、广播、音像等宣传，大力宣贯“航空报国，追求第一”理念、“激情进取，志在超越”航空人精神，使干部、员工了解企业文化理念的深刻内涵及价值取向，全面掌握企业文化的总体框架及总体要求，为一航兴华企业文化的创建奠定了思想基础。

加强企业文化建设，一靠学习，二靠实践。企业文化建设的成功与否，关键在于实践。我们努力在营造企业文化氛围上下功夫，先是推进理念系统建设，在工厂院内树立了大型理念宣传牌，“航空报国、追求第一”八个大字非常醒目；将工厂的13条理念，制成标语牌；在各分厂、部室悬挂；摆放式的小型理念牌在机床旁、办公桌、会议室随处可见，职工抬头就能看见工厂提倡什么？反对什么？用什么来指导自己的工作。职工工作在浓郁的企业文化氛围中，这种方式既美化了环境，又陶冶了职工的情操。对内对外树立了良好的企业形象，鼓舞了士气，振奋人心，把一航兴华和整个航空工业，和祖国的国防现代化建设，紧密地结合在一起，企业理念和航空人精神的宣贯，增强了干部和员工的责任感、使命感和自豪感。

为了增强企业核心竞争力，一航兴华党委提出并实施了“创新创效”活动，党委以“论坛”的方式，作为一种弘扬观念，阐述新理念，交流新经验的有效载体，来加强思想工作，弘扬先进文化，强化集团文化建设。

一流环境建设、“打造诚信航空”活动是一航兴华企业文化建设的重要内容，这既是企业形象建设的需要，更是企业稳定、职工安居乐业的需要。工厂对此高度重视，经研究按着6S管理要求整治了办公现场，新建了装配厂房和会议室，环境改造工程使企业形象发生了翻天覆地的变化，被列为沈阳市十二家清洁生产示范企业之一，厂区变亮了，变美了。职工感到舒心、顺心，有奔头。员工弘扬集团理念和精神，身着厂服、高唱司歌，激励着广大员工志在航空，献身兴华，拼搏在各自的工作岗位上。

今后，我们将继续在中国一航建设大集团战略指引下，加强企业文化建设，努力创新实践，实现经济跨越式发展，把一航兴华的明天建设的更美好！

（作者系中国一航沈阳兴华航空电器有限责任公司总经理）

打造胜利钻井品牌
创建知名钻井公司

袁建国

企业文化是现代企业管理理论和经营理念的创新和飞跃。现代企业的竞争越来越突出地表现为企业文化的竞争，谁拥有文化优势，谁就拥有竞争优势、效益优势和发展优势。在秉承胜利油田40年深厚文化底蕴的基础上，胜利黄河钻井总公司以“打造胜利钻井品牌，创建知名钻井公司”为愿景目标，大力实施文化制胜战略，提升了企业的核心竞争力。经济总量由1997年的18亿元攀升至2004年的36.72亿元。截至2005年11月份，公司共交井853口，钻井进尺突破180万米，创历史新高。我公司先后荣获中国企业文化优秀成果奖、山东省企业文化成果一等奖、“中国企业文化建设特别贡献奖”、“全国企业文化建设先进单位奖”等高层次荣誉称号，近期又被中央文明委授予全国精神文明建设工作先进单位。

建立三个形态文化，构筑胜利黄河钻井文化框架体系

构建科学完整、结构合理、层次递进的框架体系，是建设企业文化的基本要求。胜利黄河钻井总公司围绕观念形态文化、制度行为文化和物质形态文化三个层次，进行研究创新，构筑起比较完整的胜利黄河钻井文化框架体系。

一是总结提炼观念形态文化，确立广大干部职工共同遵循的价值取向。胜利黄河钻井在继承过去优良传统的基础上，对胜利黄河钻井文化核心内涵进行总结提炼，确立了以“创业奉献，创新发展”为内容的胜利黄河钻井精神；“以人为本，文化制胜，科学管理，追求卓越”的经营理念；“打造胜利钻井品牌，创建知名钻井公司”的经营战略；“用户至上，诚信守诺，规范竞争，互惠共赢”的经营准则。专门成立了科技文化、质量文化、安全文化、人力资源文化、廉政文化等子系统文化研究课题组，对各系统的价值观、管理理念、技术创新和服务理念等内容进行总结提炼，形成了“科学严谨，技术领先”的科技理念；“钻井施工创一流，诚信服务树品牌，追求质量零缺陷”的质量理念；“以人为本抓安全，求真务实抓安全，持续创新抓安全”的安全管理理念；“企业造就人才，人才成就企业”的人才理念；“立党为公、执政为民的权力观，清正廉洁、大公无私的廉政观，求真务实、勤政为民的形象观”的廉政理念；“上级为下级服务，领导为职工服务，机关为基层服务，后勤为前线服务，一切为用户服务”的服务理念，逐步构筑起具有行业特点和系统个性的黄河钻井子系统文化。与此同时，各单位结合自身实际，勇于探索，大胆实践，在总结提炼企业精神和基层“团队精神”、培植先进理念、提升队伍素质等方面，取得了许多具体的优秀成果。钻井五公司积极推进“钻头文化”建设，形成了以“选准目标，遵从规矩，攻坚啃硬，科学进取，不达目的不罢休”为主要内涵的“钻头精神”，着力抓好“钻头”、“人头”、“床头”和“灶头”，用先进理念和科学理论凝聚人心，激励职工队伍，精心打造最具竞争力的专业化钻井公司。今年，钻井五公司荣获山东省企业文化优秀成果一等奖。

二是健全完善制度行为文化，形成广大干部职工共同信守的管理规范。胜利黄河钻井总公司把观念形态文化融入到企业的制度层面上，结合管理体制、组织形式和队伍结构的新变化，对照国内外先进管理标准，健全完善企业管理制度，形成制度管理与文化管理并进的格局。公司先后制定了经济合同、资金计划、效能监察、内部审计等各项管理规定，形成了《钻井施工工序不安全行为150条》《钻井施工八区域危害识别80条》《钻井施工协作与交叉作业安全规定》等特色制度。以先进的企业价值理念为引导，健全完善了以岗位责任制为中心的各项管理制度，通过开展79次、80次岗位责任制大检查，不断修订和新建岗位职责和操作规程，做到事事有标准，岗岗有规范，人人有专责。为进一步规范领导干部和机关工作人员的行为，公司专门制定下发了《关于加强领导班子和领导干部自身建设的实施意见》、《领导干部行为准则》和《机关人员守则》，对职工文明公约、职业道德规范进行系统宣贯，用统一标准规范广大职工言行，塑造了干部职工队伍崭新形象。

三是建设发展物质形态文化，提升企业综合实力。胜利黄河钻井总公司从职工看得见、摸得着的物质形态入手，不断加强职工公寓、食堂和浴室等基本生活设施建设，基本实现了办公规范化、食堂餐馆化、住宿公寓化和文化娱乐经常化。为增强公司的综合竞争实力，公司先后配备了70LDB、50LDB、70DB、50DB、40DB、40D等能够适应国内外市场需要的新钻机，形成了种类齐全、结构合理的钻机组合。以加强文化阵地建设为重点，广泛开展丰富多彩的群众性文化娱乐活动。2005年10月12日由600名胜利黄河钻井职工组成的胜利威风锣鼓队代表中石化和胜利油田参加了第十届全国运动会开幕式表演，获得巨大成功。由60人组成合唱队代表中石化参加了“纪念中国人民抗日战争暨世界反法西斯战争胜利60周年全国合唱展演”荣获金奖、优秀组织奖和优秀指挥奖，充分展示了黄河钻井良好形象和胜利钻井人的时代风采。

创建三个机制，推进胜利黄河钻井文化建设向纵深发展

建立完善工作机制，是推进胜利黄河钻井文化建设的重要保证。胜利黄河钻井总公司以领导重视为关键，以品牌建设为平台，以教育宣传为阵地，探索建立了比较完善的工作运行机制。

一是创建领导工作机制，为推进企业文化建设提供保证。胜利黄河钻井总公司高度重视企业文化建设，每年都对胜利黄河钻井文化建设做出安排部署。2003年公司成立了由党政主要领导挂帅的企业文化建设工作领导小组，并制定下发了《2003～2005年黄河钻井总公司企业文化建设规划》，明确提出企业文化建设的指导思想、基本原则和主要任务，制定了具体实施步骤和保证措施，为推进企业文化建设指明了方向。与此同时，抓住有利时机，运用有效载体，强力整体推进，使企业文化建设不断迈上新的台阶。从2003年起，每年确定一个载体活动，制定具体措施推动活动的深入开展。先后组织开展了“企业文化建设年”、“企业文化建设深化年”和“品牌形象年”活动，营造氛围，全面铺开，为推进胜利黄河钻井文化建设打开新局面。

二是创建品牌建设机制，精心塑造企业良好形象。公司把品牌建设作为提升公司核心竞争力的重要平台，大力

实施品牌经营战略。坚持把以新时期黄河钻井精神为主要内容的黄河钻井文化价值理念渗透到品牌建设的全过程，“物化”到队伍、技术、质量、管理、产品、服务等各个方面，促进胜利黄河钻井品牌的个性塑造、形象树立和价值传递，使品牌价值真正转化为企业利润。胜利黄河钻井的名牌队伍以过硬的素质作风和明显的竞争优势，干别人干不了的大工程，啃别人啃不了的硬骨头，在国内外市场形成“四大亮点”：在南方海相打出多口重点探井，成功交出河坝1井、毛坝1井、毛坝斜2井等中石化重点探井；在新疆市场享有较高声誉，固井巴州分公司被西北局誉为“皇家固井”；在江苏芒硝矿藏开发市场“一枝独秀”，成功打出迄今为止世界上仅有的22对芒硝水平连通井，不仅叫响了胜利钻井品牌，而且为促进当地经济发展作出积极贡献；国外市场实现新突破，在伊朗顺利完成了阿旺1井、发瑞1井、阿旺2井，并有3台钻机闯入阿塞拜疆、哈萨克斯坦市场，现已完钻17口井。

三是创建教育宣传机制，营造浓厚创建氛围。公司通过形势任务教育、知识答卷等形式，加大胜利黄河钻井文化的宣传教育力度。充分发挥网络优势，制作开通了思想政治工作网页，并专门开辟了企业文化栏目，进一步加大网络宣传工作力度，及时将各单位企业文化建设有关经验在网上公布，充分发挥了联系上下、传递信息、交流经验、指导工作的重要作用。组织编写了《黄河钻井文化手册》，系统展示了公司发展历程、主要业绩、品牌，全方位塑造公司的全视角形象。并把《手册》作为普及企业文化知识的基本教材和学习读本，突出抓好宣贯、学习和应用，切实将黄河钻井文化“内化”于心，形成广大职工共同追求的价值取向；“固化”于制，形成广大职工共同信守的管理规范；“外化”于形，形成广大职工参与文化建设的实际行动。

发挥三种功能，推动公司持续快速发展

胜利黄河钻井总公司充分发挥企业文化的导向功能、激励功能和凝聚功能，充分调动广大干部职工的积极性和主动性，凝聚广大干部职工的聪明才智，推动了公司持续快速发展。

一是发挥导向功能，精心打造品牌队伍。胜利黄河钻井总公司把打造具有较高知名度和市场竞争力的品牌队伍作为创建知名钻井公司的内在要求，引导广大干部职工积极投身到公司改革发展的伟大实践中，把工作的热情和创造的激情转化为具体的实际行动。公司充分发挥思想政治工作优势，广泛开展创建文明单位、平安黄河、青年文明号等活动，在队伍中形成了解放思想、开拓进取的良好风气。坚持用典型引领队伍，充分发挥先进典型的榜样示范作用，努力营造“学典型育才，用业绩立身”的浓厚氛围，先后涌现出“中央企业劳动模范”周飞、“山东省离退休职工优秀共产党员”邓邦枢等一大批个人典型。深入开展“达标、创优、争强、夺名牌”活动，充分调动基层争先创优的积极性，为培养造就更多的名牌队、行业一强奠定了坚实基础。目前，公司拥有中石化金牌队5个、银牌队6个，管理局名牌队9个、行业一强队6个、优秀基层队22个，涌现出“全国青年文明号”固井巴州分公司、“山东省十佳巾帼文明岗”钻井三公司女子下线班、管理局“十佳示范队”32577队等一大批叫得响、过得硬、竞争力强的基层团队品牌。

二是发挥激励功能，积极创建学习型组织。胜利黄河钻井总公司坚持一把手抓“第一资源”，深入开展“创建学习型组织，争做知识型职工”活动，着力建设领导人才、专业技术人才、经营管理人才、党务政工人才和技能人才“五支人才队伍”，努力营造鼓励人才创新创业和优秀人才脱颖而出的环境，开创人才活力竞相迸发、聪明才智充分涌流的新局面。公司积极与上海交通大学、西南石油学院、石油大学等高等院校联系选送优秀技术人员学习深造，在广大职工中组织开展了“文化达标”竞赛，充分发挥劳动竞赛的激励作用，分系统有计划地对职工进行爱岗敬业教育和专业理论、技能培训，有效地激发了职工学习文化技术、自学成才的热情。目前，公司已有19人获得硕士研究生学位，有高级工人技师22人，工人技师151人，高级工2074人，中级工2374人，初级工2045人。2005年，公司荣获“山东省学习型组织标兵单位”。

三是发挥凝聚功能，组织开展“两深入、两心系”活动。胜利黄河钻井总公司坚持把深化“两深入、两心系”活动作为构建和谐稳定发展环境的有效载体，大力实施“聚心、聚智、聚力”系统工程。今年以来，两级领导带领科室人员先后走访基层队265队次、职工家庭1617户次，走访职工、家属15353人次，慰问住院职工、家属527人次。全年向基层征集汇总61条意见和建议，全部作了答复或解决。在深化劳动人事制度改革任务非常艰巨、大力压减精简机构的大背景下，千方百计、想方设法推动就业和再就业工作，新安置215名职工待业子女就业，有就业愿望的660名协解人员全部实现了再就业。组织全体干部职工群众进行健康查体，总人数近15000人。党员干部亲民、爱民、为民的实际行动，赢得了广大职工群众的欢迎和拥护，公司上下形成了政通人和、干事创业、廉洁勤政、共谋发展的浓厚氛围。

（作者系胜利油田黄河钻井总公司党委书记）

文化有力量　管理出效益

上官建新

我们公司隶属中国石油天然气集团公司，负责28家炼油企业和全国的21家销售企业的炼油业务和油品销售业务。我们公司业务主要分布在全国各地，到2004年底，我们有650座油库，库容718万立方米，加油站1.8万座、员工18万，去年我们卖的油近7000万，在国内占43%的份额。我汇报3个问题：

发挥企业文化导向和凝聚作用，用文化的整合促进企业的重组

大家都知道在1998年的时候，国务院对石油、石化进行

了重组，当时就把东北、西北、北部地区的15个省份的销售企业划归了我们中国石油，同时把中石化的一批队伍，还有一批当时属于商业系统的一批油品供应的队伍也划给了我们，我们这支队伍来源于石油、石化、商业、地方。这几年我们又大力地开发了销售网络，买了1万多个加油站，这1万多个加油站分布在全国各地，我们队伍成分来自不同的部门、不同的行业、不同的地区，而我们1.8万个加油站的资本构成性质又极为复杂，有国有的、有集体性质的、有合资的、有合作的、有连锁的、有个体经营的，还有外资企业的。在这种情况之下，各个层面的成分复杂，结构复杂，员工构成复杂，怎么办？所以差异都很大，价值取向、管理方式、思维方式、文化背景、包括一些传统等等都非常不一样，怎么办？企业要发展，要整合，整合之后要在国外上市，在这种情况之下，我们集团的党组提出来要求我们企业的整合首先要从人的整合开始，人的整合首先要从文化的融合做起。要求我们继承发扬中国石油的优良传统，广泛地吸纳石油队伍以外的优秀的企业文化，借鉴国内外的先进经验。我们开展了一系列的企业文化建设工作。

首先，我们用大庆的精神凝聚员工队伍。大家知道大庆不仅贡献大，而且有光荣的传统，铁人精神、三老四严和严格的管理制度、管理程序等等，把这些作为融合队伍的一个基础。因此，我们采取了办学习班、干部轮训、入厂教育，宁可发工资停产进行轮流的培训。从1998年到现在我们把员工培训了20万人次，处以上的干部轮训了两遍以上，基层干部的轮训每年都在进行，通过这种培训应该说使广大的员工逐步了解、认同、接受了中国石油的企业文化。

第二，用中国石油的企业文化培养我们共同的理念，我们集团党组非常重视企业文化建设，在2003年的时候，就制定了石油集团公司文化建设的纲要。纲要发布之后，我们就按照要求学习贯彻，首先要求在所有销售企业的办公区、会议区、油库、加油站、港口、码头、运输的车辆等作业区域内布置宣传中国石油的标识、宣传中国石油的企业宗旨、宣传中国石油的企业精神、宣传中国石油的核心经营理念。通过这一系列的宣传，不仅为我们销售企业在社会上树立了很好的形象，同时凝聚了我们的员工。

第三，用销售企业自己的文化来引导我们销售企业的员工。销售企业具有商业、贸易、服务业的特点，大庆油田，胜利油田他们属于上游企业，炼油属于中游，我们属于下游。要搞好销售，我们首先做文化。我们考虑销售企业它有服务的一面、有形象的一面、窗口的一面，18万销售员工一手是钱，一手是货，我们每天通过这些销售回笼货币9个亿。我们根据集团公司的要求，搞了一个中国石油成品油销售企业的文化手册，比方说我们把销售企业定位为：做最受信赖的成品油供应与服务商；把市场理念规定为："客户为天、致诚致信、互惠共赢"。大家知道中国石油、中国石化、中海油这几家企业在销售领域竞争激烈，同时面对国外的竞争。在这种情况下有一度我们的竞争存在了一些你死我活的现象。后来我们理性的分析之后认为，有人提出双赢，有的人说双赢还不行，要互惠共赢，这服务理念要求我们关注细节，用心去做。我们每个人都经常去加油站加油，我们有一个加油站的姑娘服务非常好，她没有惊天动地的技术，很细致把油加好、玻璃擦干净、零钱找好，这一点非常重要。在质量方面我们提出品质一丝不苟、数量分毫不差、服务无微不至；SHE理念我们提出关注健康，从健康的时候开始；在安全方面我们提出一切事故都是可以控制和避免的；在环境方面提出关爱环境就是关爱自我；在人才理念方面我们提出人人是人才，人人有舞台。因为我们18万职工相当一部分是从社会招聘来的带有临时性的用工，所以这支队伍我们认为每个人都是人才，信赖他们。

发挥企业文化的激励和辐射作用，用先进典型展示有形的企业文化

中石油企业有一个光荣的传统就是抓典型，几年来我们坚持按照选出先进典型、弘扬企业精神、激发员工潜能来促进企业改革和发展。做了这么几件事情。第一，先后在销售系统开展了销售风采的演讲比赛，在全国各地的加油站我们搞演讲比赛，组织开展学先进、选最佳的活动，组织中国石油销售系统先进事迹报告团到销售企业的基层做巡回演讲，有些人认为这个形势比较旧，但是很管用。第二，表彰了中国石油的10座标杆油库，10名模范加油站长，10名加油状元，选树了一批典型，在方方面面进行宣传。同时我们还开展了一系列的行之有效的文化活动，比方说全国的56个民族我们这个系统全有，怎么样形成一个大家庭？所以我们利用全民族大做企业文化、和谐团结的文章，也起到了很好作用，这些方面我们正在继续往前做。

发挥企业文化的约束和调控作用，用科学管理提升企业管理

几年来我们把树立企业形象、提升中国石油品牌价值，作为企业文化建设的重要内容，坚持科学规范管理，内强素质外树形象，不断提高企业的管理水平，加强加油站的管理，提升中国石油的品牌，在这里面我们学麦当劳、学肯德基、学沃尔玛。我们制定了中国石油加油站的建设标准，按照这些标准明确视觉形象的手册，按照统一标准对加油站进行统一的包装，包括灯光、加油机的布置，包括标语口号的规范。制定了销售企业安全环保管理手册，严格油品质量管理和SHE管理，为地方经济发展提供优质的油品资源，注重企业与社会的和谐发展，开展了一系列活动。比方说扶贫帮困，捐助希望工程，为英雄义卖等等，因为加油站遍布全国，这些活动提升中石油的品牌。第二个事情提高服务水平，树立诚信的形象，服务上坚持诚实守信，始终把顾客满足作为中国石油企业永远的追求，向社会和客户公开承诺中国石油加油站计量准确、质量合格、明码标价、服务一流；制定了加油站的管理规划，统一了标准用语。在我们加油站里面加油，小姑娘从把车引进来，到加油、到付款、到送走12个动作编成了13步曲、编成了歌，排成了操，每天上

班之前小姑娘要做13步曲的动作，这样以后非常好。同时我们对加油站按照五星级酒店这种办法定期进行评选，五星级加油站、四星级加油站、三星级、到了二星级以下我们要促其整改，现在有一批加油站的厕所已经接近了国外的水平。同时按照服务群众、微笑服务的办法，送油上门、送货上门、送货下乡，比方说抗震救灾，引导职工宁可赔钱也要服务到现场。同时我们还采取了一些神秘顾客访问制度，抽一批人经常去监督检查，通过一系列的活动赢得了社会对中国石油品牌的认可。尤其在南方，过去是中国石化在南方，中国石油去了以后，通过这几年的艰苦工作，也得到了南方市场的逐步认可。还有履行三个职责，赢得社会的尊重。中国石油的销售企业认真履行经济责任、政治责任和社会责任，努力保障成品油资源的供应，维护工农业的正常生产。今年大家知道由于国内外一系列复杂的原因，油品市场供应非常紧张，我们在原油加工越多，亏损越大，加工一吨原油我们要亏损将近1000块钱。在这种情况之下，我们安排炼油厂开足马力生产，全力保证市场供应，在进口一吨油，价格倒挂1000块的情况下，紧急组织进口了一批柴油供应了部分紧缺的市场。前一段时间广东一度闹油荒，我们就从北方不计报酬用大船调到广东市场，给广东市场救急。山东青岛过去不缺油，但是今年由于价格原因一度油也很紧张，中国石油当时就像社会和媒体作了“不限量、不断档、不限价、不变质”四个承诺，这都体现了中国石油诚信、诚实的企业宗旨。我们还开展企业文化活动，提升企业的凝聚力和形象。这些年我们自己搞了很多的文化演出，搞了一批杂志报刊，现在我们搞了一个小报纸叫做“现代司机报”，每个司机来加完油以后，不要钱送给你一打报纸，我们采取了引进广告，以报养报，送报纸给司机，起到了很好的效果。同时也宣传了石油、搞了促销，效果很不错。

通过这几年的企业文化建设，我们尝到了甜头，就是说在这么复杂的情况下，涵盖全国30个省份、480个地区、1600多个县，在这个幅度之下，通过企业文化潜移默化地影响、融合、凝集了职工，起到了很好的作用。

（作者系中国石油炼油与销售分公司党委副书记、纪委书记、工会主席）

人性如水　管理是器

邹笃锋

人性如水，盈科而后进。性恶论与性善论的历史思辨，X—Y理论的人性假设，都为现代管理思想的形成与发展提供了丰厚的文化养料

在中国传统思想文化中，对人性存在许多不同的认识和看法，比较有代表性的是荀子的“性恶论”和孟子的“性善论”。荀子认为，“生之所以然者谓之性”，人生来就有耳目之欲，生色之好，“目好色，耳好声，口好味，心好利，骨体肤理好愉快”（《荀况·性恶》）。饥而欲食，寒而欲暖，劳而欲息，好利而恶害，这些都是人的本性。如果按照人的本性行事，就要争夺而无谦让，互相残杀而无忠信，发生淫乱而无礼仪。荀子认为人性的恶是可以改变的，“君子小人者，未尝不可以相为也”。“相为”就是互相转化。

孟子主张人性生来就是善的，“人之性善也，犹水之就下也，人无有不善，水无有不下。”（《孟子·告子上》）水“源泉混混，不舍昼夜，盈科而后进，放乎四海”。他认为，人和禽兽不同，就在于有仁义，有同情心，有生活秩序。仁、义、礼、智四端是人与生俱来的品质，人们只是受了物欲的障蔽，才丢失了这种本心。他提出：“存其心，养其性，所以事天也。”（《孟子·尽心上》）认为人心的职能就在于思考反省，“思则得之”，存心养性。

德国哲学家黑格尔认为，无论说人的本性是善还是恶，都是很伟大的思想，主张“善与恶是不可分割的”。他针对康德所说的“善良意志”，着意强调人性中“恶”的作用，说恶是历史发展动力借以表现出来的形式。恩格斯对此加以肯定地指出：“自从阶级对立产生以来，正是人的恶劣的情欲——贪欲和权势欲成了历史发展的杠杆”（《马克思恩格斯选集》第四卷第233页）。

1957年，美国社会心理学家道格拉斯·麦格雷戈在其《企业的人性面》一书中提出了颇有影响的“X—Y”理论。他将传统的指挥和监督理论命名为X理论，而将自己提出的理论命名为Y理论。依照麦氏的归纳，X理论对人的本性的假设主要是：一般人生来就是懒惰的，希望工作越少越好，所以总是设法逃避工作；一般人都缺乏责任心，愿意接受别人的指挥或指导，而不愿主动承担责任；人生来就以自我为中心，对组织的要求和目标漠不关心，把个人利益放到一切之上；人习惯于守旧，反对变革，不求进取；只有极少数人才具有解决组织领导问题所需要的想象力和创造力；人是缺乏理性的，一般不能控制自己，易受外界或他人的影响。X理论实际上是基于“性恶论”的一种人性的假设。依照这种理论，工人只是会说话的机器，管理人员必须实行“胡萝卜加大棒”的政策方能奏效。麦格雷戈提出了与之相反的Y理论。Y理论对人的本性的假设是：人并不是生来就懒惰，而要求工作和劳动是人的本能。人对工作的喜爱或厌恶，主要取决于这项工作对他是一种满足，还是一种惩罚；外部控制和惩罚不是使人朝着组织目标努力的惟一办法，人对自己所赞同的工作目标不但不会消极抵制，而且会积极参与，参与过程中人能够实行自我指挥和自我控制；为实现目标做出贡献是人们获得成就的报酬的函数。这些报酬中最主要的是自尊和自我实现的需要的满足，它们其实是为实现组织目标所作努力的直接产物；在正常条件下，一般人不但学会接受责任，而且追求责任。逃避责任，缺乏雄心壮志，以及强调安全感通常是经验造成的，并非源于人的本性；不是少数人，而是大多数人在实现组织目标过程中，都有相当高的想象力和创造力；在现代工业生活条件下，一般人的智慧潜能部分地得到发挥。这种理论主张，管理者要因人而异地采用领导、协助和教育等方法，要用启发与诱导代替命令和服从，用信任与关怀代替监督与惩罚。Y 理论实际上是基于“性善论”的一种人性假设。它所提供的关于人的本性和人类行为特征的认识，至今仍在世界范围内为企业管理人员所重视和采用。

早期的管理把人看作是“经济人”，人不过是机器的附属品。霍桑试验从人性的角度揭开了管理思想转变的序幕，其主旨和导向就是张扬人性，做事似水

1924 年，美国学者梅奥在霍桑工厂进行了试验：首次把“人性”问题引入管理学，并提出了社会人假说。

人性是具体的、历史的，“人的本质并不是单个人所固有的抽象物。在其现实性上，它是一切关系的总和。”（《马克思恩格斯选集》第 1 卷第 18 页）人性随人类历史发展而发展变化。人性的善恶，在不同时代有不同的标准和不同的表现方式。人们所争取的一切，都与其利益相关。天下熙熙，皆为利来，天下攘攘，皆为利往。孔子说：“富与贵，是人之所欲也，不以其道得之，不处也。贫与贱，是人之所恶也，不以其道得之，不去也。”（《论语·里仁》）他还说：“邦有道，贫且贱焉，耻也；邦无道，富且贵焉，耻也。”（《论语·泰伯》）人性向往富贵而恶于贫贱。然而君子爱财，取之有道。在国家繁荣昌盛时自己却家徒四壁是一种羞愧，在国家积贫积弱时自己飞黄腾达更是一种耻辱。义利观是价值观最直接的表现，也是人性最本质的体现。人性如水，永不停息地运动，具有万折必东不回头的品格，具有赴百仞之谷而不惧的气概。

做事似水，就是学习水的品质。《道德经》中说：“上善若水。水善利万物而不争”。“天下莫柔弱于水，而攻坚强者莫之能胜。”孟子认为，水在修养过程中具有重要意义，并指出雨露的功能就是“养”和“润”。做事似水，就是要简简单单，化繁为简，道法自然。一些企业在其文化理念中融入水的特性。如北京信一净化美饰工程公司大力倡导“水”的精神：像水一样，除了自己流动以外，还不时带动其他物体，促使或帮助其他物体行动；像水一样，在遇阻力或障碍时，反而加倍努力，释放出全部能量，与障碍搏击；像水一样，虽然只是涓涓细流，但却具有坚韧不拔的意志，持之以恒、水滴石穿；像水一样，在工作时要有“无孔不入”的精神，注意每一个细节；像水一样，涤荡污垢而其力不减，永远保持清洁的本质，追求自我进步，并帮助别人进步。胜利油田供水公司“永不停流”的企业精神，不仅是一种敬业进取的工作追求，更体现了一种与时俱进的发展理念。

人性随物而化，顺境而变。激励理论的主旨就在于针对人的需要采取相应的管理措施，以激发动机，激励行为，形成动力

战国时告子提出：“性犹湍水也，决诸东方则东流，决诸西方则西流，人性之无分善恶也，犹水之无分东西也”（《孟子·告子上》）。认为人性如水，随物而化，顺境而变。

人因环境和自身条件变化而不断产生新的需求和动机。动力来自热情，热情需要激励。在激励与惩罚之间，企业文化的价值取向应该是以激励为主。

在弗洛伊德精神分析学说基础上，美国心理学家马斯洛在《人类动机的理论》与《激励与人》两本著作中，系统地提出了“需要层次论”。此理论启示我们应更好地从文化心理上去满足企业职工的高层次需要。

心理学家认为，人在无激励状态下只能发挥自身能力的 10% ~30%，在物质激励状态下发挥自身能力的 50% ~80%，在得到适当精神激励的状态下，能将自己的能力发挥 80% ~100%。物质激励到一定程度，就会出现边际递减现象；而来自精神的激励，则更持久、更强大。日本东芝电器公司提出，如果一个人有 100% 的能力，而只给他 80% 的工作量，他的能力将退化；如果一个人有 100% 的能力，而只给他 100% 的工作量，他的能力不会提高；如果一个人有 80% 的能力，而给他 100% 的工作量，则他的能力将有突破性提高。这可说是一种目标激励。

构成卡尼曼“前景理论”的两个定律，一是人在面临获得时，往往小心翼翼，不愿冒风险；而在面临损失时，往往又都成了冒险家；二是人们对损失和获得的敏感程度是不同的，损失的痛苦要远远大于获得的快乐。因此，人们在既得利益面前往往有保守倾向，甚至不思进取，表现出一定的惰性。人性的征程，最糟糕的境遇往往不是贫困，不是厄运，而是精神和心境处于一种无知无觉的疲惫状态。长期固定从事某一工作的人，都将逐渐丧失对工作内容的敏感而流于循规蹈矩。这种“疲钝效应”说明，才干于压力下增长，活力在流动中迸发。要使人安心一项工作并且有很高的成就感和很强的责任感，必须要有愿景激励。愿景是对理想和高于现实目标的具体描述，是创造性的原动力。

美国哲学家威廉·詹姆斯指出：渴望得到别人的认可和赞赏，是人类埋藏最深的本性。认可和赞赏可以提高人的情商指数，使人激情进取，热情工作。要给理性注入激情，也要给激情加一个理性的内核。这就需要把握“情感强度”。情感强度源于自我发现和自我超越，这也是人力资源管理技巧的基础。落实任务需要执行者具有一系列行为方面的特点，而如果一个人缺乏情感方面的强度，他将很难形成良好的行为习惯。“自我超越”意味着人能够克服自己的缺点，做到真正对自己的行为负责，能够随着环境的变化对自己的行为和心态进行调整，善于接受新事务并能够始终如一地坚守自己的道德准则。

“道之以德，齐之以礼”，把文化管理与制度管理结合起来，既能为职工提供精神支柱和动力源泉，又可使企业保持制度的控制效力和创新活力

管理是器，器是一种度量，一种空间，一种规矩，意味着控制和约束。水是柔软的，把它盛在方杯里，它就是方的；

把它盛在圆杯里，它就是圆的。用好的制度约束人的行为、规范各项管理，是现代社会及其组织的基本特征。在各项法规和制度越来越趋于完备的情况下，关键是要按制度办事，用制度管人。管理的要诀在于因人而异，因事而异。

文化自律是制度刚性约束的补充。如大庆石油文化中的“三老四严”、“四个一样”等价值理念，就是体现制度要求的行为规范。文化管理已经成为现代企业管理的新趋势。要把文化融入到管理中，把制度管理与文化管理紧密结合起来。制度要与文化理念保持一致。文化理念所鼓励、提倡的，制度要给予奖励；文化理念不鼓励、不提倡的，制度要进行惩罚。也就是说，制度管理主要是通过奖惩措施来直接规范职工的行为，是对职工进行强制性的外部规范；文化管理则主要通过影响职工的思想，尤其是价值观念，使其实现自我管理。文化管理是一种“软管理”，是管理的高层次、高境界。通过文化管理，把硬性的制度加以软化，使刚性的制度富有弹性，让强制和外在约束变成自觉和自主管理，变防范、惩戒为充分信赖和不断激励。

以价值观为核心的企业文化，其存在远胜于有形的规范。制度管理与文化管理相结合的最高境界，应当是其控制过程和执行结果既对职工具有不可抗拒的约束效力，又能充分其调动积极性，激发创造力。

企业文化力测评指标与量化方法的研究

蔡二雨

随着企业改革的深入和现代企业制度的建立，对企业文化更高层次的建设与理论方面的深入研究也提出了一系列新的难点和问题，企业文化力就是其中的重要内容之一。因此，进行企业文化力及其绩效研究具有重要的理论意义和实践价值。

企业文化力的涵义

企业文化作为一种以人为本的新的企业管理活动模式，同其他管理活动一样，本身就属于生产力的内容。如同科学技术，企业文化一旦真正应用或渗透到具体的生产过程中，它就会由潜在的生产力状态转化为现实的生产力，对企业经营活动起到直接的推动作用。

企业文化力是一种具有鲜活创造力的人文资源。在企业群体人身上所凝结起来的企业文化力，明显地具有以下四个突出的创造性特征：

具备创造性的增值特征

在企业生产经营投入产出过程中，投入企业文化力，可以创造出新的价值，即可以增值。这是物质资源所不具备的。从这种意义上说，穷企业、小企业、弱企业可以因其强悍的企业文化力量的积蓄和运做，变成富企业、大企业、强企业。

具备反复使用性的增值特征

企业文化力不仅仅在一次性的投入产出过程中完成一个增值的创造过程，而且，可以在下一次，乃至多次进入投入产出循环过程继续使用。它不会随多次使用而减少价值，却有可能被磨砺得更加强悍有力，更具增值的创造力。

具备传递性的增值特征

企业文化力能够通过传媒载体加以传播，发送企业文化力的一方，绝不会因传播了自身的企业文化力，而减弱其创造增值力，接受企业文化力的一方或几方，却可因其接受了企业文化力而增强了自身的创新力和增值力。

具备整合性的增值特征

企业文化力是一种企业群体人的整合文化力。它不是某一个具体实在的人而是企业文化角色化、人格化、哲学化的整体象征人。在它潜移默化地“指挥”下，成千上万个企业人借助企业文化力，意气风发，协同作战，使企业整体的投入产出循环变成通畅顺达的群体良性增值过程。

企业文化力测评指标体系

企业文化力是企业内在品质的集中反映，也是企业内部结构与功能耦合的结果。企业文化力是一个质和量相统一的概念。因此，为了对企业文化力作出全面而准确的评价，单纯采用一系列易于量化的硬指标是不够的，还需要选择一些软指标作为必要的补充，从而建立一套完整的企业文化力测评指标体系。

企业文化力测评指标的选取原则

测评指标的选择关系到测评结果的正确与否。因此，必须理论联系实际，全面、准确地选择企业中具有代表性的要素指标，构造一个综合性强、涵盖面广、既公正合理又具有一定可比性、可操作性的企业文化力测评指标体系。为此，应遵循以下原则：

综合性原则。企业文化力是弥漫于企业时空的群体价值观、群体意识形态和群体文化形式的总复合力。其作用涉及企业的制度执行、民主管理、企业形象、企业凝聚力等各个方面，而且，每个方面又是互相联系，互为因果。因此，在选择企业文化力指标时，要考虑到上述方方面面的因素，必须坚持综合性原则。

科学性原则。所谓科学性原则就是实事求是的原则。离开实事求是的原则，任何科学研究也难以获得成功。在研究工作中，要坚持客观、公正、真实地调查、收集、整理数据，才能使所选择的指标能够较全面地反映企业文化力的客观现实。

需要与实际相结合的原则。有比较才有鉴别。在研究企业文化力进程中，比较研究是不可缺少的重要步骤。选择或构造一个“理想”的测评指标体系并非易事，因为理想的测评指标必须同时具有良好的可操作性和全面性。在现实生活中，大量的原始指标不可能同时具备上述两个条件。在研究中，凡是需要而又能直接选择利用的统计指标应尽量直接选用。

借鉴与创新相结合的原则。多年来，一些知名的国内外专家对文化力已经进行过大量的研究，做出了很大贡献，积累了比较丰富的经验，为企业文化力测评指标的设置、量化和测算方法等方面提供了可供借鉴的经验。因此，要吸取其精华，弥补其不足，并要结合时代要求和中国国情，创造性地选择一些较理想的测评指标，使测评指标体系既实用又科学。

硬指标体系的建立

促进企业经营业绩的增长，加速企业发展是企业文化建设的归属，或者说是企业文化建设的最终目的。因此，反映企业综合经济效益的指标应作为评价企业文化力大小的一项重要指标。因为反映企业经济效益指标的数据来源是客观的，计算是科学的。为简便起见，将这类指标统称为企业文化力的硬指标。

根据国家统计局关于改进工业生产经济评价考核指标的有关文件精神，结合目前企业核算综合经济效益的实际，着重选择了7个硬指标，从企业盈利能力、发展能力、偿债能力、营运能力、产出效率、产销衔接状况等6个方面来衡量企业文化力对企业经营业绩的影响。这7个硬指标是：总资产贡献率、资本保值增值率、资产负债率、流动资产周转率、成本费用利润率、全员劳动生产率、产品销售率等。

软指标体系的建立

单纯采用上述硬指标体系对企业文化力进行测评是不够的。为了更全面反映企业文化力的强弱，还需建立一套完整的软指标体系。

在参阅、借鉴国外学者研制的《绩效量表》、《气氛量表》、《竞争量表》、《文化量表》、《价值观量表》及国内有关企业文化管理与经济绩效评价研究成果后，设计了16个软指标，包括：经济效益、制度执行、职工对工作满意度、职业道德、企业价值观念、激励机制、职工收入、民主管理、企业精神、企业凝聚力、干群关系、企业活力、企业发展潜力、企业环境、企业形象及企业管理水平等。

（摘自《中国企业文化研究》2005年第1期）

学习型企业的创建与实践

丁宝福

北京医药股份有限公司（以下简称北药股份）前身之一是创立于1950年的北京市医药公司。2000年12月，公司改制为国有控股的股份制企业。北药股份拥有总资产13亿元，拥有六个销售公司、一个物流配送中心、一个医药零售连锁企业和一个制药厂，现有员工1000余人。目前，北药股份销售网络遍及北京市及华北、东北、西北地区，形成了对北京市医药市场的有效控制，对我国北方医药市场的大范围覆盖。2005年实现销售收入40亿元，为北京市最大的医药流通企业、全国医药流通企业二十强之一。

近五年来，北药股份荣获“北京市优秀企业管理奖”、“北京市百强企业”、“北京市十大名企提名奖”、“全国职工职业道德建设先进单位”、“全国企业文化建设先进单位”、“北京市思想政治工作优秀企业”、“首都文明单位标兵”、北京市国资委“先进基层党组织十大标杆”等荣誉称号。

创建学习型企业的背景

21世纪企业面临着一场前所未有的社会变革，即学习型社会的到来。学习型组织是学习型社会的基础，它是一种适应知识经济和信息化时代要求的新型组织管理模式。学习型企业也是一种学习型组织，建设学习型企业对于北药股份来说具有极其重要的意义。

创建学习型企业是应对医药行业竞争挑战的需要

伴随着知识经济和信息化时代的到来，伴随着我国加入世贸组织后医药市场的全面开放，国内医药市场竞争环境日趋严峻。以北京医药市场为例，2005年药品经营企业达到300余家，竞争手段不仅是过去的低水平的价格竞争，而且有高科技的信息网络、电子商务、现代物流配送的竞争。国际医药大鳄也窥视中国市场，纷纷以现代经营观念、资金、品种、管理的优势进入医药流通行业。与此同时，国家加大医疗体制改革力度，为解决百姓“看病难，吃药贵”问题，进行了18次药品大降价，医药流通企业的平均利润由2.5%下降到0.47%。在激烈的市场竞争中，北药股份认识到：增强企业的核心竞争力，巩固在市场中的地位，关键在于与时俱进、善于学习。

创建学习型企业是走创新发展之路的必然选择

2000年末，北药股份由具有五十年历史的国有独资企业，重组改制为多元化成份的股份制企业。改制后，公司领导班子按照科学发展观的要求，走创新发展之路。决定摒弃传统的分层式管理模式，实行“统一采购、统一核算、统一管理、统一配送”的扁平式管理模式；摒弃传统医药流通企业的人搬肩扛手工操作，实行信息化、自动化物流配送操作；摒弃传统的经验式管理方法，实行业务流程化管理（BPR）和企业资源计划管理（ERP）方法，大力发展医药连锁经营和现代物流配送体系，成为中国医药流通产业旗舰。学习型组织是这些科学化管理的基础，新机制新模式要求北药股份整体上具有更强的学习能力。

创建学习型企业是全面提升员工素质和能力的迫切要求

员工是企业行为的主体、是生产力中最活跃的因素，员工素质和能力的高低关系到企业的创造力和凝聚力，关系到企业的生存与发展。改制后，北药股份不以牺牲员工利益作为企业改革发展的筹码，全部接收了1400名原国有企业员工。但是，当时员工中四十岁以上的占员工总数的46.4%，高中以下文化程度的占员工总数的40.6%；领导班子成员基本上是原来国企干部，信息化知识、现代管理水平普遍偏低。这种状况与企业未来发展要求形成明显的落差。

北药股份领导班子认真剖析了核心竞争力的五个方面：公司员工的知识和技能、公司的技术开发和创新能力、公司的管理和生产经营能力、公司品牌的创造能力以及企业文化和价值观的渗透能力。从这五个方面来看，领导班子深深感到起根本作用的还是员工的知识和技能，因为后面四项能力的高低都取决于公司员工知识和技能的高低。核心竞争能力不能由外界给予，只能从企业内部构建。一靠开发和学习新的能力，二靠强化现存的能力，这两种途径都必须通过学习型组织来完成。因此，全面提升员工的素质和能力是企业发展的迫切要求。

在此背景下，北药股份从2001年开始关注学习型组织的理论和国外学习型组织建设的经验，组织高层管理者学习《第五项修炼——学习型组织的艺术与实务》，请专家进行培训，把"建设学习型企业，提高企业核心竞争力"列入企业管理的重要内容。北药股份深切地感到，作为北京市最大的医药流通企业，要不断取得新的业绩，提升企业核心竞争力，自觉履行社会责任，必须以科学发展观为指导，坚持以人为本，走学习型企业的发展道路。

创建学习型企业的内涵

创建学习型企业的内涵是：坚持以人为本，倡导人人学习、终身学习；开展团队学习，以共同目标整合个人目标，在学习中不断激发个人活力和创造；全面改善企业的学习环境，形成企业人本管理的经常性工作；不断增强企业的核心竞争力，促进企业的创新发展。

人人学习、终身学习。这是学习型组织所倡导的理念。要求企业内部人人都要参加学习，无论是高级管理人员还是普通职工。学习将伴随人的整个生活历程并影响人的一生。

开展团队学习。这种团队学习，并不是个人学习的简单相加，而是员工之间相互沟通、"深度汇谈"、寻求共识的过程。

以共同目标整合个人目标。学习型组织强调把个人的目标整合成共同目标，并发挥共同目标在企业中的凝聚作用、激励作用，使员工为了共同目标而全力以赴。

在学习中重视个人，不断激发个人活力。学习型组织重视发挥个人活力，关心员工的工作，维护个人的合理利益，进一步促进员工在学习中激发个人的创造力。

创建学习型企业的主要做法

北京医药股份有限公司从2001年开始，创建学习型企业走过了五年的历程。主要做法和步骤是：树立一个共同愿景，坚持两个学习原则，打造三套培训体系，采取四大具体步骤。

围绕企业发展目标树立共同愿景

北药股份是在原北京市医药公司和北京市医药经济技术经营公司合并重组的基础上建立起来的。改制之初，领导班子面临的首要问题就是两个企业员工的思想融合问题。过去虽然两个企业是同行，但也是竞争对手，相识不往来。领导班子清醒的认识到重组不是表面上的改革，而是观念的更新、机制的创新，必须树立起一面"创新发展"的大旗，把两个企业员工的思想融合在这面旗帜下，形成企业发展的共同愿景。

于是，公司提出了"在国内率先建立现代医药物流配送中心和实现连锁经营，五年内实现面向国内外市场拓展，成为中国医药流通产业旗舰"的战略目标。围绕这个战略目标，公司利用一切宣传工具，召开干部、员工大会进行宣传和讲演，改变了大家对重组改制的观望态度。员工们从事业的发展中，看到自己未来工作生活的美好前景，建立了对新企业发展的信心。

公司领导班子抓住改制契机，把心动化为行动，随即开始了边改制、边发展，环环相扣的一个个战役。在一年的时间里，公司建立了现代企业制度，改造了企业组织结构，再造了业务流程，以信息网络为支撑，实施了企业资源计划管理（ERP），并通过了国家级GSP认证。看到企业改制后脱胎换骨的变化，员工们加深了对企业发展战略的理解和认同，并使之成为企业发展的共同愿景。

为了实现企业发展的共同愿景，北药股份开始了全员素质再造工程，把员工个人的学习愿望与企业的战略目标结合起来，在公司范围内掀起了创建学习型企业的热潮。

坚持学习型企业的两个原则

根据公司员工年龄偏大，文化水平偏低，现代化知识相对缺乏的实际情况，在创建学习型企业过程中，北药股份坚持了以下两个原则：

"换脑优于换人"的原则

2000年12月，当原两个企业合并重组的消息传开后，干部员工最担心的是企业会不会大面积裁员。公司党政领导及时提出了"换脑优于换人"的原则，大家认为像北药股份这样一个刚刚重组的股份制企业，不能把职工下岗和牺牲职工个人利益当作企业改制的筹码，而是要把员工对新企业的适应视为工作的起点，在新事业的平台上不断提升员工的素质。为此，公司出台了每个职工有三次培训、两次调岗机会的政策。通过动员大会、内部刊物《医药新世纪报》等载体，向员工宣传企业发展战略和创新文化理念，调动员工学习的积极性，鼓励员工挑战自我，跟上企业前进的步伐。

企业改制后，北药股份没有让一个员工下岗，而是从计算机操作入手，开始了全员培训和系统学习。从2001年4月至2005年12月，公司进行各类培训达45660人次，人均参加培训30次。经过强化培训，大部分员工掌握了新知识，98%的员工达标上岗。换脑优于换人，不仅给了每个职工学习提高、平等竞争的机会，而且把一批原本可能下岗的职工，培养成了适应现代医药流通企业的实用人才。更重要的是肯定了广大员工在国有企业几十年的辛勤劳动和无私奉献，使员工看到了自己的人生价值，从而增强了企业的凝聚力。

“先一步胜百步”的原则

学习的目的在于实践应用，在于发展创新，在于企业共同愿景的实现。因此北药股份把“先一步胜百步”作为创建学习型企业的另一个原则。北药股份领导者认为：“要在市场竞争中取胜，先决优势尤为重要，先一步胜百步的实质，就是敢于走别人没有走过的路”。要做到人无我有，人有我新，必须注重团队学习力的提高，学习是企业发展之源，竞争是企业致胜之本，企业学习力与竞争力的有机结合，才能从根本上保证企业的可持续发展。

北药股份现代医药物流配送中心的建设过程，就是学习型企业的实践过程，也是“先一步胜百步”原则的印证过程。现代物流配送中心作为企业物流、信息流、资金流的交汇点，其性质完全不同于传统的仓储和运输。如何提高物流配送的科技含量，提高物流配送的反应时间和工作效率，是北药股份需要解决的全新的课题。为此，公司领导六次带队到美国、澳大利亚、德国、日本等国家考察国外药品配送中心的运行和管理情况，将大量第一手资料编制成教材，对干部和业务骨干进行培训。为了做到新物流配送中心符合中国的国情和企业的实际，公司高管人员和物流项目员工刻苦自学，掌握了先进物流技术设备的相关知识和企业现状的大量数据，与西门子公司在平等的地位上谈判合作，要求西门子公司按照本公司的需要对新物流中心进行设计，使北药股份既获得了最先进的物流管理技术和经验，又实现了经济适用的目的。在新物流设备调试的同时，公司培训教材《物流配送中心操作指南》也编辑完成，做到了员工培训与新设备上线同步进行。

2003年底，北药股份在全国医药商业领域率先建成了这一物流配送中心，实现了物流配送的自动化、信息化，为企业赢得了竞争优势。公司及时整理提炼出《医药流通企业的现代物流配送管理》成果，进一步将实践上升为理论，在全医药行业进行推广。

打造三套学习培训体系

北药股份通过三套体系推进员工的知识化进程。

一是全员学习体系。员工是企业发展的主体，是学习型企业的“细胞”，因此要动员全体员工积极学习，充分发挥每个职工的创造能力。北药股份在实践中区分不同人员层次，构筑不同的组织展开全员学习，努力形成一种群体与组织的学习氛围，凭借学习使员工自我价值得到实现，组织的绩效得以大幅度提高。

如对企业管理干部，重点是提高决策能力、创新能力、应变能力、组织能力和企业文化渗透能力。公司采取了脱产培训班、学术论坛、讲座、外出参观培训、知识竞赛等形式，组织干部系统学习国内外先进管理理论和应用成果，使干部开阔眼界和思路。特别是采用互动式教学、互换式讲课等方法，把讲课与课堂讨论相结合、干部登台讲课与大家点评相结合，推动干部的主动学习和超越自我，使干部的素质得到提升。

对员工的培训，重点提高员工的职业技能和岗位操作能力。学习内容有企业的规章制度、业务流程、商品知识和岗位操作知识等。公司采用了工作学习化、学习工作化的方法，结合工作进行半脱产和业余的学习培训，特别是采取管理者授课和员工互教互学的学习方法，使学习和工作融为一体，用学习促进工作的改进，用工作检验学习的效果。

二是教育培训体系。根据企业的实际情况，每年根据制定培训计划和目标。2004年，北药股份建立了职工培训学校，由人力资源部门负责提出培训需求，抽调干部、员工参加脱产或半脱产培训，由职工培训学校负责实施系统培训计划。如2004年我公司制定了业务流程、财务管理、企业文化等八项培训计划和目标，为实现这八项培训的目标，职工培训学校举办了两期干部培训班对干部进行八项内容的培训，组织了千名职工参加的药品购销员、中药调剂员职业技能大赛。与此同时，人力资源部组织了企业管理制度的巡回培训讲座；各分、子公司组织了业务人员的岗位应知应会和新商品知识的培训。整个教育系统的正常运转，保证了年度培训计划的落实。

三是知识信息体系。北药股份投入大量资金建立信息网络平台，大多数干部、员工都配备有计算机，可以即时地从公司OA办公自动化系统中得到公司动态、业务信息、同行业信息等大量信息资料，进行即时的学习和交流。公司还在内部网上发布总经理推荐文章、干部员工的论文和学习体会，供大家在网上进行学习和交流。同时，总部不断将公司的营销策略和管理信息通过网络传输给下属企业；下属分、子公司即时将策略的执行情况和市场动态反馈给公司总部，形成了知识信息的流动和资源共享。

采取四大步骤，建立学习型企业新机制

建立学习型企业不是一蹴而就，而是有计划、有步骤进行的，北药股份的具体做法是：

第一步，领导率先垂范。公司提出领导班子首先要成为学习型的班子，高管人员不仅是学习活动的发起者，而且要成为学习培训的亲历者、讲授者。北药股份改制以来，班子成员系统学习了医药商品质量管理规范（GSP）、业务流程优化管理（BPR）、企业资源计划管理（ERP）、企业文化管理（CIS）等先进理念、技术和管理方式，从陌生到熟悉、从学习理解到熟练操作，为全体员工做出表率。2004年，公司又进一步要求高管人员不仅要懂得自己管理的工作，而且要熟悉公司的其他业务，不但自己要懂得这些知识，而且要讲授给公司管理干部。2004年以来，包括董事长在内的10名高管人员为中层管理干部讲授了《企业领导者应具备的素质》、《公司业务流程》、《票据管理》、《设备管理》、《工业成本核算》、《商业成本核算》等18讲课程，受到了广大干部的热烈欢迎。领导班子成员的率先垂范，学以致用的作风，带动了整个公司的学习热潮，也使过去管理中的难题得到了及时的解决。

第二步，将学习培训作为企业的重点工程。为了推动创建学习型组织，提高企业的持久竞争力，我公司把2004年

确立为学习年，首次将学习培训作为企业的重点工程，引起了全体员工的高度重视，“要我学”变成了“我要学”。许多职工代表在讨论2004年公司工作目标时深有感触地说：“经过三年的企业快速发展，我们真的感到知识不够用了，需要学习和充电。确立2004年为学习年，说明领导和我们职工想到一块儿了，为了企业新的发展，我们要努力学习。”除公司组织的培训外，干部职工纷纷利用业余时间学习，从2004年初到2006年1月，有200多人申报药师、经济师、工程师、政工师等专业技术职称培训和考核，考核通过率达96%。千名员工参加了职业技能培训，其中80%获得初中高级职业技能证书，有三名成绩优秀者获得了“北京市经济技术创新能手”的称号。

第三步，运用多种形式推动学习型企业建设。团队学习需要多种形式来推动，为此公司领导和教育培训部门创造了一些新的形式。例如：2005年为进一步提高干部员工的综合素质，公司开展了以药械商品知识、财务管理知识及指标计算、企业业务流程和计算机基础应用操作为主要内容的综合管理知识和技能竞赛。上至高管人员下至普通员工均积极参加培训，中层以上干部进行计算机出题、现场问答和实操表演，98%的干部取得了良好成绩，在全公司引起了极大反响。再如，党委和工会认真甄选优秀实用书刊，每月向基层推荐一本，促进大家的学习和交流。2006年，向医保全新大药房推荐了《连锁企业品类管理实战》，向广大党员及干部推荐了《细节决定成败》、《执行》等书籍。这些方法都激发了广大员工空前高涨的学习热情，把学习与实际工作相结合，真正做到了学以致用。

为提高员工的创造张力，公司还多次组织干部员工参加野外拓展训练，通过情景模拟和野外攀岩、背摔、断桥等形式，使员工在身心上挑战自我，完善自我，永不自满。三年前，北药股份员工个人最高年度销售只有3000万元，公司开展个人销售大比拼，鼓励个人不断创造新高，2005年公司销售状元年销售已突破亿元大关。北药股份公司销售收入也从17亿元达到40亿，销售市场从北京发展到全国18个省市。

第四步，建立学习型企业的激励机制。学习型企业强调“学习+激励”，不但使人勤奋的工作，而且注意使人更聪明的工作，自我超越，不断创新，达到激发个人活力，企业财富增加、服务超值的目标。北药股份以人为起点，倡导“学习永无止境，追求永无止境”，不但梳理干部员工的真实愿望，培养耐心，使员工个人得到充分发展，而且制定一系列激励机制，保护员工的积极性，保证企业目标的实现。

在聘用干部和员工竞争上岗时，公司考核干部的能力、员工的实际操作水平；在制定工资改革方案时，公司突出学历、职称、技能在工资中的比重；在员工工作状态考核时，考核销售额、回款额、劳动量、差错率、费用率等量化指标；表彰奖励干部员工时，注重奖励技术创新、管理创新的能手。通过这些机制，在企业里产生无形的压力和动力，促进员工的个人学习和企业团队的进步。

创建学习型企业取得的效果

北药股份创建学习型企业五年多的实践，取得了员工全面发展与企业全面发展的“双赢”效果。

员工队伍素质大幅提升，创新能力增强。从2001年到2005年，员工中研究生学历从占员工比例的2%增长到3.87%，大学学历从7.54%增长到13.55%，大专学历从23.77%增长到33.26%，中专以下学历从占员工比例的66.67%下降到44.65%。各类专业技术职称人员从占员工比例的43%增长到57.4%。企业人均创利从3.6万元增长到5.6万元，提高56%。领导者的科学决策能力有了很大提升，五年来企业始终保持沿着正确的方向前进。昔日的装卸工变成了今天的电脑操作员，过去繁重的体力劳动变成了简单的机械化操作，员工不仅思想和观念适应了现代化企业的要求，而且在实践中培养了科学意识和团队精神。2005年，在北京市首届医药职工职业技能大赛中，北药股份14人获得大奖，名列全市同行业第一名。几年来，公司信息化管理、业务流程管理、现代物流配送管理成果荣获北京市和全国管理现代化创新成果奖。

企业经济效益和社会效益不断提高。干部员工学以致用的过程，带来了创新成果，使企业获得了竞争的先决优势。企业发展五年跨出了五大步，建成全国首家现代医药物流配送中心，配送服务达到国际先进水平；市场覆盖从地域扩大到全国，从城市扩大到农村；2005年销售规模达到40亿元，是五年前的2.5倍。在药品十八次大降价、医药市场激烈竞争中，北药股份始终保持了行业领先地位，实现了高效和谐快速发展。在一些特殊的抢救任务中，北药股份药品配送做到及时准确，用实际行动保障了人民群众的用药安全，受到北京市政府和有关部门的表彰。

企业管理水平提高，核心竞争力增强。通过创建学习型组织，员工与企业的关系发生了根本变化，员工从被动的执行者成为企业财富的共同创造者，激发了员工工作的内在热情，员工们向企业提出合理化建议560项，实施448项。通过合理化建议的落实，改进业务流程，缩短供应链，更好地满足客户的需求。如原公司医保全新连锁药店的要货流程过于复杂，要货配送时间需要三天。通过改进业务流程，要货配送时间缩短到一天，大大提高了工作效率，满足了市场需求，提高了企业市场竞争力。

创造了宽松和谐的企业发展环境。在创建学习型企业过程中，我们把改善心智模式作为重要步骤，积极改善个人和组织的心智模式，倡导“真诚、信实、惟新、卓越”的企业精神，创造宽松和谐的企业发展环境。党政班子成员和各基层支部书记用三年业余时间，走访了1000多户职工家庭，通过家访的形式，与职工知心交心，解决实际困难，调动蕴藏在员工内心的潜力。党组织和工会有一条“知情线”，在职工婚丧嫁娶、职工及家属患病、职工家庭遭遇特殊困难时党组织早知道、党员干部“三必访”。2005年还为117名家住外地的农民工建立了工会组织，办起了学习活动室。干部、员工们以积极的心态从事各项工作，企业呈现出积极向上、和谐共进的良好氛围。

（作者系北京医药股份有限公司党委副书记）

实施文化强企战略 提升企业核心竞争力

晁 阳

中国铝业河南分公司是中国铝业股份有限公司所属的骨干企业之一。在中铝公司总部的正确领导下，大力弘扬“励精图治，创新求强”的中铝精神和“诚信为本，回报至上”的经营理念，坚持不懈地推进“文化强企”战略，与时俱进，科学发展，大大提升了企业凝聚力和核心竞争力，生产经营和改革发展取得显著成绩。氧化铝产量蝉联亚洲第一，经济效益和纳税总额蝉联全国有色金属冶炼及压延加工行业第一，首批获得全国文明单位称号，被评为首批河南工业突出贡献企业。

2004 年 3 月，公司被中国企业文化促进会授予“中国企业文化最具影响力十大企业称号”。11 月，在中外企业文化龙岩峰会上，公司被中国企业文化研究会授予“2003～2004 年度中国企业文化建设实践创新奖”。2005 年 10 月，公司又荣获了“全国企业安全文化建设先进单位”荣誉称号。正如总经理王熙慧所说：“始终重视用文化力激活生产力，用文化力提升企业核心竞争力，文化铸魂，借力扬帆，这是公司实现跨越式发展的核心所在”。

文化铸魂：打造企业核心理念，培育员工共同价值观

2002 年初，在企业面临重组转制、境外上市的重大变革面前，为迎接更加激烈的国际竞争，进一步提升公司的核心竞争力，公司领导班子明确提出：“创新企业文化，塑造良好形象，实施国际对标，全力打造具有国际竞争力的世界一流铝业强企。”

公司的前身郑州铝厂是国家“一五”建设的重点项目，始建于 1958 年 8 月。建厂 48 年来，公司创造了骄人的业绩，为国家、为社会、为祖国铝工业的发展壮大做出了巨大贡献。在企业发展的同时，在不同时期形成的“创业精神”、“拼搏精神”、“八字三贡献精神”、“超越创新精神”等已深深植根于员工心中，成为一笔宝贵的精神财富，形成了深厚的文化底蕴。

新的发展，新的跨越，新的变革，必然催生新的文化。重组上市以来，在中铝文化大的背景和框架下，根据中铝公司“创建世界一流企业，打造中铝百年老店”的企业目标，“励精图治，创新求强”的企业精神，“诚信为本，回报至上”的经营理念，“严、细、实、新、恒、齐”的管理理念，“振兴中铝、报效国家、回报股东、造福员工”的发展理念，结合中国铝业河南分公司的实际，公司领导班子经过反复研究，创造性地提出了具有河南分公司自身特色的“实、勤、公、高”的企业核心理念。其规范表述为：“立德惟实，立行惟勤，立制惟公，立业惟高。”

“立德惟实”：即全体员工要把“求真务实”作为待人处事的基本准则，始终不渝地秉承“诚实守信”的企业共同道德规范，坚持“诚信待人，实在做事”的原则，工作中要做到“六个实”：察实情、讲实话、办实事、鼓实劲、求实效、谋实惠。

“立行惟勤”：即全体员工要把“敬业勤业”作为职业观的先导，以“勤奋勤勉”作为自身行为的座右铭，认真履行各项岗位职责，一丝不苟地执行各项岗位标准，在实现公司总体目标中不断提升个人的价值，做到“四勤”：勤学，勤思，勤恳，勤奋。

“立制惟公”：即全体员工要按照“公平、公正、公开”的要求，加大体制创新和机制创新的力度，建立公开、平等、高效的运行机制，促进企业内部的“和齐合力”和企业与外部环境的“和谐发展”，形成高度和谐、共同发展的新局面。

“立业惟高”：即全体员工要按照与国际同行业一流企业对标的要求，牢记公司的发展目标，树立强烈的危机感和紧迫感，居安思危，居危思进，以“更高更严、逢一必争”的工作态度，高标准地做好每一项工作，创造一流的业绩，为公司做大做强做优和中国铝业的腾飞建功立业。

“实、勤、公、高”核心理念的提出，符合激烈的市场竞争对企业的内在要求，传承了企业传统文化的精华，体现了立足现在、面向未来、与时俱进的要求，反映了企业的自身特色，得到了全体管理者和员工的充分认可，成为公司企业文化的灵魂，形成了凝聚员工力量的强有力的精神支柱和共同价值准则。

在整合提炼企业理念的过程中，公司领导高度重视、大力倡导，广大员工主动参与、积极实践。通过调研、座谈、讨论、咨询等多种形式，广泛征求意见，反复酝酿，数易其稿，经公司企业文化战略推行委员会讨论通过，最终形成了公司理念识别系统。它是各级管理者和广大员工集体智慧的结晶，是公司快速发展实践的总结和升华。2005 年 3 月 16 日，公司隆重举行《企业文化理念手册》首发仪式，正式发布了以“实勤公高”为核心理念的中国铝业河南分公司理念识别系统。

在“实、勤、公、高”核心理念的具体指导下，各级管理者和广大员工以实为基，以勤为先，以公求和，以高求进，将文化理念和共同价值观渗透到生产经营管理的方方面面，为公司改革发展提供了强大的文化驱动力，企业的凝聚力和综合竞争实力不断增强，无论是在产量、成本、利润，还是在上缴税费、员工收入、改革发展等方面均取得了可喜成绩。氧化铝产量连创新高，四年累计生产氧化铝 580 万吨，年均增幅 12%；共完成投资 60 亿元，销售收入和资产总值比 2001 年翻了一番；累计实现利润 53 亿元，上缴税费 41 亿元，2005 年实现利润 19.33 亿元和上缴税费 13.5 亿元，分别是 2001 年的 35 倍和 5 倍，是“九五”末原长城铝整体的 9

倍和2.3倍。公司成立以来的四年，是建厂以来发展速度最快、发展质量最高、经济效益最好的四年。

70万吨氧化铝项目作为中铝郑州企业历史上建设规模最大、科技水平最高的工程，在项目建设的400多个日日夜夜，企业职员工万众一心，高标准、高质量、高速度、超常规加快建设，创造了一个个奇迹，培育了一流的团队，树立了一座历史的丰碑，铸就了"实干高效、团结协作、迎难而上、敢于胜利"的70万吨氧化铝项目精神。这是"实勤公高"核心理念的延续和发展，是各级管理者和全体员工实践"实勤公高"核心理念的具体体现。

文化导航：坚持"六个创新"，打造全新企业形象

四年来，公司按照国资委《关于加强中央企业企业文化建设的指导意见》和中铝公司企业文化建设要求，紧密围绕公司方针目标，坚持党委领导、党政共同负责，以"培育优秀企业文化，打造一流队伍，创造一流业绩"为目标，坚持"抓理念铸魂，抓行为立制，抓视觉塑形，抓创新聚力"的工作方针，以创新为主线，以务实为原则，超前设计，科学谋划，积极推进企业文化建设。在推进过程中，党委书记王立建强调指出："企业文化建设要坚持务求实效，突出特色，以文化创新促进企业发展。要把文化创新与管理创新结合起来，不断探索建立企业文化建设的长效管理机制。"

创新工作思路，系统导入CIS战略

面对经济全球化带来的激烈竞争，惟有坚持以人为本、文化制胜，才能实现基业长青。为此，公司成立了企业文化战略推进委员会，建立了高层强力推进、部门分工协作的企业文化建设机制，以推进CIS战略为实现企业文化转型的切入点，内聚人心，外树形象，逐步建立起适应公司发展的企业理念识别（MI）、行为识别（BI）和视觉识别（VI）系统，初步形成具有公司特色的文化体系。2002年9月，公司隆重召开企业形象工程实施动员暨报告会，提出了企业文化建设"三年三步走"战略，下发了《企业形象工程制度》，标志着公司实施CIS企业文化战略正式拉开序幕。

"上下同欲者胜。"企业文化建设得到了公司上上下下的高度重视和广泛关注，员工的参与度和认可度大大提高。在每年召开的员工代表大会上，公司将《企业文化建设实施方案》的表决讨论正式纳入议事日程，做到家喻户晓，人人皆知。

创新管理体制，实现文化与管理有机融合

公司建立了"领导挂帅、部门协同、制度有力、责任明确"的领导机制，出台了《企业形象工程管理制度》，制定了《形象工程总体规划》及年度实施方案，为企业文化建设的实施提供了有力的制度保证。

为促进标准化管理的深入推行，树立"人人都是企业形象，人人爱护企业形象"的观念，提高员工的团队意识和责任意识，公司在全体员工中实施了统一着装、佩证上岗工作制度，制定了《员工着装礼仪规范》和《企业训词》，严格执行《公司员工统一着装、佩证上岗工作检查标准》，使员工养成良好的行为习惯。同时，按照《中国铝业股份有限公司董事、高级职员和各级员工职业道德行为准则》的要求，加强职业道德培训，规范员工思想行为，培育高素质的管理者和员工队伍。

根据中铝公司视觉识别系统的要求，以规范统一新建70万吨氧化铝项目厂区视觉环境为突破口，精心打造中铝公司视觉环境形象样板工程。同时，按照公司统一规划和整体安排，有计划、分步骤地推进厂区视觉环境的规范化、统一化，加大环境绿化美化力度，实施"畅通工程"、"亮点工程"，在入市口制作企业形象标志大门，企业形象明显改观。

创新工作方法，彰显企业精神

公司从整合员工观念入手，以"普及世贸知识，整合员工观念"为切入点，以"找准企业定位，实施行业对标"为手段，以"明确发展战略，提升管理水平"为目标，开展"入世教育"，引导管理者和员工"放眼看世界，产品闯世界，效率赶世界，观念跟世界"，以更高的标准，创造更好的业绩。

为弘扬"实勤公高"核心理念和"励精图治、创新求强"企业精神，公司开展了企业文化活动月、企业理念宣讲、编写企业故事、举行优秀企业文化论文发布、人生格言征集评选等系列活动，大力宣扬企业理念。2004年6～10月，公司共举行18场"成本——公司成功立业的根本"主题巡回演讲和弘扬企业精神报告会，讴歌先进模范典型的感人事迹，鼓舞员工士气，引导各级管理者和全体员工树立成本观念，营造"人人算成本、人人降成本"的良好氛围。公司广泛开展合理化建议和小改小革工作，四年共征集合理化建议85431条，创经济效益6592万元。

创新活动形式，丰富企业文化实践

在文化实践中，公司结合岗位工作实际，推广"一句话岗位规范"活动。活动以学标贯标为主要内容，以融合提升为根本目标，以班组为征集重点，把岗位标准凝练概括为易懂易记、富有特色的岗位规范，使员工适应新规则，创造新业绩。"一句话岗位规范"活动得到中国企业文化研究会专家的肯定，被誉企业文化实践上的"一个创举"。2003年6月，公司在运输部召开了企业文化建设推进暨经验交流现场会，推广经验，表彰先进，提高了员工队伍的团队精神和责任意识，促进了企业形象工程的规范实施。

公司在厂区大门建设了LED大型彩色显示屏，实时播发生产经营动态、厂务公开信息、先进管理经验、劳模风采等专题，使员工及时了解国事、厂事、身边事，成为公司文化建设的一个亮点。依托公司网站，建立企业文化网页，利用网络媒体进行企业文化宣传，展示企业文化成果。

创新活动内容，增强企业文化建设的执行力

2004年，为增强公司文化建设的执行力，夯实基层文化基础，引导广大员工树立全员成本意识、全员安全意识、全员质量意识，确保完成员工代表大会确定的年度生产经营指标，公司将企业文化工作重心下移到基层车间、班组，大力开展了创建"企业文化创新示范基地"活动。活动以塑造成本文化、安全文化、质量文化、管理文化、竞争文化、行为文化为主题内容，以"降本增利、创建节约型企业"劳动竞

赛、“合理化建议”、“岗位练兵和技术比武”、“一句话岗位规范”、“班组文化小论坛”、“安全故事会”为载体，以员工喜闻乐见的形式去推进文化创新和管理创新，使公司核心理念真正深入到员工心里，落实到实际工作中，使车间基础管理水平得到不断提升，班组建设更加规范，员工队伍素质逐步提高，达到鼓舞员工干劲、改善工作环境、融洽人际关系、提高工作效率、优化经济指标、促进生产经营的目的。2005年11月29日，公司在水电厂召开了企业文化创新“示范基地”活动现场会，推广和交流了创建活动经验。

公司利用重大节日、纪念日及重大事件等契机，大力开展主题鲜明、健康向上、形式多样、丰富多彩的群众性文化活动，融公司文化理念的内涵于活动中，提升文化品位和层次，陶冶员工的思想情操，展示员工精神风貌，满足了员工求知、求美、求乐的精神文化需求，提高了员工的企业归属感和自豪感。先后举办了“喜迎党的十六大”文艺晚会、“庆祝70万吨氧化铝项目奠基”文艺晚会、“庆祝建国55周年首届运动会”、“首届文化艺术节”等重大文化体育活动，并组成参加首届中国职工艺术节大型文艺展演活动，取得了优异成绩。

创新激励机制，着力培育团队精神

为保持公司内部文化的统一性，用核心理念、企业精神、价值观念和企业标识规范管理，积极探索企业文化管理的长效机制，公司根据《创建企业文化创新“示范基地”活动考评方案》，有计划、有步骤地组织检查考核，选树典型，总结推广经验，把全体员工认同的文化理念用制度规定下来，渗透到企业经营管理的全过程，促进了企业文化与发展战略、生产经营、市场营销和人力资源管理等工作的深度融合。

弘扬“劳模文化”，发挥明星效应。公司利用有色报、长铝报、电视台、大屏幕等阵地，全方位、多角度地宣传先进典型事迹。组织劳模参观学习，出国考察，安排体检，让劳模得实惠、受尊敬。近年来共涌现出郑州市级以上劳动模范17人次，全国五一劳动奖章获得者、全国十大“知识型职工”张点等一批先进典型在铝城家喻户晓，极大地鼓舞了员工的工作热情。

公司以“建立学习型企业，培育知识型员工”为目标，坚持正面灌输、系统培训的原则，学习与实践研讨相结合，建立两级培训体系，将企业文化导入公司培训体系，分层次、有重点地进行公司中层、基层管理者、企业文化建设工作者、班组长等培训，使之成为员工的一堂文化必修课。2003年9月，公司举办了企业文化建设理论与实践培训班，邀请国内知名企业文化专家学者就企业文化建设理论与实务、战略与发展、策划与案例等内容进行培训，公司领导等140多名高、中层管理者参加了培训学习。

文化聚力：树立“九种观念”，全面提升企业竞争力

企业文化从精神层面讲是“虚”的，但从操作层面上讲是“实”的。在文化建设上，公司坚持“虚功实做”，大力弘扬“励精图治、创新求强”中铝精神，深入实践“实勤公高”核心理念，向员工描绘“打造世界氧化铝强企，实现产业报国理想，为员工创造美好生活”的共同愿景，提炼整合了“九种观念”，并融入到员工的行动中，大大提升了公司竞争实力。

树立“发展无止境，创新到永远”的发展观，实现跨越式发展

面对激烈的市场竞争，公司树立“发展无止境，创新到永远”的发展观，确立了“优先发展氧化铝，优化电解铝产品结构，做强碳素制品，进军铝加工”的整体发展思路，积极实施大项目拉动战略。总投30多亿元、集当今世界氧化铝一流工艺技术装备于一体的70万吨氧化铝项目提前建成投产，创造了国内外同类项目审批最快、建设最快、质量一流等多项新记录，使公司氧化铝产能达到230万吨以上，跻身世界氧化铝企业五强。

科技兴企，是公司提升核心竞争力的重要手段。公司坚持走“高起点、少投入、快产出、高效益”的自主创新之路，研制开发的多项成果占据着国内同行业的技术制高点，被河南省认证为高新技术企业。四年公司投入2.8亿元进行科技攻关，37项成果通过省部级鉴定，45项成果获市厅级以上科技进步奖，5项成果达到国际领先水平，16项成果达到国际先进水平，申请专利28项，已获授权15项，科技项目整体回报率达20%以上。

树立“成本是公司成功立业的根本”的成本观，降本没有终点

公司通过18场“成本——公司成功立业的根本”主题巡回演讲，使员工清醒地认识到：“成本是公司成功立业的根本”，必须在“企业的冬天”到来前未雨绸缪，提升成本竞争实力。公司建立了以成本控制为主线、资金预算为核心、绩效考核为手段的全面预算管理体系，建立逐级确保的成本指标包保网络，将成本管理贯穿到生产经营的每一个环节，形成了全员降本、全过程控制的挖潜降本新局面。2004年，公司被中铝总部确定为惟一的内部控制体系建设试点单位，财务基础管理经验在中铝股份全面推广。“加一加，你今天手中的消耗是多少？是不是还有的地方浪费了？减一减，你这周的费用还剩多少？是不是能够达标？乘一乘，你本月的成本能不能完成？加把劲，你一定行！除一除，成本还要再减少，你的方法有没有想好？”这首员工自己编写的打油诗《“加减乘除”变奏曲》给广大员工深深的震撼。

树立“以人为本，科学规范，持续改进”的管理观，提升管理平台

公司落实“严、细、实、新、恒、齐”的管理理念，推进“缺陷管理——标准化管理——信息化管理”的管理升级“三步走”战略，累计整改缺陷21660项，有效消除事故隐患，整合标准化管理、质量、环境和职业健康安全管理体系，ERP项目有序推进，综合管理水平显著提升，成为亚洲最大的氧化铝生产基地和碳素制品出口基地，综合实力名列国家统计局公布的中国有色金属工业企业第九位，被评为中国铝工业行业排头兵企业。四年来，公司12项管理成果获中国有色金属工业企业管理现代化成果奖。2003年，公司入选“中

国优秀企业”数据库;2004 年 11 月,公司在全国首家通过了国家 4A 级“标准化良好行为示范企业”验收。

树立“让安全成为习惯,让习惯更加安全”的安全观,确认保证安全

公司在员工中牢固树立“让安全成为习惯,让习惯更加安全”的安全观,深化“安全确认制”达标创建和无伤害车间(班组)活动,通过潜移默化,以最有效、最深刻的安全文化影响全体员工的安全思维、安全意识、安全行为,职业健康安全管理水平稳步提升。公司连续五年杜绝重大人身和设备安全事故,631 个班组、60 个车间、5 个二级单位通过了达标验收。

首创的“安全确认制”得到了国资委李荣融主任、国家及省市安监局有关领导的充分肯定,被评为中国有色金属工业企业管理现代化成果二等奖。2004 年 9 月,全国非煤矿山及相关行业安全质量标准化现场会在公司召开。2005 年 10 月,荣获了“全国企业安全文化建设先进单位”荣誉称号。2006 年 1 月,公司代表中铝公司参加了国家安全生产监督管理总局和中央电视台共同举办的《当代工人》栏目“新春话安全”文艺晚会,介绍了安全确认制等经验,得到了国家安监总局和中铝公司领导的高度评价。

树立“人人有才,人尽其才,人人成才”的人才观,提高员工素质

公司坚持“人人有才,人尽其才,人人成才”的人才观,完善人才的“选、育、用、留”长效机制,培育了一流的管理、技术和高技能员工“三支队伍”。完善了首席工程师、首席员工、高级技师的竞争上岗机制,使收入分配向关键岗位和科技人员、有突出贡献人员倾斜。有 90 余个工种,7000 余名一线员工参加了公司职业技能大赛。2004 年 6 月,在中铝公司首次职工技能大赛上,公司取得了两块金牌、两块银牌、一块铜牌,团体总分第一的卓越战绩。开展奖励培训,四年累计组织 68701 人次进行了综合素质和业务培训,共有 8639 人次取得了国家职业技能鉴定证书。

树立“永远的质量,永恒的市场”的质量观,靠质量赢得市场

公司恪守“永远的质量,永远的市场”的质量观,重视培育员工的质量意识,严格技术操作标准,坚持完善质量考核体系。公司顺利通过 ISO9001:2000 质量管理体系认证,主导产品氧化铝出厂一级品率达 94.94%,铝锭 AL99.7 以上品级率达 95.5%,碳素制品出厂二级品以上率达 100%,全面实现了总部确定的目标。公司已成为国内最大的碳阳极出口基地,占国内碳素制品出口额的 90%,年出口创汇达 2000 多万美元。

树立“银色雪山,钻石信誉”的品牌观,诚信为本铸名牌

公司坚持“银色雪山,钻石信誉”的品牌观,以创名牌产品促进企业发展,客户对“雪山”品牌的忠诚度不断增强。目前,公司产品享誉全国,并出口五大洲 20 多个国家和地区。主要产品“雪山牌”氧化铝、氢氧化铝、a 氧化铝、重熔用铝锭先后获国家银质奖章,被命名为“中国质量过硬放心品牌”,铝锭在伦敦金属交易所注册;自主研发并生产的超大型碳阳极,质量达到国际先进水平,出口美国、俄罗斯等国家,享有较高声誉。

公司始终坚持“诚信为本,回报至上”的经营理念,把回报国家、社会、股东、员工作为企业经营的永恒追求。公司坚持深化“客户专人负责制”,实行“一对一”营销,加强客户信息资源管理,建立良好的客户关系,产销率和货款回收率保持 100%。2003 年被中国商业联合会、中国国家认证认可监督管理委员会授予“全国名优产品售后服务先进单位”。

树立“珍惜有限资源,创造无限价值”的资源观,创建资源节约型企业

公司以创建资源节约型企业为重点,确立了“珍惜有限资源,创造无限价值”的资源观,大力发展循环经济,推进节能降耗和资源能源综合利用,抓好氧化铝提产降本、电解铝节能降耗、碳阳极提质降耗工作。全力支持中国铝业矿业分公司加快建设选矿场,增强氧化铝工艺对现有资源的适应力,提高粉煤灰、赤泥、矿渣等废弃物和余热的利用率,形成低投入、低消耗、低排放和高效率的节约型增长方式,做节约资源和保护环境的表率。

树立“清洁生产,美化家园”的环保观,创建环境友好型企业

公司在员工中树立“清洁生产,美化家园”的环保观,积极开展创建“国家环境友好企业”试点工作,全面推行清洁生产,强化节能降耗,环境和职业健康安全管理水平稳步提升,顺利通过了 ISO14000 环境管理体系和 OSHMES18000 职业安全健康管理体系认证。2005 年,公司实施清洁生产方案 554 项,与“九五”末相比,烟(粉)尘、氟化物和沥青烟排放总量分别削减 32%、98% 和 29%,厂区绿化饱和率达 93%,实现了工业废水零排放和重大污染事故为零。

目前,中铝公司已提出“十一五”乃至今后长期的奋斗目标,中国铝业公司党组书记、总经理肖亚庆明确指出:“要从提高企业核心竞争力出发,改进经营理念,强化企业文化整合,着力培育统一、规范的中铝文化。”这为中铝公司企业文化建设指明了方向,任务光荣而又艰巨。今后,我们将紧紧围绕企业生产经营和改革发展中心工作,务实创新,积极探索企业文化建设的特点和规律,努力开创河南分公司文化建设的新局面,为实现“创建世界一流企业,打造中铝百年老店”的奋斗目标做出更大的贡献。

(作者系中国铝业河南分公司企业文化部科长)

服务为本　文化铸魂
打造“海之情”璀璨品牌

济南铁路局青岛客运段党委

济南铁路局青岛客运段(以下简称客运段)地处美丽的

海滨城市青岛，担负着青岛至北京、上海、广州等城市的22对旅客列车客运乘务工作，年运送旅客1700万人次。近年来，客运段立足于满足人民群众日益增长的运输服务需求，在加快装备更新改造，优化服务环境和条件等“硬件”建设的同时，坚持服务文化统领，实施品牌发展战略，不断提高服务质量和水平，得到了社会和广大旅客的认可，也赢得了较高的声誉。2000年注册了全国第一件旅客列车服务商标“海之情”，2004年“海之情”被认定为山东省著名商标，荣获“山东省服务名牌”、“全国用户满意服务”等荣誉称号。2005年被授予“全国精神文明建设工作先进单位”。

更新服务理念，夯实品牌建设的思想基础

品牌，是企业产品质量和信誉的标识，品牌文化，是品牌的精髓和灵魂。创建品牌，必须抓住文化建设这个关键，用文化这只“无形的手”，引导和培育职工的价值观念、经营理念和行为准则。客运段在创建列车品牌的过程中，把培育品牌文化，树立新的服务理念作为品牌建设的工作重点，围绕树立“旅客利益高于一切”的服务理念，深入开展了多种形式的宣传教育，为创建“海之情”服务品牌奠定了坚实的思想基础。

系统培训，领悟服务真谛。客运段以贯彻落实《公民道德建设实施纲要》，践行社会主义荣辱观为主线，围绕确立“旅客利益高于一切”的服务新理念，认真组织学习铁道部和铁路局编写的《服务的魅力》、《诚信的力量》两本教材，引导职工要以旅客为服务对象，不能把旅客作为管理对象；要以旅客为中心，让服务工作主动适应旅客，而不能让旅客来适应服务工作；要以旅客的需求为内容，提供的服务要从满足旅客的需求出发，想旅客所想，供旅客所需；要以旅客的满意为标准，把旅客是否满意作为衡量服务工作的最终标准。

亲身体验，感受服务魅力。为了加深职工对服务新理念的理解，提升服务层次，创建服务品牌，客运段组织职工走出列车，到先进的服务单位参观学习，亲身体验什么是高层次的服务。当大家在北京坐上劳模李素丽的公交车，置身于同样的乘车环境，听着李素丽的介绍与服务，真是觉得服务就是一种享受。通过参观“海景花园”大酒店等单位，职工感慨地说看到人家的服务，才知道什么叫新服务，原来服务是一门实实在在的技能，是一门层次很高的行为艺术。

查找问题，激发服务动力。客运段邀请品牌专家介入，对“海之情”品牌把脉问诊。成立了由7名人员组成的“SWOT分析小组”，在接受专业培训后，组织职工对“海之情”的服务进行了SWOT分析。从优势、劣势、机会、威胁等四个方面，排查出了品牌服务中需要改进的33条问题。不但使职工看到了自身的不足，更是明确了品牌建设的目标和方向。

规范服务行为，落实品牌建设的标准要求

建设服务品牌，必须要有统一规范的服务标准，用统一的服务标准规范职工的服务行为，在落实服务标准，满足旅客基本服务需求的基础上，积极鼓励职工开展服务创新，适应旅客对服务的不断需求。在创建“海之情”品牌中，我们以“旅客的利益高于一切”的服务理念为指导，把“大海般的深情”融入到服务中，努力为旅客提供标准化、人性化和个性化的服务。

落实标准化，规范作业程序。按照列车服务标准的要求，客运段在总结列车服务经验的基础上，制定了《“海之情”列车服务质量手册》，形成了以“三六三”工作法，十六种规范服务工作法，列车供餐十字法等为主体的标准体系，细化了列车长、列车员到餐车服务员等十几个工种的作业程序，规范了日常检查监督联控制度。

体现人性化，建设流动家园。根据旅客的出行需求，开展了人性化“五小”服务活动，为旅客构建一个温馨流动的家：一是“小导游”。二是“小医生”。三是“小气象员”。四是“小翻译”。五是“小安全员”。优质的服务，赢得了旅客的赞誉。仅去年以来，全段就收到来信表扬829件，锦旗（牌匾）375面（块），媒体表扬296次。

突出个性化，提供超值服务。创新是品牌发展的动力，也是“海之情”文化的突出特征。服务创新，就是立足于人性化服务，从旅客潜在的需求出发，努力做到“热情让旅客满意，真诚使旅客惊喜”。为此，客运段建立了服务创新评选奖惩制度，鼓励职工立足服务需求，创新服务内涵。先后建立了“手机服务站”，推出了“车递儿童”等服务，为旅客提供了通讯的方便，为忙碌的家长解决了无法带孩子出行的困难，深受旅客的好评。“‘海之情’温馨服务”荣获了山东省2005年度创新成果奖、济南铁路局现代化企业创新成果一等奖。

展示全新形象，拓展品牌建设的丰富内涵

列车既是一个输送旅客的载体，又是一个传播文明的阵地，创建列车服务品牌，既要立足于塑造铁路良好形象，促进运输经营，又要立足于扩大地方影响，服务地方经济文化建设，同时，更要发挥精神文明建设阵地的作用，积极传播社会主义精神文明。

抓住创建契机，打造崭新城市名片。我们在创建品牌列车中，坚持定位于“融入城市精神，体现岛城特色，展示青岛风采”的目标上，形成独有的列车服务特色。在青岛成为2008年北京奥运会的伙伴城市后，客运段与青岛市联手推出了“全国首列奥运宣传列车”，利用餐车、软卧等位置，展出2008年奥运会的图片资料，以及青岛市为举办帆船比赛所作的系列工作；在列车上开展了“百万人签名迎奥运”活动，与旅客在互动中传播奥运精神，被称之为“爱国之心、民族精神”的体现，全国60多家媒体先后给予了报道。列车长李莉被青岛市命名为“城市形象推广使者”，“奥运宣传列车”被评为青岛市三个文明建设的十大亮点之一。

挖掘文化内涵，增加品牌价值含量。打开“海之情”的创建史，丰富的文化底蕴就会展现在面前，它也是支持品牌前进的强大动力。这种文化首先体现在她“唯先是夺、争创一流”的精神上，改革初期，推出了第一个列车书屋、第一个

列车磁卡电话、第一列开行的广告列车；行业内第一个注册了服务品牌商标；最早在餐车开办了“列车影院”，“祝福点歌台”；春节期间，精心策划了“列车春节晚会”，被铁道部政治部宣传部评为最佳创意奖。

承担社会责任，深化和谐列车建设。列车，常喻为小社会。服务这一小社会，“海之情”自然要承担更多的社会责任。“海之情”诞生不久，在北京开往青岛的540次（T196次前身）列车上，当得知一位名叫郑琳的女孩患了血癌，而下岗的父亲与退养在家的母亲已变卖房产四处举债时，乘务员们纷纷掏出了自己口袋里的钱。“捐助”活动感染了整个列车，旅客们伸出了援助之手。行动产生了巨大社会反响，北京画家马海芳在北京书画界，发起了一次救郑琳的书画义卖活动，青岛42名画家联手义卖。募捐达30多万元，郑琳的亲属感动地说：“海之情”为郑琳呼唤起一个“爱的世界”。“海之情”列车已成为展现爱心、传播文明的使者，成为建设和谐社会的重要阵地。

文化强企　光明万家

朝阳供电公司

辽宁朝阳供电公司成立于1960年，现为辽宁省电力有限公司直属的国家大二型企业，担负着朝阳电网的运行维护和城区的供电任务，全系统共有4个直属供电局，6个县级农电局，99个乡级供电所及城区营业所，用电户数98万户。多年来，公司在辽宁省电力公司的统一要求和指导下，在全面加强企业文化建设过程中，致力于打造“朝阳供电”服务品牌，努力建设优秀的供电服务文化，使企业整体素质不断提高，企业的美誉度不断提升，产生了良好的社会效益和企业效益。

高起点定位、系统性谋划，针对客观形势的变化和企业服务现状，明确建设服务文化的思路

供电企业要真正做好服务这篇大文章，就必须首先从转变内部传统的服务观念、提升优质服务水平做起。

认真分析客观形势对供电企业服务的新要求，提高建设服务文化的认识。进入2000年以来，新的电力体制改革、市场经济发展、电力供需变化等都对传统的供电企业管理提出了挑战，对供电企业的服务提出了新的要求，供电服务的质量已不仅是供电企业自身的事情了，而成为了人们评价电力体制改革是否成功的关注点。我们认识到，提高优质服务水平是开拓市场的有效途径，是企业新的经济增长点，是企业生存发展的生命线，越是基础条件差的单位，越要更加重视服务文化的建设，发挥软件对硬件的补偿功能；越是外部经济环境严峻的情况下，越要发挥服务文化对职工的激励约束功能；越是深化改革，在供电和农电体制合一的新形势下，越要发挥服务文化对全市供电职工的凝聚与旗帜导向。

正视企业服务现状，增强建设服务文化的紧迫性。一是服务观念比较落后，缺乏主动服务意识。二是服务承诺践行的不好，难以树立起诚信服务的形象。三是服务效率和质量不高，企业内部机制不灵、流程不活、责任不明。四是服务的系统性不够，缺乏真正有号召力的服务品牌。五是服务创新不够，服务的举措上缺少个性化的内容。解决这些问题，靠传统的制度管理作用不大，只有靠文化唤起员工的自觉服务意识，才是治本之举。

突出特色，确定“四三四”新思路，在企业文化建设的整体深入中推进服务文化的建设。在整体建设企业文化的进程中突出服务文化的特色。具体就是要通过“四个坚持”，实现“三个转变”，达到“四个目标”。“四个坚持”就是坚持高起点、坚持系统性、坚持全方位、坚持长期性的原则；“三个转变”就是要实现服务文化建设从自发到自觉的转变，从经验到理性的转变，从零散到系统的转变；“四个目标”就是要通过企业服务文化的建设，解决企业服务理念、服务机制、服务管理、服务行为等方面的深层次问题。按照这一思路，我们重新调整了企业文化建设领导小组，办公室设在宣传部，由公司总经理和党委书记亲自抓。我们还重新制定了企业服务文化建设“三步走”的规划：第一步，用1～2年的时间，广泛宣传企业文化知识，提高全员企业文化意识，建立完善的企业服务理念态文化；第二步，用2～3年的时间健全、完善制度态文化；第三步，全方位推进企业服务文化建设，完善物质态文化建设。

传播先进思想，转变服务观念，努力构建起服务文化的四个支撑体系

普及企业文化知识，唤起全员的文化意识，建立起群众认可的支撑体系。自2000年5月份以来，我们主要采取“看、学、读、议”等方式进行全员的企业文化知识学习：即：看先进企业的变化；学习企业文化和学习型组织理论；开展阅读《谁动了我的奶酪》、《把信送给加西亚》、《邮差弗雷德》、《细节决定成败》、《没有任何借口》五本书活动；议公司党委提出的“朝阳供电公司曾是什么样的企业，我们现在是什么企业，我们将成为什么样的企业？”“我为企业做过什么？我为企业做着什么，我将为企业做些什么？”“建设企业服务文化，我们缺些什么，我缺些什么？”三个讨论题，使员工在讨论思考中将自己的命运与企业的兴衰联系在一起，增强服务观念，增强敬业爱岗意识。

系统思考、唤起经营管理者的企业文化觉悟，建立起领导倡导的支撑体系。一是公司中心组建立了周五学习日制度，系统学习企业文化理论和先进企业的经验做法。二是中层干部三个一活动，每个基层班子至少一个月集中学习一次，每名中层干部一年要阅读一本相关知识的书籍，每年举办一次培训班。三是两级班子的深度会谈，会谈中分析现状、会诊智障、研究对策，明确了建设企业文化的新目标，提升和整合了公司企业文化中的理念和行为识别系统。

深化企业改革、实施扁平化管理，构建起组织机构的支

撑体系。公司从改革总揽全局的思路出发，以实现组织扁平化、管理精干化、考核绩效化为目标，2003 年底在全省供电企业中率先开展了机构人事劳动方面的全面改革，使机关管理单位由原来的 32 个减到 22 个；主业中层管理岗由 149 个减到 111 个，一般管理岗由 280 个压缩到 240 个，主业人员从 1168 人减到 888 人。在改革的实施过程中，坚持做到改革的战略稳中求进，改革的战术快中求稳，在 20 天内完成了全员公开竞聘上岗工作，为服务文化的建立奠定了组织基础。

发挥骨干作用、利用专业机构优势，建立起理论指导的支撑体系。自提出建设服务文化以来，公司注重对骨干力的培养，将有一定企业文化知识的相关人员和与企业文化建设关系密切的部门负责人作为骨干力量，除经常组织参加培训、学习、考察等活动外，定期进行内部的研讨活动，几年来，先后进行过 7 次的集中活动，就文化建设进程中遇到的问题进行深入的探讨，为领导小组决策提供了许多有价值的意见建议。

培育新的服务理念、建立新的工作机制 从三个层面构建服务文化体系

构建了完备的服务理念系统

企业品格：不彰其形、力扬其功。企业愿景：同业之首、朝阳之骄、人企和合、造福社会。企业使命：兴电网、富朝阳、惠四方。企业价值观：大体则有、共赢则兴。企业精神：自强有为、努力超越、追求更好。经营理念：用最佳服务创最佳效益。服务理念：奉虔诚之心、做人微之事、结满意之果。品牌理念：人之品上、形之誉上。员工座右铭：尽心做好每件事。

健全了服务文化的机制体系

开展三评，创新激励机制。一是评选职业道德模范，并隆重表彰了建平万寿供电所所长刘绍文等 6 人，每人奖励 6000 元。二是评选技术服务标兵，共选出 10 人，每人年增加收入 5400 元。三是评选岗位能手，共选出 38 人，每人年增加收入 2400 元。坚持五查，强化约束机制。坚持开展营业管理普查、零度票子抽查、实抄率调查、投诉举报核查、行风工作检查，对服务问题严肃纪律、严格管理、严厉处罚。构建四网，健全监督机制。一是企情网，面向社会开通供电服务网站，公司总经理和农电主管局局长分别走进朝阳电台直播间，宣传供电服务政策，现场解答客户问题。二是社情网，聘请行风监督员 1200 多名，及时了解社情民意。三是政情网，主动邀请各级人大代表和政协委员视察供电工作，听取意见和建议。四是舆情网，加强与各新闻单位的联系沟通，请记者走访客户，征求意见反馈信息。四网联动形成了完善的监督体系，促进了服务水平的提高。营造氛围、醒悟修炼，推进服务文化的实践。

开展了丰富多彩的服务文化实践活动

提炼小家精神：我们组织以班组为单位征集小家精神，要求从本岗位工作性质出发，提炼出有自己特色的班组理念来。到目前为止，供电所属的 132 个班组都已有了自己成型的理念。

建设示范园：我们组织基层单位开展子文化建设工作。特别是基层工农电局，是服务文化建设的前沿，从 2004 年起我们开展了示范园建设，通过个别典型的示范作用，带动公司服务文化的整体推进。两年来，90% 的基层单位参与了活动，建起了企业文化示范园 5 个。

培育使命故事：从 2004 年起，我们组织开展季度评选好人好事活动，年末评选出体现“责任心、上进心、事业心”的“三心”个人之星和集体之星，在此基础上，提炼出企业使命故事。目前上报好人好事 195 件次，评选出 114 件次进行了宣传，评选出“三心”个人之星和集体之星 14 人，已经上报的使命故事 33 个。通过这种方式，把员工日常工作中体现企业理念的行为进行升华，广为宣传，从而实现引领和牵动整体文化建设的深入。

开展服务品牌建设：一是扩展服务理念。开展了尊重客户权益、维护企业形象的大讨论，结合具体情况确立个性化的服务价值观。在服务目标上，提出要超越自我、超越他人、超越常规，实行零距离服务、零缺陷服务、零违纪服务。在服务承诺上，提出要把客户当家人对待，把服务当家务来做。没有客户的过错，只有我们的不足。二是创建标志性的品牌窗口。开展品牌服务成果评选活动，参评范围为城乡供电所、客服中心和事故修理班，实行千分考评，在 900 分以上评出一星级、二星级、三星级，低于 900 分的列为整改单位，并自行摘除规范化达标的牌子。三是开展区域特色的品牌服务。根据朝阳市稳定脱贫建设小康的整体部署，开展供电服务进社区、进工业园区、进农村产业化区的“三进”活动，加强了对各类客户的研究，各供电所要摸清所管区域内的客户对电力供求的影响情况，区分轻重缓急，提供个性化的服务。建立了客户分类档案，制定个性化服务措施，满足不同客户的用电需求。支持政府整治经济发展软环境建设工作，对政府的重点工程提供重点服务。

构建优秀服务文化
不断提高服务品质

中国建设银行股份有限公司厦门市分行

近年来，厦门分行在建设银行总行的领导下，始终坚持“以客户为中心、以市场为导向”和“真情待客、文明规范、用心服务”的理念，并自觉贯穿于经营管理的全方位、全过程，服务品质得到较大提升，成为社会与市民的首选银行和信誉度很高的“品牌”。

多渠道传播服务理念

早在 20 世纪 90 年代中期，分行领导班子就意识到，为客户提供优质服务，是银行生存和发展的根本。十几年来，我们一直致力于转变服务理念，培育优秀的服务文化。新员工入行进行岗前培训，坚持把灌输建行服务理念作为其中一项重要内容。每年都对网点员工进行全方位的培训。初期是基础服务培训，后期根据员工对基础服务的掌握情况进行有针对性的服务培训。所有培训都将服务理念贯穿其中，使提高服务技能和增进对服务理念的认知认同紧密结合起来。

为了把服务理念渗透到员工心中，每年还针对热点问题组织大讨论。如，分行提出"树银行人格，办人格银行"，时任行长向柜员发出十五封信，与柜员探讨为什么要做好服务工作、如何做好服务工作等问题，广大员工在亲切的来信中体会到分行领导对做好服务工作的深刻内涵，纷纷参与到服务理念的讨论中。经过经常开展员工参与的服务大讨论，服务文化悄悄地在广大员工心中播下了种子。

我们还通过开展各项活动，强化对服务理念的理解。近年来，先后邀请李素丽、李向党等行内外服务典型到分行作报告，组织学习《李素丽服务法》、《向党工作站》经验事迹，引导员工自觉对照李素丽、李向党找差距，克服工作中的不足。经常征集员工格言和服务小故事，定期召开案例分析会，发动员工将服务故事编成文艺节目演出，让员工通过自己的事例教育自己。在建设银行总体理念框架下，每年都要组织一次分理念和理念图形化的征集活动，将征集到的理念和图形通过网上投票评奖，具有代表性的理念格言和图形制成牌匾，悬挂在办公场所，使员工时时处处接受教育。

硬件建设对服务文化的传播有着特殊的作用。我们注重营造规范、温馨的服务环境，对员工和客户进行服务文化的熏陶。按照"九统一"的原则，对所有营业网点进行了统一的装修和环境布置，设置了舒适的休息座椅和饮水机等服务设施，尽可能满足客户的各种需要。坚持不断更新自助设备，在部分网点设置了电子回单箱，为客户提供了更人性化、更贴心的服务。还为网点统一配置背景音乐播放机和碟片，使客户一走进我行营业网点，就感受到优美的音乐，良好的氛围，产生了"宾至如归"的感觉。

我们坚持把强化服务理念和服务工作融为一体，通过开展持续的优质服务活动，让客户感受建设银行的服务变化，推动柜面服务质量不断提升。1995年以来，每年都开展不同形式和内容的优质服务活动，如"五保证"优质服务活动、"八做到"优质服务活动、"夏季百日优质服务活动"、"二线服务一线，一线服务客户的双满意"活动、"零投诉、最满意"活动。这些活动都是全年一个主题，年初统筹安排，每季分解任务，半年一次大检查，全年一次总评比。2000年至今，分行又将服务文化纳入"创一流服务，建满意工程"来打造。

构建服务管理运行机制

在服务文化建设中，我们努力构建服务管理运行机制，逐步实现了全行联动，全员参与，一线服务客户、二线服务一线的"大服务"局面，为柜面优质服务提供了有力的支持与保障。

一是构建系统化的服务管理平台。随着对服务管理力度的加大，分行由最初的客户服务工作领导小组进而成立了服务与效率管理委员会，对全行服务工作实行了直接管理与考核，适时介入服务及业务流程设计的需求调查、设计结果评价、推广实施及过程监督，确保服务工作做到全行"一盘棋"。各部门和网点确定了服务质量责任人，具体抓好各项工作的落实，对服务工作的每个细节实施有效的工作指导与质量监督。分行制定并逐步完善了一系列制度：一本《柜员手册》，《中国建设银行厦门市分行服务管理办法》、《中国建设银行厦门市分行网点服务等级管理办法》和《中国建设银行厦门市分行部门服务满意度测评管理规定》三个办法，一套体系文件——服务管理体系文件，形成了由"行为规范管理"、"环境规范管理"、"检查控制管理"、"服务考评管理"、"客户意见管理"、"测量分析管理"、"服务改进管理"等几大模块组成的服务管理体系。为了保证服务文化管理制度的有效执行，我们将服务文化管理列入各分支机构的综合绩效考评，激励和约束各单位对服务文化管理予以高度重视。与此同时，分行开展了部门"服务满意度测评"工作，通过每年两次的行领导测评、部门互评、网点评议、召开座谈会等多种方式对部门工作情况进行测评，并对测评结果进行评分，作为部门工作业绩考核的重要指标，有效地监督部门二线服务一线工作。每年度都评出最佳服务网点、最佳服务部门、最佳服务质量责任人和十大服务明星，并纳入分行年度评先表彰，提高荣誉层次，保证荣誉的持久性。通过完善激励约束机制，有效调动了广大员工改进服务的积极性、主动性。

二是打造大服务运行机制。我们十分重视教育、引导二线部门牢固树立"为一线网点服务说到底就是为客户服务"的思想，培育求真务实、真抓实干的工作作风。分行积极探索和创新服务一线的方式和手段，组织编印了《二线服务一线指南》，明确了各部门的办事流程、办事时限、要求和主办科室及联系方式，方便了网点，提高了办事效率。以制度规范要求二线部门员工重视机关效能，树立"一线是二线的客户"的意识，切实做到首问负责制、AB工作制，进一步改进工作作风，提高工作效率。专门聘请了部分网点员工作为"二线服务一线"的义务监督员，通过他们定期了解网点的需求，明确分行的工作导向，收集有价值的工作建议，了解"二线服务一线"的情况。在各部门设立专门服务一线网点的响应中心电话，负责受理网点的请示及咨询，各响应中心电话在工作时间必须保证时时畅通。分行企业文化部及行长办公室还不定期对响应电话的情况进行检查，并对检查结果进行通报。

持续改进服务品质

我们认为，服务质量的提高是一个持续改进的过程，不可能一劳永逸。为此，分行成立了服务质量改进小组，专门负责受理来自一线网点对服务工作的意见与建议，根据需要适时召开改进小组会议，专题研究相应措施，并跟踪落实改进成效。对于难点问题，分行及时召开服务质量改进小组工作座谈会，及时改进服务工作中存在的不足，并促进全行上下进一步达成共识。此举不仅起到了剖析问题、查找原因、交流经验、研究措施、提出要求、落实责任的重要作用，而且部门与网点之间、网点与网点之间也加强了联系和沟通。

我们实行了“客户满意工程”，把客户是否满意作为检验服务质量的重要标准，广开与客户交流、沟通的渠道，及时听取、采纳客户的意见、建议，努力消除客户的不满意点。近几年，先后组织了两次行内员工和四次行外客户满意度调查，通过调查、收集客户对银行服务的需求和意见、建议，了解分行服务水平，主动寻找客户的不满意点并逐步改进。对客户意见簿上的意见认真调查处理，及时反馈客户，并责成服务主管部门对客户意见簿使用与管理的情况进行监督，真正做到客户意见件件有落实、有回音，使客户意见簿真正发挥了双向沟通作用。各相关部门和分支机构把减少客户不满意点，不断提升服务质量，作为一项重要工作来抓，一把手亲自处理客户反映问题。目前，分行上下对于每一起客户投诉都能认真对待，件件让客户满意，办结率每年均达到100%。同时建立起了高效的客户投诉反应机制，各部门网点从不同渠道接到客户投诉不能马上自行解决的，2小时内转到投诉主管部门及相关协办部门，以最快的速度与客户取得联系，基本上杜绝了客户向更高一级部门或媒体申诉的“升温”事件。

为了满足不同客户多样化、个性化服务的需求，在分行的组织和推动下，各网点根据所处的经济地理环境和客户群体情况，努力创造特色服务。如湖里支行通过设立5万元以上存取款专柜、对公网银客户专柜和网上银行、电话银行签约专柜、自制宣传资料指导客户签约后在自助设备上办理速汇通等手段，有效解决了“发展”和“排队”这一对矛盾；东区支行依托理财中心服务平台，大力开展业务营销，取得了良好成效，VIP服务和理财中心建设走到全行前列；文园支行、槟榔支行、金尚路支行、前埔支行等网点深入社区举办各种营销、宣传活动，扩大了网点在社区的影响面；厦大支行根据校园银行的特点，多次为厦大老师举办专场业务推介会、外汇理财讲座，还与演武小学共同举办了金融夏令营，深受学校的好评；百家村支行、厦港支行、月台支行等网点在代理保险和基金销售上做得有声有色，成为有特色的零售业务网点。各项特色服务的推出，由于贴近客户、贴近市场，产生了良好的社会和经济效益，也使服务文化品位不断得到提升。

提升安全文化建设
开创文化管理局面

——辽宁本钢歪矿安全生产文化工作纪实

辽宁本钢歪头山铁矿是一座集采、矿、运为一体的综合性的大型矿山，这个建矿35年的老矿山，就是依靠企业安全文化建设这个法宝，让企业安全文化落地生根，实现了企业安全生产效益和员工安全健康“双赢”良好局面。

以安全理念为核心，培育企业安全观念文化

企业的安全文化是企业文化的重要组成部分。它体现了“以人为本”的具有本企业特点的安全价值观，即本企业的安全管理思想、管理方式、群体意识及待业规范。而企业安全理念是企业以人为中心的安全管理的核心，是企业安全文化建设的重点内容。由于进行了广泛的宣传和思想工作，退休职工及家属也积极参与安全文化建设。如70岁高龄的退休职工裴克已主动结合自己30多年的工作经验，编写了104条警句、格言；马耳岭车间职工高荣付的妻子写给丈夫的安全寄语为：“工作别怕累，安全最可贵；若知妻每日，盼君平安归”等，矿安全文化建设领导小组在6000余条征集上的格言、警句中，经过多次研讨、仔细推敲、多方听取意见的基础上，提炼出“居安思危、止险于严”的歪矿安全理念。居安思危：要求我们在企业生产安全顺利环境下，也要预见危险的存在，体现了警钟长鸣的安全意识；止险于严：是指通过严格管理和措施使险情没有发生的条件和使隐患得到及时消除。居安思危与止险于严是一个动态过程中的因果关系。前者是思想，后者是行为。

同时，我们把优秀警句、格言和作者姓名一同在电视上播出。由于领导重视，方式多样，方法新颖，发动广泛，极大增强了全矿广大职工家属的安全意识。运输车间从本单位历年来的行车事故中精选出30余起具有典型教育意义的事故案例，采取漫画形式在车间展出，并配讲解员进行讲解，车间及矿近千人参观，受到教育；选矿车间采用职工个人讲述发生在自己身上不安全事例进行班组安全活动。车间主任针对部分干部、职工不愿“亮家丑”的现象，主动到班组中讲述发生在自己身上的安全事故，同职工一起剖析原因、吸取教训，排除了职工思想中的模糊认识；水汽车间结合车间安全生产实际自办了《金钟花》安全月报，职工们争相传阅，推动了本单位安全文化建设；马耳岭车间率先开展了家属对亲人安全寄语活动，一些职工家属将自己对亲人“高高兴兴上班，安安全全下班”的企盼写在纸上，贴在亲人的更衣箱上。宣传部、安全科还联合成立了“安全文化宣讲团”，以“安全与家庭”为主题深入到基层班组中，进行“安全生产法”的宣传和教育。收到了前所未有的教育效果。

完善安全规章制度，加强安全管理文化建设

安全规章制度是安全生产管理和运行的依据和保证，是安全管理文化建设的主要内容。歪矿严格执行安全生产第一责任人制度，矿长、车间主任、班组长等安全第一责任人始终把安全工作放在首位，确保矿山生产安全顺行。矿还每月召开一次党政班子联席会和两次安全例会专题研究安全工作。安全工作各种制度建设进一步加强，先后修订完善了生产岗位责任制度，安全生产检查制度、安全生产技

术措施制度、安全教育培训制度、事故调查统计分析报告制度、危险源点隐患管理制度，生产准入制度，事故责任追究制度、安全生产评价制度、矿内交通防火管理制度、特种设备安全制度等安全制度以及事故应急救援预案等。建立了企业文化保障体系及有效运行机制，由“安全文化建设领导小组”统一管理，指导协调全矿安全文化建设工作，矿基层23个单位成立了相应机构，并指定各单位的安全员为联络员，负责情况的沟通联络工作。有了健全安全管理网络和安全管理模式，极大推动了安全文化建设活动的深入开展。

为了使安全工作更有针对性，我们坚持定期和不定期进行劳动纪律和安全工作的检查。按相关规定班组每天一次，车间每周一次，矿每月一次，但我们实际检查的次数远远超过此规定。针对我矿特种作业较多的特点，抓好行车、电气、锅炉，特别是突出对火药加工厂、火药库、油库等要害部位、要害岗位的重点检查。同时举办了车间主任、工段长、违章人员安全管理学习班，使我矿安全管理工作形成约束、教育、感化、激励“四部”曲。我们还依据《安全生产法》对传统的规章制度和不合时宜的有关技术操作规程进行修订。并已着手进行制度建设、安全生产状态评估和运行体系的建立。

体现人文关怀，规范企业安全行为文化

安全行为是实施安全文化建设的内在要求，我们在依据《安全生产法》和职工标准操作的基础上，已着手建立三级（领导层、管理层、操作层）职工安全规范，推行结合联系本单位实际，突出不同岗位的不同特点，重点围绕职工安全技术操作规程，力求使用简明的语言，富有人情味的文字对职工安全技术、操作规程和行为习惯进行了概括和提炼，制作了安全告知卡、安全标准作业卡等3800余张。对决策层管理层制定了以安全告知卡为主要内容的安全行为规范，对操作层不同岗位工人制定了以《安全生产法》为基础，以简短文字提炼、概括出2500余个标准化作业卡，对职工行为进行规范、约束。教育和引导全体职工在作业中严格执行安全规章，杜绝“三违”现象，遵循“三不伤害”原则。特别是各级领导在实际工作中也要坚持做到“五查”即：查思想、查制度、查领导、查隐患、查事故责任。通过加强班组建设，举办职工技能大赛、岗位练兵等有形活动，潜移默化引导职工掌握必需的应急技能和合理的安全操作。

此外，强化了对班组长的安全培训，全矿有180名班组长都接受了培训。发挥安全教育室特殊作用，精心制作典型事故安全展示板9个，使安全教育室功能更加完善。我矿还采取家庭、亲人共同关注安全的作法，在各单位推行《亲情卡》《寄语卡》1000余个。安全文化建设使广大班组中处处洋溢着安全文化的气息和氛围。职工们认识到安全文化建设，将会大大提高安全系数，全矿职工都是直接受益者。

突出安全形象设计、强化安全物态文化建设

企业安全形象和浓厚安全氛围是企业安全文化的外在表现，通过有形的安全形象设计与实施，打造更好更浓厚的安全文化氛围，让职工在视觉上、心灵中与安全文化观念进行全面沟通。通过视觉文化，随时提示和规范职工在生产中的安全行为，我们按照《安全生产法》的要求，联合整治矿区安全生产环境，消除环境上的安全隐患，各种危险源点都设置了警示标志。一年365天，歪矿129公里的铁路线上跑着内燃机车、蒸汽机车、电力机车，从道路维护到平交路口（9个有人看管道口，22个无人看管道口。）负责整个矿山生产运输大动脉，由于歪矿又是个城乡结合企业与居民都在一个地区的特殊地区，每天都有穿插来往于采场、铁路线的百姓。为此，这个矿在采场两个出入口和铁路道口等重要地点，安装上了醒目的彩色电脑喷绘固定大型警示标语20余幅。

27幅以漫画手法绘画的安全案例图板是运输车间自己独创的安全教育模式，每逢历史上发生过安全事故“纪念日”时，运输车间就组织全车间912名职工分期分批听专人讲案例，以此让在岗职工牢固树立安全第一的主观思想。

在爆破车间的汽车维护班，每个工种都用三至七个字组成的安全工作歌谣，并制成告知卡，摆在交接班室，每次在交接班中，工人们都说一遍卡上的内容，工人们将安全意识入眼，入脑，入心，工作起来既安全又愉快。全矿干部职工还按公司规定统一着装，矿为每名干部、职工制作了一套夏季工作服，充分展示了矿山人的安全精神风貌。还为运输巡道工等工种职工购买有夜光性能警示标志的黄布帽、黄马甲300套；发动职工制作了碎矿大坑清扫与站场运转连锁及电气操作防护等安全生产防护装置和维护职工身心健康的设施。编辑制作了题为《居安思危 止险于严》的歪矿安全文化建设电视专题片，印制了《安全管理制度汇编》《职工警句格言汇编1658》《事故安全汇编》等系列企业安全文化丛书。严格执行国家标准着手实施厂房、设备的色彩管理，为安全生产创造了条件。我们还按照国家统一规定的有关安全警示标志和色彩管理的要求，在工作场地建立了大型标语牌26幅。

以安全文化为统令，变安全管理为文化管理

歪矿在开展安全文化建设以来，清楚的认识到只有更好地保障职工群众的生命权、健康权，才能充分体现先进的生产力的发展要求，先进的文化的前进方向，才能代表职工群众的根本利益。把保护职工群众安全与健康作为企业安全工作的出发点和落脚点，变安全管理为文化管理，在文化管理的高层次上，使安全生产的科学管理、现代化管理更加人性化，从而推动本单位安全工作上水平、上层次。安全工作在歪矿不单是局限于安全科单一部门的工作，而是矿党政工青齐抓共管并且是驾驭在文化管理之上的工作。每个部门在围绕安全开展工作中，来找准自己的位置。同时，歪矿的安全工作不追求单一控制安全事故数量上，而是在如何预防事故、如何消除隐患、如何保障职工身心健康上大做文章，真正实现“柔性化”和“文化化”的新模式企业安全文

化管理。

创建企业理财文化 促进企业健康发展

李云龙

在现代社会,金融品种繁多,企业资金流量大且流动频繁,理财问题越来越复杂,工作难度越来越大。企业为了实现科学理财和基业长青,必须创建优秀的企业理财文化,这是应对激烈市场竞争的迫切需要。

企业理财文化对企业发展影响深远

纵观中外历史,凡是业绩优秀的企业、事业成功的企业家,无不拥有优秀的理财文化。

我国历史上出现过一批晋商,他们创造了高超的理财艺术,并成就了辉煌的事业。在清初,晋商与北方蒙古牧民贸易时,看到牧民没有现金,就把绸布、茶叶、食盐、金属制品赊销给牧民,折合成幼畜,暂不提取,仍交原主人代养。待到秋冬时节幼畜长大、膘肥体壮时,晋商拿着账本前来收取牛羊,赶回内地换钱。如果收购的牲畜价值多于牧民欠款,则发给盖有商号印章的"钱帖",以后晋商再来时可凭此购物,确保买卖公平。晋商凭借高度的灵活性和独特的信用体系,成功开展了大量贸易,积累了大量财富,为后来形成"票号"奠定了经济基础。

"红顶商人"胡雪岩于1874年创办"胡庆余堂"中药店,经营成功后又创办了"阜康钱庄"。对于钱庄经营,他最爱说的一句话是:"十个坛子九个盖,看你会盖不会盖"。意思是说:钱不在多,调度则灵,关键是眼疾手快,善于调度。他的理念与"提高资金周转速度"的现代理财思想是一致的。因为拥有优秀的理财文化,钱庄经营得红红火火,一度与外资银行并驾齐驱,平分秋色。

在当代,优秀的理财文化发挥出了更大的作用。浙江奥克斯公司只有20多年的历史,但现已形成55亿元资产,电能表产量居世界第一,空调销售量居国内前三位。当初,生产电能表用的铁底壳一直靠外协配套,每只5元。他们测算发现,若自己生产,成本不超过4元。于是投资800万元建立了铁底壳分厂,正常生产后实际成本仅有3元。再后来,他们发现其他厂家开出的价格仅为1.9元,而自己的生产成本很难压下来了,就把铁底壳分厂以200万元的价格卖掉,重新采用外协方式生产。当时,电能表的年产量已达1000万只,一年下来就节省1000多万元。

然而,目前绝大部分企业尚未意识到理财文化的重要意义,更未把创建企业理财文化提到议事日程上来。一些企业由于缺失优秀的理财文化,在生产经营中造成了重大损失,教训十分惨痛。

"亚细亚"的衰落、"巨人"的倒下,从表面上看是由于决策者头脑过热、盲目投资扩张所致,但更深层的原因是落后的理财文化。他们的理财价值观是"一夜暴富",理财哲学是"超常规发展",理财作风是"个人说了算""浮躁""武断",理财艺术是超越实力的"负债经营",理财制度不健全、不完善、业务流程混乱……

在新加坡上市的中国航油股份有限公司,在总裁陈久霖领导下从事投机性石油衍生品交易业务,受2004年国际油价持续上升影响,由于违规操作加上判断失误,在2004年底造成了5.54亿美元(合人民币45亿元)的巨大损失,被迫向当地法院申请破产保护,陈久霖也被新加坡警方司法调查。陈久霖曾从赌博中获利,这让他喜好上了赌博,但最终却在赌博中倒台,梦想暴利却落个暴亏。造成严重后果的是他错误的理财价值观——靠投机赌博获利。因此,是落后的理财文化葬送了陈久霖和他执掌的公司。

企业理财文化的内涵和作用

理财文化是企业文化的重要组成部分,是企业文化的子系统。

企业理财工作与企业文化存在着天然的联系,这是生成企业理财文化的基础。在日常理财工作中,企业理财工作者除受到各种规章制度约束外,还会受到一些不成文的思想、观念、习俗的影响和驱使。企业老总、财务主管的思想观念,往往会影响一大批人,成为企业意识形态的主流。在长期理财实践中,会自然形成一些大家普遍认可、心照不宣、共同遵守的潜规则。无论是主流思想还是潜规则,都会对管理工作产生深远影响,决定着理财工作者对一些重大问题的态度和判断。这些对理财工作产生深远影响的思想观念、潜规则,其实就是企业理财文化。

企业理财文化的内涵

企业理财文化,是企业理财工作者在理财实践中创造出来的与理财工作有关的精神财富的总称,是理财工作者的群体意识和行为规范。

完整的企业理财文化内涵丰富,主要包括:

理财价值观 是企业财务管理系统倡导的、企业内部绝大多数职工认同的、对客观事物的是非优劣的评价标准。它是企业理财文化的核心。

理财哲学 理财哲学是企业经营哲学的组成部分,是理财价值观的具体化,同时也是企业对理财的方法、艺术的概括总结,反映企业理财的基本指导思想,也体现理财工作的基本管理准则。

理财精神 是企业理财工作者的群体意识、普遍作风和精神风貌,反映理财工作的基本行为方式。

理财制度 是理财文化在制度层面上的体现,主要包括财务成本管理制度、投资管理制度等。

理财道德规范 是理财工作者约定俗成的、自觉遵守的道德准则和行为规范,是建立在人们心中的道德防线。

民主理财意识 引导全体员工关心企业的成本和效益,培养自觉理财意识,是企业理财文化建设的重要内容之一。

上述六个方面相互联系、相互制约，共同构成企业理财文化的有机整体。

企业理财文化的作用

理财文化是企业理财工作的灵魂，是加强财务管理、改善财务状况的精神力量和智力因素，是理财工作者自觉理财、科学理财、创造社会价值和实现个人价值的平台。具体说，企业理财文化的重要作用在于：

引导理财方向　企业理财文化的核心是理财价值观，传达出理财工作者共同的价值取向或价值追求，引导着理财工作者前进的方向，促使他们确立正确的人生目标，加强道德建设和能力建设，正确地行使理财使命。

优秀的理财文化还能使企业决策者（包括财务主管）坚持正确的理财思想，头脑冷静，稳健经营，避免盲目乐观、情绪冲动，从而避免因战略投资失误而造成重大损失。

凝聚理财力量　优秀的理财文化有利于统一理财工作者的思想和价值取向，有效消除分歧，增进相互理解和团结；有利于争取企业技术部门对理财工作的理解和支持，为理财工作创造一个好的工作环境，提升企业凝聚力；有利于调动普通员工当家理财的积极性，形成民主理财的局面。

根除财务作假　理财文化是一种道德规范，能使广大理财工作者清楚地知道该怎样做人，如何做事，自觉规范自己的言行，培养良好的作风，廉洁自律，不犯错误。

财务人员作假账是困扰全球企业的老问题，花样翻新，屡禁不止。无论是美国安然公司的訇然倒地，还是中国银广夏、郑百文的垮掉，都与会计作假干系重大。为防止会计造假，国内外都制定了大量的制度、准则。但是，制度只对守制度的人有效，对于不守规则的人就显得苍白无力。理财文化着眼于理财工作者自我约束、自我控制，可以从根本上杜绝作假账现象的发展漫延。

促进科学理财　优秀的理财文化意味着科学的理财哲学、合理的理财制度、高超的理财艺术……这一切，正是企业理财工作所急需的，是提高企业理财水平的内在要求。加强企业理财文化建设，可以使理财工作始终保持与时俱进、锐意进取的状态，加强学习，注重创新，提高理财工作能力和工作效率，积极探索科学的理财制度和精明的理财艺术，在努力实现个人价值的同时使企业的经营绩效得到提高。

塑造良好形象　建设优秀的理财文化，可以为企业理财系统树立良好的形象，还可以扩大企业的影响，提高企业的知名度。相反，一个资金管理混乱、开支随意、投资决策盲目的企业，将为人们所鄙视。

世界上的长寿企业不是很多，壳牌石油公司战略顾问顾亚齐先生在对长寿企业进行深入研究后总结出四条秘诀——财务稳健，宽容，凝聚力，对环境的敏感。财务稳健正是优秀理财文化的生动写照。

企业理财文化的建设原则

企业理财文化建设要遵循企业文化建设的一般规律，坚持一些重要原则。主要是：

企业理财文化要体现企业生产经营特点

个性是企业理财文化的生命，缺少个性特色的理财文化，不会是优秀的。企业理财文化必须反映企业的实际需要，紧紧抓住企业发展中遇到的关键问题和突出矛盾，为企业解决问题、增添后劲。同时，理财文化还要呼应企业家的理想和追求，符合企业的经营理念、管理制度和管理方式。

企业理财文化要反映基本商业准则，符合理财规律

优秀的理财文化必须是基于商业准则的。基本商业准则，是指企业在市场竞争中的基本游戏规则，例如诚信、公平竞争、双赢或多赢、职业化等。这些基本的商业准则，是企业必须遵守的底线，一旦违背这些游戏规则，就会受到市场的惩罚。许多企业，包括全球性的跨国公司（如美国能源巨头安然公司），正是由于没有遵守这些基本商业底线而在瞬间崩溃和消亡。

企业理财文化建设要充分利用优秀文化基因

理财文化建设不能全盘否定过去，否定传统。对于优秀的文化基因必须高度重视、妥善保护、充分利用。优秀的文化基因是企业的宝贵财富，具有稳定性，不易改变。继承优秀文化基因并发扬光大，可以使企业员工更好地接受和认同企业文化，少走弯路，提高成效。

理财文化建设要树立群众观念，坚持民主理财思想

企业文化是员工的心理契约，是一种管理氛围。理财文化作为企业文化的组成部分，需要让大多数员工理解、接受、认同，否则就会流于形式。中石化河南油田根据原油生产成本居高不下的实际情况，提出了“全员理财、降本减费”的口号，发动广大职工关心生产经营、参与理财建设，采油二厂基层采油队的干部职工独创了“模拟家庭理财”管理办法，有效控制了成本上升，成为群众性理财文化创新的生动案例。

企业理财文化建设要坚持“以人为本”

一个企业的文化如果背离了人性，那么这种文化就是一种扭曲的文化，一种缺乏包容性的文化，一种不可能被员工认同的文化。

优秀的理财文化必须是基于人性的，以人为本，尊重员工。首先，必须反映理财工作者的内心愿望和期盼。比如，理财工作者大都希望不断提高自身实力，成为理财专家。理财文化建设就要顺应这一要求，树立终身学习的理念，建立培训制度，为他们岗位成才创造条件。其次，理财文化建设要以信任为前提，体现对企业普通员工的尊重。一些企业为了防范极少数缺乏诚信、危害企业利益的员工，而采取防贼的方式设计报销制度、费用管理制度，使忠诚的员工认为企业不信任自己，从而伤害了其积极性。这样的企业无

法形成优秀的理财文化。

企业理财文化建设要由高层推动

企业老总、财务主管的价值观、经营哲学、道德水准、管理风格，在很大程度上决定着企业的理财思想和理财方式；理财文化建设方案主要靠高层领导（特别总会计师）制定和实施；理财文化建设中的偏差主要靠高层去纠正；涌现出的先进人物要靠高层去肯定和激励；文化建设的成果也要靠高层去巩固和提高。因此，高层领导是理财文化的设计者、倡导者、维护者、促进者，要以身作则，身体力行，成为执行理财文化的典范和楷模。

目前，企业理财文化建设问题尚未引起企业的广泛注意，这对于企业健康发展是不利的。希望广大理论工作者、企业家、理财工作者关注这一问题，不断深化研究，推动这项工作不断提高。

（*作者系河南油田经济研究所书记、副所长*）

在创新中发展　在文化创建中壮大

王　彦　丁鹤雁　高振清

中国一航北京航空材料研究院成立于1956年，是我国最大的航空材料科学与工程研究中心之一，承担着大量的国防预研、型号攻关、基础研究、军民两用技术和国际合作的研究与开发任务。透明材料专业组建立于1962年，是我国惟一专业从事航空透明件研制与透明材料应用研究的单位，为我国航空透明材料的发展作出了重要贡献。

2004年，透明材料专业组被全国国防邮电工会授予“创新示范班组”荣誉称号。在“激情进取　志在超越”的集团精神和“航空报国　追求第一”的集团理念指引下，坚持以人为本、转变观念、调整思路、抓住机遇，不断再创新高。通过狠抓技术创新，技术水平和研发能力有了较大提高，掌握了多项核心技术，填补了国家该领域多项技术空白，在一个较短的时间内，缩短了与先进国家的差距，形成了专业研究方向较全面、研究水平较高和具有一定规模的航空透明件研发基地；通过管理创新，大力弘扬团队精神和团队文化，积极倡导团结、协作、求实、创新的科研作风，团队建设和团队文化建设上了新台阶。

近几年，透明材料专业组承担了国防预研及重点型号等课题十余项，专业组在科研任务量、人均科研经费等方面都取得了长足的进步。学术带头人颜悦入选了国防科技工业百名优秀博士以及“511人才工程”，并获航空多项青年科技奖。

不断创新技术，勇攀科技高峰

专业发展需要技术作为支撑，只有拥有自己的核心技术，才能谋求更大的发展。多年来，透明材料专业组大胆创新，努力进取，现已突破了该领域多项关键技术。

2002年，上级机关决定将枭龙飞机座舱盖透明材料国产化。透明材料专业组临危受命，接受了这一光荣而艰巨的任务。在那段难忘的日子里，全组人员放弃了几乎所有的节假日和业余时间，以高度的责任感和事业心，充分发扬团队精神，调动各岗位积极性，在工序中严把质量关，加班加点积极开展此项工作，攻克了一个又一个技术难关。枭龙首飞时使用了我院透明材料专业组研制的舱盖透明件！

在飞机透明件隐身镀膜方面也取得了较大进展，完成了某重点型号飞机隐身演示验证机镀膜装机件的研究工作。该项目的完成，实现了我国先进战斗机隐身材料的首次全面应用。

在技术创新方面，透明材料专业组的同志们非常注重跟踪该领域世界先进水平，在跟踪的基础上进行创新。

目前，我国座舱透明件的总体技术水平和航空技术先进国家相比仍有很大差距，透明件的制造基本沿袭前苏联模式，缺乏计算机辅助制造和控制等先进技术手段。为了实现与设计所的数据对接，透明材料专业组购买了专业软件，经过一年多的学习与消化，现在已经最大限度降低了数据传递带来的误差，并已成功应用于某型号座舱透明件成型工装、整型工装、切边工装的设计制造过程中，取得了较为理想的结果。

整体圆弧风挡能够提供飞行员广阔的视野，以利于作战、起飞着落和编队飞行，同时具有优良的气动力外形、合理的结构承力形式和良好的抗鸟撞能力，可以简化结构，减轻重量，是当今先进飞机透明件的发展方向。经过前期的基础研究和大量的工艺试验，透明材料专业组提出了一条全新的工艺路线，并获得成功。

不断创新管理，为专业组发展注入活力

专业组管理必须与时俱进，以新视角、新理念审视、探讨新形势下管理工作的新特征、新方法，才能适应新形势的要求。

一是强化专业组内岗位，弱化课题组。根据专业发展需要，强化岗位意识，弱化以课题为中心的观念，避免在工作中出现“孤岛”和各自为战的局面；做好专业近、中、远期发展规划，保证专业组的发展有序、可持续。

二是重在以人为本，体现现代企业管理理念。现代企业管理已经进入人本管理、知识管理的新经济时代。一方面要注重刚性管理，严规章上水平，确保科研工作有序可控；另一方面要尊重职工人格，增大管理的亲和力、凝聚力，激发人的热情和潜能，为职工施展才华、实现价值搭建舞台，使企业发展前景与职工抱负目标同向，培养自信、自立、自律的职工队伍。专业组还通过专业组例会、学术交流会、个别谈心等方式及时了解员工的思想动态。为促进民主管理，充分调动员工的积极性和工作热情，专业组定期听取员工工作汇报，及时讨论研究工作中的重大问题，定期召开新学员座谈会、员工座谈会，加强了民主监督，疏通了民主渠道。

不断建设团队文化，打造高素质员工队伍

大力弘扬团队精神与团队文化

透明材料专业是集材料学、光学、化学、力学和热力学以及隐身技术等众多学科为一体的高技术领域。专业组成员之间的密切合作是一切工作开展的前提，是各项科研任务完成的有力保障。为此，在以下几个方面进行团队文化建设：

共享成果，创建和谐奋进的团队精神；

专业发展，个人成才，强化忧患意识，时不我待；

积极倡导团结、协作、求实、创新的科研作风；

创造一个紧张而有序、快乐而充实的工作环境。

优化知识结构

做好人才队伍规划，建立人才梯队，形成整体能力优势，提高专业组科研能力与水平。

发掘现有人员的能力与引进新人并举，努力营造一个积极进取、安居乐业的环境。组内形成一种以老带新的良好氛围，充分发挥新人的冲劲，激发年轻人的工作热情与集体荣誉感。按照“三七”模式培养年轻一代，即三年成才，七年出成果。

强调一岗多能，注重课题之间的互相交叉。引导技术人员努力学习其他相关专业知识，实行新同志轮岗实习制度，培养全局观和综合科研能力。

明确组员责任与权利，强调集体利益高于个人利益

以相互协作为基础，由课题负责人具体负责细化分工，并进行定期的技术交流与探讨；在进行团队建设的同时，强调个人利益服从集体的利益。通过多年的不断探索和创新，北京航空材料研究院透明材料专业组在技术上、管理上和团队建设上取得了长足的发展和自我升华，相信在科技强军、科技强国的潮流中，他们将激情进取，为祖国的航空事业腾飞去努力、而自豪，为在祖国的蓝天上自由翱翔的银翼，增添新世纪东方强国的风采而奉献未来。

（作者系中国一航北京航空材料研究院）

让业主满意，让政府放心，让社会称赞

贾继保

江泽民同志指出：“各行各业都要重视职业道德建设，逐步形成适合自身特点的职业道德规范。”职业道德规范和服务承诺是企业文化建设的重要内容之一。在我国加入了世界贸易组织和勘察设计单位改企建制的形势下，深入贯彻《公民道德建设实施纲要》的精神，紧紧抓住职业道德塑造这个着力点，根据历史和现状，构建出全行业的职业道德规范和服务承诺，对于建立行业和企业的信用体系，提高企业的核心竞争力，具有重要的意义。就行业各单位而言，构建出切合实际、特点突出的职业道德规范和服务承诺，对于对外树立形象，对内培养和考评人员素质、协调和统一群体风格，促进企业的可持续发展必然会产生重大作用。

职业道德规范

据我国职业资格工作委员会的资料统计，我国现有职业可细分为1856种。所谓职业，就是在社会分工的情况下，长期从事某种专门业务，履行特定岗位职责，获取主要生活来源即报酬的社会活动。

人们在职业分工的范围内进行劳动或工作，就会形成一定的职业关系。职业关系既是一种生产关系，也是一种责任关系、权利关系、利益关系。从事一定的职业，就意味着担任一定的社会责任；就意味着享受一定的社会权力，即对某些特定资源如资金、人才、职位、名誉等的使用、操作、管理和支配权；就意味着享有一定的利益，体现着一定的利益关系。从事一定职业的个人或集团，在职业活动中，如何处理这些复杂关系？用什么精神状态去完成自己的职责？如何运用自己的职权去完成自己的职责和谋取公共利益？用什么态度去协调和处理个人、集体、社会、国家之间的利益关系？这里每个环节都存在道德问题。职业道德，就是从业人员在职业活动中处理职业关系应该遵循的行为准则。

电力工业是国民经济的基础行业，水利水电工程往往具有地质条件复杂、规模巨大、投资大、技术含量高、对安全要求高，工程综合效益高的特点。勘测是工程的基础，设计是工程的灵魂，面对工程建设体制改革的深入和入世的挑战，勘测设计人员既要保证工程的质量、安全和效益，对国家和社会负责，又要尽量减少投资、缩短工期、增加效益，对业主（客户）负责。这些都对水电勘测设计行业的从业人员提出了很高的职业道德要求。针对水电勘测设计单位的职业特点，本着汲取传统精华，符合市场经济要求，体现时代精神和创新精神，具有世界眼光和职业特色，使尊重个人合法权益与承担社会责任相统一、效率与公平相协调，先进性与广泛性相衔接的原则，以及简明易记、便于操作的要求，提出勘察设计行业的职业道德规范如下：

精心——以专心致志、认真负责的态度对待自己的岗位工作，把对职业的挚爱之情潜入灵魂深处，为每项工作注入可以引发心灵悸动的赤诚之心。精心勘测、精心设计、精心咨询、精心监理、精心管理、精心做好各项工作。要精心于优化设计，精心于产品和服务质量的不断提高。要以“精心”求“精品”，以“精品”求效益。

海尔集团总裁张瑞敏有句座右铭：“永远战战兢兢，永远如履薄冰”。这充分表现了他极端敬业、精业的精神境界。我院的许多总工对自己的职业也有这样的心理体验。“精心”强调的是“心”到，这是做好职业工作的基础，是“爱岗”的升华和“精业”的前提。“精心”突出了行业特点，反映了勘测设计人员精心勘测、精心设计的优良传统，反映了勘测设计人员对重大工程技术问题如临深渊、如履溥冰的敬畏态度。精心的目的是出精品，有精品才会有核心竞争

力，才会做到人无我有，人有我精，才会在市场竞争中立于不败之地。出精品的目的是出效益。因此，精心也是在市场经济条件下实现职业利益的必然要求。当然，精心于职业，做到精益求精，不仅是个职业利益和技术水平问题，而且也是职业道德高尚的表现，是一个人优秀品质的体现。因此，要抓好“精心”这个基础性环节，使职工做到“树岗位形象、精岗位技能、尽岗位职责、出岗位精品、比岗位贡献”。

准时——为国内外业主（客户）准时提供符合合同规定的产品和服务，不因主观原因而发生拖后现象。单位内各专业、各部门之间相互提供的产品和服务，下级承担上级交办的工作，职员承办领导（项目经理）交办的任务，都应按要求准时完成。需要提前完成的，也应尽量提前完成。

“准时”是企业信用的基础环节，它强调了履行合同和约定的严肃性。众所周知，世间万物都在时间和空间中运动。时间表现了事物运动的顺序性和秩序性。如果没有了时间，工作和生活就会出现无序和混乱状态。谁都不愿意自己的手表走时不准，同样的，业主最不满意的就是不能准时提供合同规定的产品和服务。因此，准时性就像要求财会人员“不做假账”一样，是我们从业的道德底线，看似简单，但在日益复杂的市场环境下，要真正做到并不容易。不管我们从市场上承揽的工程任务是多么艰巨，时间是多么紧，基础资料是多么缺，要求是多么高，一旦我们权衡利弊后，与业主（客户）郑重地签订了合同，就要一诺千金，信誉为本，千方百计在质量和进度上予以保证，准时提供产品和服务。

规范——规范是企业品质的体现和产品质量的保证。勘测设计产品和服务，要符合规程规范的要求，符合质量管理体系的要求以及有关规定。出单位的产品还要注意印制和包装的档次。单位内的产品和服务，管理部门下发的文件和上报的材料等等，均应符合相应的格式、规范以及审美的要求。

规范化是一种严肃认真的科学态度。工作规范、流程规范、衔接规范、制度规范，才能保证产品和服务的规范化、标准化。这样环环相扣、步步达标，才能使产品和服务的质量获得可靠的保证。

真诚——对国内外业主（客户）真诚，善于站在业主（客户）的角度想问题、办事情，态度要真诚，服务要到位：对职工真诚，保证每位合格职工的物质利益和各项权利，保证在其职业生涯中得到相应的待遇、培训、发展的机会；对企业真诚，每位职工要自觉贯彻企业精神、职业道德规范和服务承诺，遵守本单位、本行业的规章制度和行为规范，对自己的工作负责、尽责，对自己的上级负责、尽责。单位内各专业、部门之间，领导与职工之间，也要诚信为本，加强沟通与交流，形成良好的工作氛围。

真诚强调的是“情”到，突出的是诚信，其目的是不断提高企业的信誉等级。质量和信誉是现代职业活动中十分重要的问题，是企业的生命。企业既是一个经济实体，要最大限度地追求利润，又是一个社会组织，需要履行社会责任和义务。讲质量，是从业人员对社会和人民承担的义务和职责；讲信誉，体现了社会对一个行业、一个单位以往职业活动的评价。因此，国内外一切优秀企业，都把对国家、社会、客户、消费者的真诚作为自己的职业道德规范，倍加珍惜、严格遵守。如海尔的“真诚到永远”，长虹的“产业报国，振兴民族工业”，荣事达的“以诚立足天下，以德彪炳四方”，德力西的“德报人类，力创未来”，松下的“产业报国精神”。反之，大凡短命的公司，都缺乏社会责任，抛弃真诚原则，把企业和个人利益凌驾于国家、社会、顾客和员工之上。事实证明，企业一旦把利润作为惟一追求，就会把自己束缚在急功近利的小圈子里，甚至把国家和社会当作愚弄的对象，把顾客和员工当成谋利的工具，产生机会主义、短期行为，更有甚者，坑蒙拐骗、恶意逃债避税，生产销售假冒伪劣产品。“小富在智，大富在德”，一个企业要想常盛不衰，就必须以真诚为本，打造出自己产品和服务的金字招牌。

服务承诺

服务承诺是职业道德规范的延伸。它既是我们以较高的标准自觉自愿地进行自我约束，又表明我们坦诚地接受业主、政府、社会的监督。

在市场经济条件下，企业间的竞争会由价格、质量的竞争发展到服务的竞争。服务是企业间竞争的高级阶段，是企业成熟和有实力的标志。勘测设计单位要以一个认真负责的形象直面市场和公众，对业主、政府、社会做出郑重地服务承诺：让业主满意，让政府放心，让社会称赞。

让业主满意——想业主之所想，急业主之所急，诚实守信，为国内外业主提供符合合同要求的产品和服务，努力为业主赢得最佳的工程效益。

社会的分工和劳动的专业化使相互服务成为必然，市场经济则使服务变得更加丰富、快捷、平等（马克思：“商品是天生的平等派”）和有价值。“人”字的结构是相互支撑，人的社会性要求人与人之间相互依赖、相互服务。商品，是为了满足他人或社会需要的劳动产品；服务，就是满足他人或社会需求的活动。人人既是服务者也是服务对象，既享受服务又提供服务，服务成了我们的生存和发展方式。业主是我们的“衣食父母”，是我们经济收入的主要来源，是我们直接的服务对象。国际企业界有句名言——“满意即效益”，我们只有为业主提供满意的产品和服务，才能获得自己持续稳定的发展。

让政府放心——电力是国民经济和社会发展的基础产业，事关国计民生。我们要为政府作好水电开发的规划、咨询等工作，为国家实施宏观调控服务，为各级政府开发水力资源的决策提供最优的方案和技术支持。

让社会称赞——服务既包含市场行为，也包含道德追求。企业作为市场主体，其服务是有偿的，理应通过为社会（业主）提供服务获得合理的报酬。企业作为社会的一员，作为道德追求，也应该回报社会，通过无偿服务（如：捐资助学、扶贫济困等），感受助人之乐，提升精神境界；通过爱国守法，通过自己高效的劳动，保持每年利税的合理增长，为社会尽一份责任，给社区做一份贡献。

（作者系中国水电西北勘测设计研究院）

打造“三出水源”特色企业文化体系

济南市水质净化一厂

济南市水质净化一厂是目前山东省最大的城市污水处理厂，担负着市区108平方公里区域内的污水收集与治理任务。设计总规模为日处理污水45万吨，一期工程于1998年建成并正式投入运行，日处理污水22万吨，经处理的水质各项指标均稳定达到或优于国家二级排放水标准。多年来，根据污水处理行业特点和市政公用行业市场化改革形势的需要，自觉导入企业文化，下发了《企业文化建设三年实施纲要》，提出了“出水达标是天职”的核心理念，形成了具有行业特点和鲜明个性的“三出水源”文化理念体系，锻造了与时俱进、创新发展的企业文化模式，增强了全厂创新意识和竞争意识，几年来，以先进的工艺、科学的管理、优美的厂容厂貌、独特的企业文化和两个文明的丰硕成果，先后获得全国城市污水处理厂运行管理先进单位、山东省文明单位、省级花园式单位、山东省建设系统思想政治工作优秀单位、济南市企业文化建设示范单位、中国企业文化建设实践奖、全国企业文化建设实践创新奖、全国企业文化建设先进单位奖等市级以上荣誉80余项，受到了社会各界的高度赞扬。

企业文化建设的发展历程

企业文化建设经历了理论铺路、准确定位、精心构建和整合提升四个阶段。

理论铺路阶段，主要是有方向地进行企业文化建设，夯实企业发展基石。厂党委通过各种形式广泛开展企业文化宣传教育，营造浓厚氛围。先后购买了大量企业文化书籍，发给党员和中层干部学习思考，邀请专家学者来厂讲授企业文化建设知识，组织骨干赴全国有关企业文化建设先进单位观摩学习，召开企业文化建设研讨会，开展企业文化建设方案征集活动等，全厂干部职工对企业文化建设有了深刻的认识，达成了共识。大家把对企业文化建设的认识提高到为企业创造良好发展环境，应对市场化挑战，解决将来企业如何“活下去”和“做起来”两大问题的高度，从而为企业文化建设的开展打下了坚实的理论基础和思想基础。

准确定位阶段，主要是有目标地进行企业文化建设，构筑竞争优势。开展企业文化构建活动必须立足自身特色，发挥自身优势，把人员、设备、技术管理的优势融入到先进的文化中去，提升人气，创造激情。为此，在大量调查研究、反复征求意见的基础上，总结出了具有我厂特色的企业文化理念系统，将“出清水、出人才、出经验”定位为企业之魂。其中出清水是核心，出人才是关键，出经验是保障。通过抓企业文化建设，“出水达标是天职”这一核心理念，已经变为每位职工的自觉行动。

精心构建阶段，主要是有组织地进行企业文化建设，提升企业形象。提出了“单项工作争第一，整体工作创一流，争做行业先进生产力代表”的敢为人先的目标，确定了“纳污吐清，回报自然，完善自我，造福人类”的企业价值观，把企业文化建设定为形象、素质、凝聚力三大工程，并明确提出了建设具有自身特色的积极向上、朝气蓬勃、崇尚知识、追求文明、富有团队精神和竞争意识的企业文化，将各项内容和指标分解到各部门，使企业文化建设有组织、有目标、有计划、有步骤地健康开展起来，全厂形成了“凡事有人负责、凡事有章可循，凡事有据可查，凡事有人监督”的工作格局和“今天比昨天做得好，明天比今天做得更好”的质量理念，提升了全厂的质量形象、队伍形象和公众形象。

整合提升阶段，主要是有理性地进行企业文化建设，构筑企业之魂。提炼的“出水达标是天职”的核心理念，既体现了豪迈的气魄和远大抱负，又强调了“风雨同舟，荣辱与共”的“命运共同体”意识，表现出敢为人先、永争一流的时代精神。在广泛征求广大干部职工意见的基础上，先后总结提炼了具有自身特色的以“出清水、出人才、出经验”为核心的十余种理念。为了将理念“槽刻”在干部职工心中进而变为自觉行动，厂里加大了制度建设力度，并将体现这些理念的各种规章制度、操作规程汇编成册，系统地组织学习、培训和实践；在厂区主要地段和人员活动聚集的地方规范了视觉识别系统，安装了荣誉长廊和文化长廊，重新制作了规章制度板块、厂情资料片和厂企业文化建设巡礼片，使这些理念和要求逐步达到家喻户晓，人人皆知，使全厂职工在浓厚的企业文化氛围之中潜移默化地炼魄铸魂，大大丰富了“三出水源”文化的内涵。

企业文化建设的基本内容

在企业文化构建中，主要从物质文化、行为文化、制度文化、精神文化四个层面上建设具有鲜明个性的企业文化，形成了“以朝阳事业吸引人、以开拓创新锻炼人、以教育培训提高人、以合理制度规范人”的企业文化格局。

（一）在物质文化构建活动中，紧紧围绕“出水达标是天职”这一核心理念，在内容和形式两方面构筑“纳污吐清、回报自然、完善自我、造福人类”的工作格局。

内容构建方面

一是积极探索最佳经济运行模式。通过优化工艺运行方案和调控手段，完善操作规程，降低污水处理成本并保持100%出水达标。二是完善组织设置，构筑三大管理体系，实现了从进水到出水的全过程管理，建立了全方位的调度指挥体系，随时处理工艺流程中出现的各种问题。三是努力构筑全新的科研开发基地，开展科技攻关活动。四是引进国际质量和环境管理体系，全面提升管理水平，取得了ISO9001和ISO14001两大体系资格证书，整体管理水平得到了突破性提升。

形式构建方面

一是不断创新环境格局,绿化面积达到厂区面积的43%,自1999年以来一直保持着“省级花园式单位”的称号。二是创新识别系统,整修厂容厂貌,凸现“清净、清新、清爽”的环境理念,创造良好的工作生活环境。三是实施两大基地建设,建成了山东省高校教学科研实习基地和济南市中小学生环保教育基地。四是开展了“心系百姓谋发展,纳污吐清创一流”主题活动,打造了“一净源”服务品牌,塑造了务实高效的企业形象。

(二)在行为文化构建活动中,主要从全员学习、全员创新、全员守纪、全员活动四个层面上建设行为文化,把干部职工的行动统一到学习、创新、守纪、活动上来,各项工作实现了“行动快、效果好、有回音”的效率理念。

强调全员学习

一是把“工作学习化,学习工作化”定为全厂的学习理念,开展了“学习无止境,创新无尽头”的活动,使职工自身竞争力不断提升。二是开展了全员技术升级和岗位技术比武活动,采取鼓励自学、请进来教、走出去学、举办专题讲座等办法,开展构建学习型组织、学习型部门、学习型职工活动,营造出了浓厚的学习氛围。

强调全员创新

一是以创新大讲台活动为总抓手,每月组织一次专题讲座,把创新精神与应用效果播撒到全厂每个角落。二是在思路上创新。从厂里整体工作思路到各科室、班组具体工作思路,职工都积极参与,集思广益,提高了职工着眼全局、立足局部的逻辑思维意识和创新能力,保证了全年整体工作思路的实现。三是在工作落实上创新。提炼出了“行动快、效果好、有回音”的效率理念和“团结不拆台、扎实不浮夸、诚实不虚伪”的作风理念,培养了良好的团队精神。

强调全员守纪

一是以“合理的制度规范人”为基本思路,完善了劳动纪律和岗位操作规程。二是开展文明科室、文明班组、文明职工创建活动,涌现出一大批先进典型,并进行了大张旗鼓的表彰奖励,大大激发了干部职工遵章守纪、争先创优的意识。

强调全员活动

为实现凝聚人心、营造亲和向上的团队精神,创造性的开展了全员读书活动、技术比武活动、提合理化建议活动,举办全厂运动会、歌咏比赛、知识竞赛等各种文体活动,营造了积极向上、朝气蓬勃的文化氛围,增强了团队意识和凝聚力。

(三)在制度文化构建活动中,从完善领导体制、健全管理制度、实施民主管理三个方面建设制度文化,形成了法制与德治并举的管理模式。

完善领导体制

班子成员自觉坚持以“集体决策、民主集中、个别酝酿、会议决定”的原则议事办事,凡是决定了的事情,都要按组织原则、组织系统、组织程序抓好落实。

完善管理制度

一是健全了领导巡视和探视制度,将干部职工的生产、生活问题都纳入领导视野中。二是先后修订和完善了各项规章制度,形成了一个适应现代污水处理企业要求的制度体系。

实施民主管理

一是编撰下发了《职工道德歌》,用于规范和提高全厂职工的伦理道德水平和文明意识。二是将每月的生产统计、财务成本、质量检验、安全生产及时向职工通报,切实做到厂务公开。三是采取多种形式广开言路,听取干部职工的意见和建议。四是坚持为职工做好事,从政治上爱护职工,从生活上关心职工。

(四)在精神文化构建活动中,立足努力构建具有污水处理行业特色的精神文化。

一是确立了企业价值观,提炼确定了“纳污吐清、回报自然、完善自我、造福人类”的企业宗旨和价值观念。二是确立了“学习创新、永争一流、立足现在、创造未来”的企业精神。三是确立了“单项工作争第一,整体工作创一流,争做行业先进生产力代表”的企业目标。全厂出现了“风正、气顺、劲足”和“用心学习、用心思考、用心干事”的良好局面。

融汇创新　铸魂炼魄

——中国石油东方地球物理公司的企业文化建设

东方地球物理公司是中国石油旗下、中国最大的专门从事地球物理勘探的专业化公司。多年来,公司肩负着为国“找油找气”的神圣使命,为寻找石油工业战略后备资源,勘探足迹遍布全国20多个省、市、自治区,为大庆、辽河、胜利、大港、中原、江苏、华北、二连、长庆、吐哈、塔里木、青海等油气田的发现和开发,做出了突出贡献。在跨国经营和企业重组中,继承传统,融汇创新,在跨文化管理和文化整合中激情打造企业的核心竞争力。公司国内业务不断提高,国际业务迅猛发展,综合勘探能力已经达到国内第一、陆上业务跃居全球第一,成为国际物探行业声誉日隆的知名品牌。东方地球物理公司坚持以文化育人,以文化铸魂,以一流的文化推动国际一流地球物理公司目标的实现。

着眼发展,凝心聚力,以文化引领企业进步

为切实加强企业文化建设,公司建立了公司领导挂帅,企业文化部牵头,职能处室参与,事业部、地区经理部主抓的企业文化建设工作组织领导体系和工作机制。成立公司企业文化建设委员会,委员会主任由公司总经理担任,成员由公司领导及有关部门领导担任。委员会办公室设在企业文化部,主要负责企业文化建设日常工作。

面向市场，打造品牌。在日益激烈的市场竞争中，公司坚持以品牌提升服务，树立形象，开拓市场，赢得竞争。多年来“东方物探”的品牌在国际与国内市场上树立起“诚实守信、快速反应、超值服务，追求卓越”的良好形象，得到国内各大油田以及国际知名油公司的青睐，BGP品牌逐步成长为国际知名品牌，企业全面步入持续健康发展的轨道。根据市场需求，公司加大品牌创建的力度，三年来共推出34支“东方先锋”物探队，在市场竞争中，出现了甲方直接点名或直接邀请“东方物探队”议标的现象。

实施文化整合，企业成功重组。2002年，中国石油集团公司在对其下属的原物探局进行公司制改造的基础上，吸纳六家油田公司的物探资源一次性完成行业重组，成立了东方地球物理勘探有限责任公司。公司以“发展”先进文化为灵魂，大力进行文化整合，培育优秀团队精神，提升企业核心竞争力。在整合中，公司以国际一流的企业发展目标激励员工，提升文化的凝聚力；以利益的保障与提升作为文化整合的基础，增强文化的吸引力；以先进的管理制度为载体，强化文化的塑造力；以优化资源的交流互动，提高文化的融合力。公司重组三年来，效益大幅提升，市场占有率不断提高，品牌影响力日益扩大。

实施跨文化管理，开拓国际市场。目前，BGP有海外作业队40支，勘探区域涉及29个国家，外籍雇员约为1万多人，来自十几个国家和民族。在跨文化管理中，BGP以现代文明生产为基础，以HSE系统为保障，牢牢抓住“以人为本”这一文化管理核心，营造尊重文化、和谐文化、发展文化、忠诚文化，增强了队伍的凝聚力。在对外籍员工的问卷调查中，愿意在BGP长期工作的外籍雇员达到92%。

大力传播，以文化人。在文化产品与载体建设上，公司注重运用丰富有效的载体，以员工喜闻乐见的形式大力宣传和传扬先进的文化理念，使之转化为员工的行动。2004年，东方物探自己编写了近50万字的企业文化丛书，采写了从公司50年代第一位英模杨拯陆到今天数十位新星的《英模风采录》，出版了集纳80篇企业故事与员工格言的《企业故事格言集》，2005年，公司组织党的先进性教育宣讲团与企业故事宣讲团历时50多天，巡回近20个探区，做了数十场报告。公司在各探区选树了18个企业文化建设基层示范单位，培育了3个企业精神教育基地，以不断丰富的途径和载体进行文化建设与传播。

企业品质在文化建设中不断提升

近年来，东方地球物理公司认真履行为国找油找气的神圣职责，把“矢志找油”作为企业的第一责任，为国家能源安全做出不懈努力。在塔里木石油勘探开发中，配合油田公司发现了克拉2大气田，落实了较大规模的天然气储量，为“西气东输”工程奠定了资源基础，为西部大开发战略做出了突出贡献。在2004年中国石油油气勘探战略突破的“13个重要发现”、战略展开形成的“23个规模储量区”、油气预探发现的“8个战略苗头”中，东方地球物理公司参与地震勘探、综合研究、提供井位建议的，分别有8个、14个和4个，所占比例分别达到61%、60%和50%，发挥了找油找气“主力军”作用。

几年来，公司大举挺进国际市场，在海外拥有20多个办事处、40支作业队伍，与60多个海外新老用户建立了合作信任关系。大型的规模化生产基地在中东、北非、美洲等地区拔地而起。海外产值连续四年以50%的速度增长。陆上勘探能力居全球第一位。在全球化、一体化、数字化的战略指导下，公司多个项目共同开发，2004年，研发成功国家重点项目——Geoeast1.0，成为我国第一套拥有独立自主知识产权的解释处理软件。

文化力催发了员工的凝聚力。随着企业文化建设的逐步推进，员工素质得到明显提升，精神面貌焕然一新。公司多次被评为“河北省文明单位”，“全国思想政治工作先进单位”，先后有6人获得“全国劳动模范”光荣称号。2005年，公司获得了“全国五一劳动奖状”。

加强文化建设　打造“责任南网”

中国南方电网公司

作为中国电力体制改革的试点企业，中国南方电网公司肩负着保障广东、广西、云南、贵州、海南五省区电力供应，落实国家西部大开发战略和实施西电东送、优化资源配置的重任。公司成立三年多来，以“三个代表”重要思想和科学发展观为指导，在国务院国资委的正确领导下，认真贯彻落实《关于加强中央企业企业文化建设的指导意见》和3月在云南召开的国资委企业文化建设研讨会精神，紧密结合公司重组融合、改革发展的实际，坚持融入中心、服务大局，以人为本、全员参与，重在建设、突出特色，深度融合、务求实效的基本要求，将企业文化建设纳入公司发展战略，融入企业管理，用先进科学的思想和文化理念武装员工头脑，规范公司和员工行为，提升管理水平，培育核心竞争能力，促进了公司和员工的和谐发展。

同心结南网——南方电网公司企业文化的形成

从“一体化的企业文化”目标到“同心结南网”的提出

南方电网公司成立之初，由于各分、子公司经营规模与历史沿革不同，管理模式与管理风格迥异，东部与西部、发达与欠发达地区不同经济发展水平、不同文化背景造成的员工思想观念、行为习惯、管理方式的多样性，迫切需要一致的企业文化来统一思想、激励斗志、凝聚力量、规范行为。因此，2003年3月，公司在第一次工作会议上，提出了建立“一体化的企业文化”的战略目标，并要求从公司发展战略和核心竞争力的高度来认识、构造、建设企业文化。

企业文化建设是一个长期性、系统性的工程。如何在短期内迅速实现全系统16万员工思想上、行动上的融合，建立一体化的企业文化，这是南方电网公司成立之初面临的一个难题。在改革发展的实践中，南方电网公司党组首先把中央和国家的路线、方针、政策在企业具体化。明确了公司的大政方针，包括公司宗旨、战略发展目标、工作方针及安全生产一号令、依法经营二号令等，用大政方针统一思想，凝聚人心，协调步伐。其次，实施了大教育、大培训计划。大规模培训干部，共举办了7期领导干部培训班，学习公司的大政方针和经营理念，加强领导干部间的沟通和融合。再次，各级党群部门在全系统广泛开展了"同心结南网"主题系列活动。这样，逐步形成了"同心结南网"的文化理念，将"一体化企业文化"具体化。

着手建立以"同心结南网"为核心的理念体系

"同心结南网"体现的是事业的发展和人的发展，是一个双向价值目标。"同心结"是和合同生、心心相印、永结同心的隐喻。"南网"既是物理意义上的"南网"——阡陌纵横的供电网络，也是人文意义上的"南网"——和合一体的人文网络。"同心结南网"活动得到了员工们的广泛认可和响应，在全公司掀起了企业文化建设的热潮。

在此基础上，经过广泛的调研，南方电网公司充分分析企业文化的历史与现状，认真提炼已经形成的文化理念，最终形成《中国南方电网公司企业文化理念及主题形象语》、《中国南方电网公司企业文化建设实施意见》两个文件。这两个文件是南方电网公司企业文化建设的核心专业文件，为企业文化建设提供了一个完整的思维构架。

完善南方电网公司企业文化框架体系

南方电网公司企业文化的系统性，包括逐步建立健全精神文化、制度文化和物质文化；建立健全组织保障机制、工作指导和载体支撑机制、考核评价机制；建立健全视觉识别系统、理念识别系统和行为识别系统；建立健全责任文化、安全文化、服务文化、执行文化和廉洁文化五个子文化；建立健全内部培训、文化传播、安全生产月活动、优质服务活动、团队工程、文体活动、公益工程、文化展示八个主要文化载体。

以视觉识别系统和理念识别系统为例。目前，南方电网公司视觉识别系统已被成功推广应用到公司的办公事务系统、公关事务系统、会议设计系统、环境识别系统、车辆标识系统、广告宣传系统、服饰系统、营业厅内外环境系统等8个系统共100多个细项上，除了常规应用外，在公司系统举行的历次大小活动、各类会议中，各单位都形成了积极主动自觉推广公司视觉识别系统的良好氛围，使得公司标识在南方电网区域内家喻户晓，深入人心。公司理念识别系统包括7个核心理念、7个专业理念和1个主题形象语，核心价值观是"主动承担社会责任"。经过大力宣传和弘扬，公司企业文化理念已经耳熟能详，落地生根，在统一思想、协调步伐，调动积极性，保持良好精神状态，树立公司形象等方面，发挥了很好的作用，成为公司的决策思维、目标价值和评价标准。

主动承担社会责任——南方电网公司企业文化的实践

主动承担社会责任是南方电网公司的自觉选择

企业生存在社会之中。企业要获得长远发展，拥有兴盛的生命力，企业文化必须体现其社会责任感。对于中央企业来说，仅仅讲经济效益，是远远不够的。中央企业的出资人是国家，中央企业要充分体现国家意志，必须鲜明地亮出、扛起社会责任这面大旗，既追求自身效益，更注重社会效益，为社会多贡献力量、多创造财富。

作为中央企业，积极承担社会责任，可以有效拉近企业与公众、党与人民的距离，体现党的先进性，促进社会和谐稳定；可以得到各级政府的重视和支持，更好地体现国家意志，为全社会的科学发展营造良好氛围；可以更好地发挥在贯彻落实科学发展观中的作用，实现全面、协调、可持续发展。作为一般意义的企业，要坚持把客户利益放在首位，为员工成长提供相应的工作环境，承担环保责任，建设节约型企业，创造社会财富，改善人民生活水平，为社会的持续繁荣发展做出贡献。作为一个电网企业，上联电厂，下通用户，与经济社会发展和人民生活息息相关，其行业特点决定，电网企业的生存发展须臾离不开中央的关心、相关企业的支持和人民群众的配合。通过承担社会责任，企业对内可以凝聚员工思想、形成奋发向上的强大力量，对外可以树立企业形象、营造有利发展的良好环境。企业得到社会认可后，反过来又能够进一步激发企业增强凝聚力，从而实现企业与社会的共同可持续发展。

主动承担社会责任，这不仅是南方电网公司起好步、开好局的一条基本经验，也是公司的立足之本、力量之源，是中央企业体现党的先进性、构建和谐社会的必然要求，是中央企业体现国家意志的必然要求，更是贯彻落实科学发展观的必然要求，也是每一位南网人必须具有的精神境界和行为规范。因此，我们提出主动承担社会责任，不是盲目跟风，更不是有意作秀，而是在对电力产业特点、企业自身发展前途、国有企业特别是中央企业使命清醒认识和深刻把握的基础上，做出的自觉选择。

努力打造责任南网，树立责任文化品牌

早在2002年底公司成立时，我们就提出了"对中央负责、为五省区服务"的宗旨和"打造经营型、服务型、一体化、现代化的国内领先、国际著名企业"的战略目标，工作方针里又提出要更加注重社会效益，我们强调各级干部、各级供电部门要守土有责，保一方平安，要求每一位员工树立"忠诚、敬业、责任、服从"的理念，确立了以"主动承担社会责任"为核心价值观的文化体系，实现了企业文化的创新，树立了责任文化的品牌。

三年多来，南方电网公司的责任文化是持续推动企业改革发展的重要因素，同时伴随着企业的改革发展而日益丰富，主要体现在七个方面：

第一，为五省区经济社会发展提供安全可靠稳定的电力保障。三年多来，在严重缺电的局面下（2003 年南方电网电力缺口 380 万千瓦，2004 年缺口 500 万千瓦，2005 年缺口达到 940 万千瓦，占到全国电力缺口的 1/4 强），我们没有看菜吃饭，有多少供多少，简单地拉闸限电，而是眼睛向内，投入更多人力，付出更多成本，主动承担更多的社会责任，把缺电对经济社会的影响降到最低程度。公司确保了交直流并联运行复杂大电网的安全稳定，安全生产形势平稳，全系统没有发生对社会和公司造成重大不良影响、对资产造成重大损失的生产安全事故；保证了南方五省区电力的有效供应，克服重重困难，落实各项措施，发挥南方电网大平台的作用，大力加强快速灵活调度，大力加强需求侧管理，用心做好优质服务工作，安全可靠稳定有效的电力供应，为前三年南方五省区 GDP 年均增长 12.7% 提供了有力的支撑。

第二，认真落实国家西部大开发和西电东送战略，促进五省区经济社会协调发展。我们提前 15 个月实现了国务院确定的“十五”西电东送广东新增 1000 万千瓦的目标，形成了“六交三直”的西电东送主网架。截至目前，西电东送最大达到 1210 万千瓦，是 2003 年初的 3.2 倍；三年多来，西电东送电量年均增长 38.3%。实践证明，西电东送是优化资源配置、东西部优势互补的必然选择，已成为促进西部经济社会发展的积极举措、支持东部可持续发展的重要保障、统筹区域协调发展的重要结合点。按照规划，“十一五”南方电网西电东送将再翻一番。

第三，根据国家战略部署和能源发展方针，结合实际建设资源节约型电网。我们有效降低电源建设和运营成本，提高一次能源的利用效率。加快电源结构调整。削峰填谷，提高负荷率，从而提高现有发电设备的利用效率。落实国家产业政策，协助政府压缩高耗能企业用电，引导产业结构升级调整，指导用户节约用电、科学用电。加快电网技术升级，提高电网的经济运行控制能力。推广紧凑型输电线路。采取技术措施和管理措施降低供电线路损失。

第四，充分发挥企业作为自主创新的作用，为建设自主创新型国家作贡献。公司已成功实施国内第一个 ±500 千伏直流输电工程自主化依托项目——贵州至广东第二回直流工程，设备自主化率达到 70%。在此基础上，世界首条 ±800直流输电工程——云南至广东 ±800 千伏直流输电工程设备国产化率将达到60%。以交直流混合电网安全稳定运行技术为核心，逐步形成自己的核心技术和知识产权，打造出南方电网的技术品牌。并作为国家重大技术装备国产化先进单位受到了国务院的表彰。

第五，积极实施“走出去”战略，在国际合作中体现国家意志。作为国家授权的大湄公河次区域电力合作的具体执行单位和牵头单位，公司以国家能源安全为已任，在国内率先成为“走出去”的电网。去年 10 月在中越两国领导人的见证下，南方电网公司与越南电力总公司签订了有关向越南北部六省的售电合同。此外，开展了老挝、缅甸的电力规划工作，次区域电力发展总体规划工作正式启动。

第六，积极服务社会主义新农村建设。公司深入推进县级电网发展规划。大力加强县级电网建设，为新农村建设提供安全可靠的电力保障；投资约 33 亿元，通过电网延伸解决 41 万户无电人口用电问题；实现公司供电区域内行政村的村村通电。

第七，真情回报社会，热心公益捐助。在非典期间和当海南、广西、广东等省区遭遇台风、洪水袭击时，公司及时组织捐款，支援三省区抗洪救灾和灾后重建。我们还正式加盟“南方扶贫救困贴心工程”的“百村改水行动”，筹集资金在 3 年内帮助 100 个村解决农民吃水问题。

“主动承担社会责任”的核心价值观体现了南方电网公司企业文化的先进性

“主动承担社会责任”的核心价值观是南方电网公司价值体系中的核心要素，统摄着其他所有价值观，它彰显了一个负责任企业的强烈的责任意识，拓展了传统意义上企业社会责任的内涵和空间。南方电网公司把企业社会责任放置在核心价值观的地位和核心范畴加以思考和推进，突显了南方电网企业文化的先进性。

其先进性主要体现为：一是体现了“三个代表”重要思想和科学发展观等党的路线、方针、政策在南方电网公司的具体运用，体现了国家意志，体现了构建社会主义和谐社会的要求，符合中央企业的发展方向。二是作为公司核心价值观，体现了公司党组一以贯之的经营思想和管理哲学，符合南方电网公司的实际。三是企业社会责任是一个比较新的概念，南方电网公司在中央企业中率先提倡“主动承担社会责任”，体现了南方电网公司作为我国电力体制改革试验田而进行的探索和实践，符合我国改革开放的基本国策。荣融主任批示：“你们提出的‘责任南网’我很赞成，中央企业要自觉把责任看得更重，南方电网在这方面考虑问题的深度和高度确实不一样”。

南网现象——凸现南方电网公司企业文化的成效

“南网现象”的提出

三年多来，在国资委的领导下，公司坚持“对中央负责、为五省区服务”的宗旨，主动承担社会责任，克服重重困难，一步一个脚印，通过两年打基础、一年上水平，在重组中融合、在融合中发展，各方面工作取得了显著的成绩，树立了良好的社会形象。公司保证了交直流并联运行复杂大电网的安全稳定，同时主营业务收入年均增长 21.3%，资产总额年均增长 6.84%。2005 年，公司跻身全球 500 强企业；公司作为一个由中央和地方重组而成的拥有 16 万员工的大型企业，在如此困难的情况下，在短短三年的时间内，实现了快速融合和高速增长，并呈现出良好的发展态势，得到了吴邦国委员长、温家宝总理、黄菊副总理、广东省委张德江书记、曾培炎副总理、荣融主任等中央和地方各级领导、社会各界人士、新闻媒体的高度评价，誉为“南网现象”。

“南网现象”的内涵

“南网现象”可概括为以下六个方面：一是通过确立和落实公司的大政方针，把中央的大政方针落到实处，统一了思想、凝聚了人心、协调了步伐；二是主动承担社会责任，充分发挥南方电网大平台的作用，千方百计使有限的电力发挥最大的效益，度过了三年多严重缺电时期，有力地支持了区域经济的快速增长；三是突出抓好电网发展，做强做大主业，建成了国内结构最复杂、联系最紧密、科技含量最高的大电网；四是强化基础管理，强调依法经营，确保了国有资产保值增值；五是坚持以人为本，从战略高度建设了一支高素质的干部人才队伍；六是加强沟通与融合，处理好各种关系，形成了各方相互依赖、相互支持、互利互惠的利益共同体，创造了和谐的内外部环境，培育了独特而鲜明的企业文化，很好地解决了大型公司重组这一世界性难题。

“南网现象”的实质是南方电网公司在融合发展的实践中形成的文化现象

“问渠哪得清如许，为有源头活水来”。“南网现象”包括了南方电网公司鲜明而独特的企业文化建设，也植根于这种企业文化，是南方电网公司企业文化的一种形象外显。它是在吸取和继承优秀的文化传统、有效地吸纳前沿管理思想、成功地总结生产经营实践经验的基础上提炼形成的，经历了一个逐步提炼、丰富与完善的过程，是在克服困难、融合发展中形成的，不是外来的，而是实实在在的。其背后是三年多严重缺电时期战胜各种困难确保安全供电、应对复杂的内外部环境和许多亟待解决问题的成功实践。总之，两年打基础、一年上水平的发展历程，在重组中融合、在融合中发展的发展方式，16万多员工把公司的企业文化理念体现在工作实践中所产生的强大的精神动力，赋予了公司企业文化深厚的实践性。

养文化之灵，铸企业之魂。南方电网公司企业文化作为公司大政方针在文化上的高度概括和文化延伸，确立了公司覆盖生产、经营、管理全领域、全过程的核心思想和价值观念，以责任意识和人本意识为主线，全面指导工作，充分发挥作用，逐步深植、内化到员工心灵与行为之中，形成了用心感悟、用心实践的文化自觉。面对历史上最大的电力缺口，面对缺煤、少水、油价大幅度上涨等各种不利的因素，遭遇到冰凌、特大洪水、强台风等各种自然灾害，承担了历史上最重的电网建设任务，我们的企业文化在历次的迎峰度夏、抗灾抢险中得到了实践的成功检验。是独特而鲜明的企业文化，为公司的发展注入了灵魂和活力，并且也坚信企业文化的凝聚、指导和协调作用将越来越大。

创建学习型企业　加快创新创业步伐

首钢总公司企业文化部

首钢始建于1919年，经过多年的发展，首钢已成为一个以钢铁业为主，兼营采矿、机械、电子、建筑、房地产、服务业、海外贸易等多种行业的跨地区、跨所有制、跨国经营的大型企业集团。2005年，首钢集团实现销售收入806亿元。截至2005年末，集团资产总额675亿元，在册人数10.24万人。

2003年初，从“两个前所未有”的形势判断出发，首钢提出了“苦干三年，打好四个基础”的奋斗目标。围绕这一奋斗目标，首钢一年一个主题，2003年开展了解放思想、转变观念的“八破八立八做到”活动，2004年开展了企业创新工程。经过两年的工作，“没有发展没有首钢的一切”的观念日益深入人心，首钢人冲破了向何处去的迷惘，坚定了搞好首钢改革发展的信心，首钢呈现出了与时俱进、真抓实干的喜人局面。

2005年是首钢“苦干三年，打好四个”基础的决胜之年。2005年2月，首钢的搬迁调整方案得到了国务院的认可，按照该方案内容，首钢将在河北省唐山地区曹妃甸建设一个具有国际先进水平的钢铁联合企业，同时在北京建设冷轧薄板项目；分阶段压缩北京地区钢铁生产能力，到2007年底完成压缩400万吨钢铁生产能力，2010年底北京石景山区冶炼、热轧能力全部停产；在北京发展首钢总部经济，包括研发体系、优势非钢产业和环保产业等。由此出发，首钢提出到2010年把首钢建设成为自主创新型、运行高效型、循环经济型、和谐发展型企业，并积极实施到2020年后的“三步走”发展战略。

如何保证“苦干三年，打好四个基础”目标的最终实现？如何有效落实搬迁调整方案，确保前无古人的、规模最大的、最系统的城市特大型企业搬迁调整工程顺利进行？如何把首钢建设成为“四型”企业，确保首钢“三步走”发展战略的顺利实施？在巨大的挑战和新的任务面前，2005年以来，首钢通过创建学习型企业，激发了广大干部创新创业的激情，增强了企业的创新力和综合竞争力，全面完成了“苦干三年，打好四个基础”的各项目标，保证了搬迁和生产的有效衔接，推动首钢的发展进入了一个历史新阶段。

从企业创新创业的需要出发，牢牢把握创建学习型企业的实质

首钢创建学习型企业，紧密结合企业改革发展实际，牢牢把握创建学习型企业的本质，立足于企业创新创业的实践，全面提升管理，提高企业的综合竞争能力，实现人与企业的共同发展。

创建学习型企业是首钢适应管理创新发展的必然要求

我们这个时代是一个变化的时代，新的理念、新的技

术、新的管理方法等,层出不穷。我们这个时代也是一个竞争的时代,国家与国家之间、企业与企业之间、人与人之间的竞争等,日益激烈。作为一个历史悠久的国有企业,首钢在长期的发展过程中创造积累了丰富的管理经验。首钢承包制曾一度全国闻名,促进了首钢的大发展。但市场环境的迅速变化,企业之间的竞争加剧给首钢的管理创新提出了新的课题。首钢越来越认识到适应变化和应对竞争的惟一选择就是快速学习。学习型组织作为当今最先进的管理方式之一,其核心是不断学习、创新和超越。在新的发展阶段,为适应迅速变化的外部环境,为迎接日益激烈的竞争与挑战,首钢必须通过创建学习型企业,组织全员学习,建立终身教育体系,增强干部职工开拓创新、超越自我的能力,才能适应变化,抢占先机,掌握优势,赢得主动,提高企业的综合竞争力,实现企业全面协调可持续发展。

创建学习型企业是首钢适应新形势新任务的迫切要求

当前,中国经济已进入转变经济增长方式、产业结构优化升级的发展新阶段。钢铁行业也进入淘汰落后、升级改造、自主创新、做大做强的新时期。首钢新钢厂建设作为国家发展循环经济和自主创新的钢铁示范基地,为首钢钢铁业发展提供了千载难逢的发展机遇,首钢钢铁业进入了一业多地的发展新格局。国家加快发展现代制造业、服务业,加强基础设施建设,北京建设国际化大都市,举办奥运会,发展高端产业以及钢铁业的发展,为首钢非钢产业也提供了新的发展空间。面对新的发展态势,适应多地区的发展格局,推进战略性结构调整,实现经济增长方式的根本转变,提高经济增长质量,深化改革,优化管理等等,对干部职工的思想观念、工作方式,对企业的人才结构、队伍素质等提出了新的挑战,要求首钢必须创建学习型企业。只有创建学习型企业,不断提高企业的学习力,提高广大干部职工的综合素质,才能保持企业持续的创新力、增强企业的综合竞争力。

创建学习型企业是首钢树立和落实科学发展观的有效组织形式

党的十六届三中全会明确提出了科学发展观。科学发展观要求坚持以人为本,促进经济、社会和人的全面发展。学习型企业强调团队学习,快乐学习,坚持工作学习化,学习工作化,不仅可以通过职工的相互学习使每一名职工在发展自己的同时为实现企业目标做出贡献,更重要的是使职工感受到工作不再仅仅是谋生的手段,而是在企业内由工作中活出生命的意义,从而实现人与企业的共同发展。从这一点来看,学习型企业所倡导的理念和坚持的原则反映了科学发展观的核心内容和根本要求。首钢必须要用科学发展观统领企业的各项工作,创建学习型企业,为首钢持续快速健康发展奠定更加坚实的基础,实现企业与职工、企业与社会的共同发展。

树立先进的学习理念,明确创建学习型企业的工作内容

首钢创建学习型企业,以"三个代表"重要思想和科学发展观为指导,不拘泥于搞"五项修炼",而是继承发扬了首钢优秀的学习传统,吸收借鉴国内外创建学习型组织的先进经验,树立先进的学习理念,明确创建学习型企业的指导思想、目标任务和工作内容。

树立六个理念

一是团队学习理念。团队学习是学习型组织的基本特征。团队学习是一个合作性的学习过程,其目的是发展组织成员进行学习思考、深度汇谈、共享知识、整体配合、实现共同目标的能力。通过团队学习,引导全体干部职工围绕企业目标愿景,改善思维模式,充分发挥集体的智慧和创造力,推进企业创新创业。

二是行动学习理念。行动学习紧紧围绕企业的改革发展目标和经营生产任务来进行,坚持干什么学什么,需要什么学习什么,通过努力学习、实践,实现创新超越。

三是特色学习理念。特色学习强调针对性,注重实效性。根据企业的不断发展与变化,密切结合工作实际,组织干部职工围绕管理、经营生产的重点、难点,不断突破,不断创新。

四是快乐学习理念。快乐学习不但是一种态度、一种理念,更是一种学习方法。坚持工作学习化、学习工作化、学习生活化,把工作、学习、生活融为一体,把工作过程作为学习和生活的过程。让企业中的每一名成员能够充分体会到"生命的意义",充分发挥自身的聪明才智,促进企业与个人、企业与社会的共同发展。

五是全员学习理念。着眼于企业全体成员的学习能力及其提高,把全员学习作为创建学习型企业的基础工作来抓,决策层、管理层、操作层都要全心投入学习,在全公司上下形成浓厚的学习氛围。

六是终身学习理念。强调个人在一生中持续地学习,以实现个人在一生中各个时期各个阶段的各种学习需求的满足。终身学习只有起点,没有终点。

坚持一个指导思想

首钢创建学习型企业坚持以邓小平理论和"三个代表"重要思想为指导,树立和落实科学发展观,按照"方向要明、标准要高、基础要牢、措施要实"的要求,积极学习借鉴国内外建设学习型企业的理论成果和实践经验,围绕建设21世纪新首钢的战略目标和改革创新发展任务,解放思想,更新观念,坚持学习工作化,工作学习化,学习生活化,将学习工作生活融为一体,全面系统地推进企业创新工程,保证各项工作不断取得新成绩。

明确一个目标

首钢创建学习型企业从愿景、理念、机制、职工素质和

企业发展等方面，提出了自身的目标。这个目标就是：全体职工具有共同的理想、追求和价值观。确立“全员学习、终身学习”的学习理念，使学习成为企业的基本生存状态和运行准则，成为企业创新发展的主要推动力。自觉弘扬企业精神，改善思维模式，形成不断挑战自我、战胜自我、超越自我的思想文化。构建终身学习体系，建立各类学习型组织，健全促进全员学习、团队学习、互相促进、共同进步、良性循环的体制机制。进一步提高全体职工的思想道德素质、科学文化素质、专业技术素质，壮大优秀人才队伍。培育企业核心竞争能力，增强企业持续不断创新的生机和活力。真正学出胸怀、学出境界、学出思路、学出目标、学出动力，保证首钢战略目标的实现，促进企业与个人、企业与社会的共同发展。

把握五项内容

首钢密切结合企业的改革发展和经营生产实际，提出了创建学习型企业要重点把握的五项工作内容：

一是建立共同愿景，确定发展战略，落实发展规划，实现发展目标。比如提出，要做强做大钢铁业，建设21世纪的新首钢，大力发展具有高新技术含量和竞争能力的电子机电业、建筑业、服务业、矿产资源业等，提升拓展海外事业。2005年集团销售收入和在岗职工收入比2000年翻一番，2010年集团销售收入和在岗职工收入比2005年翻一番等等。

二是弘扬务实创新、诚信敬业、自强开放的首钢精神，培养开放、动态、系统、合作、追求、进取的思维方式。比如提出，要适应新形势新任务的要求，解放思想，更新观念，与时俱进，在创新中实现卓越。系统辩证分析面临的形势，快乐应对，在挑战中发现机遇。注重全面、协调、可持续发展，兼顾各方利益，在合作中达到共赢等等。

三是营造尊重劳动、尊重知识、尊重人才、尊重创造的氛围，提升职工勇于挑战自我、超越自我的人生境界。比如提出，要实施人才兴企战略，创新人才工作机制，优化人才成长环境，抓好经营管理者、专业技术人才和高级技工队伍三人才队伍建设。全心全意依靠职工办好企业，激发每名职工的激情、活力和潜能，改进分配方式，用好竞争机制，采取有效措施激励每名职工干事创业、不断学习、不断进步、不断超越等等。

四是形成全员岗位学习培训的终身教育体系，建立开放互动的团队学习系统。比如提出，要有计划、有步骤、分层次地进行系统培训，把职业教育和职工培训纳入企业管理体系。充分利用企业内部各种教育培训资源，加大教育培训投入，密切联系实际，学以致用，提高教育培训质量和效果。积极利用社会教育资源，采取各种有效形式，加强企业发展急需人才培养。建立高效的信息传递机制，有效处理职工的意见建议，积极利用企业各种信息平台进行有效沟通。开展深入有效的团队学习，充分利用现代信息网络技术，实现知识和信息资源共享等等。

五是建立反应迅速、运行高效的体制机制，提高管理水平和创新能力。比如提出，加快产权制度改革，积极推进投资主体多元化，规范企业法人治理结构，建立与市场经济相适应的现代企业制度。优化组织结构，完善制度管理，推进企业管理信息化，建立协调高效的管理体制，使创建学习型企业逐步制度化。完善科技创新体系，提高自主创新能力等等。

围绕上述内容，首钢创建学习型工作扎实开展。

探索创建学习型企业的方式方法，形成创新创业的有效途径

首钢密切结合企业实际，积极探索有企业自身特色的创建学习型企业之路，做到了“五抓”，一抓领导，二抓机制，三抓培训，四抓载体，五抓落实。

领导带头，有效推进

创建学习型企业，领导是关键。各级党委把握方向、提供保证。各级领导不断深化认识，率先垂范，身体力行，提高创建学习型企业的自觉性、主动性，增强责任感和紧迫感。首钢总公司成立了创建学习型企业领导小组，成员有总公司党委书记、董事长朱继民、总经理王青海等各位领导。领导小组下设工作办公室，成员有劳动工资部、计财部、信息部、生产部、技改部、规划发展部、培训中心、宣传部、组织人事部、工会、团委、党校、办公厅、发展研究院等部门，宣传部牵头组织日常工作。聘请由马仲良、董贻正、史秋秋等外部专家组成咨询顾问团，围绕创建首钢特色的学习型企业定期进行研讨，提供咨询服务和前沿信息，举办报告讲座，指导、帮助、总结、提炼成果和经验，形成内外结合的工作机制。各单位也成立了相应的工作机构。首钢党委书记朱继民和其他总公司领导同志，带头学习，认真听报告，积极参加各种培训班，认真做好中心组专题发言，深入基层调研学习，深入指导，亲自总结经验和启示，推进学习型企业创建。各单位的党委书记、厂长、经理在抓好自身学习的同时，也主动当好老师，亲自为职工授课，推动本单位的学习，实现知识共享。迁钢公司举办的生产工艺流程专题讲座，各分厂厂长、各处室处长亲自担任老师，讲解炼铁、炼钢、制氧、动力、电力、板坯连铸生产工艺流程，并拍摄成电视录像片在内部网站上播出。

完善机制，增强动力

创建学习型企业，不是某一个专业的阶段性工作，而是一项具有战略意义的基础性建设，需要机制予以保证。首钢围绕创建学习型企业建立完善了四个机制：一是鼓励职工不断学习，提高科学文化技术素质的促学机制。通过实施优秀人才培养资助，开展优秀人才评选，实行干部竞争上岗，推行职业资格证书制度，实施高级技工津贴等措施，把物质奖励和精神奖励结合起来，在收入分配、职位晋升和先进评选等方面向学有进步、学有创新的职工倾斜。二是研究制定创建学习型企业的定性定量相结合的考评机制。首

钢矿业公司从落实方案、建立机制、搭建平台、建立学习系统、开展创新活动等五个方面入手制订包括21项内容的专门的创建学习型企业考评机制，其他单位也根据本单位实际，在月度、季度或年度的分配考核方案中予以体现，确保创建学习型企业不是停在口头上，不流于形式；三是科研、管理和党建思想文化创新成果评审奖励机制。首钢每年专门用于科技创新、管理创新及党建和思想文化创新三方面的奖励资金都各有一百万元左右，大力表彰在技术进步、管理现代化、人才培养开发和思想文化创新等方面做出突出成绩的单位和个人；四是在车间班组开展“十小”促“十变”的竞赛评比机制。由车间、班组自行决定对于学习突出的职工个人或班组进入物质和精神的奖励。四个机制的建立，从全方位、多层次激发了职工自主学习、自主管理、自主创新、自我超越的积极性，使干部职工学习创新的愿望得到尊重，学习创新活动得到支持，学习创新成果得到肯定。通过物质和精神的激励导向作用，使职工认同并接受企业的目标和价值观，增强了职工的学习动力和毅力，提高了职工的学习能力、执行能力和创新能力。

强化培训，全员提素

创建学习型企业，要树立教育和培训是职工最大的福利的观点，切实抓好职业培训工作。首钢积极开展全员大培训，全方位提高职工的素质。通过实行内部办班培养与送出“定向培养”、“委托培养”相结合，培养急需的各层次人才。对经营管理人员，与清华大学合作开办钢铁产业和建筑产业等（EMBA）高级工商管理研修班，总公司领导、各部门领导和各单位的书记、经理都参加了学习；对专业技术人员，与韩国浦项、欧洲奥钢联等大企业及北京科技大学、东北大学等高校合作，举办专项技术研究生班、在职硕士研究生班、专业培训班等；对技师、高级技工开展选拔和专项培训；对结构调整新项目进行人员储备培训以及职工学历培训等。2005年，首钢人才开发培训基金由1000万元增加到2000万元，全年投入人才开发培养资金1812万元，超过前两年的总和。首钢培训中心是首钢学历教育、继续教育、职前教育、职工培训的实体；首钢党校是干部培训的实体；各子公司和厂矿都有职工教育培训管理业务。首钢培训中心打造职工培训满意工程，深入进行需求调查，全方位开展重点工程、重点项目培训，结合基层生产和岗位“提素”目标需要，做好针对性的服务培训工作，并以技能提升为主题，积极开展形式多样、灵活有效的重点人员培训，积极探索一技多能、一岗多能培训新模式。2005年开办各类培训班228个，培训职工27000人次。

创新载体，拓宽途径

创建学习型企业只有起点，没有终点。首钢坚持学以致用，学用结合，把决策、执行、检查、讲评、总结、交流每个环节的工作，作为学习的载体；把赶超一个先进目标、创新一项管理、刷新一项纪录、打一个优质工程作为学习的课堂。充分利用ERP平台，开展在线学习，远程教育，不断扩展学习途径。组织开展群众性的“岗位练兵”、“课题招标”“提好建议”等活动，激发群众的创新思维和学习激情。开展有针对性、互动式的报告会、研讨会等进行及时有效的沟通。大力营造人人是学习主体，处处是学习之所，事事是学习内容，在工作中学习，在学习中创新，在创新中超越的浓厚氛围；大力总结宣传刻苦学习、锐意创新、多做贡献的典型；大力总结宣传创建学习型企业的新思路、新成果、新经验，通过发挥报纸、电视、技术刊物和互联网的作用，使决策层、管理层、操作层有充分的信息交流，互相启发，互相促进，共同提高。2005年7月，首钢举办了创建学习型企业经验交流会，总结表彰取得显著成效的典型，把创建学习型企业不断引向深入。

明确职责，狠抓落实

创建学习型企业是一项全新的工作，既是一种全新的组织管理模式，也是实现技术、管理、思想文化工作的创新活动。首钢通过制订实施方案、建立健全机制和考核办法，对创建学习型企业实行分级管理，一级抓一级，明确分工、定期研究、经常督促、检查讲评、互动交流、持续推进，确保各项具体措施到位，切实抓出成效。经过一年来的实践，逐步形成了组织性创新、组织性学习、组织性文化三位一体的创建学习型企业的构架。组织性创新，就是推进企业创新创业工程，实现建设“国际一流”的愿景目标；组织性学习，就是提高职工队伍的科学文化素养和创造性思维能力；组织性文化，就是用先进的思想文化指导企业创新发展和创建学习型企业，使首钢精神不断发扬光大。围绕推进组织性变革、组织性学习和组织性文化，首钢以群众广泛参与为基础，从公司、厂矿、车间到班组，层层构建开放互动的学习平台、信息平台、工作反思平台、知识和创新成果共享平台。

首钢创建学习型企业取得的成效

在全体干部职工的共同努力下，首钢创建学习型企业取得了显著成效，主要体现在以下几个方面：

形成了浓厚的学习氛围，激发了创业的激情

首钢把创建学习型企业作为企业创新创业的有效途径，有力地促进了各项工作的开展。各单位都在围绕全面提高企业和职工素质做工作，都在围绕增强核心竞争能力下功夫，都在围绕钢铁业搬迁调整规划思考自身的发展。首钢钢铁业的发展目标，促进了钢铁业各单位的学习创新，带动了非钢产业的创业激情。各单位抓住机遇，拓展生存发展空间，纷纷主动到新的钢铁基地调研，积极探讨建立生产、建设和服务基地。各单位创建学习型企业，坚持理论联系实际，采取多种有效形式，形成了许多有自身特点的、行之有效的方法和途径。广大干部职工立足当前，做好每一项工作，努力学知识、练本领、增长才干，实现一专多能，把学习、工作、生活紧密结合在一起，通过建立共同愿景、加强学习、改善思维模式、改革体制机制，促进人与企业的共同发展。全集团正在以高昂的士气，创业的激情，拼搏的干劲，全力推进结构调整和当前改革发展的各项工作。

开阔了眼界和思路，促进了思维方式的转变

创建学习型企业在更深层次上推动着广大干部职工思维方式和思想观念的转变。首钢有的单位领导说，现在不是看上级领导眼色，怕干事、不敢干事，而是敢于多想事、快干事、主动干事，从一个侧面反映了思想观念的深刻变化。从总体情况看，一方面，首钢大力破除因循守旧、自我满足、封闭狭隘、等靠观望、“不求有功，但求无过”、论资排辈、形式主义等阻碍改革发展的思维模式和思想观念；另一方面，与时俱进、敢于创新、开放合作、求真务实、人才为本等思维观念日益深入人心。广大干部职工冲破狭隘视野，积极从外部精彩的世界吸取营养，开阔了眼界和思路，不断深入找差距、定措施、抓落实。对首钢内外部企业的经验，各单位不是照抄照搬，而是从实际出发，经过归纳整理，总结出带有规律性的认识，用新思维、新观念再去指导新的实践。

不断产生新的目标和动力，促进了企业持续快速发展

创建学习型企业，激发各单位不断提出新的赶超目标和前进动力，促进了各项工作创新。2005 年首钢克服市场不利影响，经济效益稳步增长，结构调整取得重大进展。实现销售收入 806 亿元，钢产量首次突破 1000 万吨，达 1156 万吨，“双高”产品比重达到 63%。非钢产业效益大幅攀升，全年实现利润 8.13 亿元，同比增加 5.19 亿元。“首钢京唐钢铁联合有限责任公司”正式成立。北京顺义冷轧项目完成施工准备。迁钢首秦二期工程稳步推进。高强度机械用钢生产线、精品线材生产线、等一批重点项目，相继竣工投产开始发挥效益。开发出管线钢、Z 向钢、高强度矿用钢等一批新产品；一批科研成果获得国家奖励并转化为生产力。

体制机制改革取得新进展，促进了管理水平的提高

创建学习型企业，把学习、创新、改革、管理、发展融为一体，相互促进。学习创新与管理信息化相互促进，2004 年钢铁主流程 ERP 一期工程上线成功，为学习创新的深入开展提供了新的更有效的手段，2005 年，ERP 系统的功能不断完善，应用不断优化。学习创新促进体制机制改革，2005 年，产权制度改革取得了新进展，首钢 16 家企业完成改制，还有一批企业的辅业改制工作正在抓紧推进，企业改革脱困也取得新进展。与此同时，资源配置进一步优化，对钢铁业实行了集中整体、分层能级的管理模式，并在实践中不断得到完善。对部分单位和部门进行整合，发挥整体优势。对外开放、合资合作、招商引资取得了新成绩，又与一大批企业建立了战略合作关系，分配制度，财务体制，投融资体制、科技体制、检修体制、工程建设体制、供应和销售体制等项改革也都迈出了新的步伐。

职工队伍素质进一步提高，促进了人与企业共同发展

2005 年首钢创建学习型企业，树立一系列人才建设新理念，创新人才工作机制，广大职工学知识、练本领、增长才干，三支人才队伍建设取得新成效。管理人员队伍素质进一步提高，领导干部中有研究生以上学历 157 人，有高级技术职称 254 人，分别较三年前增长了 1.85 倍和 36.6%。专业技术人才建设呈现新局面，全年仅引进博士及博士后和回国人员就有 34 人、硕士 96 人，并有相当一部分人员获得在职硕士。北京地区高级技工总数增加到 8250 人，占技术工人总数的比例达到 17%；40 人取得高级技师资格，比上年增长 4 倍。在北京市第 11 届工人技术比赛中，96 人获得表彰；在全国青年职工技能大赛 90 余支参赛队伍中，首钢获得团体第七名、冶金系统第一名，北京市企业第一名的好成绩。

首钢创建学习型企业的启示

创建学习型企业是企业创新工程和企业文化建设的深化和发展，是一个从实践—认识—再实践—再认识的过程。从首钢各单位的实践看，创建学习型企业与各方面的工作相互促进，有以下六个方面的启示：

建立共同愿景是前提

创建学习型企业，企业首先要有明确的发展愿景。通过学习创新，广大干部职工认真分析形势，明确了企业发展目标和发展措施，使企业的共同愿景与职工的根本利益统一起来，凝聚了人心和力量，实现了人与企业的共同发展。

共同愿景是企业发展战略的重要部分，好的愿景能够产生巨大的凝聚力。首钢根据内外形势的变化，根据国家和北京市不断提出的新要求，从大局出发，统筹兼顾国家、地方、企业和广大职工的利益，历经几个阶段，反复修改完善发展规划。在积极争取国家批准规划的同时，不等不靠，推进了迁钢、首秦工程建成投产，广大职工看到了希望。2005 年 2 月国务院批准了首钢钢铁业搬迁调整规划，曹妃甸项目和顺义冷轧项目所展示的首钢大发展的宏伟蓝图，极大地鼓舞了广大职工的信心，激发了创新创业的力量。

首钢各单位根据首钢总体发展战略，结合自身实际，不断研究完善自身发展战略和发展措施。特钢公司在确定三大产业发展道路的基础上，提出了“做精做强核心产业现代制造业，培育和运营好现代服务业和节能环保产业”的发展方针，实现了脱胎换骨的转变。机电公司确立了开发重型机械、工程机械、电器制造和汽车零配件等新产品，创建现代制造业基地的发展战略。这些都对职工产生了直接的鼓舞力量。

学习是基础

创建学习型企业，只有加强学习，全面提高职工素质，

才能适应时代发展，适应企业大发展的要求。职工只有树立终生学习的理念，加强学习，增长才干，才能在企业的发展中，体现个人的人生价值，才能在未来的岗位竞争中取得优势。

创建学习型企业不是单纯的学习培训，而是全面实施观念创新、技术创新、管理创新，提高职工素质和企业竞争力的不间断的过程。要把学习计划、岗位创新目标、企业发展战略结合起来，把有效学习、变革思维、创新实践结合起来。矿业公司的“十小”促“十变”活动，小教员培训辅导、小问答解疑释惑、小论坛共同提高、小竞赛比学赶帮、小课题群策群力、小练兵切磋技能、小建议持续改进、小窍门开启智慧、小案例示范引路、小园地交流心得。通过“十小”，促进思想观念变、思维模式变、目标追求变、行为习惯变、知识技能变、管理水平变、作业环境变、产品质量变、工作绩效变、文化氛围变，全面提高队伍素质，提升创一流水平。首钢第二炼钢厂充分利用信息化手段，组织职工运用网上学习、网上考试、网上攻关、网上管理、网上交流等先进的学习方法，制定了从“学习培训—考评业绩—使用待遇”等一套完整的促学促用机制，使职工的学习能力和创新能力不断提高。第三炼钢厂用“一个碳”的理念推动创新工作，组织开展大学习、大练兵、“大提素”，进一步调动了职工学习技术业务的积极性。高速线材厂按照“打造精品，争创一流”的目标，不间断地实施技术和管理进步，组织开展中层干部培训、管理岗计算机培训、专业技术人员自我研修、操作岗高级工培训、一岗两证培训等多种形式的学习，并请专家来厂讲课，到先进企业学习考察。从薄弱环节入手的学习，结合实际问题的学习，极大地提高了工作效率和工作质量，促进了工作创新。

改善思维模式是关键

创建学习型企业，关键要通过团队学习改善思维模式，激发团队智慧。在学习和实践中通过系统思考，不断解放思想、转变观念，激发全体职工的智慧和创造力，冲破自我设限，实现自我超越，才能使企业充满生机和活力，促进企业持续快速发展。

学习改变观念，观念决定思路，思路决定出路，出路决定命运。2005 年首钢炼铁厂生产始终保持顺稳，主要技术经济指标刷新历史纪录。变化的核心就是思维模式由强调客观转变为眼睛向内寻求突破，由适应性思维转化为主动解决问题的超前思维，由单项思考转变为系统思考。中板厂依靠科技进步，实现自我超越，三年跨出三大步，2005 年产量突破 100 万吨。机械厂通过“求变创新、扭亏崛起”，一厂变三厂，开始由传统的机修工厂向现代装备制造企业转变。职工在创新实践中感悟到，不能再靠个人的经验办事，必须学习新事物，必须依靠集体的智慧。领导班子在企业转型的实践中认识到，工作越深入难度越大，要把激情转化为理性，把自信转化为责任，在更高层次上实现创新。

激情创业是动力

创建学习型企业的动力来源于广大干部职工的创业激情。创业的激情，来自于经营管理者的思想境界，来自于职工的真情渴望，来自于企业发展战略的目标激励，来自于加强学习、思维模式的转变，来自于深化改革的机制活力和制度保证。首钢把企业的发展目标与职工的追求紧密结合起来，激发广大职工的创业激情，产生了强大的精神和物质力量。

多高的境界产生多大的追求，多大的追求产生多大的激情，多大的激情产生多大的动力。迁钢、首秦工程是首钢实现发展战略的重要举措，在工程建设和达产中，首钢 82 个单位、上万名职工把多年来憋在心中的干劲和激情，化作干好工作的强劲动力，保证了工程的顺利完工和迅速达产。首钢设计院把曹妃甸钢铁厂工程设计当作事业的平台，引导职工在工程设计中设计人生。以设计出当今世界最先进的钢铁厂为目标，组织了多个优秀团队，确立了多个技术前沿课题，与国际知名公司开展技术交流。设计人员昼夜拼搏，在很短时间内完成了钢厂设计大纲和设计指导书，得到了同行的高度赞扬。

制度创新是保证

彼得·圣吉说：什么是学习型组织，如果用两个字回答，就是创造；如果用四个字回答，就是持续创造，就是不断创新发展。改革本身就是创新。只有不断破除阻碍企业发展的体制机制，建立与社会主义市场经济相适应的运行机制和管理体制，企业才能充满活力。

改革创新的力度有多大，发展的动力就有多大。首秦公司瞄准先进水平，通过管理体制改革，建立精干高效的管理机构，提高管理水平，使主要技术经济指标达到全国先进水平。2005 年销售公司今完成了迁钢、首秦、一线材厂、特钢部国内销售业务和机构的整合，又按照产品分类设立销售部门，促进销售公司向专业化、技术型营销转变。中首公司不断深化体制机制改革，进行业务流程重组，经营业绩大幅度增长，向国际型的综合贸易公司转变。首建公司按照“转变观念、建立机制、修订制度、推行项目法人制、严格落实考核”的思路推进改革，为企业提高竞争力打下了基础。

实现人与企业共同发展是目标

创建学习型企业，就是在传统人、财、物管理的基础上，转变为把人才资源作为企业第一资源的管理上。培养和造就一流的人才和职工队伍，才能干出一流的事业，才能使企业在竞争中立于不败之地。

企业的竞争最终是人才的竞争。首钢的创新发展历程充分说明了人才的极端重要性。首钢技术研究院、设计院近年来不断发展和提升，其中最重要的经验是加强人才队伍建设。技术研究院在人才建设基础上，瞄准国际钢铁前沿技术，参与澳大利亚熔融还原等项目的研发，又对首钢长材、板材产品市场进行分析，调整研发方向，不断开发出新的钢铁产品。设计院不仅注重培养和引进人才，而且采取有效措施，打破官本位体制，建立有利于设计人员成长的“绿色通道”，充分调动了设计人员的积极性。在推进企业的发展实现了人的全面发展。

加强企业文化建设是企业经济发展的必由之路

苏良增

文化是经济发展的强大动力。当今，文化已成为推动市场发展和市场革新的内在动力，在21世纪经济全球化浪潮中，一个国家综合国力的增长、经济的振兴，对国家或地区文化竞争力的依赖性越来越强。促进经济的快速协调发展，不仅要进行相应的经济体制改革，而且必须提升其文化竞争力，这是促进经济社会和人的全面发展的必然选择。文化对经济发展的推动、引导和支撑作用已越来越明显。自企业文化从二十世纪八十年代被美国经济管理学家作为一种企业管理理论提出后，就以其强大的生命力为世人所关注。人们从日本经济的迅速崛起与快速发展的事实中，终于觉醒并认识到企业文化对企业发展有着巨大的推动作用。曾有国外学者预言：企业文化在未来10年内可能成为决定企业兴衰的关键因素。哪一个企业能够在企业文化建设方面领先，哪一个企业就能建立起竞争优势。企业文化总是随着企业和社会文化的发展而不断发展，因此，企业文化的建设是企业的永恒主题。

文化与经济相互交融是社会发展的客观趋势

随着经济社会的快速发展，经济与文化一体化的进程正在加快，生产中的文化附加值正在增长，经济活动中文化力的作用也日益显现出来。同时，经济的发展促进了科技和文化产业的迅速发展。经济与文化呈现出彼此依存、相互促进和共同发展的趋势。

文化与经济从来密不可分。文化与经济是人类所创造的财富中的整体与部分的关系，经济只是其中之一。生产力越发达，经济与文化的关系就越密切。从这个角度说，今后的经济是文化经济。经济的竞争，归根到底是文化的竞争。从另一个角度说，只有发达的经济而没有先进的文化，并非真正的强大；如果只谈经济，不谈文化，经济的发展也难以持久。

文化渗透于经济的全过程。从经济活动中的人到对经济活动的处理，从产品的设计、生产到产品的交换以及使用，无不渗透着文化，因为经济的全过程都是人的活动。马克思说，劳动首先是人和自然之间的过程，是人以自身的活动引起、调整和控制人和自然之间物质交换的过程。简单的说，就是人主动的采取一种活动，用它来改变人和物质的关系。人与人的关系，归根到底也是在劳动当中产生的。

文化作为一种精神力量，也越来越成为经济社会发展的重要动力。在经济发展中，人文资源的作用和影响力甚至比能源、原材料等资源的作用更大、更广。文化对经济的重要性，不仅表现为在经济活动中能产生现实的巨大作用，而且更体现在“谁拥有了文化谁就拥有了未来”。

20世纪80年代以来，随着知识经济的兴起和信息技术的发展，催生和加速了文化与经济的融合，文化与经济的一体化已成为当今世界发展的必然趋势。

企业文化对企业经济发展的动力作用及其表现

企业文化是企业赖以生存和发展的灵魂

企业文化是企业的一种无形资产，可以说企业文化是企业之魂。企业文化就是经营者要办成一个什么样的公司的宣言。它对外是公司的一面旗帜，对内是一种向心力。企业文化包括企业的指导思想、经营理念、工作作风、价值观念、行为准则、道德规范、管理制度以及企业自身形象等等。除上述的思想和精神内容外，还包括技能、方法和企业自我成长的特殊方式等各种物质因素。企业文化以企业管理和企业精神为核心，以全体员工为对象，以企业规章制度和行为准则为载体，通过宣传、教育、培训和文化娱乐等多种方式，最大限度地统一全体员工的意志，规范其行为，凝聚其力量，为实现企业发展的总目标服务，企业文化是企业生存和发展的灵魂。先进的企业文化是企业持续发展的精神支柱和动力源泉，是企业核心竞争力的重要组成部分。是企业深化改革、加快发展、做强做大的迫切需要；是企业提高管理水平、增强凝聚力和打造核心竞争力的战略举措。

企业文化的重要特征

在市场经济条件下，企业经营者的总目标是实现企业经济效益的最大化，从而实现企业员工经济效益的最大化，并最终实现其自身价值。而发发展企业文化的根本出发点就是给企业提供实现其总目标的条件和土壤。任何一种企业文化，都是为企业经济发展服务的。企业文化与企业管理制度是相辅相成的，现代企业要生存和发展，必须适应社会环境的变化和需要，并能面对企业与当代经济文化发展趋势相适应的各种现实的和潜在的社会需求，适时调整企业的经营理念和发展战略，并在此基础上塑造出与之相适应的企业文化，从而推动企业的观念创新、制度创新和技术创新。企业文化是企业精神的集中体现。企业经济的发展需要企业文化提供精神动力和智力支持。企业文化能够对员工的内心世界产生积极影响，从而引导、规范和激励员工的行为准则、职业道德和价值取向，调动员工的积极性和创造性，提高企业的凝聚力和同心力。

企业文化具有鲜明的个性。在市场经济条件下，企业文化不具有通用性。因为每个企业都有其独特的生存发展环境和条件、发展目标、经营管理方式及文化传统等，在此基础上形成的企业文化不会是千篇一律的，而应各有其特点。根据企业自身的特点、经营理念和发展战略进行具体设计和定位，使企业文化更具有个性。

企业文化对企业经济发展的动力作用及其表现

企业文化对企业经济发展的促进作用在今天显得更加突出，并成为决定企业兴衰的关键因素。随着我国改革开放的深入和世界经济一体化步伐的加快，企业文化已成为现代企业观念创新、管理创新、体制创新和技术创新的重要内容。当前，企业的发展必须依靠其核心竞争力，核心竞争力主要来自于技术创新，而技术创新离不开管理创新，管理创新依靠的是观念创新，观念创新则离不开企业文化的建设。由此可见，企业文化是企业经济持续、快速和协调发展的重要保证。没有企业文化，企业就缺乏竞争力，要谈不上发展。一个优秀的企业必须营建出一种能够使全体员工衷心认同的核心价值观念，一种能够促进员工奋发向上的工作和心理环境，一种能够确保企业经营业绩不断提高，并能不断推动企业发展和变革的先进企业文化。

企业文化对企业经济发展的动力作用主要表现在以下几个方面：

（1）凝聚和激励功能。企业文化是全体员工衷心认同和共同拥有的核心价值观，是将员工与企业紧密联系在一起的精神纽带，通过这种纽带作用，使每一个员工产生一种荣誉感和归属感。企业的价值观和企业文化一旦形成，将会对全体员工产生巨大的激励作用。

（2）约束功能。企业文化通过企业精神和规章制度，影响着员工的基本思维模式和行为准则，并通过企业文化形成一种习以为常的观念、措施和方法，对员工起到一种潜移默化的影响和约束作用。

（3）塑造企业形象的功能。企业形象是一个企业在消费者及社会公众心目中的总体印象，是企业文化的外在表现，也是企业所拥有的最珍贵的无形资产。建设先进的企业文化，可以为企业塑造良好的整体形象，提高企业信誉，扩大企业影响，更好地发挥企业文化在经济发展中的动力作用。

建设先进的企业文化，促进企业经济的协调发展

实施人本化管理，充分发挥员工的能动性和创造性

在知识经济时代，人不再是单纯的提高生产力的工具和手段，而已成为企业的主人，并代替资本和稀有资源而成为企业最宝贵的财富。人的知识、能力、创造性是提高企业核心竞争力的决定性因素，以人为本，建设先进的企业文化，就应当在企业内部营造有利于员工充分发挥个人聪明才智的文化环境，关注人在生产经营中的地位和作用，结合企业在人力资源和企业管理方面的实际情况，重点抓好尊重员工、善待顾客、分权经营等方面的工作，充分体现人本管理的原则，在保证企业追求利润与产值的同时，尊重员工的意愿，保护员工的合法权益，发挥企业员工从事生产经营的生动性和创造性。

培养团队精神，实现个人聪明才智与集体创造力的和谐统一

在现代大生产条件下，企业内部的分工越来越细化，这就要求企业的管理者和全体员工必须具有较强的合作精神和协调能力，而合作精神和协调能力只能通过相应文化氛围的培养和相应价值观念的陶冶才能形成，团队精神的形成则是培养合作精神和协调能力的基础。企业的管理者和全体员工只有相互理解、相互支持，才能配合各类资源形成合力。缺乏团队精神的支持，企业的发展不可能成功，个人的目标也难以实现；没有个人的首创精神，团队精神也会失去其发展动力。

启发管理者的文化自觉，优化企业内部文化环境

在现代企业中，管理者是企业生产经营的决策者和企业利益的代表。管理者是否重视企业文化，关系到一个企业的兴衰与成败。文化自觉，是指管理者对企业存在价值和经营管理终极目标的思考，是对企业经济工作的文化内涵和文化意义的理解，是将文化规律运用于企业管理的理性自觉。优秀的管理者与先进的企业文化是相辅相成的，即优秀的企业管理者必然会重视和建设先进的企业文化，并将企业文化运用于企业的经营和管理中，促进企业经济的发展；而先进的企业文化，必然是在优秀管理者的重视和参与下创建出来的。一个优秀的现代企业管理者，应当熟悉市场经济的法则和运行规律，诚实经营，依法纳税，应当具备良好的专业素养和人文素质，善于在企业内部营造和谐统一、团结向上的文化氛围，并以管理者必须具备的优良作风、坚定信念和科学管理等行为方式影响和建设先进的企业文化，并形成鲜明的企业文化特色。

重视企业文化载体的建设

企业文化建设不是无本之木、无源之水，它必须通过一定的物质手段和载体在生产经营中表现出来。雄厚的物质基础是企业文化赖以生存和发展的基础。因此，必须塑造以企业核心价值观为灵魂的企业物质文化，搞好生产经营活动，以优质的产品、优良的服务、新颖精美的包装等树立良好的企业形象，创造出能够充分体现企业文化的良好生产环境，使广大员工真正感受到工作的愉快，并以员工形象为载体，展示企业特有的优秀文化氛围，加大企业文化设施的物质投入，丰富员工的文化生活，形成一种健康向上精神风貌，塑造出鲜明的企业视觉识别系统，增强员工对企业的荣誉感和认同感，从而促进企业文化与企业经济的协调发展。

（作者系太原航空仪表有限公司党委书记）

企兴人至上　文昌业久远

——“三相”文化对科学发展观的鲜活解读

马英林　静德纯

一个企业的生命，就是这个企业文化的生命。一个企业的活力就是这个企业文化的活力，一个企业的长盛不衰就是这个企业文化的长盛不衰。中国石油大庆炼化公司做为2000年10月份由原两个文化背景不同的企业重组成立

后，坚持资产重组与文化整合同步，铸魂炼魄，以文化人，构建了独具特色的“心相通、情相融、力相合”为基本内涵的“团队”文化，实现了企业持续稳定有效发展，“三相”文化因其对企业价值作了人性化的理解，对企业生命作了智慧化的创造，对企业理念作了崇高化的建构，把人的自由而全面的发展放在企业一切活动的最高价值位置上，使员工的价值、员工的尊严、员工的利益、员工的需求都圆润地融进了企业发展的全部过程中。“三相”文化对“以人为本”的科学发展观做出了鲜活的解读。

“三相”文化与企业价值的人性化

一切企业的活动都是创造价值的活动。价值创造有无良好的成果是企业存在的根本理由。一个企业生命展开的过程就是这个企业价值有效创造的过程。价值创造是企业的生命，对于这一点人们早已取得共识，但对企业价值的理解人们的看法却不尽相同。因为人们对企业价值的认识有两个不同的视角。一个可称之为企业价值的“物性化”视角，另一个可称之为企业价值的“人性化”视角。企业价值的“物性化”视角是把企业价值完全“物性化”的一种企业价值观念。在这样的认识视角下，企业是完全物质性的存在，企业的价值被理解为就是企业的产值、利润。物的价值被当成企业最高的价值追求。而企业价值的“人性化”视角则不同，它在重视和肯定企业“物化”价值的同时，也充分地肯定了在物的价值的创造过程中也是人的价值、人的利益、人的需要的不断实现和满足的过程。企业价值是“物性化”价值与“人性化”价值的统一。大庆炼化人所创造的独具特色的“三相”文化对企业价值的理解完全超越了“物性化”企业价值观念的狭隘眼界，对企业价值的理解和创造都完成了“人性化”的“建构”。

大庆炼化人对企业价值的“人性化”“建构”，主要体现在以下两个方面。一是把企业价值的实现与人的价值实现统一起来。这一点在大庆炼化的核心价值观中充分地体现出来。这个公司的核心价值观是“创造能源与环境的和谐发展，实现企业与员工的价值追求”。这样的核心价值观强调企业在为全面建设小康社会提供稳定、经济、清洁、可靠、安全的能源动力，以能源的可持续发展和有效利用，支持国家经济社会的可持续发展的同时，更体现了着眼于创造生活和工作环境，保持生态平衡，使两者同步发展的人文理念。作为国有大型炼化企业，为国家创造巨大的物质财富，企业才会有生产力。同时，企业是培养聚敛人才的重要阵地，为员工发挥聪明才智和实现个人价值提供平台是企业的责任，只有企业与员工的价值追求有机会结合，企业发展才有了保证。二是员工的共同价值实现与员工的个别价值实现统一起来。在大庆炼化公司，员工的共同价值经过一系列的制度建设做到了“同舟共济”、“和谐共存”、“利益共享”。员工的共同价值得到充分的尊重。并且在尊重员工的共同价值的同时，员工的个别价值也得到了充分的尊重。员工在企业的生产经营和社会文化活动中，由于个体的价值取向，审美情趣，生活经历等方面的差异，也必然使员工的价值创造和价值追求不同，但在大庆炼化公司员工的个别价值追求却在实现大庆炼化公司企业价值的过程中同时得到了充分的尊重和实现。一个普通的基层干部，十分酷爱写作。他正是在公司鼓励支持下完成自己的长篇小说《炼塔巍巍》。这是一部以表现中国当代企业改制历程为题材的长篇小说。作者以长垣炼化公司为典型，再现了我国国有大中型企业在加入WTO前后所面临的生存危机，所发生的深刻变革，作者讴歌了我国石油战线广大干部员工不辱使命，奋发向上，自强不息，勇往直前的精神风貌。一个平凡的女工擅长用青丝作画，她的作品不但在公司多次获奖，而且作为公司的礼品，赠送给中国著名羽毛球教练李永波，并被珍藏。在大庆乃至石油系统广为称颂的另一个生动的事例是大庆炼化球迷队夺冠的“文化故事”。英雄辈出的大庆是个能够创造奇迹的城市。2002年的韩日世界杯期间默默无闻的大庆炼化球迷代表队在中央电视台的全国32个城市代表队参加的“球迷世界杯”中，连闯五关，以全胜战绩取得金杯。他们参加的节目在央视播出8小时，3亿人收看，球迷代表队的队员全部是炼化公司普通员工，炼化公司搭建的平台使他们由普通球迷变成了“球迷明星”。社会生活的文明进步，已经使企业员工的价值追求更加丰富，他们不仅仅有自己的物质利益追求，还有自己的精神利益的追求。对员工独特的、富有个性生活情调和高雅的生活情趣的尊重，是一个企业尊重个人价值的重要表现。

“三相”文化与企业生命的智慧化

企业是有生命的，企业的生命存在于企业文化之中。企业文化其实是在“化”人的价值与人的尊严，是在“化”企业的价值与企业的生命。从这个意义上讲，企业文化其实是——“企业生命的大智慧”。大庆炼化公司的“三相”文化对企业生命达到一种哲学层面的理解，通过自觉而科学的，精心而细致的定位而又全面的企业文化建设，使企业生命实现了“智慧化”这里所说的“企业生命的智慧化”就是指“三相”文化使企业生命实现了自觉的人本化、人性化和人文化。人的价值、人的尊严、人的目的、人的需要、人的利益、真正地融人企业全部活动之中去，并且真实地成为企业文化的“活的灵魂”。

大庆炼化公司的企业生命的智慧化建设主要体现在人与人之间，人与企业之间，在情感上的同舟共济，在价值满足上的利益共享，在主体活动上的和谐共存。公司聘请了全国著名词曲作家胡宏伟、铁源为公司创作了旋律优美气势磅礴的时代进行曲《我们聚合生命之火》，其主题思想是把全体员工聚合到企业发展的共同价值追求中去。为了把这首歌曲在全公司普及开，大庆炼化公司先后为基层培训骨干教歌员，灌制录音磁带发放到专业厂、装置厂及员工通勤车上。基层各单位把“唱响一首歌”活动作为教育员工爱党、爱国、爱大庆、爱炼化的有效形式，作为推进企业文化建设，增强公司向心力、凝聚力、感召力的实际步聚。企业要建设一个和谐的人文环境，使企业的主体活动达到和谐共存，必然要处理好员工与管理者之间的关系，员工与企业之间的关系，员工与员工之间的关系。大庆炼化公司在处理这些关系的问题上抓住了两个关键的问题：沟通与公正，建立了总经理（分厂厂长）接待日，网上开通了总经理热线，装置区设立了总经理信箱，对员工代表提出的意见与建议做到了件件有着落、事事有回音。另外切实实行透明的厂务公开。大庆炼化公司敢于把权利交给员工是因为意识到：对于国有企业而言，企业兴衰成败的最直接承受者是企业的员工，所以员工才是企业的真正的主人。大庆炼化公司实行民主管理有"六真四变"的特点：领导真重视、制度真建立、对待真平等、当场真拍板、过后真落实、结果真反馈；员工意见与建议数量由多变少、质量由低变高、运行过程由滞变畅、活动广度由窄变宽，企业成为黑龙江省民主管理的先进单位。

企业生命的智慧化建设也表现在"价值分流"理论的创立。所谓的价值分流，就是企业从全面发展的需要出发，尊重员工的多方面需要，尊重员工的自身发展规律，以独特的、多元的价值观，重新客观评价员工的价值，提供并鼓励员工寻找符合自身实际的发展路径和发展目标，并为之优化环境、创造条件、搭建平台、促其实现。公司党委书记于宝祥是这样诠释的："炼化公司的局级、处级和科级职位有限，要想让员工都通过这个渠道来实现自身的价值不现实，但是企业可以创造出其他让员工实现自我价值的通道。"大庆炼化公司主要是通过以下四项活动为员工搭建价值分流的平台。一是开展"星级操作员比武擂台赛"。星级操作员有五个级别，员工有什么样的技能都会找到合适的位置。都会得到相应的物质和精神鼓励。二是实施"三高"（高级管理者、高级科技人员、高级技师）人才培养战略。为人才的成长搭建平台，为人才发挥聪明才智提供舞台。三是建造公正"赛马场"。先后出台了《大庆炼化公司干部竞聘管理办法》、《大庆炼化公司职级管理办法》、《大庆炼化公司后备干部管理办法》等人才使用政策，运用竞争学的原理，本着"公开、公正、公平、择优、竞争"的原则，对领导干部岗位进行公开竞聘，三年来有100多名员工走上了科处级以上岗位。四是提供特长助推力。大庆炼化公司鼓励有特长的员工施展才华，创造提供发挥才能的必要条件。公司先后成立了军乐队、乒乓球队、足球队等。其中足球队在大庆市"东方惠杯"联赛中取得了骄人的成绩，名列榜首。大庆炼化公司每年都要举办文学艺术和美术书法等作品比赛。成立了集邮协会、文学艺术联合会等，承办全国台协的比赛，在石油桥牌的联赛中夺得冠军，并代表大庆市参加了全国桥牌俱乐部锦标赛。为有专长的员工提供力所能及的帮助。

"三相"文化与企业理念的崇高化

人的价值的崇高化是企业理念崇高化的核心问题。大庆炼化公司企业价值的人性化与企业生命的智慧化的实现科学地解决了人的价值崇高化问题，这也就实现了企业理念的崇高化。

大庆炼化公司的企业理念崇高化主要表现在企业价值观的崇高化和企业形象的崇高化两大方面。企业价值观的崇高化是企业理念崇高化的"内在规定"，企业形象的崇高化是企业理念崇高化的"外在表现"。

大庆炼化公司企业价值的崇高化，集中体现在这样两个方面。一是企业宗旨的崇高"定位"。大庆炼化公司把自己的企业宗旨定位为：科技炼化、绿色炼化、人文炼化。"科技炼化"就是强调科技创新是企业发展的重要动力，只有不断依靠科技进步，坚持科技创新，才能提高企业的科技含量，增强企业的竞争力。"绿色炼化"体现了炼化人对社会高度负责的精神和价值观念。炼化人在追求发展，追求效益的同时，就是要保护环境，减少污染，创造美好的生活、工作和社会环境，创造能源与环境的和谐，把美丽留给大自然，让健康永驻人间。"人文炼化"体现公司以人为本、发挥人的能动作用观念。员工是公司的主体。采取多种形式，提高员工的知识水平和技能，增强员工的整体素质，把员工的积极性、创造性充分发挥出来，加快企业的发展。大庆炼化把人的价值、企业价值、生态价值融合在一起，使企业理念充满崇高精神。二是企业理念的崇高"造型"。大庆炼化公司的核心理念由"和、诚、智、创"四字组成。"和"即人和、和谐。体现了公司以人为本、创造和谐的理念。具体表现为尊重人、理解人、信任人、关心人、团结人，在企业内部形成一种团结协作、和谐融洽、具有战斗力的团队精神，在企业外部形成与顾客、公众的亲和力、认同感。同时还体现了公司致力于创造资源与环境的和谐。"诚"即诚实、诚信、忠诚。体现了炼化人的做人标准和处事哲学。"智"即智慧、才智。体现了重视科技、尊重人才的理念。"创"即创新、创优、创效，体现了创业精神。这样的企业核心理念把人格完善同企业的社会使命完善的统一起来，让人们在企业观念中找到了崇高的感觉。

大庆炼化公司在企业形象崇高化方面做了许多积极的工作。这个公司首先是进行企业精神的人格化塑造。通过树立标准、养成训练典型示范、规范行为，塑造了求真务实的开拓者形象、奉献炼化的创业者形象、立足岗位的敬业者形象。其次是企业形象的美誉度塑造。这个公司强化媒体宣传。选择每年全国两会、哈洽会的时机组织撰写整版文章在国家级主流媒体进行形象宣传。让"大庆炼化"的品牌深入人心，他们选择了火车这一高信息载体，冠名齐齐哈尔进京特快列车T47号为"大庆炼化号"。积极组队让公司球迷代表队多次走进了中央电视台。大庆炼化公司通过一步一步踏实有效的工作完成了自己企业理念的崇高化塑造。

一个充满人性化、智慧化、崇高化的重组发展的企业，是一个充满生机活力的企业，也必然是一个努力践行科学发展观的企业。

（作者系大庆市委党校教授，中国石油大庆炼化公司教授级高级政工师）

加强铁路安全文化建设 促进运输安全长治久安

王勇平

要在全路广泛深入、扎实有效地推进安全文化建设，使之进入一种自觉状态，必须准确把握加强铁路安全文化建设的任务。

认清铁路安全文化建设的基本内涵，正确处理安全文化建设与安全宣传思想工作的关系

安全文化，作为一种文化现象由来已久，作为一种管理理论和管理方式，是企业文化的一个分支，兴起至今不过20年左右的时间。铁路安全文化与铁路安全管理共生，是长期安全生产实践积淀形成的安全价值观和安全行为准则。铁路安全文化建设，就是运用企业文化理论和方法，通过深化思想教育、强化激励约束、加强舆论引导、优化文化环境等手段，继承和发扬铁路优秀的安全文化传统，培育体现时代要求和企业特色的安全生产理念，增强全员安全生产的内在动力，促进遵章守纪的行为养成，使安全生产成为广大干部职工自觉、自律、自动的行为，从而提高安全管理的有效性，促进运输安全有序可控、长治久安。正确理解铁路安全文化建设的内涵，有一个重要视角，这就是弄清安全文化建设与安全宣传思想工作的区别与联系。

安全文化建设的理念和方法与安全宣传思想工作有所不同，它来源于企业文化的理论，追求的是一种文化的进步。20世纪70年代末、80年代初，随着科技迅猛发展，市场竞争日趋激烈，员工文化素质、生活水平、参与管理的意识和能力不断提高，西方传统的过分偏重理性、刚性的管理模式的缺陷日益明显，企业文化理论应运而生，得到了广泛重视和运用，企业文化成为促进企业发展的有效手段和精神动力。企业文化理论提供了一种自觉主动塑造企业文化的思路和方法，这就是企业领导者要明确自己办企业的价值观，努力把自己信奉、倡导的价值观落实到企业员工的生产经营实践中，并逐步使其成为企业全员一致认同的价值观，从而成为一种企业文化长期传承、发展下去。这是个体思想转化为一种组织文化的过程。思想可以是个人倡导的观念、表达的观点、喊出的口号，而文化不仅是人们倡导的价值观念，还必须是一定组织的成员付诸实践的价值观念，是铭刻于组织成员内心的思想和习惯。企业文化建设的目标就是让企业信奉和倡导的价值观变成企业全员坚定并付诸实践的内心信念。安全文化的概念源于企业文化，安全文化建设是企业文化建设的组成部分，其实质就是用企业文化的理论和方法塑造企业共同安全价值观。我理解，铁路安全文化建设的主要标志，一是我们倡导的安全价值观落实到了广大干部职工的生产实践中，二是成为企业绝大多数员工的内心信念。铁路安全价值观在发展，落实到实践、成为共同价值观也是一个不断进步的过程，安全文化建设的任务正是推动这种文化进步。安全宣传思想工作注重运用宣传教育手段提高人的思想政治觉悟，客观上在塑造安全文化，与安全文化建设有一致的方面，但两者又有各自的特点，有不同的优势，既不能相互对立，也不能相互替代。

安全文化建设与安全宣传思想工作有着紧密的联系，是相互交叉、相互贯通、相互促进的关系。加强安全宣传思想工作，提高职工的思想政治觉悟，可以促进共同安全价值观的形成；一些传统的宣传思想工作方法也可以用于安全文化建设。塑造企业文化的理念和方法，可以为宣传思想工作所运用，为加强安全宣传思想工作增添新的内容和新的手段。在全路加强安全文化建设，就是要借鉴安全文化的理念和方法，拓展宣传思想工作服务于运输安全的领域和渠道，以此作为推动安全宣传思想工作的一个载体，把安全宣传思想工作做得更深入，更有效。

认清铁路安全文化建设的基本依据，坚持以部党组的安全观塑造铁路安全文化

部党组对铁路运输安全的认识、提出的安全理念、制定的安全生产方针政策、作出的安全工作部署，集中了全路的经验和智慧，反映了运输安全工作的客观规律，体现了铁路安全价值观，是全路安全文化建设的指导思想和基本依据。

一要以部党组的安全观作为安全文化建设总的指导方针。实施铁路跨越式发展战略以来，部党组坚持站在落实科学发展观和构建社会主义和谐社会的战略高度，深刻认识确保铁路运输安全的极端重要性，认真总结铁路运输安全工作的经验教训，创新发展铁路运输安全理念、思路和方法，对运输安全工作提出了一系列新要求。只有遵循部党组关于安全工作的要求推进安全文化建设，才能把握安全文化建设的方向，建设先进文化。全路各单位都要以部党组的安全观指导安全文化建设，结合本单位安全工作实际和安全文化优良传统，塑造体现时代性的各具特色的安全文化。

二要以部党组的安全观作为安全文化建设的核心内容。加强安全文化建设不是要割断以往实践和历史而另起炉灶，而是要传播、发展现有的优秀文化成果。部党组阐释的安全观，特别是刘部长在全路运输安全工作会议上的讲话、在部党组运输安全专题学习研讨会上的讲话，集中概括和反映了全路运输安全工作的共识。加强铁路安全文化建设的过程，就是用部党组的安全观教育全路干部职工，统一思想，使之成为全员的内心信念，自觉付诸实践的过程。部党组的安全观内容丰富深刻，并且在不断创新发展，需要我们认真学习领会，作出全面准确的概括。我看至少包括以下重要思想：运输安全是铁路跨越式发展的重要前提和基础，必须始终毫不动摇地坚持“安全第一，预防为主”的思想；必须坚持“从严治本，基础取胜”的指导思想，落实“规范管理，强基达标”的工作思路，抓住强化基层、基础、基本功不放，不断加强安全基础建设，实现有序可控、基本稳定的

总目标；必须增强安全生产的政治意识、责任意识和忧患意识，落实安全生产责任制；必须坚持“严字当头，铁的纪律”，不断提高标准化作业水平；必须始终坚持依靠先进装备保安全；必须坚持求真务实抓安全，注意抓超前性、倾向性、源头性问题，创新安全工作方法；必须充分发挥各级组织保安全的合力作用。要坚持用这些经过实践检验是正确的基本认识来塑造铁路安全文化。

认清铁路安全文化建设的层次性和系统性，明确宣传思想工作在安全文化建设中的责任

企业安全文化有四个层次。第一层是表层的安全物质文化，第二层是浅层的安全行为文化，第三层是中层的安全制度文化，第四层是核心层的安全精神文化。安全设施设备、生产作业环境等都是文明产物，对安全文化的塑造起着潜移默化的作用。职工群体安全行为体现企业文明程度，对职工个体行为有较大的影响。安全制度文化包括安全领导体制、组织机构和管理制度三个方面，是安全文化进步的产物，是塑造安全精神文化的主要机制和载体，对安全文化建设具有重要作用。安全精神文化是企业在生产经营中长期形成的安全价值理念，是安全物质文化、行为文化的升华，是制度文化的灵魂，影响力广泛而深远。安全文化的这种复杂结构告诉我们，企业内外多种因素对安全文化塑造具有不同程度的影响，安全文化建设是一个系统工程，各级组织、各个部门都有责任，必须齐抓共管，充分运用宣传、教育、管理、科技、行政、经济、法制等多种手段推动安全文化建设。同时，安全文化的层次性也告诉我们，精神文化是安全文化的核心，安全文化建设本质上属于企业意识形态，各级党委理应肩负起加强安全文化建设的领导责任，党委宣传部门理应加强安全文化建设的研究、策划、指导，精心设计实施方案，发现、培养、推广先进典型，牵头组织协调各部门发挥职能作用，共同推进安全文化建设。

如何落实加强安全文化建设的任务

何主任对加强安全文化建设作出了全面部署，提出了明确要求。全路宣传思想战线要深刻领会，认清责任，认真谋划，精心组织，真抓实干，大力推进安全文化建设。

组织引导各级领导干部增强安全文化意识，在塑造安全文化中发挥好带头作用

领导干部特别是党政主要领导是安全文化的倡导者和领路人，是安全文化的人格化体现，他们的文化意识和价值观念直接关系和影响着企业安全文化的品位与水准。安全文化最终要体现在职工群众的自觉，但这首先取决于领导者的自觉水平。领导者始终毫不动摇地坚持“安全第一”，是企业全员树立共同安全价值观的重要前提和保障；领导者重视和善于抓安全文化建设，才能适时升华、创新企业的安全文化。因此，加强安全文化建设，必须从领导干部抓起，从提高各级领导干部的安全文化意识和安全文化管理能力入手。呼和局的经验，首先在于党政主要领导具有敏锐的安全文化洞察意识和能力，善于透过大量不安全现象，看到其背后的文化本质，理解不安全行为产生的原因，从而标本兼治地强化安全管理。知识经济时代要求企业领导干部不断提高安全文化感受、理解、创造、管理能力，准确引导安全文化的发展。为此，要组织各级领导干部深入学习领会科学发展观和构建和谐社会对安全工作提出的新要求，深入学习领会党中央、国务院关于安全生产的重要指示，深入学习领会部党组加强运输安全工作的方针、部署，不断提高安全认识和运输安全工作领导能力。要教育各级领导干部正确处理安全与效率的关系，在任何时候、任何情况下都毫不动摇地把安全摆在第一的位置。各级党委中心组一般每年至少安排一次运输安全专题学习研讨，深化认识，总结经验，研究问题，细化措施，深化安全基础建设。要进一步强化对领导干部的思想作风教育和舆论引导监督，促进领导干部切实转变作风，克服安全生产中的官僚主义和形式主义。继续深入开展创建学习型领导班子活动，组织学习研究企业文化理论和方法，积极探索加强安全文化建设的新路子。各级党校、政研会要在安全文化理论教育和理论研究中积极发挥作用。

深化安全宣传教育，塑造“安全第一”的共同价值观

价值观是文化的核心，是一种相当持久的信念，它主宰着人们的是非观念，指导着人们的实践活动，规范着人们的举止言行。安全文化建设的主要任务就是塑造共同的安全价值观。“安全第一”是全路干部职工在长期实践中形成的安全生产核心价值观，凝结了铁路安全工作的光荣传统，反映了干部职工的整体意志，体现了安全工作的根本要求。要把全员牢固树立“安全第一”的理念，作为安全文化建设的主要目标，采取多种途径和方式，不断深化安全宣传教育。一是加大“安全第一”的思想教育力度。内容上要有新的高度和深度，坚持以部党组的运输安全观教育干部职工，不断提高全员对安全生产的认识。方式上要多样化和制度化，进一步细化安全宣传思想工作规范，既抓好集中教育，又做好安全生产中日常的思想政治工作。要深入调查分析职工群众在安全生产中的思想动态，提高安全思想教育的针对性和有效性。二是提炼和落实具有个性特色的运输安全工作理念。各单位要发动干部职工审视安全传统，诊察安全现状，升华、发展本单位的安全价值观，围绕本单位安全生产的主要职责和突出问题，创意、设计和实施自己的安全工作理念，把全路的安全理念在本单位具体化，通过宣传教育和实践活动，促进干部职工形成共同的安全价值理念。三是启发职工遵章守纪的自觉性。规章作为外在约束，会遇到部分职工不同程度心理、情绪和行为的抵触。安全思想教育的一个重点是规章制度教育，引导职工群众充分认识制定这些规章制度的依据、严格执行纪律的意义，提高他们的自觉、自律意识。要充分利用活生生的事故案例教育人，在职工中大讲违章违纪的严重危害，帮助广大职工在思想深处牢固树立“安全第一，预防为主”的观念。加强班组安全思想政治工作，及时解决安全生产中出现的违章违纪

问题,把不安全行为消灭在萌芽状态。多种形式培育车间、班组的团队精神,强化群体对个体行为的约束。四是加强安全舆论引导。舆论既体现文化,又影响文化。引导舆论是塑造文化的有效途径。路内新闻媒体要坚持把安全新闻宣传作为报道重点,抓好部党组和路局安全工作有关精神的宣传,加强安全言论、安全经验交流、安全典型宣传,在做好正面宣传的同时,强化对运输安全工作的舆论监督。五是开展安全文艺活动。组织安全格言、警句、谚语征集评选,安全知识竞赛、演讲赛,安全文艺作品创作,安全雕塑,安全摄影、动漫设计、漫画比赛,安全文化演出等文化活动,寓教于乐,润物无声。

充分利用思想文化激励手段,促进职工安全行为养成

安全体现在每一个作业的过程中,掌握在每一名职工的手里。只有每一个岗位的职能作用正常发挥,每一名职工的作业行为规范达标,才能确保运输安全。促进岗位职能作用发挥、规范职工安全作业行为,把"安全第一"思想内化为职工的自觉行动,外化为运输安全稳定的常态,是安全文化建设的重要任务。职工良好安全行为的养成,是多种因素作用的结果,教育、激励、约束是主要手段。宣传思想工作要在强化精神激励上大展作为。要强化目标激励,广泛开展形势任务宣传教育,宣传安全生产奋斗目标,动员广大干部职工为实现安全目标而奋斗。要强化精神激励,深入开展岗位安全竞赛、练兵比武、表彰先进等活动,引导职工把本职工作同自己的人生目标联系起来,把干部职工保安全的积极性和创造力调动和凝聚起来。要强化典型激励,大力培养、选树、宣传安全生产先进集体、模范人物,带动全员争先创优。

加强安全环境文化建设,营造安全生产的良好氛围

安全生产总是在特定的作业环境中进行,这种人造的环境体现着文化,又影响着人的心理情绪、行为习惯。加强安全生产环境建设,丰富文化内涵,提升文化品位,充分发挥环境改造人的作用,使职工在潜移默化中养成文明向上、遵章守纪的良好习惯,是铁路安全文化建设的重要方面。要拓展安全宣传阵地,从内容和形式两方面提高质量,积极营造催人奋进的安全舆论环境。安全宣传橱窗、标语、警示牌要有美感,有吸引力和感召力。提高站容段貌、生产作业和间休场所的文化品质,建设一流的安全工作环境,增强职工自豪感、安全责任感和企业凝聚力。深入开展创建学习型组织活动,为干部职工创造不断学习的条件和机会,营造良好的安全学习环境。关心、重视职工的文化需求,改善文化娱乐条件,形成和谐融洽的安全人文环境,增强职工对企业的归属感,形成干群一心、共存共荣、共保安全的浓厚氛围。

(作者系铁道部新闻发言人)

论加强港口文化建设的时代价值

杨代利

本世纪前20年是我国经济社会发展的重要战略机遇期,我国港口行业也面临着站在新起点、创造新跨越的机遇和挑战。美国历史学家戴维·兰德斯说过:"如果经济发展给了我们什么启示,那就是文化乃是举足轻重的因素。"文化蕴育魅力、文化激发活力、文化创造动力,文化成为文明社会发展的美学标志。文化与经济和政治相互交融,文化对实践的指导意义和对发展的推动作用越来越突出,文化建设的战略意义随着经济社会的发展也越来越得到我们党和国家普遍而深刻的认识。港口是国民经济和社会发展的重要基础设施和基础产业,是经济运行的命脉。"十一五"期间,中央提出要保持经济平稳较快发展,这是对港口发展提出了新的更高要求。当前,加强港口文化建设,以文化促进港口发展,实施文化强港战略,则蕴含着深远的理性思考,彰显出鲜明的时代特征。通过加强港口文化建设,以先进的价值观念、思维模式、行为方式促使港航系统思想更加统一,管理得到创新,文化内涵不断提升,使整个队伍在先进的文化氛围内增强向心凝聚力,促使经济社会在人本光芒下迸发更大的活力,对于推动我国港口又快又好地发展,实现"十一五"港口发展目标具有十分重要的时代意义。

加强文化建设是推进港口全面协调可持续发展的迫切需要

坚持以人为本,树立全面、协调、可持续的发展观,促进经济社会和人的全面发展,是党的十六届三中全会提出的深化经济体制改革的一个重要原则。文化建设对于落实科学发展观具有特殊的重要意义。"十一五"港口发展任务艰巨繁重,需要站在经济社会发展全局的高度,围绕实现"十一五"港口发展目标,从战略高度深刻认识文化的作用,通过加强文化建设,推进港口创新,建设便捷、通畅、高效、安全的港口物流体系,促进港口全面协调可持续发展。

文化的内涵支撑是港口行业落实科学发展观的内在要求

科学发展观的本质是以人为本。实施科学发展观就是要以人的发展推动和衡量经济社会的发展,最终以经济社会的发展最大程度地满足人的全面需求、实现人的全面发展。文化是人的文化,文化的核心是人,先进文化的形成过程就是以文化人、以人为本从而尊重人、提升人的过程。因此,落实科学发展观的内在要求一是要形成以人为本的先进文化,二是要实现文化与政治、经济的全面协调发展和人与社会的和谐发展,实现发展进程的连续性和持久性。贯彻落实"三个代表"重要思想和以人为本的科学发展观,必将迎来社会主义文化建设的新高潮,创造出更加灿烂的先进文化。

文化与政治、经济的紧密融合使得文化成为了隐含在政治进步、经济发展背后的内涵支撑。政治、经济中文化内涵的先进与否决定了其是否具有健康持久发展的潜力。我们党对文化建设在经济社会全面发展中所具有的重要地位的认识要求港口发展必须重视文化建设，消除“重经济、轻文化”和“先发展经济、后发展文化”的片面思想认识。要深刻认识到先进文化是港口发展的持久推动力，文化是港口发展的内涵支撑。港口发展必须要有和谐、人文等先进文化的内涵支撑才会具有鲜活生命力；港口发展必须要有依靠人、尊重人、关心人、提升人的文化内涵支撑才会拥有强大的凝聚力和创造力。因此，落实科学发展观要求立足于改革开放和港口建设发展的实践，着眼于世界港口文化发展的前沿，传承民族文化和港口文化传统，积极推进文化创新，大力建设和发展具有中国风格、中国气派的港口文化，为港口发展提供持续不断的文化动力，推动港口实现全面协调可持续发展。

构建发展战略文化是港口可持续发展的核心追求

发展是我们党执政兴国的第一要务，科学发展观是新世纪新阶段我们党指导国家全面建设的发展战略观。胡锦涛总书记指出，科学发展观，是用来指导发展的，不能离开发展这个主题，全党全国都要增强促进发展的紧迫感。

港口要实现可持续发展，需要在先进的战略思想指导下，以创新的战略思维制定港口的发展战略；需要有港口人强大的凝聚力和执行力保障发展战略的贯彻实施；更需要港口人的创造力和活力为港口发展赋予能够不断适应变化、自我更新的鲜活生命力。港口发展战略的制定、实施、推进、调整都离不开发展战略文化的强有力支撑。发展战略文化就是以港口核心理念为主导，代表未来制定港口发展战略的一种文化。发展战略文化能够增强港口发展的前瞻性、科学性、有序性和指导性，对实现港口的可持续发展至关重要。我们应紧紧围绕发展这个主题进一步丰富科学发展观的内涵，构建形成“以未来引导现在，以现在创造未来”的发展战略文化，并将构建发展战略文化作为港口可持续发展的核心追求，促成发展战略的高质量生成和顺利实施，带动科技创新、管理创新、体制创新，促进观念更新，实现战略转变，保持“发展是硬道理”的浓厚氛围，增强港口发展战略走向的正确性和走势的强劲与持久性，最直接、最有力地保障和促进港口的持续发展。

文化推进是建设创新型港口又快又好发展的有效途径

创新是推动经济社会科学发展的重要途径。落实科学发展观，推动经济社会的全面协调可持续发展，必须大力倡导创新精神，培育创新意识，提升创新能力。文化建设是推进实现创新的有效途径。首先，创新是人类智慧的重要体现，是最高级的也是最复杂的思维活动，仅靠制度的约束要求无法激发出人的创造力和创新热情。其次，以创新为主导的创新经济的新格局需要新的价值观和方法论，需要形成主导创新的创新文化，以创新文化为科学发展注入持久活力。

创新是港口发展的灵魂、动力和源泉，也是实现“十一五”发展目标的重要条件。港口要实现又快又好的发展，需要有创新的思维、创新的理念以引导形成创新的发展思路；需要将创建创新型港口与学习型港口有机结合，使港口行业形成一个创新生态系统，蕴育出具有成长性和适应性的创新文化，以敢于创新的勇气和蕴育创新的智慧推动创新型港口又快又好的发展；需要以文化战略打造特色港口文化，创建和谐港口、绿色港口、平安港口、品牌港口、活力港口，以特色港口文化的创新提升给港口又快又好发展提供丰富的文化内涵支撑。

加强文化建设是促进港口文明建设的战略举措

十届全国人大二次会议通过的宪法修正案，明确把“物质文明、政治文明、精神文明协调发展”写入了宪法，表明推动“三个文明”协调发展是全国人民的共同奋斗目标和我们国家的重要任务。这对全面建设小康社会、开创中国特色社会主义事业的新局面，具有重大而深远的意义。当一种文化能够充分地满足人的基本需要并能够促进人的全面发展时，就成为一种文明。促进文化的发展，形成先进的文化，是进行文明建设的必需途径。用港口语言来说，文明是目的，而文化建设就是驶向文明的航船。港口行业直接面向社会、面向群众，联系着千家万户，文明建设将关系到人民群众的切身利益，关系到党和政府的形象，关系到港口行业的声誉和社会风气的进步。因此，加强文化建设对全面系统地抓好三个文明建设具有重要的战略意义。

用服务文化提升港口的精神文明建设

服务文化是以服务对象的利益为出发点，以最大程度的满足服务对象的需要为追求的一种文化。建设服务文化，是贯彻落实“三个代表”重要思想，坚持执政为民的实际行动。建设服务文化，就是要坚持以人为本，以人为价值的核心和社会的本位，把人的生存和发展作为最高的价值目标，一切为了人，一切服务于人；就是要忠实地代表人民的利益，千方百计地提高服务质量，积极满足人民群众日益增长的物质和文化需要。服务文化已成为现代文明社会的主旋律，是一种充满生机和活力的先进文化。加强服务文化建设能够创建一个和谐的文明环境，能够对精神文明建设起到强大的提升作用。

港口是一个服务性很强的行业。港口行业与国民经济的发展密切相关，港口工作的着眼点就是要了解和掌握国民经济发展对港口的需求。港口是经济社会发展的先行官，港口的发展必须围绕为经济社会发展服好务这个中心。通过加强港口服务文化建设，可建立更好地满足港口服务对象需求的工作导向，树立服务意识，提升服务品质，提升职能部门和执法部门的服务效能，创造并提升崭新的、健康的港口文明精神风貌，使全社会受益。

用廉政文化促进港口的政治文明建设

政治文明建设的当务之急是“着重加强社会主义民主

政治制度建设，实现社会主义民主政治的制度化、规范化、程序化”。为此，首先要在政治文明建设的责任主体中牢固树立“立党为公、执政为民”的思想，坚持四项基本原则，统一认识，统一价值导向，形成廉政勤政的文化氛围。通过廉政文化的引导熏陶来培养人的高尚品格，陶冶人积极向上的情操，树立社会主义荣辱观，历练一种知耻、拒腐、行廉的思想境界。港口系统有着廉洁勤政的优良传统。将优秀传统加以提升创新，建设独具港口特色的廉政文化既能从源头上治本防腐，又能促进港口执法管理文明迈上新台阶。

港口廉政文化的重要领域是港口基础设施建设领域。我们要从党和国家工作的大局出发，从港口事业的健康发展出发，充分认识到治理商业贿赂的重要性和紧迫性，增强治理商业贿赂的政治责任感。一方面要继续推进惩防体系的完善和实施，让想犯罪的人犯不了罪；另一方面，要通过加大廉政文化的建设力度充分发挥廉政文化对人的行为的引导和约束功能，让有机会犯罪的人不想犯罪。著名人类文化学家克罗伯和克拉克认为，“文化体系从一方面来讲，可被视为进一步行动的制约因素。”当然，文化又可以成为进一步行动的促进因素。因此，加强廉政文化建设对于培养提高港口政治文明建设责任主体的高尚的道德情操和健康的先进的价值观、荣辱观，促进港口的政治文明建设的不断进步具有重要的基础推动意义。

以品牌文化推进港口的物质文明建设

品牌文化是经济社会发展的产物，是文明建设协调发展的结果，也是体现文明建设程度高低的一个重要标志。品牌文化是精神文化和物质文化在社会传播和认可过程中形成的集合，是以物质为载体，以文化为内涵，以文化内涵带动支撑物质的一种文化。社会主义物质文明建设要取得突飞猛进的快速发展，必须要引入品牌文化建设的思路，以品牌文化带动推进物质文明建设。

港口品牌文化建设需要从打造中国港口这个大品牌到打造港口系统内部的行业品牌、地区品牌、产品品牌、服务品牌、领导品牌、员工品牌等方面以系统的建设思路进行全面的规划设计。在品牌文化建设中，要给港口注入人文内涵，建设人文港口、平安港口；给港口注入生态、绿色的内涵，建设和谐港口、生态港口、环境友好型港口，要融入负责和精品意识，打造精品工程、百年工程等等。创建和发展港口品牌的实践活动，各港口已经逐步形成并丰富了以先进文化理念为引导的特色品牌文化内涵，有力地推动了区域经济的特色建设和跨越发展；已经涌现出以许振超为代表的弘扬港口精神的品牌员工，起到了多米诺式的激励效应。建设品牌文化，很重要的是要融入文化意识和先进的文化理念，要求全体港口职工具有比较高的文化素养和强烈的品牌意识，营造相应的文化氛围。加强港口品牌文化建设，强化品牌意识，不仅有利于提升港口执法、建设、服务等工作质量的提高，提升港口的信誉度和美誉度，树立港口良好的公众形象；而且其先进的理念、创新的思路有利于推进港口物质文明建设。

加强文化建设是落实实践以人为本思想的必然选择

文化建设的基本要求就是落实以人为本的思想。港口的发展建设离不开人的推动，离不开人的智力支持，港口发展必须牢固树立以人为本的思想，以不断满足国民经济对港口的需求作为一切工作的出发点和落脚点，以人的发展作为港口发展的根本动力和根本标志。因此，落实实践以人为本的思想就是要用好人、爱护人、提升人，从人的发展中获得推动港口发展的活力和动力。

以文化管理提升港口管理综合效能

文化管理是一种现代管理方式，是把培育社会主义、爱国主义和集体主义价值观作为管理体系的主导性措施，通过文化建设，增强内部凝聚力和外部竞争力，充分发挥精神、文化因素对于制度建设和物质文明建设的作用和反作用。文化管理的突出特点就是以人为本。实践已经证明，制度是很贵，文化是很便宜的。有效利用文化的提升，逐步形成文化管理的氛围和行为规范，是促进管理效能产生裂变效应的重要原因。文化管理不是狭隘的非制度管理，也不仅仅是对制度管理的辅助和缺陷弥补，而是要通过人的自觉行动渗透在各个领域、各个方面的灵魂主线来加强管理，透过文化的视角从深层次上解决管理中的问题，提升管理的综合效能。

港口管理的主体是人，港口管理的主要客体也是人。在港口管理中牢固树立以人为本的思想就是要重视人的需要，尊重人才，用美好的愿景鼓舞人，用宏伟的事业凝聚人，用科学的机制激励人，用优美的环境熏陶人。搭建员工发展平台，提供员工发展机会，开发人力资源，挖掘员工潜能，增强员工的主人翁意识和使命感、责任感，激发员工的积极性、创造性和团队精神，达到员工价值体现与港口跨越发展的有机统一，形成自主管理、自我完善、自觉创新的新境界。为此，我们必须将管理制度和先进的文化理念结合起来，在进一步完善相关管理制度的同时，寓先进的文化理念于制度之中，形成先进的管理文化，逐步上升到文化的管理，促进港口管理效能的不断提高。

以安全文化促进和谐港口建设格局

港口的行业特点决定了加强港口安全工作的重要性。传统安全管理的管理滞后性和人文观念的淡薄导致了管理缺失。引入安全文化可有效地将管人管事的被动管理转为人自觉地从理念深化、人性提升的源头预防。安全文化建设是预防安全事故基础性工程，对保障安全生产、建设和谐港口具有战略性意义。安全文化以保护人在从事各项活动中的身心安全与健康为目的，以大安全观、大文化观为基础，由“要你做”转向自觉的“我要做”，是人们实现安全、健康、舒适、长寿的精神和物质的双重保障，是一种爱人文化，反映出国家、社会对安全的态度、价值取向和方法的应用。世界工业发达国家的经验表明，培养和增强安全文化意识，对提高人的安全防范意识，减少安全生产事故，尤其是重大、特大事故具有重要意义。

安全体制的变革实质是安全价值观的转变和安全意识的增强。因此，打造平安港口，建设和谐港口，应进一步加强港口安全文化建设，积极促进安全价值观的转变，牢固树立以人为本的安全建设思想，为港口事业的发展提供强有力的保障。

用“以人为本”思想加速港口人的全面发展

科学发展观的核心是以人为本。以人为本是科学发展观的出发点和落脚点，不仅要求一切为了人，而且要求一切依靠人。只有坚持一切为了人、一切依靠人，才能够得到人的拥护和支持，才能进一步激发人获得全面发展和实现自我价值的意愿，才能够激活人的积极性和创造力，才能使经济社会的发展获得长足发展的动力。

马克思曾明确指出，个人的全面发展正是共产主义者所向往的。只有加速港口人的全面发展，为港口人的自我价值实现提供公平的机会和激励的机制，使港口人的自我价值追求融入到发展当中，使港口成为港口人自我价值的实现和展示的舞台，港口发展才能够获得持久的活力和根本的动力。为此，要通过港口文化建设将以人为本的思想融入港口发展的各个环节，以文化教育人、塑造人、激励人，立足于全面提高港口人的思想道德素质、科学文化素质和健康素质等综合素质，结合港口实际，从思想上、组织上、作风上、制度上入手，着力建设一支自觉奉献、勇于创新、拼搏进取、团结协作的职工队伍；建设一支热情服务、作风严明、素质过硬、严格执法的行政执法队伍；建设一支政治坚定、求真务实、廉洁高效、执政为民的领导干部队伍，培育有理想、有道德、有文化、有纪律的“四有”港口人，以实现港口人的全面发展促进港口的跨越发展。

加强港口企业文化建设是促进港口发展的重要基础

20世纪80年代以来，全球先进企业发展的一个重要趋势就是：企业文化对企业经营业绩、对企业兴衰所起的作用越来越大、越来越重要、越来越显著、越来越突出。企业文化建设是提升企业整体素质的系统工程，有利于提升企业家素质，有利于提升全体员工素质，有利于提升科技文化专业素质，有利于提升思想道德素质。企业文化是企业持续发展的强大内在驱动力，有利于推动企业脱困、发展。企业文化是企业的长寿之道，是决定企业兴衰的关键因素，企业文化建设对企业做大做强和健康持续发展极为重要。

加强港口企业文化建设，对于推动港口企业的全面协调可持续发展具有重要的现实意义。港口企业是港口系统的细胞组成，港口企业文化是港口文化的重要构成因子。因此，大力推进港口企业文化建设是促进港口全面发展的重要基础。港口企业文化建设具有四个层面：

总结提炼港口企业精神文化是推进港口企业文化建设的首要环节。精神文化是港口企业文化的核心层。包括企业精神、企业经营哲学、企业道德、企业价值观念、企业风貌等内容，是企业在实践过程中形成的群体意识。总结、提炼、升华形成的精神理念对其他文化层次的建设具有指导意义和支撑的作用。港口企业精神文化可以激发企业员工的积极性，增强企业的活力，是构成港口企业文化的基石。

完善规范港口企业制度文化是推进港口企业文化建设的关键环节。制度文化是塑造精神文化的主要机制和载体。制度文化就是人的意识与观念形态的反映，又是以一定物的形式所构成。因此，完善规范港口企业制度文化对港口企业精神文化具有固定和传递功能，搞好港口企业制度文化建设是港口企业健康发展的可靠保障。

构建形成港口企业行为文化是港口企业文化建设的重要内容。港口企业行为文化是港口企业的精神文化在实践中的动态体现，是企业员工在精神文化和制度文化的影响作用下形成的行为习惯。构建形成港口企业行为文化能够在向社会提供服务的同时，折射出港口企业精神和企业价值观等精神文化，传播港口文明，树立港口企业的文明形象。

配套完善港口企业物质文化是企业文化建设的现实目标。物质文化是企业文化的最表层文化。企业生产的产品和提供的服务是企业物质文化的首要内容，企业创造的生产环境、企业建筑、企业广告、产品与设计、企业形象宣传等都是物质文化的主要内容。企业的精神文化通过企业的产品或服务以最为直接的方式被客户和社会所感知。配套完善港口企业物质文化，就是要使质量观和审美观相互协调，使港口企业的产品和服务具备效用性和审美性的统一，使客户既获得效用的满足，又获得享受美感的愉悦。

基于以上对加强港口文化建设的时代意义的认识，本文认为：港口行业应进一步加强对港口文化建设的指导和引导，加快港口文化和港口企业文化的研究和推进，推动港口文化建设与管理的紧密融合，用文化建设促进港口行业的创新和持久发展。

（作者系日照港新闻文化中心主任）

建设优秀企业文化，打造一流保险企业

李树义

新华人寿保险公司经过八年的实践、积淀，初步形成了具有自身特色的企业文化，并在公司全体员工的共同实践中逐渐丰富起来、完善起来，形成了具有新华特色的文化竞争力，在促进公司发展方面发挥了积极的作用。纵观新华公司八年来的企业文化建设实践，我们有五个方面的深刻体会：

紧贴时代主题，以“三个代表”统领企业文化建设，形成了独具特色的世界观——发展观

首先，适应“代表先进生产力的发展要求”，树立科学

"发展观",推进新华公司的大发展、快发展,促进金融业的发展,最终促进生产力的发展。

"三个代表"首要的就是代表先进生产力的发展要求。金融是现代经济的核心,保险是现代金融的重要组成部分。作为一家股份制专业寿险公司,新华的事业不仅关系到公司的兴盛,而且关系到民族保险业的发展,关系到人民群众的利益和社会大局的稳定。因此,做好我们的工作,推进新华事业快速发展,振兴民族保险业,就是促进先进生产力的发展,这是"三个代表"重要思想的本质要求,也是实践"三个代表"思想的具体体现。新华公司历来有着促进民族保险业发展的民族使命感,有着始终站在先进生产力潮头的光荣传统,公司成立八年来,我们在各个不同的历史发展阶段上,不断地进行体制、机制和技术的创新,率先与国际接轨,不断地解放和发展生产力,实现了公司的快速发展。

2003 年初,我们将"发展观"确定为新华公司的世界观,并与中国市场实际和公司发展实际相结合,丰富和发展了"发展观"的内容。新华公司发展观的根本内涵就是:在不断变化的市场中抓住机遇、快速发展,勇于创新、永续经营,打造一个"大而强、多元化、能够参与国际化竞争的金融集团"。公司的"发展观"包括五个分支理论:一是发展的速度观——以快制胜,以高于同业平均增长率的速度发展;二是发展的价值观——实现公司价值最大化,为客户、股东、员工和社会创造价值;三是发展的辩证观——强调以效益为中心的快速发展;四是发展的统筹观——公司各方面要全面发展、协调共进;五是发展的责任观——强调公司对客户、对股东、对员工、对社会负责。责任观是公司发展观的核心内容,反映了新华公司的主要价值主张,反映出员工对公司、对客户、对社会以及公司对客户、对股东、对社会、对员工最根本的观点和态度。

第二,适应"代表先进文化前进方向"的要求,树立先进的文化观,推进新华公司的企业文化建设,为新华公司的快速发展提供精神力量和智力支持。

新华公司企业文化的核心价值观集中体现在"责任"二字上,大力倡导对股东负责,对客户负责,对员工负责,对社会负责。为此,我们首先要求新华管理干部自身具备较高的思想政治素质、政策理论水平和领导管理艺术,在企业的管理和员工队伍的建设中,把握精神文明建设和物质文明建设的辩证关系,坚持正确的文化导向和精神导向。以高素质的管理干部带领出高素质的员工队伍,为新华的发展提供精神动力与智力支持。

第三,树立正确的利益观,协调新华公司的各种利益关系,让各个利益主体不断获得切实的利益。

我们要让客户通过新华得到全面的人生保障与优良的保险服务;要让股东在新华的投资得到良好的收益回报;要让社会感受新华深刻的职业使命感和社会责任感,我们更要让员工在新华获得事业发展和收入实惠的双丰收。

发展观、文化观、利益观,是"三个代表"重要思想在新华公司的具体化,是"三个代表"重要思想与新华公司经营实践相结合的理论结晶,在统一思想、凝聚人心,推动公司快速、持续、健康、协调发展方面发挥了积极的作用。

因势利导,以党的建设统领队伍建设,充分发挥党的先锋模范作用,团结和凝聚员工为实现共同的发展目标而奋斗

第一,加强基层党组织建设,为公司企业文化建设创造了良好的组织基础。近年来,我们坚持"机构延伸到哪里,党的组织就建到哪里"的做法,不断推进党的基层组织建设。形成了新华公司党政合一的领导体制,保证了业务和党务的和谐统一、相互促进。党的基层组织建设的完善,为企业文化建设和推广创造了良好的组织基础。

第二,组织丰富多彩的党建活动,创造良好的文化氛围。公司通过组织丰富多彩的党建活动,如组织撰写学习"三个代表"重要思想理论文章,组织学习"两个条例"的宣传贯彻活动和党风廉政建设宣传教育月活动,开展寓教于乐的主题党日活动等,不仅提高新华员工政治理论水平,还创造了良好的文化氛围,增强了员工之间的交流和沟通,为提升队伍的凝聚力和战斗力发挥了积极作用。公司还将党建与人力资源建设有机结合,积极培养党团员中的优秀人才,为员工创造广阔的发展空间,实现员工价值的最大化。

第三,加强"流动党员"管理,深入一线传播公司企业文化。各级党组织因势利导,以各种方式组织一线党员过组织生活,调动了广大党员参与党组织生活的积极性,增强了员工队伍的归属感。党员作用的充分发挥增强了基层党组织的战斗堡垒作用,为稳定营销队伍,提高产能提供了强有力的组织保证和思想保证。

立足经营实践,适应公司发展要求,形成具有新华特色的企业文化体系

第一,理念文化。理念文化就是新华公司的经营哲学,是企业文化体系中的核心文化,是经营企业的最高指导思想。

新华公司理念文化确立了公司的世界观——发展观,公司核心价值观及企业文化建设的主方向——"责任观",确立了以公司司徽为标识的"方圆文化",确立了"低调、务实、商业"的企业风格,确立了民族精神、创业精神、进取精神、创新精神、科学精神、精业精神、敬业精神、团结精神、奉献精神、共生精神等十种精神文化以及我们特有的司训。其中,"责任"是新华公司企业文化建设的主方向。我们倡导对股东负责、对客户负责、对员工负责、对社会负责。这也是新华公司企业文化建设的突破口、目标点、是主方向。

第二,制度文化。制度文化是公司指挥系统的规范化管理、公司决策的规范化管理、业务流程的规范化管理、公司对部门、岗位、员工工作的规范化管理等所形成的文化,是公司理念文化的实践表现。通过制度管理,达到规范公司一切活动和全体员工的行为,使公司从思想、意识到行动做到上下同一,各个环节配合默契,运转自如。

第三,人格文化。企业文化由企业的广大员工构成人

格主体。一方面，企业文化培养和塑造符合公司价值观念的员工，并得到员工的广泛认同。另一方面，员工的思想和行为又始终在丰富、充实、弘扬企业文化。

人格文化体现为企业家、先进人物和员工群体三个层次：企业家是企业文化的领导者，新华公司领导团队拥有战略眼光，卓越的资本运营能力，主动市场意识，排头兵精神和很强的亲和力；先进人物是企业文化的示范者，新华公司的先进人物，应具备优秀的执行能力，追求卓越，崇尚专业，富有激情，不怕挫折；员工群体是企业文化的推动者，我们要求新华公司的员工应具备责任意识、勤奋精神、服务意识、效益意识、学习意识、忠诚精神、危机意识等八种基本素质。

第四，品牌文化。新华公司最大限度地利用积累的企业形象价值，实施主品牌策略，把新华保险作为主品牌推出，从形象、服务、产品、人力资源和文化五个支撑点进行品牌建设，确立了公司的品牌口号："立信于心，尽责至善"，依照全面性、系统性、长期性、统一性原则打造新华公司强势品牌。

着眼长远发展，企业领导人身体力行，成为企业文化的倡导者、实践者和传播者

首先，公司领导团队造就了新华人格文化的一个重要内容。高屋建瓴的战略眼光，卓越的资本运营能力，尊重市场、爱护市场、开拓市场的主动市场意识，率先垂范、敬业奉献的排头兵精神，为员工负责、替员工着想的亲和力，都是新华领导团队鲜明的文化特色，深刻地影响着公司整体文化氛围，造就了一支追求卓越，团结、敬业、奉献的员工队伍。

其次，公司领导团队身先士卒、身体力行，是企业文化建设、推广的主力。新华企业文化建设的重要目标就是：说新华话、办新华事、做新华人。为此，公司一方面将八年发展历程中积累的企业文化精髓进行提炼和丰富，另一方面由公司领导团队身体力行、将企业文化建设工作推上一个新台阶。公司领导团队的重视和要求，带动了公司各级管理干部，首先从自身做起，将新华文化吃透、消化、融入血液，成为真正的、纯粹的新华人，在实践中处处以身作则，然后再去管理，再去传、帮、带，再去组织锤炼新华员工成为真正的新华团队。

广泛、有效推广企业文化建设成果，将企业文化建设渗透到企业经营的方方面面

企业文化建设不是一本册子、一次会议、一个事件、一场运动，而是企业文化建设是一个长期的、润物细无声、渗透企业团队灵魂深处的过程，贯穿企业发生、发展的整个历程，与企业经营相伴而生。

首先，业务发展和企业文化建设要齐抓共管，齐头并进。我们要求员工正确处理业务发展和企业文化建设的关系，从每天每小时做起，从一言一行做起，从每一份保单做起，在日常工作中遵循和体现新华企业文化的内涵和精髓。面对着愈演愈烈的市场竞争，面对着日益沉重的业务压力，我们坚信，磨刀不误砍柴工，只有用文化的力量统一思想，增强队伍的凝聚力，提高员工的忠诚度，才能赢得可持续发展的不竭动力。

其次，进行企业文化整合，统一思想、凝聚人心。

近年来，随着新华公司高速扩张和超常规发展，机构网络遍布全国，大量新人加盟新华。为统一思想、凝聚人心，2003 年 10 月起，新华公司在全系统范围内实施了"上下同一工程"暨公司企业文化整合。当时，全公司近 13 万新华内外勤员工，全面学习了新华公司的经营哲学、公司企业文化和公司发展历程，接受了一次新华企业文化的洗礼。这次文化整合，不只是礼仪、行为、等表层意义的规范，更是企业经营哲学、品牌建设、文化管理等深层次的思考和探讨。"上下同一工程"的实施，使很多新华员工，尤其是新员工在短时间内对新华有了全面深刻的认识，明确了新华公司的战略目标和经营思想，迅速成长为新华人。

第三，抓好企业文化载体建设。

进行企业文化建设必须要有载体，因此，在企业文化日益受到重视的今天，绝大多数企业都经营着自己的内刊。新华公司对企业文化的重视，还体现在我们有自己的"两报两刊"——《新华保险报》《新华营销》《客户专刊》和《新华视点》，及时传达公司重大事件、重要精神、经营情况、员工动态、客户反馈等内容，从不同的侧重点、针对不同的受众推广公司企业文化，深入一线传播新华公司企业文化。近年来，我们坚持专业化办刊的方针，引进专业人才，加强专业能力培训，使公司内刊的办刊质量和水平不断提高，为公司企业文化的建设和传播发挥了重要作用。

企业文化建设是一个长期的、孜孜不倦的过程。在这方面，新华公司才算刚刚上路。打造企业文化竞争力，赢得强大的市场竞争力，我们任重而道远。我们将抓住机遇，不断探索，建设优秀企业文化，打造一流保险企业，为铸就中国保险业、金融业的辉煌做出应有的贡献。

（作者系新华人寿保险股份有限公司副总裁）

论电力企业文化的建设方向

张明军

企业文化是 20 世纪 80 年代从企业管理科学体系中分化出来的一种理论，是从泰罗的科学管理到行为科学、以及现代管理的一场新的管理革命，是当代管理科学发展的一种新趋势，被人们广泛称为是企业经营成功之道，已越来越受到企业的重视。

现阶段，在我国建立现代企业制度和转变企业经营机制的改革中，塑造企业精神，建设企业文化，树立企业形象，已成为许多企业强化经营管理的重要内容。作为一种全新的而且行之有效的企业管理理论，电力企业将企业文化理论运用于实践之中，根据行业特点，建设富有鲜明特色的企业文化，不少电力企业都作出了积极的探索，创造了许多好

经验。可是我们也应看到，当前，一些电力企业在企业文化建设上缺乏深入学习研究，不结合电力企业实际，搞形式，走过场，不自觉地赶时髦。这种现象的原因是对企业文化的认识和建设上存在着问题，如果不及时解决。电力企业文化建设就难以进一步健康发展。

企业文化是洋货。有必要兴师动众的学吗

至今，一些电力企业的同志认为我国企业素有培养企业精神的优良传统，我们和其他国家社会制度不同，生产科学技术可以学习，而企业文化不可以吸纳借鉴。对企业文化建设抱消极态度。

在21世纪，企业将面临更加激烈的国内外市场竞争，企业如何在激烈的市场竞争中稳操胜券，取得经营的成功？如果说在工业发展的初期，企业的取胜，主要靠人力、资本和土地。到当代，企业取胜要靠技术、质量、价格和信息。那么在未来的发展中，则主要靠人的智慧与潜能和以人为本的企业文化，因此人们都说，21世纪是人才取胜的时代，是企业文化取胜的时代。

我们认为，随着科学技术的发展和世界经济一体化的强化，各国企业都面临国际化的经营，企业的物质生产，精神生产，都具有世界性。马克思和恩格斯早在140多年前就指出："资产阶级，由于开拓了世界市场，使一切国家的生产和消费都成为世界性的了。""过去那种地方的和民族的自给自足和闭关自守状态，被各民族的各方面的互相往来和各方面的互相依赖所代替了，物质的生产是如此，精神的生产也是如此，各民族的精神产品成了公共的财产。"这就是说，尽管各国社会制度、经济体制、历史文化等等不同，相互之间不只需要进行物质生产的交流，也需要进行精神生产的交流，以求得在世界大文化环境下共同发展。建设企业文化，不只是企业自主经营、自负盈亏和建设社会主义新文化的需要，而且是企业进入国际市场和利用国际资源的通行证。这是许多合资企业注重文化建设的原由之一。因为通过文化的交流和认同，无形中缩短了各国职工之间的距离，使各国企业在一些问题上比较容易取得共识。我国企业要积极吸收国际文化的精华和国外企业建设文化的经验，而借用企业文化的概念，以发展自己的精神文化，促进物质文化和精神文化共同发展，不仅无可非议，而且应当大力提倡。

企业文化与企业精神不就一回事吗

从企业的实践和管理理论的发展考察，企业文化与企业精神有联系，但又是有区别的。企业文化无论在广度上，还是在深度上，都优于企业精神。现在对于企业文化概念的认识还不一致，有人认为企业文化是企业哲学、企业价值观、道德规范、行为准则等的综合；也有人认为企业文化是精神文化、制度文化、行为文化和物质文化四者组成的一个层次结构；还有人认为企业文化就是一个内涵和外延都十分丰富、广阔的文化复合体，它表现为一切经验、知识、感知、科学、技术、价值观、生活方式、生产方式、管理方式、行为方式、道德规范、企业形象等等。

如果把上面各种不同的认识概括来说，我们认为，对企业文化主要有广义和狭义两种理解。广义的企业文化是指企业所创造的具有自身特点的物质文化和精神文化；狭义的企业文化是企业所形成的具有自身个性的经营宗旨、价值观念和道德行为准则的综合。因此，人们常说的企业精神只是狭义的企业文化。今天企业文化的建设，必须塑造企业精神，但是，它不是惟一的内容。可以这样说，企业精神是企业文化的核心，而企业文化还包括很多其他方面的内容。不能只认为有了企业精神，就算取得了企业文化建设的成功。至于那些认为企业精神建设无用的观点，更是不懂得物质和精神的辩证关系，看不到企业精神文化源于物质文化，又能促进物质文化发展的强大功能。

企业文化内容提炼上为啥总是雷同

精神文化是企业文化的核心，企业的价值观更是体现了企业的追求。在中国的绝大多数企业中，都用"企业精神"这样一种载体来表达出企业的价值观念。这种为官方所提倡，为企业所认同的形式，作为企业精神文化建设的主要内容，有其不可忽视的作用。但值得重视的是，目前大多数企业在文化热的引导下，不是在总结继承自己优良文化和管理经验的基础上，再结合时代的需要和环境的变化，进行文化创新，突出自己文化的个性，而是盲目地照搬其他企业文化的内容。其结果仍然停留在千人一面、千厂一词的雷同化，模式化程度，其内容大多是团结、求实、求是、严实、严细、务实、进取、开拓、创新、奋发、奉献之类的"标准件"中，电力企业也多以人民电业为人民来作为"企业个性"，根本反映不出企业真正的个性。德国诗人歌德说过："世界上没有两片相同的树叶"。同样我们也可以说，世界上没有两个相同的企业。每一个企业在历史、行业、地域、员工构成、经营风格等诸多方面都会有不同的特点。这些特点构成了一个企业的个性，而"企业精神"则应该反映出企业的个性和特有的一种追求。但是我们电力企业在这方面尚有很大的欠缺。

电力企业文化建设要做到在共性中突出个性，要突出三点：一是应考虑电力行业的特点；二是要考虑电力产品的性质或服务的对象；三是要考虑电业管理的传统风格与习惯。这样，才有利于职工对企业从服从、认知到内化为自觉的意识与行动。

企业文化和思想政治工作究竟是啥关系

从总体上分析，企业文化特别是企业精神，与思想政治工作都属于以人为中心的管理，其工作对象都是人，其内容都是提高人的认识和激励他们的积极性与创造性。但是，从科学理论上看，企业文化的概念和内涵比思想政治工作要广泛丰富得多，二者还是有区别的。

一是内容范围不同。广义的企业文化，内涵物质文化

和精神文化两个方面。思想政治工作是结合物质文化建设，以精神文化建设为主，主要作用于职工的精神生活领域。

二是工作方法不同。企业文化建设需要贯穿到企业整个生产经营过程中，把企业的经营理念、管理哲学、道德规范、行为准则、企业形象理论化为具有本企业特性的语言文字和制度规范，以提高职工的认识和引导他们的行为。思想政治工作当然也有这方面的功能，而它主要是解决职工的思想认识问题，以促进企业文化的发展和创新。

三是责任承担者不同。企业文化建设应当由企业党组织领导与规划，但它不只是企业政工部门的事，须要各级经营领导者和全体职工共同塑造。从企业文化的提出、设计、升华和贯彻，都要以企业的生产经营实践为依托，以全体职工为主力。但思想政治工作的领导责任主要是在企业党组织，尤其是职工的思想认识问题，是不能单靠制度规范来治服的，必须通过正确的疏通引导和说服教育来解决。

建设良好的企业文化，可以使思想政治工作内容更丰富，目标进一步具体化，可以使思想政治工作的政治色彩与生产技术经营活动紧密结合，解决它们之间的两张皮现象，使思想政治工作纳入企业经营管理轨道，成为企业管理工作中一个必不可缺的体系。因此，可以这样说，我们建设企业文化，只能加强而不会削弱思想政治工作。

企业文化建设工作重点是否就是开展文化娱乐活动和进行“外包装”

我们认为，企业开展各种文化体育娱乐活动，是企业文化建设的一个内容，但不是它的全部内容，更不是它的惟一内容，它只是企业文化建设的外在表现。因为通过文化体育娱乐活动，这些寓教于文、寓教于乐的形式，可以陶冶职工情操，培养职工的集体主义精神，还可以通过这些活动，用文化活动颂扬企业的信誉和形象，增强企业的向心力和凝聚力，这些当然有益于企业文化建设。

企业文化的核心是企业群体的价值观。它是职工对企业生存发展和自己从事生产经营活动有效性的认识，它包含着职工为人处事的哲理。企业文化是以企业员工价值观为核心的。价值观是企业文化的内在本质，而文体娱乐活动只是企业文化的外在表现。企业文化是一个内隐含义和外显形式相统一的综合体。企业文化的内隐，是指对职工和企业行为发生作用的经营宗旨、价值观体系、道德行为规范，为广大职工所认同和接受，并深深扎根在职工心灵深处，这是企业文化的本质所在。企业文化的外显。是体现企业文化本质的外在活动或映象。

现在有的电力企业往往只注重厂区文明等外表形象，而不注重内在本质的建设。电力企业文化建设如果只是注重在形式上提几句口号、几条标语，而没有实实在在的有个性的内容，并加以精心的培育工作，它就会失去存在的价值。还有，如果只强调企业的经营宗旨、价值观念、道德行为准则对职工的规范和约束，而不重视企业各级领导率先垂范、以身示教的作用，好像企业文化就是对职工而主要不是对领导者要求的，这样的文化建设肯定也不会有生命力。

企业文化建设是一项长远而有意义的工作，许多国内外和电力系统内成功企业的实例证明了企业文化的强大作用。虽然，我们的企业目前还面临不少实际问题，但只要循序渐进，坚持不懈，必将能收到巨大的效果。

（作者系北京电力公司培训中心副主任）

浅谈如何树立以人为本思想、构建和谐的企业环境

宋宝昌

企业文化建设是构建和谐和企业的重要环节

建设先进的企业文化环境对推进国有企业的改革发展，完善社会主义市场经济，构建社会主义和谐社会具有重要意义。企业文化是企业生命的基因，企业文化的核心是以人为本。企业文化是企业在长期的经营管理活动中形成的价值观、行为方式、行为规范，是构建和谐企业的基础和条件。先进的企业文化具有以下特征：

第一，强烈的发展意识和氛围。千方百计谋发展，只争朝夕促发展成为企业精神的基调和主题，尽快把企业做大做强成为广大职工自觉的追求。

第二，强烈的改革氛围。使全体职工能够认识构建和谐企业环境，深化企业改革的必要性，并作好彻底破除一切妨碍企业发展的观念、体制、机制的精神准备。

第三，强烈的创新意识和氛围。管理层真正把创新作为关系企业命运的根本措施来抓。全体职工能够以精益求精、追求完美、创造卓越精神的作风，在经营领域、经营方式、管理模式等方面进行持续不断的创新，敢于与同行业争雄。

第四，强烈的历史使命感和社会责任感。从经营管理者到广大职工都能充分认识和解放发展企业生产力，把企业做大做强。壮大国有经济的重大意义，意识到企业对构建和谐社会承担的责任，人人都有一份为国家发展、民族复兴、社会进步的赤子情怀。因此，只有坚持以人为本的思想，构建这样先进的企业文化环境，才能为构建和谐的企业环境提供强大的精神动力和支持，为社会主义和谐社会做贡献。

在构建和谐企业文化环节中，主要采取了以下措施

第一，坚持党的领导，把企业文化建设与发挥党的政治核心作用，加强和改进思想政治工作有机结合起来。以人为本，以树立北重公司形象为重点，以马列主义毛泽东思想、邓小平理论和“三个代表”重要思想武装广大职工大脑，用党的优良传统和作风，社会道德规范教育职工，使职工牢固树立正确的世界观、人生观、价值观。使社会主义意识形态和价值取向牢固占领企业阵地。几年来，公司把企业文

化建设与大干120劳动竞赛、推进“5S管理”、“创、建、作”、“两讲一比”等活动有机结合起来，把“两个转变”大讨论、产品销售物资进出厂专项治理及“知、爱、兴”等教育活动相融合，使企业文化长足发展，促进了公司生产经营各项指标的完成。通过“两个转变”的讨论，使职工真正树立起“讲真话、干实事、担责任、抢时间”的求真务实观念，增强了管理意识、责任意识、真正转变了工作作风，端正了工作态度。

第二，强化企业文化环境，特别是视觉文化应用系统的整顿建设。近年来，北重公司对所属环境进行了五次大规模的清理整治。与推进“5S”管理工作相结合，改建了厂区公共厕所两个、重新装修了职工食堂和办公大楼、并新建了公司标准的会议中心；为铸造车间、锻造车间、行政处休息室、储运部维修队等房屋顶盖破烂不堪的瓦砾全部更换了美观的彩瓦；对各单位卫生死角进行了彻底的清除。在视觉文化应用系统方面，厂区各单位宣传栏、固定标语、办公用品等都按照北钢集团要求进行了整顿，使之规范化。公司在企业文化建设中还投资了上百万的资金，为生产车间制作了规范的定置图，隔离围板、防护栏、各种巨幅安全警示及企业文化标语等。目前，整个公司绿化覆盖面达到百分之百，为职工生产和生活创造了和谐舒适的环境。

第三，尊重职工主体地位和发挥职工首创精神。公司以人为本，尊重职工在企业文化建设中的主体地位。在培育和形成企业文化过程中保证职工群众充分参与，发扬民主，集思广益，使企业文化内容的细节得到丰富：尊重职工在企业文化实践中的主体地位，通过广泛深入的宣传，使企业文化转化为职工的自觉行动，对模范实践企业文化的职工给予大力的宣传表彰，以带动大家共同实践企业文化。

第四，把企业文化建设与企业干部队伍建设结合起来。公司中层以上管理干部是落实企业文化的关键主体。只有全体管理干部对企业文化在心里上认同，在实践中身体力行，企业文化才能生根开花，才能对企业发挥作用。因此，公司在干部队伍建设中的各个环节，从选人、用人、到考检、奖惩，都贯彻以人为本和企业文化的要求。只有这样才能真正构建和谐企业文化环境，而不是停留在口号上。

几年来，北重公司以培育具有北重特色的，富于时代感和创新精神的企业文化为目标，内强职工素质，外塑企业品牌，提高职工凝聚力和创造力，提高了核心竞争力，促进了公司三个文明建设。事实证明，只有树立以人为本思想，构建和谐企业文化环境，才能作到企业和谐。

树立以人为本思想，构建和谐企业的发展环境

构建社会主义和谐社会的基础是发展。科学发展观是和谐社会的根本。从本质上讲，和谐社会是不断发展和全面进步的社会。构建和谐社会的目的是使人民群众充分享受物质文明发展的成果，促进经济社会全面进步和人的全面发展。因此，树立以人为本的思想加快企业发展、全面发展、科学发展，就成为构建和谐企业环境的依托。

构建和谐企业的科学发展环境的核心还是要树立以人为本思想。人是发展的主体，企业发展的最终目的是为了全体职工幸福安康。坚持以人为本思想，就是坚持党的全心全意为人民服务的宗旨，把职工的一切利益作为一切工作的出发点和落脚点。充分考虑广大职工的需求，为企业的发展创造良好的环境，并保证发展的成果汇集全体职工智慧促进人的发展。这几年，我们北重公司的发展就是一个很好的例子。北重公司自2002年11月重组以来，打破了原来企业计划经济体制和大锅饭，以推行生产经营责任制，全面恢复生产，实行生产自救开始，紧紧抓住东北老工业基地的振兴这一历史机遇，根据市场准入机制，重新为产品定位。从以前单一的重型矿用汽车生产制造定位改为两条腿走路的方针：一是根据市场的准入继续作大作强矿用汽车的发展；二是以北钢为依托，做大做强工矿备件的机械加工行业的发展。公司从精减机构，重新对生产经营结构调整到降低成本，减员增资等一系列深化企业的改革措施，到2004年实现了跨越式发展，结束了北重历史上十几年的亏损，终于盈利了。2005年，北重公司完成了工业产值14516多万元并盈利了213万元。今年1—8月已完成工业产值9181万元，实现利润155万元。还并经大量调研，制定了公司“十一五”发展规划。这都是坚持以人为本、科学发展的结果。职工们的工资比公司组建前成倍提高，从中得到了实惠；而企业的合力也进一步增强。同时，也为和谐社会作出了贡献。因此，和谐企业是在发展中构建的，树立和落实科学发展观，才能实现企业的和谐。而企业是否和谐，是检验落实科学发展观的客观标准。

总之，通过上述三点所证明，只有树立以人为本思想，构建和谐的企业稳定环境、文化环境、发展环境，才能构建出和谐的企业环境，才能够为构建社会主义和谐社会做出贡献。

（作者系本溪北方机械重汽有限公司宣传部部长）

以文兴企　情满旅途

青岛交运集团

青岛交运集团是交通部重点联系企业，山东省最大的交通运输企业集团，其服务品牌“情满旅途”是全国道路运输业第一个注册服务商标。交运集团以“情”为核心，以道德力增强凝聚力、以文化力推动经济力、以情感力提升竞争力，进行了一场以“情”为核心的服务革命，集团基本完成了从传统经营到品牌经营、从传统服务业到现代服务业的过渡。

文化创造价值

从简单的扶老携幼到文化服务，从传统经营到品牌经营，从传统服务业到现代服务业，青岛交运集团以文化使服务增值。“从客户最希望的事做起”，这是交运文化的切入点。

1995年前后，青岛市客运长途车增势迅猛，市场竞争日

益激烈，国有专业运输企业陷入重重包围之中，面对激烈的市场竞争，交运集团意识到：随着人民生活水平的不断提高，老百姓对运输服务的要求标准也不断提高，不仅要求运输安全、及时、经济，还要求舒适、精神的愉悦感和文化享受。1995年7月11日，青岛交运集团长途汽车站创意发起了“情满旅途联手大行动”。“情满旅途”从车站到旅途优质服务全过程抓住了“情”字，抓住了传统文化与当代文化的交汇点，因此，“情满旅途联手大行动”一提出就由青岛一地一企扩展到全国50余家客运站点，成为全国公路客运行业的共同行动，并迅速成为社会关注的焦点。为使“情满旅途联手大行动”活动深入开展，配套推出了“情满旅途”五大工程：管理创新工程、星级服务工程、技术进步工程、形象塑造工程和凝聚力工程。1998年，青岛交运集团到国家商标局申请注册了“情满旅途”服务商标，从此一个服务品牌用法律的形式确立下来。

随着“情满旅途”服务品牌的成长，企业文化建设与品牌塑造如何有机结合成为摆在交运人面前的一个新课题。在创建品牌和服务实践中，交运人赋予了“情满旅途” 丰富的文化内涵：“情”是核心，使员工对企业倾注深情、对顾客满怀亲情、对社会奉献真情；“满”是标准，以顾客和员工满意度为评价标准，不断提高员工对岗位的忠诚度和顾客对企业的忠诚度；“旅途”是过程，做到全方位、全过程的优质服务，在奉献的过程中实现员工的人生价值和企业报效社会的职责。“情满旅途”品牌的广告语是“交的是朋友，运的是真情”。“情满旅途”的实质就是把服务和人与人之间的关系情感化了，使企业有了灵魂，员工有了归属感，使顾客从认同到共鸣到满意再到忠诚。

通过企业文化建设的探索实践，交运集团逐步形成了以“情满旅途”品牌为主体的“123451”文化体系和“主+多+群”的品牌经营管理模式。“123451”文化体系即一个品牌：“情满旅途”品牌是交运文化的主体；两个“力”：文化力推动经济力是交运文化产生作用的效果；“三情”理念：情满家庭、情满企业、情满社会是交运文化领域的延伸；四种精神：诚信精神、创新精神、团队精神、奉献精神是交运文化的价值体现；五大工程：技术进步、管理创新、星级服务、形象塑造、精神凝聚是交运文化的保障规范；一个目标体系：不断提升发展的目标是交运文化追求的目的。“主+多+群”的品牌经营管理模式即：“主”就是一个主导品牌，“情满旅途”品牌是主导品牌，全集团共打一个品牌，一个品牌是交运文化的主体；“多”就是多种特色服务，在不同的经营领域上推出赋有个性的特色服务，多种特色服务是“情满旅途”的支撑；“群”就是群体品牌员工，在各企业、单位的不同工作岗位推出品牌员工示范典型，品牌员工是多种特色服务的基础。

细节创造感动

“老百姓认的牌子才有价值。”这是交运人格言。让顾客满意，就是要从关乎顾客的细微事做起。交运“情满旅途”服务，没有惊天动地的大事，细微之处见真情，交运人就是用这些平凡事创造着感动。全国劳动模范、青岛长途汽车站迎门服务班班长苏学芬用20多年的服务实践总结了一套“苏学芬工作法”。“苏学芬工作法”的实质是“个性化的情感式服务”，特点是“五心”：主动迎宾，服务热心；体贴入微，服务细心；百问不烦，服务耐心；满腔真情，服务诚心；温馨周到，服务舒心。“苏学芬工作法”的基本功是“一分析、二交流、三听、六看”。一分析：分析旅客心理，掌握旅客乘车动机；二交流：通过语言交流，与旅客建立良好关系，以达到情感沟通；用外语（英语或日语）、哑语（肢体语言）交流，掌握特殊旅客的动态；三听：听口音、听问话、听对话，掌握普通旅客的需求；六看：看服装打扮、看年龄体态、看携带物品、看面目表情、看同行伴侣、看举止行动。进而从整体上明确旅客群体的服务需求和特点，为其提供相适应的服务，及时帮助他们排忧解难。苏学芬的这套岗位绝活，是经过20多年服务工作的锤炼和自己用心的揣摩练就的。她曾用她的工作法挽救过轻生少女、协助抓获过小偷、送迷路的老人回家、帮外地旅客找到亲人等。2004年7月29日下午，温家宝总理在北京接见作为全国数百万交通职工代表的11名交通系统劳动模范时对苏学芬说：“你们接待的很多客人，都是在一线劳动的工人、农民吧？所以你们的工作更辛苦，更需要职工们对旅客有一种感情，你们要带着感情搞好服务。”温总理的一席话，点出了“苏学芬工作法”的精神内核。

交运一运公司经营的“温馨巴士”公交车，自2000年10月份营运以来，秉承“情满旅途”的文化理念，以“比顾客的需求做得更好”为服务标准，围绕精心设计的“温馨巴士”特色服务经营方案，不断进行服务创新，创建了20多项具有较高文化品位和情感诉求的文化服务项目。在“温馨巴士”的驾驶室旁边，摆放着一个“零币兑换盒”，随时可为旅客兑换零币；车门旁设有“自动雨伞套”，雨天可避免雨伞沾湿旅客衣服、弄湿车厢；车厢两旁张贴有青岛主要风光景点的精美图片和文化宣传语；夏天车座铺凉席、车窗挂白色纱窗帘，车厢内盈着丝丝凉意；冬天车把手用绒布套包裹，暖手更暖心；更方便的是223路“温馨巴士”车上还设有邮箱，邮局每天按规定时间开启，目前已邮信近万封，无一差错。交运“温馨巴士”以文化服务赢得了市场，经营规模逐年递增。

2005年6月1日，青岛交运集团与世界500强企业韩国韩进集团签署物流合作协议。打动韩进的不仅是交运的客户网络平台、企业实力和企业发展前景，最终使韩进下决心合作的是交运注重真情、注重细节的企业文化。（株）韩进社长在交运集团考察期间，看到了交运集团的企业文化馆、看到了赵总给员工亲笔签名的生日贺卡，交运集团以“情”为核心、以人为本的企业文化使韩进找到与交运合作的情感共鸣点感和沟通平台。交运与韩进的合作可谓强强联合、结盟取胜，对推动整个山东半岛物流业的发展将会产生深远影响。

品牌创造市场

“今天的形象就是明天的市场”是青岛交运集团总经

理、党委书记赵迎春的经营格言。品牌就是企业的市场形象,而企业的市场形象又创造了一个巨大的市场空间。2000年,青岛市为打破城市公交垄断局面,将部分公交线路的经营权面向市场公开招标,已经全面导入CIS,成功实现了从传统经营向品牌经营的青岛交运集团以良好的品牌形象,丰富的服务文化赢得了广大市民和主管部门的信任,一举中标6条招标线路中的5条,交运集团成功进军城市公交,鲜明的品牌形象赢得了市场的认可,交运公交"温馨巴士"自2000年10月份营运以来,秉承"情满旅途"的文化理念,以"比顾客的需求做得更好"为服务标准,围绕精心设计的"温馨巴士"特色服务经营方案,不断进行服务创新,创建了"自动雨伞套机"、"双语报站"等20多项具有较高文化品位和情感诉求的文化服务项目,充分展现了岛城新公交的新形象。2003年,鉴于交运的突出表现,市有关部门又将新开辟的605、606路公交线路,放心地交给了交运集团运营。

2002年9月,交运集团货运配载市场正式启动,为外地来青货车提供停车、食宿、分驳、配载服务,在"情满旅途"品牌基础上,交运推出"诚信每一刻"、"十分钟到位服务制",迅速赢得市场。交运集团又迅速启动了位于青岛市交通要道的多个货运交易市场。青岛货运配载有了领军者,货运配载行业无序竞争的局面得以改观,使得整个行业正稳步健康发展。货运配载领军地位巩固后,交运又开辟城市配送业务,推出了都市"快直送"特色服务,同样是基于"情满旅途"之上进行品牌延伸——"比顾客的需求做得更好",该服务理念迅速深入人心,家世界、好美家、百安居、欧倍德等这些内外资巨头,如今均是交运的稳定客户。2005年年初,从事个体运输十多年、有30多辆营运车的胶南私营业主刘先生,主动加盟到交运集团崂山运输公司,他说"投靠交运集团的主要原因是,我看好'情满旅途'的品牌效应。"双方合作成立青岛胶南崂运集装箱运输有限公司,两个月后,借助"情满旅途"的名气,"胶南崂运"已与三家大客户建立了合作意向,业务额达300多万元,品牌优势和文化优势初步显现。

"交的是朋友,运的是真情",交运人将秉承"比顾客的需求做得更好"的服务理念,为中国服务文化的推进做出积极贡献。

企业文化建设为沈鼓提供强大精神动力

沈阳鼓风机(集团)有限公司

沈鼓集团是伴随着共和国的脚步逐年成长壮大起来的国有企业,几经风雨生机勃发,得益于企业文化的发展和创新。自1984年起经过20多年的不断建设,沈鼓企业文化逐渐完善了自身的理论体系和模式,成为推动企业发展的强大精神动力。

全面导入CI战略,构建全新的企业文化体系

近年来,沈鼓做出导入CI战略的重大决策。首先,牢牢掌握先进文化建设的领导权和主动权,成立了以党委书记为主任的实施CI战略委员会,把实施CI战略与加强党建和开展经济工作紧密联系起来,与干部的奖惩考核联系起来,做到实施CI与加强党的建设、促进企业发展同步推进。其次,精心设计载体,在CI战略的设计工作中,以创新为灵魂,以"永远让用户满意"为价值取向,设计确定企业"十大理念";以现代企业制度为导向,以"科学规范、严格高效"为管理准则,设计修订企业管理制度;以厂徽为标识,以天蓝为标准色,设计塑造鲜明的企业形象。其三,坚持企业文化的先进性、科学性和系统性,以四个子系统构成新的企业文化体系,着力回答了企业的信念、宗旨、使命和目标,表里一致,上下统一,在观念形态上反映沈鼓先进生产力的发展方向,在思想精神上体现当代沈鼓人的境界与追求,在实际运作上展示现代企业的管理风范。

发挥党委的政治优势,培育和实践先进的企业文化

沈鼓紧紧抓住培育先进文化这一关键环节,发挥思想政治工作优势,不断创新学习宣传教育的方法和手段。

用先进理念教育员工。为扩大教育的覆盖面的影响力,沈鼓让企业"十大理念"进教材、进课堂、进头脑,先后编辑了《CI基础知识手册》、《CI学习手册》、《员工教育》人手一册,供员工全方位学习。由党委书记、总经理对全体员工做大型辅导报告,基层支部做专题辅导,群团组织发挥各自的优势举办专题座谈会、演讲会和辩论赛等,公司报纸、闭路电视、局域网及基层板报等媒体广泛宣传理念内涵,引导员工消化、理解和掌握先进理念;深入开展群众性的学习创建活动,三次发动员工征集企业理念和沈鼓之歌,引导员工将优良的传统、作风升华为理念。

共同愿景鼓舞员工。根据企业技术含量高、专业性强等特点,沈鼓制定了未来5年的企业发展战略,向全体员工描绘了"将沈鼓建设成为技术管理先进、环境优美、专业化、多元化的知名企业"的愿景;组织声势浩大的宣讲活动,同时开展全员大讨论,引领员工站在企业发展的战略高度思考如何做好本职工作、如何实现人生价值、如何实现与企业同步发展,点燃了员工的创造激情。

以模范作用带动员工。在推进企业文化建设的过程中,沈鼓要求党员干部率先先掌握企业理念、率先实践企业理念,并通过"共产党员工程"等有效载体,展现党员干部的先锋模范作用。生产车间设立了"共产党员机台",担负急难新重任务,两年来,设立"共产党员工程"85项,为企业创造可计算价值3800万元。

用真情实感凝聚员工。沈鼓大力营造健康向上文化氛围,让员工时时受到先进企业文化的熏陶。如,每半月进行一次升国旗、公司旗仪式,进行爱国主义教育;举行重点产品投产誓师大会和出厂仪式,让员工直接面对用户、面对市场,进行爱企业、爱岗位教育;建立青年公寓文化活动中心,举办青年文化系列活动,引导青年健康成长;举办大型文艺汇演、

交响音乐会、职工艺术博览会和体育运动大会等，感动、鼓舞、激励着每一名员工，使他们产生强烈的归属感和向心力。

把先进文化力转化为先进生产力，推动企业快速发展

沈鼓紧紧抓住将先进文化力转化为先进生产力这个根本，以技术创新、产品攻关和现场环境为突破口，将文化的力量深深熔铸在企业的生命力、创造力和凝聚力之中，塑造了沈鼓全新形象，推动了企业全面进步。

以科技创新为先导，打造中国名牌。公司实施科技创新战略和品牌战略，成立了研发中心，建立了博士后工作站，在西安交大等设立3个技术分中心，制定了一系列人才政策和创新激励政策，激发科技人员的创造精神。几年来，获得国家、省、市科技成果奖励59项，享受国家科技拨款4230万元，成为沈阳市技术创新先导企业和省级风机设计制造技术工程研究中心，国家级企业技术中心的排名跃居全国第48名，"沈鼓牌"离心压缩机荣登中国名牌榜。

强化基础建设，打造一流环境。在实施CI中设计了企业标识、旗帜、标准色等表露于外的物质文化，并全面应用创造优美的企业环境。在企业内部管理中，办公用品、用具、工作服、产品样本、交通工具等都采用统一的视觉标识，充分展示沈鼓内在的气质。浓郁的现代化气息和先进的文化氛围，给前来视察的各级领导和各界人士留下深刻美好的印象。

创建学习型组织，建设一流队伍。沈鼓全力为员工搭建学习平台，积极引导党员和群众树立自觉学习、终身学习理念，采取脱产学习、委托培训、出国深造、岗位练兵、名师带高徒等形式，强化员工的技能培训。广泛开展技能大赛、名师带高徒、岗位练兵、技术交流等活动，全面提升员工的职业素质。在区、市、省、全国职业技能大赛中有近100人次取得佳绩，"蓝色旋风"的威名响彻辽沈大地。沈鼓集团形成了以企业经营者为主的高级管理人员队伍，以优秀专家、技术带头人为主的工程技术人员队伍，以操作大师、能工巧匠为主的技术工人队伍。公司被国家劳动部授予"高级人才培训基地"，被中国机械工业联合会评为"机械工业高技能人才队伍建设先进集体"，并先后涌现出"五朵金花"、徐强等享誉华夏的先进人物。

沈鼓导入CI战略以来，更新了员工的思想观念，激发了员工的创造力，使生产力得到进一步解放，同时提升了企业管理水平，塑造了企业的鲜明形象，使企业呈现出跨越式发展的良好态势，近年来工业总产值增长超过40%以上。

医院文化建设的实践操作

朱小军　张火全

医院文化建设是当代医院管理的最高形态，它作为提升医院核心竞争力和保持医院可持续发展的强大动力越来越受到各级医院管理者的高度重视，并在理论上进行了深入探讨，在实践中进行了有益探索，极大丰富了医院文化建设的理论宝库和实践经验。

制定一个切实可行的规划

要建设好医院文化，首先就必须有一个好的规划，规划要从战略的角度至少回答以下四个方面的问题：一是为什么要进行医院文化建设？也就是医院文化建设的目的和意义；二是要建设什么样的医院文化？也就是医院文化建设的指导思想、目标、任务和原则；三是从哪些方面建设医院文化？也就是医院文化建设的主要内容、工作重点；四是如何建设医院文化？也就是医院文化建设的方法、步骤、载体和保障措施。

制定医院文化规划是一项非常重要的工作，可以说它是医院文化建设的实践指南，关系着医院文化建设的成败。要制定一个好的规划，就必须认真总结医院历史，找出自身的特点；认真分析医院现状，找出存在的问题，医院的优势、劣势；认真规划医院的未来，明确医院的定位和发展方向。

形成浓厚的医院文化建设氛围

医院文化氛围是在医院内形成的能够反映医院的价值观念、精神风貌的文化现象或具体的文化手段。良好的文化氛围是医院文化建设不可或缺的重要条件。各种文化活动的开展，文化网络的建立和文化环境的布置等等，都构成了医院的文化氛围。在文化建设中，我们应努力营造出和谐、健康、充满活力的文化氛围，推动医院文化建设不断深入。创造良好的氛围可以从以下三个方面入手：

1. 抓好职工的教育，为医院文化建设打下良好的思想基础。首先要注重思想教育，关键在于引导全体职工树立正确世界观、人生观、价值观，科学地认识世界、积极地对待人生、正确地实现价值这是医院文化建设的重要前提和思想基础。通过思想教育，进一步提高思想认识，切实转变观念，进一步明确医院文化建设的目的意义，为建设医院文化建设提供思想动力；其次要做好知识教育，在医院广泛开展医院文化理论和知识的宣传教育，普及文化知识，加深对文化的理解，明确内涵和作用，提高职工参与的兴趣；再次要进行方法教育，让职工明确医院文化建设的方法和途径，在日常工作和生活中自觉实践医院文化。要把日常学习与集中培训结合起来，把一般教育与个别教育结合起来，要把岗前教育和岗位教育结合起来，把思想教育和知识教育结合起来。注意教育的经常性、长期性和针对性，使之成为一种良好的制度。还要采取多种教育形式，寓教于乐，保证教育的效果。

2. 广泛发动群众，为医院文化建设打下坚实的组织基础。医院的规范、价值、目标、信条等只有被全体员工认同并身体力行，才能形成一种文化现象。每个职工既是医院文化建设的参与者、实施者，同时也是受益者。因此，医院文化建设仅靠几个人是不行的，必须依靠全体职工的共同努力。要发动全院职工关心医院文化建设，支持医院文化建设，参与医院文化建设。比如开展医院文化建设献计献策活动，医院文化理念征集活动以及群众性的文化研讨和建设等活动，不断扩大参与面，把医院文化建设引向深入。

3. 搞好环境布置，造成强大的视觉冲击力。将医院标识、愿景、理念、精神、规范、口号等抽象概念转换为具体的视觉图形或符号，进行视觉识别设计，并在医院醒目位置、办公场所和人员比较集中的地方进行张贴和刊挂，使职工在医院工作过程中能够经常看到，起到学习和警示作用，同时也便于顾客识别和监督。另外要在医院印刷用品、办公用品、交通工具、建筑外观、户外标识、指示标识、服装服饰等各方面开展广泛的应用和展示，还要在环境绿化美化上下些功夫，与医院文化建设的要求协调一致，交相辉映，使医院职工和顾客身临其中，受到熏陶和感染。

把握医院文化建设实践的一般规律，找准突破口

医院文化建设是一项系统工程，也是一个不断积累的过程，包含的内容非常广泛，我们不可能在短期内把所有的事情都做完做好，必须抓住重点，统筹兼顾，循序渐进，逐步实施。尤其是对于刚刚开始医院文化建设的单位，如何选准突破口异常关键。

文化的积淀规律。如果把文化比作为一座高楼大厦，那么它一定是一块块文化之砖累积而成。文化靠现实的积累、靠历史的沉淀。所以，一种文化的形成，往往是一代人甚至几代人努力的结果。遵循这一规律，在寻找突破口时我们可以先易后难、先简后繁、先浅后深，先实后虚，积小胜为大胜。

文化的渐进规律。文化建设的目的就是为了形成共同的价值观，更好地指导和规范我们的言行。但文化建设同样遵循人们的认识规律，它是一个渐进的过程。在人们的认识还没有达到一定高度的时候，想规范和统一行为是不容易的。按照这一规律的要求，在文化建设中我们可以遵循这样的顺序：固化于制——内化于心——外化于行，把制度规范建设作为突破口。

文化的认同规律。认同规律有两层意思，一是人们对物质的认同较容易，对价值的认同较困难；二是人们对熟知的事务认同较容易，对陌生的事务认同较困难。遵循这一规律，在文化建设过程中，我们可以先从视觉识别系统的设计和应用开始，或者从医院理念设计开始，广泛征求职工的意见，从群众中来到群众中去，增加认同度。

文化的统领规律。尽管医院文化有物质的、精神的、制度的等多个层面，但无疑精神的东西发挥着统领作用，它支配和决定着其他层面的建设。所以在文化建设过程中，必须始终把精神文化建设放在最为突出的位置，同时其他层面的建设也要服从和服务于精神文化尤其是价值观的建设，更要把医院价值观贯穿于其他层面建设之中，起到纲举目张的作用。

文化的表率规律。首先，领导是医院文化的倡导者，医院文化首先是领导文化，领导重视如否直接影响着医院文化建设的进程；其次，领导能否自觉贯彻医院的价值观，其表率作用直接影响医院文化建设的成败；再次，领导作为医院的决策者，在做出决策、制定规范、实施奖惩过程中，是否贯彻了医院的核心价值观，直接决定着医院文化建设的方向。遵循这一规律，在医院文化建设过程，首先要加强对各级领导的教育和培训，对医院领导参加的公务活动要按医院文化要求进行设计并严格执行，对领导言行进行严格规范，以此来影响群众。

选好方法与载体

医院文化建设的过程，就是利用各种形式、方法、载体和途径将医院文化的内容导入的过程。方法和载体就是桥梁，桥的一端是医院文化规范，另一端是全体职工。只有适当的方法和载体，才能把医院文化规范变成职工的自觉行动。文化建设的方法和载体多种多样，可以结合实际采用并不断创新。但无论采取什么样的方法和载体，都必须把握以下几个方面：

1. 把医院文化建设纳入医院医疗管理实践。建立健全医院各项管理制度、业务流程、工作职责、行为规范等，以制度创新提高管理水平。建立科学、规范的管控体系，量化医院服务标准，严格质量监督机制。在管理方法上体现以人为本，强调情感管理、民主管理和自主管理，使制度标准与职业道德协调同步，硬约束与软导向优势互补，实现由粗放型管理向文化型管理转变。

2. 创建学习型医院。人的素质的全面提高既是医院文化建设的目的，也是医院深化文化建设的重要条件，因此创建学习型医院是文化建设的重要载体。要与打造一流团队有机结合起来，把学习与服务持续改进结合起来。大力营造医院内部学习氛围，倡导在工作中学习，在学习中工作，致力于在医院内部培养大批“学习型科室（班组）”、“学者型领导”和“专家型员工”。

3. 推进和完善医院CI体系。要以医院形象塑造和实施品牌战略为重点，推进CI建设，构建个性鲜明、形象统一的医院形象。要通过征集医院理念群，建立和完善医院理念识别系统（MI）；结合不同的岗位要求，修订和完善医院行为识别系统（BI），通过贯彻实施，形成医院职工的自觉行动；要重视医院识别系统（VI）建设，提高社会公众对医院的认知度。

4. 搞好医院形象宣传，创造和谐的公共关系。要充分利用报纸、广播、电视、互联网等大众传媒手段，开展主题鲜明、目标明确的宣传和公关活动提供健康有益的医院文化产品，提高职工文化素养，不断扩大医院文化建设的有效覆盖面，树立医院良好的社会形象，创造和谐的医院公共关系，取得良好的社会传播效应。

5. 加强医院历史教育，培育医院情感。对医院建院以来的历史资料进行收集整理，通过书籍、画册、影像、展览馆等多种形式展示医院发展历史，通过历史教育，培育医院职工的认同感和归属感。尤其要重视对新员工的岗前教育，

把医院历史作为重要的内容纳入其中。同时还要对医院建设过程中各历史时期的感人故事进行搜集整理，将理念故事化、故事理念化，作为激励来者的传统教材，培育医院职工对医院的忠诚度。

6. 整合医院文化资源，党政工团齐抓共管。完善医院职工培训体系、职工文体场所、图书馆等文化设施，重视和发挥对摄影、书法、美术、文学、体育等各种文化形式和爱好者的作用，组织开展健康向上、特色鲜明、形式多样的群众性文化活动。医院党政工团齐抓共管，根据系统按各自的工作性质分担相应的任务，开展相应的活动，共同把医院文化建设工作抓出成效，同时用文化建设的成果检验和考核各系统的工作成效。

建立保障体制

加强对医院文化建设的领导。要成立"医院文化建设委员会"，负责医院文化建设目标、规划、实施和奖惩，定期研究和部署医院文化建设的重大活动。医院领导作为医院文化建设的倡导者、设计师，同时也是医院文化的传播者和实践者，要切实发挥医院领导干部在医院文化建设中的表率作用，以身作则、身体力行，以人格的力量去感召职工、凝聚职工。

要有专门机构和专人负责医院文化建设工作。必须把医院文化建设纳入医院职能管理之中，明确工作任务、责任和权限。大型医院可以成立文化部，中等医院要把此项职能靠挂在相应的职能部门，比较小的医院要有专（兼）职人负责此项工作，在"医院文化建设委员会"的领导下，负责医院文化建设的日常工作，对医院文化的各项决策、制度、规范、标准及工作部署的执行落实情况，进行跟踪、检查，保证各项文化措施落实到位。

完善医院文化建设的运行机制。要完善医院文化建设的长效管理机制，包括建立科学的管理制度，完善的教育体系和考评激励机制等。要建立医院文化的保障机制，设立医院文化专项经费，并纳入预算。加大对医院文化建设软硬件的投入，为医院文化建设提供必要的资金支持和物质保障。

加强研究和指导。要加强医院文化课题研究，定期召开研讨会，把握医院文化建设的理论前沿和最新实践成果。要加强试点工作和个案研究，不断总结经验，以点带面，促进医院文化建设规范有序推进。

（作者系东风总医院）

营造"白云空港，世界之家"和谐企业氛围

——广州白云国际机场股份有限公司 VIS 建设

吕征平　谢　娴

随着民航改革的不断深化，民航运输业正以前所未有的速度高速发展。尤其是随着三大航空集团的组建，机场属地化改革的实施，民航业的内外竞争日益加剧，市场化趋势日趋明显。这给民航企业带来巨大发展机遇和市场潜力的同时，也给民航企业的品牌经营形成了强大的竞争压力。民航企业准确定位，打造优质品牌，树立良好形象，密切关系到企业的经营业绩和发展前景，成为当务之急。作为民航企业中的一分子，广州白云国际机场股份有限公司采取推广企业识别系统（CIS）等措施，对外提升公司的公众认知度与美誉度，提高企业的竞争力和市场占有率；对内增强员工的责任感和归属感，增强企业凝聚力，经过近两年的摸索，实践证明了企业识别系统对白云机场股份公司的全面发展有着举足轻重的作用。

企业识别系统，英文缩写是 CIS（以下简称 CI）。它是将企业文化与经营理念统一设计，利用整体表达体系（尤其是视觉表达系统），传达给企业内部与公众，使其对企业产生一致的认同感，以形成良好的企业印象，最终促进企业产品和服务的销售。企业识别系统包含三个子系统，视觉识别（Visual Identity，简称 VI），行为识别（Behavior Identity，简称 BI），理念识别（Mind Identity，简称 MI）。二十世纪五十年代的中期，美国 IBM 公司敏锐地捕捉到企业形象在商业竞争的重大作用，率先主动将企业形象塑造列入企业的工作日程，成为世界上第一家导入 CI 的企业。IBM 的巨大成功，在欧美企业界掀起了导入 CI 的热潮。至二十世纪七十年代，欧美的许多大公司先后完成了 CI 的改造。善于学习的日本企业也在七十年代初接受并先后实施了 CI 战略，逐渐形成潮流。我国由于长期受封闭的计划经济体制的束缚，直到九十年代初 CI 的理念才开始走进中国企业。二十世纪末逐渐被中国企业所接受并形成热潮。而 CI 在民航界受到重视，并加以运用，是在近几年民航体改后的事，主要是表现在重组后几大航空公司里运用。

广州白云国际机场股份公司自 2003 年 4 月成功上市，随着现代企业制度的建立和完善，进一步加强企业形象塑造，实施品牌经营战略也提上了议事日程。公司经过调研，发现白云机场标志认知度较低，甚至很多航空公司的员工都极少知道白云机场的标志，更别说旅客常把白云机场和航空公司混为一谈，认为白云机场是一个地名，而不把它看成是一个企业。出现这一现象，说明机场的标识管理存在一定的问题和不足，子公司标志处于一种相对无序，各自为战的状态，杂乱的标志造成视觉上的混乱，对内部员工的凝聚力都造成威胁，对企业的形象造成冲击和弱化。为此，重新树立白云机场的企业形象迫在眉睫。

如何树立良好的企业形象，营造和谐的企业文化？白云机场股份公司通过研究，从美国 IBM 公司及许多国际知名公司实践归结出，CI 战略推广最能吸引公众的注意力并产生记忆，使消费者对该企业所提供的产品或服务产生最高的品牌忠诚度，此外 CI 战略还能迅速增强企业的凝聚力，丰富企业文化。2003 年下半年，白云机场股份公司明确提出了利用转入新机场为契机，设计并实施 CI 战略的主体部

分 VI 系统的工作计划。经过筹备、规划、询标、确定及设计五个阶段的紧张工作，在各方的共同努力下，2004 年 5 月 26 日，股份公司标志应运而生，VI 手册同时下发执行，这是股份公司 CI 战略管理的里程碑，标志着股份公司在 CI 导入计划中迈出了重要的有实质意义的第一步，同时白云机场也成为国内机场业首家全面推广 CIS 建设的机场。经过四个多月的推广实施，VI 导入工作初见成效。据统计，股份公司自推广 VI 管理后，白云机场的标识认知度由原来的 7.6% 上升到 56%。企业标识得到旅客、货主、航空公司以及内部员工的认同，从而也推进了白云机场股份公司的发展：2004 年白云机场旅客吞吐量突破 2000 万大关，成为继北京首都机场之后，国内第二家跨入世界最繁忙机场行列的机场；2005 年共新增了 7 条国际及地区航线，新增了 8 家外航，为公司赢得了可观的经济效益；进入新机场后，公司员工队伍不断壮大，VIS 的推广，有利于提高员工对企业的认同感，增强企业凝聚力，从而营造出和谐的企业氛围。

推广 VIS 是实施 CI 战略的重要的一环，由于 VI 战略是一个不断更新、调整和完善的动态的过程。所以在推广过程中要紧紧把握以下几点：

第一，VIS 的导入需要有计划，要向有经验的企业学习，结合自身实际情况制订较完善的导入方案，方案要得到公司领导的支持。VIS 的推广必须是自上而下的垂直管理，要求公司上下在思想上要统一，各分（子）公司要正确认识推广 VIS 的重要性和必要性，遵循总公司的推广方案，与总公司保持高度一致，这样才能确保 VIS 推广的整体性。

第二，VI 的导入和推广是一个系统工程，因此要将 VI 办公室设在与其日常工作职责关联性强的部门，最好设有专职岗位负责日常 VI 工作的落实与推广。要将各二级单位相对应岗位的人员纳入整个 VI 管理体系，要靠一个组织体系去推动和落实 VI 导入工作。要明确 VI 管理机构的职责与权限，明确定位和区分其与宣传部门、企业文化建设部门、广告策划部门、采购制作部门及相关实施部门的关系和内涵。

第三，推广过程中要组织较大规模的、持久有效的传播和宣传，坚定不移的推动和贯彻，才能用统一的整齐的企业视觉形象取代分散、杂乱的个体形象，为企业形象的塑造，乃至企业文化的建设作出重大的贡献。白云机场转场是举世瞩目的大事，各方媒体都非常关注，股份公司借转场之机推广 VIS，推出白云机场的新标识，自然取得事半功倍的效果。此外，还通过企业的内刊《白云机场股份报》开辟栏目，向广大干部员工宣传 VIS 推广的重要性和必要性，获得最广泛的支持。

第四，由于 VI 工作是一项长期的工作，只有对 VI 工作的管理日常化、系统化，靠一种闭环的管理体系去实现，才能真正塑造出独特的企业形象。同时，要将实施中出现的一些问题，通过制定规章制度来规范。俗话说“无规矩不成方圆”，为了更好地推进 VIS，必须制订一套行之有效的规范制度，各分（子）公司严格按照 VI 手册的有关内容推广 VIS，不得随自己的意愿和需要随意影响 VI 推广的规范性、整体性。

在 CIS 建设上，股份公司只是迈出了第一步，今后还有很漫长、艰难的路要走，但做为在机场业全面推广 CIS 建设的领头羊，白云机场股份公司通过 VIS 打造企业品牌，增强企业凝聚力，营造和谐企业所取得的成绩有目共睹。相信在公司上下的共同努力下，“白云空港，世界之家”的目标一定能实现。

（作者系广州白云国际机场股份有限公司《白云机场股份报》报社社长）

全员“淘金”　构建特色企业文化

——山东电力设备厂企业文化建设的探索与实践

孔庆一

文化对企业而言就是一个企业生存与发展的方式，这个方式包括了企业价值、企业信仰、企业行为和企业愿景。由此可以看出文化不是凝固的体系，而是流变的过程，企业文化建设就是在这流变的过程中不断“淘金”，进而形成先进的、个性的、作用于员工与企业共同发展的企业文化体系。

近几年来，山东电力设备厂在学习借鉴外部企业文化建设成功经验的基础上，坚持与企业历史传统和现代发展需要相结合，高起点定位，系统梳理，重新打造，逐步探索出一条“以我为主，专家指导，系统筹划，分步实施”的企业文化建设“淘金”之路，并且在企业发展实践中取得了显著的效果，使一个有着近 50 年历史的老国企焕发出勃勃生机。

战略转型引领企业文化变革

山东电力设备厂是隶属于国家电网公司山东电力集团公司大型国有企业，是以设计生产 500 千伏、330 千伏、110 千伏等电压等级电力变压器和 600 兆瓦以下风机为主的输配电设备制造企业。虽然较早的进入市场，但由于种种原因，多年来一直徘徊在低水平线上。2003 年以来，随着电力需求的快速发展，加之 SARS 对市场的冲击和影响，企业逐步认识到以文化治企的重要性，适时地提出了“全体员工保市场，各项工作讲效益”的经营理念和“拓展市场求生存，提高技术创效益，深化改革做动力，一门心思求发展”的工作思路。这一理念和工作思路的提出很快在员工中形成了共识，极大的调动了员工的积极性、主动性、创造性的发挥，使企业连续两年发展速度超过 40%，不但解决了企业的生存问题，也为实施战略发展打下了良好的基础。可以说，全体员工的主创精神和企业获得较快发展的经验证明：文化的作用是伟大的，“以文化创新，实现对企业未来的管理”成为企业新的使命。

解决“吃饭”问题不是企业的真正目的，这时企业着重思考的是：怎么实现文化创新，如何以文化创新带动企业战略发展这一问题。于是，系统的进行企业文化建设顺理成章地提到了2005年的议事日程。在当年职代会上，企业正式将“构建企业文化”列入年度目标，并且连续两年作为年度首要工作重力推进，企业文化在企业战略中的地位空前显现。

先进的企业文化之所以能成为企业持续、健康、快速发展的内在动力，就是因为企业文化具有“全员”性特征。为了充分发挥“全员”对企业文化建设的积极性、主动性和创造性，我们先从企业文化基础知识培训入手，全面提高员工对企业文化的认识，做好企业文化打造的前期铺垫。随后，与中国企业文化研究会合作，启动了山东电力设备厂“启明”企业文化塑造工程，至此正式拉开了构建企业文化的帷幕。

以我为主，专家指导，文化“淘金”的提出与实践

企业文化自上世纪80年代初引入中国以来，走过了曲折的发展过程，既有成功的经验，也有昙花一现的闪光点，更有深刻的教训。在经过多次的企业文化横向纵深研讨之后，我们逐渐对企业文化有了较为明确而统一的认识。

关于什么是企业文化，理论界一直存在着既相互联系又各不相同的理论定义，不同行业、不同企业也都有着不同的认识和实践侧重。作为输配电设备制造企业，结合自身实际，我们认为企业文化是企业价值理念的体现，是思想、行为、态度和所表现出的生活、工作方式的总和，主要包括理念层面、制度层面、行为层面、物质层面等四个层面的内容。

关于要建设怎样的企业文化，从一开始就十分重视企业文化的定位问题。既不能照搬照抄企业文化的概念，把各种观念统统纳入企业文化，用华丽的辞藻堆砌空洞口号，也不能仅仅抓住CIS推广或组织各种文体活动，而忽略了企业文化本质。正是基于以上认识，综合分析企业面临的形势，存在的问题，发展的需要，企业文化定位基本明确，即：强调以人为本，突出企业特点；凝练文化系统，发挥创新精神。

根据上述的企业文化定位，首先对企业文化的现有资源进行了整合，一方面从企业长期形成的固有文化和日常工作、生活中提取优秀的文化因子；另一方面立足于企业长远发展，积极吸取社会改革发展的新观念，积极吸取企业管理的新思路，积极吸取专家学者的新理论，以此来构建与企业发展战略相匹配的现代企业文化。其次，从方法上，企业实行了系统的“淘金”。我们认为，任何一个企业都有自己固有的文化，那么淘企业的金子，就是学习借鉴他们的好方法、好经验、好思路（优秀文化因子）。淘专家学者的金子，就是做好知识与理论的储备、做好理论与企业具体实践的结合、做好相关理论的研究。淘社会改革发展的金子，就是紧跟发展步伐，用好用活相关政策，以社会文化促进企业文化。第三，从企业文化建设实践上，提出了“以我为主，专家指导，系统筹划，分步实施”的工作思路。企业自身是企业文化建设的真正主体，全体员工是企业文化的建设者、探索者和受益者，所以要求各级领导干部要身体力行，全体员工要积极参与。

为了让员工感受文化，提高对文化的认知，我们利用丰富的组织形式和宣传载体，开展了丰富多彩的活动：组织召开了各层面企业文化横向研讨会、企业文化学习会、策略研讨营等会议，开展了“寻找自身闪光点”、“企业文化漫画征集”、爱心演讲比赛、讲故事比赛等活动，形成了上下反复研讨、人人主动参与的热烈氛围。经过广泛的宣传发动、专家指导、全员参与、挖掘提炼，站在企业长远发展的战略高度系统思考，2005年年底确立了以“传载电力发展，服务卓越明天”为企业理念，“和谐共赢，创新发展”为企业精神，“敬业、诚信、品质、超越”为企业价值观，“快捷、执行、严谨、高效”为企业作风的企业文化框架体系，36个字切合实际、易懂易记、琅琅上口，得到了全体员工的普遍认可。2005年的发展实践证明，企业文化为全厂员工的信念树立、思想统一提供了强大的凝聚作用，为提升企业综合竞争力，促进企业和谐、健康、持续发展奠定了坚实的基础。

抓好结合，夯实细节，企业文化落地生根

完成了企业文化框架体系的设计与构建，只是企业文化建设的第一步，还需要有一个化文本为行为、变设计为行动的贯彻实施过程，也就是企业文化的实践，或者叫企业文化的落地。山东电力设备厂企业文化落地的主要特点可以概括为：夯实细节，做好三个结合。

深化企业文化建设必须做好结合文章，做不到文化与实践的有机融合，就成了“墙上文化”、“桌上文化”、“嘴上文化”。一方面是企业文化精神层面、制度层面、行为层面的有机融合。包括企业理念、企业精神、企业价值观、企业作风等在内的精神层面的文化构建完成后，经过广泛宣传、系统培训，认真督导，企业文化已成为凝聚力量、启迪智慧、推进发展的强大动力。在制度层面，根据企业文化基本理念的内在要求，集中修订和整合原有各项规章制度，使文化融入制度，使制度体现文化，最终形成激励与约束、考核与奉献有机结合的完善的制度体系。行为是文化的直接体现，是企业形象的全面的展示。在行为层面，我们编制了“员工行为文化手册”，从典型细节行为出发，大力倡导“我的言行代表企业形象”，将企业文化融入到全体员工的日常行为，培养和形成员工良好的行为和习惯，使员工内在气质和外在形象得到提升。另一方面，坚持围绕企业中心工作，做到深化企业文化建设与体系管理和绩效管理工作的有机结合，与生产经营有机结合，与日常工作有机结合，使各项工作在协调推进中相互促进、相互提升。

深化企业文化建设，找准切入点非常重要，从求生存到求发展，是企业的重大转折，自然也成为优秀文化建设的切入点。“传载”核心理念和企业愿景的构筑，都为动员全体

员工自觉参与企业快速发展奠定了文化信仰。为此，坚持从细节抓起，从每个人抓起，通过踏踏实实的工作推进企业文化，推动企业稳定发展，使发展成为企业文化建设的主题。如在行为文化推进上，提出了从微笑、打招呼、开会手机调到振动等细节行为抓起，一是员工易于接受，容易纠正，同时也让员工明白，企业文化时时处处存在于我们的身边和日常的生活、工作中，员工的一言一行无不体现着企业文化。又如为了确保企业文化基本理念的有效融入，提出了以实践企业作风为主线，以典型引领文化，以文化塑造典型，确保文化自觉性的尽快形成，达到“文化自觉”。另外，根据企业理念、精神、价值观、作风内在要求，系统编制了“视觉识别系统应用手册”，强化了企业参与市场竞争的整体形象。

企业文化建设任重而道远

经过近几年来企业文化建设方面的探索和实践，企业取得了快速发展，逐步由批量化生产向规模化发展转变，规模效益有了良好的显现；班子团结，队伍稳定，干劲充足，发展企业的信心高涨；形成了分级管理、分工负责的管理模式，提升了企业综合管理水平，提高了工作效率。2005 年以来，企业先后被评为省级文明单位、省级思想政治工作优秀企业，被中国产品质量协会评为“产品质量信誉 AAA 等级企业”。

显而易见，企业文化建设已成为现代企业的特质要求，因为它不但体现了企业的最高追求，同时也是现代员工实现自身价值的美好愿望。山东电力设备厂企业文化建设虽然取得了阶段性成果，但仍有许多问题尤其是在具体的实践和操作方法上，需要进一步认真的探索和实践，由此使我们看到了企业文化建设的长期性和艰巨性。今后将根据企业文化三年规划组织制定具体的推进计划和实施细则；加强企业文化基本理念宣贯，用企业作风规范行为，以行为规范体现作风，不断丰富企业文化内涵；推进制度文化体系建设，自觉融入企业文化理念；丰富载体和形式，坚持从细节抓起，组织开展体现企业文化理念、展示员工风采的有益活动；探索企业文化与企业中心工作相互融合的有益方法和措施，促进企业文化扎实有效推进。同时随着企业的发展和企业内外部环境的变化，企业文化还应不断创新，进而发挥更大的作用。

在构建企业文化过程中，我们已经深深感受到了企业文化凝心聚力的重要作用，实实在在的品尝到了企业文化给企业发展带来的愉悦。相信，只要坚持从企业实际出发，坚持从企业的发展战略出发，积极借鉴成功经验和科学的方法，用我们的智慧和劳动努力工作，符合现代企业发展需要、具有鲜明特色的企业文化必定会在山东电力设备厂结出硕果，山东电力设备厂会肩负起“传载电力发展”的责任，为“服务卓越明天”而努力奋斗。

（作者系山东电力设备厂厂长）

落实科学发展观
全面推进企业文化建设

张殿华

落实科学发展观，推动企业文化建设，必须坚持与时俱进，创新应变

科学发展是与时俱进的马克思主义发展观。同毛泽东、邓小平和江泽民关于发展的重要思想一脉相承。过去几年，我们在实践企业文化战略，提高企业核心竞争力方面做了一些有成效的工作，比较好地构筑起了独具特色的商业企业文化体系。这个体系包括培育企业共同价值观的精神文化；创建名品兴店的品牌经营文化；建立科学规范的管理制度文化。

实践表明，企业文化在企业的生存发展中不是可有可无，而是十分重要。然而，时代在前进，企业在发展。作为企业文化不能停留在一个水平上，必须与时俱进，创新应变。江泽民同志曾指出：创新是一个民族的灵魂。企业文化创新包括知识创新、管理创新、理念创新和制度创新等。创新实质上是发展，是与时俱进。这是因为文化总是相对于一定时间而言的。我们所指的企业文化通常是现阶段的文化，而不是指企业过去的历史文化，也不是指将来的企业可能形成的新文化。同时，文化还是相对于一定范围而言的，我们所指的企业文化通常是企业员工普遍认同的部分。如果只是企业领导层认同，那么它只能称为领导文化。从这个意义上讲，这就是企业文化与时俱进，创新应变的客观要求。

科学发展观的根本着眼点，就是在于用新的发展思路实现更快更好的发展。因此，作为一个企业必须立足眼前，着眼未来，不断加强企业文化建设。依靠文化发展推动企业发展，依靠文化素质的提高促进经营素质的提高，通过商业文化的渲染，向社会传递文明、健康、进取的理念和信息，影响整个经济社会和人的发展。要始终着眼于市场经济不断变化的新形势，以探索的视野，整合兄弟单位和其他行业文化建设先进的理念，以辛勤的耕耘培育商业城现代意义的企业文化精神。也就是说，要从丰富的市场实践中培育出体现企业核心价值观的经营理念、经营宗旨、经营战略、经营目标。从而建立起健康向上，独具特色的企业文化，增强企业凝聚力，激发员工创造力，提升企业核心竞争力。

落实科学发展观，推动企业文化建设，必须坚持把精神文化、制度行为文化、物质文化统一起来，协调发展

企业文化是一个由精神文化、制度行为文化和物质文化三个层面有机构成的整体。科学发展观的根本要求是统筹兼顾，协调发展。这一根本要求对于推动企业文化建设

同样有着十分重要的指导意义。因此，只有全面把握企业文化的三个层面的统筹兼顾，协调发展，才能取得好的效果。以往，我们在搞企业文化建设时，在三个层面的协调发展上下功夫不够，而总是过多的强调先进文化理念的灌输，不注重物质和制度层面的协调运作，结果，效果不尽如人意。马克思主义关于社会存在决定社会意识的基本原理告诉我们，在进行企业精神文化灌输的同时，必须同时关注企业员工们的切身物质利益。精神属于观念形态的东西，固然要靠灌输；而物质是属于实在的东西，将直接惠及员工，二者必须统一起来。这也是企业文化功能在实践中的运用。

企业要保持长久的活力，还必须有良好的激励机制。通过多种激励方式，培育员工的荣誉感、责任感和主人翁精神。使每个员工从内心深处自觉地产生为企业拼搏的献身精神。通俗讲，就是把刚性管理与柔性管理结合起来；把精神鼓励与物质鼓励结合起来，使之贯穿于管理全过程，从而使管理不仅制度化，而且更具人性化。企业文化的核心是培养企业价值观，无论是精神文化、制度行为文化、还是物质文化，其根本目的都是着力培养和认定企业价值观。价值观的一致性、相容性是企业与职工相互理解和协作的思想基础，也是企业员工实践管理、领受管理，实现企业目标的前提和保障条件。为此，我们要按照科学发展观的要求，努力营造适于本企业发展目标的价值体系，使其充分发挥内化、整合、感召、凝聚、规范、激励等作用。

落实科学发展观，推动企业文化建设，必须坚持以人为本，把关心人、理解人、尊重人同发展人结合起来，促进人的全面发展

科学发展观的本质和核心是坚持以人为本。以人为本，就是以实现人的全面发展为目标。科学发展观强调以人为本，就企业而言这个“人”是企业员工，这个“本”是企业员工的根本利益。坚持以人为本谋求企业发展，是企业落实科学发展观的核心。

一是要把满足员工需要作为企业的出发点和落脚点。在社会主义市场经济条件下，必须坚持马克思主义的人本观，把在最大限度地满足员工的物质文化需求的同时谋求企业自身发展作为企业生存发展的原动力。牢固确立服务观念，真心实意为员工办实事、办好事。在推动企业发展的过程中，千方百计维护、扩大员工的利益，满足他们增加收入、改善生活、提高素质的需求，以此做为企业赖以生存发展的根本。使人的发展与企业的发展同步。

二是要把关心人、理解人、尊重人、发展人作为企业管理的目标。充分尊重广大员工的人格和权益，关心员工生活，为他们创造有利于发展的空间和条件，不断提高员工素质，谋求企业与员工的共同发展。

三是要把尊重知识，尊重人才作为企业竞争的根本。要按照科学发展观的要求，摒弃在人才问题上各种不合时宜的观念，确立人人都有才，人人都可成才，人才存在于员工之中的全新的人才观。用品德、知识、能力和业绩等发展的标准识才用才。创新机制，在竞争中培养人才、发现人才、激励人才、使用人才、重奖人才。靠感情留人、待遇留人、事业留人。从而形成干部员工成才敬业、一心一意干事业的良好氛围。

落实科学发展观，推动企业文化建设，必须坚持切实抓好企业文化管理，努力实现企业文化管理的职业化

企业文化体系包含的内容很多，是一个系统工程。必须有计划、有目标、有步骤地推动。它既要有长远规划、又要着眼近期效果，长期结合，一步一步地扎实推进，才能取得实实在在的效果。如何有效地把企业文化建设的长远目标与短期效果有机地结合与实施，这就涉及到企业文化的管理问题。通过强有力的管理，形成健全的文化网络，不断强化各类文化阵地的服务功能。通过各种载体，营造健康、文明、向上的浓厚氛围。

这些年来，在企业文化建设方面卓有成效的单位，在企业文化建设管理上也进行了许多有益的尝试。比如在企业设立文化部，专门管理企业文化工作。企业主要领导担任企业文化首席执行官，其他领导也明确分工，各司其职，各负其责。这些成功的经验，为我们提供了有益的借鉴。特别是企业主要领导担任企业文化首席执行官，也是抓好企业文化建设的关键点。企业的负责人，在企业文化的构建中，扮演着极为重要的角色。由于领导在企业中所处的地位，他们应该是企业员工心目中的楷模。他们个人的理想、信念、性格和言行举止，不仅影响和制约着企业的发展战略，产品开发，经营管理方式和行为取向，而且还会对广大员工产生模仿效应。因此，企业文化建设与企业领导的思想和行为密切相关。从一定意义上讲，有什么样的企业领导就有什么样的企业文化，企业领导的素质对搞好企业文化建设具有至关重要的作用。所以领导班子尤其是党政一把手要把立言和立行结合起来，既要靠真理的力量，更要靠人格的力量，做到作风正派，锐意进取，精明强干，远见卓识，自觉弘扬企业精神，模范实践企业文化目标。真正做到在企业内部形成党委统一领导，党政领导带头示范，密切配合，共同组织实施，工会团委各负其责，职工群众全员参与，共同推进企业文化建设的工作格局，从而齐心协力把企业文化建设提高到一个新水平。

（摘自《沈阳企业文化》通讯2005年第5期）

靠诚实守信提升企业的价值

鲁冠球

企业管理，总是随着环境的变化与实践的深化，不断地得到丰富与升华。过去很长一段时间，我们把将成本降至最低作为企业管理的追求。随着经济的发展，追求成本降至最低,逐步转化为追求价值增至最高。降低成本毕竟空间有限,而价值的提升,则不可限量。如何提升?我认为,首要是以诚信对商德。

富兰克林说过两句至理名言:“时间就是金钱”,“信誉也是金钱”。今天为人们所熟知并且接受的,却只是前一句。

不断地有企业因信誉问题受到惩罚。瑞士的罗奇公司因参加一个以提高价格为目的联盟,遭到美国方面的控告,被罚款5亿美元;美国惠而浦公司因被控在出售卫星天线时欺骗了用户,被法院罚款5.8亿美元。近段时间,频繁发生的汽车召回、航空旅客拒乘等等,都是这方面的教训。还是那句老话:居心害人,终将害己。

而“以诚感人者,人亦以诚而应”。万向集团20世纪80年代初,通过经销商开拓了出口市场,近些年,随着海外公司的建立,很多客户找到我们要求直接供货,我们都没有答应。因为我们和经销商有约定,他们开拓的客户,由他们经营。并且,给经销商和我们自己的营销公司同样的价格,以确保他们的利益。现在我们海外营销体系已日益完善,但我们和经销商的关系与合作仍然十分密切。在亚洲金融危机的时候,一位东南亚客户请求我们帮助,在旧货款付不回来的情况下,要求我们发新货,时间还特别急。我们不仅加班加点,按时为他们发去了产品,还让利给他们,他们很受感动。现在,他们的形势好了,不仅还清了货款,还把原来在其他国家采购的产品,也到我们这里采购,两家的合作非常愉快。

从某种意义上说,以“信誉”为基础的合作,比以资金为基础的合作更为高级,更为持久,更为深入,也更为有效益。

企业内部也是一样,例如,我们要执行一项决策,首先要让员工相信,这个决策有利于大家的共同利益,同时,经营者也要相信员工所采取的行动,对决策的执行是最佳的或是有益的,双方互相信任,行动的速度才可以加快,速度加快了,执行的成本也就降低了。

经济学,不能只讲看得见的手,讲金钱,讲交易,讲价值规律;还要讲看不见的手,讲城市,讲信誉,讲道德。道德,是信誉的思想基础。

企业经营者不仅仅要经营产品、经营资本,还要经营信誉。

搞企业,追求利润是天经地义的事情,在市场经济的环境里,哪里利润高,资本就往哪里集中,这是经济运行的规律。追求利润,本身无可非议,关键是通过什么原则,用什么手段,去追求利润。这就涉及道德的问题,天下兴亡,匹夫有责。抵制不道德的行为,是我们每一个人的责任,尤其是企业经营者。企业经营者的职业道德,不仅是对其过去业绩的总结,更是其创造未来的资本。提高企业经营者的道德水准和信用效益,是对企业未来的投资。

在发达的资本主义国家,很多企业的无形资产,占总资产的比重已经达到50%—70%,有的甚至大到3—5倍。耐克、戴尔等公司,他们几乎没有自己的生产企业,有的只是一个优秀的品牌。从产品经营到资本经营,到信誉经营,这既是经济发展规律的客观要求,更是企业经营境界不断提升的必然结果。未来的竞争是品牌的竞争,是信誉的竞争,是商业道德的竞争,而不仅仅是产品的竞争。产品总是有生命周期的,品牌的生命力和道德的感召力是无限的。

21世纪的发展,已经不再是单纯的经济增长,而是社会的总体进步,是人类文明的全方位提升。企业道德,已经变成企业社会责任的一部分,遵守道德规范,已经从一种美德,变成一种必须。

(作者系万向集团公司董事局主席)

做企业,如同做人

——企业文化之我见

王 石

我看企业文化

企业文化是文化的一种。什么是文化?按照学者们的看法,文化是一种不成文的制度。任何一个群体都有它的文化。比如说价值观念,什么是好的,是值得鼓励的,像孝敬父母、帮助他人;什么是不好的,是大家都需要避免的,像不讲诚信、投机取巧。比如说习俗,西方人见面问候,相互拥抱是一种方式,到了中国,这样做就比较唐突,这些东西并没有写到什么成文的制度里面去,但是大家都习惯这样做。

企业文化很重要的一方面是指一个企业的核心价值观,它是所有人都信奉并自觉遵守的行为准则。拿万科“规范透明”这个价值观来讲,它是万科一直坚持的,并且在20年的发展中发挥了作用。

《基业常青》这本书中间有这样一段话:“要成为高瞻远瞩、可以面对巨变、数十年繁荣发展的持久公司,第一步也是最重要的一点,就是明确核心理念,树立在任何情况下坚持不渝的坚定价值观。”

这段话万科是非常认同的,所以把它引用下来,写进了我们二十周年的总结和未来十年的展望里面。在这两篇东西里面,和它连着的,我们还各有一句话。第一句是:“回顾以往20年,万科最值得骄傲的事情,是在行业还有待成熟的时候,我们建立和守住了自己的价值观,在任何利益诱惑面前,一直坚持着职业化的底线。”另一句是:“未来也许万科的一切都会改变,但惟一不变的是我们对职业化底线的坚守。”

万科的底线,具体来说,比如不行贿、不做暴利项目。这些我经常都在介绍,但是效果并不是很好。有一次我在大学校园里演说,说万科不行贿,主持人问台下的同学,有多少人相信,结果相信的人不到一半。而另一位企业家坦然承认自己行过贿,反而博得了一片掌声。

当然,万科的企业价值观还有很多的方面,比如客户是我们永远的伙伴，人才是万科的资本，持续的增长与领跑等。

总体说来，企业文化应该是包括企业的核心理念、经营哲学、管理方式、用人机制、行为准则、企业氛围的总和，是一个综合体。从根本上讲，企业文化是一个企业生生不息的源泉。

什么影响企业文化

影响企业文化的因素很多。作为一种不成文的制度，它的建立、推广和延续，主要靠传统的力量，人和人之间的相互影响。所以从企业文化的形成角度来看，企业早期的创立者的个人信念和价值观对企业文化的形成有很大的作用。

价值观这个东西，除非是触犯法律，或者是明显违背最基本的道德规范，否则就没有对错可言，只是一个选择问题。这种选择是不可以朝三暮四的，一旦选定了，就很难做彻底的颠覆。所以最基本的选择，一定是在企业创建的时候就已经做出了的。比如万科坚持规范化、坚持有尊严地活着，这就是一开始就选择好了的。

而企业文化最基本的东西一旦选定，它对后来的人就有一种筛选作用，志同道合的人会留下来，道不同不相为谋的人就不会加入。

其次，企业文化也会受到社会环境变迁的影响。我们刚才说的是一些最基本的东西，但是这只是骨架，它需要不断补充，才能丰满起来，变得有血有肉。所以企业文化也有一个不断学习的过程。比如，随着服务行业的成熟规范，尊重客户、了解客户就显得异常重要。因此，大部分公司在这个过程都形成客户导向的价值观，原因很简单，如果没有这样的价值观和企业文化，企业就难以生存下去。这也是我们看到的很多老牌企业在市场化改革中遇到的困难，其中的一个原因就是，他们的企业文化很难与现代的理念相容，也很难从自己的原有的文化里面生发出这样的价值观。而那些与时代环境能够相容的企业形成自己的新的价值观。这里，我们很容易就看到外部环境对一个企业价值观的影响。

我曾经说过，做企业如同做人，要有所为，有所不为。什么样的事情能做，什么样的事情不能做，该怎么做，这里面有相同之处。比如，追求公平回报问题。追求公平回报，就是严守法律规范和道德良知。前段时间我接受了中央电视台的一个调查。最后一个问题是：“做企业到如今，你最想表达的一句人生感悟是什么?”我的回答是：“在市场中，你永远可以期待、也永远只能得到公平的回报。”一个企业，只要以公平的心态对待股东、客户、员工和伙伴，则你自然也能从他们那里获得同样公平的对待。我们追求的，是公司在市场中获得公平回报，股东从投资中获得公平回报，员工通过劳动获得公平回报，供应商在与万科的合作中也能获得公平的回报。做人如此，做企业也是如此。

简单、规范、透明

我在很多场合讲过规范透明的问题。自然，我欣赏的企业文化就是一定要坚持规范做事，做透明而不是做权谋。

中国有一句古话，叫做“上梁不正下梁歪”。企业有台下交易，有很多秘密，你对外可以不讲，甚至可以装扮成大义凛然的样子。但是在内部，你是不可能隐瞒的，因为所有的事情，你都要靠员工去做。

开放透明的体制，这是对外的，也是对内的。我们相信，阳光是最好的消毒剂，只有做到开放与透明，企业才能永葆健康与活力，才能做到基业常青。

一个人的性格、一个组织的文化，是有一致性的。一个企业如果在外面不诚信，却要求员工对公司知无不言、言无不尽；如果公司在外面整天有台下交易，却要求员工在公司里没有任何私心杂念——这是根本不可能的事情。

所以万科的文化一直很清楚，就是简单、规范、透明。万科绝不会要求员工在公司内外采用不同的价值标准和行为准则。员工和公司、客户、合作伙伴之间，都是平等、双赢的关系。万科有许多优秀的员工，有人出更高的价钱挖他们过去，但是他们不愿离开。原因是，在万科工作，尽管节奏很快，工作强度很大，但是活得有尊严，没有良心上的负担，不会为了公司的利益而使自己的职业生涯遭遇道德风险。

万科有一个投诉论坛，客户可以在上面匿名发帖，而公司必须正面作出答复。这个论坛任何人都可以访问，所以我们和客户之间的全部细节都是暴露在公众面前的。我们有同事对国内和国际著名公司进行了查找，一共找了300多家，结论是没有任何一家公司用这种方式受理投诉。所以开设这个论坛，当时很有争议。但是现在没有人再怀疑了。这个论坛的存在，对于规范我们一线公司的行为，比100套管理制度更加有效。

但是这样的管理工具，那些有很多秘密的公司就不可能采用。我想，这种规范透明的文化，也是我们在未来国际化过程中非常需要的。这样的企业文化在国内的企业也是不多见的。

如果对外界介绍万科的文化氛围，我想，首先的一点就是对人的尊重。对人的尊重在我的理解就是要有选择权，机会均等。事实上，在1984年万科刚成立的时候，万科的员工手册上就印着一句话：“人才是一条理性的河流，哪里有低谷就流向哪里。”做人要诚实要有尊严，同样要培养尊重人的企业文化，把人当作第一要务。

我们作规范透明也是为保护员工利益，不希望员工因为公司的利益而去行贿，影响了自己的职业生涯。因此，我们要在文化和制度上尽量避免员工犯这样错误的机会。

1994年，上海分公司工程管理部10个人集体涉贿，贪污受贿的背后是一系列的工程质量和进度问题，万科不是项目公司，做完以后撒腿就跑，我们事后不得不投人大量人力物力去弥补。以牺牲一批人的代价来换取公司上亿元的利润，到底值不值得？我的答案是不值得，人的前途的毁灭、对家庭造成的不良影响是金钱不能交换的。这是真正对人的尊重，既尊重他的人格，同时也为他个人发展负责。

也正是这种对人的尊重，万科内部形成开放平等的企业环境。“企业视角、人文关怀”在一定意义上解释了这种氛围。同时，这也使得万科能够吸引，保留并培养一批批优秀职业经理人。

人才是万科的资本，这是二十年前公司建立时候就具有的信念。万科一直努力为每一位员工提供公平发展的机会，以及在行业内有竞争力的收入。而万科简单的人际关系和理想主义企业文化，对优秀人才也有很大的吸引力。

万科提倡健康丰盛的人生，强调工作与生活的平衡。公司从不干涉职员的工作外的生活，也不主张员工带病上班或在家人患重病时上班。我知道有许多企业仍在将“以企业为家”作为正面事例大加宣传，但我觉得这是对人不够尊重的表现。

除了这些，值得一提的是，在万科内部很注重一种平等的交流，在各级经理和职员之间建立了 12 条沟通渠道，并且明确地写在《职员手册》里面。

万科 20 年

如果说要回顾万科 20 年的发展，最值得骄傲的事情是什么呢？前面已经提到，那就是在行业还有待成熟的时候，我们守住了职业化的底线，无论碰上什么利益诱惑，我们一直坚持着自己的价值观。那就是：对人永远尊重、追求公平回报和开放透明的体制。

一个企业要想生存下去并且生存得好，首先要选择一个产品，这是毫无疑问的，而这个产品一定要在行业站住脚，这个行业也一定要有持续的发展力，这是一个最基本的条件。接下来就要考虑如何形成自己的核心竞争力，这就意味着要非常清楚企业的存在价值，企业和政府、股东、员工和消费者的关系，只有均衡地发展这些关系，核心竞争力才能最终形成。如果一个企业只注重某一方面的发展，其核心竞争力自然无从谈起。

20 年来，秉持“人才是万科的资本”的理念，万科给职员提供了充分的发展空间和机会。通过不断的探索和努力，万科建立了一支忠于职守、精于专业、勤于工作的职业经理团队。万科在创建初期完成了制度创新，作为中国内地最早完成股份化改造的企业，万科树立了诚信经营的良好的上市公司形象。可以说，以人为本的管理思想和渗透到管理层面的一套制度和方法，恰恰体现了万科企业文化的核心：专业化 + 规范化 + 透明度，这不仅成为万科的企业文化特征，还成为同行建立现代企业制度的参照系。万科的核心竞争力很大程度上是从这里面来的。

同时，我们坚持职业化的操守，强调企业的社会责任，也获得了社会的承认。从 2002 年到 2004 年，万科连续三年名列北京大学企业案例管理研究中心和《经济观察报》联合评选的“年度中国最受尊敬企业”，最近的一次排名，我们是全国第二。去年还有一个“首届中国企业公民行为评选”，我们在本土企业里面，排名是第一位。

谈企业，或许“言传身教”是万科文化血液得以延续的重要行为组成部分。1992 年，我们创办了《万科》周刊，现在应该说，这本杂志在外部也具有相当的知名度和影响力。周刊是万科文化的一个重要载体，也起到企业文化宣传和凝聚的一个作用。这不是从上向下的灌输，而是一个平等交流的平台。面对外部读者，我们有一批富有人文精神的同道者和撰稿人，面向内部，周刊的文章更多的是来自于公司各层面的员工，它对一个良好企业氛围的形成功不可没。同时，万科的管理层都是企业文化的身体力行者；万科的很多老员工，受万科文化的影响也已经是深入骨髓的了。他们的行为，他们对周边同事的影响，是万科文化得以延续的最重要的方式。另外，集团内部网、内部论坛、价值观宣传卡片、职员手册、12 条沟通渠道，还包括我们每年一次的集团全体员工参加的“目标与行动”沟通会等形式都是企业文化很好的宣导形式。

万科的企业文化是从创立之初到现在的一个积累总结的结果。我们的核心价值观一直指导着企业的经营，也一直没有改变过。万科的成功，就是这些价值观的一个体现，这在前面已经提到过很多。

但有一点要说明，从 2001 年起，我们有意识地把企业文化进行了系统的梳理，并进行有意识的宣传，既针对公司内部，也针对公司外部。我们把企业的宗旨确定为“建筑无限生活”，把愿景确定为“成为中国房地产行业的领跑者”，核心价值观定为“创造健康丰盛的人生”。我们也相应地加强了万科的品牌管理及品牌整合，进行更有力的宣传与推广。但应该说，这些都是万科长期积累下来的东西的一个集中体现，她并没有半点刻意造作的成分。也只有这样，企业文化才更有说服力，既能让员工相信，也能让社会信服。

我曾经花过一段时间来看马克斯韦伯的全集。韦伯有一个很重要的观点，就是把理性分为价值理性和工具理性，通俗来说就是价值观和方法论。从个人的角度来看，价值观这个东西是没有目的的，它本身就是目的。用韦伯援引康德的话来说，这个就叫“绝对命令”。

但是企业是一个群体。对于一个群体来说，文化作为一种不成文的制度，它应该发挥制度的作用。制度有什么作用？现在有很多经济学家都在谈论这个问题，比如说张五常先生、周其仁先生。制度一个很大的作用，就是让人和人之间可以用一种稳定的方式来相处。大家都知道什么事可以做，什么事应该努力去做，它就减少了冲突、内耗，减少了很多发号施令的必要性。

另外，前面也说到过，文化有一种筛选作用。企业和员工是一种契约关系，只要不违反已经做出的承诺，员工是自由进出企业的。一种清晰的企业文化，可以聚集一个志同道合的团队。孟子说，天时不如地利，地利不如人和。一个志同道合的团队，它的凝聚力、执行力、工作效率、创新能力都是非常高的。

所以企业文化可以成为核心竞争力的源头，可以有助于企业的经营活动。对万科当然也不例外。

上面从企业内部讲企业文化建设的目的。从更广阔的一个层面来看，企业作为社会的一个活跃细胞，要为社会树立典范，对这个社会产生积极的影响。企业要赚钱，这是毫无疑问的，但不应仅仅局限于此。万科通过自己努力，通过对自身价值观的坚持，也是为中国现代企业制度的建立做出探索。

万科和我的责任

万科企业文化的建立和传承，这都是比较顺利的。我们相信，我们的文化，顺应和激励了人性中高贵的一面，而人都有这样的追求。一种文化，它顺应人性、体现对人的尊重，我想就不会有特别大的困难。但是挑战是有的。

万科过去 20 年所形成的企业文化有力地支持了企业的发展。那么面对未来的调整，万科的企业文化是不是就一定能够支持并保证企业的发展呢？我们是否也需要对我们的企业文化进行一些调整，加入一些新的元素呢？这些问题我们都在思考并进行研究。当然，我们核心价值观是不会改变的。

另外，随着万科的发展壮大，我们现在进入了 20 多个城市，在未来会有更多的地方公司陆陆续续地成立，那么如何才能让万科的企业文化在众多的公司中间保持一致并且有力地推动公司战略目标的实现，也是万科企业文化面临的一个挑战。在未来十年内，万科的员工数量也将成倍数地增长，按我们的估计仅地产公司员工会在 6000—9000 人左右，这个数量是我们现在的 4—5 倍——这里边不包括万科物业管理人员，如果加上将是个更庞大的数字。那么，就要保证这些员工都信奉同一个企业文化和价值观。这也是万科企业文化建设在未来 10 年面临的挑战。

上面谈的是我们目前面临的一些挑战。归纳一下就是三个一致性的问题。不同公司之间的文化一致性问题，理念和行为的一致性问题，企业文化与公司未来战略的一致性问题。谈谈后一个问题：从根本上讲，企业战略的提出是基于企业自身状况和外部的环境。而对于企业自身状况而言，战略的提出一定是基于企业文化的，如果企业文化不能够支持战略，那么战略的实现就是不可能的。目前在企业文化建设上，我们面临的问题就是如何保证企业文化能最大限度地支持未来战略的实现。

一个公司的价值观，不仅体现在公司内部，也包括它如何看待自己与社会的关系。万科选择规范化的道路，是和未来打一个赌，赌社会、行业的发展方向是越来越规范的。现在看来，我们的胜算越来越大了。所以万科绝不会放弃这条道路。

但是万科现在也在检讨，我们跟未来打赌，是不是也太消极了一点？因为未来并不完全是听天由命的，很大程度上取决于人的努力。尤其万科发展到今天，应该说具备了一定的实力，应该为社会做更多的事情，另一方面也是改善自己的生存环境。

经济学上有一个“劣币驱逐良币”的说法。一个社会如果总是好人吃亏、坏人占便宜，那么最终的结果，也会是“劣币驱逐良币”。如果好人都被淘汰，或者好人都变成坏人，那么坏人也占不到便宜，最终的结果是大家吃亏。我们当然不要这样的结果，我们要的正好相反，是一个大家都遵守规则、实现多赢的好人社会。

好人社会不是从天上掉下来的，而是通过大家的努力建设起来的。企业和个人一样，都是社会的成员。社会的规则、社会成员之间的关系，最基本的是用法律来规范，但不能指望所有事情都通过法律规范解决。每一个社会成员的行为，其实都在影响着社会规则和社会关系。而反过来说，没有一个稳定、和谐、可持续发展的社会作为基础，恐怕任何企业都实现不了基业常青的梦想。

顾炎武说，天下兴亡，匹夫有责。我们今天也可以说，社会和谐，企业有责。

万科创立之初，我的一个基本理念就是一定要尊重人，一定要坚持规范透明的底线。因为我是在计划经济体制下成长起来的，1983 年到深圳创业之前，也有过很多痛苦的经历，但一直是处于比较主流的领域，去当兵，上大学，到外贸部门，在别人看是比较好的，但是我心情比较压抑。当时我就想，我要搞企业的话，一定要尊重年轻人，发挥年轻人的作用，不让他们再走我的老路。所谓人的尊严是要有选择权，机会均等。这就是我成立万科的一个基本思想，到现在还保存着。同时，规范透明也是对人的尊重，你说行贿，你哪儿来的尊严？

可以毫无疑问地说，在生命中我最重视的就是两个字：尊严。

（作者系万科集团董事长）

敬业、团队、创新

李东生

TCL 集团经过十多年的发展，在改革开放的有利环境中，依靠 TCL 人的敬业奉献和不懈努力，从无到有、从小到大，在完全没有国家资本金投入的情况下，使 TCL 跻身中国最大的十家电子企业行列，创造了一个民族企业高速成长的神话。但 TCL 也很清楚地认识到：目前企业正处在一个发展的关键时期，企业面对的是一个日益开放和竞争日趋激烈的市场，在全球经济一体化的大趋势下面对国外企业的直接竞争，TCL 的企业现状和外部经济环境已发生了巨大变化，以往促使 TCL 成功的各种因素，并不足以保证 TCL 今后能继续获得成功。TCL 只有锐意变革、创新进取，提高经营管理水平，改革经营体制，整合 TCL 企业文化，才能建立和保持企业的竞争优势，进而把 TCL 建设成真正有能力参与国际竞争的大型企业。

TCL 集团是由一个小型地方国有企业发展起来的，目前虽然已经发展到比较大的规模，但与国外企业相比，TCL 的整体基础还是比较薄弱的，企业还有许多和现代企业管理体制及市场经济机制不相适应的地方。为此，去年初 TCL

集团公司提出二次创业，确立了具体的目标和任务，并在许多方面取得了明显进展，完成了部分企业的体制改革，开发了新技术和新产品，实施了综合经营战略；在更新经营观念、建立新的经营机制以及企业文化建设方面，也在有条不紊地推进。为什么TCL要进行经营变革呢？这是因为我国的经济体制正在进行根本性的变革、企业的经营环境也在发生巨大的变化，企业若不能适应市场竞争的需要，主动变革创新，提高管理水平和竞争能力，就难以继续生存和发展。

在市场方面，我们从计划经济过渡到市场经济，已形成了买方市场，特别是近年来市场有效需求的增长正在下降。据国内贸易部提供的资料，我国消费市场高速增长一直是带动我国经济增长的主要动力，但消费市场增长率逐年下降：

1997年市场增长是13%，1998年市场增长将降至10.5%。过去由高速增长的市场带动起来的经济增长格局已发生变化，大部分消费品供过于求，造成许多产品领域过度竞争，彩电、VCD等，都面对供过于求的过度竞争市场，这势必将淘汰一部分企业，而且这种淘汰的趋势正在加快，市场竞争更趋激烈。

在竞争对手方面，早期中小规模、经营管理不善、产品落后、营销能力不强的企业已逐步被淘汰，现在TCL面临的主要对手有三类：第一类是原来基础好、经营机制转换比较早的大型国有控股企业，如联想、方正、长虹、海尔、康佳、海信等；第二类是近年来由新的经营机制发展起来的民营或混合型经济企业，如华为、创维、厦华、步步高、爱多、侨兴等；第三类是跨国公司在华所设企业，如索尼、东芝、松下、贝尔、三星、LG、飞利浦等。与这些国际跨国企业和已完成经营机制转换的国内大型企业相比，TCL在企业综合实力、经营管理水平、技术开发能力等方面并没有优势；在经营机制、营销战略、应变能力、经营成本等方面，TCL与民营、混合型经济企业相比，也没有多少优势可言。

另一方面，市场竞争也对企业提出更高的要求。在以往，企业凭借自己某些方面的优势，就能争得一席之地。1993年TCL上彩电项目时，在技术、生产方面并无优势可言，只是将市场的优势和经营体制的优势比较好的发挥起来，然后再逐步加强产品开发和生产能力，使得TCL在很短的时间内崛起。但若在今天的市场环境下，按这种方式搞同样一个新项目，几乎是不可能的，因为企业所面临的对手与市场已发生了变化。现在，企业要在市场竞争中生存发展就必须具备综合优势，必须适应经济发展和市场竞争的要求，不断提高经营管理水平和竞争力。

正是因为这种严酷的竞争现实，一大批曾经辉煌的中国企业现已陷入困境。北京一家杂志社做了一个调查，中国首届一百名优秀企业家所代表的企业，十年后存活下来的只有15%左右。所以，在以往十几年改革开放中崛起的中国企业，能够保持竞争力、实现持续发展的不多。究其原因，其中重要的一点是这些企业未能适应市场不断变化发展的要求，在经营管理上缺乏变革创新，从而在竞争中逐步丧失了自己的优势。国际知名企业微软公司总裁有句名言："我的企业离破产只有12个月"。他的意思是说，如果企业无法不断地创新进步，也许一年后就不复存在。一个在国际信息业执牛耳的企业尚且有这种危机意识，何况一个正在成长的企业？TCL更应不断地给自己敲响警钟，在企业内部建立一种危机忧患意识。

因此，进行经营变革以提高竞争力，这是关乎企业生存发展的大问题。正是基于以上考虑，TCL在危机忧患意识的驱动下，全面开展了企业经营变革和管理创新活动，要为自身争取更大的生存和发展空间。

我们认为，企业文化是企业领导和员工共同遵循的价值观。企业文化应该是全体员工思想观念的提升概括，而不完全是一种从上到下的灌输。经营变革、管理创新的过程，就是企业经营理念的实践和传播过程。经营变革、管理创新一方面要对企业过去成功的经营思想、观念、方法、体制等进行回顾和总结，使之更广泛地为企业员工理解和接受；另一方面则应根据企业的发展目标和发展战略，积极主动地改善不足之处，提高经营管理水平，更新经营观念，建立更有效率的组织结构，以获得更大的成功。同时，全体员工在向企业发展目标共同努力的过程中，逐步达成对共同的价值观和共同的行为准则的共识，从而形成能保障企业实现"创中国名牌、建一流企业"目标的企业文化体系。

多年来，TCL一直倡导用企业精神激励员工为实现发展目标而共同努力。

TCL创业初期提出"廉洁奉公、思想统一、雷厉风行、富有成效"的企业口号；1993年初，TCL提出"团结开拓、艰苦拼搏"的企业精神，并为企业精神作了明确定义。TCL之所以能够实现高速增长，其中的重要原因，就是全体TCL人特别是管理干部，能将企业精神贯彻到工作实践中去。这些企业精神，是TCL宝贵的精神财富，也是保证TCL事业继续发展的思想基础。企业的明天，是昨天和今天的继续。TCL十分看重企业文化建设，就是要把最能推动TCL发展的思想、观念、精神、作风进行总结、提升，使之规范化、系统化，并广泛地为全体TCL人理解、接受，并成为其自觉行为。

为了企业下一步求得更大的发展，TCL重新确定了企业的核心价值观，并系统表述为：企业经营目标：创中国名牌，建一流企业。

经营宗旨：为顾客创造价值，为员工创造机会，为社会创造效益。

企业精神：敬业，团队，创新。

所谓TCL的目标——"创中国名牌"。就是要创立一个驰名全球市场的中国名牌，因为只有首先成为中国名牌，才能争取创世界名牌；"建一流企业"，就是要建设一个具有国际竞争力的综合企业。而一流企业的标准具有两方面的含义：一个是综合企业，另一个是具有国际竞争力。TCL目前已走向国际竞争，而且在国内已经直接参与与跨国企业的竞争，所以企业的生存发展与竞争的度量标准，已不单单是指在国内竞争中能否生存与发展，更重要的是有无能力与那些跨国企业竞争。能否具备这种竞争能力，直接取决于企业管理水平的高低，因此说，建立国际竞争力是衡量一流企业的标准；而另一方面，一流企业应该是一个综合企业，能够把握机会综合发展，从而增强企业的整体实力。目前，我们的营销网络功能正不断扩展，并朝着多元综合化经营方向发展，在金融方面，去年我们建立了结算中心，最终将使之发展成为财务公司，以加强企业的资本运营能力。

TCL的企业宗旨是“为顾客创造价值，为员工创造机会，为社会创造效益”。其中“为顾客创造价值”——是TCL经营理念的重大进步，它改变了企业以利润为中心的管理观念，明确企业最重要的工作目标就是用高质量的产品、全方位的服务满足社会广大顾客的需求，通过卓有成效的工作，让更多的顾客认同TCL产品和服务的价值。这就要求TCL人在生产经营的每一个环节，都必须把顾客的需求、市场的需求放在第一位，扎扎实实地做好每一项工作，只要真正做到这一点，TCL的品牌，TCL的产品才会更有竞争力，企业也才能获得更快的发展，会有更好的效益。

“为员工创造机会”——企业的竞争就是人才的竞争，企业的生存和动力。同时，企业也是员工生存和实现自我价值的载体，企业有责任满足员工在精神上和物质上的要求，有责任为员工的发展、实现自我价值创造条件。为此，TCL要建立一个科学、公平的员工考核和价值评价体系，建立员工教育和培训制度，建立合理的薪酬和福利制度，使员工在企业能获得更好的成长和发展机会，实现自己的事业追求，同时也获得合理的回报和生活福利保障。

“为社会创造效益”——企业生存和发展的过程，客观上也是为社会创造效益的过程。TCL是国有控股企业，企业所创造的效益，在更大程度上是为社会创造效益，是为国家经济的振兴、为民族工业的发展尽力尽责，这是所有TCL人的使命。

TCL倡导的企业精神是“敬业、团队、创新”，这是“团结开拓、艰苦拼搏”企业精神的延续和升华。

“敬业”是鼓励为事业而献身的精神，这种敬业实质上是TCL过去“艰苦拼搏”精神的延续；追求更高的工作目标，勇于承担工作责任，掌握更好的工作技能，培养踏踏实实和精益求精的工作作风。这种精神是以往TCL成功的一个非常重要的因素，也是保障今后继续成功的基础。

“团队”是要求企业内部要有协作和配合的精神，营造企业和谐健康的工作环境，员工不但要对自己的工作负责，同时也对集体的工作负责，对整个企业负责，提倡员工间互相鼓励、互相关心和帮助。“团队”精神包含了团结的内涵，但比团结的表述更为系统，更有积极的意义。

“创新”精神一直是TCL高速发展的重要动力。创新包涵了“开拓”的内涵。TCL从小到大，比别人走得更快，工作更有成效，靠的就是创新进取、勇于开拓的精神。这是支撑TCL高速成长的重要经营观念，TCL只有在借鉴别人成功经验基础上不断创新，才有可能超越对手。

TCL提出的企业经营目标、宗旨、精神，构成了一个相互支撑的企业文化体系，这也是我们企业和员工的使命宣言及核心价值观的体现。TCL就是要通过企业经营变革、管理创新推进企业文化建设，把企业经营理念变为TCL人的自觉行动，弘扬“敬业、团队、创新”的企业精神。

实践表明，国际竞争力实质上是在国内培养出来的，企业的竞争力实质上也是在企业内部培养出来的。TCL致力于经营变革、管理创新，最终目的是使我们企业的内部管理力度、考核力度、绩效改进力度和优胜劣汰力度达到国际市场竞争的要求，以确保在激烈的市场竞争中实现可持续发展，实现“创中国名牌、建一流企业”的目标。

（作者系TCL集团总裁）

文化创造企业间永远的差异

周厚健

企业文化是员工对于企业目标、价值观及企业行为的信仰，实际上也是员工的处事态度和做事标准。它的形成是在经营团队的影响下，对于企业战略定位、管理方式、长期激励、考核制度等各方面的认同。文化无法复制，而且创造了企业间永远的差异。

整合科龙靠文化

小企业往往是业务导向型，而大企业则是价值导向型。随着海信规模的扩大，我们对这个问题的认识越来越深刻。我认为，一个小企业权威管理是最好的，一个中型企业往往是条款管理最有效，而一个大企业除了条款管理，还需要文化管理。

在大企业里，企业文化一方面对企业内部业务、人事关系起到润滑作用；同时，又对企业战略定位起到滴水穿石的作用。所以，在一个大企业中，企业文化一定是企业的高层、员工、股东以及社会各界对企业理念的高度认同，是各方面利益的和谐统一，否则就不是一种优秀的文化。

海信最近意向收购科龙大股东的股份，收购班子也已经开始经营了。此次收购科龙，企业文化的相近是我们考虑的重要一点。科龙在创业之初崇尚技术敬业，以人为本，与海信的文化有很多相似之处。尽管科龙发生了很多次的动荡，但是这些文化在科龙里面保留了很多。这是海信考虑收购科龙的重要原因。实际上，企业并购首先应该考虑的就是企业文化的相近性。在世界很多大企业并购案中成功的不到30%，那么这失败的70%中，大多数是因为文化的不相融。而海信进入科龙后，海信的文化技术有可能把老科龙激活。

文化品质如人品

海信是做家电的。一般情况下，我们看到产品就可以判断出这个产品属于哪个类型。有时在各种会议上，参会的人不需要交换名片，我们也可以判断出他们来自于哪个企业。实际上，这就是企业文化的作用。

对于企业来说，包括高管在内的所有人员的品质非常重要。这里所说的品质包括人员的服从力、诚信、敬业等素质，无论哪一个方面出现问题，对于公司来说都是不可取的，对员工个人也是无益的。对于个人发展来说，每一个企业肯定有良好的出发点和准确的定位。一旦人品出现问题，就会出现企业定位不准等问题，那企业肯定会遭殃。因此，研究人是企业长期发展必须重视的经营任务，这对大企业尤为重要。在技术、财务、实力等各方面，我们要把更多的眼光放在人上，多研究、多培训、多规划，正确用人。所以在海信，我们在选拔干部的时候，首先也是选人品。这就是我所说的企业文化品质的形成。

文化传播的力量

我清楚传播对于一个企业发展的重要，企业文化也需要传播。应该说海信在传播方面做得不好，否则我相信海信会发展得更好。

消费者在选择产品时，性价比是重要因素，但更重要的是消费者对企业的信任。而这种影响的根本是对于企业文化的认可。能否将企业文化传播到消费者心中，让他们知道并认同就显得尤为重要了。

在我看来，企业文化建设有三个大的阶段：积累、提炼、传播，而传播又直接影响企业文化建设的全过程。一个好的企业一定是一个与社会、员工、消费者能够进行良好沟通的企业，而沟通的有效性决定着一个企业的成败。网络第一企业思科的技术在世界首屈一指，他的 CEO 参沃森就认为，思科的核心竞争力不是技术，而是执行力。执行力不是大家对企业领导者命令的服从程度，而是对这一思路、这一命令的理解。如果不理解的话，那么执行只是一种机械行为，机械行为是没有创造性的，这种执行八成也会走样。如果这种命令通过充分沟通，得到大家的认同，那么这种执行不仅能准确无误，而且会是创造性的执行。企业文化传播就起到这样的作用。

（作者系海信集团董事长）

企业长寿需要企业文化做基础

王健林

企业文化是百年企业的基础

国际上根据存在时间长短对企业有一个统一的称法：10 年以下称短寿企业，10 年到 30 年称中寿企业，30 年以上称长寿企业。

做百年企业需要什么条件呢？我们分析的是要具备物质、制度、文化三个方面的条件。首先，做百年企业要有强大的物质基础，不能说企业生存还有危机，就提出做百年企业，这不现实。一般是进入到中寿，企业有一定物质基础，有一定实力，可以提出这个口号。第二是制度基础，要有现代的企业制度作保证。第三，也是我们觉得最重要的一点，要有优秀的企业文化。如果没有优秀的企业文化，前两条不能持久。我们认为这三个条件之中，文化是百年企业或者成为长寿企业、成为优秀企业的根本保证，是最核心的基础。

企业文化增强员工凝聚力

万达提出靠五个方面来吸引人才和留住人才：第一是良好的企业发展前景，第二是广阔的个人事业平台，第三是和谐简单的人际关系，第四是一流优厚的物质待遇，第五是独特优秀的企业文化。这是我们在七、八年前就提出来的口号。

企业发展比较快，处于一个良性的上升通道中，企业的发展前景好，个人的事业平台相对也比较多。我们提出一个口号："人际关系简单化"。我是坚决反对搞公司政治，很多企业做大以后，容易形成帮派。尤其像我们企业，超过一半员工工龄在五年以内，发展又很快，人数在不断的扩张。新的同志来了以后，往往是谁带的，就跟着谁，这容易出现问题。我是致力于铲除这种帮派，所以提出人际关系简单化，使之成为我们独特的优秀企业文化，这是我们能留住人才的重要保证。员工认同企业的愿景、价值观；员工对企业有自豪感；员工流失率很低。

企业文化提升核心竞争力

现代企业竞争是五个层面。最早是产品竞争；第二是价格竞争；第三是质量竞争；第四是品牌竞争，前面四个层次的竞争是浅表层次的，进入品牌竞争后是中高层次的竞争。这个时候大家更注重树立品牌，稳定市场占有率，深入人心，形成消费者的品牌忠诚度。最高层面的竞争就是文化竞争，它已经脱离了产品类型、品牌类型，是深入人心的一种东西。

企业管理也是这样。刚开始是经验管理，靠老的经验，这要是一城一店可以，但是要连锁发展、跨区域发展甚至跨国发展就不行了，要有制度化的管理，强调企业管理制度；但这还不是最高阶段，真正最高层次的管理是文化管理。我有两句话说了大概七八年，在员工手册的第一页就是这句话，这两句话是：人生追求的最高境界是精神追求，企业经营的最高层次是经营文化。人生需求是五个层面，从温饱、小康、富裕、成就，最后是精神。凡是大成功者，大政治家、大科学家、大企业家，最后无不是追求精神层面的享受。这就是我说的人生追求的最高境界是精神追求。企业经营管理也是这样，最高层次是对文化的经营，靠文化来统领人，说穿了企业文化就是企业宗教，要有新意，能凝聚人心，大家为之一起奋斗。

企业文化可以提升企业核心竞争力。国内对核心竞争力有多种多样的争论，我的看法是，不同的企业有不同的核心竞争力，没有放之四海而皆准的核心竞争力，同一个企业在不同阶段也有自己不同的核心竞争力，核心竞争力是有差异的、有变化的。在这方面来讲，文化能提升企业的核心竞争力。

（作者系大连万达董事长）

习惯与企业文化

肖　坦

习惯，是一种生存方式，它应属于文化的范畴。列宁是将"风俗"和"习惯"都包括在"文化"之内的，并且认为"千百万人的习惯势力是最可怕的势力。"（《共产主义运动中的"左派"幼稚病》）"文化学之父"泰勒说："所谓文化或文明，乃是指知识信仰、艺术、道德、法律、习俗以及包括作为社会成员的个人而获得的其他任何能力、习惯在内的一种综合体。"可见，习惯是一种文化，前人与我们的认识是一致的。

文化可以改变习惯，也可以培养一种习惯。我国《易传》中就有"观乎人文，以化成天下"之说，意思就是要以文化典籍和礼仪道德来教化民众。这与西方"文化"一词中的培养、改变之意相吻合。企业文化建设离不开习惯的培养、改变、训练、利用和规范。坏习惯习非成是，必然产生文化糟粕，好习惯"润物细无声"，能够培育出优秀的文化果实。

据报载，有一家市机械厂，每到下班前几分钟，就有一群一群的职工在厂区内等候下班，这种提前离岗的群体违纪现象已存在多年，大家都习焉不察。在创建企业文化的过程中，厂领导意识到，这种提前几分钟下班的"习惯"虽然不会对工作产生多大影响，但是对企业文化的培育却是很不利的，"因为我们的企业文化是在广大职工'习惯'的土壤里生根发芽的"。他们决定"立新破旧"，以一种新的好习惯——"班后会"的形式来改变提前几分钟下班的"坏习惯"。下班时，以班组为单位集中在一起，多则五分钟，少则两三分钟，总结今天，计划明天，向大家道声祝福，然后离厂。这样既提高了生产水平，又养成了遵守纪律的好习惯，还加深了彼此之间的感情。久之，新习惯蔚然成风，竟出了许多企业文化建设优秀班组。

自觉运用习惯的力量，可以说是企业文化建设的规律之一。我们知道，当解决某一问题的理念与方法反复起作用时，便逐渐被接受对象认为是理所当然的，进而进入到无意识的习惯阶段，这是精神文化培育的一个重要原理。习惯是"人们重复地进行，逐渐养成的不自觉的活动"。（《新华字典》）企业文化建设就是要循着习惯形成的这一特性来加以自觉运用。尤其是在培养一种新的管理习惯的初始阶段，更需要不间断的反复灌输和反复行动，因为只有反复行动才能形成习惯，只有形成习惯，才能形成积淀，只有形成积淀，才能形成文化。待到企业的制度成为员工的习惯了，这种文化建设才是成功的。就拿礼仪来说，企业礼仪是企业的一种行为标准，是企业持续经营所表现出来的程式化并显示凝聚力的文化因素。而统一的企业礼仪正需要习惯的力量来推行。中国平安保险是这样做的：早上七点四十分，二十五万平安人在全国不同地点、同一时间开始了"晨迎"仪式，由各地负责人一声响亮的"早上好！"伴随着标准划一的鞠躬动作，震动了每一位迈进平安大门的员工。平安保险的"晨迎"仪式，面向社会展示了他们出售的不仅仅是保险，更是一种承诺和责任。平安老总马明哲说："如果这项礼仪达到目标，至少产生100亿的价值，关键在落实"。他们就是以运用习惯的特性和力量，每天、准时、日复一日地施行着。平安人认识到"每个人都是一颗珍珠，散落在四处，一旦用线串起来，形成珍珠项链，就具有若干个体难以比拟的价值，这条'线'就是企业文化。"而企业文化正需要习惯来培育和维系，在企业礼仪方面是这样，在企业文化、企业管理的其他方面，也同样如此。如海尔的"日事日毕，日清日高"，不正是靠日复一日的习惯养成的吗？

诚然，好的文化习惯的养成也不是一件简单容易的事。人都有惰性或者惯性，没有压力，能主动自觉去改变的不多。对于员工的不良习惯，我以为，在一般情况下，可以采取管理学上的三个步骤来解决：先教育、后强制、再适应，或先强制、后教育、再适应，实现由强迫到习惯，由习惯到自然的管理飞跃。当然，在进行这种改变的过程中，如能够采取一些灵活的激励措施，让员工感受到文化体验的愉悦和力量，这对于改变坏习惯、培养好习惯当不无助益。

能否自觉运用习惯的特性来创建企业文化，来改变人们的不良习惯，以养成有利于培养积极向上的企业文化的好习惯，关键是对习惯有一种文化的认识。习惯是一种文化。播种一种观念，收获一种行为；播种一种行为，收获一种习惯；播种一种习惯，收获一种命运。习惯的力量如此，文化的魅力如此。前人如是说，我亦如是说。

（作者系南京圣道企业文化顾问有限公司总经理）

建立具有鸿翔特色的企业文化

阮鸿献

云南鸿翔药业（集团）有限公司始创于1981年，是一家中药材种植、生产、加工、中西成药研发、生产、批发、零售连锁经营的综合性大型医药产业集团。目前拥有在册职工4500余人，净资产超过3亿元人民币，2005年集团公司销售额实现10.05亿元，480余家一心堂自营连锁药店的综合实力和销售收入在全国医药零售连锁行业中排名第10强。

企业发展过程中，鸿翔药业十分重视企业文化建设。作为一家民营医药企业要在激烈的市场经济竞争环境下不断生存和发展，塑造富有创造性和凝聚力的企业文化就显得尤其重要。

企业文化是一个企业精神风貌的外在表现

创业初期，鸿翔企业文化或多或少都融入了领导者的个性、理念、人文意识、价值观念、管理风格等烙印。随着公司的逐渐发展、经营规模的不断扩大，企业文化不再是领导者个人的文化，而是需要整个管理团队相互促进、密切配合，是团队、集体文化的浓缩。

鸿翔在企业文化建设中，注重从硬件和软件两个方面入手，硬件方面建立健全了企业形象视觉识别系统，为企业文化建设提供现代信息技术平台，制订了一系列具有人性化的科学、规范的企业权利制动和标准化规范；软件方面，在公司上下级之间积极倡导人与人和谐相处的伙伴合作关系，加深员工认同企业的价值观，提高员工对企业的使命感、归属感和美好愿景。

鸿翔的使命：每一天为人类健康做出更多的贡献！我们以“五心”：爱心、关心、诚心、精心、恒心的人性化服务理念不断创造学习、创新、热情、专业、尊重、竞争、务实、信任的工作方式；用美好愿景和企业发展战略目标激励员工努力工作、奋发向上。

创办学习型组织是建立企业文化、增强核心竞争力的根本举措

我们始终认为“员工是企业的宝贵资源，只有有了人的创造性劳动，才会产生财富，通过不断的学习来打造企业永不落伍的改革和创新能力”，通过不断健全和完善公司内部培训、教育体系，对员工培训投入逐年增加，强化学习文化氛围。对员工的强化培训，有效提升了员工的综合素质，使员工潜力得到最大发挥，从而调动了员工主观能动性和创造性。公司每年用于员工培训的费用达600余万元，聘请有经验的培训师巡回各地药店，对基层营业员和店长进行持续的专业知识和服务技巧培训，对店长和骨干员工进行经营和营销知识培训；对于管理人员，公司与昆明理工大学合办MBA班，将40多名中高层管理人员直接送进大学在职深造，提升其管理能力，改变其管理理念。与此同时，公司内部建立了各式各样的学习小组，鼓励员工主动自学，倡导相互间的沟通与交流，公司还投资建成综合性员工图书馆，让我们每一位伙伴能更好的进行学习培训、交流，从而很好的建立起企业自己的文化氛围。

鸿翔药业集团近年来不断引入组织学习的理念，使企业文化与发展愿景不断交融，从而提高了各层管理人员的素质、增强了管理能力。在企业内部营造一种“团体学习”的氛围，使企业文化不断发展，发展愿景也得到不断升华，两者相互融合形成了以集团公司利益为先导、弱化个人意识、增强企业凝聚力和核心竞争力的良好态势。使鸿翔的核心竞争力能够适应于市场的不断变化；能得到消费者的认同并对消费者利益做出重大贡献；我们正在长期积极的致力于企业核心竞争力的深入实践和不断探索之中。我们坚信只有真抓实干、坚持持久实效的思想观念，才能享受到企业文化建设的丰硕果实，才能真正实现鸿翔集团自身企业文化的体系完善，树立我们良好的企业品牌形象，为云药产业的进一步发展贡献鸿翔人的一份力量。

（作者系云南鸿翔药业集团董事长）

塑造分三合一的和谐经营文化

宁波摩士集团股份有限公司

摩士集团是一家成立于一九九二年的合伙企业，经过三年多努力和不断创新，完成了原始积累，已从基础管理规范化达标跨到“管理进步示范”再跨到“现代化管理”行列。

摩士集团的高速发展，最重要的还在于领导者在经营管理中所创导的对于创新的不断追求，向管理创新要质量、向管理创新要效益、向管理创新要发展，成了摩士集团成长发展的基因。

分三合一和谐经营文化产生的背景

初创期的社会背景

摩士集团创业之初条件十分艰苦，落户在被称为“老鹰湾村”的一个尼姑庵堂内，虽然自身有一些天然优势，如家族团结、机制灵活、市场意识强等等，但在市场需求和激烈竞争面前又显得力不从心，孤掌难鸣，自然而然地想到要利用好政府的政策和乡镇社区的期望，想方设法从社会资源的运用寻找出路。

企业经营者的观念背景

如上所说，集团创始人及其追随者在自己的生产实践和经营活动中，深切地感觉到：“三只脚的板凳最稳”。并且逐步自发到自觉，把这种“分三合一”的稳健思维方式和行为方式，运用到企业经营管理的方方面面，尤其是用到管理提升和管理创新活动之中，使之成为摩士集团管理具有的个性，具体性的文化特征。

企业自身发展的背景

分三合一的和谐经营文化最初、最明显的又一个体现，正是因为在企业初创时遇到了迅速扩张的市场需求与自身原始积累的速度受限制的尖锐矛盾，实行“三个三分之一”（即大老板、加盟的小老板和广大员工各得盈利的三分之一）的解决方案，很快吸引了社会上的投资者（小老板）连人带钱的聚合，从而化解了矛盾，使企业得到了稳定、和谐、快速的成长。

之后，随着企业的快速成长，又及时提出了“企业成长三级跳”、“权力运用三结合”、“品牌经营三三制”、“赚钱方式三兼顾”、“管理提升三走向”、“功能组三合一”、“文化塑造三融合”、“管理坐标三维度”、“主体优化三境界”等诸多

分三合一的和谐经营文化内容。

理性的思考、自觉的提炼

“摩高敬天、士事爱人”的“天、企、人”分三合一的和谐经营文化，即以企业为本位、尊重规律、遵循规范，又深爱员工、全员一家并承担社会责任，充分运用分三合一的思维方式和行为方式实施经营管理以确保“摩士”企业和事业能够稳定、和谐、快速、持续地得到发展。必须说明，分三合一思维中的“分”是区分而不是分离至对立；“合”是统一而不是混合或混淆；既分又合才能形成事物和思想并灵活转化，这是人类智慧的高级形态。

“分三合一”和谐经营文化的主要内容和做法

经营利益的分三合一

早在创业期，摩士就采用了“小老板制”，让众多社会投资者成为“小老板”——按当时生产能力需要，吸收符合要求的村民和外来务工者为员工，组织成大老板、小老板和员工三位一体、统一经营、利润各得三分之一的经营模式，快速地度过了原始积累的门坎。

随着企业的成长和成熟，摩士现行的经营利益上的分三合一，已经上升为是指股东、员工（含经理人）、客户（含利益相关者）三者在利益分配上和谐与公平处置。也就是通过构建集团公司法人治理结构，发挥工会、职代会的民主管理作用，和以经理人为主组成的管理委员会的经营管理作用，最大限度地优化、平衡三者的利益关系。从发达国家现代化管理企业的经验看，随着股份规范、经营升格，企业的利益分配应当首先是客户，然后是员工，再后是股东。

企业成长的分三合一

在集团成立前后，要自觉经历从默默无闻→感动上帝（经过适当对外宣传，让各界知道，争取到客户认知、政府支持和社会资源）→然后第三跳才可能有快速发展、超常发展。正是这种三步走思路，使摩士很少决策失误，反而生存得稳、成长得快、发展得和谐。

公司领导把从集团成立到走向公众公司（上市），明确为又一个新的三级跳过程，即自觉从松散型的小老板合伙制→经过集团化经营，建立起真正意义上的股份合作制→再进一步提升，按上市后的公众公司规范自身行为，使集团整体上完成现代企业制度建设，跃进到真正实施现代化管理的一流企业。

随着企业成长的三级跳，价值创造的重心也要经历三级跳，即从以产品的生产制造为主的价值创造体系→经过以市场营销（国际贸易）为主的价值创造体系的磨练→最终走向以研发和营销为重点的研发、制造和营销相互结合的价值制造体系，使企业的价值创造行为与“价值曲线”所揭示的规律相符合。

权力运用的分三合一

摩士集团创业初期是典型的家族式经营的企业，但在实行公司集团化时，创始人和经营班子就已经意识到，家族企业不等于一定要实施家族式经营，经过有意识地短时间调整，就很快走上家族权、所有权和经营权三者之间区分和统合之路。

摩士以三权的分合为主线，还同时注意区分确立股东的财产权、公司法人的所有权和管理层的经营管理权，使之各负其责，让权力为共同的利益服务。管理实践中还创造了“大集团战略、中模块运作、小体系核算”的分三合一模式，也就是在战略上一定要有集团整体的大思路，集中力量办大事；在战略执行上、管理运作上，一定要有中等规模的操作模块，包括适度分工的子公司和功能划分的各个“中心”（成本中心、利润中心、研发中心、管理中心……）；而在业绩考核和经济核算上，一定要尽量划小单位，伸向基层甚至个人。

品牌经营的分三合一

首先是认清品牌建设的三步曲，就是从自发自创阶段，及时进入自觉提升阶段（包括组织相关人员学习《商标法》，制定公司的《商标管理规定》和《商标管理制度》，设置商标管理机构；通过并贯彻 ISO、QS 等质量认证；把摩士（MOS）定义为“机械行业之星”（MECHANICAL OPERATION STAR 等），最后才能进入战略管理阶段。

其次是品牌内涵的三要素，就是把人品、产品和企品区分清楚又结合起来。“人品”是指企业中所有人员，尤其是创业者的人格品位，它对于企业的品牌建设具有决定意义；“产品”是指为客户提供的物品和服务应当具有优良的品质；“企品”是指整个企业行为的品位和质量。从品牌文化说，人品侧重在品牌的精神文化内涵，产品侧重在品牌的物质文化内涵，企品侧重在制度文化和行为文化内涵。只有分三而合一，做到以精神文化为灵魂，以物质文化为基础，以制度文化为中介，以行为文化为落脚点，才能形成有竞争力的品牌文化。

第三是品牌战略的三大转变，就是要从有形为主转变到无形为主，用“无形”去主导“有形”；要从无序行为转变到有序管理，用有序管理来箍紧品牌这个无形资产的大木桶，防止品牌资产的跑、冒、滴、漏；还要从单一导向转变到综合导向，也就是除了重视利用宣传工具营造知名度（宣传型品牌建设）和注重在销售、客户服务方面运用品牌作为工具（联系型品牌建设）外，还必须做到企业的所有行为都能基于品牌原则，展示公司持久个性和价值观念。

文化塑造的分三合一

摩士集团一直以来都很重视企业文化建设和文化管理实践，努力把文化管理提到战略高度加以实施，走出了一条以企业为本，“摩高敬天、士事爱人”的“天、企、人”分三合一的文化建设路子。

摩士把“摩高敬天”视为立业之范。“摩高”就是摩士集团作为本体要摩天凌云、志存高远、永攀高峰、永不停顿、不断求变、持续创新的意思;“敬天”就是摩士作为企业本体,自己的行为要遵循规律、遵守规则、全力以赴、服务顾客(民以食为天,企业以客户为天)的意思。摩士同时把“士事爱人”作为兴业之本。“士事”就是摩士作为企业本体要尊重人才,员工要爱护企业,尽责敬业的意思,“爱人”就是企业爱员工、人人爱人人,合力向前的意思。

让文化与管理真正交叉结合,让文化与经济真正一体化,从而形成了强大的竞争力,并为摩士的持续发展培育了基因。

管理提升的分三合一

首先是行为方式上的分三合一,就是要把管理行为的简化、整化和细化,加以分别推进又紧紧结合在一起。中国的周易不仅讲了“变易”,还讲了“不易”和“简易”。摩士管理的提升不能走“复杂化”的道路,只能根据自身需要,围绕把握机会和解决问题,选择适用的管理理念、管理技术和管理方法,并经过改造成为自己的东西。

其次是功能组合上的分三合一,就是要把领导功能、经营功能和管理功能既区分又结合起来。尤其是要把领导和管理区分开来。如果说管理重在把事情做正确,那么领导则重在做正确的事(引导方向);管理重在把人用好、组织好、控制好,那么领导则重在把人(追随者)吸引过来;管理重在组织运转,领导则重在组织创新;管理重在维持秩序,领导则重在营造态势。摩士正在关注并开始集中开发经理人的领导力,并使之用领导力支配管理力,同时增长经营力。

再次是坐标对待上的分三合一,也就是要分别处理好企业与市场、企业与政府、企业与社会的关系,并把三种关系的处理提到三大坐标的高度上对待,让市场、政府和社会统合为一种力量。例如:当企业需要利用社会资源时,它是看得见的,当需要企业投资社会、回报社会、尽社会责任时,有些人又看不见它了。摩士集团在管理提升中充分重视这三大坐标,尤其是社会坐标。我们正在努力当好行业协会树立的管理典型,积极参与和承担行业协会的社会工作,既在按国际上的说法多尽社会责任,更在按中国的国情,通过党组织的领导作用,成为和谐社会建设的微观基础——创建和谐企业,并引导摩士人懂得摩士作为企业组织整体上要为社会打工。

主体境界的分三合一

主体是具有主观能动性的事物。摩士集团普遍使用的分三合一思维方式,摩士塑造的稳定和谐的企业文化,离不开主体的优化。按照摩士创始人的总结,他的“优化”已进入一种“三分合一”的境界,也就是乐趣、志趣和情趣的交合融会。

所谓乐趣,就是把经营企业的思想、行为比作跟娱乐活动一样,能带来享受。显然,这是企业经营者敬业精神的高度升华;达到了一种领导艺术境界。

所谓志趣,就是把经营企业比作跟做人一样,要有明确清晰的志向和高尚品格。这是企业经营者文化行为的高度升华。

所谓情趣,就是把经营企业当作建立利益共同(大家庭),充满情感,让经营企业变成经营美丽——不光是为了赚钱,更要讲究品味、格调和审美情趣。

正是由于摩士主要经营者具有三趣合一的境界,才能形成巨大的领导力,使企业的和谐经营文化落到实处,发挥真正的威力。

分三合一和谐经营文化实施的效果

企业经营业绩稳步、快速提高

主要表现在:公司创建初期,用少量起步资金,仅仅三年多时间,就诞生了一个股份制集团公司,人称“摩士速度”。使“规模”成为竞争中的重要资源,综合实力上了一个台阶。“十五规划”期间,随着和谐经营文化的完善和成熟,集团规模快速扩大,2004年的销售收入达到4亿6千万元,2005年末将突破5亿元人民币。已连续两年进入中国机械工业企业500强行列。

管理水平逐步提升

通过总结、反思、交流,寻求理论指导,并逐步塑造了分合和谐的经营文化和许多具体的经营理念,例如:①跳出家族看家族经营;②敢当典型、狠炼内功、互动交流、多作贡献;③要做就做最好的,站在高位做实事;④先国际市场再国内市场;⑤把企业当事业做;⑥为社会打工;⑦不怕人们关心企业(坚决当公众公司),股东可换,企业长存;⑧爱护员工,人人平安,产品是新的好,员工是老的(感情深的)好……。在这些理念和文化的指导下,摩士管理具有战略决策准确度比较高的(关键问题上未出现失误);组织管理比较到位,能够把各种有限资源用到刀刃上(关键上),尤其是能把人才和技术装备对准市场需求,敢于去和国际大企业接轨;文化管理比较着力,管理理念、管理思想比较超前、比较先进;学习管理开始兴起,主要领导人带头学,而且会学习、接受能力强,带动集团员工纷纷培训、学习,经营战略比较稳定,一心一意搞好专业化;管理主体自觉优化,用员工的话说就是做人做得比较好,所以凝聚力强,而且目光不短浅,敢吃眼前亏(敢为将为的发展吃亏)。避免了分工中容易出现的过度竞争和内耗,形成了巨大合力(或者说开发出了巨大的管理生产力)。

无形资产大大增值

这不仅表现在专利和知识产权上,而且表现在企业在行业中的地位、员工向心力和创造力等许多方面。由企业注意总结、反思、交流，已引起“世界管理大会”（世界管理者联盟）的关注。由于积极参与行业协会活动，已成为中国机械工业企业管理协会的骨干。现在摩士员工流失很少，愿意当摩士人的却很多，社会资源的利用比较到位。集中表现在摩士品牌在国际市场已经是微型球轴承的第一品牌，摩士集团已成为名符其实的国际供应商——70%的销售量供应给世界各地500强企业，且每年递增量30%—40%，说明摩士不仅在“走出去”，而且在“走进去”、“走上去”，知名度、信誉度和美誉度均有提高。同时推动了和谐企业的创建。表现为：

第一，和谐文化构成和谐企业的重要“一体”。和谐社会的建设包括经济、政治、文化、社会四位一体的建设，和谐企业也应当是包括市场、政府、文化、社会四位一体的建设。

第二，和谐文化促进了民主和谐的劳资关系。摩士利用职工代表大会和先进的工会工作，初步形成了民主和谐的劳资关系。

第三，和谐经营文化为处理企业涉及的其他人与人、人与组织、人与社会的关系（包括经营者与股东、企业与客户、员工与客户、员工之间、员工与社会、企业之间、企业与社会、企业与利益相关者等等）指明了方向。

第四，和谐经营文化为处理企业诸多外部关系（包括企业与市场、企业与政府、企业与社会（组织、社区）、企业与自然环境、企业与资源等等明确了方向。

第五，分合和谐的文化为吸收其他先进的社会文化和企业文化提供了可能。

企业文化建设对民营企业发展的作用

江廷科

哈尔滨曼哈顿多元集团公司，是由房地产公司发展成为集商业服务、地产开发、国际贸易、物业管理、准金融服务及高新技术开发于一体的多元化企业集团。通过曼哈顿十余年的发展历程，很好的诠释人们常说的一句话：一个没有优秀文化的民族，不能自强于世界民族之林；同样，一个没有优秀文化的企业，也很难自强于企业市场竞争之中。企业文化对于一个企业来说，可能不是最直接的表现因素，但却是最持久的决定因素。企业文化对企业发展有导向、规范、约束、凝聚、融合等作用，并会逐渐成为人们的共识。

企业文化对企业生存与发展的重要作用有以下几个方面。一是凝聚作用。企业文化像一根纽带，把职工和企业的追求紧紧联系在一起，使每个职工产生归属感和荣誉感。“创造成就，成就你我”，企业文化的这种凝聚作用，尤其在企业危难之际和创业开拓之时更显示出巨大的力量；二是激励作用。企业文化注重的是人的因素，强调尊重每一个人，相信每一个人，凡事都以职工的共同价值观念为尺度，能最大限度地激发职工的积极性和创造性；三是协调作用。企业文化的形成使企业职工有了共同的价值观念，对许多问题的认识趋于一致，增强了他们相互之间的信任、相互交流和沟通，使企业的各项活动更加协调；四是约束作用。企业文化对职工行为具有无形的约束力，经过潜移默化形成一种群体道德规范和行为准则，实现外部约束和自我约束的统一。五是塑造形象作用。优秀的企业文化会向社会大众展示着企业成功的管理风格、良好的经营状况和高尚的精神。又如曼哈顿的座右铭是德正业兴，此理念告诉所有的曼哈顿人：德是企业运作和做人的基础，所有的行为都建立在德的基础上，有良好的道德观指导着行为准则，也只有这样企业才能进步、发展，而且企业的所有理念系统的产生都源于此项内容。

对企业文化的认知可谓仁者见仁智者见智，但只要该文化能够凝聚企业核心力量，能够推动企业向前发展，能够帮助企业为社会获取最大的经济效益，便是最为优秀的企业文化。

（作者系哈尔滨曼哈顿多元集团有限公司总裁）

建设有广安特色的企业文化

河南广安生物科技股份有限公司

河南广安（集团）生物科技股份有限公司是河南省畜牧行业第一家由省政府批准设立的股份有限公司，成立于1996年，是一家以高科技饲料为主营业务，以饲料原料、动物保健品、网络信息服务、种畜种禽为辅助业务的农牧产业化龙头企业。广安集团设立了北京、郑州、上海、广州、长沙、新野六大生产基地。经过近十年经营，广安获得了“中国饲料十佳名优品牌”、“中国饲料产品市场首选放心信誉品牌”等荣誉称号。

广安人致力于健康、人性、成长、快乐、持续竞争的企业文化建设，认为“企业文化是企业的另外一种生产力，有特色的企业文化就是企业的品牌”。

突出“人性化”特色，构建企业文化

在企业文化建设上，广安人强调：先有人性化，再有企业文化。人性的基础是尊重，人性的核心是关爱。公司首先是一个充满学习氛围的大学校，其次是一个充满爱心的大家庭，第三才是企业。在这个大学校、大家庭中，从老总到普通员工都是平等的，在工作中相互学习，相互帮助，相互提高，取长补短。企业成立至今，一直在实施“员工开关工程”：只有关爱员工，员工才能开心、只有开心才能安心、只有安心才能诚心、只有诚心才能专心、只有专心才能保证质量。而在公司里面，广安这个大家庭的爱心是处处可以体验到的。为了给家庭有困难员工提供帮助、及时解决员工在工作中遇到的突发问题，公司成立了内部员工解困基金会及爱心工程小组，并把公司的这种爱心推广到公司的

每一个人,形成关爱的氛围,把以爱为核心的人性化管理推广开来,形成尊重制度的文化,而不是尊重职位的高低,个人的资历。

在强化企业内部人性化氛围的同时,公司每年都要对社会献爱心,积极参加光彩事业。公司定期组织专家技术人员到穷困乡村去做免费的技术讲座,引导农民走向科技致富的道路。针对因贫困而无法完成学业的大学生,公司专门建立广安助学金,组织员工为贫困生捐款,帮助他们完成学业。特别是对于残疾学校,公司每年都要以不同形式给予特别资助。在2003年非典期间,组织技术人员,强化攻关,为奋战在一线的医护人员捐助了20000斤健康鸡蛋。之所以把这种爱心推向社会,主要目的是培养员工的大爱心观,养成对社会负责任、对社会献爱心的意识,企业的员工都这样做了,企业也就尽到了对社会负责、对国家负责、对社区负责的义务。

从细节着手,升华企业文化

企业文化建设是个系统的工程,能做出特色,主要原因是持久的做,并且真正从细节入手,强化对企业经营理念、价值观的认知,让员工真正体会到这种文化的价值所在。公司每年都组织工作优秀的员工到国外去旅游学习,这种旅游文化是广安在行业内的文化口碑。公司每年对公司内部的百名优秀职业经理人和骨干员工进行分期拓展培训,以此来促进公司的革新能力,推动公司创新文化的发展。公司鼓励员工参加自学考试和各类进修班,以此提高员工综合素质,增强企业综合竞争力,这一模式形成了公司的人力文化;公司强化党团组织建设,成立了党支部,让党的指导思想、三个代表思想、社会责任感与公司融为一体。创刊八年的公司内部刊物《广安之声》成为公司最有特色的信息载体,无论是广安人,还是关心广安成长的朋友,都可以为广安之声提供稿件,畅谈对公司发展中的问题和建议,成为了员工中一种特殊的交流文化。

建设有特色的企业文化工程要从基础做起,从细节入手。公司曾针对浪费现象,从一张作废的名片抓起,开展对“一张名片”的全员讨论,让大家意识到节约一张纸、一度电的意义所在。针对用公司电话聊天的现象,展开“一个市话”的讨论,使员工认识到小事不小,形成“小事看人品”、“小事看质量”、“小事定成败”的做事准则。通过这些看似小事情的讨论认知,使浪费的现象大大减少,公司员工的工作质量和工作作风明显得到了改变。企业文化的真正差异在细节。

文化要做出品位,形成特色

一个企业的个性文化,是这个企业在文化上与其他企业不同的特性。行业内都知道广安的“二人行必有我师”的学习理念,都知道广安的“企业内部导师制”,都知道广安大学的金牌经销培训学院。这是广安企业文化建设的精华所在。

“二人行必有我师”是企业的文化核心,在这个文化核心的指导下,公司独创了企业内部导师制,形成了广安独具特色的企业学习文化和持续竞争力文化;在这个文化核心指导下的广安大学金牌经销商培训学院成了百万富翁的摇篮。

“内部导师制”是一种依靠企业内部人才资源,快速培养适合企业发展的人才培养机制,其具体方法是:首先确定导师和学员的资格,也就是公司的骨干人员和有培养潜质的人员。这项工作由人力资源部先根据个人的综合素质、管理能力、业务能力、个人专长等情况,分别确定一级导师、二级导师和三级导师。不同资格的导师带不同层次的学员,每名导师最多带3—4名学员,形成梯状的人力结构。

第二是确定培养方向、方法、内容和课题。培养方法可以是灵活多样,比如:工作上随时指导、定期指定研究课题、针对性的技能专题培训、谈话式的互动交流等多种方式。

第三是考核和优化。根据导师制定的培养计划,公司人力资源部定期进行考核,对于学习的实际效果,工作中表现出的成绩,人力资源部给予备案,对于优秀的学员,人力部可以为学员引荐更高一级的导师,并把学员的进步作为晋升、晋级的依据之一。

企业“内部导师制”不但是一种企业内部迅速的人才培养机制,也是优秀经销商的培训方法。尤其是对发展中的中小型饲料企业更为实用。很多经销商、养殖户在广安文化的熏陶下,积极与我们合作,在与我们的合作中成为了百万富翁。

建设持续创新的文化

为了确保新经济环境下的企业文化建设质量,公司提出了建设优秀企业文化的三个“度”。

学习要有深度。对于企业文化建设要站在一定的高度深刻领会,把握其中的内涵。

操作要有力度。对于企业文化的实际操作,要有一个高屋建瓴的通盘考虑,既要考虑企业自身特点,又要具有一定的开拓意识和艺术策略。

结果要有跨度。企业文化建设的总结要有分量,有厚度,要使职工真切体会到企业文化建设有新意,有变化,有提高,企业能够真正实现跨跃式发展,对今后的工作能够起到指导作用。

发展要有高度。企业文化的建设要与公司的发展战略紧密结合起来,要围绕公司的发展目标去创新,所以在企业文化的总结与推广上,必须要上升到一定理论高度、指导高度。

让企业绅士起来

——谈企业的社会责任

刘福龙

在全球经济一体化的今天,世界经济正以势不可挡的趋势朝着全球市场一体化、企业生存数字化、商业竞争国际化的方向发展，随着中国历史性地和平崛起，中国企业也在深刻影响和改变着世界经济的格局。在这样一个高度竞争、瞬息万变的宏观环境之中，中国企业必须满足更高的市场和社会发展的需要——在任何情况下都应保持谦虚、宽容的风度，在任何情况下都必须考虑到自身的社会责任——这就是企业的绅士风度。面对资源环境的约束，面对"不患寡而患不均"的伦理拷问，面对建设和谐社会的大势，中国企业已经无法回避社会责任这个深沉但却现实的问题——让企业绅士起来，不只是企业文化建设的需要，更是企业社会责任的呼唤！

中国企业需要绅士风度

绅士一般是指高尚、有教养、能体谅别人感情的男人；所谓绅士风度，是指一种合乎礼仪风范的行为态度。千余年来，绅士总是致力于消除身边阻碍自由与坦诚的因素，他与周围的一切保持和谐而不凸显自己。任何时候出现在公共场合都衣冠楚楚，谈吐举止优雅而又风趣幽默；对待任何人都彬彬有礼，礼让在先，不卑不亢；任何情况下都能保持谦虚宽容的风度——在人们心目中，绅士往往是西方社会文明进步的一个典型缩影。

这种终身自觉保持有教养、有礼貌、有品味的风范，显然是一种文明的结晶。而在中国古代，君子风度可能和绅士风度是同义语，都是指有教养、有身份者的气度，是中国人的一种文化教养——不仅要内正其心，具有内在的道德品质美，而且要外正其容，使自己的仪态容貌合乎礼仪和规范，大方得体。"带束腰，垂其余以为饰，谓之绅，士大夫所服；士者，男子之大号，士者，事也，任事之称也。"

然而，在今天的中国社会中，绅士的确不多；而具有这种气度的企业，更是廖若晨星。

有专家说，所谓企业的绅士风度，是指企业承担社会责任的一种表现方式。企业社会责任是指企业在经营发展的同时，还要承担对员工、对消费者、对社会和环境的社会责任，包括遵守商业道德、生产安全、职业健康、保护劳动者的合法权益以及保护环境、节约资源、支持慈善事业、捐助社会公益、保护弱势群体等，这是一个企业的基本社会道德。但过去二十多年中，中国的个别企业尤其是一些处于成长期的中小企业却背道而驰，这些企业，特别是部分没有长远发展目标的经销商，其发展具有一定掠夺性、侵犯性和欺骗性，表现为恣意钻政策漏洞、违规操作、对行业资源环境漠视、对他人生命财产漠不关心甚至故意欺骗等行为。这种地地道道的"骗子"、"土匪"行径，造成了行业秩序的混乱，造成了市场的动荡，影响了社会的和谐发展。

经历了上世纪80年代的一夜暴富和90年代的超常扩张，中国的企业家已经不得不直接面对企业的社会责任。君子爱财取之有道，一个企业不重视社会责任，即使得到了利益，也属不义之财——第一不符合以人为本的宗旨，第二不符合科学发展观。作为企业不仅要加强管理，力争实现利润最大化，而且要恪尽社会责任。

一个企业不能只盯着利润，还应该承担起应负的社会责任。表面看，承担社会责任会影响企业利益，其实勇于承担社会责任反而会赢得更大的利益。企业要在市场经济大潮中站稳脚跟，不仅要有过硬的质量、良好的信誉和适宜的营销方式，还要有社会责任感。越来越多的企业家已经认识到，承担社会责任已经不是企业家单纯追求企业利润的外部效应，而是企业家必须正视甚至要付出成本代价的企业行为。以万雄集团为例，在11年的发展历程中，万雄人形成了"以人为本，服务社会"的价值观念，时刻关注客户、员工和行业内以及社会中的每一个成员，无论是历次市场震荡中对客户利益的果断维护，还是对营销研究成果的无偿分享，或是对钢铁生产、营销企业进步带来的行业性推动，或是频频向公益事业奉献的爱心，以及每一名万雄员工实实在在的待遇提高，无不体现着"以人为本"。高度的社会责任，高尚的企业形象，高超的专业素质，是万雄品牌的精华与保障。

企业"绅士风度"是一种与自然、社会和谐相处的企业伦理，是一种能给企业带来效益甚至永恒动力的企业文化。历史将证明，只有更绅士化、更人文化、更现代化的企业才具备更强的后续竞争能力。企业越早思考并承担社会责任，越能成为长距离竞争的赢家。

中国企业，必须塑造起绅士风度。

绅士起来，以中国的名义

做一个有绅士风度的企业，现代企业应该正确认识5个要素。

领袖。企业如人，企业深深烙印着企业家的性格、思想、气魄与风度。企业文化本质上是企业家的旗手文化，是优秀企业家品质、才华、胆识等综合素质的扩展和放大；而优秀的企业文化又以其成功后的自信，激励和鞭策企业家组织和带领全体员工不断"追求完美、追求卓越"，形成一种以人文精神为动力的激励机制，使企业生机盎然，充满活力。一个优秀企业的领导者，需要具备个人的绅士魅力和创造能力，不仅是在履行着经济专家、营销专家、管理专家的责任，也在执行着文化专家创造、传播先进思想的义务——他在不断提高自身素质、完善创新自身企业文化的同时，还从经营、管理方法上推动着行业的进步，传播着先进的企业文化，塑造着一个绅士企业的群落。

文化。一个优秀的现代企业，必然建立在优秀独特的企业文化基础之上。而打造绅士的企业，企业自身的企业定位、经营理念等，所包含的思想精髓必须有与绅士风度的内涵有相似相近之处，只有思想上产生出共鸣，才能在实践中达到异曲同工的作用。在企业绅士风度的形成过程中，新的企业文化会对内形成了独特的吸引力，如同指南针指导着员工自觉自愿地从事着每一项活动，并形成一种积极创新的学习氛围，为企业员工建立共同的目标和价值观念，自然生成员工对企业的忠诚，使企业具有了更强的凝聚力和向心力；对外则通过多种方式和途径，在积极吸收其他先进企业文化作为自身补充和增益，在社会各界形成优良的企业形象。可以说，优秀的企业文化是塑造企业绅士风度的基础。

环境。工作环境的改变往往会将成为企业培养绅士风度的直接动因。对于一个企业的发展，环境往往不是决定性因素，但环境的改变必然会对企业生产、交流以及人员管理等日常性工作产生重要的影响。比如，一个企业由普通的街边门市房迁入顶级的国际性办公场所，其管理细则必然要做出针对性的调整，从最简单的员工形象设计到言谈礼仪等，众多曾经不被重视的细节都肯定会有所改变。现代企业，特别是一些具有一定实力的中国企业，其对外交流的部门往往会选择顶级的办公场所，这些高楼大厦现代豪华的整体环境固然令人向往，但作为一个国际化的交流平台，中国企业将面对、接触的是来自世界各地的国际型企业，无形中已经成为中国企业的代表，体现着国家的尊严、民族的素质和社会的文明程度。成为现代中国的绅士，工作环境的改变已经在迫使中国企业塑造更高、更完美的企业以及个人形象——绅士起来，以中国的名义！

时机。从市场环境看，2006 年是实施“十一五”计划的开局之年，政府将深化国有企业改革、加快产业升级，推进跨越式发展，这为中国企业提供了重要的发展机遇；从社会环境看，全面优化发展环境，加快构建和谐社会已经成为中国发展的方向，树立良好的精神风尚既是企业组织的需要，更是社会的需要；在实现中华民族伟大复兴的关键时期，中国企业不能只追求经济利益，更应该抓住有利时机贡献出崭新的企业精神文明，创造一个更加绅士的企业风范，将是中国企业接轨国际、推动“十一五”经济又快又好地发展的切实之举。

员工。企业的发展壮大离不开企业的员工，企业文化建设的成功与否不仅取决于企业家，也取决于每一名员工的素质。企业不仅仅是一个单纯赢利性的组织，还是一个企业成员实现自我价值、寻求精神家园的社会机构；员工不仅是企业发展资产或财富的“经济人”、“营销人”，而且还是具有多方面需求、能力和精神追求的“文化人”。从打造每一名员工的绅士风度做起，最终形成企业的绅士风度，而企业的绅士风度又会影响、推动员工更加“绅士”，实现共同的升华——这是企业绅士风度的必由之路。

从员工到企业，从单个企业到行业联盟，从一个行业到多个行业，从经济企业到整个社会，塑造企业的绅士风度，是经济人的需要，更是文明人的需要；塑造中国的绅士企业，是中国企业义不容辞的社会责任，这也将成为促进社会经济发展、和谐进步的前奏！

绅士风度，始于义表于行

如同辉煌高峻的大厦，深厚坚实的社会责任是“绅士风度”的根基，一个有绅士风度的企业在任何时候都会表现出对社会责任的高度重视与义不容辞，体现出行业中流砥柱的价值，而在日常的企业管理与交流中，绅士风度则体现于每一个细节。

绅士风度是细节。细节决定成败；细节体现素质。不论是“绅士”还是“淑女”，要收获魅力的钻石，都必须要精心打磨每一个细节。绅士淑女从文化意义上讲，浓缩了人们知于男人和女人的审美情趣，有唯美的倾向，像一种平淡、精致的向往。绅士固然要讲究外表的体面，但绝不是伪装的体面，也不是简单地 Lady first。

绅士风度是礼仪。一个有绅士风度的企业，自然应该是由一个具有高度社会责任感与职业道德的“绅士”与“淑女”的团队所构成。绅士风度作为一个特殊的文化范畴，几乎涵盖了礼仪的每一个细节。虽没有什么惊人的举动，但言谈举止却合乎礼仪而有教养，在每一处小的地方都表现出温文尔雅的气质和谦让的风度。

绅士风度是不断追求卓越。西方最初的绅士由“骑士”发展而来，骑士是西欧贵族最早的主体，绅士的血管中理所当然地流淌着骑士精神。绅士风度的精神内核，是用古代体育的精神对待人生，代表着一种优美的展示和自然的追求，追求过程的体验与参与，挑战和展示自身的极限，而不是某种对抗。

绅士风度是优雅。一个有绅士风度的企业在让人感受到永恒的、奋斗的生命脉动时，更会给人以自由、雍容、优雅的感觉，不会只忙碌、满足于眼前的某个特定目标，忽略对过程的体验与总结。让员工、客户等所有与之相关者的生活都有品位、不再粗糙，是一个绅士企业的应尽之责。

绅士风度是尊重。绅士的企业中，员工是平等的，客户是平等的，绅士的企业以绅士淑女的态度为绅士淑女们服务。

绅士风度是宽容。绅士的企业，在争论中他从不心存私虑，以势压人；也从不言辞刻薄或是含沙射影、诋毁他人。对外来的企业文化、管理方法并不一味的接纳或排斥，而是有选择地兼收并蓄、取长补短。

绅士风度是实力。中国儒家“士大夫”的儒雅、清高与西方贵族绅士精神有合脉共通之处，“礼”是绅士风度中重要的成分。然而，“礼不下庶人”、“仓廪实而知礼节”，没有一定的物质基础，一个企业只能是独善其身的正人君子，但却不能成为兼济天下的翩翩绅士。

绅士风度是规范与秩序。绅士风度是一种责任感、正义感，是职业良知和敬业精神的体现，是一种高层次的规范与秩序，是对团队精神的另一种诠释和升华。

作为文化现象，绅士风度有其界定；作为精神追求，绅士风度永无止境，需要不断地补益、创新与升华。而绅士风度与企业文化的融合，是绅士文化在现代社会新的外延与发展，也形成了一种全新的、和谐的现代企业伦理。

带着责任，用平和的心态去观察、思考，用一点一滴的行动去改变、积累，用真挚的感情去梳理工作与生活——从做绅士与淑女开始，这就是我们每个企业人要做的事。

（作者系万雄集团董事长、总裁）

文化管理引领百年海景

——海景集团企业文化建设巡礼

杨镜光

海景集团是一家以房地产开发、建设和管理为主业的综合性企业集团，已相继成功开发、建设和管理着多个以“海景”系列命名的楼盘小区，目前正在全力打造天河区首个白金级大酒店——皇冠假日（海景）酒店。海景集团作为一家民营企业，在十几年的发展历程和商品经济的大潮中，经历了风风雨雨和坎坷曲折，从起步之初经验式管理的“小作坊”到以企业文化管理为模式的初具规模的集团公司，充分认识到企业文化管理是现代企业管理的重要手段，是企业的核心竞争力，是企业在竞争日益激烈的市场和参与全球化竞争中制胜的最终法宝，是企业可持续发展的基础和保障，是引领海景集团成为“百年老店”的战略手段。我们的实践和做法是：

一是确立企业管理理念，奠定企业文化管理的价值观基础。企业文化建设和管理最重要的基础工作是形成企业家、管理层和全体员工共同的价值观，并在这一价值观基础上实现企业的愿景。为了形成这一共同的价值观，我们首先面向全体员工征集企业的管理理念，其次管理层进行讨论整合，然后再融入企业家的管理价值观，最终确立了“海纳我才智，才智融海景，我与海景共荣辱，海景与我同辉煌！”的企业理念。这一理念充分反映了海景集团是员工展示个人才华、实现个人抱负的舞台，员工和公司应同舟共济、荣辱与共，员工和企业可共同分享企业发展的成果。比如，我们这几年培养提拔了一大批中高层管理人才，他们大部分并非高学历或名校毕业，但是他们实际工作能力出众，业绩突出，忠诚于海景事业，所以我们不论资排辈、不拘一格加以提拔使用；我们实行严格的、较为科学的绩效考核制度，并对考核优、良、称职的员工给予数额不等的年终奖励；每个季度我们对当季表现突出的基层员工开展海景之星评选活动；我们对在公司服务满四年的员工，在公司房源允许的情况下，按照员工服务年限、贡献大小折算成首期房款并提供内部优惠价解决员工的住房问题；比如我们利用企业纳税获得的蓝印户口指标，基本上解决了公司员工的户口问题；我们对服务年限期满的员工给予相当于其本人 1 ~3 个月工资不等的忠诚员工奖，并随着其本人的服务年限增加而递增。所有这些政策的实施极大的增强了企业的凝聚力、战斗力和竞争力，也是我们对企业理念实际践行的真实写照。现在，我们的企业理念在各个办公场所公示，在各层次会议前宣读，在奖励先进、鞭策落后时引用，务求全体员工在思想上和行为规范上对照执行，形成了企业上下共同的价值观。

二是实施制度化管理，确保企业文化管理的科学性、公平性和公正性。制度是一种习惯、一种工作指引，一项行为规范、一项使管理连续性的手段，只有建立和完善各项企业管理制度，才能使员工形成共同的工作习惯、行为规范，才能指导员工如何开展工作，做到有章可循，有据可依，避免员工和各层级工作和决策的随意性和主观臆断性，从而确保经营管理工作的科学性。海景集团在发展历程中深刻意识到制度化管理的重要性，从 2002 年开始根据企业实际情况，逐步建立起一整套具有海景特色，操作性很强，较为科学的管理制度，目前累计大小管理制度七十个。随着企业的发展和管理中的新情况，我们每年还对制度进行补充、修改和完善。为了加强制度的执行力，我们定期组织员工进行制度学习培训和考核，并建立起“一级执行、两层监督”的制度执行监管体系，即各业务部门执行制度要求，行政架构内的资产法务部和独立于行政架构外的监事室分两层监督制度的执行情况，并及时作出处理，坚决做到有规必依，违规必纠，不让制度停留在纸面上成一纸空文。

三是建立重合同守信用的企业文化体系，树立企业品牌，促进企业营销。我们经常教育和要求员工和各层级负责人，要认真履约，加强服务，确保质量，践行承诺。特别是在房产证办理环节，我们深切体会到这是消费者最关心的切身利益，我们专门组织房产证办理的一套流程体系，在人力、物力、财力上加以倾斜，确保第一时间将房产证交到业主手中。在我们开发、建设和经营的房地产项目中，我们身体力行的宗旨是让客户买得放心、住得舒心、用得称心。我们所开发的楼盘也形成了一个海景社区，我们尽心尽力地为这个大家庭做好后续服务工作。我们很少在报纸上投放广告，消费群体主要是通过业主的口碑传播而来的，这充分说明践守承诺的企业文化，对企业营销的积极影响。也正因为如此，我们每年都获得省工商局授予的“守合同重信用企业”荣誉称号。

四是建立表征化企业文化体系，大力开展企业文化活动，促进企业经营管理工作。我们在企业内部建立起文体协会、关爱基金会和内刊编辑部等民间组织，这些民间组织由来自各部门、各二级公司的代表组成，负责文化活动的组织开展工作。文体协会每年都要开展如文艺汇演、社区运动会、歌唱比赛、体育比赛、登山等活动，通过这些活动培养团队精神、加强沟通和了解、增进工作友谊，同时极大地丰富了员工的业余文化生活，特别是去年我们员工自编、自导、自演的大型情景剧《和谐社区之歌》在广东省民营企业文艺汇演中荣获金奖，增强了员工强烈的企业自豪感和自信心。关爱基金由公司、个人和其他捐款组成，对员工个人或直系亲属遭遇疾病、天灾人祸所造成的经济困难给予及时的援助，体现团结互助的精神和海景大家庭的温暖，增强员工的归属感。内刊编辑部创立了《海之韵》刊物，不仅在办公网上发行，也在海景集团的外部网站发行。通过这个文化阵地宣传企业的经营理念、管理业绩、好人好事、方针政策等等，而且与员工互动，成为员工交流和展示才华的平台。除此之外，我们还给员工提供一年一度的外出团队旅游活动、由企业家亲自签名的员工生日贺卡和礼金、小药箱等。所有这些表征化的企业文化活动形式,使员工产生强烈的企业认同感,并以“海景人”自居、以“海景人”为荣。

五是提倡社会责任感,提升企业文化管理价值。企业是社会的单位,员工是社会的成员,我们提倡企业和员工都应关心国家、关心社会、关心他人,特别是弱势群体。海景集团这些年累计捐献给各社会团体的善款达几千万,也获得了很多荣誉和称号,这是对我们发展不忘关心社会、回馈社会的表扬和肯定。我们的员工也积极为印度洋海啸、救助贫困户等活动捐款和义卖,参加植树活动等。通过倡导和推行企业员工的社会责任感,一方面让企业和员工增加爱心和责任心,以及溶入社会的安全感和整体感,另一方面也是社会和大众对本企业文化的认同和认知,从而树立起企业品牌,提升企业文化价值,使企业走上可持续发展的正确轨道。

(作者系广东海景集团副总裁)

打造特色企业文化,为民族工业做贡献

——沈阳天江老龙口酿造有限公司企业文化建设成果纪实

“老龙口”始建于公元1662年,即康熙元年,至今已有344年的悠久历史。“老龙口”不仅是满族酒文化历史典型代表,也是东北地区的民族工业著名品牌。自2000年以来,沈阳天江老龙口酿造有限公司把企业文化建设作为企业发展的助推器,大力开展企业文化创建活动,形成了具有地域特点和鲜明时代特征的企业文化建设体系,使先进的文化理念、历史品牌文化内容渗透到了生产经营的各个层面和社会效益活动之中,取得了丰硕成果。

以品牌文化为先导,打造了企业核心竞争力

在市场经济发展的进程中,老龙口企业在1998年初,生产经营步入最低谷状态。在当今的激烈市场竞争中发展靠什么?老龙口有三百余年的历史,从2000年开始重塑品牌形象,全力实施品牌文化战略。靠的就是品牌文化优势,打造核心竞争力的路子。

一是依托品牌优势,以存量寻增量,引进外资,实现资产重组,企业再造。2000年11月,成功地组建了“沈阳天江老龙口酿造有限公司”,一举成为国内白酒行业第一家合资企业,开创了白酒行业先河,率先引进国际资本进入我国传统白酒行业。在强手如林的全国白酒市场竞争中占有最大的份额,实现了品牌的延伸。

二是依靠品牌含量,调整产品结构,培育了市场生命力。进入21世纪后,白酒市场发生过了深刻变化,从量向质转化。沈阳天江老龙口酿造有限公司决策者们,以老龙口的百年品牌文化为突破口,开始了新一轮的产品结构的调整,加大了中高档酒的开发力度,形成了“生产一代、储备一代、研发一代、构思一代”的新产品开发体系。从企业合资到目前为止,已开发出以青花龙酒为主导产品的高档酒,以御酒为主导产品的中档酒,以白龙酒为主导产品的低档酒达200多种不同规格产品,统一了新产品开发的字体、颜色、标识,产品的设计按不同的产品系列体现企业的形象,企业的文化内涵。中高档酒在市场占有比率稳步上升,销售额比例从3%增长到56%,为企业发展创造良好的经济效益,奠定了基石。

三是依靠品牌效应,创新企业文化建设,提高了市场竞争力。在白酒市场竞争日益激烈的过程中,紧紧依靠老龙口百年品牌的效应,在不断地创新企业文化建设,提高企业竞争力上取得长足进步。(1)坚持“爱我品牌,开拓创新,团结奋斗”为核心内容的多种形式主题教育活动,增强了员工忧患意识、机遇意识、发展意识。(2)坚持“质量立业,品牌至上”的永恒理念,积极倡导“让每一瓶白酒都使顾客满意”的质量信念和服务承诺。确立了“品味三百年酿造工业的历史,承诺老龙口质量永恒的主题”的质量方针,建立了以ISO9001:2000国际质量管理体系认证,实现了产品的高质量和高品品质。(3)灵活运用社会公益和文化载体,提高产品的知名度和美誉度。一是开展向社会广泛征集广告用语及企业新标识活动,从3689件应征作品中产生了“融三百年豪气,酿老龙口真情”这句主打广告用语和象征老龙口腾飞与走向辉煌的企业标识。二是先后举办了“庆祝建厂340周年,老龙口之声”大型文艺演唱会、《老龙口之声》孙佳依肖邦钢琴独奏音乐会等社会公益活动,赢得了国内外的广泛赞誉。此外,还积极参与老龙口杯体育舞蹈锦标赛、省九运会等文化体育比赛活动,特别是2003年9月冠名“辽宁老龙口体育馆”,不仅历史性地载入了辽宁体育事业的光辉史册,也使老龙口品牌知名度更加发扬光大。(4)参与全国糖酒展会酒文化活动。2001年以来,相继参加了乌鲁木齐、西安、南京及沈阳的全国糖酒商品交易会,在全国糖酒中充分展示了老龙口的历史品牌和酒文化特色。

以挖掘历史酒文化为载体,打造了企业发展的生命源泉

第一,建造酒文化博物馆,丰富酒文化底蕴。2002年,自筹资金建造一座建筑面积1200平方米仿清代建筑风格的酒文化博物馆,是集鉴赏性、传播性和寓教育性于一体的酒文化殿堂,铸成了老龙口酒文化新的亮点——老龙口工业旅游区。共两部分6大展区,其中酒博物馆内展区分为“酒文化展区”、“酿酒老作坊展区”和购物服务区。酒博物馆外展区(老龙口酿酒工业区)分为老龙口白酒传统酿造展区、贮酒展区、现代化包装车间展区等,充分展示中华民族传统酒文化,生动展现中国传统酿酒工艺流程,是东北白酒酿造最有历史价值企业发展史的缩写。不仅成为东北造酒业酒文化的传播地,也为沈阳市工业旅游增添了一道高品位的

靓丽风景线。2002年至2005年，接待日本、韩国、新加坡、马来西亚、中国香港、中国台湾等国家和地区的国内外旅游团500多个，人数年均达10万余人，产生较好的经济效益和社会效益。

第二，挖掘民族工业历史文物、文化遗产，再现了东北乃至中国酒文化渊源。公司领导高瞻远瞩的认识到企业品牌的核心价值就是历史和文化，历史需要挖掘，文化需要塑造。2003年开始，并着重开始对老龙口品牌文化和历史文化进行了修复、提升和挖掘。2004年2月，隆重举行了“振兴老工业基地老字号，‘老龙口’建厂342周年文化挖掘成果新闻发布会”。确定了“老龙口”（原名义隆泉烧锅）始创于1662年（即康熙元年）的准确纪年以及老龙口酒为清代康熙、雍正、乾隆、嘉庆、道光5代皇帝10次东巡盛京御用贡酒的史实。老龙口酒厂是一所历史悠久，有着丰富文化底蕴的中国“老字号”企业之一。在此之后，一批挖掘的酿酒工业文物呈现在人们面前。

（1）百年古井。工厂内有百年古井一眼，水质清澈甘冽，宜于酿酒。清初，所酿白酒多贡奉朝廷与军队，素有“大清贡酒”之称。

（2）百年酒海。2002年8月，厂内挖掘出的19世纪末老龙口（义隆泉烧锅）木制盛酒残片，据专家考证，老龙口酒海从开始使用至今，足有百年以上历史。

（3）百年石磨。2005年3月，在老龙口厂区“义隆泉烧锅原址”，挖掘出了大量的子母孔秋坯石磨群，此石磨为子母孔秋坯石磨，属清初之物。足以说明老龙口白酒传统酿造工艺发展的悠久历史。

（4）百年窖池。见证了老龙口窖池的窖龄长达300年以上，是东北建造最早、规模最大、保存最完整、连续烧酒时间最长的老窖池群。这个窖池群从清初建成伊始，至今一直在连续使用。老龙口始建1662年的酒窖评估值为0.28亿元。

（5）百年品牌。传统的酿酒工艺孕育了“老龙口”的百年老字号，从“义隆泉烧锅”时期，一直延续至今。20世纪30年代的《高粱酒老商标》就标志着老龙口酒畅销国内外，年销售量达百余吨。随着历史的发展与变迁，老龙口白酒传统酿造工艺的历史价值仍然很高。“老龙口”的商标商誉评估值为1.58亿元。

《老龙口白酒传统酿造工艺》在2005年12月正式批准为省级非物质文化遗产，列入省级非物质文化遗产重点保护单位。挖掘的酒海、子母孔秋坯石磨、著名书法家沈延毅留下的“龙吐天浆”墨宝、20世纪30年代的《高粱酒老商标》等11件文物被确认为国家三级文物。

第三，推出老龙口小说三部曲。2004年8月至2006年2月，由邹长顺、李同峰著的长篇经典小说《老龙口·酒殇》《老龙口·酒魂》《老龙口·酒神》三部曲相继问世于众，并收藏于国家、省市图书馆，使老龙口酒文化进入一个崭新的发展阶段。

以弘扬企业精神文化为动力，构建了和谐企业环境

沈阳天江老龙口酿造有限公司高层领导认为企业文化要有员工广泛参与并得到广大员工认同，才能发挥其对生产经营和企业发展的推动作用。

灌输文化理念。沈阳天江老龙口酿造有限公司强调老龙口文化是老龙口人的文化，人人都要参与文化的创建。同时，通过主题教育、周三定期培训和《老龙口动态》厂报等形式，坚持不懈地向员工灌输老龙口文化，统一员工的思想，增加员工对文化建设的支持。注重企业文化的“全员参与”，厂标的设计、企业价值观和企业精神的凝炼以及各种文化活动都提倡全体员工的支持与投入，把每个员工的力量凝聚起来，为企业发展作贡献。

刷新环境。按照VIS视觉形象标准，做到了员工统一胸卡、统一工作服、车辆统一标识、厂区楼体统一着色。党委组织开展了精神创建活动取得实效。2005年企业被评为沈阳市“文明单位”。环境建设营造和谐局面。

活跃载体。公司把开展多种形式的文体活动，作为关心员工的业余文化生活大事来抓，比如，工会每年举行员工排球、篮球、乒乓球及棋类赛事，不仅寓教于乐，陶冶情操，提高了员工素质，而且产生了企业的向心力、凝聚力。2005年企业荣获沈阳市群众体育活动“先进单位”称号。

以体现特色文化为基石，建设比较充备的企业文化体系

沈阳天江老龙口酿造有限公司的企业文化，注重从本企业的生产经营实际出发，建设有本企业特色的企业文化体系，充分发挥企业文化力对企业发展的推动和促进作用。将本企业文化分为三层，即理念文化，制度行为文化和精神文化即价值观。在理念文化上，确立了“超越创新”的企业核心理念和提出“企业以营销为中心，营销以市场为中心，市场以服务为中心，服务以消费者为中心”的营销理念，强调以“实现企业价值最大化”为核心的价值观。在制度行为文化上，编制了《员工手册》《机构设置与岗位职责》及企业各项管理制度。在精神文化上，通过塑造、培育铸成了“追求卓越、崇尚创新、潜移默化，润物无声”的企业精神和“安全生产促效益，科技环保图发展，创新管理铸辉煌”的企业使命，为提高企业在社会上的知名度、信誉度、美誉度，营造与一流企业相适应的企业文化氛围奠定了基础。从而构成了企业文化“六大”策略，即创新发展策略、诚信经营策略、团结协作策略、市场公关策略、品牌策划策略，使其形成了一套较为完善的企业文化建设体系，进一步打造了老龙口强势文化，为沈阳民族工业的发展做出贡献。老龙口这个历史品牌，将用他渊源的文化产生更广泛的影响，走向全国，迈向世界。

“三营”文化——广汇企业发展的精神动力

新疆广汇实业投资（集团）有限责任公司

新疆广汇实业投资（集团）有限责任公司创建于1989

年,经过17年的创业发展,目前已形成拥有122.98亿元资产,24462名员工,集液化天然气业、汽车服务业、房地产业等为一体的现代化大型民营企业集团。2005年广汇集团实现经营收入119.77亿元,跻身中国500强企业第207位,中国民营企业500强第17位、"首届对中国经济社会发展贡献突出企业1000强"第240位。企业先后荣获"全国优秀民营企业"、全国"诚信纳税企业"和全国"光彩之星"等数十项荣誉称号,被新疆维吾尔自治区党委、人民政府誉为"新疆非公有制经济的一面旗帜"。

广汇企业的创立与发展培育了"三营"文化

广汇企业是以孙广信为代表的7名复转军人创办的,经过创业发展,一批又一批复转军人把"讲奉献、守纪律、能吃苦"的军营文化价值观,融入到具有广汇特色的企业文化之中。随着广纳贤才用人机制的运行和国企改制的深入,广汇企业文化中又融入了优秀的国营(国有)企业文化和民营企业文化的血液。"三营"文化不仅倡导人民军队无私奉献、雷厉风行、团结拼搏、永争第一的精神,而且倡导国有企业坚持党的领导,建立健全规章制度,深入开展职工思想政治工作的优良传统和民营企业强烈的市场意识、竞争意识、危机意识、风险意识和鲜明的人生价值观,经过千锤百炼在广汇这个大熔炉中熔为一体,形成了融军营好作风、国营好传统、民营好机制于一体的广汇特色的"三营"企业文化,成为广汇企业文化中最宝贵的精神财富和增强企业凝聚力、提升企业竞争力的强大精神动力。三者的有机统一创建了广汇企业文化的理念系统、识别系统、管理体系、运行机制和员工操守。"三营文化"与企业的创立相伴而行,促进了企业的快速发展。

不断发展"三营"文化,在企业改制中的作用

随着企业的发展,广汇企业文化建设具有越来越多的创造性和理性思维色彩。1994年创办的《广汇》报在"首届全国企业文化传媒论坛"上,《广汇》报获"中国企业文化传媒优秀内刊二等奖";1999年2月,著名报告文学作家张正隆数次奔赴新疆,历经春夏秋冬终于写成《西部神话》一书,用独特的视角、深刻的哲思、凝重的笔触,为读者揭开了广汇的神秘盖头;1999年在新疆维吾尔自治区体育局、篮球协会的关心、支持下,广汇集团出资组建了新疆广汇男子篮球俱乐部,广汇篮球俱乐部成立以来,传承了"永不言败、勇争第一"的企业精神,既传播了广汇"三营"企业文化,又丰富了新疆各族人民的文化生活。1999年3月,结合企业创业10周年,广汇集团与《光明日报》社、新疆维吾尔自治区党委宣传部、新疆社会科学院共同策划组织了在北京人民大会堂召开的"广汇模式及其在新疆优势资源转换战略中的定位"研讨会,对广汇的发展模式进行了初步探讨,这一命题被列为国家级哲学社会科学课题和1999年国家社会科学基金项目;2000年1月,广汇集团与新疆社会科学院合作编辑出版了《新疆广汇企业集团崛起的理性思考》,翔实地总结了广汇作为非公有制企业发展壮大的历程,对企业发展经验进行了归纳和总结,对企业文化进行了理性的概括和提炼,标志着广汇企业文化建设向更高层次发展,2003年该书荣获自治区第五届社会科学优秀成果二等奖。同时,拍摄了全方位反映广汇发展里程的7集系列专题《10年创业话辉煌》在新疆电视台播出,组织了大型民族歌舞《我们新疆好地方》在全国巡回演出;同时,广汇集团党委与乌鲁木齐市委组织部联合拍摄、制作了体现广汇集团党建工作题材的专题片《光芒》,2004年3月《光芒》在自治区第六届党员电化教育电视片观摩评比活动中荣获专题片类一等奖;2005年10月全面体现广汇企业现状的综合性网站《广汇网》(www. guanghui. com)正式开通,形成了对外宣传的一个实用、强大的宣传阵地,使企业文化的创建更注重哲学经营理念的概括和理性的总结,"三营"文化更具深厚的哲理内涵,使文化传媒作用得以较好体现。

在活动中,传媒"三营文化"

长期以来,广汇集团把企业文化建设当作一项突出工作来抓,对创建新型的企业文化做了许多有益的探索和尝试。充分发挥党、团、工会组织的作用,通过开展丰富多彩的活动,体现企业浓郁的文化特色,增强员工的归属感、使命感,发挥党、团员及工会会员在企业文化建设中的模范带头和骨干作用。通过一年一度的"五二"企业节庆典活动回顾企业的创业发展史,凝聚人心、鼓舞士气,沟通感情:通过组织企业广大员工积极参与"我是广汇人"演讲比赛和两年一届的"广汇人风采"文艺汇演、一年一届的"健康老人"艺术节,多方面展示员工的精神境界和艺术才华,极大地增强了做广汇员工的自豪感;通过每年一届的年终总结表彰大会,评选"员工楷模",重奖"突出贡献者",选树各方面先进典型,调动员工争先创优的积极性;通过奖励员工提合理化建议,表彰员工爱企如家的意识,促进企业科学管理。

在经营中,深化"三营文化"

广汇集团高度重视企业文化的融合,对改制后各企业优势文化资源进行了有效整合:一是在各成员企业全面导入广汇特色"三营"文化,在全体员工中培育"哪里有广汇,哪里就有发展"的企业精神,增强团队意识;二是积极组织学习培训、互相观摩、参观重点工程建设项目、开展员工喜闻乐见的文化、体育活动,开阔员工视野,增进对广汇的认知和理解,加强各成员企业之间、员工之间的相互交流,坚定对企业发展的信心;三是认真开展了以"讲诚信经营、创诚信品牌、树诚信形象、做诚信广汇人"为主题的"四个诚信"教育活动,在各成员企业和车间醒目场所悬挂了"四个诚信"的统一牌匾,编写了宣传教育提纲,倡导员工在工作中践行"四个诚信";四是认真开展以"了解广汇、理解广汇、认同广汇、发展广汇"为主题的"我是广汇人"认同感教育活动,编印了宣传教育手册,做到2万余名员工人手一册,拍摄了反映广汇集团各产业健康发展局面的电视专题片《追

求》，给全体员工播放后取得了较好的效果。2006 年 4 月在“首届全国企业文化传媒论坛”上，《追求》荣获“中国企业文化传媒优秀作品二等奖”；五是丰富和发展了广汇“三营”文化新的理念，在全体干部、员工中大力倡导求实务实、与时俱进、认真负责、团结协作的“四种精神”；增强政治、理论、品德、专业、身体的“五种素质”；提高当家理财、科学决策、市场应变、前瞻预测、组织领导的“五种能力”，以及全面贯彻落实科学发展观，打造“决策层的凝聚力，管理层的执行力，操作层的向心力”的“三力”。通过提高“人”的素质及能力，有效发挥“人”的主观能动性，促进了企业社会效益和经济效益的提高。

17 年来，广汇集团致力于企业文化工作的发展和推广，紧跟企业发展的步伐，紧紧围绕生产经营这个中心加强企业文化建设，发扬“追求卓越、永无止境”的作风，努力为企业持续、稳定、健康发展提供保障。不仅在企业文化领域进行了积极的探索和实践，而且使广汇“三营”文化得到了提炼和发展，在全疆乃至全国都具有了较高的知名度和美誉度。今后广汇集团将继续探索企业文化工作的新思路、新途径和新方法，进一步促进企业健康发展，为新疆的经济发展和社会稳定、为全面建设小康社会做出新的、更大的贡献。

华中：聚焦核心

湖北华中光电科技有限公司

曾一度困宿于湖北鄂西宜都山区长达 30 多年的湖北华中光电科技有限公司，在 2004 年春节期间实施了整体搬迁战略。由于“迁”“产”两不误的措施得当，它不仅改写了很多企业因搬迁而“搬亏”、“搬垮”的历史，而且当年实现了销售收入 1. 39 亿元，同比增长 26. 1%，工业总产值同比递增长 38. 8% 的佳绩；步入 2005 年，其销售收入更是突破了 2 亿元大关，同比增长 55%，经济发展规模跃上了一个新的台阶。更为惊人的是：在去年决战年终的短短的四个月期间，就创造了销售收入一个亿的奇迹。

刚刚步入发展上升期便迎来了快速发展期，如果没有特殊的能量怎么可能会有如此的爆发力？

华中所有的成功秘诀都凝结了两个有力的大字：核心！

年轻有为的领导班子，凝聚着企业核心的源泉

竞争，是市场经济中永远的话题。竞聘上岗，则成为了一个发展中企业凝聚人心、永续活力的基本前提。

平均年龄 40 年，其中有 5 个研究生学历的 7 个领导班子成员中，有 5 个人是竞聘上岗的。首当其冲，原华中公司总工程师周泽武在经过一系列严格评判后，于 2004 年春竞聘走上了总经理的领导岗位，同时还兼任着总工程师的他，肩上的担子更重了。

重压之下，必有强者。领导班子成员思想高度一致，战斗力也就异常凸现了。一手抓生存，一手抓发展；一手抓行政，一手抓技术；一手抓研发，一手抓市场；一手抓设备，一手抓人才；一手抓制度，一手抓落实——当这每一手都站到了制高点上，都落实到位的时候，华中的战略目标越来越清晰了：要达到甚至超越国内外同行业先进水平，做国内外一流的光电企业！

对于企业来说，没有什么比愿景更重要、更基本和更具号召力的了。在一连串的佳绩之后，这样宏伟、大胆甚至冒险的企业愿景顺理成章地燃起了每一位华中人心中希望的火焰！

由于经历过广大群众代表评判的洗礼，由于是凭借实力来说话，这支专业性、知识性、年轻化的领导班子队伍，上级是信任的，员工也是信服的。讲团结，讲奉献，像一整块巨大的磁石，年轻的领导团体凝聚了华中生存和发展核心的源泉。面对着这样的团体，我们深刻感受到的是一股生生不息的生命活力。

军品立体，强源固本，聚集企业生存核心

虽然不在“保军企业”名单之列，但长期作为兵装集团隶属企业的华中公司深深意识到：不能脱离“兵器”这个大家庭的“呵护”，更不能把几十年的军内优良资源和科研技术“等闲”视之。于是，在兵装集团“622”战略牵引下，必须要走“保军报国、强企富民”之路的华中公司，坚定不移地把军品放在了企业自下而上核心位置，切实抓住了该类企业生存的“牛鼻子”。

1999 年以前，工厂军品规模不超过 3000 万元，主导产品仅有两项，当年新产品贡献率很低。到 2005 年，工厂军品规模已经扩大到 1 亿多元，主导产品贡献率接近 50%。目前，公司在产品上已从单纯的激光测距逐步拓展到光电应用的五大领域，而且在科技创新、做大规模、提高效益等方面取得了显著成效。

执着科研，自主创新，聚集企业发展核心

科技创新是一个高新企业生存和发展的活力核心所在。华中人认为，华中的快速发展得益于自身的科学技术实力，回报社会和国家是华中应承担的责任和义务。基于此，华中人不等不靠，通过不断的自主创新，不断加大技改投入，实现着产品的升级换代。

按照“生产一代、研制一代、储备一代、探索一代”的研发思路，他们力求长短结合，统筹兼顾，突出重点，整体推进，将科研项目细分到多个层次并且全面展开。另外，公司还与防空兵指挥学院、北京理工大学等院校以及兵装集团公司内外有关兄弟单位进行了广泛的合作，开展了多个型号项目和预研项目研究，进一步提升了企业的技术水平和产品集成能力，不断开发出适销对路的新产品，大大拓展了市场领域，构建起了开放型的军品研发体系，为切入武治光谷、打进武汉城市经济圈奠定了坚实的基础。

目前，公司每年在新产品开发上的投入达到销售收入的 5% 以上，有力地促进了技术创新，为新产品开发搭建了

高起点的操作平台。通过应用新技术,产品逐步拓展到陆、海、空、二炮、武警、公安以及军品外贸等诸多领域,逐渐形成了技术含量高、品种多、小批量的军品特色。由于每年都有20多个新产品生成并投入生产,推动了军品规模持续快速增长,形成了新的经济增长点。实践证明,正确的军品研发思路促进了企业核心竞争力的不断提高,对企业持续发展产生了很好的拉动作用。

服务至上,抢占先机,聚集企业热力核心

服务至上,会使客户有清新荣誉感。华中在努力营造内、外部和谐共生的企业氛围,谋求着企业与社会共同繁荣,与客户共同成功。

实例:在走访部队的过程中,技术人员无意中得知,部队急需既能提高现代反恐战争打击的准确率、又能保护战士实施远程监控指挥的新型装备。他们眼前一亮,认为必须主动服务,抢占先机。于是,一个项目组迅速成立了。从收集资料到设计方案,仅用两个月就完成了某产品的样机研制,3个月产品通过出厂鉴定。该产品在某军区特种大队试验非常成功,受到了部队的热烈欢迎,当年通过军方鉴定、定型,创效益2000万元,现在已成为工厂的"当家"拳头产品之一。

针对一些融高、精、尖技术为一体的产品研发,华中公司集中核心的工程技术人员,发扬"两弹一星"和载人航天精神,以饱满的热情和昂扬的斗志投入到科研工作中,始终战斗在现场,攻克了一个又一个技术难关。关键时刻,领导亲自上阵,亲手调试,诊断问题,制定措施,保证了试验一次性成功,创造了一个又一个机遇,得到上级领导的高度评价。

以人为本,加大投入,聚集企业生命力核心

人才兴则企业兴。华中不仅服务于外部客户,而且服务于内部客户(员工),为员工提供生存和实现自我价值的空间,与员工共享经营成果,不断提升员工的工作与生活品质,实现与员工的共同成长、共同发展。这是企业的可持续发展战略,是服务至上含义的延伸。

以人为本,华中公司抓住了企业管理的核心,也抓住了企业生命力的核心。

为吸引和留住人才,在企业还不富裕的情况下,华中坚持"事业留人、感情留人、待遇留人",努力营造"拴心留人"环境。在政治上,十分关心科研骨干的成长进步。将对上申报评比、获奖的各种机会送给一线科研人员;在经济上,分配政策大幅向科技人员倾斜。一方面不断提高科技人员的起点工资和技术津贴,另一方面以每年20%的涨幅增加项目开发奖,对有突出贡献的科技人员实行专项奖励;在工作上,努力为科技人员创造良好的硬件环境。将军品研究所建成了全厂最好的办公室;在感情上,重视对科技人员的人文关怀。在政策允许的范围内,尽力安排好家属的工作,解除他们的后顾之忧。有员工感慨地说:我在这里有一种荣誉感、成就感和归宿感,这是在外面用金钱换不成、得不到的。

培训,是现代企业管理中,企业给与职工的最大福利。华中把打造一流的研发队伍作为企业的一项长期工作,不仅在技术上而且在整体素质上,大大加强了人才培养的力度。2005年,与武汉大学联合举办了光电研究生班,选拔了23名有培养前途的科技人员前去在职攻读;每年尽量多安排参加各种专业技术学习班、研讨班,进行专项学习;实施继续教育工程,让科技人员不断获取新知识、新信息;2004年,还制订了一项特别的培训计划,定期请公司内部的技术专家就企业的核心技术、常用技术、实践经验等举办讲座,公司领导亲自参加讲课,与大家共同研讨。这样奋发进取、积极向上的育人环境,让学知识、练技术、钻业务在整个华中公司蔚然成风。

"没有完美的个人却会有完美的集体",周泽武这句饱含深情的话语淋漓尽致地诠释了这个大家庭高度的凝聚力和坚强的战斗力。

思路决定出路。树危机观念,树一流观念,属大发展观念,"耐得住寂寞,抵得住诱惑,付得出艰辛"。这就是今天的华中人。在成绩面前,他们没有自满;在还没有知名品牌的情况下,他们涵养实力,他们追求卓越;在还没有系统的企业理念指导时,他们提炼着精华,他们升华着思想。

华中公司,必将成为卓越的光电技术供应商!

关爱员工　实现双赢
是兴盛企业文化的精髓

四川兴盛皮革制品有限公司

四川兴盛皮革制品有限公司是专门生产出口皮革服装的外向型企业,自1995年正式投产以来,生产的男女、儿童等系列皮革产品100%外销德国、英国、美国、加拿大等国,在国际市场享有良好声誉。兴盛公司取得的成绩,主要归功于全体员工用心血和汗水浇灌、培育的兴盛企业文化之花。

注重营造员工利益、责任与企业一起成长的良好环境

兴盛公司在发展企业的同时,把保障企业员工利益和引导他们履行社会责任放在非常重要的位置,坚持"以人为本",教育员工把企业使命与社会责任统一起来,从而培育高尚的文化环境和氛围。这是因为兴盛公司的员工绝大多数是农民工,让他们有稳定的收入,是我们的职责。十多年来,兴盛公司不但没有拖欠和克扣员工工资。相反,为了保证员工有稳定的收入,有时连亏损订单我们也接,宁肯企业亏损,也要保证员工有活干,有工资拿。比如2004年,在原辅材料价格不断上涨,公司相当困难的情况下,我们都千方百计给员工增资20%左右。所以在公司出现了一个"怪"现象:员工不愿和公司签订劳动合同,原因是他们深知,不管有没有合同,公司一贯都是按《劳动法》保障员工利益的,甚

至做得更好。同时,我们将对员工自觉履行社会责任的引导和教育溶入到企业发展中,企业员工履行社会责任的直接外在表现就是为社会提供最好的商品和服务。因此,公司一直把产品质量视为企业生命,并形成全公司员工的共识,这是现在兴盛公司产品能在欧美顶级时装品牌商场站稳脚跟,赢得赞誉的秘密。

注重建设企业以人为本与员工以企为家的人企合一的发展团队

我们始终坚信,以人为本,关心热爱员工,实行企业民主管理,充分调动员工积极性,是促进企业健康发展的关键。兴盛公司从创办之初就定下一个原则:必须真心实意地尊重员工,满腔热情地对待员工,无微不至地关心员工,要建立起稳定和谐的劳企关系,要把兴盛公司建成职工之家。公司从优化员工的生活、生产环境到尊重和保障职工的公民权益等方面。2000年,公司刚从俄罗斯金融危机打击中恢复过来,资金还十分紧张。公司就挤出部分资金,修了两幢职工宿舍和歌舞厅、食堂,购置了一套高级音响,坚持在节假日、休息时间组织员工参加丰富多彩的体育活动、游园活动。在新产区的车间里还将安上节能环保空调。公司的红白喜事、受伤生病,公司领导、党、工、团干部都要亲自过问,或派人派车,或带去公司的祝贺、问候。还千方百计地解决了员工子女在成都读书的问题,解除了员工的后顾之忧。

因受市场影响,公司一下子损失600多万元,企业濒临破产,有100多名员工坚决不离开公司,留下来与我们同甘共苦,共渡难关,他们靠卖蔬菜,到建筑工地打小工等赚点钱回来和没有找到工作的员工们一起艰苦度日,我们公司政策性搬迁,员工们纷纷提出不请搬家公司,自己动手,硬是没花一分钱搬家费和设计安装费,把公司从黄忠村搬到了土桥村。我们把企业以人为本和员工以企为家很好地统一起来,努力构建命运共同体,做到了企业和员工的共同发展,实现了双赢。

注重培育支撑企业实现持续发展的文化力量,坚持文化传承与文化创新相统一

我们在不断开发适销对路的新产品,严保产品质量不动摇,占领市场制高点的同时,非常注重文化的传承和创新,使企业发展既奠基在深厚的文化积累之上,植根于厚重的民族文化传统之中,又能适应时代变化,不断发展创新。公司在注重建立和谐的劳资关系方面,很好地继承了协调配合的团队意识,并通过创新,把企业建成命运共同体、发展共同体和文化共同体并在文化的传承与创新的过程中,注重形成相对稳定的“文化基因”,使之成为促进企业发展的精神财富。在“客户至上”的基础上,逐步渗入兴盛改革观点,进而形成“持续创新”的理念,以这种理念指导企业不断进行技术创新和开发新款式,不断产出优质产品,使企业在激烈的市场竞争中始终处于不败之地。目前,欧美的公司接受了我们公司设计的款式。我们用创新中华服饰的理念逐步引导了欧美的消费习惯。由于我们的款式有创意,质量又过得硬,近两年,在成都不少同行拿不到订单的情况下,我们的订单却非常饱满。

注重培养员工自觉践行文化的良好氛围

企业文化建设成败的重要标志之一,是看企业文化在员工中的内化程度,员工自觉践行的程度。我们在文化建设上注重知行合一,“管理创新,质量求精,持续改进,客户满意”的质量方针已经成为公司员工的生存方式和工作习惯,体现在员工的言行之中,我们采取如下措施来提高员工的文化执行力:我们对新招收员工除了培训岗位操作技能,还要培训公司文化,给他讲公司的发展史,讲公司质量方针,讲“诚信为魂,质量为纲,科学管理,持续创新”的经营理念,讲“以兴盛产品美化人类生活”的企业使命,以此对员工进行教育、不断提高员工的文化执行力。

员工不仅是文化育人的对象,也是文化创建的主体。基于这种认识,我们采取了“每年至少一次的职代会”等行之有效的办法让员工参加到企业文化建设中来。事实证明,员工不但是公司生产的主力军,也是企业文化建设的生力军。

为企业文化建设提供坚实的思想基础

兴盛公司从1998年起就先后建立了党、工、团组织。公司通过党、工、团教育员工,团结员工。特别是党组织在企业的保证和监督作用的发挥,保证了企业沿着正确的道路发展,保证了员工的素质,夯实了企业文化的基础。公司党、工、团经常通过各种培训班、讲座、座谈会、个别谈心、专题电影和兴盛广播、黑板报、宣传栏、《兴盛报》、《兴盛简讯》等对员工进行多方面的教育,使员工获得全方位的素质提高。在党、工、团的共同努力下,我们公司成为了一所教育人、改造人的学校。有许多员工,进公司前,在社会上沾染了许多陋习,通过公司党、工、团组织的教育,这些人不但改掉了恶习,有的还入了党,被提拔为公司部门负责人,成了公司的骨干。

企业文化是一个不断完善和提升的特殊文化,虽然兴盛公司的企业文化现在还处于“企业家文化”这一初级阶段,但随着企业的发展壮大,我们将促使企业文化从“企业家文化”向开放性企业核心团队文化过渡。我们深知,这是现代企业的需要。为此,我们将不懈追求。

文化整合提升企业价值

华立集团

文化是人类社会在发展过程中,所创造的物质财富与精神财富的总和。文化是一种社会现象,它以物质生产为基础,随着物质生产的发展而发展,有它自身的规律性。优

秀的企业文化，能够激励员工积极向上，因而能够推动企业的发展，提高企业的品味，增强企业在市场上的竞争能力，为企业和社会创造更多的价值。华立通过发展自身优秀的母企业文化，通过整合和提升不同区域、不同性质企业的优秀文化，为集团的并购、扩张、发展起到了积极的作用。华立集团的营业收入2001年为28.5亿元，2005年达到110亿元，增长了286%。

文化源于历史沉积

华立企业文化是构筑在传统产业基础之上、并经过长期的建设而形成的，带有浓厚的传统产业色彩和华立特色，对华立各项事业的发展起到过积极的促进作用。

1970年9月28日之前，华立集团只是古老的余杭小镇上的一家手工作坊——“余杭镇竹器雨具厂”，由余杭镇的雨伞、竹器和笔管扫帚三家合作社合并而成，生产纸伞、扫帚、竹椅之类的产品。为了摆脱原始落后的生产状况，1970年9月28日，“余杭县电子仪表厂”挂牌成立，“华立人”开始了在仪器仪表行业的艰苦创业。1971年终于在简陋的工棚里生产出首批10只DD16型单相电能表。从1970年到1990年，华立经历了“产业革命”、“管理革命”、“机制革命”三次重大的变革，使公司完成了从手工作坊到工厂的过渡，企业管理逐渐规范、规模实力不断增长。“八五”期间，根据国家宏观经济形势和企业经营方针，华立集团实施了粗放型扩张，设立独资、合资、控股等企业23家，这一轮的产业扩张使华立完成了从单一工厂向集团型企业的过渡，企业规模实现了几何级数的增长，与此同时，过度的扩张带来了巨大的经营风险，漫长的产业战线使得企业有限的人、财、物资源过度分散，多元化危机威胁企业的生存。到了“九五”期间，华立进行了产业的“归核化”调整，确立了“调整战略、扶优扶强”的经营方针，实施“两个90%”战略：即集中90%的人、财、物发展制造业，在制造业中集中90%的人、财、物发展电工仪表、电子材料，组织结构由“橄榄型”向“哑铃型”转变。这一时期，华立抓住了国家“两网改造”的机遇，电能表业务飞速发展。“华立”成为电能表行业的龙头企业，并且连续14年综合经济指标名列全国同行之首。

36年的发展历程，使华立优质的企业文化基因被不断植入并得到提炼，华立人在逆境中顽强生存、谋求发展的精神，华立人开放包容、永不满足的精神，华立人面对困境团结协作的精神都逐渐成为华立文化中的精髓，闪耀着熠熠光芒。

文化是无形的，但是可以被感知和总结。华立对已有文化进行了精心的思考、总结和提炼。华立确立了自己的宗旨：“增进社会福祉，实现人生价值”，华立在实现“增进社会福祉”的理想中不断发展壮大，华立人在追求事业的目标中不断“实现人生价值”。“创全球品牌，树百年华立”，是华立集团的经营目标，是华立对自身发展方向和目标的定位。“共识、共和、共创、共享”的“四共”精神则是对华立精神的最真实概括。华立的管理理念是“以员工为华立之本、以品牌为华立之魂、以市场为华立之命”。华立还倡导“四个负责”，即“对用户负责、对股东负责、对员工负责、对企业负责”，倡导“简简单单做人，踏踏实实做事”的作风。这些理念都是华立人在不断的实践中摸索和总结出来的，既充分反映了华立的历史文化，又结合了企业成长发展的愿望，注入了新的优质元素。

进入新世纪，华立开始了二次创业，意味着华立进入更加系统、全面的经营创新与管理变革时期。同时，华立同时面临不同地域、不同民族文化的冲突，随着企业从地区走向全国、又从全国走向全球，不同地域、不同肤色、不同国度、不同语言、不同文化的人汇聚到一起，传统文化已无法承载。这对华立人是一个严峻的挑战：意味着华立人视野的改变、理念的转变、思维方式的改变；战略产业平台的扩充；资源配置区域和方式的转变；治理与管控模式的转变；经营管理者队伍的更新换代。这就需要进行“三合”建设：业务整合、团队磨合以及文化融合。这其中文化融合是最难也是最重要的，大型集团化企业尤其并购业务，能否达成均衡一致的文化价值观，关系企业并购的最终效率和成败。同时华立自身的“母文化”也需要根据新的内外环境进行微调和优化，很多具体的提法和解释在新的内外环境下都已不够准确，需要重新进行梳理整合。基于上述基本考虑，从2006年3月份起，华立正式拉开“华立软实力整合升级项目”序幕——华立又一次开始了文化的整合。

文化如何整合

尊重历史、求同存异是企业文化整合的前提。华立是具有36年历史的企业，各个产业所处地域、环境的不同，员工的生活经历、文化背景与价值取向也不尽相同。因此，华立以尊重历史、实现文化的融合为宗旨，充分把握好各种文化的共性和个性、优势和劣势，吸收文化的精髓，做到“取长补短，共同吸收，开创特色”，注重结合企业实际，形成具有本企业特色的生产经营组织、技术、产品和管理等多方面组成的整体文化；形成企业统一的经营理念，统一的企业宗旨和企业目标，统一的管理思想，统一的企业伦理道德与行为规范，这样不仅能消除文化的差异与冲突，而且能更好地融合这种差异，形成共同的奋斗目标，和谐的工作氛围，较强的凝聚力与向心力，从而实现企业的和谐发展。

以人为本是企业文化整合的核心。以人为本，简言之，就是一切以人作为出发点，一切以人作为最终目的，其核心就是尊重人。对企业而言，就是创造员工满意度。提高员工满意度不是仅仅对员工好，而是创造条件让员工做得更好。无论是从制度建设还是组织建设上来说，企业的管理制度、企业员工行为规范、员工聘用制度、绩效考核、薪酬激励制度等等都集中体现了华立的文化，并让这种文化不断地产生价值。同时，党委、工会工作也处处体现出以人为本，不断地尝试新的方法，在整个集团内开展党支部直选、工会主席直选，通过直选，选出员工心目中的支部书记和工会主席，开展各项活动，充分发挥党组织和工会的作用，调动和发挥广大员工的积极性、创造性。为企业的持续、健康、稳定发展起到积极作用。这种以人为本整合华立文化的方法已经在集团收到了良好的成效。

品牌文化的建设是企业文化整合的重要一环。一个企业的发展，如果没有具有特色的品牌文化作引导，就会导致消费者的忠诚度降低，也难以得到本企业员工的认同。90年代中期之前，华立一直专注于计量仪表领域的研发制造，由于电能表市场资源的有限，华立开始了向多元制造产业领域的扩展和向海外市场的开拓，并取得了成功，集团得到了快速的发展。无论产业快速多元扩展，还是新产品更新换代，华立品牌坚持的“质量为本、诚信经营、创新进取、以人为本”为核心承诺始终得到大力贯彻。经过长期的管理实践，华立集团确立了“多元化发展、专业化经营”的发展方针。华立品牌为了适应多元化发展的需要，从过去的单一品牌向多元品牌的复杂结构体系过渡，华立集团旗下除了“华立”品牌以外，还有“健民”、“昆明制药”等多个知名品牌。对“华立”品牌的整体定位、价值表述、识别形象也在进行重新规划，力争到2010年，将华立发展成一个资源配置全球化的跨国公司。

确立共同的价值是企业文化整合的最高境界。华立发展到现在，每一次进步都经历了文化的冲突与融合，为企业注入新的活力。这种冲突表现在新旧文化、传统文化与现代文化、外来文化与地域文化之间。传统华立文化是一团和气的大家庭式文化，而现代企业要求则是提倡企业内部的竞争、超越精神，对华立来说又要求具有包容、开放的一面，于是在传统文化的基础上又增添了新的要素。这是一种什么样的文化？既有家庭般的归宿感，又充满着竞争、超越和包容与开放，每个人都在追求企业的共同目标的同时，实现自身的价值，这就是文化的进步，这就是文化建设的成功。而这一切，前提是：具有一个共同的核心价值观。确立起共同的核心价值观是企业文化整合的最高境界，也是企业文化整合成功的标志。

文化整合的措施

文化是精神层面的东西，必须要有良好的表现形式才能够不断的发挥作用，才有利于全员对企业核心价值观的认识和认同。华立的企业文化整合后表现为以下几个方面——

组织保障。华立企业文化建设推进的主体是华立集团党委、工会、一报两刊，他们共同承担了企业文化建设的任务。董事局主席汪力成先生历来非常重视企业文化建设，提出了“经理人办文化”的理念。近期在全集团范围内开展“华立软实力整合升级工程”项目，希望通过“软实力”项目的实施，把华立的核心价值观渗透到各个层面，进一步凝聚全体新老华立人的共识与合力，共同铸造优秀的标杆企业和受人尊重的百年企业。同时，2005年又成立了华立管理学院，成为又一个文化培训、传播的载体。

制度建设。成熟企业的文化更多的体现在企业制度上，制度反映文化。华立处于从一家传统企业向现代企业转变的过程中，制度化建设、规范流程的建立显得越来越重要，这个过程也是企业文化融入制度的过程，通过制度来体现华立的文化。目前，企业的管理制度、企业员工行为规范、员工聘用制度、绩效考核、薪酬激励制度等等，都是企业文化的集中体现，使文化获得有效的制度保障。

文化活动。丰富多彩的企业文化活动是华立文化中的一大亮点，作为华立文化传播的重要途径，以党委、工会为平台，每年都会开展形式多样的文化活动。华立运动会和华立文艺会是华立周年庆典的传统节目，每年都会相隔举行，这是一次全集团范围的盛大聚会，华立员工通过体育竞技和歌舞晚会祝愿企业的成长进步、传播友谊。每当节庆日，工会还会组织一些优秀的企业员工、退休老员工外出旅游，几年来，公司已经先后组织去香港、澳门、海南、西安等地旅游，通过这种方式表达企业对优秀员工和老员工的慰问和肯定。

随着国际化步伐的加快，企业呈现出了巨大的开放性和包容性，互动开放的交流逐渐成为企业一个新的特征。华立集团每年岁末会举办一次论坛年会，论坛的形式很开放，通过谈话、辩论、互动的方式展开，讨论的又是关于企业经营管理、企业发展的宏观命题，在这里，无论是普通员工、中高层管理干部、还是外籍员工等，都可以自由地参加讨论，通过这个过程完成企业的思考。

传播渠道。企业文化的传播宣传渠道很多，现在华立集团总部层面，文化传播渠道主要包括华立报、华立内参、华立医药、华立网站，以及企业文化展示厅、博物馆等。各产业公司都有网站或报刊。在各产业子公司的厂区、车间、管理区、餐厅等公共区域，都统一设置了企业文化墙。通过这一系列的渠道、方法各种手段，华立文化自然而然地渗透到每位员工的身边、心底。

华立报已有16年的创刊历史，以“对外为主、内外兼顾”作为自己的办报方针。每期近20000份的发行量向公司内外发行，展示华立成就，传播华立文化。华立报已连续13年被评为省市优秀企业报。

华立内参以“为领导服务、为企业发展服务”作为自己的办刊方针。发现和揭示集团经营过程中涌现出来的典型经验和存在的问题，了解中高级管理者的思想和行为动态，建立交流、探讨平台，推广先进经验，抨击不良现象，为集团生产经营正常运行服务，为组织决策提供信息支持。这是华立集团的一大特色。

华立医药以“为华立医药产业的发展鼓与呼”作为办刊方针，也就是“专业化”方针。随着华立药业在整个集团中的比重越来越大，华立医药杂志突出华立医药产业作为华立核心主营业务的整体形象，宣传、反映华立医药产业大成就、大举措，提高华立在医药行业的知名度和美誉度，建造沟通与交流平台，增强向心力与凝聚力。

网站是华立对外宣传的又一重要窗口，具有了实时、互动、多媒体特征，更能形象、生动的展现企业文化，华立员工通过网站了解企业的历史、现状及未来,掌握第一时间发生的新闻事件,互动参与网络文化活动,参与自由的网上论坛平台,网站使得企业文化得到了更快捷、广泛和生动的传播。

整合之后的价值

企业文化的整合是一项基础工程,也是一项系统工程。我们在实施跨世纪三大发展战略的同时,需着重强调企业文化整合的作用,高度重视企业文化建设,不失时机地制定并实施新的企业文化战略,将企业文化的整合,与企业战略和企业制度的制定和实施,与以高新技术改造传统产业的工作有机地结合在一起,以文化力启动经济力;进一步强化全体员工核心价值观意识,克服旧的、传统的观念,以全新的精神面貌投入到富有创造性的工作中;用企业文化建设的成就,促进企业文化资产的增值,培植企业的文化资本,带动企业效益的提高和精神文明建设的发展。

对多元化的华立而言,在积极推进组织优化、三大战略、资源整合这些"刚性"改革措施的同时,更应该注重发挥文化在管理中的"柔性"作用,放眼长远,切实把"勤俭创业、团队至上、超越自我"作为全集团最高的核心价值追求,从而达到文化整合 1 + 1 > 2 的良好效果。当文化一旦成为华立重要的核心能力之一,就能为企业带来长久的发展动力。华立能够走过 36 年的历史,并且不断的发展壮大,依靠的就是文化之力。"四共"精神令华立总能在最艰难的时刻团结起足够强大的力量,化险为夷,"增进社会福祉、实现人生价值"的企业宗旨使华立无论身处何时何地,都不会迷失方向,健康的企业伦理使得华立能够得到广泛的支持,并不断的为企业创造更大的价值。

浅谈企业文化建设

甘肃天庆房地产集团公司

党的十六大报告指出:"文化的力量,深深熔铸在民族的生命力、创造力和凝聚力之中。"这一科学论断,准确地论述了文化建设的战略地位。在发展市场经济的新形势下,随着经济管理结构的不断完善,企业文化作为凝聚企业员工归属感、积极性和创造力的人本管理理论,正被人们所认识和重视,并在很多知名企业得以广泛应用和推广,尤其在发展中的中西部地区,企业文化已成为焕发企业管理活力、推动企业经济发展的重要标志和最经济的战略资源。企业文化作为人本管理的高级阶段,是企业在长期生产经营中形成的价值观念和行为规范,是市场经济条件下加强和改善企业管理的必由之路。越来越多的实践已经证明,文化力能够激活生产力,提升竞争力。在这方面,我们天庆集团进行了积极有效地探索与实践,并取得明显效果。

第一,正确理解和把握企业文化建设的内涵。这是企业文化建设的重要前提。

天庆集团企业文化建设和企业文化的沉淀是由来已久的,天庆集团在创立之初,就组织选拔了一批以党员骨干为核心的企业领导班子队伍,多次召开会议,专题学习讨论,并由主要领导或分管领导牵头到外地学习考察和参加培训,不断加深了对企业文化建设的理解和把握。同时,深刻地认识到,要想持续跨越式发展,就必须把加强企业文化建设摆在十分突出的位置来抓,用文化力激活生产力,用文化力提升竞争力。我们客观理性地作出了"一年全面起步,两年升华发展,三年形成特色,五年全面发展,十年进入全国先进行列"的工作规划,并以集团办公室和人力资源部为主成立了企业文化建设领导小组,为全面开展企业文化建设提供了保证。企业文化建设不仅是一项探索、实践性的工作,更是对领导者意志、胆略和综合素质能力的严峻考验。对于企业文化建设工作,天庆集团党政班子从开始酝酿就表现出巨大的热情和积极性,特别是党政主要领导高度重视企业文化建设,切实做到了"一把手"工程,总裁亲自策划,亲自设计,亲自实践,公司各方面全力支持。

第二,整合提炼、宣传灌输企业文化理念,是企业文化建设的重要基础。

企业文化是企业的灵魂,是由企业核心理念、经营理念、设计理念、安全理念等融汇而成的人本管理理论。建设企业文化首先要建设企业理念。为此,我们开展了以四大识别系统(战略识别系统、理念识别系统、行为识别系统、听视觉识别系统),特别是理念识别系统为主体的企业理念设计编辑活动,采取上下结合,从社会中来、到社会中去的方法,在全公司范围内对确定的 20 余项包括核心理念、企业精神、经营管理、安全生产等理念和战略识别系统、战略分项、战略步骤、形象行为识别系统及听视觉识别系统进行了全面设计和编辑,为实施和培育企业文化提供了较为丰厚的文化底蕴和坚实的基础。同时,狠抓了文化理念的宣传灌输和培训,公司中层以上管理人员全程听取了著名企业文化和企业管理大师余世维先生"赢在执行"系列专题讲座,为卓有成效地开展企业文化建设奠定了坚实的基础。

第三,建立健全制度,严格检查考核,这是企业文化建设的重要保证。

企业文化的最终归宿就是融合到企业的各项管理之中。我们感到,搞企业文化,必须建立与之相适应的管理制度,使之更能体现高层次的管理标准、管理手段和管理水平,并把这些既定的管理制度始终不渝地贯彻好、落实好、执行好,最终实现由制度管理到人本管理的根本转变。因此,我们从创建企业文化一开始就把制度建设牢牢地抓在手上,每一项工作都专门制定下发文件,都有明确的制度,都有明确的责任人,都从不同的角度向管理渗透,努力促进管理水平的提高。保证了每一项工作标准的贯彻落实。

天庆集团通过六年的探索和实践,公司企业文化建设工作取得了较为显著的效果,可以概括为"六个新提升",即:各级领导干部学习新知识,参与企业文化建设的积极性有新提升;开发经营过程中创优工程率有新提升;集团公司及各子、分公司管理水平有新提升;自然环境和人文环境和谐工程有新提升;企业核心竞争力有新提升;企业的影响力和知名度有新提升。文化建设工作不仅带动了公司环境面貌大改观,增强了员工归属感和自豪感,而且凝结了人心,聚合了力量,使各项工作注入了生机和活力。尤其是在房地产行业文化建设中取得突破性进展,六年来,先后被国家、省市级政府多次评企业文化建设先进单位并受到贾庆林等党和国家领导人的亲切接见和鼓励。

第四,建设具有企业特色的文化。

企业文化建设是一项涉及内容多、覆盖面广并带有战略意义的庞大系统工程。建设企业文化必须着眼全面性,注意继承性,发挥能动性,体现长效性。每一企业都在自觉不自觉地培育自己的企业文化,但要形成优秀的、有个性的企业文化,必须体现出本行业、本企业的特色,作为房地产行业,除了具备其他企业所共有的一般属性外,必须结合企业自身的特点和工作实际进行合理的扬弃和大胆的创新,从企业文化的各个层面作全面、科学的分析和规划,突出企业文化的个性和可操作性,构筑有行业、企业特色的文化体系。特别要注重企业文化理念的整合、提炼与创新,以正规操作、安全生产、工程质量、服务质量、诚信经营、敬业爱岗、遵纪守法等工作为重点,制订出一套标准明确、易懂易记、操作规范、有利推广的企业文化建设管理模式。

第五,在企业文化建设中,必须克服脱离实际的几种不良倾向。

建设企业文化既要正确理解和把握企业文化的深刻内涵,更要尊重客观规律,结合实际来开展,企业文化建设不是一朝一夕的事情,它需要在经营企业的过程中去营造、培养和发展。如果一下子推开,一下子做好,那是不现实的,如员工素养问题就有一个学习培育、习惯养成、逐步提高的过程;文化理念真正运用到企业管理活动中并发挥其应有的作用,也需要一个灌输、理解、渗透的过程。也就是说,建设企业文化重在过程,贵在坚持。我们相信,经过努力实践与探索,进一步加大创建力度,丰富文化内涵,一定能够形成具有天庆集团鲜明特色和个性特点的优秀企业文化。

情注人本抓特色　文化兴企企方荣

青海苏青氯酸盐有限责任公司

青海苏青氯酸盐有限责任公司是江苏、青海两省按照中央国务院关于推动西部发展战略,于1996年合资组建的,是两省至今最大的合作项目,国家大二型企业。公司拥有中国最大的晶体氯酸钠生产线,产品广泛应用于工业、农业及国防等诸多领域。几年来,该项目在江苏、青海两省政府及各有关部门的关心和培植下取得了显著成效。目前,该项目保持着强劲的发展势头,产品占国内65%以上的市场份额,占国内行业之首。

回顾我们公司的发展过程,可总结为"两句话,三十八个字",即:"抓管理,重特色,深做人本文章;抓创新,抓活力,丰富企业文化建设是企业永葆青春焕发的源泉"。我们在工作中的具体做法主要有三点:

丰富文化理念

企业文化理念伴随着企业的产生而产生,对企业生产力有着巨大的推动作用。苏青公司把企业文化理念融入企业管理之中。首先是丰富职工的文化理念,通过对规章制度、时事政治、法治安全、业务知识和文化知识的学习,使员工在待人接物,言行举止、遵章守纪、创新创业方面都有了很大进步,全面素质明显提高。其次是动作物色管理,苏青公司在用现代企业管理制度管理企业的同时,不断进行管理创新实践。"情感管理"是苏青公司管理创新的一个特色,采用送温暖,送问候的形式,营造温馨、和谐的大家庭氛围。"顾客链管理"则是苏青公司管理创新实践又一新章,推选每一个具有相对独立性的部门和单位及工作、工艺序列都融为市场和顾客的链接。使企业的整体都形成一个市场化的链形结构,将科学管理的刚性与人本管理的柔性有机地融为一体,这两项管理的创新实践都取得了成效。

营造企业文化氛围

苏青公司从创建伊始,就确立了高起点、高创意、高速度的生产经营管理理念,来凝炼自己的"诚信、团结,创新、发展、求实,奉献"的企业精神。

首先是培育一支高素质的员工队伍,为企业的生存和发展提供保证。在员工队伍建设中,采取"能者上、平者让、庸者下"的方法,做到人尽其才。广泛开展"爱岗敬业"活动,增强企业员工的责任感和危机感。同时,公司十分注重员工的整体素质的培养,多年来,公司先后投资近三十万元,通过请教师讲课和送培代培等方式鼓励员工参加成人自学和到大中院校深造。

其次是通过提高产品质量打造企业的产品品牌。苏青公司生产的产品,能够得到市场的认可,主要是得益于过硬的产品质量和产品信誉。苏青公司无一吨不合格产品出厂,未发生过一起因产品不合格而退货事件。

开展企业文化活动,给企业开掘常胜源泉

几年来,我们通过开展多种形式的企业文化活动,创新企业价值。通过开展争创文明岗位,争当文明职工,争创"五好"家庭等活动,延伸企业文化建设的内涵和外延,引导职工树立正确的人生观、价值观,使职工真正心系企业,为企业的建设和发展献计出力。除此之外,苏青公司还有别具一格的企业生活。在现代人眼里,义务劳动这个词恐怕显得很陌生,但苏青公司却一以贯之,不仅有全员性地挖地、翻地、除草活动,还有突击性地包装产品、装卸原料的任务,这些都是不计报酬,无私奉献。苏青公司以这种独特的形式来凝炼员工的思想、品德、情操和主人翁意识,积极探索和实践现代企业管理新的思路、新的模式。

苏青公司的企业文化塑造,既按照市场经济规律运作,

又汲取了优秀文化，并且根据企业的自身特点，创造了“情注人本抓特色，文化兴企企方荣”的企业文化特色，给企业注入了青春的活力，使企业在激烈的市场竞争中一直处于领先地位。

加强企业文化建设 促进企业加快发展

广东省广弘资产经营有限公司工会

广弘公司成立三年多来，广弘公司工会在公司党委的领导下，通过加强员工队伍建设和企业文化建设，使爱广弘、为广弘做贡献的理念不断转化为员工自觉的行动，有力促进了企业两个文明建设的开展。广弘公司从2000年组建之初的整体亏损7500万元、三分之一企业处于停产和半停产的状况，发展到如今已拥有了若干个核心竞争力较强，管理水平较高，主业比较突出的产业集团。在省财政厅和省经贸委组织的考核中，广弘公司2001年国有资产保值增值率达114.87%，综合成绩在22家授权经营的省属资产经营公司（集团）中名列第二；2002年国有资产保值增值率达118.26%，比财政部公布的本年度全国国有资本保值增值率优秀值高出12个百分点，并再次跻身国家统计局评定的全国500强企业，名列第208名。

统一思想，提高认识，加强企业文化建设

先进的企业文化是一个企业自强不息的精神动力。加强先进的企业文化建设，营造良好的企业文化氛围，开展多样化的企业文化活动，是公司增强凝聚力和向心力的重要保证，是实践“三个代表”重要思想的具体体现，也是教育广大干部职工不断提高思想道德、技术业务水平和科学文化素质，建设有理想、有道德、有文化、有纪律员工队伍的重要举措和重要内容。三年多来，我们工会始终把加强企业文化建设摆在重要的位置上，坚持把企业文化建设作为精神文明建设的重要组成部分，突出重点，狠抓落实。

一是突出抓好各级领导班子思想的统一。我们强调各级工会领导要做企业两个文明建设的带头人，要树立“两手抓，两手都要硬”的观念，自觉把企业文化建设纳入精神文明建设的议程。通过协助各级党委抓好企业文化建设，提高员工队伍素质，促进企业做大做强、加快发展；通过在广大干部职工中大力弘扬“五破五树”的精神，激励广大干部职工振奋精神，保持高昂的士气和蓬勃的朝气；通过统一思想，提高认识，促使企业物质文明建设和精神文明建设协调发展，有力地推动了各项工作的开展。

二是突出抓好企业精神的建设。企业精神是支撑企业文化体系的灵魂，也是企业改革发展的源动力，它起到凝聚、激励、规范和导向的作用。弘扬和培育一种先进的、切合实际的企业精神始终是我们企业文化建设的核心。经过三年多的实践和提炼，我们概括提出了“团结创新、坚韧不拔、勇争一流”的企业精神。全体员工在公司党委和董事会的带领下团结拼搏，锐意进取。在实际工作中，我们不断开阔发展思路，始终坚持机制创新、管理创新、经营业态创新和技术创新，取得了明显成效。我们积极引导干部职工，正确对待困难，敢于迎难而进，在逆境中奋起。提倡干事创业、争创效益的作风，在企业中营造一种允许干部在工作中有失误，但绝不允许不干事，在困难面前束手无策、不思进取的风气。我们一直提倡要把广弘公司办成一流的企业，要在公司上下形成前浪推后浪的发展局面。我们要求所有企业都要以高标准、严要求鞭策自己不断创造出一流的业绩。在全公司树立“要么不干，要干就一定要干好”的精神，逐步在企业内部营造了你追我赶的发展氛围，形成了万马奔腾的发展局面。

以“六个一”工程为载体，建设先进的企业文化

企业文化载体是企业文化的具体表现形式，我们通过对“六个一”工程（一张企业报、一台企业晚会、一本企业画册、一个企业精神、一首企业之歌、一盒企业宣传带）的建设，进一步形成有广弘特色的文化。其中，通过办好一张企业报就可以从一个侧面体现我们企业文化建设的情况。

公司成立不久，就创办了《广东广弘》报。几年来，广弘报在公司党委和董事会领导下，坚持以“三个代表”重要思想为指导，坚持“立足企业，服务企业”的正确办报方向，通过传达、贯彻中央和省委、省政府的一系列方针政策，进一步统一思想，凝聚力量，坚定信心，振奋精神；通过围绕公司的总体规划和各时期的中心任务，指导工作，沟通情况，为企业改革、发展、稳定提供良好的舆论支持；通过大力宣传好人好事、先进典型，体现了广大干部职工顾全大局、团结拼搏、自觉奉献的精神风貌，激发广大党员、干部和群众自觉参与企业改革的积极性，增强了广大员工对企业发展的信心，促进了企业各项改革和建设的发展。通过办好广弘报这一宣传舆论载体，使其成为广弘公司“鼓励创业者、支持改革者、教育失误者、鞭挞空谈者、追究诬告者、惩治腐败者”和宣扬先进典型、弘扬企业正气、鼓舞员工斗志的思想文化阵地。现在，广弘报的内容质量越来越好，针对性、可读性、时效性越来越强，受到广大干部职工的关注和喜闻乐见。

我司通过对广弘报等“六个一”工程的建设，充分发挥企业文化载体的桥梁纽带作用，对广大员工进行潜移默化的引导和教育，在企业中营造了一种先进的企业文化氛围，逐步培育具有广弘公司特色的企业文化。

抓好多种形式的企业文化活动，不断增强企业凝聚力

在企业文化建设中，我们通过各种形式的群众性精神文明活动，活跃广大干部职工的文化生活，增强广弘的凝聚力，促进广弘事业的发展。如我们于今年3月份组织公司

及所属企业开展学习十六大精神的知识竞赛活动，这次活动得到了各单位的大力支持和配合，所属企业的领导都非常重视并亲自参加竞赛活动。通过这次活动，在干部职工中达到了提高认识，相互学习和促进的目的，使公司学习十六大精神的活动推向了高潮，收到了良好的效果。又如为配合广弘企业精神的宣传，我司今年8月份组织了“我爱广弘，我为广弘作贡献”的演讲比赛。选手们紧紧围绕着“我爱广弘，我为广弘做贡献”这一主题，激情演绎了一曲曲动人诗篇，展现了一个个广弘人“团结创新，坚韧不拔，勇争一流”的奋发进取精神，热爱广弘的真实情感溢于言表，发之内心，为广弘的腾飞做贡献的信念坚定无比，志存高远。这次活动得到了省委宣传部企业政治思想工作处、省直机关工委企业工作处和省财贸工会领导的支持和肯定。省委宣传部《政工参考》杂志和省直机关《工作信息》分别刊登了我司这次活动的情况，并给予了好评。通过这次演讲活动，更加增强了广弘公司的凝聚力和向心力，使广弘精神进一步得到升华，进一步深入人心，逐步化为广大员工自觉的行为理念和价值观，不断成为广大员工的目标与追求。

企业的发展如逆水行舟，不进则退，广弘今天发展的局面来之不易，我们将进一步加强企业文化建设，进一步加强对企业精神的弘扬和培育，把先进的企业文化与企业的改革发展更加紧密地结合起来，努力营造解放思想、实事求是、与时俱进的良好氛围，努力营造聚精会神搞建设、一心一意谋发展的良好氛围，努力营造倍加顾全大局、倍加珍视团结、倍加维护稳定的良好氛围，使广大干部群众始终保持热爱广弘、为广弘多做贡献的精神状态，始终保持昂扬向上的精神状态。我们坚信在省委、省政府的正确领导下，坚持以发展统揽全局，坚持企业两个文明建设一起抓，通过体制创新、机制创新、管理创新和技术创新，不断加大股份制改造的力度，从根本上解决国企的改革与发展问题，就一定能实现加快发展、做强做大的的目标，并将为广东加快发展、率先发展、协调发展和全面建设小康社会做出应有的贡献。

建设豪吉文化　创建中国品牌

为打造百年豪吉，公司创建了一系列有特色的企业文化，用企业文化来指导公司的管理，用企业文化来指导员工如何做人。具体如下：

把企业的理念确定为“容”，把企业的精神确定为“豪吉与你心连心”

公司要求员工要有大山和大海一样的胸怀，纳百川而不嫌弃细流，容污浊而净化为碧水，惟有如此，长江才有滚滚波涛，黄河也才有涓涓细流不惜千折百回，争先恐后投奔而来，汇成碧波浩淼，形成无与伦比的壮观，因此“容”是一种创造神奇的力量，“容”是一种肚量和气魄，因而“容”者无敌。公司地处老边少地区，各民族同胞在一起共同创造财富，因此“容”的形成具有特定的意义，我们必须要对外在的纳入、融合产生互动后的力量，在融入的过程中积聚外弹。在日常工作生活中，公司以各种文体活动来强化这一理念，因此“容”是豪吉人的人格魅力和企业的魅力。

而“容”的企业理念是基于“豪吉与您心连心”的企业精神。豪吉文化是以观念开放为先导，以品德塑造为基础，以制造创新为保障，以技术创新为手段，以市场创新为目标，伴随着豪吉从小到大，从弱到强，从四川走向全国，从中国走向世界，都始终坚持公司所提出的“用世界的思维来思考，用结合本土的实际来运作”的思维方式，因此“豪吉与您心连心”的企业精神强调豪吉团队内部沟通，与消费者沟通以及与社会公众三方面沟通的重要性、必要性和务实性，同时强调沟通的双向性、沟通的全面性和方向性，企业理念与企业精神是在管理和市场开拓中形成的，同时又反过来指导管理和市场的开拓。

坚持利他的人本文化

公司强调“人的因素第一”的观念，我们吸引、发展、激励、留住有着正确的工作态度、发展潜力和对豪吉市场具有长远眼光的优秀员工。我们鼓励并实行开明，务实及“能做到”的态度，对成功有强烈的激情，灌输注重业绩表现的企业家精神。为此，公司提出了“十人”的方针，即“用完善的制度来管理人；用激励的机制来调动人；用幽默的方式来活跃人；用模范的作用来带动人；用加强学习来提高人；办好体育锻炼人；用企业精神来鼓舞人；用宽宏大量来带领人；用优秀人格来影响人；用博爱来关心人”。集团党支部、工会、团委、妇联都坚持“关心人、爱护人、尊重人、理解人”的工作方针，坚持“三必访”制度，即员工住院必须访，长期驻外人员必须访，离退员工必须访。通过走访留下了组织的问候和温暖。公司投资对集团办公环境、生产环境、职工宿舍、水泥路、草坪、喷泉的建设，改善了各项环境。职工歌舞厅每周举行舞会，台球室、阅览室让员工的业余生活更加丰富。彝族年举行团年活动，一到夏天，支部组织人员为生产员工送冷饮、热茶，让员工深深体会到来自党的温暖和关怀，充分发挥党组织在民营企业中的先锋模范作用。“我们这里没有打工者”，通过尊重人性营造一种良好的工作氛围，以情感构筑一种劳方和资方的融洽关系，淡化打工意识，增强企业员工的责任感和团队意识。

公司坚持“一二一，出真理”的管理文化，坚持“勿以善小而不为，勿以恶小而为之”的产品质量文化

军队里新兵、老兵随时都从“一二一”开始训练。这一口号用到我们企业是1999年公司建立“豪吉民兵连”，全体员工参与军训得来的，我们认为“一二一”代表服从、统一、协调，并且“一二一”可以产生阳刚之美。曾经，公司制定许多发展战略和战术，经过反复论证都是可行的，可是就是不见成效或效果甚微，什么原因？问题出在缺乏或没有负责抓落实的人员，文件一发，万事大吉，不主动过问，不做好双向沟通。当年，公司决定上至总经理，下至一般员工都认认

真真地抓好一件事，把这件事完完整整，彻彻底底做好、做透。特别是企业大了，越不能忽视小问题的解决。首先“小”只是表现形式小，但问题后面的反应实质却很大。因此我们坚持“勿以善小而不为，勿以恶小而为之”的产品质量文化。我们要把小产品做成大市场，把小产品做成大品牌。凡是对改善和提高产品品质的建议，不能因为小，而不去为之，这是“善小”；凡是对产品品质有损害的任何行为，不能因为其小，而去为之，这是“恶小”，对于食品企业来说，这点相当重要，要有所为和有所不为才会有大的作为。

坚持“关爱您的生活，关爱您的健康”的绿色环保文化

豪吉立足凉山和四川的绿色资源，大力开发绿色食品，“豪吉鸡精”采用大凉山无污染的高山鸡和乌骨鸡，因此，豪吉鸡精是全国同行业中惟一的绿色食品。我们承诺将向最广大的消费者提供源源不断的绿色食品。豪吉公司2001年荣获“中国农业产业化经营20大龙头食品企业”的称号，公司将继续通过“公司+农户+绿色基地”的方式推动凉山绿色资源的开发和利用的进程。公司始终坚持“关爱您的生活，关爱您的健康”的环保理念。

建立和谐生态竞争文化，融合的多元文化，合作文化和共享文化；建立全员人格形象营销文化

商场毕竟不是战场，不能以战争的心态去面对市场的竞争。以消灭对手的心态去参与市场竞争，最后反而会伤害到自己。公司倡导从“赢—输”的竞争模式向“赢—赢”的合作竞争文化和共享的竞争文化，不能把竞争作为目的，竞争仅仅是一种方式。因此，公司倡导建立生态和谐的竞争文化。

在营销中，公司要建立一种可持续的营销战略，最关键的一点是全体销售人员要从做人开始，将诚实良好的做人态度，同美味的豪吉产品一同带入市场。豪吉的广告策略也是“文化开路、形象推进、人格关键、诚实巩固”，全方位的开拓市场，营销从自己人品开始做起。

“六个不要”是贯穿公司管理和市场工作的思维方式和工作作风

公司提出企业和员工“不要差区位上，不要输在观念上，不要慢在行动上，不要软在措施上，不要乱在争论上，不要拖在落实上”。公司地处老、少、边、穷的地方，从区位上来说，处于劣势，但我们要尽量弥补，不要从客观条件上输掉。而观念和思想的解放对于我们市场开拓及管理尤为重要，只有转变观念、机制才能灵活，只有机制活了，才能全方位的调动一切积极因素。通过观念更新去弥补区位上的劣势。有了思想主导，最重要的要求全体员工“快行动”和“硬措施”，因此不要争论，行动出真知，落实就知对与错了。

公司坚持两手抓，两手都要硬。公司已经荣获“四川省文明单位”称号，现正争创“全国文明单位”，我们把弘扬艰苦创业、无私奉献、团结协作、民族友爱团结、包容豁达精神始终贯穿于企业两个文明建设之中。把企业文化转化为企业的生产力，用企业文化来指导我们的管理，用企业文化来指导我们如何做人，公司要建立可持续发展战略的关键在于将“人为本、法为准、德为先、廉为荣”的治企观念和做人准则，全方位地融入到企业生产经营和市场中去。同时要把用企业家人格、全体员工才智所创造的企业文化进行制度化，否则就转化不了现实的生产力，要避免“报酬的低下导致激励的不足，约束的软化导致腐败的从生，制度的缺陷导致企业家的缺乏，因此导致国内有最便宜的企业家和最昂贵的运营成本两个极端”。我们将把企业文化做成公司另一个无形的品牌，将以开放的思维，开放的心态面对开放的世界，做开放的人，做开放的企业，立足四川，面向全国，走向世界，树四川的中国名牌，创中国的世界名牌。

建设文化沁新　实现文化强企

山西沁新煤焦股份有限公司

山西沁新煤焦股份有限公司是一个以煤炭生产为主、产业多元化的民营股份制企业集团。现有员工5300余人，资产总额8.51亿元。2004年进入全国煤炭工业企业百强和全省企业百强，全国十二家最具成长性企业之一。

沁新企业文化的塑造

“为国家做贡献，为公司创财富，为股东谋利益，为职工办实事”。表达了沁新人以国为怀的远大抱负，永远把国家利益放在第一位。公司从一个年产能力仅为15万吨的地方煤矿扩展为年产260万吨煤炭的县域能源基地，从单一煤炭产业发展为采煤、洗选、发电、炼焦、物流、绿色产品开发等多元化结构，从年上交税金仅10余万元到超亿元，企业越做越大，对国家的贡献也逐年增多。

“一责三化”、“五大系统”是公司多年来行之有效的基本制度和管理构架，是公司赖以支持和维护日常生产、生活正常运行的保障（“一责三化”是指经济目标责任、工作程序化、行为规范化、质量标准化。“五大系统”是垂直指挥系统、横向联络系统、检查反馈系统、激励约束系统、人才聘用系统）。沁新集团5千余员工，不是单纯地依靠人管人，主要的是靠制度来管人。强有力的规章制度，成为员工自觉接受和遵循的工作准则，从而形成一种人人奉行的制度文化。

安全文化的塑造在企业生产经营中具有至关重要的作用。公司针对煤炭行业井下劳动风险较大、灾难易发的特点，提出“以人为本，安全至上”、“珍惜生命，关爱健康”、“安全为天，安全是德”、“安全高于一切，责任重于泰山”、“通风保全矿，全矿保通风”、“生产服从安全，安全服务生产”等一系列生产方针和安全理念。加强职工安全知识培训。安全文化使警钟常鸣，成为企业实现安全生产的重要保证。

与人为善，与邻为友，善待自然，和谐发展，是公司高管

人员的发展理念。在这种观念的指导下，企业内部人际关系融洽，对外交往合作密切。近年来，公司帮助当地群众修路、通电、兴医、助学，总投资在800万元以上。当地政府和社会各界也对沁新公司给予大力支持和援助，达到了企业和地方双赢的目的。在环境保护上，先后投资上亿元资金，对“三废”进行综合治理，实现废水、废气、废渣等循环利用，变废为宝。大力整治矿区环境，在建设园林化矿区上取得显著成绩。和谐发展的文化观不仅塑造出令人叹慕的绿色矿山，也为企业的发展创造出和谐良好的社会环境。

“团结奋进，夯实创新”八个大字是沁新全体员工效命于企业的精神动力，是沁新公司全体员工精神状态的共同追求。短短十年间，企业员工以“不拼不搏不是沁新人，不优不强不做沁新人”的豪迈气概，使原本名不是经传的小矿崛起于太岳山巅，跻身于全国百强，使业界同行刮目相看。

创造学习型企业，争做知识型员工是沁新公司企业文化建设的一项重要内容。公司注重对员工的培训，实行职工岗前培训，岗中轮训，并太原煤炭技术职业学院达成定点委培协议，先后为公司培养高层次合格员工400多名。采取请进来的办法，特邀专家当面辅导传授技术。建立公司局域网，在实现办公自动化的同时，为员工随时学习掌握新知识创造了便利条件。举办“A管理模式”、《自动自发》、《没有任何借口》等现代管理思想讲座，购进大量专业技术和管理书籍，以满足不同类型员工的学习需要。各部门、各企业广泛开展创建学习型部门、队组活动，举行分门别类的知识竞赛，形成浓厚的学习氛围，从而使企业生命之树常青，活力常在。

企业文化在企业发展中的作用

导向育人作用——沁新公司企业文化提出的各项理念使广大员工明白公司提倡什么，反对什么；怎样做是对的、怎样做是错的。对确立正确的人生观、世界观、价值观、事业观起着积极的导向作用。明理诚信、遵章守纪、奉公守法、敬业爱岗，已成为普遍的做人行事准则。有理想、有道德、有文化、有纪律的“四有”职工队伍茁壮成长。据统计，从2001年以来，先后有310人向党组织递交了入党申请，有2400余人次参加了为社会、为公司办好事、做贡献等公益活动，共办各类好事874件，涌现出无数抗洪救灾、灭火抢险、舍身救人、见义勇为、捐资帮贫等英雄群体和模范个人。沁新大地上到处涌动着一股浩然正气。

凝聚激励作用——公司注重靠企业文化的亲和力和凝聚力，把20个下属企业、5300余员工拧成一个团结战斗的集体，形成“责任同担，利益共享”的团队精神。在这种团队精神的作用下，员工以企为家，树立了“企兴我荣，企衰我辱”的责任感，积极参与企业管理。

身心调节作用——公司关心职工身心健康，为了缓解他们的心理压力和工作压力，群众业余文化和绿色环境文化为员工提供了必不可少的休闲“大餐”。丰富的文体活动和愉悦的园林风光，使他们心中的郁闷得到排遣，劳累的体能很快恢复，以充沛的精力投入到第二天的工作和劳动中。同时，群众文化的开展，使每个员工业余专长才赋得以充分发挥，能歌善舞的、擅长写画的、热爱体育运动的等等，都各取所长，各有所获。员工在有益的活动中，培养了兴趣，陶冶了情操。

大力加强企业文化建设
不断推动万达跨越发展

山东万达集团

万达集团创建于1988年，现已发展成为拥有总资产38.6亿元、占地300多万平方米、员工5000多名，拥有机电、化工、轮胎、地产、建安、微电子材料六大专业化公司，经国家工商局核准注册免冠行政区划的国家大型企业集团。企业先后荣获全国五一劳动奖状、国家重点高新技术企业、全国“重合同守信用”企业、全国文明企业、全国民营企业思想政治工作先进单位、中国优秀民营企业、山东工业百强企业集团等荣誉称号。

构建以人为本的企业人文文化

万达集团始终将以人为本作为企业文化中最重要的理念，把员工视为企业最重要的资产。坚持以人为本，公司建立了引进、培养、选拔“三位一体”的人才使用机制。一是采取多种方式灵活引进国内外大专以上人才1000多名，聘请了100多名专家教授，组成了专兼职智囊团，并建立多种奖励制度。二是对企业中高层管理人员采取“请进来”的方式，聘请专家、学者举办各种专题讲座、培训班不断提升管理决策能力。把职工教育列入企业长远发展规划和年度培训计划，实行“送出去”方式，着力提高职工的综合素质和业务职能。三是公司借鉴国内外优秀的企业经验做法，建立起能上能下、能进能出的管理机制，狠抓“四支队伍”建设：一支优秀的管理队伍，一支强大的营销队伍，一支优良的科技队伍和一支高素质的员工队伍，从而大力营造以发展论英雄，凭实绩用干部的良好氛围。四是实行产品跟踪服务制度，为用户发放质量跟踪卡，建立产品质量跟踪档案；与用户进行定期不定期的座谈，沟通信息，及时解决问题不断促进产品质量和服务水平的提高，也树立了良好的企业形象。对外要讲诚信，对内也要讲诚信。增强社会对企业的信任度。

开创品牌制胜的企业形象文化

为打响品牌制胜的企业文化招牌，万达集团于1996年在国家工商总局注册了“万达”字号，97年在国际互联网注册了“中国万达”、“中国万达集团”域名，注册了“万全”等商标。同时，为树立品牌形象，公司于2004年8月，冠名开通了“万达号”东营—南京西列车；2005年6月，冠名协办了“万达杯”中华人民共和国第七届老将田径锦标赛，以此不断提升万达集团知名度、信誉度和美誉度。目前。万达品牌战略已硕果累累,“万全”牌商标先后被评为“山东著名商标”、“99年中国国际农业博览会名牌产品”。2002年,“万全”商标又被中国质量学会、中国名牌商品协会授予“十佳品牌”称号。另外,电磁线、潜油泵引接电缆和MBS等产品先后被评为“山东名牌”。

万达坚持以观念创新为先导,以思路创新为方向,以科技创新为支撑,不断推动企业实现了跨越式发展。公司注重转变领导成员的思想观念入手,不断加强管理创新。为此,公司聘请国内外知名的企业管理和咨询公司为长期目标的实现建立一套切实可行的战略方案,对公司组织结构、内部管控、绩效考核、薪酬体系、员工手册、企业文化等进行了系统的定位,有效地提高了企业的管理水平和运作效率;经过对集团资源的系统整合,将原来相对独立的27个子公司整合为机电、化工、轮胎、地产、建安、微电子材料六大专业化公司,使企业主导产业产业结构趋于完善,建立了现代企业制度,规模实力不断增强。

铸就光彩卓越的企业文化

一个成功的企业,必然有一支优秀的企业家队伍。公司着力培养领导干部的创新意识、超前意识和机遇意识,力求使每个决策都带来良好的效益。“产业报国、奉献社会”是万达集团的公司使命。几年来,董事局主席、总裁尚吉永将各级政府奖励给他的几十万元奖金全部用于救助有困难的同志,或是捐赠给希望工程和福利事业。另外,他还救助多名失学儿童重返校园,其中有的已经考入大学。在尚吉永德带领下万达集团先后为学校、医院、公路等各种社会公益事业捐资3000万元,安置500多名残疾人就业,并主动与当地特困村垦利县杜家村和龙居乡尚家村结成扶贫对子,帮助村里架电线、修水库、改稻田、建文化大院。

科技创新,管理创新,人才机制的完善,个性文化的创造为企业的发展提供更加强大的动力。万达人将恪守加快发展、造福社会的宗旨,树立和落实科学发展观,走新型工业化道路,以“创百亿强企,造百年万达”为战略发展目标,为实现品牌国际化、文化本土化的现代化企业而不懈奋斗。

创建学习型组织
建设文化型企业

太原来福集团

太原来福集团是由太原精品服装城、太原精品服装城兴华商城、山西凯宏空调设备工程有限公司、太原一心堂医药连锁销售有限公司、太原一心堂医馆、清池浴苑等企业组成的多元化现代企业。

科学的企业文化发展观

来福集团以文化谋长远,以战略求发展,从高度的社会责任感出发,充分吸取了中国民营企业在发展过程中的经验与教训,以构建和谐社会为目标,以来福文化为指导,制订了“耐心做企业,热心做公益”的指导思想,并具体制定了企业发展的三个原则和标准(来福投资的三大原则:贡献、安全、文明;来福投资的三个标准:抢亮点,抢空白,争前列;有资源,有能力,有人才;能做强、能做大,能做长。),以此指导来福的长远发展。

重视培训,向学习型组织迈进

来福把培训作为企业发展的重要动力之源,高度重视,不遗余力,努力把来福建设成学习型组织。来福投资100多万元建起了现代化的大型员工培训中心,由全省著名的培训师全面负责整个集团的员工培训工作。

来福集团十分重视古文化的学习,吸收积极的因素,分析和探讨人的修养与企业管理的艺术。为此,专门邀请了山西诗词学会的专家,到企业进行诗词写作技巧培训;组织高级经理人对晋商进行了全面的考察,吸收传统晋商敢为天下先的开拓精神、为善最乐的道德情操等优良的光荣传统,作为来福文化的一部分;组织员工学习讲解《孟子·告子下》、《劝学》、《马说》、《师说》和《爱莲说》五篇古文,结合实际学习古文涵义,从中汲取营养,吸收精华,提升自我。经过学习和培养,来福的员工在思想观念方面、道德修养和业务技巧方面有了很大的提高,增强了员工对企业的忠诚度和工作自觉性,出现了许多助人为乐,拾金不昧、踊跃参与社会捐赠的好人好事。

在对东南亚海啸灾区人民的捐款仪式时,一心堂员工王伟正值新婚庆贺之日,他带着新娘从婚宴中专程赶到公司,为灾区人民献出一份爱心。

来福文化的核心理念

“以人为本,以法为根,与人为善,造福社会”是来福文化的核心理念。

“以人为本”,就是重视员工,把员工视为企业发展的基础,尊重员工,善待员工,满足员工,培训员工,以诚实的人格感染人,以优质的服务吸引人,以科学的艺术管理人,以合理的待遇满足人,以不断的培训培养人;

“以法为根”,就是逐步建立严格的管理制度体系,以制度规范人和管理人,达到企业管理的制度化、规范化和标准化。

“与人为善”,就是积极热心于社会公益事业,举办公益性“高级经理人研修班”。为外地和家远的员工提供员工公寓、员工食堂、图书阅览室和乒乓球台。员工有旅游补助、就餐补助、洗理补助、节日补助、半年奖和年终奖。给员工过生日,中秋联欢和节日会餐等等,无不体现了来福对每一位员工的关爱和大家庭的温暖。

造福社会。近年来,来福人在认真做好企业的同时,高度重视社会主义精神文明的建设工作,积极热心于社会的公益事业,在董事长陈福喜的带领和倡导下,共为社会捐款捐物290多万元，仅一心堂药业开业半年来就为300名生活困难的老年患者提供了6万元的捐助，为3千多名顾客提供了大量的爱心义诊服务。来福高度的社会责任感和积极参与社会公益活动的行动，受到了有关领导和部门的充分肯定。为此，省工商联把来福集团作为“山西省工商联民营企业文化建设示范基地”，民建太原市委把来福集团培训中心确定为“民建太原市委培训活动中心”。并成为太原市民营企业在精神文明建设方面的样板工程。

以人为本　以德为魂　以文为美

武汉百步亭集团

百步亭集团是集房地产开发、社区建设、物业管理、文化产业、酒店和医药经营等为一体的跨行业、跨地区综合性大型民营企业集团，拥有武汉安居工程发展有限公司、百步亭物业管理有限公司、百步亭国际传媒有限公司等十几个下属企业。集团是全国民营企业500强之一，全国房地产行业100强之一，同时是湖北省房地产综合实力第一名、湖北十强民营企业。董事长茅永红被评为全国劳动模范、首届优秀中国特色社会主义事业建设者等荣誉称号。

在企业文化建设上，百步亭集团秉承“以人为本，以德为魂，以文为美”的理念，创建了一个充满生命力、不断发展的和谐企业。

以人为本，重视人的发展

百步亭集团坚持以人为本，充分重视发挥人的作用，帮助人的发展。从提高员工素质能力上关心人，鼓励各个部门不断为员工提供深造的机会，让员工实现自身的可持续发展。百步亭集团每年都要举办40余次专业知识、岗位技能等培训交流活动。聘请教授讲授管理学的知识，讲授行业技能知识，聘请经验丰富的政府部门的领导和企业经理人讲授决策和执行力，组织员工学习观摩优秀企业的成功经验，与知名学者进行理论研讨，开阔员工眼界，提高工作能力。集团领导、中层干部都要向全体员工进行工作述职，相互交流经验、取长补短，进行自我教育，激发工作热情。

从事业上关心人，为员工提供施展才华的舞台，让员工实现自己人生的价值。董事长茅永红提倡在管理机制上将权利下放，将重心下沉；在选用人才上强调德才兼备，注重从内部培养人才。比如住宅建设中工程管理，实行项目经理负责制，项目经理对所管项目负总责，工程部经理直至集团领导为项目经理服务，作好协调服务工作。很多20多岁的年轻项目经理，一人负责近10万平方米的建设项目，相当于担负起了一般企业一个老总的责任，工作能力得到了全面的锻炼提高。实行项目经理负责制，相当于将作战指挥部放到了战场的最前线，发现问题更及时、处理问题更快捷，大大提高了工作效率和管理力度，使住宅建筑质量合格率达到了100%，工程优良率达到了90%以上。

以德为魂，用企业文化教育人

百步亭集团组织员工以树新风、提高文明素质为目的的宣传教育活动，在员工中倡导“五种精神”：以雷锋精神鼓舞人，以仁爱精神感动人，以刻苦精神教育人，以敬业精神服务人，以团队精神熏陶人。

集团纪委狠抓廉政建设，制定“三大纪律八项注意”，在员工中开展“廉生威、贪生祸、规生德、勤生金”的清正廉洁教育大讨论，请红军讲“发扬延安精神，继承革命传统”党课，请老战士作“艰苦奋斗，无私奉献”报告，清明节到红安老区凭吊革命先烈，对党员和要求入党积极分子进行革命传统教育。通过培育企业精神，引导员工树立正确的世界观、人生观和道德观。

以文为美，强调文化陶冶人

“企业是由一个个活生生的员工组成的，只有让员工的业余生活活起来，工作才能做得更好。”茅永红经常这样说，“我们要想方设法，调动大家的积极性。”

在这种思想的指导下，集团经常开展以丰富生活、增进感情为目的的问题活动。利用文化艺术中心开展读书看报、书法绘画、摄影写作等比赛活动。电影晚会、歌舞晚会、球类比赛等常年不断。至今，百步亭集团已连续举办了六届“百步亭之夜”文化艺术节，员工自编自演文艺节目登台献艺。

除了丰富职工的文化生活外，百步亭集团还提倡企业员工为社区的文明创建出谋划策、贡献力量，并且通过年终评奖活动，对提出优秀意见，为企业、为社区的文明创建工作做出贡献的员工进行奖励。现在，企业员工们已经养成了习惯，不论是走在社区内还是社区外的道路上，看到有纸屑垃圾等，都会拣起来丢入垃圾桶；看到有人摘花踩草，都会上前制止；社区任何人有任何问题问到员工，都要热心帮助直到问题解决。在为社区居民服务的过程中，公司员工摸索出了物业服务上“六个一”的工作模式，总结出了“首问责任制”等一系列新的服务方式。

在这种“以人为本，以德为魂，以文为美”的企业文化的熏陶中，全体员工团结奋进、开拓进取，都把企业、把社区当作自己的家，形成了企业的事就是员工自己的事，全体员工以饱满的工作热情、热忱的服务态度为企业、为社区的发展不断努力，达到了员工间的和谐、员工与企业的和谐以及员工与社区居民、企业与社区的整体和谐。

以人为本　以文育人

浙江新安化工集团股份有限公司

新安化工企业文化建设的历程

重视企业文化建设是新安化工的一个优良传统。早在

1996 年,公司就聘请了上海同济大学的教授导入 CIS 战略,经过专家教授的精心设计,新安化工初步形成了自己独特的企业理念、企业行为规范、企业标识、企业标准色、企业旗帜以及标志性服装等。为企业文化建设打下坚实的基础。

从 2002 年开始,公司进行了新一轮的企业文化建设工作。公司中高层领导围绕如何打造有特色的新安文化进行了深层次的讨论并提出了十大经营原则,即:永续经营,新久安长;公司利益高于一切;团队至高无上;高效是生存发展的基础;知识也有保鲜期;诚信致安;用工作业绩说话;管理者是宣传机和发动机;以人格治厂;以人为本,量才任职。公司各基层单位从十大经营原则入手,掀起企业文化建设的热潮,在公司形成了一定的氛围。在此基础上,2003 年,公司与浙江大学人文学院的专家合作,成立了企业文化课题研究小组,对新安化工的企业文化进行新的提升。2004 年,确立了以"努力打造具有国际竞争力和持续生命力的现代知名企业"为新安化工的愿景,公司的企业文化建设进入了一个新的热潮。

具体做法

系统梳理企业文化

针对企业文化建设长期以来处于松散的无系统状态,课题研究组重点对公司成立以来的企业文化实践进行了系统的诊断和梳理,为了摸清员工对企业文化的认同度,专门设计了企业文化问卷调查表,请员工就"您对目前工作的态度"、"您工作中的乐趣"、"你工作中的烦恼"等 18 个问题写出自己真实的想法。经过大量的调查研究和分析,课题研究组从中得出一个结论,当前员工与企业的主要矛盾是:企业经济的发展速度未能满足员工日益增长的物质需求的矛盾,而这个矛盾只有在企业经济不断发展,内部改革不断深化的过程中化解,因此,课题研究组就企业愿景、企业使命、核心价值观等一系列关系到企业长远发展的问题进行了反复的探讨。最后,确定了"以精品奉献客户　以效益回报股东　以价值激励员工"的企业使命;"努力打造具有国际竞争力和持续生命力的现代知名企业集团"的企业愿景;以及"诚信立人　创新立业　品牌立市"的核心价值观。

在此基础上,印制了新版的《新安文化手册》下发到公司的每一个员工手中。

合理调整阐释核心理念

在确定核心理念的同时,我们对每一条核心理念的涵义也作了阐述和解释,帮助员工在学习时全面而准确地理解理念的深刻内涵。如关于"学习、探索、创新;团结、求实、奋进"团队理念的阐释是:新安化工是一个学习型组织,无论是任何一个员工,还是整个员工队伍,都应该将新安勤于学习、善于探索和勇于创新的优良传统发扬光大。学习是扩大知识、更新观念和提高素质的最有效的手段;探索是发现问题、思考问题和解决问题的最可靠的方法;创新是推陈出新、以新求安、争创一流的最有力的保障。新安化工是一个集凝聚力、生命力和战斗力为一体的上升型团队。上下一心、团结奉献的合作精神造就了新安强大的凝聚力;扎扎实实、循序渐进的求实作风成就了新安旺盛的生命力;以新求安、争创一流的奋斗热情激增了新安强大的战斗力。

提高员工参与的积极性

我们还确定了"同创共享,新久安长"的核心口号,以及"有公司才有员工　有效益才有利益　有付出才有回报"的员工理念,明确指出:公司由员工组成,公司为员工提供施展才华的舞台;但是,作为一个有机的整体,公司对员工的个人行为实行规范和约束。只有在保证公司整体利益的前提下,才能实现员工的个人利益;只有当员工为公司创造价值时,员工才能获得应有的回报。这样从思想观念和具体行动两个方面引导员工自觉维护企业利益,积极参与企业改革,为提升企业的核心竞争力和持续生命力尽心尽职。

为了让企业文化理念更加深入人心,公司党委精心设计了各种活动载体,提出了"唱响一支歌,编好一本书,办好一台文艺晚会"的要求。诠释新安文化丰富的内涵,自己教育自己,使员工的思想情感在无形中得到进一步的净化。

企业文化建设的几点体会

公司高层领导必须做企业文化的倡导者和践行者

企业文化的践行关键在于新安化工管理者的亲力亲为和率先垂范。管理者率先垂范、身体力行,塑造和维护企业的共同价值观,是能否将新安文化落到实处的关键。从某种意义上来说,企业管理者本身就应是这种价值观的化身,这是由他们在公司中的地位、职责和作用决定的。因为他们既是企业文化建设的倡导者、组织者,又是实践者。古人说得好:"其身正,不令而行,其身不正,虽令不从"。上行之则下效之,身教永远重于言教。

企业文化建设必须以人为本,体现人文精神

新安文化体现了以德立业、奋发有为的人文精神。新安文化以实现客户、员工、股东和社会四者利益的共同发展,追求经济价值、社会价值、生态价值和人生价值的最大化为使命,以诚信、创新、品牌作为立人、立业、立市的核心价值观,以及公司愿景、用人原则、座右铭等等,无不渗透着浓厚的人文精神。同时,新安文化体现了个人利益与公司利益互重,员工与企业共同发展的人文精神。新安文化中的公司使命、员工理念、管理哲学、核心口号等,在倡导员工树立责任意识和奉献意识的同时,也明确体现了重视员工利益和个人发展的意识。新安文化所提倡的奉献观是建立在重视人、关心人、理解人、尊重人、培养人、激励人,坚持以人为本、促进人的全面发展的基础上。只有在个人与企业利益相互满足的互动中,公司员工才能迸发持久的创造热情,才能将个人命运与企业命运紧紧联系在一起。

企业文化建设必须紧紧围绕企业经济发展中心

新安化工的企业文化,大到公司愿景的提出,小至员工每一个细小的行为规范,无不与公司的生产经营的实际相结合。如我们在企业文化建设中,以抓员工行为规范教育为切入点,将企业文化建设与生产经营工作密切地结合在

一起，使企业文化充满了生命力。公司下属单位农药厂，为了纠正员工平时经常出现的一些有悖于行为规范的举止，专门举行了一次"找缺点"的小品晚会，收到了很好的效果。目前，公司各下属单位正在普遍开展"5S"活动，成为企业文化建设的一个有效载体。所谓"5S"是英文"整理、整顿、清扫、清洁、习惯化"字母的缩写，通过这项活动的开展，有效地改善了工厂的作业环境，提高了员工的工作效率。

企业文化建设必须统筹规划和精心策划

一个企业的文化建设并不是一朝一夕的事，它将伴随企业经济发展的全过程，因此必须统揽全局，从战略高度进行统筹规划和精心策划。多年来，我们始终坚持将企业文化当做一件长期性的工作来抓，公司制订了企业文化发展纲要，根据纲要制订年度工作计划，有计划、有步骤地开展活动。各基层单位在公司主管部门的指导下积极开展各具特色的企业文化活动，几个主要工厂在一年四季的每个重大节日都有活动安排。通过各种丰富多彩的活动和坚持数年的常抓不懈，有效地增强了企业的凝聚力。

企业文化建设

——成就企业健康发展

昆明风驰传媒有限公司

昆明风驰传媒有限公司创建于1992年，目前是香港和记黄埔联营机构TOM.COM投资的中外合资公司。2001年TOM.COM以风驰传媒为旗舰，建立了由全国16家子公司组成的中国最大的户外媒体集团之一的"TOM户外传媒集团。

风驰是一家具有国际背景的大型整合营销传播公司，它紧紧抓住企业文化建设的核心主题，高度重视树立正确的经营理念，培养积极向上的员工，不断加强和改进企业文化，促进了企业的高速发展。

以文化吸引人才，建设知识密集型企业

风驰把跆拳道的精神理念用于企业文化建设中，创立了在全国和东南亚都有较大影响的"行动成功学"。

企业文化建设是风驰获得成功的核心，它不仅为营造企业追求成功的氛围提供了文化理论基础，更给人以理论的指导，还授予人以行动的方法。风驰将"人"的发展与企业的发展有机地联系起来，形成了"价值趋同、人企合一"双赢的管理模式，营造了一个人人追求成功，大家一起成功的文化氛围。

经过14年努力，风驰已成为由具有较高的管理知识、专业技术知识与技能的人员构成的知识密集型企业。

如今，风驰培养出的优秀创意设计人才和具有独特思维的优秀策划人才，已成为企业持续发展中强有力的动力源。风驰凭借一流的专业实力，在创意、设计、策略及新媒体创新研发领域中，已荣获国际、国内广告创意大赛中荣获360多项大奖，并向社会输送的企业家多达七十名，百万富翁更数以百计。

领导力三公式奠定持续发展基础

张艳萍总经理提出增强领导力的"三个公式"，引导团队在思维方式、行为模式上发生转变，从而使企业最终开辟出员工与企业双赢的发展通道。

管理=数字+哲学。风驰通过系统的数字分析工具，为决策提供理性分析基础，以客观规律为主导，为企业发展找到了最合适的理性方法。

创新=学习+研发。风驰把学习作为福利提供给员工，由总经理率先带头，建立了一系列的持续学习措施，为企业发展带来源源不断的动力，并在研发中推进多项技术和产品、观念和思维的创新，使企业获得健康发展。

竞争力=资源力+执行力。风驰的竞争力依赖强有力的"执行力"做保证，推行"零缺点"工作制，通过资源整合，锻造出企业占领市场、获得长期持续发展的内在能力。

风驰对社会作奉献看作自己的职责，近几年来，为希望工程、抢险救灾、社会福利等捐款及发布公益广告价值近千万元。

风驰把塑造民族品牌作为自己的追求，把成为世界一流企业作为自己追求的目标，不断提出新的目标，在专业化、科技化、现代化、国际化的道路上迈出了坚实的步伐。

风驰通过管理把企业营造为充满能量的磁场，让每一个员工都能及时灵活地应对市场变化，专注于为有助于企业发展的一切活动中。成立至今，风驰先后服务客户4000余家，其中国际、国内知名品牌达300余家。在3000份客户反馈中，对销售提高总有效率达96.2%。风驰目前已成长为中国传媒界少数科技型创新企业之一。2002年、2004年公司连续两年被评为中国优秀民营科技企业，同年被评为云南省惟一的中国广告行业一级资质企业；2005年，被评中国学习型组织先进企业。

创建宝塔石化具有特色的文化

宁夏宝塔石化集团

宁夏宝塔石化集团是1997年由孙珩超先生创建的地方石化企业，2003年3月完成集团组建，现有职工近3000人，总资产近22亿元人民币。现已形成了三大发展板块的宝塔模式，一是以石油炼化为依托，化工产品为主的炼化实业板块；二是以银川大学为主，石化设计研究院为辅的教育研发板块；三是以宁东能源重化工基地宝塔综合项目区为主的发展实业板块。是自治区重点支持的30家非公有制骨干企业之一，进入"2004年度全国上规模民营企业500家"。

在非公有制企业转型交替时期，由此带来新旧观念的交替和新旧行为的冲撞，人们的价值观念、社会心理和思维方式都将发生变化,这在民营企业中表现尤为突出。在这种情况下要保证企业健康发展并具有核心竞争力,就必须坚持以人为本的发展理念,充分发挥思想政治工作的保证作用和导向功能,实施正确的舆论导向和政策导向,使员工的思想观念、精神状态、道德水准和文化素质与企业的跨越式发展要求相适应。

以人为本,锻造一支积极向上的职工团队

就企业而言,进军新的行业、投资新的项目、扩大新的工艺,都需要技术和人才的支撑,未来的竞争实质上都是人才的竞争。宝塔石化集团十分重视人才、积极培养人才,全力锻造一支积极向上的职工团队。一是校企联合搞好职工“充电”培训。宝塔集团全额投资创办了银川大学并充分发挥其资源优势,分期分批对企业职工进行新知识培训,先后有1600人次接受“充电”培训、有1750人次接受消防安全知识培训;同时,集团先后有计划地聘请国内著名专家学者为职工授课5次。集团工会还开展了“创建学习型单位,争当知识型职工”的活动,号召职工自学成才、自觉成才,现有150余名职工完成了专升本学习。二是做好职工岗位技能培训。集团充分发挥专家的特长,搞好职工的岗位技能培训,坚持每月一次专业知识讲座。在此基础上,各级工会、共青团组织还组织开展一专多能训练、技术革新、提合理化建议等活动,提升职工的基本素质,并协调地方职能部门对涌现出的技术尖子进行职称评定,调动员工的积极性。三是宝塔集团以宏大的事业感召人、优厚待遇吸引人、优秀文化凝聚人、创造条件成就人,使员工始终处于被激活状态,职工的主人翁意识得到较好地发挥,团队的凝聚力、战斗力不断增强,高效务实的作风得到了锤炼。

以人为本,营造企业宽松和谐的人文环境

劳动者是企业生产经营活动和管理的主体。关心职工,为员工办实事、解决实际困难,是民营企业最实际、最打动人的思想政治工作。为此,宝塔集团采取一系列人性化措施,为职工营造宽松和谐的工作环境。首先,思想政治工作做到贴近企业实际、贴近职工思想、贴近职工生活。在企业发展进程中,紧紧围绕企业改革、发展、稳定的大局开展了艰苦奋斗教育、团结协作精神教育、热爱企业“忠诚度”教育、就业与敬业的关系教育,还组织劳动模范、优秀共产党员、先进工作者外出参观学习、旅游等,从思想情感上拉近员工与企业的距离,增强了员工的归属感,形成企业与个人利益的一致感;其次,主动为员工办实事、解难题。如在生产过程中,针对员工大夜班睡岗的实际,各生产厂在严格抓好劳动纪律的同时,从人本理念出发,在凌晨3—4点钟最为困乏之际免费为职工送夜餐,既解决了职工睡岗违纪的问题,也保证了生产安全问题,受到了员工的欢迎。在集团先进性教育活动中,党委把为职工解难题、办实事作为整改的重点来抓,在董事长的大力支持下,投入3000万元启动了职工住宅楼建设、食堂改造、工作环境改善、交通车辆购置等8大工程,使职工的生产、工作环境得到了极大地改善,员工对开展先进性教育活动的满意度为99%;第三,积极为员工解决后顾之忧。集团十分重视加强企业民主管理制度建设,先后成立了各级工会、建立了职代会、女工委员会等组织,发挥其独立的作用,建立和谐的劳动关系。先后为821名职工办理养老保险、为752名职工办理了医疗、工伤保险、为222名职工办理了失业保险,签订了劳动合同。在办理社保之后,还在职工福利待遇方面加大投入,完善了一套职工劳动保护管理制度,职工的权益得到了保障。对工作时间较长、长期远离家乡的职工实行工资补贴制,对困难职工实行救济补助制,对特殊岗位、执行特殊任务和贡献突出的实行单项奖励制。同时,结合企业经济效益随时调整工资,上调幅度达20%以上。

以人为本,文化传媒作用

宝塔集团以人为本、关爱职工为落脚点。一是建造舒适优美的人居环境。各企业都建有宽敞明亮的职工食堂、多功能活动厅、图书室、澡堂,工厂按园林化建设,花卉常开,草木常青;二是集团先后投资100多万元购置了文体器材,组建了艺术团、军乐队、腰鼓队、秧歌队等;建设完善了健身广场设施;组织了5届职工文艺汇演和3届职工体育运动会;三是唱响企业文化主旋律,塑造良好的“宝塔形象”。集团大力支持职工开展诗歌、散文、快板、歌曲、书法美术等创作活动,各基层单位每月举行体育比赛、每周举办舞会,节假日举办各种娱乐活动,不断丰富职工文体生活。出版了近70期、发送18万份的《宝塔石化》报,对于宣传党的路线方针政策、传播精神文明思想、落实董事会发展战略、弘扬企业文化和凝聚人心,起到了不可估量的作用。2005年5月,《宝塔石化》报、《银川大学》报荣获“中国优秀企业内刊文化推动奖”。同时,一本从多侧面反映职工日常工作、生活中的心灵碰撞和情感交流之声的宝塔职工文学作品集——《骆驼草》,已由宁夏人民出版社正式出版发行,开创了宁夏民营企业打造精品文化的先例。

注重文化建设　促进企业持续发展

——海南南山文化旅游开发有限公司的企业文化建设

海南南山文化旅游开发有限公司是北京首旅的控股子公司,三亚南山文化旅游区为公司的主要经营项目。三亚南山文化旅游区位于中国惟一的热带滨海城市三亚市西南,规划面积50平方公里,1998年开园,已建成观音文化苑、慈航普渡园、吉祥如意园、南山寺、长寿谷、南山湾。园内有名列世界吉尼斯大全的“金玉观世音”“日月同辉龙凤砚”。高达108米的“南山海上观音”塑像已巍然屹立于南海。海南南山文化旅游开发有限公司加强企业文化建设,坚持“业绩优先,创新为源,以人为本,团队至上”的经营理

念，取得了良好的经济效益和社会效益。

企业文化是企业的发展之本、立足之基。南山文化旅游开发有限公司经多年借鉴、探索和创新，逐步形成了具有南山特色的企业文化建设体系。

用文化力提升执行力

南山的质量方针为：撒温情花雨，添人间欢乐；质量目标为：让游客高兴而来，满意而归；质量承诺是：贯彻以人为本、树立大生态、大文化、大教育、大旅游和持续改进的管理理念，坚持诚信经营，用亲情、爱心面对顾客。公司以人与自然和谐发展为根本，坚持污染预防、持续改进的原则，保护海域不受污染，生态环境不被破坏，生态系统保持平衡。

南山文化旅游开发有限公司的企业精神为：效益优先、创新为源、以人为本、团队至上；文化理念为：大生态、大文化、大教育、大旅游；工作态度为：想事、干事、干成事。该公司以人性化管理为根本，提出了企业运营实践的八字原则，即"学习、创新、执行、快乐"。

针对公司部分管理人员理论水平和工作能力偏低的问题，公司建立了学习制度，下发了《想事、干事、干成事》学习材料和《自动自发》《你就是奇迹》《细节决定成败》等管理书籍。公司从下至上召开学习讨论会、报告会，形成了良好的学习风气。

执行是企业战略的核心部分，是企业重要的竞争力，是实现目标的惟一途径。为此，南山文化旅游开发有限公司把提升员工执行力作为企业文化建设的重要内容。

用文化活动提升企业品牌

以建设文化南山、健康南山、体系南山为企业发展目标，努力挖掘南山的佛教文化、生态文化、福寿文化内涵，提升南山的文化内涵，提高南山的旅游知名度、美誉度和满意度，是海南南山旅游开发有限公司的愿景。

他们以多项文化活动来提升南山旅游文化品牌，通过体统培训来提升员工的文化素质，为建立"和谐社会""和谐三亚""和谐南山"贡献力量。

他们大力弘扬"寿比南山"的强势品牌，以南山长寿现象为课题，与旅游学院开展《南山长寿机制研究》，揭示"寿比南山"的奥秘，与世人共享"寿比南山"的品牌。

他们通过 ISO9001 质量与 ISO14001 环境管理体系认证后，编制完成了质量与环境体系文件；坚决执行"严格保护、统一管理、合理开发、永续利用"的方针，最大限度地保护自然资源，使之符合国家乃至国际标准；在保持"人居环境范例奖"荣誉的同时，正创造条件申报"联合国环境奖"。

为了将"撒温情花雨、添人间欢乐"的方针贯穿于服务全过程，贯穿于每一岗位、每一员工的具体行动中，南山文化旅游开发有限公司制定了《员工行为规范》，对员工工作态度、工作纪律、仪容着装、行为举止、礼节礼貌、语言沟通等6个方面作了具体规定，使员工在实际操作中有章可循。

南山员工在旅游服务中用真诚爱心感动游客，在服务中互相补充，互相融合，汇成一个整体，形成一个氛围，构成一种文化，使公司整体服务水平逐步提高。

南山的员工以自己的高尚品德和无私行为，在游客中留下了深刻印象，为南山旅游品牌增添了光彩。

2005 年 5 月，南山文化旅游开发有限公司开始试行《海南省旅游业诚信机制建设工作方案》。他们大力开展"抓行风、树形象、讲诚信、促发展"活动，找差距、抓整改，使企业整体诚信水平不断提高。广大员工以"创新服务内容，提高服务水平"吸引游客，企业综合竞争力不断提高。

南山文化旅游开发有限公司大力推行个性化、人性化服务，实施了"南山文化旅游区游客满意系统"，包括"全员服务承诺体系""服务圈模型图""优质服务管理标准"，让游客对南山景区的服务进行全面、全过程评价。多年来，游客对南山的满意率都在 90% 以上。

南山作为"海南省生态环境恢复与保护示范工程"、"海南省生态旅游区"，将"大生态"列为四大理念之首，旨在通过全体员工自身的表率作用向游人倡导一种新的消费模式，即在消费伦理、价值取向、行为准则、道德规范上以保护生态环境，崇尚人类与自然的和谐共生为目标。

为实现"严格保护、统一管理、合理开发、永续利用"的方针，南山文化旅游开发有限公司先后建设了水土流失治理及植被恢复与保护工程，环境空气保护工程，污水处理工程，环境质量监测工程，濒危动植物保护与生物多样性建设等工程。南山建立了太阳能利用系统、雨水收集系统、无动力污水处理系统，并取得了显著成效。列入《南山文化旅游区动植物名录》的植物已有 200 多种，动物 100 多种。南山海域的水质达到了国家海水水质一级标准；空气质量达到国家一级标准；污水处理达到国家一级排放标准，中水全部回用于园林浇灌；南山的绿化覆盖率已达到 95%。

经过多年努力，三亚南山文化旅游区由一片荒山野岭的不毛之地，成了国家"AAAA"景区。景区先后接待了众多党和国家领导人、社会政要和外国首脑，举办了"中国南山长寿文化节""海南省生态游开幕式""2005 中国南山吉祥文化博览月"等大型国家级、省级庆典活动。

南山的企业文化建设成就和优秀团队精神，赢得了国内外人士的普遍赞誉。

擎文化旗帜　助企业振兴

——吉林市企业文化研究会工作综述

吉林市企业文化研究会

吉林市是东北老工业基地之一，曾经有着雄厚的工业基础，为国家作出过重要的贡献。改革开放，老工业基地的风光不再。一些企业在竞争中体制、机制、管理、历史上的种种弊端逐渐显露，观念、文化的落后更是显而易见。吉林市企业文化研究会，就是在企业转型的关键时期成立的。研究会成立后，有组织、有计划地重点推动国有企业的企业文化建设工作。几年来，始终把握企业文化建设的正确方向，坚持引导企业建设先进企业文化，坚持企业文化建设“以人为本”的原则，紧跟国内先进企业文化建设的潮流，启发企业领导人和企业文化工作者的文化自觉性，有重点、分层次地整体的推进吉林市的企业文化建设工作，使一些先行企业进入了全国企业文化建设先进企业的行列。

加强对企业文化建设工作的领导，建设先进企业文化

为加强对全市企业文化建设的领导，成立了“吉林市企业文化建设工作指导委员会”。原市委副书记，副市长任指导委员会主任。目前，研究会有51个会员单位，193名理事，66名常务理事。

吉林市企业文化研究会下设理论指导委员会和活动指导委员会，40余个研究分会。研究会通过开展理论研究，指导企业文化建设工作，通过开展活动，紧紧团结会员单位，整体提升企业文化建设工作水平。一些企业加大了企业文化建设人力物力的投入，成立专门的机构，配备得力人员，一些有实力的企业，舍得投入，在企业文化建设工作中，全面设计企业，全面开展文化建设、环境建设、制度建设等，使企业有了较大的改观。

制定三年规划，扎实推进企业文化建设

2003年至2005年，研究会每年都下发《开展企业文化建设工作的指导意见》，指导企业文化建设工作。把2003年确定为“企业文化建设启动年”，开展了以“创建企业文化建设样板企业、优秀企业活动”为载体的创建活动。培养了企业文化建设的“第一梯队”、“第二梯队”。11户企业率先建立了企业文化的基本框架，成为我市企业文化建设的榜样企业。把2004年确定为“企业文化建设提升年”，以学习“样板企业”活动为载体，重点引导企业全面开展企业文化体系建设。同时针对我市企业的薄弱环节，突出强调“创业文化”和“诚信文化”建设主题，坚持把弘扬“创业”和“诚信”精神作为企业文化的核心内容。丰富企业文化建设的内涵，引导企业认识企业的社会责任。得到了企业的广泛认同和响应。把2005年确定为“企业文化建设实践年”，研究会指导各会员单位“做实”企业文化，强调实践企业精神，落实核心价值观，使企业文化进一步成为推动企业发展的强大动力。白石山林业局等12户企业积极完善并宣传贯彻企业精神和企业理念，通过提炼人生格言、编发先进人物专著、征集企业文化案例等方式，宣传贯彻实践企业理念、实践企业精神。吉林供电公司等企业把建设具有诚信特色的企业文化作为提升企业新时期经营理念、企业形象和企业管理水平的有效载体，大力推广诚信文化建设。吉林新冶设备公司配合企业二次创业，适时导入二次创业文化，因此遏制了连续9年的亏损，企业走出了负债累累，举步维艰的不利局面，实现了企业再生，文化发挥了至关重要的作用。

积极开展各项活动，推进企业文化建设工作的开展

开展读书竞赛等活动，提高理论水平和对工作的进行理性思考。市研究会出资为各会员单位征订或推荐《企业文化》、《中外企业文化》等期刊。推荐《企业文化简明手册》、《新世纪中国企业文化》、《企业文化教程》、《企业文化大词典》、《文化塑造——企业生命常青藤》等书籍。每年下发研讨题目，先后共征集论文百余篇进行评奖，评选一等奖论文6篇，二等奖20篇，三等奖论文41篇。2003年2月，我们将阶段性的理论和实践成果集结成册，在《江城论坛》上刊发了企业文化建设专刊。

开展培训和考察学习活动，使企业文化工作者开阔眼界。我们组织企业参加中国企业文化研究会的活动，组织企业领导和企业文化建设骨干到青岛、重庆、福建等地实地考察了海尔、青啤、海信、鞍钢等企业，学习各地企业文化建设的成功经验和做法。一些企业还根据各自的需求，自行组织学习考察活动。吉化集团公司等企业还组织企业中层以上干部到青岛进行企业文化学习培训和实地考察。白山发电厂、丰满发电厂组织企业中层干部到大连理工大学进行学习培训等。通过这一系列的培训和考察活动，开阔了企业领导、工作人员的眼界，启发了思路，提高了我市企业文化建设工作者的理论水平和实际工作能力。

结合实际办班，解决实际操作问题。2004年，组织了企业文化建设骨干培训班。请领导、专家、学者讲课，从企业文化的起源、企业文化的概念、目前国内外企业文化的发展状况、企业文化的地位作用、企业文化的组成部分，如何在企业文化建设实践中处理好与企业发展战略、建立现代企业制度、强化企业管理、塑造企业形象等方面进行讲解。请工作在企业文化建设前沿的企业文化工作者讲解各自的经验和实际做法。组织有关专家学者直接深入到企业，面向企业干部职工作有针对性的讲座。

组织本市企业间的“联促”活动，先进带后进。2003年组织40余户企业，以相互学习为目，开展了企业间的“联促”活动，来自各企业的近百名企业文化建设工作者在“联促”活动中，通过“听、看、问、记、议”相结合的方式，实地走访了吉化集团、中油石化、镍业集团、吉林化纤、五七零四厂、供电公司、新力热电、新冶公司、吉化北建、吉化公用事业公司等十几户先进企业。通过历时两个多月的企业间的“联促”活动，进一步增强了企业领导和企业文化建设工作者对企业文化建设工作的感性认识。通过这种互相启发，互相学习的活动，有力地激发了各单位开展企业文化建设的积极性。一时间，企业间自发相互走访等学习活动也十分活跃，整体推动了企业文化建设工作。

搭建平台展示企业风采和员工风貌。2003年9月，组织了“企业歌声大奖赛”活动，历时两个多月，先后有2000多人登台参加演出，新闻媒体进行了广泛的社会宣传。这项活动对凝心聚力、鼓舞士气发挥了积极的作用。2004年9月，为庆祝建国55周年，成功举办了企业美术书法摄影大赛。得到了企业界、市领导及全市各界的认可好评。组织开展企业文化活动，成为全面推动企业文化建设工作的“软招术”。

加强企业文化理论研究 促进省属企业文化建设

山西省企业文化研究会

树有根而坚固茂盛，水有源则长流不息。综观世界知名企业，微软驰名全球，索尼称雄世界，松下基业常青，GE引领卓越……，其管理演变的历史充分证明了——企业管理的活力来源于企业文化。企业文化是一个企业赖以生存与发展的灵魂，对企业的经营业绩影响巨大，是一个企业不断超越、战无不胜的动力之源。在知识经济快速发展和全球经济日趋一体化的今天，企业文化已成为企业核心竞争力的重要组成部分。

我省企业文化建设的实践探索与现状分析

山西在企业文化建设方面，既具有悠久的历史，也曾创造过辉煌的成就。明清时期，勤劳俭朴的山西商人创票号，建银行，倾心实业，经年发展，商路横跨欧亚，款项“汇通天下”，以其特有的开拓冒险与艰苦奋斗的创业精神，创造了世界经济发展史上的奇迹，形成了内涵十分丰富的晋商文化；建国以后，我省工业企业培育了“艰苦奋斗，勤俭办矿”的石屹节（煤矿）精神，“一心为公、艰苦创业”的太钢李双良精神和“勇于奉献、争创一流”的大同煤矿精神等，创建了山西焦煤、太钢不锈、杏花汾酒以及世界知名的“TZ”牌起重机械与油膜轴承等知名品牌，涌现出了不少好的经验和先进典型。改革开放以来，不少在企业文化建设方面进行了积极有益的探索。如：潞安矿业的新文化塑造，阳煤集团的“6S”管理，大同齿轮的“QCD”管理，山西焦煤的“职工技能训练”，太钢集团的“执行力”建设，汾酒集团的文化营销，国际电力的新理念推行，以及同煤、太化、山西路桥、太原煤气化等企业各具特色的企业文化建设活动，都取得了很好的成效，取得了阶段性的成果。通过企业文化建设，员工的思想观念发生了较大的转变，企业管理水平也有了新的提高，企业文化建设对外提升企业形象的作用和对内增强凝聚力的功能日益得到显现。

但是，我省的企业文化建设发展很不平衡。从我们调研的情况来看，我省的企业文化建设除太钢、太重、同煤、山西路桥、山西焦煤、阳泉煤业、晋城煤业、潞安矿业等几个大的集团已基本形成体系以外，大部分企业还处于酝酿起步阶段，与全国比较总体上相对落后。具体表现为：一是在企业文化建设的重要性认识上，思想观念保守，创新意识不足，不能从时代特征和全球经济一体化的高度，增强企业文化建设的责任心和紧迫感；二是在企业文化建设的工作机制上，存在政工化、部门化、项目化的现象，形不成管理互动的合力和统一协调、常抓不懈的工作机制，缺乏全员参与建设、上下互动发展的思想基础与内在动力；三是在企业文化建设的内容上，政治文化、社会文化和官本位文化的影响与沉淀较深，内容雷同，个性不足；四是在企业文化建设的方式上，重形式、轻内容，重制度、轻理念，重形象塑造与广告策划，轻企业精神内涵提炼与价值理念的培育，存在着形式与内容、文化与战略、理念与制度、制度与行为四方面的脱节；五是在企业文化建设的管理上，主要领导投入的精力较少，普遍忽视员工素质的培养和相关制度的完善，使企业文化建设与经营管理脱节，失去了指导实践和推广应用的价值。

对此，我们认为必须从全球经济一体化的战略高度，从加快新型能源和工业基地建设、促进全省经济发展与构建和谐山西的实际需要出发，充分认识加强企业文化建设的重要性，加强企业文化理论研究与实践探索，深入分析我省企业文化目前面临的新情况和新问题，实事求是地总结我省企业文化建设的经验和教训，找准我省企业文化建设的切入点和结合点，切实加快我省的企业文化建设。

充分发挥省研会和各企业政研会的指路导航作用

企业文化是一门系统性、实践性较强的综合管理科学。加强企业文化建设，要以“三个代表”重要思想为指导，坚持以人为本与全面、协调、可持续的科学发展观，紧密联系我省加快新型能源和工业基地建设的实际，结合我省企业的产业特点，积极借鉴国内外先进的管理经验，按照系统、科学与实用的原则，精心提炼适合我省企业发展、最具企业特色的精神、理念和核心价值观，通过科学的论证与概括，然后用以指导企业实践，并在新的实践中进一步总结完善和不断丰富发展。

山西省企业文化研究会，是山西省企业文化理论研究、成果交流、经验推广的专业性学术团体与研究机构，对省属企业文化建设具有组织协调、业务指导、经验推广等多方面的作用与功能。在加强省属企业文化建设中，应紧密结合我省实际，组织协调各企业思想政治工作研究会与企业文化专家学者和理论工作者广泛开展理论研究和实践探索，认真做好以下三方面的工作：一是从解决企业面临的主要矛盾入手，围绕企业改革发展中的主要矛盾和突出问题，集中精力在企业发展战略、管理体制等一些重大问题上进行研究和探讨，制定我省企业文化建设与可持续发展战略；二是从继承和发扬我省的优秀历史文化与企业的优良传统入手，总结我省在企业文化建设方面的成功经验和优秀成果，为我省企业文化建设提供有益的借鉴与指导作用；三是从企业资产重组、体制变革和制度创新入手，加强对企业文化建设中带有全局性、前瞻性和战略性问题的研究，为企业创新发展提供有价值的研究成果和咨询服务。具体任务应包括以下七个方面的内容：(1)立足山西省情和企业实际，广泛开展调查研究，深入挖掘我省传统管理文化的精华，总结经验，与时俱进，赋予新的时代内涵；(2)组织举办企业文化交流和各种管理培训，创建学习型企业，培养学者型高级管理人员；(3)紧密结合我省经济发展和各个时期的中心工作，组织文化考察，开展学术研讨，交流推广省内外企业文化建设的先进经验与成果；(4)组织企业文化专家，深入企业进行文化调研，指导和帮助企业进行文化变革与创新；(5)加强企业文化基本知识的普及宣传，编辑出版企业文化学术专著与优秀论文集；(6)推广企业文化建设先进经验，评选与表彰企业文化建设先进集体、优秀工作者和优秀学术成果，营造良好的企业文化建设氛围；(7)加强研究会的自身建设，打造专业团队，以促进发展为宗旨，以学习创新为动力，为不断推进我省企业文化建设做出积极的贡献。

企业文化建设作为新时期全面提升企业素质和核心竞争力的战略工程，是我省加快新型能源和工业基地建设、推动经济和社会健康发展的战略要求。为此，我们必须从振兴民族文化、加快山西发展、实现中华民族伟大复兴的战略高度，增强建设先进企业文化的政治责任感、历史使命感和时代紧迫感，围绕中心，服务大局，大力推进企业文化理论研究和实践探索，把握规律性，体现时代性，富有创造性，努力建设符合社会主义先进文化前进方向、具有鲜明时代特征和山西地方特色的企业文化，通过文化的振兴与发展，实现中华民族的伟大复兴。

落实科学发展观　充分发挥先进企业文化力作用为实现我区经济持续发展而奋斗

马锡广

我区企业文化建设的新形势

企业文化是企业微观意识形态和行为方式的总和，包含企业核心价值观、企业经营管理理念、企业精神、企业形象和企业传统等内容，是现代企业最具战略性的管理思想与管理方法，是决定企业兴衰成败的关键因素，直接影响企业核心竞争力，也是国际经济交往的纽带和桥梁。我国传统企业文化源远流长，而作为西方发达国家现代企业文化的理念，上世纪80年代才引入我国。我们宁夏也与全国一样，八十年代、九十年代初，曾两次兴起企业文化建设的热潮，目前是第三次企业文化热。企业文化向着广泛、务实和深层次的方向发展。回首过去，在自治区党委和政府的大力倡导、支持和关怀下，我区企业文化建设得到很大发展：一是现代企业文化的理念得到各级领导和企业界、企业家的普遍认同和接受。认为企业文化是企业发展的内动力和软实力，不可或缺；得到了各级组织、各级领导的普遍重视。二是企业文化建设向着广泛、深入的层次发展，即把企业文化建设与宁夏企业实际紧密结合起来，与宁夏企业现代化管理和企业改革发展实际结合起来，与解决宁夏企业经济、政治、文化实际问题结合起来，打造有宁夏品牌的现代企业文化。三是涌现出一大批企业文化研究成果和先进单位，在这方面，宁煤集团、宝塔石化、阿尔法、马斯特、美利纸业是他们的杰出代表。四是更加注重员工文化建设，特别是优秀企业家文化建设，因为企业文化说到底是企业领导人和员工内心世界在企业的外化。五是建立学习型企业、学习型组织，做知识型职工已成为大趋势。六是企业信用文化建设得到重视，认为诚信是企业最好的竞争手段，是企业持续、健康、稳步发展的关键。七是企业安全文化建设得到加强。企业经营者越来越认识到安全生产对企业的重大作用，安全就是企业最大的效益，没有安全就没有企业的一切，培育企业安全文化是企业安全生产的重要保障。八是企业文化的理念向机关文化、校园文化、社区文化、村镇文化、家庭文化等方面延伸，为建立和谐社会、文明社会、诚信社会、节约社会净化了环境。九是重视中外、东西企业文化融合，实践并扩大了跨文化管理。

但是，在看到宁夏企业文化建设成绩的同时，也应看到存在的不足：一是企业文化建设的自发性。一些企业领导者由于职业素质和能力等方面的原因，只注重资金、技术、市场和企业经营管理等实际工作，忽视企业文化建设、忽视人员素质的培训与提高，使企业文化建设在本企业中以自发的形式发展。二是不平衡性。一般说来，优秀企业大都重视企业文化建设，落后企业不太重视企业文化建设；高技术、知识密集型企业重视企业文化建设，劳动密集型企业忽视企业文化建设；大中型企业重视企业文化建设，小企业忽视企业文化建设。三是企业文化建设的浮躁性。有一些企业在企业文化建设中搞作秀、炒作、摆花架子，不仅没有把企业文化变作生产力，反而给企业带来虚假浮躁的不良空气，降低了企业运营效率和效益。四是盲目性。盲目跟风，把企业文化当做包治百病的药方，共性多于个性，缺乏自己的特点；盲目西化，认为凡是国外的就是好的，现代化的，不仅误入歧途，而且曲解了企业文化的本义。五是形式主义，照搬硬套，流于形式，不重内容，对企业文化的理解还处于表层阶段。上述问题说明，我区企业文化建设的任务还任重道远，还有大量工作要做。

当前的主要任务和工作

宁夏企业文化促进会的宗旨可以概括为八个字：即“组织、协调、规划、推动”，使协会成为党、政府和企业保持密切联系的桥梁和纽带。根据协会这一宗旨本届理事会注重做好以下一些工作：

一是根据我区企业实际情况，以邓小平理论和“三个代表”思想为指导，积极推动企业文化理论的总结、提炼和研究工作，促进有我区特色的企业文化理论研究工作，丰富我区企业文化理论。选择适当时机举办企业文化建设论坛和理论研讨会。

二是积极组织和促进企业文化交流活动。通过经验交流、互相参观学习、出国出省考察等多种形式加强企业文化学习交流活动，借鉴先进经验，共同提高。

三是根据实际情况和需要，选择恰当时机，采取多种方式积极组织企业文化综合活动和专业活动，及时展示我区企业文化建设的新成果和新面貌，弘扬先进企业文化及创建单位。

四是加强企业文化评估工作。制定一套严格完整的企业文化评价和考核标准，定期对企业文化建设情况进行调研、考察，适时做出准确评价。在全区范围内确定一些企业文化先进单位，作为全区企业文化建设示范基地，以起到典型示范、以点带面，共同提高的目的。及时评选、表彰优秀企业文化建设成果和企业文化建设先进单位，充分发挥企业文化在企业管理中的积极作用。

五是积极发现培养企业文化研究和实践的骨干与新生力量，不拘一格选人才，特别是发现和培养中青年人才，努力壮大我区具有理论和实践经验的企业文化建设队伍。

六是充分发挥我区企业文化研究机构、有关院校、团体部门的理论骨干作用，整合力量和资源，促进企业文化理论的研究、实践、发展和创新。

七是加强企业文化管理的教育与培训，开展企业文化资源的开发与引进，促进健全企业文化建设机制。

八是加强企业文化建设的舆论宣传工作。大力宣传企业文化建设先进企业的实践案例和典型经验，使全区企业学有榜样，赶有方向。大力宣传企业文化建设的生动过程和企业文化建设成果，形成学习、研究、倡导企业文化建设的良好氛围。特别是要把企业文化建设和社会公德建设、企业诚信建设、个人职业道德建设结合起来，相得益彰，相互促进。

九是努力办好《宁夏企业文化》会刊，贴近企业实际和职工群众，增强刊物的科学性、理论性、趣味性、群众性，把会刊办成学习、交流、研究、建设企业文化的坚强阵地。

（作者系宁夏回族自治区国资委主任、宁夏回族自治区企业文化促进会会长）

中国机械行业企业文化建设的轨迹

中国机械行业产业协会

企业文化在我国机械行业从引进到实践，已经有20多个年头。探索中国机械行业企业文化建设的轨迹，可划分为四个阶段。

第一阶段，思想政治工作对企业文化“自发借鉴，为我所用”时期。

这一时期体现在80年代初、中期。八十年代初期，企业文化理论传入我国，开始在理论界和一些企业进行学习和研讨，中国机械行业少数企业开始自发借鉴企业文化理论进行实践。根据档案材料记载，中国机械行业最早提出借鉴企业文化建设，加强思想政治工作的是江铃汽车集团公司党委。1984年初，江铃汽车集团公司党委在工作报告中就阐明了借鉴企业文化建设，加强党的思想政治工作的重要性，明确提出了“培育江铃精神，铸造企业之魂”和“团结、进取、拼搏、求实”的八字企业精神。起步于50年代的中国一汽集团公司，1985年出提出，借鉴企业文化，研究企业的经营理念和发展战略，确立了用“50年代的作用干90年代的事业”、“用人品造精品出名牌”、“用武装的头脑武装企业”的经营理念和“以培养现代素质的产业大军来铸就民族汽车工业的脊梁”。优秀的企业文化铸就了中国一汽集团成为中国汽车生产企业的派头兵，进入世界500强。在80年代中期自发借鉴企业文化建设为我所用的企业还可以列举一些。

第二阶段，思想政治工作对企业文化建设“研究认知，理性导入”时期。

这一时期大体是从1986年至1995年。

根据上述情况，成立于1984年8月的中国机械思想政治工作研究会，于1986年3月在天津市召开的秘书长会议上，成立了职业道德、企业精神和厂风建设、商品经济条件下的思想政治工作等九个课题研究小组。这标志着中国机械政研会看准了企业文化建设的发展趋势，看准了时机，及时抓住了一个转折点，抓得早，抓得准。

机械行业的企业文化建设是从研究职业道德建设开始的。1988年5月9日至10月21日，本会委托西安电力机械制造公司举办了4期职业道德建设骨干研讨培训班，机械行业企业专职政工、工会、共青团的干部290余人参加；1989年5月5日至31日，本会再次委托西安电力机械制造公司举办了3期职业道德建设和企业精神骨干研讨培训班，机械行业企业专职政工、工会、共青团的干部140余人参加研讨培训。这段时间的代表作品是重庆市机械局撰写的《企业职业道德建设规律性的探索》。

到九十年代初期，企业文化理论研究活动日趋活跃，一些学者纷纷著书立说，企业文化知识的普及和自发借鉴在机械行业一些企业方兴未艾。特别是邓小平南巡讲话之后，一股改革开放春风吹遍华夏大地，打破了许多旧有的思想禁锢。人们开始正视这个当代先进的企业管理理论，认为它同我们的企业思想政治工作有相容之处，可以结合我国的国情，广泛借鉴和利用。这一时期中国机械政研会对在行业开展企业文化建设加大了两个力度：

——加大舆论宣传的力度。于92年在本会会刊《机械电子政工研究》第7期上，首次开辟了“企业文化”专栏，介绍了“企业文化与企业活力”，提出了为增强企业活力，就要在实行科学管理的同时，建立良好的企业文化；从会刊第8期开始，开辟了“企业文化讲座”栏目，先后刊出了“时代大探索——经济与文化的联姻”、“企业文化与深化企业改革”、“企业管理方式的选择”、“商品文化管窥”、“营销文化与艺术纵横”、“今天的文化明天的经济——职工文化与经济增长”等内容的讲座;于94年在本会会刊从第9期始开辟了“塑造企业文化[ABC]”专栏,宣传塑造企业形象与企业的科学管理等;于95年重点宣传了“企业形象策划的五个阶段”等。

——加大组织理论研究的力度。

93年本会于9月中旬在哈尔滨召开了第一次“企业文化建设”专题研讨会,从认识上探讨在加强和改进思想政治工作中机械行业企业探索、研究企业文化建设在发展社会主义市场经济中的地位和作用;从操作上研究建设中国特色企业文化如何选准切入点和着力点。重点总结推广了中共哈尔滨市工业局委员会关于《建设企业文化,促进社会主义市场经济机制的建立》的经验。这次研讨会统一了企业文化建设中的两点认识:一是企业文化建设的主题,始终以人为中心,对人的尊重、关心、爱护是基本要求。二是企业文化建设的基本内容,职业道德、企业形象、企业精神和经营理念。而后这个课题研究小组又于94、95年分别在天津、济南和安徽召开了研讨会。在第四次企业文化建设研讨会后,中国机械政研会做了这样的综述:当前机械行业企业文化建设的发展态势是认识不断深化,做法由虚转实,效果开始凸现;在多年研讨的碰撞中形成5点共识:1. 企业文化作为一种管理理论和管理方式,其内涵丰富、外延广阔,多数同志认为,它包含经营观念、企业精神、集体价值观、行为规范、企业形象等几个主要方面;2. 企业文化建设要突出企业个性,培育具有中国特色的企业文化;3. 企业文化建设要从企业实际出发实施重点突破,循序渐进;4. 加强企业文化建设,塑企业形象,不仅经济效益好的企业需要,对处于困难境地的企业同样需要,关键的是要练好内功;5. 企业文化建设要领导早认识亲自抓、全员参与、重在建设。

综上,经过近十年的调查研究、舆论准备和积极宣传,本会清楚地认识到企业文化建设在机械行业全面推广的时机已经成熟。为适应形势发展和工作的需要,本会于95年10月打出了中国机械产业文化协会的牌子,中国机械政研会和中国机械产业文化协会形成了一个机构两块牌子,同时全面总结了全行业开展企业文化建设的情况,并向机械部党委提出了在全行业开展“塑形”活动的建议。

第三阶段,思想政治工作与企业文化建设“交叉兼容,分层推进”时期。

这一时期大体是从1996年至2001年。

这一时期的重要工作背景有二:一是1995年11月22日中共中央办公厅、国务院办公厅转发了《中央宣传部、国家经贸委关于加强和改进企业思想政治工作的若干意见》;二是工业机械部1996年2月2日发出了《关于印发〈机械行业“九·五”期间广泛开展塑造企业形象活动的意见〉的通知》,对在机械行业广泛深入开展塑造企业形象活动的意义、指导思想、总体目标、主要任务和保证措施都提出了明确的要求。

在以上两大工作背景下,机械行业政研会是把推进企业形象塑造作为思想政治工作的切入点来抓的。这个时期的一个代表性提法是:企业文化是企业思想政治工作的一个有效载体、是新“抓手”。尽管“载体”、“抓手”的提法不一定科学,但这毕竟比过去宽容大度得多了,人们对企业文化的认识提升到一个新的高度,开始把它与企业思想政治工作相提并论,认为两者都是保证和促进企业发展的精神动力,都应大力加强和推进。

第四阶段,思想政治工作与企业文化建设“趋同融合,深化提升”时期。

自2001年树立“全国机械行业企业形象十佳”以后,本会坚持一个立足点,在变革中开展新探索,全力推动思想政治工作创新和企业文化建设的提升。

在2003年本会在新疆召开的“全国机械行业企业文化建设经验交流暨思想政治工作创新研讨会”上,以及2002—2003年评出的78篇优秀研究成果中,可以清楚地看出,企业文化建设在机械行业掀起了新一轮热潮,甚至成为一种“时尚”,没有文化的企业则被视为落伍。经过实践,大家对企业文化的内涵、外延和功能的认识愈加深切。企业文化“是企业精神财富和物质财富的总和”、“是企业两个文明建设的结合点”、“是企业活力之源和发展之魂”、“企业的竞争最终是文化的竞争”、“21世纪是文化力主导时代”等等,对企业文化的评价达到了空前的高度,随之而来的是对企业文化建设的重视程度也日益提高。各级党组织和有关部门纷纷把组织和引导企业文化建设当作大事来抓,加强领导,因势利导,抓点带面,广泛推进,而且像思想政治工作评先树优一样,层层开展企业文化建设的评比选树活动。在舆论氛围和组织导向方面都显现了企业思想政治工作与企业文化建设的“趋同融合,创新提升”的局面。

认真探索中国企业文化研究会的工作规律加强自身建设,努力打造一流社会团体

黄新惠

中国企业文会研究会经历了18年不平凡的工作历程,团结广大企业界和理论界专家学者及热心于企业文会研究的各界人士,以邓小平理论和“三个代表”重要思想为指导,始终遵循“方向正确,学术领先,行为规范”的办会宗旨,坚持以研究为中心、以创新求发展、以活动增活力、以加强组织建设为基础的工作思路,紧密结合企业改革发展实际,借鉴和吸收国内外企业文化理论成果,为推进中国特色企业文化建设,做出了大量卓有成效的工作,取得了显著的成

绩。多年来，中国企业文会研究会注重加强自身建设，认真探索研究会的工作规律，努力打造一流社会团体。

满足企业需求，为企业服务，是加强研究会建设的着眼点

中国企业文化会研究会的成立与发展，是企业改革发展的内在需求，顺应了社会主义市场经济发展的需要。18年来，面对新形势，中国企业文化研究会始终坚持突出以研究为中心"学术领先"的特色优势，植根企业，创新工作思路，强化服务意识，以求真务实的精神，不断推进企业文化的理论创新与实践创新，树立了良好社会形象，赢得党政有关部门的大力支持与企业的高度信任。研究会通过调研、研讨、培训等多种方式，提高企业整体素质和现代化管理水平，造就企业品牌形象和综合竞争能力。完成了两项国家规划研究课题；出版了百余部企业文化著作；为百余家大中企业进行了咨询、策划和设计活动，有效地推动了企业文化的普及和发展。研究会先后提出了：企业文化是一门新型管理理论；建设具有中国特色的企业文化；企业文化坚持以文化人、以人为本的核心理论；企业文化是适应经济文化一体化时代要求的纽带；企业文化建设是坚持先进文化方向，促进两个文明相结合的有效方式；企业文化是社会主义文化的生长点等重要观点。无论困境与顺境，中国企业文化研究会始终不渝地结合企业改革发展实际，坚持中国特色企业文化理论研究，为中国企业文化事业做出较大贡献。作为民间社团，研究会既没有政府拨款，又不是以赢利为目的，多年来，自觉坚持在满足企业需求中为企业服务求发展。工作中努力做到发现企业需求，主动服务；满足企业需求，跟进服务；深化企业需求，创新服务；超越企业需求，超值服务。实践证明，只有满足企业发展的需求，研究会自身才有生命力，才能可持续发展。

强化团队精神，增强学习力，是夯实研究会工作的立足点

中国企业文化会研究会所属的各个部门工作自主性较强，人员素质参差不齐，加大了自身管理的难度。多年来，研究会注重强化团队精神，强调个性、自我，更强调形成善于合作的团队文化，逐步建立健全各项规章制度和有效的运行机制，以提高整体素质。着力建设一支具有创新能力、学习能力和自我超越能力的协同作战、团结拼搏的团队。面对新形势管理理念知识的更新的发展需要，研究会倡导以人为本的管理思想，努力创建学习型团队，形成"学习、诚信、能力、创新"的良好氛围。大家清醒的认识到，创新不仅是一种精神、一种理念，而且是一种能力，表现在工作上是一种操作智慧。要求每一位工作人员，紧密结合改革发展和现代化建设的实际，加强学习，练好内功，立足现实，创新工作思路，强化服务意识，增强责任感、使命感，提高工作水平，跟上时代的发展，不断满足企业的基本需求，为推动企业改革发展提供优质服务，以赢得社会各界特别是广大企业的信赖，促进中国企业文化会研究会的事业兴旺发达。

以有为的工作，争取有位的地位，是推动研究会工作的切入点

中国企业文化研究会作为群众团体，只有通过有为的工作，才能争取有位的地位。由于计划经济给人们长期留下的思维定势，目前，许多地方仍存在着难于割舍的"官场情结"的等级观念、特权思想，习惯于靠"权力"指挥工作。中国企业文化研究会作为民间社团，成立之初，韩天石、张大中、张同舟等一批老一辈无产阶级革命家，靠着对党的事业的无限忠诚，敏锐地捕捉时代精神，团结了一批热心推进企业文化建设的企业家及理论界的专家学者，开始了对企业文化的探索，为企业文化的传播、宣传和研究，为企业文化建设实践的开拓，奠定了坚实的基础，引起社会各界人士的好评。十八年来，中国企业文化研究会的不断发展壮大，不是靠权力，而是靠解放思想，实事求是，学术领先产生的吸引力，靠坚定不移的为企业改革发展服务产生的影响力，赢得各级组织和广大企业的支持和信任，形成推动企业文化建设事业蓬勃发展的核心驱动力。

加强组织建设，做实基础工作，是做好研究会工作的着力点

为适应新形势发展需要，加强研究会组织建设，做实基础工作，是有效开展研究会各项工作的保证。1. 坚持扩大覆盖面。注重加强"政府网、专家网、新闻网、企业网"四网建设，加强与全国各地、各行业研究会的联系，形成一批紧密联系的骨干力量和重点工作依靠力量，建立一个健全高效、充满活力的研究网络；2. 拓展新领域。把工作重点由国有企业扩展到民营、合资等各种所有制企业，并有计划的拓展国际企业文化业务交流；3. 健全新载体。切实发挥"中国企业文化建设示范基地"的典型导向作用，在近年召开的"中外企业文化峰会"上，表彰企业文化建设先进单位和个人，以典型推动研究，促进研究，同时，以典型检验研究成果。在总结和推动典型的过程中，着眼时代、着眼大局、着眼特色，遵循研究、培养、总结、推广的思路，力求做到有说服力、号召力，使典型企业的特殊性与广大企业的普遍性相结合，以推动企业文化建设上新台阶；4. 发挥品牌效应。充分发挥"中外企业文化峰会"、"中国企业文化年鉴"、"企业文化丛书"等品牌效应，宣传研究成果，为企业提供企业文化建设的经验，推动各项工作的开展；5. 加强人才队伍建设。注重整合资源，借脑融智，以知识结构、研究能力、研究成果，侧重不同行业、不同层次的特点，建立"人才库"，为做好研究会工作提供强有力的智力支持和事业保障。

（作者系中国企业文化研究会常务副理事长、副秘书长）

2005 年全国企业文化观察与提示

祝慧烨

中国企联主办的第四届企业文化年会，是前三届的延续和发展，是继续发掘，继续深化，我们今年的做法是让更多的企业家、专家在年会前参与进来，通过多种方式交流，征集年会的主题，总结年度企业文化建设经验，汇集阶段性成果。

我想通过案例的展示、说明来交流、深化年会的共识、成果和思考。

我主要从“2005 年度全国企业文化优秀奖”、“2005 年度全国企业文化十大优秀案例”里面精选了十几个问题，大家共同分享。

精神文化是企业文化的核心，是企业发展的强大动力源泉

中国运载火箭院是中国航天的摇篮和发祥地，每当提起精神文化的时候，我们通常会有几个代表，一个是“大庆精神”，一个是“两弹一星精神”，一个是“载人航天精神”，这是中国工业史，放大一点，是中国现代社会孕育的几个精神文化的典范。大家都知道载人航天和非载人航天是有区别的，等级不一样，他们创造了“四永”和“四特别”。周总理把火箭院的文化很早就提炼出来了，全聚德的核心精神文化也是周恩来总理在请外国友人吃饭的时候提炼出来的。

发射卫星时，火箭的可靠性要求是 0.91，就是说 10 次发射容许一次失败，但发射载人飞船，要保证航天员的生命，这个标准就要提高到 0.97。这 0.06 的差别，却是载人火箭与非载人火箭的分水岭。一个元器件的可靠性从 90% 提高到 97%。需要进行 200 多次试验，不能出现任何一次故障。

在周总理“严肃认真，周到细致、稳妥可靠、万无一失”的“十六字方针”的指导下，积淀了深厚的文化底蕴。借鉴国外先进管理理论和方法，提炼出“72 条”，“28 条”“火箭院质量管理 60 条”标准等，形成中国航天特色的科研生产及质量管理。

分析火箭院文化结构，有一点要特别提出，就是系统工程文化。运载火箭有 20 多万个零部件，这些零件需要数万个科学家和上万个攻关组协作，这样庞大的系统集成，必须要有系统工程文化，而系统工程文化在中国正是比较缺的东西。系统工程文化可能在德国不缺，日耳曼民族有这方面的传统基因，我们看到德国科隆大教堂前后建了六百多年，这建设过程中需要有工程精神，需要系统工程文化，要不然基础就没办法扎实，就没办法有系统设计图纸，这就是工业文明。

自主创新文化符合“十六大”五中全会精神，王燕生院长谈到，这个领域是不可能抄来的，也是不可能买来的，所以只有自己自力更生，自主创新。我不做展开。

谈到精神文化动力的时候，例子非常多，美国人曾说，不怕现代化装备的中国军队，但是怕毛泽东化的军队。

把运载火箭研究院作为典型案例，一是精神文化发挥强大的精神动力；第二是工程系统文化表现出现代工业文明，是指标性的；第三是自主创新。

企业文化干预和影响组织流程

现在很多的企业都在搞流程再造，为什么搞完了还是没有效果呢，就是因为组织流程没有触及到人员深层的思维方式和行为模式，这就是文化因素。如没有把思维方式和行为模式重组，组织流程图很好画，一个晚上可以画出很多，但是组织流程的背后，很困难的一个是利益，一个是责任，一个是权力。海尔张瑞敏在98 年开始实施流程再造，他觉得用五年时间可以把海尔的流程再造做完。后来发现，五年时间还远不够。第一个问题就是要把原来的碉堡端掉，包括利益的山头，权力的山头，这些既得利益和既有权力的拥有者是不可能自动放弃他手中东西的，流程再造要触动很多人的利益和权力，非常艰苦，伤筋动骨。

比如，重整原有采购流程，整合供应链，会涉及采购部门的利益，这是利益和权利的重组，这就是为什么阻力会非常大。如果没有一个强势的文化配套，这样的流程再造是不可能完成的。

很多企业在战略转型，为什么都转不过去呢？就是因为文化，人的思维方式和行为习惯还没改变。企联宣委会曾经为一个企业做一个课题，课题还没有结束，企业就追着要把课题费用赶紧汇过来，我说怎么回事？我们的东西还没做完，怎么追着把钱汇过来，不符合常理，他就说了，企业流程重新组过了，他在流程里面，季度考核指标就是要让他把上个月的钱花完，说明流程走完了，所以他说，要我们帮他一下忙。

上海移动在这方面的做法值得借鉴，流程要用文化重新梳理过，先要有共识，进行充分沟通，在这个基础上，基本统一价值取向，相互之间有认同了，这个时候他推动改善心智模式，把原来的思维方式通过文化理念的灌输跟制度配套，使流程有一个新的表现。上海移动通过全面预算，原来阻力也很大，但先把文化强调在先，用文化去干预和影响流程。使上海移动完成了某种战略转型，主要指从生产型转向服务型，从技术导向，搞通讯的都强调技术，转化为客户导向，从职能金字塔型转化成流程型，扁平化结构。

企业文化构造品牌核心

品牌形态的经营是比产品形态的经营要高级的经营，因为品牌可能产生品牌溢价，就是多出来的这一部分，附加值。为什么企业都会强调品牌建设，品牌是企业的终极价值表现，无形资产。

品牌构造最重要的是什么呢？就是文化，品牌性格，品牌脉络，就是以文化取向，文化风格的外化。企业由内而外

的力量，由内而外的吸引力是通过文化内在核心构造的，然后通过不同的对外的传播方式和组合进行品牌管理。品牌强度最终通过品牌溢价体现出来。

这里有两个企业，一个是汾酒，汾酒充分运用了文化元素，六千年的历史酒文化，需特定的菌群，要有温度，纬度，湿度有这方面的讲究，更多的是文化讲究，文化因素成为品牌构造的核心。

泛文化是指人的"痕迹"，人和思想对自然的影响，古代人烧过的灰，生活过的痕迹现在就是文化。南方人愿意用青砖而不愿意用红砖去做墙，这就是文化，红砖和青砖的取向后面有讲究，这个讲究就是文化。

汾酒的酒文化有独特的关于酒本身的行业特征，它有讲究，形成了文化积累。最近这几年，汾酒又有新的动作，新的动作是指对文化因素运用以后，把企业文化植入了，有意识系统的去推，使企业找到了一个文化源头。汾酒的企业文化是从产品文化开始的，有比产品文化更多的想法，有终极价值思考，从哪里来到哪里去，使命和愿景是什么。思考清楚了这些东西以后，成为企业品牌构造的基本的，底层的东西，即所谓文化基因，将文化资源重新发掘，把企业文化的架构重新梳理，找到了企业文化、社会文化、历史文化和产品文化的结合点。

白沙看重的是消费者的心理感受，希望白沙的消费者能够消费白沙的时候，在这样的氛围里面能够使他感受到一种归属，属于白沙品牌特定人给他的体验，做了许多动作，飞天门，还有很多的推广组合，通过刘翔这样的品牌代言人，就是要强化文化价值定位，使消费者能够在定位里面找到心理感受和归属。我们知道瑞士军刀的价格比中国同类工具刀价格高上一百倍，它就是要建立在特定价值氛围和价值意义之上的特定的心理感受，就是一种体验。体验经济就是感受到品牌给消费者的空间，是能够感受的空间，更多是心理空间，精神空间，文化空间。白沙和汾酒可以给我们的启示是，将文化资源重新整合，纳入到企业文化的总体架构里面，使文化资源重新获得了一个创新的空间，这个空间使消费者，使外界能够有一个特殊的、属于品牌个性化的文化体验。

传统到现代的精神实质的转变

温州民营企业曾有过原始积累的历史，温州的假货多，后来他们意识到了问题的严重性。知道用质量文化重振品牌形象，地域的产业形象。这时候价值取向已经从短期利益更多的关注长期利益，从利润的追逐到创造价值，这是一个飞跃。

南京中脉科技，王尤山董事长跟大家分享了很好的观点，中脉是以生产和销售健康产品，高科技的民营公司，创业的过程中几经坎坷，后来发展出伙伴文化，"共创、共享"。共创、共享是一个现代概念，他是用一种传统的文化作为它底层的知识，但是他又很好的把现代精神理念共创、共享作为他企业运营的一个指导。所以他就可以比较好的解决他跟以下这几个方面的关系，一个是跟他的供应和销售这方面的渠道环节，跟他的客户，最终的消费者，也可以很好的解决跟股东和社会的关系。中脉的伙伴文化它是一个开放的，是一个大的伙伴概念，所以它在创业的时候有坎坷，也有很多人给它帮助，他从这里面提炼出共享、共创的文化以后，创造性的提出了一对一服务营销的营销方式，并且以关爱，创造幸福，创造健康作为一个基调这样的文化特征的表现。

曾经获得"全国企业文化优秀奖"的企业，像远大空调，是一个追求精细化的企业，厂区要最好，有地中海会所，在企业内部营造远大是最好的这么一种印象，还买了商务机，这是一个动作，通过这些，影响员工的思考方式，同时强调制度主义，远大的制度非常厚，专门有文件制定、监督管理部门，用精细化管理来配套，对外强调社会责任，电荒来的时候，倡导非电空调。

民营企业的企业文化建设，可能没有那么多的文本，没有那么多的书，没有那么多的故事集，都融在企业的日常当中。也有一些企业试图用一些其他办法，比如说山东就有一个企业，曾在企业园区里树了一个大佛，试图通过因果教化，让员工能够自己修为，对自己有一个自我约束。据说这样动作以后，厂区变得更干净了，掉东西的现象也好了，这种方式跟我们倡导的企业文化主流方向是两码事，我们在做这样的企业文化策略选择的时候一定要注意，哪些东西是属于现代的，是属于方向的，哪些东西我们是把它作为一个手段和工具在用的。

万科有一个斯巴达加雅典娜的文化，万科提倡生活大于工作，工作是你的生活方式，所以说生活大于工作，生活不仅是工作，工作是生活，因为工作已经是你的生活方式，你的生存态度，你的职业体验。能够把斯巴达和雅典娜结合，铁的纪律跟个性的张扬，生活大于工作，这可能是一种现代意识。

用东方智慧，营建现代商道

东方智慧是不可取代的，中国几千年的传统文化是用之不尽的源泉，在东南亚和台湾我们可以看到儒家文化与西方管理、方法的结合，很多企业都是中学为体，西学为用，很好的处理了道和术的关系。中国人的人性很复杂，嘴上说佩服，很少真心佩服，不会去直接表现。但可以从另外一个角度去维系，通常是情大于理，大于法，所以可以用情感维系，比较好的处理在制度安排达不到的地方，所以对中国人更多的是要用情。"仁、义、礼、智、信"与"格物、致知、正心、诚意、修身、齐家、治国、平天下"形成一种道德与才能取向的主轴。

企业的文化建设要在三个层面思考：一个是建立利益共同体，因为利益是基础和纽带，第二是建立价值共同体，就是价值共享，情感的归属感，三是建立命运共同体。

用东方智慧营建现代商道，就要提到南方李锦记，它是由一百多年的文化脉络延续下来的，是世界性的民族企业，中国人的跨国企业,提出"有华人的地方就有李锦记"。"思利及人"作为该企业的核心表述,核心价值观念取自中国一句古话:"修身岂为名传世,作事惟思利及人",通过这样的价值导向,使得员工对待同事,对待外界的时候要站在对方的角度来思考问题,来看待自己。"立身则小学,修身则大学",李锦记勤勉于修身修己,运用自己有机的组织,独创了有自己特色的"自动波领导模式",透过 OPERA 式的充分授权,使顾客、员工的满意度不断攀升,让这个既古老又年轻的团队,释放出无限潜能。

"换位思考"是企业文化建设经常用的一个的东西,也是最有利的法宝。我们知道海尔是站在消费者的角度去看待海尔的服务,换位思考。浙江移动让领导跟员工互换岗位,完成流程穿越,重新打破原先建立的流程,企业领导到基层员工岗位,到客户服务中心,老总到客户服务中心去为顾客服务,获得这样一种直观的体验,对市场,对客户有了一个全新的认识。领导和员工之间互换角色,把自己作为对方来思考的时候,可以更好的沟通、理解,会产生的全新的空间,这就是一个思利及人给我们的启示。

人力资源管理成为企业文化强有力的支持

以人为本的思想,这是人力资源管理基本指导,如果从更高层次去思考,不能把人仅当做资源,人力资源是首要的资本,是资源。人本思想,可以延伸企业文化的第三个支点,就是人的价值体现,价值共享。人力资源管理,是企业文化最有力,也是必不可少的途径。浙江移动有一个员工的素质模型,对员工进行全方位的测量、跟踪、培训和提升的全程管理和服务。

优秀的企业文化应培养员工的创新精神和适应力,为人力资源改革创造有利条件,收到事半功倍的效果。企业文化倡导创新,不断促进技术和管理的创新,有利于人力资源改革以及新制度的贯彻和执行,有利于实行竞争上岗,建立能者上、平者让、庸者下的人员流动机制;有利于以绩效为衡量标准的薪酬制度的实行,从而实现内部分配公平,避免优秀人才流失。

新华人寿认为员工和客户都是人,这个角度把思路打开,创造性的铺设了职能、管理、专业、代理人这四条跑道。很多生产型企业,会划出三、四条跑道,对员工进行职业生涯规划。比如从技能、管理、市场、技术等方面设计成长的上升通道,所以叫跑道。跑道是要内部竞争。惠普中国,做人员招聘的时候,做到什么程度了呢?通过北大心理学实验室做人员血型,性格类型和特征测评,根据你的血型、性格特征给你规划到适应的岗位,通过中期调整适合人员发展的规划。

新华人寿用了信息平台,引进德国的 SAP 系统,对员工进行素质模型的测量和职业生涯规划,能够做到巨量的数据处理和系统实施。要不然,人力资源管理可能有好想法,但是做不到位,因为数据量很大,每天变动的因素很多。

员工在企业,企业跟他有一种法律上的契约,更重要的是文化因素,它是一个心理契约。新员工进企业后,以什么样的态度对待员工,一个是员工找到价值实现和表现的平台和机会,另一个是要自我实现,要有个体的价值实现。只有互动,两方面平衡,职业生涯规划才是有意义的。

建立学习型组织,作为企业文化强有力的支撑

人力资源和学习型组织创建,这是文化建设的两条腿。上个世纪最成功的企业就是学习型组织,本世纪也一定是这样。下午就可以看到联想从中国企业向跨国公司迈进过程中,最强有力的东西是什么,就是学习型组织,是改善心智模式,团队超越,知识共享,联想有首席学习官,有每天的知识英雄评选,对组织知识贡献最大,共享最多的知识英雄,进行表彰,激励使学习型组织找到机制保障。柳传志对杨元庆的评价,一是说他个人得学习能力强,一个是说他造就学习型组织,这是柳传志把联想集团交给杨元庆的基础。

企业信息化需要企业文化支持

很多企业在做信息化的过程,都会从 CRM 和 ERP 去做,这两个东西要做成就必须跟文化再造同步。客户关系管理是基于客户中心这样的商业模式,它是一个搞关系的管理,但是搞关系的管理到了西方就会变成一个标准化的,可以快速复制,可以快速移植的搞关系的方法。中国人搞关系跟西方人搞关系相比,我们的效率要低,这就是为什么现在我们做这方面的事要用信息平台,但是这个信息平台要用好,它一定是跟你的思考方式,跟你的行为习惯联系在一起,这就是一个文化的问题。

这一点我们可以从上海移动也可以看到他在这方面,企业的资源规划和客户关系管理,用文化在这里面发挥了强大的作用,能够使企业真正的转型。比如说原来是重视企业和员工,企业和客户的关系,现在要转化成客户、群体的需要,客户的群体的需要关注了以后,然后再细分,到客户的个体需要,个性化的需要。所以我们大部分的企业,现在可能是做到了对于一个规模客户需要的关注,大部分的企业都没有做到对客户群体之上的个体,这方面的关注。基于群体之上的个体的关注一定要用客户关系管理系统,这时候文化的作用才能体现出来。

企业文化强化领导力

受传统文化的影响,中国人都是过于谦虚的,内敛的,表现出领导力不足,不敢挑战自我,也不敢挑战环境。陕西咸阳的彩虹集团这个案例就可以看到我们领导力文化,在创建领导力文化过程中首先是打破了观念上,思想上的枷锁,挖掘员工的潜能,要让每一个彩虹人都能够,走原来没有走过的路,原来不敢走的路,现在可以走了,这是他领导力的假设,就是文化假设,人人都有领导力,每个人都有领导力,每个人都可以影响,可以带动在某一个环节,在企业组织中,比如说有一些员工他对文艺方面特别强,文艺组织方面特别强,他在这方面有领导力。有一些员工在研发,在

组织团队研发方面特别有领导力，要给他一个把假定改变过来，人人都可以对这个环境造成影响，形成领导力。

领导力本质上是一种人际关系、一种影响力，它渗透于企业文化的方方面面。企业文化不能概括为“领导文化”，但企业文化在很大程度上决定了企业的“领导力”。

所以我想彩虹的领导力文化实践，给我们一个是增强员工的自信心和创造力，把他的积极性也调动起来了，我们可以重点关注。他在做领导力文化的时候，也使一些员工和干部互换，通过互换的方式使员工找到自信，通过互换，干部当一天员工，员工当一天干部这种方式使他原来的空间得以扩展，所以使我们传统文化的那些约束可以通过这样的一种方式打破。并且他还做到了一岗多能，创新小组的建立，智慧星的评选都是领导力文化的一些基本保障，所以彩虹文化给我们提供的最好的启发就是人人都有领导力，领导力文化在彩虹里面表现的非常充分，他的方式就是我刚才说的，干部和员工的互换，一岗多能，竞聘上岗，创新小组和智慧星。这也是想要摆脱原来管理的枷锁，人管人，累死人，制度管人糊弄人，中国人都是绕着制度走，无论是红绿灯还是我们的规则，他都可以绕着走，这个时候通过领导力的构造，使他在某一个环境方面带动某一个领域就可以起到很强有力的作用。

当然了，这里面还要进行一个系统的管理，要不然他就会形成多头，统一战略布局中可能因为多头领导力的出现，使组织处于熵，布朗运动的状态，所以这是我们要警惕的。一方面要有一个强有力的设计，整体的设计，这个时候你才能够去很好的做领导力的系统文化。当你领导一百人的时候，应该在中间协调周围的关系，如果你领导一千人的时候，你必须走在后面，因为你要把握全局，把握方向，如果你领导一万人的时候，你能够做的就是道法自然，说的就是要合乎规律的自然状态，如果是你领导一万人企业的时候，一定要掌握文化的道。领导力文化也是使我们悟道，就是符合自然的法则，符合规律。

企业文化实施和成果

怎样能使企业文化在企业中真正的落地生根产生实效，答案是一个是要有自己的创造特色，另外要把文化在制度和流程中形成执行力，这里面可以提供的一个案例就是昨天的辽河油田。辽河油田有一个很好的做法，就是企业文化的重心下移，我们都知道企业文化的重心，整体设计是从领导层，但是他怎么样产生互动，跟基层参与，让他有互动，就是要创建一个参与，共享和创造的这么一个机制。在辽河油田就可以看到，他是把他的工作重心，企业文化建设的重心放在基层，让员工更多的参与创造，他可以先从简单的方式。比如我们说的漫画参与进来，企业这边提供了一些基础条件，比如说在辽河油田就是从五小开始做，做小厕所，小伙房去改变他的素质和对企业的归属感，然后再参与到学习型组织中，使它有一个新的创造力。所以在辽河油田我们说的文化落地和生根这一系列的做法可以看到他重心下移的工作，我们可以重点关注。

绩效导向型的企业文化

从金威啤酒看到了绩效导向型企业文化的特征。从金威文化来看，初期以控制为主，指挥和控制。绩效导向型的文化在某一个阶段一定要用控制。“不换思想就换人，通过换人换思想”，这里面要有一个强有力的东西，一开始通过换思想，换脑，同时配套的条件是什么呢？就是阳光工程，如果没有阳光工程，这个“换”就很难做到。所以企业领导者能不能做到，关键就看他是不是“阳光”，有没有“阳光”的胆略，有没有“阳光”的准备。所以绩效导向型的企业文化，看起来是制度性的，制度安排为主，流程控制为主，他的结果是要绩效，是要这个结果。2002 年，在中国企业高峰会上，专门谈论“绩效型导向的企业文化”，当时参与讨论的一个是欧洲企业，一个是亚洲企业。欧洲企业对绩效导向型的企业文化是有保留的，因为看到了美国安然事件，觉得结果导向容易使他的行为走偏，说的是一个资本市场，安然事件他的原因就是资本市场对于职业经理人的考核，给你的期限是很残酷的，是半年或者是一年，都是短期的盈利目标，短期的业绩。从经理人开始，会使你压力大，有人做假账，或者加剧内部竞争，恶性竞争都有可能。

金威啤酒在这方面我觉得他的指导思想是从中期的计划来推进绩效导向，一个是阳光工程作为一个基础平台，有了一个后设的制度空间，制度安排，包括阳光采购，还有人员的竞聘上岗，三项制度安排。他把这个作为一个后期配套的，更重要的他还配套了一个人性化的，对员工本身的素质提高，对员工整体发展他要进行培训，他要进行沟通。所以如果是绩效导向型要做，你的沟通系统必须是非常发达，如果没有一个非常发达的沟通系统，就有可能使我们的文化走偏，光看到结果，光看到业绩，绩效，而不去看价值本身，尤其是不会看我们的长远价值和社会价值。

绩效导向型的企业文化是有条件的，金威就处理得很好，领导人真正的能够作为阳光工程的倡导和亲力亲为。第二，要有严密的制度体系，如果说你的制度是疏松的，是不完善的，不匹配的就会有很多的漏洞。第三要有充分的沟通和协调，再培训，再提高，这是绩效导向型的企业文化我们应该注意的。

企业文化对绩效管理体系的实施、运行起到一种无形的指导、影响作用。反过来，企业文化最终要通过企业的绩效管理体系、价值分配体系来发挥其功能，通过绩效管理有助于实现从企业价值观到全体员工相对统一的规则和愿景的转变过程，因此企业文化与绩效管理之间是一种相辅相成的关系。

深圳金威啤酒以“业绩至上、效益至上”为指导，强调“没有做不好的工作，只有做不好工作的人”；“没有卖不出的啤酒，只有卖不出啤酒的人”；“没有客观的借口，只有主观的理由”；“只有淡季的思想，没有淡季的市场”，对员工“天天都是试用期，天天都要添砖瓦”，让绩效领先，让业绩说活。如果说市场是杆秤，金威手里就有把尺，这尺子就是它的绩效体系。

母子文化的共性一致和个性创造

华侨城是一个总资产达到了200亿的大型综合的国有企业集团，他的业务有电子信息，房地产和旅游这三大板块，三大板块它的子公司是非常多的，如何有效的管理公司，这就是我们又回到了现代组织方式和现代组织文化这个最核心的问题。要很好的处理母公司和子公司的利益关系和价值一致，因为企业文化的成熟度是要看你的价值一致性，就是你的共享程度有多深，背离程度有多低，是说你现存的群体价值取向跟你企业倡导的整体价值这之间的差距在哪里，看你文化的成熟度就是这个指标。我们知道哪些企业的文化成熟度是比较高的呢？我们公认的这些企业，也是我们历届获得全国企业文化优秀奖的，海尔、联想、万科，我要提一下万科。万科就是因为他有斯巴达加雅典娜的文化结构，使它的员工职业化素质，职业化水平相对成熟，可以从他身上体现出行为文化是相对成熟的，这就是我们看到万科作为国内的第一个地产品牌，他在全国20多个城市有他的项目，项目分公司他们之间走出来的人，我们都觉得那是万科人，大家都会说不同的省市出来的万科人，我们都能够认得出来，就是因为他企业文化的成熟度比较高。

回到华侨城，华侨城先是在核心价值理念上要一致性，几个统一，核心价值观的统一，企业精神的统一，他是通过什么去做的呢？一个是《华侨城宪章》，这是华侨城集团根本大法，有点像《华为基本法》，《华侨城宪章》用企业法的形式将企业的价值理念体系把它标准化、系统化，这是一致性的保证。昨天我们特意来看这个题目，广州的广汽集团，他也非常关注母子文化的个性和共性。《华桥城宪章》作为共性，在这个基础上由子公司，比如说康佳集团有康佳的特色，华侨城地产有华侨城地产的特色，有锦绣中华的特色，世界之窗的特色，欢乐谷的特色，在它的母文化与基本法统一了以后，其他的就由这些子公司和分公司分别就自己基于行业的特性，不同的发展阶段，不同的规模和不同人员组成做了一系列的再创造。子文化跟母文化的碰撞和交融过程中也会继承母文化核心的基因，同时也保留了自身的特征，到了一定程度以后，这些子公司，比如说我们看到的欢乐谷，它创造了欢乐谷特定的欢乐文化以后，又把这样的快乐文化因素反作用到华侨城集团，他的这种文化资源又可以为华侨城整个集团贡献，做到了一个很好的互动。前提是华侨城有一个强有力的文化体系。如果没有《华侨城宪章》，让欢乐谷的文化自由发展，华侨城集团的文化结构就会发生一致性的偏离，无法做到集团文化的成熟，这就是华侨城文化案例给我们的启示。

资产重组、跨国经营与文化融合同步

现在的企业购并，资产重组，改制规模越来越大，范围越来越广，所以在座相当一部分的企业都涉及到了资产重组和文化融合的同步。有一些企业比如说像跨国公司在中国和中国的一部分公司到了跨国公司形成合资以后这怎么办？有一个案例，是前两年的上海大众给我们提供了一个很好的文化融合，中德双方文化融合的案例，上次我到上海大众，后来到了一汽，上海大众的德国人提出来要入党，加入中国共产党，问他为什么？他说看到了中国共产党人在上海大众是生产劳动、工作是最积极的，效率是最高的，这样的人值得德国人敬佩，他觉得他也是共产党人。后来他由上海大众里面有很多德国人，都找到了党组织说要入党，结果没成，是因为他是德国人。另外就是我们看到了在上海大众，他是充分的保留了党组织的作用，所以我还记得李积荣和上海大众的书记，他现在还是把党组织作为企业文化推进的堡垒，这正好是说什么呢？像这样的合资企业可以反过来想，可以用党组织。我们不是合资企业的，可能条件跟他不一样，在合资企业里面可以很好的用党组织这个堡垒作用，起到堡垒作用，所以我想上海大众对于中外合资的双方文化融合在这方面是有非常成功的经验，从德国人要求加入中国共产党这一点就可以看得很清楚。

企业文化的体系设计要有系统思考和规划

一定要站得高，看得远，要有强有力的设计，系统思考和系统设计规划。系统设计规划几个要点在哪里呢？

要有以宗旨、使命、愿景和信念作为源头的企业事业理论。你这个企业从哪里来，到哪里去，为了什么存在，以什么方式生存，以什么方式发展，这是一个企业的终极思考，终极意义的思考，这就是企业的事业理论。

而企业事业理论恰恰是中国企业的短板，原来传统体制，不可能一开始就有很好的愿景，使命，不会有独立的人格化的假设，不可能像福特汽车那样，一开始就提出要为平民造车，为平民造车的使命是什么呢？是要让每一个平民都能够分享上帝赋予人类的快乐时光，这是宗教文化作为底层基础支持的。大家能够接受到福特的企业使命作为一个强大的精神牵引，这就有点像我们共产党的事业理论，要实现共产主义，作为崇高事业的指导，内在的核心有同工异曲之妙。所以毛泽东曾经回答一个外国人的提问，共产主义就是我们的宗教。企业的事业理论，首先要处理好几大基本关系，你跟股东的关系，你跟社会的关系，你跟员工的关系，你跟利益相关者的关系，还要有精神高度。

是基于对人性认知的假设系统。基于对人的基本认知，人是什么东西？人性是什么样的？经济人假定，人是利益理性的，要为自己的利益奋斗，争取条件的，这是经济人；还有一个是社会人假定，人在社会中存在，需要交往，有群体归属理性，需要社会承认，要实现社会的价值。人性假定简单划分有性善和性恶，有组合性格，从性善出发，你要给他假定：人是可以被点燃的，内心是渴望被点燃的，也一定是可以被点燃的。性恶，人是自私的，是要利益的。我们要从几方面思考人的需求结构，包括马斯洛的需求结构。人的需求是动态的但又是有规律的。组织人，组织人首先要

在组织里面承担义务、责任，享有相关权利。人是复杂的，尤其是知识经济时代以后，多元化文化在组织里呈现的布朗运动，张力很大，所以要去强调内聚力，就是凝聚力。有什么方法，比如一个磁铁，在布朗运动里面给他一个磁铁或者是导电，就是有外力，强有力的刺激，所以我们要找到一个磁铁。这就是第二部分，人性的基本假定，在这个认知的基础上我们要做什么。

以文化价值要素提炼出来的理念系统。文化因素与企业文化不是一回事，为什么有的企业内部知识分子云集，但是企业文化很差，而不是知识阶层集中的企业，企业文化反而可以做得好。个体的文化素养本身，与组织文化是两回事，但是也不能因为这样的事实，就去否认个体文化素质，企业文化资源对企业文化建设的重要性，强调每个人从自我修炼开始，提升素质，当然更重要的是要有一个环境，一个磁场，这就是组织文化构造，组织文化整体设计，从中为个体修炼创造条件，这样才会真正有效。

所以说企业文化最重要的是要有一个系统设计。我刚才提到第二点，就是以文化价值要素提炼出来体系，刚才说周恩来总理是文化理念提炼的“高手”，他到全聚德去招待外国人，把全聚德的企业文化提炼出来了，他到把火箭院，把火箭院的企业文化提炼出来了，这是在很短的时间内，灵光闪现，瞬间就完成，这就有点像航海家与渔民的区别。这也要给我们一个思考，企业文化的提炼工作应该在什么条件进行。

核心价值观就是通过对文化价值要素提炼而得来的，它存于企业的历史和组织中，在这个基础上，演绎出企业的文化价值判断，有了核心价值观了，在一些特定的环节，再去判断和选择要什么样的观念，比如针对市场，企业的基本态度，我们在核心价值观基础上可以得到市场观，针对客户的态度，可以提炼出客户观，还可以提炼出质量观，服务观念和用人观念等等，这些都是在价值判断系统里面。

要用制度保障，机制保障，建立运行体系。企业倡导和强化什么样的价值观，很重要的一条就是后面要配套相应的制度规则，通过流程反映，这是通常所说制度固化，形成可靠的东西；另外企业文化应该建立主体的运行体系。

行为规范体系，重视行为调整，行为养成。企业文化的落地生根通过思维方式和行为方式的改善得以体现。行为准则和行为导向怎样成为行为自觉，这之间的桥梁是什么？组织人通过不断的心理槽刻才能转化，培训和有效的塑造方式总的来说要用智慧运行。

企业家精神也是企业文化的源头。在西方的企业家精神就是投机和冒险，在这个基础上的精神，产生的企业文化核心观念。企业家的精神可以成为企业文化基因。

以上是企业文化前期设计的部分结构，只有做到这些，才可能规划一个强势，有力度，有一定的前瞻性，有理论装备的企业文化建设架构，才会有指导性。

为什么许多企业在搞企业文化体系的时候老是做低水平的重复建设，因为没有做这个结构，没有结构能力，企业文化体系就会产生一种飘忽感，把握不住总体结构，不知道什么时候添加什么是对的，不知道应该减少什么东西是对的，这就是我们说的企业文化的体系结构没有健全。

进行企业文化系统的总结和提炼

很多企业他都有很好的文化历史，企业经营的历史，所以他的文化底蕴是有的，文化因素是有的，文化故事也是有的，但是没有系统提炼，所以我们说了，要帮企业做系统提炼，就是要进行企业文化的审计，全面的用我们现在希望的，倡导的企业文化模型对它原来企业所有的环节要进行逐一的审计，制度流程还有我们原来存在的文化，原来可能在一个过程中，是我们文化优势的文化，优势文化的因素，但是我们如果是面向下一步，跟战略调整配套，或者是跟我们的战略发展配套，这个时候原来的有利因素就可能变成不利因素。所以我们说的，在企业里面国有企业以人为本的文化因素就会成为一种反作用，一种负面的，甚至是病态的文化。这个基于下一步竞争、改制和市场取向，是格格不入的，所以说一定要进行审计。文化的审计是必不可少的，并且是要全方位的审计，而全方位审计的条件是你要进行系统的设计，系统的规划，这个时候你的审计才会有意义。

中国企业经过20多年的发展，尤其是很多成功的企业，他的背后都有他成功的文化元素，很多企业有深刻的文化底蕴。很少系统提炼。

通过文化建设帮助企业梳理、总结、提炼文化系统，要剔除不适应企业未来发展的文化元素。审记——很多外部环境发生了变化，过去成功的文化元素，在今天已经成为阻碍企业成功的障碍。这时候要剔除不适应企业未来发展的元素，引入新的文化元素，建立新的文化系统。

如何帮助企业组建文化系统。企业最大的浪费有时候是经验的浪费，是文化资源的浪费。很多企业一天到晚折腾，一天到晚都在变革，一天到晚都在创新。但是我认为企业的创新，70%是集成，加30%的创新。创新往往是革命式的、运动式的，跳跃式的。国有企业换一届领导人就把前面的东西全部都抛弃，民营企业在竞争过程中，又把过去很多优秀的东西全部抛弃掉。其实企业的创新是靠70%的集成加30%的创新，这种创新才有持续的生命力，才能保持企业稳定持续的发展。

超前半步。对过去成功的不适应企业再发展的文化元素进行剔除，同时要站在前瞻的角度，站在未来的角度，站在竞争的角度，站在为客户创造价值、适应企业未来需求的角度，要引入什么样的新的文化元素？比如对企业现有文化元素的提炼，本着对企业文化本来面貌的尊重，如何系统的总结、提炼、挖掘与发扬光大企业的经验？如何总结、挖掘、提炼、发扬光大现有资源优势。

如果是超前太多，这个文化体系就有可能没办法被通过而夭折，如果是没有给空间，这样的文化体系有可能就会失去吸引力，没有什么太多的生命，他的内部也觉得这个东西不够先进，所以说要有超前半步，然后才是不断的创新。

就是在审视现有的文化一定要弄清楚，哪些东西是要剔除，马上剔除，还有一部分东西是后面要剔除，就是在下一轮发展过程中要调整，现在要剔除下一轮，三年以后要剔除我们要做一个准备。

不断创新的过程，要审视现有的文化。弄清楚哪些文化元素已经不符合企业的未来发展，哪些与公司未来发展是一致的，弘扬优秀的，剔除不适应的元素。企业要引入新的文化元素，适应新的市场竞争环境，适应新的战略转型，需要什么样的文化元素？这是中国企业在成长、发展过程中需要做的。

解决文化理念落地生根的问题

实施企业文化战略要有高层文化共识。

为什么很多企业也做了这方面的工作，但是企业文化最终没办法形成成熟的东西，可靠的东西，可以延续东西？首先要在高层达成共识，所以我们在为企业做企业文化课题的时候，首先第一个关注的是高层，就是你这个决策层有没有共同的语言。如果没有决策层共同的语言传递，他也不可能产生团队的文化。

所以我想第三点我想提一下文化的共识在决策层怎么形成？用比较简短的话把这几个点跟大家说一下。企业的高层他在形成共识的时候往往是很困难，但是他通过我们给他做引导，就有可能使这个速度加快，前不久我们在山东做了一个企业文化课题，就是从第一卷，第一次访谈的时候，几乎高层对我们访谈，对我们企业文化形成的基本架构是批的体无完肤，大家把这个稿子批的一塌糊涂。到了第二稿，第三稿的时候，共同语言跟共同的表达方式就慢慢的出现了。到了第四稿和第五稿的时候，70%—80%的高层对共同的文本就认同了，第六稿的时候，基本上就没什么问题了。这个过程使我们做企业文化的职能部门一定要有高层参与到这里面，所以说一把手一定要直接阐述他的主张，这个时候你才可以动。如果说我们现在企业越来越大了，很多人他都不知道你这个共识，你高层的共识他在不同的场合会表现出来，对于我们的文化设计损失是非常大的。所以很多企业最后他都是做无用功，就是因为高层没有达成共识。

最近我对跨国公司做了系统的研究，同时也对中国国有企业、民营企业做了梳理。最后发现国有企业尤其是大型企业倡导的理念与国际上的理念完全是接轨的。我们往往把文化理念当成了管理时尚，很多国有企业和民营企业理念非常接近，但是行为滞后。理念先进，行为滞后，往往理念在天上飘，员工的行为在地上跑。

为什么导致下面执行力不足？中国企业理念太多，时尚太多，感觉理念很好，这么好的战略思维就是因为下面执行力不足，我认为很重要的原因不是因为员工的执行能力不足。关键是所倡导的理念跟企业的战略和发展诉求是背离的。现有文化与倡导文化之间差异。

江苏有个企业信奉"羊牛"文化，意思是倡导要像牛羊那样，方毅刚勇、圆融通达，问企业的员工，怎么理解，他说，老板的意思是，员工要像羊那样听话，要像牛那样勤劳。

细节管理需要良好的习惯，要形成一种习惯，需要长期的时间。企业文化是企业长期积淀形成的习惯性的组织行为和个人行为。这是企业核心竞争力的来源。文化之所以成为核心竞争力的源泉，是因为文化是一种习气，不是想学就可以学得到的。一旦形成习气，可以为企业创造价值，而且竞争对手想学也学不到。你可以提出一种理念，竞争对手也可以形成一种理念，但是能不能落实到员工的行为上，一旦形成特殊的文化习气，就可以超越竞争对手。

所以细节管理是文化习气，就像航空业，比如日本人特别具有精细化的习气。比如检查行李箱，按要求讲，手指口述——日本员工一定按照这个节奏去。

华为就说文化是一种氛围，有了这种氛围和规则，使你进入这种氛围，进入这种规则体系以后，假积极的人不得不总假积极，人一辈子都假积极最后就变成真积极了，这就是文化的力量。企业首先要确立规则，形成一种氛围，使所有的员工都遵守这种规则，使得所有的员工都形成共同的文化行为，这时候具有持续的竞争能力。

文化为什么会出现理论在天上飘？因为我们没有把文化落实在机制与制度建设上，也就是说一个企业的文化形成不是自觉的过程，要靠机制与制度的创新，尤其要通过人力资源机制与制度变革的创新，驱动企业文化建设。

比如这个企业是倡导团队合作精神，但是企业的KPI指标体系恰恰是违背团队建设，恰恰是鼓励个人业绩导向的。个人业绩导向跟团队精神完全是相矛盾的。这时候要进行绩效管理，文化审查。

另外是习惯行为方式，过去老板是天马行空，以人治为主。现在来讲以理性为主，要以决策层为主，要与他们沟通，这种沟通他又觉得不习惯了，这种行为他不习惯了，山东诸城，引进一个职业经理人以后，老板一个礼拜不舒服，这个办公室看一下，那个办公室看一下，职业经理人说他是不是对我不放心。说要来找我。

一个方面我们企业做文化的时候也有理念太多，时尚太多，追逐新潮流，其实你在追逐新潮流的时候可能被同质化，没有你的东西了。刚才说的上海大众党组织的堡垒作用正好是一个反衬，所以我们在做企业文化的时候一定要注意理念天上飞和行为地上爬。有一个牛羊文化，要像牛那样吃苦耐劳，要像羊那样乖巧，在企业内部员工认同的时候，说要像牛那样能够干活儿，像羊那样能够听话，这个理念认同跟企业倡导的完全不合拍了，理念倡导和落地这两者怎么协调，需要我们通过系统思考和提炼才能够逐步的解决问题。

建立评估体系　把握文化规律

企业文化在哪些方面可以做一些尽量量化的工作呢？可以工程化的工作，大家都觉得企业文化总的来说是精神的，事实上我们是因为对文化本身是通过行为的这个桥梁，可以通过行为，通过他的表现能够测得到，所以说这是一个科学的结构，通过你的行为的桥梁，能够达到你的内心。另外，通过一些方法以后，系统能够查找得到哪些东西是可以跟现存的东西是吻合的，哪些东西跟我们现存的是已经有出入的，哪些东西马上要改，哪些东西缓一缓改，企业文化的量化，企业文化的工程化和企业文化量化的评估这方面的工作在一些有基础的企业，可以先走一步。

企业文化是个性文化，要对企业量性地分析、正确地评判，以指引企业正确地发展，就必须建立一套完整有效的科学方法和测量工具。企业文化研究要结合心理学、行为学、管理学、社会学、人类学，定性分析的与定量方法结合。企业文化对于管理流程的各个方面，决策、执行、监控、改进等各个流程，都干预、影响和产生作用。通过企业文化测评，可以使我们对整个企业的文化资源有个清晰的了解，能够全面掌握、发掘、运作和优化好企业的全部资源，能够准确地把握和预测我们企业文化今后发展的方向和规律，深入剖析企业内部文化的运动状态，为企业的生产，经营管理，具体的每个部门的组织结构的调整、人力资源的管理提供依据和支撑。

心理学、行为、管理学、社会学、经济学，从定性的方法向定量的方法。企业文化对于管理流程的各个方面，决策、执行、监控、改进等各个流程，都干预、影响和产生作用。

通过企业文化测评，可以使我们对整个企业的文化资源有个清晰的了解，能够全面掌握、发掘、运作和优化资源，能够准确地把握和预测我们企业文化今后发展的方向和规律，深入剖析企业内部文化的运动状态，为企业的生产，经营管理，具体的每个部门的组织结构的调整、人力资源的管理提供依据和支撑。

剖析企业文化在不同部门、层面上的状态，并通过其相互的关系来分析、判断企业文化整体和局部的变化特点和规律，瞄准文化变革的最终方向，抓住文化变革中的关键瓶颈，发现、组织好文化变革中的强势动力。

总的来说，企业文化管理几个原则大家都很清楚，一个是人的价值高于物的价值，共同价值高于个体价值，未来价值、社会价值高于现在的利润价值，用户价值高于生产价值。我想这样的一些基本的原则在企业文化里面它是一个规律性的，所以企业文化的阶段性的方法选择也是不一样的，在不同的阶段有不同的方法论，有不同的工具组合，有不同的思考方式，这就是中国企联要推进企业文化研究，一个是更多的跟一些社会学，心理学，行为学，还有一些人工智能的这样一些学科，把它汇总起来。能够真正的为我们中国企业一个方面在工程化的实施，另外一个就是有效的推进企业文化战略，最终完成企业文化管理这样一个目标共同努力。

下一个年度，我们还要继续加大研究力度，加大课题这方面的推广，另外就是我们要用推进，更多的推进价值观管理和企业文化管理工程，在有些方法和工具的选择上，尽可能的跟研究机构，包括国外的研究机构，我们要共同的努力。年会我想这样的一个平台，我看了一下问卷，大家对这个平台的评价还是很高的，从我们的角度来看，要把它做成长远的，现在年会的一个阶段，现在已经基本告一段落，但是我们的服务工作还刚刚开始，所以中企联应该给各位做的增值服务是从会议结束这一天就开始。年会作为一个制度化的、机制的安排，我们每年都会在 11 月，这两年是在北京，以后也可能到外地，但是作为我们制度化的安排，每年都有大家的聚会，一个成果交流，一个理论的梳理，案例的展示，经验的推广。所以我想，一个是我们明年要继续完善我们的服务链，加大我们的服务力度，要加大研究力度，要加大在年会前期这方面调研的力度，也要加大优秀奖的可靠性。对于优秀奖，年会和示范基地，我想可以使它成为一个配套的体系。第二部分我们还想要在年会交流平台，示范基地的现场体验和案例共享，我们前天还跟北大的何志毅教授，他也提出来，我们要跟这些大学，北大、清华、人民大学，包括南京大学，复旦大学几个大学，管理案例库连通，企联是一个比较大的，全面一点的关于企业文化专项的案例库，这些商学院的，可以作为其中的一个分项，我们跟他连通，共享，作为一个培训的教材，作为交流的教材，作为 MBA 教育的教材，这样的话，使我们案例库不断的增值，在此基础上抽练出符合规律的，有普遍价值的成果，把这些成果进一步的向我们的优秀奖，优秀案例和参加年会的这些代表、企业进一步的进行增值服务。

（作者系中国企业联合会宣委会常务副秘书长）

掀开民营企业文化建设的新篇章

尹明善

2005 年是不平凡的一年。各级工商联组织和广大民营企业以科学发展观为指引，全面贯彻落实“国务院非公经济 36 条”，加快推进全面建设小康社会的伟大进程。民营企业文化建设工作，在全国工商联的领导下进一步向纵深推进。

首先，“关爱员工、实现双赢”活动作为民营企业文化建设的新亮点，其影响正在逐步深化

“关爱员工、实现双赢”活动是全国工商联和全国总工会共同倡议举行的。也是工商联引导非公有制经济健康发展、非公有制经济人士健康成长的一个创新。在活动实施中，企业抓住重要节日，走访慰问了部分民营企业员工。20 多个省区市工商联按照全国工商联通知要求，在元旦、春节“两节”期间组织开展了走访慰问民营企业困难职工的活动。如：邯郸市工商联组织部分民营企业家走访了 130 余名困难员工，为每户送去了实物和慰问金。承德市工商联组织 260 多家企业走访慰问职工 2800 余户，发放价值 65 万多元的款物，并征求到企业员工的意见建议 110 多条。

关爱活动不仅是对员工的慰问和鼓励，也让企业家们受到了教育。它启示我们：在民营企业倡导建立和谐稳定的劳动关系，适应了当前社会发展的趋势和要求，是民营企业贯彻落实中央精神，建设社会主义和谐社会的具体行动。是民营企业文化建设的一个新亮点。

第二，民营企业文化建设与企业管理结合得更加紧密，其内涵正在走向制度化

随着认识的深化，民营企业文化建设的内涵更加丰富，相关工作也更加规范化。

过去关注企业文化，重视的大多是企业家的"慈善"行为。最近一两年来越来越多的企业把对自己的要求提高了：很多企业家提出要把关爱员工建立在制度上，按月发足工资，给职工上保险，签订集体劳动合同等等。而且，绝大多数企业还提出保障职工参与企业管理的权利，建立健全党工团、职代会组织，职工成为企业的主人有了制度上的保证还有越来越多的企业努力把企业报刊办成外塑形象、内聚人心的平台。企业文化建设不是莺歌燕舞，装饰门面，而是实实在在地发挥了企业思想政治工作载体的作用。

第三，探索用新的形式推动民营企业文化建设，先进文化的影响力正在扩大

把读书会看作是开展企业文化建设的一个新手段、新载体是民营企业文化建设的又一特点。许多企业以书为媒，以书会友，围绕不同的主题，学习党的方针政策和重要理论思想，同时就大家最关心的问题进行研究讨论，畅谈心得体会，为企业家之间创造一种新的学习环境和氛围。

同时为吸引大学毕业生投身到民营经济领域，全国工商联和共青团中央分别在清华大学和中央民族大学举办了两次"创业论坛"。架起了企业家们与大学生交流、沟通的桥梁，同时也为同学们了解社会、参加社会实践搭建了桥梁。

一年来，"创业论坛"在各地高等院校蓬勃展开。企业家们的创业激情、社会责任感和人格魅力，在校园里产生了轰动效应，改变了过去年轻大学生对民营企业家粗浅的看法，全面展示了当代民营企业家的精神风貌，影响和打动着学子们的心灵。我们的活动也争取了更多的领导部门了解民营企业。

为帮助各地工商联做好民营企业思想政治工作和开展企业文化建设，我们不断尝试着整合更多的社会资源，搭建各种平台，并且把工作的主动权交给地方工商联。如我们与人民政协报社共同举办的"党旗在我心中"等系列活动。

我们今后的工作着力点将首先围绕民营企业是否建立健全了安全生产制度，是否建立起平等协商和民主管理的制度，是否依法足额缴纳社会保险，是否建立了协调劳动关系的有效机制，在提高职工素质方面是否有制度予以保障和落实。其次，积极推进"学习型组织"创建工作。继续开展民营企业读书活动，建设更多的职工阅览室；加强员工职业教育，提高员工素质，大力提倡和组织员工开展技术革新、劳动竞赛和合理化建议等活动；鼓励员工争做岗位能手，争当多面手，把关爱员工活动引向深入。召开全国民营企业文化建设工作表彰大会。要发现、总结一批民营企业文化建设的典型经验，重点表彰那些长期持续、快速、和谐发展，努力打造百年老店的企业。建立起有指标、有要求、能考核、能示范的评价体系。继续把"党旗在我心中"活动开展下去。力求把这项活动逐步锻造成为加强民营企业党建工作，发挥共产党员先锋模范作用的品牌活动。如在民营企业中设立共产党员岗位，佩带共产党员、共青团员徽章，重温入党誓词，推动民营企业党建工作，在民营企业中开展好保持共产党员先进性教育等等。

当前，对广大民营企业来说，当务之急是改变粗放的发展观，树立科学的发展观，要练内功，做实做强。我们倡导企业文化，最终的目的就是为了促进民营企业健康发展。我们不搞花架子，不摆样子，努力做到内涵与形式的统一，研究实际问题，追求实在效果，同时还要尽量减少对企业正常秩序的影响。

（作者系全国工商联民营企业文化建设委员会主任）

塑造先进行政文化 提升执政为民能力

——记"金土地"行政文化塑造工程

刘庆祥

行政文化是行政体系特有的思维模式、目标导向、约束机制、行为模式、整合衍射的总称，是从属于社会大文化的亚文化，是社会主义先进文化在行政领域新的增长点，在整个行政管理中发挥着"统摄"作用。

行政文化是政府提速，社会文明进步的必然

社会发展，时代前行，政府工作提速。与当今快速发展的文明社会相一致，在社会主义先进文化的快速裂变生成中，社区文化、校园文化、军营文化等学科在实践中茁壮成长。一向对企业文化策划和建设实践情有独钟的中国企业文化研究会设计策划部，肩负文化建设的重任。近年来以文化人特有的敏感对行政文化开始关注，今年年初，应章丘市国土资源局的请托，进行了"金土地"行政文化塑造工程，这是全国首例行政文化系统整体策划实践的有益探索。遵循行政文化建设的特殊规律，借鉴企业文化整体策划的有益方法进行了整体策划，完成了系统解决方案和实战推行。利用系统思考的办法，通过对国土资源局及行业全方位历史文化元素的审计，首先找准了行政文化战略定位。在初步形成策略建议书之后，组织了集中梳理创新研讨。在一个相对封闭的环境里，主要采用"集中授课、案例观摩、自我诊断、集体研讨，加团队游戏、分组竞赛。通过公开发布、集中展示，成果分享等灵活多样的方式，达到专群结合，携手创新，实现行政文化深度挖掘系统整合之目的。经过近五个月的共同努力，一个以"严格执法，创新提效，服务为民"为突出特点的章丘市国土资源局行政文化系统方案浮出水面，实现了双方共同认可的目的。

2005年7月17日，由企业文化研究会牵头，山东省社会科学联合会召集，山东省国土资源厅，山东省人事厅，山东省公务员培训中心等13个相关部门，以及章丘市委、市政府各重点行政机关近百人参加的全省首次行政文化建设理论研讨会在章丘举行。

章丘市国土资源局是代表国家，依法管理土地资源，手握重权，被社会十分关注的焦点部门。围绕机关自身建设，想尽种种办法，总不满意。为进一步提高政府公务人员整体素质，提高执政为民能力，塑造良好公仆形象，借鉴海尔、联想等企业文化管理的经验，近年来，领导大力倡导，上下形成共识同欲，创造性地开展了行政文化系统打造。通过与专家联手，集中时间，按系统工程，行政文化建设取得突破，改变了多年重制度轻思想，就事论事，缺系统整合等不和谐、不尽人意的状况。目前该局行政作风和行政精神理念得到全方位认同和提升，行政人员整体素质明显改观，适应政府机关提速增效需求的良好环境已初步形成，在全市老百姓心目中的形象得到较快提升，在政府机关行风评比排序中，已由过去的中、下等变为现在众望所归，上下满意的头排。

行政文化是高度逻辑性科学性的系统

行政文化是自有国家行政机关，开始行使主体管理以来就存在的文化现象，作为一个即古老又全新的学科，有其独特的逻辑结构和系统层次分明的构建体系。在国土资源局的行政文化建设中，坚持了用系统论的思想进行总体策划，按整体模式打造系统解决方案的路径推进。

通过创新提炼，文化整合，整体策划。形成了具有国土资源行业特征，齐鲁地域文化及本局独具个性的《行政文化纲领》、《行政人员行为规范》、行政文化主题歌—《国土家园》。形成了章丘市国土资源局“改革提速、创新增效”的行政文化建设模式。参会的专家和省、市相关部门领导，以客观、公正、权威的视角，对此行政文化体系，在广泛沟通后达成共识，给予高度评价：该成果从建设社会主义先进文化、构建和谐社会入手，有文化管理的系统性、逻辑性和整体性；同时体现了行政首长的高度文化自觉、文化主导、以文化人的人本性；从确立行政人员价值理念到言行举止，做人做事行为规范，十分具体、科学，具有较强的实践性和可操作性。它对全国国土资源行业及山东全省的行政文化建设具有诸多原创性意义和示范作用，具有较广泛的普适性和可操作性。章丘市毕筱奇市长对行政文化建设的这一典型案例给予高度评价，决心在全市各重点局普遍推行。

行政文化重在实践，成在认同和养成

首次省级层面的行政文化建设理论研讨会，参会领导及公务员培训教育的专家、省行政管理学研究所等相关部门的学者，经过认真研讨沟通，以章丘市国土资源局的实践为例，就行政文化的学科特点及建设路径达成共识：行政文化的本质是行政管理文化，核心是全心全意为人民服务，目的是在行政人员中培养先进的行政理念，养成良好的行政作风，树立科学规范的行政作为。行政文化既要体现一般文化建设的规律性，同时又要体现政府公务人员这一特殊组织群体的先进性，体现依法行政及执政为民的一致性；体现科学行政、民主行政、依法行政、依德行政和文明行政的统一性。与会同志认为，当前的行政文化建设要与党的先进性教育相结合，使全体行政人员在全社会带头树立正确的世界观、人生观和价值观；树立顾全大局、忠于职守、诚实守信、公道正派、无私奉献的道德观；树立权为民所用、情为民所系、利为民所谋的行政权力权；树立相信群众、依靠群众、关心群众、服务群众的行政群众观；树立求真务实，开拓创新，雷厉风行，讲求实效的行政效率观。

（作者系中国企业文化研究会设计策划部主任、“金土地”行政文化塑造工程总策划）

谈国家新职业“企业文化师”

谢佩良

“企业文化师”成为中华人民共和国职业大典中的一个新职业，这是企业文化管理界的共同心声。

申报“企业文化师新职业建议书”

企业文化师这一新职业，在2005年以前的《国家职业大典》里尚处空白。随着我国职业准入制度的推行和中国入世后经济增长方式的转变，以人为本的文化管理理念已经或正在企业高管层中逐步得到认同和接纳，数以万计的企业文化从业人员因此感到：应该出台一个有利于自我生存和发展的职业考核标准了。尤其是那些多年来坚守在企业党委领导下的从事企业思想政治工作和企业文化建设的同志们，辛勤劳动几十年啦，除了少数人有机会评上政工师职称外，相当一部分同志至今仍未获得任何资格或资质证书，从而产生过失落感；当他们看到周围其他行业的同志都能拿到相关职业资格证书的时候，觉得自己所从事的职业却无标准可循，更谈不上什么考核鉴定了，从而缺乏职业归宿感。鉴于上述情况，中国企业文化研究会与北京科联创新教育研究院，在做了大量调查研究之后，联手向劳动保障部提交了开发企业文化新职业标准的申请，于2005年2月1日顺利填报了《企业文化师新职业建议书》。在填报《建议书》过程中，我们客观地分析了国内外企业文化发展的现状和前景，对企业文化师定义、工作描述和级别设置等分别提出了建议，并且对企业文化师的岗位名称、岗位职责及其教育培训的基本要求等也都提出了具体意见。并且特别强调：企业文化师新职业的开发，不是某个人的主观意志或爱好所致，而是我国经济发展的客观要求，是企业实现现代化管理的必然要求，也是时代的呼唤！

人民大会堂新闻发布了企业文化师新职业诞生

2005年3月31日，劳动保障部在人民大会堂召开第三批新职业新闻发布会。指出：此发布的新职业是今年2月劳动保障部组织专家对新申报的职业活动进行审核，并通过社会公示程序广泛征求了有关方面的意见，最终评审通过的。这批发布包括企业文化师在内的新职业，反映出我国职业结构的变化与发达国家职业结构的变化规律是一致的，同时也证明，我国新职业的研发工作，基本上与我国产业结构调整的步伐保持一致。劳动保障部职业技能鉴定中心，特别重视"企业文化师新职业建议书"提出的开发意见，经过专家反复论证认为：该职业从业人员多，分布面广，人员素质亟待提高，出台职业标准迫在眉睫。所以，这次新闻发布会上公开宣布了企业文化师等十个新职业，并纳入《国家职业大典》。同时宣布：企业文化师的定义为"在企业经营管理活动中，从事企业价值理念体系构建及其转化工作的管理人员。"从此，渴望已久的企业文化师新职业在祖国大地上诞生了！

《标准》《教程》相继出台

企业文化师新职业诞生了，其后续工作仍然十分繁重，可谓复杂的系统工程，它和其他经济建设工程一样，需要付出艰苦努力，走资源整合的运作路子。诸如，"标准"的起草、"大纲"的编制、"教程"的撰写，乃至目前已经和正在进行的试验性培训等，都是在劳动保障部职业技能鉴定中心的主持下，充分发挥集体智慧，群策群力，同步协调地完成的。

《企业文化师国家职业标准》的起草是一项基础性工程，至关重要。其指导思想是：严格按照部中心关于起草《标准》的相关规定，紧紧围绕着企业文化师定义的内容，力求体现我国企业文化建设需求，做到求真务实。按照部中心关于"组建标准起草专家组的人选重点在企业"的原则要求，经多方研究、考察商定，邀请了10多名专家、教授和国内大型企业负责人组成《标准》起草组。起草工作开始前，参加了部中心组织的"标准启动专业培训"，充分认识和掌握国家职业标准制定的目的、意义、特点、方法和要求，特别弄清并把握标准水平的上下极限，既不是低得一般化，又不是高不可攀的理论堆积，更不是学术讨论中的个人独特见解，其目的是为了给我国广大企业文化管理从业人员提供一个全新的职业平台和职业生涯的发展方向。根据国家职业资格标准等级规范，把企业文化职业《标准》设为三个等级，即助理企业文化师（国家职业资格三级）、企业文化师（国家职业资格二级）、高级企业文化师（国家职业资格一级）。《标准》具体内容由四个部分组成：一是企业文化师"职业概况"，包括职业名称、定义、等级、特征、培训、申报条件和鉴定方法等；二是企业文化师"基本要求"，包括职业道德、基础知识和相关法律法规知识；三是企业文化师"能力要求"，包括职业功能，工作内容，能力要求和相关知识；四是企业文化师培训、考核内容《比重表》，即企业文化师进行理论知识和专业能力培训时，对各等级要求内容所占的时间及其试题分布量的比例，都要基本符合《比重表》规定。

综上所述，《企业文化师国家职业标准》是衡量和考核企业文化师够不够上岗资格的一把尺子，也是企业文化师新职业内涵和外延总体素质的描述和起码要求。

《企业文化师国家职业资格培训教程》编写，首先考虑的是编写人员组成问题。根据部中心意见，以参加《标准》起草的专家为骨干，增聘既有一定企业文化管理知识，又有一定企业文化建设实践经验的专家教授，包括参加《标准》终审的部分专家共30多人，投入紧张的《大纲》编制和《教程》编写工作。

《教程》内容和编辑出版模式的确定，是根据部中心要求先编《大纲》后编《教程》，对《标准》进行全面解读。其中，按照《标准》的"基本要求"模块编写《企业文化师基础知识教程》；按照《标准》的"能力要求"模块分别编写《助理企业文化师能力训练教程》、《企业文化师能力训练教程》和《高级企业文化师能力训练教程》。同时，为配合教学和综合评审需要，根据《教程》内容搜集了与其相应的企业文化建设实例，汇编成《企业文化建设案例选编》参考书。

编写《教程》的规范要求是，坚持科学性、先进性、实用性和原始性等四项原则，努力做到突出职能、面对实践、指导工作和便于操作等四项基本要求。从而，使《教程》具有以下四大本质性特征：一是《教程》内容全面体现《标准》要求，保证《标准》在培训和考核过程中始终处于指导地位，发挥指导作用；二是《教程》贯彻了"以职业活动为导向"的编写原则，建立了一种与职业标准相衔接的等级性、适应性和适用性的教材模式，即将能力要求作为《教程》的核心、导向和重点去展开，打破了以往编写教材所追求的"理论体系、知识体系和思维逻辑体系"的老框框；三是《教程》具有独特的实践性和可操作性，即反映企业文化建设与管理的实践过程，学了就可以借鉴；四是参编人员的不同身份构成了"官、产、学、研"相结合的合作模式，即由国内从事企业文化管理工作的政府工作人员、企业高管人员以及从事理论研究与教学实践的学者，共同组成。

企业文化师新职业的诞生，将会更好地调动广大企业文化从业人员的积极性和创造性，强化职业归宿感，把我国企业文化建设推向一个崭新的发展阶段，为落实科学发展观，转变经济增长方式，坚持以人为本的现代管理理念，发挥更好的核心作用。

（作者系北京科联创新教育研究院院长）

中央企业文化建设的现状及发展思路

金思宇

经过多年改革和发展，国有企业的市场竞争力明显增强，在激烈的市场竞争中涌现出一批具有相当规模和实力的大公司大集团。但从整体看，中央企业进入世界500强企业的数量不多，这与我国在世界经济发展中应有的地位、作用很不相称，而且在赢利能力、创新能力、体制机制等方面与国际跨国公司相比差距很大。随着经济全球化步伐的加快，特别是加入世界贸易组织以后，中央企业面临着国际跨国公司和国内其他所有制企业的双重竞争压力，打造企业核心竞争力成为参与竞争的必然选择。美国兰德公司和麦肯锡公司对全球经济增长最快的30家公司进行跟踪考察后，得出了这样一个结论："世界500强胜出其他公司的根本原因，就在于这些公司善于给他们的企业文化注入活力，凭借企业文化力。这些一流公司保持了百年不衰。"实践表明，优秀的企业文化是企业核心竞争力的重要组成部分。中央企业不仅要做中国先进生产力的重要代表，也要成为中国先进文化的重要代表。中央企业只有加快企业文化建设，才能提升企业的核心竞争力，使更多的企业跻身于世界一流企业。

积极探索企业文化建设的有效途径

以培育先进的企业精神为核心，不断激发干部职工振兴企业、报效祖国的激情。企业精神是企业文化的灵魂。在长期的历史发展过程中，国有企业积累了深厚的文化底蕴，培育出了"铁人精神"、"大庆精神"、"两弹一星精神"、"青藏铁路精神"、"载人航天精神"等先进的企业精神，这是我们国有企业的政治优势和传统特色。这些精神激发了广大干部职工振兴企业、报效祖国的激情，体现了国有企业艰苦奋斗、无私奉献、产业报国、振兴中华的主旋律和核心价值观，展现了中国工人阶级的崇高境界和精神风貌，不仅为我国社会主义建设作出了不可磨灭的巨大贡献，而且为国有企业改革发展稳定提供了不竭的精神动力，极大地丰富了中华民族的精神宝库。

以建立先进的经营理念体系为重点，不断丰富企业文化的内涵。改革开放以来，许多中央企业坚持解放思想，实事求是，与时俱进的思想路线，从战略高度认识转变企业经营理念的重要性，努力改变长期计划经济体制下形成的思维模式和经营方式，逐步树立了与社会主义市场经济体制相适应的价值观，提炼和培育了具有现代气息而各具特色的经营战略、经营宗旨、经营理念，形成了"企业发展是企业第一要务"、"文化管理是企业第一管理"、"创新是企业第一动力"、"人才资源是企业第一资源"、"终身学习是企业第一需要"的战略理念，"高水平、高效益，可持续发展"的发展理念，"质量是政治、质量是生命、质量是效益"的质量理念，"客户至上，诚信服务"的营销理念，等等，丰富了企业文化的内涵，成为推动企业改革发展的思想先导和驱动力。

以创新制度文化为基础，逐步实现企业管理升级。制度是企业文化的重要层面。企业文化管理如果缺乏制度力的支撑，就难以把企业的精神文化和价值理念转化为广大员工的价值认同和自觉行动。许多中央企业注重把企业文化建设与企业管理创新、制度创新相结合，制度刚性与管理人性化相结合，实现制度与文化理念的对接，把企业精神、经营理念等制度化，将企业精神与核心价值观内化为广大员工工作的动力和自觉行动，渗透到管理过程的细节中，逐步建立系统规范的管理体系。

以导入企业识别系统为契机，不断优化企业形象。企业形象是企业文化的外在表现。导入企业识别系统是推进企业文化建设的重要内容。市场经济条件下，企业的形象力日益成为企业核心竞争力的重要组成部分。许多中央企业在导入企业识别系统时，注重规范企业形象和员工行为，优化企业形象，以形象促发展。据不完全统计，迄今已有56家中央企业导入了企业形象体系，许多企业为确保企业识别系统导入的科学性、规范化，聘请了有关专家顾问进行具体指导。一些企业强调企业形象导入的实用化、标准化和模块化的设计思路，成为推进品牌战略实施的有力手段。各企业通过优化企业形象，打造企业品牌，增强了企业的美誉度、市场影响力和竞争力。

大力开展精神文明创建活动，努力满足员工的文化需求。开展精神文明创建活动，培育社会主义先进文化，提高员工科学文化素质，是培育积极向上的企业文化的重要内容。拥有丰富的文化资源是中央企业的优势，注重挖掘和整合传统文化资源，加强企业文化阵地建设，是中央企业进行企业文化建设的显著特点。许多中央企业非常注重传统文化资源的挖掘和整合，开展了形式多样的精神文明创建活动，建立了爱国主义教育、传统教育、厂情教育示范基地和文体中心等，通过营造健康向上、宽松和谐的文化氛围，满足员工的精神和文化需求，用文化纽带打造团队精神。许多企业努力美化和净化企业环境，使员工享受到环境的优美，增强企业员工的归属感和自豪感，同时充分利用企业所属报刊、电视、协会等载体，为员工提供健康向上的文化产品，提升了员工的文化品位，陶冶了员工的思想道德情操。

坚持文化育人，典型引路，培育高素质的员工队伍，促进企业的改革发展。企业文化建设的落脚点是要建立一支高素质的员工队伍，不断提升企业的核心竞争力。人才是企业兴盛之基，发展之本。坚持用先进文化凝聚人、培育人、激励人是国有企业的优良传统和有效做法。英雄模范是企业精神的人格化，也是企业的宝贵财富。中央企业在长期的实践中英才辈出、群星璀璨，不仅涌现出孟泰、王进喜、王启民、董秉印、刘清华等一大批英雄模范，而且造就了一大批高层次的科技人才和优秀的经营管理者，培育了一支善打硬仗能打胜仗、勇于奉献的"四有"职工队伍，为中央企业的改革发展提供了人才保证，成为中央企业参与市场竞争的重要骨干力量。很多企业已经建立了人才的考评指标体系和激励约束机制，调动了各类人才的积极性、创造性，促进了企业的改革发展，经济增长稳步提高，国有经济不断壮大。

清醒认识企业文化建设的主要问题

我们应该清醒地看到，目前整个中央企业的企业文化

建设工作发展还不平衡,企业动作缓慢,对企业文化的理论研究和实证研究普遍滞后。归纳起来,存在的主要问题有以下六个方面:

(一)企业文化建设的认识不一致,有的还存在模糊、片面的认识,有的企业上面热、下面冷,有的企业下面热、上面冷,缺乏足够的认识;(二)缺乏科学的规划和有效的实施方案,操作不强,不少企业存在表层化、简单化、形式化的现象,片面追求物质表象、活动形态和外在包装,与企业的生产经营管理工作在一定程度上脱节"两张皮"的现象;(三)企业文化构建的共性成分多,个性成分少,企业精神和经营理念照搬照抄雷同的多,精心提炼和培育自具各色的少,有的企业存在盲目性、随意性、雷同性,缺乏文化内涵、企业精神、创新能力;(四)企业文化建设缺乏正确引导,企业领导要求的多,员工参与的少,文化融合度小;(五)企业文化建设倡导布置的多,检查评价考核的少,有些企业存在着短期行为,往往是说起来重要、忙起来次要,经营效益好时就想起搞一点活动,效益差时就少搞或不搞,缺乏一种常抓不懈的机制。(六)企业文化建设工作队伍素质有待提高,缺乏相应的学习培训和必要的资金投入。这些问题需要我们在今后的工作注意研究解决。

正确把握企业文化建设的发展方向

中央企业在推进企业文化建设过程中,必须牢牢把握先进文化的前进方向,面向世界、面向未来、面向现代化,把企业文化建设提高到一个新的高度,纳入企业发展战略规划之中。必须准确把握企业文化建设的定位。要从我国的国情和本企业的实际出发,从企业的行业、领域和在国民经济中所处的地位考虑,以提高企业的核心竞争力,促进企业可持续发展为主题,积极培育符合时代要求具有本企业特色的先进企业文化。必须把培育企业精神和价值观作为企业文化建设的核心。大力弘扬国有企业爱国主义、集体主义、社会主义的精神,积极培育出具有时代特征并被本企业全体员工认同的企业精神和价值观,努力构筑中央企业之魂。必须注重经营理念的倡导。要在实践的基础上概括和总结出本企业的经营理念,吸收优秀的文化成果并不断注入新的理念,树立与市场经济相适应的经营宗旨、管理理念、营销理念以及人才观、质量观、市场观、竞争观等,努力建立完善企业的理念体系。必须注重员工素质的提高和企业形象的塑造。通过以为人本的文化管理,提高员工的素质,开发人力资源,发挥员工的智能,以诚信经营为基石,积极实施品牌战略,优化企业的环境,强化企业识别系统,努力提高企业的知名度、美誉度和可信度,巩固和扩大市场占有率。必须加强企业制度建设。要建立完善现代企业制度,制定和完善符合企业文化理念、符合企业实际的各项管理制度、操作规程、工作职责,把企业文化的基本理念体现到各项规章制度,渗透到企业经营管理的各个环节,转化为广大员工工作的动力和自觉行动,使企业管理步入决策理性化、管理制度化、操作规范化的良性轨道。

要坚持以人为本。人是企业文化的主体,也是企业文化的客体。要牢固树立企业即人、企业为人、企业靠人的人本理念,发挥企业文化的凝聚、导向、激励和转化等功能,用愿景鼓舞人,用精神凝聚人,用机制激励人,用环境培育人。对内挖掘员工资质和潜能,提高员工忠诚度和归属感,激发员工的积极性、创造性和团队精神,实现员工价值升华与企业蓬勃发展的有机统一。对外提供优质商品和优质服务,满足用户的需求,赢得社会的信任。要重在建设。要制定切实可行的企业文化建设方案,选择好突破口,借助必要的载体和抓手,把企业精神、价值观转化为可执行、可操作的理念体系,把抽象的经营理念变成具体的规章制度,建立规范的内部管控体系和相应的激励约束机制,用符合文化理念的管理机制引导、规范企业和员工行为。要突出特色。个性特色是企业文化建设的生命力。由于企业形成历史、所属产业、规模特点、构成素质、所处环境和地位作用不同,企业文化建设必须从本企业的实际出发,把共性和个性、一般和个别很好地结合起来,总结出自己的优良传统和经营风格,在企业精神提炼、经营理念概括和视觉形象设计上体现出鲜明的个性,形成富有行业特点和独具魅力的企业文化。要务求实效。企业文化建设要立足企业实际,符合企业定位,将企业文化建设与解决企业实际问题结合起来,与生产经营管理、思想政治工作和精神文明建设结合起来,弘扬求真务实精神,大兴求真务实之风,按客观规律办事,不搞花架子,不急功近利,使企业文化建设经得起实践和群众的检验。要提倡化繁为简、实用易记的企业文化设计,反对盲目模仿或照搬外国模式,反对将企业文化表面化、玄虚化、庸俗化的形式主义作风。要按照系统化、科学化、实用化的要求创建特色鲜明的企业文化建设体系,使企业文化建设真正内化于心、固化于制、外化于行,不断增强企业的凝聚力和竞争力。力争用3年左右的时间,初步建立起适应改革开放和社会主义市场经济发展要求,符合企业发展战略,遵循文化发展规律,体现员工根本利益,具有中央企业特色的企业文化体系。

(作者系国务院国资委宣传局宣传处处长,本文摘自《中国青年政治学院学报》2004年第6期)

以创新文化提升企业自主创新能力

陈广源

胡锦涛总书记指出:"自主创新能力是国家竞争力的核心,是我国应对未来挑战的重大选择,是统领我国未来科技发展的战略主线,是实现建设创新型国家目标的根本途径"。他还强调:"要建设以企业为主体、市场为导向、产学研相结合的技术创新体系,使企业真正成为研究开发投入的主体,技术创新活动的主体和创新成果应用的主体,全面提升企业的自主创新能力"。

在建设创新型国家中,企业应该怎样发挥在技术创新活动中的主体作用,这是新时期企业建设发展中面临的一个重大新课题。本文将从推进企业创新文化建设,促进企业跨入自主创新发展阶段的角度,谈点粗浅看法。

明确企业在技术创新中的主体地位和作用,增强企业创新文化的自觉性

长期以来,有种观点认为,搞技术创新是科研部门、大专院校和科技人员的事,与企业关系不大;还有人认为,企业职工科学文化、知识水平普遍较低,只能搞点小改小革,拿不出大的技术创新项目。在这种无关论和无所作为思想的影响下,许多企业不明确企业在技术创新活动的地位和作用,不能主动争取主体地位和作用,关键技术自给率普遍比较低,自主创新能力不强,导致核心竞争力不强,在市场竞争中常打败仗。

企业是技术创新的主体,一是因为企业最贴近市场,既了解市场现实的需求和潜在的需求,又有能力将科技成果转化为商品而收回研发成本。二是企业只有掌握产业技术的制高点,才能在市场竞争中处于优势地位。2005年6月海信"信芯"的诞生结束了中国手机、彩电、DVD等产品附加值高的核心芯片全部依赖进口的历史。奇瑞研制的国产汽车目前已是中国汽车出口的1/3,受到国际市场上的青睐。海尔、联想、华为、中兴等企业都因为拥有重点领域核心专利技术,创造了一批具有自主知识产权的技术和产品。三是市场竞争证明,缺乏自主创新和知识产权的企业,在节约资金,降低成本,开拓新的市场需求等都将长期处于劣势,甚至被淘汰出局。

衡量一个企业自主创新能力强弱,主要看六个方面:

一看自主创新在企业的发展战略中是否处于核心地位,有没有明确的科技发展目标和措施;二看企业是否加大科技创新的人才、资金投入,逐步接近和达到国际水平;三看企业的主导产品和产业中自主创新的关键技术所占比重是否突出;四是看企业在产、学、研合作中能否发挥主导作用,是否善于将科研成果迅速转化为定型商品推向市场;五看企业主要领导能否成为自主创新和科技开发的领军人物;六看企业能否建立科技创新成果转化为生产力的有效机制。

形成企业自主创新能力,必须克服和扫除各种思想障碍。胡锦涛指出,"建设创新型国家,必须大力发扬中华文化的优良传统,大力增强全民族的自强自尊精神,大力增加全社会的创新活力"。"创新文化孕育创新事业,创新事业激励创新文化"。面对用15年时间使我国进入创新型国家行列的神圣使命,企业必须增强建设创新文化的自觉性和主动性。创新文化必须成为企业建设和发展的重点。

认清中国企业与发达国家企业和跨国公司在自主创新能力上的差距,找出建设企业创新文化的突破口

建设企业创新文化必须认清中国企业与发达国家企业,特别是与跨国公司在自主创新能力上的差距,从而找到建设创新文化的突破口和重点。

这种差距主要表现在:

在知识产权上,外国企业的优势在于长期坚持技术研发并持有大量专利。目前国际上90%的专利掌握在美国、日本等国的跨国公司手中。日本每年专利申请高达40多万件,美国达20多万件,德国达15多万件。IBM、杜邦、日立、西门子、飞利浦等大公司拥有专利数万项。

在重要行业的装备上,据我国科技部报告,中国光纤制造设备的100%、集成电路的85%、石化设备的80%、纺织制造设备的70%、高端医疗设备的90%—100%都依靠进口。2004年,中国生产手机2.3亿部,彩电7300万台,DVD1亿台以上,在规模上都处于世界首位,但核心芯片全部依赖进口,中国企业的利润空间越来越小。

在企业的科研经费投入上,国家统计局最新的经济普查显示,我国工业企业中仅一成多开展科技研发活动,代表企业自主创新能力的研究与实验发展经费仅占企业销售收入的0.056%。在大中型企业中,开展科技研发活动的企业所占比重为38.4%。中国电子百强企业2004年研发总投入约为37.6亿美元,而IBM、诺基亚、三星公司年度各自投入都在50亿美元以上。中国500强企业中的373家企业研究投入占GDP的比例平均为11.2%,而美国的制药业企业塞普柯拉为59%,生化基因公司为31%,法国的达索软件系统为29%,瑞士雪兰诺公司为25%。在引进技术的消化吸收上,日本和韩国企业在引进与消化、吸收和再创新的投资之比为1∶10左右,而中国则为1∶0.078左右。

企业占有知识产权、重点行业装备、企业的研发经营投入等方面反映出的差距,实质上是企业体制上、机制上、管理上、企业文化上的差距。就拿知识产权管理来说,知识产权管理在欧美大型企业中,占据非常重要的位置。以德国西门子公司为例,它在全球设有12个知识产权管理部,400多名知识产权管理人员管理该公司的15万项各类知识产权。荷兰飞利浦公司在全球设有10个知识产权办公室,共有1500名专职管理人员,管理该公司的6.5万个专利,21万个商标和4000个外观设计。韩国三星公司在全球各地有17个业务研发中心,拥有3万名研发人员,约占全部员工的1/4左右。IBM公司在2002年光是专利费就坐收17亿美元。

这些差距就是创新文化建设的突破口。企业要进行科技创新,要发挥在技术创新中的主体地位和作用,必须有观念创新、体制创新、管理创新作支撑和保证。管理和技术是推动经济发展的两个轮子,提高企业科技自主创新能力,需要有效的组织和机制,要对各种资源进行合理配置,特别是必须理顺各种关系,营造激发管理者和科技人员发挥创造精神的良好环境。因此,我们建设创新文化,就要把观念创新、体制创新、管理创新作为突破口,在突破口上花气力,下功夫。

以科学发展观为统领，大力推进企业创新文化建设

建设创新文化关乎到全面提升企业的自主创新能力，关乎到中国企业在国际市场竞争中常胜不衰。因此，建设创新文化必须用科学发展观作指导，坚持一切从实际出发，一切从实效出发，要力戒“五化”，让创新文化落地。

一戒表象化。建设创新文化绝不能喊几句朗朗上口的口号，贴几张有感召力的标语，搞形式上的热热闹闹，轰轰烈烈，要把形式与内容真正统一起来，在变革观念，变革机制，变革管理，变革制度下些真功夫；二戒同类化。建设创新文化重在创新二字，绝不能照搬照套，千篇一律，搞拿来主义，要千方百计挖掘个性内涵，建设独具特色的创新文化；三戒角色独立化。创新文化是一个系统工程，同时也是一个一把手工程，应该形成企业的高层亲自挂帅，中层与骨干带头，员工积极参与的局面，绝不能只有机关部门少数人来主导或者只是依赖于策划公司、咨询公司，企业领导同志、中层管理人员及骨干企业广大员工都是创新文化的主体，人人是创新文化的创造者和传播者，人人都是创新文化的实践者；四戒短期化。人们观念的转变，企业管理的变革与改善不能一蹴而就，有一个痛苦而漫长的过程，因此建设创新文化要把眼光放长远一些，要制订长远目标，分步持续地进行，不要企盼一个月就硕果累累，三五个月就经验成章；五戒断层化。创新文化建设不能光在制定行为规范，树立企业形象这个层面上打转转，要在价值观的培育，企业精神的弘扬这些核心问题上狠下功夫。有些企业领导干部变动也较快，但不能人走了，就把文化也带走了。创新文化必须是由企业家倡导的组织文化。

建设创新文化还要善于从发达国家企业和跨国公司的科技创新发展中汲取经验。当前一些发达国家企业和跨国公司都把企业创新能力建设视为提升企业国际竞争力和可持续发展的关键因素，因而重大原始创新和集成技术创新成果不断涌现，在信息、生物、纳米技术和认知科学等四大科技领域都产生一些重大突破。日本企业从 50 年代开始就大量引进新技术，到 60 年代达到顶峰，企业科技水平大幅提高。到 70 年代，技术引进逐步减少，自主研发技术的比重日益加大，逐步接近和超过美国、瑞典、德国的水平。日本企业的研发能力之所以迅猛提高，除了日本政府在财政、金融、税收的扶持政策和独特而有效的行政指导政策，其主要因素还是日本企业特别重视职工技术教育，保证职工拥有较高的工程技术水平。日本企业还采取增加预算资金的办法，大力培育未来科技人才，提供更优越的科研条件，极大地调动科技人才搞好科研的积极性。韩国三星公司一直坚持“技术是制胜的关键”的创新理念，在逆境中不断加强产品技术研发的能力，不断推出各种优势产品，企业 1997 年负债 180 亿美元，面临破产，到 2004 年销售额达 552 亿美元。三星公司现在研发投入已占销售额的 9%，相当于 52 亿美元。拥有博士学位的员工由 800 多人增加到 2400 多人。发达国家企业和跨国公司的科技发展形势咄咄逼人，中国企业要在虚心学习借鉴其成功经验的同时，树立信心，迎头赶上去，既要增加忧患意识又要提高战略眼光，采取有力措施，在几年或十几年内赶上或超过这些发达国家企业的水平。

（作者系本溪市企业文化建设协会常务副会长）

构建企业利益共同体

徐发生

企业是谋求利润的经济组织。随着企业改革的不断深入和优胜劣汰的市场经济体制的建立，以产权为纽带，共同的利益和共同的命运，使企业经营者与职工逐步结成利益共同体，更为直接地面对激烈的市场竞争，同舟共济、荣辱与共、利益共享、风险共担。

现代企业人本管理趋势

《财富》杂志公布的 2001 年度全美最值得为之工作的 100 家公司中，微软、思科、高盛、宝洁、安捷伦、英特尔等很多国际著名大公司榜上有名。这次排序，不是根据销售额或盈利多少，而是根据本企业员工自己的感受。在入选公司的员工的感受中，提到最多的是“在这里工作可以感受到团队的价值”。这些公司的共同特征，就是越来越重视非物质的激励，老板采取各种办法使员工认同公司的目标，通过企业文化建设，营造出老板与员工相互合作的气氛。公司平时很尊重、关心员工，老板能与员工同舟共济，员工对企业的满意度高、认同感很强，即使在没有外部监督的情况下他们也会努力工作，从而比同行业的企业有更高的效率与更强的竞争力。微软公司在管理上的诀窍是成功地让员工的团队精神持续高涨。公司的每个部门都有“精神预算”用于在西雅图海湾看鲸鱼表演或做海上游戏，这种人情化的安排，有效地缓解了员工面对激烈竞争而产生的高度紧张的精神压力，让员工与公司在宽松的条件下相互交流，增进了公司与员工之间的理解，对提高工作效率起到了不可忽视的作用。爱德华—琼斯公司拥有 2.7 万员工，员工年薪根据其职位不同从 2.24 万到 6.17 万美元不等，在同行业中并不算太高，但是公司队伍比较稳定，员工对公司的满意度比较高，其中一个重要原因在于公司重视员工培训。该公司每年对员工培训 132 个小时，员工觉得公司很关心自己的未来，值得为公司的发展竭尽全力。公司由于重视员工培训，使员工的人力资本增值，对提高企业效率起到了意想不到的效果。这些入选企业注重增加企业管理的透明度，平时关心、尊重员工，对员工说真话，能够得到员工的理解和支持。当公司面临困难需要裁员时，被裁员工不说公司一句坏话。安捷伦公司面临困难需要裁员 8000 人时，竟然得到员工们的理解，一名女工程师 3 周前就收到裁员通知，她不

但上完最后一天班而且加班到晚上9点半钟。

这些国际大公司能够解决资本主义企业普遍存在的劳资纠纷并且成功地取得高速发展，不能不引起我们的深思。事实上，国内企业与员工之间发生利益摩擦的案例越来越多，劳资关系比较紧张在许多企业已经是不争的事实。劳资关系紧张，不仅对员工是一种伤害，对企业利益的损害也是明显的。企业在深化改革、兼并重组、改制进程中，必然牵动职工的利益，如果得不到职工的理解和支持.不但不能吸引广大职工积极参与.相反地容易激化矛盾，酿成严重后果。

建设企业文化　营造企业利益共同体

有人说，20世纪60年代以前的市场竞争靠的是产品，70年代靠的是科技，80年代以来靠的是文化，21世纪将靠知识和信息。中国大陆第一位登上国际权威财经杂志《福布斯》封面的企业家、被“世界经济论坛”选为2001年度全球100位“未来领袖”之一的著名的阿里巴巴网站创始人、CEO马云认为，小企业成事靠精明，中企业成功在管理，大企业家做事靠做人。在市场中拼搏的是一种文化、一种境界。上世纪80年代以来，风靡美国、日本等国家的大公司、大企业的企业文化热，企业家大力倡导的是一种以人为本的管理模式。这种模式，实质上就是在企业内部形成一种和谐的人际关系的氛围，而这种和谐的人际关系为企业形成了强大的内聚力，强大的内聚力又大大地增强了企业的市场竞争力。从以生产资料管理为中心的管理模式向以人为本的管理模式的转变，是企业管理史的一场深刻的变革。高度重视以人为本的管理，成为现代企业谋求新的发展走出的一条新的路子。

当今世界，经济全球化拉近了人类交流的距离，市场竞争将扩展到世界的各个角落，企业的经营环境发生重大而深刻的变化，生存环境将更加复杂，过去习惯的封闭的垄断市场和地区贸易保护将逐步打破，不同所有制、不同层次的企业家面对的是市场更加开放、竞争更加激烈的新舞台。面向新的世纪和经济全球化的趋势，随着我国加入WTO，企业在加快转换经营机制、建立现代企业制度步伐的同时，纷纷在思考如何应对进入WTO之后企业面对更大范围的市场竞争，制定企业的经营发展战略，增强企业的核心竞争力。越来越多的企业家意识到企业文化是企业寻找企业生存和发展的“资源”，它在知识经济时代已经显示出作为一种“知识资本”企业文化产生的文化力，已经成为企业核心竞争力的重要因素。加强企业文化建设，有助于提高企业家和企业经营管理人员的经营管理水平，提升企业的品牌优势和产品的市场竞争力，从而发展企业的生产力。

企业文化建设必须与时俱进

20世纪80年代以来，企业文化在我国的企业经历了从简单借鉴到自觉吸纳、从模仿应用到主动创新，在实践中探索、在探索中提高的发展过程。在改革开放的历史潮流中，企业文化作为一种先进的、富有人情色彩的新型管理模式，成为企业管理者的新的选择，应用于企业管理。

企业文化绝不搞给人有花架子、可有可无的花瓶和摆设之感，而是企业不可或缺的灵魂。每个企业从诞生之时开始，就按照经营者的意愿和员工的认同程度，有意识或无意识地以一定的固有形态和方式客观存在着。今天，我们强调建设企业文化，就是要把文化作为企业的无形资产和宝贵资源加以发掘和培育。激烈的市场竞争唤醒了众多的企业家的“人才是第一资源”的意识，越来越注重在企业文化建设中人才要素及其价值的开发与利用。成都亚光电子股份公司领导班子力排众议，大胆启用微波专业技术人才王任，以他为所长专门组建了有近百人的设计所，年产值以上千万元的速度递增，公司领导班子从中尝到甜头，制定并实施公司雄心勃勃的人才培训规划。

在经济全球化的进程中，注重经济与文化的融合，不失时机地建设企业文化，已经成为有远见卓识的企业家明智的选择。著名经济学家吴敬琏认为，“先进的企业文化是企业的灵魂，竞争力的源头，国际交往的基础和桥梁”。建设企业文化的过程，就是企业适应市场和企业自身发展需要、主动发现和解决自身存在的问题的过程。在这个问题上，起关键和决定性作用的是居于决策地位的经营者。企业经营者既是企业文化的倡导者、筹划者、设计师、组织者，也是受益者，他们的意愿决定着企业文化的方向和水平。因此，建设企业文化首要的问题是建设企业家文化。

在建设企业文化的具体实践中，企业经营者承担的角色应当是张瑞敏所称的“牧师”，“不断布道，使员工接受企业文化，把员工自身价值的体现和企业目标的实现结合起来”。著名经济学家魏杰认为，“企业领导人向员工灌输企业文化的一个重要内容，是帮助员工对企业的认识上树立起三种理念：第一，企业是企业与员工共同生存和发展的平台；第二，企业是制度共守、利益共享、风险共担的大家庭；第三，企业是一所大学校，即学习型组织，员工在为企业作出贡献的同时，自身素质也会得到提高”。

企业文化的与时俱进，就是说企业文化要适应市场和经济发展的需要，在继承优秀的传统文化和学习借鉴先进文化的基础上，对自己固有的文化不断地加以变革、创新和再造。当然，在这个问题上，既不能固步自封，也不能超越企业的实际，不能超越企业的经济基础。只要企业经营者当好有心人，企业文化和企业的经济效益就都能够做到与时俱进地发展。

（作者系成都市企业文化研究会副会长、秘书长，本文摘自《企业文明》2004年第6期）

弘扬人文精神　建设医院文化

周凤鸣

科学发展观的核心是以人为本，医院文化理论的本质特征之一同样是以人为本。人本管理应是医院管理中的重要内容。构建和谐社会就我们医疗卫生系统来讲，就是要努力维护人民群众的健康权益，让群众享有公平可及的医疗服务，坚持以病人为中心，转变服务理念，提高医疗质量，多给病人一些人文关怀，从而构建城乡卫生和谐、医患关系和谐和医院内部秩序的和谐。坚持科学发展观和构建社会主义和谐社会是我们建设医院文化的指导思想。

企业文化建设的实践给我们的启示

市场经济有两只“看不见的手”，一只是价值规律；另一只就是文化力。哈佛商学院通过对世界各国企业的长期分析研究得出结论：“一个企业本身特定的管理文化，即企业文化，是当代社会影响企业本身业绩的深层重要原因。”这个观点对传统的经济学产生了极大的冲击和深刻的影响。因此有人说，21 世纪企业之间的竞争，其根本的是文化的竞争。谁拥有文化优势，谁就拥有竞争优势、效益优势和发展优势。有文化的企业未必都能成功，但没有文化的企业注定不会成功。

企业的盛衰受着文化力的制约，同样文化力在医院的发展中也必然起着重要的潜在作用。北有协和南有湘雅，这两所医院是我们卫生系统公认的两家名医院，也是广大患者非常信赖的医院。这种现象的存在，除了他们的技术，设备比较优良之外，更重要的是他们积淀多年的文化品牌在起作用。

继我国企业文化研究热潮之后，医院管理学界的许多学者和管理人员也对“医院文化”的研究投入了极大热情。特别是近 10 多年以来，随着卫生事业改革和发展及医院面临的新课题，关心医院文化建设的呼声越来越高，医院文化建设的理论研究和实践活动空前活跃。从总体上看，我国医院文化建设虽然起步要比企业晚，但起点较高，发展较快，成效也比较显著。但和企业相比，无论是研究的深度还是普及的广度都相对滞后。其根本原因有两点：一是医院在市场竞争中的程度不像企业那样激烈，医院生存和发展的危机不像企业那样紧迫，医院管理人员寄期望文化力提高医院核心竞争力的认识程度没有企业领导者那样高。医院文化建设滞后于企业的另一个原因是我们对医院文化的基本属性缺乏明确的认识，至使不能很好地把文化管理真正置于医院管理工作之中。

朱镕基同志曾说过，在中国的管理工作中，最缺乏的是人才，而要造就大批的人才，就必须靠文化建设、实行文化管理。著名管理学专家邢永杰博士也说过，在竞争环境下，医院高层管理者几乎是在同一医学专业知识平台上从事医院管理工作，医学专业技术知识已经不是影响医院管理者水平的主要矛盾，而相应的管理知识和能力才是制约医院管理水平的主要因素。这里所谈的相应的管理知识指的就是文化管理知识。

坚持科学发展观，实现人本管理

科学发展观的核心是以人为本。所谓人本管理，就是首先确立人在管理过程中的主导地位，继而围绕着调动人的主动性、积极性、创造性去开展的一切管理活动。

要理解人本管理，首先要完整地认识管理中的人。在人的心理世界中应该说至少有三个目标，一是与自身生存有关的目标——基本维持生存的物质条件（衣、食、住、行）；二是与社会关系有关的目标——求学、就业；三是与实现自我价值有关的目标——尊严承认等。医院是由人组成的集合体，任何事情都必须由人来做。因此医院应以人为本，把人的因素放在中心位置，时刻把调动人的积极性、创造性放在主导地位。每个人都有潜力，关键在于开发。人是生产力诸要素中最活跃的要素，谁能最充分地发挥这种最活跃的生产力要素，谁就能取得管理医院的成功。

在深化改革中，特别是在人事制度改革中，企业也好、医院也好，都采取了不少措施，诸如目标管理、定额量化、竞争上岗、末位淘汰等。这些措施都是必要的，也是有成效的。但是在做这些事情时切不可以忽视人的尊严和对人的尊重，就是对那些极个别的人也不可忽视人本和人文关怀。

按照经济学原理，政府对医院的管理和要求目标是追求社会福利的最大化，社会公众对医院的要求是花费低廉的费用享受到比较优质的医疗服务；公立医院是非盈利性质，在政府补助不到位，收费价格不合理的条件下要生存要发展，这是三个既对立又统一的矛盾。矛盾的解决最终还是要靠改革、靠国家经济的发展和社会进步。因此，在当前条件下，按照以人为本的科学发展观来审视，医院的终极价值也不仅仅在于维系医院的生存与发展，同时还要承担社会的道义与责任。否则，单纯追求利润最大化，必然会做出违反人性及社会道义的事情。改革不管怎么改，以病人为中心，让患者满意的根本宗旨不能变。

时代呼唤优秀的医院文化

医院文化是医院的灵魂。

卫生部蒋作君副部长曾经指出：医院文化是医院的灵魂，一个医院没有文化就变成了“人体修理厂”。医院文化的核心是以人为本，体现在三个方面：一是以病人为中心，就病人与医生来说，病人本位，而非医生本位，医生为病人而存在。二是看病时不能见病不见人，就病人的疾病与人来说，人本位而非疾病本位，治病是为了救人。三是医院管理中不能见物不见人，就医疗设备与医务人员来说，医务人员本位而非医疗设备本位，再好的医疗设备也是人创造的，还得靠人来操作。

医院文化建设是整个医院管理工作的重要组成部分，要真正把医院文化建设好，一是要重视，二是要研究，三是要实践。必须把医院文化建设的重要意义和作用认识清楚；把医院文化建设的理论和内容理解清楚；把医院文化建设的实施方案和措施落实清楚；把医院文化建设的传播手段和途径研究清楚。只有这样，医院文化管理才能既蓬蓬勃勃，又扎扎实实地开展起来。

用文化打造医院核心竞争力。

医院文化作为一种先进的管理理论和管理方法和它对于提升医院核心竞争力的价值已被越来越多的医院管理者所认识。医院要在未来的市场中赢得优势，必须拥有自己的核心竞争力，核心竞争力指的是这个医院长期积累的智力、物力、技术、管理和文化。市场经济条件下的竞争不仅仅是医院之间医疗技术和管理水平的竞争，更重要的是医院整体素质和形象的竞争，是医院品牌的竞争，而要提高医院的整体素质和形象，打造医院的品牌就必须借助于医院文化。

北京协和医院建院90年的过程中，培育了一大批医学精英，以林巧稚、张孝骞、黄家泗、方圻、郎景和为代表的一代代名医以他们的高尚医德、精湛医术哺育了一代代的协和人，塑造了中外驰名的协和名医文化品牌。根据加入WTO的要求，外资医院将进入中国，医院将正式列入服务行业。医院员工也将由过去与政府干部相对应的级别待遇实行职员制。随着国门打开，随着社会主义市场经济的建立和发展，特别面临国际、国内两个医疗市场的竞争，医院如果仍然没有文化发展战略，仍然不注重提高医院的整体素质、整体形象，仍然没有自己的品牌与核心竞争力，势必失去机遇，迟早将会产生生存与发展的危机。

永恒的主题——医疗服务质量。

医疗服务质量关系到患者的生命安全和身心健康，随着生物医学模式向生物——心理——社会医学模式的转变，医疗服务质量越来越被人们所认识。转变服务理念，提高服务质量既是提高医院核心竞争力的需要，也是医院实行人文关怀的体现。医疗机构的发展包括内涵和外延两个方面，两者应是相互适应，相互协调的，光有规模而不具有相应内涵质量的医院不可能在激烈的市场竞争中取得优势。医疗服务质量是医院内涵发展的核心内容，只有向患者提供高质量的医疗服务，医院才能保持永久的生命力，才能实现以人为本，全面、协调、可持续地发展。

用核心价值观凝聚员工推动医院全面、协调持续发展

大多数医院都有自己的文化基础和传统的文化底蕴，并在长期的管理实践中形成了各自的管理理念。当前进行文化建设重要的是要进行系统思考、整体策划，以形成比较完整的体系。对那些建院时间相对比较短，文化底蕴不太清晰的医院来说进行文化建设就是要通过发动群众挖掘、积累、创造那些能够凝聚人心，形成团队，对医院建设发展有推动作用的，精神的，物质的东西，在此基础上通过总结、提炼、升华、形成和确立出医院的核心价值观，并在管理实践中努力使这个核心价值观成为推动医院工作的根本动力。

医院精神是一个医院的优良传统，价值目标、道德规范和理想信念的总和，是被全体员工认同的群体意识，是医院发展建设的动力和源泉。医院核心价值观是医院的灵魂，它应体现在员工的整体素质之中既反映着医院管理思想的整体趋向和主流，又具有鲜明的社会特点和时代特征。医院精神具有导向、凝聚、激励、协调、约束、辐射等多元化的功能与作用。整合和提炼医院精神形成核心价值观念，应注意两个方面的问题。

体现以人为本。

培育医院精神的立足点是人，职工既是医院精神的载体，又是医院精神的主体，医院精神涵概的内容既体现在为病人服务上，也体现在职工切身利益里。培育职工树立正确的世界观、人生观、价值观，通过自己的劳动使医院真正成为为人民健康服务的机构，使医院在激烈的竞争中求生存、求发展就必须有一个能让全体职工接受的、心甘情愿为之奋斗的理想、信念。这个理想信念既反映医院的整体利益和目标，又包含职工个人信念和需求使职工和医院形成一个共同体，同呼吸共命运，真正做到院荣我荣，院耻我耻。这样的医院精神才有号召力、凝聚力、约束力。

体现个性。

个性就是区别于其他医院唯我独有的特色。提炼医院精神更需要突出个性。这就要求我们要了解和熟悉医院的历史和文化底蕴，要总结医院医疗、服务、管理等方面的特点，要挖掘那些能够体现医院艰苦奋斗、蓬勃向上、无私奉献的闪光点。通过发动群众广泛参与，把这些精神的、物质的、历史的、现实的、动的、静的丰富材料进行分析、综合、提炼、升华，形成真正能够凝聚、鼓舞、启发、约束广大员工并为广大员工自觉自愿的统一理念，这样的医院精神才是有用的、有生命力的。

（作者系中国医院协会医院文化专业委员会主任）

行政文化策划的成功探索

李万百

从2005年2月开始，章丘市企业文化研究会在章丘市国土资源局开了行政文化策划工作的先河。就此，将企业文化引入了企业文化设计和策划。现就相关问题做一探讨。

首先，是由国土文化建设的基本目标指向决定的。

国土行政管理部门这几年在严格执行国家法律法规，落实各项国土方针政策的条件下，创造性地进行了一系列国土开发、管理、利用工作。他们在沿黄滩涂地区多年进行土地复垦工作，在保证城市工业用地需求的前提下，使全市土地总量不减少，做到占补平衡；他们以执政为民的意识和科学发展观为指导，探索了对失地农民由政府永久性补偿，对城区商业用地全部实行挂牌招标和拍卖工作，获取了大量土地收益；他们还在专区集中开发，统一整理集中进行住宅建设和市场建设等。这些工作首先做到严格执法，维护和规范了土地市场秩序，又服务中心，适应了城市建设和经济发展的用地需要。这其中有许多经验在全国也具有独创性，领先性。但同时我们看到，尽管工作成绩很大，经验很

多,但是由缺乏一种文化自觉,在管理上有些是粗线条的,在整个理念上还是零散的,有些制度规范还是缺失的。在这样的条件下,我们提出国土局行政文化建设的基本目标指向是实现“三个转变”。

即在依法管理控制国土资源的理念上由跟风型向自觉型转变;其次,指出在服务大局,服从中心的操作上,由随机型向制度型转变;在保持队伍纯洁,经得住诱惑,经得住考验上由他律型向自律型转变;通过加强行政文化建设使理念植根于心,行为规范到手,队伍坚如磐石。

而要从根本上实现三转变,整个行政文化建设策划必须突出实现“四化”。

一是战略定位准确化。对于县市级国土资源局来说,在章丘市政治、经济、文化、社会四位一体的建设发展中,目标定位十分重要。经过文化建设,使国土局明确自己在全市大局的位置及应有的作用。如同党的十六大从党所处的历史坐标点出发,提出了中国共产党必须立党为公,执政为民的理念一样。章丘市正处在“建设济南大城市框架下富而美的新章丘”的战略定位阶段,国土局必须在严格执行国家法律法规的前提下,为全市与济南的对接融合提供土地供应,把自己的位置找准,就能够增加工作的自觉性、主动性、创造性,就能做到在工作中不缺位、不越位、准确定位。

二是理念系统个性化。市场经济是讲求个性的,突出个性才能显示差异,也才能更顺畅地完成市场进入,才能使自己更健康持续发展。国土局资源管理工作不能像企业一样追求效益和规模的最大化,更不能吃祖宗饭造子孙孽。但是应该追求土地使用效益的最大化,追求用地投资强度的最大化。不可能做到有求必应,必须做到用地合法,用有所值。这就决定了国土资源部必须确立有别于一般服务理念的服务理念,建设有别于一般执法理念的个性化执法理念。这种理念对内要深入人心,对外要富有亲和力、感染力。要通过文化建设来确定个性化理念。在全国一句“真诚到永远”,让我们感受到的是海尔的品质和服务,在章丘一句“敢想好学”让人知道的是圣泉集团。国土局就要形成这种个性化、有魅力的理念体系。

三是行为系统统一化。行为的统一可以提高办事效率,还可以密切相互关系。现在全国各地都有自己统一的文明用语,有个性化的文明行为标准,如济南的爱泉、护泉行为要求。在我们的日常生活中,当我们接听电话时,一句“你好”“请问”的问候语,其亲切和善的态度让我们或近在咫尺,或远隔关山重重,彼此之间也方便了交流。我们在企业文化建设中,都把行为识别系统作为一项重要内容来设计。章丘市国土资源局在这方面有一定的基础,在外出办公、现场勘察、对外接洽中都有一定的要求,但是在语言、行为规范上还缺乏统一,这也导致了一部分工作人员散漫松懈的风气滋长,甚至个别人傲慢、专断。我们在为国土局的文化建设中把行为文化建设作为一项基本内容,力求形成统一化的行为识别系统,让他们在文明章丘的建设中形成一道靓丽的风景线。

四是视听系统形象化。视觉识别和听觉识别这是文化建设的两大系统。平时生活中,我们看到五彩的五环,想到的是国际奥林匹克运动更高、更快、更强的催人奋进的精神;我们在世界各地当《国际歌》的旋律响起时那些驻足凝神的,必然是信奉共产主义的战士,他们不分民族、不分肤色、也不分语言,一曲悲壮的旋律使彼此之间亲切无比。我们在为国土局的文化建设策划中也把视听系统作为一项内容。我们请我国著名词作家石顺义作词、曲作家李昕作曲、著名歌唱家阎维文演唱的一首《国土家园》MTV 已经制作完毕。

其次,进行专业策划是完成行政文化建设的基本途径。

行政文化建设既然称之为建设,有它不同于我们平时的思想教育和业务学习,有它相对的独立性,必须有专业队伍参与才能搞好。在这一点上,我们企业文化研究会就很好地担当了专业队伍的职能。

专业队伍参与行政文化建设必须切实做好三个结合。

第一,必须和国家的大政方针结合。行政文化是在国家行政机关中进行的,各行政机关都担负着贯彻执行国家法律法规,落实各级政府的方针政策的基本职能,文化建设必须和行政职能一张皮,而不是二张皮。而且文化建设必须促进行政职能的体现,而不是促退。

第二,必须和各行政机关的特点相结合。行政机关虽然都在履行执政为民的职责,但是各自又因职责不同而执政方式也不同,行政文化建设必须充分考虑这一特点,并加以结合。行政文化才能有个性、有特色。

第三,必须和文化结合。文化既是社会文明建设成果的体现,同时文化又具有规范性、指导性特点。我们在行政机关文化建设中,必须把文化的功能、特色突出出来。否则便不能称其为文化建设。这就是说,我们的策划不是帮国土局定规章、建制度,也不是帮国土局搞思想教育和学历达标,而是侧重于精神层面,理念体系的建设、彰显出文化的功效来。

正是因为我们持有这种态度来从事行政文化建设,才得到了国土局全体干部职工的认可和接受,才没有因文化建设影响日常工作。而如果单凭部门自觉、自主进行策划建设,往往会走到定制度、表决心的窄路上去。

(作者系山东省章丘市人大副主任、章丘市企业文化研究会会长)

创新企业文化　提高自主创新能力

肖锋鸣

提高自主创新能力,建设创新型国家,是以胡锦涛同志为总书记的党中央和党的十六届五中全会及全国科技会议把握全局,放眼世界,面向未来作出的重大战略决策。近年来,胡锦涛同志曾多次强调指出:自主创新能力是一个国家科学事业发展的决定因素,是国家竞争力的核心,是强国富民的重要基础，是国家安全的重要保证；要把推动自主创新摆在全部科技工作的突出位置，把提高自主创新能力作为推动结构调整、转变经济增长方式和提高国家竞争力的中心环节，在实践中走出一条具有中国特色的科技创新的新路子。这些重要论述，是我国科学技术、经济工作和企业文化建设必须长期坚持的重要指导思想。我们应从国家发展的战略高度，充分认识提高自主创新能力的重要意义，以自主创新和企业文化建设的实际行动，为把我国建设成创新型国家作出更大的贡献。

正确认识引进技术和自主创新的关系，坚定不移地走自主创新的道路

自主创新，包括原始创新、集成创新和引进技术基础上的消化吸收创新或模仿创新。实施自主创新战略，是牢固树立以我为主的思想，以掌握核心技术、发展壮大知识产权储备为宗旨，正确处理引进先进技术和自主创新的关系，把原始创新、集成创新和引进技术基础上的消化吸收创新有机结合起来，有效整合创新资源和文化，全面提高自主创新的能力。

把加强原始创新确立为自主创新的重要任务。原始创新作为自主创新体系的基础，属于自主创新中具有战略突破性的科学活动，是一种超前的科学思维和挑战现有理论的重大科技创新和文化创新。国际经验表明，人均 GDP 超过 1 万美元之后，后发达国家和地区应该实现从以模仿创新为主到以原始创新为主的战略性转变。当前，我国的经济社会发展正处在一个十分重要的关口，调整改变经济增长方式，是落实科学发展观的必然要求。温家宝总理说："自主创新是支持一个国家崛起的筋骨"，"真正的核心技术是买不来的。"而提高自主创新能力则是推进结构调整的中心环节，只有科技面和创新文化的介入，大幅度提高自主创新能力，才能大力推进经济结构的战略性调整，逐步实现经济发展从要素驱动型增长向创新驱动型转变，突破资源、能源和环境的制约，走新型工业化道路，全面实现建设小康社会的宏伟目标。

把加强集成创新作为自主创新的重要内容。集成化是现代科学技术发展的重要趋势之一，集成创新是科学技术进步的形式。单项技术研发和单项技术创新是自主创新的重要内容，但以单项技术为主的研发，如果缺乏明确的市场导向及其他相关技术的有效衔接，将很难形成有竞争力的产品和产业。而相关技术的集成创新以及由此形成的竞争优势，往往超过单项技术突破的意义。因此，推进自主创新必须集中资源，努力实现集成创新。深圳最具优势的通讯产业就是利用深圳信息产业集群优势，通过融合计算机、通讯和微电子技术领域的很多技术创新来确立市场优势的。所以，我们必须大力加强集成创新，特别是选择具有较强技术关联性和产业带动性的重大战略项目，大力促进各种相关技术和先进文化的有机融合，并在此基础上实现关键技术的突破和集成创新，开发具有自主知识产权的产品，培养拥有核心技术的产业，形成具有国际竞争力的企业。事实说明，经济发展有一个重要规律，就是谁抓住了高增长行业，谁的发展就快；谁没有抓住，谁就被动。

大力加强引进技术基础上的消化吸收创新。强调自主创新，并不排斥引进国外先进技术。在经济全球化时代，任何国家和地区都不可能封闭起来发展。只有充分利用经济全球化带来的机遇，加强引进技术基础上的消化吸收创新，才能实现技术进步和经济发展的跨越。日本战后之所以仅用 30 年就成为世界第二经济大国，其消化吸收创新为主的技术政策是重要因素之一。韩国同样走的是消化吸收创新技术进步路线，目前其科技创新能力已跃居世界第五位。我国的高科技产业依然不多，并为此付出了高昂的代价。2004 年我国的高科技产品值比上年增加了 23.1%，出口额比上年增加了 50.2%。但是，高科技在我国工业生产和工业出口中比例仅为 27.9%，其中大部分还是由三资企业完成的，在国际上处于低端。实际上，我国主要高技术产品还属于依赖国外核心技术的加工品，我国得到的仅是微薄的劳动报酬，大部分利润都属于知识产权的持有者和国际经营者。时下流传着一句名言，即"四流企业卖劳力，三流企业卖产品，二流企业卖技术，一流企业专利，超级企业卖标准。"由于我国在高新技术方面缺乏自己的知识产权和品牌，不仅不能获得高额利润，而且还形成了对国外高技术的依赖，可见自主创新是何等的迫切。

进一步强化企业在自主创新中的主体地位和企业家的核心作用

自主创新是对卓越的追求，是指用知识创造财富的过程。企业作为社会经济发展的主体，其本质决定了它的市场嗅觉更敏感、产研销结合更紧密、成果转化更迫切、追求利益最大化更执着，理所当然地成为自主创新的重要组成部分。事实上，只有企业的全力参与，自主创新才能更有活力，这是早被欧美发达国家验证过的经验。因此，我们必须进一步强化企业在自主创新中主体地位和企业家的核心作用。

充分发挥中小企业在原始创新中的主体作用。国内外实践证明，中小企业是原始创新的主体和源泉。美国小企业管理局收集的 20 世纪对世界有过巨大贡献的飞机、光纤检测设备、心脏起搏器、光学扫描仪、个人计算机等 65 项重大发明，全都是由小企业或者个人创造的。在美国，每年新技术中的 70% 是由小企业创造的，小企业的人均创新发明是大企业的 2 倍。中小企业之所以如此，正如有的经营管理者说的，中小企业具有强烈的竞争意识，他们是"嘴里吃着一块，筷子夹着一块，眼睛瞪着一块，心里还想着一块。"真可谓小中见大，博揽天下。因此，我们应当进一步优化法治环境，采取有效措施加大对科技型民营中小企业的培育的扶持力度，完善中小企业综合服务体系，使其成为原始创新的主体，激发其原始创新的活力。

大力培育具有较强自主创新能力和国际竞争力的优势

企业。在二十一世纪,以掌握发展主动权和主导权为特征的自主创新,以拥有自主知识产权和拥有知名品牌为特征的跨国公司,已经成为左右全球经济竞争的主导力量,已成为衡量一个国家是否具有核心竞争力的重要标志。所以,创造拥有知识产权的自主品牌,创造可以与跨国公司相媲美的世界名牌,应该成为我国企业创新的目标。大型优势企业是集成创新的主要力量,也是自主创新活动的组织者和引领者。只有大型优势企业才能大规模地进行专利的申请、购买、储备、加工、改进和产业化,才能大量进行集成创新。韩国的成功经济之一,就是充分发挥大型优势企业在技术创新活动中的组织作用和引领作用。韩国 CDWA 发展起来是韩国把三星、现代、LG 组成了一个团队,国家投钱,大家共同研发样机,三家企业带回去各自产业化,各自到世界各地去竞争。他们在市场取得利益后再给国家按一定比例还钱,相当于国家搭建了一个中间平台,在中间平台下大家共同研发,这样既有效的节省了国家的资源,又发挥了文化生产力的作用,创造了世界名牌。青岛的海尔、北京的中关村、深圳的华为在自主创新的重要作用,也使我们充分认识到大型优势企业的极端重要性。所以,我们应当着力培育像海尔、中关村、华为这样的大企业,使其充当集成创新乃至整个自主创新的组织者和引领者,开创自主创新的新天地。

进一步强化企业家在自主创新中的核心地位。创新是在生产中成功引入新的生产要素或进行新的生产要素组合,是科技发明的产业化。发明是科技专家的事,创新是企业家的事。企业家是创新活动的核心。应当承认,任何一个世界名牌都是企业长期积淀和艰苦创新的结果,是包括思维、观念、技术、文化、市场、管理创新的全方位、全过程创新的结果。一个优秀的企业家,为了企业的卓越发展,一般应拥有三代产品:第一代是“看家狗”,指的是传统产品;第二代是“摇钱树”,指的是极具市场潜力的产品;第二代是“红苹果”,是指代表未来发展趋势的自主创产品。这是一个企业健康长寿之道。青岛海尔集团最高执行官张瑞敏早就说过“国内无名牌,要把眼睛盯着国际市场”。他们认为,“技术创新是矛,知识产权是盾。跨国公司对市场的垄断,是通过品牌输出、技术垄断实现的。面对国际市场一手挥矛、一手舞盾的对手,中国企业要打破垄断,就必须拥有自主的知识产权,让每个员工都成为自主创新的主体。”由此可见,我们应当弘扬企业家精神,培养企业文化,维护企业家的各项合法权益,强化企业家作为自主创新的核心地位,吸引大批奋发图强、富有创新精神的科技人员携带成果和智慧来企业创业,造就一支具有创新精神和创新意识的企业家队伍,使企业成为创业者的乐园,使企业成为国家创新体系中的主体。

充分发挥党和政府的积极作用,努力营造自主创新的条件、环境和文化

自主创新是具有很高外部经济性的活动,仅靠市场很难使创新活动处于社会需求的最优水平。因而,必须发挥党和政府的积极作用,努力营造有利于自主创新的环境和文化,形成对自主创新的有效激励,坚定不移地以科学发展观统领经济社会发展全局,坚持以人为本,转变发展观念,创新发展模式,提高发展质量,把经济社会发展引入以人为本、全面协调可持续发展的轨道。

进一步完善自主创新的综合服务体系,让自主创新为我国经济发展提供强劲的动力支持。自主创新能力不足,将难以为中国经济发展提供强劲的动力支持。创新,是民族进步的灵魂。对我国来说,提高自主创新能力,既是保持经济长期平稳较快发展的重要支撑,调整经济结构、变经济增长方式的重要支撑,又是建设资源节约型、环境友好型社会的重要支撑,提高我国经济的国际竞争力和抗风险能力的重要支撑。现代科学技术涉及大量共性技术问题,建立公共技术平台非常必要,它既可以为大量中小企业提供研究开发、中试、检测等技术服务,又可以优化科技资源配置。这些公共技术平台实行市场化运作,向社会开放,主要面向中小企业,为提高创新能力服务。

实施科技兴国战略和人才强国战略,是提升国家竞争力的决定性因素。科学技术发展要坚持“自主创新、重点跨越、支持发展、引领未来”的方针,不断增强企业的创新能力,加快建设国家创新体系,建设学习型社会。要加强人力资源能力建设,实施人力培养工程,加强党政人才、企业经营管理人才和专业技术人才三支队伍建设,抓紧培养高技能人才和农村实用人才。笔者认为,在实施科技兴国和人才强国战略时,也应高度重视思维的训练。恩格斯说,“世界花园中最美丽的一朵鲜花就是思维。”思维不一样,结果也就不一样。在自主创新中,我们的全部希望就在于思维,在于树立开放式思维,在于开发右脑的思维方式,在于培育创新性思维。如果我们还停留在以往的横向思维、纵向思维阶段,而不重视散发型思维、辩证思维,是很难有好结果的。实践也说明,只有实施这两个战略,只有自主创新,才能释放科技人员和企业经营管理者的潜能,才能留住人才、聚集人才,创造出化腐朽为神奇的奇迹;只有实施两个战略,只有自主创新,才能撑握企业的领导权和主动权,才能打破跨国公司糊弄中国人的局面。

加大政府对自主创新的直接投入。增加政府投入是对自主创新最直接、最有效的激励措施之一。针对目前政府投入不足和投入分散的问题,我们应试行大科技管理体制,进一步优化科技资源配置,整合现有的科技发展资金,改进资金使用方式,提高资金使用率。设立高新技术产业专项补助资金,重点支持一批技术先进,能形成自主知识产权、产业化前景良好的高新技术企业。安排专项经费,鼓励企业研究具有自主知识产权的国际标准、国家标准和行业标准,资助注册科技型企业申请国内外发明专利。在国家税法规定范围内,通过减免税收支持企业加大研究开发投入。

进一步加大保护知识产权工作的力度。保护知识产权,驱逐假冒伪劣产品,有利于技术进步和自主创新。我们

应从实施自主创新和科技兴国战略，建立完善的社会主义市场经济体制的高度充分认识保护知识产权的重要意义，努力形成知识产权主管部门与工商、文化、公安、法院等部门齐抓共管的局面，进一步加大对侵犯知识产权行为的处打击力度，为知识产权提供强有力的保护体系。

发展创新文化、努力培育全社会的创新精神。一部人类发展史表明，文化是社会发展的重要内容，是人类进步的显著标志。文化是一个族的根，是一个民族的魂。一个民族的兴盛，必定是从文化的繁荣开始的；一个民族的发展，也离不开文化的支撑。当今世界，文化与经济、政治交融，与科技结合日益紧密，在综合国力竞争中的地位和作用日益突出，越来越成为衡量一个国家综合实力强弱的重要尺度。国民之魂，文以化之；国家之神，文以铸之。文化的力量，深深熔铸在民族的生命力、创造力和凝聚力之中，成为国家和民族的灵魂，体现着国家和民族的品格。在实现中华民族伟大复兴的历史进程中，文化既为经济社会全面协调发展提供重大的精神动力，也是经济社会发展的重要内容。在复杂的国际环境中，要赢得国际竞争，不仅需要强大的经济实力、科技实力和国防实力，同样需要强大的文化实力。美国硅谷之所以成为信息产业的摇篮，主要在于具其有独特的创新文化。正如一位管理学家所言，“你能用钱买到一个人的劳动，但不能买到主动，不能买到对事业的奉献和创新。”这一切要通过文化管理和企业文化来实现。文化管理和企业文化可以理顺内心，创造梦想、激情和创新，形成强大的原动力和文化生产力。我们应当大力倡导新时代的企业文化、责任文化、和谐文化，破除心障，打破常规，启迪思维，形成鼓励创新、宽容失败，脚踏实地，追求卓越的创新文化氛围，培育企业文化、团队精神、合作精神、共赢精神，使全社会充分认识自主创新的重大意义，使一切有利于创新愿望得到尊重，创新活动得到鼓励，创新文化得到发展，创新习惯得以养成，创新成果得到肯定，创新业绩得到宣扬。

（作者系广东省企业文化协会常务副会长）

谈谈企业文化建设的方法

刁吉海

企业文化建设的方式

当前，世界各国企业文化建设的方式多种多样，但从我国企业文化的实践来看，大体有以下几种：

在困境中建设企业文化。

上个世纪七八十年代前，我国的经济和科学技术比较落后，在经历了几十年改革开放的搏击和阵痛后，我国的经济发展突飞猛进，引进了先进技术，加强了企业管理，完善了各项规章制度。但是，除了经济因素之外，构成企业和社会发展严重障碍的一个关键问题，就是人的心理、文化的落后。那些陈腐过时、常常令人难以忍受和束缚生产力发展的传统，就是看着这些封建文化长久顽固地延续下来，死死地抓住人们的灵魂，束缚人们的手脚迄今挥之不去。企业要崛起，要发展生产力，就要冲破这种无形的牢笼，在改革开放的实践中形成现代的心理，价值观、思想和行为方式，一旦形成就要坚持。如加拿大温哥华港务局董事会就认为：企业的经营理念一旦形成，就不应轻易改变，至少要管20年。加拿大卡尔加里运输公司曾经处于亏损状态，公司管理层为扭转亏损局面，实行改革，制定了公司愿景，并向员工宣布，但员工很不满意，劳资关系紧张，造成员工罢工。为此，董事会更换了管理层。新的管理层改变了前任的做法，将3000名员工分成200个小组对公司愿景（包括价值观、经营理念和宗旨、工作规则等内容）进行讨论，同时成立由各方面代表参加的监督委员会，经过公司上下反复讨论，最后形成了共识，新的管理层也得到了员工的支持和拥护，企业效益很快得到了提高，摆脱了亏损局面。

在总结经验中，塑造企业文化。

当一个企业经营管理取得了一定的成绩的时候，企业文化不仅不会影响企业发展后劲，而且会避免企业的自我满足和裹足不前的现象，积极引导全体职工探索未来。在此期间，人们可以及时总结经验教训，看看是什么东西促使企业取得了辉煌的成绩，把它表达出来，也就形成了具有本企业特点的企业文化。

我国第一汽车制造厂从建厂迄今，生产了国家所需要的大部分汽车，出色地完成了换型改造任务。50多年，第一汽车制造厂经过了几次大规模的发展：一次是“三年建厂”，当年的一汽人为了争第一，硬是在艰苦的条件下，在三年时间内建成了一汽；一次是换型改造，创立新业，使他们再次立于不败之地。

第一汽车制造厂善于及时总结企业经验，发扬和光大企业精神，在起点高、难度大的经营环境中去“争第一、创新业”这就是他们探索未来，永无止境的期望所在。

企业领导者的表率作用。

在建设企业文化的过程中，企业经营管理者对企业文化建设的态度和行动，有着举足轻重的作用。企业经营管理者首先对企业文化建设的重要意义要有深刻的认识，在研究本企业的生产经营活动中，都要自觉体现企业文化建设的要求。否则，企业文化的建设就要陷于空谈。

其次，在建设企业文化过程中，必须注意不断提高企业领导者的综合素质。企业领导者的综合素质高低，决定着企业文化建设水平的高低。有着良好素质的企业领导必然会由他们把企业文化的发展提高到一个更高的水平。企业领导者的素质和企业文化的发展总是联系在一起的。海尔集团首席执行官张瑞敏认为，企业管理者在建设优秀企业文化实践中，应该“第一是设计师，在企业发展中使组织结构适应企业发展；第二是牧师，不断地布道，使员工接受企业文化，把员工自身价值的体现和企业目标的实现结合起来。”为建设优秀的海尔文化，张瑞敏提出要把“个人生涯计划与海尔事业规划的统一”作为海尔的企业口号和海尔企业文化的核心，并进行大力宣传，努力使海尔的每一名员工接受企业的共同价值观，并为实现企业的总体目标和个人的生涯计划而积极奋斗。再次，企业领导者要确立合乎时代精神和企业特点的价值观念，并在自己日常行为中，带头执行企业文化建设规划的要求和规定。通过企业的规章制度、管理措施等渗透到各个职工、每个工序，渗透到生产经营的整个过程。从而，为广大职工所接受，成为在企业中占统治地位的价值观。如加拿大温哥华的一家电脑公司一开始就把确立经营理念作为一项重要的工作来做，他们学习借鉴微软、惠普、施乐等知名电脑公司的管理经验，把团队精神定为自己的价值理念，从而很快获得了发展。

企业先进人物的激励与示范作用。

每个企业都有一批先进人物。先进人物不仅是生产经营上的带头人，也是企业文化建设的带头人。他们是企业文化的现象和榜样，对职工有着具体、生动、巨大的激励与示范作用。因此，就要有计划、有目的树立各种先进典型，并通过他们的榜样，弘扬企业文化的优良传统，进而把全体职工带动起来，形成一支建设企业文化的宏大队伍，使企业文化的建设与企业的科学发展相得益彰。

长期以来，央企培育和形成的以铁人精神为代表的大庆精神、两弹一星精神、载人航天精神、青藏铁路建设精神及“金牌工人”许振超、李斌等，都是把时代精神与本职工作相结合的典范。在实践中，发挥他们的示范作用，影响企业的广大职工，就会使他们所表现出来的精神意识成为占企业统治地位的精神意识。这在当今时代其意义是极其深刻的。

企业文化建设要与宣传企业的战略目标相结合。

国有国的目标，企业也有企业的愿景。企业文化的核心是企业经营管理的价值理念，企业的愿景是反映和体现企业经营管理价值理念的发展规划和战略目标。如党的十一届三中全会之后，我国确立了“实现四化，振兴中华”这一伟大目标。在这一伟大目标指引下，我们企业的发展和企业文化建设也就有了明确的目标方向。

有许多企业在面临严重困难的情况下，首先用企业发展目标与职工切身利益的关系来激发职工的士气和克服困难的信心，与企业同命运，使企业走上良性循环的轨道。

建设企业文化应该与企业经营战略联系起来。因为没有战略，职工没有一个明确的、有奔头的目标，就不会形成凝聚力，就不可能有一个明确的为企业战略而奋斗的企业文化。1984 年由于农业机械需求变化，北京内燃机总厂（以下简称北内）面临产品滞销的局面。当时 20% 的技术人员要求调离。新组成的厂领导班子经过科学论证，制定了 1990 年的发展规划，明确企业的产品和技术改造如何进行，如何占领新的市场，职工住房要达到什么目标。并举行“职工与厂领导对话会”，所有主要厂领导都出来解答职工提出的问题，向群众交底，使大家感到只要艰苦奋斗，团结合作，北内是有前途的，大家是有奔头的。于是逐渐形成了“艰苦奋斗，团结合作”的浓厚气氛。

企业文化建设要与满足职工的需要相结合。

企业文化建设说到底是职工的共同愿景，没有职工统一的精神意识的转变，确立企业文化是不可能的。因为，企业文化建设与生产经营是互为条件的，两者应紧密结合，通过企业文化建设拖动生产经营的发展，通过生产经营的发展促进企业文化的建设。所以抓职工意识不仅是搞好生产经营、优质高效的主要环节，而且也是抓好企业文化建设的关键。这既不能用强制的方式转变人的意识，又不能用生硬的灌输意识的方法，而要在发展生产的基础上，关心和努力改进职工的生活福利事业，满足其不同层次的需求，引导人们需求层次的提高，激发职工的创造性，只有这样才能提高人的素质，创造和谐的社会环境。

在上个世纪七八十年代，这个“舶来品”在我国应运而生。一些企事业单位在普遍培育企业文化的过程中，首先是利用多种渠道，广开学路，全面提高职工队伍素质。其次，关心职工，关心职工生活，使广大员工感到温暖。再次，让职工参政、议政，建立职工讲评领导干部制度。有的单位因势利导，把职工的追求逐步引向高层次，使职工由主要关心物质利益，发展到产生经营归属感，争做主人翁。

这里，重要的是企业内部人的需要的特点。所谓需要，是指人体及人在社会生活中所必须的事物（物质的与精神的）在人脑中的反映。从根本上说，一切冲突都是由人的需要引起的。人们都有干一番事业的需要，即事业心，但原来的社会环境却是安于守旧，经济体制与政治体制几十年如一日，企业产品几十年一贯制，压抑着人与企业的活力，这就会产生冲突，于是创新观念应运而生。

从这个观点来说，不承认人的需要，就不可能真正确立以人为中心的管理思想。以人为本管理思想的实质是管理要满足人的各种需要。参与管理、目标管理、X 理论与 Y 理论、激励因素与保健因素、新的领导理论等现代管理方式，都是围绕满足人的不同需要，从而调动人的积极性，激发人的内在潜力而提出的。

从这一观点来看，不研究人的需要，真正的企业文化不可能建立起来。因为不研究人的需要，就不能了解冲突的实质，也不可能知道解决冲突的方式。

研究人的需要，不能脱离社会去研究抽象的人。在社会主义社会市场经济条件下，人的需要主要有两类：

第一类是直接需要。在企业中，它呈现不同类型。第一种结构是三角形结构：生理需要大，自我成就需要小，反映了生活水平低、经济困难的职工的状况。第二种是倒三角形结构，自我成就需要比较强烈，生理需要的强度比较小，一般文化程度比较高，工程技术人员占多数的企业职工属于这种情况。第三种是菱形结构，社会交往的需要比较突出，上了年纪的职工多属于这种情况。

第二类需要是间接需要。像铁人王进喜、“金牌工人”许振超等人的行为与意识是由什么需要引起的？不是由人的本能，而是由于间接需要—为社会主义事业而工作，为振兴中华而拼搏，为实现共产主义而奋斗。这种需要是长期教育的结果，是社会环境长期熏陶的结果。

以上两类需要是可以同时代存在的。它们共同构成了适应社会主义社会市场经济的中国企业文化的基础。我们在企业文化建设中，既要重视第一类需要的发现、满足，培育相应的个性、利益、创新等观念，发挥人的创造性；同时又要创造一种良好的和谐环境，教育、传播社会主义社会的思想、意识，激发和满足职工的间接需要，把握企业文化发展方向。

结合本企业特点，建设企业文化。

一个企业最可能确立的观念、行为准则、道德等是什么？这主要是按着企业发展的客观规律性去研究自身的历史传统、企业长期特有的观念、行为准则、道德是什么，以及环境给企业提供的机会。千百万人形成的传统是伟大的力量。国外企业文化中有一个叫“神话、传说”的要素，实际上也是指传统。它在公司内部被广为传颂，家喻户晓，成为人们的心理定势。必然积淀成为一种观念。任何企业都有传统，或长或短，任何传统中都包含着两个方面：第一，是优良的传统、先进的文化、价值观念；第二，是不太好的，与潮流不相符合的。关键是要看我们的选择、挖掘。

继承优良传统，也是不容易的，因为现实的文化是各种观念、各种意识相互交织的状态（粘合体），所以需要费一些功夫和气力。例如，过去的北京制药厂（以下简称北药）是始建于太行山根据地的新厂。在相当艰苦的条件下，一边打仗，一边生产，打一仗，换一个地方，照样生产前方战士所需要的药品。该厂对厂史进行大力宣传，今日的药厂也要使民族精神发扬光大，今天民族精神就是改革精神。

抓住机会也是抓住一种价值观、一种文化建立的可能性。这个机会往往使企业取得重大成功，从而挖掘出导致成功的企业文化，并把这种文化予以“分解”、丰富、发展，变成职工共同的文化。

用精炼的文字表述企业文化。

企业文化的最后形成，还要将社会环境的要求、行业的要求、企业的特点融合归纳、总结概括、提炼升华，用简练的语言表述出来，这就是能代表企业核心价值观念、企业精神、愿景目标、经营理念、行为准则、标识品牌、道德风貌的企业文化。表达可以一部分反映社会环境的要求，反映时代精神；一部分反映行业精神；一部分反映企业特点。如铁路企业文化是以“人民铁路为人民”，“安全正点、铁的纪律、团结协作、多拉快跑、优质服务”为主要内容的。也可以像其他公司那样，把社会环境要求、时代精神、行政与企业特点融为一体，加之充分表述。

把企业文化用精炼的文字表达出来是一门艺术。因为企业文化内容丰富，但表述又要力求简炼，以便于人们记忆，同时也为了突出最重要的价值观念；表述时还不能过分抽象，流于形式，更不能搬袭流行词汇，以免雷同。

企业文化建设的基本阶段

企业文化建设是一个动态、长期的过程，一般要经过五个阶段，即：提出阶段、培植阶段、评价阶段、提炼阶段和追踪反馈阶段。

提出阶段。

主要是企业文化的提出和倡议过程，包括调研和提倡两个步骤。调研是由企业的管理者围绕企业文化进行厂史、厂情、正式组织及非正式组织的调查、摸底，对企业文化包含的内容提案进行收集、整理，在此基础上拿出初步提案，会同有关部门进行审议的过程。

培植阶段。

是企业培养、扶植企业文化的过程。它包括分解、培育两个步骤。

分解是将企业文化的培植工作分解到企业党、政、工、团及厂部、车间、科室、班组各管理层次之中的过程，党政工团愿景目标一致，分工明确，通力合作。

培育是企业各部门根据本部门、本层次的工作特点，有意识地培养、激励企业文化在本部门的生存和发展，并将企业文化的内容渗透到各项工作之中的过程。

评价阶段。

主要是把培植过程中的情况及时反馈到企业的决策层，由决策层吸取有关专家和职工代表的意见，对企业文化的培植情况及其形成作出评价的过程。它包括反馈、分析两个步骤。

反馈是在培植企业文化的过程中，对存在的问题以及企业文化的内容在实际工作中的落实情况、成效和有关资料，及时反映到企业的决策层。

分析是将收集到的情况加以剖析、评价的过程。看企业文化的哪些内容适合本企业情况，取得应有效果；哪些相反等。主要是评价企业的精神风貌是否与新的经济形势、社会风貌相符合；企业文化是否充分激发了企业职工的潜在能力和积极性；企业的各项工作及厂纪、厂风、厂誉、厂貌是否充分体现了企业文化的内容。

确定阶段。

这是企业文化的最后确定的阶段。包括处理、归纳两个步骤。

处理是在评价的基础上，摒弃原企业文化中那些已经不符合时代精神的东西。

归纳是将为实践所证实的符合时代精神、能够为广大职工所接受并取得成效的企业文化初步方案的内容进行整理、归纳，并进行文字加工，概括出通俗易懂、简洁易记，又能激发人心的语言。这就是企业文化的确立方案。

追踪反馈阶段。

由于企业内部外部环境因素是不断变化的，企业文化的稳定只能是相对的。因此，企业还要根据环境的要求，丰富和充实企业文化的内容；同时对原企业文化的某些不符合环境要求的内容及时予以调整。

通过追踪确认原来的企业文化已基本不符合新的企业核心价值观、企业精神、愿景目标、经营理念、行为准则、标识品牌、道德风貌时，企业必须确立新的精神风貌和社会形象。这时就应该果断宣布原有企业文化的“终止”，而对企业文化进行更新，也就是重新进入提出阶段。

总之，经过以上阶段还要辅之以激励、示范、感染、自我教育、灌输、定向引导等方法有步骤、分阶段地实施企业文化建设。

（作者系《企业文明》杂志采编部主任）

服务文化的内涵、特征和魅力

陈步峰

服务文化是文化的一个重要分支，是文化建设的一个新的增长点。服务文化除具有文化的一般特征之外，还有自己独特的空间和魅力。

服务文化的定义

所谓服务文化，是企业在长期的对客户服务过程中所形成的服务理念、职业观念等服务价值取向的总和。既：服务文化是以服务价值观为核心，以创造顾客满意、赢得顾客忠诚、提升企业核心竞争力为目标，以形成共同的服务价值认知和行为规范为内容的文化。服务文化是一个体系，是以价值观为核心，以企业精神为灵魂，以企业道德为准则，以服务机制流程为保证，以企业服务形象为重点，以服务创新为动力的系统文化。

服务文化是以服务价值观为核心，以服务机制流程为保证。以服务创新为动力的系统文化；是创造顾客满意、赢得顾客忠诚、提升核心竞争力的文化；是破解服务秘籍，开发服务资源，提升服务品质的文化；是实施服务革命，推动服务创新，促进服务升级，提升服务品位的文化；是整合机制、改造流程建立快速反应顾客服务绿色通道的文化；是让员工有自豪感，顾客有优越感，企业有后劲的文化；是整合资源提升形象，打造服务品牌，展示公司和员工魅力的文化；服务文化是以人为本、以顾客为本的情感性沟通文化；是义利并举的经营型效益型诚信文化；是具有导向约束协调资源作用的管理文化；是倡导竞争合作互动双赢，经营顾客为顾客创造价值，与顾客建立长久合作关系的文化；即是独具魅力的个性文化，又是涉及各行各业的社会性文化；是让员工更新观念调整心态，用心服务创新服务快乐服务享受服务，在服务中实现价值的文化；是摆正两个利益关系，从长远、战略的角度，文化品牌客户体验的层面重新审视服务的文化；

服务文化的功效

服务文化实质上是对服务这种特殊资源的认知和开发程度。具有独特的功效。

服务文化是路标系；服务文化对于企业经营活动具有导向功能；服务文化是文化场，服务文化是一种氛围；服务文化是共振链，它有激活组织的功能；服务文化是免疫系统；服务文化是一种心理契约；服务文化是兴奋剂润滑剂，使好的硬件可以因为软件（文化）的润滑和运用而具有生命力与活力，让人觉得温暖；服务文化是一种监督制约，提供的是一种无形的，但又是能量巨大的监督力。

服务文化：无时不在的文化

无时不在的服务是一种文化情感的交流和沟通，你就是服务文化的创造者传播者

服务是一种为满足他人需求进行的劳动活动，是一种人与人之间相互影响相互作用的互动行为。服务的提供者和消费者是千姿百态多种多样的有思想有情感的个体或群体。因此服务的过程是一种心理活动，是一种文化的交流沟通和折射，文化支撑服务，服务本身蕴藏着丰富的文化，不同文化底蕴的企业和员工所提供的服务将会出现完全不同的结果。我们处在服务的包围之中，并在这种包围中进行文化的沟通。我们一天也离不开服务，有服务就有文化，服务文化必然就在你的身边，就在你的身上。

服务文化是一种全新的文化管理，是文化与服务管理的全新融合

企业要想在竞争中有效的发展，必须将有限的资源予以极大化的应用，这需要依赖员工的有效行动——朝向共同目标的行动，而构建服务文化则是最有效的手段。一些企业通常采取制订规章制度以及运用奖惩措施配合或采取各项检查与监督的手段，以要求员工去做或避免做某些事情，这些方法是可行的、必不可少的，但也是有限的，其原因：一是当组织人数增加到超过管理者能直接掌控的程度时，管理者的心力便无法应付层出不穷的各种情况；二是员工的工作时间与地点所覆盖的范围远远超过管理者所控制的范围；三是知识工作者或服务提供者的工作形态具有相当的隐讳性，无法直接从外表看出情况，例如计算机工程师到底在发呆还是在思考程序，服务员是热情工作还是应付应付；四是服务工作具有无形性、突变性、随机性、不可恢复性（不能像产品做不好重来）不标准性，需要员工临机处置，创造性地艺术服务；五是管理效率 = 让部属产生有效行动主管所需付出的心力。采取高度监督的方式主管需付出极大的心血，而且部属也十分被动。要彻底解决这些问题，服务文化是最佳的工具。

服务文化侧重于经济服务背后的文化力的渗透和催化作用，是旨在使每一个员工自觉执行的文化管理科学；服务文化的建设能有力的提高服务管理效率。再好的硬件也要靠软件的润滑支撑才有生命力，在严密的制度也有缺陷和死角，管人永远应该用文化的微妙提示来管，计算机永远管不了人的情感世界和人的觉悟。如果建设了一个大家共同

认可的价值观，有了高度认同的企业精神，那么企业的交易成本就会降低。

建设服务文化给企业、员工带来的回报

成熟的标志　明智的选择

每个企业都有自己的文化，但这些文化中，鱼龙混杂定位不准，主题不突出，特色不鲜明，员工不认知，还没有充分展现文化的独特魅力。甚至一些落后的文化还在影响和侵蚀着先进的文化，企业宝贵的无形资源正在流失，领导者的良好创意得不到有效的执行，有的企业兼并重组成立集团了，企业发展了扩张了，但人们貌合神离，文化沟通的障碍处处掣肘，许多企业领导对此着急上火苦无良策。原因就在于没有及时建设与之相匹配的企业服务文化。服务文化已成为企业进入全球化的“护照”，没有了“护照”的企业，将不能在世界通行。

建设服务文化是企业发展的趋势成长的需求，同时也是企业和企业家成熟的表现，服务文化建设的投入将给企业带来一系列的持续不断的丰厚的回报。

1. 更新理念 改变思维；2. 渗透思想 统一行为；3. 建成强势个性文化，形成企业无形资产；4. 凝聚优秀人才，打造忠诚团队；5. 提升服务品质，培育忠诚顾客；6. 企业再造 适应变化；7. 打造服务品牌，提升文化形象；8. 减少沟通成本，提高管理效率；9. 减少沟通成本，提高管理效率；10. 形成文化典范，提供共享经验；11. 提升经营者的文化品位，展示企业家的个人魅力。

面对全球化市场化和信息化大潮，服务和文化成为决胜的利剑，而充分发挥两者的共生互动性，打造具有优良适应性和卓越创新性的服务文化，以文化提升服务，用无形资产盘活有形资产，将文化力转化为竞争力，以文化为启动经济力，成为企业在新时代的全新选择。

（作者系中欧现代管理学院）

以科学发展观为指导提升企业文化

马树林　杨建明

以科学发展观为指导，就要把“坚持以人为本”作为企业文化建设的根本点

从企业文化理论引进中国开始，我们就提出以人为本。最初，主要是着眼于企业内部，针对科学管理的某些弊端，以调动员工积极性为目的，强调依靠人、尊重人、关心人。随着市场经济的发展，企业把以人为本扩展到了与企业直接联系的各方面，提出了顾客满意度，兼顾供应商、经销商的利益等。股份制企业的出现，又把以人为本扩大到了股东，提出兼顾企业、员工、供应商、股东的利益。

科学发展观是以绝大多数人民的根本利益为本。以科学发展观指导企业文化建设，就要求企业把眼光放得更宽、更远，把企业的发展与广大人民群众的根本利益联系在一起，与建立和谐社会联系在一起。

当前，以科学发展观指导企业文化建设，就要坚持以人为本，突出抓好以下两个方面：把“全面、协调、可持续发展”作为企业文化建设的出发点和落脚点。

企业是国民经济的细胞，在落实科学发展观中起着重要作用。把“全面、协调、可持续发展”作为企业文化建设出发点和落脚点，就要从提高企业自身的管理水平做起。当前，我国企业管理存在的主要问题，一是大多数企业，特别是一些中小企业，还处在从经验管理向科学管理过渡的阶段；二是大部分企业的现代企业制度还没有完全建立起来，企业法人治理结构不完善；三是大多数企业组织结构的创新滞后，创新的环境和氛围还没有形成；四是大多数企业的用人和分配激励机制还没有形成；五是大多数企业发展兼顾员工自身发展不够，员工素质整体看还比较低；六是企业管理信息化实施水平整体不高；七是主导产品技术含量较低，品牌的知名度不高；八是对 WTO 的游戏规则绝大多数企业不熟悉等。因此，提高企业的管理水平，是中国企业面临的一个突出任务。这是企业坚持“全面、协调、可持续发展”的一个重要方面，也是我们必须以科学发展观指导企业文化建设的重要原因。

把“全面、协调、可持续发展”作为企业文化建设的出发点和落脚点，就要为推进企业深化改革服务。

在企业内部要处理好三个关系：

一是坚持尊重人与坚持必要的规章制度的关系。尊重人是现代企业管理之魂。在企业管理中坚持尊重人，是走向人本管理的通行证，是知识经济时代的要求，是当代企业管理的新潮流。毛泽东早就把尊重人作为军队管理中的根本态度（或根本宗旨）问题，他曾说：“很多人对于官兵关系、军民关系弄不好，以为是方法不对，我总告诉他们是根本态度（或根本宗旨）问题，这态度就是尊重士兵和尊重人民。从这态度出发，于是有各种的政策、方法、方式。离了这态度，政策、方法、方式也一定是错的，官兵之间、军民之间的关系便决然弄不好。军队政治工作的三大原则：第一是官兵一致，第二是军民一致，第三是瓦解敌军。这些原则要实行有效，都须从尊重士兵、尊重人民和尊重已经放下武器的敌军俘虏的人格这种根本态度出发。”现在，我国不少企业管理中的问题也就出在这里。尊重人，首先要从尊重员工的基本人格入手，进而尊重他们的民主权利、价值和劳动成果，并保护好员工的合法权益。职工感到自己尊重的需要受到重视并且能够得到满足时，就能激发出劳动积极性和创造性，生产出更多的适应市场需要的高质量产品，自己也在实践中得到全面发展。

但是，当前在实行人本管理中，要防止一种倾向：就是否定科学管理（按数字、数据说话的管理），甚至认为连必要的规章制度也可以不要，该严格管理的也不去管理。尊重人，是从人性和调动人的主观能动性出发的；坚持必要的规

章制度，是从现代化大生产需要出发的，是为了更好地发挥人们的主观能动性。问题还在于，我们很多企业还没有实行过真正的按数字、数据说话的科学管理。在管理制度上，往往缺乏严肃性、权威性；在管理手段上，缺乏精确性、严密性。因此，我们要把坚持尊重人的人本管理和坚持必要的规章制度的科学管理很好地结合起来，做到既要坚持尊重人，又坚持必要的规章制度，使我们的管理成为一种“软”和“硬”结合，以软管理为主的管理。这种管理也是和我们当前员工素质水平相吻合，也是实现员工全面发展的需要。

二是提倡奉献精神和建立完善市场分配机制的关系。以人为本，在一定意义上说，是以人的积极向上的精神为本。新中国成立以来，我国企业形成的“大庆精神”、“铁人精神”、“两弹一星”和“青藏铁路建设精神”等(以上统称奉献精神)，今天不但没有过时，而且在新的历史条件下还应该得到很好的继承和发扬。

但是，继承和发扬这些奉献精神，不是说就不需要建立与市场相适应的分配机制了。因为价值规律是市场经济中必须遵循的客观规律。而价值规律的一条重要原则，是价值决定价格。所以，按照市场经济的价值规律和分配原则，企业就必须坚持多劳多得，能力、贡献和收入挂钩的分配制度，使能力强的、贡献大的多拿，能力差的、贡献小的少拿，没有贡献的不拿。没有这样一个机制，就会继续吃大锅饭，就不能把广大员工和人才的积极性调动起来。我们很多国有企业过去经济长期上不去，人才留不住，应该说与能力、知识、智力和贡献挂钩的分配机制没有完全建立起来有很大关系，而有些民营、“三资”企业发展比较快的一个重要原因，就是实行能力、知识、智力和贡献挂钩的分配机制的结果。因此，坚持以人为本，处理好提倡奉献精神与建立和完善多劳多得的市场分配机制的关系对企业非常重要。正确的应该是：一方面，继承提倡奉献精神，树立这方面的“标杆”，使员工学有榜样；另一方面，要通过改革，努力完善多劳多得的市场分配机制，使人的能力、贡献和收入成正比，以调动大多数人的积极性，留住人才。

三是发挥企业领导活水源头作用和发挥员工主体作用的关系。西方一位企业文化专家有一个关于企业领导者是企业文化建设“活水源头”的说法，很有道理。企业家是“道”的载体，是“使命”和“梦想”的载体。企业家更是企业文化的创造者、设计者、倡导者、示范者、整合者、变革者、推动者和培育者。企业家的文化管理力、文化影响力、文化穿透力、文化创造力以及文化本身的定力、人格魅力、管理风格和道德水准都会直接作用和影响于企业文化建设，决定着企业文化建设的水准、成败和好坏。尽管企业家的作用这么大，但我又不同意企业文化纯粹是老板文化的说法。因为老板再能，没有员工也是孤掌难鸣；老板的决策再正确，也有赖于全体员工的实践。所以，从这一点看，企业文化建设的成败关键又在于全体员工对企业理念的认同、共识。在企业中，一个员工的形象往往代表了企业的整体形象；一个员工的一次行为不好，往往会产生 100－1＝0 的结果。所以，在企业文化建设中，一定要处理好企业领导者的“活水源头”作用与企业员工的主体作用的关系。只有企业领导者“活水源头”作用与员工的实践主体作用——“两个作用”都发挥好了，一个单位的企业文化建设才能搞好，一个企业的经营才能搞好。因此，在领导和员工的关系上，不能重此轻彼。

以科学发展观为指导，实现企业与自然“协调发展”

自然是人们赖以生存的环境和条件。绝大部分企业的生产原料和动力来源于自然界，同时，相当多的企业生产过程对自然产生重要影响。因此，在统筹人与自然和谐发展中，企业有举足轻重的作用。

改革开放 20 多年来，由于一些地方和企业只顾发展经济，不注意保护环境，全国约有 200 种植物灭绝，江河湖海也受到严重污染。环境问题如同一把高悬在中国人头上的达摩克利斯剑，随时都有坠落的危险。黄河早就开始断流了，长江已经成为最大的“下水道”和“垃圾场”。据统计，长江每年接纳的废水已达 200 亿吨。

解决这些问题的根本途径就是坚持“全面、协调、可持续发展”的科学发展观。以科学发展观为指导，实现企业与自然协调发展，必须在企业树立以下几个意识：

1. 全局意识。科学发展观在具体运作中需要统筹兼顾，要做到这一点必须心中有全局。企业与一个地区、一个部门不同，是从事生产经营的经济组织，思考问题、处理问题，往往以企业为中心，然后辐射到与企业有关的方面，忽视其他。于是，有的企业在上游生产污染了下游的水源；有的企业盲目的上项目，消耗了大量自然资源。

以科学发展观指导企业文化建设，实现企业与自然协调发展，就要改变过去的思维方式，从以企业为中心向外辐射思考问题，变为把企业放在全国、地区人文及自然环境的大背景下思考问题，统筹兼顾，树立全局意识，关注与企业有关的自然方面的各种信息，依此制定企业的发展战略，使企业与自然的发展协调起来。

2. 环保意识。关于环境保护，国家已有明确的法律规定，但是由于利益的驱动，有些企业并没有真正重视环境保护，而是站在环保部门的对立面，检查时停产应付，过后照样排污，有的宁愿受罚也不治理污染，甚至弄虚作假。

野生动物是自然界的重要组成部分。一些企业为了追求高额利润，迎合少数消费者的癖好，随意捕杀野生动物，烹饪成食品或制成高档皮革服装，破坏了生态平衡。

以科学发展观指导企业文化建设要求企业，不是把保护环境仅仅停留在守法的层面上，而是要使保护环境真正成为企业的文化、成为企业的意识，使企业员工，特别是企业家和企业领导真正认识到环境保护是关系人类生存的大问题，与人们的身体健康和生命安全紧紧相连，是能否“全面、协调、可持续发展”的重要环节，并且落实到企业的发展战略、科技创新、产品结构、生产过程以及日常管理当中，推动企业从传统的“资源—产品—废物和污染排放”的经济发展模式，转向“资源—产品—再生资源”循环经济模式，以最小的资源和环境成本，取得最大的经济社会效益，保持生态平衡，保护人们生存的环境。

3. 资源节约意识。许多物质资源是有限的，特别是一些自然资源，再生的过程很长，有的甚至是不再生的。尽管按照社会的发展规律，人类总能够找出新的资源来代替，但是在这个过程中随着某些资源的短缺，必定对经济发展产生消极影响。

在企业文化建设中，要从“全面、协调、可持续发展”的高度，开展全员教育，在企业树立起资源节约意识，通过科技创新，采用节水技术、节能技术、提高资源利用率。把冶金、石化、建材、造纸、建筑等重点行业的节能、节水、节材工作，建立在企业自觉的基础之上。

以科学发展观为指导，就要转变思维方式

实现思维创新，就要求企业家和企业领导从过去计划经济时期思维的“自我设限”中解放出来，具体来说，就是要把自己的单项思维转变为多项性思维；由习惯性思维转变为求异性思维；由常规性思维转变为超常规思维；由封闭式思维转变为开放式思维；就是要树立与科学发展观和经济全球化相适应的经营理念，如公平、公正、公开竞争的理念、诚信的理念、文化管理“合金化”的理念，等等。

实现观念的创新，从当前看，我国企业家和企业领导要突出树立以下几个经营理念：

1.“努力成为政治家”的理念。用张瑞敏的话说，就是“第三只眼”的理念。一只眼盯住企业内部，搞好企业内部的管理；一只眼盯住市场，根据市场变化搞好企业的经营；第三只眼，就是要关注国家宏观经济政策。这一是因为我国社会主义市场经济体制，是建立在国家宏观调控下对资源配置起基础性作用的市场经济。一方面，要发挥价值规律在市场经济中的作用；另一方也要发挥国家对市场宏观调控的作用。

2.“努力成为战略家”理念。党的十六届四中全会要求全党要“坚持用广阔的眼界观察世界，提高科学判断国际形势和战略思维的水平”。这就要求中国企业家努力成为一个战略家。

未来学家托夫勒说：“对没有战略的企业来说，就像在险恶气象中飞行的飞机。”企业管理学家彼得·德鲁克说：“对企业来说，未来至关重要，经营战略使企业为明天而战。”

处在经济全球化当中的中国企业家，也要努力成为一个战略家。因为在经济全球化的今天，中国经济的振兴史，将是一部以小对大、以弱对强的竞争史。这场竞争，就像在拳击场上进行拳击一样，人家打倒你不难，而你要打倒那满身横肉、力挫千斤的大汉，就得动脑筋，就得用谋，就得讲求战略。以弱挑战强者，正是中国今天企业战略的特色；其次，因为战略的制定和战略规划的实施一直是我国企业的弱项。像海尔那样主动的实行“走出去”、占领国际市场的企业还比较少，而这正是我国企业当前最需要的。

3.“社会责任”理念。随着经济的发展和工业经济对人类社会环境带来的负面影响越来越显现出来，企业社会责任的问题，即企业道德问题也日渐突出出来，越来越受到人们的普遍关注。“企业社会责任”的理念已经成为全球每一个企业必须树立的理念。这一理念的本质要求是：企业在生产产品、获得利润的同时，必须主动承担起对社会环境的保护和社会利益相关者的责任。1997 年，“社会责任国际”发起并联合西方一些发达国家的跨国公司和其他国际公司，从国际的角度重新审视了企业社会责任问题，制定了企业社会责任标准，并建立了认证制度。这一标准包括：环境保护、健康安全、公益事业、差别待遇、工作时间、劳动报酬等。我国的企业管理要同国际接轨，就必须尽快地采用国际通行的一些标准。

4.“终身学习”理念。世界上最大的微处理器生产商英特尔公司的总裁安得鲁·葛洛夫在其《只有偏执狂才能生存》一书中写到：我们正在进入十倍速度比的时代，失败和成功都以十倍的速度比发生，我们面对的是 80% 的危机，只有 20% 的机会。那么如何在这充满挑战的危机中，抓住战略转折点并越过死亡之谷？答案就是“只有偏执狂才能生存”。书中对“偏执狂”的解释是“能够大胆创新、主动应变的智者”。而“创新”、“智者”的基础是知识。现在，西方一些著名的大企业正在掀起一个学习的革命。美国于 1985 年创立的苹果公司已成为著名的学习型组织，他们创立的“苹果式课堂”已产生了引人注目的效果。英国最大的公司——英国电讯公司，在上世纪末就已开始一项为期五年、耗资数亿的“学习的革命”工程，使 6000 万人能够进行学习和信息交流。掀起一个“学习的革命”，把企业（公司）变成一个学习型组织，我国很多企业家也已经纷纷踏上这一征程。把企业办成学习型组织，把工作的过程变成学习的过程，把学习的过程变成工作的过程，这一做法无疑将成为推动我国企业迅速发展，实现“适者生存”的助力之一。实际上，我国有识之士的企业家，如北新建材集团董事长宋志平早在 1997 年在“学习的革命”之前就提出了“要像办学校一样的办工厂”，并付诸了行动，取得了丰硕的成果。其他企业家也要尽快地赶上去，使自己不但成为创建学习型组织的第一责任人，而且成为创建企业学习型组织的热心人、带头人、引领人。这也是当前我国企业家和时代和谐发展的需要。

（摘自《中外企业文化》2005 年 6 月号）

“以人为本”的企业实践认知

徐思力

现代企业文化管理理论，十分重视人的因素，认为人是

特殊的财富，是蕴含巨大能量的资源，因而是管理的主要对象，更是管理的主体。因此，在企业文化建设中格外强调对人的思想观念、价值取向、理念渗透、精神激励、伦理道德等要素的直接作用。

如今有众多的企业一谈到企业文化，就联系到“以人为本”，有调查显示：80%以上的企业把“以人为本”作为企业文化建设的核心纲领；而企业文化理论又被视为现代企业新型的管理理论、管理思想和管理方法。但是近年来，随着时代的变迁和市场经济的发展，企业在文化建设中，新的理念层出不穷：科技为本、诚信为本、价值为本、质量为本、客户为本等等。那么，企业最核心、最本质的理念究竟是什么哪？应该以什么为本呢？笔者认为：不论是在科学技术、质量管理、诚实守信、经济效益、还是市场拓展等众多要素中，都离不开人的因素，人是最重要的、起决定性的作用。应该说，都是在人的主观意识作用下，其他诸要素才能充分显现各自的作用，这些理念正是“以人为本”的具体化表现。因此，把人的要素放在第一位，即“以人为本”才是最重要的，价值观体系才是最核心、最本质的企业理念。

“以人为本”的基本认识

“以人为本”的概念涉及范畴很广，对人类社会活动的各个领域普遍使用，但其具体表现各不相同。因而，它必须同各个领域的实际情况结合起来。其基本含义是指：人们抱着以人为根本的态度，方式和方法来处理和解决问题。而所谓根本就是最后的根据或最高的出发点与最后的落脚点。例如：我们抱着“以人为本”的态度来处理企业与员工的关系，来追求人企关系的和谐，就是要以员工的根本利益为最后依归，以是否符合员工的整体利益和长远利益为最高准则。

据查证，“以人为本”作为企业管理原则，在我国最初是由外资企业提出来的，其含义是“以人为本”即应包括企业的员工在内，也应包括市场的客户在内。作为企业应该对内强调以员工为本，对外强调以客户为本；若从企业经营角度看，企业总的宗旨更应注重强调以客户为本，这是“以人为本”在企业问题上的多层次表现。因为客户是企业生存和发展的命脉，企业靠员工生产产品，创造价值；同时只有产品进入市场并得到客户的认可才能成为商品，获得价值；所以，企业价值的链条上最重要的一环是客户而不是员工。因此，企业必须首先树立客户第一、以客户为本的经营理念。麦当劳推行“以人为本”理念的含义是：“无论过去还是将来，人民永远是我们的基础”。诺基亚公司早在20世纪50年代就提出了科技“以人为本”的理念，其含义是：“要不断适应消费者的不同群体和个性需求”，这一理念折射出了以客户为本的精髓。近年来国内许多企业也创新了一系列以客户为本的新理念，例如：“客户永远是对的”、“客户是上帝”、“客户是我们的衣食父母”、“客户的满意就是我们的工作标准”等等，都是以客户为本的新释义，只是展现形式不同而已。

在企业文化建设初期，增强员工的归属感、荣誉感的管理模式一度盛行，许多企业领导认为：企业文化是一门新兴的“以人为本”的管理科学，“以人为本”是指企业要依靠员工，善待员工，做到理解、关心、爱护、尊重员工，以感情为纽带，抓人心、促人和、保发展，这是当时企业文化建设的主要指导思想。应该说这标志着企业管理由单纯重视“物”的管理，向重视“人”的管理方面渗透和发展的一个进步。具体表现为：管理的原则由“以物为本”向“以人为本”的方向实现转变。

在企业改制中，有相当多的企业将原设置的人事科（处）改为人力资源处（部），虽然看上去只是名称的变更，但实质上其重要意义在于：企业经营管理者的思维观念经历了一场革命。以前人事管理的基本认识是把人视为问题，可以说是一种被动的管理；而现实的人力资源管理是将人当作一种特殊的资源，需要发掘、培养、经营，是一种新型的价值观念，是一种主动的工作姿态；强调一切管理使人创造性地工作，并研究如何系统的提高人的学习能力和工作能力；应有效的鉴别员工是否认同企业价值观体系，考察个人信仰、品格、价值追求是否违背企业价值；能否成为有效的团队成员，从而确保企业的绩效和目标的实现。反映出企业从观念到机构、从机构到职责、从职责到行为的一系列“以人为本”的工作体现。

改革赋予“以人为本”新内涵

随着形势的发展，改革的深入，社会的进步，“以人为本”被赋予了新的内涵。许多企业在改革中引入了竞争机制，采取了诸如精简机构、竞争上岗、优化组合、承包经营、拉开分配差距等一系列改革措施。有些员工认为：这些改革措施都涉及并影响到员工的切身利益，与“以人为本”的管理理念发生了强烈的碰撞，致使许多员工对“以人为本”的含义无法理解，对践行“以人为本”产生了怀疑。

笔者认为，在市场经济体系日趋完善和加快经济全球化的今天，越来越多的企业面临着残酷无情的竞争环境，每一个企业都不可回避的面临着优胜略汰的挑战，只有不断提高竞争力企业才有出路。若像有些员工想象的那样，总是希望企业风平浪静，不去顺应社会的变革和时代的发展要求，大家你好我好，衣食无忧，待遇保证，舒舒服服过日子，显然是行不通的；这是一种违背市场经济规律、回避现实的思维方法，是不可取的；外部竞争激烈无比，内部相安无事，结果只能使企业危机四伏。所以，企业采取一系列改革措施，目的是为了在内部同样创造竞争和优胜略汰的氛围，让适者生存，才能面对企业外部的不断变化。对于在改革中需要调整和分流的员工，可以通过新的培训重新选择合适的岗位，也可以参加就业培训重新选择新的职业。这才是企业为适应市场竞争的需要，从改革发展的全局、从全体员工的切身利益角度出发，体现出的“以人为本”的新内涵。

根据有关资料统计分析：企业内约有20%的员工是企

业的优秀人员，对待优秀员工一定要重点培养、提拔任用、高薪鼓励，使他们时刻明确前进的方向；约有70%的员工可以通过加强岗位素质培训，安排适宜的工作岗位；另有10%的员工属于较差人员，这部分人员是经过一套严密细致的考核程序，在保持公平和尊重的原则下确定的。所以，对于不同层次和不同能力的员工，都应本着“以人为本”的原则进行细化管理，真正体现人尽其才、才尽其用的人本管理思想。

国际著名麦肯锡咨询顾问公司在经过大量的企业咨询和调查分析后，做出了把人分为四类的判断：第一类，工作能力强，热情高，重用鼓励；第二类，事业心强工作热情高，虽能力稍差但能顺应公司文化和价值观念，可培训使用；第三类，能力强而事业心差，工作热情不高，不能顺应公司文化和价值观念，如何对待？仍是许多企业尚难解决的问题；第四类，能力低又不好好干的人坚决不用。由此可见，人与人之间的差别是显而易见的。

杰克·韦尔奇在自传中曾写到：“区别对待就是管理，就是要找出差距，才能够创造成绩。原则上一视同仁是指接人待物，而不是指水平能力上的一视同仁。”其实，世间万物都是有差距的，这包含着人与人之间的差别，其中最重要的是素质与能力方面的差别；这一点大家都能认可。但在实际工作中，遇到具体问题，一些员工却不能心甘情愿地接受差距的存在，总在质疑“以人为本”的问题？笔者认为，“以人为本”是一个大而宽泛的概念，可以作为企业文化建设的指导纲领，但在具体应用中，应针对不同的人或事进行分析，由于人与人之间存在着不容置疑的差距，因此，“以人为本”原则的体现和可能的结果就会有不同。所以说，坚持“以人为本”的原则并不意味着在具体的工作实践中，都有整齐化一的形式和结果。这一点对广大的员工而言，应有较深入的认识和广泛的认同。

海尔集团也早在20世纪80年代就率先提出“人人是人才，赛马不相马”，“你有多大的本事就给你搭多大的舞台”等用人理念，目的是使每一个员工都“永远战战兢兢，永远如履薄冰”充满危机感；让员工时时感受到企业的发展与员工的努力奉献是紧密联系在一起的，企业的发展与员工自身的价值的体现是同步的。员工只有不断的充电学习，不断地提高适应时代、社会、企业发展的需要，才会有适合的工作岗位发挥自身的才能、体现自身的价值；应该说，这是企业以员工为本，对员工负责的具体体现。

“以人为本”的未来思索

科学发展观的本质和核心是“以人为本”，经济的发展，社会的进步要坚持“以人为本”，企业的发展要践行“以人为本”；在现代企业管理中，“以人为本”就是要尊重每一个人，用好有能力的人，培养愿意进步的人，不断提高员工素质，强化企业核心价值观的认知和理解，使之成为全体员工的自觉行为，为各类人才发展提供良好环境。

杰克·韦尔奇在担任通用公司首席执行官后，首先用3年的时间建立了公司的核心价值观（坚持诚信、注重业绩、渴望变革），无论是谁，如果不认同公司的价值观，不管你有多大的本领都不能留用。公司认为：你不是合力而是离心力，对公司的长远发展会产生消极作用和负效应。在任何企业，如若重用庸才和有道德缺陷的人就是对品格好、勤奋工作、创造业绩人的不公平，久而久之后者就会离开。要知道，若使用一个不认同企业价值观的人，他不会和企业一心一意；他不是生产成本，却会影响生产成本；他不是管理成本却会增加管理成本；他不是科研成本，却会阻碍科研成果的诞生；他不是营销成本，却会丢失客户，造成市场开拓成本大大增加。著名管理大师德鲁克曾指出：“一个人要在一个组织中获得成果，其价值观必须与该组织的价值观相容。这两种价值观念不必完全相同，但必须接近得足以生存”。这充分说明了企业与员工的价值观是否相容，对于二者的进步和发展起着至关重要的作用。

张瑞敏首席执行官在海尔上任之初，也曾用2～3年的时间亲自策划和设计出海尔的核心价值观体系，在海尔20年的发展进程中，海尔的文化理念已被3万余名海尔员工所认同，并深深地根植于海尔的企业实践之中。

其实，每位员工的行为方式都是来自两个方面：一是外因，受到企业制度、规范、奖惩条例等因素的制约和刺激；二是内因，指素养与信念。文化素养是影响员工信念的主要因素，信念又决定着员工持久的行为表现；这里所说的文化素养是指员工的价值取向，如若员工与企业的价值取向是一致的，那么员工做事就不会看上级的眼色行事，而是服从价值观的指引，并被共同的价值观统一起来，进而才能达到提高工作效率，降低管理成本，为企业带来效益的目的。因此，在文化素养的培养上，同样应该坚持“以人为本”的原则，积极引导、启发员工的自觉性，让员工了解并进而理解加强文化建设、提高文化素养对自身的进步和企业的发展的重要意义。

国内著名企业——长沙远大空调公司，坚持“完善自我、出类拔萃”的核心价值观，始终立于市场竞争的不败之地，得到了客户和社会的丰厚回报，实现了员工的自身价值，这才是“以人为本”的真正体现；反映出在企业文化的深入建设中，“以人为本”的真正内涵。在这些成功企业背后，说到底还是一种价值观、一种信念、一种信仰无时不在产生巨大力量推动企业向前发展。

可以预见：在未来的发展中，“以人为本”的体现将会突出反映在企业与员工高层次的文化对接上，即企业价值观体系的塑造与员工价值观念的融合将是企业文化建设的关键。

“以人为本”的认知提升

必须正确理解“以人为本”，不能把他理解为以个人为本，尤其不能理解为以我为本。所以，这个“人”不是一个人，而是许多人，甚至是每一个人，即全人类。如果把这个“人”理解为一个人，即我自己，那么，以人为本便成了个人本位主义或个人主义,甚至变成了惟我主义。所以,在认识上要坚决防止错误倾向的发生,才能保证在实践中正确理解并践行“以人为本”理念。

充分认识“以人为本”的长期性。党的十六大以来,全党全社会形成的统一共识是:坚持“以人为本”,是贯彻三个代表的重要思想,坚持立党为公,执政为民的本质要求。由此可见,“以人为本”就是要站在党和人民的利益角度去对待我们所从事的一切工作。但就目前社会和企业的情况分析,“以人为本”的观念刚刚确立,实践过程尚需要一个漫长的时期。这主要因为:不同层次的社会人或企业人都存在着惯性思维,受几十年传统观念的束缚,在处理和解决问题时很难打破旧的框框;虽对“以人为本”有所耳闻,但对于实践而言,还存有相当的距离;更何况还有若干人对此缺乏认识。所以,实践“以人为本”的过程必然是一个长期的过程。

深刻认识“以人为本”的艰巨性。艰巨性主要反映在“以人为本”理念与分析解决实际问题的结合上。例如:有些企业口头上讲“以人为本”,但实际工作中却不“以人为本”,对员工和客户,拿“以人为本”来做秀,言行不符,表里不一,“两张皮”的表现最终损害了企业的形象和员工的利益。所以,实践“以人为本”靠搞形式主义是行不通的。建设“以人为本”的文化氛围,首先要正确认识“以人为本”的重要意义和深刻内涵,并刻意在思维观念和方式方法上努力实现与企业经营管理的结合。只有经过不断的、反复的实践,才能在实际工作中探索出体现“以人为本”理念、融汇“以人为本”精髓的结合方式,获得真正意义上的成功。

(作者系北京电力公司培训中心外联处处长)

用创新的思维和创新的行动成就我们的事业

——一航成仪在不断创新中努力谋求跨越式发展

朱建设

对于中国一航成都航空仪表有限责任公司(以下简称一航成仪)来说,创新的思维和行动引领着一航成仪的发展,是这些年公司在跨越式发展实践中的深刻体会和认识。

多年来,一航成仪上下一心,秉承“激情进取,志在超越”的航空人精神,努力谋求企业跨越式发展,不断向着预定的目标迈进。过去五年中,公司人均销售收入增长了201%,利润总额增长了277%,综合经济效益指数连年位居中国一航前列,提前一年全面实现公司“十五”发展目标,企业从稳步、健康增长阶段快速迈入跨越式发展阶段。

创新思维带来成仪跨越式发展

在一航成仪发展进程中,为了实现突破亿元销售产值的目标,成仪人努力奋斗了近五年。此后,从1997年的1.004亿到2000年的1.3亿,3年期间,年平均增长9.8%。2001年,由年轻的专家型经营者、管理者组成的领导班子在总结过去的经验和教训后,经过反复讨论形成共识:企业要谋求跨越式发展,必须改变原有管理模式和方法。随后,领导班子以现代企业管理理论为基础,根据国家建立现代企业制度的要求,结合集团公司实施“精化分离、重组整合、发展壮大”的结构调整总体思路,于2001年6月确立了“发展核心技术、组建集团、弘扬企业文化、共建美好家园”的企业发展战略,将战略管理思想引入企业管理,实现成仪战略管理零的突破。在这一发展战略的指导下,2001年7月,又提出成仪“十五”期间改革基本思路:以资产为纽带,以建立现代企业制度和产权多元化为中心,按照精化分离、主辅分离、辅业改制的要求,实施股份制试点和职能调整。到2003年底,先后进行了2个控股公司和4个子公司的改造,建立了法人治理结构,实现了投资主体多元化,建立起规范的资本经营管理。在实施股份制试点的同时,对公司本部以集中资源优势发展核心技术的职能调整工作也在同步进行。公司2001年正式向成都市经委提交了建立企业技术中心的申报书,2003年初技术中心正式成立。无论是技术中心成立之初,还是在以后几年中,公司都将人力资源中的优良资源配备给了技术中心,将良好的激励政策给予了技术中心。技术中心的成立,加快了重点型号任务和科研任务的完成,促进了新技术、新工艺、新材料的应用和成果的转化。而公司在此期间将技改的重点投向了以传感器制造和校准技术为代表的核心技术的培育和发展,围绕企业发展战略实施的改革和调整加速了企业的发展和经济效益的提高。到2005年末,一航成仪实现销售产值3.645亿,是2000年的2.8倍,年平均增长36%,销售收入较2000年增长了181%,利润总额较2000年增加了277%,公司从稳步、健康的增长阶段快速迈入跨越式发展阶段。

如果不是5年前新的领导班子打破固有的思维模式,以创新的思维确立了成仪的发展战略并加以实施,就不可能有成仪今天的不俗成绩。

创新思维强化成仪核心技术优势并推动专业拓展

随着企业的发展和竞争向广度和深度发展,一航成仪领导班子清醒而深刻地认识到,企业竞争力的关键就是研发核心技术提高技术创新能力。2003年技术中心和技改的投入只是从组织结构上和资源配置上保证了对核心技术的强化和投入,这一切无非是在创造条件,而起决定因素的人的积极性能否调动才是关键所在。在不打破国有企业固有的分配方式就无法鼓励技术创新成为领导班子共识后,科研功臣奖、科技进步奖、科研开发责任津贴等鼓励政策相继出台,政策的出台激励了科研人员,技术创新和产品开发的积极性,同时稳定了科研人员队伍,特别是稳定了一批常年活跃在科研生产一线、尽心竭力为航空事业奉献着智慧和才华的中、青年主任设计师、主管设计师构成的技术人员群体。这一群体广泛活跃在以高可靠性机载电子产品设计、制造和试验技术，以及高精度、高可靠性压力传感器制造和校准技术为代表的核心技术的研制与生产各个领域。

组织结构的调整，资源的投入，机制的激励使成仪核心技术得到强化，技术创新能力得到提高，技术创新体系得到完善。这一切完成的迅速且卓有成效，当广大职工沉浸在企业快速发展，收益不断提高，生活水平不断改善喜悦中的时候，成仪公司领导班子再次洞察到了企业面临的危机，又一次客观分析了以大气机为代表的航空电子产品面临的竞争形势和今后发展的窘景，果断提出了依托公司核心技术以及在航空电子专业上的优势，拓展产品开发领域的创新思想。在这一思想的指导下，一个以专业带头人和项目负责制相结合的、打破专业界线的产品开发模式在一航成仪得以推广，并逐步显现出应有的成效。2004 年，以飞机集成数据系统（飞参）、电源参数采集显示系统（电调）、液压绞车、机务工作平台为代表的一批跨专业、跨领域的新产品开发成功，部分产品已开始为公司创造效益。

2005 年 10 月，"神六"的成功发射和返回更加彰显了成仪在创新思维指导下进行新产品开发取得的成绩，这表明成仪公司的新产品开发不但跨越了专业、跨越了领域的界线，而且跨越了行业的界线。

成仪公司现已形成以大气数据系统为代表，以航空电子产品为主体，以核心技术为依托的多领域跨行业的产品格局。

适应新形势，一航成仪将按照集团公司创新文化要求，以科学发展观为指导，努力实现"非对称超越、无边界创造"。

创新思维促进成仪管理的变革和机制的优化

创新是一个知识、经济与社会有机结合的复杂过程，它离不开特定的组织。著名管理学家德鲁克指出："创新，即用知识生产新知识，不是美国那么多民间传说所断言的'灵感'，也不是孤单的个体在其车库里干得最出色。创新需要系统的努力和高度的组织"。在市场经济条件下，企业是市场的主体，也是创新的主体。创新既是企业的一种核心竞争能力，又是其持续发展的原动力。要增强企业的创新能力，就必须加强企业的创新管理。

2002 年 9 月，根据经营及产品的特点，公司提出了"产品精益求精，服务精诚所至，管理精耕细作，环境精雕细刻"的管理理念。经过积极的推行和实践，今天，"四精"管理理念已成功融入一航成仪每一个进步与发展中，成为公司上下检验工作优良与否的一个标杆和指针。

2004 年，根据中国一航"流程再造"的工作部署，公司提出了"变革传统管理模式，以顾客为关注焦点，实施流程再造"的工作思路，将原来的直线职能式组织结构转变为"五条线，三个平台"与直线职能相结合的矩阵管理模式。成仪根据自身业务特点，构建了"产品实现、新品开发、国际贸易、技术改造、质量管理与增值服务"5 条企业价值链，并以"行政与人力资源，财务与企业管理，党群与企业文化"为三个支撑平台。这种管理模式打破了部门界限，提高了产品研制生产的执行能力和对市场的快速反应能力。

"十五"期间，成仪不断调整经营机制，促进经营管理责、权、利的协调统一，提高经济运行质量。对投资控股公司派驻会计，按规范的资本经营进行管理；加强内部制度建设，严格规范经营行为；改革经济评价体系，以企业战略为导向，建立了以"岗位测评"、"薪酬设计"、"绩效考核"为主要内容的岗位绩效工资制度，引入"平衡记分卡"绩效考核办法，建立了全新的考核和评价体系；让不同劳动的社会价值得到较合理体现，员工收入分配趋向合理，初步建立了员工工资与经济效益联动增减的机制，员工队伍结构得到改善。

创新实践推动成仪特色企业文化形成

一航成仪十分重视企业文化建设，"企业文化是企业核心竞争力之一，是不被别的企业所模仿的竞争力"，是公司党政各级领导和广大员工的共识。当一航成仪战略管理逐步推进，管理理念被全员贯彻的同时，公司确立了以"创新的环境、和谐的氛围、务实的形象、高效的体制"为企业文化建设的核心内容和"为国防提供精品，为社会创造财富，为股东和员工带来利益"的企业使命。

在"航空报国"核心价值观的基础上，业务部门完成了一航成仪形象大使的创意设计和一航成仪价值观体系的总结提炼工作，并印发了《企业文化手册》，在激发员工更加强烈的使命感和责任感的同时，为成仪品牌的打造和推介注入了一个重要元素。

与此同时，以"质量信得过个人"活动为主要载体的质量文化建设，以争创铜牌为目标的"一流环境"建设也不断被注入新的创新内容，不断迈上新台阶。

"十五"期间，通过大力倡导、组织和践行，既符合现代企业要求，又具有航空企业特点的成仪文化已经初步形成，并促进了企业持续快速发展。

创新思维引领企业未来的发展

机遇和荣耀永远只青睐有准备并为之不懈努力者。

在刚刚过去的"十五"期间，一航成仪取得了长足发展，在业内和社会上树立了良好的企业信誉和形象。公司先后荣获了成都市"企业文化先进单位"、中航一集团"思想政治工作暨集团文化建设先进单位"等荣誉称号；董事长、总经理、党委书记朱建设同志也先后荣获成都市首批"优秀企业文化工作者"、中航一集团"思想政治工作暨集团文化建设先进个人"、"中国企业文化传媒优秀领导"等荣誉称号。

过去的成绩来源于创新，明天的跨越更要靠创新。成仪人明白，自主创新不仅仅是技术创新，也包含管理、体制机制的创新。作为技术创新，不仅仅是创造出高水平的技术，最重要的是要创造技术的市场价值。大力强化自主创新，以创新引领发展，已成为一航成仪必然的选择。

建设创新型企业的核心，就是坚持以人为本的科学发展观，激发全员创新精神，大力推进技术创新、管理创新、体制创新，全面增强企业自主创新能力，不断提高企业市场竞争力。对一航成仪而言，要勇于跨入依靠科技进步和创新求发展的新阶段，努力成为研究开发投入的主体、技术创新活动的主体和创新成果应用的主体。

（作者系中国一航成都航空仪表有限责任公司董事长、总经理、党委书记）

创新文化引领攀钢自主创新

攀钢（集团）公司

攀钢是由毛泽东同志亲自决策、周恩来同志亲自指挥，完全依靠我国自己的力量建设起来的首个大型钢铁联合企业。攀钢的建成，彻底改变了我国北多南少、东重西寡的不合理的钢铁工业布局，为西南地区经济发展提供了钢材保障。同时救活了被国外专家判为呆矿的数百亿吨攀西钒钛磁铁矿资源，为国家提供了大量的钒钛等战略物资。经过40年的建设发展，攀钢已成为我国西部最强、中国重要的钢铁生产基地，中国品种最齐全的无缝钢管生产基地、中国最大的钒制品和铁路用钢生产基地，中国最大的钛原料和钛白粉生产基地及世界第二大产钒企业。

攀钢是靠科技起家，靠创新发展的。攀钢的发展史就是一部自主创新的历史。攀钢依靠自主创新不仅实现了钢铁的合理经济规模，而且实现了钒钛资源的综合开发利用，提升了攀钢的核心竞争力和可持续发展能力。创新事业孕育创新文化，创新文化激励创新事业。攀钢文化是在攀钢艰苦卓绝的创业历程中产生的，攀钢文化是以创新为理论原点的创新文化。攀钢的文化建设，始终以勇于创新、敢为人先的价值观的培育和转化为主线。

塑魂——着力彰显创新的价值追求

“艰苦奋斗，永攀高峰”的攀钢精神是攀钢的核心价值观。攀钢精神的基本内核是创新精神。突出表现为艰苦朴素，勤俭自强，不畏艰难，锐意进取，勇挑重担，敬业奉献，坚韧不拔，奋发有为的奋斗精神；视昨天为零，与时俱进，超越自我，追求卓越，争创一流创新意志和干实事，求实效，增实力，创实业，真抓实干，实事求是，尊重科学，开拓进取的创新品格。

以创新为主要特征和基本取向的攀钢核心价值观确立之后，攀钢从领导者的文化自觉、创新理念的人格化、故事化等层面狠抓了创新价值观的宣传弘扬，在企业内部营造了全员重视支持创新、关心了解创新、参与推动创新的浓厚文化氛围和环境，实现了攀钢创新价值观的内化于心。

企业领导者的创新意识、责任、胆识和胸怀是企业创新氛围形成的关键环节。攀钢历届领导班子始终高度重视创新对攀钢改革发展的巨大推动作用，旗帜鲜明地指出，“管理创新、技术创新和文化创新共同构成攀钢核心竞争力”；明确要求，“各子（分）公司、厂矿单位领导必须一手抓管理，一手抓创新，不抓管理是失职，不抓创新是不称职”；始终强调，“要把增强自主创新能力作为攀钢改革发展的战略基点，作为贯彻落实科学发展观、调整产业结构、转变增长方式的中心环节”，不断提高攀钢的原始创新能力、集成创新能力和引进吸收再创新能力。

勇于创新的企业共生英雄能对企业全体员工的创新行为产生强烈的示范导向作用。从1996年开始，攀钢坚持每三年进行一次“攀钢英杰”的评选，每次评选6～10人。攀钢英杰是攀钢各条战线勇于创新的典型和模范，是攀钢精神的人格化代表，攀钢价值理念的“代言人”。英杰产生后，随之开展的“英杰讲、讲英杰”主题系列活动，在全公司掀起了学习宣传攀钢英杰的热潮。2003年以来，攀钢先后树立和大力宣传了“技改闯将”孙善武、钒钛专家陈厚生、钒氮合金主研人孙朝晖等一大批时代楷模，充分调动和激发了广大职工崇尚创新、参与创新的热情和积极性。

企业创新理念必须为企业全体员工感知、得到企业全体员工的认同并转变为企业全体员工的个人价值追求才具现实意义。在创新文化建设实践进程中，攀钢充分挖掘和广泛宣传反映创新价值理念的典型故事，让创新理念通俗易懂、喜闻乐见、可亲可信。1995年，攀钢编撰了《国魂托起的钢城》，系统阐述了攀枝花开发建设的艰苦历程和攀钢精神的孕育过程，突出了创新精神在攀钢的体现；1997年和2005年，在攀钢二期和三期工程结束之际，攀钢编辑出版了《裂谷丰碑》和《梦想在裂谷中腾飞》，热情讴歌了攀钢人在工程建设中践行创新理念的动人故事；2003年，攀钢开展了征集攀钢人故事和攀钢人格言活动，出版发行了《攀钢人故事》；2003年、2004年和2005年，攀钢连续三年编撰出版了《攀钢文化台历》，让攀钢职工在耳濡目染、潜移默化中强化对创新理念的认知和认同。

以创新为基本取向的攀钢核心价值观的培育、升华和弘扬，极大地调动和激发了攀钢全员的创新意识和创造活力。

强基——大力构筑创新体制和机制

精神的力量必须规范化为制度才能更强大、更长久。攀钢在建立现代企业制度的过程中，注重将文化建设与企业管理创新、制度创新相结合，努力实现创新精神和创新理念的固化于制，并渗透于企业管理的方方面面，用制度体现创新理念、用制度强化创新意识、用制度规范创新行为。

一是建立独具攀钢特色的创新模式。攀钢按照资源配置系统优化的原则，整合资源配置，理顺管理关系，建立了国家级技术中心、公司级科技攻关队、厂矿技术工作队三个层次抓创新的模式。其中，技术中心负责研究公司重大战略问题，密切跟踪国内外科技发展的最新动向，重点开发新产品、新工艺、新技术、新材料；科技攻关队负责应用研究，重点抓科技成果转化和现场服务指导；厂矿技术工作队主要为本单位的技术攻关、成果转化等提供服务，实施“短、平、快”项目，快速解决生产中遇到的各种技术问题。通过三级抓创新模式，把企业中长远战略发展规划与短期重点和具体问题的解决有机结合起来，充分发挥了各个层次、各类人才的特点和作用，为创新搭建了较好的平台，有力地促进了攀钢的自主创新，不断增强了攀钢原始创新能力、集成创新能力和引进消化吸收再创新能力。

二是为创新提供良好的物质技术条件。攀钢从战略上高度重视、从制度上充分保证创新的资金和资源投入，实现了创新效益最大化。一是保证经费投入的支持力度和投入效果，坚持做到每年对自主研发费用的投入不低于上年度销售收入的1%。一方面积极研究利用国家鼓励技术开发投入所给予的财政优惠政策，另一方面加强与国际、国内的技术交流和合作，争取国家基金、政府项目及其他政策支持，同时积极寻求其他引资渠道，推动了创新成果的工程化、产业化，做到开发一批、储备一批、推广一批。二是加强技术中心建设。引进并完善实验室条件和中间试验手段，建成了连铸模拟试验、高炉还原过程模拟试验、钛白研究等20余个实验室，与长虹共同组建了产品应用研究联合实验室；整合兼并重组企业科技力量，设立攀钢技术中心分部等等，从整体提升了攀钢的持续创新能力和科技竞争优势。

三是利用各方面资源提高创新效率和水平。攀钢始终以开放合作的心态推动和加快自主创新步伐，坚持自主研发与引进、消化相结合，解决攀钢重大综合性生产技术难题，实现了创新成果向现实生产力的转化。一是与清华大学、北京科技大学、中科院、钢铁研究总院等20余所高校和科研院所进行合作，开展联合攻关，在新型钒钛钢种、钒功能材料和氯化法钛白等相关关键技术领域取得突破。二是加快关键技术引进步伐，解决钒钛资源深度开发利用的技术瓶颈，引进具有国际先进水平的工艺技术，推动了钒钛资源综合利用向深度和广度发展。

化人——大力培育创新型人才

创新的关键在人才，人才是创新的主体。文化就是“人化”，创新文化要引领自主创新，其根本任务还要在“化人”上下功夫，即大力培育创新型人才。在创新文化的建设过程中，攀钢始终坚持以人为本、以文化人，高度重视创新人才的吸引、培养、使用和激励，坚持做到在公平竞争中识别人才，在创新实践中培育人才，在事业发展中凝聚人才，在事业生活中关爱人才，极大地激发了人才的创新潜力，培育和造就了一大批富于创新精神、具有较强创新能力，适应攀钢建设发展需要的创新型人才队伍。截止2005年底，攀钢拥有各类专业技术人才27767人，其中包括中国工程院院士1人、国家级专家22人、省级专家15人、市级专家63人。

一是努力培养高素质创新人才。攀钢坚持以提高人才的自主创新能力、科技研发能力和成果转化能力为核心，把培养造就高层次创新人才作为人才资源开发建设的重点，坚持重点人才重点培养，优秀人才优先培养，紧缺人才抓紧培养，不断壮大了攀钢创新型人才队伍。攀钢出台带薪脱产学习等一系列支持和鼓励广大职工参与继续教育的制度和政策，鼓励职工树立“终身学习”的理念，提倡职工“工作学习化、学习工作化”；坚持每年选送一批优秀人才进入国内知名院校深造，加快知识更新速度。攀钢重视实践能力的培养和锻炼。在攀钢二期、三期工程引进国外装备和技术的过程中，攀钢坚持选送优秀人才到国外企业实地学习，组织自己的专家与外国专家一道进行设备安装调试，培养了一大批高层次专业技术人才。

二是坚持不懈地抓好人才和智力引进。针对所处地理位置偏僻，吸引人才难度较大的现状，攀钢积极调整人才工作思路，坚持人才引进与智力引进相结合的原则，采取灵活的政策，吸引企业紧缺的各类人才为攀钢所用。第一，建立多种形式的引人渠道，千方百计地改善引进人才的学习、工作、生活条件，为他们提供展示和发挥才能的空间和舞台。2006年，攀钢引进了全国重点高校重点专业的大学本科以上毕业生400余名。第二，建立灵活多样的引智渠道。坚持“不求所有，但求所用”的思路，利用技术咨询、短期工作、课题合作等多种方式，吸引社会人才和智力为攀钢工作。第三，采取在大城市建立攀钢技术中心分部、与国内外科研机构、大专院校合作办所等多种途径，吸引外部优秀人才。第四，设立了攀钢博士后工作站，引进博士进行专项技术研究，吸纳企业急需的和关键技术应用方面的高层次人才到攀钢工作，为攀钢技术进步和自主创新奉献聪明才智。

三是创新人才激励机制。首先，坚持把为人才提供事业平台放在第一位，建立了人尽其才、才尽其用，促使优秀人才脱颖而出的机制。近年来，攀钢实行了重大项目对内对外招投标和项目负责制，采取公开招标的方式选拔项目负责人和项目组成员，实行择优上岗。其次，改进和完善分配办法，设立创新奖励基金，加大对有突出贡献员工的奖励力度，对在关键、核心工艺技术方面作出重大贡献的优秀人才给予重奖。2005年攀钢科技大会上，公司对钒氮合金项目给予的奖励达到80万元，给予个人的一次性最高奖励达到10万元。从1997年起，攀钢每三年进行一次技术带头人、青年拔尖人才和技能拔尖人才的评选，2006年表彰技术带头人146名，每人每月享受1000元津贴；青年拔尖人才440人，每人每月享受600元津贴；技能拔尖人才453人，每人每月享受600元津贴。再次，实施形式多样的社会价值激励。坚持对贡献突出的各类人才授予攀钢英杰和攀钢标兵等荣誉称号，推荐各类优秀人才成为全国、省、市的人大代表或政协委员，国家、部省级劳动模范等，给予优秀人才突出的社会地位和各种荣誉。

创牌——强力打造攀钢品牌

长期以来，攀钢高度重视全员创新思维与创新行为的激励、培育和引导，始终坚持将员工作为创新主体，大力开展群众性创新活动，鼓励和支持全体职工立足岗位开展创新行动，激励员工对创新的渴望与激情，培育员工坚持不懈的创新韧性和竭尽全力的主观能动性，使创新精神融入员工血脉、体现于员工岗位实践，最大限度地调动和激发了全体员工参与创新、勇于创新的积极性、主动性和创造性，形成了创新合力，实现了创新理念的外化于行。

目前，依靠创新不可逆转地降成本、依靠创新跳跃式地提高经济效益、依靠创新全面提升企业核心竞争力已经成为攀钢全体员工的广泛共识和行动指南。创新文化建设，在攀钢结出了自主创新的累累硕果。

持续技术创新奠定了攀钢国内钢轨领先地位

攀钢开发的PD3、PG4钢轨在我国重载铁路干线上运行，综合性能超过日本、法国生产的世界名牌钢轨；拥有自主知识产权的在线余热热处理钢轨技术全球独创，是目前世界上惟一还在成功运行的生产线；主要铺设攀钢钢轨的中国第一条时速200公里准高速铁路秦皇岛—沈阳于2001年通车，结束了中国不能生产高速钢轨的历史，2005年，攀钢在国内率先开发出时速350公里的100米长尺高速钢轨已发往海南、陕西试用试铺，效果良好，铁道部领导认为：攀钢是国内目前惟一真正能生产高速铁路钢轨的企业；2006年7月，青藏铁路顺利通车，攀钢钢轨占总供货量的70%，进一步树立了攀钢钢轨的品牌形象。目前，攀钢能按世界上最先进的标准生产各种钢轨，国内钢轨主要技术标准均由攀钢负责起草，攀钢重轨国内市场占有率超过三分之一，出口欧美、东南亚等国家和地区，为我国铁路建设作出了巨大贡献。

依靠自主创新，攀钢成为世界实力最强的产钒企业

攀钢充分利用钒钛共生矿资源，在国外严密封锁的条件下，历经雾化提钒、转炉提钒、钒氧化物及钒合金的自主开发，钒产业不断发展壮大，攀钢钒制品国内市场占有率达到80%，国际市场占有率达到20%。尤其是钒氮合金的研发成功，打破了美国人二十多年全球独家垄断，而且在技术上超过美国公司。2005年美国战略矿物公司总裁其高级技术顾问来到攀钢，面对现实，终于不得不承认“攀钢的技术更先进”，“中国人了不起”。目前，攀钢自主开发的提钒及钒产品技术被国际同行公认为世界领先，俄罗斯、新西兰等国外企业纷纷要求转让技术。最近，攀钢已和新西兰钢铁公司达成协议，为该公司改进提钒工艺提供技术支持。中国钒产业已成为我国目前为数不多主要依靠自主创新，从而具备国际竞争力的产业之一。

依靠组合创新，攀钢已成为中国钛产业的领军企业

经过十几年持续努力，攀钢攻克一系列技术难关，从选铁尾矿中选出钛精矿，并不断突破国际上细粒级选矿的禁区，扩大利用规模，2005年钛精矿年产量已达25.5万吨，大大缓解了国内钛资源短缺的瓶颈；氯化法钛白生产技术长期被少数跨国公司封锁垄断，掌握了氯化法钛白核心技术——氧化器技术，接近国际先进水平，为我国建设大型氯化法钛白生产线奠定了坚实基础；通过引进关键技术并消化、吸收和开展自主创新，独创出专用型高档造纸钛白、化纤钛白的常压水解技术；掌握了纳米钛白制备和应用技术，钛资源利用技术水平国内领先。

依靠自主创新，攀钢取得了明显的科研技术优势

自建成投产以来，攀钢获科技进步奖项目数居行业内各企业之首，共取得各级各类科技成果2291项，其中部、省级成果232项，厅、市级成果226项。共有1426项科技成果获得各级奖励，其中，“钒氮合金产品研发及产业化技术研究”等4项获国家技术发明奖二等奖；“钒钛磁铁矿高炉强化冶炼新技术”、“转炉提钒工艺的开发与优化”等10项获国家科技进步奖一等奖；申请专利495项，获专利权301项，其中获美国专利3项。

2006年6月，攀钢作为三家中央企业之一，被中宣部确定为自主创新的典型单位，接受了中央媒体的集中采访报道，在国内外产生了巨大反响。2006年7月，攀钢跻身于全国首批103家创新型试点企业行列。

通过多年的实践探索，攀钢深深地体会到：

自主创新是国家独立自主的基础，是支撑国家强盛的筋骨，是国家竞争力的核心，大型国有企业理应成为自主创新的主体和骨干，而央企更应成为自主创新的先锋和核心。

拥有资源并不意味着拥有经济优势，只有自主创新才能将资源转变为经济优势，才能真正形成市场经济条件下的企业核心竞争力。

自主创新需要创新文化，创新文化促进自主创新，企业自主创新必须以创新文化为先导和支撑，而创新文化建设必须与时俱进。

用先进文化焕发企业青春

山东龙口港集团

龙口港是交通部确立的中国沿海区域性重要港口之一，山东省大型企业。始建于1914年，1984年12月获准一类对外开放。1997年荣获“山东省管理示范企业”称号，2002年通过了ISO9000质量认证；2004年，港口吞吐量首次突破1000万吨，2005年跃上1600万吨的新台阶，2006年港口吞吐量有望突破2000万吨，集装箱可望实现12万TEU；港口资产总额22亿元，员工3720人。

龙口港集团实施企业文化战略的主要原因和依据为：

1. 企业文化建设理论是当代较为成熟和先进的企业管

理的前沿理论。企业文化建设的热潮是在20世纪80年代初兴起的。作为文化与经济相结合的产物，企业文化已成为一种“知识资本”，在经济全球化、市场国际化的今天，显示出强劲的文化力、生产力，成为增强企业核心竞争力的重要因素。从国内外众多成功企业的实践来看，企业经营越来越成为文化经营，企业管理越来越成为文化管理，谁拥有文化优势，谁就拥有竞争优势、效益优势和发展优势。加强企业文化建设，已是一种世界性的潮流和一项刻不容缓的工作。它是以企业持续发展为目的，以人为中心，以企业经营理念、价值观和企业精神的共识为核心，以群体行为为基础的现代化的管理科学，是现代企业管理发展的必然趋势。

2. 加强企业文化建设，是弘扬先进文化的具体实践。企业不仅是先进生产力的核心，而且是先进文化的生长点，加强企业文化建设，是龙口港作为国有大型企业贯彻党的十六大精神，实践“三个代表”重要思想，落实科学发展观，构建和谐社会，弘扬先进文化的具体体现。

3. 加强企业文化建设，是龙口港实现打造现代化亿吨大港的战略目标的需要。作为我国沿海区域性重要港口，龙口港近年来发展势头强劲，但要实现可持续发展，必须提升管理水平，增强发展后劲。我们认识到，企业文化建设是增强企业核心竞争力的基础性建设，是规范企业行为的重要方面，是增强企业的文化含量、树立企业良好形象、提高知名度、信誉度的有效手段，是增强企业的凝聚力和向心力、提高员工整体素质的重要方法。

龙口港文化体系架构

龙口港集团在构建企业文化体系的过程中，主要是从物质文化、制度文化、精神文化三个层面进行全面把握，通盘考虑。经深入论证分析，我们把企业形象识别规范（CIS）作为一种有效的载体和切入点，从理念识别规范、行为识别规范和视觉识别规范三个方面进行构建。

1. 理念识别规范（MI）。理念识别规范以企业核心价值观为主要因素，包括基本信念、行为信念、组织管理信念、道德修炼信念、客户满意信念五部分共34项内容。其中核心价值观、企业目标、企业愿景、企业精神、经营理念等核心理念以及企业标语口号，共同组成龙口港集团有限公司企业文化的精髓。

2. 行为识别规范（BI）。行为识别规范体现着企业精神理念指导下的企业行为准则，其中包括员工行为规范、领导人员行为规范和礼仪规范三部分。

3. 视觉识别规范（VI）。视觉识别规范是CIS三个组成部分中最外在、最直观的部分，包括基础部分、办公用品、对外宣传、建筑环境、服装应用、运输工具用品六部分共近百个子项。其中基础部分包括：企业名称、港徽、港旗、标准字、标准色、标志组合、标语组合等。

这三部分由抽象到具体，共同诠释了龙口港CIS，形成企业的无形资产。其中理念识别规范是核心，是企业的大脑和灵魂，行为识别规范是CIS的骨骼和肌肉，视觉识别规范是CIS的外表和形象，三者相辅相承，融会贯通，构成完整的CIS。

龙口港企业文化体系的特点

具有时代先进性和企业个性。龙口港有90多年的历史，在近一个世纪的岁月沧桑和市场竞争中探索出一条生存发展的路子，积累了一套经营管理的经验，形成了一套独具特色的企业文化，其中许多优秀精神、良好的作风，一直是我们克服困难、走向进步的动力。然而，我们旧有的企业文化还仅仅停留在一种原始的、不规范的状态上，其中封闭色彩较浓，与市场经济、知识经济时代的要求不相适应。因此，我们以优秀的传统文化为基石，以时代需求为指向，系统地建立起具有龙口港精神个性与创新、开放为主题内容的具有和谐社会的特色企业文化，构建起龙口港人共同的追求目标，行动准则，成为龙口港赢得未来的核心竞争力。一是以打造企业核心理念为契机，推进文化整合规范。二是党政工团联手互动，推进“企业文化”宣贯到基层。三是以创建学习型组织为契机，推进企业文化的深入。四是学以致用，打造员工成材平台。经过一年多的运转，完成了由基本信念、行为信念、组织管理信念、道德修炼信念、客户满意信念和企业标语、口号在内六大部分31条的企业文化理念体系纲目，编印成《CIS规范手册》下发到基层单位，成为指导企业文化建设的管理法典。在先进文化的推动下，集团上下形成了万众一心促发展，精诚团结抓生产的动人局面。学技术、保安全；讲服务，比奉献。好人好事层出不穷。港口生产高潮迭起。2004年，吞吐量突破千万吨大关，2005年实现1500万吨。员工的积极性和创造性得到空前的释放。在2005年山东省港航系统举行的百名十佳竞赛活动中，龙口港有九名青年员工荣获各类“十佳”荣誉称号。他们已经先后走上管理岗位，用实际行动彰现先进文化给企业带来的魅力。

企业文化建设的基本成效

1. 提升了企业形象。企业文化建设工程，特别是对港旗、港徽等视觉系统的规范化，标准化使龙口港集团焕然一新，树立起全新的港口企业形象。扩大了龙口港集团公司的知名度和社会影响力。

2. 提高了员工素质。通过构建企业文化、宣贯企业文化，使广大员工进一步转变了思想观念，强化了创新、市场、学习、竞争、质量和安全等意识，增强了学习紧迫感和工作责任感，增强了努力践行企业文化理念的自觉性，提高了文化素质和文明素养。

3. 增强了企业竞争力。近几年来，尽管港口企业竞争激烈，但是龙口港集团凭借“以信为本　以义取利　差异化制胜”的经营理念，“差异化策略　个性化服务”的营销理念以及“用心把握无微不至”的服务座右铭，赢得客户的信赖，稳定了货源，尤其是2004年以来，随着企业吞吐量的大幅攀升，龙口港已经成为中国北方沿海重要的地区性港口。赢得了社会的赞誉。

4. 促进了党建思想政治工作和精神文明建设。企业文化建设的推进,使企业的党建思想政治工作、精神文明建设与生产经营相结合有了更为有效的载体和途径,企业的党建思想政治工作和精神文明建设得到进一步加强。员工队伍中涌现出烟台市级和龙口市级"劳动模范"和"技术革新能手"。集团公司也被评为烟台市级和龙口市级精神文明先进单位和思想政治工作先进单位。

精心铸造服务品牌
促进成电文化升华

成都市电信分公司

文化是企业的灵魂,是推动企业创新发展的原动力。成都市电信分公司作为西南通信枢纽,在长期的经营中,始终重视企业文化建设,近年来,成都电信分公司按照集团公司企业文化建设规划,在成都市企业文化协会的帮助指导下,结合自身实际,大力加强企业文化建设,通过企业文化的熏陶,促使深化改革,强化管理,通过企业文化的提升,达到了内聚人心,外塑形象的效果。取得了一系列丰硕成果,2004年荣获"全国五一劳动奖状"、全国信息产业先进集体。先后被中国质量协会用户委员会、成都市质量管理协会、成都市消费者协会、成都市工商局评为"2005年全国优质服务月先进单位"、"2004年度诚信100企业"、"优秀投诉站"。被成都市质量管理协会、成都市消费者协会、成都市工商局评为"诚信承诺活动先进单位",公司人民东路营业厅荣获集团公司2004年"全国十佳营业窗口",市区5家营业厅被成都市精神文明建设办公室确定为"优质服务(示范)窗口"。

回顾这些年企业文化建设的历程,最深的感受就是要抓落实、抓执行、抓教育。如今成都电信的每一位员工都清楚公司文化纲要的内容:

公司的使命:让客户尽情享受信息新生活

公司的目标:做世界级综合信息服务提供商

公司的核心价值观:全面创新　求真务实　以人为本　共创价值

公司的经营理念:追求企业价值与客户价值共同成长

公司的服务理念:用户至上　用心服务

为使企业文化建设的各项工作落到实处,公司成立了以党委书记、总经理为组长,副总经理为副组长,相关职能部门负责人为成员的企业文化建设领导小组,形成了由党委负责,党政工团齐抓共管职能部门各司其职的工作体系。

用心至诚,打造服务真谛。

服务社会是电信企业的生存之本,是电信企业的永恒主题。随着中国电信的不断深化改革和发展,成都电信在激烈的市场竞争中,致力于创新服务文化,全方位拓展服务领域,走出一条铸造服务名牌、提升成电形象,服务社会、奉献社会的路子。

制度促进服务提升

公司坚持站在企业生存的高度,强化以用户为中心的服务意识,通过强化服务理念、改进服务流程、制度规范等,努力提高用户满意度和市场占有率,促进了服务质量的提高。通过"大客户"、"商业客户"、"公众客户"营销人员的有效组合及10000号服务窗口,为大客户提供个性化服务,为商业客户提供专业化服务,为公众客户提供标准化服务。通过改革,建立起了面向大客户、商业客户、公众客户三类客户群的大客户经理制、社区经理制、农村统包责任制和10000号客户服务中心四个主渠道为核心的渠道体系。通过竞争上岗、渠道建设以及围绕三个典型的服务案例开展的主题教育活动使全体员工思想受到震撼,"用户至上、用心服务"理念深入人心,后台为前台、前台为用户服务的体系全面形成。营销渠道建设使各渠道职责更加明确,实现了客户群的无缝覆盖和全方位、多层次、有重点的服务体系;为加强服务工作,公司在媒体上公布《服务人员上门服务公约:五遵守五不准》,并公诸于众接受媒体监督,同时制定严格的《内部管理十不准》,实施"先装机后付款"、"不填单即可办理业务"的新流程,在全国首家推出的37台"中国电信服务快车"投入使用,将中国电信营业厅搬到了用户家门口,方便了用户办理业务,受到了用户的广泛欢迎,极大地提升了服务质量。

品牌服务,提升形象

成立于1996年的客户服务部是目前西南电信规模最大、最先进的呼叫中心。经过十年的风雨历程,目前的10000号已发展成为一支服务质量优秀、创造能力不断迸发的年轻活跃的队伍。正是这样一支队伍,在精确化和人性化管理的模式下,让创造优质服务成为一种习惯,让微笑的声音、细心的解答深入到了千家万户,走出了一条用心、精细、创新、和谐的路子。

10000号就着眼于服务细节的打造,心系客户,以客户感知度为出发点,完善服务中的细节。走进10000号工作现场,最别出心裁的地方是摆放在台席上的一面面洁净的镜子,镜子是客户代表优质服务的真实写照,更使客户代表们将微笑变为了习惯。镜子里自信、真诚的微笑使客户能真真切切地"听到"。10000号还根据各个时段,在开头语和结束语方面分别进行"上午好"、"下午好"及"节日愉快"等不同的问候,并在结束通话时对客户进行"祝您工作愉快"、"祝您万事如意"等的祝福,让客户再次感受到了10000号细心、用心的服务细节。在与客户沟通过程中,从简单的吐字发音,到主动、完整地提供解疑答惑,包括语言表达是否流利、语气、语速是否能给客户最亲切的感觉、是否能准确回答客户的问题及快速度地记录客户所反映的问题等等,每一位客户代表都用心体会并运用着。

咨询电信业务客户代表会毫不吝惜的表示感谢,申报故障客户代表会对客户表示最真诚的歉意，而情绪激动的客户也能在1000号得到最关切的安抚……这些都是我们在服务过程中体现服务细节的关键行为。不忽视每一个服务细节，不忽视每一位来电的客户，不漏掉每一个客户的问题，10000号认真负责、细至入微的服务使越来越多的客户喜欢拨打10000号，客户代表们会经常接到咨询电信以外业务的客户来电，“10000号服务细致、周到”，“10000号的姑娘认真、负责”，这些赞扬有加的话语背后是客户对10000号的认可及客户代表们努力的付出。

出此之外，公司还创新营业窗口管理，打造服务的比较优势，将各营业厅的管理转变为分重点分层级管理，推行了营业厅星级管理模式。营业厅星级标准按照四川省电信有限公司营业厅等级服务标准设置，分3个等级，即三星级、四星级、五星级，星级越高，表示营业厅的服务水平越高。

星级营业厅的创建，不管是在硬件上，还是软件上都将有一个档次的提升，将为用户带来更好的服务，使用户到营业厅办理业务是一种享受。

服务承诺，提升企业形象

公司向社会郑重公开了三项“服务承诺”（消费透明、值得信赖——市话详单查询服务；以人为本、客户至尊——按客户约定提供装、移、修服务；业务自主、订退自由——彩铃、短信等新业务自主订阅和退定）。“服务承诺”的推出，有效的缩短了服务时限，促进保存量激增量工作，提高用户对社区服务的感知，得到了广大用户的一致欢迎和赞扬。

由于措施得力，公司服务工作抓出了成效，相继获得多项层次较高、影响较大的表彰奖励。

以人为本，真情奉献

电信发展离不开当地政府的支持，公司随时关注当地政府的工作重心，关心的热点和难点，有针对性地开展工作，营造企业良好的外部环境。

2003年，成都市委、市政府将再就业工作作为一项重点，公司开创电话号码拍卖先河，将成都电信包括88888888在内的100个电话号码公开拍卖，拍卖所得700万元全部捐献给成都市再就业援助中心和社会抢险救援奖励基金。市委书记李春城向成都电信赠送“援助再就业，造福全社会”的锦旗。

2004年，推进城乡一体化、解决“三农”问题成为市委、市政府关心的热点问题，为此，公司投资150万解决成都市最后一个不通电话的乡——白云乡通信问题。积极实施“村通工程”，大力发展农村通信，受到了社会各界的好评和当地党委、政府主要领导的肯定。成都市委书记李春城、市长葛红林等先后做出重要批示，高度赞扬成都电信抓住“三农”这个难点，主动服务大局的做法。

2005年，公司领导班子深刻领会中央关于加快社会主义新农村建设的重大战略意义，积极投入社会主义新农村建设，已在全市山区农村安装智能农话23万部。公司成立了“新农村建设办公室”进一步加大了对全市农村通信建设的力度。向郊县农村捐赠价值2160万元智能电话、启动“百乡千村万户宽带上网工程”、建立信息化示范村、乡村信息站、重点镇信息化建设等，为成都市新农村建设做出了积极贡献。

打造特色创新文化
引领未来可持续发展

杨　伟　戴亚隆

中国一航成都飞机设计研究所（以下简称研究所）主要从事飞行器设计和航空航天多学科综合研究，是中国重要的歼击机研制基地。先后承担并圆满完成了多项国家重点型号研制任务，歼七C、歼七D等型号飞机已正式装备部队，枭龙飞机横空出世，国家重点型号飞机研制取得圆满成功，而具有更高技术水平的新型系列飞行器正在研制当中，为中国航空工业跨越式发展和提高我军现代化装备能力做出了重大贡献。

研究所在企业文化建设方面，制定了“高境界、成体系、有特色、重创新、见实效”的指导思想，通过深入挖掘深厚的文化传统和积淀，形成了一些独具特色的企业文化。研究所加大了对创新文化建设的思考和研究，开展了以“创新五个一”主题实践活动为重点的创新文化建设，在确保国家重点型号研制和引领研究所未来可持续发展中发挥了重要的作用。

对创新文化的理解和认识

企业文化是指在长期科研、生产、经营及管理活动中形成的一种价值观念、道德规范和行为准则的总和。企业文化对外是旗帜、是形象、是承诺和宣言；对内是导向、是规范、是凝聚力和向心力。

对一个国家、民族而言，创新是进步的灵魂，发展的动力。对一个企业而言，创新是企业独有的、极具特色、难以模仿的、与竞争对手非对称的竞争优势与综合实力，是核心竞争力。

创新文化是在长期科研、生产、经营及管理活动中产生的、与整体价值准则相关的群体创新精神及其表现形式的总和，是有利于开展创新活动的氛围、规范、习惯、价值导向，是与创新相关的文化形态的总和。

研究所创新文化建设是在集团文化和现代企业管理思想指导下，着力培育一种与时俱进、自强不息、充满生机活力、与自主创新战略相匹配、有一定张力和自己特色的创新文化，目标是追求技术进步，实现商业成功，提升组织价值，引领研究所未来可持续健康发展。

“非对称超越、无边界创造”核心理念统领创新发展和文化建设

孙子兵法曰：“凡战者，以正合，以奇胜。故善出奇者，

无穷如天地，不竭如江河”。非对称超越，是指不盲从国际强手，不固守传统思路，敢于打破原有的平衡和对称，创造新的、发展的不平衡和非对称。无边界创造，是指要坚持自主创新，实现跨边界、跨领域、跨学科、跨红海进蓝海之无限创造。

非对称超越、无边界创造二者是有机的统一体，相辅相成的。核心是寻找非对称优势，敢于思想、敢于超越。集各优之精粹，用常规和非常规、行业和非行业、专业和非专业、技术和非技术、物质和非物质等力量综合创新，用各种路径和手段实现最高目标。

中国航空工业要逐步缩小同国际航空强国之间的技术差距，实现跨越式发展，作为中国飞行器设计总体单位的主机所，研究所在中国航空武器装备和航空高技术的发展进程中，起着极其重要引领作用和主导地位。“总体安、天下定”，主机所发展的好坏直接影响着中国航空工业主导产业的发展，同时也关系辅机单位的生存和发展。我们必须坚持系统集成、超越竞争、创造需求的发展理念，坚持技商合一的价值理念、虚实合一的资本理念、资耗合一的经营理念、人企合一的人文理念，大力推进原始创新，实施非对称超越，无边界创造，对综合能力进行全面提升，满足研发更多更先进战机的需要，持续引领中国航空工业技术的发展。

开展“创新五个一”主题实践活动为载体推进创新文化建设

实施创新战略，加强创新文化建设是研究所面向未来，落实科学发展观，实现可持续发展的战略选择。研究所以开展“创新五个一”主题实践活动为载体，大力推进创新文化建设。

创立一个好的理念——激活发展之源。作为自主创新主体，研究所总结出了“有了一个好的设想就可能带出一个新的技术，有了一个好的新技术，就可能发展成一个好的项目，有了好的市场项目就可以形成一个好的高新产业”的一般规律，并用此指导具体的实践。在创新文化建设中，倡导思维创新，鼓励职工从创立一个好的设想开始，在思想观念上，克服对传统思维的依赖，鼓励科技人员和干部职工大胆设想，自主创新，并选定一些具体的项目开展自主创新设计、竞赛、优化和评比。研究所尽可能的给科技人员提供条件和支持，对取得重大突破的项目和个人进行大力宣扬，给予奖励。

创造一种好的方法——追求发展之本。为进一步增强管理能力提升和管理创新的力度，研究所努力创造好的方法，将其融进具体的管理工作当中，通过优化组织机构，建立科学、灵活、高效的组织体系、岗位体系和绩效考核、评价体系，推进管理流程和设计流程再造等，进一步夯实管理基础。

创收一批好的成果——收获发展之实。鼓励创新，通过对不同类型成果的评审和表彰奖励，促进科研管理工作的发展和进步。特别注重在创立一个好的设想、好方法、好的论坛的基础上，开展各种项目竞赛，技术评比活动，充分利用现有的技术资源、项目资源和人才资源，倡导和要求各研究室组织人力，对科研生产中存在的技术难题，重点技术进行深入的研究，认真进行新理论的总结和实践经验的提炼。

创建一个好的团队——筑牢发展之基。在“五个一”活动的和谐团队建设过程中，研究所用共同的价值观和目标将全所不同岗位、不同年龄、不同层面的职工凝聚在一起，要求各个部门将团队建设作为一个自我提升的过程，作为队伍建设的一项首要任务来抓，形成一个个坚不可摧、奋发进取、顽强拚搏、团结友爱，充满温暖、具有创新活力的和谐团队。所里涌现出以学习型组织为主题、以智慧型员工为特色、以创新课题为主要内容等多样化的团队组织，给研究所发展注入了强大的活力和激情。

创办一个好的论坛——奏响发展之音。研究所历来重视学术问题的研究和专业氛围的营造，每年都要邀请国内外学术专家来所讲学进行学术交流，同时自己也经常举办各种形式的论坛和学术讲座。在“五个一”的活动中，所领导不仅组织了多个方面的学术论坛和技术交流活动。通过论坛和各种学术交流和辩论会活动，搭建了一个让普通职工提升素质和能力、参政议政的平台。

创新是我们事业不断发展的永恒主题，研究所在创新文化建设的理论研究和实践方面，做了初步的探索，具有一定成效和特色，研究所还将进一步针对创新的理念体系、执行体系、评价体系和组织领导体系，开展深入的思考和研究，持续推动创新实践活动的蓬勃开展。我们坚信，只要坚持无边界自主创新，实施非对称重点跨越，我们就一定能跻身于世界先进名机名所之林。

（作者系中国一航成都飞机设计研究所所长、党委书记）

企业文化建设案例选编

诚信经营　品质一流

——中国航空工业第二集团公司的企业文化建设

【企业概况】 中国航空工业第二集团公司成立于1999年7月1日，拥有工业企业、研究院所和其他企事业单位78个，资产总额近800亿元，并拥有在香港上市的中国航空科技工业股份有限公司和在国内上市的6家A股公司控股权。主要承担军民用飞机、军民用直升机及相关发动机、机载设备等航空产品的研制生产，汽车、摩托车及相关发动机、零配件等车辆产品的生产销售，是涉及国防安全、国家战略和经济社会发展的特大型国防科技工业企业。

中航二集团成立之初，存在着“三少一多”的现状，即国家投入少、军品任务少、科研院所少、困难企业多。针对严峻的形势和困难的局面，集团公司紧密结合自身实际，大力培育企业精神，提炼经营理念，创新活动载体，塑造企业形象，先后提炼出“实干图强，创新兴航”的集团精神、“诚信经营，品质一流”的集团理念和“职工为本，诚信为魂”的集团价值观，并在实践中形成了“统分结合、博采众长、突出个性、打造品牌”的基本工作思路，奠定了集团文化建设的基础。

【“五力”并举】 中航第二集团公司坚持“职工为本，诚信为魂”的集团价值观，在“实干图强，创新兴航”的集团精神和“诚信经营，品质一流”的集团理念引导下，用亲和力、凝聚力、执行力、创造力、战斗力“五力”并举，打造集团公司核心竞争力。

亲和力是构建社会主义和谐社会、和谐企业的重要内容。集团公司和企事业单位在内部形成尊重人、关爱人、发展人和心相通、情相融、力相合的和谐氛围；在外部形成与用户、与公众、与社会亲和、融洽的关系和认同感。增强亲和力就是要做到充分发扬社会主义民主，广泛调动各方面积极性；妥善协调各方面利益关系，正确处理各类矛盾和问题，切实维护公平、正义；敬人敬业，互帮互助，宽以待人，诚实守信。

凝聚力是指团结一致形成的整体合力，体现了“风雨同舟，共振共赢”的团队理念。增强凝聚力就是要做到用“为部队服务，为市场服务，为国家发展服务”的集团使命增强责任感和使命感；用“国内领先，世界瞩目”的集团愿景推进“建设主业突出、核心能力强、有竞争力的大集团”的战略目标；用领导干部的尊重和关心，密切党群和干群关系。

执行力是至企业意志与企业行为的执行能力。提升执行力就要做到雷厉风行，令行禁止；提高对策力，就是要坚持效率、效益与效果的统一，用科学的方法强化执行者的能力；培养行为力，就是要加强基础管理，注重细节控制，提升行为效能，形成自觉意识与共同行为；完善协作力，就是要提倡协作精神与奉献精神，培育协作与共享文化，奠定相互协调、通力合作的基础。

创造力是企业创新的内在驱动力。要抓住机遇，迎接挑战，就必须勇于变革，大胆创新，以变应变。提高创造力就是要做到创建学习型企业，争做知识型职工，注重文化科学知识的学习，不断开拓思维、启迪睿智，不断推进机制创新、技术创新、方法创新和管理创新。

战斗力包括领导力和团队精神。领导力的强弱对企业的发展极为重要，领导干部必须做到政治上靠得住，工作上有本事，作风上过得硬；团队精神是指在整体意志指导下步调一致、大力协同的集体智慧和力量。强大的领导力和团队精神才能形成无坚不摧、无往不胜的战斗力。

【五个着力点】 五个着力点：一是培育以诚信为核心的企业价值观；二是确立以“三感”为理念的危机管理方针；三是建立富有创造激情的学习型企业；四是建设以执行力为核心的质量文化；五是塑造具有鲜明特色的统一的集团形象

“诚信”是企业的文化堤坝，是企业经营行为最根本的的道德准则。培育以诚信为核心的企业价值观，就是要用诚信这一企业伦理价值取向，维系和确立企业之间和用户之间的重大关系，体现品质一流，产品一流，人品一流上。

“三感”首先是危机感。在经济全球化的时代，企业无“安”可居，要牢记“居危思进”的集团座右铭，树立“中航二集团离破产永远只有十二个月”的意识；二是紧迫感，要与国内同行对标，与竞争对手对标，与国际先进企业对标，就必须找准差距，目标急迫，“干好每一天，做好每件事”；三是责任感，要围绕集团公司发展这个第一要务，分解目标，落实责任，始终做到对国家负责、对社会负责、对用户负责、对企业负责、对职工群众负责。

“学习改变命运，创造成就未来”是中航第二集团公司的学习理念。其目的就是要以共同愿景为动力，通过主动学习、团队学习，不断超越自我，改善心智模式，形成企业长久生存发展的信念和精神力量，使整个企业充满创造性。

以执行力为核心的质量文化建设要求员工必须做到自觉、自信、变革、创新。自觉是根据武器装备的要求，形成自觉的质量意识和保质行为；自信是坚定搞好质量工作的信心和决心，求实、求严、求精；变革是从观念上、体制上、机制上、方法上实现质量的转变，形成卓越的质量竞争力；创新是通过实施6西格玛管理，推动技术和管理创新。

企业形象是企业文化的外显形态，是企业文化的载体。通过集团文化建设，塑造一个"搏击蓝天，驰骋大地，志存高远，特色鲜明"的集团公司整体形象。统一实施集团形象视觉识别系统（VI），既可统一文化、统一思想，统一认识，统一理念，统一意志，统一行动，又能塑造鲜明的集团形象。

【统分结合、博采众长】 为更好地发挥企业文化的功用，集团公司从改革发展的现实出发，用发展的观点和创新思维，对集团文化进行整合与创新，即在传承航空工业优秀文化的基础上，总结升华集团公司在改革发展中创造形成的先进管理理念和文化精髓，并借鉴汲取国内外的优秀文化成果，形成富有时代精神、展示整体形象的集团文化。

但统一的集团文化，并不排斥基层的企业文化。集团公司提倡企事业单位在坚持共性的前提下体现个性，按照"一条主线，五个着力点"的集团文化总体框架，结合具体实际开展各具特色的企业文化建设，共同塑造集团公司的整体形象。

建设先进的企业文化，是一个由企业核心层精心设计、管理层积极推进、全体职工在实践中认知认同并将其视为行为准则而共同遵守的过程。企业领导者是企业文化的积极倡导者，职工是企业文化建设的具体实践者。集团公司在推进企业文化过程中，注意把领导者倡导和职工认同的文化理念形成规范的制度和完整的工作机制，并落实在经营管理过程之中。

企业文化是思想政治工作与现代管理相结合的有效途径和重要载体，是社会主义精神文明建设的重要内容。集团公司注重用企业文化建设的方式方法，改进传统的思想政治工作，促进思想政治工作与科研生产经营的有机结合；注重开展群众性的精神文明创建活动，加强职工文化和思想道德建设，用企业文化、思想政治工作、精神文明建设的合力，推动集团公司的改革与发展。

多年来，强有力的文化建设推动了集团公司的全面快速协调可持续发展，企业经济运行的质量和效益明显提高。2005年集团公司销售收入比2000年增长102%，上缴税金比2000年增长56%，实现了从组建初期整体亏损到减亏、扭亏、盈利的巨大转变，为国防建设和经济社会发展做出了重要贡献。

对外旗帜一面　对内百花争艳

——国电集团公司的企业文化建设

【企业概况】 中国国电集团公司是电力体制改革的产物，成立于2002年12月。按照国务院批准的方案，国电集团由119家不同的企业组成，新老厂共存，管理水平参差不齐，分布于全国21个省（自治区、直辖市）。

【企业文化建设】 中国国电集团公司是电力体制改革、实行厂网分开的产物，是由原国家电力公司的企事业单位组建而成的。随着电力体制改革的深化，新组建的发电企业由以前的"垄断"经营进入了市场竞争的行列。广大员工在思想观念、思维方式、行为方式以及企业规范、企业生存氛围等方面发生了很大变化，公司的外部环境面临着市场竞争的巨大压力。就集团公司内部而言，也面临着如何凝聚人心问题。在认真分析内外部形势后，公司启动了企业文化建设，用新的战略理念、价值观、企业精神等新的理念凝聚广大员工。

为使员工广泛参与企业文化建设，认同企业文化，自觉实践企业文化，集团公司成立不久就开展了集团公司形象标识、文化理念主题词及《国电之歌》歌词征集活动，这项活动得到了全系统广大员工的积极响应，共收到近千名员工投来的2000余个方案，公司对所有作品进行了认真讨论、评审并确定了获奖作品。为广泛深入的宣传贯彻企业理念，集团于2004年在全系统开展了"企业理念大家创"、"企业理念大家讲"、"企业之歌大家唱"等系列活动。为鼓励广大员工情系国电集团，积极参与集团公司企业文化建设的热情，集团公司先后将在两次征集活动中所有获奖作品分别汇编成《文化铸魂》和《文化育人》两本书正式出版，除发放各单位外，每一位参与此项活动者人手一本。同时，还编写了企业文化建设手册——《文化强企》。企业文化建设书系——《文化铸魂》、《文化育人》和《文化强企》三本书，成为公司企业文化的集合，为集团公司持续、快速、协调发展提供强大的精神动力。

通过借鉴国内外企业文化建设的经验，集团公司根据自己的实际情况，经过反复研究确定了企业文化建设总体工作思路，即："整体设计，分步实施，突出重点，系统推进"。

为了使集团公司企业文化建设有章可寻，公司借鉴国内外先进企业文化建设的经验，经过征求各方面的意见，先后出台了7个有关文件，使企业文化建设制度化。一是《中国国电集团公司企业文化建设实施纲要》，这份文件明确了集团公司企业文化建设的指导思想、工作原则、内容、目标、步骤、工作形式、组织领导、物质保障等共计八个方面的内容。二是《中国国电集团公司员工基本行为规范》，该《规范》共6章，主要内容包括社会公德规范、职业道德规范、岗位工作规范、家庭美德规范、社交礼仪规范等。三是《中国国电集团公司企业文化建设三年（2005～2007）规划》，提出了集团公司2005~2007年企业文化建设重点工作；确定了集团公司企业文化建设体系等。四是下发了规范使用企业理念、规范使用企业标识、规范使用企业之歌等文件。在此基础上，国电集团深入开展企业文化知识培训工作，从2003年开始，凡是集团公司举办的重要培训班，都要讲解有关企业文化的内容。集团公司本部处级以上领导以及所属单位主要处级干部都参加了培训。同时，还将专家讲授的企业文化的内容制成光盘下发各单位，供广大员工学习。2004年，集团公司还与中国企业文化促进会合作开办了首期全国注册企业文化管理师培训班。

国电集团公司提出了企业文化建设所遵循的基本原则：即人本化原则、结合性原则、统一性原则、层次性原则、特色型原则。

人本化原则重点强调企业文化建设要坚持以人为本，尊重人、理解人、关心人、塑造人，重视员工素质培养，促进员工全面发展，充分调动员工的积极性、主动性和创造性。通过集团公司的发展满足员工的需求，激发每位员工的发展愿望和动力，实现每位员工的全面发展，同时让员工分享集团公司发展的成果。

结合性原则讲"四个结合"，即企业文化建设必须与企业发展战略相结合，与企业管理机制创新相结合，与企业生产经营工作相结合，与思想政治工作和精神文明建设相结合。

统一性原则的主要内容是实现"三统一"，即统一企业核心理念，统一集团公司标识，统一基本管理制度和员工基本行为规范，保持集团内部文化的统一性，增强集团公司的凝聚力、向心力和创造力，树立集团公司的整体形象。集团公司下发了有关文件，制定了VI手册，规定全系统统一使用集团公司标识。确定了集团公司层面三条核心理念，即工作方针：做实、做新、做大、做强；企业精神：以电兴业，强企报国；职业道德观：忠诚事业、忠诚集团，爱岗敬业、岗位成才。

层次性原则即集团公司企业文化建设主要在集团公司、基层企业两个层面开展。集团公司负责企业文化建设整体规划及指导管理，从内容上突出宏观，强调集团公司发展战略，体现在理念的数量上"少而精"。各分公司全面贯彻、认真落实集团公司企业文化建设规划，协助集团公司抓好本区域内的企业文化建设。各直属、全资、控股单位负责本单位企业文化建设的实施。形成各有重点，"上下有别"，互相补充，共同提高的立体化企业文化建设体系。

特色性原则主要体现在"四个结合"、"三个统一"、"两个层面"上。在企业理念内涵上，尽可能反映行业特点和企业特色，国电集团"以电兴业、强企报国"的企业精神就体现了这一点。在企业理念数量上，只有三条，下属企业可以是八条、十条。这样既为基层企业开展企业文化建设提供了广阔空间，也有利于企业文化在基层落地生根。就理念体系而言，像一个金字塔，最上层是集团的文化理念，中间层是分公司，起承上启下之作用，下面是基层单位的文化理念。国电集团通过上上下下的努力，形成"对外旗帜一面，对内百花争艳"的特色文化。

打造严细文化　振兴传统产业

——中国石油吉林石化公司的企业文化建设

【企业概况】 中国石油吉林石化公司（简称吉林石化公司）坐落在中国东北部风光旖旎的吉林市，是集油、化、胶、塑、洗于一体的特大型综合性石油化工生产企业。其前身是吉林化学工业公司（简称吉化），是国家"一五"期间兴建的以"三大化"为标志的全国第一个大型化学工业基地。1954年开工建设，1957年建成投产。1958年经化工部批准，组建为吉林化学工业公司。1994年通过重组和股份制改造，创立了吉林化学工业股份有限公司，吉林化学工业公司作为母公司更名为吉化集团公司。1998年划归中国石油天然气集团公司管理。

【管理文化】 其核心理念表述为"以人为本从严精细管理"。吉林石化公司紧紧围绕建设严细文化，确立了"与企业共谋生存、与企业合力发展、与企业同创价值"员工理念，切实在以人为本从严精细管理上做到与正面引导教育、重奖重罚、民主管理、科学管理、企业文化建设及尊重、理解、关心、爱护员工六个结合，树立起"高标准、严要求、快节奏、求实效"的企业作风。

【发展文化】 核心理念表述为"发展慢了就要被淘汰"。速度就是市场，速度就是效益。吉林石化公司按照市场经济的要求，提出了"高标准创业，高水平创新"的创业理念，在真正建立起科学决策、竞争激励和监督约束三大机制的基础上，严格按照"四高"标准，快速抢建一批投资少、见效快、回报率高、技术先进适用、符合国家产业政策和公司发展方向的"四好"项目，全面加快公司创业发展步伐，努力营造出"共同创业、共同创新、共同创造"的浓厚氛围。

【经营文化】 核心理念表述为"企业围绕市场转，生产方案随着市场变，一切为了效益干"。只有破产的企业，没有破产的行业；只有饱和的思想，没有饱和的市场；市场是做出来的，市场份额相对于某个企业、某个产品而言，是无限大的。在激烈的市场竞争中，企业必须以市场为导向，密切跟踪市场、驾驭市场，严格按照市场的要求组织生产经营、确定生产方案，坚持以效益定销售，以销定产，以产促销，以销售保效益四者的辩证统一；以一流的质量吸引用户，以优质的服务感动用户，以双赢的理念拉住用户，通过采取零管理等营销策略，努力追求经济效益和社会效益的最大化。

【安全文化】 核心理念表述为"遵循炼化企业生产的客观规律，严细安全管理，确保本质安全"。吉林石化公司本着安全思想要严肃、安全管理要严格、安全制度要严密、安全组织要严谨、安全纪律要严明的"五严"要求，严细安全管理，引导干部员工牢固树立"安全工作永无止境"、"炼化企业的安全生产形势永远是严峻的"危机意识，突出强化最大的效益是安全，最大的损失是事故，最大的责任是安全责任，最大的隐患是麻痹思想、官僚主义和形式主义的责任意识，真正从人的行为习惯上全面加强安全文化建设。

【严细文化】 强化正面引导教育，增强“严细文化”的凝聚力。吉林石化公司立足于树立创业理念、培育创业精神、锤炼创业作风，通过各种媒体和各类会议，层层宣讲以人为本从严精细管理的重要性和必要性，引导广大干部员工强化“五种意识”，锤炼“五种作风”，倡导“五种精神”，使全体干部员工充分认识到，实现扭亏为盈和盈利持续增长的目标，必须遵循炼化企业生产的客观规律，适应装置对人的要求，全面实施以人为本从严精细管理，有效地树立起了“高标准、严要求、快节奏、求实效”的工作作风，增强了“严细文化”的凝聚力。

强化制度建设，增强“严细文化”的约束力。吉林石化公司注重以深化三项制度改革为牵动，做到在强化中固化，全面加强制度文化建设。在干部制度改革方面，吉林石化公司创造性地实施了科级以上干部末位淘汰、厂（处）长见习助理等一系列干部制度改革的新举措，极大地增强了全体干部的责任感、紧迫感和竞争意识，有效地解决了干部能上能下的问题。在用工制度改革方面，全面强化劳动用工合同管理，实行了员工末位淘汰制度，有效地解决了员工能进能出的问题。在分配制度改革方面，全面实施了《目标责任风险抵押管理办法》；利用创效奖、人才奖等方式，重奖为公司创业发展做出突出贡献的各类人员；把奖金分配与增创效益多少、贡献大小和承担风险大小直接挂钩，拉开了分配档次，有效地解决了收入能高能低的问题。两年来，公司先后制订和完善安全生产、经营管理等方面管理制度448项，全面建立起了适应“严细文化”要求的制度体系，做到了事事有标准，人人有准则，有章可循，有章必循，有效的增强了“严细文化”的约束力。

强化学习型企业建设，增强“严细文化”的驱动力。吉林石化公司开展了以“建学习型企业，育高素质队伍”为主题的“大练兵、大比武、评状元”活动，以写身边人、学身边人、赶身边人、超身边人为主要内容的“写学赶超”活动，全面推行“星级操作员”评比制度，充分发挥博士后科研工作站作用，聘请博士进站工作，加强碳纤维、有机硅、苯胺等重点攻关项目的研究，并按照中油公司的要求，结合公司实际，建立了中油、公司和特殊人才三个层面的技术专家队伍，为打造一流的员工队伍、建设学习型企业创造了条件，有效地增强了“严细文化”的驱动力。

重视树立企业形象，增强“严细文化”的影响力。吉林石化公司遵循系统化、法治化、市场化，以人为本从严精细管理思想，首创了“六查六整顿”管理方法，并充分运用这一方法，从统一公司的标识入手，加强环境文化建设，树立良好形象；做到厂歌、建（构）筑物标准色样等九个统一。公司的厂容厂貌、干部员工观念和精神状态发生了巨大变化，起了强烈反响，重树了吉化的良好形象。

强化载体运用，增强“严细文化”的感染力。吉林石化公司组织开展了“七个一”活动：唱响一首歌、献出一片爱心、送上一份温暖、架起一座桥梁、每月一次升旗仪式、运用一个基地、每年开展一次系列体育活动。通过开展“七个一”活动，在公司上下形成了积极向上、拼搏进取、真诚协作、顾全大局的团队意识，有效地增强了“严细文化”的感染力。

融合创新塑形象

——东风汽车有限公司的企业文化建设

【企业概况】 东风汽车有限公司是东风汽车公司利用存量资产、日产汽车公司以现金形式共同出资167亿元于2003年7月组建的特大型中外合资企业，双方各占50%股份，现有员工7万余人，其中日方派驻人员100多人。合资不仅带来了新的技术、管理模式和管理思想，也带来了新的文化。同时，伴随着公司旗下零部件子公司与美、德、法等跨国公司的再次合资，公司的企业文化呈现多元化发展的局面。两年来，公司正确处理日产文化与弘扬东风文化的关系，正确处理继承与创新的关系，初步形成了共同的价值观，出现了中外员工互相尊重、互相学习、企业和谐发展的良好局面。

【跨文化沟通】 东风汽车有限公司的跨文化管理是以跨文化沟通为前提的，这种沟通是以尊重相互的差异、平等互信为基础的。公司借助东风电视台举办了两期由中日高管人员参加的《沟通》节目，探求东风与日产文化的差异。总裁中村克己先生两次受邀参加公司党委年度全委扩大会并讲话。在中期事业计划发布大会上，党委领导就党群组织如何服务中期事业计划作了发言，赢得了在场的几十名日产派驻员的热烈掌声。在今年开展的保持共产党员先进性教育活动中，乘用车公司党委针对所在事业部日方派驻人员多的特点，党委书记向乘用车公司日方总经理通报了党内开展教育活动的安排，取得了总裁的理解。

公司还从制度上探求与公司行政领导的沟通途径，先后建立了《公司总裁定期向员工代表通报情况制度》、《工会主席与公司总裁定期会晤实施办法》、《东风汽车有限公司员工代表大会实施细则》等制度。

【融合的原则】 先进性原则。在探索东风与日产企业文化的融合过程中，公司提出了“大胆吸收，各取所长；求同存异，兼容并蓄；融合提炼，突出特色”的基本工作方针，提出了努力建设既符合“三个代表”重要思想要求和国际公认准则，又体现时代的主旋律；既融合各种先进管理思想，又体现民族精神和东风特色的先进企业文化的总目标。

求同存异原则。合资后，公司碰到了对东风原有的经验、传统如何评价和对从日产导入的新方法、新观念如何认识的问题。东风和日产都是用自己独特的方法走过来的公司，要磨合成一种做法还需要时间。公司将建设富有包容性的文化，谋求双方更为广泛的双赢作为工作的出发点和落脚点，找寻共同的东西。

互相学习原则。合作双方尊重彼此的差异，敞开心扉互相学习、取长补短。为了让大家了解日产的管理思想和文化，公司翻译出版了日产总裁戈恩自述《再生》，组织全体高管学习，还请日产专家向高管人员介绍日产的管理框架、管理理念和文化；同时由东风的一名副总裁向日产派驻员介绍东风的历史和文化，引导高管人员充分了解东风、日产企业文化的差异，把握双方企业文化各自的优势。

创新原则。公司将“东风有限”的企业文化定位于反映世界潮流、体现时代精神、具有广泛包容性的多元文化，秉承东风优秀传统、吸纳日产优秀文化成果、代表“东风有限”人崇高精神和价值追求的特色文化。公司没有简单将东风与日产企业文化双方优势累加，而是将文化创新与企业经营创新结合起来，用实实在在的经营成果彰显文化创新的成效。

【价值观与行为准则】 公司把中期事业计划作为共同愿景，凝聚员工的智慧。公司发布了中期事业计划，将战略目标定位于“以持续赢利性增长来创造价值”，并明确提出：从2004年到2007年，商用车力争成为全球前三名的品牌，乘用车要成为中国最好的品牌之一，争取实现客户满意度第一的经营目标。公司党委主动参与了新事业计划发布工作，组织广大干部和员工收看发布会实况，并组织讨论，编印下发了宣讲提纲，请公司有关部门领导解读中期事业计划。各级党群组织把中期事业计划作为全体员工的共同愿景，引导员工正确认识中期事业计划带来的机遇与挑战，把员工的思想统一到推进事业计划和完成年度目标上来。

用共同的价值观统一员工的思想。公司在全体员工中积极倡导“诚信、业绩、变革、融合”的价值观。一是倡导诚信。这种诚信不仅表现在对客户的承诺上，还反映在公司内部股东之间、员工之间的以诚相待。二是崇尚业绩。引导干部、员工重视业绩，注重工作实效。三是推崇变革。树立改革、变革的思想，进一步推动体制、机制的创新。四是加强融合。注重教育引导员工以开放的姿态学习先进的科学技术、管理理论和管理方法，致力于“东风有限”利益最大化。

用《员工手册》规范员工行为。公司在员工中开展了“四项教育”活动，即法律法规教育、合作双赢教育、目标责任教育和职业道德教育，帮助员工实现从身份转换到心理转换。

用效率优先理念激励员工。公司实行全员KPI绩效评价与考核，建立起了与员工绩效评价一致的薪酬分配制度。同时，公司推行专业师制度，设计出了专业管理、专业技术、专业技能三条员工成长路径，各路径按职级又分为师、主管师、主任师、首席师四个层级，给员工留足了向上发展的空间。

【制度建设】 公司围绕管理与国际化公司接轨，成功构建了基本符合现代企业制度决策和管理要求的体制，建立了以事业计划为核心、逐级细化的目标管理及业绩考评机制。首先，公司进行了业务流程再造；其次，启动了以财务信息化为中心的“领航计划”；再次，推进工厂合理化和QCD改善，全面导入精益思想和精益模式，促进了企业运营质量的提升。

公司注重发挥企业制度的引导作用，催化员工观念的转变，注重跟进新制度的导入，抓好子文化建设。一是目标文化。围绕公司目标，组织每个单位、部门、员工精心制定自己的年度必达目标和挑战目标，同时对该目标作出承诺并努力完成。二是团队文化。宣传跨职能团队在完成公司事业计划的作用，教育员工主动开展个人之间的沟通，树立团结协作意识，积极做好跨部门之间的配合工作。三是执行力文化。大力倡导“说到做到”、“日事日毕”的工作作风，跟踪新事业计划的进展情况。四是改善文化建设。通过抓典型宣传、抓立项推进，引导广大员工自觉地参与到QCD（质量、成本、交付）改善当中。如今，公司员工形成了“凡事不拒绝改善”，“不说不行的理由，寻找可行的办法”的良好习惯。

【拓宽与创新】 发挥党群组织在企业文化融合中不可替代的重要作用。公司党委把参与、研究、推进文化的融合，作为参与企业管理、发挥政治核心作用的重要切入点，与行政部门共同成立了宣传传播委员会，搭建企业文化建设平台；还利用党群部门掌握的各种宣教资源，帮助员工充分了解东风与日产企业文化的内涵、特点及各自的优势，因势利导教育职工转变观念，改变思维定势，敞开心扉学习新的文化、新的管理知识。

借助创建学习型企业，推动企业文化建设。公司把创建学习型企业作为企业文化建设的一个重要方面，与业务流程再造联动，坚持全员学习、持续改善的思想，不断创新建设学习型企业的活动载体、方式，方法；坚持把建设学习型企业与打造一流团队有机结合起来，将学习贯穿于企业研发、制造、销售等各个环节；坚持把学习与工作有机结合起来，通过全员QCD改善活动推进学习的深入。

借助大型活动，外树企业形象，内增凝聚力。公司先后在北京发布了中期事业计划，组团参加了北京、上海、广州、武汉等汽车展览会，组织国内主流媒体和部分境外媒体到公司采访。2004年7月，公司组织了公司运营一周年庆典系列活动，邀请国内50多家中央和省部级媒体到公司采访，见报、见播各类文章908篇，对合资公司运营的情况进行全面报道，树立了公司的形象，提高了东风和尼桑品牌的知名度和美誉度，提升了东风和尼桑的品牌价值。

以人为本　追求卓越

——华电能源股份有限公司的企业文化建设

【企业概况】 华电能源股份有限公司原名为黑龙江电力股份有限公司，是于1993年2月18日由黑龙江电力公司等四家单位用1800万元发起成立的。随着全国电力体制改革的深入进行，该公司于2003年2月18日划入中国华电集团公司系统。截止到2004年末，公司累积为黑龙江省电力建设筹集资金26亿元，为国家和地方上缴税金近14亿元，公司按权益比例拥有发电装机容量269万千瓦，是东北地域最大的发电公司。

【企业文化建设】 华电能源的成功归根到底靠的是和公司事业发展同步建设的独具特色的企业文化。

"以人为本，追求卓越"的企业精神是华电企业文化的核心和精髓。

公司初创时期的企业精神是"高速、高效、忠诚、创造业绩、走向市场"，这一精神准确、简明地表述了一个新兴企业要在最短的时间内迅速成长并成为市场竞争主体的诉求，但随着企业初创目标的完成，这一企业精神已经不再是企业管理和发展的"主流"。

华电能源重新确定一个什么样的企业精神在一定意义上是给企业的管理和发展进行重新定位。公司领导在经营实践中认识到，虽然管理是企业永恒的主题，但管理的核心是人，人是企业的第一资源，是企业发展的根本动力，协调、改善、培养企业员工之间良性的人际关系是企业创造价值的动力保证。企业兴衰事，成败皆由人。基于这种人本管理的思想，公司确立了"以人为本，追求卓越"的企业精神。

事实上，确立"以人为本"的管理思想并不难，关键是如何实现"以人为本"。它需要企业既要重视人的物质需要又不能忽视人的精神欲求；既要考虑基本生存又要顾及发展和提高；既要制定严格的规章制度，又要激发人的精神内驱力。公司的经营领导者充分认识到了这一点，为员工赋予了"三种权利"，即生存权——为员工提供较优厚的工作报酬和较优越的生存环境；保障权——为员工参加各种社会劳动保险以解决其后顾之忧；发展权——为员工创造施展才华实现自我人生价值的空间和舞台。同时，在企业和员工之间建立"三条纽带"，即事业纽带是基础，物质纽带是保障，感情纽带是中介。"三种权利"和"三条纽带"相互作用，使员工和企业之间形成"我靠企业生存；企业靠我发展"这一共识。树立唯才是举的用人导向，形成事业留人、待遇留人、感情留人与文化留人的良性的人才队伍建设机制，培养和建立了一支高素质的员工队伍。

"追求卓越"要求企业在市场经济条件下，要遵循不求最大但求最好的经营法则，要把经营企业看成创作艺术品一样；不但要做成，而且要做得具有审美价值。华电公司1997年增发B股，创造性地运用了一次买断、闪电配售的方式，创造了当时国内三个"第一"：首先是发行方式的创新，这一创新使公司和新投资者风险降到最低；二是在一年之内B股发行价格超过A股发行价是全国第一家；三是创发行市盈率最高的纪录。2002华电公司获得证监会批准发行可转换债券资格，成为黑龙江上市公司和全国电力上市公司发行可转换债券的第一家。2003年公司发行可转换债券，创造了当年认购倍数最高、认购资金最多的证券市场新纪录，为公司发展募集了资金。2001～2003年，华电能源硬是凭借"追求卓越"的企业精神，完成了收购哈三电厂这一黑龙江省有史以来最大的一宗资产收购案例。

确立"创造佳绩，报效祖国"的企业宗旨，使企业文化建设进入更高的境界。

从一定意义上说，赚钱虽然是企业的目的之一，但企业的最高境界在于满足人民日益增长的物质和精神的需要。鉴于此，华电能源于1995年在工作会议上明确了企业的宗旨是"创造佳绩，报效祖国"。

报效祖国不是空洞的，华电能源从1800万元起步，短短11年时间，净资产达33.88亿元，增长了187倍，实现了国有资产的巨大增值，累计为黑龙江省电力建设筹集资金26亿元，为国家和地方纳税近14亿元，为股东分配现金逾10亿元。同时，公司积极参与社会公益事业，先后向"希望工程"捐资10万元，在青冈县红升村兴建了"龙电前进希望小学"；向"夕阳红工程"捐资100万元；向"下岗再就业工程"捐资10万元；特别是在1998年超百年一遇的洪水面前，公司先后向黑龙江受灾地区和哈尔滨市捐资600余万元。公司这些义举都极大地促进了企业的精神文明建设，激发了员工的社会责任感和爱国热情。

形成"规范、创新、效率、发展"的经营理念，促进企业健康发展。

公司认为，在社会主义市场经济的形势下，"规范"是市场体系对企业发展的客观要求，更是企业实现健康发展的前提。在市场经济的环境中，企业必须依法经营，按章纳税，自觉遵守市场体系的各种规则，才能拥有一个宽松、和谐、有利于企业发展的外部环境。在企业内部，必须建立符合现代企业制度要求的管理规则，搭建有利于员工成长、成才的创业舞台，使员工在公平、公正的氛围中最大限度地贡献自己的才智。公司按现代企业制度的要求，形成了股东大会、董事会、监事会和经营管理者集体的法人治理结构，制定并实施股东大会议事规则、董事会议事规则和总经理议事规则，定期召开公司股东大会、董事会、监事会和总经理办公会，及时披露公司经营信息，如期公布公司季报和年报，严格按公司法和上市公司的运作规则规范运作。

"创新"是实现企业发展的动力和源泉。华电公司1997年就提出了公司管理以财务管理为中心，财务管理以资金管理为核心的管理理念，以此思想引导公司管理人员观念的转变，统领公司的经营管理活动，形成了公司的管理体系，创造了公司的管理特色。

"效率"是指员工工作高效率和资金运作高效率。作为经营管理近百亿资产的大型企业，华电公司总部员工仅40人，几乎每人都是一人多职、一职多能，公司员工几乎没有上下班的时间概念，节假日经常有大量员工战斗在工作岗位。市场经济的飞速发展，客观上要求企业员工必须要高效率、快节奏工作，才能满足企业发展需要，促进企业健康发展。公司根据这一思想，规定了账面资金停留的数额底限和时间要求，加快资金周转。

"发展"是企业最基本经营目标。华电公司仅用11年的时间，净资产从1800万元增长到33.88亿元，发电装机容量从设立当年的3.6万千瓦发展到现在的269万千瓦，成为东北地区最大的发电公司，成为黑龙江省和哈尔滨市财源骨干企业。

导入CI程，使企业文化建设系统化、规范化。

华电能源导入CI的动机产生于1993年末，但全面导入还是在1995年，随着企业规模的进一步扩大，管理的规范化，企业文化建设的深入，特别是A、B两种股票上市的公众企业，把一个什么样的企业形象展现给境内外投资者对企业至关重要。公司划入中国华电集团后，成为其核心企业；为了充分体现这一特性，更好地适应公司从区域性上市公司成为全国性上市公司的需要，公司于2004年7月1日由原来的黑龙江电力股份有限公司更名为华电能源股份有限公司，并全面导入中国华电集团视觉识别系统，运用新的企业识别系统，很好地借助了中国华电集团的无形资产。CI战略正是通过与鲜明的企业文化的完美结合，从而达到对内强化企业的凝聚力向心力，建立“命运共同体”的企业信念，对外传播企业精神，树立个性化的企业形象，最终在社会公众中确立牢固的形象认知、文化认同。

2004年，根据华电能源新的发展战略，即“要充分发挥公司在华电集团的主要融资窗口和发展战略主力军的作用，大力开展资本经营和能源开发工作，力争到2010年可控发电装机容量达到1000万千瓦，把公司创建成全国特大型电力上市公司”，制定了《2004～2010年企业文化建设规划纲要》，并以每年确定的主题为活动载体，坚持与华电集团公司理念相融合并具有“华电能源”企业特色企业文化的原则，对公司企业文化建设中的优秀成果发扬光大，对在新形势下不适宜的部分进行扬弃，完善坚持以人为本的管理理念，创建学习型组织，进一步发挥企业文化的效能，提高企业核心竞争力，推动企业战略目标的实现，保障企业的个性鲜明、不断创新、永续发展。

整合文化资源 铸造企业之魂

——中国大唐集团公司的企业文化建设

【企业概况】 中国大唐集团公司成立于2002年12月29日，其是在原国家电力公司部分发电企业基础上组建的特大型电力企业集团，是中央直接管理的国有独资公司，全国五大发电集团之一，资产总额近1800亿元，系统内近百余家单位和80000名员工分布在北京、天津、河北、山西等全国22个省、市、自治区。该公司组建以来，在整合文化资源、培育先进理念、组织文化活动、塑造优质形象方面做了大量的工作，为企业的快速发展注入了强大的动力。

【企业文化建设】 高度重视，强化领导，奠定坚实基础。2003年，公司制定下发了《企业文化建设规划》；2004年，该公司推出《企业文化发展战略》，推出了企业使命、企业精神等13条企业理念和比较完整的行为识别系统，拟定了“中国大唐日”、“快乐学习”等4项重点活动，制定了7个方面共30条行动计划。

健全网络，拓展阵地，为大力推进企业文化建设提供有效保障。该公司构筑了组织和传播两大企业文化建设网络，有效地实现了企业文化建设的“横向互动、纵向互动、内外互动”。“两大网络”建立可靠保障。该公司由思想政治工作部牵头，系统各单位思想政治工作部都要设立相应的企业文化机构，以此建立上下贯通、横向互动，各个部门、各个领域共同参与的企业文化组织网络。此外，该公司先后创建了《中国大唐》报、中国大唐网站和中国大唐电视中心，形成了比较完整的企业文化传播网络。“三个互动”提升工作效能。一是横向互动，即各专业、各部门、系统内各单位之间的文化互动。二是纵向互动，即集团公司与系统各单位之间，领导与员工之间的文化互动。三是内外互动，即集团公司与外部文化环境的互动。通过“走出去、请进来”的方式，加大企业文化建设经验的学习、借鉴力度，加强与中国企业文化研究会等国内企业文化专门研究机构的交流，拓展企业文化建设的视野。

分步整合文化资源，建立强势一致的集团文化。宣导企业识别系统。2003年该公司着手进行企业视觉识别系统（VI）的导入工作。5个月后，完成视觉识别系统手册，公司标识开始在系统内全面推广使用。2005年，该公司又将理念识别系统暂定稿的宣传和行为识别系统的导入作为一项重点工作全面铺开，允许并鼓励系统各单位在坚持共性的前提下建设富有个性的“子文化”。培训企业文化建设骨干队伍。自2003年下半年开始，该公司先后举办了企业文化骨干培训班、集团公司直接管理干部培训班近20期。开展丰富多彩的文化活动。近三年来，由集团公司组织的大型企业文化活动10多次。系统各单位也立足实际，围绕生产经营工作，积极组织企业文化节、广场文化晚会等各类文化活动超过1000项。

通过企业文化的引导、培养和激励，形成了六种精神：自强不息、艰苦创业的拼搏精神。面对集团公司组建初期机组小、人员多、亏损严重、基础设施薄弱、企业发展后劲不足等问题，职工中涌现出了忘我工作的“疯子精神”、“傻子精神”；有赤峰赛罕坝风电场员工在雨雪交加、狂风大作的草原上创造的“吃风沙精神”；有延安电厂在两台机组面临关停退役时做到“人心不涣散，工作不停步，标准不降低”的“延安精神”。高效行事、争创一流的进取精神。该公司坚持以战略引领、稳中求进、少说多干、务期必成，集团公司的综合实力由组建初期的五大发电公司第四位上升到第二位，发电量增长率连续两年超过21%，创造了电力工业史上的罕见纪录。严谨细致、务期必成的执行精神。该公司广泛开展“树立零违章理念，创建无违章企业”、“党员身边无事故”、“安全活动月”等安全文化建设活动，企业的安全管理水平大大提升。主动应变、敢为人先的创新精神。该公司以信息化建设为手段，推出四大管理举措：一是创建“一流发电企业”和“一流指标”；二是组织构建集团公司标准化管理体系，推行现场作业标准化；三是坚持以人为本，全面开展职业压力研究和管理；四是开发并成功运用了文明单位创建三级考核管理信息化系统。服务社会、勇担重任的大局精神。该公司坚持服务首都、服务社会、服务人民的宗旨，在系统内营造了“讲政治、讲大局、讲责任、讲诚信”的良好氛围，树立起了“求真务实、诚信守约、大局为重、敢担责任”的企业形象。互帮互助、和谐发展的团队精神。集团公司系统各单位的发展态势不平衡，尤其是陕西、甘肃的一些老小电厂，机组小、人员多、亏损严重。该公司组织人员多次深入现场调研，制定了脱贫帮困的系列行动方案，稳定了人心，凝聚了力量。

安全文化夯内实　服务文化塑外形

——北京铁路局的企业文化建设

【企业概况】 北京铁路局是以运输服务为主的国有大型企业，管辖铁路营业里程全长4701.4公里，车站484个，配属机车1730台，配属客车3016辆，下辖单位97个，分为车务、机务、工务、电务、车辆、供电、后勤等七个系统，职工总数21万多人。年货物发送量21000万吨，旅客发送量12875万人，运输收入192.3亿元。北京铁路局把“确保铁路运输安全，提供高质量运输服务”作为企业发展的首要任务，紧紧抓住安全和服务两个重点，以安全文化建设夯内实，以服务文化建设塑形象，努力建设具有北京铁路局特色的企业文化，大力促进文化力向铁路运输生产力的转化。2002年获全国“五一”劳动奖章，连续多年获铁道部资产经营责任制考核优秀奖。

【确立价值观】 安全是铁路企业的生命线，没有安全什么事情都干不成；服务是铁路运输的最终体现，一切经营管理活动最终要落实到为旅客货主的服务上。北京局地处首都，安全和服务更具特殊意义，因此北京铁路局把安全和服务作为企业文化建设的重点，在运输服务上确立了“一切为了旅客货主”的价值理念，提出“旅客的需求就是我们的追求”、“没有旅客的不对，只有我们的不足”、“辛苦我一个，方便每一人”等服务理念。在安全生产上，确立了“安全是天”的价值理念，提出“日行几千里，走好每一步”、“岗位有我在，安全请放心”、“在岗一分钟，负责六十秒”、“只为安全想办法，不为违章找理由”等工作理念。

【运用典型示范】 北京铁路局先后总结了唐山机务段“以企业文化建设为突破口凝聚职工队伍”、邯郸机务段“加强企业文化建设，深化思想政治工作”、石家庄供电段“理念渗透、制度保证，提升安全管理水平”等经验，在机务、工务、车辆、客运等系统召开的会议进行推广交流。在服务窗口单位，北京铁路局总结提炼优质服务品牌，在全国推出了“有困难我来办”的“036”先进群体；在全路以及所在省市推出了“给旅客家的温馨”的北京西站王凤莲；“温馨待客诚信为民”的天津站玉霞服务组；“不让旅客带着遗憾走”的石家庄站杨惠兰，以及创造“个性服务法”的北京列车段Z21/22列车等先进典型，通过大力宣传他们的事迹，在全局营造了进取向上的文化氛围。与此同时，北京铁路局针对许多站段都是百年老段有着深厚文化积累的特点，重视文化资料的积累和优良品德的传承。他们把丰台机务段的“毛泽东好机车组”作为一面旗帜，作为企业文化建设的一个亮点，建立了“毛泽东号”展室，组织职工参观学习。经过对全局先进人物、优良传统和历史名胜的挖掘和整理，全局已经建设了12个文化展室，这些展室成为该局文化建设的主要阵地和文化景观。

【整合管理机制】 北京铁路局把职工教育培训作为刚性任务，每年组织职工参加学习培训。同时建立竞争选才、岗位育才、重奖英才的管理办法，初步形成了各种实用人才脱颖而出的管理机制。人才的培养加快了科技创新的步伐，TMIS系统在铁路运输上投入运用，货车动态跟踪信息管理系统实现了全局实时收集，客票预售系统、货运制票系统、车站现在车系统软件进行了全面升级。2004年以来，全局完成科技攻关项目65个，科技示范性推广项目16个，完成铁道部和路局级科技成果鉴定23项，技术审查32项。与此同时，大力推动铁路管理制度和机制的创新，努力把文化渗透到制度，让制度体现出文化。在安全管理上修订了19项制度和办法，形成了北京铁路局安全责任落实、职工教育培训、行车规章管理、设备质量保障、安全预测分析等八个方面的管理机制。在运输服务上，按照“一切为了旅客货主”的价值理念，重新修订了服务岗位各个工种的工作规范和标准。

【提高文化品位】 环境是企业文化的外在体现。人改造环境，环境改变人。北京铁路局坚持把环境建设作为企业文化建设的重要内容，组织职工建设属于自己的美好环境，并在绿化美化的基础上，加大环境的文化含量。比如，唐山机务段修建的喷泉命名为“安泉”，花亭叫“平安亭”，绿色长廊叫“安心道”等，处处体现了安全文化。许多单位用废弃的物料修建立体雕塑，把铁路安全生产的告诫和期待蕴涵其中。在站车服务设施上，充分考虑旅客旅行需求和审美需求，根据季节的不同使用不同颜色的窗帘、台布，在旅客休息的地方设置鲜花，为旅客免费提供报纸等，不断改善旅客的旅行环境。在铁路沿线工区、所点，开展建“家”活动，建立小图书室、小健身房、小学习园地等，丰富了职工的文化生活。为把站车建设成为社会主义精神文明的窗口，北京铁路局率先在北京站、北京西站、天津站、石家庄站开展“树标塑形”活动。北京站、北京西站修建了无柱雨棚，铺设了高站台，增加了信息服务设施，整顿了候车室售货服务区等。场区环境的美化和优化，提高了文化品位，强化了企业文化的影响力和凝聚力。

【注重习惯养成】 把思想理念转化为行为习惯，是企业文化作用于企业发展的一个重要过程。北京铁路局通过开展各具特色的活动，吸引职工广泛参与，让职工在活动中受到启发、受到教育，促进良好行为习惯的养成。比如，开展安全生产大家谈活动，发动职工讲自己在安全生产上的点滴体会，引导职工认识自己在铁路这个大动脉中所肩负的责任；开展企业精神、企业价值理念征集活动，引发职工对企业发展问题的思考；开展群众喜闻乐见的各种文体活动，使大家在共同的兴趣和爱好中陶冶情操、融洽感情、增强沟通和了解；开展岗位劳动竞赛活动，激发职工劳动热情和创新精神；开展“假如我是一名旅客”的换位思考活动，使大家体会旅客在旅行中的需求等等。该局注重发挥工会、共青团各级组织的作用，通过丰富多彩的活动，渗透先进文化的引导和启示，引导职工自觉地把个人理想与企业发展目标融为一体，树立正确的职业理想和职业信念，养成良好的职业习惯。

【构建和谐企业】 北京铁路局把“和谐”作为一个目标，一个追求，一个价值判断，渗透到安全文化和服务文化建设中。路局制定下发了《全心全意依靠职工办好企业的措施》，采取多种形式，拓宽民主渠道，切实加大民主管理和民主监督的力度。通过厂务公开、职工代表大会和联席会议、民主公开等形式，让职工了解企业的重大决策、人事任免、投资取向、收支状况、经营策略。开展合理化建议征集、科技攻关立项、职工代表视察、专项工作调研等活动。坚持为职工办好事，解决职工物质、精神方面的需求。多方筹集资金设立助学帮困基金，开展冬送温暖、夏送清凉、平时送关爱等活动，用亲情和关爱融洽党群、干群关系，让职工时刻体会到组织的温暖。

文化为魂凝聚队伍
报效社会展示形象

——北京现代汽车有限公司的企业文化建设

【企业概况】 北京现代汽车有限公司成立于2002年10月16日，为中韩合资的轿车生产企业，是由北京汽车投资有限公司和韩国现代自动车株式会社共同出资设立的，注册资本27.1亿元人民币，总投资45亿元人民币。中韩双方各占50%的投资比例，合资期限30年。北京现代坐落于北京顺义林和工业开发区，占地面积66万平方米，建筑面积22万平方米，现有员工3800人，已具备年产轿车30万辆的生产能力。拥有索纳塔、伊兰特、选胜、御翔等轿车产品系列。北京现代人以“兴北京工业、创现代辉煌”为使命，从零起步，在开业的第一年——即2003年，就完成了55万辆索纳塔轿车的生产，实现销售收入87.71亿元人民币，利税36亿元人民币。

【文化理念】 作为一个新组建的合资企业，中韩双方两种不同文化从撞击到理解，最后融合成了崭新的跨国文化。北京现代的员工队伍，是一支从四面八方、五湖四海汇集到一起来的员工群体。对于这样一只缺少共同认知理念的员工队伍来讲，企业文化建设是形成企业向心力、凝聚力及团队合力的重要基础。

北京现代党委、工会在员工中开展了企业精神的征集活动。短短一周的时间内共收到征集方案100余条，最终将北京现代的企业精神确定为“追求卓越品质，共创幸福生活”。这是全体中韩双方员工共同认同并信守的经营宗旨、价值观念、职业道德及行为准则的综合反映。

北京现代在快速发展的同时，努力按照“社会主义物质文明、精神文明、政治文明”一起抓的思路，以“创一流企业”作为基本目标，通过精益管理、人本管理，不断开拓创新，整合有利于企业发展的各种力量，协调企业内外的各种关系，维护企业各方合法权益，并以企业文化建设这个大平台把这一切串联起来。

为把中韩双方员工整合成一个以跨国文化为基础的现代企业团队，北京现代党委及时组织收集中韩交往的事例，增进了中韩员工的了解和彼此的团结。

卢载万总经理把北京现代比作两个轮子：一个轮子是“经营管理委员会”，一个轮子是“工会委员会”。他说，只有两个轮子转速保持一致，才能够保持经营的正常进行。北京现代的企业理念是“三个最好”、达到“三个满意”。即：用精细的经营管理创造最好的回报，让股东满意；以舒适的现场提供最好的工作环境，让员工满意；靠完美的汽车开辟最好的生活，让顾客满意。这种理念，完全突出了企业的特点，实现了中韩文化的融合，体现了企业以质量为中心、以用户为中心的目的，得到了公司全体员工和社会各界的认可。

北京现代企业形象的策划，以由理念识别、活动识别、视觉识别所组成的北京现代识别系统为载体，将北京现代的经营理念和企业文化传达给社会，并引导其对北京现代产生一致的认同感，从而建立北京现代的有鲜明个性的企业形象。北京现代企业文化的核心是：艰苦创业的拼搏精神、锐意改革的创新精神、争创一流的攀登精神和心怀首都的全局精神。

【品牌文化】 北京现代坚持以人为本，切实做到股东、顾客、员工“三个满意”。在树立科学发展观问题上，认真把握好企业发展速度与产品质量保证之间的关系；把握好CKD生产引进与自主研发之间的关系；把握好抢占市场与品牌培育之间的关系；把握好当期利益分配与企业实力打造之间的关系；把握好艰苦奋斗与合法权益之间的关系；把握党管人才与企业人力资源开发之间的关系。把人才队伍建设作为各项工作的重中之重，特别注重企业科研人才队伍的培养。

作为北京现代制造业的龙头企业，北京现代以“为中国人民的幸福生活创造一片美好蓝天”作为企业的最高价值。北京现代通过赞助“北京现代汽车足球队”、第5届全国城市运动会、北京首届国际戏曲节等重大活动，向公众广泛传播北京现代“奋发进取，勇于贡献”的企业形象和“创新、时尚、俊朗”的产品形象。

北京现代把支援教育事业作为一项义不容辞的民族责任。企业先后向顺义区数所小学捐赠价值30多万元的电脑，出资组织多所小学的60余名学生与北京现代员工子弟参加了“触摸高科技，欢乐向未来——我是现代小记者”为主题的“六·一”儿童活动。2004年6月28日，北京现代向清华大学汽车工程系捐赠8台发动机，为改善清华大学汽车工程教育的教学条件尽一份力量。2005年9月，在抗日战争暨世界反法西斯战争胜利60周年之际，北京现代汽车公司举办了为期6天的“北京——平型关——延安”自驾车红色之旅大型捐资助学公益活动，为宝塔区、安塞县8所小学捐赠了60台电脑、25000余册图书和70多箱文体用具。

北京现代大力支持和推动中国体育事业的健康发展。2003年3月，北京现代用1.18亿元人民币取得对原国安足球队的三年冠名权，不但支持了北京足球事业的发展，也扩大了北京现代的企业知名度。当第5届城市运动会在湖南长沙举行时，北京现代向运动会提供了300辆公务用车。在2004年5月，北京现代还耗资120万元人民币组织了以索纳塔和伊兰特为参赛车型，横跨6省、18个城市的警务汽车拉力赛。北京现代在推行体育营销的同时，也为北京市，乃至全国的体育发展做出了应有的贡献。

在2003年“非典”病毒横行之际，北京现代把“两个确保”和“两个成为”做为自己的行动指南：即在防治非典方面，做到确保不因管理的疏漏而使一名在企业工作的人员受到感染，确保不因抗击非典的工作影响全年生产经营目标的完成；在促进发展方面，做到使企业抗击非典的各项工作成为提升企业经营管理能力、增强企业凝聚力、促进企业文化建设的有效行动，使北京现代以扎实高效的经营业绩成为首都抗击非典和发展经济的坚强后盾。他们向北京市政府捐赠了10辆索纳塔桥车，并通过市政府奖给在战胜“非典”病毒科技攻关中有突出贡献的科技人员。

北京现代十分重视无形资产“品牌”的重要性。通过积极的企业宣传和多种营销活动，包括新品发布、广告赞助、媒介推广、试乘试驾、体育赞助和全国各大城市巡回车展等营销活动，不断提升其对外知名度和树立更加现代、练达的企业形象。他们在销售网络建设中以“4S”（即产品销售、售后服务、零部件配置、信息反馈）为标准建立销售网点，推出“零距离的温暖”售后服务理念，树立起良好的市场销售服务秩序和信誉。同时引进国际最先进的CRM管理，即从售车开始，跟踪客户到车辆报废，为客户提供持续的家人般的关怀及关注，不断提高消费者对北京现代产品的认知度、信赖度和忠诚度。

“为中国人民的幸福生活创造一片美好的蓝天”是北京现代的企业最高价值。从天然气燃料车的推出，到开发出适合于首都环保要求和国际化大都市形象的新型出租车产品，领跑中国环保汽车的高远志向已成为北京现代的企业追求。与社会互动是北京现代的生命线，回报社会是北京现代的指路标。北京现代时刻牢记自己是社会的细胞，是首都振兴现代制造业的马前卒。北京现代开业以来的骄人业绩正是中国改革开放伟大成果的一个缩影。

文化融合显优势

——攀钢集团成都钢铁有限责任公司的企业文化建设

【企业概况】 攀钢集团成都钢铁有限责任公司是2002年5月，由攀钢集团成都无缝钢管有限责任公司和成都钢铁厂联合重组成立的钢铁联合企业。目前是国内品种规格最齐、生产规模较大的无缝钢管生产企业和西部地区建筑用钢材骨干生产企业之一。重组以来，公司实现销售收入和利税翻一番，销售收入连续三年名列成都市工业企业第一名，先后荣获四川省工业企业10强等诸多殊荣。

【企业文化建设】 攀成钢公司重组成立后，按照“内化于心、固化于制、外化于形”的实践模式，以“一个企业、一支队伍、一个中心”的“三个一”思想为指导方针，以文化融合带动公司的制度融合、管理融合，形成“1+1>2”的优势，促进了攀成钢的稳定协调健康发展。

重组前的成都无缝钢管厂和成都钢铁厂都是20世纪50年代末建设起来的老钢铁企业，在各自的发展历程中都形成了自己独有的企业文化和价值理念，规章制度、工作作风也各具特色。为了使企业文化建设步入制度化、规范化、系统化轨道，成功地把近2万名职工团结起来，凝聚在一起，攀成钢公司成立了公司企业文化建设领导小组，明确了成员单位的职能职责，根据攀成钢实际情况制定了《攀成钢企业文化发展规划》。确立了企业文化建设的总体目标是用三年时间构建起符合企业发展战略，体现职工根本利益，反映企业特色的企业文化体系，最终实现企业文化与企业战略的和谐统一，企业发展与职工发展的和谐统一，企业文化优势与竞争优势的和谐统一。

企业重组后，攀成钢广泛发动干部职工积极参与企业文化建设，共征集到群众提出的1000多条企业精神理念用语、将近100首厂歌歌词，400余条企业文化建设的意见和建议。并在此基础上提炼出了以“艰苦奋斗、永攀高峰”为核心价值观的11条攀成钢文化理念。确定了企业宗旨是“制造精品、创造未来”，旨在弘扬国有企业爱国主义精神，体现了公司实施精品战略，打造钢铁精品，实现精品强国的使命感，为此公司提出了建设世界一流水平的无缝钢管精品基地、国内一流水平的建筑钢材精品基地和攀钢产品深加工基地的目标。通过科学持续发展，创造企业、员工、社会的美好未来；实现企业强，员工富，环境美，贡献大。激励广大职工自觉把自身利益和企业利益、国家利益联结在一起。共同为做强、做大国有企业，发展壮大国有经济贡献力量。

确定的企业发展战略是以“做强核心主业，持续和谐发展”为主题。做强钢铁企业，增强企业核心竞争力；保持与社会、自然和谐发展；企业发展要顺天时、重地利、求人和。

确定的创业观是“创业青白江、建设新钢城”。公司提出以青白江作为成都市的工业高地，发扬创业的精神建成西南地区的新钢城；公司的全体职工都是新钢城的创业者、建设者，大家的事业在青白江、生活在青白江、成就在青白江。攀成钢将公司的发展目标与职工的发展紧密结合起来，为职工成才搭建平台，把职工的价值体现，创业激情，引导到建设现代化新钢城上来。在建设新钢城的事业中增强企业的向心力、凝聚力。

企业重组后，攀成钢以“科学、规范、高效、一流”为管理理念，重新整合规范了375个管理制度，加强了经济责任制考核体系，形成了攀成钢完整统一的管理制度体系，为公司完善企业治理结构，奠定了坚实的基础。

为将攀成钢文化理念内化于心、固化于制、外化于行，他们首先从塑造企业良好形象入手，基本完成了《攀成钢视觉识别手册》的编制工作，公司标准色、标准字和徽记广泛地被应用到公司厂区建筑、作业环境、公共设施、交通工具、工装服饰、户外标牌、办公用品、宣传画册以及各种媒体上，建成了能充分展示攀成钢历史和现代化钢城崭新风貌的攀成钢展厅，使之成为职工企业文化教育的阵地，宣传攀成钢良好企业形象的窗口，企业形象得到较大的提升。

为将公司理念转化为职工的行为规范，他们从职工的典型事迹中精选编辑了《创业青白江，建设新钢城》故事集。该书注重对故事人物和事迹进行提炼，使书中的主人翁和先进事迹成为反映公司文化理念的缩影，成为对公司文化理念的诠释和注解。此外攀成钢积极开展以“顾客满意、诚信共赢”为主题的营销文化建设，以“预防为主、遵章为先”为主题的安全文化建设，以“品质决定生存细节决定成败”为主题的质量文化建设的系列活动。通过建设营销、安全、质量三大于文化推动攀成钢企业文化的全面建设。

攀成钢注重以文化活动为载体，陶冶职工的高尚情操。大力开展丰富多彩、寓教于乐的群众性文化活动，既丰富了职工的业余文化生活，又满足了职工追求“全面发展”的兴趣和要求。每年组织以反映公司改革发展火热生活、讴歌公司新人新事新风尚为主旋律的文艺活动；开展培养团队精神的文体活动；成立了攀成钢文联，出版《攀成钢文艺人》繁荣公司的业余文艺创作，以公司文化、生产经营为主题的美术、书法、摄影展览；每年举办多次职工文艺汇演、火炬接力、游泳、乒乓球赛等各种文化体育活动，为职工提供健康向上的文化产品，满足职工求知、求美、求乐的精神文化需求，不断提升职工的文化品位，陶冶职工的思想情操，提高职工的归属感和自豪感。以此激发和充分展示广大职工奋发有为、开拓创新的精神风貌和文化素质，传达公司欣欣向荣的景象和做强做大、加快发展的信心和决心。这些活动一方面陶冶了职工的高尚情操，营造了昂扬向上的精神氛围，另一方面也多渠道、多方面地推动了企业文化建设。

三大战略推动企业发展

——本溪钢铁(集团)起重机制造有限公司的企业文化建设

【企业概况】 本溪钢铁(集团)起重机制造有限公司是本溪钢铁集团下属的集研发、设计、制造、安装、大中修为一体的大型起重运输机械专业制造企业。该公司于2000年通过ISO9001:2000国际标准质量体系认证，拥有国家A级特种设备(起重机械)制造许可和A级特种设备(起重机械)安装改造维修许可及建筑业起重设备安装工程专业承包一级资质，能够设计生产十大类260余种产品。其主导产品大型冶金铸造起重机的起升能力已达260吨，成为我国冶金行业惟一一家能够制造大吨位冶金铸造起重机的企业。

知识经济时代要求企业管理进行变革和创新，特别是要注重文化力在市场竞争中的作用，正是这种思想指导本钢起重机制造有限公司坚持发展创新理念，按照市场规律办事，实施产品、人才、品牌三大战略管理，推动了起重机公司的快速发展。

【实施开发战略】 本钢起重机制造有限公司的起重机产品开发战略分为三个阶段。首先企业意识到依靠备件加工和设备检修只能暂时维持现状，企业只有生产出自己的产品，才有生存和发展的潜力。因此，逐渐形成了开发起重机产品的意识，战略筹备工作也就此拉开帷幕。第二步是知难而进实施战略计划。创业之初，技术力量、操作工艺、设备参差不齐，该公司做到“发展中遇到什么问题，我们就着力研究解决什么问题。”从总体战略到具体战略，从核心战略到分层战略，该公司都通盘考虑。投资近600多万元，先后购置了钢材预处理、铸铁平台、无损探伤等十余台生产和检测所需的重要设备；请专家学者教授进厂授课，培养了一批专业技术人才；兼并了原矿建公司大修车间，不仅解决了大修车间工人就业问题，还解决了公司施工场地狭小及技术工人力量不足问题。第三步是调整产品结构，设计快速发展战略。1999年初，起重机厂按照现代企业制度要求顺利改制成为有限公司。该公司抓住机遇，制定了以调整产品结构，开发新产品为先导，各项管理工作、技术储备、职工素质、企业文化建设等共同发展的《十年远景规划及设想》。

2004年，该公司还抓住东北老工业基地振兴机遇，把做强做大的目标提到更高的标准，开发设计制造了四台240吨、260吨两类起重机顶尖级新产品，使桥式起重机系列达到顶峰。同时还在桥头地区建设一个近4万平方米的装备优良的制造基地，建成后年制造能力提升四倍，每年产值可达1.5亿~2亿元，产品可向港口用起重机、船舶钢结构，国外设备钢结构方面开发，从而成为集研发、制造、安装为一体的具有国际竞争力的企业。

【以人为本】 该公司把人才战略作为核心战略来实施，采取借用高级人才、引进急需人才、培训自身人才等方法进行开发利用,保证了企业发展的良好势头。

首先,大胆引进高层次人才,充分利用企业外部人力资源。公司开发起重机产品战略确定后,由于缺少人才,产品设计开发缓慢,严重制约企业快速发展。公司冲破体制上的种种限制,先后聘用了大连理工大学硕士研究生导师、起重机研究所所长孙国杰教授,本钢学科带头人李虎臣高级工程师和机械、电气、液压、金属材料、工艺等高级工程师六名。高层次的人才的加入,使公司在极短的时间内就开发出一系列起重机生产方面的先进技术,占领了技术制高点,不断地向市场投入新产品,一些产品已达到国际同类产品的先进水平。

其次,培养自身人才,全面提高员工素质。通过全方位、多层次、经常化、多样化的培训和教育,建起了完善的员工培训与发展体系,为人才的成长创造了良好的文化环境。一是鼓励员工自学成才,为他们业余时间进修大专课程创造条件,学成有奖。二是岗位技能培训,每年进行一次,考试合格发给上岗证书。高级操作工人已达到职工总数的30%。三是经常性地组织学习培训和知识讲座。公司与大连理工大学签订了全面技术合作协议,校方负责公司员工新技术的培训。四是以现场指导、技术比武、岗位练兵等活动方式进行培训。高等学历人员比重已达到员工总数的1/4,员工整体素质得到了提高,且已形成了人才储备。

第三,实施有效的激励,激发人才的潜能。对能力强,技术拔尖人员实行特殊奖励,对有突出贡献的可享受300~2000元六个级别的奖励津贴;在销售和设计人员中,实现效益和效率挂钩计件的办法,上不封顶,下不保底;在管理人员中实行岗薪制,封存档案工资,实行新的岗薪,按能力和责任、贡献大小付酬;工人实行计件,充分体现按劳分配。办法的实施,有力的调动了员工积极性,利于吸引人才和留住人才。

第四,实行干部竞聘上岗和工人用工制度改革。公司在干部使用上引入了竞争机制,制定了完整的干部测评和绩效考核制度,提高了干部整体素质。在用工制度上,打破过去上班就有工资的铁饭碗制度。大力改革工资制度,管理岗位实行岗薪制、操作岗位实行技术能手津贴制、技术岗位实行贡献奖励津贴制、新入厂的大专毕业生实行高起点的最低工资制等。

【实施品牌战略】 本钢起重机制造有限公司在实施品牌战略上,以顾客满意为核心,追求先进设计、制造一流产品,实现出厂产品合格率100%、客户意见受理率100%的质量目标;在实施过程中,紧紧抓住生产领域中的产品质量关和流通领域中的服务关,形成了具有特色的品牌文化。

以质量打造品牌。公司建立健全了质量保证体系,按照ISO9001质量标准实行全员、全方位、全过程质量控制。每台起重机的制造,从合同评审到销售出厂都有严格的检验程序。特别是生产制造过程,公司制定了“三检”制度,要求操作人员遵守制造工艺,严格按图纸工艺施工操作,确认每道工序质量。如下道工序对上道工序不检验,出现质量问题由下道工序负责,保证每一焊缝、每一尺寸、每一部件无缺陷。为了使产品质量把关制度化、经常化,公司把产品质量的好坏和工资制度牢牢地挂钩,把产品的一级品,二级品、次品等都规定了不同的工资系数,有力地确保了产品质量的提升。

以服务打造品牌。本钢起重机制造有限公司认识到:一个商品如果没有服务支持,就达不到应有的功能。制造业本身不能就产品卖产品,必须围绕产品的开发,为客户提供优质服务,创建客户认同的服务文化,这才是确保企业永续发展的必要条件。

公司针对“以服务打造品牌”采取的保证措施主要有:一是迅速反应,瞬间服务,尽快解决;二是遵守合同,做到有诺必践,一诺到底;三是对客户提供个性化服务,生产前进行技术评审,按客户提出的技术参数、结构、造型、性能、颜色等方面的要求进行生产;四是坚持售后回访制度,对售出的产品必须在三天内进行回访,认真听取用户各方面的意见和评价,做好回访记录,填写意见反馈单;五是对客户操作人员进行免费培训,派专业人员向客户操作者进行现场实际操作培训;六是对全体员工进行创新服务培训,提高全体员工用心服务、用智服务、用情服务的本领,促进服务体系进一步完善。

树立创新观念后实施的“三大战略”,使本钢起重机制造有限公司在市场竞争中站稳了脚跟,并一步步向前发展。该公司的产品在国内已进入上中等的水平,已经能够和国内最大的一些起重机企业竞争订货。该公司的产品市场也在逐渐扩大,铸造起重机销售市场已开始向国内多个钢铁公司扩大,塔式起重机产量和销售量也在明显提高,皮带运输机和工业除尘设备也已形成规模生产,批量进入市场。

力创股市蓝筹　打造百年招银

——招商银行的企业文化建设

【企业概况】 招商银行成立于1987年4月8日,是我国第一家完全由企业法人持股的股份制商业银行。招商银行已从当初偏居深圳蛇口一隅的区域性小银行,发展成为了一家具有相当规模与实力的全国性商业银行;初步形成了立足深圳、辐射全国、面向海外的机构体系和业务网络,取得了令人瞩目的业绩。招商银行人均效益、股本回报率等重要经营指标位居国内银行业前列,连续获得了“中国本土最佳商业银行”、“中国十佳上市公司”、“最具影响力企业”、“中国最受尊敬企业”等多项殊荣。2004年,招商银行荣获“中国企业文化建设十佳单位”;2005年10月,招商银行荣获“2005年度全国企业文化优秀奖”。

招商银行的企业文化(以下简称招银文化)是在招行艰苦创业的历程中,在日常经营管理的实践中,在全行干部员工认识不断提升的过程中总结提炼出来的。从初创期创新导向的“创业文化”到目标导向的“规模文化”,再到规则导向的“风险文化”，继而向更高层次的“管理文化”演进，招银文化内涵和外延，内容和形式都与时俱进，不断得到充实和提高。

【企业愿景】 招商银行创业初期，员工待遇较低，可绝大多数员工仍然胸怀神圣的使命感和责任感，为招行的事业忘我奋斗。员工的精神动力来自于作为创业时期企业文化建设主旋律的理想信念教育，以及“力创股市蓝筹，打造百年招银”的宏伟愿景。

1988年9月，成立一年多的招商银行就制定了《招商银行十年发展设想》，提出用十年的发展使招行成为“实力雄厚、管理科学、手段先进、多功能、社会化、国际化”的股份制商业银行。共同的理想和信念激发了员工精诚团结、勇于开拓的精神，使招行迅速成长起来。

1996至1997年间，招行历经近十年发展，创造了辉煌业绩，员工在收入待遇上也得到了改善。部分员工在一定程度上滋生了松懈懒惰的思想。为了遏制这种苗头，招行确立了新的奋斗目标，提出要把招商银行建设成为“管理先进、服务一流、信誉卓著”的现代化商业银行，并围绕这一新的奋斗目标在全行开展深入的理想教育，激发了全行员工新的创业热情，增强了全行发展的动力。

2002年，招行正式形成了“力创股市蓝筹，打造百年招银”的愿景，这不仅彰显了招商银行立志成为一个“规范经营、业绩优秀、受社会尊敬、受客户信赖”的基业长青企业的愿望和承诺，进一步明确了企业未来的发展方向，而且也充分表达了招行人与时俱进，积极实践“三个代表”重要思想的决心与素质。

【经营理念】 招商银行在经营管理实践中始终强调以市场为导向，不断地进行产品和服务创新，以满足客户日益增长的金融服务需求，形成了“因您而变、因势而变”的经营理念。它不仅是一种目标追求，更是一种思想方法。

首先，招行人坚持做到了一切以客户为中心。20世纪90年代中期，当其他银行还在坐等客户上门时，招行的信贷员已经不辞辛苦，深入车间厂矿，为企业提供全面、周到、及时的服务；当其他银行的储蓄员还坐在高高的柜台后享受冷气时，招行人已经在烈日炎炎下支起了大红伞，不厌其烦地向每一个路人介绍招行的“一卡通”。正是这种“一切从市场出发”，“急客户所急，想客户所想”的工作态度，不断感动着“上帝”，为招行赢得了市场，争取了发展机会，树立了良好的社会形象。

在成长壮大的过程中，招行人未雨绸缪，清醒地认识到，仅仅依靠微笑和热情是无法满足客户不断提升的服务需求的。招行人以敢为天下先的精神，在业界率先通过各种方式改善客户服务，构筑了网上银行、电话银行、手机银行、自助银行等电子服务网络，为客户提供“3A”式现代金融服务，带动了国内银行业服务观念和方式的变革。还致力于为高端客户提供量身定制的“一对一”尊贵服务，不断提高金融服务的专业化、个性化水平。2004年8月，招行又率先在国内建立了“客户满意度指标体系”，为管理质量和服务质量的持续提升提供了有力保障。

招行始终立足于市场和客户需求，率先开发了一系列高技术含量的金融产品与金融服务，打造了“一卡通”、“一网通”、“金葵花理财”、“点金理财”、招商银行信用卡等全国知名金融品牌，树立了创新型银行的社会形象。2003年6月2日，“一网通”作为中国电子商务和网上银行的代表，登上了被誉为国际信息技术应用领域奥斯卡的CHP大奖的领奖台，这是中国企业首次获此殊荣。

【以人为本战略】 招商银行在企业的发展过程中，始终坚持把员工的自我发展和价值实现与企业发展结合起来，建立了卓有成效的激励机制、培训机制以及福利机制，为员工实现自我价值提供了广阔的发展空间。

首先，完善激励机制。从建行伊始推行的“职位能上能下、收入能高能低、人员能进能出”的“六能”机制，到20世纪90年代初实施的干部竞聘，再到2004年全行推行的“平衡记分卡”和“目标管理”，招行不断改革和完善激励机制；将个人工作实绩与待遇和收入紧密挂钩，使“能者上，平者让，庸者下”。在这种制度下，大批德才兼备的人才脱颖而出，提高了招行的科学化管理水平。

其次，注重教育培训。在实施事业留人、机制留人、感情留人的同时，招商银行更重视“培训留人”，让员工在行内得到充分的培训和学习的机会。比如，举办全行业务技术比赛；组织“防范风险、提高技能”大练兵活动；加大境外培训考察力度；开发E－learning培训系统，加快电子课件建设；开展全行性的“管理国际化”读书系列活动；建立博士后科研工作站等等，全面提高员工的业务能力和文化素养，建设学习型银行。

第三，加强福利保障。为了解除员工的后顾之忧，留住人才、稳定员工队伍，招行按照国家有关政策规定建立了企业年金制度，2004年与中国人寿保险股份有限公司正式签署了补充医疗保险协议，形成了包括补充医疗保险计划、企业年金计划与国家的社会基本保险在内的完善的员工福利保障体系。

正是由于有了优秀的企业文化，招商银行才造就了一支优秀的员工队伍，才创造了令人瞩目的出色业绩。2004年，招商银行荣获“中国企业文化建设十佳单位”；2005年10月，招商银行荣获“2005年度全国企业文化优秀奖”。

构建“第一机械”文化

——中国兵器内蒙古第一机械集团公司的企业文化建设

【企业概况】 中国兵器集团内蒙古第一机械集团公司，2005年经济规模突破70亿元。该公司注重规模和效益相结合，从调整市场结构、产品结构、内部管理入手，充分体现规模经济效益，一方面在主导产品上扩大规模，另一方面在提高工艺技术现代化水平上下功夫。他们用企业文化建设提升企业核心竞争力，使这个老军工企业不断焕发出青春。

【相关多元专业化】 内蒙古一机集团公司把“以人为本、全面、协调、可持续”的科学发展观作为企业发展的指导原则，确立了坚持一切为了满足顾客需求和适应市场变化的经营方式，追求规模、效益、速度、质量相统一的增长方式，建立混合控股公司管理运行模式，并实施了相关多元专业化战略。

面对日趋激烈的市场竞争和改革调整的艰巨任务，公司牢牢把握“改革、发展、兴企、富民”的办企方针，搏击市场、谋求发展中实现了“一个跨越，两个转变，三个突破，四个提高”的目标。“一个跨越”，即企业整体经营由生存型跨越到发展型；“两个转变”，即实现了经营方式和增长方式的转变；“三个突破”，即产品研发、改革调整、企业管理有了新突破。“四个提高”，即职工综合素质、职工生活水平、公司行业地位及精神文明建设进一步提高。

【品牌文化】 品牌是企业宝贵的无形资产和参与竞争的重要资源。内蒙古一机集团以“技术领先、品质立业、服务顾客、永争第一”为品牌内涵，实施品牌经营战略，努力打造“第一机械”品牌。

打造“第一机械”品牌，质量和诚信是根本。在“靠质量赢得市场、以诚信赢得用户”的质量理念的激励下，公司在全体职工中积极开展 QC 质量小组活动和工人自检活动，把“人品成就产品，产品代表人品”的理念固化于员工行动，产品质量得到巨大提升。

内蒙古一机集团紧紧把握营销这个关键，全体职工以顾客为中心，以市场为导向，实施品牌经营，满足顾客需求，赢得顾客对“第一机械”品牌的青睐和认同。公司以产品差异化和顾客价值最大化作为营销策略，正全面构建“销售、改装、服务、备件”四大网络。目前，产品市场占有率也在逐年攀升。他们深知技术创新是命脉。企业通过建立军民品研发机构和研发机制，积极培育三项基地制造技术和八项专业制造技术，形成了科技含量高、辐射力强、附加值大的品牌产品。北方奔驰载重汽车已形成三大系列 300 多个品种，铁路车辆研发工作已达到世界先进水平。

【质量文化】 一机集团公司紧围绕“靠质量赢得市场，以诚信赢得用户”的质量理念，用文化的形式，让职工树立正确的质量价值观，培育高尚的质量伦理观，构建健康向上的质量心理，不断创新和升华的质量经营哲学。

质量文化引导职工树立品牌意识，关注市场变化，关注顾客需求，通过“一次成功”、“零缺陷管理”、“问题归零”、“一次把事情做对”、“预防为主”等质量管理理念体系的宣传贯彻，保证精品品牌的建设。他们从现场管理、现场定量、奖优罚劣等途径入手，大力宣传“人品成就产品，产品代表人品”的产品理念，建立了“质量损失全额赔偿”制度、“内部用户满意度评价”制度、“质量改进、创新申报”制度等的质量建设体系；增强了用户的满意度和忠诚度。

【人才文化】 内蒙古一机集团的核心价值观是：“企业与我同发展，我与企业共命运”。公司建立起了“培育人生价值，激励全面发展”的人才发展方针，并以创建学习型组织为先导，以竞聘为形式，加快了人才培养的步伐。

公司积极构建经营管理、专业技术、专门技能、市场营销四支人才队伍协调发展的平台，制定并实施四支队伍培养建设的规划，建立了充满生机与活力的用人机制。同时建立了有利于推动科技创新和经济跨越式发展的分配激励机制。公司还将推进人才工程，创造公开平等竞争环境，建立工资总额与单位经济效益挂钩、工资标准与岗位挂钩、工资发放与当期贡献挂钩的分配体系等改革，作为促进人才建设的重要手段，极大地激发了职工的劳动热情和工作主动性。

【班组文化】 班组是企业生产经营活动的基本单元，是企业最基础的管理，管理水平的高低直接影响着质量的优劣、成本的高低和生产安全及效益的好坏。

内蒙古一机集团以提高管理水平为目的，以完成任务好、现场管理好、质量安全好、成本费用控制好、精神文明好、管理信息真实准确等“五好一准确”为基本内容，建立了党政工齐抓共管的班组建设管理体系。

一是建立激励机制，加强业务培训，选好“兵头将尾”，通过目标激励、利益激励、精神激励、评价考核、制度约束一系列配套措施，用制度和机制促进班组建设和班组长成长。二是切实把班组建成精神文明建设的前沿阵地，使员工将实现自身价值与爱岗敬业结合起来，努力做到忠于职守，勤奋工作，讲求信誉，在岗位上创造优秀业绩。三是坚持以人为本，进一步加强班组民主管理，在生产、经营、分配等各领域，扩大职工民主参与的范围，班组工作计划、工资分配、各项管理制度、班组长选举等都以班组为单位，在充分发扬民主的基础上进行。四是严格考核，班组建设不达标的单位，年度不能评为模范单位。五是紧密围绕公司经营改革发展不断创新，积极探索班组建设的新路子，把优良传统和新鲜经验结合起来，在班组建设的内容、形式、方法上不断创新，在创新中全面提高班组建设的水平。

建设具有油田特色的企业文化

——辽河油田公司的企业文化建设

【企业概况】 辽河油田公司是中国石油下属的以石油、天然气勘探开发为主营业务的地区公司，地跨辽宁、内蒙古两省区 13 个市（地）、34 个县（旗），下设采油、科研、集输、销售等 20 个厂、院和公司，现有员工 29300 余人，资产总额 282 亿元，公司总部坐落在以世界第一大芦苇荡和天下奇观红海滩而闻名的辽宁省盘锦市，是我国第三大油田，也是全国最大的稠油、高凝油生产基地，被誉为渤海湾畔的璀璨明珠。辽河油田成立 35 年来，累计生产原油 3.17 亿吨，生产天然气 455.4 亿立方米，上缴税费总额 502 亿元，为发展中国石油工业、振兴地方经济做出了重大贡献。

【企业文化建设】 油田企业文化的形成、发展及其丰硕成果是辽河油田35年辉煌发展史的重要组成部分。

辽河油田企业文化的内在成因：传承了老一辈石油人优秀的文化基因。

建国初期的石油开发建设，由于特定的社会历史背景和自然环境，形成了我国石油特定的会战式开发模式。老一辈石油工人，响应党和祖国的号召，胸怀崇高的爱国信念，以忘我的工作热情，在艰苦的环境中努力创业，培育形成了以"玉门精神"、"柴达木精神"、"大庆精神"等为代表的中国石油工业的宝贵精神财富。其中，以"爱国、创业、求实、奉献"为核心的"大庆精神"最具代表性，被长期树为我国工业、产业精神的楷模。

辽河油田是20世纪70年代开发的油田，沿袭了会战开发模式，创业者来自大庆、大港等全国各石油单位。优秀的石油精神，随着这些创业者一起，汇聚到了辽河，不断弘扬和发展，激励着一代又一代的辽河人为石油工业的发展和国家的繁荣富强而奋斗不息，在世界第一大芦苇荡里创造了一个又一个的奇迹。可以说，辽河油田从无到有，从小到大，从弱到强，无论是在跋泥涉水、人拉肩扛的艰苦岁月，还是在重组改制的变革时代，辽河人都能将这种精神作为企业文化的核心，并赋之以崭新的内涵，从而在我们的各个发展时期都展现出强大的生命力。

辽河油田企业文化的外在成因：重要的历史时期对企业文化建设的影响。

艰苦创业时期：1970年，辽河油田投入开发建设。会战初期，油田是"青天一顶、盐碱一片"。从祖国四面八方汇集到辽河的建设者们，传承了"三老四严、四个一样"的大庆精神，带来了石油行业艰苦奋斗的优良作风，发扬了"一不怕苦，二不怕死"、"革命加拼命"、"人拉肩扛"、"有条件上，没有条件创造条件也要上"的大无畏革命精神，在荒滩沼泽中建起了我国重要的石油基地，逐步形成了辽河石油人"我为祖国献石油"、"哪里有石油哪里就是我的家"的创业精神。石油会战形成的会战精神是辽河文化的萌芽和雏形。

发展壮大时期：1980年1月，国务院正式向国内外公布辽河油田建成。随后相继开发了兴隆台、曙光、欢喜岭、高升等26个油气田，配套建成9个骨干生产基地。1986年辽河油田的原油产量一举突破1000万吨大关，成为我国第三大油田。1994年，原油产量突破了1500万吨。1995年，创下了年产原油1552.3万吨的最高纪录。在此期间，广大干部员工胸怀产业报国之志，拼搏进取，创业奉献，努力为国分忧，推动了辽河油田的发展壮大，进一步丰富了企业文化建设的内涵和底蕴。

重组改制时期：1999年，中国石油重组改制，管理体制和运行机制发生了重大变化。改制后企业性质为中国石油地区公司，经营范围是从事石油天然气勘探、开发，管理模式为公司总部—采油厂—区站管理。

员工队伍受多种因素影响，产生了不少疑虑和困惑，思想空前活跃。内外环境变化，对企业文化建设战略产生了很大影响。决策层深刻认识到，凝聚广大员工的智慧和力量，全面提升管理水平，推动辽河油田持续稳定发展最根本的、最持久的方法是建设适应环境变化的优秀企业文化。

辽河油田企业文化的创新：以区站为重点的企业文化形成。

适应新体制和新机制的要求，辽河油田公司对企业的管理方式、方法、组织结构进行了重大变革和创新。从2000年起，按照集团公司要求，统一部署，实行公司总部、采油厂、区站三级管理模式，管理重心进一步下移。以夯实基层基础、激发基层活力为目标，把企业文化建设的重点聚焦到基层区站，总体规划企业文化建设重点和职能范围，明确了企业文化建设的主要内容和工作重点。以区站为重点的辽河油田企业文化内涵主要包括：企业精神：爱国、创业、求实、奉献；核心经营管理理念：诚信、创新、业绩、和谐、安全；企业宗旨：奉献能源，创造和谐；团队精神：凝聚和谐，创新超越；人才理念：人才成就企业，企业造就人才；健康理念：关注健康从员工健康时开始；安全理念：付出一万的努力防止万一的发生；环境理念：创造能源与环境的和谐；廉洁理念：廉洁从业，诚实守信；公司形象：规范和谐，业绩卓越；干部形象：从我做起，务实开拓；员工形象：敬业进取，至诚守信。

总结辽河油田企业文化的建设成果，有四个显著的内涵特征值得关注：

一是辽河油田公司企业文化深深植根于中国石油厚重的传统文化，在努力把握历史、现实和未来的基础上，坚持传承与弘扬，融合与创新，与中国石油深厚文化底蕴一脉相承，具有企业员工广泛认同的坚实基础。

二是适应管理体制的变化，突出夯实基层基础，激发基层活力，把区站作为企业文化建设的聚焦点，在强调自上而下推动执行的同时，挖掘基层百花齐放的创造力，营造整体联动、以点促面、全面提升的良好氛围。

三是在坚持理念培养与灌输的同时，从人文关怀的角度，积极解决涉及员工切身利益的问题，让企业文化建设的成果惠及每名员工，把企业以人为本与员工以厂为家有机统一起来，努力打造人企合一、凝聚和谐的发展团队。

四是把廉洁文化建设作为企业文化建设的重要组成部分，把刚性的制度约束与柔性的文化熏陶有机结合，构建廉洁文化建设的理念体系和运行机制，潜移默化，润物无声，形成廉洁从业、诚实守信的良好风尚。

打造世纪油田　建设特色文化

——中国石油新疆油田分公司的企业文化建设

【企业概况】 新疆油田分公司是中国石油天然气股份有限公司（以下简称股份公司）所属的地区分公司，是我国西部地区最大的石油生产企业。其前身为1950年成立的中苏石油股份公司，1955年交中方独资经营，后改称新疆石油管理局。1999年7月，经中国石油天然气集团公司批准，成立了中国石油新疆油田分公司,并于2000年1月1日起与新疆石油管理局正式分开分立,2000年4月至2001年8月,又经过一年多的专业化结构高速炼油化工业务、润滑油调合业务与油品销售业务分别划转股份公司直接管理。公司目前主要从事油气勘探开发、集输及勘探开发研究等主营业务。

克拉玛依油田是新中国成立后发现的第一个大油田,历经半个世纪的开发建设,依然保持着旺盛的生机和活力,原油产量已实现24年持续增长。历史的沉淀,为新疆油田积累了丰厚的文化底蕴。特别是2000年以来,新疆油田分公司按照中国石油天然气集团公司的统一部署,紧紧围绕"科学打造世纪油田"的发展战略,大力实施文化创新战略,以"突出主题,体现特色;着眼当前,立足长远"为指导方针,以公司生产经营目标为核心,以"提高员工素质,塑造企业形象"为重点,加大企业文化建设步伐,把企业文化建设引入经营管理之中;逐步形成了"具有浓郁油味,富有西部民族特色"的新疆油田企业文化。

【理念文化】 新疆油田分公司公司领导层历来十分重视文化建设,率先提出企业的理念和核心价值观,有意识地创造和传播企业的核心价值观体系。

该公司领导层在多年的生产实践中深切感受到企业文化对企业发展的推动作用,带头提炼根植于企业员工头脑中那些有着鲜明时代烙印、符合行业、区域以及新疆油田人特征的东西和美好的想法。2001年,新疆油田分公司下发了《关于征集公司企业精神的通知》,发动各族员工、充分利用大家的智慧,自下而上征集企业精神。2002年7月11日至13日,新疆油田分公司召开了企业文化建设研讨会,评选出76篇优秀企业文化建设论文,明确了今后一个时期企业文化建设的思路。

制定企业文化建设规划。2003年,新疆油田分公司专题研究并下发了《新疆油田分公司企业文化建设实施规划》,在继承和发扬的基础上,建立起与公司加快发展目标相适应的企业文化建设工作机制;把2010年前的企业文化建设分为酝酿启动、实施推动、逐步深化三个阶段,目标是建设中国一流的有西部特色的油田企业文化。

编辑企业文化手册。2004年9月,新疆油田分公司成立了由公司领导牵头、党委办公室具体负责、有关基层单位领导参加的企业文化手册课题组。课题组认真研究新疆油田的发展史,经过深入调研、反复论证、广泛征求意见、前后数十次易稿,总结出了"富有油味和新疆特色"的文化理念。

2004年12月下旬编辑完成《新疆油田分公司企业文化手册》,新疆油田分公司的文化理念体系基本形成。

凝炼核心经管理念。新疆油田分公司结合行业特点,认真研究油田发展历程,总结提炼出独树一帜的团队精神,即:一心想油、奉献为油、敬岗爱油、力争上油。公司把员工的全面发展放在首位,坚持"以人为本"的核心价值观,追求员工价值与企业价值的和谐渗透,追求企业发展与员工发展的双赢,努力践行"好环境、好身体、好心情"的健康理念;树立"全面健康"意识,使员工队伍的整体健康状况同企业的发展同步提高。提出了"人才为企业发展创造动力、企业为人才成长搭建舞台"的人才理念,想干给机遇、能干给待遇、干好给荣誉,让每个员工都有机会学习和进步。公司坚持"只有起点、没有终点"的创新理念;"精益求精"的质量理念,"多尽一份责任、多享一片绿色"的环保理念。树立"谁也离不开谁"民族团结理念,在油田发展进程中,27个民族相互尊重、相互学习、相互帮助,共享繁荣。

【制度文化】 新疆油田分公司把创新制度文化作为企业文化建设的重要组成部分,进一步规范企业经营管理行为,提高企业领导班子的决策水平,实现企业管理由"他律"向"自律"过渡。

创新民主管理制度。完善以职代会为基本形式的民主管理制度,扩大基层民主,维护员工民主权利。全面推行厂务公开制度,广开监督渠道;切实做到围绕企业重大决策和改革方案抓公开,围绕敏感问题抓公开;围绕党风廉政建设的重点抓公开。坚持"组织机制到位、内容公开到位、参政操作到位、各方监督到位"的工作模式,形成了从公司到班组的四级公开体系。

创新安全管理制度。新疆油田分公司先后建立和修订了23项安全管理制度,使安全责任体系日趋完善;实现了从不断完善安全管理制度到安全管理的科学化、规范化、人性化的转变,从员工的"要我安全"到"我要安全"、"我会安全"的转变,使安全管理工作有了质的飞跃。

创新经营管理制度。坚持把提高经济效益、合理控制成本作为经营管理工作的核心。不断创新经营管理理念和管理方法,依照法律和制度规范企业内、外部管理活动和经营行为。按照"以人为本、预防为主、全员参与、持续改进"的管理理念,科学运用HSE管理体系、ISO9000管理体系以及内部控制管理体系等系统方法,对基础管理制度进行整合优化,定期对健康、安全、环境体系文件、制度、规程进行修订,确保HSE管理制度科学、健全、实用。

【形象文化】 新疆油田在加快企业文化建设的步伐中,致力于"外显"文化的建设,提高了新疆油田分公司的向心力、凝聚力和外部影响力。

塑造加快发展的油田形象。新疆油田分公司始终坚持把油气勘探摆在首位,按照"突出预探、重在发现、择优探明、注重效益"的指导方针,加强综合研究,不断深化对准噶尔盆地油气分布规律的认识,丰富了陆相油气成藏的理论,相继获得数十项重大突破,迎来了新疆油田勘探史上储量增长最快,获得成果最多的时期。勘探的大突破带动了产量和效益的大提高,每年新增探明储量6000万吨以上。2002年,新疆油田分公司原油产量突破千万吨大关,成为中国西部第一个千万吨大油田。

塑造规范统一的油田形象。在公司运行之初,通过规范信封、稿纸、笔记本等办公用品,规范公司名称和标识,初步建立起了视觉识别系统。2004年初,公司发布了《新疆油田分公司视觉识别手册》,确定了公司标识和标准色,规范了基本系统、办公系统、公共关系系统、环境识别系统、油田生产识别系统、输（油）气站区识别系统、服装类识别系统。通过统一的视觉熏陶，达到了“内聚人心，外树形象”的目的，树立了良好的公司形象。

塑造以人为本的油田形象。新疆油田地处自然环境恶劣的西部戈壁沙漠地带；冬严寒、夏酷暑、春秋多风沙，公司不断改善一线站区的生产生活环境，为边远站区建员工公寓，为生产一线配备空调、微波炉、饮水机等生活设施，彻底解决了一线员工喝卫生水、吃热饭的问题。有计划、有步骤地绿化工作生活区，深处沙漠腹地的彩南油田、石西油田先后获得了全国先进绿化单位荣誉称号。实施强身健体工程，新建文体设施 87 个，给基层配备文化体育用品 29180 件。

塑造“卓越、高效、诚信、安全”的油田形象。新疆油田分公司坚持塑造业绩卓越，持续有效的发展形象；塑造精干高效，素质一流的队伍形象；塑造诚信务实，奉献社会的公众形象；安全健康、清洁优美的环境形象。同时，加大企业文化建设的宣传力度，发挥记者站和公司业余通讯员作用，依托多家新闻媒体对公司文化建设进行广泛宣传。新疆油田分公司共在全国各大报纸刊登专版 20 多个，制作《前进中的新疆油田》、《大跨越》形象电视片 16 部，制作《新疆油田分公司》、《克拉玛依庆典》等画册 20000 多册。同时在乌鲁木齐广场常年树立“中国西部第一个千万吨大油田”的大型户外广告牌。这些举措，有力地提升了新疆油田分公司的整体形象和美誉度。

新疆油田加快发展的光辉历程，既是各族员工团结奋斗、开拓进取的光辉历程，也是新疆石油人扎根边疆、为油奉献的光辉历程。各族员工扎根荒漠戈壁，为国分忧，激情创业，顽强拼搏，塑造出具有鲜明时代特征、富有新疆地域特色的企业文化，为推动油田实现“科学打造世纪油田”的战略目标做出更大的贡献。

推进服务文化建设
努力构建和谐秦港

——秦皇岛港务局集团有限公司的企业文化建设

【企业概况】 秦皇岛港是 1898 年光绪皇帝亲批开港的中国惟一自己开的独立港口，是以能源煤炭输出的国际性大港口。现在有职工 18000 多名，固定资产 180 个亿，负债率 40%，是国家北煤南运、西煤东调的能源运输的主枢纽，担负着华东和华南 40% 电厂的煤炭海运中转的任务。港口企业是物流的重要一环，属服务行业。多年来，秦皇岛港围绕建设诚信秦港，建立健全秦港服务文化机制，整合服务文化资源，努力提升港口货运工作质量和服务质量，创造良好的生产工作环境，建立了与自身独特风格的秦港服务文化体系，实现了服务文化与港口管理的和谐统一、服务文化与竞争合作的和谐统一、企业发展与职工发展的和谐统一。通过深入开展港口服务文化的建设，秦皇岛港逐步树立起与时俱进、忠于职守、诚信重于山的服务形象。同时，港口也实现了跨越式发展。2004 年，港口吞吐量突破了 1.5 亿吨，比 1986 年增长 7.5 倍。2005 年，秦皇岛港一举实现利润 4.76 亿元，并获得了全国精神文明建设创建工作先进单位的称号。

【企业文化建设】 坚持以适应市场为导向，努力营造天开良港、与时俱进的港口形象。由于我国加入世贸组织，外贸进出口迅速增加，沿海港口遇到了大发展的黄金时期。各个港口正在大规模地建设，同时也带来了激烈的竞争。竞争是企业发展的不竭动力，但过度恶性竞争，会使竞争对手彼此都受到伤害。为此，秦港提出了“港口之间竞争与合作”的理念并在行为上付诸实施。为确保秦皇岛港主枢纽港的地位，秦皇岛港坚持与时俱进，强化服务意识教育，改进服务措施，改善服务环境，不断满足客户的需求，促进了港口的可持续发展。在工作实践中该港口突出了三个与时俱进：一是在服务意识上不断突破传统的观念束缚，树立了质量信港的观念。二是在服务措施上充分发挥港口优势，为货主提供优质服务。三是在服务环境建设上加强港区环境治理力度，努力创建花园式的港口。该港口重视港区管理，逐年增大投资比重，采取各种方法减少污染，保证了环境工作目标的实现。

坚持以职业道德建设为重点，努力培育忠于职守、岗位尽责的职工形象。该港口在发展中形成了秦港精神、劳模精神和超一等的精神。秦港精神就是“爱我港口、建我港口、团结奋进、敢创一流”的精神。劳模精神就是学习本港劳动模范，培育职工敬业爱港，尽职尽责，为港口发展作贡献的精神。超一等精神就是能使秦港进入世界级的大港口行列。2004 年暑期，用电发生紧张。秦港响应中央的号召，抢运煤炭，全港职工用超一等精神战高温、斗酷暑，保证了煤炭运输大动脉的畅通。

坚持以客户至上为核心，努力建设用户无小事，诚信重于山的服务形象。秦港加强制度建设，树立诚信意识，相继制定了《首问责任制》、《总经理质量投诉电话管理办法》、《文明职工标准》、《文明职工否决条件》、《职工个人信用档案管理暂行办法》等规章制度，使诚信建设有了制度保证。首问责任制要求每个职工要为每一个客户和来访者提供热情周到的服务，谁出了问题追究谁的责任。总经理质量投诉电话 24 小时开通，对投诉者予以热情接待。结合《公民道德实施方案》，秦港制定了《文明职工标准》和《文明职工否决条件》，目的是加强“三德”教育和养成教育，形成有效的制约与考核机制。他们还制定了《职工个人信用档案管理暂行办法》，如实客观地记录每个职工的诚信情况，规范了职工为货主、用户服务的行为。

全港还开展了强化诚信管理，突出诚信品质，加强效益监察，货主用户评窗口，服务满意率测评等多种活动。秦港每年主动走访货主，征求意见，对港口的服务水平、服务满意率进行测评。各职能部门每旬都要联合开展港区的五项治理工作检查,加强港区现场环境、交通秩序、现场禁烟的巡查管理,使现场生产作业的不规范行为得到有效的整治。过去,港口对于不合格、发热量不够、含硫量超标的不合格煤炭,秦港都要从铁路退回去。这不仅增加了铁路压力,也给货主增加了成本。现在,秦港主动采取了新办法,对不合格煤炭,根据煤炭质量情况,在与货主协商的基础上,开展特殊的配煤业务,使不合格的煤炭经过配料加工符合国家标准,既方便了货主,又为秦港创出了服务品牌。

适应构建和谐秦港需求,为服务文化注入创新活力。服务文化是以服务价值观为核心,以提高服务质量赢得客户满意为目标,以形成共同服务理念和行为规范的企业文化。为此,秦港党委提出了建设和谐秦港的目标。建设和谐秦港,就是要使秦港逐步做到:生产组织有力,装卸技术先进,安全秩序良好,服务质量上升,人际关系友善,环境整洁顺畅,经济效益显著,港口竞争合作,港城互动共荣。建设和谐秦港有很多工作要做,尤其要对服务文化注入创新活力。为实现这一目标,秦港学习和借鉴国内外先进的管理模式和管理方法,紧密结合港口实际,坚持实践性、独特性、持久性、系统性、统一性原则,全港上下逐步形成了统一理念、行为规范和视觉形象,保障了秦皇岛港服务文化的一致性。根据秦港服务文化的要求,他们在对前两年秦港服务文化建设效果评估的基础上,适时调整文化建设的战略目标,制定了三年秦港服务建设规划,使港口服务文化建设进入了新阶段。

改造不良文化　实现持续发展

——沈阳机车车辆有限公司的企业文化建设

【企业概况】 沈阳机车车辆有限公司是中国北车集团的下属企业,2002年6月改制时,企业已经连续近10年亏损,企业内部人心涣散,员工对企业的发展失去了信心。新领导班子上任后,大力改进理念落后、观念滞后、言行守旧、不思进取等不良文化,提出"企业要突围",首先要从观念上突破,要扭亏首先要用先进理念来凝聚共识的口号;提出了三年跨越式发展的阶段性目标;提出了"把企业带上发展之路,把员工带上富裕之路"的总体奋斗目标。万名员工精神为之振奋,大家团结奋斗,2002年就完成了三年跨越式发展的指标。2003年、2004年企业又实现了新的跨越,主要经济指标再创历史最好水平,企业连续4年实现了主要经济指标的连年递增。

【企业文化建设】 沈阳机车车辆有限公司领导大力提倡公司兴旺我光荣,公司衰败我耻辱,公司兴旺我富裕,公司衰败我贫穷的理念;大力提倡"以员工为本、以质量为根、以创新为魂"的企业精神;大力宣扬先进员工的事迹和思想,不断用员工中的正反面典型对员工进行经常性教育。为激发广大员工的主动性、积极性和创造性,企业经营者把员工当成自己的兄弟姐妹,真诚热爱和关心他们。新领导班子上任之初,有人建议把10000多员工裁减到4000多人就扭亏了,并说这符合上面的精神。但企业领导说,宁可承受开拓市场的痛苦磨难,也不能简单采取下岗的办法来提高企业效益。

沈阳机车车辆有限公司领导班子带领全体员工奋力开拓市场。到2004年底,企业销售收入翻了一番,企业的全员劳动生产力提高了2倍多,人均年收入提高了77%。这些经营成果让全体员工很振奋、很自豪,大家自觉把个人的命运和企业的命运紧紧地联系在一起。

沈阳机车车辆有限公司先后在企业中推行了CI战略,即企业形象战略;CS战略,即顾客满意战略;CL战略,即顾客忠诚战略。通过推行3C系统,使全体员工的经营理念不断升华,并从以"企业为本位"升华到"以用户为本位",将用户满意作为企业的不懈追求。企业大力提倡产品即人品,要用好的人品来打造高质量的产品。"公司靠提高产品质量发展,员工靠提高产品质量生存"的质量观已深入人心。在2005年铁道部组织的铁路企业产品抽查质量评比中,沈车公司的客车和检修客车质量双双夺冠。员工对用户的忠诚换来了用户对企业的忠诚,公司的产品定单逐年增加。

沈阳机车车辆有限公司大力推进企业管理文化创新,实现了管理境界的不断升华。沈车公司当初陷入困境的重要原因,是由于内部落后的管理文化。企业内部的管理决定着外部的市场。要把失去的用户请回来,把失去的市场夺回来,只有眼睛向内大力实施管理创新,扎扎实实地苦练内功,以提高管理水平求生存。

实施企业管理创新必须对症下药。为此,沈阳机车车辆有限公司针对企业管理现状提出了全面推行3612工程的管理创新思路。他们尝试将三项关键管理工作和六项重点管理工作分轻重缓急进行恢复性整顿,实现了管理从无序到有序的转变;在此基础上,他们建立起了一个科学完善的管理体系,进而实现了"人人都管事,事事有人管"的管理境界。

3项关键管理和6项重点管理强调的是经营管理和经验管理,而建立一个科学完善的管理体系则是由经验管理上升到科学管理。实现人人都管事、事事有人管的管理境界,则是由科学管理上升到以人为中心的文化管理。

实施3612工程以后,企业管理状况发生了根本性好转,但仍存在着个别人员、个别过程、个别因素失控的现象。因此,沈阳机车车辆有限公司又提出了"99+1等于1"的系统管理思想。在这一命题中,99定义为合格,1定义为不合格。一名最低员工的水平代表一个企业的水平,若99道工序合格,一道工序不合格就等于整个产品质量就不合格。若99项工作合格,一项工作不合格,企业的整体工作就不合格。这一命题的基本内涵是强调要实现全员、全过程、全因素的控制,这样,企业才能够生产出用户百分之百满意的产品,才能在激烈的市场竞争中立于不败之地。

紧密结合管理　打造优秀文化

——中国一航西安飞机工业(集团)有限责任公司的企业文化建设

【企业概况】 中国一航西安飞机工业(集团)有限责任公司(以下简称一航西飞)是科研、生产一体化的特大型航空工业企业,是我国大中型军民用飞机的研制生产基地,国家一级企业。公司占地面积370多万平方米,现有职工18000多人,总资产124亿元,2003年实现销售收入48.5亿元,在全国最大的1000家工业企业中排名第263位,在陕西名列第二,2004年实现销售收入56.7亿元,再创历史新高。

【企业文化建设】 2000年来,按照中国一航的部署,一航西飞在企业文化建设方面做了大量的工作,取得了可喜成果。一航西飞先后荣获中国企业文化研究会授予的"中国企业文化建设20年建设实践奖"和"设计案例奖",在全国企业文化峰会上荣获"实践创新奖",公司总经理高大成荣获"个人贡献奖",在北京国联质量管理研究中心"首届质量、品牌与企业文化经营建设论坛"会上荣获一等奖,还荣获陕西国防科技工业系统军工文化建设工作先进单位称号等。企业文化建设为一航西飞持续、健康、快速、协调发展提供了强有力的精神动力。

各级行政领导是企业文化建设的第一责任人。

公司主要领导多次主持会议讨论和决定企业文化建设的重大问题。强调文化建设步伐要稳健,要有"百年树人"的恒心和毅力,并亲自撰文并登台宣讲西飞理念体系,亲手修改企业文化建设的重要文件,对企业文化建设的总体和阶段性重点工作及时给予指示,表现出很强的文化管理的自觉意识。

一航西飞认为企业文化的本质是管理思想,而且只有将其融入企业管理,企业文化才能真正焕发活力。因此企业文化建设由行政来主导便于真正落实。一航西飞针对企业文化启动之初,很多干部把思想政治工作与企业文化混为一谈的情况,明确强调思想政治工作的第一责任人是各级书记,而企业文化建设的第一责任人是各级行政领导,从体制上防止认识和工作上的偏差。实践证明,这一领导体制是行之有效的。

重视超前的理论研究和文化建设工作的系统性和前瞻性。

一航西飞对企业文化理论的超前研究一直比较重视,工作研讨的气氛比较浓,形成了以《企业文化纵横》为阵地、以从事宣传文化工作的专职人员为骨干的理论研究队伍。研究成果质量比较高,有《企业文化建设指南》和《企业文化方略:理论和案例》两本书出版。一航西飞在企业文化建设过程中,凡全局性和重点工作都是在多次研讨后确定工作计划并付诸实施的。其中,一航西飞理念体系的研讨历时近一年,大规模的研讨有三次,总经理办公会专题讨论了两次之后才确定。由于理论研究超前,工作研讨气氛比较浓,使得一航西飞企业文化建设工作的系统性、预见性和前瞻性比较强。

把中国一航的核心理念作为指导工作的原则和方针。

一航西飞按照核心理念的本质要求,在分析企业实际的基础上,把核心理念细化为指导一航西飞工作的具体方针和原则,形成了由公司精神、公司使命、员工行为准则、质量理念、管理理念、经营理念、人才理念、科技理念和营销理念等构成的理念群。这个理念群是指导一航西飞方方面面工作的基本原则和思想基础,是一航西飞文化建设的种子和起点。一航西飞就是从这个理念群的要求出发,制定和修改自己的规章制度,制定员工行为规范、提出经营管理企业的措施和办法,对职工进行熏陶和教育,对企业管理进行再造。

夯实基础,构建平台,以恒久之心谋划和实施文化建设"百年大计"。

一航西飞领导层认为文化建设是"百年树人"的长期任务,必须构筑平台,打好基础,才能根深叶茂。2001年以来,一航西飞先后制定了《西飞集团公司理念体系》、《西飞集团公司企业文化建设纲要》、《西飞集团公司视觉形象识别手册》以及《西飞员工手册》,使中国一航集团文化建设的基本要求有效延伸到一航西飞内部。一航西飞理念体系是指导各方面工作的原则、视觉形象识别手册规定了一航西飞统一的识别标志及其在各个领域的具体运用,《员工手册》和《新6S管理考核标准》规定了职工办公规范、生产规范和礼仪规范。这几个基本文件的制定,使一航西飞构建起文化建设的立足点和平台,是一航西飞企业文化建设进一步深化的出发点和根据地。

与企业管理紧密结合,服务于企业管理和企业发展的实际需要。

一航西飞认为,企业文化建设要有针对性地落实到管理上去。只有把企业文化建设与企业管理实务有机地结合起来,才能真正体现文化管理的本质要求。为此,一航西飞在《西飞集团公司企业文化建设纲要》中明确了要通过质量管理创新、营销管理创新、综合管理创新、科技管理创新、形象管理创新等管理活动进行理念的"催化"培育,用先进的经营管理理念推动管理创新,在管理活动的创新中实践和体现先进理念,使管理的创新和文化的培育融为一体。按照管理渠道的不同,由分管质量、人事、科技、销售和形象工程建设的副总经理和副书记负责五个管理创新渠道的具体工作,五个主渠道作为四年来的工作重点进行突破,主要内容包括是型号攻坚、一流环境、质量文化、VI推进和集团信誉建设,在重点突破中以一航西飞各方面的理念为指导实施管理创新,在实际工作的推进过程中构筑价值观的链条,完成文化的培育和催生。

处理好文化建设过程中的"破"与"立"关系,把治标与治本结合起来。

一航西飞在企业文化建设的过程中,既坚持从正面进行培育和引导，使职工按照正确的理念端正自己的行为，养成良好的习惯，又重视不良文化现象的治理，在破除消极落后的文化习惯的同时，进行移风易俗。2003 年他们利用“非典”疫情所引发的契机，结合员工手册的宣贯，组织开展了“告别不良行为，争做文明员工”的活动，目的就是要把治标和治本结合起来，注重从身边常见的不良习惯的治理做起，塑造先进的企业文化，目前这项活动已纳入对职工的日常管理考核中。

创精品文化　铸国防利剑

——中国一航成都飞机工业（集团）有限责任公司的企业文化建设

【企业概况】 中国一航成都飞机工业（集团）有限责任公司（以下简称一航成飞）组建于 1958 年，是我国研制生产歼击机的重要基地。公司现有资产总值达到 70 亿元，员工 14000 余人。公司创建 40 多年来，研制、生产、交付了 10 余个型号的军机数千架，多种机型荣获全国科学大会奖、国家金质奖和国家大型复杂武器装备金牌。该公司还是波音和空客等国际知名航空企业的民机部件转包商，其民用产品汽车模具、洗涤设备等享誉市场。

【企业文化建设】 一航成飞不断加大企业文化建设的力度，并取得了丰硕的成果：2002 年，一航成飞获得了中国企业文化建设优秀成果单位称号；2003 年，一航成飞顺利通过了中国一航企业文化大检查和“一流环境”建设达标验收检查，获得了四川省企业文化先进集体等荣誉称号；2004 年，一航成飞获得了全国企业文化建设实践创新奖，公司通过了中国一航“一流环境”建设复查和“市场观、客户观”教育检查；2005 年，公司获得了四川省企业文化先进单位、成都市企业文化建设示范单位等荣誉称号。

高度重视，精心组织。

一航成飞党政主要领导对加强企业文化建设高度重视，把它作为一项重要工作抓紧抓好。该公司成立了企业文化建设指导委员会、企业文化协会和企业文化部，党政一把手亲自担任企业文化建设指导委员会主任。一航成飞坚持把企业文化建设纳入企业的总体目标，作为促进全面发展的一件大事来统筹安排。每年职代会公司党委副书记所作的精神文明建设工作报告，都要部署企业文化建设工作，并将其纳入公司双文明考核，做到了科研生产和企业文化建设同时规划、同时决策，同时落实。一航成飞总经理每年要进行企业文化述职，定期召开专题会议，分析公司企业文化建设的现状，总结经验，找出差距；每月干部会上都要布署企业文化建设工作；一航成飞党政联合下发了《一航成飞企业文化建设实施纲要》，形成了党政领导负总责，分管领导亲自抓，主管部门具体抓，干部职工齐参与的企业文化建设领导格局。

深入动员，加大宣贯。

深入宣传企业文化理念，使员工全面理解，由此产生强大的合力。一航成飞党委主管企业文化建设的副书记在党委中心组学习中做企业文化建设专题辅导报告；党委宣传部长到党校专题讲授企业文化建设；党校中层干部培训班把企业文化建设的学习列入培训内容。一航成飞董事长、总经理罗荣怀，前任党委书记高建设亲自撰写了《提升控制力，强化执行力，增强协调力，努力构建成飞“三力”文化体系》一文，文章从提高公司核心竞争力，加速企业持续、快速、健康发展的实际出发，提出了“提升控制力，强化执行力，增强协调力，构建成飞‘三力’文化体系”的新思路，反响强烈，为提升一航成飞的企业文化起到了很好的导向作用。一航成飞各单位组织干部职工学习座谈讨论；公司 6 大媒体（《成飞宣传》、《成飞报》、《成飞文化》、成飞电视台、成飞广播、局域网《成飞在线》）也利用各自优势，形成立体的企业文化宣传网络。一航成飞企业文化部编辑了多期企业文化特刊，介绍企业文化建设的相关理论，推介了一批企业文化建设成功的案例。广泛深入的宣传发动，为全员参与企业文化建设奠定了坚实的思想基础。

全员参与，群策群力。

积极动员职工参与企业文化建设，使企业文化真正发挥出辐射力和亲和力，成为推进企业发展的内在动力。在提升公司企业文化的过程中，一航成飞对征集到的理念进行筛选、甄别，总结、提炼。他们下发企业文化调查问卷，广泛征求干部职工的意见，分别召开分党委（总支）书记、支部书记、专业厂厂长、业务处室领导、青年团干、职工代表等不同层次的座谈会，收集各方面反映后，再整理、总结、提炼，并与专家共同探讨，形成企业文化理念的初步意见。之后再分别召开分党委（总支）书记、支部书记、专业厂厂长、业务处室领导、职工代表等座谈讨论会，讨论修改，整理形成上报方案，报领导决策定案。2005 年的一航成飞职代会上，推出了新的《成飞文化手册》和《今日成飞》光碟，提出了新的一航成飞企业文化理念，这一套理念体系包括企业价值观、企业道德、发展愿景、企业使命、发展战略、管理理念、市场观、客户现、企业目标、企业宗旨、企业格言等 10 个方面的内容，形成了在中国一航“一拳五指”框架体系内具有一航成飞特色的新的企业文化理念，极大地鼓舞了干部职工的士气。

开展活动，营造氛围。

一航成飞通过开展丰富多彩的活动，加大企业文化建设的力度，让企业文化理念逐步内化为干部职工的自觉行动。一航成飞结合改革发展的实际，坚持开展主题教育活动；先后开展了“冬天来了，你的棉袄准备好了吗？”、“两个为什么”（为什么执行不了、为什么跟我过不去）、“三力”（控制力、执行力、协调力）、“两观”（市场观、客户观）、“一细节”（细节决定成败）等多场大讨论；坚持开展质量文化月、文化周活动，增强干部职工的质量意识；广泛深入的“一流环境”建设活动，提高了职工素养，一航成飞面貌也因此焕然一新。一航成飞还策划了中央电视台等媒体对枭龙 03

架首飞的宣传，组织“情系军工——《同一首歌》走进成飞”大型演唱会，开展“激情成飞”形象宣传，凝聚了人心，鼓舞了士气，提升了一航成飞形象，增强了企业文化建设的吸引力。

文化渗透，注重结合。

一航成飞积极有效地实施文化整合，坚持把提升企业文化与转变观念结合，用“航空报国”的价值观念统一干部职工的思想，努力构造一个良好的组织氛围和环境。他们以“航空为本，军民结合”的发展战略，规划制定一航成飞的奋斗目标；以“细节决定成败”、“优质、准时、低成本”的管理理念，改革和建立适应成飞发展的组织、管理模式；以“特殊理解市场，高度关注用户”的市场观，保持企业的创新力，最大限度地提升成飞产品的市场信誉度和美誉度，保持一航成飞的竞争优势；以“成为国际知名、国内一流的现代航空企业集团”为愿景，努力打造一代名机，形成一代装备，使社会公众对一航成飞品牌的认同度大大提高。按照“内化于心，固化于制，外化于行”的要求，一航成飞将加大制度文化建设，全面地提升管理水平和员工素质。

推出成果，重视建设。

一航成飞在提升具有成飞特色的企业文化中，重视成果建设，推出了一批具有较高质量的文化成果，在公司、行业乃至全国都产生了较好的反响。《激情成飞》、《东方枭龙》VCD光盘，综合展示了公司的良好形象；《东方风来满眼春》、《新辉煌、新起点》、《蓝天的喝彩》等每年一部的电视专题片，从各个侧面对一航成飞取得的成绩及面临的深层次问题进行了有力的剖析，从企业文化建设的高度，展示了一航成飞的快速发展，在公司职工中引起了强烈的反响；论文《发扬“型号精神”，确保决战决胜》、《用文化再造成飞》，在国家刊物《思想政治工作研究》上发表；《成飞职工礼仪手册》、《成飞职工行为规范》很好地塑造了一航成飞职工的整体形象；在各分厂设立企业文化墙，宣传企业文化建设精髓，展示了一航成飞良好形象；最新推出的《成飞企业文化手册》则集中展示了近年来一航成飞提升企业文化的成果。

从2000年前的自我发展、自主提炼阶段，到2000年至2001年的上下结合、专兼结合阶段，经历2001年至2003年的兼收并蓄、文化整合阶段，再到2004年至2005年的开拓创新、提升完善阶段，一航成飞企业文化建设走过了不寻常的历程，取得了显著成绩。展望未来，一航成飞快速发展的新形势给企业文化建设提出了更高的要求。为此，一航成飞干部职工决心继续努力，不断强化对企业文化建设的深度认识，切实提升企业文化，尤其是在制度文化建设上下功夫，增强一航成飞的活力，推动一航成飞持续、健康地发展。

优秀文化是企业发展原动力

——正泰集团的企业文化建设

【企业概况】 正泰集团始创于1984年7月，现有员114500多人，厂房面积30万平方米，总资产42亿元。2004年，正泰实现工业总产值121亿元，销售收入119亿元，是中国低压电器行业最大的产销企业。正泰先后被评为“全国精神文明建设工作先进单位”、“全国‘创建学习型组织，争做知识型职工’活动示范单位”、“全国就业和社会保障先进民营企业”、“全国机械企业文化建设先进单位”，并获我国企业经营管理领域最高荣誉——“全国质量管理奖”。正泰董事长南存辉先后荣获“中国特色优秀社会主义事业建设者”、“第十一届中国十大杰出青年”、“2002CCTV中国经济年度人物”等称号。

【企业文化建设】 正泰集团在保证经济效益稳步增长的同时，创造性地开展企业文化建设，初步形成了具有时代特征和正泰特色的企业文化体系，并在促进企业健康持续快速发展过程中起到了积极推动作用。

用先进理念引导。正泰在20年创业过程中，逐步确立了“争创世界名牌，实现产业报国”的企业使命和“诚信守法、注重绩效、不断变革”的价值观，形成了“和谐、谦学、务实、创新”的企业精神和“为顾客创造价值，为员工谋求发展，为社会承担责任”的经营理念。

2002年，一家跨国公司愿以正泰总资产5~7倍的价钱收购正泰。当时，正泰总资产为20多亿元人民币，如果卖掉，一下子可以拿到上百亿元的资金，的确非常诱人。但正泰人明白，要实现“争创世界名牌，实现产业报国”的使命，如果连企业都卖掉了还有什么“产业报国”可言？于是，正泰领导坚决谢绝了对方要求。

“诚信守法”对正泰发展有着至关重要作用。正泰20年来之所以能够迈过一道道坎，取得一个又一个的飞跃，关键是诚信守法。除此以外，正泰还十分注重绩效和变革，并使正泰获得了抵御各种复杂环境的生命力。

企业精神是企业文化体系的核心组成部分，是企业价值观体系中的灵魂。和谐是正泰立业之基。与人和谐，与世和谐，在无声无息的和谐中拥有世界，是正泰的生存智慧。正泰追求的和谐，包括外部和谐和内部和谐。正因为妥善处理好方方面面的关系，营造了和谐环境，正泰才有了良好的发展基础。

谦学，是正泰长青之道。正泰人居安思危，结合自身实际，向专家学习，向实践学习、向书本学习。正泰14500名员工中，拥有研究生以上学历的52人，本科学历的737人，专科学历的2112人，初、中、高级职称的人员达1800人。

务实，是正泰制胜之宝。正泰的务实，表现在三个方面：一是做精、做专的经营战略。在一度流行的“多元化”浪潮中，正泰耐得住寂寞，经得住诱惑，坚持用减法做大企业，专注于工业电气；坚持用加法做强产业，将产业做精、做专、做强、做大。二是科学、务实的现场管理。正泰的现场管理实现了“四化”：操作流程规范化，现场管理人性化，工序设定科学化，工资制定合理化。三是完善、高效的营销体系。正泰从1994年初开始在全国各地设立营销网点。通过“投石问路、摸石过河、天女散花、大浪淘沙、建立桥头堡”五个阶段,形成了完善的国内外营销网络体系。

创新,是正泰兴业之魂。正泰的创新一是技术创新。正泰在民营企业中率先建立了国家级技术开发中心、理化测试中心、计量中心和低压电器检测中心,形成了以温州为基地、上海为中心、美国硅谷为龙头、相关科研院所为依托的多层次开放式的技术开发体系;先后研制了30多个系列、100多个具有正泰自主知识产权的新产品。二是管理创新。正泰从1994年开始推行集团化经营,随后又推行控股集团公司制,初步形成了以母子公司为基本构架的企业管理体制,信息化管理手段深入到企业经营的各领域。三是制度创新。从1991年开始,正泰着力进行股份制改造,股东人数已由当初的几个人发展到数百人,并实现企业所有权与经营权的适度分离,成功地迈向了现代企业制度的轨道,使正泰从一个传统的“家族企业”,逐渐转型为一个投资主体多元化的“企业家族”。

“为顾客创造价值”是正泰经营理念的关键点;“为员工谋求发展”是正泰经营理念的基本点;“为社会承担责任”是正泰经营理念的归宿点。在全球大变革时代,正泰决心全面贯彻落实科学发展观,努力打造世界一流电气制造企业,实现基业长青。

用有效制度保障。正泰寓先进的文化理念于制度之中,用制度来约束和规范员工行为,提高管理效能。

一是规章文化。怎样变企业管理由“人治”为“法治”,建立共同遵守的规章文化,是民营企业发展过程中必须突破的问题。随着生产规模的发展,正泰建立健全了一套包括质量、技术、营销、行政、人力资源等在内的企业管理标准、技术标准和工作标准,颁布了300多个企业法规并进行定期考核,使公司各部门、科室、车间、班组、人员都有章可循。

二是班组文化。班组文化是正泰企业文化建设和打造核心竞争力的基础。为此,正泰制定的所有规章制度,都要通过班组得到员工的认同。正泰还建立了一整套班组绩效考核体系,把个人的绩效与班组的绩效挂钩,培养员工与班组荣辱与共的归属感、认同感和使命感。

三是制度文化。20年来,正泰结合企业发展实际,不断对企业产权制度、管理制度和经营制度进行改革、重组和创新。企业的股份制改造将正泰制度建设进一步提高到国际规范化水平,为企业的长久发展提供了强有力的制度保证。

卓有成效的实践。正泰在成长壮大过程中,企业文化成为推动企业发展的原动力。创业伊始,正泰将企业命名为“求精开关厂”。正泰提出了“宁可少做亿元产值,不让一件不合格产品出厂”的质量宣言和“争创世界名牌,持久地为国内外顾客提供满意的产品”的承诺。质量第一的经营文化,使正泰成为行业的“领头雁”。1999年12月,“正泰”商标被国家工商行政管理总局认定为“中国驰名商标”;2003年9月,正泰产品被评为“中国名牌产品”。

为建立务实创新的管理文化,正泰从办厂开始,就实行了股份合作制产权结构和工厂制管理模式。1991年,建立中美合资温州正泰电器有限公司后,及时建立了公司制管理模式。1994年,正泰改制成国内低压电器行业内首家企业集团。1996年,按照《公司法》和现代企业制度的要求,成功实现了从“家族企业”向“现代企业”的转变。

正泰十分注重利用各种载体宣传正泰企业形象。从1993年开始,企业先后创办了《正泰报》、《正泰信息周刊》以及“正泰之声”广播台、正泰互联网站等。1994年,企业全面导入CI形象设计系统,在世界20多个国家和地区注册了正泰商标,并在国际互联网上注册自己的网页。同时,企业还充分利用国内外各种大型展示会、经贸交流会、新产品推广会等载体,不断规范、提升、宣传企业形象,形成了正气泰然的形象文化。

面对日新月异的技术变革,早在1993年,正泰就提出了创建“学习型组织”的口号。1997年,正泰与上海正泰理工大学合作,创办了正泰学院,并先后成立了正泰培训中心、正泰青工培训等基地。1989年11月,刚到求精开关厂工作的寿国春只是一名普通的农民工。由于饱受正泰文化的熏陶,寿国春现在当上了总经理,并获得了正泰交流接触器分公司10%的股份。随着经济全球化进程的进一步加快,正泰又把全体员工的个体价值观、群体价值观汇集为“争创世界名牌,实现产业报国”的整体价值观,并使之成为全体正泰人的神圣使命。

正泰将企业文化建设作为企业经营管理的重要组成部分,并与企业党建、精神文明建设,数字化建设、品牌战略以及构建和谐社会等目标有机结合。

创业20多年来,正泰已累计向社会公益事业捐资捐物1亿多元,成为构建和谐社会的重要力量。

文化建设促跨越式发展

——太原钢铁(集团)有限公司的企业文化建设

【企业概况】 太原钢铁(集团)有限公司始建于1934年,是我国以生产板材为主的特大型钢铁联合企业和最大的不锈钢生产企业,主要产品不锈钢、电磁纯铁、火车车轴钢、焊瓶钢、高合金模具钢、军工钢在国内有较高的市场占有率。2003年生产不锈钢66.37万吨,跨入世界不锈钢十强行列,排名第8位;销售收入突破207.4亿元,在全国大型工业企业中排名第33位。2004年生产不锈钢72.17万吨,销售收入290.17亿元,产品结构进一步优化,产品实物质量为核心的市场竞争力显著增强。

【企业文化建设】 长期以来,太钢虽然是普钢特钢兼有,但实际上是要大不大,要特不特,品种多而散,集中度不高,竞争力不强。20世纪90年代以来,中国不锈钢消费量快速增长,世界不锈钢工业加速向中国转移,不锈钢市场显现出广阔的前景。太钢的发展面临难得的机遇。太钢大力推进企业文化建设,不断提高职工队伍的综合素质,不断增强企业凝聚力,生产经营实现了跨越式发展。

依靠“太钢文化”，建设全球最具竞争力的不锈钢企业。面对日趋激烈的市场竞争、太钢决策层解放思想，转变观念，坚持以科学的发展观为指导，按照走新型工业化道路的要求，对国内外钢铁业特别是不锈钢产业的发展态势进行了深入、系统的分析研究，深刻认识到，发展不锈钢是市场的需求、国家的需要、也是太钢自身的优势所在。从宏观环境看，国家将太钢确定为重要的不锈钢生产基地，山西省也对太钢发展不锈钢给予极大的关注和有力的支持，把太钢的不锈钢项目列为山西省调整产业结构的标志性项目。从自身情况看，太钢拥有不锈钢生产、技术、营销、管理等方面的丰富经验，拥有较强的不锈钢研发力量和一批优秀的不锈钢专业技术人才等优势。

为此，太钢确定了自己的战略目标：建设全球最具竞争力的不锈钢企业。为了实现这一战略目标，到2002年完成了50万吨不锈钢改造，2004年国家批准新的不锈钢工程建设项目，项目建成后，太钢将形成年产300万吨不锈钢的能力，成为全球规模最大、工艺技术装备最为先进的不锈钢企业。太钢决策层认为：实现这一宏伟的战略目标，不仅需要先进的装备和生产工艺技术等硬件的投入，更需要先进的企业文化这一“软件”的支撑。太钢在进行新的不锈钢工程建设的同时，实施以企业文化建设为中心的职工队伍素质工程。

从2000年开始，在反复总结、提炼、升华的基础上，太钢初步形成了具有本企业特色的企业文化体系框架。其发展战略目标是“建设全球最具竞争力的不锈钢企业”；太钢的企业精神是李双良精神，其核心是主人翁精神，其实质是“把太钢的事当作自己的事”；太钢的核心价值观是“以人为本、用户至上、质量兴企、全面开放、不断创新”。在核心价值观的构成要素中，“以人为本”是根本，“用户至上”是目的，“质量兴企”是关键，“全面开放”是途径，“不断创新”是动力，五个要素构成了既有区别又有内在联系的统一体。以上构成了太钢企业文化理念识别系统的主要内容。此外，太钢企业文化还包括以“职工行为规范”为主要内容的行为识别系统和以企业标识、厂旗、厂歌为主要内容的形象识别系统。太钢用李双良精神武装全体职工，培养与发展战略目标相适应的李双良式的职工队伍，不断提高“李双良治渣展览馆”的文化含量和教化功能，使其成为传播太钢文化和树立太钢形象的窗口。每年召开李双良精神和企业文化建设研讨会，不断丰富和拓展双良精神的内涵，使研讨的过程成为双良精神传播和渗透的过程，成为职工接受教育和熏陶的过程，成为弘扬和光大企业精神的过程。现在，太钢已形成了浓厚的企业文化氛围，2005年全公司职工企业文化理念认知度将达到100%。

实践“太钢文化”，使企业实现跨越式发展。太钢结合企业生产经营建设和管理的实际，分析存在的突出问题和亟需改进的薄弱环节，每年确定一个主题，扎实推进企业文化建设，收到了良好的效果。2002年8月，276吨不锈钢有质量问题，没有达到出厂合格的标准。有的人主张降价销售，公司领导果断决定全部销毁回炉。这一行动，向世人表明了太钢不合格产品不出厂，践行质量兴企核心价值观的信心和决心。从2003年开始，针对产品质量存在的突出问题，太钢开展了“用心实践企业核心价值观活动”，重点确立和强化“用户至上”和“质量兴企”的理念。一度时期，钢材市场紧俏，就在这种背景下，太钢领导雪中送炭，亲自登门访问用户——北京燕山石化公司，诚恳征求对太钢产品质量、售后服务的意见。燕山石化公司领导深受感动，与太钢建立起更加紧密的战略合作伙伴关系。这件事也在太钢职工中引起很大的反响。2004年，针对职工存在的许多不良行为习惯，如不按规定路线行走、抢钻铁道路口栏杆、开会手机铃声响、鼓掌不热烈、践踏草坪等现象，暴露出职工的素养与建设全球最具竞争力的不锈钢企业的战略目标不相适应。由此，太钢党政决定在全公司范围内开展一场“建设最具竞争力的企业要从小事做起”大讨论。在讨论中，全公司职工认真查找自身存在的不良行为习惯750条，在此基础上，形成太钢“杜绝不良行为公约”纳入《企业文化手册》。通过讨论，提高了全体干部职工对做好小事重要性的认识，小事情关联大目标、细节决定成败的理念深入人心，职工爱岗敬业、遵章守纪意识进一步增强，文明素养和团队意识显著提高。

进入2005年，为适应建设无与伦比的新不锈钢精品工程和建设精细地、信息化、国际化太钢的需要。针对太钢职工中存在的执行力不高、精细化意识不强的状况，立足构建与精细化相适应的文化，组织开展全员“提高执行力、实现精细化”大讨论活动。太钢着力构建企业文化的养成机制和长效机制。强调各部门、各单位制定生产、经营、管理等方面的规章制度都要充分体现太钢文化，将核心价值观具体化在企业的体制、机制和日常管理工作当中。

通过加强企业文化建设，企业凝聚力明显增强，职工队伍的综合素质得到显著提高。2004年8月8日，太钢在滨河体育中心举办了70周年厂庆活动，5000多名干部职工参加了庆典。他们衣着整齐、精神饱满、鼓掌热烈、听从指挥，整个会场秩序井然，给太原人民留下了美好的印象。企业文化建设改善了企业管理，促进了企业的生产经营建设。2005年上半年生产不锈钢46.52万吨，同比增长60.58%，实现销售收入185.82亿元，同比增长49.54%，利润12.9亿元，同比增长36.08%，利税23.92亿元，同比增长32.45%。全公司可比产品成本同比降低4.83%。杜绝了质量事故，用户满意度大幅提升，产品竞争力显著增强，实现了历史性的突破。其他经济技术指标均有大幅度提高。

胡锦涛总书记来太钢考察时指出，太钢不但要在不锈钢规模上第一，技术、管理、效益上也要领先。胡锦涛总书记的殷切希望给太钢全体职工极大的鼓舞和激励。太钢人充满信心，坚定不移地推进企业文化建设，锻造一流的员工队伍，培育企业核心竞争力，把太钢建成规模大、品种特、质量优、成本低、研发强、效率高、服务好、环保良的全球最具竞争力的不锈钢企业。

塑造企业之魂　打造纯碱品牌

——天津碱厂的企业文化建设

【企业概况】 天津碱厂的前身是永利制碱厂，是中国创建最早的制碱厂。永利制碱厂筹建于1916年，与1914年创建的久大盐业公司塘沽制盐厂是姐妹厂，均为中国早期的著名实业家范旭东所创建。范旭东先生被毛泽东主席赞为“中国现代化学工业的开拓者”、“工业先导、功在中华”。天津碱厂生产的主导产品“红三角”牌纯碱先后四次荣获国际金奖、四次蝉联国家质量金质奖章，2002年荣获“全国用户满意产品”，2003年被评为“中国名牌产品”称号，2004年底获国家质检总局颁发的出口免验证书；另一主导产品“海王星”牌氯化铵2005年9月1日荣获“中国名牌产品”称号。

【企业文化建设】 具有88年光荣传统的天津碱厂，从创立扬名海内外的“红三角”品牌纯碱，奠定了中华民族化学工业第一块基石起，到勇于迎接世界经济一体化挑战的今天，始终如一地注重企业文化建设。多年来，天津碱厂饱经沧桑，历经磨难，之所以能够保持健康、持续、稳步、快速地发展，勇立纯碱行业的潮头，独树一帜的企业文化建设功不可没。

天津碱厂在企业发展的过程中不断孕育、锤炼和塑造着独树一帜的企业文化，积累了宝贵的精神财富。1922年8月创办了中国第一家私立科学研究机构“黄海化学工业研究社”。1928年9月创办了中国第一家企业刊物《海王》旬刊。1934年制定了“四大信条”宗旨：第一条：我们在原则上绝对的相信科学。第二条：我们在事业上积极的发展实业。第三条：我们在行动上宁愿牺牲个人，顾全团体。第四条：我们在精神上以能服务社会为最大光荣。“四大信条”的提出和形成，不仅在中国企业文化、企业精神史上居于首位，就是在当时的世界上也是超前的，富有创新精神。

建国以后，天津碱厂将“四大信条”宗旨与全国开展的学习孟泰精神、铁人精神、大庆精神有机结合，推动了生产的发展。党的十一届三中全会以后，开展了“三史、三热爱”主题教育，企业生产经营充满了活力。进入20世纪90年代以后，天津碱厂企业文化建设坚持把鲜明的企业特色和与时俱进的企业文化紧密结合起来全方位地开展，通过对企业文化的创新和整合，将“四大信条”之精髓融于其中，形成了具有独具企业特点和新时期特色的企业精神：“弘扬四大信条宗旨，拓展红三角事业”，确定了“红三角永远追求卓越”的企业价值观，以及经营管理理念和厂旗、厂徽、厂歌等企业文化。

在20世纪后期，天津碱厂以优秀的企业文化为依托，平稳应对严峻的市场挑战和东南亚金融危机的波及，企业得到了新的提升和发展。天津碱厂企业文化已深深渗透于各个领域和职工心间，为企业不断振兴和发展提供了强有力的智力支持和思想保证。从首创盐、碱、酸三大化工生产基地，到1941年打破洋人对制碱技术的垄断，再到“侯氏制碱法”的诞生，都凝聚了天津碱厂在原则上绝对相信科学，尊重知识，尊重人才，用科学态度建厂治厂的非凡成果。88年来，天津碱厂在继承中创新，在巩固中提高，主要技术装备居国内外同行业先进水平，天津碱厂作为第一起草单位起草了纯碱GB210－2003标准，1999年取得ISO10012计量检测体系合格证书，2001年通过了ISO9001：2000质量体系认证。以“中国名牌，永争一流”的精神姿态，塑造名牌队伍、名牌产品、名牌企业，纯碱产品指标远远高于国家现行重质纯碱GB210－92Ⅰ类标准、食用纯碱GB1886－92、工业纯碱GB210－92Ⅱ类标准，质量标准超过美国T－SO－S－571G－91、英国BS3674－81和法国SOLVAY公司等国家标准。

天津碱厂企业文化建设始终重视丰富载体，寓教于活动之中，营造良好的环境和氛围。在塑造员工形象方面，20多年来连续开展了11轮职工政治培训。在塑造企业形象方面，每年围绕节日、纪念日开展丰富多彩的文化娱乐教育活动，厂报《红三角》历经多次改版，目前实现了电子网络版，扩大了信息量，增加了可读性；建立了“红三角”网站，企业内部建立电子邮箱230余个，发挥了互联网的便捷与快速优势；有线电视每周编播三期企业新闻；先后编修了两部《天津碱厂志》和电子版，成为企业文化的精彩一笔；建成了厂史纪念馆，定期利用范旭东、侯德榜塑像和原黄海化工研究社旧址等三处全国化工行业爱国主义教育基地作为新进厂人员、外来人员进行厂史教育的阵地。

天津碱厂加强企业文化设施的硬件建设，投资数千万元兴建了职工俱乐部、学校、科技学习活动场所、电化教育系统等，建立了科协、青知协、技协、企协、政研会、“红三角”艺术团、几十个体育代表队以及书法、摄影、美术、版画、集邮、钓鱼、花卉、冬泳等兴趣活动组织，多次参加省市、全国及国际各种活动和展览，并多次荣获省市、全国、国际大奖，创办了天津碱厂有线电视台、有线广播、《天碱青年》杂志、职工文艺作品创作专刊《碱花》等多种职工刊物和设施，每年定期举办升国旗与厂旗仪式、职工运动会、迎春长跑、文化周、科技周、报告会等。增强了职工的爱国爱厂教育，振奋了职工精神，融洽了干群关系，增强了企业的凝聚力和向心力。

天津碱厂企业文化建设与时俱进，不断创新。2000年制定了“二六一”政治工作目标。即，坚持两个战略，实施六项工程，建立稳定保证体系。一是坚持两个战略：可持续发展战略、学习型企业战略，确立了“优化主体，发展两翼，开辟新区”的发展战略。企业主体行为由遵循国内市场规则向遵循国际市场规则转变，运用高新技术整合资源提升传统产业，保证所生产的产品定位于有特色、有规模、有国际水平，在国内处于领先水平。二是实施六项工程：责任工程、阳光工程、先锋工程、素质工程、行为工程、名牌精品工程。强化领导干部问责制，加强对后备干部的培养锻炼，抓好培养、吸引、使用人才三个环节。落实职工技术培训“十大计划”；开展诚实守信教育，制定并开展学习《职工职业道德规范》、《职工行为守则》、《职工文明公约》和《企业职工奖惩条例实施细则》的活动，实施“2000 工程”系列和百项攻关活动；名牌精品工程加大科技创新力度，以用户满意为标准，实现产品零缺陷、零投诉的目标，吸收最先进的经营理念和企业文化。三是建立稳定保证体系。建立健全、完善困难职工基础台账，积极开展“关心职工生活，稳定职工队伍，家访慰问送温暖”活动，开展科普宣传教育，提高职工群众的识别力和免疫力。

88 年来，天津碱厂之所以保持企业经久不衰和“红三角”品牌在国内外市场上的知名度和美誉度，是天津碱厂多年来坚持不懈地加强企业文化建设，赋予了“红三角”品牌厚重的文化底蕴，使企业不断焕发出青春与活力。

文化管理促发展

——广东省中医院的企业文化建设

【企业概况】 广东省中医院始建于 1933 年，1953 年改制为国有医院，更名为广东省中医院实验医院。1956 年又成为广州中医学院（现广州中医药大学）的教学医院。如今已是“广东省中医院”、“广州中医药大学第二附属医院”、“广州中医药大学第二临床医学院”三个名称同时使用，现属卫生部直属医院，成为集医疗、科研、教学为一体的大型现代化的综合性中医医院，现在是国家新药（中药）临床试验研究中心，全国中医急症医疗中心，全国中医肾病治疗中心，全国中医乳腺病治疗中心广州分中心，全国中药制剂和剂型改革基地，卫生部临床药理基地。医院先后被评为全国三级甲等和全国示范中医院，并获得“全国卫生系统先进集体”“广东省文明中医院”等荣誉称号。

【核心理念】 在医院建设和发展过程中，医院价值理念很多，如“患者意识”、“质量意识”、“效益意识”等，这些理念集合起来就成为了医院的理念体系。而在这个理念体系中，谁处在核心位置？这个问题是医院文化建设的重要内容。不同医院之间理念的区别，往往表现在理念价值排序上的区别，表现为最高价值的选择与判定各不相同。在如何选择核心理念的问题上，广东省中医院着眼于是否有利于医院的长久生存和持续发展，是否符合社会主义市场经济条件下的新型义利观，经过反复多次锤炼，确定为“病人至上，真诚关爱”。

核心理念成为医院决定各项工作的价值取向。在如何处理社会效益和经济效益的关系上，医院始终坚持社会效益与经济效益相统一的观点，当二者出现矛盾的时候，强调首先追求社会效益，这不仅是社会责任，坚信在社会主义市场经济条件下，只要对社会做出了贡献，最终会得到社会的回报。为了使院党委提出的“病人至上，真诚关爱”的理念成为广大员工的共识，广东省中医院着力从患者、医院、员工三者利益相统一的观念出发去教育广大员工，反复向大家灌输“病人可以没有广东省中医院，广东省中医院不能没有病人”的道理，让大家牢记“病人是我们的衣食父母”，“收一个红包，等于赶走一群病人，开一个大处方，等于失去更多处方”，“病人选择我们是对我们的信赖，我们必须用精湛的医术、真诚的关爱来回报他们”。由于所倡导的理念是从医患双方的共同利益出发的，所以很容易就得到了大家认同。2004 年，医院发动全院员工对医院文化进行诠释，在诠释的过程中学习，在学习中加深理解；树立模范典型。如评选服务之星，医务人员在为病人服务的过程中演绎出许多动人的故事，这些员工都能成为当季度的“服务之星”，用员工身边的人和事来教育员工，感动自己。医院还不断创新教育载体，鼓励员工开展各种有益的文化活动，让大家在这些有益活动中，加深对先进文化的理解，在理解中内化为自己的习惯，上升为信念，努力把医院文化从理念变为行动。医院的制度就是具体化了的医院文化，是员工行为的边界和指向，如：设计分配制度的时候切断与医生开“单”和开“药”的利益关系，剔除“大处方”和“大包围”的原动力；考核开出检查的阳性率，作为科室的目标责任之一，以防止滥检查的出现；严格执行物价规定，通过费用查询系统、一日清单、公开价格等方法强化收费的监督管理；通过临床路径的建立，探讨和制定最佳的单病种临床解决方案，为患者提供尽可能合理又尽可能节约费用成本的诊疗服务。医院特别强调，员工的行为方式是医院递给病人的第一张名片，尤其在医务人员为病人提供服务的那一刻，往往就决定这个病人对医院的感觉，把那一刻称为“关键时刻”。每个员工都要在关键时刻想到自己是医院的代表，一定要用自己的行动维护医院的声誉和形象，反复教育员工，不仅要注意病人的“病”，更要关注生病的“人”，为他们提供人文性的关怀，在广大患者中间形成了良好口碑。

【文化建设促进可持续发展】 医院发展要实现持续发展，就必须营造和谐的内外环境，医院文化管理对于处理好和谐与发展的关系起着重要的作用。为了构建适应市场机制的运行方式，在进行分配和人事制度改革中，通过利益调整体现个体创造的价值，员工收入之间呈现了区别，形成了根本利益一致下的不同利益群体。广东省中医院始终坚持效率优先兼顾公平的原则。

首先，医院强调医疗行为是由医生发动的，因此医疗活动要以医生为核心，分配机制上也有所体现。但这并不意味着医生高人一等，医护、医技、医药、医工关系上应该是平等的，医生不应该对其他人颐指气使，而应该相互尊重、相互理解、相互配合。在建立运行机制的时候倡导内部竞争，但一定要保证竞争机会的平等；在分配改革成果的时候，根据贡献的多少和价值的多少，有先有后，有多有少，但要在政策上保证每个人都能享受到改革的成果。同时必须在员工中倡导平等友爱，融洽和谐，相互理解的人际关系。

其次，医院在文化建设中始终强调“以院为家”的精神，使每个员工都从内心深处认同这个家，维护这个家，兴家而不败家，荣家而不辱家，强家而不毁家。医院倡导这样的理念:医院对社会的责任是力争用最好的方法为患者解除痛苦,挽救生命;医院对员工的责任是尽心尽力提供发展机会,创造成才条件,提高生活质量;员工对医院的责任是把医院当成自己的家,尽心尽责把自己岗位的工作做到最好;科室与科室,员工与员工之间做到相互尊重,相互理解,相互帮助,相互友爱。在医院形成平等、友爱、融洽、和谐的人际关系,员工之间求同存异,和睦相处。

医院不断加强内部沟通机制,畅通沟通渠道,使上情及时下达,下情及时上达。要坚持民主集中制,使医院决策科学化、民主化。在关系到医院发展的重大问题上,广泛征询意见、充分进行协商和协调,广泛征求民意,充分集中民智,使决策符合群众的根本利益;对专业性、技术性较强的重大事项,要充分进行专家论证、技术咨询和决策评估;对于与群众利益密切相关的事情,充分发挥职代会的作用,充分保障员工的参与权、知情权、建议权和决定权。由于医院在文化建设中始终把医院的发展和事业的进步放在最重要的位置上,逐步形成了医院上下相互支持,同事之间互相尊重,"老中青、中西医、多学科"和谐进步,团结一致局面,从而有力地促进了医院持续协调发展!

实施文化管理　创新企业思想

——石家庄电业局的企业文化建设

【企业概况】 石家庄电业局是国家大型企业、全国一流供电企业,担负着河北省石家庄及所辖17个县市1.58万平方公里、930万人口的供电任务,是河北电网的枢纽和骨干企业。截至2004年石家庄电业局已连续16年被评为河北省文明单位,局本部及所辖18个县(市、区)供电局连续6年荣获石家庄市优质服务"便民利民杯"第一名。供电局成立50多年来,始终践行"人民电业为人民"这一根本宗旨,积极探索"德法结合,育人兴企"的发展之路。

【企业文化建设】 2004年底以来,国家电网公司党组提出了建设"一强三优"现代公司的战略目标、"三抓一创"的工作思路,成为公司上下共同的行动指南。2005年初,在开展全员"一强三优"大讨论的基础上,局党委明确提出了"全面落实科学发展观,紧紧围绕建设'一强三优'现代公司的战略目标和企业中心工作;坚持以德兴企、文化强企,营造和谐电力"的工作思路。

公司企业文化建设中紧紧把握四个关键"点":一是企业发展过程中的主要矛盾点——社会经济快速发展和人民生活水平提高对供电行业提出的更高要求与国有供电企业硬件(电网架构及设备运营状况)、软件(职工队伍素质)及传统经验型管理的不适应;二是企业优良传统的闪光点——解放战争时期,石家庄电业局曾担负为党中央驻地西柏坡供电的光荣使命;其发展历程就是一部自强不息、艰苦创业、敢为人先、争创一流的奋斗史;三是员工心理期望的共识点——在社会主义市场经济竞争体制下,不断提高自身素质,实现员工与企业的共同发展;四是企业未来发展的目标点——建设电网坚强、资产优良、服务优质、业绩优秀的现代公司,实现企业可持续发展和员工全面发展。

对四"点"进行聚焦,找准了企业文化建设的定位和基本思路,做到"三个坚持":一是坚持立足实践。大力弘扬"努力超越,追求卓越"、"人人敢为天下先,事事争创第一流"的企业精神和"传送光明、传承文明"的企业价值观,逐步培育具有行业特色的精神风貌、管理理念和员工行为规范。二是坚持以人为本。把员工放在企业管理的主体地位,强调文化认同和群体意识的作用,寻求企业物质、精神和制度三个层面的最佳结合。三是坚持突出实效。将简洁明了、员工易于理解接受的企业文化融入到生产经营活动的各个方面和所有环节,促进企业各项工作的全面发展。

在继承发扬企业优良文化传统的基础上,忠实履行"人民电业为人民"的宗旨,信守"以人为本,以德为魂"的核心理念,实施体现时代特征、彰显供电特色的企业文化工程。

在以"一日三德三做"活动(倡导员工遵守社会公德,在社会做好公民;遵守职业道德,在单位做好职工;遵守家庭美德,在家庭做好成员)为载体的思想道德建设以贯之的基础上,不断与时俱进,在理念、载体、方式、方法等方面拓展创新。公司将企业文化建设的着眼点放在"促进企业和员工的全面发展,增进企业的凝聚力、学习力、创新力"上,创办了《石家庄供电》报、《石供动态》(音像);编印了《德馨之花》等书籍;创作了《心中有个太阳》(局歌)等歌曲。

努力培育"三种文化":一是安全文化。认真贯彻省公司安全工作新思路,围绕安全的永恒主题,征集安全警句打造文化长廊,实施严格管理、细节控制和责任落实,营造"严、细、实"安全文化氛围。推行安全生产亲情化管理,实行违章通知家属制度,通过家属制作"安全亲情卡"、照"全家福"、写"安全慰问信"等形式,让家属参与安全管理。二是服务文化。围绕内强素质外树形象,加强员工思想道德与窗口规范化服务建设,以建设诚信窗口、作诚信员工为重点内容,积极营造"生产为营销、窗口为社会、机关为基层、后勤为一线"的大服务氛围。三是管理文化。构筑现代企业管理体系,推行绩效管理和过程控制,将"精细管理,强化执行"为管理理念融入到生产、营销、管理的各个环节,坚持用业绩评价企业和员工,保证企业利益得到维护,个人劳动得到尊重,个人价值得到体现。

大力实施"人才兴网"战略。坚持人本管理和能本管理相结合,以品德、知识、能力和业绩论人才,进一步健全完善了人才选拔任用制度、培训模式和激励机制,营造"人人都能成才"的氛围。搭建员工成长成才的学习平台,制定实施了《生产技能首席和能手选拔管理办法》和《学分制岗位培训管理办法》。以"创建学习型企业,争做知识型职工"活动为载体,以岗位为平台,以实践为课堂,采取办班培训、岗位交流、劳动竞赛和技能练兵等多种形式,切实提高员工队伍的综合素质。

为使企业的价值理念和管理理念成为广大干部员工的

自觉行动，通过三条主要途径传播理念：

一是载体宣传。通过宣传手册、《石家庄供电》内部报、局域网、电视专题片、宣传橱窗等多种阵地，大力宣传倡导先进理念，使企业精神、管理理念等深入人心，普遍认同。

二是价值引导。通过领导宣讲、会议贯彻，把企业价值观念、管理理念和工作思路传达到每个员工；实行领导干部基层联系点制度，在局域网开设"员工意见信箱"，召开座谈会进行谈心，定期向员工推荐书籍等多种形式，潜移默化向员工灌输企业价值观念和行为准则。

三是典型示范。注重分专业、分层次培育、选树和宣传先进集体和个人典型代表，如：荣获河北省五一劳动奖状的检修工区检修二班，荣获国家电网公司"优质服务十大标兵集体"称号的桥东营业大厅；"微笑天使"职业道德明星程超，学习型员工带头人李郁等。通过身边的人和事，使广大干部职工真切感受到企业价值观，实现自我教育、自我认同、自我完善。在理念实践上，以内涵丰富、形式多样的文化活动为载体，使企业价值现由"虚"变"实"，由"无形"变"有形"，使员工在参与活动中感知并认同理念。近年来，结合企业如工作开展了丰富多彩、寓教于乐的群众性文化活动，如："安康杯"安全生产知识竞赛，窗口单位优质服务演示竞赛，"三八"女职工舞蹈比赛等活动。2005 年开展以"光荣的使命"为主题的系列文化活动。通过举办大型图片巡回展、职工文艺汇演、专题座谈会、征文、演讲比赛、电力红色之旅等活动，对全体职工进行革命传统教育，展示 55 年来企业改革发展的辉煌业绩和职工队伍的崭新风貌，进一步打造企业文化特色品牌。

构建战略文化　促进企业强大

——日照港(集团)有限公司的企业文化建设

【企业概况】 日照港是我国"六五"期间重点建设的新兴沿海港口，是国家重点发展的 20 个沿海主枢纽港之一。日照港(集团)有限公司下设 14 个子公司，6 个分公司，8 个直属单位，是以煤炭、铁矿石、液体化工及油品、集装箱、粮食、水泥、木片木材等十大主导货种中转运输服务为主，兼有港湾建设、建筑安装、机械制造、工程监理、船发代理、铁路工程、房地产开发等为一体的大型现代企业集团。

【企业文化建设】 日照港(集团)有限公司努力寻找促进港口发展的不竭动力，形成了独具特色的企业文化。2003 年，被山东省评为首批"山东省企业文化建设示范单位"，并荣获全国企业文化建设实践奖。在新的时期，日照港通过抢占企业文化建设的制高点，形成了"大视野、大价值(链)、大营销、大亮点、大和商、大集约、大品牌、赢人心"八大战略文化理念，促进港口的超常规发展。

在总体思路上，确立了"大视野"的理念。从国际国内经济高速发展的新形势出发，站在全球、全国定位日照港。"把大势、谋全局、高定位、争第一"，以全新的视角，捕捉到新的机遇，并迅速展开了创建国际化、现代化亿吨大港的步伐，高层次地构建了企业宏伟的发展愿景。

在"大视野"理念的指导下，把眼界放宽，做到跳出港口看港口，着眼于世界和中国经济发展的宏观大局，把握港航发展趋势、腹地经济走势和地区经济发展的长远规划，用超前思维和敢为人先的胆识，打破常规的发展思路，提出了新的港口目标，"以煤炭、矿石、油品等大宗散货运输为主，建设现代化、国际化亿吨大港"，打造出了亿吨大港的基础平台。

在体制创新上，确立了"大价值链"的理念。从拓宽管理动力源泉，推进流程优化再造出发，用现代管理理念打破传统管理模式，运用市场价值链打造全新经营管理体制，大力推进内部各项改革深化的过程。

2003 年 5 月，日照港与岚山港联合重组，组建了日照港(集团)有限公司，实现了政企分开，完成了港口管理体制改革。内部管理结构进行整合与重构，集团公司机关部门、中层管理岗位缩减，全面推行四级管理模式，实现管理重心的下移。进行生产组织与业务流程的优化，全面进行各环节与客户的对接。全面推行了内部市场化运作模式等等。

在市场攻略上，确立了"大营销"的理念。从"大货种、大腹地、大市场"的重点出发，抓住国家运输南通道时机，首抓"建设扩能"的主要战略方向，做强传统大货种，全力开辟新货种，迅速扭转一货独大的传统结构，全方位展开战略营销，推进港口战略转移。

树立"以客户为中心"的理念，港口围绕着客户转，针对客户的需求来开展港口的经营活动，确立了"市场无处不在，市场无处不有"的大市场理念。矿石运输量随着矿石码头的建成投产直线上升，成为日照港的第二大发种。

在策略把握上，确立了"大亮点"的理念。从抢占市场制高点出发，满足客户潜在需求出发，力争将市场竞争全面转向速度战，力争在第一时间、第一空间满足客户第一需要，集中培育并形成"人无我有、人有我专、人专我优，人优我快"的独特优势。

日照港对各项工作高标准要求，提出干就干最好、争就争第一。他们的第一亮点是"快"，以快致胜。他们仅用 4 个多月，建成了一座 5000 多平方米、国际先进、国内沿海港口第一座港口主题展览馆，受到社会各界的赞誉。生产组织上创造了煤炭运输靠泊吨位最大、单船载重最大、装船效率最高的三项全国纪录，被中国企业联合会、中国企业家协会正式审定为"中国企业新纪录"。他们的第二个亮点是"最"，力求泊位规模最大、堆存能力最强、航道最深、设施设备最先进。日照港目前是全国最大的木材、木片集散地；是全国最大的散装水泥中转港；25 万吨矿石泊位已建成投产，35 万吨泊位即将建成，将成为国内最大的矿石码头。

在战略联盟上，确立了"大和商"的理念。从加大与港口产业链上下游合作和相关企业横向联合出发，用"借势、借力"的方法，力争与强势企业携手发展，"和商务赢"，促进港口核心能力质的提升。

在“大和商”理念的指导下，日照港通过积极建立与上下游客户的合作关系，近年来日照港把产业关联度高、拥有市场和货源、实力雄厚的大型企业作为寻求合作、借力发展的主攻方向，至今已与23家国内外的大中型关联企业建立了合资合作关系，特别是与中石化在岚山北港区合作建设30万吨级原油码头项目成功签约，开创了世界500强企业落户日照港的先河。

在资本经营上，确立了“大集约”的理念。从开拓运营市场资本本源，促进企业生产经营、资本运营双轮运转出发，重点通过拓宽资金资本渠道，精细操作资本运营，搭建科学稳定的资本运行平台，促进港口健康有序的新跨越。

日照港狠抓港口资本市场上市工作，与多家集团共同发起组建了日照港股份有限公司，并通过国家证监会的审核上市，迅速募集巨额资金，加快企业的跨越发展。此外日照港注重拓宽融资渠道，联合多家公司共同成立了日照星桥铁矿石装卸有限公司，经营铁矿石装卸、堆存、中转和代理业务。与此同时，日照港积极进行资产重组，实现了投资主体多元化。

在服务提升上，确立了“大品牌”的理念。从客户需求的个性化、多样化出发，全面开展“追求服务最好、质量最优、效率最高”的品牌创建活动，推进日照港集团行业服务品牌锻造“三次战役”，初战告捷，使企业社会美誉度迅速得以提升。

2004年他们开展了争创“日照港服务最好”活动，“假如我是客户”大讨论，使全员在思想认识观念上到位；在打造集团行业品牌的同时，着重进行集团内部的品牌塑造，发动基层单位通过梳理原有的服务制度、服务理念，用换位思考的方法，找出不适应当前的做法与观念提出了许多新理念，如“创造客户价值”、“客户利益高于一切”、“装卸真诚”、“越值服务”、“让客户感动”、“创建绿色码头”等理念，实施了“三零工程”、“精品工程”等质量措施，全力打造服务文化，全面提高服务水平，初步创建了个性化服务品牌特色。逐步建立起企业——市场——客户——企业的良性循环。

在塑魂战略上，确立了“赢人心”的理念。从服务客户、服务员工、服务社会的企业宗旨出发，实施“经营人心”工程，“经营客户、经营员工、经营人心”，建立和完善心本、能本机制，吸引和赢得客户之心，员工之心，社会之心。达到聚全体员工、全企业、全社会之力，真正激发活力之源。

日照港围绕能本理念进行了历时一年半的薪酬制度改革，确定“以岗定薪、岗变薪变、绩效挂钩”为主要内容的薪酬分配制度改革，为员工创造了一个良好的职业环境。此外他们注重用思想大解放活动促进全体员工的思想转变，两年共组织了三次大讨论活动，分别是“增加收入靠什么”，“假如我是客户”，使员工的思想与企业的经营目标合拍，运用港口电视、杂志、宣传栏等各种形式，及时宣传集团决策、思路，传达员工思想与呼声；倡导团队学习系统思考，鼓励上级与下级之间相互了解，学习共享。日照港（集团）有限公司在维护好实现好员工根本利益上下功夫，办实事、办好事，满足员工的物质文化需要，从而更好地调动员工的主观能动性。

为信任奉献回报

——华夏基金管理有限公司的企业文化建设

【企业概况】 华夏基金管理有限公司成立于1998年4月9日，是国内第一批成立的基金管理公司之一。截至2004年4月，公司从管理1支20亿规模的基金，发展到管理5支封闭式基金、4支开放式基金、3个社保组合的规模，管理资产达250亿左右，成为国内管理基金资产规模最大、管理基金数量最多的基金公司之一，公司投资业绩多年稳居行业前列，累计分红已近40亿元，为基金持有人奉献了丰厚的回报。2004年，公司被首都精神文明建设委员会授予“首都文明单位标兵”光荣称号。2004年4月22日，华夏基金管理有限公司在由上海证券报主办的“上证报最佳基金公司奖”评选活动中获得“最佳基金公司”大奖。

【核心价值观】 针对基金业“代客理财，诚信为本”的本质特点，华夏基金把“为信任奉献回报”作为企业文化的核心价值观。“为信任奉献回报”有两层含义：一是信任，即通过自身的诚实信用赢得信任；二是回报，即通过勤勉尽责为这种信任奉献回报。

“为信任奉献回报”不仅是企业对投资人的承诺，也同样反映了华夏基金对于企业与员工之间关系的认识。基金业是一个高度智力密集型的行业，人才是企业最宝贵的资产。6年来，一大批知识结构合理、综合素质优秀、富有事业心和责任感的员工，怀着成就一番事业，打造中国一流基金公司的理想，也带着对公司整个团队和管理层的信任，从海内外陆续加入华夏基金管理公司。公司只有通过规范的管理和持续的发展来回报员工的信任。同样地，每一名员工也感恩于华夏基金管理公司所提供的平台、机会和信任，为了一个共同的目标，在这个平台上勤奋工作，充分发挥自己的聪明才智。

把“为信任奉献回报”作为核心，华夏基金进一步衍生出“诚信、人本、创新、共享”的经营理念。

“人本”是公司全方位的价值取向。公司激励员工接受新的挑战，学习新的知识，充分满足员工的成长需要，帮助每个员工创造业绩，进而实现自我价值。只有员工成长了，公司才能真正持续地成长。

“创新”是公司不断发展壮大的动力源泉。坚持创新、锐意进取，公司才能把握市场涨跌的大趋势和各种投资机会，从而使得公司业绩长期稳定增长；坚持创新，公司才能每年不断有新产品推出，从而赢得客户的信任和支持，公司也因此才能不断地超越。

“共享”是公司文化的最高境界。共享包含着合作，又不仅限于一般的合作。共享是成功的前提，人与人的合作是心理与文化上的默契，是竞争的最好的方式，通过共享才能谋求共同发展。共享意味着公司与客户共同成长，也意味着公司员工与基金持有人、股东利益的统一；共享还意味着华夏基金全体成员肩负着社会使命与责任并不断回馈社会。

【以人为本】 华夏基金以“为信任奉献回报”为公司宗旨，以“稳健经营、规范运作，促进公司发展”为立足点，通过具体的管理实践来实现公司的核心价值观和经营理念。首先从培育员工的风险意识入手，并一直把规范运作视为开展业务的前提，以对广大投资者和社会高度负责的态度去妥善处理规范与发展的关系。

基金业最重要的资产是“人”，公司还通过一系列的规章制度和管理方法，达到吸引、使用、保留和发展人才的目的，实现“人本”的经营理念。同样地，公司为创造一个鼓励创新和共享的工作环境付出了很多努力。公司不仅是鼓励新产品的设计和创新，更是鼓励员工对市场经营模式的创新、组织管理方式的创新等提出自己的观点并且大胆地进行探索。不断吸收新鲜血液、引进外来人才、大胆选拔年轻干部、鼓励员工为创新承担风险、创造一个思想解放、平等交流的工作环境等等，都成为鼓励创新必不可少的手段。另一方面，公司强调部门间和部门内部之间的团结互助、密切协作，把高效地完成工作和任务作为共同的目标。公司还通过推行办公自动化系统、实行轮岗、制定合理的绩效考核制度等，从管理上促进共享的实现。

华夏基金成立以来，公司业务得到了很好的发展，一大批年轻、敬业、团结协作、专业化的、富有社会责任感的人才聚集在华夏的旗下并不断成长，共同创出了“诚信、规范、稳健、绩优”华夏基金品牌。

【品牌文化】 华夏基金管理有限公司把企业文化塑造成公司品牌。他们很早就制定并开始推广统一的公司标识，在日常的工作中，统一印制了公司名片，在各种办公用品及礼品上印上公司的标识，规范公司对外交往中标识的使用。

自公司第一只开放式基金华夏成长基金发行以来，他们加大了对公司品牌的推广力度。在公司网站、产品宣传海报、公司及产品介绍小册子上，严格执行公司的CI体系。通过这种方式，可以增加公司内部的凝聚力，使公司员工以统一整体的企业文化形象对外，展示公司的良好的服务能力和敬业尽责的职业道德风范。投资者通过这种方式，对华夏基金有更好的认识，并通过公司的产品和服务来感受我们的企业文化，投资者关系得到进一步的改善。

此外，公司积极鼓励员工参与到企业文化建设中来。在庆祝公司成立四周年时，公司举办了纪念征文活动，在公司成立五周年纪念系列活动中，精心编辑出版了《为信任奉献回报——华夏基金管理探索与实践》一书。

党团工会组织的活动，赋予了企业文化建设工作实实在在的内容，引导员工把自己融入到中国基金业发展的历史进程中去，牢记自己所担负的社会历史责任，才能真正地更好地发挥自身的价值。

凝心聚力业常青

——皖北煤电集团公司的企业文化建设

【企业概况】 皖北煤电集团有限责任公司是以煤炭生产加工为主的国有大型煤炭企业，坐落于安徽省北部宿州市，始建于1984年5月。经过20年的发展与建设，公司已成为以煤炭生产为主，兼营建筑建材、机械制造、化工、轻工等产业的综合性的大型企业集团。集团公司下辖8对矿井，总设计年生产能力700万吨，实际年生产能力900万吨；主要产品有优质气煤、焦煤、无烟煤等，发热量23000～30000兆焦/千克。现有三座选煤厂，设计年洗选能力400万吨，生产洗精煤、洗混煤等煤炭产品。煤炭销售以华东地区为主，部分销往日本、韩国、菲律宾等国家。

皖北煤电集团公司紧紧围绕做大、做强、走远，追求卓越，基业常青的发展愿景，通过建设企业文化，培植企业核心竞争力，提升了全员素质，为企业稳健发展提供了坚实的基础。

【安全文化】 经过多年的探索，皖北煤电集团找到了一条行之有效的安全管理之路，形成独具特色的安全管理文化。多层次、多形式、多载体、全方位宣传安全理念，各矿建立了安全文化长廊，安全理念、格言警句已经渗透到井下员工的工作岗位。班前培训、诵安全誓词等已经成为一种习惯。皖北煤电集团下属的毛郢孜矿“手指口述”工作法在全矿区推广，“矿长当老师，井下成课堂”在新老矿井不再是新鲜事。通过构建安全文化，让安全成为每一位员工的习惯，根植安全理念于员工的一举一动，一言一行之中，变“要我安全”为“我要安全”、“我会安全”，为创建本质安全型矿井打下坚实的思想行为基础。从2004年8月上旬，皖北煤电集团公司就着手安全文化建塑的策划工作，并制定了具体实施方案，下发了《关于建塑安全文化实施意见的通知》和《关于在全公司范围内征集安全理念、安全格言、警句、岗位格言》的通知。通知下发后，得到了各单位的积极响应，提供了大量的有价值的安全文化信息，为集团公司安全文化的有效整合提供了可靠的依据。通过筛选、提炼，最终整合出16条安全理念，12个安全原理和15条安全管理方法。公司制定了员工的安全行为准则，归纳了安全格言125条，并于2004年12月正式形成了集团公司《安全文化手册》。各矿积极探索安全文化建塑工作，相继建立了安全文化长廊，积极宣传安全理念、安全警句格言，图文并茂，形象生动，营造了浓厚的安全文化氛围。针对《安全文化手册》的实施要求，皖北煤电集团公司已专门下发了2005年总经理一号令，对《安全文化手册》在实际工作的落实作了明确规定。公司按照总经理令规定的要求，对安全理念的掌握程度、对安全理念、安全格言、警句宣传氛围的营造、安全仪式的开展情况、安全管理方法的运用情况进行检查，并将检查情况给予通报。通过建立安全管理长效机制，最终形成安全理念、安全精细标准、安全制度为一体的安全管理新格局。

【品牌文化】 “品牌是企业的生命”，“质量在我手中，客户在我心中”，在皖北煤电，无论你走到哪个矿，都能看到这些标语和口号。皖北煤电以质量树品牌，以品牌促发展。

皖北煤电把煤炭控制落实到生产、洗选、销售的每个环节。“超灰扣产，降灰奖产”的奖罚机制使各矿采煤、掘进和运输部门在生产中真正做到煤和矸石分采、分装、分运，努力不让一块矸石和杂物混入原煤。为降低原煤中的天然灰分，自上世纪90年代初，该集团就相继在其所属的百善矿、任楼矿、祁东矿、恒源公司建起了选煤厂，如今原煤的入洗率已经达到80%。在销售中，就连有时煤炭中出现的黄沙等杂物现象，运销部门也不放过，无论白天黑夜，都组织人员对每趟列车进行清空处理。

皖北煤电集团公司大力推进精细化管理，将企业文化与精细化管理有机地结合起来，使管理文化有了良好的载体。集团公司以日改进记录和6S管理为抓手，大力推进员工行为的精细化，不断补长企业发展的“短板”，提升工作效率和管理水平。

实施精细化管理以来，皖北煤电集团下属的任楼矿综采一区苦练管理内功，健全了生产成本运营机制，实行工效成本倒算，彻底解决了原先生产材料使用上的糊涂账。现在，该矿吨煤材料消耗费降低2.59元，并在3月份创出月产18万吨原煤的新纪录。

【人本文化】 从2002年底开始，皖北煤电集团公司积极推进学习型组织的创建工作。他们的基本构想是以实现集团公司中长期战略发展目标为中心，以提升各类组织和个人的学习力为重点，通过学习理念的渗透、创建理论的传播、基本架构的设计、学习平台的搭建、工作机制的营造，使企业初步具备学习组织的雏形。经过三年多的工作推进，皖北煤电学习型组织的建设工作取得了初步成效：目前，矿区各类学习型组织纷纷建立，形式多样的学习平台陆续搭建，全体员工的学习力逐渐增强。皖北煤电集团公司创建学习型企业的成功做法先后被收入《领导决策信息》杂志（2002年第45期）和中国时代经济出版社编纂的《学习型社会书系·学习型企业》分册；集团公司下属的任楼煤矿先后被淮北市和原安徽省企业工委确定为创建学习型企业示范点。利用2004年9月开展“学习月”活动的契机，皖北煤电集团公司适时召开了领导干部暨首届“学习月”活动动员大会，举办了“知识改变命运，学习成就未来”演讲比赛，邀请了上海明德研究所所长张声雄教授做学习型组织创建工作专题报告。通过一系列的创建活动的深入开展，皖北煤电集团公司创建学习型企业的第一阶段工作目标基本实现。

皖北煤电以企业文化建设提升企业核心竞争力，推动了企业的制度、管理、科技创新力，促进了企业的快速发展。公司煤炭主业已从当初的5对矿井，年产煤不足200万吨，发展到目前拥有9对矿井，4座大型选煤厂，年产原煤达1000万吨。目前，他们以文化建设为支撑，皖北煤电集团公司正向着新的目标前行：“力争用三至五年时间，再进中国工业500强；用五至八年时间，再造一个新皖北”。

金色文化造就金色产业

——山东招金集团有限公司的企业文化建设

【企业概况】 山东招金集团有限公司（以下简称招金公司）位于以盛产黄金而闻名于世的“中国金都”——山东省招远市。公司于2002年6月改制成立，前身为招远市黄金工业集团总公司。公司总资产46亿元，现拥有8户全资子公司、11户控股子公司、6户参股公司和2户承包企业，职工1.2万人。公司黄金勘探、采选、氰冶、精炼、金银制品加工配套成龙，形成了完整的生产体系。2004年，公司完成自产黄金37万两，对外加工成品金88.5万两，精炼黄金79万两；实现销售收入56亿元、利税7.4亿元、利润7.3亿元。公司保有黄金储量、年黄金产量、利润均居全国同行业领先地位。

【管理文化】 管理是企业发展永恒不变的主题，招金公司重点强化职工的市场意识、效益意识和竞争意识，通过建立完善各项规章制度，促进理念与制度的有机融合，全面提升企业的管理水平。公司坚持以人为本，以德为先，以业绩论英雄的人事动态管理思想，构建了能者上、平者让、庸者下的动态管理机制。通过实施动态管理，有30多人走向了高层领导岗位，集团子公司一名普通化验员，因其工作业绩指标达到并长年保持国内一流的水准，在短短的两年内，一步步走上了企业副总经理岗位。有360多人在中层岗位上实现了优胜劣汰，企业管理机构实现了扁平化、高效化。

打造科学考评机制，调动员工工作积极性，是招金公司管理的又一特色。公司在继承全员民主评议的基础上，不断借鉴引入新的考核评估办法，形成了独具特色的“上级考下级，下级评上级”的上下制衡、双向考评的管理机制。该考评机制的内容涵盖企业生产经营和精神文明的各个方面。在全员民主评议的基础上实行业绩考核，在业绩考核中实行自上而下的逐级考核，实现了一级对一级负责，从而实现企业的最终目标。该评价管理模式被中国机冶建材工会在全国推广。集团一子公司通过成功运行这一考评机制，企业管理向零库存、零缺陷、零失误等“零目标”发展。

【品牌文化】 品牌文化是企业文化的有机组成部分。招金公司切实增强品牌意识，认真领会品牌力就是生命力、就是竞争力、就是客户群的内涵，以打造中国最具竞争力的黄金矿业品牌为目标，把提高品牌力作为增强企业市场竞争力的引擎。

以实力创建品牌。历经多年的发展壮大，招金公司黄金产量已占到全国的1/7，保有地质储量占全国的1/10，连续28年黄金产量雄居国内同行业榜首，企业各项经济技术指标居国内行业前列。中国最大的金矿、最大的选矿厂、最大的冶炼基地在这里诞生。公司先后通过了ISO9001和ISO9002质量管理、职业健康安全管理、环境管理三大国际体系认证，取得了迈向世界的“绿色通行证”。

以创新发展品牌。招金公司共实施技改项目200多项，完成投资20多亿元。其中“湿法冶炼”工艺获得国家发明专利；“复杂含金矿物无废料提取多元素新工艺体系研究与应用”和“招远金矿集中区地质与找矿项目”获得了国家科技进步二等奖；COAL法处理复杂金银精矿工艺达到了国际领先水平，并在国内同行业实现了全过程自动化控制；黄金精炼引进国际领先水平的瑞典波立登工艺技术，黄金品质达到了国际标准，年生产标准金锭30吨。“招金”商标被评为山东省著名商标，“招金”品牌成为“中国500最具价值品牌”。

以形象拓展品牌。招金公司通过不断强化广告、新闻宣传等品牌塑造手段，大力加强品牌宣传。先后通过央视、省市电视台宣传上百次，《中国黄金报》、《中国矿业报》等报刊杂志连续对“招金”品牌予以报道，使“招金”品牌家喻户晓、深入人心。同时，公司还通过举办会议，创造新闻事件等方式，加大品牌塑造力度。先后成功举办了“第四届中国国际黄金及贵金属年会”、“招远国际金矿地质勘查暨可持续发展学术论坛”、“中—南黄金技术、设备引进暨项目融资经贸洽谈会”三次国际性会议，并赴深圳参加了两届“深圳国际珠宝展览会”和“首届中国国际黄金珠宝玉石展览会暨第二届中国国际黄金展览会”。协办了中国体育史上第一个黄金大奖赛——“招金杯”2003全国竞走锦标赛；出资参与烟台至北京火车冠名为“中国金都号”活动；出资拍摄了中国首部以黄金为题材的电视电影《金黄血红》和《金都1943》。一系列的品牌推介活动，使“招金”的知名度进一步提升，品牌文化也愈显魅力。

【诚信文化】 人无信不立，企无信不兴。招金集团把加强企业道德建设、廉政建设抓在手上，大力弘扬诚信文化，为企业赢得了良好的声誉，拓宽了企业的发展空间。

加强党员干部廉政建设，铸造企业诚信基石。公司把加强党员干部的廉洁勤政建设作为打造诚信文化的切入点。一方面公司推行厂务公开，实施阳光工程，加强了企业民主管理和民主监督，把党员干部的行为作用充分置于广大职工群众的监督之下，用监督促诚信。特别是公司党委创立的“党委领导，纪委、工会组织协调，职工群众广泛参与”的三位一体民主监督约束机制发挥了积极作用。通过这一机制的成功运行，公司未发生一例领导干部职务犯罪现象。另一方面加强党员干部廉洁自律，制定实施了企业廉政建设责任制，杜绝欺上瞒下、损公肥私、铺张浪费等不良行为，努力倡导求真务实的工作作风和勤俭持家的创业本色。企业领导与职工上下班同乘大客车，用餐同吃伙房，不搞特殊待遇，与职工打成一片，讲真话办实事在领导干部中蔚然成风。

加强职工群众道德建设，提高诚实守信的文明素质。企业的诚信来自员工个体的诚信。为全面增强企业的诚信素质，公司建立了职工诚信档案管理机制，专门记录职工在公司内外的诚信状况，作为对职工实施奖惩任免的重要依据，并且利用计算机局域网，在全公司公开披露职工诚信档案信息，从而把个人诚信纳入企业管理之中，培养了一支爱岗敬业的干部职工队伍。集团各子公司围绕“诚信建设”，开展了丰富多彩的创建活动，如“诚信在我身边”活动、“诚信演讲”活动、“讲诚信、树形象”活动等，使广大干部职工的思想道德和文明素质得到提高。

健全企业信誉体系，构建企业信誉机制。公司建立了完善的合同管理制度，防止了合同失约，经济效益受损，企业信誉缺失。同时实行客户服务承诺制度，建立运转顺畅、优质高效的顾客服务流程，把工作的重点放在终端客户和营销渠道上来。通过建立企业信誉体系，实现凡是给客户的承诺坚决兑现，凡是签定的合同坚决履行，凡是客户的要求尽全力达到，在客户心目中树立起重合同、守信用的良好形象，提高了企业信用等级。集团公司被中国农业银行评为“AAA级企业”，被中国工商银行评为“AA+级企业”，被国家商务部评为首批商务信用“AA”企业，许多银行主动上门贷款支持企业发展。信用等级的提高还引得美国卢金匠公司、加拿大普拉赛尔多姆公司、深圳安盛华公司、上海复星集团等多家国内外著名企业前来投资兴业。

建设特色文化　激发企业活力

——吐哈石油勘探开发指挥部的企业文化建设

【企业概况】 吐哈石油勘探开发指挥部1991年2月成立，1999年重组为现在的吐哈石油勘探开发指挥部和吐哈油田公司。指挥部是一个为油田勘探开发提供油气钻井、钻采工艺研究、地质研究、录井、井下作业、油田地面工程建设、运输、供水供电、通讯、机械制造、物资采办、多元开发、物业管理等工程技术服务、生产服务和社会化服务的综合性企业。

【品牌文化】 品牌是一个企业文化中最具影响力的标识，CI冲击的是人们的视觉感官，而品牌冲击的是消费者的内心世界。吐哈石油勘探指挥部紧密围绕市场技术需求，加快核心技术的创新和集成，形成了以钻井、采油、井下作业、录井为重点的技术序列，整体技术达到国内先进水平，“葡北油田盐膏层安全钻井技术研究”通过中国石油集团公司验收，被评为“技术取得重大突破”奖；丘东29井压入波量819立方米、砂量109立方米，标志着吐哈压裂技术达到国内领先水平。气举采油技术享誉中亚市场，定向井钻井技术、套管开窗技术等技术走出国门，取得良好应用效果。吐哈公司开发的水平井技术，使哈萨克斯坦8010井日产达到1100吨以上，在集团公司和哈国市场产生很大反响，提升了吐哈石油品牌的“含金量”和知名度。

全力打造“国内第一、国际一流”的名牌队伍，进一步提升吐哈石油品牌。吐哈石油勘探指挥部在国内外施工作业中，推行优质、超值服务理念，涌现出基础工作示范队、外部市场先锋队、企业文化建设先进队、优质服务规范队等一批叫的响、打的赢的品牌队伍，扩大了市场发展空间，创造良好的经济效益和社会效益。吐哈石油的文化理念得到中国企业文化建设研究会的认可，被选入《企业文化简明手册》一书，在全国进行宣传推广。

加大对外宣传工作的力度，展示品牌形象。土哈石油勘探指挥部邀请《新疆日报》、新疆人民广播电台、新疆电视台、《新疆经济报》、《工人时报》、《兵团日报》等疆内六家媒体来指挥部采访，在《经济日报》、《中国石油报》、《工人时报》等刊物上刊登宣传文章230多篇，宣传吐哈石油，展示吐哈石油的技术、服务、装备和实力。

实施企业形象宣传精品工程，推出了一批优秀作品。吐哈石油勘探指挥部编印中、英两个版本的指挥部形象宣传画册，编辑出版《吐哈魂》、《吐哈油田共同发展纲要》、《企业精神故事集》、《劳动者之歌》、《红旗飘飘》、《吐哈石油散文集》、《职工之家》等出版物，拍摄电视专题片，以鼓舞士气、开拓市场、展示竞争实力。

【学习文化】 2004年3月，吐哈石油勘探指挥部制定了《创建学习型企业实施纲要》，明确创建学习型企业的总体目标、方向、步骤和措施，提出九大创建载体，全面启动了学习型领导班子、学习型机关、学习型系统、学习型单位、学习型社区、学习型家庭六大组织创建活动，营造了全员学习的良好氛围。

该指挥部深入贯彻《中国石油集团公司基层建设纲要》，把创建学习型企业作为企业文化建设的更高目标，融入到贯彻基层建设纲要的全过程中。结合保持共产党员先进性教育活动、落实《吐哈油田共同发展纲要》、“强三基、反三违、除隐患”、“优质、安全、高效、低耗”、“百日上产会战”劳动竞赛等重点工作开展创建工作，确保了重点项目的质量和进度；针对安全生产的严峻形势，组织万名职工参加安全教育答题活动，开展“隐患险于事故”演讲比赛和“安全在我心中”巡回演讲15场次，教育和引导员工提高安全意识。

开展提素活动，形成了全面参与和上下联动的学习氛围。钻井公司建立的“周一学习日制度”，开展的井下公司井下作业练兵场技术培训活动，从根本上提高了员工的操作技能。石化厂的“每日一练、每周一结、每月一考”岗位练兵、物资处举办的各类业务知识培训，把学习与生产实践紧密结合，将学习成绩纳入业绩考核，提高了员工学习的主动性，增强了创建的有效性。

建立培训中心和培训基地，构建学习交流平台。指挥部选送84名处级领导干部参加岗位资格培训和工商管理知识培训，另有4852人次参加对外合作、外经外贸、监督监理等培训，培养了260多名熟悉国际惯例的项目经理、技术骨干以及外语人才。335人参加本科函授学历教育，176人参加研究生课程学习，129人参加继续教育。组织28个技术工种进行职业技能鉴定，有1106人取得职业资格证。加强对创建学习型企业工作策划和主管人员的培训，邀请知名专家、上海明德学习型组织研究所教授及国内著名企业领导人来油田进行专题讲座，传授知识、答疑解难、开阔思路。

指挥部还开展了万人评劳模活动，以职工名字命名了10个先进操作法、工作法和管理法。选拔出指挥部级技术专家15名，学科技术带头人30名，优秀知识分子40名，技术能手89名，分别给予每人每月800～1500元的特殊津贴，大大调动了科技人员和高级技工的积极性。

【管理文化】 吐哈石油勘探指挥部加大生活基地和生产前线基本建设及改造投入力度，优质高效地完成了职工体育活动中心、足球、田径场、社区宽带网综合布线建设，完成了前线生产单位员工公寓、宿舍楼建设以及固井、压裂等特车工房的修建，完成哈密基地主干道、高层建筑物、公园、小区等重点部位和场所的人文景观建设和美化、亮化、绿化等13项建设项目，进一步改善了员工、居民的工作环境和生活条件。积极筹备吐哈油田展览馆建设，会同吐哈油田公司进行吐哈油田展览馆的场馆选址和方案设计，目前正在进行方案优化、图片征集、展品整理等工作。

吐哈石油勘探指挥部坚持把精神文明创建与企业生产经营活动紧密结合，组织开展“学雷锋，实践先进性，建设和谐社区”、“关注健康、关爱生命、热爱生活”主题活动和“公民道德建设月”、“文明之光”等系列活动，丰富了职工的文化生活，推动了生产活动。老年合唱团、“常青藤”艺术团、女子管乐团、少儿艺术团、老年大学、少年宫等业余文化团体发挥了作用，积极开展健康向上的文化娱乐活动，丰富和满足了员工日益增长的文化生活需求。

为全面落实科学发展观，指挥部全面盘点了“十五”期间企业文化建设工作，深入分析了今后一个时期企业发展面临的形势，制定了“十一五”企业文化建设规划及发展战略，以独具特色的文化理念规范员工行为，统一员工意志，实现企业文化与企业发展的和谐一致，企业发展与员工发展的和谐一致。

富国润民　造福一方

——富润控股集团的企业文化建设

富润控股集团是大型工贸企业，拥有总资产15亿元，净资产7亿元，职工11000余人。核心企业为浙江省人民政府直接授权委托经营的国有独资企业富润控股集团有限公司，紧密层企业浙江富润股份有限公司于1997年6月4日在上海证券交易所上市。集团经营涵盖工业、商业、化工、交通、房地产、高科技、农业生态科技园等产业。工业企业的主要产品为毛纺、绢纺、纺织面料；绢丝、细丝；针织和梭织服装，拥有纺、织、染、印、制衣全套生产线。商业线承担着诸暨市商业行政和行业管理职能，是全社会供应的主渠道。

【企业文化核心】 富润是由22家国有企业合并而来，这些有着不同文化背景、不同产品、不同发展历程的企业，统一在富润的旗帜下，成为一个和谐的大家庭，构成“和而不同”

的文化，同时富润尊重历史、尊重民意，相信职工、依靠职工，以一种可以接受任何新事物和新挑战的胸怀和勇气，形成被曾庆红副主席称为“毛泽东＋邓小平＋‘三个代表’重要思想”的富润企业文化精髓，努力实现“富国润民、造福一方”的理想。

富润企业文化的核心是“求实、先进、博爱、奉献”，是一种创业文化、创新文化、制度文化、人本文化、辩证文化。把以人为本引入一向被视为冷酷无情的商战，体现着富润的人本主义思想。突破传统经营理念，富润以人为本，追求个人、企业、社会的和谐发展。富润文化创造着一种精神，融合着东西方文化的精髓，既体现东方文化的安全感、归属感，又引入西方文明的竞争机制、激励机制、约束机制，形成危机感、紧迫感，形成互相尊重、互相理解、互相关心、团结协作、积极进取的人际关系，增强凝聚力。富润鼓励奉献，洋溢着爱，企业创造经济效益和社会效益，员工对企业、对企业文化有高度的认同感，感受自己从事的是高尚的职业，为工作而自豪。企业文化建设成为职工与企业共同追求的目标，成为富润事业发展的内在动力。

【创业文化】 创业文化主要体现于“团结爱厂、奋发进取”的企业精神。富润是一个需要拼命精神才能成长发展的企业，在这种创业文化导向下，艰苦奋斗，埋头苦干，实现了从穷小企业到行业排头兵企业大集团的跨越。富润前身为国营诸暨针织厂，1983 年由国家 10 万元投资创建而成。当时资产仅 30 万元，职工 80 多人。企业运行至 1986 年，已处于资不抵债、濒临破产的境地。1986 年，现任党委书记、董事局主席赵林中同志来到这里，他以振兴国企为己任，对企业连续进行了风险承包、中外合资、现代企业制度试点、模拟股份制改制、新体制建设等一系列重大改革和改造，使企业在行业不景气和国有企业面临严重困难的环境下得到超常规、跳跃式的发展。企业现有资产总额达 20 亿元，职工万余名，紧密层企业浙江富润股份有限公司已于 1997 年 6 月在上海证券交易所上市。2004 年集团实现销售 17 亿元，创利税 7000 多万元，走出了一条国有企业改革发展的成功之路。公司荣获全国“五一”劳动奖状、全国先进基层党组织、全国纺织工业双文明建设优秀企业、全国纺织工业思想政治工作优秀企业等称号。

【示范文化】 富润领导层以“忠诚于党的事业，忠诚于国有资产，忠诚于富润的事业和职工，办事认真，处事公正，经营廉正，艰苦勤奋”七句话为行为准则，在行为品质、学习作风、生产工作、日常生活诸方面做职工的表率，以良好的自身形象感召职工，并努力用企业文化去激励职工，用企业道德去规范职工，用企业精神去凝聚职工，发挥企业文化的效应、辐射力，提升企业文化建设层次。集团党委书记、董事局主席赵林中同志严以律己，以身作则，获得全国“五一”劳动奖章，被评为全国劳动模范、全国优秀党务工作者、中国创业企业家、全总全心全意依靠职工办企业的“十佳”领导干部，获得全国“半月谈”思想政治工作创新奖、国务院特殊津贴，当选为九届、十届全国人大代表。他以一位优秀共产党员炽热情感模范地实践“三个代表”重要思想，成为保持共产党员先进性教育中的优秀代表。

【育人文化】 管理的核心是张扬人的个性，舒展员工的才华。尊重人的精神是“育人文化”的主要内容。企业既是经营的主体，又是育人的学校。依托《富润党建通讯》和《富润》杂志等学习园地和各种形式的继续教育，富润把管理与监督、教育与培训、学历教育与继续教育有机地揉合在一起，使员工学教有载体、创业有舞台。

每年“十优共产党员”、“十大杰出青年”、“十佳厂长经理”、“十佳操作能手”等 10 多组十优、十佳和每月好人好事的评选，使集团中各个层面、各条线、各个块都有先进模范，形成浓郁的先进文化育人、陶冶优良职业道德情操的氛围。

【竞争文化】 富润竞争的口号是“人家能我们为什么不能？人家不能的我们也要能”。这种竞争文化使富润在改革改造上不断进取，超前率先，在生产经营上不断扩大市场份额。在纺织行业全面困难的形势下，富润却取得超常发展。如 1994 年富润兼并资不抵债、几乎全线停产的诸暨毛纺织厂。富润文化注入毛纺厂后，激励职工奋起竞争。同样的设备兼并前只能纺 40 支以下的毛纺纱，兼并后纺出了 100 支以上的高支精纱，产品在国内领先。被富润兼并的诸暨绢纺织厂，原设计生产规模能力为每月 30 吨绢丝，可从 1974 年建厂到 1996 年兼并从未达到过设计规模能力。兼并后注入富润文化，唤起职工的积极性和创造性，现月产量已超过设计能力。

【管理文化】 其理念是“职工的事再小也是大事”，群众利益无小事。尊重职工，理解职工，关心职工，依靠职工。把职工的事办好了，企业发展就有源头活水。以前提“大河有水小河满”，富润把它倒过来“小河有水大河满”，体现了辩证思维。富润总结十几年的思想政治工作经验，制定了《经常性思想政治工作条例》，共 8 章 60 条，对职工的生、老、病、死、急、难等日常工作、生活中可能碰到的各种问题等等作出了 60 项详尽的规定，通过访、助、贺、奖、罚等措施，全方位地确定了一整套为职工群众办实事的日常思想政治工作的运行机制化。几年如一日地办实事、做好事，把企业办成一个“家”，使职工有荣辱与共意识，使企业变成一个团结互爱、和衷共济的团队。富润的管理文化被绍兴市委宣传部总结为“领导带动、理想鼓动、以情感动、文化驱动、制度推动、多向互动”的思想政治工作“六动机制”。

【品牌文化】 富润提出了“人品决定产品，产品体现人品”的口号，人人心中有质量、人人心中有品牌、人人手中创名牌；积极开展质量、环保、职业健康安全体系和中国环境标志产品等认证；与大专院校联合开发，坚持走产学研合作之路。经过坚持不懈的努力，“富润”牌精纺呢绒、真丝绸、桑蚕绢丝相继被认定为中国名牌产品，精纺呢绒是国家免检产品，真丝绸获中国高档丝绸标志产品，走出了一条成功的创牌之路。品牌文化丰富了富润企业文化，企业文化渗透到了富润品牌之中，成为富润发展的深层资源。

富润的企业文化理念，已贯穿于企业生产经营、管理生活之中，在企业发展中发挥了独特的功能，促进了企业的文明进步与发展。

发扬求实传统　培育创新思维

——福建水泥股份有限公司的企业文化建设

【企业概况】 福建水泥股份有限公司创建于1958年，现总资产16亿元，是国家大型水泥生产企业、国家520家重点扶持企业之一、建材工业重点扶持的十大水泥集团之一、福建省最大的水泥生产企业。公司经过四十多年的发展，生产规模不断扩大，特别是1998年兼并省顺昌水泥厂（现炼石水泥厂）后，生产能力进一步提高，目前水泥年生产能力已达300万吨。

【企业文化建设】 福建水泥股份有限公司经历了46年的发展，形成了有自己特色的企业文化，为公司的发展发挥了积极的推动作用。

坚持"以人为本"，提高员工满意度，满足客户的需求。

文化管理的核心是以人为本的管理，以人为核心、以人为导向、以人为基础。企业的价值是由满意、忠诚而有效率的员工创造的，满意的员工通过其优质的服务满足客户的需求。

创新的公司文化强调的以人为本管理，有着内外两方面的涵义。在福建水泥内部，强调的是一种人性化的管理方式，重视人的需要，以激励为主，创造更好的培训、教育条件和手段，使员工与企业共同发展；在公司外部，强调树立为客户服务的思想，以客户为导向，客户满意是我们质量的标准，实施客户满意战略。

在提高员工的满意度方面，福建水泥的做法是：把员工满意不满意作为检验各级领导干部工作绩效的第一标准，帮助员工实现个人发展的合理愿望，培植团队精神；制定合理的薪酬福利制度，通过开展员工满意度调查，了解员工需求并不断改进，使员工满意度每年提高5%；肯定员工的个人价值和尊严，认知员工的特长和优点，通过业务和技能培训、竞聘、轮岗、职业生涯规划等，满足员工的工作需求；建立有效的绩效考核机制和后备人才选拔制度，满足员工的成绩需求；通过开展群众性的精神文明建设、评选表彰、访贫问苦等，为员工工作和生活创造良好的人文环境。

在满足客户需求方面，福建水泥的做法是：真正了解和掌握客户的需求，用科学的方法加以收集整理，形成一套完整的评价和服务体系，成为公司的KPI，解决好与经销商共同发展的问题；组织营销大跨越和低成本驱动营销专题研讨，开展"我能为客户做什么"大讨论活动，通过学习型组织和知识型员工的创建，提高创新意识和能力，建立起符合创新要求的工作方式和管理机制，适应管理变革的需要；不断完善客户经理制。努力打造商誉牌、质量牌、服务牌、情感牌、观念牌，满足战略目标，实现营销的大跨越，解决公司持续生存和发展的问题。

加强物质文化的导入，完善制度文化的建设，突出精神文化的灌输。

企业文化建设不是一朝一夕的事，不可能一蹴而就。企业文化本身包括环境物质文化（外层）、制度文化（中层）和精神文化（内层），需要较长时间的积累、锤炼和提升，只有通过广泛深入宣传公司使命、愿景和价值观，才能让全体员工认同和融合公司新时期的企业精神、发展战略，促进员工观念更新，推动各项管理创新。

通过《福建水泥》信息、内部信息网络、内部电视、广播、黑板报等传播工具和宣传渠道方式进行反复宣传，使全体员工认同创新后的企业文化；重点抓好生产生活环境、办公场所、办公用品、客户宣传手册等方面理念识别系统和视觉识别系统的导入，更好传播公司经营管理理念，塑造公司良好的社会形象；重视公司文化手册编印、发放和学习，强化员工的规范化行为，使其认同企业的价值观；通过企业文化建设研讨会，对公司内典型案例、身边故事诠释，使员工自觉将理念由认知转化为一种行为习惯；将公司文化的理念融入到制度中，形成创新的制度文化，并通过绩效评估和薪酬制度的约束激励机制，支持创新后的文化价值观；通过文化建设，打造公司核心竞争力，树立"我就是福建水泥"形象的观念，突出员工的主人翁精神、忠诚敬业精神和使命感、归属感；注重抓好公司对外窗口部门、外派管理人员企业文化的建设，积极探索对外投资单位的文化管理和文化融合的新途径。

发挥企业文化的功能作用，联系实际注重六个结合。

福建水泥结合公司实际，围绕生产、经营、改革、发展和管理创新推进企业文化建设，提出六个结合：一是与创质量管理奖相结合，发挥企业文化的推动作用，促进公司管理创新，全面提高管理水平。二是与公司发展战略的实施相结合，发挥企业文化的激励作用，推动公司新一轮发展。三是与思想政治工作和精神文明建设相结合，发挥企业文化的导向作用，三者互促互补，以人为本提高员工素质，培育"四有"员工队伍，为公司的改革发展稳定提供精神动力、智力支持、思想保证。四是与制度建设相结合，使制度与文化对接，发挥企业文化的约束作用，促进员工的行为规范。五是与团队建设相结合，发挥企业文化的凝聚作用，提高公司的整体协同能力和团结和谐的内聚力。六是与塑造公司的品牌形象相结合，重视公司识别系统的导入，发挥企业文化的辐射作用，提高企业形象力，从而提高企业的核心竞争力。总之，福建水泥通过联系公司实际推进企业文化建设，使公司新时期的企业文化内化于心、固化于制、外化于行（形），最后达到形神统一。

建立企业文化运行机制，加强企业文化的执行力。

根据公司的发展战略，适应创新的需要，明确公司文化建设的目标、方法、手段、途径和要求，便于公司对文化建设实施领导、规划、定位、指导和协调。并根据公司战略具体化的要求进行年度分解，制定具体的文化建设方案，使公司的文化建设更具有计划性和针对性，宜于组织实施，形成公司文化建设的长效运行机制。

企业文化建设是企业整体发展战略之一，涉及到公司所有部门和全体员工，要在组织机构、人员方面予以保证，由各部门分工协作，共同推进。成立企业文化建设领导小组，建立组织领导机构和工作机构，落实必要的经费，明确各部门具体的分工和职责。

企业文化建设的成败关键在于领导。公司领导人既是公司文化模式的倡导者，又是组织者和缔造者，公司高级领导层要高度认同既已形成的企业文化、言行符合企业文化的规范，率先垂范推动企业文化创新。

建立沟通渠道，鼓励全员参与，对员工进行危机和变革意识教育，使员工了解变革的重要性和方向，动员员工广泛参与文化建设。

把公司文化建设作为公司管理的一项重要工程来抓。制定相应的奖罚分明的绩效评估方法和激励措施，定期对公司文化建设执行情况进行检查、考核和督导，及时发现问题，纠正偏差。

实施品牌文化战略
提升整体竞争实力

——中国石油辽河石油勘探局的企业文化建设

【企业概况】 中国石油辽河石油勘探局是中国石油天然气集团公司所属的国有大型骨干企业。职工总数6.6万人，主要从事石油工程技术服务、能源开发和综合利用、石油化工和机械制造、油气生产贸易服务等业务。

【品牌文化】 辽河石油勘探局紧密结合生产经营和队伍建设实际，积极推进企业文化建设。他们本着继承历史传统、适应时代需要，体现企业特色的原则，以实施“辽河品牌文化”战略为主线，积极面向市场打造“辽河第一品牌”，企业整体竞争实力不断提高，职工队伍凝聚力不断增强，企业经济效益不断攀升，为实现辽河油田整体协调共同发展和勘探局持续有效较快发展提供了强有力的文化支撑。

积极构建完整的“辽河品牌文化”理念。辽河石油勘探局以《中国石油天然气集团公司企业文化建设纲要》为指导，结合勘探局具体实际，全局干部职工通过生产经营管理和开拓市场的具体实践，进一步理清实施辽河品牌文化战略的目标、思路、原则和措施方法，丰富完善形成了“辽河品牌文化”理念体系，主要包括：企业精神：爱国、创业、求实、奉献；核心经营管理理念：诚信、创新、业绩、和谐、安全；企业宗旨：奉献能源、创造和谐；辽河油田勘探开发建设形成的精神财富：创业、创新、创优、创效；共同价值观：做强企业、回报国家、奉献社会、惠及职工；质量方针：质量第一、诚信为本、满意服务、持续改进；市场理念：“干一项工程、创一个品牌、铸一支队伍、树一方信誉、占一片市场”。

积极营造实施“辽河品牌文化”战略的浓厚氛围。辽河石油勘探局将实施“辽河品牌文化”战略列为“十一五”期间全局企业发展的战略重点，明确了实施“辽河品牌文化”战略领导成员、工作部门和具体职能职责。2005年年初，局党委成立了实施“辽河品牌文化”战略课题研究小组，局党委书记孙崇仁同志亲自挂帅担任课题组长，对实施“辽河品牌文化”战略进行专题研究。在企业形象规范上，实行了统一标识、统一理念、统一行为的“三统一”。他们通过编发宣传材料、征集理念、办培训班，报纸、电视专题宣传，使集团公司“宝石花”标识、企业文化理念，勘探局发展战略、工作目标、品牌文化建设理念深入人心，为广大干部职工普遍认同。他们还利用先进事迹报告会、宣讲会等宣传主渠道和报纸、电视、网络等大众传媒，开展管理创效、科技创新、外闯市场、队伍建设、爱岗敬业等系列的专题典型宣传，组织“勘探局施工队伍外闯市场先进事迹报告团”，在全局进行巡回报告，激发了广大干部职工闯市场、求生存、谋发展的积极性。

以示范点建设推动品牌文化全面铺开。辽河石油勘探局在基层单位开展了品牌文化示范点建设，选择文化积淀深厚、队伍素质高、竞争能力强、市场美誉度高、经营效果好的基层单位或项目部，作为品牌文化示范点，通过示范点建设和推动，形成了不同层次、不同系统有代表性的特色系列品牌文化。在局处两级机关创建“阳光机关、责任机关”品牌，制定了机关工作人员“十要十不要”行为规范，从会议统一着装到日常工作行为都进行了规范化要求。经过多年努力，辽河石油勘探局涌现出锦州工程技术处“绿色修井文化”、曙光工程技术处“安全风景线文化”、钻井一公司40609队“红旗文化”、测井公司综八队“100 - 1 = 0 质量文化”等一批有代表性的特色品牌文化。同时他们还通过开展争创“名牌队伍”、“名牌工程”和“名牌职工”的考核评比，使创品牌、争名牌成为干部职工展示精神风貌和共同价值观的追求。

【制度创新】 按照建设品牌文化的要求，辽河石油勘探局重新审视了企业各项规章制度，相继修订出台了各种内部法规30多项，使新的管理制度更加科学化、规范化、人性化。根据国际国内市场的不断变化，严格按照国际施工惯例和管理标准，对经营管理、安全生产、质量管理等规章制度和规范标准进行了重新建立完善，将各项管理制度全部纳入国际市场管理的统一标准。调整了有关激励政策，创新了业绩评价体系，实行业绩排序奖励制度。对全局生产经营单位的发展业绩，按照收入、增加值、利润进行综合评价，实行季度排序公告。对综合排序进入前10名单位的领导班子成员，正职奖励2000元/月，副职奖励1000元/月。对排序在后三名的单位采取帮扶、转型等措施鞭策其发展。上述措施极大调动了各单位开拓市场、争创“第一品牌”的积极性和主动性。

【建设学习型组织】 市场的竞争归根结底是人才的竞争，为了打造过硬的队伍品牌，辽河石油勘探局通过积极创建学习型组织、开展“青年素质工程”、“全员争做学习型职工、万人岗位自学成才"素质提升工程等活动,在内部营造了"学习工作化、工作学习化"、"团队学习、互动学习"的浓厚氛围。他们还以建设经营管理、专业技术人员和操作技能人员三支队伍为重点,制定人才培养规划,初步确立起以大教育、大培训为主导的人才培养机制。辽河石油勘探局采取定期脱产轮训与在职培训相结合、基地办学与外出培训相结合、校企联合办学等多种方式,不断加大职工培训力度。辽河石油勘探局累计对500余名经营管理人员进行了脱产工商管理知识培训;选派118名处级领导人员到集团公司参加重要岗位资格培训并取得了岗位资格证书;与多所院校联合开办博士、硕士研究生班,已有161人被录取;选派了21名经营管理者到外国攻读MBA、工程博士等学位和进修国际财务知识,目前已有部分人员学成回国。

文化整合　激励辐射

——中国石油炼油与销售分公司的企业文化建设

【企业概况】 中国石油炼油与销售分公司是中国石油天然气集团公司的下属企业,负责28家炼油企业和21家销售企业的炼油业务和油品销售业务。到2004年底,该公司已拥有650座油库,库容718万立方米,加油站1.8万座,员工18万人,2004年共销售油品近7000万吨,占国内油品销售额的43%。

【文化整合】 由于中国石油炼油与销售分公司的员工来自不同的部门、不同的行业和不同地区,1.8万座加油站的资本构成又极为复杂,因而人员和文化的整合任务十分迫切。为此,中国石油炼油与销售分公司从人员整合和文化融合做起,以中国石油天然气集团公司的大庆精神、大庆传统为主导,广泛的吸纳石油队伍以外的优秀企业文化,借鉴国内外的先进文化,开展了一系列人员与文化的整合活动。

首先用大庆精神凝聚员工队伍。大庆创业时的"三老四严"作风,铁人王进喜"拼命也要拿下大油田"的精神,一系列严格的管理制度和管理程序,这些宝贵财富正是整合队伍和实现文化融合的坚实基础。因此,他们采取办学习班、入厂教育、停产培训等方式,先后对20万人次员工进行了培训;对处以上干部普遍轮训了两遍;对基层干部每年都进行培训。通过广泛深入培训,广大员工逐步了解、认同、接受了中国石油的企业文化。

二是用中国石油的企业文化培养员工的共同理念。中国石油集团公司党组非常重视企业文化建设,2003年制定了石油集团公司文化建设纲要。按照纲要要求,中国石油炼油与销售分公司掀起了学习贯彻纲要的高潮。所有销售企业的办公区、会议区、油库、加油站、港口、码头、运输车辆都大力宣传中国石油的标识,宣传中国石油的企业宗旨,宣传中国石油的企业精神,宣传中国石油的核心竞争理念。通过这一系列的宣传,不仅为销售企业在社会上树立了良好的形象,同时也凝聚了员工队伍。

三是用销售企业自己的文化来引导广大员工。销售企业具有商业、贸易、服务业的特点,有服务的一面,也有形象窗口的一面。18万销售员工一手收钱,一手发货,每天回笼货币9亿元,所以形象和服务非常重要。根据集团公司的要求,中国石油炼油与销售分公司通过广泛考察学习,搞了一套文化手册。手册把销售企业的目标定位为"做最受信赖的成品油供应与服务商"。这一目标并没有说争一流、做最大,而是强调要做消费者最信赖的供应服务商。手册把市场理念规定为:"客户为天、致诚致信、互惠共赢"。中国石油、中国石化、中海油这几家大企业在销售领域竞争十分激烈,同时还面临国外企业的竞争。国内几家石油石化企业曾一度在竞争中存在你死我活现象。"客户为天、致诚致信、互惠共赢"就是要求员工关注细节,用心去做好每一件事。此外,手册还在质量方面提出"品质一丝不苟、数量分毫不差、服务无微不至"的要求;在SHE管理提出"关注健康,从健康的时候开始"的理念;在安全方面提出"一切事故都是可以控制和避免的"追求;在环境方面提出"关爱环境就是关爱自我"的口号;在人才方面提出"人人是人才,人人有舞台"的激励。正是手册的宣传、规范和要求,使18万职工逐步团结在一起,并发挥出各自的潜能。

【文化辐射】 在狠抓队伍和文化整合的同时,中国石油炼油与销售分公司还十分重视发挥企业文化的激励和辐射作用,用先进典型展示有形的企业文化。

石油工业一个光荣传统就是抓典型、宣传典型。中国石油炼油与销售分公司坚持按照选出先进典型、弘扬企业精神、激发员工潜能、促进企业改革和发展的思路,开展了几项卓有成效的活动。一是先后在销售系统开展了销售风采演讲比赛。首先是组织开展学先进、选最佳活动,然后是组织销售系统先进事迹报告团到基层做巡回讲演。尽管形式不太新颖,但是很有实效。二是表彰了10座标杆油库,10名模范加油站长,10名加油状元,选树了一批典型,并在方方面面进行宣传,起了很好的促进作用。

【品牌文化】 中国石油炼油与销售分公司还十分注意发挥企业文化的约束和调控作用,不断提升科学管理水平。

他们把树立企业形象、提升中国石油品牌价值作为企业文化建设的重要内容。坚持科学规范管理,内强素质外树形象,不断提高企业的管理水平。他们学习麦当劳、肯德基、沃尔玛等国内外大公司的先进管理理念和方法,制定了中国石油加油站的建设标准。按照这些标准,对加油站进行统一的包装。

为打造品牌,促进企业与社会和谐发展,中国石油炼油与销售分公司还开展了一系列公益活动。因为加油站遍布全国,这些活动有力提升了企业品牌。

为树立企业在社会上的诚信形象,中国石油炼油与销售分公司坚持诚实守信,始终把顾客满意作为企业永远的追求。他们向社会和客户公开承诺加油站计量准确、质量合格、明码标价、服务一流;公示加油站的管理规划,统一标准用语，评选星级加油站等。这些举措使基层管理和服务水平不断提升。他们还按照服务群众、微笑服务的宗旨送油上门、送货上门、送货下乡，同时聘请用户经常随机监督检查。通过一系列的活动，赢得了社会对中国石油品牌的认可。过去，中国石化在南方基本是一统天下，中国石油销售分公司进入以后，通过几年艰苦的工作，终于得到了南方市场的逐步认可。

作为国有大型企业，中国石油销售分公司除了对国家认真履行经济责任以外，还肩负着政治责任和社会责任。努力保障成品油资源的供应，维护工、农业的正常生产，这同样是企业义不容辞的责任。2005 年，由于国内外一系列复杂的原因，油品市场供应非常紧张。中国石油销售分公司在原油加工越多、亏损越大的情况下，全力保证市场供应。尽管原油和成品油每吨油价格倒挂 1000 元人民币，中国石油销售分公司仍用大船调油到广东市场救急。中国石油销售分公司向社会和媒体做出承诺："不限量、不断档、不限价、不变质"。这些都充分体现了中国石油诚信、诚实的企业宗旨。

中国石油销售分公司还组织了多次文化演出，创办了一批杂志报刊，既宣传了企业，促销效果也不错。

用文化力提升创新力和竞争力

——上海电器科学研究所(集团)有限公司的企业文化建设

【企业概况】 上海电器科学研究所成立于 1953 年，原为国家机械工业部一类科研机构，1999 年转制科技型企业。2004 年 12 月 8 日，经上海市政府批准，该所实行整体改制，实现了投资主体多元化，并更名为上海电器科学研究所(集团)有限公司。全公司现有员工 1000 余人，其中专业技术人员占 75% 以上，具有高级技术职称 180 余人，中级技术职称 300 余人，35 岁以下科技人员占 50%。该公司承担着我国低压电器、中小型电机、无线电干扰三个行业的标准归口工作，国际电工技术委员会(IEC)等十多个技术委员会(分技术委员会)的国内归口工作。公司成立 50 多年以来，取得了 2000 多项科技成果，专利申请累计达 180 项，获省部级奖 20 多项，连续六年获上海市文明单位及全国机械行业文明单位称号。

【企业文化建设】 上海电器科学研究所(集团)有限公司十分注重企业精神、企业价值观和富有个性的文化建设。

大力发展电器科技事业，建设投资主体多元化企业的先进文化。20 世纪 60 年代曾任该所技术所长的江泽民同志，在建所 40 周年时题词"面向经济深化改革，发展电器科技事业"；在庆祝建所 50 周年之际，又发来贺信，祝贺"电科所为我国电器科学的进步和创新做出了重要贡献"，并要求全所干部、职工"努力建设一流的现代科技企业"；2004 年 11 月，江泽民主席来公司视察，给大家以极大的鼓舞和信心。

公司党政班子以改制工作为契机，充分发挥企业文化在企业改革、发展中的作用，运用文化的力量，调动企业员工积极性，增强企业凝聚力。总公司《五年科技产业发展纲要》及近、远战略规划，以市场为导向，全面完成各年度科研、生产、经营、改制与发展任务，确保国家和上海市重点科研、工程和国防军工任务的完成，进一步提高了企业效益。总公司经济效益每年以 30% 的速度递增，2003 年经济收入突破 3.5 亿元，2004 经济收入突破 5 亿元。公司改制后，综合各部门特长，发挥全公司整体优势，提高核心竞争力。公司建立健全了科技创新的制度，将专利、核心技术的创新实绩作为与绩效考核"捆绑"的硬指标，推进落实科技成果的产业化进程；建立公司技术研究开发中心，以数字技术，计算机技术、总线技术为研究开发龙头，带动了传统产业的改造、升级，为电器电子的高科技产品研发和拥有自主知识产权奠定了基础。由公司承担的重点技术创新项目"现场总线低压电器关键技术开发及产业化"荣获 2005 年度中国机械工业科学技术一等奖。公司制定了保护知识产权、专利申请与授权、高新技术产品认定等一系列奖励政策，极大激发了科技员工积极性。2005 年 10 月 6 日，《解放日报》在头版头条以"一家'专利大户'是怎样产生的"为题报道了该公司将技术成果以专利形式推向市场的成就。

坚持以人为本、广泛开展宣传教育，使企业精神深入人心。公司结合自身特点，建立起有企业个性的文化框架。该公司将企业定位在电工行业多专业技术先导型著名企业集团的坐标上；将企业目标定位于永无止境追求卓越的科技型企业集团；将企业使命确定为致力科技创新，提升企业价值，实现可持续发展，促进行业及社会进步；将企业宗旨确定为让科技创造价值，让企业与员工共同发展；将企业管理理念确定为以人为本，科学规范，提倡效率，创造满意；将企业品牌定位在电工行业多专业技术先导型的著名 SEARI 品牌上。

公司充分发挥党建和思想政治工作在企业文化管理中的重要作用和政治优势，利用局域网、《上海电科》报、画廊等各种宣传工具，采取多种手段，反复宣传体现企业文化精神的先进典型，努力营造良好浓厚的舆论环境，加大企业文化宣传力度，使企业文化深入人心，成为鼓舞和凝聚全体员工的精神动力。

按照党管人才和市场化的原则，公司高度重视人才的选拔和任用工作，构筑起企业的人才高地。公司每年招收几十名研究生和知名大学的本科生，为公司增添了技术创新活力。通过企业文化建设，企业内部形成了和谐的人际关系，员工拥有了共同的目标和价值观，激发为企业经济和社会效益努力工作的积极性和创造性。

公司涌现出连续两届荣获上海市劳模集体的自动化工程分所和上海市国资委系统先进党总支的检测党总支等先进集体，一批科技人才受到表彰。

加强经营管理，促进企业精神转换为经济和社会效益。

该公司按照履行党委职责，建立科学民主管理程序和办事规则，更好地发挥党组织创造力、凝聚力和战斗力，推进公司快步稳定发展为原则，修订了《党委会工作条例》；建立了维护职工合法权益，协调劳动关系的有效机制，形成企业稳定和谐的劳动关系；修订了《中层干部管理条例》和《员工手册》，以激发全体员工工作激情，规范员工行为。

公司完善扁平化管理结构，实行工效挂钩的激励约束机制，最大限度地发挥一线科研部门的主观能动性，使部门领导在市场上积极主动寻找自己的定位。公司还建立了公司内部财务结算中心、经营管理中心，有效实现经营管理与资金运作的调控。为构筑人才高地，公司实行了岗位责任与业绩挂钩的岗位工资制度，为引进人才创造了良好条件。

如今，上海电器科学研究所（集团）有限公司已成为一个“机制、体制企业化，资源配置市场化，投资主体多元化，科技产业高新化，管理、决策科学化”的先进科技型企业集团。

与员工共享企业发展成果

——徐州市广达铁路工程有限公司的企业文化建设

【企业概况】 建于20世纪70年代的徐州广达铁路工程有限公司是个民营企业，具有国家认可的二级铁路总承包资质。2004年完成产值4.5亿元，实现利税4500万元。该企业是第一家跨入铁路行业的民营企业，现有职工2000余人，年施工能力达到5亿元。

【企业文化建设】 徐州广达铁路工程有限公司尽管是民营企业，但他们深知没有文化的军队是愚蠢的军队，没有文化的企业也是愚蠢的企业。要想在改革的大潮中求生存、谋发展，就必须有自己独特的文化，有企业的灵魂。

文化奠基促发展。和徐州广达铁路工程有限公司同时创办的民营企业、乡镇企业大多昙花一现、偃旗息鼓，但徐州广达铁路工程有限公司至今却能红旗飘飘、长盛不衰。这成功的背后，主要归功于企业文化的力量。创业之初，挣了几个钱以后大家要求到年底分完，但企业坚持不能分，要继续发展。从那时起，共同富裕的文化理念就深深扎根在干部员工心中。徐州广达铁路工程有限公司十分重视企业文化建设，把文化力贯穿到经营、发展、战略、作风、队伍建设的各个方面。

公司在不断发展的同时，始终把员工利益放在心上，让员工同步享受到企业发展所带来的成果。在公司创业17周年的时候，企业对当初参加创业的员工给予20万元、15万元、10万元不等的嘉奖。公司承诺，要逐渐解决员工在徐州的住房、家属就业、子女上学等问题；承诺在公司范围内，不允许出现困难员工和吃不上饭、上不起学、看不起病的现象。

以人为本看贡献。该公司以人为本，以实现企业与员工共同富裕为共同宗旨，激励员工成才，充分实现员工的个人价值。公司既讲文凭也不讲文凭，重点看贡献，看德能勤绩考核情况，真正做到在实绩面前人人平等，能则上不能则下，无能者让位。赛马式的用人机制，打破了按资排辈的用人传统，充分做到了不拘一格选人才。一位毕业不久的大学生，企业看到他很有能力和潜力，就一下给了他7000万元创业资金，结果，这位年轻人干得非常出色，受到业主和领导的一致好评，33岁就走上了副经理的岗位。

该公司虽然是民营私有企业，但在职务晋升和新手选用问题上不搞家庭制，选人一律遵循四个服从的原则。即：文凭服从水平，重文凭，不唯文凭，更重水平；实力服从能力；晋升服从业绩；德行服从忠诚，对家庭、对工作的高度忠诚才是公司所需要的人才。四个服从的贯彻实施使公司人才建设呈现出良好局面。为保证企业后继有人，企业从外部聘请了总经理，不仅给予160平方米的住房待遇，而且承诺年薪不低于20万。同时，还为新经理配备一辆新轿车，解决他的家属就业问题和孩子上学问题。在“四个服从”人才选拔政策的引导下，一批有用人才汇集到广达公司，极大提高了企业的整体素质。

公司资产虽然是个人的，但企业资产所有者并不把公司资产只看作是自己的私有资产，而是注重在精神上为员工营造家的气氛，让每个员工都能体会到大家庭的温暖。公司对所有员工的切身利益实行七级工资制，逐年增加工资标准。企业还实现了生活补贴、手机补贴、自学补贴、住房补贴、待岗补贴、年薪发放等一系列制度。这些制度都在章程里做出了明确的规定，保证了员工的切身利益。每年的春节、中秋节，企业都到职工家中慰问；对上岗不久年轻人，常常请他们聚餐，让他们有家的感觉。企业对长期在外工作的职工，每年给一个月的带薪假；员工免费就餐，保证每位员工吃好。企业还适时组织员工开展旅游活动，组织中层干部到东南亚出国旅游。企业善待退休的员工，有两个同志跟创业老同志退下来后每人给了30万元的养老金。青年员工结婚，企业安排轿车接新娘、办宴席、送贺礼，使婚礼办得既体面又风光。

员工和企业共成长。徐州市广达铁路工程有限公司十分重视帮助员工设计未来，创建学习型企业。企业鼓励员工自学进修，并通过轮岗等方式提高员工综合素质。为鼓励职工自学，企业明文规定：在岗进修下大专的奖励2000元，进修下本科的奖励4000元；评下初级职称的奖励1000元，评下中级职称的奖励3000元，评下高级职称的奖励5000元；取得项目经理证书的奖励4000元，取得一级项目经理资格的奖励5000元；职工合理化建议一旦被公司采纳，奖励10000元。

徐州市广达铁路工程有限公司是人的组合体，企业的活力来源于人，“广达”坚持以人为本，与员工分享利益，共生共荣，共同富裕，这是公司发展的内在源泉。因为，只有充分发挥员工的积极性、自觉性、主动性和创造性，企业才能腾飞和辉煌。

徐州市广达铁路工程有限公司已连续多年评为徐州市

重合同守信用企业和省级三级企业。最近，他们又与另外五家企业联合建立了江苏投资担保有限公司，用4300万元收购了徐州国有老厂——徐州衡器厂，用3000万元兼并了一家军工大厂。这些成绩的取得，正是企业关爱员工、依靠员工，员工共同奋斗和企业不断发展的结果。

三管齐下打造诚信文化

——中国石油天然气第一建设公司的企业文化建设

【企业概况】 中国石油天然气第一建设公司是中国石油天然气集团公司直属大型炼油化工施工企业，组建于1954年，是新中国成立最早的石油炼建专业公司，也是全国惟一从事炼化工程建设的特级施工总承包企业。该公司伴随石油工业的发展，先后参加了大庆、胜利油田等开发会战；承建了洛阳炼油厂、新疆独山子乙烯等43座大型石油化工厂；在国内外建成大中型炼油化工装置200余套，建造天然气球罐、油品储罐1000余台，创下了数十个国内第一，被誉为“中国炼建第一军”。2005年相继荣获“全国创建和谐劳动关系模范企业”、“中国企业诚信经营示范单位”和“全国企业文化建设先进单位”等荣誉称号。

【诚信文化】 面对激烈的市场竞争，中国石油一建公司上下逐渐认识到：市场经济就是诚信经济，只有依靠诚信经营，企业才能立于不败之地。公司把诚信作为企业的核心经营理念，把诚信文化建设作为工程建设的一个重要组成部分，纳入公司“十五”发展战略，以此闯出企业持续发展的新路子：一是以劳动力密集型的施工总承包企业向管理型的工程总承包转轨为契机，用“诚信”开拓市场，提高位势，扩大市场占有率；二是以“诚信”兑现承诺，向质量、工期、服务要效益，通过严格管理，为“中国炼建第一军”品牌保值增值，实现效益最大化。

德教先行，营造诚信生成环境： 从2001年至2005年，中国石油一建公司相继开展了“做诚信职工，建精品工程”（2001年）、“恪守职业道德，强化质量管理”（2002年）、“建诚信队伍，创诚信企业”（2003年）、“学习许振超，诚信服务，创新创效”（2004年）和“增辉宝石花，诚信到永远”（2005年）主题教育活动，每年确定一个主题，每年开展一次大的活动，将诚信文化建设与企业的生产经营结合起来，既为诚信文化建设注入了生命力，又促进了企业的生产经营和管理水平的不断提高。

公司党委做出了“关于开展诚信主题教育活动的安排意见”，确立了“诚实守信、以德立身，甲方至上、服务是本，遵章守纪、处处严谨，爱岗敬业、建造精品”的诚信职工标准。二是通过宣传，在广大干部职工中逐步形成“信用就是生命、精品就是市场”、“忠诚甲方、信用制胜”、“求实守约、追求卓越”等理念。三是在项目工地开设优质工程精品榜和先进个人诚信榜，定期考核评选，形成制度，发挥激励作用。四是公司组成的调研组深入重点项目进行宣讲动员，帮助基层选树先进、典型引路，为“诚信”文化增加底蕴。

突出重点，恪守诚信职业道德： 中国石油一建公司在经济活动中自觉做到有诺必践、言而有信，以诚待客、违诺必究，把诚信建设的着力点放在严格施工标准，确保工程质量上，用高尚的人品创工程精品。

为加强全员质量意识、责任意识、精品意识、服务意识和队伍作风建设，2005年，公司针对个别项目出现的违反操作规程现象，集中两个月的时间开展了“恪守职业道德、强化质量管理”专项活动。此次活动规模之大，范围之广，时间之长，重视程度之高都是企业历年来少有的。全公司有26个重点工程项目经理部、7个专业分公司、7个工程分公司、3个工程处参加了专项活动。大家对照有关施工质量文件规定的20项内容认真自查、全面整改。

为了防止出现失信缺口，中国石油一建公司在大力营造“诚信”生存环境的同时，将各工程项目部经理作为第一责任人，严格遵循“有章必依，违章必纠，执纪必严”原则，以“四不放过”精心呵护“中国炼建第一军”品牌，即施工中出现问题没有分析清楚不放过，没有纠正和预防措施不放过，责任人和职工没有受到教育不放过，责任人未处理不放过。通过专项活动，职工质量意识明显提高，项目质量保证体系和质量检查网基本建立，“低标准、老毛病、坏作风”得到有效遏制，工程实体质量得到较大改观，各单位管理水平特别是质量管理水平得到加强。

有诺必践，建立诚信长效机制： 建立健全规章制度是建立社会信用体系的重要组成部分。中国石油一建公司深化“做诚信职工、建精品工程”教育，去年以来开展了“建诚信队伍、创诚信企业”活动，其重点放在建立诚信长效机制上。重新修订完善企业管理标准和各岗位工作责任制，以此规范员工的仪表、语言、行为和施工操作程序。

各单位、各部室从建章立制入手，根据各自的实际和特点，制定相关标准和规范，并公布于众，组织实施，兑现承诺，重点在宣传《建筑法》、《产品质量法》、《建设工程质量管理条例》等法律法规的基础上，认真贯彻落实《公司诚信职工守则》、《诚信职工行为规范》和《员工手册》；今年初，在公司职工代表大会上通过了《诚信文化建设指导意见》，不仅丰富了企业精神的内涵，而且成为企业各项工作的指南。

按照建设诚信企业的要求，公司修改完善并严格执行ISO9000质量标准、HSE（环境、安全、健康）标准、工作标准22个类别137项，做到“处处有标准、事事遵规范”；让“诚信单位、诚信个人”上光荣榜，让“失信单位、失信个人”曝光受处分。同时，公司注重把思想引导与利益调节、精神鼓励与物质奖励统一起来，加强督促检查，严格考核奖惩，确保在工作中得到落实。公司依法治企和以德治企相结合，通过依法续签或终止劳动合同及处分违诺事件，建立优胜劣汰的用人机制、激励和约束机制。

为达到寓教于乐目的，公司举办了以诚信教育为主要内容的两届社区文化节，制作了印有诚信用语的“诚信扑克”、“诚信马甲”，创作了《诚信之歌》等8首歌曲，开展了诚信对联、诚信文章征集和诚信演讲等多项活动；还编辑印发了书名为《诚鸣》的20万字的诚信文化建设研讨论文集，形成了良好的诚信氛围。

以德兴业，依靠诚信赢得市场：中国石油一建公司“建诚信队伍、创诚信企业”活动的开展，有力地促进了职工队伍素质的提高，保证了工期、质量、效益等目标的实现。经过持续不断的教育，“信用就是生命，精品就是市场”、“求实守约，追求卓越”等诚信理念已经深入到公司6300多名职工心中，在激烈的市场竞争中，大家创造性地贯彻“立足石油、面向全国、拓展海外”的经营方针，取得了可喜成果：“十五”期间实现的营业收入、利税、全员劳动生产率分别是“九五”的2倍、3.5倍、3.9倍，位居全国同行业前茅。

中国石油一建公司承建的海南东方大化肥工程获2005中国建筑工程鲁班奖，新疆牙哈凝析油气田产能建设工程获国家优质工程金质奖，长庆炼化总厂30万吨/年催化重整及20万吨/年加氢联合装置、长庆气田30亿/年立方米产能建设地面工程获国家优质工程银质奖。公司“350万吨/年催化裂化装置再生器内热法热处理技术”和“管道爬行器X射线检测技术”两项技术被中国安装协会授予“中国安装之星”称号。

中国石油一建公司在激烈的市场竞争中，视信用为生命，从建立、健全和完善各项管理制度入手，狠抓资金管理，不断提高资金使用率，有力地促进了市场竞争能力和经济效益的提高，连续9年被河南省建设银行评估为“AAA级信用企业”（最高级别）。连续50年无亏损。公司2003年晋升为“全国模范职工之家”，连续多年荣获“河南省思想政治工作先进单位”；诚信文化建设的做法先后在国家《思想政治工作研究》、《施工企业管理》杂志和《人民日报》、《中国石油报》、《中国化工报》、《河南日报》等10多家媒体播发；在全国23城市思想政治工作网络会、全国政研会上作为先进典型介绍经验，多篇论文获集团公司优秀论文奖。公司被国家建设部和国家工商总局授予“全国用户满意的施工企业”、“全国重合同守信誉企业”称号。

走“文化兴企”之路

——中国电子科技集团第36研究所的企业文化建设

【企业概况】 中国电子科技集团第36研究所是国家一类研究所，成立于1978年6月，从事通信和特种通信技术研究、设备研制和中试生产。建所20多年来，取得科研成果250多项，其中获国家级科技进步奖和发明奖5项，省、部级科技成果奖140多项。“九五”、“十五”期间，国家陆续投入数亿元进行技术改造，使该所的科研、生产手段得到进一步改善，科研生产产值连年快速增长，科研实力明显增强，科研生产任务十分饱满，发展进入快车道，经济效益在国内同行业中名列前茅。

【企业文化建设】 2005年，在中国企业文化研究会的精心打造和策划下，中国电子科技集团第36研究所企业文化建设走上了一个崭新的台阶，企业文化体系逐渐形成。该所的面貌和职工思想观念发生变化，打造高品质的企业文化已深入人心，影响深远，物质文明建设成绩显著，总体经济规模和效益不断快速增长；精神文明建设取得新成绩，全所呈现出政通人和、兴旺发达的喜人局面。经过提炼和策划出的适合36所发展的《理念识别系统》、《视觉识别系统》、《行为识别系统》、《企业文化五年建设规划》等文化体系大大增强了员工对企业文化的认同度，同时推动了研究所的持续快速发展。

该所党政班子在总结企业文化建设工作的基础上，根据实际，决定引入企业文化建设专家组，采取所和专家组相结合的方式，共同开展所的企业文化提炼升华和系统整合工作，走“文化兴企”之路。前后大致经历了所情调查摸底、宣贯动员、理念——行为规范——视觉识别三大系统的总结提炼以及成果修改完善等四个阶段。

一是认真调研打基础，为企业文化建设把好脉。2004年底，项目组到所后，在与所班子充分沟通、协商，达成一致的基础上，制定和细化调查计划和提纲，明确调查内容和对象范围，通过谈话、问卷调查、现场走访、召开座谈会、查阅所大事记和历史资料等形式，全方位、多层次的调查了解36所的历史和现状。他们先后完成了与全所近100名干部职工的一对一谈话；召开了四个不同层次的职工座谈会；并在未经谈话的职工中下发了300多份调查问卷。

二是科学决策，形成共识，共同打造高品质企业文化。加强所的企业文化建设，是该所党政班子学习贯彻“三个代表”重要思想，坚持科学的发展观所做出的重要举措。通过培训班的学习研讨，所党政新班子提出了“全面加强36所企业文化建设，打造百年基业”的战略构想，并在全体干部中形成共识。不久，该所又成立了“36所企业文化推进委员会”，并下设两个工作小组（即文化优化工作小组和制度优化工作小组），着手进行新一轮的企业文化推进工作。

三是全面动员，精心准备，保证企业文化塑造工程顺利启动。为启动新一轮企业文化建设，进一步统一广大职工的思想认识，全所党员骨干分两批召开了企业文化建设动员大会，会上比较全面地总结了近年来企业文化建设工作，分析了企业文化现状，提出了打造高品质的36所企业文化的要求。动员会后又邀请了清华大学教授魏钧博士来所进行了为期两天的企业文化知识讲座。为了尽快启动企业文化塑造工程，所党政领导广泛征求意见，对企业文化塑造工程进行命名，即命名为36所“新起点”企业文化塑造工程。经过精心准备，2005年1月7日举行工程启动仪式，所党政领导作进一步全面动员，并邀请了中国企业文化研究会孟凡驰秘书长作企业文化专题辅导报告。《36所报》、《新闻中心》网站等专门开辟企业文化栏目和开办企业文化专版，进行企业文化宣传，营造良好的舆论氛围。

四是上下互动，共同推进，用心提炼36所文化。项目组专家在完成基本情况调研的基础上，重点对理念识别、行为识别和视觉识别等三个识别系统，开展整合提炼工作。在企业文化的互动整合过程中，成效明显：一是全面回顾总结建所27年来企业文化建设工作成绩，把好的传统和优良文化加以继承发扬；二是开启思维、集中智慧、凝聚力量，在项目组的精心策划下，举办了“企业文化策略研讨营”活动，与会的48位中层干部、党支部书记全身心投入，进行了两天一夜的封闭式学习研讨。三是项目组根据研讨成果，并结合干部培训班上企业文化研讨成果（600多条理念价值观）以及对36所27年来历史和文化，开展全面的理念系统的文字酝酿、系统整合与提炼。

用“激扬生命”理念推进企业进步

——安徽省电力公司宿州供电公司的企业文化建设

【企业概况】 安徽省电力公司宿州供电公司是安徽省电力公司所属中型供电企业，担负着宿州四县一区以及周边地区工农业生产及居民生活的供电任务。现有员工817人，固定资产3.43亿元，直供部分拥有35千伏及以上输电线路767公里，变电所26座，其中220千伏变电所3座，110千伏变电所11座。该公司全面导入“激扬生命”的理念文化体系，极大地激发出了全体员工的创新潜能，激发出了企业发展的蓬勃生机与活力，使一个名不见经传的中型供电企业逐步坐到了前排，实现了国内先进、省内最佳的自我超越。该公司的发展取得了令人瞩目的优秀业绩，得到了各级领导和社会各界的广泛赞誉。该公司实现争创国电公司“双文明单位”和“一流供电企业”目标，连续四年获得宿州市行风评议第一名，连续两年荣获宿州市“行风建设标兵单位”等荣誉称号。

【企业文化建设】 在有效传承历史与科学前瞻未来的基础上，宿州供电公司通过提炼整合，形成具有科学、系统、规范、严谨、鲜明的公司文化体系——“激扬生命”理念文化体系。该系统坚持“以人为本”的原则，重在激发人的创新潜能，激发每个员工的独特优势，激发企业发展的蓬勃生机与活力，由激发员工的个体生命进而激发企业的组织生命，从而实现企业与员工的共同发展。

“激扬生命”理念文化体系涵盖了3大系统和24个细项。3大系统是战略理论系统、思维行动系统和人文修炼系统。激扬生命理念文化体系首先突出了有效发掘公司领导层的核心思想。整合宿州供电公司企业文化需要对公司领导人特别是核心领导人的文化思想、文化理念进行全面、有效的发掘和提炼。其次突出了有效发掘、总结和提炼企业传统文化。对公司在长期的历史发展过程中积淀和形成的传统文化进行全面梳理、系统归纳和科学扬弃是整合形成公司文化体系的重要前提。第三，突出了着眼未来对企业发展进行前瞻性战略分析。企业文化同企业战略具有有机的互动关系，企业的远景目标、使命宗旨和核心价值理念基于对企业战略的深刻洞察和把握的基础上规划和形成。第四，突出了以企业文化理念作指导建立核心文化体系。在有效发掘公司领导人核心思想、有效发掘和扬弃公司传统文化、有效洞察和把握公司未来发展战略的基础之上，运用企业文化理论作指导建立公司独具特色的核心文化体系。

核心文化体系是该公司内部上至机关部室、下至每一个基层工区和基层班组，上至公司领导、下至每一位普通员工共同认同和遵循的文化理念和行为规范，是宿州供电公司企业文化体系的核心内容。在文化体系建立后，文化提升与文化创新以及文化宣导贯彻成为贯穿该公司发展始终的永无止境的任务。

该公司着眼于四个方面来进行“激扬生命”理念文化体系的创新：一是着眼于宿州供电公司未来发展的历史趋势和时代特征进行文化提升创新。公司未来发展面临着机遇与挑战并存、电力体制改革逐步到位、人力资本战略价值日趋突出、面临不确定因素日渐增多等历史趋势和时代特征。企业文化从根本上为企业发展提供价值主导和理念支持。二是着眼于公司内外发展环境的动态变化进行文化提升创新。企业发展的内外环境是一个持续的动态变化过程。企业文化建设同企业的生命周期和内外环境的动态变化不断适应，才能更好地指导和促进企业的发展。三是着眼于公司机制优化的需要进行文化提升创新。机制优化是宿州供电公司未来面临的重要任务。企业文化从根本上同企业机制有机联系，辩证统一，机制优化要求相应的文化支持。四是着眼于公司发展目标的实现和管理层与员工个人价位的实现进行文化提升创新。公司、管理层、员工利益的高度统一和有机协调是宿州供电公司健康发展的根本保障，也是宿州供电公司有序发展的重要目标和指导原则。

文化宣导贯彻的任务具体分解为五项形式：一是将企业文化建设有机融入公司工作全局之中。该公司从培育核心竞争能力的高度出发、从建立为公司生存发展提供根本性规范和指导的战略理念体系和价值观体系的深度出发、从服从和服务于公司安全生产及经营管理工作大局的角度出发加强企业文化建设，将企业文化建设有机融入公司中心工作之中，纳入工作全局统筹规划、统筹考虑、统筹组织、统筹安排，为宿州供电公司发展提供了强大的文化动力支持。二是制定和实施全方位、多层次、持续培训计划。精心编写和制作了企业文化手册和其他各类宣贯材料。充分考虑公司内部各个层次、各个单位的差异性，制定和实施覆盖全体员工并且有效分层次的培训计划。根据高层领导、中层领导和基层员工的不同特点，根据各个部室、各个工区的不同特点，区分层次、区分对象，有针对性地开展强有力的企业文化培训。各级领导特别是公司领导在企业文化宣导培训中发挥了主导作用，强力推动企业文化宣导培训工作，使之长期、持续、有效地开展。三是充分利用各类媒体和载体进行企业文化宣传。充分发挥公司历史发展过程中能够有效阐释理念文化和行为文化的历史事件、任务、故事，以此加强企业文化的形象化宣导。大力开展各类丰富多彩、健康向上、为员工所喜闻乐见的活动，努力形成自发性、规范性、长效性的活动机制，以活动为载体进行文化宣导。广泛开展明星员工评选、岗位创新竞赛、技术比武、合理化建议、演讲、征文等各类活动，利用《宿州供电》报、内部网络等各类媒介大力开展企业文化宣传。加强企业标识、企业歌曲等形象系统建设，逐步形成统一规范的公司形象体系。四是加强内部沟通交流，通过开展企业文化建设切实解决实际问题。积极倡导公司领导、中层领导利用各类正式和非正式渠道同普通员工进行坦诚、广泛、无障碍的沟通与交流，积极倡导各层次、各单位、各班组之间的真诚沟通与交流。通过加强沟通与交流逐步形成对公司文化体系的广泛认同，切实了解和帮助解决员工所关心和关注的各类焦点、难点、热点问题。五是通过企业文化宣贯有效促进员工队伍建设。

文化宣导贯彻的全过程本身就是加强员工队伍建设、提升员工队伍素质的过程。公司将文化宣导贯彻同加强员工队伍建设有机地结合起来，通过广泛深入持续地开展文化宣贯使公司文化有效内化为全体员工的自觉意识和行动，使全体员工自觉地将个人价位实现同公司价值实现有机融合与统一起来，在公司发展中不断提升员工队伍整体素质，实现员工的共同成长和进步，实现公司同员工的利益双赢。

四四二阵型的特色企业文化

——平顶山煤业(集团)有限责任公司的企业文化建设

【企业概况】 平顶山煤业(集团)有限责任公司一矿是新中国成立后我国自行设计兴建的第一座特大型矿井，始建于1957年，位于平顶山下，紧邻平顶山市区，是平煤集团公司重要的生产矿井，也是我国中南地区最大的现代化矿井。全矿井综采机械化程度达到100%，掘进机械化程度达到90%，井下运输和地面储装运系统也全部实现了机械化。建矿48年来，累计生产原煤1.16亿吨，上缴利税11亿多元。1993年以来，一矿跻身于中国特大型矿井行列，实际年产量达到400万吨。企业先后荣获部级质量标准化矿井、煤炭工业一级企业、全国煤炭工业现场管理最佳企业、部级高产高效矿井、煤炭工业优秀企业“金石奖”、国家环保先进单位等一系列荣誉和称号，为平煤集团公司乃至平顶山市的发展做出了应有的贡献。

【企业文化建设】 平煤集团一矿从建立四个体系入手，搭建四个平台，突出了两个重点，为建设强势企业文化打下坚实基础，大大提高了矿井建设水平和矿井的整体素质，在市场竞争的实践中取得了卓著的功效，使企业步入健康协调发展的快车道。

建立四个体系：一是建立愿景体系。上至书记、矿长，下至一般员工都建立各自的愿景；上至矿、战线，下至区队、班组都有各自的共同愿景，形成大愿景涵盖小愿景、小愿景支撑大愿景的一矿愿景体系。二是建立理念体系。总结提炼了“团结奋进、创新求实、深入挖潜、争创一流”的一矿精神、“风正、气顺、心齐、劲足”的企业风尚、“安全是企业第一政治、安全是职工第一福利、安全是领导第一责任”的安全理念、“安全为天、规模经营、诚信为本、利益共享”的经营理念、“工作学习化、学习工作化”的工作理念、“学习有用、学习实惠”的学习理念等理念，形成一矿理念体系。三是建立标准体系。从各个岗位管理源头做起，对全矿519个职工岗位和323个干部岗位都制定了岗位责任、工作标准和考核办法，通过定标、认标、对标、调标、升标，建立起一矿标准体系。四是建立考核体系。对工人实行日考核，对干部实行绩效考核，对基层单位实行区队建设考核，对战线实行全面预算考核，并制订严密的考核细则，理清部门考核责任，定期通报考核效果，建立起一矿考核体系，保证各项制度的落实。

搭建四个平台：构建以人为本的精细化管理模式，建设特色企业文化，是一项复杂的系统工程，平煤一矿通过搭建四个平台，保障企业文化创建的稳步推进：运行平台，主要包括班前讲评、日清日结、考核公开、民主管理四个方面；环境平台，一矿通过搭建良好的工作、生活、学习环境，使员工感到在一矿有光荣感、自豪感；行为平台，从强制职工行为养成入手，制定了职工文明行为规范标准，努力提高全体员工的现代文明素质；机制平台，建立了以正激励为主的利益激励、荣誉激励、三工并存动态转换机制、优胜劣汰岗位竞争四项激励约束机制。

突出两个重点：构建以人为本的强势企业文化，核心是精细化管理，目的是促进安全生产。平煤一矿把实施精细化管理和安全文化建设作为企业文化建设的两个重点，通过做岗位、做现场、做流程，定置管理、走动式管理，不断提升企业管理水平。

首先是以人为本的精细化管理。一是做岗位、做现场、做流程。做岗位就是从工序标准做起，制订每一个工种岗位工作程序和工作标准，并印制7000多册“口袋书”下发职工手中学习，解决每个工作岗位怎么干，做到什么程度的问题；做现场就是通过对工作场所物品的定置管理和干部走动式管理，解决现场如何管理、谁监督、谁考核的问题；做流程就是从每项工作的第一道工序起到工作结束的全过程，都制定了详细的标准和规范。从而实现了工作程序化、规范化、完整化。二是定置管理。井上重点是机关科室、车间。井下重点是设备和材料库、物料库、工作面等生产场所。矿还专门制作了井下设备定置管理卡。卡上注明了责任单位、责任人、巡查人、巡查项目、项目标准等，按照定置管理卡检查考核。三是走动式管理。把过去对干部深入基层、深入现场等一般性口号变为精细化的现场走动式管理系统。各区、队都在值班室制作了干部走动式管理考核牌板，一目了然。安监处、组干科、纪委等部门还不定期对各级干部走动情况进行监督检查，结果与干部绩效考核挂钩，提高了走动式管理的效果。

其次是构建以自主管理为核心地安全文化。平煤一矿坚持以人为本，理念渗透为先导，情感教育为重点，自主管理为核心，努力构建具有一矿特色的管理文化。一是注重安全理念渗透，营造自我管理氛围。二是丰富创建载体，构筑自主管理平台。三是采取多种形式，开展安全教育。利用集中宣讲、典型人物现身说教、图文展示、亲身感受、编写案例教材等多种形式开展安全宣传，增强职工的安全意识。

442阵型的煤矿特色企业文化建设的实施和推进，促进了企业的整体改革和发展，实现了“形象与效益同步增长，文化与经济协调发展”。首先是企业文化凝心聚力，企业形象全面提升。打造强势企业文化使一矿的旗帜目标振奋凝聚了1万多员工的向心力、战斗力，树立了煤炭企业新形象。其次是管理境界、管理水平跃上精细化台阶。员工的自主管理意识明显增强，潜能得到了发挥，标准上岗、规范操作已成为广大职工的自觉行动。最重要的是安全生产绩效显著。2001年6月以来，杜绝了死亡、1～4级工伤事故和一级非伤亡事故，截至2005年10月12日，连续实现安全生产1569天，创出了建矿48年来安全生产历史新水平，矿井质量标准化继续保持特级质量标准化矿井水平。2002年以来，矿井年产量稳定在380万吨至400万吨水平，职工收入每年以超过20%的速度增长，全矿呈现出产量增加、效益增长、职工增收、安全形势持续稳定的良好态势。

六种文化力打造核心竞争力

——吉林市商业银行的企业文化建设

【企业概况】 吉林市商业银行成立于1997年8月，是全国113家股份制商业银行之一，也是吉林省成立最早的一家地方性股份制商业银行。现有7家支行，95个营业网点，在职员工1500人。经营管理工作快速、健康发展，资产总额已超百亿，提前实现了“三年再造一个商业银行”的宏伟目标。全行有国家级青年文明号1个、省级4个、市级19个，商行先后被市委市政府授予“先进单位”、“文明单位”、“社会治安综合治理标兵单位”、“全国企业文化建设先进单位”等荣誉称号。

商行十分注重塑造昂扬向上的企业文化，把先进的企业文化付诸银行的业务实践之中，使企业文化起到了实现振兴的激励作用，团队精神的凝聚作用，行为规范的约束作用，创新活力的推动作用，形象美化的辐射作用。商行在新的快速发展阶段尤其着力塑造商行的诚信文化、质量文化、风险文化、学习文化、创新文化、速度文化、共赢文化等6种文化，用文化力打造核心竞争力。

【诚信文化】 商行在构思及设计企业文化上，本着符合商行的业务经营实际，深入人心，增强商行的凝聚力和向心力；激活职能部门不断变革的实际和激情；带动和牵引管理思想的进步、品牌价值及核心竞争力的提升。坚持可持续发展观，提炼精髓，整合理念，明晰战略，统一意志，优化行动。确立了以“客户就是资源，员工就是财富，创新就是未来”的核心价值观；以“低风险、高效益、快增长”的经营理念；以“团结、拼搏、求实、创新”的企业精神，编制了《吉林市商业银行企业文化手册》。确定了行旗、行徽、行训和誓词，形成了具有商行特色的企业文化，从而使管理体现出自己的特色和风格。商行倡导员工干干净净做人，兢兢业业干事，维护和树立自己的诚信形象，把诚信作为自己在金融行业生存和发展的前提和基础。通过行训、员工诚信誓词、奖惩措施及发展机会等手段，引导和约束员工的诚信行为。

【质量文化】 资产质量是商行的生命线，服务质量是商行的发展线。商行十分注重服务环境的改善，下重力打造营业网点形象品牌。先后对绝大多数的网点进行了改造和装修，全行所有网点都实现了标准化管理，做到了牌匾标识、服务用品、员工着装、服务用语“四统一”，一流的营业大厅，不仅宽敞舒适，而且服务项目齐全，客户一边办理业务，一边可以听音乐、吃糖果、阅读报刊杂志，优美的环境、优质的服务，让所有前来办业务的客户都有一种赏心悦目的感觉。强调商行利益高于一切，时刻维护商行利益。商行向全体员工不断灌输客户就是衣食父母的职业意识，以客户满意为服务工作的出发点和归宿点。全行收到各种表扬信上千封，表扬电话和客户留言感谢信经常有，在全市软环境竞赛中始终名列前茅，受到了江城百姓的赞誉和认可。

【速度文化】 面对一个竞争非常激烈的市场环境，商行建立起一套快速反应的机制，对市场的变化、客户的需求，在第一时间内做出反应，以速度取胜。在新业务推广方面，重点对雾凇卡、电话银行96669、中间业务、“及时雨”小额消费贷款、下岗再就业“新希望”担保贷款、“金钥匙”商业网点抵押贷款等新的业务品种进行包装推广。推出“拥有雾凇卡、自由行天下”、“电话银行96669，理财好帮手”、“求人不如求自己，我有商行及时雨”等广告词。先后与移动、联通、网通、铁通、电业、医疗保险、热力公司、烟草公司等单位签约，还与市交警支队合作开通电子警察查询系统，达成银企联手，强强合作，互助双赢；全行70台ATM（自动柜员机），遍布全市繁华地段。雾凇卡已经在国内所有大中城市及香港、澳门、韩国、泰国、新加坡等国家和地区开通。

【学习文化】 商行努力打造学习型组织，把员工塑造成学习型员工，超常规不断加大在学习和培训方面的投入和力度，并把学习优势转化为竞争优势，通过提高学习力增强竞争力，实现可持续发展。商行实行星级行员考核制度，按级计酬，定期开展业务技能比赛，使员工队伍整体素质得到了改善提高。在商行，晋升和发展都是建立在良好的工作业绩上，对业绩突出的干部员工予以重奖，组织他们到欧洲、新马泰、香港、澳门等国家和地区考察学习，到清华大学、中国人民大学、上海理工大学等国内名牌大学深造，业务能力突出的专业人员年收入可达到10万元以上。

【创新文化】 商行要打造国内强势金融企业，向一流股份制商业银行迈进，从根本上说，就得有较高的品牌价值和其他银行不可替代的独特产品，在提升商行品牌形象方面，2004年1月14日，商行策划的江城日报形象展示版刊登题为《前进中的吉林市商业银行》，并配图一艘巨大的航母在大海上破浪前行画面，在吉林市同行业引起了较大的反响。与市公交公司多次联系协调运作，把华南小区站桩更名为商行总行。重新设计了江边霓虹灯广告、世纪广场广告、ATM广告，包括商行总部、各支行及营业网点的形象设计和文化指导。对宣传商行、介绍商行和增加商行的影响力和扩大商行的知名度起到了促进作用。

【共赢文化】 商行以帮助客户成长梦想为最大的愿望，以满足家乡人民对幸福生活的渴望为至高目标，以家乡银行服务家乡人民为宗旨。商行坚持以人为本的现代企业管理思想，全面推行人文管理，为员工提供实现人生理想和个人价值的宽松工作平台和发展空间。商行创办的《商行人》报现已出版发行24期；并在《江城晚报》、《都市新报》常年开辟商行专版，大力宣传商行，极大地提升了企业形象文化。商行不仅追求与客户、员工的双赢，还将与股东、其他城市商业银行、合作伙伴及竞争对手等达成新型“竞争与合作”的关系。这种融合多元文化、合作文化和共享文化的集合，能使商行看似有限的市场空间和社会结构，实现优势互补的资源重组，做到多赢。共赢文化有助于商行远大目标的尽早实现。

打造特色文化力

——吉林供电公司的企业文化建设

【企业概况】 吉林供电公司是吉林省电力有限公司所属的国家大型一档供电企业，是东北电网中的重要枢纽之一，主要担负着吉林市区和磐石、桦甸、蛟河、舒兰、永吉五个市(县)125万用户的供电任务，并担负着向黑龙江、辽宁两省输送部分电力的任务，年售电量近80亿千瓦时，居全省首位。公司售电利润、售电量等经营指标保持了逐年增长态势，连创历史最好成绩，企业经济效益得到稳步攀升。公司先后荣获“全国用户满意服务企业”、“全国质量效益型先进企业”、“全国企业诚信经营示范单位”、“全国企业文化建设十佳单位”、“全国企业文化建设实践创新奖”、首批“全国文明单位”等荣誉称号。

作为具有百年历史的老企业，吉林供电公司深知企业文化对企业发展的重要性，把企业文化建设作为一项长期的系统工程，按照“开发文化资源，建设企业文化，运作文化资产，打造企业品牌”的创建思路，全面系统地开展企业文化建设，不断创新发展，推动企业各项工作不断前进。

【廉洁文化】 公司以“学先进典型、做勤廉干部、创勤廉班子”活动为主要载体，大力推进党风廉政建设，通过承诺、示诺、践诺、评诺，约束中层干部行为，使干部认真履行诺言，努力实现承诺，带头廉洁自律，做勤政廉政的典范，让上级党组织放心，让本单位员工满意。通过开展“企业家庭联防促廉政”和深化“检企共建”等活动，大力推进公司领导班子廉政建设。同时，运用年度廉政谈话、建立干部廉政建设档案、加强干部培训等手段，强化干部廉政意识，有效提升了公司领导班子的凝聚力、战斗力，实现了干部零犯罪的目标。

【民主文化】 公司党委把民主管理作为企业发展的基石，全心全意依靠员工办企、兴企，把员工满意作为企业各项工作的出发点和落脚点，创新民主管理工作，形成了公司职工代表大会、基层单位职工代表组、班组民管会、员工民主管理信息卡制度为基本形式的四级联动常态管理机制。近三年来，共处理解决员工提出的问题249件，直接为企业创造效益1500多万元，该制度获得全省工会工作创新奖。建立健全并大力推行厂务公开管理机制，运行机制和监督机制。实行职工代表的民主质询和公司、基层单位、班组的三级公开。

【管理文化】 完善干部选拔任用机制，坚持“让事业选干部，让业绩选干部，让群众选干部”的原“六制”，即基层推荐制、组纪委一票否决制、任前公示制、任前廉政谈话和职务试用期。实施“政绩透明工程”，完善业绩评价机制。重新修订下发了《吉林供电公司文明单位管理办法》，对各专业、各系统的工作进行分解、量化，制定详尽的考核办法，在全公司建立了用规范的制度管人管事、用透明的业绩衡量工作优劣的良好机制。信息化管理取得新突破。相继开发并投入使用了《办公自动化系统》、《党委管理信息系统》等10余个高科技管理系统。已经实现了文件收发、物资发放、财务审批、工程计划、人力资源管理、党务工作全部微机化。

【制度文化】 用制度管人，加强员工队伍建设。2005年，经过四年不断修订和完善，《吉林供电公司员工违纪处罚规定》正式出台，共12章节72条款，包括9个方面工作。其中针对违反行业作风等问题，制定了8条“高压线”。公司已处罚违规违纪员工2000余人次。请人查家风，用自己的刀削自己的把。公司在吉林市下岗劳模中聘请了8位优质服务暗访监督员，在社会各界聘请400多名行风监督员，建立起新闻单位、客户、社会下岗劳模暗访员、企业内外明察暗访监督四结合的立体监督网络。在吉林市软环境暨行风测评中，2003年、2004年公司连续名列社会服务部门类第一名。

【服务文化】 公司从谋求企业发展和真诚服务客户的角度出发，推出了一系列便民服务措施，建立了“95598”客户服务热线，统一受理全地区的客户故障保修、用电咨询、投诉举报等业务。已受理客户各类电话10万多个，目前，该热线已经成为市长电话室分机，使“95598”成为客户与供电企业快速沟通的桥架。实行人性化催费，出台7项电费催缴方式。耗资100多万元，设立了单元电费公示栏；同时运用电话提示、短信提示、通知单送达、触摸屏查询、“95598”客户服务热线查询、“96669”商业银行电话查询等服务方式，为客户提供及时、准确的电费信息。实施“银电联网”工程，方便居民客户缴纳电费。使市区内居民客户可以在全市90多个商业银行储蓄网点实现通存电费，为客户存储电费提供了便捷条件。

【安全文化】 为了给公司安全生产提供强有力的文化支撑，培育以人的安全为核心的安全理念，增强员工的安全意识、提高员工的安全技能、规范员工的安全行为，公司开展了以“十个一”安全教育活动的安全文化建设。一是利用横幅、板报、挂图和企业内部网站，组织一次全方位的安全宣传，宣传安全生产方针、政策、法律法规，推广安全先进典型和经验。二是组织一次“安全在我心中”演讲竞赛。三是开展一次“我为安全献一计”活动。四是开展一次“关爱生命、关注安全”的安全知识竞赛。五是举办一次征集各专业、各岗位安全生产警句活动。六是编辑一本吉林供电公司人身伤害事故警示教育画册。七是开展一次安全文化、安全理念、安全管理大讨论和论文研讨活动。八是组织一次安全生产“贤内助”座谈会，实现安全文化进家庭、进社区。九是每年组织一次党代表、职工代表进行安全生产、劳动保护专项检查。十是开展一次党团员身边无事故、无违章、无违纪活动。

【健康文化】 公司把员工生活保障和送温暖工作作为经常化的工作，常抓不懈，并形成了一系列的制度。制定出台了《职工困难补助和探患制度》、《送温暖基金管理办法》，建立特困职工档案和10万元送温暖基金，实施小额贷款帮扶措施和困难职工家属就业帮扶措施。同时，从提高员工工作、生活质量的角度出发，建立规范化的活动室12个，总面积达1万多平方米。目前，所有班组基本上实现了用餐家庭化、住宿旅馆化、环境庭院化、工作标准化。公司利用企业报和企业电视台等内部媒体，传播企业价值观，增强员工集体主义精神，培养员工健康向上的情趣。组织文艺汇演、知识竞赛、球类比赛，举办田径运动会，形式多样的文娱体育活动，在丰富员工业余文化生活的同时，增强了企业凝聚力和向心力。

建设以人为本的安全文化

——北京铁路局唐山机务段的企业文化建设

【企业概况】 唐山机务段隶属于北京铁路局天津分局，是全国铁路19个大型机务段之一。历史可上溯至1882年，至今已有120多年，堪称全国最老的机务段。1994年随京山压煤改线工程开通，由具有百年历史的古冶机务段更名搬迁至唐山。全段拥有2500名职工，是配属107台内燃机车的大型机务段，担负着京山铁路天津—山海关的货运牵引任务。在过去的五年中，该段运输任务量年年超计划完成，所配属的107台内燃机车安全走行百万公里以上的已达99台，占92%，其中600万公里以上的7台。1998年铁道部命名该段为“安全标准示范机务段”。

【安全文化】 唐山机务段以“企业增效、职工增效”为目标，致力于“高品位的企业文化、高素质的员工队伍、高效能的运行机制”，确定了“以人为本，科技兴段，求实创新，追求卓越”的经营理念，把“全国最老的机务段建成全国最好的机务段”作为企业精神和全段职工最高的追求，经过苦干，终于把这个百年老段建设成集约型经营、科学化管理的现代化企业。唐山机务段在打造具有机务特色的企业文化过程中，对安全文化建设进行了大胆而有益的尝试，注重安全理念的提炼和培育，强化全理念的渗透和融入，逐步形成了满足人性化需要、有利于企业科学发展的安全文化，确保了运输生产安全的有序可控。

提炼培育全新的安全理念，形成崭新的安全价值观。唐山机务段坚持把提炼、培育全新的安全理念作为关键性工作来抓，逐步形成了“安全生产是最高的行为规范和道德准则”的安全价值观，并为职工所遵循。一是从百年历史的传承中提炼安全精髓。如将百年发展史浓缩为“龙腾百年，自强不息”的企业精神，提炼出“把全国最老的机务段建成最好的机务段”作为核心价值观，并将这种精神和价值观渗透到安全生产中去，宣传、教育职工牢固树立安全第一的观念，为安全理念的形成提供强有力的精神动力和道德支持。二是从日常的安全管理中培育安全观点。在加强日常安全观念教育的同时，注重收集汇总职工中形成的点滴保安全的做法、经验和典型，并提炼、浓缩成为简洁明了、便于记忆、易于操作的安全观点和方法。如工作中坚持“执行制度黑夜和白天一样、坏天气和好天气一样，交班和接班一样、有领导和无领导一样”的“四个一样”。三是将传统和现代的安全意识有机融合。将百年发展史中形成的抗美援朝“三打三拉”、抗震救灾、乘务作业“六不四主动”、执行任务“五不怕”等精神与近期形成的搬迁转线“五种”精神相融合，逐步在传统文化、职业道德层面上对职工进行宣传教育，并在此基础上注重将安全理念渗透到职工的行为规范、工资待遇、家庭幸福等层面，使崭新的“安全生产是最高的行为规范和道德准则”这一理念成为职工确保安全的精神动力。

转化安全理念为安全动力，形成保安全的良好态势。为使安全理念不断渗透到干部职工的思想意识中，成为干部职工保安全的自觉行为，并落实、体现到每个工种、每个岗位和每个环节，唐山机务段不仅十分注重无形的宣传教育，更注重用有形的载体对干部职工进行潜移默化的安全理念教育和渗透。

首先，营造温馨和谐的安全文化氛围。在乘务员候班公寓悬挂“平静、平和、平安，温情、温暖、温馨”的问候语；在机车调度室，设置假山盆景和观赏植物，在墙壁上粘贴极具人性化的“安全是与家人共享的快乐”宣传标语，搭建“亲人嘱托伴出乘”的平台，通过播放预先录制好的亲人嘱托，让乘务员带着亲人的祝福踏上运输征程；在调度室门外建造

“安泉”假山喷泉，并在两侧镌刻“青石无言铸基础，绿水有情话安全”，传递安全是铁路永恒主题的理念；在检修库及班组内揭挂“用精细之心，保万里之行”、“减少一分漏洞，增加万分安全”、“用一分精细，创十分精品”等格言警句，让安全观念伴随职工工作的每个环节；为六个机务折返段归纳提炼了如“人人创造安全、人人享受安全”、“处支线位置、上正线标准”，“钩钩平稳、趟趟安全”等不同的标准、相同的要求。

其次是营造民主人性化的安全管理氛围。一是强化管理者的安全理念培育。对各级干部，尤其是肩负安全管理职能的干部，利用科室会、干部会、段交班会，以及干部培训等时机，宣传灌输以理服人的安全管理理念，提示并要求各级干部在实施安全管理中要尊重管理的客观规律，与职工站在平等的地位上，真诚倾听职工的管理建议和反馈意见。二是强化管理制度的宣传与教育。唐山机务段认真做好制度出台前的调研、制度制定中的参与和制度出台后的宣传教育工作，公平对待职工对制定各项安全制度的不同建议和意见，并公正合理的采纳。同时，大张旗鼓地宣传各项安全制度，让职工知晓、理解。重视奖励制度的制定和及时跟进，把严格管理与表彰奖励的宣传教育一并进行，让具有科学化、规范化的安全管理更能体现出人性化的内涵。三是创造有利于落实规章制度的宽松环境。唐山机务段还对安全管理干部岗位技术业务和安全管理程序提出相关要求，日常要做到按规章办事、按程序进行、按标准操作。对职工进行经济处罚时，坚持“有情操作”，体现严中有情、严而有序的管理氛围。同时，要求安全管理部门要及时整理、剔除容易给职工造成压力、给正常工作造成干扰的各种制度、临时措施等，让职工在轻松愉快的环境中完成各自的安全生产任务。

第三，营造跟进型的安全教育氛围。针对机务工作的特点，唐山机务段根据乘务员一次出乘作业、机车检修作业和不同时期安全重点工作过程，将机车队长、机车调度员、指导司机、领工员和班组长负有的安全思想教育职责进行逐一明确，要求利用候班查岗、乘务员出勤、早复检会、点名会等时机，把安全思想教育作为头件大事来讲，宣传到面、嘱咐到位、提示到点，并要随时深入班组中，对职工岗位上每个工序和环节的安全状态进行检查和巡视，对每名职工的工作状态进行察言观色，针对性地做好安全教育，发现安全不良苗头及时处理。同时，唐山机务段还根据从一线收集到的各种安全信息、动态和职工的思想反映，以及影响职工思想情绪的安全关键因素等等，确定月、季、年的安全教育内容和要求，制定安全教育规划，采取以主题教育、阶段教育、警示教育、重点教育等形式进行经常性的安全教育，确保安全教育的不间断。为检验安全教育的效果，唐山机务段采取日常检查、上线巡视等方式，随时了解安全教育的情况，一旦发现把关不严、教育不到位或职工发生严重问题的，将相关管理责任人纳入月度考核，使安全教育形成了时时讲、处处讲、日日讲的氛围，极大地强化了职工安全第一的意识。

“服务文化”促企业发展

——杭州长运运输集团有限公司的企业文化建设

【企业概况】 杭州长运运输集团有限公司成立于2001年5月28日，由原杭州长运集团公司改制而来，一直是浙江省规模最大的公路运输企业。企业总资产达8.64亿元，净资产为2.33亿元，具有客运一级资质、货运二级资质和汽车维修一级资质。杭州长运在短短的四年多中以服务文化为基础，确立了以人为本的企业核心价值观，通过创建完整的企业形象设计系统，形成了富有鲜明特色的企业理念识别、行为识别和视觉识别，把企业文化渗透到管理和服务大旅客之中，从而增强了团队凝聚力，提高了企业的市场竞争力，促进了企业健康可持续发展，企业文化建设取得了辉煌成就。企业经济效益每年以15%速度增长，各项经济指标名列全国同行前茅。同时，杭州长运品牌名扬同行和社会，获得了中国交通企业百强第48位、全国道路运输百强资质企业第7位、“2005年中国道路旅客运输企业50强”第2位、“2005年中国道路货物运输企业50强”第6位等荣誉。

【企业文化建设】 杭州长运公司全方位建设以“服务文化”为主导的企业文化，进行包括企业物质文化、行为文化、制度文化、观念文化在内的庞大的企业文化系统建设，把文化变革推向纵深发展。

健全组织，制定规划，实施文化兴企战略。公司制定并通过《企业文化建设规划》，依据企业文化建设基本思路，提出了工作方针。根据公司的实际和发展要求，聘请专业咨询机构，对公司CI建设的理念识别、行为识别、视觉识别三个系统进行科学分析，研究与定位；开展广泛的CI调查，不断拿出公司CI建设的市场报告等建议，安排了包括全体高级管理人员在内的基础访谈30人次，抽样调查问卷120份，走访了各车站和车公司，又以电话、传真、特快专递、电子邮件等方式进行沟通和交流；在取得相对充分的基础资料后，开始了总结归纳、梳理凝练、规划策划工作。经过的总结、概括、精选，并经会议讨论，确立了包括企业精神在内的11条企业理念体系。

全员参与，普及理论，打好基础。首先，对全体员工进行企业文化培训。到2005年7月，共办班10期，培训人员1000余人次。每年还组织中层干部到韩国、国内各地考察学习企业文化建设的先进经验。其次，公司将CI规范管理制度印刷给公司员工人手一份。每年分两次（年初、年中）组织员工学习《CI规范管理制度》。公司还要求员工必须能熟练准确了解公司价值观、公司精神、公司目标的内涵。

把企业文化和企业管理有机结合。首先，把企业文化贯穿于新人员招聘中。在面试中，向应聘者阐述与本企业相关的企业文化，通过提问或其他方式了解应聘者的价值取向，最终选择对本企业文化认同度较高的人员，将来才可能较好地融入到企业中去。其次，将企业文化贯穿于企业培训中。对新员工的培训中增加企业核心价值观念和企业精神等内容的培训，让员工更快地融入企业文化中；对现有的员工也定期进行企业文化的培训和研讨，深化员工对企业价值观的理解；对于高层管理者，则进行定期的企业文化创新和变革方面的培训，让管理者能高度重视企业文化建设，同时也为他们进行企业文化的发展和创新打下理论基础。再次，把企业文化的要求融入员工考核中。在考核体系中融入企业价值观的内容，并通过各种行为规范来解释企业的价值观。

把企业文化建设和各类群体性活动开展紧密相连。杭州长运紧密结合企业服务特色，在继承和发扬传统的基础上，开展了一系列具有鲜明特色的活动。开展“我是公司、我是长运”主题教育，并通过新闻媒体向社会公开征集意见、聘请服务质量监督员等系列活动，提升员工服务素质；《杭州长运报》为企业文化建设提供了有力阵地，开辟专栏进行企业文化建设的连续宣传和报道；开展“创建学习型企业，争做知识型职工”活动，举办各类企业文化培训专题班，鼓励职工自学成才、岗位成才，企业被评为了“学习型”企业；积极开展各种形式的劳动竞赛和劳动比武，营造“比、学、赶、超”的良好的竞技氛围。

打造长运文化建设的特色。通过各项活动的开展，企业文化得到适度的贯彻、落实，“一切为了顾客”的价值观深入人心；大家对企业的使命认识明确，对企业未来充满信心，从而在企业的生产经营工作中，用实际行动落实“不断满足顾客需求”的经营理念和关键行为准则。杭州长运的产品主要是客货运输，是以服务的形式和属性呈现在广大顾客面前，推行的是富有特色的服务文化。杭州长运文化是以服务为主体，以服务文化推进企业文化的构建和实施。杭州长运文化的建设主要有四个特色：

一是打造长运品牌是推行长运文化的基础。通过创建品牌，促使企业员工的一言一行都体现着企业的整体素质。“没有良好的服务不可能有良好的企业形象”，这对于一个美丽杭州的“窗口”单位来说，更是至理名言。杭州长运的广大员工把自觉维护杭州长运品牌形象的意识贯穿于工作中，也渗透到八小时以外的方方面面，人人都致力于提高水平，个个都为企业品牌增光添彩，不断涌现出识大体、顾大局、无私奉献，主动学习，勇于创新，追求卓越的先进事迹。

二是坚持高品质服务是推行服务文化的宗旨。“长运伴您行，快捷又温馨”是杭州长运的服务口号，也是实实在在的服务内容，已逐步形成了颇具行业特色的企业文化因子。在企业的努力探索和广大员工的积极实践下，得到了广大客户的认同和好评，是一种较高境界和实实在在的服务文化。杭州长运以一流运力配置、豪华站场设施、现代网络信息技术和优良服务态度的组合，为旅客提供“安全、快捷、舒适、温馨”的人性化服务。

三是确保“诚实守信”是推行服务文化的根本。诚信，是中华民族的传统美德，是立事之本。作为一种文化，是推行服务文化、强企业核心竞争力的根本。早在 1998 年 10 月，杭州长运率先推出了——不承包经营、不售途中票、不上途中客的杭州至州长途侠客班线，一举改变了原来承包经营的车况较差、途中兜客的状况。然而班车开通伊始，有时竟然只有一名旅客。但杭州长运坚持亏本经营，车站准点准时发车，坚持诚信服务。开通两个月后，旅客实载率就逐步上升，达到了 60%。

四是追求顾客满意是推行服务文化的目的。“不断满足顾客需求”是企业的服务理念，企业的各项工作就是围绕“不断满足顾客需求”这一目的而展开。它不是一句空洞的口号，而是企业和员工实实在在的行动，并通过行动将服务文化，逐渐渗透到顾客手中。如候车宾馆化、售票网络化、班车公交化、车辆高档化，无不给每位顾客有宾至如归的感觉。

圆式文化提升核心竞争力

——福建永安火电厂的企业文化建设

【企业概况】 福建永安火电厂是以发电为主，供热为辅的国家大二型企业。始建于 1958 年。总装机容量 35 万千瓦，拥有员工 1500 余人，厂最高年发电量达 26 亿千瓦时。永安火电厂大力加强以“圆式管理”为核心的企业文化建设，与时俱进，不断创新，企业呈现老厂新貌。2002 年，企业被国家电力公司授予“双文明单位标兵”荣誉称号。2003 年，企业连续第五次获得“福建省文明单位”称号，并获得中国华电集团公司首届“文明单位”称号。2004 年，企业被中共福建省委宣传部、福建省职工思想政治工作研究会、福建省企业文化协会联合授予福建省首批“企业文化建设示范单位”，同时还被中国企业文化研究会授予“全国企业文化建设实践创新奖”。

【企业文化建设】 福建永安火电厂实施“圆式管理”，圆是主题、灵魂、核心，是贯穿文化建设的一条主线。首先，圆代表着无和精确，寓意加强安全文化建设，坚持“零”偏差管理，达到“设备零缺陷、管理零漏洞、行为零缺点”的安全目标。其次，圆象征着完美和圆满，寓意加强形象文化建设，对内塑造良好的领导形象和员工形象，对外塑造良好的企业形象和组织形象。第三，圆蕴含着向心效应，寓意加强人本文化建设，树立人本意识，增强企业的向心力和凝聚力。第四，圆形似太阳，寓意加强经营文化建设，为客户提供阳光般的服务，不断提高经营管理水平。围绕“安全、形象、人本、经营”四大要素，永电凝练出“珍惜生命，关爱他人”的安全核心理念、“企业即人、企业为人、企业靠人、企业育人”的人本理念、“言行文明化、管理科学化、工作效率化”的形象理念、“客户是你终生的财富和朋友”的经营理念等被广大员工所认同和接受的企业价值理念，为树立永电圆式文化品牌奠定了坚实的基础。

基于圆式文化在安全、形象、人本、经营四大文化的深刻内涵,永电主要从四个方面进行实践,使之成为保航、塑形、凝心、聚力的无形资产。

【安全文化】 永安火电厂坚持把文化与生产实践紧密结合,通过文化的熏陶,改进员工的安全意识和行为。该厂建立了三大安全识别系统,使员工从服从管理的“要我安全”转变成自主管理的“我要安全”,从而提升安全工作的境界。通过多种方式途径,建立了以“珍惜生命、关爱他人”为核心的安全理念识别系统;以安全警示标志、安全提示标志、安全防护标志为内容的安全视觉识别系统;以反“违章作业、违章指挥、违反生产现场劳动纪律”为重点的安全行为识别系统。开展了以“珍惜生命、关爱他人”为主题的安全文化十个一活动,引导员工树立“安全就是最大的效益”的安全价值观、“分享错误,共同进步”的安全学习观和“人员零违章,设备零缺陷,管理零漏洞”的安全作业观。健全安全生产三级网络,落实安全生产责任制,逐级签订安全生产责任状,并实行部门安全员由厂部委派的垂直管理和安全员每天不少于4小时在现场的走动式管理;推行安全管理积分制,坚持奖功罚过的原则,根据员工在生产经营工作中的安全表现定期进行加减分,对每年积分名列前十的员工给予嘉奖,对积分少于150分的员工予以待岗处理。

【形象文化】 永安火电厂坚持以企业组织的总体形象为总纲,以员工形象管理为核心,通过强化企业的内在素质和规范企业的外在表现,全面提升企业的社会形象和市场形象。先后开展了支部建设年、增强党员先进性和荣誉感、争创支部示范点暨建设学习型党组织、降本增效支部立项等活动,使基层党组织的创造力、凝聚力和战斗力不断增强,广大党员的先进性和荣誉感得到保持和发扬,全体员工的积极性和创造性得以充分发挥,整个企业组织初步树立了“言行文明化、管理科学化、工作效率化”的良好形象。该厂积极开展以政治理论为主题的方向性教育,以明确战略发展目标为主题的形势任务教育,以实践企业精神为主题的激励性教育,以高效优质和文明安全为主题的规范性教育,营造人的素质能够得到明显提高、工作积极性能够得到充分发挥的人文环境和生动活泼的企业氛围,实现员工文化素质与政治素质、综合能力的相互匹配。开展员工语录征集活动,在厂区道路两旁设立了员工语录灯箱广告,充分展示了“爱岗敬业恪守职责,虚心学习提升技能,团结协作与人为善,文明礼貌不卑不亢”的永电员工形象。

【人本文化】 永安火电厂坚持以员工为核心,以尊重人、关心人、理解人为基本出发点,通过各种行之有效的方法和措施,充分调动员工的积极性、主动性和创造性,强化员工的自我意识和创造意识。该厂推行挂包制度,把厂党委成员的党组织关系按正式手续办理迁移落户到基层单位、班组,贴近基层、贴近员工开展谈心、家访、调研等工作,拉近领导与基层员工群众的距离;坚持开展合理化建议活动和建言进谏制度,把企业一些需要解决和攻克的课题项目交给员工,充分听取员工意见和建议,让他们出思路、提措施,增强员工参与意识,有效调动了员工参政议政的积极性。此外,该厂还大力实施连心工程,温暖人心。牢牢把握员工需求这个根本点,突出强调“三种帮扶”,体现“三个送暖”。一是思想帮扶,精神送暖。通过召开员工恳谈会、设立厂领导接待日等形式,面对面地和基层员工交流,努力做好释疑解惑工作。二是经济帮扶,生活送暖。建立了“五必访”制度,组织开展慰问病、伤、困难及离退休职工活动,办理困难补助等。三是技术帮扶,知识送暖。根据员工的愿望和要求,开办MBA远程教育培训班、西南交大网络教育培训班,聘请知名教授作两个《条例》的学习辅导讲座等,不断提高员工的综合素质。

【经营文化】 坚持以市场为中心,以员工群体行为为基础,把对人的管理和对物的管理有机结合起来,把现代管理技术、营销手段与人的精神力量有机结合起来,充分发挥管理的功能和作用,使企业的生产经营形成良性循环。一是认真贯彻落实集团公司综合产业发展战略,结合现状、发展环境及优劣势等明确了综合产业的发展思路、战略定位、发展方向,并积极开展了ISO9001质量管理体系论证促进综合产业管理标准化、科学化。二是培育核心产业和知名品牌,以电力生产为主导产业,积极拓展与电力产业密切相关的新项目,主要介入燃料经营、小水电开发等领域,重点实施热电联产,逐步形成新的利润增长点。积极开展综合产业品牌方案征集活动,聘请专家对综合产业品牌重新进行定位,利用各种传播途径提高品牌的认同度和知名度,逐步形成了品牌对外传播和表达的内容和企业内部文化理念一致的品牌文化。三是大力构建全员营销机制,探索实施工效挂钩制度,建立了《永安火电厂非业务人员营销工作奖励办法》,在全厂非业务人员及厂外人员开展全方位营销工作,使人人了解市场,参与市场,使产品和服务占领更大的市场份额,并拟定一定比例给予奖励,以提高市场的溶透力。

文化力提升全员执行力

——鞍钢东鞍山铁矿的企业文化建设

【企业概况】 鞍钢东鞍山铁矿是一座拥有2.99亿元固定资产,1460名职工的国有现代化大型露天铁矿(以下简称东矿),隶属于全国最大的冶金矿山企业——鞍钢集团鞍山矿业公司。该矿现有各类大型矿山采掘设备46台,职工1460人,现年生产能力为年产铁矿石300万吨,采剥总量1200万吨,是鞍钢重要的原料基地之一。东矿坚持以人为本的宗旨,从培育职工良好行为习惯入手。以“六种群体行为意识”建树活动为载体,大力推进企业行为文化建设,提升了全员执行能力,增强了企业的核心竞争力。

【行为文化】 通过对长期实践的深刻反思,东矿认为,要实现“建设鞍钢精品原料基地、打造世界一流矿山企业”的愿景目标,非常关键的一个方面就是要用先进的企业文化打造一支高素质的职工队伍,教育、培养、引导和规范职工建树符合企业利益的正确的群体行为意识和行为方式，形成一个凝聚力高、战斗力强、团结协调的团队。

基于这一认识，东矿从2003年开始在全矿范围内深入开展建树“六种群体行为意识”的教育活动。“六种群体行为意识”即用户永远是对的、这是我的错、问题到我这里为止、要把每一件小事做好、今天要比昨天做得更好、要做就做到最好。“六种群体行为意识”可分为两个层次：前三项是想问题的方式方法，主要解决认识事物的思想方法和态度问题；后三项是做事情的标准，核心目的是培育和增强职工的主人翁意识，自觉地规范自己的行为，做到敬业、爱岗、尽责。“六种群体行为意识”教育活动的开展，对职工转变观念、更新理念、养成良好的群体行为方式和行为习惯，起到了推动作用。

“六种群体行意识”不是几句简单的口号，而需要长期的过程和反复的努力。为此，东矿采取多种形式培育职工形成良好的行为习惯。

首先，全方位多层次营造氛围，推动“六种群体行为意识”普及化。为引导全矿干部职工对“六种群体行为意识”予以高度重视，东矿在第18次工会会员代表大会暨职工代表大会上，首次将“六种群体行为意识”完整概念写进报告，提交职工代表讨论，并将讨论的成果用文本的形式确定下来。此后，矿党政工团各级组织，开展了全方位、多层次的宣传教育活动。充分利用各种会议、《东矿简讯》、矿局域网、车间自办小报、文化墙、标识牌、专题党课、班组学习讨论等形式，开展了全覆盖式的宣传教育活动。通过宣传教育，不断地强化全体职工对“六种群体行为意识”的认识。

其次，建立“三级点评”制度，促进“六种群体行为意识”行为化。经过阶段性的宣传教育，在职工普遍对“六种群体行为意识”有了较深认知的基础上，东矿又进一步研究制定了推进“六种群体行为意识”行为化的“三级点评”制度。即班组的“班日点评”、车间（部室）的“一周点评”、矿领导的“系统点评”。同时明确了点评的具体内容：这个事怎么做？做到什么程度？我们现在做得怎么样？有没有达到工作标准和要求？如果达到了标准和要求，哪些做法应该肯定，哪些事例应该表扬？如果没达到标准和要求，究竟在哪些方面哪些环节上存在缺陷、不足或差错？面对这些缺陷、不足或差错，我们今后应该怎么做？

再次，结合企业重点工作，加速“六种群体行为意识”成果化。东矿结合企业各项重点工作，引导职工在创一流工作业绩的过程中，进一步强化和巩固对“六种群体行为意识”认知与践行的成果。如全面推行“星级班组”、“星级机台”、“星级员工”的“星级”管理模式中，每类“星级”的评选标准中部含有“六种群体行为意识”内容，且晋“星”都是不封上限，不设比例，以鼓励职工“要做就做最好”。

第四，通过典型导航，实现践行“六种群体行为意识”团队化。东矿在坚持日常宣传的基础上，多次举办了以推进“六种群体行为意识”行为化为主题的学习与创新论坛，总结交流基层车间与部室的工作经验和典型事例，并编制了《超越自我　追求卓越》——东矿职工践行六种群体行为意识汇编。该书系统介绍了包括行为理念，认知感悟、团队践行等3个篇章，共6种理念、57条职工格言、24个典型集体和个人事迹。

【执行文化】 通过开展“六种群体行为意识”建树活动，东矿职工队伍的素质有了明显改善，执行力得到明显提升。一是务实创新成为两级班子成员的自觉追求。追求工作的高质量、管理的高水平、经营的高品质，已成为矿各级领导干部自觉地行动取向。二是主动发现问题，修正错误成为工作的主流。各级干部认真履行岗位职责，积极转变工作作风，不推诿、不扯皮，出了问题敢于承担责任，主动纠正自己工作中的失误或不足。之后，抓紧处理、抓紧整改。三是换位思考，站在用户角度考虑问题成为全员共识。矿生产系统牢固树立“用户永远是对的”质量意识和服务意识，把满足选矿需求作为自己工作的标准，及时主动地征求选厂的意见，根据选厂的工艺要求，与选厂一起研究确定出矿部位和出矿铲位，进一步严密矿石质量管理制度，加强矿石生产各工序过程的检查监督，较好地保证了选厂对选矿的需求。四是主动想事、干事、把工作干好成为全员的自觉行为。车间在推行模型的过程中，按照“六种群体行为意识”理念，重点突出了“到达现场快、检修速度快、信息反馈快”和“用户满意、部门满意、自己满意”即“三快三满意”的班组职工自主管理方式，使职工自主管理意识和行为能力显著增强。

“和谐文化”促发展

——鞍钢建设汽运公司的企业文化建设

【企业概况】 鞍钢建设汽运公司是集吊装与运输为一体，具有国内同行业一流装备水平和载运能力的大型综合性吊装运输公司，现有职工619人，下设9个专业吊装运输队，拥有下自8吨、16吨，上至120吨、225吨、330吨、500吨汽车吊，下自小型货运车，上至80吨、100吨、150吨大型拖车等各种汽车式起重、运输设备381台。该公司坚持“以文化引领发展，以管理助推发展”的工作思路，从八个方面着力构建“和谐文化”，从而构建和谐企业，实现了企业的发展壮大。

【和谐文化】 产业体系的和谐。从企业装备、技术和市场的实际出发，该公司确定企业的产业基本构成是“一体两翼”发展战略，即以吊装为主体，以汽车运输和汽车修理、配件营销为两翼，实现“体”、“翼”和谐发展，形成对内保产、自主创效和市场垄断“三个能力”。通过“一体两翼”模式的运行，主体与两翼达到相互促进，相互支撑，既形成整体竞争的优势，又增强专业创效和发展能力。

制度体系的和谐。着眼于适应现代企业制度的要求，形成相互衔接、和谐统一的综合管理体系，该公司确定并运行了“一面旗帜两个纲领三个提升”的战略管理模式，以此为总纲,贯穿并辐射于企业管理的方方面面。“一面旗帜”是指经营管理“二五三”纲要,主要包括两方面、五条线、三个关键。“两个纲领”中,一是战略纲领,即“一体两翼”的发展战略;二是管理纲领,即管理“六化”,是指:安全生产管理军事化、设备维修管理互动化、物资采购供应管理规范化、劳动工资管理激励化、成本费用管理指标化、市场营销管理合同化。“三个提升”,即如饥似渴抓开发,提升市场占有率;满腔热情抓服务,提升用户满意率;精益求精抓管理,提升资源回报率。这一战略管理模式确定后,该公司利用各种形式向职工宣传其具体内容和涵义,并将所有管理制度都以战略管理模式为主线来制定、展开、细化,所有生产和营销业务都纳入战略管理模式来规范和运作。

领导体系的和谐。要实现企业的持续健康发展,都必须在围绕“中心”运行的轨道上达到融洽与和谐。为了真正构建一个和谐班子,该公司领导成员始终做到:真诚善待每个人,用心做好每件事,在心与心的沟通、心与心的配合、心与心的交融中增强凝聚力和亲和力。公司还开展了创建学习型、创新型、服务型、敏锐型、调研型的“五型”机关活动,而衡量是否达到“五型”的核心标志就是看班子成员是否达到“五型”要求,使班子成员不仅是管理者,更是贯彻制度的一面镜子。

人际关系的和谐。该公司把培育和谐的情感氛围作为重要的源头工作来抓,一方面,切实关心、关爱职工。真正做到有困必解,有难必帮,始终坚持把保住职工饭碗作为“第一责任”,把保住职工安康作为“第一目标”,使职工感受到工作可依、生活可靠、朋友可亲;另一方面,在企业内部大力倡导“真诚、友善、融洽、互助”的良好风气,引导职工人人用心工作、用心交流、用心相处。同时,把“人勤家和万事兴”作为企业信条,并以企业规则的形式要求全体职工都做到“像善待家人一样对待朋友”。

利益关系的和谐。为从根本上保证职工经济利益不受侵害,该公司将“完成经营指标,提高职工收入,营造平安、幸福、文明、和谐的内部环境”作为企业的根本宗旨,在坚持以按劳取酬为主体的框架内,把按劳分配与按效分配、按能分配与按果分配有机结合起来,建立差距合理、公平适度的新型分配机制。同时,公司还明确规定,在保证整体和谐的前提下,使分配重心适时适度地向高技术岗位、生产一线岗位、苦脏累险岗位和有突出贡献的职工倾斜,真正做到和谐而不是平均。

劳动关系的和谐。公司把构建和谐劳动关系的根本点定位在对职工“两个权利”的充分尊重上:一是充分尊重职工劳动的权利。创造条件让有劳动能力和一技之长的同志在适合自己的舞台上来释放自己的劳动能量,并向职工郑重承诺:绝对不让一名想做事的职工下岗,不让一名做成事的职工吃亏。二是充分尊重职工民主管理的权利。“全心全意依靠工人阶级”的指导思想不但不能动摇,而且应随着体制机制的变化,赋予新的形式和内容,并不断地加强。为此,公司通过强化职代会职能、职工代表视察监督、厂务公开等多种渠道,让职工更多地参与管理,实现管理自治。工会组织还抓住劳动关系建立环节,着力提高劳动合同签订率,把“维权”关口前移。

企业价值与职工自我价值的和谐。在追求企业经营全面发展、效益持续提高的同时,公司致力于提高职工的收入水平、素质水平和健康水平,营造企业与职工同步发展的环境,实现企业价值与职工价值的和谐统一。一是拓宽增效增收的渠道,尤其是着眼创建“资源节约型”企业的要求,向职工灌输“开源无限、挖潜无限、节约无限”的理念,并向职工宣传“大河有水小河满,大河无水小河干”的朴素道理,引导职工人人热爱劳动,人人珍惜企业,人人勤俭持家。二是大力推进“素质工程”建设,通过培训、教育、宣传,提高职工思想政治素质、文化技术素质和爱岗敬业、遵章守纪、自我约束的素质。在全体职工中开展了“增强敬业意识,减少人为差错,杜绝违规违章,争做优秀员工”活动,将“优秀员工”的标准规范为五个方面,即:遵守职业道德,做“道德规范型”员工;爱岗敬业,做“守本实干型”员工;遵章守纪,做“守法自律型”员工;自觉学习技术,做“技能过硬型”员工;坚持团结互助,做“友爱文明型”员工。三是加强职工的劳动和健康保护,创造条件保证职工生产过程中的人身安全和生活过程中健康安全,不仅从硬件上予以保障和防护,而且向职工灌输新的安全理念和健康理念,人人懂得“安全健康是人生最大的财富,是家庭最大的幸福”。

文化与经济的和谐。公司发挥各方面优势,加强对企业文化的培育、传播和再造,规范了企业精神、企业宗旨和企业理念,并把文化作为重要的无形资产,纳入企业管理的范畴,达到文化与管理互相结合,与经营互为推动。从企业实际出发,公司提炼出了“团结奋进、创建一流”的企业精神和“人勤家和万事兴”的企业信条,确定了“安全是效益、设备是饭碗、服务是灵魂、市场是生命、管理是永恒的主题、纪律是铁的保证”的企业理念,等等。围绕上述内容,向职工广泛地进行宣传、引导、灌输,并将文化渗透到企业经营管理的全过程,努力使文化变成理念,理念变成规则,规则变成机制,机制规范行为,进一步激发了职工的主观能动性,从而达到管理水平和经济效益同步提高的目的。

创名牌文化　促企业发展

——山东时风(集团)有限责任公司的企业文化建设

【企业概况】 时风集团成立于1993年5月,职工30000人,拥有4大产业园,5个合资、全资子公司,6个专业生产厂。2004年实现销售收入90.6亿元。时风集团居世界机械500强第463位,全国大型工业企业第125位、中国机械100强第7位、连续5年居中国农机工业百强企业第一名。时风集团被授予“全国五一劳动奖状”、全国“守合同重信用”企业等多种荣誉称号;时风发动机被认定为“中国名牌”产品、

"国家免检产品"荣誉称号，时风商标是"中国驰名商标"。时风集团坚持"没有办不成的事，只有办不成事的人"的理念，将企业思想政治工作融入特色的时风文化，强化文化创新，推动了集团健康持续快速发展。

【科技文化】 时风集团在长期的发展中树立了"产品就是人品，质量就是道德"、"1%的废品到用户手中就是100%的废品"观念，将产品性能与做人的基本道理有机结合起来。时风集团将产品开发定位于比同行业企业"快半步"，投资1000万元，成立了全国农用车行业惟一的博士后科研工作站，成立了时风中央研究院，设立13个科技研究所，1个科研办公室。先后投资10亿元，建起了业内领先的冲压、焊装、涂装、总装生产线，采用了上千项先进工艺装备和工艺技术，建起了业内最大的铸造中心、机械加工中心、热处理生产基地、球墨铸铁生产基地，先后成功开发了四轮农用车、发动机、拖拉机和轻卡汽车，32项科研成果获国家专利。目前，时风车已形成20大系列、1000多个品种的产品系列宽带，新产品所创收入占总销售额的80%以上。

【发展文化】 时风集团始终坚持用发展文化统一认识、凝聚人心。1996年，集团投资1.5亿元建成占地217亩的总装厂；1998年，投资3.5亿元建成占地486亩的时风工业园；2000年投资2亿元建设了占地489亩的汽车厂；2002年投资2.15亿元建成时风供热中心；2003年投资10亿元相继建成了时风轮胎产业第一、第二工厂。时风集团每年都要制定一个宏伟的奋斗目标，2003年提出了"81258"工程，2004年提出了"9568"工程，2005年提出了"1558"工程。与青岛双星集团合资组建双星时风轮胎有限责任公司，总投资10亿元，主要生产轻卡汽车轮胎；与一汽红塔合作生产轻卡汽车。

【人本文化】 时风集团坚持"人人是人才"的用人观念，突出"效果论"用人机制，将"业绩"作为考核的标准，共有400余人因业绩突出而走上重要管理岗位；创建时风大学，下设管理学院、营销学院、高新技术学院和职业技术学院，采取封闭式培训、全日制培训和业余培训三种方式，培养企业所需人才。投资200万元建立人才储备库；实施"引进来"与"送出去"的用人机制，先后到北京、西安、济南等地招聘各类大学生600余人，选派优秀人才赴英国、美国、日本、香港等地学习。

【品牌文化】 时风集团坚持强化服务功能，提出做用户的"上帝"，为用户提供上帝式的服务，在用户心中确立"时风保满意，满意在时风"的特色服务形象。

营销领域推行五星级服务，营销人员五星级认证。实施样板科、样板点的建设，制定详细的评选标准和奖惩制度。

坚持"用户第一、经销商第一、时风第二"的营销策略，按照"利益共享、风险共担"的原则，对经销商进行信誉等级分类。

【质量文化】 时风集团以"质量第一"、"以质取胜"为经营理念，提出"同行业的最高标准是时风的最低要求"，"产量是钱，质量是命，不能要钱不要命"的思想，建立系统的质量管理体制，完善监督检查制度。投资1000多万元购进气相色谱仪和国内最先进的3坐标测量仪等检测设备，严格检测产品质量。实施ISO9001质量管理体系认证，深入开展"红色管理工程"和"精品管理工程"。

【创新文化】 通过用《满与不满》、《认真》、《学无止境》、《猎人与老虎》、《金蛋》等52个寓言故事传播理念，使员工树立了强烈的创新意识和危机意识；每月征集创新成果，对创新成效显著的先进单位和先进个人以公司文件的形式进行通报表彰；用员工的姓名命名重大的创新成果，激发员工的创造精神，增强员工的归宿感和成就感。2004年，共收集创新成果2304项，受奖人次达318余人，创造直接经济效益8000余万元。

【市场文化】 时风集团形成了以服务为核心的市场文化，重点突出服务功能，树立"用户第一，经销商第一，时风第二"的超值服务理念，以电话回访、上门走访、召开用户座谈会的方式，广泛征求用户的意见和建议。

诚信为本　服务创先

——河北省沧州市天然居餐饮管理有限公司的企业文化建设

【企业概况】 天然居餐饮管理有限公司是河北省沧州市跨地经营的一家民营企业，下设沧州天然居饭店、天然居海鲜城、天然居文化美食城、邯郸天然居食府、天然居美食苑、石家庄天然居美食城6家分店，员工千余人，经营面积24000平方米。天然居先后荣获"全国绿色餐饮名店"、"中华餐饮名店"、"河北省消费者信得过企业"和"全国民营企业文化建设先进单位"等称号。企业努力建设积极、健康向上而又符合自身特点的企业文化，内强素质，外树形象，提高了企业的核心竞争力，促进了企业的持续健康发展。

【诚信文化】 "对方经济"即一切从对方角度出发，一切为对方着想，一切让对方满意。为了将这一理念深深地融入到员工的思想中，变成自觉行动，并体现在工作的每道环节、每一个细节当中，天然居将服务宗旨、职业道德、员工行为准则概括为"十大意识"：即，铁的纪律意识、严格的组织意识、团结拼搏意识、顾客就是天然居上帝意识、无微不至的服务意识、工作时的演员意识、争先意识、创新意识、爱店如家意识、长能力不长脾气意识。要求员工们树立"十大意识"，真正做到为对方着想、让顾客满意。

"对方经济"理念体现在天然居工作中的每一个细微之处。一天晚餐中，有位客人在聊天时随口说了一句"中午喝多了酒没吃饭，晚上还得喝，胃里特别难受。"说者无心，听者有意。服务员请示经理后特意给这位客人做了一碗手擀面，当热气腾腾的面条端上来时，客人们先是惊异，明白了原委后都不约而同地为这位服务员、也为天然居鼓起了掌。

到天然居来的90%是回头客，服务员们大都能准确地认出客人,并提前按需要准备好。有位客人患有糖尿病,可业务往来又很多。服务员们每次饭前都会给他斟上一杯温开水服药,并主动为他推荐一道适合糖尿病人吃的南瓜菜。这位客人感动地说:“天然居替我们想的真周到啊”。厨师们也把市场的需要、顾客的满意作为菜品质量的标准,苦心钻研,外学内创,不断改进,吸纳各大菜系的风味特点,研制出天然居独有的综合菜系。为保证每道菜品都达到精品,从原料选购、入库存放、进厨清洗、切配、烹制、出菜、传菜,上菜、报菜等环节,环环专人把关、监督检查,保证了菜品质量,得到了顾客的好评。

【人本文化】 人本管理是现代企业管理的核心。天然居在企业经营管理过程中坚持以人为本,始终贯彻尊重员工、关心员工、理解员工、培育员工、激发员工的管理理念,充分调动员工的工作积极性和创造性。

一是采用疏导的方法,做好员工的思想政治工作。“阳沟灌输”(阳沟就是浇地引水用的沟渠)是天然居开展思想政治工作一种独特的方法,将企业的组织系统从上到下比作一条阳沟,保证其畅通,不渗漏,不跑水,使抽出来的水浇灌到每一根禾苗上,其要点是:同、通、透。“同”就是企业决策层、领导层和员工建立共同的价值观和经营理念。“通”是企业领导层与员工建立双向互动的沟通渠道,保证领导决策以及员工意见、建议的畅通。“透”就是不仅要保证企业经营理念和决策意图让所有员工都能理解、接受,而且执行起来准确、到位。

二是人文关怀,以情感人。概况为“三情六融人”,“三情”即员工情、顾客情、企业情;“六融入”即融入市场、融入顾客、融入顾客的心,融入企业、融入员工、融入员工的心。同时还在员工中开展“五二五”活动,要求每人每月发现五个工作中的问题;提两条合理化建议;征求五条顾客意见。这些活动的开展,有效地调动了广大员工的积极性、主动性,实现了“一通百顺”,使很多平日被忽略的细枝末节问题得到了解决。

在做好职工思想政治工作的同时,天然居积极推行企业工资集体协商制度,维护和保障职工的合法权益,将工资制度、工资标准、工资分配形式、递增比例、加班费、招聘、解聘员工的待遇、探亲休假、婚丧假、工伤待遇、奖金发放等明确规定,员工与企业签定协议,并将以上内容列入《员工手册》。

【服务文化】 “客上天然居,居然天上客”。每当人们走进天然居,就会领略到浓浓的文化韵味,无论是悬挂在走廊、雅间里的名人字画,还是工作人员周到细致、文明优雅的服务,都会让你体会到“居然天上客”的滋味。

第一,定期组织领导班子成员和广大员工学习邓小平理论、“三个代表”重要思想和党的路线方针政策,请老红军、老八路讲革命传统,提高员工的政治素质。

第二,加强业务培训,建立学习培训机制,对服务员、领班、经理、厨师和厨师长分层进行了基本功、形体训练、业务知识、实践操作等岗前、岗中培训。几年来,共编写了“如何做好四型人才”、“加强企业管理18个观点”、“品质与能力”、“超越自我,才能完善自我”、“服务技巧”等内容的辅导教材达30多万字,辅导200余课时。

第三,采取请进来、走出去的方法,先后聘请各地专家和八大菜系的名师传授技艺,并组织有关人员到上海、北京等大城市学习同类企业的先进管理经验和技术。

第四,建立企业内部知识扩散和共享机制,如每月开展一次服务技能和厨艺比赛交流;对技术发明创新者予以通报表扬和物质奖励等。

全面导入CIS　促企业发展

——秦皇岛发电有限责任公司的企业文化建设

【企业概况】 秦皇岛发电有限责任公司始建于1991年,装机容量为100万千瓦,有员工1573人,被国家电力公司命名为“全国一流火力发电厂”。先后被河北省委、省政府授予“文明单位”、“思想政治工作优秀企业”、“企业文化建设先进单位”荣誉称号。自1997年开始,全面导入CIS工程,先后开展了企业环境文化、社区生活文化、员工行为文化、安全文化、质量文化等企业文化建设工作,促进了企业物质文明和精神文明协调发展。

【企业文化建设机制与模式】 本着“先进思想理念引领,紧密联系企业实际,广大员工共同参与”的建设原则,企业成立了以总经理、党委书记挂帅的企业文化建设领导小组,明确企业文化建设工作机制,规范、细化了各部室的工作职责,确定了公司的核心价值观、企业精神、工作作风等企业理念,先后制订了两个《企业文化建设三年规划》,并按年度分解目标任务,将企业文化建设工作与双文明建设“捆绑”在一起,同布置、同考核,党政工团齐抓共管,各部门协调联动,员工群众共同参与,形成一套比较规范、切合实际、运作系统的工作运行和考核评价机制,逐步形成了具有秦发电特色的“一花三叶”的企业文化建设模式。

【安全文化】 确立切合企业实际的安全管理思想体系。经过广泛征集、多次座谈和反复讨论,确立了以“安全第一,预防为主”作为安全文化的灵魂,“以人为木,关爱生命”为安全工作理念,以“所有的事故都可以预防,所有的风险都可以避免”为安全信念,以“安全就是企业最大效益”为安全经营理念,以“严格按制度操作,严格按规程检修”作为员工的基本要求,以“零差错、零过失、零缺陷”为安全质量目标的安全管理思想体系。

加强安全管理制度的执行和落实。清理整顿各种管理标准,陆续出台新的管理制度。制定《追究管理人员责任的若干规定》、《检修工艺纪律要求》,修订《年度安全奖励考核办法》,进一步完善点检定修制、检修文件包、运行实时参数考核等管理办法,建立健全事故反思制、异常分析制、事故责任“说清楚”制度、事故上报制度等。

对安全理念进行广泛的宣传，引导员工实践安全理念。在公司的各种生产会议上由主要领导宣讲安全；公司各媒体每期有安全生产方面的内容；制作安全警示牌，布置在工作现场的主要作业面和重要作业点上；围绕安全生产开展争先创优活动，如检修规范化劳动竞赛活动，优秀巡操员评比活动，安全示范岗活动，“每周一星”评比活动和实践安全理念好榜样活动等。

开展安全教育系列主题活动。以反事故、反误操作、反人身伤害为重点，以抓考核、抓典型事例、抓危险点分析为主要内容，每年进行全员安全教育；结合安全生产月开展以“触及灵魂深处，呼唤安全意识”为主题的安全大反思活动，每个员工就如何做到“三不伤害”进行反思；开展企业历次事故图片展，再现事故现场，触及职工灵魂；开展有关安全文化内容的职工书法、漫画、摄影比赛，编印和学习《企业安全文化学习材料》，使职工多方感受安全文化氛围。

【行为文化】 企业精心策划了《VI 建设手册》，出台《公司标志使用规定》、《企业视觉形象管理制度》、《机关、班组办公环境标准》等制度。结合公司实际和岗位特点重新修订了《秦皇岛发电有限责任公司员工道德规范》，在全体员工中开展“践行道德规范，争做文明员工”、“树正气、压邪气”等学习教育实践活动，开展“文明单位”、“文明职工”等评选活动，通过准则规范育人、典型引导育人、创建争当实践育人，打造育人筑魂工程。

【社区生活文化】 以“安全、文明、优美、温馨”为建设目标，实施小区综合管理制度，严格小区出人制度，完善小区安全防护设施；开展文明楼、文明单元、五好家庭评比活动，夏季定期在小区播放爱国主义教育题材电影，春秋季举办小区家庭运动会，形成家家争创的良好氛围；开展“爱我家园，建我家园”活动，倡导健康文明的生活方式。

【人本文化】 常年开展“三观、三德”教育、“忠诚·诚信·责任”教育、道德规范教育等主题教育活动，引导员工把个人的信念和价值观同企业的信念和价值观统一起来。出台《党风廉政责任制考核细则》、《认定和处置涉嫌腐败行为实施细则》，建立员工思想动态快速反映体系，对员工反映出来的问题，积极采取措施加以解决引导。开展优质服务承诺，促进企业诚信经营。对外，坚持以满足华北电网公司的调峰、调频要求为企业第一要务，提高责任感和安全生产能力，以优质电能取信于用户。对内，实施“优质服务承诺”和“文明窗口”示范工程，培育“机关、实业为生产服务，检修为运行服务，运行对全厂负责，全厂为电网服务”的优质服务理念。

【管理文化】 建立企业发展战略，为企业发展谋划大局。从企业发展全局和实际出发，制定“创建管理模式、塑造秦电品牌、扩大产业规模、实现一流企业”的战略目标，坚持“先做强，后做大”的战略方针，确立发电、供热、多经三大支柱协调发展的新思路。

完善现代企业制度，适应市场经济需要。通过企业文化建设和共同价值观的培育，树立了与市场经济相适应的新观念，如岗位靠竞争、升职靠业绩、收入凭贡献的观念等。

夯实管理基础，安全生产水平稳步提高。公司提出“扎实工作、夯实基础、重心下沉、细化管理、争创一流”的工作方针；调整生产组织结构，使生产系统内各部门、各层面职责范围更加清晰、明确；推行点检定修制，进一步规范员工检修行为，从过去传统的以“修”为主的管理思路转变到以“修”为主的思路上来，变过去设备定修为状态检修；推行检修文件包和项目监理制，规范人员检修行为，提高了检修安全、工艺、质量和文明生产水平。

增强员工市场观念，企业经营保持良好发展势态。在员工中培育“人人要节约、人人要效率、人人要效益”的全员经营理念，增强员工的风险意识和责任意识。将年度生产费用、办公费用分解到车间、班组、个人，使每名员工身上都背上指标，并直接与个人收入挂钩，调动员工理财积极性。自主开发并实施了“运行参数实时考核系统”，一方面优化了运行管理，提高了机组效率，另一方面调动了运行人员的积极性。加强资金运作管理，通过“资金不落地”的管理模式，使资金使用由事后管理变为超前控制，大大提高了资金使用效率，使单位成本大幅度降低。

完善人才机制，发挥员工创造性和积极性。按照“不惟学历、资力，只重业绩、能力”的标准，优化了公司的分配机制；在管理人员中实行“能者上、平者让、庸者下”的用人管理机制，建立后备干部队伍。同时采用总经理特别嘉奖、用员工名字命名小发明、一次性奖励、荣誉表彰等方法，鼓励员工创造性地开展工作。在人才的培养和储备上，本着“缺什么、补什么”的原则，按照岗位制定不同的员工培训计划，组织举办各种培训班，鼓励员工利用业余和工余时间，努力学习新知识。现在全厂大专以上学历员工已由建厂时的21%上升至36%。

企业文化就是管理文化

——峰峰集团有限公司的企业文化建设

【企业概况】 峰峰集团有限公司2003年7月改制为由河北省国资委和中国信达资产管理公司、华融资产管理公司共同持股的大型集团公司。共有全民在册职工5.2万人，总资产70亿元，是以煤为本，集煤炭生产、洗选加工、基建施工、机械制造、建材、电力、焦化、火工等多行业、多产品、多种经营综合发展的大型集团。根据矿区煤炭可采储量少、衰老矿井多、产业和组织结构不合理的情况，经过反复研究和论证，确定了“一基多业，做精图强”的企业战略目标。充分利用现有资源，大力实施“内挖外扩”的发展战略，巩固煤炭一个基础产业，培植电力、煤焦化两个支柱产业，发展建材、化工、机械制造三个支持产业，形成“123”产业发展格局，增强企业整体经济实力。通过不断调整结构，适应市场变化，延伸产业链，提高竞争力，实现由煤炭企业集团转变为能源化工企业集团的目标，使企业走上持续发展的强盛之路。企业多次荣获中国煤炭工业优秀企业、全国用户满意企业、重合同守信用企业等荣誉称号。峰峰认为企业文化就是管理文化，形成了具有特色的“2433”企业文化建设总体框架，相继下发了《关于加强企业文化建设的决定》和《关于全面推行 FRIP 精细化管理，全面提升企业管理水平的决定》，对开展企业文化建设做出了总体部署和重点安排。

【企业文化理念系统】 经过广泛征集意见，精心筛选，峰峰形成具有自身特色、个性鲜明的企业文化理念系统，包括五个核心理念、十个系统理念的“思想”体系和视听觉识别系统。

五个核心理念：即，企业价值观：自立有为，强企为民；企业战略：一基多业，做精图强；企业精神：团结、奋进、创新、超越；企业形象：文明、整洁、严谨、诚信；企业作风：求真务实，雷厉风行。

十个系统理念：即，安全理念：以人为本，安全为天，紧严细实全；人才理念：事业聚才，岗位成才，企业育才；学习理念：终身学习，成就未来；质量理念：产品透视人品，质量决定生存；服务理念：用其诚赢得满意；管理理念：科学规范，严密精细；成本理念：精打细算，调控始终；市场理念：优势加机遇，就是最大效益；科技理念：博采众长，科技兴企；创新理念：峰外有峰，以变求进。

峰峰集团的视觉系统所包括的企业标志、标准字、标准色、辅助图形、旗帜等五大要素齐备；企业听觉系统所包括的集团公司之歌已在集团公司开始传唱。

【管理文化】 “FRIP 精细化管理模式”是以集团公司理念系统为引领，以工作责任、岗位责任、管理责任为基础，以上下互动、双向控制为链接，以工作效果和实绩为衡量标准和最终验证的精细管理模式。其实质就是从强化员工岗位标准和行为规范养成入手，着眼于对生产现场每一人、每一事、每一天、每一处实施精细、准确、严格、规范的管理，强化员工的责任感，激发员工的进取心，实现全方位、全要素的管理，实现管理者与被管理者的双向互动，共同促进效率和效益的提高。构成的基本要素包括：6S 行为规范、ABC 三卡、4E 标准、走动式管理、日清日结、三工并存动态转换机制以及班前讲评和礼仪、看板管理、周期评议等。在积极推行精细化管理的同时，峰峰按照“科学规范，严密精细”的管理理念，对 11 大类近 300 项管理制度进行了整合规范，全面推行了效绩考核，初步建立了以物资供销、生产管理、安全检测为主要内容的信息化管理网络体系，选择试点推进链式管理，拓展了以企业文化建设提升管理水平的路径。

【行为文化】 峰峰集团从员工行为入手，大力推行了以“整理、整顿、清洁、规范、素养、安全”为基本内容的 6S 管理。薛村矿制定实施了 6S 管理的 6 大要素和 72 项考核内容，退步达到了标识、内容整体化一，摆放物品分门别类、错落有效，各项工作井然有序，工作效率明显提高。万年矿将 6S 管理由井上向井下延伸，重点对井下 6 个专业进行 6S 管理，对井下员工 38 种行为进行了规范；使工作环境、作业环境变化显著，管理水平、经济效益稳步提高。我们注重对员工行为规范的升级训练，学习借鉴军队的管理方法，开展全员军事化培训。梧桐庄矿组织开展了全员军事化训练，全面推行“叶化”管理，用军事化管理规范员工行为。

【安全文化】 总结、提炼、宣灌安全理念。提炼了“以人为本，安全为天，紧严细实全”的安全理念。坚持尊重人、关心人、爱护人，把人放在第一位，把人的生命放在第一位。自觉把安全行为辐射到工作、生活的方方面面，实现由“要我安全”向“我要安全”“我能安全”的转变。重点深化，构建安全文化体系。把九龙矿作为安全文化建设的试点，结合该矿建矿以来安全状况的综合分析和集团公司安全工作的总结经验提炼，形成了以九大体系为纵向闭合运行、以 6 种管理方法为横向链接互动的“96”安全管理模式，对集团公司构建安全长效机制具有积极的借鉴意义。大力开展安全思想宣传教育。多数单位建立了“安全文化走廊”、安全文化峒室、安全文化园，潜移默化地培育广大员工的安全意识；通过建立员工安全健康档案，实行上岗证扣分和罚款“发红包”，班队长在作业现场提醒员工注意安全，在人员密集部位设立语言提示系统等形式，提高了员工的安全素质；建立员工“全家福”牌板，并利用班前会开展安全宣誓和安全承诺活动，激发了员工的安全觉悟；成立了家属协管小组，组织开展多种安全慰问活动，实施亲情化管理，增强了员工的安全自觉性。

以文化力助推经济力

——川化集团有限责任公司的企业文化建设

【企业概况】 川化集团有限责任公司始建于 1949 年，是一家以生产化肥和化工原料为主的综合性特大型化工企业，公司下辖 7 个子公司，是我国 18 个大型化工基地之一，全国最大的三聚氰胺生产企业，是四川经济和我国化工行业支柱企业。公司现有在册职工 7000 余人（其中各类专业技术人员 1600 余人），资产总额 25 亿元，年销售收入 15 亿元，占地 220 公顷，生产 57 种 100 多个型号的产品。

川化集团公司坚持推进企业文化建设，牢固树立以人为本，全面、协调、可持续的科学发展观，以文化力助推经济力，建设了具有鲜明时代特征、丰富管理内涵和川化特色的企业文化，促进了企业的持续快速协调健康发展，为企业生产经营和改革发展做出了新的贡献。川化集团公司长期以来始终把先进的企业文化作为企业持续发展的精神支柱和动力源泉，作为企业核心竞争力的重要组成部分。特别是在 2004 年 3 月以来，公司坚持把企业文化建设的各项工作纳入企业的年度计划安排中，纳入企业“十一五”发展规划中，实现了企业文化建设的近期需要和长远要求的紧密结合。

【企业文化系统】 川化集团公司全面导入了企业形象识别系统（CI），通过系统地塑造完整统一的企业形象，进一步增强企业凝聚力，传播积极的社会价值，重塑企业良好的公众形象。

完善的企业理念识别系统（MI）。集团公司企业理念的塑造经历了三个阶段的发展：第一阶段创业初期，公司提出了“团结自强，艰苦创新”的企业精神和“立优质信誉，育文明新风”的企业宗旨；第二阶段发展期，公司又提出了“团结、务实、诚信、勤学、进取、创新”的企业精神和“以优质商品和最佳效益服务人类”的公司宗旨；第三阶段振兴期，公司对于企业理念再一次进行了创新和丰富，主要内容包括：企业核心价值观：“川纳百流，化泽天下”，企业精神：“求实创新，团结奋进”，企业宗旨：“强本富民，滋养共生”，企业愿景：“科技领先，基业长青”，员工准则：“忠诚，敬业，学习，进取”，团队建设：“沟通，信任，和谐，互助”。

有序的企业行为识别系统（BI）。公司把企业行为识别的目标定位于：通过企业内部的制度、管理与教育训练，使职工行为规范化；企业在处理对内、对外关系的活动中，体现出一定的准则和规范，并以实实在在的行动体现出企业的理念精神和经营价值观；通过有利于社会大众和消费者认知、识别企业的有特色的活动，塑造企业的动态形象，并与理念识别、视觉识别相互交融，树起企业良好的整体形象。

规范的企业视觉识别系统（VI）。集团公司结合自己企业的实际和特色，由公司职工自己创作了“化工之星”的厂歌，聘请广告公司设计了企业的标志以及企业（VI）全套的基础部分和应用部分，对VI的应用进行规范的管理，在保证完整、统一和通用的同时，注重对外彰显个性及与众不同。

【安全文化】 集团公司长期以来始终坚持把“安全第一，预防为主”作为工作方针，建立了科学规范的生产管理体系，健全的安全生产监督机制，完善的安全工作机制。通过规范管理、标准作业、遵章守纪、奖惩分明等措施，在职工队伍中形成了“教育使其不为，制度使其不能，奖励使其不怠，严惩使其不敢”的氛围，在企业内部形成公认的安全思想、安全规章制度和安全管理机制，取得了连续30年无重大火灾事故的可喜成绩。

【环保文化】 “以环保文化推动企业的发展”，这是川化各级领导班子的一致共识。加强领导，建章立制，深入宣传，强化意识，在全公司范围内推行环保工作“党政一把手负责制”，层层建立环保目标责任制，逐级签订责任书，责任落到人，形成全公司“人人肩上有指标，人人肩上有责任”的氛围，不仅使企业的环境状况从根本上得到改善，而且使能源、原材料和生产成本降低，经济效益得到最大提高。

【质量文化】 集团公司把培育鲜明特色的质量文化，作为企业文化建设的重要组成部分，以明确的质量文化去指导企业的每一个职工的每一项行动。公司要求高层管理人员必须具有战略眼光，努力探索开创质量文化的途径，率先成为质量文化的忠实体现者和执行者，并通过每年坚持开展主题鲜明的质量月活动，促使职工树立质量意识，使企业倡导的质量意识和价值观内化为职工的行为，以产品质量促进企业的发展，以优质服务满足顾客的需求。

【人本文化】 “以人为本”是集团公司企业文化建设的指导思想，构建企业人力资源竞争力已成为了集团公司企业文化建设的重要内容。集团公司坚持从战略的高度对待人力资源开发和利用，实施人才兴企战略，真正使人力资源在企业中起到巨大的支持和推动作用。公司立足于盘活企业存量的人力资源，着力于将这部分人力资源转化为人力资本。公司坚持每年开展一次大规模的职工技术比武活动，各部门分别建立了职工培训机制，纷纷开展各类培训学习和评比模范先进活动，为广大干部职工能力的提高和价值的实现提供了舞台；积极推动建立学习型企业的进程，开展“创建学习型组织，争做知识型职工”活动，积极推广“五个新”，即“学习新技能、掌握新本领、推广新成果、改革新工艺、创新新纪录”；制定了川化杰出人才管理暂行规定，成立了杰出人才管理委员会，设立了杰出人才津贴，为公司专业技术人员搭建了较好的创业平台；设立了技术管理创新奖，为企业各项工作的创新营造了良好的氛围；主动有效地解决了企业新分大中专毕业生收入较低及部分企业生产管理骨干职工两地分居的问题，为企业人才的保值增值解决了“后顾之忧”。

【企业文化传播】 川化集团公司在企业文化建设的进程中，始终十分注重企业文化传播渠道的建设以及企业文化氛围的营造。一是企业宣传阵地健全。企业自建有川化工人报社、川化电视站和川化广播站，办有《川化工人报》、《川化环保安全报》、《川化人》、《川化工会》、《川化青年》等刊物，建立了“火焰山平台”和“政工办公平台”等计算机网络办公平台。二是企业教育阵地健全。公司党委坚持每年一个主题，有针对性地开展主题教育活动；建立有中心组学习制度和领导干部理论学习制度；坚持每五年开展一次全公司职工法制教育和每年三月“公民道德建设教育”；各级党组织坚持“三会一课”制度，学习党的路线方针政策，进行形势任务教育及党员意识教育；工会坚持每年一度的职工技术比武活动；团委坚持两年一度的川化杰出青年评比和团干拓维训练；组织部、纪委坚持开展入党积极分子培训和领导干部党风廉政教育；人力资源部定期和不定期开展有针对性的职工专业技术培训等。三是职工文化娱乐阵地健全。公司各级组织经常开展职工歌咏比赛、知识竞赛、演讲比赛、职工体育活动等丰富多彩的文体活动；公司工会设有文联，下设书法协会、音协、舞协、文协和京剧协会等；成立了乒乓球、台球、羽毛球、太极拳、女子健身操和女子舞蹈等六个辅导站；退委会、老干处分别成立了晚霞艺术团、老年门球队、骑协等；团委设有青年文学社，定期开展越野登山赛、火炬接力赛、技术能手擂台赛等活动。

建“阳光家园”创服务品牌

——青岛火车站的企业文化建设

【企业概况】 青岛火车站地处胶州湾畔，为港湾站；是胶济线的起点，也是青岛市水陆交通的门户；担负着工农业生产、进出口、转口以及人民生活物资和旅客运输任务；是青岛铁路分局惟一的特等客货综合站，担负着青岛市区客、货运输及疏港任务。1999年车站通过了ISO9001认证。全站设有南、北两个运转场。多年来青岛站始终坚持“人民铁路为人民”的服务宗旨，弘扬“尊客爱货塑形象，优质服务创效益”的企业精神，两个文明同步发展。先后荣获“全国模范职工之家”、“全国卫生车站”、铁道部“文明车站”、山东省“文明窗口单位”等光荣称号。青岛站创建的“阳光家园”服务品牌，先后荣获青岛市服务名牌、青岛市服务百佳，全国用户满意服务品牌等称号，“阳光服务”QC成果获国优称号。

为适应青岛作为改革开放的沿海城市的发展，特别是紧跟青岛市地方政府实施“以港兴市”战略和大力发展旅游产业的脚步，青岛铁路分局根据铁道部和济南路局提出的建设铁路站品牌的部署，把青岛站确定为创建学习型组织，加强企业文化建设，实施名牌战略，打造窗口服务品牌的试点。为此，青岛分局和青岛火车站从2000年起，把打造窗口品牌看作是实践“三个代表”重要思想、提高企业核心竞争力、促进企业持续发展的重要举措。

【品牌文化】 2000年10月，青岛站获得全路客运品牌车站称号后，继续乘势而上扩大战果。在打造和凝炼服务品牌的过程中，车站以“新理念、新服务、新形象”为核心展开品牌意识教育，通过专家讲座使大家认识到，创建品牌不是简单的起一个名，搞一次轰动效应，而是要靠其丰富的内涵把服务工作上升到更加系统、理性和规范的高度。围绕“三新”，青岛站推出了“五个一”优质服务：即说好每一句礼貌用语，做好每一个行为举止，执行好每一项作业程序，解决好每一次旅客求助，处理好每一个服务问题。春运、暑运过后，车站都召开总结表彰大会，对评选出的优秀班组和服务明星予以奖励，增强了干部职工的集体荣誉感。在具备了培育一个服务品牌的肥沃土壤后，车站经过三上三下的比较、筛选，在一百多个候选名称中确定以“阳光家园”做为车站的服务品牌商标，并于2002年在国家工商局注册，2003年9月举行了揭牌仪式。

通过分析，青岛站员工认识到，服务品牌是企业的文化品牌，是具有行业特点的个性化品牌。基于铁路共有制度与服务方式，应当实施差别化战略，突出个性化超值服务特色，即以标准化服务为基础，瞄准旅客、货主具体的、随机的、特殊的需求，提供一对一或多对一的超值服务。在建设服务品牌过程中，根据客运服务工作的特点和实际，形成了阳光服务系列——阳光售票窗口，通过售票窗口，传播精神文明，撒播温馨阳光；阳光服务通道，通过阳光迎宾岗，引导旅客进站；阳光服务流动车，为旅客提供各种方便；阳光服务导乘台，引导候车，照顾重点；母子情苑，为母婴提供一个温馨、安宁的候车环境，体现了亲情服务；阳光服务承诺榜，展示每一位客运职工对广大旅客的服务承诺，设有征求意见箱并醒目提示：对旅客的求助拒绝说不；阳光服务热线，为旅客排忧解难，在互联网上开设了“阳光家园”网页，与各界人士即时交流；旅客报怨中心，负责查询、导乘和受理投诉，面对面地听取旅客意见，能解决的立即解决。

优美的候车环境，完善的车站设施是品牌创建活动的重要内容之一，也是树立车站新形象的重要标志。做为全路客运站第一个服务品牌商标，“阳光家园”问世以来，得到了路内外各级领导的亲切关怀，特别是岛城确定为2008年奥帆赛场后，提升青岛站综合水平的意义更加凸显。

在路局、分局的大力支持下，车站千方百计筹措资金，全力推进阳光家园硬件建设。对客运的各类揭挂进行整体设计装修，增设灯箱、中英文宣传牌，安装了电子显示屏、触摸屏，建设开通了“无障碍通道”。对贵宾室进行了改建，站内厕所也增设了方便残疾人、老年人使用的坐便器。车站优化管理机制，制定出台了“工人竞争上岗实施细则”，确保员工素质在动态中标准不降，稳步提高。根据路局品牌车站管理办法规定，车站还对个别短期内文化程度不能达标的职工进行了调整。持证上岗率达到100%。

推行专业化保洁机制，车站成立了保洁中心，客运人员得以用全部时间和精力抓好为旅客服务，阳光家园的分工更加细化和专业。为创造阳光家园安全文明的站区环境，车站与公安所密切配合，开展专项整治、内外兼治等综合治理，营造安全有序的站区环境。加强了书刊销售管理，认真检查、监督图书进货、销售工作，杜绝了非法出版物流入候车厅，净化了阳光家园，优化了服务环境。

为提高科学管理水平，车站把ISO9000质量体系中服务控制要素与阳光家园建设结合起来，做好服务计划实施情况汇总表、社会监督报告、旅客投诉及处理等质量记录，准确反映服务质量的社会评价状况。邀请青岛市旅游学校的老师进行礼仪培训，邀请部队教官进行军训，并请各界学者专家来车站，组织了服务质量每月一讲。组建了客运职工锣鼓队，每逢新老兵运输或节庆活动，职工们都编排节目，载歌载舞，展示了良好风彩，为进一步打造好阳光家园服务品牌奠定了坚实基础。

【服务文化】 随着阳光家园服务品牌的推出、建设和发展，青岛站把目光瞄准创建岛城服务名牌，进行了新的探索和实践。

在感情上求“诚信”。车站把“诚信铁路”和“诚信车站”建设与“阳光家园”紧密结合起来，旅客至上，一切为旅客着想。通过“阳光服务承诺榜”、“阳光服务热线”等公开承诺尽量满足旅客需求，并诚心接受广大旅客监督。

在服务上求创新。以工作有标准，服务无止境为内训词，近期正在筹划阳光俱乐部。暑期推出的“结伴上大学，帮您买车票”服务项目引起良好反响，央机经济新闻给予了追踪报道。

在技能上求规范。修订完善了9个主要岗位责任制和工作程序，制定了17条通用服务规范用语，7类25条服务举止规范，4类88条特殊服务技能和优质服务工作法。

设立旅客抱怨中心。给旅客提供了一个“出气”的地方，搭建了一个化解矛盾的平台。在出现政策性的不足或服务上的疏漏而造成旅客的不满时，旅客可以面对面的向服务人员倾诉，同时，对旅客意见和建议进行分析和处理，推动阳光家园服务质量持续改进。抱怨中心的作法受到了青岛市委宣传部、市经贸委、文明办的关注，列为重点培养对象，中央电视台黄金时间新闻节目给予了报道。

青岛火车站“阳光家园”服务品牌地不断做强，吸引了顾客的注意力，同时带来了明显的社会效益和经济效益，2005 年青岛火车站共收到表扬信 366 封，锦旗 51 面，各新闻媒体表扬 108 次。旅客发送 470 万人，货物发送 409 万吨，实现运输进款 8.66 亿元，创历史新高。

加快企业文化建设
促进飞航事业发展

——中国航天科工集团公司第三研究院的企业文化建设

中国航天科工集团公司第三研究院（以下简称中国航天三院）是我国飞航产品研制生产基地，40 多年来，中国航天三院沿着“基本型，系列化”的发展道路，探索出了一条从仿制、改型设计到自行研究、制造并不断创新发展我国飞航事业的成功之路，为国防现代化建设作出了重大贡献。进入新世纪，中国航天三院应对快速变化的内外部环境，加速企业文化建设进程，导入 CI 工程，以视觉识别系统的实施为先导，以形象工程为依托，以理念识别宣传为核心，以质量文化建设为重点，各项工作全面推进、稳步实施。中国航天三院获国家科技进步奖、中央企业先进集体、全国质量管理小组活动优秀企业、爱国拥军模范单位等多项荣誉，成为航天科工系统内部企业文化的优秀代表。

中国航天三院从自身实际出发，对企业文化进行变革创新，横向上明确了企业文化的走向，实现“四个转变”，即从航天行业文化向真正的企业个性文化、竞争文化、执行文化、“有形”文化转变；纵向上适时提升了企业文化在企业管理中的运行层次，企业文化不再是单纯的思想文化建设的重要手段和载体，而是一种无形资产，渗透于企业的经营管理等各个方面。

【企业文化建设】 中国航天三院以管理实践为基础，把企业思想政治工作、人才激励体系、制度体系建设、职工教育培训、6S 管理工作等作为企业文化持续推进的五大平台，循序渐进推进企业文化建设。

中国航天三院坚持思想政治保障工作全方位、全过程融入科研生产中心，融入管理体系。三院结合学习贯彻“三个代表”重要思想和十六届四中全会精神，深入推进“一五三”工程和“双创建”活动，加强“四好”领导班子和高素质干部队伍建设，积极探索党委、支部、党员和领导干部围绕中心工作充分发挥“四个作用”的新机制，重点抓好领导班子建设、基层党组织和党员队伍建设及外场试验队思想政治保障体系建设。党纪工团发挥整体合力，下大力气解决职工实际困难和后顾之忧，及时分析了解型号研制队伍的思想状况和实际需求，深入开展“绿色通道工程”建设，建立靶试人员档案服务卡、成立“排忧解难小组”、推行“三项制度、一卡、一档案”工作机制，建立“四办一委”联系基层制度、建立型号两总人员带薪休假制度、定向医疗保健服务及联系医师制度等等；同时大力开展劳动竞赛、合理化建议活动，改造和新建职工文体活动场所，开展“送清凉”、“送温暖”慰问活动。这些人性化的措施，为广大职工带去了温暖和真情。

航天三院通过专题研修与学术交流相结合，行际交流与本单位业务岗位交流相结合等形式，全方位提高职工综合素质。同时搭建职工价值分流渠道，不断创新人力资源开发管理机制，打造特别能战斗的航天人才队伍。确定了“五个一批”的目标，即推荐一批老专家参与院士评选，选拔一批 40 岁左右的人员担任两总副职，选拔一批 30 岁左右的人员担任主任设计师级的相关技术职务，选拔一批 35 岁左右的人员担任部厂所级领导职务，选拔一批技术工人骨干进入特级、高级技师队伍，努力建成一支适应三院形势任务发展要求的开拓进取、能打硬仗、精干高效的职工队伍。在激励机制方面，设立 500 万专项奖励金和 100 万基础管理奖，对在科研、质量、生产与安全、基础管理、增收节支等方面贡献突出的集体和个人进行奖励。

中国航天三院坚持文化理念与制度规范相一致，增强制度落实的文化品味和文化潜质。把业已形成的管理理论与管理实践有机融合起来，在“系统化管理，制度化控制，程序化运行，特殊问题特殊处理”核心管理理念，以及质量、安全、人才等管理理念的引导下，建立了以科研生产型号管理、安全和质量三个体系为基本形式的基础管理体系，建立了旨在规范科研生产、强化内部管理为基本内容的内部控制管理体系，整合编写了生产管理、成本管理、安全管理、人才管理等企业制度 40 余项。坚持质量第一原则，不断加强质量工作的文化内涵，全院形成了“第一次就把事情做对”、“以高质量工作确保高质量产品”的良好文化氛围。航天三院的质量工作走在了航天科工集团前列，获得了“航天科工质量奖”等荣誉称号。

2004 年，航天三院提出了“六个一流”云岗航天城建设的战略目标，与此相呼应，以实现“一流企业形象，一流员工素养”目标的 6S 管理达标活动也全面铺开。全院各单位迅速成立了 6S 管理推进机构及检查机构，制定了工作计划，6S 管理大处着眼，小处着手，在硬件条件不断提升的同时，在提升员工素养方面起到了积极的促进作用，把许多制度层面的要求落实到了员工的日常行为中。

坚持文化体验式载体运作，内铸精神、外树形象。中国航天三院强调企业文化体验式载体运作，即文化载体要能看得到、能感受到、能享受到、能做得到。从四个方面加强文化体验式载体运作：一是灌输思想，用先进的思想去引导人；二是强化培训，用现代科技武装人；三是沟通情感，用丰富多彩的活动感召人；四是优化环境，用文化的氛围去熏陶人。

中国航天三院在全院广泛开展了典型教育、先进性教育、形势任务教育的“三个教育”，建设教育培训网站，举办以新知识、新技术、新技能为主要内容的岗位培训、岗位练兵和技术比武，以及一系列“创意无限、浅见哲理”的精品主题活动，如运动会、主题辩论赛、演讲会等等，使员工在活动中潜移默化，开阔视野，陶冶情操，加速了航天三院企业文化落地的进程。

航天三院还不断改善物质环境，把航天科工 VI 系统落到实处。全院各单位办公楼、生产现场等都制作和安装了企业标识，对各种标语牌进行了重新制作和更换，还按照《企业形象手册》的标准制作了信封、手提袋、馈赠礼品等。航天城建设初见成效，改善了周边环境，带动了地区一方的发展，为首都城镇社区和谐发展做出了贡献。环境的优化，让职工切实置身于企业物质文化的浓厚氛围中，依靠有形的刺激提升无形的文化力。

中国航天三院的企业文化建设做到了主体框架构建与文化理念内化相结合，制度落实与情感凝聚相结合，外化形象与内铸精神相结合，促进企业文化建设不断深入并收到实效。航天三院基本形成了文化支撑的企业文化构建格局，广大员工的凝聚力、向心力不断增强，企业管理水平得到了提升，一个蒸蒸日上、和谐发展的三院正呈现在社会面前。近几年，中国航天三院先后获得国家科技进步奖、中央企业先进集体、全国质量管理小组活动优秀企业、爱国拥军模范单位等多项荣誉，成为航天科工系统内部企业文化的优秀代表。

“要比别人做得好”

——中国化学工程第三建设公司的企业文化建设

【企业概况】 中国化学工程第三建设公司成立于 1962 年，隶属于中国化学工程集团公司，是中国石油化工行业大型综合性建筑安装企业，首批中国工程建设社会信用 AAA 级企业。具有化工石油工程等多项施工总承包一级资质和直接对外经营权，同时拥有设计、监理、工程咨询等业务资质。经过多年的市场拼搏，公司形成了“要比别人做得好”的企业文化核心内容，确立了“用户的满意是我们的标准，业主的要求是我们的追求”的企业理念，坚持“着想用户、交满意工程，服从第一、让用户满意”的质量方针。优质的工程和满意的服务赢得了众多业主和社会各界的认可。

中国化学工程第三建设公司坚持以邓小平理论和“三个代表”重要思想为指导，紧密结合企业生产经营管理的实际，坚持以适应市场经济为先导，力求以先进的独具特色的企业文化为支撑，努力构筑和实施经营文化、管理文化和载体文化，以此转变职工观念、统一职工思想，增强企业的凝聚力、向心力，同心同德，凝心聚力，提升核心竞争力，打造企业品牌，促进企业持续健康发展。

【企业文化理论体系】 公司将“要比别人做得好”确定为企业文化的核心内容，“要比别人做得好”充分体现了“差异化”管理，做到“你无我有，你有我精，你精我新”。公司和二级单位、各管理系统、每一位职工都要比别人做得好；在同一施工现场和公司承建的同样项目上都要比别人做得好；今天比昨天、今年比去年要做得好，正在成为全体职工的实际行动。将“开拓、拼搏、严细、求实”作为企业精神，将“精细管理、精打细算、精益求精”落实到各项工作之中；把“振兴企业，造福职工，奉献社会”确定为企业价值观，是企业发展目标和职工个人奋斗目标的有机结合，是企业和职工的共同价值取向；提炼了“用户的满意是我们的标准，业主的要求是我们的追求”的企业理念，制定了“着想用户，交满意工程；服从第一，让用户满意”的质量方针；明确了“预防为主，教育先行，重处违章”的安全、质量工作管理指导思想；确立了 40 字《中化三建职工职业道德规范》、60 字公司团队精神；形成了安全、质量文化理念以及经营策略和长效经营机制等等。

【经营文化】 面对建筑市场激烈的竞争形势，公司教育广大职工认识到全员参与经营是全体职工的共同责任，是主人翁精神的具体体现，进一步增强了职工的责任意识。公司将企业定位为竞争性服务性企业，不断增强职工的市场意识、危机意识、竞争意识和服从意识。在此基础上，公司确立了经营战略，即“全员、全方位，多角度、多层次，四面出击、全面辐射，国内国外两个市场并举”，以此充分调动和发挥全体职工和各层次的经营积极性。在实施全员经营战略的同时，公司进一步总结经验，巩固和扩大经营成果，建立了长效经营机制，引导职工认识到实施全员经营战略，重要的是每位职工要立足本职岗位、尽职尽责地做好本职工作，保质保量完成任务，创立企业信誉，为开拓市场奠定基础。

【管理文化】 公司以创新管理机制为切入点，不断创新管理文化，建立起与市场经济相适应的新的管理模式，即“项目控制，专业保障，成本考核，末位淘汰”；不断加强职业道德教育，建设诚信文化，构建诚信企业；深入开展“按程序办事，实现规范化管理”主题教育，提升企业执行力；不断增强职工的安全质量意识、标准化管理意识和成本意识。公司教育职工转变观念，增强市场意识、竞争意识、大局意识，牢固地确立了“岗位靠竞争、上岗靠技能、收入靠贡献”的观念，形成了管理人员能上能下、人员能进能出，收入能增能减的机制。坚持全员培训，建立学习型企业，形成企业内部人才脱颖而出的氛围。公司每年评选表彰“讲理想、比贡献”先进单位和个人、优秀工程技术人员、青年岗位能手、工人技术能手，每年召开英才交流会，充分调动了干部职工学知识、学管理，力争岗位成才的积极性，形成了尊重知识，尊重人才，发挥人才的积极作用，企业内部人才脱颖而出的氛围，保持了优秀人才和骨干队伍的稳定，为企业发展激发了活力。

【载体文化】 公司结合生产经营管理的实际，实施载体文化建设战略，开展多种文化活动，将思想型、技能型、学习型、娱乐型的文化活动贯穿于企业发展的过程之中。开展全员军事训练活动，加强队伍作风建设，为迎接大施工高潮的到来打下坚实基础；开展"大讨论"活动，统一思想、振奋精神，坚定企业发展信心；组织管理听证会，强化管理，提升管理档次；开展培育团队精神教育，增强凝聚力，形成合力，打造企业品牌；开展丰富多彩的文体活动，陶冶情操，凝心聚力求发展。这些活动增强了凝聚力，激发了创造力，统一了思想，振奋了精神，对发扬团队精神，提高企业核心竞争力起到了促进作用。

公司构筑和实施富有三化建特色的企业文化，有力地促进了企业健康发展，2001 年以来，公司获得一项国家优秀工程（鲁班奖），多项省部级以上优秀工程荣誉；2002 年被评为"全国化工优秀施工企业"和"全国用户满意施工企业"；2003 年被评为"全国优秀施工企业"和"全国守合同重信用企业"；2004 年公司又获得安徽省文明单位称号，公司继续保证了全国思想政治工作优秀企业、全国化工系统、省市思想政治工作先进企业的称号；2005 年公司荣获"中国化工行业英雄"、"中国化学工业思想政治工作先进单位"、"安徽省五一劳动奖状"、首批"中国工程建设社会信用 AAA 企业"称号。

坚持"六力"并举　构建和谐企业

——济南铁路局济南供电段的企业文化建设

【企业概况】 济南铁路局济南供电段主要担负着济南铁路局管内京沪、京九、菏兖日三条干线，泰肥（泰安—湖屯）、磁莱（磁窑—芜湖东）、辛泰（常庄—泰安）三条支线，总计 1178.9 公里铁路营运线路的水电设备养护维修及水电供应任务。现有干部职工 2122 人，党委下设 17 个党（总）支部，党员总数 723 人，干部 162 人。济南供电段坚持"六力"并举，构建和谐企业，党政工团合心聚力，同舟共济，卓有成效地发挥了整体效能，在企业文化建设上取得了显著成果。多年来，保持了铁道部"安全标准示范段"、济南市"文明单位"等荣誉称号。

济南铁路局济南供电段大力实施企业文化战略，把建设优秀团队，构建和谐企业摆到了突出位置。通过提升各级管理者学习力、强化各级管理者约束力、丰富各级管理者亲和力、打造各级管理者执行力、激活各级管理者创新力、整合结构调整后企业的凝聚力，着力打造一支人际关系和谐，学习力、执行力、创新力、凝聚力强，能廉洁自律、干事创业的管理团队，为推进企业和谐发展注入了生机与活力，保证了企业的改革发展稳定。

【学习文化】 济南供电段把提升学习力，创建学习型组织作为构建和谐企业的着力点。从创建"学习型"干部队伍入手，有计划、有目的、有目标的引入现代化管理理念，加强了学习型组织的建设。通过干部理论学习、理论研讨、脱产培训、外出考察、实地调研、课题攻关、挂职锻炼等形式，形成了浓厚的学习型氛围。为增强学习的系统性，为每一位干部配发了《学习型组织的创建》和《企业变革与文化》等书籍；为增强学习的针对性，采取分层施教的方法，把领导班子的学习重点放在领导艺术和决策能力的提高上；把中层干部的学习重点放在管理水平和协调能力的提升上。领导班子定期与中层干部交流，互取所长，共同提高。

【约束文化】 济南供电段以强化约束力为主题，在干部中开展了管理、形象、环境"三达标"活动。管理达标讲称职，解决身先士卒、服务到位的问题；形象达标讲诚信，解决权为民所用、利为民所谋的问题；环境达标讲文明，解决整洁美化、人文关怀的问题。

【亲和文化】 济南供电段在丰富亲和力方面进行了不断地探索。以实施"一盯五谈三解决"工作法为切入点，倾听职工心声，解决实际问题，使干群关系和谐融洽。各级干部按照"一岗双责"要求，深入车间班组，盯住职工思想、工作、生活上的难点、难事、难题，按照"首问负责制"的原则，与职工谈形势、议任务、交流思想，征求意见，做到调查研究到一线，思想工作到一线，解决问题到一线，优化服务到一线，从而使职工树立大局观念，消除思想疑虑，稳定了职工情绪。

【执行文化】 在打造执行力过程中，济南供电段坚持抓班子、带队伍，实施两级"五好班子"联创活动，在日常管理中，对领导班子成员和中层干部实施月、季工作写实制度，通过相互间的考核、评价，促使各级干部一方面要按程序办事、按制度办事、按客观规律办事；一方面要独立思考、主动负责、创造性的开展工作。济南供电段还十分重视发挥党支部的保证作用，通过开展党内"安全屏障工程"，促进党员争做遵章守纪保证安全的模范。为培养职工能执行、会执行的能力，在全体职工中开展了"三个一"素质达标活动，即对所管辖设备的性能达到"一口清"，对设备工艺、技术安装标准达到"一手精"，对本班组所包保设备的位置、故障抢修线路绘出"一张图"。同时，要求每名职工要在"一张图"上重点标注清楚自己包保设备的危险源点、关键部位、AB 类隐患等内容，确保了所包设备的安全运行。

【创新文化】 济南供电段把创新理念拓展到企业的方方面面，做到了"规定动作"不走样，"自选动作"有新意。在人才开发上，制定干部职工培训计划，实施全员培训，切实把职工教育作为企业发展的战略目标；健全完善用人的各种制度办法，形成了"能者上，庸者下"的良好氛围。在车间、班组管理上，推行了"三达标一加强"工作法。在落实思想政治工作方面，坚持融入中心，推广了"四步十二法"班组一日思想政治工作规程。在诚信服务上，推出了"服务零距离、用户零烦恼、过程零投诉、设备零隐患"的"四零"理念。在个人价值实践上，依据"个人职业生涯设计"原理，在一线党员干部中推行了"个人年度安全目标设计"，由每名干部党员根据自己的岗位实际自己选项，自我制定措施，段组织评价，以此促进干部个人目标的实现。浓厚的创新氛围，激发起广大干部职工的创新热情。

随着企业生产布局的调整，济南供电段针对管理跨度大、点多线长，以及由于生产布局调整必然带来利益冲突、人员思想波动大的现状，段党委及时提出了“供电兄弟一家亲、齐心协力谋发展”的融合理念和“精细化”的管理理念；确立了“珍惜辉煌业绩，再砺创业斗志，弘扬水电精神，共铸供电未来”的二次创业发展思路，以此来凝聚职工、激励职工，共同打造具有特色的企业文化，努力实现供电段的新发展、新跨越。

济南供电段坚持“六力”并举，构建和谐企业的做法，不仅为整体工作搭建起创新发展的平台，而且形成了上下齐动、系统联动的团队管理氛围，确保了安全稳定与和谐发展。截至2006年3月底，人身安全实现4995天，行车安全实现5249天，连续9年保持了铁道部“安全标准示范段”的称号，获得了济南市“文明单位”、路局“五好领导班子”、路局先进党委、路局思想政治工作先进单位、路局“火车头先进单位”、路局平安铁路建设先进单位、全局多元经营系统先进集体等荣誉称号，并在2005年5月份，获得了“铁道部火车头先进单位”的光荣称号，11月份获得了“全国企业文化建设先进单位”称号。

创建优秀企业文化
实现企业职工双赢

——湖北大田化工股份有限公司的企业文化建设

【企业概况】 湖北大田化工股份有限公司现有职工1050人（其中离退休人员150人），固定资产3.5亿元，生产区占地面积267000平方米，拥有尿素、碳酸氢铵、商品液氨、甲醇、苯甲醛、氯化苄、盐酸等农用化肥和精细化工两大系列8个产品，年合成氨能力12.5万吨，尿素15万吨，销售收入3.2亿元以上。公司下设两个分厂，4个实体承包单位和16个职能科室，11个生产车间。公司党委下设1个党总支，14个基层党支部，党员174人，专兼职政工人员63人。公司先后荣获全国五一劳动奖状、全国模范职工之家、全国企业文化建设20年实践奖、全国职教先进单位、湖北省最佳文明单位、荆州市纳税光荣户等荣誉称号，实现了企业文化创建与经营发展双丰收。

【企业文化建设】 湖北大田化工股份有限公司始终坚持以“三个代表”重要思想为指导，坚持“以人力增活力、以人心促振兴、以人缘开财源、以人品创精品”的人本管理新理念，坚持在“严”字上下功夫，在“细”字上动脑筋，在“实”字上做文章。通过开展企业文化建设活动，培养敬业精神，激励拼搏精神，弘扬奉献精神，提升企业核心竞争力，促进企业发展。

加深认识，把企业文化建设作为企业立身之本。大田公司把全方位、深层次、高效率的企业文化建设活动，作为锤炼企业精神和凝聚职工群体意志的核心，提出和创建了“管理严，生活甜；管理松，荷包空”的公司训，“领导戒特、作风戒浮、生产戒酒、经营戒贿、思想戒腐、娱乐戒赌”的六戒作风，党委班子“三真”（律己动真格、律人动真情、工作动真功），干部“三心”（干工作有高度责任心、抓管理有强烈事业心、为企业发展不分心），和职工“两制”（8小时工作制、24小时责任制）等一系列企业文化体系；严格实行厂务公开制度，全方位地开展创合格班组、标杆班组和模范职工小家活动；常年坚持每月一次政工研究会制度，每季度一次职工座谈会制度，每半年一次党委民主生活会制度，每年利用企业党校对全体党员干部进行为时一周的培训制度，每年对全体员工进行一次爱岗敬业教育制度等等。成功地锤炼了党委铁班子、干部铁队伍和职工铁群体，增强了企业的凝聚力和员工的向心力，战胜了来自行业和市场竞争的双重压力。

夯实基础，把企业文化建设工作落到实处。大田公司把企业文化建设融入到了职工的生活和工作的每一个细节，从室内到室外，从生产一线到后方科室，从工作学习到休闲娱乐的企业文化设施，使职工在企业的任何地方都能感受到健康文化的熏陶。公司在办公大楼前建立了以企业文化为基本内容的长200余米的宣传长廊，还在企业中心大道旁边设立了“今天工作不努力，明天努力找工作”、“不爱岗就下岗，不敬业就失业”等60多块不锈钢宣传牌。各分厂、车间都有黑板报和考核栏，各职能科室也设有学习栏、心得栏、小指标考核栏。公司还为每个职工设立企业文化建设责任区，要求确保责任区环境整洁，包括生产区无污染，设备见本色，并采取连带责任制的方式互相监督，对不文明行为及时批评指出。同时严格做到“三化”，一是作风军事化，坚持上班列队点名，做广播体操，排队交接班，统一着装，精神饱满，令行禁止；二是环境园林化，厂区内亭台水榭、小桥幽径、鲜花怒放、绿草如茵；三是卫生宾馆化，强调地面无杂物，墙壁无张贴，门窗无污痕，厕所无异味。

为了保证企业文化建设工作不流于形式，公司狠抓了三个“注重”，一是注重趣味性，不断翻新活动的形式和内容，吸引职工自觉参与；二是注重全员性，让“老、中、青、妇”各类型职工都有项目；三是注重针对性，把企业文化建设活动同当前职工思想状况和社会倾向结合起来。为了开展活动，公司投资修建了设施齐全的职工俱乐部，坚持经常开展各种文体活动，同时开展与生产挂钩的活动，如“大战红五月”、“大战六、七、八”、“决战四季度”、管理能手赛、青年共青岗和“三佳三差”赛等，做到了月月有赛事，周周有活动，各种有意义的活动不仅丰富了职工文化生活，而且有效地增强了职工的文明素质。

殷实关爱，增强企业的凝聚力和职工的向心力。大田公司14年来长期坚持为职工送生日蛋糕；近10年来，坚持组织每年度的劳动模范坐飞机观光游览。此外，凡是职工家里有婚、丧、嫁、娶，公司工会都要安排车辆和管乐队去协助料理，职工家里有困难和生病住院，公司领导都要走访和探望并送慰问金。每年底，企业还要把特殊工种的职工家属（如采购员、业务员、驻外办事处等）请到公司开会宴请；为春节不能回家的单身职工集体举办团年宴，春节就餐全免费；凡过年过节，企业都要给职工发放各种福利物质。

扎扎实实的企业文化建设活动，提升了企业核心竞争力，战胜了来自行业和市场竞争的强大压力，消化了因煤、电和各种原材料大幅涨价的强大压力，创造了近年来经营利税平均以17.4%的幅度向上增长的可喜局面，尿素生产能力比1999年投产时增加了两倍半；“大田牌”尿素被湖北省授予名牌产品，“大田牌”碳铵、尿素被湖北省消费者协会授予消费者满意产品。企业的产品以品牌和信誉赢得了广大用户，不仅深受本地用户欢迎，还远销广东、江苏、深圳、四川等14个省市和地区。企业管理被荆州市授予管理样板企业，经营效益在全省同行业中处于领先地位，并被荆州市授予纳税光荣户，职工月收入比两年前人均增加了200多元，职工养老保险人均增加了近300元的缴纳基数，实现了企业与职工双赢。

构建奇胜正远文化 促进企业创新发展

——山东省广饶县供电公司的企业文化建设

【企业概况】 山东省广饶县供电公司成立于1967年，属国有中型企业，现有职工494人，农电工389人，固定资产2.57亿元。拥有110千伏变电站5座，主变9台，容量386000千伏安；35千伏变电站18座，主变32台，容量200800千伏安；35千伏及以上输电线路305.5公里，配电变压器3179台，容量541815千伏安。年供电量10亿千瓦时。公司成立近40年来，始终坚持以人为本、以文化人，创新发展，整合凝炼出了奇胜正远文化，逐步使广饶电力事业走上了文化管理的健康轨道。公司先后荣获全国一流供电企业、全国模范职工之家、全国“为人民服务，树行业新风”农电示范窗口、全国用户满意服务及各种省级荣誉称号30多项。

【文化理念】 广饶县供电公司自1967年成立以来，企业文化伴随着企业的发展取得了一定的成绩。特别是1999年农电体制改革以来，公司进一步加强了企业文化建设，主要表现在：一是加强了文化载体建设。公司先后实施了家庭文化“五个一工程”，塑造了家庭文化氛围；建设了五个亭：安全亭、廉洁亭、美德亭、理解亭、彩虹亭；建设了一面知识墙、一条知识长廊、一个文化广场；建设了“岳母刺字”、“孟母三迁”，“大禹治水”等8组雕塑，教育职工爱国、爱企、爱家。根据科室业务特点，分别在每层办公楼悬挂了不同内容的知识图板，激励职工学习、工作、做人，形成了学习工作化，工作学习化的浓厚氛围；提炼编写了电业之歌、电业之规、电业之训，设计了自己的电业之徽。同时加强了文化设施建设，利用劳动竞赛、技术比武、知识竞赛、职工文体活动等形式，把文化渗透到各项活动之中。二是进行了文化分支体系探索。在服务文化、安全文化、形象文化、学习文化、廉洁文化、制度文化建设上不断向纵深发展，建设了“六档案二文集”、安全一月一活动、“两制四个一”、“电力彩虹流动便民服务队”、“银电联网”等独具特色的服务文化内容。三是贴紧企业和员工实际开展活动。公司企业文化建设与广饶电业的发展同步，从自发到自觉，从零散到系统，由浅入深，特别是在精神文化和制度文化建设上有了新的进展，企业文化紧紧地与企业的生产、经营、队伍建设等实际工作有机结合，相得益彰，推进了体制创新、机制创新、技术创新和管理创新，以建设坚强电网、完善一流管理、提供优质服务、建设先进文化、打造优秀团队为目标，全力提升了企业核心竞争力，促进了企业发展。

【文化的形成和内涵】 随着企业的发展和改革的深入，广饶县供电公司把2005年定为“企业文化建设整合提升年”，集中对公司企业文化进行全面整合、创新和提升，凝炼形成了“奇胜正远”企业文化。

广饶是春秋时期兵圣孙武的故里，孙子以其所著《孙子兵法》蜚声海内外，其军事思想也广泛应用于企业经营管理等领域。广饶县供电公司的企业文化从《孙子兵法》“凡战者，以正合，以奇胜。故善出奇者，无穷如天地，不竭如江海。终而复始，日月是也。”中汲取精华，以“奇胜正远”为魂，致远取一“正”字，意为“大道正业”，来表述企业人本与和谐思想；出新取一“奇”字，来表述企业创新思想。在企业文化体系建设中，公司对现有文化进行了认真分析评估，诊断出了企业的本质需求，结合上级文化理念、行业特征、地域文化特点和企业本质需求，提炼形成了独具特色的广饶供电企业文化体系，内容涵盖了企业文化建设的物质层、制度层、精神理念层。在体系设计上采取了更加灵活的设计，分为本质体系（正和致远）和载体体系（出奇制胜）。在本质体系中包含战略理念、精神理念、价值理念系统，是企业文化的核心文化，是企业意识形态的总和，主要内容包括企业使命、愿景、宗旨、企业价值观、企业道德、企业经营哲学、发展战略等；载体体系包含行为规范、视觉规范、制度规范、传媒的载体，主要包括企业领导体制、组织机构和管理制度、团队建设、创新、企业作风、行为规范、产品、服务、形象、环境等。

奇胜正远文化的内涵主要突出创新理念、人本理念、和谐理念。“正”为本质，以身正求和谐，以和谐致长远，经营理念上求正，实现正己、正企、正人、正道之目的，坚持以人为本，企业与员工和谐发展，努力达到企业发展与员工个人价值和利益共同实现的有机统一。企业与社会和谐发展，公司作为国有企业，承担重要的社会责任，只有创新服务措施，才能服务经济建设大局，服务人民群众生产生活，奉献和回报社会，实现经济效益和社会效益双丰收。“奇”为载体，管理方法出奇、经营方法出奇、文化传播出奇，在企业战略上出奇思、奇谋、奇略、奇法，实现企业的创新发展，既有冲击力，又有亲和力，符合党的十六届四中全会提出的“建设和谐社会”和培育“文化生产力”的要求，符合广饶电力的发展实际。

【推广应用】 奇胜正远文化形成后，广饶县供电公司大力实施“意志化”工程，把企业价值理念内化为广大干部职工的自觉意志。公司调整、充实了企业文化建设机构，从组织、宣传、人员、资金等各方面提供保障，加强宣传，固化于制，奇胜正远文化核心内涵已经“内化于心”，被广大干部职工所认同、理解和信奉，成为统一思想意志、凝聚职工队伍的强大精神力量，达到了以文化引领企业发展的目标，重点体现在以下几个方面：

建设坚强电网。这是奇胜正远文化的物质支撑，也是提高企业核心竞争力的重要基础。公司把建设坚强电网作为在竞争中立于不败之地的需要和前提，以市场引导电网规划，科学进行电源布点，加快电网建设，形成结构合理、功能完善、调度灵活、运行可靠的坚强电网。

创造经济效益。面对市场主体的多元化、竞争方式的多样化和瞬息万变的市场形势，公司以实施“彩虹工程”为载体，坚持从客户利益出发，提出了“一心三化”服务模式，即倡导用心服务、强化承诺服务、优化规范服务、深化创新服务，最终赢得了客户。

打造优秀团队。造就一支优秀的团队，是奇胜正远文化建设的内在要求，也是提升企业核心竞争力的根本保证。员工是企业的主人，公司坚持群众利益无小事，倡导“人人是人才，人人能成才”、“职务能上能下”、“岗位靠竞争，薪酬凭绩效”、“以德为先，唯才是用，以绩效论英雄”的用人观念，帮助员工进行职业生涯设计，教育员工“以电力为业，以公司为家，用爱工作，为自己工作”。员工与企业形成了发展共同体、利益共同体和命运共同体，成为企业发展的原动力。

提升服务品质。企业品牌，就是企业的先进生产力，也是奇胜正远文化建设的重要体现。作为国有企业和社会服务性行业，公司在追求自身经济效益的同时，积极承担社会责任和义务，实施“彩虹工程”，打造了“电力彩虹”服务品牌，营造了良好的电力软环境。

构建强势文化　推进跨越发展

——平朔煤炭工业公司的企业文化建设

【企业概况】 平朔煤炭工业公司是我国重要的动力煤出口生产基地，是以煤为主、露井联采、多种经营、综合发展的特大型现代化煤炭企业，隶属于中国中煤能源集团公司。公司现拥有安太堡矿和安家岭矿两座国内最大的现代化程度最高的露天煤矿；公司现有资产总额110亿元，职工9800人，全员工效36吨/工，列全国工业企业500强之一。公司先后荣获全国企业管理最高奖“金马奖”、全煤系统“金石奖”、全煤系统“十佳企业”、全煤行业利税十强企业、山西省最佳企业、山西省文明单位、全国百家文明社区示范点、全国绿化400佳、全国思想政治工作优秀企业、全国厂务公开工作先进单位、全国企业文化建设“实践创新奖”等称号。

平朔煤炭工业公司不断顺应煤炭市场发展的新要求，坚持以跨越式发展为主线，以管理创新为基础，内强素质，外树形象，创新理念，打造品牌，大力构建强势企业文化，推动煤炭生产快速稳定发展，企业生产经营出现了蓬勃发展、欣欣向荣的良好势头。

【企业文化培育】 平朔煤炭工业公司在多年的生产经营实践中，培育了独具行业特色、富有个性魅力的企业文化。公司组建20多年来，着力培育企业精神。在中外合作经营阶段，公司从体现党的对外开放政策，为管理现代化露天煤矿积累经验的政治高度出发，把企业精神概括为“合作创新，为国争光”。在这一精神感召下，创造了令人称奇的“平朔速度”、“平朔模式”。外方退出合作后，公司为企业重新定位，提出“团结务实、开拓创新”的企业精神，反映出平朔人在新形势下务实进取的精神风貌。通过企业精神培育，使职工把完成自己担当的企业人和社会角色任务，看作是自己的理想和追求，从而尽其所能为实现个人和企业的目标而奋斗。

公司以高度的社会责任感和使命感，将环境治理作为企业管理上水平的重要标志，严格执行“环境影响评价”和“三同时”制度，确定了“全员参与、减少污染、持续改进、清洁生产”为原则的184字环境方针，提出了同步建设园林绿化、土地复垦、生态建设、工业及生态旅游、土地开发利用为一体的生态企业的综合实施方案。公司彻底改变了煤炭生产企业“黑脏乱差”的形象，文明生产、文明工作、文明生活成为平朔形象的集中体现。目前，矿区复垦率为全煤系统平均水平的11倍，社区绿化覆盖率达到46.9%。公司顺利通过ISO14001环境体系认证，建成了污水处理的中水回用工程，平朔生活区被誉为“塞北小江南”，成为国家九部委联合命名的“全国百家文明社区示范点”之一。

【企业文化建设活动】 公司通过完善职工代表大会制度、职工代表巡视、向职工代表征集和落实提案、收集合理化建议等，引导职工参政议政；注重把维护企业整体利益与保障职工的合法权益有机结合起来，关心群众生活，努力为职工办实事办好事，营造尊重人、关心人、爱护人的氛围；积极开展创建学习型企业活动，确立全体职工科学文化和专业能力的培养目标，培育业务精、技能强、高素质的职工队伍。公司建立了党委统一领导、统筹规划，工会、共青团、文联、老龄委组织实施，以广大职工群众为主体，以生产经营为中心的文化建设机制，使企业文化工作健康蓬勃开展，呈现出高扬主旋律，群众喜闻乐见，体现企业特色的良好局面。

公司始终坚持以人为本的管理思想，实施人性化管理。实行了一套有利于塑造企业形象的制度规范，在领导体制上，形成了董事会依法决策、总经理日常经营、党委发挥政治核心作用、职工民主参与的领导体制和协商议事机制；在职工行为上，要求“文明生产、文明工作、文明生活”，做“四有”职工；在质量管理上，贯彻了ISO9002、ISO14001质量标准体系，对产品实施了全面优化质量控制管理，坚持按用户的质量要求进行生产，严格执行质量否决制度。组建若干个专业化“中心”，促进企业管理向高效集约型转变。推行内部模拟法人、成本及费用否决、按效分配机制，一切按市场规律办事。建立“能者上、庸者下”的管理岗位竞争机制，在职工中树立了上岗靠竞争，收入靠贡献的观念。树立全公司安全一盘棋理念，始终把员工生命安全当作天字号工程。

【品牌文化】 公司坚持“优质平朔煤，服务全世界”的营销理念，其洗选煤远销欧亚17个国家和地区。公司借助中国中煤能源集团公司大营销平台，构建起涵盖海内外的营销网络，竭诚为用户提供一流的产品，一流的服务。“优质平朔煤，服务全世界”的营销理念已渗透到平朔的产品和服务中，“平朔煤”也已成为国内外煤炭市场的名牌产品，是质量和信誉的象征。

公司践行“竭诚服务，优质满意，塑一流形象”的服务理念。一方面，严格控制产品质量，创造优质名牌。不断增强质量管理意识，建立健全质量管理制度，依据国际标准制定了高标准的企业内控产品质量标准，坚持按用户的质量要求进行生产，严格执行质量否决制度；不断改善煤炭的品种结构，使产品实现了采掘、洗选、运输、销售全过程的全面质量优化控制，确保了产品质量符合用户要求。另一方面，完善销售服务，宣扬良好的产品形象。公司奉行“用户是上帝”的宗旨，建立了运销考核奖惩机制，建立了销售办事处，为当地用户办理购货手续，上门服务。公司在产品质量、运输方式、发货时间、结算方式等方面尽力满足用户。

公司树立“奉献社会、丰满亮丽”的社会形象。通过报纸、电视、书籍杂志、广播以及其他媒体，对企业形象和企业家进行宣传，提高企业知名度，扩大企业辐射力。通过参加国际性和全国性的大型成果展览，出版大型宣传画册，举办新闻发布会，参加经贸洽谈、产品展销会、订货会和各类经验交流会、理论研讨会、艺术节、文学笔会、歌咏活动、体育运动会等，扩大公司的影响。公司还积极参加社会公益活动，奉献社会，回报社会。企业丰满而亮丽的形象立于社会，立于市场，给职工带来的是自强不息的动力。

创特色文化　促企业发展

——陕西渭河煤化工集团公司的企业文化建设

【企业概况】 陕西渭河煤化工集团公司是国家“八五”时期建设的大型化工企业，是我国大型氮肥工业和煤化工领域的骨干企业。公司始建于1992年3月，1996年5月建成投产，2000年7月完成公司制集团化改造。公司拥有总资产33亿元，在岗员工1640人。生产以尿素为主导，以高纯气体、煤化工助剂、塑料编织袋和其他化工产品为辅助的4大系列12个品种的产品。公司通过了ISO9001国际质量体系认证，主导产品“渭河牌”尿素被授予国家免检产品和陕西省名牌产品。企业先后荣获陕西省文明单位、文明单位标兵、绿色文明示范企业，和全国质量管理先进单位、国家环境保护百佳工程、全国模范职工之家、全国化工行业文化建设先进单位等荣誉称号。

陕西渭河煤化工集团公司从建厂初期，就追求高起点、高标准、高效率，率先在全国全流程引进美国、日本、法国、德国、丹麦等世界最先进的煤化工生产设备和技术，在硬件上具有了独领风骚的优势。与此同时，公司决策层十分重视企业文化建设工作，明确提出了“文化兴企”和“用文化提升竞争力”的发展思路和管理理念，并通过一系列的文化创建活动，全方位构建企业文化体系，给企业发展注入了强大的精神动力。

【人本文化】 2001年，集团公司有计划、有目标、有针对性地组织开展了“企业文化年”主题活动，全面系统地总结提炼渭化建厂以来在生产经营、企业管理、改革发展及文明创建等方面业已形成的深厚的文化积淀和具有自身特色的做法经验。提出了“用文化增强企业凝聚力”、“用文化提升企业竞争力”的口号，并成立了“企业文化年”活动领导小组。实施了视觉文化、行为文化、经营文化、情感文化和精神文化五大项目、29个专题活动。投资建设十大形象工程，通过多种形式的文化创建实践活动，进一步整合了文化资源，确立了渭化企业宗旨、企业精神、经营理念、行为规范和企业价值观群，并汇编成册，形成了《渭化集团企业形象识别手册》和《员工手册》，初步构建了具有渭化特色的企业文化框架和体系。

在创建人本文化方面：一是抓育人、抓养成，打好素质基础。在渭化，入厂的新职工都进行过军训和集中学习，接受养成教育，使之懂得什么是纪律、什么是服从，为成为一名合格员工和适应渭化的管理打好素质基础；二是抓行为、抓规范，注重实践。通过不断制定和完善一系列行为规范，引导、约束员工日常行为。三是抓教育、抓活动，潜移默化。以贯彻落实《公民道德建设实施纲要》为契机，大力开展道德教育活动。四是注重关心职工群众利益，建立“渭化感情共同体”。妥善处理改革、发展和稳定的关系，慎重出台涉及大多数职工切身利益的改革措施，保持了良好的干群关系；实行厂务公开制度，全心全意依靠职工办企业；坚持每年为职工办几件好事、实事，努力营造关心人、爱护人、为了人和安定团结的人文环境，从而充分调动和发挥广大员工的积极性、主动性和创造性，增强了企业的向心力和凝聚力。

在创建娱乐文化方面：一是建立良好的文化设施和文化社团组织，为精神文明建设提供必要的物质条件和基础；二是坚持开展各种形式的内部创建活动，内部“文明单位”称号是公司内最高荣誉，成为公司各基层单位追求的工作目标，成为检验自身整体工作水平的重要形式；三是广泛开展经常性、群众性的文体娱乐活动，基本做到了“季有赛事，月有活动”。丰富多彩的文化活动使人们身心舒畅，其乐融融，充满生机和活力。公司被命名为“陕西省职工摄影艺术基地”、“全国化工行业文化建设先进单位”、“全国化工行业群众体育先进单位”。

【特色文化】 集团公司在不断总结和探索自身管理经验的同时，十分重视学习吸收借鉴同行业优秀的管理思想方法，积极进行管理创新，推行适合本企业特色的管理模式。从1997年起，坚持紧扣生产经营中心工作，每年都针对企业的关键课题，开展主题年活动，如“渭化环境年”、“企业管理年”、“技术进步年”、“经济效益年”等，并通过主题管理带动企业各个方面的工作。创建绿色花园企业，倡导新型环境文化。一方面加大环保投入，采用先进技术，加强“三废”治理，在执行“三同时”的基础上，实行严格管理，达标排放，努力打造“洁净、绿色、生态”的现代化工业园区新理念；另一方面大力实施绿化、美化工程，坚持不懈对生产区、生活区进行绿化和美化，形成三季有花、四季常青、满目葱绿、鸟语花香的园林景色。

集团公司作为大型煤化工企业，具有高温、高压、易燃、易爆、有毒、有害的显著特点，安全工作责任重于泰山。因此，公司高层管理人员十分重视企业安全文化的培育和营造。“化工生产成在安全，败在安全”，“给安全工作以优先否决权”等安全理念，不仅成为企业和员工的座右铭，更是每个渭化人的自觉行动。企业始终坚持安全管理“首长负责制”，坚持“全员、全过程、全天候”把好安全工作五道防线。建厂多年来未发生一起重大事故，先后获得全国“安康杯”竞赛优胜企业，全国化工系统安全卫生工作先进单位和陕西省安全生产先进单位等荣誉。

“以质量求生存，以管理求效益”不仅是渭化人的执着追求，更是渭化企业文化的集中体现。按照“生产出精品、售后求满意、市场重品牌”的营销战略，公司制定了严格规范的管理标准、技术标准和工作标准；建立了完善的质量保障运行体系；实施了以产品质量为龙头，全员、全过程、全方位的全面质量管理活动，2001年通过ISO9001国际质量体系认证，在全国大化肥企业质量联络网和陕西省技术监督部门质量抽检中，连续五年质量技术指标均为农用优等品，产品出厂合格率达到100%。

视用户为上帝，追求满意服务。公司采取请进来，走出去的方式，每年都要邀请用户代表召开座谈会，参观生产线，了解产品加工过程，并由老总带领技术、营销人员，经常深入销售网点、田间地头，主动征求意见，开展上门服务，实行定期顾客满意度测评制度，及时改进工作。满意的服务既是产品质量的延伸，又增强了产品亲和力，赢得了市场，市场销售覆盖拓展到东南亚诸国和全国20多个省市。

大力实施品牌战略。通过产品形象、企业形象的塑造和传播，品牌形象和企业形象相得益彰，不断提升了企业的市场竞争力。“渭河牌”尿素被授予国家免检产品和陕西省名牌产品，企业荣获“全国质量管理先进单位”和“陕西省文明单位标兵”。

陕西渭河煤化工集团公司以创建人本文化为核心的管理文化、质量文化、环境文化、安全文化和娱乐文化，全方位构建与自身发展相适应、具有鲜明个性和特色的企业文化，精心塑造良好的企业形象，铸就企业的向心力和凝聚力，全面提升企业竞争力，为集团公司稳定、持续、健康发展提供精神动力和智力支持。

凝心聚力　以人为本

——中国农业银行廊坊市安次区支行的企业文化建设

【企业概况】 中国农业银行廊坊市安次区支行，现有员工168人，机关设“五部一室”，基层设有12个营业单位，遍布廊坊市次安区和广阳区的百里城乡。2005年累计实现利润3600多万元，年均创利润820万元。年创利润额连续多年排在全市农行之首。支行先后荣获“省级文明单位”、“省级模范职工之家”及全国“首钢杯企业文化建设创新实践奖”等106项荣誉，所辖12个营业网点全部达到星级服务窗口单位。

一个企业，如果没有与时代要求相适应的企业文化，就像一个人没有灵魂。企业文化建设在银行经营管理中是不可或缺的竞争力。国内外知名的大企业无不有自己独特的企业文化。自1999年初新一届党委成立以来，农行廊坊市安次区支行进一步导入企业文化理念，努力构建符合现代化商业银行要求的企业文化平台，推动了各项工作的持续、快速发展，用企业文化凝聚人心，增强企业核心竞争力。

【企业文化培育】 农行安次区支行机关虽位于廊坊市区，但70%的营业机构位于农村和市郊，网点业务吸附能力差，不良资产占比高，历史包袱沉重，经营压力很大。随着农业银行商业化改革步伐的不断加快，资源配置与经营成果挂钩的力度不断加大，员工收入也与城市行拉开了差距，从而导致员工精神不够振奋。面对这种严峻的形势，支行党委一班人经过深入分析认为，只有加快有效发展，才是惟一的出路。而搞好企业文化建设，正是凝心聚力、提高素质、加快有效发展的思想基础；是增强企业核心竞争力的关键所在。

1999年初，支行党委提出了搞好企业文化建设的长远构想。针对当时支行内部存有的不同意见，组织开展了企业文化建设大讨论，全行上下统一了思想认识，明确了企业文化的内涵，坚定了搞好企业文化的信心和决心，把“为客户提供一流的金融服务，为员工创造良好的发展机遇，为国家回报最佳经济效益”作为安次区支行的追求；把“挑战同行、挑战自我、勇于开拓、永不言败”作为安次区支行的精神；把“争当同业市场的服务先锋，力做优良客户的首选银行”作为安次区支行的服务目标，把企业文化建设作为抓好各项工作的支撑点。为此，支行提出了“得控则强、失控则弱、无控则乱、控在文化”的管理理念，成立了企业文化建设工作领导小组，采取灵活多样的形式向员工灌输企业文化理念。

支行在全行员工中广泛开展了“如何面对市场竞争形势实现新发展”、“怎样做一名农行人”等大讨论，围绕“农行靠我发展，我靠农行生存”主题开展演讲，在全员中确立了“以市场为导向、以客户为中心、以效益为目标”的经营理念，将“恪守信誉、竭诚服务、爱岗敬业、守纪守法、秉公廉洁”等纳入了《农行安次区支行企业文化实施方案》，全行上下形成了一种蕴含着全员思想观念、价值观念和道德规范的积极向上的企业精神。支行通过唱行歌、戴行徽、讲行风、记行史等形式来弘扬安次农行精神，凝聚人心，鼓舞士气，把“团结奋进、无私奉献、夯实创新、励精图治、高效廉洁、从严治行”的行训铭刻在办公大楼入口。“诚实守信、爱岗敬业、团结协作、开拓创新”、“机关服务基层、全行服务客户”、“铁账、铁款、铁规章、铁信誉”等一系列警句形成了一种强烈的精神文化氛围。广大员工走上街头，深入企业、村街、集市、社区，开展大规模的宣传活动，对外展示安次农行的价值理念。各种表演、演讲、征文等活动层出不穷。棋类、球类、健身等比赛，既陶冶了情操，又使员工在紧张的工作中得到了放松。通过各种活动的开展，员工们在潜移默化中树立了以安次农行为中心的价值取向，并自觉把个人命运与银行的发展联系了起来，把本职工作与全行的共同目标联系了起来。支行还实行竞争化、人文化的利益分配办法和用人机制。为适应现代化商业银行改革的需要，支行搭建一个员工竞争的平台，不断深化人事制度改革，大力实施全员竞聘上岗和工效挂钩考核等办法，逐步建立起“能者上、平者上、庸者下”的用人机制和“贡献大收入高、多劳多得”的奖励机制，激发了全员的竞争意识、创新意识和工作热情，较好地调动了全行员工的工作积极性。

【人本文化】 “文化要制度化，制度要文化化”。任何一种文化的推行，要有制度作保障；而任何一项制度的施行，也要以相应的文化为基础。为了充分体现出制度文化的规范性、激励性和效果性，近几年来，支行根据本行实际，先后制定并完善了《农行安次区支行员工守则》、《五项责任追究制度》等15项制度规定，并印发人手一册、进行灌输教育。为寓“文化”于管理之中、还利用业余时间组织员工观看《生死抉择》、《警醒》等影片，进行警示教育；学习邓小平、江泽民、胡锦涛等中央领导的讲话，尤其是通过对“三个代表”重要思想深刻内涵的全面分析研究，进行社会主义理想、纪律教育；要求每名员工围绕“爱岗敬业、遵章守制、廉洁勤业、优质服务”查找自身存在的问题，剖析根源，提出整改措施，并根据员工的建议先后又出台了“承诺服务十保证”、“文明用语30句”、“营业及机关服务规范”等制度，并做到常教育、常检查、严管理、明奖罚；在从严治行方面，加大了内控力度，全员始终保持高度警惕状态，对外重预防、增设施、严制度、勤演练，不给犯罪分子以可乘之机。据统计，1999年以来，全行累计识破诈骗5次，金额86万元，堵截假汇票6次，金额达2300万元，从而使支行16年来未发生任何资金损失和责任事故。

现代化商业银行的竞争说到底是文化的竞争、人才的竞争，“以人为本”的文化建设是激发人的主观能动性和创造性促进企业加快有效发展核心和关键。因此，支行坚持在强化管理、激发和调动每一名员工潜能上下功夫。一是坚持发动群众，依靠群众，将银行发展的重任落到每一名员工身上，调动员工的积极性。“以人为本”办银行，就是要使广大员工认同银行的价值观，使员工参加本行的重大决策，时刻倾听他们的意见和呼声。对此，支行始终坚持制定全行经营发展规划、经营战略或全行性的重大决策。二是尊重员工，关心员工、爱护员工、无论在工作中还是在生活中，尊重员工、关爱员工是支行“人本管理”的出发点。支行每年都组织人事、政工部门对全行人员思想、工作、生活等情况进行一次全面的摸底调查，把员工的冷暖放在心上，及时解决员工在各个方面存在的困难和问题。三是为员工的前途着想，培养人才。为了使每一名员工都切身感受到个人利益与发展前途充满希望，他们将提高员工素质、搞好全员培训列入“人本管理”的另一项重要内容，对员工进行全方位的教育培训，有效地保证了商业银行运作对知识人才的需要。支行出席省、市级青年岗位能手和业务标兵就达152人次。

健康发展的军工文化

——核工业理化工程研究院的军工文化建设

【企业概况】 核工业理化工程研究院位于天津市河东区，是中国核工业集团公司重点科研单位，建于1964年。该院现有职工1400余人，包括科技人员710人。其中，中国科学院、中国工程院院士2人，国家级及部级专家8人，研究员级高级工程师36人，高级工程师146人，工程师241人。其专业涉及激光、机械、电子、化工、材料、自动控制、计算机、精密仪器、环境保护等60多类；科研开发实力雄厚，先后取得国家级、部级各类科研成果奖达400多项，获得国家专利34项。上世纪80年代，科研人员率先研制成功了FMFQ型气压磨粉机、MMS型色选机，填补了国内的空白。其“核工”牌粮油加工设备畅销全国各省、市、自治区及世界许多国家和地区。

该院根据科研人员文化素质高、思想活跃的特点，积极引入企业文化这种先进的管理思想、管理理论和管理方式，在军工科研院所进行军工文化建设，推行以人为本的文化管理，以适应军工科研工作的需求。他们以精神文化为切入点，整体规划、系统推进，初步构建了理化院文化的框架体系，对如何打造先进的军工科研院所文化进行了积极探索，把构建先进的军工文化作为军工行业实践“三个代表”重要思想，打造军工行业核心竞争力的战略举措。企业文化建设对理化院的发展产生了巨大推动作用。其成果集中体现在《理化院文化建设宣传手册》、《理化院标识规范手册》、《理化院职工行为规范手册》、《理化院文化手册》四本手册全部完成并下发执行。现在，“聚集人心、激发热情、释放能量、创造未来”的“核文化”正在深入人心；“追求完美、卓尔不凡、脚踏实地、成事成人”的核心价值观正在逐步成为广大干部职工普遍的追求；理化院文化建设提出的各项文化理念和行为规范正在逐步成为广大干部职工的具体行动。

【军工科研院所文化培育】 核工业理化工程研究院是我国惟一的同位素分离研究基地。理化院在完成国家重点科研任务的同时，自身也得到了相应的发展。理化院承担的两项国家重点科研项目均取得可喜成绩，国家对理化院的科研工作给予高度评价，同时希望理化院加快科研进度，以适应新形势的需要。面对军品的科研要加快速度和民品开发经营要做强、做大的新形势，如何应对市场的挑战和压力，理化院新一届党政领导班子把军工科研院所文化建设工作提到议事日程，决定以 40 周年院庆活动为契机，以精神文化为切入点，全面开展理化院的文化建设工作。根据整体规划、系统推进、重点突破、力求实效的指导思想，理化院对构成理化院文化的三个重要部分即精神文化、行为文化、物质文化进行了系统的规划，分别抓住重点、全面推进，构建理化院文化的完整体系。

2003 年 11 月，院文化建设初步实施方案编写完成。2004 年初，院文化建设的三年规划和实施方案在院党政联席会议上审定通过。理化院文化建设工作正式启动。从 2 月到 9 月份，《理化院文化建设宣传手册》、《理化院标识规范手册》、《理化院职工行为规范手册》先后编制下发到各单位及每位职工手中执行，以宣传手册为内容在全院范围开展了宣传动员、培训、座谈、问卷调查等工作。标识手册对院标志、标准字、标准色、院商标等进行了明确和规范；行为规范手册从基本准则、素质修养、职业守则、仪表仪容、基本礼仪、日常言行、安全保密七个方面对职工的行为进行了规范。2004 年 10 月 18 日，院庆大会发布了包括“核”文化、核心价值观、理化院精神等 18 项理念的《理化院文化手册》并随即下发执行。至此，理化院文化建设中精神文化、行为文化、物质文化的基本框架体系已经构成，理化院文化建设取得了突破性进展。

【军工科研院所文化建设】 军工科研院所文化建设内容丰富，要求具体，在较短时间内如何完成好文化建设框架体系的搭建，做到既要全面又有特色，既轰轰烈烈又深入扎实。理化院抓住组织机构建设、宣传动员、干部培训、职工座谈、问卷调查、高层访谈、重要事项领导班子集体讨论确定、外聘专家评审、宣传先进典型英雄人物和举办系列文化活动等 10 个重点环节，军工文化建设在较短的时间内收到的成效。

一是成立了以党委书记为组长、党委工作部牵头、吸纳各有关职能部门领导参加的院文化建设推动小组。二是利用宣传手册和报刊、有线电视、橱窗等多种形式进行宣传。三是分层次、大范围地进行干部培训，分别组织副科以上现职领导、院领导、推动小组成员和各单位一把手进行培训、考核和参观。四是推动小组先后深入到科研、民品、三产等九个基层单位和基层领导、班组长、职工代表等 100 多名职工进行座谈，并组织科研民品和管理机关座谈会，广泛听取对院文化建设的意见和建议。五是组织两次全院职工问卷调查，职工积极参与，交卷率达到 80% 以上。六是先后对包括党政一把手在内的 14 位领导班子成员和老领导、老专家进行了访谈，充分听取了他们的建设、意见和想法。七是院文化建设的重要事项，如方案、规划和手册的制定全部由党政联席会议讨论确定。八是聘请中国企业文化研究会、核工业集团公司、天津市工业工委有关专家、领导作为院文化建设的顾问，使院文化建设更加科学，更加专业化，避免失误。十是树立典型，宣传英雄人物。理化院集中力量宣传本院已故的著名的女物理学家、中国科学院院士、优秀共产党员王承书同志的先进事迹，同时对院庆评选出的 10 位标兵予以宣传表彰。十是抓住院庆 40 周年的有利契机，举办职工文化艺术展、征文演讲比赛、职工运动会、女职工广播操表演等各种活动，改善和修建文化娱乐设施，为院文化建设营造浓郁的文化氛围。

老字号续写新传奇

——天津狗不理餐饮公司的企业文化建设

【企业概况】 “天津狗不理”创建于 1858 年，至今走过了近 150 年的风雨历程，今天已经成长为一个综合性企业集团，有众多餐饮分店和其他分支机构。狗不理继承中华优秀传统文化，紧跟时代发展步伐，秉承多元化、复合式的发展战略，使公司不断发展壮大，先后荣获“中国快餐连锁品牌企业”、“中国烹饪大师”等光荣称号。

【诚实守信】 狗不理的创始人“狗子”始终诚实守信，他做的包子色香味俱全，生意十分兴隆，以至忙得顾不上与顾客说话，人称“狗子卖包子不理人”，日久天长简称“狗不理”。100 多年后的今天，“狗不理”依然秉承优良传统，千方百计在菜品、服务、环境等方面不断改进。为了保证食品质量，他们实现了生产工业化、质量标准化、管理科学化、经营连锁化，建立了自己的生猪养殖场，工业化的加工车间和速冻食品厂，使生产、销售走上了规范化之路，使顾客不仅能品尝到美味佳肴，还能享受到温馨服务。

【追求创新】 在继承传统文化精髓的基础上，“狗不理”更注重顽强进取，不断创新，努力打造现代化快餐连锁企业。他们把企业风格定位于：“时尚 · 休闲 · 简约”，连锁店采用国际流行的“美食 + 时尚饮品 + 休闲文化 + 精美包装 + 优质服务”的组织经营模式，不仅销售传统的狗不理包子，还增加了西餐的“鲜虾沙伴”、“草莓圣代”以及“出水芙蓉”等食品和饮品，适应了休闲顾客的时尚品味，受到顾客的欢迎。他们注重环境建设，征集儿童绘画作品装饰店内环境，使顾客在用餐时得到艺术享受。

【维护品牌】 “狗不理”精心维护自己的品牌，不断增加老字号的含金量，他们把企业的创业历史编辑成书，利用多种途径进行宣传，对内凝聚和激励职工，对外树立企业的良好形象。

公司注重树立自己的国际形象，他们成立了狗不理烹饪学校，招收国内外名厨为入室亲传弟子，有11名法国学员在此学习。“狗不理收洋徒闯海外”被传为佳话。

如今“狗不理”近百家连锁店遍及全国各地，“天津狗不理”不仅被誉为天津市的“城市名片”，还蜚声海内外，为传播中华美食文化做出了贡献。

文化整合　企业兴旺

——天津大沽化工股份有限公司的企业文化建设

【企业概况】 天津大沽化工股份有限公司坐落于天津滨海新区，是一家具有60多年历史的老企业，是集海洋化工与石油化工为一体，以聚氯乙烯、烧碱、环氧丙烷等为主导产品的大型化工企业，是天津市化工工业和全国氯碱行业的重点骨干企业，并获得天津市优秀企业、天津市精神文明先进单位、天津市职工素质工程先进单位等荣誉称号。2004年，被中华全国总工会授予“五一劳动奖状”。

20世纪80年代中期，天津大沽化工股份有限公司开始企业文化建设，逐步形成了具有自己特色的企业文化体系。大沽化职工坚持和发扬“团结奋斗，自强进取”的企业精神和“认真负责，雷厉风行”的企业作风，使企业由小变大，为中国化工工业发展做出了重要贡献。进入新世纪，企业更加重视通过文化整合，明确了“企业发展与职工共同富裕”的企业价值取向，凝聚职工，振奋精神，推动企业发展。企业在发展中，始终坚持以科学发展观为指导，把经济发展与加强企业伦理道德建设结合起来，提出了“企业发展，职工得利，政府受益，环保治理，社会满意”的总要求，追求企业与社会、与环境的和谐发展。

【管理文化】 从2000年以来，为了减轻地方政府的就业压力，企业即使再困难也没让一名职工下岗，并随着企业发展，目前已成为地方政府的第一纳税大户。针对氯碱化工企业能耗高、污染大的特点、企业在资金异常紧张的情况下，投入巨资新建了30多套环保设施，兴建了日处理量4万吨/日的污水处理工厂，并与外方合资兴建污水处理回用企业，发展循环经济，创建环境友好型企业，在社会上树立了负责任的企业形象。在提高职工收入上，坚持体现公平，兼顾效率的原则，建立了集体合同和工资集体协商制度。公司通过合资合作方式开发企业下游产品链，吸纳内退职工实行再就业，改善这部分职工的收入状况，让所有职工共享企业发展的成果，把共同富裕的价值取向落到实处。在“企业发展与职工共同富裕”价值取向引导下，企业与职工构筑了更加紧密的利益共同体，企业发展呈现出前所未有的良好势头。

2000年，天津大沽化工以提高经济运行动态管理质量为目标，改变企业原有的粗放型管理模式。首先以五大产品为切入点，以降低产品加工费用为主线，全面抓好各项成本费用可控因素的管理模式，建立起成本网络管理体系，降耗效益达2007万元，使企业一举扭亏为盈。公司在此基础上，实施以成本网络管理为核心，以营销管理网络、资本运作管理网络、物流管理网络等为支持的效益目标管理网络。推行效益网络管理的当年，仅资本运作就使企业资本总额增加了4.6亿元，负债率降低了15个百分点。公司还创立“净现金流管理”模式，从而形成了一个投入——改造——收益——再投入良性循环的企业发展资金链条。用数据分析、用数据判断、用数据论证、用数据考核已经成为企业上下的自觉行为，正是有了一个“数据文化”的土壤，才使得企业的管理沿着科学化、规范化、现代化的轨迹不断向前迈进。

【用人文化】 企业秉承以人为本，厚德载物的理念，树立“人才资源是企业第一资源”思想，以形象化的方式从德才两个方面确定了企业的人才观，即：有德有才是优级品，有德少才是合格品，有才少德是残次品，少才少德是废品。确定了“不看学历看能力，不看工龄看功绩，不看身份看贡献”的企业用人标准。围绕选、育、聚、留、用五个方面加强机制建设，先后建立了竞争择优的用人机制、催人奋进的激励机制、催人成长的育人机制、凝聚人才的人文机制、科学公平的效绩评估机制。企业坚持抓好科技人员和业务技术能手的选拔、使用和培养，在工程技术人员中评聘项目首席工程师、主任工程师，为更多的技术人员提供了发挥聪明才智的机会，企业每年完成技术创新项目上百个，部分项目获得国家和天津市科技进步奖。企业开展职工素质工程，对员工进行系统的岗位技能培训和技术等级资格认证，开展评聘高级技师、技师工作，每年职工提出的合理化建议和实行的小改小革达到几千项。企业适时引进企业奇缺人才，弥补企业技术开发的薄弱环节，设立了博士后工作站。在住房、收入分配、评聘职称和提拔任用等方面向科技人员和熟练技术工人倾斜，对于为企业做出突出贡献的有功人员给予重奖。企业正是在良好的文化氛围中，培养出了一支能打硬仗的队伍，留住了一批为之奋斗的人才精英，支撑着企业持续快速发展。

【经营文化】 红三晶是企业使用了几十年的老品牌，在国际国内市场都具有一定的知名度。企业摒弃“酒好不怕巷子深”的旧观念，以企业文化建设为载体，积极推进名牌战略的实施。坚持“产品人品是企业生命”的理念，从与国际先进企业比对，寻找质量差距入手，制定提高质量争创名牌措施，在全体员工中开展各种主题的争创名牌活动、并加大宣传教育力度，在企业上下形成了争创名牌意识，营造出人人关心质量，人人重视质量的良好氛围。注重依靠技术进步，提升产品质量。深入贯彻ISO9000标准，不断增强质量保证能力，国家抽检产品合格率、市管产品质量稳定提高率始终保持100%。坚持“顾客满意是红三晶永远的追求，改进创新是大沽化工永恒的主题”的理念，以追求顾客使用零缺陷、服务零缺陷、顾客零抱怨为目标，着力于服务的改进和创新，推出了顾客定期走访制和新顾客跟踪制，建立健全顾客服务档案，随时掌握顾客使用动态，及时发现帮助解决顾客在使用中出现的技术问题。建立顾客评价制度，进行顾客满意度调查，顾客满意率保持在98%以上，未发生顾客投诉。企业连续多年保持全国用户满意企业、全国守合同重信用企业称号，其中烧碱产品被评为全国名牌产品。

【推进企业文化建设】 天津大沽化工坚持企业文化建设与经济工作相互促进，同步发展。企业文化理论是企业领导班子必学内容之一，企业文化建设成为企业整体工作的一项重要任务。企业结合自身实际，制定了企业文化建设规划及实施意见。大沽化工从培养员工的企业文化意识入手，认真回顾总结企业20年来企业文化建设的历史、经验和成果，编辑下发了《企业文化基本知识普及读本》一书，并采取走出去、请进来的办法，在全体员工中普及企业文化知识，开展丰富多彩的企业文化创建活动。经过大规模净化、美化、绿化了的大沽化工厂区，其主要干道都设置具有企业文化寓意的宣传标示牌，营造了良好的企业文化氛围。企业文化融入到企业的发展战略和规章制度中，为员工的行为提供规范，增强了企业文化的约束力和渗透力。为发挥榜样的示范带头作用，公司还定期开展评比活动，将先进典型的事迹编辑成书和电视片供大家学习，增强企业文化的导向作用和辐射作用。企业对已有的企业文化进行整合、优化和更新，并根据时代的要求，创新发展理念和管理思想，提高了核心竞争力，使企业文化成为推动企业“十五”快速发展的强大“引擎”。

建设有自身特色的品牌文化

——北京城建投资发展股份有限公司的企业文化建设

【企业概况】 北京城建投资发展股份有限公司（股票代码600266）是由北京城建集团有限责任公司1998年独家发起，向社会公开发行A股股票募集的、以房地产为主业的大型专业品牌地产商。该公司2003至2005年连续三年被国务院发展研究中心、清华大学和搜房研究院评为“中国房地产上市公司综合实力10强企业”，其中2004年为综合实力第七名；在“2003年北京地产年度风云榜”上，被评为“北京地产品牌企业”奖。2004年荣获全国首届企业文化优秀奖，并以人民币5.06亿元的品牌价值，荣获中国十大最具开发价值的房地产公司品牌。

作为国有控股大型上市企业，公司紧密结合改革和发展实际，以不断增强企业核心竞争力为目标，围绕“内聚人心，外树形象”的工作思路，有重点、分层次，积极培育具有北京城建地产特色的房地产企业文化，使企业文化建设为企业的改革和发展提供了强大动力，使职工的思想道德水平和企业的创新管理水平得到显著提升，“北京城建地产”品牌知名度和美誉度得以明显提高，核心竞争力有了大幅度增强。

【CIS战略】 北京城建投资发展股份有限公司在上市之初，经营业务以建筑施工为主。随着房地产业的复兴，为谋求公司的持续健康快速发展，获取更为良好的产业环境，2001年上半年，公司与母体集团公司进行了标的额达23.39亿元的资产置换，主业由建筑施工业转向房地产业。资产置换后，主营业务和产业环境的变化，也导致了与之相适应的企业文化的创新。公司管理团队一面对公司的产业结构、经营结构、产品结构和人才结构进行系列调整，对旗下子公司和托管公司进行公司制改造或股权购并，一面对企业文化建设进行梳理整合和统筹规划，决定导入CIS战略，创立和建设适应公司房地产主业发展的新型企业文化。

在企业文化建设总体目标的确立上，公司决定以贯彻集团公司CIS战略为切入点，遵循文化发展规律，建立反映企业特色的新型企业文化体系，形成具有北京城建地产特色的房地产企业文化理念、文化形态和文化体制；在确立企业文化建设的基本内容上，公司总结、提炼和培育鲜明的企业核心价值观和企业精神，体现爱国主义、集体主义和社会主义的基本要求，构筑企业之魂，建立企业标识体系；在加强企业文化建设上，公司从2001年开始，策划并导入CIS。在策划过程中，建立了理念、行为、视觉三个识别系统，继承了母体北京城建集团的企业精神、企业作风、企业宗旨和企业哲学，推出了体现公司特色的经营理念、开发理念、企业口号和员工信条，确定了上至总经理下至操作工人，涉及17个不同岗位的行为规范和不同场合的商务礼仪规范。

【核心价值观】 公司“以人为本”，精心培育共同理想和共同价值观，把铸造企业发展之魂，提升企业核心竞争力，提高人的素质，充分利用公司“一报一刊一网”即《北京城建地产》报纸、《观城》杂志和内外部网站进行广泛宣传。2004年，公司在房地产行业率先实施《企业文化建设管理暂行办法》，并形成了“为千百万人提供理想居所”的公司使命；“做最受信赖的地产商”的公司愿景；“用户的需求就是我们的追求”的开发理念；“客户是我们永远的朋友，诚实守信是我们的灵魂，严守纪律是我们的传统，阳光公开是我们的准则”的公司价值观和“北京城建与您携手共创美好生活”的企业口号。理念和价值观等企业文化建设教育成为新员工入职培训上的第一课。公司领导到基层检查企业文化建设的首要内容，也是考核员工对公司理念的知晓、理解和熟悉程度。理念教育同时是公司党委理论学习中心组学习的重要内容。学习理念成为每年一次的全员主题教育轮训和全员脱产培训的主要课程。为确保公司理念和阶段性发展目标印记在心脑，落实到行动，使企业文化建设不断跃向新的高度，公司制定了“一个理念”，即客户是我们永远的朋友。“三个坚定”即坚定的发展壮大公司房地产主业，以住宅为主导产品，坚决清理对外长线投资；坚定的构建公开透明、阳光操作的体制，确保公司健康发展；坚定地发扬一切行动听指挥的团队精神，发挥公司整体优势。“五个统一”即统一品牌管理，统一规划设计，统一购置土地、统一资金管理，统一物业标准管理。“一个中心”即以公司总体工作思路为中心。“三个保证”即充分发挥党委的思想保证、组织保证和监督保证。“两个载体”即以企业文化建设和开展创建“明星工程”活动为载体，推动品牌化建设，促进管理创新。

【品牌文化】 在企业文化建设过程中，打造内涵丰富、外观新颖、造型别致、品质高尚的地产品牌，成为公司孜孜以求的目标。并积极借鉴国内外成功企业的经验，推出了一系列打造品牌的举措。2002年初，公司在中国房地产协会举办“新经济时代中国房地产高层峰会论坛”和“北京新年品牌房地产展示交易会”上以“北京城建地产”商标为统一标志，向房地产市场隆重整体推出总面积达576万平方米的11个经典楼盘参展，规模超大，气势恢弘。2003年8月，公司以研究、探讨、总结、提炼“北京城建地产”和“北京城建物业”品牌内涵，探索打造品牌建设的途径和方法，提高企业品牌的知名度，丰富和扩张无形资产为主题，召开了职工思想政治工作研究会和企业文化建设协会年会，整理撰写出18篇论文，渗透着深厚文化内涵的地产品牌建设进入实施阶段。同年11月，公司首次参加了以“北京做念”为主题的“2003北京房地产香港展览会”，代表北京对外集中展示了“新北京，新奥运，新商机”的发展蓝图，成功地进行了企业宣传，项目推介和成果展示，尤其是对中标的奥运项目展示，即树立了“北京城建地产”品牌的崭新形象。2005年，公司制定下发《统一品牌管理暂行办法》，对公司品牌创建工作做出10年规划，并规定了创建目标和具体措施，使品牌建设工作制度化、战略化。公司还通过狠抓示范点建设、创建国优市优物业管理小区、开展合作等多种途径，提高了公司的物业管理水平，提高了业主的满意度和公司产品的附加值。其中，北苑家园绣菊园荣获“全国青年文明号”称号、莲葩园荣获“北京市青年文明号”和“北京市优秀管理居住小区”等称号。企业文化和品牌建设的一系列举措，对于公司形象的树立和品牌的塑造与传播起到了良好的促进作用，大大提高了“北京城建地产”的声誉。

文化重塑　激情创业

——宜宾天原股份有限公司的企业文化建设

【企业概况】 宜宾天原股份有限公司目前是国家520户重点企业、中国化工百强、四川省80户重点优势企业、宜宾市利税大户之一、西部最大的氯碱化工企业。该企业强势推进“走精细创新经营之路，创中国优势氯碱企业”总体发展战略，坚持落实科学发展观，坚持集能源、热点、电石、化工、建材为一体的循环经济模式，坚持走新型工业化可持续发展道路，为企业做强、做大在全国氯碱行业的竞争能力和优势地位奠定了坚实的基础。公司连续六年保持40%以上的年平均增长的速度，连续三年实现同行业效益第一。在2002年首届中国企业文化年会上，宜宾天原与海尔集团、联想集团等30家优秀企业一同获得了企业文化优秀成果这一殊荣。

企业竞争是实力的竞争，是规模、档次、技术、人才、文化实力的较量。其中，文化力是最深层和最持久的竞争力。在“入世”后经济全球化的大竞争、大环境下，时代发展的趋势和市场竞争要求企业再造一种与之相适应的企业文化。宜宾天原股份有限公司认为“入世”不但是经贸“入世”，更是企业文化的“入世”。要按照国际通行的市场经济的原则、价值标准、思维方式、行为准则和运行模式发展企业，就必须注重企业文化的“入世”。

【文化重塑】 1998年以来，宜宾天原股份有限公司实施了以提高竞争力为目标的国企整体重塑，提出了自己独特的企业文化“入世”理论，着力于建设以“人本、理性、创新、激情”为特征的学习型个性化平民创业激情文化，取得显著成效，得到了公司广大员工的接受和认同。

宜宾天原文化重塑的目标是引导员工彻底转换思维方式和心智模式，追求共同的价值观和共同愿景，致力于创建具有国际竞争力的中国优势氯碱企业的共同愿景和目标。公司在文化重塑和实现共同的目标过程中，追求人性的最终解放，追求开放、开拓、开心，追求自信、自励、自如；提倡每个宜宾天原人都有正气、有胸怀、有原则、有正义；保持每个宜宾天原人有激情、有朝气、有悟性、有活力；在困难和挫折面前不怨天尤人、不轻易自我放弃，对自己和公司充满自信而不懈怠；营造每个宜宾天原人都心情舒畅不压抑，精心工作不虚滑，上下沟通无障碍，情同兄弟与手足，竞争中更显关心关爱，和谐祥和而充满生机的氛围。

公司坚持以人为本、以能效为本，充分尊重人、信任人，主张在大工业的集体协作中个人奋斗和平民创业，崇尚知识和科学、崇尚和遵守“法制”，崇尚和维护秩序，崇尚和奉行协作，遵循悬着遵循制度，追求“诚信为本”，最终实现企业利益、社会利益最大化与员工利益最优化的融合；推崇个人的创新精神、奋斗精神，注重发挥激励、激发、激情作用，着力培育企业员工强烈的归属感、忠诚感和奉献精神，以人性解放、个性张扬、激情奋斗为特征，倡导平等、自由和竞争，充分激发员工内在潜力，通过自我奋斗，平民创业达到自我实现，以求得企业生生不息、源源不断的生命力。

【特色文化】 宜宾天原充分重视企业的老板文化、管理者文化和员工文化的协调发展，使企业的三个主体文化具有完整性和有效性。一是重建所有者（老板）文化，在企业中树立一种以追求企业利益最大化、追求资本增值为最终目标的价值观，建设一种充分尊重、信任经营管理者，对管理者、对债权人、对政府、对社会、对员工负责的“信托代理文化”。在这种文化价值观的指导下，企业的目标才是单一的、明确的，才会有明确、清晰、完全可客观度量的层层资产委托经营责任制度和相应的机制，才更有利于企业实现利润最大化的经营目标。二是重视管理者文化。宜宾天原的管理者充分发扬对员工、对企业、对政府、对老板、对社会负责任的诚信、勤勉的精神，着力构建一种充分发挥自己的经营才能，有效组织企业经营，从充分地尊重、信任员工开始，对员工做到"真爱、真严、真帮"，最大限度地发掘其创造力和内在潜能的价值基础，有效地把握好自身的管理角色，实现自我定位、自我约束、自我实现、自我挑战、自我超越，圆满实现企业盈利目标，使企业不断走向成功和发展。三是培育员工文化，使员工摆正自己的价值观念和角色定位，以一种全身心的投入当好自己的角色，干好自己的工作，最终将上一层管理文化通过制度文化、行为文化转化为员工文化，做好企业的经营，推动企业的发展。宜宾天原在员工中培育"五观"，增强"五感"。培育员工的市场观、效益观、竞争观、创业观和政绩观；增强员工的主体感、危机感、责任感、成就感和归宿感。公司通过员工文化的构建把管理层的运行管理思路变成全体员工的认识，培养员工与企业同呼吸，共命运，实现企业精神与企业价值观的人格化，实现员工个人价值与企业最终目标相一致，推动企业的良性发展。

【激情文化】 宜宾天原在企业文化的建设平民创业的激情文化。公司提出天原的文化是平民文化，没有"官本位"，只有平民创业；没有特权，只有公平竞争。企业靠竞争、竞争靠实力，实力靠自己，天上不会掉馅饼的观念深入人心。企业追求"诚信为本"，反对员工行为与企业文化价值相分离，培育人定胜天、和谐默契的团队奋斗精神、创新精神和奉献精神，提出"忘记我是谁，记住我们的企业"、"讲待遇，更要讲事业，今天的事业就是明天的待遇"、"不唯书、不唯上、不凭牌子、不凭资格，只凭本事、能耐和效果"、"每个人的机会都是平等的，都要公平参与竞争；每个人都是与众不同的，都要成为天原创业的发电机"。无处无时不在、有的放矢的思想政治工作、职工民主管理、企业文化建设三位一体的"灵魂工程"建设，推动了企业快速、稳健发展。

天原平民创业激情文化得到了天原员工的高度认同，造就一支"拼命三郎"队伍，并不断引导和激发引进人才、新进员工尽快融入天原，显示出企业文化底蕴的巨大生命力。

发展——走自己的路

——江苏索普(集团)有限公司的企业文化建设

【企业概况】 江苏索普(集团)有限公司(原镇江化工厂)始建于1958年。现已发展成为集科、工、贸、服务于一体，跨地区、跨行业的国家大型企业。1994年，江苏索普集团公司成立。1996年，在公司上海证券交易所成功上市，现有总资产35亿元，下辖全资公司4个，控股公司10个。其冰醋酸、ADC发泡剂、漂粉精、橡胶硫化促进剂的生产规模位居国内同行业前列。1997年公司被江苏省人民政府批准为国有资产投资主体，2004年，位列全国石化百强企业之列。

【企业文化建设】 "索普"，传达了索普集团不畏艰难、持之以恒、经久不息的进取精神。表达了索普集团致力于化工领域内的研发与拓展，乐于将成果广泛的与社会分享，努力推进社会科学的发展进步，改善人民生活品质。"索普"二字整体反映了企业在事业上孜孜不倦的精神状态，体现了索普集团作为一个现代化大型化工企业集团为了社会乃至全人类科技与生态的发展毅然担负起的责任和使命。索普集团的企业口号是"做的更多，走的更远"。40余年的发展史，索普创造了太多的成功。尽管成功的道路是艰险的，但是索普人未表露出半点得意之色，而是更加坚定"坚持发展，不放松"的决心。索普人随时代的步伐前进而前进。同样，索普人在成功面前，也丝毫没有流露出半点骄傲，依然潜心探求如何把工作做的更好。做的更好，是索普人不断追求的至高理念。做的更好，是索普人不断创新的源泉，不断前进的动力。做的更好，要求员工每天不断进步一点；要求员工时刻思索今天是否做的比昨天更好；明天如何做的比今天更好。只有不断的思索如何做的更好，企业才会永葆青春的活力！只有做的更好，才能奠定索普集团生存发展的基础，企业的明天才会更好！企业的前途才会更辉煌！在索普未来的战略规划中，将启动一系列的项目统筹为企业不断创新注入新鲜活力，从而不断提高索普集团的市场竞争力。坚持发展的永恒信念，时刻思索如何做的更好，切实履行职责，务实做好工作，为企业的后续发展奠定坚实的基础。索普人终将会在永无止境的发展道路上不断探索如何做的更好，走的更远！

"科技"代表了索普集团不断加大的研发力量，产品随之增加的技术含量。科技，也是索普集团做大、做强、做优企业的必然要求。"自然"一是指人类生存所依赖的自然、生态环境；二是指提供并保障人类个性、能力、人格发展需要的社会环境。"共生"指的是在两者各自能够得到良性发展的同时，二者之间能够在一定程度上达成"共融"关系，在同一环境里不至于出现此长彼消的矛盾。相反，能够形成此长彼亦长的"共荣"关系。惟有"共融"、"共荣"才能"共赢"、"共生"。"科技与自然共生"昭示出索普集团最大限度的以自身科技实力为原动力，致力于不断改善人类生存环境与生活质量，这不仅是索普集团自身发展的基石，更是基于人类进步与社会发展的基础之上所展现的企业目标。

通过索普人执著地追求、探索科技文明推动社会文明的进步，造福于人民、奉献社会，是索普人义不容辞的使命。伟大的科学家爱因斯坦曾经说过："一个人的价值，不在于他取得了什么而是看他贡献了什么"。对于一个企业来说也同样如此。"执著求索、普惠民生"是索普集团企业使命的必然结果，是索普集团在化工行业中追求光荣与梦想的惟一选择。"执著"，沿袭了索普人一贯的精神，在索普人心中执著是一种坚持不懈地工作态度。一旦确立了目标索普人必将执著地向着这个目标奋进，而这种精神又来源于对人类社会的责任；"求索"，在非变革无以图生存，不创新无以谋发展的情况下，索普集团必须在经营实践中与时俱进，不断探索，严格按照企业的发展规律制定经营决策，并不折不扣地付诸行动。通过不懈的努力来满足社会日益增长的物质和精神需求。"普"取广大、覆盖之意，"惠"取实惠、明惠之意，“民生”泛指社会和人民。“普惠民生”是索普集团的最高理想同时也是义不容辞的责任。索普集团致力于企业和社会的共同进步，并用自身所创造的价值奉献给社会，造福于人民。把创造科学文明、改善人民生活、推动社会进步作为自己矢志不渝的奋斗目标和使命。

索普是一个团结的团队。团结，即团结一心、同舟共济、聚合人心、整合资源。团结才有力量，团结才有希望，团结才能胜利，只有团结一致，才能共生共存。这要求索普全体员工不利于团结的话不要说，不利于团结的事不要做，珍惜当前企业来之不易的大好局面，保持和维护企业的稳定，同心同德，团结奋进。索普是一个态度严谨的团队。索普要求以一种严谨的态度来进行任何工作，在索普的每一位员工对待任何工作都必须拿出十二分的仔细与认真，以实干为准则，以谨慎为标尺，注重安全，严控指标，爱岗敬业，尽职尽力。勤奋，中华民族的传统美德，也是索普人在近半个世纪的艰苦奋斗中的卓越表现的。索普在近半个世纪中，经历艰险、曲折的道路，勤奋是索普人在各种企业活动中所表现出来的一贯态度和行为处事的风格。索普是一个行动敏捷的团队，惟有敏锐才能捕捉市场的变化，惟有迅捷才能顺应变化，领先市场。长期的实践铸就了索普特有的做事风格——敏锐的市场洞察力，迅捷的反应和行动，高品质的服务，高效率的产出。

一个好的企业总要有一个好的理念。索普的理念就是五个字：走自己的路。就是要义无反顾地走发展之路，走艰苦创业之路，走科教兴厂之路，走严格管理之路，走质量与效益之路。

文化整合　快速发展

——南风化工集团股份有限公司的企业文化建设

【企业概况】 南风化工集团股份有限公司成立于1996年，目前已发展成为一个跨全国十省市区、跨化工、轻工、旅游等多行业，并涉足碳纳米管等高科技领域的特大型企业集团。主要生产无机化工、日用化工、化肥三大系列产品，是世界最大的元明粉供应商和全国最大的硫化碱、硫酸钡生产企业。与公司成立时相比，总资产由3.4亿元增长到近37亿元，销售收入由5亿元增长到32亿元，利税由6600万元增长到2.6亿元。集团公司先后被授予“全国五一劳动奖状”、“中国企业管理杰出贡献奖”、“全国精神文明建设先进单位”、“全国思想政治工作优秀企业”、“山西省企业文化建设先进单位”等荣誉。

【精神文化】 南风集团拥有异地16个子公司、本部10个分公司和子公司，在全国各地有近200多个销售办事处。为了把广大员工的思想、意志、行为统一起来，凝聚起来，把这样一个成员众多、地处分散、特色各异的企业，建成一个同心同德、风雨同舟、攻无不破、战无不胜的坚强团队，南风集团在组建之初就把建设统一、强大的企业文化作为重要工作，他们先后提出了南风集团的经营管理理念，出台了《关于全面系统加强企业文化建设的决定》，制定了《企业文化创新条例》。2004年，公司对企业理念进行整合，出台了《南风集团企业文化理念》。这些文件对南风集团精神文化、制度文化、物质（形象）文化以及企业文化管理机制、运行机制、领导机制、工作机构和队伍等方面做作出了明确规定，形成了具有时代特征和南风特色的企业文化建设体系。

南风集团虽然诞生在市场经济时代，但是公司的许多国有企业还留着计划经济的“尾巴”。正因如此，南风集团整合和培育企业文化的首要任务就是要突破旧体制的思维束缚，与时俱进，确立与市场经济相适应的企业文化理念。为此，南风集团大张旗鼓地向员工宣传、灌输以市场观念为主的理念，开展全员大讨论，使每一次全员大讨论都成为了一次思想解放运动和精神文化理念的提升。

经过9年的实践积累，认真归纳，精心凝练，不断提升，公司形成了具有鲜明的时代特征和南风特色的精神文化理念群：企业价值观——为社会创造财富，使员工实现价值；企业精神——挑战未来，追求超越；企业目标——世纪南风，世界南风；经营理念——诚实守信，竞合双赢；发展理念——发挥优势，把握机遇；市场理念——一切服从市场，一切服务顾客，一切让消费者满意，等等。这些理念体现了南风人昂扬的精神风貌和崇高的价值追求，成为激励万名南风人开拓进取，奋发有为的强大精神动力。

【制度文化】 制度文化是企业理念的具体体现，是对员工和企业行为的约束和规范，是企业改革发展的保障。9年来，南风集团先后对企业领导体制、管理体制、运行机制等进行多次改革创新。1996年出台了《关于转换企业经营机制，加强企业管理的若干意见》。1997年制定了《进一步深化内部改革；实现跨越发展目标的实施方案》。2000年1月，进一步对各项制度进行了创新，出台了15个管理创新方案，形成了比较完整的南风制度文化体系。如：行政正职组阁的组织制度；以“净资产收益率为中心”的责任考核体制；“计划统一、销售统一、供应统一，生产管理放开”的“三统一放”的管理模式：“责任到人、管理到位”的RM管理法；“全员公开招聘、双向选择、合同化管理”的人事用工制度；“以岗位工资、效益工资为基础，年薪、期股奖励以及各生产要素参与分配相结合”的分配制度；以取代会为基本形式的民主管理制度；以“五三”工作法为重点的思想政治工作制度；以监督与承诺相结合的“双康”机制以及员工文明规范等等；涵盖了企业管理的方方面面。

进入新世纪，为了适应中国加入WTO，世界经济一体化带来的更加激烈的市场竞争，提高企业对外部市场的快速反应能力、核心竞争力和综合创造力。公司把市场交易规则和市场运作手段引入到企业管理中，在集团公司内部实行了市场化管理。所谓内部市场化管理，就是在物流环节实行交易买卖，在信启、流环节实行承诺服务，使每个员工都成为生产者、管理者、经营者、交易者、买卖者，最大限度地调动了每个员工的积极性、创造性,确保了产品质量,降低了产品成本,提高了工作效率,提升了服务质量,实现了内部管理与外部市场的对接。2005 年,我们又在全集团公司开展以“提高执行力,增强竞争力”的创新管理活动,进一步完善管理制度,提高企业运作效率,丰富南风制度文化。

【形象文化】 南风集团始终把建设优美的厂区形象、优质的产品形象、优秀的员工队伍形象作为企业文化建设的重要内容。公司从建设优美的厂区形象、建设优质的产品形象、建设优秀的员工队伍形象三个方面入手,创建形象文化,树立一流的企业形象。南风集团有 90% 以上的单位先后建成了花园式工厂。各单位建设了风格各异、独具特色的厂区环境。其员工住宅区设计新颖,布局合理,环境优雅。花园式小区为员工创造一个合适美好的生活环境。南风集团向全社会用户和消费者发布了《质量宣言》,郑重承诺:“出厂的产品件件合格”,“南风人不生产不合格产品”。1999 年,公司通过 ISO9002 质量体系认证。优良的服务和优质的产品、新颖别致的产品包装和广告宣传,树立了产品品牌的良好形象。公司的“奇强”品牌被评为“中国驰名商标”、“国家免检产品”和“中国名牌”,连续多年产销量在全国名列前茅,成为具有很强市场竞争力的洗涤剂品牌。公司十分重视思想政治工作,帮助员工解放思想、转变观念,树立与时俱进的思想观念,制定了《员工文明手册》、《当好主人行为规范》等,规范员工言行;开展了丰富多彩,生动活泼、寓教于乐的文化娱乐活动,陶冶员工情操;开展了“文明岗位”、“文明员工”、“争做文明南风人”等竞争活动,激励员工奋发向上。通过大量深入细致的工作,塑造了一支思想解放、文明敬业、开拓创新、朝气蓬勃的员工队伍。

南风集团编辑的《南风人的故事》等小册子,用员工身边的事感染和教育员工。公司开展的“我们的南风,我们的家”等系列活动,使员工在潜移默化中受到企业文化的熏陶。公司把先进模范人物作为宣传企业文化的最好载体,身残志坚的残奥会标枪季军张应斌、盐湖机械化产硝发明者刘喜存等的事迹家喻户晓。此外,公司向社会充分展示传播南风文化,树立良好的公众形象,通过南风网站、《南风文化》期刊、《南风报》等媒体,向社会展示了南风化工集团股份有限公司日新月异的发展成果和南风文化的魅力。

文化促自律　自律促发展

——江苏黑松林粘合剂厂的企业文化建设

【企业概况】 江苏黑松林粘合剂厂始建于 1985 年,是全国规模较大的胶粘剂专业生产厂家,中国胶粘剂工业协会理事单位,全国胶粘剂标准化技术委员会成员厂。该厂地处长江中下游平原,南临江阴长江大桥,境内有新长铁路泰兴站段、宁通高速公路、宁靖盐高速公路等,地理位置十分优越,交通十分发达。企业荣获“泰州市执行标准优秀单位”、“泰州市计量合格确认单位”等称号,通过了 ISO9002 质量体系认证。2003 年,企业被评为“全国民营化工优秀企业”;2005 年 6 月,企业被评为“中国化学工业思想政治工作先进单位”;1998 年至今,“黑松林”商标连续三届被评为“江苏省著名商标”,2005 年元月又被评为“中国化工卓越品牌”。

【企业文化建设】 江苏黑松林粘合剂厂在企业文化建设过程中,着重围绕企业管理过程中出现的一些问题,把解决具体问题与建设企业文化紧密结合起来,不是简单地就问题解决问题;而是举一反三地引导管理层进行深层次思考、分析、研究,如何防微杜渐地铲除赖以产生问题的土壤,保证同样的问题不再重复发生;不厌其烦地引导员工进行换位思考,不仅告诉员工如何正确对待问题和合理解决问题,而且引导员工变他律为自律,把解决问题的过程作为凝聚人心,激发活力的过程,在解决问题的过程中平衡员工心理,强化员工忠诚,激发员工智慧,调动员工的积极性,把人心“粘接”到黑松林的事业上来,培育黑松林的价值理念和道德规范,增强企业自身的免疫能力和造血功能,从而达到建设企业文化的目的,推动企业持续、快速、健康发展。

树立人人都是企业主人翁的意识。管理者在企业文化建设中的作用非同小可。如果企业的管理者该管什么、不该管什么总是弄不清楚,结果是忙的忙死;气的气死。原美国管理协会会长劳伦斯·艾坡里说过:你自己把具体的工作完成,你只是一个很好的业务员;当你通过别人的力量完成某项工作,你才是一名合格的经理人。一个企业的有序管理在于分工明确,责任到人,不错位,不越位。管理就是在理清理顺的基础上管好管住,就是要使每个管理者认清自己的职责,在各自的岗位上发光发热。

培养和塑造具有较高素质的员工队伍,是建设企业文化的根本任务和核心内容,现代企业管理的全部工作与格养和塑造员工素质密不可分。现代企业管理拒绝缺乏情感支撑的简单生硬的制度管理。必须将员工在亲身感知的鲜活事实中进行思考和鉴别,由此感悟出其中的道理和诀窍,从而使成功的经验和失误的教训都成为一种财富。优秀不是一种行为,而是一种习惯。一个制度的内涵如果能被大家接受,就会得到自觉的遵守与共同的维护,这种习惯就是一种文化。建设企业文化的过程,就是引导员工自我教育自我提高的过程,企业文化建立在于无声处,只有员工都能够从我做起,从小事做起,从现在做起,才可以说我们把企业文化建到了实处,我们的员工素质得到了真正的提高。

主动悟化,充分调动员工的潜力。人是企业最重要的资产,也是最活跃的资产。管理者的责任,就是培养员工的合作意识、参与意识如竞争意识,调动员工的主动性、积极性和创造性,使每个员工的潜力得到最大程度的发掘。实践证明一旦员工对企业有了归属感和责任感,就会产生巨大的力量,从而成为企业兴盛不衰的动力所在。

锅炉车间是黑松林的普通工作场所,如何管好锅炉这个“煤老虎”,管好驾驭“煤老虎”的人不是普通的事情。随着企业管理的升档晋级,企业将锅炉车间管理的重点放到了“煤炭燃烧率的最大化与燃烧后煤渣含煤量的最小化”

上。用传统的管理办法靠制度来管、卡、压，能管住一阵子，但企业做的不是一阵子的事，如何解决这个长短问题呢？一个雨后的下午，企业策划组织了锅炉车间的“节能降耗现场会”。雨后的煤渣堆像冲了个淋浴，未烧透的煤与煤渣像煤炭店卖棉花——黑白分明。总经理在机场没有说一句话，只是从口袋里掏出一把硬币，扔到煤渣堆上就走了。回到会议室不久，锅炉工已将扔在煤渣堆上的硬币捡起送来。看着放在会议桌上的那一把硬币，总经理一语双关地说：“看到未烧透的煤而没人拣起来，我们失掉的可不仅仅是一把硬币啊！”大家为此进行了热烈的讨论，从中认识到节能降耗的意义。企业因势利导，讨论制定了“司炉工下班后拣煤渣”等一系列制度。办好一件事情，往往并不在于某一个人的智力或体力能不能适应，而是取决于这个人是不是真正进入角色。从这一点上说，员工的情感和责任心是看得见、摸得着的财富。“拣煤渣”的故事，它引发的是一场管理意识的革命，体验式管理“随风潜入夜，润物细无声”，它培育了员工爱岗敬业的情感，换来的是努力工作的最低成本。

实行科学的管理，提高企业的凝聚力和向心力。管理制度能够反映出一个企业的价值取向。罚款是对违章行为进行惩处的手段之一，但手段并不是目的，目的是让大家知道制度的神圣。罚款是把双刃剑，有积极作用也有消极作用。要消除管理者与被管理者之间的鸿沟；就必须走出只奖不罚和以罚代管的误区，把奖和罚的目的都放在提高员工遵章守纪的自觉性上，这样才能增强企业的生存能力和竞争能力，提高企业的凝聚力和向心力。

在一次年终总结大会上，企业直布了一条被大家相称为“爆炸性”的决定：退还一年来13人次因为违反规章制度而被扣的全部罚款。当员工小马接过退回的50元罚款后，动情地说：“罚的款还能退回来，我从来没想过。我不会被同一块石头绊两次跟头！”

在制度管理中，不可能没有处罚；就处罚的原因而言，有的出于主观对规章制度的演义；有的出于对客观情况不可防范，如上班途中因为自行车断了链条或交通阻塞造成迟到等情况、然而纪律制度丁是丁、卯是卯，不允许有随意性不允许打和牌，这就在执行过程中带来了管理者与被管理者的理念的不对称性。

夸克麦片公司的总经理肯·梅森说：我想到的不是公司总经理的权势和威力，我深深感到的是生意和观念的影响力。如何既维护规章制度的神圣性，又体现新型管理模式的有理有节，实现企业目标与员工个人追求的一致性。企业从上年处罚65人次下降到今年处罚13人次的事实中，看到了员工自律意识的提高，果断采取了年终一次性退还罚款的做法。这种退实际上是一种进，这种退更能够催人进步，她能使对抗走向和谐，使对上走向统一，使被罚款者既心悦诚服，又感激莫名，使全体员工在温馨中得到警戒警醒而难忘。退还罚款的做法并非否定已经订立的制度，更不是否定昨天的做法。就员工而言；罚款时受一次教育，退还时再受一次教育。就企业而言，好比驶往彼岸的航船，它需要根据水势和风向对航行作曲线处理。心理学研究表明：在一般情况下，讲清道理比单独使用惩罚手段效果好，而两者结合起来效果会更好。退还罚款，比不罚或只罚不退的办法更有效，更具深远意义。

在解决问题中建设企业文化，重在提高员工整体素质。成功的企业文化会让员工对企业产生认同感和归属感，从而与企业同心同德，风雨同舟，为企业的发展出力流汗，禅精竭虑，让员工在企业发展的同时真正得到个人实惠，感受到个人成功的乐趣。这些年，在解决问题中建设企业文化，使黑松林人在点滴中感悟，在点滴中受益，使行为在点滴中得到规范，使思想在点滴中得到升华，员工的精神面貌焕然一新，企业的物质文明和精神文明建设硕果累累，“不知道明天干什么的人不是黑松林人”，已经成为每个黑松林人的座右铭。“用知识打造品牌，先谋势后谋利”的经营理念已经深入人心。

立德守诚　求实求真

——湖南株洲化工集团公司的企业文化建设

【企业概况】　湖南株洲化工集团公司（以下简称株化集团）是经湖南省人民政府批准，于1997年12月29日以原株洲化工厂为母体改制而成的湖南化工行业最大的国有独资公司。企业始建于1956年，经过近50年的建设，现已成为中南地区最大的基本化工原料生产基地。公司拥有盐化工、硫化工、精细化工以及化学建材四条生产主线，50多个产品在国内市场中占有相当的份额，盐酸、烧碱、钛白粉、PVC树脂、化学建材等产品还远销香港、东南亚、欧洲及南美市场。近几年来，株化集团发展迅速，资产总额已快速扩张到21亿，去年企业实现利润5518万元，利税突破1.2亿元。

株化集团在近50年的建设发展中取得了辉煌的业绩。公司20万吨聚氯乙烯工程被湖南省列入推进“十一五”工业化进程的标志性工程，株化被列入重点扶持的省属优势企业，充分显示了青春和活力。株化的活力，不是体现在产品、厂房、工艺、设备和地理位置上，而是体现在独具特色的企业文化上面。“德、诚、实、真”这四个字，高度概括了株化的企业文化，集中体现了株化人的优秀品质，它是株化赖以生存和发展的根本，是株化美丽的灵魂。

【立德文化】　德：意为好的品行。人要有好的品行，关键在如何立德。治国如此，治企亦然。株化集团在员工中倡导“三德”，即：上班信守道德、在家注重家庭美德、出门在外讲究社会公德。这“三德”是企业搞好生产经营的保障，建设员工队伍的基础，抓好企业文化建设的灵魂。德高则人旺，德正则企兴。一些企业的领导干部在“德”字上出了问题，不但自己中箭落马，企业往往也是九死一生。为此，株化集团在中高级管理人员中倡导“五管住”。管住自己的脑，不为名利、物欲、美色所动；管住自己的嘴，不要吃要喝，不大吃大喝；管住自己的手，不乱伸手捞钱、捞名、捞利；管住自己的脚，不涉足格调低下的娱乐场所；管住自己的人，不让身边的家属、子女及工作人员事非分之福，沾非分之光。

为让"三德"、"五管住"在企业发扬光大，公司领导克己奉公，率先垂范，为员工做出了表率。侯清麟董事长无歌舞放纵之闲情，却有舞文弄墨之雅兴，被湖南政界和企业界称为儒商；刘湘民书记接待员工和蔼可亲，平易近人，对身边的党员干部和工作人员却要求极高，管束甚严，被大家称为亲切而又不失严肃的好书记。公司还颁布了《株化行为规范》，做到人手一份，使职工在学习的过程中自觉地规范自己的行为，举手投足，时时处处都体现。"三德"的优雅之风，每年一度的干部民主评议活动，更是使公司所有的高、中级管理人员廉洁奉公，做"五管住"的表率。

【守诚文化】 诚：意即忠诚、诚信、诚恳。人欲守诚，必先有德。自古至今，"诚信"原则经久不衰，不论是为人处世，还是从事某些具体的商业活动，诚信都是不可或缺的。市场经济必须要经历实物经济、货币经济和信用经济三个阶段。我国目前正处在货币经济向市场经济过渡的时期，市场经济的发达阶段必然对信用提出更高的要求。这个时候，把"诚"作为一项治企的方略，完全符合时代的发展要求和市场经济发展的必然规律。

诚实守信是株化集团长期以来固守的经营之道。株化的每一个产品都要经过严格的质量检测，划分好质量等级、拿到产品合格证才能出厂。在商务交往中，一旦因产品问题与客户发生纠纷，公司的商务理赔人员便会立即做出积极的调查和回应，以便给客户一个满意的交代。诚信经营的关键不仅在于建立诚信经营的原则和制度，更在于要有一支诚实可信的员工队伍。为此，公司要求每一位株化人对企业都有100%的忠诚度，真正把企业作为自己事业发展的平台使个人的荣辱与企业的兴衰浑然地融为一体，真正做到诚恳待人、诚信服人、诚实为人。在这样一个基础上，员工和企业才能共同信守对客户、对社会的承诺。

【务实文化】 实：通常指实干、实事、实效。说到底，就是要务实。空谈误国，实干兴邦。大到一个国家，小到一个企业，离开"实"就会一事无成。株化能从建厂初期的几百万资产，一跃而发展成为今天拥有21亿资产的企业集团，是广大员工用双手实干出来的结果。株化集团强调的"实"，首先是要求员工说老实话、做老实人，任何时候做任何事，都不好大喜功，不好高骛远；二是察实情，求实效。议事时决不闻风而言，或者想当然，主观臆断，而要采下现场，深入调查，多听基层和群众的意见；其三，要立足本职，苦干加巧干。总之，就是要把"重实效、说实话、办实事、求实效"作为工作宗旨，做到反映实实在在的情况，研究实实在在的问题，概括实实在在的经验，拿出实实在在的办法，创造实实在在的效益。

株化人具有"务实"的光荣传统。1998年，公司把"团结奋进，务实求兴"做为株化集团的企业精神，"实"字更是融入每一个株化人的血液。1998年以来，株化人以务实的态度，潜心技改，使企业的规模和效益每年以两位数的速度递增，企业呈现出一派欣欣向荣的景象。湖南省省长周伯华高度评价株化近几年来的发展成就。他说："这些年来，株化的技术改造是上马一个，成功一个，上马一个，见效一个，事实证明，株化的领导班子是务实的，过硬的。"

【求真文化】 真：掌握真相，把握真谛。坚持真理是株化人求真的目的和准则，也是衡量其工作的标准。株化集团强调的是人真、事真、物真、信息真，执行制度动真格。具体说来，即为人要本真厚道，不阳奉阴违，做事认真负责。丁是丁，卯是卯，反映问题真实可信。不浮夸，不虚报漏报，执行制度严肃坚决，做到王子犯法与庶民同罪。1998年以来，株化集团先后对十多名违纪或业绩不佳的管理人员做出撤职或降职处理，在员工中引起很大的反响。

株化特别要求中高级管理人员献言立论要有真知灼见，为此，必须经常下基层调查研究；掌握第一手材料，最终通过观察分析，去伪存真，归纳出本质的东西来，发现问题并找到解决问题的办法。与此同时，株化还要求员工要有一股为株化集团的利益而奋不顾身的大无畏精神；敢于同形形色色的虚伪言行和歪风邪气作斗争。株化自1995年以来长期开展"反不良管理"活动。在这项活动中，员工把影响企业形象，损害企业利益的不良行为及时反馈给公司高层，十年来，公司先后收到不良管理的投诉信件11000余件，公司根据投诉内容及时整改，取得了突出的成效。

在实践中建设"五环文化"

——中国五环化学工程公司的企业文化建设

【企业概况】 中国五环化学工程公司的前身是化学工业部第四设计院，创建于1958年，是国家级大型设计企业和工程承包公司，具有化工、石油化工、建筑工程设计、环境工程及环境评价、工程监理、工程建设总承包等多项甲级资质，并享有对外工程设计、咨询、工程承包和外派劳务、对外贸易经营权。1992年，单位进行体制改革，由事业单位改为企业，并正式更名为中国五环化学工程公司。2004年公司被国家人事部、国务院国资委授予"中央企业先进集体"光荣称号；公司党委于2003年、2004年连续两年被武汉市委组织部、企业工委授予"企业'双比双争'竞赛活动先进基层党组织"；2005年被全国总工会授予"全国模范职工之家"等光荣称号。

【培育五环文化】 公司领导始终坚持"以人为本"。"以人为本"体现在对职工严格的要求和合理的激励上，体现在充分挖掘和积极调动职工的积极性上，体现在着力培养年轻力量上，体现在善于倾听广大职工的各种声音上。正是在这样一批优秀管理者的影响下，公司员工对企业产生责任心、信任感，对工作具有积极性和创造性，在每一个具有如此信念的员工的努力下，逐渐形成一种积极的价值观及强大的核心凝聚力。五环公司《企业文化手册》，对五环理念、五环行为准则、五环标识进行了系统提升，充分反映时代特色和企业实际，不仅传承了“团结、进取、奉献、实干”的五环精神，提炼出了“以人为本、用户至上、诚信是根、创新为魂”的核心价值观，“用户满意的服务、先进适用的技术、和谐进取的团队、卓越有效的管理”的管理方针，以及“超前思维、引领市场、把握商机、合作多赢”的经营方针，还进一步明确了企业宗旨、企业目标、企业理念、管理哲学、市场哲学、企业定位、企业体制、企业成长特征、企业进步要素、技术拓展方略、人才观、环境观、员工定位、学习观、道德观、社会观、消费观、危机观等一系列企业和员工应遵循的理念。公司在利用内部媒介资源的同时，不断拓展思路，努力扩大五环公司作为国内一流工程公司的声誉。公司在获得国家人事部和国资委授予的中央企业先进集体光荣称号后，接受了新华社经济参考报记者的采访报道，在扩大五环公司在全国知名度的同时，也进一步激发了广大员工为五环而自豪，为五环而奉献的激情。公司创办的老年大学和体协的活动开展得红红火火，为广大员工传播科学、健康、积极的生活方式。公司工会工作与企业文化建设有机融合，组织了许多生动活泼的职工群体活动，营造出文明、祥和、健康的生活、工作氛围。

【实践“五环文化”】 公司形成了特色鲜明、适应社会主义市场经济发展基本要求、符合公司发展战略的核心价值观和企业精神。“以人为本、用户至上、诚信是根、创新为魂”的企业核心价值观在企业员工中生根发芽，激发了员工的潜力和创造力。公司在与用户的合作中，充分尊重用户，珍惜与用户的合作机会，诚信经营，为公司占领和拓展市场提供了强有力的支撑。公司在长期的市场竞争中，形成并提炼出了“人文理念、务实求真”的管理哲学和“超前思维、引领市场、把握商机、合作多赢”的经营方针。公司市场开拓和项目结构调整取得了令人振奋的成效，项目合同额、营业收入和实现利润每年稳步增长，各项指标连创历史最好水平，并呈现出强劲的发展势头。

五环公司不断完善相关管理制度，寓文化理念于制度之中，规范员工行为，不断提高管理效能。公司以部门为单位组织全体员工围绕“如何构建和谐的五环文化”、“人人都是五环形象”先后展开过二次企业文化建设大讨论，网上广泛征集员工对企业形象设计的意见与建议。公司的《企业文化手册》、《员工 HSE 手册》、《员工手册》和《公司 QHSE 管理体系文件》不断完善与健全，实现了组织运作既有价值观的导向，又有制度化的约束，激励约束与文化导向优势互补，大大提高了公司管理效能。公司把思想道德建设与企业文化建设有机结合，相融共进，共同为营造团结进取的企业氛围和健康向上的社会风尚发挥促进作用。五环公司建立了企业标识体系，使企业品牌效应不断提升，企业知名度大大提高。公司的“诚信、有为”、“负责、进取”、“守法、稳健”、“知名、美誉”在用户、社会、政府和媒体中树立了良好形象。五环公司按照现代企业制度要求，构建并完善企业文化建设领导体制和运行机制，在资金和物资方面的充分保障，不断提高了企业文化的建设水平。

【发展“五环文化”】 公司编制的 2005 ~ 2008 年发展规划纲要，把企业文化建设的不断完善和持续改进作为公司发展战略规划的重要组成部分，强调企业文化建设必须要与时俱进，针对公司经营环境、竞争形势和发展机遇的变化，不断丰富企业文化的内容和赋予新的理念，从而不断满足公司改革和发展的需要。公司已初步完成的企业文化建设计划，既有物质层面的指标，也有精神层面的目标。在物质层面上，企业文化建设的成效要体现在公司经济效益和国有资产保值增值目标的实现上，以及企业文化建设的硬件设施和环境整治的工作目标上。在精神层面上，企业文化建设的成效要体现在员工的精神风貌和干部的管理作风不断提高和改进上。企业文化建设目标明确和具有可操作性，就使公司能够对企业文化建设的成效进行更好的评估，并明确继续努力的方向。公司认为，企业文化建设的重要内容之一是弘扬与时俱进的改革发展理念和科学先进的管理理念，并使之成为公司管理创新和工作机制创新的推动力。公司与国际型工程公司和行业内的顶尖单位对标，不断推出公司改革发展的新举措，都收到明显的成效，原因之一就是公司以企业文化建设作为舆论先导和激励力量，而企业文化建设中，又特别强调要与时俱进和保持奋力开拓和敢为人先的气魄。

统筹谋划　科学构建

——中国石油吉化集团公司的企业文化建设

【企业概况】 吉化集团公司是中国石油天然气集团公司的全资子公司，下辖企事业单位 40 个，部室 22 个，现有员工 20300 多人。主营业务包括化工延伸加工和精细化工，工程技术服务及机械仪表加工制造；主要化工生产装置 48 套，其中 36 套装置处于国内领先水平；主要产品有 46 种，产品销售全国各地和意大利、德国等 20 多个国家和地区。

【确定文化兴企战略】 吉化的前身吉林化学工业公司，是国家“一五”期间的重点工程之一。50 多年来，吉化为中国化学工业的发展做出了突出贡献，“团结、进取、实干”的吉化精神和“严、细、实、快”的吉化作风享誉全国。1998 年 7 月，整体上划中国石油天然气集团公司，重组为吉化集团公司和吉林石化分公司。2000 年 3 月，吉化集团公司和吉林石化分公司正式分立运行。重组后的吉化集团公司身患“重疾”，成为一个传统企业文化亟待变革创新的特困企业，不得不靠中油集团的补贴过日子。面对这样一种困难局面，企业如何生存和解决吃饭问题，步入良性发展轨道，成为摆在吉化人面前的一个重大课题。

根据中油集团公司对吉化提出的扭亏脱困任务，公司党委就如何为企业发展提供思想保证和文化条件，开展了全员性大讨论，形成了企业文化建设的新共识，即企业文化是物质文化和精神文化的总和，是体现“中国先进文化的前进方向”的重要方面；与时俱进的企业文化是推动企业创新与发展的动力，是企业的灵魂，是企业的核心竞争力，是决定企业兴衰成败的关键因素；企业实现扭亏脱困，实现健康发展，离不开先进文化的支撑。基于这样的认识，该公司确定了文化兴企的战略。认识的提高，为加强企业文化建设奠定了坚实的思想基础。

【科学构建文化】 公司制订并颁布实施了《吉化集团公司企业文化建设规划》，确立了以“三个代表”重要思想和科学发展观为指导，以观念更新和落实社会主义荣辱观为先导，以理念创新为核心，以制度规范为基础，以管理升级为手段，以形象再造为突破口，以建立学习型企业为目的，构建现代企业文化管理体系的企业文化建设指导思想，明确了企业文化建设的目标、原则、内容和步骤。

确立一个目标。把吉化建设成为三个文明协调发展、在国内外具有一定知名度和美誉度的学习型企业。

坚持四条原则。一是坚持继承基础上创新的原则。二是坚持与发展战略相适应的原则。三是坚持以人为本的原则。四是坚持重在实践的原则。

构建三大体系。一是在理念体系建设上，完善了企业发展战略、企业价值观、企业精神、企业作风、经营理念等。二是在制度体系建设上，规范了发展规划、操作规程、工艺流程、质量管理、HSE管理、营销管理、维护职工合法权益和企业利益等各项管理制度，规范了企业和职工的行为。三是在形象体系建设上，树立了市场形象、产品形象、服务形象、团队形象、领导干部形象、英雄群体形象、文化标识、广告用语等，增强了企业的知名度和美誉度。

实施三步战略。一是完善基础工作阶段。确定企业文化建设规划，初步提炼理念，建立和完善各项规章制度；二是分析提炼设计阶段。健全各项规章制度和理念体系，完成《企业文化手册》，实施文化考核；三是巩固提高发展阶段。做到全体员工掌握本企业文化建设的具体内容和精神实质，达到文化自觉，在实践中加以完善、发展、创新，进一步提高企业文化管理水平。

【以人为本】 吉化从凝心聚力入手，以转变观念为先导，将文化理念融入企业生产与效益、发展与建设、改革与稳定之中，激活了企业又快又好发展的文化动力。

以文化力领航，统一全员思想。公司用先进文化统一思想，凝心聚力，推动了企业发展。针对企业扭亏脱困的实际，开展了“树立信心、立下恒心、上下同心，破釜沉舟，背水一战，奋斗三年，扭亏脱困”的全员大讨论活动，形成了文化兴企的共识，打响了“结构调整、技术改造、集约管理”三大攻坚战。为进一步凝聚斗志、鼓舞干劲，他们又适时进行了“扭亏不等于脱困”的教育，使广大员工清醒地认识到：吉化最终走出困境的根本措施是通过增强文化力提高竞争力和发展力，实现持续有效快速协调发展。

在继承中创新，健全理念体系。公司把传统的“团结、进取、实干”吉化精神统一到“爱国、创业、求实、奉献”的中国石油企业精神上来；继承发扬“严、细、实、快”的吉化作风；全面贯彻了“诚信、业绩、和谐、安全”的中国石油核心经营理念；进一步充实了员工价值观、人才理念和企业发展理念等内容。通过《企业文化手册》以及理念卡片、班前会、讲座和培训、演讲报告等各种有效途径，宣传贯彻，全面推广，使理念成为推动企业走上持续有效快速协调发展之路的强大动力。

坚持以人为本，完善制度体系。完善制度体系是促进管理升级、创新文化管理的重要途径。吉化本着“简洁、明晰、可行、管用”原则，重新审视企业的各项规章制度，结合企业实际和发展定位，从人性化的角度研究从严治企，全面实施了符合现代企业发展要求的、突出人性化特点的管理考核办法，营造了“工作累心不累”，“工作有压力心情不压抑”的人文工作环境；修订了公司级管理（技术）标准385个、基层级2762个；公司级岗位工作标准206个、基层级2445个。同时，本着“实事求是、精干高效”原则，对核心业务化工板块企业进行了重组，实现了化工板块组织结构扁平化，形成了“市场链”业务流程，确立了1个业务总流程和7个子流程；根据集权和分权原理，重新界定了母公司、分公司和子公司的职能，调整和压缩了公司两级机关机构。各基层单位也制定了相应的行为规范和考核制度。该公司严格文化考核，将考核结果与企业领导者年薪挂钩，公司每季度对二级单位进行一次企业文化考核，每年评选表彰一批企业文化建设先进单位。企业文化制度体系的初步建立，促进了企业文化建设的规范化、制度化、标准化。

立足和谐发展，再塑企业形象。一是开展以“企业创名气”、“产品创名牌”、“员工塑形象”为主要内容的“两创一塑”活动，再造企业形象。二是培树典型，树立了刘维彬、何天伦、李贺、徐龙杰等一批全国著名的模范人物群体，丰满了企业文化典型案例。三是开展生产装置达产达标、基础管理工作达标和练兵比武活动，打牢企业持续有效快速协调发展基石。以“轴见光、沟见底、设备见本色”为内容的整治，优化了文明生产环境；以“工完料净场地清”为内容的整治，优化了检修现场环境；以“整洁、明亮、优雅”为内容的整治，优化了文明办公环境；以“一天一道题、一周一答疑、人人是老师、处处是课堂”的学习模式，增强了员工的学习力。四是倡导文化自觉，促进了员工的精神状态和企业面貌焕然一新。五是适应中油集团公司整体发展战略和建设吉林化工园区的需要，坚持“四共原则”，做到发展共谋、责任共担、稳定共抓、环境共建，努力建设具有鲜明时代特征和两大公司共同特色的和谐发展文化。

根深叶茂的“树”文化

——云南解化集团有限公司的企业文化建设

【企业概况】 云南解化集团有限公司于2002年2月2日转制成立，其前身驻昆解放军化肥厂始建于1958年，是云贵高原上第一座中型氮肥企业，经过40多年的打造，现已成为以褐煤为主要生产原料、生产多种化肥，化工产品的大型企业。企业通过了ISO9002国际质量体系认证。名列中国化肥100强，是“云南省著名商标企业，云南省重合同守信用先进单位。企业坚持把“创新”作为生产发展的理念，现已形成年产25万吨合成氨。15万吨尿素、26万吨工业硝酸、硝磷酸铵、二甲醚、甲醇、油类、酚类等多种化肥、化工产品的生产规模。“红河”牌系列产品已成为解化的形象产品，深受用户的好评。

公司成立以来，坚持以文化促发展的经营思想，在认真总结、梳理解化过去企业文化建设成就的基础上，对改制后的公司及时提出了企业文化建设的新战略，对企业文化现状进行了全面调查、分析、提炼，形成了重企业文化，以文化促管理的企业创新发展观，使企业迅速扭亏为盈。2004年，实现销售收入5.6万元，实现利润5000万元。2005年企业保持着良好的发展势头。一个老企业获得新生，获得了企业效益和社会效益双丰收。

【培育企业“树”文化】 为了使解化这个老企业焕发青春和活力，公司把企业蕴涵的未经雕凿的企业文化进行整合，形成了具有解化特色的“树”形象文化。

解化集团的“树”文化生动形象：“根深叶茂”，不但是对解化发展历史的生动写照，也是对解化与市场、解化与员工关系的生动比喻。解化应以人为本，以市场为根；“胸怀在高远，情深藏沃土”，这是对解化永创新高而又稳健经营的发展警示；“良禽择秀木而居”，这是对解化集团必须完善自己、发展自己，以吸引优秀人才加盟与认可的提醒；“参天大树须仰视”、“树大根深”，这是对解化集团今后做强、做大的良好祝愿；“春花秋实”，这是对解化集团必须懂得只有耕耘，才能发展壮大自己的哲理思考；“积木成林”，这是对解化集团应注重合力，协调奋进的团队精神的提示；“十年树木，百年树人”，这是对解化在对待企业发展与员工培训方面的规劝；“树欲静而风不止”，这是对解化集团身处市场中，要顺时乘势、应对挑战，敢于迎接挑战，善于迎接挑战的一种警醒。春天开花发芽，夏天绿叶满载，秋天硕果累累，冬天厚积内练，练好内功，为生命的又一次辉煌做准备。正如解化，不管做什么事，不管是什么产品，它都有一个生命周期，但只要坚定信念，终究长成参天的大树。

解化的企业精神是：“健行思远，志在超越”解化经过多年的发展与进步，已沉积了自身精神的行为指向和理念指向。比如：艰苦奋斗、坚韧不拔、知难而进等，但时代在变，市场在变，人的观念在变，任何精神都不可能千秋万代，它需要在传承的过程中进行变更或超越。其精神的表现也应有新的形式变化和内容创新。经过提炼，解化的精神内核是：站的高，望的远，行的稳，思的深，努力拼搏，勇于创新，重在超越。

【丰富企业文化内涵】 解化集团通过创建学习型组织，使企业内部形成学习、创新的积极氛围，过去的一些管理模式和机制受到了挑战，使企业文化建设的各项理念得到充分实施，丰富了企业文化的内涵。

按照企业发展的要求，公司开展了以“自我超越、心智模式、共同愿景、团队学习、系统思考”的五项修炼活动，建立“学习为本、终身学习”的理念，营造“在工作中学习，在学习中工作”的学习氛围。并充分发挥报纸、电视、网络等资源优势，向员工提供各种学习资源。引导员工立足岗位，脚踏实地，埋头苦干，锐意创新，苦练“绝活”。公司抓住向“许振超”学习活动这一契机，挑选出技术能力强，业务精的工人技师进行传帮带，开展学习型班组员工的互助培训活动。学习中，专门针对生产运行中易损的炉、塔、机泵进行研究学习，公司利用厂里废弃的各类压缩机建起了压缩机实作培训基地，并把工人技师多年实践中积累的宝贵经验和技能编辑成内部学习资料，对青工进行讲解传授，做到干前学习、干后总结，边干边学，力争在几年内为公司的设备检修培养出一批具有真才实学的工人技师。公司还建立学习档案，并对各班组的整体学习情况实行经济考核，使学习成为一种制度和习惯，不断提高员工的工作技能和爱岗敬业精神。

2002至2004年，公司共培训员工3000人次。其中学历培训159人次，特种作业1200人次，安全培训2021人次，职业等级培训32人，培训形式多样，效果明显。企业与昆明理工大学合作，举办成人函授大专班。每年选派1至2名有专业技术特长的工人到西安交通大学进修学习。为便于员工学习充电，企业设立了许多科技图书室，每年投入近万元的资金新增科技图书，便于员工学习查阅科技资料。

【树立企业形象】 公司制定了《云南解化集团有限公司科学技术创新奖励（试行）办法》。2003年，公司首次对学科带头人汤允同志和有突出贡献的年轻科技人员李红寿同志给予5万元突出贡献重奖。公司进行了“精干主体”、“剥离辅助”、“减人增效”的改革和产业结构的优化调整，盘活了存量资产，提高了资本运营质量和效率。解化注意把科技进步的新项目、新成果作为重点内容对外宣传报道。在保证生产质量的同时，公司加大了产品形象的宣传力度，以诚信服务、取信于市场。公司采取售前、售中、售后服务工作，做到产品销往哪里，跟踪服务到哪里，把服务做到田间地角。公司连续三年组织科技下乡咨询服务队，不仅为广大农户提供了优质的技术服务，加深了用户对科学施肥种植的认识，同时也掌握了大量的市场信息，为企业拓宽市场，开发新产品提供了依据。公司从本企业特点出发，在不同层次、不同群体中，广泛开展了多种形式的活动。在基层支部、工会、班组中开展了精神状态好，民主作风好，团结协作好，廉洁自律好，监督保证好的各种活动。多年以来，公司每年都要组织各种各样的文体活动，组织绘画作品展、体育比赛、读书、征文等项目的活动，一本由解化人自创自编的反映公司员工文艺成果的文艺作品集《心灵的虹》也已出版。如今，不但公司的厂区环境发生彻底的变化，而且在人口密集的生活小区，实施了文化活动中心扩建工程，改建了原游泳场，新修了儿童游泳池，一个个令人赏心悦目的休闲娱乐场所，给解化人的生活增添了绚丽的色彩。优美的环境吸引着开远市民来厂观景游玩。

五种文化同步 实现"磁都"辉煌

——横店集团东磁有限公司的企业文化建设

【企业概况】 横店集团东磁有限公司是一家集生产、经营、科研、技术开发及信息服务为一体的科技先导型国家大型一档乡镇企业、全国电子百强企业、全国磁性行业龙头企业。东磁公司主要生产永磁、软磁、塑磁、稀土永磁、扬声器、微电机、硬质合金、金刚石砂轮、电容器、防盗门、电池等12大类2000多种规格和品种,公司的产品尤其是永磁系列产品在韩国、日本、东南亚、欧洲、美洲等50多个国家和地区中享有极高的信誉。据中国磁性行业统计资料表明,该公司的销售收入、实现利税、出口创汇、产品质量、产量均已居全国同行的首位,永磁铁氧体的生产量居世界第一,永磁预烧料的生产量居世界第一,是全国最大的磁性材料生产和出口基地,公司被誉为"中国磁都"。2004年,"东磁DMEGC牌磁性材料"被评为"中国名牌产品"荣誉称号,东磁DMEGC牌、永磁铁氧体系列、软磁铁氧体系列、扬声器系列被评为"产品质量国家免检"。

一个默默无闻的乡镇企业能迅速发展成为"中国磁都",除了拥有与其他横店集团下属企业所共有的社会、经济、政策、环境优势外,更重要的是得益于东磁公司自身从内到外的塑造所形成的理性、开放、实用、进取、参与、创新精神和文化品质。其文化属性和素质体现于高效运作和科学管理之中,并得以不断发展,形成了"大事业的追求,大舞台的胸怀,大舰队的体制,大家庭的感觉"的"磁都"文化。

【形象文化】 首先是企业经营哲学和观念的定位。东磁公司提出了"质量求发展,信誉拓市场,新品争高效,创新建磁都"的经营方针和"保证质量,保证信誉,保证成本,保证关系,保证领先"的指导方针。其次是企业视觉形象定位。东磁公司通过企业形象识别CI设计,使之在企业大楼建筑设计、办公厅内设计、企业标志、宣传品和广告设计等方面形成与经营哲学和经营观念相适应的独特"外包装",以便于公众识别。

【伦理文化】 "以人为本"的伦理理念:东磁公司提出——东磁要以能认同公司的核心价值观(承认公司的制度、文化、理念)的,且有能力的,其能力符合东磁公司发展需求的以人为本。

东磁公司通过树员工的行为准则和工作规范体现企业定位,传播企业精神,"企业公民"是东磁公司推进企业文化战略的另一重要举措,每一位员工作为企业个体,时时可以在他们身上感受到"流动"的企业文化精华。此外,东磁公司也创造条件提高员工素质,满足员工实现自我价值的愿望。首先东磁公司努力改造内外环境,实行有效的管理制度,为员工的成长、成才创造有利条件,从而帮助员工实现自我价值,满足其最高层次的需求。其次,东磁公司不定期地从各地请来客座教授或高薪聘请国内外专家、技术人员为员工授课,通过举办多渠道、多方面的培训班、管理骨干培训班,对员工进行上岗培训、转岗培训、业务技能培训和管理培训,促进了员工整体素质的提高。同时,抓好五个方面的基础教育:经常性形势政策教育,职业道德教育,科学文化教育,爱国主义、集体主义教育和社会公德、家庭美德、个人品德教育。

诚信为本的伦理理念:东磁公司诚信为本的伦理理念包含以下三层意思:第一,对外要讲信义、守信用。在管理活动中,要做到诚信不欺、言而有信。第二,企业员工之间要互相信任。第三,员工对企业的忠诚度和信心。

以和为贵的伦理理念:和为贵的伦理维度包含两层意思:一是要求管理者把"和"的思想纳入到管理当中去,以创造公司和谐的人际关系;二是"和"是形成企业内部合作关系的基础。强调企业内部员工与员工之间,员工与领导之间的和谐,提倡互帮互助、互谅直让、坦诚相待、亲密无间的关系,使企业内部产生荣辱与共的协作精神,从而增强企业的向心力。

以情为本的伦理理念:在企业管理中,情感交流是形成强大凝聚力的基础。感情交流使每个员工都成为企业责任感和荣誉感的承担者,提高自身的情感调运能力,消除情感障碍,减少人际磨擦。这样,就能形成一股和谐、奋进、具有凝聚力的团队精神。

【行为文化】 东磁公司的质量方针是"永无止境追求质量完美,一丝不苟满足顾客需求"。在东磁,质量管理是"一把手工程",并认为顾客满意是质量的惟一标准,质量上的国际标准可能是最低标准,国家标准只是合格的标准。质量标准只能来自于市场,消费者标准、市场标准是最高的标准。

东磁公司强调技术创新是提高产品质量的根本。质量管理不能偷工减料,永远不以现代化为由取消产品的"老化"实验。在东磁公司,质量绝对不屈从于市场。市场销售再火爆,提货的人再急,质检员不能急,宁可丧失暂时的份额,也不允许让质量破坏长远的市场。东磁公司允许有缺陷的设备,但绝对不允许有缺陷的思想。

【制度文化】 东磁公司建立了一套完整的规章制度,其内容包括:激励体制、生产经营、质量管理、劳动用工、干部管理、安全管理、思想政治工作、精神文明建设、党风廉政等各个方面,形成了具有东磁特点的制度文化。制度文化教育感染着东磁员工,使他们不断自我约束、自我提高。

【组织文化】 东磁公司通过研究彼得圣吉学习型组织的理论,认为公司朝"学习型企业"方向发展是不够的,要更进一步去做老师、做编辑,东磁公司要成为"教育型企业"。

"教育型企业"指的是:先做学生,不断学习新的知识充实自己,并且要学会融会贯通;通过积累后要由学生变老师,将自己的知识和经验传授给下属;在老师的基础上学会做编辑,把各岗位的工作编成教材,让下属有章可依,有法可循。这样一个将学生、老师、编辑合为一体的系统,就是东磁公司提高竞争力的"教育型企业"目标。

以人为本　文化铸魂

——中国人民银行三门峡市中心支行的企业文化建设

【企业概况】 中国人民银行三门峡市中心支行共有职工301人，下设5个支行，内设16个部门。2003、2004年连续两年被人民银行济南分行评为“A级行”。人行三门峡市中心支行坚持“以人为本，文化铸魂”的发展战略，逐步形成了精神文化、制度文化、物质文化“三位一体”的文化体系，达到了铸造行魂、凝心聚力、激活潜能、推动整体大发展的目标。2002年以来，该行先后荣获中国人民银行济南分行“思想政治工作先进集体”、河南省外汇管理先进单位等多项荣誉。

【精神文化】 中国人民银行三门峡市中心支行经过反复论证和深入思考，在2002年提出了“以人为本，文化铸魂”的发展战略，逐步形成了精神文化、制度文化、物质文化“三位一体”的文化体系：在精神文化层面上，培育“团结、务实、创新、敬业”的三门峡市人行精神，确立“追求卓越、追求完美”的工作理念，凝聚员工的精气神；在制度文化层面上，坚持“好、早、实、新”的工作标准，实践“人人都是三门峡中支形象”的行为准则，完善内控激励约束机制；在物质文化层面上，突出“树人品官德，构建和谐单位；抓教育培训，提高员工综合素质；抓金融生态，推动经济金融良性互动”三项工作重点，实现“建一流班子，带一流队伍，创一流业绩，跨入分行先进行列，创建总分行级文明单位”的工作目标。

为了使文化体系建设深入人心，人行三门峡市中心支行先后召开了文化体系建设动员会、研讨会和经验交流会，组织编写了《人行三门峡市中支文化体系诠释》，制作了文化体系建设电视专题片《砥柱风流》，全力营造文化体系建设的良好氛围，引导全体员工积极投入到文化体系建设活动中来，争做三门峡市中支的形象代言人。

“团结、务实、创新、敬业”的三门峡人行的精神，是金融文化体系建设的核心。该行先后开展了以“三查三看”（查思想认识，看政治素质，查制度落实，看作风纪律；查工作质量，看服务水平）为主题的思想作风整顿活动、工作质量年全员劳动竞赛活动、以“强化责任，规范管理”为主题的质量效益管理年活动、“再创A级行，我该怎么办”大讨论等专题活动，引导员工践行“追求卓越、追求完美”的工作理念，争当文化建设标兵。

人行三门峡市中心支行认为政治素质与业务技能是职工教育的基本点，也是精神文化建设的基石。在抓政治素质方面，该行先后开展了“三个代表”重要思想、马克思主义发展史、保持共产党员先进性专题教育活动，举办了先进人物典型事迹报告会、“道德规范进万家”研讨会、读书活动座谈会、文化体系建设先进经验报告会，坚定了员工的理想信念，增强了员工敬业意识和岗位责任感。在抓业务技能方面，开展了学习型领导班子、学习型组织、学习型员工创建活动，连年举办科级干部培训班、金融“三新”知识培训班和青年员工综合素质大赛，加大了业务练兵和岗位交流力度，提高了员工的业务素质。

人行三门峡市中心支行注重从群众中汲取智慧，充分利用行长接待日、职工座谈会、联谊会等渠道，加强职工与领导的情感交流与沟通，中支党委先后收集群众意见、建议、咨询420多条，并组织专题研究，定期通报，使职工提交的意见和建议件件有着落，事事有结果。在此基础上，该行关心职工生活，做到以情感人。先后将改善职工饮水问题、改善办公环境、建好职工集资宿舍楼等5件事作为中支党委民心工程，做到了好事办实，实事办好。此外中支党委还深入开展了“知百家事，进百家门，解百家难”为主题的送温暖活动。

在以经常化的思想工作教育过程中，该行以榜样的力量激励职工见贤思齐，先后开展了“三个代表”实践者、优秀共产党员、金融服务标兵、青年岗位能手、巾帼建功标兵等先进典型评选活动。

【制度文化】 人行三门峡市中心支行推行制度文化建设，从整章建制抓起，搭建竞争性的激励约束平台，从而全面提高内部管理水平，加快争先创优步伐。

整章建制，狠抓内部管理制度化，业务操作规范化。2002年以来，该行先后3次修订完善了《内控制度汇编》和《岗位业务操作规程》，建立健全决策目标、执行责任、考核监督制度体系，使每项业务、每个操作环节都处于填密的制度控制之下，推行业务差错责任追究制，使员工逐步养成了按制度办事、按规程操作的良好习惯。坚持凭业绩用干部，人尽其才，活化用人机制。中支党委加大干部民主测评与考核力度，先后对辖区5家县（市）支行班子进行了全面调整，各支行班子成员，特别是一把手之间争先恐后、开拓创新意识明显增强，辖区各支行初步形成了各具特色、齐头并进的好势头。坚持报酬凭业绩的分配导向，奖优罚劣，激发员工工作潜能。该行进一步完善了工作绩效考核办法，对各县（市）支行和机关各科室实行A、B、C、D四级目标管理责任制考核，考核结果同支行费用指标和职工个人奖金挂钩，破除了“大锅饭”。在年度综合考评中，对先进科室员工重奖外，还动用行长奖励基金对先进科室负责人单独奖励，从而使大家真正感觉到干多干少不一样，干好干坏不一样，有效地调动了员工的工作积极性。

【物质文化】 在中支文化体系建设过程中，该行结合金融改革和发展新的形势与任务，突出货币政策、金融稳定、金融服务三项核心职能，以创一流工作业绩感召人。近3年来，该行成功主办了重点工业项目推介会、特色农业项目推介会、经济金融协调发展促进会，银企签约金额187亿元，落实到位资金40亿元，推动了地方产业结构调整。2003年以来，三门峡市贷款增量、增幅稳居河南省前列，主要经济指标在河南省名列前茅。在维护金融稳定方面，中支整合监管力量，组建联合监管组，对金融机构开展账户、结算、现金、统计、国库业务大检查，集中查纠违规行为，树立了基层央行监管新形象，保证了黄河“金三角”地区的金融稳定。在优化金融服务方面，该行以规范化管理为突破口，确立了业务操作零差错、资金营运零风险、金融服务零投诉、安全保卫零事故、行政执法零违规、廉政建设零案件的工作目标，组织开展了规范化管理年、工作质量年、质量效益年等劳动竞赛活动，基础业务工作稳步迈上了新台阶。

人行三门峡市中心支行推行文化体系建设以来员工思想高度统一，机关行风行貌和员工精神面貌焕然一新，人心思进、开拓创新、奋勇争先的竞争氛围初步形成。在制度文化的激励约束之下，员工风采得以展现，整体素质明显提高。近年来，该行货币金银、安全保卫、政务信息等工作始终名列辖区前列，基础业务工作达到了“六个零”标准，规范化管理工作得到了上级行的充分肯定。同时，货币政策得到有效实施，形成经济金融的良性互动局面。此外，精神文化、制度文化、物质文化协调发展，初步形成了精神文化为导向、制度文化为媒介、物质文化为载体的中支文化体系，为中支的大发展注入了无穷活力，拓展了无限广阔的道路。

融入现代理念　打造特色文化

——山东樱花纺织集团公司的企业文化建设

【企业概况】 山东樱花纺织集团有限公司是集纺织、针织、印染、纺织机械、家纺制品、服装加工等多门类生产的大型一类现代化产业集团，为山东省200家重点企业之一，被省政府确定为高新技术企业，2004年，进入全国棉纺织行业50强。集团本部现有控股、参股公司14个，纱锭20万枚，资产总额7亿元。企业先后获全国纺织工业双文明优秀企业、全国设备管理优秀企业、全国“安康杯”竞赛优胜企业、全国纺织系统质量管理优秀企业、全国纺织行业安全“三无”企业等几十项荣誉称号。

【企业文化理念】 面对纺织市场日益激烈的竞争，集团党委认识到，越是在竞争激烈的时候，越要有凝聚人心、具有时代感和樱花自身特色的企业精神来支撑，否则，就会顶不住市场的压力而被淘汰。党委通过树立各类先模人物，典型引路，开展“我为党旗添光彩”、“党员形象工程”、“争做合格樱花人”等活动，教育员工树立起正确的人生观、价值观，使员工明确了如何去做一个合格的樱花人。通过这种潜移默化的作用，逐步形成了“团结、勤劳、务实、创新”的企业精神。

山东樱花纺织集团有限公司坚持以人为本的方针，尊重、关心员工，使员工对企业有亲近感和归属感。同时，在全体员工中注重集体主义精神和团结协作意识的培养，鼓励职工和亲一致，爱厂如家，使全体职工精诚团结形成一个拳头。为此，公司先后提出了“樱花是我美好家园，员工是我兄弟姐妹”的文化理念；“以法治厂、以德养人”的治厂方针；“在全国同行业名列前茅”的企业目标；“实现樱花的再次振兴和腾飞”的企业理想，逐渐形成了具有樱花自身特色的理念系统。通过企业文化的引导和渗透，“我靠樱花生存、樱花靠我发展”的信念深入人心，并产生了强大的精神动力，先后培育创造出“安装精神”和“援疆精神”，丰富了樱花精神的内涵。

与此同时，该公司自行设计了突出樱花形象的视觉识别系统，并确立了集团标识，编制了《视觉识别系统手册》，编印了《员工手册》，确立了行为识别系统。

【特色文化】 一是培养和灌输企业精神，增强企业的凝聚力和向心力。该公司以《山东樱花》、《樱花简报》和“樱花文化墙”等媒介为载体，加强对员工的思想教育。每年年初组织全员开展“解放思想大讨论”，促进全员更新观念，创新思维。每周一组织升国旗仪式，培育职工爱国主义和集体主义精神。与此同时，积极开展文体活动，陶冶员工的情操。每年年初，由党委研究，将重大节日和企业重点活动制定出活动计划，并由党群部门负责组织实施，监督考核，使各项计划都落到了实处。企业还投资100多万元，建成了1000多平方米的“樱花苑活动中心”，并购买了活动器材和文体用品，使员工活动场所得到了进一步改善。公司还成立了军乐团、舞蹈队、模特队等，定期组织员工参加舞会，丰富了员工的业余文化生活。二是注重以人为本，不仅提升文化理念。为使企业的文化理念渗透到每位员工心中，公司开展了“樱花是我美好家园、员工是我兄弟姐妹”征文活动，共收集文章600余篇，广大员工用自己身边的人和事来诠释这一文化理念，得到了员工的普遍认同。同时，搞好社区文化建设，增强员工的自豪感。为解决员工住房问题，新建住房11幢，有650名员工喜迁新居。公司还投资800多万元实施“十大民心工程”，对“樱花苑”小区内生活环境进行了全面改造，建成了具有现代生活气息和樱花文化特色的“济宁市十佳文明社区”，给员工营造了一个优美舒适的家园。三是实施“进千家关爱工程”，用爱心换真心。企业建立了特困员工、离退休老同志及各类先模人物档案，每年走访各类员工1000多人次，使他们真正感受到大家庭的温暖。四是加强人才培养，提高员工的素质。通过多种方式，开办了研究生班、营销班，选派优秀管理干部参加市“百名人才”培训等。同时，实施“300”人才工程，即培养100名工程师、100名工人技师、100名操作能手。并在人才培养上提出了一系列优惠政策，如对连续三年荣获操作能手称号的张荣华授予集团终身“操作能手”称号，在职期间医疗费100%报销，退休时再晋升两级工资。

【制度文化】 在人事制度上按照市场化的原则，建立了人事管理新机制。管理机构实行扁平化管理，管理部门由原来的24个精简为11个，全体管理人员实行了岗位竞聘制和单一首长负责制。由过去的“相马”变为“赛马”，充分体现了“能者上、平者让、庸者下”的用人原则；对生产一线工人实行定编定岗、考工晋级、上岗制度。自实行竞聘制以来，副总经理以下的所有管理岗位的调整和充实，无一不是采用竞聘的办法进行的。在分配制度上建立了统效挂钩的激励机制。公司分两条线推进分配制度改革，一条线是在生产分公司推行目标成本管理和细化毛利考核；另一条线是加大部室管理人员工资分配中活的比例。通过三项制度改革，形成了岗位靠竞争，收入凭贡献新的分配机制，拉开了工资分配档次。这种做法使企业内部活力大增，员工的思想观念发生了根本性变化，增强了积极性和创造性。在民主管理上建立了行之有效的约束机制。公司每年召开一次职工代表大会，凡是有关企业发展的重大问题、涉及员工切身利益的工资分配、住房、福利等问题，一律要通过职代会或职代会主席团扩大会进行讨论、审议和表决；公司还建立了领导干部述职和述廉制度。公司中、高级管理人员每半年进行一次工作述职，每年进行一次述廉、并接受一次职工代表民主测评；建立和完善了总经理接待日和总经理指令卡制度。

【品牌文化】 公司通过加大宣传力度，树立了樱花良好的公众形象。公司通过与《中国纺织报》等新闻媒体举办“樱花杯”摄影大赛，举办产品展示会等活动，扩大了企业的知名度。注重创新质量文化，树立诚实守信的经营形象。该公司在员工中开展了一系列质量教育活动，摒弃了传统质量管理中的糟粕，引进了适应市场的全新质量理念。“谁生产出了不合格品，谁就要用自己的工资买回去”、“樱花是客户的家园，客户的需要是樱花的责任”等质量理念、经营理念，已化为每一位员工的自觉意识，质量改进与创新在全公司内已蔚然成风。加大品种结构调整的力度，树立过硬的产品形象。一是建立了省级技术开发中心，提高了企业的技术检测水平，把住了产品质量关；二是坚持加大产品结构调整力度，努力开发适应市场的新品种。产品已形成7大系列，产品由3年前的16个增加到现在的1200多个，樱花品牌赢得了更多的市场和客户。强化内部管理，树立良好的管理形象。公司在通过了现场管理省示范企业验收、ISO9001质量体系认证、ImM001环保体系认证的基础上，实行了毛利考核和目标成本管理，提升了企业的管理水平。改善工作环境，树立企业良好的环境形象。一是对厂区进行了绿化、美化，建成了花园式工厂；二是规范厂区标识标牌，形成浓厚的文化氛围；三是统一着装，统一佩带工作牌，规范了员工的行为和外在形象。

经济文化一体化　建设通电新文化

——通辽电业局的企业文化建设

【企业概况】 通辽电业局是国家电网公司东北电网有限公司直管的中型供电企业，担负着通辽市、兴安盟部分地区的供电和向东北电网输电的双重任务，现有职工1239人。供电区域点多、组长、面广，供电半径400多公里，电网覆盖面积达12万平方公里，年售电量30亿千瓦时。拥有66千伏以上变电所23座，送电线路48条回，亘长1425公里，其中220千伏变电所7座，变压器总容量112.2万千伏安。经过全局上下努力，通电企业文化建设迈出了坚实的步伐，先后获得全国模范职工之家、全国职业道德建设先进单位、全国用户满意企业、全国精神文明建设先进单位、全国企业文化建设先进单位等多项殊荣。

【企业文化建设】 通辽电业局在30多年的发展历程中积累了丰富的精神财富，形成了自己的传统和文化。“严细、求实、团结、进取”是通电文化的核心概括，也是全局员工行动的准则和追求的目标。在企业文化建设的进程中，通辽电业局提出了“123”发展战略，一是坚持“一体化发展”，即坚持经济和文化的一体化发展。二是实现“两个转变”，即实现思想观念和工作作风的转变。三是构筑“三大平台”，即创建学习型企业，构筑“工作学习化，学习工作化”的学习体系平台；坚持以人为本，构筑“人尽其才、才尽其用、人才辈出”的人力资源建设平台；充分发挥党委的政治核心、党支部的战斗堡垒和党员的先锋模范作用，构筑“有位、有威、有为”的党建工作平台。

以实现“两个转变”为目标，企业文化建设从转变员工的思想行为习惯抓起。通辽电业局面对市场经济的新形势新任务，将转变员工的思想观念和工作作风，牢固树立市场经济相适应的市场观念、竞争观念和服务观念，形成爱岗敬业，真抓实干，责任心强，务实创新的工作作风作为企业文化建设的重要内容，并将实现“两个转变”，作为企业文化建设的首要任务。

多年供电企业的特殊性质，使该局远离了市场，淡化了“人民电业为人民”的服务意识，缺乏竞争意识和发展意识。为此，通辽电业局有针对性的开展了“企业要振兴，我们怎么办”大讨论和“转变观念，振兴企业”专题研讨活动，认真查找职工在思想观念、精神状态、工作作风等方面存在的突出问题。同时，利用业余党校开展形势任务教育，邀请知名专家教授举办企业文化建设专题报告，充分利用报纸、电视、网络、电子大屏幕等宣传媒体，传播企业文化知识，营造企业文化氛围。坚持开展职工运动会、球类比赛、书画摄影展、演讲、征文等形式多样、职工喜闻乐见的企业文化活动，极大地激发了员工敬业爱岗的工作热情，增强了员工的发展意识、竞争意识和服务意识。

转变工作作风。一是加强机关作风整顿。以建设“学习型机关、服务型机关、务实型机关，机关干部要当好表率作用”的“三型一表率”队伍为目的，进行了大规模的机关作风教育整顿，各处室公开做出了工作服务承诺。二是从规范职工的文明行为抓起。专门制定了《通辽电业局职工守则》、《通过电业局职工考勤管理办法》等制度，对上班迟到、早退者，进行公示和经济考核。要求员工上班必须出示工作证，所有会议必须统一着装，吸烟必须到指定地点等等。同时，通过开展服务礼仪讲座和竞赛，规范员工的言行举止。这一系列看似很小的行为习惯约束和教育引导，不断改变着员工的生活习惯和工作作风，员工的精神面貌有了很大改观。

以构筑“三大平台”为重点，企业文化建设与经济建设协调发展。一是创建学习型企业,构筑"工作学习化,学习工作化"的学习体系平台。在启动创建学习型企业活动中,该局从完善培训制度入手,修订完善了《通辽电业局岗位培训考核标准》、《通辽电业局生产岗位人员培训管理办法》等多项制度。从强化岗位教育抓起,针对不同专业、不同岗位专门建立了有上千套应知应会试卷的题库,各专业按需进补。举办了形式多样的学习竞赛和读书兴企活动,努力营造"人人学习,处处学习,终身学习"的浓厚学习氛围和比、学、赶、帮、超的工作氛围,如今,"学习工作化、工作学习化"已成为辽通电业局每名员工的工作主题和生活习惯,并渗透到企业生产经营的各个环节。

二是坚持以人为本,构筑"人尽其才、才尽其用、人才辈出"的人力资源建设平台。辽通电业局提出"没有落后的员工,只有落后的干部"的干部管理理念。2004 年,坚持"不唯学历、不唯职称、不唯资历、不唯身份"的原则,两次调整了 80 多名中层干部,大大激发了干部员工的工作积极性。实施干部"助理制",为那些作风务实、业绩突出、年轻有为的干部,提供良好的工作环境和发展空间,在员工中产生了很好反响。

三是充分发挥党的"三大作用",构筑"有位、有威、有为"的党建工作平台。辽通电业局充分发挥党委的保证监督作用,党支部的战斗堡垒作用和党员的先锋模范作用。党委积极参与企业重大问题的决策,坚持参与不干预,建议不决策,监督不越位原则,在班子中做出了榜样,树立了正气。基层党组织建设坚持发挥正确导向的核心作用、科学决策的领导作用、团结协调的凝聚作用、勤政廉洁的带头作用,在全局党员中坚持开展"三无一保"责任区和"创先争优"活动,保持了党员先进性,增强了企业向心力。

【特色文化】 辽通电业局聘请专家对企业进行了总体形象策划,完成了 CI 发展规划,制定了营销发展战略。大力推广应用了国家电网公司视觉识别系统,完成了 VI 发展策划。辽通电业局以"企业中心工作"为轴心,具有通电特色的"三种"文化已经初具规模。

管理文化。多年来,辽通电业局倡导"没有不称职的员工队伍,只有不到位的管理"的理念,相继开展了"基础管理年"、"规范管理年"和"深化管理年"活动。不断进行制度建设,先后完善各类企业管理标准 1280 多个,修订出台管理办法、规程 200 多个,建立了 438 个岗位管理标准、工作标准和技术标准,真正做到了生产经营活动有章可循,有法可依。根据多年的管理经验,该局总结出了自己的管理模式。即全面计划管理——事事有计划,事事按计划,确保各项工作有条不紊进行;全面经济管理——各项工作有明确的经济指标及考核办法;全面质量管理——将工作质量、服务质量全面纳入统筹管理;全面安全管理——全员参与,全方位监控。实现了企业文化建设与企业中心工作有机结合,收到了良好效果。

营销文化。该局坚持"优质、方便、规范、真诚"的八字服务方针,倡导"始于客户需求,终于客户满意"的营销理念,先后出台了《营销一体化实施方案》、《增供扩销优惠电价政策》等多项用电措施。1996 年 6 月率先推出"让全市人民满意,创行风建设排头"的服务承诺以来,坚持强化内部考核,外部社会监督,不断加强软、硬件服务设施建设,投资近 200 万设立了 500 平方米客户服务中心,95598 服务热线实现全国统一拨号,报装接电"一口对外"。"工作环境整洁优美;本职工作尽心尽职;上下工序高效有序;服务承诺诚实守信",已经成为该局员工日常能够遵守的行为准则。2004 年,在通辽市行风测评中,该局荣获免检单位,这在东北电网也是惟一的一家。

安全文化。电力安全关系国计民生,关系社会稳定。"安全第一"是电力企业永恒的主题。该局大力推行"企业兴衰安全为本,保证安全人人有责"的安全理念,从一人一事抓起,教育职工牢固树立安全意识,自觉从"要我安全"转变为"我要安全",养成遵章守制的好习惯。多年来,该我局严格执行各项规章制度,全面实施标准化作业,没有发生一起人员责任重大设备、重大电网事故和重大社会影响事故,多次战胜了暴风雪、水灾、龙卷风、电网敷冰等自然灾害,确保了电网的安全运行,推动了地方经济的发展。

真情永不变

——山东真情集团有限公司的企业文化建设

【企业概况】 山东真情集团有限公司是集当今世界领先水平的针织、染整、缝制于一体的民营全能针织内衣企业,现有职工 3400 余人,固定资产净值 2.8 亿元,年产能力 2500 万件针织内衣,年出口创汇 2000 多万美元,产品 95% 出口到美国、日本、阿联酋、香港、台湾等国家和地区。多年来真情集团公司以文化为中介,从加强管理、提高素质、塑造形象入手,逐步形成了健康向上、内容广泛、充满活力,具有个性特色的"真情"企业文化氛围。企业先后荣获"全国纺织系统双文明建设优秀企业"、"全国模范职工之家"、"全国企业文化建设先进单位"等荣誉称号。

【培育真情精神】 在培育完善真情精神的过程中,真情集团提出了"团结勤奋,求实争先"的企业精神,这既是对企业光荣传统的总结与继承,又是企业面向市场以后经营思想变化的反映;这既是"真情"职工群体意识的提炼和升华,又对全体职工具有引导约束和激励的作用。

真情集团根据企业特点与职工的心理状态,结合不同时期的中心任务,采取多种形式和途径进行宣传教育。一是典型引导。注重总结、培养、推广最能体现真情精神的不同时期优秀职工典型,请他们讲厂情、忆厂史,用他们的事迹和模范行为为启发引导职工,强化职工的主人翁意识。二是系统灌输。通过正规的系统培训,提高职工的思想道德水平。三是自我教育。真情集团将不同时期的教育内容,通过开展演讲、知识竞赛、职工书画展、文艺演出等形式,使职工在写、讲、唱的过程自我发现，自我教育，自我提高。四是寓教于乐。真情集团大力开展健康向上、喜闻乐见的文体活动。先后成立了职工文艺宣传队、职工篮球队、时装表演队，做到节日有演出、庆祝有活动，长年不断线，让职工在优雅、轻松的活动中陶冶情操，激发了奋发向上的劳动热情。五是注重阵地建设，加强宣传导向。真情集团逐年加大对企业文化阵地建设的投入，先后投资100多万元建成了覆盖全公司的卫星电视差转台、功能齐全的职工舞厅以及职工灯光球场、职工图书室、老年活动中心等一大批文化娱乐宣传设施，满足不同层次的职工对文化、艺术生活的需求。

【优化人文环境】 真情集团为使职工在民主和谐的人文环境中工作和生活，首先从建设优美环境入手，体现人文关怀。该集团花巨资对厂容厂貌和职工宿舍区进行了美化绿化改造，使厂区居住区有树、有灌、有花、有草，达到了“花园式”的标准，构成了一道亮丽的风景线。其次，通过多种渠道与职工进行思想沟通，使职工心情愉悦、有充实感和自豪感，将个人的奋斗目标与企业发展紧紧地联系在一起。公司领导每半年要分组（即生产组、经营组、后勤组和老干部组）同全体职工进行恳谈，职工可就企业发展、公司现状和公司管理畅所欲言，提出意见和建议。同时在妇女节、青年节、老年节等节日，公司全体领导都要和女职工、青工和退休老同志进行座谈，了解他们的心声，倾听他们的见解。真情集团十分关心职工及家属的生活，每当职工或家属遇到疾病或困难，总是及时把关心、问候和温暖送到他们心中，从而提高了企业的内聚力和向心力。

【创新管理思想】 真情集团在建设花园式企业，营造浓厚文化氛围的同时，积极“创建五个一工程”活动。“五个一工程”的基本内容是：“树立一面旗帜”，即真情集团的旗帜，向社会展示企业形象、职工形象、产品形象，增加企业知名度，增强企业向心力。“弘扬一种精神”，即“团结勤奋，求实争先”的企业精神，这是企业之魂，是企业振兴的原动力。“建立一种体系”，即职工与企业的利益共同体，形成“企业靠我振兴，我靠企业生存”的关系。“实现一个目标”，即企业的远景规划和近期目标，使职工对企业充满信心。“做好一份答卷”，即号召职工做好本职工作，立足岗位成才，以优异成绩向党组织交上一份合格答卷。经过实践运行，“五个一工程”活动对培育职工群体意识和员工“爱厂、敬业、奉献”的主人翁精神，起到了重要作用。

在巩固、充实、完善“五个一工程”的基础上，真情集团开展了“设计岗位形象，培育敬业精神”活动。所谓设计岗位形象活动，其基本内涵是：企业的全体员工，从董事长、经理、书记到一线职工都以高度概括、鲜明生动的文字定制“岗位形象”，“岗位形象”中包括敬业精神、职业道德、目标责任、规章制度等方面的内容。如董事长的岗位形象是“精通管理经营，决策指挥若定。改革创新进取，志在企业振兴”。车间支部书记的岗位形象是：“政治立场坚定，胸怀坦荡热情。凝聚多方力量，共建两个文明”。缝纫车工的岗位形象是：“严细的作风，熟练的操作。全心的奉献，完美的缝合”。这些岗位形象尤如警示录、座右铭一样，对职工起着激励、规范和启迪作用。

整个设计岗位形象活动，分宣传发动、创意设计、示范挂牌、实践运行、总结提高五个阶段，全公司共完成了210个岗位的形象设计，并将岗位形象挂上工作台，摆上办公桌。真情集团通过这种新的形式和载体，把职工主人翁意识教育进一步形象化、具体化、科学化，达到了理顺情绪、凝聚人心、调动积极性、发展生产力，促进企业振兴发展的目的。

【实施CI战略】 真情集团是一个外向型企业，产品95%出口到国际市场，“真情”牌产品在国外特别是日本很受消费者的青睐。但是在国内市场，“真情”产品的知名度还不能像其他名牌一样让人耳熟能详。为使“真情”产品响遍九州，走进千家万户，真情集团聘请了专家教授进行CI战略基础部分的策划与设计，通过有计划、有步骤地推行实施，塑造具有真情特色的企业形象。

首先在企业内部，通过厂报、宣传栏、闭路电视等媒体和办班的形式向全体员工宣传CI战略，增强员工对推行CI战略重要性的认识，为导入CI奠定了坚实的思想基础。在开展CI工程设计的操作中，聘请CI策划专家，按照CI设计程序，对CI中的MI、BI、VI三个识别系统进行了全面的设计与策划。在MI设计策划中，共设计包括了企业发展战略总案、企业营销战略专案、企业广告战略专案、企业文化战略专案、企业推销战略专案等26个专案，每一个专案都有具体的实施计划和实施措施，将CI导入贯穿于企业思想建设、生产经营的每一个环节之中，确立了企业形象、企业理念、行为准则、价值取向等，对真情形象进行了全方位的提升，形成了具有“真情”特色的经营理念。二是进行BI系统的策划设计与实施，主要包括企业组织、管理、员工教育、工作环境、广告宣传和社会公益活动等方面的内容。真情集团通过广播、电视、报纸、杂志等媒体及社会公益活动宣传企业，宣传“真情”，以求在社会中传播良好的企业形象，使“真情”走进千家万户。三是对CI工程中的视觉系统进行了重新设计、重新包装。真情集团以前使用的标志，没有充分体现企业的基本精神及经营的独特性。为此真情集团重新确定了以蓝色、红色为基本色调的新的企业标志，它形象体现着真情集团对消费者情浓似火、情容似水的真情回报，形成了厂徽、厂旗、厂服、包装用品等统一的企业标识系统，并及时进行了注册。

其次强化经营理念，从深层次塑造企业形象，按照整体方案的设计，将以营销为突破口，形成大营销的格局，专门成立了营销公司，在全国各地建立了“真情”销售网络，真正使“真情”牌产品实现温暖人间的诺言。

培育文化特色　彰显企业活力

——电子科技集团公司第三十研究所的企业文化建设

【企业概况】 中国电子科技集团公司第三十研究所是1965

年组建的从事保密通信和信息安全领域基础和应用理论研究、重大系统工程项目建设的专业研究所。现有正式员工1300余人,拥有一大批通信网络和信息安全专家。三十所具有保密通信与信息系统网络一体化设计和实现的独特优势,在信息安全保密理论和应用技术方面处于国内领先、国际先进的水平。在安全保密、通信网络、定位导航等领域已形成著名品牌、国家(防)主力。经过长期的培育和建设,三十所文化得到广大员工的广泛认可和上级领导的高度评价,被成都企业文化协会授予首批"成都企业文化建设先进单位",2005年被评为"成都企业文化建设先进示范单位"。

三十所在40年的发展过程中逐步积淀出自己的特色文化,他们以"以忠诚和智慧构筑中华民族的信息长城;以实业和品牌追求科技集团的持续发展。"作为集团精神,"诚信,方圆,首创,共荣"是集团形象。

【传承精髓】 三十所曾为"三线"单位,历史铸就了老军工、老三线的那种忠诚事业、无私奉献的丰富文化内涵。三十所重视宣传老三线、老军工精神,大力宣扬"老骥伏枥志在千里"的李振邦、"淡泊名利不懈追求"的刘村友、"满腔热情不懈追求"的袁阿兴、"思维超前一步技术领先一筹"的穆良知、"洒满腔热情固信息长城"的龚奇敏、"专注立业智慧创新"的汪恩荣、"桃李不言学者风范"的蒋继洪及"严谨踏实躬耕不止"的朱甫臣等一大批对三十所发展做出贡献和正在贡献的老一代科技工作者。

新千年,三十所组织1000多人回到三线老基地,举行千禧年联欢大会,激励后来人。同时组织老领导老专家回三线寻根忆旧,积极为所里建设出谋划策。

在民用信息安全产业快速发展时期,三十所及时倡导"令行禁止、言行一致、信守承诺、真诚互助、忠于集团"的诚信文化。通过高度提炼、全面规范、广泛宣传和有效激励等方式,让三十所文化真正融入到每位员工的血液里,落实到每个人的行动上。

【保持活力】 三十所文化的活力来源于持续的投入。在组织机构上,党政工团发挥各自优势,全力推进三十所文化建设。成立了以党委书记为组长的三十所文化建设推进小组,指导、协调、推进文化建设。成立了思想文化研究会,每年召开主题鲜明的研讨会,交流、探讨文化建设。党群部门、基层党组织有力推进三十所文化建设,引导全体员工积极、广泛参与。

三十所抓文化建设的载体,形成了网络、报纸、刊物同步响应。充分发挥所报《通信卫士》的作用,遵循"扣中心、抓亮点、扩影响"的办报宗旨,不断创新,在集团内部、上级机关和客户中获得高度赞誉。公开发行的《信息安全与通信保密》杂志充分体现了技术专业特色,受到业界的广泛关注和好评。同时把所网建设成为三十所文化建设新的阵地和载体,推出"三十文化"在线栏目,多层次反映文化建设成果,利用集团新闻、热点追踪等栏目和各类管理在线,紧密结合工作展示三十所文化特色。

三十所在经费上舍得投入,每年都拿出数十万文化建设专项经费。为改善文化条件,他们修建了职工文化活动中心,建有足球场、篮球场、网球场、羽毛球场等。

【夯实基础】 一是党政主要领导及时决策。所长亲自提炼三十所文化精髓,在制定三十所发展战略时,形成经济文化一体化战略。每年确定一个文化建设主题,如2002年为"形象年"、2003年为"制度年"、2004年为"效率年",2005年为"效益年"。党委书记把优秀的文化理念与自身的特点相结合,先后组织开展了以"学习、行动、思考、提高"为主题的海尔文化全员培训、"5S"文化建设以及科研和办公环境清理及维护(ROCC)活动和三十所文化执行缺陷分析活动等。

二是党群部门、基层党组织有力推进。他们加大宣传力度,营造文化氛围,长期坚持在《通信卫士》报和所网等宣传载体上开辟专栏探讨文化建设,在工作区醒目位置以文字和标识展示三十所文化形象。

三是全体员工积极参与。三十所人积极为文化建设出谋划策,每年都能收到员工数百项合理化建议。在推广《追逐太阳——三十所之歌》制度集的学习宣贯等文化活动中,三十人所经常在"实话实说"、"透明建议箱"等专栏发表文化建设方面的帖子,对文化建设提出自己的建议和想法。

【提升品位】 在"形象年"中,他们加强三十所形象的设计和塑造,加强员工精神面貌和思想素质的培养。编印了《三十所员工手册》,集中展示了三十所的文化建设全貌。在"制度年"里,对9大类130多项制度进行了修改、编纂、草拟、完善,并汇集成《三十所制度集》,理顺了管理,促进了集团的高效运转。在"效率年"里,他们通过创建"效率在线"等方式,优化工作流程、提高工作效率。

所长、书记还共同创作了《追逐太阳》的三十所之歌,在所内广为传唱,并制作成精美的MTV,已成为所重大活动的必唱之歌。

【培育特性】 三十所文化形成了自己的特色,表现出五个方面的特性:整体与个性的平衡;诚信与效率的统一;规矩与自由同在;群秀与英雄并重;个体与集体共荣。

三十所不断推陈出新,形成了"诚信,方圆,首创,共荣"为特性的特色文化,倡导三十所文化是诚信务实的文化、崇尚品质的文化、是众人响应的文化、是与时俱进的文化。

"泰山精神" 活力之源

——中国人民银行泰安市中心支行的企业文化建设

【企业概况】 中国人民银行泰安市中心支行(以下简称泰安中支)是济南分行辖内(山东、河南)大规模行,机关在职人数173人,党员人数133人。位于泰山脚下的泰安中支围绕"泰山精神"做文章,立足更好履行职责并结合自身工作实际,将金融文化做深、做细、做透,与"泰山精神"有机融合,以文化引导促文明创建,服务和促进泰安经济金融协调发展。泰安中支连续5年实现了“资金流转零风险、安全防范零事故、执法监督零违规、金融服务零投诉”的目标。2004年，被总行、分行确定为行风建设联系点；2003、2004年连续两年被济南分行考核为A级行；被济南分行授予“2003～2005年度分行级文明单位”，2003、2004年连续两年被山东省文明委授予“省级文明单位”荣誉称号。

泰安中支所大力倡导和弘扬的“泰山精神”主要内容为：勇于攀登，积极向上的进取精神；坚如磐石，重于泰山的奉献精神；登高望远，置身霄汉的超越理念；松石为骨，清泉为心的崇高情操；泰山旭日，喷薄欲出的蓬勃生机。为增强“泰山精神”的感召力、渗透力和推动力，他们将“泰山精神”具体化，即与“五个三”（强化三种意识、树立三种形象、培育三种精神、光大三种美德、优化三种环境）紧密结合，使得“泰山精神”更加深入人心，更具可操作性。

【诚信文化】 泰安中支要求广大干部职工拿出攀登泰山十八盘的劲头，不畏艰险，不达目的不罢休，以只争朝夕的时代发展观，落实好货币信贷政策，倡导金融稳定新观念，切实维护广大人民的利益；以“泰山北斗”的品格努力创建诚实守信的金融生态环境。

泰安中支不断探索经济金融协调发展的新路子。提出了“在工作中正确处理支持经济发展与防范化解金融风险的关系”这一工作理念，解决了金融部门把工作着力点转移到通过支持经济发展，提高经济运行质量，从根本上防范风险这一关键问题。利用政银企座谈会、金融形势分析会等多种形式，积极宣传货币信贷政策，加强窗口指导，认真落实宏观调控要求。针对企业贷款难、银行难贷款的矛盾，泰安中支认真探索加强银企合作的有效形式，推进银企合作。四年时间举办银企合作洽谈会、金融产品推介会等活动12次，累计签约贷款额达300多亿元，资金到位率平均在70%以上。

泰安中支把优化金融生态环境，作为维护辖区金融稳定与促进经济发展的切入点来对待，积极探索用市场化手段进行企业信用评级工作。2004年，从200多家申报企业中评出A级以上信用企业109家，为金融机构防范风险提供了基础平台。在此基础上，提出了“文明信用共建”的工作设想，主动建议并协调市文明办、经贸委等部门，将道德建设和信用建设有机结合，开展了文明信用环境创建活动。制定了《泰安市金融生态建设考核评价办法》，大力开展金融生态建设先进县（市、区）评选活动，有效促进了辖区金融生态环境的改善。

【服务文化】 “泰山不让土壤，故能成其高；江河不择细流，故能成其大”。泰安中支要求全体干部员工从我做起，从小事做起，为地方经济发展提供高效优质服务。泰安中支全面推行政务公开，实施阳光工程，并在营业大厅设立了电子触摸屏，方便社会监督。为进一步提高金融服务水平，建立了首问负责制、服务承诺制、限时办结制、行政过错责任追究制等多项服务措施，并严格考核。针对电子联行来账资金余额较大的状况，采取及时接收电子联行来账、适时清算来账资金、增加票据交换场次、调整营业作息时间等措施，使企业资金减少在途时间，每年可为客户增加可用资金3亿多元，全行上下形成了“文明从我做起、服务从我开始、风险到我为止”的浓厚创建氛围。

泰安中支号召广大干部员工要以“坚如磐石”的信念，严格执法，廉洁奉公，学法、知法、懂法、守法，针对职能调整后人行行业作风建设的要求，他们积极开展了正反面典型教育、犯罪成本大讨论等活动，进一步加强了行业作风建设。

【管理创新】 登高才能望远，创新才能发展。正是着眼于此，泰安中支打造一支具有开拓创新精神和注重学习研究的高素质干部队伍。他们按照党的干部政策和《党政干部选拔任用条例》的规定，选拔任用干部，使一批德才兼备、年富力强的青年干部走上了领导岗位。中支党委及时召开“建设学习型班子暨学习型机关”研讨会，对干部队伍提出“用心学习、用心把握、用心工作、用心创新”的要求，大力倡导团队学习、过程学习、随机学习、终身学习、在发展变化中学习。通过开展岗位交流、履行央行新职责教育、演讲会等，为丰富干部学习渠道、提高素质搭建了平台。

【创建和谐】 泰安中支按照“严格、规范、谨慎、诚信、创新”的十字行风要求，大力开展“四好”创建活动：在行内团结帮助同志；当一名好行员；在社会上遵纪守法，当一名好公民；在家庭互敬互爱，当一名好成员；邻里间互相帮助，当一名好邻居。举办礼仪培训班，提高文明服务素质。员工在工作时间实行挂牌服务，礼貌待客，推行文明用语；窗口服务部门统一着装、持证上岗，杜绝了“冷、硬、横、推”现象发生。加强社会公德教育，升华道德情操，使全行员工在思想、工作、生活、作风等各方面，把关心帮助他人变成自己的自觉行动，当成立身为人的一个基本准则。目前，全行员工之间工作上互相支持，生活上相互帮助，求大同，求共识，携手共进，全行上下形成了风正、心齐、和谐、上进的良好风气。

泰安中支努力把中支建成优质、高效、务实、廉洁、稳定的文明机关。他们实施“温暖”工程，建设“和谐”社区，办好机关食堂，改善员工生活，不断优化生活环境。员工生活遇到困难，单位尽力帮助解决，解除其后顾之忧。哪位员工过生日，行长会送上一份带有生日祝福的贺卡；哪位员工孩子高考了，中支尽全力为考生及家长提供方便；哪位员工生病住院了，行领导会亲自前去探望慰问。这些看似不起眼的“小事”，却极大地增强了凝聚力、向心力。泰安中支积极开展有益于员工身心健康的文娱、体育活动，有计划地组织文艺晚会、登山比赛、演讲比赛，以及球、棋、牌类比赛等，增强员工体质，陶冶思想情操，优化文娱环境，使广大员工的文化生活像泰山旭日一样，健康向上，充满着朝气与活力。

诚信立企　城中求诚

——沈阳商业城集团的企业文化建设

【企业概况】 沈阳商业城集团是国家大型一类零售商业企

业,成立于1991年底,1996年“4·2”火灾后,经半年抢建修复,重新开业。经过9年的艰辛创业,商业城已成为一个具有购物、休闲、餐饮、外贸、房地产开发、生产加工、仓储运输、物流配送等功能的大型企业集团,跻身全国零售单体店第12位。沈阳商业城集团二次创业9年来,始终坚持了诚信立企的思想,把诚信作为企业发展战略的核心要素,精心打造“城中求诚”的服务品牌,塑造了独具特色的商业诚信文化,取得了经济效益和社会效益的双赢绩效。企业荣获全国百城万店无假货示范店先进单位、国际白金星质量管理大奖、全国企业文化实践创新奖等荣誉称号。

【诚信】 沈阳商业城集团经1996年“4·2”火灾重新开业,面临着企业债务困境和买方市场竞争的双重考验。一方面,火灾给企业留下了沉重的债务包袱;另一方面,外资、民营、私营等资本抢占零售市场份额,大型百货店相互挤压,竞争十分激烈。在这种困难和严峻考验面前,商业城新任总裁、党委书记张殿华带领干部员工,进行了冷静的思考后确立了打造“城中求诚”金字招牌的经营之道。

在二次创业之初,沈阳商业城集团新组建的领导班子精心研究制定了以“诚信”为核心的“品牌经营、优质服务、企业形象、资本运作和规模膨胀”企业发展五大战略,并把优质服务战略作为企业第一发展战略。经过实践、探索和创新,商业城初步形成和构筑了以诚信为主题,以商品真、服务好为基点,以品牌经营、创新机制、诚信教育为支柱,以诚实经商、诚心待客、诚挚服务和诚信守诺为内涵的诚信建设体系,为商业城走出困境,寻找出路,全面提升企业核心竞争力,创造同业竞争差别优势,打造强企名店提供了文化动力和支持。

诚实经商,提供货真价实的商品,奠定“城中求诚”的基础。沈阳商业城集团首先实行了进场审验制,手续完备的经销商品的厂家才能领到统一编制的公司、厂家、商品流水码,取得合法“户口”身份后才准许在商业城经营;其次实行先行验货制,每年投资数十万元,请省、市专业质检人员进驻商业城现场办公,对质量敏感度高、易出现投诉的商品实行先行验货,经质检部门验证合格后,才能上柜销售;第三,实行定期抽检制。与省、市产品质量检验局联合成立了商业城商品质量检验站,并与工商、物价等部门配合,常年开展商品质量、物价、计量大检查。通过暗检、抽检、互检等方式,查找问题,堵塞漏洞,及时整改;第四,实行质量管理标准制。2001年1月通过了挪威船级社ISO9002质量体系认证。按照国际标准,建立了商品质量管理程序和商品质量管理网络,对商品质量实行全方位监控,并完善了商品质量跟踪体系。对商品质量不稳定、商品投诉纠纷多的厂家和商品实行末位淘汰,及时清理整顿和撤出商场,有效地净化了商品卖场,促进了经销商品质量的不断提高。通过加强商品质量管理,商业城已经基本形成了以国际著名品牌为形象、以国内外最具增长性品牌为主打、以中外合资企业附加值高的新品为骨干、以大众化商品为基础的商品组合。

诚心待客,培养高素质的员工队伍,确保“城中求诚”的落实。沈阳商业城集团利用各种方式向职工灌输“为人民服务,向社会负责,让顾客满意”的经营理念。同时他们加强技能培训,根据现代服务业的发展趋势和人们消费观念的新变化,着力把员工培养成收集消费需求动态的信息员、满足顾客购物偏好的服务员、掌握商品专业知识的技术员、严把商品质量的检查员、采集识别顾客资讯的档案员、熟练商品演示方法的操作员、引导顾客理性消费的导购员和懂得商品基本护理的维修员。每年沈阳商业城集团都利用淡季聘请省市工商、技术监督、生产厂家等专业人员,对员工进行《消费者权益保护法》、《产品质量法》等相关法规和商品性能的培训讲座;选派员工到生产厂家进行业务委培;组织开展商品知识竞赛,服务技能大比武和服务规范示范表演;出资选派优秀员工到东北大学、商学院进行学习深造等。2004年6月2日,商业城还在沈阳职业技术学院建立了员工培训基地,并对3100名一线员工进行了服务技能、现代营销、军训等全方位培训。通过加强培训,实现职工从传统“售货型”营业员向现代“知识型”服务员的转变。在打造“城中求诚”服务品牌过程中,沈阳商业城集团十分注重个人和群体诚信服务典型的培养。在举办商业城“品牌服务月”系列活动中,他们将来自北京西单、王府井百货大楼、上海第一百货等国内著名商业企业的13名全国劳动模范、全国商业服务品牌明星请来,现场演示高超的服务技能,并与商业城的23名劳动模范、服务品牌结成帮学对子,为商业城的诚信服务品牌建设注入了勃勃生机与活力。商业城已拥有全国、省、市劳动模范26名,全国服务明星5名,辽宁省服务品牌27名,沈阳市首届十佳服务品牌2名,培育了“劳模标兵示范岗”24个,“达芙妮”等23个省级集体服务品牌专柜,培养了沈阳商业城形象大使、顶级服务员、营销弗雷德等服务品牌100余名,形成了商业城的诚信服务群体,初步实现了先进集体和服务品牌的系列化。

诚挚服务,满足消费者需求,架起“城中求诚”的桥梁。二次创业9年间,他们相继开展了诚信服务、文明用语、规范服务、知识服务、提醒式服务、引导服务、细节服务、顶级服务、超修服务等九大诚信服务工程,逐步形成了具有商业城个性特色的“八化”服务,即:服务礼仪标准化、服务流程规范化、服务品牌系列化、引导消费知识化、便民措施多样化、售后服务全程化、顾客资源信息化、商品退换法规化,提升了“城中求诚”企业品牌的文化含量和服务品位。此外他们创新服务方式,开办消费者课堂,在为消费者提供超值服务上下功夫。2002年投入数千万元,对营业场地进行了全方位的改造和调整,为消费者创造了一个崇尚自然、追求时尚和尊重人性的良好财物环境,增设了送货、安装、调试、维修和退货“五上门”等118项便民服务项目,设置了180个免费休闲茶座,开通了“800”免费服务电话,为消费者常年建立意外伤害保险。针织商场的“三免六改”服务,家电商品无等候配送上门服务均为国内和省内首创。为培养忠诚顾客群体,2003年他们引进了国际上较为流行的“一对一”营销服务模式,建立了20万个顾客档案。通过“采集信息、与顾客互动、区分识别顾客、为顾客提供定制化服务”四个步骤，最大限度地满足顾客个性化、定制化、人性化的服务需求，进一步加强了与顾客的亲密关系。

诚信守诺，有诺必践，塑造“城中求诚”的形象。1997年，沈阳商业城集团在省内率先做出了“商业城购物无风险，不满意就退换”的信誉承诺，9年来，处理消费者投诉21万余人次，退换商品金额500余万元，企业自身承担损失近百万元。基本做到了省、市、区三级消协组织及主流新闻媒体投诉为零。2000年6月9日，他们把沈河区消费者协会请进商业城，在全国商业企业第一个成立了消协组织常驻商场的消费者投诉接待站，切实维护了消费者的合法权益。

面对无数困难和挑战，沈阳商业城集团靠“城中求诚”的金字招牌，形成了自己的真正优势，同时也赢得了社会各界，特别是广大消费者的支持与信赖。在沈阳市委宣传部等六家单位开展的公开评议“保真优质服务示范商场”活动中，沈阳商业城集团名列榜首，被誉为“人民的商业城”。

思圆行方　真情长在

——青岛圆中方餐饮娱乐有限公司的企业文化建设

【企业概况】 青岛圆中方餐饮娱乐有限公司的前身是市实验饭店，成立于1984年，1990年更名为市供销宾馆，2000年改制为市供销宾馆有限公司，2005年1月8日，青岛圆中方餐饮娱乐有限公司揭牌成立。目前该公司拥有固定资产2000多万元，经营面积8000多平方米，可同时接待800多位客人就餐，是集客房、餐饮、洗浴于一体的二星级涉外旅游宾馆。多年来，青岛圆中方餐饮娱乐有限公司始终以“诚信永恒、真情长在”为座右铭，形成了民族特色、时代特色、企业特色融为一体的企业文化体系，创建了“思圆行方”的服务品牌，是青岛市公安局命名的“安全旅馆”，也是青岛市财贸系统经济效益“最佳企业”。

【建设特色文化】 青岛圆中方餐饮娱乐有限公司的前身是成立于1984年的市实验饭店，多年来，他们始终以“诚信永恒、真情长在”为座右铭，在长期的探索研究中，不断转变观念，统一思想，凝聚人心，形成了具有本企业鲜明特色的企业文化体系。2004年，本着易懂、易记、易识别的原则，注重继承、借鉴、创新的结合，融民族特色、时代特色、企业特色为一体，公司对原有企业文化进行了全面整合和提升，创建了“思圆行方”的服务品牌。“思圆”即指思想圆通，提倡在继承中创新，在创造中发展，思维缜密，计划超前，方法权通，在实际工作中，要比顾客想得更周到，工作质量自觉高于顾客的要求，以追求尽善尽美、比上次做得更好为目标，力求服务圆圆满满；“行方”即指行为方正，严格依法经营，诚信纳税，待人诚恳，举止端庄，恪守道德，严守规范。

青岛圆中方餐饮娱乐有限公司揭榜成立后还提出了以“造福员工，回报社会”为企业宗旨，培育“做更好的，创更新的”企业精神，树立“追求特色，创造需求”的经营理念和“以人为本，严格规范”的管理理念；“想在前面，做到心里”的服务理念；“人尽其才，才尽其能”的人才理念；“雷厉风行，一步到位”的企业作风应对激烈的市场竞争。

【抓好落实】 为帮助员工消化吸收企业文化，公司印制了《企业文化手册》、《员工手册》，做到人手一册；自办了《圆中方企业报》，架起了公司与顾客、领导与员工之间真诚沟通的桥梁；开展了丰富多彩的主题教育活动，举办了“我和圆中方共成长”、“我身边的服务明星”主题演讲比赛，每月开展评选“优秀员工、微笑天使、服务明星”活动，通过充分调动起员工的积极性，激发员工敬业爱岗的热。与此同时，公司还建立了一套科学严谨、公平合理的员工考核和价值评价体系，建立了合理的薪酬和福利管理制度，做到以正确的物质价值观引导员工，以科学的制度规范员工，以高尚的精神文化氛围感召员工。青岛圆中方餐饮娱乐有限公司坚持系统灌输与经常性教育相结合、自律与他律相结合的方式方法，将企业管理要素与企业文化建设、员工行为规范相结合，做到事事有人负责，事事有人监管，事事有章可循，从而使员工认识到“服务有价，文化无价”，自觉实践企业文化，为打造文化品牌提供了思想保障。

为了在知识经济条件下，增强企业的竞争力，加入现代餐饮业朝着规模化、连锁化、专业化、品牌化方向发展的行列，青岛圆中方餐饮娱乐有限公司在提高员工素质上下功夫。他们结合企业实际，购买了大量的有关餐饮业经营、管理、服务、文化等各个方面的书籍、光盘和录像带，组织各种形式的专题讲座、座谈会和培训班，多渠道、多途径、全方位地进行全员培训学习。在企业内部营造了全员学习、终身学习的浓厚氛围。2005年6月16日，公司五位选手参加了由山东省旅游局主办的2005中国青岛亚太国际烹饪大赛。经过激烈角逐，青岛圆中方餐饮娱乐有限公司脱颖而出，与青岛香格里拉、颐中假日等大酒店一同获得团体金奖。

【品牌文化】 青岛圆中方餐饮娱乐有限公司通过提供高品质服务，打造起自己的服务品牌。他们的服务既要有东方式的体贴入微、殷勤备至，又要有国际化的现代、高效和规范。在服务中，服务员自觉把“想在前面，做到心里”作为鞭策自己提高服务水平的座右铭。她们为客人建立了详细的客户档案，做到熟知客人的爱好和口味。在服务中，她们用心倾听，认真观察客人的言行举止，及时为不同的客人提供温馨的服务。如遇客人生日，会及时送上生日礼物，如遇到天阴下雨，服务员会主动为客人提供雨伞，长住客人没时间洗衣服，服务员会主动为其洗干净，烫平后放回房间；客人的衣服扣子掉了，在不知不觉中服务员已为其补好；发现客人皮鞋有泥垢，服务员自觉将其擦亮。在一点一滴的工作细节中，青岛圆中方餐饮娱乐有限公司形成了本企业服务品牌，同时也形成了独具特色的企业文化。

【提升内涵】 青岛圆中方餐饮娱乐有限公司秉承着“诚信永恒、真情长在”的发展理念，在搞好本企业的经营工作中不忘回报和服务社会。企业不仅安置了大量的下岗职工，而且带领广大干部员工广泛参与社会公益事业，树立了良好的形象。平度市慈善总会成立之际，企业一次性捐款2万元。东南亚地区发生海啸，职工自发捐款2000多元。平度侨中就读的一名学生，幼年丧母，家境贫寒，宾馆全体干部员工十几年如一日地给与捐助，帮助其继续完成了学业。

青岛圆中方餐饮娱乐有限公司内部也是一人有难大家帮。客房部的一名临时工作人员，被诊断出得了再生障碍性贫血，全体党员干部、职工纷纷慷慨解囊，在不到两个小时的时间里共计捐款一万元，帮助她脱离生命危险；另一名员工的亲人出了车祸，全体员工又自发捐款6000多元，公司还安排人员轮流陪床、送衣送饭。公司全体干部员工在实践“造福员工，回报社会”的企业宗旨的同时，也提升了企业品牌的知名度，增强了企业的凝聚力和文化力。

打造精品文化　塑造精品品牌

——广州电器科学研究院的企业文化建设

【企业概况】 广州电器科学研究院创建于1958年，是原机械工业部直属大型科研院所，1999年转制成为中国机械工业集团公司下属科技企业。他们通过实施现代科技企业制度，行业覆盖面不断扩大，从一个单纯的科研事业单位，转变成一个集高新技术产业、研究开发机构，产品认证、环境技术、生产力促进中心等中介服务机构为一体的高科技集团型企业。

广州电器科学研究院坚持抓好企业文化建设，他们根据企业改制和发展实际，对企业文化建设进行整合，提出了以“培育精英、打造精品”为核心价值观的企业文化建设思路，实现了两个文明建设协调发展。2002年该院被评为广东省“科技工作先进集体”，2003年该院第五次蝉联“中国技术市场金桥奖”，同年该院还荣获“中国企业文化建设实践奖”。

【品牌文化】 广州电器科学研究院形成了重研究、轻生产，重机理、轻制造，重实验设备、轻生产装备，习惯小批量土法上马，不重视大批量、集约化生产等传统思想和运作模式严重影响着精品建设的开展。该院领导认为，打造精品必须观念先导，经营者的思想必须从满足现状的思想状态转变到适应现代企业经营的思路上来。针对我国加入WTO后的形势需要和院高科技企业集团的发展定位，广州电器科学研究院提出塑造企业“打造精品”的文化品牌，推动企业跨越式发展的战略目标。

在实际工作中，广州电器科学研究院要求每一个下属公司都要找出自己行业、同类产品的标杆，对照标杆制定自己的精品计划。并将此项工作纳入关键绩效考核。同时，他们还制订了《产品精品计划工作导则》、《产品精品计划工作考核管理办法》等激励、引导、规范各产业公司的产品精品计划工作。经过实践，取得了可喜的成绩。所属擎天电控公司根据每年度制定的精品计划，吸收瑞典ABB公司的经验，对产品进行了上百项改进，涉及面从技术改进、产品功能、外观、售后服务到实验室改造、信息管理、档案管理等，产品不断完善升级，品牌打响了，企业做强了，在同行业形成了龙头老大的地位，其励磁产品全国市场占有率从1998年30%到现在的65%以上，销售额从3000万元上升到2004年的一个多亿。

在开展“产品精品”建设的同时，该院还提出建设经营、研发、管理精品工作要求，使该院各产业公司得到不同程度发展。如其所属擎天粉末树脂公司提出“细分市场，树立全员营销理念，在营销策划上做精做细”，确立了以传统的家用电器为基础，重点开拓汽车轮毂市场的经营策略。在市场策略执行过程中，擎天粉末公司重点加强对高端家用电器市场的开拓，抓住机遇，抢占汽车轮毂市场，集中资源，利用以往在家电行业的技术与市场经验，与一些国际知名品牌企业进行合作，擎天粉末的空调市场占有率在同行业间已排名第一位。此外，其所属擎天成套装备工程公司以“打造精品工程”理念为导向，通过整和运作流程，使管理、技术等各个环节更规范化、专业化，用实实在在的“精品工程”在市场中树立了良好的企业形象。经过几年的发展，擎天粉末树脂公司、擎天成套装备工程公司都已实现年产值超亿元，在同行业内有很大的影响力。

【人本文化】 广州电器科学研究院在培养精英人才、培育团队精神方面做了许多卓有成效的工作。首先建立了两级培训体系，重点进行岗位技术培训和专业技术培训，每年至少办班150次以上，平均每人每年接受培训两次以上。为了加大对高级人才的培养力度，该院同清华大学、中山大学合作，举办EMBA研究生班，已有70多名中层以上干部和骨干员工毕业，先后外派20多人攻读工程硕士，该院被批准设立的博士后工作站已有两人进站工作，为培养高科技人才队伍创了条件。其次是优化人才管理机制，为人尽其才创造条件。他们根据研究院的实际情况，实行了多轨制，行政、技术、经营专家系列并列的人才管理机制。系列职务不互相交叉，技术专家享受每月薪酬补贴1000~2000元，在电话、住房、出差交通工具等待遇上一律比照相应行政职务，同时每年可获得至少出国考察、培训一次的机会。这种人才管理机制，不仅消除了一些官本位带来的不利影响，也为专家型人才提供了成材的机会，有了用武之地。同时在分配政策上，对产业化取得良好经济效益的个人和经营班子进行重奖。第三是增强凝聚力，培养团队精神。针对广州电器科学研究院的自身特点，院党委、院领导支持团委建立了“青年发展协会”，发挥青年人热情和特长，对涉及院改革和发展热点、难点问题分专题组织研讨，发掘青年参与管理、投身科技的能量和潜力。他们还专门拨款几万元支持协会参加“户外拓展训练”，培养了青年人勇敢、团结、互助的精神和沟通合作的能力。院工会组织了以“关爱生命、科学健身”为宗旨的健康俱乐部，下设保龄球、羽毛球等十多个协会，通过开展丰富多彩的体育文化活动提高企业的凝聚力。

【制度文化】 经过多年的不断积累和企业文化建设的不断创新，广州电器科学研究院在打造精品工程中也形成了自己的企业经营理念——创新为本、顾客至上；企业精神——团结、求实、开拓、拼搏；企业作风——精益求精、迅速高效；企业道德——品格第一、使命至上等。为确保企业文化、企业经营理念等为职工接收并转化到具体工作中，他们致力于机制的创新，建立了一系列与文化理念指向一致的管理制度体系。

该院自1997年开展的质量体系建设对精品建设起到了很好的制度保证作用，所有产业化公司均建立通过ISO质量体系认证，通过工艺规程、质量体系文件指导规范生产，培育严谨的工作作风，一丝不苟的质量意识。近年，所有产业化公司、中心还完成了ISO2000版的换版工作，认证检测、计量、环境中心等服务机构通过ISO17025导则质量体系认证，全院职能机构、服务部门按照ISO9004族标准建立了质量管理体系，在制度规范的建设上纳入了质量控制。围绕"产品精品、服务精品"目标制订管理规范、工作标准、工作程序和工作守则，使管理服务质量显著提高。其所属物业保安公司、院办车队根据标志性服务窗口要求，制定实施工作守则，员工行为举止规范得体，受到院内外人员的好评。

在企业文化建设的大框架下，广州电器科学研究院进行了企业识别系统的制定与导入工作。他们根据注册商标和企业自身专业特点邀请专业企划公司协助设计、制作了完整的企业识别系统VI手册，对企业识别系统手册的实际应用进行全面、规范和必要的指导，保证了对外形象的完整与统一，也收到了良好的效果。

以文"养"人　以文塑人

——人民银行信阳市中心支行的企业文化建设

【企业概况】 人民银行信阳市中心支行以"无为而治"为奋斗目标，坚持用文化凝聚人，用文化激励人，用文化塑造人，用文化成就人，形成了自己独特的基层央行文化特色，促进了央行事业的蓬勃发展。人民银行信阳市中心支行被人民银行总行授予"2000～2004年先进工作集体"称号，成为全国人民银行系统获此殊荣的四个中心支行之一。此外他们还被河南省精神文明建设指导委员会推荐为"全国精神文明建设工作先进单位"。

【用文化凝聚人】 人民银行信阳市中心支行依托文化建设增加职工队伍的凝聚力。从2001年开始，该支行每年举办的职工春节联欢晚会，连续在信阳市电视台黄金时段播出。该行纪检监察室牵头排练、来自后勤服务中心、保卫科、内审科、宣传群工部等5个部门参与的舞蹈节目——《过河》成为保留节目，先后在各专场文艺演出中登台献艺。参加演出的这些演员年长的50多岁，年少的20多岁，通过举办文艺演出，目的就是增强凝聚力，培养集体荣誉感，在潜移默化中凝聚人心。中心支行还活跃着篮球队、乒乓球队、老年门球队、中老年健身操队、歌舞队、摄影协会等群众文体组织，通过开展喜闻乐见的文化活动，为给员工提供更多沟通交流的载体。

信阳中支党委不放过任何一个可以凝聚人心的细节，每个同志过生日，都会收到工会部门送来的生日贺卡；每到新年来临之际，员工会收到一份由行长亲笔签名的新年祝福；每当员工有了困难，中支党委成员总是在第一时间赶到，送去关爱。一个"情"字，像一个巨大的磁场，使员工在追求高尚、追求品位、追求完美的过程中精神得到升华，力量得到凝聚。

【用文化激励人】 在创建央行特色文化中，信阳中支党委发挥文化对员工激励的正向作用力，经上下反复酝酿，适时提出了"专业创一流，全行争A级"的口号。要求全体员工始终保持一种蓬勃向上的工作激情，争创一流的工作心态。1998年9月份；地、市两级人行合并后需要分流一部分同志到各县支行工作，分流对象中有不少是中层干部，分流到基层的同志大多数不再担任实职。为此，有少数同志闹情绪。针对实际工作，中支党委适时宣传了担任10年保卫科长，所负责的保卫科连续6年被原人行河南省分行评为安全保卫先进单位，个人14次受到人民银行总行、分行表彰的光山县支行督办冯世成虚职不虚为的事迹，用榜样的力量激励分流的员工找准了位置，主动干好本职工作。

【用文化塑造人】 用先进的文化塑造人，信阳中支党委首先做的是在员工中灌输现代的工作理念。他们向全行员工推荐《敬业》、《细节决定成败》、《赢在执行力》、《把自己激励成超人》、《企业成功的36条铁的纪律》等系列丛书以及《现代礼仪》等专题讲座录像一书，利用周二、五下午学习日，他们组织员工进行交流，开阔职工的视野、升华职工的理想情操。信阳中支党委还把2005年确定为提高员工队伍素质年，着力塑造"五型"员工队伍形象。期间开展了"我为大家讲一课"活动，"面对A级行，我该怎么办"思想教育暨征文活动。行领导与大家一同谈体会，讲感受，做到问题大家摆、是非大家辩，通过学习讨论，使员工主动适应金融改革发展的潮流，自觉把思想统一到"专业创一流，全行创A级"的工作目标下，统一到履行央行职能的工作实践之中。

【用文化成就人】 信阳中支党委在文化建设过程中，始终坚持把员工个人价值与单位目标实现有机地结合起来，用事业留人，用待遇留人，用真情留人。让想干事、能干事、干成事的员工有施展才华的舞台，有成才立业的环境。2004年，中心支行党委在全行实现全员竞聘，公平、公正、公开的竞争氛围不仅激发了员工的工作热情，同时也使大家感到了压力和危机，在金融领域人民银行信阳市中心支行屡创佳绩。2004年是人民银行职能调整后的第一年，面对监管职能调整后的新形势、新任务，他们不等不靠，主动适应，立足贫困地区经济发展的现状，创造性开展工作，将货币政策传导微观化，适时制定了《关于落实货币信贷政策支持信阳市经济发展的意见》和《关于进一步加强外汇管理，支持信阳市对外经济发展的意见》，积极为地方政府出谋划策，实现了金融经济“双赢”互动发展。2004年，信阳中支金融宏观调控、金融服务工作在河南省人行系统专业目标综合考评中分别获得第一名。履行央行职能所取得的成绩，被《金融时报》以《职能转换报告》为题加编者按，配短评整版进行报道，在全国产生热烈反响。

为加强金融生态环境建设，他们以“诚信文化”为切入点，采取内促外引的方法，银政企合力打造金融生态环境收到明显成效，前8个月，固始县招商引资项目达184个，签约资金32.1亿元。世界500强——美国天朝茶业集团等一大批中外企业纷纷投资兴业，独特的“固始现象”带来了产业结构和贷款规模新的变化，该县金融机构新增贷款同比增长85.9%，区域外金融机构新增贷款同比增长260%，实现了金融经济良性互动的发展局面。而且这种现象已在全辖产生良好的示范效果和轰动效应。《金融时报》以“一个构建特色金融文化的样板”为题，对信阳市中支文化建设进行了大篇幅报道，在全国产生热烈反响。

人行信阳市中心支行以文“化”人，以文“养”人，凝聚了职工队伍，提高了职工素质，文化建设成为了争创一流业绩的巨大动能和力量之源。

打造强势文化　推进企业发展

——沈阳煤业(集团)有限责任公司的企业文化建设

【企业概况】 沈阳煤业(集团)有限责任公司，下设5个子公司，矿区井田面积370平方公里，地跨沈阳、辽阳、本溪、鞍山、铁岭五市。主要产业有煤炭、石膏、水泥、建筑施工和机械制造等。沈煤集团以煤炭生产为主业，有沈南、沈北两个矿区，7个生产矿井，核定生产能力为1100万吨。集团公司坚持大力实施企业文化建设战略，通过确立具有沈煤集团特色的企业理念和标志，大力弘扬“同心同德，追求卓越”企业精神，进一步增强了企业的凝聚力，使企业的经济形势和矿区面貌都发生了巨大变化，在中国煤炭工业协会2004年中国煤炭工业百强企业排名中，名列第41位。集团公司先后荣获全国企业文化建设先进单位、辽宁省思想政治工作先进单位荣誉称号。

【人本文化】 沈煤集团在努力发展自己的实践中，坚持以人为本，突出固本铸魂，把强化精神文化建设作为企业文化建设的重中之重，从多年的发展实践中提炼出“同心同德、追求卓越”企业精神，并拓展出经营理念、经营战略、经营宗旨、经营准则以及沈煤文化的核心内涵。在推进以人为本的企业文化建设中，做到突出四大载体，努力塑铸具有自身特点的企业之魂和文化激励氛围。一是突出培训教育载体，强化职工业务素质。每年每月坚持举办不同对象的岗位技能脱产培训班和有针对性地开展思想教育活动。二是突出培养载体，对各类专业人才、各方面先进典型、重点进行关心、重用。三是突出文化娱乐载体，经常举行丰富多彩的文化体育活动。四是始终把群众的利益放在第一位，积极为员工办实事办好事。从个人小家到集体大家，都不惜进行了大量投入。随着企业效益的不断好转，员工的收入也在年年上涨，公司还坚持年年不断的改善福利事业。通过构筑以人为本的文化体系，把员工奋发向上的精神动力紧紧凝聚在了一起。

【管理文化】 集团公司以创新企业管理运行机制、制定和完善一套适合集团公司发展的科学管理制度为重点，追求综合效益最大化。从2002年开始，他们倾全力打造管理品牌，以处处有标准，事事有人管为准则，管理从源头抓起，控制体现全过程，把管理落到了每一个人、每一天、每件事、每一处，以用好每一分钱、干好每一件事、造福每一名员工为经营理念，实现了由粗放管理向集约管理转变。沈煤集团从抓建章立制入手，先后制定了行政管理规范1000余条，编制出台了《安全明细化管理细则》和《经营明细化管理细则》，围绕生产、安全、经营三条主线，投资6000多万元扩建起对物流、资金流、信息流三种资源全面集成管理的管理信息系统，使生产、安全、财务、质量、经营全过程实现微机联网，资源共享，大大提高了管理的精确度和管理的效率。从抓依法执纪动态管理起步，设立专兼职执纪督查队伍，上下共同现场巡查，明确各项硬性指标，做到公开考核奖罚兑现。精细的管理成为沈煤集团治企的根本。三年多的努力实践使企业大获丰收，在安全稳定、生产顺畅形势下，生产经营成本大幅度下降，企业利益连年增长。围绕强化管理文化建设，沈煤集团还在基层单位试点实施了自上而下和自下而上相结合的“DMDC”管理法，即“双项控制、精细管理法”，并于2005年全面推广，使企业运行摒弃了过去那种传统的管理方式，企业管理实现了三个方面的转变。即：管理主体由单向向双向转变，管理者与被管理者按照管理规范、岗位标准同时受控于生产经营过程始终；管理重点由过去单纯对工作结果进行考评向注重对人的行为和劳动绩效进行过程控制的转变；管理方式由刚性向柔性转变，实现管理的刚柔并济，做到了管理者与被管理者的双向互动，共同提高，推动了企业管理水平的提升。

【安全文化】 沈煤集团把安全文化建设当成企业文化建设的重点，把目标一直锁定在“零事故”追求上。在安全文化建设实践中，始终以安全永远没有成绩可讲，安全工作永远是压力，安全工作永远从零开始的态度，保持谦虚谨慎、不骄不躁的心态，全面打造具有沈煤特色的安全文化，职工的素质得到了不断提高。其一，积极探索构建全新的职工安全培训教育新体系，不断丰富和拓展职工安全教育的内涵，形成了职工技术、安全培训由一般了解到全面掌握，逐渐增加技术管理，加大技术难度的逐级培训，使职工安全教育培训形成了规范化、系列化、程序化。其二，以造就一批有较高技术素质和安全素养的职工队伍为目的，在“安全精细化管理”培训模式的基础上，侧重于对一般工种培训、新工人岗前培训、特殊工种培训、岗位练兵，以及应急性培训。在培训的中间层侧重技术比武培训、班组长、区队长、基层操作能手培训、以及“三违”强制性培训等。在培训的高层面重点对管理者进行专项培训。员工队伍的技术素质和安全素质得到全面提高，涌现出一大批优秀的采煤大工、掘进能手、机运通技术尖子，基本适应了各种复杂条件的生产实际需要。其三，结合质量标准化建设，大力实施了安全文化教育的“五个一”工程。一是在地面建起了安全文化展室、井口安全文化长廊、安全教育培训中心的安全教育一阵地；二是形成以副井口上下候罐室画廊为龙头，逐步延伸到运输大巷的安全教育“一条龙”；三是形成以地面工业广场和更衣室为主的安全教育“一条街”；四是形成以区队、车间职工小家为主的安全教育“一会场”；五是形成以广播、电视、公司局域网三位一体的安全教育“一平台”。其四，注重完善安全思想教育监督检查体系。公司党委建立了由组干部、宣传部、纪委、工会、团委、安监局等部门共同负责的安全思想教育监督检查考核体系。

【行为文化】 沈煤集团公司强化行为文化建设，以健全完善的制度作保证，对企业和职工的行为进行规范，并把开展各种载体活动，作为弘扬企业精神、培植企业理念的重要措施和有效途径。一是建立完善职工行为规范，以沈煤精神和企业理念及企业文化核心内涵为指导，根据行业单位特点和工作岗位要求，健全完善了《职工文明公约》、《职工道德规范》、《职工岗位职责》等制度规定和实施细则，培养职工良好的道德风尚。坚持德治与法治一起抓，突出狠抓岗位责任制和职工道德规范的落实，把社会公德、职业道德和家庭美德，变成职工群众普遍认同和自觉遵守的行为准则。二是建立激励约束机制，对有突出贡献的科技人才、岗位技术能手等实行重奖，激发和调动了每个职工的积极性、主动性和创造性。三是创建学习型组织，提升队伍的整体创新能力。在全公司广泛开展了“建学习型组织，创文化区队”活动。

坚持文化兴行　推进持续发展

——中国建设银行山东省聊城分行的文化建设

【企业概况】 中国建设银行股份有限公司聊城分行现有员工775人，下设15个支行，共有41个机构网点。聊城分行克服地域经济总量小等困难，紧紧围绕“把聊城市分行办成当地最具价值创造力的银行”的目标，坚持以企业文化建设提升核心竞争力，努力实现企业文化与企业战略的和谐一致、企业发展与员工发展的和谐一致，企业文化优势与竞争优势的和谐一致，确保了全行的各项业务得到了健康、快速、持续发展。在业务发展取得丰硕成果的同时，社会形象也得到极大提升，先后被省分行命名为思想政治工作优秀企业，并被省分行确定为惟一的企业文化建设“示范点”暨精神文明建设工作联系点。

【服务文化】 一是确立了“以客户为中心”的服务理念，提出了“整合一切资源，全方位服务客户”、“只有优质的服务，才有优良的客户”、“客户满意是我们服务的惟一标准”等等不同层次服务理念，并统一制作安装到网点、办公室。二是构建“倒金字塔”型的服务体系，基本内容可以概括为：“一套标准、两类客户、三项机制”。一套标准：就是对全行员工制定印发《员工规范服务手册》《客户服务手册》《营业网点形象规范》等。两类客户：外部客户和内部客户。针对外部客户，构建“分类管理、差别服务、三位一体”的服务模式。对内部客户，深入开展走进客户、走进基层、走进员工的“三走进”活动。三项机制：建立了服务、考评、监督。三是创新服务方式全面推行差别化服务。成功创办了全市第一份以发布产业政策、信贷政策和介绍本行产品的月刊《金融视窗》，定期提供给重点优质公司客户，受到了企业的好评，成为了企业管理人员的必需；通过举办“上市公司年会”、“房地产高层论坛”等高层次知识营销活动，有效拓展了客户的企业价值链。聊城分行与证券、保险、文化、邮政、房管等八家单位联合创办了全市第一家“金融学校”，共同打造了服务社会公众和高端客户投资理财的平台。四是树立服务品牌，组建了全市金融系统第一家金融超市、金凤凰理财室、雷锋储蓄所、共青团储蓄所；先后推出了风帆助业贷款、“水城丽人卡”等多种品牌化的产品；树立了“乐得家”房产超市“一站式购房”；“社区金管家”等多个服务品牌。

【管理文化】 山东省聊城分行始终坚持人本管理，秉承“员工是最宝贵的第一资源”和“没有员工价值的最大化，就没有建行价值的最大化”的管理理念，把尊重员工需求、满足员工要求作为全行工作的出发点和落脚点，在全省建行系统率先推行竞价竞岗、量化考核工作，将不同岗位设定不同价格，员工根据自身实际进行“自主选择、自由竞争”，实现了岗位要求、个人能力、发展愿望的有机统一。同时，通过加大干部交流、岗位交流力度，拓宽培养渠道开展“集中培训月”活动，确保城区员工的培训覆盖面达到了100%。与此同时他们不断完善制度体系，加强人员管理，营造“业绩驱动、用心工作”的文化氛围，特别是在以推行ISO9000国际质量体系认证为契机，建立了有序化的管理理念，使全行的经营目标、经营质量、经营成本、服务方式、市场拓展有序互动，实现了管理的科学化、标准化和精细化，降低了管理成本，提高了管理效率。学习海尔经验，在全行推行OEC管理法，对工作实行计划目标管理与控制。行领导成员及各部门工作月有目标，周有计划，人人“日事日毕，日清日高”。

【经营文化】 山东省聊城分行加强经营的战略性和前瞻性研究，用成熟的经营理念推动各项业务的健康快速发展。确定了“发展、合规、价值”的经营理念，成立了战略规划小组，加大战略规划力。制定了《2005～2007年发展规划》，对业务发展、队伍建设等具体的指导性目标和前瞻性的思路措施，确立了通过培植经营特色化、产品专业化、服务精细化的营销渠道，建设精品银行和品牌银行，力争将聊城分行建设成为当地最具价值创造力的银行的目标。此外他们紧紧围绕“价值最大化”的目标，突出经济资本约束，优化资源配置，重点向经营前台、向高收益的产品和区域倾斜。并做到因时而变，因势而变，使聊城市分行业务结构迅速得到调整，质量得到优化，无论是发展速度，还是发展质量和经营效益增长，都走在全省建行系统和当地同业前列。

【营销文化】 为增强建行对公众的吸引力，展示建行形象，推进形象标识规范和建设，山东省聊城分行开展了系列活动，如“走遍聊城，感动客户”，“关爱社会、真情奉献”，全行员工为聊城市40名贫困学子、30名特困职工、30名困难老人捐款近5万元等；将“三八”国际妇女节、“六一”儿童节“八一”建军节、“江北水城文化旅游节”等重要文体活动均以“建行杯”、“建行之夜”等形式冠名举行；先后与东阿阿胶集团、市人民医院共同举办了“银企携手，共铸辉煌”等文艺晚会，和财政局、交运集团等十几家大客户联合开展了多项体育联谊比赛；在《聊城日报》开设“建行之窗”，及时宣传建行改革发展成果、真诚的举措，展示建行人在两个文明建设中的风采，使建行的形象、建行的实力、建行的信誉深入社会各界人士心目中。

【风险管理文化】 按照定性与定量、效率与规范、权利与责任、约束与激励、结果与过程“五统一”的原则，完善全面风险管理的制度体系和组织体系。在全行设置纪检特派员、会计主管、风险监督员、各职能部门风险质量经理，并组成了“横到边、纵到底”的矩阵式风险识别、度量、控制体系；明确相对独立的风险汇报路线，突出相对独立的权利和职责；成立直接对党委负责的执法检查大队，检查内容、检查人员、检查对象事先不公开，实行谁检查、谁负责，推行引咎辞职制、责令辞职、免职制度，增强了执法检查的客观性、严肃性和威慑力。为打造信贷资产风险管理的长效机制，山东省聊城分行严格客户推入标准，切实加强贷后管理，突出重点，建立信贷、非信贷资产统一的风险监测和预警机制，实行上下院审批制度，严格落实操作管理规程和统一的风险管理制度，及时有效地识别各种业务中的信用风险、市场风险、操作风险和道德风险、表外业务风险，全方位打造风险管理的长效机制。

【亲情文化】 山东省聊城分行党委通过设立“行长信箱”、开通“行长热线”、建立党委成员接待日制度等形式，倾听员工心声，及时化解了矛盾，密切了干群关系；健全了职工代表大会的各项管理制度，按照《行务公开实施细则》的要求，按季将财务情况在行务公开栏内进行公布；成立了由职工代表参加财务管理委员会和招标委员会，重大财务开支、重大采购和基本建设集体决定，公开透明；在每年的重大节日，坚持走访慰问困难员工家庭、长期病号、离退休老干部；同时，行领导不定时深入到所、柜慰问同一线员工，让职工感受到组织的关怀，还有每年一次的全市系统人员的健康查体，最大限度体现对员工的关心和爱护。

聊城地处鲁西北，当地经济总量小、客户资源相对匾乏，但聊城分行以企业文化为总抓手，以企业文化建设提升核心竞争力，2004年全行一般性存款新增、贷款新增、贷款质量、经营效益、人均创利、行风评比等六项指标均居全市金融系统首位。

文化金融　和谐互动

——中国人民银行郯城县支行的企业文化建设

【企业概况】 中国人民银行郯城县支行党组紧紧围绕履行基层央行职能的需要，坚持重在建设，重视建设过程，注重文化创新的方针，求新求实，大力开展建设具有基层央行特色的金融文化建设活动，为更好地履行基层央行职责提供了精神动力和智力支持，促进了“三个文明”建设的健康协调发展。郯城县支行在上级行的考核中由多年的“C”级行转变为连续4年的“A”级行，并被临沂市中心支行授予“青年文明号”称号，被市委、市政府授予“文明单位”称号，支行党支部连续4年被中支机关党委授予“先进基层党组织”称号，2005年，支行被推荐为济南分行级文明单位和模范职工之家。

【文化理念】 郯城支行党组高度重视金融文化建设，在广泛征求员工的意见的基础上，归纳、提炼出郯城县支行文化理念的主要内容，编写了《金融文化手册》，领导干部率先垂范、身体力行，带头将《金融文化手册》推出的价值观“内化”，并且自觉地奉为行动指南。

郯城支行还制定了《金融文化建设实施方案》，健全目标责任制，以推动支行文化建设的深入开展。一是强化管理理念，在全行员工中大力倡导“务实、高效”的支行作风、“以人为本、民主决策、科学管理”的管理理念和“安全、规范、高效、创新”的工作要求，通过建设金融文化，推动全行各项事业的发展。二是强化约束，整顿作风，先后开展了“思想、作风、纪律集中整顿”活动以及“治惰性，树正气，干工作，创一流”的讨论，引导员工在工作中树立正确人生价值观。三是强化学习理念，以名言警句、人生箴言等为主题构建楼道文化，营造寓教于乐、积极向上的文化氛围，积极引导全行员工树立“学习为本”、“学习才有竞争力”等新型学习理念，强化员工的学习意识。

【德育文化】 支行党组加强员工的德育教育，在全行员工中开展“在社会上做一名好公民，在单位做一名好员工，在家庭里做一名好成员”以及“我为党旗添光彩”、“弘扬沂蒙精神，奉献央行事业”等活动，营造出“学业务、练技能”的浓厚氛围，增强了队伍的执行力、控制力和创新力。支行党组坚持把思想道德体系建设列入支行文化建设的重要内容和基础工作，倡导“爱国守法、明礼诚信、团结友善、勤俭自强、敬业奉献”的20字基本道德风范，搞好以诚实守信为重点的“三德”教育，提升员工的思想道德情操。此外他们发挥党员先进的模范作用，组织开展丰富多彩的党建活动，开展了以巾帼建功、党员示范岗等活动为载体的争创活动，提升员工的爱岗敬业意识，增强了队伍的向心力。

【家园文化】 支行党组以工会建家活动为载体，为金融文化的建设搭设一个重要平台。为此，他们提出了“家和万事兴”的口号，积极倡导以“成就自己，关爱他人”为主题的“亲情文化”和“家园文化”。

郯城支行坚持从完善投入机制入手，每年投入一定的财力物力，实施办公生活区绿化和亮化工程；建立起阅览室、健身房、活动室和宣传橱窗等；在节假日举办文艺汇演以及演讲比赛、知识竞赛及各种文体活动，寓教于乐，于潜移默化中培养了职工的团队精神。此外他们坚持从细处着手，引导职工参与支行民主管理与建设，关心、关注自己身边和社会上弱势群体，真正让职工感受到“家”的温馨。

【廉政文化】 为带出一支高效、廉洁的队伍，支行党组加强建设“立制、监督、教育、查处”四位一体党风廉政建设文化。

他们一是坚持从规范内控制度着手，立足决策目标、执行责任和考核监督等体系的建设，在健全政务、业务和监督等300多项工作制度及操作规程的基础上，积极探索ISO9001质量管理体系认证工作，将全部业务纳入质量管理体系的控制范围，并编印成册，印发到各科室。二是将党风廉政建设纳入支行目标管理考核，层层签订责任书，建立时事分管、财务管理、行务公开、廉政述职等制度，拓宽监督渠道，聘请社会监督员，发放征求意见书，接受社会各界的监督，形成了党风廉政建设工作多管齐下的格局。三是为将党风廉政建设落到实处，党组提出了“三个看我的”，即为政清廉看我的、以身作则看我的、执行制度看我的，倡导党员干部“三个带头”，即带头讲学习、讲政治和讲正气，带头执行规章制度，带头完成本职工作。四是定期开展向政府、人大和政协代表、重点企业等征求意见活动。

【诚信文化】 郯城支行把建设基层央行特色文化与执行货币政策、优化金融生态环境等职责紧密结合，虚功实做，促进了地方经济金融的协调发展。一是努力打造信用社区，积极构建边界地区金融合作机制，牵头召开了苏鲁边界七县市经济金融形势分析会，签定了《苏鲁边界五县市金融信息共享与合作备忘录》，就金融稳定、反洗钱、反假币、诚信管理等方面的工作交流与经济金融政策信息共享达成一致，优化了金融生态环境。二是向社会宣传金融文化，传播金融知识，在全省第一个举办“金融文化周”活动，开办了《金融直通车》电视专题栏目，探索金融文化与农村文化结合的有效途径。三是强化货币政策传导，加大对经济的信贷投入。县人行充分发挥“窗口指导”功能，先后制定了金融支持“百万农户致富工程”；支持农业产业化龙头企业、外向型经济、民营经济发展的货币信贷指导意见和《执行货币政策约见谈话制度》，引导和督促金融机构加大对特色产业、重点行业、骨干企业的资金投入。牵头组织召开了三届银企合作项目推介会，协调成立“中小企业信用担保协会”等机构，缓解了银企间“贷款难”和“难贷款”的矛盾，为促进银、政、企、农的沟通，重塑互惠互利、共同发展的诚信合作关系搭建了平台。

企业文化促发展

——北京二建的企业文化建设

【企业概况】 北京二建成立于1953年，隶属于北京建工集团。50年来，北京二建曾为首都建设做出过突出的贡献，有过辉煌的历史。然而到了改革开放的90年代后期，由于机制不活，产权单一，经营观念陈旧，历史包袱沉重等原因，企业经营状况每况愈下。2002年，北京建工集团和广厦集团对北京二建实行资产重组，北京二建成为北京市第一家实行跨地区、跨所有制改制的第一家国有大型建筑企业。

【企业文化建设】 北京二建由国有企业改制为民营控股企业后，在面临的诸多问题当中，企业文化建设的问题尤被突出出来：北京二建文化与广厦文化如何结合？南北文化如何相融？企业文化如何在新企业、新体制、新机制、新模式下进行有效运作？如何推动企业各项工作的健康发展？北京二建进行了有益的探索。

首先，建立企业文化新机制。北京二建从抓点滴小事做起，抓基层、打基础、转观念、换机制、搞调研，很快建立了北京二建企业文化研究会，充分依靠和发挥发挥党组织的政治核心作用，不断研究探索创新企业文化的新特点、新途径、新方法，为北京二建企业文化的健康发展，促进企业各项工作的提升，提供了组织保证。

其次，确立企业文化新定位。北京二建把企业文化建设定位于工作的重中之中，有针对性地提出了“团结稳定、高效务实、有效沟通、保障有力、塑造品牌、工作一流”的工作方针；围绕企业生产经营中心和创企业品牌，提出“审大事、抓团队、办实事、聚人气”的工作思路；强调企业文化建设与企业经济发展相结合、与先进管理方式相结合，紧紧围绕企业生产经营发挥企业文化建设的作用。

第三，明确企业文化建设新思路。北京二建明确提出“千重要万重要，转变观念最重要；千道理万道理，发展才是硬道理”，积极围绕企业生产经营重点、职工关心的热点和历史遗留的难点开展工作，做到“三个融合和三个着眼”，即：企业文化建设与董事会经营班子相融合，企业文化建设与生产经营工作相融合，企业文化建设与企业精神文明建设相融合；着眼于企业发展，着眼于员工素质提高，着眼于企业文化的提升。

第四，培育企业文化的“软实力”。“软实力”主要是企业文化，包括企业价值观、员工凝聚力、企业品牌、企业形象、员工素质、市场竞争力等。北京二建在改制的第一天，就把培育既符合时代精神又具有本企业特色的企业文化作为企业战略任务来抓。

一是在培育先进理念上下工夫。公司上下形成了这样一些理念：“以人为本，以德为魂”、“诚信兴业”；“不拼不搏不做广厦人，不豪不富不是广厦人”；“企业员工最大化就是员工利益最大化”；“市场决定前途，产品决定生存，品牌决定发展，人才决定兴衰”；“人无我有，人有我精，先人一步，领导潮流”；“不怕有短处，只怕无长处”；“有为才能有位，没位也要有为”；“能者上，平者让，庸者下”；“跳出建筑做建筑”；“让一切创造财富的源泉充分涌流，让一切生产要素的活力交相迸发”，等等。

二是在塑造企业形象上下工夫。公司全面导入企业形象视觉系统（CI），并对CI系统进行了科学规范和广泛运用，使企业窗口更加亮丽。

三是在打造企业品牌上狠下工夫，全面启动北京市优质工程“长城杯”的创建工作，建立落实创建激励政策，确定创建目标管理。

第五，打造企业文化新动力。在改制实践中，北京二建深深感到，要使企业文化建设能够持续不断地促进企业健康发展，必须以学习推动企业文化建设，不断学习、持久学习。

一是在学习形式与方式方法上力求不拘一格、形式多样，积极鼓励员工以自学为主，做到自学与集中学习相结合、内部培训与外送培训相结合、基层分散培训与北京二建集中培训相接合、正确引导与监督考核相结合。

二是学以致用，结合企业经营生产和管理等方面的实际工作，针对某一课题采取座谈、研讨、大讨论等形式进行学习，既达到了学习目的，又解决了工作中的实际问题。

三是学习活动力争做到全员、全方位、全过程、多角度、深层次。营造良好的学习氛围，激发广大员工的学习积极性。

企业文化在北京二建的改制和发展中发挥了至关重要的作用：改制当年实现扭亏为盈；实现综合产值7亿元，是上一年的193%；新签合同额15亿元，是上一年的366%；员工人均收入2万多元，是上一年的143%。2003年实现综合产值11亿元；新签合同额20亿元；当年完成利税4500万元；员工收入是上一年的126%。2004年，新签合同额25亿元，实现综合产值16亿元，实现利税7000万元。北京二建不仅实现了国有资产的保值增值，而且还投入了1800多万元解决历史遗留问题。

构建理念体系　注入不竭动力

——大庆油田有限责任公司第一采油厂的企业文化建设

【企业概况】 大庆油田有限责任公司第一采油厂始建于1960年10月9日，是大庆油田最早成立的采油厂，也是全国最大的采油厂。油田开发面积161.25平方公里，目前共有油、水井10403口，各类站（库、所）806座，计量间559座，资产原值230.79亿元，净值96.87亿元。全厂共有矿（大队）级单位21个，基层小队259个，员工13043人，其中干部2941人，专业技术人员1060人。建厂以来，累计生产原油4.72亿吨。

【企业文化建设】 在创造巨大物质财富的同时，第一采油厂也创造了宝贵的精神财富，是大庆油田著名的“岗位责任制、三老四严、四个一样”等优良传统的发源地，也是大庆精神的重要发源地。在油田发展的新时期，第一采油厂积极应对挑战，在大庆油田有限责任公司“以观念更新推动理念创新，以文化发展推动管理升级”的文化创新思路指导下，积极探索企业文化建设之路，形成了文化兴企新格局，推动了企业持续有效发展。

秉承理念创新思路，在继承和发展中构建理念文化新体系。第一采油厂坚持以文化引领发展这条主线，科学把握自身传统文化的精髓，突出与时俱进的时代要求，在继承和发展中构建理念文化新体系。

注重文化的传承性，确立新理念。在“三老四严”等传统大庆精神的基础上，形成了“四个不一样”管理理念，确定“三老四严，永创一流”的核心理念，追求文化的继承性与发展性、传统性与创新性的有机统一，为实现可持续发展提供重要的文化支撑。

追求体系的完整性，形成新框架。他们在实践中注重发挥理念文化的辐射功能，推动了全厂企业文化创新，逐步形成了较为完善的“13311”理念文化框架。“1”即“三老四严，永创一流”核心理念；“3”即涵盖管理层、技术层、操作层三个层面；“3”即形成厂、矿（大队）、小队三级文化架构；“11”即涉及管理、经营、成本、质量、安全、学习、人才、发展、服务、环境、行为11个方面内容。在管理上，形成了“四个不一样”、“无加班管理”；在经营上，形成了“合作双赢、共同发展”；在成本上，形成了“三个”管理；在质量上，形成了“信得过——最好的承诺”；在安全上，形成了“珍爱生命，享受美好生活”；在学习上，形成了“学习——超越自我”、“四学四优”；在人才上，形成了“能力关怀”、“百做不误”；在发展上，形成了“永远做油田精品”、“精优同步开发”；在服务上，形成了“首问制”、“三超”；在环境上，形成了“信息桥”、“亲情关爱”；在行为上，形成了“无过错免职”、“三不”等理念。构成了相互联系、相互依赖、相互作用的有机整体，形成了独具企业特色的“主脉清晰、结构完整、层次严谨、纵横辐射”的理念文化体系。

赋予文化的时代性，体现新特征。一是融入了人本管理的特征。从以“物”为中心转变为以“人”为中心，突出一切为了人、一切尊重人、一切依靠人的企业文化基本特征，体现了从刚性控制到柔性管理的文化养成，从注重过程管理到突出业绩考核的文化激励，从强调员工付出到满足员工需求的文化关怀，营造了管理者和操作者共享的管理文化。二是融入了崇尚竞争的特征。以“四个不一样”形成的“差异”为导向，积极搭建素质定使用、岗位靠技能、待遇看业绩、收入凭贡献的广阔平台，在企业内部营造平等竞争的环境，形成了勇于争先、敢为人先的文化氛围。三是融入了追求效益的特征。从“提升质量创效”到“诚信服务求效”，从“全员降本增效”到“业绩考核问效”，把企业效益与员工利益紧密联系在一起，使效果效率效益意识内化为员工的文化自觉，形成讲求效益的文化导向。

突出理念统领地位，在指导和整合中形成文化兴厂新格局。一是以理念文化为引领，确定前瞻性的发展战略。2001年该厂党委确定了“塑造一个形象”、“取得四个突破”、“改善两个环境”、“实现一个目标”的发展规划。去年，按照大庆油田公司“持续有效发展，创建百年油田”的发展愿景，确立了“构建学习型采油厂，实现人才、管理、技术、文化四大创新”的发展战略。

二是以理念文化为指向，探索高效型的攻关模式。以“三老四严，永创一流”核心理念为指向，积极探索建立有利于多出成果、快出成果的技术攻关模式，促进技术攻关活动的开展。

三是以理念文化为先导，完善系统化的管理体系。结合推广落实“四个不一样”管理理念，整合管理要素，完善管理体系，依托文化创新推动管理创新；先后创造形成了“无加班管理”、“链式”管理、“逆向”管理、“三全”成本管理、“记点法”、“首问制”等一大批管理创新成果。

发挥理念内化功能，在倡导和培育中追求以文化创新境界。塑魂——引导员工树立共同价值取向。该厂以落实“四个不一样”理念为切入点，以塑“三老四严”的传统之魂，塑“百年油田”的发展之魂，塑“求真务实”的作风之魂为目标，以“解放思想，创新创效”为主线开展系列教育活动，形成了勇于开拓、挑战自我的进取精神，讲求科学、精打细算的求效精神，突破禁区、挑战极限的探索精神和爱厂爱岗、团结奉献的敬业精神。

提智——培养员工提升自我发展能力。该厂树立“人才是企业第一资源”的观念，提出了建设管理人才、政工人才、技术人才、操作人才和培训师等五支人才队伍的工作目标，确立“给钱、给物，更要给个好能力”的“能力关怀”理念，实施全员的能力关怀、全过程的能力培养、全方位的能力展示，激发了员工学习的积极性，促进了员工技术素质的提升。

立行——激励员工投身创新发展实践。第一采油厂充分发挥理念文化体系的导向作用，追求“人企合一，发展共赢”的文化管理境界，在领导干部中开展“六廉”活动，在基层干部中开展“双争”活动，在党员中开展“五争当”活动，在员工中开展“岗位建功竞赛”、“最佳创效状元”、“创新创效金点子”等活动，积极组织丰富多彩的文化活动，形成了“企业为员工，员工为企业”的浓厚氛围。

构建科研文化体系
建设一流科研院所

——大庆油田有限责任公司勘探开发研究院的企业文化建设

【企业概况】 大庆油田有限责任公司勘探开发研究院成立于1964年，是我国石油系统内规模较大、学科齐全、技术配套、装备先进、技术力量比较雄厚的综合性研究机构。主要承担着大庆油田油气勘探、油气田开发等方面的科研设计生产任务。现有员工1588人，专业技术人员1136人。作为大庆油田勘探开发核心技术的代表和战略决策的参谋部，该院围绕油田勘探和开发两大主线，建立形成了油气勘探地质、油气勘探评价、油气地球化学、油气地球物理、油藏评价、油气藏开发地质、油气藏工程、三次采油、计算机应用等9个学科、56项技术，并设有相应的科研保障系统。是国家油储地球物理联合研究中心、中国石油天然气股份公司三次采油工程技术研究中心。

【科研文化】 企业文化是企业的根基，是企业创新发展的动力，是企业凝聚力和创造力的根本所在。面对着科研设计生产和科技队伍中存在的突出问题，大庆油田勘探开发研究院党委认识到，要真正担负起确保油田可持续发展的重任，必须在继承优秀文化传统的基础上进行文化创新。科技队伍中存在的“人才安全”问题，需要有一个共同愿景来凝聚全体员工，形成共同价值观；解决技术创新中的“瓶颈”问题，需要科技人员进一步解放思想，更新观念，更需要创造良好环境，对科技人员的情操进行陶冶；日益繁重的科研设计生产任务，工作量和工作难度的加大，需要员工素质和工作效率进一步提高；科技人员的心理素质和身体素质状况，需要“以人为本”，培养健康理念，对他们倍加珍惜、倍加爱护。正是基于这些客观要求，研究院党委根据科研工作的特点提出了开展科研文化建设的构想。包括共同愿景、院风和人才、技术、管理、学习、健康五个基本理念。

共同愿景：全力推进国际技术水平和管理水平研究的建设，担当起油田地下参谋部、技术攻关队、改革示范区、科技人才库四项任务。把研究院建成对科技人才最具有吸引力的地方，为油田公司的可持续发展提供技术支撑和保证。

院风：宽松、宽厚、严谨、严肃。

人才理念：人才增值研究院，研究院增值人才。

技术理念：立足油田发展，抢占技术高点。

管理理念：追求和谐高效，实现共同价值。

学习理念：拒绝学习，就是放弃自己。

健康理念：关爱员工健康，成就美好未来。

营造氛围，创造条件，优化科研文化环境。一是倡导宽松平等的科研环境。提倡学术面前人人平等，不搞论资排辈，只服从真理。每年的科研和设计生产课题的立项和答辩，都是在讨论、争论中产生最终结果；课题的检查、验收，也要经过专业技术委员会专家民主集中的过程。形成了鼓励人才搞科研、激发人才搞创新、支持人才干事业的浓厚民主的科研氛围。

二是培养宽厚和谐的人际环境。党群与行政之间、领导与机关之间、机关与基层之间、后勤保障与科研一线之间，注重情感沟通，做到尊重人、关心人、理解人，真心实意地为员工办实事、办好事。努力做到“领导为员工服务、机关为基层服务、后勤保障为科研一线服务、全院为科研生产服务”。

三是形成和谐高效的管理环境。在流程再造上，对基层部分科室进行了整合调整，完善了内部组织结构，实行院、室两级管理，为实现企业与员工的共同价值提供了组织制度保证。在科研项目管理上，以激励为手段，实施“课题制”改革，初步扭转了“干多干少一个样”的平均主义现象，实现了责、权、利的统一，最大限度地调动员工积极性。在基础管理上，建立完善了各类管理流程，初步实现了管理制度文本化。在对干部的管理上，开展绩效考核，确定了管理人员综合业绩指标和关键业绩重点项目，强化责任和压力，激励各级管理干部努力工作，推动了全院整体业绩和管理干部个人业绩的同步提高。

四是创造舒心舒适的“绿色”环境。大力改善科研办公条件和绿化、亮化、美化工作，加大院区环境改造力度，不仅为员工陶冶情操和休闲娱乐提供了优越的条件，也为科技人员从事创造性的技术创新活动创造了“绿色”的环境。

培养人才，提升素质，充分发挥科研文化的引领作用。科研文化建设的根本目的是提升人的素质，作为大庆油田公司的技术研发单位，研究院更是把培养人才、提升全员素质作为重中之重的工作。

一是提高全体员工思想道德素质。加强了员工的理论学习和先进典型宣传，加强了科研文化理念的宣传。编写了《研究院文化手册》、《研究院员工礼仪》、《研究院创新案例》等，在全院进行了宣传，引导员工树立正确的人生观、价值观、道德观。

二是提高科技人员专业技术素质。实施了“学科人才培养工程”。按照学科技术设置及调整情况，严格筛选，选拔了三届学术技术带头人，并实行了首席专家制。优化了核心人才队伍的梯次结构，为科技人员创造了实现自身价值的广阔空间。加强了高层次人才的学历培训。先后与中国地质大学（北京）、石油大学（北京）、大庆石油学院实现了联合办学，在该院建立了研究生培养基地和工作站。为技术人员搭建了更新知识、提升学历的平台，较好地解决了高层次人才外出深造与生产实际脱节的问题。开展了高水平的技术交流与合作。采取“请进来”、“送出去”的方式，先后与10多家世界著名大学和石油公司、20多家国内相关科研院所和大学进行了学术技术交流，为科技人员了解国内石油技术发展的新动态创造了条件。

三是提高各级干部管理素质。一方面抓院领导班子中心组的学习，一方面加强管理干部的培训，举办工商管理、人力资源管理、技术创新管理等管理培训班，并积极组织管理干部到北京石油管理干部学院进行短期培训，有效提升管理干部的素质，加强干部的作风建设。

四是提高员工健康素质。组织实施了“健康工程”，成立了乒乓球俱乐部、台球俱乐部、羽毛球协会等健身俱乐部，每年组织员工进行身体健康检查，为全院员工办理了重大疾病保险和意外伤害保险，开展了多种形式的健康知识普及活动，引导员工自觉维护和增进身心健康。

科研文化建设促进了观念更新，稳定了核心人才队伍，推动了技术创新的进展和管理水平的提升，使勘探开发研究院的整体工作得到了进步和发展。

文化建设促发展

——信息产业电子第十一设计研究院有限公司的企业文化建设

【企业概况】 信息产业电子第十一设计研究院有限公司于1964年组建，曾隶属四机部、机电部、电子部、信产部直属事业单位。根据国家对中央所属的178家勘查设计单位进行体制改革的要求，该院在2000年11月进行了管理体制的改革，正式划归中国电子信息产业集团公司管理，于2001年5月改为科技型企业，于2002年7月整体改制为有限责任公司。目前的组织机构设置为：成都总院（各专业院，综合院，技术、党政、后勤等职能部门）、华东分院、苏州分院、上海分院、南京分院、上海浦东设计中心、北京分院、天津分院、大连分院、深圳分院、武汉分院、重庆分院、绵阳分院、工程总承包公司、华凯建设监理有限公司、爱德工程有限公司、爱迪空调净化设备有限公司、华易建设有限公司、华信建设监理有限公司及临时组成的各项目组。

【企业文化基本框架】 信息产业电子第十一设计研究院有限公司（简称EDRI）企业文化的基本框架大致分为三层：第一层（最外层文化）物质文化。它是由EDRI的品牌与无形价值、EDRI统一的（外观）标识（企业识别系统手册）、EDRI员工的社会影响、EDRI员工的精神面貌（院徽、院旗、院歌、院服）等组成。

第二层（中层文化）制度行为文化。它是由EDRI的规章制度（管理规章制度、人才激励制度、奖励体系、干部制度、会议基本制度）、行为规范（企业文化手册、职业道德手册）等组成。

第三层（核心文化）价值观。它是由EDRI的企业精神、企业目标、质量方针、经营哲学、团队理念、市场定位、总体发展战略、地区发展战略、国际合作战略、总体经营策略、格言等组成。

【企业文化的个性与特色】 “以诚信对待客户，以敬业做好工作，以协力搞好合作，以创新促进发展”的全新的企业精神，是EDRI人理想、信念和世界观、人生观、价值观的集中体现，是EDRI宝贵的精神财富。EDRI将这种思想观念和危机意识始终贯穿于生产、经营、管理的全过程，促进了观念创新、制度创新、管理创新，取得了非凡的成绩。在观念上EDRI闯出了国内勘察设计研究院整体改制的路子，走上了有限公司的道路，为进一步深化改革，形成多元化的股份制结构建立了平台；在制度上打破了多年的陈规陋习，采用了全新的双向选择用人机制、竞争机制和激励机制；在管理上冲破了几十年事业单位管理模式的禁锢，实行了全员合同、竞聘上岗、评聘分开、绩效考核等，使该院在短短的5年时间内得到了快速的发展，合同额不断攀升并连年创历史新高，企业对外形象、核心竞争力大大提升，EDRI的文化个性也越来越凸显，其中最具特色的是该院的奖励体系。

从2002年改制后，EDRI得到了快速发展，这当中涌现出了不少的先进集体和个人，为了激励这些员工以及其他员工继续为EDRI做出新的贡献，让员工自觉地将能量释放到最大，EDRI改变了多年来常规的年终评选先进的内容和方法，实行评选年度“最佳人物奖”的方式，给员工以耳目一新的感觉；在物质奖励上实行重奖，增加了吸引力；在评选方式上，经过从下至上的初选，再经过由上至下的遴选，并在一定范围内对入围的人选实行公投，以显示评选的公正性；在揭晓方式上，将评选出的“最佳人物奖”获得者的事迹制作成光碟，在年终表彰大会上进行最后的评选结果揭晓，增加了评选的新鲜感和神秘性，增强了获奖人员的自豪感和荣誉感。

EDRI丰富多彩的奖励体系，凸现了EDRI的文化特色，涵盖了EDRI的工作特点和多方面的工作性质，成为EDRI企业文化突出的闪光点。

【企业文化建设】 EDRI在建设有个性的企业文化，突出有特色的企业形象方面，进行了积极的探索和创新，并将理念与实际工作相结合，不断地为企业文化建设注入新的内容，使该院的文化理念有血有肉，充满活力。该院地处成都，在竞争中有许多不利的条件，但他们“设计尽善尽美，服务尽心尽力”的质量方针，“诚信、敬业、协力、创新”的企业精神，“EDRI最终受益的前提是永远让顾客满意”的经营哲学，“以人为本，以院为家”的团队理念，“工程精品，回报社会”的企业目标在全体员工中已逐渐深入人心，使该院以良好的信誉在复杂的竞争环境中，逐渐赢得了国内外客户的信任，建立了一种新的机制。为该院的快速发展起到了强劲的推动作用，并取得一系列骄人的成绩。

一是在高端市场得到迅猛发展，在高端市场先后成功中标北京中芯、成都INTEL、上海台积电、苏州联电等一大批知名项目。特别是2005年4月，EDRI自主中标上海中芯国际3个8英寸项目，实现了我国民族设计业历史性的突破后，又成功中标北京中芯Fab5项目，标志着EDRI自主设计进入了一个新阶段。与著名设计公司HOK公司联合中标的北京摩托罗拉新总部新软件中心，将是北京建起来的又一个具有震撼力的标志性建筑，成功地捍卫了EDRI在国内高科技工程的主导地位，使EDRI企业规模迅速扩大，企业充满着无限的活力，被国外著名公司称为大陆最有价值的设计院之一，EDRI已经成为知名品牌。

二是员工的思想观念逐步适应了市场的要求，市场意识、竞争意识、EKA意识不断增强，迎来了很多回头客和慕名而来的客户，取得了一个又一个重大项目的中标，保持了EDRI在高科技工程市场的领先地位。

三是整体凝聚力得到了极大的提高，不管是几十人的分院，还是几个人的项目组，不管是院内员工，还是本地化员工、外聘员工，都能自觉地努力实践EDRI的文化理念，并不断为它注入新的内容，使EDRI的整体凝聚力得到了极大的提高。

四是统一规范了外设机构的管理，促进了分院与总院的同步发展。针对外设机构多，点多面广且分散的特点，该院从2001年后，将企业文化建设作为契机，出台了对分院进行统一规范管理的制度，利用制度文化与奖励体系的作用，极大地激励了各分院干部、员工的积极性，使总院在短时间内迅速统一规范了对分院的考核和管理，快速地促进了分院的发展，加快了该院整体发展的速度。

五是获奖频频，成果不断。在近5年的时间里，EDRI按照“工程精品，回报社会”的企业目标，努力将所做的工程项目做成精品，获得了一系列重要的奖项。在工程总承包、设计、咨询等方面获得全国、部、省、市几十个奖项，如：苏州福田金属有限公司建设工程获全国优秀工程总承包银钥匙奖、深圳赛意法微电子二期扩建工程获全国优秀工程总承包铜钥匙奖；武汉长飞光纤光缆有限公司第六期扩容工程荣获国家第十届优秀工程设计金奖等。在改革、管理方面：连续4年被评为“CEC年度优秀企业”，院改制成果荣获“国家企业管理现代创新成果二等奖”等，2005年6月，该院获得“成都企业文化建设示范单位”荣誉称号。

六是经济效益明显提高。EDRI在近5年的企业文化建设时间里，不管是市场、改革、管理均取得了巨大的成功，核心竞争力不断增强，合同与收入成倍上升，高端市场占有率迅速提高。

造型铸魂　文化再造

——成都印钞公司的企业文化建设

【企业概况】 成都印钞公司是国家法定人民币研制、生产企业，地处成都市温江区，现有职工3329人，占地1043亩，下辖印钞事业部、钞纸事业部、热动力事业部、长城金银精炼厂、科技研究发展中心、设备维修开发中心、实业公司和物业公司；拥有固定资产153546万元。公司位列全国1948家大型企业第696位，居中国行业100强，世界包装装潢印刷业500强中国入选企业第一名，四川工业企业最大规模30强，最佳效益20强，四川印刷业复制工业企业最大规模首强。

【企业文化建设】 努力改造企业的外观环境，创造独具特色的企业文化外在形态；精心铸造企业的核心价值观和企业精神，全面提高职工队伍素质，用先进文化引领企业发展。这就是成都印钞公司探索出的一条企业文化建设的新途径。

从战略高度重视企业文化建设，做到“三到位”、“三落实”。一是规划到位，措施落实。把企业文化建设与建立现代化综合性印制企业的发展目标统一起来，与“主业出精品，多元向市场”的发展战略统一起来，对企业精神、理念、宗旨和管理理念等进行总结、提炼，编发，宣贯，进行策划，拿出具体的实施方案。在每年的实施过程中，公司将企业文化建设工作和其他中心工作同计划、同安排、同检查、同考核,同总结。做到规划到位,措施落实。

二是组织到位,人员落实。公司成立了以总经理为组长、党委书记和分管领导为副组长,公司其他领导和部门主要领导为成员的企业文化建设领导小组。2004 年,公司设立企业文化部,与党委宣传部一套人马两块牌子,具体负责企业文化建设工作。做到组织到位,人员落实。

三是经费到位,项目落实。先后投入资金建立图书室、阅览室、科技工作者之家、老职工活动中心、体操房、健身房,重新装修培训中心,进行生活区广播设施改造,职工家庭宽带网络建设,在生活区各楼幢之间安装太空漫步机等户外健身器材 35 台,在健身房添置豪华电动跑步机等室内健身器材 22 套,更新幼儿园娱乐设施。投入近百万元购置、更新摄像、照相、编辑设备和计算机网络设施。年划拨 150 万元用于广告及策划费,划拨 100 万元用于思想教育费用,按职工工资总额 1.5% 划拨业务教育经费。

以造型铸魂为重点,构建独特的企业文化。一是充分体现印制特点,重塑企业外观形象。用两年时间设计、编印、推行 VI 视觉识别系统,规范企业生产、管理台账,加强现场管理,提升企业的目视水平。通过改造、装修公司办公楼,推行开敞式办公,改造厂前区广场,改造家属区环境景观,统一职工着装,使企业外在形象明显提升。简洁、现代、美观与充满活力的现代化企业格局已基本形成。

二是培育企业精神、理念,着力打造独具特色的成钞文化。通过自下而上、自上而下的形式,多次反复总结提炼,初步形成了企业精神、理念、宗旨、发展战略、质量方针等方案。通过颁布和宣贯《企业文化手册》,"团结守纪、创新图强"的企业精神,"优质安全保发行、尽心尽力为客户"的企业宗旨,"主业出精品、多元向市场"的发展战略,"诚实守信、精益求精、现代文明"的企业形象等已经逐步地深入人心;《成钞工人之歌》和《成钞之歌》在广大职工中广为传唱;集可视性、权威性、指导性于一体,反映公司多年来在生产、管理、科技等多方面建设成果的陈列室,成为对外宣传的窗口。在厂前区广场修建的钱币艺术墙,展示了中国的钱币文化历史,背面镌刻的《中华钱币赋》"钱积如山,德立千切;钱流如川;心如止水"的词句,更是成钞职工的精神写照。

以企业文化为引领,全面提高职工队伍的思想素质。在企业发展过程中,成钞公司注意结合企业实际,充分发挥企业文化的"导向、整合、凝聚、激励"四个方面的作用,推动企业各项中心工作的开展。

充分发挥企业文化的导向作用,让新的企业发展战略和管理理念深入人心。利用闭路电视、广播、《成钞报》、企业文化网络、黑板报、宣传橱窗等多种媒体进行广泛宣传。开展知识竞赛、文艺表演活动,组织学习、宣讲和交流,多种渠道进行企业精神、理念灌输。使质量、安全等管理方针深入人心,得到了职工的普遍拥护、支持和践行。

充分发挥企业文化的整合作用,促进职工思想观念的转变。一是倡导学习,开阔眼界,打开思路。两级中心组坚持政治理论学习,自觉养成用先进的理论指导实践,不断提高分析问题和解决问题的能力。培训部门采取联合办学的方式,举办研究生进修班、工商管理培训班等形式,对管理干部进行了系统的理论培训。公司各级党组织以"成钞党建网"、党员"形象工程"、党支部"亮点工程"和党小组"星点工程"为内容的"一网三工程"为载体,深化"创先争优"活动,加强党员队伍建设,以党员的先锋模范作用带动职工思想观念的转变。二是开展"感恩、善念、快乐、包容"学习组织理念大讨论,分层次确定内容组织学习。三是通过企业改革如劳动人事工资制度改革等,拉动职工观念更新。

充分发挥企业文化的凝聚作用,努力提升"忠诚印制,追求第一"的思想境界。在厂区和生活区增设具有成钞特色的文化标识,告诉职工企业倡导什么,反对什么?让职工明白应该如何做才对。在现场管理方面,我们统一、规范企业管理台账,形成具有特定形势的管理外在文化。在生活区和厂区工间休息时定时播放《成钞之歌》和《成钞工人之歌》,营造浓厚的企业文化氛围。

充分发挥企业文化的激励作用,调动广大职工的工作热情。为了发挥企业文化的示范、辐射、传承作用,激励职工在工作中自我教育、自加压力、自我认同、自我完善,成钞公司注意挖掘承载企业精神、理念,蕴藏着文化内涵的典型,用典型的力量激发职工的进取意识。如共产党员"创先争优"活动,班组"质量擂台赛"活动,文明职工、文明班组、文明集体、文明楼幢、文明生活小区、文明家庭等文明细胞建设工作等。

以企业文化和学习型组织创建为结合点,努力培育创新型人才队伍。公司制定了《成都印钞公司 2002～2005 年度职工教育计划纲要》,《技术工人聘用管理办法》,全面实施生产操作技术工人技能培训鉴定工作;围绕生产经营需要,采取请进来、走出去的办法,开展了大规模的岗位适应性培训,建立初级工、中级工、高级工、技师、高级技师成长序列。通过新的人事管理机制和劳动工资制度的建立,以及企业对职工的职业生涯设计、培训与教育,提高了职工队伍整体素质,使他们真正成为企业文化建设的主力军。经过几年扎实有效的工作,公司现有研究生及其学历层次 94 人,占在册职工总数的 9%;大学本科、专科 1059 人,占在册职工总数的 33%;高中、技校、中专 1587 人,占在册职工总数的 48%。全公司共培养高级技师 2 人,技师 90 人,高级工、中级工、初级 11929 人,占工人总数的 72%。公司现有专业技术人员 638 人,其中,正高 2 人,副高 67 人,中级 312 人,初级 257 人。专业技术人员占在册职工总数的 20%。

以文化活动为载体,陶冶职工的高尚情操。通过组织举办"从我做起"、"唱响主旋律"、"文明的天空"等由职工自编自演的主题文艺晚会,深入学习贯彻《公民道德建设实施纲要》和《成都印钞公司职工行为规范》;20 多年坚持年评"十件大事"和"十件最佳好事",并编辑出版《文明新风二十年》一书,进行"讲文明""树新风"教育;坚持评选"文明职工"、"优秀文明职工","文明班组"、"优秀文明班组"、

“优秀文明集体”，并将此项荣誉作为公司的最高荣誉；坚持定期开放阅览室、健身房、棋牌室等活动场所，成立了乒乓球、摄影、棋类、篮球、羽毛球、牌类、集邮、书法、美术协会、职工业余合唱团，并分别组织开展活动。既丰富了职工的文化生活，陶冶了职工的思想、道德情操，又有厚重的文化积淀。

文化打造新形象

——中国一航西安航空发动机（集团）有限公司的企业文化建设

【企业概况】 中国一航西安航空发动机（集团）有限公司（以下简称一航西航）建于1958年，是中国大型航空发动机制造基地和国家1000家大型企业集团之一，公司拥有职工12000余人，其中工程技术人员2500多名，拥有各种国内外先进的冷、热加工设备和计量测试设备4000余台（套），先后取得了近200项省、部级以上科研成果奖。研制生产了涡轮喷气发动机、涡轮起动机、涡轮发电装置、涡轮风扇发动机、陆用和舰用燃气轮机，承担过航空、航天、核工业等多项尖端科研试制任务。已组建了由中国一航控股的、华融资产管理公司参股的有限责任公司，并成立了以西航集团公司为母公司、以资产为纽带，母子公司体制的西安航空发动机集团。西航集团公司以“航空报国，追求第一”为己任，坚持“军品第一”，国内外市场并重，形成了以航空产品为主导，军品科研、国际航空零部件生产、多元化民品和第三产业共同发展的格局。公司还分别与英国罗罗公司、美国普惠公司和以色列叶片技术公司、德国巴克杜尔公司建立了三家合资公司；与众多国际著名的航空企业建立了稳固的合作关系，外贸创汇连续多年位居国内同行业首位。公司的质量体系通过了ISO9000系列标准认证。公司被列为国家863计划CIMS工程应用示范企业。

【集团理念】 通过报纸、广播、电视。网络、宣传栏、专题会和专题培训等多种宣传教育形式，进一步加大了宣贯中国一航《集团文化建设纲要》的宣传力度，使广大干部员工深入了解深化集团文化建设的重要意义；加强了对实施大集团战略的目的、意义、指导思想、原则和具体实施计划的宣传教育，用集团的愿景发展目标来引导员工的行动，用“航空报国，追求第一”的集团理念和“激情进取，志在超越”的航空人精神，统一干部职工的思想。

【企业文化建设】 提升全员文化素养，增强全员文化自觉，是企业文化建设的重点。为做好这项工作，西航从打造企业文化产品入手，出版并下发了《企业文化建设资料汇编》、《西航企业文化建设论文集》、《西航员工诚信事迹汇编》、《西航盛开文明花》等书籍，制作了《企业文化建设宣讲材料》多媒体光盘、《岁月流金·西航风采》老照片多媒体光盘，摄制了《西航文明礼仪示范片》，出版了《西航》杂志企业文化专号，编印了《西航文化员工手册》、《西航员工文明手册》并和《集团文化员工手册》、《诚信建设员工手册》一起下发到各单位和每一个员工手中。

按照中国一航的部署，公司大力开展了文化建设“建标、比标”活动，确定了“比标”目标。同时，在内部也开展了“比标活动”，公司要求各标杆单位必须按集团文化建设的考评指标为依据，切实作好自身的文化建设工作，对工作业绩突出的单位给予了表彰。

【质量文化】 公司以管理为核心，大力开展质量文化建设，努力建立健全具有企业特色的质量管理体系。制定并贯彻落实了《质量文化建设实施方案》，大力宣传中国一航和本公司的质量价值观、质量行为准则、质量方针等。推广领导干部质量意识考核制度，对优化质量管理流程，实现质量管理关口有效前移，建设新的质量工作规则和习惯进行探索。继续把“用户至上，质量第一，追求卓越，不断改进”的质量方针、“质量是航空人的生命”的质量价值观，融入全面质量管理体系中，通过开展“信得过班组”、“信得过检验员”等活动，营造“提供精品，不瞒缺陷”的浓厚氛围，并制定相应的评价考核指标体系和规章制度，促进质量诚信承诺的落实，不断提高质量管理水平。树立“军品创精品，民品创品牌”意识，打造西航品牌。

【诚信文化】 公司不断加强诚信建设，始终将“用户作为关注焦点”，把满足用户的需求作为己任，重视企业形象与声誉，充分认识到诚实守信是企业发展的需要。根据《中国一航“打造诚信航空”方案》的要求，着手建立公司诚信建设体系。在领导班子中组织学习了中国一航下发的《市场观、用户观讲座》光盘，狠抓各级领导干部、财会人员与员工的质量诚信教育，把领导干部、财会、质量的诚信承诺分别列入干部管理、财务管理、质量管理的内容和工作议程。在报刊上组织了“讲文明、讲诚信、讲责任”锦言睿语征文和“诚信在西航”征文活动。编辑出版了《西航员工诚信典型事例汇编》。同时在电视、广播上开办专题，大力宣讲集团信誉，营造诚信氛围，不断提高干部职工素质，树立良好的产品信誉、服务信誉和经营信誉。2004年，公司又在全厂范围内开展了“讲文明、讲诚信、讲责任”活动，隆重举行了“讲文明、讲诚信、讲责任”万人承诺签名活动，并编印了《西航员工文明手册》，摄制了《西航文明礼仪示范片》电视教学片。

【环境文化】 一航西航大力开展了“一流环境”建设，营造和谐的环境。制定并下发了《西航集团公司“一流环境”建设计价指标体系》等一系列制度和文件。在2001～2004年投资三千余万元对生产现场和工作环境进行了改造，制作并悬挂了文化展板和各类标语牌100余块，对各厂房、辅助间、办公室楼内外进行了粉刷整修；对生产现场统一覆盖了通道漆、定置线；为2280台套设备统一披上新衣，对1146台套普通机械加工设备进行了漏油治理：统一制作了各类标识；整修厂区道路3万多平方米；整修厂房屋顶11万平方米；重点对老旧厂房和废弃设施、闲置场地及卫生死角等进行清理、改造和美化，共拆除临时建筑及不规范建筑5万多平方米，清理各类废旧用物品近10000吨，清理生活垃圾

13500吨;取缔了厂内外的所有露天垃圾场、铁屑箱、锅炉开水房;对厂区内外的所有公共卫生间、自行车棚、摩托车棚等公共设施进行了集中改造,实行了专业保洁。

与此同时,一航西航还投资近300万元对厂区内外环境进行了大规模绿化美化,厂内已绿化美化面积达17万平方米,绿化改造率(包括地砖硬化处理)达85%以上;厂区外已绿化美化面积先后达15万平方米,绿化改造率达90%以上,彻底改善了环境面貌。西航生态化园林、花园式工厂的"一流环境"建设通过了中国一航达标验收,受到陕西省、西安市环保局的赞扬。

"飞豹精神"促文化建设

——中国一航第一飞机设计研究院的企业文化建设

【企业概况】 中国一航第一飞机设计研究院(以下简称一航一飞院)是由原西安飞机设计研究所(603所)和上海飞机设计研究所(640所),按照"整合、凝聚、创新、卓越"大集团战略,于2003年6月组建成立的大中型军民用飞机设计研究院。总部在西安,上海设有分院,现有职工近3000人,拥有设计试验手段先进、工程经验丰富的军民机两支专业完整的研制队伍。

一航一飞院组建两年多来,在"航空报国,追求第一"集团理念和"激情进取,志在超越"集团精神指引下,通过文化整合和管理创新,建立起了以"飞豹精神"为核心的具有研究院鲜明特色的创新型文化体系,为贯彻大集团战略和推进一飞院改革发展,实现研究院愿景目标,提供了强大的思想保证、精神动力和文化支持。

【"飞豹精神"】 在我国航空工业发展历程中,原603所、640所始终是中国军民机研制设计的主力军和探路者。原640所在研制中国第一架大型喷气式客机——"运十"飞机的过程中,形成了以"创业创新,求实求精,献身航空,服务四化"为主要内容的"运十精神"。原603所在研制中国第一代超音速歼击轰炸机——"中国飞豹"的进程中,形成了以"报国、拼搏、求实、创新"为主要内容的"飞豹精神"。"飞豹精神"和"运十精神"都集中体现了"献身航空、求实创新、拼搏奉献"的精神内涵,表现出企业精神的共性本质,具备了统一企业精神的基础。

"中国飞豹"作为依靠中国人自己的力量研制成功的完全拥有自主知识产权的新型战机,正在形成战斗力,并成为享誉国内、蜚声国际的响亮品牌。为"飞豹"这一产品品牌赋予一定的文化内涵,并升华为企业的文化品牌,必将会为一飞院的发展发挥巨大的文化推动力。通过在全院范围内广泛征集员工意见,形成了为广大员工所普遍认同的以"献身航空的报国精神、百折不挠的拼搏精神、科学严谨的求实精神、敢为人先的创新精神、激情和谐的团队精神"为核心内容的新"飞豹精神",并以此作为一飞院文化的核心和精髓,构筑研究院共同的价值观、经营理念和行为准则。

【文化整合】 一航一飞院确立了在"一拳五指"集团文化总框架下,按照"突出航空特点,职工普遍认同,围绕中心任务,尽快见到成效"原则,兼收并蓄,去粗存精,融合两所文化精髓,强化核心理念,采取渐进方式,深入文化整合,推进内部融合,协调发展。

一航一飞院承担的新支线项目和多项国家重点型号,都是国家的急需工程,特别是ARJ21新支线项目,是国家民机产业发展的突破口,是我国民机产业的最后机遇。能否完成新支线项目和国家重点型号研制,成为组建一飞院成功与否的重要标志。一飞院紧扣这一中心,把项目成功放在首位,以型号研制为契机和牵引,在型号攻坚中强化质量管理,推进文化整合,确立了"让用户满意,对项目负责"的质量理念和"立足航空、追求卓越、顾客满意、持续改进"的质量方针,树立起"以人为本、顾客满意"的市场观念。

在整合过程中,一飞院探索出文化整合的"黄金准则":即树立共同的"敌人",一致对外;把员工的注意力集中在应对挑战、谋划发展上。整合过程中,坚持愉快地包容,尊重对方,尊重文化,尊重差异;视文化差异为机会而不是问题;欣赏对方的优点、优势和特点;坦率真诚地沟通,不放过任何一次沟通的机会;兑现承诺;三思而后行等"六大原则"。

一航一飞院按照"一个法人、一套班子;七大部,七统一;地域机构,属地管理"的"无边界化合"原则,组建了一飞院统一的领导班子,对西安、上海两地实行统一管理。采取统、分结合,对原两所机关整合调整,按照业务对口、职能相近原则,将原两套机关合并为一套机关,组建七大部。通过干部管理统一、任务渠道统一、科研计划统一、人力资源调配统一、财务营运统一、基本建设规划统一和质量管理运行体系统一的"七统一",管理全院业务。制定完善各级管理制度,用制度管理人、财、物,规范全院工作。针对不同管理层次,建立多级业务流程,通过流程再造,使西安、上海两地人员按照新的、统一的流程共同工作,用流程穿越所有部门,从而形成了"一套机构、两地运行"矩阵化的管理模式。

同步在西安、上海两地开展以贯彻"6S"管理标准为核心的"一流环境"建设。通过征集院徽,编制VI手册和员工手册,统一两地形象标识,规范员工行为。通过创建研究院国际园林化的科研环境和都市文明化的生活小区,树立一飞院鲜明形象。建立信息网络平台,实现了西安、上海异地无纸办公和异地视频会议,使两地间的沟通便利、快捷。院报《飞豹通讯》两地发行,建于院区网上的电子新闻和电视新闻两地共享。宽带网络直联通道,在满足一院两地各种应用需求的同时,将西安、上海距离接近。在ARJ21新支线项目研制中,充分发挥两地专业优势,合理调整任务分工和人力资源,相互交融,共同协作,并肩作战,资源共享,两地员工的文化认同感和归属感进一步增强。

为使以"飞豹精神"为核心的文化在一飞院深入人心,促进一飞院文化的融合,该院积极通过适合的途径和载体进行有效的灌输和宣传。编辑《飞豹人的故事》一书,发放给每位员工；举办“一飞院共产党员、科技人员型号攻坚先进事迹报告会”；通过向中国第一位飞机设计师徐舜寿的母校——清华大学的航天航空学院赠送徐舜寿塑像，在社会各界引起强烈反响，使“飞豹精神”在社会唱响；营造以青年科研文化、思想文化、业余文化和网络文化为主要内容的“青年文化森林”，构筑健康向上的青年文化；广泛开展职工喜闻乐见的文娱活动，加强西安、上海两地文化融合。

【整合创新】 倡导管理严细慎实、居危求进、远虑近忧、讲求诚信、求真务实、规则优先、数字说话；彰显创新与变革、人本与能本、学习与超越、成本与效率、团队与协作、质量与安全等主要价值理念，以此构建起一飞院以“飞豹精神”为核心的创新型文化。其体系框架可概括为“一种精神、两个基础、三种力量、四种机制、五大系统”。

一种精神，即“飞豹精神”。

两个基础，即以人为本、科学管理。

三种力量，即控制力、支持力、驱动力。

四种机制，即严格的竞争淘汰机制、有效的分配激励机制、公平的考核晋升机制、平衡的双通道上升机制。

五大系统，即工作流程系统、人力资源开发系统、绩效考评系统、科研支撑发展系统、创新体系与学习型系统。

一航一飞院在企业文化建设中始终将管理创新和文化变革视为企业发展的两个轮子，只有同步前进，才会实现既定目标。在文化整合推进中，不仅注重提炼企业精神和理念，而且通过管理制度的修订和创新、流程的优化和完善，实现了“文化落地”。在文化的推动下，新支线项目攻坚决战，国家重点型号决战决胜，在型号的研制进展中，一飞院也发展到了一个新的高度，打造出研究院事业留人、感情留人、待遇留人、环境留人、文化留人的成才环境和和谐管理、舒畅工作的文化氛围。

以文化力促生产力

——中国航空工业第一集团北京航空材料研究院的企业文化建设

【企业概况】 中国航空工业第一集团公司北京航空材料研究院是我国惟一的面向航空的综合性材料研究机构，主要从事航空工业在研和未来飞机、发动机、直升机先进材料、工艺、检测评价技术研究，同时还承担其他国防科技工业和民用领域先进材料的研制与开发，并将研究成果工程化和产业化，为国防和国家现代化建设服务。

【管理文化】 一航材料院以尊重人、理解人、关心人、信任人为原则，将文化关怀贯彻到管理实践中，重视对人的激励、培训、考核、任用和晋升，重视员工的精神素质培养，逐步形成了材料院“以人为本”的管理文化。

“以人为本”，首先体现为建立科学的人才识别、使用、激励、发展的机制平台。一航材料院高层次人才多，人员结构复杂，工作要求更多的创新。2002～2003 年，材料院通过组织结构再造、改革用人机制、再造招聘流程等一系列人事制度改革举措，初步建立了一个适应市场竞争和发展的高效的人力资源管理体系，建立了一个充满生机活力符合当前国防科研院所实际的用人机制和具有良好激励和稳定人才作用的人才评价体系和薪酬体系，建立了多渠道的人员流动途径，实现了职务能升能降、待遇能高能低，人员能合理流动，人力资源配置得到不断优化，广大员工的积极性和创造性得到发挥，优秀人才充分施展才能的改革目标，提升了材料院的核心竞争力。

一航材料院在充分发挥职工工作潜能的同时，十分重视职工群众生活条件的改善，把关心职工、爱护职工当作一件重要的日常工作来抓，以此作为凝聚职工，营造相互信任、关心的文化氛围的重要手段。经过几年不懈的努力，职工居住区的主要道路得到翻修或改建，生活环境日益美好、安全；2003 年，为退休职工建立了近 500 平方米的活动场所；2004 年，新建的职工餐厅竣工开业，极大地改善了职工的就餐条件和环境；从 2003 年开始，积极解决职工住房问题，并为职工子女解决就学和交通问题；2005 年，对新入院三年以内的职工每月发放 100～150 元的生活补贴，单身职工宿舍也正在兴建之中。了解职工的所思所想，帮助职工渡过难关，解决职工的思想困惑，这种主动的、真诚的情感关怀，进一步强化了职工对材料院的归属感，强化了材料院的凝聚力。

“以人为本”的内涵不仅仅是关心人、爱护人，更重要的是要满足职工受到尊重、参与管理和自我实现的需求。材料院大力加强民主管理、院务公开、职工素质工程建设，在“人员竞聘”这一敏感的工作中，积极引入职工代表监督机制，并将基层单位民主管理小组的建设作为民主管理工作最重要的基础工作来抓，材料院已形成了覆盖全员、全工作过程的民主管理网络，建立了职代会议案审理制度，有效地增强了职工参政议政的意识，充分体现了“以人为本”的管理文化。

【执行文化】 执行力如何转化为执行文化？思维决定行动，行动经过多次的重复也就养成了习惯，习惯的沉淀和积累也就成了一种文化。因此，培育执行文化就要从培养良好习惯入手。因此，近年来，一航材料院积极开展了以“培养员工良好工作习惯”为核心的组织文化建设。

为了切实提高广大基层员工“遵章守纪、按程序办事”的能力，使材料院现场管理水平得到有效提升，2003～2004 年材料院在 18 个基层单位开展了以“培养员工良好工作习惯”为核心的现场管理工作，对 664 名员工进行了培训。院长、党委书记、管理者代表、室主任亲自授课，宣讲“按程序办事从我做起”、“培育良好习惯建设质量文化”、“态度决定一切细节决定成败”，有针对性地进行案例分析，强化“诚实守信信守承诺”以及团队精神、客户意识，并查找每个单位存在的问题与不足，将质量管理体系要求具体落实到科研、生产现场。2004 年 9 月，材料院以“二级第一名”的优异成绩通过了质量体系“军方第二方审核”。

为了形成规范的科研生产秩序，创造优美、整洁的工作环境，材料院下大决心，从小事入手，从细节抓起，出台了“加强科研文明生产的四项规定”，大力推进6S建设，从“质量观”、“市场观”、“客户观”的高度深刻认识“一流环境建设”的重要性，加强对吸烟区域、自行车停放、证件佩戴和考勤的管理。2004年，材料院按照计划通过了6S达标验收。当员工们在院区漫步，感受着花园般美丽的环境，秩序井然的工作现场时，切实感受到了“一流环境建设”带来的变化，同时也在规范文件，整理、整顿科研生产现场，优化、美化环境的过程中不断深化着对“培养良好工作习惯”、“以顾客为关注焦点”、“严守工艺纪律按程序办事”等文化理念的理解。

一航材料院积极按照集团公司关于推进六西格玛“三个转变”的要求，加大力度、加快速度推进将六西格玛融入材料院组织生命的进程，实现可持续发展的目标。从2002年至2004年共派出16位同志参加绿带培训，2位参加黑带培训，1位参加领航员班培训，选送的六西格玛项目“降低钛合金高尔夫球头浇注欠注率”被评选为2004年度全国优秀六西格玛项目。

六西格玛帮助材料院人树立了重视策划，群策群力的团队协作理念；用数据说话，关注过程，关注执行，基于事实进行决策的良好习惯；追求卓越，不断改进的态度和方法；成为提高执行力的科学工具。在2005年3月—7月开展的“保持共产党员先进性教育活动”中，材料院党委创造性地运用六西格玛管理思想中的“用数据说话”、“团队协作”等思想精髓，保证了各阶段工作任务的顺利完成，其工作方法和成效受到了直属党委和中国一航领导的好评。

“文化力”推动着材料院不断以“激情进取志在超越”的精神，实践着中国航空“航空报国追求第一”的集团理念，并展现出了骄人的经营业绩。材料院2004年实现总收入8.86亿元，比上年增长21%；出口创汇3881万元，比上年增长6%；上缴国家各项税收1995万元，比上年增长41%。材料院经济质量不断提高，抗风险能力增强。通过合理运筹资金，降低了财务费用，大大提高了资产质量。与此同时，党的建设和精神文明建设也取得丰硕成果：先后荣获“全国‘五一’劳动奖状”、“中央国家机关和首都文明建设与社会治安综合治理先进单位”、“中航一集团思想政治工作先进单位”、“直属党委先进基层党组织”、“中航一集团‘三五’普法先进单位”、“中央企业五四红旗团委”等荣誉称号。

“三化”立司　塑造品牌

——泰康人寿保险股份有限公司的企业文化建设

【企业概况】 泰康人寿是一家以“专业化、规范化、国际化”为立司之本的从事人寿保险事业的公司，多年来，通过规范运作，扎实推进，赢得了良好的口碑和市场业绩，为泰康人寿百年事业奠定了坚实基础。2002年，泰康人寿推出了营销、团险等各个业务系列《基本法》，奉行“恒久利益”为核心的团队经营策略，全力锻造职业寿险代理人和职业寿险经理人，为16万业务人员提供了职业成长的制度保障。2003年8月，泰康人寿第一本企业文化书籍《我们的家园》编辑完成。公司积累、沉淀下许多值得提炼和升华的文化精髓，形成了泰康人寿特有的品牌文化，构成了泰康人寿这棵大树的根基。

【专业化】 泰康人寿经营的是寿险事业，强调对寿险运作的专、精、深，注重提升专业经营和管理能力，塑造专业品牌，提供专业服务。规范化为泰康人寿的稳健迈进提供了坚实保证。规范化体现在拥有规范的管理、规范的流程和规范的服务。国际化是泰康人寿实现跨越发展的捷径。泰康人寿建立了以CEO为核心的法人治理结构，使经营机制、经营理念、经营手段更加国际化，同时在学习和引进国际先进经验的过程中创造自身的先进体制，使自身成为以国际标准衡量、具有国际竞争力的国际化公司。

泰康人寿提出，在当下的中国，“创新，就是率先模仿”。在现阶段的中国企业，只有通过“模仿”，脚踏实地了解和掌握国际通行的游戏规则，融入全球主流经济圈，才能在模仿过程中实现自身的跨越式发展，进而才能谈得上创新。“率先模仿”在操作层面上要牢牢把握三个“点”：第一，视觉敏锐，善于发现。模仿要强调准确性和针对性，在把握公司核心发展战略的基础上，以全球的视野在繁杂的信息中准确瞄准模仿对象，找到“最好的葫芦”。第二，把握时机，率先模仿。模仿要强调“时效性”，要快速果断，在国内同行业中最先模仿，从而实现在特定市场、特定时间领先的目标。第三，超越模仿，实现创新。“画瓢”要为我所用，要在学习、研究、消化的基础上与本土、本企业文化相结合。模仿的最高境界是将模仿的对象不留痕迹地融入企业自身的发展，变成企业独有的东西。泰康人寿的100%电话回访制度充分说明了从模仿到创新的完整过程。

2000年泰康人寿成都分公司成立，成都分公司从开业后的第一张保单开始进行了电话回访。成都分公司首先要求所有保险代理人签署“服务承诺书”，内容包括如实告知、不代签名、不阻挠客户犹豫期退保等。同时对客户进行100%的新契约回访，确认保险代理人为客户提供的服务是否符合承诺。在电话回访中，客户如果对保单条款或投保过程产生疑问，可以无条件退保；如果发现代理人存在误导、代签字的行为，成都分公司马上将其开除。100%新契约电话回访在全公司推广后，总公司不遗余力地对这一制度加以不断完善和细化。对电话回访的内容、流程进行标准化设计，即“三个确认，两个核实，一个核对”。三个确认是：确认客户是否了解所购保险的保险责任和免除责任；确认投保单上是否为亲笔签字；如果是分红保险，还需要确认分红预定利率是假设利率。两个核实为：与客户核实投保单上的电话、地址，以便保持公司与客户联系渠道的畅通。100%电话回访制度成为保险行业的首创，其后在全行业得到推广。

【规模化】 泰康公司对市场、对未来有了自己的独特认识，开始了以理念为先导的全方位创新。2002年4月，泰康人寿发起了声势浩大的“爱家行动”大型市场推广活动，提出“爱家，你行动了吗？”的口号，将保险与家庭价值观和家庭生活观联系在一起，提出“泰康人寿代表未来健康幸福美满的新生活”的崭新理念，引起社会各界的广泛关注。随着社会“城市中间人群”——工薪白领消费群体的扩大，泰康人寿开始围绕工薪白领的需求，对客户、产品、服务、品牌进行了重新定位，对公司企业文化进行了整合与发展，在保持传统金融企业的文化特色之外，增添了新生活的文化内涵。即对内：勤奋工作，快乐生活；对外：为爱尽责，让家无忧。泰康人寿不断推出满足工薪白领需求的保险产品，以家庭保险产品为主打产品，以现实与虚拟相结合的四位一体的“新生活广场”为服务平台，为工薪白领人群提供全方位的寿险服务。2003年9月，“爱家之约”升级版推出，实现组合更灵活，保障更全面。爱家之约的产品销售占到新契约保单的三分之一，很多人想起泰康，就想到了“一张保单保全家”。

【国际化】 泰康人寿是一个大事业，要靠一大批优秀的专业人才来支撑。泰康人寿致力于通过整体规划和统筹运做将员工的个人劳动创造转化为组织功效，让员工的个人成长与企业发展同步。创业之初，泰康人寿就建立了开放、专业、学习的主流文化，营造员工成长的良好氛围。泰康提倡具有国际观、包容吸纳精神和追求进取的健康开放心态。鼓励员工永远保持对新鲜事物的兴趣，掌握专精的知识与技能，提供最专业的服务给客户。在整个公司形成了学习金融知识，学习经营管理，学习做人做事的学习性组织的良好氛围。

泰康人寿总分公司有一个群众性学习组织——青年论坛，成立于2001年2月22日，由广大热心青年员工自愿组成。青年论坛时刻关注世界发展潮流，关注公司发展方向，从宏观、微观的层面上对公司发展的重大举措提出建议，并以年轻人特有的饱满激情和宏伟志向为泰康人寿的百年基业做出自己的贡献。

2002年，泰康人寿中高层集体参加北京大学国际MBA培训，以不断提高公司管理层的管理水平。在陈东升董事长的带动下，泰康人寿形成了别具一格的“读书制度”。《品牌精神》、《基业长青》、《追求卓越》、《执行》等都成为公司员工的学习教材，读书心得也成了中高层管理者必须完成的“作业”。

【共同成长】 泰康人寿经过多年的实践，已经建立了完善的人才机制。进人机制：选择经受市场磨炼的，具有国际概念、适应公司发展需要的行业内最优秀人才；用人机制：知人善任，人尽其才，按岗用人，理论知识和实践能力与岗位相匹配；培训机制：强调“教育是最大的福利”，致力于培训体系的完善；考评机制：赏罚分明，短期激励与长期激励制度有效结合在层级负责基础之上，建立以KPI考核为核心的考评体系，做到“能者上，平者让，庸者下”。

公司鼓励员工特别是青年员工在泰康实现最大的职业价值——在实现公司价值的过程中，得到自己合理的利益，实现个人和公司财富的双赢。在泰康，很多年轻人伴随公司的成长得到了历练。许多年轻人感叹，只有在泰康这样一个年轻企业，这样一个舞台宽广的企业才会有个人事业的成长。员工发自内心地说：山水造景，泰康造人。泰康的企业文化很适合员工的成长，在泰康能够成就事业梦想。

泰康人寿执行文化体系的核心是建立以战略文化、绩效文化、会议文化为主要内容的指挥体系，建立自上而下从总公司管委会到分公司总经理室，再到中心支公司负责人的顺畅的信息交流、沟通体系。泰康人寿坚持从制度和机制两方面入手，建立公司强有力的执行体系，形成令行禁止的执行文化。建立明确的授权授信机制，做到授权给谁谁就负责，关注过程，考察结果。通过各级强大的执行能力将公司文化、战略、品牌精神转化为公司的高利润和高价值。

6S管理的创新文化

——中国一航北京航空制造工程研究所的企业文化建设

【企业概况】 中国一航北京航空制造工程研究所（简称一航制造所）隶属于中国航空工业第一集团公司。从2000年起，该研究所高举企业文化建设大旗，在集团文化的引领下，锐意创新，注重实践，企业文化实践管理连年迈上新台阶。1999年一航制造所创建“精品小区”，2000年开始推行6S管理。6S管理是指开展“整理”、“整顿”、“清洁”、“规范”、“素养”、“安全”6个方面的管理工作及环境建设。2001年首批通过中国一航6S管理达标验收，2003年首批获得6S管理铜牌，2005年又成为中国一航首家通过6S管理银牌标准验收的研究院所。

在6S管理推进的5年实践中，该研究所从环境入手，树立全新形象，凝聚人心；从组织制度与管理制度上着力，提升管理能力；用集团理念与精神武装，贯穿始终，打造核心价值观，将6S管理推进工作从建设生活、工作环境，到建设人文环境，完成了一个从表及里、由浅入深、由量变到质变的飞跃，同时也完成了从具体管理到形成企业文化的飞跃。

【改造环境】 环境即人，人改造环境，环境也改造人。2000～2005年，一航制造所用于基础设施改造的经费投入共700余万元，其中用于环保技安的改造费用占10%。该研究所绿化面积达到可绿化面积的85%以上，作业现场的设备完好率达到90%以上，实现办公自动化的部门达到90%以上，安装节水节电装置达到80%以上，生产现场标识明确的达到95%以上，职工上班统一着装，科研生产区内禁烟，机动车统一停放，“环境变了，人气升了，人心聚了，信心增强了”。环境的改变不但重塑了一航制造所面貌，而且树立了企业对外的良好形象，到研究所的中外宾客纷纷表示：

"看到这里的环境,就值得信任"。

【建章立制】 6S管理是治疗企事业单位疑难杂症、从粗放型管理向集约型管理转变的一剂良药。而这种管理的有效实施必须从组织制度与管理制度上着力。

一航制造所从进行6S管理伊始,就制定了严格的标准和制度,并逐步加以完善、修订和巩固。在具体工作中,该研究所各级领导重视,组织措施得力;重视制度建设,建立长效机制,成立了专门负责6S管理的职能部门,形成了规范的6S管理体系文件,制定了《领导干部行为规范》和《员工手册》等数十项管理制度,建立健全了各类激励机制,近年来奖惩金额共计数十万元;坚持经常性的全员培训教育,不断提升员工素养;全面推进,不断创新,注重把6S管理与精益六西格玛等先进管理方法相结合,管理绩效突出;检查标准明确。教育到位,制度约束,严格检查三个环节共同作用,使6S管理起到了巨大的作用。

【打造文化】 文化是一种无形的力量,它具有强大的心理激发力、精神感召力和能力诱放力,凝聚职工队伍,朝着既定的目标奋斗。

6S管理的核心是提高职工的素养。在6S管理推进中,人文环境建设被一航制造所作为重头戏。该研究所较早地制定并实行了《一航制造所视觉识别系统标准》;制作了《与新世纪相约——我的人生格言》,记录了每一位职工向新世纪的庄严承诺,被职工誉为"人生词典";45周年所庆时,组织了院士学术报告,出版了250位职工的征文集《我入所的那一年》与集合职工摄影作品的画册《志在一流》;在全员中征集并提炼出研究所的精神——"敬业,创新,图强"。

一航制造所为开发人力资源,全面提高人员素质,建立了全方位、多层次、多模式的培训系统,尤其在内容上更是打破常规,除科技、外语、计算机外,还增加了企业文化、管理学、心理学、美学、社会学等方面的知识。为调动技术工人的积极性,相继建立了"质量免检岗"、"调试工程师"及"加快产出流动红旗"等制度,鼓励工人重质量、讲诚信、岗位成才。管理出效益,文化焕发激情。在争创银牌的管理实践中,一航制造所员工提出270多条合理化建议,其中绝大多数项目都是旨在提高质量、加快产出、降低成本、提高职工素养的管理性建议。截至今日,已有127项合理化建议被采纳,用于实际工作改进。

环境的变化促进了员工素养的提高,员工素养的提高带动了各项基础管理工作的提高,管理工作的提高增强了核心竞争力。伴随着6S管理实践的步步深入,一航制造所不但管理水平和效益连年攀升,而且培养出一批批高素质的人才,带来了事业的兴旺。2004年全所实现销售收入4.5亿元,比2000年实现了翻番,提前完成了"十五"经济计划指标。2005年,承担型号任务量比上一年增加近两倍,销售总收入达到5.3亿元,创历史新高。

一航制造所从6S管理达标,到顺利通过6S管理银牌标准验收,走出了一条有自己特色的文化兴企之路,在发挥先进制造技术研发基地作用方面,为国防与国民经济建设做出了重大贡献!

(金刚　杨佳琪)

诚信兴企业　文化铸品牌

——南阳方达发电运行有限公司的企业文化建设

【企业概况】 南阳方达发电运行有限公司成立于2005年7月18日,是服务于蒲山电厂的专业化发电运行公司,其前身是蒲山发电运营中心。2002年底,随着电力体制改革厂网分离,河南电力公司将持有的蒲山电厂的股份转给了中国电力投资集团公司。蒲山发电运营中心随之归属中国电力投资集团公司河南分公司。

【确立理念】 股份公司成立之后,面临与股东方的相互关系问题。为此,领导班子着重分析了改制带来的新变化,认为必须正视同普光公司关系的历史演变过程,引导广大职工在"正确认识和处理与普光公司的关系"这个问题上达成共识。

为此,2005年9月,公司利用业余时间分两期对中层干部进行了集中培训,统一思想,转变观念。公司领导先后为培训班和全体职工做了五场关于《正确认识和理解与普光公司的矛盾与关系》的形势报告,对公司当前的形势、公司与普光矛盾产生的过程及如何解决矛盾进行了精辟讲解,并在全公司范围内进行了讨论。通过上述工作,统一了职工的思想认识,确立了诚信服务,实现和谐共赢的理念。

【奠定基础】 2005年,公司在宣传贯彻集团公司企业理念的基础上,开始建设具有专业化运行公司特色的企业文化。同年5月,隆重举行了《蒲山电厂志》发放仪式,以此启动了公司的企业文化建设工程。公司领导为班组长以上人员做了如何提炼企业精神的讲座。全体员工认真学习"厂志",领会集团公司理念体系,总结提炼企业优良传统。经过"三上三下"的努力,公司发布了符合公司实际、具有时代特色的"精诚运营,卓越方达"的企业精神。实践证明,企业精神的提炼,为增强企业凝聚力,提升核心竞争力,促进企业发展竖起了一面旗帜,得到了全体员工的认同。

在提炼出企业精神的基础上,公司组织全员参与,明确了公司的企业哲学,提炼出企业价值观和企业使命等十条企业理念;制订出了企业"员工行为规范";汇总编印了《企业文化手册》。至此,初步完成了公司理念识别系统的自主设计与提炼工程,为公司企业文化建设奠定了理念体系。

【打造品牌】 公司通过宣传、教育、贯彻、落实企业理念体系,使其成为全厂各项工作的指导原则和职工自觉的行为规范。公司党委还组织开展了"企业文化价值观念"大讨论活动。大讨论使广大职工观念上发生了变化,确立了诚信服务的理念;端正了对改革的认识,为三项制度改革作了舆论与思想准备;使企业精神、企业理念进一步深入人心,提升了广大职工的认同感、责任感，浓厚了企业文化建设的舆论氛围。

公司把企业文化的基本理念体现到公司各项规章制度，渗透到公司生产经营管理的各个环节之中，逐步转化为广大职工工作的动力和自觉行为。公司进行了三项制度改革，尽管力度较大，但全体员工识大体顾大局，保证了改革顺利进行。

【推进发展】 为实现文化管理，方达公司将企业文化融入业绩评估，纳入了企业管理体系。公司成立了企业文化研究学会，设置了领导机构和办公室，制定了三年《企业文化建设规划》和年度企业文化建设计划。公司还选准突破口，有步骤实施了文化建设工程。比如：加强企业文化理论培训与研讨，提高参与的自觉性；结合安全月开办安全文化讲座，建设安全文化；举办首届职工文化艺术节，开展丰富多彩的文体娱乐活动，培养职工团队精神，增强企业凝聚力。

方达公司以“精诚运营，卓越方达”企业精神为宗旨，克服困难，精心工作，细化管理，确保了全年各项目标的顺利完成，为业主创造了丰厚的效益，树立了公司诚信运营的良好形象。

杰克控股集团的“四从”文化

——台州杰克控股集团的企业文化建设

【企业概况】 台州杰克缝纫机有限公司成立于1995年。经过近十年的艰苦创业，从一家名不见经传的家庭作坊式小厂，成为拥有缝纫机和机床两大产业、7家子公司、年销售产值6亿元的中国杰克控股集团，并建立了一套独具特色的企业文化体系。2003年被评为“中国企业文化建设先进单位”、“未来之星——21家最具成长性中小企业”之一；2004年入选“中国机械500强”，被中国企业家联合会评为“中国优秀企业”。由中央编译出版社出版的“活力之源”一书，曾以纪实文学的手法，记录了杰克富有传奇色彩的创业经历和企业文化。

杰克集团的企业文化建设，经历了一个从企业家文化到企业文化的转化过程。董事长阮积祥把这个过程称为“四化四从”，即：把企业家的个人意识化为全体员工的群体意识，把群体意识化为制度规范，把制度规范化为自觉行动，把行动化为实际效果；从开头抓起，从苗头抓起，从头头抓起，从典礼仪式抓起。

【企业家文化化为企业的文化】 阮积祥敏锐认识到，只有把他本人的文化意识、文化理念化为公司全体员工的共同意识、共同理念和自觉行动，“他的企业文化”才能变为真正的“企业文化”，否则只能是“阳春白雪，和者盖寡”。为此，他确定了从自己头脑中来，到员工头脑中去；从员工中来，经过公司认同，再到员工中去的文化建设方针。

比如，“和、诚、拼、崛”四个字前三个是阮积祥提出来的，马上得到全体职工认同，但另一个字被大家否决了。职工经反复讨论琢磨后推出一个“崛”字，即“创崛起之业”，于是“和、诚、拼、崛”成为杰克员工的共同追求。

把企业家文化化为企业文化，不能只停留在理念宣传上，而要把理念转化为企业制度和员工行为规范。

在从理念到制度的转化工作中，杰克遵循的是“对应呼应”原则，即：理念中有的，企业制度中一定要有，有什么理念，就要有相应的制度与理念对应；倡导什么文化就要在制度设计中呼应这种文化；凡是杰克已建立的文化理念都要融入到杰克的制度规范之中。

“我们一直致力于创新”是阮积祥提出的创新理念。为体现和贯彻这一理念，杰克建立了“三级五星制”的奖励办法。该办法开宗明义地规定：“凡涉及技术、管理、制度、产品开发、生产制造、营销等方面的有效改革或创造发明，切实能达到降低成本、提升质量、提高效益、简化流程及便于管理、改善形象等效果的都属于奖励范围。”该办法分创造发明、提案改善、合理化建议三个级别，每个级别又分五个档次，谓之五星级，每一星级都有评分标准和奖励标准。

在技术创新方面，为了把创新的理念“化”到每一个部门、每一道工序、每一个环节、每一项具体的工作中，杰克编制了一部2万多字的《技术研发体系工作程序》。该程序从系统、集成的创新思想出发，对营销、研发、制造等30多道工作程序都作了明确规定，成为企业管理创新和文化建设的重大成果。

创新使企业专利申请逐年增加，不断推动着企业技术进步和管理升级，给杰克带来了勃勃生机。

【“四从”抓起，重在落实】 杰克集团在文化建设上狠抓“四从”——即：从开头抓起，从苗头抓起，从头头抓起，从典礼仪式抓起。

一是从开头抓起。招聘是一个企业向一个准员工展示其企业文化的开篇，应聘是一个准员工融入该企业文化的头篇。抓好这一篇，对一个新员工的精神塑造和文化感染，进而融入本企业文化非常重要。

2003年，有一批大学生应聘进了杰克，也经过了基层锻炼，但由于害怕竞争，拒绝竞聘上岗，期望“拜相求贤”而终不见动静，最后有一半的人离开了杰克。对此，杰克欢送而不强留。阮积祥说：“我们的文化是‘能力文化’，不是学历文化，这种文化是杰克的历史和传统形成的，也是杰克生存和发展的需要。我们不能容留两种对立的文化存在，那样将会破坏文化的统一性，从而降低凝聚力。”正是这种坚定不移的用人理念、能力文化和与此对应的用人机制，使得一大批在实践中锻炼成才的、没有学位但有能力的人走上了企业领导岗位，使得一大批开头就接受杰克用人理念和既有学位又有能力的大学生担任了企业重要职务。一位28岁的河南籍北京农大毕业生，从干机床操作工开始，经过两年多的努力奋斗和企业培养，就走上了公司总经理的领导岗位。一位江西籍的北京科技大学毕业的女大学生，从车间仓管员、核算员到做公司财务中心副总监，一步步走上高层领导岗位，现在已是享受年薪和公司专车待遇。

二是从苗头抓起。企业中的许多苗头问题和现象，往往是某种文化发酵的结果。好苗头及时引导，可以酿成一种优良文化，坏苗头如不及时纠正，则可能破坏现有的文化。在杰克，有两座引人注目的企业雕塑，一座曰“蝴蝶效应”，一座曰“青蛙效应”。雕塑的铭文上写道：“蝴蝶效应”告诉我们，有些小事可以糊涂，有些小事如经过系统放大，则对一个人，一个企业、一个国家很重要，就不能糊涂。所以，考虑问题要从本质思考。杰克的企业作风是：决策：谨慎思考，果断行动；执行：面向市场，立即行动。

1999年的夏天，东北市场打开，产品供不应求。但随着冬季的来临，东北片的一些销售部门陆续收到客户的一些反映：机器出现故障。销售服务人员凭借多年的实践经验，马上告诉对方处理的办法，有的亲自帮助处理。情况好了一些，所以就没有向总部报告，各销售部门也没有互通信息。过了一段时间，问题又出来了，且反映问题的面越来越大，终于发生了退货甚至取消来年订单的现象。经调查分析，原因是产品设计没有考虑到东北冬季寒冷的具体情况所致。董事长抓住这一事件，在公司上下进行了一场声势浩大的作风教育，使“面对市场，马上行动”的理念深深印在了员工脑海里。

三是“从头头抓起”。杰克集团认为，要抓好头头，必须从解决这些认识入手。杰克分期分批组织了大大小小头头到海尔、大连三洋去参观学习，让他们切身体验企业文化的魅力和功效。回来后组织头头们进行了连夜大讨论：是什么引领海尔不断创新和跨跃式发展？为什么一个普通女工在临死前还要让家人把她推到海尔公司门口再看上一眼？偌大的三洋为什么没有一个清洁工和检验员？通过大讨论，大家得出一致的结论：正是先进的思想理念和优秀的企业文化，才使得这些优秀企业具有如此的凝聚力、高速发展的生产力和如此高境界的自我管理。但参观和讨论并不能一劳永逸地解决人的认识问题，必须用制度来巩固。为此，杰克公司把企业文化建设工作纳入对各级头头的绩效考核制度之中，从而从制度上促进了各级管理人员自觉学习和运用企业文化来管理。

四是“从典礼仪式抓起。”杰克在长期共同经营生活和管理实践中，形成了一套“以礼化文、以礼化人”的典礼仪式。如：晨迎仪式。每周一早上7:30，杰克所有总监、主任以上的高层领导，分列两队站在杰克大门口，微笑着鼓掌欢迎员工入厂。一周的好心情从这一刻的微笑和掌声开始，许多隔膜在这一刻的微笑和掌声中消弥，管理者与被管理者的关系和感情在这一刻的微笑和掌声中拉近。还有升旗仪式，颁奖仪式，厂庆仪式，队训、队歌、队会仪式等。

杰克集团的“四化四从”企业文化建设文化方略及“上上下下、来来去去”、“对应呼应”、“以礼化文、以礼化人”的做法，极大地增强了企业的凝聚力、创新力和市场竞争能力，促进了企业的持续发展。

培育共同价值观

——浙江巨化集团公司的企业文化建设

【企业概况】 浙江巨化集团是1992年经国家经贸委批准组建了企业集团，现拥有总资产92.3亿元，在册职工近2万人，下设40多个分子公司和控股参股公司。集团建有100多套主要装置，以生产基本化工原料和氟化学制品为主，还生产化肥、化学医药、农药、化学矿产品、高分子材料、建筑材料、有色金属等19大类200多种产品。产品远销日本、美国、俄罗斯、欧洲、东南亚和港台等30多个国家和地区。现为浙江省最大的化学工业基地和全国最大的氟化工生产基地。2005年，巨化位列中国石油化工行业综合经济效益第18位。

【确定着力点】 随着企业改革的深化，产业结构的不断调整，巨化逐步实现了由传统的化工原料基地向现代的氟化学工业和精细化工产业转变，企业价值观和企业精神的调整和重新提炼日益迫切，加强企业文化建设日显重要。对此，公司党政领导高度重视，提出了“以培育共同价值观为核心，大力开展企业文化建设”的要求，抓住“企业共同价值观的提炼”、“企业精神的弘扬”和“企业经营理念的创新与形成”三大内容开展企业文化建设。在四个月的“大讨论”过程中，公司和各二级单位加强组织领导，多次召开党政工领导会议进行集体讨论和提炼，有力保证了企业价值观和企业精神大讨论活动健康、顺利的开展。

【开展大讨论】 企业价值观是企业文化的核心，企业精神是企业价值观的集中体现，也是企业文化的灵魂。为此，巨化在企业价值观和企业精神的重新提炼形成中，充分发挥职工群众的力量和智慧，充分尊重职工群众的意志，组织职工全面参与讨论提炼，使整个讨论提炼过程成为既是集中全体员工意志和智慧，逐步形成企业价值观和企业精神的过程，又是统一全体员工思想认识，逐步使全体员工认同和接受企业价值观和企业精神的过程。他们还组织专门人员对委托浙大设计的CIS理念识别系统讨论稿进行了认真和调整，下发至公司各单位反馈意见。党委宣传部对各基层单位提出的158条意见和建议进行汇总整理，最终确立了“安全与效率，环保与健康，尊重与和谐”的企业价值观和“团结、求实、诚信、创新”企业精神以及CIS理念，激励了广大干部员工在新形势下锐意进取，开拓创新的斗志。

【形成理念体系和工作规范】 通过“企业价值观和企业精神”大讨论，强化了企业文化知识的学习与普及，统一了干部职工的思想，形成了集团文化建设的系列理念体系。

发展战略：以蓝天碧水，造福社会为宗旨，以高新技术产业为主导，依靠技术、管理和制度创新，推进人才工程，着力抓好产业和资本两个经营，突出以氟化工为核心，加快结构调整，培育核心竞争能力，形成精细化工、合成材料、生物化工三大支柱，建成多元化、现代型、国际性的具有较强实力和竞争力的巨化集团。

经营方针：优秀的品牌，优质的服务，优良的效益。

企业价值观：创新与发展，安全与效率，环保与健康，尊重与和谐。

企业宗旨：蓝天碧水，造福社会。

巨化精神：团结、求实、诚信、创新。

企业道德：诚实守信、恪尽职守。

员工信条：学习、尽职、精业、奉献；勤奋工作，热爱生活。

文化保驾促成功

——深圳市粤菱电梯有限公司的企业文化建设

【企业概况】 深圳市粤菱电梯有限公司是电梯行业中具有前瞻性的诚信企业，集电梯销售、安装、维修、保养服务为一体，具有一整套完善的企业管理体系和高素质的技术骨干及技术工人队伍。曾荣获国家技监总局和省技监部门颁发的从事电梯安装、维修、许可证书，并成为广东省、市特种行业协会会员单位，深圳市总商会（工商联）理事单位，2005 年被深圳市市场学会授予“敢于接受市场监督诚信企业”，2006 年经中国企业信用保障中心和全国企业资信评估委员会评审认可为 AAA 级信用示范施工单位。

【企业文化建设】 深圳市粤菱电梯有限公司在成立之初就认识到，要把企业办好，首先必须抓好企业文化建设，通过企业文化建设来体现“八荣八耻”的社会主义荣辱观。由于企业着重文化建设和始终贯穿以人为本，诚信经营，严格执行国家各项法律、法规，在向国家和省、市有关部门申报资质许可时，受到国家特种设备评审专家的好评。

整合企业精神文化，创建企业信誉和品牌，服务于社会，拥有一流的员工、打造一流团队，是粤菱公司的愿望。因此，粤菱人努力工作，不断学习和提高，不断地进行自我更新、开拓创新、以人为本、诚信经营。在此基础上注重团队向导，倡导“没有完美的个人，只有完美的团队”，强调同事在工作中的相互信任，倾听、分享与合作，注重人才综合素质，强调为人正直和诚实，做事之前先做人。

建立企业制度，文化规范企业行为。电梯产品是机电一体化终合设备，要提高服务质量，必须有素质高、技术水平过得硬的技术骨干和技术工人队伍为基础。在企业核心价值理念指导下，公司建立并不断完善职业道德规范和员工行为准则，在团队管理中落实责任制、培训制度，不定时的工作检查、季度、年度工作考核等一系列制度。定期对员工进行文化和技术培训、考核、相互交流、取长补短，使员工认识到要做好本职工作，提高工作效益和服务质量，首先要有过硬的技术水平。在制度文化的推行过程中，注重目标和结果，寻找偏差，从细节入手，不断改进达到企业质量管理体系，从而实现企业可持续发展。

为客户提供安全、舒适、快捷、诚信的服务，不论客户选定哪种品牌电梯，公司先为客户把好电梯厂生产配套质量第一关和安装质量关，从电梯报价、洽谈签订合同到电梯增加功能以及电梯关键部件的配置，公司的业务员、工程技术人员都会为客户着想并提出合理化建议，最后与用户达成一致意见。质量是信誉的保证，粤菱电梯公司把产品质量、安装质量、维修保养当作向客户负责和维护企业诚信的经营宗旨，客户满意是我们最大的荣耀！

低调诚实做人，致力社会慈善事业。粤菱人清楚地意识到，要建立起长期稳定的客户关系，加强企业的社会责任感也是非常重要的。公司一直提倡崇尚勤劳朴实的品牌，本着取之社会，用之社会的宗旨，持续奉献于社会。自 1995 年以来，公司先后捐款捐物给社会福利事业，荣获社会福利单位赠送的慈善证、热心公益事业锦旗、热心公益事业银盘等。2004 年以来先后捐款教育基金、修缮学校、捐款修村路，虽金额不惊人，但这一善举得到当地村民高度赞扬。

建设具有个性的企业文化

——宁夏红枸杞产业集团有限公司的企业文化建设

【企业概况】 宁夏红枸杞产业集团有限公司是自治区重点扶持的优势骨干企业、自治区农业产业化龙头企业、国家级农业产业化重点龙头企业。公司自成立以来，始终依靠自主创新，坚持以科技打造品牌，以质量开拓市场，靠信用树立形象，不断整合资源，已发展成为枸杞深加工为主营业务的中国知名企业。2005 宁夏红入选“中国最具影响力 20 强酒类品牌”，被评为“中国最具竞争力 100 强第 53 名”。

【以文化塑造产品】 “中卫自古是酒乡”，成为传播“健康饮酒，饮酒健康”、引领生活时尚，用观念引导消费的一句名言。宁夏红集团作为酒行业的后起之秀，始终将观念的转变和企业文化的建设作为组织建设的头等大事来抓。宁夏红集团的氛围、观念、意识、价值追求以及它在企业经营实践中的贯彻，无不使人感受到充满理性和激情的深厚的文化底蕴。

企业文化是一项复杂的系统工程，是一项富有创造力的活动。当今激烈的市场竞争，如何在文化底蕴的积累与挖掘上略胜一筹，是主宰企业前途、兴衰和生命力的源泉，是战胜竞争对手的重要途径。在激烈的市场竞争中，宁夏红集团依靠酒乡 600 年深厚的文化底蕴为背景，秉承西夏文化、塞上文化、黄河文化、杞酒文化，立足创新求发展，不断挖掘和培育企业文化，挖掘文化做品牌，使每一个产品都赋予了其独特的个性，蕴涵了浓厚的地域文化和民俗风情，赋予产品丰富的文化内涵。博众家之长，采天地之灵，夺山川之秀，秉承华夏古国酿造遗风，积深厚酒文化底蕴，借酒乡之名，厚积而薄发，以文化塑造产品和市场竞争的差异化空间，打造出了高贵、典雅、健康、时尚的“宁夏红”枸杞酒系列产品，形成了独特的竞争优势，成为中国酒界的新秀。

【学习文化】 在任何条件下，公司都坚持把企业文化作为企业的重点工程建设。在文化建设中，公司坚持“软环境”与“硬制度”有机结合，发挥企业文化粘合剂的作用，组织全体成员通过实践，互动和创造来带动团队学习。在企业文化与学习型组织的相互作用下，学习、知识共享、提高员工的素质已经成为组织的重要职能和目标。

坚持以人为本的方针，通过企业管理来实现对企业文化力的挖掘，从关心职工、理解职工、信任职工开始，采取有效措施主动激励员工，帮助员工成长，以相对简单的人际关系，务实的精神、崇尚公平和效率，给每个员工提供足够的舞台空间，使员工的才能得以充分展现其才能，让员工真正能有“当家作主”的责任感。

护佑众生　求索进取

——江苏扬子江药业集团的企业文化建设

【企业概况】 江苏扬子江药业集团成立于 1971 年。到 2003 年，该集团的资产从当初 2 万元上升到 20 多亿元；生产规模从建厂时的 6 间作坊式的砖瓦平房，发展到如今一座现代化、花园式的大型制药企业集团；员工人数从 10 多名壮大到 4000 多名；产品也由当初单一品种，发展到如今全面通过国家 GMP 认证的 10 大系列、11 种剂型、100 多个规格。自 1996 年起，扬子江药业集团综合经济效益跃居江苏医药行业首位，名列中国 6700 家制药企业前五强。扬子江药业集团从创办的第一天起就植下文化基因，随着企业的发展壮大，企业的文脉也在茁壮成长，并成为企业持续发展的原动力。

【制度文化】 1997 年 11 月，经江苏省人民政府批准，全省医药行业第一家重点企业集团——江苏扬子江药业集团暨江苏扬子江药业集团有限公司正式成立。自此，扬子江迅速走上一个以科学管理和现代经营为目标的发展轨道。企业严格按照 GMP 标准，逐步建立了一套管理标准、技术标准和工作标准，并进行定期考核，使公司从各部门到每个车间、班组乃至个人都有章可循，职责分明。同时，企业还引进麦肯锡管理经验，进行制度革新，使规章制度建设提高到国际规范化水平，成为全体员工共同遵循的制度文化。

扬子江药业集团将 1985 年发生的“劣药”风波作为永远的教训，牢固确立了“质量第一、质量兴企”的经营方针。企业在职工中深入开展质量教育，制定了超过国家规定的药品质量内控标准，加强了产品质量的管理和检验。在建立和完善先进的质量监控、检测体系的同时，企业每年都举办一届“质量月”活动，使质量意识牢固根植于每名员工脑海中。

【形象文化】 扬子江药业集团从 1995 年开始，先后创办了《扬子江报》、《扬子江药业》等报刊，在领导和员工之间、企业和客户之间架起了沟通感情、传递信息、交流经验的重要桥梁。随着现代企业制度的健全，扬子江药业集团在世界 20 多个国家和地区注册了 10 个产品，并在国际互联网上注册自己的网页。企业还充分利用国内外各种大型展示会、经贸交流会、新产品推广会等契机，不断宣传企业形象。

【培训文化】 为了适应市场竞争和企业发展的需要，扬子江药业集团提出了建立“学习型组织”的口号，把员工培训作为头等大事来抓。自 1998 年以来，企业组建了博士后科研工作站、国家级技术中心、国家中药制造工程研究中心等技术平台，将研发中心和生产基地逐步向上海、南京、成都、北京等市场竞争前沿转移。企业每年招聘大学本科毕业生 100 名以上，成立了教育培训中心。企业陆续派遣高层管理人员到中欧国际工商学院进修市场营销专业。

【管理文化】 扬子江药业集团成立 32 年来，不断进行改革、重组和创新，形成有扬子江特色的管理文化。在营销机制的创新上，从 20 世纪 80 年代起，企业就率先优选营销精英，将营销网络逐步向全国延伸，销售人员从当时的 16 人扩大到如今的 1800 人，逐步形成了以省城和主要工业城市为中心，以地级城市为重点，以县级城市为辐射点的三级营销网络体系。公司还积极寻求与外商合作，在海外建厂，努力将越来越多的产品打入国际市场。公司先后投入巨资引进一流的科研开发设备和国际领先水平的高、精、尖技术，建立和完善了技术创新体系。在中国加入 WTO 前夕，扬子江陆续投入数亿元，启动建设了扬子江药业集团上海海尼药业、南京海陵药业、四川海蒂药业工业园，并在北京中关村组建技术研发中心。“十五”后三年，企业还将投入 20 亿元，建成六大生产基地、四大研发中心，努力开发一大批具有自主知识产权的高新技术产品。

【以人为本】 该集团领导十分重视沟通与员工之间的感情，认真听取员工的意见和要求，真正做到理解人、尊重人、关心人，建立团结和谐、奋发向上的人文环境。一是从薪酬、食宿、保险、福利等各方面为员工提供优厚待遇，让员工感受到企业大家庭的温暖。二是充分调动广大员工参与企业建设的积极性和创造性，成立 QC 技术攻关小组，广泛征集合理化建议，大大降低了成本，提高了工作效率。三是丰富员工的业余文化生活。企业每逢节日都举行各种形式的文体活动，鼓舞了士气，增强了企业的向心力和凝聚力。

扬子江药业始终秉承“求索进取，护佑众生”的企业理念，坚持立足医药主业，走产业报国之路。公司平均每年向社会推出新药七个以上，连续 10 多年保持了年均 30% 以上的增长速度，为振兴祖国医药事业、服务大众健康做出了应有贡献。扬子江药业集团资助了中国医学界最高奖“中华医药科技奖”。在国家有关部委的协调下，连续三年承办大型社会公益活动“关爱西部健康行动”，向 13 个省、市、自治区“送医送药送健康”。据不完全统计，仅近 8 年中，扬子江药业集团就先后捐资 8000 多万元用于帮残、扶贫、助教、抢险救灾、军民共建和希望工程等社会公益事业。

“十心”实意 打造百姓放心医院

——本溪市中心医院的“心文化”建设

【企业概况】 本溪市中心医院创建于1954年，是一所集医疗、教学、科研和预防保健为一体的本溪市最大的综合性三级甲等医院。医院现有编制床位1016张，员工1700人，拥有各种医疗设备2600余台（件），年门诊量45万人次，年收治病人2.5万人次，年收入1.47亿元，设备资产总值2.34亿元。

本溪市中心医院坚持以精神文化建设为核心，以服务文化建设为载体，以制度文化建设为保障，以物质文化建设为依托，精心构建了具有时代特征、行业特点和医院特色的“心文化”体系，总结推出了“‘十心’实意”服务品牌，有效地提高了医院的综合管理水平，实现了医院跨越式发展。

【精神文化】 医院提出进行“第二次创业”，实施“立足本溪、服务辽东”的发展目标。经过向全院员工征集治院格言，先后确立了“崇尚领先，追求卓越”的院训；“以病人为中心，创优秀服务品牌，打造百姓放心医院”的核心理念；“以诚待人、以信处事”的核心价值观；“奉献健康事业，服务山城人民”的医院宗旨；“以病人为中心，以市场为导向，以质量为根本，以效益为目标”的经营理念；“科技兴院、质量强院”的发展战略；“‘十心’实意”服务品牌等，医院还确定了院徽、院歌、医院主色调等识别系统。

医院把培育团队精神、加强团队建设作为医院文化建设的关键环节，通过开展歌咏比赛、创建学习型科室、职工运动会、登山比赛、护理知识竞赛等活动，使“我靠医院生存、医院靠我发展”、“院兴我荣、院衰我耻”等理念深入人心。医院坚持创建学习型医院，对全院各级各类人员进行有计划、全方位的综合素质培训，建立了党群组织立体培训网络，制定了学习培训日制度，把每周三下午定为院学习培训日，并制定了相应的工作任务与保障措施。

【服务文化】 医院坚持以提升服务理念为先导，以提高服务质量为根本，以优化服务流程为手段，以开展诚信服务为重点，打造医院服务品牌。

医院服务品牌“‘十心’实意”内涵是以“心文化”为统领，通过开展“十心服务”，即：对待患者有爱心，接待患者要热心，解答疑问要耐心，诊断要有责任心，观察病情要细心，治疗护理要精心，学习技术要专心，收费让患者放心，听取意见要虚心，改进服务要诚心，最终获得实实在在的满意。在此基础上医院67个临床科室和机关部室还根据各自工作特点，推出了一系列子品牌和具体保证措施，如眼科的“光明使者”“亲情服务”、肿瘤外科的“希望永驻”等，形成了“科科有品牌，人人有理念”的良好氛围。

强化管理，提高服务质量。一是加强医疗质量管理。医院统一规范了各项医疗护理技术操作规程，完善了医疗质量责任追究制。进一步强化了首诊负责制、疑难危重病人会诊制、三级医师负责制等制度的落实。二是加大人才培养与引进力度。在加强专业理论和技术学习的同时，鼓励提升学历教育，选派优秀人才出国深造。同时，坚持按需引进、突出重点、讲究实效的原则引进人才，把人才优势转化为知识优势、科技优势和临床优势。三是优化服务流程，开展诚信服务。简化门诊就诊流程，开展一条龙服务。各病房医生和各科室主任定期出门诊，并将出诊时间在报纸上定期公布，方便病人就诊。同时在全体员工中牢固树立了“以诚待人、以信处事”的理念，正确处理“义”、“利”关系。同时，狠抓行风和职业道德建设，坚持奖惩并重，自律与他律相统一，坚持合理收费、合理检查、合理用药的原则，为住院病人发放一日清单，做到收费让患者放心。

【制度文化】 深化干部人事制度和分配制度改革。医院在全市率先开展了行政副职竞聘工作，全体员工也层层竞聘，确立了“以岗定薪、绩效优先、按劳分配、体现要素、宏观调控、兼顾公平、质量考核、服务评价”的分配制度改革思路，建立了动态的干部考评机制。健全和完善各项医疗、护理制度。一是健全制约机制。医院针对患者就医中的热点问题，出台了服务承诺制、一次投诉下岗制、院长接待日等制度，并成立了投诉办。二是创新监督机制。医院定期组织医德查房、患者满意度调查、有奖征答社会调查、卫生服务质量万里行、社会监督员座谈会等，诚心改进服务作风，对医院的服务质量进行全方位、全程监督。三是规范服务行为。医院按照患者的就诊流程制定了《本溪市中心医院服务规范》，对全院各级各类人员的服务语言、医院的服务制度、服务流程等都做出明确规定。

【物质文化】 医院不断更新医疗设备，先后引进了螺旋CT、大型C字臂、CR图像数字处理系统等先进设备。大力改造医疗环境，在医院正门放置“生命之花”雕塑，在住院处草坪上设计了两个直径相连的“心”型图案，并取名为“想心园”，让患者在自然环境中感受到医院的人文关怀。医院还统一了医院标准字、标准色及指示路牌等，刷新了围墙护栏，重新铺设了草坪。为了改善住院条件，医院先后改建了发热门诊、肠道门诊、健康评价中心、口腔科、产科病房、内外科大楼卫生间等，并建设了32000平方米的现代化综合住院大楼。

通过构建“心文化”体系，打造“‘十心’实意”服务品牌，增强了医院的凝聚力和向心力，提升了医院核心竞争力，促进了医院快速、健康发展。医院先后被授予“全国文明单位”、“全国首批百姓放心示范医院”、“全国企业文化建设先进单位”、“全国医院文化建设先进集体”、“辽宁省文明单位”、“辽宁省优质服务杯竞赛优胜单位”、“辽宁省形象工程最佳形象单位”、“辽宁省卫生系统优质服务标兵单位”、“辽宁省品牌文化建设先进单位”、“中国医科大学优秀教学医院”等30余项荣誉称号。医院管理创新成果《市级中心医院服务品牌的创建与管理》，获第十一届全国企业管理现代化创新成果二等奖。

精诚仁和　仁心仁术

——本溪市第九医院的“四本”文化建设

【企业概况】 本溪市第九人民医院始建于1952年，为二级乙等综合性医院。脑血管疾病的治疗是医院的重点发展方向，形成了集预防、治疗、康复三位一体的诊疗体系，被广大市民乃至周边城市的患者所认可。医院取得了突飞猛进的发展，收治脑血管病患者占市区医院脑血管病患者总数的40.67%，是三级医院的两倍。在经济效益和社会效益双丰收的同时，医院的行业地位得到了极大的提升，先后获得“市优质服务杯先进单位”、“市优秀服务品牌”、“市5A级诚信单位”、“省行风先进单位”等荣誉称号。

【物质文化】 医院投入巨资对就医环境进行改造，更换新被褥、床头柜、门窗、卫生间。把“以人为本”的思想体现在了环境设计中，如每个卫生间设置了把手和挂输液瓶的挂钩以及感应式水龙头，让患者在舒适的治疗环境中享受家的温馨。

医院在重视病人利益的同时，也重视职工的需求。为职工创造舒适、便捷的工作环境，为全体医护人员配备了崭新的办公桌、靠椅，每个科室配备了电脑、电话、打印机，个别科室配置了饮水机、空调等现代化办公设备，提高了工作效益。

本着科技兴院的立院之本，医院加强专科建设，提高医疗质量。在大力加强人才培养的同时，加大先进医疗仪器设备的投入力度，先后购买了大型X光机，B超机，血球计数仪，半自动化生化分析仪，血流变分析仪，全自动尿分析仪，心电监护仪，康复中频电治疗仪，高氧液充氧机等一批先进医疗仪器设备。医院大力开展重点技术项目，例如，瘫康液经颈动脉点滴治疗开辟了本溪市治疗脑血管病的蹊径；“一针通”创造了发病早期快速溶栓的独特技术；高压臭氧自体血回收治疗改变了血栓的发展；静脉输氧疗法加速了脑血管疾病的康复；系列中医康复疗法进一步完善了治疗、康复手段，这些有特色的治疗项目不仅让医院取得了很好的社会效益，也取得了很好的声誉。

为提升医疗质量，医院加强了人才培养。医院要求40岁以下的医务人员必须加强学习，继续深造，并制定了奖励措施。如中专学历者，三年内必须取得专科学历，毕业后医院将报销学费30%；专科学历者要求四年内取得本科学历，毕业后报销学费40%；取得学位后报销学费50%；本科学历者如继续深造取得研究生学历，报销学费60%，取得学位者报销学费70%；医院每年定期选派医务人员到上级单位学习，每周五聘请专家进行心血管系统疾病讲座，每名医生利用下夜班半天时间到专家诊室学习专家的医德、医技。通过各种学习、培训和考试，医院的诊疗、护理水平大幅度提高。在2004年市卫生局组织的全市21家卫生单位医疗质量评审活动中，该医疗质量排在前列。

【制度文化】 “诚”的本意是真切、真实，“信”的本意是求真、守诚。诚信的精神是真实无妄，它要求人们尊重客观规律，树立求真、求实的精神，坚持实事求是的思想路线。医院视“诚信”为医院生存发展之根本，在医疗工作中坚持以人为本，就是要继续坚持“以病人为中心”，树立“病人第一、质量第一、服务第一”的理念。提高服务意识，改善服务态度，改进服务模式，转变服务作风，并把诚信理念落实在各项工作中。

医院实行“一日消费清单”制，在患者认同的前提下办理出院手续，如有异议随时可以查询。实行医院价格服务承诺制，实行收费查询公开制度，定期进行医疗价格的自纠自查，提出错一赔十并向社会公开拒收红包。医院坚持药品集中招标采购。加强对药品的监督力度，严把质量关，严禁药品回扣。医院还进一步完善了投诉办公室各项工作制度，专门成立了接待群众投诉办公室，专门负责接待因各种矛盾、纠纷引起的投诉，并设立了举报箱、投诉电话、意见簿、院长接待日，广泛征求意见。医院制定了《员工服务规范》，对各级各类人员的服务语言、行为、流程等做了详尽的规定，以此规范每个员工的言行。同时为全体员工建立了医德医风考核档案，把每个人诚信建设作为主要内容，把医德医风考核同医务人员晋级、评优及提职等切身利益挂钩。

【行为文化】 医院以“今天的文化即是明天的经济”的战略眼光，积极带领广大员工开创具有时代精神的医院文化，医院确定了院徽、院歌、标牌、标准色等医院识别系统，并将医院院训：精诚仁和；医院精神：团结、奋进、开拓、创新；发展战略：内强素质、外树形象、全力打造脑血管病专科医院品牌；医院的经营理念“以病人为中心，以市场为导向，以质量为根本，以效益为目标”；服务理念：“朋友式医患关系，亲人般的全面关怀”等十余项理念体系付诸于工作细节中去。

培养团队精神，促进青年成长。以团组织为桥梁，为青年提高素质搭建平台。团组织以团支部为单位，每年举办演讲比赛、登山比赛、文艺演出、歌舞比赛等团队交流活动，营造比、学、赶、紧、超的氛围。团组织还举办了“心与心沟通”即“你怎样做一个具有新时代九院青年人”座谈会。

培养优良品质，树立全局观念。为了提高全院职工的综合素质，多次开展攀登平顶山比赛，积极参加全市岗位能手大赛，积极参加局里运动会，每年举办职工文艺汇演，组织全院职工每年旅游一次。这些活动开展，增强了职工的凝聚力、向心力和战斗力。

以病人为中心，全面实施人性化服务。医院贯彻“以病人为中心”服务理念，全面推行人性化服务新举措，在门诊开辟“绿色安全通道”，全程导诊，为患者提供一切服务及协助老弱病残和行动不便的患者就医和检查。入院有人接、住院有人查、检查有人陪、出院有车送、回家有人访，做好疾病宣教，建立“健康快车宣传版”，把工作做到实处、细处，不断地收到患者的感谢信和锦旗。

拓展服务内涵，完善医疗服务。在全院推行整体护理，“病人选医生，病人选护士”等人性化、个性化的服务机制，推行护士是“女儿式服务”，医生是“亲人般关怀”。医生在为病人服务中提倡“多说一句温暖的话语，多一次巡视，多一点沟通，少一点漫不经心，少一次冷言冷语”，护士对待患者要推行四种服务，即微笑服务，知识服务，差异服务，延伸服务，使医护人员把“走进医院是亲人，走出医院是朋友”融入到医院服务中，让患者感受到了家的感觉和亲人般的关怀。

靓马快客亮山城

——本溪市长途客运有限责任公司靓马快客分公司的企业文化建设

【企业概况】 本溪市长途客运有限责任公司靓马快客分公司现有员工185人，拥有营运线路5条，拥有高级豪华车辆47台，日发班次144个。公司以高速公路为依托，以发展快速旅客运输产业为导向，实施规模经营、集约管理、空乘服务、滚动发展战略。靓马快客先后被授予“全国青年文明号”、辽宁省“雷锋号”、“青年文明号”、本溪市“优秀服务品牌”、“学雷锋先进集体”、“行风建设窗口规范化服务示范单位”等荣誉称号。此外，“靓马”商标还被辽宁省、本溪市工商局分别评定为著名商标。

随着社会的不断进步，辽宁省的公路事业蓬勃发展，人们生活水平日益提高，客运市场的竞争也日趋加剧，本溪市长途客运有限责任公司也经历了由计划经济向市场经济转化的全过程，企业生产在实施租赁承包后，发展也遇到了诸多问题：非法营运车辆对经营秩序的干扰，从业人员素质参差不齐，车容车貌不整，服务意识不强等严重影响了公司的形象。面对新的市场竞争态势，公司确立了“服务创品牌，品牌促发展”的战略思想，对经营模式实施战略转移。2001年，公司以“靓马快客”为名称，全力打造客运服务品牌。

【高起点创建】 2001年初，本溪市长途客运有限责任公司以沈阳主干线为突破口，以高额补偿为代价，一次性收回本沈线14台承包车辆的线路经营权，结束了沈阳线承包经营，粗放管理的历史，推行规模经营、集约管理、空乘服务这一崭新的运营模式。公司筹措资金700余万元，购置7台高等级豪华的大型金龙客车，于2002年初正式创建了靓马快客分公司，迈出了自我发展，自我超越的关键一步。在此后的几年间，公司又先后投资3000余万元，购置高级豪华车辆40余台，并先后开通了本溪至沈阳、丹东、桓仁、北台、南芬5条线路。这些车辆造型美观大方，设施先进完备，技术性能优良可靠，深受广大旅客青睐。

公司在现有的40多名中层干部中选出4名德才兼备、业务精干、综合素质高的青年干部，把他们派到靓马快客组建新的领导班子。公司还为靓马快客制定宽松的政策，即可以在全公司范围内挑选精兵强将。公司坚持面向企业内部公开招聘驾驶员，经过初审、体检、笔试、实际操作等环节的层层审核，共有57名经验丰富的驾驶员被选拔到靓马快客。公司还先后5次面向社会公开招聘乘务员，经过初审、体检、笔试、面试等环节层层筛选，共有102名多才多艺、形象好、气质佳的应聘者被选到靓马快客。招聘后，公司对这些新员工按品牌定位要求，从职业道德到行业客观，从文明礼仪到品牌建设等7个方面进行了系统培训，并带到北方航空公司进行参观学习，进一步增强高品质服务的感性认识，公司还坚持每年把新聘员工送到军营中进行为期半个月的全封闭军事化训练。经过培训，一批具有高雅气质、优秀职业品质的客运人以崭新的形象展现在公众面前。

【高水平管理】 本溪市长途客运有限责任公司在实施品牌战略中十分注重抓好内部管理。为把品牌做精做细，靓马快客公司建立了一系列规章制度，先后出台了《靓马快客运营管理规定》、《靓马快客乘务员上岗规范》、《靓马快客安全管理规定》等共计17项。同时还建立了一整套的服务质量管理体系——即对靓马快客服务文化系统、服务过程控制系统、服务质量测量系统、员工心智修炼系统、服务质量保证系统五个方面做出了明确的规定。公司在工资分配形式上进行了大胆改革，把职工的切身利益与单车4项硬指标，即单车收入、安全里程、创造利润和服务质量紧密挂钩，并从每名员工的工资中拿出200元作为考核工资。所有从业人员按考核评分，核定工资，上不封顶，下不保底。对与旅客发生打、骂、吵的司乘人员，实行一票否决，坚决调离岗位。有奖有罚，奖罚分明，真正体现了多劳多得的分配原则，有效地调动了广大驾乘人员的积极性。公司根据车型大小为靓马快客每辆班车都设置了旅客意见簿，供旅客提取意见或建议；不定期发放旅客意见征集卡，广泛征求旅客意见；公司还根据不同线路旅客特点，建立了旅客档案，及时了解旅客的需求和愿望，并与许多固定旅客建立了长期友好的关系。

公司为靓马快客从不同社会层面里聘请了18名行风建设社会监督员，通过不定期召开监督员座谈会议、电话征询、走访等方式认真听取监督员的意见。社会监督员的设立强化了服务质量管理的手段和措施。靓马快客按照“理、德、行、绩”四个方面，不断加强员工的心智修炼。坚持做到岗前培训模式化。即员工在上岗前要统一进行业务知识、职业道德、品牌知识、企业精神和礼仪知识的培训。在岗培训经常化。即公司不定期对员工进行轮回培训。日常教育丰富化。即公司通过每周一的例会、经验交流、现场观摩等教育不断强化员工的业务技能，不断提升服务质量。此外，还定期开展岗位练兵，技术比武等，不断提高服务水平。

【品牌文化】 公司在总结多年实践经验的基础上，结合市场需求，科学合理定位，精心设计出理念识别系统，提炼出企业宗旨、企业精神、精致服务理念和质量方针；同时公司制定了《驾乘人员规范服务手册》，建立了行为识别系统；在视觉识别系统建设上，公司为靓马快客所有的营运车辆根据不同线路特点，统一车型，统一外形设计，统一企业标识，统一内部装饰。公司为靓马快客的司乘人员根据不同季节统一制作了职业装，乘务员统一发型及头饰，统一化妆标准，统一配备印有“靓马快客”字样的工作包。这样，靓马快客从硬件到软件，以统一的形象，给人一种视觉冲击力，形成了很好的品牌效应。

公司为每条线路精心编制了一整套的宣传服务用语，内容主要有企业的简介，本溪各处风景名胜的简介以及省内部分著名旅游景点介绍，同时串插生活小常识等知识的介绍。公司要求乘务员用极具亲和力和感染力的语言宣传企业形象，宣传先进的本溪文化，并要求员工在语音、语调、面部神态上都要做到精益求精，力求用最真诚的态度，最亲切的语言为旅客提供最温馨的服务。为使宣传服务用语更贴近旅客，公司还要求乘务员在使用规范用语的基础上，进一步创新宣传内容，乘务员可根据不同线路、不同旅客、不同时期、不同地域、不同季节做不同的宣传。现在靓马快客的乘务员普遍都能结合线路特点做人文景观、新闻摘要、生活常识等知识的介绍。

公司为不断强化品牌意识和服务无止境意识，始终推行旅客满意战略，要求员工要以无缺陷的服务，满足旅客更高的需求；以高效的服务，满足旅客迫切的需求；以十分出色的服务，满足旅客特殊的需求。根据这一要求，靓马快客的乘务员都能积极开展个性化服务。通过开展服务创新，靓马快客已形成了一线一风景，一车一风格，一人一品位，各个有特色，线线有典型的良好态势，同时也得到了旅客的广泛赞誉，在社会上引起强烈的反响，表扬之声、赞誉之词接踵而至。

文化力促竞争力

——中国石油集团工程设计有限公司的企业文化建设

【企业概况】 中国石油集团工程设计有限公司，英文缩写CPE。公司成立五年来，面对异地管理和激烈的市场竞争形势，积极落实集团公司“爱国、创业、求实、奉献”企业精神，着力培育CPE特色企业文化，依靠员工认同的企业精神和共同价值观不断提升CPE核心竞争力，有力地促进了CPE物质文明和精神文明建设的协调发展，经营收入不仅由2001年的2.14亿元，上升到2005年的11.5亿元，连续五年实现跨越式发展，而且利润增长、上缴税额和全员劳动生产率也实现较快增长。公司拥有国家级技术专家、省部级技术专家各24名，公司级技术专家54名。

【企业文化建设】 一个企业的文化有没有影响力，有没有渗透力、竞争力和生命力，关键是看这种文化能否为企业的发展带来巨大的推动作用。因而富有活力、充满生命力的企业文化，是激发员工敬业精神和奉献精神的动力源泉。中国石油集团工程设计有限公司正是有效发挥了企业文化建设的保证作用、文化力的促进作用和以“诚正精进”为核心理念的物化作用，促使企业不断发展和进步。

2001年CPE重组初期，各重组单位的文化理念、经营方式、组织机构以及员工的思想观念存在较大差异，对重组后的企业发展前景缺乏统一认识。公司从确立和注入新的企业理念入手，建立起统一的管理制度、道德规范、理想信念和共同愿景，实现公司的文化统一。CPE企业文化建设经过四年的创新培育与发展实践，基本上形成了以“诚正精进”精神为核心，以公司理念、公司形象、质量方针、工作作风、队伍建设目标等为主要内容、以“五年建成国内一流工程公司，十年建成国际一流工程公司”为共同愿景的具有CPE特色的理念文化体系。在这种文化力的推动下，公司在不到一年的时间内顺利完成了管理体制整合，形成了统一的品牌和强大的凝聚力，使CPE在国内外市场的美誉度、信誉度和忠诚度迅速提高，市场竞争力不断增强。

根据集团公司提出的要把集团公司率先办成一流社会主义现代化企业和具有国际竞争力的跨国企业集团的战略目标，CPE紧紧抓住发展机遇，坚持创新发展、与时俱进，确立了要“由国内工程设计为主向国际化经营转变、由单纯的工程设计公司向具有工程总承包能力的工程公司转变和由上游设计为主向上下游一体化转变”的CPE发展模式。随着CPE持续协调高效快速发展，其企业文化体系也不断得到丰富和拓展，“以人为本，员工至上”的科学发展理念进一步融入到CPE企业文化理念。公司相继提出了“CPE的头等大事是帮助员工成功，员工的头等大事是帮助客户成功”，以及具有行业特点的“项目理念——作一个项目、出一个精品，凭一腔真情、播一片信义；服务理念——想方设法为客户排忧解难，实现客户利益最大化和质量理念——产品见人品”等14个理念。这些理念文化的建立，让广大员工清楚地认识到，CPE要实现自己的发展目标，就要使员工与企业形成理想、事业和利益的共同体，因为CPE的发展离不开员工的共同参与，而只有CPE不断发展壮大，国家利益、股东利益和员工的利益才能得到保证。

公司坚持把企业文化建设与思想政治工作相结合、与生产经营工作相结合、与提高员工队伍素质相结合，将企业思想政治工作纳入企业管理轨道，较好地解决了思想政治工作与经济工作“两张皮”问题，极大地推动了企业经济利益的增长。企业文化建设推进了CPE思想政治工作的整体创新。

由于一部分员工受计划经济体制的影响，“小富即安”、“等、靠、要”思想严重；各二级单位分布于国内五省一市，思想政治工作方面形式单一，载体较少，缺乏活力和生机。公司开展“明确形势、目标、责任，建设理想、事业、利益共同体”和“认识CPE、热爱CPE、建设CPE”等主题活动，充分利用宣传橱窗、《CPE》报、广播、网络等宣传工具，使员工的市场意识、竞争意识、服务意识、效益意识得到增强。例如，迪威尔公司和兴油监理公司在实际工作中，注重做好一人一事的思想政治工作，采取交流谈心、座谈会等多种形式了解员工思想动态，架起了企业与员工共同发展的“桥梁”。

在培育企业文化过程中，公司紧紧抓住企业文化建设的核心与灵魂——企业精神的树立与培育，在实践中不断弘扬“诚正精进”的企业精神。在生产经营工作中，各单位坚持“作一个项目、出一个精品，凭一腔真情、播一片信义”的项目理念和“培育高尚的人品，提供一流的产品”的质量方针，通过开展“零缺陷管理，实施质量问责制”和“产品零缺陷，服务上星级”等工作，广大员工的工作质量、产品质量和服务质量得到进一步提高，品牌意识进一步增强，打造了“西气东输工程”、“陕京二线”等一批国家级行业精品工程，凭技术、靠服务树立起了CPE品牌，不断赢得市场开发的主动权。2004年新签合同额达到9.67亿元，在16个省市区和22个国家有工程项目，实现了巩固原有市场，拓展行业外市场，积极开拓海外市场的市场开发目标，为实现CPE持续协调高效快速发展奠定了坚实基础。

公司建立和完善各类规章制度770项，“不让人才为施展才能发愁，不让人才为钱发愁”的人才理念深入人心。市场化、社会化用工机制在东北、西南、大连、北京等四个分公司和迪威尔、兴油监理、实业开发等三个子公司进行实践。他们在专业技术人员严重缺乏的情况下，大胆创新用工制度，积极面向社会招聘专业技术人员和操作服务人员，仅四个分公司就招聘各类专业技术和操作人员219人，缓解了人力资源不足的矛盾，闯出了一条新的劳动用工模式。

CPE的企业文化建设使各单位环境变了、观念变了、精神面貌变了；员工素质提高了、服务质量提高了、经济效益提高了；干部作风转变了，员工的积极性调动起来了，干群关系更加融洽了，有力地促进了公司精神文明建设与物质文明建设协调发展。公司及所属单位先后被授予“全国五一劳动奖状”、“全国企业文化建设先进单位”、“全国创建学习型组织先进单位”、“全国三八红旗集体”等称号，有36人次被国家、集团公司授予“全国五一劳动奖章”、“全国三八红旗手”、劳动模范和先进个人。

让宏通文化起来

——宏通集团的企业文化建设

【企业概况】 江西宏通实业集团创建于2000年，是以饲料、预混料、化工科研、生产、销售和原料贸易为主业，集产供贸为一体的现代化企业集团。集团总部下设四个事业部、六个中心，并在赣州、宜春、抚州等地建立了大型的生产基地。集团创建以来，相继获得“农业产业化省级龙头企业”、“外商投资先进技术企业”、“江西省就业和社会保障先进民营企业”、“江西省分行业十强”、“中国优秀企业”、“中国企业改革全国示范单位”等荣誉。

【企业文化建设】 集团创建以来，集团领导坚持把企业文化建设作为企业发展的重中之重来抓，始终围绕如何建设成为一个有文化、有品位的企业来开展工作。

思想上形成共识，坚持把企业文化建设作为企业发展战略的核心内容来抓。集团成立之初，集团领导对做什么样的企业、怎么来做企业的重大问题进行了一系列的理性思考，提出并发动员工对如何确立企业的发展战略、打造百年企业的问题展开讨论。从集团领导到每个员工都充分认识到：21世纪是文化管理制胜的时代，是文化创新致富的时代。一个企业没有实力就没有地位，一个企业没有文化则没有品位。企业文化能解决制度不能解决的问题，建设反映宏通实际、富有宏通特色的企业文化，是宏通企业管理的重要内容，也是提升宏通核心竞争力的根本途径。集团上下在思想上形成了共识，明确了企业建设和发展的方向。因此，集团创建以来，就始终坚持把企业文化建设作为企业发展战略的核心内容来抓，将企业文化建设渗透到企业发展的全过程，有效地提升了企业的文化品位和文化内涵。

及时总结提升，不断增强企业文化的理论性、系统性。从2000年到2003年，集团在实践中逐渐感到，要使员工的企业文化行为由自由行为转变到自觉行为上来，就必须对以往的实践加以总结和提升，使企业文化行为上升到理性的高度，以便更好地指导今后的实践。因此，2003年底，集团专门拨出经费，成立工作小组，系统总结了宏通文化实践，狠抓了宏通文化纲领的编撰工作，增强企业文化建设的理论性和系统性。一是谱写了宏通之歌。为了表达我们对社会的责任和使命，凝聚全体员工对企业的情感，专门谱写了自己的企业之歌——《我们是豪迈的宏通人》。通过全体员工的反复歌唱，使每个员工时刻不忘自己的使命和责任，以及抒发作为宏通员工的光荣感和自豪感。二是编写了《宏通誓词》。为了增强员工以企业为家的主人翁意识，使每个员工都融入到企业这个大家庭，培养员工的拼搏进取、积极向上的工作作风，编写了誓词，供全体员工每天宣誓。三是编撰了《宏通文化手册》。对集团创建以来的实践行为进行了提炼和总结，明确了企业的奋斗目标和承担的使命。对企业的文化理念、行为准则作了具体规范，作为指导全体员工工作、学习、生活的指南。编撰成册之后，印发一手一册，供员工学习并遵照执行。

积极营造文化氛围，全面贯彻文化理念。为了切实发挥宏通文化的规范约束作用、团结凝聚作用、激励战斗作用，集团始终注意营造良好的企业文化氛围，时时处处都将企业文化渗透到工作和生活中去，使实践和弘扬企业文化成为员工工作和生活中的主旋律。一是专门召开会议，宣贯宏通文化。2004年2月，集团在省委党校召开宏通文化宣贯大会，专门邀请了省政协副主席、省委统战部长王林森，省工商联党组书记舒国华等领导莅临大会并作重要讲话。制定颁布了《宏通文化纲领实施意见》，明确了企业文化建设的标准和要求，大力营造了集团加强企业文化建设的声势和气氛，统一了全体员工的思想。二是坚持晨会早训制度。每天上午上班之前，集团1000多名员工在同一时间唱响宏通之歌，宣宏通誓词，时刻提醒员工牢记使命与责任。三是办好一报一网。为了给企业文化建设营建良好的平台，我们创办了《宏通人》报和宏通网站，专门开辟专栏，宣传宏通文化理念，刊登学习体会文章，切实发挥好宣传作用、推广作用和交流作用，积极引导企业文化建设的方向，提高企业文化建设的实效。四是定期开展学习交流活动。围绕如何加强企业文化建设这个主题，集团及子公司每周都要举行学习交流会，每月举办培训讲座，每季召开民主生活会，交流体会，研究和解决存在的问题，促进企业的健康发展。五是积极开展健康向上的文化活动。围绕企业文化建设，集团及各子公司经常组织开展反映宏通文化的征文比赛，体现宏通文化理念的演讲比赛、宏通歌曲演唱比赛、知识竞赛，表达竞争和团队理念的篮球比赛、棋牌比赛等等。积极参加当地有关单位组织的文艺活动，如江西宏通畜禽有限公司在工业园区举办的劳动者之歌大合唱比赛中，获得优胜奖励。通过开展一系列的文化活动，使员工有效地增进了身心健康，陶冶了情操，提升了文化品位。

建立健全执行制度，为企业文化建设提供制度保证。集团不断健全制度，完善机制，建立与之配套的执行制度，使宏通文化建设制度化、常态化，保证了企业文化的长效发展。一是建立宏通文化责任制。建立了各级主管亲自抓、人力资源中心具体负责、全员参与的宏通文化责任制，将企业文化的内容实行打分，纳入每位员工的月度、年度绩效考核，与月度薪酬和年度奖金挂钩，使践行企业文化成为了自觉行动。二是健全宏通文化宣传机制。除了办好《宏通人》报和宏通网站，还印制企业画册、贺年挂历、文化衫、文化伞等，宣传推广企业文化，使宏通文化对社会和客户产生积极的辐射和影响作用。三是完善企业内部的各项日常礼仪。每当有新员工加盟，都要举行入司仪式，使新员工更好地感受到宏通大家庭的温暖。每当有员工晋升，都要举行晋升仪式，给予嘉勉，以产生群体激励作用。员工生日，集团领导都要亲自赠送生日贺卡，以企业的名义进行祝贺。这些礼仪已形成制度，成为集团的经常性行为，大大地增强了员工的归属感。四是开展先进人物、先进事迹的评比和表彰。对于忠实践行宏通文化理念、取得优异工作业绩的先进人物、先进事迹，及时在《宏通人》报和宏通网站加以宣扬和鼓励，同时给予必要的物质奖励。每年底，都要将企业文化建设作为评选先进生产者、劳动模范、优秀集体、销售标兵、技术能手等先进人物的重要内容和条件，开展评比活动，召开表彰大会，使全体员工学有榜样，从而激发大家开展企业文化建设活动的积极性、创造性。

"快乐工作"促发展

——福建省电信有限公司泉州市分公司的企业文化建设

【企业概况】 福建省电信有限公司泉州市分公司下辖8个县(市、区)电信分公司(局)，现有员工近3000名，党员600多名。泉州电信分公司连续三年获得福建省电信绩效考核第一名，并先后获得十多项全国及省部级荣誉称号。2004年，公司获得"福建省企业文化建设示范单位"荣誉称号，2005年10月，公司荣获首届全国"文明单位"荣誉称号，成为福建省惟一一家获此殊荣的通信企业。

【企业文化建设】 福建省电信有限公司泉州市分公司多年的持续改革与发展，使员工普遍感受到了强烈的冲击，经受了来自各个方面的压力。这些压力正有形或无形地影响着公司的发展，日益成为制约公司持续、健康、稳定发展的瓶颈。解除或缓解员工压力，营造快乐、和谐的企业氛围已成为电信企业进一步发展迫在眉睫的重要课题。2004年10月，公司正式提出了"快乐工作"的企业文化理念，突出"生活因工作而精彩，人生因工作而快乐"的活动主题，号召全体电信员工面对压力要迎难而上，增强信心，振奋精神，鼓足干劲、激情工作的"快乐工作"理念，从而拉开了"快乐工作"主题文化建设活动的序幕。

加强组织，拓宽载体，健全完善以快乐工作为主要内容的企业文化运行机制。一是根据实际情况及时调整企业文化建设工作领导小组，由公司"一把手"担任组长，并在全区各单位下设办事机构，对企业文化的建设提供组织保障。二是尽快形成并巩固了"党群工作部牵头，人力资源部、综合管理部、工会、市场拓展部、客户响应中心带头，其他职能部门支撑，党政工团齐抓，全体员工共参与"的良好工作局面。三是充实文化政工队伍。要求各县市分公司均配足、配强了专(兼)职企业文化干事，由市公司党群工作部牵头做好该队伍的建设管理工作，巩固并扩大政工网络。四是加强党群工作门户网站"党群网"的建设及管理，紧紧依托网络优势，加大"快乐工作法"的宣贯力度。

刚柔并济，评测结合，科学有效地督促"快乐工作"建设。为使"快乐工作"企业文化建设落到实处，确保成效，公司根据企业文化建设工作的特点，采取多种手段加强对"快乐工作"的督促考核。一是在每年年初，各单位负责人要与公司党委书记签订《企业文化建设责任书》，将企业文化建设列入各级管理人员和中层经营管理者年终综合考核的内容，并作为评先评优的重要条件之一。二是建立"快乐工作"文化建设活动问责制。每项重要的"快乐工作"活动，一把手都亲自过问、把握方向，分管领导具体负责、狠抓落实，党政工团共同操办、保证效果，促使活动收到预期成效。三是利用不定期的走访、座谈、茶话会等轻松灵活的方式，多方位地了解各单位的"快乐工作"开展情况。四是结合企业服务文化建设，制定了泉州电信企业文化考核测评内容，牵引各单位"快乐"地进行企业服务文化建设。五是以调查代替检查，用调查结果督促并改进文化建设工作，从而有针对性地促进"快乐工作"的进一步落实。

突出主题，项目运作，系统化地推进"快乐工作"文化建设。一是及时下发了"快乐工作"文化建设指导意见，明确地提出了"快乐工作"文化建设的具体措施及活动项目，有效地指导各方面工作的开展。二是建立了项目运作管理机制。不定期地召开"快乐工作协调推进会"，对"快乐工作"建设的各个项目进行沟通、协调，推动各项目主办部门按时保质完成所负责的活动项目。三是在党政工团齐抓共管的基础上，通过联合调研、座谈、专题检查等多种方式，有效地指导、服务并推动各个县市分公司的“快乐工作”，做到全区文化建设工作“一盘棋”。四是营造共存共融的文化氛围，多种文化系统性运作以突出“快乐工作”主文化。泉州电信将闽南地域文化、部门文化、环境文化及功夫茶文化等多种文化与“快乐工作”文化有机地融合起来，共同烘托“快乐工作”文化主题。如绿化环境、配置办公茶几，让员工在工余时间品茗、“头脑风暴”、碰撞思维等，有效地促进工作并缓解工作疲惫感。

双管齐下，开放整合，努力形成“快乐工作”建设合力。企业文化建设工作是一项长期、复杂、系统的工程。泉州电信坚持从软、硬两方面入手，一手抓硬件改进，一手抓软件改善。通过改善软件形成推力，改进硬件形成拉力，共同推动文化建设。硬件改进如改善环境、增设员工咖啡屋、发放通讯补贴等，软件改善如举办讲座，组织活动兴趣小组、改善年休政策等。同时，企业文化建设紧密与企业的思想政治及文明创建工作相结合。以思想政治工作为舵、文明创建工作为桅、文化建设工作为帆，三项工作积极联动，形成合力，共同推进“快乐工作”理念的落地开展。

运用成果，服务生产，加强企业文化支撑企业发展的动力。一是及时发布“快乐工作调查报告”，大力宣传调查得出的正面结果，引导员工增强对企业的归属感和自豪感。二是针对快乐调查中反映出的影响员工快乐的因素及其成因，针对性地提出改进措施。三是在绩效考核方面，2006 年的部门 KPI 指标中增加了“内部服务支撑”指标，通过突出、强调、评价内部服务质量，促进和谐、快乐工作氛围的营造。四是完善薪酬激励体系，使员工薪资水平与自身的价值和贡献更加一致，与所在岗位的替换成本相挂钩，与社会水平逐步接轨，并进一步淡化身份概念，为员工创造公平宽松的成长环境。五是建立问题管理机制，通过制定和完善日常性及系统性问题的解决流程，加强企业解决问题的能力，有效地降低企业无效工作量，不断促进企业执行力的均衡提升。六是营造良好的学习环境，将“快乐”的文化理念融入到学习型组织的创建中，引导员工“快乐学习”。

用先进文化引领企业发展

——四川宏达集团的企业文化建设

【企业概况】 四川宏达集团 1979 年成立，集团现有总资产 108.99 亿元，员工 15679 人，所属企业 32 家。2005 年实现销售收入 82.86 亿元，纳税 5.13 亿元，位列四川企业 100 强第 12 位，四川民营企业综合实力 50 强第二位。“宏则龙腾沧海，达则兼善天下”，积极回报社会，这是宏达一贯旗帜鲜明倡导的崇高使命，也是激励宏达从优秀走向卓越的功力源泉。结合企业发展战略需要，导入企业文化管理工程，逐步形成了符合集团使命、体现集团创业精神的现代企业文化。

【学习文化】 集团为了使老员工跟上企业的发展和使新员工尽快适应重要岗位，并培养出一批专家型技术人才和职业经理人，建立了完善的培训的体系，包括培训规划、组织机构、师资队伍、培训制度，投巨资兴建了设施和设备现代化的培训中心。仅 2005 年用于培训的经费就达 425 万元，参训员工达职工总数的 70%。

【品牌文化】 早在上世纪 90 年代中期，集团明确提出“调整、完善、加强、创新、提升”的工作方针，以理顺产权关系为核心，以规范经营为宗旨，以自主创新为动力，不断增强企业核心竞争力。经过 10 余年努力，集团拥有中国名牌产品一项、国家免检产品 1 项，四川名牌产品 4 项，四川免检产品 1 项，企业战略的重点已由市场扩张成功地转向培育核心竞争力和名优品牌，初步实现了产业的优化升级和集约化发展，从而转变了企业经济增长方式，走上了新型工业化道路。诚信是企业的立业之本和成功基石。集团始终坚持“人为本、法为准、德为先”，把诚信为本、守法经营、合规经商、依法纳税作为企业的生命线。我们认为：最完美的企业形象是诚信，没有诚信的企业是没有希望的企业。我们经营企业就应该把顾客、企业员工当作朋友，要以诚待人，以信取人。27 年来，集团无安全责任事故，无违纪违规经营的不良纪录，无影响社会治安和稳定的事件发生，无一笔逾期贷款，收购的企业无一人下岗，不欠银行 1 分利息，不欠国家 1 分税收，不欠电力部门 1 分电费，不欠员工 1 分工资。实际上，但人们还在谈论、呼唤诚信的时候，宏达早已将诚信理念深深地植于每个员工的心中，也植在我们客户的心中。

文化塑造企业　文化推进发展

——浙江传化集团的企业文化建设

【企业概况】 传化集团创建于 1986 年 10 月，主要从事化工、物流、农业和投资事业。经过二十年的努力，2005 年，传化全年营业额收入达 57 亿元，总资产达 48 亿元，品牌价值 54.41 亿元。拥有员工 1800 余人，传化集团在企业经营与发展过程中，高度重视企业文化建设，用积极进取的文化来统领发展，用健康向上的文化来激励队伍，在企业发展过程中逐步形成了具有自身特色的文化体系。

【企业文化建设】 企业发展首先要吻合于社会主流价值观，企业必须站在推动社会进步的高度，把企业的发展目标与社会的发展目标结合起来，把主抓经济效益和重视社会效益统一起来，把个人富裕与带动广大职工共同富裕结合起来，把企业组织文化建设和弘扬优秀民族文化协调起来，把打造企业品牌同塑造诚信理念融合起来。

企业不是赚钱的工具，它应该成为推动社会进步的重要载体。基于这样的价值前提，传化集团建立了“社会责任感”为核心的理念体系，提出了“办有责任感的企业，做有责任感的传化人”，形成以“诚信、务实、创新、发展”为主要内涵的企业文化。

传化集团倡导“事业以人为本,发展以人为先”的人本理念,构建企业和职工的“利益共同体、命运共同体、事业共同体”。构建平等和谐、开放大气的企业文化;从以利益为劳动关系的连接点发展为以感情为劳动关系的连接点,努力创造以关怀取向为特征的亲情文化;从管理控制和制度约束转化为发展愿景激励、文化理念激励、工作氛围激励,让职工从工作中感受到成就感,从事业中体会到荣誉感;从满足职工基本物质生活需要发展为更多地满足职工发展需要,帮助职工不断成长,实现职业发展。

企业文化建设的核心任务,在于通过实践活动来体现文化的本质和丰富文化的内涵。

传化集团致力于不断地推进企业的持续健康发展,并以此来承诺和兑现我们的社会责任。发展是企业生存的惟一方式,只有经营和发展好企业,才能够从真正意义上履行企业的社会责任。通过向物流和农业的延伸,创新了事业领域,拓展了发展空间。实践证明,传化物流基地所产生的资源集聚,对服务地方经济,效果十分明显;传化农业园在还没有产生良好的经济效益的时候就为农民提供了几千个就业机会。

作为企业,职工是企业的最大资源。传化集团每年工资增长10%以上,在浙江民营企业中率先实现了“五险”全覆盖(养老保险、工伤保险、社会基本医疗保险、女工生育保险、失业保险)。投资数千万用于建设职工生活区、改善职工食堂、增加交通车,建立困难职工帮扶基金。每年拿出上百万的费用用于职工的培训,同时还出台政策鼓励职工的自学活动。办企业的目的主要不是生产产品,而是制造人才。培养对社会有价值的人才,是任何一个有社会责任感的企业重要任务。

与时俱进,永葆开米企业文化的活力

——西安开米股份有限公司的企业文化建设

【企业概况】 西安开米股份有限公司成立于1997年7月31日,注册资本7000万元,现有1300余人,主要从事高科技环保型家庭日用液体洗涤剂及个人护理产品的研制开发,是中国最早全面研制开发环保型液体洗涤产品的企业。

【企业文化建设】 开米公司逐步积累形成了独具特色的开米企业文化,这就是对环保事业的执着追求和对企业的忠诚。企业在创业和发展过程中所体现的对伟大事业的执着追求精神和对国家、对社会、对人民的强烈责任感是开米公司企业文化中一项非常重要的内容。

开米的企业精神。任何一个企业的发展都绝非一帆风顺,企业文化也正是随着企业成长过程中经历的风风雨雨、沟沟坎坎而逐渐成熟强大起来的。在这个过程中,技术、产品、资金、人才等等任何一个环节都可能遇到困难,任何一个困难都可能使企业丧失发展机遇,然而促使企业能够在艰难困境中不丧失斗志、度过难关的重要力量就是对事业执着追求的信念和精神。

开米公司发展战略和经营项目符合国家建立“环境友好型”社会和“资源节约型”社会的科学发展观。开米公司核心技术产品项目获得国家高技术产业化示范工程“百年重点项目”授牌,“开米”获得“中国驰名商标”,开米牌系列液体洗涤剂获得“中国名牌产品”和“国家免检产品”荣誉称号。

开米公司坚持科技创新为企业可持续发展战略,投资建立了陕西省绿色日用化学工程技术研究中心,依靠科技进步研制成功的系列环保型液体洗涤产品,其技术和品质达到国际先进水平。

开米公司坚持环境目标和经济目标协调一致的可持续发展道路,坚持“环境标志认证+环境管理体系”的双绿色经营战略,开米产品生产和使用过程省水、省电,为节能无公害产品,开米工厂全过程清洁生产,无三废排放,具备年产5万吨的生产能力。

开米公司依靠自主知识产权打造民族品牌,创建了中国第一个环保型液体洗涤剂品牌,目前公司已研制成功并投放市场的产品包括四大系列、50多个品种,公司对全部技术和产品拥有自主知识产权。

企业文化的发展变化往往是源于企业发展本身的要求,服从于企业继续长远发展的要求,服务于社会进步、国家发展、消费者要求的变化。开米公司在产品创新方面,开米涤王多功能中性洗衣液、开米蔬果清洗剂、开米贝芬洗手液均为国内首创,为品质达到国际先进水平的环保型液体洗涤用品。公司在人才使用的创新方面,提出了“五不歧视”,即不歧视老人、不歧视妇女、不歧视低学历、不歧视下岗人员、不歧视残疾人,这个理念的提出不仅得到员工的认同,而且得到社会的肯定。

企业发展的实践证明,开米公司所奉行的为国家贡献一份力量、为社会尽一份责任、为百姓谋一些利益的企业文化推动了企业健康持续发展,开米公司所倡导的环保理念在行业中产生了积极影响,不仅为企业树立了较好的社会形象,大大促进品牌知名度和美誉度的提升,而且赢得了消费者、赢得了市场,带来了较好的经济效益,更为重要的是,这种企业文化的推行和实践为企业的长远发展奠定了坚实的基础。

企业文化催生企业发展持久动力

——山东丽鹏包装有限公司的企业文化建设

【企业概况】 山东丽鹏包装有限公司创建于1986年2月,当时是一个只有4台冲床、十几个人、资产总值不到10万元的小作坊。在党的改革开放政策的指引下,经过苦心经营,公司得到了迅猛发展。现在公司占地近10万平方米,拥有资产2亿元左右,职工2000余人,辖属铝板厂、印铁厂、瓶盖厂、机械模具厂、橡塑厂、牟平分公司、成都海川制盖有限公司、湖北劲鹏制盖有限公司、北京鹏和祥包装制品有限公司等企业。丽鹏公司始终坚持立足报国、服务社会、造福职工的奉献精神和与时俱进、改革创新、超越时代步伐的创新精神。

【企业文化建设】 企业文化就是企业组织所提倡、所拥有的共同价值体系,是全体员工所认同并能持之以恒的观念和行为方式。丽鹏企业文化主要是由三个层次来组成的。第一个层次就是核心价值观的树立。“核心价值观”是丽鹏公司对自身及社会、员工、顾客的根本看法和基本观念。丽鹏公司所倡导的做人做事的基本观念;所坚持的三个坚决相信、三个坚定不移、三个决心,就是丽鹏的“核心价值观”。

丽鹏公司企业文化的第二个层次是企业奉行的原则及行为依据,企业奉行的原则及行为依据,具体体现在企业管理和组织体系中,是核心价值观在企业的具体化。企业奉行的原则及行为依据对员工行为能够起到导向的作用,是企业文化影响员工行为的主要力量。人是决定一切的因素,“事在人为,人定胜天”,丽鹏公司就是通过各种方法、建立起一整套机制,不停顿的对职工进行潜移默化的引导、教育、改变,提高职工的国家观念和民族观念。

丽鹏公司企业文化的第三个层次是企业全体员工做事的方式方法。做事的方式方法,体现了员工个人也体现了企业作为一个文化载体的内涵。丽鹏公司一直把一处工厂、一所学校、一座军营、一个家庭作为企业建设的目标,也是这种文化内涵的体现,也是企业文化建设的功能所在。通过企业文化三个方面的有机结合,并发挥文化建设的凝聚、导向、激励、约束、协调、创新、辐射等功能,逐步形成了适合丽鹏公司发展的内部微观环境,大大地催生并促进了企业的发展。

由于丽鹏公司地处农村,员工绝大多数来自农村,整体素质不高,随着企业的不断发展壮大,无论是从企业持续稳定发展的角度看,还是从建设社会主义新农村的现实要求来看,都必须通过先进的文化来教育人,丽鹏公司由一个手工作坊发展成为现代企业的过程,也是一个把村民脱胎换骨改造成为有理想、有道德、有文化、有纪律的新型农民的过程。

良好的村风和健康向上的文化氛围,是提高村民道德素质的关键。丽鹏公司每天早6:25广播准时开机,一开机就播放《歌唱祖国》,6:30准时转播国内外新闻,广播宣传党的方针、政策、公司规章制度、好人好事等,并为当日过生日的职工播放公司赠送的一首歌;公司还在车间、厂区等醒目的位置竖立标语牌、黑板报、宣传栏等,坚持每周一语,并张贴反映丽鹏企业文化内刊“丽鹏之声”;每周一和周六举行升、降旗仪式。

一个集体没有凝聚力和向心力,势必是一盘散沙;一个村民没有集体荣誉感,就失去了奋斗方向和进取动力。为此,丽鹏把加强精神文明建设作为以德治村、以德治企的重要内容,积极开展各种健康向上、富有感召力的活动。

独特的企业文化为企业快速发展注入了强心剂

——上海富大胶带制品有限公司的企业文化建设

【企业概况】 上海富大胶带制品有限公司成立于1981年,当时才“十几个人、七八条枪”,20万美元起家的小企业,如今已迅猛发展成为现有资金1个多亿,年产值达5亿元的全国胶带行业佼佼者,并先后获得全国质量服务消费者满意企业、诚信经营单位和全国政治思想工作先进单位。这些成绩的取得,是公司重视企业文化为企业的思想和灵魂,并长期精心打造的结果。独特的企业文化为企业快速发展注入了强心剂。

【用人文化】 企业的发展,人才是重中之重。长期来,富大坚持独特的用人理念,即好人+能人。何谓好人?他必须是一个孝敬父母、知恩图报;与人为善,助人为乐;讲究诚信、正直高尚的人。用人首先要考虑以德为先。在录用员工时,人事部门与应聘者逐个面谈,初步了解该人的文明礼貌,举止谈吐,接着看材料,到居委会具体了解他在社区的品行表现,进公司后又进行两周企业文化的学习培训,分配到部门时,又指定师傅带教,灌输先进的传统企业文化。

富大的用人理念是:有德有才,破格重用;有德无才,培养使用;有才无德,基本不用;无德无才坚决不用。

在好人文化的熏陶下,公司员工的综合素质迅速提升,企业的整体凝聚力和竞争力也随之迅速提高。

【财富文化】 富大的财富理念是坚持“小河有水大河满,员工富了企业富”,以及“藏富于民,合作多赢”。富大视员工为企业的主人,把员工的收入与福利作为企业的主要目标。鼓励员工努力工作,早日致富。企业提出了2010年奋斗目标,即在企业500余名员工内要打造20个千万富翁,200个百万富翁,并使企业员工平均年收入达到6万元,即达到中等收入水平。

为实现既定目标,公司出台一整套行之有效的奖惩措施,实施重奖重罚,以弘扬先进,激励后进。公司每年要表彰一批勤奋工作并对公司有卓越贡献的员工,对他们进行500元~5万元的一次性奖励。从1998年起,公司又每年拿出1000万元股份奖励中层管理者及获得先进称号的员工。这样使企业主的利益与员工的利益紧紧捆绑在一起,员工的劳动工作积极性被大大激发出来。

【发展文化】 民营企业能迅速发展致富,除了企业领导的正确经营理念和管理水平,主要是靠了党的改革开放一系列好政策和社会良好环境。

富大致富后,提出了“来自社会,回报社会,回归社会”的理念,并把它作为企业文化一重要组成部分。

为此富大多年一直热心于社会公益慈善事业活动。1996年,企业设立了“富大帮困助学基金”,为百余名贫困学生提供学杂费，直至他们大学毕业。2003年设立了100万元的社区“特别帮困基金”，帮助患重病或遭受天灾人祸的不幸家庭渡难关。1997年起先后创办了“青少年阳光基地”和“上海市未成年犯假释基地”，接纳失足青少年到阳光基地劳动考察，发给每月500元生活津贴并培养他们学烹调，学汽车驾驶技术，学文化，尽快掌握一技之长，为回归社会打下扎实基础。2002年，公司出资在继光中学内设立“阳光班”，承包了全班40余名贫困学生初中4年的学杂费、生活费、代办费。

十几年来，富大共投入社会公益慈善事业费用达650万元，公司员工也都将参加社会慈善活动看作是自己的一份社会责任。

品牌营销策划案例

三星:品牌增值之道

三星集团是韩国最大的企业集团,包括26个下属公司及若干其他法人机构,在近70个国家和地区建立了近300个法人及办事处,员工总数19.6万人,业务涉及电子、金融、机械、化学等众多领域。韩国三星集团下属有很多的产业,但三星品牌的成功主要来源于三星电子的成功,三星电子在品牌发展上有以下三点经验对中国企业有所启发:

用数字化概念整合品牌,为三星的品牌塑造找到了一个强有利的传播点和支撑点。

三星电子自经历1997年和1998年严重的经济危机之后,在新任CEO的带领下,为三星建立了"引领数字融合的革命"的远景目标,为实现这一目标,他制定了一个名为"数字化,e企业"的重大计划,通过提供全面的解决方案和集中处理的方法来增加价值并优化供应链。

由于有清晰的战略定位,仅仅一年的时间,三星电子取得了令人惊讶的成绩——公司收入增长了10倍之多,公司的股票上升了233%,净收入猛增了100多倍。三星迅速进入世界知名品牌行列。

为进一步提升三星电子的品牌地位,使三星品牌进入世界顶级品牌行列,三星以美国为中心发起了两个阶段的品牌广告战。

第一阶段:数字世界,人人分享。

2001年,三星进行了全球范围内的第一次整合广告运动,范围涉及到30个国家,广告花费达到4亿美元。本次广告运动的主题可以从其广告语中得出:"这是一个全新的世界,里面有着你从未看到、听到或感知到的东西。三星产品的精美设计唤醒你的感觉神经。这是三星的世界,人人参与。"

经过第一阶段"数字世界,人人分享"的广告运动,改善了三星品牌在以美国为首的西方发达国家消费者心目中档次低、大陆货的品牌印象,其品牌价值在一年之内提升了10亿美元,成为当年全球品牌价值提升最快品牌的第二名。

第二阶段:"数字体验"三重奏。

2002年,三星电子乘胜追击,继续发动了新一轮的更大规模的广告攻势。据估算,三星为品牌投资的总额高达9亿美元,其中仅纯粹的广告投入就超过2亿美元。

新的广告运动主题是"数字体验",这是对新兴的体验经济的一种有力的回应,同时三星也希望能够代替索尼而成为数字娱乐世界的领导品牌。

三星电子通过这两个阶段的全球广告运动,迅速在全球范围内建立起了品牌的高端形象。更为重要的是,三星树立起了在数字化时代中领导品牌的印象,这对三星未来的发展奠定了有竞争力的可持续发展的优势地位。

坚决贯彻体育营销,使体育运动的赞助成为品牌发展的主线。

三星电子在营销推广上最具特色的就是其体育营销的策略。与赞助其他活动相比,赞助体育能够使品牌得到更大的关注,因为:首先,体育活动和体育比赛一直是全球各个国家、各个民族所共通的爱好。第二,由于人们对健康的日益重视,体育运动作为一种很好的身体锻炼手段被越来越多的人所喜爱。第三,商业的介入使得体育比赛日趋增多,比赛的激烈程度和观赏性大大提高,因此人们对赞助商不像对广告商那样的反感和抵触,宣传品牌的效果较佳。第四,电视、广播、报纸、网络等众多媒体对体育的争相报道,电视转播又使观看这些体育比赛变得轻而易举,赞助商的暴露频次增高,宣传信息的到达率也得到了提升。

三星赞助奥运会与其品牌特性的塑造是互动的。如其在悉尼奥运会期间,在奥林匹克公园内建造了一座名为"相约奥林匹克"的运动员活动中心,利用三星尖端的通信产品和因特网、卫星及无线技术为运动员提供与家人和朋友交流的场所。

另外,三星还推出了"共享三星快乐时刻"的特别服务,即三星为运动员和观众提供最新的三星手机,他们可以给他们在世界各地的家人和朋友打3分钟的免费电话来分享他们的奥运经历和感受。

三星正是通过体育营销,从另一个侧面向全世界消费者灌输了其品牌的内涵,赢得了消费者对三星品牌的好感和信任。

社会营销,提升企业好感度。

作为一个亚洲品牌,三星非常重视社会营销。从一组数据就可以看出三星对开展社会活动的关注度。1999年,三星用于社会活动的开销是0.327亿美元,这相当于三星年度税后利润的29%。2000年,三星此项的费用超过1亿美元。

三星成立了三星文化财团，赞助了韩国几个资金困难而陷入危机的大学，三星还设立了三星奖学金，建造了湖岩美术馆。三星还积极投资媒体，先后办起了汉城广播电台、东洋电视台、《中央日报》社。作为三星全球社会公益活动的一部分，三星从1996年起就开始赞助诺贝尔基金会。

星巴克：为客人煮好每一杯咖啡

星巴克（Starbucks）公司于1971年在美国西雅图成立。时至今日，星巴克在全球的专业特式咖啡零售、烘焙和品牌上均具有领导地位。1996年，星巴克开始向全球扩张，如今已从西雅图一条小小的“美人鱼”进化为遍布全球30多个国家和地区，连锁店达到9300余家的“绿巨人”。

作为一家跨国连锁企业，星巴克国际市场拓展的成功历史也正是星巴克传奇演绎的历史，我们可以通过对星巴克品牌的解析来领略其传奇背后的秘诀。

品牌定位：“星巴克”这个名字来自美国作家麦尔维尔的小说《白鲸》中一位处事极其冷静，极具性格魅力的大副。他的嗜好就是喝咖啡。麦尔维尔在美国和世界文学史上有很高的地位，但麦尔维尔的读者群并不算多，主要是受过良好教育、有较高文化品位的人士，没有一定文化教养的人是不可能去读《白鲸》这部书，更不要说去了解星巴克这个人物了。从星巴克这一品牌名称上，就可以清晰地明确其目标市场的定位：不是普通的大众，而是一群注重享受、休闲、崇尚知识尊重人本位的富有小资情调的城市白领。

品牌识别：星巴克的绿色徽标是一个貌似美人鱼的双尾海神形象，这个徽标是1971年由西雅图年轻设计师泰瑞·赫克勒从中世纪木刻的海神像中得到灵感而设计的。标识上的美人鱼像也传达了原始与现代的双重含义：她的脸很朴实，却用了现代抽象形式的包装，中间是黑白的，只在外面用一圈彩色包围。20年前星巴克创建这个徽标时，只有一家咖啡店。如今，优美的“绿色美人鱼”，竟然与麦当劳的“M”一道成了美国文化的象征。

品牌诉求：顾客体验是星巴克品牌资产核心诉求。就像麦当劳一直倡导销售欢乐一样，星巴克把典型美式文化逐步分解成可以体验的元素：视觉的温馨，听觉的随心所欲，嗅觉的咖啡香味等。试想，透过巨大的玻璃窗，看着人潮汹涌的街头，轻轻啜饮一口香浓的咖啡，这非常符合“雅皮”的感觉体验，在忙碌的都市生活中何等令人向往。

星巴克人认为：他们的产品不单是咖啡，咖啡只是一种载体。而正是通过咖啡这种载体，星巴克把一种独特的格调传送给顾客。咖啡的消费很大程度上是一种感性的文化层次上的消费，文化的沟通需要的就是咖啡店所营造的环境文化能够感染顾客，并形成良好的互动体验。

品牌传播：星巴克的品牌传播并不是简单的模仿传统意义上的铺天盖地的广告和巨额促销，而是独辟蹊径，采用了一种卓尔不群的传播策略——口碑营销，以消费者口头传播的方式来推动星巴克目标顾客群的成长。

舒尔茨对此的解释是：星巴克的成功证明了一个耗资数百万元的广告不是创立一个全国性品牌的先决条件，充足的财力并非创造名牌产品的惟一条件。你可以循序渐进，一次一个顾客，一次一家商店或一次一个市场来做。实际上，这或许是赢得顾客信任的最好方法，也是星巴克的独到之处！

星巴克通过一系列事件来塑造良好口碑。例如在顾客发现东西丢失之前就把原物归还；门店的经理赢了彩票把奖金分给员工，照常上班；南加州的一位店长聘请了一位有听力障碍的人教会他如何点单并以此赢得了有听力障碍的人群，让他们感受到友好的气氛等。

品牌联盟：星巴克提升品牌的另一个战略是采用品牌联盟迅速扩大品牌优势，在发展的过程中寻找能够提升自己品牌资产的战略伙伴，拓展销售渠道，与强势伙伴结盟，扩充营销网络。

品牌扩张：星巴克连锁式的扩张，得益于星巴克给自己的品牌注入了价值观，并把企业文化变成消费者能够感受到的内容和形式。星巴克品牌扩张，一直坚持直营路线：由星巴克总部进行直接管理，统一领导，目的是控制品质标准。这样每家店都由总部统筹管理和训练员工，保证每家海外商店都是百分之百的美国星巴克血统。虽然初期投入的资本较大，但是职员的专业素质高，便于咖啡教育的推广，并建立了同业中的最专业的形象，星巴克品牌的扩张也更加坚定有力。

海信：把品牌当产品做

海信集团是特大型电子信息产业集团公司，成立于1969年，先后涉足家电、通讯、信息、房地产、商业等领域。海信品牌的前身是青岛牌，上世纪90年代初就是山东的知名品牌，但在1994年海信的高层还是为长远发展，取“海纳百川，信诚无限”之义更名“青岛”为“海信”。1994年的海信如同它的图形符号一样，冉冉升起在东海之滨，真正开始了品牌营销之路。到2000年，为适应国际化发展需要，并针对品牌的内涵强化科技感和亲和力，海信进一步修正品牌形象，完成国内迄今为止两次品牌整容的壮举；而且立下国内第一部品牌法，开始把品牌作为产品规范营销。

品牌实际是一个无形产品，它既独立于又依赖于有形产品。

基于此，海信设立了集团营销中心负责品牌的短长期规划及推广工作，到1999年底，已发展18个地区营销中心，在理念上形成“以公关宣传为主要手段，辅以全国营销管理网络和媒体网络，在产品推广的基础上树立品牌”的推广模式。这一模式的五步曲为：

1. 制订品牌长期规划，明确品牌推广的主旨

海信的品牌规划有三步：第一步，稳固品牌基础，在全国争取最大化的知名度，初步建立海信国际品牌的新锐感、科技感。第二步，以尖刀产品加深品牌与消费者的关系，各

领域齐头并进，强化品牌整体价值，将品牌力转化为销售力。第三步则强化国际感，成为真正国际著名品牌。明确了品牌规划与内涵，海信认为品牌的推广主旨在于科技领域，即像NIKE通过体育事业进行品牌推广一样，海信将在科技领域推广品牌。

2. 以诚为本，搜集企业内外的各种素材

这是战斗前弹药的准备，海信秉承"信诚无限"的原则，实事求是的在企业内外部搜集素材，原则是体现海信品牌内涵的事件或对企业文化有用的素材。

3. 认真策划，寻找消费者与媒体共同的兴趣点

传播的动力实际就是传播者的兴趣，海信把策划看成是寻求消费者与媒体共同兴趣点的过程，消费者关心自己将要获取的实际利益：好的产品、好的服务、好的生活享受，但媒体却注意传播事件的新闻性，所以并非任何一个好的素材都可以成为品牌推广的有利工具。

4. 利用双网优势迅速扩大影响

类似于产品的分销渠道，海信的品牌推广依赖于网络管理和媒体网络。后者主要负责中央媒体的传播，前者则通过当地优势，将影响扩散到地方。

5. 总结经验，寻找第二冲击波

海信认为在品牌推广上也要注意策划的连续性、事件的层次性，只有认真总结，将有限的事件策划成层次分明的冲击波，两次、甚至多次，品牌的推广力度才能达到最大。

品牌永远离不开产品的支撑，自1999年海信雄厚的技术研发队伍在品牌的整体规划下，再一次迸发出巨大能量，从前瞻性产品——网络机顶盒、液晶显示背投电视和大屏幕液晶显示器的开发成功，到普及性产品——绿色环保系列、第一台拉幕式彩电、纯平系列彩电、工薪变频系列空调、商箭、海景、学生等系列电脑等的面市，总共没用一年时间。这些产品在技术含量上，不仅领先于竞争对手，而且和品牌主张一样，致力于改善消费者生活质量和情趣，使品牌内涵在消费者层面上得到一次次不间断的诠释，从而培养起消费者对品牌的忠诚度。

汇源果汁：迎合消费者的品牌

北京汇源饮料食品集团有限公司于1992年成立，是主营果蔬饮料的大型现代化集团公司。公司成立以来，在全国各地创建了20多个分公司，链结了60多个优质优势果蔬茶奶等原料基地，建立了基本遍布全国的营销服务网络，构建了一个庞大的农业产业化经营体系。

市场初期，人们对于果汁的认识，基本上还处于"专业消费"的阶段，在这一消费时期，大部分消费者对于品牌的消费，一般都会比较理性，消费者购买果汁的潜在心里首选应是健康，其次才是口味。

专业化的品牌路线

一直以来，汇源除了在技术上走专业化路线以外，在品牌营销上也采取了专业化路线。在品牌形象塑造上，汇源一直以"喝汇源果汁，走健康之路"为核心要素，进行品牌资产的积累。

在处于发展期的果汁业，汇源的专业化路线得到了广大消费者的认可，在培养了一大批忠诚用户的过程当中，提升了品牌的竞争力。市场发展期，专业化的产品生产与专业化的品牌打造，成了汇源初期成功的一张关键底牌。"喝汇源果汁，走健康之路"，相对于当时的其他品牌来讲，成了汇源的差异化优势。

可以说，汇源用初期的品牌营销手段，打败了当时大部分并不太专业的靠产品营销的竞争对手，这正是汇源的超前之处。所以，以"汇源"为品牌名称的系列产品，如果汁产品系列、果蔬产品系列，甚至茶饮料系列，都取得了不俗的业绩，尤其是果汁产品系列，更是如此。

大品牌营销计划

汇源的另一个成功的秘诀就是"大品牌计划"。所谓大品牌计划，就是在市场发展期，真正称得上"品牌"的竞争对手稀少，品牌集中度很低，很少有品牌能够对汇源构成真正的威胁，而汇源也恰恰把握了这一市场时机，并以"汇源"为品牌名称开发系列产品，甚至包括茶饮料等，都取得了不错的业绩。虽然汇源还没有达到果汁业的垄断地位，但对汇源能够构成直接竞争的品牌真是少之又少。

同时，加上汇源当时不错的品牌营销手法，更使得当时的一些竞争品牌无法与之抗衡。比如其为了突出品牌的专业性与健康的品牌性格，运用了体育营销的手法，这是当时其他一些同类品牌做不到的。"八届运动会指定产品"、"中国游泳国家队专用饮料"、"中国跳水国家队专用饮料"的系列品牌传播与品牌运作，都取得了不错的市场效果。

1998年，中国企业管理协会、中国企业家协会在全国市场产品竞争力调查中，汇源果汁获果蔬饮料类消费者心中理想品牌第一名，实际购买品牌第一名；1999年购物首选品牌第一名，荣获1998年"中国家庭爱用品牌"的称号。

此时的汇源真是如鱼得水，其大品牌营销计划，也如入无人之境，一杆"喝汇源果汁，走健康之路"的大旗，插到哪里，哪里飘扬。其"汇源"大品牌下的系列产品，如果汁饮品、果蔬饮品、茶饮料、饮料酒甚至波萝冻、什果冻等系列产品，也都借"汇源"这一品牌大旗，取得了不错的业绩。品牌知名度高以及品牌的专业化精神，使得在细分市场里几乎碰不到敌手的汇源，数年来一直顺风顺水，"大品牌营销计划"，已成了汇源的成功法宝之一。

青啤：百年品牌如何续写辉煌

自1994年收购扬州啤酒厂以后，青岛啤酒集团9年来共投入资金六七亿元先后兼并了西安、平度、鸡西、马鞍山、上海、广东等地的40多家啤酒企业。但这40多家企业却是1/3盈利、1/3持平、1/3亏损。2003年，燕京、青岛、华润三大啤酒集团兼并扩张速度明显放缓，啤酒业的竞争已从资源争夺转入资源整合和品牌竞争的新阶段。

而碰巧,2003 年又是青啤的百年大庆。百年青啤如欲继续辉煌百年,显然需要一套成熟的品牌战略。

从“品牌渗透”到“品牌整合”

我国啤酒市场的区域性特征明显。当地消费者对本地品牌的习惯性和偏好性消费加上一些非市场的因素迫使三大啤酒集团只能以“品牌渗透”的策略开拓市场:即在当地收购一家企业,注入自己的管理机制、先进技术、产品配方、营销经验后以原品牌继续销售。

通过几年的渗透,三大啤酒集团在市场份额、产量、品牌知名度等方面都有了长足的进步,旗下也拥有了数十个品牌资源,对市场的控制能力和竞争实力都有了明显的飞升。但规模扩张中偏重于当地市场的品牌管理策略对于整体发展和长期发展的制约力也越来越强,关注短期局部的品牌策略和关注长期全局的品牌战略间的矛盾已无法调和——“品牌整合”时不待我。

相对而言,一直没有强势啤酒品牌的华润则一身轻松,把“雪花”作为未来的全国性强势主力品牌来打造。

同样,青啤也适时启动了“品牌瘦身计划”,欲在 5 年之内将 40 多个品牌砍至 10 个以下,把青岛啤酒、汉斯、崂山、山水等中高档品牌打造成一支主力军,最终形成主品牌、副品牌和子品牌形成“金字塔”形的品牌结构,即以汉斯等外资啤酒品牌构成品牌金字塔的塔尖,和崂山、山水等国内知名品牌筑就中坚力量,而其他大众国产品牌奠定塔基。这样做的考虑是最大可能保持青啤的品牌形象,充分挖掘其他品牌原有定位的价值,并在中高和低档品牌间建立防火墙,提高高端品牌价值的安全度。

从“金字塔”到“有限品牌”

纵观著名国际啤酒制造商,品牌最多不过四五,甚至是单一品牌,集中资源是品牌价值的快速积累和放大的保证,真正是一拳之力胜于 5 指。对于品牌数量达 40 之多的青啤来说,“金字塔品牌战略”不失为品牌整合之道,但也只是权宜之道,是对尴尬现状的妥协。这种所谓“即有重点,又全线出击”的品牌整合其实很容易“没了重点全线溃败”。

我们知道,品牌定位越高端销量越小而品牌投入越高,所以一般厂商高端品牌总是很少,基本上 1 ~ 2 个。而青啤旗下有数个高端品牌,且除青啤外其他高端品牌基本上区域性品牌,市场影响力局限很大。按照“金字塔战略”,这些高端品牌和“青岛啤酒”在同一战略高度,必将极大地分散力量,对于塔尖品牌建设是相当不利的。

另外,“青岛啤酒”品牌从塔尖到塔身,定位模糊且价值下延。这对于长期在国内竖立高档啤酒品牌形象的青啤而言显然不是什么好事,很容易最终造成品牌定位价值不清。而且,这一下沿的趋势还有滑落至塔基之势。在一些市场上,特别是在青啤没有“地产地销”品牌的地区,如北京、湖北等地,青啤低价入市的情况并不少见。如此无界限的跨位销售对于品牌价值的损伤不可小视。

而且,随着中国啤酒市场集中度的不断提高,品牌竞争的烈化程度将不断提高。谁的品牌定位清晰,影响力强,谁就将在市场中占据先机。现实的情况是华润、燕京逐渐将品牌投入集中在某个品牌上,青啤的出路必将是以相应的强势品牌与之抗衡,而这一强势品牌自是“青岛啤酒”莫属。当然,青啤的另一选择是将“青岛啤酒”品牌“束之高阁”——严格定位为高档啤酒,然后另取“汉斯”或其他另一品牌作为中低档品牌进行强势推广,攻守自如。

“有限品牌”战略是青啤必由之路,但其他众多品牌的价值就不顾了吗? 当然不是。

“有限品牌”战略的要义在于以青啤为主力品牌,占据高端定位,将其他知名度较高的品牌置于中间,普通大众品牌则被作为高端利润保障的防火墙,采取品牌价值收割战略有限投入,以销促长,在当地充分发挥原品牌定位点所在,逐渐回收这些品牌中沉淀的价值,回收来的资金又可投入到青啤品牌的建设中来。经过数年的过渡,一些品牌随着原有品牌价值的回收必将逐渐走向衰亡,企业资源就可以自然而然集中到数个强势品牌上来。

从“有限品牌”到“差异品牌”

“有限品牌”战略的意义在于品牌价值的集中化,即将众多品牌的价值集中到数个上来,形成强势品牌阵线。但品牌价值集中化之后面临的下一个问题就是品牌价值的最大化。

“单一品牌”是集中化后的集中化,最终把品牌价值合一,但这种方式风险极大。对于数个强势品牌而言,即使不做刻意的差异宣传其在消费者心中的品牌形象也必有相当大的不同,要成功将其价值叠加到一个品牌上来几乎是不可能的。而且,对于啤酒这样的大众消费品市场,“单一品牌”战略使得品牌在功能定位、价值导向甚至侧翼防御上回旋余地太小。即使像可口可乐这样的品牌管理专家,也不得不依靠“雪碧”等多个辅助品牌建立品牌阵线,在口味和形象上和主力“可口可乐”品牌相呼应。

“青岛啤酒”品牌由于近百年延传至今且始终展现精品定位、金牌质量,品牌确实颇具“横向的长久性”和“纵向的深远性”。这一特点也正是“青岛啤酒”的价值所在。所以,相应的品牌价值最大化战略就要围绕这一点来展开。

“差异品牌”战略就是以“青岛啤酒”为核心,将非青啤的数个强势品牌通过功能、体验、价值等特质进行差异化定位,而位居中心的青啤保留在中性位置,求档次而不求差异,着重在品牌影响力上下功夫,塑造全国性领导性品牌。如此形成的青啤品牌阵线将是一个“青岛啤酒”体现核心品牌价值,其他强势品牌满足特性需求的品牌集群,最终实现品牌集群价值的最大化。

也许,到这一步青啤才基本上走完了品牌整合之路。

百度:有文化自觉性的中国品牌

百度,2000 年 1 月创立于北京中关村,是全球最大的中文搜索引擎。

2000年1月1日,公司创始人李彦宏、徐勇携120万美元风险投资,从美国硅谷回国,创建了百度公司。创立之初,百度就将自己的目标定位于打造中国人自己的中文搜索引擎,并愿为此目标不懈的努力奋斗。

2000年5月,百度首次为门户网站——硅谷动力提供搜索技术服务,之后迅速占领中国搜索引擎市场,成为最主要的搜索技术提供商。2001年8月,发布Baidu.com搜索引擎Beta版,从后台服务转向独立提供搜索服务,并且在中国首创了竞价排名商业模式,2001年10月22日正式发布Baidu搜索引擎。2005年8月5日,百度在美国纳斯达克上市,成为2005年全球资本市场上最为引人注目的上市公司,百度由此进入一个崭新的发展阶段。

在2004年12月发布的《2004中国搜索引擎研究报告》,百度在中文搜索市场的占有率已经明显领先,圈地优势已经形成。但是,与百度庞大流量不匹配的是,网民仅仅将百度视为一个还不错的搜索工具,没有足够的品牌印象,不像GOOGLE在网民中拥有巨大的心理优势。百度与GOOGLE在权威性上的差距极为明显,没有网民认为百度是一个名气大的品牌,GOOGLE则高达37.5%。由此显示,网民对百度的态度仍处在一个好工具的阶段,而GOOGLE则是一个有领导力的品牌。

"有问题,百度一下"

2005年初以来,百度开始进入系统化的品牌建设时期。公司确立了三大差异化优势,支持百度品牌的提炼:专注,才能不断领先;百度更懂中文;关怀用户,才可依赖。

在2005年年初,百度确定了品牌广告语为"有问题,百度一下",这不仅仅是一个品牌主张,更是一种生活方式、态度。它代表着:

· 名词动词化,百度代表搜索行为
· 解决问题的
· 可信赖的
· 亲近
· 好帮手
· 百度是中文搜索的标准

用百度副总裁梁冬的话来讲:"百度一下代表着一种新时代中国人的生活方式和态度,我们要让'有问题百度一下'深入到中国人生活当中,成为一种最普遍的生活方式和态度。"

专注中文,就能抑制GOOGLE

百度只专注于做中文搜索,而这正是Google在中国的软肋。从搜索技术上讲,中文与英文的语言逻辑有许多差异非常大的地方,英文单词之间有空格,而中文是象形单音文字,中文行文在字与字、词与词之间没有空格,这些都给擅长英文搜索的Google带来难题。更重要的是,基于用户体验的中文搜索引擎技术是需要经年累月长时间积累得到的,决非Google一朝一夕就能开发出来。

不过,已经意识到问题的Google已经大力开始本地化进程,这对百度构成了新的压力。

一方面,追求技术的精深,另一方面,理解中国文化的博大,并注入热爱,构成了百度品牌建设工作的双轨制。

百度意识到,在全球一体化,在一场不期而至的全球信息一体化的互联网时代来临时,中华文化的独立性,正在经受一场历史上最为严峻的考验。所幸的是,在此过程中,百度所做的搜索引擎——这一作为互联网发展新时期具有代表性意义的新技术,能够为中文的保存和发展做出强有力的贡献。

因此,百度自然而然地承担起了维护中华文化既融合,又独立的伟大重任,因为惟有维护了中华文化的独立性,也才有可能使中华文化成为世界文化的一部分,也才有可能成为全人类的财富。

在这一共识下,百度认为,必须以行动重新去寻找已经被现代中国人遗忘的中华文明传统,将埋藏在我们心底的中国文化情结发现出来,并且与开放、自由的新时代价值观结合,这是百度品牌营销传播的底蕴。也正因为这样,和其他互联网品牌相比,百度成为最有中国文化自觉性的品牌。

雅客V9:一匹黑马的传奇史

福建雅客食品有限公司创办于1993年10月,是目前中国最大的糖果、巧克力专业厂商之一。

12年来的发展步伐迅速而稳健,被称为中国糖果业发展最快的企业之一。公司以"雅客"为核心品牌,旗下拥有雅客V9、雅客DIDADI奶糖、雅客益牙木糖醇、雅客香草润喉糖等众多分品牌,专注于糖果、巧克力、果冻、蜜饯、闲点、小食品的研发、生产与销售。已形成年产各类食品5万多吨,拥有4个大型工厂和9个分公司,拥有48000平方米现代化花园式厂房,员工3000多名的综合性大型食品集团。

雅客V9创下的销售奇迹,意味着一个品类市场的形成和一个领袖品牌的诞生。而能从800个品牌中发现这个明星,并使一个沉寂多年的市场变成众人瞩目的焦点,其策划者发现独立的市场机会,抢占最优的市场位置的能力令人惊叹。

2003年时,雅客的品牌认知度只有3%;广告认知度排在最后;喜爱率只有0.3%,而糖果市场最近的十年一直是不温不火,波澜不惊。是不是这样一个行业就应该是这样的状态呢?

如何改变这种状况呢?叶茂中咨询公司为雅客提出了三个集中原则:

第一,品牌集中。雅客很多类别的产品都有自己各自的品牌,注册商标好几百个,正在使用的也有几十个,但糖果类企业做这么多的品牌实际上是没有意义的。

第二,品种集中。雅客糖果此前做过很多产品的推广,但一直没有形成一个强势的产品品类。需要在一个大的市场里细分出一个小的市场，并在这一个小的市场里做一条大鱼。也就是说，先打造一个雅客队的球星，然后以球星打响雅客品牌，再以雅客这个品牌带动其众多的系列产品销售。

第三，媒体集中。雅客糖果要想成就领袖品牌，就得选择一家具有领袖气质的媒体，集中力量在重要时段进行宣传大力度广告投放，这要比分散的广告投放要强得多。

当前的问题在于：球星在哪里？

大量的市场调查数据表明：希望通过吃糖果补充维生素的人居然达到了48.1%，仅次于采用吃水果和蔬菜的方式，比希望采用吃维生素保健品的高出二十多个百分点。于是在雅客拥有的800多个糖果品种中，选中了雅客滋宝——含9种维生素的糖果。

后“非典”时代，在一片强烈要求“补充维生素”的呼声里，雅客滋宝的面世可谓生逢其时。

通过申请，雅客获得了中国营养学会认证。通过邀请全球最权威的糖果研究机构——D&F及全球最权威的糖果巧克力大师——伊万·法比瑞共同合作，以专业的产品设计，确保了雅客滋宝的品质与功能。

在严谨缜密的市场调研之后，提出了雅客滋宝的市场目标：做维生素糖果市场的领袖品牌。根据营销的类别法则，要求产品尽量明确品类的代表身份。而感知法则是要求产品与消费者头脑中的印象或经验相符合。

所以命名必须能跟维生素产生最贴近的联想，最好是维生素的公认代表符号。这样既区别了维生素糖果品类，又符合了消费者的固有认知。

含9种维生素的雅客糖果，含9种维生素的雅客糖果……可不就是“雅客V9”吗？市场调研告诉我们，在消费者的印象中，V与维生素的联想关系是非常近的。无论作为产品类别的V，还是作为产品利益点的V，雅客V9都一网打尽了。

雅客V9的品牌定位与品牌格调也已然呈现：雅客V9是一种具创新精神、充满运动活力、为身体补充维生素的健康糖果。雅客V9的品牌传播亦将围绕“创新、运动、健康维生素”展开。

接下来就是为雅客V9寻找一个合适的形象代言人。形象代言人必须跟雅客V9有某些共通之处：健康、活力、明星特质，而且中国正在进入一个体育时代，2004年的雅典、2008年的北京奥运会，策划者希望从现在开始就把体育精神融到里面去，赋予它一种运动感、活力感。经过几轮测试，数据显示，古怪精灵、活力十足的周迅最贴近雅客V9的感觉。

于是，具有极大冲击力和感染力的电视广告《跑步篇》开始在中央电视台的黄金时段播出。

广告片创意非常单纯：新鲜而灿烂的阳光中，周迅奔跑在都市的大街小巷，吸引众多追随者，形成奔跑的奇观，而原因则由雅客V9引发。

这支广告片的目的是强力抢占维生素糖果的概念，并引领扩大整个维生素糖果市场。

同时，根据雅客V9目标消费群可能的接触点，制定了雅客V9的传播组合策略：空中影视轰炸+平面及网络软文灌输+车体、地铁灯箱、写字楼及高尚社区电梯间广告+锁定终端拦截+事件与活动、网络游戏。

经过雅客V9的传播活动，我们不仅成功实现了雅客V9的上市，也使雅客品牌的知名度得到了大幅度提升，并迅速拉动雅客系列产品的销售成长。

雅客是从2003年8月26日正式开始推广活动的，此后不久的雅客招商会开幕，一天签约的金额就高达2.3亿元，经销商预付款达到6700万元。一个单品在上市当天能创造出如此记录，这在糖果行业的历史上是从来没有过的事情。

为什么一个原本知名度低、销量又不大的品牌能问鼎中国糖果业的老大位置？

就是因为它发现了维生素糖果独立的品类市场机会，第一个抢占这个位置，如入无人之境。而且又将品牌、产品（卖点）、媒体三集中原则真正执行到位了，以迅雷不及掩耳之势创造了这个奇迹。

李书福的品牌“诡计”

浙江吉利控股集团有限公司是一家以汽车及汽车零部件生产经营为主要产业的大型民营企业集团，始建于1986年，经过十八年的建设和发展，在汽车、摩托车、汽车发动机、变速箱、汽车零部件、高等教育、装潢材料制造、旅游和房地产等方面都取得了辉煌业绩，资产总额已经超过50亿元。特别是1997年进入汽车制造领域以来，凭借灵活的经营机制和不断的观念创新，快速成长为中国经济型轿车的主力品牌，2003年企业经营规模列全国500强第331位，列“浙江省百强企业”第25位，被评为“中国汽车工业50年发展速度最快、成长最好”的企业之一，跻身中国国内汽车制造企业“3+6”主流格局。

国内有几个不信邪的企业家，吉利汽车董事长李书福可以算一个。在所有的人都说他造车必死的氛围中，他依然前行，并且越做越大，口气之狂无人能出其右。

其实李书福明白，尽管刚起步，但吉利品牌是一定要打造的。可刚问世的品牌该如何打造？与其他大品牌硬拼吉利是没有优势的，而且两者的目标市场不同，不可能正面竞争。于是吉利把握住两个核心点：价格战与自主创新。表面看来，价格战是与品牌相对的，并且对品牌内涵有一定的影响。但好的价格战能扩大品牌的知名度，而自主创新则是重点强调自有品牌。李书福的策略，是先以一种低价格的品牌面世，撬动市场，然后再逐级发展，并以不同层级的品牌车，逐渐向高端市场迈进，形成多层级的品牌矩阵。

在这个矩阵中，李书福先以低价车进军国内市场，再以中国概念低价车（相对国际市场属低价）进军国际市场。这二者，一为打销售市场，一为打品牌市场。这样做的思路是，在国外吉利以低价与中国概念打拼市场，在赢得销量与品牌影响之后，回头再以其在国外获得的成功反哺国内市场，以提升国内品牌形象的价值感。

在此策略指导下，李书福不顾吉利还是小字辈汽车企业，不惜重金参加国际顶级的法兰克福车展。李书福此举，主要意图在于以外打内，塑造品牌，促进销售增长。目前吉利的产品已出口34个国家和地区，产品主要分布在中东、北非、南非、南美洲和中南美洲。吉利由此实现了“造老百姓买得起的好车”的品牌意图，并作用于国内市场，同时，又瞄准国际市场，将“把三分之二的吉利汽车卖到国外去”的品牌扩张付诸实施。

李书福说“把三分之二的吉利汽车卖到国外去”是吉利在2015年要实现的目标。届时，吉利的产量将达到200万辆，其中140万辆出口或在海外生产。

中国汽车工业实行了20年“市场换技术”的主导政策，然而技术没有换到，市场却全面失手。

自主创新是什么？就是要有自己的品牌。

吉利虽然起步晚，但创新意识始终贯穿于企业的生长发展之中。吉利起了一个非常中国化的名字“吉利”，就是图人人都吉利的意思，对企业的品牌与发展寄望甚殷。有人说这个名字很土，李书福马上回应说“吉利有什么不好，谁也不想一开车出去就被撞死”。话糙理不糙。吉利本就是“土”出身，如果一开始就做高端品牌，不仅没有文化支撑，更没法与其他品牌进行竞争。因此，吉利放松心态，以中国的大文化为背景，以高速增长的中国经济为基石，先到国际舞台上寻找自己的位置，证明自己的身价后再来支持国内市场。

联想：单飞 Lenovo 品牌谋略

联想收购IBM PC部门时，协议规定IBM品牌的使用期限是5年，但经过严格的市场调研，去掉IBM字样的广告策略早在2005年年底就已经由联想高层拍板决定。

“我可以很肯定地说，利用都灵冬奥会的契机将联想品牌推向全球，是我们非常重大的一个行动，因为大家都很清楚品牌其实是联想的生命。”杨元庆说。

都灵冬奥会，联想第一次在中国境外打响Lenovo品牌，针对全球45个国家的中小企业市场推出Lenovo 3000系列产品，从台式机到笔记本电脑，其品牌名称都以3000这个数字代替。在国内，联想扬天、旭日的中文品牌都有自己的内涵，但若翻成英文人家可能就不知所云，为了让消费者记住，联想特别选择了3000这个数字，Lenovo 3000就像一个大家庭，将来会把针对中小企业推出的产品都放在这个家庭里。

在联想的品牌规划中，Think Pad笔记本和ThinkCenter桌面电脑主要针对预算较多的大型企业，而廉价的联想3000笔记本和家用PC主要针对中小企业市场。“new world，new thinking”是联想新的广告语，为了要保持联想品牌的一致性，不能让周游很多国家的消费者发现不同地区，联想的品牌和广告的推广方式差异也很大。

中国将是新联想惟一双品牌运作的市场。2006年3月21日，上海嘉定F1比赛场地，联想煞费苦心地把Think Pad新品发布会安排在此，特意赶到会场的联想营销部门的员工对播放中的广告片都有震撼之感，“感觉很IBM，比较大气。”

在全球知道Lenovo的人少，Think Pad是IBM笔记本产品线产品，所以Think Pad充当了桥梁，会拉动Lenovo的全球知名度，同时利用冬奥会，发布Lenovo自有产品，让品牌实现转移和提升。而在国内情况就完全不同，联想在中国完全是家喻户晓，Think Pad面临比较尴尬的局面，大家习惯以母公司方式称呼它，就变成了IBM笔记本，这是个品牌难题。联想品牌因为在低端市场的增长迅速，很难往高端拓展，而Think Pad面临着进入低端市场的问题，而在中国区实行双品牌战略，有效解决了上述问题。

金蝶：新标识，新战略

成立之初，金蝶就是一个有国际资本介入的民营软件企业。2001年，金蝶登陆香港创业版，实现了由一个内地民营企业向香港上市公司的转变。2004年，是金蝶下一个十年征程的起点，从资本国际化到品牌国际化是一个企业成熟的必然选择，也是一个产业成熟的必然。要想在这样一个市场上去保持或赢得竞争优势，必须以世界软件公司为标杆，既竞争又学习，必须要前瞻性地把握用户和新的市场机会，积累自己的核心竞争力，而品牌就是建立在厂商和用户之间的沟通语言，也是任何厂商都不能忽视的竞争利器。

在这样的背景之下，2005年3月11日，金蝶国际软件集团举办新闻发布会，正式宣布更换其使用了近十年的企业标识。标识是企业品牌的一部分，金蝶切换新标识最根本的原因是致力于品牌国际化。

金蝶换标蓄谋已久，深层动因就是品牌国际化。金蝶在成立之初就是一个有国际资本介入的民营企业。金蝶是中国IT界较早具备全球化思维模式的企业，而金蝶的国际化之路大体可以划分为两个阶段。2004年之前的十年，主要是靠资本驱动。标志性的事件是2001年金蝶登陆香港创业版，实现了由一个内地民营企业向香港上市公司的转变，也成就了金蝶在中国软件业的领导地位，并且以资本为杠杆，孕育了人才、管理、市场的国际化。这个时期，以产品为核心，金蝶初步积累了自身的核心竞争能力。

2004年，开始了金蝶下一个十年新的征程，这次换标，对金蝶来说是一个里程碑式的事件，标志着金蝶的国际化进程从资本国际化到品牌国际化的一个转变。未来的金蝶，将是一个品牌驱动的国际化软件企业，将坚定不移地向2010年跻身于世界应用软件十强的目标迈进。

更换标识体现了公司的战略和产品的定位：未来，金蝶将发展成为一个国际性的品牌，进一步理解并快速满足国际企业在快速成长中的管理需求，像过往成功帮助无数中国企业客户一样，快速配置，快速实施，快速应用，快速见效，帮助国际企业快速持续和健康成长。

旧标识取珍贵及蝶谐音成 KINGDEE 标志，易识别，简洁，大方，铿锵有力，字母略长，寓意年轻，智慧，勇敢的金蝶人不屈不挠的奋斗精神。标准色—蓝色。激起宽广，深邃，冷静，理智的心理感觉，传达公司对高新技术的追求，体现公司的严谨，智慧和对产品的严格要求，个性鲜明。

新标识沿用了旧标识深邃而宽广的蓝，以及全部的字母。

logo 色继承深蓝色，寓意企业高科技特性。

减少字体的棱角，使之更圆润优美，更具人性化与亲和力。

除第一个字母保留大写外，其他字母由大写改成小写，更便于识别。同时斜体以及小写字体的俊逸，体现企业蓬勃发展的活力以及创新求变精神。

字母 g 和 e 的变体，表现了企业给客户带来成功的喜悦。

企业标识的更换，机遇与风险并存。通过更换新标识能够展现企业在新时期的新风貌，为企业品牌注入新活力，但是标识的更换又为品牌识别增加了难度。基于此，金蝶的标识在设计时，保留了原标识的颜色和内容，更多是在形式上做了调整，字体换成了小写，使整个标识看起来更容易识别，更为美观，更具有亲和力，大大降低了换标所带来的风险。

方太“亮剑”：创新成就品牌

中国厨房产业在经历了近几年的产业高速发展期后，伴随着西门子、伊莱克斯等国际品牌大鳄的高调进入，厨房行业竞争格局与国内各厨电企业之间面临的挑战愈发严峻。然而就在众多厂家挥舞价格大棒、竭力图存之际，稳居中国中高端厨房市场份额第一的方太却捷报频传：继之前荣获“中国十大最具潜力商标”后，连续荣获“中国驰名商标”、“中国最有价值品牌厨卫行业第一名”，近期又喜获“中国名牌产品”殊荣，品牌价值名列厨房电器行业榜首。

“专业定位”+“精品路线”

回首方太品牌选择“专业定位”与“精品路线”战略之初，旁观者格外地捏一把汗。在当时的市场环境下，对抗国际品牌，除了劳动力价格的明显优势外，本土制造企业在品牌建设能力、产品研发能力，以及核心技术上难以与其抗衡。然而方太围绕品牌战略打造公司未来的勇气令人钦佩，因为他们在尝试突破本土制造企业的能力瓶颈，实施本土企业的质变。弹指十年间，频繁荣获多项顶级大奖也印证了方太管理层当时的经营策略，同时也巩固了方太中国厨房领域第一品牌的领先地位。

根据 2005 年消费调研显示，目前方太品牌的提示前知名度、提示后知名度、第一提及知名度和品牌忠诚度等各项指标均位列行业第一，远远超过行业其他品牌。另一方面，方太产品创新能力在厨房产业高端领域里始终保持领先，推陈出新的能力和速度令国内甚至国际竞争对手为之折服。自身定位于厨房专家的方太，始终专注于世界各地厨房文化的开拓，凭借对厨房文化的深厚理解，方太前后掀起了一次次厨房革命，中高端厨房电器几乎居于垄断地位。

“创新是企业第一核心竞争力”

方太总经理茅忠群表示：虽然方太前期基础铺垫得很好，中国厨房市场蛋糕也越来越大，但方太面临的竞争和挑战比以往任何时候都更大，因为中国市场已经成为真正意义上的全球市场。如何在厨电市场新一轮的竞争中巩固方太第一品牌地位？如何早日成为世界级领先品牌？以往的经验告诉我们，只有在创新的基础上，坚持专业化品牌之路，才是方太的选择。

可以说，创新正是方太十年发展的催化剂，也是企业的第一核心竞争力。在如何贯彻落实“创新是企业第一核心竞争力”方面，方太可以说是中国大多数制造企业的标杆：方太拥有国内厨卫企业中实力雄厚的研究机构；在坚持自主开发的基础上方太展开广泛的外部合作，与 SABAFU、肖特、微软、IKEA 等世界一流企业建立了技术与市场层面的合作关系；根据国家专利总局的统计，在厨房领域方太是申请专利最多的企业，其中大量属于发明专利，专利申请量每年达到 100% 的增长。

“厨房专家”的专业化品牌之路

用科技触发灵感，以创新抒写未来，在确立以领先的产品和技术创新打造高品质生活的同时，在文化上方太也希望成为中国厨房文化的引领者、倡导者和先行者。当大多数消费者和企业对厨房消费和厨房文化还停留在认知阶段时，方太已经有鲜明的主张，并从战略角度认为厨房必然成为未来家庭生活的中心，让家的感觉更好，一个健康、洁净、功能舒适、独具家庭品位的厨房将是首选。由于对厨房文化、生活理念的极度倡导，方太成了中国厨房领域的代言人。当同行纷纷展开广告战、价格战时，相互打压的时候，方太已开始实施精品战略，专注于中高端，全方位打造以专业、值得信赖、服务周到的厨房专家形象，让人们幸福地下厨房，用品牌来参与国际竞争，并主导厨房行业发展方向。

浏阳河：借势提升品牌

成立于 1998 年的浏阳河酒业，短短几年即成为湘酒崛起的主要代表之一，并创造了 40 多亿元的无形资产品牌价值。

浏阳河酒业于 1998 年成立后，在市场上它只是一个新秀，其首要任务，是迅速提高浏阳河的品牌知名度，让浏阳河成为中国老百姓家喻户晓的知名品牌。经过对浏阳河文化的深入挖掘和再包装，提出了“一条河、一首歌和一个伟人”的“红色文化”宣传主线，在追求复古文化的市场中脱颖而出，成为万种瞩目的焦点。“一条名河名扬天下，一首名歌响彻全球，一瓶名酒香飘九洲”、“唱中国名歌，喝中国名酒”……一时间，浏阳河形象在一条河水的涤荡下逐渐清晰，并随着一首歌传唱大江南北，其品牌形象通过与一代伟人并列得以迅速丰满、升华。这样，浏阳河通过让自己的品牌与强者为伍，无异于拥有一张稳操胜券的王牌。一方面，伟人的形象赋予浏阳河无价的财富，但喝酒的毕竟还是老百姓。如何让浏阳河品牌融入大众消费者的生活，是浏阳河面对的一个新问题。

2000 年 10 月 3 日，中国奥运代表团胜利凯旋，在人民大会堂隆重举行的庆功宴上，惟一专用庆功酒就是浏阳河酒。同时，浏阳河迅速在权威媒体推出“浏阳河酒，冠军的酒”、“奥运庆功酒，浏阳河”概念，浏阳河酒业与她的形象代言人奥运冠军刘璇形成了一个完美组合。据考证，2000 年至 2001 年，浏阳河酒的销量取得突破性的增长。

“红色文化”和“冠军的酒”成功将浏阳河酒推向全国市场，但这仅仅是名气达到一定高度，市场对浏阳河品质的认可度仍然较低，针对这一情况，浏阳河推出了阶段主题“五粱新贵，世纪佳酿”。凭借五粮液的品牌知名度，依托市场对五粮液顶级品质的认可，浏阳河迅速被市场接受、认可，短短时间内有了令人“不可思议”的增长。

2005 年 5 月，浏阳河品牌新一代产品万事兴酒上市，是一款面向低端消费群的产品。浏阳河的品牌形象需要提升、转换，使之更易被大众消费者接受。

于是，2005 年 10 月，浏阳河酒业携手 2005 年风头最劲的“超级女声”提前展开 2006 年贺岁攻势。以何洁等五名青春靓丽的超女为代言人，结合“超级女声”“想唱就唱”的精神内涵，推出“想喝就喝，想唱就唱，今年拜年浏阳河酒”这一全新主题。如果说，2000 年浏阳河以“冠军的酒”开创体育营销与白酒结合的先河，那么将娱乐文化与白酒结合，浏阳河更是对目前市场的“考古文化”的一种突破和颠覆。

悄悄豆：不要悄悄吃

天津市康业冷冻食品股份有限公司的前身是一家水产冷冻厂，1994 年企业转产开发冷食食品，在同类产品竞争加剧的市场环境下，1999 年底，康业公司的决策者们决定走品牌之路。

冷食食品业已进入战国时代，和路雪、伊利、美登高等一批强势品牌已经树立，瓜分了全国绝大部分市场，而一些地方性品牌也不甘示弱，各自占据家门口的三分地。

市场常常是戏剧性的，没有永远的强者，昨天还是天王，今日也许已成黄花。竞争的加剧，使各路诸侯纷纷上演高台跳水，价格一路下滑。

在这种态势下，硬拼显然不是上策。经过对市场的研究分析，我们决定走市场细分的路线，尽量做小池塘里的大鱼，而不是大池塘里的小鱼，于是将新品的目标人群更为精准地定位为儿童，尽量把路走得窄一点、深入一点。

为了深入了解儿童的内心世界，策划项目小组翻阅了大量的儿童心理研究方面的书籍。并且特意买了一箱冰淇淋，来到了附近的一所幼儿园和孩子们交朋友，观察他们的一举一动、一颦一笑，和孩子们相处了一段时间，我们发现了一个有趣的现象：有的孩子拿到他心爱的宝贝后，并不是坐在一起相互分享，而是悄悄地躲到一边吃去了，而且还吃得很慢，边吃边用眼睛悄悄地瞟一眼同伴们，生怕在别人前面吃完了。

孩子们的内心世界真是非常的奇妙，他们的想法、情感和看问题的角度和我们完全不一样，但我们如果要获得进入他们心灵的通行证，就必须了解他们，尊重他们。

在这种背景下，新品的名称被定为“悄悄豆”，广告词也水到渠成：悄悄豆，不要悄悄吃。就连竞争对手也认为，它准确、独到地把握了儿童的心理，从一大堆竞品广告中跳了出来。

但在广告中是否出现主品牌“雪世界”的问题上，我们和客户产生了异议。本着对客户负责的态度，我们坚持要用，强调是“雪世界”的“悄悄豆”，“雪世界”是主品牌，“悄悄豆”是副品牌，以“悄悄豆”打响“雪世界”品牌，将来再以“雪世界”品牌带动系列产品的销售。

全新的 VI 和系列包装设计也在经过半个月的奋战后新鲜出炉了，值得一提的是，我们为雪世界设计了一个形象符号——雪娃娃，在我们进行的测试中，被一致认为非常形象、有感染力和亲和力。我们一直坚持认为，好的 VI（视觉识别系统）不应只是好看，还应该贯穿一个思想，否则将是苍白无力的。

2000 年 2 月份，广告片在中央电视台一套和八套、重点销售省市的电视台播出后，引起了市场的强烈反应。经销商纷纷主动打电话过来要求代理，“悄悄豆”销售呈现滚动上升趋势，第一个月销售 1000 万元，第二个月达到 2000 万元，第三个月达到 3000 万元，第四个月接近 5000 万元，产品已经来不及生产，到 8 月底整个销售额已突破两个亿。短短半年，“悄悄豆”单品种销量一跃而居同行业第一，成为冷食食品业的新贵。

好的创意就等于成功了一半。想想看，两个亿的销售额，多少可爱的孩子在酷热的今夏悄悄“偷”吃了“悄悄豆”？“悄悄豆”，不要悄悄吃哟！

361°运动鞋：以运动的名义卖时尚

别克（福建）鞋业有限公司创办于 1988 年，已发展成为一家集开发、生产和销售业一体的集团型专业制鞋企业。

运动鞋业普遍将运动鞋划分为专业运动、休闲运动。专业运动类的产品要求具功能性，多用于赛场对抗。专业运动员普遍认同的比赛装备基本上是 NIKE、ADIDAS 的系列产品。休闲运动更倾向于日常使用，讲究随意舒适。国产品牌在专业运动方面大多不具备竞争力，所以基本以后者为主。

那么，361°的品牌定位是什么呢？专业运动的？休闲的？还是其他？

专业路线是运动品牌的终极梦想，但却不是那么容易走成功的，李宁努力十年也才做到墙内开花墙外香。一旦走成功了，以专业打非专业自是更有力量。但目前的 361°

尚不具备条件。如果361°单纯走休闲路线呢？又极有可能和其他鞋类产生交叉，另一方面，也会因为偏离了专业路线而不被消费者认可。因此，单纯走专业或休闲路线都不可取，必须另辟蹊径。

运动对于这个时代的意义除了竞技和休闲之外，还有什么呢？那就是时尚！这是一个对运动充满了前所未有热情的时代，以至运动成为一种时尚文化。于是别克重新定义了361°运动鞋：运动+时尚=361°。以运动的名义卖时尚。为了加强个性化，将361°类别名称定为“运动武装”，一个运动时尚化时代的名词，令361°一下子在众多运动产品品牌中跳了出来。

那么，如何借运动来卖时尚呢？

于是，策划者想到了“豹子！”豹子是陆地上跑得最快的动物，号称短跑冠军，奔跑能力非常强——足以体现运动鞋的速度和力度。豹子是最好的捕猎高手，瞄准、追逐、捕杀，目标明确，野性十足——足以体现运动的竞技与角逐本质。豹子充满活力与激情，爆发力极强，特别像个年轻人——足以跟361°的目标消费群沟通。

消费者购买一个产品时，首先追求的是产品的功能，其次是心理上对品牌的认同。而策划者要做的就是从物质和精神两个层面对361°进行挖掘，从而真正对品牌的提升起到一个合力的作用。

第一次接触361°这个品牌的人都会有一个奇怪的感觉：为什么不是360°？为什么要多出1°？这多出来的1°到底代表着什么？

不寻常的1°其实有两个方向：一是往人性纵深处探寻，隐藏于表象之下的真实的“我”。另一是往360°之外寻找，超越常规常态的异度空间。

策划者最终选择了人性的沟通，因为基于人性关注的创作必定最具沟通力，最具永恒性！这世界很多东西都会变，但人性最根本的一些东西，如爱、关怀、真诚、勇敢、善良、正直、痛苦与快乐，却一百年也不会改变。

审视人性，于是发现了两个“我”——白天的我，黑夜的我；冲动的我，冷静的我；现实的我，内心的我；骄傲的我，自卑的我；热闹的我，孤独的我；理性的我，狂野的我……每个人其实都有两个“我”。哪个才是真正的“我”呢？我们之中又有多少人能够认识到“真正的我”并坚持自己呢？

这是一个焦躁不安的时代、一个信仰匮乏的时代、一个容易迷失的时代……丧失3/4的自己，只为和别人一样，人性、血性、个性的退化已成为主流，此时仍坚持自己的人，宛若一名永不投降的战士，在枪林弹雨中继续我行我素，诠释着“自我”的真正内涵。那个人，应该就是361°了。于是提炼361°的品牌核心价值：勇敢做自己。

OPPO：步步高的品牌转型

1995年9月18日，广东步步高电子工业有限公司在东莞市长安成立。步步高品牌旗下拥有三大系列产品：数字视听产品（VCD、DVD、家庭影院等）、通信产品（有绳电话、无绳电话、寻呼机等）、教育电子产品（语言复读机、电子词典、PDA等）。市场调查结果显示，自1998年起，步步高各类产品的市场占有率均已在国内同行业中名列前茅，同时扩展到国外。

步步高品牌知名度很高，但和中国当前正在面临企业转型一样，步步高必须由单一的产品品牌向企业的综合品牌转型，由家电品牌过渡到数码品牌，由中低端品牌向高端品牌转型，从产品品牌向文化品牌转型。因此，必须重新建设一个新的品牌来操作。

而“OPPO”则是步步高视听电子有限公司2002年策划的一个品牌主要打算制作液晶电视，等离子电视、时尚数码等高端科技产品，以打破“步步高”品牌给人印象一向做小家电（DVD、电话机、复读机等）的束缚 。

OPPO一上市，就给终端促销人员灌输统一宣传口号，告诉消费者OPPO是全球注册品牌，“记住，没有说是全球品牌”，因为步步高企业是非常诚信本分。打造强势品牌的大局与最终目标是把品牌战略定位刻在消费者的大脑深处，变成清晰、富有个性化的联想。只有胸怀这个根本性的大局与最终目标，超越常规营销传播，不折不扣地用品牌识别系统去统帅一切营销传播活动，才能打造强势品牌。

从2005年5月12日开始，在主题为“我的音乐梦想”广告中，俊男美女在地铁中相遇，暗藏情愫，在妙曼音乐中展开一段罗曼蒂克的联想。抒情的流行乐、优雅学生气的装束，再加上满天飞舞的粉红花瓣、青树和一对璧人，这条广告几乎在短短的十几秒给我们上演了一出韩剧。在央视一、二、三套的黄金时间播出、一时间海量广告铺天盖地席卷而来。几乎一夜之间，OPPO的牌子已经家喻户晓。还有就是湖南卫视的超级女声，单从总决选的几场来看，OPPO在每晚比赛动辄超过十几条的广告重复着一个浪漫的故事“我的音乐梦想”，相信全国几亿双眼球不会对这个三小时内重复十几遍的故事熟视无睹的。除了电视广告外，OPPO也同样在平面媒体砸下了强力的广告攻势。而且，OPPO还同各个地区最有影响力的报纸合办了高校歌手大奖赛，此举显然意在吸引在校大学生的目光。另外OPPO也没有忽视网络，在新浪等大的门户网站消费者都能看到OPPO的身影，按照其利用网络综合提升曝光率的思路来看，已然成功了一大半，从banner广告到新闻插页广告，OPPO将网络像电视一样运用得非常到位。而且“OPPO·新浪2005网络歌曲排行榜”更是搞得轰轰烈烈网罗不知多少网民的眼球。

要让消费者愿意花更多的钱购买一个品牌的主要原因是由品牌在消费者大脑中的联想所决定的。消费者对一个品牌所能联想到的所有的信息能深深触动消费者的内心世界，并产生积极、美好、愉悦的心理体验，消费者就会认同、喜欢乃至爱上了这个品牌，也就自然愿意购买、更多地购买、花更多的钱购买这个品牌。OPPO的广告产品充满了惟美感觉，在观众面前树立了惟美的形象，深得许多年轻消费者的喜欢。这样大手笔的电视广告投放，难怪让所有的

MP3 厂商和消费者惊呼：这是谁？因为拥有这么强大的品牌实力和企业背景，东家应该是国外品牌或者国内企业界的大腕。而从产品设计和品牌形象来看，OPPO 似乎更应该是韩系企业，因为她成功塑造了中国人见的最多的韩国偶像型品牌。

品牌核心价值是品牌资产的主体部分，它让消费者明确、清晰地识别并记住品牌的利益点与个性，是驱动消费者认同、喜欢乃至爱上一个品牌的主要力量。OPPO 品牌的核心价值之一就是精工细做独辟蹊径。对于 OPPO，价格也成为其塑造高端品牌的一个元素，以 256M 产品为例，三星报价在 999 元左右，而 OPPO 新品上市时，X3 型号报价为 980 元，而最高端的 X9 报价甚至到了 1450 元。可以说 OPPO 的价格定位当之无愧的稳居第一阵营。

要让品牌有高档感和高价值感，功能型利益为主的品牌应持续一致地不断提高技术与产品使用价值，如一个品牌几款技术领先、功能人性化、外观精美，那么只能有限度地提高单单这几款产品本身的售价。如果企业不断地推出这么好的产品，久而久之品牌就具有了高档感与价值感。品牌的溢价能力就能涵盖所有产品。因为强势的广告虽然可以带来高知名度，但一个没有内涵的品牌是很难树立起高端形象的。在国产品牌普遍低端的中国 MP3 市场，OPPO 无疑在作一种全新的尝试。但在知名度短期提升的同时，品牌形象的培育却需要更长的时间，需要企业为其持续不断地注入文化、时尚等元素，向世人展示产品的灵魂。当然，OPPO 概念区隔、MP3 的产品力、完美的广告画面、强大的广告投放力度以及步步高成熟的终端和渠道系统搭建了一个 OPPO 强势品牌基础。现在 OPPO 面临的主要问题就是在保证资金充裕的前提下，如何继续锤炼自己的品牌形象，使浪漫时尚的品牌形象在目标受众的心中固定下来。

夏新的品牌突围之路

成立于 1981 年的“厦新”电子在进入市场之初就非常重视自身品牌的建设，提出“以科技塑造品牌、以时尚完美品牌、以服务支撑品牌”的品牌发展战略，使其成为中国最大的录像机生产基地和中国录像行业的排头兵，国内录像机惟一用国产品牌投放市场并出口到世界各地，完成了“厦新”民族品牌的塑造和传播，并于 1997 年 6 月成功上市。

VCD 行业的迅速崛起为录像机行业带来了毁灭性的打击。厦新凭借雄厚的技术能力和积累的先进管理经验，很快成为 VCD 行业的一匹黑马，并成为 VCD 行业的引导者，在 1999 年的上市经营业绩综合排序中，厦新电子荣登榜首，成为业界的“厦新现象”。厦新的迅速崛起，使厦新品牌拥有了数字时代的品牌内涵，同时完成了品牌的升级，拥有了蓬勃的品牌生命力。

市场风云变幻，市场竞争无情。在厦新品牌得以提升时，全国家电行业竞争进入火拼阶段，整个行业持续价格战争，厦新品牌面临危机，总业务量萎缩，利润下降，连续两年大幅亏损，被戴上 ST 的帽子，厦新品牌的辉煌在黯然的消褪。

面对行业的残酷竞争和微薄的利润空间，其主打产品影碟机、家庭影院已不利于厦新的品牌发展和企业运作。随着电信业的发展和现代化生活水平的提高，全球众多的手机制造商都已看好中国的巨大手机销售市场，同时从 1999 年已在培育的国产手机市场开始崛起。在总裁李晓忠的努力下，2001 年厦新开始进入手机市场进行突围，寻求新的利润支撑点。

面对群雄竞起的手机市场，厦新以精致美感打造品牌美誉度，扩大产量，特别是中高端产品的占有率，“会跳舞的手机”A8 系列的推出更是上演了“一款手机救活一家企业”的神话！同时使厦新品牌拨云见日，重新激活，极具竞争力新品的不断推出，为厦新带来了利润和品牌的“第二春”，股价的一路攀升，使带有“ST”帽子的厦新倍受股民追捧，厦新品牌成为手机产品的代名词。

在家电视听领域的精彩突围，在移动通信领域的神奇崛起，使厦新“风光无限”。但面对国内手机市场的竞争格局，洋品牌诺基亚、摩托罗拉、三星，国产品牌波导、TCL、熊猫，厦新的手机市场高赢利能持续多久？手机能否成为厦新品牌的永久支撑点？影碟机的历史悲剧是否还会重演？原有的影碟机、DVD 领域的品牌优势如何强化？新的战略规划空间、利润空间怎样延伸？厦新开始寻求新的品牌发展。

厦新斥资 3 亿元，寻求“变脸”，启用品牌新标式 Amoi “夏新”，内涵为“华夏新锐”取代原带有浓厚地域色彩的“厦新”，启动品牌营销，打造核心竞争力，全面进军小灵通、CDMA、笔记本电脑、数码相机等多个领域，形成以手机为主、其他电子制造业为辅的多元化战略布局，走向国际化。

厦新的品牌改变、提升，也宣示着中国企业的品牌战略和品牌管理逐步走向成熟，中国企业正迈向一个全新的发展阶段——品牌营销。

急流勇退与战略转移

“三十六计，走为上计”，相传之一说是指敌我双方力量悬殊，在战无取胜之把握时，选择有计划地撤退是最佳的方案。或谓事态已经难以挽回，别无妙计，只有一走了事。

在当前日趋激烈的国际、国内市场竞争中，同样存在着类似情况。商场犹似战场。在商战中，很多事情常常不为人们的意志所转移，“无可奈何花落去”的时候也是常有的。如果只知进攻，不懂退后，就不会取得最终的胜利。日本企业之神——松下幸之助也曾说过：“武功高强的人，往回抽枪的动作要比出枪时还要快。与此同理，无论是搞经营，还是做其他事情，真正能做到不失时机地退却，才堪称精于此道。”这是他的经验之谈。早在第二次世界大战刚结束的时候，松下幸之助就被聘请去经营一家即将破产的缝制设备公司。起初他很自信，决心大干一番；但经深入细究，便得出结论：基于这家公司的现有实力和面对的外部环境，无论怎样经营,也无法与其他厂家角逐。他决定立即退了出来,改而致力于发展电器产品,大获成功。如今,“松下”已“名扬四海”了。

办企业、搞经营、做生意,都是一样。如果该退时不退,不一“走”了之,另辟蹊径,就不可能走到“柳暗花明又一村”。试再举一例:当年香港的“假发大王”刘文汉,从60年代起就经营假发制造业,到70年代,其假发销售已达到4亿港元,仍供不应求。正在此时,有远见的刘文汉发现竞争者日众,而繁荣的假发市场背后已显露出衰退和萧条的迹象,于是他急流勇退,决定“走”为上策,回到了他的出生地澳大利亚,悄然去开创葡萄酒酿造业,先后买下了一个葡萄园和一家酿酒厂,搞得很红火。70年代后期,美国的假发业如潮水般消退,很快殃及香港,本港的假发制造厂商纷纷关门破产。而在此时,曾号称“假发之父”的刘文汉,因早已在海外另辟天地,依然“风雨不动安如山”,而且还拥有一家位列澳洲前10名的大酿酒厂。

当然,商战中的“走”有很多情形,多种方式,而且“走”的作用、期限与方向选择也各有不同。常言道:“举一反三”、“触类旁通”。这个“走”字,不光是指“人走”,也泛指“物换”。比如,现在切实转换企业经营机制,合理调整产业结构和产品结构等等,也都与此同理。总之,无论如何,在决策“走”之前,一定要反复思考,从长计议,选准突破口和切入点。至于怎么“走”才走得脱,走得潇洒利落,而能达到“金蝉脱壳”之目的,这就要看“走”者的聪明才智和决策水平如何了。

(以上案例作者系《中外管理》杂志记者刘宏君)

学会“高附加值经营”

经营之道,诸多谋略。时下工业发达国家的高附加值经营,不失为创新之招。

所谓“高附加值经营”,是指企业以市场需求为中心,以顾客满意为导向,借助于一切可能之手段,实现“企业活劳动所创造的价值成倍增长”的系统经营活动过程。高附加值经营有别于传统经营、经验经营、速度型经营、产值型经营等经营形式。其出发点是完全适应市场竞争,满足市场需求,实质则是追求企业经济效益最大化。所以,说到底,高附加值经营就是最高盈利经营。作为一种经营谋略,其关键主要体现在两个方面:

其一,有效提高产品的技术含量,科学技术是生产力,而且是第一生产力。科技作为潜在的生产力,必须通过科技物化在产品里的技术含量的高低来体现。技术含量高,就必定技术价值高。如家用电器智能化、电子化后,其销售价格一般要提高77%—150%(成本提高10%—25%),像电子化电冰箱、微波炉、洗碗机的销售价格,可高出同类普通产品2—5倍。再如日化产品中应用皮肤医学科技开发的减肥霜、101毛发再生精,因其高技术含量而增加的附加值可高达几十倍乃至上百倍,经济效益相当显著。现代企业提高产品技术含量和附加值的主要途径有:大力应用高质量技术,特别是积极采用“四高一新”技术;努力降低应用技术成本;应用价值工程,追求价值最优效应等。

其二,全方位实施“满意营销”。现代企业和市场的竞争,取决于顾客的满意度。谁能赢得顾客的满意,以及真诚相待,谁就会在商战中左右逢源,无往而不利,这已成为当今企业家的共识。换言之,企业实现满意营销,其产品在市场上就会走红、增值。满意营销实质上是企业借助于价格、质量、服务等诸多因素的综合吸引力,使顾客对企业向其提供的产品情有独钟,并长久地引发顾客对企业的信任和认同行为。

实践证明,满意营销活动的有效开展,将会使企业产品质量、服务水平等更能适应市场需求,并产生名牌市场效应,从而给企业带来丰厚的利润回报。曾被誉为空调市场骄子的广东华宝空调器公司的经营者们认为:90年代的企业行为必须以“消费者满意”为企业全部经营活动的聚焦点。他们以自己令人信服的实践向社会昭示,满意营销绝不是一种负担和简单的经营承诺,而是一种高附加值、高含金量的经济活动和经济效益最高的投资。美国国际商业机器公司(IBM)之所以能发展成为世界电脑业的“蓝色巨人”、“大哥大”,其靠的就是几十万IBM职工把“IBM就意味着服务”、“IBM靠优质服务独步全球”铭记在心,且化为实实在在“满意营销”的实际行动。

创造取悦于受众心的营销

全球最大的未来学研究机构之一,哥本哈根未来学研究所所长罗尔夫·詹森在其撰写的《梦想杜鲁》一书中指出:未来的产品必须取悦于我们的心,而不是大脑。他告诫企业商家:“现在是为产品和服务加入情感价值的时候了。”

那么,什么是取悦于受众心的产品和服务呢?哪些才是“加入了情感价值”的产品和服务呢?这里笔者对此不妄加评论,而是本着求真务实的态度,列举了以下三则袖珍案例,让读者诸君自我品味,自行评论。

袖珍案例之一:美国中西快运航空公司。为了取悦乘客,增添空乘情趣。便在飞机上现场烤制新鲜巧克力夹心饼干,现煮哥伦比亚上品咖啡,香味满机舱,搭机乘客传为美谈。

袖珍案例之二:一位曾在里茨·卡尔顿全球连锁酒店食品部购买过朱古力夹心饼干的客户,几个月后再次住宿里茨·卡尔顿异地连锁酒店时,竟然惊讶地发现一个精致的小篮盛装的朱古力夹心饼干早已悄然地等候在他下榻房间的茶几上。

袖珍案例之三:“海尔”将小康型家电车厢,分别拖挂在从青岛始发的五趟旅客列车上,并邀请随车旅客参观,现场操作体验,且进行“面对面”动感推介直销,凡旅客看中的款样产品,只需在列车上填妥订单即可,会有专人送货到家。

上述三个有关营销的案例，虽然产品内容不同，服务样式各异，但是却凸现了一个共同的鲜明主题，即用真心、真情、真诚、取悦于乘客/旅客之心，都是以真切的情感价值融入了物化产品和服务产品之中，因为真正使人们体验到了这样的“取悦受众心”之产品、凸现“情感价值”之服务，才是鲜活的，才是可以触摸的。如果我们简约地解析一下三则袖珍案例之内涵、之精华，那么上述感受会更深沉、更强烈。

袖珍案例一：讲的是万米高空飞机上现烤巧克力饼干、现煮佳品咖啡，让芳香溢满机舱之举，取悦于乘客之心。乍一听。反复事情过程极简单，压根儿也扯不上是创意，然而扪心自问，就觉得了不起了。全球上空那么多飞机，世界各地那么多航班，谁都没有想到这一招，显见美国中西快运航空公司开先河之尝试，本身就体现了取悦于受众之真心。

袖珍案例二：说的是洲际连锁酒店注重细节关怀，着意储存旅客喜好，在客户异地下榻连锁酒店时，赠其喜好，送其惊喜。此情此景，也许在有些读者看来，也并非是什么创新之举，只不过是服务地道做到位罢了。然而，君不知，正是这个常人看来不起眼的细部工夫和细节关爱，映见国际级酒店取悦于受众之心的款款真情。

袖珍案例三：道的是中国家电业领军企业“海尔”又一创意营销之体验。将家电新品用“专列”形式，拖挂在旅客列车上，进行动感直销，这在中国乃至全世界都可称得上是新鲜事。让我们深究此举此招服务之细部，可谓内涵丰富，用心良苦，不是吗？将家电新品车厢拖挂在列车上，让旅途成了轻松购置家电之旅；情景模拟，邀请旅客动手体验，“面对面”感受享用家电新品的快乐；即时看中的新品，无需为运输担忧，只要在车上填妥单子，日后即会自行送货上门。

读了上述三则袖珍营销案例后，您了解什么是“取悦受众心”之营销了吗?！如果您欲体验得更为深切，那么不妨结合本行业、本企业、本岗位之实际试一试、学一学，也许您的故事会成为袖珍案例之四、之五……

开拓创意营销的新思路

在日本东京新宿商业区，有一家人们最愿光顾的商店“东急百货”。这家商店的特色是除了服装和食品以外，其他百货商品一应俱全。商厦的一至七层，几乎都是小商品。它们格外受宠，置于显著地位。而在这小商品王国之中，绝大多数是“半成品”，以及待组装或组合的商品。

这些陈列和出售的小商品，涉及消费者居家生活的方方面面，如家具、卧具、厨具、电器、五金工具、交通工具、文具、化妆品、娱乐用品、健身器具等，任消费者尽情选择。这些商品完全可以根据消费者的需要自由组合、自行装配、拆分、拼装、搭配。说他们是“半成品”、“待装品”，其实并不复杂，不使人犯难，只是把最后一道“工”留给消费者，让他们根据消费者各自的意愿、爱好与需要自己回去“组装”而已。这就大大方便了消费者，激发了消费者动手动脑的积极性，同时也使众多潜在的需求得到了现实的满足。

“东急百货”的另一大经营特色，就是在商厦中出售大批物美价廉的小发明商品和新型实用的专利商品。商厦的经营实行全球采购。商厦琳琅满目的商品中有中国大陆小巧玲珑的电子工艺闹钟，也有台湾产的新型数码锁具，且均颇受欢迎。从“东急百货”所陈列的商品中，较好地体现了工艺品的日用化和日用品的工艺化。这种别具一格的营销思路和钟情于消费者的经营理念，使商厦呈现出一派动人的情景：一方面是众多顾客在兴致勃勃地组装新商品，忙着选购；另一方面是营业员在不断地包装商品，忙于接待排队交款的顾客。

由此联想到我们的一些都市商厦，还给人以“千店一面”的印象。国内外游客在浏览了南京路以后，也发出了南京路商厦不具特色为其“特色”的感慨。据说目前正在作出加以改进的规划布局。目前，扩大内需，拉动内需已成为振兴我国经济的主旋律。如何扩大和拉动内需？笔者认为“创意开发新产品，潜心设计营销品种”，也是其中两个重要的方面。日本“东急百货”“把最后一道工序留给消费者”激发和启动了顾客的消费热情；推出实用型小发明商品，诱导和满足了受众“喜新厌旧”的消费心理，乍一看没有什么新花样，然而仔细一想，里面蕴藏着大道理。我们不妨换一种脚步前进，走出自己的新路子；换一换经营思路，闯出创新经营的新天地。

“超竞争”理念与战略突破

在现今社会里，“竞争”已经成为现代人使用频率最高的言词。所谓“竞争”之理念，就是指竞争者们在同一条跑道上赛跑，谁跑第一谁得冠军。而所谓超竞争理念，则是指竞争者退出原来的跑道，自己重新选择起点，设置一条跑道，自己挑战自己，自己与自己赛跑，怎么跑都第一，从而既获得产品领先期的市场份额，又获得了超额利润。这应该说是激烈的市场竞争中，企业商战致胜比较理想的境界。

在国际商战中，有许多“超竞争”的成功案例是值得我们借鉴和启发的。众所周知，电传是美国人发明和制造的，但后来被日本的传真机打败了。如果当时日本的企业遵循传统竞争的理念，则会在“电传”上与美国人叫板较劲，这就难有所作为。而恰恰相反的是，日本企业坚持“超竞争理念”，用创新思路，研发全新的传递利器“FAX”，最终打败了美国的“电传”。同理，如果美国企业遵奉“竞争”理念，则要在“FAX”上同日本的企业拼个你死我活，那么结果会怎样呢？但美国企业坚持导入“超竞争理念”，毅然退出了“FAX”跑道，另辟蹊径，开发和研制出基于 Internet 上的 Email，结果终于打败了日本的“FAX”。

再有，存储器是英特尔(Intel)公司研发的，1965 年日本的半导体企业以低廉的价格进入美国市场后，竟使 Intel 公司连续 6 个月严重亏损，处于这样的情况下，与日本半导体企业壁垒对阵，还是自主创新，Intel 公司选择了后者，他们以“超竞争”理念为指引，果断放弃了存储器，创新研发了信息技术的心脏部件——芯片,使公司不断创造了辉煌,也把握甚至引导着信息技术的前沿脉搏。目前 Intel 公司的产品占到了世界芯片市场的 80% 份额。反观中国的大多数企业,基本上遵循的是传统的竞争理念,又由于大部分企业缺乏核心和先进的技术,致使他们不得不走上"模仿"和"追随"之路,这样且不说在竞争中要花费比对手更多的成本,同时也难以形成自己的核心竞争力。国内的彩电、空调、冰箱市场打价格战、打广告战等都未能跳出传统的竞争理念。

再说"战略突破"。所谓"战略突破",就是指一家公司所采取的战略与竞争对手截然不同,这种独特性与有效性相结合的战略即称为"战略突破"。战略突破首先要为公司选择一个独一无二的战略定位,战略必须做出明确选择,即追求什么,放弃什么,也就是说要"有所为,有所不为"。这里,我们例举拥有 100 多年历史的丹麦兰与斯帕银行在 80 年代初成功地实现战略突破的案例,是颇具代表性和说服力的。上个世纪八十年代中期,由于放松管理,整个丹麦银行处于兼并、组合与动荡不安的风潮之中。尽管自己已有 100 多年历史,兰与斯帕银行还是因为其环境的改变而遭受了沉重的打击,并且处于濒临破产的危险境地。1988 年新的公司领导层着手进行战略调整,把业务中心转到个人客户当中的"白领阶层",而将公司客户排除在外,并将分散的 30 种储蓄业务精简到 5 个品种,客户可以自由选择适合自己的更加宽松广泛的交易方式,并且所有地方的价格是相同的,这一价格大大低于它的竞争对手的价格。这种有重点低成本战略获得了成功。年内兰与斯帕银行盈利为国内同业之最,其市场份额扩大 4 倍多。竞争对手将发现模仿兰与斯帕银行是困难得。因为他们无法提供像兰与斯帕那样低廉的价格,这就是兰与斯帕银行的自主知识产权和核心竞争力。

触类旁通 喜获商机

地处浙江腹地的义乌,如今已是海内外遐迩闻名,万商云集的小商品世界及日用品制造基地。然而,也有人不以为然,甚至不服气,认为在义乌市场卖的都是"低档货",做的都是"小儿科",没啥了不起。其实,这倒是十足的误解和偏见,这里且不说义乌这个浙中山区小城,"小儿科"生意一年竟然做到 200 多亿,弹丸之地竟然云集了全球商人,就说说义乌人超群脱俗的市场经商意识和把握商机本领,就足以让那些持有偏见,戴有色眼镜者,刮目相视,眼镜大跌了。

这里笔者简述两个小案例:

案例之一:前些年,欧元通市后,欧盟各国受众争相关心的是欧元如何与本国货币兑换,怎样在市场流通等"大"问题,然而有一个"细微"问题,谁也没有发现和引起关注,或者说就根本忽略不见。那就是人们早已用惯的皮夹子和钱包普遍遇到了尴尬,这是因为欧元与马克、法郎、里拉等欧洲各国货币尺寸标准不一,致使现行的皮夹和钱包一下子都得"失业"、"下岗"了。这虽然是件小事情,但涉及到"大面积",义乌皮革商在偶尔与欧洲客商闲聊时,获知了这个"大信息",机灵的义乌商人,以最快的速度了解到了欧元的准确尺寸标准,而后又以最短的时间,设计制作了一批适用欧元放置的多款皮革钱包,且以第一时间输入欧盟各国,在当地皮革制造商还未醒过神来时,标着"Made in China"义乌产的欧元皮革钱包,已经跃然现身在欧洲各国的超市商店里了。当然,义乌客的捷足先登,也使他们获得了无愧的回报。

案例之二:9·11 事件之后,激发了美国人的爱国热情,人们纷纷购买美国国旗,在各种场合表达"爱国团结渡难关"之心情。由于家家户户购买国旗,顿时星条旗成了抢手货,特别是袖珍型的星条旗,更是供不应求。义乌客商从电视的"国际新闻"中看到了这个报导后,立即悄然行动,争分夺秒地赶制了四个集装箱的袖珍型星条旗,销往美国,结果大受欢迎,立马告罄,显然,作为雪中送炭者,义乌客商自然也从中发了一笔小财。

综上所述,一个说的是皮革钱包,一个讲的是袖珍型星条国旗,虽然都是小商品或称"小儿科"商品,然而正是这些"小儿科"商品的争夺战,映见了义乌商人的商业智慧和快速反应能力,对此我们不得不心悦诚服,深感钦佩。

据称,事后也曾有人询问过上海、广州的皮革、皮具制造大企业大公司,"为何凭你等的优势、实力和通路,竟未能拿到这笔不菲的生意",然而,得到的回答却是令人惊讶之简单"没有人告诉过我们"、"我们事先也从未获得过任何信息"。听了这个回答,真的让人啼笑皆非。这里暂且不去评议同等的机遇下,反映的两种截然不同之态度,也不去探究市场意识和经营之道,就从上述回答的言语内容上细析,就再也清晰不过地透视出了两者的观念落差和两种必然的结果。

处于全球一体化情势下的市场经济,是"超竞争"的经济,而"超竞争"经济时代,不可能指望预先有人告知商机,也不可能像计划经济时代期待政府下达文件、计划和通知。因为"超竞争"时代的特征就是争先恐后、捷足先登;就是"你不上、他上;你不做、他做",社会、市场中有的是等退票的人。因此,反观类似上述企业那种"我们事先不知道信息"、"从来就没有人告诉过我们"的抱怨,显然在今天"超竞争"时代是不可思议的,也是不可想象的。相反,只有主动出击,见缝插针、举一反三、触类旁通,发扬"水门汀里钉钉子"的精神,才能在对手如林的"超竞争"时代,独步市场,胜人一筹。平心而论,暗自思忖,义乌客商的意识和举措,义乌企业家的追求与成功,不正是提供给了我们最有说服力的教案与例证吗?

(以上案例作者系上海市政府决策咨询专家,上海市工业发展咨询公司总经理董锡健)

企业形象策划成果选编

【国务院国有资产监督管理委员会】

视觉识别

国资委标志

国务院国有资产监督管理委员会是中华人民共和国国务院的特设机构，根据授权，代表国家履行出资人职责，对所监管企业国有资产的保值增值进行监督。国务院国有资产监督管理委员会的英文名称为 State - owned Assets Supervision and Administration Commission of the State Council，其缩写为 SASAC。

国务院国有资产监督管理委员会的标志主要由两部分组成：

一、上半部分是将汉语中的“国”字抽象概括成红色几何方形“口”，旨在寓意“国有资产”；红色几何方形内又分割出虚实等边三角形各一个，其中虚三角形构成“人”字，寓意“出资人”；“人”左右上方两块红色倒三角形寓意“国务院国有资产监督管理委员会肩负着国有资产保值增值的重任”；红色实三角形以其三角形特有的稳定性寓意“国有经济是国民经济的基石，并发挥着支撑和主导作用”。

二、下半部分是国务院国有资产监督管理委员会英文名称的缩写 SASAC。由于英文单词 Administration（管理）的首字母是 A，所以 SASAC 中的两个大写字母 A 与上半部分的虚三角形与实三角形组成的“A”构成“AAA”，其寓意之一指“国务院国有资产监督管理委员会管资产与管人、管事相结合”；寓意之二指中央企业要讲诚信，要有“AAA”的信誉。

【国家开发投资公司】

企业标识

理念识别

企业定位：国有投资控股公司。

主营业务：投资与资产管理。实业投资（能源、交通运输、化肥、高科技产业）。资产管理：相关的投资研究与服务。

经营理念：资本经营、阶段持股、投融结合。

经营产品：股权。

经营方式：资本经营，即通过股权投资——股权管理——股权转让，获得投资分红和股权转让收益。

经营宗旨：“三为”：为出资人、为社会、为员工。

企业追求：三个“一流”：一流的投资的企业、一流的管理团队、一流的管理手段。

价值观：诚信、共赢、整体利益最大化。

企业精神：团结、敬业、勤奋、创新。

公司作用：提高国有经济的控制力、促进国有经济结构的调整、引导社会资金投向、保持国民经济区域发展的平衡，推进投资企业现代企业制度建设。

发展愿景：五年内成为国内一流的国家投资控股公司，十年内成为世界一流的投资控股公司。

【中国核工业集团公司】

企业标识

理念识别

发展方针：军民结合、发展核电，调整结构、突出效益，强化经营、科技兴核。

管理模式：垂直管理、分级授权，横向协作、相互监督，规范化、程序化和信息化运作。

战略目标：到2020年，经济翻三番，实现技术和管理两个跨越，成为国家战略核威慑力量国家核能发展的中坚，建成军民结合、技术领先、管理规范、效益突出、具有国际竞争力的一流特大型企业集团。

【中国核工业建设集团公司】

企业标识

理念识别

经营方针：以核为本，保军促民，科技兴业，多种经营。

战略发展方向：发展成为具有核工程自主知识产权体系的国内一流、国际知名的核工程公司。同时，通过与清华大学的合作，逐步发展成为包括高温气冷反应堆发电、制氢和低温核供热反应堆海水淡化、城市集中供热以及军用动力系统等在内的反应堆动力系统供应公司。

【中国航天科技集团公司】

企业标识

中国航天科技集团公司
China Aerospace Science and Technology Corporation

理念识别

品质：遵守纪律、言必信、行必果。
理念：平等、诚信、合作、发展。
发展方针：发展航天、强大集团、改革创新、铸造一流。
建设方略：专业化、产业化、集团化、国际化。
发展目标：国际一流的宇航公司。

【中国航空工业第二集团公司】

企业标识

司徽整体为兰色，Ⅱ为红色。色标：兰：C100 M40 YO KO，红：CO M100 Y40 KO

理念识别

发展方针：军民结合、军品优先、民品为主、扩大出口、发展经济。

经营理念：诚信经营，品质一流。

【中国航空技术进出口总公司】

企业标识

理念识别

经营理念：行商天下、创造非凡。
行为准则：规则优先、数据说话。
行为规范：精益管理、专业服务。
企业传统：团结进取、不断创新。
企业精神：携手合作、追求卓越。

【中国电子科技集团公司】

企业标识

CETC 中国电子科技集团公司

理念识别

企业宗旨：以创新追求卓越，用信息服务人类。
经营理念：高效、服务、诚信。
经营策略：以信息化为统揽、“桥”。
发展战略：金、贸、工、技一体化。

【中国石油化工集团公司】

企业标识

理念识别

经营理念：竞争、开放。

发展战略：扩大资源、拓展市场、降本增效、严谨投资。

经营宗旨：利润最大化和股东回报最大化。

经营机制：外部市场化，内部紧密化。

经营准则：规范、严谨、诚信。

发展目标：主业突出、资产优良、股权多元、技术创新、管理科学、财务严谨、具有较强国际竞争力的跨国公司。

【中国国电集团公司】

企业标识

理念识别

发展战略：以改革和创新为动力，以市场需求为导向，以安全生产为基础，以经济效益为中心，坚持以电源建设和运营为核心竞争力，重视发展电力关联产业，适度开展多元化经营，积极开拓电力市场，大力开展资本运作，多方筹集发展资金，积极走向国际，把中国国电集团公司建成要素组合合理、资源配置优化、经营状况良好、综合实力较强、管理机制先进的复合控股型、规模效益型、集团化、市场化、国际化的现代企业集团。

工作方针：做实、做新、做大、做强。

企业精神：以电兴业、强企报国。

职业道德观：忠诚事业、忠诚集团，爱岗敬业、岗位成才。

【中国南方电网有限公司】

企业标识

理念识别

公司宗旨：对中央负责、为五省（区）服务。

发展战略目标：把公司建设成为一个经营型、服务型、一体化、现代化的国内领先、国际知名企业。

发展目标：把南方电网建设成为统一开放、结构合理、技术先进、安全可靠的现代化大电网。

服务方针：优质、方便、规范、快捷。

工作方针："六个更加注重"——在抓好电网安全的同时，更加注重依靠科技进步，提高电网科技含量，增强驾驭大电网的能力；在抓好电力供应的同时，更加注重树立科学发展观，统筹区域资源优化配置，处理好各方利益关系，促进东西部互联互动，形成多赢格局：在抓好发展出实力的同时，更加注重管理出实力，强化管理，打牢基础，提高管理能力、管理水平，实现管理到位；在抓好提高企业效益的同时，更加注重社会效益，千方百计保证群众生活用电，为广大用户服务，为发电企业服务，为五省（区）经济社会发展服务；在抓好理顺关系、巩固成果的同时，更加注重深化改革，建立现代企业制度，实现机制、体制创新，抓大放小，理清管理界面，调动各方面积极性；在抓好企业发展的同时，更加注重人的发展，坚持以人为本，重视人才的培养、吸引和使用，加强企业文化建设，不断提高各级领导班子和领导成员的决策水平和领导能力，充分发挥党组织的政治核心作用。

【华北电网有限公司】

企业标识

理念识别

华北电网精神：顾全大局、团结兴网、和衷共济、和谐发展。

公司宗旨：服务党和国家工作大局，服务电力客户，服务发电企业，服务社会发展。

发展战略目标："一强三优"现代公司。"一强三优"是指：电网坚强，资产优良、服务优质、业绩优秀。

工作思路：三抓一创。抓发展、抓管理、抓队伍；创一流。

公司发展：在发展目的上坚持服务性，在发展战略上坚持前瞻性，在发展布局上坚持系统性，在发展方式上坚持集约性。

电网服务：服务理念追求真诚，服务内容追求规范，服务形象追求品牌，服务品质追求一流，推广“国家电网”服务品牌，推广“95598”客户服务系统。

员工服务“十个不准”：不准违反规定停电、无故拖延送电。不准自立收费项目、擅自更改收费标准。不准为客户指定设计、施工、供货单位。不准对客户投诉、咨询推诿塞责。不准为亲友用电谋取私利。不准对外泄露客户的商业秘密。不准收受客户礼品、礼金、有价证券。不准接受客户组织的宴请、旅游和娱乐活动。不准工作时间饮酒。不准利用工作之便谋取其他不正当利益。

“三公”调度“十项措施”：坚持依法公开、公平、公正调度，保障电力系统安全稳定运行。遵守《电力监管条例》，每季度向有关电力监管机构报告“三公”调度工作情况。颁布《国家电网公司“三公”调度工作管理规定》，规范“三公”调度管理。严格执行购售合同及并网调度协议，科学合理安排运行方式。统一规范调度信息发布内容、形式和周期，每月 10 日统一更新网站信息。建立问询答复制度，对并网发电厂提出的问询必须在 10 个工作日内予以答复。完善网厂联系制度，每年至少召开两次网厂联席会议。聘请“三公”调度监督员，建立外部监督机制。建立责任制，严格监督检查，将“三公”调度作为评价调度机构工作的重要内容。严肃“三公”调度工作纪律，严格执行《国家电网公司电力调度机构工作人员“五不准”规定》。

供电服务“十项承诺”：城市地区：供电可靠率不低于 99.90%，居民客户端电压合格率 96%；农村地区：供电可靠率和居民客户端电压合格率，经国家电网公司核定后，由各省（自治区、直辖市）电力公司公布承诺指标。供电营业场所公开电价、收费标准和服务程序。供电方案答复期限：居民客户不超过 3 个工作日，低压电力客户不超过 7 个工作日，高压单电源客户不超过 15 个工作日，高压双电源客户不超过 30 个工作日。城乡居民客户向供电企业申请用电，受电装置检验合格并办理相关手续后，3 个工作日内送电。非居民客户向供电企业申请用电，受电工程验收合格并办理相关手续后，5 个工作日内送电。当电力供应不足，不能保证连续供电时，严格执行政府批准的限电序位。供电设施计划检修停电，提前 7 天向社会公告。提供 24 小时电力故障报修服务，供电抢修人员到达现场的时间一般不超过：城区范围 45 分钟；农村地区 90 分钟；特殊边远地区 2 小时。客户欠电费需依法采取停电措施的，提前 7 天送达停电通知书。电力服务热线“95598”24 小时受理业务咨询、信息查询、服务投诉和电力故障保修。

领导班子建设和干部队伍建设：建设政治素质好、经营业绩好、团结协作好、作风形象好的领导班子；建设政治坚定、业务精通、勇于开拓、作风优良的干部队伍。

领导干部能力建设：努力提高战略决策的能力，努力提高经营管理的能力，努力提高市场竞争的能力，努力提高推动企业创新的能力，努力提高应对复杂局面的能力。

奋斗方向：建设世界一流电网，建设国际一流企业。

【中国华能集团公司】

企业标识

理念识别

企业宗旨：把华能建设成一个为中国特色社会主义服务的“红色”公司；一个注重科技、保护环境的“绿色”公司；一个坚持与时俱进、学习创新、面向世界的“蓝色”公司。

核心价值观：坚持诚信，注重合作，不断创新，积极进取，创造业绩，服务国家。

战略目标：努力把华能建设成为实力雄厚、管理一流、服务国家、走向世界，具有国际竞争力的大企业集团。

发展方针：以电为主、综合发展。

经营理念：充分依靠和调动各级政府部门、电力系统各兄弟企业、投资者和华能员工的积极性，高质量地做好各项工作，高标准地完成各项任务，高水平地实现各项目标。

企业精神：千言万语、千辛万苦、千方百计的敬业精神；逢山开路，遇水搭桥的开拓精神；自找差距，自我加压的进取精神；敢为人先，敢为人所不能的创新精神。

企业作风：善开拓、讲效率、重信誉、勤俭办事。

【中国神华集团】

企业标识

标志由五个几何图形组成，代表了公司五位一体的经营内容。五个几何图形造型粗实、厚重、有棱角，象征公司雄厚的经济实力，勇于开拓、创新的企业精神和严谨、朴实的经营作风。五个几何图形有机结合构成一个大帆船的造型，象征公司在改革开放的大潮中迎风破浪、一往无前的发展态势，亦隐含公司发展一帆风顺的寓意。

理念识别

企业精神：艰苦奋斗、开拓务实、争创一流。

发展战略：坚持以发展为第一要务，在保持跨跃式发展势头的基础上调整结构，从以煤炭的生产、销售为主，逐步向煤炭的深加工和煤化工为主转化，提高发展的质量和效益；坚持体制创新和制度建设，加快企业改革的步伐；坚持以人为本，树立统筹协调的可持续发展观，努力增强企业竞争力，加快向大公司大企业集团战略目标迈进的步伐。到2010年，神华集团煤炭生产将超过2亿吨，自营和控股发电装机容量达到2000万千瓦，煤炭液化形成油品及煤化工产品能力1000万吨。到2020年，煤炭生产将超过3亿吨，电厂装机容量达到4000万千瓦，煤炭液化形成油品和煤化工产品能力3000万吨。

【中国长江三峡工程开发总公司】

企业标识

 CHINA THREE GORGES PROJECT

理念识别

企业使命：建设三峡、开发长江。

开发目标：建好一座电站，带动一方经济，改善一片环境，造福一方百姓。

【中国电信集团公司】

企业标识

中国电信企业标识整体造型质朴简约、线条流畅、富有动感。以中国电信的英文首个字母C的趋势线进行变化组合，似张开的双臂，又似充满活力的牛头和振翅飞翔的和平鸽，具有强烈的时代感和视觉冲击力。传递出中国电信的自信和热情，象征着四通八达，畅通、高效的电信网络连接着每一个角落，服务更多的用户，也强烈表达了中国电信“用户至上，用心服务”的服务理念，体现了与用户手拉手、心连心的美好情感。同时也蕴含着中国电信全面创新、求真务实，不断超越的精神风貌，展现了中国电信与时俱进、奋发向上、蓬勃发展，致力于创造美好生活的良好愿景。

理念识别

服务理念：用户至上，用心服务。

企业使命：共享与世界同步的信息文明。

战略目标：把中国电信建设成为世界级现代电信企业集团。

核心价值观：全面创新，求真务实，以人为本，共创价值。

服务理念：用户至上，用心服务精神风貌：全面创新、求真务实、不断超越。

愿景：与时俱进、奋发向上、蓬勃发展，致力于创造美好生活。

【中国网络通信集团公司】

企业标识

标识中两个互动的英文字母“C”组成一个虚形的“N”，既是中国网通集团英文简称CHINA NETCOM的缩写，又是中文“网”字的写意形式，生动地将电信行业交流互动的特点转化为视觉形象；其圆形的轮廓，象征着中国网通访华团全球化的发展趋势；中文字体以合适的倾斜角度，有力地传递出企业奋斗发有为的进取精神。

该标识具有独特的艺术美感和象征意义，是一个富有生命力的有机整体，它汇集了中国电信北方10省（区、市），中国网络通信（控股）有限公司和吉通通信有限责任公司原标识的特征，形象地勾勒出中国网通集团融合内部一切积极因素和优秀资源的内在品质，体现了中国网通集团作为一个特大型国有电信企业带领全体员工共同奋斗的信心和决心。

理念识别

企业理念：竞合赢得市场，融合创造力量，诚信铸就品牌，服务编织未来。

【中国联合通信有限公司】

企业标识

中国联通的司标是由一种回环贯通的中国古代吉祥图形“盘长”纹样演变而来。迂回往复的线条象征着现代通信网络，寓意着信息社会中联通公司的通信事业井然有序而又迅达畅通，同时也象征着联通公司的事业无以穷尽，日久天长。标志造型中的四个方形有四通八达，事事如意之意，六个圆形有路路相通，处处顺畅之寓，而标志中的十个空穴则有完完满满和十全十美之含。无论从对称讲，还是从偶数说，都洋溢着古老东方久已失传的吉祥之气。

中国联通的司标还有二个明显的上下相连的“心”，一览无遗地展示着联通公司的宗旨：通信，通心，联通公司永远为用户着想，与用户心连心。

理念识别

宗旨：通信，通心，联通公司永远为用户着想，与用户心连心。

【中国移动通信集团公司】

企业标识

理念识别

企业价值观：正德厚生、臻于至善。
企业使命：创无限通信世界，做信息社会栋梁。
发展愿景：成为卓越品质的创造者。

【中国电子信息产业集团公司】

企业标识

理念识别

企业精神：以人为本，联合、创新、服务。
目标：发展信息技术和壮大民族信息产业。
使命：促进国民经济与社会信息化和加强国家信息安全。

【东风汽车公司】

企业标识

理念识别

企业理念：关怀每一个人，关爱每一部车。
经营哲学：学习、创新、超越。
企业精神：实现价值，挑战未来。
发展方略：融入发展，合作竞争，做强做大，优先做强。

发展定位：建设一个永续发展的百年东风，一个面向世界的国际化东风，一个在开放中自主发展的东风。

发展目标：公司将紧紧抓住我国全面建设小康社会和国内汽车市场持续走强的历史性机遇，力争通过五年的奋斗，实现产销规模、经营效益和员工收入三个翻番，企业综合实力稳居行业领先，东风品牌跻身国际。把东风建设成为自主、开放、可持续发展，并具有国际竞争力的汽车集团。

【中国东方电气集团公司】

企业标识

DEC 中国东方电气集团公司

理念识别

企业核心价值观：社会、企业、员工和谐统一。
企业精神：求实、创新、人和、图强。
质量理念：持续改进。待续改进产品质量、工程质量、工作质量……只有起点，没有终点；只有更好，没有最好。将“质量是企业的生命落实到”持续改进之中，将“持续改进”的每一步通过“一次就把工作做好”来完成。

服务理念：“24小时服务精神”。当接到用户要求提供技术质量服务的信息后，24小时内给予答复；如需现场服务，24小时内派出人员；如需备件无库存，24小时内安排生产。

【鞍山钢铁集团公司】

企业标识

鞍山钢铁公司

理念识别系统

鞍山钢铁公司

经营理念：建精品基地，创世界品牌。

企业发展道路：高起点、少投入、快产出、高效益。

【上海宝钢集团公司】

企业标识

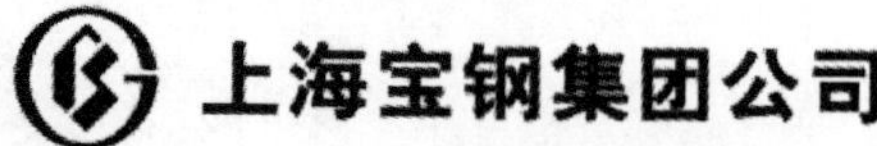

理念识别

公司宣言：奉献精品、持续创新、服务用户。

公司宗旨：现代化建设的领先者、当代生活品质的优化者、创造新的文明的实践者、保护环境关爱他人的示范者。

公司目标：办世界一流企业，创世界一流水平。

公司价值观：公司以人为本。

公司道路：持续优化满足用户需求。

公司精神：精诚、精简、精进、精捷。

公司作风：追求，比较；苛求，创新。

公司管理：用户是我们的衣食父母。以全员参与的TSM（Total Satisfaction Management：全方位满意管理）推进CS战略。

【武汉钢铁（集团）公司】

企业标识

理念识别

企业使命：争新型工业先锋，铸钢铁强国脊梁，当现代文明创造者，做和谐社会实践者。

战略愿景：建钢铁精品基地，创国际知名品牌。跻身世界500强行列。成为自主创新能力和市场竞争力强大的国际一流企业。

经营理念：以科技为先导，走质量效益型发展道路。

企业精神：务实创新，追求卓越。

价值观：以人为本，诚信为先。追求企业效益和社会效益的共同提高。

武钢人形象：严格、认真、忠诚、奉献。

【中国海运（集团）总公司】

企业标识

理念识别

经营理念：诚信客户、回报社会。

管理理念：求真务实，优质高效。

企业精神：爱我中海、勇创一流。

价值观：效益优先、携手双赢。

核心价值观：诚信四海、追求卓越。

【中国航空集团公司】

企业标识

标志由来：凤是一只美丽吉祥的神鸟。传说中黄帝的重臣天老曾这样描述过凤的形象：从前面看它像一只威武的麒麟，从后面看又像一只奔腾的骁鹿，它的颈像蛇，尾巴像鱼，下巴像燕子，口喙像鸡，它身上长着龙一样的花纹和龟一样的背脊。远远望去，五色缤纷，绚丽多彩。凤的故乡是素有仁德之称的东方君子之国。美丽的凤凰飞越高耸的昆仑山，翱翔于四海之外，食饮砥柱山下湍急的流水。它在弱水中濯洗高贵的羽毛，在险峻寒冷的风山上居住。这只神奇的鸟在哪里出现，就给哪里带来安乐与祥和。所以，每当它在蓝天中展翅飞翔，总有成千上万只各种各样的鸟伴随和跟从着它。选用凤作为自己的航徽，正是希望这神圣的生灵及其有关它的美丽的传说带给朋友们吉祥和幸福。

理念识别

企业精神：开拓、创新、严谨、求实。
经营理念：安全第一、顾客至上。
服务理念：以顾客需求为中心。
“四心服务”工程：放心、顺心、舒心、动心。

【中国东方航空公司】

企业标识

中国东方航空的航徽基本构图为圆形，取红蓝白三色，以寓意太阳、大海的上下半圆与燕子组合，表现东航企业形象。

理念识别

东航使命：让旅客安全舒适地抵达。
东航目标：追求卓越、求精致强。
东航精神：满意服务高于一切。
东航核心价值观：精、诚、共、进。

东航文化辞条：海纳百川，求精致强。奉献满意服务，传承东方文明。安全与效益互动，空中与地面交融。安全在我心中，安全在我手中。安全工作只有起点，没有终点。抓安全，未雨绸缪；查隐患，防微杜渐。珍爱生命，播种幸福，安全大事，细微入手。遵章守纪，勤学苦练，争一流技术，创一流服务。树诚信严谨作风，做精益求精维护。严格管理促正点，狠抓落实保安全。航班莫延误，准点要提高；工作莫拖沓，信息要畅通。对待客户真诚，对待事业忠诚，对待问题坦诚，对待同事热诚。航程有限，真诚无限。以情待旅客，用心对旅客。服务源自真诚，价值来自奉献。旅客愉快是我的心愿，满意服务是我的追求。以市场为导向，以效益为目标，以服务为保障。市场是生存的空间，创新是发展的关键，服务是致胜的秘诀。严谨务实，知人善用；让最合适的员工，到最合适的岗位。建一提高技能之舞台，拓一施展才华之空间。构建法纪道德防线，保障企业良性循环。紧贴企业实际，源头防腐倡廉。贴近员工生活，创建温馨家园。机关为基层服务，地面为空中服务，上道工序为下道工序服务，全员为旅客货主服务。

东航道德：服务大众、奉献社会、敬业爱岗、精诚共进。

东航团队信条：坚持以人为本，施展个人才华；倡导全局观念，维护整体利益；心系民航事业，建设全面小康；共创东航伟业，同享发展成果。

东航管理者信条：无愧使命，忠于职守；开拓创新，求真务实；公平公正，律己律人；谦虚谨慎，勤学好思；立德立信，知人善任；开明管理，勇于担当。

【中国南方航空股份有限公司】

企业标识

理念识别

管理理念：以人为本。

南航使命：让南航成为客户的首选，成为沟通中国与世界的捷径为公司使命。

核心价值观：客户至上、安全、诚信、行动、和谐。

文化理念：对员工关心，对客户热心，对同事诚心，对公司忠心，对业务专心。

服务承诺：客户至上。

服务规范：可靠、准点、便捷。规范化与个性化有机融合。

【中国五矿集团公司】

企业标识

理念识别

发展目标：建设国际化金属和矿业集团。

发展战略：以贸易为基础，集约多元，充分发展营销网络。

【中国建筑工程总公司】

企业标识

中國建築工程總公司

CHINA STATE CONSTRUCTION ENGRG CORP.

理念识别

发展思路：国际化、集团化、科学化。

【中建国际建设公司】

企业标识

理念识别

公司使命：提供卓越建造服务，营造优质生活空间。

战略目标：致力于成为中国建筑行业的领先者和创新者。

市场策略：大市场、大业主、大项目。

竞争策略：低成本竞争、高品质管理。

职业精神：敬业爱人，对事业要有“忍性、韧性、悟性”，对人要以“沟通为先”。

【中国国旅集团公司】

企业标识

标志图形为地球形状，上下左右呈经纬线分布，其中经线共7条，纬线共6条，象征着国旅事业遍布国内外；球形零度纬线上部分布着CITS 4个英文字母，是中国国旅集团公司英文名称的缩写；球形上部是“中国国旅”4个中文弧形分布；在球形零度纬线处，自左至右分布着三条弧型箭头，象征着与旅游业紧密联系的陆、海、空三种交通工具。

理念识别

企业文化精髓：诚信为本、服务至上、拼搏奉献、永争第一。我不怕困难，我愿意成为你的合作伙伴。

发展目标及前景：集团公司将发展成为以旅游业、免税业为主业，以地产物业为支撑，以境内、外上市公司为两翼的发展格局。集团公司的旅行社网络、免税品销售网络将遍布神州大地和海外重要城市和口岸。

【中国高新投资集团公司】

企业标识

理念识别

发展宗旨：团结、开拓、务实、创新。

【煤炭科学研究总院】

企业标识

理念识别

企业理念:以人为本,持续创新。

企业精神:坚韧、创造、协作、共赢。

发展战略:高产、高效、安全、洁净。

经营方针:做大产业,做强实业,做大市场,持续创新。

经营理念:以煤为主,相关多元发展;持续创新,彰显科技优势;追求多赢,实现客户增值;稳健经营,发展规范并进。

企业定位和目标:煤炭科技企业的排头兵。

企业使命:推动煤炭工业向"高产、高效、安全、洁净"方向发展。

企业精神:坚韧、创造、协作、共赢。

企业价值观:企业创新图强,员工致力致富、共同奉献社会。

【中国机械工业集团公司】

企业标识

标识采用中国机械工业惯用的,代表高科技、创新和进步的兰色为主色调,传达着一种既秉承传统,又开拓创新的意境。跃动的图形中点与线的碰撞,则体现出国机集团的勃勃生机和睿智的进取精神。国机集团企业标识整体造型质朴简约、线条流畅、富有动感。于方圆之间置放一个变形的"中"字,既昭示国机集团是一家带有"中国"字头的国有超大型企业,又预示着国机集团立足中华大地、走向世界的全球化发展空间;错落而置的四条竖线,着重展现出国机集团科、工、贸、金一体的基本功能,上下对接则寓意着开放搞活、内引外联,突出表明国机集团所有企业行为的准则是相互沟通、平等互利。

理念识别

使命:以振兴中国机械工业为己任,以跻身世界先进行列为目标。

质量方针:追求卓越品质,创造一流企业。

环境方针:营造绿色环境,共享和谐美好。

发展战略:以振兴中国机械工业为己任,以跻身世界先进行列为目标。

【中国机械工业建设总公司】

企业标识

将一个巨大的"中"字高高举起——弘扬"中机建设"继往开来的志向。写一个挺拔的"1"字在心中树立——托起"中机建设"世界一流的理想。一座顶天立地的丰碑——铸就"中机建设"至高无上的信誉。多层紧密相扣的体系——构成"中机建设"质量永恒的保障。

理念识别

企业核心理念:真诚服务人类、用心建设未来。

企业精神:敬业、创新、超越、奉献。

企业经营理念:诚信为本、服务致胜。

企业经营宗旨:创造价值、造福员工、回报社会。

企业服务理念:发现并满足客户的需求。

企业人才理念:关注每一个人。

企业质量方针:精心管理、持续改进。创造精品工程、保顾客满意。

企业管理理念:追求人与制度的和谐。

企业形象口号:千锤百炼、创造精品、诚信合作、建设未来。建设精品工程塑造业界典范。

【机械科学研究院】

企业标识

理念识别

愿景（定位）：成为引领中国装备制造技术的科技企业集团。

使命（宗旨）：以提升中国装备制造水平为己任。

经营理念：院以强院富民，报效社会为理念。院通过面向市场的科研攻关，向顾客提供高质量的制品、装备和系统集成技术解决方案，实现院与顾客共同成长，满足职工不断增长的物质与文化需要，令股东取得满意的经济回报，使顾客取得长期的愉悦，以广泛的科技应用使社会取得巨大的社会效益。

战略目标：院作为科技企业集团，按照院集团的发展愿景（定位），院集团战略规划的总体目标包括三个功能体系目标，一是技术创新目标（成为中国装备制造技术的领跑者），二是产业化目标（五年内，产业销售收入突破25亿），三是行业服务目标（成为中国装备制造企业成长的助推器）。

【中国中钢集团公司】

企业标识

中钢越中钢模板合资有限公司
VIETNAM-CHINA METAL FORM CO., LTD.

理念识别

中钢精神：团结、务实、高效、奋进。

中钢理念：合作、友谊、双赢、发展。

行为识别

行为规范：诚实守信、爱岗敬业、团结协作、勤奋学习、追求卓越。

【中国冶金建设集团公司】

企业标识

理念识别

总战略：创新提升、做强做大、持续发展、长富久安。

总目标：2010年进入世界500强。

经营理念：诚信社会为本、客户满意为荣。

企业精神：敬业、忠诚、团结、进取。

四大主业：EPC工程总承包、资源开发、技术装备制造、房地产开发。

管理工作核心：责任管理。

【钢铁研究总院】

企业标识

Central Iron & Steel Research Institute

理念识别

发展方针：科技为先导、产业为支柱、人才为根本、创新为灵魂。

愿景：聚集天下英才，引领冶金科技，创造产业文明。

使命：科技报国、成就员工、服务社会。

企业精神：求实、创新、诚信、高效。

核心理念：人本人和，立德立业，钢铁事业，大家成就。

员工追求：高尚、智慧、成就、快乐。

企业歌曲

《钢研之歌》 作词：石顺义 作曲：姜春阳

上到太空卫星，下到海底潜艇，共和国每寸钢铁都熔进我们的光荣，不眠灯火讲述你的爱，日月星辰见证我的情。为了祖国的钢铁，求真、务实，勇于攀登，为了钢铁的祖国，沥尽心血奉献毕生。为了祖国的强盛，引领潮流，创新不停，为了强盛的祖国，放眼明天一路前行，放眼明天一路前行。

小到闪闪螺钉，大到长桥彩虹，共和国需要钢铁更需要我们的忠诚，宏图在胸，激励你的心，重任在肩澎湃我的情。为了祖国的强盛，引领潮流，创新不停，为了强盛的祖国，放眼明天一路前行，放眼明天一路前行。为了祖国的强盛，引领潮流，创新不停，为了强盛的祖国，放眼明天一路前行，放眼明天一路前行。

【中国化工集团公司】

理念识别

企业理念：兴业报国。

行为理念：事在人为。几十年创业的峥嵘岁月，化工人从一次次艰辛走向一幕幕的成功喜悦，并深深体味了“事在人为”的内涵。

集团理念：在每个看似简单质朴的观念背后，却蕴含着化工人一个个真实感人的故事，饱含着化工人创业、发展的心路历程，对梦想、对未来的追求和憧憬。

企业歌曲

《化工人的歌》 作词：韩伟 作曲：孟庆华

追随着你的足迹，一同走过百年沧桑。如今奋进的步伐，又坚定的迈向远方。如今奋进的步伐，又坚定的迈向远方。燃烧的青春，沸腾的热血，只为心中那份渴望，一代代化工人顽强拼搏，用执着开拓在祖国崛起的身影里，我看见你的形象，在神州腾飞的乐章中，我听到了你的交响。在神州腾飞的乐章中，我听到了你的交响。创业的豪情，改革的雄心，辉映新世纪新世纪的霞光，一代代化工人继往开来，为时代插上翅膀。

【中国轻工集团公司】

企业标识

理念识别

集团理念：以人为本，兴业报国，团结求实，进取创新。

集团目标：以多元结构的科技效益型为发展模式，将集团建设成为以市场为导向，主业突出、结构合理、技术先进、管理科学、效益良好、实力雄厚、跨国界的大型科工贸轻工产业集团。

【中国轻工业对外经济技术合作公司】

企业标识

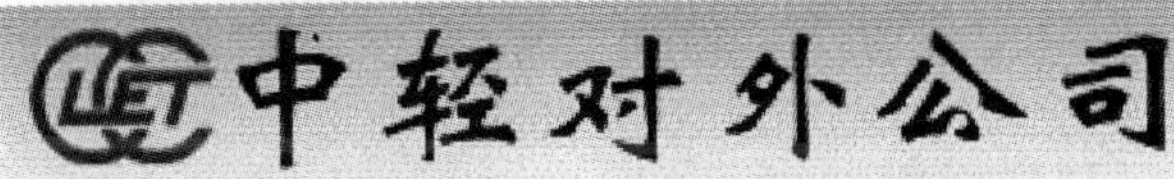

理念识别

经营方针：一业为主，多种经营。

企业精神：负责与团队精神、学习与进取精神。

【中国恒天集团公司】

企业标识

徽标中间球体代表永恒的天体，意喻恒天集团事业象天体一样永恒发展，长盛不衰；周围大小五星代表环绕天体的行星，意喻子公司、控股公司以母公司为核心，构成运转协调的体系，不断发展，不断壮大；每颗星的中心都朝向中间球体核心，意喻恒天集团具有强大的向心力和凝聚力。徽标底色为蓝色，象征在蔚蓝浩瀚的太空中，恒天集团发展空间无限。

理念识别

企业精神：团结、创新、求实。

企业核心价值观：团结协作、开拓创新、诚实信用、增值服务、以人为本、创造价值。

【中国有色矿业集团公司】

企业标识

理念识别

市场定位：为国民经济的持续发展提供长期可靠的海外矿产资源基地，同时实现国有企业的发展壮大和国有资产的保值增值。

产业定位：海外有色金属矿产资源开发和国内外工程总承包。产品定位是：国内紧缺的有色金属资源特别是铜、钴、氧化铝、锌资源。

地域定位：周边国家、中南部非洲等资源密集地区和澳（大利亚）加（拿大）等矿业资本市场发达国家。

功能定位：发挥自身优势，牵头组织国内企业联合起来“走出去”，实现共同发展。

核心理念：“三心三满意”。每位员工都在工作中饱含热情，以高度的“事业心、责任心、上进心”，确保做到“顾客满意、企业满意、同事满意”，为中国有色集团建设成为具有世界影响力、竞争力的国际矿业公司而不懈奋斗。

质量理念：国际标准、科学管理、永争第一 。每个岗位、每个环节、确保项项合格。每件产品、每项履约、都让业主满意。质量是企业的生存之本。我们严格按照 ISO9001：2000 质量认证体系对项目的全过程进行管理和控制，并做出“对项目终身负责”的郑重承诺。

公司宗旨：股东创造和实现价值最大化。

经营原则：求实、诚信、创新、双赢。

员工座右铭：诚实乐观做人，踏实创新做事。

【北京矿冶研究总院】

企业标识

理念识别

办院宗旨：强院报国、成就员工。

发展目标：建立具有国际品牌的大型科技企业集团公司和国家与行业的技术开发基地。

企业精神：团结、求实、开拓、奉献。

经营理念：技术领先、市场为本。

管理理念：以人为本、科学高效。

员工形象：勤奋敬业、自强不息。

人文环境：文明和谐。

【中国经济技术投资担保有限公司】

企业标识

理念识别

经营理念：以人为本，信誉至上，适应变化，和谐发展。

【中国建筑科学研究院】

企业标识

理念识别

院风：爱国、爱院、团结、奋进。

办院方针：创新、质量、效益。

【中国北方机车车辆工业集团公司】

企业标识

理念识别

集团精神：诚信为本、创新为魂。

集团道德：尽职尽责，尽善尽美。

营销理念：为用户着想，让用户满意。

【中国铁路通信信号集团公司】

企业标识

理念识别

集团使命：为用户、出资者、员工和社会创造价值是集团的使命。

集团愿景：通号集团应成为中国在铁道、城轨、高速公路等领域，信息和自动控制产业最具实力，系统集成能力最强的现代企业集团。将以系统技术、配套器材和交钥匙工程服务于国内外用户。

【中国铁道建筑总公司】

企业标识

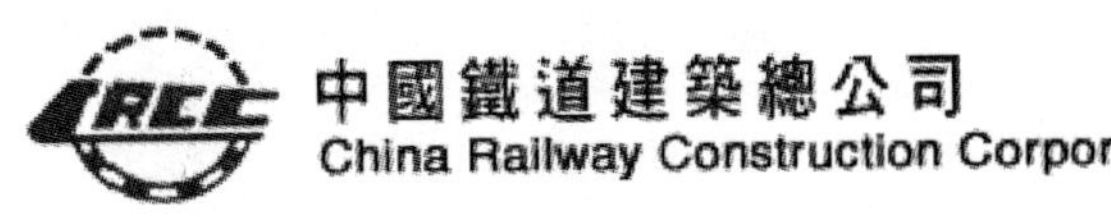

理念识别

经营理念：以人为本、诚信守法、和谐自然、建造精品。

企业精神：铁道兵前无险阻。

【中国普天信息产业集团公司】

企业标识

Potevio
中国普天

理念识别

人力资源管理模式：公平、竞争、激励、择优。

【中国邮电器材集团公司】

企业标识

中国邮电器材标识由中国邮电器材的英文缩写“PTAC”四个字母和地球的经纬线组成，寓意：走向世界的中国邮电器材集团公司是中国一流通信物资流通企业，经营开拓，与时俱进，营销网络覆盖全国，通达世界。

理念识别

集团公司的战略目标：把中国邮电器材集团公司建设成为国际知名、国内一流的服务型企业集团。

企业核心价值观：员工为本，客户至上。

企业经营管理理念：服务提升品质、合作创造价值。

企业精神：诚信、奉献、务实、创新。

【中国水利投资公司】

企业标识

理念识别

落实六个字要求：勤勉、敬业、负责。

“四种”精神：坚定信心，奋发向上，积极进取的精神；弘扬正气，严明纪律，团结友爱的精神；爱岗敬业，勤奋学习，扎实工作的精神；以公司为家，以公司为荣，在公司创业的精神。

行为识别

员工办公行为规范

着装规范：衣着整洁、庄重大方，不穿奇装异服。男士应穿西装、皮鞋、系领带，西装衣裤不应与运动装休闲装混穿，穿长袖衬衣要将前后摆塞在裤内，袖口不要卷起。女士应穿职业装，穿袜子时，袜口不能露在裤、裙之外。不准穿背心、拖鞋、短裤、健美裤、超短裙或袒胸露背进入办公楼，上班时不穿运动类、休闲类服装；男士不准蓄胡须、留长发，女士不准浓妆艳抹，不宜带大耳环。

举止规范：行为举止要庄重、从容、得体。无论开会、约会或接待都要守时。坐态文雅、站态端正。坐落时要坐在椅子中间，不要斜坐到椅子边上，不能翘起二郎腿或把脚放在办公桌上。进入他人办公室时要敲门，如果对方正在开会或接待客人，要等会议结束或接待完毕后再进入。如事情确实紧急，应先说一声“对不起，打断一下你们的谈话”。

接待规范：接待客人要文明礼貌，热情周到，不卑不亢。及时接听电话。内线电话主动说“您好”，外线电话主动说“您好、中国水利投资公司”。如果对方要找的不是本人，应主动将电话转移到对方要找的人；如果本人无法解答对方提出的问题，要主动将电话转移到有关人员，或将有关人员的电话号码告知对方。来访者或长者和领导走进你的办公室，应站起来欢迎，并请来访者坐下谈话。如来访者所办事情简短、需站着交谈，则双方都应站着，直到谈完为止。

交际规范：服从领导、尊敬上级。重大问题要如实准确地向上级报告和请示，并主动提出自己的处理意见供上级参考；认清自己在工作全局中的地位和责任，尽可能地帮助上级排忧解难；正确对待上级批评。关心下级，尊重下级。上级要认真听取下级的意见，尊重下级的权利和劳动成果，处处以身作则，待人宽容而不失原则，与下级同甘苦，共荣辱。尊重同事，谦虚诚实。牢固树立集体主义观念，团结友爱，顾全大局，热情主动帮助别人。处理协调好各方面的关系。分清职责，不争权力，不推责任，杜绝小团体主义和本位主义，相互尊重，相互支持，团结一致，协同处事。

职业道德规范：忠于职守，爱岗敬业。凡是自己职责范围内的事务，要认真负责，一丝不苟，尽一切努力做好每一件事，不得消极怠工，不得推诿和互相扯皮。遵守考勤纪律。按时上下班，不迟到早退或无故缺勤，如遇不可抗拒的事情不能按时上班，到岗后应及时向主管领导说明情况。在办公时间内，不得闲谈聊天，不得擅离岗位，不得办理私事；禁止打牌、下棋、用电脑玩电子游戏或做其他与公务无关的事情。讲真话，干实事。要努力学习业务知识，深入调查研究，按照事物的本来面貌如实反映情况，不夸大成绩，不掩饰过失。要真抓实干，脚踏实地地开展工作，反对讲大话、空话。艰苦奋斗，勤俭节约。爱护公司财物，因个人过失丢失、损坏要主动赔偿。不利用电话、传真、计算机等办公设备处理私人事务。节约办公用品，节约用水用电，不利用电话聊天，不把应在办公室使用的公司财产带回家私用。严格遵守"办公楼物业管理制度"，遵守办公纪律，维护办公秩序和环境卫生。不得在办公楼内大声喧哗，追逐打闹，除指定地点外禁止吸烟，严禁随地吐痰和乱扔废弃物。保守公司秘密，自觉维护公司的形象和利益，与公司同甘苦、共命运。

【中国水产总公司】

企业标识

理念识别

经营战略：稳健。
合作原则：诚信互利。

【中国中纺集团公司】

企业标识

理念识别

发展目标：成为一家在纺织服装产业及相关多元化业务领域占据行业领先地位，并且全球化地展开运营的企业集团。

企业精神：不断创新，追求卓越。

【中国对外贸易运输（集团）总公司】

企业标识

理念识别

战略目标：把中国外运从一个传统的外贸运输企业建成由多个物流主体组成的、按照统一的服务标准流程和规范体系运作的，国际化、综合性的大型物流企业集团。

经营理念：我们今天和未来所做的一切，都是以降低客户的经营成本为目标，为客户提供安全、迅速、准确、节省、方便、满意的物流服务。以"客户为中心"的物流服务精神。以"降低客户的经营成本"为根本的物流服务目标。以"伙伴式、双赢策略"为准则的物流服务模式。以"服务社会、服务国家"为价值取向的物流服务宗旨。

【中国出国人员服务总公司】

企业标识

理念识别

宗旨：全心全意为出国人员服务。
企业精神：诚实、团结、勤奋。

【中国林业国际合作集团公司】

企业标识

理念识别

企业宗旨：产业报国，造福人类。

【中国福马林业机械集团有限公司】

企业标识

理念识别

企业宗旨:立足林业、面向社会、走向世界。
企业精神:诚信、务实、创新、自强。
发展理念:以人为本、永不自满。
经营方针:改制、调整、延伸、发展。

【珠海振戎公司】

企业标识

理念识别

企业精神:团结、自强、人格、奉献。

【中国海洋航空集团公司】

企业标识

中国海洋航空集团公司
CHINA OCEAN AVIATION GROUP INCORPORATION

理念识别

企业作风:诚信、奋进。

【中国建筑设计研究院】

企业标识

理念识别

企业宗旨:科学管理、竭诚服务、精心设计、质量第一。

【中国电子工程设计院】

企业标识

理念识别

质量方针:敬人、敬业、敬科学,求质、求效、求卓越。

【中煤国际工程设计研究总院】

企业标识

理念识别

企业精神:诚信、进取。

企业宗旨:以为顾客提供优质和满意的服务为己任,以良好的社会效益和经济效益回报社会和广大员工。

【中国冶金地质勘查工程总局】

企业标识

理念识别

服务宗旨:至信、至诚。

【中国煤炭地质总局】

企业标识

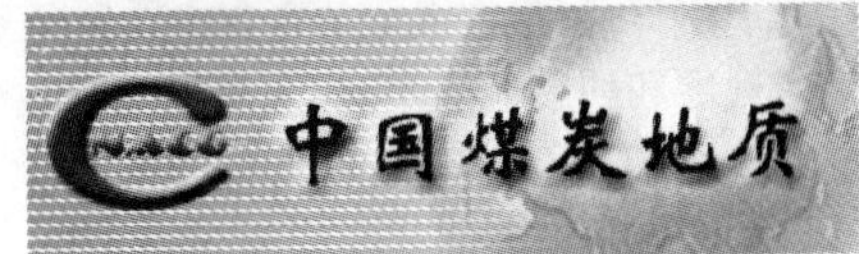

理念识别

企业精神：献身、创业、进取、主人翁。

【中国航空油料集团公司】

企业标识

中国航空油料集团公司标志，采用正圆内配置一个近似三角的“A”字图形。

“A”是“航空”英文单词“AVIATION”的字头；正圆形“○”是“油料”英文单词“OIL”字头。“A”字中间飘然飞动的是一滴航油，它标志着中国航空油料集团公司的主营范围。

整个标志图形给人以圆满、稳定、勃发、向上的艺术感觉，它象征着公司员工的团结，航油保障的安全和航油事业的发展。

理念识别

企业理念：应对市场的竞争文化，面向国际的开放文化，开拓进取的创新文化，令行禁止的执行文化，与时俱进的学习文化，卓越品质的服务文化，精益控制的成本文化，规范科学的安全文化。

【中国水电工程顾问集团公司】

企业标识

心系工程 追求更好

该标识采用冷暖双色相配的双 C 图形，以集团公司英文名称的缩写 CHC 为基本构成元素，同时又体现水电之概念，图中有图，形中寓形，具有强烈的企业特点和深刻涵意。

两个富有速度和动感的 C 字，像一束闪电从空中划过，代表着速度和效率、时间与空间、未来和现在，并象征企业具有超前发展的实力和理念。

暖色代表电，冷色代表水、水与电的结合，构成自然之基本现象，象征企业顺风顺水、永续发展。

理念识别

企业理念：心系工程、追求更好。

企业精神：创新、务实、服务、诚信。

企业文化建设总体目标：从建立社会主义市场经济和现代企业制度的需要出发，全面推进集团的企业文化健康有序地发展，倡导并确立全体员工共同认可和遵循的富有时代特色和中国水电工程顾问集团特色的价值观念和行为方式，培育体现水电勘测设计优良传统的企业精神，确立与公司发展战略相适应的企业经营理念，培养符合社会主义规范的企业道德，建立和完善体现企业价值观念的企业管理制度、职工当家作主权利的民主管理制度，建立能展示职工良好精神风貌、有利于高效有序开展工作的企业礼仪和行为规范，全方位塑造公司形象，在国内国际市场打响“中水顾问”品牌，使集团具有较高的知名度、美誉度和信誉度，与政府、社会、投资者、竞争者、客户、媒体建立广泛的信任与合作关系，为集团改革发展任务的顺利完成和实现“一型二化、国内国际一流”战略目标提供强有力的文化支撑。

【中国水利水电建设集团公司】

企业标识

中国水利水电建设集团公司
SINOHYDRO CORPORATION
SINOHYDRO

理念识别

战略思路：组织集团化、管理现代化、经营国际化。

发展战略：集团化、现代化、国际化。

发展宗旨：平等、诚信、合作、发展。

质量方针：科学管理，保证质量；持续改进，优质服务社会。

【中国黄金集团公司】

企业标识

中国黄金
China Gold

中国黄金集团公司的企业标识，蓝色字母“C”代表中国（CHINA）。中心部分变形后的金砖立体图形，并与蓝色字母“C”组成字母“G”，代表黄金（GOLD）。字母组合“C”

"G"代表"中国黄金"(CHINA GOLD)。字母"C"下部厚重饱满,象征公司的雄厚实力;上部轻盈飘逸,加上中间变形的金砖,于平稳方正中显其锐意进取的锋芒。整体结构沉稳而富有动感,体现公司基础坚实,奋发向上,不断发展,不断超越之势。

理念识别

公司宗旨:开发有限资源,满足无限需求。

公司精神:超越自我、开拓创新、拼搏奉献、追求卓越。

公司道德:忠诚守信、勤劳节俭、无私廉洁、谦逊文明。

【中国储备棉管理总公司】

企业标识

理念识别

经营宗旨:遵守国家法律法规,执行国家棉花政策,强化管理,搞活经营,不断提高企业经营管理水平和经济效益,确保国家储备棉存储安全,质量良好,调运通畅,促进国有资产的保值增值,完成国家宏观调控任务。

【中国乐凯胶片集团公司】

企业标识

理念识别

企业使命:载录时代信息　服务现代生活。

【沈阳化工研究院】

企业标识

理念识别

企业原则:产业报国的事业原则;勤奋创新的工作原则;学习自律的成长原则;谦和开放的合作原则;平等权威的组织原则;舒适健康的生活原则。

企业目标:国内一流的科技型企业。

企业理念:报国兴化,成就自我。

经营目标:建成国内一流水平的高科技企业。

企业精神:团结,勤奋,求实,创新。

企业口号:企业的事业是我们大家共同的事业。

【中国广东核电集团】

企业标识

中国广东核电集团有限公司的企业徽标是一只振翅欲飞的白鹭。中广核集团员工钟爱它,是因为对栖息环境非常挑剔的白鹭每年都会光临中广核的大亚湾和岭澳核电站厂区。

理念识别

中国广东核电集团公司在核电站工程建设和生产运行的实践中,形成了以核安全文化为核心,包括质量文化、成本文化等在内的企业文化体系。

倡导:安全第一、质量第一,科学管理、蓝色透明,沟通协作、团队精神,尊重人才、以人为本,追求卓越、与时俱进。

企业歌曲

《白鹭之歌》　中国广东核电集团

在那翠绿的草坪中间,几只白鹭在漫步盘旋,每天上班我经过这里,他都向我问一声,朋友,你早安!

二十年前这里是一片荒滩,只有野鸟没有人烟,开工的炮声把白鹭惊走,也使他迷失了往日家园。

如今这里变成美丽的花园,树木繁茂,百花争妍,白鹭从四方飞回大亚湾,这里是我们共同的绿色家园。

在那翠绿的草坪中间,几只白鹭在漫步盘旋,每天下班我经过这里,他都向我问一声,朋友,你晚安!

【中国长江航运(集团)总公司】

企业标识

理念识别

发展愿景:世界内河第一,江海物流领先。
服务宗旨:立足货运、客户至上、质量第一、诚实重信。
企业精神:求新求进、唯实唯优。

【上海船舶运输科学研究所】

企业标识

理念识别

企业理念:团结、求实、创新、奉献。

【上海贝尔阿尔卡特股份有限公司】

企业标识

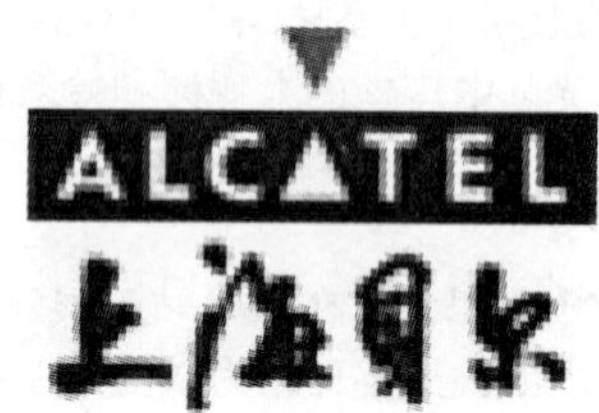

理念识别

企业使命:运用强大的本土实力和丰富的国际资源,为客户量身定制通信解决方案,为股东提供合理的投资回报,为员工创造发展的机会,矢志成为中国通信制造业最出色的企业。

核心价值观:客户至上、勇于创新、尽职尽责、精诚合作。

商业道德规范:上海贝尔阿尔卡特公司的政策是在中国或全球从事各项业务时,遵守最高商业道德标准,遵守从事业务所在地的法律和符合当地优秀企业公民的标准。本政策适用于上海贝尔阿尔卡特公司及其所有员工,无论其职责、级别或身份。本政策中提到的"ASB"或"公司"也包括上海贝尔阿尔卡特公司控股的企业。

【上海医药工业研究院】

企业标识

理念识别

立身之本:求真,崇尚科学敬业奉献的精神境界。
发展之基:创新,精进追求卓越的价值取向。
力量之源:合作,协力同心和衷共济的工作氛围。
成功之路:争强,敢于竞争求胜领先的事业目标。
奋斗目标:国家医药行业的科技创新基地,现代化的高新技术医药企业集团。

【华侨城集团公司】

企业标识

理念识别

开发理念:花园中建城市。

发展观念:规划就是财富,环境就是优势,结构就是效率。

发展理念:以文化营造环境,以环境创造效益。

企业理念:知识就是优势,激活就是价值,创新就是未来。

【南光(集团)有限公司】

企业标识

理念识别

企业精神:严细、务实、团结、自强。
企业宗旨:用最好的回报社会。
企业发展目标:立足澳门、联合内地,创建多元化的国际企业集团。
企业经营观:稳健发展、开拓创新。
企业管理观:以人为本、严细科学。
企业人才观:公平竞争、人尽其才。

【中讯邮电咨询设计院】

企业标识

标志图形由英文“C”字母变化而成，寓意中国—China和“通讯”“Communication”、“咨询”“Consulting”等意念内涵，明确表达企业的经营服务专业范围和在同行业中市场领导地位，有良好的识别感。

标志图形形态好似一环绕的旋转流动的信息流，象征现代信息社会频繁的信息交流，同时寓意企业与其他信息产业的沟通，直观形象而生动地体现了企业性质的时代特征与外部的关联性。

标志图形简洁明快，有鲜明的现代感，易认易记，可单独使用，也可与企业标准字组合，取代“C”字的位置。

理念识别

企业精神：团结友爱、科学求实、艰苦拼搏、创新争优。

质量方针：关注顾客、精心设计、科学管理、不断创新。

发展方针：团结奋进、开拓创新、人才为本、铸造一流。

战略目标：经过5~10年的时间，力争达到业务范围多元化，技术装备现代化，项目管理科学化，经营方式国际化，形成我院独特的为信息运营企业投资活动全过程提供技术性、管理性综合服务的体系，并最终发展成为国际性的、综合性的勘察设计咨询企业。

【西安电力机械制造公司】

企业标识

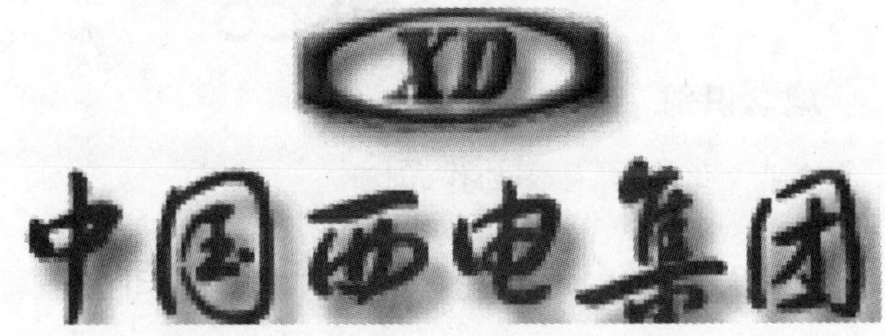

理念识别

发展思路：大集团、大市场，大发展。

企业精神：爱西电、创一流。

职工团队：团结、协作、诚信、敬业。

【三九企业集团】

企业标识

理念识别

企业发展目标：以科技为先导，以“中药现代化”为核心，兼顾发展西药和医疗健康服务，力争使三九医药成为集中药、西药的研发、生产与销售和医疗保健服务。

【中国铁路物资总公司】

企业标识

标志醒目的M造型体现了公司的行业属性，展示了公司专注于商贸物流，以服务铁路、服务社会为己任的企业形象。

两道相互辉映的弧线体现了沟通互动的视觉形象，象征着公司各子公司之间、公司与客户之间的交流互动，合作双赢；椭圆形饼图体现了公司国际化的发展目标，也体现了价值的概念，寓意公司沟通产需、创造价值的企业使命。

灵动的弧线方向感强，首尾相接，体现了公司业务的通畅顺达，方便快捷；也寓意公司顺畅美好的发展前景。

标志造型简洁大气，体现了公司作为大型商贸物流企业的气质特征；深蓝色代表理性、严谨、成熟和创新，蕴寓着公司未来无限的希望。

理念识别

企业精神：创新、创优、创效。

经营理念：沟通产需、创造价值。

工作作风：诚信、严谨、务实、高效。

工作环境：内外部环境优美，团队气氛和谐。

【中国铁通集团有限公司】

企业标识

中国铁通集团有限公司的标志以公司英文简称“CTT”为设计元素。字母“C”与“T”艺术变形为经纬线，环抱绿色的星球，象征着中国铁通广阔的发展前景和以促进全人类沟通为己任的博大胸怀与气魄。

标志造型饱满、流畅、沉稳中富有变化，平实中蕴含激情，体现出中国铁通作为中国新兴电信运营企业强烈的进取精神，不断的自我超越意识和“服务社会，产业报国”的执著追求。

理念识别

企业理念：奉献创业、学习创新、竞合创效、诚信创牌。

企业原则：重在特色，重点发展，加快改革，加强合作。

企业形象：专业品质，卓越服务。

经营理念：以服务赢得市场，以质量塑造品牌，以差异化增强竞争力。

【中国长城工业总公司】

企业标识

理念识别

企业精神：自立自强，务实创新，团结奉献，高效服务。

经营理念：开拓进取，刻意创新，恪守信誉，高效服务。

发展思路：突出专营，多元发展，壮大实力，服务航天。

【中国蓝星（集团）总公司】

企业标识

理念识别

企业理念：兴业报国。

行为理念：事在人为。

蓝星观念：

人才观：天生我才必有用。

质量观：产品如人品。

文化观：海纳百川。

用人观：吃里扒外的人不能用。

金钱观：金钱是社会对个人勤奋和才能的承认。

发展观：先发展，后分配。

人际观：君子之交淡如水。

生存观：人和人需要相互依赖着生存。

义利观：最鄙视见利忘义的人。

销售观：存在决定销售，汗水浇灌市场。

成败观：细节决定成败。

【中国长城计算机集团公司】

企业标识

Great Wall 长城　中国長城計算機集團公司

理念识别

企业宗旨：实事求是，热心服务。

管理机制：科学高效。

企业文化氛围：开放性、包容性。

【中国北方工业公司】

企业标识

理念识别

企业文化理念：人本、协作、创新。

【中国昊华化工（集团）总公司】

企业标识

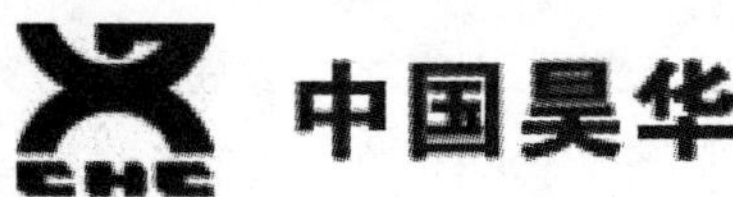

理念识别

经营理念：依法治企、以德治企、人才强企、科技兴企、勤俭办企。

集团定位：以科技为先导，以化工新材料和军用化学品为主业，金融贸易为两翼，科工贸金一体化的大型化工产业集团。

【中国免税品(集团)总公司】

企业标识

理念识别

公司精神：我不怕困难，我愿意成为你的合作伙伴。

公司使命：分享旅游的快乐，延伸旅游的享受。

公司经营理念：以客户为中心，以市场为导向。

品牌定位：中国最大的免税品经营商，中国免税业的代表。

公司愿景：做国际一流的免税品经营商，培育旅游零售市场，让购物成为旅行中不可缺少的经历。

【中国路桥(集团)总公司】

企业标识

理念识别

企业精神：筑路架桥，奉献社会；以人为本，追求卓越。

经营理念：一流的服务，一流的质量，一流的管理，一流的效益。

企业价值观：以诚信为本，承诺我们的社会责任；以质量为本，提供客户满意的服务。

战略目标：依靠全体员工的智慧和汗水，把中国路桥集团建成：组织体系科学化、市场结构多元化、生产经营集约化、企业管理现代化的跨地区、跨行业、跨所有制、跨国经营的一流企业集团。

行为规范

员工行为规范：我的一言一行代表集团的形象，维护集团形象是我的天职。

【中国石油集团工程设计有限责任公司】

企业标识

CPE 中国石油集团工程设计有限责任公司

理念识别

公司愿景：努力建成一家成就员工，成就客户，广受社会尊重的国际化工程公司。

企业精神：诚、正、精、进。

企业使命：造就优秀员工，创建卓越工程。

发展方针：以提高石油天然气、炼油化工工程的经济效益和技术水平为己任，立足工程设计，积极培育工程总承包和科技产业化两个新的经济增长点，加强人力资源开发、市场开发和科技开发，全面实施人才战略、品牌战略、创新战略、国际化经营战略、低成本战略和企业文化战略，全力推进"三个转变"，着力培育 CPE 核心竞争力，推动 CPE 持续协调高效快速发展。

发展理念：立足发展求生存。发展是保证 CPE 生存的根本途径，发展是解决 CPE 一切问题最有效的办法，发展必须保持较快的速度。

职业理念：工作就是责任，职业就是天职。工作是社会赋予的责任，职业是生命浇铸的事业。做一份工作，尽一份责任，选定一种职业，倾注一生心力。

人才理念：不让人才为施展才能发愁，不让人才为钱发愁。爱才如命、求贤若渴、育人为业、因材施用，为人才的成长和实现自身价值搭建平台，让人才的价值得到应有回报。

质量理念：产品见人品。人的品质决定产品的质量。员工要以品质对质量做出担保，赋予质量以人格尊严。

科技理念：培育核心技术，实现科技产业化。

市场理念：以市场为中心，一切围绕市场转。一切工作都要以市场为导向、以客户为导向，即一切工作都要以市场需求和客户需求为指导，一切服从市场，一切为了客户。

项目理念：作一个项目、出一个精品，凭一腔真情、播一片信义。

服务理念：想方设法为客户排忧解难，实现客户利益最大化。

客户理念：客户永远是正确的。充分尊重客户意见，并以客户利益最大化为出发点，致力于客户正确。

经营宗旨：倾力倾情为您描绘蓝图，全心全意助您梦想成真。

基本工作方针：严、细、实。

质量方针：培育高尚的人品　提供一流的产品。

HSE 方针：注重员工健康，保障生产安全，创造和谐环境。

企业形象：文明、正派、真诚、主动、重情、和谐。

工作作风：雷厉风行、顽强拼搏、严密细致、精益求精。

对客户的承诺：把我们的品质和信义熔铸到您的工程中。

企业的头等大事：帮助员工成功。员工的成功是CPE成功的基石，员工的美满幸福是CPE成功的标志，帮助员工成功是CPE的终极目的。

员工的头等大事：员工的头等大事是服务客户。服务客户的目的就是帮助客户成功，帮助客户成功就是CPE的成功，就是CPE人的成功。

员工的天职：提供优质产品和服务，维护公司形象和利益。

员工为人处事的态度：踏踏实实做人，认认真真干事。

设计者格言：我们不仅仅是在设计工程，更重要的是在设计信誉、设计人生、设计未来。

各级主要领导者的五个责任：领导班子团结与否责任在我，队伍素质过硬与否责任在我，规章制度健全与否责任在我，企业文化深入与否责任在我，发展目标实现与否责任在我。

各级主要领导者必须具备的五个能力：凝聚能力、统御能力、决断能力、洞察能力、应变能力。

对各级班子成员的四项要求：顾全大局、民主集中、分工合作、正人正己。

行为识别

职工行为规范

每位员工均需牢记：我就是CPE，我的一言一行均代表CPE；自觉遵守员工行为规范，维护CPE形象是我的天职。

【中国石油东方地球物理公司】

理念识别

企业宗旨：奉献能源，创造和谐。

企业目标：具有强大核心竞争力的国际一流地球物理公司。

企业使命：用高新技术降低勘探风险，以艰苦奋斗共创光明未来。

企业价值观：诚信、业绩、创新、和谐、安全。

企业精神：爱国、创业、求实、奉献。

经营理念：让用户完全满意，以双赢谋求可持续发展。

企业风格：超前计划，快速反应，追求卓越。

企业主打语：精诚伙伴，找油先锋。

人才观念：人才造就企业，企业成就人才。

服务理念：靠前服务，超前服务，超值服务。

市场理念：用户的需求就是企业的机遇。

行为制度识别

行为制度文化是企业理念在经营管理中的具体体现。东方公司的行为制度文化建设主要体现在以下方面：

健全体系：公司以一系列制度先后统一规范了制度平台，统一了42项制度，基本实现了市场开发、项目运作、技术标准、经营管理、队伍建设和企业文化建设“六个统一”。

执行了符合国际惯例的HSE体系。

全面实行在岗位作业指导书、地震队团队建设指导书、地震队营地建设指导书一系列规范下的有形化建设。

固化礼仪、仪式：规范了公司工作会议、职代会、表彰会、基层建设会、公司庆典等会议制度。制定并推广了员工行为规范和员工礼仪规范。

【北大方正集团】

企业标识

方正集团

世界在变　创新不变

理念识别

企业理念：持续创新、敢为人先、追求卓越、标新立异。提倡开放、平等的精神，尊重、鼓励并激发员工的自主性和创新活力。追求产品和服务创新、技术创新、管理创新，通过创新产生高附加值的产品与服务。

企业价值观：方方正正做人，实实在在做事。

【中国北京同仁堂（集团）有限责任公司】

企业标识

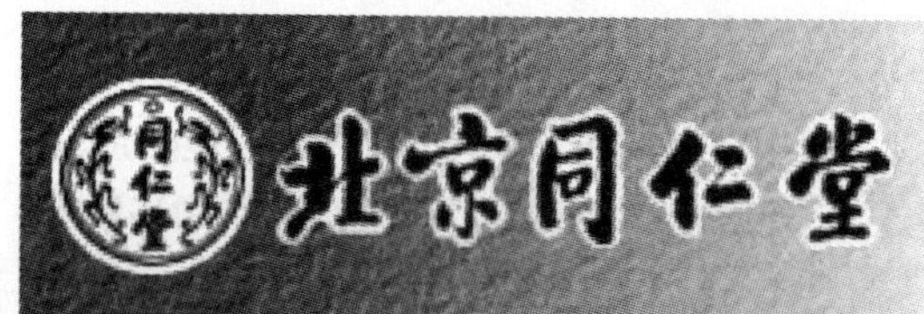

理念识别

企业精神：同修仁德、济世养生。

堂训：同修仁德、亲和敬业、共献仁术、济世养生。求珍品、品味虽贵必不敢减物力，讲堂誉、炮制虽繁必不敢省人工。承同仁堂诚信传统，扬中华医药美名。拳拳仁心代代传，报国为民振堂风。

古训：品味虽贵必不敢减物力，炮制虽繁必不敢省人工。

企业目标：以高科技含量，高文化附加值，高市场占有率的绿色医药名牌产品为支柱，具有强大国际竞争力的大型医药产品集团。简称“三高一强”。

企业使命：弘扬中华医药文化，领导“绿色医药”潮流，提高人类生命与生活质量。

管理信念:同心同德,仁术仁风。

服务铭:为了您的健康与幸福,尽心尽意,尽善尽美。

广告语:神州国药香,北京同仁堂。同仁堂国药。

生产现场标语:质量即生命,责任重泰山。一百道工序,一百个放心。生产一流品质,同仁堂永恒的信条;创造国际名牌,同仁堂不懈的追求。修合无人见,存心有天知。

【北京金隅集团有限责任公司】

企业标识

由北京金隅集团英文名称主要单词的第一个字母组成,B是指集团所在地——北京;BM是指主要从事建筑材料生产和销售并发展相关产业;G是集团型企业。采用英文大写字母、黑体字型,象征着团结坚强,充满活力,稳步前进。

理念识别

集团精神:重实际、重创新、重效益、争一流,即"三重一争"的集团精神。

集团意识:坚持集团道路,服从集团大局,热爱集团事业、维护集团利益。

管理体制:以产权联结为纽带,以多级法人分层管理为特征,以集团整体发展为目标的母子公司体制。

管理原则:统一规划、统一土地开发、统一对市政府承包、统一经营战略、统一管理国有资产,即"五统一"管理原则。

经营理念:生产一流产品、提供一流服务、建立一流信用、创造一流业绩。

发展目标:实现工业技术装备现代化、管理现代化、经济效益现代化,把集团建设成为国内一流、具有世界先进水平的现代化大型建材企业集团。

【北新集团建材股份有限公司】

企业标识

BNBM北新建材

BNBM是英文BEIJING NEW BUILDING MATERIALS CO. LTD. 的缩写。以字母为标志,音形同步诉求,识别快捷方便,设计风格国际化,着眼于应用时的引发性及字母之间的同一性,并提供独特的视觉效果。

由于市场和自身发展的需要,1998年,北新建材全面系统地进行CIS的导入和实施,开发、建立、更新企业形象和产品形象,于是,新龙标图案出现了。

新龙标图案既有继承又有突破,将"龙牌建材"上升为"北新建材"这个统一的概念。新龙标的设计拟人化,有生气、有特色、有欢乐、有希望,从此北新人提出了"迈向住宅产业化新时代"这一企业口号,确立了自己的宏伟目标。北新建材"这一品牌以明确的住宅产业化概念、统一规范的设计、鲜活靓丽的色彩和恢弘磅然的气势展现在众人面前。

理念识别

发展理念:技术领先、质量领先、服务领先。

承诺:购买龙牌产品,给您十大放心。

企业思想:企业为本。

发展战略:将北新建材建材股份有限公司建设成为一个规模宏大的新型建筑材料技、工、贸综合产业集团。

经营战略:创造独具特色的企业,并以规模效益而达到市场竞争的目标,以技工贸相结合的方式,充分利用资源而达到竞争成本最低。

企业追求:在社会大系统中的充分和谐,视盈利和遵纪守法为同等重要,所有动机和出发点都是为了最终服务社会。

管理思想:以人为中心。

环境方针:北新建材致力于以北新文化推行现代化管理,发展新型建材,生产绿色产品,创建绿色企业。

【北京燕京啤酒集团公司】

企业标识

理念识别

经营理念:以情做人、以诚做事、以信经商。

燕京精神:尽心尽力的奉献精神,艰苦奋斗的创业精神,敢打硬仗的拼搏精神,顾全大局的协作精神。

企业方针:改革是根本出路,管理是永恒主题,创新是企业灵魂,顾客是衣食父母。

质量宗旨:以全优的质量取信于民,以独特的风味取悦于民,以诚挚的态度服务于民。

人才战略:以事业留人,以感情留人,以机制留人。

工作作风:严、细、紧。

环境方针:遵纪守法,清洁生产;合理酿造,防治污染;节能降耗,保护资源;绿色管理,持续改进;清爽燕京,怡人甘泉;共同创造,美好家园。

【天津港集团公司】

企业标识

天津港标识为圆形,中间是一艘帆船,下方为水纹,水纹由粗渐细将帆船围成一个圆环,通体为白色。中间底衬呈海蓝色渐变,产生出透光效果。外圈是黑色底衬,内外环边沿呈凹凸形状,具有立体效果。外圈上方为"天津港"英文书写体,下方为"天津港"中文书写体,均为白色。

天津港标识由天津港地形演变而来。中间帆船船体为南疆港区地形,船帆为北疆港区和规划港区地形,由水纹围成的圆环表示天津港港区集中在一定区域内。蓝色底衬为深邃的大海,白色水纹恰似海上跳动的浪花,蓝白相间象征通往世界各地的海洋。外圈象征地球,表明天津港航迹五洲、通达全球。黑色代表港阔水深和历史悠久,象征天津港是一座国际化、现代化百年深水大港。

整个图案寓意天津港乘风波浪,扬帆远航,欣欣向荣,兴旺发达。

理念识别

企业文化建设三大目标:一是要建设成为一个兴旺和谐的大家庭,使每位员工在天津港都有归属感、安全感和荣誉感。二是要建设成为一支训练有素的军队,有铁的纪律、雷厉风行的工作作风和一往无前的气势。三是要建设成为一所大学校,使每一位员工在天津港都能够学到知识、增长才干、树立信心。

"四项基本要素"即:天津港企业文化要体现追求卓越、以人为本、民主性、包容性。

企业愿景:世界一流大港,员工快乐之家。

企业使命:承载社会期盼,集散中外文明。

核心价值:发展港口,成就个人。

企业精神:团结开拓,超越自我。

企业作风:令行禁止,务实高效。

管理理念:以人为本,科学管理。

人才理念:辟广阔天地,聚八方良才。

市场理念:市场为导向,功能占先机。

服务理念:服务是生命,满意是追求。

环保理念:建设生态港口,共享碧海蓝天。

行为识别

企业歌曲

《我是天津港人》

我是天津港人,我的内心,期待港口的发展!我是天津港人!我用双肩,承载社会的期盼!回首过去,几代人的梦想已经成真,展望未来,一流大港靠我来实现!我是天津港人,我的内心,渴望个人的成就!我是天津港人!我用双手,集散中外的文明!回首过去,百年历史文化已经积淀,展望未来,快乐之家靠我来构建!

【邯郸钢铁公司】

企业标识

www.hgjt.com.cn

理念识别

发展原则:先进、经济、实用。

发展战略:量力而行,滚动前进、梯度发展。

经营机制:模拟市场核算、实行成本否决。

【邯郸供电公司】

企业标识

理念识别

企业理念:与强者为伍,与时代共进。

企业精神:创新务实,超越自我。

发展战略:内造机制、外拓市场;激活资源,创新未来。

企业宗旨:客户至上、优质供电。

企业目标:创建学习型企业。

兴企方针:文化育人强动力,以德兴企促发展。

企业风尚:忠诚企业,亲和一致。

企业作风:实事实做,做到最好。

服务理念:您的需要是我的服务,我的心愿是您的满意。

安全信条:人人安全尽责,事事安全为重。

人才观:育人在机制,绩效论英模。

哲学观:员工是创造财富的财富,企业是营造环境的环境。

价值观:追求卓越,奉献社会。

思想道德观:敬业先爱岗,做事先做人。

【中国神华神东煤炭分公司】

企业标识

理念识别

战略目标:创建世界卓越煤炭企业。

成本领先战略:规模经营、科技创效、低成本运营。

资源储备战略:以煤炭资源为依托,不断满足生产扩张和可持续发展的资源储备,综合开发,高效利用。

创新发展战略:集成创新,完善神东技术体系和管理模式。

人才开发战略:构建人才高地,造就行业精英。

环境建设战略:建设绿色神东,人文神东,和谐神东,使原生环境不断改善,减少开采造成的再污染。

品牌优势战略:产环保煤炭,创国际品牌。

信息化战略:以信息化带动传统产业技术升级。

共同愿景:神东煤炭点亮明天。

企业使命:引领行业方向,改变煤业形象,推动社会发展。

企业宗旨:保障能源安全,提升生活品质。

企业方针:高起点、高质量、高技术、高效率、高效益。

企业哲学:始终不渝地追求主观与客观的最佳结合,使团队和员工充满创造激情。

企业作风:以变应变、以快制胜。

神东精神:艰苦奋斗、开拓务实、争创一流。

神东核心价值观:安全、高效、创新、和谐。

神东感恩意识:奉献社会,惠泽员工。

生产理念:安全、清洁、优质、高效。

质量理念:神东煤炭,精益求精。

安全理念:关爱生命,关注健康。只有感悟不到的隐患,没有避免不了的事故。无人则安。

管理理念:持续改进、追求完美。

人才理念:发挥所长、人尽其才。

投资理念:把同样的钱花出不同的效果。

技术理念:集成创新,科技领先。

发展理念:系统思考,科学发展。

竞争理念:以诚铸魂,不争善胜。

创新理念:鼓励创新,容忍失误;创新永恒,活力无限。

节约理念:资源有限,节约无限;节约就是创造。

环保理念:产环保煤炭,建生态矿区。

学习理念:知识改变命运,学习成就未来;不主动学习,就是放弃自己。

廉政理念:淡泊名利。

团队理念:厚则聚众,众聚则强;我是神东人。

神东模式:高产高效模式,专业化管理模式,本质安全管理模式,信息化、自动化管理模式,投资少、见效快、滚动发展模式,产学研结合模式,绿色发展模式。

神东人形象:团结奉献、勇于创新、超越争先。

神东煤形象:绿色环保、永葆诚信、用户至上。

神东矿形象:现代高效、清洁安全、行业示范。

企业歌曲

《神东人之歌》作词:白云海、王金力　作曲:卞留念

大漠苍穹,壮志凌云,我是神东人。凿破混沌,开拓乌金,我是神东人。我是母亲河的一弯眉,我是大西北的拓荒人,神东人苦辣酸甜傲霜雪,神东人掘来地火化成金。在那火一样的岁月里,走来了特别能战斗的神东人。金戈铁马,大道无疵,创新和卓越是神东魂,我们让山河喝彩,我们向世界挺进,自豪,我骄傲,我是神东人,怀抱彩云我为峰,我骄傲,我是神东人。

【山西三维集团股份有限公司】

企业标识

理念识别

经营理念:勇于创新,善于管理,崇尚科技,笃守诚信。

企业精神:奋力拼博、争创一流。

【包头明天科技股份有限公司】

企业标识

理念识别

企业理念：今日挑战极限、明天创造辉煌。

发展战略：夯实基础产业、增强贸易产业、开发资源产业、拓展金融产业。

【鄂尔多斯集团】

企业标识

司徽为红色象征火，体现了企业奋发向上，富有强大生命力和竞争力的性格。同时也代表我们集团全体员工将始终以火的热情，为全人类服务，让“鄂尔多斯羊绒衫，温暖全世界”。司徽形象为汉语拼音“e”，即鄂，代表鄂尔多斯。司徽上部形象代表山羊角，象征着集团是以山羊绒起家、以山羊绒为基础发展壮大，下部两平行杠代表多种产业并存。整体象征我们鄂尔多斯集团是以羊绒一业为主，多种产业并存的大型企业集团。司徽整体形象是以零为起点，从无到有，从小到大发展的，象征集团从无到有，从小到大的发展历程。司徽的圆形环状形象象征鄂尔多斯集团公司呈滚动发展态势，象滚雪球一样越滚越大。司徽形象象海浪，象征着在改革的浪潮中，鄂尔多斯集团勇立潮头，蓬勃发展。司徽的形状没有闭合，象征集团的发展是开放性的螺旋上升式，在大胆引进、吸收、开放搞活的基础上前进的。司徽的形象又象地球，象征着集团公司的事业要走出国门，走向世界，创世界名牌。

理念识别

企业理想：立民族志气，创世界名牌。

企业精神：集智、放胆、拓荒、创新。

战略构想：经过几年的发展，要在羊绒、煤电双业并举的基础上，进一步培育大化工产业，逐步形成羊绒、煤电高载能和大化工协同发展、三足鼎立的产业发展格局，力争早日将鄂尔多斯集团建成一个多元化经营的跨国企业集团，实现鄂尔多斯创世界名牌的宏伟理想！

【内蒙古蒙牛乳业集团】

企业标识

理念识别

经营理念：百年蒙牛，强乳兴农。

企业精神：学习沟通，自我超越。

企业宗旨：对用户：提供绿色乳品，传播健康理念。对客户：合作双赢、共同成长。对股东：高度负责、长效回报。对员工：学习培训、成就自我。对社会：注重环保、回馈大众。

管理理念：科学化、市场化、系统化。

人才理念：国际化、专业化、品牌化。

质量理念：产品人性化、标准全球化。

企业使命：为国家创建一个具有国际竞争力的卓越企业；为民族创建一个具有百年发展力的世界品牌；为提升消费者的健康品质服务；为员工搭建人生价值的实现平台。

核心竞争力：以成功经营人心为终极目标，以双赢利益机制和学习创新的方法，整合全球有效资源，实现战略目标的能力。

企业文化的具体表现：诚信：百德诚为先，百事信为本，诚信是蒙牛文化的核心。感恩：滴水之恩，涌泉相报，感恩报恩是蒙牛做人的原则。尊重：建立相互尊重的蒙牛拇指文化，让人人都感到伟大和崇高，在工作中感受生命的意义。合作：二人为仁，三人为众，人字的结构就是相互支撑，在合作中共赢是蒙牛人做事的原则。分享：一个人最大的智慧就是与别人分享的智慧，只有分享的思想才有力量，没有分享，就没有团队的成长。创新：创新是旧的资源新的整合，创新是蒙牛事业发展的灵魂，与时俱进是不断创新的关键。

企业广告语：百年蒙牛，强乳兴农。蒙牛是草原。蒙牛绿色乳品，传播健康理念。诚信蒙牛，绿色蒙牛，科技蒙牛。

12 字基本方针：服务、协调、激励；管理、监督、控制。

【本钢冷轧薄板厂】

企业标识

厂徽由 CDCM 变形字母组成，意为亚洲第一条连续酸洗轧机联合机组（也称 CDCD 机组）。总体形象为一只展翅飞翔的雄鹰，寓意着冷轧的发展将带动本钢再次腾飞。中间部分是本钢徽标。

理念识别

冷轧精神：艰苦创业、无私奉献、敢于创新、勇争第一。

核心价值观：打造精品、追求卓越。

冷轧形象：一流的职工队伍、一流的工艺技术、一流的产品质量、一流的管理水平。

服务品牌：服务用户、至精至诚。

企业作风：令行禁止、快速反应、讲求效率、注重结果。

人本理念：企业即人、企业为人、企业靠人。

员工口号：我很重要。

人才理念：人无全才、人人有才、人尽其才。

管理理念：自己眼中总有不足、别人眼中才有优秀。

管理理念：从严务实、高效优质。

制度理念：制度是墙。

生存理念：每日提醒自我，已临深渊，如履薄冰。

竞争理念：浮船法，船永远高于水面。

敬业理念：无球跑动——集体制胜的保证，个人成功的前提。

成长理念：不积跬步无以至千里。

市场理念：眼睛盯着市场转，标准随着用户变。

品牌理念：心中有世界，世界有我们。无数颗心真诚的奉献，无数双手精心的创造。让我们的品牌成为世界的财富。

效益理念：客户的定单是职工迈向幸福生活的通行证。

效益理念：职工、企业、社会一个目标——共赢。

安全理念：得意常会忘形，疏忽导致事故。

安全理念：没有规矩不成方圆，没有安全不能团圆。

质量理念：抓质量、抢市场、创品牌、树形象。

质量理念：产品缺陷就是乌云，驱散它，我们的天空才会阳光灿烂。

务实理念：求真务实不是活动，是行动！

执行理念：没有执行力就没有竞争力，执行的关键在于每一个细节。

行为识别

员工行为规范

在社会：热爱祖国、热爱人民、守法诚信、注重公德、文明礼貌、乐于助人、救死扶伤、见义勇为、孝敬父母、关爱子女、家庭和睦、与邻为善。

在企业：安全第一、文化是基、人人自重、事无巨细、理念熟记、制度在心、措施完备、活动常新、着装一致、衣扣整齐、行走按线、坐立端庄、企业发展、人人关心、新优产品、全员投入、高新技术、共同推进、行贵快速、互动是金。

对学习：立足专业、全面吸收、勤于思考、与时俱进、学之有道、贵在实践、创新思路、拓展技能。

对工作：一丝不苟、严肃认真、全力以赴、聚精会神、兢兢业业、不畏艰辛、查找差距、日益精进。

处同事：和谐共处、增进友谊、互帮互敬、共同前进、文明自律、待人谦恭、活泼热情、善于沟通。

迎宾客：热情周到、举止大方、有礼有节、有避有让、善学人长、补己之短、交流有度、宣传有纲。

组织行为规范

领导层：视野开阔，随时掌握全球行业信息；广采博学，不断学习更新各种知识；知人善任，开发全体员工最大才智；从善如流，广开言路吸纳群众呼声；树立形象，以身作则体现人格力量；全局观念，站在公司高度调整思路；科学决策，推动企业发展高速顺行。

管理层：正确领会，把各级决策吃准吃透；独立思考，结合实际创造性工作；自主管理，不等不靠不推诿扯皮；措施周密，工作有章有法有结果；信息畅通，上不欺下不瞒点滴不漏；慎酌敏行，当做即做摒弃优柔寡断；注重结果，所有行动均有明确目标。

操作层：团结敬业，爱厂如家与厂荣辱与共；虚心学习，刻苦钻研立志岗位成才；遵章守纪，令行禁止不越雷池半步；安全第一，变要我安全为我要安全；爱惜设备，处处精心犹如爱护眼睛；精心操作，高质量高效率高产精品。

企业歌曲

《冷轧的明天更辉煌》 作词：张国力

旭日东升霞光万丈，奋斗中诞生了冷轧厂。你实现了几代人的夙愿，你寄托着本钢的未来和希望。轧制线穿梭着闪亮的钢带，镀锌板升腾起耀眼的银光。我们胸中奔涌的激情，化作你腾飞的翅膀。啊！用优质冷轧板赢得信誉，让本钢冷轧的名字更加响亮。

雄鹰展翅搏击风浪，前进中成长着冷轧厂。你肩负起光荣的使命，你无愧于本钢的重托和期望。创业者留下了闪光的足迹,冷轧人谱写着崭新的篇章。我们投身冷轧的建设,正把宏伟的事业开创。啊!让优质冷轧板走向世界,让本钢冷轧的明天更加辉煌。

【中国网通(集团)有限公司沈阳分公司】

企业标识

CNC 中国网通 中国网通(集团)有限公司沈阳市分公司 CHINA NETCOM (GROUP) CORPORATION LTD.

企业理念

企业价值观:无限服务。
企业愿景:行业领先。
经营服务观:全员以经营为中心,经营以客户为中心。
企业精神:一心、一致、一流。
企业形象观:我就是沈阳网通。

企业歌曲

《网通之歌》作词:王雨婷 作曲:铁源

天有多蓝,网有多宽,天地之间网通相连。中国人的血,中国人的脉,中国人的网通,让中国人血脉相连。

网若通,情就在,天涯相随,海角相伴。网若通,月就圆,你在地北,我在天南。

网若通,心就连,心心相印,手手相牵,山不惧其高,路不畏其远,誓为华夏撑起一片天。

网若通,情就在,天涯相随,海角相伴。网若通,月就圆,你在地北,我在天南。

网若通,心就连,心心相印,手手相牵,山不惧其高,路不畏其远,誓为华夏撑起一片天。

天有多蓝,网有多宽,天地之间网通相连。中国人的血,中国人的脉,中国人的网通,让中国人血脉相连。中国人的血,中国人的脉,中国人的网通,让中国人血脉相连。

《奋进的沈信人》作词:蒙志远 作曲:李巍

闪烁的信号代表着我们的角色,飞奔的列车牵动着牵动着我们的脉搏。啊!沈信人沈信人奋进的沈信人,啊!沈信人沈信人奋进的沈信人,有黑土地一样的性格,有长白山一样的巍峨,历经市场的打磨千锤百炼一路高歌。啊!沈信人沈信人奋进的沈信人,挥舞着坚实的臂膀,奉献着青春的炽热,创业的激情荡心窝,收获着丰硕的成果,为了祖国的未来我们努力开拓,为了祖国的未来,我们奋勇拼搏!

【沈阳煤业(集团)有限责任公司】

企业标识

标识以煤业的英文字母"C"为基本构图要素,演变为"S"即沈阳的英文字头,通过高速旋转得到采煤机的概念图形,准确表达行业特色,展现集团的产业内核,以原动推进兴盛发达。背景为一轮冉冉升起的红日,其源其势,浑然一体,演绎基于煤炭传统产业,稳健坚实的追求多元发展,塑造自我,走向世界的宏伟战略。

理念识别

企业宗旨:发展沈煤,繁荣矿区。
企业价值观:奉献光热,造福员工。
企业精神:同心同德,追求卓越。
企业风气:敬业、守纪、文明、向上。
企业作风:深、严、细、实。

经营管理理念:以安全为前提,以质量求生存,以科技增效益,以创新促发展。

发展战略:壮大主业、多元发展、优化结构、科学管理、强企富民。

行为识别

沈煤员工行为规范

爱岗敬业,尽职尽责;举止文明,诚实守信;遵纪守法,见义勇为;艰苦奋斗,勤俭节约;勤于学习,钻研技术;同心同德,奋发进取。

沈煤员工文明公约

要遵纪守法,不违法乱纪;要热心公益,不损坏公物;
要文明礼貌,不污言秽语;要保护环境,不乱扔垃圾;
要讲究卫生,不随地吐痰;要植树种花,不破坏绿化;
要移风易俗,不封建迷信;要尊老爱幼,不欺负弱小;
要团结互助,不损人利己;要健康生活,不酗酒赌博。

【沈阳推动广告有限公司】

企业标识

在颜色的组合上——红色，代表激情与创造，象征公司自身；蓝色，代表未来与希望，象征客户与市场。在形状的组合上——蓝色在前，红色在后，一方面，通过推动的姿态表达服务的态度；另一方面，形成一种动势和力量，表达了公司与客户一道共同前进、不断进取的理念。同时，红色感性，蓝色理性，承载了广告的性格；矩形块代表逻辑、严谨，强化了智业属性。整个标识图文并茂，可解读，可识别。

【大化集团有限责任公司】

企业标识

大化集团有限责任公司

理念识别

宗旨：创一流企业、出一流产品、育一流人才。

【大连港集团有限公司】

企业标识

理念识别

大连港精神：胸怀大海，港容天下。

发展目标：建设全方位、多功能、现代化国际大港。

发展战略：经营国际化、服务物流化、管理数字化。

经营服务理念：客户需求是我们的责任、客户满意是我们的标准。

【吉林敖东药业集团股份有限公司】

企业标识

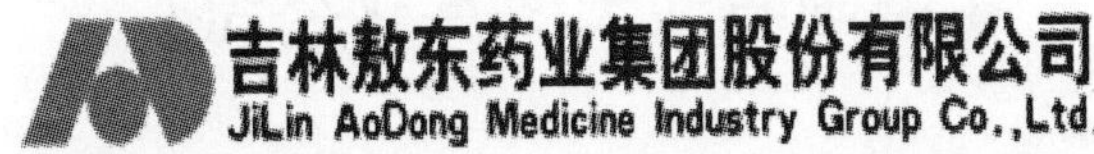

理念识别

企业价值观：制药酿德。

企业理念：以人为本，以德为先，善待生命，关注健康。

【中国石油大庆油田有限责任公司】

理念识别

企业方法论："两论"起家，"两分法"前进，用"三个代表重要思想统领企业发展。"两论"即《实践论》、《矛盾论》，"两分法"即一分为二。

企业精神：大庆精神、"铁人"精神。

核心经营理念：为市场提供最好服务，为企业创造最佳效益。

二次创业发展观：树立依托油田、不依赖油田求发展的观念；树立两种资源、两个市场求发展的观念；树立市场份额与效益并重求发展的观念；树立靠比较优势求发展的观念；树立以合作促发展的观念；树立全面发展的观念。

职工基本行为规范：坚持"三老四严"，做到五项要求。"三老四严"即对待革命事业，要当老实人、说老实话，做老实事；对待工作要有严格的要求、严密的组织、严肃的态度和严明的纪律。五项要求即人人技术过硬，项项工作质量全优，事事做到标准化，处处厉行勤俭节约，时时注意精神文明。

市场开拓理念：开拓市场有理，开拓市场有功，开拓市场有利，开拓市场光荣。

拓展市场"八种意识"，即树立慢进则退、不进则亡的市场危机意识；树立时不待我、稍纵即逝的市场机遇意识；树立锐意进取、敢争第一的市场竞争意识；树立不等不靠、自强自立的市场创业意识；树立着眼长远、先予后取的市场培育意识；树立体现价值、业绩取酬的市场分配意识；树立以诚相待、合作双赢的市场公关意识；树立能力本位、人尽其才的市场人才意识。

质量方针：展大庆精神保证质量，以三老四严取信用户。

行为识别

领导素质：灵敏的反应，开创的激情，综合的意识，负责的勇气，推进的能力，表率的行为。

领导要求：改革上勇于攻坚，发展上敢于较真，稳定上敢于负责，管理上敢于碰硬。

领导工作方法：学习、执行、沟通、总结、拓展。

领导修炼提升：全局眼光、战略思考、脚踏实地、追求价值。

【中国石油大庆炼化公司】

理念识别

发展方针：发扬大庆精神，搞好二次创业，建设一流企业。

持续发展目标：建设两个基地，实现五高发展。两个基地是：世界级聚丙烯及油田化学品基地。五高是：管理高效率，产品高质量，科技高水平，经营高效益，队伍高素质。

核心价值观：创造能源与环境的和谐发展，实现企业与员工的价值追求。

企业宗旨：科技炼化，绿色炼化，人文炼化。

企业精神：创业、创新、创优、创效。

企业作风：严细认真、务实高效。

核心理念：和、诚、智、创。

效益理念：效益靠创造，财富靠积累。

市场理念：掌握市场变化，满足市场需求。

质量理念：以质量求生存，以精品求发展。

营销理念：客户是上帝，诚信到永远。

人才理念：人才为企业发展提供动力，企业为人才成长打造平台。

安全理念：最可贵的是生命，最可怕的是违章。

环保理念：绿色炼化，金色未来。

科技理念：汇聚全员智慧，追求科技领先。

行为识别

基本行为规范：为企业之忧而忧，同企业荣辱与共。

领导干部行为规范：目光远大，决策科学，经营有方。总揽全局，牢记责任。求才若渴，礼贤下士。令行禁止，言而有信。严于律己，清正廉洁。倡导民主，凝聚人心。

一般干部行为规范：精通业务，适应需要。上下通达，服务为本。办事讲效率，工作讲标准。作风朴实，勤下基层。工作有计划，事事有着落。

操作工人行为规范：上岗准时，交接仔细。巡检及时，记录清晰。严格工艺，维护设备。预防事故，确保安全。提高技能，提质增效。

企业形象：作风过硬、技能高超的队伍，质量卓越、品牌知名的产品，善于经营，高效廉洁的管理，信誉第一、客户至上的服务，清新幽雅、优美整洁的环境。

管理者形象：勤于学习，善于思考；求真务实，开拓创新；管理从严，作风民主；团结协作，廉洁勤政。

员工形象：遵纪守法，素质过硬；举止文明，着装整洁；勤奋敬业，求真务实。

产品形象：品牌优秀，质量卓越；包装精美，客户满意。

【北满特殊钢有限责任公司】

企业标识

理念识别

发展目标：建设国际化科技型一流特钢企业。

价值观：为振兴民族特钢事业不断追求。

经营理念：为客户需要而生存。

管理理念：让每个员工充分展示自身价值。

发展战略：全力开展技术、产品、管理、制度创新，坚定不稳地走精品化、科技型、效益型之路，快速实现产品向高档次、高附加值两大根本性转变。

【哈药集团医药有限公司】

企业标识

理念识别

公司目标：打造卓越品牌，致力大众健康。

经营战略：新观念、新思路、新形象、新发展。

经营理念:从商有德,诚信服务。

管理理念:经营专业化,管理科学化,机构扁平化,服务人性化。

企业精神:勤奋敬业,创造卓越。

员工准则:明确目标,只争朝夕,自尊向上,诚实守信。主动沟通,勇于承责,倡导专业,提升素质。勤奋工作,乐于奉献。

【中国北车集团齐齐哈尔铁路车辆(集团)有限责任公司】

企业标识

公司标志的基本结构由"QTC"三个汉语拼音字母组成,呈圆形,图案的底色为红色,中间透出白色图案呈现英文"V"字型。"QTC"三个字母代表齐齐哈尔、铁路、车辆;红色圆形图案象征企业如一轮红日蒸蒸日上,兴旺发达;中间白色英文字母"V",意思为"胜利"、"成功",表示对企业未来的美好憧憬和全体职工接受挑战,赢得竞争胜利的信心与勇气。

理念识别

价值观:为用户创造价值,为股东提供回报,为职工谋求利益。

经营宗旨:为中国和世界铁路提供精良装备。

经营理念:诚信、精品、超越。

经营方针:稳健经营,做强主业,发展相关多元,实现技术创新、管理创新、机制创新。

发展目标:领先、一流、知名。

企业精神:同心共利,勇为先导。

质量服务理念:质量加服务是企业生命线。

管理理念:做正确的事,正确地做事。

座右铭:用我的努力,赢得你的认可。

企业歌曲

《齐车人之歌》作词:房锦华　作曲:娄连广、刘德华

我们是钢铁,组成铁路车辆,我们是焊花,纺织宏伟理想。啊,同心共利,勇为先导,齐车集团与祖国共辉煌。同心共利,勇为先导,齐车集团与祖国共辉煌。

我们是汽笛。把奋进之歌高唱,我们是车轮,把未来大路开创。啊,同心共利,勇为先导,齐车集团与祖国共辉煌。同心共利,勇为先导,齐车集团与祖国共辉煌。

《奔向辉煌》作词:陈虹　作曲:娄连广、刘德华

旭日东升,明珠闪亮,车城雄居祖国北疆。孤光辉映着同心共利的风采,钢花闪烁着勇为先导的光芒。我们的光荣的齐车人,我们是祖国铁路工业的脊梁,让中国的铁龙飞向全世界,携手并肩共创新的辉煌,携手并肩共创新的辉煌。

汽笛声讴歌,创业者的伟绩,车轮滚滚,唱响几代人的希望,孤光辉映着同心共利的风采,钢花闪烁着勇为先导的光芒。我们的光荣的齐车人,我们是祖国铁路工业的脊梁,让中国的铁龙飞向全世界,携手并肩共创新的辉煌,携手并肩共创新的辉煌。

【长江经济联合发展(集团)股份有限公司】

企业标识

理念识别

企业宗旨:参与长江商贸走廊建设,促进长江经济共同繁荣。

经营理念:依托上海、立足长江,联合发展、走向世界。

企业精神:坚韧勤勉,团队协作,创新进取,联合发展。

【中国国际海运集装箱(集团)股份有限公司】

企业标识

理念识别

使命:在全球市场中,成为能按照客户需求,提供世界一流的现代化交通运输工具和相关服务的主要供应商,创造为客户所信赖的知名品牌,同时保持公司的健康发展和

持续增值，为股东和员工提供良好回报。

目标：成为所进入行业的世界级企业。

企业精神：自强不息、挑战极限。

文化口号：尽心尽力、尽善尽美

核心人力资源理念："国强民富"、共同发展。

核心价值观：诚信为本，客户至上，简明高效，创新无限。

行为识别

中高级管理人员

高度认同（忠诚中集事业，具有强烈的事业心和高度的责任感），坚定执着（执着于目标实现，不达目的，决不罢休），自我管理（自我完善、自我提升、自我加压，具有强烈的危机意识），团队建设（凝聚团队、为中集事业选拔和培养人才），健康心态（"胜不骄、败不馁"，积极面对困难，主动迎接挑战）。

基层管理人员

DCA（专注于持续改善和目标实现），雷厉风行（快速反应，追求效率），敬业务实（脚踏实地，敬业乐业，承担责任），团队建设（关心下属，帮助下属改进工作），协同一致（关注整体目标，致力于团队绩效提升）。

专业人员

创新求变（不墨守成规，不断寻求工作质量和效率提升的方法），保守机密（自觉维护公司利益），专注目标（专注于目标实现，为组织目标实现贡献力量），精益求精（每一天，每项工作都追求最佳业绩），学习进步（努力成为各自领域的专家）。

普通员工

职业道德（维护公司利益，不做损害公司的行为），勤奋诚实（保持良好工作状态，诚实待人），提升技能（为公司效率和质量改善不断提升工作技能），合理化建议（参与班组管理，帮助公司提升管理和技术水平），遵纪守法（做合格企业员工和社会公民）。

【上海烟草（集团）公司】

企业标识

理念识别

企业精神：和、搏、一流。

【南京汽车集团有限公司】

企业标识

理念识别

企业价值观：世界有我，与你同行。

企业道德规范：明礼诚信，尽职敬业。

企业精神：创业、创新、创优、创名牌。

企业作风：务实、快捷、高效。

核心理念：诚信、发展、高品质、国际化。

管理理念：以人为本，规范流程。

人才理念：德才兼备，全面发展。

质量理念：第一次就把事情做好。

客户理念：为客户服务最少100%。

技术理念：国际同步，自主开发。

合作理念：互尊互敬，互惠互利。

营销理念：决胜终端。

公共关系理念：协同协作，奉献社会。

环境理念：善待地球，以环境友好为己任。

企业形象口号：世界有我，与你同行。

【南京普天通信股份有限公司】

企业标识

中国普天 CHINA PUTIAN 南京普天通信股份有限公司 NANJING PUTIAN TELECOMMUNICATIONS CO.,LTD

理念识别

核心理念：沟通、执行、业绩。

文化主题：公司以人为本，人以责任为本。

企业精神：求真务实、和谐共事、创新发展。

核心价值观：为社会创造财富，为员工和股东提供满意的回报。

【熊猫电子集团有限公司】

企业标识

理念识别

企业目标：把“熊猫”建设成为国内一流，国际知名的大型电子信息产业集团。展示现代生活，开拓未来空间。做精做专，做强做大。立足国内市场，开拓国际市场。

企业精神：创业创新、追求卓越。

经营理念：与时俱进，与世同进，与人共进。

【江苏沙钢集团】

企业标识

理念识别

企业精神：自力更生、艰苦奋斗、勇于创新、不断攀登。

沙钢理念：科技领航，科技是取之不尽的资源。

企业厂风：团结、勤奋、严谨、求实。

企业宗旨：质量第一、信誉至上、面向全国、走向世界。

职工宣言：忠于职守、团结向上，求实创新、乐于奉献。

【江苏无锡协新集团有限公司】

企业标识

协新集团 XIEXIN GROUP 無錫協新集團有限公司

理念识别

质量目标：立民族志气、扬协新精品；跻国际水平，创世界名牌。

企业精神：敬业、爱厂，发展毛纺事业；创业、报国，振兴民族大业。

名牌战略：协新呢绒，高档精品。

发展战略：一业为主，多种经营。

【巨化集团公司】

企业标识

以英文字母“J”、“H”作造型，体现了继承与发展的概念。左边为实体，取“第一”之意，表明公司现有的强大实力。右边以具有动感的线条，表示公司的不断发展与进取的精神。

标示中间形成的虚空间正好是“F”，预示着公司发展的主业方向为氟化工产业。

标志色彩应用蓝色，代表着化工产业，同时又体现出庄重、流畅、明快的风格。

理念识别

发展战略：以蓝天碧水，造氟社会为宗旨，以高新技术产业为主导，依靠技术、管理和制度创新，推进人才工程，着力抓好产业和资本两个经营，突出以氟化工为核心，加快结构调整，培育核心竞争能力，形成精细化工、合成材料、生物化工三大支柱，建成多元化、现代型、国际性的具有较强实力和竞争力的巨化集团。

经营方针：优秀的品牌、优质的服务、优良的效益。

企业价值观：创新与发展、安全与效率、环保与健康、尊重与和谐。

巨化宗旨：蓝天碧水、造氟社会。

巨化精神：团结、求实、诚信、创新。

企业道德：诚实守信、恪尽职守。

行为识别

员工信条：学习、尽职、精业、奉献。勤奋工作，热爱生活。

企业歌曲

《花园一样的工厂》词曲：牟学农

多美好，多美好，我们的工厂多美好。多美好，多么美好，我们的工厂并不喧闹，听不见机声轰响，听不见汽笛鸣叫。年轻的操作工，自豪地向你微笑，花园一样的工厂，仙境一样美妙。花园一样的工厂，仙境一样美妙。

多美好，多么美好，我们的工厂变了面貌，废水化作了清泉，废料变成珍宝，清新的空气，让人忘了疲劳。花园一样的工厂，我们用手创造。花园一样的工厂，我们用手创造。

多美好，多么美好，我们的工厂，春色妖娆，流程在键钮上启动，奇迹在荧屏显示。高新的科技，输进了每台电脑，花园一样的工厂，我们为你骄傲。

多美好，多么美好，我们的工厂，春色妖娆，流程在键钮上启动，奇迹在荧屏显耀。高新的科技，输进了每台电脑，花园一样的工厂，我们为你骄傲。

花园一样的工厂，我们为你骄傲。多美好，多美好，我们的工厂多美好。多么美好，多么美好。

【杭州钢铁集团公司】

企业标识

该标志明晰地表达了企业的行业特征和地域性，中心的圆形钢环生动体现了刚出炉的钢铁，其形式感与中国古代回旋纹异曲同工，寓意吉祥，发展壮大之动势；深绿的“H”则代表杭州富饶的土地，二者的结合象征杭州这片沃土哺育了杭钢这一钢铁巨人，充分体现了杭钢具有天时地利人和的坚实基础，二者又巧妙构成“HG”（杭钢首写字母），通俗易懂，便于识别，意义深远，具有很强的亲和力。标志整体又似“日”字，预示着杭钢将更红红火火，如日中天，再加上它内圆外方的整体构造形成了很强的视觉张力，更体现出杭钢雄厚的实力和广阔的发展及锐意进取、开拓创新的精神。标志的橙色象征企业活力、健康、热情和希望深绿色象征自信、温馨、环保和青春朝气，色彩对比中又具统一，给人以整体而又富于变化的强烈视觉冲击力。

理念识别

企业价值观：是钢铁就要成脊梁。

企业精神：以钢铁意志做人、建业、报国。

企业宗旨：创造财富，贡献社会，造福员工。

企业道德：诚信，双赢。

企业格言：托起杭钢就是托起我们自己的未来。

员工行为规范：尽心尽职、守法守信，勤学勤为、创效创新。

企业歌曲

1.《杭钢之歌》

在这美丽的地方，青山环绕着十里钢城，艰苦的历程，光辉的业绩熔铸了我们的理想。啊，杭钢！啊，杭钢！多少人的青春，多少人的奋斗，汇成前进的巨浪，幸福就在这片土地上，幸福就在这片土地上。

在这美丽的地方，到处都有换了和歌唱，奔腾的铁流，飞溅的刚花描绘了四季的风光。啊，杭钢！啊，杭钢！多少人的追求，多少人的向往，谱写了崭新的篇章，希望就在这片土地上，希望就在这片土地上。

2.《创业曲》

红星的光芒照亮，照亮黎明的江南，伟人的召唤掀起，掀起壮丽的波澜，为了结束缺铁少钢的日子，我们勒紧裤带大干，勇向地球开战，勇向地球开战，啊，杭钢，你告诉我，当年的创业是怎样的艰难；啊，杭钢，你告诉我，当年的创业是怎样的艰难。

一处处乱石滩，升起野炊的火光，那是第一轮高炉的浓烟；一双双铁脚板踏遍十里荒原，闪光的足迹，成了万里征途新起点。啊，茅草棚泥水塘，曾经是战士前进的加油站。

3.《杭钢魂》

我从深山里走来，走进十里钢城，我从矿井里走来，走进巍峨的熔炉，巍峨的熔炉。从一块块普通的矿石，熔化成铁流；从一炉炉火红的钢水，凝结成坚毅的钢铁。

那隆隆的轰鸣，是我的沸腾的歌谣；那飞闪的钢花，是我灿烂的笑颜。那熊熊的烈焰，是我沸腾的激情；那滚滚的钢水，是我沸腾的血液。

我坚定的信念，铺展出一条条理想铁轨；我冲天的豪情，熔铸成一柄柄倚天古剑。啊，我坚强的意志，撑起一座座高楼大厦，高楼大厦，我卓越的品质，扬起一片片商海风帆，扬起一片片商海风帆。

4.《与时代并进》

现代化的理念，闪烁着创业者金子般的睿智，金子般的睿智。一业为主。多种经营，多种经营。蔚蓝色的厂房，蔚蓝色的厂房，荡漾着杭钢铁流般的激情，广纳百川活力倍增，活力倍增。

新世纪的灯火，展示了开拓者彩霞般的风采，彩霞般的风采。团结文明，实干创新，实干创新。远洋轮的汽笛，远洋轮的汽笛，鸣响了杭钢大海般的信心，走向世界参与竞争，参与竞争。

钢铁主业精，产业结构优，经营机制活，企业形象美，经济效益好。迈开坚实的脚步，杭钢与时代并进。朝着胜利的目标，杭钢与时代并进。

5.《古剑神韵》

云中凝紫气，天半走红霞。横空豪情冲斗牛，青锋三尺耀华夏，耀华夏。二千五百年传说，锻造一个不变的信念。一万六千轮日月，再续现代神话，再续一段现代神话。

九州邀豪杰，吴越聚精华。江山代有英雄出，世纪风流任挥洒，任挥洒。一千流百度炉火，辉映一片希望的热土。二万五千份赤诚，铸就钢铁奇葩，铸就钢铁奇葩。

杭钢杭钢，杭钢杭钢，古剑神韵扬天下，扬天下；杭钢杭钢，杭钢杭钢，古剑神韵扬天下，扬天下。

6.《站在钢城的广场上》

站在钢城的广场上，遥望远处银色的厂房。白云在天空缓缓飘过，绿树散发着春的芬芳。啊，杭钢，杭钢，新时代迎来新的模样，新世纪孕育新的希望。

站在钢城的广场上，遥望远处金色的厂房。朝霞展现新的一天，小鸟和我一齐歌唱。啊，杭钢，杭钢，新时代迎来新的模样，新世纪孕育新的希望。

她是江南一枝花，装点西子更漂亮。让钢厂永远年轻，让大地永远飘香。

7.《杭钢精神》

嗨嗨嗨嗨！嗨嗨嗨嗨！嗨哟嗬哎，嗨哟嗬！嗨哟嗬哎，嗨哟嗬！嗨哟嗬嗨，哟嗨哟嗬！

钱江大地留下我的足迹，留下我的足迹，挺直腰板，从不言败，团结实干，百炼成钢映红了我的人生，钢花闪耀着我的理想。啊！以钢铁意志做人建业报国，为了更加美好的明天，我们努力拼搏，再现辉煌。

浙江丰碑镌刻我的姓名，镌刻我的姓名。一业为主，多业并举，崇尚科学，敬业爱岗，键盘敲响了我的追求，炉台照亮了我的希望。啊！以钢铁意志做人建业报国，为了更加美好的明天，我们努力拼搏，再现辉煌。

【杭州杭氧股份有限公司】

企业标识

理念识别

经营宗旨：提供优质产品，满足客户需要，推动社会发展。

经营方针：以诚相待，信守合同，质量第一，热诚服务。

价值观念：以人为本，以效为佳，以创新为动力，以发展为目标。

发展战略：强化提升主体产业，扩大搞活辅助产业，构筑世界一流企业。

【淮北矿业集团有限责任公司】

企业标识

理念识别

企业精神：艰苦创新业、开拓争一流。

企业歌曲

《淮北矿务局局歌》作词：余致迫　作曲：魏景舒

我们捧出地下的太阳，为你发热，为你发光，要问那太阳，太阳的名字，淮北矿区，温暖送四方。啊！啊！我们特别能战斗，拓宽的巷道充满希望，我们无私奉献，每一次拼搏挥洒阳光，每一次拼搏挥洒阳光。

我们就是升起的太阳，为你燃烧，为你兴旺，要问那太阳，太阳的故乡，淮北矿区，再创新辉煌。啊！啊！我们特别能战斗，拓宽的巷道充满希望，我们无私奉献，每一次拼搏挥洒阳光，每一次拼搏挥洒阳光。

【安徽华茂集团有限公司】

企业标识

理念识别

华茂精神：严、齐、勤、谦。

华茂理念：华茂的生存空间在于整个世界；华茂的生命力在于适应市场；华茂管理的精髓在于不断挖掘潜力；华茂必须竭诚地为社会提供优良的服务；促使资本增值，造福于人类社会。

工作作风：用心、务实。

华茂文化精髓：对产品用心，对客户贴心，对社会尽心，对员工关心。

经营方针：以顾客为中心，以质量求生存，以科技创效益。

创业精神：胸怀大志，追求卓越的创先精神；崇尚科学，求真务实的创建精神；居安思变，持续变革的创新精神；造福后人，永续发展的创造精神。

【合肥美菱股份有限公司】

企业标识

理念识别

企业精神：进取、创新、奉献、和谐。

企业经营理念：专业、诚信。

企业宗旨：员工满意 客户满意 股东满意 社会满意

【厦门工程机械股份有限公司】

企业标识

理念识别

使命：为人类改善环境，为社会创造财富。

核心价值观：创新，诚信。

企业精神：以质量与服务求得生存、以创新与卓越实现腾飞。

经营理念：为用户创造价值，为股东创造效益，为员工创造机会。

【福建实达电脑集团股份有限公司】

企业标识

理念识别

核心价值观：诚信务实，进取创新。

行为准则：正直、务实、善于学习、勇于创新。

【福建南平南孚电池有限公司】

企业标识

理念识别

企业精神：自强不息，打造民族品牌；殷实求索，济身世界之林。

企业团队：诚聚英杰，凝智慧拓激情；携手团队，求豁达展宏图。

营销理念：品以精湛，博取顾客青睐；业以诚信，赢得万众皈依。

经营理念：功於勤奋，岁月不退光彩；技於创新，光阴更添璀璨。

【福建纺织化纤集团有限公司】

企业标识

理念识别

质量方针目标：高品质的追求，无止境的改进。

企业发展理念：以人为本，以质取胜。

【福建水泥股份有限公司】

企业标识

理念识别

企业使命：用我们的产品和服务，构筑美好生活空间。

企业愿景：中国水泥行业最具竞争力的企业集团。

企业精神：求实创新，追求卓越。

核心价值观：客户满意是我们质量的标准。员工满意是我们发展的基石。忠诚敬业是我们做人的品德。快速高效是我们做事的风格。沟通协同是我们行动的准则。保护环境是我们应尽的责任。

行为识别

公司对待员工：

1. 肯定员工的个人价值和尊严，认知员工的特长和优点。
2. 培养员工良好的职业素养。
3. 激发和发挥员工的主动性、积极性和创造性。
4. 为每个员工提供公平竞争、晋升和发展的机会，实行以能力、绩效为基础的晋升机制。
5. 为员工的工作和生活创造良好的环境和氛围。
6. 为员工提供公平合理的薪酬和福利待遇。

7. 帮助和鼓励员工通过教育和培训提高自己的工作技能,帮助公司员工制定个人职业发展生涯,提高工作效率从而增加晋升机会。

公司要求员工:

注重个人品德修养,自觉遵守社会公德、家庭美德、职业道德和公司规章制度。

做人坦诚,做事严谨,讲究效率,注重实效。

服从领导,顾全大局,统一意志,团结协作;不牺牲公司利益谋取个人利益,与公司同心同德。

树立职业理想,强化职能责任,提高职业技能,精通本职业务,力争一专多能。

爱岗敬业,诚实守信,忠诚公司、维护公司信誉、保守公司秘密。不从事第二职业,禁止从事同业第二职业。

正确对待领导的批评,善于听取不同观点和意见,不断完善自己,勇于否定自己,实现超越自我。

不利于团结的话不说,不利于团结的事不做。

讲究礼仪礼貌,做到仪表端庄、语言规范、举止得体、待人热情,保持个人形象与公司形象的统一。

公司要求干部:

廉洁自律,严于律己,宽以待人,以身作则做员工的表率。不仅要做好工作的带头人,还要做好廉洁的带头人、学习的带头人、改革的带头人、创新的带头人。

谦虚谨慎,团结同志,维护公司的整体利益。

具有较强的组织能力、沟通和协调能力。

具备实事求是、求真务实的思想作风和敢于负责的工作态度。

具有强烈的竞争意识和忧患意识,勇于创新,开拓进取。

善于站在全局和对方的角度考虑问题,坦诚交流,精诚协作。大事讲原则、小事讲风格、工作讲配合。

做事要有预案。做任何事应有充足的准备,不打无准备之战,要善于分析事物的多面性,预见不同的可能性,在提出问题的同时制订出解决问题的预案。

能主动提出工作见解和建议,根据公司整体目标明确自己的工作目标和任务,并主动负责落实;定下的事马上就办,不推诿扯皮,勇于承担责任。

尊重、关心、爱护和帮助下属,善于做思想工作,做员工的贴心人。

公司对待客户:

树立以客户为中心的观念,企业为客户而存在,客户是企业的衣食父母。

遵循企业与客户双赢的理念,形成利益共同体。

客户需求是我们努力的方向,想为客户所想、急为客户所急。

客户满意是我们永恒的追求,在追求中改进,在改进中提高,在提高中企业获得发展、客户更加满意。

要把创造顾客价值、帮助顾客成功、实现自我价值、实现企业发展统一起来。

客户的意见和建议是我们改进工作的机会,工作质量只有更好,没有最好,持续改进、不断提高才是目的。要把握市场导向、主动了解客户的意见和建议来改进我们的工作。

真诚为客户服务,售前服务要热情、售中服务要周到、售后服务要及时,对关键客户采用个性服务,提高服务竞争力。

正确对待顾客投诉,善于站在客户角度思考问题,真诚帮助客户解决问题。

以全程供应链的眼光,明确下一道工序是上一道工序的客户,以客户满意来衡量和改进自己的工作。每位员工都应清楚三个问题:我的客户是谁?我的客户需要什么?我该为客户做些什么?

只有赢得客户才能赢得市场。卖出今天的产品,只是你今天的市场;重视售后服务和市场评价,才是你今后的市场。

【江西化纤化工有限责任公司】

企业标识

公司旗

理念识别

企业精神:更勤、更实、更新、更强。

质量方针:以人为本、以诚取信、以质取胜、双赢为先。

营销方针:质量上乘、价格适宜、服务一流、信誉至上。

管理原则:制度到人、职责到人。

战略目标:跻身于国内一流优强企业行列。

职业道德规范:爱岗敬业、踏实高效、勤勉守信。

江维人的特质:勤奋、稳健、坚韧、进取。

员工守则:忠于事业、爱厂爱家;恪尽职守、立足本职。服从领导、听从安排;团结互助、维护荣誉。注重质量、追求效率;刻苦学习、完善自己。解放思想、求实进取;严守厂纪、步调一致。抵制歪风、捍卫正义;文明礼貌;从我做起。

企业歌曲

《江维之歌》作词:集体创作　作曲:胡均

我们是江维的年轻人,天鹅旗是我们的象征,为了追赶初升的太阳,我们奉献忠诚。啊,电石炉旁,加弹机前,塔罐群中我们奉献,奉献我们的智慧和力量,奉献智慧,奉献力量。歌唱收获,歌唱理想。歌唱收获,歌唱理想。

我们是江维的主人,天鹅旗是我们的象征,为了建设可爱的家园,我们奉献忠诚。啊,更勤更实,更新更强,天鹅旗下我们共建,共建我们的生活和明天,共建生活,共建明天。歌唱收获,歌唱理想。歌唱收获,歌唱理想。

我们是江维的主人,天鹅旗是我们的象征,为了祖国更加富强,我们奉献忠诚。啊,优质服务,信誉保证,天鹅旗下我们歌唱,歌唱我们的收获和理想,奉献智慧,奉献力量。歌唱收获,歌唱理想。歌唱收获,歌唱理想。

【临沂供电公司】

企业活动标识

标志内含“六爱六亲”和临沂供电公司英文字母,反映出公司倡导“六爱六亲”、构建和谐企业的主题,展示出和谐、融洽的视觉效果,具有普遍传播意义。标志上方为七彩阳光,以彩虹渐变色过渡,寓意公司始终坚持“人民电业为人民”的服务宗旨,深化“三个十条”、坚持“四个服务”、实施“彩虹工程”,广大电力职工托起了千家万户的太阳,奉献着电力人的心血和汗水,播撒光明和温暖。标志主体为两个“六”,也是两个象形的“人”,橙色,一方面寓意公司开展的“六爱六亲”活动,一方面寓意企业与员工的和谐发展,员工与员工的和谐相处,动感的线条彰显出临电人团结一心、携手并肩建设和谐企业的共同愿景。

理念识别

核心理念:“六爱六亲”,即爱企业、重亲和;爱岗位、重亲敬;爱同事、重亲近;爱客户、重亲切;爱家人、重亲情;爱邻里、重亲善。

【山东黄金集团有限公司】

企业标识

山东黄金集团有限公司
ShanDong Gold Corporation Ltd.

理念识别

企业精神:团结奋斗,艰苦创业,求真务实,开拓创新。

企业宗旨:以人为本,服务大局,市场至上,效益优先。

发展目标:立足山东,面向全国,以金为主,多元发展,冲出亚洲,走向世界。

发展策略:高举“金”字招牌,利用“金”字优势,巧做“金”字文章,绘制“金”字蓝图。

企业口号:做黄金人,做黄金事,走黄金路,创黄金业。

企业诗歌

《黄金大厦,我的家园》

黄金大厦,雄伟壮观,巍然屹立在省城济南。你创造过辉煌,经受过磨难,风风火火——度过十八年。你创立了一座座丰碑,打造了“山东黄金集团”这艘航空母舰;你掌管着齐鲁黄金大业,使山东黄金成为全国的亮点。

黄金大厦,金光闪闪,高高耸立在解放路边。你是黄金的灯塔,行业的指南,指引着黄金舰队——永往直前。你是黄金行业的领头羊,统率着全省几十个产金市和县;你生产交售的黄金居全国之首,你创造的经济效益超全国之半。黄金大厦,生机盎然,万紫千红,桃李满圆。你以金为主,多元发展,抢占了生物工程和纳米金刚石两个制高点。你制造的“鑫意首饰”成为全国的名牌,你生产的“泰山牌金条”令人刮目相看。你开辟了用黄金尾沙制砖的新纪元,你率领的金斯顿男篮,南征北战,捷报频传。

黄金大厦,前程无限,世纪之光使你更加光彩耀眼。你是泉城的明珠,齐鲁的光环,过往的人——无不留恋往返。你是财富的象征,你是价值的体现,你是开拓者攀登的基石,你是创业者力量的源泉。

黄金大厦,黄金集团,两个不同的名字凝聚了一个内涵。你的光辉形象让人仰慕,你的辉煌业绩叫人称赞。我不会忘记你的过去,但更看重你的今天和明天;因为你的今天比昨天更美好,你的明天会比今天更灿烂。黄金大厦,我的家园,我伴随你走过了整整十八年;我虽然没有为你作些什么,但我留下的无数脚印使你的基础更坚;我虽已年过六旬,但忠于你的红心永不改变;请允许我借此机会由衷的说一句:黄金大厦,黄金集团,我愿与你披头到老,我将爱你到永远”。

【山东华冠股份有限公司】

企业标识

理念识别

经营理念:让股东满意,让职工满意,让用户满意,让政府满意。

【浪潮电子信息产业集团公司】

企业标识

理念识别

企业理念:尖端科技的产业化,务实与创新精神,专注化,一体化,国际化,快速反应、精准执行。

【青岛啤酒股份有限公司】

企业标识

理念识别

企业理念:大名牌战略。

战略决策:新鲜度管理,高起点发展、低成本扩张,市场网络建设。

【青岛双星集团公司】

企业标识

理念识别

双星精神:爱厂、求实、拼搏、兴利、开拓、前进。

双星人境界:客观的想,科学的创,认真的做,务实的干,愉快的过,潇洒的活。

管理意识:人是兴厂之本,管理以人为主。

经营意识:市场是检验企业一切工作的标准。

质量意识:企业什么都可以改革,唯有质量第一不能改革。

发展意识:市场无终止,名牌无终身,管理无句号。

【华泰集团】

企业标识

以“初升的太阳”和“人”为设计元素,英文“huatai”字头“h”与“人”字相形,构成“华泰人”屹立于太阳升起的东方。红色的太阳象征生命和力量,喻意“华泰集团”蒸蒸日上的发展和宏伟目标,也赋予企业开拓创新的光辉历程和光明的未来。

理念识别

华泰的使命:产业报国,造福社会。

华泰的目标:振兴民族纸业,建设绿色华泰。

核心价值观:为社会提供更优质的产品,为员工创造更幸福的生活。

企业精神:敬业拼搏,永不满足。

经营理念:诚实守信,利益共享。

质量理念:今天的质量就是明天的市场。

人才理念:海阔凭鱼跃,天高任鸟飞。

华泰员工行为准则:做老实人,干嘹亮事。

华泰的干部素质要求:智、信、仁、勇、严。

企业管理三大理念:第一,解决思想问题。第二,以身作则的品格。第三,创业创新的心态。

【将军烟草(集团)有限公司】

企业标识

理念识别

企业精神:学习进步、团结向上、热情相助、整体最优。

质量方针:内外一流、内外满意、锲而不舍、不断追求。

企业铭:将军不是历史。“将军”在这里特指:将军人、将军品牌、将军集团。将军有过昨日的辉煌,有着今天骄人的业绩,但未来风险不相信历史辉煌。竞争和危机与将军同在。要使将军不成为历史,保持将军风采依旧,就需要我们牢记创业的艰苦,忘却成功,居安思危,做永远的跋涉者和奋斗者。

企业基本管理思想:奉行“人本”理论,坚持“诚信人、尊重人、关心人、育人重于用人”的原则。讲“以人为本、育人为先”作为指导企业发展,规范企业管理的基本哲学。在用人方面,信奉“人本善”,将信任放在首位,将发展人,成就人作为企业全部工作的更崇高的目的。形成尊重员工人性特点,尊重员工创造性的和谐使管理模式。

企业主导价值观:追求财富最大化。

企业发展战略:名牌带动,规模经营,多元开发。

将军文化的思想内涵:上下同欲,精诚和谐的人本意识;刚柔相济,软硬结合的管理思想;超越自我,追求卓越的创新精神;运筹帷幄,独步市场的经营理念。

【山东新华制药股份有限公司】

企业标识

理念识别

新华精神:团结诚信,拼搏开拓,永远追求先进。

新华作风:务实求严,创新文明。

新华人形象:“一高两实三在先”,即高度的责任心,扎实肯干,诚实待人,文明在先、事业在先,奉献在先。

企业管理思想:“两个轮子一根轴”,“两个轮子”即企业管理和技术进步,“一根轴”即职工群体素质。

新华的质量观:产品质量关系企业生命,药品质量关系人的生命。

新华制药最高管理者承诺:为顾客创造产品,为股东创造利益,为员工创造机会,为社会创造繁荣。

服务承诺:用户的需求就是我们的追求。服务有起点,满意无终点。

质量方针:公司秉承“创造健康、贡献人类”的经营理念,坚持“两个生命”质量价值观,遵守国家法律法规,满足顾客需求,持续改进质量管理体系。在进一步巩固化学原料药优势地位的同时,加速制剂的发展,强化新药研制,不断提高产品质量和服务质量,为人类健康事业奉献优质高效药品。

品牌理念:新华牌——中国牌。

【山东鲁抗医药集团有限公司】

企业标识

理念识别

公司宗旨:鲁抗视医药为生命之神,以现代生物技术为手段,以保障病患者生命为己任,生产优质、安全、高效的药品,为人民医疗保障事业服务。

企业精神:团结奋斗、求实创新。

治厂方针:安定团结、福利发展。

经营理念:企业以盈利为目的,员工为盈利而工作。

价值观:鲁抗医药、生命之神、创百年大业。

管理观:天助自助者。如临深渊、如履薄冰、精干高效、不分彼此。

发展观:发展生态医药、人用药品、生物动物药品、生物农药。

【山东如意科技集团】

企业标识

理念识别

企业精神:德载品质,竞显卓越。

核心理念:从严求实,至诚至善。

经营理念:科技领先,精品战略。

核心竞争力:不断变革,持续创新。

发展理念:强抓机遇,乘势而上。

企业作风:无私奉献,追求卓越。

企业口号:尽如人意,无愧我心。

管理理念:创新每一天,危机每一天;自我管理,自我改进,自我发展。

市场理念:世界视野;市场无限大;最大的敌人是我们自己,最大的市场在我们内部。

产品理念:站在市场最前沿,抢占科技至高点。

人才理念:只有无用的管理,没有无用的人才,人尽其才,才尽其用。

形象观:人的形象:诚信刻苦,精干敬业。事的形象:高效创新,规范圆满。物的形象:新颖、雅致、完美、品位。

【山东玻璃集团】

企业标识

山东玻璃集团

理念识别

核心理念:纯真、卓越、全球化。

企业使命:我们承续炼石补天的精魂,恪守并光大中华民族以勤治业的美德,信赖并尊重每位员工的智慧与贡献。我们不断提升完善自己的产品、人品与业品,锐意创新、永续创业,矢志成为世界材料工业的中坚力量,为中国经济的繁荣、为世界文明的昌隆尽一己之力。

企业愿景:我们以“无为而治,基业长青”为目标,力求保持在材料制造业的优势地位,并不断拓展发展空间,充分凝聚和利用内外智识及资源。我们将为社会奉献更多的利益和关爱,为股东创造更大的资本价值,为员工营造更加优越的工作生活环境,为市场提供更具魅力的产品及服务。努力成为超大型、综合性、现代化的跨国企业,成为中国最具实力、活力与吸引力的集团公司之一。

企业精神:艰苦奋斗、勇于开拓、立业求新、砺志图强。

经营哲学:我们与客户是互依互存的生态关系,视服务为产品的延伸;坚持为客户营造价值享受与增值空间;以双赢为驱动力,在共同的价值链上共享利益。

市场理念:客户的赞誉与微笑就是市场;企业的观念与选择就是市场;员工的感受与行为就是市场。

质量方针:创金品名牌、铸金品美誉、让顾客满意。

人才理念:人才是企业的第一资源;人人都有潜能,人人皆可成才。

安全理念:安全是最大的节约,事故是最大的浪费,麻痹是最大的隐患,失职是最大的祸根。

【青岛港务局】

企业标识

理念识别

企业精神:“三个一代人”精神:一代人要有一代人的作为,一代人要有一代人的贡献,一代人要有一代人的牺牲。

核心价值观:以信念、感情、珍惜、奉献为主题的人本价值观。

企业宗旨:一心为民,造福职工。

服务品牌:诚纳四海。

经营理念:以“三项原则”为核心,落实“三个第一”,坚持服务、质量、信誉是青岛港的生命线,内抓素质、外树形象。

【山东省对外贸易集团】

企业标识

理念识别

企业精神:团结,开拓,创业,增效。

【山东邹平东方化工有限公司】

企业标识

理念识别

企业精神：诚信久远，追求无限。谁升起，谁就是太阳，全员与企业一起追求卓越。

管理文化：以人为本、刚性的制度、有情的激励。

工作方针：共谋共计，严细管理，求实创新；群策群力，拼搏进取，抢占先机；同舟同济，只争朝夕，腾飞崛起。

发展目标：创中国名牌，成为中国农业肥料生产基地。

发展主题：创新引导发展，速度保障创新。

发展战略：创名牌员工，创名牌产品，创名牌企业。

生产理念：订单就是命令。

经营理念：科技以人为本，品质创造未来。

市场理念：以市场为中心，以客户为重心，以技术为核心。

服务理念：把困难留给自己，把方便送给客户。

用人理念：舞台广大，尽展才华。只要有水平，就会有提升。

员工理念：企业是我家，发展靠大家。

工作理念：今天工作不努力，明天努力找工作。

安全生产理念：一时疏忽，一世痛苦。一人安全，全家幸福。你的安全，是全公司的心愿，是全家人的心愿，是全社会的心愿。

办事原则：今天的事情今天办；能办的事情马上办；困难的事情想法办；重要的事情优先办；即时的事情及时办；琐碎的事情插空办；所有的事情认真办。

约束原则：讲自己，不讲别人；讲内因，不讲外因；讲主观，不讲客观。

公司宗旨：客户至上，质量第一；精益求精，服务始终；开拓进取、薄利多销。

【河南天冠企业集团有限公司】

企业标识

理念识别

企业宗旨：质量第一，用户至上。

企业精神：理想、纪律、勤奋、向上。

经营理念：牢固树立两头在外、开发国内外两大市场的哑铃型经营理念，以市场为导向、大力建设巩固销售网络，形成上下成层、纵横成网的经营触角，使产品直通消费终点。

合力文化理念：许继集团、合力奉献。

合力文化的内涵：合力文化是以合力为核心价值观的企业文化，是奋发向上企业文化理念的核心、灵魂和基石，是企业在追求成功的过程中对其行为做出的价值判断及奉行的行为准则。

合力文化的本质：通过核心价值观协调各种关系，形成组织合力，整合内外部资源创造价值，使个人价值、集体价值、社会价值得以共同实现。

合力文化的基本特征：开放、务实、合作、创造价值。

合力文化的企业核心价值观遵循的基本原则：人的价值高于物的价值，即以人为本；集体价值高于个人价值，即以合为贵；社会价值高于企业价值，即以诚为重。

【洛阳春都食品股份有限公司】

企业标识

理念识别

企业精神：诚信、务实、创新、多赢。

企业目标：品质为本，重创中国肉类食品领先品牌。

服务理念：消费者的需求、企业的追求。

经营理念：食品专业化、服务链条化、价格百姓化、管理规范化。

【中国长江动力公司（集团）】

企业标识

理念识别

企业理念：科技争先、拼搏求强。

【汉江集团】

企业标识

汉江集团徽标由 Hanjiang Group 之"HG"演变成抽象之飞鹰,迎浪奔腾向上、无限伸展,表现了汉江集团以鹏程万里之势,参与市场竞争,寻求企业生存发展的理念。

【武汉健民药业集团股份有限公司】

企业标识

理念识别

企业精神:优质、信誉、求实、创新。

经营理念:关注民生,健康民众。

企业宗旨:竭诚服务,追求卓越。

发展战略:弘扬国药精粹,致力整体医药。

兴企方略:以人为本,以德兴企。

经营方针:真情所至,金石为开,互惠互利,共生双赢。

科研方针:以专有技术和自主知识产权构建产品质量、成本、服务优势,形成核心竞争力。

人才理念:聚天下英才,创健民伟业。

管理理念:严格、高效、规范、合理。

价值理念:广大消费者的信任、尊重和忠诚,是健民实现企业价值的关键。

奋斗目标:创建世界一流的科技先导型企业。

团队精神:坦诚豁达、精诚合作。以公司目标为前提,保持有效的集体协作,积极参与公司发展的集体创造。

与员工的伙伴关系:公司与员工建立互敬互信的伙伴关系,尊重员工的个人成就感、归属感、尊严权利和自我价值实现的愿望,提供与公司地位与效益相称的福利待遇。

品质的重要性:追求高品质,提供完美的服务,不断满足消费者需求,是健民的责任和自身发展的必须。

利润的角色:维系健民的生存与发展,在追求最佳业绩的同时兼顾短期的获利和长期的成长。

涌泉相报:创造效益,提高员工生活水平,回报社会。公司所有的效益来自于市场,来自于员工的辛勤劳动,来自于对我们产品感到满意的消费者。

创新和寻求更佳方案:崇尚创新精神。创新无止境,最佳方案永远是下一个。

历史使命:为提高民众的健康水平奉献我们的真诚、智慧与努力。

【湖南华菱钢铁集团有限责任公司】

企业标识

理念识别

核心理念:华菱主动危机论。

企业精神:"孙子"哲学:注重公关、虚心处世、回报社会。

湘勇精神:敢为人先、永不言败、奋力拚搏。

团队观念:精诚团结、维护大局、司荣我荣。

创新思维:锐意进取,超越自我、追求卓越。

海绵意识:博采众长,学以致用、不耻下问。

经营理念:走进前瞻科学、追求产业优势,实现资本裂变、创造华菱财团。

【白沙集团(长沙卷烟厂)】

企业标识

千年的白沙古井,优雅高贵的白鹤。这些处处透射着千年楚湘文化底蕴的符号都是白沙品牌长期积淀下来优秀的品牌资产。站在千年巨人的肩上,我们看到了"飞翔",看到了千年不变的"飞翔之梦"赋予新的"飞翔"涵义的机会。

"鹤舞白沙，我心飞翔"的理念视觉化表现为三道蕴涵无限张力的轨迹围绕着中心光明之点旋转，抽象地提炼出螺旋式上升的企业发展势头，更展示了飞向深邃，飞向无限的人类之梦。

三道轨迹与光明之点的组合，形象的表现出一只振翅高飞的鹤，从物质到精神，这只鹤完成了它的质变，成为我们的梦想，从今往后，与我们的手一起相连，一起创造。

理念识别

对政府讲诚信：做长寿企业，铸造百年长烟。

对合作伙伴讲诚信：建立战略伙伴关系，实现共生双赢。

对消费者讲诚信：用科技和文化打造品牌，为消费者提供超值服务。

对员工讲诚信：让员工具备终身就业的能力，实现员工和企业的共同成长。

白沙使命：用智慧、科技和文化的力量，使白沙成长为令人尊敬的"四满意"企业。消费者满意—以消费者为关注焦点，充满人文关怀。政府满意—立足社会，回报社会，关注公益，追求和谐发展。合作伙伴满意—建立双赢的战略合作伙伴关系。员工满意—使为企业做出贡献的员工得到最大的尊重。

白沙战略：可持续发展战略：做长寿企业，走可持续发展之路。专注于核心业务：有所为有所不为，集中精力做好主要产业。

白沙文化：从 3A. HOT 到"十四字方针"：鹤为形、和为神、飞翔之道、简单管理。鹤：白沙文化的图腾，自信、从容、稳健、和谐共生；和：白沙文化的精髓，"和"是赢、多赢和持续地赢，是对优势的集约；飞翔文化：追求从容、自信、生生不息、不断超越的生命状态；简单管理：三个设计理念：驭繁就简的思维方式；说到做到的执行力；去掉多余、凡事找规律。

行为识别

长烟企业形象代表职责定位：选拔一批优秀员工，进行综合素质培养，使其成长为企业形象代表，能忠实履行企业形象员任务；针对不同形象员特点，进行设计、包装，选派每次活动的形象员，使每位形象员找到最适合的位置；使每次活动发挥形象员最大作用，最大限度地推介企业、产品形象。

长烟企业形象代表指导思想：回顾历史，着眼未来，沉淀长烟文化底蕴，提炼精华，代表长烟形象，展现长烟风采；立足长烟，开阔视野，吸纳外界精华，高起点要求，亲和力强，富有大企业风范；丰富交际技巧，提高综合素质，以最佳的个人形象、最朴实最优雅的谈吐推介企业形象、宣传企业产品；把形象员的个人形象、企业的形象及品牌的诠解推介三者相结合，和诸统一，创造精品。

长烟企业形象：爱国、爱厂、爱岗位；爱人、爱己、爱消费者；忠诚敬业，追求卓越；不断超越，不断创新；谈吐优雅，妙言连珠；有气质，有大企业风范；有亲和力，具有号召能力。

职业化的基本标准：尊重职业：尊重职业意味着尊重责任、尊重承诺。答应的事情一定做好。遵守职业规范：从情感、观念到行为，都能严守职业规范，讲求职业道德。具有职业意识：干一行，爱一行，专一行。不做通晓百事但做不成一事的"万金油"。职业追求：不断提升职业能力，追求职业生涯的更高境界。

白沙人行为准则：反对花拳绣腿，反对虎头蛇尾，反对繁文缛节，反对文山会海，反对好人主义。

企业歌曲

《我心飞翔》 作词：卢平 作曲：捞仔

再大的都市装不下，双眼的眺望，梦想的宽广。再少的人群也能拥有，深深的信仰，共同的渴望。快舒展我们的臂膀，释放那力量，触摸最高的理想，用心中燃烧的热情，溶化那黑夜，让光荣闪亮，用每张真诚的面庞，都写满执着和骄傲，汇成胜利的篇章，是在欢呼梦想的启航。

看，我心飞翔，飞向前方，超越时光，快快张开你我梦想的翅膀，一起追寻那永恒辉煌。

【中国南车集团株洲电力机车公司】

企业标识

CSR 中国南车集团株洲电力机车有限公司
CSR ZHUZHOU ELECTRIC LOCOMOTIVE CO.,LTD.

理念识别

电力机车精神：造一流车，育一流人，创一流企业。

企业宗旨：追求人与自然和谐的交通方式，创造人类时空新体验，推动文明进步与繁荣。

企业目标：建设中国轨道电力牵引设备新产品开发领先企业、做全球知名的轨道电力牵引装备制造商和民族工业的振兴者，把提升居民生活质量作为理想的具有高度社会责任感的企业。

客户理念：携手共进，拓展时空。共创进步与繁荣。

经营理念：零缺陷、零库存、零投诉。

工作作风：精益求精、精工细作、精打细算、认真负责。

【长沙中联重工科技发展股份有限公司】

企业标识

理念识别

核心理念：诚信为本，不息为体，日新为道；广博揽物，厚德载物，悠远为物。

质量理念：表里如一，品质卓越。

产品理念：人性化，标准化，科技化。

市场理念：市场有价，服务无价。

竞争理念：淘汰你的人，不是你的竞争者，而应是你自己。

人际理念：躬自厚而薄责于人。

团队理念：厚则聚众，众聚则强。

创新理念：不息为体，日新为道。

价值理念：个人价值源于企业，企业价值源于社会。

用人理念：做品牌人，用品牌人。

【广州航道局】

企业标识

理念识别

企业目标：打造“最受欢迎的中国疏浚公司”。

企业精神：至诚至信、尽职尽责、共创价值。

企业宗旨：精于疏浚、服务港航、优质回报。

企业战略：致力管理领先、锻造欢迎链条、做专做优疏浚、实现持续发展。

企业经营哲学：多一点换位思考，就多一点接近成功。

企业作风：务实、学习、效率、激情。

企业传统：大局为先、团结拼搏、甘于奉献。

服务理念：岗位如同市场，市场始于服务，服务在于细节。

人本理念：安全、健康、个性、发展。

质量理念：一粑一斗不敢省心，浚海拓地同修品誉。

安全理念：真正的安全来自于受控。

环保理念：人、技术、环境和谐一致。

学习理念：善于学习，快于对手学习。

决策理念：用数字说话，以价值决策。

创新理念：敢为人先、鼓励尝试。

员工发展理念：坚持“8.2.1”，成功每一天，成就你一生。

沟通准则（员工关系）：谦和、互信、简单。

【广州无线电集团有限公司】

企业标识

理念识别

企业使命：邀成功之人才，创长盛之企业。

企业经营哲学：点滴注入，盛于久远。

企业目标：创建可持续发展的高科技企业。

企业发展战略：以专求强，以精求特，夯实基础，做强做大。重点发展国防、交通运输、金融、税务等国民经济重要领域所需要的高科技通信及电子终端产品，开拓系统工程；扶持机械模具业发展；适度发展第三产业。

企业精神：齐心、求实、诚信、开拓。

企业核心价值理念：专注执着、超越自我、追求卓越。

企业宗旨：创造价值、创造机会、创造效益。

企业作风：求真务实、协调高效。

【广州港集团有限公司】

企业标识

理念识别

经营理念：客户至上、诚信为本。

服务宗旨：安全、优质、高效、便捷。

【广东省韶关钢铁集团有限公司】

企业标识

理念识别

企业核心价值观：诚信为本、规范高效、创新业绩、真诚奉献。

【康佳集团股份有限公司】

企业标识

理念识别

康佳理念：创新生活每一天。

康佳宗旨：质量第一、信誉为本。

康佳精神：团结开拓、求实创新。

康佳目标：领先国内、赶超世界。

康佳口号：员工至亲、客户至尊。

康佳信念：建设一流环境、培养一流人才、练就一流技术、生产一流产品、提供一流服务、创造一流效益。

康佳风格：我为你，你为他，人人为康佳，康佳为国家。

康佳服务承诺：康佳产品遍四方，售后服务到府上。

【丽珠医药集团股份有限公司】

企业标识

理念识别

丽珠精神：务实、创新、高效。

丽珠目标：成为中国医药行业最卓越的企业之一。

团队行为准则：目标管理、共同发展、真诚沟通、团结协作、职责清晰、奖罚分明、诚实务实、遵纪守法、勇于创新、追求卓越。

【广东汕头超声电子股份有限公司】

企业标识

理念识别

企业宗旨：客户满意，员工满意，投资者满意和社会满意。

用人理念：建立学习型组织。推行诚实、亲善政策和公正的用人制度。提倡进取、自尊和自我表现。为员工提供轻松愉快之工作环境，活跃企业文化生活。重视员工福利。重视社会责任，保持企业良好的公众形象，让每个人能为在本公司工作而感到自豪。

【广东美雅集团股份有限公司】

企业标识

理念识别

美雅发展战略：企业集团化、产品国际化、经营多元化、产销一体化。

美雅宗旨：美雅，温情暖万家。

美雅理念：推陈出新，超越自我。

美雅团队精神：爱厂、求实、创新、讲效益、讲贡献。

美雅文化：以人为本，量才发展，缔造精品、奉献社会。

【TCL 集团有限公司】

企业标识

理念识别

企业精神：敬业、诚信、团队、创新

核心价值观：坚持市场及顾客导向，尊重员工，对股东和社会承担责任。

【广西柳州钢铁（集团）公司】

企业标识

理念识别

企业精神:求变、求进、求强。

企业宗旨:追求卓越、奉献社会。

营销理念:真诚合作、实现共赢。

经营理念:铸造精品,以义求利。

管理理念:以人为本,依法治企。

生产经营战略:以结构调整为主线,依靠科学进步、优化工艺技术和产品结构;强化管理、优质高效、低成本;稳步、快速、可持续发展。

【柳州五菱汽车有限责任公司】

企业标识

柳州五菱汽车有限责任公司

理念识别

企业精神:艰苦创业、自强不息。

企业宗旨:造人、造车、造企业。

核心价值观:以五菱发展为重。继承、学习、创新。客户至上。以人为本、团队合作。以五菱发展为重。忠诚于企业,以五菱的发展和利益为工作的出发点和落脚点;相互尊重,相互信任,相互支持。继承、学习、创新。弘扬五菱优秀文化,突破传统思维;善于学习,持续改进,敢于创新。客户至上。满足客户的需要就是我们工作最基本的标准;超越客户的期望是我们努力的目标。以人为本、团队合作。充分关心和保障每个员工的安全和健康,充分尊重员工的才能,并鼓励员工创造力的发挥;集合不同个性的员工,形成高效团队;集成内外资源,营造有高度竞争力的价值链。

经营理念:造百姓喜爱的车。

制造理念:简单化、低成本。

质量理念:质量是制造出来的!“不制造、不接受、不传递”缺陷!

用人理念:能力+意愿=人才　你有多大的能耐,就给你搭多大的舞台。

【海南航空股份有限公司】

企业标识

理念识别

海航文化:人生是人心的体验过程,而海航正是给员工创造一个舞台,让他们把人生过得好一些,生活质量高一些,让他们感悟到人生的真理。这是企业文化的根本。在这个文化核心的作用下,产生许多文化的链条:第一个链条,是“四大”——大众认同,大众参与,大众成就,大众分享。第二个链条,是“三为”——为社会做点事,为他人做点事,为自己做点事,在回首往事的时候,不留下遗憾。第三个链条,是行为规范上的“四至”——至诚,至善,至精,至美。人生一世,不外乎两件事——做人与做事。人生真正圆满要做到两大圆满——做人要做圆满,做事也要圆满,这是人生的最高境界。

行为识别

海航同仁共勉:团体以和睦为兴盛,精进以持恒为准则,健康以慎食为良药,诤议以宽恕为旨要,长幼以慈爱为进德,学问以勤习为入门,待人以至诚为基石,处众以谦恭为有理,凡事以预立而不劳,接物以谨慎为根本。

海航员工训条:积厚德,存正心;乐敬业,诚为本。入角色,融团队;坚誓愿,志高远。赢道义,勿自矜;吃些亏,忌怨恨。讲学习,敬师长;不夸能,勤精进。除懒惰,止奢欲;培定力,绝私弊。离恶友,甘淡泊;忍人辱,达道理。

海航企业文化格言:为社会做点事,为他人做点事,为自己做点事。至诚,至善,至精,至美。大众认同,大众参与,大众成就,大众分享。

海航奋斗目标:为创造世界级百年企业品牌而奋斗!

【自贡鸿鹤化工(集团)有限责任公司】

企业标识

理念识别

企业理念：鹤征八表，止于至善。

经营理念：追求卓越品质，满足顾客期望。

质量方针：靠管理提升质量、靠质量塑造品牌、靠品牌拓展市场、靠市场营谋发展。

【四川长虹电器股份有限公司】

企业标识

CHANGHONG
四川长虹电子集团公司

CHANGHONG 长虹

理念识别

长虹精神：创新、求实、拼博、奉献。

企业宗旨：员工满意、顾客满意、股东满意。

企业理念：科技领先、速度取胜。

市场理念：以市场为导向，“定单合同”为核心，一切服务于客户、服务于订单合同。

质量理念：精益求精，追求卓越。

人才理念：公司为员工提供机会，员工为公司创造财富。

管理理念

管理是管理者思维的管理：任何创新都是有风险的，遇到风险不去闯，不去思维，就不会有结果。创新允许失败，允许犯错误，关键是要总结，一步一个脚印，循序渐进。

管理是管理者思想境界的管理：什么是思想境界？光明正大，一视同仁。

管理是不断树立新的、更高目标的管理：建立一个更高的目标，这个目标工作就有拉动。市场竞争就是优胜劣汰，不进则退，甚至小进也是退。所以要不断树立新的、更高的目标。有了目标才有措施，有了措施，再来分析、落实，目标完成了，再树立新的目标。

管理特征：以人为本，刚性制度，有情激励。

质量观：质量第一、用户至上。

经营观：以市场为导向，一切服从于市场、一切服务于市场，得消费者心者得市场。

管理观：以人为本，关心人、理解人、尊重人，科学与严格相统一。

人才观：市场竞争最终是人才的竞争。人力资源是公司的最宝贵财富。

卓越观：激励自己，挑战现实，创一流企业。

【五粮液集团有限公司】

企业标识

理念识别

企业精神：创新、开拓、竞争、拼搏、奋进。

经营理念：以顾客和市场为导向，精艺创新，诚信经营，全方位地为各阶层的广大消费者、股东、员工、合作伙伴最大程度地创造价值，协调实现卓越的经济效益、环境效益和社会效益。

价值观：构建以顾客和市场为导向、灵活应变、快速反应的组织系统；打造善于学习、勇于创新、敢于实践、一专多能、追求卓越的员工队伍；用创新的观念、体制、机制、管理、技术、产品和服务，推动公司持续稳定发展；诚信经营，为顾客、股东、员工和合作伙伴创造价值。

核心价值观：敬业奉公，精艺克靡，我们为消费者而生而长，先天下消费者之忧而忧，后天下消费者之乐而乐。

目标：最大程度地满足顾客和员工的物质、精神享受、实现卓越的经济效益、环境效益和社会效益。

使命：弘扬历史承传的精髓，用我们的智慧、勇气和勤劳来造福社会。

愿景：成为生产经营世界名优酒的全球知名公司，确保行业综合效益第一，竞争力第一。文化理念：为顾客创造价值，为员工实现理想，共同创造公司美好的明天。

发展方向：由生产经营中国名优酒的中国知名公司成长为生产经营世界名优酒的全球知名公司。在全球优化资源配置，在全球优化市场，在全球增加产品和服务的竞争力。跨入世界经济大循环，走新型工业化的道路，适时拉长产业链，努力提高综合经济效益。确保行业综合效益第一，竞争力第一。

发展战略：逐步提高高中价位品牌的市场占有率，逐步降低低价位品牌的市场占有率，实施(1+9+8)工程。

【四川剑南春(集团)有限责任公司】

企业标识

理念识别

企业精神：团结、高质、开拓、创新。

经营方针：“三个提供”、“三个寻求”、“三项守则”。“三个提供”，即为国家提供更多的利税，为用户提供满意的服务，为企业职工生活的改善提供条件；“三个寻求”，即寻求新市场、寻求新的发展资金、寻求新的技术；“三项守则”，即合法、守信、互利。“剑南春”的经营哲学：以质量求生存，以品种求发展。

治厂方针：依靠职工，依法制厂。“剑南春”的厂风：团结、进取、文明、守纪。

工作作风：严、细、精。“剑南春”的公共关系原则：不卑不亢，礼貌大方。

功过观：奖罚分明，论功行赏，无功是过。

职业道德：忠于职守、严格把关、讲究信誉。

干部公德：办事公正、尽职尽责。

剑南春风格：名酒名贵，名在风格贵在质量。剑南春系列酒精选高粱、大米、小麦、糯米、玉米等粮食做酿酒原料。弥经两千余载，独具特色。经权威检测，剑南春酒所具有的对人体微量元素比一般酒多得多。

【四川国栋建设股份有限公司】

企业标识

四川国栋建设股份有限公司
SICHUAN GUODONG CONSTRUCTION CO. LTD

理念识别

经营理念：人才多样化；企业现代化；产品科技化；经营规模化；市场国际化；成果绩优化。

【四川金顶(集团)股份有限公司】

企业标识

www.scjd.cn

理念识别

企业战略目标：把金顶集团建设成为拥有核心竞争能力和核心价值观的现代大公司。

企业管理目标：人尽其才、物尽其用、钱尽其值、各尽所能。达到“人人有事做，事事有人做；物物有用处，需用都有钱；钱钱有利创，利利有钱投”。

企业经营哲学：财散则人聚，财聚则人散，取之而有道，用之而欢乐。

企业经营理念：大集团战略，小核算体系，投资式管理，资本化运作。

企业宗旨：为顾客创造价值，为股东创造利益，为员工创造前途，为社会创造繁荣。

企业精神：求知、务实、创新、卓越。

企业道德：外树企业形象，内育职业忠诚。

金顶座右铭：读万卷书，行万里路，交万人友，创金顶业。

金顶用人观：有德有才者，大胆聘用，可三顾茅庐，高薪礼聘；有德无才者，委以小用，可教育培训，促其发展；无德无才者，自食其力；无德有才者，坚决不用，如伪装混入，后患无穷。

金顶公私观：舍己为公，大公无私，公而忘私，是先进的；先公后私，公私兼顾，是允许的；先私后公，私字当头，是要教育批评的；假公济私，损公肥私，是要制止与打击的；表面为公，暗中为私，乃伪君子，是要防止的。

金顶“五年”规划目标：通过市场、管理、资源的创新整合，构建顾客忠诚的金顶制造品牌与市场网络体系，实现利润回报、顾客忠诚、管理潜能、创新学习的同步提升。

金顶“五年”规化指导思想：管理信息化，服务网络化，发展品牌化，资本市场化，合作全球化。

【太极集团有限公司】

企业标识

理念识别

企业理念：忠诚、团结、努力、责任。

企业歌曲

《太极好儿男——太极之歌》

朝行长江畔，暮宿黄河边，迎风浪洗礼，使我志更坚。笑看浑天多气数，雄师百万于胸间。人说商场如战场，我履战场如平川。跨过千层浪，翻越万重山。看那朝霞普照，太极的好儿男，满腔热血，雄肝义胆，看那功勋卓著，太极的好儿男，太极的好儿男。

采得黄山菊，邀上九华仙，华佗故里修太极天道人间。笑看浑天多气数，雄师百万于胸间。人说商场如战场，我履战场如平川。跨过千层浪，翻越万重山。看那朝霞普照，太极的好儿男，满腔热血，雄肝义胆，看那功勋卓著，太极的好儿男，太极的好儿男。

【昆明钢铁集团有限责任公司】

企业标识

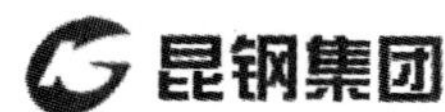

Kunming Iron&Steel(Group) Co.Ltd.(KISC)

理念识别

企业宗旨：创造价值、创造文明、造福社会。

企业愿景：铸高原钢脊、塑美好人生、谋科学发展、立永固基业。

企业目标：铸优强企业、塑亚洲品牌。

经营理念：质量为本、客户至上、诚信共赢。

经营理念：诚信、商机、竞合。

竞争理念：扬长避短、领先一步。

发展理念：全面协调、科学发展。

用人理念：德才兼备、选贤任能。

【昆明卷烟厂】

企业标识

“云烟”英文开头两字母形象“YY”的抽象变形，辅以简炼的方形定格，表示昆烟以“云烟”为首的名优产品形象。

贯穿方框的图形，象征昆烟企业敢于打破旧框框，旧观念，敢为人先，超越自身的行为气魄。字形巧妙地组合成WY——分别为英语“世界”（world）和“云烟”（yun yan）的字头，意喻云烟走向世界，体现昆烟挑战未来的经营理念。

【中国贵州茅台酒厂集团】

企业标识

中国贵州茅台酒厂有限责任公司

CHINA KWEICHOW MOUTAI DISTILLERY CO., LTD

理念识别

企业愿景：铸造一流企业。

经营理念：酿造高品位的生活。

企业精神：爱我茅台，为国争光。

企业发展方向：走新型工业化道路，做好酒的文章，走出酒的天地。

核心价值观：以人为本、以质求存、恪守诚信、团结拼搏、继承创新。

核心竞争力：品牌、品质、文化、环境、工艺。

对社会的承诺：至诚至信。

产品定位：有机茅台、人文茅台、科技茅台、世界最好的蒸馏酒。

质量观：质量第一、产量服从质量、成本服从质量、速度服从质量。

质量方针：以顾客为中心、以质量求生存、以创新求完美。

市场观：满足需求、创新市场。

服务观：顾客心动、我们行动。

建设营销网络目的：方便购买、放心消费。

与合作方或相关方合作原则：质量第一、真诚待人、实现双赢。

建立供方关系原则：选择与国酒品牌相适应的供应商。

人才观：人有所用、人尽其用。

员工价值观：立足国酒、奉献社会、成就自我、完美人生。

员工工作态度：自讨苦吃、自出难题、自加压力、自强不息。

环境方针：严守法规，防治结合，持续改进，推行清洁生产，实施节能降耗，倡导绿色、有机茅台理念，创建花园式企业。

QHSAS（职业健康安全管理）方针：遵守法规，预防为主，全员参与，持续改进，提高职业健康、安全管理水平。

【酒泉钢铁（集团）有限责任公司】

企业标识

酒泉钢铁（集团）有限责任公司
JIUQUAN IRON & STEEL(GROUP)CO.,LTD

酒钢集团公司的企业徽标由汉语拼音"JG"两个字母，以及汉语"酒钢集团"和英文缩写"JISCO"组成一个整体。

寓意：象征酒钢集团管理体系严密、科学和简化，产品精良，企业充满活力，迸发出勃勃生机和希望。

理念识别

企业精神：在酒钢40多年艰苦创业历程中，凝聚成"艰苦创业、坚韧不拔、勇于献身、开拓前进"的"铁山精神"，它是酒钢几代人用智慧和信念锻铸的巨大精神财富和强大动力，也是全国冶金行业学习弘扬的六种精神之一。集团公司与时俱进，坚持学习、借鉴、引进先进的管理理念和管理思想、管理经验，大力汲取中外企业文化的优秀成果，丰富完善和拓展提升具有时代特征和酒钢特点的企业文化，在企业理念、企业精神、企业道德、价值观念、行为规范、企业形象等方面，坚持以人为本，树立科学发展观，落实依法治厂和以德治厂相结合的管理理念，不断升华赋予了"铁山精神"的新内涵，凝结为文明管理的新思路，将市场经济的基本法则融入到企业管理和企业文化建设的基本理念之中，渗透到企业生产经营建设活动的全过程，形成了企业与职工具有学习、生活、生产、价值及命运等多维功能的利益共同体，努力实现企业满意、顾客满意、职工满意、投资者和社会满意的最终目标，增强了企业的生命力、市场竞争能力和企业可持续发展能力。

行为规范

文明管理道德公约：崇德守信、开拓进取、明识法度、廉洁奉公，以人为本、尊重理解、团队精神、奋发有为，变革创新、优化结构、拓展市场、持续发展，恪尽职守、追求卓越、忠诚酒钢、挑战未来。

酒钢职工职业道德规范

管理人员道德规范：勤于学、增强素质、精细严谨、务实高效、加强修养、精诚合作、文明管理、争创一流。

操作人员道德规范：敬业爱岗、一专多能、标准操作、准确无误、勤俭节约、优质低耗、文明生产、事故为零。

技术人员道德规范：遵循科学、勇于探索、博采众长、发明创造、技术精湛、敢于攻坚、打造精品、适应市场。

服务人员道德规范：文明礼貌、热情周到、品质优先、惠泽用户、客户第一、信誉至上、真诚奉献、提升形象。

【新疆八一钢铁集团有限责任公司】

企业标识

理念识别

企业精神：挑战自我，创新进取，竞争发展。

企业愿景：管理规范化、经营多元化、视野全球化、市场国际化、全国五百强不断前位的大型现代化企业集团。

企业信仰：为社会创造财富，为人类浇铸幸福。

发展战略：规范化资本运营做大集团，低成本兴科技做强主业，重市场择优势做活辅业。

企业价值观：社会效益最大化。

企业传统：艰苦奋斗，创建八钢。

企业道德：敬业、忠诚、和谐、自强。

经营哲学：客户至上，诚信守恒。

策略方针：利用资源优势迅速扩大经营规模，利用地缘优势稳步拓展国际市场。

管理宗旨：依规章思考问题，依规程采取行动，依规则检查工作，依规约评价事物。

人才标准：洁以表德，绩以示才，新以显智。

处事原则：集团权威，大局为重，正视差异。

外展信念：千秋基业，八一钢铁。坚强而热情的产品。

内塑信念：传统意味根基，创新才有未来。

【沈阳铁路信号工厂】

企业标识

企业歌曲

《奋进的沈信人》 作词：蒙志维 作曲：李巍

闪烁的信号代表着代表着我们的角色，飞奔的列车牵动着牵动着我们的脉搏。啊！沈信人沈信人奋进的沈信人，啊！沈信人沈信人奋进的沈信人，有黑土地一样的性格，有长白山一样的巍峨。历经市场的打磨千锤百炼一路高歌。啊！沈信人沈信人奋进的沈信人，挥舞着坚实的臂膀，奉献着青春的炽热，创业的激情荡心窝，收获着丰硕的成果，为了祖国的未来我们努力开拓，为了祖国的未来我们奋勇拼搏！

【沈阳惠天热电股份有限公司】

企业标识

图案是由两个大写的拼音字母“H”、“T”组成。是“惠天”两个字的拼音字头。颜色采用正红色（中国红），图案组成一团火。寓意惠天热电公司的事业蒸蒸日上，蓬勃发展。红色象征着希望，红色象征着前途，红色象征着未来，红色象征着光明。红色象征着公司的大命运。

理念识别

企业精神：勤诚聚热，施惠于天。

经营理念：一流产品、一流服务、一流企业。

企业作风：迅速反应、马上就办。

企业宗旨：打造绿色的春天。

企业价值观：学习、创新、发展。

服务理念：把用户放在心上。

【中国北车集团沈阳机车车辆有限责任公司】

企业标识

中国北车集团沈阳机车车辆有限责任公司企业标识是由红蓝两色的S、J、C三个英文字母组成的图案。其中：S代表“沈阳”；J代表“机车”；C代表“车辆”；蓝色S、J字母组成机车图型，红色C字母象征铁路，图型中的红星代表科技之星，寓意我公司将本着服务于铁路的宗旨，沿着科技兴厂之路飞驰向前。

理念识别

企业精神：以员工为本、以质量为根、以创新为魂。

企业宗旨：把公司带上发展之路、把员工带上富裕之路。

企业使命：为用户提供优质、快捷、重载机车车辆。

企业作风：求实、务实、踏实、扎实、落实。

发展战略：进行三个方面的技术改造，技术装备达到三个水平。实现产品的三个更新换代，形成三足鼎立的产品格局。建设成三个基地，打造三根生存支柱。抓好三个关键，迈上三个新台阶。

质量理念：公司靠提高产品质量发展，员工靠提高产品质量生存。

质量准则：一点都不能差，差一点都不行。

员工信念：公司兴旺我光荣，公司衰败我耻辱，公司兴旺我富裕，公司衰败我贫穷。

管理目标：每一件事都有人管，每一个角落都有人管。

产品理念：质量最好、周期最短、成本最低、服务最优。

经营策略（方针）：观念创新、技术创新、管理创新、产品创新、市场创新、制度创新。

经营目标：把支柱产业做强做大，争当同行业质量成本排头兵。

营销理念：用户满意是我们不懈追求。

企业歌曲

《把公司建成美好家园》 作词：关振东 作曲：王杰

我们跨入新的世纪，我们服务铁路重任在肩，争当同行业排头兵，用户满意是我们的心愿，励精图治，嘿！拼搏奉献，我们充满必胜的信念，充满必胜的信念。

我们的理想多么灿烂，我们的前程无比辉煌，献身公司振兴事业，宏伟目标激励我们向前，抓住机遇，嘿！迎接挑战，我们奔向理想的明天，奔向理想的明天。（口号：以员工为本 以质量为根 以创新为魂）我们心连心，我们肩并肩，让公司走上发展之路，让员工走上富裕之路，万众一心，誓把公司建成美好家园，誓把公司建成美好家园。

【沈阳商业城集团】

理念识别

企业精神：以民为本，争创一流。

经营理念：为人民服务，向社会负责，让顾客满意。

企业价值观:务实为民,创新报国。

企业誓言:忠于企业,服务人民,报效祖国。

企业服务品牌:沈阳商业城,城中求诚。

企业发展战略:企业形象战略、优质服务战略、品牌经营战略、多元开发战略、规模膨胀战略。

企业服务承诺:商业城购物无风险,不满意就退换。

【辽宁能发伟业集团】

企业标识

绿色的L是英文LOVE(热爱)的字头。能发人热爱我们赖以生存的地球,热爱大自然、热爱生活,爱客户也在其中。

红色是标志能发人以火一样的热情投身到节能环保这火红的事业中。

黄色是标志着能发人信誉,能发人以黄金般真诚和信誉为客户提供一流的服务。

蓝色是标志着能发伟业的市场像蔚蓝色的大海和天空一样海阔凭鱼跃,天高任鸟飞。

理念识别

企业理念:让最好的企业成为我们的客户,让我们的客户成为最好的企业;让最优秀人才成为我们的员工,让我们的员工成为最优秀的人才。

企业精神:敬业爱国,追求卓越。

企业作风:迅速反应,马上行动。

服务宗旨:以一流的服务、一流的技术、一流的产品为用户提供全方位、高质量、全过程的节能服务。让所有的用户都满意是我们的最高标准。

形象用语:真诚到永远。

【沈阳电机股份有限公司】

企业标志

企业理念

企业精神:严管实干,不断创新,争创一流。

发展宗旨:开拓创新,服务全国,走向世界。

企业歌曲

《腾飞吧!沈阳电机厂》

沈阳电机厂,春意盎然的地方,厂容厂貌一新,到处鲜花开放宽大的厂房电灯明亮,机器轰鸣响彻四方。啊!沈阳,啊!电机厂,腾飞吧!腾飞吧!沈阳电机厂!

沈阳电机厂,是我工作的地方,我们制造的电机,造福四面八方,改革开放喜气洋洋,前程似锦心花怒放。啊!沈阳,啊!电机厂,腾飞吧!腾飞吧!沈阳电机厂!腾飞吧!腾飞吧!沈阳电机厂!

【沈阳一运实业有限责任公司】

企业标识

沈阳一运实业有限责任公司是以物流为核心产业的综合性企业,标志以一匹飞奔的骏马追逐初升的太阳为基本形象,进行抽象化处理而成;马具有坚韧、强健、快速、忠诚、智慧、负重的特点,很贴切的代表一运行业的内涵;左侧的圆形为太阳,采用桔红色,寓意朝阳;马头是“1”的变形,和马鬃构成字母“V”,包含了“一运”必胜的概念,马头与太阳有一部分相叠,形成剪影,表现出一匹骏马在向着朝阳飞奔的姿态,用黑色,一方面表现出马在背景朝阳的映衬下,形成的黑色剪影,更寓意着传统运输业与现代物流业的结合,一运犹如行业中的一匹黑马,在广阔的空间中自由驰骋;马鬃用六条有宽度的水平线表现,一方面是马鬃的抽象化表现,另一方面也是路的形象,并具有速度感,表现出马的运动速度,也寓意一运公司具有行业内涵,采用有生命力的绿色,寓意路路畅通。

理念识别

企业宗旨:服务社会、造福员工。

企业目标:打造品牌服务、建设小康一运。

企业核心价值观:学习、创新、发展。

企业精神:明德精业、诚信协作。

企业作风:立即就做、做就做好。

经营理念:顾客至尊、信誉无价。

管理理念:在服务中规范,在沟通中指导,在激励中提升。

服务理念:竭诚为顾客实现价值最大化。

人才理念:造就更多能为企业赢得市场和发展的人。

竞争理念:抢先半步、永争第一。

质量理念：精益求精、追求完善。

人际交往理念：真诚、互助、和谐。

团队精神：同心同德、携手共赢。

行为准则：学习进步、文明友善、激情创业、尽职尽责。

企业口号：一运物流、服务一流。把平常的事做得超常的好。您的满意，我的回报。顾客信赖，是我财富。

干部座右铭：笃志、敬业、谦和、向上、永远走在前面。

【本溪市长途客运有限责任公司】

企业理念

企业宗旨：以诚以信为本、做大做强企业、做精做细品牌。

企业精神：敬业、求实、创新、高效。

质量方针：旅客永远没有错，我们努力不出错。

服务理念：明礼诚信，热情永远，温馨精致，真诚永恒。

企业歌曲

《客运工人之歌》　词曲：李焕章

客运工人之歌是改革之歌，歌声里有你也有我，开拓进取，勇于探索，运输线上创大业。客运工人之歌是改革之歌，歌声里有你也有我，开拓进取，勇于探索，运输线上创大业。啦……运输线上创大业。

客运工人之歌是建设者之歌，歌声有苦也有乐，越过高山，跨过大河，为人民服务跑好车。客运工人之歌是建设者之歌，歌声有苦也有乐，越过高山，跨过大河，为人民服务跑好车。啦……为人民服务跑好车。

客运工人之歌是理想之歌，歌声里有情也有热，跟着太阳月亮走，把青春献给伟大的祖国。客运工人之歌是理想之歌，歌声里有情也有热，跟着太阳月亮走，把青春献给伟大的祖国。啦……把青春献给伟大的祖国。

【中国人民解放军五七一九工厂】

企业理念

企业愿景：打造国内一流国际接轨的航空动力维修企业。

企业宗旨：为用户贡献不竭动力。

企业精神：爱国、爱军、爱厂、爱岗。

企业作风：团结文明、严谨守纪、求实创新、开拓进取。

企业价值观：情系蓝天、追求卓越、致力航修、奉献精品。

企业道德观：忠诚、诚信、敬业、勤奋。

企业质量观：零缺陷、出精品。

企业安全观：遵章为先、预防为主。

企业人才建设观：外引内培、公平竞争，绩效考核、人尽其才。

企业发展战略：以军为主，航修为本，走修、造、研相结合的发展道路。

四句话工作重点：打造一流修理质量，完成既定方针目标，酝酿改革发展大计，树立良好工作风貌。

增强三种意识：增强危机意识、增强精品意识、增强超越意识。

树立三种精神：树立强烈的爱岗敬业精神，树立强烈的学习创新精神，树立强烈的拼搏实干精神。

五个统筹的科学发展观：统筹确保一流质量与全面完成生产任务的关系，统筹新机修理快上能力与工厂综合实力不断增强的关系，统筹核心主业做强、做大，永创一流和民品资源优化整合、稳步发展的关系，统筹工厂发展与员工个人全面发展的关系，统筹工厂建设与员工工作生活条件改善的关系。

【同济大学附属同济医院】

视觉识别

理念

同济医院的院训：求实、求精、求信、求达

同济医院的使命：同舟共济，守望生命

同济医院品牌发展愿景：我们在临床、教学、科研、预防等领域不断追求卓越，使同济医院成为国内领先的学院型综合医疗机构之一。

同济医院的品牌核心价值观：博爱济世、术业专攻、同力协作。

同济医院发展理念：改革创新、开拓进取、科技领先、人才至上。

同济医院经营理念：病者至上、市场第一、卓越专注、效益优先。

同济医院管理理念：科学发展、高效高能、增收节支、改革创新。

同济医院服务理念：预知患者需求、质量赢得信赖。

同济医院行为标准：严谨、规范、诚信、奉献。

医院院歌

《真情告白》

有一种真诚叫关爱，有一种付出叫奉献；

有一种努力叫执著，有一种责任叫救死扶伤；

我们平凡，我们朴实，我们勇敢，我们无私，我们同舟共济，

创造每一个生命的甘泉，我们用那年轻的激情谱写同济的新天地。

有一份希望源于执著，有一份成功源于求实，

有一份感情源于奉献，有一份职业是白衣天使。

我们热情，我们坦然，我们执著，我们坚强，我们同舟共济，

绘画出每一幅发展的蓝图，我们用那年轻的激情谱写同济的新天地。

【北京医院】

视觉识别

理念

北京医院院训：忠诚保健事业、心系人民健康。

北京医院作风：团结、严谨、求实、创新。

北京医院经营管理理念：以人为本、优质高效。

医院院歌

《神圣的使命在肩上》

我们走过百年的时光，谱写崭新的篇章。

我们跨过世纪风雨，铸就今日辉煌。

神圣的使命在肩上，无限的追求和向往，共同的事业走到一起来，

为了崇高的理想我们开始春天的播种，迎来秋天硕果金黄；

我们的选择无怨无悔，平凡事业无尚荣光，

忠诚保健事业，心系人民健康。

【重庆西南医院】

视觉识别

西南医院理念

重庆西南医院院训：仁德、博学、诚信、技精。

重庆西南医院黎鰲精神：赤诚报国的爱国精神、艰苦奋斗的创业精神、勇创一流的攻关精神、精心育人的人梯精神。

医院院歌

西南医院院歌

历史的脚印从紫金山下伸延　岁月跨过沧海桑田

挥去往日硝烟　白衣天使迎接春天

曙光托起西南医院

发展的道路在歌乐山下展现　岁月绘出绚丽画卷

瞄准医学前沿　人才方阵奋力夺冠

时代赞美西南医院

宏伟的蓝图把军人情怀拓宽，黎鰲精神薪火相传

我们披肝沥胆　生命之舟高扬风帆

未来召唤西南医院

【曼哈顿多元集团】

视觉识别系统

HMMLG 曼哈顿多元集团
China Heilongjiang Harbin Manhattan Muli-Line Group

总体战略：以人为本，创造完美，共图大业，回报社会。

企业理念

核心理念：风雨同舟，互惠共赢，诚实守信，光彩无限。

企业精神：学习、打拼、创新、超越。

经营理念：诚实守信，货真价实。

品牌理念：精雕细刻，倍加呵护。

服务理念：让消费者满意，让老板们理解舒心。

安全理念：时刻不忘安全，责任重于泰山。

管理理念：制度化保证，标准化衡量，数字化评估，规范化行动。

理财理念：开源节流，精打细算 。

用人理念：有德有才，大胆使用；有德少才，培养使用；有才少德，限制使用；无德无才，坚决不用。

企业意识

形象意识：

对外：诚信，达观，儒雅。

对内：诚实，严格，勤奋。

对己：勤学，勤思，勤行。

整体意识：

以事业为纽带，让曼哈顿成为一个充满理想的集体；

以利益为纽带，将曼哈顿人组成一支理性化的团队；

以情感为纽带，让曼哈顿人成为一个互助友爱家庭。

【华泰集团】

视觉识别

以“初升的太阳”和“人”为设计元素，英文“huatai”字头“h”与“人”字相形，构成“华泰人”屹立于太阳升起的东方。红色的太阳象征生命和力量，喻意“华泰集团”蒸蒸日上的发展和宏伟目标，也赋予企业开拓创新的光辉历程和光明的未来

理念识别

华泰的使命：产业报国，造福社会

华泰的目标：振兴民族纸业，建设绿色华泰

核心价值观：为社会提供更优质的产品，为员工创造更幸福的生活

企业精神：敬业拼搏，永不满足

经营理念：诚实守信，利益共享

质量理念：今天的质量就是明天的市场

人才理念：海阔凭鱼跃，天高任鸟飞

华泰员工行为准则：做老实人，干嘹亮事

华泰的干部素质要求：智、信、仁、勇、严

企业管理三大理念：解决思想问题；以身作则的品格；创业创新的心态。

【江西宏通实业集团】

视觉识别

理念识别

发展目标：创世界一流品牌，造民族百年企业

企业精神：诚信、学习、拼搏、创新

企业方针：以人为本、以法为纲、以德为先

宏通使命：铸就农业发达之宏愿，铺设农民致富之通途

宏通价值观：劳动创造价值，努力就有回报

宏通主旋律：超越自我干事业，拼搏进取创辉煌

【北京金吉列企业集团】

视觉识别

理念识别

核心价值观：先做人，后做事，诚信为本；以人为本，尊重知识，尊重能力，更尊重成绩；关心员工生活；追求卓越；处危思进、居安思危；以客户为中心，以客为尊；用竭诚服务换客户之心；正确地发现并提出问题比正确地解决问题更重要；有社会责任感。

企业精神：诚信；拼搏；团结；奉献；创新。

经营哲学：用我竭诚服务，换您精彩人生；员工是企业的财富，员工身心健康是企业正常发展的标志；关心员工的生活与发展是企业的责任；让每位员工在企业中都能实现自身的最大价值；提升目标客户的工作与生活品质是我们永远的追求。

企业精神：变革创新、不断超越、与时俱进、再创辉煌。

经营理念：汇一流人才、树一流服务、塑一流品牌、创一流企业。

【洛娃集团】

视觉识别

洛娃集团
REWARD GROUP

理念识别

经营理念：以人为本、发展经济、保护环境、造福人类

企业价值观：我爱洛娃，洛娃爱我

企业精神：开拓、创新、拼搏、进取、求真、务实

【吉林远东集团】

视觉识别

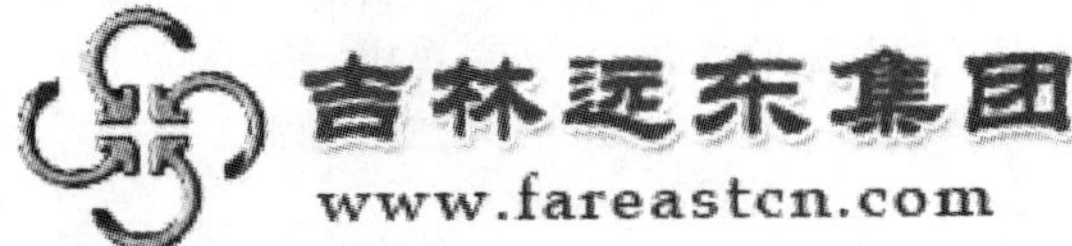

理念识别

企业精神:开拓进取、务实争先、诚信经营、讲求奉献
经营思想:新潮、优质、低价、薄利
发展战略:低价位、品牌化、大批发
诚信宣言:质量诚信、价格诚信、服务诚信
服务理念:顾客满意是远东人不懈的追求

企业歌曲《远东之歌》

我们迎着新世纪的太阳,胸怀着远大的理想,为企业的崛起拼搏,让远东的旗帜高高飘扬。我们应当自强,远东是我们人生的课堂。我们冲云破雾,远东铸就我坚实的翅膀。啊……我们冲云破雾,远东培育我,远东铸就我坚实的翅膀。远东的明天锦绣辉煌。我们迎着新世纪的太阳,肩负着服务社会的众望,为企业的兴旺发达,为远东谱写出新的篇章。我们扬帆远航迎着胜利的曙光披波斩浪,我们勇往直前远东的明天锦绣辉煌。啊……我们勇往直前远东前景,远东的明天锦绣辉煌。

【云南鸿翔药业集团】

视觉识别

理念识别

鸿翔企业精神:一心做事,以心换心

鸿翔发展愿景:对药品、保健品产业进行持续研究,从而生产更多的人类健康相关产品,通过卓越的流通技术将这些产品提供给需要它的人,以获得合理的利润。在此过程中与消费者建立终生的伙伴关系,并让公司员工得到更广阔的工作空间和快乐人生。

鸿翔的核心价值理念:诚信、平等、合作、负责

鸿翔的经营理念:让每一位客户每一次满意,了解客户的需求,客户永远是对的,超出客户的期望,一次做好,次次做好

鸿翔的服务精神:爱心、关心、诚心、精心、恒心

行为识别

鸿翔员工的职业道德:维护企业利益,严禁包庇纵容
上交往来礼物,严禁索贿索酬
做人诚实守信,严禁欺瞒推诿
做事勤俭节约,严禁铺张浪费

鸿翔管理人员行为准则:管理就是服务,切忌权力本位
制度重在执行,切忌流于形式
奖惩依据结果,切忌主观印象

鸿翔员工行为准则:团结一心、共同发展
学习与创新
热情和尊重
专业与务实
竞争和信任

鸿翔员工日常行为准则:热爱公司、厉行节约、精神饱满、创新高效

鸿翔员工的公共行为准则:待人热情礼貌,切忌诋毁同行
谈吐有理有节,切忌独断专行
交往互敬互惠,切忌损人利己

【青岛创统科技】

视觉识别

GOMATECH®
创统科技
环保型绿色电源

理念识别

公司宗旨:围绕着高科技,围绕着现代社会的新需求,伴随着科学的进步,持续地发展电力电子领域的各项事业;以立足东方伦理,融合西方文明为思想指南;以尊重科学,尊重国情,尊重环境,尊重人性为行为准则;以提倡悟性,内求融合,外求沟通为处世哲理;向着世界级的一流企业看齐,追求卓越,用科技、品质、服务、可塑性来促进企业茁壮成长,建立一个符合信息时代的现代规范化的大型科技企业,以达到广泛长久地拥有中国市场,迈入世界市场,领先于同行,成为世界知名企业。促进世界电力电子产业的发展,实现造福于人类的愿望。

公司责任:

对客户之责任：提供之产品——卓越而一致的品质，合理而满意的价格，周到而心悦的服务。

对员工之责任：努力创造绿色的工作场合、舒心的做事风尚、成长学习的机会，稳定逐步向上的待遇、公正深受尊重的荣誉。造就一个人材成长、施展自我的良好环境，使之成为社会有用之才。

对股东之责任：诚心承诺，规范经营，合理谋利，在确保客户和员工利益的前提下及企业扩展的基础上给股东最佳的回馈。

对社会之责任：切实做到热爱祖国，热爱民众，依法纳税，照章行事，积极参与社会公益事业，认真学习和贯彻国家的各项法令和法规，做到奉公守法。

公司格言：珍惜缘分，联手合作，努力向上，共享未来。

公司信条：执着向上的人，终将取得成功。

【中国计算机函授学院】

视觉识别

学院标志

院标释义：图标下端泛起的三轮波涛，寓意以信息技术为核心第三次科技浪潮；上端两只大雁由学院英文缩写CCCC两两组合构成，寓意穿越时空的教学形式；图标整体外观代表地球，寓意学院计算机教育服务全球。

理念识别

学院精神：热爱学院、发展学院的感恩信念；不断拼搏、奋发向上的进取精神；与时俱进、矢志改革的创新意识；服从领导、团结友爱的大局观念；无私付出、忘我工作的奉献精神。

核心价值观：发展学院、回报社会、成就员工。

发展理念：卓越、可持续。卓越：卓越是企业的优良品质，是我们始终追求的企业的最佳状态。可持续：拥有可持续的经济增长点，是基业长青的前提和保证。

管理理念：人性化、制度化、科学化。

职能部门工作理念：服务创造价值

经营部门工作理念：业绩验证一切

【河南广安生物科技股份有限公司】

理念识别

广安目标：服务社会　永续经营

广安宗旨：广纳英才　安邦富民

广安精神：团结　求实　创新　奉献

经营理念：大家都是赢家

事业理念：思路决定出路，态度决定高度，目标决定胜负，胸怀决定规模

人才理念：人人是人才

危机意识：战战兢兢做事业，如履薄冰搞经营

学习意识：两人行，必有我师

做事意识：事无巨细，惟有认真，细节决定成败

企业歌曲

黄河浩荡，神州苍苍，广纳英才，富民安邦。苦心沥胆，豪情万丈，广安集团，步伐雄壮。一流的人才，尽显风采，一流的科技，创造未来。团结、求实、创新、奉献，面向明天，再创辉煌。

建树伟业，实现理想，自信自力，敬业爱岗。服务社会，永续经营，广安集团，蒸蒸日上。一流的人才，尽显风采，一流的科技，创造未来。团结、求实、创新、奉献，面向明天，再创辉煌。

【四川富临实业集团】

视觉识别

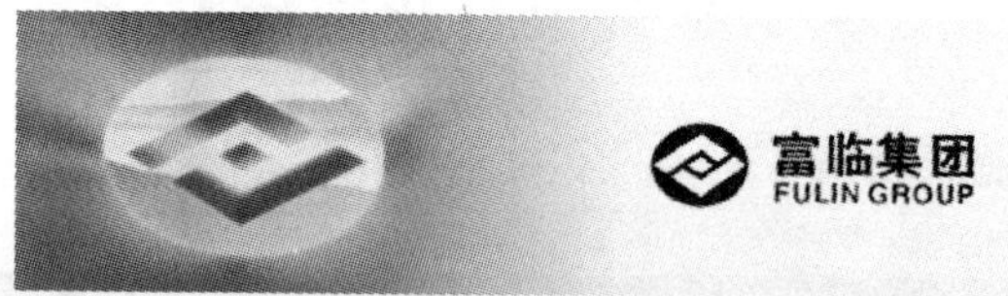

富临标志以“富临”二字的汉语拼音首写字母“F、L”为设计导入点和设计主体。整个标志象征着天圆、地方、天地之间充满生机；象征着富临人永不满足、积极向上、追求卓越的精神风貌和富临事业的日益壮大以及企业生命的生生不息。

理念识别

企业宗旨：发展实业，造福社会

企业理念：以人为本，诚信敬业

行为识别规范

1. 必须视公司利益至高无上，不准损公肥私自毁巢穴；
2. 必须认真工作追求卓越，不准推诿拖拉效率低下；

3. 必须团结协作上下一致，不准拉帮结派搞小团伙；
4. 必须秉公办事严于律己，不准收受回扣中饱私囊；
5. 必须创新变革永葆活力，不准固步自封不思进取；
6. 必须举贤荐能知人善任，不准妒贤忌能暗箱操作；
7. 必须严格财经勤俭办事，不准虚报冒领贪污挪用；
8. 必须广开言路从谏如流，不准欺上瞒下无事生非；
9. 必须顾全大局服从领导，不准阳奉阴违表里不一；
10. 必须遵纪守法诚实守信，不准违约乱纪出卖机密。

【广州白云电器设备股份有限公司】

视觉识别

理念识别

远期目标：打造百年企业，打造输配电领域世界品牌。

质量方针：产品出厂合格率达到100%；产品年累计运行维修率不大于2%；使客户买得放心，用得放心。

环境方针：积极响应政府环保政策，持续改进环境表现，努力降低和消除环境污染，建设文明工业园，创造现代美好生活。

提倡与反对：

提倡做人做事堂堂正正；反对歪风邪气损人利己；

提倡虚怀若谷勤奋好学；反对骄傲自大故步自封；

提倡工作负责坚忍不拔；反对推卸责任官僚作风；

提倡快速反应讲究效率；反对做事拖沓不求效益；

提倡大处着眼小处着手；反对浮躁务虚眼高手低；

提倡同舟共济团队精神；反对自由散漫个人主义。

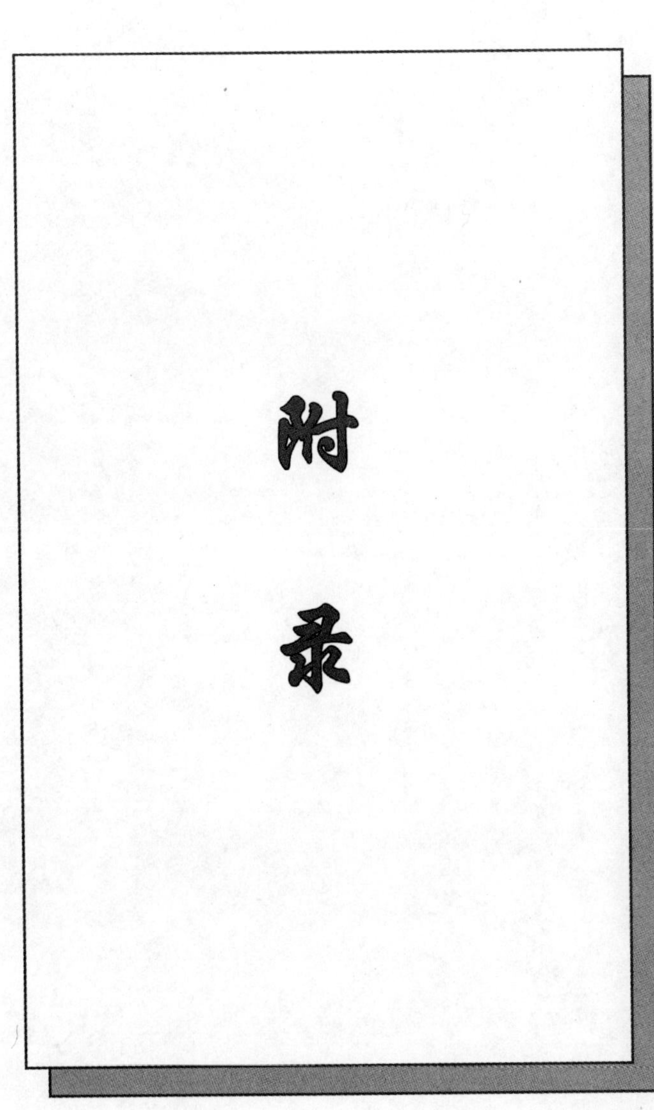

附录

他山之石——国外企业文化建设借鉴

加拿大的企业文化建设

为进一步学习借鉴国外企业文化建设的经验，推进我国国有企业的企业文化建设，国资委组织部分中央企业主管企业文化建设的领导同志和部门负责同志，于2004年2月27日至3月17日赴加拿大进行了企业文化培训与考察。

一、培训考察的基本情况

此次培训考察由国资委宣传局和培训中心组织实施。宣传局局长杜渊泉同志担任培训考察团团长。18家中央企业主管企业文化建设的领导同志和部门负责同志以及国资委宣传局、人事局、直属机关党委、培训中心的有关同志共23人参加。为保证培训考察顺利进行，取得实际效果，宣传局和培训中心进行了认真准备。宣传局对中央企业在企业文化建设中存在的问题和迫切希望了解的问题进行了调查，并将相关问题通过承办此次培训考察的加拿大商务发展公司传达给培训考察单位和授课教授，明确了重点，增强了培训考察的针对性。培训中心与加拿大商务发展公司围绕培训考察任务，对培训内容、讲课教授、日程安排以及考察的企业和内容做了精心安排。出国前，杜渊泉同志和培训中心许子兵主任、王建国副主任就外事纪律、安全注意事项等内容，对参加培训考察的全体同志进行了集中培训，对培训考察的任务、目标等提出了明确的要求。培训考察团成立了以团长杜渊泉同志为书记、副团长中国航天科工集团副总经理、纪检组长薛利同志为副书记的临时党支部以及有关工作机构。全体同志团结协作，互相关心，增进了了解和友谊，展示了国资委机关和中央企业干部良好的精神风貌。

培训考察期间，加拿大马拉斯比纳大学教授 Don Miskiman 先生为培训考察团讲授了企业文化理论，并结合案例，介绍了加拿大企业的企业文化建设的做法和经验。加拿大西门菲莎大学林思齐国际交流中心主任、前加拿大驻华使馆文化参赞王健教授从欧美企业管理发展史和中西管理文化对比的角度，就国际管理文化价值的趋同现象问题作了专题演讲。加拿大贸易部国际贸易中心贸易专员郝杰明先生介绍了加拿大经济贸易发展情况和加中贸易发展情况。加拿大工业与出口商协会总裁 Colin Heartwell 先生介绍了加拿大工业与出口商协会及其在国际贸易中的作用。培训考察团考察了温哥华港务局、加拿大汇丰银行、皇家银行、国际林木产品有限公司、法铭德律师事务所、罗米蒂奥律师事务所等企业的业务、管理和企业文化建设情况。在培训考察的过程中，培训考察团的同志们就企业管理和企业文化中的问题，与讲课教授和企业负责人进行了广泛的交流和深入的探讨。在交流和探讨中，既了解了加拿大经济、贸易和企业管理、企业文化建设情况，同时也宣传了我国经济发展成就和中央企业。培训考察团内部也进行了交流，并分组展开了讨论。大家普遍感到通过此次培训考察，对企业文化有了进一步的认识，对加拿大企业文化有了一定的了解，开阔了视野，增长了知识，并从中受到了很大启发，为进一步推进我国中央企业的企业文化建设拓展了思路。

二、加拿大企业文化的基本特点

加拿大是发达的资本主义国家，科技发达，社会生产力水平相当高。2002年，加拿大人口3149万多，国内生产总值1.1421万亿加元，人均国内生产总值3.6357万加元（约合2.32万美元）。加拿大人识字率高达96%以上，劳动力中受高等教育者占41%，居世界第一。居民千人电脑拥有量达647台，居世界第二。随着经济的发展和科技水平的提高，加拿大企业日益注重企业文化管理，重视企业文化建设。通过培训考察，我们对加拿大企业文化建设的特点和做法有了一定的了解，值得我们学习和借鉴的主要有以下几个方面。

1. 尊重员工个人价值和文化差异，同时注重确立员工共同的价值观和培养团队精神

加拿大是一个移民国家。英国人和法国人是最早的移民，他们带来了欧洲基督教文化，奠定了加拿大社会文化和价值体系的基础。加拿大人强调个人主义，尊重个性和个人价值。但与美国人相比，加拿大人则要含蓄、内向得多，具有更大的包容性。第二次世界大战后，加拿大的民族结构越来越丰富，目前来自英法以外亚洲、南美等地区的移民已超过加拿大总人口的40%。不同民族文化在加拿大和谐并存，形成了加拿大社会文化多元化特征。与社会文化相适应，加拿大实行民主的联邦政府制，国家事务按职责分工实行联邦政府、省政府和地区政府三级负责制。加拿大尊

重个人价值与多元文化和谐并存的社会文化，以及分散与集中相统一的政治体制对加拿大企业文化有着重要的影响。既尊重员工文化上的差异和个人价值，又重视确立员工共同遵循的价值理念和培养团队精神，成为加拿大企业文化的基本特征。加拿大皇家银行等企业都把尊重员工的文化差异作为必须共同遵守的价值理念。温哥华港务局和加拿大国际林木产品有限公司等企业中来自中国和日本的员工向我们介绍，上司对他们不仅不歧视，而且非常尊重，对他们职责内的工作从不过多干预，他们感到工作环境非常宽松，他们之所以选择来这个企业工作，就是看重这里轻松的文化氛围。同时，企业普遍重视用共同的价值理念统一员工的思想和行动，培养员工为实现公司目标奋斗的团队精神。具体做法有：

（1）确立企业员工共同遵守的价值理念。加拿大企业60%以上为私有企业，其他企业包括国有企业和合伙企业等只占40%左右；从规模上看，绝大多数是中小型企业。但不论是何种所有制，也不论规模大小，企业都有自己的价值理念。如，加拿大皇家银行把“完美服务、团队精神、高度负责、诚实守信、存异求同”确立为自己经营管理的价值理念。温哥华的一家电脑公司甚至在创办之初就把确立经营理念作为一项重要的工作来做，他们学习借鉴微软、惠普、施乐等知名电脑公司的管理经验，把团队精神定为自己的价值理念，从而很快获得了发展。

（2）企业在招聘员工时就向应聘者介绍本企业的企业文化和有关制度规定，注意考察应聘者对本公司价值观的看法，注重招聘那些对本公司企业文化认同的应聘者。

（3）注重对员工进行企业文化培训和考核。为了使企业理念能真正植根于员工之中，加拿大企业注意将企业文化的要求贯穿于员工的各种教育培训中，加拿大皇家银行等一些企业每年还要围绕企业理念在员工中组织考试与测评，一般采用案例判断的办法，强化员工对企业文化的认同，同时也是检验员工对公司要求的执行和认可程度，对暴露出来的问题及时予以纠正。

2. 重视发挥员工参与确立企业价值理念和制定企业愿景的积极性

企业文化的核心是企业经营管理的价值理念。企业愿景是反映和体现企业经营理念的发展规划和战略目标。在确立企业价值理念、制定企业愿景的过程中，加拿大企业非常重视员工参与的作用。企业理念及愿景一般先由董事长或CEO提出一个大致框架，然后提请全体员工讨论，或是听取员工代表意见。他们认为，员工参与制定的企业经营理念和企业愿景必定代表了企业整个团队的意志，容易为全体员工所认同和拥护，并得到有效的贯彻和执行。温哥华港务局是一家国有航运企业，董事会主要由联邦政府和所在的省、市政府委派的兼职人员组成，董事长由省交通部长兼任，经营管理由CEO负责。他们在制定企业愿景时，首先由管理层提出一个框架方案(内容包括公司的业务是什么，要达到一个什么目标，企业是为谁服务的），提交全体员工讨论，前后花了一年多的时间，从上到下，又从下到上，反复讨论，形成了具有自身特色的“促进和扩展货物和旅客畅通，最大限度地造福加拿大人民”的经营理念。他们认为，经营理念一旦形成，就不应轻易改变，至少要管20年。卡尔加里运输公司曾经处于亏损状态，公司管理层为扭转亏损局面，实行改革，制定了公司愿景，并向员工宣布，但员工很不满意，劳资关系紧张，造成员工罢工。为此，董事会更换了管理层。新的管理层改变了前任的做法，将3000名员工分成200个小组对公司愿景（包括价值观、经营理念和宗旨、工作规则等内容）进行讨论，同时成立由各方面代表参加的监督委员会，经过公司上下反复讨论，最后形成了共识，新的管理层也得到了员工的支持和拥护，企业效益很快得到了提高，摆脱了亏损局面。

3. 着眼于企业持续稳定发展，重视建设相对稳定的员工队伍

加拿大企业的经营管理者并不希望员工跳槽这种现象在自己的企业里经常发生，他们认为，稳定的员工队伍是企业持续、稳定发展的依托，同时也有助于企业文化的形成和作用的发挥。因此，非常重视培养、建设一支稳定的员工队伍。其做法主要有：一是用共同认可的企业价值理念和愿景来吸引和凝聚员工。二是加强员工培训。员工一旦被企业聘用，企业一般希望他们能长期留下来，为此会制定一套针对性的培训计划，结合员工职业生涯规划同步推进，使员工的个人发展与企业发展融为一体。加拿大企业在员工培训上舍得花钱，每年都有相当数额的培训费用。认为在员工培训上花一块钱，就能为企业多挣20块钱。三是注意从员工中培养和提拔管理人员，使员工的价值得到认可和实现。认为，这不仅有利于稳定员工长期为企业努力工作，而且从本企业员工中选拔干部比从外部招聘要合算得多。四是为员工提供较好的福利保障。例如，员工医疗保险金的40%，一般由企业雇主支付。五是实行多种员工奖励制度。例如，对为企业提出合理建议被采纳的员工进行奖励。对为企业作出特殊贡献的员工给予奖励。每年评选优秀员工并给予奖励。六是重视与员工的沟通交流，建立和谐的人际关系。工会是员工的组织，代表员工的利益，企业经营管理人员不能参加。企业经营管理层非常重视工会的作用，由管理者与工会共同派人组成谈判委员会，协调解决管理者与员工之间的矛盾和利益冲突。除正式的渠道外，经营管理者十分看重非公务、非正式的交流形式，甚至拨款组织员工开展诸如垂钓、野炊和party等活动。因为，非正式场合的沟通更自然、亲切、轻松、开放，员工在正式场合不便提的意见，不便说的话，在非正式场合能轻松自然流露出来。对经营管理者来说，这既能增进与员工的感情，又能有效地了解员工对公司的意见，及时改进工作，完善管理。据介绍，温哥华港务局的CEO每年都要组织员工举办四五次野餐会，在活动中就公司的情况与员工进行交流。这些措施对凝聚员工、稳定员工队伍起到了比较好的作用。据我们了解和观察，加拿大企业的员工对企业的发展非常关心，珍惜

自己的工作岗位,在工作中一丝不苟,体现出了一种认真负责的态度和爱岗敬业的精神。温哥华港务局和加拿大国际林木产品有限公司中来自中国和日本的员工介绍说,他们公司的员工都有获得晋升的机会,他们本人就是受惠者,虽然来公司的时间不长,但由于工作出色,被提拔到公司不同层次的管理岗位。温哥华港务局的员工都有一种归属感,他们愿意长期在此工作。员工在温哥华港务局的工作年限平均达到了25年。

4. 强调遵纪守法、诚实守信和高度负责的精神

加拿大社会法律体系相当健全,人们的法律意识和法制观念非常强。遵守法律,依法办事成为加拿大人的自觉行为。这一点在企业文化中有着充分的反映。在加拿大期间,无论是授课的教授,还是接待我们的企业管理人员,在谈及企业文化时,总是要涉及法律问题。在他们看来,遵守法律、依法办事是企业文化内容的重要组成部分。企业经营管理者必须依法经营,依法管理员工。例如,加拿大《工会法》对解雇员工有严格的规定,企业管理者不能随便解雇员工,员工只有在不能遵守聘用合约的情况下才能被解雇,即使在这种情况下企业解雇员工也要遵守严格的程序,而且必须给被解雇的员工一个合理的解释,并支付两个月的薪水。否则,员工可以诉诸法律,甚至罢工,这将给企业带来损失。同时,员工也必须遵守法律和企业的相关制度。通常,企业都印制了《员工手册》,对员工该干什么,不能干什么,以及相应的奖惩办法等都有明确规定。《员工手册》发给每一个员工遵照执行。

加拿大是一个市场经济高度发达的国家,讲究诚信已经深入人心。言行一致,诚实守信,被看作经营企业和做人的一条基本准则。加拿大人常说的一句话“do what you said”,意思就是做你说过的,言行一致,诚实守信。这不仅要求企业管理者和员工对客户和公众要诚实守信,而且管理者对企业,管理者与员工之间,员工与员工之间也要表里如一,诚实信守。加拿大法律规定,董事会成员在作出决策时要本着以努力实现企业利益最大化、以正直做人为原则,认真履行职责。如果决策涉及到个人利益,必须向董事会作出说明,否则,一旦查实,要受到惩罚。在我们考察的律师事务所等企业,诚实守信被视为企业文化最重要的内容。

加拿大企业强调责任意识和高度负责的精神。首先表现为企业的社会责任。在加拿大企业看来,企业生产不能给环境带来不利影响,产品即使很赚钱,但如果对环境不利,就不能生产。加拿大国际林木产品有限公司每年要砍伐大量林木,尽管加拿大森林资源十分丰富,但公司始终遵守“砍一棵树栽种两棵树”的规定。温哥华港务局的经营理念突出强调通过“促进和扩展货物和旅客畅通”,以“最大限度地造福加拿大人民”的社会责任。加拿大企业不轻易解雇员工,避免员工罢工,维护企业和社会稳定,也反映出对社会负责任的态度。其次表现为企业关心员工的安全和健康,对员工负责的精神。加拿大企业非常重视安全生产,制定并严格执行生产作业规程和安全保障措施,严格执行员工带薪休假制度,为员工作业安全和身体健康创造了条件,提供了保证。责任意识还表现在企业对客户资料保密和员工对自己行为负责的要求上。加拿大皇家银行在把“完美服务、团队精神、高度负责、诚实守信、存异求同”确立为自己经营管理的价值理念的同时,还规定了员工必须遵守的八条基本行为准则:遵守法律;为客户保密;公平;公司责任;尊重、信任;客观公正;正直、诚实;个人责任。这是遵纪守法、诚实守信和高度负责的要求在加拿大企业文化中最集中的反映。

5. 善于运用企业标识和网站塑造企业形象,展示企业文化

企业标识是企业文化建设的一个重要内容。非文字化的企业标识可以跨越语言和文字障碍。随着企业日益国际化,企业标识对宣传企业形象,展示企业文化起着更加显著的作用。加拿大企业十分重视企业标识的设计和宣传。无论是金融企业、流通贸易企业,还是生产企业和律师事务所,他们都设计了企业标识,并将标识印制在员工的名片、文件资料、商品以及企业的所属物上。这些企业标识共同特点是设计简洁,色彩鲜明,企业特色体现明显,便于为人理解和识别,令人印象深刻,难以忘记。

建立企业网站,运用互联网进行宣传,是加拿大企业展示企业文化,宣传企业形象,扩大企业知名度的重要手段。培训考察期间,我们在培训教授的指导下,浏览了加拿大著名啤酒公司Molson和其他国际品牌的网站,同时也浏览了我国几家中央企业的网站。相比之下,加拿大企业及其他国际品牌的网站无论是网页设计、链接方式,还是内容安排上,显得新颖别致,其个性化的设计、互动式的界面更是独具匠心。例如,拥有多个国际知名啤酒品牌的Molson公司,其网站上突出了每一个品牌的特点,让人一目了然,耳目一新。适合年轻人口味的啤酒,页面设计配用了热情奔放的图片,充分体现了年轻人活力四射的特点。浏览Molson网站,我们既看到了每一个品牌淋漓尽致的展示,也对Molson的整体形象有了深刻的印象。对于中国企业,特别是对于日益走向国际化的企业来说,学习借鉴国外知名企业网站设计的经验,精心设计具有自身特色的企业网站,反映企业文化,展示企业形象,应该成为我国企业建设企业文化的一个重要方面。

6. 关注并积极探索并购重组企业的文化融合问题

文化的融合是并购重组企业走向成功,协调发展的基础。并购重组企业如何实现不同文化的融合?培训教授综合研究了加拿大和其他国家并购重组企业的案例,向我们讲解了并购重组企业实现文化融合的四种模式:一是“取长补短”,吸收两种文化中最合理的部分,形成一种新的文化。这种模式下,文化融合的时间相对较长,但不失为最佳模式。二是“大鱼吃小鱼”,强势企业文化吞并弱势企业文化。这种模式速度是最快的,但效果往往最不理想。三是“共同并存”,两种文化都保存下来,在相互冲突中生存。这是一种迫不得已的模式。四是“完全合并”,两种文化汇集在一

起，产生一种全新的文化。这种模式对双方来说都需要一个较长的适应过程，且结果具有不确定性。

加拿大专家学者认为，企业并购重组的最高境界是实现文化的真正融合，但要实现完全意义上的文化融合确实是很难的，至今为止跨国并购重组的企业也还没有文化完全融合的成功范例。因此，企业文化的融合，特别是跨国并购重组企业的文化融合，应注重实现其有效性，遵循两个基本的原则。第一，尊重原则。文化融合过程是一个尊重不同文化之间的差异，缩短不同文化之间距离的过程。并购方与被并购方之间的冲突，不是由于文化差异的存在，而是由于不尊重文化差异所致。在文化融合的过程中，要增强不同文化之间的认同感，努力缩短文化距离。第二，求同存异原则。文化融合的过程应是各具特色的文化求同存异的集成过程。任何文化都可能有其合理的成分，要善于分析、发掘那些合理的东西。只有首先实现了求同，存异才有基础和意义。而存异又可为实现求同的目的提供支持。在遵循这两个基本原则的前提下，再根据实际，择优选择融合的模式。

三、培训考察的体会

通过此次加拿大企业文化培训与考察，结合我国及企业的实际，进行理性思考，我们对企业文化和我国国有企业的企业文化建设有了进一步的认识和体会：一是企业文化创新是提升企业核心竞争力的基础。建设企业文化要以提升企业核心竞争力作为其出发点和归宿。

二是企业文化建立在一定的社会基础之上。建设企业文化不能脱离企业外部的社会环境。

三是企业文化是建立在完善的基础管理之上的。建设企业文化应从企业实际出发，与加强企业的基础管理结合起来。

四是企业文化同属于企业家和员工。建设企业文化既要充分体现管理者的思想，又要调动员工积极参与。

五是企业文化的建立不能一蹴而就。建设企业文化要遵循规律，既要勇于探索又要慎重行事。

（本文系国务院国资委赴加拿大企业文化培训考察团报告节选）

澳大利亚、新西兰的企业文化建设

一、澳、新两国国有资产监管体制的基本情况

（一）澳大利亚

澳大利亚属于联邦制国家。联邦、州和地方政府之间严格按照宪法界定资产范围，国有资产分别属于联邦、州和地方三级政府所有，上级政府对下级政府所有的国有资产没有支配权和收益权。

联邦政府主要拥有控制国家经济命脉和国家安全的大型企业，州和地方政府主要拥有市政、公益事业等领域的企业。各州通过制订各种法律，对企业的建立、商业运作及应承担的责任等各方面的行为进行约束，从而达到加强对国有企业管理的目的。例如，昆士兰洲对其现有的 21 家国有企业的管理，即通过 1993 年制订的一部《Government Owned Corporations Act 1993》来进行全方面的监管；塔斯马尼亚洲对其国有企业的管理也是以一部《Government Business Enterprises Act 1995》为基准的。

澳大利亚国有企业从股权结构看有三种形式：一是政府 100% 持股，如供水公司、卫星公司等；二是政府控股，一般股权在 50% 以上，有时不控股，则通过法律法规来调整企业行为；三是政府参股。实行公司制的国有企业也有三种模式：一是完全意义上的公司，以利润为主要目标，受公司法调整；二是公营公司，以社会利益为主要目标，受特别法（专门适用于国有企业和国有资产的法律）调整；三是公共公司，既有商业目标，也有社会目标，受公司法和特别法调整。

澳大利亚的国有企业监管机构是财政部下设的 The Government Business Enterprise（GBE）Management Branch，它主要的工作目标是对政府投资的企业的经营活动进行监管，确保政府对这些企业的经营状况、经营风险的及时了解，并制订相关的法律。GBE 除对企业的财务监管负有责任外，还对企业活动有提供政策性建议的责任，对某些特殊的企业，还有监督董事会任命过程的责任。

GBE 管理机构下设财政分析司和政策司。财政分析司的主要职责是承担财政情况分析，以确保政府及其他股东能及时、正确的了解公司的经营业绩、经营风险以及那些与政府投资相关的事件。政策司的主要职责是进行调研，并在适当运用管理政策方面给相关的法律机构及企业实体提供意见，并对 GBE 承担战略评估，以便明确企业的风险和机遇。同时，政策司还依照法律的要求，监督 ACTEW，ACTTAB，TOTALCARE，AIHS，LDA 和 EPIC 公司董事会的任命过程，并对其他公司的董事任命过程予以指导及提出建议。

澳大利亚政府企业设立 70 多年来，澳大利亚联邦政府和各州政府先后投资建立了 200 多个公营企业，现主要集中在金融业、保险业、采矿业、铁路、民航、国际间海运及城市公共事业，如自来水、电站、煤气、城市公共交通等领域，这类企业的设立、运行与解散，不在澳大利亚《公司法》的规范之内，它们的设立，首先由联邦议会或州议会讨论，列入政府财政预算并专门立法。

澳大利亚国有资产管理的主要特征是：

第一，明确了政府部门诸如证券和投资管理委员会、财政部、审计署（隶属议会）、税务署等之间的职责。明确金融投资保险管理体系和国有控股公司由证券和投资管理委员会负责监控，一般的为公众服务的政府所有的企业由财政部负责监控。

第二，明确了国有经济进入领域及各级政府投资范围。澳大利亚政府明确国有经济的进入范围主要是公益事业、

基础设施及重要资源性产业。同时法律上明确了联邦政府、州政府、市政府各自投资范围。这样一种体制有效地解决了国有经济的产业定位，使国有经济在最适宜的领域发挥作用。同时，避免了各级政府间的重复投资、重复建设。

第三，按照效率、效益和政企分开原则，国有控股公司设立董事局。董事局成员有的由投资者聘请，有的由政府委派或聘请，有的由执政党指定。董事局成员必须遵照公司法规定，无一例外地实行商务回避制度，即清楚地将拥有股份的政府官员与政府官员职务分开。国有控股公司的经营者则完全由董事会决定或聘请，政府不直接任命。

第四，加大力度促进政资分开，最大限度理顺政府职能。澳大利亚的国有控股公司均为上市公司，通过投资、分立、购买、兼并等市场型资产重组方式使集团母公司与成员企业间构成母子公司产权关系。国有控股公司运营对象为资本，而不是实物性的资产。国有控股公司追求的是资本的扩张和利润的最大化，而不是简单的生产或扩大再生产。国有控股公司集团内部是以资本为纽带的母子公司关系，而非是上下级的行政隶属关系。

第五，财政部对一般公共服务性质的政府所有的企业的监控，仍根据政府拥有企业法的规定，遵循效率、效益和政企分开原则，通过预算案和合同来管理，明确企业生产效益和分配效益的管理目标。通过设立董事局，委派有经验或专门技能的人代表政府进入董事局，以及实施季度报表监测和年度报表审查制度，把资产的保值增值考核与个人的奖赏及惩罚紧密结合。

第六，为了鼓励竞争，提高国有企业的效率和效益，政府不仅鼓励国有上市公司出售股份给个人，而且规定商业性国有控股公司一半股份必须私有。属于竞争性的行业，则由民间、企业投资，政府一般不参与直接投资。

第七，注意运用宣传舆论工具的功能，一旦市场出现某方面的波动或危机，宣传部马上通过媒介并聘请专家向公众解释。同时，更加注意公众的反映并做好宣传解释工作。

(二)新西兰

新西兰属于共和制国家。20 世纪 80 年代中期，新西兰对国有企业进行了比较大的改革，企业、科研机构和服务机构的私有化程度大大增加。一些国有资产被拍卖，能源、电力、铁路、邮电等行业都进行了“剥离”，行业的管理与经营脱钩。

目前，新西兰有 14 家国有企业，4 家皇家公司，以及一些经营性的科研机构。国有企业的股东是财政部长和国有企业部长，他们代表国家共同行使作为国家股股东的各项权利，依据 1986 年出台的《国有企业法》、《国家财务法》和 1988 年出台的《国有部门法》对这些企业进行管理。

同时，为监督政府在国有企业中资金的运作，确保最大的效益，新西兰政府于 1993 年成立了新西兰皇家公司监管咨询局（Crown Company Monitoring Advisory Unit 简称 CCMAU）。CCMAU 的主要职责是对国家投资以及国有资产进行监管，隶属新西兰财政部，相当于一个事业单位，但在运作中又相对独立，收入来源于皇家研究所和国有企业。

CCMAU 担任的另一个职责是替国有企业提供建议、进行评估，确保国有企业所有者的收益。CCMAU 主要在以下几方面加强管理。一是监控：对与公司目标相违背的商业计划、公司报告、公司业绩予以查处，对可组合趋势、基准进行报告；二是所有权：对具有战略意义的事件、投资、多元化发展、机构调整及政策影响等进行建议；三是政府服务：对管理的事务及反映的问题、议会提出的问题提出建议，并向官方及时通报情况；四是管理：鉴别并培养有潜力的企业领导人。如向财政部长推荐国有企业董事会成员候选人，对企业的任命进行管理及总结，对领导人进行培训，进行实践教育等。

新西兰国有企业除新西兰银行是在原一家私人银行要倒闭时购买了其部分股份成为国有参股企业外，所有的国有企业都为国有独资且不上市交易。新西兰国有资产管理的组织制度是：公司最高的领导层是执行董事会，董事会成员由股东任命，政府总理批准。他们是各行业有一定影响的人物，且对国家的政策法令比较了解。董事会的职责是确定公司的发展战略和经营方向、分析商业运行的风险、预测管理的效果，从而确保资产的安全并保证经营活动是在合乎法律程序的条件下开展。董事会的成员需要有商业头脑，但都不是执行官，不具体参与业务的经营与管理。董事会需要向股东提交阶段性报告。董事的年金数额由 CCMAU 提出建议。

为保证对国有资产的有效监督，新西兰国有企业实行内外并举的监督制。公司董事会成员同时又是监事会成员（董事会副主席任监事会主席），实行对公司的内部审计，保证公司的账务符合财务法律制度，尤其是保证国有资产不会流失，从而维护出资人和债权人的利益。公司外部的监督来自于国家审计总监的代表以及皇家企业监督咨询局（CCMAU），他们负责对公司内部审计的监督并查处违规和渎职行为。这种双层的审计监督机制，有效地保证了公司正常合法的经营，避免和消除了经营者对公司资产的滥用与诈骗行为。同时，也可以增加董事会咨询决策的透明度和公正性。

新西兰国有企业的内部治理享有独立的自主经营权。公司实行股份制，所有权与经营权分离并落实产权责任。一旦经过权威机构评估和界定后的国有资产的种类、数量和价值，公司有权自主合理地进行产权变动，以及妥善处理银行信贷。经营者可以根据实际情况决定买卖土地，并可以多种方式使用土地，在土地的运作过程中实现利润，提高企业与资本的效率。公司经理层有人事任命权，并有权对管理机构进行改组，使之适合于公司业务的发展。

新西兰国有企业的年度预算和业绩考核依据《公司目标报告书》制度。企业每年向财政部长上报《公司目标报告书》，并报 CCMAU 备案。报告书提交议会讨论，议员可以对目标报告提出问题意见建议，报告最终由财政部长批准。

同时，公司年终的业绩考核也依据目标报告的标准进行。新西兰国有企业日常的经营由公司管理，但超过公司资产额50%以上的交易，需财政部长批准。公司每年上缴红利占利润的百分比，不同的公司不相一致，由各公司董事会提出，财政部长研究决定并给予批准。

二、澳、新两国大公司企业文化建设简况

企业文化是企业生命的灵魂、发展的动力、行为的准则和成功的核心。著名经济学家于光远有句名言："国家富强靠经济，经济繁荣靠企业，企业兴旺靠管理，管理的关键在于文化"。文化能对管理和组织行为产生重大的影响，企业文化是无形的，但无形比有形更重要，就像计算机的软件比硬件更重要一样。

（一）澳新企业文化的主要特点：

1. 以人为本，提高整体素质。澳新大企业既注意大力培植和强化共同的价值观念，努力做到每个人的全面发展，又强调在尊重人、关心人的基础上注意职工在情感、行为、人生理想和生活价值上的个性培养，从而充分体现个人的自我实现和企业追求的统一，使企业成为一个精诚合作、亲密无间的群体，造成和谐的人际关系和良好的文化氛围。提高人的素质，除了强调体能素质、智能素质以外，要特别强调职工的理想信念、道德品质、行为准则等素质的提高，促使职工努力为企业成长学技术、掌握过硬的开发和生产技能，真正使企业精神成为全体职工的共识。

2. 注重社会责任。据澳洲联邦家庭和社会服务部对澳洲最大的76个公司的调查显示，一半以上的公司制定了参与社区活动和社会责任的政策。企业广泛的参与社区和社会活动这种趋势是在1992年之后逐渐形成的。形成的原因主要有以下几点，一是通过赞助文化和体育活动，对企业作一定的商业广告宣传。二是通过广泛的参与社区和社会活动，有效的树立企业的公信力，建立与社区和民众的良好关系。三是提高员工的团队精神，培养职工对社会和公司的责任感，建立良好的企业文化。企业通过积极广泛的参与社区活动，形成企业和社会"双赢"的局面。新西兰的国有公司坚持公平竞争，对消费者负责，从未发生过任何有关动物健康、环境管理以及化学剂使用等方面的问题，在社会上一直保持着很高的声誉。

3. 重绩效及个人能力。在澳洲社会生活中，实用主义占有绝对优势。这种实用和务实的特点也反映在企业管理和企业文化中。澳洲企业招聘、任用人员时很少将学历、地位等作为衡量人才的标准，而是比较注重职工的经验和对企业贡献及绩效的大小。

4. 利益共享。澳洲许多企业实行股份制。通过职工持股，提高了他们的成就感和归属感。澳洲第二大的基金管理公司AMP，最大的汽车保险公司NRMA，四大商业银行，均将一部分股份和股权作为工资或福利分给职工。

（二）澳洲几家大企业的企业文化情况介绍

企业文化是有个性的，或者说是微观性和宏观性的统一。宏观性寓于微观性之中。不同的企业应该有不同的企业文化特点，照抄别人不能叫做自己的企业文化，别人的只可以借鉴。就像每个人都有自己的个性，别人的优点可以学习，但你仍然是你自己。所以，一个企业的文化有没有个性，在一定意义上说是这个企业成熟或不成熟的一个重要标志。企业文化能不能有个性表现，能不能用简练语言表述准确，实际上也是检验企业文化是否成熟的一种方法。考察澳洲各大公司的企业文化，其各有所长，各具特色。

1. 澳洲联邦银行

澳洲联邦银行企业文化的核心是："客户至上，以人为本，寻求创新"。

客户至上：联邦银行将提高服务质量和以客户为中心作为银行的长期策略。经过不懈努力，联邦银行在澳洲建立起了最大的销售网络，1000多个分行，4000多个代理，3000多个自动取款机，为客户提供了极大的便利。同时联邦银行还制定了"参与社区活动计划"，积极的参与社区服务，树立良好形象。目前联邦银行在澳洲拥有了最大的客户群，被澳洲百姓亲切的称为"平民银行"。

以人为本：联邦银行十分注重对人才的培养与使用，让员工与企业同步成长。联邦银行积极推行"以激励机制为核心"的员工薪酬制度与持股制度，依靠制度激励人才。目前联邦银行75%的员工拥有公司的股票或股权，使员工拥有了成就感和责任感。

寻求创新：联邦银行强调企业必须永无止境、永不间断地进行创新。主要体现在以下几个方面：一是联邦银行加快实施国际化战略，不断拓展海外市场，其海外机构资产、利润和员工人数占整个公司的比例逐年上升。二是运用资本运作，通过兼并、收购的方式不断扩大市场份额。联邦银行对MLC基金的成功收购从而组成了澳洲最大的管理基金便是一个成功的案例。另外，联邦银行不断加大对技术革新和网络建设的投入，构筑高新科技平台，从而提高整个系统安全性和效率。

2. Coles Myer

注重团队精神。作为澳洲最大的零售连锁店，Coles Myer十分注重团队精神的建设，创造"人人参与"的企业氛围。企业领导对员工的管理不是颐指气使，而是加以引导，注重集中广大员工的智慧，进行共识决策。在Coles Myer有一项活动叫做"员工反馈调查"。公司总裁将其个人的电子邮件地址向所有的员工公开，并鼓励员工将自己的意见和建议直接发给总裁本人。

差异管理。澳洲是一个多元化的社会，同样Coles Myer 16.5万员工也来自不同的背景。针对员工在年龄、种族、文化、宗教、教育程度方面的多样性，Coles Myer采取了"差异管理"的模式，对员工进行个性化管理，使员工的贡献最大化。同时采取再培训、岗位轮换、提拔晋升等方式增加员工

的满意度和工作绩效。

注重社会责任。Coles Myer 非常积极的参加各种社会公益活动，每年为各类的慈善机构捐助大量的资金。2003年 Coles Myer 向救世军，癌症研究中心、儿童糖尿病基金会、土著粮食基金会等机构的捐款超过计划 1000 万澳元，树立了良好的社会形象。

3. 澳洲电讯

澳洲电讯的企业文化是建立在"服务客户、以人为本、诚信创新"的公司价值观基础上的。

澳洲电讯原为国有企业，垄断着澳洲的电讯行业。随着公司股份上市，政府股不断减持和澳洲电讯市场的逐渐放开，澳洲电讯也实现了从"垄断型企业"向"竞争型企业"的转变。同时不断创新和充实自己的企业文化，通过企业文化的力量推动其企业战略目标的实现。澳洲电讯强调"以人为本"，尊重员工的全面发展，提倡"以绩效为导向"，注重企业效益的最大化和股东利益最大化。在国内和海外澳洲电讯不断拓展新的业务，寻求新的利润增长点。在内部文化建设上，澳洲电讯以人为本，通过出色的人力资源管理，增强企业凝聚力，提高企业效益。

稳定员工队伍是人力资源部门的重要工作。澳大利亚企业有独特的人才标准。看一个员工是不是公司的人才，不是看他学历的高低，也不是看他资历的深浅，而是看他的素质与能力能否适应该岗位工作的要求。因此，他们在员工招聘中十分重视能力的考核和测试。经多种程序测试合格，再经若干时间（一般为三个月）试用合格后成为正式雇佣者，他们认为这是公司的重要资源和财富人才。人力资源部门的一项重要工作，就是致力于营造一种和谐的氛围和环境，以留住人才，才尽其用。

致力于新员工与公司的融合，是留住人才的第一步。澳大利亚企业员工的终身雇佣制已不复存在，人员流动的壁垒已逐步消除。以新加坡输电澳洲分公司为例，多年来，该公司的人才流失率极低。新员工招聘的目的主要是取代年老的员工。根据该公司的人力资源年度计划，2002、2003年度员工计划，是根据业务需要到 2003 年 1 月招聘 1—2 名研究生或工程师，招收 2 名受训学员。尽管公司招聘人才的数量不多，但对新聘人员有较规范的培训和锻炼，以使新员工能与公司尽快融合。在这个阶段，公司对新招聘的员工首先进行入厂教育即接纳教育，使之逐步适应公司的环境和工作。人力资源部门还把他们介绍给公司所有的人，使他们能尽快地与公司融为一体，培养其团队合作精神。他们还让新员工明白自己要做什么，公司对他有什么期望等，从而使新员工能在较短的时间适应新的环境和工作，这也是公司培养员工对公司忠诚度的第一步。

给员工培训的机会，员工发展与公司成长的统一。给员工培训的机会既为澳大利亚电力企业的发展提供了持久动力，同时也使员工体会到公司对自己的重视，实现了个人发展与公司成长双赢的效果。

对长期工作者奖励，培养员工的忠诚度。公司的发展有赖于一支高素质的稳定的员工队伍，人力资源部门必须为公司的发展提供智力支持和人才保障。对于终身雇佣已不复存在的澳大利亚电力企业来说，建立一种公司与员工必须相互依存的理念和关系是十分重要的。为稳定人才队伍，澳大利亚电力企业除了给员工创造培训的机会外，他们还对在公司长期服务的员工以各种奖励，以此来提高员工对公司的忠诚度。例如有些公司鼓励员工在本公司长期工作，凡在本公司连续工作满 10 年，可以享受三个月的假期。

实行业绩评估，消除员工的不公平感。薪酬管理是澳大利亚电力企业人力资源部门的重要工作之一。员工的工资一般通过劳资双方以及各类工会的反复谈判，以合约的形式确定。但是，每一位员工都会将个人的投入与收益进行比较，同时也与他人的投入产出横向比较，当这种比较的结果不平衡时，员工必然会产生不公平感。不公平感直接降低员工对公司的满意度，从而影响员工队伍的稳定。例如，著名电力企业 POWERCOR 公司则有自己的奖励计划。他们通过业绩评估取得公司内部各工种之间的平衡，对于工作完成出色者，给予现金及非现金的奖励。该公司每个岗位都有五个工资级别，考核优秀者有可能直接晋升到该岗位的最高级别。此外，他们对评估差的人也会进一步分析原因，帮助这些员工或参加进一步的培训，或参加心理咨询，着力挖掘和发挥其潜能。这些措施有效地消除了员工的不公平感，为留住现有人才发挥了积极作用。

重视与员工的交流与沟通，培养员工的归属感。人的需要是多方面的，并且是从低级向高级不断发展的。和谐的人际关系、健康安全的工作场所、稳定的收入、事业的发展等都是员工的积极要求。培养员工的归属感，也是稳定队伍的有效手段。他们的做法可以概括为三个方面：一是鼓励员工参与公司的管理与决策。员工通过参与公司的管理，会对自己在公司中的地位和重要性有较高的评价。给予机会并鼓励员工参与管理，员工就会对公司产生强烈的归属感。二是公司利用自己的内部网站，不仅及时发布公司信息，还有员工参与管理的举措，其中涉及到人力资源、安全生产等各个方面，每个员工在管理方面都可以提出自己的意见和建议，公司对正确、积极的方案及时采纳。三是培养员工的团队合作精神。与员工联系最紧密的是自己的同事和团队，工作任务的完成需要员工之间的协作配合，员工的技能也具有互补性。

新加坡输电澳洲分公司至今未出现过人才流失现象，POWERCOR 公司 2001 年度的人才流失率仅为 4%，这个比例在澳大利亚企业中是很低的。这证明澳大利亚电力企业的用人策略，成功地把人力资源的开发管理与企业文化建设相结合，形成了积极的价值观和评价体系，在制度和思想文化两个层面明确了倡导和鼓励的方向，增强了企业凝聚力，提高了企业效益。

4. 澳大利亚邮政

外部企业形象塑造，是企业文化建设的一个重要方面，也是企业经营活动中不可缺少的重要环节。它全面地体现了企业的文化素质，综合地反映了企业的经营哲学，形象地体现了企业的价值观念，它把企业家精神、企业职工的思想风貌、企业的技术素质和管理水平通过有形的形式，具体生动地展现在社会、消费者面前。良好的企业形象是公司无形的资产，可使企业信誉卓著，赢得消费者的信赖。因为任何顾客消费企业的产品或劳务，其本质上都是为了得到一种服务。由此可以得出这样一个结论：顾客所希望的企业形象就是能够为市场提供一流服务。

澳大利亚邮政公司就是一个很好的实例。1989 年，澳大利亚邮政实施企业化改革，成立了澳大利亚邮政公司。它有企业化的结构，有商业化的运作模式，能够对经济环境的变化做出迅速的反应。经过多年的发展，澳大利亚邮政已形成了自我发展能力，培育了几大系统的新业务，并整合了几乎全部的传统业务，塑造了完全不同于传统业务的、崭新的企业形象。澳大利亚邮政深刻洞察世界邮政通信业的发展趋势，在互联网发展的早期就一直致力于信息化建设，成功开发并运营了电子化邮政通信和混合邮件业务系统——EDIPOST。EDIPOST 建有 6 个世界级的邮件制作中心，配备有优良的设备和先进的管理系统，形成了一个覆盖全国的网络。现在，EDIPOST 不断随着网络经济的发展而发展，它能够为商业用户提供发票、文件、账单、支票以及广告邮件等大宗邮件的快速制作、打印和传递服务，其服务对象包括企事业单位、金融机构、政府部门、教育部门、零售企业和服务部门等。成为澳大利亚邮政通信一个响亮的品牌。

EDEOST 富有生命力的原因还在于它能够不断随着技术的发展而发展，随着市场的变化而变化。澳大利亚邮政利用自己的品牌优势和网络资源，开展满足不同需求的金融服务，并依托互联网，为用户提供方便的接入方式，使邮政金融服务无所不在，其中包括邮政账单支付系统、邮政在线银行业务、第三方金融服务、在线邮政保险业务、信用卡注册业务、邮政汇兑业务等。通过内容多样，先进周到的服务，成功地塑造了优质的企业形象。EDIPOST 针对服务对象有优化和传播自身品牌的需求，十分注重为用户提供专家级的咨询和建议，帮助用户设计文本形式和传递方式，突出企业的品牌和形象，成为企业品牌和形象的传播者。在澳洲年度优秀企业评比中，澳洲邮政连年名列前茅。

（本文系国务院国资委赴澳大利亚、新西兰企业文化培训考察报告节选）

日本的企业文化建设

一、培训考察的基本情况

学习考察期间，先后参观了在原制作所、资生堂株式会社、松下电器产业株式会社、丰田自动车株式会社、大金工业株式会社、西日本旅客铁道株式会社（简称 JR 西日本铁道公司）、日本电通公司、日产自动车株式会社 8 个企业和东京证券交易所，与大金工业株式会社副社长川村群太郎等 20 多位企业高层领导人进行了座谈交流；参观了松下电器产业株式会社国际展览中心、资料馆、技术馆，丰田公司资料馆、资生堂画廊和资料馆等 10 个企业展馆；观摩了爱知县世博会中国馆、日本馆、主题馆等展馆；访问了日本经济产业省、兵库县、神户港务局等 3 个政府部门，培训结束时与我国家外专局驻日本办事处的同志进行了会谈。

培训采取三种形式：

一是听取专家集中授课。长崎大学神郡克彦教授讲授了《如何建立企业名牌》，神户大学黄磷教授讲授了《跨文化交流与管理》，经济产业省经济产业政策局铃木先生讲授了《推进企业履行社会责任的有关政策》等课程。

二是专题讲座。在原制作所通过一个环保的典型案例介绍了企业的危机公关处理和文化创新；资生堂介绍了如何秉承福原信三的理念，几十年如一日，致力于企业形象的创造；丰田自动车株式会社全球化人事部小西工己先生介绍了《丰田之路与人才培养》；松下电器产业株式会社介绍了松下幸之助的经营理念和经营哲学；JR 西日本铁道公司介绍了如何培训民营企业精神；金钢峰寺宗务总长土生川正道理事长介绍了日本人精神的形成；东京证券交易所介绍了企业统治的思路和原则；经济产业省玲木先生介绍了日本政府推进企业落实社会责任的有关政策。讲座中还采取互动式的讨论，进行深入研修，在交流和探讨中，既了解了日本企业的文化建设、人才培养等方面情况，同时又宣传了我国经济发展成就和中央企业的实力。

三是参观考察。在走访的企业中，既参观了历史馆、资料馆、艺术馆、技术馆又参观生产线。既对政府部门的宏观管理情况有所了解又观摩了企业的实务操作。同时我们还通过乘坐地铁、公共汽车、新干线高速列车等途径，比较广泛地了解了日本的社会文化和日常生活。

二、日本企业文化建设的基本特点和经验

日本是世界上开展企业文化比较早的国家，其中不少企业的成功经验为世界所公认。通过这次学习考察，我们感到日本企业文化建设呈现出以下 6 个显著特点。

(一)积极倡导企业使命与社会责任相统一，为企业发展培育和谐的文化环境和氛围

企业的社会责任是近年来世界各国企业界和理论界关注的热点问题之一。带着这一问题我们重点对日本企业履行社会责任的问题进行学习考察，对这个问题有了更深刻的体会和认识。我们所考察的日本企业都把履行社会责任放在非常重要的位置，在企业文化建设中积极倡导，把企业使命与社会责任统一起来，成为日本企业文化发展的一个趋势。日本企业把履行社会责任放在突出位置，有五个方面的原因：一是从历史背景上看，18 世纪近江商人就提出了“卖方、买方、社会”三方都好的理念；明治维新时期日本的企业明显地抱有一种“报德思想”，二宫尊德提出“社德合

一”,即“事业在自己得利的同时,必须给国家和社会带来实惠”。20世纪以后,松下幸之助等杰出的企业家又积极地倡导企业必须承担起社会责任,并于1956年召开经济同友会全国大会,通过了经营者必须自觉履行社会责任的决议。进入21世纪之后,经济同友会又把企业的社会责任提到了重要的议事日程,于2004年5月改定通过了《日本经团联关于企业行动宪章》,提出了10条企业行动准则,使企业落实社会责任的工作进一步得到强化。正是由于长期以来一些杰出的企业家的积极倡导和实践,形成了日本企业自觉履行社会责任的文化传统。这一传统引领着日本企业的发展方向,使日本拥有一大批历经百年长盛不衰的企业,有力地促进了经济的发展,为日本跻身世界经济强国奠定了基础。二是从现实状况看,近年来,日本企业出现了一些丑闻,突出表现是对社会不负责任,做假账,欺骗社会公众。如在东京证券所上市交易、已有50多年历史的西屋铁道公司,违反有关规定,使公司股票80%掌握在特定人手里,利用员工假持股来逃避监管,欺骗股民达10年之久,这件事曝光后在日本社会造成恶劣影响。这一教训使日本企业充分认识到,在经营过程中必须以诚信负责的社会形象取信于公众和消费者,只有这样才能保证企业长期健康稳定发展。三是从企业面临的宏观发展环境看,随着世界经济一体化进程的加快,市场竞争日益激烈、公众维权意识日益增强,履行社会责任的状况日益成为衡量企业优劣的重要标准。四是经过长期实践,日本的企业家认识到,在当今人类的社会活动过程中,除了战争,工业企业的生产经营活动是占用社会资源最多、对环境影响最大的实践活动,企业在占用社会资源的同时必须给社会回报,以争取社会的支持与理解,为企业创造长远发展的环境。五是政府的大力倡导。日本政府把推进企业落实社会责任作为重要内容,由经济产业省具体负责推进和实施,如通过社会调查向企业提供社会需要等情报,对企业落实社会责任的情况进行监督等等。由于上述原因,日本的企业都很重视将企业使命与社会责任统一起来,企业家们都清醒地认识到,只有站在履行社会责任这个制高点,才能赢得企业长期发展的良好环境,所以努力为企业发展创造和谐的社会环境和文化氛围。

日本企业在履行社会责任时突出强调五点:一是企业履行社会责任的最主要内容就是切实实现股东和雇员(员工)的利益。二是企业履行社会责任的直接外在表现就是为社会公众提供最好的商品和服务。三是在可能的条件下最大限度地促进所在地区和国家的社会繁荣。四是遵守法律法规,做到及时向社会公布企业信息,保证经营活动的公开和透明。五是把企业发展同造福人类、保护环境、建立循环型社会统一起来。如丰田公司1992年为了倡导“人类与环境和谐相处”的全新环保理念,专门设立了“丰田环境委员会”,制订了“丰田地球环境宪章”——《丰田对于地球环境的参与方针》,在此基础上确立了公司面向21世纪的未来战略——“制造亲近人类与地球的汽车”。为了落实这一战略,丰田公司不惜将年销售额的6%作为攻关资金,组建起1.2万人的庞大研发队伍,开始了“绿色”汽车的发明创造。经过长达5个年头的不懈努力和反复试制,1997年12月丰田公司推出了世界上第一款批量生产的混合动力汽车——先驱。它消耗每升汽油的平均行驶里程比一般汽油车至少提高一倍,污染物却减少了90%。

(二)把企业以人为本与员工以企为家统一起来,特别注重建设人企合一的发展团队

我们考察的日本企业在企业文化建设中把企业以人为本与员工以企为家很好地统一起来,努力构建命运共同体,实现了企业和员工的共同发展。

进入90年代以来,日本泡沫经济破灭,经济处于缓慢增长期,即使在企业面临各种困难的情况下,日本企业仍然坚持以年功制为主的分配模式,较好地保持了员工队伍的稳定,增强了企业的凝聚力。具体表现在三个方面:一是坚持“终身雇用制”、“年功序列制”等企业制度基本不变,努力做到不裁员,保持员工队伍的相对稳定,保持员工福利待遇基本不变;二是通过实施国际化战略,开拓海外市场,为员工发展创造更多空间;三是不断优化员工的生产生活环境,丰富员工的文化生活。如,大金工业株式会社是全球著名的商用空调和氟化工产品生产企业,在遭受亚洲金融危机严重冲击、企业经营形势日益严峻的情况下,一直坚持“力争作一个能够保证雇用的公司”这一宗旨,通过每年限量招工、实行内部转岗分流、对部分员工进行再培训,尤其是及时实施了国际化战略,把开拓中国市场作为战略重点,每年利润增长的10%来自中国,从而实现了企业和员工的共同发展。对大金工业株式会社坚持以人为本的经营理念,关注员工的利益,促进企业和员工实现共同成长的情况,1999年3月1日《人民日报》海外版对此进行了详细报道。

(三)努力做到文化传承与文化创新相统一,培育支撑企业实现持续发展的文化力量

我们这次考察的日本企业平均寿命在40年以上,有的企业寿命长达百年。如以生产高级化妆品著称于世的资生堂株式会社成立于1872年,至今已有133年历史,松下电器产业株式会社成立于1918年,至今也有87年的历史。探究这些企业长寿的原因,很重要的一点就在于,这些企业在不断开发适销对路的新产品、占领市场制高点的同时,非常注重文化的传承和创新,使企业发展既奠基在深厚的文化积累之上,植根于厚重的民族文化传统之中,又能适应时代变化,不断发展创新。体现在三个方面:一是很好地继承了民族文化中的优良传统,如协调配合的团队意识、注重建立和谐的人际关系等,并通过创新,把企业建成命运共同体、发展共同体和文化共同体。二是在文化的传承与创新的过程中注意形成相对稳定的“文化基因”,使之成为促进企业发展的精神财富。如松下电器产业株式会社在松下幸之助提出的理念的基础上形成了“企业作为‘社会的公器’,在‘顾客第一’的基础上,实现‘日新月异’”的文化基因,又把“日

新月异”转变为“坚持技术革新”的理念，以这种理念指导企业不断进行技术创新和开发新产品，使企业在激烈的市场竞争中始终处于不败之地。三是通过建立资料馆、纪念馆、展览馆等文化设施，使企业创造的文化成果得到了很好的保护，并通过免费向社会开放，使之成为与社会沟通的桥梁，充分展示了自己的历史和文化成果，达到了用文化提升企业形象的目的。

（四）注重企业家高度文化自觉与员工自觉践行文化相统一，确立了上下同欲的文化追求

上下同欲者胜。我们考察的日本企业在企业文化建设中，以确立共同的文化追求为目标，把企业家的文化自觉与提高员工的文化执行力统一起来，使企业成为一个文化共同体。

企业家的文化自觉程度决定企业的发展层次，决定企业文化的发展方向和水平。关于日本企业家具有高度的文化自觉，国内企业文化方面的著作多有论述。通过在日本的学习考察，我们感到，日本企业家的文化自觉主要表现在五个方面：一是确立了文化主导企业发展的意识，自觉用文化创新引领企业发展。二是具有崇高的文化追求，深刻影响着企业员工的文化自觉程度。三是这些企业的企业家都是企业文化建设中的关键性人物，起着倡导、实践、推动和变革企业文化的关键作用。四是普遍把履行社会责任提升为企业的重要使命。五是具有敢领风气之先、不懈创新的可贵品质。松下公司的创始人松下幸之助是一个代表性人物。我们这次在松下考察期间时时能感受到松下幸之助的存在，感受到松下文化的魅力，松下幸之助创立的松下文化仍然深刻影响着松下公司的发展。松下幸之助早在1932年就提出了“企业人一定要尽企业人的本分，为提高社会生活的品质和追求世界文化的繁荣而奋斗”的企业使命，1933年制订颁布了企业员工应遵行的“五大精神”，1935年制定了企业内规，强调知行合一等，从而推动和引领松下公司沿着正确的方向不断前进，创造了世人瞩目的辉煌。现在，松下公司又继承松下幸之助造福人类的文化自觉，确立了“为实现星罗棋布的网络社会做贡献”和“为人类与地球环境的共存做贡献”的企业理想，投资建立了家电回收利用技术中心和环保资源再生工厂，负责20个厂家电器产品的再生利用，同时作为环保教育基地免费向社会开放，努力为提高公民的环保意识、建立循环型社会做出自己的贡献。

经过与日方专家学者和企业家的交流，得知日本企业家具有高度的文化自觉主要有四个方面的原因：一是明治维新后，日本大力普及教育，国民受教育程度大幅度提高，在此基础上成长起来的企业家普遍具有较高的文化素养和文化追求。二是日本的社会制度安排又使财富不会大量传给下一代，由此决定日本企业家很大程度上是靠成就感支撑，努力把企业做强做大，这种成就感已经超越了狭隘的物质利益追求，上升到精神层面和文化层面。三是日本的企业家是在日本国际化进程中成长起来的，具有较宽的视野、开放的心态和不断求索、追求卓越的品质，因而具有较高的文化自觉。资生堂第一任社长福原信三就是这方面的代表。福原信三1913年毕业于哥伦比亚大学药学专业，毕业后又游历欧洲，学习欧洲的近代艺术，他既是一个企业家，又是一个酷爱艺术的摄影家，他把企业的追求定位为“以自己的产品和服务美化人类的生活”，并亲自参与设计了企业标识，把山茶花作为自己企业的象征，从而使资生堂由主要销售西洋药品的店铺发展成为主要生产高级化妆品的现代公司，并使资生堂文化具有强烈的艺术文化色彩。四是国家和政府通过表彰奖励、舆论引导、政策支持等措施和途径，进一步提高了企业家的文化自觉。

企业文化建设成败的重要标志之一，是看企业文化在员工中的内化程度，是看员工自觉践行的程度。而这一点，在我们所考察的日本企业中得到了充分印证。日本企业在企业文化建设上注重知行合一，企业精神、企业理念已经成为企业员工的生存方式和工作习惯，体现在员工的言行之中。这些企业主要采取如下措施来提高员工的文化执行力。

一是进行企业文化培训。这是日本企业的通行做法。我们所考察的企业都建有员工培训中心、人才培养基地等培训机构。日产公司是日本第二大汽车公司，2003年7月与我国东风汽车公司全面合作，这个公司规定要对新招收的员工进行为期6个月的系统培训，主要是学习公司的企业文化和岗位操作技能等，培训结束经过考试，确认符合公司的用人标准后方可进入实际工作岗位。

二是通过各种仪式，举办多种文化培育活动。日本企业提高员工文化执行力更多地是渗透在日常组织的各种文化活动中，如举行入社仪式、创业纪念庆典、每个经济年度的庆典仪式、车间恳谈会等，其中荏原株式会社的案例教育更是给我们留下了深刻印象。荏原株式会社成立于1912年，主要从事风水力发电的机械制造、环境工程机械制造和精密电子仪器制造业务等，2003年3月23日因排污管连接错误导致该会社藤泽工厂发生二恶英泄露事故，事故发生后，荏原株式会社认真总结事故发生的原因，制定了5条基本行为准则，并把每年的3月23日定为基本行为准则再确认日，由董事长从8点30分开始对员工进行30分钟的演讲，用藤泽工厂发生二恶英泄露事故的案例，引导员工对照5条基本行为准则反省自己，查找差距，提高践行基本行为准则的自觉性。

三是充分调动员工积极性，做到全员构建企业文化。员工不仅是文化育人的对象，也是文化创建的主体。这在JR西日本铁道公司的企业文化建设中得到了充分体现。JR西日本铁道公司18年前由国有转为民营后，企业文化面临着转型，这个公司注重充分发挥员工的作用，通过开展“我的建议”、理念征集、统一朗读“感谢乘客利用JR铁路”的宣传用语等活动，组织全员参与文化创建，营造人性关怀的文化氛围，确定了新的经营理念即：“立足于尊重人性化的立场，在建立劳资信任关系的基础上，努力实现铁路事业的活

性化。同时,以成为一个受爱戴的、共同繁荣的综合服务企业为目标。作为国家的主导企业,积极为社会、经济、文化的发展做贡献”。从而成功实现了文化转型,塑造了企业新形象,促进了企业的飞速发展。

(五)大力推进理念变革与结构重组、战略调整相统一,形成了文化与管理相融共进的良性发展

日本企业非常重视使企业文化真正成为企业发展的内在动力。一是随着企业的发展和经营理念的变化,适时变革企业的组织结构。松下公司在松下幸之助1932年提出企业新的使命和新的经营理念之后,随即对企业内部的组织结构和管理体系进行了调整,创建了以事业部制为主体的管理模式。二是当企业的性质、结构发生变化时,及时对企业的经营理念和核心价值观进行调整,使企业文化及时实现转型,以适应企业发生的变化。如JR西日本铁道公司在公司改制的同时实现企业文化转型的经验。三是企业发展战略发生改变,企业的经营理念也随之进行调整和创新。大金工业株式会社针对国内经济增长缓慢、企业发展空间狭窄的现实,大力实施国际化战略,为此,他们对公司原有的文化理念进行调整和创新,于2002年8月确立了“最高的信誉、进取的经营和明朗的人和”的公司纲领和10条经营理念。董事长井上礼之和总经理北井启之从2002年9月份开始,在3个月时间里到大金在日本各分支机构及海外7个主要子公司举行说明会,对新的经营理念进行宣讲,2003年2月又从日本国内和海外子公司请来10位员工同董事长井上礼之举行座谈会,并将经营理念印成小册子,发到员工手中,做到员工人手一册,用新的经营理念指导和规范员工的行为,很好地适应了拓展国际市场的需要,企业的国际化战略取得了丰硕成果,尤其是在中国的业务迅速发展,设有6个合资公司和独资公司,营业额达800多亿日元,西安庆安大金公司的利润更是每年以20%的速度增长。

(六)在企业日常经营过程中注意把宣传产品与经营“文化”相统一,培育了企业新的经济增长点

企业文化建设负有宣传产品、塑造企业形象的职能,这一点已是基本常识。但日本在此基础上赋予企业文化建设以新的功能,在宣传产品的同时,开始经营“文化”。

一是非常重视产品和企业形象的宣传。这些企业都设有规模较大的宣传部门、企业文化部门或形象策划部门,主要承担产品广告设计、企业形象策划宣传、企业文化的推行等。尤其是对产品和企业形象的宣传令人印象深刻,大部分企业用日文、英文和中文三种文字,制作产品和企业形象的宣传册、宣传片以及企业网站等。这些部门的工作人员大部分掌握了日语、英语和汉语三种语言。资生堂的宣传部有员工130多人,每年广告费用占营业额的10%左右。松下、丰田等公司都设有国际展览中心、技术中心等多个展馆,用于宣传公司的产品、形象和文化。

二是对文化进行战略投资。福原信三认为,企业文化是在企业的历史中培养和积蓄的理性和感性资产,提出“企业文化是继人、财、物之后的第4种经营性资产”的观点,为此,早在1919年他就在东京的商业中心银座设立资生堂画廊,免费为日本和世界各地的未成名青年画家、摄影家提供展出作品的场所,并聘请一批艺术家到公司从事形象设计与宣传工作,到目前为此,已有5000多位艺术家在资生堂画廊展出作品,并为资生堂公司留下大批作品,资生堂也在自己的形象宣传中创造了一大批作品,这些作品已成为资生堂的文化资产,并随着这些艺术家知名度的扩大而不断增值。

(本文系国务院国资委赴日本企业文化培训考察团报告节选)

美国企业文化的主要特点

王 超

一、美国公司的企业文化是注重以市场为导向的文化

美国经济是高度的市场化经济。美国公司作为市场经济的微观主体,以市场为导向就成为美国公司企业文化的一个主要特色。美国企业管理界认为,企业文化不仅涉及到企业内部,也涉及到企业外部,是一个大概念。北德州大学MAIC教授指出:“美国公司都非常关心市场和顾客,公司所作的每一个决定都是以顾客和市场为出发点的”。美国公司普遍认为,对于顾客,永远没有最好的技术,只有最能解决他们问题的技术。这种高度以市场为导向的企业自然非常重视客户和顾客对产品的需求。如比萨饼公司鼓励顾客免费品尝,并鼓励提意见,然后加以改进。GM(通用汽车)公司更是认为,对于汽车的研制与开发,如果离开了具体的服务对象——顾客,就没有什么“最好的汽车”一说。GM公司坚持对市场的多种顾客需求作出详细的调查与研究,针对市场上的每一个价位都设计出质量优秀和适用的汽车,“为每一个钱包和每一种用途生产汽车”是他们的经营哲学。GM公司把经销商也纳入重要顾客的范畴,对他们保持定期走访,广泛搜集信息,了解他们的需求。因而,GM公司取得了超常的发展。连续三年稳居世界500强第一位的沃尔玛,靠出售廉价的零售百货,连锁店遍布海内外,各连锁店当天的销售额和其他与销售和市场有关的信息,当天即可通过公司内的卫星和计算机信息系统传送到公司的管理部门。沃尔玛的管理部门不仅负责统一采购和统一配送商品,而且通过对市场形势进行不间断的分析研究,及时提出经营模式和销售策略,包括商品种类、价格以及摆放位置、陈列方式等,都提出具体的方案,并且通过电脑制成图示,发到每个店铺统一执行。

美国公司认为,顾客的满意度对产品的销售额和对公

司的利润增加影响很大。北德州大学 MAIC 教授以调查数据告诉我们：对某种产品，如果顾客中有 10 个不满意者，而每个不满意者将会把他的不满意告诉 8—10 个人，其负面影响非常之大。如果能够把客户群从 75% 提高到 80%，产品销售将会增长 9.1%。可见，“市场导向”和“满足用户”是“利润增加”的前提和基础。这种以市场为导向、以满足用户为导向的企业文化使其在市场竞争中取得优势。

图示：利润增加与市场导向、满足用户的关系

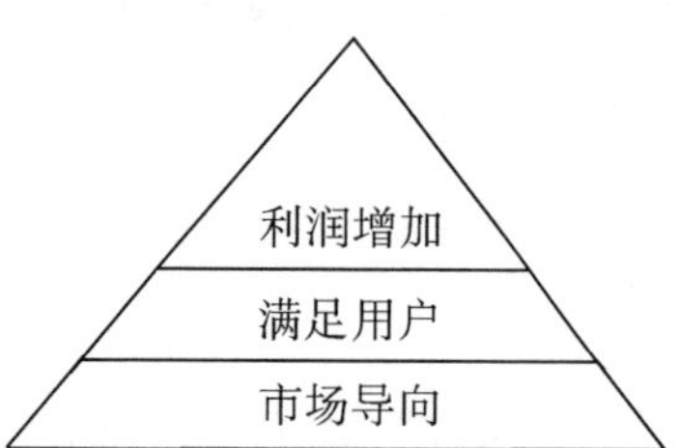

美国的商会作为行业协会和中介组织，在市场导向中的作用很大。达拉斯市商会国际开发部经理克丽斯汀在交流座谈时告诉我们：达拉斯商会的主要作用是为会员企业提供市场的各种信息支持和联络服务，更好地发挥市场的导向功能。同时，商会在密切企业与政府联系、推动企业与他国贸易、对会员进行教育培训方面也发挥了积极作用。

二、美国公司的企业文化是注重产品和品牌的文化

什么是产品（What is a product）？美国企业认为，产品有两个层面的含义：看得见的与看不见的，看不见的就是产品文化或品牌文化。品牌文化的形成主要依赖于产品的质量、服务以及文化含量等要素。

无论是教学培训还是到美国公司考察，美国的学者和工商界人士都普遍认为，在市场经济高度发展的今天，在经济全球化和信息时代，企业之间的竞争实质就是优秀产品的竞争，是品牌的竞争。品牌建设成为现代企业发展的核心，一个好的品牌不仅仅具有很强的创造经济效益的能力，同时对于社会的发展也有很强的推动力。品牌作为传播形象的标志，是企业通过大量优秀的产品开发及良好的品牌服务形成的。在品牌的建设过程中，通过企业的科技创新、完善服务等手段不断为品牌注入新的活力，使品牌具有更长久旺盛的生命力。美国的产品文化注重新产品的开发，注重产品品牌的塑造。万宝路传扬的是一种勇敢、开拓、冒险精神，表达的是美国西部牛仔的“男人形象”。这种品牌定位使得万宝路生产厂家——菲利浦·莫里斯公司（Philip Morris）大获成功。同时，企业会随着品牌的成长逐渐形成独特的企业文化和强大的企业核心竞争力。一个优秀的品牌会不断引导和提高顾客和消费者的忠诚度，巩固并推动市场的发展，从而提高企业的经济效益。

产品和品牌的文化内涵着质量第一的文化。美国企业高度重视产品的质量。他们认为：质量支撑着产品，质量过硬的品牌可以使企业所向披靡。2003 年是福特公司开发新产品最多的一年，其推出的新产品供不应求，要等 18 个月才能提货，但如果福特发现产品质量出现了问题则立即将车召回，体现了对质量、用户和品牌的一丝不苟。一些品牌已经成为美国人生活的一部分，如可口可乐、GE、AT&T 等已经伴随美国人生活上百年，成为了他们的习惯，他们相信这些品牌，对这些品牌有很深的感情。

美国公司十分重视品牌战略。品牌战略的本质就是差异化竞争战略的代表，它是企业在日趋激烈的竞争环境中，面临产品、技术与服务日趋同质化的形式下，谋求以品牌创造差异化的战略抉择。而就以资源为基础的核心竞争力的战略思想而言，战略的使命在于打造企业的核心竞争优势，而“品牌战略”无疑是这种战略思想的代表。强势品牌本身就符合企业核心竞争力的几项基本要求，即珍贵、独特并不可模仿、难以替代，可口可乐就是一个典型。价值数百亿美元的可口可乐的总裁就曾声称：即便一把火将它在世界各地的分厂全烧掉，它靠品牌也能立马起死回生。

三、美国公司的企业文化高度注重企业价值观

价值观是企业对于客观事物的基本信仰，企业的价值观就是企业决策者对企业性质、目标、经营方式的取向所做出的选择，是为员工所接受的共同观念。一个企业的价值观会反映在企业的营销、研发、生产、财务、人力资源等各个方面。因而多数美国企业都把价值观塑造作为企业文化的核心。美国成功的企业界人士多数认为，企业最重要的是价值理念，即企业为什么生存以及用什么方式去经营。如果没有一个符合时代要求、具有企业个性特征并为本企业员工所认同的价值体系，企业要做大、做强是不可能的。赚钱是成功公司的结果，而不是它的手段。员工为公司的价值观效命，内耗减少、自然会在盈余上显现出来。美国成功企业都有一个共性：企业领导者非常重视企业价值观的培育。而这些成功的价值观有着相似之处：争取最好、尊重每个员工、支持创新、承认利润的重要性、树立质量和服务意识、团队精神等。GE 公司每位员工都有一张“通用电气价值观”卡。卡中对领导干部的警戒有 9 点：痛恨官僚主义、开明、讲究速度、自信、高瞻远瞩、精力充沛、果敢地设定目标、视变化为机遇以及适应全球化。这些价值观都是 GE 公司进行培养的主题，也是决定公司职员晋升的最重要的评价标准。对于 21 世纪的领导人，GE 提出了“A 级人才标准”并向各个业务部门和全球推广。这种领导人需要具有 4E 品质，即：充沛的精力（Energy）；激发别人的能力（Energizer）；敢于提出强硬要求——要有棱角（Edge）；执行的能力（Execute）——不断将远见变为实绩的能力。柯达公司的员工必须认同柯达的价值观与企业文化。“尊重个人、正直不阿、互相信任、信誉至上、自强不息、论绩嘉奖”，柯达的六大核心价值观构成了柯达用人的基础，柯达的每一名员工都被柯达强大的价值观所感染，因为每一个人都在按照这六条价值观做事，柯达把自己的价值观与员工看作公司最大的财富。柯达许多资深领导人把写有柯达价值观的牌子放

在办公桌上，经常对照着它们，作为自己做人、做事的准则，而并不是作为一种虚设的形式。

确立的价值观念，决不只是面对员工，还要向社会推介自己的价值观念，这是美国大企业的高明之处。它们通过广告营销等方式使消费者接受一种观念，改变一种态度。一旦观念在消费者心理上形成并巩固，就会产生持久的印象，不易消除，并形成对企业产品的持久认同与忠诚。注重产品价值观的灌输，有着正确价值导向的企业就会在市场竞争中处于优势。

四、美国公司的企业文化注重创新

创新是美国公司企业文化的灵魂。美国人大多不满足现状，不安于现有成果，具有求新求变的思想，这成为了推动企业发展的原动力。在18世纪，有数百万人口涌入美国，这些人把美国视为乐土，不再受在家园饱尝煎熬的战争、贫困和迫害之苦。久而久之，认为美国充满机遇和光明前景的观念在美国人心中根深蒂固。200余年来，美国经济与社会的发展，很大程度上得益于美国人的创新精神与企业家精神。在美国无处不存在冒险和不断进步的开拓精神，而创新与企业家首创精神成为美国企业文化的主要特点之一。

美国许多企业都用不断创新来保持自己的优势。杜邦公司成功的经验是发扬不停顿精神，不断开发新产品。3M公司的成功在于创新有绝招，招招都很妙。3M公司不轻易扼杀一个设想，如果一个设想在3M各部门找不到归宿，设想者可以利用15%的工作时间来证明自己的设想是正确的。3M公司还能容忍失败。只有容忍错误，才能进行革新。过于苛求，只会扼杀人们的创造性。这些是3M公司的座右铭。成功者受到奖励、重奖，失败者也不受罚。

美国企业普遍认为，谁拥有正确的、不断创新的理念，谁就具有最强的竞争力。MAIC教授在培训教学中多次援引美国西南航空公司(Southwest Airlines)的案例。该公司提倡的是一种“创新、随和”的文化，它改变了以往的一贯做法，推出低价票位，并保证其机票价格在全美最低，并做到按时起飞，按时降落，服务员穿着随意，态度亲和，这种文化给企业带来持久的收益，使西南航空公司成为美国航空业中惟一赢利的企业。

五、美国公司的企业文化是注重人本管理的文化

“企业文化就是人的文化”，美国企业管理层都这么认为。因为企业的核心问题就是人的管理，人是第一因素。企业管理的原则之一就是：尊重雇员，相信雇员，发挥雇员的积极性。只有尊重每一个人，尊重每一个人的价值和贡献，才能充分发挥其积极性。企业要为雇员提供从事创造性劳动的条件和发展的机会。企业对雇员承担的社会责任不仅仅是发给工资以维持其生活，而是要建立一个环境，以满足那些立志为实现企业目标做出贡献的人。

美国企业，对人的因素的重视，具体体现为对人的人性化管理、对人的关心、对人的吸引、对人才的凝聚等等。在科学技术快速发展、经济现代化进程加快的条件下，人的因素成为企业兴衰、存亡的决定性因素。英特尔公司遵循的是人人平等，事事从简，高级管理人员同普通员工一样上班守时，没有私人办公室和停车位。洛杉矶迪斯尼乐园的员工全部佩带有名字的胸卡，彼此一律以名字相称，行政管理人员定期参加劳动，体验生活。

美国企业非常重视人的自我价值的实现。著名的苹果电脑公司认为，要开发每个人的智力闪光点的资源。“人人参与”、“群言堂”的企业文化，使该公司不断开发出具有轰动效应的新产品。IBM公司认为，要使职工对工作负责任，就必须尊重人、信任人，并给予实际的自主权。3M公司的新事业开拓小组的所有组员都是自愿来参加的，他们有高度的自主权。只要小组达到公司的绩效标准便可得到好处，即使失败了，公司也保证小组成员原来的职位和待遇。异想天开、离奇的想法在3M公司都能得到理解和宽容，科学的设想在3M公司总能找到归宿。

现代企业提倡人本管理思想，提出企业管理要以人为中心，尊重人、关心人，调动人的积极性，依靠全体员工发展企业。作为代表人本管理思想的最高层次，深刻体现人本思想的企业文化在美国也越来越受重视。

六、美国公司的企业文化注重公司独特的管理哲学

德州仪器(TI)公司是生产高科技芯片企业，全世界手机、投影仪很多使用TI提供的新型芯片，其芯片一项年销售额已达到110亿美元。该公司华人副总裁杨明在为我们所做企业文化的演讲报告中，阐述了他本人长期在TI公司从事技术和管理所形成的管理哲学与管理理念：

· 尊重员工，信任员工。

· 老板的决定从上往下贯彻，员工的意见从下往上反馈。

· 企业整个组织要像家庭一样，不可勾心斗角。

· 干工作要有正确的方向。

· 干聪明的工作，不要把工作做得很苦。

· 要做就做最好的。

· 要失败共同失败，要成功就共同成功。

上述管理哲学理念是杨明先生从管理实践中总结，又身体力行用于管理实践的，取得了显著的成效。

企业的成功取决于把职工的积极性和才干与企业的目标结合起来。在市场经济条件下，企业的目标应始终围绕“顾客”这一中心做文章，也就是说企业应使其提供的产品或劳务让顾客满意。树立这一理念就是管理哲学的范畴。企业管理者是否遵从这一管理之“道”将是企业成败的关键。

文化是人的主观意识对客观存在的一种反映。企业文化是以企业管理哲学和企业精神为核心，凝聚企业员工归

属感、积极性和创造性的人本管理理论。同时，它又是以企业规章制度和物质现象为载体的一种经济文化。正因为企业文化的内涵包含企业管理的方方面面，因此构建企业文化对于管理者来说很重要，它可以把管理者的管理理念逐步渗透到全体员工中间，从而引导全体员工主动去实现企业目标，促进企业的发展。所以，管理哲学和企业文化作为一枚硬币的两面对于企业管理工作是必不可少的。管理哲学指导管理工作，而以管理哲学为核心的企业文化建设把企业管理者的理念培育成全体员工的共同价值观，形成推动企业走向成功的强大动力。

七、美国企业文化是具有成熟理论基础的文化

美国的企业文化既建立在公司丰富的实践基础之上，也有坚实的理论基础作支撑。在美国企业文化学术界，涌现出了 ROBERT QUINN、JOHN KOTTER、JAMES HESKITT 一批世界级企业文化管理理论的泰斗，他们巧妙地应用经济学、社会学、管理学、心理学、组织学、系统论等知识和方法，创建了企业文化层次理论、企业文化结构理论、企业文化价值理论、企业文化维度理论、企业文化变革理论，构建了企业文化的竞争价值模型、文化分析模型、文化创建范式，形成了广为美国企业和经营管理者所接受的理论体系。美国的企业咨询公司也已经从传统的企业咨询业务扩展到了企业文化的咨询分析和创建的高度。一些企业逐步开始实行首席文化官或首席文化管理师的岗位。可以说美国企业文化的实践推动了美国企业文化的发展，同时学术界的深入规范系统的研究也指导和提升了美国企业文化的高度发展。

美国的企业文化有其与市场经济相适应的先进理念和管理模式，但也不能照搬照抄。我们应当通过学习借鉴，同时与我国文化独有的讲求伦理、诚信等传统理念结合，才能推动我国企业文化的健康发展。

（此文作者系东方汽轮机厂党委书记）

德鲁克管理思想评述

赵曙明

德鲁克先生的一生是勤奋和高产的一生。他一共完成了30多部著作，平均两至三年就有一部著作的诞生。他在《哈佛商业评论》上发表了30多篇文章，其中7篇获得了“麦肯锡奖”。这一成果足以令当今最杰出的管理学家叹为观止。更为重要的是，他提出的一系列管理理论和管理思想，如目标管理、自我管理、顾客导向的组织、时间管理、企业愿景、业绩管理、知识工作者、以知识为基础的组织、扁平组织、团队、后资本主义社会等，已经深入到企业管理的实践中。毋庸置疑，德鲁克先生是有史以来对管理理论贡献最多的大师，因而被尊称为“现代管理之父”。

一、德鲁克的主要管理思想

德鲁克深受欧洲人文主义思想和以熊彼特（Joseph A. Schumpeter）为代表的奥地利经济学派的影响。虽然他的大部分著作是有关企业管理的，但在其中我们可以看到自由、成长、创新、多样化、多元化等纷繁的思想。很多人喜欢德鲁克提出的概念，但是德鲁克却说“人比任何概念都来的有趣多了”。“人”可以说是德鲁克所有管理思想的中心。如果你不了解这些，恐怕就很难理解德鲁克先生的著作。

德鲁克毕生在思考两个问题：如何使得企业管理井然有序？如何使管理人员富有成效？德鲁克之所以得到全世界管理界的认可，也就在于他对管理的实践方法和职业经理人的行为进行了深入的分析。德鲁克先生的思想集中体现在两部代表性的著作《管理的实践》和《卓有成效的管理者》中。

在《管理的实践》这部划时代的著作中，德鲁克先生从企业是什么、管理是什么、管理者的责任角度，通过对管理原则、责任和实践的研究，探索如何建立一个有效的管理机制和制度。而1966年出版的另外一本名著《卓有成效的管理者》则从管理者的培养和教育角度阐述了有效的管理者应该具备的基本技巧和素质。前者是“宪政教育”的范畴，而后者则是马基雅弗利（Niccoló Machiavelli）强调的“君主教育”的精髓。一个有效的组织既离不开良好的制度保证，同时也离不开有效的管理者。因此，现代工商管理的教育一方面需要教育学生明白现代管理制度建立的基本原理和准则，同时也要培养一大批具有优秀管理技能的职业经理人。两者缺一不可。在德鲁克的思想中，衡量管理体系有效的标准在于企业是否有效满足了顾客的要求，衡量经理人员工作是否有效的标准在于他是否取得了业绩和成果。

德鲁克关于管理的任务、责任和业绩的概念是他建立整个理论大厦的出发点，也是理解德鲁克管理思想的基础。

1. 管理的任务和责任

德鲁克认为，要理解管理是什么，必须首先回答企业是什么？企业存在的目的是什么？传统上我们认为，企业存在的目的是为了股东利益的最大化。德鲁克认为，利润最大化理论充其量只是以一种复杂的方式告诉了我们“低价买进、高价卖出”的老话。利润最大化并没有告诉一家企业应该怎样经营，相反还造成社会和员工对利润的敌视。赢利能力本质上不是企业和企业经营的目的和理由，只是企业经营活动的结果和好坏的检验标准。企业的目的不在自身，而必须存在于企业本身之外，必须存在于社会之中，这就是造就顾客。顾客决定了企业是什么，决定了企业生产什么，以及企业是否能够取得好的业绩。由于顾客的需求总是潜在的，企业功能就是通过产品和服务的提供激发顾客的需求。由于顾客的需求往往不断变化，企业需要不断提供创新性产品，改变生产过程，提高效率，满足顾客的需求。

各种生产要素的简单组合是不能创造价值的,管理的功能除了满足顾客以外,就只有创新了。管理不是一件由许多体力劳动者从事的工作,而是一件需要由具有想象力和受过教育的人员进行理性分析和概念思考的工作。我们习惯上将管理者和员工看成根据指示行事、没有责任、不做出决策的人,这只能消除企业家的精神和创新。管理本质上是行,而不是知。管理是一种实践,为顾客创造价值的实践。衡量管理成果的,不是知识和能力,只能是业绩和成就。管理不是一种科学和专业,任何热衷于将管理科学化或专业化的尝试,试图消除所有的波动、风险和不可知的措施,也就是在消除自由、创新和成长。那种试图向管理人员颁发许可证,没有专门学历的人员不能从事管理工作的做法会对社会造成极大的破坏。

2. 建立在责任基础上的管理原则

管理的任务就在于不断打破外在环境对企业的制约,采取各种创新性活动满足顾客要求,实现经营业绩。德鲁克在管理就是通过创新的方法满足顾客需求的理论基础上,构建了有关管理者目标、任务、责任、权力等的管理原则。

管理者对顾客、员工和社会的责任决定了他不是企业所有者个人权力的代表。德鲁克非常反感现在我们经常说的"授权"的概念。他认为,管理者的权力是由其所担任的职务决定的,由其需要完成的目标决定的,由其所承担的责任决定的。每个企业中的管理者并不需要对上司的命令负责,而应该对需要完成的业绩负责。

管理者所承担的工作就是将员工的目标导向企业的整体目标。员工只需要在目标的指引下正确地工作,进行自我的管理。当然,高层管理者和基层管理者在承担的责任上存在一定的差异,而差异的标准在于时间。因为管理能力是一种稀缺的资源,因而越是高层管理者越是应该集中关注组织的长远目标。管理者必须在多种目标、现在和未来之间取得平衡。在德鲁克看来,企业管理就是建立在目标和责任基础上的对企业、管理者、员工和工作的综合管理。

3. 建立在责任基础上的自我管理

一个管理者要做到工作卓有成效,也应该始终牢记他的责任和目标。衡量管理者责任的大小并不是看他所管理下属的数量,也不能以他的知识、能力和投入来判断。鉴别管理者是否有效,只有以他对组织目标的贡献来衡量。

在20世纪60年代,大多数领导学方面的研究还认为卓有成效的管理者是天生的,并试图从管理者的素质角度出发,寻找有效管理者所具有的不同于常人的个人特质。德鲁克先生从他自己的研究和咨询经历出发,认为没有一个有效管理者是天生的,他们之所以有效只是由于在实践中学会了一些有效的管理习惯。对于体力劳动者而言,使他们变得更为有效的办法就是提高他们办事的效率,而对于管理者而言不仅需要提高效率,更需要做正确的事,即提高管理的效能。

要提高力事的效能,企业管理者必须选择做正确的事情,搞清楚哪些事情是重要的事情,重要的事情必须先做。管理者的时间往往只属于别人,而不属于自己。管理者必须将自己的时间进行有效的管理,安排做一些重要的事情,将精力集中于少数主要领域。如果高层管理者将自己的时间用在一些琐碎的事情上,这就是对稀缺管理资源的极大浪费。其次,管理者在工作上的投入和产出是和其他成员联系在一起的。只有当别人使用管理者的贡献时,管理者才具有有效性。管理者要产生业绩必须建立良好的人际关系,善于利用自己的长处,上级、同事和下级的长处,并充分调动上司的积极性。

二、德鲁克的管理思想与中国

德鲁克管理思想对中国企业和企业家产生了巨大的影响。国内很多政府官员、学者和企业管理者也深受德鲁克思想的影响。但是,把中国企业管理的现实状况和德鲁克的思想相对照,我们仍然可以看到巨大的差距。从某种角度来说,这也为中国企业的管理发展指明了方向:

1. 德鲁克说"顾客决定了企业是什么,顾客是企业存在的目的"

目前绝大部分中国优秀企业都已经认识到要从顾客角度来看待管理。联想、华为、海尔等企业都针对性地提出了"服务至上、顾客至上"的口号。但是绝大部分中国企业并没有认识到管理的职能除了营销以外,还有创新。德鲁克提出要满足顾客的潜在需求只有不断创新,但我们企业的竞争大部分还是依靠低成本的竞争。低成本竞争在国际市场导致反倾销的诉讼,在国内则引起资源高消耗、环境的破坏以及人力资源的浪费。这样做的结果是,当我们的企业走出国门以后,经常会发现自己除了低成本以外一无所有。

2. 德鲁克认为"真正的管理是建立在责任基础上的自我管理"

目前我们的大部分企业,特别是民营企业还是实行高度集权的管理制度。在这些企业中,我们看不到员工的自我,看不到平等,看不到自由,同样我们也就看不到员工的参与、员工的责任。这样的管理是将人等同于物,同样也就享受不到员工创造对企业的作用。在这样的企业中,我们看到的是控制、集权和规则,而不是自由、平等和多样化。在这样的企业中,管理者的惟一手段只剩下金钱。使命、成长、责任、创新在这些企业中消失了。华为的任正非说"企业管理的根本目标是从必然王国走向自由王国",但是能够真正认识到这一点的企业恐怕只有少数。虽然我们看到了中国优秀企业的曙光,但是这也表明中国离德鲁克思想的距离还很遥远。

3. 德鲁克说,"一个有效管理的企业应该是平淡无奇的企业"

在我们大部分的企业中,看到的往往不是机制和制度在起作用，而是领导者的传奇、故事、魅力在传播。领导者是企业制度的创造者，往往也是企业制度的破坏者。一个有效者不仅要提高效率，更要提高管理的效能。我们绝大部分企业家还是将自己绝大部分的时间用于从事一些与自己责任无关的事情。企业家最终应该超越的是他自己，只有超越了自己，他的公司才能做大，做成百年老店。而在我们国家，很多民营企业的企业家要超越自己仍然非常困难，这不仅缘于他的知识结构，还因为他对管理的认知水平。

管理本质是行，而不是知。这意味着世上不存在一种最优的管理原则和实践。任何管理的实践都离不开环境和文化。一个有效的管理者能够根据不同的文化背景采取相应的管理实践。中国企业在实践中取得了很大的成功，但是我们还没有总结出在中国背景下开展企业管理的有效原则和行为准则。这是我们管理界未来需要努力的方向。

（作者系南京大学商学院院长）
此文原载2005年12月《企业管理》

现代西方企业学习新思路——友善用脑

李　荐

激烈的竞争把企业时时推向决策的焦点，决策不但需要掌握大量的信息，而且需要决策人具备广博的知识，这就使现代企业面临一个重要问题——学习！在知识爆炸、信息如潮的年代里，如何高效、快速掌握知识、学习本领、正确决策，是每一个现代企业领导者都在思考的问题。近二三十年，随着脑科学、心理学的发展，西方一些现代企业积极开展学习友善用脑——加速学习新方法的活动，以使企业在激烈的竞争中争第一、拔头筹。

友善用脑是新西兰教育家克里斯蒂·沃德应用最新的神经学、心理学研究成果，与她一生的教育实践相结合，总结和倡导的学习理念和方法。友善用脑是以人本主义思想为基础，以神经学、心理学研究成果为依据，以学会学习为理念的加速学习新方法。它把现代神经学、心理学的研究成果，运用到学习活动中，收到了极好的效果。友善用脑的英文原文来自于三个词：Brain friendly 友好的、亲切的、朋友般的；Brain compatible 相容的、谐和的、一致的；Brain fitness 适当、恰当、健康。我们在翻译过程确定为“友善用脑”是因为它是更富于人性化的表述，我们认为友善用脑首先是一种理念，这种理念具有浓郁的人本主义思想；同时它也是一种方法，这种方法有着扎实的理论依据和极强的实践操作性，它能让每个学习者体会到成功的喜悦。

友善用脑认为：“每个都是天生的学习者”，由于生理、心理差异每个人的认知倾向和思维方式都不同，这就要求学习者要采用适合自己的方式进行学习，在学习过程中应该充分重视个体的生理特征，采用符合人的生理特点的方法，开展学习。这些思想表现了以人为本的情怀，同时在友善用脑中也提出了许多切实可行的方法，如运用多感官开展学习；以小组为单位进行学习；利用音乐和运动减少压力、采用运动补氧，做健脑操、深呼吸等、同时积极给大脑补水；用思维导图、冥想轻松记忆；根据成人集中精力时间安排学习活动等一系列适应人的身心健康的学习方法。这些方法不但遵循了科学规律，而且富有强烈的人性化色彩，极大地吸引了学习者，受到了企业界人士的欢迎。

友善用脑的出现是与脑科学研究与发展密切相关的。20世纪末，脑科学的研究突飞猛进，美国1990年推出“脑的十年计划”，欧洲1991年实施“EC脑十年计划”，日本1996年开始“脑科学时代计划”的跨世纪研究。早在19世纪后叶，脑科学研究就已经取得了一些成就；20世纪初期，神经细胞、突触、脑功能定位、脊髓反射、突触化学传递等概念，以及神经电活动和脑电图等记录业已确立。20世纪后期，基于电生理学技术与分子生物学技术的发展，人们已能在单个蛋白质分子水平上了解离子通道、受体以及神经细胞膜信号转导的活动机制。2000年诺贝尔生物及医学奖授给了发现了神经系统中的信号传递的科学家，他们确立了神经突触化学传递理论。这些成果为人类进一步认识自己，开发自己的潜能，提供了科学依据和保证。神经生物学的成果引发了人们对认知的进一步认识，神经学家、心理学家、教育学家纷纷探讨将脑科学的成果运用于教育中，重新思考教育问题。

1993年11月新西兰教育家 Christine Ward 与 Jan Daley 合作出版了《Learning to Learn（学会学习）》，1994年到1996年再版过7次，《学会学习》把脑科学的研究成果应用于教育领域，研究分析学生的思维类型，把音乐、健脑操、思维导图引入教学，注重从生理上、心理上探讨学生的学习状态，帮助学生获得学习的成功。1997年3月英国著名作家、教师、培训师和职业演讲人 Mark Fletcher 发表了《友善用脑课堂计划——一个教师发展的工具（Brain Friendly Lesson Planning——A Teacher Development Tool）》的文章，探讨了左右脑功能、大脑放松、边缘系统（记忆和情感）、新脑（大脑灰质的神经环路）和不同学习风格等问题，主张根据人脑的特点开展教学活动。随后美国、英国、加拿大等国家的学者纷纷探讨友善用脑的学习方法，并逐渐把这种方法用在各个领域的学习活动中。

2003年10月美国 O'Reilly 公司出版了 Kathy Sierra 和 Bert Bates 的《Head Frist EJB（Brain Friendly Study Guides Enterprise JavaBeans）领先的 EJB——友善用脑研究指导企业 JavaBeans》这是一本应用友善用脑的理论指导企业人员学习计算机技术的图书。英国的 Kaizen 培训公司也开设了 Brain Friendly Learning（友善用脑学习）的企业培训课程。2003年11月13日 Noel Coburn 在“‘Brain Friendly’ ads. Get Better Brand Recall”电视节目中阐述了电视的广告节目应用友善用脑会使人们更加清楚地回忆起优秀品牌。他认为：“认知神经学可以很好地应用在其他相关领域。”

友善用脑的主要内容是介绍人在学习时如何运用大脑，如果人的神经通路畅通，人在学习时就感到轻松快乐，如果有压力、精神紧张、学习环境不适合自己的习惯、身体不舒服等神经通路就不畅通，学起来就困难。压力是学习的最大障碍，加强左右脑的沟通、活动、深呼吸、大笑、微笑、唱歌、听音乐等，都能减轻人的学习压力。友善用脑认为如果适合人的学习特征学习是一个轻松快乐的过程，人的学习应该按照人的生理规律安排其过程。根据科学家研究发现：人有不同的认知倾向，一般而言：人接受知识的渠道一般是听觉（A）、视觉（V）、和运动知觉（K），通过“听”能记住的知识小于10%，通过“看”可以记住30%—50%的知识，而通过“做”记住的知识会大于75%，由此可见，大多数人靠运动知觉接受知识会感到轻松、扎实。同时，一个成年人集中精力时间最长超不过15分钟，小孩子集中精力时间更短，所以人在学习时要按照这样的规律安排自己的内容。北京联合大学在对学习者进行问卷调查中发现：分别有高达75%和60%的人会因为劳累和想上厕所而无法正常学习，有80%、63%、51%的人在学习过程中偶尔想到要闭眼休息一会儿、舒展一下四肢或做几个深呼吸、哼个小曲或听听音乐。因此学习者要根据实际的需要，选取适宜的运动和方式，如：做脑保健操、按摩面部、头部，做深呼吸，使自己尽力吐出废气等等，恢复身体或大脑的平衡，帮助自己保持学习的动力，这样就能提高学习效率。

音乐在人们的印象中是娱乐的工具和手段，其实音乐也是人们学习的好帮手。新近进行的大脑扫描表明，人脑中有很大一片区域被分配给聆听音乐，其具体分布为节奏与音高属左半脑管辖，音色与旋律属右脑管辖，而负责空间思维的大脑区域恰好与处理音乐的这些区域部分重合。所以著名的简金斯教授由此推断：聆听音乐显然有益于空间判断思维的发展，他还进一步建议，利用音乐来创造学习环境，会产生神奇的效果。缘于音乐对人脑的正面的特殊的功效，又根据音乐的不同特质及类型，倡导友善用脑教学理念和方法的新西兰教育家——克里斯蒂在创设健康用脑的物理环境和情感环境时，精选出了近79首符合人脑健康需求的世界经典名曲，其曲目以巴洛克时期的音乐和莫扎特音乐为主，目的把音乐作为一种高效的学习工具，用特定的音乐、在特定的时段以特定的方式来加快学习者学习思考的速度，提高学习效率，从而达到事半功倍的作用。北京市澳罗拉国际教育文化交流中心已将这79首名曲根据人早、中、午、晚的生理周期，编成了4盘磁带，供大家学习时使用。音乐在学习中的作用是无穷的，但在使用音乐时也要注意音乐的不同特点。节奏欢快、跳跃的音乐可以使学习者受到激发，尤其是在每天的学习开始时，可以唤起学习者的学习激情；而心跳节奏的音乐对平静内心、修改工作方案有帮助；维瓦尔蒂的作品适合用于鼓励和激发斗志；巴赫的音乐适合用于清晰的思维和积极的记忆……这些特定的音乐总是能改变人的状态，从而适应不同的学习和工作活动。总之，友善用脑非常注重学习的物理环境和情感环境，注重按照人的生理和心理规律开展学习。克里斯蒂认为通过规则和鼓励构建安全、愉悦的学习环境对于完成学习任务非常重要。

思维导图也是学习的重要工具之一，思维导图是托尼.巴赞（Tony Buzan）六十年代创立的。托尼.巴赞1942年生于英国伦敦，毕业于英属哥伦比亚大学，拥有心理学、英语语言学、数学和普通科学等多种学位。20世纪60年代发明思维导图，他所出版的二十多种大脑方面的图书已被翻译成几十种语言，被全球业内人士尊称为“大脑先生”。巴赞提出了思维导图的方法，用思维导图帮助记忆。但是，运用思维导图应该遵循“人脑有异，图不同一”的原则，在友善用脑的学习过程中应该鼓励每个人把自己的理解用图画出来，而不应该让学习者局限于一种固定的模式，因为思维导图存在的目的在于帮助人们记忆，而“每个人都是天生的学习者”，由于人的生理、心理构造不同，每个人都有自己的学习和理解方式，统一用一种方式画一个模式的思维导图，不符合友善用脑的理念。

总之，友善用脑是现代流行于西方企业的一种新的学习理念和方式，相信这种方式引入中国企业界，也会给中国企业的领导和员工带来新的学习思路，以使中国企业在激烈的竞争中获得更大的优势。

（作者系北京市澳罗拉国际教育文化交流中心主任）

中国企业文化建设大事记

二〇〇四年中国企业文化建设大事记

1月10日，中国企业文化研究会在北京召开学术委员会会议。常务副理事长张大中同志主持会议并作重要讲话。学术委员马仲良、王珏、王锐生、司马云杰、沈恒泽、罗国杰、周叔莲、赵春福、贾春峰、潘承烈等就“深化企业文化的理论研究”这一主题进行了深入探讨。张大中同志指出：企业文化作为管理理论，应属于管理的范畴，它的属性是企业管理学；“以人为本，以文化人”应是企业文化的核心理念。

2月27日，中国民营企业文化高层理论研讨会在北京人民大会堂举行。全国第九届政协副主席万国权、全国妇联副主席刘晓莲、中央组织部原副部长赵宗鼐，中宣部常务副部长徐惟诚等200多位专家学者参加会议。

4月27日，中国经济体制改革研究会与《企业文化》杂志社共同举办“大型国企文化战略行动”报告会。

5月10日至11日，中国企业文化研究会在中国石油天然气总公司大庆炼化公司召开会议，授予大庆炼化公司“中国企业文化建设示范基地”称号。大庆市委书记王志斌同志和中国石油天然气总公司企业文化部主任关晓红同志出席会议并讲话，中国企业文化研究会常务副理事长兼秘书长孟凡驰同志作总结发言。

6月13日至14日，“坚持科学发展观，以文化力推动经济力——振兴东北地区老工业基地企业文化建设现场理论研讨会”在黑龙江华安工业集团公司召开，华安集团董事长、总经理许远明同志介绍了企业以文兴企、走出困境、迅速发展的成功经验。与会的领导、专家、企业代表就“运用文化力推动经济力”这一主题进行了充分研讨。会上授予黑龙江华安工业集团公司“中国企业文化建设示范基地”称号并举行揭牌仪式。

7月6日至9日，国务院国资委在大庆市召开中央企业企业文化建设研讨交流会。李荣融主任和李毅中书记对这次会议非常重视，专门听取了汇报，并作了重要批示，明确提出要进一步探索企业精神文明建设的有效途径和方式，推进具有时代气息和各具特色的企业文化建设。会议总结交流了中央企业文化建设工作经验，学习了大庆企业文化建设的做法，会议对中央企业文化建设工作进行部署。国务院国资委副主任王瑞祥作了重要讲话。中国企业文化研究会常务副理事长兼秘书长孟凡驰同志作为特邀专家出席了会议。

8月23日，由辽宁省营销文化研究会主办、大连市房地产协会协办的召开“振兴辽宁老工业基地企业文化创新论坛”在大连市召开。

10月26日，我国第一部《中国企业文化年鉴》正式出版发行。该书由中国企业文化研究会编辑、中国大百科全书出版社出版。袁宝华同志为“年鉴”题写书名。作为创刊号，《年鉴》较为全面地记录了中国企业文化建设20年的理论成果和实践经验，为企业领导和企业文化专业工作者提供了一部内容翔实的工具书。

10月6日，中国企业文化研究会在中国一航沈阳黎明航空发动机（集团）有限责任公司举行了“中国企业文化建设基地”授牌大会。

11月10日，“2004年中国民营企业文化建设工作会议在天津召开，参加这次会议的有来自全国各地的著名民营企业家200名，全国政协副主席，全国工商联主席黄孟复，天津市人大常委副主任，市工商联合会会长张云龙等市领导参加会议。

11月13日至15日，由中国企业文化研究会、中共福建省委宣传部、中共龙岩市委、龙岩市政府主办的“国际化进程中的中国企业文化——中外企业文化2004龙岩峰会”在福建省龙岩市召开。有关领导、中外知名学者、企业负责人等共630余人出席会议。顾问王瑞祥、原中宣部常务副部长、研究会顾问徐惟诚、研究会理事长胡平、全国工商联副主席程路到会并讲话；中国企业文化研究会常务副理事长张大中同志作了题为“文化主导与企业家的文化自觉”的书面报告。大会通过了“中外企业文化峰会”2004龙岩宣言。会上举行了中国企业文化建设系列表彰颁奖仪式，表彰了实践创新奖193项、组织推动奖29项、个人贡献奖71项、理论成果奖35项。（名单附后）

11月27日，沧州市委召开全市企业家会议暨民营企业文化促进会成立大会。

12月3日至5日，由中国社科院和广东省委宣传部联合在广州市举办了广东省最大的一次国际企业文化交流活动——“中国企业文化国际论坛”，会议的主题是“创新企业文化、提升企业国际竞争力”。会议邀请了国际企业管理专家和中外知名企业的CEO到会并演讲。

二〇〇五年中国企业文化建设大事记

1月8日，全国卫生系统思想政治工作与医院文化建设研讨会在海南省海口市召开，会议由中国企业文化研究会医药卫生委员会和中华医院管理学会医院文化委员会主办。原卫生部副部长孙隆椿、海南省卫生厅厅长简梁盛、副厅长朱继法出席会议并讲话，来自全国各地的150多名医院党政领导出席，会议就医院文化建设问题进行了研讨。

2月1日，中国企业文化研究会和北京科联创新教育研究院联合向劳动和社会保障部职业技能鉴定中心递交了《新职业建议书》，建议"企业文化师"列入国家新职业。

2月，中国企业联合会向全国各省市、自治区、直辖市以及中心城市企业联合会、企业家协会和全国性行业协会印发《关于积极推动企业社会责任，构建社会主义和谐企业的通知》。

2月26日，大连市成立企业文化建设工作委员会并召开第一次工作会议。

3月18日，国务院国有资产监督管理委员会颁发《关于加强中央企业文化建设的报导意见》(国资委宣传[2005]62号)，这是中国企业建设历史上第一次由国务院有关部委下发加强企业文化建设的正式文件。

3月31日，劳动和社会保障部在人民大会堂发布了第三批十个新职业，"企业文化师"作为其中一个新职业正式确立。

4月7日，沈阳市企业文化研究会在沈阳电机股份有限公司召开了"辽宁省品牌文化建设颁奖大会暨用科学发展观统领企业文化建设研讨会"。

4月13日至15日，劳动部举办"国家职业标准制定技术培训班暨部分行业标准启动会"，国务院国资委企业文化处处长李世华、中国企业文化研究会常务副理事长韩旭、北京科联创新教育研究院院长谢佩良、有关专家中国一航企业文化部部长曾良才、天津南开大学副教授王学秀等出席会议。劳动部职业技能鉴定中心委托谢佩良教授作为"企业文化师"国家职业标准起草工作的项目负责人。《企业文化师国家职业标准》起草工作正式启动。

6月13日至14日，中国铁路工程总公司企业文化建设工作会议召开，中华全国总工会副主席苏立清，武汉市委书记陈训秋，铁道部总工会主席黄四川等领导出席会议。

6月14日，中华人民共和国劳动和社会保障部职业技能鉴定中心在北京召开了《企业文化师国家职业标准》初审会议。会议由劳动部职业技能鉴定中心标准处刘永澎副处长主持，北京科联创新教育研究院院长谢佩良教授介绍了《标准》起草的情况和具体内容。中国企业文化研究会常务副理事长孟凡弛、韩旭，国务院国资委宣传局企业文化处处长李世华，企业界、学术界专家曾良才、王学秀、董平分、郭梓林、任志宽等出席会议。经认真评审，"《企业文化师》国家职业标准(草案)"获得初审通过。

6月23日，四川省国资委在中铁二局召开企业文化建设经验交流现场会，省委副书记，省国资委党委书记甘道明，国务院国资委宣传局副局长曾坚同志讲话。

6月，中国企业文化研究会主办的《中国企业文化研究》由企业管理出版社正式出版发行。袁宝华同志为该书题写了书名。该书以企业文化理论研究为重点，以提升企业的文化力和竞争力为目标，搭建学习交流的平台，大力推动企业文化建设。

7月6日，国务院国有资产监督管理委员会在大庆召开中央企业企业文化建设研讨交流会议。会议明确了中央企业企业文化建设的总体目标是：力争用三年左右的时间，初步建立起适应改革开放和社会主义市场经济发展要求，符合企业发展战略，遵循文化发展规律，体现员工根本利益，具有中央企业特色的企业文化。

7月9日至10日，中国企业文化研究会在山东省日照供电公司召开了"全国服务文化现场经验交流暨理论研讨会"。研究会顾问徐惟诚、王瑞祥到会并讲话。会议听取了日照供电公司《建服务文化，铸诚信彩虹》的经验介绍。代表们围绕"打造服务力，提升企业核心竞争力，促进和谐社会构建"的主题进行了研讨。研究会秘书长孟凡驰同志主持会议并作了总结讲话。

7月17日，由中国企业文化研究会主办的"学习型组织中国化与提高企业核心竞争力论坛会"在青岛召开。会议研讨的主题是：学习型组织中国化问题、学习型组织工具、学习型组织在企业的实践与"创争"活动实践中的问题。

8月2日，陕西省企业文化建设协会在西安成立。省内从事企业文化研究的知名专家，企业家和省内企业界代表90多人参加会议。省政协副主席朱振义，省委宣传部副部长杨尚勤出席并讲话。

8月6日至7日，陕西省非公有制企业文化建设暨思想政治工作经验交流会在沁源召开。全省工商联，省委统战部，省思想政治工作研究会，省工商联，长治市和沁源县有关部门负责同志和企业代表近200人参加会议。

8月9日，蓟洲市企业文化研究会成立。

9月23日，中国企业联合会在北京中华世纪坛召开"企业文化网络多媒体传播高峰论坛会"。在论坛会上发表演讲的有著名经济学家张维迎，知名学者余秋雨，阳光导航网络技术有限公司总裁程虹和中石油，中国电信等企业代表参加。

9月23日，江西省委宣传部、省职工思想政治工作研究会在江西宜春市召开全省企业文化建设经验交流暨理论研讨会。省直有关厅局及全省大型企业代表130余人参加会议。

9月24日，山西省企业文化建设研究会成立。企业文化研究会由山西省人民政府国有资产监督管理委员会主管，秘书处设在省国资委宣传和群众工作处。来自各会员单位80多人参加成立大会。

9月27日，中国企业文化研究会授予中国一航沈阳飞机设计研究所“中国学习型组织示范基地”称号，并举行了揭牌仪式。

9月28日至29日，“2005年全国企业文化（山东联通）现场会暨企业文化实战研讨会”在山东省济南市召开。这次会议由中国企业联合会、中国企业家协会联合北京大学、清华大学、中国人民大学等六所高校共同主办。山东省济南市有关领导和来自全国各地200多名企业界代表出席了会议。

10月27日，江苏省企业文化研究会、《江苏企业文化》编辑部和扬州市纪委、监察局联合在扬州举办企业廉政文化建设研讨会，22家国有控股企业，民营企业代表参加了研讨。

10月30日，新疆国有企业文化建设协会成立。

11月1日，山东省企业文化年会在济南召开。会议由省委宣传部、组织部、省总工会、省国资委、省企业联合会等六个部门联合举办。

11月4日，中国医药职工思想政治工作研究会、中国医药企业文化建设协会第五届年会在昆明举行。云南省委副书记丹增到会并讲话。会议通过了第五届理事会常务理事，正副会长，正副秘书长人选名单。表彰了2001—2005年全国医药行业思想政治工作优秀企业，企业文化建设先进单位，优秀思想政治工作者。

11月5日至7日，中国企业联合会、中国企业家协会联合北京大学，清华大学等六所大学共同举办的第四届全国企业文化年会暨2005年度总结表彰大会在北京人民大会堂召开。全国人大常委会副委员长许嘉璐向年会发了贺信。中企联名誉会长袁宝华，全国记协主席邵华泽，全国工商联副主席程路，国务院国资委副主任黄淑和等领导到会并讲话。

11月12日至14日，由中国企业文化研究会主办、成都企业文化协会协办的中外企业文化2005成都峰会在四川省成都市召开，会议主题是“企业文化建设与企业可持续发展”。有关领导、中外知名学者、企业负责人共600余人出席会议。中国企业文化研究会顾问王瑞祥、徐惟诚，理事长胡平，全国工商联副主席程路、成都市领导到会并讲话。会议就“国外企业文化建设走势”、“国有企业重组调整中企业文化融合与创新”、“树立自主创新意识，铸就民族品牌灵魂”、“服务文化与服务增值”、“构建和谐企业与企业文化的作用力”等专题进行了深入研讨。会上举行了中国企业文化建设系列表彰颁奖仪式，表彰了先进单位奖225项、管理企业家奖96项、先进工作者奖108项。

11月14日，山东省安丘市企业文化建设协会成立。

11月14日，宁夏企业文化协会成立。

12月6日，贵州省企业文化促进会成立。

12月6日，上海市国资委举行了《上海国资企业文化——2005年高峰论坛》。

12月7日，中国企业文化研究会授予中国一航空空导弹研究院“中国企业文化建设示范基地”称号，并举行了揭牌仪式。

12月11日至12日，全国民营企业文化论坛暨全国民营企业思想政治工作会议在浙江杭州召开，来自全国各地的工商联领导和民营企业家400余人参加会议。

12月15日，江苏省民营企业文化建设经验交流会在宁波召开。

12月17日，中国企业联合会、中国企业家协会联合北京大学、清华大学、中国人民大学、南京大学、浙江大学、复旦大学在中石油辽河油田召开2005年全国企业文化现场会。会议主题是“探索企业文化建设的有效途径”。

12月20日，全国烟草行业企业文化建设工作交流会暨政研会秘书长会议在湖南长沙召开。

12月27日，中国铁路建设总公司企业文化建设现场推进会在北京人民大会堂召开。

企业文化建设表彰决定

中国企业文化研究会表彰决定

2004 年 11 月 1 日　中企会[2004]009 号

为了总结 2003—2004 年度中国企业文化建设优秀成果，积极推动国际化进程中的中国企业文化健康发展，中国企业文化研究会决定对 2003—2004 年度为中国企业文化建设事业做出突出贡献的单位和个人给予表彰。此次表彰的有：

实践创新奖:193 项

组织推动奖:29 项

个人贡献奖:71 项

研究成果奖:35 项

(名单附后)

希望受表彰的单位和个人再接再厉，在未来企业文化建设事业中做出更大成绩。

实践创新奖(排名不分先后)

大庆油田有限责任公司
徐州铁路分局
山东电建二公司
大唐国际股份有限公司张家口发电厂
福建省三钢(集团)有限责任公司
河北省通信公司沧州分公司
长庆油田公司
中国石化集团西南石油局
沈阳飞机设计研究所
黑龙江华安工业(集团)公司
三花控股集团
德意控股集团有限公司
横店集团东磁有限公司
北京市第二建筑工程有限公司
金轮集团
大连三洋制冷有限公司
内蒙古第一机械制造(集团)有限公司
中国石油兰州石化公司
大庆石化总厂
秦皇岛港务集团有限公司
甘肃省第七建筑工程集团公司
福建煤电股份有限公司
济南市水质净化一厂
十里泉发电厂
威孚公司
烟台供电公司
日照供电公司
石家庄铁路分局
中国中化集团
核工业航测遥感中心
杭州大厦有限公司
浙江海正集团
五粮液集团公司
通钢集团
吉林化纤集团
吉林供电公司
中国石油吉林石化公司
吉林镍业集团
吉化集团吉林市北方建设有限责任公司
东营供电公司
中船重工七二三研究所
元宝山发电厂
中港第一航务工程局第二工程公司
上海三菱电梯有限公司
中国石油天然气股份有限公司辽河油田分公司
朔里煤矿
铜陵有色金属(集团)公司
中铁四局集团
蚌埠铁路分局
合肥二电厂
淮南洛河电厂
大唐淮南田家庵发电厂
合肥发电厂
马钢(集团)控股有限公司
呼和浩特铁路局
青岛交运集团
京大高速路有限责任公司
中石化齐鲁股份有限公司物流分公司

中共义煤集团公司党委
青岛市立医院
山东省通信公司青岛分公司
河北西柏坡发电有限责任公司
核电秦山联营有限公司
首钢总公司
中国航空工业第一集团公司
安徽送变电工程公司党委
十七冶建设公司
永安火电厂
厦门市建安集团有限公司
山东招金集团有限公司
宿州供电公司
北京铁路分局
上海建设路桥机械设备有限公司
青岛市海润自来水集团有限公司
杭州长运运输集团有限公司
辽宁省鞍山市中心医院
鞍钢集团新钢铁有限责任公司
鞍钢建设总公司
鞍钢集团国际经济贸易公司
中冶集团第三冶金建设公司钢管厂
鞍钢集团鞍山矿业公司
鞍钢铁东医院
鞍钢民政企业公司
中国南车集团
中国石油大庆炼化公司
富润集团有限公司
宝业集团
中房集团肇庆百花园有限公司
山西长子丹峰化工有限责任公司
中国空间技术研究院
龙岩卷烟厂
中国一航沈阳飞机工业（集团）有限公司
中国航空工业第六三一研究所
中国空空导弹研究院
首钢总公司高速线材厂
福建水口发电公司
中国远洋运输（集团）总公司
中铁十七局集团远通工程有限公司
双鸭山发电有限公司
大同第二发电厂
国电荆门热电厂
国电大渡河流域水电开发有限公司
中国工程物理研究院
北京空港配餐有限公司
沈阳航天新光集团有限公司
沈阳商业城
沈阳金龟减速机厂
沈阳舒丽雅家私有限公司
东药集团
本钢冷轧薄板厂
辽宁好护士药业（集团）有限责任公司
辽宁省本溪市中心医院
阜新市惠民集团
章丘东风煤炭集团总公司
东风汽车公司
中国北车永济厂
威海供电公司
福州电业局
中国飞行试验研究院
成飞（集团）公司
一航六一八所
太原航空仪表有限公司
北京六二五所
贵州黎阳机械厂
贵州华烽电器有限公司
南益集团
中国铁道建筑总公司
北京金隅集团
中国第一汽车集团公司
西航集团公司
西飞集团公司
沈阳黎明航空发动机（集团）有限责任公司
中国一航第一飞机设计研究院
上海市电信有限公司
紫金矿业集团股份有限公司
天津金山电线股份有限公司
上海电器科学研究所（集团）有限公司
天津机电工业控股集团公司
东方汽轮机厂
大同煤矿集团公司
中油吉林销售分公司
中国石油兰州石化公司
青海石油管理局
中房集团银川公司
中国石油天然气股份有限公司华北销售分公司
中国石油天然气股份有限公司管道分公司
中国石油天然气第一建设公司
大庆石油管理局
抚顺石油化工公司
中国石油天然气集团公司吐哈石油勘探开发指挥部
邯郸供电公司
辽宁阜新矿业集团恒大煤业有限公司
平朔煤炭工业公司
胜利物探公司

中国乐凯胶片集团公司
圣泰制药股份有限公司
福建移动通信有限公司龙岩分公司
姚孟发电公司
中国人民解放军第5719厂
成都印钞公司
河南移动焦作分公司
武钢集团公司
中国一航宝成公司
成都前锋电子电器集团股份有限公司
张家口市煤气总公司
中国铝业河南分公司
安徽叉车集团
首都机场集团公司要客部
湖南省涟源钢铁集团有限公司
北京田华集团公司
吉化集团
一汽——大众汽车有限公司
一汽轿车股份有限公司
丰满电厂
青岛石化
辽宁银海——西格玛锅炉集团
海城市银峰铁塔有限公司
辽宁中兴矿业集团有限公司
联通鞍山分公司
鞍山三和轧钢有限公司
海南省国营立才农场
海南省国营南俸农场
大连远洋物业管理有限公司
中国石化集团北京燕山石化有限公司
精益集团有限公司
广州钢铁企业集团有限公司
酒泉钢铁(集团)有限责任公司
青岛供电公司
东华工程科技股份公司
贵州新艺机械厂
山东黄岛发电厂
胜利油田
淮南矿业集团公司

组织推动奖(排名不分先后)

中国石油天然气集团公司
沈阳市企业文化研究会
中国大唐集团公司
章丘市企业文化研究会
吉林市企业文化研究会
蚌埠市职工政研会
安徽省职工政研会
首钢总公司
鞍山日报社
鞍钢集团公司企业文化部
鞍山市企业文化研究会
中国石油大庆炼化公司企业文化研究会
大连市企业文化研究会
广州市企业文化协会
大庆油田有限责任公司党委宣传部
辽宁省本溪市企业文化建设协会
阜新市企业文化研究会
东风汽车公司企业文化部
中国北车集团
中国贵航集团公司企业文化部
天津市机电工业职工思想政治工作研究会
北京京城机电控股有限责任公司
成都企业文化协会
张家口市企业文化研究会
中房集团西南政研会
大庆石油管理局企业文化部
浙江省经营管理研究会
胜利油田企业文化处
大连市房地产业协会

个人贡献奖(排名不分先后)

孙淑光　大庆油田有限责任公司　党委书记、监事会主席
罗代富　中石化西南石油局　党委书记
郭向东　北京二建有限责任公司　董事长
陈步峰　美国MBA爱达经理学院　教授
张晋斌　山西省企业文化建设协会　秘书处处长、秘书长
赵益红　中国石油天然气第一建设公司　党委书记
李　燕　中国一航沈阳飞机设计研究所　党委书记
赵　昱　中房集团辽宁置业有限公司　总经理
许远明　华安工业(集团)公司　董事长、党委书记、总经理
王爱华　宿州供电公司　总经理
侯文善　山东招金集团　党委副书记、副董事长
白仲玉　太原市综合开发公司　总经理
肖永勤　大连三洋制冷有限公司　党委书记、总经理
黄连昌　中国一航贵州华烽电器有限公司　董事长
贾成学　东胜公司　工会主席兼办公室主任
徐广平　吉林镍业集团　总经理
栾世华　中港一航二公司　党委书记、总经理
丁荣香　中国石化集团安庆石油化工总厂　厂长
华冠雄　安徽华茂集团有限公司　董事长、党委书记、总经理
卢安宁　蚌埠卷烟厂　厂长、党委书记
孙东兴　安徽华光集团　党委书记、总裁

洪理芳 安徽飞彩（集团）有限公司 董事长、党委书记
许宝星 鼎立集团 总裁、总经理
林竹盛 中石化齐鲁股份有限公司物流分公司 厂长
吕汉川 成都奥斯特广告有限公司 总经理
范业忠 鞍山市企业文化研究会 理事长
孙玉安 青岛市立医院 院长、党委书记
刘本仁 武钢集团公司 董事长
周立仲 上海建设路桥机械设备有限公司 党委书记
朱培莲 青岛市海润自来水集团有限公司 党委书记、董事长
朱继民 首钢总公司 党委书记、董事长
云 祥 中国农业银行呼和浩特鼓楼支行 行长、党总支书记
姜相武 鞍钢集团建设总公司 党委书记
董迎春 鞍山市煤气总公司 总经理
王忠伟 鞍山科技大学经济管理学院 院长、教授
张廷新 中国空间技术研究院 党委副书记
朱武安 北人集团 董事长、党委书记
于宝祥 中国石油大庆炼化公司 党委书记
赵林中 富润集团有限公司 党委书记、总经理
赖鞍山 福建省龙岩卷烟厂 党委书记
张继升 三联集团 董事长
李 伟 滨州供电公司 党委书记
李方勇 中国一航沈阳飞机工业（集团）有限公司 董事长、总经理
张殿华 沈阳商业城集团 总裁、党委书记
陈广源 本溪市企业文化建设协会 副会长、秘书长
王景明 辽宁省阜新市企业文化研究会 会长
李云敬 青岛利客来商贸股份有限公司 党委书记、董事长
徐 平 东风汽车公司 党委书记
孙福奎 威海供电公司 党委书记
罗荣怀 成都飞机工业（集团）有限责任公司 董事长、总经理
高大成 西飞集团公司 董事长
陈志靖 六一八所 党委书记
殷卫宁 太原航空仪表有限公司 董事长兼党委书记
李红旗 中国空空导弹研究院 党委书记兼副院长
姜 伟 中国一航沈阳黎明航空发动机（集团）有限责任公司 董事长、总经理
沙长安 中国飞行试验研究院 院长
杨淑云 中国机械产业文化协会 常务副理事长
肖茂林 北人集团 党委副书记
张传武 上海三菱电梯有限公司 党委书记
王道富 中国石油天然气股份有限公司长庆油田分公司 总经理、党委书记
张 录 青岛热电集团有限公司 党委书记、董事长
苏玉添 大庆石油管理局 党委书记
李长庚 张家口市企业文化研究会 秘书长
赵继东 北京市通信公司 总经理、党委书记
吕秋发 河北西柏坡发电有限责任公司 党委书记
刘成强 中国机械工业联合会、时风集团 副会长、总经理、党委书记
钟藻积 广钢集团 党委副书记
孙崇仁 中石油辽河石油勘探局 党委书记
赵燕平 天津市机电工业控股集团公司 党委副书记
王玉英 中国石化集团北京燕山石化有限公司 党委书记
陈红君 中国网通辽宁电信公司沈阳分公司 总经理、党委书记

研究成果奖（排名不分先后）

刘高倬 激情进取，志在超越，为实现集团公司跨越式发展而努力奋斗
曾良才 “打造诚信航空”建设一流大集团
刘聚梅 成败大扫描——中国服务文化案例启示录
钟祥斌 中国优秀传统文化与企业文化建设
徐学清 坚持先进文化的前进方向—加强新时期企业文化建设
刘晓明 胜利东胜精功文化建构思路和模式的调查与思考
杨晓明 正是方兴未艾时——吉林市企业文化建设状况的调查报告
崔 杰 按照“三个代表”的内在要求—构筑国有企业文化管理文化品牌
赵迎春 体验经济—服务先行
刘 美 京大文化丛书、京大文化手册
林擎国 王立凤 企业实行文化管理的转变
邱 曼 学习型组织的文化基础
范业忠 振兴老工业基地的文化环境建设
马树林 加入 WTO 后中国企业文化建设
张继升 《企业审美文化论》、《中国企业并购的理论与实证研究》
高立胜 《企业文化探索》
韩庆华 试析企业文化在我国的发展走向
袁今昔 广钢集团发展战略的整合思维
杨淑云 把握企业生命线——企业文化建设篇
王保玉 大同煤矿企业文化建设方略
丁 亿 铸魂育人，文化兴企——郑州热电厂企业文化发展史略
余朝刚 王冶金 《文化致胜》
王显平 大庆石油管理局企业文化的个性特征
中国石油天然气股份有限公司辽河油田分公司 以区站为重点的辽河油田企业文化建设
武钢党委宣传部 《论企业文化的价值及价值观》；《劳模精神与企业价值观培育的思考》

华东电网有限公司
把办刊的步子踏在企业文化建设的节拍上
中国石油大庆炼化公司　　铸魂炼魂—以文化人
中国空间技术研究院政研会
构建神舟文化，提升空间技术的核心竞争力
大庆油田有限责任公司
《以观念更新推动理念创新，以文化发展推动管理升级》
中国远洋运输（集团）总公司
中远集团企业文化文化与探索丛书《COSCO——航运旗舰》
中铁十七局集团远通工程有限公司
文化战略，致远惠通
东风汽车公司　　东风与日产企业文化融合问题研究
中国一航沈阳黎明航空发动机（集团）有限责任公司
航空力炬，文化黎明
青海油田　　青海油田企业文化探索
成都企业文化协会　　文化与经济融合，助推工业经济新跨越——关于成都企业文化的调查与研究

中国企业联合会、中国企业家协会关于颁发2004年度全国企业文化优秀奖的决定

各位副会长、常务理事、理事，各省、自治区、直辖市和中心城市企业联合会（企协）、企业家协会，全国性企业团体及会员企业：

为了贯彻十六大精神，实践三个代表重要思想，弘扬和传播优秀企业文化，中国企业联合会、中国企业家协会决定对上海大众汽车有限公司等30家企业颁发“2004年度全国企业文化优秀奖”。

这次颁奖活动以总结、推广企业文化建设的新成果和新经验，探索新形势下企业文化建设的新思路、新方法为目的，通过对优秀企业文化的调研、评价、表彰和推广，推动全国企业文化建设，全面提升企业的竞争力和素质。

获奖的企业通过企业申报，各地、各行业企联推荐，专家推荐，按照公开、公平、公正的原则以及严谨、科学、规范的程序，根据评价的指标体系建立标准，在评审委员会认真评审的基础上，经中国企业联合会理事长办公会审定产生。

30家获奖企业的企业文化从不同侧面代表了中国企业文化建设的先进水平，在文化战略、文化工程、文化体系、文化效能建设等方面都有明显成效，体现了企业文化的先进性、有效性、系统性，为企业应对市场竞争，提升素质和可持续发展起到了重要的作用。

荣获“2004年度全国企业文化优秀奖”的企业名单如下（排名不分先后）：

1. 上海大众汽车有限公司
2. 中国石油天然气股份有限公司大庆石化分公司
3. 华立控股股份有限公司
4. 云南白药集团股份有限公司
5. 广东移动通信有限责任公司
6. 中国石油天然气股份有限公司辽河油田分公司
7. 潍柴动力股份有限公司
8. 扬子石油化工股份有限公司
9. 南京依维柯汽车有限公司
10. 泰康人寿保险股份有限公司
11. 江苏省电力公司
12. 三一重工股份有限公司
13. 长丰（集团）有限责任公司
14. 中国联通有限公司山东分公司
15. 湖南华菱钢铁集团有限责任公司
16. 山西潞安矿业（集团）有限责任公司
17. 山东鲁南水泥有限公司
18. 云南电网公司
19. 路桥集团第二公路工程局
20. 江苏移动通信有限责任公司
21. 西安印钞厂
22. 中国石化胜利油田黄河钻井总公司
23. 重庆机场（集团）有限责任公司
24. 华电国际电力股份有限公司十里泉发电厂
25. 大众交通（集团）股份有限公司
26. 杭州钢铁集团公司
27. 四川航空股份有限公司
28. 中铁电气化局集团有限公司
29. 安徽华光玻璃集团有限公司
30. 云南三环化工有限公司

中国企业文化研究会表彰决定

2005年10月29日　中企会[2005]007号

为总结宣传2004—2005年度中国企业文化建设优秀成果，推进中国企业文化事业发展，中国企业文化研究会决定对2004—2005年度企业文化建设先进单位和先进个人给予表彰。中国企业文化研究会学术委员会专家评审团对全国各地区各系统各企业申报的材料进行了审慎评定。评定的结果如下：

全国企业文化建设先进单位奖：225项
全国企业文化管理企业家奖：96项
全国企业文化先进工作者奖：108项
（注：全国最具文化含量产品奖、全国最具文化品位服务奖、全国最具文化个性经营奖暂缺）。

希望受表彰的单位和个人继续努力，为中国企业文化事业做出更大贡献。

全国企业文化建设先进单位奖（排名不分先后）

中国石油天然气集团公司
中国石油大庆石油管理局

中国石油大庆油田有限责任公司
中国石油辽河石油勘探局
中国石油辽河油田公司
中国石油长庆石油勘探局
中国石油长庆油田公司
中国石油青海石油管理局
中国石油青海油田公司
中国石油新疆石油管理局
中国石油新疆油田公司
吐哈石油勘探开发指挥部
中国石油塔里木油田公司
中国石油大庆石化总厂
中国石油大庆炼化分公司
中国石油天然气股份有限公司吉林石化分公司
中国石油抚顺石油化工公司
中国石油兰州石化分公司
中国石油炼油与销售公司
中国石油吉林销售分公司
中国石油华北销售分公司
中国石油天然气管道局
中国石油管道分公司
中国石油东方地球物理公司
中国石油工程设计公司
中国石油大庆油田有限责任公司第一采油厂
中国石油大庆油田有限责任公司第二采油厂
中国石油大庆油田第三采油厂
中国石油大庆油田有限责任公司第九采油厂
中国石油大庆油田有限责任公司油田建设设计研究院
中国石油大庆油田勘探开发研究院
中国石油大庆油田有限责任公司储运销售分公司
富润控股集团有限公司
济南市水质净化一厂
福建水泥股份有限公司
潍坊供电公司
东营供电公司
华电能源股份有限公司
东风汽车公司
山东电力集团公司
北京市第二建筑工程有限公司
吉林化纤集团公司
辽宁北方曲轴有限公司
秦皇岛港务集团有限公司
中国一航贵州黎阳航空发动机公司
山东招金集团有限公司
蚌埠卷烟厂
紫金矿业集团股份有限公司
广州航道局
兰雁集团股份有限公司
大连三洋制冷有限公司
本溪钢铁公司化工厂
辽宁好护士药业(集团)有限责任公司
本钢(集团)公司冷轧薄板厂
本溪市中心医院
本钢设备维护检修中心
本钢总医院
中国建筑工程总公司
烟台供电公司
北京燕山石化公司
成都印钞公司
田华建筑集团
宿州供电公司
福建永安火电厂
北京铁路局唐山机务段
中国南车集团眉山车辆厂
日照供电公司
华电国际莱城发电厂
黑龙江省佳木斯市烟草专卖局(分公司)
青岛市市立医院
北京京煤集团有限责任公司
河南省南阳市电业局
中国石油天然气第一建设公司
鞍山钢铁集团公司
中国航空工业第一集团公司
中国一航西安飞机工业(集团)有限责任公司
中国一航成都飞机工业(集团)有限责任公司
中国一航航宇救生装备有限公司
中国一航自控所
中国一航西安航空发动机(集团)有限公司
中国一航第一飞机设计研究院
中国一航北京航空制造工程研究所
中国一航沈阳飞机设计研究所
中国一航沈阳黎明航空发动机(集团)有限责任公司
中国一航燃气涡轮研究院
中国一航材料院
中国一航沈阳飞机工业(集团)有限公司
中国一航飞行试验研究院
中国一航贵州新艺机械厂
中国一航空空导弹研究院
中国一航沈阳发动机设计研究所
中国一航太原航空仪表有限公司
中国一航第631研究所
鞍钢新钢铁化工总厂
西洋集团
辽宁鞍轮集团
鞍山亨通阀门有限公司
鞍山钻石城股份有限公司

鞍山日报社
鞍山市企业文化研究会
四川仙牌灵芝集团有限公司
中国石油吉化集团公司
吉林供电公司
吉林市商业银行
河南平煤集团一矿
中国航天时代电子公司
中国电子科技集团第三十六研究所
临沂供电公司
中国农业银行廊坊市安次区支行
核工业理化工程研究院
北京城建投资发展股份有限公司
北京铁路局
太原钢铁(集团)有限公司
四川宜宾天原股份有限公司
甘肃金昌化工(集团)有限责任公司
上海华宜(集团)公司
天津大沽化工股份有限公司
江苏索普(集团)有限公司
南风化工集团股份有限公司
巨化集团公司
江苏黑松林粘合剂厂
湖南株洲化工集团公司
中国五环化学工程公司
天津碱厂
云南解化集团有限公司
川化集团有限责任公司
天津化工研究设计院
湖北大田化工股份有限公司
柳州化学工业集团有限公司
济南铁路局济南供电段
济南铁路局青岛站
吉林省白石山林业局
大连市供水公司
北京医药股份有限公司
平朔煤炭工业公司
国电菏泽电厂
国电靖远发电有限公司
中国航天三院
牡丹江水利发电总厂
湖南省轻工盐业集团有限责任公司
海亮集团有限公司
通辽电业局
中国电子科技集团公司第三十研究所
山东真情集团有限公司
山东樱花纺织集团有限公司
北京铁路局丰润车务段
北京铁路局石家庄南车辆段
中国人民银行三门峡市中心支行
首钢总公司
首钢矿业公司
北京首钢股份有限公司炼铁厂
秦皇岛首秦金属材料有限公司
首钢技术研究院
中国人民银行泰安市中心支行
中国人民银行信阳市中心支行
中国人民银行郯城县支行
中国建设银行河南省漯河市分行
中国建设银行聊城分行
哈尔滨气化厂
中房集团辽宁置业有限公司
中国石化胜利油田
攀钢钢铁研究院
攀钢集团钢城企业总公司
攀钢集团矿业公司
攀钢集团成都钢铁有限责任公司
广州电器科学研究院
青岛热电集团公司
大连春天物业管理有限公司
将军烟草集团有限公司
中国房地产开发集团太原公司
青岛圆中方餐饮娱乐有限公司
日照港(集团)有限公司
威海供电公司
沈阳煤业(集团)有限责任公司
沈阳鼓风机(集团)有限公司
沈阳商业城集团
沈阳航天新光集团有限公司
中海石油化学有限公司
海南移动通信有限责任公司
海南省国营卫星农场
辽宁朝阳供电公司
青岛供电公司
成都卷烟厂
中国大唐集团公司
胜利油田电力管理总公司
保定天威集团有限公司
开滦(集团)有限责任公司
中国全聚德(集团)股份有限公司
北京城建兴华地产有限公司
河北省冀东水泥集团有限责任公司
承德避暑山庄企业集团有限责任公司
河北衡水老白干(酿酒)集团有限公司
秦皇岛发电有限责任公司
河北省沧州市天然居餐饮管理有限公司

石家庄电业局
峰峰集团有限公司
山东时风(集团)有限责任公司
正泰集团股份有限公司
上海电器科学研究所(集团)有限公司
天津金山电线电缆股份有限公司
北京现代汽车有限公司
海南省国营红华农场
海南三亚南山文化旅游开发有限公司
粤海铁路有限责任公司
青岛交运集团
北京城建集团
北汽福田汽车股份有限公司
北京移动通信公司
青岛海润自来水集团有限公司
青岛排水管理处
中港一航局二公司
中国网通(集团)有限公司北京市分公司
皖北煤电集团有限公司
中国人民解放军第5719工厂
胜利油田黄河钻井总公司
胜利油田物资供应处
中国建设银行青岛市分行95533客户服务中心
中国建设银行新疆分行营业部
本溪钢铁(集团)起重机制造有限公司
陕西渭河煤化工集团
江苏太白集团有限公司
自贡鸿鹤化工(集团)有限责任公司
江苏梅兰化工集团有限公司
信息产业电子第十一设计研究院
乐凯集团第二胶片厂

全国企业文化管理企业家奖(排名不分先后)

刘高倬 中国航空工业第一集团公司 总经理
姜 伟 中国一航沈阳黎明航空发动机(集团)有限责任公司 董事长、总经理
张新国 中国一航自控所 所长
李宗顺 中国一航贵州红林机械有限公司 董事长
范月民 中国一航贵州双阳飞机制造厂 厂长
黄 强 中国一航第一飞机设计研究院 院长
李 燕 中国一航沈阳飞机设计研究所 副所长
孙 聪 中国一航沈阳飞机设计研究所 所长
蔡 毅 中国一航燃气涡轮研究院 院长
罗 阳 中国一航沈阳飞机工业(集团)有限公司 副董事长
于以贵 中国一航飞行试验研究院 党委书记
黄连昌 中国一航贵州华烽电器有限公司 董事长
曹安国 中国一航金城集团有限公司 董事长
刘松柏 中国一航成都飞机工业(集团)有限责任公司 副总经理
宋永祥 济南市水质净化一厂 厂长
林顺贵 福建水泥股份有限公司 副总经理
陶永奎 山东电力建设第二工程公司 党委书记
赵云峰 潍坊供电公司 党委书记
刘伟志 东营供电公司 党委书记
王智林 陕西航空电气有限责任公司 董事长、总经理
路东尚 山东招金集团有限公司 董事长、总经理
陈景河 紫金矿业集团股份有限公司 董事长
邹景林 广州航道局 局长
肖永勤 大连三洋制冷有限公司 总经理
陈 仪 中国一航贵州黎阳航空发动机公司 党委书记
杨 维 本钢(集团)公司冷轧薄板厂 厂长
李金占 辽宁省华源本溪三药有限公司 党委副书记
李艳茹 本溪市长途客运有限责任公司 党委书记
石尚武 本溪市桓仁矿业有限公司 董事长
阎春来 本溪钢铁公司化工厂 厂长
郑继宇 辽宁好护士药业(集团)有限责任公司 总经理
向 巧 中国人民解放军第5719工厂 厂长
朱继民 首钢集团总公司 董事长
姜兴宏 首钢集团总公司 党委副书记
林竹盛 齐鲁集团建设公司 总经理
董 宇 中国北车集团永济电机厂 厂长
马占奎 吉林供电公司 总经理
顾满林 中国石油天然气第一建设公司 总经理
孙志国 鞍钢民政企业公司 总经理
王明泉 鞍山三和轧钢有限公司 董事长、总经理
张 仲 辽宁康博士制药(集团)有限公司 董事长
鲁群生 澳柯玛集团 首席执行官
马红新 中国石油吉化集团公司 党委副书记
程连重 平顶山煤业(集团)有限责任公司六矿 党委书记
崔全良 平顶山煤业(集团)有限责任公司一矿 党委书记
刘建国 平顶山煤业(集团)有限责任公司电务厂 党委书记
王汉军 北京城建投资发展有限公司 总经理
张培璋 上海华宜(集团)公司 董事长
郝怀民 甘肃金昌化工集团有限责任公司 董事长
么志义 唐山三友集团有限责任公司 董事长
宋勤华 江苏索普(集团)有限公司 董事长、总经理
黄建华 西北橡胶总厂 厂长
叶志翔 巨化集团公司 董事长
刘鹏凯 江苏黑松林粘合剂厂 董事长
侯清麟 湖南株洲化工集团有限责任公司 董事长、总经理
李祯祥 天津长芦汉沽盐场有限责任公司 总经理

刘维汉　湖北大田化工股份有限公司　董事长
苏重光　川化集团有限责任公司　党委书记
程佳华　成都卷烟厂　厂长
刘泽民　平朔煤炭工业公司　副董事长
李云敬　青岛利客来商贸股份有限公司　党委书记
冯海良　海亮集团有限公司　董事局主席
黄奎良　大连市供水公司　总经理
段文举　通辽电业局　党委书记
王立新　中国石化胜利油田　党委书记
李正光　中国石油大庆炼化公司　总经理
马小平　山东真情集团有限公司　董事长
聂　旭　国电菏泽发电厂　党委书记
姜殿臣　哈尔滨气化厂　厂长
赵　昱　中房集团辽宁置业有限公司　总经理
刘振元　田华集团　董事长
马　坚　广州电器科学研究院　院长
张　献　成都前锋电子电器集团股份有限公司　党委书记
张　录　青岛热电集团有限公司　董事长
白仲玉　中国房地产开发集团太原公司　总经理
王英彬　中国石化集团青岛石油化工有限责任公司　董事长、总经理
苏永强　沈阳鼓风机(集团)有限公司　董事长、经理
张绍和　沈阳宏鹰航天机电有限公司　董事长、总经理
白成和　辽宁省机场管理集团公司　党委书记
陈　伟　沈阳电机股份有限公司　董事长
冯　彦　东北制药集团有限责任公司　党委副书记
刘　建　沈阳市舒丽雅家私有限公司　总经理
李　刚　辽宁能发伟业集团　总裁
周茂顺　沈阳航天新光集团有限公司　党委副书记
刘成强　山东时风(集团)有限责任公司　总经理
南存辉　正泰集团股份有限公司　董事长、总裁
张玉磊　上海电器科学研究所(集团)有限公司　副总裁
殷纪臣　天津金山电线电缆股份有限公司　董事长
徐和谊　北京汽车投资有限公司　董事长、总经理
赵迎春　青岛交运集团　总经理
韩敬远　河北津西钢铁股份有限公司　董事长
王立华　北京燕丰商场　总经理
丁　强　保定天威集团有限公司　董事长
赵燕平　天津市机电工业控股集团公司　政研会副会长
石玉东　日照电业局　局长
苏乔宝　云南解化集团有限公司　董事长

全国企业文化先进工作者奖(排名不分先后)

关晓红　中国石油天然气集团公司　思想政治工作部主任
孙淑光　中国石油大庆油田有限责任公司　党委书记
郑怀义　中国石油大庆石化总厂　党委书记
喻宝才　中国石油兰州石化公司　党委书记
孙崇仁　中国石油辽河石油勘探局　党委书记
玄昌伟　中国石油抚顺石油化工公司　党委书记
郑玉宝　中国石油青海石油管理局　党委书记
于宝祥　中国石油大庆炼化公司　党委书记
迟尚忠　中国石油集团工程设计公司　总经理
刘　磊　中国石油管道分公司　党委书记
魏银广　吐哈石油勘探开发指挥部　党委副书记
王益岭　中国石油天然气集团公司　直属党委副书记
张庆东　中国石油辽河油田公司　党群工作部部长
李懂章　中国石油大庆油田有限责任公司　宣传部部长
王显平　中国石油大庆石油管理局　宣传部部长
静德纯　中国石油大庆炼化公司　企业文化研究会会长
胡立辉　中国石油管道分公司　企业文化处处长
王权汉　中国石油政研会　秘书长
沈　中　中国石油天然气集团公司　宣传部副部长
王淑萍　新汶矿业集团公司　宣传部部长
于明仁　中国石油大庆炼化公司　企业文化处处长
孙德海　中国船舶重工集团公司第七二三研究所　党委书记
侯文善　山东招金集团有限公司　党委副书记
杨斌强　中国一航成都飞机工业(集团)有限责任公司　党委宣传部部长
张宏庆　中国一航609研究所　宣传部部长
王　东　大连三洋制冷有限公司　党委副书记
陈步峰　中国企业文化研究会　特邀研究员
李文科　中国一航贵州华烽电器有限公司　党委副书记
张国力　本钢(集团)公司冷轧薄板厂　办公室副主任
王中青　本溪市企业文化建设协会　研究员
张玉发　本钢设备维护检修中心　企业文化部部长
关俊宏　本溪市长途客运有限责任公司　组宣部部长
林泽仁　本溪市企业文化建设协会　副秘书长
马明杰　本溪市中心医院　党群工作部部长
富文虎　本溪钢铁公司化工厂　办公室主任
梁宝贵　桓仁东方客运公司　党委副书记
梁晓虹　中国航天科技集团公司第一研究院　党委书记
赵晓晨　中国航天科技集团公司第四研究院　党委书记
王永汉　中国航天科技集团公司第五研究院　党委书记
贾　可　中国航天科技集团公司第六研究院　党委副书记
黄　亮　中国航天科技集团公司第七研究院　党委书记
王秋玉　中国航天科技集团公司第八研究院　党委书记
郭京朝　中国航天科技集团公司第十一研究院　党委书记
林树乔　辽宁好护士药业(集团)有限责任公司　顾问
王玉英　北京燕山石化公司　党委书记
徐发生　成都企业文化协会　副会长
刘　勇　川化股份有限公司　党委副书记

董平分 中国航空工业第一集团公司 企业文化部专务
赵晓明 陕西华兴航空机轮刹车系统有限责任公司 企业文化部部长
周善良 中国一航沈阳飞机设计研究所 企业文化部部长
庞 真 中国一航沈阳飞机工业(集团)有限公司 党委副书记
张 敏 中国一航飞行试验研究院 宣传与文化主管
边向东 华电国际莱城发电厂 政工部主任
姜卓丽 青岛市市立医院 党委副书记
彭武胜 中国石油天然气第一建设公司 宣传部部长
范业忠 鞍山市企业文化研究会 理事长
沈景华 中国石油吉化集团公司 党委副书记
吕桐树 中国石油吉化集团公司 办公室主任
王长根 平煤集团创建学习型企业文化办公室 副主任
杨 雄 上海华宜(集团)公司 宣传部部长
张文喆 首钢集团总公司 企业文化部部长
王洪利 鞍钢建设集团有限公司 党工部副部长
郝玉林 核工业理化工程研究院 书记
沙 兵 大连市供水公司 企业文化部部长
彭布尔 自贡鸿鹤化工(集团)有限责任公司 党委书记
吴 坚 巨华集团公司 党委宣传部部长
李湘平 山东东明石化集团有限公司 党委书记、董事长
周虎宏 江苏梅兰化工集团有限公司 董事长
卢夏慧 河南三门峡金渠集团华工机械有限公司 党委书记
吴庆梅 哈尔滨气化厂 党委副书记
王子玉 中国化学工程第三建设公司 党委书记
王广宝 济南铁路局青岛站 党委书记
华崇志 中国长城工业总公司 党委书记
刘建忠 中国石化胜利油田 党委宣传部部长
王志刚 青岛铁路文化宫 主任
汪 鸣 海亮集团有限公司 副总裁
梅燕生 中房集团政研会 秘书长
王河山 中房集团公司 党群工作部副部长
余自甦 攀钢(集团)成都钢铁有限责任公司 总经理
刘新会 攀钢(集团)公司 党委副书记
张治杰 攀枝花新钢钒股份有限公司 党委书记
张开坚 攀枝花钢铁有限责任公司钢铁研究院 院长
余朝刚 攀钢(集团)公司冷轧厂 党委书记
谭卫东 攀钢(集团)公司新钢钒提钒炼钢厂 党委书记
肖锋鸣 广东省企业文化协会 常务副会长
杨永春 青岛热电集团有限公司 宣传部部长
孙福奎 威海供电公司 党委书记
杨代利 日照港(集团)有限公司 新闻文化中心主任
徐 扬 沈阳煤业(集团)有限责任公司 党委宣传部部长
王惠英 沈阳商业城集团 党群工作部部长
刘超伦 沈阳鼓风机(集团)有限公司 党委工作部部长
刘振生 沈阳电机股份有限公司 宣传部部长
宋 杰 东新药业有限公司 人力资源部部长
瞿士廷 辽宁省铁西百货大楼有限公司 党委副书记
滕 光 沈阳重型机械集团有限责任公司 党委宣传部部长
傅春玲 沈阳造币厂 宣传部长
何立任 海南省国营卫星农场 场长
钟凤华 辽宁省电力有限公司朝阳供电公司 党委宣传部部长
刘翠霞 通辽电业局 宣传部部长
董 宇 中共承德市委 宣传部副部长
李军国 秦皇岛港务集团有限公司 宣传部副部长
颜厥忠 正泰集团股份有限公司 党委书记
刘瑞华 北京现代汽车有限公司 党委宣传部部长
郑晓玲 东风朝阳柴油机有限责任公司 党委书记
崔尽艳 青岛交运集团 宣传处处长
安宝月 青岛市排水管理处 党委书记
黄力强 本溪市中心医院 院长
赵金彪 中意合资扎努西电器机械天津压缩机有限公司 党委书记

中国企业联合会、中国企业家协会关于表彰获得2005年度全国企业文化优秀奖企业的决定

中国企联[2004]84号文件

各位副会长、常务理事、理事，各省、自治区、直辖市和中心城市企业联合会(企协)、企业家协会，全国性企业团体及会员企业：

为了贯彻十六届五中全会精神，实践“三个代表”重要思想，弘扬和传播优秀企业文化，我会决定对荣获“2005年度全国企业文化优秀奖”的中国运载火箭技术研究院等35家企业予以表彰。

以科学发展观为指导的先进企业文化是企业持续发展的精神支柱和动力源泉，是企业深化改革、加快发展、做大做强的迫切需要，是企业提高管理水平、增强凝聚力和打造核心竞争力的战略举措，而且，也是大力发展社会主义先进文化、构建社会主义和谐社会的重要组成部分。这次表彰活动以总结、推广企业文化建设的新成果和新经验，探索新形势下企业文化建设的新思路、新方法为目的，通过对优秀企业文化的调研、评价、表彰和推广，推动全国企业文化建设，全面提升企业的竞争力和素质。

“2005年度全国企业文化优秀奖”是获奖企业通过企业申报，各地、各行业企联推荐，专家推荐，按照公开、公平、公正的原则以及严谨、科学、规范的程序，根据评价标准，评审

委员会进行初审、复审、终审后，经中国企业联合会理事长办公会会议审定产生的。

35家获奖企业的企业文化从不同侧面代表了中国企业文化建设的先进水平，在文化战略、文化体系、文化实施、文化效能建设等方面都有明显成效，体现了企业文化的先进性、有效性、系统性，为企业应对市场竞争，提升素质和可持续发展起到了重要的作用。

荣获"2005年度全国企业文化优秀奖"的企业名单如下（排名不分先后）：

中国运载火箭技术研究院
中国第一汽车集团公司
白沙集团
上海移动通信有限责任公司
华侨城集团公司
招商银行股份有限公司
山西杏花村汾酒集团有限责任公司
彩虹集团公司
上海日立电器有限公司
中国石油天然气股份有限公司长庆油田分公司
新华人寿保险股份有限公司
济南钢铁集团总公司
北京金隅集团有限责任公司
广东南方李锦记营养保健品有限公司
浙江移动通信有限责任公司
深圳金威啤酒有限公司
枣庄矿业（集团）有限责任公司
北京印钞厂
青岛公交集团有限责任公司
陕西龙门钢铁（集团）有限责任公司
南京中脉科技发展有限公司
永城煤电（集团）有限责任公司
陕西鼓风机（集团）有限公司
新汶矿业集团有限责任公司
广州市自来水公司
中国石化集团济南炼油厂
中国铝业股份有限公司贵州分公司
金陵药业股份有限公司
江苏华电扬州发电有限公司
昆明钢铁集团有限责任公司
中港第四航务工程局
福建省泉州电业局
中联巨龙淮海水泥有限公司
霍州煤电集团有限责任公司
江西赣粤高速公路股份有限公司

中国企业联合会、中国企业家协会关于表彰获得2005年度全国企业文化十大优秀案例企业的决定

2005年11月2日

各位副会长、常务理事、理事，各省、自治区、直辖市和中心城市企业联合会（企协）、企业家协会，全国性企业团体及会员企业：

实施企业文化战略，是企业经营管理创新的必然趋势，通过对企业文化案例的梳理、撰写、交流，可以全面总结企业文化建设经验和特点，探索企业文化建设的方法，从而提升企业文化建设的水平。优秀的企业文化案例，不但是企业内部企业文化宣贯的生动教材，还会通过广泛传播，给企业界、理论界提供理念和方法的启示，成为企业文化建设的研究样本。为此，中国企业联合会、中国企业家协会与北京大学、清华大学、中国人民大学、南京大学、上海复旦大学、浙江大学等机构联合进行了"2005年度全国企业文化十大优秀案例"征评活动，经过专家评审委员会的初审、复审、终审，扬子石化等10家企业创造的企业文化案例获得"2005年度全国企业文化十大优秀案例"。

这次案例征选活动以第四届（2005）全国企业文化年会为契机，荟萃了本年度全国企业文化的实践和理论成果，是"年会"企业文化理论与实践成果交流的有力补充。

优秀案例的评选侧重于作品的理论价值、研究价值、推广价值、典型性、规范性。为今后的企业文化建设工作提供了独特的案例。

荣获"2005年度全国企业文化十大优秀案例"的企业名单如下（排名不分先后）：

扬子石油化工股份有限公司
华东电网有限公司
首钢总公司
颐中烟草（集团）有限公司青州卷烟厂
江阴兴澄特种钢铁有限公司
山西漳山发电有限责任公司
济宁市烟草专卖局
邯郸交通运输集团有限公司
北京雪莲羊绒股份有限公司
交大昆机科技股份有限公司

"2005年度全国企业文化十大优秀案例"，展示了企业文化建设新进展，拓宽了企业文化建设的新视野，发现、培育、推广了企业文化建设的新经验。在此基础上，我们还将逐步扩展为全国企业文化建设的案例库，成为推进全国企业文化建设的服务载体和途径，有效推进企业文化发展和创新。

全国部分企业文化社团组织简介

【中国企业文化研究会】 中国企业文化研究会(China Research Institute of Enterprise Culture)成立于1988年，是经中华人民共和国民政部正式批准注册登记的第一家全国性具有法人资格的企业文化学术团体。

研究会宗旨：以马列主义、毛泽东思想、邓小平理论和“三个代表”重要思想为指导，团结企业界、理论界和其他有志于企业文化建设的人士，研究企业文化理念，推进企业文化实践，共同促进我国企业文化建设的开展，提高企业的整体素质，增强企业的凝聚力和竞争力，从而提高企业的经济效益、社会效益，促进物质文明和精神文明建设的同步发展。

研究会任务：协助企业探索建设企业文化的有效途径，总结独具特色的企业文化建设经验，召开各类企业文化研讨会；编辑出版企业文化书刊、报纸；组织国际企业文化交流；举办企业文化培训；开展咨询服务，组织企业文化信息交流以及其他有助于推动企业文化建设和为会员服务的各种活动。

研究会机构：名誉理事长：薄一波、韩天石；理事长：胡平；常务副理事长：张大中、张同舟、杜子端、孟凡驰、黄新惠、韩旭；秘书长：孟凡驰(兼)；顾问委员会委员：马洪、王大明、王维澄、王照华、李昌、李奇生、李德生、金鉴、陈清泰、郑必坚、贺光辉、徐惟诚、高占祥、袁宝华(以姓氏笔画为序)。

学术委员会委员：马仲良、王珏、王锐生、司马云杰、厉以宁、李燕杰、沈恒泽、吴敬琏、张大中、庞朴、罗国杰、周叔莲、赵春福、贾春峰、潘承烈(以姓氏笔画为序)。还建立了由全国50名专家组成的特邀研究员队伍。

所属部门和单位：秘书处、联络部、国际联络部、学术部、培训部、策划部、咨询部、信息中心、培训中心、测评中心、CI研究中心、乡镇企业委员会、民营企业委员会、医药卫生委员会、纺织企业委员会、企业美育委员会。

研究会主要成就：研究会成立以来，以各种形式在全国开展了几十余次大中型研讨活动，举办了1000多次研讨班和报告会，完成了两项国家规划研究课题，出版了中国第一部《中国企业文化大辞典》和近100本企业文化著作。16年来，研究会坚持理论与实践相结合，为全国100多家大中型企业提供了咨询、策划和设计服务，有效地推动了企业文化的普及和发展。

研究会在几次重要的会议上，先后提出了以下重要观点：企业文化是一门新型管理理论；建设具有中国特色的企业文化；企业文化的本质特征是以文化人、以人为本；企业文化是适应经济文化一体化时代要求的纽带；企业文化建设是坚持先进文化方向，促进两个文明相结合的有效方式；企业文化是社会主义文化的生长点，等等。无论困境与顺境，中国企业文化研究会始终不渝地坚持研究和推进实践，为中国企业文化事业做出了较大贡献。

中国企业文化研究会努力办成企业之家，成为企业家、理论工作者和一切热心企业文化建设事业有识之士的忠实朋友。

【中国企业联合会/中国企业家协会】 中国企业联合会、中国企业家协会分别成立于1979年3月和1984年3月，是我国改革开放以来经国务院批准的成立早、规模大的全国性经济类型的社会团体。中国企业联合会中国企业家协会实行两块牌子，一套办事机构，一个理事会的组织结构。

2003年9月，中国企联、企业家协会选举产生了第七届理事会。总顾问：田纪云、邓力群，名誉会长薄一波、袁宝华，会长陈锦华，常务副会长张彦宁，理事长陈兰通。领导成员中还有顾问24位，副会长89位，常务理事179人，理事527人，拥有全国直属企业会员单位4500家。

目前，全国企联系统共有全国性行业企业协会28家，省、自治区、直辖市企业联合会、企业家协会44家，中心城市企业联合会、企业家协会260多家，已经形成全国企联系统工作网络体系。

中国企联、企业家协会内部分支机构设置有：管理现代化工作委员会、企业管理宣传工作委员会、管理咨询委员会、培训工作委员会、古代管理思想学术委员会、维护企业和企业家合法权益工作委员会、企业信息工作委员会、雇主工作委员会以及可持续发展工商委员会等二级工作委员会，分别承担为企业和企业家服务的各项职能。

中国企联的宗旨是“面向企业、为企业和企业家服务”，主要职责是维权、自律和服务。二十几年来，随着市场经济的发展和改革的不断深入，中国企联、企业家协会从服务内容到组织体系，都发生了相应变化。从推动我国企业管理现代化为主要服务内容，逐步转为既坚持原有服务内容和主要功能，又同时承担了中国雇主组织代表的职能，参与国家协调劳动关系三方机制的工作，并且代表中国雇主组织参加国际劳工大会，成为三方代表（政府、雇主、工会）的成员之一。目前，中国企联、企业家协会的服务内容更广泛，服务面更宽，并提供创新服务。

中国企业联合会高度重视企业文化建设，下设企业管理宣传工作委员会负责企业文化建设的推进工作。该委员会主任：冯并、常务副主任：尹援平、秘书长：迟惠玲、常务副秘书长：祝慧烨。

中企联宣委会的职责和任务是：发现先进成果，研究企业文化，树立企业品牌，交流管理信息，推广企业经验，促进企业合作。

成为中国企业文化建设的服务中心和推进中心。

宣委会既直接为企业提供信息、知识服务，也为企业间在管理、文化、品牌方面搭建推进平台，既研究、发现，又传播、推广，为企业在新闻、宣传和企业内部报刊等方面，提供咨询和帮助。

2004年成功举办了“中国企业改革与发展高层论坛”、“全国企业文化年会系列现场研讨会”；组织了“2004年度全国企业文化优秀奖”评选活动；召开了“第三届全国企业文化年会”。

2005年举办了“全国企业内刊优秀奖”评选活动，先后召开了全国企业文化大庆炼化、胜利石油、山东联通、辽河油田现场会，举行了“2005年度全国企业文化优秀奖”评选活动，发布了“2005年度全国企业文化十大优秀案例、企业文化优秀论文”征集结果。

中企联宣委会下设企业文化研究室，重点开展四个方面的工作，一是企业文化系统管理，二是企业文化专项研究，三是基础课题研究，四是企业文化案例库建设。研究室下设综合部、论理研究部、课题研究部、案例研究部等部门，具有视野开阔、富有高度、平台强大、案例丰富、附加值高等优势，举办了多次企业文化交流活动。

【全国工商联民营企业文化建设委员会】 在全国工商联合会领导下的全国工商联民营企业文化建设委员会成立于2003年8月25日。该委员会以民营企业家做主体，吸纳相关人员组成。

该会的宗旨：全心全意为民营企业文化建设服务，为促进民营企业健康发展和民营企业家队伍健康成长服务，为构建和谐企业、和谐社会服务。

该会的职能：对全国民营企业文化建设工作提出意见和建议，组织协调，倡导民营企业文化建设活动不断向更高、更深层次发展，并逐步做到规范化，制度化，科学化。

全国第一届民营企业文化建设委员会主任由全国工商联副主席、香港恒通资深局主席施子清，重庆市政协副主席、工商联会长、力帆集团董事长尹明善担任。该会近二年来围绕民营企业“关爱员工、实现双盈”、“建立学习型企业”等主题开展活动，取得了初步的积极成果。

【中国建设企业文化建设协会】 中国建设企业文化建设协会，于1986年10月成立，与中国建设职工思想政治工作研究会为同一机构。该会宗旨是：以马列主义、毛泽东思想、邓小平理论和“三个代表”重要思想为指导；以经济建设为中心，遵守宪法、法律、法规；组织推动思想政治工作的理论研究和实践活动，开展企业文化交流，为推动本行业三个文明建设发展服务。接受中国企业文化协会（中国思想政治工作研究会）、国家民政部的业务指导和监督管理。

中国建设企业文化建设协会的最高权力机构是会员代表大会，每四年召开一次。理事会是全员代表大会的执行机构，在会员代表大会闭会期间，领导负责该会开展日常工作，对全员代表大会负责。该会设立常务理事会，设名誉会长、顾问、会长、副会长、秘书长、副秘书长若干名。

该会的分会有30余个省市建设政研会，40余个企事业单位和多个行业分会。该会成立以来多次组织各种会议和表彰评选活动，将先进经验和做法汇成文集在内部交流。

【中国机械产业文化协会】 成立于1993年的中国机械产业文化协会，英文译名：China Association of Machinery Industry Culture，英文缩写：CAMIC（以下统称本会），系在原中国机械政研会的基础上，经中华人民共和国民政部正式批准注册登记、由机械行业广大企事业单位自愿结成、具有法人资格的群众性学术研究团体。

本会任务：承担指导机械行业企业加强精神文明建设，组织和协助企业探索思想政治工作创新和企业文化建设的有效途径；调研总结独具特色的相关经验，召开思想政治工作创新和企业文化建设研讨会；评选表彰先进单位和个人；编辑出版会刊《企业文明》和内部刊物《机械政工与文化》以及有关资料和书籍；组织境内外考察培训；开展信息交流以及其他有助于推动工作和为会员单位服务的相关活动。

本会领导机构：经过二十年的发展历程，本会已开过七届理事会。第七届理事会由13名常务理事组成，名誉理事长为于珍、邵奇惠、陆燕荪、贾成炳；理事长为薛德林；常务副理事长为杨淑云；副理事长为岳书学、邵瑛、于清笈、裴铕才、潘崇义、马士华；副秘书长为胡振铠、李祖荣。本会下设：秘书处、办公室、研究部、培训部。《企业文明》杂志为本会的会刊，对外发行；《机械政工与文化》为本会的内部刊物。

研究成果：本会自成立以来，坚持以经济建设为中心，以为行业企业服务为原则，研究活动以基层为主，研究课题以当前为主，研究目的以应用为主，把企业两个文明建设中的难点、热点和疑点问题作为研究重点课题。先后编辑出版了《商品经济与职业道德》、《企业职工职业道德教育》、《2004—2005年度优秀论文集》和《把握企业生命线——企业文化建设篇》等书。

获奖情况：2003年在全国企业文化研究会组织开展的中国企业文化建设二十周年系列表彰活动中荣获“组织推动奖”；2004年荣获中国机械工业联合会颁发的（2001—2003年度）“优秀协会奖”；《把握企业生命线——企业文化建设篇》一书荣获中国企业文化研究会研究成果奖。

【中国水利宣传文化建设协会】 成立于1988

年，又称“中国水利职工思想政治工作研究会”。主管部门是中共水利部党组。在国家民政部正式注册登记，接受民政部社团管理机构管理。

协会宗旨：坚持以马列主义、毛泽东思想、邓小平理论和“三个代表”重要思想为指导，遵守宪法、法律、法规政策。围绕水利中心工作，开展水利行业企业文化研究，推动水系统的物质文明和精神文明建设。

主要业务：在水利系统组织学习国家领导的重要理论思想和讲话，贯彻文件精神，开展水利行业思想政治工作研究；协助部文明办开展创建水利文明行业活动；组织开展水利企业文化建设，评比表彰企业文化建设优秀成果；出版优秀政研成果选集，办好《水利水电政工研究》杂志。

【中国化工企业文化建设协会】 中国化工企业文化建设协会成立于1984年，是民政部批准的全国性社团机构。现有会员300多个单位。

主要业务：深入基层调查研究、总结交流、宣传推广行业党建、思想政治工作、精神文明建设、企业文化建设的先进典型经验；开展行业全国劳动模范，文明单位评比活动；制定行业职业道德、行为规范、行业精神文明建设规划等；组织政工干部的业务培训、开展境内外考察及学术交流；创办刊物，编辑出版企业文化建设信息、论著及研究资料。研究会会刊《中化探索》。

【中国兵器装备集团公司企业文化研究中心】 中国兵器装备集团公司企业文化研究中心于1999年11月成立。

研究中心成立后以集团十五规划为目标，把企业文化建设纳入发展战略，同步实施。推介理事单位参加中国企业文化研究会及其他团体的活动。到理事单位调研和讲学，由该中心和长安汽车集团公司联合主办的企业文化专业杂志《南方集团文化》发表了一批交流、研讨文章。

研究中心的大多数理事单位，都成立了企业文化研究组织，由党政主要负责人牵头，开展学习、研究和推动本单位企业文化建设，取得了良好的效果。先进的企业文化对兵装集团发展起到了重大的智力支持、精神动力作用。

【上海市企业文化促进会】 上海市企业文化促进会是经上海市社会团体管理局正式批准注册登记、具有法人资格，主要从事企业文化实践推进、评估发展、咨询认证、研究培训的专业团体。本会严格遵守中华人民共和国宪法、法律、法规和国家政策，广泛联合企业界、理论界以及有志于企业文化建设的人士，共同促进上海企业文化建设，提高企业的整体素质和核心竞争力，打造经济全球化条件下的企业品牌，树立企业良好形象，进而提高企业的经济效益和社会效益，促进企业的物质文明、政治文明和精神文明的同步发展。其主要任务是开展企业文化理论与实践的研究，探索建设企业文化的有效途径，总结提炼企业文化建设的经验，召开各类企业文化研讨会；组织企业文化成果的展示活动，宣传企业文化的典型经验和做法；编辑出版企业文化书籍，推介现代管理理论、管理理念和管理方法；运用多种形式，展示上海著名企业品牌，宣传上海优秀企业家群体；开展企业文化理论教育和实践培训，组织企业文化建设咨询策划、考察、信息交流以及有助于推动企业文化建设和为会员服务的各种活动。

多年来，上海市企业文化促进会围绕上海经济发展和建立现代企业制度的实际进程，积极开展企业文化理论与实践的前瞻性研究，举办了多次全市性的大型研讨活动，形成了一系列的研究成果，在企业文化基础理论研究、企业文化实践经验总结和企业文化发展趋势研讨等方面做了大量的工作，出版了《上海企业文化建设实践经验和理论探索》、《面向21世纪的企业文化》、《上海企业文化案例》、《企业文化新论》等专著和论文专集。坚持理论与实践相结合，组织有关专家为企业提供咨询、策划和设计等服务，有效推动了上海企业文化的普及和发展。为推动上海企业文化建设作出了积极的贡献。

【河南省企业文化促进会】 河南省企业文化促进会是由河南省委宣传部提议成立，由河南省文化厅主管，在河南全省范围内开展企业文化工作的惟一一家综合性社团组织。

该会于2002年8月开始筹建，于2004年4月26日举行成立大会，选举原《大河报》总编辑（时任河南省广播电影电视局副局长）马国强为首任会长；选举建业集团董事长胡葆森、双汇集团董事长万隆等企业家为副会长；选举企业文化学者鲁培康为秘书长（后兼任常务副会长），并按章程规定，由鲁培康担任社团法人代表。同时，由河南省政协副主席张洪华、河南省文化厅厅长郭俊民兼任促进会名誉会长。2004年8月16日，该会经河南省民政厅正式批准［注册批准号为豫民社证字第0946号］。

河南省企业文化促进会的最高权力机构为会员代表大会，重大事项经常务理事会通过。设有秘书处、学术部、会员工作部、咨询策划部、培训部、编辑部等职能部门。同时设有三个专家委员会——企业文化管理专家委员会、企业形象策划专家委员会、学习型组织建设专家委员会。

河南省企业文化促进会以“为中原崛起营造精神动力”为己任，以“责任、服务、发展”为社团精神，真诚为企业提供专业化的企业文化建设服务，全面协助企业导入企业文化管理工程，量身定制企业管理高效能方案，提供专业课程培训，促进企业快速发展、做强做大。

该会会刊《21世纪企业文化》由著名经济学家厉以宁教授在河南企业界、学术界与政府部门之间，特别是在河南企业家之间，架起一座沟通交流的桥梁，为信息经济时代企业的品牌增殖与快速发展创造机遇。

该刊努力成为河南企业管理者及其企业界更新知识、提高水平、交流经验、展示形象的有效平台，成为大家的良师益友。

附：近两年来，该会所做的主要工作：

2004年4月26日，促进会在郑州举行成立大会，邀请中国社会科学院工经所研究员刘光明博士首次来郑举办报告会，受到企业界高度评价。

2005年4—8月，本会独家接受中华人民共和国第九届中学生运动会筹（组）委会授权，为中运会进行全程策划与商务代理，取得优异成绩，受到政府表彰。

2005年10月，邀请复旦大学世界经济研究所所长、著名经济学家华民教授首次来河南举办报告会，本会成功地策划和承办了此次活动，也受到了企业界的高度评价。

2005年12月，邀请香港著名经济学家郎咸平教授首次来河南举办《中国企业战略突围》高层报告会，促进会成功地策划和承办了此次活动，也受到了社会的广泛好评。

【河北省企业文化研究会】 河北省企业文化研究会是在省民政厅注册登记，具有法人资格的社团组织，于1993年6月正式成立，主管单位：中共河北省委宣传部。

该会的宗旨和任务是：以马列主义、毛泽东思想、邓小平理论、“三个代表”重要思想为指导，坚持先进文化的前进方向。主要任务：总结研究企业文化建设的经验，召开企业文化理论研讨会，组织企业开展学术交流活动，组织企业干部赴国内外参观考察，编辑出版有关企业文化的书籍和刊物，开展各种企业文化建设活动。

该会的组织机构有：秘书处，学术委员会，办公室，组织联络部，培训部。

该会成立以来积极组织学术研究和交流：召开企业文化研讨会、报告会、经验交流会近百场次，举办企业文化培训班。培养了一大批企业文化建设骨干，总结推广企业文化建设先进经验，有力地推动了全省企业文化建设。出版书刊，编辑丛书，有效的传播了企业文化理论和实践经验。

【内蒙古自治区企业文化研究会】 内蒙古自治区企业文化研究会成立于1996年，自治区党委常委、总工会主席尤仁任名誉会长，自治区副主席刘作会、中国工程院院士内蒙古大学校长旭日干教授任顾问。会长：白明虎、常务副会长兼秘书长李培平。

建会以来，该会多次举办培训班和专题讲座，培训了大批企业骨干；召开了“企业魂”等多个大型企业家研讨会；为包钢、包铝、蒙牛、伊利等多家企业文化的形象策划、品牌提升、流程再造等做了大量工作；与伊利公司合办了《内蒙古企业文化通讯》，已发行几十期。

常务副会长兼任秘书长李培平曾两次获得自治区先进学会工作者奖。

【吉林省企业文化研究会】 1989年10月吉林省企业文化研究会正式成立，挂靠于中共吉林省委宣传部。

宗旨：继承和发扬中国优秀传统文化，借鉴吸收国外先进企业管理经验，建设具有中国特色社会主义企业文化。

主要任务：总结研究企业文化建设的经验，组织企业文化学术交流活动，建设企业精神，塑造企业形象，培育“四有”职工队伍，推动企业发展。

研究会成立以来，注重组织、协调省内作者的课题攻关，形成了较浓厚的企业文化理论研究氛围，并取得研究成果，先后编撰了《企业精神塑造论》、《中国企业精神》、《中国企业文化概论》、《企业文化论纲》等著作。

近年来研究会根据企业发展的需要，积极组织各种学习活动，组织团体会员到国内外参观考察、招商引资，通过组织活动，使许多企业的领导者开阔了视野，更新观念，扩大了企业的对外交流与合作。

【江苏省企业文化研究会】 江苏省企业文化研究会成立于1993年12月，是经江苏省民政厅和省文联批准的省级社团。

宗旨：促进企业文化学习、研究、交流和运用、推动文明建设。

主要任务：发展会员，搭建企业学习、交流、研讨平台；组织召开先进企业典型案例研讨会，传播国内外企业文化的前沿理论；组织企业参加国家企业文化社团的评选活动，树立示范企业，推动全省企业文化建设；主办刊物《企业文化研究》。

江苏省企业文化研究会是江苏省广大企业文化工作者和热心企业文化事业的理论工作者、管理工作者、教育工作者、宣传工作者共同的学术性群众组织。有两近百个会员单位和院校，该会设学术研究委员会、宣传教育委员会、专家咨询委员会和秘书处。

【福建省企业文化协会】 福建省企业文化协会成立于1990年是具有法人资格的社会团体，主管部门是中共福建省委宣传部，并由分管部长兼任协会会长。在学术方面，由福建省社科联托管，是中国企业文化研究会的团体会员。该会设秘书处，与福建省职工思想政治工作研究会秘书处合署办公，设专职秘书长和常务副秘书长，聘60名企业单位特约研究员、信息员、联络员，与本省著名专家学者保持经常性联系，历来得到省领导、省委宣传部的关怀和支持。

该会坚决贯彻党中央一系列关于企业文化建设的指示精神，联系本省企业文明建设的实际，为企业深化改革、扩大开放、加快发展服务。通过总结经验、宣传典型、研讨交流、培训考察、评选表彰、编印书籍等，推动全省各行业、企业搞好企业文化建设，增强企业核心竞争力，适应了社会主义市场经济发展的需要，受到广大企业的欢迎和支持。曾协助省委宣传部建立了一批全省企业文化建设示范单位，编印了《福建省企业文化建设新硕果》图书，协助中国企业文化研究会、福建省宣传部成功举办了中外企业文化2004龙岩峰会，积极组织全省各地企业参加全国企业文化学术活动，获得省委宣传部和有关部门的好评。

【山东省企业文化学会】 山东省企业文化学会经山东省经济体制改革委员会批准于1988年12月在省民政厅正式注册成立的学术团体。

宗旨：以马列主义、毛泽东思想、邓小平理论和“三个代表”重要思想为指导，发动、联合、团结企业界、理论界和其他热心于企业文化研究与建设的先进分子，共同促进山东企业文化建设的开展，促进企业经济效益、社会效益和环境效益同步增长，为企业的全面和谐、持续发展出谋划策。

主要任务：传播科学的企业文化理论，推广成功的企业文化建设经验；召开各种企业文化研讨会，举办各类企业文化培养企业文化研究与建设人才；组团到省内外参观考察、学习借鉴先进经验；编辑出版学会会刊。

学会成立18年来举办近百次大中型研讨会、经验交流会和学术报告会，多次组织会员单位到国内外企业考察，开展企业美学研究，首次提出并研究了"企业美学"、"美好企业"两大重要课题，学会为企业文化事业做出了有益的贡献。

【浙江省经营管理研究会】 浙江省经营管理研究会是由浙江省内从事经营管理的理论研究和实际工作者、政府工作人员、广大企业家和企业高级管理人员自愿组织起来，开展经营管理的理论研究和实践探索，传播现代企业经营管理理念与实践经验，经浙江省民政厅注册登记的社会法人团体，业务主管单位是浙江省社会科学界联合会。该会宗旨是：强化经营管理的理论研究与改革、创新的实践活动，积极发掘、培育经营管理人才，不断提高企业经营者的综合素质，增强企业核心竞争力，使企业得以快速、科学、可持续的发展。

历任会长先后为：郁龙泉、郑筱英、吕祖善。

现任会长为：方根雄（原金华地委书记、中共浙江省委党校常务副校长）

名誉会长为：铁瑛、吕祖善、郑筱英、叶荣宝。

秘书长：何兴荣（兼）

副秘书长：方芳、赵抗建、施穗明、黄京秀、沈竹洲、应向伟、杨连坤、孟少华、汤伟栋、宋秀芳、连云尧、龚 彬、莫晓平

该会现有团体会员单位200余家，个人会员数百人，现设有秘书处、企业科技服务部、市场拓展部等数个专职工作服务机构，并设有日本经营哲学研究专业委员会、企业文化专业委员会等两个分支机构。本会下辖二级独立法人单位——浙江省经营管理职业技术培训中心。

该会自1989年成立以来，积极举办针对企业实际的各种高级论坛、专题研讨会，认真开展调查研究、总结表彰、书刊出版、管理培训、咨询服务、沟通商情、组织参观交流等各项活动。此外，还先后组织会员单位有关人员组团赴台湾考察，开拓视野。十多年来，本会发掘和总结表彰浙江省经营管理大师共十一届153名，在此基础上，推荐上报67名中国经营大师。先后编辑出版经营大师传记3部、论文集近10部，编印发送《经营管理通讯》98期，为促进全省企业不断提高经营管理水平，发扬光大"浙江精神"，作出了有效的贡献。该会先后被省社联评为1995、1996年度省社联系统先进集体，被省社团领导小组评为"优秀社会团体"，并获得中国企业文化研究会颁发的"中国企业文化建设组织推动奖"。

当前，为适应"十一五"规划新形势的发展需要，本会新设立了企业科技服务部，其主要工作职责是：以科学发展观为指导，全心全意为会员企业服务，及时提供各种科技、管理、法律、评估、营销等信息，帮助会员企业不断增强创新意识、不断实践创新机遇，构建科技服务平台，推进企业自主创新强强联合活动，增强企业的核心竞争力。具体有：1）为会员单位提供高新技术成果（项目）的推荐和引进；2）洽谈并帮助推广实施"分布式供能技术"；3）帮助成为推广"光伏并网发电系统"项目的示范单位；4）帮助企业开展ISO 14001环保（或9001、18001等）体系的认证；5）帮助开展工程造价咨询、资产评估、会计报表审计、验资及税务代理等服务；6）帮助培训和招聘科技人才和职业技术人员；7）建立经营管理在线服务和网站企划；8）帮助企业参加评审高新技术企业、申报国家级火炬计划、申报中小企业创新基金等，享受各种优惠政策；9）帮助中小企业贷款及担保；10）向浙江企业家和企业员工推广并提供"银发三宝"等健康、绿色保健食品。

【广东省企业文化建设协会】 广东省企业文化协会成立于1989年1月，是广东改革开放的产物，是从事广东省现代企业文化理论研究与实践探索、传播现代企业文化科学思想、总结交流企业文化建设经验、指导和推动企业文化建设的全民所有制社会团体。本会经广东省民政厅登记注册（登记号：社证字0066号），是具有法人资格，实行经济与文化相结合企业化管理的服务性社会团体。协会的主管部门是广东省社会科学院，是中国企业文化组织的先行者。

协会成立以来，多次举办了有关企业文化基本理论的培训班，培训了上千名的企业工作骨干；总结交流了一批企业文化先进经验，命名表彰了一批"广东省企业文化建设先进单位"和"优秀企业文化工作者"；举办多种类型的经济形势与对策，建立现代企业制度，推行CIS战略和创新思维等方面的报告会、研讨会、咨询会一百多场次；举办多种形式的管理讲座、会员联谊会、产品消息发布会；多次组织部分企业家赴欧、美、日本、东南亚和香港、台湾地区，进行文化、经贸考察活动；成功地举办了四届大型的全省"企业之星"文艺汇演；举办全省企业美术、书法、摄影、展览及各种体育比赛；定期出版《广东企业文化》杂志、《会员通讯》及《企业文化理论与实践资料汇编》等书刊、画册、影视等资料。通过十几年来的探索和发展，提高了协会的知名度。会员队伍不断发展壮大。到目前为止，协会已拥有全省著名大中型企业集团为主体的团体会员200多个，个人会员200多人。协会与2001年被省民政厅评为"广东省省级社会团体先进单位"。其中包括：广州钢铁集团公司、中国南方航空集团公司、深圳燃气集团公司、佛山市电信局、广东出版事业集团、中国农业银行广东省分行等200多个企业。

广东省企业文化协会的主要服务领域有：

（一）帮助企业策划建立企业文化体系。

（二）举办各种类型的报告会和讲座。

（三）组织对外经济、文化考察交流。

（四）组织与兄弟省市及省内企业进行学习交流活动。

（五）编印了《广东企业文化》月刊及各种书刊资料，为企业宣传企业形象，提高社会知名度。

(六)定期组织全省性的"企业文化建设先进单位"、"先进企业文化工作者"及"优秀企业报刊"、"优秀文体队伍"的评选活动。

【广西企业文化建设协会】 2003年1月经广西壮族自治区民政厅正式批准注册,成立了广西企业文化建设协会。该会属独立法人的社团组织,主管单位为中共广西壮族自治区企业工作委员会。

宗旨和主要任务:以三个代表重要思想为指导,围绕党的中心工作和企业改革发展的需要,开展企业文化理论研究和实践活动,促进广西企业文化建设的开展为加强企业三个文明建设服务。

成立以来多次组织大型企业文化建设经验交流会,对广西自治区企业文化建设状况进行专题调研并形成报告《广西企业文化建设发展状况》,积极组织专题培训班、研讨会,为推动广西企业文化建设,发挥了积极作用。

【海南省企业文化促进会】 海南省企业文化促进会于2002年8月正式在海南省民政厅注册登记,属省级社团组织,主管单位:海南省发展与改革厅。

宗旨:坚持为企业服务、为经济服务、为社会服务的方向,组织协调推动海南各行业的企业文化建设向纵深发展。

主要任务:开展企业文化调研,经验交流,教育培训,咨询服务;出版会刊和机关资料,评选企业文化先进单位,表彰和奖励优秀企业文化成果。

组织机构:设秘书处、专业委员会。

【四川省企业文化学会】 四川省企业文化学会成立于1987年8月,主管单位四川省社会科学院。

宗旨:坚持以马列主义、毛泽东思想、邓小平理论和"三个代表"重要思想为指导,围绕企业改革与发展,对企业以及部分科研机构单位文化建设开展交流和研讨,把企业文化建设与企业思想政治工作和精神文明建设紧密结合起来,为创建有中国特色的社会主义现代化企业文化作出贡献。

主要任务:根据党和国家的方针政策,围绕企业关注的热点、焦点问题举办研讨会;参与企业制定企业文化建设规划;帮助企业总结经验,撰写专著,评选优秀文章,表彰先进;深入企业调研,就经济发展、企业改革、企业文化建设作交流和宣讲;组织企业到国内外参观考察,对各具特色的企业文化进行交流。

【贵州省企业文化研究会】 贵州省企业文化研究会成立于1993年9月,系贵州省民政厅批准注册登记,具有法人资格的社会团体,由贵州省社科院、贵州日报社、贵州省经贸委、贵州省总工会、贵州省文化厅、贵州省乡镇企业局等20多家单位和企业联合成立,至今会员单位已发展到63个。

研究会的宗旨:以马列主义、毛泽东思想、邓小平理论和"三个代表"重要思想为指导,树立和落实科学发展观,坚持党的基本路线,坚持先进文化的前进方向,广泛联合企业界,理论界以及有志于企业文化建设的人士,共同促进贵州企业文化建设,培育和发展健康向上的企业文化,提高企业的整体素质和核心竞争力,不断提高职工的思想道德、行为规范和职业道德,增强企业的凝聚力和向心力,提高企业的经济效益和社会效益,促进企业持续、快速、健康发展。

研究会的主要任务:开展企业文化理论与实践的研究,探索新形势下建设企业文化的有效途径,总结提炼企业文化建设经验,召开企业文化研讨会,组织企业文化学术交流会和企业文化成果展示活动,宣传企业文化的典型经验和做法,举办各种形式的企业文化建设培训班,编著出版企业文化书籍,推荐现代化管理理论和管理方法,组织从事企业文化建设管理工作的领导干部外出参观,实地考察,提供相互学习和交流的平台。以调研的形式开展有助于推动企业文化建设为会员单位服务的各项活动。

研究会组织机构:秘书处、学术委员会、办公室、组织联络部、培训部。会长:周万成;常务副会长:金安江;副会长:江超;副会长兼秘书长:聂秀丽。

研究会的主要活动:研究会近年来主要做了以下工作:组织学术研究和交流,召开企业文化研讨会、报告会、经验交流会,举办企业文化建设理论培训班等。

该会创办了企业文化专刊《企业文化天地》,开辟了"企业文化论坛"、"企业文化交流"、"企业文化动态"、"企业风采"等栏目,为企业文化理论与实践工作提供了一个交流的平台和展示的天地,在省内外产生了较大的影响;目前由研究会编辑出版的首部企业文化系列丛书《贵州省企业文化视窗》的编辑工作正在紧张进行,首卷即将问世;同时编辑出版了《企业文化打造核心竞争力》、《企业文化理论与实践》、《迈向新世纪的贵州企业文化》等书,其中由研究会副会长兼秘书长聂秀丽撰写的《迈向新世纪的贵州企业文化》一书荣获中国企业文化优秀成果奖。

贵州省企业文化研究会在推进企业文化建设方向做了大量卓有成效的工作,取得了一定的成绩,2006年荣获贵州省民政厅颁发的"贵州省地方社团组织先进单位",受到表彰。

【云南省企业文化研究会】 1994年12日正式成立的云南省企业文化研究会,又称云南省职工思想政治工作研究会。

该会是在中共云南省委省政府领导下,在省委宣传部的具体指导下,从事组织、协调和指导全省企业界企业文化建设开展企业文化建设活动的社团组织,系中国企业文化研究会团体会员,接受其业务指导。

宗旨:坚持以马列主义、毛泽东思想、邓小平理论和"三个代表"重要思想为指导。继承和发扬中国优秀传统文化,借鉴国内外先进企业文化和管理科学经验,促进不同所有制企业开展企业文化建设,逐步形成富有云南特点的企业文化。

主要任务:宣传、介绍先进的企业文化成果,总结交流企业文化建设经验,开展企业文化研讨活动,组织国内外参观考察,出版发行《云南企业政工研究》。

【甘肃省企业文化建设协会】 甘肃企业文化建设协会成立于1994年，是由甘肃省民政厅批准注册登记的具有法人资格的全省性社会团体，受中共甘肃省委宣传部领导，由全省各市、州企业文化建设协会、省直有关部门企业文化建设协会、国有大中型骨干企业、具有较大规模和影响的其他所有制企业文化建设协会等团体会员单位自愿组成。

甘肃企业文化建设协会坚持以马列主义、毛泽东思想、邓小平理论和“三个代表”重要思想为指导，团结组织企业界及一切有志于企业文化建设的人员，本着建设、服务、交流的活动方针，适应社会主义市场经济的要求，发展中国特色社会主义的企业文化，为推动企业的思想政治工作与企业的改革开展、生产经营、管理相结合，增强企业的凝聚力，提高企业的经济效益、社会效益，促进企业物质文明、精神文明建设的协调发展服务。

协会的业务范围包括宣传、介绍企业文化建设成就，总结、交流企业文化建设经验，指导、推动企业文化建设活动；进行企业文化建设综合性或专题性调研；开展国内外企业文化建设经验学习考察和学术交流活动；承担党政部门、科研单位和企事业单位委托的有关企业文化建设的研究课题，为企事业单位提供咨询策划服务；汇集国内外有关企业文化建设的研究成果，编辑出版企业文化建设的图书资料，提供信息服务；组织和协助企业举办有关企业文化建设的培训、讲座、观摩和其他活动；组织企业界与新闻、文艺等社会各界的交流和联谊活动。

协会成立十余年来，坚持继承、借鉴、创新、实践的原则，加强企业文化的理论研究和实践活动。一是每年根据国家和甘肃省经济、社会及企业发展的形势，围绕中央关于企业改革和发展战略以及甘肃省提出的“发展抓项目、改革抓企业、保证抓党建”的工作部署，对本年度的重点研究课题、重点工作和活动精心策划、认真安排，并在年会上进行总结表彰。二是对甘肃省企业文化建设中的优秀典型和先进经验大力宣传、积极推广。三是定期组织召开全省企业文化建设现场经验交流会，总结推广企业文化建设的先进经验，并向中央有关部门推荐先进典型。四是组织培训、考察活动，学习借鉴外省先进经验，提高工作水平。五是加强协会的自身建设和管理，制定和完善各项管理制度，促进协会的健康发展。

【宁夏回族自治区企业文化促进会】 宁夏回族自治区企业文化促进会是在自治区党委和政府领导的亲切关怀下，在全区各族人民积极致力于奔小康、构建和谐社会及跨越式发展的洪流中，于2005年11月9日在宁夏自治区办公大楼会议室隆重召开了成立大会。由此，在塞上西部的宁夏掀起了企业文化建设的新篇章！

宁夏回族自治区企业文化促进会是经自治区经济委员会、自治区民政厅批准成立，是全区性以各种所有制企业中有成就的企业为主体，有专家、学者、新闻工作者参加的非营利性社会团体，是企业经济、文化发展的代表组织，是专门研究、发展企业文化的社团组织，也是党和政府联系各行各企事业单位的中介组织。

宗旨：在自治区党委、政府的领导下，坚持为经济服务、为企业服务的方向，组织、协调，推动全区各行业的企业文化建设，促进区内外企业文化交流、繁荣和发展我区的社会主义企业文化事业。

协会以务实、创新、服务的工作精神，围绕宁夏经济建设、围绕企业实际要求、围绕协会自身发展，打造企业形象工程、企业家健康工程、智能服务工程，搭建信息交流平台、企业人文资源共享平台、内引外联平台。

促进会主要工作内容有，加强宁夏企业文化建设，理论研讨，经验交流，成果评审，举办企业文化讲座，培训企业文化管理人才，组织有关专家开展企业文化重点课题的研究和调查，建设为企业服务的信息网络，编辑出版宁夏企业文化杂志和有关书籍，宣传各品牌产品和塑造明星企业，组织以企业文化建设为纽带的各类经贸活动、咨询服务，展览展示，组织全区企业交流和职工文体活动，业余文艺观摩演出，书画摄影、体育比赛，培养企业文艺骨干，组织区内外企业文化之间的交流等。

【陕西省企业文化建设协会】 陕西省企业文化建设协会是经中共陕西省委宣传部批准，陕西省民政厅登记注册的具有独立承担民事责任资格的法人社团，其直接主管上级是陕西省社会科学学会联合会。

协会设秘书处，为常设办事机构，秘书处下设会员联络部、宣传推广部、财务部三个职能部门。协会将致力于组织协调专家学者、政府和企业之间的多渠道、多层次合作，开展区域经济与企业发展的理论创新和应用研究。

协会将全力打造四大平台，一是企业与院校、企业与政府、企业与媒体、企业与企业的信息互动平台；二是企业文化知识培训、企业管理诊断咨询、企业形象设计导入的企业文化建设孵化推进平台；三是企业经营管理和企业文化建设优秀案例、先进事迹的提炼推展宣传平台；四是企业与各界的沟通对话平台。

【成都企业文化协会】 成都企业文化协会是由市委企业工委领导的从事成都企业文化研究、推广的群众组织，2003年9月由原成都工交政研会（1985年成立）更名而建立。现有会员单位80余个。

该会致力于当好“中外先进文化的传播者、成都企业文化的推动者和加强企业思想政治工作的探索者”，按照市委、市政府的要求从成都企业的实际出发，在实践中逐步走出一条建设成都企业文化，为“走新型工业化道路，实现工业新跨越”服务的路子，得到企业的普遍认同和支持。

该会每年通过举办企业文化培训班、组织企业学习考察先进企业建设企业文化的经验，培训了一批企业文化骨干；坚持经常性的调查研究，发现、总结企业在建设企业文化方面的经验，写出一批有指导意义的调查报告，反映成都企业文化建设取得的进展和成就，提出进一步加强企业文化建设的意见和建议；坚持每年编发四期《成都企业文化》

会刊,赠发会员单位的领导班子成员、管理部门和基层中层干部,坚持每月编发一期《协会动态》,加强与会员单位的信息交流,营造了企业文化氛围。

协会引导企业领导班子从经济与文化融合上思考企业的可持续发展,在制定企业发展战略时同步制定企业文化建设、规划和实施计划。并组织了"企业家文化"征文活动,写出一批有份量的文章;协会联合成都企业联合会利用协会年会和企业家活动日,举办了"企业发展战略与企业文化"论坛,5 位成都知名企业经营者的演讲,引起较大的反响;由协会与市委企业工委、经委、工商联、企业联合会制定了《创建学习型企业的实施意见》,推动企业深入建设企业文化和学习型企业,增强学习力、文化力,培育核心竞争力,努力实现企业的发展。

该会在 2004 年表彰 8 个成都企业文化先进单位的基础上,2005 年召开的成都企业文化经验交流暨表彰大会,首次表彰了 7 个企业文化示范单位,6 个先进单位,树立了先进典型。企业普遍认为,这次会议是成都企业文化建设发展史上的里程碑,预示着成都企业文化建设新的高潮的到来。

协会先后荣获"中国企业文化建设组织推动奖"、"中国企业文化建设优秀成果奖"、全国社科联"先进学会"、成都市社会科学联合会"先进集体奖"。

【青岛市企业文化协会】　1994 年 3 月,青岛市企业文化协会在青岛民间组织管理局正式注册成立,主管单位:青岛市社会科学界联合会。

宗旨:坚持以马列主义、毛泽东思想、邓小平理论和"三个代表"重要思想为指导,以建设社会主义现代化国际城市为目标,把企业文化建设摆在发展市场经济、加强企业管理的重要位置,紧紧围绕名牌战略和经济国际化战略的实施,坚持不懈的抓好企业文化建设,为提升城市综合竞争力、推动经济持续发展、企业全面进步发挥重要作用。

主要任务:抓好"三引导",确保企业文化建设健康有序发展;搞好"三结合",优势互补,整体推进企业文化建设;组织企业到国内外参观考察,组织企业文化各类研修班、培训班、交流会。

协会成立以来,在青岛市委宣传部、青岛市社科联的指导下,积极推动企业文化建设,引导其健康有序发展,使城市形象不断提升,企业规模和实力不断扩张,大企业集团参与国际分工与合作,取得很大进展。

【青岛市国有企业文化建设促进会】　青岛市国有企业文化建设促进会成立于 2006 年 6 月,是由青岛市国有企业以及非国有企业、企业文化工作者自愿结成的非盈利性的社会组织,会长为高志喜。

青岛市国有企业文化建设促进会在中国共产党的领导下,遵守宪法、法律、法规政策及社会道德风尚。接受青岛市人民政府国有资产监督管理委员会和青岛市民政局的业务指导和监督管理,承担政府管理部门委托办理的有关事项,在政府与企业之间发挥桥梁和纽带作用。为会员服务,为企业服务,推进企业文化建设,促进企业增强核心竞争力,实现更好更快的发展。青岛市国有企业文化建设促进会的业务范围是,组织对青岛市国有企业文化建设发展规划及其有关课题进行调研,为政府有关部门决策提供依据;组织开展会员之间以及会员与国内外有关企业、单位、组织之间在企业文化建设方面的交流活动;为会员加强企业文化建设提供咨询服务;为会员单位培训人员;评选、表彰、奖励、展示、推广会员在加强企业文化建设方面的优秀工作成果;评选、表彰、奖励会员中的先进单位和个人;承办市有关部门委托办理的有关事项;开展对促进国有企业文化建设有益的其他活动。

【辽宁省营销文化研究会】　辽宁省营销文化研究会是经辽宁省民政厅批准成立的学术性社团组织。原名辽宁省营销科学研究会,成立于 1996 年,2002 年更名为辽宁省营销文化研究会。学会的主要任务:组织会员开展营销文化理论与实践研究活动,具体包括品牌文化、服务文化、商业文化和企业文化建设的研究和应用。定期提出研究课题和研究要点,召开研究成果发布会、专题研讨会和经验交流会,评选表彰优秀研究成果,并向社会以及有关领导部门推荐。组织会员对辽宁省营销文化和企业文化的状况进行调查研究,总结具有先进营销文化理念与显著经营业绩的企业和企业经营者的成功经验,培养和树立先进典型。开展营销文化和企业文化的信息咨询服务活动,组织会员到国内外企业文化理论与实践发达的地区进行学习考察,组织编著营销文化的著作、培训教材、学术文章以及编发内部通讯等,宣传和普及营销文化和企业文化知识。

研究会主要领导:会长:高立胜;常务副会长:张绍和;副会长:马杰、李燕、罗阳、张殿华、陈广源、范业忠、钱之荣、李永振、王景明、马晓红、陈红军、韩伟功、于佐钰;秘书长:刘福成;副秘书长:佟雅娟、赵金旭、靖晓春、于殿忠、刘健、赵俊桥、周大义、赵宇;特邀研究员:王光福、王海鹰、李滨虹、仲维清、金榜、张丽杰等。

常务理事单位:大连市企业文化研究会、大连房地产协会、本溪市企业文化建设协会、鞍山市企业文化研究会、朝阳市思想政治工作研究会、葫芦岛市企业文化研究会、中国一航沈阳飞机设计研究所、中国一航沈阳飞机集团公司、沈阳商业城集团、中国平安保险辽宁分公司、中国网通沈阳分公司、沈阳一运实业有限责任公司、沈阳日报报业集团工会、大连远洋物业管理有限公司、大连春天物业管理有限公司、本溪市中心医院、鞍山钻石城股份公司、阜新惠民房地产开发公司等。学会成立四年以来,每年都召开了一次大型研讨会,并举办了八次研讨班和报告会,有数千人参加了研讨和学习。2002 年在沈飞集团公司召开了"辽宁省营销文化研究会成立大会暨辽宁省第一届品牌文化研讨会";2003 年在本溪市桓仁县召开了"辽宁省桓仁企业文化建设现场会",交流和推广了本溪市桓仁药业公司等五家企业的企业文化建设经验;2004 年在沈阳举办了"振兴辽宁老工业基地 企业文化创新论坛";2005 年在沈阳商业城举办了"辽沈地区服务品牌文化现场会暨高层论坛"。此外,在

2003年还举办了辽宁省首届企业文化优秀成果评选活动，共评选出了200余项优秀成果。自2002年学会更名为辽宁省营销文化研究会以来，多次荣获了辽宁省社会科学界联合会表奖，并被评为辽宁省先进学会。

【沈阳市企业文化研究会】 沈阳市企业文化研究会成立于1996年6月，是经沈阳市民政局批准成立的学术性群众团体，主管单位为沈阳市社会科学界联合会，挂靠单位为沈阳广播电视大学。学会系中国企业文化研究会的团体会员，与全国各省市企业文化学会以及诸多知名企业等都具有广泛的资讯交往联系。

学会的宗旨是以“三个代表”重要思想为指导思想，以理论联系实际为指导原则，组织会员学习、研究和交流企业文化建设的经验，为沈阳市经济社会发展服务。其主要活动方式和任务是：举办各种形式的企业文化理论研讨活动，组织交流、学习和考察企业文化建设先进经验；为会员单位企业文化建设提供理论咨询与策划服务；提出研究课题并评选和表彰优秀研究成果；评选和表彰沈阳市企业文化建设先进单位等。

学会宗旨：全心全意为企业服务

学会价值观：学习的平台、交流的园地、结友的沙龙

学会精神：诚信、合作、学习、创新

学会口号：志同道合、携手共进

学会主要领导人

会长：高立胜

副会长：苏士印、杨洪浩、马晓红、李燕、庞真、张春风、刘健、魏国顺、李谦、杨文光、张绍和、刘福成、王淮延、欧伟

秘书长：佟雅娟

副秘书长：郗玉明、孙立男、石新元、赵俊桥、刘吉坤、王洋、徐扬、李刚、李滨虹、聂德彬、邓长辉

会长高立胜原系辽宁社会科学院研究员、国务院政府特殊津贴专家、沈阳市优秀专家暨杰出专业技术人才，现兼任中国企业文化研究会副理事长、辽宁省营销文化研究会会长。学会的会长、秘书长和常务理事单位大多为颇具文化品位的知名企业：沈飞工业集团公司、沈阳飞机设计研究所、沈阳商业城集团、辽宁省机场管理集团公司、沈阳煤业集团、沈阳鼓风机集团、沈阳机床集团、沈阳重型集团、沈阳东药集团、沈阳市房产局、中国网通沈阳分公司、沈阳华晨金杯汽车制造有限公司、沈阳机车车辆有限公司、沈阳金龟集团、中国平安人寿辽宁分公司、中国人寿保险沈阳分公司、沈阳舒丽雅家私有限公司、沈阳一运实业公司、沈阳推动广告公司、沈阳黎明国际酒店等企事业单位。学会曾召开“沈阳市首届民营企业文化研讨会”、“沈阳舒丽雅名牌文化研讨会”和“沈阳海天家装服务文化研讨会”、“振兴老工业基地企业文化创新研讨会暨沈阳一运公司现场经验交流会”等均取得了广泛而深远的社会影响。

此外，学会还开展了多项企业文化咨询服务活动。例如，指导沈阳香雪面粉股份有限公司导入CS（顾客满意）战略；协助沈阳舒丽雅集团创建中国名牌文化；帮助沈阳海天家装公司和沈阳一运实业公司进行企业文化策划等等，都取得了显著成效。学会还注重树立企业文化建设先进典型及示范基地，适时地召开现场经验交流会，并组织会员单位到外地学习考察企业文化建设的先进经验，都取得了很好的效果。

学会主办的《沈阳企业文化通讯》（辽内准印证第0177号），每双月末出版。

【大连企业文化研究会】 大连企业文化研究会于1994年11月成立。该会的主要任务是：从事企业文化理论研究和组建企业文化建设网络，组织企业文化研讨活动，创建企业文化活动体系、学术体系和理论框架，开展企业文化设计，企业文化基本理论和基本知识的咨询和宣传，企业文化培训，企业管理咨询，编辑书刊、报纸，总结企业文化管理经验等。奉行“善以待物、诚以待人、宽以待事”的学会理念，全心全意为企业文化建设服务。大连市人大主任李永金、原中共大连市委书记于学详、中国商业企业管理协会副会长汤闯为名誉会长，中国企业文化研究会研究员、辽宁省企业文化联合会副主席、辽宁省营销文化协会副会长钟祥斌担任会长。

大连市对企业文化建设历来非常重视。早在1988年就率先召开了“全国首届企业文化研讨会”。该会成立后，先后举办了“大连市企业文化建设经验交流会”、“请您建言献策”企业文化征文活动、“全国企业文化与环境保护研讨会”，会后发表了《企业界环境保护大连宣言》，受到中央媒体的高度关注；协会先后为几十家大中型企业作了企业文化的咨询、策划，为企业编辑出版了各具特色的企业专著，得到了专家的好评。

该会获得了中国企业文化研究会颁发的“中国企业文化建设二十年组织推动奖”、“理论成果奖”、“个人贡献奖”。

【辽宁省本溪市企业文化建设协会】 辽宁省本溪市企业文化建设协会，于2001年11月正式在本溪市民政局批准注册登记，是地方具有法人资格的学术团体。

宗旨：坚持以马列主义、毛泽东思想、邓小平理论和“三个代表”重要思想为指导。以促进企业建设先进文化，提高现代管理水平为目标，共同推进本溪企业文化建设的发展。

主要任务：开展企业文化研讨活动，推广理论研究成果；举办企业文化培训、普及企业文化知识；开展咨询服务，办好企业文化简报；总结交流企业文化建设经验，指导企业进行企业文化策划，树立企业良好形象。

协会成立以来，在“始于企业需要，终于企业需求”，“一心为企业服务、一切为企业服务”的理念指导下，推动企业文化建设，采取多种形式，举办各种企业文化报告会、研讨会、骨干培训班，组织企业领导考察、开展调查研究、总结推广典型经验。紧密结合企业特点，使企业文化落地、生根、开花、结果。通过开展5A级诚信企业评比活动，推广先进企业的典型经验，提升了企业信誉度，塑造了企业品牌，促进了诚信文化建设。

【深圳市企业文化研究会】 1989年1月,深圳市委成立了"深圳市企业文化研究会"。该会的主管单位是深圳市委宣传部。深圳市企业文化研究会负责组织开展企业文化建设和企业文化理论研究工作,注重广泛地开展调查研究活动,帮助企业和基层单位开展企业文化建设活动。十几年来,该会完成了对多家企业的调研,组织召开了企业文化建设经验交流会和理论研讨活动,取得很好效果。

深圳市企业文化研究会近几年来,注重以创新开拓的精神,努力丰富企业文化研究会工作的新内涵,不断地开创企业文化研究会工作的新局面。

【珠海市企业文化协会】 珠海市企业文化协会成立于1995年2月28日,会长张波,常务副会长兼秘书长邱仕周。目前,协会已拥有包括格力集团、丽珠集团、天年公司、联邦制药、红塔仁恒、碧阳化工、三好房产、粤裕丰钢铁有限公司、广东德豪润达电气股份有限公司、青岛啤酒(珠海)公司、再创通信等国有、民营、合资、外资大中型企业在内的团体会员二百余家。

本着为广大会员提供更多更好的服务宗旨。A该会先后组织了企业领导赴新疆、台湾的学习考察班;协办了"珠海市赈灾募捐义演"活动;主办了第三届珠海市企业文化建设经验交流会,表彰了企业文化先进单位;举办了"管理创新与领导艺术"、"目标管理与绩效考核"、"核心管理技能提升"等多期研修班;组织了"企业创新经营"高级论坛,深受企业的欢迎和好评。

珠海市企业文化协会先后被评为"全国企业文化建设先进社团"和全国企业文化建设先进单位。

【沧州市企业文化研究会】 沧州市企业文化研究会于1993年3月成立,是在沧州市民政局注册登记的群众性社会团体,主管部门为沧州市委宣传部。

宗旨:坚持以马列主义、毛泽东思想、邓小平理论和"三个代表"重要思想为指导,坚持党的基本路线。培育和发展健康向上的企业文化,不断提高职工的思想道德素质和科学文化素质,提升企业的现代化管理水平,争取更好的社会效益和经济效益。

主要任务:组织召开综合性或主题性的企业文化理论研讨会;总结和宣传企业文化建设经验、举办有关企业文化征文、展览活动;组织和协助企业举办有关企业文化的培训。

组织机构:该会最高权力机构为会员代表大会。会员代表大会每3年召开一次,会员代表大会选举产生理事会,理事会每年召开一次会议。

【鞍山市企业文化研究会】 鞍山市企业文化研究会由中共鞍山市委宣传部主管,理事长为原市委常委、市总工会主席范业忠同志。现有副理事长15位。《鞍山日报》高级记者、理论部原主任赵宇同志为驻会常务副理事长。至此2004年末,有团体会员82个,个人会员71人。

该会的办会宗旨是:为企业文化建设服务,为鞍山经济发展服务。

主要任务是:研究企业文化理论,普及企业文化知识,传递企业文化信息,交流企业文化经验。

服务宗旨:理事长范业忠同志,倡导,"要有事业心,要当事业干",对工作总是提倡"高标准,严要求,倾全力,正规化"。组织、征集有关企业文化建设理论与实践问题研究的文章290多篇,近百万字;平均每年召开2—3次企业文化理论与实践问题研讨会;会刊《企业文化研究》作为服务载体。到4月,已出版33期,开辟了27个栏目,刊发有关企业文化方面的文稿475篇,约127万字;先后帮助31个企业总结了企业文化建设经验,除在会刊上进行交流外,还召开了全市企业文化建设经验交流会,经过研究会的总结推荐,有24个企业分别被中国企业文化研究会评为中国企业文化建设"实践创新奖"和"组织推动奖",有三位企业领导同志被评为"个人贡献奖";研究会现有理论骨干120多人,其中副教授(副高)以上专家学者28名,先后为企业培训企业文化工作者60多人;

研究会曾先后3次被中国企业文化研究会评为"创新实践奖"和"组织推动奖";两次被辽宁省社科联评为"先进社团";两次被市民政局评为"先进社团"、"示范社团";三次被市社科联评为"标杆单位"、"标兵学会"。范业忠同志先后3次被中国企业文化研究会评为中国企业文化建设"实践创新奖"和"个人贡献奖";连续5年被省市评为优秀学会工作者、学会工作标兵。

【吉林市企业文化研究会】 吉林市企业文化研究会成立于2002年7月25日。是经吉林市民政局正式批准注册,具有独立法人资格的社会团体。

吉林市企业文化研究会以马列主义、毛泽东思想、邓小平理论和江泽民"三个代表"重要思想为指导,坚持党的基本路线,坚持中国先进文化的前进方向,努力研究和推广具有时代特征的优秀企业文化理论,促进企业"两个文明"建设,促进"以德兴企",提高企业的整体素质,增强企业的凝聚力和竞争力,使企业经济效益、社会效益同步提高,物质文明、精神文明建设同步发展。

吉林市企业文化研究会的主要任务是:研究企业文化形成的历史、发展过程和方向;研究企业文化在企业发展中的地位和作用;研究企业文化与建立现代企业制度的关系;研究企业文化与市场经济的关系;企业文化与社会主义精神文明建设、职业道德建设和思想政治工作的关系等;总结、推广、传播先进企业文化经验;研究与现代企业文化发展密切相关的企业形象设计与宣传;信息、网络等现代化手段以及广播、电视等艺术形式在企业文化工作中的科学运用和作用;组织开展丰富多彩的企业文化活动,促进企业与企业、企业与社会之间各种形式的文化交流活动;团结企业文化工作者,提高企业文化工作者的理论水平和实践能力,促进企业文化的发展,更好地服务于经济工作;介绍传播先进的企业文化理念,推进先进文化理念在我市企业的应用。

吉林市企业文化研究会实行团体会员制。现有团体会员单位51个。

吉林市企业文化研究会常务副会长、法定代表人由吉林市国资委党委副书记、副主任付志强担任;秘书长由现任吉林市国资委宣传处处长杨晓明担任;研究会下设理论指导委员会、活动指导委员会、秘书处等部门。秘书处设在吉林市国资委宣传处。

吉林市企业文化研究会成立以来,积极推进企业文化建设工作,组织进行企业文化建设理论研究、对外学习交流、优秀论文评选、出版企业文化建设专刊、组织开展"企业文化建设年"、"企业文化建设提升年""企业文化建设实践年"等活动,树立了企业文化建设的样板企业、进行企业形象宣传展示活动。2004年,被中国企业文化研究会授予"企业文化建设组织推动奖"。

【江苏连云港市企业文化学会】 成立于1994年的连云港市企业文化学会,是经江苏省连云港市民政局正式批准注册登记、具有法人资格的企业文化社团。

协会的宗旨是团结企业界、理论界和社会各界有志于推动企业文化理论研究和实践的人士,共同促进企业文化建设,提高企业整体素质,增强企业的凝聚力和竞争力,实现企业物质文明、精神文明双丰收。

该会在李万来会长的倡导下,坚持"动文化之力、知企业之脉、献至诚之爱、创卓越社团"的办会理念,先后发展了300余家企业会员,占连云港市大中型企业的80%以上;组织了百余次研修班和报告会,为企业做企业文化、服务文化、品牌文化、执行文化、学习型组织等多场演讲;编辑出版了《企业文化实践手册》、《活力之源》、《连云港企业文化简报》等多种书刊,《连云港企业天地》经过改版,过渡为《企业文化》月刊,受到企业好评。

附:学会活动大事记。

1. 为了推动和加快连云港市经济发展、市企业文化学会在理事中掀起一场《经济发展和文化力》的大讨论,先后召开16次研讨会,共有220余位理事出席。

大家对"财富不能买来文化,文化却能创造财富"这一当今世界流行的名言形成共识。

2.《企业文化》月刊诞生。市企业文化学会主编的《连云港企业文化简报》在她完成印发78期后,终于过渡为《企业文化》月刊。获得江苏省出版局批准并发给"苏新出准字印JS-C040号"准印证。

3. 学术研究出硕果:2005年出版两部专著,由李万来担任主编、阮美玲、姚海彪、肖坦担任副主编的《活力之源》一书,由赵健康主编的《企业文化创新导论》一书均已由出版社正式出版发行。

4. 2005年9月23日市企业文化学会召开第二次正大天晴药业股份公司企业文化现场会。来自全市50余家企业70余位领导和高管人员参加。这次活动是企业文化学会通过个案研究带动全市企业文化建设的一次重要举措。

5. 2005年9月25日—29日,市企业文化学会在浙江台州市成功地举办浙江民营企业文化案例现场剖析活动。浙江杰克控股集团以持续的创业创新、刻苦的学习精神、巨大的文化力量、科学的管理机制、强势的执行文化、老板的人格魅力使企业迅速发展。与会企业领导反映,这次活动学到了企业文化的精华,意义深远。

6. 赴青岛海尔考察学习海尔企业文化已成为学会会员企业提供常态培训的一种好形式,截止2005年底学会已安排66批三百家企业赴海尔学习。

7. 学会引进了北京海天经理人俱乐部卫星课堂的课程,被大家公认为一种极好的学习方式,一种高层次的培训。

8. 2005年4月16日,市企业文化学会协助市多星企管公司成功举办汪中求教授主讲的《细节决定成败》大型公开课,本市近百家企业一千多位企业人士出席。

【临沂市企业文化协会】 1994年4月临沂市企业文化协会在临沂市民政局正式注册登记,是具有法人资格的社团组织,主管单位为临沂市文联。

宗旨:以"真诚敬业,文化报国"为理念,建设企业文化,塑造企业形象,开发精神力量,推动经济发展。

主要任务:创建现代化企业文化、交流先进经验、导入企业文化、培训文化人才、开展咨询服务、编辑出版企业文化报刊。始终坚持高起点、高标准、高质量的原则,及时、直接、优质、高效地开展工作。

协会成立以来,抓住对企业文化的宣传和培训这两个要素开展各种活动,一是采取邀请省内外专家举办企业形象高级研修班。二是利用内部刊物及新闻媒体,普及企业文化知识。三是分期组织企业骨干参观学习。发挥自身优势,导入企业形象策划与宣传提升企业文化品位。深入基层调研、总结、推广典型,巩固企业文化建设成果。积极编写学术著作,促进和指导企业文化建设。先后出版近20种书籍。协会参与主编了《中国企业文化大辞典》、《中国企业形象大典》。

【章丘市企业文化研究会】 章丘市企业文化研究会于2002年4月27日成立,是经市民政局正式注册登记的具有法人资格的学术团体。会长:李万百(市人大副主任);名誉会长:陈先运(市委书记)、王道忠(常务副市长)、李文秀(市委宣传部部长)、张振彪(市人大副主任)、巩宪群(副市长)。

该会的主要任务是:协助企业总结研究企业文化建设经验;为企业策划和设计企业文化方案,导入企业文化塑造工程;编辑出版企业文化书籍、报刊;召开综合性或专题性的企业文化研讨会;举办企业文化培训;引进、培养、输送经营管理人才,开发人力资源,促进章丘市经济和社会事业的发展。

该会自成立以来,以各种形式举办了多次研讨会和报告会。如:组织全市"十大企业集团之歌"比赛;"培育企业文化,促进经济发展"演讲比赛;召开全市"企业文化建设动员大会",开展了"推进企业文化建设,培育章丘名企方阵"等活动。还邀请国内知名专家作企业文化学术报告。

该会先后为济南市明水化肥厂等多家企业作了企业文化的策划;为章丘市国土资源局、山东明水经济开发区管委会等政府机构成功完成了行政文化塑造工程,经有关专家、学者进行论证,得到了高度认可和充分肯定。

【威海市企业文化研究会】 威海市企业文化研究会2003年12月8日成立。名誉顾问为市委副书记王培廷,名誉会长为市委秘书长刘玉党、市委常委董天祥、市委常委宣传部长张剑、市总工会主席李凤俊同志。

研究会的使命是,推动本市企业文化和学习型组织的创建与深植,构建本地企业文化环境,为提升企业管理水平、提高企业综合素质提供智力支持和服务。研究会深怀使命感、紧迫感,在大力加强自身建设的同时,以研讨活动、互动学习和咨询服务为导向,以会刊为平台,不断传播国内外先进企业文化理念、经验和案例,促进本市企业文化的变革与创新,以文化力、学习力提升经营管理水平,以无形资产增值有形资产。

该会不断在全市企业中深入调研,经常与企业家、管理者进行沟通,提供咨询,帮助企业实施品牌文化、服务文化、形象文化与企业文化有机结合。不定期组织多种形式、不同规模的研讨会、座谈会等,交流分享所学所得所悟,相互促进、共同提高。

该会同市委宣传部、市总工会、市社科联、市职工思想政治工作研究会共同发起企业文化征文活动,评选优秀论文,有力推动全市企业文化广泛开展。

该会于2003年创办会刊《文化视野》。该刊以视野开阔、观念更新和学以致用、悟以创新为宗旨,为管理者导引成功路径、为决策者提供谋略锦囊。

该会坚持以典范引领、以学习促进、以活动推动、以整合提升、以评比激励、以服务深化作为理性选择,帮助企业寻找竞争竞合的文化智慧、挖掘提升推动的整合力量,为建设高品质、特色、个性化的先进企业文化和繁荣威海城市文化尽智尽力。

【荆州市企业文化研究会】 荆州市企业文化研究会隶属荆州市社会科学联合会,成立于1998年2月,是经省市民政部门正式批准、注册登记,并具有法人资格的全市性学术团体。现有团体会员1200余家,个人会员2500余人。该会创办的《企业文化》会刊,创刊于1998年4月,期发量5000份。该会成立六年来,先后开展了30多次较大规模的企业文化交流、展示、研讨和宣传活动;如:“九八”抗洪抢险及赈灾宣传活动,九九天问杯“祖国颂”诗词朗诵大赛,清江集团考察暨企业文化建设经验交流会等。该会还先后为湖北新星建材集团等20多家企业提供了CIS、CS创意、企业整体形象策划、企业歌曲创作、企业形象电视专题片的拍摄与制作,受到众多专家学者的赞许和广大会员单位的好评。多次被省市新闻单位采访和报道。

该会在探讨企业文化理论、推动学术交流方面作了大量的尝试,取得了可喜的学术研究成果。先后三次赴山东青岛举办企业文化创新与海尔经验研讨班;《企业文化》共创“理论园地”32期,发表企业文化理论文章140余篇;由该会承办了荆州企业文化论坛暨企业文化媒体交流、展示、研讨会,与会专家就打造学习型组织与企业文化创新问题,企业CIS战略等问题与企业代表进行了交流。该活动受到中央电视台、人民日报社等多这媒体的高度关注和企业的好评。

部分企业文化刊物及企业内部资料介绍

《中国企业文化研究》 由中国企业文化研究会主办，编委会主任：孟凡驰；主编：华锐。创刊于2005年9月，已出版了五辑。书号：ISBN 7－80197－271－6/F·272。主要栏目有：重点聚焦、理论探索、热点追踪、文化创新与管理、示范基地、经典案例、理念荟萃、企业风采等。

《企业文明》 一份服务于中央企业现代文明建设的刊物并兼顾主管企业的政府部门、行业协会和社会读者的需求。国内统一刊号：CN50－1014/G 2。国际刊号：ISSN1006－5989。发行周期：月刊。

创办于1986年的《企业文明》杂志，是面向国内外公开发行的大型月刊，是中国期刊方阵双效期刊和全国优秀刊物，是国务院国资委中央企业党建思想政治工作研究会会刊。以反映和推动国资监管、国企改革、管理创新、中央企业党的建设、思想政治工作、精神文明建设和企业文化建设为主要任务，服务企业现代文明建设，追求重要、实用、可读风格。以其大视野、高品位和鲜明的特色，在全国有着众多的读者和高素质的作者群，并赢得了数以千计的企事业单位在刊物上投放广告。主管：中国兵器装备集团公司。主办：中央企业党建思想政治工作研究会、中国兵器工业职工思想政治工作研究会、中国机械工业职工思想政治工作研究会（中国机械产业文化协会）、西南兵工局。社长：魏家安；副社长、总编：李祖荣。编委会名誉主任：王瑞祥；编委会主任：王树山；总编：李祖荣，副总编：胡引定；编辑部主任：罗志荣。

《企业文明》的主要栏目有：文明视界、独家策划、特别报道、央企领导谈企业文化、中层管理者、领导与决策、改革与创新、企业文化、管理视窗、党建与政工、心理茶园、市场与营销，鉴赏等30多个栏目。

《中外企业文化》 北京市委宣传部主管，北京市企业文化建设协会主办，深圳市CIS应用学会协办。1995年创刊。

指导思想：以邓小平理论和“三个代表”重要思想为指导，努力适应企业改革与企业发展的需要，致力于服务政府、企业、社会和广大读者，力求知识普及性、理论深刻性、实践操作性和生动可读性等方面的有机结合，满足新老读者的需求。

宗旨：为企业发展服务，与企业发展同行。积极传播国内外优秀企业文化理念，宣传企业文化建设成功案例，展示优秀企业形象，为广大读者提供前瞻性的企业文化理论和企业文化建设最新信息，为开展企业文化建设提供及时性、权威性、借鉴性、操作性的优秀服务。

编辑方针：站在时代前沿，传播前卫观点，汇集创业智慧，广纳知本百川。

主要栏目：本期关注、大势了望、专题论述、精华荟萃、人物写真、域外来风、民企风采、高科技园、财经观察、环球博览等。

该刊顾问（以姓氏笔画为序）：于光远、艾丰、历以宁、龙新民、刘海燕、阳安江、李志坚、李燕杰、齐善鸿、陆昊、何鲁丽、张大中、陈祖芬、孟宪忠、罗国杰、段柄仁、郝真、袁宝华、高佐之、贾春峰、蔡赴朝、强卫、韩天石、蒋黔贵、魏杰。社长：史秋秋，常务副主编：包安，副社长：肖利平，总编室主任：黄志强。

国内统一刊号CNII－3656/GO，国际标准刊号：ISSN1006－6462，发行日期：每月10日、25日。

《企业文化》 由企业文化杂志社主办、编辑、出版。社长、总编：冯建福；执行总编：贺 平。

该刊是介绍国内外先进企业文化管理理论的权威刊物；推动企业实施企业文化集聚软力量的新锐刊物；了解企业动态和企业家卓越人生的必要读物；图文并茂精心制作首家创办引领潮流的全新读物。

《企业文化》月刊是上个世纪80年代创刊的中国最早的一本以宣传、介绍国内外企业文化先进管理理论，推动我国企业借鉴国外经验，提升自身管理为宗旨的大型软管理类期刊。其报道范围包括国内外企业文化理论探讨、实践经验、企业家言论、体会、企业文化发展动态、研究成果、企业文化策划等等，在国内产生重要而广泛的影响。

国内著名经济学家和企业文化研究专家厉以宁、吴敬琏、程思危、魏杰、刘光明、孟宪忠、孟凡驰、管益忻曾为本刊供稿。本刊曾深度报道世界500强企业的发展道路及他们企业文化在企业发展过程中的重大意义。我刊对世界顶级企业家微软总裁比尔·盖茨、美国GE公司新任董事长兼首席执行官杰夫·伊梅尔特作过独家专访。国内外许多著名企业家张瑞敏、杨元庆、鲁冠球、郑永刚、张国喜、冯仑曾为本刊所报道。《企业文化》由国内外著名企业家、理论家，经济学家及各界知名人士为顾问，专家委员会名单（按姓氏笔划顺序排列）马仲良、王 珏、王锐生、厉以宁、刘东辉、张大中、朱继民、杨元庆、吴树青、吴敬琏、张瑞敏、孟凡驰、周叔莲、赵春福、贾春峰、高占祥、徐惟诚、潘承烈、魏 杰组成。编委员会名单(按姓氏笔划顺序排列)王成荣、王 征、冯建福、邢晓群、贺 平、郝泽华、祝慧烨、高立胜、韩庆祥组成。

《企业文化》读者群主要集中在大型国企、民营企业及跨国公司、经济文化理论的研究者,以及各级政府主抓经济工作的领导者。

主要栏目:理论版有理论新知、王华论坛等,主要介绍国内外企业文化建设的最新研究成果。实践版有案例经典、管理漫谈等,展示丰富多彩的企业文化建设案例,突出个性化、形象化,具有可读性。企业版有焦点企业、行业分析、营销策略等,主要内容有国内外著名企业改革发展的成功经验和失败教训,以及市场营销的成败得失。

《企业文化》杂志为月刊,出版日期为每月 1 日。Gonei 统一刊号 CN23 - 1305/G2。国际标准刊号 ISSN - 1003 - 5400。

《中外管理》 是中国科协管理科学研究中心,国家自然科学基金会管理科学部,国家科技部中国科技交流中心,北京中外企业管理培训中心主办。主要栏目有领导寄语、名家理念、宏观大势,管理热点、名企布道。国内刊号:CN11 - 2812/C,国际刊号:ISSN1002 - 6525。出版周期:月刊。

《企业文化纵横》 主管部门:中国航空工业第一集团;主办单位:西安飞机工业(集团)有限责任公司;创办时间:1985 年。创办初期刊名为《思想政治工作通讯》,1994 年改刊为《企望》,2001 年改刊为《企业文化纵横》。刊号:陕新出内印字第 C9075 号。发行周期:月刊。

办刊宗旨:以代表先进文化的前进方向和“航空报国、追求第一”为核心价值取向,按照中航一集团的大集团战略和文化整合理念,立足集团文化建设和集团形象传播,成为集团重要的宣传阵地、文化平台和得心应手的工具,为集团的改革、管理、经营、发展服务,为从事科研、生产、经营、管理、文化等领导工作和具体业务工作的读者提供新理念,新方式和观察、分析、处理问题的文化视角;传达集团的重要资讯,交流各单位的经验,沟通航空人的精神世界;在企业文化研究和建设、拓展方面,对集团所属单位具有指导作用和导向价值,对兄弟行业和企业具有启示作用和借鉴价值。

主要栏目:大集团战略、集团文化、新理念、管理文化、经营文化、企业文化实务、CIS、道德文章、文化管理、文化诊断、文化现象研究、学习型企业、企业前沿、航空英模、相关学科动态、借鉴与参考、另类文化、文化人、员工茶座、企业理念的实践者。

《冶金企业文化》 为思想政治工作刊物,旨在宣传党和国家有关方针政策,交流精神文明建设方面的经验,沟通信息,开展理论研究,为加强和改进思想政治工作服务。

主管单位:国家冶金工业局 主办单位:中国冶金职工思想政治工作研究会 主编:赵国珩 出版周期:双月 主要栏目有卷首篇、本刊专文、专题笔谈、理论经纬、探索与研究、热点聚焦、改革与创新、管理文化、思想论坛、学习与思考、企业之声、学习型企业、文苑妍葩、工作研究、文化广场、调查与思考、安全文化、廉政文化。

《中国医院文化》 《中国医院文化》杂志社主办。主管:中华医院管理学会医院文化专业委员会、中国企业文化研究会医药卫生委员会。主要栏目:卷首、独家策划、封面人物、封面文章、权威发布、业界观潮、典范展示、要闻速递、域外传真、独家之言、医学人文、主编推荐、视点。

《医院管理咨讯》 中国企业文化研究会医药卫生委员会、中华医院管理学会医院文化专业委员会、卫生部中国卫生杂志社主办。创刊于 2002 年 6 月。发行周期:双月刊。属内部刊物。主要栏目:管理与文化、人文医学、发展之路、热点报道、他山之石、海外传真、医药动态。

《南方集团文化》 中国兵器装备集团公司主管,中国兵器装备集团公司企业文化研究中心、长安汽车(集团)有限责任公司主办,2000 年初创刊。

办刊宗旨:弹奏时代旋律,讴歌兵器员工,展现集团精神,建设企业文化。主要栏目:本刊特稿、企业文化与品牌战略、文化与管理、文化套餐、企业文化与人力资源等。

刊号:渝内字(03)(258)号。双月刊。

《邮政文化》 国家邮政局主管,国家邮政局邮政文史中心承办。国家邮政工会、中国邮政职工思想政治工作研究会协办。准印证号:2000 - L0091;创刊时间:2003 年 1 月。发行周期:月刊。办刊宗旨:交流企业文化实践,传播邮史、邮票知识、展示职工生活风采,倡导健康文明生活。主要栏目:卷首语、企业文化实践、星光璀璨、企业文化论坛、长镜头、创建巡礼、绿叶心声、MBA 经典案例、它山之石、文化短波、史林漫步、域外邮史、邮票欣赏、各抒己见、人生百态等。

《银联文化》 是中国银联股份有限公司(以下简称中国银联)的内部系统刊物,以服务银联发展战略,丰富员工精神生活,推动企业文化建设为宗旨,每月一期,每期 56 - 64P,自 2003 年 3 月创刊以来,至今已连续出版发行 31 期。

《银联文化》以中国银联为主办单位,以中国银联一级专业子公司上海卡友信息服务有限公司为承办单位;编委会名誉主任为全国政协常委委员、中国银联董事长刘廷焕,主任为中国银联总裁万建华;下设编辑部,拥有一批专业的编辑记者和精锐的设计力量。《银联文化》突破以往内刊设计简陋的惯例,采用国际化的版式设计,使专业特性与文化色彩并存,图文并重,大大提高了内刊的品位。《银联文化》主要设有公司要闻、主题活动、特别策划、银联动态、他山之石、见解、站在前沿、读书时间、成长在银联、凌家铺子、灯下文字等栏目。

《机械政工与文化》 是中国机械工业职工思想政治工作研究会、中国记协产业文化协会主办。办刊宗旨:关注行业最新动态,加强企业间交流。主要栏目:本期话题、企业关注、论文选登、杂谈选编、企业动态、调查研究等。出版周期:月刊。

《企业文化》 荆州市企业文化研究会会刊。刊号:荆州市内资准印证(14)012号。由中共荆州市委宣传部主管,市社会科学联合会业务指导,由市企业文化研究会主办的一分报样刊物,四开四版。

荆州《企业文化》紧密围绕工业兴市、国企改革与发展主题,倡导企业文化建设与创新,树立企业的整体形象,提高企业的社会影响力和知名度,不断加大企业的文化实力和无形资产。是企业政工和管理人员的良师益友,是厂长经理的智囊和参谋。

荆州《企业文化》一版,开设特别报道、信息快递、文化快车、文化短波、典型报道、企业家谈企业文化等栏目。二版开设企业家风采、一线采风、企业动态、人物写真、他山之石、改革之声、企业形象、新闻集锦等栏目。三版,设百家论坛、抛砖引玉、实话实说、问题探讨、各抒己见等栏目。四版,开设人在旅途、人间真情、尺素寸心、心香一瓣、情书专递、诗词天地、书画集锦、企业歌声等栏目。

《企业文化》 大连市企业文化研究会机关报,大连市新闻出版局主管,1996年3月创办,登记号:大内字98090号。

办刊宗旨:通过宣传国内外企业文化新知识、新理论、新做法,向企业和研究人员传达新信息。重点报道大连市企业文化建设情况、经验、方法和建设性意见,推动企业文化从理论到实践的健康发展。

《企业文化博览》 河北省企业文化研究会、河北省企业(产业)文联主办。1995年创刊。刊号:河北省期刊登记证 第JK01-168号。发行周期:季刊。主要栏目:辉煌岁月、卷首语、题词、贺词、大写真、企业领导论坛、经营之道、人物风采、热点聚焦、文化沙龙、理论园地、他山之石。

《企业政工与文化》 由中共甘肃省委宣传部主管,甘肃职工思想政治工作研究会、甘肃企业文化建设协会主办,双月出版,准印证号:甘连内资G084。

主要栏目:重要言录、工作指导、理论学习、经验交流、政工论坛、企业文化、工作动态、管理园地、调查研究、思想漫谈、政工巡礼、WTO与企业、发展纵横、文化茶座、文学之页、精品选读、信息集萃、健康顾问等。

《企业文化研究与动态》 贵州省企业文化研究会主办,创刊于1996年,属内部发行资料。发行范围:贵州省企业文化研究会会员单位、有关领导部门及国内有关部门和单位。办刊宗旨:为推动贵州省企业文化建设服务。主要栏目:企业文化、理论研究、学术动态、管理视窗、信息文摘等。

《企业通讯》 中共福建省委宣传部、福建省职工思想政治工作研究会主办。

省委宣传部《企业通讯》编辑部、福建省企业文化协会编辑出版。刊号:内刊准印证号:闽报刊特许证166号;发行周期:季刊。主要栏目:学习贯彻十六大精神、我爱中华、兴我八闽、政工论坛、研究与探讨、经验交流、企业文化、非公有制企业、政工动态。

《研究与探讨》 中共湖南省委宣传部主管,湖南省职工思想政治工作研究会主办。刊号:准印证号0100;协办单位:株洲硬质合金集团公司、湘潭电机集团有限公司、湖南省交通科学研究院、湖南省电信公司常德分公司。发行周期:双月刊。主要栏目:卷首语、领导言论、学习实践"三个代表"重要思想、理论前沿、企宣工作提示、市场经济与思想工作、党政建设、调查报告、工作研究、光荣榜、文化建设、校园政工、医德与对策、民主与法制、政工职评、人事与人才、思想工作技巧谈、纵横谈、他山之石、文摘。

《企业文化研究》 鞍山市企业文化研究会主办。主管单位:市政府办公厅。刊号:准印证 辽鞍内出简字[2003]011号。办刊宗旨:为企业文化建设服务、为鞍山经济发展服务。创刊理念:研究企业文化理论、普及企业文化知识、传递企业文化信息、交流企业文化经验。主要栏目:领导讲话、名家演讲、经验交流、企业家风采、品牌文化等。

《成都企业文化》 是成都企业文化协会会刊,由中共成都市委企业工作委员会和成都企业文化协会联合主办。《成都企业文化》是传播中外先进文化、管理经验的有效载体,是展示企业家风采、宣传企业形象的广阔平台,也是企业经营管理者和企业文化工作者的良师益友。《成都企业文化》为16开本、双月刊,辟有理论探索、企业家论坛、企业风采、权威论坛、文化与管理、思想工作研究、他山之石等栏目,封面以介绍企业家为主,封底、封二、封三及中间彩页用以宣传企业形象、产品及活动等。

《辽宁营销文化》 辽宁省营销文化研究会主办。创刊于1996年8月。属内部通讯资料。发行周期:双月刊。办刊宗旨:给会员搭建学习的平台;对内交流的园地;对外展示的窗口。主要栏目:会员论坛、读书座谈会、企业文化文摘、信息短辑等。

《江苏企业文化》 由江苏省企业文化研究会、无锡市企业文化研究会联合主办,由江苏省哲学社会科学联合会主管。该刊于2001年下半年开始试刊,于2002年下半年江苏省新闻出版局批准为内部资料,系内部发行、免费交流的会刊,出版周期为双月刊。

吴镕为编委会主任,总编赵常林,主编黄生宝。彭冲为会刊题写刊名。

设有领导言论、企业文化景点、政策导航、自主创新、读者来信等栏目。

《江苏企业文化》是企业文化理论研究的论坛,企业文化实践的舞台,了解企业文化知识的窗口,宣传企业文化的阵地;是企业家、管理工作者和思想政治工作者的忠实朋友。

《广东企业文化》 广东企业文化协会主办。主管:广东省社会科学院。编辑:《广东企业文化》编辑部。主要栏目:卷首语、本刊特别策划、企业文化论坛、企业与品牌、经理人访谈录、实践与探索、成就与展望、协会工作动态、新会员风采、文化广场、企业管理论坛、稿约、人物剪影、它山之石、明星企业、改革与创新、民营企业之页、政策与咨询。发行周期：双月刊。

《沈阳市企业文化通讯》 沈阳市企业文化研究会主办，双月刊，每双月末出版。是学会内部企业文化信息交流材料。

办刊宗旨：为会员单位提供企业文化建设先进经验，提供学会间信息交流平台，为会员单位推荐创建学习型组织教材。

主要栏目：会员论坛、企业文化文摘、管理议事、学会活动、书讯、信息短辑等。

《连云港企业文化》 连云港企业文化学会主办。主编：李万来。刊号：内刊准号：TSE－001905。月刊。至2003年12月2日共印发58期。向连云港市政府部门及全市企业和全国近200家社团、企业免费赠阅。办刊宗旨：坚持使内刊成为学会与会员之间联系的纽带，学习交流的平台，信息和知识传播的载体，成为全市企业家最爱看的刊物，达到传播先进文化、推动企业文化创新之目的。

主要栏目：企业文化理论研究、企业文化建设实践、企业文化优秀案例、学习型组织文化、管理哲学故事和漫画、学会活动简讯。

《珠海企业文化》 主管部门：珠海市文学艺术界学会，主办单位：珠海市企业文化协会，创办时间：1995年3月15日，发行周期：季刊。

办刊宗旨：认真贯彻党的路线、方针、政策，坚持正确的舆论导向，紧跟时代步伐，探索企业文化建设的新路子。积极宣传报道基层企业两个文明的建设成果，讴歌企业职工的精神风貌和时代风采，为促进政府和企业、企业和企业之间的沟通交流架设桥梁，构筑平台和窗口。

主要栏目：人物专访、专家论坛、企业文化沙龙、企业巡礼、学习思考、南海文苑、他山之石、企业诊所、会员动态等。

《企业博览》 辽宁省本溪市企业联合会、辽宁省本溪市企业家协会、辽宁省本溪市企业文化建设协会主办。属内部资料。办刊宗旨：为企业服务，交流企业经验、介绍企业情况、传达上级精神。主要栏目有：本刊特稿、管理创新、诚信建设、企业文化、独家考察、企协在线等。

《企业文化天地》 是贵州省企业文化研究会主办。办刊宗旨：为企业文化理论与实践工作提供了一个交流的平台和展示的天地。主要栏目由企业文化论坛、企业文化交流、企业文化动态、企业风采等。

《企业文化简报》 是连云港企业文化学会主办，主要栏目由企业文化建设、文化现象曝光、学习型组织研究，管理故事与哲学等。刊号：苏新出准印JS－G040号。

《企业文化通讯》 为中国企业文化研究会内部交流资料，创刊于1989年4月。主要刊登中国企业文化研究会的内部信息，每月一期，至今已刊出180期。本刊刊头题字：中国企业文化研究会名誉理事长、中纪委原书记、原中顾委委员韩天石同志。主编：吴鹤松；责任编辑：周美玲。办刊宗旨是：传达中央和有关领导关于企业文化建设的指示精神，展示中国企业文化研究会领导、专家学者和企业家研究企业文化的最新成果；传递各地企业文化研究会的活动信息；交流企业文化建设的经验；介绍国外企业文化研究的新思路、新经验、新动态。主要栏目：领导决策、情况通报、经验交流、考察报告、科研成果、建议建言、动态新讯等。

《燕山企业文化》 中国石化集团北京燕山石油化工有限公司主办，为燕化思想政治工作研究会、燕化企业文化建设协会的会刊，企业内部杂志。刊号：Z2452－942050。原为《燕山油化政工研究》，原为季刊，1991年改为双月刊，1993年更名为《燕山企业文化》。《燕山企业文化》融企业管理、企业战略和企业文化研究、企业思想政治工作、职工文艺创作为一体，是一本综合性双月刊。

主要栏目：专稿特稿、燕化论坛、战略研究管理大舞台、政工大视野、科技大世界、燕化人风采、改革潮音、经验交流、生活一频道、文学广场等。

《胜利文化》 山东省新闻出版署主管，中国石化集团公司胜利石油管理局党委主办，2003年8月创刊，季刊。刊号：胜利石油管理局新闻出版办公室准印证(2003)3－034。国内刊号：CN23－1305/G2。国际刊号：ISSN－1003－5400。

办刊宗旨：宣传胜利文化，弘扬胜利精神，打造胜利品牌，提升胜利形象。

主要栏目：领导论坛、专题论述、品牌形象、经验交流、先进典型、探索研究、他山之石、文化采风等。可根据情况变化和实际需要，适时增加一些新的栏目，使《胜利文化》的编辑形式不断创新，内容不断丰富，不断增强其指导性、知识性、实用性和可读性。

《员工学习手册》 主管部门：大庆炼化公司党委；主办单位：大庆炼化公司企业文化处；创刊时间：2001年1月；发行周期：每月1期。

办刊宗旨：选载国内外优秀企业文化典型案例和先进经验，传播国内知名企业文化专家和学者的相关理论，弘扬中华民族文化精髓，宣传贯彻公司企业文化理念，举办企业文化知识竞赛，以潜移默化的文化熏陶，把企业文化渗透到员工心中。同时通过开辟专栏，宣传党的方针政策，国内外时事政治，石油化工行业动态，宣传企业的工作思路，选树先进典型，活跃员工文化生活，交流思想动态信息，紧贴公司改革、生产、思想政治工作、企业文化建设等实际，加大宣传力度。

主要栏目：企业文化论坛、时政经纬、思想漫谈、炼化天地、党建之声、安全天地、一线速递、大课堂、中心组学习园地、篆刻赏析、域外来风、柠檬树下、智慧与幽默13个栏目。总编静德纯，副总编穆战群。

《企业文化沙龙》 河北省通信公司沧州市分公司主办。刊号：准印证号JL10－0081；创刊时间：2002年5月；发行周期：双月刊。办刊宗旨：紧密配合公司企业文化建设的战略思想，坚持弘扬“求真务实，开拓创新”的创业精神，挖掘、总结本企业固有的传统文化中的亮点，通过学习和借鉴其他先进企业的优秀文化，充实、丰富、创新沧州网通的企业文化，起到“对内凝聚人心，对外树立形象”的作用。《企业文化沙龙》编辑部工作理念：精彩沙龙、激情人生。主要栏目：卷首语、经理世界、访谈、危机漫谈、大视野、精彩回访、经理将故事、部门文化、论坛、争鸣、视点、岗位体验、外面的世界、员工茶访、我爱我家、文苑、精彩人生。

《企业文化建设》 四川长钢集团公司职工思想政治工作研究会、四川长钢集团公司工会委员会主办。四川省刊型内部资料第08－12号。主要栏目：管理研究、探索与思考、纪检与监察、企业文化研讨、管理艺术谈、工会工作、经验交流、大家谈、信息大观、小说、散文、诗歌、随笔。

《招银文化》 前身《招银月刊》，由招商银行于1994年创刊，2001年7月正式更名为《招银文化》，创刊至今已经十二年。十二年来，《招银文化》呈现了一代代招行人的动人风采；《招银文化》于2003年获得了“深圳市十佳企业期刊”称号，2004年更获得了“全国优秀企业内刊特等奖”。

部分中外企业文化著作书目

	书　名	作　者	出版社	出版日期
1.	《广州企业文化系列丛书》	广州出版社	广州出版社	2004年出版
2.	《企业文化理论与实务》	刘志耀　董韶华	中国经济出版社	2004年出版
3.	《安利企业文化丛书》	广州暨南大学出版社	广州暨南大学出版社	2004年出版
4.	《文化育人:中国国电集团公司企业文化征集活动获奖作品集》	李庆奎	中国国际广播出版社	2004年出版
5.	《创新"珠啤"》	广州企业文化协会	广州出版社	2004年出版
6.	《现代企业文化力》	慕小军　陈治华	敦煌文艺出版社	2004年出版
7.	《现代股份制企业文化》	丁继华	中国致公出版社	2004年出版
8.	《联想:文化缔造传奇》	刘明　师至洁　姜美芝	中信出版社	2004年出版
9.	《企业文化学》	吴声怡	光明日报出版社	2004年出版
10.	《我是谁:重庆联通人企业文化探索》	吴春波　孙　健	新华出版社	2004年出版
11.	《西部魂:西部新区企业文化集锦》	牟书令	中国石化出版社	2004年出版
12.	《辽河之魂 辽河石油勘探局企业文化故事集》	赵永河	沈阳出版社	2004年出版
13.	《文化制胜:广西企业文化建设成果》	陈梧生	广西人民出版社	2004年出版
14.	《湖南企业文化建设研究丛书》	红旗出版社	红旗出版社	2004年出版
15.	《企业文化与供电企业文化建设》	丁德政　陆孟君　吴宝善	中国水利水电出版社	2004年出版
16.	《识别与再造 长炼企业文化建设研究》	唐日新	红旗出版社	2004年出版
17.	《以观念更新推动理念创新 以文化发展推动管理升级》	李懂章	黑龙江人民出版社	2004年出版
18.	《华电思维》	中国华电集团公司政治工作部	中国电力出版社	2004年出版
19.	《企业文化与企业竞争力:二十一世纪管理热点问题》	邹广文	新世界出版社	2004年出版
20.	《企业:文化与价值》	强以华	中国社会科学出版社	2004年出版
21.	《思想政治工作与企业文化新探索》	中共郑州市委宣传部	河南大学出版社	2004年出版
22.	《竞争力:奥康企业文化透析》	李敏生	人民日报出版社	2004年出版
23.	《企业文化与文化企业》	何筑光	贵州人民出版社	2004年出版
24.	《航天企业文化读本》	中国航天科技集团公司企业文化部	中国宇航出版社	2004年出版
25.	《民营企业文化》	袁葵芳	科学出版社	2004年出版
26.	《企业文化与思想政治工作》	商伯成	黑龙江人民出版社	2004年出版
27.	《中国石油企业文化故事集》	贾光生	石油工业出版社	2004年出版
28.	《企业文化建设案例》	中国建设职工思想政治工作研究会	学习出版社	2004年出版
29.	《建设企业文化》	张晓铃	江苏文艺出版社	2004年出版
30.	《玉柴诚信手册:中国优秀企业文化》	曾庆光	新华出版社	2004年出版

续表

	书　名	作　者	出版社	出版日期
31.	《如何进行企业文化建设》	徐震宇	北京大学出版社	2004年出版
32.	《企业文化》	编委会	吉林人民出版社	2004年出版
33.	《公司文化管理 》	吴柏林	广东经济出版社	2004年出版
34.	《唐宋词与商业文化关系研究》	王晓骊	中国社会科学出版社	2004年出版
35.	《企业文化学:企业现代管理制胜宝典》	刘俊心	天津大学出版社	2004年1月出版
36.	《现代商业银行客户管理丛书—现代商业银行企业文化》	唐　宏	中国金融出版社	2004年1月出版
37.	《民营企业企业文化》	李　亚	中国方正出版社	2004年1月出版
38.	《链接企业文化》	孔德珍 张丙合	企业管理出版社	2004年1月出版
39.	《现代企业文化概论》	奚从清	浙江大学出版社	2004年1月出版
40.	《企业的文化管理》	罗争云	广东经济出版社	2004年1月出版
41.	《简明工商管理课程教材—公司文化管理 》	李善民	中国人民大学出版社	2004年4月出版
42.	《人力资源与企业文化战略》	白　光	中国经济出版社	2004年5月出版
43.	《企业文化实操系列—企业灵魂—企业文化管理完全手册》	叶　生	机械工业出版社	2004年5月出版
44.	《企业文化》	刘光明	经济管理出版社	2004年5月出版
45.	《企业文化基本培训教案》	张云初　王　清　陈　静	海天出版社	2004年5月出版
46.	《现代企业文化的理论与实践》	林国建	哈尔滨工程大学出版社	2004年6月出版
47.	《现代医院文化管理》	李泽平	人民军医出版社	2004年6月出版
48.	《企业文化》	朱　光	中国商务出版社	2004年6月出版
49.	《价值观的起飞与落地:企业文化建设实证分享》	王吉鹏	电子工业出版社	2004年6月出版
50.	《实用企业文化营销》	周小明	中山大学出版社	2004年6月出版
51.	《企业文化探索》	高立胜	辽宁人民出版社	2004年6月出版
52.	《企业文化建设100问》	黎　群	经济科学出版社	2004年7月出版
53.	《高职高专规划教材—企业文化》	祝宝江	浙江大学出版社	2004年8月出版
54.	《企业文化通论》	刘志迎	合肥工业大学出版社	2004年8月出版
55.	《企业文化大视野》	王成荣	人民出版社	2004年9月出版
56.	《中国企业文化年鉴2004 》	中国企业文化研究会	中国大百科出版社	2004年10月出版
57.	《加人WTO后中国企业文化建设》	马树林	红旗出版社	2004年10月出版
58.	《三星第一主义》(百家企业文化工程丛书)	姜亚丽　文　逸	中信出版社	2004年11月出版
59.	《联想文化缔造传奇》(百家企业文化工程丛书)	莫少昆	中信出版社	2004年11月出版
60.	《麦当劳温情征服世界》(百家企业文化工程丛书)	吴洁云　赵阳阳	中信出版社	2004年11月出版
61.	《福特驰骋百年的梦想》(百家企业文化工程丛书)	莫少昆	中信出版社	2004年11月出版
62.	《企业文化与制度创新》	李建军	清华大学出版社	2004年11月出版
63.	《企业文化与理念创新》	李瑜青	上海译文出版社	2004年11月出版
64.	《旅游企业文化研究》	杨永平	经济科学出版社	2004年12月出版
65.	《民营企业文化塑造》	张一青　蒋天颖	杭州人民出版社	2005年出版
66.	《企业文化建设与文化大省建设》	胡中梅	广东经济出版社	2005年出版
67.	《激活企业软资本·方法与案例 企业文化故事100例》	李淑华	山东教育出版社	2005年出版
68.	《首届中国企业文化论坛成果荟萃》	中国企业文化建设研究服务中心	红旗出版社	2005年出版

续表

	书　名	作　者	出 版 社	出版日期
69.	《企业文化导论》	陈德峰	中国物资出版社	2005 年出版
70.	《新时期企业文化》	王建华	江西高校出版社	2005 年出版
71.	《天津港口企业文化建设》	孙世明	天津人民出版社	2005 年出版
72.	《企业文化的新视野》	陈丽琳	四川大学出版社	2005 年出版
73.	《中国港口企业文化丛书》	天津人民出版社	天津人民出版社	2005 年出版
74.	《企业文化建设实作》	郑启清	中国工人出版社	2005 年出版
75.	《黄河三角洲企业文化》	马全江	齐鲁书社	2005 年出版
76.	《企业文化》	黄　红　孟海帆　付翊飞等	黑龙江人民出版社	2005 年出版
77.	《企业文化建设的研究与实践》	何心展	经济科学出版社	2005 年出版
78.	《郑州顺宝水泥股份有限公司企业文化丛书》	黄河水利出版社	黄河水利出版社	2005 年出版
79.	《现代企业文化新论》	欧阳雅连	河南人民出版社	2005 年出版
80.	《南方李锦记:思利及人》(百家企业文化工程丛书)	李　畛	中国人民大学出版社	2005 年出版
81.	《招商银行:因您而变》(百家企业文化工程丛书)	李　茸　冯　涛　贺春临	中国人民大学出版社	2005 年出版
82.	《丰田:精益求精》	百家企业文化研究组	中国人民大学出版社	2005 年出版
83.	《索尼——梦. 愉. 创》(百家企业文化工程丛书)	百家企业文化研究组	中国人民大学出版社	2005 年出版
84.	《大连万达——创新行天下》(百家企业文化工程丛书)	百家企业文化研究组	中国人民大学出版社	2005 年出版
85.	〈IBM:随需应变〉(百家企业文化工程丛书)	百家企业文化研究组	中国人民大学出版社	2005 年出版
86.	《企业文化沙龙丛书(一)》	钱　津	中国经济出版社	2005 年出版
87.	《企业文化沙龙丛书(二)》	钱　津	中国经济出版社	2005 年出版
88.	《企业文化沙龙丛书(三)》	钱　津	中国经济出版社	2005 年出版
89.	《文化大趋势:公司文化》	东方源	珠海出版社	2005 年 1 月出版
90.	《贾春峰说企业文化》	贾春峰	中国经济出版社	2005 年 1 月出版
91.	《企业文化修炼》	林　坚	蓝天出版社	2005 年 1 月出版
92.	《完美执行之最佳企业文化》	张云红	中国时代经济出版社	2005 年 1 月出版
93.	《企业文化修炼案例》	杨艳英　李柏松	蓝天出版社	2005 年 1 月出版
94.	《企业创新之道(企业文化丛书)》	清华大学出版社	清华大学出版社	2005 年 1 月出版
95.	《重塑:企业文化培训手册》	叶　生	机械工业出版社	2005 年 1 月出版
96.	《企业中的狼、羊、虫:竞争中谋生存的企业文化》	孙路弘	机械工业出版社	2005 年 1 月出版
97.	《中国企业文化建设:传承与创新》	李　海　郭必恒	企业管理出版社	2005 年 1 月出版
98.	《企业文化怎样落地》	侯贵松	中国纺织出版社	2005 年 1 月出版
99.	《企业文化实操系列—第三种管理模式—中国企业文化战略》	叶　生	机械工业出版社	2005 年 1 月出版
100.	《企业文化资源》	张云初　王　清　张　羽	海天出版社	2005 年 1 月出版
101.	《企业文化宣言》	李柏松	蓝天出版社	2005 年 1 月出版
102.	《塑造企业文化的 12 大方略》	常智山	中国纺织出版社	2005 年 1 月出版
103.	《文化和传播译丛—商业文化礼赞》	周宪	商务印书馆	2005 年 2 月出版
104.	《企业文化实践》	张云初	海天出版社	2005 年 2 月出版
105.	《学习型企业文化:理论与实践》	王长根	中国经济出版社	2005 年 2 月出版
106.	《企业文化理念体系构建实务》	王吉鹏	中央编译出版社	2005 年 2 月出版

续表

	书　名	作　者	出 版 社	出版日期
107.	《职业经理人十万个怎么办——如何进行企业文化建设》	北京大学出版社	北京大学出版社	2005年3月出版
108.	《核心竞争力与金融企业文化研究》	曾康霖　蒙宇主	西南财经大学出版社	2005年3月出版
109.	《G管理模式.12个子模式—企业文化扩张模式》	郭咸纲	清华大学出版社	2005年4月出版
110.	《电子商务环境下的商业文化研究》	赵有广	中国科技大	2005年4月出版
111.	《企业文化建设》	王吉鹏	中国发展出版社	2005年5月出版
112.	《中国企业文化研究》	中国企业文化研究会	企业管理出版社	2005年6月出版
113.	《中外企业文化经典案例》	赵文明	企业管理出版社	2005年6月出版
114.	《中国企业文化经典案例—文化制胜》	李笑天	中央编译出版社	2005年6月出版
115.	《企业文化的39个细节》	王吉鹏	中国发展出版社	2005年7月出版
116.	《筑魂:电力建设企业文化之光》	吴大器　吴金华	中国电力出版社	2005年7月出版
117.	《中国特色企业文化建设案例》	金思宇	中国经济出版社	2005年7月出版
118.	《创业企业文化设计》	黎永泰	清华大学出版社	2005年7月出版
119.	《企业文化概论》	朱成全	东北财大出版社	2005年8月出版
120.	《企业生态文化研究》	任运河　沈大光　董云芳	东北财经大学出版社	2005年9月出版
121.	《酒和污水定律——趋势领导者的人本管理文化》	汪　岩	中国纺织出版社	2005年9月出版
122.	《21世纪中国企业文化实践与探索丛书—华安之魂》	袁忠厚	企业管理出版社	2005年10月出版
123.	《把握企业文化新脉动》	祝慧烨	企业管理出版社	2005年10月出版
124.	《基业长青的灵魂:合作型企业文化》	夏若江	华中理工大学出版社	2005年11月出版
125.	《现代企业文化》	刘光明	经济管理出版社	2005年11月出版
126.	《转型时期的中国企业文化研究》	陈维政　张丽华　忻　榕	大连理工大学出版社	2005年11月出版
127.	《企业文化诊断评估理论与实务》	王吉鹏　李　明	中国发展出版社	2005年12月出版
128.	《伟大的商业文化》	杰克·斯塔克	中信出版社	2004年1月1日出版
129.	《企业的灵魂》	理查德-s-加拉赫	中国对外经济贸易出版社	2004年1月出版
130.	《企业文化生存指南》	埃德加H. 沙因	机械工业出版社	2004年5月出版
131.	《企业文化与经营业绩》	约翰.P. 科特等	中国人民大学出版社	2004年10月出版
132.	《并购中的企业文化整合》	查尔斯. 甘瑟尔	中国人民大学出版社	2004年11月出版
133.	《GE WORK-OUT 通用电气案例“群策群力”的企业文化》	达夫. 尤里奇	中国财政经济出版社	2005年1月出版
134.	《解放企业的心灵—企业文化评估及价值转换工具》	理查德. 巴雷特	新华出版社	2005年1月出版
135.	《唱反调的是好员工——营造创新型企业文化》	弗朗西斯. 赫瑞	中国劳动(社会保障)出版社	2005年1月出版
136.	《公司文化中的大学》	埃里克·古尔德	北京大学出版社	2005年7月1日

后　记

继《中国企业文化年鉴》(2004 创刊号)出版发行之后,第二部《中国企业文化年鉴》(2005—2006)已经正式出版了。与第一部《年鉴》比较,本部《年鉴》有以下几个特点:

第一,突出了中国企业文化建设的发展脉络。

在"特载篇"中特设了"中国企业文化建设重要会议"栏目,按时间排序对2004年、2005年"中外企业文化峰会"和"服务文化"等专题会议作了介绍。

第二,精选了知名专家关于企业文化建设的理论文章。

与第一部《年鉴》相比,本书"理论篇"的文章较少,但分量较重。从作者的角度看,选择了厉以宁等知名专家的作品;从文章的内容看,收录了《论企业文化的基本属性和本质特征》、《中国组织文化测量维度的探索》、《企业文化基因及再造》等重要研究成果。

第三,增加了"中国企业文化建设示范基地巡礼"栏目。

在"特载篇"中介绍了荣获"中国企业文化建设"及"学习型组织"示范基地称号的8家企业和一个城市的成功经验,展示了企业文化建设先进典型的良好形象。

第四,借鉴了国外企业文化建设经验。

本书新增了"他山之石——国外企业文化建设借鉴"栏目,介绍了加拿大、澳大利亚、新西兰、日本、美国的企业文化建设经验;介绍了国际著名管理大师德鲁克的管理思想;介绍了现代西方企业学习的新思路——"友善用脑"学习法,我们相信这些内容会给读者以有益的启迪。

本部《年鉴》在编辑过程中,得到了有关领导的亲切关怀,得到知名学者的正确指导,得到了众多企业的鼎力支持,得到了业内社团组织及相关媒体的热情帮助。在此特别向国务院国资委宣传局、中国企业联合会、全国工商联、中国机械产业文化协会、辽宁省营销文化研究会、福建省企业文化协会、上海市企业文化促进会、青岛市企业文化协会、沈阳市企业文化研究会、大连市企业文化研究会、本溪市企业文化建设协会、广州市企业文化协会、连云港市企业文化学会、章丘市企业文化研究会等单位,向《世界经济文化年鉴》编委会、《企业文明》、《企业文化》、《中外企业文化》、《中外管理》、《企业文化通讯》等媒体,向中航一集团、中国神华神东煤炭分公司、河北津西钢铁股份有限公司、中国石化胜利油田、中国网通北京分公司、攀钢(集团)公司、中航一集团沈阳飞机设计研究所、北京电力培训中心、沈阳煤业集团、浙江新杰克缝纫机有限公司、福建永安火电厂、重庆力帆集团、新华联控股有限公司、中国南方电网公司、中航一集团成都航空仪表有限责任公司、四川省电信成都市分公司、中航一集团成都飞机设计研究所、济南水质净化一厂、豪吉集团、青岛利客来商贸集团、美国英福特能源科技、东方国际集团上海市对外贸易有限公司、龙口港等企业表示衷心感谢!

在编辑出版过程中,中国财经出版社的领导给予了大力支持,我们与出版社经济年鉴出版中心的同志们通力合作,使本部年鉴得以顺利出版,在此深表谢意。

由于时间仓促,与部分作者未能直接通话,请见本《年鉴》后及时与编辑部联系。

目前第三部《中国企业文化年鉴》征稿工作已经开始,希望广大读者踊跃投稿。

中国企业文化研究会
信息中心
2006年10月31日